LICITAÇÃO PÚBLICA E CONTRATO ADMINISTRATIVO

COLEÇÃO FÓRUM

MENEZES NIEBUHR

COLEÇÃO FÓRUM

MENEZES NIEBUHR

JOEL DE MENEZES NIEBUHR

LICITAÇÃO PÚBLICA E CONTRATO ADMINISTRATIVO

8ª edição revista e ampliada

Belo Horizonte

FÓRUM
CONHECIMENTO JURÍDICO

2025

FÓRUM
CONHECIMENTO JURÍDICO

Luís Cláudio Rodrigues Ferreira
Presidente e Editor

Coordenação editorial: Leonardo Eustáquio Siqueira Araújo / Thaynara Faleiro Malta
Revisão: Bárbara Ferreira
Capa e projeto gráfico: Walter Santos
Diagramação: Formato Editoração

Rua Paulo Ribeiro Bastos, 211 – Jardim Atlântico – CEP 31710-430
Belo Horizonte – Minas Gerais – Tel.: (31) 99412.0131
www.editoraforum.com.br – editoraforum@editoraforum.com.br

Técnica. Empenho. Zelo. Esses foram alguns dos cuidados aplicados na edição desta obra. No entanto, podem ocorrer erros de impressão, digitação ou mesmo restar alguma dúvida conceitual. Caso se constate algo assim, solicitamos a gentileza de nos comunicar através do *e-mail* editorial@editoraforum.com.br para que possamos esclarecer, no que couber. A sua contribuição é muito importante para mantermos a excelência editorial. A Editora Fórum agradece a sua contribuição.

Dados Internacionais de Catalogação na Publicação (CIP) de acordo com ISBD

N6651 Niebuhr, Joel de Menezes
Licitação pública e contrato administrativo / Joel de Menezes Niebuhr. -- 8. ed. --. Belo Horizonte: Fórum, 2025. (Coleção Fórum MENEZES NIEBUHR).
1361p. 17x24cm

Coleção Fórum MENEZES NIEBUHR
ISBN 978-65-5518-985-8
ISBN digital 978-65-5518-986-5

1. Direito. 2. Direito administrativo. 3. Licitações. 4. Contratos administrativos. I. Título.

CDD: 342
CDU: 342

Elaborado por Lissandra Ruas Lima – CRB/6 – 2851

Informação bibliográfica deste livro, conforme a NBR 6023:2018 da Associação Brasileira de Normas Técnicas (ABNT):

NIEBUHR, Joel de Menezes. *Licitação pública e contrato administrativo*. 8. ed. Belo Horizonte: Fórum, 2025. 1361p. ISBN 978-65-5518-985-8. (Coleção Fórum MENEZES NIEBUHR).

À Nanda,

meu chão...

meu céu...

Agradeço aos meus sócios da Menezes Niebuhr Sociedade de Advogados, irmãos que a vida me deu.

SUMÁRIO

CAPÍTULO 16

CAPÍTULO 20

ALTERAÇÃO INCIDENTE SOBRE O OBJETO DO CONTRATO ADMINISTRATIVO ... 1175

CAPÍTULO 21

EQUILÍBRIO ECONÔMICO-FINANCEIRO DO CONTRATO ADMINISTRATIVO ... 1227

CAPÍTULO 1

REGIME CONSTITUCIONAL DA LICITAÇÃO PÚBLICA E DO CONTRATO ADMINISTRATIVO

1 A supremacia constitucional sobre a licitação pública e o contrato administrativo

A Constituição é o diploma normativo máximo de dada ordem jurídica, pois dispõe da estruturação das relações de poder político, prescrevendo quais são os poderes, quem os exerce e como eles devem ser exercidos. Dessa maneira, todos aqueles que exercem poder político, que se valem da autoridade do Estado, devem buscar amparo na Constituição, que os legitima e delineia os contornos de suas atividades.[1]

No Brasil, em virtude de características políticas e culturais, a Constituição trata de uma série de assuntos que não são verdadeiramente relacionados às normas fundamentais de estruturação do poder político, entre os quais ganha corpo longo e detalhado regramento da Administração Pública, incluindo disposições importantes a respeito do regime da licitação pública e do contrato administrativo.[2]

Aliás, advirta-se que, embora tais normas não remetam à essencialidade da estruturação do poder político, fazem parte da Constituição e, por efeito disso, recebem

---

1 Para Jorge Miranda, "o constitucionalismo – que não pode ser compreendido senão integrado com as grandes correntes filosóficas, ideológicas e sociais dos séculos XVIII e XIX – traduz exactamente certa ideia de Direito, a ideia de Direito liberal. A Constituição em sentido material não desponta como pura regulamentação jurídica do Estado; é a regulamentação do Estado conforme os princípios proclamados nos grandes textos revolucionários". Portanto, em sequência, observa que "o Estado só é Estado constitucional, só é Estado racionalmente constituído, para os doutrinários e políticos do constitucionalismo liberal, desde que os indivíduos usufruam de liberdade, segurança e propriedade e desde que o poder esteja distribuído por diversos órgãos" (MIRANDA, Jorge. *Manual de direito constitucional*. 3. ed. Coimbra: Coimbra Editora, 1996. t. II. p. 17).

2 Em torno do assunto, leiam-se os comentários de Luís Roberto Barroso: "O constituinte de 1988 optou, igualmente, por uma Carta *analítica*, na tradição do constitucionalismo contemporâneo, materializado nas Constituições Portuguesa e Espanhola, de 1976 e 1978, de Países que, a exemplo do Brasil, procuravam superar experiências autoritárias. O modelo oposto é o que tem como paradigma a Constituição dos Estados Unidos, exemplo típico do constitucionalismo *sintético*, cujo texto se contém em apenas sete artigos e vinte e sete emendas (em sua maior parte aditamentos, e não modificações, à versão original). A tradição brasileira, a complexidade do contexto em que desenvolvida a reconstitucionalização do país, e as características de nosso sistema judicial inviabilizavam a opção pela fórmula do texto mínimo, cuja importação seria um equívoco caricatural. É inevitável a constatação, todavia, de que o constituinte de 1988 caiu no extremo oposto, produzindo um texto que, mais que analítico, é casuístico e prolixo" (BARROSO, Luís Roberto. *Temas de direito constitucional*. Rio de Janeiro: Renovar, 2001. p. 12).

toda a autoridade dela. Assim sendo, qualquer análise que se faça da licitação pública e do contrato administrativo deve partir das disposições pertinentes insertas na Constituição Federal. Todos os poderes constituídos devem respeito a elas, entre os quais o Legislativo, que não reúne força para subverter os enunciados constitucionais, cujas prescrições lhe são hierarquicamente superiores. A Administração Pública, como não poderia ser diferente, também está diretamente vinculada aos respectivos dispositivos constitucionais, devendo aplicar a legislação sempre sob a ótica deles. Então, antes de tudo, é de todo conveniente tratar das normas constitucionais que versam sobre licitação pública e contrato administrativo.

2 Normas constitucionais sobre licitação pública e contrato administrativo

2.1 *Caput* do artigo 5º da Constituição Federal: o princípio da isonomia como gênese da licitação pública

A igualdade é dos valores mais prestigiados sob a ótica dos regimes republicanos, como é o do Estado brasileiro, vertida no plano jurídico sob as vestes do princípio da isonomia, um dos princípios estruturantes do ordenamento jurídico nacional, previsto no *caput* do artigo 5º da Constituição Federal nos seguintes termos: "Todos são iguais perante a lei, sem distinção de qualquer natureza, garantindo-se aos brasileiros e aos estrangeiros residentes no país a inviolabilidade do direito à vida, à liberdade, à igualdade, à segurança e à propriedade, nos termos seguintes: [...]". O princípio da isonomia assegura que os iguais recebam o mesmo tratamento por parte do Estado, o que representa a gênese da licitação pública, a causa de sua obrigatoriedade.

Ocorre que o contrato administrativo implica benefício econômico ao contratado. Então, se a Administração Pública quer celebrar contrato, por força do *caput* do artigo 5º da Constituição Federal, todos os interessados no benefício econômico dele decorrente devem ser tratados com igualdade, pelo que se lhe impõe a implementação de certos atos e a observância de certas formalidades.

Por exemplo, para tratar com igualdade todos os interessados nos benefícios econômicos do contrato administrativo, é necessário que todos eles tenham condições razoáveis de tomar ciência da pretensão da Administração Pública de celebrá-lo e dos termos em que ele será firmado, compreendendo-se a definição de seu objeto e o aclaramento das condições que o envolvem. Também, entre outras coisas, é preciso que a Administração Pública esclareça quais os documentos a serem apresentados para disputar o contrato e quais os critérios a serem levados em conta para comparar as propostas.

Tudo isso deve ser feito formalmente, valendo-se de processo que se inicia com estudos prévios a respeito das necessidades da Administração Pública, posteriormente com a elaboração de instrumento que convoque os interessados, elucidando todas essas questões, com a publicação dele, com a verificação dos documentos exigidos e com a comparação das propostas.

Essa série de formalidades é ordenada por lei, por efeito da qual cada uma delas recebe uma nomenclatura e um lugar próprio, cujo conjunto se denomina *licitação pública*. O princípio da isonomia, na qualidade de causa, representa a própria gênese da licitação pública.[3]

A licitação pública é o processo administrativo condicional à celebração de contrato administrativo[4] mediante o qual a Administração Pública expõe a sua intenção de firmá-lo, esperando que, com isso, terceiros se interessem e lhe ofereçam propostas. Note-se que a licitação pública é uma espécie de limitação à atuação da Administração Pública, impondo-lhe rigores mais estreitos do que aqueles a que se sujeitam os particulares, porque ela precisa tratar todos os interessados no contrato com igualdade. Ora, afora a Administração Pública, em regra, quem quer contratar não está obrigado a realizar processo algum, bastando escolher, com liberdade, com quem contratar, desde que este também o queira.

Versar sobre licitação pública é o mesmo que versar a respeito do princípio da isonomia, pois o princípio é a causa dela. Esse princípio é deveras importante para a sistemática constitucional, até mesmo em tributo à posição topológica que ocupa, abrindo o Título II da Carta Magna, dedicado aos *direitos e garantias fundamentais*,[5] bem como o seu Capítulo I, pertinente aos *direitos e deveres individuais e coletivos*. Veja-se que a Constituição Federal já traz as normas máximas de dado ordenamento jurídico, prescreve, portanto, é correto dizer, em certo sentido, as normas *fundamentais* dele. Entretanto, inserto na Constituição Federal está um bloco de direitos, que são denominados *fundamentais*, por dedução lógica, mais *fundamentais* que os outros.

Partindo do pressuposto de que a Constituição Federal forma uma unidade, em que não há hierarquia, o caráter *fundamental* consignado aos *direitos fundamentais* tem a ver com a posição de convergência material que eles assumem em face de todo o sistema constitucional. Eles fincam na Constituição substrato material irredutível, protegendo as pessoas diante dos poderes estatais, mesmo que consentidos por qualquer maioria.[6]

---

3 Nesse sentido, para Hely Lopes Meirelles, a igualdade entre os licitantes é o princípio primordial da licitação (MEIRELLES, Hely Lopes. *Licitação e contrato administrativo*. 12. ed. São Paulo: Malheiros, 1999. p. 28). Já Carlos Ari Sundfeld defende que "a igualdade de tratamento entre possíveis interessados é a espinha dorsal da licitação" (SUNDFELD, Carlos Ari. *Licitação e contrato administrativo*. 2. ed. São Paulo: Malheiros, 1995. p. 20). Por sua vez, Adilson Abreu Dallari dispõe: "O princípio da isonomia, por si só e independente de qualquer norma, obriga a Administração a valer-se do procedimento da licitação, e ao estabelecer essa obrigatoriedade erige a própria licitação em princípio, pois mesmo na ausência de normas específicas está a Administração obrigada a utilizar-se de procedimentos licitatórios" (DALLARI, Adilson Abreu. *Aspectos jurídicos da licitação*. 4. ed. São Paulo: Saraiva, 1997. p. 33).

4 Carlos Ari Sundfeld pondera que "a licitação, embora normalmente preceda um contrato, por vezes é antecedente de um ato administrativo unilateral, como a permissão. Realmente, a exigência do certame não se justifica pelo fato de travar-se contrato, mas sim porque a Administração vai conferir a alguém benefício singular insuscetível de extensão a todos os interessados aptos" (SUNDFELD, Carlos Ari. *Licitação e contrato administrativo*. 2. ed. São Paulo: Malheiros, 1995. p. 15).

5 Sobre o conceito de direitos fundamentais, mormente em sua diferença com os direitos humanos, leiam-se as palavras de Antonio E. Perez Luño: "Los derechos humanos aúnan, a su significación descriptiva de aquellos derechos y libertades reconocidos en las declaraciones y convenios internacionales, una connotación prescriptiva o deontológica, al abarcar también aquellas exigencias más radicalmente vinculadas al sistema de necesidades humanas, y que *debiendo* ser objeto de positivación no lo han sido. Los derechos fundamentales poseen un sentido más preciso y estricto, ya que tan sólo describen el conjunto de derechos y libertades jurídica e institucionalmente reconocidos y garantizados por el Derecho positivo. Se trata siempre, por tanto, de derechos delimitados espacial y temporalmente, cuya denominación responde a su carácter *básico* o *fundamentador* del sistema jurídico político del Estado de Derecho" (PEREZ LUÑO, Antonio E. *Los derechos fundamentales*. 6. ed. Madrid: Tecnos, 1995. p. 47).

6 Com esse timbre, Luigi Ferrajoli averba: "la primera regla de todo pacto constitucional sobre la convivencia civil no es, en efecto, que se debe decidir sobre todo por mayoría, sino que no se puede decidir (o no decidir)

Trata-se de pôr às claras qual a substância da Constituição, vinculando, sobremodo, todo o aparelhamento estatal a ela. Quer dizer que toda a estruturação política implementada na Constituição – é correto afirmar –, todos os poderes constituídos devem estar voltados para a consecução dos direitos fundamentais, que os fazem convergir e integrar-se.

Essa dimensão de convergência e de integração dos direitos fundamentais no âmbito do Estado constitucional de direito dá a tônica para a análise dos poderes estatais, mormente dos políticos, que, antes de exercerem *poder*, devem preocupar-se com a *função* que lhes é atribuída, num plano geral, de assegurar efetividade aos direitos fundamentais.

Como dito, os direitos ditos *fundamentais* foram encartados especialmente no Título II da Constituição Federal. Seu primeiro dispositivo, o *caput* do artigo 5º, cujos setenta e sete incisos encerram outros tantos direitos *fundamentais*, inicia dando conta de que "todos são iguais perante a lei". Em seguida, propugna a inviolabilidade do direito à igualdade e, já no seu inciso I, prescreve que "homens e mulheres são iguais em direitos e obrigações, nos termos desta Constituição".

Bem se vê que, entre os direitos qualificados pelo constituinte como *fundamentais*, aquele que por primeiro mereceu a atenção dele foi o princípio isonômico, donde se depreende sua relevância para a sistemática constitucional.[7]

Sob essa perspectiva, como a obrigatoriedade de licitação pública decorre do princípio da isonomia, que está prescrito no *caput* do artigo 5º da Constituição Federal, alinhado em primeiro lugar entre os direitos fundamentais, é forçoso reconhecer a relação entre um e outro, isto é, entre a obrigatoriedade de licitação pública e os direitos fundamentais. Convém salientar que a obrigatoriedade de licitação pública é concreção do princípio da isonomia, por consequência, concreção de direito fundamental, e, em substância, a rigor, direito fundamental. Em outras palavras: a obrigatoriedade de licitação pública, na medida em que decorre do princípio da isonomia, é direito fundamental.

Essa relação de pertinência entre os direitos fundamentais e a obrigatoriedade de licitação pública é de extrema valia para a apreensão do regime jurídico que lhe é próprio. Aliás, ela, a relação de pertinência, se afeiçoa perfeitamente ao disposto no §2º do artigo 5º da Constituição Federal, cujo texto prescreve: "Os direitos e garantias expressos nesta Constituição não excluem outros decorrentes do regime e dos princípios por ela adotados, ou dos tratados internacionais em que a República Federativa do Brasil seja parte".[8]

---

sobre todo, ni siquiera por mayoría. Ninguna mayoría puede decidir la supresión (o no decidir la protección) de una minoría o de un solo ciudadano. En este aspecto el estado de derecho, entendido como sistema de límites sustanciales impuestos legalmente a los poderes públicos en garantía de los derechos fundamentales, se contrapone al estado absoluto, sea autocrático o democrático. Incluso la democracia política más perfecta, representativa o directa, sería un régimen absoluto y totalitario si el poder del pueblo fuese en ella ilimitado. Sus reglas son sin duda las mejores para determinar quién puede decidir y cómo debe decidir, pero no bastan para legitimar cualquier decisión o no decisión" (FERRAJOLI, Luigi. *Derecho y razón*. Madrid: Trotta, 1995. p. 859).

[7] E isso porque, como observa Luigi Ferrajoli, "os direitos fundamentais são, com efeito, as técnicas mediante as quais a igualdade resulta em ambos os casos assegurada ou perseguida" (FERRAJOLI, Luigi. *Derecho y razón*. Madrid: Trotta, 1995. p. 907. Tradução do autor). Em outras palavras: a missão dos direitos fundamentais é concretizar a igualdade.

[8] A propósito, o Supremo Tribunal Federal, no julgamento da ADIN nº 939-7/DF, qualificou o princípio da anterioridade tributária como direito fundamental, embora ele esteja previsto na alínea "b" do inciso III do artigo 150 da Carta. Por corolário, atribuiu-lhe a proteção dispensada às cláusulas pétreas, declarando a

Por efeito da aludida relação de pertinência, à licitação pública aplica-se o regime próprio dos direitos fundamentais, entre os quais ressoa o inciso IV do §4º do artigo 60 da Constituição Federal, que os elege entre as cláusulas pétreas. Portanto, a licitação pública não pode ser desconstituída sequer pelo poder reformador, quanto mais pelo Legislativo ou pela Administração Pública.

2.2 A licitação pública diante da tensão entre as formalidades decorrentes do princípio da isonomia e da proteção ao interesse público e a busca pela proposta mais vantajosa

A Administração Pública é dotada de poderes, atua, o mais das vezes, de modo unilateral, gozando de privilégios que a põem em posição de superioridade em relação a terceiros. Ao mesmo tempo, incide sobre ela uma série de limitações, de sujeições mais rigorosas do que as incidentes sobre os particulares, tudo para que se imprima ao gerenciamento do interesse público postura equânime e impessoal, que não sirva para beneficiar afilhados, nem para desfavorecer desafetos.

Isso porque o interesse público, que, saliente-se, é o ponto fundamental da função administrativa, pertence à coletividade, jamais a particulares, por maiores que sejam os seus atributos morais, por maiores que sejam as suas autoridades. O interesse público diz respeito às expectativas do todo, não das partes individualmente concebidas.

Sucede que o particular dispõe livremente das coisas e dos interesses que lhe dizem respeito. Ele imprime à administração de seus interesses a sua própria vontade, agindo de acordo com ela. Por exemplo, se o particular resolve beneficiar alguém, por razões estritamente pessoais, como as familiares e as afetivas, não há nada que o impeça de o fazer. Sem contrariar as proibições prescritas nas normas jurídicas, o particular atua com total liberdade. Em sentido contrário, quem exerce função administrativa está atrelado ao interesse público, sendo-lhe vedado utilizar o aparato estatal para fazer valer aspirações pessoas, até porque, em razão do princípio da isonomia, a Administração Pública tem a obrigação de tratar igualmente todos os que estejam na mesma posição e que travem relações com ela.

Razão assiste a Rui Cirne Lima, ao advertir que se "opõe a noção de administração à de propriedade nisto que, sob a administração, o bem se não entende vinculado à vontade ou personalidade do administrador, porém, à finalidade impessoal a que essa vontade deve servir".[9] Dessa maneira, assevera que, "em direito público, designa, também, a palavra *administração* a atividade do que não é senhor absoluto".[10]

Desses conceitos, Celso Antônio Bandeira de Mello conclui, acerca da indisponibilidade dos interesses públicos, que, "sendo interesses qualificados como próprios da coletividade – internos ao setor público –, não se encontram à livre disposição de quem quer que seja, por inapropriáveis".[11]

---

inconstitucionalidade da Emenda Constitucional nº 3, de 1993, cujo texto pretendia derrogar o princípio (STF, Plenário. ADI nº 939/DF. Rel. Min. Sydney Sanches, j. 15.12.1993).

[9] LIMA, Rui Cirne. *Princípios de direito administrativo*. 5. ed. São Paulo: Revista dos Tribunais, 1982. p. 20.

[10] LIMA, Rui Cirne. *Princípios de direito administrativo*. 5. ed. São Paulo: Revista dos Tribunais, 1982. p. 21.

[11] BANDEIRA DE MELLO, Celso Antônio. *Curso de direito administrativo*. 35. ed. São Paulo: Malheiros, 2021. p. 63.

Não há ato da Administração Pública que se compatibilize com preferências de natureza pessoal e com o tratamento discriminatório. Ao contrário, a função administrativa é vinculada à finalidade pública, por efeito do que a atividade administrativa se sujeita ao cumprimento de formalidades mais rigorosas do que aquelas que se destinam às relações jurídicas travadas sob o regime de direito privado.

Sob essa luz, demonstra-se complexa a função administrativa, uma vez que, de um lado, há prerrogativas especiais, e, de outro, há limitações e sujeições também especiais. Como sintetiza Jean Rivero:

> as normas de direito administrativo caracterizam-se em face das do direito privado, seja porque conferem à Administração prerrogativas sem equivalentes nas relações privadas, seja porque impõem à sua liberdade de acções sujeições mais estreitas do que aquelas a que estão submetidas.[12]

Percebendo a amplitude da questão, García de Enterría e Fernández anotam:

> o Direito Administrativo, como Direito próprio e específico das Administrações Públicas, está de fato, pois, em equilíbrio (por suposto difícil, porém possível) entre privilégios e garantias. Em último termo, todos os problemas jurídico-administrativos consistem – isto convém tê-lo presente – em buscar esse equilíbrio, assegurá-lo quando o encontrar e reconstituí-lo quando o perder. Em definitivo, trata-se de perseguir e obter a pronta e eficaz satisfação do interesse geral, sem prejuízo das situações jurídicas, igualmente respeitáveis, dos cidadãos.[13]

Seguindo o mesmo raciocínio, Adilson Abreu Dallari assevera que "[...] o estudo da história do direito administrativo é de equilíbrio entre prerrogativas e sujeições, entre os poderes e os meios e instrumentos de sua contenção, mas, sempre, tendo como norte a satisfação do interesse público".[14]

Logo, ao lado dos poderes administrativos que privilegiam a Administração Pública, há uma série de limitações, das quais se erguem inúmeras formalidades. Tanto os poderes, quanto as limitações encontram justificativa no interesse público: de um lado, concedem-se os poderes para que a Administração Pública disponha dos meios necessários para a perfeita e eficiente consecução do interesse público; de outro, impõem-se as limitações para preservar incólume o interesse público, evitando que agentes administrativos ou terceiros se locupletem às custas da coletividade e assegurando que todas as pessoas que estejam sob condição de igualdade recebam o mesmo tratamento por parte da Administração Pública.

O regime jurídico do contrato administrativo é marcado preponderantemente pelas prerrogativas conferidas à Administração Pública, que lhe permite harmonizar os seus termos às diferentes faces do interesse público. Se as prerrogativas são a tônica do contrato administrativo, as formalidades o são do processo para a celebração dele. Sucede que o contrato administrativo implica benefícios econômicos para o contratado, usualmente

---

[12] RIVERO, Jean. *Direito administrativo*. Tradução de Rogério Ehrhardt Soares. Coimbra: Almedina, 1981. p. 42.

[13] GARCÍA DE ENTERRÍA, Eduardo; FERNÁNDEZ, Tomás-Ramón. *Curso de Derecho Administrativo*. 3. ed. Madrid: Civitas, 1981. 1. v. p. 35 (tradução do autor).

[14] DALLARI, Adilson Abreu. Os poderes administrativos e as relações jurídico-administrativas. *Revista de Informação Legislativa*, Brasília, n. 141, p. 77, 1999.

benefícios consideráveis, especialmente em vista do gigantismo da Administração Pública, o que estimula, infelizmente, comportamentos oportunistas.[15] As formalidades e as limitações são necessárias para proteger o interesse público, evitar que ele seja capturado por interesses privados, obedecendo-se, assim, ao princípio da isonomia, de modo que a seleção do futuro contratado seja isenta e que todos os interessados sejam tratados com igualdade.

Pondera-se, no entanto, que as formalidades e as limitações a que se sujeita a Administração Pública, entre as quais se ressalta a obrigatoriedade de realizar licitação pública, não objetivam aprisioná-la a formalismos imoderados, sustentando burocracia ineficiente e despropositada. Longe disso, as formalidades e as limitações visam conferir legitimidade à função administrativa, sobremodo no regime republicano, evitando privilégios pessoais diante do interesse comum à coletividade, tudo para assegurar postura equânime.

As formalidades insertas no procedimento pertinente à licitação pública não devem e não precisam acarretar prejuízos à Administração Pública, e, por consequência, ao interesse público. Não se pode esquecer que tudo quanto se faça em nome da função administrativa visa a atender ao interesse público, revelando-se inadmissível criar mecanismos que lhe frustrem a plena satisfação.[16]

A licitação pública não é procedimento vazio, sem finalidade, que serve apenas para embaraçar a atividade administrativa. Em sentido oposto, licitação pública é o meio para a Administração Pública celebrar contrato administrativo, assegurando oportunidades iguais aos interessados em disputá-lo sob condições objetivas preestabelecidas e que são a todos previamente informadas, com a finalidade de obter proposta vantajosa. No mesmo passo, o contrato administrativo é o meio para que a Administração Pública receba uma utilidade, contemplando o interesse público.

Em outras palavras, a licitação pública é o meio para celebrar o contrato administrativo, que é o meio para contemplar o interesse público, a fim de propiciar à Administração Pública o recebimento de uma utilidade produzida por terceiros, que sirva a satisfazer a coletividade. Portanto, cabe afirmar que o objetivo imediato da licitação pública é escolher de maneira republicana, tratando os interessados com igualdade, proposta que seja vantajosa para a Administração Pública, a fim de firmar contrato administrativo. E o objetivo mediato da licitação pública é a satisfação concreta do interesse público, mediante a prestação de objeto útil a ser recebido por meio de contrato administrativo que será celebrado com base nela. Para que a licitação pública cumpra em conjunto os

---

[15] Adilson Abreu Dallari adverte: "Por último, cumpre assinalar a importância assumida atualmente pelo instituto da licitação. Com efeito, em sua evolução histórica a Administração Pública foi paulatinamente aumentando sua esfera de atuação, por meio do desempenho de novas funções exigidas pela complexidade da vida moderna. Consequentemente, foi também pouco a pouco crescendo a significação econômica dos gastos da Administração, sendo que hoje em dia já representa uma parcela considerável no mercado consumidor de bens e serviços" (DALLARI, Adilson Abreu. *Aspectos jurídicos da licitação*. 4. ed. São Paulo: Saraiva, 1997. p. 5-6).

[16] Eros Roberto Grau apreende o cerne da questão: "Vale dizer: não é admissível que, a pretexto de radical entronização do princípio da *isonomia*, sacrifique-se o *interesse público*. Nem o inverso é concebível: a entronização do princípio do *interesse público* em sacrifício da *isonomia*. Ambos, princípios do *interesse público* e princípio da *isonomia*, coexistem, complementando-se e se conformando, um ao outro, na base do procedimento licitatório" (GRAU, Eros Roberto. *Licitação e contrato administrativo* (estudos sobre a interpretação da lei). São Paulo: Malheiros, 1995. p. 15).

seus objetivos imediato e mediato, é imprescindível que nela se selecione a proposta mais vantajosa para o interesse público, ou seja, que nela se escolha o melhor licitante.

De mais a mais, licitação pública e contrato administrativo devem ser apreendidos de forma sistêmica, em conjunto, porque ambos servem para propiciar utilidade à Administração, a fim de que ela satisfaça as expectativas sociais. A licitação pública não visa apenas à melhor proposta. A rigor, a licitação pública e o contrato administrativo visam à satisfação concreta do interesse público, porque eles não passam do meio para atingir tal finalidade. Quer dizer que a melhor proposta não deve ser compreendida como uma abstração ou como um fim em si mesmo, dado que precisa se converter em prestações contratuais concretas que sejam adequadas e que produzam os benefícios esperados pela Administração Pública. A Administração Pública não realiza licitação nem contrata movida por propósitos abstratos ou teóricos, mas porque precisa satisfazer concretamente o interesse público.

Diante de todas essas considerações, refuta-se o argumento segundo o qual toda e qualquer formalidade decorrente da licitação pública constitui entrave para a Administração Pública, que, necessariamente, leva à celebração de contratos administrativos desvantajosos. Sobre esse tópico, Adilson Abreu Dallari pondera que "não se pode confundir a licitação com a patologia da licitação. Não se pode confundir a licitação com o mau uso que dela se tem feito".[17]

É preciso dizer que o insucesso de algumas ou de muitas licitações públicas não é causado pelas formalidades que lhe são próprias, protetoras da igualdade e dos interesses públicos, porém pela má condução dos respectivos processos. Não se quer dizer que tudo seja perfeito e que as licitações públicas e os contratos administrativos brasileiros sejam bem-sucedidos. Entretanto, ligar a obrigatoriedade de licitação pública com ineficiência administrativa é equivocado e superficial. A ineficiência administrativa tem causas mais profundas.

Aliás, as formalidades inerentes às licitações públicas devem ser entendidas como vinculadas à finalidade de garantir que todos os interessados que realmente possam atender às demandas da Administração Pública tenham condições de participar dela, portanto, que sejam tratados com igualdade. Por consequência, amplia-se a competitividade, gerando pressão concorrencial. Com mais licitantes e sem que uns conheçam a identidade dos outros, todos os que realmente almejam o contrato são induzidos a formular as suas melhores propostas. Nesse cenário ideal, a Administração Pública aproveita-se da pressão concorrencial e consegue obter as propostas mais vantajosas. Nada obstante as coisas nem sempre seguirem assim, é o rumo que se deve tomar e essa é a lógica que concilia as formalidades decorrentes do princípio da isonomia e da proteção ao interesse público e a busca pela proposta mais vantajosa.

2.3 Inciso XXVII do artigo 22 da Constituição Federal

O inciso XXVII do artigo 22 da Constituição Federal dispõe que compete à União legislar privativamente sobre

[17] DALLARI, Adilson Abreu. *Aspectos jurídicos da licitação*. 4. ed. São Paulo: Saraiva, 1997. p. 13.

> [...] normas gerais de licitação e contratação, em todas as modalidades, para as administrações públicas diretas, autárquicas e fundacionais da União, Estados, Distrito Federal e Municípios, obedecido o disposto no art. 37, XXI, e para as empresas públicas e sociedades de economia mista, nos termos do art. 173, §1º, III.

O dispositivo em comento deveria ter lugar no artigo 24 da Constituição Federal, que versa competência concorrente, pois à União foi concedida apenas a atribuição de produzir normas gerais sobre o assunto, tornando-o corpo estranho no rol das competências privativas.

Tendo em vista que a União dispõe de competência para editar normas gerais em torno de licitação pública e contratos administrativos, pressupõe-se a competência concorrente dos demais entes federativos para produzirem as normas que não sejam qualificadas como gerais, isto é, as normas especiais, pormenorizadas, que guardem pertinência com as características de cada qual. Geraldo Ataliba afirma a correspondência entre as normas gerais e as normas nacionais, no sentido de serem de autoria do Estado Federal, vinculando toda Federação, desenhando o traçado básico de determinado instituto jurídico através da definição de seus princípios, diretrizes, conceitos, modalidades etc.[18] Conquanto os entes federativos, inclusive a União, devam obediência às normas gerais, ao lado delas devem produzir as *normas particulares* atinentes à estrutura política e jurídica de cada qual, que dará feição própria e especial às normas prescritas em caráter *nacional*.

É de notar, também, que o dispositivo dividiu o fundamento do exercício da competência para legislar sobre licitação pública e contrato administrativo, reputando que, para os órgãos da Administração direta, das autarquias e das fundações, a legislação busque arrimo nas disposições contidas no inciso XXI do artigo 37 da Constituição Federal; e para as sociedades de economia mista e empresas públicas, a legislação encontre amparo no inciso III do §1º do artigo 173, também da Constituição Federal.

2.4 Inciso XXI do artigo 37 da Constituição Federal

O inciso XXI do artigo 37 da Constituição Federal é o dispositivo de maior densidade para o regime da licitação pública e do contrato administrativo.

A propósito, frisou-se que o inciso XXVII do artigo 22 da Constituição Federal prescreve competência para a União editar normas gerais sobre licitação pública e contrato administrativo, apartando a Administração direta, autarquia e fundações, cuja legislação deve defluir do inciso XXI do artigo 37 da Constituição Federal, das empresas públicas e sociedades de economia mista, cuja legislação deve partir do inciso III do §1º do artigo 173, também da Constituição Federal.

Nesse contexto, tende-se, com pressa, a concluir que, afora a Administração direta, autarquias e fundações, os demais órgãos integrantes da Administração Pública não devem obediência às normas estampadas no inciso XXI do artigo 37 da Constituição

---

[18] Sob esse prisma, Celso Ribeiro Bastos sustenta que "o sentido útil para a sua interpretação é o de que as normas gerais são aquelas estruturais para o procedimento licitatório, é dizer, que constituem as suas vigas mestras, seus pontos essenciais" (BASTOS, Celso Ribeiro. *Curso de direito administrativo*. São Paulo: Saraiva, 1994. p. 116).

Federal, mormente as sociedades de economia mista e as empresas públicas, que, destarte, se sujeitariam estritamente aos termos do inciso III do §1º do artigo 173.

Todavia, o inciso XXI faz parte do artigo 37 da Constituição Federal, cujo *caput* indica os princípios regentes de toda a Administração Pública, não importando se centralizada ou descentralizada. Por consequência, não é correto excluir, da incidência das normas do inciso XXI do artigo 37 da Constituição Federal, qualquer órgão ou entidade integrante da Administração Pública. Deve-se, nada obstante isso, procurar compatibilizar as normas alinhavadas pelo referido dispositivo com as de outros, entre os quais o inciso III do §1º do artigo 173, do mesmo modo inserto na Constituição Federal, cujo escopo importa em afeiçoar as normas do inciso XXI do artigo 37 às características especiais dos órgãos ou entidades que mereceram, aos olhos do constituinte ou do poder reformador, atenção diferenciada.

Antes de maiores delongas, é importante transcrever a íntegra do inciso XXI do artigo 37 da Constituição Federal, cuja expressão é a seguinte:

> Art. 37. [...]
> XXI - ressalvados os casos especificados na legislação, as obras, serviços, compras e alienações serão contratadas mediante processo de licitação pública que assegure igualdade de condições a todos os concorrentes, com cláusulas que estabeleçam obrigações de pagamento, mantidas as condições efetivas da proposta, nos termos da lei, o qual somente permitirá as exigências de qualificação técnica e econômica indispensáveis à garantia do cumprimento das obrigações.

O dispositivo em apreço é deveras longo, tendo-se introduzido nele uma série de normas, entre as quais regras, princípios e normas programáticas, que, em decorrência da relevância delas para a apreensão sistêmica da licitação pública e do contrato administrativo, demandam análise acurada. Pretende-se, por isso, destacar as normas de maior importância nele contidas, discriminando as repercussões delas.

2.4.1 Obrigatoriedade de licitação pública e excepcionalidade da contratação direta

Enfatizou-se que a causa mor da licitação pública é o princípio da isonomia, uma vez que o contrato administrativo implica benefício econômico ao contratado e, por isso, todos aqueles que tiverem interesse em auferir o aludido benefício devem ser tratados de modo igualitário por parte da Administração Pública, pelo que se impõe a ela realizar processo administrativo, denominado *licitação pública*. Como o *caput* do artigo 5º da Constituição Federal abriga o princípio da isonomia, ele já fornece subsídio normativo suficiente para que se conclua pela obrigatoriedade de licitação pública.

Além disso, o constituinte houve por bem realçar que a licitação pública é efetivamente obrigatória, inserindo, no capítulo referente à Administração Pública, o inciso XXI do artigo 37. É como se o constituinte reforçasse a dicção geral do princípio da isonomia contida no *caput* do artigo 5º da Constituição Federal, dando-lhe concreção especial. Na realidade, é um *plus* que se incorpora na formulação geral da isonomia. Nesse passo, por força do *caput* do artigo 5º, todos merecem tratamento igualitário e, em especial, desta vez com estribo no inciso XXI do artigo 37, a Administração Pública deve dispensar o mesmo tratamento a todos os interessados em com ela celebrar contratos, procedendo, para tanto, à licitação pública.[19]

O inciso XXI do artigo 37 da Constituição Federal prescreve, como regra, a obrigatoriedade de licitação pública "que assegure igualdade de condições a todos os concorrentes [...]". Sem embargo, o constituinte também previu hipóteses em que não se deve proceder à licitação pública, dado que já no início do texto deixou sublinhado que há exceções à regra da obrigatoriedade de licitação, valendo-se da expressão "ressalvados os casos especificados na legislação [...]".

Contratação sem licitação pública costuma ser chamada de contratação direta, porque a Administração Pública contrata diretamente, sem antes realizar a licitação pública. Em geral, a contratação direta dá-se por duas maneiras, por meio de inexigibilidade, quando a competição é inviável, e de dispensa, quando a competição é viável, porém a realização da licitação importaria prejuízos ao interesse público.

Contratação direta, quer por inexigibilidade, quer por dispensa, deve ser interpretada como exceção e, nessa qualidade, de modo restritivo, diante do princípio da isonomia, bem como diante do expresso na parte inicial do inciso XXI do artigo 37 da Constituição Federal. Entretanto, desde já se deve ponderar que a interpretação restritiva não autoriza a adoção de entendimentos radicais, apegados apenas ao método literal, que muitas vezes retiram qualquer utilidade da contratação direta ou lhes impõem tantas dificuldades que sua operacionalização se torna inviável.

Em acréscimo, é oportuno ressaltar que o inciso XXI do artigo 37 da Constituição Federal preceitua a obrigatoriedade de licitação pública *que assegure igualdade de condições a todos os concorrentes*. Transparece que o constituinte não se contentou com qualquer tipo de procedimento que faça as vezes de licitação. Para o constituinte, a licitação pública obrigatória é aquela que assegura igualdade de condições, e não qualquer outra.

No mesmo passo:

> ao centrar o inciso no verbo *assegurar*, agiu o constituinte com precisão, deixando clara a amplitude com que a isonomia deve ser tomada. É que o verbo *assegurar* carrega consigo a exigência de uma ação positiva dos agentes públicos, não devendo tão-somente *atentar-se*, *pautar-se* ou *respeitar* a isonomia. Mais do que uma postura de indiferença ou de distância, deve-se *assegurá-la*. Trata-se de uma exigência de cunho positivo destinada mormente ao legislador infraconstitucional, que, incumbido de produzir a lei das licitações públicas e descer a aspectos procedimentais e formais, poderia singelamente abster-se de visar à isonomia. No entanto, o legislador deve *assegurá-la*, disciplinando toda a licitação pública sob suas bases.[20]

---

19 Bonavides, em texto que comenta a isonomia em observância aos artigos 39, §1º, 135 e 241 da Constituição Federal, considera que esse reforço isonômico revela uma nova acepção ou fase do princípio. Eis o seu escólio: "Ao direito geral da igualdade se acrescentam nos textos constitucionais, tornando mais complexa a matéria referente a esse valor fundamental, os direitos de igualdade, que têm, portanto, dobrada rigidez e proteção solenemente inequívoca, particularizada pela intenção do constituinte e fora do alcance e iniciativa do legislador. Tanto quanto o aplicador, fica este jungido a observar e a não contraditar a norma constitucional específica, formuladora de determinada igualdade fática" (BONAVIDES, Paulo. A isonomia em face dos 39, §1º, 135 e 241. *In*: BONAVIDES, Paulo. *Constituição aberta*. São Paulo: Malheiros, 1996. p. 100).

20 NIEBUHR, Joel de Menezes. *Princípio da isonomia na licitação pública*. Florianópolis: Obra Jurídica, 2000. p. 85-86.

A parte inicial do inciso XXI do artigo 37 da Constituição Federal é de extrema importância porque reitera o princípio da isonomia, ligando-o umbilicalmente à obrigatoriedade de licitação pública, o que já se extraía dos princípios administrativos. Com esse timbre, o dispositivo também admite a contratação direta, mas assenta que ela deve ser concebida como exceção, jamais como regra, o que por si representa uma espécie de norma programática cuja expressão vincula a atuação do Legislativo e da Administração Pública em licitação pública e contrato administrativo.

2.4.2 Intangibilidade da equação econômica e financeira

O constituinte, após ter confirmado a exigência de obrigatoriedade de licitação pública que assegure igualdade de condições a todos os concorrentes, ressalvadas as hipóteses especificadas pelo legislador, preocupou-se com a contraparte da Administração Pública, isto é, com o principal direito do contratado que se resume em receber aquilo que lhe é devido, nas mesmas condições que informaram a elaboração de sua proposta. Daí vem à colação a *intangibilidade da equação econômica e financeira*, sob a prescrição de que a licitação pública deve ser realizada "com cláusulas que estabeleçam obrigações de pagamento, mantidas as condições efetivas da proposta [...]".

Dessa sorte, em primeiro lugar, ao contratado assiste o direito de receber os pagamentos que lhe são devidos, o que se reveste de certa obviedade, mormente se o pagamento representa contraparte assumida contratualmente pela Administração Pública. Isso equivale a dizer que a Administração Pública também terá que cumprir a sua parte do contrato. Se ela não fosse obrigada a efetuar os pagamentos, provavelmente ninguém se interessaria em firmar contratos administrativos, por antever os prejuízos que lhe seriam impostos. A bem da verdade, em razão da inadimplência contumaz da Administração Pública, que ocorre com bastante frequência, em total desalinho com o texto constitucional, muitos se negam a disputar contratos administrativos, restringindo a competitividade e, pois, causando prejuízos ao Erário.

Acrescente-se que, muito embora os contratos administrativos sejam, em regra, desequilibrados, em consonância com a posição privilegiada que ocupa a Administração Pública, a equação econômico-financeira é absolutamente equilibrada. Quer dizer, em poucas palavras, que a superioridade da Administração Pública não alcança a parte econômica e financeira do contrato.

O licitante oferta sua proposta de acordo com os termos do instrumento convocatório. Com base nas exigências descritas pela Administração para cumprir o contrato, o licitante calcula os custos com que arcará e a proposta a ser ofertada, que lhe deve proporcionar alguma margem de lucro. No cálculo do custo da proposta, diga-se de passagem, o licitante deve inserir todos os ônus e os encargos que sejam previsíveis, o que requer redobrados cuidados e atenção.

Daí nasce uma equação de proporcionalidade entre o que se espera gastar e receber em contrapartida. Conquanto as condições contratuais possam ser alteradas de modo consensual ou unilateral por parte da Administração ou, até mesmo, por fatos alheios à vontade das partes contratantes, esta equação deve sempre ser mantida. A Administração não reúne forças para compelir terceiros a operarem em prejuízo ou sem lucro ou mesmo com margem de lucro que não foi por eles consentida. Então, se as condições da época da proposta são alteradas, sem, é claro, que o proponente tenha podido prever ditas alterações, bem como se elas repercutem na equação econômica e financeira, aumentando ou diminuindo os custos do empreendimento contratado, deve-se proceder à revisão do contrato.

Nota-se, ainda, que a intangibilidade da equação econômica e financeira não é princípio, porém regra jurídica, cuja dicção é muito simples, podendo ser expressa da seguinte maneira: alteradas – de modo imprevisível ou previsível, porém com repercussões imprevisíveis – as condições da proposta, deve-se restabelecê-las. Dessa maneira, não há de se ponderar ou balancear dito preceito, tal qual é feito com os princípios.

2.4.3 Princípio da competitividade

Além da obrigatoriedade da licitação pública, da excepcionalidade da contratação direta e da intangibilidade da equação econômica e financeira, o inciso XXI do artigo 37 ainda traz importante expressão do princípio da competitividade ao consignar que o legislador, no processo de licitação, "somente permitirá as exigências de qualificação técnica e econômica indispensáveis à garantia do cumprimento das obrigações".[21]

Quer-se com isso ampliar a competitividade, impedindo que o legislador erga barreiras à participação no certame de interessados capazes de satisfazer o interesse público, sob a escusa de formalidades de fundo despropositadas.[22] O constituinte, portanto, limitou sensivelmente a capacidade de o legislador realizar exigências em licitação pública, admitindo apenas, repita-se, exigências de qualificação técnica e econômica que sejam indispensáveis à garantia do cumprimento das obrigações.

O constituinte buscou franquear amplo acesso aos interessados na licitação pública, universalizando a competição. Entretanto, a licitação pública é um processo de escolha de futuro contratante, pelo qual a Administração Pública deve analisar se os pretendentes têm efetivas condições de cumprir o contrato. Sucede que isso não é o bastante para transmutar a licitação pública em gincana de documentos e formalidades disparatadas.

---

21 "A licitação pública tem dois objetivos precípuos que, reunidos, retratam seus elementos conceituais mais destacados. A grande finalidade que dá ensejo ao certame é a busca do melhor e mais vantajoso contrato para a Administração Pública e a garantia de equidade na consecução do procedimento. Estes dois fatores traduzem os princípios da eficiência e da isonomia. Por vezes, ambos podem apontar direções díspares; contudo, o mérito do agente administrativo está em saber conciliá-los. Esses dois princípios, conquanto pareçam conflitantes, sob a competitividade se confundem. Ocorre que, para obter a melhor proposta, a Administração deve estimular o maior número possível de interessados. O instrumento convocatório deve despertar a atenção de todos os virtuais contratantes para que, uma vez oferecendo seus préstimos, possa a Administração cotejá-los, atraindo aquele que realmente seja o mais eficiente. Para contemplar esse desiderato, é inevitável que se assegure a isonomia, pois é tratando todos da mesma forma, que se poderá contratar quem lançou a melhor proposta. Privilegiando um ou outro, estar-se-á acarretando prejuízos à Administração Pública, não se sabendo se o beneficiado é efetivamente quem tem as melhores condições de satisfazer ao interesse público. Destarte, a isonomia e a eficiência caminham juntas, permeando o princípio da competitividade. É por esse princípio que ambas se unem, formando a essência da licitação pública. A competitividade tem o condão de juntar a isonomia e a eficiência. Sem isonomia não há competitividade e, no mesmo plano, sem competitividade não há eficiência" (NIEBUHR, Joel de Menezes. *Princípio da isonomia na licitação pública*. Florianópolis: Obra Jurídica, 2000. p. 107).

22 Eros Roberto Grau, por seu turno, vê ligação entre a competitividade e a isonomia, ao aduzir que "competição, pressuposto da licitação, é a possibilidade de acesso a todos e quaisquer agentes econômicos capacitados à licitação; ela, aqui, é concreção da garantia da igualdade" (GRAU, Eros Roberto. *Licitação e contrato administrativo* (estudos sobre a interpretação da lei). São Paulo: Malheiros, 1995. p. 15).

Deve-se exigir documentos e tudo quanto for pertinente à qualificação técnica e econômica, porém somente no tocante ao indispensável à garantia do cumprimento do futuro contrato. O que fugir desta raia é inconstitucional.

2.5 Inciso III do §1º do artigo 173 da Constituição Federal

O inciso III do §1º do artigo 173 da Constituição Federal determina que a lei estabelecerá o estatuto jurídico da empresa pública, da sociedade de economia mista e de suas subsidiárias que explorem atividade econômica de produção ou comercialização de bens ou de prestação de serviços, dispondo sobre licitação e contratação de obras, serviços, compras e alienações, observados os princípios da Administração Pública.

É bem claro que empresas públicas e sociedades de economia mista que não exercem atividade econômica em sentido estrito, mas prestam serviços públicos ou atividades administrativas instrumentais, sem que haja livre concorrência, não estão abrangidas pelo artigo 173 da Constituição Federal.

O artigo 173 da Constituição Federal refere-se às empresas públicas e sociedades de economia mista que exercem atividade econômica em sentido estrito, isto é, repita-se, atividades de cunho privado, exercidas em caráter excepcional mediante intervenção do poder público, prevalecendo os princípios da livre concorrência e igualdade entre elas e todas as demais participantes do mercado. O §1º do artigo 173 da Constituição Federal incide textualmente apenas sobre empresa pública, sociedade de economia mista e suas subsidiárias "que explorem atividade econômica de produção ou comercialização de bens ou de prestação de serviços".

Não faz confusão, via de consequência, entre as empresas públicas e sociedades de economia mista que exercem atividade econômica em sentido estrito e as prestadoras de serviço público, que desenvolvem atividade estatal por excelência, próprias do Poder Público.

Por isso, como observa Eros Roberto Grau, o artigo 173 da Constituição Federal

> não alcança empresa pública, sociedade de economia mista e entidades (estatais) que prestam *serviço público*. O estatuto jurídico referido por esse §1º aplicar-se-á às empresas de que trata o *caput*, empresas públicas, sociedades de economia mista e suas subsidiárias que explorem atividade econômica de produção, comercialização de bens ou de prestação de serviços, evidentemente de serviços não caracterizados como *serviços públicos*, visto que aí se cuida de *atividade econômica em sentido estrito*.[23]

De todo o modo, relembre-se, de início, que o inciso XXVII do artigo 22 da Constituição Federal confere competência à União para expedir normas gerais sobre licitação e contratação, em todas as modalidades, sendo que os órgãos da Administração direta, autarquias e fundações devem obediência ao inciso XXI do artigo 37 da mesma Carta, e as empresas públicas e sociedades de economia mista, por sua vez, ao inciso III do §1º do artigo 173, também da Constituição Federal.

---

[23] GRAU, Eros Roberto. As licitações e as empresas estatais após a Emenda nº 19. *Boletim de Licitações e Contratos*, São Paulo, n. 3, 1999. p. 129.

Apesar da restrição pretensamente consignada no inciso XXVII do artigo 22, a normatividade do inciso XXI do artigo 37 da Constituição Federal abrange toda a Administração Pública, porque ele deve ser concebido com olhos no *caput* do artigo, que, por sua vez, se refere aos princípios regentes de toda a atividade administrativa, o que inclui, de um jeito ou de outro, as empresas públicas e as sociedades de economia mista. E, de mais a mais, o próprio inciso III do §1º do artigo 173 deixa claro que a lei editada com base nele (Lei nº 13.303/2016) deve observar os princípios da Administração Pública, portanto, remetendo diretamente ao artigo 37.

Afora isso, percebe-se, à evidência, que as normas consignadas no inciso XXI do artigo 37 da Constituição Federal revelam as bases da licitação pública e do contrato administrativo, que se relacionam estreitamente com os seus princípios basilares ou deles decorrem, sem que delas possam as empresas públicas e as sociedades de economia mista se afastar. Por exemplo, não pode a lei editada com fundamento no inciso III do §1º do artigo 173 passar a tomar a contratação direta como regra e a obrigatoriedade de licitação pública como exceção, porque estaria em confronto não só com o inciso XXI do artigo 37, porém, sobretudo, com o *caput* do artigo 5º da Constituição Federal, que consagra o princípio da isonomia.

2.6 *Caput* do artigo 175 da Constituição Federal

O *caput* do artigo 175 da Constituição Federal prescreve que "incumbe ao Poder Público, na forma da lei, diretamente ou sob regime de concessão ou permissão, *sempre através de licitação*, a prestação de serviço público".[24]

A concessão de serviço público, antes de outras considerações, dá-se através de contrato administrativo, em que o Poder Público atribui a alguém o exercício de um serviço público, para prestá-lo em nome próprio, por sua conta e risco.[25] Portanto, como a concessão de serviço público implica benefícios econômicos ao concessionário, todos aqueles que se interessarem em colhê-los merecem tratamento paritário, em vista do que, por princípio, o respectivo contrato deve ser precedido de licitação pública. A propósito, usualmente a concessão de serviço público demanda do concessionário investimento de monta, ao mesmo passo em que a tarifa a ser cobrada deve ser acessível aos usuários, pelo que se requer estabilidade e prazos contratuais dilatados, a fim de propiciar a amortização do capital empregado.

Já a permissão de serviço público, buscando amparo nas lições de Celso Antônio Bandeira de Mello, "é o ato unilateral e precário, *intuito personae*, através do qual o Poder Público transfere a alguém o desempenho de um serviço de sua alçada, proporcionando, à moda do que faz na concessão, a possibilidade de cobrança de tarifas dos usuários".[26]

---

[24] Grifos nossos.

[25] Leia-se a definição de Celso Antônio Bandeira de Mello: "Concessão de serviço público é o instituto através do qual o Estado atribui o *exercício* de um serviço público a alguém que aceita presta-lo em nome próprio, por sua conta e risco, nas condições fixadas e alteráveis unilateralmente pelo Poder Público, mas sob garantia contratual de um equilíbrio econômico-financeiro, remunerando-se pela *própria exploração do serviço*, em geral e basicamente mediante tarifas cobradas diretamente dos usuários do serviço" (BANDEIRA DE MELLO, Celso Antônio. *Curso de direito administrativo*. 35. ed. São Paulo: Malheiros, 2021. p. 678).

[26] BANDEIRA DE MELLO, Celso Antônio. *Curso de direito administrativo*. 35. ed. São Paulo: Malheiros, 2021. p. 783.

A precariedade é tradicionalmente apontada como a nota típica da permissão, nota que a distingue da concessão e que permite revogá-la a qualquer tempo, sem que o permissionário se arrogue em direitos contra o Poder Público.[27]

No entanto, ainda no esteio de Celso Antônio Bandeira de Mello, o uso da permissão de serviço público vem sendo desnaturado, utilizado em situações incompatíveis com a precariedade que a rege, já que, em muitos casos, ela implica investimentos de vulto e, pois, estabilidade. Nessas hipóteses, em que, inclusive, se costuma fixar prazo certo, está-se diante, a rigor jurídico, de uma concessão de serviço público, sem importar o nome que se lhe tenha dado.[28]

De qualquer modo, a permissão também acarreta vantagem econômica ao permissionário, tal qual sucede com a concessão, em decorrência do que se demanda a realização de prévia licitação pública, em homenagem ao princípio da isonomia.

Importa notar, para os fins deste estudo, que, de uma forma ou de outra, por concessão ou permissão, ao Poder Público é facultado delegar a prestação de serviços públicos, mas que tal delegação é muito delicada, tanto que o *caput* do artigo 175 da Constituição Federal imperativamente determina que seja feita *sempre através de licitação*, pelo que se conclui, em um primeiro momento, o descabimento de dispensa ou de inexigibilidade.

Entretanto, essa assertiva provoca polêmica no meio doutrinário. Maria Sylvia Di Pietro, por exemplo, sustenta a inaplicabilidade da figura da dispensa às concessões de serviço público, enfatizando que,

> em contrato como a concessão de serviço público, de natureza extremamente complexa, envolvendo grande número de recursos e bens públicos, e com duração longa para permitir ao concessionário a recuperação dos investimentos, não se justifica a contratação direta, a não ser em casos de inexigibilidade de licitação.[29]

Já Antônio Carlos Cintra do Amaral interpreta que o termo *sempre*, contido no dispositivo constitucional, não significa que não se possa dispensar ou declarar inexigível a licitação em casos concretos. E cita dois deles:

> (a) se à licitação para outorga de uma dada concessão não acodem interessados, a Administração pode *dispensá-la*, nos termos do artigo 24, V, da Lei nº 8.666/93; (b) se a adequada prestação do serviço exige opção por uma metodologia nova, moderna, cujo domínio seja de uma única empresa, podendo, inclusive, ter sido por ela patenteada, caracteriza-se a inviabilidade de competição, que, nos termos do art. 25, *caput*, da mesma lei, justifica a inexigibilidade de licitação.[30]

---

[27] Celso Antônio Bandeira de Mello anota: "Dita *precariedade* significa, a final, que a Administração dispõe de poderes para, flexivelmente, estabelecer alterações ou encerrá-la, a qualquer tempo, desde que fundadas razões de interesse público o aconselhem, *sem obrigação de indenizar o permissionário*" (BANDEIRA DE MELLO, Celso Antônio. *Curso de direito administrativo*. 35. ed. São Paulo: Malheiros, 2021. p. 731).

[28] BANDEIRA DE MELLO, Celso Antônio. *Curso de direito administrativo*. 35. ed. São Paulo: Malheiros, 2021. p. 734.

[29] DI PIETRO, Maria Sylvia Zanella. *Parcerias na Administração Pública*. 3. ed. São Paulo: Atlas, 1999. p. 115.

[30] AMARAL, Antônio Carlos Cintra do. *Concessão de serviço público*. São Paulo: Malheiros, 1996. p. 21.

Para Marcos Juruena Villela Souto, "o emprego do advérbio 'sempre' no artigo 175 da CF, antes da menção à licitação para a concessão ou permissão de serviço público levou à conclusão precipitada de que não caberia, jamais, a dispensa de licitação".[31] Adiante, completa:

> No que se refere à inexigibilidade, não há todavia, o que se questionar. Sendo impossível a competição, aplica-se o *caput* do artigo 25, da Lei nº 8.666/93, que, repita-se, é adotada subsidiariamente aos institutos da concessão e permissão. A hipótese é fática, e a lei simplesmente reconhece a realidade.[32]

Cumpre dizer que as Leis nºs 8.987/1995 e 9.074/1995, que disciplinam as concessões e permissões de serviços públicos, inclusive as pertinentes a licitações, não previram dispensa nem inexigibilidade. Afora isso, o artigo 43 da Lei nº 8.987/1995 reputou extintas todas as concessões de serviços públicos outorgadas sem licitação na vigência da Constituição de 1988. E, agregue-se, o parágrafo único do artigo 40 da mesma lei determina a aplicação de suas disposições às permissões.

Em sentido oposto, a Lei nº 9.427/1996, conquanto tenha vedado a possibilidade de inexigibilidade, autoriza a dispensa no caso de não acudirem interessados à licitação pública e de ela não poder ser repetida sem prejuízo para a Administração (§§1º e 2º do artigo 23). A legislação do Estado de São Paulo também reconhece a dispensa, embora para casos restritos (artigo 4º da Lei Estadual nº 7.835/1992).

Em que pesem a opinião dos autores supracitados e as disposições legislativas que são concordes com ela, o texto constitucional não deixa margem a outra interpretação afora aquela que refuta a dispensa de licitação para concessão e permissão de serviço público. Ora, o constituinte valeu-se de expressão unívoca, empregando o advérbio *sempre*, o que redunda em não admitir qualquer espécie de exceção, afastando peremptoriamente a possibilidade de o legislador criar hipótese de dispensa.

Como o constituinte não utiliza palavras em vão, na passagem cujo teor propaga que o regime de concessão e permissão de serviço público dá-se *sempre através de licitação*, é porque tal regime efetivamente se processa *sempre através de licitação* e não sem ela, por melhores que sejam as justificativas lançadas por outro interlocutor. Trata-se de texto normativo que não abre espaço para outra interpretação, dada a precisão do significado do advérbio *sempre*, cujo teor é de domínio público. *Sempre* tem significado categórico, exclusivo. Difere de outras expressões também categóricas como *em regra, na maior parte* etc. Ainda que de modo excepcional, sustentar a possibilidade de dispensa de licitação pública em concessão e permissão de serviço público é o mesmo que riscar o advérbio *sempre* da Constituição, que se lança em defesa de argumento *contra legem*.

Imprestável é a alegação de que a dispensa é admissível em concessão e permissão de licitação pública porque leis ordinárias, quer federais, quer estaduais, quer municipais, lhe tenham dado guarida. É sabido que, uma vez contrárias à Constituição, como o são, tais leis se revelam inconstitucionais, sem que se lhes possa reconhecer validade.

---

[31] SOUTO, Marcos Juruena Villela. *Desestatização*. Privatização, concessões e terceirizações. 2. ed. Rio de Janeiro: Lumen Juris, 1999. p. 130.

[32] SOUTO, Marcos Juruena Villela. *Desestatização*. Privatização, concessões e terceirizações. 2. ed. Rio de Janeiro: Lumen Juris, 1999. p. 130.

Muito embora o constituinte não tenha admitido exceções à obrigatoriedade de licitação pública em concessão e permissão, no que tange à inexigibilidade, a questão muda de figura. Acontece que a inexigibilidade se refere aos limites da licitação pública, perdendo por completo a utilidade, já que falece a competição. Se não há competição, não há licitação pública, ao menos não se percebe sentido em realizá-la, mesmo para a concessão e a permissão de serviço público.

Nota-se que a norma do *caput* do artigo 175 da Constituição Federal é especialmente endereçada ao legislador, vedando-lhe criar hipóteses que afastem a licitação pública em concessão e permissão de serviço público. Sob essa perspectiva, cumpre advertir que a inexigibilidade não é criada pelo legislador, nem precisa do reconhecimento dele. A inexigibilidade existe porque a licitação pública não alcança certas situações, o que é questão de fato, não, prioritariamente, de direito. É de direito somente na medida em que ele é compelido a reconhecer a inexigibilidade, e, por consequência, convidado a disciplinar os seus efeitos. Então, a exigência de *sempre* ser precedida de licitação pública não alcança as situações de inexigibilidade, em que é impossível proceder a ela, mesmo que assim quisesse o legislador.

Analisa-se, com mais cuidado, a hipótese aventada por Antônio Carlos Cintra do Amaral, de serviço a ser prestado mediante uso de tecnologia inovadora, que otimize a qualidade dos préstimos oferecidos à população, tecnologia detida, contudo, por única empresa, que inclusive a teria patenteado. Nesse caso, se o interesse público realmente demanda aquela tecnologia específica, não haveria sentido em proceder à licitação pública, porque só a referida empresa atenderia aos quesitos do edital. Daí se apresentam três soluções: (a) proceder à licitação pública de qualquer jeito, sem requisitar no edital a tecnologia visada, para que outros possam participar da licitação pública, prejudicando o serviço a ser prestado à população e, pois, sacrificando o interesse público; (b) proceder à licitação pública, exigindo a aludida tecnologia, licitação que oneraria a Administração para simplesmente atender uma formalidade, sem utilidade alguma, como se fosse peça teatral; (c) contratar diretamente, por inexigibilidade de licitação pública. Pois bem, é transparente que as duas primeiras soluções não são plausíveis, levariam a absurdos. Só resta ao intérprete, com arrimo na razoabilidade, optar pela terceira opção, reconhecendo, ainda que de maneira excepcional, a inexigibilidade de licitação pública para concessão e permissão de serviço público.

Também é de ressalvar que o *caput* do artigo 175 da Constituição Federal exige sempre a licitação para concessão ou permissão de serviço público e não se refere nem exclui outras formas de delegação de serviços públicos ou, mais precisamente, não se refere nem exclui a autorização de atividades ou serviços de utilidade pública, como previsto nos incisos XI e XII do artigo 21 da Constituição Federal. Nessas hipóteses, não se aplica o *caput* do artigo 175 da Constituição Federal e a licitação não é exigida sempre, admitindo-se, mesmo como regra, a delegação sem licitação, como referendado pela jurisprudência.[33] [34] Com essa roupagem, a autorização deve ser utilizada, especialmente, quando a delegação não importa relação de exclusão. Ou seja, nas hipóteses em que, pela natureza dos serviços ou atividades a serem autorizadas, os diversos interessados podem prestá-las sem que um exclua os demais. Essas situações, a depender das suas especificidades, podem favorecer a coletividade, que dispõe de vários prestadores atuantes sob o regime de concorrência, quebrando os regimes de exclusividade ou de limitação de prestadores que é característico das concessões e permissões de serviços públicos. Ademais, permitindo-se que vários prestadores sejam autorizados sem relação de exclusão, cumpre-se o princípio da isonomia, porque todos são tratados com igualdade, o que inviabiliza a competição, aproximando-se sobremaneira à figura do credenciamento, tradicionalmente contratada por inexigibilidade de licitação.

---

[33] "Art. 21. Compete à União: [...] XI - explorar, diretamente ou mediante autorização, concessão ou permissão, os serviços de telecomunicações, nos termos da lei, que disporá sobre a organização dos serviços, a criação de um órgão regulador e outros aspectos institucionais; XII - explorar, diretamente ou mediante autorização, concessão ou permissão: a) os serviços de radiodifusão sonora, e de sons e imagens; b) os serviços e instalações de energia elétrica e o aproveitamento energético dos cursos de água, em articulação com os Estados onde se situam os potenciais hidroenergéticos; c) a navegação aérea, aeroespacial e a infraestrutura aeroportuária; d) os serviços de transporte ferroviário e aquaviário entre portos brasileiros e fronteiras nacionais, ou que transponham os limites de Estado ou Território; e) os serviços de transporte rodoviário interestadual e internacional de passageiros; f) os portos marítimos, fluviais e lacustres; [...]".

[34] "Agravo regimental no recurso extraordinário. 2. Ação direta de inconstitucionalidade perante o Tribunal de Justiça estadual. 3. Serviço de transporte individual de passageiro. Táxis. Prorrogação das atuais autorizações ou permissões que estiverem com o prazo vencido, ou em vigor por prazo indeterminado, por 15 anos, admitida prorrogação por igual período. 4. Serviço de utilidade pública prestado por particular. Não caracterização como serviço público. 5. Inaplicabilidade do art. 175 ou do art. 37, XXI, da Constituição Federal. Inexigibilidade de licitação. 6. Necessidade de mera autorização do Poder Público para a prestação do serviço pelo particular. Competência do Município para estabelecer os requisitos autorizadores da exploração da atividade econômica. 7. Precedente do Plenário desta Corte: RE 359.444. Inteligência do art. 12-A da Lei 12.587/2012, com a redação dada pela Lei 12.865/2013. 8. Agravo regimental a que se nega provimento" (STF, Segunda Turma. RE nº 1.002.310 AgR. Rel. Min. Gilmar Mendes, j. 30.6.2017).

REGIME LEGAL DA LICITAÇÃO PÚBLICA E DO CONTRATO ADMINISTRATIVO

1 Legislação sobre licitação pública e contrato administrativo

1.1 A competência da União para dispor sobre as normas gerais de licitação pública e contrato administrativo

O inciso XXVII do artigo 22 da Constituição Federal dispõe que compete à União legislar privativamente sobre

> [...] normas gerais de licitação e contratação, em todas as modalidades, para as administrações públicas diretas, autárquicas e fundacionais da União, Estados, Distrito Federal e Municípios, obedecido o disposto no art. 37, XXI, e para as empresas públicas e sociedades de economia mista, nos termos do art. 173, §1º, III.

Convém ressaltar o equívoco técnico cometido pelo constituinte, especialmente no que tange à sistematização do dispositivo em apreço. Ocorre que todas as hipóteses de atribuição de competência à União para legislar a respeito de normas gerais deveriam ser tratadas sistematicamente no artigo 24 da Constituição Federal, que é o artigo tocante à competência concorrente, e não no artigo 22, que alude à competência privativa.[35]

De todo jeito, o inciso XXVII do artigo 22 da Constituição Federal deixa claro que a União dispõe de competência para editar normas gerais em torno de licitação pública e contratos administrativos, o que pressupõe a competência concorrente dos demais entes federativos para produzirem as normas que não sejam qualificadas como gerais, isto é, as normas especiais, pormenorizadas, que guardem pertinência às características de cada qual.[36]

---

[35] Esse mesmo tópico é lembrado por Adilson Abreu Dallari: "a matéria de licitações e contratos não deveria estar prevista no art. 22 da Constituição Federal, que cuida de competência privativa, pois a referência a normas gerais já afasta automaticamente e logicamente a privatividade; essa matéria deveria figurar no art. 24, que cuida, exatamente, da competência da União para expedir normas gerais" (DALLARI, Adilson Abreu. *Aspectos jurídicos da licitação*. 4. ed. São Paulo: Saraiva, 1997. p. 23).

[36] "AÇÃO DIRETA DE INCONSTITUCIONALIDADE. DIREITO CONSTITUCIONAL. ARTIGO 34, VII DA LEI ESTADUAL PARANAENSE Nº 15608/2007. LICITAÇÃO E CONTRATAÇÃO. NORMAS GERAIS. HIPÓTESE INOVADORA DE DISPENSA DE LICITAÇAO. INVASÃO DA COMPETÊNCIA LEGISLATIVA

As normas gerais produzidas pela União devem necessariamente dar espaços a outras normas, que não sejam gerais.[37] Portanto, as normas gerais não podem exaurir a matéria de que tratam, sempre permitindo que os entes federativos as compatibilizem com as suas particularidades. Sobretudo, as *normas gerais* referem, consoante as lições de Geraldo Ataliba,[38] às normas nacionais, produzidas pelo Estado Federal, que devem revestir-se da mesma tonalidade em todas as partes da Federação, desenhando o traçado básico de determinado instituto jurídico através da definição de seus princípios, diretrizes, conceitos, modalidades etc.[39] Os entes federativos, inclusive a União, conquanto devam obediência às normas gerais, ao lado delas devem produzir as *normas particulares* atinentes à estrutura política e jurídica de cada qual, que dá feição própria e especial às normas prescritas em caráter *nacional*.

Como será melhor exposto, a Lei nº 14.133/2021, que disciplina as licitações públicas e os contratos administrativos, afirma-se como norma geral, o que significa que ela se aplica na mesma medida para todos os entes federativos. No entanto, percebe-se que a referida lei adentra em muitos pormenores, questões de ordem procedimental e de organização de cada órgão e entidade, que destoam daquilo que se pode compreender como norma geral e, nessa medida, são inconstitucionais, porque desbordam da competência instituída à União pelo inciso XXVII do artigo 22 da Constituição Federal.

Sob essa perspectiva, valorizando a autonomia dos estados, do Distrito Federal e dos municípios festejada pelo artigo 18 da Constituição Federal, é de reconhecer a eles competência para também disporem sobre licitação pública e contrato administrativo de modo a complementar a Lei nº 14.133/2021 e harmonizá-la às suas realidades. O difícil é distinguir, dentro da Lei nº 14.133/2021, as suas disposições que transcendem

---

DA UNIÃO. INCONSTITUCIONALIDADE FORMAL. PROCEDÊNCIA DA AÇÃO DIRETA DE INCONSTITUCIONALIDADE. MODULAÇÃO DOS EFEITOS. 1. Esta Corte já assentou o entendimento de que assiste aos Estados competência suplementar para legislar sobre licitação e contratação, desde que respeitadas as normas gerais estabelecidas pela União. 2. Lei estadual que ampliou hipótese de dispensa de licitação em dissonância do que estabelece a Lei 8.666/1993. 3. Usurpa a competência da União para legislar sobre normais gerais de licitação norma estadual que prevê ser dispensável o procedimento licitatório para aquisição por pessoa jurídica de direito interno, de bens produzidos ou serviços prestados por órgão ou entidade que integre a Administração Pública, e que tenha sido criado especificamente para este fim específico, sem a limitação temporal estabelecida pela Lei 8.666/1993 para essa hipótese de dispensa de licitação. 4. Ação direta de inconstitucionalidade julgada procedente, com modulação de efeitos, a fim de preservar a eficácia das licitações eventualmente já finalizadas com base no dispositivo cuja validade se nega, até a data desde julgamento" (STF, Plenário. ADI nº 4.658. Rel. Edson Fachin, j. 25.10.2019).

37 Segundo Eros Roberto Grau, "a disposição de normas gerais supõe determinação de parâmetros, em nível maior de generalidade, a serem atendidos na normatividade subsequente à sua definição" (grifos no original) (GRAU, Eros Roberto. *Licitação e contrato administrativo* (estudos sobre a interpretação da lei). São Paulo: Malheiros, 1995. p. 11).

38 Como aduz Geraldo Ataliba: "As normas gerais de direito financeiro e tributário são, por definição e pela sistemática constitucional, leis *nacionais;* leis que não se circunscrevem ao âmbito de qualquer pessoa política, mas os transcendem aos três. Não se confundem com a lei federal, estadual ou municipal e têm seu campo próprio e específico, excludente das outras três e reciprocamente. Quer dizer, da mesma forma que dominam o próprio campo constitucional, em caráter privativo, prevalecendo – em razão de delimitação constitucional e não de hierarquia – sobre tentativas das demais leis de invadir-lhe esta faixa, não podem estender-se validamente aos objetos próprios da legislação federal, estadual e municipal" (ATALIBA, Geraldo. Leis nacionais e leis federais no regime constitucional brasileiro. *In:* PRADE, Péricles (org.). *Estudos em homenagem a Vicente Raó*. São Paulo: Saraiva, 1977. p. 131-132).

39 Sob esse prisma, Celso Ribeiro Bastos sustenta que "o sentido útil para a sua interpretação é o de que as normas gerais são aquelas estruturais para o procedimento licitatório, é dizer, que constituem as suas vigas mestras, seus pontos essenciais" (BASTOS, Celso Ribeiro. *Curso de direito administrativo*. São Paulo: Saraiva, 1994. p. 116).

as normas gerais e sobre as quais os estados, o Distrito Federal e os municípios não se encontram vinculados. O problema reside na indeterminação do conceito de normas gerais, que enseja interpretações bastante subjetivas.

O Supremo Tribunal Federal tem diversos julgados sobre leis estaduais, distrital ou municipais acerca das licitações e contratos em conflito com as leis federais e, portanto, sobre a constitucionalidade delas. No fim, a discussão é se dado assunto ou matéria poderia ser entendida como norma geral ou não. Se norma geral, entende-se por prevalecer o contido na legislação federal. O contrário, se considerado que dado assunto ou matéria não diz respeito à norma geral, daí se reconhece e se faz prevalecer a legislação dos demais entes da federação. Por ilustração, o Supremo já decidiu que Estado pode inverter a ordem das fases do procedimento;[40] que Município pode reduzir baliza que caracteriza contrato de grande vulto para o efeito de exigir programa de integridade;[41] que Estado não pode ampliar hipóteses de dispensa de licitação;[42] e que o Distrito Federal não pode criar exigência nova de habilitação (certidão de violação aos direitos do consumidor).[43]

Propõe-se, em percepção restritiva, que, ao menos, questões essencialmente procedimentais sobre organização interna, inclusive sobre requisitos para o exercício por parte de agentes públicos das competências legais, e sobre patamares de valores para produzir determinado ato ou providência sejam reconhecidas como próprias à autonomia dos estados, do Distrito Federal e dos municípios.

1.2 O regime "antigo" de licitação pública e contrato administrativo: a Lei nº 8.666/1993, a Lei nº 10.520/2002 e a Lei nº 12.462/2011

Em obediência à competência conferida pelo inciso XXVII do artigo 22 da Constituição Federal, a União produziu a Lei nº 8.666/1993, que se predispunha, logo em seu primeiro artigo, a estabelecer "normas gerais sobre licitações e contratos administrativos pertinentes a obras, serviços, inclusive de publicidade, compras, alienações e locações no âmbito dos Poderes da União, Estados, do Distrito Federal e dos Municípios". Essa lei, revogada em 30 de dezembro de 2023, compreendia cento e vinte e seis artigos, a maior parte deles fragmentada em vários parágrafos, incisos e alíneas, cujos teores constituíam emaranhado de normas que praticamente exauriram a disciplina da licitação pública e do contrato administrativo, pretendendo uniformizar a matéria, o que furtava em boa medida a competência legislativa conferida aos demais entes federativos.[44]

---

[40] STF, Plenário. RE nº 1188352. Rel. Min. Luiz Fux, j. 27.5.2024

[41] STF, Segunda Turma. RE 1410340. Rel. Min. Dias Toffoli, j. 25.9.2023

[42] STF, Plenário. ADI nº 4.658. Rel. Min. Edson Fachin, j. 25.10.2019

[43] STF, Plenário. ADI nº 3735. Rel. Min. Teori Zavascki, j. 8.9.2016

[44] Para Adilson Abreu Dallari: "Mas essa uniformização, que se tentou implantar no âmbito da licitação, é desastrosa, porque esta guarda uma relação muito próxima com a capacidade econômica, com o movimento econômico de cada pessoa jurídica de capacidade política. É absurdo haver uma legislação única de licitações, tanto para um pequeno Município do interior quanto para a União, ou para a Capital de São Paulo. Sendo a licitação matéria de direito administrativo, deve ela ser disciplinada pela legislação de cada pessoa jurídica de capacidade política, de acordo com suas peculiaridades" (DALLARI, Adilson Abreu. *Aspectos jurídicos da licitação*. 4. ed. São Paulo: Saraiva, 1997. p. 19).

A União, também no exercício da competência que lhe foi atribuída pelo inciso XXVII do artigo 22 da Constituição Federal, editou a Lei nº 10.520/2002, que disciplinava a modalidade pregão, ou melhor, prescrevia as normas gerais sobre a modalidade pregão – também revogada em 30 de dezembro de 2023. A Lei nº 10.520/2002, ao contrário da Lei nº 8.666/1993, era bastante sucinta e objetiva, composta por apenas treze artigos. Daí que, em relação à modalidade pregão, a Lei nº 8.666/1993 aplicava-se de forma subsidiária, como previa o artigo 9º da Lei nº 10.520/2002. Ou seja, diante de ausência de normas sobre dado assunto na Lei nº 10.520/2002, dever-se-ia recorrer, subsidiariamente, à Lei nº 8.666/1993. Portanto, sob essa perspectiva, havia uma espécie de integração entre a Lei nº 8.666/1993 e a Lei nº 10.520/2002. A legislação do pregão ainda era regulamentada por decreto. O Decreto Federal nº 3.555/2000 regulamentava o pregão presencial, e o Decreto Federal nº 10.024/2019 regulamentava o pregão eletrônico. Além deles, os estados, os municípios e o Distrito Federal também dispunham de decretos sobre a matéria.

Ao lado do complexo regime de licitações e contratos estatuído pela Lei nº 8.666/1993 e pela Lei nº 10.520/2002, criou-se o denominado Regime Diferenciado de Contratações Públicas (RDC), estatuído pela Lei nº 12.462/2011. Ele foi concebido para as licitações destinadas à Copa do Mundo de Futebol de 2014 e às Olimpíadas de 2016. Entretanto, posteriormente, foi ampliado para diversos outros objetos, com destaque para as ações integrantes do Programa de Aceleração do Crescimento (PAC) (Lei nº 12.688/2012), obras e serviços de engenharia no âmbito do Sistema Único de Saúde (SUS) (Lei nº 12.745/2012), licitações e contratos de obras e serviços de engenharia no âmbito dos sistemas públicos de ensino (Lei nº 12.722/2012) e obras e serviços de engenharia para estabelecimentos penais e unidades de atendimento socioeducativo (Lei nº 12.980/2014). Nessas e noutras hipóteses previstas na legislação, era permitido utilizar o regime diferenciado. Dito de outra forma, para tais hipóteses, os agentes administrativos gozavam de discricionariedade para decidir se licitavam por meio do regime da Lei nº 8.666/1993 e da Lei nº 10.520/2002 ou se licitavam por meio do regime diferenciado. A opção pelo regime diferenciado excluía a aplicação da Lei nº 8.666/1993. A teor do §2º do artigo 1º da Lei nº 12.462/2011, as normas da Lei nº 8.666/1993 somente se aplicavam para o regime diferenciado nos casos expressamente previstos naquela lei.

As referidas leis foram regulamentadas por um conjunto imenso de normas espalhadas por decretos, portarias, instruções normativas etc., o que tumultuava as atividades dos intérpretes, que, com frequência, para tomarem decisões, precisavam recorrer a diversos diplomas normativos, muitos deles contraditórios – essa profusão de regulamentos, infelizmente, perdura até hoje, sob o regime novo da Lei nº 14.133/2021.

Esse regime "velho" de licitação pública e contrato administrativo teve como grande protagonista a Lei nº 8.666/1993, que apresentava modelo de licitação excessivamente burocrático, formalista, engessado e desconfiado. O resultado desse modelo esteve longe de ser positivo. As licitações, nesse modelo, arrastavam-se por meses, sendo bastante usual que a Administração selecionasse propostas desvantajosas sob o prisma da qualidade e do preço, contratos não eram adequadamente executados, havia muitos casos de corrupção e a maioria das pessoas que atuam com licitação pública e contrato administrativo tinham medo de sofrer questionamentos de órgãos de controle e acabar respondendo a processos administrativos, civis ou criminais – esse quadro, infelizmente, não foi alterado significativamente com o regime novo. Essas mazelas não podem ser todas atribuídas à Lei nº 8.666/1993, mas o fato é que ela ofereceu um contributo relevante. Um outro modelo de licitação pública e contrato administrativo, que precisa ser fundamentado em lei, poderia abrir novos horizontes e perspectivas.

1.3 O regime de licitação pública e contrato das empresas estatais: Lei nº 13.303/2016

No que tange às sociedades de economia mista e às empresas públicas que exercem atividade econômica em sentido estrito, em obediência ao §1º do artigo 173 da Constituição Federal, a União teve que elaborar legislação especial, que, de acordo com o inciso III do referido §1º, deveria dispor sobre licitação e contratação de obras, serviços, compras e alienações, observados os princípios da Administração Pública.

No exercício dessa competência, o legislador produziu a Lei nº 13.303/2016, que rege as licitações públicas e os contratos de todas as empresas estatais, das que exercem atividade econômica em sentido estrito, das prestadoras de serviços públicos e de qualquer outra. Assim, a Lei nº 13.303/2016 vai para além do previsto no §1º do artigo 173 da Constituição Federal, que dispõe apenas sobre as que exploram atividade econômica. Ela equipara e dá o mesmo tratamento para todos os tipos de empresas públicas e sociedades de economia mista.

De toda forma, a justificativa, que perpassa o texto constitucional e que empresta fundamento à ideia de prescrever regime próprio de licitações e contratos, é que as empresas públicas e sociedades de economia mista que exploram atividade econômica atuam no mercado em regime de concorrência com as demais empresas privadas e, por conseguinte, precisam de regras mais flexíveis sobre licitações e contratos, para assegurar competitividade, sem descurar dos princípios de direito administrativo.

Pondera-se que um bom número de empresas públicas e sociedades de economia mista prestadoras de serviços públicos não atua em regime de concorrência. A justificativa que costuma ser dada para o regime próprio de licitações e contratos destinado às que exploram atividade econômica não se aplica às prestadoras de serviços públicos que não se submetem a regime concorrencial. No entanto, o Legislativo deu de ombros. Por certo, não viu sentido em prescrever regras apenas para as que exploram atividade econômica, excluindo as prestadoras de serviços públicos.

O modelo da Lei nº 13.303/2016 é bem destoante daquele destinado à Administração Pública em geral, sendo que a Lei nº 14.133/2021 não deve ser aplicada subsidiariamente à Lei nº 13.303/2016, deve sê-lo apenas quando expressamente prescrito.

1.4 Legislação esparsa sobre licitação pública e contrato administrativo

Há diversas outras leis esparsas que tratam de matérias afeitas à licitação pública e contrato administrativo. Pode-se mencionar, nesse sentido, a Lei Complementar nº 123/2006, conhecida como Estatuto da Microempresa e da Empresa de Pequeno Porte.

Ainda, o Legislativo resolveu produzir leis que versam sobre as licitações públicas de objetos específicos, como, por exemplo, ocorre com a Lei nº 8.248/1991, que trata das licitações de bens e serviços de informática, bem como com a Lei nº 12.232/2010, que trata das licitações de publicidade.

Ademais, a União expediu a Lei nº 8.987/1995, acompanhada pela Lei nº 9.074/1995, cujos escopos são de disciplinar o artigo 175 da Constituição Federal, relativo às concessões e permissões de serviço público, abordando a matéria tocante às licitações que a precedem e ao regime contratual que lhes é próprio. Na mesma linha, a União Federal editou a Lei nº 11.079/2004, que dispõe sobre as parcerias público-privadas e, também, sobre as licitações que as antecedem.

1.5 O regime "novo" de licitação pública e contrato administrativo: a Lei nº 14.133/2021

O legislador produziu a Lei nº 14.133/2021, que instituiu um suposto regime "novo" de licitação pública e contrato administrativo, com a prescrição de normas gerais que se destinam à Administração Pública de todos os entes federativos, em substituição à Lei nº 8.666/1993, à Lei nº 10.520/2002 e à parte da Lei nº 12.462/2011 que tratava das licitações. A Lei nº 14.133/2021, como deixa claro o §1º do seu artigo 1º, não abrange as empresas estatais, que permanecem regidas pela Lei nº 13.303/2016.

Aliás, é bom frisar que a Lei nº 14.133/2021 entrou em vigência na data da sua publicação, dia 1º de abril de 2021, sem período de vacância. Sem embargo, o legislador estabeleceu um inusitado período de 2 (dois) anos de convivência da nova lei com a Lei nº 8.666/1993, a Lei nº 10.520/2002 e a Lei nº 12.462/2011 (RDC) – período este que se encerraria em 1º de abril de 2023 e acabou sendo prorrogado para 30 de dezembro de 2023, como se explicará na sequência.

A Lei nº 14.133/2021 está muito longe do ideal, a Administração Pública merecia algo melhor, especialmente depois de décadas sofrendo nas mãos da Lei nº 8.666/1993. Há avanços pontuais, entretanto a nova Lei reproduz a mesma gênese excessivamente burocrática, excessivamente formalista, excessivamente engessada e excessivamente desconfiada da Lei nº 8.666/1993. Esse é o maior pecado de uma Lei que caiu na armadilha burocrática de tratar tudo em pormenor, de amarrar, de exigir punhados de justificativas para qualquer coisa, documentos e mais documentos, até para compras simples e usuais.

E o pior é que a nova Lei é considerada norma geral e se aplica na mesma medida para todos os entes federativos, salvo para as estatais, insista-se, sujeitas à Lei nº 13.303/2016. A Lei até se poderia ter como exequível e fazer sentido para a Esplanada dos Ministérios, contudo, é distante da realidade da Administração Pública nacional, notadamente dos milhares de pequenos e médios municípios brasileiros, que não contam com receita, estrutura adequada e braços qualificados.

Há sim qualidades na Lei nº 14.133/2021, porém elas não são transformadoras ou decisivas. O legislador não inaugurou um novo modelo de contratação, não trouxe novas alternativas que mirassem e oferecessem munição para enfrentar o futuro. As novidades são periféricas.

De modo geral, em sua maior parte, a Lei nº 14.133/2021 representa uma espécie de consolidação de leis, decretos, portarias, instruções normativas e principais acórdãos do Tribunal de Contas da União sobre licitações e contratos administrativos. O legislador, até com competência nesse particular, juntou diversas normas esparsas e entendimentos que iam e vinham, meio que soltos, e os reuniu em um texto extenso, dividido em 194 artigos, muitos e muitos parágrafos, incisos e alíneas.

2 Vigência da Lei nº 14.133/2021 e regime de transição

2.1 Vigência

O artigo 194 da Lei nº 14.133/2021 prescreve que ela é vigente desde a sua publicação. Portanto, não se previu a chamada *vacatio legis* (vacância da lei), cuja regra geral, conforme o artigo 1º da Lei de Introdução às Normas do Direito Brasileiro, é de 45 dias a contar da publicação. Esse prazo de vacância costuma ser dado para que as pessoas tenham tempo de compreender a lei nova e adequarem os seus comportamentos a ela. No caso da Lei nº 14.133/2021, a vigência foi imediata, o que significa que, com a publicação, que se deu em 1º de abril de 2021, ela já se tornou apta a produzir efeitos, ou seja, ela pôde ser aplicada pela Administração imediatamente.

2.2 Período de convivência entre a Lei nº 14.133/2021 e o regime antigo

Sem embargo, o legislador determinou período de convivência de dois anos entre a Lei nº 14.133/2021 e as leis que compõem o regime antigo. A Lei nº 8.666/1993, a Lei nº 10.520/2002, que tratava da modalidade pregão, e os dispositivos da Lei nº 12.462/2001 que versavam sobre o Regime Diferenciado de Contratações Públicas somente seriam revogados depois de dois anos da publicação da Lei nº 14.133/2021, logo, em 1º de abril de 2023. Ou seja, previu-se inicialmente dois anos de convívio entre os regimes antigo e novo de licitação e contratação.

Nas vésperas do encerramento do prazo, em 31 de março de 2023, o Governo Federal editou a Medida Provisória nº 1167/2023, que prorrogou o prazo para a revogação das Leis nº 8.666/1993, nº 10.520/2002 e trechos da nº 12.462/2011 para 30 de dezembro de 2023. O Legislativo também produziu a Lei Complementar nº 198/2023, que consolidou a revogação das referidas Leis para 30 de dezembro de 2023. Desta vez, não houve nova prorrogação e as referidas Leis foram finalmente revogadas em 30 de dezembro de 2023.

Quer dizer que, até 29 de dezembro de 2023, o município podia aplicar qualquer dos regimes, o antigo ou o novo, conforme sua preferência. Portanto, durante esse prazo, a Administração dispunha de três opções: (i) aplicar o regime novo, (ii) aplicar o regime antigo ou (iii) alternar os regimes, ora promovendo licitações sob o regime antigo e ora promovendo licitações sob o regime novo.

Na prática, permitiu-se à Administração permanecer com o regime antigo de licitações e contratos até 29 de dezembro de 2023, tempo bem alargado. Supõe-se que nesse intervalo a Administração fizesse os estudos necessários sobre a Lei nº 14.133/2021, adaptasse os seus processos internos, qualificasse os seus servidores e passasse a aplicar o novo regime.

No entanto, repita-se que a Lei nº 14.133/2021 já entrou em vigência com a sua publicação, o que significa que desde então foi permitido à Administração adotá-la. Logo, as entidades e órgãos que se sentiram preparados estavam desde logo autorizados a passar a adotar o regime novo a partir de quando entendessem conveniente. Não precisaram esperar.

Essa solução é muito parecida com a oferecida pelo Legislador na Lei nº 13.303/2016, que disciplina as estatais, inclusive suas licitações e contratos, como preceitua o seu artigo 91.[45] No caso das estatais, a maioria resolveu mexer-se em cima do prazo fatal, quando os 2 (dois) anos já estavam prestes a vencer. Nada impediu, malgrado, que o mesmo acontecesse com a Lei nº 14.133/2021, cujo prazo inicial para a revogação do regime antigo foi prorrogado justamente porque a Administração, em sua grande maioria, não se sentia preparada.

Há, no entanto, uma diferença importante na Lei nº 14.133/2021 em comparação com a Lei nº 13.303/2016: as estatais tinham o prazo para passar a adotar a Lei nº 13.303/2016. Em dado momento, passavam a adotar a Lei nº 13.303/2016 e deixavam o regime antigo, mesmo que o fizessem antes dos dois anos. Não lhes foi permitido usar os dois regimes ao mesmo tempo.

A Lei nº 14.133/2021 inovou nesse sentido, porque permitiu que a Administração fosse adotando o regime novo paulatinamente, sem se obrigar a abandonar de vez o antigo, pelo menos até a revogação dele, que ocorreu, repita-se, em 30 de dezembro de 2023. Noutras palavras, foi permitido lançar licitação pela Lei nº 8.666/1993 e outra pelo regime novo, ir alternando os regimes, como melhor aprouvesse, desde que o edital fosse claro sobre qual o regime era utilizado. O proibido era lançar licitação com uma espécie de simbiose dos dois regimes, um pouco de cada.

Portanto, o fato de órgão ou entidade ter lançado licitação pelo regime novo não significou que abandonara totalmente o antigo. É como se fosse uma fase alongada de *test drive*, até que a Administração pegasse confiança e decidisse de uma vez ou fosse forçada a abandonar o regime antigo.

2.3 A vedação à combinação entre os regimes novo e antigo de licitação pública e contrato administrativo

O *caput* do artigo 191 da Lei nº 14.133/2021 permitiu até 30 de dezembro de 2023 a convivência entre a Lei nº 14.133/2021, que representa o regime novo de licitação pública e contrato administrativo, e as leis nº 8.666/1993 e nº 10.520/2002 e os dispositivos da Lei nº 12.462/2012 sobre licitações e contratos, que representam o regime antigo. A parte final do *caput* do artigo 191, no entanto, ressalvou categoricamente que é "vedada a aplicação combinada desta Lei com as citadas no referido inciso". Ou seja, nesse período de convivência, os regimes novo e antigo puderam ser alternados, ora um, ora outro, porém não puderam ser aplicados em conjunto, à moda de uma simbiose, para a mesma licitação pública e contrato administrativo.

É o parecer da Advocacia-Geral da União:

---

[45] "Art. 91. A empresa pública e a sociedade de economia mista constituídas anteriormente à vigência desta Lei deverão, no prazo de 24 (vinte e quatro) meses, promover as adaptações necessárias à adequação ao disposto nesta Lei".

> Retornando à questão, desse modo, para contratações públicas presentes e futuras, tem-se a possibilidade de aplicação dos dois regimes – antigo e novo –, havendo, no entanto, a impossibilidade de combinação entre os comandos de cada um deles.
> 181. A vedação da aplicação combinada tem como efeito a necessária escolha, pelo gestor, de um dos dois regimes de contratação: aquele inaugurado pela nova lei e o anterior, ainda vigente, mas claramente rumando para o desuso, ressalvados os contratos já firmados, e, ao final do prazo de dois anos, para a revogação definitiva.
> 182. Observe-se que a aplicação dos regimes é do tipo excludente, ou seja, no período de transição é possível o manejo de um ou de outro regime de forma estanque, sem que se permita mescla e/ou intercâmbio de suas disposições.
> 183. Assim, o gestor poderá eleger se em determinada contratação se valerá dos comandos da Lei nº 8.666/93, da Lei nº 10.520/2002 e dos artigos 1º a 47-A da Lei nº 12.462/2011 ou se adotará a Lei nº 14.133/2021, sendo vedada a combinação entre esses diplomas normativos.[46]

A ressalva final do *caput* do artigo 191 da Lei nº 14.133/2021 é necessária, porque a combinação dos regimes seria algo inviável, sem parâmetro objetivo algum para escolher o que se aplicar de uma lei e de outra. A escolha do que seria aproveitado de cada lei seria totalmente subjetiva, ao sabor dos agentes administrativos, sem que, desse modo, se garantisse qualquer coerência. A combinação importaria num novo regime diferente dos demais, híbrido, à escolha da Administração.

Demais disso, é sabido que uma lei deve ser interpretada e aplicada no seu todo. Não se pode pinçar aqui ou acolá dispositivos legais isolados e descontextualizados que pareçam mais ou menos convenientes para inseri-los no sistema de uma outra lei. O legislador não o diz com todas as letras, mas os dispositivos se inserem num contexto em que, por vezes, deliberadamente, um compensa ou refreia outro. Enfim, um dispositivo legal não pode ser sacado de fora do seu contexto para ser aplicado numa outra lei, que não reproduz necessariamente as mesmas premissas e as mesmas soluções normativas.

Advirta-se que, durante o período de convivência, foi forte a tentação de se aproveitar algo da Lei nº 14.133/2021 em licitação pública e contrato administrativo regido pela Lei nº 8.666/1993, sobretudo normas conectadas a princípios, como exemplo, as que demandam planejamento, segregação de funções e governança, bem como normas que definem valores limites para dados atos, como os limites mais alargados para a dispensa de licitação pelo valor econômico. Sucede que, num plano geral, tais normas parecem que se encaixariam na Lei nº 8.666/1993, como se fossem espécies de atualizações a si incorporadas de plano. Não é assim, essa não foi a opção do legislador, insista-se – e a opção do legislador deve ser respeitada. O legislador não permitiu a combinação de regimes, não poderia ter sido mais claro nessa proibição, como exposto na parte final do *caput* do artigo 191 da Lei nº 14.133/2021.

Registre-se que o Superior Tribunal de Justiça produziu acórdão que provocou controvérsia acerca da combinação entre os regimes.[47] No caso, discutia-se sobre a aceitação de proposta de licitantes em pregão regido pela Lei nº 10.520/2002, cujo objeto era o fornecimento de equipamentos de oxigenação. O Superior Tribunal de Justiça entendeu que o licitante que havia sido contratado não atendeu ao edital, por efeito

---

[46] AGU. Parecer nº 00002/2021/CNMLC/CGU/AGU, de 14.6.2021.

[47] STJ, Primeira Turma. RMS nº 62.150/SC. Rel. Min. Sérgio Kukina, J. 8.6.2021.

do que o ato que lhe declarou vencedor da licitação e o próprio contrato deveriam ser anulados. No entanto, como o contrato já estava em curso, preferiu modular os efeitos da declaração de nulidade, de modo que ela somente se operaria depois de três meses do trânsito em julgado do acórdão. Essa modulação foi amparada, em primeiro lugar, no artigo 21 da Lei de Introdução às Normas do Direito Brasileiro (LINDB)[48] e, em segundo lugar, no §2º do artigo 148 da Lei nº 14.133/2021, cujo texto prescreve que, "ao declarar a nulidade do contrato, a autoridade, com vistas à continuidade da atividade administrativa, poderá decidir que ela só tenha eficácia em momento futuro, suficiente para efetuar nova contratação, por prazo de até 6 (seis) meses, prorrogável uma única vez".

Veja-se que a modulação realizada pelo Superior Tribunal de Justiça tinha um outro fundamento diferente do dispositivo da Lei nº 14.133/2021, que foi apresentado, nessa perspectiva, talvez mais como um reforço argumentativo. Sem embargo, o fato é que, ao fim e ao cabo, o Superior Tribunal de Justiça aplicou um dispositivo da Lei nº 14.133/2021 em licitação pública e contrato administrativo fundados no regime antigo, em afronta direta à parte final do *caput* do artigo 191 da Lei nº 14.133/2021. Não seria errado se o acórdão esclarecesse que o dispositivo da Lei nº 14.133/2021 fora aludido como uma mera referência, de natureza secundária e marginal à razão de decidir, com feição de *obter dictum* – argumento marginal e conexo, sem o qual a decisão seria a mesma. No final das contas, embora não se tenha afirmado expressamente, parece que a remissão à Lei nº 14.133/2021 não passou de um argumento *obter dictum* e não deveria ser tomada como uma orientação jurisprudencial autorizativa da combinação entre o regime da Lei nº 14.133/2021 e o antigo, protagonizado pela Lei nº 8.666/1993.

2.4 O regime de transição dos contratos

O *caput* do artigo 190 da Lei nº 14.133/2021 preceitua que o contrato assinado antes da entrada em vigor da lei nova continua seguindo o regime antigo, até porque se configura como ato jurídico perfeito, não podendo ser alterado pela lei nova, como reconhece o artigo 6º da Lei de Introdução às Normas do Direito Brasileiro. Daí que, tudo que foi contratado até a publicação da lei nova segue o regime antigo, baseado na Lei nº 8.666/1993.

Em adição, o parágrafo único do artigo 191 esclarece que, mesmo depois da entrada em vigência da Lei nº 14.133/2021, nas situações em que a Administração preferiu licitar com o regime antigo, dentro do período de transição que se encerrou em 30 de dezembro de 2023, os contratos que lhe foram decorrentes seguem o regime antigo.

A regra é relativamente simples: o regime do contrato segue o regime da licitação, porque o contrato é vinculado à licitação. Se a licitação foi pelo regime antigo, o contrato,

[48] "Art. 21. A decisão que, nas esferas administrativa, controladora ou judicial, decretar a invalidação de ato, contrato, ajuste, processo ou norma administrativo deverá indicar de modo expresso suas consequências jurídicas e administrativas. Parágrafo único. A decisão a que se refere o caput deste artigo deverá, quando for o caso, indicar as condições para que a regularização ocorra de modo proporcional e equânime e sem prejuízo aos interesses gerais, não se podendo impor aos sujeitos atingidos ônus ou perdas que, em função das peculiaridades do caso, sejam anormais ou excessivos".

da mesma forma, é pelo regime antigo. Licitado pelo regime novo, o contrato segue o regime novo.

Sendo assim, pode ter ocorrido de licitação ter sido concluída antes de 30 de dezembro de 2023 e ter-se demorado para assinar o contrato, por qualquer razão, de modo que passou o prazo sem que ele tenha sido adequadamente formalizado. O contrato, nesse caso, ainda que o regime antigo tenha sido revogado, deve seguir o mesmo regime antigo, dado que foi o adotado na licitação, em vista do parágrafo único do artigo 191 da Lei nº 14.133/2021. Não há impedimento de que seja assinado sob o regime antigo depois de 30 de dezembro de 2023.

O mesmo raciocínio se aplica para os registros de preços. Suponha-se licitação para registro de preços iniciada e concluída antes de 30 de dezembro de 2023. A ata de registro de preços pode perfeitamente ser assinada em 2024, e os contratos dela decorrentes, da mesma forma. O fundamental é o regime da licitação, que se aplica sobre tudo o que decorre e está vinculado a ela, tanto ata de registro de preços, quanto os respectivos contratos.[49]

A redação do parágrafo único do artigo 191 da Lei nº 14.133/2021 causa controvérsia, porque prescreve que, se a licitação segue o regime antigo, "o contrato respectivo será regido pelas regras nelas previstas durante toda a sua vigência". Ou seja, previu-se que o regime do contrato segue enquanto for vigente. A dúvida é se a vigência, por sua vez, pode ser estendida.

A resposta é positiva, porque a Lei nº 8.666/1993 previa situações em que o prazo de vigência poderia ser prorrogado. Além disso, a prorrogação do prazo de vigência pressupunha que ele não tivesse se exaurido. O contrato tinha que ser prorrogado dentro da sua vigência, por efeito do que a prorrogação não representava solução de continuidade de vigência. O contrato prorrogado, para que pudesse ser prorrogado, jamais deixava de ser vigente.

O resultado prático é que contratos puderam ser firmados em acordo com o regime antigo até 29 de novembro de 2023 ou mesmo depois, se as licitações respectivas forem iniciadas até 29 de novembro de 2023, sendo que, uma vez firmados, podem ser prorrogados segundo as disposições da Lei nº 8.666/1993.

As conclusões da Advocacia-Geral da União, externadas no Parecer nº 6/2022/CNLCA/CGU/AGU, da relatoria do eminente Ronny Charles Lopes de Torres, estão em sintonia com o exposto neste tópico:

---

[49] O Decreto nº 11.462/2023 regulamenta o registro de preços para a Administração pública federal direta, autárquica e fundacional. O artigo 38 do referido Decreto prescreve as seguintes regras de transição para registro de preços: "Art. 38. Os processos licitatórios e as contratações autuados e instruídos com a opção expressa de ter como fundamento a Lei nº 8.666, de 21 de junho de 1993, a Lei nº 10.520, de 17 de julho de 2002, ou a Lei nº 12.462, de 4 de agosto de 2011, além do Decreto nº 7.892, de 23 de janeiro de 2013, serão por eles regidos, desde que: I - a publicação do edital ou do ato autorizativo da contratação direta ocorra até 29 de dezembro de 2023; e II - a opção escolhida seja expressamente indicada no edital ou no ato autorizativo da contratação direta. §1º Os contratos, ou instrumentos equivalentes, e as atas de registro de preços firmados em decorrência do disposto no *caput* serão regidos, durante toda a sua vigência, pela norma que fundamentou a sua contratação. §2º As atas de registro de preços regidas pelo Decreto nº 7.892, de 2013, durante suas vigências, poderão ser utilizadas por qualquer órgão ou entidade da Administração Pública federal, municipal, distrital ou estadual que não tenha participado do certame licitatório, mediante anuência do órgão gerenciador, observados os limites previstos no referido Decreto".

> No decorrer deste biênio a que se refere o art. 191, parágrafo único, e o inciso II do art. 193 da Lei nº 14.133, de 2021, caso a Administração opte por licitar na forma da Lei nº 8.666, de 1993, da Lei nº 10.520, de 2002, ou dos arts. 1º a 47-A da Lei nº 12.462, de 2011, os contratos administrativos correspondentes serão regidos pela referenciada legislação durante toda vigência do instrumento, inclusive após a revogação dos mencionados diplomas legais, cujas disposições determinarão a duração dos contratos, as condições e limites de sua prorrogação, e as regras aplicáveis para eventuais alterações, uma vez que o art. 190 e o parágrafo único do art. 191 da nova Lei de Licitações admite expressamente a incidência e ultratividade da legislação que será revogada, vedando, ainda, a aplicação combinada dos regimes jurídicos.
> 6. No mesmo sentido, e em estrita observância aos termos do art. 190 e art. 191, parágrafo único, da Lei nº 14.133, de 2021, as atas de registro de preço formalizadas com fundamento na legislação a ser revogada seguirão válidas pelos prazos previstos nos instrumentos correspondentes, independentemente do decurso do período de dois [anos] a que se refere o inciso II do art. 193 da nova Lei de Licitações, não havendo, portanto, óbice jurídico para celebração dos contratos administrativos que lhes são decorrentes enquanto perdurar a validade da ata, sendo certo que nesses casos os contratos também se sujeitarão ao regime jurídico aplicado na ata – Lei nº 8.666, de 1993, da Lei nº 10.520, de 2002, ou dos arts. 1º a 47-A da Lei nº 12.462, de 2011, inclusive caso sejam celebrados após a revogação dos referenciados diplomas legais.[50]

Diante desse contexto, prosseguindo com projeções práticas, mesmo que a lei nova tenha entrado em vigor na data da sua publicação, contratos foram firmados em dezembro de 2023 sob o regime antigo e sem seguir a lei nova. E esses contratos, firmados sob o regime antigo, seguem assim até o seu final e, inclusive, nas hipóteses permitidas pelo regime antigo, podem ser prorrogados. Por exemplo, no caso de serviços contínuos, cujo inciso II do artigo 57 da Lei nº 8.666/1993 permitia prorrogações sucessivas de até 60 meses, é bem possível que sejam prorrogados em 2024, 2025, 2026, 2027, encerrando-se apenas em 2028. Também é permitido, se configurada alguma excepcionalidade, que sejam prorrogados ainda por outros 12 meses, como autorizava o §4º do artigo 57, chegando, então, a 2029.

A transição será longa. O regime antigo, baseado na Lei nº 8.666/1993, mesmo revogado, ainda permanecerá produzindo efeitos por muitos anos.

2.5 Licitações sob o regime antigo iniciadas e não concluídas no biênio

Evidentemente, houve expressivo número de licitações em curso antes da entrada em vigor da lei nova. Não houve dúvida de que essas licitações deveriam prosseguir em acordo com as leis que as regiam, sem mudarem no meio do caminho, até porque o inciso II do artigo 193 da Lei nº 14.133/2021 prescreve que o regime antigo só foi revogado em 30 de dezembro de 2023. Significa que licitações em curso não precisaram ser desfeitas no meio do caminho. Elas seguiram, foram concluídas, os contratos assinados e executados normalmente, tudo pelo regime antigo.

---

[50] AGU. Parecer nº 6/2022/CNMLC/CGU/AGU, de 14.09.2022.

A dúvida surge quando da revogação do regime antigo, em 30 de dezembro de 2023. O ponto é que, nesse momento, muitas licitações realizadas sob o regime antigo ainda estavam em curso, não tinham sido concluídas.

A Lei nº 14.133/2021 não é clara sobre o assunto, mas o *caput* do seu artigo 191 prescreve que, até o dia anterior a 30 de dezembro de 2023, foi permitido licitar pelo regime antigo. Na sequência, o parágrafo único do mesmo artigo prescreve que, nessas situações, "o contrato respectivo será regido pelas regras nelas previstas durante toda a sua vigência".

Ora, como o parágrafo único do artigo 191 da Lei nº 14.133/2021 autoriza licitar sob o regime antigo até a revogação dele, que ocorreu em 30 de dezembro de 2023, é razoável entender que as licitações que tenham sido iniciadas possam ser concluídas e os respectivos contratos assinados, ainda que vencido o regime de transição e o regime antigo revogado. O argumento-chave é que a autorização para *licitar* pelo regime antigo dada pelo parágrafo único do artigo 191 traz implícita a autorização para concluir a licitação e assinar o contrato que lhe seja decorrente.

Essa interpretação é a que melhor se harmoniza à segurança jurídica. Na hipótese contrária, as licitações sob o regime antigo em curso e não concluídas até 29 de dezembro de 2023 ficariam pelo meio do caminho, teriam que ser desfeitas e a Administração perderia todo o trabalho realizado. Teria que começar tudo de novo, sob o novo regime.

O importante, sob essa premissa, é que as licitações tenham sido iniciadas anteriormente a 30 de dezembro de 2023. Se iniciadas sob o regime antigo, como autoriza o parágrafo único do artigo 191 da Lei nº 14.133/2021, seguem o regime antigo até o seu final, pouco importa que o regime antigo tenha sido revogado no meio do caminho.

Sendo assim, a dúvida que surge é sobre o momento em que se inicia uma licitação. Há, pelos menos, duas possibilidades de interpretação. Pode-se compreender que a licitação se inicia com a abertura do processo administrativo referente à sua etapa preparatória ou que a licitação se inicia apenas com a publicação do edital.

A questão é relevante, tem repercussão prática, porque pode ser que a etapa preparatória tenha sido aberta e avançado sob o regime antigo e o edital não tenha sido publicado a tempo. É preciso saber se esse edital, que foi preparado durante a vigência do regime antigo, pode ser publicado pelo regime antigo mesmo depois que ele tenha sido revogado, em 30 de dezembro de 2023. Em caso negativo, a fase preparatória teria que ser refeita ou, na melhor hipótese, revisada e adequada ao regime novo.

Repita-se que a questão é saber quando que se considera que se inicia uma licitação. De acordo com o artigo 17 da Lei nº 14.133/2021, o processo licitatório inicia-se na etapa preparatória, referido no seu inciso I, seguido pela divulgação do edital, conforme inciso II do mesmo artigo. Noutros termos, quando aberto o processo administrativo para a preparação da licitação, considera-se que foi iniciada a licitação. A publicação do edital dá início à fase externa da licitação, não à licitação no seu todo – iniciada anteriormente com a etapa preparatória.

Sendo assim, a conclusão é de que as licitações cujas etapas preparatórias tenham sido iniciadas antes da revogação e sob o regime antigo, ainda que os editais não tenham sido publicados, podem prosseguir sob o seu regime inicial mesmo depois do encerramento do biênio.

Essa conclusão, entretanto, leva ao inusitado de editais serem publicados sob o regime antigo mesmo depois da sua revogação, a partir de 30 de dezembro de 2023. Isso pode vir a acontecer porque as licitações referentes aos sobreditos editais foram iniciadas antes da revogação do regime antigo.

Mais inusitado ainda, em tese isso pode vir a ocorrer meses ou anos depois da revogação do regime antigo. Poder-se-ia abrir a etapa preparatória sob o regime antigo, iniciar a confecção de projeto básico, que consome meses para ser finalizado. Só depois é que a etapa preparatória avança e suas demais providências são ultimadas. Talvez tudo isso, a depender do caso, se estenda por mais de ano. Pelo critério pouco importa: se a licitação iniciou pelo regime antigo, ela segue o regime antigo.

Registre-se, contudo, que o Tribunal de Contas da União externou entendimento contrário em situação muito parecida, relativa à transição para a aplicação pelas estatais da Lei nº 13.303/2016, que havia concedido o prazo de dois anos de transição e permitiu que licitações iniciadas nesse prazo, sob o regime antigo, prosseguissem com o mesmo regime. Transcrevem-se as razões da Corte de Contas:

> 15. O mencionado decreto, no §2º do art. 71, deixou assente a permissão da "*utilização da legislação anterior para os procedimentos licitatórios e contratos iniciados ou celebrados até a edição do regulamento interno referido no §1º ou até o dia 30 de junho de 2018, o que ocorrer primeiro*", ou seja, enquanto as adaptações não fossem promovidas, dentro do prazo limite de 24 meses, poderia ser aplicada a lei antiga.
> 16. Apesar dessa controvérsia ter perdido importância, uma vez decorrido neste momento o prazo máximo de transição previsto em lei, a equipe técnica deste Tribunal identificou que os procedimentos licitatórios do "Edital de Concorrência 02/2018 do Metrô-DF", tiveram como base a Lei 8.666/93 (Lei Geral de Licitações e Contratos da Administração Pública), em detrimento da Lei 13.303/2016 (Lei das Estatais).
> 17. A essência da discussão está no fato de o legislador não ter explicitado se esse início do procedimento licitatório se refere à sua efetiva publicação ou ao começo do planejamento da licitação, em sua fase interna/preparatória. No presente caso, os estudos para as obras se iniciaram em 2014 (Evidência 4).
> 18. Entendo não haver dúvida em relação ao momento a ser considerado como de início do procedimento, isso porque não se pode ampliar a interpretação de concessão dada pelo legislador para uma transição de normativos. Com isso, a melhor interpretação é a de que a transição vale para licitações que tiveram seu edital "publicado" entre a edição do regulamento interno referido no §1º ou até o dia 30 de junho de 2018, o que ocorrer primeiro.
> 19. E os motivos para essa interpretação são simples. Em primeiro lugar, não seria razoável supor que o legislador fornecesse tempo indeterminado para a utilização da lei antiga, pois, caso prevalecesse a tese encampada pela equipe técnica do Metrô, qualquer objeto que tivesse seus estudos iniciados anteriormente à data de publicação da Lei 13.303, 1º/7/2016, poderia ser licitado por uma empresa estatal com base na Lei 8.666/93, mesmo que decorrido um prazo elevado. Seria ampliar em demasia uma flexibilidade pensada pelo legislador para harmonizar a transição dos comandos de uma lei nova.
> 20. Em segundo, o prazo de dois anos definido para a mencionada transição foi suficiente para que todos os procedimentos de adaptação tivessem sido incorporados pelas estatais, seja em relação à definição de seus regulamentos internos, seja no tocante aos ajustes dos estudos desenvolvidos na fase interna. Não seria razoável a alegação de que houve surpresa para a

> equipe técnica por comandos exigidos em uma Lei nº 14.133/2021 ou de que haveria custos de ajustes para um suposto "inédito" normativo, decorridos 24 meses de sua publicação.
> 21. Em terceiro, é da data de publicação do edital que as empresas concorrentes têm ciência do objeto a ser licitado e, automaticamente, começam a investir recursos na preparação de suas propostas. A preservação dos comandos contidos em lei anterior visou manter o equilíbrio econômico nos contratos firmados pela Administração com particulares no interregno transitório. Passado esse período, natural que as empresas submetidas à Lei nº 14.133/2021 já tivessem adaptado todos os seus procedimentos.[51]

Insista-se que a situação é muito parecida com a da Lei nº 14.133/2021, e o Tribunal de Contas da União deixou claro o seu entendimento de que apenas as licitações com editais publicados podem prosseguir ao final do prazo de dois anos, que havia sido dado para as estatais. Quer dizer que, na visão do Tribunal de Contas da União, diferente da aqui defendida, as licitações cujas etapas preparatórias tenham sido iniciadas sob o regime antigo, porém não concluídas na vigência dele, e os editais não publicados não podiam mais o ser.

A interpretação do Tribunal de Contas da União é equivocada, porque os seus argumentos são de conveniência e não jurídicos. Pode-se até concordar com o juízo de conveniência do Tribunal de Contas União, porém, concordando-se ou não, ele continua sendo um juízo de conveniência e não jurídico. E o fato é que esses juízos de conveniência cabem ao legislador, que gozou de liberdade para definir os critérios e os parâmetros que lhe parecessem mais adequados. O Tribunal de Contas da União e qualquer outro órgão de controle deveria se contentar em exigir a aplicação dos critérios e parâmetros definidos pelo legislador e não em os revisitar sob a sua própria perspectiva, pouco importando se o legislador andou bem ou mal. Órgão de controle, por mais prestigiado que seja, não é instância de revisão legislativa.

Como transcrito, o Tribunal de Contas sinaliza três argumentos para a sua interpretação. O primeiro é que "não seria razoável supor que o legislador fornecesse tempo indeterminado para a utilização da lei antiga [...]". Ora, por que não seria razoável? É totalmente legítimo e, a depender da perspectiva, seria sim razoável dar tempo mais alargado para a transição entre os regimes. O segundo argumento é que o prazo das estatais de dois anos seria suficiente. Mais uma vez se está diante de juízo de mera conveniência, sobre qual o período que seria suficiente para a transição. O terceiro argumento é que só com a publicação do edital as empresas começam a se preparar e a investir para participar da licitação, e a intenção do legislador teria sido manter o equilíbrio econômico-financeiro de contratos. Esse terceiro argumento não faz sentido nenhum, porque o prazo de transição não mira em empresas e sim na Administração, na hipótese do acórdão, nas estatais, e porque esse prazo não tem nada a ver com equilíbrio econômico-financeiro de contratos.

Todos os três argumentos do Tribunal de Contas da União tangenciaram o fato de que o §2º do artigo 71 da Lei nº 13.303/2016 (das estatais, objeto do Acórdão em comento) autoriza o emprego do regime antigo às licitações iniciadas no prazo de dois anos da publicação da Lei nº 13.303/2016 – opção muito semelhante à externada no parágrafo

[51] TCU, Plenário. Acórdão nº 2.279/2019. Rel. Min. Augusto Nardes, j. 25.9.2019.

único do artigo 191 da Lei nº 14.133/2021, ainda que com redação diferente. Todos os três argumentos tangenciam o fato de que a licitação não se inicia com a publicação do edital, porém com a abertura do respectivo processo administrativo, já na sua fase preparatória. Apesar da divergência, que o leitor tenha claro o entendimento do Tribunal de Contas da União.

Registre-se que a Advocacia-Geral da União, em parecer da relatoria do ilustre Ronny Charles Lopes de Torres, seguiu a linha aqui defendida e afastou as razões externadas pelo Tribunal de Contas da União no Acórdão nº 2.279/2019.[52] O Professor

[52] "7. A respeito do marco temporal limite para que a Administração opte pela licitação e contratação direta na forma da legislação a ser revogada, observa-se que o art. 191 da Lei nº 14.133, de 2021, determina explícita e literalmente que dentro deste prazo de dois anos de vigência concomitante dos regimes jurídicos licitatórios e contratuais o gestor poderá *optar* por licitar ou contratar diretamente de acordo com a nova Lei ou de acordo com as leis que serão revogadas, "e a opção escolhida *deverá* ser indicada expressamente no edital ou no aviso ou instrumento de contratação direta", ou seja, até o último dia de vigência da Lei nº 8.666, de 1993, da Lei nº 10.520, de 2002, ou dos arts. 1º a 47-A da Lei nº 12.462, de 2011, poderá a Administração decidir, em cada caso concreto, o regime jurídico que será aplicado, o qual incidirá inclusive após o decurso do biênio e regerá o instrumento convocatório ou a contratação direta que vier a ser celebrada. 8. Atenta leitura do *caput* do art. 191 da Lei nº 14.133, de 2021, revela que o legislador ordinário fixou uma transição gradual e paulatina entre as leis de licitação para não comprometer o alcance dos interesses públicos perseguidos pelas contratações, preservando a ordem administrativa e a regular continuidade dos processos licitatórios e de contratação direta contra uma abrupta alteração legislativa ao admitir que no curso dos dois anos de vigência concomitante pode o gestor deliberar a respeito de qual regime jurídico incidirá em cada caso concreto, devendo a opção tempestivamente realizada ser ulteriormente indicada no edital, no aviso ou no termo de contratação direta que vier a ser celebrado. 9. O prazo legal de dois anos foi concedido para a realização da *opção*, e não para a publicação do edital, do aviso ou do instrumento de contratação direta, sendo certo que em relação a estes deve ser oportunamente indicada a legislação de regência conforme decisão tempestivamente realizada pela Administração na fase de planejamento (fase interna) do processo. 10. O *caput* do art. 191 da Lei nº 14.133, de 2021, portanto, preservou a incidência da Lei nº 8.666, de 1993, da Lei nº 10.520, de 2002, ou dos arts. 1º a 47-A da Lei nº 12.462, de 2011, mesmo após sua revogação. A ultratividade restou expressamente garantida pela própria lei revogadora, desde que realizada a opção pela incidência das leis que serão revogadas enquanto estas seguem vigentes, ou seja, no curso do período de dois anos de vigência concomitante das leis à Administração é facultado optar, na fase interna do processo licitatório ou de contratação direta, pela aplicação de quaisquer dos regimes jurídicos vigentes. 11. Merece prevalecer, pois, o entendimento no sentido de que a legislação não determina a publicação do edital ou do contrato administrativo dentro do prazo limite de dois anos como condição para que seja juridicamente possível a ultratividade da Lei nº 8.666, de 1993, da Lei nº 10.520, de 2002, ou dos arts. 1º a 47-A da Lei nº 12.462, de 2011, sendo bastante que dentro desse lapso temporal de dois anos de vigência concomitante a Administração inicie o processo licitatório ou de contratação direta, indicando na sua fase interna a legislação que será aplicável, ou seja, é no curso do planejamento da contratação e necessariamente antes da sua fase externa que a Administração realiza a opção a que se refere o *caput* do art. 191 da Lei nº 14.133, de 2021, podendo o edital, o aviso ou ato de autorização/ratificação da contratação direta ser publicado posteriormente, inclusive após o curso do biênio, desde que indique a legislação de regência que foi tempestivamente fixada pela Administração. 12. Não será juridicamente possível realizar a opção de que cuida o art. 191 da Lei nº 14.133, de 2021, nos casos em que os processos licitatórios ou de contratação direta sejam iniciados após a revogação da Lei nº 8.666, de 1993, da Lei nº 10.520, de 2002, e dos arts. 1º a 47-A da Lei nº 12.462, de 2011, os quais deverão necessariamente observar o regime jurídico da Lei nº 14.133, de 2021. 13. Respeitosamente, deve ser consignado que a corrente doutrinária que exige a publicação do certame ou dos atos relacionados à contratação direta dentro do prazo de dois anos a que se refere o art. 191 da Lei nº 14.133, de 2021, como condição para a ultratividade da legislação a ser revogada, importa, na verdade, a não observância do prazo legal de transição diante da significativa redução prática deste lapso temporal, que necessariamente decorre da realidade fática da Administração, uma vez que o tempo demandado para conclusão dos trâmites relacionados à fase de preparatória e de planejamento de uma contratação pública não pode ser ignorado, sendo inconteste, ainda, que açodamentos nesta fase podem implicar gravosos prejuízos aos objetivos institucionais que são perseguidos pela contratação pública. 14. O objetivo do *caput* do art. 191 da Lei nº 14.133, de 2021, foi garantir a continuidade do regular funcionamento da Administração em face da alteração da legislação de licitações e contratações públicas, visando eliminar prejuízos institucionais que seriam decorrentes de uma brusca e abrupta transição, desta maneira parece contraproducente e paradoxal que a respeito deste dispositivo prevaleça exegese que importe justamente um cenário de insegurança jurídica para a Administração. 15. O planejamento das licitações e contratações diretas constitui-se como fase de inconteste relevância, cujo sucesso se revela invariavelmente como condição imprescindível para o êxito do certame e

Ronny Charles acresceu, no entanto, que dentro do prazo de transição a Administração deveria produzir ato em que optasse pela adoção do regime antigo em detrimento da Lei nº 14.133/2023. Tendo optado pelo regime antigo, ainda que o edital não tenha sido elaborado e publicado, a licitação segue pelo regime antigo.

O Tribunal de Contas da União prolatou o Acórdão nº 507/2023, do Plenário, que seguiu o defendido pela Advocacia-Geral da União, com breves adendos, em linha bem diversa do comentado Acórdão nº 2.279/2019, que tratava do regime de transição da Lei nº 13.303/2016. O Acórdão é de 22 de março de 2023, anterior à prorrogação do prazo de vigência do regime antigo, que era até 1º de abril de 2023, e passou para 30 de dezembro de 2023. Logo, ressalva-se, o Acórdão não considerou que houve a prorrogação.

Nesse Acórdão nº 507/2023, o Tribunal de Contas da União entendeu que, tendo a Administração externado a opção de licitar até 31 de março de 2023 (prazo fatal para a revogação do regime antigo antes de prorrogado), a licitação poderia prosseguir com o regime antigo, desde que o edital fosse publicado até 31 de dezembro de 2023. A obrigação de publicação do edital até 31 de dezembro de 2023 foi a novidade do Acórdão, se comparado com o parecer da Advocacia-Geral da União. O fundamento foi a lógica do plano anual e que os editais a serem lançados em 2024 já deveriam ter sido planejados para o serem de acordo com a Lei nº 14.133/2021. O argumento é forçado, porque seria perfeitamente possível que uma licitação cujo edital fosse planejado para ser lançado em 2023 sofresse qualquer sorte de intercorrência e fosse publicado apenas em 2024. O ponto, é a impressão do autor deste livro, foi mais político do que técnico-jurídico e, nessa medida, ainda que bem-intencionado, o Tribunal de Contas se equivocou, porque ele não é instância revisora ou supletiva do Legislativo.

Após o Acórdão nº 507/2023 e depois da prorrogação do prazo para a revogação do regime antigo, estendido para 30 de dezembro de 2023, o Governo Federal publicou a Portaria SEGES/MGI nº 720/2023, cujo artigo 2º prescreve o seguinte:

---

da contratação, desta maneira, o objetivo da nova lei, ao conceder prazo de opção de dois anos, não foi o de agregar mais um elemento de governança para o planejamento da contratação, relacionado ao prazo para conclusão da sua fase interna, sendo suficiente, pois, que a opção de que cuida o art. 191 da Lei nº 14.133, de 2021, seja realizada tempestivamente e enquanto vigentes a Lei nº 8.666, de 1993, a Lei nº 10.520, de 2002, ou os arts. 1º a 47-A da Lei nº 12.462, de 2011, não estando, portanto, a ultratividade das mencionadas leis sujeita à conclusão dos trâmites da fase interna, posto que a respeito de uma norma jurídica não deve prevalecer interpretação que fulmine sua essência, finalidade e os legítimos e republicanos propósitos que inspiraram sua própria edição. 16. Nestes termos, conclui-se que a melhor interpretação do *caput* e parágrafo único do art. 191 da nova Lei de Licitações é aquela que admite que a opção do gestor pela aplicação da legislação a ser revogada pode ser realizada até o fim do prazo de dois anos de transição e concomitante vigência dos regimes legais, ou seja, a opção pode se concretizar enquanto vigentes a Lei nº 8.666, de 1993, a Lei nº 10.520, de 2002, e os arts. 1º a 47-A da Lei nº 12.462, de 2011, devendo o edital, o aviso ou o termo de contratação direta posteriormente indicar a legislação de regência, independentemente da data da conclusão da fase interna. 17. Por fim, recomenda-se que a Administração, na aplicação do art. 191 da Lei nº 14.133, de 2021, observe os preceitos da eficiência, da razoabilidade, e da proporcionalidade, parecendo salutar para uma escorreita transição dos regimes legais que a condução da fase interna dos certames e das contratações diretas, em que se deu a opção pela incidência e ultratividade da Lei nº 8.666, de 1993, da Lei nº 10.520, de 2002, e dos arts. 1º a 47-A da Lei nº 12.462, de 2011, ocorra de maneira segura, sem açodamentos, e compromissada com os desígnios legais, ou seja, recomenda-se esforço institucional para que a duração dos processos nestes casos seja compatível e proporcional à complexidade dos objetos licitatórios/contratuais perseguidos, evitando-se delongas desnecessárias que comprometam a gradual e efetiva conclusão da transição de regimes legais que foi admitida e almejada pela lei" (AGU. Parecer nº 6/2022/CNMLC/CGU/AGU, de 14.9.2022).

> Art. 2º Os processos licitatórios e contratações autuados e instruídos com a opção expressa de ter como fundamento a Lei nº 8.666, de 21 de junho de 1993, a Lei nº 10.520, de 17 de julho de 2002, ou a Lei nº 12.462, de 4 de agosto de 2011, além do Decreto nº 7.892, de 23 de janeiro de 2023, serão por eles regidos, desde que:
> I - a publicação do edital ou do ato autorizativo da contratação direta ocorra até 29 de dezembro de 2023, conforme cronograma constante do Anexo, e
> II - a opção escolhida seja expressamente indicada no edital ou do ato autorizativo da contratação direta.
> Parágrafo único. Os contratos ou instrumentos equivalentes e as atas de registro de preços firmados em decorrência da aplicação do disposto no caput serão regidos, durante toda a sua vigência, pela norma que fundamentou a sua contratação, inclusive quanto às alterações e às prorrogações contratuais.

Bom dizer que a Portaria nº 720/2023 obriga apenas os órgãos e entidades da Administração federal direta, autarquias e fundações federais que utilizam o Sistema de Compras do Governo Federal (artigo 7º da Portaria).

De toda sorte, a Portaria prescreve que as licitações regidas pelo regime antigo deveriam ter os seus editais publicados anteriormente à revogação do regime antigo, que ocorreu em 30 de dezembro de 2023. Esse entendimento contraria o racional do parecer da Advocacia-Geral da União e mesmo o Acórdão nº 507/2023, do Plenário do Tribunal de Contas da União, dado que ambos, em uníssono, reconheceram que até a revogação do regime antigo seria possível optar por licitar pelo regime antigo e, tendo-se formalizado essa opção, ainda que sem a publicação do edital, a licitação deveria seguir o regime antigo. A Portaria não se contenta com a opção pelo regime antigo, ela exige a publicação do edital anteriormente à revogação dele.

A Portaria nº 720/2023, entretanto, não viola a legalidade, desde que compreendida como um ato administrativo normativo (regulamento), que é obrigatório apenas para os órgãos e entidades da Administração federal direta, autárquica e fundacional que utilizam o Sistema de Compras do Governo Federal. Ou seja, pela Lei nº 14.133/2201, o Governo Federal estava autorizado a publicar os editais depois da revogação do regime antigo e a licitação prosseguir pelo regime antigo. No entanto, o Governo Federal preferiu não exercer essa faculdade e seguir opção mais restrita, determinando para si que, ainda dentro da vigência do regime antigo, os editais fossem publicados. Trata-se de uma opção administrativa legítima, porque quem pode o mais, pode o menos. Não há ilegalidade na decisão do Governo Federal que abrevia prazos que foram concedidos ao próprio Governo Federal. Haveria ilegalidade se a Portaria ampliasse os prazos e isso não se fez.

2.6 Contratação direta

Em sua redação aprovada por ambas as casas, o projeto de lei não previa o regime de transição para as contratações diretas, apenas para as licitações. É o que constava do §2º do artigo 191 do projeto, cuja redação foi alterada e renumerada sob o pretexto de revisão para consolidar a redação final. O dispositivo passou a ser o *caput* do artigo 191, porém com outra redação. Veja-se a tabela comparativa:

Projeto de lei aprovado	Lei nº 14.133/2021
Art. 191. [...] §2º Até o decurso do prazo de que trata o inciso II do *caput* do art. 190, a Administração *poderá optar por licitar* de acordo com esta Lei ou de acordo com as leis citadas no referido inciso, e a opção escolhida deverá ser indicada expressamente no edital, vedada a aplicação combinada desta Lei com as citadas no referido inciso.	Art. 191. Até o decurso do prazo de que trata o inciso II do *caput* do art. 193, a Administração *poderá optar por licitar ou contratar diretamente* de acordo com esta Lei ou de acordo com as leis citadas no referido inciso, e a opção escolhida deverá ser indicada expressamente no edital ou no aviso ou instrumento de contratação direta, vedada a aplicação combinada desta Lei com as citadas no referido inciso.

Bem se vê que se previu um prazo de dois anos de convivência entre a lei nova e as leis velhas (Lei nº 8.666/1993, Lei nº 10.520/2002 e Lei nº 12.462/2011), em que seria possível alternar os regimes. Essa faculdade, pelo menos conforme o projeto de lei aprovado pelo Congresso Nacional, foi aberta para "licitar" e não para contratar diretamente. Logo, as normas sobre contratação direta da Lei nº 14.133/2021 deveriam ser aplicadas de imediato, já com a publicação dela. A questão é que o redator final resolveu mudar o teor da norma e incluir a possibilidade de alternar também a contratação direta nesse período de dois anos. Na redação final, que prevaleceu e foi sancionada, o *caput* do artigo 191 passou a permitir a opção "por licitar ou contratar diretamente [...]". A todas as luzes, o redator final inovou a ordem jurídica, passou a permitir que a parte da contratação direta da Lei nº 8.666/1993 continuasse a ser aplicada por mais dois anos, o que não constava do projeto aprovado pelo Congresso Nacional. Posteriormente, repita-se, o prazo foi prorrogado para 30 de dezembro de 2023.

Sem entrar no acerto ou desacerto do discernimento jurídico do redator final do projeto, o que causa espanto é que novas normas jurídicas sejam criadas depois da aprovação do projeto por ambas as casas. A redação final deveria ter se limitado a inserir as modificações deliberadas na sessão que aprovou o projeto, corrigir algum erro ortográfico, a ordem da numeração dos artigos ou mesmo rearranjá-los, porém sempre limitada a aspectos formais. Em direção oposta, não deveria reiniciar o debate sobre o mérito das normas jurídicas já aprovadas, promovendo alterações substanciais meio que sorrateiras, ainda que a intenção tenha sido boa e que a redação final tenha passado pelo crivo do Plenário do Senado. Aliás, a Comissão Diretora, responsável pela redação final, fez a seguinte introdução quando a apresentou:

> A *Comissão Diretora*, em *Plenário*, apresenta a redação final do Projeto de Lei nº 4.253, de 2020 (Substitutivo da Câmara dos Deputados ao Projeto de Lei do Senado nº 559, de 2013 – PL nº 6.814, de 2017, naquela Casa), *Lei de Licitações e Contratos Administrativos*, nos termos do voto do Relator, aprovado pelo Plenário na Sessão Deliberativa Remota do dia 10 de dezembro de 2020, promovendo a padronização de terminologias, bem como adequações redacionais para clareza, precisão e ordem lógica do texto, nos termos da Lei Complementar nº 95, de 26 de fevereiro de 1998.

Pondera-se que, de acordo com o inciso I do artigo 325 do Regimento do Senado, se verificado erro no projeto cuja correção importe alteração de sentido, seria necessário que a proposta de correção do erro fosse examinada pela Comissão de Constituição, Justiça e Cidadania, o que não aconteceu no caso em tela. No caso do projeto da lei nova, pelo menos no §2º do artigo 191, não havia erro nenhum a ser corrigido. O que houve, sem rodeios, foi alteração de conteúdo normativo mesmo, porque o redator final não concordou com a solução dada pelo Congresso Nacional ou achou que poderia melhorar o seu conteúdo – coisas que não se confundem com erro, o que autorizaria a correção com alteração de sentido, nos termos do Regimento.

Como reconhecido pela Comissão Diretora, a redação final deveria se prestar apenas a "adequações redacionais para clareza, precisão e ordem lógica do texto". A redação final foi muito além, houve inovação jurídica material e expressiva, solapando o processo legislativo democrático.

De todo modo, do jeito que foi sancionada e publicada, a Lei nº 14.133/2021, consoante o *caput* do seu artigo 191, permite que a Administração Pública alterne entre os regimes novo e antigo durante o prazo de dois anos e que essa alternância compreende as licitações e as contratações diretas. Repita-se que o prazo de dois anos, que venceria em 1º de abril de 2023, foi prorrogado para 30 de dezembro de 2023.

2.7 A revogação imediata dos crimes da Lei nº 8.666/1993

Em tom diferente, sem qualquer período de transição, o inciso I do artigo 193 da Lei nº 14.133/2021 revogou imediatamente os artigos 89 a 108 da Lei nº 8.666/1993. Quer dizer que a seção dedicada aos crimes e às penas da Lei nº 8.666/1993, que corresponde aos artigos 89 a 99, e a seção que trata do processo e do procedimento judicial, que corresponde aos artigos 100 a 108, saíram de cena imediatamente. É que a Lei nº 14.133/2021 promoveu no seu artigo 177 uma série de alterações no Código Penal, instituindo o Capítulo II-B, intitulado "Dos Crimes em Licitações e Contratos Administrativos", com aumento substancial das penas. Então, os crimes em licitações e contratos deixam de ser tratados na Lei de Licitações e Contratos e são inseridos no Código Penal.

2.8 Regras especiais para municípios com até 20.000 (vinte mil) habitantes

A Lei nº 14.133/2021 estabelece uma série de obrigações e procedimentos novos para a Administração Pública nacional, para todos os órgãos e entidades, de todas as esferas federativas, salvo para as estatais, disciplinadas pela Lei nº 13.303/2016.

Muitas dessas obrigações e procedimentos novos são especialmente difíceis de serem cumpridos pelos órgãos e entidades menos estruturados, como ocorre com a maioria dos municípios de médio e pequeno porte. Por essa razão, o artigo 176 da Lei nº 14.133/2021 concede prazo adicional de seis anos para o que os municípios com até 20.000 (vinte mil) habitantes cumpram os requisitos dos artigos 7º e 8º da lei, relacionados aos agentes responsáveis pela condução das licitações e à segregação de funções, à obrigatoriedade de licitações eletrônicas e às regras sobre divulgação em sítio eletrônico.

Esse prazo é muito extenso; parecem exagerados seis anos, sobretudo para licitar de modo eletrônico e usar diário oficial eletrônico, o que não é nada de mais e já vem sendo usado por quase todos, como, inclusive, é exigido pelo §3º do artigo 1º do Decreto Federal nº 10.024/2019 em relação às transferências voluntárias.

No mesmo passo, para aplicar a Lei nº 14.133/2021, todos os entes terão de se estruturar e contar com gente qualificada. Não faz sentido dispensar os municípios menores da obrigação de contar com gente qualificada e, ao mesmo tempo, exigir deles o cumprimento de todas as obrigações e procedimentos novos. Sem gente qualificada, não os conseguirão cumprir.

Talvez a maior utilidade do artigo 176 da Lei nº 14.133/2021 seja adiar por seis anos a obrigação dos municípios de tomar as medidas para a segregação de funções, em conformidade com o §1º do artigo 7º, cujo texto veda "[...] a designação do mesmo agente público para atuação simultânea em funções mais suscetíveis a riscos [...]". É que, para cumprir essa ordem, os municípios precisariam ampliar os seus quadros, difícil de se fazer em curto ou médio espaço de tempo, por todas as restrições financeiras enfrentadas.

O parágrafo único do mesmo artigo 176 prescreve aos municípios com até 20.000 (vinte mil) habitantes que, enquanto não se inserirem no Portal Nacional de Contratações Públicas, devem publicar em diário oficial as informações exigidas pela Lei nº 14.133/2021 e disponibilizar as versões físicas dos documentos em suas repartições. A propósito, o Portal é previsto no artigo 174 da lei e deve servir para centralizar a divulgação eletrônica de todos os atos tocantes às licitações e contratos em âmbito nacional, o que representa medida audaciosa e muito positiva na direção de maior transparência.

2.9 Regulamentação

A Lei nº 14.133/2021 refere-se, por inúmeras oportunidades, à regulamentação de suas disposições. A União Federal, por meio do Ministério da Economia, fez uma lista de regulamentos que deveriam ou devem ser produzidos sobre a Lei nº 14.133/2021, em que se aponta a necessidade de mais de 60 (sessenta) normativas. Muitas delas já foram ou estão sendo produzidas e costumam ser extensas e burocráticas.

Essas normativas federais, em regra, não se aplicam para os estados, o Distrito Federal e os municípios, nem aos Poderes Legislativo e Judiciário. Excetuam-se normativas federais que prescrevem aplicação obrigatória por parte dos demais entes federativos para contratações custeadas com transferências voluntárias provenientes da União (como exemplo, o Decreto nº 10.818/2021, que trata da proibição da aquisição de bens de luxo), e outras que preveem a aplicação facultativa (como exemplo, o Decreto nº 10.899/2021, que trata do Cadastro Integrado de Projetos de Investimento). De todo modo, os estados, o Distrito Federal e os municípios, bem como os Poderes Legislativo e Judiciário, têm competência para produzir a sua própria regulamentação, para tratar de como as normas da Lei nº 14.133/2021 devem ser executadas e operacionalizadas pelos seus agentes administrativos.

A principal função do regulamento é estabelecer os procedimentos que serão adotados pelos agentes administrativos nas licitações e nos contratos e, dentro desse propósito, detalhar os aspectos que devem ser considerados para a tomada de decisões diante das inovações da Lei nº 14.133/2021. Assim, os regulamentos devem conferir norte mais seguro aos agentes administrativos, para que eles se sintam confortáveis e consigam assimilar as novidades da Lei nº 14.133/2021.

Sob essa perspectiva, procedimentos bem definidos e claros devem contribuir para a legitimidade e para a melhora da qualidade das decisões administrativas, o que é acentuado pela doutrina. A título ilustrativo, Juli Ponce Solé destaca que *"el procedimiento administrativo se configura* [...] *como un factor, por tanto, de potenciación de las posibilidades de obtención de decisiones administrativas de calidad y, en definitiva, como un elemento de legitimación de las Administraciones Públicas"*.[53]

Um dos principais ou talvez o principal problema em licitações e contratos atualmente diz respeito à segurança jurídica ou, na verdade, à falta dela. Os agentes administrativos, com frequência, sentem-se inseguros para tomar as decisões em prol da Administração Pública, receiam ser questionados e responsabilizados, mesmo que atuem com boa-fé e diante de competências discricionárias ou diante de questões jurídicas controvertidas.

Essa sensação de insegurança faz com que decisões não sejam tomadas ou que sejam postergadas, causando prejuízos de toda sorte para a Administração Pública. Da mesma forma, a sensação de insegurança desestimula a criatividade e a inovação por parte dos agentes administrativos. É mais fácil repetir práticas velhas, ainda que o resultado não seja satisfatório. No final das contas, a Administração Pública não se moderniza nem evolui, não oferece as respostas que se espera dela e no tempo que se espera dela.

Essa sensação de insegurança também afeta os licitantes e contratados. Em muitos casos, consideram que os riscos relativos à contratação pública são elevados, o que prejudica e encarece suas propostas e, por conseguinte, a própria Administração Pública. A insegurança jurídica é precificada pelo mercado.

A regulamentação, diante dessa realidade, pode contribuir decisivamente para melhorar o ambiente de licitações públicas e contratos instituídos pela Lei nº 14.133/2021, especialmente para conferir mais segurança jurídica aos seus *stakeholders*. Com procedimentos, critérios e parâmetros bem definidos, é razoável estimar que os agentes administrativos se sintam mais confortáveis, mais seguros e estimulados a encarar os desafios e as novidades da Lei nº 14.133/2021.

Por fim, registra-se que no Brasil, sem querer generalizar, há o péssimo hábito de se produzirem regulamentos que repetem o que já está prescrito nas leis que lhes são objeto. Tais regulamentos são, naquilo que repetem as leis, imprestáveis, não se antevê qualquer serventia em prescrever o que já está prescrito.[54]

Os regulamentos devem avançar, porém também não podem inovar a ordem jurídica e, muito menos, contrariar as disposições legais, sob pena de violação ao princípio da

---

[53] PONCE SOLÉ, Juli. *Deber de buena administración y derecho al procedimiento administrativo debido*: las bases constitucionales del procedimiento administrativo y del ejercicio de la discrecionalidad. Valladolid: Lex Nova, 2001. p. 127.

[54] "A função do Regulamento não é reproduzir, copiando-os literalmente, os termos da lei. Seria um ato inútil, se assim fosse entendido. Deve, ao contrário, evidenciar e tornar explícito tudo aquilo que a lei encerra" (SILVA, Carlos Medeiros. Monopólio – Intervenção do Estado na ordem econômica – Produção e comércio de borracha – Lei e regulamento. *Revista de Direito Administrativo*, São Paulo, n. 33, p. 453-548, jul./set. 1957. p. 457).

legalidade (inc. II do art. 5º e *caput* do art. 37 da Constituição Federal). Daí que, por um prisma, não devem apenas repetir a lei e, por outro, não podem contrariá-la nem inovar a ordem jurídica.

A propósito, o procedimento alusivo à licitação é prescrito em lei, bem como todas as exigências que nele podem ser feitas e outros pormenores. Em vista disso, as licitações e os contratos administrativos devem ser processadas em estrita obediência ao princípio da legalidade, uma vez que os agentes administrativos são compelidos a agir nos termos das normas legais que lhes são apresentadas, procedendo conforme a lei e exigindo apenas o que nela for admitido. Impede-se que haja a invenção de procedimentos licitatórios estranhos àqueles anteriormente definidos pelo legislador.

O princípio da legalidade, no entanto, não significa que os tipos ou modelos de contratos administrativos devam ser expressa e previamente definidos pelo legislador. A Administração Pública goza de liberdade para modelar os seus contratos de acordo com aquilo que ela considera mais eficiente para si e para o interesse público, até porque a Lei nº 14.133/2021 refere-se a contratos em geral. O tipo, o modelo de contrato, pode perfeitamente ser definido pela Administração Pública, que goza de competência discricionária para fazê-lo, inclusive com a adoção de tipologias ou modelos não usuais, desde que respeitantes das normas legais. A legalidade não proíbe a criatividade dos agentes administrativos, que deve ser estimulada.

3 A legislação superveniente à Lei nº 14.133/2021

3.1 Regime especial de enfrentamento de estado de calamidade pública

A Lei nº 14.981/2024 dispõe sobre medidas excepcionais para a aquisição de bens e contratação de obras e de serviços, inclusive de engenharia, destinados ao enfrentamento de impactos decorrentes de estado de calamidade pública, infelizmente bastante frequentes. Independentemente e antes da Lei nº 14.981/2024, a calamidade pública já autorizava e autoriza a dispensa de licitação, na forma do inciso VIII do artigo 75 da Lei nº 14.133/2021. A Lei nº 14.981/2024 prescreve condições especiais e, em regra, mais flexíveis para a dispensa de licitação em estado de calamidade pública, bem como trata de aspectos relacionados às licitações e aos próprios contratos firmados em estado de calamidade pública. O artigo 2º da Lei nº 14.981/2024 lista as medidas excepcionais que podem ser adotadas para a aquisição de bens e a contratação de obras e de serviços em estado de calamidade pública, que são as seguintes:

> Art. 2º Os procedimentos previstos nesta Lei autorizam a administração pública a:
> I - dispensar a licitação para a aquisição de bens e a contratação de obras e de serviços, inclusive de engenharia, observado o disposto no Capítulo III desta Lei;
> II - reduzir pela metade os prazos mínimos de que tratam o art. 55 e o §3º do art. 75 da Lei nº 14.133, de 1º de abril de 2021 (Lei de Licitações e Contratos Administrativos), para a apresentação das propostas e dos lances, nas licitações ou nas contratações diretas com disputa eletrônica;
> III - prorrogar contratos para além dos prazos estabelecidos nas Leis nºs 8.666, de 21 de junho de 1993, e 14.133, de 1º de abril de 2021 (Lei de Licitações e Contratos Administrativos), por, no máximo, 12 (doze) meses, contados da data de encerramento do contrato;

IV - firmar contrato verbal, nos termos do §2º do art. 95 da Lei nº 14.133, de 1º de abril de 2021 (Lei de Licitações e Contratos Administrativos), desde que o seu valor não seja superior a R$ 100.000,00 (cem mil reais), nas hipóteses em que a urgência não permitir a formalização do instrumento contratual; e
V - adotar o regime especial previsto no Capítulo IV desta Lei para a realização de registro de preços.

O §1º do artigo 1º da Lei nº 14.981/2024 prescreve que as medidas excepcionais aí prescritas são condicionadas à "[...] declaração ou reconhecimento do estado de calamidade pública pelo Chefe do Poder Executivo do Estado ou do Distrito Federal ou pelo Poder Executivo federal [...]" (inciso I) e a "ato do Poder Executivo federal ou do Chefe do Poder Executivo do Estado ou do Distrito Federal, com a autorização para aplicação das medidas excepcionais e a indicação do prazo dessa autorização" (inciso II). Chama a atenção, portanto, que, nos termos do dispositivo supracitado, o Chefe do Executivo municipal não tem legitimidade para decretar a calamidade pública e aplicar as medidas excepcionais da referida Lei sozinho. Ele precisa da chancela do Chefe do Poder Executivo do Estado, do Distrito Federal ou da União, em desprestígio à autoridade municipal, considerada de estatura inferior e que precisa ser tutelada pelas outras esferas federativas, o que se opõe frontalmente ao inciso III do artigo 19 da Constituição Federal, cujo texto proíbe que os entes da federação criem preferências entre si. De toda sorte, conforme os dispositivos supracitados, o decreto de calamidade não basta para a aplicação das medidas excepcionais da Lei nº 14.981/2024, sendo necessário um ato específico de autorização, com prazo delimitado.

3.2 Protocolo de Contratações do Mercosul

O Brasil é signatário do Protocolo de Contratações Públicas do Mercosul, que é de 21.12.2017. O Protocolo foi aprovado pelo Congresso Nacional por meio do Decreto Legislativo nº 79, de 18.8.2023. O Governo brasileiro depositou sua Carta de Ratificação ao Protocolo em 5.7.2024, que entrou em vigor, no plano jurídico externo, em 4.8.2024. O Decreto nº 12.299, de 6.12.2024, promulgou o Protocolo de Contratações Públicas do Mercosul, o que o torna vigente no âmbito interno. Portanto, as normas do Protocolo são cogentes, foram incorporadas ao ordenamento jurídico brasileiro.

O propósito geral do Protocolo de Contratações Públicas do Mercosul é o de fortalecer a União Aduaneira para a construção de um Mercado Comum do Sul, assegurando-se o direito dos agentes econômicos de os Estados Partes acessarem em igualdade os contratos públicos de todos os Estados Partes. Para tanto, o Protocolo prescreve uma série de normas para garantir esse propósito, que acabam se estendendo sob diversos aspectos das licitações públicas e contratos administrativos.

O ponto principal é que as normas constantes do Protocolo de Contratações Públicas do Mercosul foram incorporadas ao ordenamento jurídico nacional, gozam da mesma posição hierárquica da Lei nº 14.133/2021. No entanto, o Protocolo é mais recente e, por conseguinte, em casos de antinomia (contradição entre norma do Protocolo e da Lei nº 14.133/2021), deve prevalecer a norma do Protocolo, na forma do §1º do artigo

2º da LINDB.[55] E o fato é que o Protocolo prescreve diversas normas impactantes sobre licitações públicas e contratos administrativos que, evidentemente, devem ser cumpridas pelas entidades obrigadas a ele, ainda que agentes econômicos dos demais Estados Partes não manifestem interesse em tais licitações públicas e contratos administrativos.

A maior parte das normas do Protocolo de Contratações Públicas do Mercosul são aderentes às normas da Lei nº 14.133/2021 e servem como diretrizes e princípios que reforçam o propósito de igualdade entre os agentes econômicos dos Estados Partes nas licitações públicas e contratos administrativos. Portanto, em sua maior parte, as normas do Protocolo não impactam o modo como as licitações públicas e contratos administrativos são atualmente realizados e conduzidos pelos órgãos e entidades da Administração Pública brasileira. Sem embargo disso, o Protocolo prescreve normas, ainda que não a sua maior parte, que divergem das normas da Lei nº 14.133/2021, muitas bastante impactantes. Pode-se mencionar as normas sobre: [i] tratamento nacional e não discriminação (artigo 6º), [ii] regras e procedimentos de exceção às licitações públicas, que correspondem às contratações diretas (artigo 15), [iii] condições de participação (artigo 16), e [iv] prazos de publicidade (artigo 19). Esses aspectos serão tratados nos capítulos correspondentes.

De toda sorte, é importante realçar que o Protocolo de Contratações Públicas do Mercosul não se aplica, pelo menos não atualmente, para todas as licitações públicas e contratos administrativos da Administração Pública nacional. Nesse sentido, o artigo 2º do Protocolo versa sobre o seu âmbito de aplicação:

> Artigo 2º - ÂMBITO DE APLICAÇÃO
> 1. Este Protocolo é aplicável às contratações públicas realizadas pelas entidades listadas no Anexo I "Entidades", por qualquer meio contratual, para a aquisição de bens e serviços listados nos Anexos II "Bens", III "Serviços" e IV "Serviços de Construção", respectivamente, cujo valor seja igual ou superior aos patamares estabelecidos no Anexo V "Patamares" sem prejuízo do disposto no Anexo VI "Notas Gerais".
> 2. Todos os Anexos deste Protocolo constituem parte integrante deste.
> 3. Este Protocolo não é aplicável:
> a) às contratações públicas realizadas pelas Entidades Públicas entre si, definidas ou não no Anexo I "Entidades", sempre que o objeto contratado não seja subcontratado a um terceiro que não uma Entidade Pública;
> b) à contratação de servidores públicos;
> c) aos acordos não contratuais ou a qualquer forma de assistência governamental fornecida por um Estado Parte, como quaisquer bônus, créditos, incentivos fiscais, subsídios, doações, garantias e acordos de cooperação;
> d) às aquisições realizadas com a finalidade imediata de prestar assistência internacional;
> e) à aquisição de serviços de agências ou serviços de armazéns alfandegados, serviços de liquidação e administração para instituições financeiras reguladas e serviços de venda e distribuição de dívida pública;
> f) às contratações públicas fora do território de um Estado Parte para consumo fora do território do Estado Parte;

[55] Art. 2º [...] §1º - A lei posterior revoga a anterior quando expressamente o declare, quando seja com ela incompatível ou quando regule inteiramente a matéria de que tratava a lei anterior.

> g) à contratação de serviços financeiros;
> h) à aquisição ou ao arrendamento de terras, ao aluguel de edificações ou de outros bens imóveis, ou seus direitos;
> i) às contratações realizadas em virtude dos procedimentos ou condições particulares de uma organização internacional, ou do financiamento por meio de doações internacionais, empréstimos ou outras formas de assistência, quando os procedimentos ou condições aplicáveis forem incompatíveis com este Protocolo.

O Protocolo de Contratações Públicas do Mercosul faz três cortes, um sobre as entidades que são obrigadas a cumpri-lo, outro sobre os tipos de contratos sujeitos às suas normas e o último sobre o valor dos respectivos contratos. Ou seja, as normas do Protocolo são obrigatórias para as entidades nele expressamente listadas, para os tipos de contratos nele expressamente listados e para os contratos com valor igual ou superior aos nele estabelecidos. Essas três condições precisam ser atendidas cumulativamente. Por exemplo, se o valor do contrato for inferior ao estabelecido no Protocolo, as normas dele não precisam ser observadas, ainda que a licitação e o tipo de contrato tenham sido previstos no Protocolo.

Então, o Protocolo de Contratações Públicas do Mercosul não é obrigatório, pelo menos não atualmente, para toda a Administração Pública nacional. É obrigatório apenas para as entidades nele referidas expressamente, de modo geral para a administração direta Federal, para os tribunais superiores, Justiça Federal (inclusive eleitoral e trabalhista), Justiça do Distrito Federal e territórios, bem como para o Legislativo federal (Câmara dos Deputados e Senado Federal) e para o Tribunal de Contas da União.[56] Estas entidades, portanto e em princípio, devem adequar as suas licitações e contratações pública às normas prescritas no Protocolo. O Brasil assumiu o compromisso, no Anexo I do Protocolo, de consultar governos estaduais e municipais com o propósito de obter sua incorporação de maneira voluntária, e todos os Estados Partes se comprometeram a iniciar negociações para a inclusão de empresas estatais no prazo de dois anos após a entrada em vigor do Protocolo.

O Brasil, no Anexo V do Protocolo, fez ressalvas específicas em relação à aplicação do Protocolo:

> A menos que se tenha disposto o contrário, as seguintes Notas Gerais aplicam-se sem exceção a este Protocolo.
> 1. O Protocolo não se aplicará:
> a. aos programas de contratações públicas para favorecer as micro e pequenas empresas;
> b. às contratações públicas de bens e serviços adquiridos por meio de programas de segurança alimentar e nutricional e de alimentação escolar que apoiem agricultores familiares ou cooperativas da agricultura familiar portadores de registro específico;
> c. às contratações públicas relacionadas a bens ou serviços de instituições sem fins lucrativos dedicadas à assistência social, ao ensino, à pesquisa e ao desenvolvimento institucional, e às contratações de entidades sociais de direito privado submetidas a contratos de gestão;
> d. às contratações públicas nas quais haja transferência de tecnologia de produtos estratégicos para o Sistema Único de Saúde (SUS) e para aquisição de insumos estratégicos para a saúde;

[56] A lista está no Anexo I do Protocolo.

e. às contratações públicas relacionadas às políticas voltadas a ciência, tecnologia e inovação, inclusive aquelas destinadas às políticas de tecnologia da informação e comunicação, energia nuclear e aeroespacial, conforme a legislação nacional;
f. às contratações públicas que realizam as embaixadas, consulados e outras missões do serviço exterior do Brasil, exclusivamente para seu funcionamento e gestão.
2. Mediante justificativa prévia, desde que essas condições e a forma de considerá-las não sejam discriminatórias e estejam indicadas nos editais de licitação, o Brasil reserva-se o direito de exigir condições compensatórias especiais relacionadas ao objeto da contratação, limitadas à transferência de tecnologia e conteúdo nacional, nos procedimentos de contratação pública das seguintes entidades: Ministério da Ciência, Tecnologia, Inovação e Comunicação; Ministério da Defesa; Ministério da Saúde, Ministério das Minas e Energia; Ministério dos Transportes, Portos e Aviação Civil.

Os Anexos II a IV do Protocolo de Contratações Públicas do Mercosul trata dos tipos de contrato por ele abrangidos. O Anexo V do Protocolo dispõe sobre os valores-base estimados para a sua aplicação. A baliza é constituída pelos Direitos Especiais de Saque (DES), publicados mensalmente pelo Fundo Monetário Internacional (FMI) nas "Estatísticas Financeiras Internacionais", "[...] tomando como base o período de dois anos anterior a 1º de outubro do ano imediatamente anterior a que os patamares passem a ser aplicados", com vigência a partir de 1º de janeiro do ano seguinte. Cada parte tem a obrigação de notificar as demais partes, em sua moeda nacional, sobre o valor de novos patamares calculados, no mais tardar, um mês antes que tais patamares tenham vigência, que se estenderá para um período de um ano calendário. Por incrível, o Brasil, embora tenha ratificado e promulgado o Protocolo, não definiu o valor monetário em moeda nacional a partir do qual ele é obrigatório, pelo menos não o fez até o fechamento da edição desta obra. A informação é que o Brasil aguarda reunião com os demais Estados Partes para discutir o assunto. Fato é que, sem a definição dos valores, é inviável aplicar o Protocolo. Repita-se, de acordo com os seus termos, o Protocolo somente deve ser aplicado para contratações acima de dado patamar de valor. Esse patamar não foi definido, o que significa que, internamente, até que ocorra a definição, não se pode exigir o Protocolo.

4 Entidades obrigadas a realizar licitação pública

4.1 Administração direta e indireta

O contrato administrativo implica benefício econômico para o contratado, algum proveito que o impulsiona a celebrá-lo. Assim sendo, por força do princípio da isonomia, todos os pretensamente interessados em colher os benefícios econômicos produzidos pelo contrato administrativo merecem o mesmo tratamento por parte da Administração Pública, que lhes deve franquear as mesmas oportunidades. Destarte, é obrigatória a realização de licitação pública, que não passa da prática de certos atos formais, que em conjunto desenham procedimento administrativo.

Sob o prisma subjetivo, a licitação pública representa uma restrição à atuação daqueles que devem gerenciar o interesse público em todas as esferas federativas, no âmbito da União, dos estados, do Distrito Federal e dos municípios. Logo, num primeiro enfoque, a licitação pública é obrigatória para a Administração Pública e para todos aqueles que exerçam função administrativa, mesmo que de forma atípica, abrangendo, portanto, além do Executivo, o Legislativo e o Judiciário.

Nesse sentido, por prescrever normas gerais de licitação pública e contrato administrativo, o artigo 1º da Lei nº 14.133/2021 tem ampla abrangência:

> Art. 1º Esta Lei estabelece normas gerais de licitação e contratação para as Administrações Públicas diretas, autárquicas e fundacionais da União, dos Estados, do Distrito Federal e dos Municípios, e abrange:
> I - os órgãos dos Poderes Legislativo e Judiciário da União, dos Estados e do Distrito Federal e os órgãos do Poder Legislativo dos Municípios, quando no desempenho de função administrativa;
> II - os fundos especiais e as demais entidades controladas direta ou indiretamente pela Administração Pública.

Esclareça-se que, no âmbito do Poder Executivo, que é quem tipicamente exerce função administrativa, estão sujeitos à licitação pública tanto a Administração direta quanto a indireta.[57]

A Administração direta remete aos órgãos do Estado, cuja competência fora dividida internamente, isto é, constitui cada um dos órgãos repartição interior do próprio Estado, sem se apartar dele. Como o nome descortina, a atividade da Administração direta é prestada diretamente pela pessoa do Estado, que apenas se divide em órgãos, sujeitos a amplo controle hierárquico.[58]

Já a Administração indireta alude à descentralização das atividades administrativas, cuja prestação é transferida a outras pessoas, quer a particulares, quer a entidades criadas pelo próprio Poder Público, destarte todas elas distintas do Estado, embora sujeitas ao controle da Administração direta, cujo espectro é mais restrito do que a relação de hierarquia incidente sobre os seus órgãos.[59] Inserem-se nos quadros da Administração indireta as autarquias, as empresas públicas, as sociedades de economia

---

57 O Decreto-Lei nº 200/1967 disciplina a organização administrativa no âmbito federal, visto que os estados, Distrito Federal e municípios dispõem a respeito, em suas próprias legislações, em consonância com a capacidade de auto-organização que lhes é atribuída pelo princípio federativo. Todavia, é pertinente a observação de Volnei Ivo Carlin no sentido de que a Administração Estadual se acha imbricada com a Administração Federal, de acordo com o mandamento constitucional de observância, pelos Estados federados, dos princípios estabelecidos na Constituição Federal. E, em seguida, explica: "Daí o porquê de a organização administrativa ser idêntica em todos os Estados-membros, variando só nas minúcias" (CARLIN, Volnei Ivo. *Direito administrativo*: doutrina, jurisprudência e direito comparado. Florianópolis: OAB/SC, 2002. p. 80).

58 Celso Antônio Bandeira de Mello esclarece: "Hierarquia pode ser definida como o vínculo de autoridade que une órgãos e agentes, através de escalões sucessivos, numa relação de autoridade, de superior a inferior, de hierarca a subalterno. Os poderes do hierarca conferem-lhe uma *contínua* e *permanente* autoridade sobre a atividade administrativa dos subordinados" (BANDEIRA DE MELLO, Celso Antônio. *Curso de direito administrativo*. 35. ed. São Paulo: Malheiros, 2021. p. 132). Entre os poderes exercitáveis pelo hierarca, destaca os de comando, de fiscalização, de revisão, de punir, de dirimir controvérsias de competência e de delegar (BANDEIRA DE MELLO, Celso Antônio. *Curso de direito administrativo*. 35. ed. São Paulo: Malheiros, 2021. p. 132-133).

59 Novamente, Celso Antônio Bandeira de Mello elucida: "A palavra 'controle' vai aqui usada em sentido estrito, em oposição à hierarquia, e designa o poder que a Administração Central tem de influir sobre a pessoa descentralizada. Assim, enquanto os poderes do hierarca são presumidos, os do controlador só existem quando previstos em lei e se manifestam apenas em relação aos atos nela indicados" (BANDEIRA DE MELLO, Celso Antônio. *Curso de direito administrativo*. 35. ed. São Paulo: Malheiros, 2021. p. 133).

mista e as fundações governamentais.[60] Como espécies de autarquias, há também as agências reguladoras e as agências executivas. Conquanto as entidades que compõem a Administração indireta tenham autonomia e constituam personalidades distintas da do Estado, fazem parte da Administração Pública e, sob essa égide, lhes é obrigatório realizar licitação pública. Importa assinalar, ainda, que as empresas subsidiárias e controladas por empresas públicas e sociedades de economia mista também se sujeitam ao regime da licitação pública, pois não passam de desdobramentos destas. Na mesma senda, embora não listados entre os membros da Administração indireta, os fundos instituídos e mantidos pelo Poder Público, se dotados de personalidade jurídica, também se sujeitam à obrigatoriedade de licitação pública.

4.1.1 Exceções à regra da obrigatoriedade de licitação para entidades da Administração direta e indireta

Registre-se que o artigo 1º da Lei nº 14.133/2021 prescreve algumas exceções. O §1º do artigo alude às contratações realizadas no âmbito das repartições públicas sediadas no exterior, que devem ser realizadas em acordo com as "peculiaridades locais e aos princípios básicos estabelecidos nesta Lei, na forma de regulamentação específica a ser editada por ministro de Estado". Logo, exige-se que a contratação siga os princípios básicos da Lei nº 14.133/2021, porém, não que, rigorosamente, se promova licitação pública.

O §3º do mesmo artigo 1º trata das licitações que "envolvam recursos provenientes de empréstimo ou doação oriundos de agência oficial de cooperação estrangeira ou de organismo financeiro de que o Brasil seja parte [...]". Admitem-se, nesses casos:

> I - condições decorrentes de acordos internacionais aprovados pelo Congresso Nacional e ratificados pelo Presidente da República;
> II - condições peculiares à seleção e à contratação constantes de normas e procedimentos das agências ou dos organismos, desde que:
> a) sejam exigidas para a obtenção do empréstimo ou doação;
> b) não conflitem com os princípios constitucionais em vigor;
> c) sejam indicadas no respectivo contrato de empréstimo ou doação e tenham sido objeto de parecer favorável do órgão jurídico do contratante do financiamento previamente à celebração do referido contrato; [...].

Entre essas condições, a depender da situação, é possível que se exija, além de condições especiais, processo de contratação diverso de licitação pública.[61]

---

60 Essa é a feição da Administração indireta federal conferida pelo Decreto-Lei nº 200/1967, que, nada obstante, em linha geral, costuma ser adotada pelos demais entes federativos.

61 "CONSULTA FORMULADA POR MINISTRO DA FAZENDA. CONHECIMENTO. LICITAÇÕES INTERNACIONAIS. INCOMPATIBILIDADE DAS REGRAS LICITATÓRIAS DO BIRD COM O §4º DO ART. 42 DA LEI 8.666/1993. PREVALÊNCIA DAS PRIMEIRAS, CONFORME §5º DO ART. 42 DA LEI 8.666/1993. RESPOSTA AO INTERESSADO. ARQUIVAMENTO [...] 9.2.1. o art. 42, §5º, da Lei 8.666/1993 possibilita a realização de licitação com recursos provenientes de financiamento ou doação oriundos de agência oficial de cooperação estrangeira ou instituição financeira multilateral de que o Brasil seja parte, que obedeça às condições previstas em acordos, protocolos, convenções ou tratados internacionais aprovados pelo Congresso Nacional, bem como as normas e procedimentos daquelas entidades, inclusive quanto ao critério de seleção da proposta mais vantajosa para a Administração, a exemplo dos procedimentos descritos no subitem 2.21

Por fim, o §5º do mesmo artigo 1º da Lei nº 14.133/2021 prescreve:

> as contratações relativas à gestão, direta e indireta, das reservas internacionais do País, inclusive as de serviços conexos ou acessórios a essa atividade, serão disciplinadas em ato normativo próprio do Banco Central do Brasil, assegurada a observância dos princípios estabelecidos no caput do art. 37 da Constituição Federal.[62]

Vê-se que, diferentemente da hipótese do §1º do mesmo artigo, que exige atenção aos princípios básicos da Lei nº 14.133/2021, o dispositivo supracitado refere-se aos princípios constitucionais gerais da Administração Pública previstos no *caput* do artigo 37 da Constituição Federal. Portanto, no que tange à gestão das reservas internacionais com mais ênfase se afasta o regime das licitações públicas.

4.2 Empresas públicas, sociedades de economia mista e suas subsidiárias

As empresas públicas, sociedades de economia mista e suas subsidiárias, que podem ser chamadas de empresas estatais ou apenas estatais, são pessoas jurídicas de direito privado (artigos 3º e 4º da Lei nº 13.303/2016). Em que pese serem pessoas

---

das Diretrizes de Aquisições do Banco Mundial, consoante redação constante da versão de janeiro de 2011; e 9.2.2. atendidos todos os pressupostos previstos no art. 42, §5º, da Lei 8.666/1993 para que possam ser admitidas as condições previstas pelas entidades ali mencionadas quanto ao critério de seleção da proposta mais vantajosa para a Administração Pública Federal, o §4º do art. 42 da mesma lei poderá ter sua aplicação afastada, caso seja incompatível com as regras estabelecidas por essas entidades, exceto se tais regras implicarem em inobservância de princípios da Constituição Federal brasileira relativos a licitações públicas; [...] 12. Acompanho ambos os pareceres. A meu ver, as normas do BIRD trazidas a esta consulta não implicam ofensa ao princípio da isonomia, considerando que, de fato, não há vantagem dos bens importados sobre aqueles fabricados no Brasil que justifique o acréscimo requerido pelo §4º do art. 42 da Lei 8.666/1993. Isso porque, se os produtos estrangeiros não são onerados dos gravames consequentes dos tributos e taxas de importação, os brasileiros, por sua vez, não sofrem incidência de ICMS e IPI, para fins de comparação de propostas. Um ajuste nos moldes daquele dispositivo acabaria por desequilibrar esse cotejo entre os preços dos bens nacionais e importados. [...] 13. Portanto, em resposta ao consulente, o §4º do referido artigo poderá ter sua aplicação afastada, vez que resta configurada sua incompatibilidade com o item 2.21 das Diretrizes de Aquisições do Grupo Banco Mundial, e que este não viola o princípio do julgamento objetivo e os demais princípios constitucionais aplicáveis às licitações" (TCU, Plenário. Acórdão nº 1.866/2015. Rel. Min. José Múcio Monteiro, j. 29.7.2015).

62 "PEDIDO DE REEXAME EM PROCESSO DE FISCALIZAÇÃO REALIZADA PARA DAR CUMPRIMENTO À SOLICITAÇÃO DO CONGRESSO NACIONAL. CONHECIMENTO. DÍVIDA PÚBLICA. GESTÃO DAS RESERVAS INTERNACIONAIS. OPERAÇÕES COMPROMISSADAS. INFORMAÇÕES ESTRATÉGICAS QUE NÃO DEVEM SER OBJETO DE DIVULGAÇÃO. PROVIMENTO [...] 33. Ademais, a decisão por manter esse ou aquele nível de reservas internacionais vai depender de fatores conjunturais internos e externos, da política econômica adotada pelo País e de suas repercussões na política cambial. 34. Em um mundo com elevado grau de volatilidade do capital, a constituição de reservas internacionais é fator crítico para evitar eventuais crises cambiais em situações de instabilidade econômica, tanto no plano interno como no externo. Assim, em que pese o custo de manutenção das reservas, decorrente da diferença de rentabilidade do ativo e do passivo do Bacen, é necessária a constituição de um "colchão" de liquidez em moeda forte, cuja extensão depende de inúmeros fatores, inclusive da aversão do País ao risco cambial. 35. O que se espera da autoridade monetária é o constante acompanhamento do nível das reservas e a adoção de políticas com vistas a buscar o patamar que, momentaneamente, se considera adequado. 36. Não me parece razoável que seja feita determinação para a realização de estudos a serem divulgados para o público externo, pois grupos econômicos fariam uso das informações para aumentar seus ganhos especulativos numa antecipação à atuação da autoridade monetária. Exemplificando: se for sabido de antemão que o Bacen venderá dólares americanos para ajustar o nível das reservas ao nível desejável, haverá automaticamente um aumento da oferta dessa moeda e seu preço cairá (ou seja, o real se valorizará), o que reduzirá os ganhos do Bacen com a operação e reduzirá o valor em real das reservas internacionais. Até mesmo a balança comercial será afetada, com aumento esperado das importações e queda das exportações" (TCU, Plenário. Acórdão nº 1.220/2019. Rel. Min. Benjamin Zymler, j. 29.5.2019).

jurídicas de direito privado, foram criadas pelo Estado, portanto pressupõem que haja nelas interesse público. Afora serem criadas, a empresa pública pertence totalmente ao Estado e a sociedade de economia mista é controlada pelo Estado, que detém a maioria das suas ações com direito a voto. Então, o regime jurídico das estatais é, em certa medida, híbrido, sofre influxos dos regimes de direito privado e do direito público.

Para harmonizar essas duas faces das empresas públicas e sociedades de economia mista, é necessário apartar as suas atividades-fim das suas atividades-meio. A atividade-fim diz respeito à produção industrial, à comercialização de seus produtos e às oportunidades de negócio, que se sujeitam essencialmente ao regime de direito privado, por consequência, no que concerne a tais aspectos, disciplinados pelo direito privado, não se configura a obrigatoriedade de licitação pública. Todavia, no que tange aos meios para aportar a tais finalidades (atividades-meio), incide o regime administrativo, protetor do interesse público, que impõe a obrigatoriedade de licitação pública. Por exemplo, para comprar novo prédio, mobília ou computadores, é necessário proceder à licitação pública.

O afastamento do regime de direito público encontra estofo no inciso II do §1º do artigo 173 da Constituição Federal, cujo teor prescreve às estatais que realizam atividade econômica – entendam-se aquelas sujeitas à concorrência de empresas privadas – "a sujeição ao regime próprio das empresas privadas, inclusive quanto aos direitos e obrigações civis, comerciais, trabalhistas e tributários".

A aplicação do regime privado para as atividades-fim das estatais é professada pela doutrina. Entre outras, confiram-se as lições de Celso Antônio Bandeira de Mello e de Carlos Ari Sundfeld:

> Se a entidade for *exploradora de atividade econômica,* suas relações negociais com terceiros, quando atinentes ao cumprimento da finalidade industrial ou comercial para que tenha sido criada, salvo alguma exceção mais adiante anotada, serão sempre regidas pelo Direito Privado. Assim, seus contratos não serão contratos administrativos. Sua responsabilidade, contratual ou extracontratual, estará sob a mesma disciplina aplicável às empresas privadas e o Estado não responde subsidiariamente por seus atos (conforme esclarecido no nº 64).[63]
> Destarte, também as sociedades de economia mista e empresas públicas exploradoras de atividade econômica são colhidas pelas regras atinentes ao dever de licitar. Isso não impede, contudo, o descabimento da licitação para operações específicas, de natureza econômica e imediatamente ligadas ao cumprimento dos fins da entidade. É exemplo a alienação de bens por empresa estatal criada justamente para produzi-los, caso em que a operação se fará nos moldes comerciais comuns.[64]

A Lei nº 13.303/2016 incorporou essas noções, que não representam propriamente novidades. O seu artigo 28 prescreve a obrigatoriedade de licitação para as estatais. Sem embargo, os incisos do §3º do seu artigo 28 afastam o regime de licitações para a comercialização de bens e serviços e para a escolha de parceiros vinculada a oportunidades de negócio. O §4º do mesmo artigo 28 define oportunidade de negócio:

---

63 BANDEIRA DE MELLO, Celso Antônio. *Curso de direito administrativo.* 35. ed. São Paulo: Malheiros, 2021. p. 182-183.

64 SUNDFELD, Carlos Ari. *Licitação e contrato administrativo.* 2. ed. São Paulo: Malheiros, 1995. p. 39.

Art. 28. [...]
§4º Consideram-se oportunidades de negócio a que se refere o inciso II do §3º a formação e a extinção de parcerias e outras formas associativas, societárias ou contratuais, a aquisição e a alienação de participação em sociedades e outras formas associativas, societárias ou contratuais e as operações realizadas no âmbito do mercado de capitais, respeitada a regulação pelo respectivo órgão competente.[65]

Reconhece-se que o regime jurídico de direito público não se aplica para as estatais diante de suas atividades-fim, comercialização dos seus produtos ou serviços e oportunidades de negócio. Por conseguinte, não é obrigatória a licitação pública. A rigor, a competição em parâmetros objetivos, que é o pressuposto da licitação pública, é inviável dada as peculiaridades da comercialização dos seus produtos ou serviços e das oportunidades de negócio e a flexibilidade e celeridade de que as estatais devem ser dotadas para aproveitá-las.

É de registrar que a aplicação do regime jurídico de direito privado para contratos firmados por estatais não é algo estranho ou pitoresco. As estatais são pessoas jurídicas de direito privado, como já mencionado. Não se descura, nessa linha, que o artigo 68 da Lei Federal nº 13.303/2016[66] prescreve que os contratos por ela regidos se regulam pelos preceitos de direito privado.

Por fim, repita-se que a licitação pública e os contratos estatais se subordinam às disposições da Lei nº 13.303/2016. A Lei nº 14.133/2021 não se lhes aplica, como afirma peremptoriamente o §1º do seu artigo 1º.

4.3 Entidades do terceiro setor

Há também entidades que não possuem fins lucrativos e que não fazem parte da Administração Pública, embora exerçam atividades relacionadas ao interesse público e que, por isso, podem receber benesses do Estado. Tais entidades fazem parte do que se

---

65 O Professor paranaense Bernardo Strobel Guimarães é autor de artigo que versa sobre as tais oportunidades de negócio que se apresentam às estatais, comentando as novidades da Lei Federal nº 13.303/2016: "Uma das grandes novidades da nova lei das estatais foi tentar trazer alguma disciplina às empresas e empreendimentos desenvolvidos por estatais em que a Administração não será controladora do negócio (i.e. não criarão novas estatais). Cuida-se de tema importantíssimo na prática, que não havia sido ainda objeto de disciplina detalhada por parte do legislador. Nada obstante a ausência de normas expressas sobre o tema, diversas estatais passaram a explorar atividades de negócio ao lado de seus objetivos primários. Isso com vistas a assegurar os mais diversos objetivos tais como: acesso a setores estratégicos, para dispersar riscos, para promover a inovação tecnológica, etc. A lei vem, portanto, trazer alguns subsídios para compreensão desses ajustes. O mais importante dele é reconhecer que a seleção de um parceiro para desenvolver uma oportunidade negocial não se pauta pelas regras da licitação. [...] É que nesse caso a escolha a ser promovida pela Administração, nada obstante deva ser justificada, não é passível de ser avaliada de modo objetivo. Não é à toa que no âmbito societário costuma-se empregar o termo *affectio* para aludir à vontade de os sócios estarem vinculados. Aqui, a ideia é a mesma. E isso, à toda evidência não consegue ser aferido por meio de um julgamento objetivo – o que configura um dos pilares da noção de licitação. Soma-se a isso que o tipo de negociação a ser empregado nesses casos não se afeiçoa ao procedimento licitatório em que os termos do vínculo costumam ser definidos unilateralmente pelo contratante. Não se pode no âmbito de uma parceria pretender impor formulários contratuais ao particular, como ocorre nas licitações. A fluidez do vínculo a ser celebrado reforça a percepção de que se cuida de inexigibilidade" (GUIMARÃES, Bernardo Strobel. As joint ventures das empresas estatais na lei 13303/16. *Blog da Zênite*. Disponível em: http://www.zenite.blog.br/as-joint-ventures-das-empresas-estatais-na-lei-13-30316-inexigibilidade-de-licitacao. Acesso em: 14 nov. 2016).

66 "Art. 68. Os contratos de que trata esta Lei regulam-se pelas suas cláusulas, pelo disposto nesta Lei e pelos preceitos de direito privado".

denomina *terceiro setor*, que, conforme observa Maria Sylvia Zanella Di Pietro, coexiste com o primeiro setor, que é o Estado, e com o segundo setor, que é o mercado.[67]

Das mais polêmicas figuras insertas no *terceiro setor*, as organizações sociais são entidades privadas, sem fins lucrativos, cujas atividades se destinam à pesquisa científica, ao desenvolvimento tecnológico, à proteção e preservação do meio ambiente, à cultura e à saúde (Lei nº 9.637/1998). Para que assim sejam qualificadas, as referidas entidades devem celebrar contrato de gestão com o Poder Público, além de atender a outros requisitos de fundo formal.

Veja-se que, em princípio, as organizações sociais não são criadas pelo Poder Público. Trata-se de entidades privadas, criadas por entes privados não vinculados ou dependentes da Administração Pública. Sob determinadas condições e atendidos certos pressupostos, firmam contrato de gestão com o Poder Público e passam a realizar préstimos que poderiam ser qualificados como públicos, de uma forma *sui generis* e própria.

O contrato de gestão habilita as organizações sociais a receberem bens públicos em permissão de uso, recursos orçamentários e servidores públicos. À primeira vista e por princípio, dado que as ditas organizações sociais devem gerenciar os bens, recursos e servidores públicos de modo compatível com a moralidade administrativa, com a impessoalidade e com a isonomia, são-lhes impostas restrições próprias à Administração Pública. Sob essa luz, discute-se se as organizações sociais são ou não obrigadas a proceder à licitação pública.

Pondera-se que o artigo 17 da Lei nº 9.637/1998 prescreve que as organizações sociais devem dispor de "regulamento próprio contendo os procedimentos que adotará para a contratação de obras e serviços, bem como para comprar com emprego de recursos provenientes do Poder Público". Dessa sorte, nos termos da Lei nº 9.637/1998, as organizações sociais podem produzir os seus próprios regulamentos sobre processos de contratação, o que não se confunde com as licitações públicas, obrigatórias para a Administração Pública.

Essa discussão foi enfrentada de peito aberto pelo Supremo Tribunal Federal na ADI nº 1.923/DF. No voto condutor, do Ministro Luiz Fux, ficou muito claro que as organizações sociais não se sujeitam aos termos estritos das licitações para firmarem contratos com terceiros, ainda que com recursos provenientes do Poder Público. Elas

[67] Segundo Maria Sylvia Zanella Di Pietro: "Os teóricos da Reforma do Estado incluem essas entidades no que denominam de terceiro setor, assim entendido aquele que é composto por entidades da sociedade civil que exercem atividades de interesse público e não lucrativas. O terceiro setor coexiste com o primeiro setor, que é o Estado, e o segundo setor, que é o mercado. Na realidade, ele caracteriza-se por prestar atividade de interesse público, por iniciativa privada, sem fins lucrativos; precisamente pelo interesse público da atividade, o Estado tem interesse em fazer parceria com as mesmas, dentro da atividade de fomento; para essa parceria, as entidades têm que atender a determinados requisitos impostos por lei e que variam de um caso para o outro; uma vez preenchidos os requisitos, a entidade recebe um título, como o de utilidade pública ou o certificado de fins filantrópicos (hoje denominado de certificado de entidade beneficente de assistência social). As entidades do terceiro setor, que sempre existiram e às quais agora se somam as chamadas organizações sociais e as organizações da sociedade civil de interesse público (Oscips) tradicionalmente formalizavam a parceria com o poder público por meio de convênio; hoje, para as organizações sociais, o instrumento de parceria é o contrato de gestão e, para as Oscips, é o termo de parceria" (DI PIETRO, Maria Sylvia Zanella. *Parcerias na Administração Pública*. 3. ed. São Paulo: Atlas, 1999. p. 252).

devem contratar de acordo com os seus regulamentos, em consonância ao artigo 17 da Lei nº 9.637/1998. Leia-se o seguinte excerto:

> Isso significa que as Organizações Sociais não estão sujeitas às *regras* formais dos incisos do art. 37, de que seria exemplo a regra da licitação, mas sim apenas à observância do *núcleo essencial dos princípios* definidos no *caput*. Essa incidência dos princípios administrativos deve ser compatibilizada com as características mais flexíveis do setor privado, que constituem justamente a finalidade por detrás de todo o marco regulatório do Terceiro Setor, porquanto fiado na premissa de que determinadas atividades podem ser mais eficientemente desempenhadas sob as vestes do regime de direito privado. Assim, a conciliação desses vetores leva justamente ao que dispõe o art. 4º, VIII, da Lei no 9.637/98, segundo o qual o Conselho de Administração da OS deve "*aprovar por maioria, no mínimo, de dois terços de seus membros, o regulamento próprio contendo os procedimentos que deve adotar para a contratação de obras, serviços, compras e alienações e o plano de cargos, salários e benefícios dos empregados da entidade*". Ou seja, embora não façam formalmente licitação, *tais entidades devem editar um regulamento próprio para contratações, fixando regras objetivas e impessoais para o dispêndio de recursos públicos.*[68] [69]

Ressalva-se que a não obrigatoriedade de licitação pública para as organizações sociais não significa lhes dar aval para contratar sem critérios ou parâmetros, em desalinho aos princípios regentes da Administração Pública, sobremodo quando utiliza recursos provenientes do Poder Público para custear os respectivos contratos. Enfim, os princípios devem ser respeitados e obedecidos, apenas não precisam ser ao modo e no espectro estrito das licitações públicas a que está obrigada a Administração Pública. Os princípios devem ser plasmados no regulamento a que se refere o artigo 17 da Lei nº 9.637/1998, pressupõe-se que de uma maneira mais simples e flexível, que permita às organizações sociais imprimir gestão mais dinâmica e célere.

Parte-se da premissa de que os princípios de direito administrativo podem ser obedecidos pelas organizações sociais por meio de processos disciplinados em seus regulamentos e não necessariamente por meio da licitação pública imposta à Administração Pública. Pressupõe o reconhecimento de que a licitação pública própria da Administração Pública não é o único modo e maneira para que a contratação ocorra

---

[68] STF, Plenário. ADI nº 1.923/DF. Rel. Min. Ayres Britto, j. 16.4.2015.

[69] O Tribunal de Contas da União, depois de alguns anos de divergência, passou a entender no mesmo sentido: "A jurisprudência desta Corte de Contas tem se inclinado a considerar que aquisição de produtos e contratação de serviços por organizações sociais não precisam seguir os estritos termos da Lei Federal 8.666/1993, sujeitando-se ao regulamento próprio sobre os procedimentos para compras e contratação de obras e serviços com recursos provenientes do Poder Público, que deve observar os princípios da impessoalidade, moralidade e economicidade, sendo necessário, no mínimo, cotação prévia de preços (Acórdãos 353/2005, 114/2010 e 3.373/2012, do Plenário, e 601/2007, da 1ª Câmara). Esse entendimento decorre diretamente do teor do *caput* do art. 116 da Lei 8.666/1993, que estabelece que a aplicação de recursos públicos geridos por particular em decorrência de convênio, acordo, ajuste ou outros instrumentos congêneres deve atender, no que couber, às disposições da Lei de Licitações. Os arts. 4º, VIII, e 17 da Lei 9.637/98 autorizam a organização social a elaborar 'regulamento próprio contendo os procedimentos que deve adotar para a contratação de obras, serviços, compras e alienações'. Entretanto, por se tratarem de regulamentos, devem possuir consonância com a norma verticalmente superior, que, no caso de utilização de recursos públicos federais, é a Lei 8.666/93 e, sobretudo, o disposto no art. 37, XXI, da Constituição Federal" (TCU, Plenário. Acórdão nº 3.229/2013. Rel. Min. Walton Alencar, j. 27.11.2013).

em harmonia com a impessoalidade e com a moralidade, que seja pautada por critério objetivo e busque a proposta mais vantajosa.

As organizações da sociedade civil de interesse público também fazem parte do *terceiro setor*, já que podem celebrar com o Estado *termo de parceria*, de acordo com o qual se credenciam a obter recursos e bens públicos (Lei nº 9.790/1999). Além de exigências de cunho formal, as citadas organizações não podem ter fins lucrativos e devem desenvolver atividades socialmente úteis. Na mesma linha tocante às organizações sociais, por princípio, os recursos a serem recebidos do Poder Público devem ser administrados de modo consoante com o interesse público. Não há entre elas diferença substancial, sob a perspectiva de seus contratos e necessidade de licitação pública.

A situação das organizações da sociedade civil de interesse público é em tudo semelhante à das organizações sociais, tanto que o artigo 14 da Lei nº 9.790/1999 também prescreve a elas a obrigação de editar regulamento próprio para os procedimentos de contratação. Enfim, não são obrigadas a realizar licitação pública nos termos estritos que se impõem para a Administração Pública, porém com poder para editar regulamento próprio, dispondo sobre as suas especificidades.

Registre-se que o Tribunal de Contas da União prolatou acórdão que conclui pela desnecessidade de as organizações da sociedade civil de interesse público procederem à licitação.[70]

É de mencionar a Lei nº 13.019/2014, que versa sobre o regime jurídico das parcerias voluntárias, "ações de interesse recíproco em regime de mútua cooperação" entre a Administração Pública e organizações da sociedade civil, como define o inciso III do seu artigo 2º. A Lei nº 13.019/2014 aplica-se diretamente às *organizações da sociedade civil*, que não se confundem com as *organizações da sociedade civil de interesse público*, regidas pela Lei nº 9.709/1999, embora sejam muito semelhantes. A diferença principal é que as *organizações da sociedade civil de interesse público* recebem esse qualificativo por meio de ato vinculado, cumpridos os requisitos previstos na Lei nº 9.709/1999, desde que realizem atividades previamente definidas e correlacionadas com serviços públicos (artigo 3º da Lei nº 9.790/1999). Ou seja, expede-se um ato administrativo que qualifica dada entidade como *organização da sociedade civil de interesse público*. Já as *organizações da sociedade civil*, de acordo com o inciso I do artigo 2º da Lei nº 13.019/2014, não precisam de qualquer reconhecimento ou ato administrativo prévio para que assim sejam qualificadas, basta que sejam pessoas jurídicas privadas, sem fins lucrativos e que não distribuam dividendos de qualquer forma ou modo. Ambas podem firmar parcerias com o Poder Público, por meio do qual podem receber recursos públicos. A parceria

[70] "Considerando que Lei especial prevê a instituição, no âmbito dos termos de parceria, de regulamento específico para a aquisição de bens e serviços, observados os princípios gerais da Administração Pública, não vislumbro como possam ser aplicadas as disposições do Estatuto Federal de Licitações e Contratos a esses contratos. Essa situação difere do que ocorre com os convênios e instrumentos congêneres, os quais se sujeitam, no que couber, ao regramento da Lei 8.666/93 (art. 116), conforme entendimento desta Corte consubstanciado no Acórdão 1.070/2003-Plenário. O art. 1º, §5º, do Decreto 5.504/2005, que estendeu às Oscips a obrigatoriedade de observarem a legislação federal de licitações e contratos, na aplicação de recursos públicos por elas administrados, na verdade, exorbita o art. 116 da Lei 8.666/93, o qual não se refere especificamente aos contratos de parceria, bem como a própria Lei 9.790/99. A meu ver, não se trata de Decreto Autônomo cuja declaração de inconstitucionalidade, em abstrato, compete privativamente ao Supremo Tribunal Federal. Verifica-se a extrapolação de lei por norma regulamentadora de estatura inferior" (TCU, Plenário. Acórdão nº 1.777/2005. Rel. Min. Marcos Vinicios Vilaça, j. 9.11.2005).

das organizações da sociedade civil é formalizada por meio de *termo de colaboração ou de fomento*, já as parcerias das *organizações da sociedade civil de interesse público* são formalizadas por *termo de parceria*.

O inciso III do seu artigo 3º da Lei nº 13.019/2014 afasta a aplicação desse regime para as organizações sociais. Sem embargo, o artigo 4º prescreve que ele se aplica, no que couber, às organizações da sociedade civil de interesse público.

A propósito, o artigo 43 da Lei nº 13.019/2014, aplicável às organizações da sociedade civil de interesse público, preceitua que as contratações realizadas com recursos públicos devem observar

> os princípios da legalidade, da moralidade, da boa-fé, da probidade, da impessoalidade, da economicidade, da eficiência, da isonomia, da publicidade, da razoabilidade e do julgamento objetivo e a busca permanente de qualidade e durabilidade, de acordo com o regulamento de compras e contratações aprovado para a consecução do objeto da parceria.

Demais disso, o §1º do mesmo artigo 43 prescreve que "o processamento das compras e contratações poderá ser efetuado por meio de sistema eletrônico disponibilizado pela administração pública às organizações da sociedade civil, aberto ao público via internet, que permita aos interessados formular propostas". O §2º esclarece que tal sistema eletrônico "conterá ferramenta de notificação dos fornecedores do ramo da contratação" que constem do registro cadastral.

Ou seja, as pessoas jurídicas de direito privado, sem fins lucrativos, estão aptas a firmar parcerias (em sentido geral) com o Poder Público e receber recursos públicos para o exercício de suas atividades ou realização de dados empreendimentos. Pode-se dizer que há três níveis de relacionamento entre tais entidades privadas e o Estado, o primeiro e mais rigoroso, com vínculo mais firme, é o das organizações sociais, regido pela Lei nº 9.637/1998. O segundo, com vínculo de grau médio, pode-se dizer, é o das organizações da sociedade civil de interesse público, disciplinado pela Lei nº 9.790/1999. O terceiro, com vínculo mais brando, é o das organizações da sociedade civil, versado pela Lei nº 13.019/2014. Nos três níveis a legislação prescreve soluções muito parecidas para as contratações custeadas com recursos públicos, devem ser obedecidas as normas previstas em regulamento próprio, respeitantes dos princípios de direito administrativo. A interpretação da doutrina e dos órgãos de controle deve ser coerente, aportar as mesmas conclusões para as três figuras, já que, em essência, são muito parecidas.

É oportuno ressaltar que terceiros interessados em contratar com as organizações sociais, as organizações da sociedade civil de interesse público e as organizações da sociedade civil, especificamente no que tange aos contratos custeados com recursos públicos, gozam do direito de oferecer propostas, que devem ser levadas em consideração por tais entidades, o que decorre do princípio da isonomia – que encontra aplicabilidade no caso de emprego de recursos públicos. Por conseguinte, terceiros podem questionar os respectivos processos sob a alegação de que não observam as normas previstas em regulamento, bem como os princípios de direito administrativo, a que estão obrigados. Poderiam, por exemplo, pleitear a invalidade de uma exigência considerada excessiva ou não razoável, que limite indevidamente a competitividade. A norma jurídica que desobriga tais entidades de procederem aos termos estritos das licitações públicas próprias da Administração Pública não as exime de se submeterem a controle rigoroso, inclusive por meio de particulares ou cidadãos, que gozam de direitos decorrentes da necessária observância dos princípios de direito administrativo.

Nessa ordem de ideias, vale advertir que as organizações sociais, as organizações da sociedade civil de interesse público e as organizações da sociedade civil merecem atenção dos órgãos fiscalizadores, dado que elas podem afigurar meio para que a Administração Pública se desincumba da prestação de serviços públicos e outras atividades que a ela são próprias, esquivando-se das limitações decorrentes do regime jurídico administrativo, especialmente a que obriga a licitação pública. Corre-se o risco de se repassarem recursos públicos para tais entidades, para que estas celebrem livremente contratos, em desalinho aos princípios administrativos e à máxima republicana.

4.4 Conselhos profissionais

Os conselhos profissionais são autarquias especiais, porque cobram importâncias de seus associados por força do Estado e exercem o poder de polícia no tocante ao exercício das atividades profissionais de que cuidam. Nessa medida, integram a Administração indireta, também se sujeitam ao direito público e ao regime da licitação pública.[71] Devem obediência à Lei nº 14.133/2021, com fundamento no seu artigo 1º.

4.5 Ordem dos Advogados do Brasil

A Ordem dos Advogados do Brasil é uma autarquia com o mesmo perfil institucional das demais entidades profissionais e, por consequência, deveria, também, sujeitar-se aos ditames do direito público e à obrigatoriedade de licitação pública. O artigo 44 do Estatuto da Advocacia (Lei nº 8.906/1994) prescreve que ela é "serviço público", dotada de poderes de polícia sobre a atividade profissional da advocacia. Se fosse de natureza

---

[71] Contudo, à luz do atual ordenamento jurídico em vigência, o Supremo Tribunal Federal assentou a natureza jurídica de autarquia e tal compreensão, por agora, enquanto não modificada a organização administrativa do Estado, implica reconhecer a incidência do regime jurídico de direito público aos conselhos de fiscalização profissional, inclusive no tocante ao regime de bens, exceto se a lei específica de cada entidade expressamente disponha em sentido contrário. Decorrem, ainda, da natureza jurídica atribuída pelo STF aos conselhos de fiscalização, as seguintes prerrogativas: competência da Justiça Federal para processar e julgar as execuções fiscais de suas dívidas, na forma do art. 109, II, da Constituição Federal; privilégio da prescrição quinquenal das dívidas, nos termos do Decreto nº 20.910/1932; obrigatoriedade de prévia licitação para contratação de obras e serviços e para as compras e alienações; prazos processuais privilegiados (STF, Plenário. RE nº 938.837/SP. Rel. Min. Edson Fachin, j. 19.4.2017). "REPRESENTAÇÃO DO PRESIDENTE DO CREFITO-3. CONTRATAÇÃO SEM LICITAÇÃO, PELO PRESIDENTE ANTECESSOR, PARA DISTRIBUIÇÃO DE FOLDERS. NÃO COMPROVAÇÃO DE CONFIGURAÇÃO DE HIPÓTESE DE INEXIBILIDADE. ANTECIPAÇÃO DE PAGAMENTO. PROMOÇÃO PESSOAL. MULTA. PEDIDO DE REEXAME. CONHECIMENTO. ARGUMENTOS INCAPAZES DE ENSEJAR ALTERAÇÃO DO ENTENDIMENTO ADOTADO. NEGATIVA DE PROVIMENTO. [...] No mérito, não há amparo jurídico para o provimento ao recurso. Está há muito sedimentada a jurisprudência desta Corte de Contas, a respeito dos conselhos de fiscalização de profissões regulamentadas, no sentido de que tais entidades: a) têm natureza autárquica; b) arrecadam e gerenciam recursos públicos de natureza parafiscal; c) sujeitam-se às normas de administração pública; d) integram, por força constitucional e legal, o rol dos jurisdicionados deste Tribunal; e) estão obrigadas a realizar processo seletivo público previamente à contratação de pessoal; f) devem promover licitação prévia para as obras, serviços, compras, alienações e locações (v.g. Decisão 701/1998-Plenário; Acórdão 202/2002-TCU-Plenário, Acórdão 168/2002-TCU-Plenário, Decisão 920/2001-Plenário, Acórdão 042/2002-TCU-Primeira Câmara, Acórdão 176/2002-TCU-Primeira Câmara, Acórdão 209/1998-TCU-Segunda Câmara, Acórdão 27/2002-TCU-Segunda Câmara)" (TCU, Primeira Câmara. Acórdão nº 7.513/2017. Rel. Min. Walton Alencar Rodrigues, j. 22.8.2017).

privada, não poderia protagonizar o exercício de poderes de polícia. Soma-se a isso que a OAB é sustentada por recursos de origem tributária, como são todas as contribuições sociais instituídas em favor de categorias profissionais, nos termos do preceituado no artigo 149 da Constituição Federal.

No entanto, o Supremo Tribunal Federal reconheceu à Ordem dos Advogados do Brasil natureza *sui generis*, espécie de serviço público independente, que não integra a Administração indireta e não se sujeita a qualquer influxo do direito público, desobrigando-a de realizar licitação pública ou qualquer procedimento correlato.[72] Registre-se, no entanto, que há decisão divergente mais recente, também do Supremo Tribunal Federal.[73]

Não há razões jurídicas minimamente plausíveis para aportar a tais conclusões, haja vista que, como dito, a Ordem dos Advogados do Brasil apresenta o mesmo perfil das demais entidades profissionais. O fato de os advogados exercerem funções indispensáveis à Justiça não torna a Ordem dos Advogados do Brasil imune às restrições impostas àqueles que gerenciam a coisa pública. Ao contrário, justamente por tais razões, por exercer o poder de polícia do Estado em relação à atividade tão fundamental, é que as implicações do direito público deveriam ser aplicadas em sua inteireza.

A autonomia necessária para o desempenho da missão institucional da Ordem dos Advogados do Brasil não é prejudicada com a sua submissão ao direito público, que demanda a obrigatoriedade de licitação pública e a sujeição aos órgãos de controle do Poder Público. Aliás, o controle não assume *status* de poder hierárquico ou algo que o valha. A OAB não tem que prestar contas sobre o mérito das suas ações. Tem de prestar contas apenas da aplicação dos seus recursos, angariados em razão da força do Estado, que obriga a todos os advogados.

Tanto isso é verdade que o Poder Judiciário e o Ministério Público realizam licitação pública e se sujeitam aos órgãos de controle e isso jamais afetou as suas autonomias, garantidas constitucionalmente com igual ou maior intensidade do que a da Ordem dos Advogados do Brasil. Se a Ordem dos Advogados do Brasil não pudesse realizar licitação pública para preservar a sua autonomia, o Poder Judiciário e o Ministério Público também não poderiam, algo que sequer se cogita.

---

[72] "[...] 3. A OAB não é uma entidade da Administração Indireta da União. A Ordem é um serviço público independente, categoria ímpar no elenco das personalidades jurídicas existentes no direito brasileiro. 4. A OAB não está incluída na categoria na qual se inserem essas que se tem referido como 'autarquias especiais' para pretender-se afirmar equivocada independência das hoje chamadas 'agências'. 5. Por não consubstanciar uma entidade da Administração Indireta, a OAB não está sujeita a controle da Administração, nem a qualquer das suas partes está vinculada. Essa não vinculação é formal e materialmente necessária. 6. A OAB ocupa-se de atividades atinentes aos advogados, que exercem função constitucionalmente privilegiada, na medida em que são indispensáveis à administração da Justiça [artigo 133 da CF/88]. É entidade cuja finalidade é afeita a atribuições, interesses e seleção de advogados. Não há ordem de relação ou dependência entre a OAB e qualquer órgão público" (STF, Plenário. ADI nº 3.026/DF. Rel. Min. Eros Grau, j. 8.6.2006).

[73] A Ordem dos Advogados do Brasil, quer sob o ângulo do Conselho Federal, quer das seccionais, não é associação, pessoa jurídica de direito privado, em relação à qual é vedada a interferência estatal no funcionamento – inciso XVIII do artigo 5º da Carta da República. Consubstancia órgão de classe, com disciplina legal – Lei nº 8.906/1994 –, cabendo-lhe impor contribuição anual e exercer atividade fiscalizadora e censória. É, por isso mesmo, autarquia corporativista, o que atrai, a teor do artigo 109, inciso I, do Diploma Maior, a competência da Justiça Federal para exame de ações – seja qual for a natureza – nas quais integre a relação processual. Surge impróprio estabelecer distinção considerados os demais conselhos existentes (STF, Plenário. RE nº 595.332. Rel. Min. Marco Aurélio, j. 31.8.2016).

Aliás, a Ordem dos Advogados do Brasil também não se livra da obrigatoriedade de licitação pública com a tese de que é entidade especial, não comparada aos demais conselhos profissionais porque tem missão institucional e porque foi prestigiada com referências a si no texto da Constituição Federal. Não há conexão lógica causal entre a inquestionável relevância institucional da Ordem dos Advogados do Brasil e uma pretensa imunidade à licitação pública e ao controle. Claramente, uma coisa não leva à outra.

A propósito, o Tribunal de Contas da União decidiu que a Ordem dos Advogados do Brasil é uma autarquia, pelo que se sujeita à sua jurisdição e lhe deve prestar contas, da mesma forma que os demais conselhos profissionais, como os dos engenheiros, médicos, administradores etc.[74] A Ordem dos Advogados do Brasil é realmente uma autarquia, insista-se.

Nesse acórdão, o Tribunal de Contas da União deu a notícia de que exerce controle sobre 550 conselhos profissionais, que gerenciam recursos da ordem de 3,3 bilhões de reais anuais. Não faz sentido que apenas a Ordem dos Advogados do Brasil seja dispensada do controle do Tribunal de Contas da União, que ela seja uma espécie de entidade "privilegiada" a pairar acima das amarras institucionais, para o bem ou para o mal.

O Supremo Tribunal Federal, no entanto, reconheceu repercussão geral e suspendeu cautelarmente o acórdão do Tribunal de Contas da União, por meio de decisão monocrática da Ministra Rosa Weber, que não se aprofundou no mérito da questão.[75] Apenas, por prudência e diante de decisão anterior do Supremo Tribunal Federal favorável à tese da Ordem dos Advogados do Brasil (ADI nº 3.026/DF), preferiu que tudo se mantivesse nos seus termos atuais até deliberação ulterior do Plenário.

4.6 Serviços sociais autônomos

Os *serviços sociais autônomos*, qualificados como entidades paraestatais, são compostos por personalidades de direito privado, que prestam assistência social a certos grupos ou categorias, oficializados pelo Estado, de quem recebem autorização para arrecadar e dispor de contribuições parafiscais. Neles estão inseridos, entre outros, o Serviço Social da Indústria (Sesi), o Serviço Social do Comércio (Sesc), o Serviço Nacional de Aprendizagem da Indústria (Senai), o Serviço Nacional de Aprendizagem do Comércio (Senac), o Serviço Brasileiro de Apoio às Micro e Pequenas Empresas (Sebrae), o Serviço Nacional de Aprendizagem Rural (Senar), o Serviço Social do Transporte (Sest), o Serviço Nacional de Aprendizagem do Transporte (Senat) e o Serviço Nacional de Aprendizagem das Cooperativas (Sescoop).

Em decorrência do ingresso de tais recursos, que são cobrados por força do Estado, o regime jurídico a que se sujeitam os *serviços sociais autônomos* é híbrido: regido em parte pelo Direito Privado, em parte pelo Direito Público.

Entre as regras decorrentes do Direito Público, ganha ênfase a obrigatoriedade de se estabelecerem processos de contratação em consonância com os princípios do Direito

---

74 TCU, Plenário. Acórdão nº 2.573/2018. Rel. Min. Bruno Dantas, j. 7.11.2018.

75 STF, Decisão Monocrática. MS nº 36.376/DF. Rel. Min. Rosa Weber, j. 7.6.2019.

Administrativo, tal como ocorre com as organizações sociais, com as organizações da sociedade civil de interesse público e com as organizações da sociedade civil: não são obrigadas a realizar licitação pública nos termos estritos e próprios à Administração Pública e gozam de liberdade para disporem de seus próprios regulamentos, com suas próprias regras, desde que não destoem dos princípios administrativos. Não deveriam se subordinar, portanto, às regras da legislação geral de licitações e contratos própria da Administração Pública, portanto à Lei nº 14.133/2021 – antes dela, não deveriam se subordinar à Lei nº 8.666/1993 ou à Lei nº 10.520/2022. Deveriam, nessa medida, ter regime mais flexível e menos burocrático.

Nada obstante isso, em dadas situações, o Tribunal de Contas da União vem forçando as entidades do Sistema "S" a adotarem em seus regulamentos as soluções da Lei nº 8.666/1993 e da Lei nº 10.520/2002 (antecessoras da Lei nº 14.133/2021).[76] De modo geral, o Tribunal de Contas da União argumenta que a não adoção de tais soluções importaria violação aos princípios administrativos. Essas assertivas costumam ser lançadas sem fundamentação consistente, costumam remeter genericamente a princípios de Direito Administrativo de modo descontextualizado e parecem ser apenas decorrentes de juízos em tudo subjetivos dos seus órgãos técnicos ou de seus Ministros. A postura do Tribunal de Contas da União acaba retirando a autonomia das entidades do Sistema "S" e as assemelhando aos órgãos e entidades da Administração Pública.

O entendimento do Tribunal de Contas da União não parece coerente e consistente. De maneira geral, pode-se dizer que a Corte de Contas reconhece a possibilidade de as entidades do Sistema "S" produzirem os seus próprios regulamentos sobre contratação, mas que a legislação da Administração Pública se aplica de forma subsidiária. Por ilustração:

---

[76] "10. Bem se sabe que as entidades do Sistema S não se submetem às regras da Lei 8.666, de 1993, mas aos princípios da administração pública e às regras dos seus regulamentos próprios de licitação, de sorte que, por essa linha, deve ser exigida a comprovação da aludida qualificação técnico-operacional, pela eventual apresentação de atestado registrado no conselho de fiscalização profissional competente, além da exigência de comprovação da qualificação econômico-financeira, a partir do disposto no art. 30, II e §1º, e no art. 31 do aludido diploma legal" (TCU. Plenário. Acórdão nº 1.499/2017. Rel. Min. André Luis de Carvalho. j. 12.7.2017). "9.5.3. abstenha-se de incluir, nos editais reguladores dos futuros certames licitatórios promovidos pela entidade, critérios que frustrem o caráter competitivo do certame, a exemplo da atribuição de pontuação à proposta técnica formulada por empresas anteriormente contratadas pelo Sesi/AL ou por outras entidades ligadas ao Sistema 'S' ou atrelada ao tempo de atividade da licitante, vez que tais parâmetros, a par de ferirem o princípio da isonomia, não constituem efetivo elemento de avaliação da capacidade técnica das interessadas;" (TCU. Primeira Câmara. Acórdão nº 2.641/2008. Rel. Min. Marcos Bemquerer. j. 20.8.2008). "9.2. firmar entendimento de que os serviços sociais autônomos sujeitam-se a seus regulamentos próprios devidamente publicados e consubstanciados nos princípios gerais do processo licitatório, conforme Decisão 907/1997 – Plenário, e, salvo na aquisição de bens e serviços de pequeno valor, nos termos definidos naqueles regulamentos, deverão exigir comprovação da regularidade com a seguridade social tanto nas contratações decorrentes de licitação quanto nas contratações diretas, realizadas mediante dispensa ou inexigibilidade de licitação;" (TCU. Plenário. Acórdão nº 2.743/2017. Rel. Min. Ana Arraes. j. 6.12.2017). "16. Quanto às irregularidades listadas nos subitens 6.4 e 6.1, lembro que diversos julgados deste Tribunal (Acórdãos 356/2011, 1.948/2011, 2.965/2011, 1.750/2014 e 2.322/2014, todos do Plenário) são no sentido de que as entidades do Sistema S devem incluir, nos editais de licitação, o orçamento estimado em planilhas de quantitativos e custos unitários, ou, alternativamente, como deliberado pelo Acórdão 1750/2014-TCU-Plenário ao Sesi/RO, informar, no edital, acerca da disponibilidade do orçamento estimado aos interessados e dos meios para sua obtenção" (TCU. Segunda Câmara. Acórdão nº 1.439/2015. Rel. Min. Marcos Bemquerer. j. 7.4.2015).

> 6. As entidades do sistema S não integram a administração pública, são instituições privadas, com característica paraestatal, criadas para atuar ao lado do Estado na consecução de interesses sociais relevantes.
> 7. É por esse motivo que essas entidades não são regidas pelo mesmo regime jurídico que disciplina as licitações e contratações promovidas por órgãos e entidades da administração pública.
> 8. Isso significa que se submetem apenas subsidiariamente aos ditames da Lei 10.520/2002, da Lei 8.666/1993 e das demais normas pertinentes a essa temática, devendo, contudo, respeitar os princípios gerais que regem a contratação pública.[77]

A aplicação subsidiária significa que as normas da Administração Pública têm lugar diante de eventual ausência de norma específica sobre dado assunto no regulamento das entidades do Sistema "S". Ou seja, se o regulamento prevê dada solução, é ela que deve ser aplicada. Se o regulamento é silente, as entidades devem aplicar as normas da legislação da Administração Pública.

Nada obstante, o Tribunal de Contas da União entende que as entidades do Sistema "S" não reúnem competência para dispor em seus regulamentos sobre determinados assuntos, que sobre eles seria obrigatório aplicar a legislação da Administração Pública. É o caso, por exemplo, de Acórdão da Corte de Contas que determinou alteração do regulamento de entidade do Sistema "S" porque considerou que não lhe cabia dispor sobre hipóteses de dispensa e inexigibilidade de licitação pública de modo diverso da legislação própria da Administração Pública. Leia-se:

> 9. Chamo atenção, de início, à disposição presente no art. 9º, inciso XVIII, do Regulamento de Licitações e de Contratos – RLC da entidade, que prevê a dispensa de licitação para a participação em feiras, exposições, congressos, seminários e eventos em geral, relacionados à atividade-fim.
> 10. Não obstante o fato de os serviços sociais autônomos não se sujeitarem aos ditames da Lei nº 8.666/1993, devem seus regulamentos próprios atender aos princípios básicos que regem a Administração Pública, dispostos no art. 37 da Constituição Federal, em especial os da impessoalidade, da moralidade e da igualdade.
> 11. A matéria em questão já ensejou intensos debates no âmbito desta Corte de Contas, em várias ocasiões. Nos autos do TC-Processo 016.691/2007-6, o Ministro José Jorge apresentou Voto Revisor, que se sagrou vencedor, ressaltando que, embora não se exija a plena submissão dos entes integrantes do Sistema S à Lei nº 8.666/1993, eles não detêm competência para legislar sobre este assunto, por se tratar de matéria de lei ordinária (reserva legal segundo a vontade do legislador constituinte), de competência privativa da União, consoante o art. 22, XXVII, da Lei Maior.
> 12. Na oportunidade, que resultou na prolação do Acórdão 2790/2013-TCU-Segunda Câmara, enfatizou-se o entendimento segundo o qual as entidades do Sistema S não podem inovar na ordem jurídica, por meio de seus regulamentos próprios, instituindo novas hipóteses de dispensa e de inexigibilidade de licitação, haja vista que a matéria deve ser disciplinada por norma geral, de competência privativa da União.
> 13. E, segundo o entendimento emanado do sumário relativo ao TC-Processo 019.167/2006-9, da relatoria do Ministro Raimundo Carreiro, cabe ao Tribunal de Contas da União

[77] TCU. Primeira Câmara. Acórdão nº 7596/2016, Rel. Min. Weder Oliveira. j. 6.12.2016.

> determinar a modificação das normas próprias sobre licitações e contratos das entidades do Sistema S, nos casos em que, efetivamente, verificar afronta, ou risco de afronta, aos princípios regentes da administração pública, o que se ajusta à situação ora em exame (Acórdão 2522/2009-TCU-Segunda Câmara).
> 14. Por estes motivos, acolho a proposta de determinação à entidade que promova a alteração do citado normativo de forma a adequá-lo aos princípios constitucionais mencionados.[78]

É de registrar que o Supremo Tribunal Federal já teve a oportunidade de fazer reparos à atuação do Tribunal de Contas da União, desfazendo decisão prolatada que se considerou como limitadora da autonomia de entidade do Sistema "S" para dispor sobre as suas licitações e contratações. Confira-se:

> Agravo regimental em mandado de segurança. 2. Acórdão do Tribunal de Contas da União. Exigência de que conste nos editais de licitação do SENAC o orçamento estimado em planilhas de quantitativos e custos unitários, bem como de critério de aceitabilidade. Desnecessidade. 3. Serviço Social Autônomo. Natureza privada. Não se submete ao processo licitatório previsto pela Lei 8.666/93. Necessidade de regulamento próprio. Procedimento simplificado que observe os princípios gerais previstos no art. 37, caput, CF. Atendimento. 4. Ausência de argumentos capazes de infirmar a decisão agravada. 5. Agravo regimental desprovido.[79]

A jurisprudência do Tribunal de Contas da União é limitadora da autonomia das entidades do Sistema "S" acerca dos seus processos de contratação, sem clareza e consistência sobre parâmetros. As decisões parecem casuísticas, o que contribui para ambiente com enorme insegurança jurídica. Para evitar controvérsias e questionamentos, parece que a postura das entidades do Sistema "S" têm sido a de se aplicar em larguíssima medida as normas de licitações e contratos regentes da Administração Pública, renunciando à sua autonomia, cedendo aos procedimentos burocráticos e inflexíveis que são correntes na Administração Pública. Poderiam adotar outra postura.

---

[78] TCU. Plenário. Acórdão nº 1785/2013, Rel. Min. Marcos Bemquerer. j. 10.7.2013.

[79] STF. Segunda Turma. MS 33.442 AgR. Rel. Min. Gilmar Mendes. j. 15.2.2019.

CAPÍTULO 3

PRINCÍPIOS JURÍDICOS DA LICITAÇÃO PÚBLICA E DO CONTRATO ADMINISTRATIVO

1 Princípios jurídicos

O direito se expressa por meio de normas jurídicas, que têm natureza e tipologia diversas. As normas jurídicas mais relevantes e mais usuais são as regras jurídicas e os princípios jurídicos. Para bem compreendê-los e aplicá-los com correção é preciso atentar às suas especificidades, sobremodo às características que os distinguem.

As regras jurídicas apresentam-se como uma hipótese abstrata (pressuposto de fato) acompanhada de uma consequência, que deve ser imputada se a hipótese vier a ser verificada na realidade. Ocorrido o fato descrito na hipótese, deve ser imputada a consequência.[80] A regra jurídica pode tanto incidir diretamente sobre as condutas dos indivíduos, quanto referir à organização do aparelhamento estatal, definindo competências dos agentes públicos. Nesse último caso, a hipótese da regra importa na investidura do agente e, por conseguinte, na prescrição do dever ou na faculdade de adotar determinada postura.

Cumpre salientar que, diante de regras jurídicas, o mesmo fato não pode ensejar duas consequências jurídicas antagônicas, mas só uma ou outra, sem que se admita ponderá-las. Nesses termos, costuma-se dizer que as regras jurídicas são excludentes.[81] Isto é, não pode haver, no sistema, duas regras jurídicas que apontem soluções contrárias. A título ilustrativo, se a *regra A* prescreve que o contrato deve ser assinado por duas testemunhas e a *regra B* prescreve que o contrato deve ser assinado por quatro

---

[80] Trata-se de conceito de regra jurídica análogo ao conceito de norma jurídica esposado por Lourival Vilanova, a saber: "Tomemos como aceite, como suposto de trabalho, que a norma jurídica compõe-se de uma hipótese e de uma consequência. A hipótese descreve um fato de possível ocorrência (fato natural ou conduta). Depois liga uma consequência que ordinariamente tem como referente a conduta humana. A consequência é prescritiva: proíbe, permite, obriga, faculta – o que só é possível sobre a conduta" (VILANOVA, Lourival. *Causalidade e relação no direito*. 1. ed. Recife: OAB, 1985. p. 25).

[81] Para Canotilho, a convivência das regras é antinômica e excludente, daí que "não deixam espaço para qualquer outra solução, pois se uma regra *vale* (tem validade) deve cumprir-se na exacta medida das suas prescrições, nem mais nem menos" (CANOTILHO, J. J. Gomes. *Direito constitucional*. 6. ed. Coimbra: Almedina, 1993. p. 168). Em seguida, arremata: "as regras contêm 'fixações normativas' *definitivas*, sendo insustentável a *validade* simultânea de regras contraditórias" (CANOTILHO, J. J. Gomes. *Direito constitucional*. 6. ed. Coimbra: Almedina, 1993. p. 168).

testemunhas, ou o contrato deve ser assinado por duas ou por quatro testemunhas. Ou a *regra A* é válida ou a *regra B* é válida, jamais ambas. Se uma delas é válida, a outra não é e deve ser excluída do sistema. Nesse sentido é que Ronald Dworkin adverte que as regras jurídicas se aplicam sob a *lógica do tudo ou nada*, isto é, são válidas ou inválidas, sem que seja lícito as ponderar, a fim de concluir que, no exemplo dado, em vista da contradição, o contrato deve ser assinado por três testemunhas.[82]

Por outro lado, como afirma Ronald Dworkin, os princípios devem ser observados por uma razão de justiça, equidade ou alguma outra dimensão da moralidade.[83] Eles são a base sobre a qual se edificou a Constituição e o ordenamento jurídico, refletindo os valores que a sociedade considera adequados e que devem ser prestigiados. Portanto, os princípios servem, entre outras coisas, para traduzir qual é a dimensão axiológica e teleológica da ordem jurídica, para que se perceba nela uma linha, um sentido a ser seguido.

E, ademais, os princípios jurídicos não trazem consigo hipótese específica, porém admitem várias delas. A normatividade dos princípios jurídicos não está atrelada a hipóteses determinadas, pois a textura deles é aberta, incidindo sobre eles inúmeras hipóteses, desde que haja pertinência. Em suma, os princípios jurídicos não são circunscritos numa hipótese delimitada (pressuposto de fato), o que os torna mais gerais e abstratos do que as regras jurídicas.[84]

Sucede que, ao contrário das regras jurídicas, os princípios jurídicos são includentes. Quer dizer que é plenamente admissível que princípios jurídicos apontem soluções antagônicas, sem que uma exclua a outra, porém ambas devem ser ponderadas, harmonizadas numa decisão que prime pela razoabilidade.

Em virtude disso, como adverte Robert Alexy, os princípios ordenam que algo deve ser realizado na maior medida possível,[85] o que torna complexo o trabalho do

---

82 DWORKIN, Ronald. *Los derechos en serio*. Tradução de Marta Guastavino. Barcelona: Ariel, 1989. p. 75.

83 DWORKIN, Ronald. *Los derechos en serio*. Tradução de Marta Guastavino. Barcelona: Ariel, 1989. p. 72.

84 Eros Roberto Grau, com decalque em Jean Bolanger, a respeito do diferente sentido da generalidade entre regras e princípios, leciona o seguinte: "Segundo ele, regra e princípio jurídico têm em comum o caráter de generalidade. Daí porque se poderia afirmar que um princípio jurídico não é senão uma regra jurídica particularmente importante, em virtude das consequências práticas que dele decorrem. No entanto – prossegue – não há entre ambos apenas uma desigualdade de importância, porém, mais do que isso, uma diferença de natureza. E isso porque a generalidade da regra jurídica é diversa da generalidade de um princípio jurídico. Demonstra-o Boulanger observando que a regra é geral porque estabelecida para um número indeterminado de atos ou fatos. Não obstante, ela é especial na medida em que *não regula tais atos ou tais fatos*: é editada para ser aplicada a uma situação jurídica determinada. Já o princípio, ao contrário, é geral porque comporta uma *série indefinida de aplicações*" (GRAU, Eros Roberto. *A ordem econômica na Constituição de 1988 (interpretação e crítica)*. 3. ed. São Paulo: Malheiros, 1997. p. 112).

85 Robert Alexy oferece distinção entre as regras e os princípios: "El punto decisivo para la distinción entre reglas y principios es que los principios son normas que ordenan que algo sea realizado en la mayor medida posible, dentro de las posibilidades jurídicas y reales existentes, que están caracterizados por el hecho de que pueden ser cumplidos en diferente grado y que la medida debida de su cumplimiento no sólo depende de las posibilidades reales sino también de las jurídicas. El ámbito de las posibilidades jurídicas es determinado por los principios y reglas opuestos. En cambio, las reglas son normas que sólo pueden ser cumplidas o no. Si una regla es válida, entonces hay de hacerse exactamente lo que ella exige, ni más ni menos. Por lo tanto, las reglas contienen determinaciones en el ámbito de lo fáctica y jurídicamente posible. Esto significa que la diferencia entre reglas y principios es cualitativa y no de grado. Toda norma es o bien una regla o un principio" (ALEXY, Robert. *Teoría de los derechos fundamentales*. Tradução de Ernesto Garzón Valdés. Madrid: Centro de Estudios Constitucionales, 1997. p. 86).

aplicador do direito, que os precisa ponderar através de raciocínio que conduza a uma decisão razoável.[86]

Os princípios jurídicos usualmente apontam sentidos opostos, cabendo ao intérprete compatibilizá-los, mediante o balanceamento dos respectivos conteúdos normativos. Todavia, em várias situações, os princípios entram em pretensa colisão,[87] em que um deve prevalecer sobre o outro, sem o excluir do sistema. Para Robert Alexy, a solução de dita colisão consiste em estabelecer entre os princípios uma *relação de precedência condicionada*. Por sua vez, "a determinação da relação de precedência condicionada consiste em que, tomando em conta o caso, se indicam as *condições* em razão das quais um princípio precede o outro. Sob outras condições, a questão da precedência pode ser solucionada inversamente".[88] Dessa maneira, os princípios jurídicos maximizam a responsabilidade do aplicador do direito, haja vista que a aplicação deles pressupõe avaliação das condições de fato que informam cada caso, a fim de se concluir, com amparo na razoabilidade, qual ou quais os princípios que devem prevalecer em detrimento de outros, que, nada obstante, insista-se, permanecem no sistema.

Note-se que, para solucionar as pretensas colisões de princípios jurídicos, é imprescindível justificar a decisão em razão dos valores e dos fins identificados no momento histórico específico de sua aplicação, deixando aberta a Constituição e o direito ao influxo de elementos sociais e culturais, que acabam por revitalizá-los.[89] Como frisa Canotilho, a estrutura da Constituição é dialógica, "traduzida na disponibilidade e capacidade de aprendizagem das normas constitucionais para captarem a mudança da realidade e estarem abertas às concepções cambiantes da verdade e da justiça".[90]

Os valores sociais se revelam de modo plural, havendo conflitos e tensões que não passam ao largo do universo jurídico. Na verdade, a finalidade do direito – e da Constituição como diploma normativo privilegiado – é responder a esses conflitos e

---

86 O termo *razoabilidade* foi introduzido na teoria do direito por Luis Recasens Siches. Parte o autor da refutação da lógica formal ou clássica como instrumento hábil à solução de problemas humanos práticos, como o jurídico e o político. É que tal lógica, além de neutra, é meramente explicativa de conexões entre causas e efeitos. Por outro lado, segundo Siches, "o *logos* do razoável, concernente aos problemas humanos – e, portanto, aos problemas políticos e jurídicos – intenta 'compreender e entender' sentidos e nexos entre significações, assim como também operações de valoração, e estabelece finalidades e propósitos" (RECASENS SICHES, Luis. *Nueva filosofía de la interpretación del derecho*. México: Porrúa, 1973. p. 279, tradução nossa).

87 Como anota Claus-Wilhelm Canaris, é da essência dos princípios gerais de direito que eles entrem, com frequência, em conflito entre si, sempre que, tomados em cada um, apontem soluções opostas. Todavia, adverte que essa relação entre os princípios não pode ser tomada como espécie de contradição, mas sim como oposição. De acordo com as suas próprias palavras: "Pois uma contradição é sempre algo que não deveria existir e que por isso, sendo possível, deve ser eliminado ou seja, como diz Engisch, uma desarmonia, enquanto as oposições de princípios aqui em causa pertencem necessariamente à essência de uma ordem jurídica e só a esta dão o seu pleno sentido; eles não devem, por isso, de modo algum ser eliminados, mas antes 'ajustados' através de uma solução 'intermédia', pela qual a sua oponibilidade interna se 'resolva' num compromisso, no duplo sentido da palavra" (CANARIS, Claus-Wilhelm. *Pensamento sistemático e conceito de sistema na ciência do direito*. Tradução de A. Menezes Cordeiro. 2. ed. Lisboa: Fundação Calouste Gulbenkian, 1996. p. 205-206.).

88 ALEXY, Robert. *Teoría de los derechos fundamentales*. Tradução de Ernesto Garzón Valdés. Madrid: Centro de Estudios Constitucionales, 1997. p. 92, tradução nossa.

89 Para Karl Larenz, "o sistema interno não é, como se depreende do que foi dito, um sistema fechado em si, mas um sistema 'aberto', no sentido de que são possíveis tanto mutações na espécie de jogo concertado dos princípios, do seu alcance e limitação recíproca, como também a descoberta de novos princípios; seja em virtude de alterações da legislação, seja em virtude de novos conhecimentos da ciência do Direito ou modificações na jurisprudência dos tribunais" (LARENZ, Karl. *Metodologia da ciência do direito*. Tradução de José Lamego. 3. ed. Lisboa: Fundação Calouste Gulbenkian, 1997. p. 693).

90 CANOTILHO, J. J. Gomes. *Direito constitucional*. 6. ed. Coimbra: Almedina, 1993. p. 165.

tensões, integrando-os e desenhando uma unidade. Dessa sorte, os princípios jurídicos cumprem papel fundamental para o desenho da unidade do direito por efeito da elevada abstração e da generalidade que os afetam e que lhes conferem textura aberta para eles ponderarem e conciliarem os reclames plurais da sociedade.

Por outro lado, as regras jurídicas, embora abstratas e gerais, se aplicam somente no âmbito das hipóteses fáticas descritas em seus enunciados (pressupostos de fato). Doutro lado, os princípios jurídicos, porque não limitados a hipóteses fáticas fechadas (pressupostos de fato), se aplicam às mais variadas hipóteses, sem estarem de antemão vinculados a um número reduzido delas, contribuindo decisivamente para a unidade e para a integração do direito.[91]

A ordem jurídica é algo bastante dinâmico, que deve continuamente responder às exigências da sociedade. É sabido, a propósito, que a sociedade atual muda constantemente. O problema é que a ordem jurídica não consegue acompanhar essa evolução produzindo regras jurídicas, isto é, deduzindo hipótese por hipótese e imputando a cada uma delas as consequências cabíveis. Não consegue porque o ritmo legislativo é visivelmente lento em relação às demandas e porque, em inúmeras questões, o legislador não é capaz de prescrever previamente a solução adequada.

Com razão anota Canotilho:

> Um modelo ou sistema constituído exclusivamente por regras conduzir-nos-ia a um sistema jurídico de limitada racionalidade prática. Exigiria uma disciplina legislativa exaustiva e completa – *legalismo* – do mundo e da vida, fixando, em termos definitivos, as premissas e os resultados das regras jurídicas. Conseguir-se-ia um "sistema de segurança", mas não haveria qualquer espaço livre para a complementação e desenvolvimento de um sistema, como o constitucional, que é necessariamente um sistema aberto. Por outro lado, um legalismo estrito de regras não permitiria a introdução dos conflitos, das concordâncias, do balanceamento de valores e interesses, de uma sociedade pluralista e aberta. Corresponderia a uma organização política monodimensional (Zagrebelsky).[92]

Os princípios oferecem respostas às limitações que são próprias das regras. Em primeiro lugar, ao prescrever princípios não é necessário deduzir hipótese por hipótese, dado que eles são normas abertas, que se aplicam a várias delas. Assim, na falta de regra, a relevância dos princípios se intensifica, porque o intérprete, tendo de alcançar uma decisão, encontra apoio e norte nos princípios, por força da abertura que lhes é própria.

---

[91] Celso Antônio Bandeira de Mello aponta no mesmo sentido: "Princípio – já averbamos alhures – é por definição, mandamento nuclear de um sistema, verdadeiro alicerce dele, disposição fundamental que se irradia sobre diferentes normas compondo-lhes o espírito e servindo de critério para sua exata compreensão e inteligência, exatamente por definir a lógica e a racionalização do sistema normativo, no que lhe confere a tônica e lhe dá sentido harmônico" (BANDEIRA DE MELLO, Celso Antônio. *Curso de direito administrativo*. 35. ed. São Paulo: Malheiros, 2021. p. 913). Sob o prisma constitucional, Luís Roberto Barroso completa: "Pois os princípios constitucionais são, precisamente, a síntese dos valores principais da ordem jurídica. A Constituição, como já vimos, é um sistema de normas jurídicas. Ela não é um simples agrupamento de regras que se justapõem ou que se superpõem. A ideia de sistema funda-se na de harmonia, de partes que convivem sem atritos. Em toda ordem jurídica existem valores superiores e diretrizes fundamentais que 'costuram' suas diferentes partes. Os princípios constitucionais consubstanciam as premissas básicas de uma dada ordem jurídica, irradiando-se por todo o sistema. Eles indicam o ponto de partida e os caminhos a serem percorridos" (BARROSO, Luís Roberto. *O direito constitucional e a efetividade de suas normas*. 3. ed. Rio de Janeiro: Renovar, 1996. p. 287).

[92] CANOTILHO, J. J. Gomes. *Direito constitucional*. 6. ed. Coimbra: Almedina, 1993. p. 168.

Em segundo lugar, para os casos em que as regras não conseguem previamente determinar a solução adequada, os princípios assumem especial relevância, pois admitem a ponderação em vista das peculiaridades de cada caso, dando-se espaço para se encontrar a decisão justa, compatível com os valores da ordem jurídica.[93]

Em terceiro lugar, em decorrência da textura aberta dos princípios jurídicos, estes reúnem a capacidade de se adaptar à nova realidade, sem que seja necessária qualquer espécie de intervenção legislativa. Os princípios oferecem espaços para que se construa boa parte de seus conteúdos normativos, o que varia de acordo com as situações em análise, as expectativas sociais e o momento histórico.

O maior grau de generalidade e abstração dos princípios jurídicos, que não são circunscritos a pressupostos de fatos fechados como as regras jurídicas, é de suma importância para a aplicação do direito, para que ele seja compreendido como uma unidade, um todo ordenado e integrado e para que ele possa evoluir no ritmo da sociedade, de modo que as decisões sejam justas e adequadas.

Sem embargo, essas mesmas características dos princípios jurídicos, bastante positivas, trazem também prejuízos ao direito e à sociedade, especialmente sob a ótica da segurança jurídica. Por serem mais abertos do que as regras, os princípios devem ser ponderados e balanceados diante das particularidades dos casos concretos, o que atrai juízos altamente subjetivos e voláteis. Nessa medida, correm-se riscos mais acentuados de os princípios serem manipulados para justificar qualquer tipo de decisão, para um lado ou para o outro conforme as preferências pessoais do aplicador do direito. Assim, o direito acaba sendo relativizado, faltam respostas precisas e dadas de antemão que propiciem aos que aplicam o direito previsibilidade no tocante às suas condutas e aos seus reflexos.

Isso, infelizmente, tem ocorrido com bastante intensidade no direito administrativo e, de forma específica, nas licitações e nos contratos administrativos, com muita ênfase da parte dos órgãos de controle. Os princípios têm sido manipulados de forma livre, sem maior ônus argumentativo, para desconstituir prescrições contidas em regras jurídicas e exigir comportamentos da Administração Pública não prescritos pelo legislador. Os órgãos de controle, com frequência, entendem que dada medida é conveniente e passam a exigi-la da Administração Pública, lançando princípios a esmo para justificá-la. Não contentes, sancionam os agentes administrativos, não raro desavisados, que não observam e na maioria das vezes sequer têm conhecimento sobre as tais invencionices.

Esse fenômeno não passa desapercebido pelo legislador. Salienta-se, em expressão de reação a esses abusos, que o artigo 20 da Lei de Introdução às Normas do Direito Brasileiro prescreve que "nas esferas administrativa, controladora e judicial, não se decidirá com base em valores jurídicos abstratos sem que sejam consideradas as

---

[93] Ao lançar suas críticas ao positivismo tal qual concebido por Hart, Dworkin assevera: "Mi estrategia se organizará en torno del hecho de que cuando los juristas razonan o discuten sobre derechos y obligaciones jurídicas, especialmente en aquellos casos difíciles en que nuestros problemas con tales conceptos parecen agudizarse más, echan mano de estándares que no funcionan como normas, sino que operan de manera diferente, como principios, directrices políticas y otros tipos de pautas" (DWORKIN, Ronald. *Los derechos en serio*. Tradução de Marta Guastavino. Barcelona: Ariel, 1989. p. 72). Portanto, os casos difíceis são fundamentais à teoria de Dworkin. É neles que se evidencia a insuficiência dos tradicionais conceitos do positivismo.

consequências práticas da decisão". De forma mais direta, o inciso II do artigo 171 da Lei nº 14.133/2021 exige por parte dos órgãos de controle a

> [...] adoção de procedimentos objetivos e imparciais e elaboração de relatórios tecnicamente fundamentados, baseados exclusivamente nas evidências obtidas e organizados de acordo com as normas de auditoria do respectivo órgão de controle, de modo a evitar que interesses pessoais e interpretações tendenciosas interfiram na apresentação e no tratamento dos fatos levantados; [...].

Essas normas, por evidente, não foram previstas gratuitamente. Elas têm razão de ser e se justificam, insista-se, nos abusos e nas manipulações empregadas pelos órgãos de controle.

Esse fenômeno, que não passa à margem da doutrina especializada, vem sendo denunciado por muitos. Nessa linha, são certeiras as advertências de Rodrigo Valgas dos Santos:

> Voltando à questão principiológica, o problema no inadequado exercício do controle externo sob uma perspectiva neoconstitucionalista é que tudo passa a ser uma questão de princípios. Esquecemos o real papel dos princípios que possuem caráter reflexivo, de abertura do sistema ao seu (determinável) conteúdo jurídico. Assim, passou-se a utilizar a teoria dos princípios para solver problemas que dependem de regra. Mais que isso, no cotidiano dos tribunais, especialmente em improbidade administrativa, passou-se a desprezar as regras em nome dos princípios e a razão maior disso é porque a escolha (à la carte) dos princípios e a determinação do seu conteúdo jurídico, permite ao intérprete sentir-se 'livre, leve e solto' para decidir como quiser.
>
> No Brasil é especialmente grave o fenômeno do hiperprincipialismo, pamprincipialismo, pricipiorragia, principiolatria etc., em que cada vez mais princípios constitucionais e legais, explícitos ou implícitos, estimulam a fértil imaginação dos intérpretes e aplicadores das normas jurídicas, utilizando-se para fundamentar qualquer decisão, e com isso angariar a pretensa juridicidade, mormente no tema que estamos a abordar acerca dos excessos do controle externo.
>
> Tal prática fragiliza a teoria dos princípios pois o que serve para qualquer coisa, não serve para coisa alguma. Já começamos a produzir doutrina no Brasil cujo objetivo é exatamente combater tal equivocada compreensão dos princípios. Porém, é certo que ao colocarmos os princípios no lugar que lhes cabem no sistema devemos cuidar para não cair no niilismo principiológico, esvaziando seu papel e força normativa. O adequado resgate das regras talvez possa remediar o excesso na utilização dos princípios como panaceia, todavia, sem renunciar à importância dos princípios no sistema jurídico.[94]

Como se vê, os excessos na manipulação dos princípios jurídicos vêm gerando reação, que tem razão de ser. Pondera-se, no entanto, como faz Rodrigo Valgas dos Santos, que essa reação não deve ser excessiva, sob pena de provar do mesmo pecado. A crítica acertada que se faz aos abusos cometidos com o mau uso dos princípios jurídicos não deve cair na armadilha de pretender esvaziá-los e marginalizá-los, negando a relevância

---

[94] SANTOS, Rodrigo Valdas dos. *Direito administrativo do medo*. Risco de fuga da responsabilização dos agentes públicos. São Paulo: RT, 2020. p. 154.

deles para a ordem jurídica e para a adequada compreensão dos institutos jurídicos, instrumentos normativos indispensáveis que lhes conferem unidade e coerência e que propiciam decisões mais justas.

2 Princípios jurídicos da licitação pública e do contrato administrativo

Os princípios jurídicos revelam a essência do direito, as linhas mestras do sistema jurídico, conferindo instrumento aos intérpretes para tomarem posturas e decisões justas e coerentes com os valores da sociedade. Na linguagem comum, *princípio* significa o começo, o início, a base, o ponto de partida. Esse sentido é aproveitado no direito, já que os princípios jurídicos consubstanciam a base, o ponto de partida, a estrutura sobre a qual se constrói o ordenamento jurídico. Daí a importância deles, porque, para se compreender e aplicar os institutos jurídicos, é fundamental que se compreenda o que deu origem e serviu de inspiração a eles.

Por consequência, para compreender a licitação pública e o contrato administrativo, as leis e os decretos que os disciplinam, é fundamental compreender os princípios que os informam, o que, verdadeiramente, está por trás ou na base dessas leis e decretos. Sem recorrer aos princípios, não se alcança a essência da licitação pública e do contrato administrativo e, em razão disso, muitas questões a respeito deles acabam sendo interpretadas de forma equivocada.

A licitação pública é tema que se insere no direito administrativo. Logo, todos os princípios de direito administrativo incidem, com maior ou menor intensidade, sobre a licitação pública. Demais disso, a licitação pública é informada por alguns princípios específicos, que são próprios à sua natureza e às suas peculiaridades.

Atualmente há uma profusão de princípios, de todos os gêneros, de toda a sorte. Muitos autores esforçam-se em conceber novos princípios, boa parte deles bem excêntrica e sem muita utilidade prática. A Lei nº 14.133/2021 seguiu essa linha, sendo que o seu artigo 5º prescreve uma lista enorme de princípios jurídicos. Confira-se:

> Art. 5º Na aplicação desta Lei, serão observados os princípios da legalidade, da impessoalidade, da moralidade, da publicidade, da eficiência, do interesse público, da probidade administrativa, da igualdade, do planejamento, da transparência, da eficácia, da segregação de funções, da motivação, da vinculação ao edital, do julgamento objetivo, da segurança jurídica, da razoabilidade, da competitividade, da proporcionalidade, da celeridade, da economicidade e do desenvolvimento nacional sustentável, assim como as disposições do Decreto-Lei nº 4.657, de 4 de setembro de 1942 (Lei de Introdução às Normas do Direito Brasileiro).

É verdade que a maioria dos princípios nominados é reconhecida de muito tempo e incorporada nas práticas administrativas. No entanto, o legislador poderia ter sido mais comedido, porque há referências redundantes e muitos dos chamados princípios jurídicos não fazem sentido, bem como é difícil ao intérprete lhes vislumbrar o conteúdo jurídico e lhes reconhecer alguma densidade normativa jurídica. É o que se pretende fazer nos próximos tópicos, ainda que sem seguir exatamente a ordem disposta no supracitado artigo 5º.

3 Princípio da isonomia

O princípio mais importante para a licitação pública é o da isonomia ou da igualdade. Ele é, como ressaltado no primeiro capítulo, a própria causa da licitação pública. Melhor explicando: o contrato administrativo gera benefício econômico ao contratado. Como todos os interessados devem ser tratados com igualdade, por força do *caput* do artigo 5º da Constituição Federal, impõe-se à Administração seguir certas formalidades para escolher com quem contratar, quem será o beneficiário. Por exemplo, entre outras coisas, a Administração precisa informar todos os potenciais interessados em que termos pretende celebrar o contrato, precisa receber as propostas de todos e avaliá-las com objetividade etc., o que, em conjunto, denota espécie de processo administrativo, denominado licitação pública. Quer dizer que a licitação pública é procedimento utilizado para que a Administração selecione com quem futuramente irá celebrar contrato, de maneira respeitosa ao princípio da igualdade, sem privilegiar apadrinhados ou desfavorecer desafetos.

Vê-se que o princípio da isonomia impõe à Administração uma série de formalidades para escolher futuros contratados, que em conjunto constituem a própria licitação pública. Repita-se, a Administração procede à licitação pública por causa do princípio da isonomia, para assegurá-lo.

Sem embargo, desde a Antiguidade é sabido que o princípio não demanda igualdade absoluta. Afirma-se, com frequência, que os iguais devem ser tratados com igualdade e os desiguais de maneira desigual. Nessa linha, resta saber quem são os iguais e quem são os desiguais, bem como até que ponto é legítimo estabelecer um tratamento desigual aos desiguais. De acordo com as lições de Celso Antônio Bandeira de Mello:

> A dizer: o que permite radicalizar alguns sob a rubrica de iguais e outros sob a rubrica de desiguais? Em suma; qual o critério legitimamente manipulável – sem agravos à isonomia – que autoriza distinguir pessoas e situações em grupos apartados para fins de tratamentos jurídicos diversos? Afinal, que espécie de igualdade veda e que tipo de desigualdade faculta a discriminação de situações e de pessoas, sem quebra e agressão aos objetivos transfundidos no princípio constitucional da isonomia?[95]

Robert Alexy, procurando respostas às mesmas questões levantadas por Celso Antônio Bandeira de Mello, pondera:

> A assimetria entre a norma de igualdade de tratamento e desigualdade de tratamento tem como consequência que a máxima geral de igualdade pode ser interpretada no sentido de um princípio de igualdade que, *prima facie*, exige um tratamento igual e só permite um tratamento desigual se pode ser justificado com razões opostas [...]. Se não há razão suficiente para a permissão de um tratamento desigual, então está ordenado um tratamento igual.[96]

---

95 BANDEIRA DE MELLO, Celso Antônio. *O conteúdo jurídico do princípio da igualdade*. 3. ed. 6. tir. São Paulo: Malheiros, 1999. p. 11.

96 ALEXY, Robert. *Teoría de los derechos fundamentales*. Tradução de Ernesto Garzón Valdés. Madrid: Centro de Estudios Constitucionales, 1997. p. 395; 398 (tradução nossa).

O tratamento desigual é exceção à "máxima geral de igualdade" e somente é legítimo e constitucional se encontra justificativas plausíveis, uma "razão suficiente", nas palavras de Robert Alexy.

Sob esse contexto, impende reconhecer que o edital de licitação é um documento que em sua essência desiguala situações e pessoas. Por exemplo: a Administração quer comprar cadeiras para um auditório e, em vista disso, exige, no edital, cadeiras estofadas em couro. Ao formular essa exigência, a Administração está discriminando as pessoas que não trabalham com cadeiras estofadas em couro. Quem trabalha com cadeiras não estofadas ou estofadas com outro material não pode participar da licitação. Mas, o ponto é que essa discriminação lançada no edital não é necessariamente ilegítima, contrária ao princípio da igualdade. Ocorre que, como dito, é permitido desigualar. No entanto, para que o tratamento desigual seja legítimo é necessário que seja amparado e justificado no interesse público, parâmetro para aferir a "razão suficiente" referida por Robert Alexy. Continuando no exemplo, deve haver justificativa em interesse público, mensurada em consonância à razoabilidade, para contratar cadeiras estofadas em couro, excluindo da licitação aqueles que trabalham com cadeiras não estofadas ou estofadas com outros materiais.

Portanto, o que determina se dada exigência é compatível ou incompatível com o princípio da isonomia é o interesse público, norte para avaliar se existe "razão suficiente" para o tratamento desigual. Se a exigência for amparada e justificada em interesse público, de forma razoável e proporcional, ainda que desiguale pessoas e situações, será legítima, sem impor qualquer sorte de agravos ao princípio da isonomia. Se a exigência não for amparada e justificada em interesse público, será ilegítima e ofensiva ao princípio da isonomia.

4 Princípios da eficiência, da eficácia, da economicidade e da celeridade

As formalidades decorrentes do princípio da isonomia devem ser moderadas. O exagero acaba por prejudicar a Administração e, por dedução, o interesse público. É que a licitação pública deve ser, além de garantidora da isonomia, instrumento para que a Administração selecione o melhor contratante, que lhe apresente proposta vantajosa, quer quanto ao preço, quer quanto à qualidade. Ademais, o processo de licitação pública deve ser concluído com agilidade, porque a demora também prejudica o interesse público, uma vez que as demandas dele são postergadas.

Nessa linha, passa-se a tratar já de outro princípio, o da eficiência, que também tem sede constitucional no *caput* do art. 37, de acordo com a redação dada pela Emenda Constitucional nº 19/1998, e propugna que a Administração Pública satisfaça os interesses públicos de modo ótimo, com o melhor aproveitamento dos seus recursos financeiros, de sua força de trabalho, com celeridade e com os menores impactos adversos.

O princípio da eficiência foi listado também no artigo 5º da Lei nº 14.133/2021. Ao lado da eficiência, o artigo 5º da Lei nº 14.133/2021 ainda prevê o princípio da eficácia, o que é bastante novidadeiro, pelo menos o é no ambiente jurídico. Então, é preciso distinguir eficiência e eficácia, que são confundidas com frequência na linguagem coloquial. A ciência econômica é que faz distinção mais aprumada e suas considerações devem ser aproveitadas pela ciência jurídica.

Eficiência relaciona-se ao modo como se faz uma tarefa, e eficácia, com os resultados obtidos. O processo eficiente é aquele realizado com o emprego ótimo dos recursos disponíveis, portanto, implica avaliação da relação entre custos (esforço) e benefícios (resultados). O processo eficaz é aquele que obtém o resultado desejado sem depender dos meios empregados. Pode-se dizer que a eficiência é focada na otimização dos meios/recursos e a eficácia, no resultado.[97]

O artigo 5º da Lei nº 14.133/2021, insista-se, exige eficiência e eficácia. Logo, para satisfazer ambos os princípios, é preciso obter o resultado desejado com o emprego ótimo dos recursos disponíveis. A eficácia é medida pelo resultado da contratação, se ela cumpriu o que a Administração Pública esperava dela. Avaliar a eficácia, nessa toada, significa avaliar os resultados obtidos com a contratação. A eficiência, por sua vez, não despreza os resultados, porém os relaciona aos meios para obtê-los, buscando a relação ótima entre os custos (esforços) e benefícios (resultados). Avaliar a eficiência implica, entre outros, avaliar os aspectos qualitativo (seletividade), econômico-financeiro (economicidade) e temporal (celeridade) em razão dos resultados obtidos.

A eficiência, sob essa perspectiva, pode ser desdobrada em subprincípios, que são deduzidos de si, como se lhes fossem partes destacadas. Entre eles, chama a atenção o princípio da economicidade, que atine ao aspecto econômico-financeiro, e o princípio da celeridade, que toca ao aspecto temporal. Ambos também foram qualificados pelo artigo 5º da Lei nº 14.133/2021 como princípios jurídicos das licitações e contratações administrativas.

O princípio da celeridade remete ao fator temporal. As licitações e as providências contratuais devem ser realizadas no tempo adequado, sendo que a postergação delas importa na postergação do atendimento aos interesses públicos. O princípio, inclusive, encontra estofo constitucional, estabelecido no elenco dos direitos fundamentais do artigo 5º da Constituição Federal, mais precisamente no seu inciso LXXVIII, cujo texto reconhece que "a todos, no âmbito judicial e administrativo, são assegurados a razoável duração do processo e os meios que garantam a celeridade de sua tramitação". O princípio tem aplicação prática e admite que dele se deduza direito subjetivo. Suponha-se

[97] "Para Klimes *et al.* (1993, p. 149), o vocábulo eficiência refere-se à capacidade de produzir um efeito ou de obter bons desempenhos. O termo eficiente é expresso como sinônimo de bons resultados, de competência e de eficácia. Já a palavra eficácia, configura-se descrita como: 'que produz efeito esperado, que dá resultados; eficiente. [...] que age com eficiência'. Percebe-se, então, que num sentido mais geral ou literário, léxico, o termo eficiência assemelha-se a eficácia. Noutra linha de raciocínio, de acordo com Sandroni (2002, p. 198), pode-se diferenciar eficiência de eficácia concernindo à eficiência como a forma (meio) de se realizar uma tarefa e à eficácia como o resultado alcançado (objetivo almejado) em decorrência da realização de determinado trabalho. Dentro desse enfoque, compreende-se que eficiência e eficácia são conceitos distintos, estando a eficiência relacionada à melhor maneira de se fazer algo e a eficácia ao alcance do resultado colimado. Consoante Chiavenato (2003, p. 155): 'Eficácia é uma medida do alcance de resultados, enquanto a eficiência é uma medida da utilização dos recursos nesse processo. Em termos econômicos, a eficácia de uma empresa refere-se a sua capacidade de satisfazer uma necessidade da sociedade por meio do suprimento de seus produtos (bens e serviços), enquanto a eficiência é uma relação técnica entre entradas e saídas. Nesses termos, a eficiência é uma relação entre custos e benefícios, ou seja, uma relação entre recursos aplicados e produto final obtido: é a razão entre o esforço e o resultado, entre a despesa e a receita, entre o custo e o benefício resultante.' (sem grifos no original)" (SILVA, Magno Antônio. O conceito de eficiência aplicado às licitações públicas: uma análise teórica à luz da economicidade. *Revista do TCU*, n. 113, p. 76, set./dez. 2008).

situação em que a Administração posterga por tempo exagerado decisão sobre recurso administrativo, ou a homologação de licitação ou a resposta a pedido de reequilíbrio econômico-financeiro. Nesses casos, a pessoa prejudicada poderia propor medida judicial para forçar a Administração Pública a decidir em prazo razoável. O controle também pode reprimir a Administração Pública se verificar a demora não justificada para a tomada de decisões em licitações e contratos administrativos, que acabam postergando o atendimento dos interesses públicos, insista-se.

O princípio da economicidade, focado no fator econômico-financeiro da contratação, tem aplicação mais relevante, também com assento constitucional, desta feita no artigo 70 da Constituição Federal, especialmente direcionado para os órgãos de controle:

> A fiscalização contábil, financeira, orçamentária, operacional e patrimonial da União e das entidades da administração direta e indireta, quanto à legalidade, legitimidade, economicidade, aplicação das subvenções e renúncia de receitas, será exercida pelo Congresso Nacional, mediante controle externo, e pelo sistema de controle interno de cada Poder.

Ressalva-se que o princípio da economicidade não foi previsto, ao menos não expressamente, na Lei nº 8.666/1993 e na Lei nº 10.520/2002 (específica sobre a modalidade pregão), antecessoras da Lei nº 14.133/2021. Não obstante isso, o princípio da economicidade já vinha sendo reconhecido com base no supracitado artigo 70 da Constituição Federal, inclusive bastante salientado pelos órgãos de controle.

Soma-se que, no plano infralegal, o conteúdo subjacente ao princípio sempre foi presente e, pode-se dizer, está plasmado na finalidade de "[...] seleção da proposta mais vantajosa para a administração [...]", preceituado no revogado *caput* do artigo 3º da Lei nº 8.666/1993. Essa ideia de vantagem para a Administração Pública, que naturalmente remete aos princípios da eficiência e da economicidade, também é bem ressaltada na Lei nº 14.133/2021. Entre diversas passagens, chama a atenção o *caput* do artigo 11 da Lei nº 14.133/2021, cujo texto anuncia os objetivos das licitações, sendo que o primeiro deles, contido no inciso I, é "assegurar a seleção da proposta apta a gerar o resultado de contratação mais vantajoso para a Administração Pública, inclusive no que se refere ao ciclo de vida do objeto". O inciso III do mesmo artigo, em linha complementar, nomeia entre os objetivos "evitar contratações com sobrepreços, ou com preços manifestamente inexequíveis e superfaturamento na execução dos contratos".[98]

Falar de vantagem é falar de conveniência e de oportunidade e, por conseguinte, de competência discricionária, que passa por dois fatores essenciais: qualidade (seletividade) e preço (economicidade). Nessa direção, o *caput* do artigo 34 da Lei nº 14.133/2021 prescreve que "o julgamento por menor preço ou maior desconto e, quando couber, por técnica e preço considerará o menor dispêndio para a Administração, atendidos os parâmetros mínimos de qualidade definidos no edital de licitação". Em termos práticos, todo o processo de licitação e de contratação pública é preordenado a conciliar

---

[98] "Art. 11. O processo licitatório tem por objetivos: I - assegurar a seleção da proposta apta a gerar o resultado de contratação mais vantajoso para a Administração Pública, inclusive no que se refere ao ciclo de vida do objeto; II - assegurar tratamento isonômico entre os licitantes, bem como a justa competição; III - evitar contratações com sobrepreço ou com preços manifestamente inexequíveis e superfaturamento na execução dos contratos; IV - incentivar a inovação e o desenvolvimento nacional sustentável".

qualidade (seletividade) e preço (economicidade), o que representa desafio constante para a Administração Pública e para os seus órgãos de controle.

Pode-se, então, extrair do princípio da economicidade que os agentes públicos devem buscar a conciliação em nível ótimo da melhor qualidade e do melhor preço, o que lhes é posto como uma finalidade, uma diretriz a ser perseguida e ser realizada na maior medida do possível, como é próprio à categoria normativa dos princípios jurídicos.

Quer dizer que, sob a ótica dos agentes públicos, essa conciliação ótima do preço e da qualidade é uma obrigação de meio e não de resultado. Conforme o artigo 22 da Lei de Introdução às Normas do Direito Brasileiro, devem-se considerar "os obstáculos e as dificuldades reais do gestor" e, diante dessas circunstâncias práticas, exige-se deles o emprego de meios e cuidados para divisar a melhor qualidade e o melhor preço. No entanto, por todas as limitações práticas que são próprias ao mercado e inevitáveis para os agentes públicos, essa conciliação ótima é muito difícil de realizar-se.

Focando-se no preço, embora a Administração pretenda a contratação mais vantajosa, ela não é obrigada a contratar com o menor preço praticado no mercado. Amauri Feres Saad adverte que a economicidade:

> [...] não deve ser entendida em seu sentido vulgar, como a obrigação de incorrer nos menores custos possíveis para a realização dos cometimentos administrativos. A administração pública não está autorizada a pagar nem mais (que isso significaria prejuízo ao Erário) nem menos (que isto significaria enriquecimento sem causa da Administração, em detrimento do particular) pelos meios necessários à sua atuação.[99]

Em que pese isso, pode-se também extrair do princípio da economicidade a obrigação de rejeitar ou não contratar com preços inadequados, fora dos padrões que sejam praticados no mercado. Ou seja, a Administração não é obrigada a obter o preço idealmente ótimo, porém é obrigada a obter preço adequado, que não represente perda para a Administração. Aqui a obrigação é de resultado e sinaliza a reverberação mais forte e concreta do princípio da economicidade para a Administração.

Soma-se a isso que o inciso LVI do artigo 6º da Lei nº 14.133/2021 conceitua o sobrepreço (preço excessivo) como o "orçado para licitação ou contratado em valor expressivamente superior aos preços referências de mercado". Ou seja, reitera-se que não se exige, em nome da economicidade, que a Administração Pública contrate com o menor preço do mercado. Não se deveria sequer cogitar de ofensa à economicidade, sobrepreço ou dano ao erário nas situações em que o preço é compatível com os praticados no mercado, ainda que não seja o menor valor que idealmente se poderia obter.

O sobrepreço somente se configura, de acordo com o inciso LVI do artigo 6º da Lei nº 14.133/2021, diante de valor *expressivamente* superior aos preços praticados no mercado. A dissonância deve ser expressiva, considerando-se que a identificação de faixas de preços praticadas em mercado não é algo preciso e depende de aspectos muitas vezes não perceptíveis numa comparação mais ligeira, como os relacionados às pessoas dos contratantes e às características particulares da contratação. Embora o legislador não tenha fixado baliza objetiva, especialmente para a compreensão do

---

[99] SAAD, Amauri Feres. *Do controle da Administração Pública*. São Paulo: Editora IASP, 2017. p. 214.

que seja *valor expressivamente superior*, o fato é que diferenças menores e não relevantes não são suficientes para apontar sobrepreço e, por via de consequência, violação ao princípio da economicidade.

Convém advertir que o princípio da eficiência não serve de justificativa para a desobediência à legalidade e aos demais princípios da licitação pública, entre os quais merece menção especial o da igualdade. Deve-se obter eficiência em consonância aos demais princípios, sem que um exclua o outro.[100]

5 Princípio da legalidade

Para os sujeitos de direito privado estranhos à Administração Pública, o princípio da legalidade, consoante o inciso II do artigo 5º da Constituição Federal, significa que "ninguém será obrigado a fazer ou deixar de fazer alguma coisa senão em virtude de lei". Em razão disso, é reconhecido o adágio segundo o qual o que não é proibido é permitido, isto é, se a lei não proíbe determinada conduta, ela é permitida.

Noutro lado, para a Administração Pública, o princípio da legalidade reveste-se de tonalidade especial, haja vista que, de acordo com as lições de Caio Tácito, "ao contrário da pessoa de direito privado, que, como regra, tem a liberdade de fazer aquilo que a lei não proíbe, o administrador público somente pode fazer aquilo que a lei autoriza expressa ou implicitamente".[101] Ocorre que os agentes administrativos não atuam com liberdade, para atingir fins que reputem convenientes. Ao contrário, eles estão vinculados ao cumprimento do interesse público, uma vez que atuam nos estritos termos da competência que lhes foi atribuída por lei. Em breves palavras, a Administração Pública cumpre a lei; os agentes administrativos exercem competência atribuída por lei, nos termos dela.

Advirta-se que a legalidade não deve ser apreendida de modo acanhado, pertinente apenas aos textos provenientes do Poder Legislativo. Mais do que isso, a legalidade refere-se a todo o direito, pensado sistematicamente, sobretudo diante da Constituição Federal.[102]

---

[100] Noutra oportunidade, advertimos: "A percepção isolada e absoluta do princípio da eficiência é extremamente perigosa. Precisa-se reconhecer a variedade de discursos que se espraiam pelo debate político e jurídico, cuja remissão à eficiência não passa de um recurso a flexibilizar e enfraquecer o regime jurídico-administrativo" (NIEBUHR, Joel de Menezes. Princípio da eficiência: dimensão jurídico-administrativa. *ILC – Informativo de Licitações e Contratos*, p. 957,1999).

[101] TÁCITO, Caio. O princípio da legalidade: ponto e contraponto. *Revista de Direito Administrativo – RDA*, v. 206, 1996. p. 2.

[102] Juarez Freitas defende a análise sistemática do direito que vai além do conjunto das leis. Veja-se: "Claro parece estar, portanto, que a interpretação e a aplicação das normas administrativas, mesmo na tradição romano-germânica, devem cingir-se ao Direito como um todo, lembrando que este é maior do que o conjunto das normas jurídicas, tanto em significado quanto em extensão. A sua interpretação sistemática não o sucede nem o antecede: é contemporânea a ele. Confere-lhe vida e dinamicidade, porquanto o conteúdo jurídico, por força de sua natureza valorativa, transcende o mero e esparsamente 'positivado'. Neste caso, a legalidade faz as vezes de valiosíssimo princípio, porém somente experimentando do significado apreciável na correlação com os demais. Pensar o Direito Administrativo exclusivamente como um conjunto de normas seria subestimar, de forma danosa, a complexidade e a riqueza do fenômeno jurídico administrativo" (FREITAS, Juarez. *O controle dos atos administrativos e os princípios fundamentais*. São Paulo: Malheiros, 1997. p. 60). Lúcia Valle Figueiredo afirmava: "Ora, o princípio da legalidade é bem mais amplo do que a mera sujeição do administrador à lei, pois abriga, necessariamente, a submissão também ao Direito, ao ordenamento jurídico, às normas e princípios

A propósito, o procedimento alusivo à licitação é prescrito em lei, bem como todas as exigências que nele podem ser feitas e outros pormenores. Em vista disso, as licitações e os contratos administrativos devem ser processados em estrita obediência ao princípio da legalidade, uma vez que os agentes administrativos são compelidos a agir nos termos das normas legais que lhes são apresentadas, procedendo conforme a lei e exigindo apenas o que nela for admitido. Impede-se que haja a invenção de procedimentos licitatórios estranhos àqueles anteriormente definidos pelo legislador.

O princípio da legalidade, no entanto, não significa que os tipos ou modelos de contratos administrativos devem ser expressa e previamente definidos pelo legislador. A Administração Pública goza de liberdade para modelar os seus contratos de acordo com aquilo que ela considera mais eficiente para si e para o interesse público, até porque a Lei nº 14.133/2021 refere-se a contratos em geral. O tipo, o modelo de contrato, pode perfeitamente ser definido pela Administração Pública, que goza de competência discricionária para fazê-lo, inclusive com a adoção de tipologias ou modelos não usuais, desde que respeitantes das normas legais. A legalidade não tolhe, sob esse viés, a criatividade dos agentes administrativos, que deve ser estimulada.

6 Princípio da vinculação ao edital

A grande formalidade a ser cumprida pela Administração para a condução de processo licitatório constitui-se na confecção do edital de licitação. Sucede que, por força do princípio da igualdade, a Administração deve conferir a todos os interessados em contratar consigo as mesmas oportunidades. Para tratar todos com igualdade, a Administração precisa lançar mão de processo seletivo equânime para escolher o contratado, o que é denominado licitação pública, cuja obrigatoriedade decorre do princípio da isonomia, previsto no *caput* do artigo 5º da Constituição Federal e na parte inicial do inciso XXI do artigo 37 da Constituição Federal.

Com esse propósito de tratar todos os interessados com igualdade, a Administração deve estabelecer as regras sobre as quais a disputa pelo contrato deve ocorrer. A Administração deve estabelecer tais regras de modo objetivo e claro, de forma escrita, veiculadas em documento, que é chamado de edital.

Como sabido, o edital é um ato administrativo, que se presta a disciplinar algum processo concorrencial, pode ser um mero chamamento público, um concurso público ou uma licitação pública. Em relação às licitações, o edital dá ciência aos eventuais interessados sobre a existência delas, do seu objeto e todas as suas especificidades. Basicamente, o edital divide-se em três grandes pilares: os requisitos para participar da licitação, os critérios para a seleção do contratado e os procedimentos que devem ser seguidos pela Administração.

A Administração é a responsável pela elaboração do edital e, por via de consequência, por prescrever as regras nele contidas. Aliás, a maior parte das regras definidas no edital é decorrente de competências discricionárias outorgadas aos agentes administrativos. A definição do objeto, com todas as suas especificidades, inclusive com as regras sobre

---

constitucionais" (FIGUEIREDO, Lúcia Valle. *Curso de direito administrativo*. 2. ed. São Paulo: Malheiros, 1995. p. 40).

sua execução, depende essencialmente do juízo de conveniência da Administração Pública. Definido o objeto, as demais exigências do edital estão de certo modo atreladas a ele, porque lhe devem ser proporcionais, mas ainda assim com espaços consistentes de discricionariedade, notadamente em relação aos requisitos para a participação na licitação e aos critérios para a seleção da proposta mais vantajosa.

O edital é publicado e as pessoas, os eventuais interessados, tomam ciência da existência da licitação e de todas as suas regras. Em razão das regras contidas no edital, os interessados decidem se devem ou não participar da licitação, como devem participar e qual o conteúdo de suas propostas, que normalmente são estrategicamente concebidas em razão dos critérios de seleção postos no edital. Assim, o edital é absolutamente determinante para a participação dos licitantes.

Diante dessa perspectiva, por princípio, uma vez publicado o edital, a Administração e os licitantes estão vinculados a ele, não podem se apartar ou se divorciar dos seus termos. A discricionariedade existente no momento da produção do edital se dissipa e dá lugar à vinculação. À Administração não é permitido fazer exigências não previstas no edital nem deixar de exigir aquilo que fora prescrito nele. Os licitantes, por sua vez, devem cumprir os termos estabelecidos no edital. Eis o princípio da vinculação ao edital.

Hely Lopes Meirelles é o autor de expressão que acabou marcante e que é repetida pela doutrina e pela jurisprudência como uma espécie de síntese do princípio da vinculação ao edital: *o edital é a lei interna da licitação.*[103] Essa talvez seja uma das expressões mais repetidas e menos refletidas sobre as licitações e os contratos administrativos. A rigor jurídico, a expressão é equivocada, em que pese repetida como um mantra, sendo que muitas vezes serve a encobrir arbitrariedades e a negar a jurisdição.

Acontece que edital é ato administrativo. Edital não é lei, não tem força de lei, não se equipara à lei, em nenhuma hipótese. Talvez se pretendesse com a expressão explicar que o edital disciplina a licitação pública por meio de normas, nesse sentido comparando-o com a lei. No entanto, essa comparação não é precisa, bem longe disso, e causa confusão enorme, porque, repita-se, edital é ato administrativo e não é lei. Se a intenção fosse dizer que o edital disciplina a licitação, então que se dissesse que o edital disciplina a licitação – embora, provavelmente, a expressão não tivesse o mesmo apelo comunicacional. A afirmação de que o edital é a lei interna faz com que se acredite que ele é algum tipo de lei, coisa que ele não é.

A consequência prática é que o edital, sendo ato administrativo e não lei, submete-se ao princípio da legalidade, está abaixo da lei. Se o edital se opõe à lei, deve prevalecer a lei. A Administração não goza de autonomia para prever em edital regras que não se compadeçam com a legalidade. Licitação pública é processo administrativo e deve submeter-se aos princípios e às regras que lhe são estabelecidos pela legalidade.

O edital é ato administrativo e a vinculação ao edital é princípio jurídico-administrativo. Nessa perspectiva, o princípio da vinculação ao edital, da mesma forma que qualquer outro princípio jurídico, não é absoluto, por efeito do que não se deve prejudicar licitantes por questões formais ainda que exigidas em edital e não se deve impedir que a Administração obtenha a proposta mais vantajosa. No entanto, com

[103] MEIRELLES, Hely Lopes. *Licitação e contrato administrativo*: de acordo com as leis 8.666, de 21.06.1993, 8.883, de 8.6.1994 e 9.648, de 27.5.1998. 12. ed. São Paulo: Malheiros, 1999. p. 31.

frequência isso não é bem apreendido e acaba predominando uma visão meio canhestra, dá-se ao edital uma áurea absoluta, cuja ideia é a de cumprir o edital e ponto final, pouco importando o teor da norma prescrita no edital e seus efeitos, sobremodo diante de outros princípios jurídico-administrativos e das regras jurídicas. Não raro as decisões produzidas nesse sentido reproduzem em destaque que o *edital é a lei interna da licitação*.

Advirta-se que isso não ocorre sempre, mas ocorre com certa frequência e acaba servindo para, de alguma maneira, negar jurisdição. Em termos práticos, licitante é prejudicado por norma de edital e propõe ação judicial que, ao fim e ao cabo, pretende que a tal norma do edital seja desconsiderada ou anulada diante de algum princípio jurídico-administrativo ou regra jurídica. O Judiciário, então, recusa-se a avaliar se o tal princípio ou regra foi violado pelo edital, justamente ao argumento de que *o edital é a lei interna da licitação*, dando-lhe, insista-se, tom absoluto, como se ele fosse blindado.

Essa blindagem é equivocada porque o edital é ato administrativo e, como todos eles, deve obediência à legalidade. A Administração não goza de liberdade para prescrever nos editais normas que não se harmonizam com a legalidade. Nesse passo, se eventualmente o edital contar com normas incompatíveis com a lei, deve prevalecer esta última, a qualquer altura do processo de licitação. O princípio da vinculação ao edital não é o bastante para convalidar ilegalidade. Logo, ele não é princípio absoluto, já que, em regra, cede em face do princípio da legalidade.

Com o mesmo espírito, o princípio da vinculação ao edital não impõe que se proceda a uma interpretação mecanicista e pobre do edital, unicamente atrelada ao sentido literal dos seus termos, de forma absoluta e com rigor excessivo. O princípio não é fundamento para recusar uma interpretação sistêmica e teleológica do edital e da legislação que o cerca, sobremodo mirando a proposta mais vantajosa e a ampliação da competitividade. Não se pode ir ao extremo de relativizar as regras do edital, dobrá-las à conveniência do intérprete, nem ao extremo de interpretá-lo de forma mecanicista e pobre, sem uma visão sistêmica e teleológica.

Há bons precedentes judiciais nessa direção desde a década de 1990:

> Consoante ensinam os juristas, o princípio da vinculação ao edital não é absoluto, de tal forma que impeça o Judiciário de interpretar-lhe, buscando-lhe o sentido e a compreensão e escoimando-o de cláusulas desnecessárias ou que extrapolem os ditames da lei de regência e cujo excessivo rigor possa afastar, da concorrência, possíveis proponentes, ou que o transmude de um instrumento de defesa do interesse público em conjunto de regras prejudiciais ao que, com ele, objetiva a Administração.[104]
>
> 1. A interpretação das regras do edital de procedimento licitatório não deve ser restritiva. Desde que não possibilitem qualquer prejuízo à administração e aos interessados no certame, é de todo conveniente que compareça à disputa o maior número possível de interessados, para que a proposta mais vantajosa seja encontrada em universo mais amplo.
> 2. O ordenamento jurídico regular da licitação não prestigia decisão assumida pela Comissão de Licitação que inabilita concorrente com base em circunstância impertinente ou irrelevante para o específico objeto do contrato, fazendo exigência sem conteúdo de repercussão para

[104] STJ. Primeira Seção. MS nº 5.418/DF, Rel. Min. Demócrito Reinaldo, j. 25.3.1998.

a configuração da habilitação jurídica, qualificação técnica, da capacidade econômico-financeira e da regularidade fiscal.[105]

Por fim, deixe-se registrado que o edital vincula a licitação pública e, nessa medida, vincula também e com a mesma intensidade tudo o que decorre dela, com destaque para o contrato administrativo. Ora, o contrato depende e é vinculado à licitação. Esta, por sua vez, é vinculada ao edital. Por via de consequência, a gênese da vinculação é o edital, que se estende para a licitação e para o contrato. Sob a ótica de que o princípio da vinculação ao edital não é absoluto, previram-se hipóteses em que o contrato pode ser alterado, permitindo-se com isso que ele se afaste das condições determinadas no edital, dentro dos limites e em acordo com as balizas prescritas na legalidade.

7 Princípios da moralidade e da probidade

O princípio da moralidade, estabelecido no *caput* do artigo 37 da Constituição Federal e reproduzido no artigo 5º da Lei nº 14.133/20921, relaciona-se aos padrões morais, isto é, aos comportamentos reputados como honestos e virtuosos pelos membros da sociedade.

O problema é que esses padrões morais são relativos, dependentes dos mais variados aspectos, como tempo, lugar, cultura e crenças religiosas. Pode-se até admitir que haja certos padrões morais prevalecentes em dada sociedade, mas é muito difícil identificá-los e ordená-los, de modo que as pessoas tenham ciência deles e preordenem suas condutas em alinho a eles. Soma-se a isso que a percepção sobre as normas morais é bastante variável, uns as enxergam de um jeito e uns, de outro.

Justamente por esse conjunto de fatores é que se separa moral e direito, sendo que as normas morais não são coercitivas (o Estado não as pode impor) e as jurídicas o são. Diante dessa separação e das diferentes percepções sobre as normas morais, o direito não raro prescreve normas jurídicas que são contrárias às percepções morais de parcela relevante da sociedade. Ou seja, não há, necessariamente, sintonia entre normas morais e normas jurídicas.

Dessa sorte, em especial sob a ótica da segurança jurídica, não se pode compreender que o princípio da moralidade administrativa imponha aos agentes administrativos o cumprimento geral das normas morais, diante da relatividade delas. Ademais, reconhecer que a generalidade das normas morais é cogente para os agentes administrativos implicaria fazê-los escolher entre as normas morais e as normas jurídicas, nas hipóteses frequentes de conflito. O resultado disso é que o próprio direito administrativo seria relativizado, moldado e curvado às normas morais.

Márcio Cammarosano expõe o problema e propugna que a moralidade administrativa seja considerada, como princípio jurídico que é, em relação aos valores morais juridicizados:

> Acolhendo essas lições, sendo presente o princípio constitucional da segurança jurídica, considerada a relatividade de certas concepções morais ou, quando menos, a "relatividade"

[105] STJ. Primeira Seção. MS nº 5.779/DF, Rel. Min. José Delgado, j. 9.9.1998.

de suas possíveis projeções, concretas, reportar o princípio constitucional da moralidade administrativa direta e imediatamente até mesmo a padrões morais supostamente prevalentes na sociedade, como se superada ou minimizada se pudesse considerar a distinção entre direito e moral, implica amesquinhar a exigência de predeterminação formal do direito. A segurança jurídica, que já não existe no grau que seria desejável, restaria ferida de morte se ao menos não considerarmos, como se impõe, que a moralidade administrativa, enquanto princípio jurídico, refere-se a valores morais juridicizados, e nos termos em que juridicizados.[106]

Esclareça-se que por *valores morais juridicizados* devem-se entender valores morais que foram incorporados na legalidade, que se tornaram também normas jurídicas, princípios ou regras jurídicas, cujos conteúdos lhes são harmônicos, o que se verifica, ainda com as lições de Márcio Cammarosano, nas situações em que agentes administrativos violam intencionalmente a legalidade, cometem desvio de poder ou incorrem em culpa grave.[107] Essa compreensão sobre o princípio da moralidade administrativa acaba sendo restritiva, porque lhe reduz à própria legalidade. A violação ao princípio da moralidade administrativa, sob a premissa de que apenas os valores morais incorporados à legalidade é que devem ser levados em conta, pressupõe a violação à legalidade. Sendo assim, o princípio da moralidade apenas agrega força ao princípio da legalidade, com densidade jurídica reduzida, quase que como um apêndice retórico. Não se vislumbra, no entanto, outra fórmula, sob pena de relativizar o direito administrativo, confundi-lo e reduzi-lo à moral e negar o mínimo grau de previsibilidade necessário para manter vivo o princípio da segurança jurídica.

Frisa-se que uma das hipóteses reconhecíveis de violação ao princípio da moralidade administrativa ocorre nas situações em que atos administrativos são produzidos com desvio de finalidade, sobremodo nas situações em que o ato administrativo é premeditado para a satisfação de interesse privado em vez do interesse público. O ponto é que a finalidade de interesse público e as finalidades específicas de certos tipos de atos administrativos são decorrentes da própria lei. Dizendo de outro modo, a finalidade a que se devem sujeitar os atos administrativos é aferida da lei. Disso se conclui que, ao produzir ato com desvio de finalidade, porque a finalidade se integra à legalidade, o vício toca à legalidade e, por via reflexa, à moralidade administrativa.

Seguindo o mesmo raciocínio, também não se descola da ilegalidade o ato produzido por agentes administrativos com intenção desonesta, que se confunde muitas vezes com o desvio de finalidade. Viola a legalidade porque se contrapõe à finalidade da norma legal. Igualmente viola o princípio da moralidade administrativa porque a honestidade é um dos valores morais juridicizados, incorporados à legalidade.

Demais disso, o dever de honestidade por parte dos agentes administrativos decorre dos princípios da legalidade e da moralidade e a sua violação importa em improbidade administrativa, que também foi qualificada como princípio jurídico no artigo 5º da Lei nº 14.133/2201.

---

[106] DALLARI, Adilson Abreu (coord.). *Tratado de direito administrativo.* São Paulo: Saraiva, 2013. p. 267.

[107] DALLARI, Adilson Abreu (coord.). *Tratado de direito administrativo.* São Paulo: Saraiva, 2013. p. 269.

O vocábulo *improbidade* remete à desonestidade. Logo, o ato de improbidade administrativa é aquele violador da legalidade e da moralidade administrativa, acrescido do gravame da desonestidade. Significa que nem todo ato atentatório à moralidade administrativa importa em desonestidade. Entretanto, todos os atos desonestos importam em imoralidade administrativa. Desse modo, a previsão contida no artigo 5º da Lei nº 14.133/2021 referente aos princípios da moralidade administrativa e da probidade é redundante e, mais uma vez, com carga retórica, na direção de marcar a repulsa à desonestidade em licitações e contratos administrativos.

O *caput* do artigo 37 da Constituição Federal dispõe que um dos princípios regentes da Administração Pública é o da moralidade administrativa, e o §4º do mesmo artigo se refere aos atos de improbidade administrativa, prescrevendo que estes importam "a suspensão dos direitos políticos, a perda da função pública, a indisponibilidade dos bens e o ressarcimento ao erário, na forma e gradação previstas em lei, sem prejuízo da ação penal cabível". Isso confirma que a improbidade administrativa é um tipo de imoralidade especialmente qualificada pelo legislador, porque acrescida da desonestidade, cuja prática merece reprimenda mais intensa. A Lei nº 8.429/1992 disciplina o §4º do artigo 37 da Constituição Federal, prescrevendo os comportamentos qualificados como de improbidade administrativa e as sanções que lhes devem seguir.

8 Princípio da publicidade

O princípio da publicidade, que se encontra no *caput* do artigo 37 da Constituição Federal e no artigo 5º da Lei nº 14.133/2021, remonta ao próprio princípio republicano, uma das vigas mestras da sistemática constitucional vigente. A palavra *república* provém do latim *res publica*, que significa coisa pública. Portanto, os atos tomados em nome do Estado, inclusive os atos administrativos, são abertos a todos, são públicos, devem ser amplamente franqueados. Trata-se de mais um princípio que visa legitimar a atividade administrativa, permitindo que todos os membros da sociedade tenham conhecimento dos atos e de quaisquer dados de seu interesse.

Para a licitação pública, o princípio da publicidade é de vital importância. Como já ressaltado, o princípio da isonomia é a causa da obrigatoriedade de licitação pública. Exige-se a licitação para que todos os interessados possam disputar com igualdade os contratos administrativos. A licitação é o processo administrativo que se realiza para assegurar esse tratamento igualitário. Então, nesse processo administrativo é absolutamente essencial que os interessados tenham ciência dele, o que demanda publicidade. E o fato é que, sem publicidade, se alguns têm condições de saber da licitação e outros não, já de antemão não há igualdade e, por via de consequência, a própria licitação perde o sentido e o propósito.[108]

[108] Em alguns casos, tem-se exigido a publicidade mesmo em processos em que a contratação ocorre sem licitação. Confira-se: "Na mesma linha, nos processos de desinvestimentos analisados na inspeção realizada no Banco do Brasil, não foi identificada a forma de divulgação do processo competitivo, apenas alguns registros pontuais de fatos relevantes ou comunicados ao mercado, em contraponto ao que preceitua o art. 8º do Decreto 9.188/2017, que afirma caber à sociedade de economia mista de capital aberto informar o mercado acerca das etapas do procedimento competitivo de alienação. Com efeito, o princípio da publicidade exerce, basicamente, duas funções: a primeira visa dar conhecimento do ato administrativo ao público em geral, sendo a publicidade necessária para que o ato administrativo seja oponível às partes e a terceiros; a

A publicidade, por ser um dos princípios constitucionais regentes da Administração Pública, ressoa sobre tudo que faça a Administração Pública e, não poderia ser diferente, também sobre as licitações públicas e os contratos administrativos.

Pondera-se que a publicidade é obrigatória para a licitação pública e para o contrato administrativo, no entanto é essencial para a licitação pública. Sucede que o vício atinente à falta de publicidade de contrato administrativo é meramente formal e pode ser saneado, dando-se a ele publicidade, ainda que fora do tempo exigido. O vício tocante à falta de publicidade de edital de licitação é formal, porém diz respeito a requisito procedimental/formal que é essencial para o processo administrativo em si, porque sem a publicidade do edital sequer se abre a disputa, por efeito do que não se pode saneá-lo.

Ressalta-se que tudo que se faça em licitação pública e em contrato administrativo é público, acessível a todos os interessados, licitantes ou não licitantes. O sigilo em licitação pública somente se justifica em hipóteses verdadeiramente excepcionais, em que fique cabalmente demonstrado que a divulgação importaria sacrifício intenso ao interesse público. A regra, quase absoluta, é a publicidade.[109]

Não contente apenas com o princípio da publicidade, o artigo 5º da Lei nº 14.133/2021 também anuncia o princípio da transparência como regente das licitações e dos contratos administrativos.[110] A diferença entre os princípios da publicidade e da transparência é técnica e muito tênue. Fabrício Motta defende que os conceitos são complementares:

---

segunda, como meio de transparência da Administração Pública, de modo a permitir o controle social dos atos administrativos. Levando em consideração que a operação de alienação de ativos pode ser realizada sem a necessidade de observância do procedimento licitatório em sentido estrito, contanto que contemple mecanismos obrigatoriamente competitivos que observem os princípios da administração pública insertos na Carta Magna, torna-se imperiosa a mitigação desse risco relacionado à publicidade do negócio como regra, devendo a chancela de sigilo ser aposta somente em situações excepcionais e devidamente justificadas. [...]" (TCU, Plenário. ACOM nº 01575920199. Rel. Min. Bruno Dantas, j. 8.4.2020).

109 "AÇÃO DIRETA DE INCONSTITUCIONALIDADE – LEI MUNICIPAL QUE DISPÕE SOBRE A OBRIGATORIEDADE DE GRAVAÇÃO DAS SESSÕES PÚBLICAS DE LICITAÇÃO NO ÂMBITO DOS PODERES LEGISLATIVO E EXECUTIVO – ALEGAÇÃO DE INCONSTITUCIONALIDADE FORMAL POR VÍCIO DE INICIATIVA E VIOLAÇÃO À SEPARAÇÃO DOS PODERES E DE INCONSTITUCIONALIDADE MATERIAL DEVIDO AO AUMENTO DAS DESPESAS – AFASTAMENTO – MATÉRIA QUE NÃO SE ENQUADRA NO ROL DE INICIATIVA LEGISLATIVA PRIVATIVA ATRIBUÍDO AO CHEFE DO PODER EXECUTIVO – IMPLEMENTAÇÃO DO PRINCÍPIO DA PUBLICIDADE E DO DEVER DE TRANSPARÊNCIA APLICÁVEIS À ADMINISTRAÇÃO PÚBLICA – AÇÃO JULGADA IMPROCEDENTE. A lei municipal que determina que as sessões de licitações públicas realizadas no âmbito dos Poderes Legislativo e Executivo do Município deverão ser gravadas em áudio e vídeo não cria nem trata de atribuição de Órgão Público, tampouco gera distúrbio no funcionamento da Administração local, mas apenas confere aos órgãos de controle externo e à população transparência nos procedimentos de licitação, em consonância com o princípio da publicidade e com o dever de transparência aplicáveis à Administração Pública, não havendo falar em vício de iniciativa e violação à separação dos poderes ou em inconstitucionalidade material ao argumento de aumento de despesas" (TJMT, Órgão Especial. ADI nº 10121387220188110000. Rel. Des. Maria Helena Gargaglione Povoas, j. 10.10.2019).

110 "81. A transparência dos atos da Administração Pública tem como objetivo garantir o exercício do direito fundamental à informação previsto no inciso XXXIII do art. 5º, no inciso II do §3º do art. 37 e no §2º do art. 216 da Constituição Federal. 82. Diante de sua importância, a transparência constitui um dos princípios da boa governança do setor público e assim está definida no Referencial Básico de Governança Aplicável a Órgãos e Entidades da Administração Pública, 2ª versão, produzido pelo TCU: Transparência: caracteriza-se pela possibilidade de acesso a todas as informações relativas à organização pública, sendo um dos requisitos de controle do Estado pela sociedade civil. A adequada transparência resulta em um clima de confiança, tanto internamente quanto nas relações de órgãos e entidades com terceiros.' 83. O acesso fácil às informações é uma forma de fortalecer o controle das contratações realizadas no âmbito da Pnaspi e aumentar a expectativa de controle dos gastos públicos, reduzindo assim o risco de cometimento de fraudes. 84. Em relação às

> O princípio da publicidade pode, sim, ser correlacionado com transparência: exige não somente *quantidade* (assim entendida a divulgação no maior número possível de meios disponíveis), mas *qualidade de informação*. Ofende o princípio a disponibilização de informações em linguagem hermética, confusa, tecnicizada além do necessário para a sua correta compreensão. As informações devem ser repassadas com *clareza e objetividade* para que se possa reforçar o controle e a participação democrática da administração. Sob essa ótica, pode-se falar em transparência como substrato material do princípio da publicidade. Entende-se a *publicidade* como característica do que é público, conhecido, não mantido secreto. *Transparência*, ao seu turno, é atributo do que é transparente, límpido, cristalino, visível; é o que se deixa perpassar pela luz e ver nitidamente o que está por trás. A transparência exige não somente *informação disponível*, mas também *informação compreensível*.[111]

Mais uma vez o legislador foi redundante ao dispor sobre os princípios das licitações e dos contratos administrativos no artigo 5º da Lei nº 14.133/2021. A obrigação de transparência poderia ser perfeitamente deduzida da obrigação de publicidade. Sem embargo, como o legislador fala de ambos os princípios, a doutrina esforça-se para distinguir-lhes os conceitos. Daí a formulação de Fabrício Motta é oportuna, no sentido de que o princípio da publicidade exige que os atos sejam públicos e proíbe o segrego e, por outro lado, o princípio da transparência exige que o ato público seja compreensível e acessível, preocupando-se com a qualidade da informação pública.

9 Princípio da competitividade

A licitação pública é obrigatória porque todos os interessados em contratar com a Administração Pública devem ser tratados com igualdade pela Administração Pública. Faz-se a licitação para assegurar que sejam tratados com igualdade. Ademais, ao proceder à licitação pública, o objetivo da Administração Pública é o de obter a proposta mais vantajosa, que melhor contemple suas necessidades. Então, a causa da licitação pública remonta ao princípio da isonomia e a finalidade, aos princípios da eficiência e eficácia.

Por vezes, a obrigação de tratar todos com igualdade parece conflitar com a finalidade de obter a melhor proposta, dado que a Administração se vê sujeita a uma série de formalidades que lhe retiram a flexibilidade do poder de escolha. No entanto, esse conflito tende a ser atenuado com o princípio da competitividade, também prestigiado no artigo 5º da Lei nº 14.133/2021.

A lógica por detrás do princípio da competitividade é que, para obter a melhor proposta, a Administração deve estimular o maior número possível de interessados. O edital deve despertar a atenção de todos os virtuais contratantes para que, uma vez oferecendo seus préstimos, possa a Administração cotejá-los, atraindo aquele que

---

contratações, a transparência se configura pela divulgação, de forma sistemática, padronizada e de fácil acesso para as partes interessadas, dos documentos relacionados aos processos de compras, desde a fase de oficialização da demanda até a gestão contratual. Com isso, é possível se obter todas as informações necessárias ao efetivo exercício do controle, seja interno ou externo e social das contratações. [...]" (TCU, Plenário. RA nº 02795220193. Rel. Min. Benjamin Zymler, j. 18.3.2020).

[111] MOTTA, Fabrício. Publicidade e transparência são conceitos complementares. *Conjur*, 1º fev. 2018. Disponível em: https://www.conjur.com.br/2018-fev-01/interesse-publico-publicidade-transparencia-sao-conceitos-complementares. Acesso em. 14 jul. 2021.

realmente seja o mais eficiente. Para contemplar esse propósito, o caminho é assegurar a isonomia, pois é tratando todos da mesma forma que se poderá contratar quem lançou a melhor proposta. Privilegiando um ou outro, erguendo-se exigências e formalidades irrelevantes, estar-se-á acarretando prejuízos à Administração Pública, não se sabendo se o beneficiado é efetivamente quem tem as melhores condições de satisfazer o interesse público. Ou seja, o tratamento igualitário, sob a roupagem da competitividade, é o meio para alcançar a proposta mais vantajosa, favorecendo-se a Administração Pública da chamada *pressão concorrencial.*

O princípio da competitividade significa a exigência de que a Administração Pública fomente e busque agregar à licitação pública o maior número de interessados, para que, aumentando o universo das propostas que lhe são encaminhadas, se favoreça da pressão concorrencial e possa legitimamente escolher aquela que seja a mais vantajosa ao interesse público.

A densidade normativa do princípio da competitividade se revela ao impor limites às formalidades e às exigências formuladas em edital de licitação pública. É que as formalidades e as exigências não podem ser exacerbadas a ponto de impedir a participação daqueles que tenham condições de contratar com a Administração Pública. Ou seja, as formalidades e as exigências descabidas, que não guardam justificativa ou utilidade, agridem o princípio da competitividade. É que, ao proceder dessa maneira, impede-se que particulares em condições de satisfazer o interesse público participem da licitação. A participação em licitação pública deve ser amplamente franqueada a todos os interessados que demonstrem condições de cumprir o objeto licitado, sem que se permita incluir nos editais cláusulas ou condições que frustrem o princípio da competitividade, essencial para todos os certames.

Sob essa perspectiva, o princípio da competitividade goza de estatura constitucional, porque seu conteúdo normativo foi respaldado na parte final do inciso XXI do artigo 37 da Constituição Federal, cujo teor prescreve, ao legislador, que em licitação "somente permitirá as exigências de qualificação técnica e econômica indispensáveis à garantia do cumprimento das obrigações".

Quer-se com isso ampliar a competitividade, impedindo que o legislador erga barreiras despropositadas à participação no certame de interessados capazes de satisfazer as demandas da Administração Pública.[112] O constituinte, portanto, limitou sensivelmente a capacidade de o legislador realizar exigências em licitação pública, admitindo apenas, repita-se, exigências de qualificação técnica e econômica que sejam indispensáveis à garantia do cumprimento das obrigações.

Exalta-se, por força da parte final do inciso XXI do artigo 37 da Constituição Federal, que as exigências, mesmo que técnicas e econômicas, precisam ser *indispensáveis*, ou seja, das quais não se pode deixar de dispor, essenciais, indeclináveis à garantia do cumprimento das obrigações.[113]

---

[112] Eros Roberto Grau, por seu turno, vê ligação entre a competitividade e a isonomia, ao aduzir que "competição, pressuposto da licitação, é a possibilidade de acesso a todos e quaisquer agentes econômicos capacitados à licitação; ela, aqui, é concreção da garantia da igualdade" (GRAU, Eros Roberto. *Licitação e contrato administrativo* (estudos sobre a interpretação da lei). São Paulo: Malheiros, 1995. p. 15).

[113] Isso porque, conforme acentua Toshio Mukai, "se num procedimento licitatório, por obra de conluios, faltar a competição (ou oposição) entre os concorrentes, falecerá a própria licitação, inexistirá o instituto

O princípio da competitividade demanda franquear amplo acesso aos interessados na licitação pública, universalizando a competição, para que a Administração Pública se favoreça da pressão concorrencial. Entretanto, a licitação pública é um processo de escolha de futuro contratante, pelo qual a Administração Pública deve analisar se os pretendentes têm efetivas condições de cumprir o contrato. Sucede que isso não é o bastante para transmutar a licitação pública em gincana de documentos e formalidades disparatadas. Deve-se exigir documentos e tudo quanto for pertinente à qualificação técnica e econômica, porém somente no tocante ao indispensável à garantia do cumprimento do futuro contrato.

10 Princípios da razoabilidade e da proporcionalidade

Os princípios da razoabilidade e da proporcionalidade são fundamentais para o controle da discricionariedade concedido em favor dos agentes administrativos, sendo que ambos foram reconhecidos no artigo 5º da Lei nº 14.133/2021. Ocorre que, inúmeras vezes, a lei não predetermina a melhor solução para o interesse público, mas outorga aos agentes administrativos a competência discricionária para fazê-lo, em vista das peculiaridades dos casos concretos que lhes são apresentados.

Na licitação pública, os agentes administrativos devem praticar uma série de atos no exercício de competência discricionária, tais quais os atos de definição do objeto da licitação, dos quantitativos a serem exigidos nos atestados de capacitação técnica, dos índices contábeis, da medida da sanção administrativa a ser aplicada em relação a licitantes faltosos etc. Daí a importância dos princípios da razoabilidade e da proporcionalidade, que se prestam a servir de parâmetro a tais competências discricionárias, rechaçando atos arbitrários e injustos, incompatíveis com o interesse público.

Registre-se que os significados dos princípios da razoabilidade e da proporcionalidade despertam debates jurídicos calorosos. Há quem entenda, por exemplo, Luís Roberto Barroso, que os princípios têm o mesmo significado, a razoabilidade seria o termo consagrado pela jurisprudência estadunidense e a proporcionalidade, pela germânica.[114] A quem defenda que os princípios gozam de significados distintos, como anotam Virgílio Afonso da Silva[115] e Humberto Ávila.[116]

Sem aprofundar a controvérsia, que demandaria uma publicação só para si, o princípio da proporcionalidade depende de três juízos, de adequação, de necessidade e de proporcionalidade em sentido estrito. Portanto, para ser proporcional, qualquer exigência prevista no edital deve: (i) ser adequada para os fins a que se propõe; (ii) ser necessária para curar do interesse público ou, dito de outra forma, a finalidade

---

mesmo" (MUKAI, Toshio. *O Novo Estatuto Jurídico das Licitações e Contratos Públicos*. 2. ed. São Paulo: Revista dos Tribunais, 1993. p. 22). Para Carlos Ari Sundfeld, "a competição, tão ampla quanto possível, é o valor fundamental a preservar. Daí que a Administração esteja obrigada a ensejá-la, favorecê-la, estimulá-la, jamais podendo opor-lhe limites, barreiras ou dificuldades desarrazoadas. O 'caráter competitivo' é da essência da licitação" (SUNDFELD, Carlos Ari. *Licitação e contrato administrativo*. 2. ed. São Paulo: Malheiros, 1995. p. 16).

114 BARROSO, Luís Roberto. *Interpretação e aplicação da Constituição*: fundamentos de uma dogmática constitucional transformadora. 6. ed. São Paulo: Saraiva. 2004. p. 218-246.

115 SILVA, Virgílio Afonso da. O proporcional e o razoável. *Revista dos Tribunais*, v. 91, nº 798, p. 23-50, abr. 2002.

116 ÁVILA, Humberto. *Teoria dos princípios*: da definição à aplicação dos princípios jurídicos. 4. ed. São Paulo: Malheiros, 2005. p. 102-129.

pretendida com a exigência não pode ser satisfeita por outro meio menos gravoso; e (iii) trazer benefícios superiores aos seus malefícios. A razoabilidade, por sua vez, apresenta significado mais aberto, exigindo a harmonização da norma geral ao caso individual, "a consideração do aspecto individual do caso nas hipóteses em que ele é sobremodo desconsiderado pela generalização legal".[117]

Trazem-se alguns exemplos.

Em primeiro lugar, a exigência de apresentação de amostra na fase de habilitação não passa pelo primeiro crivo da proporcionalidade, porque não é adequada ao fim que pretende atingir. A habilitação visa avaliar os licitantes e não as suas propostas. A amostra é do produto, daquilo que o licitante propõe. Portanto, a exigência de amostra não é adequada para a fase de habilitação, porque prestante a avaliar a proposta e não o licitante – esta a finalidade da habilitação.

Em segundo lugar, o contratado descumpriu o contrato, todavia não causou maiores prejuízos para a Administração. A falta do contratado é menor, não prejudicou o contrato como um todo. Sem embargo, a Administração instaurou processo administrativo e, entre as sanções previstas na Lei nº 14.133/2021, aplicou a pena mais grave, a declaração de inidoneidade. A penalidade passa pelo primeiro juízo da proporcionalidade, porque é adequada para reprimir o descumprimento do contrato. No entanto, não passa pelo segundo juízo, haja vista que a declaração de inidoneidade é desnecessária para reprimir inadimplemento parcial, que não importou em prejuízos mais robustos para a Administração.

Em terceiro lugar, a Administração pretende comprar carros para toda a polícia militar. Ela exige no edital que os carros sejam blindados. Pode-se dizer que é adequado e necessário. No entanto, o carro blindado é substancialmente mais caro do que os comuns. Em vista dos recursos financeiros de que dispõe a Administração, a exigência de que os carros sejam blindados não permite a aquisição de toda a quantidade de carros para atender à polícia militar. Então, a exigência de carros blindados traz benefício e malefício. O benefício é a proteção do policial e o malefício é a impossibilidade de comprar toda a quantidade necessária, diminuindo a quantidade de carros da polícia militar nas ruas e desprotegendo a população. Deve-se ponderar os benefícios e os malefícios. Pode-se dizer, a depender das especificidades do caso, que a exigência de carros blindados importa mais malefícios que benefícios e, nesse sentido, seria desproporcional, não se conformaria ao terceiro juízo de proporcionalidade.

Em quarto lugar, o edital prescreve que quem descumprir as suas exigências deve ser desclassificado. Uma das exigências é que o valor da proposta deve ser apresentado em algarismo arábico e por extenso. O licitante escreve o valor em arábico e não por extenso, no entanto não há dúvida nenhuma sobre o valor oferecido à Administração, inclusive confirmado pelo representante do licitante na própria sessão de abertura das propostas. O princípio da razoabilidade remete ao razoável, ao que faz sentido, portanto, considerando-se o aspecto individual de cada caso diante das exigências dos editais e dos contratos. Assim sendo, no caso em tela, ainda que tenha desatendido ao

---

[117] Trata-se de uma das facetas da razoabilidade, conforme proposição de Humberto Ávila (ÁVILA, Humberto. *Teoria dos princípios*: da definição à aplicação dos princípios jurídicos. 4. ed. São Paulo: Malheiros, 2005. p. 105).

edital, a proposta apresentada pelo licitante não deve ser desclassificada, sob pena de violação ao princípio da razoabilidade. Não seria razoável desclassificar proposta por mera formalidade, sobremaneira quando é compreendida pela Administração.

11 Princípio do julgamento objetivo

O princípio do julgamento objetivo propugna abstrair ao máximo o subjetivismo no cotejo das propostas apresentadas. É evidente, no entanto, como anotam Ivan Barbosa Rigolin e Marco Tullio Bottino, "que existem momentos em que é humanamente impossível, nas licitações em curso, julgar sem o mínimo de subjetividade, de conteúdo pessoal dos julgadores".[118] Não se pode esquecer que quem julga é um ser humano e que, portanto, mesmo sem intenção, alguma subjetividade perpassa seus atos. Todavia, os autores supracitados advertem que "sempre, entretanto, que algum interessado, julgando-se prejudicado pelo subjetivismo, provar que aquele cunho subjetivo não se restringiu ao mínimo lógico, abaixo do qual ficaria impossibilitado o próprio julgamento, poderá obter judicialmente a anulação do mesmo".[119]

Sem embargo, o julgamento objetivo agrega-se ao edital, pois os critérios do julgamento nele estão previstos. Nesse desígnio, o julgamento objetivo é aquele que se dá na estrita conformidade dos parâmetros prefixados no edital.

Para tanto, o edital não pode prestigiar critérios subjetivos. Destarte, são vedadas disposições que permitam ao órgão administrativo levar em conta distinções pessoais que provenham de seus agentes.

O princípio do julgamento objetivo está restrito também ao princípio da impessoalidade, uma vez que a licitação se conforma ao interesse público. Dessa forma, também o é à isonomia, que, em dilatado aspecto, proíbe distinções relativas à esfera pessoal de quem quer que seja.

Nesse sentido, Carlos Ari Sundfeld preleciona que "o julgamento objetivo, obrigando a que a decisão seja feita a partir de pautas firmes e concretas, é princípio voltado à interdição do subjetivismo e do personalismo, que põem a perder o caráter igualitário do certame".[120]

Na realidade, tanto o princípio do julgamento objetivo quanto o princípio da vinculação ao edital se completam e ambos se encontram no princípio da isonomia, visto que constituem garantias formais dos particulares em relação à Administração Pública, fazendo com que o certame do início ao fim se deite sob critérios claros e impessoais.

12 Princípio da impessoalidade

A impessoalidade é mais um princípio preceituado no *caput* do artigo 37 da Constituição Federal e reproduzido no artigo 5º da Lei nº 14.133/2021. Parte-se do pressuposto de que o interesse público não pertence a ninguém em particular, por

---

118 RIGOLIN, Ivan Barbosa; BOTTINO, Marco Tullio. *Manual prático das licitações*: Lei nº 8.666/93. 3. ed. São Paulo: Saraiva, 1999. p. 99.

119 RIGOLIN, Ivan Barbosa; BOTTINO, Marco Tullio. *Manual prático das licitações*: Lei nº 8.666/93. 3. ed. São Paulo: Saraiva, 1999. p. 99.

120 SUNDFELD, Carlos Ari. *Licitação e contrato administrativo*. 2. ed. São Paulo: Malheiros, 1995. p. 21.

maiores que sejam os seus atributos morais e méritos, mas pertence à coletividade. Aqueles que gerenciam o interesse público, por consequência, gerenciam algo que não lhes pertence, já que lhes é vedado buscar atender a interesses pessoais, corporativos ou de terceiros. O agente administrativo deve atuar de modo impessoal, refutando intervenções de ordem subjetiva, alheias ao interesse público.[121]

Celso Antônio Bandeira de Mello atenta para a identidade entre os princípios da impessoalidade e da isonomia. Segundo ele, o princípio da impessoalidade "traduz a ideia de que a Administração tem que tratar a todos os administrados sem discriminações, benéficas ou detrimentosas",[122] por isso que "o princípio em causa não é senão o próprio princípio da igualdade ou isonomia".[123]

Cármen Lúcia Antunes Rocha refuta a redução do princípio da impessoalidade ao da isonomia. Ainda que os considere muito próximos, admitindo até que a impessoalidade serve à realização da igualdade, sustenta que os respectivos significados são diversos. Para ela, "a relação jurídica realçada no princípio da igualdade é a dos cidadãos na dinâmica política da sociedade e entre estes e o Estado".[124] Nessa perspectiva, o núcleo isonômico concentra-se na proibição de discriminações infundadas, incluindo, daí, a vedação de privilégios. Já o princípio da impessoalidade, segundo a citada professora e ministra do Supremo Tribunal Federal, centra-se na proibição de privilégios por parte do administrador. Assim, "a relação principal enfatizada na impessoalidade é a do agente administrativo com a Administração Pública e, em especial, com o Poder Público, no exercício do qual todos os privilégios podem ser angariados por maus agentes".[125]

Em que pese a discussão, as licitações públicas e os contratos administrativos não podem se pautar por interesses de cunho pessoal, para beneficiar apadrinhados ou para satisfazer reclames estranhos ao sentimento da coletividade. Além do mais, a licitação pública e o contrato administrativo não podem ser informados por critérios pessoais e subjetivos, porém sempre por padrões respeitosos à equidade.

---

[121] O princípio da impessoalidade tem estreita relação com o da legalidade, mesmo porque é na lei que se encontra guardado o interesse público. Como visto, a intenção é restringir a atuação do agente público àquilo que é permitido ou previsto na legislação, impossibilitando-o de agir conforme suas conveniências. O interesse não é pessoal, pois está restrito à abstração e à generalidade típicas das leis, elaboradas pelo colegiado eleito e representativo da vontade popular. Maior ainda é a relação do princípio da impessoalidade com o da isonomia.

[122] BANDEIRA DE MELLO, Celso Antônio. *Curso de direito administrativo.* 35. ed. São Paulo: Malheiros, 2021. p. 96.

[123] BANDEIRA DE MELLO, Celso Antônio. *Curso de direito administrativo.* 35. ed. São Paulo: Malheiros, 2021. p. 96.

[124] ROCHA, Cármen Lúcia Antunes. *Os princípios constitucionais da Administração Pública.* Belo Horizonte: Del Rey, 1994. p. 153.

[125] Eis suas lições: "O princípio da igualdade objetiva não discriminar, não distinguir onde por razões de Justiça concebidas e acatadas pela ordem do Direito não existam. Não se quer o preconceito contra uma pessoa que participe de determinada sociedade estatal. É certo que nesta busca de impedir a discriminação que prejudica está incluída aquela que privilegia, pois o privilégio de um é o prejuízo de outro ou de todos em dado grupo social. A relação jurídica realçada no princípio da igualdade é a dos cidadãos na dinâmica política da sociedade e entre estes e o Estado. O princípio da impessoalidade administrativa objetiva, basicamente, não permitir que o administrador se privilegie, pois deste privilégio do agente público nasce o prejuízo de toda a sociedade. A relação principal enfatizada na impessoalidade é a do agente administrativo com a Administração Pública e, em especial, com o Poder Público, no exercício do qual todos os privilégios podem ser angariados por maus agentes" (ROCHA, Cármen Lúcia Antunes. *Os princípios constitucionais da Administração Pública.* Belo Horizonte: Del Rey, 1994. p. 153).

13 Princípio da segregação de funções

Os agentes administrativos exercem competências que lhes são atribuídas por lei e, por força do princípio da legalidade, somente podem atuar dentro dos limites de tais competências. Sucede que as competências legais, muitas vezes, são definidas de forma aberta, abrangendo um conjunto amplo de atividades. Por exemplo, é comum que a dado cargo público sejam atribuídas funções administrativas gerais, que autorizam o desempenho do ocupante desse cargo de atividades administrativas bem diversas. Disso resulta que os órgãos e entidades administrativas gozam de margem de discricionariedade para organizar, alocar e distribuir as atividades desses agentes, inclusive as diversas atividades que são necessárias para a realização de licitação pública e para a execução de contrato administrativo.

Sob essa premissa, sob a ótica da legalidade, agente administrativo com competência administrativa geral pode ser incumbido do desempenho de praticamente todos os atos relacionados à licitação pública e ao contrato administrativo. É compatível com suas competências a elaboração de documentos técnicos como estudo técnico preliminar e termo de referência, bem como a realização da pesquisa de preços, a redação do edital, a condução da licitação e a fiscalização ou gestão do contrato. Nada que se oponha a qualquer prescrição legal, bem ao contrário.

Essa possibilidade aberta pela legalidade de organizar, alocar e distribuir as atividades desses agentes que ocupam cargos com competências administrativas gerais é, de certa forma, limitada pela ideia de segregação de funções. Aliás, uma das novidades da Lei nº 14.133/2021 foi a de tornar a segregação de funções um princípio jurídico, o que consta expressamente do *caput* do seu artigo 5º. Esclareça-se que a segregação de funções nunca foi norma legal, regra nem princípio jurídico. Sempre foi considerada uma espécie de boa prática contábil, mormente para efeito de controle, separando-se quem autoriza e controla dada despesa de quem a executa. A premissa é que a produção de certos atos gera conflitos de interesse e, portanto, para evitar desvios, os tais atos devem ser acometidos a pessoas diferentes.[126] O propósito é o de prevenir os tais desvios e, quando eles ocorrem, que não sejam ocultados facilmente pelo seu próprio autor, uma vez que submetidos ao escrutínio de outra pessoa.[127]

A Lei nº 14.133/2021, no §1º do seu artigo 7º, foi além e sinalizou o conteúdo jurídico do princípio da segregação de funções ao vedar "[...] a designação do mesmo agente público para atuação simultânea em funções mais suscetíveis a riscos, de modo a reduzir a possibilidade de ocultação de erros e de ocorrência de fraudes na respectiva

---

[126] Ao apartar as funções e não facultar que um único servidor seja o responsável pleno por todas as fases ou estágios mais críticos (sensíveis) da execução das despesas, cria-se, metaforicamente, um ambiente hígido de "policiamento" ostensivo-dissuasório, no qual as tarefas executadas por um agente público são subsequentemente acompanhadas e fiscalizadas por outro, inibindo condutas ilícitas e/ou antieconômicas (SILVA, Magno Antônio da. O princípio da segregação de funções e sua aplicação no controle processual das despesas: uma abordagem analítica pela ótica das licitações públicas e das contratações administrativas. *Revista do TCU*, set./dez. 2013. p. 47).

[127] Nesse sentido, Fabrício Motta esclarece que "segregar funções implica evitar que um agente detenha atribuições de fiscalização e controle sobre seus próprios atos. Trata-se de medida preventiva que visa evitar não somente fraudes, mas sobretudo riscos de conflitos de interesses, desconsideração de falhas e continuidade de erros" (MOTTA, Fabrício. Segregação de funções nas licitações e contratos. *Conjur*, 6 maio 2021. Disponível em: https://www.conjur.com.br/2021-mai-06/interesse-publico-segregacao-funcoes-licitacoes-contratos. Acesso em: 9 jul. 2021).

contratação". Ou seja, na formulação do §1º do artigo 7º da Lei nº 14.133/2021, o princípio da segregação de funções não demanda apenas que se separe quem autoriza e controla de quem executa. O conteúdo do princípio foi definido de modo mais alargado, para que se atribuam a pessoas diferentes "as funções mais suscetíveis a riscos". O conteúdo do princípio está centrado no risco e não apenas na vedação de concentração na mesma pessoa do controle e da execução. Sabe-se que a definição, qualificação e mitigação de riscos é algo bastante subjetivo e relativo.

Registre-se que, bem antes da Lei nº 14.133/2021, o Tribunal de Contas da União resolveu por mão própria promover a segregação de funções de boa prática a princípio jurídico. O fato é que, mesmo sem fundamento legal, passou a tratar a segregação de funções como princípio jurídico. Nessa toada, diante dos casos concretos que lhe foram sendo submetidos, o Tribunal de Contas da União passou a prescrever hipóteses factuais que lhe seriam atentatórias. Ou seja, tomou para si a tarefa de decidir quais atividades poderiam ser acometidas ao mesmo agente administrativo e quais não poderiam.

A casuística é fértil, como se percebe com alguns exemplos, entre outros: (i) quem participa da fase preparatória da licitação, inclusive elaboração de edital, não pode ser pregoeiro, membro da equipe de apoio ou comissão de licitação (Acórdão nº 1.278/2020, Plenário); (ii) a mesma pessoa não pode ser pregoeira e fiscal do contrato (Acórdão nº 1.375, Plenário); (iii) o assessor jurídico não pode estar lotado na área responsável pela contratação (Acórdão nº 1.682/2013, Plenário); e (iv) a comissão de licitação não pode fazer solicitação de compra (Acórdão nº 4.227/2014, Primeira Câmara).

De modo geral, discorda-se das soluções dadas pelo Tribunal de Contas da União nos casos acima, especialmente se houver a aspiração de que sejam consideradas como orientações replicáveis e exigíveis para toda a Administração Pública. A percepção do Tribunal de Contas é excessivamente burocrática, excessivamente desconfiada, como se a maior parte dos agentes administrativos fosse de criminosos à espreita por uma oportunidade, distante da realidade da Administração Pública nacional e, para muitos órgãos e entidades administrativas, difícil de ser implementada.

Por exemplo, o Tribunal de Contas da União entende que o mesmo agente administrativo não pode participar da etapa preparatória da licitação e atuar como pregoeiro, porque haveria algum tipo de conflito nisto. Na verdade, no entanto, pelo menos aprioristicamente, não há conflito, porque o pregoeiro não tem a competência de aprovar ou controlar os atos produzidos na etapa preparatória; a função do pregoeiro é de cumprir o estabelecido na etapa preparatória.[128] Ademais, num corte mais amplo

[128] Ressalva-se, como mais bem explicado no Capítulo 10 deste livro, que as atribuições do agente de contratação, do pregoeiro e da comissão de contratação não foram definidas pela Lei nº 14.133/2021 com precisão. Ao contrário, o legislador preferiu valer-se de termos genéricos e deixar que a definição precisa e específica fosse realizada pelos órgãos e entidades administrativas em regulamento, previsto no §3º do artigo 8º da Lei nº 14.133/2021. Veja-se que o *caput* do artigo 8º da Lei nº 14.133/2021 repete os termos do inciso LX do artigo 6º e sinaliza que o agente de contratação deve "[...] tomar decisões, acompanhar o trâmite da licitação, dar impulso ao procedimento licitatório e executar quaisquer outras atividades necessárias ao bom andamento do certame até a homologação". Essas expressões, como acompanhar, dar impulso e bom andamento, podem ser compreendidas como abrangentes da etapa preparatória das licitações. Essa, inclusive, foi a opção do Decreto Federal nº 11.246/2022, que vale para a Administração Pública federal direta, autárquica e fundacional. A propósito, os incisos I e II do *caput* do artigo 14 do referido Decreto atribuem ao agente de contratação impulsionar o procedimento de licitação, inclusive por meio de demandas às áreas das unidades de contratações, descentralizadas ou não, para fins de saneamento da fase preparatória, bem como o acompanhamento da

que deve ser ajustado aos casos concretos, não se vê risco substancial algum e sim benefícios para a Administração Pública, porque o agente que participou da etapa preparatória tem melhores conhecimentos sobre a demanda da Administração, sobre o objeto da licitação e da contratação, bem como sobre as exigências formuladas na etapa preparatória e vertidas no edital, o que lhe pode ser bastante útil na sua atuação como pregoeiro. Também evita idas e vindas nos processos de licitação, discordâncias não raro subjetivas e sobre preferências pontuais entre agentes administrativos que prejudicam a celeridade dos processos. E não se descure que a participação do pregoeiro na etapa preparatória não significa que os atos nela produzidos não passem pelo crivo de outros agentes administrativos, que podem identificar irregularidades, como é o caso da assessoria jurídica e da autoridade competente, que precisam analisar e aprovar todo o processo de licitação pública antes da publicação do edital, como preceitua o artigo 53 da Lei nº 14.133/2021.[129] [130]

Advirta-se que riscos não são avaliados com fórmulas prontas e abstratas, ao contrário, dependem das experiências e da realidade de cada órgão e entidade administrativa. Mais importante do que isso, o enfrentamento do risco também não se curva a fórmulas prontas e abstratas, depende das particularidades de cada órgão e entidade administrativa, inclusive de sua capacidade financeira para mitigá-lo.

O problema é que, na maioria dos casos, segregar funções pressupõe a disposição de quantidade maior de agentes administrativos. Por ilustração, num município pequeno, com inúmeros desafios e limitações financeiras, o mesmo agente administrativo redige o edital, é pregoeiro e fiscal de contrato. Em razão dos precedentes do Tribunal de Contas

---

licitação e a promoção de diligência para cumprir o calendário de contratação estabelecido no Plano de Contratação Anual. Note-se que, nos termos do Decreto Federal, o agente de contratação passa a ser uma espécie de gestor de projeto, que tem a função de supervisionar e cobrar os demais setores dos órgãos e das entidades administrativas sobre o andamento das licitações e determinar saneamento de eventuais defeitos. Sendo assim, o agente de contratação foi colocado numa posição de supervisão e de controle sobre os trabalhos das demais instâncias que conduzem a etapa preparatória. Diante disso, pelo menos na sistemática do Decreto Federal nº 11.246/2022 e em obediência ao princípio da segregação de funções, o agente de contratação não pode mais participar diretamente da etapa preparatória, produzindo edital ou outros documentos a ela pertinentes – o que é prática comum de muitos órgãos e entidades. Ora, pelo princípio da segregação de funções, se ele supervisiona e controla, não pode ser ao mesmo tempo responsável direto pelos atos a serem supervisionados e controlados. As considerações sobre as competências do agente de contratação também valem para o pregoeiro e para a comissão de contratação – o que é mais bem explicado no Capítulo 10.

[129] "Art. 53. Ao final da fase preparatória, o processo licitatório seguirá para o órgão de assessoramento jurídico da Administração, que realizará controle prévio de legalidade mediante análise jurídica da contratação. [...] §3º Encerrada a instrução do processo sob os aspectos técnico e jurídico, a autoridade determinará a divulgação do edital de licitação conforme disposto no art. 54".

[130] Jair Eduardo Santana pensa diferente. São os argumentos: "É comum, portanto, que o servidor que preparou toda a etapa interna do pregão – elaborou orçamentos, providenciou a reserva orçamentária, elaborou todo o edital – seja o mesmo designado pregoeiro para a realização da sessão e das demais atividades a ele legalmente estipuladas. Isto é vedado pelos princípios regentes da atividade da Administração Pública, notadamente pelo da segregação de funções, posto que condutas assim, entre outros fatores, levam o servidor a 'abraçar' a causa – no sentido pejorativo – apaixonando-se pela mesma. Desta forma, as decisões proferidas por um pregoeiro em esclarecimentos, impugnações, nas sessões de julgamento ou em recursos, podem ser contaminadas pelas suas paixões e vaidades, se ele for o 'pai e mentor' de todo o procedimento. Diante disto, as decisões do pregoeiro, que deveriam se nortear pela legalidade e seus princípios correlatos tornam-se maculadas pela parcialidade, o que não é bom a nenhum dos envolvidos no procedimento – nem à unidade administrativa, nem aos licitantes" (SANTANA, Jair Eduardo. Pregão. *In*: SANTANA, Jair Eduardo. *Pregão presencial e eletrônico*: Sistema de Registro de Preços – Manual de implantação, operacionalização e controle. Belo Horizonte: Fórum, 2014. Disponível em: https://www.forumconhecimento.com.br/livro/1266/1303/10315. Acesso em: 24 mar. 2021).

da União, essas atividades devem ser segregadas, fazendo com que o pregoeiro não participe da redação do edital nem que atue na fiscalização do contrato. Enfim, em vez de um agente administrativo, passam a ser necessários dois agentes administrativos. Isso custa, evidentemente. Inclusive, para muitos municípios o cumprimento da decisão do Tribunal de Contas da União importa na realização de concurso público e na contratação de novo agente. Em vez de contratar agente para a prestação direta de serviços públicos, por exemplo, um novo médico ou enfermeira para atender em posto de saúde, terá que contratar um novo agente para ser pregoeiro, porque o agente que era designado para tal função já não pode mais o ser.[131]

É preciso moderação em relação à amplitude do princípio da segregação de funções, de maneira que ele não engesse e imponha gastos desnecessários à Administração Pública. Pode-se depreender do princípio que a pessoa que produz ou executa o ato não deve ser a mesma pessoa que o aprova e o controla. Isso é lógico, consegue-se extrair da própria legalidade e, sendo assim, pode ser exigido da Administração Pública. Pode-se dizer que esse é o conteúdo mínimo do princípio da segregação de funções.

Os demais consectários do princípio da segregação de funções, decorrentes de avaliações de suscetibilidades a riscos, devem ser ponderados diante das particularidades de cada órgão e entidade administrativa e dos casos concretos que se apresentem, sem que se tenha a pretensão de fixar orientações apriorísticas expressas em fórmulas prontas e abstratas que sirvam a todos indistintamente.

Aliás, essa ideia vingou na redação do Decreto Federal nº 11.246/2022, como se extrai do seu artigo 12:

> Art. 12. O princípio da segregação das funções veda a designação do mesmo agente público para atuação simultânea em funções mais suscetíveis a riscos, de modo a reduzir a possibilidade de ocultação de erros e de ocorrência de fraudes na contratação.
> Parágrafo único. A aplicação do princípio da segregação de funções de que trata o *caput*:
> I - será avaliada na situação fática processual; e
> II - poderá ser ajustada, no caso concreto, em razão:
> a) da consolidação das linhas de defesa; e
> b) de características do caso concreto tais como o valor e a complexidade do objeto da contratação.

Quer dizer que a segregação de funções deve ser vista como mecanismo para mitigar riscos, e os riscos não devem ser avaliados aprioristicamente por fórmulas gerais e prontas, independentemente da realidade de cada órgão ou entidade. Daí que a dimensão concreta para um órgão ou entidade sobre o princípio da segregação de funções depende da sua realidade, dos seus riscos e da situação que se apresenta.

---

[131] "Finalmente, convém repetir: é necessário um estudo adequado das diversas competências e o conhecimento da realidade de cada órgão ou entidade para identificar as atividades que não podem ser desempenhadas por um mesmo agente. Essa identificação é especialmente importante para as pequenas estruturas administrativas, que contam com número reduzido de servidores. Ainda assim, segregar não significa isolar – é preciso conhecimento e comunicação entre os diversos setores para considerar a contratação pública como um ciclo voltado ao atendimento de necessidades públicas" (MOTTA, Fabrício. Segregação de funções nas licitações e contratos. *Conjur*, 6 maio 2021. Disponível em: https://www.conjur.com.br/2021-mai-06/interesse-publico-segregacao-funcoes-licitacoes-contratos. Acesso em: 9 jul. 2021).

Afora isso, as avaliações sobre os riscos e sobre a dimensão concreta do princípio da segregação de funções devem partir dos órgãos e entidades administrativas e devem ser respeitadas pelos órgãos de controle, que têm a obrigação de deferência em relação a elas (princípio da deferência e atributo de presunção de legitimidade dos atos administrativos). Como adverte o inciso II do artigo 171 da Lei nº 14.133/2021, juízos subjetivos de membros dos órgãos de controle, suas preferências pessoais, não servem para objetar a avaliação e as decisões da Administração Pública.[132]

14 Princípio do planejamento

O artigo 5º da Lei nº 14.133/2021 anuncia o princípio do planejamento como um dos regentes da matéria de licitação pública e contrato administrativo. Inserido na lei, o princípio é de natureza jurídica, deve possuir algum tipo de efeito jurídico.

Pois bem, originariamente o planejamento foi formulado como princípio da ciência da Administração e não do direito, logo, sem carga normativo-jurídica. Quer dizer que, dentro das cercanias da Administração, não é norma jurídica, não obriga condutas nem autoriza a aplicação de sanções.

O princípio do planejamento foi proposto por Frederick Wislow Taylor como um dos quatro princípios da administração científica, pensados sob a ótica da organização industrial para potencializar as atividades dos operários nas fábricas: planejamento, seleção, controle e cooperação. O taylorismo guarda as suas polêmicas, como a noção de "homem do tipo bovino", forte e dócil, de grande capacidade física e que não se importa de não utilizar sua capacidade cerebral, considerado uma espécie de operário ideal, não resistente às ordens e aos controles do patronato. No fim das contas, o princípio do planejamento de Taylor propugna substituir os improvisos dos operários por métodos científicos e testados.[133]

Bem se vê que o princípio do planejamento de Taylor tem um corte bem específico que não traz muitas luzes sobre o que pode vir a ser o princípio do planejamento inserto no artigo 5º da Lei nº 14.133/2021. Sem embargo, planejamento é vocábulo comum e usual, que remete à ideia de que as atividades humanas devem ser pensadas e preparadas com antecedência e não feitas de improviso. Essa compreensão precede Taylor, não lhe é exclusiva e pode ser aproveitada noutras áreas humanas e para outras finalidades. O conteúdo jurídico do princípio do planejamento não tem como fugir muito disso.

Apartado do taylorismo, o princípio do planejamento acabou ingressando no direito administrativo nacional por meio do Decreto-Lei nº 200/1967, que dispõe sobre a organização da Administração Pública Federal. O artigo 6º do decreto-lei prescreve que as atividades da Administração Federal devem obedecer ao princípio do planejamento. O artigo 7º, do mesmo diploma, enuncia que o planejamento deve ser norteado por planos e programas, cujos instrumentos básicos são: "a) plano geral de govêrno; b)

---

[132] "Art. 171. Na fiscalização de controle será observado o seguinte: [...] II - adoção de procedimentos objetivos e imparciais e elaboração de relatórios tecnicamente fundamentados, baseados exclusivamente nas evidências obtidas e organizados de acordo com as normas de auditoria do respectivo órgão de controle, de modo a evitar que interesses pessoais e interpretações tendenciosas interfiram na apresentação e no tratamento dos fatos levantados; [...]".

[133] TAYLOR, F. W. *Princípios de administração científica*. 8. ed. São Paulo: Atlas, 1990.

programas gerais, setoriais e regionais, de duração plurianual; c) orçamento-programa anual; d) programação financeira de desembôlso". Tudo ainda distante do princípio do planejamento da Lei nº 14.133/2021.

De todo modo, a obrigação legal de planejamento não é nova na licitação pública e no contrato administrativo, destacada em diversos dispositivos da Lei nº 8.666/1993, como no seu artigo 7º, que exigia projetos, definição do objeto e de quantitativos, orçamento e previsão de recursos orçamentários. Em âmbito federal, foram produzidas várias instruções normativas com grande foco no planejamento, como a de nº 5/2017, da antiga Secretaria de Gestão do antigo Ministério do Planejamento, Desenvolvimento e Gestão, que dispunha sobre a contratação de serviços no âmbito da Administração Pública Federal direta, autárquica e fundacional e exigia delas planejamento minudente, com destaque para a necessidade de documento de formalização de demanda, estudo técnico preliminar, termo de referência e análise de risco.

Sob a perspectiva do direito, como os atos necessários para o planejamento das licitações públicas e contratos administrativos estão prescritos na legislação, a não realização dos tais atos constitui ofensa ao princípio da legalidade. Assim, a repressão por parte dos órgãos de controle diante do descumprimento por parte dos órgãos e entidades administrativos dos atos necessários para o planejamento desde muito pode ser fundamentada no princípio da legalidade. Soma-se que, nas hipóteses em que o defeito do planejamento produz prejuízos concretos à Administração Pública, também se poderia cogitar de violação ao princípio da eficiência, inserto no *caput* do artigo 37 da Constituição Federal.

Na Lei nº 14.133/2021, o planejamento foi visivelmente realçado. O legislador houve por bem dedicar à fase preparatória, em que ocorre o planejamento, um capítulo inteiro da nova lei, o Capítulo II do Título II. O fato é que a Lei nº 14.133/2021 encampou em linhas gerais o fluxo procedimental para o planejamento contido nas instruções normativas federais (como na de nº 5/2017, da antiga Secretaria de Gestão do antigo Ministério do Planejamento, Desenvolvimento e Gestão), pelo que a origem é bem identificada: plano anual de contratações (inciso VII do artigo 12), estudo técnico preliminar (inciso I do artigo 18), termo de referência ou projetos (inciso II do artigo 18), orçamentação (inciso III do artigo 18), análise de riscos (inciso X do artigo 18) e aprovação jurídica (artigo 52).

Afora tudo isso, como visto, o legislador ainda elevou o planejamento a princípio jurídico de licitação pública e contrato administrativo. É claro que, com isso, o legislador pretendeu reforçar ainda mais a necessidade do planejamento, de que as licitações e os contratos sejam previamente pensados e estruturados e que não sejam obra de improvisos.[134] Trata-se, não se consegue enxergar outra razão, de um mero reforço ao

[134] "O princípio do planejamento tem duplo conteúdo jurídico. Por primeiro, o de fixar o dever legal do planejamento. A partir deste princípio, se pode deduzir que a Administração Pública deverá planejar toda a licitação e toda a contratação pública. Mas não é só isso. Não é a realização de qualquer planejamento que atenderá dito princípio. O planejamento que se exige é aquele que seja eficaz e eficiente, e que se ajuste a todos os outros princípios, regras e valores jurídicos previstos na Constituição Federal e na Lei. O dever jurídico é de um planejamento adequado, suficiente, tecnicamente correto e materialmente satisfatório. Este planejamento adequado pressupõe a adoção de todas as providências técnicas e administrativas voltadas a identificar com precisão a necessidade a ser satisfeita com a execução do contrato, a correta definição do objeto ou solução técnica, e a precisa estimativa do preço de referência, bem como todas as demais definições indispensáveis para configurar de modo eficaz e eficiente a licitação e o contrato. O segundo conteúdo jurídico extraível do

princípio da legalidade, dado que os atos necessários para o planejamento são exigidos na Lei nº 14.133/2021, cuja violação é sujeita às sanções também previstas na própria Lei nº 14.133/2021 e na legislação sobre a responsabilidade dos agentes administrativos. A conclusão é que a densidade jurídica do princípio do planejamento é baixa, dado que sua utilidade é meramente retórica, um argumento discursivo para pôr ainda mais relevo aos atos de planejamento exigidos na Lei nº 14.133/2021.

15 Princípio da segurança jurídica

A segurança jurídica é um dos grandes objetivos e desafios do direito brasileiro, sendo-lhe um dos seus princípios fundamentais e estruturantes.[135] [136] Nesse sentido, o princípio se irradia por todos os ramos do direito, com diversas expressões. Sua presença é sentida nitidamente em todo o corpo da Constituição Federal, embora ele não seja nominado literalmente.[137]

No direito administrativo, o princípio da segurança jurídica produz as mais diversas repercussões, embora também não costume ser mencionado expressamente nos textos legais. A Lei Federal nº 9.784/1999, que cuida do processo administrativo

---

princípio do planejamento diz respeito com a responsabilidade por omissão própria. A omissão se evidencia quando 'o agente não faz o que pode e deve fazer, que lhe é juridicamente ordenado'. A ação determinada pela Lei, nesta medida, é a de planejamento correto, suficiente e adequado da licitação e da contratação. O descumprimento desta determinação legal, de bem planejar, pode caracterizar conduta omissiva própria" (SANTOS, José Anacleto Abduch. *Nova Lei de Licitações*: o princípio do planejamento. *Blog Zênite*. Disponível em: https://www.zenite.blog.br/nova-lei-de-licitacoes-o-principio-do-planejamento/. Acesso em: 9 jul. 2021).

135 Nesse sentido, Angel Latorre assinala: "Pode aceitar-se a tese tradicional de que a segurança e a justiça são os fins primordiais do Direito. Na medida em que este é um projeto de ordem que se quer impor a uma sociedade, esse projeto não poderia entender-se sem a análise dos fins que persegue. O jurista deve perguntar, ante um sistema jurídico determinado, quais são os seus princípios básicos relativamente à segurança e à justiça" (LATORRE, Angel. *Introdução ao direito*. Tradução de Manuel de Alarcão. Coimbra: Almedina, 1974. p. 64).

136 "[...] faz-se mister lembrar a aplicação do princípio da segurança jurídica, sendo incabível o tratamento diferenciado para situações semelhantes. Nesse prisma, o Professor ADILSON ABREU DALLARI agrega questões atinentes à segurança jurídica que deve nortear os atos administrativos e as relações do poder público com terceiros, traz à colação ensinamentos de Almiro do Couto e Silva e estudo da evolução jurisprudencial do STF [...]. E ainda, sobre este caro princípio, HELY LOPES MEIRELLES colaciona que 'O princípio da segurança jurídica é considerado como uma das vigas mestras da ordem jurídica, sendo segundo J. J. Gomes Canotilho, um dos subprincípios básicos do próprio conceito do Estado de Direito. Para Almiro Couto e Silva, um dos temas mais fascinantes do Direito Público neste século é o crescimento da importância do princípio da segurança jurídica, entendido como princípio da boa-fé dos administrados ou da proteção da confiança. A ele está visceralmente ligada a exigência de maior estabilidade das situações jurídicas, mesmo daquelas que na origem apresentam vícios de ilegalidade. A segurança jurídica é geralmente caracterizada como uma das vigas mestras do Estado de Direito. É ela, ao lado da legalidade, um dos subprincípios básicos do próprio conceito do Estado de Direito. E, nesse sentido, ao caso em comento, deve ser aplicada a segurança jurídica, para que não haja decisões diferentes em casos semelhantes" (TCE/SP. TC-00008611.989.16-1. Rel. Auditor Alexandre Manir Figueiredo Sarquis, j. 6.4.2016).

137 Por mera ilustração, são expressões nítidas do princípio da segurança jurídica extraídas do rol dos direitos fundamentais do artigo 5º da Constituição Federal: "II - ninguém será obrigado a fazer ou deixar de fazer alguma coisa senão em virtude de lei; [...] XXXVI - a lei não prejudicará o direito adquirido, o ato jurídico perfeito e a coisa julgada; XXXVII - não haverá juízo ou tribunal de exceção; [...] XXXIX - não há crime sem lei anterior que o defina, nem pena sem prévia cominação legal; [...] XL - a lei penal não retroagirá, salvo para beneficiar o réu; [...] XLV - nenhuma pena passará da pessoa do condenado, podendo a obrigação de reparar o dano e a decretação do perdimento de bens ser, nos termos da lei, estendidas aos sucessores e contra eles executadas, até o limite do valor do patrimônio transferido; XLVI - a lei regulará a individualização da pena e adotará, entre outras, as seguintes: [...] LIII - ninguém será processado nem sentenciado senão pela autoridade competente; [...] LIV - ninguém será privado da liberdade ou de seus bens sem o devido processo legal; [...]".

federal, destoa das demais ao anunciar abertamente que um dos seus princípios é o da segurança jurídica, além de prescrever diversas normas que são concreções dele.

Também merecem destaque para o direito administrativo os acréscimos promovidos na Lei de Introdução às Normas do Direito Brasileiro (Decreto-Lei nº 4.657/1942) por meio da Lei nº 13.655/2018, todos direcionados a promover ambiente com mais segurança jurídica para a Administração Pública e para aqueles que travam relações com ela – inclusive com menções abertas à segurança jurídica. Nessa direção, como concreções diretas do princípio da segurança jurídica, destacam-se a proibição de decidir-se com base em valores jurídicos abstratos (artigo 20), a necessidade de indicar os efeitos práticos das decisões que venham a reconhecer a invalidade de ato administrativo e as condições para a sua regularização (artigo 21), a previsão de regime de transição diante de alteração de orientações gerais e a obrigação de levar em conta os entendimentos prevalecentes na época de produção dos atos administrativos (artigo 24), a possibilidade de acordos para eliminar incerteza jurídica ou situação contenciosa (artigo 26), a limitação da responsabilidade pessoal de agentes públicos aos casos de dolo e de erro grosseiro (artigo 28) e o estímulo à produção de regulamentos, súmulas administrativas e respostas a consultas como formas de aumentar a segurança jurídica (artigo 29).

A Lei nº 14.133/2021 também anuncia em alto e bom som o princípio da segurança jurídica no seu artigo 5º, além de advertir em sua parte final que se deve obedecer em relação às licitações públicas e aos contratos administrativos as normas da Lei de Introdução às Normas do Direito Brasileiro, que são em grande parte, como visto, concreções do princípio da segurança jurídica.

A rigor, a menção contida no artigo 5º da Lei nº 14.133/2021 sobre a aplicação da Lei de Introdução às Normas do Direito Brasileiro nas licitações públicas e contratos administrativos é despicienda. Sucede que a Lei de Introdução é metanorma, sua função é justamente a de orientar a aplicação das demais normas jurídicas, entre as quais, não há qualquer razão para supor o contrário, as que versam sobre licitações públicas e contratos administrativos.[138] A previsão do artigo 5º da Lei nº 14.133/2021 não passa de um reforço retórico, talvez uma lembrança para que a Lei de Introdução não seja posta de lado ou minimizada em tema tão espinhoso.

Pois bem, a segurança jurídica remete aos conceitos de estabilidade e previsibilidade jurídica e pode ser compreendida, segundo as lições de José Afonso da Silva, como o "conjunto de condições que tornam possível às pessoas o conhecimento antecipado e reflexivo das consequências diretas de seus atos e de seus fatos à luz da liberdade reconhecida".[139] Ou seja, a segurança jurídica importa no direito das pessoas de serem comunicadas previamente das condutas que lhes são exigidas e as consequências a que se sujeitam se não as cumprirem. Isso permite que conscientemente escolham as suas

---

[138] "É nesse contexto que nasce a Lei nº 13.655/2018, dispondo na LINDB normas sobre segurança jurídica e eficiência na criação e na aplicação do direito público. E a LINDB, como uma meta-norma que é, ou seja, uma norma que orienta a aplicação das outras normas jurídicas, demonstra que possibilidades que o novel diploma inaugura são, de fato, muito variadas, tanto na sua versatilidade quanto no número de matérias que ela abrange" (MARQUES NETO, Floriano de Azevedo; SOUZA, Kelly Ribeiro Felix, OLIVEIRA; Douglas da Silva. A Lei nº 13.655 e a segurança jurídica nas contratações públicas no Rio de Janeiro. *Revista Eletrônica OAB/RJ*, 2019. Edição Especial de Infraestrutura. p. 2. Disponível em: https://revistaeletronica.oabrj.org.br/wp-content/uploads/2019/12/7.-Floriano-Marques-Kelly-Felix-e-Douglas-Oliveira.pdf. Acesso em: 9 jul. 2021).

[139] SILVA, José Afonso. *Comentário contextual à Constituição*. São Paulo: Malheiros, 2006. p. 133.

condutas, sabendo previamente as consequências delas. Se fazem o permitido, não devem sofrer reprimendas. Se fazem o proibido, devem sofrer reprimendas.[140]

O fato é que em licitação pública e contrato administrativo a insegurança jurídica graceja. Agentes administrativos são responsabilizados mesmo quando atuam de boa-fé, pensando que fazem o permitido, muitas vezes porque proveram soluções ou fizeram interpretações jurídicas que posteriormente não são entendidas como as mais adequadas pelos órgãos de controle. A mera divergência de interpretação ou a desatenção a aspectos formais têm sido suficientes para a imposição de penas duríssimas. Isso se potencializa diante das controvérsias acerca da legislação, que não são debeladas com a Lei nº 14.133/2021, que é burocrática, formalista e repleta de pormenores de difícil compreensão. Para agravar, a legislação é permeada por um conjunto enorme de princípios, conforme o artigo 5º da Lei nº 14.133/2021, que, por natureza, são mais abertos e sujeitos a manipulações. O ponto é que os agentes administrativos que atuam nas licitações e nos contratos administrativos e aqueles que participam de licitações e firmam contratos administrativos convivem com uma legalidade movediça, relativa e voltada para a repressão.

O legislador, ao afirmar o princípio da segurança jurídica no artigo 5º da Lei nº 14.133/2021, quer caminhar no sentido oposto, quer vencer esse ambiente jurídico movediço. Quem atua em licitações e contratos administrativos, do lado que for, deve ter clareza sobre o que é o certo e o que é o errado, quais as condutas que lhe são exigidas e quais as consequências em não as seguir. Para que isso ocorra, demanda-se dos órgãos de controle postura de contenção, muito longe do que vem acontecendo nos últimos anos. A afirmação do princípio da segurança jurídica, num primeiro plano, tem endereço certo: os órgãos de controle, de quem se espera, em vez de ativismo, contenção, especialmente na aplicação de princípios jurídicos e de normas baseadas em conceitos jurídicos indeterminados.

Tanto isso é verdade que o §1º do artigo 169 da Lei nº 14.133/2021, ao tratar das linhas de defesa das contratações públicas formadas pelos controles interno e externo, confere competência regulamentar à alta administração dos órgãos e entidades administrativas para implementar as medidas necessárias com a obrigação de seguir as "medidas que promovam relações íntegras e confiáveis, com segurança jurídica para todos os envolvidos [...]". Soma-se a isso que o inciso II do artigo 171 da Lei nº 14.133/2021 exige dos órgãos de controle

> [...] adoção de procedimentos objetivos e imparciais e elaboração de relatórios tecnicamente fundamentados, baseados exclusivamente nas evidências obtidas e organizados de acordo com as normas de auditoria do respectivo órgão de controle, de modo a evitar que interesses pessoais e interpretações tendenciosas interfiram na apresentação e no tratamento dos fatos levantados; [...].

---

140 "O indivíduo tem como direito poder confiar em que aos seus atos ou às decisões públicas incidentes sobre os seus direitos, posições ou relações jurídicas alicerçados em normas jurídicas vigentes e válidas por esses atos jurídicos deixados pelas autoridades com base nessas normas se ligam os efeitos jurídicos previstos e prescritos no ordenamento jurídico poderes" (CANOTILHO, J. J. Gomes. *Direito constitucional e teoria da Constituição*. Coimbra: Almedina, 2002. p. 257).

O princípio da segurança jurídica também reverbera nas expectativas eventualmente criadas pela Administração Pública sobre os licitantes e contratados e vice-versa, expectativas estas que devem ser respeitadas. Daí o princípio da segurança jurídica estende-se sobre viés subjetivo e se desdobra no princípio da proteção à confiança legítima, ligado à boa-fé objetiva e à proibição do *venire contra factum proprium*.

Em comentários aos princípios da boa-fé objetiva e da proteção à confiança legítima, José dos Santos Carvalho Filho pondera que "o que se pretende é que o cidadão não seja surpreendido ou agravado pela mudança inesperada de comportamento da Administração, sem um mínimo respeito às situações formadas e consolidadas no tempo, ainda que não se tenham convertido em direitos adquiridos".[141] Com o mesmo ânimo, Juarez Freitas adverte que "a perversa quebra de expectativas, a sucessão de medidas voláteis e abruptas, culminando em risco de sinistros, calotes ou rupturas, tudo se assemelha, no plano do imaginário, a golpes truculentos de Estado, ainda que em miniatura".[142]

O princípio da proteção à confiança legítima normalmente é focado em prol dos contratados, mas ele vale para todos, inclusive em favor da Administração Pública. O comportamento das partes e mesmo dos órgãos de controle gera expectativas legítimas naqueles que atuam de boa-fé, e essas expectativas devem ser honradas, o que é um desdobramento, insista-se, do princípio da segurança jurídica.

A propósito, ligado ao princípio da proteção à confiança legítima, uma das novidades mais festejadas da Lei nº 14.133/2021 é o disposto nos seus artigos 147 e 148, que tratam das nulidades havidas em licitação pública e contrato administrativo, prescrevendo que elas só devem ser declaradas e o contrato suspenso se isso for adequado ao interesse público, levando-se em consideração uma série de aspectos econômicos e sociais, bem como a possibilidade de decidir que a nulidade tenha eficácia somente para o futuro, por prazo de até seis meses, prorrogável uma única vez.

16 Princípio do interesse público

O interesse público é o ponto de convergência da Administração Pública, dado que ela existe justamente para lhe dar satisfação concreta. Em síntese muito breve, no exercício da função legislativa, criam-se primariamente direitos e obrigações, prescrevem-se como deve ser a conduta das pessoas e o que podem e o que não podem fazer. A função judicial, por sua vez, entra em cena quando as normas criadas pelo Legislativo são violadas, para o efeito de repará-las e reintegrá-las, resolvendo os conflitos de interesse que surjam em face dela. E a função administrativa, por fim, é aquela por meio da qual o Estado atua concretamente a fim de satisfazer os interesses públicos.

Essas medidas concretas para a satisfação dos interesses públicos são as mais diversas, entre as quais, menciona-se, por mera ilustração, prestar serviços de saúde, de educação, garantir a segurança pública, prover a infraestrutura para o desenvolvimento do país, como estradas, ferrovias, portos, usinas, cuidar dos ambientes urbano e rural,

141 CARVALHO FILHO, José dos Santos. *Manual de direito administrativo*. 26. ed. São Paulo: Atlas, 2013. p. 39.

142 FREITAS, Juarez. *O controle dos atos administrativos e os princípios fundamentais*. 4. ed. São Paulo: Malheiros, 2009. p. 96-98.

garantir a moradia, preservar o meio ambiente, combater a fome, garantir os direitos das minorias, implementar medidas de seguridade social e de proteção ao trabalho, tudo pautado pelos valores plurais, republicanos, de desenvolvimento e de justiça social que se depreendem dos princípios e direitos fundamentais estabelecidos na Constituição Federal.

O interesse público remete a conceito jurídico indeterminado, porque não se consegue com o conceito identificar de forma objetiva o que lhe corresponde ou não. A expressão traz consigo uma relatividade, uma vagueza, uma boa dose de subjetividade que não se consegue e não se deve afastar. Logo, o interesse público remete a conceito que é aberto e dinâmico, que evolui ao passo da sociedade e de seus valores, sempre vinculado, a qualquer tempo, ressalva-se, aos valores plasmados nos princípios e direitos fundamentais da Constituição Federal, que formam uma espécie de substrato material mínimo a que os poderes constituídos e todos os agentes públicos se encontram vinculados.

Emerson Gabardo e Maurício Corrêa de Moura Rezende ressaltam que a vagueza do conceito de interesse público não lhe retira a importância, pois oferece uma baliza flexível para encontrar as melhores respostas para os casos concretos que se apresentam à Administração Pública. Com decalque em Muñoz e Pennock, ponderam:

> Entrementes, a despeito do caráter nuclear e irradiador que o conceito de interesse público ocupa no ordenamento juspublicista, seu conteúdo, a princípio, é de difícil definição. Está presente em menções expressas de textos legais; é frequentemente utilizado nos discursos políticos e eleitorais cotidianos, mas nem sempre com rigor ou adequada capacidade explicativa. Conforme afirmou Guillermo Andrés Muñoz, "*el interés público existe, todo el mundo habla de él, es un principio conformador del ordenamiento jurídico, sin embargo, es muy rebelde a toda definición. A la hora de definir qué es el interés público, cuál es el contenido real del interés público, la cuestión empieza a complicarse*". Observa-se, aqui, que o autor, embora reconheça a existência do "significante" do conceito interesse público, dispensa, no entanto, a definição de um *significado*, embora este também exista, pois assim conclui: "*Un poco con el interés público, pasa como con el amor: quién no se anima a decir que ha sentido que conoce lo que es el amor, que sus venas han latido a través del amor? Sin embargo cuando al amor se lo quiere definir, es como si desapareciera, como si perdiera fuerzas, como si perdiera todo. Entonces, es mejor no definirlo*". O mesmo se passa com o estadunidense J. Roland Pennock, quando afirma que o termo é vago, por óbvio. Porém, isso não equivale a dizer que seja um conceito inválido "no sentido daquilo que transmite uma significação". Para o autor não há motivo para se negar ou repudiar a funcionalidade das palavras apenas por sua vagueza, utilizando como exemplo, em vez do "amor", a "beleza". Demonstra Pennock como o conceito de beleza também não é afeito a definições, mas atesta que, a despeito dessa fluidez, ninguém poderia negar que exista uma tal coisa como uma pessoa bonita. Ou seja: não é a indefinição inerente ao conceito que lhe retira sua significância. Para o autor, com o interesse público acontece o mesmo que com a beleza: "grande parte de sua imprecisão desaparece quando é colocado num contexto específico.[143]

143 GABARDO, Emerson; REZENDE, Maurício Corrêa de Moura. O conceito de interesse público no direito administrativo brasileiro. *Revista Brasileira de Estudos Políticos*, Belo Horizonte, n. 115, p. 271-272, jul./dez. 2017.

O interesse público é categoria central para o Estado e, por conseguinte, para o direito administrativo. No entanto, ele, propriamente, não encarna um princípio jurídico, não é uma espécie de norma com densidade jurídica. A rigor, do interesse público decorrem diversos princípios jurídicos, que formam e marcam o regime jurídico administrativo. Aliás, é justamente em razão do interesse público que a função administrativa se sujeita a regime jurídico próprio, que lhe confere prerrogativas e limites especiais. Essa relação entre prerrogativas e limites é bem retratada por Celso Antônio Bandeira de Mello diante da conjugação dos princípios da supremacia do interesse público ou superioridade do interesse público sobre o privado e o princípio da indisponibilidade do interesse público. O primeiro princípio "proclama a superioridade do interesse da coletividade, firmando a prevalência dele sobre o particular, como condição, até mesmo, da sobrevivência e asseguramento deste último".[144] Lado a lado, em complemento, "a indisponibilidade dos interesses públicos significa que, sendo interesses qualificados como próprios da coletividade – internos ao setor público – não se encontram à livre disposição de quem quer que seja, por inapropriáveis".[145]

O artigo 5º da Lei nº 14.133/2021 refere-se ao princípio do interesse público. Hely Lopes Meirelles, um dos grandes administrativistas nacionais, cujas obras exerceram e exercem grande influência sobre a Administração Pública, formula o "princípio do interesse público" como sinônimo do princípio da supremacia do interesse público.[146] Ou seja, até mesmo por deferência a Hely Lopes Meirelles, o princípio do interesse público enunciado no artigo 5º da Lei nº 14.133/2021 corresponde e deve ser compreendido como sinônimo do princípio da supremacia do interesse público, que forma a espinha dorsal do direito administrativo.

O princípio do interesse público ou da supremacia do interesse público é sentido com intensidade na Lei nº 14.133/2021, especialmente na parte relativa aos contratos administrativos, caracterizados que são pelas chamadas cláusulas exorbitantes ou conjunto de prerrogativas que são atribuídas pelo legislador à Administração Pública. Nessa linha, o *caput* do artigo 104 da Lei nº 14.133/2021 lista um conjunto de prerrogativas contratuais concedidas em favor da Administração Pública, todas decorrentes do princípio do interesse público ou supremacia do interesse público, nomeadamente a capacidade de alterar e extinguir unilateralmente contratos administrativos, fiscalizar a execução destes, aplicar sanções aos contratados, ocupar provisoriamente bens e utilizar pessoal e serviços dos contratados em situações excepcionais.

É importantíssimo advertir que o princípio do interesse público ou da supremacia do interesse público não autoriza a prática por parte da Administração Pública de atos arbitrários e desconformes à lei, nem o descumprimento de suas obrigações contratuais, ao tempo e ao modo que foram pactuadas. A propósito, Celso Antônio Bandeira de Mello bem realça que o princípio

---

[144] BANDEIRA DE MELLO, Celso Antônio. *Curso de direito administrativo.* 35. ed. São Paulo: Malheiros, 2021. p. 59.

[145] BANDEIRA DE MELLO, Celso Antônio. *Curso de direito administrativo.* 35. ed. São Paulo: Malheiros, 2021. p. 63.

[146] MEIRELLES, Hely Lopes. *Direito administrativo.* 33. ed. São Paulo: Malheiros, 2007. p. 163.

> [...] tem, de direito, apenas a extensão e compostura que a ordem jurídica lhe houver atribuído na Constituição e nas leis com ela consonantes. Donde, jamais caberia invocá-lo abstratamente, com prescindência do perfil constitucional que lhe haja sido irrogado, e, como é óbvio, muito menos caberia recorrer a ele contra a Constituição ou as leis. Juridicamente, sua dimensão, intensidade e tônica são fornecidas pelo Direito posto, e só por este ângulo é que pode ser considerado e invocado.[147]

Mais adiante, conclui com ênfase que todo excesso cometido com a invocação da supremacia do interesse público "é abuso, ou seja, uso além do permitido, e, como tal, comportamento inválido que o Judiciário deve fulminar a requerimento do interessado".[148]

A ressalva é fundamental porque muitas vezes a Administração Pública pretende justificar atos arbitrários praticados no curso das licitações e dos contratos administrativos com base no princípio do interesse público ou da supremacia do interesse público. Tal princípio, insista-se com firmeza, não pode ser invocado como justificativa para o descumprimento da legalidade e das obrigações contratuais por parte da Administração Pública. O princípio é jurídico, integra-se e se conforma ao direito, não representa, nessa medida, carta branca para negar o direito nem para suavizar os efeitos da sua violação por parte da Administração Pública. As prerrogativas concedidas em prol da Administração Pública em decorrência do princípio do interesse público ou da supremacia do interesse público são as prescritas em lei, formam a própria compostura da relação contratual administrativa, por efeito do que devem ser interpretadas com restrição e parcimônia, sem que desbordem dos seus contornos legais.

17 Princípio da motivação

A motivação consiste na obrigação do agente administrativo de externar os fatos e os fundamentos legais que foram considerados para a produção de dado ato administrativo. Quer-se desnudar, com a motivação, o que está por trás, as razões de fato e de direito que levam os agentes administrativos a tomarem decisões que importam na produção de atos administrativos.

A motivação é um dos requisitos para a formação válida de determinados atos administrativos de acordo com as prescrições e condicionantes legais. Não existe, a propósito, uma obrigação geral e universal no sentido que todos os atos administrativos ou que todas as escolhas discricionárias da Administração Pública devem ser motivadas. José dos Santos Carvalho Filho pondera com acerto:

> Fundamo-nos em que a Constituição Federal não inclui (e nem seria lógico incluir, segundo nos parece) qualquer princípio pelo qual se pudesse vislumbrar tal *intentio*; e o Constituinte, que pela primeira vez assentou regras e princípios aplicáveis à Administração Pública, tinha tudo para fazê-lo, de modo que, se não o fez, é porque não quis erigir como princípio a obrigatoriedade de motivação. Entendemos que, para concluir-se pela obrigatoriedade, haveria de estar ela expressa em mandamento constitucional, o que, na verdade, não ocorre.

[147] BANDEIRA DE MELLO, Celso Antônio. *Curso de direito administrativo*. 35. ed. São Paulo: Malheiros, 2021. p. 82-83.

[148] BANDEIRA DE MELLO, Celso Antônio. *Curso de direito administrativo*. 35. ed. São Paulo: Malheiros, 2021. p. 84.

Ressalvamos, entretanto, que também não existe norma que vede ao legislador expressar a obrigatoriedade. Assim, só se poderá considerar a motivação obrigatória se houver norma legal expressa nesse sentido.[149]

Em âmbito federal, o artigo 2º da Lei nº 9.784/1999 enuncia, entre os princípios do processo administrativo, o da motivação. No entanto, o tal princípio não importa na obrigação geral e universal de motivar todos os atos administrativos. Tanto isso é verdade que o artigo 50 da Lei nº 9.784/1999 exige a motivação para os atos administrativos que

I - neguem, limitem ou afetem direitos ou interesses;
II - imponham ou agravem deveres, encargos ou sanções;
III - decidam processos administrativos de concurso ou seleção pública;
IV - dispensem ou declarem a inexigibilidade de processo licitatório;
V - decidam recursos administrativos;
VI - decorram de reexame de ofício;
VII - deixem de aplicar jurisprudência firmada sobre a questão ou discrepem de pareceres, laudos, propostas e relatórios oficiais;
VIII - importem anulação, revogação, suspensão ou convalidação de ato administrativo.

Veja-se que, conforme o inciso I do artigo 50 da Lei nº 9.784/1999, todos os atos que neguem, limitem ou afetem direitos ou interesses devem ser motivados. Ou seja, atos que produzam efeitos sobre a esfera jurídica de terceiros devem ser motivados. Então, embora não exista uma obrigação universal e geral de motivar todos os atos administrativos, a regra estabelecida pelo legislador é bastante abrangente. Nessa perspectiva, escapam do dever de motivar apenas os atos administrativos que produzam efeitos internamente à Administração Pública, aqueles de instrução de processos e de definição de regras que incidam sobre uma generalidade de pessoas.

O artigo 5º da Lei nº 14.133/2021, seguindo o mesmo passo do artigo 2º da Lei nº 9.784/1999, também incluiu entre os seus princípios o da motivação. Igualmente, deve-se entender que a afirmação do princípio não autoriza reconhecer uma espécie de obrigação geral e universal de motivar todos os atos administrativos pertinentes às licitações e aos contratos administrativos. Ora, se houvesse tal obrigação, praticamente todas as exigências contidas em edital ou todas as cláusulas contratuais precisariam, uma a uma, de uma motivação particular, o que seria algo inexequível, os processos de licitação pública e de contratação administrativa se transformariam num caderno infindável de justificativas.

O princípio da motivação para as licitações e contratos administrativos deve ser compreendido em harmonia com a feição que lhe é dada pela Lei nº 14.133/2021. Ou seja, é necessário motivar os atos que reverberam sobre a esfera jurídica de terceiros e dentro das demais hipóteses exigidas pelo artigo 50 da Lei nº 9.784/1999, bem como sobre os atos específicos em que o legislador, na Lei nº 14.133/2021, exigiu motivação.

[149] CARVALHO FILHO, José dos Santos. *Manual de direito administrativo.* 24. ed. Rio de Janeiro: Lumen Juris, 2011. p. 106.

E essa exigência de motivação é uma constante na Lei nº 14.133/2021, talvez até com certo exagero, porque muitas vezes redundante, especialmente na etapa preparatória da licitação.

Veja-se, por exemplo, que o inciso IX do artigo 18 da Lei nº 14.133/2021 obriga:

> [...] a motivação circunstanciada das condições do edital, tais como justificativa de exigências de qualificação técnica, mediante indicação das parcelas de maior relevância técnica ou valor significativo do objeto, e de qualificação econômico-financeira, justificativa dos critérios de pontuação e julgamento das propostas técnicas, nas licitações com julgamento por melhor técnica ou técnica e preço, e justificativa das regras pertinentes à participação de empresas em consórcio; [...].

Ressalta-se que a prescrição legal é de "motivação circunstanciada", o que significa que não precisa ser particularizada, diante de cada item ou de cada exigência formulada em edital, o que seria inexequível, como afirmado.

Noutro exemplo, o §1º do mesmo artigo 18 da Lei nº 14.133/2021 versa sobre os requisitos do estudo técnico preliminar e requer motivação para tudo, desde a "descrição da necessidade da contratação [...]" (inciso I), que acaba se confundido com a motivação dela, até o "posicionamento conclusivo sobre a adequação da contratação para o atendimento da necessidade a que se destina" (inciso XIII), girando, com visível redundância, em torno do próprio eixo.

O fato é que a Lei nº 14.133/2021 exige justificativas e mais justificativas. Elas ganham mais importância diante dos atos administrativos que reverberam diretamente na esfera jurídica dos interessados, licitantes ou contratados. As impugnações, os recursos e as petições administrativas devem ser respondidos pela Administração Pública de forma motivada. Aliás, a teor do §1º do artigo 50 da Lei nº 9.784/1999, "a motivação deve ser explícita, clara e congruente, podendo consistir em declaração de concordância com fundamentos de anteriores pareceres, informações, decisões ou propostas, que, neste caso, serão parte integrante do ato". Trata-se de medida fundamental para o controle e para a defesa dos direitos e interesses daqueles que se relacionam com a Administração Pública.

Além disso, como dito, a Lei nº 14.133/2021 determina que vários atos internos da Administração Pública tocantes às licitações e aos contratos administrativos sejam motivados. Goste-se ou não, por força da legalidade, a Administração Pública deve motivar os atos administrativos sempre que exigido pela Lei nº 14.133/2021. Repita-se que o princípio da motivação, encartado no artigo 5º da Lei nº 14.133/2021, não importa numa obrigação geral e universal de motivar todos os atos administrativos concernentes às licitações e aos contratos administrativos. O dever de motivação é conformado à feição legal, por efeito do que se o deve reconhecer nas hipóteses listadas no artigo 50 da Lei nº 9.784/1999 e em todas as demais disposições legais, com destaque para aquelas da Lei nº 14.133/2021. O princípio da motivação, sob essa perspectiva, se entroniza com o princípio da legalidade, que o conforma, insista-se. Para além disso, ressoa a obrigação de transparência da Administração Pública nas licitações e contratos administrativos, não restrito à divulgação dos próprios atos, porém na direção de pôr luzes sobre as razões de fato e de direito que levam à tomada de decisões administrativas, o que instrumentaliza o controle e a defesa dos direitos e interesses daqueles que se relacionam com a Administração Pública.

18 Princípio do desenvolvimento nacional sustentável

O princípio do desenvolvimento nacional sustentável significa que a Administração Pública deve conciliar a busca por contratos vantajosos (princípio da eficiência e da eficácia) com o desenvolvimento nacional e sustentável. Sob essa perspectiva, as licitações e os contratos administrativos transitam também em torno de pautas relacionadas à justiça social, fomento de natureza econômica e questões ambientais, apanhadas pelo abrangente amálgama da sustentabilidade.

A expressão "desenvolvimento nacional sustentável" é amplíssima, especialmente diante do entendimento de que a sustentabilidade comporta aspectos ecológicos, econômicos, sociais, culturais e espaciais. A sustentabilidade, sob essa dimensão tão ampla, confunde-se com o próprio conceito de interesse público.

O princípio do desenvolvimento nacional sustentável aplicado sobre as licitações e contratos administrativos direciona-se para a otimização do poder de compra do Estado, abrindo-se espaços para utilizar as licitações e contratos administrativos como instrumento de políticas públicas, o que deve ser realizado com cautela, como ponderado no primeiro capítulo deste livro.

Sucede, num plano mais abrangente, que a utilização da licitação como instrumento de políticas públicas deve se dar em harmonia ao conjunto de princípios administrativos, especialmente os da eficiência, da eficácia e da legalidade. Nessa medida, a utilização das licitações e contratos administrativos como instrumento de políticas públicas deve encontrar amparo na legalidade, previsão legal expressa e específica. Por exemplo, os agentes administrativos não reúnem competência discricionária para criar preferências em licitações que não foram prescritas na legislação. Demais disso, o emprego das licitações com essa roupagem não deve acarretar contratos desvantajosos para a estatal, mais caros, com pior qualidade e tomando mais tempo, sem que ofereçam contrapartida proporcional ao interesse público. É preciso que os ônus incidentes sobre as licitações e os contratos administrativos decorrentes de medidas que visem ao desenvolvimento nacional sustentável sejam ponderados e avaliados sobre a mira da proporcionalidade.

O princípio do desenvolvimento nacional sustentável encontra local privilegiado no momento da definição e das especificações dos objetos das licitações e contratos administrativos. Não faria mesmo sentido que a Administração definisse as especificações dos objetos a serem contratados por ela de maneira contrária às políticas públicas encarnadas pelo Estado. Nessa linha, o poder de compra do Estado deve ser o indutor de boas práticas, estimulando o desenvolvimento de novas tecnologias, a produção e a redução de custos, que são posteriormente aproveitados por toda a sociedade.

De todo modo, em que pese a afirmação legal do princípio, não se pode perder de vista que as licitações e os contratos administrativos não são a panaceia das políticas públicas e do desenvolvimento nacional sustentável. O Estado dispõe de muitos instrumentos para realizar as políticas públicas mais eficientes e eficazes. As licitações e os contratos administrativos podem ser utilizados como instrumentos de política pública a depender da situação, porém não são os instrumentos mais adequados porque, na maioria dos casos, são incapazes, não conseguem. Há casos e casos, cada qual com a sua peculiaridade. No entanto, de maneira geral, percebe-se que não é com licitação e contrato administrativo que as políticas públicas alcançarão os resultados que delas são esperados. E, pior, muitas vezes as políticas públicas são consagradas em licitação e contrato administrativo como argumento discursivo para justificar a inação do Estado em relação ao que realmente precisa ser feito.

PROCESSO DE CONTRATAÇÃO DIRETA

1 As modalidades de contratação direta: inexigibilidade e dispensa de licitação pública

A exigibilidade de licitação pública tem por causa o princípio da isonomia e, indiretamente, acaba por respaldar os princípios da impessoalidade e da moralidade administrativa. Portanto, antes de celebrar contratos, a Administração Pública, por regra, deve realizar licitação pública. Em paralelo a isso, há casos em que, legitimamente, o certame é afastado, delineando-se inexigibilidade e dispensa.

A obrigatoriedade de licitação pública encontra limites, porque há casos em que ela não poderia se desenvolver regularmente. Eis as hipóteses de *inexigibilidade* de licitação pública, ou seja, hipóteses em que não se poderia exigir que se procedesse à licitação pública, uma vez que, mesmo se a Administração Pública quisesse realizá-la, tal empreendimento estaria fadado ao insucesso por força da inviabilidade de competição.

O *caput* do artigo 74 da Lei nº 14.133/2021 prescreve que "é inexigível a licitação quando inviável a competição, em especial nos casos de: [...]". Da redação dada ao dispositivo supracitado decorre que a inexigibilidade está sempre relacionada à inviabilidade da competição, o que acarreta a impossibilidade de se ultimar o procedimento licitatório. Acrescenta-se que as hipóteses a seguir arroladas pelo legislador no artigo 74 não são taxativas, porém meramente exemplificativas, já que utilizam, ao final, a expressão "em especial nos casos de", cuja dicção, é evidente, admite outras hipóteses além das explicitamente indicadas.

As hipóteses listadas pelo legislador são apenas exemplificativas, pois a licitação pública é inexigível sempre que se estiver diante de inviabilidade de competição, conforme prescreve o aludido artigo 74 da Lei nº 14.133/2021. Portanto, além dos incisos arrolados no *caput* de ambos os artigos, percebe-se existirem outras situações que poderiam implicar inexigibilidade.

Afora as hipóteses de inexigibilidade, percebe-se existirem situações em que, conquanto fosse viável a competição, não haveria utilidade em empreender licitação pública, já que o interesse público seria comprometido, afigurando os casos em que ela é dispensada ou dispensável. Em breves palavras: a inexigibilidade relaciona-se à impossibilidade de proceder à licitação pública por inviável a competição; a dispensa, ao seu turno, à inutilidade da licitação pública para a consecução do interesse público.[150]

Torna-se a afirmar que a atividade administrativa é toda concebida para a satisfação do interesse público, uma vez que aqueles que a exercem são dotados de prerrogativas e sujeitos a restrições especiais, cujos efeitos delineiam regime jurídico próprio. A licitação é obrigatória porque ela tende a preservar o interesse público de aspirações escusas, de caráter pessoal, os quais implicam tratamento discriminatório por parte da Administração. Por esses motivos é que se procede à licitação, ou seja, para preservar o interesse público.

Sem embargo, em determinados casos, em vez de proteger o interesse público, a realização de licitação tem o condão de prejudicá-lo. Sucede que, ao lado da necessidade de se imprimir tratamento impessoal, que não inflija discriminações apartadas do razoável, outros valores se referem ao interesse público, podendo ser postos em xeque se for realizada licitação.

A licitação serve para preservar o interesse público, não para prejudicá-lo. Se ela compromete a satisfação do interesse público, conforme a avaliação do Legislativo, já não deve ser realizada, ela é dispensada. Tudo que a Administração Pública faz visa contemplar o interesse público, revelando-se um contrassenso adotar procedimento que o contrarie.

É como se o interesse público estivesse sob a confluência de duas forças opostas: de um lado estão a isonomia, a moralidade e a impessoalidade, que reclamam a realização de licitação; do outro, estão outros valores, também pertinentes ao interesse público, cuja realização de licitação lhes imporia o sacrifício. Há verdadeira relação de tensão entre ambos os polos; em meio a tudo isso, está o interesse público. Nas hipóteses em que a isonomia, a moralidade a impessoalidade são mais fortes, é obrigatória a licitação. Mas nos casos em que os outros valores são mais fortes, dispensa-se a licitação, já não é mais obrigatório realizá-la, de acordo com a valoração legislativa.

Convém advertir que os valores postos em tensão não são efetivamente excludentes. Eles apontam para direções opostas, porém a prevalência de um não importa a derrogação do outro. Quer dizer que a dispensa de licitação pública não significa que a Administração possa se valer de discriminações disparatadas, agindo de modo arbitrário. Significa,

---

[150] "A compra ou locação de imóvel destinado ao atendimento das finalidades precípuas da administração, cujas necessidades de instalação e localização condicionem a sua escolha, desde que o preço seja compatível com o valor de mercado, segundo avaliação prévia, não carece de licitação, ante a ratio do art. 24 da Lei 8666/93. [...] a abalizada doutrina sobre o thema decidendum, especialmente no que pertine à dispensa de licitação, assenta que: 'A inexigibilidade é um conceito logicamente anterior ao da dispensa. Naquela, a licitação não é instaurada por inviabilidade de competição. [...] Na dispensa, a competição é viável e, teoricamente, a licitação poderia ser promovida. Não o é, diante das circunstâncias, a lei reputa que a licitação poderia conduzir à seleção de solução que não seria a melhor, tendo em vista circunstâncias peculiares. Em suma a inexigibilidade é uma imposição da realidade extranormativa, enquanto a dispensa é uma criação legislativa. Como decorrência direta, o elenco de causas de inexigibilidade contido na Lei tem cunho meramente exemplificativo. Já os casos de dispensa são exaustivos, o que não significa afirmar que todos se encontram na Lei nº 8.666. Outras leis existem, prevendo casos de dispensa de licitação. [...] Como decorrência, a conclusão acerca da caracterização da inexigibilidade faz-se em momento logicamente anterior ao do reconhecimento da dispensa. Num primeiro momento, avalia-se se a competição é ou não é viável. Se não for, caracteriza-se a inexigibilidade. Se houver viabilidade de competição, passa-se à verificação da existência de alguma hipótese de dispensa.' (Marçal Justen Filho, in Comentários à Lei de Licitações e Contratos Administrativos, Ed. Dialética, São Paulo, 2005)" (STJ, Primeira Turma. REsp nº 797.671/MG. Rel. Min. Luiz Fux, j. 5.6.2008).

a rigor, que a isonomia será bastante enfraquecida, que será inevitável empreender tratamento desigual; todavia ela permanece em pé ainda que em grau mais reduzido. Em síntese, antes de dar preferência à isonomia, será dada preferência à consecução de outros valores, também atinentes ao interesse público, sem, no entanto, derrogá-la por completo. Com o mesmo timbre, nas hipóteses em que a licitação pública é obrigatória, porque a isonomia se entremostra valor mais forte, não é acertado concluir que outros valores relacionados ao interesse público sejam derrogados.

Em síntese, a dispensa de licitação não exime a Administração Pública de buscar tratar de maneira isonômica os possíveis interessados, conquanto essa obrigação seja verticalmente atenuada. Tampouco, a obrigatoriedade de licitação autoriza a Administração Pública a descurar de outros valores que guardem pertinência ao interesse público, isto é, esses outros valores não são incompatíveis com a obrigatoriedade de licitação pública.

Percebe-se que só é pertinente aludir à dispensa de algo que poderia ser realizado. Só se dispensa aquilo de que se dispõe, não o que está fora do alcance.[151] Assim, dispensa de licitação pública ocorre só quando seria possível a competição, porém, se dessa maneira se procedesse, impedir-se-ia a satisfação do interesse público.

A dispensa de licitação pública pressupõe invariavelmente a possibilidade de realizá-la, mesmo que isso impusesse sacrifício ao interesse público. Ela é, em última análise, o mecanismo de que se vale o legislador para salvaguardar o interesse público, sopesando os valores que o circundam, evitando que a realização de licitação pública erga barreiras à plena consecução dele.

2 A norma constitucional que reconhece a licitação pública como regra e a contratação direta como exceção

O inciso XXI do artigo 37 da Constituição Federal é o dispositivo de maior densidade para o regime da licitação pública e do contrato administrativo, pois, de fora parte a força constitucional que o envolve, delineia normas fundamentais para a apreensão dos respectivos institutos, espalhando suas consequências por toda a ação administrativa. Sendo assim, é importante transcrever a íntegra do inciso XXI do artigo 37 da Constituição Federal, cuja expressão é a seguinte:

> Art. 37. [...]
> XXI - Ressalvados os casos especificados na legislação, as obras, serviços, compras e alienações serão contratadas mediante processo de licitação pública que assegure igualdade de condições a todos os concorrentes, com cláusulas que estabeleçam obrigações de pagamento, mantidas as condições efetivas da proposta, nos termos da lei, o qual somente permitirá as exigências de qualificação técnica e econômica indispensáveis à garantia do cumprimento das obrigações.

---

[151] Antônio A. de Queiroz Telles registra: "Consignadas tais observações, é preciso agora se diga que a dispensa pressupõe, necessariamente, a ideia de licitabilidade. Este indica qualidade do que pode ser licitado, isto é, adquirido ou alienado mediante a observância de certos requisitos fundamentais que serão melhor explicitados adiante" (TELLES, Antônio A. de Queiroz. *Bens insuscetíveis de licitação no direito brasileiro*. São Paulo: Revista dos Tribunais, 1985. p. 60).

O inciso XXI do artigo 37 da Constituição Federal não deixa a mais estreita margem à dúvida no que tange à obrigatoriedade de licitação pública que assegure igualdade de condições, pelo que se alinha ao *caput* do artigo 5º, também da Constituição Federal, que consagra o princípio da isonomia. Em paralelo a isso, o dispositivo em comento prevê hipóteses em que não se deve proceder à licitação pública, dado que já no início do texto os casos especificados na legislação são ressalvados da aludida obrigatoriedade.

Observe-se que o constituinte adotou técnica estranha ao iniciar o dispositivo com a ressalva, para, em seguida, apresentar a regra. Isto é, o texto começa dando conta de que "ressalvados os casos especificados na legislação", para, depois, consignar a regra, segundo a qual "as obras, serviços compras e alienações serão contratadas mediante processo de licitação pública que assegure igualdade de condições a todos os concorrentes".

O fato é que, de modo muito claro, a regra é a obrigatoriedade de licitação pública, e a exceção se refere aos casos especificados pela legislação, que, como visto, redundam em inexigibilidade e dispensa. Bem se vê que o constituinte atribuiu competência ao legislador para integrar o dispositivo, declinando os casos em que a licitação pública não se impõe. Entretanto, o constituinte não permitiu que o legislador criasse hipóteses de dispensa de modo arbitrário e sem lastro no interesse público, pois, se assim tivesse procedido, este último poderia subverter a própria regra constitucional relativa à obrigatoriedade de licitação.

Para a sistemática constitucional, repita-se, a obrigatoriedade de licitação pública é a regra e a contratação direta é a exceção. E essa relação apresenta-se ao legislador como espécie de norma programática, uma diretriz que ele deve seguir sob pena de inconstitucionalidade.

É evidente que o legislador não pode inverter a sistemática adotada na Constituição Federal: o que sucederia se ele passasse a prever tantas hipóteses de contratação direta a ponto de já não mais a desenhar como exceção, porém assumindo inconstitucionalmente o *status* de regra. Ocorre que o legislador é obrigado a tratar a regra como regra e a exceção como exceção, isto é, excepcionalmente. A exceção não pode passar à regra, não nesse caso, em que o constituinte estabeleceu um programa a ser seguido pelo legislador. A este não é dado optar por tomar a licitação pública como regra ou como exceção, uma vez que a opção já foi realizada pelo constituinte.

O problema não se põe com intensidade no que toca à inexigibilidade, porque ela ocorre nas hipóteses em que a competição é inviável, o que impossibilita a licitação pública, independentemente da vontade do legislador. Sempre que se verifica a inviabilidade de competição, está-se diante de inexigibilidade, queira o legislador ou não.

Noutro lado, a questão é robustecida ao versar dispensa, que, por seu turno, tem lugar nas hipóteses em que a realização de licitação pública imporia prejuízos a valores concernentes ao interesse público, conforme critério do legislador, então, dependente de expressa disposição legal. Para a dispensa é que se dirige com ênfase o comando programático do constituinte na direção do legislador, pois nela o legislador é quem vai decidir o que se sujeita e o que não se sujeita à licitação pública.

Portanto, o legislador não decide dispensar licitação com liberdade absoluta. A dispensa, insista-se, pressupõe que a realização do certame acarrete sacrifícios ou prejuízos de monta a valores relacionados ao interesse público. E, acrescenta-se, pressupõe que não seja razoável suportar esses sacrifícios ou prejuízos. Isso porque, há de se reparar, a licitação pública sempre traz algum inconveniente, como o tempo necessário para ultimá-la, o custo com a publicação dos instrumentos e demais atos, a mobilização de pessoal etc. Desse modo, se é sempre possível alegar algum inconveniente, sempre é possível, também, argumentar a favor de hipótese de dispensa, porque a não realização de licitação pública sempre trará algum favorecimento para a Administração Pública. Então, é forçoso concluir que o legislador só está habilitado a dispensar licitação pública diante de hipótese em que a realização dela acarrete efetivamente gravame de monta ao interesse público, cuja razoabilidade não autorize suportá-lo. Em resumo, somente nesses casos justificáveis, para proteger o interesse público, é que o legislador tem a liberdade de criar hipótese de dispensa.[152]

Além disso, a norma programática que implica tratar os casos de contratação direta como exceção incide também sobre os agentes administrativos, que devem interpretar os casos autorizados pelo legislador e dar-lhes aplicação prática. Sob essa perspectiva, os agentes administrativos devem nortear-se pela obrigatoriedade de licitação pública, realizando juízo de valor sobre as hipóteses legais de inexigibilidade e dispensa de licitação pública, para que somente em casos justificados optem pela contratação direta. Quer-se dizer que a interpretação dos casos de contratação direta, na mesma linha, também deve ser restritiva, tomada como exceção, para que se harmonize à norma programática contida na Constituição Federal.

Isso porque, conforme o escólio de Carlos Maximiliano, "quando as palavras forem suscetíveis de duas interpretações, uma estrita, outra ampla, adotar-se-á aquela que for mais consentânea com o fim transparente da norma positiva".[153] Ou seja, em frente à hipótese de contratação direta, sendo possível interpretação extensiva ou restritiva, o agente deve optar pela segunda, harmonizando a hipótese ao programa constitucional e evitando configurar desvio de poder legislativo.

Essa é a orientação esposada por Adilson Abreu Dallari, que assinala o seguinte:

[152] "É preciso, porém, deixar uma coisa bastante clara: não é dado ao legislador, arbitrariamente, criar hipótese de dispensa de licitação, porque a licitação é uma exigência constitucional. Se o elemento tomado em consideração para que seja feita essa dispensa não for pertinente, não for razoável ou compatível com o princípio da igualdade, a lei será inconstitucional. A dispensa indevidamente dada pela lei não pode valer perante a Constituição. Portanto, não é dado ao legislador dispensar licitação ao seu talante, à sua vontade, se esse fator de discrímen, se o elemento tomado em consideração não for relevante e não tiver abrigo constitucional, se não for razoável, pelo menos, à luz da Constituição" (DALLARI, Adilson Abreu. *Aspectos jurídicos da licitação*. 4. ed. São Paulo: Saraiva, 1997. p. 45). "Evidentemente, aí não se concedeu um aval para que a lei exima de licitação os casos que bem entenda. É óbvio que se assim o fosse o legislador ordinário, a seu talante, faria ou não imperar a clara opção constitucional em prol da licitação como regra e regra demandada pela própria noção de república ou de Estado democrático de direito. O que decorre da ressalva inicial do preceptivo em causa é que a lei permitirá contratação direta seja quando inexistirem as condições objetivas propiciatórias da disputa útil em que se substancia este procedimento, seja quando realiza-lo implicaria menoscabar a própria realização de interesses públicos" (VERRI JÚNIOR, Armando (org.). *Licitação e contratos administrativos*. Temas atuais e controvertidos. São Paulo: Revista dos Tribunais, 1999. p. 129).

[153] MAXIMILIANO, Carlos. *Hermenêutica e aplicação do direito*. 13. ed. Rio de Janeiro: Forense, [s.d.]. p. 314.

> É um princípio fundamental de hermenêutica que as exceções devem ser tratadas de maneira restrita. Quando houver alguma dúvida quanto à exigibilidade ou dispensa de licitação, é preciso não esquecer de que a regra geral é a exigibilidade, e de que a exceção é a dispensa.[154]

Ressalva-se que a interpretação restritiva não autoriza a adoção de entendimentos radicais, apegados apenas ao método literal, que muitas vezes retiram qualquer utilidade da contratação direta ou lhe impõem tantas dificuldades que sua operacionalização se torna inviável.[155]

Não há sentido em obstaculizar hipóteses de inexigibilidade e de dispensa legítimas, tanto que o constituinte, na parte inicial do inciso XXI do artigo 37 da Constituição Federal, não as proíbe, mas, ao contrário, oferece a elas fundamento de validade, desde que dentro de certos parâmetros restritivos. A interpretação restritiva não pode deitar a perder a razoabilidade e o bom senso, não pode levar ao absurdo, ao comprometimento dos interesses públicos, a recusar hipóteses legítimas de contratação direta amparadas na Constituição Federal e na lei.

Convém registrar que as dispensas e inexigibilidades representam em seu conjunto parcela significativa das contratações da Administração Pública nacional. De acordo com dados da Controladoria-Geral da União,[156] no ano de 2020, de um total de R$35,53 bilhões atinentes a recursos federais, as dispensas de licitação somaram 24,33% do total das contratações, as inexigibilidades 16,59% e as contratações sem processo licitatório associado chegaram a 10,45%,[157] perfazendo expressivos 51,37% do total das contratações. É provável que o volume das contratações diretas em 2020 seja decorrente das dispensas

---

154 DALLARI, Adilson Abreu. *Aspectos jurídicos da licitação*. 4. ed. São Paulo: Saraiva, 1997. p. 45. Seguindo a mesma exegese, Maria Sylvia Di Pietro anota: "Os casos de dispensa de licitação não podem ser ampliados, porque constituem uma exceção à regra geral que exige licitação, quando haja possibilidade de competição. Precisamente por constituírem exceção, sua interpretação deve ser feita em sentido estrito" (DI PIETRO, Maria Sylvia Zanella. *Direito administrativo*. 12. ed. São Paulo: Atlas, 2000. p. 304). Sem embargo, noutro estudo, Adilson Abreu Dallari tece advertência importantíssima: "Interpretação estrita, entretanto, não significa literalidade. Todo dispositivo legal é instrumental; visa atingir certos objetivos específicos inseridos no conceito mais amplo de interesse público. Todas as normas jurídicas que disciplinam a atuação da Administração Pública visam à satisfação de interesses públicos" (DALLARI, Adilson Abreu. Dispensa de licitação por urgência. *ILC – Informativo de Licitações e Contratos*, Curitiba, nov. 1999. p. 4).

155 A interpretação exageradamente restritiva das hipóteses de dispensa de licitação fez com que dois autores de escol, Renato Geraldo Mendes e Egon Bockmann Moreira, se propusessem a "repensar a contratação pública e o dever de licitar": "Quem atua na área de contratação pública se depara constantemente com a afirmação de que a licitação é a regra, e a dispensa e a inexigibilidade são exceções. Mas, fato é que isso se tornou uma espécie de mantra na área da contratação pública ou uma frase pronta, que todos repetem sem refletir melhor sobre seu conteúdo. Ao afirmar que uma coisa é regra e a outra sua exceção, definimos uma ordem de prevalência de uma sobre outra. No entanto, esse não é o ponto mais relevante. O problema maior está em adotar a ideia de regra e exceção imaginando que há apenas um único pressuposto aplicável para toda a realidade normatizada. Com isso, passamos a crer, por exemplo, que o certo, o comum é licitar, e que não licitar é incomum, é errado. Cria-se, assim, uma ideia de que se valer da exceção é não fazer o que deveria ter sido feito. Gera-se a errada concepção de que se deveria evitar a dispensa e a inexigibilidade. Mas é preciso dizer que não é nada disso. Primeiro, porque não há apenas um único pressuposto para definir o cabimento da regra e o da exceção. Segundo, porque a legalidade depende tanto da aplicação da regra quanto da exceção. Ademais, em razão de tal equívoco de concepção, amplia-se demasiadamente o dever de licitar e, por via de consequência, o cabimento da contratação sem licitação é reduzido consideravelmente" (MENDES, R. G.; MOREIRA, E. B. *Inexigibilidade de licitação*: repensando a contratação pública e o dever de licitar. Curitiba: Zênite, 2016. p. 51).

156 Disponível em: http://www.portaltransparencia.gov.br/contratos. Acesso em: 2 jul. 2020.

157 A Controladoria-Geral da União não esclarece que tipo de contratação se enquadra na categoria "sem processo de licitação associado". Supõe-se que se trate das hipóteses de pagamento antecipado ou supressão de fundos, previstas no artigo 60 da Lei nº 8.666/1993, no artigo 68 da Lei nº 4.320/1964 e no artigo 45 do Decreto Federal nº 93.872/1986.

por emergência correlacionadas ao enfrentamento da pandemia de Covid-19. De todo modo, o fato objetivo é que em 2020 a maior parte das contratações foi direta, sem licitação, tendo-se subvertido a ordem do inciso XXI do artigo 37 da Constituição Federal. Na prática, pelo menos em 2020, é possível dizer que a contratação direta foi a regra e a licitação foi a exceção.

3 As normas restritivas sobre contratação direta do Protocolo de Contratações Públicas do Mercosul

O Brasil é signatário do Protocolo de Contratações Públicas do Mercosul, promulgado pelo Decreto nº 12.299/2024, portanto incorporado ao ordenamento jurídico brasileiro. Ressalva-se que o Protocolo não se aplica, pelo menos não atualmente, para todas as licitações públicas e contratos administrativos da Administração Pública nacional. Ele somente se aplica, na forma do seu artigo 2º, para as entidades por si listadas, para os tipos de contratos nele previstos e cujos valores sejam iguais ou superiores aos valores de referência nele estabelecidos.[158] Remete-se o leitor para uma contextualização mais apurada, ao Capítulo 2, tópico 3.2. Reforça-se que o Protocolo somente se aplica para contratações acima de determinado patamar econômico, o que deve ser definido por cada Estado Parte. O Brasil não definiu o valor a ser aplicado para si até o fechamento desta edição, de modo que, sem essa definição, embora promulgado, é inviável aplicar o Protocolo – ao menos até que ocorra a definição.

De todo modo, o Protocolo de Contratações Públicas do Mercosul quer assegurar o direito dos agentes econômicos dos Estados Partes de acessarem em igualdade de condições os contratos públicos de todos os Estados Partes. Para tanto, o Protocolo prescreve uma série de normas para garantir essa finalidade que acabam se estendendo sob diversos aspectos das licitações públicas e contratos administrativos.

Sob essa perspectiva, o Protocolo de Contratações Públicas do Mercosul preocupa-se com eventuais artifícios que podem vir a ser usados pelas entidades dos Estados Partes para não dar aplicação às suas normas e privilegiar agentes econômicos nacionais em detrimento dos oriundos dos demais Estados Partes. Claramente, um desses artifícios é a contratação direta. Sucede que a licitação pública é o processo que garante a todos os interessados tomarem ciência da intenção da Administração em celebrar um futuro contrato e apresentar a ela suas qualificações e propostas, o que ocorre por meio da publicação do edital de licitação pública. Na contratação direta, como salientado, a Administração não é obrigada a conferir as mesmas oportunidades a todos os interessados, sequer é obrigada a divulgar previamente a sua intenção de celebrar o contrato. Por conseguinte, para furtar-se das normas do Protocolo, bastaria ao Estado Parte substituir suas licitações por contratações diretas ou ampliar demasiadamente as suas hipóteses.

Para evitar esse tipo de manobra, o artigo 15 do Protocolo de Contratações Públicas do Mercosul prescreve regras e procedimentos de exceção às licitações públicas, que

[158] Art. 2º [...] 1. Este Protocolo é aplicável às contratações públicas realizadas pelas entidades listadas no Anexo I "Entidades", por qualquer meio contratual, para a aquisição de bens e serviços listados nos Anexos II "Bens", III "Serviços" e IV "Serviços de Construção", respectivamente, cujo valor seja igual ou superior aos patamares estabelecidos no Anexo V "Patamares" sem prejuízo do disposto no Anexo VI "Notas Gerais".

correspondem à contratação direta. Dito de outro modo, o Protocolo restringe as hipóteses de contratação direta. Confira-se:

> Artigo 15 - REGRAS E PROCEDIMENTOS DE EXCEÇÃO ÀS LICITAÇÕES PÚBLICAS
> 1. Sempre que esta disposição não for utilizada para impedir a concorrência entre fornecedores ou de forma que discrimine os fornecedores de outro Estado Parte ou proteja os fornecedores nacionais, uma entidade contratante poderá utilizar outros procedimentos de contratação apenas nas seguintes circunstâncias:
> a) quando:
> i. nenhuma oferta tiver sido apresentada ou nenhum fornecedor houver solicitado participação;
> ii. nenhuma oferta que atenda aos requisitos essenciais exigidos nos editais de licitação tiver sido apresentada;
> iii. nenhum fornecedor houver atendido às condições de participação; ou
> iv. tenha havido colusão na apresentação de ofertas;
> e sempre que os requisitos dos editais não forem substancialmente modificados;
> b) quando os bens ou serviços puderem ser fornecidos somente por um fornecedor particular e não existir uma alternativa razoável ou bem ou serviço substituto devido a quaisquer dos seguintes motivos:
> i. a solicitação for para realização ou restauração de uma obra de arte;
> ii. proteção de patentes, direitos autorais ou outros direitos exclusivos de propriedade intelectual; ou
> iii. devido à ausência de concorrência por motivos técnicos;
> c) para entregas ou prestações adicionais do fornecedor inicial de bens ou serviços não incluídos na contratação pública inicial, quando a mudança de fornecedor desses bens ou serviços adicionais:
> i. não puder ser realizada por motivos econômicos ou técnicos, como requisitos de permutabilidade ou compatibilidade com equipamentos, programas de informática, serviços ou instalações existentes objeto da contratação inicial; e
> ii. puder causar inconvenientes significativos ou uma duplicação relevante dos custos para a entidade contratante;
> d) quando estritamente necessário, por motivos de extrema urgência decorrentes de acontecimentos imprevistos para a entidade contratante, os bens ou serviços não puderem ser obtidos oportunamente, e o uso desses procedimentos puder resultar em um prejuízo grave para a entidade contratante;
> e) para aquisições de bens em um mercado de *commodities;*
> f) quando uma entidade contratante adquirir um primeiro bem em quantidade limitada ou um protótipo, ou contratar um serviço desenvolvido mediante solicitação durante e para um contrato específico de pesquisa, experimento, estudo ou desenvolvimento original, incluindo os insumos para tanto, quando estes forem adquiridos pela entidade contratante. Uma vez que esses contratos sejam cumpridos, as contratações posteriores desses bens ou serviços estarão sujeitas ao disposto neste Protocolo;
> g) quando um contrato for adjudicado ao vencedor de um concurso de projeto, sempre que:
> i. o concurso tiver sido organizado de maneira coerente com os princípios deste Protocolo, principalmente a respeito da publicação do aviso de contratação pública; e
> ii. os participantes forem qualificados ou avaliados por um júri ou órgão independente.
> 2. Uma entidade contratante deverá manter registros ou elaborar um relatório escrito para cada contrato adjudicado de acordo com este Artigo, de maneira coerente com o Artigo 22

> "Publicação dos Resultados das Licitações". Quando um Estado Parte elaborar relatórios escritos de acordo com este parágrafo, estes incluirão o nome da entidade contratante, o valor e a natureza dos bens ou serviços contratados e uma justificativa indicando as circunstâncias e as condições descritas neste Artigo que justifiquem a utilização de outros procedimentos de contratação diferentes dos procedimentos competitivos. Quando um Estado Parte mantiver registros, estes devem indicar as circunstâncias e as condições descritas neste Artigo que justifiquem a utilização de outros procedimentos de contratação diferentes dos procedimentos competitivos.

Perceba-se que as hipóteses listadas no supracitado item 1 do artigo 15 são taxativas e não meramente exemplificativas. O Protocolo preceitua que "[...] uma entidade contratante poderá utilizar outros procedimentos de contratação apenas nas seguintes circunstâncias: [...]". O advérbio "apenas" deixa claro que as hipóteses que o seguem são taxativas.

Além das hipóteses taxativas do item 1 do artigo 15 do Protocolo de Contratações Públicas do Mercosul, o Brasil formulou ressalvas específicas, que estão enunciadas no seu Anexo V:

> A menos que se tenha disposto o contrário, as seguintes Notas Gerais aplicam-se sem exceção a este Protocolo.
> 1. O Protocolo não se aplicará:
> a. aos programas de contratações públicas para favorecer as micro e pequenas empresas;
> b. às contratações públicas de bens e serviços adquiridos por meio de programas de segurança alimentar e nutricional e de alimentação escolar que apoiem agricultores familiares ou cooperativas da agricultura familiar portadores de registro específico;
> c. às contratações públicas relacionadas a bens ou serviços de instituições sem fins lucrativos dedicadas à assistência social, ao ensino, à pesquisa e ao desenvolvimento institucional, e às contratações de entidades sociais de direito privado submetidas a contratos de gestão;
> d. às contratações públicas nas quais haja transferência de tecnologia de produtos estratégicos para o Sistema Único de Saúde (SUS) e para aquisição de insumos estratégicos para a saúde;
> e. às contratações públicas relacionadas às políticas voltadas à ciência, tecnologia e inovação, inclusive aquelas destinadas às políticas de tecnologia da informação e comunicação, energia nuclear e aeroespacial, conforme a legislação nacional;
> f. às contratações públicas que realizam as embaixadas, consulados e outras missões do serviço exterior do Brasil, exclusivamente para seu funcionamento e gestão.
> 2. Mediante justificativa prévia, desde que essas condições e a forma de considerá-las não sejam discriminatórias e estejam indicadas nos editais de licitação, o Brasil reserva-se o direito de exigir condições compensatórias especiais relacionadas ao objeto da contratação, limitadas à transferência de tecnologia e conteúdo nacional, nos procedimentos de contratação pública das seguintes entidades: Ministério da Ciência, Tecnologia, Inovação e Comunicação; Ministério da Defesa; Ministério da Saúde, Ministério das Minas e Energia; Ministério dos Transportes, Portos e Aviação Civil.

Não é demais encarecer que ressalvas devem ser interpretadas restritivamente. Isso significa que, para além das hipóteses do item 1 do artigo 15 do Protocolo e das ressalvas específicas apostas pelo Brasil no seu Anexo V, a licitação pública é obrigatória.

Ao menos, insista-se, é obrigatória para as entidades listadas no Protocolo, para os tipos de contratos e para os contratos acima dos valores previstos no Protocolo.

Atente-se que o item 1 do artigo 15 do Protocolo de Contratações Públicas do Mercosul prescreve as hipóteses de contratação direta em apenas sete alíneas, transcritas anteriormente. Basicamente, quando [i] a licitação for deserta, fracassada ou tenha havido colusão, que corresponde à combinação ou arranjo entre licitantes (alínea "a"); [ii] o fornecedor for exclusivo (alínea "b"); [iii] em casos de aditivos ou inexigibilidade decorrente de padronização ou outra situação que justifique firmar o contrato com o mesmo contratado anteriormente (alínea "c"); [iv] casos de urgência; [v] para aquisições em mercado de *commodities*; [vi] para contratos de pesquisa, experimento, estudo ou desenvolvimento original; e [vii] em casos de concurso. Por sua vez, conforme o Anexo V, as ressalvas específicas, já transcritas, são apenas seis: [i] contratações para favorecer micro e pequenas empresas; [ii] contratações de segurança alimentar e nutricional, alimentação em escolas para apoio à agricultura familiar e cooperativas; [iii] contratações de entidades sem fins lucrativos; [iv] contratações estratégicas para o Sistema Único de Saúde (SUS); [v] e contratações do serviço do Brasil no exterior. Logo, no seu total, o Protocolo admite apenas 13 exceções à obrigatoriedade de licitação pública.

Sendo assim, o Protocolo de Contratações Públicas do Mercosul promoveu, para as entidades obrigadas a ele e para os contratos por ele abrangidos, uma espécie de revogação tácita massiva do regime de contratação direta da Lei nº 14.133/2021. Veja-se, a título de comparação, que os artigos 74, 75 e 76 da Lei nº 14.133/2021 veiculam, pelo menos, 52 hipóteses de contratação direta.

Pondera-se que as exceções e ressalvas formuladas no Protocolo de Contratações Públicas do Mercosul são gerais, referem-se a hipóteses muitas vezes abertas, em que podem se encaixar mais de uma hipótese específica de contratação direta da Lei nº 14.133/2021. De todo modo, fato é que as entidades obrigadas ao Protocolo devem avaliar se suas contratações diretas encontram respaldo ou não numa das exceções ou ressalvas previstas no Protocolo. Se não encontrarem, a licitação pública é obrigatória. Essas situações devem ser bem demonstradas e justificadas.

Faz-se uma ressalva importante, que é tocante à inexigibilidade de licitação. A questão é que, conforme reconhecido no *caput* do artigo 74 da Lei nº 14.133/2021, a inexigibilidade de licitação pressupõe a inviabilidade de competição. Isto é, a licitação somente é inexigível se for inviável proceder à licitação, o que depende de condições factuais e não do reconhecimento expresso do legislador. Logo, a inexigibilidade corresponde a uma espécie de limite intrínseco às licitações públicas. Tanto isso é verdade que as hipóteses de inexigibilidade preceituadas no *caput* do artigo 74 da Lei nº 14.133/2021 são meramente exemplificativas, de maneira que a inexigibilidade tem lugar sempre que se estiver diante de inviabilidade de competição, lembrada ou não pelo legislador.

Daí que o mais acertado é que o Protocolo de Contratações Públicas do Mercosul tivesse reconhecido como exceção à licitação pública todas as hipóteses de inviabilidade de competição de forma aberta, que correspondem à inexigibilidade de licitação, ou mencionado expressamente, ao menos, todas as hipóteses prescritas no *caput* do artigo 74 da Lei nº 14.133/2021. Em vez disso, no entanto, o Protocolo, na alínea "b" do item 1 do artigo 15, reconheceu a inexigibilidade apenas "quando os bens ou serviços puderem ser fornecidos somente por um fornecedor particular e não existir uma alternativa razoável ou bem ou serviço substituto devido a quaisquer dos seguintes motivos: [...]", o que corresponde à hipótese de fornecedor exclusivo, versada no inciso I do *caput* do artigo 74 da Lei nº 14.133/2021. Todas as outras hipóteses de inexigibilidade de licitação do *caput* do artigo 74 da Lei nº 14.133/2021 não foram reconhecidas como exceções à regra da obrigatoriedade de licitação pelo Protocolo de Contratações Públicas do Mercosul, todas correspondentes a hipóteses bastante usuais na Administração Pública: contratação de serviços artísticos e de serviços técnicos especializados de natureza predominantemente intelectual prestado por notório especialista (incisos II e III), objetos que possam ser contratados por credenciamento (inciso IV) e aquisição ou locação de imóveis (inciso V).

Sob esse quadro, uma primeira leitura poderia levar à conclusão de que a inexigibilidade de licitação, à exceção da hipótese de contratação de fornecedor exclusivo, teria sido tacitamente revogada, pelo menos para as entidades obrigadas a cumprir o Protocolo de Contratações Públicas do Mercosul e para os contratos por eles abrangidos. Entretanto, em sentido oposto, reitera-se que a inexigibilidade representa um limite intrínseco à licitação pública, ocorre quando a competição é inviável, o que depende de condição factual e não da vontade do legislador. Por consequência, não se pode exigir licitação pública nas hipóteses em que se configurar a inviabilidade de competição, ainda que o Protocolo não tenha previsto exceção aberta sobre a inviabilidade de competição nem tenha mencionado as hipóteses previstas nos incisos II a V do *caput* do artigo 74 da Lei nº 14.133/2021.

Sucede que a não realização da licitação em hipótese de inviabilidade de competição é medida imperativa, não depende da vontade do legislador, porque, reitera-se, diante dela não se pode exigir a licitação – tanto por isso que se emprega o termo inexigibilidade. Por conclusão, a não previsão no Protocolo de exceção para a regra da obrigatoriedade de licitação pública para hipótese aberta de inviabilidade de competição ou para as hipóteses dos incisos II a V do *caput* do artigo 74 da Lei nº 14.133/2021 não significa que a inexigibilidade de licitação tenha sido revogada tacitamente. Mesmo para as entidades obrigadas ao Protocolo e para os contratos por ela abrangidos, a inexigibilidade de licitação permanece válida e vigente, sempre que se estiver diante de situação concreta de inviabilidade de competição.

É oportuno também chamar atenção para o fato de o Protocolo de Contratações Públicas do Mercosul não ter previsto como exceção à regra da obrigatoriedade de licitação a hipótese de dispensa de licitação em razão do baixo valor econômico da contratação, versada nos incisos I e II do *caput* do artigo 75 da Lei nº 14.133/2021 e que corresponde às dispensas de licitação mais usuais da Administração Pública nacional. Relembre-se, contudo, que o Protocolo não é aplicado para todos os entes da Administração Pública nacional e para todos os contratos. O Protocolo, mesmo para os entes obrigados, não se aplica para contratos cujos valores transitam abaixo de determinados patamares, como preceitua o item 1 do seu artigo 2º. Os valores que servem como limites para as dispensas dos incisos I e II do *caput* do artigo 75 da Lei nº 14.133/2021 estão abaixo dos tais patamares mínimos, de modo que os contratos dele decorrentes não são abrangidos pelo Protocolo. Como não abrangidos, não faria sentido ressalvá-los, de modo que o

Protocolo não importa qualquer sorte de obstáculo às dispensas dos incisos I e II do *caput* do artigo 75 da Lei nº 14.133/2021.

4 Processo de contratação direta

A licitação pública é o processo que antecede a celebração de contrato administrativo, cujo objetivo é legitimá-lo, preservando o interesse público e assegurando a todos os interessados as mesmas oportunidades em disputá-lo. Para tanto, o processo de licitação pública é composto por vários atos distintos, todos formais, que em conjunto apontam à Administração Pública com quem e em quais condições ela deve firmar contrato administrativo.

A licitação pública, conquanto em regra deva preceder o contrato, não cabe em todas as espécies dele, revelando os casos de inexigibilidade e dispensa. Nestes, é natural que se imprima tratamento desnivelado entre supostos interessados. Entretanto, a Administração Pública não é livre para firmar a contratação direta, realizada diante de inexigibilidade ou de dispensa, sem que se possa tolerar qualquer arbitrariedade, discriminações apartadas da razoabilidade, posturas subjetivas e alheias ao interesse público. Por isso, mesmo para as contratações diretas, a Administração Pública deve pautar-se por determinado processo, a fim de não permitir que se perca o prumo do interesse público.[159]

Contratos firmados sem licitação pública também devem guardar conformidade aos princípios norteadores da atividade administrativa, entre os quais se destacam os da legalidade, da moralidade, da impessoalidade, da publicidade e da eficiência, pois previstos no *caput* do artigo 37 da Constituição Federal, e outros, como os listados no artigo 5º da Lei nº 14.133/2021. Tudo porque a ausência de licitação pública não derroga os princípios jurídicos administrativos que incidem em todos os quadrantes de atuação da Administração Pública.

O fato é que a contratação direta não reúne forças suficientes para desproteger o interesse público, que continua indisponível. Quem o gerencia, fá-lo em proveito da coletividade, jamais em proveito próprio, para contemplar suas aspirações pessoais. A ação administrativa, inclusive a contratação direta, mira à satisfação do interesse público.

---

[159] É isso que afirma Oswaldo Aranha Bandeira de Mello: "Embora dispensada a licitação, nos casos acima focalizados, não está desobrigado o contratante de atender aos requisitos legais para perfeição do acordo de vontades. Destarte, deve comprovar a sua habilitação ou qualificação, bem como satisfazer outras formalidades, acaso exigidas, nos termos de direito, para concorrer à licitação e à efetivação do contrato, e, então, se considera a compra, a execução da obra ou a prestação do serviço isentos da utilização do instituto da licitação" (BANDEIRA DE MELLO, Oswaldo Aranha. *Da licitação*. São Paulo: José Bushatsky, 1978. p. 50-51). Adilson Abreu Dallari: "Começando pela parte final do que foi dito acima, é evidente que a dispensa de licitação não pode levar a uma contratação aventurosa, insegura, ilícita e imoral. Não só o contratado deve ter idoneidade jurídica, técnica e financeira como o contratante deve estar atento aos princípios constitucionais (artigo 37 da CF) da impessoalidade e da moralidade. A contratação não pode ser um meio para socorrer amigos de situação ruinosa, nem de saldar dívidas das campanhas eleitorais. Nem pode haver contratação quando houver exigência legal de outros requisitos além da licitação, como é o caso, por exemplo, da situação do contratado perante o sistema de seguridade social (artigo 195, §3, da CF)" (DALLARI, Adilson Abreu. *Aspectos jurídicos da licitação*. 6. ed. São Paulo: Saraiva, 2003. p. 56).

Em homenagem aos princípios administrativos e, sobretudo, ao interesse público, a contratação direta deve seguir determinado processo,[160] mais tênue, é verdade, do que o da licitação pública. Aliás, realmente esse processo não pode medir forças com o da licitação pública: aquele deve ser sumário, mais simples do que este, a ser concluído com a máxima brevidade.

A Lei nº 8.666/1993 não prescrevia processo próprio para as contratações diretas nem oferecia indicativos mais concretos. Encontrava-se nela, propriamente no seu artigo 26, apenas uma espécie de sinalização de algumas medidas a serem observadas, abertamente insuficiente para se compreender o que é necessário observar no tocante à contratação direta, o que causava grande insegurança jurídica.[161] É comum verem-se processos em órgãos de controle sobre contratação direta em que os questionamentos não são direcionados ao cabimento ou não da contratação direta, porém a aspectos procedimentais, como ausência de delimitação do objeto ou de justificativas sobre a escolha do contrato, defeitos no orçamento e consequente sobrepreço.

Pois bem, uma das boas novidades da Lei nº 14.133/2021 é a Seção I do Capítulo VIII, do Título II, intitulada "Do Processo de Contratação Direta". Ou seja, antes de tratar das hipóteses de inexigibilidade (artigo 74) e de dispensa (artigo 75), o legislador, acertadamente, dispôs sobre o processo para a contratação por inexigibilidade e por dispensa (artigos 72 e 73). Não o fez de forma muito detalhada, mas trouxe elementos mais consistentes do que os havidos na Lei nº 8.666/1993.

É conveniente, a essa altura, transcrever o artigo 72 da Lei nº 14.133/2021:

> Art. 72. O processo de contratação direta, que compreende os casos de inexigibilidade e de dispensa de licitação, deverá ser instruído com os seguintes documentos:
> I - documento de formalização de demanda e, se for o caso, estudo técnico preliminar, análise de riscos, termo de referência, projeto básico ou projeto executivo;
> II - estimativa de despesa, que deverá ser calculada na forma estabelecida no art. 23 desta Lei;
> III - parecer jurídico e pareceres técnicos, se for o caso, que demonstrem o atendimento dos requisitos exigidos;
> IV - demonstração da compatibilidade da previsão de recursos orçamentários com o compromisso a ser assumido;

---

160 Para Marçal Justen Filho: "A ausência de licitação não equivale a contratação informal, realizada com quem a Administração bem entender, sem cautelas nem documentação. Ao contrário, a contratação direta exige um procedimento administrativo prévio, em que a observância de etapas e formalidades é imprescindível. Somente em hipóteses limite é que a Administração estaria autorizada a contratar sem o cumprimento dessas formalidades. Seriam aqueles casos de emergência tão grave que a demora, embora mínima, pusesse em risco a satisfação dos valores a cuja realização se orienta a atividade administrativa" (JUSTEN FILHO, Marçal. *Comentários à Lei de Licitações e Contratos Administrativos*. 1. ed. São Paulo: Thomson Reuters Brasil, 2021. *E-book*).

161 "Art. 26. As dispensas previstas nos §§2º e 4º do art. 17 e no inciso III e seguintes do art. 24, as situações de inexigibilidade referidas no art. 25, necessariamente justificadas, e o retardamento previsto no final do parágrafo único do art. 8º desta Lei deverão ser comunicados, dentro de 3 (três) dias, à autoridade superior, para ratificação e publicação na imprensa oficial, no prazo de 5 (cinco) dias, como condição para a eficácia dos atos. Parágrafo único. O processo de dispensa, de inexigibilidade ou de retardamento, previsto neste artigo, será instruído, no que couber, com os seguintes elementos: I - caracterização da situação emergencial, calamitosa ou de grave e iminente risco à segurança pública que justifique a dispensa, quando for o caso; II - razão da escolha do fornecedor ou executante; III - justificativa do preço; IV - documento de aprovação dos projetos de pesquisa aos quais os bens serão alocados".

> V - comprovação de que o contratado preenche os requisitos de habilitação e qualificação mínima necessária;
> VI - razão da escolha do contratado;
> VII - justificativa de preço;
> VIII - autorização da autoridade competente.
> Parágrafo único. O ato que autoriza a contratação direta ou o extrato decorrente do contrato deverá ser divulgado e mantido à disposição do público em sítio eletrônico oficial.

O artigo 72 da Lei nº 14.133/2021 indica os atos que necessariamente devem fazer parte do processo de contratação direta. A alta administração dos órgãos e entidades administrativas pode, em acréscimo, prever outros atos, que assegurem a adequada governança dos respectivos processos. A alta administração deve (obrigação e não mera faculdade) dispor sobre a tramitação interna de tais processos, os agentes administrativos que os devem conduzir, as instâncias, as alçadas e linhas de defesa tocantes ao controle. A obrigação decorre do parágrafo único do artigo 11 da Lei nº 14.133/2021:

> Art. 11. [...]
> Parágrafo único. A alta administração do órgão ou entidade é responsável pela governança das contratações e deve implementar processos e estruturas, inclusive de gestão de riscos e controles internos, para avaliar, direcionar e monitorar os processos licitatórios e os respectivos contratos, com o intuito de alcançar os objetivos estabelecidos no *caput* deste artigo, promover um ambiente íntegro e confiável, assegurar o alinhamento das contratações ao planejamento estratégico e às leis orçamentárias e promover eficiência, efetividade e eficácia em suas contratações.

Sob essa perspectiva, sugere-se que a alta administração dos órgãos e entidades priorize dois aspectos. O primeiro é o de estruturar processo de contratação direta em que as decisões sejam rastreáveis, que fique claro no processo e para o próprio órgão e entidades quais agentes administrativos são responsáveis por quais atos. O segundo é o de segregar as funções, consoante a expressão do §1º do artigo 7º da Lei nº 14.133/2021, vedando "a designação do mesmo agente público para atuação simultânea em funções mais suscetíveis a riscos, de modo a reduzir a possibilidade de ocultação de erros e de ocorrência de fraudes na respectiva contratação".

Não há fórmula pronta e universal para cumprir tais diretrizes, porque as regras processuais devem ser definidas em acordo com as características e estrutura de pessoal de cada órgão e entidade administrativa. O importante é que essas questões sejam bem definidas e bem comunicadas internamente, para que os agentes administrativos atuantes no processo de contratação direta saibam como seguir.

Por fim, noticia-se que a Lei nº 14.981/2024 dispõe de medidas excepcionais para a aquisição de bens e contratação de obras e de serviços, inclusive de engenharia, destinados ao enfrentamento de impactos decorrentes de estado de calamidade pública.[162] Essas

[162] O §1º do artigo 1º da Lei nº 14.981/2024 prescreve que as medidas excepcionais prescritas na referida Lei são condicionadas à "[...] declaração ou reconhecimento do estado de calamidade pública pelo Chefe do Poder Executivo do Estado ou do Distrito Federal ou pelo Poder Executivo federal [...]" (inciso I) e a "ato do Poder Executivo federal ou do Chefe do Poder Executivo do Estado ou do Distrito Federal, com a autorização para aplicação das medidas excepcionais e a indicação do prazo dessa autorização." (inciso II).

medidas excepcionais são em parte atinentes ao processo de contratação, tanto direta quanto por licitação. A Lei nº 14.981/2024, no tocante à contratação direta, é tratada no capítulo 6 deste livro, sem prejuízos de considerações pontuais realizadas no curso do presente capítulo.

5 Os agentes que devem participar da condução de processo de contratação direta

O artigo 72 da Lei nº 14.133/2021 prescreve os atos que devem fazer parte do processo de contratação direta, porém não atribui tais atos diretamente a quaisquer agentes administrativos. Nesse particular, o processo de contratação direta diverge do processo de licitação, porque neste o legislador atribuiu ao agente de contratação e, em determinados casos, à comissão de contratação, definidos no artigo 6º da Lei nº 14.133.2021:

> Art. 6º Para os fins desta Lei, consideram-se: [...]
> L - comissão de contratação: conjunto de agentes públicos indicados pela Administração, em caráter permanente ou especial, com a função de receber, examinar e julgar documentos relativos às licitações e aos procedimentos auxiliares; [...]
> LX - agente de contratação: pessoa designada pela autoridade competente, entre servidores efetivos ou empregados públicos dos quadros permanentes da Administração Pública, para tomar decisões, acompanhar o trâmite da licitação, dar impulso ao procedimento licitatório e executar quaisquer outras atividades necessárias ao bom andamento do certame até a homologação.

Os dispositivos supracitados atribuem à comissão de contratação e ao agente de contratação funções relacionadas às licitações e não aos processos de contratação de modo geral, em que se poderiam enquadrar os processos de contratação direta. Logo, em princípio, a condução dos processos de contratação direta não lhes foi atribuída, pelo menos não o foi pela Lei nº 14.133/2021.

Sem embargo, comissão de contratação e agente de contratação não são cargos públicos, cujas competências são definidas e limitadas por lei. São apenas designações atribuídas a agentes administrativos encarregados de desempenharem dadas funções com competências que são compatíveis com as que são próprias àquelas dos cargos, empregos ou funções que ocupam.

Isso significa que não há impedimento de atribuir à comissão de contratação e ao agente de contratação outras atribuições além daquelas definidas na Lei nº 14.133/2021, desde que compatíveis com as competências legais dos seus cargos, empregos ou funções.

Em termos concretos, quer-se dizer que não há obstáculos legais para atribuir no âmbito interno de cada órgão e entidade administrativa à comissão de contratação e a agente de contratação funções pertinentes aos processos de contratação direta, desde que, sempre se faça essa ressalva, compatíveis com as competências legais dos seus cargos, empregos ou funções. Noutras palavras, comissão de contratação e agente de contratação não foram encarregados pela Lei nº 14.133/2021 de conduzir ou participar da condução dos processos de contratação direta, no entanto nada impede que a eles sejam atribuídas tais funções por decisões internas da alta administração, responsável que é, insista-se, pela governança das contratações e pela implementação de processos e estruturas a ela atinentes, em alinho ao parágrafo único do artigo 11 da Lei nº 14.133/2021.

Pondera-se que, segundo o artigo 72 da Lei nº 14.133/2021, para o processo de contratação direta é necessário dispor sobre questões técnicas acerca do objeto da contratação (inciso I), questões econômico-financeiras acerca de definição de estimativa de despesa (inciso II), questões de ordem jurídica (inciso III) e questões de natureza propriamente administrativa como a seleção da melhor proposta e do futuro contratado (incisos IV a VII).

Então, os atos nominados no artigo 72 envolvem apreciações e habilidades distintas, que podem ou não serem atribuídas ao mesmo agente. Tudo depende do tipo de contratação direta e das características e estrutura de pessoal de cada órgão e entidade administrativa.

Por exemplo, um processo para a dispensa de licitação do inciso II do artigo 75 da Lei nº 14.133/2021, de baixa complexidade e de reduzido valor econômico, não requer os mesmos cuidados de um processo para a dispensa de licitação do inciso VIII do mesmo artigo 75, relativo à situação emergencial grave, de enorme impacto e com valores expressivos.

Daí que os órgãos e entidades podem dispor de itinerários diferentes com o envolvimento de agentes administrativos diferentes, a depender, insista-se, do tipo de contratação direta e das suas próprias características e estrutura de pessoal. É boa prática dispor dessas questões em regulamentos internos, que, inclusive, podem ser baseados no §1º do artigo 169 da Lei nº 14.133/2021.[163]

6 Documento de formalização de demanda e demais documentos técnicos da etapa preparatória da contratação direta

O primeiro passo da contratação direta é definir o seu objeto, o que precisamente atende à demanda da Administração Pública e às condições técnicas que sejam relevantes para sua execução, até para que se possa saber se é caso de inexigibilidade, de dispensa ou de licitação pública. A Administração Pública precisa saber o que pretende com o futuro contrato, o que o contratado será obrigado a realizar e em quais condições. Em razão da definição do objeto, praticamente de forma sequencial, a Administração Pública deve motivar a contratação direta.

---

[163] "Art. 169. As contratações públicas deverão submeter-se a práticas contínuas e permanentes de gestão de riscos e de controle preventivo, inclusive mediante adoção de recursos de tecnologia da informação, e, além de estar subordinadas ao controle social, sujeitar-se-ão às seguintes linhas de defesa: I - primeira linha de defesa, integrada por servidores e empregados públicos, agentes de licitação e autoridades que atuam na estrutura de governança do órgão ou entidade; II - segunda linha de defesa, integrada pelas unidades de assessoramento jurídico e de controle interno do próprio órgão ou entidade; III - terceira linha de defesa, integrada pelo órgão central de controle interno da Administração e pelo tribunal de contas. §1º Na forma de regulamento, a implementação das práticas a que se refere o *caput* deste artigo será de responsabilidade da alta administração do órgão ou entidade e levará em consideração os custos e os benefícios decorrentes de sua implementação, optando-se pelas medidas que promovam relações íntegras e confiáveis, com segurança jurídica para todos os envolvidos, e que produzam o resultado mais vantajoso para a Administração, com eficiência, eficácia e efetividade nas contratações públicas".

Sendo assim, o inciso I do artigo 72 prescreve que o processo de contratação direta inicia com o "documento de formalização de demanda e, se for o caso, estudo técnico preliminar, análise de riscos, termo de referência, projeto básico ou projeto executivo". Tais documentos, em seu conjunto e de modo geral, prestam-se a definir o objeto e justificar a futura contratação, inclusive se é ou não caso de contratação direta. Parte desses documentos, à exceção do documento de formalização de demanda, é também exigida no artigo 18 da Lei nº 14.133/2021, que trata da etapa preparatória dos processos de licitação pública.

É de notar que o inciso I do artigo 72 da Lei nº 14.133/2021 prescreve como necessário o documento de formalização de demanda e, na sequência, antes de referir-se aos demais, ressalva que eles devem ser produzidos "se for o caso", sem esclarecer em quais casos os demais documentos devem ou não ser produzidos. Logo, pela redação do dispositivo, o documento de formalização de demanda sempre é obrigatório para as contratações diretas e os demais documentos, estudo técnico preliminar, análise de riscos, termo de referência, projeto básico ou projeto executivo, são facultativos, a Administração os produz se entender conveniente e oportuno fazê-lo, salvo se houver alguma outra norma legal que os obrigue.

Pois bem, há duas referências na Lei nº 14.133/2021 ao documento de formalização de demanda. A primeira é a do inciso VII do seu artigo 12, cujo teor prescreve que o Plano de Contratações Anual deve ser elaborado a partir de documentos de formalização de demandas. A segunda é a do supracitado inciso I do seu artigo 72, pertinente ao processo de contratação direta. A Lei não prescreve o que deve constar do documento de formalização de demanda e se vê, claramente, que as duas referências legais têm propósitos distintos.

O inciso VII do artigo 12 da Lei nº 14.133/2021 prescreve que o documento de formalização de demanda serve à elaboração do Plano de Contratações Anual da Administração Pública, logo não está vinculado a nenhum processo de contratação, direta ou por meio de licitação, que seja específico. Ele se presta, sob a ótica do artigo 12, à formação do Plano, que deve ocorrer no ano antecedente ao dos lançamentos dos processos de contratação específicos.

Por sua vez, no inciso I do artigo 72 da Lei nº 14.133/2021, o documento de formalização de demanda tem uma outra roupagem, porque ele não se presta à elaboração de Plano de Contratação Anual e sim à instrução de processos específicos de contratação direta. Nessa roupagem, pertinente às contratações diretas e que interessa ao presente tópico, o documento de formalização de demanda é o documento técnico que serve como base da contratação direta e que, a depender do caso e do juízo discricionário da Administração, pode ser o único documento técnico do processo de contratação direta, dado que os demais documentos preceituados no inciso I do artigo 72 devem ser elaborados "se for o caso".

É bastante útil que a Administração regulamente os seus processos de contratação direta e, nesse contexto, o inciso I do artigo 72 da Lei nº 14.133/2021. Sob essa luz, é conveniente esclarecer quais documentos devem ser produzidos nos processos de contratação direta, o que pode variar a depender do tipo de contratação direta. Na prática, trata-se de dizer se o processo de contratação direta será instruído apenas com o documento de formalização de demanda ou se os demais documentos dispostos no inciso I do artigo 72 também serão necessários e em quais situações. Seria razoável estabelecer que contratações diretas mais simples sejam instruídas apenas por documento de formalização de demanda. É também conveniente esclarecer o conteúdo do documento de formalização de demanda, o que deve constar dele, a depender do caso e da utilidade dele.

Sobre o conteúdo do documento de formalização de demanda, em princípio, como revela o próprio nome, ele apresenta a demanda da Administração, isto é a necessidade da Administração que deve ser atendida por meio de um objeto contratual, indicando quantidades e prazos. Afora isso, pode-se exigir do documento de formalização de demanda quantidade maior ou menor de informações, a depender do uso dele. Veja-se que, se ele for acompanhado de outros documentos como estudo técnico preliminar, termo de referência ou projeto básico, é natural que o conteúdo dele seja mais sucinto, até porque as especificações do objeto do futuro contratado e as condições para a sua execução serão definidas nestes outros documentos. Por outro lado, se a contratação direta for instruída apenas com o documento de formalização de demanda e sem os demais documentos mencionados no inciso I do artigo 72 da Lei nº 14.133/2021, o conteúdo dele precisa ser mais detalhado, deixando claro o que se exigirá do futuro contratado, em todos os aspectos que sejam relevantes para o interesse público. Daí, reforça-se, a relevância do regulamento em definir esses aspectos e orientar os agentes administrativos responsáveis pela condução dos processos de contratação direta a respeito de como proceder.

Pondera-se que, em casos de contratação direta de obra e serviço de engenharia, o documento de formalização de demanda precisará ser acompanhado de outros documentos técnicos. A Administração não dispõe de discricionariedade para contratar obra e serviço de engenharia, ainda que sem licitação, apenas com base no documento de formalização de demanda. Ocorre que a contratação de obra e serviço de engenharia, ainda que contratada sem licitação, depende de projeto básico, dispensado apenas no caso de contratação integrada, em que o projeto básico é substituído pelo anteprojeto e, no caso de obra e serviço comuns de engenharia, em que os projetos podem ser substituídos por termo de referência. Além disso, conforme os parágrafos 1º e 2º do artigo 46 da Lei nº 14.133/2021, a execução da obra ou do serviço de engenharia depende de projeto executivo, à exceção da hipótese do §3º do artigo 18 da Lei nº 14.133/2021.

Cumpre advertir sobre a importância, nesse momento inicial do processo de contratação direta, da elaboração dos documentos indicados no inciso I do artigo 72 da Lei nº 14.133/2021, de a Administração Pública motivar o ato de dispensa ou de inexigibilidade, apontando os fatos e as justificativas que lhe fundamentam, inclusive indicando o suporte legal tomado em consideração.[164] É preciso caracterizar a situação de dispensa e de inexigibilidade.

---

[164] Segundo Roberto Dromi: "La autoridad competente que decida contratar por alguno de los procedimientos de excepción, debe ponderar, objetiva y fundadamente, las razones que posibilitan encuadrar los casos determinados en el procedimiento elegido. Estas motivaciones constituyen, por lo tanto, los presupuestos o razones del acto. Es la fundamentación fáctica y jurídica de él, con que la Administración sostiene la legitimidad y oportunidad de su decisión de contratar por un procedimiento de excepción" (DROMI, Roberto. *Licitación publica.* 2. ed. Buenos Aires: Ciudad Argentina, 1995. p. 138).

7 Projeto básico para contratação emergencial

Há uma grande dificuldade em relação às obras e aos serviços emergenciais, especialmente de engenharia, contratadas com base na dispensa de licitação do inciso VIII do artigo 75 da Lei nº 14.133/2021, envolvendo a necessidade de elaboração de projeto básico. O problema é que, se for necessário elaborar projeto básico antes do contrato, provavelmente a Administração não conseguirá atender com presteza à situação emergencial, dado que ela despende tempo razoável para confeccioná-lo.

É importante registrar que, de acordo com o entendimento dos órgãos de controle, as contratações emergenciais devem ser precedidas de projeto básico, mesmo que em casos mais extremados como os de desastres naturais. O Tribunal de Contas da União permite apenas que, nesses casos mais extremados e com as devidas justificativas, o projeto básico não seja completo:

> 1.6. determinar ao [...] que, mesmo em obras emergenciais, providencie projeto básico com todos os elementos indicados no art. 6º, inciso IX, da Lei nº 8.666/1993, em consonância com o disposto no art. 7º, §2º, inciso II e §9º da mesma Lei, sendo admissível, *com a finalidade precípua de afastar risco de dano a pessoas ou aos patrimônios público e particular, que os primeiros serviços sejam iniciados ou executados previamente à conclusão do projeto básico;*
> 1.6.1. *em casos excepcionais e devidamente justificados, poderão ser utilizados projetos básicos que não apresentem todos os elementos do art. 6º, inc. IX da Lei nº 8.666/1993,* devendo constar do processo de contratação as razões que impossibilitam a elaboração do projeto completo; [...].[165]

Ou seja, na visão do Tribunal de Contas da União, que parece acertada em relação a esse aspecto, a regra é que os contratos de obras e serviços de engenharia sejam precedidos de projeto básico, mesmo em situações emergenciais. No entanto, em casos excepcionais, que precisam ser justificados, a Administração Pública pode firmar a contratação emergencial com apoio em projeto básico simplificado, sem todos os elementos estabelecidos pela Lei nº 14.133/2021, a fim de evitar prejuízos ao interesse público acaso a contratação emergencial ficasse pendente da conclusão de projeto básico completo, que costuma demandar tempo razoável.

Sob essa luz, deve-se interpretar a possibilidade de afastamento do projeto básico de forma restritiva. Sucede que a ausência do projeto básico significa que a obra ou o serviço não são devidamente planejados, não são precedidos de estudos adequados, por efeito do que há risco acentuado de ocorrer problemas sérios no futuro, comprometendo investimentos públicos e a própria integridade física de agentes administrativos e de cidadãos em geral. A dispensa de projeto básico deve ser utilizada apenas para obras ou serviços de natureza transitória e excepcionais que visem atender à situação em que a Administração precisa agir imediatamente para evitar o perecimento do interesse público.

O artigo 5º da Resolução nº 361/1991 do Conselho Federal de Engenharia, Arquitetura e Agronomia (Confea) segue a mesma linha:

> Art. 5º Poderá ser dispensado o Projeto Básico com as características descritas nos artigos anteriores, para os empreendimentos realizados nas seguintes situações:

165 TCU, Segunda Câmara. Acórdão nº 943/2011. Rel. Min. Valmir Campelo, j. 13.1.2011.

> I - nos casos de guerra ou graves perturbações da ordem;
> II - nos casos de obras ou serviços de pequeno porte, isolados e sem complexidade técnica de gerenciamento e execução;
> III - nos casos de emergência, quando caracterizada a urgência de atendimento de situação que possa ocasionar prejuízo ou comprometer a segurança de pessoas, obras, serviços, equipamentos e outros bens, públicos e privados.

Diante dessas considerações, surge dúvida sobre o que precisaria constar do projeto básico simplificado. O artigo 4º-E da Lei nº 13.979/2020, que disciplinava o regime de contratação emergencial para o enfrentamento da pandemia de Covid-19, oferece balizas e pode ser usado como referência inclusive para contratações emergenciais não relacionadas ao enfrentamento da pandemia de Covid-19, até mesmo em razão de interpretação analógica. Confira-se:

> Art. 4º-E Nas contratações para aquisição de bens, serviços e insumos necessários ao enfrentamento da emergência que trata esta Lei, será admitida a apresentação de termo de referência simplificado ou de projeto básico simplificado.
> §1º O termo de referência simplificado ou o projeto básico simplificado a que se refere o *caput* conterá:
> I - declaração do objeto;
> II - fundamentação simplificada da contratação;
> III - descrição resumida da solução apresentada;
> IV - requisitos da contratação;
> V - critérios de medição e pagamento;
> VI - estimativas dos preços obtidos por meio de, no mínimo, um dos seguintes parâmetros:
> a) Portal de Compras do Governo Federal;
> b) pesquisa publicada em mídia especializada;
> c) sítios eletrônicos especializados ou de domínio amplo;
> d) contratações similares de outros entes públicos; ou
> e) pesquisa realizada com os potenciais fornecedores; e
> VII - adequação orçamentária.

Na mesma linha, reitera-se a Lei nº 14.981/2024, que dispõe de medidas excepcionais para a aquisição de bens e contratação de obras e de serviços, inclusive de engenharia, destinados ao enfrentamento de impactos decorrentes de estado de calamidade pública. Cumpre destacar que o inciso III do *caput* do artigo 3º da Lei nº 14.981/2024 admite termo de referência, anteprojeto ou projeto básico simplificados, cujo conteúdo está descrito no §1º do artigo 3º, de forma muito semelhante ao artigo 4º-E da Lei nº 13.979/2020:

> Art. 3º [...] §1º O termo de referência, o anteprojeto ou o projeto básico simplificado de que trata o inciso III do *caput* deste artigo conterá:
> I - a declaração do objeto;
> II - a fundamentação simplificada da contratação;
> III - a descrição resumida da solução apresentada;
> IV - os requisitos da contratação;
> V - os critérios de medição e de pagamento;
> VI - a estimativa de preços obtida por meio de, no mínimo, um dos seguintes parâmetros:

a) composição de custos unitários menores ou iguais à mediana do item correspondente nos sistemas oficiais de governo;
b) contratações similares feitas pela administração pública;
c) utilização de dados de pesquisa publicada em mídia especializada, de tabela de referência formalmente aprovada pelo Poder Executivo e de sítios eletrônicos especializados ou de domínio amplo;
d) pesquisa realizada com os potenciais fornecedores; ou
e) pesquisa na base nacional de notas fiscais eletrônicas; e
VII - a adequação orçamentária.

Esses dois dispositivos, o artigo 4º-E da Lei nº 13.979/2020 e o inciso III do *caput* do artigo 3º da Lei nº 14.981/2024, podem ser aplicados por analogia a outras situações de dispensa emergencial. De toda sorte, chama a atenção o conteúdo bastante simplificado do projeto básico, especialmente se comparado ao que é exigido do projeto básico no inciso XXV do artigo 6º da Lei nº 14.133/2021.[166] Não há necessidade, nessa versão simplificada, dentre outros aspectos, de tratamento do impacto ambiental, levantamento topográfico e sondagens, soluções técnicas globais, especificações de materiais e orçamento baseado nos quantitativos a serem contratados. O racional é o de simplificar tais documentos, ainda que com perdas qualitativas, para viabilizar contratação célere que atenda o interesse público e se preste a oferecer resposta à situação emergencial no tempo adequado.

Pondera-se que os agentes administrativos devem atuar com cuidado em relação a projetos básicos simplificados, porque, a depender do conteúdo deles, é de se esperar a ampliação substancial do risco de ocorrerem problemas no futuro. Admite-se uma espécie de perda qualitativa em razão da emergência, mas se deve fazer todo o esforço para atenuá-la na maior medida do possível, até porque os órgãos de controle não costumam revelar sensibilidade maior posteriormente ao analisarem a pertinência da contratação emergencial, a limitação do escopo da contratação à emergência, problemas tocantes ao preço contratado e à execução do contrato.

---

[166] O projeto básico, de acordo com o inciso XXV do art. 6º da Lei nº 14.133/2021, é o "conjunto de elementos necessários e suficientes, com nível de precisão adequado para definir e dimensionar a obra ou o serviço, ou o complexo de obras ou de serviços objeto da licitação, elaborado com base nas indicações dos estudos técnicos preliminares, que assegure a viabilidade técnica e o adequado tratamento do impacto ambiental do empreendimento e que possibilite a avaliação do custo da obra e a definição dos métodos e do prazo de execução, devendo conter os seguintes elementos: a) levantamentos topográficos e cadastrais, sondagens e ensaios geotécnicos, ensaios e análises laboratoriais, estudos socioambientais e demais dados e levantamentos necessários para execução da solução escolhida; b) soluções técnicas globais e localizadas, suficientemente detalhadas, de forma a evitar, por ocasião da elaboração do projeto executivo e da realização das obras e montagem, a necessidade de reformulações ou variantes quanto à qualidade, ao preço e ao prazo inicialmente definidos; c) identificação dos tipos de serviços a executar e dos materiais e equipamentos a incorporar à obra, bem como das suas especificações, de modo a assegurar os melhores resultados para o empreendimento e a segurança executiva na utilização do objeto, para os fins a que se destina, considerados os riscos e os perigos identificáveis, sem frustrar o caráter competitivo para a sua execução; d) informações que possibilitem o estudo e a definição de métodos construtivos, de instalações provisórias e de condições organizacionais para a obra, sem frustrar o caráter competitivo para a sua execução; e) subsídios para montagem do plano de licitação e gestão da obra, compreendidos a sua programação, a estratégia de suprimentos, as normas de fiscalização e outros dados necessários em cada caso; f) orçamento detalhado do custo global da obra, fundamentado em quantitativos de serviços e fornecimentos propriamente avaliados, obrigatório exclusivamente para os regimes de execução previstos nos incisos I, II, III, IV e VII do caput do art. 46 desta Lei; [...]".

8 Justificativa do preço e previsão de recursos orçamentários

Definido o objeto, a Administração Pública deve apontar a "estimativa de despesa" e demonstrar que dispõe de "recursos orçamentários" para a contratação, o que é exigido nos incisos II e IV do artigo 72 da Lei nº 14.133/2021. Logo, deve-se proceder à pesquisa de preços no mercado, em conformidade com os parâmetros do artigo 23 da Lei nº 14.133/2021, cujo propósito é dispor de uma referência dos valores envolvidos na futura contratação, inclusive para que se tenha condições de selecionar o futuro contratado e avaliar o preço proposto por ele, especialmente para evitar sobrepreço.[167]

De maneira geral, o artigo 23 da Lei nº 14.133/2021 prescreve que a pesquisa de preços no mercado deve ser realizada apurando-se valores de outros contratos de outras entidades da Administração Pública e os praticados no mercado de forma geral. No caso de obras e serviços de engenharia, a regra é que a pesquisa seja realizada com base em sistemas referenciais oficiais.

A Secretaria Especial de Desburocratização, Gestão e Governo Digital do Ministério da Economia produziu a Instrução Normativa nº 65/2021, que dispõe sobre o procedimento administrativo para a realização de pesquisa de preços para a aquisição de bens e contratação de serviços em geral no âmbito da Administração Pública Federal direta, autárquica e fundacional, que também deve ser utilizada pelos demais entes federativos, conforme o §2º do seu artigo 1º, quando executarem recursos da União decorrentes de transferências voluntárias. Esclareça-se que a sobredita instrução normativa não se aplica, como preceitua o §1º do seu artigo 1º, às contratações de obra e serviço de engenharia.

Os parâmetros gerais para a pesquisa de preços de mercado já estão estabelecidos no artigo 23 da Lei nº 14.133/2021, por efeito do que a Instrução Normativa nº 65/2021 não trouxe muitas novidades em relação a eles, centrando-se mais nos seus aspectos procedimentais.

Nessa direção, o artigo 3º da Instrução Normativa nº 65/2021 exige que a pesquisa de preços seja materializada em documento que deve conter:

> I - descrição do objeto a ser contratado;
> II - identificação do(s) agente(s) responsável(is) pela pesquisa ou, se for o caso, da equipe de planejamento;
> III - caracterização das fontes consultadas;
> IV - série de preços coletados;
> V - método estatístico aplicado para a definição do valor estimado;
> VI - justificativas para a metodologia utilizada, em especial para a desconsideração de valores inconsistentes, inexequíveis ou excessivamente elevados, se aplicável;
> VII - memória de cálculo do valor estimado e documentos que lhe dão suporte; e
> VIII - justificativa da escolha dos fornecedores, no caso da pesquisa direta de que dispõe o inciso IV do art. 5º.

---

167 "9.3.1.2. o preço a ser pago deve ser compatível com aquele praticado no mercado, situação essa a ser comprovada pelo Banco do Brasil S/A mediante a juntada da documentação pertinente nos respectivos processos de dispensa, incluindo, no mínimo, três cotações de preços de empresas do ramo, pesquisa de preços praticados no âmbito de outros órgãos e entidades da Administração Pública ou justificativa circunstanciada caso não seja viável obter esse número de cotações, bem como fazendo constar do respectivo processo a documentação comprobatória pertinente aos levantamentos e estudos que fundamentaram o preço estimado" (TCU, Plenário. Acórdão nº 522/2014. Rel. Min. Benjamin Zymler, j. 12.3.2014).

Trata-se aqui de uma novidade, porque a Lei nº 14.133/2021 exige a pesquisa, mas não que ela deve ser formalizada em documento próprio. Portanto, reforça-se o modelo burocrático com mais um documento a ser produzido na etapa preparatória das licitações públicas e nos processos de contratação afora aqueles já referidos, respectivamente, nos artigos 18 e 72 da Lei nº 14.133/2021. Nada obstante, parece adequado exigir o documento, cuja finalidade é a de registrar de modo consolidado as principais informações sobre a pesquisa de preços e a justificativa sobre a metodologia utilizada entre as permitidas pelo artigo 23 da Lei nº 14.133/2021.

O artigo 7º da Instrução Normativa nº 65/2021 é dedicado à pesquisa de preços a ser realizada nas contratações diretas, determinando-se que, por regra, se apliquem os critérios gerais nela prescritos e que reproduzem o artigo 23 da Lei nº 14.133/2021. Para além disso, os parágrafos 1º e 2º do artigo 7º prescrevem:

> Art. 7º [...]
> §1º Quando não for possível estimar o valor do objeto na forma estabelecida no art. 5º, a justificativa de preços será dada com base em valores de contratações de objetos idênticos, comercializados pela futura contratada, por meio da apresentação de notas fiscais emitidas para outros contratantes, públicos ou privados, no período de até 1 (um) ano anterior à data da contratação pela Administração, ou por outro meio idôneo.
> §2º Excepcionalmente, caso a futura contratada não tenha comercializado o objeto anteriormente, a justificativa de preço de que trata o parágrafo anterior poderá ser realizada com objetos semelhantes de mesma natureza, devendo apresentar especificações técnicas que demonstrem similaridade com o objeto pretendido.

Os dispositivos supracitados têm por base o §4º do artigo 23 da Lei nº 14.133/2021:

> Art. 23. [...]
> §4º Nas contratações diretas por inexigibilidade ou por dispensa, quando não for possível estimar o valor do objeto na forma estabelecida nos §§1º, 2º e 3º deste artigo, o contratado deverá comprovar previamente que os preços estão em conformidade com os praticados em contratações semelhantes de objetos de mesma natureza, por meio da apresentação de notas fiscais emitidas para outros contratantes no período de até 1 (um) ano anterior à data da contratação pela Administração, ou por outro meio idôneo.

Tais normas são direcionadas especialmente às hipóteses de inexigibilidade de licitação, que guardam peculiaridade no que atine à pesquisa de preços, porque pressupõem inviabilidade de competição. Nesses casos, é difícil ou inviável para a Administração Pública comparar preços, haja vista que o objeto é executado com exclusividade por aquele que se pretende contratar ou o objeto é singular – o que significa, nas hipóteses em que o contratado é exclusivo, que os preços existentes são os praticados por ele próprio ou que, nos casos de singularidade, os preços não seguem necessariamente padrões objetivos de mercado. Para essas situações, a justificativa de preços ocorre com a juntada de outros contratos da mesma pessoa que a Administração

Pública pretende contratar. Esse entendimento vem de algum tempo, mesmo diante da Lei nº 8.666/1993.[168]

Advirta-se que a estimativa de despesa, que se faz por meio de pesquisa de preços no mercado, não se confunde com a obtenção de propostas por parte de interessados. Deve-se realizar a pesquisa de preços, definir o preço de referência, que corresponde à estimativa de despesa a que alude o inciso II do artigo 72 da Lei nº 14.133/2021. Depois disso, a próxima fase do processo de contratação direta é seleção do futuro contratado e é nesse momento que se obtêm propostas de interessados. Então, primeiro se pesquisa e se define o preço de referência e depois se levantam propostas. É importante separar esses atos e que eles sejam sucessivos, porque somente com o preço de referência, que decorre da pesquisa prévia de preços no mercado, é que a Administração Pública consegue dispor de parâmetro para avaliar se as propostas que lhe são oferecidas devem ser aceitas ou não, se os valores são ou não compatíveis com o mercado. Sem a pesquisa, a Administração não consegue avaliar as propostas, porque lhe falta, daí, qualquer referência comparativa.

Essa advertência deve ser considerada regra geral, que é, no entanto, excepcionada pelo §4º do artigo 7º da Instrução Normativa nº 65/2021, cujo teor admite para as hipóteses de dispensa dos incisos I e II do artigo 75 da Lei nº 14.133/2021, decorrentes da baixa expressão econômica dos respectivos contratos, que a estimativa de preços seja realizada "concomitantemente à seleção da proposta economicamente mais vantajosa". O §5º do mesmo artigo, em complemento, determina que, nesses casos, o procedimento deve ser "realizado por meio de solicitação formal de cotações a fornecedores". Essa *solicitação formal de cotações* é um dos parâmetros para realizar a pesquisa de mercado, previsto no inciso IV do §1º do artigo 23 da Lei nº 14.133/2021 e no inciso IV do artigo 5º da Instrução Normativa nº 65/2021.

Ou seja, a regra é que primeiro se faça a pesquisa de mercado para se obter preço de referência ou preço estimado. Depois disso, com base nessa referência, pede-se a interessados propostas, que são avaliadas justamente em razão da referência. Excepcionalmente, de forma restrita às dispensas dos incisos I e II do artigo 75 da Lei nº 14.133/2021, a Instrução Normativa autoriza uma espécie de simplificação, admitindo-se que sejam pedidas diretamente cotações e que o menor valor cotado seja considerado a proposta economicamente mais vantajosa, mesmo sem que a Administração Pública disponha de qualquer referência. Significa que as cotações equivalem às propostas e que são o bastante para a Administração Pública as aceitar sob a perspectiva do preço, sem que seja necessário dispor de uma referência de preço anterior que sirva como parâmetro de comparação.

Nessa direção, o §1º do artigo 16 da Instrução Normativa nº 67/2021, também da Secretaria Especial de Desburocratização, Gestão e Governo Digital do Ministério da Economia, que trata do procedimento de dispensa de licitação eletrônica, reconhece que na hipótese excepcional do §4º do artigo 7º da Instrução Normativa nº 65/2021 "a

---

[168] A justificativa de preço em contratação decorrente de inexigibilidade de licitação (art. 26, parágrafo único, inciso III, da Lei 8.666/1993) pode ser feita mediante a comparação do valor ofertado com aqueles praticados pelo contratado junto a outros entes públicos ou privados, em avenças envolvendo o mesmo objeto ou objeto similar (TCU, Plenário. Acórdão nº 2.993/2028. Rel. Min. Bruno Dantas, j. 12.12.2018).

verificação quanto à compatibilidade de preços será formal e deverá considerar, no mínimo, o número de concorrentes no procedimento e os valores por ele ofertados". Dizendo de outra forma, a avalição da proposta não é material, apenas formal, sendo que o determinante são os valores oferecidos por aqueles que participaram da cotação.

Sob esse contexto, o risco de sobrepreço é evidente, porque a Administração Pública admite proposta de preço sem verdadeira referência de mercado. Em adição, pondera-se que as hipóteses de dispensa de licitação dos incisos I e II do artigo 75 da Lei nº 14.133/2021 não transitam em valores tão reduzidos, os montantes são, respectivamente, de R$100.000,00 e R$50.000,00.[169] Como esse tipo de contratação é bastante frequente, se somadas todas, o risco em seu conjunto pode ser impactante, especialmente para órgãos e entidades de médio e pequeno porte.

É bom chamar a atenção ao fato de que a exceção contida no §4º do artigo 7º da Instrução Normativa nº 65/2021 se restringe às hipóteses de dispensa dos incisos I e II do artigo 75 da Lei nº 14.133/2021. O permissivo não se estende para outros casos de contratação direta cujos preços não ultrapassam os valores dos referidos incisos. Esse aspecto revela incongruência, porque é o valor da contratação e não propriamente alguma característica peculiar das dispensas dos incisos I e II do artigo 75 da Lei nº 14.133/2021 o determinante para a simplificação pretendida por meio do §4º do artigo 7º da Instrução Normativa nº 65/2021.

Registre-se, por fim, que a Lei nº 14.981/2024 dispõe de medidas excepcionais para aquisição de bens e a contrataçao de obras e de serviços, inclusive de engenharia, destinados ao enfrentamento de impactos decorrentes de estado de calamidade pública e ela prescreve regras especiais sobre a justificativa de preços. O §3º do artigo 3º da Lei nº 14.981/2024, em razão da situação de calamidade, autoriza que se contrate com preços superiores aos levantados em pesquisa de preços em razão de "oscilações ocasionadas pela variação de preços". Nesses casos, o dispositivo exige: "I - negociação prévia com os demais fornecedores, segundo a ordem de classificação, para obtenção de condições mais vantajosas; e II - fundamentação, nos autos do processo administrativo da contratação correspondente, da variação de preços praticados no mercado por motivo superveniente". Sucede que situações de calamidade costumam afetar os mercados, muitas vezes faltam produtos e serviços, de modo que os preços sofrem oscilações e não correspondem exatamente aos preços praticados em situações normais e em outras praças não afetadas pela calamidade. Daí que essas oscilações que afetam a região atingida pela calamidade formam o próprio preço de mercado, porque correspondem ao que é efetivamente praticado no local da calamidade. Então, é preciso reconhecer a oscilação dos preços e considerá-la ao definir o preço da contratação, que pode não corresponder aos preços praticados nas praças não afetadas pela calamidade.

9 Seleção do contratado

Em seguida, a Administração Pública deve escolher com quem contratar e em quais condições. O inciso V do artigo 72 da Lei nº 14.133/2021 exige a "comprovação de que

---

[169] Noticia-se que tais valores foram atualizados, consoante o Decreto Federal nº 12.343/2024, para R$125.451,15 e R$62.725,59, respectivamente.

o contratado preenche os requisitos de habilitação e qualificação mínima necessária", o inciso VI do mesmo artigo exige a "razão da escolha do contratado", e, em seguida, o inciso VII demanda a "justificativa de preço". Então, depois de definir o objeto e as condições de execução do futuro contrato (inciso I do artigo 72), depois de definir o preço de referência (inciso II do artigo 72) e de realizar as previsões orçamentárias (inciso IV do artigo 72), a Administração Pública deve escolher com quem contratar e justificar a sua opção (inciso VI do artigo 72), o que passa pela apuração da proposta para si mais vantajosa (inciso VII do artigo 72) e pela investigação das qualificações do futuro contratado (inciso V do artigo 72).

Nessa fase, ela não precisa tratar todos os possíveis interessados com igualdade, o que seria necessário se ela devesse proceder à licitação pública. Repita-se, nos casos de dispensa e de inexigibilidade são aceitos agravos à isonomia, que cede parcialmente em face da impossibilidade de realizar a licitação pública ou da proteção de outros valores relacionados ao interesse público. Contudo, no mesmo passo, não se quer afirmar que a isonomia é derrogada por completo, porque a Administração Pública não pode fazer valer discriminações desproporcionais e desnecessárias. Portanto, para escolher o contratante, a Administração Pública não é obrigada a tratar todos os possíveis interessados com igualdade, todavia, deve fazê-lo na maior medida possível.

É usual, porém nem sempre necessário, lançar uma espécie de cotação de preços entre possíveis interessados, a fim de apurar a proposta mais vantajosa e, sob essas bases, escolher o futuro contratado. Sem embargo, repita-se, esse processo de cotação de preços não é necessário diante de inúmeros casos, sobremodo nas situações em que a definição é realizada preponderantemente sob aspectos qualitativos, como ocorre na maior parte dos casos de contratações por meio de inexigibilidade de licitação.

Daí, há de se separar duas questões: uma é a escolha do futuro contratado, que não precisa se amparar decisivamente no preço, outra é a justificativa do preço do futuro contrato, que deve ser compatível com o mercado. Demonstrado que o preço é compatível com o mercado, em face da pesquisa de preços que é realizada com antecedência e que pode ocorrer independentemente da consulta direta a qualquer fornecedor ou interessado, a Administração Pública goza de discricionariedade para a escolha do futuro contratado, desde que de maneira motivada. Sob essa perspectiva, não é obrigatório que em contratação direta haja alguma espécie de disputa entre possíveis interessados. Basta, apenas, que a escolha do futuro contratado seja motivada e que o preço seja compatível com o mercado, o que não depende, insista-se, de cotação direta de preços com outros fornecedores ou interessados.

Do Tribunal de Contas da União:

> 5. O primeiro conjunto de ocorrências consiste no fato de que, em 22 processos de dispensa de licitação, de um total de 65, a definição da empresa contratada teria ocorrido anteriormente à apresentação das propostas apresentadas para a orçamentação do objeto.
>
> 6. A unidade técnica argumenta que esses fatos caracterizariam fraude na condução do processo de dispensa, em razão do direcionamento da contratação para determinada empresa e a consequente violação do princípio da isonomia.

7. A respeito, observo que o raciocínio estaria correto, caso se estivesse a tratar da realização de licitação. Nesse caso, sim, poder-se-ia falar em direcionamento ilícito da contratação e violação aos princípios da isonomia e da moralidade.
8. Entretanto, trata-se aqui de contratação direta. Ora, a essência desse instituto é exatamente a escolha do futuro contratado pela Administração Pública. Trata-se de opção do legislador, com expresso amparo no artigo 37, inciso XXI, da Constituição Federal, em que se entende que o interesse público será melhor atendido caso a Administração Pública efetue contratações sem a realização de prévia licitação.
9. Nessas situações, o princípio da isonomia tem a sua aplicação pontualmente afastada em prol de outros interesses públicos. No caso concreto, de acordo com o disposto no artigo 24, inciso IV, da Lei 8.666/1993, a urgência em atendimento de situações de calamidade pública provocou a necessidade de realização de contratações por dispensa de licitação.
10. Em sendo assim, não vislumbro sentido em se falar em direcionamento ilícito para a realização de contratações diretas.
11. É certo que a situação motivadora da contratação direta deve ser devidamente evidenciada, a escolha da contratada deve ser justificada e os preços praticados devem ser os de mercado, sempre de acordo com o disposto nos incisos I, II e III do parágrafo único do artigo 26 da Lei 8.666/1993.
12. Nessa linha, a existência de outras propostas de preços, além daquela contratada, possui por objetivo justificar o preço a ser contratado. Não há que falar, como aponta a unidade técnica, na realização de um processo de disputa para se averiguar a proposta mais vantajosa. Caso assim fosse, não se estaria falando de dispensa de licitação, mas de licitação propriamente dita.
13. É bem verdade que, caso a contratação não ocorra pela proposta de menor preço, o gestor deve justificar o preço praticado e demonstrar as razões de seu processo. Nos casos em tela, entretanto, não há indicativos de que não tenha sido contratada a proposta mais vantajosa economicamente e tampouco os gestores foram instados a se manifestar a respeito.[170]

Isso ocorre com larga frequência nos casos de inexigibilidade de licitação. Por exemplo, a Administração Pública motivadamente pretende contratar advogado para a prestação de um serviço singular, suponha-se, a confecção de um parecer jurídico de alta complexidade. Não é obrigatório abrir uma espécie de cotação pública ou consulta pública, basta explicar as razões pelas quais o advogado escolhido é o adequado para a prestação dos serviços pretendidos, em juízo que é discricionário, e que o preço oferecido por ele é compatível com o praticado no mercado.

Pondera-se que o §3º do artigo 7º da Instrução Normativa nº 65, da Secretaria Especial de Desburocratização, Gestão e Governo Digital do Ministério da Economia, prescreve que "Fica vedada a contratação direta por inexigibilidade caso a justificativa de preços demonstre a possibilidade de competição".

Nessa linha, em dadas situações atinentes à inexigibilidade de licitação, o Tribunal de Contas da União entende que a realização de cotação de preços e a obtenção de propostas de mais de um potencial fornecedor ou prestador de serviços são indicativos de que haveria possibilidade de competição e que, portanto, a inexigibilidade de licitação seria indevida. Confira-se:

170 TCU, Plenário. Acórdão nº 1.157/2013. Rel. Min. Benjamin Zymler, j. 15.3.2013.

> A realização de cotação de preços junto a potenciais prestadores dos serviços demandados, a fim de justificar que os preços contratados estão compatíveis com os praticados no mercado, afasta a hipótese de inexigibilidade de licitação, por restar caracterizada a viabilidade de competição.[171]

O entendimento do Tribunal de Contas da União é equivocado, especialmente diante das hipóteses de inexigibilidade que não pressupõem a exclusividade do contratado, que são todas as previstas no artigo 74 da Lei nº 14.133/2021 à exceção da hipótese do seu inciso I. Ainda que o serviço seja prestado por notório especialista, como é o caso do inciso III, seria possível obter propostas de outros notórios especialistas e tomá-las como referência para a justificativa do preço contratado, sem que isso desfaça a situação de inviabilidade de competição.

Sob essas luzes é que também deve ser interpretado o supracitado §3º do artigo 7º da Instrução Normativa nº 65. Quer dizer que a mera obtenção de cotações ou propostas não é o bastante para desqualificar a inviabilidade de competição e, por conseguinte, a inexigibilidade de licitação, muitas vezes dependentes e centradas em outros elementos. Entretanto, é possível que ao receber cotações a Administração Pública se inteire desses outros elementos, diante deles, conclua que não é o caso de inexigibilidade de licitação e passe a entender que a competição é viável. Se isso ocorrer – ressalva-se: não como consequência inerente ao fato de ter recebido mais de uma cotação –, deve partir para a licitação pública, que deve ser privilegiada.

Em que pese isso, vale a advertência de que, diante da jurisprudência do Tribunal de Contas da União, talvez seja melhor, para evitar questionamentos futuros, que a Administração Pública se contente em relação à justificativa do preço apenas com outros contratos da própria pessoa que se pretende contratar nos casos de inexigibilidade de licitação.

De todo modo, embora não seja obrigatório, nas situações em que a escolha do fornecedor é orientada pelo preço, o que ocorre diante de produtos padronizados ou relativamente padronizados, é de todo recomendável que seja precedida de cotação de preços, junto a mais de um fornecedor, inclusive, se possível, por meio de chamamento público ou medida do gênero. Se o preço é o critério determinante, faz todo sentido que a Administração Pública ofereça oportunidade para pretensos interessados apresentarem as suas propostas de acordo com as suas possibilidades. Esse processo de cotação justificaria a escolha do fornecedor por parte da Administração Pública, que, sob essa condição, não precisaria se estender sobre aspectos mais subjetivos atinentes à qualidade.

9.1 O direito dos interessados de apresentarem propostas em processo de contratação direta

Como visto, no processo de contratação direta a Administração Pública não precisa tratar todos os possíveis interessados com igualdade, o que seria necessário se ela devesse proceder à licitação pública. Em contratação direta são aceitos agravos à

[171] TCU, Primeira Câmara. Acórdão nº 2.280/2019. Rel. Min. Benjamin Zymler, j. 12.3.2019.

isonomia, que, no entanto, não é derrogada por completo, deve ser observada naquilo que não comprometer os interesses públicos.

Falando-se diretamente, em processo de contratação direta, pelo menos em regra, não é necessário publicar editais ou adotar outras medidas do gênero, para dar iguais oportunidades a todos os possíveis interessados. A Administração Pública pode solicitar propostas a um número restrito de interessados, inclusive, a depender do caso, a apenas um único interessado.

Diante disso, o problema prático que se apresenta é o de algum interessado, ciente de que está em curso processo para a contratação direta, apresentar proposta à Administração sem que ela tenha solicitado. Na verdade, a questão é se a Administração pode recusar essa proposta sem a apreciar e levar em consideração ou se o interessado tem o direito de apresentar proposta em processo de contratação direta e que ela seja devidamente considerada.

Nessa direção, é sabido que a escolha do contratado em processo de contratação direta é discricionária. No entanto, como também é sabido, discricionariedade não se confunde com arbitrariedade, de modo que os agentes administrativos não podem decidir com base em critérios pessoais, subjetivos e não técnicos e, muito menos, não podem decidir sem motivação, excluindo eventual proposta mais vantajosa ou que pode vir a ser a mais vantajosa por mero capricho e arbitrariedade. Extrai-se dos incisos VI e VII do artigo 72 da Lei nº 14.133/2021, insista-se, que a Administração Pública deve externar a "razão de escolha do contratado" e prover "justificativa de preço".

Com esse timbre, a Administração não tem o direito de apenas deixar de apreciar ou de sequer levar em consideração a proposta de um interessado. No mínimo, deve considerar a proposta e, se for o caso, motivadamente, recusá-la. É importante sublinhar que a ausência de motivação compromete a própria legalidade da contratação diante do inciso I do artigo 50 da Lei Federal nº 9.784/1999, cujo teor a exige para atos administrativos que "neguem, limitem ou afetem direitos ou interesses", o que se reforça diante do princípio da motivação, consagrado no artigo 5º da Lei nº 14.133/2021.[172]

Partindo dessas premissas, é de concluir que a finalidade da norma que confere competência discricionária à Administração Pública para escolher a futura contratada e os termos do contrato não é a de lhe franquear carta branca, permitindo-lhe rechaçar ou escolher quem quer que seja ao seu bel prazer, levando em consideração apenas as suas idiossincrasias, passando por cima dos princípios administrativos. A finalidade da competência discricionária é para que a Administração Pública avalie a proposta mais vantajosa, tudo pautado por critérios técnicos voltados à consecução do interesse público, de modo a obter a proposta mais vantajosa. Sendo assim, a eventual exclusão

---

172 "ADMINISTRATIVO. MANDADO DE SEGURANÇA. INDEFERIMENTO DE AUTORIZAÇÃO PARA FUNCIONAMENTO DE CURSO SUPERIOR. AUSÊNCIA DE MOTIVAÇÃO DO ATO ADMINISTRATIVO. NULIDADE. 1. A margem de liberdade de escolha da conveniência e oportunidade, conferida à Administração Pública, na prática de atos discricionários, não a dispensa do dever de motivação. O ato administrativo que nega, limita ou afeta direitos ou interesses do administrado deve indicar, de forma explícita, clara e congruente, os motivos de fato e de direito em que está fundado (art. 50, I, e §1º da Lei 9.784/99). Não atende a tal requisito a simples invocação da cláusula do interesse público ou a indicação genérica da causa do ato" (STJ, Primeira Sessão. MS nº 9.944/DF. Rel. Min. Teori Albino Zavascki, j. 25.5.2005).

de proposta de interessado apresentada em processo de contratação direta deve ser devidamente motivada e os motivos declinados devem ser subsistentes.[173]

9.2 Qualificação do contratado

Além do preço, com base no inciso V do artigo 72 da Lei nº 14.133/2021, é importante que a Administração Pública avalie as qualificações do futuro contratado, que deve ter habilidade para prestar o objeto do contrato, devendo a Administração Pública buscar elementos que retratem a experiência anterior dele. Não é lícito à Administração Pública, sob o argumento da dispensa e da inexigibilidade, agir imprudentemente, contratando alguém que não tenha aptidão para tanto. É fundamental cercar-se de cuidados e demandar do futuro contratado a comprovação das condições consideradas adequadas para o cumprimento das obrigações contratuais.

Os documentos a serem exigidos em habilitação nas licitações são tratados no Capítulo VI do Título II da Lei nº 14.133/2021, divididos, conforme artigo 62, em habilitação jurídica, técnica, fiscal, social e trabalhista, e econômico-financeira.

O inciso III do *caput* do artigo 70 da Lei nº 14.133/2021 prescreve que a documentação de habilitação pode ser "dispensada, total ou parcialmente, nas contratações para entrega imediata, nas contratações em valores inferiores a 1/4 (um quarto) do limite para dispensa de licitação para compras em geral e nas contratações de produto para pesquisa e desenvolvimento até o valor de R$300.000,00 (trezentos mil reais)".[174]

Extraem-se do inciso III do *caput* do artigo 70 as seguintes conclusões:

(i) Os documentos de habilitação exigidos na Lei nº 14.133/2021 para as licitações também devem ser exigidos para as contratações diretas. Os documentos de habilitação, para as licitações e para as contratações diretas, somente podem ser dispensados, no todo ou em parte, nas hipóteses do inciso III do *caput* do artigo 70.

(ii) O dispositivo refere-se a "contratações", o que significa que abrange os casos de contratação direta e de licitação pública. Sem embargo disso, supõe-se que o dispositivo seja aplicado com mais frequência na contratação direta, porque uma das hipóteses remete a valores que ficam dentro dos limites da dispensa de licitação, e outra hipótese à contratação de produto para pesquisa

---

[173] Marçal Justen Filho tece considerações específicas sobre a obrigação de motivação nas contratações diretas e sobre o dever de admitir que todos os potenciais interessados qualificados formulem propostas: "Todos os potenciais interessados deverão ser admitidos a formular propostas, na medida em que tal seja compatível com a situação que origina a contratação direta. A natureza da contratação determina os requisitos exigíveis dos potenciais interessados – regra-padrão para todas as hipóteses de licitação e que não se altera no caso. Assim, por exemplo, suponha-se contrato para restauração de obra de arte. É óbvio que todos os profissionais do setor poderão pleitear a contratação. Também é claro que não será cogitável contratar alguém não qualificado para o serviço. [...] Há necessidade de motivação do ato decisório da Administração no tocante tanto à presença dos pressupostos para a contratação direta quanto ao conteúdo da contratação propriamente dita. Ao optar por um determinado sujeito, excluindo a contratação de terceiros, deve-se indicar os fundamentos da decisão. Em todos os casos, atribuição de competência discricionária não se confunde com liberação de motivação nem autoriza prevalência de motivos meramente subjetivos. Aliás, muito ao contrário, a competência discricionária demanda justificativas muito mais exaustivas e minuciosas do que a prática de ato vinculado" (JUSTEN FILHO, Marçal. *Comentários à Lei de Licitações e Contratos Administrativos*. 1. ed. São Paulo: Thomson Reuters Brasil, 2021. *E-book*).

[174] Esse valor foi atualizado, na forma do Decreto Federal nº 12.343/2024, para R$376.353,48.

e desenvolvimento até o valor de R$300.000,00 (trezentos mil reais), o que corresponde à dispensa da alínea "c" do inciso IV do *caput* do artigo 75 da Lei nº 14.133/2021.

(iii) A dispensa dos documentos pode ocorrer em qualquer contratação cujo objeto seja para a entrega imediata, o que é comum com insumos e equipamentos. Nesse caso não há limitação de valores. Há limitação de valores para compras em geral sem entrega imediata e para a contratação de produto para pesquisa e desenvolvimento, cujo valor máximo é de R$300.000,00 (trezentos mil reais). Em interpretação sistemática, deve-se entender que os limites de valores somente se aplicam quando a contratação não for para entrega imediata, sobremodo nos casos de produto para pesquisa e desenvolvimento. Insista-se que, se for para entrega imediata, pouco importa a natureza ou a destinação do objeto, não há limitação de valor.

(iv) A dispensa dos documentos de habilitação pode ser total ou parcial, o que facilita a contratação de empresas pequenas e mesmo a contratação por meio da internet, em sites especializados, o que tem sido uma demanda frequente de órgãos e entidades administrativas. Ressalva-se que, de acordo com o §3º do artigo 195 da Constituição Federal, "a pessoa jurídica em débito com o sistema da seguridade social, como estabelecido em lei, não poderá contratar com o Poder Público nem dele receber benefícios ou incentivos fiscais ou creditícios". Desse modo, por força constitucional, mesmo que a contratação seja de pequena monta e realizada por contratação direta, a Administração Pública não pode deixar de exigir das pessoas jurídicas a comprovação de regularidade com a seguridade social.

Volta-se a fazer referência à Lei nº 14.981/2024, que dispõe de medidas excepcionais para aquisição de bens e a contratação de obras e de serviços, inclusive de engenharia, destinados ao enfrentamento de impactos decorrentes de estado de calamidade pública. Sucede que o artigo 4º da Lei nº 14.981/2024 prescreve que, em razão do estado extraordinário de calamidade, havendo restrição de fornecedores ou de prestadores de serviços, algo usual nas áreas afetadas, "[...] a autoridade competente, excepcionalmente e mediante justificativa, poderá dispensar a apresentação de documentação relativa às regularidades fiscal e econômico-financeira e delimitar os requisitos de habilitação jurídica e técnica ao estritamente necessário à adequada execução do objeto contratual". Logo, o legislador, para enfrentar a calamidade, se for necessário, autoriza a simplificação dos requisitos de habilitação.

10 Parecer jurídico

Com a escolha do contratado, parte-se para a finalização do processo de contratação direta, que ocorre com a avaliação da assessoria jurídica (inciso III do artigo 72 da Lei nº 14.133/2021) e com a autorização da autoridade competente (inciso VIII).

O §4º do artigo 53 da Lei nº 14.133/2021 exige do órgão de assessoramento jurídico o "controle prévio de legalidade de contratações diretas", que pode ser dispensado, nos termos do §5º do mesmo artigo,

> [...] nas hipóteses previamente definidas em ato da autoridade jurídica máxima competente, que deverá considerar o baixo valor, a baixa complexidade da contratação, a entrega imediata do bem ou a utilização de minutas de editais e instrumentos de contrato, convênio ou outros ajustes previamente padronizados pelo órgão de assessoramento jurídico.

Logo, é permitido eximir a assessoria jurídica de produzir parecer jurídico sobre processo de contratação direta de baixo valor e de baixa complexidade. Inclusive, sob as luzes da Lei nº 14.133/2021, a Advocacia-Geral da União emitiu a Orientação Normativa nº 69/2021, cujo teor afirma:

> Não é obrigatória manifestação jurídica nas contratações diretas de pequeno valor com fundamento no art. 75, I ou II, e §3º da Lei nº 14.133, de 1º de abril de 2021, salvo se houver celebração de contrato administrativo e este não for padronizado pelo órgão de assessoramento jurídico, ou nas hipóteses em que o administrador tenha suscitado dúvida a respeito da legalidade da dispensa de licitação. Aplica-se o mesmo entendimento às contratações diretas fundadas no art. 74, da Lei nº 14.133, de 2021, desde que seus valores não ultrapassem os limites previstos nos incisos I e II do art. 75, da Lei nº 14.133, de 2021.

A Orientação Normativa nº 69/2021, da Advocacia-Geral da União, não se aplica diretamente sobre estados, Distrito Federal e municípios, que, no entanto, se quiserem, podem segui-la. Podem, também, se entenderem conveniente, produzir suas próprias orientações normativas ou medidas equivalentes.

11 Autorização da autoridade competente

Passado pelo crivo da assessoria jurídica, o processo de contratação direta segue para o seu ato derradeiro, que é a autorização da autoridade competente, conforme o inciso VIII do artigo 72 da Lei nº 14.133/2021, que deve avaliar sua legalidade, conveniência e oportunidade. O ato autorizador ou o extrato do contrato deve ser divulgado e mantido em sítio eletrônico oficial, consoante exige o parágrafo único do artigo 72. O artigo 73 da Lei nº 14.133/2021, por derradeiro, adverte que a contratação indireta indevida ocorrida com dolo, fraude ou erro grosseiro gera a responsabilidade do contratado e do agente público, que devem arcar solidariamente com o dano causado, sem prejuízos de outras sanções legais.

12 Publicação

O parágrafo único do artigo 72 da Lei nº 14.133/2021 prescreve que "o ato que autoriza a contratação direta ou o extrato decorrente do contrato deverá ser divulgado e mantido à disposição do público em sítio eletrônico oficial". Acresça-se que, a bem da transparência, todos os avisos de contratação direta e os contratos e termos aditivos devem estar disponíveis e acessíveis no Portal Nacional de Contratações Públicas, como exigem os incisos III e V do §2º do artigo 174 da Lei nº 14.133/2021.

A Orientação Normativa nº 85/2024, da AGU, reconhece que, "nas contratações diretas, a divulgação do contrato no Portal Nacional de Contratações Públicas (PNCP), na forma dos artigos 94, inc. II, e 174 da Lei nº 14.133, de 2021, supre a exigência de publicidade prevista no artigo 72, p. único, do mesmo diploma". O Portal Nacional de Contratações Públicas é também um sítio eletrônico oficial, a que se refere o parágrafo único do artigo 72 da Lei nº 14.133/2021. Logo, ao publicar no Portal está-se publicando num sítio eletrônico oficial, cumprindo-se o parágrafo único do artigo 72 da Lei nº 14.133/2021.

13 Dispensa de licitação eletrônica

O §3º do artigo 75 da Lei nº 14.133/2021 prescreve que as hipóteses de dispensa dos seus incisos I e II devem ser

> [...] preferencialmente precedidas de divulgação de aviso em sítio eletrônico oficial, pelo prazo mínimo de 3 (três) dias úteis, com a especificação do objeto pretendido e com a manifestação de interesse da Administração em obter propostas adicionais de eventuais interessados, devendo ser selecionada a proposta mais vantajosa.[175]

O §3º do artigo 75 da Lei nº 14.133/2021 foi regulamentado pela Instrução Normativa nº 67, da Secretaria Especial de Desburocratização, Gestão e Governo Digital do Ministério da Economia, que se aplica no âmbito da Administração Pública Federal direta, autárquica e fundacional. Os demais entes da Federação, na forma do artigo 2º da instrução normativa, também devem aplicá-la nas situações em que executarem recursos da União decorrentes de transferências voluntárias. O §2º do artigo 3º da Instrução Normativa ainda preceitua que os demais entes federativos, se quiserem, a depender das suas vontades, podem valer-se do sistema do Governo Federal, denominado atualmente de Comprasnet 4.0, disponibilizado por meio da celebração de termo de acesso.

Pois bem, o procedimento prescrito no §3º do artigo 75 da Lei nº 14.133/2021 e regulamentado pela Instrução Normativa nº 67 é o que se vem chamado de dispensa de licitação eletrônica.[176] Não se trata, diga-se de início, de mera faculdade para a Administração Pública Federal. Os incisos I e II do artigo 4º da Instrução Normativa nº 67/2021 exigem a dispensa de licitação eletrônica para as contratações que não ultrapassam os limites indicados nos incisos I e II do artigo 75 da Lei nº 14.133/2021, respectivamente,

---

175 Noticia-se que, nos termos do inciso I do artigo 2º da Lei nº 14.981/2024, que dispõe de medidas excepcionais para o enfrentamento de impactos decorrentes de estado de calamidade pública, o prazo do §3º do artigo 75 da Lei nº 14.133/2021 foi reduzido pela metade. O prazo mínimo do §3º do artigo 75 da Lei nº 14.133/2021 é de três dias úteis, portanto a metade seria um dia útil e meio. Sugere-se que o aviso da dispensa eletrônico seja preciso em relação à data e à hora limites.

176 Convém registrar que o Governo Federal já de bom tempo dispõe de instrumento de cotação eletrônica de preços, chamado de dispensa de licitação eletrônica pelo artigo 51 do Decreto nº 10.024/2019, que regulamenta o pregão eletrônico. De acordo com o aludido decreto, ele deve ser utilizado pelas unidades gestoras integrantes do SISG para a contratação de bens e serviços comuns, inclusive de engenharia, nas hipóteses em que os valores não ultrapassam os limites das dispensas dos incisos I e II do artigo 24 Lei nº 8.666/1993 e nas demais hipóteses de dispensa de licitação do mesmo artigo 24, desde que os objetos sejam qualificados como comuns e não envolvam engenharia. Em resumo, trata-se de um meio para ampliar a cotação de preços, estendendo-o para um número expressivo de fornecedores, de maneira rápida e eficaz. A dispensa é registrada no sistema e os fornecedores cadastrados são avisados e podem oferecer propostas. O sistema recebe as propostas e seleciona a mais vantajosa.

R$100.000,00, para obras e serviços de engenharia e serviços de manutenção de veículos automotores, e R$50.000,00, para os demais serviços e compras.[177]

Nos termos da Instrução Normativa nº 67, a dispensa de licitação eletrônica não é destinada apenas às dispensas fundamentadas nos incisos I e II do artigo 75 da Lei nº 14.133/2021, mas é obrigatória para todas as contratações cujos valores não ultrapassem os limites prescritos nos referidos incisos, ainda que fundamentadas em outras hipóteses de dispensa de licitação. Ressalva-se, com perdão pela redundância, que a dispensa de licitação eletrônica vale apenas para as dispensas de licitação, não para as inexigibilidades.

Para as demais hipóteses de dispensa de licitação previstas no artigo 75 da Lei nº 14.133/2021, mesmo que os valores ultrapassem os limites dos incisos I e II do mesmo artigo, a dispensa de licitação eletrônica deve ser utilizada "quando cabível", na expressão do inciso III do artigo 4º da Instrução Normativa nº 67/2021. Ressalta-se que, quando for cabível, os agentes administrativos não gozam de discricionariedade para não utilizarem a dispensa de licitação eletrônica, que passa a ser a regra, cujo não emprego demanda a existência de algum motivo ou razão. Sucede que a dispensa de licitação eletrônica é cabível nas situações em que a escolha do futuro contratado for pautada no critério preço, sem que aspectos qualitativos sejam determinantes ou relevantes, o que constitui a maioria expressiva dos casos de dispensa de licitação. Sendo assim, a não utilização da dispensa de licitação eletrônica passa a ser a exceção, que tem lugar em casos específicos, como os que envolvem emergências, inovação tecnológica e outras situações de dispensa, insista-se, em que o fator determinante ou relevante para a Administração escolher o futuro contratado seja o qualitativo.

A dispensa de licitação eletrônica, desta feita com fundamento no inciso IV do artigo 4º da Instrução Normativa nº 67/2021, também deve ser empregada em "registro de preços para a contratação de bens e serviços por mais de um órgão ou entidade, nos termos do §6º do art. 82 da Lei nº 14.133, de 2021". Com efeito, o §6º do artigo 82 da Lei nº 14.133/2021 prescreve que "O sistema de registro de preços poderá, na forma de regulamento, ser utilizado nas hipóteses de inexigibilidade e de dispensa de licitação para a aquisição de bens ou para a contratação de serviços por mais de um órgão ou entidade".

Reforça-se, diante do conjunto das considerações acerca do artigo 4º da Instrução Normativa nº 67/2021, que a dispensa de licitação eletrônica não é de uso meramente facultativo, pelo menos não é para a Administração Pública Federal, em linha um tanto diversa do preceituado no §3º do artigo 75 da Lei nº 14.133/2021, cujo texto assinala que ela deve ser empregada preferencialmente. Dito de outro modo, o artigo 4º da Instrução Normativa nº 67/2021 fez obrigatório o que o §3º do artigo 75 da Lei nº 14.133/2021 qualificou como meramente preferencial. Não há ilegalidade nisso, porque é legítimo que a Administração Pública, por sua vontade, como é o caso, se obrigue a algo que o legislador determinou ser preferencial, é legítimo fazer mais do que lhe foi prescrito. Só haveria ofensa à legalidade se a Administração Pública fizesse menos, não desse a devida preferência à dispensa de licitação eletrônica, o que não ocorreu, bem ao contrário.

---

[177] Tais valores foram atualizados, consoante o Decreto Federal nº 11.317/2022, para R$114.416,65 (cento e quatorze mil, quatrocentos e dezesseis reais e sessenta e cinco centavos) e R$57.208,33 (cinquenta e sete mil, duzentos e oito reais e trinta e três centavos), respectivamente.

Nesse sentido, ressalva-se que, para os entes que não são obrigados à Instrução Normativa nº 67/2021, a dispensa eletrônica é apenas preferencial para as hipóteses de dispensa dos incisos I e II do artigo 75 da Lei nº 14.133/2021, conforme o §3º do artigo 75 da Lei nº 14.133/2021. Portanto, mesmo para os incisos I e II do artigo 75 da Lei nº 14.133/2021, a dispensa eletrônica não é obrigatória, é apenas preferencial. Por conseguinte, para as demais hipóteses de dispensa, não é sequer preferencial.[178]

O procedimento da dispensa de licitação eletrônica segue o fluxo estabelecido no artigo 72 da Lei nº 14.133/2021 para as contratações diretas, com a particularidade de realizar-se em ambiente eletrônico, acrescido de exigências relevantes no tocante à seleção do futuro contratado: (i) o órgão ou entidade administrativa insere no sistema do Governo Federal as informações relativas ao procedimento de contratação (artigo 6º da Instrução Normativa nº 67/2021); (ii) daí um aviso de contratação direta é divulgado no sistema do Governo Federal e no Portal Nacional de Contratações Públicas (PNCP), sendo que os fornecedores registrados no Sistema de Registro Cadastral Unificado (Sicaf) são comunicados diretamente por meio de mensagem eletrônica (artigo 7º da Instrução Normativa nº 67/2021); (iii) abre-se, então, o prazo de, no mínimo, três dias úteis para o envio de lances (parágrafo único do artigo 5º da Instrução Normativa nº 67/2021), que devem ser encaminhados por meio do sistema eletrônico, acompanhados dos demais requisitos exigidos no aviso de contratação direta e com o preenchimento das declarações exigidas no próprio sistema eletrônico (artigo 8º da Instrução Normativa nº 67/2021); (iv) segue-se uma etapa de lances, praticamente idêntica a de uma licitação, que fica aberta pelo tempo de seis a dez horas (artigo 11 da Instrução Normativa nº 67/2021); (v) encerrada a etapa de lances, verifica-se a conformidade da proposta de menor preço e se avaliam documentos de habilitação (artigo 15 da Instrução Normativa nº 67/2021), que são os constantes do Sistema de Registro Cadastral Unificado (Sicaf) e outros que sejam exigidos e que devem ser enviados pelo sistema eletrônico (§3º do artigo 19 da Instrução Normativa nº 67/2021); (vi) aceita a proposta e atendidas as exigências de habilitação, o processo de contratação direta vai à autoridade competente para adjudicação e homologação (artigo 23 da Instrução Normativa nº 67/2021).

A conclusão vem ao natural: a rigor jurídico, esse processo de dispensa de licitação eletrônica é uma espécie de modalidade simplificada de licitação, embora não seja assim denominado pelo legislador nem pela Secretaria Especial de Desburocratização, Gestão e Governo Digital do Ministério da Economia. Vê-se que ela segue o mesmo procedimento das licitações exigido no artigo 17 da Lei nº 14.133/2021, com apenas duas diferenças mais significativas. A primeira é que não há propriamente edital, mas há algo que equivale a edital, que é o aviso de contratação direta previsto no artigo 7º da Instrução Normativa nº 67/2021, que tem a mesmíssima utilidade. A segunda é que não há fase recursal, exigida para as licitações no inciso VI do artigo 17 da Lei nº 14.133/2021. Os efeitos da ausência de fase recursal, no entanto, podem ser supridos pelo direito de petição que é reconhecido a todas as pessoas, inclusive àquelas que

---

[178] 3. A publicação prevista no §3º do art. 75 da Lei nº 14.133/21 não se faz obrigatória em se tratando da dispensa de licitação prevista no inciso XV do mesmo dispositivo legal, cabendo ao gestor atender aos preceitos no art. 72 da Lei nº 14.133/2021, que regulamenta o processo de contratação direta (TCE/SC, Plenário. Prejulgado nº 2400).

participam de processos de dispensa de licitação eletrônica. A única particularidade é que o direito de petição não tem efeito suspensivo, em razão do que se pode comparar a petição a um recurso sem efeito suspensivo.

A propósito, uma das críticas que se faz à Lei nº 14.133/2021 é que ela instituiu procedimento de licitação muito pesado e burocrático. Nesse sentido, o legislador não previu uma modalidade de licitação mais simples e célere para ser usada nos contratos de menor repercussão econômica e complexidade. A dispensa de licitação eletrônica é, por um caminho enviesado, essa modalidade de licitação mais simples e mais célere. O defeito dela é a sua delimitação apenas às hipóteses qualificadas pelo legislador como de dispensa de licitação pública. Poderia, em tese, se o legislador tivesse permitido, ser usada de modo bem mais abrangente.

Pondere-se que a licitação pública é obrigatória em razão da obrigação da Administração Pública de tratar com igualdade todos os interessados em contratar com ela. Noutras palavras, licitação pública é o processo administrativo necessário para tratar todos com igualdade. E o fato é que a dispensa de licitação eletrônica trata todos os interessados com igualdade, porque dá oportunidade a todos para apresentarem propostas, cuja seleção se dá pelo preço, portanto, por meio de critério objetivo também respeitante da igualdade. A dispensa de licitação eletrônica é na verdade uma modalidade de licitação disfarçada.

Isso tudo leva à reflexão sobre a utilidade da dispensa de licitação, pelo menos da maior parte dos casos de dispensa de licitação prescritos pelo legislador, que se submetem ao processo de dispensa de licitação eletrônica na forma da Instrução Normativa nº 67/2021. Ora, a dispensa de licitação existe porque há casos em que a realização da licitação imporia sacrifícios ao interesse público. O legislador dispensa a licitação, aceita agravos à isonomia, para proteger outros valores pertinentes ao interesse público. Dessa maneira, o processo de dispensa de licitação eletrônica da Instrução Normativa nº 67/2021 revela o desacerto e os excessos do legislador, porque na maior parte dos casos qualificados como dispensa de licitação é sim possível realizar processo administrativo que assegure igualdade aos interessados sem maiores prejuízos ao interesse público. Isso significa que não se precisava de tantas e tão largas hipóteses de dispensa de licitação, mas sim de uma modalidade de licitação que fosse mais simples e célere. Atualmente, por um caminho enviesado, dispõe-se dessa modalidade de licitação mais simples e célere, que, em tributo à grande confusão provocada pelo Legislativo, foi qualificada como dispensa de licitação eletrônica. Tirando de lado a confusão conceitual, o que vale é a essência e não o nome que se atribui às coisas, por efeito do que a dispensa de licitação eletrônica merece aplausos dado que é em essência licitação e, sendo em essência licitação, melhor contempla o princípio da isonomia e a regra da obrigatoriedade de licitação prescrita na parte inicial do inciso XXI do artigo 37 da Constituição Federal.

É preciso fazer um último registro sobre a Instrução Normativa nº 67/2021, mais precisamente sobre a inusitada faculdade outorgada pelo seu artigo 9º aos participantes da dispensa de licitação eletrônica de parametrizarem o valor final de seu lance. Ou seja, o interessado pode apresentar uma proposta inicial e, junto com ela, já apresentar a proposta final, que apenas deve ser considerada pela Administração Pública se outras pessoas oferecerem lances inferiores à sua proposta inicial.

Acontece que muitos interessados utilizam *softwares* para o envio automático de lances, que, na sua maior parte, frustram o caráter competitivo da licitação, porque praticamente retiram as chances de êxito dos outros interessados que não dispõem dos mesmos recursos tecnológicos. A Secretaria Especial de Desburocratização, Gestão e Governo Digital do Ministério da Economia, com pragmatismo invulgar, desistiu de combater o uso de tais *softwares* e preferiu institucionalizá-los, inclusive incorporando-os ao próprio sistema do Governo Federal e os oferecendo a todos os interessados. Pelo menos assim todos acabam sendo tratados com igualdade.

Ressalva-se, entretanto, que podem vir a ocorrer situações delicadas. Imagine-se que interessado registra valor inicial e final com diferença expressiva, o que equivale a dizer que o preço inicial caracteriza sobrepreço. Na sequência, a dispensa de licitação eletrônica em que isso ocorre não atrai muita atenção e nenhum outro interessado oferece lance inferior à tal proposta inicial. Ele é o vencedor da etapa de lances, porém fica registrado no sistema, praticamente confessado, o sobrepreço. O §2º do artigo 9º da Instrução Normativa nº 67/2021 determina o sigilo do preço mínimo consignado no sistema para os demais interessados e para a Administração Pública, com exceção dos órgãos de controle externo e interno. Não é crível que os órgãos de controle, tendo ciência do sobrepreço, fiquem inertes. O interessado e os próprios agentes administrativos acabam vulneráveis, a situação é, no mínimo, estranha.

INEXIGIBILIDADE DE LICITAÇÃO PÚBLICA

1 Considerações gerais

A licitação pública é processo seletivo mediante o qual a Administração Pública oferece igualdade de oportunidades a todos os que com ela queiram contratar, preservando a equidade no trato do interesse público, tudo a fim de comparar propostas para escolher uma ou algumas delas que lhe sejam as mais vantajosas. Na qualidade de processo seletivo em que se procede à comparação de propostas, a licitação pública pressupõe a viabilidade da competição, da disputa. Se não houver viabilidade de competição, por consequência, não haverá licitação pública, revelando os casos denominados de *inexigibilidade*. Essa, aliás, é a expressão do *caput* do artigo 74 da Lei nº 14.133/2021, cujo teor indica que "É inexigível a licitação quando inviável a competição, em especial nos casos de: [...]".

Então, sempre que inviável a competição, sucede inexigibilidade de licitação pública, cabendo à comunidade jurídica sistematizar os casos mais frequentes, sem pretender exauri-los, pois o enunciado está em aberto. Isto é, por mais que seja conveniente inventariar os casos de inexigibilidade, tal empreendimento provavelmente jamais se completará, porque o *caput* do artigo 74 da Lei nº 14.133/2021 se refere amplamente à inviabilidade de competição, abraçando hipóteses que as relações jurídicas podem vir a configurar no futuro em vista de situações sequer hoje supostas, bem à frente das que se delineiam na atualidade. Por maiores que sejam os esforços para inventariar todos os casos de inexigibilidade, podem surgir outros, que talvez até se tornem bastante frequentes.

Ademais, da leitura do *caput* do artigo 74 da Lei nº 14.133/2021 deflui que o legislador, após ter traçado a inexigibilidade em razão da inviabilidade de competição, preocupou-se em elucidar algumas hipóteses especiais dela, sem pretender, percebe-se, exauri-las. Tratou de dispor das hipóteses de inexigibilidade mais usuais, disciplinando critérios e o modo como o agente administrativo deve proceder em relação a elas. Nesse contexto, os cinco incisos do artigo 74 da Lei nº 14.133/2021 versam, respectivamente, sobre a contratação de: (I) bens que só podem ser fornecidos ou prestados por produtor, empresa ou representante comercial exclusivo; (II) serviços artísticos; (III) serviços técnicos especializados de natureza predominantemente intelectual; (IV) objetos por meio de credenciamento; e (V) aquisição ou locação de imóvel.

2 Exclusividade do contratado

Cuida-se do primeiro caso de inexigibilidade enunciado pelo legislador, a saber, o concernente à contratação de objetos que só podem ser fornecidos ou prestados por produtor, empresa ou representante comercial exclusivo. Ou seja, situações em que uma única pessoa dispõe do que pretende a Administração Pública, por efeito do que o contrato administrativo deve ser celebrado inevitavelmente com ela, mediante inexigibilidade de licitação, já que inviável é a competição.

Em decorrência da relevância que assume para a Administração Pública a contratação de objetos fornecidos ou prestados de modo exclusivo, especialmente porque o interesse público reclama realizar esse tipo de contrato deveras usualmente, o legislador o salientou como hipótese especial de inexigibilidade, em conformidade com o que consta no inciso I do artigo 74 da Lei nº 14.133/2021, cujo texto é o seguinte:

> Art. 74. É inexigível a licitação quando inviável a competição, em especial nos casos de:
> I - aquisição de materiais, de equipamentos ou de gêneros ou contratação de serviços que só possam ser fornecidos por produtor, empresa ou representante comercial exclusivos; [...].

O supracitado inciso I do artigo 74 da Lei nº 14.133/2021 veicula a mesma hipótese de inexigibilidade de licitação do revogado inciso I do artigo 25 da Lei nº 8.666/1993, embora com redação diferente. Para que se compare diretamente, o dispositivo da Lei nº 8.666/1993 era o seguinte:

> Art. 25. É inexigível a licitação quando houver inviabilidade de competição, em especial:
> I - para aquisição de materiais, equipamentos, ou gêneros que só possam ser fornecidos por produtor, empresa ou representante comercial exclusivo, vedada a preferência de marca, devendo a comprovação de exclusividade ser feita através de atestado fornecido pelo órgão de registro de comércio local em que se realizaria a licitação ou obra ou o serviço, pelo sindicato, Federação ou Confederação Patronal, ou, ainda, pelas entidades equivalentes.

2.1 Abrangência da exclusividade para compras, serviços e todos os gêneros de contratação em que se verifique a exclusividade

O revogado inciso I do artigo 25 da Lei nº 8.666/1993 provocava certo desencontro quanto à sua amplitude: há quem defenda que ele se restringia à aquisição de objetos, sem abranger serviços e obras;[179] e, em direção oposta, há quem sustente que ele também incidia sobre a contratação de serviços e obras ou qualquer outro objeto, desde que sejam prestados de modo exclusivo. O inciso I do artigo 74 da Lei nº 14.133/2021 resolveu

[179] "Há de se ressaltar, de plano, que é indevida a fundamentação utilizada para o procedimento, pois o referido dispositivo legal, abaixo transcrito, restringe a inexigibilidade somente para os casos de compras, não sendo abrangidos, na hipótese, os serviços, como ocorrido na espécie, e as obras" (TCU, Plenário. Decisão nº 397/1996. Rel. Min. Homero Santos, j. 23.7.1996).

a disputa, sendo claro em relação à maior abrangência da inexigibilidade, que pode envolver "aquisição de materiais, de equipamentos ou de gêneros ou contratação de serviços [...]". Por via de consequência, a nova lei permite a inexigibilidade para qualquer tipo de contrato em que se verifique a situação de exclusividade.

A esse respeito, cumpre inicialmente esclarecer que, a bem da verdade, os contratos para a aquisição de bens, a prestação de serviços e a realização de obras revelam conceitos em certa medida imbricados, muito embora seja possível os apartar.

Pois bem, na aquisição de bens a Administração Pública pretende receber determinado objeto, desenhando ao contratado a *obrigação de dar*, isto é, de entregar a coisa. Na prestação de serviços o contratado compromete-se a desenvolver uma ou algumas atividades em proveito da Administração Pública, uma vez que se lhe impõe *obrigação de fazer*. A obra também é espécie de serviço, já que imputa *obrigação de fazer* ao contratado, cuja característica principal reside no predomínio da realização material, que modifica o ambiente, sobre a atividade em si.[180]

Esses conceitos, como assinalado, são imbricados, porque, note-se: (a) a aquisição de objeto, que redunda em *obrigação de dar*, pressupõe que ele, o objeto, tenha sido feito e, para tanto, que o contratado tenha prestado o *serviço* de fazê-lo; (b) a prestação de serviços importa, normalmente, na disponibilidade de certos bens, que são *adquiridos* pela Administração Pública porque incorporados ao serviço; (c) a obra acarreta invariavelmente *obrigação de fazer*, isto é, a *prestação de serviço*, afora a utilização de série de materiais que são *adquiridos* pela Administração Pública. Entretanto, apesar de serem imbricados, pois cada espécie de contrato supõe obrigações que integram as outras espécies, há de se distingui-las em tributo às obrigações que ganham ênfase em cada qual. Nesse sentido, o critério adotado indica que (a) a aquisição de objeto se relaciona diretamente à *obrigação de dar*; (b) a prestação de serviços, à *obrigação de fazer*; (c) e a obra, também, à *obrigação de fazer*, desde que se acentue a atividade material que visa modificar o ambiente.

2.2 A compreensão dos diversos tipos de singularidade

A dificuldade havida diante da revogada Lei nº 8.666/1993 para compreender que o inciso I do seu artigo 25 não se limita apenas às aquisições se reforça com o disposto no seu inciso II, cuja hipótese de inexigibilidade era destinada à contratação de serviços técnicos especializados. Na Lei nº 14.133/2021, a contratação de objetos exclusivos é versada no inciso I do seu artigo 74 e a contratação de serviços técnicos especializados no inciso III. A impressão é que muitos entendem que, se há um inciso dedicado especialmente aos serviços técnicos especializados, os demais incisos que prescrevem

---

[180] Para Hely Lopes Meirelles: "*Obra*, em sentido administrativo amplo, é toda realização material a cargo da Administração, executada diretamente por seus órgãos, ou indiretamente, por seus contratados e delegados" (MEIRELLES, Hely Lopes. *Licitação e contrato administrativo*. 12. ed. São Paulo: Malheiros, 1999. p. 46). O serviço, por sua vez, "é toda atividade prestada à Administração para atendimento de suas necessidades ou de seus administrados mediante remuneração da própria entidade contratante" (MEIRELLES, Hely Lopes. *Licitação e contrato administrativo*. 12. ed. São Paulo: Malheiros, 1999. p. 49). Enfim, para o referido autor, "a compra, objeto da licitação, é a mesma compra e venda dos Código Civil (art. 1.122) e Comercial (art. 191), ou seja, o contrato pelo qual uma das partes se obriga a transferir o domínio de certa coisa, e a outra, a pagar-lhe certo preço em dinheiro" (MEIRELLES, Hely Lopes. *Licitação e contrato administrativo*. 12. ed. São Paulo: Malheiros, 1999. p. 56).

outras hipóteses de inexigibilidade não teriam que se intrometer na esfera dos *serviços*, deveriam ser restritos à aquisição de bens.

Entretanto, convém atentar que o revogado inciso II do artigo 25 da Lei nº 8.666/1993 e o inciso III do artigo 74 da Lei nº 14.133/2021, que veiculam, de forma geral, hipóteses de inexigibilidade parecidas, não dizem respeito a serviços que são prestados com exclusividade, mas àqueles que o são com marca ou estilo pessoal e peculiar que os caracterizam. Esses serviços não são exclusivos, pois mais de uma pessoa pode prestá-los, uma vez que a justificativa da inexigibilidade para tais casos se funda na ausência de critérios objetivos para a comparação das propostas caso se realizasse licitação pública, pois cada qual é tingido por tonalidade pessoal e subjetiva.

Sob essa perspectiva, é importante marcar bem a distinção: as inexigibilidades dos incisos I do artigo 25 da Lei nº 8.666/1993 e I do artigo 74 da Lei nº 14.133/2021 pressupõem exclusividade. E, nessa perspectiva da exclusividade, pouco importa o objeto do contrato, desde que, com perdão pela redundância, verifique-se a exclusividade. As inexigibilidades dos incisos II do artigo 25 da Lei nº 8.666/1993 e III do artigo 74 da Lei nº 14.133/2021, noutra direção, não dizem respeito à exclusividade e sim à especialização técnica de natureza singular.

Veja-se que num e noutro se denota singularidade. Os incisos I do artigo 25 da Lei nº 8.666/1993 e I do artigo 74 da Lei nº 14.133/2021 são singulares na medida de exclusividade; já os incisos II do artigo 25 da Lei nº 8.666/1993 e III do artigo 74 da Lei nº 14.133/2021 são singulares na medida de pessoalidade.

A propósito, Celso Antônio Bandeira de Mello sustenta que o bem é singular "quando possui individualidade tal que o torne inassimilável a quaisquer outros".[181] Em seguida, destaca três sentidos pertinentes à singularidade, a saber, (a) em sentido absoluto, (b) em razão de evento externo a ele ou (c) por força de sua natureza íntima.[182] Segundo as suas próprias palavras:

> a) Singular em sentido absoluto é o bem de que só existe uma unidade. Um selo do qual se emitiu apenas um exemplar ou, se emitido vários, os demais foram destruídos é objeto singular único em sentido absoluto.
> b) Singular em razão de evento externo é o bem a que se agrega significação particular excepcional. Uma espada utilizada em acontecimento histórico relevante é objeto que se tornou único por força de fator externo que se incorporou nele. Poderão existir inúmeras espadas do mesmo formato, fabricação, época e composição metálica; sem embargo, àquela aderiu irremovivelmente uma qualidade que a singularizou.
> c) Singularidade em razão da natureza íntima do objeto é o bem que se substancia realização artística, técnica ou científica caracterizada pelo estilo ou cunho pessoal de seu autor. Uma produção intelectual, como um livro de crônica, uma obra de arte, um quadro, são singulares pela natureza íntima do objeto.[183]

---

181 BANDEIRA DE MELLO, Celso Antônio. *Curso de direito administrativo*. 35. ed. São Paulo: Malheiros, 2021. p. 447.

182 BANDEIRA DE MELLO, Celso Antônio. *Curso de direito administrativo*. 35. ed. São Paulo: Malheiros, 2021. p. 484.

183 BANDEIRA DE MELLO, Celso Antônio. *Curso de direito administrativo*. 35. ed. São Paulo: Malheiros, 2021. p. 484-485.

Só é possível realizar licitação pública para comparar objetos que guardem certa identidade entre si. Se o objeto que busca a Administração Pública agrega singularidade, porquanto se distingue dos demais em decorrência dos seus atributos, não é viável o comparar em licitação pública com outros objetos, de outro porte, cujas características já não servem ao interesse público. O bem singular inviabiliza a competição, e, por isso, a licitação pública é inexigível nas hipóteses em que o interesse público demanda adquiri-lo. E essa singularidade, na linha de exposição de Celso Antônio Bandeira de Mello, pode se apresentar com diversas roupagens, abrangendo, repita-se, aquela que se apresenta em sentido absoluto, em razão de evento externo ou por força de sua natureza íntima.

Com base na supracitada classificação, é correto afirmar que os incisos I do artigo 25 da Lei nº 8.666/1993 e I do artigo 74 da Lei nº 14.133/2021 abrangem os bens considerados singulares em sentido absoluto ou em *razão de evento externo*, visto que ambas as categorias traduzem bens únicos, exclusivos. Já os incisos II do artigo 25 da Lei nº 8.666/1993 e III do artigo 74 da Lei nº 14.133/2021 atinem aos bens singulares em *razão da natureza íntima do objeto*, marcados pelo estilo ou cunho pessoal do autor.

Em face disso, a rigor científico, é prudente separar os casos de singularidade em duas categorias básicas: em primeiro lugar, a singularidade dá-se em razão da exclusividade do bem e, em segundo lugar, a singularidade dá-se em decorrência do toque pessoal e subjetivo que caracteriza o bem. Ambas as categorias, por serem relacionadas à singularidade, retratam inexigibilidade de licitação, uma vez que em ambas é inviável a competição.

2.3 O critério administrativo para a definição do objeto exclusivo

A inexigibilidade prevista no inciso I do artigo 74 da Lei nº 14.133/2021 dirige-se aos contratos administrativos celebrados com pessoas que detenham técnica própria, que dispõem com exclusividade o objeto que a Administração Pública pretende. Nessa linha, se só elas dispõem do objeto, não há o que se licitar, delineando-se a inviabilidade de competição – porque não há competidores – e, por consequência, a inexigibilidade.

É frequente que os produtos ou serviços de qualquer empresa, fabricante ou fornecedor tenham características especiais, que os distinguem dos demais produtos ou serviços ofertados por seus concorrentes. Sob esse contexto – enfocando a questão de modo bastante débil –, qualquer produto ou serviço poderia ser reputado como exclusivo, na medida em que possui características que o diferenciam de seus concorrentes, e, por efeito disso, ensejar a inexigibilidade de licitação pública. Esse argumento acabaria por inverter a norma programática prescrita na parte inicial do inciso XXI do artigo 37 da Constituição Federal, segundo a qual a licitação pública é a regra e a contratação direta, quer por inexigibilidade, quer por dispensa, a exceção, uma vez que qualquer produto ou serviço poderia ser considerado exclusivo e sua contratação realizada através de inexigibilidade.

Por isso, não cabe aos agentes administrativos ressaltarem quaisquer características de produtos ou serviços, chegando mesmo a reputá-las exclusivas, justamente com o intento de declararem a inexigibilidade de licitação pública. Quer dizer que os agentes administrativos não devem ressaltar as características que bem ou mal entendam, mas devem se ater só àquelas que são determinantes para a satisfatória consecução do interesse público.[184]

Isso tem a ver com a descrição do objeto do futuro contrato, que deve ser realizada com toda a parcimônia, valendo-se a Administração Pública de estudos técnicos para definir, de maneira precisa, o que realmente contempla o interesse público. Ora, é necessário que a Administração saiba o que quer e, para tanto, não há outro caminho afora procurar conhecer as possibilidades ofertadas no mercado a respeito do objeto que se pretenda contratar.

A descrição do objeto talvez seja a fase mais delicada da licitação pública ou do procedimento administrativo que antecede a contratação direta. Acontece que, por um lado, a Administração Pública não pode restringir em demasia o objeto do contrato, sob pena de frustrar a competitividade e provocar indevidamente situação de inexigibilidade. Por outro, ela não pode definir o objeto de maneira excessivamente ampla, haja vista que, nesse caso, além de falecerem critérios objetivos para o julgamento das propostas, a própria consecução do interesse público é posta num segundo plano, em virtude de a Administração admitir propostas díspares, por força do que se conclui que não se soube ou não se envidou os esforços necessários para delimitar, como devido, qual a utilidade que melhor o contempla. E isso porque, se a Administração Pública descreve o objeto de modo amplo demais, acaba por aceitar soluções díspares, inclusive que não satisfazem o interesse público. Assim sendo, supõe-se que ela não soube definir bem o que queria e quais as especificidades que pretendia, em descompasso com o interesse público.[185]

A virtude a ser adotada por ocasião da descrição do objeto do contrato administrativo é o meio-termo, sem que se admita restringi-lo nem o ampliar em demasia. Todavia, a descrição é levada a cabo por agentes administrativos que, na maioria das vezes, não agregam os conhecimentos técnicos adequados para fazê-lo adequadamente. Daí que tantos contratos administrativos são malsucedidos, implicando gravames ao interesse público e prejuízos financeiros à Administração Pública, já que, por falha na descrição do objeto, é comum que os produtos contratados sejam de baixa qualidade ou inaptos para propiciar os préstimos que a contratação demandou.

---

[184] Tal é a observação de Carlos Ari Sundfeld: "É quando escolhe as características do objeto a ser contratado que a Administração define a viabilidade ou não do certame. Tomando exemplos: se, pretendendo adquirir computadores, fixa-se naqueles com especificidades tais que só sejam atendidas por empresa, inviabiliza qualquer licitação; se, ao contrário, admite espectro mais amplo de características, presentes nos produtos de diversas marcas, torna-a possível. A determinação do objeto requer cuidados especiais para evitar a burla aos princípios da licitação, sobretudo ao da igualdade. A Administração só pode exigir que o bem ou serviço a ser contratado tenha certa característica na medida em que sua ausência torne o bem ou serviço imprestável ao específico interesse público determinante da contratação" (SUNDFELD, Carlos Ari. *Licitação e contrato administrativo*. 2. ed. São Paulo: Malheiros, 1995. p. 42).

[185] É usual que a doutrina se refira à definição do objeto do contrato ao tratar da definição do edital. A rigor, no entanto, a questão gira em torno da definição do objeto, em virtude do que podem ser aproveitadas ao versar inexigibilidade. Nesse sentido, o Professor Celso Antônio Bandeira de Mello aponta, entre os vícios causadores de nulidade do edital, a indicação defeituosa do objeto ou a delimitação incorreta do universo de propostas, isto é, "por ser imprecisa e obscura a identificação do objeto, impedindo seu exato reconhecimento, ou por inadequada especificação dele. Isto ocorrerá quando a especificação for insuficiente, tornando incotejáveis as propostas, ou quando for excessiva, de molde a alijar discriminatoriamente concorrentes em benefício de alguns ou de algum interessado. Nesses últimos casos haverá defeito na delimitação do universo das propostas admissíveis" (BANDEIRA DE MELLO, Celso Antônio. *Curso de direito administrativo*. 35. ed. São Paulo: Malheiros, 2021. p. 486-487).

A atividade de definição do objeto do contrato administrativo é eminentemente discricionária. Compete ao agente administrativo avaliar o que o interesse público demanda obter mediante contrato para desenvolver satisfatoriamente as atividades administrativas. Sendo assim, em primeiro lugar, o objeto do contrato deve ser definido com vistas aos recursos orçamentários previstos para o respectivo órgão, pois se deve adequar os dispêndios decorrentes de contrato administrativo com a entrada das importâncias necessárias para realizar os respectivos pagamentos aos contratados. Ademais, o órgão provavelmente possui várias demandas à espera de contrato administrativo, só que nem todas podem ser contempladas, o que compele priorizar umas em detrimento de outras, ou, até mesmo, contratar objetos não tão complexos e caros, visando economizar valores e atender a um número maior de demandas.

Pois bem, importa que a definição do objeto do contrato e todas as suas especificidades são atividades entregues à discricionariedade dos agentes administrativos, que devem sentir o quadro social, político e econômico, bem como priorizar as demandas a serem atendidas pela Administração Pública. Não obstante tais considerações, toda competência discricionária é limitada (a) quer pelos elementos regrados, entre os quais a vinculação à finalidade pública; (b) quer pelo pressuposto de fato que concede a competência; (c) quer pelos princípios gerais de direito.

Isso significa que a discricionariedade do agente administrativo para definir o objeto da contratação não é absoluta. Ele não pode escolher o objeto que pessoalmente lhe convenha, salientando características que não sejam relevantes para a consecução do interesse público, mas que sirvam a restringir o acesso ao contrato de tal maneira que só uma empresa, fabricante ou fornecedor dele disponha, acarretando indevida inexigibilidade de licitação pública.[186]

Dentro desse contexto, cumpre insistir sobre a parte inicial do inciso XXI do artigo 37 da Constituição Federal, que prescreve norma programática cujo enunciado aponta para a obrigatoriedade de licitação pública como regra e para a contratação direta como exceção, que, como tal, deve ser tratada excepcionalmente, de maneira restritiva. Viu-se, acima, que essa norma programática visa ao Legislativo, pois a ele compete estabelecer as exceções à obrigatoriedade de licitação pública, especialmente para definir os casos de dispensa, em que a realização do certame, conquanto possível, imporia sacrifício ao interesse público. Em seguida, esclareceu-se que a norma programática em comento também se destina à Administração Pública: quer no que concerne à interpretação restritiva que deve prevalecer diante dos casos formulados pelo legislador como dispensa; quer na definição do objeto dos futuros contratos, que deve ter em mira viabilizar a

---

[186] Impende salientar as palavras de Lúcia Valle Figueiredo e Sérgio Ferraz: "Em suma, tem-se por 'singular' algo insuscetível de paradigma de confronto. Se não for cambiável, cotejável com outros de sua espécie será singular. Destarte, se se apresentar, dentro de seu gênero, com características tão próprias que não permitam o confronto com outros objetos do gênero, ter-se-á caso de inexigibilidade de licitação. Por óbvio, não é livre a Administração para, arbitrariamente, singularizar o objeto, de tal arte que o torne inconfrontável com os demais" (FIGUEIREDO, Lúcia Valle; FERRAZ, Sérgio. *Dispensa e inexigibilidade de licitação*. 3. ed. São Paulo: Malheiros, 1997. p. 46). Não se esqueça do inciso I do §1º do artigo 3º da Lei nº 8.666/1993, cuja dicção é a seguinte: "É vedado aos agentes públicos: admitir, prever, incluir ou tolerar, nos atos de convocação, cláusulas ou condições que comprometam, restrinjam ou frustrem o seu caráter competitivo e estabeleçam preferências ou distinções em razão da naturalidade, da sede ou domicílio dos licitantes ou de qualquer outra circunstância impertinente ou irrelevante para o específico objeto do contrato".

competição, evitando, dentro do razoável, optar pela inexigibilidade, porque ela também deve ser tratada como exceção.

Toma-se na devida conta que a norma programática inserta no inciso XXI do artigo 37 da Constituição Federal reclama viabilizar a competição, para que a licitação pública realmente seja concebida como regra, e não como exceção. Disso resulta a diretriz segundo a qual o agente administrativo deve procurar definir o objeto do contrato de molde a propiciar a competição.

No entanto, essa norma programática, sob a intenção de viabilizar a competição, não tem o efeito de inviabilizar a satisfação do interesse público. Em outras palavras, quando o atendimento ao interesse público estiver condicionado à contratação de empresa, fabricante ou fornecedor exclusivo, assim deverá proceder a Administração Pública, optando pela inexigibilidade, ainda que excepcionalmente.

A diretriz contida na Constituição não derroga a inexigibilidade; ao contrário, a autoriza e a legitima. Porém exige que ela seja tratada como exceção, com toda a cautela, de maneira restritiva, destinada somente aos casos em que ela for justificadamente necessária para as pretensões do interesse público.[187]

Em virtude disso, o bem só pode ser considerado exclusivo, autorizando a inexigibilidade, se as suas características peculiares, não encontradas em outros bens que lhe são concorrentes, forem decisivas ao interesse público. Se essas características não forem relevantes para este, salientá-las como requisito para a contratação a fim de justificar inexigibilidade foge das raias jurídicas, devendo-se reputá-la inválida.

Tudo gira em torno da delimitação do interesse público, que, como já enfatizado, é discricionária. Contudo, para tanto, durante a descrição do objeto do contrato, o agente administrativo, *a priori*, não deve se preocupar com miudezas, com características periféricas. Em sentido oposto, num primeiro plano, ele deve atentar para a utilidade pretendida com o contrato, a função a ser cumprida pelo objeto a ser contratado.

Em seguida, o agente administrativo deve pesquisar quais são os produtos dispostos no mercado que atendem à utilidade que se pretende, analisando daí as características de cada qual. É perfeitamente lícito a ele descrever o objeto do contrato com todas as características capazes de assegurarem o cumprimento das funções pretendidas pela Administração Pública, mesmo que, para isso, seja levado a concluir que somente um produto possui tais características e que somente uma empresa, fabricante ou fornecedor dele dispõe, por efeito do que deve optar pela inexigibilidade.

É comum que o agente administrativo, ao analisar as possibilidades ofertadas no mercado, se depare com vários produtos capazes de cumprir a utilidade pretendida, mas que, percebendo características periféricas ou secundárias em cada qual, conclua que algumas delas fazem com que um produto seja mais satisfatório do que outro. Aí a questão ganha complexidade: há de se determinar até que ponto a Administração

---

[187] Como enunciam Roberto Ribeiro Bazilli e Sandra Julien Miranda: "Dada a grande possibilidade de desvios e deturpações a que poderá dar ensejo esta polêmica exceção à regra constitucional geral de licitar, é mais prudente, justamente por se tratar de uma fuga à regra geral, que a inviabilidade de competição derive sempre de interpretação bastante restritiva. Em qualquer caso, contudo, é o objeto desejado pela Administração que determinará ou não a inexigibilidade. Aqui, para que não haja abusos e para que não seja afrontado o princípio da igualdade, é importante que fique perfeitamente demonstrada a impossibilidade de competição" (BAZILLI, Roberto Ribeiro; MIRANDA, Sandra Julien. *Licitação à luz do direito positivo*. São Paulo: Malheiros, 1999. p. 188).

Pública pode incluir tais características periféricas na descrição do objeto, já que elas acabam por restringir a competitividade e, se levadas a grau elevado, acabam mesmo por inviabilizá-la, acarretando inexigibilidade.

Nessa fase entra em cena o critério administrativo, a avaliação realizada por agentes administrativos, para precisar a individualidade do bem a ser contratado. De acordo com Celso Antônio Bandeira de Mello:

> A Administração pode e deve interferir com seu critério administrativo para especificar o bem ou serviço desejado. Eis porque a individualidade do bem nem sempre é um dado absoluto em si mesmo. Sua caracterização resulta de um contemperamento entre o gênero do objeto ou serviço requerido e o critério administrativo determinado em função da necessidade a ser satisfeita.[188]

Repita-se que o critério administrativo importa forçosamente em discricionariedade, tudo porque o objeto do contrato depende das peculiaridades e das necessidades de cada caso. Nesse sentido, o critério administrativo gira em torno de uma zona de certeza negativa, uma zona de certeza positiva e outra zona de incerteza, onde se situa verdadeiramente a discricionariedade. E a questão é que essas zonas são sempre determinadas em razão dos casos concretos, a serem avaliados um a um consoante o aludido critério administrativo.

O critério administrativo é decisivo para a descrição do objeto do contrato, vale dizer que se trata de ato discricionário, dependente das circunstâncias de cada caso. Disso decorre que não há fórmula absoluta e abstrata, posta de antemão, prestante a avaliar, para todos os casos que se apresentem, se a descrição do objeto levada a cabo pela Administração Pública é lícita ou ilícita. Na melhor das hipóteses, o que se pode oferecer são balizas a fim de orientar o critério administrativo. Nada mais do que isso, sendo que, no final das contas, o interesse público é o fator fundamental para a definição do objeto da futura contratação, bastante ou não a justificar a inexigibilidade de licitação.

Em apertada síntese: a Administração Pública deve descrever o objeto com todas as características que definem o seu gênero. Trata-se das características principais ou essenciais do objeto, que definem a sua funcionalidade básica; das características que definem a própria natureza do objeto que se pretende contratar. Vai-se atentar às funções que se pretendem do objeto e descrevê-lo de modo a assegurar o cumprimento delas. Sob essa perspectiva, todas as especificações que se fizerem necessárias são lícitas, mesmo que restrinjam o objeto a tal ponto de inviabilizar a competitividade e de justificar a inexigibilidade. Logo, se alguém dispõe com exclusividade da funcionalidade básica de dado objeto, é permitida a contratação por inexigibilidade amparada no inciso I do artigo 74 da Lei nº 14.133/2021, dado que somente ele pode oferecer à Administração o resultado e o efeito pretendido por ela.

Além disso, a Administração Pública também volta os seus olhos às características periféricas do objeto, cuja ausência não compromete a sua funcionalidade básica. Trata-se de características que maximizam as funções do objeto, melhoram o desempenho,

---

188 BANDEIRA DE MELLO, Celso Antônio. Do objeto licitável. *Revista de Direito Público*, São Paulo, n. 8, abr./jun. 1969. p. 98.

o conforto ou, até mesmo, a sua estética. Tais características agregam ao objeto funcionalidade secundária. Por exemplo, um veículo automotor com ar-condicionado. O ar-condicionado produz espécie de funcionalidade secundária. A ausência do ar-condicionado não compromete a funcionalidade básica do veículo automotor.

É em relação às características periféricas, produtoras de funcionalidades secundárias, que o critério administrativo assume relevância, ampliando-se, sobremaneira, a discricionariedade. Ocorre que excessivas características periféricas ou secundárias têm o condão de restringir indevidamente a competitividade, ou mesmo de inviabilizá-la, o que provoca a inexigibilidade.

Então, o problema reside em precisar quais as características periféricas são lícitas e quais são ilícitas. Já foi dito que não há parâmetro absoluto e abstrato, que sirva, de antemão, para responder a essa questão, em razão de versar discricionariedade, dependente da feição de cada caso. Entretanto, é possível identificar certas diretrizes, tomando em conta, em harmonia à parte inicial do inciso XXI do artigo 37 da Constituição Federal, que a regra é a obrigatoriedade de licitação pública, isto é, a ampliação da competitividade, e a exceção é a inexigibilidade, que resulta da inviabilidade da competição.

Pois bem, em primeiro lugar, as características periféricas não podem ser aleatórias. Em sentido oposto, elas devem preencher a função de propiciar certa utilidade em favor da Administração Pública, mesmo que não seja essencial, porém sempre relevante. Em outras palavras, deve haver uma justificativa que lhe sirva de amparo. Como aduz Carlos Ari Sundfeld, "a Administração age ilicitamente na medida em que, por força de sucessivas especificações do bem, acaba por singularizá-lo, sem que as especificidades consideradas sejam relevantes ou decisivas".[189] A relevância depende de justificativas de ordem técnica, que desnudem a necessidade de a Administração valer-se da funcionalidade secundária do objeto do contrato propiciada pelas suas características periféricas.

Daí que a baliza mais importante para o exercício do critério administrativo no tocante à definição das características do objeto da futura contratação diz respeito ao princípio da proporcionalidade. Como adverte Celso Antônio Bandeira de Mello, "as competências administrativas só podem ser validamente exercidas na extensão e intensidade correspondentes ao que seja realmente demandado para cumprimento da finalidade de interesse público a que estão atreladas".[190] Trata-se de dar vazão ao princípio da proporcionalidade, tão prestigiado pela jurisprudência, especialmente para controlar as competências discricionárias da Administração Pública.

O princípio da proporcionalidade possui estatura constitucional e é aplicado sob as balizas de seus três requisitos básicos: a adequação, a necessidade e a proporcionalidade em sentido estrito. Nas palavras de Eduardo de Carvalho Rêgo:

> Já o princípio da proporcionalidade, de origem alemã, é mais refinado. Exige do intérprete mais do que a aferição sobre a mera razoabilidade de um determinado ato jurídico. Para

---

[189] SUNDFELD, Carlos Ari. *Licitação e contrato administrativo.* 2. ed. São Paulo: Malheiros, 1995. p. 43.

[190] BANDEIRA DE MELLO, Celso Antônio. *Curso de direito administrativo.* 35. ed. São Paulo: Malheiros, 2021. p. 93.

> averiguar se um ato é ou não proporcional, doutrina e jurisprudência desenvolveram três critérios básicos: a análise sobre a adequação, a necessidade e a proporcionalidade em sentido estrito do ato jurídico analisado.
> É adequado o ato que atinge os objetivos pretendidos. É necessário o ato que utiliza os meios menos gravosos para a obtenção dos fins visados. É proporcional em sentido estrito o ato proveniente de uma ponderação racional entre o ônus imposto e o benefício final atingido.[191]

Na prática, o fundamental é esclarecer, com argumentos técnicos, que o interesse público demanda objeto que ofereça dada funcionalidade secundária, que é produzida apenas por certas características periféricas, havidas em produto específico, disposto por única pessoa; que os produtos dispostos por outras pessoas, ainda que com a mesma funcionalidade básica, não atenderiam ao interesse público. Enfim, que sem as aludidas características periféricas, dispostas em produto comercializado com exclusividade por alguém, o interesse público seria sacrificado ou prejudicado. Ou seja, que tais características periféricas seriam relevantes para o interesse público.

O ponto é que não é qualquer característica eventualmente exclusiva de um dado objeto, em especial as de ordem periférica, que pode ser levada em consideração para fundamentar a contratação por inexigibilidade. A característica exclusiva deve ser relevante para o interesse público, de modo que justifique a escolha pelo objeto que a detém e a exclusão dos objetos oferecidos pelas demais empresas atuantes no mercado.

Nessa linha, há um julgado importante do Tribunal de Contas da União: o Acórdão nº 555/2016, do Plenário, da relatoria do Ministro Augusto Sherman. Nele se questiona contrato decorrente de inexigibilidade para a contratação de solução de informática para instrumentalizar programa de ensino a distância. Para justificar a inexigibilidade, a entidade contratante fez uma espécie de tabela comparativa de soluções oferecidas por diversos fornecedores, com análise de diversas funcionalidades, e cujas conclusões apontaram que a empresa contratada é a que detinha o melhor desempenho, porque oferecia o conjunto mais amplo de funcionalidades.

O Tribunal de Contas da União rejeitou as justificativas apresentadas pela entidade contratante, porque considerou que elas deveriam ser precedidas da definição da característica que fosse considerada indispensável para atender ao interesse público. Confira-se a seguinte passagem:

> 31. A fim de fundamentar a contratação por inexigibilidade de licitação, e de forma a se certificar da inexistência de produtos similares, seria necessário, antes, definir as características necessárias, mínimas, obrigatórias, indispensáveis para a garantia do cumprimento dos objetivos de negócio, sendo esse o primeiro passo a ser adotado para, só então, avaliar as soluções existentes no mercado, de forma a conduzir-se à licitação ou à contratação direta, conforme o resultado dessa avaliação. Com efeito, como observado pela Sefti "o estudo comparativo efetuado entre os produtos Moodle, Blackboard, Ciatech, Gestum, Micropower, TOTVS e WebAula, constante da peça 106, p. 19-20, não serve como justificativa para demonstrar a inviabilidade de competição e a consequente contratação

[191] REGO, Eduardo de Carvalho. Princípios jurídicos previstos na Nova Lei de Licitações e Contratos Administrativos. *In*: NIEBUHR, Joel de Menezes *et al*. *Nova Lei de Licitações e Contratos Administrativos*. 2. ed. Curitiba: Zênite, 2021. p. 25.

direta por inexigibilidade de licitação da empresa Blackboard, pois ele não identifica e demonstra quais das características/funcionalidades avaliadas da plataforma EAD que se buscava contratar eram consideradas indispensáveis para garantir o cumprimento dos objetivos de negócio da instituição;" Logo, passo importante para justificar a contração direta ou afastá-la consiste em identificar as características absolutamente necessárias, para, em seguida, realizar estudo de mercado, e assim definir a existência ou não de potenciais licitantes interessados.[192]

Insista-se em que características exclusivas de um dado objeto somente justificam a inexigibilidade de licitação se relevantes para a configuração do interesse público. Daí que, em consonância ao sinalizado pelo Tribunal de Contas da União, a Administração deve definir, primeiramente, qual a característica por ela considerada determinante para atender à sua necessidade, tudo sob as luzes do interesse público. A inexigibilidade tem lugar se a pesquisa de mercado concluir que essa característica determinante para o interesse público é encontrada em apenas um objeto que seja comercializado apenas por uma pessoa. É essa a justificativa para a inexigibilidade de licitação.

Ressalva-se que tal justificativa depende sempre das peculiaridades de cada caso, da realidade e das demandas de cada entidade administrativa. Uma característica periférica pode ser essencial para dada entidade administrativa e absolutamente inútil para outra que enfrente outra realidade e outras demandas.

De todo modo, nem todas as características periféricas são o bastante para legitimar a contratação por meio de inexigibilidade. Há características periféricas que podem ser atendidas por várias pessoas, sem censurar a competitividade, viabilizando a licitação.

Agregue-se que, se somente uma pessoa possui o produto com as tais características periféricas, ao invés de condicionar o acesso ao contrato à disposição dessas características periféricas – o que geraria inexigibilidade –, o agente administrativo pode preferir, se for razoável e não houver prejuízos mais elevados ao interesse público, definir o objeto de maneira mais ampla, admitindo que as demais pessoas capazes de satisfazer a utilidade pretendida pela Administração Pública disputem o contrato. Isso pressupõe, repita-se, o exercício de juízo de discricionariedade, do critério administrativo, de modo que a opção pela licitação não deve importar prejuízos mais elevados ao interesse público. Sem embargo, pondere-se que, nessas hipóteses, o agente administrativo pode levar as tais características periféricas em consideração para o julgamento da licitação, optando pelo critério de julgamento que envolva o aspecto técnico, o que evita inviabilizar a competitividade. Assim, aqueles cujos produtos não dispõem das ditas características periféricas não são excluídos de antemão da disputa, conquanto, justificadamente, estejam em posição desvantajosa.

Não se quer afirmar, deixa-se claro, que nesses casos se deve optar sempre por licitação com critério de julgamento técnico, permitindo que pessoas cujos produtos não apresentem as características periféricas desejadas pela Administração Pública participem da licitação. Se as tais características periféricas forem realmente importantes para o interesse público, se sem elas o interesse público será desatendido, deve-se exigi-las. E, nesse passo, se somente uma pessoa dispõe de produto com tais características

---

192 TCU, Plenário. Acórdão nº 555/2016, Rel. Min. Augusto Sherman. j. 9.3.2016.

periféricas, impõe-se a inexigibilidade de licitação, com base no inciso I do artigo 74 da Lei nº 14.133/2021. O esforço para viabilizar a competição e a licitação não deve se sobrepor ao interesse público.

De um jeito ou de outro, convém insistir, essas características periféricas devem ser definidas com parcimônia, adotadas com cautela. Ora, o princípio da isonomia, a moralidade administrativa, a preservação do interesse público e a própria norma programática encartada na parte inicial do inciso XXI do artigo 37 da Constituição Federal propugnam a diretriz de maximização da competitividade, o que ocorre com a realização do procedimento licitatório. Importa não esquecer que características periféricas restringem a competitividade, porque nem todos os possíveis interessados no contrato as cumprem, e, se levadas a um patamar extremado, chegam a inviabilizá-la, provocando situação de inexigibilidade. Por isso, na medida do possível, sem sacrificar o interesse público, o agente administrativo deve buscar evitá-las, optando por assegurar a competição.

2.4 Limitação geográfica da exclusividade

Como já delineado acima, o inciso I do artigo 74 da Lei nº 14.133/2021 prescreve a inexigibilidade de licitação pública para a contratação que se fundamenta na exclusividade, porque só uma pessoa tem em mãos o objeto que a Administração Pública pretende. Foi visto que a apuração dessa exclusividade depende, em muito, das características com as quais se define o objeto da contratação, especialmente nas hipóteses em que nele se agregam as chamadas características periféricas, que não são pertinentes ao gênero ou à funcionalidade básica do bem a ser contratado, porém que lhe agregam valor ou utilidade. Os bens dispostos no mercado, ainda que do mesmo gênero, se distinguem em razão de tais características periféricas, que usualmente diferenciam uma marca de outra. Daí que, se ressaltadas certas características periféricas, se pode frustrar a competitividade, alijando da disputa fornecedores que possuem bens similares, que cumprem a mesma função, porém que não dispõem tais particularidades. Por isso, de acordo com o critério administrativo, as características periféricas devem ser definidas com cuidado, sempre amparadas por justificativa de interesse público que determina a inclusão delas na descrição do objeto, bem como, quando razoável, se deve evitá-las, a fim de fomentar a competitividade, de acordo com a norma programática enunciada na parte inicial do inciso XXI do artigo 37 da Constituição Federal.

Neste tópico, trata-se de dimensionar a exclusividade, já não, agora, no que tange ao objeto, porém à sua delimitação geográfica. Trata-se de determinar qual é a amplitude territorial a ser considerada para reputar que alguém dispõe com exclusividade de dado objeto. Veja-se que, em virtude de questões comerciais, alguém pode ser o fornecedor exclusivo de dado bem num bairro, num município, num estado, no país, no continente ou, até, no planeta inteiro. Resta precisar, por exemplo, se alguém que se apresenta como fornecedor exclusivo em determinado município pode ser contratado com base no inciso I do artigo 74 da Lei nº 14.133/2021, isto é, se pode efetivamente ser tomado como fornecedor exclusivo, mesmo que no município vizinho outrem disponha do bem.

A princípio, poder-se-ia imaginar que fornecedor exclusivo é aquele que possui bem que ninguém mais possui e que isso, portanto, deve ser determinado de molde absoluto, ou seja, que ninguém mais possua o bem verdadeiramente em todo o planeta, porque, em caso contrário, dever-se-ia proceder à disputa, nem que se tivesse que promover uma licitação internacional.

No entanto, a questão requer certa cautela, por efeito do que é correto aduzir que a amplitude geográfica da exclusividade deve ser relativizada. A regra, num primeiro plano, é que a exclusividade está circunscrita aos limites nacionais e deve ser aferida em vista deles. Se alguém comprova ser o único possuidor de determinado bem no Brasil, abre-se à Administração Pública a possibilidade de contratá-lo diretamente, com fundamento no inciso I do artigo 74 da Lei nº 14.133/2021, ainda que haja potenciais concorrentes dele noutros países. Isso porque a Administração Pública não é obrigada a adotar licitação internacional, que não passa de faculdade que lhe assiste, conforme se depreende do artigo 52 e, enfim, de toda a sistemática da Lei nº 14.133/2021. Tomando em conta que a licitação pública não tem necessariamente âmbito internacional, a exclusividade pode ser comprovada apenas no que tange ao mercado interno. Perceba-se que, nesses casos e amparada em competência discricionária, a Administração pode optar pela inexigibilidade ou por realizar licitação internacional, por efeito do que é de concluir que a contratação direta é uma faculdade, que depende do juízo de oportunidade e de conveniência do gestor público.

Seguindo essa linha, a exclusividade deve ser medida em âmbito nacional, mesmo porque todos os interessados que operam no Brasil estão autorizados a participar de licitação pública em qualquer lugar do território. Aliás, isso é consequência do inciso III do artigo 19 da Constituição Federal, que veda à União, aos estados, ao Distrito Federal e aos municípios estabelecerem preferências ou distinções entre quaisquer dos nacionais, venham eles de onde vierem. Em linhas gerais, é acertado contratar diretamente, com amparo no inciso I do artigo 74 da Lei nº 14.133/2021, se o contratado for o único a dispor do bem pretendido pela Administração Pública em todo o território nacional.

Todavia, essa regra apresenta exceção, especialmente provocada pela forma de organização comercial de algumas empresas, que celebram contratos comerciais de exclusividade com representantes e distribuidores de seus produtos. Sucede que é comum acordar que determinada empresa comercializa com exclusividade determinado produto em certo âmbito territorial, como exemplo, num município ou num estado. Em decorrência desses acertos, a título ilustrativo, no município local da licitação poderá haver apenas uma pessoa capaz de comercializar dito produto, conquanto noutro município talvez existam outras tantas que o comercializem, porém com cláusula de barreira que lhes impedirá de participar do certame. É inevitável reconhecer que o detentor de contrato comercial de exclusividade do produto pretendido pela Administração Pública no local da licitação pública é aquele que o inciso I do artigo 74 da Lei nº 14.133/2021 denomina *representante comercial exclusivo* e, com ele, deve-se contratar diretamente, por inexigibilidade de licitação pública.

2.5 Comprovação da exclusividade

A comprovação da exclusividade é dos temas mais difíceis e que costumam provocar boa parte dos questionamentos dos órgãos de controle acerca da inexigibilidade prevista no revogado inciso I do artigo 25 da Lei nº 8.666/1993 e, por suposto, também o deve ser diante do inciso I do artigo 74 da Lei nº 14.133/2021.

Sob essa perspectiva inicial, a Administração Pública deve ser cuidadosa na instrução dos processos de inexigibilidade, especialmente no que tange ao conjunto de provas sobre a exclusividade do fornecedor. É que a inexigibilidade se configura com a efetiva inviabilidade de competição, o que depende de uma condição de fato. Nesse sentido, só é lícito contratar diretamente ao argumento da exclusividade do fornecedor se ele for verdadeiramente exclusivo. Aí vale todo tipo de prova, especialmente, a resultante dos esforços empreendidos na pesquisa dos produtos ofertados no mercado.

O revogado inciso I do artigo 25 da Lei nº 8.666/1993 oferecia critério ao enunciar que deve "a comprovação de exclusividade ser feita através de atestado fornecido pelo órgão de registro de comércio do local em que se realizaria a licitação ou a obra ou o serviço, pelo Sindicato, Federação ou Confederação Patronal, ou, ainda, pelas entidades equivalentes".

O dispositivo em comento remete a atestado fornecido pelo órgão de registro de comércio do local da licitação, que, por suposto, só aponta os fornecedores cujos contratos forem registrados no local, sem ter meios de indicar outros fornecedores de outros locais. Como a exclusividade deve, em regra, ser apurada em todo o território nacional, vê-se a insuficiência dos dados fornecidos pelo órgão de registro de comércio, já que parciais, restritos ao seu âmbito territorial.

Soma-se a isso que os órgãos de registro de comércio não investigam nem apuram a ocorrência da situação de exclusividade prevista no revogado inciso I do artigo 25 da Lei nº 8.666/1993. É evidente que a caracterização da exclusividade depende de uma avaliação técnica a respeito dos objetos comercializados pelas empresas, que são inúmeros e dos mais variados. Os órgãos de registro de comércio não são aparelhados tecnicamente para tais avaliações. Assim sendo, não deveriam sequer emitir certidões de exclusividade e, por conseguinte, o inciso I do artigo 25 da Lei nº 8.666/1993 não deveria ter feito referências a elas.

Veja-se, a propósito, a prescrição contida no artigo 10 da Instrução Normativa nº 20/2013, do Departamento de Registro Empresarial e Integração, órgão integrado à Presidência da República:

> Art. 10. A Junta Comercial não atestará comprovação de exclusividade, a que se refere o inciso I, do art. 25, da Lei no 8.666, de 21 de junho de 1993, limitando-se, tão somente, à expedição de certidão de inteiro teor do ato arquivado, devendo constar da certificação que os termos do ato são de exclusiva responsabilidade da empresa a que se referir.

Dito de outra forma, as juntas comerciais não atestam comprovação de exclusividade, porém emitem certidão que reproduz declaração de exclusividade apresentada pela própria empresa que é favorecida pela declaração. Em termos práticos, a empresa apresenta à junta comercial uma declaração afirmando-se "exclusiva" e a junta comercial expede uma certidão afirmando que a empresa se afirmou "exclusiva". Percebe-se que a certidão da junta comercial não tem muita serventia para a efetiva comprovação da exclusividade.

Na mesma linha, sindicato, federação ou confederação patronal são aptos, em regra, a revelar as atividades de seus filiados. Entretanto, costumam desconsiderar os não filiados, mesmo que atuem na área, tendendo a repassar informações parciais e restritas. Agregue-se que tais entidades não são obrigadas a instituir procedimentos confiáveis para creditar exclusividade. Corre-se o risco, sem querer generalizar, de que entidades emitam declarações de exclusividade sem qualquer avaliação técnica, apenas para favorecer associados ou integrantes que contribuem com anuidades.

Abrem-se parênteses para registrar que o Supremo Tribunal Federal, nos autos da Ação Penal nº 962/DF, reconheceu a validade de atestados ou certidões de exclusividade concedidas por entidades privadas. Tratava-se de acusação contra ex-secretária de Estado que havia promovido inexigibilidade de licitação para a compra de livros didáticos com base em atestado de exclusividade emitido pela Câmara Brasileira do Livro, que é uma associação privada. Toda a acusação foi centrada no tal atestado de exclusividade, considerado inadequado pelo Ministério Público:

> O caráter delitivo da conduta derivaria de três circunstâncias: 1) ter-se fundado em cartas de exclusividade registradas na Câmara Brasileira do Livro, que abrangiam apenas as regiões Norte e Nordeste, e não todo o território nacional, o que indicaria a possibilidade de concorrência; 2) inexistência de justificativa plausível para a escolha dos livros a serem adquiridos; 3) não ter realizado pesquisa de preços para demonstrar que os valores praticados pelas distribuidoras contratadas correspondiam aos do mercado nacional e aos montantes pagos por outros órgãos da Administração Pública.
> Quanto ao primeiro ponto, o Ministério Público Federal afirmou, em alegações finais, que "para justificar a dispensa de licitação, as empresas apresentaram documentos que lhes conferiam exclusividade de venda dos produtos adquiridos pela Secretaria de Educação. Contudo, ou tais documentos não preenchiam os requisitos legais, visto que foram firmados pela Câmara Brasileira do Livro ou pelas próprias editoras, que não correspondem aos entes enumerados no art. 25, inciso I, da Lei nº 8.666/1993, ou não se prestavam a comprovar a exclusividade, situação em que haveria, sim, clara possibilidade de concorrência para a aquisição dos livros didáticos" (fls. 435).[193]

O acórdão, da lavra do Ministro Luiz Fux, rejeitou categoricamente as alegações da acusação sobre a declaração de exclusividade:

> Assim, à luz destes abalizados entendimentos da literatura especializada, a exclusividade do representante comercial pode ter caráter local, para fins de inexigibilidade de licitação. Além disso, a demonstração da exclusividade prescinde de registro em cartório ou sindicatos, podendo ser demonstrada por *documentos emitidos por entidades idôneas, vinculadas ao setor de mercado em específico* – como é o caso da Câmara Brasileira do Livro.[194]

O revogado inciso I do artigo 25 da Lei nº 8.666/1993 não restringia a expedição de declaração de exclusividade a alguma espécie de "órgão oficial". O legislador fez alusão às juntas comerciais, às entidades sindicais e às entidades equivalentes. Ao se referir

[193] STF, Primeira Turma, Ação Penal nº 962/DF, Rel. Min. Luiz Fux, j. 4.6.2019.

[194] STF, Primeira Turma, Ação Penal nº 962/DF, Rel. Min. Luiz Fux, j. 4.6.2019.

às entidades equivalentes, o legislador permitiu que entidades associativas emitissem declaração de exclusividade.

Em acréscimo, noticia-se que a jurisprudência do Tribunal de Contas da União oscila. Encontram-se julgados, como o Acórdão nº 3.661/2016, da Primeira Câmara, da relatoria do Ministro José Múcio, em que se entendeu por comprovada a exclusividade por meio de declarações do Sindicato da Indústria de Material Plástico do Estado da Bahia, da Associação Brasileira da Indústria de Plástico (Abiplast) e do próprio fabricante. Entretanto, na maioria das situações, o Tribunal de Contas da União reputa que as declarações provenientes de junta comercial, confederação, federação ou sindicato não são suficientes para comprovar a exclusividade. Nesse sentido, por ilustração, confira-se:

> 9.2.5. – apresente, quando das contratações por exclusividade, justificativa detalhada dos critérios técnicos e objetivos para a escolha do fornecedor, abstendo-se de aceitar atestado de exclusividade que não abranja todo o objeto contratado, bem como verifique a veracidade do conteúdo das declarações prestadas no atestado de exclusividade, realizando pesquisa no mercado, fazendo constar do processo documentação comprobatória.[195]

Nada obstante a jurisprudência mencionada, o fato é que, em regra, juntas comerciais, sindicatos, federações ou confederações patronais, entidades referidas no revogado inciso I do artigo 25 da Lei nº 8.666/1993, não são hábeis para atestar suficientemente a exclusividade de dado objeto e de seu fornecedor. Logo, ainda que sejam emitidas declarações nesse sentido, tais declarações não comprovam adequada e suficientemente a exclusividade para efeitos de inexigibilidade de licitação pública. Tais declarações podem ser obtidas, apresentadas à Administração Pública e juntadas aos respectivos processos de inexigibilidade, corroborando situação de exclusividade. Não causam prejuízo, podem servir de reforço, no entanto, insista-se, não se pode apegar-se apenas a elas, porque são limitadas. Os agentes administrativos responsáveis pela contratação por inexigibilidade não devem se contentar com tais declarações, devem eles próprios pesquisar e investigar a pretensa exclusividade. Tais declarações devem ser confirmadas pelos agentes administrativos por meio de pesquisa de mercado.

Em razão de todas essas considerações, diante do revogado inciso I do artigo 25 da Lei nº 8.666/1993, o Tribunal de Contas da União editou a Súmula nº 255:

> Nas contratações em que o objeto só possa ser fornecido por produtor, empresa ou representante comercial exclusivo, é dever do agente público responsável pela contratação a adoção das providências necessárias para confirmar a veracidade da documentação comprobatória da condição de exclusividade.

Fica claro que os critérios determinados no revogado inciso I do artigo 25 da Lei nº 8.666/1993 para comprovar a exclusividade não servem efetivamente para tal propósito. Na melhor das hipóteses, devem ser admitidos como indicativos ou como um elemento de prova entre outros realmente comprometidos com a realidade dos fatos. Convém lembrar que a inexigibilidade se configura com a efetiva inviabilidade de competição, independente factualmente dos termos da legislação. Dessa sorte, só é lícito contratar

---

[195] TCU, Primeira Câmara. Acórdão nº 2960/2003. Rel. Min. Lincoln Magalhães da Rocha, j. 25.11.2003.

diretamente ao argumento da exclusividade do fornecedor se ele for verdadeiramente exclusivo. Se o critério indicado pelo legislador para aferir a exclusividade não é suficiente, não se deve contentar com ele, pelo que é forçoso procurar outros elementos, que digam o que faltou ser dito.

O mesmo problema ocorre com a Nova Lei de Licitações. O §1º do artigo 74 da Lei nº 14.133/2021 trata de como comprovar a exclusividade:

> Art. 74. [...]
> §1º Para fins do disposto no inciso I do caput deste artigo, a Administração deverá demonstrar a inviabilidade de competição mediante atestado de exclusividade, contrato de exclusividade, declaração do fabricante ou outro documento idôneo capaz de comprovar que o objeto é fornecido ou prestado por produtor, empresa ou representante comercial exclusivos, vedada a preferência por marca específica.

O §1º do artigo 74 refere-se a atestado de exclusividade, sem sinalizar quem o deve emitir. A diferença em relação à Lei nº 8.666/1993 é que nela o inciso I do artigo 25 sinalizava quem poderia emitir o tal atestado, indicando juntas comerciais, sindicatos, federações ou confederações patronais. Tudo que se salientou sobre a insuficiência dos atestados de exclusividade do inciso I do artigo 25 da Lei nº 8.666/1993 vale para os atestados de exclusividade do §1º do artigo 74 da Lei nº 14.133/2021. A omissão da nova lei sobre quem os pode emitir não altera o quadro.

O §1º do artigo 74 da Lei nº 14.133/2021 também menciona contrato de exclusividade e declaração do fabricante. O ponto é que esses documentos servem apenas a comprovar que a pessoa que a Administração pretende contratar dispõe com exclusividade do produto de dado fabricante. Esses documentos não dizem nada sobre o produto em si, se o produto do fabricante é de fato exclusivo. Ou seja, antes de procurar saber se a pessoa que se apresenta é a única com quem se pode contratar dado objeto, deve-se saber se o tal objeto é exclusivo ou se a Administração pode dispor de outros objetos, de outros fabricantes, com as mesmas funcionalidades. A exclusividade da pessoa que se pretende contratar, sobre a qual são pertinentes contrato de exclusividade ou declaração do fabricante, pressupõe a exclusividade do objeto em si, que é mais difícil de ser provada. Primeiro a exclusividade do objeto e, depois, se for o caso, a exclusividade da pessoa que se pretende contratar.

Em relação à exclusividade do objeto, vale todo tipo de prova, especialmente os resultantes dos esforços empreendidos na pesquisa dos produtos ofertados no mercado. Em termos práticos, os agentes administrativos devem ir ao mercado, baixar diligência junto a outros possíveis fornecedores para investigar se o objeto que se cogita contratar por meio de inexigibilidade é de fato exclusivo ou não. Sugere-se identificar possíveis empresas concorrentes, que atuem no mesmo segmento da pessoa que se cogita contratar. Pode-se, então, pesquisar catálogos ou *sites* e tentar colher informações sobre os respectivos produtos, a fim de compará-los. Também se recomenda entrar diretamente em contato com essas empresas, por *e-mail* ou qualquer outra forma, se for o caso de solicitar esclarecimentos adicionais. Tudo deve ser registrado e documentado, inclusive por atas firmadas pelos próprios agentes administrativos relatando suas diligências, eventualmente pessoas contatadas e o conteúdo das informações prestadas por elas.

O Tribunal de Contas da União, com relativa frequência, seguindo a linha da Súmula nº 255, questiona contratos celebrados sob o fundamento de inexigibilidade de licitação sem o levantamento por parte da Administração de eventuais outros fornecedores atuantes no mercado. Leia-se a seguinte passagem:

> 20. Em específico, deve-se destacar que a metodologia "química seca" não é técnica que está sob o domínio exclusivo de único fornecedor, como bem registrado no Relatório que acompanhou o já mencionado Acórdão 6754/2009-TCU-Primeira Câmara (de minha lavra), *verbis*:
> "4.2. Foram remetidas a esta Corte duas impressões de páginas da *internet* (fls. 80/82) nas quais são indicados outros fabricantes de material para exames clínicos baseados na metodologia de 'química seca', o que tornam insubsistentes as alegações da representante no que diz respeito à exclusividade. De fato, adicionaram-se a estes autos propagandas de equipamentos de outros fabricantes que empregam a metodologia da química seca e, até mesmo, o princípio da reflectância, anteriormente exclusivos da Johnson & Johnson (fls. 85/91)."
> 21. Como se percebe, a contratação direta da empresa Ortho Clinical Diagnostics do Brasil Produtos, mediante procedimento de inexigibilidade de disputa, foi irregular, porquanto a situação fática não se subsome à regra prevista art. 25, inciso I, da Lei 8.666/1993, que se refere à hipótese legal do fornecedor exclusivo.[196]

Outra medida que pode ser tomada para caracterizar a exclusividade de dado objeto é valer-se de pareceres técnicos de especialistas, sobretudo de centros de pesquisa, acadêmicos, profissionais ou empresas de referência. Esses especialistas, que conhecem a área ou segmento relacionado ao objeto do contrato, normalmente têm condições de afirmar se o produto que se pretende contratar por meio de inexigibilidade de licitação realmente é exclusivo ou não.

É interessante, também, consultar outras entidades administrativas que atuam no mesmo segmento, requerendo a indicação, se houver, de outros produtos que visem à utilidade pretendida pela Administração. A declaração de entidades administrativas de que não conhecem outro produto análogo presta-se a corroborar a caracterização da exclusividade.

Na mesma linha, recomenda-se instruir o processo com cópia de extratos de inexigibilidade e pareceres de outras contratações do mesmo objeto com inexigibilidade realizada por outras entidades administrativas. Ora, se outras entidades administrativas também contratam por meio de inexigibilidade, é porque o contratado, na avaliação *delas*, é exclusivo. Isto também corrobora a caracterização da exclusividade.

As patentes também são relevantes e, por suas especificidades, serão abordadas em tópico separado, na sequência.

De todo modo, a exclusividade de dado objeto é questão de fato, que deve ou pode ser comprovada por todos os meios lícitos. Talvez um dado documento ou declaração isoladamente não seja o suficiente para comprovar a exclusividade, porém pode reforçá-la, sobremaneira se em conjunto com outros documentos e declarações. Quanto mais fatores forem somados na direção da exclusividade melhor para bem caracterizá-la

[196] TCU, Plenário. Acórdão nº 1710/2019, Rel. Min. Marcos Benquerer, j. 24.07.2019.

no respectivo processo de contratação. Vale o esforço dos agentes administrativos em investigar as práticas de mercado.

Faz-se uma ressalva final: pesquisa de mercado e documentos comprobatórios da exclusividade referem-se à realidade de mercado presente em dado momento. Quer dizer que é possível que a exclusividade atual não se mantenha no futuro. Em termos práticos, hoje somente uma pessoa oferece o que a Administração precisa, e, diante disso, há de se reconhecer a inexigibilidade. Amanhã outra pessoa pode vir a oferecer objeto equivalente, o que desfaz a exclusividade e, por conseguinte, a inexigibilidade. Essa possibilidade futura não desfaz a exclusividade que se configura no presente. Deve-se, no entanto, diante de eventual e futura prorrogação contratual ou nova contratação, empreender pesquisa de mercado atualizada para, nesse momento futuro, verificar se o objeto permanece ou não exclusivo. Extrai-se do Acórdão nº 555/2016, do Plenário do Tribunal de Contas da União:

> 25. Em ambiente de tecnologia, natural que ocorram evoluções constantes dos produtos e serviços prestados pelas empresas atuantes no mercado. Assim, se em 2004, época em que foi iniciada a contratação das soluções de TI junto à empresa Blackboard, poderia não haver ambiente concorrencial para os produtos oferecidos, natural que, passados cerca de dez anos, muitas outras empresas e soluções se apresentem disponíveis no mercado nacional, não se justificando, portanto, a eterna dependência da instituição em relação aos produtos Blackboard, sem se procurar no mercado empresas com soluções alternativas similares, capazes de concorrer com os produtos oferecidos pela contratada. É o que me parece, possa ter ocorrido em relação às soluções ora em questão.
> 26. Assim, se em 2004 era possível justificar uma inviabilidade de licitação mediante rasa pesquisa junto ao mercado, não se pode hoje, sem pesquisa ampla e fundamentação no processo de contratação, realizar a mesma contratação, pelo simples fato ou sob as mesmas justificativas inicialmente presentes em contratações anteriores, ou fundadas na qualidade certificada nos dez anos de contínua prestação dos serviços pela contratada junto ao Senac/SP. E o que se vê, segundo análises e documentos constantes dos autos, é que não houve, em 2013, nova avaliação acerca da manutenção dos requisitos necessários à realização de contratação direta, por inviabilidade de licitação.[197]

Então, o fato de ser possível, no futuro, que outras pessoas disponham de objeto equivalente ao que no presente é exclusivo não desfaz nem prejudica a contratação presente por inexigibilidade de licitação, desde que atualmente a pessoa a ser contratada seja a única que disponha do objeto com a característica determinante para a configuração do interesse público. Vale apenas a advertência de que eventual prorrogação contratual ou novo contrato por inexigibilidade depende de nova investigação de mercado e da confirmação de que objeto equivalente não passou a ser oferecido por outras pessoas.

---

[197] TCU, Plenário. Acórdão nº 555/2016, Rel. Min. Augusto Sherman. j. 09.03.2016.

2.5.1 Comprovação da exclusividade por meio de cartas patentes

A proteção dos autores de inventos é direito fundamental consagrado no inciso XXIX do artigo 5º da Constituição Federal.[198] Em concreção constitucional, a Lei nº 9.279/1996 regula direitos e obrigações relativos à propriedade industrial e assegura ao titular da patente o direito de exclusividade de qualquer ato de comercialização sobre o objeto de patente, inclusive impedindo que terceiros contribuam para a violação da patente:

> Art. 42. A patente confere ao seu titular o direito de impedir terceiro, sem o seu consentimento, de produzir, usar, colocar à venda, vender ou importar com estes propósitos:
> I - produto objeto de patente; [...]
> §1º Ao titular da patente é assegurado ainda o direito de impedir que terceiros contribuam para que outros pratiquem os atos referidos neste artigo.

Na mesma direção, o inciso I do artigo 184, também da Lei nº 9.279/1996, qualifica como crime contra a patente o comportamento do terceiro que recebe produto com violação ao direito de patente:

> Art. 184. Comete crime contra patente de invenção ou de modelo de utilidade quem:
> I - exporta, vende, expõe ou oferece à venda, tem em estoque, oculta ou recebe, para utilização com fins econômicos, produto fabricado com violação de patente de invenção ou de modelo de utilidade, ou obtido por meio ou processo patenteado; ou [...]
> Pena - detenção, de 1 (um) a 3 (três) meses, ou multa.

É evidente que terceiros não podem colocar à venda (oferecer proposta) equipamento ou produto similar ao objeto da patente. E é também evidente que terceiros não podem contribuir para que outros coloquem à venda equipamento ou produto similar ao objeto da patente, sob pena de serem partícipes da violação à propriedade intelectual. Daí a expressão dos supracitados artigo 184 e §1º do artigo 42, ambos da Lei nº 9.279/1996, que asseguram ao titular da patente o direito de impedir que terceiros contribuam para a violação de patente, bem como criminalizam a mera conduta de receber produto fabricado com violação de patente.

Sob essa perspectiva, a Administração Pública, como integrante do aparato estatal, não pode se opor ou desconsiderar o reconhecimento e os direitos atribuídos pelo Estado brasileiro ao detentor da patente. A rigor, dela se exigem todas as providências para que os autores de inventos sejam protegidos e os seus direitos prestigiados, em harmonia com o direito fundamental prescrito no inciso XXIX do artigo 5º da Constituição Federal. Nessa medida, sob pena de violação aos supracitados §1º do artigo 42 e artigo 184, ambos da Lei nº 9.279/1996, a Administração Pública não pode ser o "terceiro" que contribua com a quebra de patente nem pode ser o "terceiro" que receba produto fabricado com violação de patente.

A propósito, a contrafação da patente não depende da absoluta identidade dos objetos. Se não fosse assim, a patente poderia ser facilmente violada e seus efeitos

[198] "Art. 5º [...] XXIX - a lei assegurará aos autores de inventos industriais privilégio temporário para sua utilização, bem como proteção às criações industriais, à propriedade das marcas, aos nomes de empresas e a outros signos distintivos, tendo em vista o interesse social e o desenvolvimento tecnológico e econômico do País; [...]".

seriam em muito fragilizados, porque bastaria ao violador agregar a ela algum aspecto ou característica secundária para alegar que não se trata exatamente do mesmo objeto. O artigo 186 da Lei nº 9.279/1996 prescreve:

> Art. 186. Os crimes deste Capítulo caracterizam-se ainda que a violação não atinja todas as reivindicações da patente ou se restrinja à utilização de meios equivalentes ao objeto da patente.

Veja-se, por ilustração, ementa de julgado clássico do Supremo Tribunal Federal:

> Para ocorrer o crime de contrafação de patente de invenção não é necessário haja absoluta identidade entre os dois produtos. Basta que a semelhança seja tal que torne possível o engano.[199]

Trata-se da teoria dos equivalentes, muito bem compreendida por julgado do Tribunal de Justiça do Rio Grande do Sul:

> Segundo a teoria dos equivalentes, essencial ao deslinde da controvérsia posta em exame, há violação à patente mesmo quando usados apenas meios equivalentes ao invento e não os estritos mecanismos dispostos nas reivindicações. Em outras palavras, se a violação atingir apenas parte e não todas as reivindicações (todos os componentes mecânicos de um invento, por exemplo), utilizando-se o autor da contrafação quanto aos demais elementos de meios equivalentes, há crime de violação à propriedade industrial. Nada mais lógico, pois de outra forma bastaria ao falsificador utilizar apenas o elemento central inventivo ou outro secundário que lhe caracteriza, para então substituir os demais por equivalentes, com o objetivo de escapar às consequências jurídicas de seu ato. [...] Portanto, no caso em exame a parte postulante logrou comprovar os fatos articulados na exordial, no sentido de que a demandada se utilizou indevidamente e auferiu lucros com a ideia desenvolvida e devidamente patenteada. Assim, há evidente caracterização de contrafação no compactador para linhas de plantio de semeadoras, adubadoras e plantadoras, devendo a ré ressarcir os prejuízos materiais suportados pela postulante.[200]

É de distinguir, por oportuno, a patente de invenção e de utilidade, em conformidade com os artigos 8º e 9º da Lei nº 9.279/1996:

> Art. 8º É patenteável a invenção que atenda aos requisitos de novidade, atividade inventiva e aplicação industrial.
> Art. 9º É patenteável como modelo de utilidade o objeto de uso prático, ou parte deste, suscetível de aplicação industrial, que apresente nova forma ou disposição, envolvendo ato inventivo, que resulte em melhoria funcional no seu uso ou em sua fabricação.

Dizendo de outra forma, a patente de invenção pressupõe algo completamente novo que solucione um problema existente. A patente de utilidade, com dimensão menor, apenas aprimora um objeto já existente, agregando a ele novas utilidades ou funções. Portanto, sob dada perspectiva, a proteção da patente de invenção é mais robusta do

---

199 STF, Primeira Turma. RE nº 22.017. Rel. Min. Mário Guimarães, j. 28.5.1953.

200 TJRS, Quinta Câmara Cível. Apelação Cível nº 70048527238. Rel. Des. Jorge Luiz Lopes do Canto, j. 29.8.2012.

que a da patente de utilidade.[201] Na prática, significa que o titular da patente de invenção tem o direito de comercializar com exclusividade o seu objeto ou objeto que lhe seja assemelhado, considerando a já mencionada teoria dos equivalentes, sendo vedado que terceiros a reformulem ou agreguem novas funcionalidades secundárias à invenção. O objeto da patente de utilidade não confere a mesma prerrogativa ao seu titular, porque se admite que outros comercializem o mesmo objeto desde que sem as funcionalidades que foram por ele agregadas e que justificaram a patente de utilidade.

Isso significa que a Administração Pública, diante de objeto protegido por patente de invenção, goza da discricionariedade de contratá-lo ou não. Se decide contratar, não pode fazê-lo com terceiro que lhe ofereça o mesmo objeto ainda que com alguma utilidade distinta, mais abrangente ou menos abrangente do que a do objeto patenteado – o próprio oferecimento do objeto pelo terceiro configura ilícito. Nesses casos, definido que o objeto que se pretende contratar é protegido por patente de invenção, a Administração Pública vê-se obrigada a contratar com inexigibilidade de licitação, com fundamento no inciso I do *caput* do artigo 74 da Lei nº 14.133/2021, não havendo, então, qualquer espaço de discricionariedade.

Esclareça-se que a discricionariedade é para decidir se deve ou não contratar o objeto protegido por patente de invenção. A partir do momento em que a Administração Pública decide contratar objeto protegido por patente de invenção, não mais há qualquer espaço remanescente de discricionariedade para decidir com quem contratar, porque somente o pode fazer com a pessoa detentora da carta-patente de invenção ou que tenha o direito de comercializá-la com exclusividade. Por conseguinte, também não há discricionariedade para escolher como contratar, porque, diante da exclusividade conferida pela carta-patente de invenção, a competição é inviável e impõe-se a inexigibilidade fundada no inciso I do artigo 74 da Lei nº 14.133/2021, não sendo facultado à Administração Pública realizar licitação pública, que, por si só, representaria violação à patente de invenção.[202] A licitação pública apenas teria lugar, ressalva-se, se o detentor da patente de invenção distribuísse o objeto da patente para que terceiros o comercializassem sem exclusividade, ainda que territorial. Ou seja, o detentor da patente venderia o objeto da patente para terceiros e eles disputariam o mercado. Apenas nessa situação é que caberia a licitação pública, insista-se.

Por conseguinte, caso a Administração Pública pretenda contratar o objeto de patente de invenção, terá de fazê-lo com o titular da carta de patente ou com quem comercialize o sobredito objeto com a autorização do titular da carta de patente. Se o titular da carta de patente não tem representantes comerciais nem permite que terceiros comercializem o objeto da patente, a Administração Pública terá de fazê-lo necessariamente com o titular da carta de patente. Se possui representantes comerciais

---

[201] No entanto, o que faz do modelo de utilidade um instrumento útil para os países como o Brasil é exatamente a inexistência do requisito de atividade inventiva: instrumento mais pedagógico, talvez, do que de mercado, esta patente reconhece avanços mínimos da produção industrial, dando-lhe proteção mais curta e menos vigorosa – exatamente por não exigir mais distância entre os níveis inventivos (PEREIRA, Denis Borges. *Tratado de propriedade intelectual*. Rio de Janeiro: Lumen Juris, 2010. t. II. p. 239).

[202] Suponha-se a necessidade de adquirir certo equipamento que está tutelado por patente de invenção. É óbvio que o Estado não poderá adquirir produto equivalente, fornecido irregularmente por quem não é titular de direitos de comercialização (JUSTEN FILHO, Marçal. *Comentários à Lei de Licitações e Contratos Administrativos*: Lei 14.133/2021. São Paulo: Revista dos Tribunais, 2021. p. 966).

exclusivos, ainda que limitados a determinadas praças e territórios, nas tais praças e em tais territórios apenas os representantes comerciais exclusivos é que podem ser contratados, também por inexigibilidade.

Daí que é vedado à Administração Pública, se pretende contratar objeto protegido por patente de invenção, sequer abrir processo de licitação pública. Sucede que a licitação pública é processo competitivo que conclama terceiros a oferecerem propostas acerca do seu objeto. Logo, a licitação pública cujo objeto é protegido por patente de invenção constitui ato que "contribui" para que terceiros "exponham ou ofereçam à venda" o objeto da patente de invenção e, nessa medida, constitui ato ilícito, que se opõe ao prescrito no inciso I e no §1º do artigo 42 e no artigo 184, todos da Lei nº 9.279/1996.[203]

O Superior Tribunal de Justiça tem precedente importante sobre o assunto, que versava precisamente sobre patente de utilidade e não de invenção. Tratava-se de recurso em mandado de segurança que objetivava anular licitação cujo objeto coincidia com o objeto de carta-patente de utilidade – não de invenção, insista-se. O argumento do impetrante, em síntese, era que a Administração Pública não poderia contratar aquele objeto com terceiros, teria de fazê-lo obrigatoriamente com o impetrante detentor da patente de utilidade, por meio de inexigibilidade de licitação. O voto do Ministro Mauro Campbell Marques, acolhido por unanimidade, negou provimento ao recurso, justamente porque se tratava de patente de utilidade e não patente de invenção, cujos efeitos não impediam que terceiros comercializassem o mesmo objeto da patente, desde que com outras funcionalidades. Extrai-se da ementa do acórdão:

> ADMINISTRATIVO. LICITAÇÃO POR PREGÃO PRESENCIAL. EXCLUSIVIDADE. HIPÓTESE QUE NÃO SE ENQUADRA NAS HIPÓTESES DE LICITAÇÃO PREVISTAS NO ART. 25, INCISO I, DA LEI 8.666/93.
>
> 1. Buscou-se com a impetração anular o Pregão nº 040/2008, realizado pela Secretaria de Estado de Saúde de Minas gerais, defendendo o impetrante que o fornecimento do produto licitado enquadra-se em uma das hipóteses de inexigibilidade de licitação previstas no art. 25 da Lei 8.666/92 diante do privilégio de exclusividade para o fornecimento de "capa para tampa de reservatório de água potável (caixa d'água)", que está tutelado por carta de patente. [...]
>
> 5. Na hipótese dos autos, o motivo explicitado pelo recorrente para contornar a exigência legal da realização do certame público, na verdade, não restou devidamente comprovado. A documentação juntada aos autos, notadamente o registro feito no Instituto Nacional da Propriedade Industrial, do Ministério do Desenvolvimento, Indústria e Comércio Exterior, não evidencia prontamente a exclusividade para todo e qualquer tipo de "capa para tampa de caixa d'água" – objeto da licitação, mas apenas demonstra que o recorrente detém a patente de um modelo de utilidade, e não de uma invenção. Ou seja, não há exclusividade para o produto licitado, mas apenas sobre os melhoramentos promovidos em produto já existente.[204]

---

[203] De mais a mais, por rigor jurídico, acaso a licitação pública seja ultimada, os agentes públicos que definiram os seus termos ou a conduziram podem ser acusados do crime do artigo 184 da mesma Lei nº 9.279/1996, haja vista que, por suas ordens, a Administração Pública acabaria por "receber [...] produto fabricado com violação de patente de invenção [...]".

[204] STJ, Segunda Turma. RMS nº 37.688-MG. Rel. Min. Mauro Campbell Marques, j. 26.6.2012.

Bem se vê que a distinção entre patente de invenção e de utilidade reverbera em relação à inexigibilidade de licitação pública. Ocorre que, repita-se, se a patente for de invenção, a Administração não goza de discricionariedade para contratar o objeto protegido pela patente, ainda que com outras utilidades ou funcionalidades. Nenhuma outra pessoa pode comercializar ou contratar o referido objeto, ainda que com outras utilidades ou funcionalidades. A discricionariedade da Administração é limitada à escolha do objeto da patente de invenção. Definido o objeto e sendo ele correspondente à patente de invenção, aplicando-se a teoria dos equivalentes, é contra a ordem jurídica contratar qualquer pessoa que comercialize sobretudo o objeto que não o detentor da carta-patente de invenção ou pessoa por ele autorizada, ainda que com características periféricas ou utilidades diferentes. Sendo assim, exercida a discricionariedade limitada à escolha do objeto protegido pela patente de invenção, a inexigibilidade se impõe e é vedado lançar licitação pública.

Por outro lado, se a patente for de utilidade, a Administração pode abrir licitação para contratar o objeto da patente de utilidade, porém sem exigir a utilidade que é o fundamento da carta-patente de utilidade. Ou seja, na patente de utilidade a exclusividade é em razão da utilidade. Então, é permitido que outros comercializem o objeto, porém sem a utilidade que fundamentou a concessão da carta-patente de utilidade. Noutras palavras, é legítimo que a Administração, em juízo de discricionariedade, queira contratar o objeto sem exigir a utilidade que justifica a carta-patente de utilidade. Sendo essa a escolha discricionária da Administração, sem a utilidade, o objeto não é protegido pela carta-patente de utilidade e é lícita a competição entre aqueles que dispõem do aludido objeto – com e sem a utilidade.

Explicando melhor: pode ser que a patente de utilidade seja concedida em razão de características não fundamentais para o interesse público, que sejam consideradas periféricas pela Administração em juízo de discricionariedade. Daí se deve abrir a licitação e permitir que todos que dispõem do sobredito objeto, com e sem a tal utilidade, disputem o contrato. Por outro lado, se a utilidade que fundou a patente de utilidade for relevante para o interesse público e a Administração pretender contratar objeto com a referida utilidade, tudo de acordo com juízo de discricionariedade da Administração, então a contratação por inexigibilidade se impõe, porque só o detentor da carta-patente de utilidade pode oferecer o objeto com a aludida utilidade para a Administração. Aí a questão se volta para a definição do objeto da contratação. Se a utilidade protegida por patente de utilidade for determinante para a consecução do interesse público, toma-se a patente de utilidade como prova da exclusividade e a inexigibilidade se impõe, sendo vedado promover licitação pública. Em sentido oposto, se a utilidade não for determinante e a Administração não exigir objeto com a tal utilidade, daí a patente de utilidade não é prova de exclusividade e a inexigibilidade é indevida, obrigando-se a licitação pública.

3 Inexigibilidade para a contratação de serviços artísticos

A contratação de serviços artísticos por parte da Administração Pública revela outra hipótese que enseja a inexigibilidade de licitação pública, haja vista que, sob determinadas condicionantes, torna inviável a competição, mormente tomando-se em conta que o critério para comparar os possíveis licitantes é a *criatividade*, portanto em tudo subjetivo. A arte não é ciência e não é objetiva. Dessa maneira – é imperativo ressaltar em virtude de ser muito frequente a confusão –, a inexigibilidade para a contratação de serviços artísticos não depende da inexistência de outros artistas que também possam prestar o serviço. Aliás, pode e costuma haver vários artistas capazes e habilitados, mas, mesmo assim, inexigível é a licitação pública, em tributo à singularidade da expressão artística.

Pois bem, o inciso II do artigo 74 da Lei nº 14.133/2021 reconhece a inexigibilidade para a "contratação de profissional do setor artístico, diretamente ou por meio de empresário exclusivo, desde que consagrado pela crítica especializada ou pela opinião pública". Bem se vê que, a teor do dispositivo supracitado, não é qualquer serviço de natureza artística que deve ser contratado diretamente por meio de inexigibilidade de licitação pública.

Tanto é assim que o legislador prescreveu três requisitos para a inexigibilidade referente aos serviços artísticos, estabelecendo parâmetros a serem levados em apreço pelos agentes administrativos. Por ordem: em primeiro lugar, é vedada a contratação de artistas amadores. Em segundo lugar, o contrato deve ser realizado diretamente com o artista ou por intermédio de empresário exclusivo. Em terceiro lugar, o artista contratado deve ser consagrado pela crítica especializada ou pela opinião pública. Note-se que não é necessária a consagração pela crítica e pelo público: um ou outro já é o suficiente.

Ressalta-se que o dispositivo se refere apenas à "contratação de profissional do setor artístico", por efeito do que não trata da contratação de artistas amadores. Note-se que o dispositivo não proíbe a contratação de artistas amadores nem que a contratação de artistas amadores possa ser realizada por inexigibilidade.[205] O dispositivo apenas preceitua que a contratação de profissionais é por inexigibilidade e silencia acerca dos amadores. Esse silêncio em relação aos amadores dá a entender que a contratação deles deve ser licitada, o que não faz muito sentido se analisada a questão sob uma perspectiva maior, porque os serviços artísticos, prestados por profissionais ou amadores, são por natureza singulares, cuja comparação é subjetiva, inviável de ser realizada pelos critérios objetivos que se exigem de uma licitação. A inexigibilidade se impõe para ambos os casos, de profissionais e amadores. Os profissionais devem ser contratados por inexigibilidade com base no inciso II do artigo 74 da Lei nº 14.133/2021. Os amadores devem ser contratados por inexigibilidade com base no *caput* do artigo 74 da Lei nº 14.133/2021. A arte depende da sensibilidade e da expressão, não dos registros da delegacia do trabalho.

Tem havido muitos questionamentos sobre a condição de empresário exclusivo, especialmente porque artistas emitem declarações de exclusividade para empresários restritas a temporadas ou a datas e localidades específicas. O Tribunal de Contas da União vem considerando que, nessas situações, o empresário não é verdadeiramente exclusivo e, sendo assim, a contratação por inexigibilidade é ilegal. Veja-se, por ilustração:

---

[205] Nem poderia fazê-lo, uma vez que a Lei nº 8.666/1993 é fruto da competência da União para editar normas gerais. Ocorre que determinar se é lícito ou ilícito contratar artistas amadores foge por completo do âmbito de aludida competência.

> Na contratação de profissional do setor artístico por inexigibilidade de licitação a apresentação de atestado de exclusividade restrito aos dias e à localidade do evento, em vez do contrato de exclusividade entre o artista e o empresário contratado, caracteriza grave infração à norma legal e regulamentar, ensejando, ainda que não configurado dano ao erário, condenação em multa e julgamento pela irregularidade das contas, haja vista que o contrato de exclusividade é imprescindível para caracterizar a inviabilidade de competição de que trata o art. 25, inciso III, da Lei 8.666/1993.[206]
> Na contratação direta, por inexigibilidade de licitação, de profissional do setor artístico por meio de empresário exclusivo, a apresentação de autorização, atesto ou carta de exclusividade restrita aos dias e à localidade do evento não atende aos pressupostos do art. 25, inciso III, da Lei 8.666/1993. Para tanto, é necessária a apresentação do contrato de representação exclusiva do artista consagrado com o empresário contratado, registrado em cartório.[207]

O §2º do artigo 74 da Lei nº 14.133/2021, em atenção à jurisprudência do Tribunal de Contas da União, prescreve o seguinte:

> Art. 74. [...]
> §2º Para fins do disposto no inciso II do *caput* deste artigo, considera-se empresário exclusivo a pessoa física ou jurídica que possua contrato, declaração, carta ou outro documento que ateste a exclusividade permanente e contínua de representação, no País ou em Estado específico, do profissional do setor artístico, afastada a possibilidade de contratação direta por inexigibilidade por meio de empresário com representação restrita a evento ou local específico.

Portanto, como vinha decidindo o Tribunal de Contas da União diante da Lei nº 8.666/1993, não se admite a exclusividade do empresário para temporadas ou eventos específicos ou datas e lugares específicos. A exclusividade, nos termos do §2º do artigo 74, deve ser "permanente e contínua", e a representação deve ser de dimensão nacional ou, na hipótese menos restritiva, de dimensão estadual. Quer dizer que não se admite exclusividade de âmbito municipal ou referente a um conjunto de municípios.

O §2º do artigo 74 da Lei nº 14.133/2021 andou mal porque contraria o comportamento e as regras de mercado. Ocorre que, muitas vezes, o empresário contrata com exclusividade a turnê ou temporada de dado artista. É comum que isto ocorra com artistas realmente consagrados e com atrações internacionais. Portanto, a rigor, o empresário não é permanentemente exclusivo. No entanto, como dito, ele é exclusivo para dada turnê ou temporada específica. Ou seja, a Administração Pública, se quiser contratar o artista, obrigatoriamente terá de fazê-lo por meio do aludido empresário. Não há outra forma, inclusive porque, em grande parte dos casos, o artista não aceita ser contratado diretamente. Dessa sorte, nas hipóteses em que a exclusividade do empresário é limitada à dada turnê ou temporada, seria melhor reconhecer a inviabilidade de competição e, por conseguinte, a correção da contratação por meio de inexigibilidade. Não foi esse o caminho do legislador ao estatuir o §2º do artigo 74 da Lei nº 14.133/2021, o que pode causar dificuldades para a Administração Pública em diversas situações.

---

206 TCU, Segunda Câmara. Acórdão nº 5180/2020. Rel. Min. Marcos Bemquerer, j. 7.5.2020.

207 TCU, Segunda Câmara. Acórdão nº 3991/2023. Rel. Min. Vital do Rego, j. 6.6.2023.

Em que pese tais considerações, reconhece-se que tem havido abusos no que tange às intermediações de empresários. Há empresários que apresentam contrato de exclusividade com data e local determinados. Em muitos desses casos, o gestor público entra em contato com o empresário e relata o interesse em contratar o artista para apresentação em determinada data comemorativa. O empresário, então, entra em contato com o artista e assina o contrato de exclusividade para o dia e local específico. À evidência, o empresário não é exclusivo. Tal contrato é um embuste, simulação para justificar a contratação direta por meio de empresário que não é exclusivo, em desalinho ao determinado pelo inciso II do artigo 74 da Lei nº 14.133/2021.

Também se extrai do inciso II do artigo 74 da Lei nº 14.133/2021 que o artista contratado deve ser consagrado pela crítica especializada ou pela opinião pública. Reafirma-se que não é necessária a consagração pela crítica e pelo público: um ou outro já é o suficiente. Aliás, o gosto popular para as artes não é tão apurado quanto o da crítica especializada, pelo que é usual que artistas altamente reputados sejam desconhecidos do público. Na mesma linha, só que em sentido inverso, há artistas ovacionados pelo público e mal avaliados por parte da crítica. Importa sublinhar que a *consagração* não é critério para escolher o artista a ser contratado, porém pré-requisito. Todos os consagrados podem ser contratados, o que não leva a dizer que o mais consagrado é quem deve ser o contratado. O interesse público não depende exclusivamente da consagração; por oposto, deve dispensar atenção especial àquilo que não é tão consagrado, especialmente aos olhos do público, para lhes alargar a cultura e o próprio conhecimento artístico, refutando a linha homogênea muitas vezes induzida pela mídia ou por interesses comerciais das empresas de entretenimento.

De toda sorte, para o inciso II do artigo 74 da Lei nº 14.133/2021, de um modo ou de outro, a consagração do artista é condição para a sua contratação direta. Pouco importam as suas qualidades, o seu refinamento técnico, mas o quanto ele é conhecido.[208] E, seguindo esse raciocínio, o artista consagrado é mais do que conhecido. É aquele cuja reputação já se sedimentou, o que veda a contratação de novos valores artísticos, que, mesmo de certa forma conhecidos, às vezes muito conhecidos, não são verdadeiramente consagrados.

Destarte, do inciso II do artigo 74 da Lei nº 14.133/2021 se depreende que, na contratação de artistas consagrados, a competição é inviável, por isso, a licitação pública é inexigível. Noutro lado, para o dispositivo, na contratação de artistas não consagrados a competição é viável, razão pela qual a licitação pública é obrigatória. Todavia, esse sistema padece de coerência lógica, porque, para determinar a viabilidade ou a inviabilidade de competição e, logo, a obrigatoriedade ou inexigibilidade de licitação pública, o que importa são os critérios a serem adotados para a escolha do contratante, se objetivos ou subjetivos. O ponto reside em que tanto a contratação de artistas consagrados quanto

[208] Nesse sentido apontam as assertivas de J. Cretella Júnior: "A *crítica especializada* e a *opinião pública* são dois índices eleitos pelo redator do Decreto-lei nº 2.300/86 para a contratação de artistas – pintores, escultores, poetas, compositores, regentes, arquitetos –, sem licitação. Não há nenhuma subjetividade nessa escolha de profissionais. Se o artista tem grande valor e sensibilidade, mas é desconhecido, não pode ser escolhido, a não ser por concurso. O que interesse é a crítica e a opinião pública atual, de hoje. Não valem, no caso, os exemplos históricos de Bizet, de Goya, do 'douanier' Rousseau. Se o artista tem a consagração do público e da crítica, é lícita a sua contratação, sem procedimento licitatório" (CRETELLA JÚNIOR, J. *Das licitações públicas*. 16. ed. Rio de Janeiro: Forense, 1999. p. 245).

de artistas não consagrados depende de critério em tudo e por tudo subjetivo, que diz respeito à criatividade.

A licitação pública é realizada para tratar com igualdade todos os possíveis interessados em celebrar futuro contrato administrativo, o que pressupõe a comparação objetiva das propostas, sem que influam critérios subjetivos e pessoais. Isso porque tais critérios não asseguram a igualdade que se espera produzir com a licitação pública, já que, valendo-se deles, o agente administrativo procederia ao julgamento de acordo com suas experiências pessoais.

Em outras palavras: a licitação pública visa afastar a subjetividade na escolha daqueles que celebram contratos com a Administração Pública. Assim, contratos cujas características especiais recusem critérios objetivos, compelindo a Administração Pública a avaliar os contratantes por critérios eminentemente subjetivos, acabam por inviabilizar a competição, ao menos a que se pretende com licitação pública, pelo que não há sentido em realizá-la, restando firmá-los mediante inexigibilidade. Como o critério para contratar artistas, mesmo que não consagrados, é subjetivo, pertinente à criatividade, não há motivos para proceder à licitação pública, compelindo-se a reconhecer em qualquer caso a inexigibilidade.

Reaviva-se a posição de que a inexigibilidade ocorre sempre que houver inviabilidade de competição, não importando a prescrição legal, que é mero coadjuvante. A inexigibilidade é aferida pela natureza do contrato, não pela vontade ou pelos critérios do legislador. Nessa ordem de ideias, o fato de o legislador condicionar a inexigibilidade para a contratação de serviços artísticos à consagração do artista não é o bastante para realmente impedir a inexigibilidade para a contratação de artistas não consagrados, desde que revelada a inviabilidade de competição, ao menos da competição que pretende se instaurar com a licitação pública.[209]

---

[209] Ivan Barbosa Rigolin, com peculiar tom sarcástico, é esclarecedor e incisivo: "De nada adianta, também aqui, pretender a lei revestir esta inexigibilidade de licitação de condições ou requisitos, como o de o artista ser consagrado pela opinião pública, ou a crítica especializada, ou *bobagem* equivalente. Se o artista pretendido não for consagrado nem por um nem por outro então a sua contratação precisará ser licitada? Com que critério de julgamento, o de menor preço? Venceria um calouro do apresentador Ratinho, de discutíveis pendores para a arte de Caruso e para quem, em função disso, um sanduíche de mortadela como *cachê* já terá valido a empreita; assim, não serve este critério. O de melhor técnica de imitação de Cauby Peixoto? Nesse caso, a imitação do artista quando ostentava bigode ensejaria talvez maior atribuição de pontos que a imitação na fase atual, sem bigode? Seria aconselhável quiçá o critério da técnica e preço, em que se combinaria a melhor imitação, com bigode ou sem, a depender do edital, com o maior parcelamento para pagamento, que o licitante vencedor consignaria em sua proposta? Alguém consegue imaginar algo mais ridículo? Ou, por outro lado, estaria pretendendo a lei que se o artista for consagrado pode ser contratado diretamente, e se não o for simplesmente *não pode ser contratado*, tendo-se em vista algo semelhante a uma contratação que ameace a segurança *auditiva* nacional? Então, aquele artista, ainda que não se possa afirmar 'consagrado' mas que é conhecido e estimado pela população do pequeno Município interiorano, cuja arte – seja de engolir espadas, seja de cuspir fogo pelas ventas, seja ainda a façanha de executar o *scherzo-tarantella* de Wieniawski em octobaixo – é significativamente estimada na localidade, esse, por não ser inquestionavelmente consagrado, estará impedido de ser contratado? Onde a lógica de tal ideia? Não, nunca! Sendo *artista* o cidadão, ainda que notório na vizinhança por suas *performances* vocais durante a ducha ou quando prepara o churrasco de domingo, pode ser contratado sem a mínima constrição, nem parâmetro algum senão princípios como *razoabilidade* ou *economicidade* ante valores correntios de mercado, e ainda assim segundo um senso médio que na prática varia de uma a cem entre os julgadores, e nada além a lei pode exigir objetivamente como requisito à contratação, por evidente inexigível licitação, já que competição entre artistas, para fim de o poder público obter 'a proposta mais vantajosa', carece de qualquer sentido" (RIGOLIN, Ivan Barbosa. Casos polêmicos de dispensa e de inexigibilidade de licitação. Todas as hipóteses são normas gerais. *In*: MUKAI, Toshio (coord.). *Curso avançado de licitações e contratos públicos*. São Paulo: Juarez de Oliveira, 2000. p. 42-43).

Para a sistemática adotada pelo legislador, noutra direção, repita-se, o artista consagrado deve ser contratado diretamente, reconhecendo-se a inexigibilidade. Já o não consagrado deve ser contratado mediante licitação pública, mesmo que faleçam critérios objetivos para proceder à seleção do artista.

Sob esse contexto, costuma-se dizer que a contratação dos artistas não consagrados deve ser feita através da modalidade de licitação pública denominada *concurso*, que admite julgamento subjetivo. Todavia, o concurso não é cabível para todo tipo de contratação, uma vez que, para os seus termos, o artista deve prestar o serviço ou parte dele antes do próprio contrato. Ou seja, ele deve realizar a sua prestação ou parte dela antes, para sujeitar-se à avaliação de especialistas escolhidos pela Administração Pública, que selecionam aquele que será contratado. Vê-se que a avaliação dos especialistas é subjetiva, mas admitida pela sistemática legal. A ideia é que, conquanto todos os trabalhos estejam sujeitos à avaliação subjetiva, e, por consequência, não isonômica, os interessados, de certa forma, são tratados com igualdade pela Administração Pública, que recebe os trabalhos de todos eles e que os deve avaliar de modo indiscriminado.

Por essa via, poder-se-ia refutar a ocorrência de inviabilidade de competição nas hipóteses em que a avaliação depende de critério subjetivo, haja vista que há modalidade própria, cujo tipo de julgamento dispõe justamente da subjetividade. Todavia, convém insistir, a questão é que a modalidade concurso não se presta para a esmagadora maioria dos contratos administrativos, mesmo daqueles que dependem de avaliação subjetiva. Como dito, o concurso supõe a predisposição dos interessados em prestar o serviço para o qual seriam contratados ou parte dele previamente, antes do contrato e sem que se garanta a eles qualquer espécie de remuneração. Por exemplo, se há concurso de poesia, o interessado deve antes elaborar a poesia, para depois, se ganhador do concurso, celebrar contrato e receber por isso.

Enfim, de acordo com inciso XXXIX do artigo 6º da Lei nº 14.133/2021, o concurso é modalidade de licitação pública para a escolha de trabalho técnico, científico ou artístico. Portanto, o concurso é útil para escolher trabalho já pronto e acabado, não para escolher a prestação de serviço, trabalho a ser realizado, constitutivo de obrigação de fazer. Além do mais, no concurso procede-se à escolha do trabalho de melhor qualidade, enquanto há inúmeros casos em que o interesse público não demanda a melhor qualidade. Em sentido distinto, muitas vezes visa à popularidade do artista, à afinidade dele com o evento a ser promovido etc.

Por exemplo, o concurso é cabível para escolher uma canção a ser utilizada em campanha turística e promocional de município; noutro delta, é incabível para escolher grupo musical popular a apresentar-se nos festejos de aniversário de município. No primeiro caso, quer-se escolher um trabalho pronto, uma canção, para representar o município, por efeito do que artistas apresentam as suas composições à comissão do concurso, que vai avaliar qual delas é a melhor. No segundo caso, não se pretende contratar trabalho pronto, mas a prestação de serviço que é a realização de espetáculo musical, sem que o artista contratado disponha da melhor técnica. O que importa, neste segundo caso, não é necessariamente a qualidade do artista, mas, para festejos populares, o gosto do público, dado que a intenção é promover uma festa e contar com o entusiasmo dos munícipes.[210]

Quer dizer que o concurso é cabível para determinados contratos de natureza artística, mas imprestável para tantos outros.

Deduz-se que o critério do legislador é que o concurso serve para selecionar artistas ainda não consagrados e não serve para selecionar artistas consagrados. O raciocínio talvez seja que artistas consagrados não se disporiam a participar de concurso, enquanto artistas não consagrados se disporiam. Contudo, esse argumento merece ser refutado em homenagem às hipóteses em que o concurso não é prestante para selecionar artista não consagrado, desde que ele detenha técnica e estilo particular, como ocorre com boa parte deles, e desde que essa técnica e estilo sejam determinantes para o interesse público. E isso, diga-se a essa altura, deve ser determinado caso a caso, de acordo com as peculiaridades que envolvem a respectiva contratação. Portanto, pouco importa se o artista se disporia ou não a participar de concurso, visto que isso não é o fundamento da inexigibilidade. Os artistas não consagrados também prestam os seus serviços com estilo pessoal, marcado pela subjetividade, e, em decorrência disso, tomados pela singularidade. Importa precisar se, para receber os préstimos artísticos desejados, comporta realizar concurso ou não: se a intenção é escolher o trabalho pronto de melhor qualidade técnica, então o concurso é pertinente; mas, se a intenção é promover espetáculo artístico ou contratar outro objeto artístico que não seja necessariamente o de melhor qualidade, porém o que agrada ao público ou o que se alinha às peculiaridades que envolvem a contratação, daí a solução aponta para a inexigibilidade.

Outro ponto, já no âmbito dos serviços artísticos a serem contratados através de inexigibilidade, diz respeito ao processo de escolha do artista pela Administração Pública. Vê-se que se trata de competência cuja enorme parcela é discricionária, mesmo em virtude da falência de critérios objetivos. Se houvesse tais critérios objetivos, não haveria a inexigibilidade. Nada obstante isso, seguindo a linha já esposada neste estudo, a competência discricionária é sempre limitada e, no que tange aos limites, pode e deve ser controlada. É fora de dúvida que o agente administrativo não tem competência para escolher o artista que quiser, nas condições que quiser e pelo preço que quiser.[211]

---

210 As observações de Marçal Justen Filho são similares: "O concurso consiste, muitas vezes, em competição entre artistas para seleção do melhor desempenho. Quando houver interesse de premiação da melhor performance em determinada área das artes, a Administração Pública deverá valer-se do concurso referido no art. 30 da Lei 14.133/2021. Assim, por exemplo, a escolha de uma composição musical para símbolo de instituições públicas poderá ser produzida através de um concurso com premiação para a melhor obra. [...] Mas há casos em que a necessidade estatal relaciona-se com o desempenho artístico propriamente dito. Não se tratará de selecionar o melhor para atribuir-lhe um destaque, mas de obter os préstimos de um artista para atender certa necessidade pública. Nesses casos, torna-se inviável a seleção através de licitação, eis que não haverá critério objetivo de julgamento. Será impossível identificar um ângulo único e determinado para diferenciar as performances artísticas. Daí a caracterização da inviabilidade de competição" (JUSTEN FILHO, Marçal. *Comentários à Lei de Licitações e Contratos Administrativos*: Lei 14.133/2021. São Paulo: Revista dos Tribunais, 2021. p. 972).

211 Sidney Bittencourt relata episódio problemático relativo à contratação de artistas no Rio de Janeiro, que, à época, havia causado bastante repercussão. Leia-se: "Convém, outrossim, ficar atento para o valor a ser pago. Há alguns anos, nas festas comemorativas de final de ano, na cidade do Rio de Janeiro, ocorreram problemas, muito comentados na mídia, em face da diferença de valores pagos a famosos artistas que se apresentaram, contratados, é óbvio, com licitação afastada, fulcrada nesse dispositivo. Consta, conforme as notícias, que o famoso cantor e compositor Paulinho da Viola teria recebido bem menos que os demais, tão consagrados quanto ele pela crítica especializada e pela opinião pública, o que gerou um grande mal-estar; principalmente

Antes disso, deve preocupar-se em atentar para as expectativas populares ou para as finalidades que se pretendem auferir do empreendimento artístico a fim de escolher o melhor artista. Ou seja, o perfil do artista escolhido deve ser compatível com as pretensões da Administração Pública.

De um jeito ou de outro, é inevitável reconhecer que a escolha de artista levada a cabo em razão de processo de inexigibilidade é largamente discricionária. Os elementos objetivos úteis a limitar tal discricionariedade são frágeis, pelo que, sobretudo, ganha relevância a adequação da contratação aos princípios administrativos. Deve-se atentar à moralidade administrativa, à razoabilidade da escolha, à economicidade e, de modo especial, à impessoalidade, evitando que agentes administrativos ou políticos se valham desses eventos para promoção pessoal.

4 Serviços técnicos profissionais especializados de natureza singular

4.1 Considerações gerais

A inexigibilidade de licitação pública ocorre nas hipóteses em que se afigura a inviabilidade de competição, o que, por sua vez, vem a cabo por maneiras distintas. Em primeiro lugar, tratou-se das hipóteses de fornecedor exclusivo, cuja contratação é realizada diretamente por inexigibilidade em virtude do simples fato de que não há outra opção apta a dispor do bem pretendido. Se o fornecedor é exclusivo, só ele pode ofertar o bem, e, por consequência, se a Administração o pretender, terá que firmar o contrato com ele e não com qualquer outro. Essa é a hipótese que melhor configura a inviabilidade de competição, porque não resta outro caminho à Administração afora contratar com o fornecedor exclusivo. Se só o fornecedor exclusivo pode ser contratado, por dedução lógica, não se visualiza possibilidade de competição, pressuposto da licitação pública, pelo que se impõe inexigibilidade.

Ao lado da hipótese relativa à contratação de fornecedor exclusivo, há outras tantas que também redundam na inviabilidade da competição e, por isso, dão lugar à inexigibilidade de licitação pública. Entre elas, ganha destaque a contratação de serviços técnicos profissionais especializados de natureza singular, cuja aferição é deveras complexa, dado que nela pode haver pluralidade de pessoas capazes de prestar o serviço visado pela Administração, porém sem que se disponha de critérios objetivos para compará-las, pressupondo elevado grau de subjetividade. Reitera-se que, nas palavras de Celso Antônio Bandeira de Mello, a hipótese é de *singularidade em razão da natureza íntima do objeto*, marcada pelo *estilo ou cunho pessoal de seu autor*.[212]

O inciso III do artigo 74 da Lei nº 14.133/2021 prescreve a inexigibilidade para:

---

pelo artista, que, ao que parece, se sentiu depreciado. A situação é, fora de dúvida, melindrosa e complexa. Cremos que a justificativa de preço, obrigatória no processo, deve basear-se no *cachê* normalmente cobrado pelo artista, com base num histórico de suas apresentações, levando-se em consideração fatores como local, público etc." (BITTENCOURT, Sidney. *Licitação passo a passo*. 4. ed. Rio de Janeiro: Temas e Ideias, 2002. p. 129).

212 BANDEIRA DE MELLO, Celso Antônio. *Curso de direito administrativo*. 35. ed. São Paulo: Malheiros, 2021. p. 448.

> Art. 74. [...]
> III - contratação dos seguintes serviços técnicos especializados de natureza predominantemente intelectual com profissionais ou empresas de notória especialização, vedada a inexigibilidade para serviços de publicidade e divulgação:
> a) estudos técnicos, planejamentos, projetos básicos ou projetos executivos;
> b) pareceres, perícias e avaliações em geral;
> c) assessorias ou consultorias técnicas e auditorias financeiras ou tributárias;
> d) fiscalização, supervisão ou gerenciamento de obras ou serviços;
> e) patrocínio ou defesa de causas judiciais ou administrativas;
> f) treinamento e aperfeiçoamento de pessoal;
> g) restauração de obras de arte e de bens de valor histórico;
> h) controles de qualidade e tecnológico, análises, testes e ensaios de campo e laboratoriais, instrumentação e monitoramento de parâmetros específicos de obras e do meio ambiente e demais serviços de engenharia que se enquadrem no disposto neste inciso; [...].

A Lei nº 8.666/1993 veiculava hipótese de inexigibilidade de licitação muito parecida, conforme o inciso II do seu artigo 25, "para a contratação de serviços técnicos enumerados no artigo 13 desta Lei, de natureza singular, com profissionais ou empresas de notória especialização, vedada a inexigibilidade para serviços de publicidade e divulgação". Ressalva-se que há distinções importantes entre os dois dispositivos, da Lei nº 8.666/1993 e da Lei nº 14.133/2021, frisados no decorrer dos próximos tópicos.

4.2 A lista de serviços técnicos especializados de natureza predominantemente intelectual é meramente exemplificativa

É de questionar se somente os serviços enumerados nas alíneas do inciso III do artigo 74 da Lei nº 14.133/2021 como *serviços técnicos especializados de natureza predominantemente intelectual* são capazes de fundamentar a inexigibilidade de licitação contida no referido dispositivo. O problema é que, textualmente, o inciso III do artigo 74 dispõe que os "[...] seguintes serviços técnicos especializados de natureza predominantemente intelectual [...]" podem ser contratados por inexigibilidade, dando a impressão de que somente os serviços expressamente mencionados pelo legislador é que permitem a inexigibilidade.

Não é o caso, a lista contida no inciso III do artigo 74 da Lei nº 14.133/2021, embora bem abrangente, é meramente exemplificativa. Pode haver algum outro serviço singular fora da lista que, da mesma forma que os lembrados na lista do legislador, também inviabilizam a competição e, por via de consequência, servem a justificar a inexigibilidade.

Recorda-se, a propósito, que a inexigibilidade resulta da inviabilidade de competição, dependente não de disposição legislativa, mas de situação fática. Isto é, em todas as situações em que se estiver diante da inviabilidade de competição, tem lugar inexigibilidade. Seguindo essa ideia, se houver outros serviços que revelam natureza singular afora os enunciados no inciso III do artigo 74, também eles não se encontram sujeitos à obrigatoriedade de licitação pública, visto que inviável é a competição. Destarte, pouco importa que o inciso III do artigo 74 remeta apenas aos serviços expressamente enumerados por si, porque, no que tange às hipóteses que dão fundamento à inexigibilidade, o fator determinante é a situação fática de inviabilidade de competição, minimizando a vontade do legislador. Em resumo: sempre que o serviço for de natureza singular, a contratação se fará por inexigibilidade, em virtude da situação fática de inviabilidade de competição, independentemente do teor do inciso III do artigo 74, que, no máximo, as reconhece.

Para corroborar esse argumento, convém salientar que a parte final do inciso III do artigo 74 da Lei nº 14.133/2021 reputa vedada a inexigibilidade para serviços de publicidade e divulgação. Dessa maneira, seria de presumir que as alíneas que compõem o inciso III tenham enunciado tais serviços de publicidade e divulgação, uma vez que, em hipótese contrária, se a lista dos serviços fosse taxativa, não haveria a mínima utilidade em tecer a aludida ressalva, proibindo a inexigibilidade para a contratação deles. E o ponto é que não os enunciou, o que denota que a lista não é taxativa. Ora, se fosse taxativa, não haveria razão alguma para ressalvar os serviços de publicidade e divulgação, dado que eles não compõem a lista e, sendo assim, já não estariam abrangidos pela inexigibilidade do inciso III do artigo 74.

Melhor explicando: se os serviços de natureza singular são apenas os listados no inciso III do artigo 74, seria necessário, para que tivesse sentido a ressalva acerca dos serviços de publicidade e divulgação, que eles estivessem entre os serviços mencionados nas suas alíneas. E isso porque, não estando entre os serviços mencionados nas alíneas, já de antemão cumpriria excluí-los da inexigibilidade prevista no inciso III do artigo 74, sem que fosse preciso ou minimamente útil os excluir. Nesse passo, como se verifica que os serviços de publicidade e de divulgação não fazem parte do rol dos serviços insertos nas alíneas do inciso III, vê-se que a remissão levada a cabo no inciso não é exaustiva, porém tão somente exemplificativa. Isso quer significar que a contratação de outros serviços, mesmo que não previstos nas alíneas do inciso III do artigo 74, também pode ser firmada sem licitação pública, em razão da inexigibilidade.

Aproveitando o ensejo, agrega-se que, nada obstante a ressalva contida na parte final do inciso III do artigo 74 da Lei nº 14.133/2021, cujo teor, repita-se, veda a inexigibilidade para contratação de serviços de publicidade e de divulgação, se tais serviços realmente forem de natureza singular, é lícita a inexigibilidade, por força da situação fática de inviabilidade de competição, que, ao menos no que se refere à inexigibilidade, prevalece sobre as disposições normativas.

De todo modo, acaso se entenda que apenas os serviços mencionados nas alíneas do inciso III do artigo 74 da Lei nº 14.133/2021 podem ser objeto da inexigibilidade fundada no sobredito dispositivo, há de reconhecer que outros serviços também podem ser contratados por inexigibilidade, desde que sejam singulares. Nessas situações, a contratação apenas não se daria com fundamento no inciso III do artigo 74 da Lei nº 14.133/2021, porém no seu *caput*, que autoriza a inexigibilidade, genericamente, para todas as hipóteses de inviabilidade de competição, em que se enquadra a contratação de serviços singulares, quaisquer que sejam. A distinção seria inofensiva e meramente formal, apenas acerca do fundamento legal da contratação, que deixaria de ser o inciso III do artigo 74 da Lei nº 14.133/2021 e passaria a ser o *caput* do mesmo artigo 74. O efeito seria o mesmo: a inexigibilidade de licitação.

4.3 A distinção entre serviços exclusivos e serviços singulares

Há serviços de natureza comum cujas prestações exigem conhecimento técnico generalizado, que pode perfeitamente ser comparado objetivamente numa licitação pública. Todavia, há certos serviços que demandam primor técnico diferenciado, disposto por poucos, que imprimem neles as suas características pessoais. Tratam-se de serviços cujas especialidades requerem aporte subjetivo, o toque do especialista, distinto de um para outro, o que os qualifica como singulares. A inexigibilidade impõe-se haja vista a inviabilidade de comparar com objetividade o toque pessoal, a subjetividade, a particular experiência de cada qual dos ditos especialistas, pelo que falece a competição.

Advirta-se que, diferentemente da inexigibilidade fundada no reconhecimento de fornecedor exclusivo, já agora os serviços enunciados no inciso III do artigo 74 da Lei nº 14.133/2021 podem ser prestados por vários especialistas. Isto é, não se faz necessário que somente uma pessoa disponha da técnica pretendida pela Administração, outros também podem dominá-la; no entanto, todos eles a realizam com traço eminentemente subjetivo, em razão do que, repita-se, a inexigibilidade tem lugar pela falta de critérios objetivos para compará-los.

A rigor, a hipótese de inexigibilidade prevista no inciso III do artigo 74 da Lei nº 14.133/2021 não depende da exclusividade do contratado. A inexigibilidade é cabível ainda que várias pessoas tenham condições técnicas para executar o contrato. O pressuposto da inexigibilidade do inciso I do artigo 74 é diverso do pressuposto do inciso III. O inciso I requer exclusividade. O inciso III, apenas singularidade.

A propósito, Celso Antônio Bandeira de Mello pondera:

> Serviços singulares são os que se revestem de análogas características. De modo geral são singulares todas as produções intelectuais, realizadas isolada ou conjuntamente – por equipe – sempre que o trabalho a ser produzido se defina pela marca pessoal (ou coletiva), expressada em características científicas, técnicas ou artísticas importantes para o preenchimento da necessidade administrativa a ser suprida. Neste quadro cabem os mais variados serviços; uma monografia escrita por experiente jurista; uma intervenção cirúrgica realizada por qualificado cirurgião; uma pesquisa sociológica empreendida por uma equipe de planejamento urbano; um ciclo de conferências efetuado por professores; uma exibição de orquestra sinfônica; uma perícia técnica sobre o estado de coisas ou das causas que o geraram. Todos esses serviços se singularizam por um estilo ou uma orientação pessoal. Note-se que a singularidade mencionada não significa que outros não possam realizar o mesmo serviço. Isto é, são singulares, embora não sejam necessariamente únicos.[213]

Na mesma toada, Eros Roberto Grau afirma:

> Singulares são porque apenas podem ser prestados, de certa maneira e com determinado grau de confiabilidade, por um determinado profissional ou empresa... Ser singular o serviço, isso não significa seja ele necessariamente o único. Outros podem realizá-lo, embora não

213 BANDEIRA DE MELLO, Celso Antônio. *Curso de direito administrativo*. 35. ed. São Paulo: Malheiros, 2021. p. 448.

o possam realizar do mesmo modo e com o mesmo estilo de um determinado profissional ou de uma determinada empresa.[214]

Ora, a licitação pública serve para tratar com igualdade os possíveis interessados nos contratos da Administração Pública. Para tratá-los com igualdade e, em virtude disso, para que seja minimamente útil a licitação pública, é essencial que se antevejam critérios objetivos para comparar um a outro. Se o critério é subjetivo, então os interessados não são tratados com igualdade, dado que a disputa vai se resolver pelo sabor do julgador. Nesses casos, o interessado preterido não tem em que se amparar para exigir tratamento igualitário, mormente porque, insista-se, o critério determinante é a livre vontade do julgador. Vale aquilo que aprecia o julgador e ponto final, sem que se possa cogitar de igualdade, ao menos num plano objetivo, que se pretende aportar com a licitação pública. Se os serviços versados no inciso III do artigo 74 da Lei nº 14.133/2021 são prestados com características subjetivas, por dedução, são julgados de modo subjetivo, afastando realmente a objetividade, com ela, a competitividade e, enfim a licitação pública, fundamentando a inexigibilidade.

Com efeito, a inexigibilidade ocorre mesmo que existam vários especialistas aptos a prestar o serviço pretendido pela Administração, visto que todos eles se distinguem por características marcadas pela subjetividade, por suas experiências de cunho particular. Daí que a Administração deve escolher um dos especialistas em detrimento de todos os outros porventura existentes, acentuando-se aqui, mais uma vez, o tema referente à competência discricionária de que é investido o agente administrativo.

Registre-se, por oportuno, que a jurisprudência do Tribunal de Contas da União, ainda que com base na Lei nº 8.666/1993, foi controvertida a respeito desse aspecto, mas nos últimos anos se pacificou no sentido de reconhecer que a singularidade é o bastante para a inexigibilidade de licitação, prescindindo da exclusividade. A título ilustrativo, leia-se a seguinte passagem:

> O conceito de singularidade de que trata o art. 25, inciso II, da Lei 8.666/1993 não está vinculado à ideia de unicidade, mas de complexidade e especificidade. Dessa forma, a natureza singular não deve ser compreendida como ausência de pluralidade de sujeitos em condições de executar o objeto, mas sim como uma situação diferenciada e sofisticada a exigir acentuado nível de segurança e cuidado.[215]

O Superior Tribunal de Justiça segue a mesma linha:

> Assim, embora possam existir vários profissionais dotados de notória especialização em determinada área do conhecimento, a circunstância que inviabiliza a competição são as suas características individuais que despertam a confiança do administrador, analisadas sob o enfoque do objeto do contrato a ser executado, bem como do interesse público que deve ser buscado em toda atuação da administração.[216]

---

[214] GRAU, Eros Roberto. Inexigibilidade de licitação – serviços técnicos especializados – notória especialização. *Revista Direito Público*, Brasília, n. 99, p. 70, jul./set. 1991.

[215] TCU, Plenário. Acórdão nº 2993/2018. Rel. Min. Bruno Dantas, j. 12.12.2018.

[216] STJ, Quinta Turma. HC nº 228.759. Rel. Min. Jorge Mussi, j. 24.4.2012.

Repita-se que a inexigibilidade encontra amparo no traço singular que qualquer um dos potenciais contratados imprimiria à execução do contrato. Várias pessoas poderiam executar o contrato, todas de modo especial e peculiar, incomparável objetivamente em licitação pública. Daí a inexigibilidade, que depende da subjetividade dos critérios para a aferição do *contratado*, isto é, no final das contas, da discricionariedade dos agentes administrativos.

Nesse processo discricionário, o agente administrativo encontra amplo espaço de liberdade para escolher aquele especialista que reputa o mais adequado à satisfação da utilidade pretendida com a contratação, pressupondo-se, pois, a avaliação de conceitos de valor, variáveis em grau maior ou menor, de acordo com estimativa subjetiva.

Na perspectiva dessa competência discricionária, observa-se elemento de extrema relevância para visualizar a inviabilidade de competição, qual seja o juízo de *confiança* do agente administrativo em determinado especialista, que o leva a contratá-lo, preterindo outros com similar capacitação.[217]

É evidente que a confiança ou a desconfiança revelam avaliações impregnadas pela discricionariedade, em tributo aos elementos subjetivos a serem tomados pelo agente administrativo para apurá-la. Cabe ponderar, como já se fez noutra passagem, que a discricionariedade não é absoluta; antes disso, sempre limitada. Com isso se quer dizer que o grau de confiabilidade, conquanto determinado subjetivamente, depende de certos requisitos objetivos, entre os quais avultam a experiência do especialista, a sua boa reputação, o grau de satisfação obtido noutros contratos etc.

4.4 A obrigatoriedade da qualificação do serviço como singular diante da redação do inciso III do artigo 74 da Lei nº 14.133/2021

Há dissonância expressiva entre a redação do revogado inciso II do artigo 25 da Lei nº 8.666/1993 e a do inciso III do artigo 74 da Lei nº 14.133/2021. Sucede que o inciso II do artigo 25 da Lei nº 8.666/1993 exigia, literalmente, que o serviço objeto da inexigibilidade fosse qualificado como singular.[218] Por sua vez, o inciso III do artigo 74

---

[217] Com acerto pondera Adilson Abreu Dallari: "Uma palavra precisa ser dita a respeito de uma particular situação na qual não cabe disputa, cotejo ou comparação: trata-se da questão da confiança. Muitos trabalhos, especialmente na área financeira, dependem da confiabilidade de quem o executa. Confiança não se licita, mas, em compensação, não pode ser pretexto para burlar a regra geral da exigibilidade da licitação" (DALLARI, Adilson Abreu. *Aspectos jurídicos da licitação*. 4. ed. São Paulo: Saraiva, 1997. p. 58). Para Eros Roberto Grau, a *confiança* "significa, nesse contexto, convicção, subjetivamente manifestada – embora a partir de dados objetivos (o profissional ou a empresa a ser contratada deve ser dotada de notória especialização) –, de que determinado profissional ou empresa esteja plenamente habilitado (mercê de sua capacidade, dos cuidados dentro dos quais habitualmente desenvolve sua atividade, de sua honestidade e de outras qualificações) a prestar determinado serviço técnico-profissional especializado" (GRAU, Eros Roberto. *Licitação e contrato administrativo* (estudos sobre a interpretação da lei). São Paulo: Malheiros, 1995. p. 74).

[218] "[...] Portanto, para a contratação dos serviços descritos no artigo 13 da Lei 8.666/1993 sem a respectiva licitação, é necessário que sejam de natureza singular e exijam a contratação de profissional notoriamente especializado, cuja escolha está adstrita à discricionariedade administrativa. Não obstante seja certo que a recorrida detenha tais requisitos, não é a única, havendo tantos outros igualmente hábeis [...]" (STJ, Segunda Turma. REsp nº 488.842/SP. Rel. Min. João Otávio de Noronha, j. 17.4.2008). "O artigo 25, II, da Lei de Licitações não autoriza a contratação direta com base no simples fato de o serviço ser técnico e pressupor conhecimentos específicos por parte do prestador (pessoa física ou jurídica). É imprescindível que o serviço tenha natureza singular, o qual, nas palavras de Celso Antônio Bandeira de Mello, é aquele que se individualiza 'por um estilo ou por uma orientação pessoal [...], que as diferenças advindas da singularidade de cada qual repercutam de maneira a autorizar a presunção de que o serviço de um é mais indicado do que o serviço de outro'. Prossegue o autor

da Lei nº 14.133/2021, também literalmente, exige apenas que o serviço seja considerado técnico especializado de natureza predominantemente intelectual e não menciona a expressão *singular* nem algo do gênero. O dispositivo, pelo menos em sua literalidade, não restringe a inexigibilidade ao serviço singular.

O mesmo ocorreu, é bom registrar, com o inciso II do artigo 30 da Lei nº 13.303/2016, que trata da hipótese equivalente de inexigibilidade para as empresas estatais, cujo teor não prescreve expressamente a singularidade como condição para a inexigibilidade, bastando que o contratado seja notório especialista e que o serviço seja técnico especializado. Abriu-se, já diante da Lei nº 13.303/2016, a controvérsia, que se reproduz agora, pela semelhança, na Lei nº 14.133/2021.

Em síntese, a questão é se, nas hipóteses do inciso II do artigo 30 da Lei nº 13.303/2016 e do inciso III do artigo 74 da Lei nº 14.133/2021, a inexigibilidade depende ou não da singularidade do objeto do contrato.

Vozes gabaritadas da doutrina defendem que a inexigibilidade não dependeria da singularidade; dependeria apenas da qualificação do objeto do contrato como serviço técnico especializado e do contratado como notório especialista. Destacam-se três argumentos nesse sentido:

(i) *Literalidade* – O inciso II do artigo 30 da Lei nº 13.303/2016 e o inciso III do artigo 74 da Lei nº 14.133/2021 não prescrevem a singularidade como condição para a inexigibilidade, o que decorre da vontade clara do legislador, especialmente se compararmos os referidos dispositivos com o inciso II do artigo 25 da Lei nº 8.666/1993.[219] As leis mais recentes, Lei nº 13.303/2016 e Lei nº 14.133/2021, não deveriam ser interpretadas com excessivo apego à Lei nº 8.666/1993.

(ii) *Indeterminação* – O conceito de singularidade é indeterminado, bastante subjetivo e, por via de consequência, de difícil aplicação, o que abre espaços para excessos dos órgãos de controle que acabam por inviabilizar hipóteses de inexigibilidade legítimas previstas pelo legislador e por responsabilizar agentes administrativos e pessoas contratadas que atuam de boa-fé e em acordo com a legalidade.[220]

(Curso de Direito Administrativo. 24. ed. São Paulo: Malheiros Editores, 2007, p. 526-536): a singularidade é relevante e um serviço deve ser havido como singular quando nele tem de interferir, *como requisito de satisfatório atendimento da necessidade administrativa*, um componente criativo de seu autor, envolvendo o estilo, o traço, a engenhosidade, a especial habilidade, a contribuição intelectual, artística, ou a argúcia de quem o executa, atributos, estes, que são precisamente os que a Administração reputa convenientes e necessita para a satisfação do interesse público em causa" (STJ, Segunda Turma. REsp nº 942.412/SP. Rel. Min. Herman Benjamin, j. 9.3.2009).

219 Murilo Queiroz Melo Jacoby Fernandes enfatiza o tratamento distinto dispensado pelo legislador com mira na Lei nº 13.303/2016: "Na inexigibilidade, destaca-se a supressão da singularidade como condição para contratação do notório especialista. Na Lei nº 8.666/1993, para a contratação de especialista, exigia-se tanto a notoriedade desde quanto a singularidade do objeto. Para as estatais, a partir de agora, basta que o serviço se enquadre entre algum daqueles trazidos no inciso II do artigo 30" (FERNANDES, Murilo Queiroz Melo Jacoby. Lei nº 13.303/2016: novas regras de licitações e contratos para as Estatais. *Revista IOB de Direito Administrativo*, São Paulo, v. 12, n. 134, p. 9-15, fev. 2017).

220 É a opinião, sempre abalizada e contundente, de Ivan Barbosa Rigolin: "Uma importantíssima novidade desta L. 13.303/2016 nesta questão é a de que a lei não mais se refere à natureza singular do objeto como requisito para a contratação direta. Eliminou-se um pesadelo da legislação, nunca compreendido nem por iminentes juristas, juízes e estudiosos, nem por quem quer que seja – sobretudo por quem tem competência para ingressar com ações civis públicas contra contratantes de objetos com ou sem natureza singular – quem sabe? –, e que o faz a torto e a direito contra culpados e contra inocentes em igual medida, e que quanto aos

(iii) *Distinção entre necessidade e objeto* – O objeto do contrato não precisa ser singular, porém a necessidade da Administração que motiva a contratação é que o deve ser, o que demanda a caracterização da necessidade administrativa e da proporcionalidade da solução dada.[221]

Refutam-se os argumentos, com a máxima deferência aos que os defendem.

(i) *Refutação ao argumento da literalidade* – A inexigibilidade pressupõe inviabilidade de competição. Os próprios *caput* do artigo 30 da Lei nº 13.303/2016 e *caput* do artigo 74 da Lei nº 14.133/2021 condicionam as hipóteses previstas nos seus incisos à inviabilidade de competição. O decisivo é que não há inviabilidade de competição para a contratação de serviços que não sejam singulares, que sejam ordinários e comuns, ainda que eventualmente se pretenda contratar profissional ou empresa de notória especialização. Sucede que serviços ordinários e comuns, que não são serviços singulares, podem ser prestados por quaisquer profissionais ou empresas e não necessariamente por profissionais ou empresas de notória especialização. Portanto, todos os profissionais ou empresas, qualificados para prestar tais serviços, por força do princípio da isonomia, têm o direito de disputar os respectivos contratos com igualdade, o que depende da licitação pública. A inviabilidade de competição somente se configura se o serviço a ser contratado por meio da inexigibilidade requeira

---

últimos rouba a saúde, destrói a economia e arruína reputações profissionais como um tornado que eclode sem aviso prévio. Ao não prestigiar essa praga asquerosa que a lei de licitações denomina natureza singular do objeto e que ninguém jamais soube o que significa nem com mínima nitidez – porque é um conceito abstrato, indeterminado, necessariamente impreciso e inteiramente subjetivo, etéreo como o fogo de santelmo e na prática similarmente fantasmagórico –, exalçou-se o legislador, nesse passo, a uma grandeza inesperada. Pode ter sido boa a intenção do legislador ao referir-se à natureza singular do objeto, porém o que ensejou foi uma genuína desgraça na prática da lei, que dura ainda e não se sabe por quanto tempo. Lei não é poesia nem discurso filosófico, e também o inferno legislativo está cheio de boas intenções [...]. Cumpre entretanto, aqui novamente, dizer algo sobre aqueles específicos serviços. O primeiro a repisar é que na lei das estatais não existe a figura da natureza singular do serviço, como requisito à sua contratação direta. Assim, por exemplo, qualquer treinamento e aperfeiçoamento de pessoal pode ser contratado diretamente, desde apenas que o contratado seja notoriamente especializado nesse assunto" (RIGOLIN, Ivan Barbosa. As licitações nas empresas estatais pela Lei nº 13.303, de 30 de junho de 2.016. *Rigolin Advocacia*. Disponível em: https://rigolinadvocacia.com.br/artigos/detalhes/14. Acesso em: abr. 2018).

[221] Luciano Ferraz, um dos grandes nomes do direito administrativo nacional, sustenta: "Logo, qualquer cogitação sobre se a Administração deveria ou não ter contratado um profissional notório especializado para a execução de dado objeto (serviço) – juízo sobre a conveniência da contratação – não é uma discussão que reside no conteúdo em si do objeto do contrato, senão no âmbito da necessidade administrativa a ser satisfeita por seu intermédio. Com a previsão da hipótese de contratação por inexigibilidade baseada fundamentalmente em notória especialização do prestador, o legislador democrático objetivou afastar o teste, a experimentação, o risco, optando pela qualificação certa e comprovada de profissionais *experts* que se podem colocar a serviço da Administração Pública. O diferencial subjetivo é que prepondera nesse caso, mercê da vinculação da atividade administrativa ao princípio da eficiência (artigo 37, *caput*, da Constituição). [...] O que se quer significar, com o exemplo, é que discussões sobre a necessidade da contratação vis-à-vis aos meios que se colocam à disposição da Administração para cumprir a finalidade pública subjacente, com o mesmo grau de certeza, segurança e qualidade (eficiência), não dizem respeito à singularidade do objeto (que no novo dispositivo legal encontra-se implicitamente pressuposta à hipótese de contratação direta do artigo 74, III), reclamando embates de outra ordem (sobre a necessidade administrativa e a proporcionalidade da solução dada). É que a identificação da necessidade pública e a definição quanto ao meio mais eficiente para o seu provimento são, no exame das situações de inexigibilidade, um processo avaliativo de matriz qualitativa e não quantitativa. A razão de ser é singela: nesse tipo de contratação predomina o aspecto subjetivo, a ver a balança pesar em favor da garantia de qualidade e eficiência do serviço, que decorrem essencialmente do diferencial técnico do executor" (FERRAZ, Luciano. The walking dead na Administração – temporada final (Nova Lei de Licitações). *Repositório Institucional – UFSC*, 2021. Disponível em: https://repositorio.ufsc.br/handle/123456789/222440. Acesso em: maio 2021).

os préstimos de alguém que possa ser qualificado como notório especialista, a ponto de recusar critérios objetivos de julgamento. A existência de critérios objetivos para comparar propostas impõe a obrigatoriedade de licitação pública. A questão encontra-se na objetividade ou subjetividade dos critérios de julgamento. A inexigibilidade ocorre somente nas hipóteses em que o serviço pretendido pela Administração Pública é apreciado por critério subjetivo, isto é, em que a comparação entre os profissionais habilitados a prestá-lo é condicionada à apreciação subjetiva. Logo, não basta que o profissional seja reputado notório especialista, porque, antes de levá-lo em consideração, é essencial que o serviço visado requeira os préstimos de alguém assim qualificado.[222] Dito de outro modo, se o serviço é ordinário ou comum e quaisquer profissionais ou empresas podem prestá-lo, não se visualiza a inviabilidade de competição, que é a premissa lógica de qualquer hipótese de inexigibilidade de licitação. Dessa forma, as hipóteses de inexigibilidade do inciso II do artigo 30 da Lei nº 13.303/2016 e do inciso III do artigo 74 da Lei nº 14.133/2021 são sim condicionadas e dependem de serviços singulares, não encontrando lugar para a contratação de serviços ordinários e comuns. O fundamento legal literal não reside no inciso II do artigo 30 da Lei nº 13.303/2016 ou no inciso III do artigo 74 da Lei nº 14.133/2021, porém nas cabeças dos referidos artigos, que condicionam qualquer inexigibilidade à inviabilidade de competição e, sendo assim, ainda que não o façam de forma expressa, remetem à singularidade. De mais a mais, como sabido, a eventual e suposta vontade do legislador não é o que deve prevalecer, porém sim o teor dos enunciados normativos, sobremodo em acordo com a Constituição Federal.[223]

---

222 "E esse outro dado conceitual importante é o de que a notória especialização, que serviu para que determinado contratante fosse selecionado com escudo e o manto da inexigibilidade da licitação, *seja em si um dado essencial para a satisfação do interesse público a ser atendido*. Se o serviço é daqueles em que a notória especialização é absolutamente acidental, apenas uma moldura que enfeita o prestador de serviços, mas não integra a essência da realização, tal como desejada, do objeto contratual, nesse caso sua invocação será viciosa e viciada, e, portanto, atacável através de todas as figuras de vício do ato administrativo, com a consequente apenação do administrador" (FIGUEIREDO, Lúcia Valle; FERRAZ, Sérgio. *Dispensa e inexigibilidade de licitação*. 3. ed. São Paulo: Malheiros, 1997. p. 46). "Porém, não basta dado serviço enquadrar-se no conceito de técnico profissional especializado para ensejar a inexigibilidade de licitação. Necessário tratar-se, diz o art. 25-II, de 'serviço de natureza singular'. Se o serviço, embora encaixando-se entre os mencionados no art. 13, não for singular (é dizer: não demandar um cunho pessoal, que o individualize absolutamente) deverá ser contratado por licitação" (SUNDFELD, Carlos Ari. *Licitação e contrato administrativo*. 2. ed. São Paulo: Malheiros, 1995. p. 45). "Quanto à menção, no dispositivo, à *natureza singular do serviço*, é evidente que a lei quis acrescentar um requisito, para deixar claro que não basta tratar-se de um dos serviços previstos no artigo 13; é necessário que a complexidade, a relevância, os interesses públicos em jogo, tornem o serviço singular, de modo a exigir a contratação de profissional notoriamente especializado; não é qualquer projeto, qualquer perícia, qualquer parecer, que torna inexigível a licitação" (DI PIETRO, Maria Sylvia Zanella. *Direito administrativo*. 12. ed. São Paulo: Atlas, 2000. p. 312).

223 "Afinal, a legitimidade da contratação direta via inexigibilidade de licitação pressupõe a motivação quanto à '*inviabilidade de competição*'. E essa – a '*inviabilidade de competição*' –, se faz presente especialmente em duas hipóteses: (i) diante de fornecedor ou prestador de serviço exclusivo – *inviabilidade absoluta de competição;* ou (ii) diante da impossibilidade de definir critérios objetivos de comparação e julgamento entre propostas – a chamada '*singularidade do objeto*' – *inviabilidade relativa de competição*. Portanto, afora as situações envolvendo exclusividade da solução a ser contratada, bem como de credenciamento (em que o adequado atendimento da demanda da Administração pressupõe a contratação de todos os possíveis interessados), os demais casos passarão pela análise de *singularidade*" (NOVA Lei de Licitações: inexigibilidade e a ausência da expressão "singularidade". *Blog Zênite*, 19 fev. 2021. Disponível em: https://www.zenite.blog.br/nova-lei-de-licitacoes-inexigibilidade-e-a-ausencia-da-expressao-singularidade/. Acesso em: maio 2021). "Por decorrência lógica,

(ii) *Refutação ao argumento da indeterminação* – Serviço singular é sim conceito jurídico indeterminado, categoria que é presente e que permeia o direito administrativo e o universo das licitações e contratações. O conceito de *interesse público*, que corresponde à pedra de toque do direito administrativo, também o é, da mesma forma que outros centrais para as licitações e contratos, como os de *normas gerais*, *emergência* e *bens e serviços comuns*. Alegar que um conceito jurídico é indeterminado e que ele causa problemas em razão da sua indeterminação não é razão suficiente para negá-lo e para defender o seu oposto. O problema, na verdade, não é a indeterminação do conceito de singularidade, porém os supostos excessos dos órgãos de controle, que, muitas vezes, não respeitam as competências dos agentes administrativos e o atributo da presunção de legitimidade e da legalidade dos atos administrativos. Esse é o verdadeiro problema que precisa ser enfrentado, de solução difícil e complexa, e não o fato de a inexigibilidade depender da qualificação do objeto do contrato como singular.

(iii) *Refutação do argumento da distinção entre necessidade e objeto* – Necessidade (demanda) e objeto são sim coisas diferentes, porém diretamente ligadas. O objeto singular depende da necessidade (demanda) singular. Dizendo de outra forma, a necessidade (demanda) singular é o que justifica a contratação de um objeto singular, sendo que a singularidade presente na necessidade (demanda) deve ser a mesma presente no objeto, porque necessidade (demanda) e objeto andam juntos, não se dissociam. Por exemplo, a Administração identifica a necessidade (demanda) singular de contratar parecer jurídico sobre a matéria A, considerada de elevada complexidade. Não seria plausível que, para atender

---

ao vincular a ideia de singularidade à impossibilidade de fixação de critérios objetivos de julgamento, é possível concluirmos que a exclusão do rótulo 'de natureza singular' em nada muda o cenário e o campo de incidência do permissivo legal. Em outras palavras, a supressão do termo na Lei nº 13.303/2016 não trouxe consigo qualquer nova hipótese apta a ser fundamentada no inciso II de seu art. 30, pois, caso a estatal necessite contratar serviço técnico-profissional especializado outrora classificado como 'não singular', a situação não culminaria em inexigibilidade de licitação, tendo em vista que não poderia escapar da verificação acerca da possibilidade de definição de critérios objetivos para a disputa e, notadamente, da comprovação do pressuposto comum a qualquer inexigibilidade: a inviabilidade de competição" (BARCELOS, Dawison; TORRES, Ronny Charles. *Licitações e contratos nas empresas estatais*. Salvador: Juspodivm, 2018. p. 199). "Ademais, precisamos deixar claro que não é qualquer serviço técnico profissional que pode ser contratado diretamente com empresas ou profissionais notoriamente especializados. Em que pese à lei não fazer menção expressa, é forçoso concluir que o serviço, além de técnico profissional especializado, deve ser de natureza singular, ou seja, deve ser excepcional, incomum ao cotidiano administrativo, diferenciando-se de outros similares a ponto de ser considerado peculiar" (GUIMARÃES, Edgar; SANTOS, José Anacleto Abduch. *Lei das Estatais*. Belo Horizonte: Fórum, 2017. p. 83). "Com efeito, parece óbvio que a contratação direta de um profissional ou empresa notoriamente especializada para execução de serviço ordinário ou que não exija, por suas peculiaridades, a expertise própria de um especialista, nos termos do §3º do art. 74, não se justifica. Aparentemente, não há razões para entendimento diverso no caso da Lei nº 14.133/2021" (PÉRCIO, Gabriela Verona. A inviabilidade de competição relativa na nova lei de licitações e contratos administrativos (lei nº 14.133/2021): principais mudanças e proposta de interpretação para maximizar a eficiência da contratação direta. *In*: VARESCHINI, Julieta Mendes Lopes (coord.). *Diálogos sobre a Nova Lei e Licitações e Contratações*. Pinhais: JML, 2021. p. 151). "Por tais razões, não obstante o texto legal da nova Lei de Licitações não possua tal previsão (de observância da singularidade), entendemos que a singularidade é requisito que deve ser mantido pela Administração quando da verificação da contratação direta por inexigibilidade em serviços técnicos executados por notórios especialistas, mesmo porque, o que justifica a contratação de um profissional que detenha qualificação diferenciada é a complexidade do objeto, ou seja, a singularidade" (ÁVILA, Diego. Inexigibilidade: serviços técnicos, notória especialização e a ausência de singularidade. *In:* VARESCHINI, Julieta Mendes Lopes (coord.). *Diálogos sobre a Nova Lei de Licitações e Contratações*. Pinhais: JML, 2021. p. 165).

a tal demanda, o objeto do contrato fosse parecer jurídico sobre a matéria B, considerada de baixa complexidade. Por evidente, o objeto precisa seguir a necessidade (demanda) e o cerne da questão continua o mesmo: a singularidade. Mudar o endereço da discussão sobre a singularidade do objeto para a da necessidade (demanda) não resolve problema prático algum. Afora não resolver, não faz sentido, porque a discussão sobre a singularidade do objeto sempre trouxe consigo a discussão sobre a singularidade da necessidade (demanda). E, nesse passo, a necessidade (demanda) singular não justifica a contratação de objeto não singular, dado que, insista-se, o objeto deve atender à necessidade (demanda). A singularidade da necessidade (demanda) e a do objeto devem ser justificadas sob a mira do princípio da proporcionalidade, nas suas facetas da adequação, necessidade e proporcionalidade em sentido estrito. Dar ênfase ao princípio da proporcionalidade é útil, mas, em sua essência, não altera o fato de que a inviabilidade da competição depende da singularidade do objeto da contratação, o que pressupõe a singularidade da necessidade (demanda).

Convém frisar que o Tribunal de Contas da União já se posicionou acerca da controvérsia com vistas ao inciso II do artigo 30 da Lei nº 13.303/2016, exigindo para a configuração da inexigibilidade a caracterização do serviço como singular. Leia-se:

> A contratação direta de escritório de advocacia por empresa estatal encontra amparo no art. 30, inciso II, alínea "e", da Lei 13.303/2016, desde que presentes os requisitos concernentes à especialidade e à singularidade do serviço, aliados à notória especialização do contratado.[224]

O Superior Tribunal de Justiça, no entanto, aportou à conclusão diametralmente diversa, em julgado que tratava da contratação de advogado por inexigibilidade de licitação pelo regime da Lei nº 8.666/1993. Nada obstante, considerou os termos do inciso III do artigo 74 da Lei nº 14.133/2021 e afastou o requisito da singularidade, porque entendeu que suprimido pelo legislador. Confira-se:

> AGRAVO REGIMENTAL EM HABEAS CORPUS. PENAL. ARTIGO 89 DA LEI Nº 8.666/1993. AÇÃO PENAL. PREFEITO MUNICIPAL. CONTRATAÇÃO DIRETA DE ESCRITÓRIO DE ADVOCACIA. REQUISITO DE SINGULARIDADE DO SERVIÇO SUPRIMIDO PELA LEI Nº 14.133/2021. CARÁTER INTELECTUAL DO TRABALHO ADVOCATÍCIO. PARECER JURÍDICO FAVORÁVEL. AUSÊNCIA DE DOLO ESPECÍFICO E DE EFETIVO PREJUÍZO. ATIPICIDADE DA CONDUTA. AGRAVO REGIMENTAL PROVIDO. [...]
> 4. Conforme disposto no artigo 74, III, da Lei nº 14.133/2021 e no artigo 3º-A do Estatuto da Advocacia, o requisito da singularidade do serviço advocatício foi suprimido pelo legislador, devendo ser demonstrada a notória especialização do agente contratado e a natureza intelectual do trabalho a ser prestado. [...]
> Com o advento da Lei nº 14.133/2021, nos termos do artigo 74, III, o requisito da singularidade do serviço advocatício deixou de ser previsto em lei, passando a ser exigida a demonstração da notória especialização e a natureza intelectual do trabalho. Essa interpretação, aliás, é reforçada pela inclusão do artigo 3º-A do Estatuto da Advocacia pela Lei nº 14.039/2020,

[224] TCU, Plenário. Acórdão nº 2.761/2020. Rel. Min. Raimundo Carreiro, j. 14.10.2020.

segundo o qual 'os serviços profissionais de advogado são, por sua natureza, técnicos e singulares, quando comprovada sua notória especialização, nos termos da lei'. Desse modo, considerando que o serviço de advocacia é por natureza intelectual e singular, uma vez demonstrada a notória especialização e a necessidade do ente público, será possível a contratação direta.[225]

O Tribunal de Contas da União voltou a tratar da singularidade em acórdão mais recente, que versa sobre contratação de advogados por estatal ainda sob o regime da Lei nº 8.666/1993. Em dada passagem, que não foi decisiva para o resultado do julgamento, o Ministro Relator, Benjamin Zymler, sem referir ao Acórdão nº 2.761/2020 do Plenário da própria Corte ou ao julgamento supracitado do Superior Tribunal de Justiça, destacou a alteração legislativa, reconheceu que a exigência de singularidade do serviço foi excluída da Lei nº 13.303/2016 e da Lei nº 14.133/2021 e sinalizou que o assunto deve ser revisitado pelos Ministros:

> Portanto, a contratação direta por inexigibilidade, com base no art. 25, inciso II, da Lei 8.666/1993, exige simultaneamente a demonstração dos seguintes requisitos: (i) que o objeto se inclua entre os serviços técnicos especializados do artigo 13 da Lei de Licitações; (ii) que tenha natureza singular; e (iii) que o contratado detenha notória especialização.
> Não posso deixar de observar o fato de que a Lei das Estatais (Lei 13.303/2016) e a nova Lei de Licitações e Contratos Administrativos (Lei 14.133/2021) acabaram por excluir a exigência de que o serviço tivesse natureza singular, tal como previsto no art. 25, inciso II, da Lei 8.666/1993, fato suficiente, a meu ver, para que esta Corte de Contas revisite o seu entendimento da matéria.[226]

A Advocacia-Geral da União produziu o Parecer nº 00001/2023/CNLCA/CGU/AGU, em que conclui pela desnecessidade de comprovação da singularidade para a contratação por inexigibilidade amparada no inciso III do artigo 74 da Lei nº 14.133/2021. Em resumo, o argumento é que o conceito de serviço singular é indeterminado, de difícil definição e que gera problemas, sendo que o legislador, para evitar problemas, deliberou por não condicionar a inexigibilidade ao serviço singular e que essa deliberação deve ser respeitada. Nada obstante isso, o parecer sustenta o seguinte:

> 42. Entretanto, não se pode tampouco chegar à conclusão de que serviços técnicos profissionais especializados serão sempre contratados por inexigibilidade de licitação desde que realizada a contratação com profissional de notória especialização.
> 43. Deve-se ressalvar que, ainda que a Lei nº 14.133/21 não exija comprovação de singularidade do objeto, não basta demonstrar que os serviços sejam técnicos especializados de natureza predominantemente intelectual e que o profissional ou empresa a serem contratados possuam notória especialização (requisitos próprios do III do art. 74). Além dos requisitos próprios de cada hipótese de inexigibilidade admitida nos diversos incisos do art. 74, há que se comprovar sempre o cumprimento do requisito geral que permite a contratação

---

225 STJ, Quinta Turma. AgRg no HC 669.347/SP, Rel. Acórdão Min. João Otávio de Noronha, j. 13.12.2021.

226 TCU, Plenário. Acórdão nº 1397/2022. Rel. Min. Benjamin Zymler. j. 15.6.2022.

direta por inexigibilidade de licitação, qual seja, a inviabilidade de competição. Assim está previsto no caput do art. 74: é inexigível a licitação quando inviável a competição.[227]

Dizendo de outra forma, nos termos do parecer da Advocacia-Geral da União, não é mais necessário, para a inexigibilidade de licitação, que o serviço seja singular. Porém, o parecer reconhece que a inexigibilidade não pode ser fundamentada apenas na notória especialização do contratado, sendo necessário comprovar que a competição é inviável. Como salientado no parecer, "somente se admite a contratação direta por inexigibilidade de licitação prevista no inciso III do art. 74 da Lei nº 14.133/21 quando devidamente justificado pelo órgão licitante que a realização da licitação será inadequada para obtenção da proposta mais vantajosa para a Administração".

Portanto, o parecer da Advocacia-Geral da União trocou a exigência de singularidade do objeto pela necessidade de demonstração de que a licitação seria inadequada para obtenção da proposta mais vantajosa – algo tão subjetivo quanto, capaz de gerar os mesmos problemas que supostamente o legislador pretendeu evitar ao não prescrever expressamente a necessidade de objeto singular. Faltou ao parecer, nessa medida, esclarecer como se mostra essa suposta inadequação se não pela singularidade do objeto.

O parecer, com toda a deferência, é equivocado, por todas as razões já expostas e porque a inadequação da licitação para obter a proposta mais vantajosa também se dá em razão do objeto pretendido pela Administração e não por qualquer outra razão. Ora, a inadequação da licitação ou a inviabilidade da competição se revela quando o objeto pretendido pela Administração se reveste de características tais que justificam a contratação de um notório especialista pautada no critério de confiança depositado nele pelo gestor público. O determinante, ao esticar a corda, é o objeto pretendido pela Administração.

O parecer dá uma volta enorme e acaba num ponto em que, mesmo sem dizer com todas as letras, retorna ao objeto do contrato. Pode-se preferir, por um jogo de palavras, não falar de singularidade do objeto. Pode-se preferir outras expressões, como "inadequação da licitação" ou "inviabilidade da competição", mas o problema e a imprecisão diante dos casos concretos são exatamente os mesmos e se centram, inevitavelmente, no objeto da contratação. Para um objeto simples, rotineiro, usual no mercado, é necessária a licitação. Para um objeto que se reveste de características especiais, de alta complexidade, cuja execução traz repercussão de monta para a Administração, justifica-se o afastamento da licitação e, por conseguinte, a inexigibilidade. Este objeto especial é o que sempre se chamou de serviço singular. Mudar o nome do problema não resolve o problema.

Pois bem, a discussão está quente, sendo que, como se percebe, os julgados mais recentes do Superior Tribunal de Justiça e do Tribunal de Contas da União indicam tendência de que prevaleça a interpretação sobre a desnecessidade da singularidade como requisito para a contratação de serviços técnicos especializados de natureza predominantemente intelectual – tese contrária à aqui defendida. O assunto é sensível e se espera que os tribunais consolidem entendimento que ofereça segurança para os

[227] Advocacia-Geral da União. Parecer nº 00001/2023/CNLCA/CGU/AGU, 27.4.2023.

agentes administrativos sobre a aplicação da hipótese de inexigibilidade do inciso III do artigo 74 da Lei nº 14.133/2021.

De toda sorte, o debate é bem-vindo e, em que pesem as discordâncias, põe luz sobre aspectos realmente relevantes, notadamente os excessos dos órgãos de controle no tocante à análise das contratações firmadas por inexigibilidade diante da indeterminação do conceito do vocábulo *singular*. Infelizmente, é frequente que os órgãos de controle apenas substituam o juízo sobre a singularidade empreendido pela Administração pelo seu próprio juízo, tudo impregnado por grau elevado de subjetividade, causando insegurança jurídica, inviabilizando inexigibilidades legítimas e penalizando agentes públicos e pessoas contratadas que atuam de boa-fé e dentro da legalidade. A atuação dos órgãos de controle, nesse e em muitos outros assuntos, precisa ser aprumada à presunção de legitimidade e de legalidade dos atos administrativos, com deferência aos juízos administrativos e em postura de autocontenção.

Sem embargo, os eventuais desacertos de órgãos de controle não justificam hipótese de inexigibilidade que prescinda da singularidade, para a contratação de serviços que possam ser prestados com técnica comum, julgados por critérios objetivos e que não dependam da intervenção de notórios especialistas. A inexigibilidade, qualquer que seja, é fundada na inviabilidade de competição e, por consequência, na singularidade do seu objeto. Não se trata de apego à Lei nº 8.666/1993. O apego, bem intenso, é à Constituição Federal, nomeadamente à parte inicial do inciso XXI do seu artigo 37, cujo teor deixa claro que a regra é a licitação pública e que a exceção é a contratação direta.

4.5 Notória especialização

A inexigibilidade de licitação depende da singularidade do objeto do contrato e, também, da pessoa contratada. A propósito, o inciso III do artigo 74 da Lei nº 14.133/2021 prescreve a inexigibilidade para a contratação de serviços técnicos especializados de natureza predominantemente intelectual *com profissionais ou empresas de notória especialização*. O texto é claro ao exigir que o contratado seja reputado *notório especialista*.

A expressão "notória especialização" costuma ser interpretada de molde a exigir alguém bastante conhecido em seu meio, afamado, que goze, como o próprio nome indica, de *notoriedade*. Ressalva-se, já de pronto, que é equivocado apurar a *notória especialização* pela *notoriedade da pessoa*. O sujeito pode ser em tudo conhecido, mas não necessariamente por seus méritos profissionais. A *notoriedade* é da especialização do profissional e não do profissional em si. Na mesma linha, a *notória especialização* deve ser apreciada no meio em que atua o profissional, sem que haja razão em pretender que os contratados tenham que ostentar popularidade.[228]

[228] "Não se confunda notoriedade com popularidade. Não é necessário que o contratado seja tido como reconhecidamente capaz pelo povo, pela massa, pelo conjunto de cidadãos, pela coletividade. Basta que isso aconteça no âmbito daquelas pessoas que operam na área correspondente ao objeto do contrato" (DALLARI, Adilson Abreu. *Aspectos jurídicos da licitação*. 4. ed. São Paulo: Saraiva, 1997. p. 53). "*Notório* é o que independente de comprovação, aquilo que é do conhecimento geral. *Especialização* é o profundo conhecimento de uma atividade, na qual a pessoa procura sempre aperfeiçoar-se, para exercê-la com o máximo de eficiência. A notória especialização seria, portanto, o manifesto e particularizado conhecimento de uma atividade para cujo exercício o profissional ou firma buscasse sempre haurir novas técnicas, visando à perfeição. Para a Lei, entretanto, é preciso ainda, que o interessado seja *reconhecidamente* capaz no campo de sua especialidade, isto é, que tenha boa reputação no exercício da atividade em que se especializou, não só entre os que procuram seus

De um jeito ou de outro, o termo *notoriedade* induz conceito indeterminado, isto é, variável em grau maior ou menor, em decorrência do que se afere discricionariedade em sua apreciação.[229] A determinação do grau mínimo de *notoriedade* necessária para dar suporte à inexigibilidade não é precisa. Acontece que há profissionais cuja especialidade é de certa forma reconhecida, mas não tanto a ponto de se poder afirmar tratar-se de alguém com *notoriedade*.

Em suma, quantas pessoas precisam conhecer a especialização do profissional para que se possa considerá-lo portador de *notória especialização*? A questão é de difícil desate, porque envolve determinar conceito que é por natureza indeterminado.

Na apreciação desses conceitos, afigura-se campo de certeza positiva e outro campo de certeza negativa. Há certos profissionais que são conhecidos em todo país, cujos estudos são tomados como referência aos demais que militam na área. Tais profissionais, não há dúvida, agregam *notória especialização*. Noutro lado, há profissionais que não são nem remotamente conhecidos, sem experiência consolidada, pelo que é fácil afirmar que eles não detêm *notória especialização*.

Todavia, entre um grupo e outro, medeia um terceiro grupo, composto por profissionais não tão conhecidos quanto os primeiros nem tão desconhecidos quanto os segundos. Trata-se, é certo, da maioria, daqueles que ocupam posição mediana: que estão no mercado, já possuem alguma experiência, já realizaram alguns estudos, de certa forma são até conhecidos, porém, mesmo assim, não podem ser reputados detentores de *notória especialização*. É que a expressão exige experiência e estudos que vão acima da média, tocante a profissionais realmente destacados. Sem embargo, ainda falta determinar o quanto acima da média se exige para qualificar alguém como portador de *notória especialização*.

Nesse ponto reside a chamada *zona de incerteza*, em que já não é possível distinguir com exatidão quem detém e quem não detém *notória especialização*. Aí vige a competência discricionária atribuída ao agente administrativo, que avalia a experiência dos profissionais com margem de liberdade, pelo que é essencial a *confiança* depositada no contratado.

Apesar da confiança depositada pelo agente administrativo no profissional contratado, recorde-se que a competência discricionária é sempre limitada. Ademais, a discricionariedade existente no plano abstrato da norma pode se dissipar no plano concreto dos atos e dos contratos administrativos. Do que até agora foi exposto,

---

serviços mas também entre aquêles que exercem a mesma atividade. Somente esses poderão ser contratados independentemente de licitação" (SILVA, Antônio Marcelo. *Contratações administrativas*. São Paulo: Revista dos Tribunais, 1971. p. 34). "Assim, há que se explicitar: notória especialização, correto, mas notório para quem? Essa especialização tem que ser notória exatamente para aquele complexo de empresas ou de profissionais que atuam no setor. Não é o administrador público que servirá de mero aferidor. Ele tem que saber identificar, mas é preciso que a especialização – que é um dado objetivo – seja notória – o que é um dado subjetivo – para o universo que aquela empresa ou que aquele profissional integra" (FIGUEIREDO, Lúcia Valle; FERRAZ, Sérgio. *Dispensa e inexigibilidade de licitação*. 3. ed. São Paulo: Malheiros, 1997. p. 78).

229 Régis Fernandes de Oliveira registra: "A 'notória especialização' por si indica o uso de expressão 'vaga' ou seja, aquela cujo núcleo de significação é impreciso. No entanto, há um traço característico e diferencial que distingue o contratado de outros profissionais que, embora sejam também especialistas notórios possuem outras características próprias. Não implica que sejam únicos os serviços prestados. Implica em característica própria de trabalho, que o distingue dos demais" (OLIVEIRA, Régis Fernandes. *Licitação*. São Paulo: Revista dos Tribunais, 1981. p. 47).

transparece que a escolha da Administração deve recair em profissional cuja experiência vá acima da média dos demais profissionais que atuam na área objeto da contratação.

Em complemento, a fim de oferecer parâmetros para tal competência discricionária, o §3º do artigo 74 da Lei nº 14.133/2021 preceitua:

> [...] considera-se de notória especialização o profissional ou a empresa cujo conceito no campo de sua especialidade, decorrente de desempenho anterior, estudos, experiência, publicações, organização, aparelhamento, equipe técnica ou outros requisitos relacionados com suas atividades, permita inferir que o seu trabalho é essencial e reconhecidamente adequado à plena satisfação do objeto do contrato.

Portanto, o dispositivo supracitado oferece elementos que propugnam esclarecer quais os profissionais que podem ser qualificados como acima da média, isto é, portadores de *notória especialização*. De acordo com o texto, os agentes administrativos devem analisar o desempenho anterior do profissional, que, por dedução lógica, deve ser favorável aos resultados visados pelo contrato. Ao mesmo passo, impõe-se avaliar os estudos, os trabalhos publicados, especialmente se o serviço a ser contratado se referir à matéria que seja objeto de estudos acadêmicos. Além disso, se a natureza do serviço demandar a intervenção de equipe de profissionais, importa apurar a estrutura organizacional de que o futuro contratado dispõe, bem como, se pertinente, apurar se a equipe dispõe do aparelhamento tecnológico adequado para a produção dos resultados pretendidos.

A rigor, o §3º do artigo 74 da Lei nº 14.133/2021 indica elementos que redundam numa presunção. Ou seja, aqueles profissionais cuja experiência se harmoniza com os elementos referidos pelo dispositivo em comento se presumem dotados de *notória especialização*. Esses elementos não servem para dizer com exatidão se os profissionais são ou não são portadores de *notória especialização*, mas servem como indicativos, que, se verificados em concreto, ensejam a presunção de que os profissionais avaliados assim sejam qualificados.

Afora tais elementos, poder-se-ia também sugerir, conquanto não lembrado pelo legislador, analisar a qualificação acadêmica do profissional ou da equipe de profissionais a ser contratado, porquanto ela serve para indicar o nível de dedicação e aprofundamento de estudos, já então realizados seguindo metodologia científica, que implica coerência e objetividade do discurso.

Acrescente-se que a parte final do §3º do artigo 74 da Lei nº 14.133/2021 consigna exigência de suma importância, dado que os elementos em apreço devem revelar que o trabalho do especialista é "essencial e reconhecidamente adequado à plena satisfação do objeto do contrato". O §1º do artigo 25 da Lei nº 8.666/1993 exigia que o escolhido fosse "essencial e indiscutivelmente o mais adequado à plena satisfação do objeto do contrato". O texto da nova lei está mais coerente. A avaliação sobre o *mais adequado* é muito subjetiva e, se levada a extremo, poderia ser interpretada de modo a confundir a singularidade com a exclusividade. O contratado deve ser *adequado*, não necessariamente *o mais adequado*, o que poderia suscitar dúvidas intermináveis.

De todo jeito, essa parte final do §3º do artigo 74 da Lei nº 14.133/2021 prescreve a obrigatoriedade de nexo entre as características do profissional qualificado e a satisfação do objeto do contrato. É necessário vislumbrar correlação entre o profissional escolhido pela Administração Pública e o objeto do contrato, a saber, ele deve ser, circunstancialmente, adequado para o objeto específico do contrato. Melhor dizendo, o objeto do contrato é que determina o tipo de especialista a ser contratado. Logo, a Administração Pública deve avaliar as atividades desenvolvidas pelo especialista, qual a linha que ele segue, quais os aportes teóricos e quais as técnicas que ele assume, a fim de precisar se é realmente ele e não outro o profissional quem deve ser contratado, a teor do critério administrativo fundado na confiança, para cumprir os objetivos a que visa aportar o contrato a ser firmado.

Soma-se a isso a questão de se precisar qual o âmbito territorial a ser apurado para reputar profissional como portador de *notória especialização*. Ora, há profissionais cujos trabalhos são conhecidos em todo país, outros no estado a que pertencem, e outros apenas no município. A abrangência territorial da contratação deve ser vista com certa parcimônia, adaptável ao objeto e ao lugar da contratação: por vezes, torna-se conveniente a seleção de um profissional de trato próximo, mais acessível. Isso deve ser avaliado com parcimônia, porque o que realmente importa são os estudos feitos pelo profissional, a experiência anterior dele, os resultados obtidos. O lugar onde o profissional é conhecido deve ser posto em segundo plano, sem que este prevaleça sobre as efetivas realizações dele. Entretanto, não se quer desprezar os profissionais cujos trabalhos sejam conhecidos em todo país, haja vista que, é de presumir, se eles o são, é porque possuem méritos.

Entre os especialistas que contemplem tais quesitos objetivos, o agente administrativo escolherá aquele em que deposita maior confiança, na medida em que o considera mais apto para satisfazer o interesse público do que outros, valendo aí os seus traços pessoais, que devem se identificar com o que pretende a Administração. Embora, sob certo prisma, essa identidade possa ser apurada objetivamente, ao menos para excluir os especialistas que com os desígnios da Administração não se moldem, nesse ponto encontra-se latente a discricionariedade, porquanto o agente administrativo deve avaliar de uma vez qual dos especialistas lhe inspira maior confiabilidade.[230]

Com esse timbre, Eros Roberto Grau esclarece:

> Por certo, pode a Administração depositar *confiança* em mais de um profissional ou empresa dotado de notória especialização relativamente à prestação de serviço técnico-profissional especializado, singular, mesmo porque, detendo notória especialização, todos eles são virtualmente merecedores da *confiança*, contudo, não pode ser objetivamente apurada, de modo que se possa identificar, entre os profissionais ou empresas nos quais o agente público incumbido de tomar a decisão referentemente a qual deles ou delas deve ser contratado, qual o que, sendo contratado, executará o trabalho essencial e indiscutivelmente mais adequado à plena satisfação do objeto do contrato. A decisão quanto à escolha desse profissional ou daquela empresa para a prestação do serviço *não pode*, repito, *ser demonstrada*, ainda que se

[230] Celso Antônio Bandeira de Mello afiança: "Somente em algum País carente em altíssimo grau de sujeitos qualificados é que ocorreria a hipótese de haver uma só pessoa de quem se pudesse dizer, para além de qualquer controvérsia, que seria 'a mais adequada' para o trabalho pretendido. Portanto, a toda evidência, não é possível excluir, na maioria dos casos, uma certa discricionariedade da Administração quanto ao contratado a ser eleito" (BANDEIRA DE MELLO, Celso Antônio. Licitação. Lei nº 8.666. Dispensa de licitação por razões de segurança nacional. Serviços técnicos especializados. Inexigibilidade. *Revista Trimestral de Direito Público*, São Paulo, v. 13, 1996. p. 101).

a possa justificar. Repito: é escolha *discricionária* do agente público ou dos agentes públicos competentes para contratá-lo.[231]

De tudo quanto se disse, cumpre concluir que o grau de confiabilidade do agente administrativo no especialista é o fator determinante da contratação. Assim sendo, no final das contas, esse grau de confiabilidade não pode ser objeto somente de comparação objetiva, já que nele influem necessariamente aspectos subjetivos, que inviabilizam a competição nos moldes que se pretendem de uma licitação pública, isto é, prestantes a dispensar tratamento igualitário a todos os interessados no contrato.

Além da irremediável subjetividade para a seleção do especialista a ser contratado pela Administração, convém ressaltar que, em muitos casos, mesmo que se insistisse em realizar a licitação pública, os especialistas altamente qualificados não se disporiam a participar do certame, pelo que se supõe justificar a inexigibilidade. Ora, como os especialistas realmente afamados não se interessam por disputar abertamente contratos, dado o nível de notoriedade que logram, se a Administração pretender contratar um deles, a licitação pública não se revelará em meio hábil. É que eles, supõe-se, não procuram clientes, mas os clientes é que os procuram. Portanto, se a Administração quiser ser um dos clientes, que os procurem, porque eles não a procurarão e, tampouco – o que é ainda mais remoto –, se disporiam a participar de licitação pública, disputar contrato.[232]

É certo que situações desse naipe realmente ocorrem, em que pese se restrinjam a especialistas de altíssima reputação. Acontece que, ao lado deles, há ainda outros especialistas que também desenvolvem estudos de monta, que gozam de prestígio junto aos seus pares e que, mesmo assim, se disporiam a participar de licitação pública. Mesmo se esses especialistas concordassem em participar de licitação pública continuariam a faltar critérios objetivos para compará-los, uma vez que o ponto fundamental da escolha do contratado remeteria à apreciação subjetiva do agente administrativo, ao referido grau de confiabilidade, e, justamente por isso, permaneceria em pé a inexigibilidade de licitação pública.

Dessa forma, merece ser refutada a ideia de que a ausência de disposição dos especialistas em participar de licitação pública seria o fundamento da inexigibilidade prevista no inciso III do artigo 74 da Lei nº 14.133/2021. Ela até pode sê-lo em alguns casos, naquelas contratações de especialistas de elevadíssima reputação; entretanto, é incorreto dizer que o seja para todos os casos, visto que, em muitos deles, os especialistas, ao menos potencialmente, se disporiam a participar do certame. Sucede que a inexigibilidade independe da vontade ou não dos especialistas em participar da licitação pública, o que seria algo bastante efêmero e de dificílima verificação antecipada, pois seria necessário abrir a disputa para saber se realmente eles se disporiam ou não a ela. O fundamento da inexigibilidade, diga-se mais uma vez, para todos os casos de

[231] Grifos no original (GRAU, Eros Roberto. *Licitação e contrato administrativo* (estudos sobre a interpretação da lei). São Paulo: Malheiros, 1995. p. 74-75).

[232] Marçal Justen Filho observa: "Por outro lado, os profissionais de grande êxito e qualificação superior não colocam seus serviços no mercado. Não se dispõem a competir num certame aberto, mesmo pelos efeitos derivados de uma eventual derrota. Serviços assim especializados conduzem a uma situação de privilégio para o prestador, que assume posição de aguardar a procura por sua contratação antes do que participar em processos coletivos de disputa por um contrato" (JUSTEN FILHO, Marçal. *Comentários à Lei de Licitações e Contratos Administrativos*. 7. ed. São Paulo: Dialética, 2000. p. 288).

contratação de serviços técnicos profissionais de natureza singular, é o traço peculiar que o especialista imprime na prestação do serviço, cuja estimação pressupõe a subjetividade do agente administrativo competente a respeito da confiabilidade dele em vista dos propósitos visados pela Administração Pública.

Além do mais, a inexigibilidade de licitação pública enunciada no revogado inciso II do artigo 25 da Lei nº 8.666/1993 admitia variação de graus de especialidade, dependendo dos reclames da Administração Pública. Por exemplo, em determinada área de atuação, era possível separar três ou quatro especialistas que gozem de enorme prestígio, considerados os grandes nomes nacionais em torno de dado assunto e que, portanto, supostamente, não se disporiam a participar de licitação pública. É de pressupor que a remuneração desses três ou quatro especialistas seja elevada, na medida da reputação que usufruem. Daí que a Administração Pública procura contratá-los em situações realmente relevantes, que envolvem soma pecuniária bastante elevada para justificar o pagamento de tais valores. Isto é, a remuneração do especialista não pode ser mais onerosa do que o potencial prejuízo a ser suportado caso não haja a intervenção dele. Convém ressalvar, no entanto, as hipóteses em que o valor envolvido não é apenas de natureza pecuniária, uma vez que o interesse pode ser de ordem histórica, cultural, ambiental etc., cujos efeitos, a rigor, são economicamente inestimáveis. Mas, o fato é que há questões que requerem a intervenção desses altos especialistas, cuja utilidade a ser recebida pelos serviços prestados compensa o montante investido para o pagamento dos respectivos honorários.[233]

Todavia, noutro lado, há casos que não envolvem somas elevadas, ou mesmo, em que o órgão administrativo não dispõe de tantos recursos, mas que precisa da intervenção de serviços técnicos profissionais especializados, prestados por profissionais também reconhecidos, só que não como os altos especialistas referidos. Nesses casos, também tem cabimento a inexigibilidade de licitação pública amparada no inciso III do artigo 74 da Lei nº 14.133/2021, conquanto o contratado não seja tão afamado. O que importa é que ele reúna atributos especiais, que permitem deduzir que o serviço é prestado com toque pessoal, vislumbrando-se indicativos de que ele agrega as melhores condições para resolver a demanda. Veja-se que, à primeira vista, participar de licitação pública não feriria os brios desse profissional, que ainda não atingiu a posição daqueles outros, que não procuram clientes e que não se sujeitariam à concorrência pública. O ponto é que, embora esses profissionais provavelmente participassem de licitação pública, ela é de todo modo inviável, pois faltam critérios objetivos para comparar as propostas.

Quer-se dizer que o fundamento para a inexigibilidade de licitação albergada no inciso III do artigo 74 da Lei nº 14.133/2021 reside na indeclinável subjetividade para comparar tais profissionais, que realizam seus préstimos com toque pessoal, de modo impregnado pela subjetividade, fruto de experiência profissional própria. A natureza singular reside na pessoalidade com que tais serviços são prestados, que impedem comparação objetiva, a única admissível em licitação pública. Acrescenta-se que, em

---

[233] Esse é o teor da advertência de Adilson Abreu Dallari: "Nunca se pode esquecer, entretanto, o princípio da razoabilidade, que requer uma ponderação entre a natureza e a relevância dos interesses em jogo, a capacidade financeira de quem contrata e a disponibilidade de profissionais contratáveis, no espaço e no tempo" (DALLARI, Adilson Abreu. Contratação de serviços de advocacia pela Administração Pública. *Revista Trimestral de Direito Público*, São Paulo, v. 22, 1998. p. 38).

alguns casos, realmente, os profissionais que se procuram contratar sequer se disporiam a participar de licitação pública, o que força a Administração Pública a contratá-los diretamente. Nada obstante essa situação possa vir a também justificar a inexigibilidade, porque os profissionais que se pretendem contratar não disputam entre si, inviabilizando a competição, mesmo assim o seu derradeiro fundamento é a subjetividade na prestação dos serviços, que impede o julgamento objetivo. Ora, mesmo se esses profissionais se dispusessem a participar da licitação, ainda assim a competição permaneceria inviável, haja vista a ausência de critérios objetivos para compará-los.

4.6 Inexigibilidade para contratação de serviços jurídicos ou advocatícios

Os serviços de natureza jurídica ou serviços advocatícios são prestados por profissionais técnicos especializados, já que requerem o bacharelado em Direito e a inscrição na Ordem dos Advogados do Brasil. Portanto, não são serviços prestados por qualquer profissional, mas só por aqueles especialmente qualificados, em vista do que a contratação deles pode fundar-se no inciso III do artigo 74 da Lei nº 14.133/2021, desde que respeitados os pressupostos analisados no tópico precedente.

A princípio, a contratação por inexigibilidade dos serviços jurídicos sujeita-se às mesmas regras dispostas para os casos de serviços técnicos de natureza predominantemente intelectual, dispostas no inciso III do artigo 74 da Lei nº 14.133/2021, com as mesmas controvérsias, inclusive a já mencionada sobre a necessidade ou não de qualificar-se o serviço jurídico como singular como condição para a inexigibilidade de licitação pública.

A tese defendida neste estudo, reitera-se, é que a inexigibilidade de licitação pressupõe a inviabilidade de competição e que esta, por sua vez, pressupõe a singularidade do objeto do contrato. Demais disso, nem todos os serviços técnicos de natureza predominantemente intelectual são serviços singulares, sendo que, da mesma forma, nem todo serviço jurídico é singular. Assim, notórios especialistas podem ser contratados para prestar serviços jurídicos singulares por inexigibilidade de licitação. Notórios especialistas ou não notórios especialistas não podem ser contratados para prestar serviços jurídicos não singulares por inexigibilidade de licitação.

Por exemplo, o assessoramento jurídico de questões cotidianas de um órgão administrativo não se reveste de singularidade e, pois, se fosse para ser contratado com terceiro, teria que ser licitado. Ademais, exigida prova de qualificação e experiência dos advogados interessados em contratar com a Administração, é bem possível selecioná-los por meio de licitação, especialmente se o julgamento for realizado pelo critério da técnica e preço – sem excluir a legalidade de utilizar o do menor preço. A cotação de preços por parte de escritórios e advogados não importa por si só aviltamento dos honorários, mesmo porque a tabela da própria Ordem dos Advogados do Brasil define apenas algumas balizas, conferindo margem de liberdade para que os advogados formulem seus preços.

Quer-se dizer que o serviço advocatício há de ser singular para ser contratado por inexigibilidade de licitação, sem que se admita a inexigibilidade para a contratação de prestações rotineiras ou comuns. O serviço, por ser singular, demanda a intervenção de um especialista cuja experiência o singulariza. Ademais, o perfil do especialista deve ser apropriado à consecução das utilidades pretendidas pela Administração Pública através do serviço, revelando a necessidade de nexo entre o objeto do contrato e o sujeito contratado.

Nada obstante o enquadramento dos serviços jurídicos entre os referidos no inciso III do artigo 74 da Lei nº 14.133/2021, percebe-se neles um conjunto de situações peculiares e, deveras, complexas, que importam em consequências e pressupostos distintos, cujos efeitos os fazem merecer considerações em separado. Nessa direção, ganha ênfase o posicionamento dos tribunais e dos órgãos de controle sobre o assunto e o disposto no artigo 3º-A da Lei nº 8.906/1994, introduzido pela Lei nº 14.039/2020, cujo teor presume os serviços advocatícios prestados por notórios especialistas como singulares.

É bom ressaltar, já a essa altura, que um dos equívocos mais frequentes cometidos pela Administração Pública concerne à contratação através de inexigibilidade de licitação pública de profissionais realmente detentores de notória especialização para serviços que não ostentem natureza singular, porém ordinária, que podem ser prestados por qualquer advogado habilitado e que, por consequência, não demandam a intervenção de notório especialista. Deve-se ter redobrada atenção com esse aspecto.

De toda sorte, vale a crítica, especialmente a muitos integrantes do Ministério Público, da magistratura e dos tribunais de contas, que avaliam os pressupostos para a contratação de advogados por meio de inexigibilidade, diante dos casos concretos, de maneira excessivamente rigorosa, praticamente inviabilizando tal contratação e com total desprezo à competência discricionária da Administração Pública. No mais das vezes, em juízo subjetivo, não concordam com a avaliação discricionária da Administração Pública, sem apontar maiores elementos ou dados objetivos, e passam a questionar ou declarar a ilegalidade de contratos que foram firmados de forma legítima.

E a crítica vai mais longe. É lamentável que, a despeito de divergências que possam ocorrer sobre a matéria, muitos casos sejam apressadamente criminalizados ou produzam ações de improbidade administrativa, dado que ambos deveriam ser excepcionais, dependentes do elemento subjetivo externado no dolo, na intenção desonesta. É usual que a Administração contrate advogados por meio de inexigibilidade com a convicção razoável de que seja lícito, muitas vezes municiada de pareceres jurídicos com farta fundamentação doutrinária e mesmo amparada na jurisprudência. Parte-se da premissa de que o profissional reúne as qualificações de um notório especialista e que o serviço é singular. No entanto, as avaliações da notória especialização e do serviço singular são em boa medida subjetivas. Daí que, posteriormente, o Ministério Público discorda da avaliação da Administração e, apenas por isto, sem qualquer elemento ou indício que denote relação ilegítima entre o advogado contratado e os agentes administrativos, sem nada que indique enriquecimento ilícito ou obtenção de vantagens indevidas pelos agentes administrativos, oferece denúncia-crime e propõe ação por improbidade administrativa. Ora, a má interpretação da legislação autoriza a anulação do ato e apenas isto. A responsabilização dos agentes administrativos é subjetiva e, para estes casos de crime e de improbidade administrativa, depende do dolo, da intenção desonesta, algo que não costuma ficar caracterizado. A falta de sensibilidade em relação a tais aspectos acua os agentes administrativos e marginaliza a advocacia.

Muitas vezes, ressalta-se, os advogados fazem parte do polo passivo dessas ações criminais e de improbidade, ao lado dos agentes administrativos que decidiram pela contratação. É usual que advogados sejam procurados pela Administração, que pede a eles propostas para a prestação de serviços jurídicos. A Administração é quem identifica a sua demanda, avalia a conveniência da contratação de advogado externo e o modo de fazê-lo, por meio de inexigibilidade de licitação. O advogado apenas apresenta proposta e, uma vez aceita pela Administração, firma o contrato e presta os serviços contratados. Ao final, depois de prestados os serviços, sem que tenha atuado com má-fé ou com qualquer propósito ilícito, é constrangido com ações criminais e de improbidade propostas contra si, às vezes tem seus bens declarados indisponíveis e vê-se diante de pedido para indenizar o erário, o que significa "devolver" os valores recebidos a título de honorários pelos serviços de fato prestados, acrescidos de multa, afora as demais sanções da Lei de Improbidade e as sanções criminais.

Trata-se da marginalização e da criminalização da advocacia. O advogado, bem como qualquer outra pessoa física ou jurídica, que atende à demanda da Administração, apresenta proposta, firma e executa contrato, não pode estar sujeito, apenas por isso, às ações de improbidade ou criminais. Para que fosse processado, seria necessário que o Ministério Público ou os demais órgãos de controle tivessem elementos concretos no sentido de que houve alguma espécie de conluio ou malversação de recursos públicos entre o advogado e os agentes públicos. Sem esses elementos, que devem ser consistentes e já apontados na inicial, as ações de improbidade e as denúncias-crime deveriam ser de pronto rejeitadas.

É de elogiar a postura da Ordem dos Advogados do Brasil, que, de uns anos para cá, passou a acompanhar e intervir em ações de improbidade, processos-crime e qualquer outro tipo de processo que tenha por objeto a penalização de advogados. Deve, quando for o caso, representar e tomar todas as medidas cabíveis para repreender os órgãos de controle que marginalizam e criminalizam a advocacia. Noutras situações, quando for o caso, deve acompanhar e intervir nessas ações também para apurar os fatos e penalizar, por meio de suas instâncias competentes, os advogados que realmente cometeram ilícitos.

4.6.1 Excepcionalidade da contratação de advogados estranhos aos quadros da Administração Pública

Inicialmente, antes de se tratar da inexigibilidade, cumpre tecer considerações a respeito da licitude ou ilicitude dos contratos que terceirizam os serviços jurídicos ou parte dos serviços jurídicos de determinada entidade administrativa. Isso porque os debates já se acirram em torno da própria possibilidade de contratação de serviços jurídicos, e, além disso, se ela é possível, para quais e em quais situações.

Ainda, antes de outros comentários, é oportuno ressaltar que advocacia pública é atividade administrativa a ser prestada por servidores públicos, preferencialmente aprovados em concurso público de provas ou de provas e títulos (inciso II do artigo

37 da Constituição Federal),[234] ou por advogados que exercem função de confiança (inciso V do artigo 37 da Constituição Federal), ou, até mesmo, para atendimento de excepcional interesse público, por advogados contratados por tempo determinado (inciso IX do artigo 37 da Constituição Federal). Na mesma linha, de acordo com a seção II do Capítulo IV do Título IV da Constituição Federal, a advocacia pública foi qualificada entre as funções essenciais à justiça.

Como as entidades administrativas se revestem das mais variadas colorações, quer no âmbito da Administração direta, quer no da Administração indireta, algumas possuem corpo jurídico próprio, outras não. Convém ponderar que essa é questão a ser definida em lei, que deve criar o cargo de procurador, advogado, consultor jurídico etc. Sem a lei, não há o cargo e, por consequência, não há corpo jurídico próprio. Então, para o deslinde da problemática relativa à contratação de serviços jurídicos, deve-se, inicialmente, apartar as entidades que possuem corpo jurídico próprio das que não o possuem. Por ordem: se há corpo jurídico próprio, é lícito contratar serviços jurídicos de terceiros em casos excepcionais, que fogem do padrão normal das causas e assuntos tratados ordinariamente por seus procuradores. A contratação de novos advogados estranhos ao corpo jurídico da entidade pressupõe o reconhecimento em algum grau da *incapacidade* ou *inadequação* dos presentes para aportar aos fins visados pela Administração Pública. Se eles fossem plenamente *capazes* ou *adequados* para prestar o serviço, não seria justificável fazer com que a Administração Pública arcasse com os custos da contratação de novos profissionais. Advirta-se que esse juízo sobre a *(in)capacidade e (in)adequação* é subjetivo e exercido em competência discricionária da Administração Pública, que deve se pressupor como legítimo e legal e deve ser avaliado pelos órgãos de controle com a devida deferência.[235]

---

[234] Conforme preceitua Márcio Cammarosano: "Os serviços de representação judicial ou extrajudicial, defensoria pública, consultoria e assessoria jurídica, para atendimento de necessidades permanentes da Administração Pública, devem ser prestados por pessoal integrante do quadro de servidores do ente governamental, admitidos mediante concurso público, em decorrência dos arts. 131 a 135 da Constituição da República e até do art. 38, parágrafo único, da própria Lei nº 8.666/1993. Contratação sistemática de terceiros para o desempenho daquelas atividades, caracterizando ou não indireta contratação de mão de obra, constitui burla ao art. 37, II, da Constituição. E estas considerações são válidas por quaisquer esferas de governo e órgãos do Poder, incluindo-se entidades de administração indireta. Quem exerce as referidas atividades deve estar a salvo de pressões políticas, atuar com independência, impessoalidade, o que só se alcança com as garantias inerentes à titularidade de cargo público de provimento em caráter efetivo ou, ao menos, com a certeza de que não poderá ser dispensado sem adequada motivação, contrapartida da admissão mediante concurso público. Se se exige critério objetivo para admitir pessoal, não faz sentido realizar dispensa a não ser mediante adoção de critérios dotados de objetividade" (CAMMAROSANO, Márcio. Breves anotações sobre a contratação de serviços profissionais de advocacia. *ILC – Informativo de Licitações e Contratos*, Curitiba, set. 1996. p. 675).

[235] As disposições do Decreto Federal nº 9.507/2018 parecem se harmonizar a essa diretriz: "Art. 3º Não serão objeto de execução indireta na administração pública federal direta, autárquica e fundacional, os serviços: I - que envolvam a tomada de decisão ou posicionamento institucional nas áreas de planejamento, coordenação, supervisão e controle; II - que sejam considerados estratégicos para o órgão ou a entidade, cuja terceirização possa colocar em risco o controle de processos e de conhecimentos e tecnologias; III - que estejam relacionados ao poder de polícia, de regulação, de outorga de serviços públicos e de aplicação de sanção; e IV - que sejam inerentes às categorias funcionais abrangidas pelo plano de cargos do órgão ou da entidade, exceto disposição legal em contrário ou quando se tratar de cargo extinto, total ou parcialmente, no âmbito do quadro geral de pessoal. §1º Os serviços auxiliares, instrumentais ou acessórios de que tratam os incisos do *caput* poderão ser executados de forma indireta, vedada a transferência de responsabilidade para a realização de atos administrativos ou a tomada de decisão para o contratado".

A propósito, o Supremo Tribunal Federal já decidiu:

> 17. O fato de a entidade pública contar com quadro próprio de procuradores não obsta legalmente a contratação de advogado particular para a prestação de serviço específico. É necessário, contudo, que fique configurada a impossibilidade ou relevante inconveniência de que a atribuição seja exercida pela advocacia pública, dada a especificidade e relevância da matéria ou a deficiência da estrutura estatal. [...].[236]

Advirta-se, por oportuno, que a referida *incapacidade* ou *inadequação* não implica menoscabo aos advogados da entidade, porque não há advogados que entendam com profundidade de todos os assuntos jurídicos, bem como de questões complexas ou de alto envolvimento econômico, cujo alcance seja singularmente relevante para a Administração Pública, merecendo atenção redobrada, que, frequentemente, não pode ser dispensada pelos profissionais da Casa, haja vista o volume de trabalho ordinário. Muitas vezes, exigir a atenção adequada do corpo jurídico a questões complexas, que requerem estudos mais profundos, provoca o desatendimento de questões ordinárias, cujo volume usualmente já demanda dedicação integral.

Essas hipóteses de casos excepcionais, em grande parte das vezes, denotam a singularidade do objeto do contrato e, por isso, autorizam a contratação de profissional detentor de notória especialização, o que, por sua vez, como delineado no tópico antecedente, é realizado por meio da inexigibilidade de licitação pública. Aliás, esse tipo de contratação é o que deve suceder como regra, porque as entidades administrativas devem possuir corpo jurídico próprio para tratar de suas questões ordinárias, como, por exemplo, cobrança de dívida ativa, defesa trabalhista, proposição de demanda tributária etc. Para outras questões e casos singulares, situadas fora do trato diário de seu corpo jurídico, podem contratar outros profissionais, quer para elaborar parecer que oriente as atividades dos advogados da própria entidade, quer para defender os interesses da entidade em certos litígios.[237] Os profissionais a serem contratados também devem ser singulares, detentores de notória especialização, tanto que só os assim qualificados reúnem os atributos para curar devidamente de casos complexos, o que leva à subjetividade dos critérios de comparação entre eles, enfim, redundando em inexigibilidade de licitação pública.

Cumpre ressalvar a possibilidade de contratar advogados estranhos aos do quadro da entidade, mesmo para situações ordinárias, desde que se configure a insuficiência para atender à demanda existente. Ou seja, nas hipóteses de sobrecarga, que compromete a qualidade do serviço prestado, é forçoso reconhecer justificativa para

---

236 STF, Primeira Turma. Inq. nº 3.074/SC. Rel. Min. Luís Roberto Barroso, j. 26.8.2014.

237 Nesse sentido, Maria Sylvia Zanella Di Pietro leciona: "É evidente que, dispondo o Município de corpo de Procuradores com competência específica para a cobrança da dívida ativa, a contratação de terceiros tem que ser devidamente justificada e analisada em cada caso. Os serviços rotineiros, como a cobrança da dívida ativa, não podem ser objeto de contrato de locação de serviços, já que correspondem a função permanente do Município, que dispõe de um quadro também permanente de advogados para desempenhá-la. Excepcionalmente, a Administração Pública pode defrontar-se com ação de especial complexidade, envolvendo tese jurídica inovadora, ou de considerável relevância para os cofres públicos; nesses casos, em se tratando de *serviço de natureza singular*, pode preferir contratar advogado de sua confiança e notoriamente especializado, valendo-se da inexigibilidade de licitação, com base no art. 25, II, da Lei nº 8.666/93" (DI PIETRO, Maria Sylvia Zanella. *Parcerias na Administração Pública*. 3. ed. São Paulo: Atlas, 1999. p. 293).

a contratação de novos advogados. Melhor seria que se criassem vagas e se procedesse a concurso público. Entretanto, isso depende de lei, e o fato é que os reclames públicos não se dispõem a esperá-la. Nessas hipóteses, em princípio, não tem cabimento a inexigibilidade de licitação pública, porquanto o objeto do serviço é o trato diário das questões jurídicas do órgão ou entidade administrativa, logo serviço que não se qualifica como singular. Tais contratos, em princípio e com as ressalvas que correspondem às particularidades de cada caso, devem ser precedidos de licitação pública ou realizados por tempo determinado, para atender a situações de excepcional interesse público, com fundamento no inciso IX do artigo 37 da Constituição Federal e legislação ordinária que toca à espécie. Ademais, também há a possibilidade de que os advogados internos da Administração sejam interessados e, pois, envolvidos em demanda judicial contra ela, como, por exemplo, ocorre em disputas trabalhistas. Nesses casos, a contratação de terceiros também se justifica, podendo ser realizada por licitação pública ou por inexigibilidade, conforme o objeto do contrato. Se a demanda for complexa, como costuma ser, é o caso de inexigibilidade de licitação pública.[238]

O Tribunal de Contas da União vem ressaltando que a contratação de advogados estranhos aos quadros da entidade administrativa é excepcional, ainda que por meio de licitação. Confira-se:

> 9. O objeto da contratação refere-se ao patrocínio de causas com escopo amplo, a fim de defender os interesses da companhia em quaisquer demandas judiciais e extrajudiciais, bem como atividades de assessoramento jurídico.
> 10. Referido objeto demonstra que a terceirização buscada pela CDP não se refere a serviços contratados para atender situações específicas, devidamente justificadas, de natureza não continuada, que, por suas características singulares e complexas, não poderiam ser prestadas pelo corpo de advogados do quadro da entidade. [...]
> 13. DP possui em seu quadro de funcionários advogados, que integram a Gerência Jurídica (Gerjur). Assim, conforme estipulou o acórdão há pouco transcrito, somente poderia buscar no mercado, via licitação, a contratação de serviços advocatícios que se enquadrassem nas particularidades referidas na aludida deliberação.
> 14. Todavia, a falta de capacidade operacional do quadro de advogados da Companhia frente ao número de demandas deve ser levada em consideração por este Tribunal, a ponto de se admitir, em caráter excepcional, a manutenção ou a contratação de serviços advocatícios até que a CDP disponha de número suficiente de profissionais admitidos por concurso público, conforme exigência do art. 37, inciso II, da Constituição Federal.[239]

Noutro lado, no tocante às entidades administrativas que não dispõem de corpo jurídico próprio, dado que os respectivos cargos não foram criados por lei, não se deve

---

[238] Marcos Juruena Villela Souto assinala: "Há situações em que mesmo não havendo uma anormalidade – o serviço inédito, singular ou a intervenção nos jurídicos das estatais sob a alegação de corporativismo – pode ocorrer a necessidade legítima de contratação de advogados externos. É o caso, por exemplo, de uma elevação de carga de trabalho muito superior à possibilidade de atendimento pelos meios próprios do corpo jurídico existente (ex.: aumento de reclamações trabalhistas) ou do impedimento de todos os profissionais envolvidos (numa demanda salarial contra a entidade pagadora). São hipóteses em que mesmo o serviço comum poderia justificar a contratação" (SOUTO, Marcos Juruena Villela. *Desestatização.* Privatização, concessões e terceirizações. 2. ed. Rio de Janeiro: Lumen Juris, 1999. p. 277).

[239] TCU, Segunda Câmara. Acórdão nº 1.278/2014. Rel. Min. Ana Arraes, j. 1.4.2014.

objetar a contratação de terceiros para a prestação de serviços jurídicos. Como não há quem represente os interesses dessas entidades, é imperativo que elas contratem terceiros, estranhos aos seus quadros, sob pena de prejuízos ao interesse público.

A contratação dos serviços jurídicos por essas entidades deve, em regra e em princípio, ser precedida de licitação pública, uma vez que tudo que for ordinário, de trato diário, pode ser prestado por quaisquer profissionais, desde que habilitados. Assim sendo, todos os profissionais interessados devem ser tratados com igualdade, pelo que se impõe a obrigatoriedade de licitação pública.[240]

Às tais entidades é lícito contratar serviços jurídicos mediante inexigibilidade de licitação pública, desta vez com amparo no inciso III do artigo 74 da Lei nº 14.133/2021, apenas para prestações excepcionais, que configuram serviços singulares e que reclamam a intervenção de profissional portador de notória especialização.[241]

---

[240] Conquanto sejam reconhecidas as dificuldades para proceder à licitação pública relativa à contratação de serviços jurídicos, especialmente dentro dos modelos enfeixados pela Lei nº 8.666/1993. A propósito, conferir texto de Alice Gonzales Borges, em que a autora advoga a inadequação do critério do menor preço para julgar esse tipo de certame, haja vista as normas, de índole ética, concernentes ao exercício da profissão de advogado (BORGES, Alice Gonzales. Licitação para contratação de serviços profissionais de advocacia. *Revista de Direito Administrativo*, Rio de Janeiro, v. 206, p. 135-140, out./dez. 1996).

[241] O Tribunal de Contas do Estado de Santa Catarina analisou a possibilidade de contratação de advogados estranhos aos quadros das entidades administrativas com detença e produziu o Prejulgado nº 1.090, cujo teor é o seguinte: "1. É de competência da Câmara Municipal decidir qual a estrutura necessária para execução dos seus serviços jurídicos, considerando entre outros aspectos, a demanda dos serviços se eventual ou permanente; o quantitativo estimado de horas necessárias para sua execução; o quantitativo e qualificação dos servidores necessários para realização dos serviços; e a estimativa das despesas com pessoal. 2. De acordo com o ordenamento legal vigente a execução das funções típicas e permanentes da Administração Pública, das quais decorram atos administrativos, deve ser efetivada, em regra, por servidores de seu quadro de pessoal, ocupantes de cargos de provimento efetivo ou comissionado, estes destinados exclusivamente ao desempenho de funções de direção, chefia ou assessoramento, conforme as disposições do art. 37, II e V, da Constituição Federal. 3. Nas Câmaras de Vereadores cuja demanda de serviços jurídicos é reduzida, os serviços jurídicos poderão ser executados por servidor com formação específica e registro no Órgão de Classe (OAB), com a carga horária proporcional ao volume dos serviços (item 6.2.2.1 desta Decisão), nomeado para exercer cargo de provimento efetivo, através de prévio concurso público (art. 37, II, da Constituição Federal). 4. Sempre que a demanda de serviços jurídicos – incluindo a defesa judicial e extrajudicial – for permanente e exigir estrutura de pessoal especializado com mais de um profissional do Direito, é recomendável a criação de quadro de cargos efetivos para execução desses serviços, com provimento mediante concurso público (art. 37, II, da Constituição Federal), podendo ser criado cargo em comissão (art. 37, II e V, da Constituição Federal) para chefia da correspondente unidade da estrutura organizacional (Procuradoria, Departamento Jurídico, Assessoria Jurídica, ou denominação equivalente). 5. O(s) cargo(s) de provimento efetivo ou em comissão deve(m) ser criado(s) mediante Resolução aprovada em Plenário, limitado(s) à quantidade necessária ao atendimento dos serviços e do interesse público, a qual deve estabelecer as especificações e atribuições do(s) cargo(s) e a carga horária a ser cumprida (item 6.2.8 desta Decisão), devendo a remuneração ser fixada mediante lei de iniciativa da Câmara (art. 37, X, da Constituição Federal), proporcional à respectiva carga horária (item b.1 desta Decisão), observados a disponibilidade orçamentária e financeira, bem como os limites de gastos previstos pela Constituição Federal (art. 29-A) e pela Lei Complementar (federal) nº 101, de 2000, e os princípios da economicidade, da eficiência, da legalidade e da razoabilidade. 6. Para suprir a falta transitória de titular de cargo efetivo de advogado, assessor jurídico ou equivalente, já existente na estrutura administrativa do órgão ou entidade, ou pela necessidade de ampliação do quadro de profissionais, e até que ocorra o regular provimento, a Câmara Municipal poderá promover a contratação de profissional em caráter temporário, desde que haja autorização em lei municipal específica nos termos do inciso IX do art. 37 da Constituição Federal, que discipline o número de vagas, as condições de seleção, contratação, direitos e deveres, carga horária, prazo da contratação e remuneração compatível com a jornada de trabalho e o mercado regional. 7. Na hipótese de serviços específicos que não possam ser executados pela assessoria jurídica da Câmara, poderá ser realizada, justificadamente, a contratação da prestação dos serviços definidos no objeto, através de Escritório de Advocacia ou de profissional do Direito com habilitação especializada, mediante a realização de processo licitatório na forma da Lei Federal nº 8.666, de 1993, ou por meio de procedimento de inexigibilidade de licitação, só admissível para atender a serviços de caráter singular e desde que o profissional seja reconhecido como de notória especialização na matéria objeto da contratação, devidamente

4.6.2 A jurisprudência sobre a contratação de advogados por inexigibilidade de licitação pública

O Supremo Tribunal Federal, em decisões mais antigas, admitiu amplamente a contratação de serviços jurídicos por meio de inexigibilidade de licitação, ressaltando o aspecto relacionado à confiança a ser depositada nos advogados contratados. Por ilustração, leia-se ementa relatada pelo Ministro Carlos Velloso:

> Processual penal. Ação penal: Trancamento. Advogado: Contratação. Dispensa de licitação. I – Contratação de advogado para defesa de interesses do Estado nos Tribunais Superiores: dispensa de licitação, tendo em vista a natureza do trabalho a ser prestado. Inocorrência, no caso, de dolo de apropriação do patrimônio público. II – Concessão de habeas corpus de ofício para o fim de ser trancada a ação penal.[242]

E, no corpo do acórdão, o Ministro Carlos Velloso consignou o seguinte:

> Acrescente-se que a contratação de advogado dispensa licitação, dado que a matéria exige, inclusive, especialização, certo que se trata de trabalho intelectual, impossível de ser aferido em termos preço mais baixo. Nesta linha, o trabalho de um médico operador. Imagine-se a abertura de licitação para realizar delicada cirurgia num servidor. Esse absurdo somente seria admissível numa sociedade que não sabe conceituar valores. O mesmo pode ser dito em relação ao advogado, que tem por missão defender interesses do Estado, que tem por missão a defesa pública.[243]

Noutra oportunidade, o Supremo Tribunal Federal foi ainda mais enfático ao reconhecer que a contratação de advogados pela Administração Pública se dá por meio de inexigibilidade de licitação. Leia-se trecho da ementa da lavra do Ministro Eros Roberto Grau:

> Serviços técnicos profissionais especializados são serviços que a Administração deve contratar sem licitação, escolhendo o contratado de acordo, em última instância, com o grau de confiança que ela própria, a Administração, deposite na especialização do contratado. Nesses casos, o requisito da confiança da Administração, em quem deseja contratar é subjetivo. Daí que a realização de procedimento licitatório para a contratação de tais serviços – procedimento regido, entre outros, pelo princípio do julgamento objetivo – é incompatível com a atribuição do exercício de subjetividade que o direito positivo confere à Administração para a escolha do trabalho essencial e indiscutivelmente mais adequado à plena satisfação do objeto do contrato. (cf. O §1º do art. 25 da Lei 8.666/93). O que a norma extraída do texto legal exige é a notória especialização, associada ao elemento subjetivo confiança.[244]

---

justificados e comprovados, nos termos do disposto no art. 25, inciso II, §1º, c/c os arts. 13, inciso V e §3º, e 26 da Lei (federal) nº 8.666/1993, observada a determinação contida nos arts. 54 e 55 da mesma Lei, bem como os princípios que regem a Administração Pública. 8. Compete à Câmara Municipal definir a carga horária necessária para execução dos seus serviços jurídicos, podendo ser estabelecida em 10, 20, 30 ou 40 horas semanais, para melhor atender o interesse público, devendo a remuneração ser fixada proporcionalmente à carga horária efetivamente cumprida" (TCE-SC. Prejulgado nº 1.911, Decisão nº 2.591/2007. Rel. Cons. Moacir Bertoli, j. 27.8.2007).

[242] STF, Segunda Turma. RHC nº 72.830. Rel. Min. Carlos Velloso, j. 20.10.1995.

[243] STF, Segunda Turma. RHC nº 72.830. Rel. Min. Carlos Velloso, j. 20.10.1995.

[244] STF, Plenário. AP nº 348-5/SC. Rel. Min. Eros Grau, j. 15.12.2006.

A Ministra Cármen Lúcia Antunes Rocha prolatou voto destacado, em que ressalta o seguinte:

> No caso de contratação de advogados, tal como justificado, motivado, ocorreria realmente a situação prevista de inexigibilidade de licitação, pois não há, como disse o Ministro Eros Grau, condições de objetivamente cumprir-se o artigo 3º da Lei nº 8.666/93. Um dos princípios da licitação, postos no artigo 3º, é exatamente o do julgamento objetivo. Não há como dar julgamento objetivo entre dois ou mais advogados. De toda sorte, como verificar se um é melhor do que o outro? Cada pessoa advoga de um jeito. Não há como objetivar isso. Este é o típico caso, com mencionou o Ministro Eros Grau, de inexigibilidade de licitação – artigo 25 c/c artigo 13.[245]

Sem embargo, em acórdãos mais recentes, percebe-se certo ajuste no entendimento do Supremo Tribunal Federal, que ainda reconhece a inexigibilidade de licitação, porém não de forma tão ampla e incontroversa quanto o fez em julgados mais antigos – como ocorreu nos julgados supracitados.

Nessa direção, o Supremo Tribunal Federal, em acórdão relatado pelo Ministro Dias Toffoli nos autos do Inquérito nº 3.077,[246] abordou a inexigibilidade de licitação com profundidade, especialmente a hipótese de contratação de serviços advocatícios com fundamento no revogado inciso II do art. 25 da Lei nº 8.666/1993. A denúncia, no caso, foi de pronto rejeitada, sequer se admitindo o desdobramento da ação penal, porém com a análise do caso concreto, tendo qualificado o objeto do contrato como serviço singular. Ou seja, a inexigibilidade já não foi reconhecida para qualquer caso, dependeu das características do contrato sob análise. Tanto é que houve voto divergente do Ministro Marco Aurélio de Mello, que levantou dúvidas sobretudo a respeito da singularidade do objeto do contrato, que seria o de aumentar a arrecadação municipal. Diante das dúvidas, considerou apressada a rejeição da denúncia, dado que, na visão do ministro, esta deve ser medida excepcional.

Em decisão mais recente, o Supremo Tribunal Federal, em acórdão relatado pelo Ministro Luís Roberto Barroso, reconheceu a legalidade da inexigibilidade de licitação para a contratação de advogado para o patrocínio de ação judicial que visava à retomada pelo município de serviços de abastecimento de água e de esgotamento sanitário então delegado à empresa estatal de saneamento. A ementa foi vazada nos seguintes termos:

> IMPUTAÇÃO DE CRIME DE INEXIGÊNCIA INDEVIDA DE LICITAÇÃO. SERVIÇOS ADVOCATÍCIOS. REJEIÇÃO DA DENÚNCIA POR FALTA DE JUSTA CAUSA. A contratação direta de escritório de advocacia, sem licitação, deve observar os seguintes parâmetros: a) existência de procedimento administrativo formal; b) notória especialização profissional; c) natureza singular do serviço; d) demonstração da inadequação da prestação do serviço pelos integrantes do Poder Público; e) cobrança de preço compatível com o praticado pelo mercado. Incontroversa a especialidade do escritório de advocacia, deve ser considerado singular o serviço de retomada de concessão de saneamento básico do Município de Joinville,

[245] STF, Plenário. AP nº 348-5/SC. Rel. Min. Eros Grau, j. 15.12.2006.

[246] STF, Plenário. Inq nº 3.077. Rel. Min. Dias Toffoli, j. 29.3.2012.

diante das circunstâncias do caso concreto. Atendimento dos demais pressupostos para a contratação direta. Denúncia rejeitada por falta de justa causa.[247]

Veja-se que, nesse acórdão, o Supremo Tribunal Federal, embora tenha admitido a correção da inexigibilidade para o caso concreto, não mais a reconheceu de modo amplo e para todos os casos de contratação de serviços advocatícios. Depreende-se da decisão que a inexigibilidade depende do atendimento de uma série de pressupostos listados nas alíneas contidas na ementa, entre as quais a singularidade do objeto do contrato e a notória especialização do contratado.

Parece que o entendimento do Supremo Tribunal Federal, sob o regime da Lei nº 8.666/1993, passa por uma evolução (ou involução, como preferir). Os acórdãos mais antigos afirmavam a inexigibilidade de modo amplo e como regra, consideravam algo inerente à contratação de serviços advocatícios, dado que as propostas apresentadas por advogados não teriam como ser comparadas objetivamente e a seleção dependeria da confiança depositada pela Administração Pública. Os acórdãos mais recentes já não reconhecem a inexigibilidade para a contratação de serviços advocatícios com a mesma amplitude, não mais como algo inerente a tais contratações. A inexigibilidade, em harmonia com as discussões mais recentes, depende do atendimento de pressupostos restritivos em que se destacam a necessidade de qualificação do objeto como singular e a qualificação da notória especialização do contratado. Nessa direção, nem todos os serviços advocatícios são singulares, uns podem ser e outros não, o que depende das particularidades de cada caso.

Registre-se, no entanto, que o assunto, mesmo que sob o regime da Lei nº 8.666/1993, ainda não se estabilizou no Supremo Tribunal Federal. Sucede que está em julgamento a ADC nº 45, relatada pelo Ministro Luís Roberto Barroso. O ministro relator já proferiu o seu voto que reconhece a inexigibilidade para a contratação de serviços advocatícios desde que atendidos dados pressupostos, reproduzindo o consignado no acórdão relativo ao Inquérito nº 3.074-SC, também da sua relatoria, destacando-se a necessidade de que o serviço seja singular e o profissional qualificado como notório especialista. Seis ministros acompanharam o voto, formando maioria, porém houve pedido de vista do Ministro Gilmar Mendes.

Essa mudança de percepção do Supremo Tribunal Federal, pelo menos da forma como sinalizada até o momento, vem alinhada com a jurisprudência do Superior Tribunal de Justiça e do Tribunal de Contas da União construída diante da Lei nº 8.666/1993, que nunca admitiram a contratação de advogados por meio de inexigibilidade de licitação pública com a mesma amplitude do Supremo Tribunal Federal. Aliás, para os referidos tribunais, a contratação direta é medida excepcional, que depende do atendimento dos referidos pressupostos. A questão diz respeito a como interpretar os referidos pressupostos, sendo que, muitas vezes, ambos os tribunais são demasiadamente rigorosos.

O Tribunal de Contas da União, sob o regime da Lei nº 8.666/1993, é especialmente restritivo em relação ao assunto, podendo-se colher inúmeros julgados, quase todos contrários à contratação de advogados por meio de inexigibilidade de licitação pública.

---

247 STF, Primeira Turma. Inq. nº 3.074/SC. Rel. Min. Luís Roberto Barroso, j. 26.8.2014.

A Corte de Contas afirmou peremptoriamente que a licitação é a regra para a contratação de serviços advocatícios e que a inexigibilidade é a exceção:

> 92. Exame das justificativas: Conforme o entendimento deste Tribunal, *a contratação de serviços advocatícios com fundamento no disposto no art. 25, inciso II, da Lei 8.666/1993 é plenamente aceitável, desde que presentes os requisitos concernentes à singularidade do objeto e à notória especialização do contratado*. Porém, tais condições, em relação ao contrato em foco, não foram demonstradas nos autos. Desse modo, a contratação em exame não respeitou todas as condicionantes exigidas na legislação, não tendo sido, portanto, regular.
> 93. Frisa-se que *a regra para a contratação de serviços advocatícios é a licitação, sendo a inexigibilidade exceção, a qual deve ser precedida, obrigatoriamente, da comprovação da inviabilidade fática ou jurídica da competição, da singularidade do objeto e da notoriedade do contratado*.[248]

A jurisprudência do Superior Tribunal de Justiça, também diante da revogada Lei nº 8.666/1993, oscila. Vejam-se, a propósito, julgados acertados, reconhecendo legitimidade à competência discricionária da Administração para avaliar o mérito da contratação:

> 2. A inviabilidade de competição a que se refere o artigo 25, inciso II, da Lei nº 8.666/93, não se caracteriza apenas na exclusividade na prestação do serviço técnico almejado, mas também na sua singularidade, marcada pela notória especialização do profissional, bem como pela confiança nele depositada pela administração. Precedente do Supremo Tribunal Federal.
> 3. O grau de confiança depositado na contratação do profissional, em razão da sua carga subjetiva, não é suscetível de ser valorado no bojo de um certame licitatório e se encontra no âmbito de atuação discricionária do administrador público, razão pela qual a competição se torna inviável.[249]
> 6. A análise acerca da necessidade de interesse público a ser tutelada pelo contrato envolve, sobretudo, um juízo discricionário do Administrador acerca da conveniência e da oportunidade da contratação que, na hipótese em exame, considerou a notória e incontroversa especialização do Causídico contratado, e que o Agravo de Instrumento, cujo acompanhamento fora objeto de acordo, tramitava no domicílio do Advogado (Cidade de São Paulo), e não na Comarca do território Municipal. A contratação do Advogado, destarte, foi motivada pelas circunstâncias do caso concreto e, por estar atrelada ao interesse público Municipal, não teve o intuito imediato de beneficiar particulares ou os próprios Administradores, sendo do Prefeito o juízo de tal conveniência.
> 7. Se a contratação obedeceu aos trâmites legais, a análise, pelo Poder Judiciário, da opção do Ente Municipal quanto ao Advogado que deveria atuar junto ao TJSP (se um dos quatro Causídicos do Município de Pirajuí/SP ou um Procurador Particular), no Agravo de Instrumento que tramitava na Comarca de São Paulo, configura indevida interferência do Órgão Julgador no exame discricionário da Administração acerca da escolha do profissional mais compatível com a finalidade pública almejada, correspondente à convicção de que o profissional eleito é o mais indicado dentre os demais, por incutir-lhe a confiança de que seu desempenho produzirá a atividade mais útil para o sucesso na demanda jurisdicional.

---

[248] TCU, Primeira Câmara. Acórdão nº 2.393/2021. Rel. Augusto Sherman, j. 2.3.2021.

[249] STJ, Quinta Turma. HC nº 228.759/SC. Rel. Min. Jorge Mussi, j. 24.4.2012.

> 8. Recursos Especiais providos, para absolver os recorrentes do ato de improbidade que lhes é imputado, por ausência de tipicidade; atribuição de efeito expansivo subjetivo à presente decisão, para absolver o ex-Prefeito da condenação de igual natureza.[250]

Com posição mais rigorosa, para exemplificar, confira-se julgado do Superior Tribunal de Justiça, também com base na Lei nº 8.666/1993, que foi bastante restritivo em relação à inexigibilidade para a contratação de advogados:

> 4. A notória especialização jurídica, para legitimar a inexigibilidade de procedimento licitatório, é aquela de caráter absolutamente extraordinário e incontestável – que fala por si. É posição excepcional, que põe o profissional no ápice de sua carreira e do reconhecimento, espontâneo, no mundo do Direito, mesmo que regional, seja pela longa e profunda dedicação a um tema, seja pela publicação de obras e exercício da atividade docente em instituições de prestígio.
> 5. A especialidade do serviço técnico está associada à singularidade que veio a ser expressamente mencionada na Lei 8.666/1993. Ou seja, envolve serviço específico que reclame conhecimento peculiar do seu executor e ausência de outros profissionais capacitados no mercado, daí decorrendo a inviabilidade da competição.
> 6. O Tribunal de origem, com base nas provas colacionadas aos autos, asseverou a ausência de notória especialização do recorrente para o objeto contratado (assessoria para fins de arrecadação de ISS), tendo ressaltado que o trabalho efetivamente prestado não exigia conhecimentos técnicos especializados e poderia ter sido executado pelos servidores concursados do ente municipal. Nesse contexto, inexiste violação dos arts. 12 e 23 do Decreto 2.300/1986, vigente à época dos fatos.[251]

No julgado supracitado, decidiu-se que a especialização deve ter "caráter absolutamente extraordinário e incontestável". Ora, é muito difícil atribuir tonalidade absoluta e inconteste à experiência e à atuação de advogados, ainda que renomados. Por exemplo, há professores renomados, com várias obras publicadas, que não são considerados "extraordinários". São bons professores, não, necessariamente, "extraordinários". Há também os advogados que muitos consideram "extraordinários" ao mesmo tempo que outros consideram "medianos" ou "medíocres". Tais avaliações são subjetivas, portanto, realizadas pela Administração Pública com competência discricionária. Em virtude da presunção de legitimidade dos atos administrativos, deve-se dar crédito à avaliação realizada pela Administração Pública, partindo-se do pressuposto de que ela é válida e procedente, salvo casos excepcionais, em que fique bem demonstrado o seu desacerto.

Inclusive, o Superior Tribunal de Justiça externou alinhamento com a jurisprudência do Tribunal de Contas da União e considerou que a contratação de advogados por inexigibilidade é a exceção, sendo que a regra é a licitação:

> ADMINISTRATIVO. AGRAVO INTERNO NO AGRAVO EM RECURSO ESPECIAL. AÇÃO CIVIL PÚBLICA. *CONTRATAÇÃO DE SERVIÇOS ADVOCATÍCIOS. INEXIGIBILIDADE DE LICITAÇÃO. NOTÓRIA ESPECIALIDADE E SINGULARIDADE DO SERVIÇO. REQUISITOS NÃO CONFIGURADOS.*

---

[250] STJ, Primeira Turma. REsp nº 1.215.628/SP. Rel. Min. Napoleão Nunes Maia, j. 7.8.2014.

[251] STJ, Segunda Turma. REsp nº 448.442/MS. Rel. Min. Herman Benjamin, j. 23.2.2010.

1. O acórdão de origem destoa da atual jurisprudência do STJ que se firmou no sentido de que *a contratação de serviços advocatícios pelos entes públicos se submete, via de regra, ao processo licitatório, salvo comprovação das exceções legais, ou seja, quando for o caso de serviço de natureza singular a ser realizado por profissional com notória especialização*, o que não ocorreu na espécie.
2. Agravo interno a que se nega provimento.[252]

Num panorama geral, sob o regime revogado da Lei nº 8.666/1993, pode-se dizer que havia dissenso bem claro entre o posicionamento, de um lado, do Supremo Tribunal Federal e, do outro lado, do Superior Tribunal de Justiça e do Tribunal de Contas da União sobre a inexigibilidade de licitação para a contratação de serviços advocatícios. O Supremo admitia a inexigibilidade como algo inerente aos serviços advocatícios, na linha de que não poderiam ser comparados objetivamente em processo de licitação pública, por efeito do que a escolha do contratado dependeria essencialmente da confiança nele depositada pela Administração Pública. O Superior Tribunal de Justiça e o Tribunal de Contas da União divergiam do Supremo, ainda que não diretamente e de peito aberto. Na maior parte das vezes, sem qualquer deferência aos precedentes do Supremo Tribunal Federal, sequer mencionados nos acórdãos (o que é estranhíssimo), firmaram a posição de que a inexigibilidade não é inerente à contratação de serviços advocatícios e que nem deveria ser considerada como regra e sim como exceção, dependente da singularidade do serviço advocatício contratado e da notória especialização do contratado.

Esse dissenso já não é tão intenso, se é que se pode reconhecer algum dissenso atualmente, ainda que sob o regime revogado da Lei nº 8.666/1993. Em posições mais recentes, o Supremo Tribunal Federal vem reorientando a sua jurisprudência, decidindo que a inexigibilidade para a contratação de serviços advocatícios depende da singularidade do objeto e da notória especialização do contratado, seguindo a mesma interpretação que vinha prevalecendo de muito no Superior Tribunal de Justiça e no Tribunal de Contas da União. Fique claro: diante das decisões mais recentes do Supremo Tribunal Federal, não se pode dizer que a inexigibilidade seja inerente à contratação de serviços advocatícios, sequer que ela seja a regra.

Vê-se, em conclusão, que os tribunais admitem em hipótese a inexigibilidade, entretanto analisam cada caso em razão de suas particularidades, exigindo que o serviço advocatício seja singular e que o contratado seja notório especialista. Os conceitos de *singularidade* e de *notória especialização* são indeterminados. Nada obstante a indeterminação, percebe-se que os casos são analisados pelos tribunais com elevadíssimo grau de subjetividade e sem balizas claras; muitas vezes ocorre apenas que os tribunais substituem os juízos subjetivos dos agentes administrativos pelos seus próprios juízos, sem a mínima deferência, o que causa insegurança jurídica e a responsabilização indevida de agentes administrativos e advogados. Salientando a insegurança jurídica, a avaliação sobre os pressupostos para a inexigibilidade depende muito do humor do magistrado ou do colegiado em que ele se insere. Não é raro que esses pressupostos sejam avaliados com extremo rigor, o que praticamente inviabiliza qualquer inexigibilidade de licitação. Noutros casos, ainda que menos frequentes, a análise é suavizada. Infelizmente, a boa

[252] STJ, Segunda Turma. AgInt no AREsp nº 1.464.668/GO. Rel. Min. Og Fernandes, j. 1.9.2020.

ou má sorte parece ser o fator decisivo para os agentes administrativos e advogados envolvidos em tais processos.

Salienta-se que, com a Lei nº 13.303/2016 e com a Lei nº 14.133/2021, o quadro mudou substancialmente. Isso porque o inciso II do artigo 30 da Lei nº 13.303/2016 e o inciso III do artigo 74 da Lei nº 14.133/2021 não reproduziram expressamente a exigência de que a inexigibilidade depende da singularidade do objeto. Como ressaltado, o debate é intenso sobre a pertinência ou não do requisito da singularidade. Defende-se que, independentemente da literalidade dos dispositivos supracitados, a singularidade seria requisito implícito a toda e qualquer inexigibilidade de licitação, porque sem ela a competição seria viável.

Repita-se que o Tribunal de Contas da União prolatou o Acórdão nº 2.761/2020, diante da Lei nº 13.303/2016, reconhecendo a singularidade como requisito para a inexigibilidade de licitação que visava à contratação de serviços advocatícios.[253] Mais recentemente, em sentido oposto, a mesma Corte de Contas, no Acórdão nº 1.397/2022, ainda que de passagem e analisando contratação de advogados celebrada com base na Lei nº 8.666/1993, sinalizou que a singularidade não seria mais necessária para a configuração da inexigibilidade nos termos da Lei nº 14.133/2021.[254] Esse último acórdão se alinha a precedente do Superior Tribunal de Justiça, que também se referiu à Lei nº 14.133/2021, embora produzido em face de contratação de advogados firmada com fundamento na Lei nº 8.666/1993.[255] A jurisprudência está em transformação, realinhando-se em face da Lei nº 13.303/2016 e da Lei nº 14.133/2021, com indicativo de que a singularidade não será mais exigida para a inexigibilidade de licitação que visa à contratação de serviços advocatícios – tese contrária à aqui defendida.

4.6.3 A presunção de singularidade dos serviços advocatícios prestados por notórios especialistas prescrita no Estatuto da Ordem dos Advogados do Brasil (Lei nº 8.904/1994)

Diante da importância do tema para a classe dos advogados, o Conselho Federal da Ordem dos Advogados do Brasil editou a Súmula nº 4/2012, cuja dicção é a seguinte:

> Advogado. Contratação. Administração Pública. Inexigibilidade de licitação. Atendidos os requisitos do inciso II do art. 25 da Lei nº 8.666/93, é inexigível procedimento licitatório para contratação de serviços advocatícios pela Administração Pública, dada a singularidade da atividade, a notória especialização e a inviabilização objetiva de competição, sendo inaplicável à espécie o disposto no art. 89 (*in totum*) do referido diploma legal.

A pretensão da súmula é a de resgatar o entendimento que prevaleceu no Supremo Tribunal Federal por bom tempo, como se percebe do RHC nº 72.830 e da AP nº 348-5, segundo o qual a inexigibilidade de licitação seria inerente à contratação de serviços advocatícios, uma vez que não seriam comparáveis objetivamente e seriam dependentes do juízo de confiança da Administração Pública. O mote é que serviços advocatícios

---

[253] TCU, Plenário. Acórdão nº 2.761/2020. Rel. Min. Raimundo Carreiro, j. 14.10.2020.

[254] TCU, Plenário. Acórdão nº 1397/2022. Rel. Min. Benjamin Zymler, j. 15.6.2022.

[255] STJ, Quinta Turma. AgRg no HC 669.347/SP. Rel. Acórdão Min. João Otávio de Noronha, j. 13.12.2021.

seriam sempre serviços singulares e, por conseguinte, sempre poderiam ser contratados por inexigibilidade de licitação. Fez-se a súmula porque o Superior Tribunal de Justiça e o Tribunal de Contas da União não seguiam o mesmo entendimento, questionavam a singularidade de serviços advocatícios e a notória especialização de advogados. Soma-se a isso que, para agravar a situação, com o tempo, o Supremo Tribunal Federal passou a adotar a mesma interpretação do Superior Tribunal de Justiça e do Tribunal de Contas da União. No entanto, o fato é que a súmula da Ordem não foi bem acolhida.

O Tribunal de Contas da União fez pouco caso da súmula da Ordem dos Advogados do Brasil:

> Firme a jurisprudência do Tribunal no sentido de que a regra para contratação de serviços técnicos especializados, entre os quais os advocatícios, é a licitação. A regra geral é afastada, contudo, na hipótese de estarem presentes, simultaneamente, a notória especialização do contratado e a singularidade do objeto (acórdãos 571/2007, 416/2008, 852/2010 e 1.466/2012, todos do Plenário, entre outros).
> Singular é o objeto que impede que a Administração escolha o prestador do serviço a partir de critérios objetivos de qualificação inerentes ao processo de licitação (verbete 39 da Súmula da jurisprudência predominante no Tribunal, na redação aprovada na Sessão Plenária de 1/6/2011). [...]
> Afasto as conclusões havidas pela OAB, em relação ao tema, porque as deliberações do órgão de classe, em favor de seus filiados, não vinculam esta Corte de Contas.
> Não se confirma, assim, a tese recursal que nega, como regra, a possibilidade de se promover a seleção de escritórios e profissionais de advocacia para prestação de serviços dessa natureza. Mantenho inalterados, assim, os subitens 9.4.2 e 9.4.3 da deliberação recorrida.[256]

A bem da verdade, ninguém afora a Ordem dos Advogados do Brasil deu importância à referida súmula. Os órgãos de controle, pura e simplesmente e de modo geral, a ignoram, como se ela não existisse. Ela é mencionada bem raramente e, quando mencionada, em regra, acaba sendo afastada.

Sem entrar no mérito da súmula, a Ordem dos Advogados do Brasil pode pronunciar-se sobre a validade de uma contratação administrativa, o que deve ser respeitado. Porém, a opinião dela jamais deve excluir a jurisdição do Tribunal de Contas da União e do Poder Judiciário. Dito de outra forma, certo ou errado, o Tribunal de Contas da União e o Poder Judiciário não precisam acatar as decisões da Ordem dos Advogados do Brasil sobre contratos administrativos, ainda que envolvam advogados ou escritórios de advocacia.

Diante disso, fez-se um novo movimento, provavelmente também articulado com a Ordem dos Advogados do Brasil, para alterar o Estatuto da Ordem (Lei nº 8.904/1994), seguindo linha parecida com a da Súmula nº 4/2012. Como ninguém deu a mínima para a súmula, a estratégia foi transformá-la em lei, ainda que com alguma atenuação, na esperança de que os órgãos de controle se curvassem. O projeto de lei foi aprovado, porém vetado pela Presidência da República, sob a orientação do Ministério da Justiça, que o entendeu como inconstitucional, violador da parte inicial do inciso XXI do artigo 37 da Constituição Federal e desalinhado ao entendimento atual do Supremo

[256] TCU, Plenário. Acórdão nº 2.832/2014. Rel. Min. Walton Alencar Rodrigues, j. 22.10.2014.

Tribunal Federal. O veto, no entanto, foi derrubado pelo Congresso Nacional e a Lei nº 14.039/2020 promulgada, introduzindo o artigo 3º-A no Estatuto da Ordem, vazado nos seguintes termos:

> Art. 3º-A. Os serviços profissionais de advogado são, por sua natureza, técnicos e singulares, quando comprovada sua notória especialização, nos termos da lei.
> Parágrafo único. Considera-se notória especialização o profissional ou a sociedade de advogados cujo conceito no campo de sua especialidade, decorrente de desempenho anterior, estudos, experiências, publicações, organização, aparelhamento, equipe técnica ou de outros requisitos relacionados com suas atividades, permita inferir que o seu trabalho é essencial e indiscutivelmente o mais adequado à plena satisfação do objeto do contrato.

O artigo 3º-A do Estatuto da Ordem também vinha sendo ignorado. A Lei nº 14.039 é de 17.8.2020. O Supremo Tribunal Federal, por exemplo, iniciou o julgamento da ADC nº 45 em 16.10.2020 e o voto do relator sequer mencionou o artigo 3º-A do Estatuto da Ordem, introduzido pela Lei nº 14.039/2020. Da mesma forma e por ilustração, o Acórdão nº 2.393/2021 da Primeira Câmara do Tribunal de Contas da União, que é de 2.3.2021 e que trata do tema da inexigibilidade para a contratação de serviços advocatícios, também não faz sequer referência ao artigo 3º-A do Estatuto da Ordem. É como se o Poder Judiciário e os órgãos de controle pudessem selecionar arbitrariamente quais normas legais aplicar, ignorando as que eventualmente considerem não desejadas.

O quadro mudou com o julgamento pelo Superior Tribunal de Justiça do AgRg no HC 669.347/SP, que teve o Ministro João Otávio de Noronha como relator para o acórdão. Nele, embora a contratação tivesse sido firmada com base na Lei nº 8.666/1993, fez-se referência ao inciso III do artigo 74 da Lei nº 14.133/2021 e ao artigo 3º-A do Estatuto da Ordem. Transcreve-se a seguinte passagem:

> No entanto, com o advento da Lei nº 14.133/2021, nos termos do art. 74, III, o requisito da singularidade do serviço advocatício deixou de ser previsto em lei, passando a ser exigida a demonstração da notória especialização e a natureza intelectual do trabalho. Essa interpretação, aliás, é reforçada pela inclusão do art. 3º-A do Estatuto da Advocacia pela Lei nº 14.039/2020, segundo o qual "os serviços profissionais de advogado são, por sua natureza, técnicos e singulares, quando comprovada sua notória especialização, nos termos da lei". Desse modo, considerando que o serviço de advocacia é por natureza intelectual e singular, uma vez demonstrada a notória especialização e a necessidade do ente público, será possível a contratação direta.[257]

Registre-se que a Associação Nacional dos Membros do Ministério Público propôs a Ação Direta de Inconstitucionalidade nº 6.569 perante o Supremo Tribunal Federal, sob a relatoria do Ministro Edson Fachin, que suscita a inconstitucionalidade do artigo 3º-A do Estatuto da Ordem. A ação não foi conhecida por decisão monocrática que transitou em julgado, porque se entendeu que a Associação não goza de legitimidade para propor ação direta de inconstitucionalidade que extrapole os seus objetivos institucionais.

[257] STJ, Quinta Turma. AgRg no HC 669.347/SP. Rel. Acórdão Min. João Otávio de Noronha, j. 13.12.2021.

De toda sorte, não há inconstitucionalidade, especialmente se o dispositivo for compreendido de modo adequado.

Nessa medida, o artigo 3º-A do Estatuto da Ordem prescreve que serviços advocatícios são, por natureza, técnicos e singulares desde que prestados por notórios especialistas. A rigor, o dispositivo criou uma espécie de presunção legal. Sabe-se que há dois tipos de presunção legal, as absolutas (*juri et de jure*), que não admitem prova em contrário, e as relativas (*juris tantum*), que admitem prova em contrário. O legislador não prescreveu literalmente qual o tipo de presunção a que ele se refere, se absoluta ou relativa. Então, a primeira questão em torno do dispositivo é a de determinar se a presunção é absoluta ou relativa. Definido isso, a segunda questão é sobre as suas implicações jurídicas.

A presunção absoluta, nas palavras de Vicente Greco, é

> aquela que não admite prova em contrário, ou seja, a lei estabelece determinada situação proibindo que se faça prova em contrário ou tomando irrelevante qualquer tentativa de prova em contrário. O juiz não pode convencer-se em sentido contrário a uma presunção legal absoluta.[258]

Na prática, se se considerar que a presunção do artigo 3º-A do Estatuto da Ordem é absoluta, qualquer que seja a contratação de serviços advocatícios com profissionais de notória especialização, independentemente do seu objeto ou das suas causas e finalidades, dever-se-ia entender que aqueles fossem singulares e que isso não poderia ser questionado pelos órgãos de controle. Ao contrário, se se entender que é relativa, admitir-se-ia a possibilidade de haver serviços advocatícios não singulares prestados por notórios especialistas e que os órgãos de controle poderiam questionar tais aspectos da contratação.

O legislador não prescreveu critério geral que se preste a qualificar as presunções previstas no ordenamento jurídico como absolutas ou relativas. Daí que a avaliação deve ser casuística, diante da interpretação do texto legal de cada um dos dispositivos específicos que prevê dada presunção. Como pondera Humberto Piragibe Magalhães, "o sentido da oração é que dirá qual o tipo de presunção, interpretando-se sempre de modo restrito o alcance das absolutas".[259] Ou seja, diante de caso duvidoso, a regra é considerar que a presunção é relativa, para que se faça prevalecer a verdade dos fatos e suas consequências. A presunção absoluta é sobremaneira excepcional no direito administrativo, até porque restringe a sindicabilidade e o controle dos atos ou fatos administrativos que lhe foram objeto, o que, por sua vez, representa mitigação ao princípio da publicidade e da própria ideia de Estado de Direito, em razão da qual os agentes públicos podem ser responsabilizados pelos seus atos.

Sob essa luz, deve-se considerar que a presunção do artigo 3º-A do Estatuto da Ordem é relativa, porque (i) a presunção relativa é a regra; (ii) o artigo 3º-A não qualificou expressamente a presunção que trata como absoluta e (iii) o seu texto não desvela indicativo de que o seja. Logo, presume-se que serviços advocatícios prestados

---

[258] GRECO, Vicente. *Direito processual civil brasileiro*. 3. ed. São Paulo: Saraiva, 1988. v. 2. p. 181.

[259] MAGALHÃES, Humberto Piragibe. *Prova em processo civil*. Rio de Janeiro: Editora Rio, 1976. p. 35.

por notórios especialistas sejam singulares, mas essa presunção pode ser contestada e desconstituída diante de provas que apontem em sentido contrário.[260]

De mais a mais, em termos práticos, seria estranho compreender a presunção do artigo 3º-A do Estatuto da Ordem como absoluta, porque, se assim o fosse, ela blindaria qualquer espécie de contratação de serviços advocatícios em razão da notória especialização do contratado, o que representaria uma inversão lógica. Ora, a ordem lógica é que a Administração identifica a sua demanda, com base nela define o objeto do futuro contrato e, se o objeto for singular, contrata alguém qualificado como notório especialista. Não é natural que o processo administrativo corra de trás para frente, escolhendo-se o notório especialista para, então e por causa dele, entender que o objeto e a suposta demanda a ser atendida são singulares.[261]

Ao prescrever presunção relativa, não se vislumbra inconstitucionalidade no artigo 3º-A do Estatuto da Ordem, porque ele não tem a dimensão de autorizar que todas as contratações de serviços advocatícios o sejam por inexigibilidade de licitação nem, ao menos, de tornar a inexigibilidade regra em detrimento da licitação. Ele apenas introduz a presunção relativa de que, se o contratado for notório especialista, o serviço deve ser reputado como singular. Apenas isso. Sob essa perspectiva mais estreita, não faz muito sentido a Ação Direta de Inconstitucionalidade nº 6.569 proposta pela Associação Nacional dos Membros do Ministério Público – Conanp.

O artigo 3º-A do Estatuto da Ordem não deve ser interpretado como se autorizasse livremente a contratação de advogados por inexigibilidade de licitação pública ou que a inexigibilidade prescindisse da avaliação da Administração sobre a singularidade da sua

[260] Luciano Ferraz considera a presunção absoluta: "A entrada em vigor da Lei 14.039/20, que alterou a Lei nº 8.906, de 4 de julho de 1994 (Estatuto da OAB), colocou um novo ingrediente na discussão. Tal como anunciado por Fabrício Motta em publicação recente nesta coluna, minha compreensão (a dele também) é de que a nova lei estabelece uma *presunção de singularidade* na contratação firmada entre a Administração Pública e o advogado qualificado como notório especializada. *Mais que isso, compreendo que dita presunção é absoluta e não relativa.* É que o legislador democrático delimitou a interpretação possível sobre a natureza singular do serviço, desde que resultante da intervenção do notório especializado, na forma do artigo 25, II da Lei 8.666/1993. A razão de ser é singela: nesse tipo de contratação predomina o aspecto subjetivo, a ver a balança pesar em favor da garantia de qualidade do serviço decorrente do diferencial técnico – o 'toque do especialista' – apresentado pelo advogado notório especializado. Com efeito, a necessidade de assessoramento e aconselhamento jurídico em âmbito municipal, definida evidentemente de acordo com as contingências e realidades próprias da Administração – e nesse campo é impertinente comparar a estrutura de Advocacia da União e dos Estados federados com a dos pequenos municípios brasileiros – produz a *presunção absoluta* de que objeto resultante da prestação do serviço do advogado notório especializado é singular, nos termos do artigo 3º-A da Lei 8.906/94, com a redação dada pela Lei 14.039/20" (FERRAZ, Luciano. Nova presunção de singularidade na contratação de advogados é absoluta. *Conjur*, 22 out. 2020. Disponível em: https://www.conjur.com.br/2020-out-22/interesse-publiconova-presuncao-singularidade-contratacao-advogados. Acesso em: maio 2021).

[261] É a ponderação de Fabrício Motta: "É importante ressaltar *que a caracterização do serviço precede a busca do profissional mais apto para executá-lo.* A partir das características de determinado serviço de advocacia surgirá a necessidade/possibilidade de contratação de advogado ou escritório com qualificações diferenciadas. *Não se parte inicialmente da escolha do advogado para depois atribuir-lhe serviços – a legitimidade da busca por um notório especialista* advém da *necessidade* de sua experiência, conceito, e formação para atender, de forma mais adequada possível, à plena satisfação do objeto do contrato. Essa afirmação não obsta a possibilidade de contratações que necessitem de ajustes posteriores na delimitação do objeto, necessárias justamente em razão das atividades a serem desempenhadas pelo profissional (como serviços de consultoria ligados à busca de solução ou modelagem jurídica complexa, com fatores que vão sendo conhecidos e definidos ou apresentados ao contratado na medida da delimitação ou do surgimento da necessidade administrativa durante a execução)" (MOTTA, Fabrício. A nova lei de contratação direta de serviços de advocacia por inexigibilidade de licitação. *Conjur*, 3 set. 2020. Disponível em: https://www.conjur.com.br/2020-set-03/interesse-publico-lei-contratacao-direta-servicos-advocacia-inexigibilidade-licitacao. Acesso em: maio 2021).

demanda e, por via de consequência, do objeto do contrato. A Administração, mesmo diante do artigo 3º-A do Estatuto da Ordem, deve identificar sua demanda, definir o objeto, avaliar se ele é singular ou não e, se for singular, contratar notório especialista por inexigibilidade de licitação. As coisas, nessa medida, não mudaram muito para a Administração Pública.

O artigo 3º-A do Estatuto da Ordem, sob essa luz, direciona-se especialmente para o controle, inclusive judicial, prescrevendo uma presunção de natureza relativa: se o contratado for notório especialista, o serviço advocatício presume-se singular até que se prove o contrário, sendo que o ônus argumentativo e de prova é de quem questiona a singularidade do serviço advocatício.

Na prática, para o controle, primeiro deve-se avaliar se o contratado é ou não é notório especialista. Se for, então vale a presunção relativa de singularidade do objeto, o que significa que se deve considerar o objeto singular salvo se houver prova de que não seja. O efeito prático da presunção estatuída no artigo 3º-A do Estatuto da Ordem é o seguinte: sendo o contratado notório especialista e diante da dúvida se serviço advocatício é ou não singular, deve-se considerar que o serviço é singular. Não há inconstitucionalidade nisso.

Ou seja, na dúvida, prefere-se a interpretação dada pela Administração Pública, que foi externada e redundou na contratação por inexigibilidade de licitação. Pondera-se que essa presunção em favor da Administração Pública já se deveria extrair do princípio da deferência e do atributo geral dos atos administrativos de presunção de legitimidade e legalidade – da mesma forma que se presume que uma lei é constitucional e que uma sentença é válida. O problema é que, na prática, o controle, inclusive judicial, não tem prestigiado com a intensidade devida o princípio da deferência e o da presunção de legitimidade e legalidade dos atos administrativos. Às vezes, a impressão é de que a presunção foi mesmo invertida, o que se sente em cores vivas na jurisprudência do Superior Tribunal de Justiça sobre *dano in re ipsa* e *dolo in re ipsa*.[262] Daí a utilidade do artigo 3º-A do Estatuto da Ordem, em reforçar que o juízo da Administração Pública sobre a natureza do serviço advocatício como singular deve-se presumir como adequado, e não o seu contrário. O reforço poderia ser para todas as espécies de decisões administrativas, mas o fato de ter sido apenas para a contratação de serviços advocatícios não lhe retira o mérito.

Desse reforço legislativo em relação à presunção de adequação do juízo da Administração Pública sobre a natureza do serviço advocatício como singular podem-se extrair outros efeitos mais específicos. Por exemplo, a presunção de singularidade faz

---

[262] "4. O dolo que se exige para a configuração de improbidade administrativa é a simples vontade consciente de aderir à conduta, produzindo os resultados vedados pela norma jurídica – ou, ainda, a simples anuência aos resultados contrários ao Direito quando o agente público ou privado deveria saber que a conduta praticada a eles levaria –, sendo despiciendo perquirir acerca de finalidades específicas" (STJ, Segunda Turma. AgInt no REsp 1.544.128/RS. Rel. Min. Mauro Campbell Marques, j. 1º.8.2016). "6. Nos casos em que se discute a regularidade de procedimento licitatório, a jurisprudência desta Corte é no sentido de que a contratação direta de empresa prestadora de serviço, quando não caracterizada situação de inexigibilidade de licitação, gera lesão ao erário, na medida em que o Poder Público deixa de contratar a melhor proposta, dando ensejo ao chamado *dano in re ipsa*, decorrente da própria ilegalidade do ato praticado, descabendo-se exigir do autor da ação civil pública prova a respeito do tema" (STJ, Primeira Turma. AgInt no REsp 414.786/MG. Rel. Min. Sérgio Kukina, j. 30.3.2020).

cair por terra a aplicação do *dolo in re ipsa* e do *dano in re ipsa* em contratações de serviços advocatícios prestados por notórios especialistas. É que, sendo o advogado ou escritório notório especialista, presume-se a singularidade. Presumindo-se a singularidade, não se pode ao mesmo tempo presumir que a contratação de notório especialista se deu com intenção desonesta ou dolosa nem que a contratação gerou prejuízo ao erário. Sucede que, sendo o contratado notório especialista e partindo-se da premissa de que o objeto é singular, a contratação por inexigibilidade também deve ser presumida como válida. A presunção em favor da validade da contratação derroga a tese apriorística de ilicitude e de que a ausência de licitação acarretaria dano ao erário, dado que a ausência de licitação (inexigibilidade) encontra amparo constitucional e legal.

5 Inexigibilidade em decorrência de credenciamento

A Lei nº 8.666/1993 não tratava expressamente da hipótese de credenciamento. Uma das novidades da Lei nº 14.133/2021 foi a de prevê-la no inciso IV do artigo 74, reconhecendo a inexigibilidade "para objetos que devam ou possam ser contratados por meio de credenciamento".[263] A propósito, o inciso XLIII do artigo 6º da Lei nº 14.133/2021 define credenciamento:

> Art. 6º [...]
> XLIII - credenciamento: processo administrativo de chamamento público em que a Administração Pública convoca interessados em prestar serviços ou fornecer bens para que, preenchidos os requisitos necessários, se credenciem no órgão ou na entidade para executar o objeto quando convocados; [...].

Fora de lugar, dentro dos procedimentos auxiliares (naturalmente, deveria ser disciplinado na parte da Lei nº 14.133/2021, que trata da contratação direta), o credenciamento é mais bem delimitado no artigo 79 da Lei nº 14.133/2021, que permite sua utilização para dadas hipóteses de contratação, prescreve que os seus procedimentos devem ser regulamentados e define algumas premissas para tanto.

Os incisos do *caput* do artigo 79 enunciam as hipóteses de cabimento do credenciamento:

> Art. 79. O credenciamento poderá ser usado nas seguintes hipóteses de contratação:
> I - paralela e não excludente: caso em que é viável e vantajosa para a Administração a realização de contratações simultâneas em condições padronizadas;
> II - com seleção a critério de terceiros: caso em que a seleção do contratado está a cargo do beneficiário direto da prestação;

---

[263] 1. O credenciamento não deve ser utilizado em substituição à licitação, pois, em regra, a contratação de objeto (bem ou serviço) sujeito à notória competitividade existente no mercado encontra-se sujeito à regra constitucional do dever de licitar previsto no art. 37, XXI, da Constituição Federal de 1988. 2. A contratação realizada diretamente dentre os credenciados poderá ser considerada uma hipótese de inexigibilidade de licitação, nos termos do art. 74, IV, da Lei n. 14.133/2021, quando comprovada a inviabilidade de competição ou quando a disputa entre potenciais fornecedores possa ser considerada inútil ou prejudicial ao atendimento da pretensão contratual da Administração. Ressalta-se que a inviabilidade de competição pode não decorrer, apenas, da ausência de possibilidade de competição, mas também da ausência de interesse da Administração em restringir o número de contratados (TCE/SC, Plenário. Prejulgado nº 2418).

III - em mercados fluidos: caso em que a flutuação constante do valor da prestação e das condições de contratação inviabiliza a seleção de agente por meio de processo de licitação.

O Decreto nº 11.878/2024 regulamenta o credenciamento em âmbito federal, para ser mais preciso, para a Administração federal direta, autárquica e fundacional.

5.1 A hipótese tradicional de credenciamento diante da ausência de relação de exclusão

A ideia geral vertida nos incisos I e II do artigo 79 da Lei nº 14.133/2021 é que, no credenciamento, todos os interessados em contratar com a Administração Pública são efetivamente contratados, sem que haja *relação de exclusão*. Como todos os interessados são contratados, não há que se competir por nada, forçando-se reconhecer, por dedução, a inviabilidade de competição e a inexigibilidade de licitação pública.

A primeira hipótese, versada no inciso I, corresponde à clássica de credenciamento, em que o interesse da Administração consiste em firmar contratações paralelas e não excludentes. Trata-se das situações em que não há relação de exclusão, o interesse da Administração é de contratar todos os que queiram, desde que preencham os requisitos definidos pela Administração. Sendo assim, os interessados são tratados com igualdade pela Administração, porque todos são credenciados. Por via de consequência, a competição se inviabiliza, porque todos são credenciados. O credenciamento de um interessado não exclui o credenciamento de diversos outros interessados.

O inciso II reconhece o credenciamento nas hipóteses em que a seleção do credenciado dá-se por critérios de terceiros. Na verdade, a hipótese do inciso II é abrangida pela do inciso I do *caput* do artigo 79. Ora, pelo menos em regra, a Administração credencia todos os interessados, sem relação de exclusão, nas situações em que a escolha de quais dos credenciados irá executar o objeto do credenciamento depende de critério de terceiro e não da própria Administração. Dizendo de outro modo: se o serviço for prestado diretamente a terceiro e a seleção couber a terceiro e não à Administração, não há relação de exclusão sob a perspectiva da Administração.

Os institutos jurídicos devem ser aplicados com vistas às finalidades para as quais foram criados. Tudo o que se insere no direito tem os seus propósitos, deve servir a alguma utilidade pretendida pelo Estado. Nesse contexto, a licitação pública propõe-se a assegurar que todos os possíveis interessados em celebrar contrato com a Administração Pública sejam tratados com igualdade, evitando apadrinhamento em detrimento ao interesse público. Com esse aporte, a licitação pública serve também para preservar o interesse público, já que o agente administrativo não escolhe com quem a Administração Pública celebra os seus contratos, realizando procedimento formal que afasta a sua vontade pessoal. Ademais, a licitação pública tende a curar da moralidade administrativa, uma vez que, obrigando a seguir procedimento formal, minimiza as possibilidades de corrupção e conluios em face de contratos administrativos. Ou seja, a licitação pública é obrigatória porque é necessário tratar todos os interessados com igualdade e, por consequência, preservar o interesse público e a moralidade administrativa. Desta sorte, se determinada operação contratual não implica tratamento desigual, pondo a salvo, *a priori*, o interesse público e a moralidade administrativa, não há sentido em proceder à licitação pública. Fazer licitação pública por fazer atenta contra a racionalidade jurídica: antes de propiciar utilidade ao interesse público, o prejudica, estatuindo formalidade desnecessária.

A licitação pública só é viável nas hipóteses em que há *relação de exclusão*, isto é, em que a Administração Pública escolhe uma pessoa ou um grupo limitado de pessoas para firmar contrato administrativo, excluindo outras tantas interessadas. Desse modo, alguém acaba por colher os benefícios econômicos do contrato administrativo e outros, não, pelo que é necessário garantir a todos o mesmo tratamento, preservando, ademais, o interesse público e a moralidade administrativa.

Seguindo essa linha de raciocínio, nas hipóteses em que o interesse público demanda contratar todos os possíveis interessados, todos em igualdade de condições, não há que se cogitar de licitação pública, porque não há competição, não há disputa. Em apertada síntese: a licitação pública serve para regrar a disputa de um contrato; se todos são contratados, não há o que se disputar, inviável é a competição e, por corolário, está-se diante de mais um caso de inexigibilidade, quer queira ou não queira o legislador.

A teor das lições de Carlos Ari Sundfeld:

> a invocação do princípio da igualdade, como razão de ser da obrigação de licitar, já indica quais são as operações que, apesar de gerarem vínculos entre a Administração e particular, independem, por razões lógicas, de licitação. São aquelas em que a disputa é *desnecessária* ou *impossível*.[264]

E adiante, acrescenta:

> se a Administração pretende credenciar médicos ou hospitais privados para atendimento à população e se admite credenciar todos os que preencham os requisitos indispensáveis, não há de falar em licitação. É que o credenciamento não pressupõe qualquer disputa, que é desnecessária, pois todos os interessados aptos serão aproveitados.[265]

O credenciamento é espécie de cadastro em que se inserem todos os interessados em prestar certos tipos de serviços ou executar certos tipos de objeto, conforme regras de habilitação e remuneração prefixadas pela própria Administração Pública. Por regra e em princípio, todos os credenciados celebram, sob as mesmas condições, contrato administrativo, haja vista que, pela natureza do serviço, não há relação de exclusão, isto é, o serviço a ser contratado não precisa ser prestado com exclusividade por um ou por outro, mas é prestado por todos.

O credenciamento vem sendo utilizado com grande frequência, destacando a contratação de laboratórios médicos, serviços de saúde em geral, serviços bancários, serviços de inspeção em automóveis etc.[266] Nada obstante esse extenso rol, é relevante

---

[264] SUNDFELD, Carlos Ari. *Licitação e contrato administrativo*. 2. ed. São Paulo: Malheiros, 1995. p. 42.

[265] SUNDFELD, Carlos Ari. *Licitação e contrato administrativo*. 2. ed. São Paulo: Malheiros, 1995.

[266] Adilson Abreu Dallari é autor de estudo precursor sobre o tema, publicado em obra coletiva em homenagem a Geraldo Ataliba. Logo na introdução, o professor inventaria casos em que legislação esparsa admite o credenciamento. Nessa linha, acentua: "(a) a alínea 'c' do §2º do artigo 9º da Lei nº 4.024, de 20.12.61, que diz respeito ao credenciamento de instituições de ensino superior; (b) o inciso I do artigo 149 da Lei nº 7.210, de 11.07.84, pertinente ao credenciamento de entidade ou programa comunitário para a realização de trabalho

destacar que o credenciamento, como hipótese de inexigibilidade de licitação, só tem lugar nas hipóteses em que verdadeiramente a competição for inviável. Ocorre que, para tanto, é imperativo observar certos parâmetros, evitando que a possibilidade de credenciamento seja deturpada e utilizada indevidamente como escusa da Administração Pública para se ver livre da obrigatoriedade de licitação pública e para direcionar os benefícios resultantes de contratos administrativos.

Em tributo à parte inicial do inciso XXI do artigo 37 da Constituição Federal, não se esqueça que a obrigatoriedade de licitação pública é a regra e que a contratação direta, quer por dispensa, quer por inexigibilidade, é a exceção, que demanda ser interpretada excepcionalmente, isto é, de modo restrito. Não é correto conceber a contratação direta de modo tão amplo a ponto de transformá-la em regra, à esquerda da Constituição Federal. O credenciamento que traduz situação de inexigibilidade deve ser tomado como excepcional, interpretado restritivamente, destinado apenas aos casos em que efetivamente for inviável a competição.

O ponto fundamental é que o credenciamento pressupõe a contratação, em igualdade de condições, de todos os interessados hábeis a prestarem a utilidade reclamada pela Administração Pública. Logo, para realizar o credenciamento, é necessário que a Administração Pública elabore documento que regulamente quais as atividades a serem prestadas pelo credenciado, quais as condições para o credenciamento, qual o regime de execução do contrato e quanto ela se compromete a pagar a título de contraprestação. Assim, todos os interessados que atendam às condições do credenciamento acabam por ser contratados, sob as mesmas condições, tais quais prescritas no aludido regulamento.

Importantíssimo é que todos os interessados em colher os benefícios econômicos do contrato sejam credenciados. Não deve haver limites para o credenciamento, número máximo de credenciados. Por exemplo, se a Administração quer contratar cinco laboratórios para realizar exames médicos, que faça licitação e contrate os cinco mais bem classificados. Agora, se a Administração quer contratar todos os laboratórios existentes, então sim cabe o credenciamento, realizado por meio de inexigibilidade de licitação pública. Resta patente, por isso, que uma série de contratos é, por natureza, incompatível com o credenciamento. Por exemplo, a construção de uma obra é feita por um único contratado, não por todos os interessados; e a aquisição de veículo automotor é realizada junto a um fornecedor, não a todos.

E, como se disse, o contrato decorrente do credenciamento deve tratar da mesma maneira todos os credenciados, sendo a todos garantida a mesma remuneração e as mesmas condições sob as quais o serviço deve ser prestado. Não é possível que, por efeito da intervenção da Administração Pública, um credenciado receba mais benefícios do que os demais. Ressalva-se, no entanto, que isso não significa que todos os credenciados aufiram a mesmíssima remuneração, porque uns podem ser mais requisitados do

gratuito por condenados; (c) o §2º do artigo 1º da Lei nº 8.010, de 29.03.90, que versa sobre as importações realizadas por entidades credenciadas pelo CNPq; (d) a alínea 'a' do inciso I do artigo 3º do Decreto nº 1.691, de 28.9.95, que envolve o credenciamento de serviços no âmbito do Sistema Único de Saúde; (e) a Resolução nº 809, de 12.12.95, do CONTRAN, que dispõe sobre a vistoria de veículos a ser realizada por entidade credenciada; (f) além de ressaltar projetos de lei que tratavam do assunto" (BANDEIRA DE MELLO, Celso Antônio. Credenciamento. *In*: BANDEIRA DE MELLO, Celso Antônio (org.). *Estudos em homenagem a Geraldo Ataliba*. São Paulo: Malheiros, 1997. p. 38-40).

que outros. No entanto, isso não depende de critério administrativo, ou seja, não é a Administração quem requisita um em detrimento de outro.

Veja-se o exemplo dos laboratórios: a Administração credencia todos os interessados, mas a população realiza os exames nos laboratórios que lhe convier. Provavelmente a procura pelos laboratórios credenciados não será homogênea. Assim, os laboratórios situados em regiões mais populosas, ou perto de hospitais, ou aqueles que melhor atendem aos usuários, talvez façam mais exames do que outros e, por conseguinte, a remuneração deles é maior, na medida da quantidade de serviços que prestam. Entretanto, essa desigualdade não foi provocada pela Administração Pública. A população é quem privilegiou certos laboratórios, porém todos continuam credenciados, tratados da mesma maneira pela Administração Pública. O que diferencia um laboratório do outro são as suas características, seus méritos próprios, que são medidos pela população que escolhe em qual deles prefere realizar os seus exames, sem que nisso interfira a Administração Pública.

Também é de ponderar que os interessados devem ser credenciados para prestar o mesmo tipo de serviço, dos quais defluem os mesmos benefícios. Não se credencia para prestar serviços distintos, uns mais importantes do que outros. A rigor jurídico, os serviços objeto do credenciamento podem ser diversos, mas todos os credenciados prestam os mesmos serviços. Melhor explicando: pode haver credenciamento para prestar os serviços X e Y. Contudo, já não cabe o credenciamento, por exemplo, se uma pessoa presta o serviço X, e outra o serviço Y, considerando que o serviço X traz maiores benefícios econômicos. Nessas situações é vedado o credenciamento porque, a todas as luzes, os credenciados não são tratados com igualdade. Logo, é obrigatória a licitação pública, para que todos os interessados possam disputar, em igualdade, o serviço mais vantajoso. Noutro prisma, se os credenciados prestam indistintamente os serviços X e Y, então são lícitos o credenciamento e a inexigibilidade de licitação pública.

E a licitação pública é obrigatória, mesmo para os casos em que a Administração se predispõe a distribuir aleatoriamente entre os credenciados os diferentes tipos de serviços a serem realizados, frequentemente através de sorteio. Note-se que assim não se dispensa tratamento igualitário, apenas aleatório. Esse sorteio é um arremedo de modalidade de licitação pública, em que os participantes disputam os benefícios decorrentes de contrato administrativo e, sob essa perspectiva, é ilegal, já que viola o §2º do artigo 28 da Lei nº 14.133/2021, cuja dicção veda a criação de novas modalidades além das prescritas em lei.

Em virtude dessas considerações, normalmente o âmbito do credenciamento é restrito aos serviços ou às atividades prestadas diretamente a terceiros por contratados pela Administração Pública. Nesses casos, os serviços são prestados por várias pessoas, por efeito do que os usuários têm à disposição leque de opções, podendo escolher aquela que lhes seja mais conveniente. Por exemplo, em vez de contratar um laboratório, forçando toda a população a realizar os exames nele, a Administração, ao credenciar vários, permite que os usuários escolham aquele que for de melhor acesso, que entregue os exames com pontualidade, que bem os atenda etc. Perceba-se que a seleção dos laboratórios acaba sendo feita pela população, que é a destinatária dos serviços, o que notadamente a beneficia.

O fato é que, para serviços ou atividades prestados diretamente à população por terceiros contratados pela Administração Pública, quem escolhe os credenciados e, portanto, os desiguala, é a população. Ora, a licitação pública é obrigatória para que a Administração trate com igualdade todos os interessados em colher os benefícios econômicos decorrentes de contrato administrativo. Se a Administração credencia todos os interessados, já os trata com igualdade, não sendo necessário que, para isso, proceda à licitação pública. Os credenciados, repita-se, não são desigualados por ato ou intervenção da Administração Pública, mas pela população.

No entanto, se não é a população, mas a Administração que escolhe quem deve prestar os serviços reclamados, por regra, o modo para fazê-lo é através de licitação pública, cujo procedimento é a forma prescrita na Constituição Federal e em lei para tratar os interessados em contratar com a Administração com igualdade. Insista-se que o sorteio não é instrumento lícito para escolher o contratado, aquele que presta o serviço. O sorteio não trata as pessoas com igualdade, mas aleatoriamente, sem critério, consequência com a qual a ordem jurídica vigente não se afaz.

Entre as espécies de contratos pelas quais órgãos administrativos procedem ao credenciamento de molde ilícito, merecem destaque as referentes a serviços jurídicos comuns, como cobranças de valores, execuções e busca e apreensões, que não são prestados diretamente à população, mas à Administração Pública, que escolhe os advogados credenciados através de pretenso sorteio.[267]

Pode-se questionar, nesse contexto, se seria legal hipótese de credenciamento sem que a escolha do efetivo prestador do serviço coubesse a terceiro. Em tese, é até possível, porém, é difícil de ocorrer. É que, normalmente, se a escolha não cabe a terceiro, cabe à Administração. E, seguindo o raciocínio, se a escolha cabe à Administração, configura-se a relação de exclusão, o que afasta o cabimento do credenciamento. Não se quer afastar em absoluto a possibilidade, mas há de reconhecer que ela não é usual.

Sem embargo, embora raro, é possível que se suceda. Por ilustração, a Administração poderia credenciar imobiliárias ou corretores de imóveis para alienar imóveis de sua propriedade em dada região. Os interessados se credenciariam, todos poderiam prestar os serviços e intermediar a venda dos imóveis que a Administração pretende alienar, no entanto, apenas um deles, no final, faria a venda e faria jus à remuneração contratada. Veja-se que, nesse caso específico, a Administração credenciaria todos os interessados, logo não haveria relação de exclusão nem agravos à isonomia por parte

---

267 "Nada obstante a instrução da Secex/RJ e mesmo do posicionamento final da Selog, resta evidente que o modelo de contratação ora efetuado pelo Banco do Brasil não pode ser classificado como credenciamento, uma vez que não busca possibilitar a contratação de todos os que atenderem aos requisitos de habilitação. O credenciamento é hipótese de inviabilidade de competição não expressamente mencionada no art. 25 da Lei 8.666/1993 (cujos incisos são meramente exemplificativos). Adota-se o credenciamento quando a administração tem por objetivo dispor da maior rede possível de prestadores de serviços. [...] Na hipótese em exame, isso não ocorre. Existe, sim, a possibilidade de competição, mas não há interesse da administração de contratar número significativo de escritórios. Tanto é assim que o Gerente de Área responsável pela Logística de São Paulo (peça 26, fl. 5) asseverou que: 'De outro turno, não se pode perder de vista a anterior auditoria realizada por essa Corte, nos autos do TC 011.312/2009-0, onde restou consignada a necessidade de melhor gerir o processo de terceirização do Banco que à época contava com um número muito expressivo de sociedades de advogados contratadas'. Portanto, *o modelo adotado pelo Banco do Brasil não pode ser classificado como credenciamento,* pois desatende o requisito essencial, qual seja, maximizar o número de prestadores de serviços, atendidos os requisitos mínimos estipulados em edital" (TCU, Plenário. Acórdão nº 3.567/2014. Rel. Min. José Múcio Monteiro, j. 9.12.2014).

da Administração, que não escolheria, por critério seu ou aleatório, o prestador do serviço. Também terceiro não escolheria. Sem embargo, a remuneração, que é o objetivo de todos os credenciados, dependeria do êxito dos serviços. Aquele que conseguisse concretizar a venda faria jus à remuneração. Então, nessa hipótese, bem específica, a escolha não seria da Administração nem de terceiro, sendo que a remuneração seria devida ao credenciado que obtivesse êxito, que fosse o responsável pela intermediação da venda de dado imóvel. A Administração trataria todos com igualdade. O êxito da intermediação é que seria o fator de desigualação.

Outro ponto problemático tocante ao credenciamento reside na remuneração a ser paga aos credenciados. Ocorre que a licitação pública busca apurar qual dos interessados em contratar com Administração Pública oferece a ela a proposta mais vantajosa, a fim de receber produto de melhor qualidade, por preço reduzido, no mínimo justo. Quer dizer que um dos objetivos almejados com a licitação pública é apurar a proposta mais vantajosa. Poder-se-ia objetar, seguindo o exemplo dos laboratórios, que, em vez de credenciar todos para realizarem determinados exames por preço já fixado de antemão, dever-se-ia realizar licitação pública, para determinar qual dos laboratórios oferecesse a proposta mais vantajosa, talvez de preço inferior ao que seria fixado no regulamento do credenciamento.

Em direção oposta, é valioso realçar que a Administração Pública não tem a obrigação de pagar o menor preço, porém não pode pagar preço acima do mercado. Tanto isso é verdade, que a licitação pública, assaz das vezes, não serve para escolher proposta com o menor preço do mercado, frequentemente praticado por alguém que não se dispôs a participar da disputa. Se a licitação pública seleciona proposta cujo preço não seja o menor do mercado, mas que com ele é compatível, não é lícito revogar o procedimento e deixar de celebrar o contrato com o vencedor do certame. No entanto, é lícito extinguir a licitação pública nas hipóteses em que a melhor proposta consigna preço superior ao praticado no mercado. Então, repita-se, a Administração Pública não tem obrigação de pagar o menor preço do mercado, até porque a licitação pública não se presta a isso. Por conclusão, é lícito à Administração Pública fixar de antemão o quanto pretende pagar por dado contrato, estabelecendo preço justo pelos serviços.

E, em segundo lugar, o interesse público, em determinadas situações, é contemplado com o credenciamento, que pode lhe produzir uma série de vantagens, minimizando a relevância do fator preço ou, na realidade, da possibilidade de se obter preço mais reduzido por meio de licitação pública.

Viu-se que a coletividade é a grande beneficiada com o credenciamento, já que lhe compete escolher entre os credenciados qual deles lhe é mais conveniente. Em vez de lhe ser imposto um único contratado, o usuário do serviço dispõe de várias opções, o que implica facilidades de toda a sorte.

Outrossim, o credenciamento ainda é favorável à ordem econômica, haja vista romper com a reserva de mercado. Isso porque não é só uma empresa que presta o serviço, alijando outras tantas do mercado, mas todas são credenciadas para prestá-lo. Dessa forma, fomenta-se a livre concorrência, que não se dá quanto ao preço, é verdade, porém no que tange à qualidade dos serviços prestados à população.

Para a Administração Pública, o credenciamento traz facilidades e complicações. É-lhe favorável na medida em que evita os riscos de solução de continuidade. No regime de contratação normal (sem credenciamento), o contrato pode ser rescindido, podendo paralisar a prestação dos serviços, se o contratado descumpre suas obrigações. Todavia, com o credenciamento, o afastamento de um credenciado não prejudica a execução do serviço, que continua a ser prestado pelos demais. Também, com o credenciamento, a Administração Pública desvencilha-se legitimamente de uma série de formalidades, tais quais a própria licitação pública, a limitação de prorrogações contratuais etc.

A bem da verdade, noutro aspecto, o credenciamento pode ser desfavorável à Administração Pública, em vista da fiscalização de execução dos serviços, que, em vez de se concentrar num ou noutro contratado, difunde-se por todos os credenciados. A ampliação do número de contratados repercute na atividade de fiscalização da Administração Pública, pois importa destinação de pessoal, aparelhamento e assunção de despesas em maior porte.

Há de se consentir que o credenciamento produz mais benefícios do que prejuízos, mormente tomando em conta que a maior beneficiária é a coletividade. Por tudo, é razoável que a Administração abdique de perseguir o menor preço através de licitação pública, conquanto o fixe em parâmetros razoáveis e justos, de acordo com o mercado. O credenciamento entremostra-se como maneira legítima de realizar contratos administrativos, mesmo que o preço pago talvez não seja o mais baixo do mercado.

De qualquer modo, à Administração sempre assiste a faculdade de mudar as regras do credenciamento, alterando o preço. Nesse passo, se percebe que credenciados estejam praticando preço abaixo do fixado no regulamento do credenciamento, basta alterá-lo. Não é obrigatório se credenciar ou manter-se credenciado. Quem não concorda com o novo preço, que deixe de prestar serviços à Administração, que se descredencie.

5.2 A hipótese de credenciamento para objetos insertos em mercados fluidos

O inciso III do artigo 79 da Lei nº 14.133/2021 prevê o credenciamento para contratação em mercados fluidos, especialmente naqueles em que os preços são dinâmicos, afetados pelas mais diversas variáveis. Nessas situações, a Administração poderia lançar o credenciamento, credenciar os interessados e solicitar a eles, quando houvesse demanda, propostas específicas para a execução de dado objeto e, em razão das propostas recebidas, a Administração escolheria o futuro contratado.

Ressalva-se que a contratação de objetos envoltos em mercados fluidos nem sempre caracteriza a inviabilidade de competição. Isso porque a fluidez de dado mercado é um dado relativo e porque há técnicas para receber e comparar as propostas em mercados fluidos, como exemplo, o critério de julgamento do maior desconto sobre dado preço de referência ou alguma espécie de tabela de preços que já incorpore a variação do mercado, previsto no inciso II do artigo 33 da Lei nº 14.133/2021. Outra maneira para promover licitações em mercados fluidos é a de contratar terceiros, que intermediam o objeto do contrato e que são remunerados pela intermediação. Isso ocorre, por exemplo, com a contratação de agências de viagens. É também possível contratar fornecedor que apresenta preço constante e que o risco com a variação de preços seja do fornecedor.

Nessa hipótese, é usual que o fornecedor, experiente no mercado, ofereça preço que represente a média de mercado durante o prazo da contratação.

Em que pese tais ressalvas, é sim de reconhecer que certas modelagens contratuais de objetos insertos em mercados fluidos, em princípio vantajosas para o interesse público, podem importar em inviabilidade de competição. Seria o caso, por exemplo, de credenciamento para serviços de transporte, como aéreo, rodoviário ou de táxis e de aplicativos como Uber e congêneres. A Administração poderia credenciar todos os interessados e, diante de dada demanda de transporte, solicitar a todos uma cotação de preços, inclusive de forma automatizada.[268] Nessa situação, a fluidez dos preços, alterados pelas mais diversas variáveis, seria o bastante para caracterizar a inviabilidade de competição. Tudo depende, no fim das contas, do delineamento do interesse público e da modelagem de contratação que melhor o satisfaça, sem se esquecer dos contornos legais, especialmente do disposto no inciso III do artigo 79 da Lei nº 14.133/2021.[269]

> A propósito, de registrar que o Tribunal de Contas da União, mesmo diante da Lei nº 8.666/1993, admitiu o credenciamento para contratação de serviço de transporte aéreo.[270] O credenciamento para mercado fluido cai bem em relação a contratos gerais de transporte, em qualquer modal, inclusive por meio de aplicativos, ou até mesmo para fretes em geral, cujos preços costumam variar constantemente.

Marcos Nóbrega e Ronny Charles são entusiastas do uso do credenciamento para diversos objetos inseridos em mercados dinâmicos, que poderiam, inclusive, levar à estruturação de uma espécie de *e-marketplace* por parte da Administração Pública:

> Uma aplicação óbvia, sem dúvida, envolve o fornecimento de passagens aéreas. Como é cediço, o preço de aquisição da passagem é variável. Com a adoção do credenciamento, no momento da necessidade de contratação, uma ferramenta eletrônica colherá automaticamente o preço ofertado pelas companhias credenciadas, para o trecho pretendido, em horário compatível com a necessidade administrativa. Assim, aproveita-se o melhor preço no momento da demanda, sem uma estabilização artificial que justapõe riscos e pode ser ineficiente, sobretudo, para o comprador.
> Para além dessa hipótese já experimentada pela Central de Compras do Governo Federal, poderíamos também ter adotado esta modelagem, por exemplo, para a aquisição de insumos no enfrentamento à COVID-19. Durante o período de Emergência em Saúde Pública de Importância Nacional – ESPIN, diante da grande oscilação dos preços, uma das grandes dificuldades enfrentadas pelo gestor público foi justificar os preços estimados para as necessárias contratações. O formato de estabilização de um preço em proposta vinculada a período longo, como sugerido com as Atas de Registro de Preços, é ineficiente, pois o

[268] Nesse sentido, o §3º do artigo 7º do Decreto nº 11.878/2024: "Para a busca do objeto com melhores condições de preço nas contratações em mercados fluidos, será fornecida, quando for possível, solução tecnológica que permita a integração dos sistemas gerenciadores e interface aos sistemas dos fornecedores".

[269] Já em mercados fluidos, o credenciamento é caracterizado por prestadores com dinamicidade de preços, isto é, a variação de valores de mercado da prestação de serviços impediria a realização de um processo licitatório adequado ao objeto, tendo em vista que para licitar há de se valorar o objeto previamente, através de cotação de preços, a quantia que seria despendida, representando, dessa forma, uma inviabilidade de competição. (TCM-BA – Tribunal de Contas dos Municípios do Estado da Bahia. Parecer nº 01473-21. 20 set. 2021. Disponível em: https://www.tcm.ba.gov.br/sistemas/textos/juris/15000e21.odt.pdf. Acesso em: 25 abr. 2024).

[270] TCU, Plenário, Acórdão nº 1.094/2021. Rel. Min. Weder Oliveira. Julg. 12.5.2021.

> risco de oscilação é tremendo, o que induz preços mais altos ou propostas irresponsáveis, afasta potenciais fornecedores e aumenta preços transacionais, prejudicando eventual vantagem decorrente do ganho de economia de escala que poderia ser alcançado por uma compra imediata.
> Admitir a dinamicidade e fluidez, naquele momento, poderia ser uma opção econômica mais eficiente, pois mitigaria riscos e aproveitaria melhor o preço à disposição no mercado.[271]

É importante advertir, no entanto, que o inciso III do artigo 79 da Lei nº 14.133/2021 admite o credenciamento apenas em mercados fluidos no "caso em que a flutuação constante do valor da prestação e das condições de contratação inviabiliza a seleção de agente por meio de processo de licitação". Não basta, para valer-se da inexigibilidade de licitação por meio de credenciamento, alegar que o preço de dado objeto sofre algum tipo de variação, mais ou menos intensa. Para o legislador, o credenciamento pressupõe que a flutuação do preço inviabilize a competição por meio de licitação. O legislador, bem se vê, não conferiu uma espécie de carta branca para que qualquer objeto cujo preço seja variável seja contratado sem licitação e por meio de credenciamento, que é, não se pode perder de vista, uma hipótese de inexigibilidade de licitação. O credenciamento para mercados fluidos não é um modelo de contratação abrangente, pelo menos essa foi a decisão tomada pelo legislador, goste-se dela ou não.

Pondera-se que o credenciamento para mercados fluidos, principalmente quando estruturado em modelo de *e-marketplace*, pode ser uma opção que gera eficiência para a Administração Pública, um modelo de contratação moderno, tecnológico, célere, bem menos burocrático e que assegura a todos os interessados a possibilidade de disputarem os respectivos contratos. Esse modelo, no fundo, se aproxima de uma modalidade simplificada de licitação, até porque admite que todos os interessados disputem o contrato com igualdade. Então, vê-se uma série de vantagens nesse modelo, que parece muito positivo para o interesse público.

Sem embargo disso, insista-se que o legislador não o previu como uma modalidade simplificada de licitação e sim como uma hipótese de inexigibilidade de licitação, de contratação direta, que se sujeita a pressupostos legais restritos, na forma do inciso III do artigo 79 da Lei nº 14.133/2021. O juízo de valor positivo que o intérprete, a Administração Pública ou mesmo os órgãos de controle possam fazer sobre o credenciamento para mercados fluidos não pode se sobrepor ao prescrito na Lei nº 14.133/2021, de modo a tornar o modelo abrangente, utilizado para objetos gerais sob a justificativa de que existe algum tipo de variação de preços, até porque algum tipo de variação de preços sempre existe, é parte do curso natural da economia.

Fato é que o legislador não foi específico em relação aos objetos que podem ser contratados por meio de credenciamento em razão de mercado fluido, o que desperta controvérsias. Nesse contexto, o Tribunal de Contas do Estado de Santa Catarina e o Tribunal de Contas dos Municípios de Goiás responderam consultas em que admitem a

271 NÓBREGA, Marcos; TORRES, Ronny Charles. A Nova Lei de Licitações, credenciamento e e-marketplace: o turning point da inovação nas compras públicas. *O Licitante*. Disponível em: https://www.olicitante.com.br/e-marketplace-turning-point-inovacao-compras-publicas/. Acesso em: maio 2021.

utilização do credenciamento para a aquisição de combustíveis.[272] [273] É certo que o preço de combustíveis não é algo estável, no entanto a aquisição de combustível sempre foi licitada, em acordo com modelos que são bem difundidos na Administração Pública. Embora o modelo de credenciamento possa ser bastante vantajoso para a aquisição de combustível, é difícil aceitar a tese de que a variação dos preços de combustível inviabiliza a competição em licitação, como exige o inciso III do artigo 79 da Lei nº 14.133/2021. O Tribunal de Contas de Minas Gerais foi ainda mais ousado. Em resposta à consulta, admitiu o credenciamento, com base no inciso III do artigo 79, para a contratação geral de bens de consumo, referindo-se expressamente a "[...] medicamentos, material hospitalar, gêneros alimentícios, material de construção, peças e acessórios para veículos automotores e combustíveis [...]", desde que demonstrada a vantagem do modelo de contratação.[274] O Tribunal mineiro está equivocado, porque transformou o credenciamento

[272] 1.1. **A** aquisição de combustíveis se enquadra no conceito de bem comum, passível de ser licitado por pregão e de constituir objeto do procedimento auxiliar denominado sistema de registro de preços, ou, conforme o caso, de credenciamento; 1.2. Para a adoção do credenciamento, quer para contratação paralela e não excludente (art. 79, I, da Lei n. 14.133/2021), quer em virtude de mercado fluido (art. 79, III, da Lei n. 14.133/2021), **o** Estudo Técnico Preliminar – ETP – deverá evidenciar o problema a ser resolvido e a sua melhor solução, considerando as questões fáticas relacionadas a cada necessidade e à realidade local de suprimento (rede de abastecimento local), bem como, para mercados fluidos, a comprovação de que a oscilação dos preços ao longo do exercício inviabiliza o uso da modalidade do pregão, cabendo ao gestor avaliar o caso concreto e justificar o preenchimento dos requisitos estabelecidos na legislação de regência. 2. Ao decidir pelo uso do credenciamento, deverá o gestor considerar, além do reconhecimento expresso das hipóteses de cabimento, as regras gerais aplicáveis, consoante a sistemática da Lei n. 14.133/2021, especialmente o seu art. 79, parágrafo único, bem como o regramento local da matéria. Destacam-se as seguintes exigências básicas: 2.1. A necessidade de editar previamente a regulamentação local para tal uso, conforme previsto no parágrafo único do art. 79 da Lei n. 14.133/2021; 2.2. Fazer constar no ETP o detalhamento: I. de quantos e quais tipos de veículos poderão ser abastecidos pelo credenciado; II. como será feita a distribuição da demanda entre os credenciados, de modo a manter um equilíbrio da distribuição dos abastecimentos; III. como será feita a gestão e fiscalização da execução dos contratos e, em especial, como será feita a comprovação dos preços no momento dos abastecimentos, para fins de liquidação das despesas. Destaca-se que a regularidade fiscal deve ser verificada no credenciamento, no momento da contratação e a cada pagamento; assim como o comprovante dos fornecimentos será verificado a cada liquidação, que deve preceder ao ato autorizativo do pagamento. (TCE/SC, Plenário. Prejulgado nº 2.444).

[273] 2.2 É possível abastecer o veículo oficial dos entes públicas municipais em postos localizados fora do limite territorial do município e, por conseguinte, da sede da empresa contratada, mediante a realização de: a) procedimento licitatório que possibilite a participação de empresas fornecedoras de combustível localizadas no trajeto que os veículos oficiais transitam corriqueiramente, caso em que, deve estar estabelecido no edital, de modo expresso, justificativa razoável para a contratação; ou b) procedimento licitatório para contratação de empresa prestadora de serviços de gerenciamento de fornecimento de combustíveis, que apresente rede credenciada de postos de combustíveis no trajeto que os veículos oficiais transitam frequentemente; ou c) credenciamento, com fulcro no inciso III, do art. 79 da Lei n. 14.133/21, caso em que deve ser observado o disposto no parágrafo único deste dispositivo legal, bem como, que o procedimento alcance interessados que atendam às necessidades do ente e ao interesse público; ou d) contratação direta para aquisição de combustíveis, cujo valor não ultrapasse os limites estabelecidos no inciso II, do art. 24 c/c a alínea "a", do inciso II do artigo 23, ambos da Lei n. 8.666/93 e no inciso II, do art. 75 da Lei 14.133/21. Para aferição desses limites deverão ser observados o somatório do que for gasto pelo ente contratante no exercício financeiro e da despesa efetuada com objetos da mesma natureza, de forma que os referidos custos não caracterizem o fracionamento de despesa, com o intuito de burlar a legislação. (TCM-GO, Plenário. Consulta nº 00002/2023, Rel. Cons. Flávio Monteiro de A. Lun, j. 15.2.2023).

[274] Ressalvadas as especificidades aplicáveis a cada espécie, ainda que pendente de regulamentação, é possível a utilização do credenciamento fundado no inciso III do art. 79 da Lei nº 14.133/2021 para a contratação de bens comuns tais como medicamentos, material hospitalar, gêneros alimentícios, material de construção, peças e acessórios para veículos automotores e combustíveis, desde que as circunstâncias de aquisição se amoldem às exigências legais e sejam devidamente justificadas, demonstrando-se a vantajosidade do credenciamento para a Administração. Ressalvo, porém, que a aquisição de medicamentos é regida por normas próprias, e que a manutenção de veículos automotores, incluído o fornecimento de peças, pode ser realizada por contratação direta por meio de dispensa em razão do valor, nos termos do art. 75, I c/c §7º (TCMG, Plenário.

para mercado fluido num modelo abrangente para a contratação de bens de consumo, admitindo-o, inclusive, para objetos cujos preços são relativamente estáveis e sem atentar ao inciso III do artigo 79 da Lei nº 14.133/2021, cujo teor prescreve, repita-se, que o credenciamento constitui hipótese de inexigibilidade de licitação dependente da configuração da inviabilidade de competição por meio de licitação.

Apesar das vantagens que se possa vislumbrar com o credenciamento para mercados fluidos, não se pode subverter o prescrito pelo legislador, que, diga-se novamente, não o concebeu como um modelo de contratação abrangente e sim como uma hipótese de inexigibilidade de licitação, cuja aplicação, como qualquer outra hipótese de inexigibilidade de licitação, depende da inviabilidade da competição em licitação pública, como salientado no inciso III do artigo 79 da Lei nº 14.133/2021.

O legislador poderia ter concebido o credenciamento para mercado fluido como um modelo de contratação abrangente, uma espécie de modalidade simplificada de licitação. O legislador preferiu, em sentido oposto, defini-lo como hipótese de inexigibilidade de licitação, que só tem lugar diante da inviabilidade de competição. Goste-se ou não, foi a opção legítima do legislador. O intérprete, o agente administrativo e mesmo o controle não têm legitimidade para transformar hipótese legal de inexigibilidade de licitação num modelo abrangente de contratação, não dependente da inviabilidade da competição e sim de juízo subjetivo sobre a vantagem ou não de tal modelo para o interesse público. Se o fizer, toma para si, de forma ilegítima, a função legislativa.

Por último, de pontuar que o parágrafo único do artigo 79 da Lei nº 14.133/2021 prescreve que a Administração deve produzir regulamento que verse sobre o credenciamento. É ótima oportunidade para definir o que significa mercado fluido, como devem ser modeladas as contratações e quais as balizas para definir o modelo de credenciamento. Seria possível também já avançar em alguns objetos que a Administração poderia antecipadamente identificar como insertos em mercados fluidos e que poderiam ser contratados por meio de credenciamentos, com a prescrição das premissas e dos critérios para a contratação. O regulamento, com esse teor, em que pese as controvérsias, poderia oferecer norte seguro para os agentes administrativos encarregados de conduzirem os processos de credenciamento.

5.3 Procedimento de credenciamento

O parágrafo único do artigo 79 da Lei nº 14.133/2021 determina que os procedimentos de credenciamento sejam definidos em regulamento, que deve observar as seguintes regras:

> I - a Administração deverá divulgar e manter à disposição do público, em sítio eletrônico oficial, edital de chamamento de interessados, de modo a permitir o cadastramento permanente de novos interessados;
> II - na hipótese do inciso I do caput deste artigo, quando o objeto não permitir a contratação imediata e simultânea de todos os credenciados, deverão ser adotados critérios objetivos de distribuição da demanda;

Processo 1120202, Rel. Cons. Subst. Hamilton Coelho. Prolator do voto vencedor: Cons. Cláudio Couto Terrão, j. 7.6.2023).

III - o edital de chamamento de interessados deverá prever as condições padronizadas de contratação e, nas hipóteses dos incisos I e II do *caput* deste artigo, deverá definir o valor da contratação;
IV - na hipótese do inciso III do *caput* deste artigo, a Administração deverá registrar as cotações de mercado vigentes no momento da contratação;
V - não será permitido o cometimento a terceiros do objeto contratado sem autorização expressa da Administração;
VI - será admitida a denúncia por qualquer das partes nos prazos fixados no edital.

Reitera-se que o Decreto nº 11.878/2024 regulamenta o credenciamento para a Administração federal direta, autárquica e fundacional.

O credenciamento também tem uma etapa preparatória, tal qual todas as contratações. Por se tratar de uma hipótese de inexigibilidade de licitação, a etapa preparatória deve seguir o preceituado no artigo 72 da Lei nº 14.133/2021.

Vencida a etapa preparatória, conforme o inciso I do artigo 79 da Lei nº 14.133/2021, a Administração deve publicar edital de credenciamento, que, esclareça-se, não é um edital de licitação pública, porque o credenciamento corresponde à hipótese de inexigibilidade de licitação pública. Logo, não é necessário dar a ele a mesma publicidade de um edital de licitação pública, em que é obrigatória a publicação no Portal Nacional de Contratações Públicas, bem como do extrato dele em *Diário Oficial* e em jornal diário de grande circulação, como preceituam o *caput* e o §1º do artigo 54 da Lei nº 14.133/2021. O §2º do artigo 174 da Lei nº 14.133/2021 exige a publicação do edital de credenciamento apenas no Portal Nacional de Contratações Públicas. O inciso I do parágrafo único do artigo 79 da Lei nº 14.133/2021 exige que o edital de credenciamento deve ser mantido à disposição do público em sítio eletrônico oficial, sendo que o Portal Nacional de Contratações Públicas é um sítio eletrônico oficial. Portanto, qualquer publicidade sobressalente é facultativa. O artigo 18 do Decreto nº 11.878/2024, diga-se, desde já, também exige que a Administração dê publicidade no Portal Nacional de Contratações Públicas do resultado do credenciamento, com a lista de credenciados.

O artigo 7º do Decreto nº 11.878/2024 versa sobre o conteúdo do edital de credenciamento:

Art. 7º O edital de credenciamento observará as regras gerais da Lei nº 14.133, de 2021, e conterá:
I - descrição do objeto;
II - quantitativo estimado de cada item, com respectiva unidade de medida;
III - requisitos de habilitação e qualificação técnica;
IV - prazo para análise da documentação para habilitação;
V - critério para distribuição da demanda, quando for o caso;
VI - critério para ordem de contratação dos credenciados, quando for o caso;
VII - forma e prazos de interposição dos recursos, impugnação e pedidos de esclarecimentos;
VIII - prazo para assinatura do instrumento contratual após a convocação pela administração;
IX - condições para alteração ou atualização de preços nas hipóteses previstas nos incisos I e II do caput do art. 3º deste Decreto;
X - hipóteses de descredenciamento;
XI - minuta de termo de credenciamento, de contrato ou de instrumento equivalente;

XII - modelos de declarações;
XIII - possibilidade de cometimento a terceiros, quando for o caso; e
XIV - sanções aplicáveis.

É importante que o edital de credenciamento defina bem o objeto do credenciamento e os valores correspondentes, a que farão jus os credenciados, como exige o supracitado inciso III do parágrafo único do artigo 79 da Lei nº 14.133/2021. Nessa direção, o §1º do artigo 7º do Decreto nº 11.878/2024 prescreve que "o edital definirá os valores fixados e poderá prever índice de reajustamento dos preços, quando couber, para as hipóteses de contratação paralela e não excludente e de contratação com seleção a critério de terceiros".

Veja-se que, como dispõe o Decreto, o edital não define valores em relação ao credenciamento que envolve mercados fluidos, dado que, nessas hipóteses, o preço deve ser definido a cada contratação ou demanda. Sem prejuízo disso, em credenciamento para mercados fluidos, na forma do §2º do mesmo artigo 7º, "[...] o edital poderá, quando couber, fixar percentual mínimo de desconto sobre as cotações de mercado registradas no momento da contratação". De toda sorte, ainda no caso de mercados fluidos, o edital deve tratar da sistemática para a definição da remuneração e, de acordo com o inciso IV do parágrafo único do artigo 79 da Lei nº 14.133/2021, a Administração precisa registrar as cotações por ocasião de cada contratação.

O edital de credenciamento, em princípio, não tem prazo delimitado, fica permanentemente aberto e à disposição do público em sítio eletrônico oficial, conforme inciso I do parágrafo único do artigo 79 da Lei nº 14.133/2021, enquanto houver interesse da Administração e for vigente. O credenciamento, salvo previsão contrária em edital, contrato ou documento equivalente, não tem limite de tempo porque deve permanecer sempre aberto enquanto for do interesse da Administração, sem que seja necessário renovar periodicamente qualquer tipo de disputa.[275] Novos interessados podem se credenciar quando lhes convier, e credenciados podem se descredenciar também quando lhes convier, por meio de denúncia, observadas as regras estabelecidas em cada edital, como autoriza o inciso VI do artigo 79 da Lei nº 14.133/2021.[276]

---

[275] Esse é o entendimento de Adilson Abreu Dallari. Confira-se: DALLARI, Adilson Abreu. Inspeção de segurança veicular – Credenciamento – desnecessidade de autorização legislativa. *ILC – Informativo de Licitações e Contratos*, Curitiba, jun. 1996.

[276] "DIREITO PROCESSUAL CIVIL E ADMINISTRATIVO. RECURSO ORDINÁRIO EM MANDADO DE SEGURANÇA. OFENSA AO ART. 1.022 DO CÓDIGO DE PROCESSO CIVIL DE 2015. INOCORRÊNCIA. PROCEDIMENTO LICITATÓRIO NA MODALIDADE LEILÃO. DISCRICIONARIEDADE ADMINISTRATIVA NA FORMA DE CONTRATAÇÃO DE LEILOEIRO OFICIAL PELO PODER PÚBLICO. INTELIGÊNCIA DO ART. 31, CAPUT E §1º DA LEI N. 14.133/2021. DIVULGAÇÃO PÚBLICA E PERMANENTE DE EDITAL DE CREDENCIAMENTO EM SÍTIO ELETRÔNICO. OBRIGAÇÃO DECORRENTE DO ART. 79, PARÁGRAFO ÚNICO, I, DA LEI N. 14.133/2021. INAPLICABILIDADE AOS CHAMAMENTOS PÚBLICOS REALIZADOS SOB A ÉGIDE DA LEI N. 8.666/1993. AUSÊNCIA DE DIREITO LÍQUIDO E CERTO. RECURSO ORDINÁRIO IMPROVIDO. [...]III - O art. 31, caput e §1º, da Lei n. 14.133/2021 faculta à Administração a designação de servidor para conduzir o procedimento licitatório na modalidade leilão, ou, ainda, a delegação da atividade a leiloeiro oficial, cuja seleção, nesse último caso, deve ocorrer, obrigatoriamente, mediante credenciamento ou pregão entre os auxiliares do comércio que preencham os requisitos do Decreto n. 21.981/1932, sem, no entanto, estabelecer juízo de precedência condicionada entre ambos os institutos, cabendo à autoridade competente eleger o instrumento adequado, com supedâneo em critérios de conveniência e oportunidade. IV - Embora o art. 79, parágrafo único, I, da Lei n. 14.133/2021 imponha a manutenção pública de edital de credenciamento em sítio eletrônico, de modo a permitir ao cadastramento permanente de novos interessados - obstando, por conseguinte, a fixação prévia de balizas temporais limitando o acesso de novos postulantes -, especificamente quanto à contratação de leiloeiros oficiais, tal normatividade somente incide quando presente prova cabal da

O artigo 5º do Decreto nº 11.878/2024 confirma que "o credenciamento ficará permanentemente aberto durante a vigência do edital [...]". O artigo 23 do mesmo Decreto trata do descredenciamento, que tem lugar diante das seguintes hipóteses: pedido formalizado pelo credenciado (inciso I); perda das condições de habilitação do credenciado (inciso II); descumprimento injustificado do contrato pelo contratado (inciso III); e sanção de impedimento de licitar e contratar ou de declaração de inidoneidade superveniente ao credenciamento (inciso IV).

O pedido de descredenciamento depende apenas da vontade do credenciado. Não requer justificativas ou maiores formalidades, sendo que o pedido já é o bastante para desonerar o credenciado de novos compromissos, salvo disposição em contrário estabelecida em edital, contrato ou outro documento equivalente. No entanto, o §1º do artigo 23 Decreto nº 11.878/2024 ressalva, com acerto, que o pedido de descredenciamento não desonera o credenciado de cumprir os compromissos já assumidos. Logo, o pedido de descredenciamento importa a não assunção de novos compromissos. Nada obstante isso, porque o credenciamento permanece sempre aberto, nada impede que alguém se descredencie e, posteriormente, se credencie de novo, caso entenda que é para si conveniente.

O inciso II do parágrafo único do artigo 79 da Lei nº 14.133/2021 preceitua que, se o objeto não permitir a contratação imediata e simultânea de todos os interessados, o próprio edital deve prever critérios objetivos de distribuição da demanda – o que não significa, no entanto, que se possa adotar qualquer sorte de critério, fazendo-se um arremedo de licitação pública. O credenciamento, repita-se, tem por fundamento a inexigibilidade de licitação, cujo cabimento é restrito às hipóteses preceituadas nos incisos do *caput* do artigo 79 da Lei nº 14.133/2021.

A princípio, os contratos firmados em vista de credenciamento se sujeitam às regras da Lei nº 14.133/2021, da mesma forma que qualquer outro contrato. Destarte, faz-se imprescindível prever qual a quantidade dos serviços, bem como as verbas orçamentárias pertinentes. Ressalva-se que a eventual subcontratação somente depende de autorização expressa da Administração, conforme o inciso V do parágrafo único do artigo 79 da Lei nº 14.133/2021.

A Administração goza de competência discricionária para dispor sobre a dinâmica das contratações que se seguem ao credenciamento, o que varia conforme o objeto da contratação. Pode ser que, em razão do credenciamento, a Administração celebre um contrato abrangente com cada credenciado e que cada um deles seja acionado individualmente, com base nesse contrato, todas as vezes em que a Administração demandar dele a execução do objeto, com a obrigação de pagamento conforme a execução do objeto. Nesse caso, todos os credenciados são imediatamente contratados e, em razão de tais contratos, podem ou não ser acionados para a execução do objeto. Noutro lado, em vez de um contrato abrangente, a Administração pode preferir firmar diversos contratos com cada credenciado, todas as vezes em que pretender dele a execução do

opção administrativa por essa modalidade de seleção pública na vigência da Nova Lei de *Licitações* e Contratações Administrativas, porquanto ausente igual obrigação nas disposições constantes da Lei n. 8.666/1993" (STJ, Primeira Turma. RMS nº 68.504/SC, Rel. Min. Regina Helena Costa, j. 10.10.2023).

objeto. Neste caso, os credenciados não são imediatamente contratados, as contratações são firmadas consoante a demanda da Administração.

6 Inexigibilidade para aquisição ou locação de imóvel

O inciso V do *caput* do artigo 74 da Lei nº 14.133/2021 considera inexigível a licitação para a "aquisição ou locação de imóvel cujas características de instalações e de localização tornem necessária sua escolha".

É curioso que na revogada Lei nº 8.666/1993 a compra ou locação de imóvel era tratada como hipótese de dispensa de licitação, conforme o inciso X do *caput* do seu artigo 24. A qualificação da Lei nº 8.666/1993 era equivocada, dado que, se as condições de instalação e de localização eram condicionantes para a escolha, o imóvel objeto da compra ou locação era singular, e, por conseguinte, era inviável a competição. Dizendo de outra forma, a Lei nº 8.666/1993 tratava como dispensa hipótese que, por sua natureza, correspondia à inexigibilidade de licitação. Esse erro de qualificação nunca teve muito efeito prático, porque, num e noutro caso, a contratação se fazia sem licitação. Inclusive, registre-se precedente do Superior Tribunal de Justiça que reconhecia a hipótese como de inexigibilidade de licitação:

> A ausência de licitação deriva da impossibilidade de o interesse sob tutela estatal ser satisfeito através de outro imóvel, que não aquele selecionado. As características do imóvel (tais como localização, dimensão, edificação, destinação etc.) são relevantes, de modo que a Administração localiza o imóvel que se presta a atender seus interesses ou não o encontra. Na primeira hipótese, cabe-lhe adquirir (ou locar) o imóvel localizado; na segunda, é impossível a locação ou aquisição. *A aquisição ou locação de imóvel destinado a utilização específica ou em localização determinada acarreta inviabilidade de competição.* Trata-se de hipótese de inexigibilidade de licitação e o caso sujeita-se ao disposto no art. 25.[277]

Sob essas luzes, o inciso V do *caput* do artigo 74 da Lei nº 14.133/2021 andou bem ao qualificar a hipótese como de inexigibilidade de licitação, dado que o pressuposto é que o imóvel a ser comprado ou alugado possui características que o singularizam. Ora, a escolha de um imóvel depende de uma série de variáveis, muitos dificilmente comparáveis objetivamente num processo de licitação pública (localização, área, posição solar, qualidade das instalações, estrutura de tecnologia, proximidade de serviços públicos e de serviços de apoio, facilidade de acesso, segurança da região, espaços de convivência, entre outros). Pode-se dizer, pela experiência prática, que a realização de licitação pública para a compra ou locação de imóvel é que representa exceção, justamente em face dessas variáveis que costumam condicionar a escolha da Administração. A exceção é encontrar critérios objetivos para promover licitação.

A Secretaria Especial de Desburocratização, Gestão e Governo Digital do Ministério da Economia produziu a Instrução Normativa SEGES/ME nº 103/2022, que dispõe sobre os procedimentos de seleção de imóveis para locação no âmbito da Administração Pública federal direta, autárquica e fundacional.

[277] STJ, Primeira Turma. REsp nº 797.671/MG, Rel. Min. Luiz Fux, j. 5.6.2008.

O *caput* do artigo 3º da Instrução Normativa refere-se a três modelos de locação:

> Art. 3º Os órgãos e as entidades poderão firmar contratos de locação de imóveis, observados os seguintes modelos:
> I - locação tradicional: o espaço físico é locado sem contemplar os serviços acessórios, os quais serão contratados independentemente, como limpeza, administração predial, recepção, vigilância, controle de acesso, entre outros;
> II - locação com *facilities*: o espaço físico é locado contemplando os serviços para a sua operação e manutenção, como limpeza, administração predial, recepção, vigilância, controle de acesso, entre outros; e
> III - locação *built to suit* – BTS: o locador procede à prévia aquisição, construção ou substancial reforma, por si mesmo ou por terceiros, do imóvel então especificado pelo pretendente à locação, a fim de que seja a este locado, prevalecendo as condições livremente pactuadas no respectivo contrato e as disposições procedimentais previstas na Lei nº 8.245, de 18 de outubro de 1991.

Os parágrafos do artigo 3º da Instrução Normativa prescrevem que a escolha da modelagem seja justificada no estudo técnico preliminar, que se pode adotar outros modelos e que é possível combinar os modelos dos incisos II e III do *caput*, ou seja, locação *built to suit* – BTS com *facilities*. O artigo 5º, também da Instrução Normativa, trata dos requisitos do estudo técnico preliminar, que envolvem a comprovação de inexistência de outros imóveis públicos vagos e disponíveis e da inviabilidade de compartilhamento de imóvel com outros órgãos e entidades, inclusive com necessidade de consultar outros órgãos e entidades a respeito. A principal exigência do estudo técnico preliminar diz respeito às condições desejadas pela Administração, envolvendo seus diversos aspectos.

A grande novidade da Instrução Normativa SEGES/ME nº 103/2022 é a exigência da realização de chamamento público para prospectar no mercado imóveis disponíveis para locação, com a publicação do respectivo edital, como dispõe o seu artigo 10. O chamamento público é ótima medida, porque dá publicidade à pretensão da Administração e possibilita que interessados apresentem os seus imóveis e que eles sejam avaliados. O chamamento público é dispensado nas hipóteses do artigo 20:

> Art. 20. Fica dispensado o chamamento público nas seguintes hipóteses:
> I - quando o BTS for para fins de construção;
> II - quando demonstrado no ETP, de forma inequívoca, a singularidade do imóvel a ser locado pela Administração, nos termos do inciso II do §3º do art. 24; e
> III - quando for de amplo conhecimento da Administração a múltipla oferta de imóveis no mercado que atendam às suas necessidades, de forma que o procedimento licitatório deverá ser observado.

Convém ressaltar que o chamamento público, antes da Lei nº 14.133/2021 e da própria Instrução Normativa SEGES/ME nº 103/2022, já vinha sendo utilizado por órgãos e entidades e reconhecido como uma boa prática, haja vista que não era obrigatório. Inclusive, o Tribunal de Contas da União realizou auditoria sobre as locações de imóveis da Administração Pública federal e observou o seguinte:

> 5. A equipe registrou que a maioria dos órgãos e entidades da APF utiliza-se da dispensa de licitação prevista no art. 24, inciso X, da Lei 8.666/1993 na locação de imóveis. E que, consulta ao painel Monica, mantido por este TCU, mostrou que o Poder Executivo Federal realizou, entre 2014 e 2016, cerca de 1.900 contratações fundamentadas naquele dispositivo, com aproximadamente 79% do valor empenhado relacionado à locação de imóveis.
> [...]
> 37. Destaco o exemplo de boa prática levantada pela equipe de auditoria que foi a utilização de chamamentos públicos previamente às realizações de locações de imóveis por vários órgãos/entidades, como a AGU, o ICMBio, a Eletronorte e o MTPac.
> 38. O chamamento público não é obrigatório, porém, deve ser disseminado no âmbito do governo federal, tendo em vista os bons resultados obtidos. Trata-se, de fato, de um mecanismo para prospecção de mercado, cujo intuito é identificar os imóveis que atendam às necessidades da APF.
> 39. Na esteira da equipe de auditoria, não vejo óbice em aplicar às locações o decidido para as permutas por meio do Acórdão 1273/2018-TCU-Plenário. É dizer, a permissão da utilização do chamamento público como mecanismo de prospecção de mercado, a fim de identificar os imóveis elegíveis que preencham às necessidades da União, com atendimento aos princípios da impessoalidade, moralidade e publicidade.
> 40. Três providências, entretanto, devem ser adotadas para que este mecanismo seja adequado. Primeira, a utilização, após a apresentação de ofertas pelos interessados, de várias fontes de pesquisa de preço para certificação de que os preços exigidos estejam compatíveis com os de mercado, a exemplo de locações anteriores por órgãos ou entidades públicas, mídias e sítios eletrônicos especializados.
> 41. Segunda, a divulgação do aviso de chamamento público em diversas fontes (jornais, DOU, sítio do órgão na Internet, etc.) para ampliação do universo de possíveis locadores, de modo a permitir ao gestor um maior número de opções.
> 42. E, terceira, a inserção nos editais de chamamento das informações necessárias aos locadores para elaborar suas propostas com o detalhamento desejável, especialmente no caso do modelo condominial.[278]

O artigo 16 prevê que as propostas selecionadas no chamamento público devem passar por estudo de leiaute para que se verifique a adequação aos requisitos definidos no edital. Com base nesse estudo, a Administração deve decidir se contrata diretamente ou se promove a licitação. O artigo 18 da Instrução prescreve:

> Art. 18. O estudo de leiaute, na forma definida no art. 16, subsidiará a decisão de realizar o processo licitatório ou o processo de contratação direta, por inexigibilidade de licitação.
> §1º Na hipótese de haver mais de uma proposta com equivalência de especificações que atendam ao edital de chamamento público, deverá ser realizado o procedimento licitatório pelo critério de julgamento menor preço ou maior retorno econômico, a depender do modelo escolhido, nos termos do Capítulo IV.
> §2º Caso haja somente uma proposta cujas características de instalações e de localização tornem necessária sua escolha, deverá ser realizado o procedimento de contratação direta, por inexigibilidade de licitação, desde que observada a instrução processual estabelecida no Capítulo V.

278 TCU, Plenário. Acórdão nº 1.479/2019, Rel. Min. Vital do Rêgo, j. 26.6.2019.

A licitação, conforme o artigo 21 da Instrução Normativa SEGES/ME nº 103/2022, pode ser julgada pelos critérios do menor preço, ou maior desconto, ou maior retorno econômico. O artigo 22 da Instrução prescreve que o edital deve exigir dos licitantes a avaliação prévia do bem, do seu estado de conservação, dos custos de adaptações, do prazo de amortização dos investimentos necessários e outras despesas indiretas. Tal previsão não faz sentido, porque tais aspectos deveriam ser avaliados pela Administração no chamamento público, dado que, se tais requisitos não forem atendidos, o respectivo imóvel não deveria sequer ser selecionado.

A bem da verdade, a licitação exigida pela Instrução Normativa SEGES/ME nº 103/2022 não parece plausível, porque se poderia perfeitamente avaliar os imóveis e decidir pelo imóvel a ser contratado no chamamento público, inclusive requerendo que os respectivos proprietários apresentassem propostas de preços. Demais disso, soa incoerente identificar, por exemplo, que dois imóveis podem atender às necessidades da Administração e realizar uma licitação pública, que, como sabido, é aberta a todos os interessados, e não somente aos proprietários dos dois imóveis que passaram pelo crivo do chamamento público.

Insista-se em que, em que pese a Instrução Normativa SEGES/ME nº 103/2022, o inciso V do *caput* do artigo 74 da Lei nº 14.133/2021 autoriza a inexigibilidade de licitação, o que depende, em essência, da justificativa sobre a singularidade do imóvel a ser comprado ou locado. E essa justificativa sobre a singularidade pode se dar em face de diversos aspectos que sejam relevantes para a Administração Pública, muitos de apreciação subjetiva – justamente por isso é que se reconhece a inviabilidade de competição que empresta fundamento à inexigibilidade de licitação.

Por derradeiro, cumpre anotar que os contratos de locação firmados pela Administração Pública não se sujeitam às restrições temporais estabelecidas na Lei nº 14.133/2021. Aliás, o inciso III do artigo 3º da Lei nº 14.133/2021 prescreve: "Não se subordinam ao regime desta Lei: [...] II - contratações sujeitas a normas previstas em legislação própria". Nessa direção, o artigo 112 da Lei nº 14.133/2021 admite que "os prazos contratuais previstos nesta Lei não excluem nem revogam os prazos contratuais previstos em lei especial". É o caso da locação de imóveis, que é regida pela Lei nº 8.245/1991. Inclusive, a Instrução Normativa SEGES/ME nº 103/2022 estabelece parâmetros e limites para a duração dos contratos de locação, que podem alcançar, no seu máximo, 35 (trinta e cinco) anos, no caso de *built to suit*.[279]

---

[279] "Art. 9º Os contratos de locação observarão os seguintes prazos: I - até 5 (cinco) anos, contados da data de recebimento do objeto inicial, nas hipóteses dos incisos I e II do art. 8º, cuja vigência máxima será definida pela soma do prazo relativo ao fornecimento inicial com o prazo relativo ao serviço de operação e manutenção; II - até 10 (dez) anos, nos contratos de locação BTS sem investimento, no qual inexistem benfeitorias permanentes; e III - até 35 (trinta e cinco) anos, nos contratos de locação BTS com investimento, quando implicar a elaboração de benfeitorias permanentes, realizadas exclusivamente às expensas do contratado, que serão revertidas ao patrimônio da Administração ao término do contrato. §1º Os contratos firmados de que tratam o inciso I e II poderão ser prorrogados sucessivamente, respeitada a vigência máxima decenal, desde que haja previsão em edital e que a autoridade competente ateste que as condições e os preços permanecem vantajosos para a Administração, permitida a negociação com o contratado ou a extinção contratual sem ônus para qualquer das partes. §2º Na hipótese do inciso III do *caput*, o prazo de vigência do contrato deverá ser compatível com a amortização dos investimentos realizados, não inferior a 5 (cinco) anos, nem superior a 35 (trinta e cinco) anos, incluindo eventual prorrogação".

7 Inexigibilidade em contratos interadministrativos

A atividade administrativa é bastante ampla, estendendo-se pelas mais diversas áreas, tudo com o objetivo de satisfazer o interesse público. Nesse sentido, a estrutura da Administração Pública é deveras complexa, abrangendo processo de repartição interna de funções entre órgãos e criação de entidades descentralizadas, distintas das pessoas do Estado, encarregadas de serviços ou atividades específicas.

A propósito, os entes políticos (União, Distrito Federal, estados e municípios) gozam de autonomia administrativa,[280] uma vez que lhes foi atribuída pela Constituição Federal série de competências administrativas privativas e comuns.[281] O fato é que cada ente político possui a sua própria organização administrativa, as suas próprias entidades, que realizam variadas atividades.

Sob esse quadro, é usual que se estabeleçam relações contratuais entre as diversas entidades administrativas, quer integrantes do mesmo ente político, quer integrantes de ente político diverso. Essas relações se dão por meio dos denominados contratos interadministrativos,[282] termo geral, que é utilizado para abranger os contratos propriamente ditos, os convênios e os consórcios firmados entre as entidades administrativas.[283] O presente tópico propõe-se a analisar o regime jurídico de tais relações, destacando as hipóteses de inexigibilidade.

Com efeito, o Poder Público pode exercer atividade administrativa por si mesmo, pelos seus órgãos, que são meras repartições internas de sua pessoa e que, por isso, de

---

[280] O artigo 18 da Constituição Federal prescreve o seguinte: "A organização político-administrativa da República Federativa do Brasil compreende a União, os Estados, o Distrito Federal e os Municípios, todos autônomos, nos termos desta Constituição".

[281] As competências privativas estão previstas nos artigos 21, 25 e 30 da Constituição Federal. A competência comum é prevista no artigo 23, também da Constituição Federal.

[282] Sobre o assunto, leiam-se as palavras de Juan Carlos Cassagne: "Hemos anticipado ya que como una categoria diferente a la del contrato administrativo aparece en la actualidad – acrecentada la raíz del proceso de descentralización y asunción por el Estado de nuevos cometidos – la figura del contrato inter-administrativo o contrato entre entidades públicas estatales. La presencia de dos o más sujetos estatales en este tipo de acuerdos es precisamente lo que va imprimir a la contratación una modulación especial caracterizada por la ausencia de prerrogativas exorbitantes al derecho común, susceptibles de afectar el principio de unidad de acción, que deriva del reconocimiento de otra unidad esencial: la del poder del Estado" (CASSAGNE, Juan Carlos *et al. Contratos administrativos*. Regímen de pago y actualización. Buenos Aires: Astrea, 1988. p. 40). Também é pertinente a observação de Allan R. Brewer-Carias: "Todo este universo de figuras contractuales interadministrativos forman, sin duda, una categoría peculiar en el mundo de la actividad contractual de la Administración, que no debe dejarse de lado a la hora de trazar la evolución del concepto de contrato administrativo. Ellas, que no existían en el momento en que surgió este concepto, son ahora, quizás, los contratos públicos por excelencia" (BREWER-CARIAS, Allan R. *Contratos administrativos*. Caracas: Jurídica Venezolana, 1992. p. 23).

[283] O primeiro capítulo do presente estudo preocupou-se em tratar das categorias fundamentais abordadas ao longo do texto. Uma delas foi a referente ao contrato administrativo. A certa altura, foi afirmado que o contrato administrativo pressupõe (a) o consentimento de ambos os polos do contrato para a formação do vínculo; (b) que ambas as vontades interfiram na determinação do conteúdo da relação jurídica; e (c) que a relação jurídica harmonize interesses contrapostos. Nesse talante, os convênios e os consórcios não se enquadram na categoria *contrato administrativo*, uma vez que neles os interesses não são contrapostos, porém comuns. Tanto num quanto noutro há soma de esforços para a consecução de finalidades comuns, não contrapostas. Trata-se de espécie de parceria. A propósito, o artigo 116 da Lei nº 8.666/1993 dispõe que os termos dela se aplicam, no que couber, aos convênios, acordos, ajustes e outros instrumentos congêneres celebrados pela Administração. Portanto, é claro, a figura do convênio não se confunde com a do contrato, porquanto, em caso contrário, a Lei nº 8.666/1993 se aplicaria em relação a ela em sua inteireza.

si não se distingue, revelando a Administração centralizada, cujos componentes fazem parte do que se denomina Administração direta.

As utilidades prestadas por órgãos da Administração direta para outro órgão da Administração direta do mesmo ente político não são levadas a cabo por contrato, haja vista que ambos os órgãos fazem parte da mesma pessoa e que não se contrata consigo mesmo. Por consequência, como não há contrato, não há, também, sequer de se cogitar de licitação pública, que é instrumento para selecionar o contratado.

Em paralelo a isso, o Poder Público transfere o exercício de certas atividades a particulares ou cria pessoas auxiliares da sua, as quais, em ambos os casos são exercidas por pessoa ou pessoas distintas de si. No que tange às pessoas criadas pelo Poder Público, destacam-se as autarquias, as fundações, as empresas públicas e as sociedades de economia mista. Os contratos interadministrativos são aqueles havidos entre tais entidades ou entre elas e os órgãos da Administração Pública.

A princípio, todas as supracitadas entidades administrativas podem celebrar contratos com a Administração centralizada ou entre si, pelo que resta precisar o regime dessas relações contratuais, mormente, nesse tópico, as situações albergadas pela inexigibilidade. O fato é que esse regime contratual é sujeito a variações, especialmente em tributo (a) às características próprias das entidades administrativas envolvidas; (b) aos entes políticos a que elas pertencem, em particular se pertencem ao mesmo ente político ou a diferentes; e (c) ao objeto do contrato, se diz respeito à competência privativa ou à competência comum do ente político a que pertencem as entidades administrativas contratantes.

Para fins didáticos, opta-se por apreciar o regime contratual em relação à entidade administrativa contratada, analisando, sob esse ponto de partida, as demais variações. Por ordem, a seguir.

7.1 Autarquias e fundações

As autarquias são pessoas jurídicas de direito público, que, conquanto descentralizadas, são titulares de interesses e de atividades públicas, tudo nos termos da lei que as criou. Aliás, a razão de ser das autarquias reside na conveniência de se descentralizar certas atividades públicas, que não são subordinadas, mas apenas controladas pela Administração direta.

Já as fundações constituem-se num patrimônio vinculado a dada finalidade. Elas, num primeiro momento, inserem-se no direito privado, no entanto, o Estado passou a criá-las, para que, de modo descentralizado, exercessem a titularidade de atividades públicas. Como titulares de tais atividades, as fundações passaram a usufruir as prerrogativas concedidas em favor do interesse público, pelo que passaram a ostentar, de fato, personalidade de direito público, assemelhando-se às autarquias. Em decorrência dessas semelhanças, o regime contratual assinalado para as autarquias se aplica às fundações públicas, pelo que não se vislumbram motivos para tratá-las em separado.[284]

---

[284] Celso Antônio Bandeira de Mello afirma: "O que se passou, entretanto, no Direito brasileiro é que foram criadas inúmeras pessoas designadas como 'fundações', com atribuições nitidamente públicas, que, sob este aspecto, em nada se distinguiam das autarquias. O regime delas estaria inevitavelmente atrelando-se às limitações e controles próprios das pessoas de Direito Público. Entretanto, foram batizadas de pessoas de

Como as autarquias e as fundações são titulares de atividades públicas, qualquer entidade ou órgão administrativo que faça parte do mesmo ente político delas deve contratá-las diretamente, com fundamento no inciso I do artigo 74 da Lei nº 14.133/2021, por efeito de inexigibilidade provocada pela exclusividade do fornecedor.

Da mesma forma, se a autarquia ou a fundação é titular de atividade administrativa que incumbe privativamente ao ente político em que ela se insere, as demais entidades administrativas que se situem no espaço territorial de competência dela – não importa se pertencentes a outros entes políticos – devem com ela contratar, também por meio de inexigibilidade, na forma do inciso I do artigo 74 da Lei nº 14.133/2021.

Contudo, pode ocorrer que a atividade administrativa que é atribuída à autarquia ou à fundação não seja de competência privativa do ente político em que ela se insere, porém de competência comum. Nesses casos, se a entidade administrativa, pertencente a outro ente político, se situar fora do território da autarquia ou da fundação, a princípio, não pode contratar os préstimos dela. Acontece que as autarquias ou as fundações são constituídas para exercer atividades típicas da Administração Pública, dentro de determinado território. Portanto, as autarquias ou fundações não podem exercer as suas atividades no território de outro ente político, se não forem dotadas de competência para tanto, o que redunda em dizer que sequer poderá ser firmado contrato entre elas e algum órgão dele.

A única ressalva diz respeito aos bens produzidos em excesso pela autarquia ou fundação, cujo armazenamento seja inconveniente, que poderão ser vendidos a quaisquer terceiros, inclusive a entidades administrativas pertencentes a ente político diferente do dela. Por exemplo, autarquia municipal destinada ao abastecimento de água não pode vendê-la para órgão de outro município, salvo se o objeto do contrato diz respeito à suposta sobra de água, que, então, pode ser comercializada para quem quer que seja. No entanto, esses casos não envolvem inexigibilidade e, *a priori*, deveriam ser precedidos de licitação pública. Anota-se, no entanto, que a alínea "e" do inciso II do artigo 76 da Lei nº 14.133/2021 reputa dispensada a licitação pública para venda de bens produzidos ou comercializados por entidades administrativas, em razão de suas finalidades, o que alberga a hipótese em apreço, cujos comentários seguem no capítulo sexto, dedicado à dispensa de licitação pública.

7.2 Empresas estatais

As empresas estatais (empresas públicas e sociedades de economia mista) costumam ser classificadas em três categorias: as que exercem atividade econômica em sentido estrito sob regime concorrencial, as que prestam serviços públicos e as que exercem atividades administrativas instrumentais. O principal propósito dessa classificação é apartar as prestadoras de serviços públicos das demais, já que as prestadoras de serviços públicos se sujeitariam a um regime especial, com maior influxo das normas e princípios de direito público, sobremodo das prerrogativas decorrentes do princípio da

---

Direito Privado apenas para se evadirem destes controles moralizadores ou, então, para permitir que seus agentes acumulassem cargos e empregos, o que lhes seria vedado se fossem reconhecidas como pessoas de Direito Público" (BANDEIRA DE MELLO, Celso Antônio. *Curso de direito administrativo*. 35. ed. São Paulo: Malheiros, 2021. p. 159).

supremacia do interesse público. A classificação é também relevante porque a atuação sob regime de concorrência deve ocorrer sob condições de igualdade, nos termos do artigo 173 da Constituição Federal, de maneira que a empresa estatal não deve, sob o regime de concorrência, usufruir de privilégios.

No entanto, essa classificação não é mais apropriada, pelo menos não é mais apropriada de maneira estanque e abstrata para distinguir as empresas públicas e sociedades de economia mista. Explicando melhor, é cada vez mais frequente que as empresas estatais desempenhem mais de uma atividade, muitas vezes a mesma entidade presta serviços públicos, realiza atividade econômica em sentido estrito e ainda desempenha atividades instrumentais para outros órgãos e entidades administrativas. São empresas estatais multifacetadas, que não se submetem a apenas um regime jurídico.

Sob essa perspectiva, o regime jurídico aplicável a uma dada empresa estatal deve ser determinado em relação a cada atividade que ela realiza. Em termos práticos, por ilustração, uma empresa estatal que presta serviços públicos e realiza atividade econômica em sentido estrito sob concorrência não pode transplantar as prerrogativas do regime de direito público, próprio dos serviços públicos, para as atividades econômicas em sentido estrito sob concorrência, sob pena de violação do artigo 173 da Constituição Federal, que as submetem, no tocante a tais atividades, ao regime jurídico das empresas privadas. Logo, o regime jurídico não deve ser definido em razão da empresa estatal, porém, em razão da atividade desempenhada.

É de realçar o artigo 173 da Constituição Federal, que trata das empresas estatais que atuam na "exploração direta de atividade econômica", portanto em regime de concorrência com empresas privadas. O inciso II do §1º do artigo 173 prescreve que as empresas estatais que exploram diretamente atividade econômica sujeitem-se "ao regime jurídico próprio das empresas privadas" e o §2º do mesmo artigo 173 que elas "não poderão gozar de privilégios fiscais não extensivos às do setor privado".

O pressuposto constitucional é que as empresas estatais, ao concorrem com outras empresas privadas, não podem ser privilegiadas pelo Estado, sob pena de causarem distorção no mercado e comprometerem o princípio da livre concorrência, este encartado no inciso IV do artigo 170 da Constituição Federal. Sob concorrência, elas devem ser tratadas da mesma forma que o são as outras empresas que atuam no mercado.

Esse pressuposto constitucional reverbera nas licitações e nos contratos, porque as estatais que atuam sob regime concorrencial, para serem tratadas com igualdade, devem disputar os contratos administrativos que lhes interessem com as demais empresas atuantes no mercado. Daí, por regra geral, é obrigatória a licitação pública. Isso vale, ressalva-se desde já, para a atuação das empresas estatais em regime de concorrência e não para a prestação de serviços públicos e para o desempenho de atividades instrumentais ao ente político que a criou.

Não há controvérsias sobre a contratação de empresas estatais para a prestação de serviço público exclusivo ou atividade submetida a monopólio por parte de órgãos e entidades administrativas. Ora, em razão da exclusividade do serviço público ou da atividade monopolística, o contratante, público ou privado, não tem outra opção afora contratar o prestador exclusivo ou monopolístico, o que torna eventual competição inviável e a licitação inexigível.

Merece atenção especial o desempenho de atividades instrumentais em favor do ente político que a constituiu. Sucede que tais atividades instrumentais, como não qualificadas como serviços públicos, podem também ser prestadas por empresas privadas e, sendo assim, em tese, se submeteriam a regime concorrencial e as empresas estatais ou não deveriam ser tratadas com igualdade. Num primeiro olhar, o desempenho de atividades instrumentais se confundiria com uma atividade sob regime concorrencial. Entretanto, há particularidades relevantes em relação ao acometimento de atividades instrumentais às empresas estatais, que precisam ser consideradas.

Pois bem, o ente político goza de discricionariedade para atribuir às suas empresas estatais atividades de apoio e de suporte, que lhes sejam instrumentais. Essa possibilidade encontra fundamento na autonomia de que gozam os entes da Federação (artigo 18 da Constituição Federal) para disporem sobre as suas organizações e estrutura e, por conseguinte, para definirem o modo como prestam os serviços públicos e as atividades a si acometidas, incluindo aí o modo como provêm as utilidades de que necessitam.

Em face do poder de auto-organização, o ente político goza de discricionariedade para decidir se provê as utilidades de que necessita diretamente (execução direta) ou por meio da contratação de terceiro (execução indireta). Por exemplo, é legítimo que o Município faça por si a manutenção das suas ruas e avenidas e é também legítimo que ele contrate terceiro para fazê-lo.

Outra possibilidade que se descortina para o ente político, também por razão de sua capacidade de auto-organização, é de valer-se ele próprio de entidades especializadas e integradas à sua estrutura e acometer às tais entidades o exercício de atividades para prover a si as utilidades e os préstimos de que necessita. Prosseguindo com o exemplo, em vez de atuar diretamente ou contratar empresa privada para prover a manutenção das ruas e avenidas, o Município pode valer-se de uma entidade com personalidade jurídica e integrada à sua estrutura própria para fazê-lo. É-lhe totalmente legítimo e a escolha do meio mais adequado é discricionária. Nesse contexto, muitas empresas estatais receberam atribuições auxiliares e instrumentais ao Poder Público. São as lições de Vitor Rhein Schirato:

> Para o desempenho de tais atividades poderiam ser utilizadas diversas formas legalmente admitidas, como a autarquia, as fundações e as próprias empresas estatais. Considerando-se não haver qualquer norma vinculante ao administrador público para adotar esta ou aquela forma, em muitos casos foi utilizada a forma empresarial, comumente a de empresa pública. Caso emblemático dessa realidade é o Banco Nacional de Desenvolvimento Econômico e Social (BNDES), criado originalmente como autarquia e posteriormente transformado em empresa pública.
>
> Ademais, há aquelas atividades, como já dissemos, que vêm fortemente impregnadas pelo poder estatal, relativo ao poder de polícia em um determinado setor. Trata-se, evidentemente, de atividade sem qualquer caráter econômico e fortemente impingida do caráter coercitivo típico do Estado. Para o exercício de tais atividades o mais comum seria adotar a forma autárquica, eis que esta nada mais é do que uma pessoa do próprio Estado, com todas as vantagens e prerrogativas (estas cada vez mais questionáveis, diga-se) típicas do Estado. [...]
>
> Como já empreendemos em estudo anterior, é necessário aprofundar o estudo acerca da essência da entidade realizadora de uma dada atividade, visto que não é a forma (mais ainda: não é o nomen iuris) que determina o conteúdo. Em ambos os casos – autarquias e

empresas estatais – o que se tem é a organização de um patrimônio e de um pessoal para empreender certa atividade. Em ambos os casos, o controle do patrimônio destacado e do pessoal é público. Qual seria, então, a grande distinção entre empresa estatal e autarquia que a tal ponto inviabilizaria o exercício de funções públicas autoritárias pelas empresas estatais? Com o advento da Constituição Federal de 1988, que fez espraiar sobre toda a Administração Pública, *direta e indireta*, a aplicabilidade de todos os princípios e demais normas nela contidos e com a considerável aproximação entre os regimes de cargo e emprego disposta na Carta Política vigente, parece-nos um tanto fora de lugar qualquer discussão acerca da forma da entidade para a realização desta ou daquela atividade.
Portanto, é sempre o regime da atividade que determina o regime da pessoa que a exerce. Nunca o contrário. Não pode ser a forma da pessoa (empresarial ou autárquica) que determina o regime da atividade. Por essa razão, chegamos à conclusão de que as empresas estatais podem, em determinados casos específicos, exercer funções públicas, sem qualquer óbice, tal como vem sendo comumente empregado na organização administrativa no Brasil. Essa é mais uma das funções que às hodiernas empresas estatais é atribuída.[285]

As empresas estatais, enquanto prestadoras de atividades instrumentais, devem ser visualizadas sob as luzes da autonomia concedida aos entes políticos para estruturarem as suas atividades, fundada no artigo 18 da Constituição Federal. Elas expressam, pura e simplesmente, a legítima aspiração de ente político de, em vez de contratar certos préstimos com pessoas estranhas a si, dispor de pessoa jurídica distinta da sua, conquanto integrada à sua estrutura administrativa, para realizar dadas atividades e oferecer a ele tais préstimos.

Sob essa perspectiva, não faz sentido que ente político constitua empresa estatal para lhe prestar certas atividades e que, para tanto, seja necessário proceder à licitação pública. Acontece que, nessas situações, a obrigatoriedade de licitação pública desvirtua por absoluto os propósitos do ente político, uma vez que a empresa estatal– constituída por ele para oferecer a ele certos préstimos – pode, por uma série de circunstâncias, perder a licitação pública e, no final das contas, não lhe oferecer os préstimos para os quais foi constituída. A contratação, portanto, deve ser direta e, a rigor jurídico, por meio de inexigibilidade de licitação.

Reitera-se que a contratação direta pode vir a ocorrer por inexigibilidade ou por dispensa de licitação. A inexigibilidade se dá, de forma geral, diante de situações de fato em que a competição é inviável, porque o contratado é o único que pode atender à demanda da Administração ou porque a comparação entre eventuais propostas não consegue ser realizada por critérios objetivos. Nesse passo, o artigo 74 da Lei nº 14.133/2021 prescreve que "É inexigível a licitação quando inviável a competição, em especial nos casos de". Após ter traçado a inexigibilidade em razão da inviabilidade de competição, o legislador preocupou-se em elucidar algumas hipóteses especiais dela, sem pretender, percebe-se, exauri-las. Então, sempre que inviável a competição, sucede inexigibilidade de licitação pública.

Uma das hipóteses de inexigibilidade de licitação não previstas expressa e especificamente na Lei nº 14.133/2021 é a referente a contratados interadministrativos

---

[285] SCHIRATO, Vitor Rhein. *As empresas estatais no Direito Administrativo Econômico atual*. São Paulo: Saraiva, 2016, p. 92-94.

firmados por órgãos e entidades que fazem parte do mesmo ente político. A competição é de antemão inviável, ainda que alguém no mercado se disponha a realizar a mesma atividade a ser contratada, dado que o ente político decidiu legitimamente prover a si próprio o objeto do contrato, valendo-se, para tanto, de uma entidade com personalidade jurídica própria e integrada a si. O emprego dessa entidade, pouco importa se autarquia, fundação ou empresa estatal (a forma perde relevância), com a finalidade de prover utilidades ao ente político, seus órgãos e entidades, inviabiliza a competição, sob pena de frustrar e retirar qualquer utilidade da decisão legítima do ente político de prover a si por meio de tal entidade.

Carlos Ari Sundfeld é enfático:

> Se um Estado decide descentralizar seus serviços públicos ou suas atividades instrumentais (ex.: obras, serviços de suporte em geral, fornecimento de bens) em favor de empresa estatal para tanto criada, por julgar mais adequado a seus interesses tal modelo organizacional, está tomando decisão legitimamente fundada em sua autonomia administrativa. Afirmar a impossibilidade de o Estado contratar diretamente sua própria empresa, pelo mero fato de a lei federal não conter hipótese de dispensa que o ampare, seria, portanto, negar ao Estado o poder, constitucionalmente assegurado, para a auto-organização – e, ao mesmo tempo, reconhecer à União a faculdade de se imiscuir em competência exclusiva de outrem. Nem se argumente que, nas hipóteses tratadas, a licitação se imporia para atender o direito à igualdade titularizado pelos particulares pretendentes à contratação com o Estado. A Administração pode realizar diretamente suas atividades instrumentais ou seus serviços, não estando obrigada a trespassá-lo a particulares, por meio de contratos. Ninguém afirmaria que, ao agir diretamente, viola o princípio da igualdade, ínsito à licitação. Por que, então, a execução das mesmas operações por empresa estatal própria, contratada diretamente, seria atentatório ao princípio? O que há de substancialmente distinto entre a execução de um serviço por órgão da Administração direta ou por ente descentralizado? Nada, claro. Destarte, se inexiste para os particulares um direito a que o Estado não execute ele próprio seus serviços e atividades instrumentais, pela mesma razão desassiste-lhe o direito de, através de licitação, disputar com entidade estatal a possibilidade de executa-lo, quando se opte pela descentralização.[286]

Carlos Ari Sundfeld vai ao ponto: como o ente político pode decidir realizar dada atividade diretamente e não contratar empresas privadas para fazê-lo, pode preferir atribuir tal atividade a uma entidade com personalidade jurídica própria e que integre a sua estrutura administrativa. Como ele pode fazer diretamente, pode fazer por meio de uma empresa estatal integrada a si, o que se insere em sua autonomia administrativa, consagrada no artigo 18 da Constituição Federal. Sendo essa decisão legítima, a competição é inviável e a licitação pública é inexigível.

A rigor jurídico, a contratação das empresas estatais que exercem atividades administrativas instrumentais dá-se por inexigibilidade, dado que elas integram a estrutura administrativa do ente político que as criou.[287] Pondera-se, a esta altura, que o

---

[286] SUNDFELD, Carlos Ari. *Licitação e contrato administrativo*. 2. ed. São Paulo: Malheiros, 1995. p. 54-55.

[287] Antônio Carlos Cintra do Amaral pondera: "A rigor, a execução de serviços por essas empresas não constitui uma típica *execução indireta* pela Administração. Porque se por um lado tal execução se faz por pessoa jurídica de direito público interno que a criou, por outro essa intermediária exerce função pública por delegação e está

raciocínio ora esposado procede apenas no que tange à contratação de empresa estatal pelo ente político que a criou ou por órgão ou entidade administrativa integrada a ele.[288] E, também, o raciocínio ora esposado procede apenas nas situações em que a empresa estatal tenha a finalidade de oferecer préstimos ao ente político que a criou.[289]

A mesma lógica vale para as subsidiárias e as empresas controladas em relação às empresas públicas e sociedades de economia mista que as controlam. Empresa subsidiária é aquela, na forma do artigo 251 da Lei nº 6.404/1976 (Lei das S.A.), cujo único acionista é empresa pública e sociedade de economia mista. Empresa controlada, consoante a dicção do §2º do artigo 243 da mesma lei, é aquela cuja "[...] controladora, diretamente ou através de outras controladas, é titular de direitos de sócio que lhe assegurem, de modo permanente, preponderância nas deliberações sociais e o poder de eleger a maioria dos administradores". Ou seja, as empresas públicas e sociedades de economia mista controladoras podem perfeitamente contratar sem licitação as suas subsidiárias, já que estas integram a sua própria estruturação e organização empresarial. Essa hipótese foi qualificada pelo legislador como de dispensa de licitação (inciso XI do artigo 29 da Lei nº 13.303/2016) de maneira equivocada. Pelas razões já expostas, a situação desvela inexigibilidade de licitação.[290]

7.3 Concessionário e permissionário de serviço público

A Administração pode delegar serviços públicos a terceiros, por meio de concessão ou permissão deles. A empresa que recebe a delegação tem competência para prestar os serviços no âmbito territorial do ente político que lhe concedeu o serviço ou o permitiu.

A empresa concessionária ou permissionária pode ser contratada pelas entidades administrativas integradas ao poder concedente ou permitente, mediante inexigibilidade

---

submetida a controle acionário da criadora" (AMARAL, Antônio Carlos Cintra do. Dispensa de licitação para contratação de empresa municipal criada para prestar serviços à prefeitura (interpretação do art. 24, VIII, da Lei nº 8.666/93). *Revista Trimestral de Direito Público*, São Paulo, v. 20, 1997. p. 117).

288 Mais uma vez, confiram-se as palavras de Carlos Ari Sundfeld: "Tais observações valem, evidentemente, para a contratação com entidade integrante da Administração de um mesmo ente político. Assim, desde que sua lei de licitações preveja tal hipótese de dispensa, o Estado-membro pode contratar diretamente empresa por ele criada para prestar-lhe o serviço ou fornecer-lhe bens, por meio de descentralização de suas próprias atividades. Mas não pode fazer o mesmo com empresas federais ou municipais, que não integre sua Administração" (SUNDFELD, Carlos Ari. *Licitação e contrato administrativo*. 2. ed. São Paulo: Malheiros, 1995. p. 56).

289 Acrescenta-se que, por má técnica legislativa, não é raro que o legislador prescreva como dispensa de licitação uma situação que corresponde à inviabilidade de competição e, por conseguinte, à inexigibilidade de licitação. É o que aconteceu com os contratos interadministrativos, mais precisamente no inciso IX do *caput* do artigo 75 da Lei nº 14.133/2021, cuja redação é a seguinte: "Art. 75. É dispensável a licitação: [...] IX - para a aquisição, por pessoa jurídica de direito público interno, de bens produzidos ou serviços prestados por órgão ou entidade que integrem a Administração Pública e que tenham sido criados para esse fim específico, desde que o preço contratado seja compatível com o praticado no mercado;". Remete-se o leitor aos comentários ao inciso IX do artigo 75 da Lei nº 14.133/2021, insertos no capítulo 6 deste livro, dedicado à dispensa de licitação pública.

290 Novamente, Carlos Ari Sundfeld: "Ao contratar 'a aquisição ou alienação de bens, prestação ou obtenção de serviços' com sua 'subsidiária' ou com sua 'controlada', nos termos do art. 24, XXIII, a empresa estatal não faz negócio com uma estranha, é dizer, com terceira em cuja gestão não influa diretamente ou com quem não tenha vínculo societário qualificado e vinculação de objetivos. Ao contrário, a estatal firma relação contratual com alguém a que já está especialmente vinculada. Firma relação contratual com alguém que é instrumento de sua ação empresarial. Os vínculos especiais preexistentes com a potencial contratada, tanto societários como de objetivos, sugerem o que se chamou aqui de sinergia entre as empresas, afastando a exigibilidade da licitação. Eles tornam a competição inviável, por ser inadequada para contratações entre duas partes que, estando já vinculadas significativamente entre si, pretendem legitimamente realizar" (SUNDFELD, Carlos Ari. *Contratações públicas e seu controle*. São Paulo: Malheiros, 2013. p. 115).

de licitação pública, fundada no inciso I do artigo 74 da Lei nº 14.133/2021, desde que a concessão ou permissão envolva a prestação exclusiva do serviço. Em caso contrário, se a concessão ou permissão não é exclusiva, as entidades administrativas integradas ao poder concedente devem proceder à licitação pública entre as empresas que receberam a delegação.

Dentro do âmbito territorial de competência do poder concedente ou permitente, empresa concessionária ou permissionária pode ser contratada pelas entidades administrativas, mesmo que integradas a outro ente político, mediante inexigibilidade de licitação pública, com base no inciso I do artigo 74 da Lei nº 14.133/2021, desde que o serviço tenha sido delegado de modo exclusivo e desde que a competência do poder concedente ou permitente para prestar o serviço seja privativa. Se o serviço delegado é de competência privativa, mas não foi dado com exclusividade, todas as entidades administrativas, mesmo que integradas a outro ente político, dentro do âmbito territorial de competência do poder concedente, devem promover licitação pública para contratar os concessionários ou permissionários.

Todavia, se a competência para prestar o serviço é comum, cada ente político deve prestar o serviço diretamente ou por meio de concessão ou permissão própria, sem que lhe seja lícito contratar empresa concessionária ou permissionária de outro ente para prestar o serviço dentro de sua esfera territorial de competência, ressalvada a hipótese de a contratação ocorrer no âmbito de consórcio público, nos termos da Lei nº 11.107/2007. As concessionárias ou permissionárias o são nos estritos limites territoriais de competência do respectivo ente político que lhes concedeu ou permitiu o serviço. Fora dele, equiparam-se a uma empresa qualquer, como todas as outras, uma vez que, se quiserem receber novas delegações, devem participar de licitação pública.

CAPÍTULO 6

DISPENSA DE LICITAÇÃO PÚBLICA

1 Considerações gerais

Nos capítulos antecedentes, demonstrou-se que a inexigibilidade ocorre nas situações em que é inviável a competição, independentemente de disposição expressa em lei. Isso porque a licitação pública é o procedimento mediante o qual a Administração seleciona com quem e em quais condições irá firmar contrato, a fim de tratar com igualdade todos os possíveis interessados nas benesses econômicas dele decorrentes, preservando, por consequência, o interesse público e a moralidade administrativa. Então, como dito, a licitação pública pressupõe a possibilidade de disputa, de competição, dado que, sem ela, não há o que ser selecionado, bem como não há interessados hábeis a serem tratados com igualdade. Diante desse quadro, o capítulo antecedente foi dedicado a versar casos de inexigibilidade de licitação pública.

Além das hipóteses de inexigibilidade, percebe-se existirem situações em que, conquanto fosse viável a competição, não haveria utilidade em empreender licitação pública, já que o interesse público seria comprometido, afigurando os casos em que ela é dispensada ou dispensável. Em síntese: a inexigibilidade relaciona-se à impossibilidade de proceder à licitação pública por ser inviável a competição; a dispensa, ao seu turno, à inutilidade da licitação pública para a consecução do interesse público subjacente à atuação da Administração Pública.

A licitação pública, em determinados casos, em vez de proteger o interesse público, acaba impondo-lhe agravos e prejuízos. Sucede que, ao lado da necessidade de se imprimir tratamento impessoal, que não inflija discriminações apartadas do razoável, outros valores se referem ao interesse público, podendo ser postos em xeque se for realizada licitação.

A licitação serve para preservar o interesse público, não para prejudicá-lo. Se ela compromete a satisfação do interesse público, desde que prevista pelo Legislativo, já não deve ser realizada, ela é dispensada. Tudo que a Administração Pública faz visa contemplar o interesse público, revelando-se um contrassenso adotar procedimento que o contrarie.

Percebe-se que só é pertinente aludir à dispensa de algo que poderia ser realizado. Só se dispensa aquilo de que se dispõe, não o que está fora do alcance. Assim, dispensa de licitação pública ocorre só quando seria possível a competição, porém, se dessa maneira se procedesse, impedir-se-ia a satisfação do interesse público.

A dispensa de licitação pública pressupõe invariavelmente a possibilidade de realizá-la, mesmo que isso impusesse sacrifício ao interesse público. Ela é, em última análise, o mecanismo de que se vale o legislador para salvaguardar o interesse público, sopesando os valores que o circundam, evitando que a realização de licitação pública erga barreiras à sua plena consecução.

As hipóteses de dispensa são taxativamente criadas pelo legislador, em obediência ao inciso XXI do artigo 37 da Constituição Federal. Os artigos 75 e 76 da Lei nº 14.133/2021 prescrevem as hipóteses de dispensa, que são taxativas. Quer dizer que os agentes administrativos não gozam de competência para criar hipóteses de dispensa de licitação, estando limitados às criadas pelo legislador.

O artigo 75 trata das dispensas em geral e é divido em 16 incisos, sendo que um deles, o inciso IV, é divido em 13 alíneas. Então, há pelo menos 28 hipóteses de dispensa de licitação apenas no artigo 75, sendo que muitas delas são bastante específicas e excepcionais, direcionadas a setores particulares da Administração Pública. O artigo 76 versa sobre a alienação de bens móveis e imóveis e estabelece também hipóteses de dispensa a ela relacionadas.

É importante salientar que a inexigibilidade depende de hipótese fática, de ter ocorrido efetivamente situação que inviabiliza a competição. Por conseguinte, as prescrições legislativas têm papel, pode-se dizer, coadjuvante, porque apenas reconhecem ilustrativamente casos de inviabilidade de competição. Pode haver as mais diversas hipóteses de inexigibilidade de licitação afora as previstas pelo legislador.

Na dispensa de licitação, por outro lado, o Legislativo assume protagonismo. Sucede que a dispensa depende de hipótese fática e da respectiva autorização legislativa. Melhor explicando: ao agente administrativo só é lícito dispensar a licitação diante de expressa autorização legal; ao legislador, por sua vez, só é lícito autorizar a dispensa de licitação pública diante de hipótese fática capaz de sacrificar o interesse público ou de impor-lhe gravame desmedido. Então, especialmente sob a perspectiva dos agentes administrativos, a dispensa de licitação deve necessariamente ser prescrita em lei. Sem previsão legal, não há dispensa de licitação.

Soma-se que, diante da parte inicial do inciso XXI do seu artigo 37, a obrigatoriedade de licitação pública é a regra, e a contratação direta, a exceção. Daí que ao legislador não é lícito autorizar a dispensa de licitação pública de acordo com o que bem ou mal lhe aprouver, mas somente diante de situações em que, insista-se, efetivamente o certame imporia gravames ao interesse público. Em caso contrário, se o legislador tivesse liberdade para criar hipóteses de dispensa diante de quaisquer situações, a atividade dele potencialmente acabaria por inverter a regra constitucional, cujo teor, repita-se, propugna a obrigatoriedade de licitação pública.

Sob essa ótica, a análise das hipóteses de dispensa de licitação deve necessariamente ser empreendida em vista das hipóteses prescritas em lei e, ademais, nos estritos termos delas. Em sentido oposto ao da inexigibilidade, em que a lei é, de certa forma, mero coadjuvante, agora, para apreender os casos de dispensa, a lei é alçada a referencial principal, até porque, fora dela, sequer cabe reconhecer a figura.

Isso leva o intérprete a apegar-se ao desenho da lei, o que é sobremodo difícil, dada a dificuldade do legislador em criar sistema coerente de hipóteses de dispensa, diante de dispositivos com defeitos de redação e de muitas hipóteses de dispensa de licitação que parecem sem sentido ou não justificadas com referência ao interesse público.

O desafio se agiganta para o intérprete, porque ele deve proceder à interpretação restritiva, prestigiando a norma contida na parte inicial do inciso XXI do artigo 37 da Constituição Federal, cujo teor prescreve a licitação como regra e a contratação direta como exceção. Essa interpretação restritiva acaba sendo o único caminho para preservar a constitucionalidade de algumas das hipóteses de dispensa de licitação, por vezes formuladas pelo legislador sem maiores anteparos (interpretação conforme a Constituição). Ao mesmo tempo, o intérprete deve ter o cuidado para não adotar uma espécie de interpretação restritiva cega, que acabe por frustrar ou inviabilizar a aplicação legítima das hipóteses legais de dispensa.

Nesse contexto, abrem-se espaços e se avolumam os riscos de juízos contaminados por subjetividade extremada, de o intérprete fazer prevalecer suas preferências meramente pessoais sobre as hipóteses legais de dispensa de licitação, muito ao sabor de suas perspectivas, especialmente do lado do controle, que tende a ser demasiadamente restritivo, ou do lado da Administração Pública, que tende a ser demasiadamente permissivo.

2 Dispensa em razão do valor do contrato

2.1 Noções gerais

A dispensa de licitação pública em razão do valor econômico do contrato encontra fundamento no princípio da economicidade, cujo teor é conexo com o princípio da proporcionalidade, na medida em que deve haver relação proporcional entre os gastos da Administração Pública com o procedimento e as vantagens a serem auferidas com ele. Nas hipóteses em que as vantagens econômicas pretensamente produzidas pela licitação pública rivalizam com os custos a serem assumidos para levar a cabo o procedimento, passa a ser desproporcional mantê-lo obrigatório, compelindo a Administração Pública a arcar com custos financeiros para firmar contratos de pouquíssima repercussão, que não lhe trazem contrapartida.

De acordo com o critério legislativo, a licitação pública é obrigatória apenas para contratos acima de determinado patamar econômico, que justifique os gastos a serem efetuados com o respectivo procedimento. Abaixo desse patamar, o agente da Administração Pública está autorizado a contratar diretamente, por dispensa de licitação pública, com amparo nos incisos I e II do artigo 75 da Lei nº 14.133/2021.

O inciso I do artigo 75 da Lei nº 14.133/2021 reputa dispensável a licitação "para contratação que envolva valores inferiores a R$100.000,00 (cem mil reais), no caso de obras e serviços de engenharia ou de serviços de manutenção de veículos automotores". O inciso II do mesmo artigo prescreve a dispensa para "para contratação que envolva valores inferiores a R$50.000,00 (cinquenta mil reais), no caso de outros serviços e compras". O §2º do artigo 74 duplica os tais valores nas hipóteses em que forem contratados por consórcio público, autarquia ou fundação qualificada como agência executiva. O artigo 182 da mesma lei prescreve que os limites de valores nela referidos devem ser atualizados pelo Poder Executivo federal, a cada dia 1º de janeiro, pelo Índice Nacional de Preços ao Consumidor Amplo Especial (IPCA-E) ou por índice que venha a substituí-lo.[291]

Na Lei nº 8.666/1993, o tratamento era diverso. O inciso I do artigo 24 da Lei nº 8.666/1993 prescrevia a dispensa

> para obras e serviços de engenharia de valor até 10% (dez por cento) do limite previsto na alínea "a", do inciso I do artigo anterior, desde que não se refiram a parcelas de uma mesma obra ou serviço ou ainda para obras e serviços da mesma natureza e no mesmo local que possam ser realizadas conjunta e concomitantemente.

O inciso II do mesmo artigo, por sua vez, afastava a licitação

> para outros serviços e compras de valor até 10% (dez por cento) do limite previsto na alínea "a", do inciso II do artigo anterior e para alienações, nos casos previstos nesta Lei, desde que não se refiram a parcelas de um mesmo serviço, compra ou alienação de maior vulto que possa ser realizada de uma só vez.

O §1º do artigo 24 também dobrava tais valores para consórcio público, autarquia ou fundação qualificada como agência executiva.

Põem-se os dispositivos lado a lado, para melhor perceber suas diferenças:

Lei nº 8.666/1993	**Lei nº 14.133/2021**
Art. 24. É dispensável a licitação: I - para obras e serviços de engenharia de valor até 10% (dez por cento) do limite previsto na alínea "a", do inciso I do artigo anterior, desde que não se refiram a parcelas de uma mesma obra ou serviço ou ainda para obras e serviços da mesma natureza e no mesmo local que possam ser realizadas conjunta e concomitantemente;	Art. 75. É dispensável a licitação: I - para contratação que envolva valores inferiores a R$100.000,00 (cem mil reais), no caso de obras e serviços de engenharia ou de serviços de manutenção de veículos automotores;
Art. 24. É dispensável a licitação: [...] II - para outros serviços e compras de valor até 10% (dez por cento) do limite previsto na alínea "a", do inciso II do artigo anterior e para alienações, nos casos previstos nesta Lei, desde que não se refiram a parcelas de um mesmo serviço, compra ou alienação de maior vulto que possa ser realizada de uma só vez;	Art. 75. É dispensável a licitação: [...] II - para contratação que envolva valores inferiores a R$50.000,00 (cinquenta mil reais), no caso de outros serviços e compras;

[291] Noticia-se que tais valores foram atualizados, consoante o Decreto Federal nº 12.343/2024, para R$125.451,15 e R$62.725,59, respectivamente.

Destacam-se as diferenças:

(i) *Valor* – Na Lei nº 14.133/2021, os limites da dispensa são de R$100.000,00 e de R$50.000,00, respectivamente para as hipóteses dos incisos I e II do artigo 75. Na Lei nº 8.666/1993 os limites remetiam aos valores constantes no seu artigo 23, atualizado pelo Decreto Federal nº 9.412/2018, por efeito do que o limite do inciso I é de R$33.000,00 e do inciso II é de R$17.600,00. Logo, a Lei nº 14.133/2021 aumentou substancialmente os limites de valor para a dispensa.[292]

(ii) *Objetos* – O inciso I do artigo 75 da Lei nº 14.133/2021 refere-se a obras e serviços de engenharia e, também, aqui a novidade, a serviços de manutenção de veículos automotores. O inciso II, de natureza residual, abrange os demais objetos não mencionados no inciso I. Na Lei nº 8.666/1993, a sistemática era parecida, no entanto, o inciso I do artigo 24 tratava apenas de obras e serviços de engenharia e não inclui no seu objeto serviços de manutenção de veículos automotores, que, como visto, foram destacados e receberam deferência especial na Lei nº 14.133/2021.

(iii) *Parcelamento indevido do objeto* – Na Lei nº 8.666/1993, o tema do parcelamento indevido do objeto era enfrentado na redação dos respectivos incisos I e II do artigo 24. Já na Lei nº 14.133/2021, o parcelamento indevido é abordado no §1º do artigo 75, indicando outros parâmetros que são abordados na sequência deste texto.

Antes de outras considerações, importa esclarecer que os limites econômicos previstos nos incisos I e II do artigo 75 da Lei nº 14.133/2021 não condicionam a ocorrência das outras hipóteses de dispensa prescritas nos demais incisos do artigo 75 da Lei nº 14.133/2021. Por exemplo, o inciso VIII do mesmo artigo 75 autoriza a dispensa nos casos de emergência. Os contratos realizados com fundamento nesse inciso podem ultrapassar os valores consignados nos incisos I e II, já que estes revelam hipóteses de dispensa autônomas e inconfundíveis.

2.2 Desproporcionalidade dos valores prescritos pelo legislador

De acordo com o critério legislativo, a licitação pública é obrigatória apenas para contratos acima de determinado patamar econômico, que justifique os gastos a serem efetuados com o respectivo procedimento. Abaixo desse patamar, o agente administrativo está autorizado a contratar diretamente, por dispensa de licitação pública. Como dito, a dispensa de licitação pública em razão do valor econômico liga-se aos princípios da economicidade e da proporcionalidade, na medida em que deve haver relação proporcional entre os gastos da Administração Pública com o procedimento e as vantagens a serem auferidas com ele.[293]

---

[292] Noticia-se que tais valores foram atualizados, consoante o Decreto Federal nº 12.343/2024, para R$125.451,15 e R$62.725,59, respectivamente.

[293] A doutrina recorrentemente aponta como justificativa para essa hipótese de dispensa a relação desproporcional entre os custos de procedimento de licitação e o valor da contratação. Entre outras passagens, confiram-se as seguintes: "O procedimento licitatório, qualquer que seja a modalidade cabível, possui certos custos para sua implementação, tanto os típicos da rotina administrativa caracterizados pelos custos fixos com salários, equipamentos, energia e insumos, quanto os decorrentes de publicidade dos atos da licitação, aconselhando a Administração a contratar diretamente as obras, serviços e bens de valor de pouca expressão monetária,

A justificativa, então, para esse tipo de dispensa de licitação pública reside no baixo valor envolvido em certos contratos, que torna o procedimento antieconômico, o que gera desproporção entre os seus custos e os benefícios a serem por ele produzidos. Essa ideia deveria nortear a discricionariedade do Legislativo, a quem compete determinar o patamar de valor que autoriza a dispensa. Não se esqueça que a parte inicial do inciso XXI do artigo 37 da Constituição Federal propugna tratar a obrigatoriedade de licitação pública como regra e a dispensa como exceção, o que importa em concebê-la de modo restritivo. Nesse sentido, o legislador, conquanto atue com larga discricionariedade, não é absolutamente livre para dispor sobre dispensa. Antes disso, para que se harmonize com o supracitado dispositivo constitucional, a dispensa precisa se fundar em interesse público, que seria sacrificado ou prejudicado se houvesse a licitação.

No caso em tela, a dispensa deveria incidir apenas em contratos de valores efetivamente reduzidos, que não ultrapassassem os custos dos benefícios a serem produzidos com a realização do certame. Em caso contrário, a realização da licitação pública não traria sacrifício ou prejuízo ao interesse público, pelo que faltaria justificativa para a dispensa.

Pois bem, na redação original da revogada Lei nº 8.666/1993, o legislador prescreveu a dispensa, na forma do inciso I do artigo 24,

> para obras e serviços de engenharia de valor até 5% (cinco por cento) do limite previsto na alínea "a" do inciso I do artigo anterior, desde que não se refiram a parcelas de uma mesma obra ou serviço ou, ainda, para obras e serviços da mesma natureza e no mesmo local que possam ser realizadas conjunta e concomitantemente.

Também, o legislador houve por bem enunciar dispensa, desta vez no inciso II do mesmo artigo 24,

> para outros serviços e compras de valor até 5% (cinco por cento) do limite previsto na alínea "a", do inciso II do artigo anterior, e para alienações, nos casos previstos nesta Lei, desde

---

atendendo ao princípio da economicidade" (TOLOSA FILHO, Benedicto. *Contratando sem licitação*. 2. ed. Rio de Janeiro: Forense, 2000. p. 67). E, no parágrafo seguinte, completa: "Os eventuais benefícios do procedimento licitatório, que, pouca atração exerceriam sobre eventuais fornecedores, por certo sucumbiriam pelos custos processuais, tornando a contratação antieconômica" (TOLOSA FILHO, Benedicto. *Contratando sem licitação*. 2. ed. Rio de Janeiro: Forense, 2000. p. 67). "O reduzido valor do objeto a ser contratado colocaria em conflito o princípio da licitação e o da economicidade, ensejando um gasto superior à vantagem direta aferível pela Administração, decidindo o legislador, à vista do interesse público, pela prevalência do segundo" (FERNANDES, Jorge Ulisses Jacoby. *Contratação direta sem licitação*. 11. ed. Belo Horizonte: Fórum, 2021. p. 176). "O pequeno valor da contratação é suscetível de tornar desaconselhável a licitação, até mesmo pela desproporção entre os dispêndios daquela e os custos desta" (FIGUEIREDO, Lúcia Valle; FERRAZ, Sérgio. *Dispensa e inexigibilidade de licitação*. 3. ed. São Paulo: Malheiros, 1997. p. 41). "A fixação de um limite de valor, abaixo do qual a lei faculta a dispensa de licitação, é medida salutar, porque o bem visado pela Administração, por ser de valor irrisório ou insignificante pode, muitas vezes, não compensar o ônus imposto ao procedimento licitatório, além de maior celeridade da operação exigida nesses casos" (SERVÍDIO, Américo. *Dispensa de licitação*. São Paulo: Revista dos Tribunais, 1979. p. 93). "Estes incisos apresentam casos de licitação dispensável em razão do valor, em face de não se justificar o custo de todo o controle de gasto que, sem dúvida, é superior ao despendido no objeto pretendido" (BITTENCOURT, Sidney. *Licitação passo a passo*. 4. ed. Rio de Janeiro: Temas e Ideias, 2002. p. 108). "O legislador entendeu que em razão do pequeno valor a ser contratado não se justificaria a realização de licitação haja vista a sua pouca economicidade. É sabido que a realização de licitação gera ônus para a Administração, de modo que o custo de sua realização não justificaria os seus benefícios" (FURTADO, Lucas Rocha. *Curso de licitações e contratos administrativos*. 6. ed. Belo Horizonte: Fórum, 2015. p. 135).

que não se refiram a parcelas de um mesmo serviço, compra ou alienação de maior vulto que possa ser realizada de uma só vez.

Portanto, para fixar o parâmetro de valor que autoriza a dispensa de licitação pública, o legislador tomou em conta o parâmetro fixado para a modalidade convite, que perfazia R$150.000,00, para obras e serviços de engenharia, de acordo com a redação vigente à época da alínea "a" do inciso I do artigo 23 da Lei nº 8.666/1993, e R$80.000,00, com arrimo na alínea "a", desta vez do inciso II do mesmo artigo 23, para os demais serviços e compras. Cinco por cento desses valores equivaliam a R$7.500,00, para obras e serviços de engenharia, e a R$4.000,00 para os demais serviços e compras, que, pois, seriam os patamares para a dispensa.

No entanto, a Lei nº 9.648/1998, sem maiores justificativas, dobrou a percentagem adotada para calcular as situações de dispensa, passando de cinco para dez por cento. Então, os valores, que eram de R$7.500,00, para obras e serviços de engenharia, e de R$4.000,00, para os demais serviços e compras, passaram, respectivamente, a R$15.000,00 e a R$8.000,00.

Mais recentemente, o Decreto Federal nº 9.412/2018 atualizou os limites máximos para as modalidades de licitação da Lei nº 8.666/1993 e, por via reflexa, os limites máximos para as dispensas de licitação dos incisos I e II do artigo 24 da Lei nº 8.666/1993. Para obras e serviços de engenharia: o convite passou de até R$150.000,00 para até R$330.000,00. Para os demais serviços e compras, que não envolvam engenharia: o convite passou de até R$80.000,00 para até R$176.000,00. Por via reflexa, os limites para as dispensas de licitação dos incisos I e II do artigo 24 da Lei nº 8.666/1993 também foram majorados. É que tais limites, repita-se, são definidos em razão do percentual de 10% sobre os limites previstos nas alíneas "a" dos incisos I e II do artigo 23 da Lei nº 8.666/1993, que tratam da modalidade convite. Até então, repita-se, os limites do convite eram de R$150.000,00 para engenharia e R$80.000,00 para demais serviços e compras, que não de engenharia. Daí que os valores da dispensa eram R$15.000,00 para engenharia e R$8.000,00 para os demais serviços e compras. Com o Decreto Federal nº 9.412/2018, os limites da dispensa na Lei nº 8.666/1993 alcançam R$33.000,00 para obras e serviços de engenharia e R$17.600,00 para os demais serviços e compras.

Como ressaltado, na Lei nº 14.133/2021 os limites da dispensa passaram para R$100.000,00 e R$50.000,00, respectivamente nas hipóteses dos incisos I e II do artigo 75.[294] Ou seja, o legislador triplicou os limites para a engenharia, bem como previu sua aplicação também para os serviços de manutenção de veículos automotores. Para os demais objetos, não chegou a tanto, porém o limite mais do que dobrou.

Quase a unanimidade da Administração Pública nacional e da doutrina defendem que os valores-limite para a dispensa de licitação deveriam mesmo ser ampliados, porque os custos para promover a licitação seriam superiores aos valores dos contratos. Sob esse colorido e nesse aspecto, a Lei nº 14.133/2021 está sendo festejada por muitos.

A comemoração, no entanto, não é devida. O raciocínio, com toda a deferência aos seus defensores, merece reparos. O ponto é que, tomando a premissa como verdadeira,

[294] Insista-se que tais valores foram atualizados, consoante o Decreto Federal nº 12.343/2024, para R$125.451,15 e R$62.725,59, respectivamente.

de que os custos para realizar a licitação são altos demais, dever-se-ia reduzir os tais custos da licitação em vez de mergulhar na dispensa. Em especial, dever-se-ia pensar em modalidade ágil, com etapa preparatória simplificada, especificações padronizadas, valendo-se de recursos de tecnologia da informação, de modo que fosse reduzida drasticamente ou mesmo eliminada a necessidade de intervenção ou condução pelo pessoal da Administração Pública. Ou seja, modalidade de licitação para objetos comuns e de baixo valor que fosse automatizada, de preferência totalmente, por conseguinte de baixo custo para a Administração Pública. Os espaços para a redução dos custos das licitações são enormes e são ignorados pelo legislador, que insistiu, na Lei nº 14.133/2021, em procedimentos pesados e burocráticos. Várias alternativas para licitações com custos reduzidos poderiam ser desenvolvidas e, pura e simplesmente, não foram. Preferiu-se ampliar os limites da dispensa de licitação.

Além disso, aqueles que defendem a dispensa de licitação não levam em consideração que, em princípio, as propostas obtidas em licitação, sob pressão concorrencial, tendem a ser melhores do que as propostas obtidas em dispensa de licitação. Numa disputa, parece incontroverso, os fornecedores tendem a reduzir os seus preços. No final das contas, o processo administrativo para a dispensa pode até ser menos oneroso, mas tende a gerar contrato mais oneroso, o que deve, em princípio, produzir uma espécie de compensação ou, quiçá, prejuízos ao erário público.

Em linha de síntese, o argumento é que, em vez de partir de peito aberto para a dispensa de licitação, dever-se-iam projetar licitações mais simples, com custos reduzidos. A premissa do legislador de que os custos das licitações são altos demais é falsa ou não é necessária. O argumento faz ainda mais sentido se mirado para os milhares de municípios brasileiros, especialmente os pequenos. Com os novos valores da Lei nº 14.133/2021, para muitos deles, a dispensa de licitação passa a ser a regra, em contrariedade bem clara ao comando constitucional do inciso XXI do artigo 37 da Constituição Federal.

2.3 Valor-limite de dispensa de licitação é norma geral?

O inciso XXVII do artigo 22 da Constituição Federal dispõe que compete à União legislar privativamente sobre

> [...] normas gerais de licitação e contratação, em todas as modalidades, para as administrações públicas diretas, autárquicas e fundacionais da União, Estados, Distrito Federal e Municípios, obedecido o disposto no artigo 37, XXI, e para as empresas públicas e sociedades de economia mista, nos termos do artigo 173, §1º, III.

A União dispõe de competência para editar normas gerais em torno de licitação pública e contrato administrativo, o que pressupõe, invariavelmente, a competência concorrente dos estados, Distrito Federal e municípios para produzirem as normas que não sejam qualificadas como gerais, isto é, as normas especiais, pormenorizadas, que guardem pertinência às características de cada qual.

As *normas gerais* referem-se às normas nacionais, produzidas pelo Estado Federal, que devem se revestir da mesma tonalidade em todas as partes da Federação, desenhando o traçado básico de determinado instituto jurídico por meio de seus princípios, diretrizes, conceitos, modalidades etc. Os entes federativos, inclusive a União, conquanto devam obediência às normas gerais, devem ao lado destas produzir as *normas federais, estaduais* e *municipais*, atinentes à estrutura política e jurídica de cada qual, que dá feição própria e especial às normas prescritas em caráter *nacional*.

O que se precisa saber é se as definições dos valores-limite para a dispensa de licitação são normas gerais ou não são. Se forem norma geral, os valores fixados nos incisos I e II do artigo 75 da Lei nº 14.133/2021 valem para todos os entes da Federação, não importa o tamanho e a dimensão. Se não forem gerais, os entes da Federação podem fixar outros limites, mais ou menos elevados, de acordo com suas avaliações de conveniência e oportunidade.

Na perspectiva estrita da Lei nº 14.133/2021, parece claro que a definição de tais valores se encontra dentro do arco das normas gerais. A propósito, o artigo 182 da Lei nº 14.133/2021 prescreve que "o Poder Executivo federal atualizará, a cada dia 1º de janeiro, pelo Índice Nacional de Preços ao Consumidor Amplo Especial (IPCA-E) ou por índice que venha a substituí-lo, os valores fixados por esta Lei, os quais serão divulgados no PNCP". Se não fosse assim, o artigo supracitado teria concedido competência para atualizar os valores aos Executivos dos entes federativos e não apenas ao Executivo Federal. Em consonância com a redação legal, repita-se, a competência é específica para o Poder Executivo Federal.

A expressão "norma geral" é bastante controvertida. Em que pese isso, tem-se entendido que a definição e o cabimento de dispensa de licitação, que excepcionam a regra da licitação, constituem norma geral, pelo que a competência é exercida pela União e não pelos demais entes federativos. Por ilustração, nessa direção: STF, ARE 1340483, Segunda Turma, Rel. Min. Edson Fachin, j. 23.2.2022; TJSP, Apelação com Revisão nº 994090091949 - 8933595400, Terceira Câmara de Direito Público, Rel.: Des. Magalhães Coelho, j. 24.11.2009; TJSP, Apelação com Revisão nº 994082003987 -7528655400, Primeira Câmara de Direito Público, Rel.: Des. Danilo Panizza, j. 9.6.2009; TJDF, Apelação Cível e Remessa de Ofício nº 4711297 - 0047112-04.1997.807.000, Quarta Turma Cível, Rel.: Des. Jair Soares, j. 3.8.1998; e TCE/SC, Prejulgado nº 537.

Há quem discorde. No estado do Mato Grosso, por exemplo, diante da Lei nº 8.666/1993, os limites das modalidades e da dispensa de licitação foram ampliados por meio da Lei Estadual nº 170/2016. O Tribunal de Contas do Estado endossou tal aumento com a Resolução de Consulta nº 17/2014, reconhecendo que o estado e os municípios tinham competência para rever os valores.

Na prática, sem desmerecer a controvérsia, o entendimento que sempre prevaleceu perante a Administração Pública nacional é que as definições dos limites das modalidades e da dispensa de licitação desenham normas gerais e que a competência para lhes alterar é do Executivo Federal. A jurisprudência, como noticiado, tem apontado nessa direção. O argumento, insista-se, é que tais definições afetam a regra da obrigatoriedade de licitação, que é geral, logo, as normas sobre tais definições são também gerais.

Então, ainda pensando em termos práticos, é muito difícil que, a essa altura, venha-se compreender de modo diferente e passar a sustentar que não se trata de norma geral e que, por conseguinte, estados, Distrito Federal e municípios poderiam estabelecer os seus próprios limites. A Lei nº 14.133/2021 seguiu a mesma linha da Lei nº 8.666/1993, por efeito do que não se vislumbram razões para uma espécie de guinada de entendimento.

A orientação que deve prevalecer na prática é essa. Em que pese isso, ela não é a mais acertada. Ocorre que a definição dos limites das modalidades e das dispensas de licitação não se enquadra no conceito de norma geral, ainda que repercuta na regra da obrigatoriedade de licitação. As modalidades e as dispensas são normas gerais, os limites de valores para as dispensas não são normas gerais, porque dependem, evidentemente, das peculiaridades de cada ente federativo e, em especial, do volume e dos valores dos contratos de cada ente federativo.

Pondera-se que os valores indicados nos incisos I e II do artigo 75 da Lei nº 14.133/2021 talvez não sejam tão elevados para a União Federal e mesmo para os estados. No entanto, para muitos dos milhares de municípios brasileiros é visivelmente excessivo. Tais valores, aplicados indistintamente para toda a Federação, fazem que em muitos municípios a regra não seja a licitação, porém sim a dispensa, subvertendo a ordem constitucional expressa no inciso XXI do artigo 37 da Constituição Federal. Para os municípios menores, quase tudo acaba contratado com dispensa de licitação, o que não é plausível. Essa realidade demonstra que a definição de limites de valores para as modalidades e para a dispensa de licitação não merece tratamento uniforme para toda a Federação e que, por conseguinte, não se trata de norma geral. Cada ente federativo deveria fixar os limites de acordo com a sua realidade e mediante as justificativas devidas.

É de ressalvar que o Supremo Tribunal Federal tem precedente interessante, que não versa diretamente sobre dispensa de licitação, mas que acaba sendo pertinente ou podendo ser aproveitado às discussões sobre a dispensa em razão do valor do contrato. Trata-se de julgamento sobre constitucionalidade de lei municipal que reduziu o valor que caracteriza contratação de grande vulto na Lei nº 14.133/2021 para exigir dos contratados a implementação de programa de *compliance*. Ou seja, a lei municipal, ao reduzir o valor, amplificou e não restringiu a exigência de *compliance*. O Supremo entendeu que a norma local, por reduzir o valor e não o ampliar, não afronta a Lei nº 14.133/2021. Afrontaria se aumentasse o valor, restringindo a exigência de *compliance*. Confira-se:

> Ressalta-se, nessa esteira, que a normativa federal tornou mandatória a exigibilidade de programa de integridade nas licitações de grande vulto, sendo esta uma etapa inafastável da validade da contratação administrativa e não passível de discrepância por norma local, sob pena de desvirtuamento da unidade normativa almejada pela Carta Magna.
>
> Contudo, distintamente do que sustenta o recorrente, entendo, a partir da análise do diploma impugnado, que a legislação local não disciplinou a matéria de forma contrária à norma geral federal. O diploma em comento, em verdade, legitimamente delimitou o montante exigido à implementação de compliance à realidade econômico-financeira do ente federado. Nesses termos, a norma não instituiu desvio às regras gerais de licitação, tampouco inovou com a criação de critério que pudesse influenciar no resultado ou restringir a competição da licitação, conforme bem destacou o Tribunal a Quo, haja vista que a implementação de compliance é uma obrigação contratual posterior à definição da licitante vencedora do certame.
>
> No tema, conforme já assentou este Supremo Tribunal Federal no julgamento da ADI nº 3.670 (Rel. Min. Sepúlveda Pertence, DJ de 18/5/07), convém rememorar que as normas

locais devem observar o disposto no art. 37, inciso XXI, da Constituição, "assegurando a igualdade de condições de todos os concorrentes" e, assim, preservando a possibilidade isonômica de competição.

Efetivamente, a competência legislativa da municipalidade na matéria se deu no limite do seu interesse local, tendo em vista que sua realidade orçamentária é significativamente inferior ao orçamento geral da União, não havendo que se falar em inconstitucionalidade ou prejuízo ao processo licitatório. Aliás, a mera extensão do montante aludido na Lei federal aos entes estaduais, municipais e distrital – cada qual com uma diferente potencialidade econômico-orçamentária – comprometeria indubitavelmente a aplicabilidade do dispositivo e, junto a ela, a própria razão de ser deste, essencialmente ligada à promoção de uma cultura de integridade, ética e incentivo à denúncia de irregularidades.[295]

O racional do Supremo Tribunal Federal pode ser aplicado em relação à competência dos demais entes federativos que não a União para legislarem sobre os valores-limite das dispensas de licitação. Sob essa perspectiva, não violaria a Lei nº 14.133/2021 reduzir os valores, porque, ao reduzi-los, o ente amplificaria a obrigatoriedade de licitação, que é a regra constitucional estabelecida no inciso XXI do artigo 37 da Constituição Federal.[296] Então, por exemplo, um município de pequeno ou médio porte, que entendesse que os valores da dispensa são demasiadamente elevados para si, poderia reduzi-los para adequá-los à sua realidade econômica. O oposto, a majoração do valor, já não seria permitido, porque seria restritivo à obrigatoriedade de licitação, repita-se regra constitucional.

Insista-se, mais uma vez, que, de forma geral, o entendimento aqui defendido (de que a fixação dos valores-limite para a dispensa de licitação não é norma geral e que os demais entes federativos afora a União são dotados de competência para fazê-lo) não vem prevalecendo e é provável que não venha a prevalecer no futuro, à exceção da possibilidade de reduzir os valores limites para a dispensa, o que amplia a regra da licitação e restringe a da dispensa.[297]

2.4 Conceito de obras e serviços de engenharia

A dispensa de licitação do inciso I do artigo 75 da Lei nº 14.133/2021 é para obras, serviços de engenharia e serviços de manutenção de veículos automotores, com limite de até R$100.000,00. Os demais objetos, qualquer outro tipo de serviço e aquisições/ fornecimentos, enquadram-se no inciso II do mesmo artigo 75, com limite inferior, até

---

295 STF, Segunda Turma. RE 1.410.340. Rel. Min. Dias Toffoli, j. 25.9.2023.

296 Isso permite a adoção de critérios mais restritivos – seja exigindo um nível adicional de transparência e integridade, seja estabelecendo valores de dispensa de licitação inferiores aos do padrão federal. Nesse cenário, não há violação ao pacto federativo nem usurpação da competência legislativa da União, mas mera adequação às particularidades locais, reforçando o objetivo de melhor atender ao interesse público e à economicidade nas contratações. (ALVES, Felipe Dalenogare. SILVA, Jader Esteves. *A fixação de valores à dispensa de licitação pelos entes subnacionais*. Disponível em: https://www.conjur.com.br/2025-jan-14/a-fixacao-de-valores-a-dispensa-de-licitacao-pelos-entes-subnacionais/#:~:text=É%20dispensável%20a%20licitação%3A%20I,reais)%2C%20no%20caso%20de%20outros. Acesso em: 16 jan. 2025).

297 Com esse mesmo espírito: STF, Plenário. ADI nº 4.658. Rel. Min. Edson Fachin, j. 25.10.2019.

R$50.000,00.[298] Essa distinção reproduz a lógica dos incisos I e II do artigo 24 da Lei nº 8.666/1993.

Pois bem, obra, na definição do inciso XII do artigo 6º da Lei nº 14.133/2021, é

> [...] toda atividade estabelecida, por força de lei, como privativa das profissões de arquiteto e engenheiro que implica intervenção no meio ambiente por meio de um conjunto harmônico de ações que, agregadas, formam um todo que inova o espaço físico da natureza ou acarreta alteração substancial das características originais de bem imóvel.

Serviço de engenharia, desta feita com base no inciso XXI do mesmo artigo 6º, é

> [...] toda atividade ou conjunto de atividades destinadas a obter determinada utilidade, intelectual ou material, de interesse para a Administração e que, não enquadradas no conceito de obra a que se refere o inciso XII do I deste artigo, são estabelecidas, por força de lei, como privativas das profissões de arquiteto e engenheiro ou de técnicos especializados.

Noutras palavras, na obra predomina a inovação do espaço físico sobre a atividade laboral e no serviço de engenharia predomina a atividade laboral sobre a inovação do espaço físico. Não raro, diante dos casos concretos, a distinção é tênue e os objetos se confundem.

Para os efeitos da dispensa do inciso I do artigo 75 da Lei nº 14.133/2021, no entanto, a distinção entre obra e serviço de engenharia não tem relevância, porque a ambos, obras e serviços de engenharia, se aplica a mesma hipótese de dispensa e com os mesmos valores-limite. O relevante para o inciso I do artigo 75 da Lei nº 14.133/2021 é distinguir, de um lado, as obras e serviços de engenharia, e, de outro lado, as demais atividades que não envolvem engenharia. Obras e serviços de engenharia são atividades, conforme expresso nos incisos XII e XXI do artigo 6º da Lei nº 14.133/2021, privativas das profissões de arquiteto e engenheiro ou de técnicos especializados – estes últimos podem apenas prestar serviços de engenharia. As tais atividades são prescritas na legislação que disciplina as respectivas profissões, como as leis nº 5.194/1995 e nº 12.378/2010, bem como em normas dos respectivos conselhos profissionais.

2.5 Previsão casuística e arbitrária dos serviços de manutenção de veículos automotores no inciso I do artigo 75 da Lei nº 14.133/2021

O inciso I do artigo 75 da Lei nº 14.133/2021 dispensa a licitação para contratação que não ultrapasse R$100.000,00 de obras e serviços de engenheira, bem como de serviços de manutenção de veículos automotores. A referência aos serviços de manutenção de veículos automotores é novidade, sobremodo se comparado o dispositivo com o seu equivalente da revogada Lei nº 8.666/1993, que é o inciso I do artigo 24, cujo teor é restrito a obras e serviços de engenharia e o limite é de R$33.000,00. Na Lei nº 8.666/1993, todos os serviços que não de engenharia, como os de manutenção de veículos automotores, enquadravam-se na hipótese de dispensa do inciso II do seu artigo 24, que é análoga à

[298] Noticia-se que tais valores foram atualizados, consoante o Decreto Federal nº 12.343/2024, para R$125.451,15 e R$62.725,59, respectivamente.

hipótese do inciso II do artigo 75 da Lei nº 14.133/2021, cujos limites são mais reduzidos – R$17.600,00 na Lei nº 8.666/1993 e R$50.000,00 na Lei nº 14.133/2021.[299]

As razões que levaram o legislador a incluir os serviços de manutenção de veículos automotores na hipótese de dispensa do inciso I do artigo 75 da Lei nº 14.133/2021 não são evidentes. Pode-se supor que o legislador entendeu que as licitações para tais serviços são mais dispendiosas para a Administração ou que elas geram resultados não favoráveis, que lhe seriam prejudiciais. Há de se reconhecer que as licitações de serviços de manutenção em geral são realmente complexas, sobremodo porque boa parte das demandas de manutenção não podem ser antecipadas, não são previsíveis e, logo, é muito difícil programá-las. Isso faz com que a Administração licite um objeto que é incerto, pelo menos em grande parte. Em que pesem as dificuldades, a Administração costuma fazer tais licitações e, já de tempo, desenvolveu modelos de licitações e contratos cujos pagamentos ocorrem por preço unitário e que são dependentes de suas demandas.[300] Note-se que o legislador não entendeu que a competição por tais serviços é inviável, tanto que não previu hipótese de inexigibilidade, nem entendeu que a licitação para tais serviços sempre é prejudicial para o interesse público, tanto que não previu hipótese de dispensa que fosse geral, independente de limite de valor. O legislador apenas incluiu os serviços de manutenção de veículos automotores no inciso que permite dispensa de licitação pelo valor em limite mais elevado, ao lado das contratações que envolvem engenharia.

Tudo leva a crer que o legislador não adotou critério minimamente consistente e justificável, que a previsão de serviços de manutenção de veículos automotores do inciso I do artigo 75 da Lei nº 14.133/2021 tenha sido casuística e arbitrária. Essa tese é reforçada pelo fato de que a previsão legal trata apenas dos serviços de manutenção de veículos automotores e despreza uma série de outros serviços de manutenção, cujas licitações são da mesma forma dispendiosas e difíceis para a Administração.

2.6 Conceito de serviços de manutenção de veículos automotores

De toda sorte, apesar do casuísmo e da falta de critério, para compreender o inciso I do artigo 75 da Lei nº 14.133/2021 é preciso delimitar o conceito de serviços de manutenção de veículos automotores. Não se pode esquecer, para cumprir a tarefa, que contratação direta é exceção e deve ser interpretada restritivamente. Por via de consequência, não é permitido recorrer à interpretação extensiva. O legislador referiu-se apenas a serviços de manutenção de veículos automotores e não de outros equipamentos nem de outros veículos que não automotores. Sendo assim, não cabe estender a hipótese de dispensa para além dos limites expressos pelo legislador, para outros tipos de contratos que não os de manutenção, nem para outros equipamentos ou mesmo outros veículos que não os automotores.

A propósito, veículo automotor, conforme o Anexo I do Código Nacional de Trânsito, é

[299] Os valores-limite dos incisos I e II do artigo 75 da Lei nº 14.133/2021 foram atualizados consoante o Decreto Federal nº 12.343/2024, para R$125.451,15 e R$62.725,59, respectivamente.

[300] Confira-se: TCU, Plenário. Acórdão nº 1.456/2014. Rel. Min. Augusto Sherman, j. 6.4.2011.

> [...] todo veículo a motor de propulsão que circule por seus próprios meios, e que serve normalmente para o transporte viário de pessoas e coisas, ou para a tração viária de veículos utilizados para o transporte de pessoas e coisas. O termo compreende os veículos conectados a uma linha elétrica e que não circulam sobre trilhos (ônibus elétrico).

Registre-se, por oportuno, que há divergência aguda sobre a qualificação de embarcações e aeronaves como veículos automotores. É que o conceito se refere a veículo "[...] que serve normalmente para o transporte viário [...]". O trecho supracitado veicula mais um adendo legislativo, que pode fazer sentido para os propósitos do Código de Trânsito, do que um conceito abrangente e coerente de veículo automotor. Nessa direção, em sua gênese, a utilização em transporte viário não é condição essencial para qualificar veículo como automotor. A condição essencial é que o veículo se movimente pela força do motor de propulsão. Nessa perspectiva, carros, motos, caminhões, ônibus, tratores, embarcações e aeronaves são veículos automotores, desde que movidos por motor de propulsão. Veículos que circulam sobre trilhos e os que são movidos pelo vento, por força humana ou animal não são automotores.

O debate se acirra no direito tributário. Ocorre que o Supremo Tribunal Federal, para os efeitos tributários, entendeu que os proprietários de embarcações e aeronaves não se sujeitariam ao Imposto de Propriedade de Veículo Automotor (IPVA), porque ele teria sucedido a Taxa Rodoviária Única (TRU), que, justamente por ser "rodoviária", excluía as embarcações e aeronaves.[301]

Vê-se que a discussão tributária tem colorido próprio e não impede que, de uma maneira geral e para efeitos da Lei nº 14.133/2021, embarcações e aeronaves movidas a motor sejam qualificadas como veículos automotores e os contratos de suas manutenções sujeitem-se aos limites do inciso I do artigo 75 da Lei nº 14.133/2021. A propósito, insista-se que o núcleo essencial do conceito de veículo automotor é o emprego do motor de propulsão e outros aspectos acabam sendo secundários e não essenciais para lhe caracterizar. Quer dizer que o veículo que se movimenta em razão de motor de propulsão é automotor e pouco importa, para a essência do conceito, se o tal veículo transita na terra, no mar ou no ar.

Acrescenta-se que o inciso I do artigo 75 da Lei nº 14.133/2021 refere-se aos serviços de manutenção, que, de acordo com o item 2.8.1 da NBR 5462/1994, abrangem "todas as formas técnicas e administrativas, incluindo as de supervisão, destinadas a manter ou recolocar um item em um estado no qual possa desempenhar uma função requerida [...]", podendo "incluir uma modificação do bem". O item 2.8.7 da supracitada NBR define manutenção preventiva como aquela "efetuada em intervalos predeterminados, ou de acordo com critérios prescritos, destinada a reduzir a probabilidade de falha ou a degradação do funcionamento de um item". O item 2.8.8, da mesma NBR, define manutenção corretiva como a "efetuada após a ocorrência de uma pane destinada a recolocar um item em condições de executar uma função requerida". Diante disso, a manutenção prescrita no inciso I do artigo 75 da Lei nº 14.133/2021 deve ser entendida em todas as suas modalidades, inclusive corretiva, por efeito do que envolve também contratos de mera correção, reparo ou conserto.

---

[301] STF, Plenário. RE nº 379.572/RJ. Rel. Min. Gilmar Mendes, j. 11.4.2007.

Outra questão é se o serviço de manutenção previsto no inciso I do artigo 75 da Lei nº 14.133/2021 pode abranger o fornecimento de peças. Dizendo de outra forma, o inciso I do artigo 75 autoriza a dispensa apenas para propriamente o serviço de manutenção e não para a compra de peças a ela necessárias ou a compra de peças pode ser compreendida como abrangida no serviço de manutenção?

O inciso I do artigo 75 da Lei nº 14.133/2021 não menciona o fornecimento de peças. Então, num primeiro momento e levando-se em conta que as hipóteses de dispensa devem ser interpretadas restritivamente, poder-se-ia entender que a dispensa referida no dispositivo supracitado seria limitada aos serviços de manutenção e as peças que lhe fossem necessárias precisariam ser contratadas em separado. Sem embargo, em interpretação sistêmica, especialmente em razão do prescrito no §7º do mesmo artigo 75, aporta-se à conclusão diferente. Sucede que o sobredito parágrafo, como um desdobramento do inciso I do artigo 75, prescreve que as regras sobre parcelamento ou fracionamento indevido do objeto não se aplicam sobre os contratos de até R$8.000,00[302] "de serviços de manutenção de veículos automotores de propriedade do órgão ou entidade contratante, incluído o fornecimento de peças". O §7º do artigo 75 deve ser interpretado em harmonia com o inciso I, que faz parte da cabeça do mesmo artigo. Nesse passo, não seria plausível que, na hipótese do §7º, logicamente mais restritiva, seria possível incluir nos contratos as peças, e na do inciso I da cabeça do artigo 75, logicamente menos restritiva, as peças ficariam de fora.

De mais a mais, o fornecimento de peças não desnatura o serviço de manutenção. Ora, o serviço se caracteriza pelo predomínio da obrigação de fazer e o fornecimento pelo predomínio da obrigação de dar. No entanto, as obrigações de fazer e de dar não são necessariamente excludentes. Muitas vezes a prestação do serviço importa no fornecimento de bens de modo assessório, justamente como ocorre na manutenção com fornecimento de peças, e muitas vezes o fornecimento de bens importa na prestação de serviços, como, por exemplo, quando necessária a instalação dos bens, que é em si um serviço, representativo de uma obrigação de fazer.

A distinção entre serviço e fornecimento, nessa ótica, depende da obrigação que prevalece no contrato: no serviço prevalece a obrigação de fazer e, sendo assim, o fornecimento de bens, que é obrigação de dar, não lhe desnatura, desde que seja acessório e não o principal. No fornecimento prevalece a obrigação de dar e, na mesma linha de raciocínio, a prestação de serviço, que é obrigação de fazer, não lhe desnatura, desde que seja acessória e não o principal. O predomínio não é forçosamente econômico-financeiro, pode ser compreendido diante da vontade das partes externada na contratação. Por conseguinte, é possível que em dada demanda de manutenção a peça tenha valor econômico maior do que o da prestação de fazer propriamente dita. Há espaço considerável de incerteza nessas definições, sobre o que prevalece, se a obrigação de fazer ou a obrigação de dar, o que depende das características de cada contrato.

Em conclusão: (i) no serviço de manutenção a obrigação de fazer é a principal, de realizar determinada atividade ou préstimo, podendo abranger o fornecimento de peças; (ii) serviço de manutenção pode ser, entre outras espécies, preventivo ou corretivo, por

[302] Esse valor foi atualizado, na forma do Decreto Federal nº 12.343/2024, para R$10.036,10.

efeito do que pode abranger meros consertos ou reparos; (iii) veículo automotor é aquele que se move por motor à propulsão, podendo abranger, conforme o caso, entre outros, carros, motos, caminhões, ônibus, tratores, aeronaves e embarcações.

2.7 Fracionamento indevido do objeto

O ponto jurídico com maior repercussão prática no que tange às hipóteses de dispensa fundadas no valor econômico dos futuros contratos reside na proibição de parcelamento ou fracionamento do objeto de contrato para alcançar em cada parcela ou fração os valores autorizadores da dispensa, conforme deflui da redação do §1º do artigo 75 da Lei nº 14.133/2021:

> Art. 75. [...]
> §1º Para fins de aferição dos valores que atendam aos limites referidos nos incisos I e II do *caput* deste artigo, deverão ser observados:
> I - o somatório do que for despendido no exercício financeiro pela respectiva unidade gestora;
> II - o somatório da despesa realizada com objetos de mesma natureza, entendidos como tais aqueles relativos a contratações no mesmo ramo de atividade.

Ou seja, não é permitido fragmentar o objeto do contrato, para, em vez de firmar um só, firmar vários, visando esquivar-se da obrigatoriedade de licitação pública, já que, por hipótese, cada parte isoladamente atingiria o montante previsto para a dispensa. De acordo com a redação do supracitado §1º do artigo 75, deve-se tomar em conta tudo o que for gasto por cada unidade gestora no mesmo exercício financeiro em relação a objetos que tenham a mesma natureza, entendendo-se como tal objetos do mesmo ramo de atividade.

A título ilustrativo, imagine-se que a Administração Pública necessite adquirir quantidade de computadores, cujo valor total seja de R$100.000,00. Tal valor não justifica a dispensa prevista no inciso II do artigo 75 da Lei nº 14.133/2021, cujo limite, repita-se, é de R$50.000,00.[303] No entanto, o agente da Administração Pública, para se ver livre dos rigores da licitação pública, em vez de proceder a ela, divide o contrato em duas parcelas, cada qual no valor de R$50.000,00, realizadas com suposto fundamento na dispensa encartada no inciso II do artigo 75. Esse procedimento é incompatível com a legislação, mesmo porque, se admitido fosse, os contratos poderiam ser sucessivamente repartidos, repartindo-se, por consequência, os seus respectivos valores, tudo para enquadrá-los nos limites que autorizam a dispensa, que seria multiplicada quantas vezes fosse necessária para não realizar licitação pública.

Para aplicar o §1º do artigo 75 da Lei nº 14.133/2021 é preciso compreender alguns termos. Primeiro, o termo "unidade gestora", não definido na Lei nº 14.133/2021, embora comumente utilizado para designar "Unidade orçamentária ou administrativa investida do poder de gerir recursos orçamentários e financeiros, próprios ou sob descentralização".[304] Esse sentido parece ser adequado à referência realizada pelo legislador.

---

303 Valor atualizado pelo Decreto Federal nº 12.343/2024, que passou para R$62.725,59.

304 BRASIL. Senado Federal. *Glossário:* Unidade Gestora. Brasília, DF: Senado Federal, [2021]. Disponível em: https://www12.senado.leg.br/orcamento/glossario/unidade-gestora. Acesso em: 1º set. 2021.

Veja-se, a propósito, que a Administração Pública conta com complexa estrutura organizacional para realizar suas atividades, dividindo-se em variados órgãos e entidades. Os órgãos são repartições internas de competência. Eles não são dotados de personalidade jurídica própria; fazem parte da própria pessoa do Estado e, por isso, estão sujeitos ao julgo hierárquico do Estado. Em âmbito federal, os ministérios são órgãos que fazem parte da União Federal, em âmbito estadual e municipal, as secretarias ganham destaque. Já as entidades administrativas, como as autarquias, são dotadas de personalidade jurídica própria, são pessoas diferentes do Estado. Elas são ligadas ao Estado, mas não por força de hierarquia, porém por meio de relação de controle ou de supervisão.

É e sempre foi bem claro que as entidades administrativas, por serem dotadas de personalidade jurídica própria, não devem somar os valores por elas contratados com dispensa de licitação com os valores contratados pelo Estado, ainda que em relação aos mesmos objetos. Em termos práticos, não é necessário somar os valores gastos com material de expediente por autarquia e pelo Estado. Pode-se dizer que cada um faz a sua soma, já que são pessoas diferentes.

A questão ganha controvérsia diante dos órgãos administrativos, porque eles não são dotados de personalidade jurídica própria, diferente da do Estado. Ao contrário, fazem parte da pessoa do Estado. Então, diante especialmente da Lei nº 8.666/1993, discutia-se se era necessário somar os valores de órgãos distintos para o efeito de identificar o parcelamento indevido das dispensas de licitação pelo valor econômico.

A dúvida existente sob o prisma da Lei nº 8.666/1993 dissipou-se diante da Lei nº 14.133/2021, principalmente por força do §1º do artigo 75 da Lei nº 14.133/2021, que se refere à soma dos valores da respectiva unidade gestora. É que unidade gestora remete a órgãos e não necessariamente à entidade com personalidade jurídica própria. Aliás, a criação de órgãos administrativos decorre do processo de desconcentração, que pressupõe a necessidade ou utilidade de certas atividades serem prestadas por unidade própria, que tenha relativa independência gerencial. Não haveria sentido dividir a Administração Pública em diversos órgãos se todos eles tivessem que ser gerenciados em conjunto, pela mesma estrutura.[305]

Na prática, diante da redação do §1º do artigo 75 da Lei nº 14.133/2021, os valores gastos por órgãos desconcentrados distintos, entendidos como unidades gestoras, não devem ser somados para o efeito de apurar o limite da dispensa de licitação. O mesmo ocorre com as aquisições de objetos semelhantes ou destinados a atender à mesma finalidade. Os valores tocantes a elas, despendidos por diferentes órgãos, não devem

---

[305] São os comentários de Carlos Ari Sundfeld, ainda sob a égide da Lei nº 8.666/1993: "Devem ser somadas, para fins de determinação da modalidade cabível, as obras e serviços que, tendo objetos semelhantes e podendo ser realizados ao mesmo tempo, estejam a cargo de 'unidades de despesa' (isto é: órgãos dotados de autonomia para a gestão financeira) distintas de uma mesma pessoa jurídica? A resposta é negativa. A desconcentração administrativa é lícita e desejável, agilizando o funcionamento dos serviços. Sua eficácia pressupõe autonomia de gestão, o que leva inevitavelmente ao fracionamento das contratações do ente de que fazem parte os vários órgãos. Não há como, embora com objetivos prezáveis (tal a ampliação da competitividade entre os fornecedores do Estado), condicionar a determinação das modalidades licitatórias, a serem utilizadas pelos vários órgãos em cada caso, à soma dos valores dos contratos celebrados por todos eles. Seria inviabilizar a própria desconcentração e paralisar a máquina" (SUNDFELD, Carlos Ari. *Licitação e contrato administrativo*. 2. ed. São Paulo: Malheiros, 1995. p. 69).

ser somados para o efeito de definir a contratação por dispensa de licitação fundada nos incisos I e II do artigo 75 da Lei nº 14.133/2021.

O segundo termo importante inserto no §1º do artigo 75 da Lei nº 14.133/2021 é "exercício financeiro", que diz respeito ao período entre 1º de janeiro e 31 de dezembro.

Por fim, o terceiro termo relevante diz respeito aos objetos da "mesma natureza". O legislador considerou que objetos da mesma natureza são os que pertencem ao "mesmo ramo de atividade". O conceito não é bom, porque abrangente demais. O que seria um "ramo de atividade"? Engenharia, por exemplo, poderia ser entendido como um ramo de atividade. Então, se fosse assim, um tijolo e um elevador seriam da mesma natureza. Evidentemente que não são e seria mesmo absurdo considerar que fossem. Então, seguindo a jurisprudência já existente sobre o assunto,[306] propõe-se que objetos da mesma natureza sejam compreendidos como aqueles que guardam semelhanças entre si e que visam aos mesmos propósitos.

A Instrução Normativa nº 67/2021 trata da dispensa de licitação eletrônica. O §2º do artigo 4º da Instrução Normativa considerava como "ramo de atividade a partição econômica do mercado, identificada pelo nível de subclasse da Classificação Nacional de Atividades Econômicas – CNAE". Mais recentemente, o dispositivo foi alterado pela Instrução Normativa nº 8/2023, que passou a prescrever o seguinte:

> Art. 4º [...] §2º Considera-se ramo de atividade a linha de fornecimento registrada pelo fornecedor quando do seu cadastramento no Sistema de Cadastramento Unificado de Fornecedores (Sicaf), vinculada:
> I - à classe de materiais, utilizando o Padrão Descritivo de Materiais (PDM) do Sistema de Catalogação de Material do Governo federal; ou
> II - à descrição dos serviços ou das obras, constante do Sistema de Catalogação de Serviços ou de Obras do Governo federal. (NR)

Esse critério talvez não seja o critério perfeito, se é que existe algum, porém é objetivo e, nessa medida, oferece à Administração Pública uma parametrização que beneficia a previsibilidade. Ressalva-se que pode haver situações não adequadas, mas daí elas devem ser enfrentadas em separado, de acordo com as suas peculiaridades.

Então, para aplicar os incisos I e II do artigo 75 da Lei nº 14.133/2021, as unidades gestoras devem somar os valores a serem despendidos com contratos que tenham objetos da mesma natureza, que são aqueles que têm identidade entre si e servem às mesmas finalidades, para todo o exercício financeiro, o que abrange o período de 1º de janeiro a 31 de dezembro. A dispensa é devida se o valor resultante da soma não ultrapassar os limites dos incisos I e II do artigo 75.

---

306 "A [...] irregularidade consistiria na contratação de diversas pequenas obras e serviços de engenharia mediante dispensa de licitação, quando a soma dos valores contratados exigiria a realização de convite. Acontece que, embora os procedimentos em questão refiram-se a obras e serviços de engenharia, não se vislumbra que essas obras pertençam a um mesmo objeto de modo a ensejar uma única licitação. Trata-se por exemplo de serviços de roçagem e limpeza em barragem, serviços de pintura em salas de aula, serviços de manutenção de rede elétrica de diversos setores da instituição, troca de piso da quadra de esportes, dentre outros. São sim pequenas obras com natureza diversa a serem prestados em diferentes locais. O fracionamento estaria evidente caso, por exemplo, fosse efetuada uma contratação para cada prédio objeto dos serviços de energia elétrica, o que não ocorreu" (TCU, Segunda Câmara. Acórdão nº 120/2007. Rel. Min. Benjamin Zymler, j. 13.2.2007).

Pontua-se que, na revogada Lei nº 8.666/1993, conforme vem sendo aplicado há anos, os parâmetros eram bastante parecidos, ainda que os incisos I e II do seu artigo 24 tratassem de termos diferentes dos empregados nos incisos I e II e §1º do artigo 75 da Lei nº 14.133/2021. Há, no entanto, uma diferença relevante, que vale a pena ser mencionada. O inciso I do artigo 24 da Lei nº 8.666/1993 prescrevia que os valores das obras e serviços de engenharia da mesma natureza e executados no "mesmo local" deviam ser somados. Ou seja, na sistemática da Lei nº 8.666/1993, os valores concernentes a obras e serviços de engenharia da mesma natureza, porém executados em locais diversos, não precisariam ser somados. O §1º do artigo 75 da Lei nº 14.133/2021 não reproduziu a expressão "mesmo local", que deixou de ser um fator a ser levado em consideração para avaliar se há ou não parcelamento indevido. Na prática, diante da Lei nº 14.133/2021, os valores das obras e serviços de engenharia da mesma natureza, contratados pela mesma unidade gestora para o mesmo exercício, devem ser somados, pouco importando se executados no mesmo local ou em locais diferentes. Desse modo, a aplicação do inciso I do artigo 75 da Lei nº 14.133/2021 é mais restritiva do que a do inciso I do artigo 24 da Lei nº 8.666/1993.[307]

[307] O Tribunal de Contas do Estado de Minas Gerais respondeu consulta e esclareceu aspectos importantes sobre o fracionamento do objeto em dispensa de licitação:
"1- Na Lei nº 8.666/1993 não há definição, de forma explícita, acerca do conceito jurídico indeterminado 'mesma natureza', para fins de contratação direta por dispensa de licitação em razão do valor, remanescendo ao gestor a possibilidade de, nos limites de sua competência e respeitados os princípios que devem nortear a atuação administrativa, regulamentar os critérios objetivos para aferição da natureza dos produtos e serviços a serem contratados pela Administração.
2- Na Lei Federal nº 14.133/2021 considera-se que objetos da mesma natureza são os que pertencem ao 'mesmo ramo de atividade'. Inexiste definição, todavia, acerca do alcance de tal locução, de modo que os entes federados, no exercício de sua autonomia administrativa, materializado no princípio federativo, de guarida constitucional, podem estabelecer parâmetro próprio para definição objetiva de 'ramo de atividade' para os fins do disposto no art. 75 do mencionado diploma legal, observados os demais princípios aplicáveis e os respectivos limites do poder regulamentar.
3- Na ausência de regulamentação do conceito de 'mesmo ramo de atividade', para os fins preceituados no art. 75 da Lei nº 14.133/2021, os entes poderão reproduzir a normatização federal, que estabelece o nível de subclasse da Classificação Nacional de Atividades Econômicas – CNAE como parâmetro, nos termos da Instrução Normativa SEGES/ME nº 67/2021.
4- É indevida a vinculação do sentido de 'natureza' à classificação contábil dos elementos de despesas, consoante orientação da Secretaria do Tesouro Nacional – STN.
5- O sentido da expressão 'mesmo local', inserta no art. 24, I, da Lei nº 8.666/1993, deve ser aferido no caso concreto, tomando-se em consideração: *5.1)* os limites geográficos de atuação e as competências das respectivas unidades gestoras, em linha com o prejulgamento de tese fixado na Consulta nº 701.201; *5.2)* tratar-se de objetos de mesma natureza que possam ser executados de maneira conjunta e concomitantemente; *5.3)* a premissa de que a licitação é a regra geral, devendo ser avaliada, na etapa preparatória do certame, a possibilidade de competitividade e, por conseguinte, de obtenção de maiores benefícios econômicos e melhor contratação, mediante o somatório dos valores estimados de obras ou serviços de engenharia.
6- Na Lei nº 14.133/2021, para fins de avaliação acerca da possibilidade de contratação direta por dispensa em virtude do valor, foram fixados pressupostos de natureza temporal e organizacional, quais sejam, o valor total a ser gasto pela respectiva unidade gestora, com objetos de idêntica natureza, no período de um exercício financeiro, não havendo menção, portanto, aos atuais requisitos de execução conjunta e concomitante e no 'mesmo local'.
7- Para a adequada utilização do instituto da dispensa de licitação, as unidades gestoras da Administração deverão providenciar o planejamento de suas atividades e necessidades, dimensionando as respectivas contratações a serem realizadas no exercício financeiro subsequente, o que compreende, entre outras medidas, a elaboração de estimativas de quantitativos e custos de produtos, serviços e outros suprimentos necessários à manutenção da unidade e à execução de suas atribuições" (Processo 1104833 – Consulta. Rel. Cons. Subst. Hamilton Coelho. Tribunal Pleno. Deliberado em 19.10.2022).

2.8 Fracionamento indevido do objeto para a contratação de serviços de manutenção de veículos automotores

O §7º do artigo 75 da Lei nº 14.133/2021 prescreve que "não se aplica o disposto no §1º deste artigo às contratações de até R$8.000,00 (oito mil reais) de serviços de manutenção de veículos automotores de propriedade do órgão ou entidade contratante, incluído o fornecimento de peças".[308] Logo, as regras do §1º, que versam sobre as medidas a serem tomadas para evitar o parcelamento ou fracionamento indevido das contratações, não valem para os serviços de manutenção de veículos automotores de até R$8.000,00.

Pela literalidade do §7º do artigo 75 da Lei nº 14.133/2021, o legislador resolveu dar carta branca à Administração para firmar diversos e sucessivos contratos de manutenção de veículos automotores por dispensa de licitação, desde que cada um deles não ultrapasse R$8.000,00, pouco importando o valor total de todos os serviços da mesma natureza havidos no exercício financeiro, mesmo que ultrapasse R$100.000,00, que é o limite da dispensa determinado no inciso I do mesmo artigo 75.[309]

Ou seja, é permitido à Administração contratar com dispensa de licitação os serviços de manutenção de veículos automotores em valores milionários, sem limites, desde que o faça de modo parcelado e fragmentado.

Por exemplo, é permitido firmar um contrato de R$100.000,00, que é o limite da dispensa e, depois dele, vários outros contratos também por dispensa desde que cada um deles não ultrapasse R$8.000,00. Supõe-se que a Administração seja proprietária de frota com duzentos veículos. A manutenção dos veículos poderia ser contratada individualmente por dispensa de licitação, um contrato para cada veículo ou um contrato para cada demanda específica de dado veículo. Sob essa perspectiva, permite-se inclusive, que, no mesmo exercício, firme-se mais de um contrato com dispensa que tenha por objeto o mesmo veículo, desde que cada contrato não ultrapasse R$8.000,00, pouco importando que no total de contratos da mesma natureza já se tenha contratado em valores superiores aos R$100.000,00.

A literalidade do §7º do artigo 75 da Lei nº 14.133/2021 não abre muitos espaços para interpretação restritiva, porque o legislador foi bem claro e, muito embora se possa discordar da opção legislativa, não se encontra inconstitucionalidade direta no dispositivo. A justificativa para a dispensa de licitação e para o fracionamento dos contratos é a imprevisibilidade e a dificuldade para realizar licitação que tenha por objeto os serviços de manutenção de veículos. A Administração, durante as décadas da Lei nº 8.666/1993, vinha licitando tais objetos, bem como serviços de manutenção em geral, não restritos a veículos automotores, desenvolvendo modelos de contratos que lhe são compatíveis. Porém, o legislador, pressupõe-se, entendeu que tais modelos de contratos específicos para serviços de manutenção de veículos automotores causam prejuízos para a Administração, que seria melhor que ela contratasse por dispensa de licitação e que as regras que vedam o parcelamento ou fracionamento dos objetos dos contratos não deveriam ser aplicadas desde que para contratos limitados a R$8.000,00.

---

308 Valor atualizado pelo Decreto Federal nº 12.343/2024, para R$10.036,10.

309 Valor atualizado pelo Decreto Federal nº 12.343/2024, que passou para R$125.451,15.

A única interpretação restritiva que se defende é que a mesma demanda não possa ser fragmentada. Explica-se melhor. Suponha-se que a Administração seja proprietária de um caminhão e houve um problema grave no motor, cujo conserto, que é a demanda da Administração, foi orçado em R$116.000,00. O mesmo conserto não deveria ser fragmentado, não se poderia dividir o contrato em doze contratos menores de R$8.000,00, para que cada um deles não ultrapassasse o limite de R$100.000,00 estabelecido no inciso I do artigo 75 da Lei nº 14.133/2021.

Sem embargo, não haveria ilegalidade em contratar com dispensa de licitação se o conserto do motor fosse orçado em até R$100.000,00, que é o limite da dispensa do inciso I do artigo 75 da Lei nº 14.133/2021, e, posteriormente no mesmo exercício, diante de outra demanda que exigisse um novo conserto de R$8.000,00, que se firmasse um novo contrato por dispensa de licitação. No final das contas, nessa hipótese, a Administração teria firmado, no mesmo exercício, contratos com dispensa de licitação que ultrapassam o limite da dispensa, no total de R$108.000,00, autorizado pelo §7º do artigo 75 da Lei nº 14.133/2021.

Prosseguindo no exemplo, advirta-se que, se o valor da segunda demanda fosse superior a R$8.000,00, ainda que, se considerado individualmente, fosse inferior ao limite da dispensa de R$100.000,00, daí seria devida a licitação. É que o §7º do artigo 75 da Lei nº 14.133/2021 autoriza que as dispensas de licitação ultrapassem o limite de R$100.000,00 por meio de contratos que não ultrapassam R$8.000.00. Logo, até alcançar o valor total de R$100.000,00, os contratos podem ter qualquer valor, inclusive pode haver uma única contratação por dispensa já no limite de R$100.000,00. Alcançando-se, no entanto, o limite de R$100.000,00 no exercício para serviços de manutenção de veículos automotores, novas contratações com dispensa de licitação não podem ultrapassar o valor de R$8.000,00, fixado no §7º do artigo 75 da Lei nº 14.133/2021.

Há de se destacar a ressalva, expressa no §7º do artigo 75 da Lei nº 14.133/2021, que o limite de R$8.000,00 abrange os serviços de manutenção e o fornecimento de peças. Portanto, diante de dada demanda, não se poderia firmar um contrato com dispensa de licitação de R$8.000,00 e outro que tenha por objeto o fornecimento das peças, fazendo com que o total para atender à demanda ultrapasse os R$8.000,00. O limite geral por demanda de R$8.000,00 contido no §7º do artigo 75 da Lei nº 14.133/2021 envolve serviços e peças.

O dispositivo é casuístico e equivocado, tanto que, repita-se, serviços de manutenção de veículos automotores foram e são licitados pela Administração Pública – ainda que se reconheça que não se trata de uma licitação simples. E, aliás, continuarão a ser licitados, haja vista que muitos órgãos da Administração têm demanda que ultrapassa R$100.000,00 no exercício e demandas particularizadas que ultrapassam o valor de R$8.000,00. De um jeito ou de outro, para os órgãos que se enquadram nessa situação, que não são poucos, a licitação terá de ser realizada.

2.9 Situações imprevisíveis

A obrigatoriedade de somar os valores tocantes a objetos distintos para definir as dispensas de licitação previstas nos incisos I e II do artigo 75 da Lei nº 14.133/2021 vale somente *em princípio*, pois há compras, serviços e obras que não podem ser previstos de antemão, especialmente antes do exercício financeiro. É evidente que a compra ou o serviço ou a obra apenas podem ser realizados de uma vez ou os seus valores serem somados se a Administração dispuser de meios para prevê-los antecipada e integralmente. Não se pode pretender que sejam somados valores concernentes a contratos imprevisíveis, por óbvio, porque sequer se sabe antecedentemente de sua necessidade, quanto mais de seu montante.

Por exemplo, a Administração compra determinada quantidade de pneus em cada exercício financeiro, de conformidade com estudos e planejamentos que envolvem a expectativa de durabilidade dos respectivos produtos. Acontece que os motoristas dos veículos podem passar por buracos com mais ou menos frequência, inutilizando pneus e requisitando a compra de outros, às vezes acima da quantidade planejada. Suponha-se que a previsão inicial da Administração era comprar uma quantidade de pneus cujo valor do contrato se limitaria a R$50.000,00, utilizando-se da dispensa do inciso II do artigo 75 da Lei nº 14.133/2021.[310] Ocorre que, se, por eventualidade, pneus perecerem antes do previsto, tornando necessário comprar mais pneus, provavelmente se irá ultrapassar os R$50.000,00, que servem de limite para a dispensa. Sob esse prisma, não se impõe exigir que se tivessem somado aos R$50.000,00 iniciais os valores apurados posteriormente, provocados por situações fortuitas, que não podiam ser previstas.

Essas situações de imprevisibilidade devem ser analisadas com sensibilidade pelos órgãos de controle. O fato de ultrapassar o valor superior aos limites das dispensas dos incisos I e II do artigo 75 da Lei nº 14.133/2021 com o mesmo objeto e no mesmo exercício não autoriza concluir que, necessariamente, houve o parcelamento indevido e, nesse sentido, qualquer tipo de ilicitude. Pode acontecer, perfeitamente, que os gastos com dispensas ultrapassem na sua totalidade os montantes estabelecidos pela legislação em razão de situações imprevisíveis, por efeito do que não é de reconhecer fracionamento ou parcelamento indevido.

2.10 As alterações contratuais e os limites das dispensas dos incisos I e II do artigo 75 da Lei nº 14.133/2021

Outra questão que se relaciona à abrangência dos limites preceituados nos incisos I e II do artigo 75 da Lei nº 14.133/2021 diz respeito às alterações contratuais, que repercutem no valor inicialmente pactuado. Os contratos administrativos são regidos pelo *princípio da mutabilidade*, segundo o qual esses podem ser alterados a fim de melhor contemplar o interesse público. Todavia, ao lado desse princípio, merece destaque o *princípio da intangibilidade do equilíbrio econômico-financeiro*, que demanda preservar a relação proposta pelo contratante entre o custo para oferecer o produto e o preço proposto à Administração, em virtude do que, se o contrato foi alterado, é imperativo rever os seus valores.

O problema que se põe é o seguinte: a Administração Pública firma contrato mediante dispensa de licitação, fundamentada no inciso I ou no inciso II do artigo 75 da Lei nº 14.133/2021, que lhe impõe, respectivamente, os limites de R$100.000,00 e

[310] Valor atualizado pelo Decreto Federal nº 12.343/2024, que passou para R62.725,59.

R$50.000,00.[311] No curso do contrato, constata-se a necessidade de alterar o seu objeto, o que implica alteração do preço pago pela Administração Pública. Então, contrato que inicialmente se enquadrava nos limites para a dispensa, com a alteração, ultrapassa os supracitados valores. Se a alteração pudesse ser prevista inicialmente, o contrato teria que ser licitado.

O Tribunal de Contas da União prolatou decisões contraditórias sobre o assunto.[312]

A possibilidade de alterar o contrato administrativo funda-se exatamente na proteção ao interesse público, que, muitas das vezes, precisa ser adaptado à nova realidade, que não havia como ser concebida previamente. Portanto, é lícito contratar com dispensa, em razão do valor econômico do contrato, e, posteriormente, em razão de nova configuração do interesse público, alterar o seu objeto, mesmo que isso implique ultrapassar os valores inicialmente pactuados. Entretanto, isso só é lícito na medida em que a nova textura do objeto do contrato não podia ser prevista, porém tenha resultado, realmente, de nova demanda amparada pelo interesse público, devidamente justificada. Em sentido oposto, se o agente administrativo define inicialmente o objeto do contrato em quantidade menor ou com características mais simples justamente para adequá-lo aos limites de valor da dispensa e depois pretende alterá-lo, então incorre em ilegalidade.

É preciso ponderar que, no entanto, há agentes administrativos que costumam contratar objetos em menor quantidade ou com características simples, contando, em seguida, com a possibilidade de realizar alterações, já sabidas previamente, postergadas apenas para evitar a obrigatoriedade de licitação pública. Isso constitui fraude e deve ser reprimido pelos órgãos de controle, com a responsabilização pessoal dos agentes administrativos.

---

311 Noticia-se que tais valores foram atualizados, consoante o Decreto Federal nº 12.343/2024, para R$125.451,15 e R$62.725,59, respectivamente.

312 A favor da possibilidade de o aditivo fazer o valor do contrato ultrapassar o limite da modalidade: "28. Com relação à modalidade de licitação, sabe-se que o principal critério para definir se o administrador utilizará o convite, a tomada de preços ou a concorrência é o valor estimado do objeto a ser licitado. Contudo, não creio que para essa escolha tenha que ser computado, necessariamente, o montante do eventual acréscimo contratual a que alude o §1º do art. 65 da Lei de Licitações e Contratos. Pensar dessa forma implica criar novos limites para a definição da modalidade licitatória, desconsiderando, assim, a cristalina disposição do art. 23 da Lei nº 8.666/1993, que fixou os valores para a correta seleção da modalidade do certame. 29. Ademais, convém consignar que os acréscimos legais devem ser resultantes de fatos supervenientes, os quais não eram dados a conhecer ao administrador no momento da definição da modalidade. A necessidade de aumentar a quantidade de bens e produtos a ser adquiridos surge em momento posterior à escolha da modalidade. Porém, se o gestor tem a possibilidade de antever a necessidade de quantidade maior, não deve instaurar certame tendo por objeto quantidade inferior. O que é reprovável, por certo, é a burla à sistemática instituída pelo referido diploma legal, pela falsa estimativa do valor do objeto a ser licitado, a menor, com o deliberado propósito de selecionar determinada modalidade de licitação, já sabendo, de antemão, a necessidade de utilização dos acréscimos contratuais" (TCU, Plenário. Acórdão nº 103/2004. Rel. Min. Marcos Bemquerer, j. 11.2.2004). Em sentido contrário: "Tomada de Contas Especial. Ministério dos Transportes. Administração das Hidrovias da Amazônia Ocidental. Obra pública. Superfaturamento de preços de itens do objeto contratado. Dispensa indevida de licitação. Recebimento do objeto em desacordo com os termos do contrato. Não aplicação de penalidade por injustificado atraso na conclusão do contrato. Pagamento antecipado. Fracionamento de despesa. Violação do limite financeiro para a modalidade de licitação empregada. Contas irregulares. Débito. Multa. Determinação. Remessa de cópia ao MPU. Ciência ao Ministério dos Transportes e ao Congresso Nacional". Do corpo do voto: "Segundo a unidade técnica, remanesceram injustificadas as irregularidades e falhas formais, a seguir sumariadas, conjuntamente com as falhas operacionais, verificadas ao longo da inspeção: s) celebração de aditivo contratual com violação do limite financeiro para a modalidade de licitação empregada (Contrato 1/99, fl. 290)" (TCU, Plenário. Acórdão nº 286/2002. Rel. Min. Walton Alencar Rodrigues, j. 7.8.2002).

Por outro lado, na maioria das vezes, os agentes administrativos atuam com boa-fé, dimensionam o objeto diante dos fatos e das informações que possuem, firmam os contratos com dispensa de licitação corretamente e depois surgem novos fatos, circunstâncias ou demandas que importam na necessidade de promover alterações contratuais que fazem com que o valor do contrato ultrapasse os limites da dispensa. Essa alteração não pode ser objetada pelos órgãos de controle.

O desafio é distinguir a boa ou a má-fé dos agentes administrativos. Sob essa luz, não se esqueça que a má-fé não se presume, ela deve estar muito bem delineada para que possa ser reconhecida. A dúvida milita em favor da boa-fé e em desfavor da má-fé. Nas palavras de Carlos Maximiliano, "Todas as presunções militam a favor de uma conduta honesta e justa; só em face de indícios decisivos, bem fundadas conjeturas, se admite haver alguém agido com propósitos cavilosos, intuitos contrários ao Direito, ou à Moral".[313] Na mesma linha são as lições de Celso Antônio Bandeira de Mello:

> Deveras, não se toma como premissa corrente, o patológico, o anômalo. Por isto, a má-fé, para ser admitida como existente, demanda que dela se faça prova substante ou, quando menos, que se possa depreendê-la de indícios veementes, de elementos que precedendo ou circundando o ato (ou a relação jurídica), concorram de modo robusto para levar a uma convicção sólida de que a parte ou as partes agiram maliciosamente, animados por intuito vicioso.
>
> [...] Assim, inexistindo transparente expressão de má-fé por parte do administrado, não se poderá concluir que este concorreu para o ato viciado mediante procedimento malicioso, senão quando a articulação dos vários elementos a que se aludiu obrigue o pensamento a direcionar-se e a residir neste termo, não sendo suficientes para estabelecê-lo meras presunções, simples suspeitas, desvalidas de amparo fático ou desprovidas de consistência psicológica. É que, a ser de outro modo, instalar-se-ia a insegurança, a suspicácia, a fragilidade dos liames constituídos sob a égide do Poder Público.[314]

Soma-se a isso que o legislador ao tratar dos limites às alterações contratuais não estabeleceu qualquer vínculo, quiçá remoto, com os limites à dispensa de licitação pública previstos nos incisos I e II do artigo 75 da Lei nº 14.133/2021. Limites às alterações e limites à dispensa são assuntos distintos, sem qualquer correlação legal. Não cabe ao intérprete criar tal correlação à margem do legislador. Insista-se que o legislador prescreveu limites e condições para as alterações contratuais. Estas devem ser obedecidas, e, acima de tudo, já são suficientes, desde que interpretadas e aplicadas corretamente.

2.11 A prorrogação de contratos e os limites das dispensas dos incisos I e II do artigo 75 da Lei nº 14.133/2021

Tema relacionado à alteração contratual, embora com textura diversa, é o da prorrogação do contrato, nas situações previstas nos incisos do artigo 107 da Lei nº

---

313 MAXIMILIANO, Carlos. *Hermenêutica e aplicação do direito*. 8. ed. São Paulo: Livraria Freitas Bastos, 1965. p. 282.

314 BANDEIRA DE MELLO, Celso Antônio. O princípio do enriquecimento sem causa em direito administrativo. *Revista Eletrônica de Direito Administrativo – REDAE*, Salvador, n. 5. fev./abr. 2006. Disponível em: http://www.direitodoestado.com.br/codrevista.asp?cod=91. Acesso em: 18 nov. 2021.

14.133/2021, que também repercute em acréscimo de valores e, por consequência, pode fazer com que os valores-limite da dispensa sejam extrapolados.

Por exemplo: o artigo 107 da Lei nº 14.133/2021 permite a prorrogação de contratos de prestação de serviços contínuos. Então, suponha-se contrato contínuo de prestação de serviços celebrado pelo período relativo ao exercício financeiro, cujo montante atingiu R$50.000,00, realizado, portanto, mediante a dispensa de licitação prescrita no inciso II do artigo 75 da mesma lei. Ora, se esse contrato for prorrogado para o próximo exercício, o seu valor integral irá ultrapassar R$50.000,00. A questão é saber se é legal essa prorrogação, que leva o contrato firmado com base em dispensa de licitação, para além dos referidos limites do inciso II do artigo 75.

A resposta é negativa, porque o limite de valor é "para contratação que envolva valores inferiores a [...]" R$100.000,00 e R$50.000,00, respectivamente, conforme os incisos I e II do artigo 75.[315] Ou seja, o parâmetro é a contratação na sua totalidade. E o ponto é que as prorrogações podem ser previstas já desde o início dos contratos, não decorrem de eventos imprevisíveis. Tanto isso é verdade que o artigo 107 da Lei nº 14.133/2021 exige que o edital preveja a possiblidade de prorrogação. Logo, o valor total do contrato para efeito de enquadramento nos incisos I e II do artigo 75 deve ser calculado diante de todas as prorrogações possíveis e previsíveis.

Daí que os contratos que admitirem prorrogação devem ser programados em sua totalidade, inclusive computando os valores que incidiriam sobre eles se realmente for levada a cabo a prorrogação, para o efeito de definir se é o caso de dispensa. Enfatiza-se, a favor dessa tese, que a prorrogação, ao contrário da mera alteração do objeto, pode ser perfeitamente prevista antes de se firmar o contrato, pelo que é incabível à espécie sustentar nova e imprevisível configuração do interesse público, salvo situações excepcionais, com as devidas justificativas.[316]

Ressalva-se que, sem a previsão de prorrogação do contrato, ainda que ela fosse permitida, tratando-se de novo exercício financeiro, nada impede a Administração de firmar novo contrato com fundamento na dispensa de licitaçao dos incisos I e II do artigo 75 da Lei nº 14.133/2021, desde que o valor desse novo contrato, na sua totalidade, não ultrapasse os limites dos referidos incisos. Ou seja, a Administração tem a discricionariedade para não prever a prorrogação e firmar contratos fundados na dispensa limitados ao exercício, desde que o valor dispendido em cada exercício não ultrapasse os limites. Ao final dos contratos, em vez de prorrogar, ela pode firmar novos contratos, também com fundamento na dispensa de licitação dos incisos I e II do artigo 75 da Lei nº 14.133/2021. Trata-se de nova contratação e não de mera prorrogação, o que demanda processo administrativo para a dispensa de licitação, que deve atender a todos os quesitos legais, com realce para os prescritos no artigo 72 da Lei nº 14.133/2021.

---

[315] Noticia-se que tais valores foram atualizados, consoante o Decreto Federal nº 12.343/2024, para R$125.451,15 e R$62.725,59, respectivamente.

[316] O Tribunal de Contas da União vem decidindo neste sentido: "[...] na contratação ou prorrogação de serviços a serem executados de forma contínua, nos termos do art. 57 inciso II, da Lei nº 8.666/93, observe, para a escolha da modalidade de licitação, o valor estimado do período total dos serviços, de modo a não extrapolar os limites estabelecidos para as modalidades Convite e Tomada de Preços, nos termos do art. 23, §5º, da mesma lei, com a redação dada pela Lei nº 9.648/98 [...]" (TCU, Primeira Câmara. Acórdão nº 1.862/2003. Rel. Min. Marcos Vinicios Vilaça, j. 19.8.2003).

Cumpre registrar que a Advocacia-Geral da União tem entendimento diverso, conforme se depreende da Orientação Normativa nº 87/2024:

> Para fins de dispensa de licitação em razão do valor (incisos I e II do art. 75 da Lei nº 14.133, de 2021) destinada a contratos de fornecimento ou serviço continuado com vigência plurianual, nos termos dos arts. 106 e 107, da Lei nº 14.133, de 2021, será considerado valor da contratação o montante equivalente ao período de 1 (um) ano de vigência contratual, na forma do §1º do art. 75 da Lei n. 14.133/2021. Referência: Art. 75, §1º, inciso I, da Lei nº 14.133, de 2021. (AGU, Orientação Normativa nº 87/2024).

Discorda-se.

Veja-se que orientação normativa não trata especificamente dos casos de prorrogação dos contratos e sim de contratos que já são firmados por período superior ao exercício. No entanto, a situação é parecida, dado que o relevante é que há contratos que superam o exercício, quer já originariamente celebrados por período superior ou que superem o período do exercício por meio de prorrogações.

O mencionado inciso I do §1º do artigo 75 da Lei nº 14.133/2021 prescreve que para fins de aferição dos limites da dispensa deve ser observado "o somatório do que for despendido no exercício financeiro pela respectiva unidade gestora", consagrando a premissa da anualidade do orçamento para a mensuração do fracionamento, afirmada pelos órgãos de controle desde a época da Lei nº 8.666/1993. Essa premissa da anualidade significa que, se o órgão proceder a diversos contratos da mesma natureza no exercício, os valores de todos eles devem ser somados para definir se é o caso ou não da dispensa de licitação.

Sem embargo, o inciso I do §1º do artigo 75 da Lei nº 14.133/2021 não trata especificamente da hipótese de contrato celebrado de uma vez por período superior ao exercício ou sujeito à prorrogação. Para essas situações, em linha diversa da Orientação da Advocacia-Geral da União, deve prevalecer o prescrito no *caput* do mesmo artigo 75, de que os limites para a dispensa são relativos à contratação e não à parte dela ou período que corresponda à parte dela. Ora, se a contratação é por cinco anos, o valor limite para a dispensa deve ser auferido com base nos cinco anos e não apenas para parte menor do período do contrato restrita ao crédito orçamentário relativo ao exercício em que a contratação foi firmada. O comando do *caput* do artigo 75 é que se tome em conta o contrato inteiro e não parte dele, sendo que, por regra de hermenêutica, a contradição entre o *caput* (cabeça) e seus parágrafos (acessórios) deve ser resolvida em prol do *caput*, que é a cabeça, o principal. Não se deve, diante do *caput* do artigo 75, cindir artificiosamente um contrato para enquadrá-lo na hipótese de dispensa pelo valor do contrato, reiterando-se que a interpretação dos casos de dispensa deve ser restritiva.

2.12 Dispensa de licitação em razão do valor do contrato e a preferência a microempresas e empresas de pequeno porte

A Lei Complementar nº 123/2006 trata do denominado Estatuto das Microempresas e Empresas de Pequeno Porte, com normas que as privilegiam em licitação pública e contrato administrativo. Esse regime jurídico sofreu alteração substancial com o advento da Lei Complementar nº 147/2014. O artigo 4º da Lei nº 14.133/2021 prescreve que a Lei Complementar nº 123/2006 se aplica às licitações e contratos por ela disciplinados.

O ponto é que os artigos 47 e 48 da Lei Complementar nº 123/2006 prescrevem tratamento diferenciado e simplificado para as microempresas e empresas de pequeno porte em licitações públicas e contratos administrativos.

O inciso I do artigo 48 da Lei Complementar nº 123/2006 obriga que se realize licitação exclusiva para microempresas e empresas de pequeno porte nos casos em que o valor do contrato não ultrapasse R$80.000,00.[317]

Boa parte dos contratos firmados com base nas dispensas de licitação dos incisos I e II do artigo 75 da Lei nº 14.133/2021 não ultrapassa R$80.000,00. Relembre-se que os limites para as dispensas dos incisos I e II do artigo 75 da Lei nº 14.133/2021 são, para engenharia e serviços de manutenção de veículos automotores, R$100.000,00, e, para os demais objetos, R$50.000,00.[318] Dessa sorte, embora o texto do inciso I do artigo 48 da Lei Complementar nº 123/2006 refira-se expressamente à licitação e não à dispensa, é de estender a sua aplicação, também, para as hipóteses de dispensa, sobremodo às dos incisos I e II do artigo 75 da Lei nº 14.133/2021.

O artigo 49, da mesma lei complementar, versa sobre hipóteses que afastam o dito tratamento diferenciado e simplificado. Entre as hipóteses, interessa, para este tópico, a prevista no inciso IV:

> Art. 49. Não se aplica o disposto nos arts. 47 e 48 desta Lei Complementar quando: [...]
> IV - a licitação for dispensável ou inexigível, nos termos dos arts. 24 e 25 da Lei nº 8.666, de 21 de junho de 1993, excetuando-se as dispensas tratadas pelos incisos I e II do artigo 24 da mesma Lei, nas quais a compra deverá ser feita, preferencialmente, de microempresas e empresas de pequeno porte, aplicando-se o disposto no inciso I do artigo 48.

O inciso IV do artigo 49 enuncia que o tratamento diferenciado e simplificado não se aplica às hipóteses de dispensa e inexigibilidade de licitação, salvo as hipóteses dos incisos I e II do artigo 24 da Lei nº 8.666/1993, que são os dispositivos da revogada Lei nº 8.666/1993 que tratavam da dispensa de licitação pelo valor econômico do contrato e que devem ser estendidos para as hipóteses dos incisos I e II do artigo 75 da Lei nº 14.133/2021, na forma dos artigos 4º e 189, ambos da Lei nº 14.133/2021.[319] Nessas hipóteses, deve-se dar preferência às microempresas e empresas de pequeno porte, aplicando-se o disposto no inciso I do artigo 48 da Lei Complementar nº 123/2006.

Sob essa interpretação, deve-se entender que o inciso IV do artigo 49 da Lei Complementar nº 123/2006 compreende as dispensas de licitação fundadas nos incisos I e II do artigo 75 da Lei nº 14.133/2021, desde que não ultrapassem R$80.000,00, devendo

---

[317] "Artigo 48. Para o cumprimento do disposto no artigo 47 desta Lei Complementar, a Administração: I - deverá realizar processo licitatório destinado exclusivamente à participação de microempresas e empresas de pequeno porte nos itens de contratação cujo valor seja de até R$80.000,00 (oitenta mil reais)".

[318] Noticia-se que tais valores foram atualizados, consoante o Decreto Federal nº 12.343/2024, para R$125.451,15 e R$62.725,59, respectivamente.

[319] "Art. 4º Aplicam-se às licitações e contratos disciplinados por esta Lei as disposições constantes dos arts. 42 a 49 da Lei Complementar nº 123, de 14 de dezembro de 2006. [...] Art. 189. Aplica-se esta Lei às hipóteses previstas na legislação que façam referência expressa à Lei nº 8.666, de 21 de junho de 1993, à Lei nº 10.520, de 17 de julho de 2002, e aos arts. 1º a 47-A da Lei nº 12.462, de 4 de agosto de 2011".

ser realizadas com microempresas e empresas de pequeno porte. Empresas médias ou grandes, em princípio, não devem ser contratadas com base nas hipóteses de dispensa em comento para contratos que não ultrapassem R$80.000,00, salvo se, pressupõe-se, não se encontrar microempresas ou empresas de pequeno porte dispostas a fazê-lo, dentro das condições e preços considerados aceitáveis pela Administração, o que, se acontecer, depende de justificativas.

O inciso IV do artigo 49 da Lei Complementar nº 123/2006 altera radicalmente o regime das dispensas de licitação pelo valor econômico, que tradicionalmente foram franqueadas a qualquer tipo de empresa ou interessado, conforme a análise de conveniência e oportunidade da Administração Pública. Insista-se que, com a Lei Complementar nº 123/2006, em princípio, apenas microempresas e empresas de pequeno porte podem ser contratadas com base nas dispensas dos incisos I e II do artigo 75 da Lei nº 14.133/2021 – salvo se não se encontrarem microempresas e empresas de pequeno porte dispostas a fazê-lo.

A propósito, tem havido dúvida sobre a abrangência do inciso IV do artigo 49 da Lei Complementar nº 123/2006. Ocorre que o dispositivo faz referência às "dispensas tratadas pelos incisos I e II do artigo 24 da mesma Lei, nas quais a *compra* deverá ser feita preferencialmente de microempresas e empresas de pequeno porte, aplicando-se o disposto no inciso I do art. 48" (grifos nossos). O dispositivo prescreve que a compra deve ser feita com microempresas e empresas de pequeno porte. Portanto, há quem entende que os serviços e as obras estariam livres do dispositivo, por efeito do que qualquer empresa poderia ser contratada, não apenas as microempresas e empresas de pequeno porte.

Parece que esse não é o melhor entendimento. O propósito do dispositivo, embora discorde-se dele frontalmente, é fazer com que apenas microempresas e empresas de pequeno porte sejam contratadas diante das dispensas pelo valor econômico. Tanto isso é verdade que o inciso IV do artigo 49 da Lei Complementar nº 123/2006 diz respeito, expressamente, às "dispensas tratadas pelos incisos I e II do art. 24 da mesma Lei", na Lei nº 14.133/2021 tratadas nos incisos I e II do artigo 75. Ora, limitar o supracitado dispositivo às compras equivale a afirmar que ele não se aplicava ao inciso I do artigo 24 da Lei nº 8.666/1993 nem ao inciso I do artigo 75 da Lei nº 14.133/2021, apenas aos respectivos incisos II. Sucede que os incisos I tratam das obras e serviços de engenharia (sendo que o inciso I do artigo 75 da Lei nº 14.133/2021 também trata do serviço de manutenção de veículos automotores), sem se referir às compras. As compras são versadas apenas nos incisos II. Daí que, acaso o inciso IV do artigo 49 da Lei Complementar nº 123/2006 fosse limitado às compras, ele não teria aplicabilidade e qualquer efeito em relação aos incisos I, tanto do artigo 24 da Lei nº 8.666/1993 quanto do artigo 75 da Lei nº 14.133/2021, em desalinho aberto ao seu próprio texto.

3 Dispensa em razão de licitação fracassada

O legislador criou hipóteses de dispensa relacionadas a casos em que a licitação pública não foi bem-sucedida e que, em razão disso, a repetição do procedimento pode ser danosa ao interesse público.

Sob essa perspectiva, o inciso III do artigo 75 da Lei nº 14.133/2021 prescreve o seguinte:

> Art. 75. É dispensável a licitação: [...]
> III - para contratação que mantenha todas as condições definidas em edital de licitação realizada há menos de 1 (um) ano, quando se verificar que naquela licitação:
> a) não surgiram licitantes interessados ou não foram apresentadas propostas válidas;
> b) as propostas apresentadas consignaram preços manifestamente superiores aos praticados no mercado ou incompatíveis com os fixados pelos órgãos oficiais competentes; [...].

É de registrar, já de início, que a Lei nº 8.666/1993 prescrevia hipóteses similares de dispensa de licitação, versadas nos incisos V e VII do seu artigo 24:

> Art. 24. É dispensável a licitação: [...]
> V - quando não acudirem interessados à licitação anterior e esta, justificadamente, não puder ser repetida sem prejuízo para a Administração, mantidas, neste caso, todas as condições preestabelecidas; [...]
> VII - quando as propostas apresentadas consignarem preços manifestamente superiores aos praticados no mercado nacional, ou forem incompatíveis com os fixados pelos órgãos oficiais competentes, casos em que, observado o parágrafo único do art. 48 desta Lei e, persistindo a situação, será admitida a adjudicação direta dos bens ou serviços, por valor não superior ao constante do registro de preços, ou dos serviços; [...].

Embora semelhantes, há diferenças substanciais entre os dispositivos da Lei nº 14.133/2021 e da revogada Lei nº 8.666/1993, sobre as quais se deve atentar:

(i) *Prazo* – O inciso III do artigo 75 da Lei nº 14.133/2021 condiciona a dispensa de licitação ao prazo de 1 ano da realização da licitação, em sentido diverso da Lei nº 8.666/1993, que não cogita de prazos. A nova lei exige, então, que a licitação fracassada seja relativamente recente, não admitindo que se aproveite de licitação que foi fracassada há mais de 1 ano. A restrição não tem muita aplicação prática, porque é realmente difícil que a Administração Pública espere tanto tempo, a contar da realização da licitação, para proceder às dispensas.

(ii) *Licitação deserta e fracassada* – O inciso V do artigo 24 da Lei nº 8.666/1993 referia-se à hipótese que ocorre "quando não acudirem interessados à licitação anterior", o que remete à denominada licitação deserta, em que não há licitantes. Daí que o dispositivo sempre causou polêmica sobre sua aplicação para as licitações fracassadas, que ocorrem quando há licitantes, porém, em que todos eles são inabilitados ou desclassificados.[320] A redação da alínea "a" do inciso

[320] Hely Lopes Meirelles afirmava: "Caracteriza-se o desinteresse quando nenhum licitante acode à licitação, ou todos são inabilitados, ou nenhuma proposta é classificada, muito embora, neste último caso, a Administração possa convidar os proponentes para reformular suas ofertas (artigo 48, §3º)" (MEIRELLES, Hely Lopes. *Licitação e contrato administrativo*. 12. ed. São Paulo: Malheiros, 1999. p. 100). Sidney Bittencourt compartilha a mesma exegese: "Entendemos que tal enquadramento também abrange hipóteses de 'licitação fracassada', ou seja, na hipótese de os possíveis interessados não conseguirem ultrapassar as fases da licitação (nesse sentido também entende Hely Lopes Meirelles)" (BITTENCOURT, Sidney. *Licitação passo a passo*. 6. ed. Belo Horizonte: Fórum, 2010. p. 109). Em sentido contrário, leiam-se as palavras de Maria Sylvia Zanella Di Pietro: "A licitação deserta não se confunde com a licitação fracassada, em que aparecem interessados, mas nenhum é selecionado, em decorrência da inabilitação ou da desclassificação. Neste caso, a dispensa de licitação não é possível" (DI

III do artigo 75 da Lei nº 14.133/2021 desfaz a maior parte da controvérsia ao admitir a dispensa quando "não surgiram licitantes interessados ou não foram apresentadas propostas válidas", logo também abrangendo as licitações fracassadas. Pondera-se, no entanto, que a passagem "não foram apresentadas propostas válidas" deve ser lida em um sentido mais amplo para contemplar situações em que as propostas são desclassificadas por qualquer razão e para os casos em que todos os licitantes são inabilitados ou sequer admitidos a participar da licitação. É que, por quaisquer das razões mencionadas, no fim das contas, ao encerrar a licitação, a Administração não dispõe de proposta válida para que possa proceder à contratação.

(iii) *Prejuízo* – O inciso V do artigo 24 da Lei nº 8.666/1993 condicionava a dispensa à demonstração de que a repetição da licitação lhe causa prejuízo, o que gera dificuldades com relação à aplicação da dispensa, dado que, evidentemente, não basta alegar qualquer sorte de prejuízo. Isso porque a realização de licitação pública sempre implica algum dispêndio e, por conseguinte, poder-se-ia dizer, algum prejuízo. Sem embargo, o inciso V requer prejuízo qualificado, não o pretensamente decorrente da própria licitação. Sob essa luz, é necessário que a repetição de licitação inviabilize ou provoque gravame a algum bem jurídico visado pela Administração Pública. Por isso, no âmbito da Lei nº 8.666/1993, era comum que a Administração Pública repetisse ao menos uma vez a licitação fracassada, para que não fosse questionada pelos órgãos de controle. A alínea "a" do inciso III do artigo 75 da Lei nº 14.133/2021, diferentemente, não condiciona a dispensa à demonstração de prejuízo com a repetição da licitação. Isso significa que, sendo a licitação fracassada, a Administração Pública já está autorizada a proceder à dispensa, sem necessidade de repetir a licitação, desde que, insista-se, a dispensa reproduza as condições que foram licitadas.

(iv) *Oportunidade para que licitantes ofereçam novas propostas* – O inciso VII do artigo 24 da Lei nº 8.666/1993, ao se referir ao seu artigo 48, condicionava a dispensa à concessão de oportunidade para que os licitantes apresentassem novas propostas com preços aceitáveis. A alínea "b" do inciso III do artigo 75 da Lei nº 14.133/2021 não formula a mesma exigência, por efeito do que a dispensa não depende da concessão dessa oportunidade para reapresentar propostas.

Cumpre destacar que a dispensa do inciso III do artigo 75 da Lei nº 14.133/2021 só tem lugar diante dos casos em que a Administração Pública não recebe nenhuma proposta válida. Em sentido oposto, se a Administração Pública recebe proposta válida, compatível com o edital, o autor dela é o vencedor da licitação e com ele deve ser assinado o contrato. É ilícita a conduta da Administração Pública que desfaz a

---

PIETRO, Maria Sylvia Zanella. *Direito administrativo*. 23. ed. São Paulo: Atlas, 2010. p. 370). Também Roberto Ribeiro Bazilli e Sandra Julien Miranda assinalam: "Essa é a hipótese da chamada licitação deserta, que não se confunde com a fracassada. Ambas levam ao mesmo resultado, ou seja, a impossibilidade de contratar o objeto licitado e pretendido pela Administração. Porém, na licitação deserta não acorrem interessados ao procedimento licitatório, enquanto que na fracassada os interessados comparecem ao certame mas não preenchem os requisitos para habilitação ou, quando qualificados, suas propostas são desclassificadas, ou, então, desistem de participar" (BAZILLI, Roberto Ribeiro; MIRANDA, Sandra Julien. *Licitação à luz do direito positivo*. São Paulo: Malheiros, 1999. p. 166).

licitação em virtude de ter recebido apenas uma proposta ou de ter restado válida uma só proposta. Isso não é o bastante para revogar a licitação, nem para aplicar o inciso III do artigo 75 da Lei nº 14.133/2021.

Salienta-se que o inciso III do artigo 75 da Lei nº 14.133/2021, para evitar fraudes, exige que o contrato firmado com base na dispensa reproduza as mesmas condições licitadas. Sucede que é comum que a licitação fracasse por causa das condições exigidas no edital, às vezes por demais onerosas. Em vista dessas condições, ninguém se propõe a participar da licitação ou os que participam não conseguem atender ao edital ou oferecem preços mais elevados. Nesse contexto, a dispensa só faz sentido se o contrato a ser firmado guardar as mesmas condições da licitação, o que requer a aceitação, do contratado, das aludidas condições. Não é razoável que o agente da Administração Pública realize a licitação sob condições tais que acabem por gerar o fracasso, afastando interessados ou onerando suas propostas, e, depois, pretenda travar negociações diretas com possíveis interessados, porém em outros termos, mais brandos. Se as condições forem atenuadas, por dedução lógica, é imperativo que se faça nova licitação, sob pena de fraude à licitação e violação ao princípio da isonomia. Sendo assim, para evitar fraude à licitação, em obediência ao princípio da isonomia e em consonância ao previsto no inciso III do artigo 75 da Lei nº 14.133/2021, a dispensa de licitação deve reproduzir as condições da licitação que resultou fracassada.

4 Dispensa em razão do objeto

O inciso IV do artigo 75 da Lei nº 14.133/2021 prescreve uma série de dispensas de licitação em razão de peculiaridades dos seus objetos. Por ordem, a seguir.

4.1 Peças para manutenção de equipamentos

A alínea "a" do inciso IV do artigo 75 da Lei nº 14.133/2021 prescreve:

> Art. 75. É dispensável a licitação: [...]
> IV - para contratação que tenha por objeto:
> a) bens, componentes ou peças de origem nacional ou estrangeira necessários à manutenção de equipamentos, a serem adquiridos do fornecedor original desses equipamentos durante o período de garantia técnica, quando essa condição de exclusividade for indispensável para a vigência da garantia; [...].

Essa hipótese de dispensa é destinada à aquisição de componentes ou peças vinculadas à garantia técnica. Ou seja, se a Administração Pública adquire a peça com terceiros, perde a garantia do produto. No entanto, essa situação precisa ser ponderada, dado que qualquer fornecedor, para estabelecer a seu favor reserva de mercado, poderia passar a condicionar a garantia técnica à compra de seus componentes e peças.

Nesse contexto, convém sublinhar que o contratado não pode simplesmente, no curso do contrato, se recusar a prestar a assistência técnica sob o argumento de que foram adquiridas peças de terceiros. Ele até poderia fazê-lo, desde que essa condição estivesse prevista de antemão no próprio contrato e, por dedução, fizesse parte da proposta apresentada por ele à Administração Pública.

A propósito, a peça ou o componente deve ser comprado junto ao fornecedor original, isto é, junto ao fabricante do produto ou seu representante comercial exclusivo em determinada região. Se não houver representante comercial exclusivo, mas outros tantos o comercializem, é imperativo que se proceda à licitação, para tratar todos com igualdade.

4.2 Acordo internacional

A alínea "b" do inciso IV do artigo 75 da Lei nº 14.133/2021 prescreve:

> Art. 75. É dispensável a licitação: [...]
> IV - para contratação que tenha por objeto: [...]
> b) bens, serviços, alienações ou obras, nos termos de acordo internacional específico aprovado pelo Congresso Nacional, quando as condições ofertadas forem manifestamente vantajosas para a Administração; [...].

De acordo com o inciso VIII do artigo 84 da Constituição Federal, compete privativamente ao Presidente da República "celebrar tratados, convenções e atos internacionais, sujeitos a referendo do Congresso Nacional". Já o inciso I do artigo 49 da Constituição Federal atribui, de modo exclusivo, ao Congresso Nacional a competência de "resolver definitivamente sobre tratados, acordos ou atos internacionais que acarretem encargos ou compromissos gravosos ao patrimônio nacional".

A princípio, estados (membros da Federação), Distrito Federal e municípios não poderiam se valer da dispensa em comento, uma vez que se revestem de personalidade jurídica de direito interno, portanto, não agregam capacidade para atuar no plano internacional. Vê-se que o inciso IV do artigo 74 da Lei nº 14.133/2021 condiciona a dispensa à aprovação do acordo pelo Congresso Nacional, órgão legislativo representante do Estado Federal. Aliás, a única possibilidade de estados, Distrito Federal e municípios valerem-se da dispensa em apreço depende da autorização ou do aval do próprio Estado Federal, que, no final das contas, para efeito de direito internacional, é quem se responsabiliza pelo cumprimento do acordado.

As relações internacionais do Estado revelam matérias estranhas às funções administrativas, subsumindo-se, a rigor jurídico, no espectro das funções políticas, exercidas com elevado grau de discricionariedade. Nela, as autoridades políticas decidem os estratagemas políticos e internacionais a serem adotados pelo Estado, o que se sobrepõe às meras questões administrativas.

O inciso IV do artigo 74 da Lei nº 14.133/2021 é peculiar, na medida em que é fundado nas relações internacionais, mas revela repercussões administrativas, em contratos a serem firmados pela Administração Pública. Ocorre que o Estado tem interesse em estreitar relações com outros estados, o que passa, muitas vezes, por questões comerciais. Então, no intuito de visar a objetivo mais amplo, de natureza política, o Estado toma medida comercial de natureza administrativa, firmando acordos envolvendo a contratação de bens com empresas estrangeiras. A questão é que esse tipo de acordo estaria frustrado se o Estado não pudesse contratar tais empresas estrangeiras diretamente, porque não haveria instrumentos para assegurar que elas efetivamente firmariam o contrato então acordado.

Sem embargo, a parte final da alínea "b" do inciso IV do artigo 75 da Lei nº 14.133/2021 prescreve que a dispensa baseada em acordo internacional depende de condições "manifestamente vantajosas para a Administração". A princípio, o modo para apurar as condições contratuais mais vantajosas é justamente a licitação pública. Nela, todos os interessados disputam o contrato em condições de igualdade, ofertando à Administração a melhor proposta em conformidade com os critérios objetivos traçados previamente no edital. Destarte, é a competição entre os interessados no contrato que induz à proposta mais vantajosa. Sob essa luz, o Estado brasileiro pode acertar a contratação de empresas estrangeiras, por meio de acordo internacional, mas não dispõe de condições para precisar de forma absoluta que os termos desse contrato sejam efetivamente os mais vantajosos sem realizar a licitação, pois, se recorresse à licitação, outras empresas, de outros estados, poderiam, em tese, lhe oferecer melhores propostas.

Antônio Roque Citadini, em comentários ao inciso XIV do artigo 24 da Lei nº 8.666/1993, que veiculava hipótese de dispensa equivalente à da alínea "b" do inciso IV do artigo 75 da Lei nº 14.133/2021, frisa que as condições manifestamente vantajosas ao Poder Público decorrem de financiamento, a ser obtido em organismo internacional ou Estado estrangeiro. Sucede que o acesso a essas linhas de crédito é condicionado à contratação de empresa já previamente determinada, proveniente ou ligada ao Estado ou ao organismo que ofertou o financiamento. Daí que, ou o Estado brasileiro firma o acordo, recebe o financiamento e contrata diretamente a empresa já definida, ou não recebe o financiamento e, no final das contas, acaba sem dinheiro para celebrar o contrato.[321]

A propósito, Adilson Abreu Dallari anota o seguinte:

> É sabido e ressabido que no Mercado internacional os financiamentos costumam ser amarrados à aquisição de bens e serviços no próprio país que concede os recursos financeiros. Os países ricos protegem seus mercados e procuram manter seus níveis de emprego, e para isso vinculam o financiamento ao fornecimento. Normalmente, apenas organismos financeiros internacionais exigem que os contratos sejam precedidos de licitação internacional. Isso é um dado da realidade: quem dá o dinheiro, manda. Ou na linguagem figurada. o dono da bola estabelece as regras do jogo, e quem discorda não joga.[322]

Ressalva-se que se vem consolidando entendimento, com lastro em interpretação sistêmica e, inclusive, em decisão do Superior Tribunal de Justiça,[323] sobre a possibilidade de realizar licitação pública para apurar a vantagem das propostas albergando as próprias condições de financiamento. Isto é, empresas nacionais e estrangeiras de diversos Estados poderiam oferecer seus produtos e junto com eles condições de financiamento vantajosas. Disso decorre, em complementação aos argumentos de Antônio Roque Citadini e de Adilson Abreu Dallari, que a obtenção de financiamento, conquanto até em condições interessantes, não seja o bastante para justificar a contratação direta. Repita-se que a

---

321 CITADINI, Antônio Roque. *Comentários e jurisprudência sobre a Lei de Licitações Públicas*. São Paulo: M. Limonad, [s.d.]. p. 169.

322 DALLARI, Adilson Abreu. Legalidade de contrato de obra pública firmado sem licitação por força de acordo internacional. *Revista Trimestral de Direito Público*, São Paulo, v. 18, 1997. p. 116.

323 Confira-se a decisão proferida no Recurso em Mandado de Segurança nº 6.597-MS, publicado no *Diário de Justiça da União* de 14.4.1997.

vantagem das propostas, inclusive em razão de condições de financiamento, pode ser apurada por meio de licitação pública.

Nada obstante isso, a manifesta vantagem exigida na alínea "b" do inciso IV do artigo 75 da Lei nº 14.133/2021 pode também levar em consideração o financiamento oferecido e outros aspectos, inclusive benefícios indiretos, que sejam ou não obtidos propriamente no contrato firmado com dispensa de licitação. No bojo do acordo firmado podem ser estipuladas outras obrigações para o Estado estrangeiro ou organismo internacional, tais como: a transferência de tecnologia; a aquisição de outros bens ou a prestação de outros serviços por empresas brasileiras, em contrapartida; o apoio em pretensões ligadas à política internacional; a concessão de empréstimo externo mais abrangente do que o simples financiamento do contrato etc. O fato é que, como afirmado já inicialmente, os acordos internacionais envolvem função política, pertinente às estratégias do Estado em relação aos seus pares, envolvendo interesses complexos. E o fato é que essas relações ganham cada vez mais importância, pelo que esses outros fatores servem para justificar a manifesta vantagem da dispensa de licitação.[324]

Não se quer dizer, no entanto, que o acordo e a contratação direta podem ser firmados sem que haja verdadeiramente manifesta vantagem. Não é porque as relações internacionais envolvem tais interesses complexos, que a contrapartida a ser recebida pelo Poder Público possa ser ocultada ou ser irrelevante.[325] Por tudo quanto foi dito, essa hipótese de dispensa, decorrente de acordos internacionais, requer a mais ampla motivação, impondo aos agentes envolvidos declinarem concretamente as contrapartidas a serem recebidas, demonstrando, inclusive, as vantagens a serem por elas produzidas. Não há razões para se ocultar as vantagens, pois tudo o que é feito em nome da coletividade, salvo situações bem excepcionais e delimitadas, reclama transparência, inclusive quanto às relações internacionais.

4.3 Produtos para pesquisa e desenvolvimento

A alínea "c" do inciso IV do artigo 75 da Lei nº 14.133/2021 prescreve:

> Art. 75. É dispensável a licitação: [...]
> IV - para contratação que tenha por objeto: [...]
> c) produtos para pesquisa e desenvolvimento, limitada a contratação, no caso de obras e serviços de engenharia, ao valor de R$300.000,00 (trezentos mil reais); [...].

---

[324] Essa é, em linhas gerais, a ideia de Carlos Ari Sundfeld: "Trata-se de situações em que a aquisição tem como contrapartida vantagens de outra ordem, interessantes para o país, como a concessão de financiamento, a abertura de mercados externos, e por aí vai. A lei dispensa a licitação, considerando, por um lado, que os benefícios citados podem ser mais interessantes que a mecânica busca do melhor preço em uma contratação tomada isoladamente e, de outro, que o procedimento licitatório não é veículo adequado para o estabelecimento de vínculos complexos, onde estejam envolvidas contrapartidas políticas" (SUNDFELD, Carlos Ari. *Licitação e contrato administrativo*. 2. ed. São Paulo: Malheiros, 1995. p. 61).

[325] Como observam Roberto Ribeiro Bazilli e Sandra Julien Miranda: "Estamos convencidos de que esta é, sem dúvida, a melhor. Porém, mesmo nestas situações são descabidas contratações com dispensa de licitação onde ficam sobejadamente evidenciados abusos, tais como a aquisição de materiais superados e obsoletos, sem assistência técnica, preços superfaturados e fora da variação normal de mercado, financiamentos com taxas de juros desmedidas, entre outros disparates" (BAZILLI, Roberto Ribeiro; MIRANDA, Sandra Julien. *Licitação à luz do direito positivo*. São Paulo: Malheiros, 1999. p. 170).

O inciso LV do artigo 6º da Lei nº 14.133/2021 define produtos para pesquisa e desenvolvimento como os "bens, insumos, serviços e obras necessários para atividade de pesquisa científica e tecnológica, desenvolvimento de tecnologia ou inovação tecnológica, discriminados em projeto de pesquisa".

Essa hipótese de dispensa se dá em razão das peculiaridades do objeto a ser adquirido, destinado à pesquisa e ao desenvolvimento científico e tecnológico, que requer mobilidade e agilidade. O legislador anteviu que a pesquisa e o desenvolvimento poderiam sofrer prejuízos se a aquisição de bens nela utilizados tivesse que se conformar aos rigores do procedimento licitatório. O dispositivo não demanda maiores justificativas de que a realização da licitação de fato imporia algum tipo de prejuízo. É de supor que o legislador tenha preferido correr o risco de dispensas de licitação eventualmente desnecessárias a engessar os trabalhos de pesquisa e de desenvolvimento. No caso de obras e serviços de engenharia, como expressamente consignado no dispositivo, a dispensa está limitada a R$300.000,00.[326]

4.4 Transferência de tecnologia ou licenciamento de direito de uso ou de exploração de criação protegida

A alínea "d" do inciso IV do artigo 75 da Lei nº 14.133/2021 prescreve:

> Art. 75. É dispensável a licitação: [...]
> IV - para contratação que tenha por objeto: [...]
> d) transferência de tecnologia ou licenciamento de direito de uso ou de exploração de criação protegida, nas contratações realizadas por instituição científica, tecnológica e de inovação (ICT) pública ou por agência de fomento, desde que demonstrada vantagem para a Administração; [...].

De acordo com o referido dispositivo, a licitação é dispensável na contratação realizada por instituição científica e tecnológica (ICT) ou por agência de fomento para a transferência de tecnologia e para o licenciamento de direito de uso ou de exploração de criação protegida.

O inciso I do artigo 2º da Lei nº 10.973/2004 esclarece que agência de fomento é o órgão ou instituição de natureza pública ou privada que tenha entre os seus objetivos o financiamento de ações que visem a estimular e promover o desenvolvimento da ciência, da tecnologia e da inovação. Por sua vez, o inciso V do mesmo artigo 2º conceitua instituição científica e tecnológica (ICT), apontando que se trata de

> [...] órgão ou entidade da administração pública direta ou indireta ou pessoa jurídica de direito privado sem fins lucrativos legalmente constituída sob as leis brasileiras, com sede e foro no País, que inclua em sua missão institucional ou em seu objetivo social ou estatutário a pesquisa básica ou aplicada de caráter científico ou tecnológico ou o desenvolvimento de novos produtos, serviços ou processos.

---

[326] Esse valor foi atualizado, na forma do Decreto Federal nº 12.343/2024, para R$376.353,48.

Portanto, todos os órgãos e entidades da Administração que tenham nos seus documentos constitutivos tais objetivos são considerados instituição científica e tecnológica (ICT) e podem se valer da dispensa de licitação da alínea "d" do inciso IV do artigo 75 da Lei nº 14.133/2021.

Advirta-se que a hipótese entabulada na alínea "d" do inciso IV do artigo 75 da Lei nº 14.133/2021 não exime de modo amplo e irrestrito da obrigatoriedade de licitação à agência de fomento e à instituição científica e tecnológica. O dispositivo em comento dispensa a licitação apenas para contratos de transferência de tecnologia e para o licenciamento de direito de uso ou de exploração de criação protegida.

Esses contratos de transferência de tecnologia e para o licenciamento de direito de uso ou de exploração de criação protegida são disciplinados pela Lei nº 10.973/2004, especialmente no seu Capítulo III, dedicado ao "Estímulo à participação das ICT no processo de inovação". O §1º do artigo 6º da Lei nº 10.973/2004, inclusive, prescreve que a contratação deve ser precedida da "publicação de extrato de oferta tecnológica em sítio eletrônico oficial da ICT" se a transferência ou licenciamento for dado com cláusula de exclusividade. O Tribunal de Contas da União, no entanto, com base na dispensa do inciso XXV do artigo 24 da Lei nº 8.666/1993, que versava sobre hipótese análoga, vem entendendo que a publicação do extrato de oferta tecnológica por meio de edital deve ocorrer mesmo nas situações em que não houver cláusula de exclusividade, de modo a conferir tratamento isonômico a todos os interessados.[327]

Deixe-se registrado que o Tribunal de Contas da União, também diante da dispensa do inciso XXV do artigo 24 da Lei nº 8.666/1993, que versava sobre hipótese análoga à da alínea "d" do inciso IV do artigo 75 da Lei nº 14.133/2021, vem entendendo que a contratação direta é cabível nas situações em que a agência de fomento ou instituição científica e tecnológica transferem ou licenciam tecnologia e naquelas em que elas recebem a transferência ou a tecnologia de terceiros. Ou seja, a dispensa de licitação, na visão do Tribunal de Contas da União, é de mão dupla.[328]

[327] "53. No meu entender, assiste razão à Secex/RN, quando assevera que a desnecessidade de publicação de edital, quando não concedida exclusividade ao licenciado, fere o princípio da publicidade inserido na Constituição. Consoante destacado pelo Parquet, os processos a possíveis interessados em licenciar os sistemas não são transparentes, considerando a falta de conhecimento sobre as condições técnicas, econômicas e financeiras a serem satisfeitas para a obtenção do licenciamento. Como pode se extrair do próprio normativo, mesmo que a contratação possa ser realizada sem licitação, faz-se necessária a comprovação da regularidade jurídica e fiscal do contratado, bem como sua qualificação técnica e econômico-financeira. 54. Sendo assim, para que a administração analise se determinado interessado em obter o licenciamento atende aos requisitos previstos, devem eles estar disciplinados em documento devidamente publicado previamente à contratação, que também deveria conter os termos do ajuste. 55. Tal procedimento conferiria tratamento igual para os eventuais interessados, garantindo a observância ao princípio da isonomia, o que não ocorreu no caso em exame. [...] 58. Nada obstante, ante a possibilidade de interpretação equivocada dos dispositivos legais, entendo que as razões de justificativa podem ser acatadas, devendo ser encaminhada determinação ao Ministério da Educação para que oriente as Instituições de Ciência e Tecnologia - ICTs acerca da necessidade, quando da celebração de contrato de licenciamento de tecnologia, sem exclusividade, de publicação de edital disciplinando a análise dos requisitos da regularidade jurídica e fiscal e da qualificação técnica e econômico-financeira do contratado, previstos no art. 7º, §6º, do Decreto 5.563/2005, bem como estabelecendo os direitos e as obrigações das partes, de forma a dar tratamento isonômico a todos os potenciais interessados no licenciamento do mesmo produto. Deve-se, outrossim, informar à Casa Civil da Presidência da República que a desnecessidade de edital, na forma que consta do art. 7º, §6º, do Decreto 5.563/2005 viola o princípio constitucional da publicidade" (TCU, Plenário. Acórdão nº 1.003/2017. Rel. Min. Vital do Rêgo, j. 17.5.2017).

[328] "82. O inciso XXV do artigo 24 da Lei nº 8.666/1993 foi acrescido pela Lei nº 10.973/2004, que dispõe sobre incentivos à inovação e à pesquisa tecnológica no ambiente produtivo e dá outras providências. 83. O referido

De todo modo, conforme a parte final alínea "d" do inciso IV do artigo 75 da Lei nº 14.133/2021, a dispensa é condicionada à demonstração de vantagem para a Administração. Portanto, no processo administrativo da dispensa de licitação, deve haver justificativa sobre o preço e sobre a qualidade do objeto do contrato.

4.5 Gêneros perecíveis

A alínea "e" do inciso IV do artigo 75 da Lei nº 14.133/2021 prescreve:

> Art. 75. É dispensável a licitação: [...]
> IV - para contratação que tenha por objeto: [...]
> e) hortifrutigranjeiros, pães e outros gêneros perecíveis, no período necessário para a realização dos processos licitatórios correspondentes, hipótese em que a contratação será realizada diretamente com base no preço do dia; [...].

A hipótese de dispensa em tela diz respeito à compra de gêneros perecíveis, notadamente de alimentos, cujo prazo de consumo é bastante exíguo.[329]

Como sabido, incumbe à Administração planejar e programar suas atividades, entre as quais as compras de gêneros perecíveis, que são recebidos mediante contratos de fornecimento parcelado, precedido de licitação pública. Sucede que, por uma série de circunstâncias, é possível que ocorra demanda de gêneros perecíveis não prevista pela Administração, pelo que ela se vê forçada a adquiri-los em caráter emergencial, o que repele a obrigatoriedade de licitação pública, conforme critério legislativo.

Trata-se, a rigor jurídico, de espécie de dispensa que visa a fazer frente a uma situação provisória e, de certa forma, emergencial.[330] Por isso, aplicam-se, em sua inteireza, as considerações lançadas em torno do inciso VIII do artigo 75 da Lei nº 14.133/2021, entre as quais se destaca que o contrato a ser celebrado é provisório, prestante apenas para atender à situação efêmera e não prevista pela Administração. Tanto é assim, que a letra da lei é clara ao dispor que a compra a ser efetuada se adstringe ao tempo necessário

inciso faz alusão à dispensa de licitação 'na contratação realizada por Instituição Científica e Tecnológica – ICT ou por agência de fomento para a transferência de tecnologia e para o licenciamento de direito de uso ou de exploração de criação protegida'. 84. Como se vê, o referido dispositivo legal, no tocante à transferência de tecnologia, não estabelece qualquer distinção no que diz respeito à titularidade da criação desenvolvida ou da inovação. De outro lado, a Lei nº 10.973/2004 autoriza a ICT a celebrar contratos de transferência de tecnologia tanto na condição de produtora de tecnologia (art. 6º), quanto na condição de receptora (art. 9º). 85. Assim sendo, diversamente do alegado pela representante, entendo que a dispensa de licitação tratada no inciso XXV do art. 24 da Lei nº 8.666/1993 é aplicável nas hipóteses nas quais o ente público atua tanto como fornecedor quanto receptor da tecnologia, abrangendo, portanto, todos os casos de transferência de tecnologia, sejam eles onerosos ou gratuitos" (TCU, Plenário. Acórdão nº 725/2018. Rel. Min. Benjamin Zymler, j. 4.4.2018).

329 Segundo Jorge Ulisses Jacoby Fernandes: "A natureza do objeto a ser adquirido é, por dois motivos, de curta perecibilidade: primeiro, porque o exemplo dado pelo início do inciso cita produtos de prazo de consumo bastante exíguo; segundo porque a aquisição está condicionada ao limite temporal anteriormente referido. Na mesma linha de raciocínio, cabe obtemperar que produtos com validade de vários meses não podem ser adquiridos para serem estocados, além do prazo razoável para a conclusão do certame" (FERNANDES, Jorge Ulisses Jacoby. *Contratação direta sem licitação*. 11. ed. Belo Horizonte: Fórum, 2021. p. 212).

330 Esta é a posição de Roberto Ribeiro Bazilli e Sandra Julien Miranda: "Esse caso de dispensa, em que pese a posições divergentes na doutrina nacional, afigura-se como verdadeira espécie de situação emergencial de que trata o art. 24, IV, do estatuto, ainda que com características peculiares. A nota genérica e comum a ambos os casos é o fator *emergência*, determinante da contratação direta" (BAZILLI, Roberto Ribeiro; MIRANDA, Sandra Julien. *Licitação à luz do direito positivo*. São Paulo: Malheiros, 1999. p. 166).

para a realização da licitação pública correspondente. Ou seja, diante da demanda por gêneros perecíveis não programados, é lícito comprá-los valendo-se de dispensa, mas somente na quantidade a ser consumida durante o tempo necessário para se ultimar a licitação pública.

4.6 Bens e serviços que envolvam alta tecnologia e defesa nacional

A alínea "f" do inciso IV do artigo 75 da Lei nº 14.133/2021 prescreve:

> Art. 75. É dispensável a licitação: [...]
> IV - para contratação que tenha por objeto: [...]
> f) bens ou serviços produzidos ou prestados no País que envolvam, cumulativamente, alta complexidade tecnológica e defesa nacional; [...].

Há dois requisitos para a dispensa em comento: (i) o objeto do contrato deve ser bens ou serviços produzidos ou prestados no país; e (ii) os bens ou serviços devem envolver, cumulativamente, alta complexidade tecnológica e defesa nacional.

A alínea "f" do inciso IV do artigo 75 da Lei nº 14.133/2021 é um conjunto de equívocos. De plano, parece que a intenção é proteger ou beneficiar pessoas que se dedicam à produção de alta tecnologia dentro do território nacional, vertendo conhecimento científico à nação. Tanto é verdade que os bens contratados devem ser produzidos no país. Entretanto, ao tratar dos serviços, o legislador exigiu que estes fossem prestados no país. Ora, se a Administração Pública brasileira pretende contratar serviços, é natural que eles sejam prestados no território nacional e não fora dele, ainda que todo o seu desenvolvimento tenha sido realizado no exterior, com tecnologia alienígena. O legislador, em vez de exigir que o serviço fosse prestado no país, deveria ter exigido que a tecnologia embarcada nele fosse desenvolvida no país, o que é algo bem diferente.

Demais disso, o legislador também exige que o bem ou serviço envolva, cumulativamente, alta tecnologia e defesa nacional, expressões fluidas e subjetivas. Em síntese, *alta tecnologia* denota tecnologia complexa e avançada. *Defesa nacional* é algo que se proponha a defender a ordem e a soberania nacional.

4.7 Aquisição de bens padronizados pelas Forças Armadas

A alínea "g" do inciso IV do artigo 75 da Lei nº 14.133/2021 prescreve:

> Art. 75. É dispensável a licitação: [...]
> IV - para contratação que tenha por objeto: [...]
> g) materiais de uso das Forças Armadas, com exceção de materiais de uso pessoal e administrativo, quando houver necessidade de manter a padronização requerida pela estrutura de apoio logístico dos meios navais, aéreos e terrestres, mediante autorização por ato do comandante da força militar; [...].

A hipótese em apreço prescreve a dispensabilidade para a aquisição de materiais padronizados pelas Forças Armadas. Contudo, não se percebe, mesmo no plano abstrato da norma, nenhuma justificativa para dispensar de licitação a aquisição de bens, pura e simplesmente, porque padronizados. Ora, conquanto padronizado, o bem pode ser ofertado por inúmeros interessados, que, pois, devem ser tratados com igualdade, pelo que se impõe a realização de licitação pública. A contratação direta só tem lugar nas situações em que a padronização singulariza determinado bem, a ponto de apenas um fornecedor poder oferecê-lo às Forças Armadas. Entretanto, então não se trata de dispensa, mas de inexigibilidade de licitação pública, fundamentada no inciso I do artigo 74 da Lei nº 14.133/2021.

A única maneira de compatibilizar a alínea "g" do inciso IV do artigo 75 da Lei nº 14.133/2021 com a Constituição Federal é interpretá-la de modo a restringi-la às situações em que a padronização levada a efeito pelas Forças Armadas acaba por singularizar determinado bem, o que, no final das contas, o confunde com a própria inexigibilidade estampada no inciso I do artigo 74 da Lei nº 14.133/2021. A alínea "g" do inciso IV do artigo 75 seria uma hipótese especial de inexigibilidade, prevista pelo legislador (ainda que equivocadamente como dispensa).

Advirta-se que o dispositivo em apreço não permite a contratação direta para materiais de uso pessoal ou administrativo, como, por exemplo, fardas, botinas, quepes, papel, computador etc. Ademais, os bens a serem adquiridos devem ser destinados à estrutura de apoio logístico dos meios navais, aéreos e terrestres, assim como a contratação deve ser precedida de autorização por ato do comandante da força militar.

4.8 Dispensa para atender contingentes militares empregados em operação de paz

A alínea "h" do inciso IV do artigo 75 da Lei nº 14.133/2021 prescreve:

> Art. 75. É dispensável a licitação: [...]
> IV - para contratação que tenha por objeto: [...]
> h) bens e serviços para atendimento dos contingentes militares das forças singulares brasileiras empregadas em operações de paz no exterior, hipótese em que a contratação deverá ser justificada quanto ao preço e à escolha do fornecedor ou executante e ratificada pelo comandante da força militar; [...].

A hipótese de dispensa em comento tem como fundamento situação contingencial, haja vista que as operações de paz ocorrem em lugares que passam por situação de exceção, de guerra ou conflito. Portanto, a alínea "h" do inciso IV do artigo 75 da Lei nº 14.133/2021 aproxima-se sobremaneira do inciso VII do mesmo artigo, que prescreve a dispensa de licitação pública diante de guerra. Ora, em conflitos, supõe-se que se encontrem dificuldades para prover suprimentos e demais demandas das tropas. Por consequência, há fartas justificativas para dispensar as Forças Armadas da obrigatoriedade de licitação pública, quer em território nacional, quer em missão de paz em território estrangeiro.

Ressalta-se que o dispositivo em apreço exige motivação quanto ao preço e à escolha do fornecedor, como de resto se exige em todas as contratações diretas. Sem embargo, os órgãos de controle devem avaliar tais justificativas com ponderação, mesmo porque, em estado de conflito, os militares devem ter dificuldades para realizar ampla cotação no mercado, como é usual nas demais hipóteses de contratação direta.

De mais a mais, ao final, a alínea "h" do inciso IV do artigo 75 da Lei nº 14.133/2021 determina que a dispensa de licitação pública deve ser ratificada pelo comandante da Força, que equivale à autoridade competente.

4.9 Dispensa para atender a efetivos militares em estada de curta duração

A alínea "i" do inciso IV do artigo 75 da Lei nº 14.133/2021 prescreve:

> Art. 75. É dispensável a licitação: [...]
> IV - para contratação que tenha por objeto: [...]
> i) abastecimento ou suprimento de efetivos militares em estada eventual de curta duração em portos, aeroportos ou localidades diferentes de suas sedes, por motivo de movimentação operacional ou de adestramento; [...].

Essa hipótese é qualificada também na categoria das dispensas provocadas por situações contingenciais, dado que, em seu contexto, sobreleva a parte do dispositivo que condiciona a contratação direta às situações cuja exiguidade dos prazos legais puder comprometer a normalidade e os propósitos das operações. Bem se percebe que se trata, a rigor jurídico, de hipótese de dispensa fundada em acontecimento urgente, que não pode aguardar os trâmites ordinários de procedimento de licitação. Em vista disso, o inciso em apreço aproxima-se do inciso VIII do mesmo artigo, cuja dicção abrange genericamente as contratações motivadas por urgência.

4.10 Dispensa para a contratação de associação ou cooperativas de catadores de materiais recicláveis

A alínea "j" do inciso IV do artigo 75 da Lei nº 14.133/2021 prescreve:

> Art. 75. É dispensável a licitação: [...]
> IV - para contratação que tenha por objeto: [...]
> j) coleta, processamento e comercialização de resíduos sólidos urbanos recicláveis ou reutilizáveis, em áreas com sistema de coleta seletiva de lixo, realizados por associações ou cooperativas formadas exclusivamente de pessoas físicas de baixa renda reconhecidas pelo poder público como catadores de materiais recicláveis, com o uso de equipamentos compatíveis com as normas técnicas, ambientais e de saúde pública; [...].

A dispensa em apreço guarda fundo eminentemente social, visando beneficiar associações ou cooperativas conhecidas como *catadores de papel ou lixo*, que agrupam pessoas de baixíssima renda, cujo sustento é auferido com o recolhimento de resíduos sólidos e a comercialização destes para a reciclagem. Logo, quer-se incentivar a contratação dessas associações ou cooperativas por parte da Administração, admitindo expressamente que ela seja realizada por meio de dispensa de licitação.

A alínea "j" do inciso IV do artigo 75 da Lei nº 14.133/2021 condiciona a dispensa de licitação às áreas com sistema de coletiva seletiva de lixo e requer que as associações ou cooperativas contratadas disponham e utilizem equipamentos compatíveis com as normas técnicas, ambientais e de saúde pública. A intenção é evitar que a dispensa de licitação em tela cause mais malefícios do que benefícios, o que poderia ocorrer se resíduos não recicláveis fossem abandonados pelas associações ou cooperativas em lugares impróprios ou mesmo se não fosse utilizado equipamento adequado.

4.11 Dispensa para a aquisição ou restauração de obras de arte e de objetos históricos

A alínea "k" do inciso IV do artigo 75 da Lei nº 14.133/2021 prescreve:

> Art. 75. É dispensável a licitação: [...]
> IV - para contratação que tenha por objeto: [...]
> k) aquisição ou restauração de obras de arte e objetos históricos, de autenticidade certificada, desde que inerente às finalidades do órgão ou com elas compatível; [...].

O dispositivo supracitado é pertinente à aquisição ou à restauração, portanto, a dois tipos de contrato diversos. Importa ressaltar, especialmente no que tange à restauração, que não é todo serviço desse tipo que enseja a contratação direta. Há bens artísticos ou históricos que podem ser facilmente restaurados por empresas ordinárias. Se várias empresas ordinárias podem restaurar o objeto, é obrigatório realizar licitação pública para o efeito de tratá-las com a devida igualdade.[331]

Acresça-se que a alínea "k" do inciso IV do artigo 75 da Lei nº 14.133/2021 condiciona a contratação direta ao certificado de autenticidade do objeto, porque não há sentido em adquirir ou efetuar dispêndios para restaurar objeto falso, que não tenha, efetivamente, valor artístico ou histórico.

A alínea em análise ainda exige que a contratação direta de aquisição ou restauração de obra de arte ou de objetos de valor histórico só possa ser firmada por órgãos ou entidades cujas finalidades sejam pertinentes às artes e à preservação histórica, entre as quais, se deduz, museus, fundações culturais, Ministério da Cultura etc. No entanto, essa disposição é equivocada, porque outras entidades podem ter interesse em comprar ou restaurar obras de arte.

4.12 Dispensa para contratação de objetos destinados ao rastreamento e à obtenção de provas conforme a Lei de Combate às Organizações Criminosas

A alínea "l" do inciso IV do artigo 75 da Lei nº 14.133/2021 prescreve:

> Art. 75. É dispensável a licitação: [...]
> IV - para contratação que tenha por objeto: [...]
> l) serviços especializados ou aquisição ou locação de equipamentos destinados ao rastreamento e à obtenção de provas previstas nos incisos II e V do *caput* do art. 3º da Lei nº 12.850, de 2 de agosto de 2013, quando houver necessidade justificada de manutenção de sigilo sobre a investigação; [...].

---

[331] Jorge Ulisses Jacoby Fernandes enfatiza a obrigatoriedade de licitação nos casos em que "o bem restaurado é comum e o seu valor histórico decorre apenas de episódio no qual se inseriu, como, por exemplo, os móveis de uma sala de jantar de um encontro importante" (FERNANDES, Jorge Ulisses Jacoby. *Contratação direta sem licitação*. 11. ed. Belo Horizonte: Fórum, 2021. p. 230).

A alínea supracitada remete à Lei nº 12.850/2013, que trata das organizações criminosas. Os incisos II e V do artigo 3º da referida lei referem-se à obtenção de provas por meio de captação ambiental de sinais eletromagnéticos, ópticos ou acústicos (inciso II) e interceptação de comunicações telefônicas e telemáticas, nos termos da legislação específica (inciso V). A dispensa de licitação, então, diz respeito e se limita a esses objetos desde que, justificadamente, seja necessária a "manutenção de sigilo sobre a investigação". Logo, a dispensa é direcionada para objetos que se destinam à investigação específica, porque o sigilo somente pode ser justificado em face de investigação específica e não para a generalidade de toda e qualquer investigação.

4.13 Dispensa para a aquisição de medicamentos para o tratamento de doenças raras

A alínea "m" do inciso IV do artigo 75 da Lei nº 14.133/2021 prescreve:

> Art. 75. É dispensável a licitação: [...]
> IV - para contratação que tenha por objeto: [...]
> m) aquisição de medicamentos destinados exclusivamente ao tratamento de doenças raras definidas pelo Ministério da Saúde; [...].

A dispensa em comento mira o tratamento de doenças raras, matéria que é objeto da Portaria nº 199/2014 do Ministério da Saúde, que dispõe sobre a Política Nacional de Atenção Integral às Pessoas com Doenças Raras. De acordo com informações do Ministério da Saúde:

> Considera-se doença rara aquela que afeta até 65 pessoas em cada 100.000 indivíduos, ou seja, 1,3 pessoas para cada 2.000 indivíduos. O número exato de doenças raras não é conhecido. Estima-se que existam entre 6.000 a 8.000 tipos diferentes de doenças raras em todo o mundo.
> Oitenta por cento (80%) delas decorrem de fatores genéticos, as demais advêm de causas ambientais, infecciosas, imunológicas, entre outras. Muito embora sejam individualmente raras, como um grupo elas acometem um percentual significativo da população, o que resulta em um problema de saúde relevante.[332]

A alínea "m" do inciso IV do artigo 75 da Lei nº 14.133/2021 justifica-se porque é realmente muito difícil para a Administração Pública programar-se e adquirir todos os medicamentos para tratar os milhares de doenças raras existentes e suas variantes. Os pacientes acometidos por doenças raras seriam prejudicados se os seus medicamentos dependessem de processos licitatórios, por vezes muito específicos ou realizados para casos isolados. Seria, igualmente, muito custoso para a Administração Pública empreender tantas licitações. Daí a dispensa de licitação, a fim de proteger o interesse público em prestar os serviços de saúde de forma adequada para as pessoas acometidas por doenças raras.

---

[332] Disponível em: https://www.gov.br/saude/pt-br/assuntos/saude-de-a-a-z/d/doencas-raras. Acesso em: set. 2021.

5 Dispensa para contratação de inovação e pesquisa científica e tecnológica

O inciso V do artigo 75 da Lei nº 14.133/2021 prescreve hipótese de dispensa "para contratação com vistas ao cumprimento do disposto nos arts. 3º, 3º-A, 4º, 5º e 20 da Lei nº 10.973, de 2 de dezembro de 2004, observados os princípios gerais de contratação constantes da referida Lei".

A Lei nº 10.973/2004 dispõe sobre incentivos à inovação e à pesquisa científica e tecnológica. De maneira geral, a sobredita lei prescreve que a Administração Pública pode firmar contratos e outras figuras afins por meio de dispensa de licitação com instituições científicas e tecnológicas (ICTs), empresas e entidades sem fins lucrativos. Ressalta-se que empresas, entidades com fins lucrativos, podem ser contratadas sem licitação com fundamento na Lei nº 10.973/2004.

A propósito, como preceitua o inciso V do artigo 2º da Lei nº 10.973/2004, esclareça-se que instituição científica e tecnológica (ICT) é:

> [...] órgão ou entidade da administração pública direta ou indireta ou pessoa jurídica de direito privado sem fins lucrativos legalmente constituída sob as leis brasileiras, com sede e foro no País, que inclua em sua missão institucional ou em seu objetivo social ou estatutário a pesquisa básica ou aplicada de caráter científico ou tecnológico ou o desenvolvimento de novos produtos, serviços ou processos.

Há diversos dispositivos na Lei nº 10.973/2004 que se referem a contratos administrativos. O principal e mais útil, por sua abrangência, é o seu artigo 20, que versa sobre contrato cujo objeto diz respeito à pesquisa, desenvolvimento e inovação que envolva risco tecnológico.

O inciso II do artigo 2º do Decreto Federal nº 9.283/2018, que regulamenta a Lei nº 10.973/2004, define risco tecnológico como a "possibilidade de insucesso no desenvolvimento de solução, decorrente de processo em que o resultado é incerto em função do conhecimento técnico-científico insuficiente à época em que se decide pela realização da ação". Nota-se que a "possibilidade de insucesso" é o norteador do conceito de risco tecnológico, o que se confunde com a própria ideia de desenvolvimento de solução inovadora. Ora, se o resultado do desenvolvimento da solução fosse certeiro, conhecido de antemão, esta não seria inovadora. A incerteza anda de mãos dadas com o desenvolvimento de solução inovadora.

Dizendo de outra forma, o artigo 20 da Lei nº 10.973/2004 abrange, de forma ampla, a contratação do desenvolvimento de soluções inovadoras, que são por natureza aquelas arriscadas, cujos resultados esperados podem não ser obtidos, justamente porque são novos e não foram realizados antes.

Curioso que a redação original do artigo 20 da Lei nº 10.973/2004 não fazia referência ao modo de contratação, se por meio de licitação ou sem licitação. Tratava apenas da possibilidade da contratação que envolvesse risco tecnológico. Daí, por meio da Lei nº 12.188/2010, acresceu-se o inciso XXXI no artigo 24 da Lei nº 8.666/1993, cujo teor prescrevia a dispensa de licitação para a contratação do artigo 20 da Lei nº 10.973/2004, bem como para a dos artigos 3º, 4º e 5º da mesma Lei. Mais adiante, por meio da Lei nº 13.243/2016, o legislador alterou a própria redação do artigo 20 da Lei nº 10.973/2004, ampliando sua incidência e prevendo expressamente a contratação direta, sem licitação. É a redação atual:

> Art. 20. Os órgãos e entidades da administração pública, em matéria de interesse público, poderão contratar diretamente ICT, entidades de direito privado sem fins lucrativos ou empresas, isoladamente ou em consórcios, voltadas para atividades de pesquisa e de reconhecida capacitação tecnológica no setor, visando à realização de atividades de pesquisa, desenvolvimento e inovação que envolvam risco tecnológico, para solução de problema técnico específico ou obtenção de produto, serviço ou processo inovador.

Soma-se que o fornecimento do produto ou processo inovador também pode ser contratado por dispensa de licitação, como reconhece o §4º do artigo 20 da Lei nº 10.973/2004:

> Art. 20. [...]
> §4º O fornecimento, em escala ou não, do produto ou processo inovador resultante das atividades de pesquisa, desenvolvimento e inovação encomendadas na forma do *caput* poderá ser contratado mediante dispensa de licitação, inclusive com o próprio desenvolvedor da encomenda, observado o disposto em regulamento específico.

Como visto, também a Lei nº 14.133/2021, no inciso V do artigo 75 prescreve hipótese de dispensa "para contratação com vistas ao cumprimento do disposto nos arts. 3º, 3º-A, 4º, 5º e 20 da Lei nº 10.973, de 2 de dezembro de 2004, observados os princípios gerais de contratação constantes da referida Lei". O fato é que a contratação do desenvolvimento de solução inovadora, que é aquela que por natureza envolve algum grau de risco tecnológico, pode ser realizada com dispensa de licitação, como prescreve a própria redação do artigo 20 da Lei nº 10.973/2004, o inciso XXXI do artigo 24 da Lei nº 8.666/1993 e o inciso V do artigo 75 da Lei nº 14.133/2021.

Convém ressaltar que a dispensa de licitação, diante do inciso V do artigo 75 da Lei nº 14.133/2021, afora a contratação de desenvolvimento de solução inovadora, também se aplica para:

(i) Contratos de aliança estratégica e de desenvolvimento de projetos de cooperação "envolvendo empresas, ICTs e entidades privadas sem fins lucrativos voltados para atividades de pesquisa e desenvolvimento, que objetivem a geração de produtos, processos e serviços inovadores e a transferência e a difusão de tecnologia" (artigo 3º da Lei nº 10.973/2004).

(ii) Convênios e contratos da Financiadora de Estudos e Projetos – FINEP, que tem o papel de secretaria executiva do Fundo Nacional de Desenvolvimento Científico e Tecnológico – FNDCT, do Conselho Nacional de Desenvolvimento Científico e Tecnológico – CNPq e das agências financeiras oficiais de fomento "com as fundações de apoio, com a finalidade de dar apoio às IFES e demais ICTs, inclusive na gestão administrativa e financeira dos projetos mencionados no *caput* do artigo 1º da Lei nº 8.958, de 20 de dezembro de 1994, com a anuência expressa das instituições apoiadas" (artigo 3º-A da Lei nº 10.973/2004).

(iii) Contratos ou convênios de instituição científica e tecnológica (ICT) para "compartilhar ou permitir a utilização de sua estrutura de laboratórios, equipamentos, instrumentos, materiais e demais instalações, bem como o uso de seu capital intelectual, com outras ICTs ou empresas em ações voltadas à inovação tecnológica para consecução das atividades de incubação, de pesquisa, desenvolvimento e inovação" (artigo 4º da Lei nº 10.973/2004).

(iv) Contratos associativos de entes federativos e suas entidades para participar minoritariamente do capital social de empresas, com o propósito de desenvolver produtos ou processos inovadores (artigo 5º da Lei nº 10.973/2004).

6 Dispensa para contratação que possa comprometer a segurança nacional

O inciso VI do artigo 75 da Lei nº 14.133/2021 autoriza a dispensa "para contratação que possa acarretar comprometimento da segurança nacional, nos casos estabelecidos pelo Ministro de Estado da Defesa, mediante demanda dos comandos das Forças Armadas ou dos demais ministérios".

Bem se vê que a aplicação do dispositivo depende do que se entende por *segurança nacional*, cujo conceito, por ser indeterminado, pode ser utilizado de modo abusivo. A Lei nº 7.170/1983, da época do regime militar, prescreve crimes contra a segurança nacional, que produzem muitas polêmicas, como o de incitar a subversão da ordem política ou social (artigo 23), difamar autoridades imputando-lhes fatos ofensivos à reputação (artigo 26) ou atentar contra suas liberdades pessoais (artigo 28).

Nesse contexto, a Lei nº 7.170/1983 tem pouca valia para a compreensão do que seja segurança nacional, especialmente para o regime de licitações e contratos. Para a hipótese de dispensa do inciso VI do artigo 75 da Lei nº 14.133/2021, a expressão "segurança nacional" deve ser vinculada a assuntos de Estado que demandem sigilo, sob pena de perecimento dos interesses públicos. A necessidade de tratamento sigiloso é o único motivo para afastar a licitação pública, que pressupõe, como o próprio nome indica, a publicidade dos seus atos. Quer-se dizer que pode haver inúmeras situações respeitantes a assuntos relacionados à defesa externa e interna e, pois, em princípio, à segurança nacional, que não requerem sigilo e que, por isso, os contratos a elas pertinentes devem ser precedidos de licitação pública.

Ademais, se há assuntos de segurança nacional que exijam a adoção de medidas imediatas, o dispositivo legal adequado para afastar a licitação pública é o inciso VIII do artigo 75 da Lei nº 14.133/2021, cuja dicção, repita-se, legitima a contratação direta em face de casos de urgência ou de calamidade pública. Deve-se aplicar o inciso VI apenas para as situações sigilosas que não podem se tornar de conhecimento público.

Note-se que a hipótese de dispensa em comento não diz respeito a acontecimentos ou a circunstâncias contingenciais que envolvem a segurança nacional, e, em virtude disso, acabam por compelir a contratação direta. No entanto, ela diz respeito a utilidades relacionadas à segurança nacional, sem que tenha que ocorrer nada de imprevisível ou excepcional. Destarte, a dispensa dá-se em razão do objeto que requer sigilo, mas não de outras circunstâncias contingenciais.

O dispositivo em tela remete à *segurança nacional*; destarte, quem responde por ela é a União. Tal conclusão deflui de interpretação sistêmica da Constituição Federal, mormente das competências conferidas à União no artigo 21 da Carta Magna, entre as quais ressoa a de "assegurar a defesa nacional", prevista em seu inciso III. Dessa maneira, não é lícito aos estados, ao Distrito Federal e aos municípios dispensarem licitação, com pretexto em suposto fundamento no inciso VI do artigo 75 da Lei nº 14.133/2021, em tributo ao fato de não terem recebido competência constitucional para curar da segurança nacional.

O inciso VI do artigo 75 da Lei nº 14.133/2021 condiciona a dispensa de licitação aos casos estabelecidos pelo Ministro de Estado da Defesa, mediante demanda do comando das Forças Armadas ou dos demais ministérios, o que representa exigência de governança e revela preocupação em evitar que a hipótese de dispensa fundada na segurança nacional seja banalizada e passe a ser utilizada em situações não justificadas.

7 Dispensa provocada por guerra ou grave perturbação da ordem

O inciso VII do artigo 75 da Lei nº 14.133/2021 prescreve a possibilidade de dispensa de licitação pública "nos casos de guerra, estado de defesa, estado de sítio, intervenção federal ou de grave perturbação da ordem". Em situações de tal magnitude, excepcionais e anômalas, que agregam força capaz de desintegrar os valores básicos do Estado, podendo comprometer a sua independência ou a unidade de seu território, o mercado vê-se afetado e a população acaba sujeita a toda a sorte de intempéries. Diante desse quadro, o Estado precisa de ampla agilidade, para dispor dos bens e dos préstimos de que necessita para si ou para oferecer à população, uma vez que se justifica largamente a dispensa de licitação pública.

Convém ponderar que a dispensa só vale para as situações cuja satisfação do interesse público fosse comprometida pelas situações excepcionais referidas no inciso VII do artigo 75. É de presumir que boa parte dos contratos estará sujeita à dispensa, mesmo em razão das alterações provocadas no mercado. Em síntese, deve haver nexo de causalidade entre a dispensa e as medidas de exceção. Nem todos os contratos devem ser firmados mediante dispensa: apenas os afetados pelas medidas de exceção, cuja realização da licitação pública daria azo ao perecimento de interesse público.

Além do estado de guerra, estado de defesa, estado de sítio e intervenção federal, que são medidas de exceção de alçada constitucional, o inciso VII do artigo 75 preceitua a dispensa em face de *grave perturbação da ordem*. Eis, a todas as luzes, conceito indeterminado, variável em grau maior ou menor, mas que deve ser, como toda hipótese de dispensa, interpretado com certa restrição. Para Hely Lopes Meirelles:

> *grave perturbação da ordem* é a comoção interna generalizada ou circunscrita a uma região, provocada por atos humanos, tais como revolução, motim greve que paralise ou retarde atividades ou serviços essenciais à comunidade. A perturbação da ordem conduz a uma situação emergencial autorizadora da dispensa de licitações relacionadas com o evento.[333]

[333] MEIRELLES, Hely Lopes. *Licitação e contrato administrativo*: de acordo com as leis 8.666, de 21.06.1993, 8.883, de 8.6.1994 e 9.648, de 27.5.1998. 12. ed. São Paulo: Malheiros, 1999. p. 97.

Não é qualquer situação anômala que pode ser qualificada como grave perturbação da ordem, porém, como o próprio nome já indica, aquelas de vasta gravidade, que colocam em xeque as instituições do Estado.[334]

8 Dispensa em razão de emergência

8.1 Noções gerais

O inciso VIII do artigo 75 da Lei nº 14.133/2021 versa sobre a hipótese de dispensa diante de situações emergenciais:

> Art. 75. É dispensável a licitação: [...]
> VIII - nos casos de emergência ou de calamidade pública, quando caracterizada urgência de atendimento de situação que possa ocasionar prejuízo ou comprometer a continuidade dos serviços públicos ou a segurança de pessoas, obras, serviços, equipamentos e outros bens, públicos ou particulares, e somente para aquisição dos bens necessários ao atendimento da situação emergencial ou calamitosa e para as parcelas de obras e serviços que possam ser concluídas no prazo máximo de 1 (um) ano, contado da data de ocorrência da emergência ou da calamidade, vedadas a prorrogação dos respectivos contratos e a recontratação de empresa já contratada com base no disposto neste inciso; [...].

Uma das principais e mais destacadas hipóteses de dispensa de licitação prevista pelo legislador é justamente a que remete às situações emergenciais. O pressuposto é que, diante de situações emergenciais, o contrato administrativo precisa ser celebrado e executado imediatamente, sob pena de prejuízo aos interesses públicos. A questão fundamental é o tempo: a Administração, em determinadas situações, não pode esperar o tempo necessário para realizar e concluir licitação pública. Daí a autorização para dispensar a licitação pública e contratar diretamente.

Para os fins de dispensa, o vocábulo *emergência* quer significar necessidade de contratação que não pode aguardar o tempo dos trâmites ordinários de licitação pública, sob pena de perecimento do interesse público, consubstanciado pelo não atendimento ou ao atendimento de alguma demanda da Administração Pública, pela solução de continuidade ou prejuízos à execução de atividade da Administração Pública. Com o objetivo de evitar tais gravames, autoriza-se a contratação direta, com dispensa de licitação pública.

As práticas da Administração sobre dispensas emergenciais vêm de longa data, por efeito do que se desenvolveu doutrina e jurisprudência bem assentadas sobre os seus aspectos mais relevantes e usuais. Em especial, a análise da jurisprudência dos órgãos de controle permite identificar os principais questionamentos e, logo, as principais dificuldades da Administração Pública nacional com contratações emergenciais.

---

[334] É valiosa a advertência de Lúcia Valle Figueiredo e Sérgio Ferraz: "Se é bem verdade que o conceito de 'guerra' não oferece maior problema com relação ao seu conteúdo, o conceito de 'grave perturbação da ordem' está marcado de certa indeterminação. E há de se registrar intensa cautela na sua determinação, não devendo incidir sobre ele unicamente o juízo subjetivo do administrador" (FIGUEIREDO, Lúcia Valle; FERRAZ, Sérgio. *Dispensa e inexigibilidade de licitação*. 3. ed. São Paulo: Malheiros, 1997. p. 46).

Para identificar os problemas mais frequentes, colheram-se todos os julgados identificados do Tribunal de Contas da União sobre dispensa emergencial nos últimos cinco anos, entre os meses de maio de 2015 e maio de 2020, tendo-se identificado na amostragem 48 acórdãos ou decisões, sendo que em 45 deles se identificaram irregularidades, representativo de 93,75% do total, e em 41 deles houve a responsabilização de agentes públicos, representativo de 85,42% do total. Os principais motivos para os questionamentos da Corte de Contas foram os seguintes:

Motivo do questionamento

(A)	(B)	(C)	(D)	(E)	(F)
10	15	8	5	17	7
22,91%	31,25%	16,67%	10,42%	35,42%	14,58%

Legenda:
(A) Ausência de caracterização da situação emergencial.
(B) Omissão ou desídia dos agentes administrativos.
(C) Direcionamento ou questionamento sobre a empresa contratada.
(D) Inexecução ou problemas na execução do objeto.
(E) Sobrepreço ou superfaturamento.
(F) Outros.

Analisaram-se, também, relatórios de avaliações da Controladoria-Geral da União, entre os meses de maio de 2020 e maio de 2018, no total 32 avaliações, tendo-se apontado irregularidades em 30 delas, ou 93,75% do total – por coincidência, o mesmo percentual de irregularidades apontado pelo Tribunal de Contas da União. Os principais motivos para os questionamentos da Controladoria-Geral da União foram os seguintes:

Motivo do questionamento

(A)	(B)	(C)	(D)	(E)	(F)
12	8	4	1	5	7
37,5%	25%	12,5%	3,13%	15,63%	21,88%

Legenda:
(A) Ausência de caracterização da situação emergencial.
(B) Omissão ou desídia dos agentes administrativos.
(C) Direcionamento ou questionamento sobre a empresa contratada.
(D) Inexecução ou problemas na execução do objeto.
(E) Sobrepreço ou superfaturamento.
(F) Outros.

Conforme os acórdãos e os relatórios de avaliação do Tribunal de Contas da União e da Controladoria-Geral da União, os principais problemas da Administração Pública no tocante às dispensas emergenciais de licitação dizem respeito à ausência de caracterização da situação emergencial, direcionamento ou questionamento sobre a empresa contratada, sobrepreço ou superfaturamento e omissão ou desídia dos agentes administrativos.

Pondera-se que a omissão ou desídia dos agentes administrativos é apontada como a segunda causa mais frequente de questionamentos pelo Tribunal de Contas da União, representando 31,25% do total, e pela Controladoria-Geral da União, representando 25% do total. No entanto, nesses casos, o problema rigorosamente não é com a contratação emergencial em si, porém com a omissão de agentes administrativos que deixam de tomar providências no tempo devido e, com isso, acabam eles próprios gerando a situação emergencial. Ou seja, não se questiona a dispensa emergencial em si, mas a omissão que gerou a situação emergencial. Dizendo de outra forma, o questionamento tem por objeto ato omissivo que antecede a contratação emergencial e não a própria contratação emergencial.[335] Assim, a gênese desses questionamentos reside em defeitos no planejamento das licitações e não nas contratações emergenciais em si.

O levantamento das decisões do Tribunal de Contas da União sobre dispensas emergenciais nos últimos cinco anos é alarmante. Repita-se que, entre 48 acórdãos ou decisões, o Tribunal considerou que houve irregularidades em 45 deles ou em 93,75% do total, sendo que em 41 deles houve a responsabilização de agentes públicos, representativo de 85,42% do total. Essa amostragem é indicativa de que as dispensas emergenciais são bastante problemáticas e que, se dado caso for apreciado pelo Tribunal de Contas da União, é altamente provável que se considere que houve algo de errado e que algum agente público envolvido seja responsabilizado pessoalmente.

Note-se que, em muitas ocasiões, a hipótese de dispensa de licitação por emergência vem sendo equivocadamente estigmatizada, sobretudo pelos órgãos de controle. Nessa visão, a contratação emergencial por si só caracteriza ilícito ou desídia administrativa, pressuporia deficiência de planejamento e levaria, quase que inevitavelmente, à responsabilização dos agentes administrativos.

---

[335] Por ilustração, leia-se o seguinte trecho: "17. Concordo com a análise empreendida pela então 5ª Secex à peça 61 de acolher as razões de justificativa dos responsáveis quanto à dispensa de licitação porquanto restou caracterizada a emergência e os prejuízos sociais que derivariam da falta de suporte administrativo e operacional aos programas finalísticos do MTE, relacionados ao Seguro Desemprego, Abono Salarial, Primeiro Emprego e emissão de Carteira de Trabalho e Previdência Social – CTPS, obtidos com a celebração do Contrato Emergencial 22/2005. 18. Esse posicionamento encontra respaldo na jurisprudência deste Tribunal (Acórdãos 2.293/2005, 1.876/2007, 1.122/2017 e 1.842/2017, todos do Plenário, respectivamente, de relatoria do Min. Ubiratan Aguiar, do Min. Aroldo Cedraz, do Min. Benjamin Zymler e do Min. Vital do Rego), valendo transcrever o seguinte trecho do voto condutor do Acórdão 2.293/2005-Plenário: '9. A dispensa de licitação baseada em emergência só é admitida se o gestor demonstrar que o fato não poderia ter sido previsto e que a falta de adoção de medidas urgentes poderia ocasionar maiores danos à Administração Pública. Se a situação fática exigir a dispensa, mesmo considerando a falta de planejamento, não pode o gestor deixar de adotá-la, pois se assim proceder responderá não apenas pela falta de planejamento, mas também pelos possíveis danos que sua inércia possa causar.' 19. Nesse sentido, o seguinte enunciado contido na jurisprudência sistematizada do TCU bem exemplifica a jurisprudência sobre o assunto (Acórdão 1.876/2007-Plenário, de relatoria do Min. Aroldo Cedraz): 'A situação de dispensa de licitação por situação emergencial não distingue a emergência real, resultante do imprevisível, daquela resultante da incúria ou inércia administrativa. É cabível a contratação direta, desde que devidamente caracterizada a urgência de atendimento à situação que possa ocasionar prejuízo ou comprometer a segurança de pessoas, obras, serviços, equipamentos e outros bens, públicos ou particulares.' 20. Não obstante ter-se constatado a necessidade de contratação emergencial, verificou-se, no presente caso, que os procedimentos licitatórios para o fornecimento de mão de obra para postos do MTE foram iniciados tardiamente, enquanto sua necessidade era notória e previamente conhecida. 21. Nessas situações, em que a emergência originou-se da falta de planejamento, da inércia administrativa ou da má gestão dos recursos públicos, deve-se identificar os gestores responsáveis" (TCU, Segunda Câmara. Acórdão nº 1.508/2018. Rel. Min. Marcos Bemquerer, j. 20.3.2018).

Não é à toa que se disseminou forte sensação de insegurança jurídica e de medo entre os agentes públicos, o que gera uma série de consequências negativas para toda a Administração Pública e para a sociedade. Os agentes públicos sentem-se acuados e, uma vez acuados, como é natural, adotam posição defensiva, preferem não tomar decisões ou tomam decisões de forma conservadora, pensando, antes do interesse público, em se protegerem. O interesse público é posto em segundo plano, o que paralisa a Administração Pública e retira-lhe a eficiência.[336]

Reconhece-se que há abusos e desvios no tocante às contrações emergenciais, no entanto, não é acertado generalizar. A dispensa por emergência constitui instrumento legal importantíssimo para a satisfação do interesse público e a preservação dos serviços públicos e das atividades administrativas. Ela não revela, por si, qualquer ilícito, bem ao contrário, tanto que encontrava previsão no inciso IV do artigo 24 da Lei nº 8.666/1993 e, ao fim e ao cabo, escora-se no princípio da continuidade do interesse público. Essa compreensão estigmatizada da dispensa por emergência por parte dos órgãos de controle faz com que muitos agentes administrativos, receosos, evitem-na a todo custo, muitas vezes em prejuízo à continuidade dos serviços públicos, o que é inadmissível. Deve-se fugir de percepções radicais, inclusive porque a avaliação do grau de emergência de dada situação depende usualmente de juízo discricionário dos agentes administrativos.

De todo modo, a análise da jurisprudência dos órgãos de controle permite concluir que os agentes administrativos devem preocupar-se, essencialmente, com quatro providências burocráticas centrais para as dispensas emergenciais:

(i) Caracterizar a situação emergencial e definir o objeto da contratação que seja necessário para fazer frente à situação emergencial.
(ii) Justificar bem o preço da contratação com base em pesquisa dos preços praticados no mercado.
(iii) Planejar e estruturar o modo como a execução do contrato deve ser fiscalizada e gerida.
(iv) Selecionar contratado que seja idôneo e que tenha capacidade para executar o objeto do contrato.

Essas quatro providências demandam ações de relativa complexidade, dependem de corpo técnico qualificado e de tempo razoável para que todas as informações sejam apuradas e processadas pelo corpo técnico. O ponto é que as contratações emergenciais estão inseridas num ambiente de burocracia excessiva não adequado para que decisões sejam tomadas com a agilidade que se impõe. Nesse cenário e pelas experiências práticas, não é incomum que as demandas emergenciais, pura e simplesmente, não sejam atendidas, porque os contratos não são firmados a tempo. Quando os contratos

---

[336] Esse estado de coisas não passa desapercebido pela comunidade acadêmica. Há uns dez anos, o Professor Rodrigo Valgas já denunciava, em diversas conferências, a formação de uma "Administração Pública do medo". Como percebeu Fernando Vernalha Guimarães, "o administrador público vem, aos poucos, desistindo de decidir. Ele não quer mais correr riscos" (GUIMARÃES. Fernando Vernalha. O direito administrativo do medo: a crise da ineficiência pelo controle. *Direito do Estado*, n. 71, 2016. Disponível em: http://www.direitodoestado.com.br/colunistas/fernando-vernalha-guimaraes/o-direito-administrativo-do-medo-a-crise-da-ineficiencia-pelo-controle). Para Carlos Ari Sundfeld, diante dos excessos de fiscalização, do medo de responder a processos, o gestor cruza os braços e espera a aposentadoria chegar (SUNDFELD, Carlos Ari. *Chega de axé no direito administrativo*. Disponível em: http://www.sbdp.org.br/wp/wp-content/uploads/2018/01/artigos-carlos-ari-sundfeld-chega-de-axe-no-direito-administrativo.pdf. Acesso em: set. 2021).

são firmados a tempo, é alta a probabilidade de questionamentos e de responsabilização dos agentes públicos envolvidos.

8.2 Caracterização da situação emergencial

A emergência remete a conceito vago e impreciso, cuja caracterização depende da avaliação dos impactos de determinados fatos sobre o interesse público e as atividades administrativas, o que normalmente guarda espaço para interpretações carregadas de subjetividade e muitas controvérsias. Um dos maiores problemas práticos da Administração em relação às contratações emergenciais é a qualificação motivada de uma situação como emergencial e da necessidade da contratação emergencial.

Repita-se que, para os fins de dispensa, nada obstante sua vagueza e imprecisão, o vocábulo *emergência* quer significar necessidade de contratação que não pode aguardar os trâmites ordinários de licitação pública, sob pena de perecimento do interesse público, consubstanciado pelo não atendimento ou prejuízo ao atendimento de alguma demanda relacionada ao interesse público.

Pondera-se que a situação emergencial não precisa ser radical ou absoluta, ela varia em grau, maior ou menor. A falta de um serviço irrelevante, por exemplo, não é bastante para justificar a situação emergencial. No entanto, devem-se evitar juízos abstratos e apriorísticos sobre quais serviços são ou não relevantes, mesmo porque, repita-se, há graus de relevância, que dependem das peculiaridades de cada caso e de cada órgão e entidade da Administração Pública. Repita-se que a avaliação é, em princípio, discricionária e, nesse sentido, por força do atributo da presunção de legitimidade e veracidade dos atos administrativos, deve-se partir do pressuposto de que o juízo qualificador da situação emergencial foi produzido em conformidade com os ditames legais.

A dificuldade para avaliar uma situação como emergencial para efeito de contratação parte da falta de precisão sobre o tempo que costuma ser necessário para realizar os trâmites ordinários de licitação pública. O processamento de licitações públicas é atrelado a diversas etapas, prazos e formalidades, que prolongam a sua duração e conclusão e que dependem da estruturação de cada órgão e entidade da Administração. Não se dispõe de dados oficiais organizados e atualizados. No entanto, por ilustração, o Conselho Nacional de Secretarias de Estado da Administração (Consad)[337] realizou levantamento do tempo médio das licitações brasileiras no ano de 2015 e os resultados apontaram que, em média, uma concorrência consome 307 dias, o pregão presencial, 105 dias e o eletrônico, 81 dias. Apurou-se também o tempo das contratações diretas, precisamente das dispensas provocadas pelo valor econômico, abaixo de R$8.000,00, que consomem, em média, 31 dias.

O relatório do Consad não esclarece a metodologia da pesquisa nem os marcos utilizados para a mensuração do tempo. Assim, para efeitos do presente estudo, é levado em consideração apenas como referência ilustrativa, sendo que o prazo mais curto é de 81 dias, pertinente à modalidade pregão. Chama a atenção o prazo de 31 dias para as

[337] DEZOLT, A. L. P.; BARBOSA, G. P. Diagnóstico das compras públicas estaduais em 2015. *In*: CONGRESSO DO CONSAD DE GESTÃO PÚBLICA, IX, Brasília, 8 a 10 jun. 2016. *Anais*... Brasília: Consad, 2016.

dispensas de licitação de valores de pequena monta, abaixo de R$8.000,00, o que sugere que as próprias contratações emergenciais, que também se processam por dispensa de licitação pública, possam demandar tempo significativo para serem formalizadas. Demais disso, reitera-se que o tempo varia em razão da estruturação de cada órgão e entidade da Administração.

De toda sorte, a Administração precisa avaliar se dada demanda contratual não pode ser desatendida pelo prazo projetado para realizar a respectiva licitação. Noutros termos, precisa avaliar se o desatendimento de dada demanda contratual pelo prazo necessário para realizar a respectiva licitação causa prejuízos ao interesse público, o que configura propriamente a situação emergencial.

Constatada a situação emergencial e a necessidade de contratar terceiros para fazer frente a ela, é preciso definir o objeto da contratação, que seja, sob as premissas da proporcionalidade, adequado e necessário para fazer frente à situação emergencial. Sucede que a situação emergencial pode ser enfrentada de diversas maneiras e a solução depende das circunstâncias de fato e dos interesses públicos envolvidos. A dispensa de licitação pública é exceção e deve ser interpretada restritivamente, por efeito do que apenas deve ser empregada se não houver outros meios idôneos para obstar os eventuais prejuízos aos interesses públicos. Ou seja, exige-se a demonstração de relação de pertinência e de necessidade entre a situação emergencial e o objeto do contrato, o que representa, como já ressaltado, um dos principais desafios para a Administração.

Os órgãos de controle, com frequência, questionam e recusam a relação de pertinência e necessidade entre a situação emergencial e o objeto da contratação. O argumento principal é que a contratação emergencial somente deve ter por objeto as intervenções cujas necessidades sejam imediatas e não intervenções que possam ser executadas em maior tempo e que visam à solução perene. Por ilustração, do Tribunal de Contas da União:

> Aliás, conforme a jurisprudência do TCU (Acórdão 1130/2019-TCU-Primeira Câmara), caberia ao gestor demonstrar objetivamente a impossibilidade de esperar o tempo necessário à realização de procedimento licitatório, em face dos riscos de prejuízo ou dano à segurança de pessoas e de bens públicos ou particulares. Como visto, no caso concreto, referida demonstração não foi feita, não sendo suficiente as menções genéricas às diversas patologias enfrentadas pelas edificações públicas.
>
> As patologias das edificações descritas e mencionadas, na realidade, mostram uma necessidade de reformas e manutenções corretivas, principalmente de elementos de fachada. Nesse caso, a necessidade emergencial real consistia na instalação de equipamentos de proteção coletiva na fachada, de modo que fosse mitigado o risco de danos a pessoas ou ao patrimônio em face de riscos de queda de elementos da fachada. Enquanto isso, caberia ao gestor promover os estudos necessários para o procedimento licitatório dos demais serviços de manutenção corretiva.
>
> De fato, a contratação emergencial, conforme o Acórdão 1457/2011-TCU-Plenário, tem como objetivo dar condições à Administração tempo suficiente para poder realizar os procedimentos necessários para a contratação da obra mediante regular certame licitatório. No caso concreto, não só o procedimento licitatório não foi feito, mas também a contratação emergencial abarcou em seu escopo serviços e itens típicos de uma obra convencional de reforma, como pinturas, padronização e substituição de lixeiras, substituição de luminárias,

instalação de projetor audiovisual, iluminação automática em LED e troca de aparelhos de ar condicionado.
A extrapolação do escopo de contrato firmado por meio de dispensa de licitação para além da situação emergencial urgente que se buscava atender constitui flagrante violação ao disposto no art. 24, inciso IV, da Lei 8.666/1993 (vigente à época) e no art. 75, inciso VIII, da Lei 14.133/2021.[338]

Veja-se, também por ilustração:

2. Conforme sintetizado pela unidade técnica, a solução adotada nos municípios foi a construção de um grande aterro entre o barranco natural e a margem do rio, que envolve volumosa movimentação de terra, mobilização de máquinas pesadas e, principalmente, um planejamento específico para sua realização integral no período de uma seca, sob pena de perder-se o que foi realizado. Isso porque o aterro foi projetado para ser construído no esguio trecho de terra que surge durante a seca entre o barranco natural e a margem do rio. Tratou-se, portanto, de obras de engenharia de porte, com vistas à solução perene para o problema, e não emergencial para solucionar, de forma iminente, as dificuldades súbitas ocasionadas pela grande enchente de 2009.
13. Reconhece-se a situação de emergência decretada pelo governo do estado e os danos decorrentes da enchente ocorrida naquele exercício. Por óbvio que, no momento das cheias dos rios, havia medidas a serem adotadas que, enquadrando-se no dispositivo utilizado para fundamentar a dispensa de licitação, atenderiam às restrições legais: "somente para os bens necessários ao atendimento da situação emergencial ou calamitosa e para as parcelas de obras e serviços que possam ser concluídas no prazo máximo de 180 (cento e oitenta) dias consecutivos e ininterruptos, contados da ocorrência da emergência ou calamidade". Todavia, não é o caso das obras contratadas para a contenção de orla, combate a erosões e contenção de taludes, as quais, inclusive, puderam ser realizadas somente no período da seca, e não de imediato, no momento da situação emergencial ou calamitosa. [...]
15. Assim, não se questiona a necessidade e a importância das obras, especialmente considerando a cheia histórica dos rios, mas apenas a escolha ilegítima da forma de contratação. O fato é que, não se tratando de obra restrita ao atendimento da situação emergencial ou calamitosa, não poderiam os responsáveis autorizar a dispensa da licitação. O caso concreto indica tratar de solução definitiva para os problemas enfrentados com as cheias e secas nos municípios do Amazonas como exposto pela unidade técnica na instrução de peça 85: [...].[339]

Nessa direção, a parte final do inciso VIII do artigo 75 da Lei nº 14.133/2021 preceitua que a dispensa emergencial deve se restringir à

[...] aquisição dos bens necessários ao atendimento da situação emergencial ou calamitosa e para as parcelas de obras e serviços que possam ser concluídas no prazo máximo de 1 (um) ano, contado da data de ocorrência da emergência ou da calamidade, vedadas a prorrogação dos respectivos contratos e a recontratação de empresa já contratada com base no disposto neste inciso.

[338] TCU, Plenário. Acórdão nº 1.340/2024, Rel. Min. Augusto Sherman, j. 3.7.2024.
[339] TCU, Primeira Câmara. Acórdão nº 4.780/2016. Rel. Min. José Mucio Monteiro, j. 19.7.2016.

Sendo assim, intervenções de maior porte, que tendem a ser definitivas e que demandam mais tempo, devem ser contratadas por licitação pública. Se for o caso, nos termos do supracitado inciso VIII do artigo 75 da Lei nº 14.133/2021, a Administração deve fragmentar o objeto do contrato, de modo a contratar emergencialmente o que pode ser executado em um ano e por licitação o restante do objeto.

Nesse mesmo passo – diante do inciso IV do artigo 24 da Lei nº 8.666/1993, cujo teor, diferentemente do inciso VIII do artigo 75 da Lei nº 14.133/2021, prescrevia o prazo máximo de 180 dias para os contratos emergenciais –, a Portaria nº 624/2017, do Ministério da Integração Nacional, que trata dos procedimentos para a transferência de recursos da União voltados para a recuperação de danos provocada por desastre natural para os demais entes federativos, prescreve o seguinte:

> Art. 12. Nos casos em que o ente beneficiário, ao ser notificado nos termos do art. 7º, optar pela dispensa de licitação, além de apresentar os documentos e informações elencados no art. 11, deverá declarar ciência que o prazo máximo para conclusão da obra é de 180 dias, contados do decreto de situação de emergência ou de estado de calamidade pública, conforme Anexo G.

Diante desse cenário e do entendimento que costuma ser rigoroso dos órgãos de controle, é importante que os agentes administrativos justifiquem de maneira consistente a situação emergencial, sobretudo demonstrando em que medida e em que grau o interesse público seria de fato prejudicado se a contratação não fosse realizada imediatamente e que o objeto da contratação é o meio necessário para atender à demanda emergencial que se apresenta. Deve-se cuidar para que o objeto da contratação emergencial não desborde do necessário para fazer frente à situação emergencial, o que abrange apenas medidas imediatas e não aquelas que demandam prazo maior e que trazem soluções perenes.

8.3 Emergência provocada pela desídia de agentes administrativos

A priori, a situação de urgência não deve ser provocada pela negligência da Administração Pública, que tem o dever de planejar e prever todas as suas demandas. É obrigatório que ela controle seus estoques, procedendo à licitação pública antes que os produtos visados corram o risco de faltar. No entanto, se o interesse público demanda realizar a contratação direta, sem que se possa aguardar a conclusão de licitação, é forçoso reconhecer a licitude da dispensa, mesmo que a desídia de agente administrativo tenha dado causa à demanda. Não é razoável desautorizar a dispensa e, com isso, prejudicar o interesse da Administração Pública, que, sem o objeto a ser contratado, acabaria desatendido.[340]

[340] O Tribunal de Contas da União, por muito tempo, entendeu que a emergência provocada pela omissão ou desídia dos agentes administrativos não seria o bastante para justificar a contratação direta fundada no inciso IV do artigo 24 da Lei nº 8.666/1993 – hipótese análoga à do inciso XV do artigo 75 da Lei nº 14.133/2021. A título ilustrativo, leia-se: "12. A equipe de auditoria destacou, ainda, acerca do assunto, a interpretação da referida norma dada pelo TCU, consubstanciada na Decisão no 347/94 - TCU - Plenário, quando a Corte de Contas estabeleceu pressupostos da aplicação do caso de dispensa preconizado no artigo 24, inciso IV, da Lei nº 8.666/93, a saber: 'a.1) que a situação adversa, dada como de emergência ou de calamidade pública, não se tenha originado, total ou parcialmente, da falta de planejamento, da desídia administrativa ou da má gestão dos recursos disponíveis, ou seja, que ela não possa, em alguma medida, ser atribuída à culpa ou dolo

Tanto mais, para evitar tais situações, é imperativo que sobre os ombros do agente da Administração Pública relapso recaia reprimenda, para o efeito de desencorajar comportamentos similares, desde que respeitados os princípios informadores do processo administrativo, entre os quais os do devido processo legal, da ampla defesa e do contraditório, previstos nos incisos LIV e LV do artigo 5º da Constituição Federal.[341] Esse é o teor da parte final do §6º do artigo 75 da Lei nº 14.133/2021:

> Art. 75. [...]
> §6º Para os fins do inciso VIII do *caput* deste artigo, considera-se emergencial a contratação por dispensa com objetivo de manter a continuidade do serviço público, e deverão ser observados os valores praticados pelo mercado na forma do art. 23 desta Lei e adotadas as providências necessárias para a conclusão do processo licitatório, sem prejuízo de apuração de responsabilidade dos agentes públicos que deram causa à situação emergencial.

Aliás, vale advertir que a não instauração de providências para apurar as responsabilidades dos agentes públicos que se omitiram e provocaram a situação emergencial pode ensejar a responsabilização dos próprios agentes públicos que deveriam ter instaurado os procedimentos de apuração e de penalização, conforme jurisprudência do Tribunal de Contas da União.[342]

---

do agente público que tinha o dever de agir para prevenir a ocorrência de tal situação; [...]' (TCU. Acórdão nº 1.266/2007, Plenário. Rel. Min. Valmir Campelo. J. 27/06/2007). Seguindo a mesma exegese, Lucas Rocha Furtado preconiza: 'É preciso que essa situação de urgência ou de emergência seja imprevisível. Seria absolutamente descabido que o administrador, sabendo que determinada situação iria ocorrer, e que sua ocorrência obrigaria a celebração do devido contrato, não adotasse as medidas necessárias à realização do procedimento licitatório. Jamais a inércia do administrador poderá justificar a adoção de contratos emergenciais, conforme já observamos' (FURTADO, Lucas Rocha. Curso de Licitações e Contratos Administrativos. 6. ed. Belo Horizonte: Fórum, 2015, p. 76). Em sentido contrário, o Tribunal de Contas da União, em belíssimo voto do Ministro Aroldo Cedraz, decidiu: '1. A situação prevista no artigo 24, VI, da Lei nº 8.666/93 não distingue a emergência real, resultante do imprevisível, daquela resultante da incúria ou inércia administrativa, sendo cabível, em ambas as hipóteses, a contratação direta, desde que devidamente caracterizada a urgência de atendimento a situação que possa ocasionar prejuízo ou comprometer a segurança de pessoas, obras, serviços, equipamentos e outros bens, públicos ou particulares. 2. A incúria ou inércia administrativa caracteriza-se em relação ao comportamento individual de determinado agente público, não sendo possível falar-se da existência de tais situações de forma genérica, sem individualização de culpas.' [...]. Voto: [...] 13. De fato, se caracterizada a existência de situação em que a demora no atendimento possa ocasionar prejuízo ou comprometer a segurança de pessoas, obras, serviços, equipamentos e outros bens, públicos ou particulares, faz-se não apenas recomendável, mas imperativa a adoção de imediata solução, ainda que implique na realização de contratação direta, sem licitação. 14. Consoante bem definiu o Voto acima referenciado que sustentou a Decisão nº 138/98-Plenário, a ausência de planejamento e a contratação direta fundamentada em situação de emergência caracterizam situações distintas, não necessariamente excludentes. Estará incorrendo em duplo erro o administrador que, ante a situação de iminente perigo, deixar de adotar as situações emergenciais recomendáveis, ainda que a emergência tenha sido causada por incúria administrativa. Há que se fazer a clara definição da responsabilidade: na eventual situação aludida, o responsável responderá pela incúria, não pela contratação emergencial" (TCU, Plenário. Acórdão nº 1.876/2007. Rel. Min. Aroldo Cedraz, j. 12.9.2007).

341 É o que já indicava a Orientação Normativa/AGU Nº 11/2009: "A contratação direta com fundamento no inc. IV do art. 24 da Lei nº 8.666, de 1993, exige que, concomitantemente, seja apurado se a situação emergencial foi gerada por falta de planejamento, desídia ou má gestão, hipótese que, quem lhe deu causa será responsabilizado na forma da lei".

342 9.9. dar ciência ao Ministério da Saúde, com fundamento no art. 9º, inciso I, da Resolução - TCU 315/2020, sobre as seguintes impropriedades, identificadas nas Dispensas de Licitação 9/2020, 10/2020 e 11/2020 da Superintendência Estadual do Ministério da Saúde no Rio de Janeiro - SEMS/RJ, para que sejam adotadas medidas internas com vistas à prevenção de outras ocorrências semelhantes: [...] 9.9.2. Dispensa de Licitação10/2020: 9.9.2.1. ausência de apuração da chamada "emergência fabricada", mediante instauração de procedimento formal, a fim de esclarecer as circunstâncias que culminaram com a contratação emergencial e as responsabilidades

8.4 Preço de contratos emergenciais

Questionamentos relativos aos preços praticados em contratações emergenciais são bastante frequentes. O levantamento realizado em acórdãos e decisões do Tribunal de Contas da União indica que, entre os seis fatores considerados como causas mais usuais de questionamentos, os problemas pertinentes ao preço foram os mais recorrentes, identificados em 35,42% dos acórdãos analisados.

Esclareça-se que os questionamentos concernentes aos preços dizem respeito a aspectos distintos, que caracterizam sobrepreço ou superfaturamento. O sobrepreço se verifica nas hipóteses em que o preço originalmente contratado é superior ao praticado no mercado. O superfaturamento, por sua vez, não toca ao preço original do contrato, que está dentro dos parâmetros de mercado. Ele ocorre na fase de execução contratual, nas hipóteses em que o contratado recebe valores indevidamente, por exemplo, por parcela do objeto não executada ou que tenha sido executada com qualidade inferior à contratada ou mesmo nos casos em que o contrato é alterado e os valores majorados de forma indevida. Em síntese, pode-se dizer que o sobrepreço indica defeito de origem, que está no próprio contrato, e o superfaturamento indica defeito de execução do contrato, não dos seus termos originais.[343]

As dispensas emergenciais padecem de ambos os males. A emergência impõe à Administração que contrate rapidamente, muitas vezes sem dispor do tempo para avaliar com profundidade os preços contratados, em especial para levantar amostra mais robusta dos preços praticados no mercado, que lhe serve de referência. Da mesma forma, por ter que contratar rapidamente, também com certa habitualidade, a Administração não projeta de forma adequada o contrato e não se estrutura para acompanhar a sua execução, que também demanda celeridade. Daí a necessidade frequente de aditivos contratuais, de ordens verbais para execução em termos diversos do que foi contratado e de medições realizadas por meras estimativas e pouco confiáveis, não raro empreendidas por meio de relatórios dos próprios contratados, conjunto de fatores que contribui significativamente para questionamentos sobre superfaturamento.

A rigor jurídico, a situação emergencial deveria ser considerada como "circunstâncias práticas", consoante a expressão do §1º do artigo 22 da Lei de Introdução às Normas do Direito Brasileiro, limitadoras da atuação dos agentes administrativos, dado que eles precisam contratar imediatamente e não dispõem do tempo necessário

---

dos agentes administrativos eventualmente envolvidos, em descumprimento à Orientação Normativa AGU 11/2009; (TCU, Plenário. Acórdão nº 1340/2024, Rel. Min. Augusto Sherman, j. 3.7.2024).

343 O §1º do artigo 31 da Lei nº 13.303/2016 distingue "sobrepreço" e "superfaturamento": "Art. 31. §1º Para os fins do disposto no caput , considera-se que há: I - sobrepreço quando os preços orçados para a licitação ou os preços contratados são expressivamente superiores aos preços referenciais de mercado, podendo referir-se ao valor unitário de um item, se a licitação ou a contratação for por preços unitários de serviço, ou ao valor global do objeto, se a licitação ou a contratação for por preço global ou por empreitada; II - superfaturamento quando houver dano ao patrimônio da empresa pública ou da sociedade de economia mista caracterizado, por exemplo: a) pela medição de quantidades superiores às efetivamente executadas ou fornecidas; b) pela deficiência na execução de obras e serviços de engenharia que resulte em diminuição da qualidade, da vida útil ou da segurança; c) por alterações no orçamento de obras e de serviços de engenharia que causem o desequilíbrio econômico-financeiro do contrato em favor do contratado; d) por outras alterações de cláusulas financeiras que gerem recebimentos contratuais antecipados, distorção do cronograma físico-financeiro, prorrogação injustificada do prazo contratual com custos adicionais para a empresa pública ou a sociedade de economia mista ou reajuste irregular de preços".

para apurar e investigar melhor o objeto do contrato e os preços de mercado, bem como para acompanhar a execução do contrato. Reconhecidas tais circunstâncias, acrescidas das dificuldades de mercado e de mobilização das empresas privadas para atender a demandas emergenciais, seria mesmo natural e em alguma medida aceitável que contratações emergenciais apresentassem preços superiores aos praticados em condições de normalidade e, por via de consequência, que os órgãos de controle fossem mais parcimoniosos ao avaliar eventuais sobrepreços ou superfaturamentos e a responsabilidade dos agentes administrativos.

Advirta-se, desde já e em sentido diametralmente oposto, que não se percebe essa parcimônia por parte dos órgãos de controle, que aplicam, geralmente, os mesmos critérios para avaliar sobrepreços e superfaturamentos em contratos licitados e decorrentes de dispensas emergenciais. Repita-se que, conforme a análise da jurisprudência do Tribunal de Contas da União, dos 48 acórdãos ou decisões dos últimos cinco anos sobre dispensas emergenciais, apontaram-se irregularidades em 45 deles, representativo de 93,75% do total, e em 41 deles houve a responsabilização de agentes públicos, representativo de 85,42% do total. A propósito, do Tribunal de Contas da União:

> 11. Nesse sentido, reputo adequadas as propostas relacionadas aos problemas verificados na realização de pesquisa de preços e na estimativa de custos, pois, mesmo em contratações diretas fundamentadas no inciso IV, do art. 24 da Lei nº 8.666/1993 devem os preços ser adequadamente estimados. Isso decorre da estrita observância aos princípios aplicáveis à Administração Pública, bem como do que prescreve o art. 26 do estatuto das licitações.[344]

Pois bem, o inciso VII do artigo 72 da Lei nº 14.133/2021 determina que no processo de dispensa de licitação conste "justificativa do preço". A Administração, depois de caracterizar a situação emergencial e definir o objeto da dispensa de licitação, deve realizar pesquisa de preços para que tenha uma referência de mercado dos valores envolvidos na futura contratação, de modo que disponha de baliza para justificar o preço. Depois disso, ela pede proposta ou propostas a interessado ou futuros interessados, de modo a escolher o futuro contratado. Para que ela possa justificar o preço, ela precisa comparar a proposta ou propostas com alguma referência de preço de mercado, que é obtida, repita-se, por meio dessa pesquisa de preços. Noutros termos, a pesquisa de mercado é o meio pelo qual a Administração dispõe de uma referência de preço de mercado e, com base nessa referência de preço de mercado, comparando-a com a proposta ou propostas recebidas, ela justifica o preço da contratação. Daí que para justificar o preço do futuro contrato é fundamental a pesquisa dos valores praticados no mercado.

8.5 Prazo do contrato firmado em razão de situação emergencial

O contrato a ser firmado com base no inciso VIII do artigo 75 da Lei nº 14.133/2021, além de pressupor a urgência provocada por emergência, revela caráter provisório, na medida em que serve apenas para evitar o perecimento de interesse da Administração Pública, concedendo tempo à Administração Pública para concluir o regular processo de licitação. Nesse sentido, o §6º do artigo 75 da Lei nº 14.133/2021 prescreve que, nos

[344] TCU, Plenário. Acórdão nº 1.835/2017. Rel. Min. Benjamin Zymler, j. 23.8.2017.

casos de dispensas emergenciais, devem ser "adotadas as providências necessárias para a conclusão do processo licitatório".

Diante do caráter provisório do contrato emergencial, a parte final do inciso VIII do artigo 75 da Lei nº 14.133/2021 prescreve que, mediante tais contratos, é permitido somente adquirir os bens necessários ao atendimento da situação emergencial e receber prestação de serviços ou parcelas de obras que possam ser concluídas no prazo máximo de 1 ano, contado da ocorrência da emergência, vedada a sua prorrogação.

Nesse ponto, a Lei nº 14.133/2021 traz novidade importante em comparação com a hipótese de dispensa análoga da Lei nº 8.666/1993, que era a versada no inciso IV do seu artigo 24, cujo prazo máximo era de 180 dias. Repita-se, na forma do inciso VIII do artigo 75 da Lei nº 14.133/2021, o prazo foi estendido para um ano.

Agregue-se que o prazo de um ano se conta da data da emergência ou calamidade pública. Portanto, não é correto afirmar que o prazo de duração do contrato é de um ano, dado que normalmente, mesmo diante de situações urgentes, a Administração Pública leva algum tempo para firmá-lo.

O inciso VIII do artigo 75 da Lei nº 14.133/2021 veda, terminantemente, que esses contratos sejam prorrogados. E o legislador impediu a prorrogação em virtude da pressuposição de que um ano constitui período suficiente para ultimar o devido processo de licitação, em razão do que, ao final do prazo, se deve firmar novo contrato, dessa vez com o selecionado por meio do certame. Contudo, importa atentar que, por uma série de circunstâncias, muitas delas inimputáveis à Administração Pública, o processo de licitação talvez não seja ultimado nesse período.

Por exemplo, diante de emergência, a Administração Pública firma contrato com fundamento no inciso VIII do artigo 75 da Lei nº 14.133/2021, cujo prazo de duração é de um ano. A partir de então, a Administração Pública, imediatamente, dá início à licitação, que, todavia, é suspensa por decisão prolatada por juiz de direito, em vista de ação judicial proposta por um dos licitantes. Então, por força de decisão judicial, a Administração Pública é impedida de concluir a licitação no prazo de um ano. O contrato outrora firmado com dispensa está prestes a se encerrar, sem que se possa prorrogá-lo e sem que a licitação tivesse sido concluída. Essa situação poderia sacrificar o interesse da Administração Pública, já que, em princípio, a Administração Pública ficaria sem a utilidade recebida mediante o contrato, que não pode ser prorrogado. Sem embargo, perceba-se que o legislador proibiu apenas a prorrogação, não a celebração de novo contrato amparado pelo mesmo dispositivo, ainda que regido pelas mesmas cláusulas. Daí que, para proteger o interesse da Administração Pública, em vez de prorrogar o contrato, é lícito celebrar um novo, não importa se com o mesmo objeto que lhe antecedeu.[345]

Advirta-se que, consoante o inciso VIII do artigo 75 da Lei nº 14.133/2021, nessas hipóteses, é proibida "a recontratação de empresa já contratada com base no disposto neste inciso". Então, pode-se firmar novo contrato emergencial, também com prazo máximo

---

[345] Para Ivan Barbosa Rigolin e Marco Tullio Bottino: "Caso outro estado emergencial ou calamitoso ocorra dentro dos cento e oitenta dias do primeiro, outra aquisição, devidamente justificada, através de outra contratação direta, sempre poderá ser realizada – e ainda que seja com a mesma pessoa física ou jurídica; o que se veda é a prorrogação de um mesmo contrato, para além de cento e oitenta dias" (RIGOLIN, Ivan Barbosa; BOTTINO, Marco Tullio. *Manual prático das licitações*: Lei nº 8.666/93. 3. ed. São Paulo: Saraiva, 1999. p. 759).

de um ano, porém não com a mesma pessoa contratada na primeira oportunidade. Essa é outra novidade da Lei nº 14.133/2021 em relação à revogada Lei nº 8.666/1993, que não prescreve restrição do tipo, o que propicia em muitas ocasiões que sucessivos contratos emergenciais sejam firmados com o mesmo contratado, cujo interesse, não raro, acaba sendo de postergar o lançamento da licitação ou impedir sua conclusão, por meio de questionamentos, impugnações, recursos e outras medidas. A limitação contida no inciso VIII do artigo 75 da Lei nº 14.133/2021 visa evitar essas situações de perpetuação de contratações emergenciais com a mesma pessoa, tomando-se em conta, também, que o prazo foi ampliado, de 180 dias para um ano. Em que pesem eventuais boas intenções, o fato é que essa restrição pode causar prejuízos à Administração Pública, especialmente naqueles casos em que a situação emergencial se posterga no tempo sem culpa dela. É que, com a necessidade de novo contrato emergencial e de novo contratado, impõe-se transição de prestadores de serviços, o que, na prática, costuma ser problemático e prejudicial à própria Administração Pública.

Imagine-se o contrato conhecido como de fábrica de *software*. Licitação em curso foi suspensa por decisão judicial, o que levou a Administração Pública a firmar contrato emergencial com o atual prestador do serviço, pelo prazo de um ano. A decisão judicial, no entanto, persiste e é necessário firmar novo contrato emergencial. A Administração Pública, nos termos do inciso VIII do artigo 75 da Lei nº 14.133/2021, não pode contratar o mesmo prestador para o novo contrato emergencial, vê-se forçada a contratar outro, com transição de equipes de programadores, programações não concluídas que precisam ser assumidas por outros programadores etc. As perdas para a Administração Pública nesse processo podem ser relevantes.

É de ponderar que, muitas vezes, os contratos emergenciais são firmados, sobretudo nos casos de contratos de escopo, e os contratados não conseguem cumprir o prazo de execução em razão de eventos da natureza ou provocados por terceiros ou mesmo pela Administração Pública, que, de todo modo, não possam ser imputados a eles. Nessas situações, de maneira geral, sob a revogada Lei nº 8.666/1993, a jurisprudência vinha, acertadamente, admitindo a prorrogação dos contratos emergenciais.[346] O mesmo entendimento deve ser mantido diante do inciso VIII do artigo 75 da Lei nº 14.133/2021, porque a vedação nele contida à prorrogação dos contratos emergenciais não diverge, nesse aspecto, da vedação contida no inciso IV do artigo 24 da Lei nº 8.666/1993.

Registra-se que há alguns julgados do Tribunal de Contas da União em que ele entende que o prazo máximo para a assinatura do contrato fundado no inciso IV do artigo 24 da Lei nº 8.666/1993 – hipótese de dispensa análoga à do inciso VIII do artigo 75 da Lei nº 14.133/2021 – é de 30 dias a contar da data do fato que produziu a

---

346 Nesse sentido, confira-se julgado do TCU: "Consoante registrado anteriormente, a Lei determina que ocorrendo situação calamitosa ou emergencial, *as obras e serviços deverão ser concluídas no prazo máximo de 180 (cento e oitenta) dias, vedada a prorrogação* dos respectivos contratos. No entanto, a superveniência de fato excepcional ou imprevisível, estranho à vontade das partes, que altere as condições do respectivo contrato, é razão suficiente para alteração do contrato, a teor do disposto no artigo 57, §1º, item II, da Lei nº 8.666/93. [...] é possível, quando da dispensa [...], o retardamento do início e a devolução da contagem do prazo de 180 dias, desde que as ações tomadas pela Administração tenham sido prejudicadas pela superveniência de fato excepcional ou imprevisível, estranho à vontade das partes" (TCU, Plenário. Acórdão nº 820/1996. Rel. Min. Bento José Bugarin, j. 12.12.1996)

calamidade ou a emergência.[347] A tese é que, se a Administração Pública permitiu que transcorressem 30 dias dos fatos, a situação não é, verdadeiramente, urgente e pode aguardar a conclusão de licitação pública.

Esse entendimento do Tribunal de Contas da União é equivocado e não encontra qualquer base legal, sobremodo porque pretende ser aplicado de maneira geral e abstrata para todas as situações, sem ponderar as suas peculiaridades. Ora, muitas vezes, ainda que diante de situação emergencial, a tramitação da contratação direta consome mais do que 30 dias, o que não desfaz, em absoluto, o sentido de urgência. Ademais, tal prazo de 30 dias foi inventado. Ele foi tomado de maneira aleatória. Em vez de 30 dias poderiam ser 20, ou 40. O órgão de controle tomou para si competência que é do Legislativo, inovando a ordem jurídica de maneira inconstitucional, em desalinho ao princípio da legalidade, encartado no inciso II do artigo 5º da Constituição Federal.[348]

8.6 Regime especial de enfrentamento de estado de calamidade pública

O inciso VIII do artigo 75 da Lei nº 14.133/2021 prescreve a hipótese de dispensa para os " casos de emergência ou de calamidade pública". O dispositivo autoriza a dispensa diante de duas situações: de emergência ou e calamidade pública. Note-se que se trata de um ou de outro.

Embora a calamidade pública pressuponha emergência, nem toda emergência pressupõe calamidade pública. A emergência pode ser pontual, relacionada a um aspecto específico dos assuntos da Administração, não precisa ser algo alastrado ou com repercussão abrangente. Por exemplo, a falta pontual de dado medicamento em hospital público é o bastante para caracterizar a emergência e justificar a dispensa do inciso VIII do artigo 75 da Lei nº 14.133/202, porém, em princípio, não é o bastante para qualificar uma calamidade pública.

A calamidade pública, de acordo com as lições de Hely Lopes Meirelles, "[...] é a situação de perigo e de anormalidade social decorrente de fatos da natureza, tais como inundações devastadoras, vendavais destruidores, epidemias letais, secas assoladoras e outros eventos físicos flagelantes que afetem profundamente a segurança ou a saúde públicas, os bens particulares, o transporte coletivo, a habitação ou o trabalho em geral".[349] Ressalva-se que a calamidade pública, em sentido oposto ao sinalizado por Hely Lopes Meirelles, não precisa, necessariamente, decorrer de evento da natureza, pode decorrer de um evento humano, como uma greve, manifestações populares generalizadas ou mesmo de estado de guerra. Pode-se dizer que a calamidade pública, esse parece ser o ponto, é mais abrangente e mais grave do que a mera emergência, que tem proporções

---

347 "3.16.4. O Tribunal de Contas da União dá um parâmetro importante: se a contratação emergencial demorar mais que trinta dias da ocorrência do fato que a justifica, o TCU não considerará que existiu emergência, já que em trinta dias teria sido possível realizar ao menos um convite, que suprisse ao menos parte da necessidade, que a seguir poderia ser licitada em sua totalidade pela modalidade adequada, se essa não for o próprio convite. Não quer dizer o TCU que irá aceitar que contratação ocorrida em uma semana do fato será acatada como emergencial, mas uma coisa é certa: passaram-se mais de 74 dias do fato, então emergência não existiu. Esse dado do TCU, é claro, vale para a esfera federal apenas, mas já é um importante parâmetro, porque com ele o TCU nos indica o que entende como contratação emergencial em tempo razoável" (TCU, Segunda Câmara. Acórdão nº 158/2010. Rel. Min. Aroldo Cedraz, j. 26.1.2010).

348 "Artigo 5º [...] II - ninguém será obrigado a fazer ou deixar de fazer alguma coisa senão em virtude de lei".

349 MEIRELLES, Hely Lopes. *Licitação e Contrato Administrativo.* 12. ed. São Paulo: Malheiros, 1999. p. 98.

menores e restritas. A calamidade pública é uma emergência agravada e alastrada, com repercussões mais abrangentes para a Administração Pública e para a sociedade, que compromete com mais intensidade o interesse público. Ou seja, a diferença entre mera emergência e calamidade pública é de grau, de intensidade, sobremodo em relação aos seus efeitos.[350]

É de ressaltar que cada ente da federação tem autonomia para qualificar uma dada situação como calamidade pública e enfrentá-la do modo que lhe convier, respeitando a sua própria legislação, sem que para tanto seja necessária a aprovação ou o reconhecimento de outros entes da federação. Nada impede, nesse sentido, que um ente da federação, isoladamente, qualifique, trate, enfrente e supere uma situação de calamidade pública. No entanto, na maioria dos casos, o enfrentamento da calamidade pública demanda concertação de esforços entre diversos entes federativos. Justamente por isso a legislação federal versa sobre o assunto, estabelecendo conceitos, parâmetros e critérios para uma atuação coordenada entre diversos entes da federação, especialmente com o envolvimento da União.[351]

É nesse contexto que a Lei nº 14.981/2024 dispõe de medidas excepcionais para a aquisição de bens e a contratação de obras e de serviços, inclusive de engenharia, destinados ao enfrentamento de impactos decorrentes de estado de calamidade pública, infelizmente bastante frequentes. Repita-se que, independentemente e antes da Lei nº 14.981/2024, a calamidade pública já autorizava e autoriza a dispensa de licitação, na forma do inciso VIII do artigo 75 da Lei nº 14.133/2021. A Lei nº 14.981/2024 prescreve condições especiais e, em regra, mais flexíveis para a dispensa de licitação em estado de calamidade pública, bem como trata de aspectos relacionados às licitações e aos próprios contratos firmados em estado de calamidade pública.

O §1º do artigo 1º da Lei nº 14.981/2024 prescreve que as medidas excepcionais prescritas nela são condicionadas à "[...] declaração ou reconhecimento do estado de calamidade pública pelo Chefe do Poder Executivo do Estado ou do Distrito Federal

---

350 A Lei nº 12.608/2012, que versa sobre a Política Nacional de Proteção e Defesa Civil, oferece o seguinte conceito: "Art. 1º [...] Parágrafo único. Para os fins desta Lei, considera-se: [...] VI - estado de calamidade pública: situação anormal provocada por desastre causadora de danos e prejuízos que implicam o comprometimento substancial da capacidade de resposta do poder público do ente atingido, de tal forma que a situação somente pode ser superada com o auxílio dos demais entes da Federação;" O conceito legal sinaliza o estado de emergência alastrada que caracteriza a calamidade pública, salientando que ela traz "[...] danos e prejuízos que implicam o comprometimento substancial da capacidade de resposta do poder público". O conceito legal, no entanto, peca em dois aspectos. O primeiro é ao condicionar a calamidade pública à ocorrência de desastre, termo não apropriado porque remete a um evento da natureza, até porque a calamidade pública pode decorrer de epidemia ou mesmo de atos humanos. O segundo defeito está na parte final, ao prescrever que a calamidade "[...] somente poder ser superada com o auxílio dos demais entes da Federação". Ora, nada impede, pelo menos em princípio, que uma calamidade seja enfrentada e superada por apenas um ente da federação, sem a contribuição dos demais. Esse aspecto, da cooperação de entes diversos da federação, pode até ser usual, mas não é necessário, logo não deveria integrar o conceito de calamidade.

351 A Instrução Normativa nº 2/2016, do Ministério da Integração Nacional, estabelece procedimentos e critérios para a decretação de emergência e de calamidade pública. O critério fundamental está no seu artigo 1º, cujo texto prescreve que o decreto deve ser produzido "[...] quando for necessário estabelecer uma situação jurídica especial para execução das ações de socorro e assistência humanitária à população atingida, restabelecimento de serviços essenciais e recuperação de áreas atingidas por desastre". Nesse sentido, o artigo 5º da Instrução Normativa prescreve que o "Poder Executivo Federal poderá reconhecer o decreto do Prefeito, Governador do Estado ou Distrito Federal quando for necessário estabelecer uma situação jurídica especial para execução das ações de socorro e assistência humanitária à população atingida, restabelecimento de serviços essenciais e recuperação de áreas atingidas por desastre".

ou pelo Poder Executivo federal [...]" (inciso I) e a "ato do Poder Executivo federal ou do Chefe do Poder Executivo do Estado ou do Distrito Federal, com a autorização para aplicação das medidas excepcionais e a indicação do prazo dessa autorização" (inciso II). Chama a atenção, portanto, que, nos termos do dispositivo supracitado, o Chefe do Executivo municipal não tem legitimidade para decretar a calamidade pública e aplicar as medidas excepcionais da referida lei sozinho. Ele precisa da chancela do Chefe do Poder Executivo do Estado, do Distrito Federal ou da União, em desprestígio à autoridade municipal, considerada de estatura inferior e que precisa ser tutelada pelas outras esferas federativas, o que se opõe frontalmente ao inciso III do artigo 19 da Constituição Federal, cujo texto proíbe que os entes da federação criem preferências entre si. De toda sorte, conforme os dispositivos supracitados, o decreto de calamidade não basta para a aplicação das medidas excepcionais, sendo necessário um ato específico de autorização, com prazo delimitado.

O artigo 2º da Lei nº 14.981/2024 lista as medidas excepcionais, que são as seguintes:

> Art. 2º Os procedimentos previstos nesta Lei autorizam a administração pública a:
> I - dispensar a licitação para a aquisição de bens e a contratação de obras e de serviços, inclusive de engenharia, observado o disposto no Capítulo III desta Lei;
> II - reduzir pela metade os prazos mínimos de que tratam o art. 55 e o §3º do art. 75 da Lei nº 14.133, de 1º de abril de 2021 (Lei de Licitações e Contratos Administrativos), para a apresentação das propostas e dos lances, nas licitações ou nas contratações diretas com disputa eletrônica;
> III - prorrogar contratos para além dos prazos estabelecidos nas Leis nºs 8.666, de 21 de junho de 1993, e 14.133, de 1º de abril de 2021 (Lei de Licitações e Contratos Administrativos), por, no máximo, 12 (doze) meses, contados da data de encerramento do contrato;
> IV - firmar contrato verbal, nos termos do §2º do art. 95 da Lei nº 14.133, de 1º de abril de 2021 (Lei de Licitações e Contratos Administrativos), desde que o seu valor não seja superior a R$ 100.000,00 (cem mil reais), nas hipóteses em que a urgência não permitir a formalização do instrumento contratual; e
> V - adotar o regime especial previsto no Capítulo IV desta Lei para a realização de registro de preços.

Vê-se que as tais medidas excepcionais não se restringem à dispensa de licitação, envolvem, também, prazos de publicidade de editais e da dispensa eletrônica, prorrogação de contratos, contratos verbais e registro de preços. Em relação especificamente à dispensa de licitação, o artigo 5º da Lei nº 14.981/2024 prescreve:

> Art. 5º Nos procedimentos de dispensa de licitação decorrentes do disposto nesta Lei, presumem-se comprovadas as condições de:
> I - ocorrência do estado de calamidade pública, nos termos do art. 1º desta Lei;
> II - necessidade de pronto atendimento da situação de calamidade;
> III - risco iminente e gravoso à segurança de pessoas, de obras, de prestação de serviços, de equipamentos e de outros bens, públicos ou particulares; e
> IV - limitação da contratação à parcela necessária ao atendimento da situação de calamidade.

O artigo 5º supra é mal escrito e a presunção de que ele trata não faz qualquer sentido. Ora, não faz sentido que uma calamidade pública reconhecida por decreto seja presumida. Uma vez reconhecida por decreto, ela já não será presumida, ela terá sido declarada expressamente. Essa presunção não tem utilidade alguma, até porque todos os atos administrativos, inclusive decretos de calamidade pública, gozam do atributo da presunção de legitimidade e legalidade. Da mesma forma, não faz sentido falar em presunção de necessidade de atender a situação de calamidade, de riscos e de limitação à contratação de parcelas necessárias ao atendimento à calamidade. Enfim, o artigo 5º é inútil, do começo ao fim.

O artigo 3º da Lei nº 14.981/2024 trata da etapa preparatória das contratações vinculadas às calamidades e simplifica uma série de providências: [i] dispensa o estudo técnico preliminar para bens, obras e serviços comuns (inciso I do *caput* do artigo 3º); [ii] não exige a gestão de risco prévia à contratação, apenas para a gestão do contrato (inciso II do *caput* do artigo 3º); [iii] admite termo de referência, anteprojeto e projeto básico simplificados. É de destacar que, na forma do inciso I do artigo 72 da Lei nº 14.133./2021, nos casos de contratação direta, o estudo técnico preliminar, o termo de referência, o projeto básico, o anteprojeto e a análise de risco não são obrigatórios e devem ser produzidos apenas "se for o caso", o que confere competência discricionária aos agentes administrativos para decidir se os produzem ou não. Portanto, a dispensa do estudo técnico preliminar e da gestão de risco é redundante, porque já encontra previsão no inciso I do artigo 72 da Lei nº 14.133/2021. Em relação ao termo de referência, anteprojeto e de projeto básico, "se for o caso" de produzi-los, então o artigo 3º admite que eles o sejam de forma simplificada, de modo a ganhar tempo e dispor com mais celeridade dos bens, serviços e obras necessários ao enfrentamento da calamidade.[352]

De toda sorte, em consonância com o inciso II do artigo 72 da Lei nº 14.133/2021, em todas as contratações diretas, inclusive as que envolvem calamidade, é necessário proceder à prévia estimativa de despesa, calculada na forma estabelecida no artigo 23 da Lei nº 14.133/2021. Mesmo em caso de calamidade, a Administração deve contratar com preços adequados aos praticados no mercado. No entanto, o §3º do artigo 3º da Lei nº 14.981/2024 autoriza que se contrate com preços superiores aos levantados em pesquisa de preços em razão de "oscilações ocasionadas pela variação de preços". Nesses casos, o dispositivo exige: "I - negociação prévia com os demais fornecedores, segundo a ordem de classificação, para obtenção de condições mais vantajosas; e II - fundamentação, nos autos do processo administrativo da contratação correspondente, da variação de preços praticados no mercado por motivo superveniente". Sucede que situações de calamidade costumam afetar os mercados, muitas vezes faltam produtos e serviços, de modo que os preços sofrem oscilações e não correspondem exatamente aos preços

[352] Art. 3º [...] §1º O termo de referência, o anteprojeto ou o projeto básico simplificado de que trata o inciso III do *caput* deste artigo conterá: I - a declaração do objeto; II - a fundamentação simplificada da contratação; III - a descrição resumida da solução apresentada; IV - os requisitos da contratação; V - os critérios de medição e de pagamento; VI - a estimativa de preços obtida por meio de, no mínimo, um dos seguintes parâmetros: a) composição de custos unitários menores ou iguais à mediana do item correspondente nos sistemas oficiais de governo; b) contratações similares feitas pela administração pública; c) utilização de dados de pesquisa publicada em mídia especializada, de tabela de referência formalmente aprovada pelo Poder Executivo e de sítios eletrônicos especializados ou de domínio amplo; d) pesquisa realizada com os potenciais fornecedores; o e) pesquisa na base nacional de notas fiscais eletrônicas; e VII - a adequação orçamentária.

praticados em situações normais e em outras praças não afetadas pela calamidade. Daí que essas oscilações que afetam a região atingida pela calamidade formam o próprio preço de mercado, porque correspondem ao que é efetivamente praticado no local da calamidade. Então, é preciso reconhecer a oscilação dos preços e considerá-la ao definir o preço da contratação, que pode não corresponder aos preços praticados nas praças não afetadas pela calamidade.

9 Dispensa para contratos interadministrativos

No capítulo referente à inexigibilidade, pretendeu-se sublinhar o regime jurídico dos contratos interadministrativos, especialmente sob a perspectiva da inexigibilidade, isto é, das situações cujos traços peculiares, já, por si, afastam a realização de licitação pública. Afora os casos, então comentados, de inexigibilidade, a licitação também pode ser afastada de acordo com o juízo do legislador, que, para evitar o perecimento do interesse público, pode autorizar a contratação direta mediante dispensa. Ela, a dispensa, só tem utilidade diante de casos em que a licitação não é inexigível, pois, em sentido contrário, não se desnudam motivos plausíveis para dispensar licitação, que sequer poderia ser exigida. Por má técnica legislativa, não é raro que o legislador prescreva como dispensa de licitação uma situação que corresponde à inviabilidade de competição e, por conseguinte, à inexigibilidade de licitação. É o que aconteceu com os contratos interadministrativos, mais precisamente no inciso IX do *caput* do artigo 75 da Lei nº 14.133/2021, cuja redação é a seguinte:

> Art. 75. É dispensável a licitação: [...]
> IX - para a aquisição, por pessoa jurídica de direito público interno, de bens produzidos ou serviços prestados por órgão ou entidade que integrem a Administração Pública e que tenham sido criados para esse fim específico, desde que o preço contratado seja compatível com o praticado no mercado;

É de ponderar que a expressão "criados para esse fim específico" deve ser compreendida como respaldo ou previsão estatutária para o fim específico pertinente ao objeto do contrato que se pretende firmar. Não quer dizer que a entidade precisa ter sido, originariamente, constituída com o propósito de realizar tal atividade. Isso porque as estruturas das empresas e das entidades são dinâmicas e, obviamente, as finalidades a elas atribuídas podem ser alteradas conforme a conveniência e a oportunidade de quem as controla, respeitadas as regras de governança de cada qual.

Veja-se que, se não fosse assim, o ente político, ao pretender atribuir uma dada atividade à entidade que integra a sua estrutura, teria que criar uma entidade nova e não poderia se aproveitar de entidade já existente, experiente e aparelhada. Ou seja, poderia atribuir a atividade à entidade nova e não à entidade já existente. Isso não seria razoável, a distinção não teria qualquer utilidade e apenas oneraria o ente político com a criação e o aparelhamento de uma nova entidade, que seria desnecessária e, portanto, contrária ao princípio da proporcionalidade.

Embora a contratação direta seja exceção e mereça interpretação restritiva, não se deve aportar a conclusões que neguem a razoabilidade, o bom senso, que levem ao absurdo e ao comprometimento dos interesses públicos. Ora, insista-se, não há qualquer lógica em propugnar que o ente político pode criar uma entidade, atribuir a ela uma atividade e contratá-la diretamente e que não possa se aproveitar de uma entidade já existente, atribuir a ela a tal tarefa e contratá-la diretamente. O relevante, para uma entidade nova ou existente, é que a prestação de utilidades ou serviços aos órgãos e entidades do ente político que a criou tenha respaldo estatutário.

Feitos esses anteparos, é de mencionar que o Tribunal de Contas da União julgou caso em que reconheceu a legitimidade da contratação direta de estatal para fiscalizar obra pela Justiça Federal. Confiram-se as seguintes passagens do acórdão:

> 24. De fato, os serviços previstos implicam a substituição do TRF1 pela contratada na condução da obra; logo, as funções que serão exercidas pela Novacap são afeitas ao papel que a Administração faria.
> 25. Neste ponto há outras características do empreendimento que devem ser consideradas.
> 26. A Novacap, no âmbito do Contrato 68/2023, está atuando para atender às demandas de órgão do Poder Judiciário da União, esta detentora de 43,8% do capital da empresa; o Distrito Federal e a União são os únicos detentores de seu capital, e há interesse de ambos na obra.
> 27. Destaca-se também a expertise da Novacap no tipo de serviço contratado, estando inclusive previsto em seu objeto social.
> 28. Junte-se a isso o fato de que o preço contratado está dentro dos limites previstos na Lei 14.133/2021. O TRF1 apresentou comparação entre preços de mercado e a proposta apresentada pela contratada. Concluiu-se que a proposta da Novacap apresentou percentual de 43,95% abaixo do limite estabelecido pela Resolução CJF 461/2017, art. 5º, §7º, a qual fixa limite de preço para contratação de fiscalização das obras da Justiça Federal em 3,5% do valor estimado para execução da obra; portanto, foi demonstrado que o preço contratado é compatível com o praticado no mercado.
> 29. Além disso, há a presença de diversos outros elementos cruciais, que devem ser observados a fim de se tomar a decisão mais alinhada ao interesse público; nesse sentido, os princípios da eficiência, da economicidade e da razoabilidade.
> 30. Decorrem diretamente da Constituição o princípio da eficiência (art. 37) e o da economicidade (expressamente mencionado no art. 70), ao tratar da fiscalização da Administração; desse modo, tais princípios estão positivados como orientadores das decisões do administrador e da aplicação do direito.
> 31. O princípio da eficiência impõe à Administração Pública direta e indireta e a seus agentes a persecução do bem comum, de maneira a evitar desperdícios e garantir maior benefício social.
> 32. Assim, o administrador público deve sempre buscar otimizar o uso dos recursos, a obtenção dos melhores resultados com os meios disponíveis. No contexto ora examinado, a contratação da Novacap pode ser a opção mais eficiente, considerando sua estrutura e sua expertise.
> 33. Como demonstrado, a solução encontrada pelo TRF1 atende também ao princípio da economicidade, uma vez que envolve custos menores em relação aos de organizar em sua estrutura quadro de pessoal suficiente para realizar os serviços de gerenciamento de obra de tão grande vulto.
> 34. É certo que qualquer contratação, especialmente a direta, deve ser precedida de análise cuidadosa dos riscos e benefícios envolvidos. Um dos riscos mencionados pela unidade técnica foi a falta de previsão legal expressa para contratação, a significar insegurança jurídica.

> 35. Divirjo da interpretação. Não se trata de afronta ao princípio da legalidade, cuja aplicação no direito administrativo deve se dar em conformidade com o ordenamento jurídico como um todo, não se restringindo, pois, à necessidade de autorização legal expressa. [...]
> 38. Em sua análise a unidade técnica menciona que a transferência de responsabilidades para a Novacap estaria afeita, em verdade, à formalização de convênio, e não de contrato, em vista da autonomia que a empresa teria para gerenciar os recursos. Nesse sentido, fica claro que se questiona a forma adotada para o acordo, embora a solução também não se adeque completamente ao conceito literal de convênio, pois não caberá à empresa estatal a conclusão de objeto específico, mas, sim, a prestação de serviços; a opção adotada pelo TRF1 privilegia a finalidade do ato sobre sua forma estrita, sem nenhum prejuízo a direito das partes ou ao interesse público.
> 39. Assim, a contratação da Novacap por aquele tribunal está alinhada ao princípio da legalidade e ao ordenamento jurídico como um todo - em especial atendimento ao princípio da supremacia do interesse público -, por se mostrar como escolha apropriada ao conjunto dos princípios. Essa assertiva fica mais clara ao supor situação contrária: caso se adotasse opção aderente a termos literais da norma, mas ao mesmo tempo contrária aos princípios da eficiência, razoabilidade e economicidade. Portanto, o apego à legalidade estrita, apenas, desconsiderando peculiaridades do caso concreto e os princípios que regem o ordenamento jurídico, pode levar a decisões que se afastam da realidade social e da própria finalidade da norma.[353] [354]

O acórdão supracitado chama a atenção porque é bastante moderno e revela uma compreensão que valoriza os princípios da eficiência, razoabilidade e economicidade. No fim das contas, a impressão é que os Ministros recusaram uma interpretação mais restritiva da contratação direta que retiraria a autonomia da União Federal de se valer de empresa estatal integrada à sua estrutura para prestar atividades para si, sendo que a empresa estatal se revelava, pelo contexto, como a mais adequada para prestar tal atividade.

De todo modo, a dispensa prevista no inciso IX do artigo 75 da Lei nº 14.133/2021 demanda o atendimento a quatro condições, a saber:

(i) que o objeto do contrato verse aquisição de bens ou prestação de serviços, excluindo, por consequência, a realização de obras;
(ii) que o contratante seja pessoa jurídica de direito público interno;
(iii) que o contrato entabule preço compatível com o mercado;
(iv) que o objeto do contrato verse sobre aquisição de bens produzidos ou serviços prestados por órgão ou entidade que integre a Administração Pública e que tenha esse fim específico.

---

[353] TCU, Acórdão nº 1795/2024, Relator: Ministro Jhonatan de Jesus, Órgão Julgador: Plenário, Julgado em: 28/08/2024.

[354] O Acórdão supracitado não é isolado. Da jurisprudência do Tribunal de Contas da União: "2. A Administração Pública Federal não está obrigada a promover prévio procedimento licitatório destinado a realizar a contratação de instituição financeira oficial para, em caráter exclusivo, prestar serviços de pagamento de remuneração de servidores ativos, inativos e pensionistas e outros serviços similares, podendo optar por efetuar a contratação direta com fundamento no artigo 37, inciso XXI (primeira parte), da Constituição Federal, c/c o artigo 24, inciso VIII, da Lei 8.666/1993, desde que devidamente demonstrada a sua vantagem em relação à adoção do procedimento licitatório" (TCU, Acórdão nº 1940/2015, Relator: Ministro Walton Alencar Rodrigues, Órgão Julgador: Plenário, Jugado em 05/08/2015).

10 Dispensa para intervenção no domínio econômico

O inciso X do artigo 75 da Lei nº 14.133/2021 reputa dispensável a licitação pública "quando a União tiver que intervir no domínio econômico para regular preços ou normalizar o abastecimento".

Em situações desse naipe, a Administração quer justamente desequilibrar as regras do mercado, para afetar os preços ou o abastecimento, o que, em muitos casos, não seria contemplado se os contratos a serem firmados estivessem sujeitos à obrigatoriedade de licitação pública.

Importa salientar, já inicialmente, que nem todos os contratos que visam regular preços ou normalizar o abastecimento devem ser firmados mediante dispensa. Quer-se dizer que pode haver caso de contratação, cujo objetivo é regular preços ou normalizar o abastecimento, que pode ser levado a cabo mediante licitação pública, sem risco de gravame ao interesse público. Nesses casos, não cabe a dispensa, e, pois, é imperioso proceder à licitação pública.

Ademais, o dispositivo autoriza que a União se valha da dispensa para regrar os preços ou normalizar o abastecimento, excluindo, *a priori*, os demais entes federativos, ou seja, os estados, o Distrito Federal e os municípios. Nada obstante a univocidade do enunciado, os demais entes federativos não estão alijados de intervir no domínio econômico, já que dotados de autonomia. Em determinadas situações, as anomalias mercadológicas podem atingir ponto isolado do território nacional, reclamando a intervenção dos estados, Distrito Federal ou municípios, sem que essa intervenção possa ser reputada como inconstitucional; antes disso, admiti-la significa prestigiar o princípio federativo, consagrado já no *caput* do artigo 1º da Constituição Federal.[355]

11 Dispensa para a celebração de contratos de programa

A Constituição Federal consagra o princípio do federalismo cooperativo, que ressoa no parágrafo único do seu artigo 23, cujo teor prescreve que "leis complementares fixarão normas para a cooperação entre a União e os Estados, o Distrito Federal e os Municípios, tendo em vista o equilíbrio do desenvolvimento e do bem-estar em âmbito nacional".

Sob as luzes do federalismo cooperativo, o Congresso Nacional produziu a Lei nº 11.107/2005, que versa "sobre normas gerais para a União, os Estados, o Distrito Federal e os Municípios contratarem consórcios públicos para a realização de objetivos de interesse comum e dá outras providências" (artigo 1º). A Lei nº 11.107/2005 é regulamentada pelo Decreto nº 6.017/2007, cujo inciso I do artigo 2º esclarece:

---

[355] Em sentido oposto, dirigem-se as palavras de Jessé Torres Pereira Junior: "Somente à União cabe intervir no domínio econômico para regular preços ou normalizar o abastecimento, podendo fazê-lo mediante aquisições ou alienações de gênero ou produtos, inclusive no Exterior, que dispensarão a prévia licitação dada a índole peculiar da intervenção. Esta, nos termos dos arts. 170 e seguintes da Constituição Federal, é extraordinária em relação aos princípio geral da livre iniciativa e da liberdade de mercado, seguindo-se que a norma é aplicável por Estados e Municípios, incompetentes que estes são para intervir no domínio econômico visando a tais objetivos. Legislação estadual, municipal ou distrital sequer poderia cogitar da matéria, dela devendo abster-se" (PEREIRA JÚNIOR, José Torres. *Comentários à Lei das Licitações e Contratações da Administração Pública*. 8. ed. Rio de Janeiro: Renovar, 2009. p. 271).

> Art. 2º Para os fins deste Decreto, consideram-se:
> I - consórcio público: pessoa jurídica formada exclusivamente por entes da Federação, na forma da Lei no 11.107, de 2005, para estabelecer relações de cooperação federativa, inclusive a realização de objetivos de interesse comum, constituída como associação pública, com personalidade jurídica de direito público e natureza autárquica, ou como pessoa jurídica de direito privado sem fins econômicos;

O inciso XI do artigo 75 da Lei nº 14.133/2021 prescreve:

> Art. 75. É dispensável a licitação: [...]
> XI - para celebração de contrato de programa com ente federativo ou com entidade de sua Administração Pública indireta que envolva prestação de serviços públicos de forma associada nos termos autorizados em contrato de consórcio público ou em convênio de cooperação;

Embora o dispositivo supracitado mencione dispensa de licitação, a hipótese deve ser interpretada juridicamente como caso de inexigibilidade de licitação, devido à inviabilidade de competição. Sucede que o contrato de programa decorre diretamente de contrato de consórcio público ou convênio de cooperação, disciplinados pela Lei nº 11.107/2005.

Ressalva-se que a expressão "prestação de serviço público", constante do inciso XI do artigo 75 da Lei nº 14.133/2021, deve ser interpretada em sentido amplo, abrangendo todas as atividades realizadas pelo Estado, inclusive os serviços públicos administrativos ou de organização interna, que são espécies de serviços públicos na dicção da doutrina de José dos Santos Carvalho Filho:

> O Estado, ao prestar serviços públicos, sempre se volta aos interesses da coletividade. Mas a fruição dos serviços pode ser direta ou indireta. De fato, quando executa serviços de organização interna, o Estado, embora atendendo à conveniência sua, beneficia indiretamente a coletividade. Por essa razão, consideram-se *serviços administrativos* aqueles que o Estado executa para compor melhor sua organização, como o que implanta centro de pesquisa ou edita a imprensa oficial para a divulgação dos atos administrativos.[356]

Soma-se o §1º do artigo 2º da Lei nº 11.107/2005 prescreve que o consórcio público pode "ser contratado pela administração direta ou indireta dos entes da Federação consorciados, dispensada a licitação".

O contrato de programa formaliza as obrigações entre entes federativos ou consórcios públicos no âmbito da gestão associada, permitindo a prestação conjunta de serviços públicos ou a transferência de bens, pessoal e encargos necessários à continuidade dos serviços (artigo 13 da Lei nº 11.107/2005). Ele deve ser precedido de protocolo de intenções (artigo 3º da Lei nº 11.107/2005), que deve ser ratificado mediante lei (artigo 5º da Lei nº 11.107/2005). Constituído o consórcio público, as partes contratantes devem firmar contrato de rateio em cada exercício, para que aportem os recursos públicos no consórcio público (artigo 8º da Lei nº 11.107/2005).

[356] CARVALHO FILHO, José dos Santos. *Manual de Direito Administrativo*. 31. ed. São Paulo: Atlas. p. 349.

Convém ressaltar que o contrato de programa também pode ser firmado no âmbito de convênio de cooperação, sem a necessidade de constituição de consórcio público. Nesse sentido, o §4º do artigo 1º da Lei nº 11.107/2005 prescreve que "aplicam-se aos convênios de cooperação, no que couber, as disposições desta Lei relativas aos consórcios públicos".

Ademais, registre-se que o contrato de programa pode ser firmado por autarquia e empresa estatal, conforme se depreende do artigo 31 e seu §1º, do Decreto nº 6.017/2007:

> Art. 31. Caso previsto no contrato de consórcio público ou em convênio de cooperação entre entes federados, admitir-se-á a celebração de contrato de programa de ente da Federação ou de consórcio público com autarquia, empresa pública ou sociedade de economia mista.
> §1º Para fins do caput, a autarquia, empresa pública ou sociedade de economia mista deverá integrar a administração indireta de ente da Federação que, por meio de consórcio público ou de convênio de cooperação, autorizou a gestão associada de serviço público.

Historicamente, os contratos de programa foram amplamente utilizados na contratação de empresas estatais prestadoras de serviços de saneamento básico. No entanto, o novo marco legal do saneamento básico, introduzido pela Lei nº 14.026/2020 e que alterou a Lei nº 11.445/2007 e a Lei nº 11.107/2005, proibiu a formalização de contratos de programa para serviços dessa natureza, limitando sua aplicação no setor. Inexistente qualquer proibição fora do âmbito do saneamento básico, os contratos de programa permanecem permitidos.[357]

12 Transferência de tecnologia de produtos estratégicos para o Sistema Único de Saúde (SUS)

O inciso XII do artigo 75 da Lei nº 14.133/2021 prescreve a dispensa de licitação:

> Art. 75. [...]
> XII - para contratação em que houver transferência de tecnologia de produtos estratégicos para o Sistema Único de Saúde (SUS), conforme elencados em ato da direção nacional do SUS, inclusive por ocasião da aquisição desses produtos durante as etapas de absorção tecnológica, e em valores compatíveis com aqueles definidos no instrumento firmado para a transferência de tecnologia; [...].

O objeto da dispensa de licitação do inciso XII do artigo 75 da Lei nº 14.133/2021 é a transferência de tecnologia e não a mera compra de produtos estratégicos, se não houver a transferência de tecnologia. É permitido sim que a dispensa em comento englobe também a aquisição dos produtos estratégicos, mas o cerne, repita-se, é a transferência de tecnologia. Sem ela, não se aplica o inciso XII do artigo 75.

---

[357] Por decorrência, houve restrição significativa à abrangência dos contratos de programa. Fora do âmbito dos serviços públicos de saneamento básico, continua a vigorar a previsão contida, no art. 2º, §1º, da Lei nº 11.107/2005, no sentido de que: "Para o cumprimento de seus objetivos, o consórcio público poderá: (...) III – ser contratado pela administração direta ou indireta dos entes da Federação consorciados, dispensada a licitação" (JUSTEN FILHO, Marçal. *Comentários à lei de licitações e contratações administrativas* [livro eletrônico]. 1. ed. São Paulo: Thomson Reuters Brasil, 2021. RL-1.22).

Dentro de suas especificidades, o inciso XII do artigo 75 da Lei nº 14.133/2021 prescreve que os produtos estratégicos eventualmente adquiridos devem ser "elencados em ato da direção nacional do SUS" e que os valores devem ser "compatíveis com aqueles definidos no instrumento firmado para a transferência de tecnologia". As diretrizes e os critérios para a definição da lista de produtos estratégicos para o Sistema Único de Saúde são regulamentados pela Portaria nº 2.531/2014 do Ministério da Saúde. Aliás, segundo o inciso II do seu artigo 2º, os produtos estratégicos são aqueles

> necessários ao SUS para ações de promoção, prevenção e recuperação da saúde, com aquisições centralizadas ou passíveis de centralização pelo Ministério da Saúde e cuja produção nacional e de seus insumos farmacêuticos ativos ou componentes tecnológicos críticos são relevantes para o CEIS.

A transferência de tecnologia de produtos estratégicos para o Sistema Único de Saúde (SUS), que é o objeto central da dispensa de licitação do inciso XII do artigo 75 da Lei nº 14.133/2021, ocorre no âmbito da Política Nacional de Inovação Tecnológica na Saúde, regulamentada pelo Decreto Federal nº 9.245/2017, que, na forma do artigo 4º do Decreto Federal nº 9.245/2017, tem como instrumentos as parcerias para o desenvolvimento produtivo – PDP, as encomendas tecnológicas na área da saúde – ETECS, e as medidas de compensação na área da saúde – MECS. Entre os seus objetivos, destacam-se a promoção de pesquisa, desenvolvimento e fabricação de produtos e serviços estratégicos para o Sistema Único de Saúde e a redução da independência externa e da vulnerabilidade do país em relação aos produtos e serviços que lhe são considerados estratégicos.[358]

As encomendas tecnológicas na área da saúde – ETECS, de acordo com o que preceitua o artigo 13 do Decreto Federal nº 9.245/2017, têm por fundamento o artigo 20 da Lei nº 10.973/2021, dispositivo legal que em seu próprio corpo já prescreve a dispensa de licitação para a contratação de atividades de pesquisa, desenvolvimento e inovação que envolvam risco tecnológico, e que também é referido na hipótese de dispensa de licitação do inciso V do artigo 75 da Lei nº 14.133/2021. Então, aqui se está diante de uma tripla redundância, evidentemente inútil, porque a mesma dispensa de licitação foi prevista no artigo 20 da Lei nº 10.973/2021 e nos incisos V e XII do artigo

---

358 Os objetivos da Política Nacional de Inovação Tecnológica na Saúde são enunciados no artigo 3º do Federal nº 9.245/2017: "Art. 3º A PNITS possui os seguintes objetivos: I - promover o aprimoramento do marco regulatório referente às estratégias e ações de inovação tecnológica na área da saúde; II - promover a sustentabilidade tecnológica e econômica do SUS, com a definição de condições estruturais para aumentar a capacidade produtiva e de inovação do País, com vistas à contribuição para a ampliação do acesso à saúde; III - estimular a atividade de inovação na administração pública e nas entidades privadas, inclusive para a atração, a constituição e a instalação de centros de pesquisa, desenvolvimento e inovação e de parques e polos tecnológicos no País; IV - estimular e fomentar a parceria entre a administração pública e as entidades privadas, com vistas à promoção da transferência, da internalização, da incorporação, do desenvolvimento e da qualificação de tecnologias em saúde no território nacional; V - incentivar a inovação e a pesquisa científica e tecnológica no ambiente produtivo, com vistas à capacitação tecnológica, ao alcance da autonomia tecnológica e ao desenvolvimento do sistema produtivo nacional e regional na área da saúde; VI - promover a pesquisa, o desenvolvimento e a fabricação de produtos e serviços estratégicos para o SUS em território nacional, com estímulo à competitividade empresarial; VII - reduzir a dependência externa e a vulnerabilidade produtiva e tecnológica do País em relação aos produtos e serviços estratégicos para o SUS, com vistas à ampliação do acesso à saúde; e VIII - estabelecer os critérios para o uso do poder de compra estatal com o intuito de racionalizar os gastos em saúde e induzir o desenvolvimento científico, tecnológico e industrial, com vistas à sustentabilidade do SUS e à consolidação do CIS no País".

75 da Lei nº 14.133/2021. A prescrição do inciso XII do artigo 75 é específica em relação à do inciso V do mesmo artigo, porém o fato é que está abrangida nele.

13 Contratação de profissionais para compor a comissão de avaliação de critério de técnica

O inciso XIII do artigo 75 da Lei nº 14.133/2021 enuncia que a licitação é dispensável "para contratação de profissionais para compor a comissão de avaliação de critérios de técnica, quando se tratar de profissional técnico de notória especialização".

O legislador, mais uma vez, trocou os pés pelas mãos, porque a hipótese de que cuida e que qualifica equivocadamente como de dispensa de licitação é na verdade de inexigibilidade de licitação e se enquadra perfeitamente no inciso III do artigo 74 da mesma Lei nº 14.133/2021.

Inclusive, a alínea "b" do inciso III do artigo 74 enuncia que uns dos serviços considerados técnicos especializados são os referentes às "avaliações em geral". Portanto, como prescreve o inciso III do artigo 74, a contratação de serviços técnicos especializados de natureza predominantemente intelectual por profissionais de notória especialização, inclusive para realizar "avaliações em geral", constitui hipótese de inexigibilidade de licitação.

De todo modo, apesar do erro de enquadramento, o fato é que essa contratação de notório especialista para compor a comissão de avaliação de critérios de técnica deve se dar sem licitação. O correto é qualificá-la como inexigibilidade, porém, na prática, a aplicação do inciso XIII do artigo 75 da Lei nº 14.133/2021 não representa qualquer sorte de prejuízo, porque o resultado será o mesmo: contratação direta, sem licitação.

A "comissão de avaliação de critérios de técnica", a rigor, é denominada "banca" pelo inciso II do artigo 37 da Lei nº 14.133/2021, cuja tarefa é a "atribuição de notas a quesitos de natureza qualitativa". Essa banca, conforme o §1º do mesmo artigo, deve ser composta, no mínimo, por três membros, entre eles servidores efetivos ou empregados públicos pertencentes aos quadros permanentes da Administração Pública, bem como "profissionais contratados por conhecimento técnico, experiência ou renome na avaliação dos quesitos especificados em edital". Esses profissionais, cumprindo tais requisitos, são também qualificados como notórios especialistas, dado que se lhes aproveita o conceito de notória especialização firmado no §3º do artigo 74, também da Lei nº 14.133/2021.

Todas as considerações realizadas sobre a inexigibilidade prevista no inciso III do artigo 74 da Lei nº 14.133/2021 aplicam-se sobre o inciso XIII do artigo 75 da mesma lei, notadamente sobre os requisitos para a qualificação de profissional como notório especialista.

14 Dispensa para a contratação de associação de portadores de deficiência física

O inciso XIV do artigo 75 da Lei nº 14.133/2021 autoriza a dispensa

> para contratação de associação de pessoas com deficiência, sem fins lucrativos e de comprovada idoneidade, por órgão ou entidade da Administração Pública, para a prestação

> de serviços, desde que o preço contratado seja compatível com o praticado no mercado e os serviços contratados sejam prestados exclusivamente por pessoas com deficiência.

Essa hipótese de dispensa é restrita à prestação de serviços, transparecendo a intenção do legislador de integrar no mercado de trabalho os portadores de deficiência. Por consequência, o contrato deve ser executado por portadores de deficiência e não por terceiros, o que frustraria a finalidade almejada pelo legislador, que, inclusive, fez questão de salientar que os serviços devem "ser prestados exclusivamente por pessoas com deficiência". Para ultimar o processo de dispensa, é necessário que a associação não tenha fins lucrativos e que seja considerada idônea. Além disso, o preço a ser pago deve ser compatível com o praticado no mercado, sem que se admitam valores aviltantes.

De acordo com o artigo 2º do Estatuto da Pessoa com Deficiência (Lei nº 13.146/2015):

> considera-se pessoa com deficiência aquela que tem impedimento de longo prazo de natureza física, mental, intelectual ou sensorial, o qual, em interação com uma ou mais barreiras, pode obstruir sua participação plena e efetiva na sociedade em igualdade de condições com as demais pessoas.

Essa hipótese de dispensa de licitação do inciso XIV do artigo 75 da Lei nº 14.133/2021 alinha-se bem ao artigo 35 do Estatuto da Pessoa com Deficiência, cujo teor prescreve que "é finalidade primordial das políticas públicas de trabalho e emprego promover e garantir condições de acesso e de permanência da pessoa com deficiência no campo de trabalho". A contratação facilitada, por meio de dispensa de licitação, das associações de que cuida o inciso XIV do artigo 75 é certamente medida para que as pessoas com deficiência acessem o mercado de trabalho e permaneçam nele.

15 Dispensa para a contratação de instituição de ensino, pesquisa, extensão, desenvolvimento institucional, científico e tecnológico e estímulo à inovação

O inciso XV do artigo 75 da Lei nº 14.133/2021 prescreve a dispensa de licitação

> para contratação de instituição brasileira que tenha por finalidade estatutária apoiar, captar e executar atividades de ensino, pesquisa, extensão, desenvolvimento institucional, científico e tecnológico e estímulo à inovação, inclusive para gerir administrativa e financeiramente essas atividades, ou para contratação de instituição dedicada à recuperação social da pessoa presa, desde que o contratado tenha inquestionável reputação ética e profissional e não tenha fins lucrativos; [...].

O dispositivo em apreço refere-se a dois grupos de instituição: primeiro, às destinadas ao ensino, pesquisa, extensão, desenvolvimento institucional, científico e tecnológico e estímulo à inovação; segundo, às dedicadas à recuperação da pessoa presa.

Todas as instituições referidas no inciso XV do artigo 75 da Lei nº 14.133/2021 devem consignar nos respectivos regimentos ou estatutos as finalidades a que se dedicam, entre as quais devem constar – para que a dispensa seja lícita – ensino, pesquisa, extensão, desenvolvimento institucional, científico e tecnológico e estímulo à inovação ou à recuperação social de preso. Ademais, as entidades não podem ter fins lucrativos e devem ostentar inquestionável reputação ético-profissional. O termo *inquestionável* é infeliz, porquanto algo sempre pode ser questionado, mesmo de instituições sérias. Em síntese: a instituição contratada não pode visar lucro e não pode haver fatos que maculem o bom nome dela.

Além disso, desenvolveu-se o entendimento – diante da hipótese de dispensa do revogado inciso XIII do artigo 24 da Lei nº 8.666/1993, que era análoga à do inciso XV do artigo 75 da Lei nº 14.133/2021 – de que deve haver correlação lógica entre os objetivos enunciados no dispositivo legal, a natureza da instituição e o objeto do contrato. Destaca-se que o inciso XV do artigo 75 da Lei nº 14.133/2021 não prescreveu nada que alterasse ou afetasse esse entendimento, que deve se manter. Sobre esse aspecto, inclusive, o Tribunal de Contas da União editou a Súmula nº 250:

> A contratação de instituição sem fins lucrativos, com dispensa de licitação, com fulcro no art. 24, inciso XIII, da Lei nº 8.666/93, somente é admitida nas hipóteses em que houver nexo efetivo entre o mencionado dispositivo, a natureza da instituição e o objeto contratado, além de comprovada a compatibilidade com os preços de mercado.

Ressalta-se que, como a dispensa é para entidades dedicadas a ensino, pesquisa, extensão, desenvolvimento institucional, científico e tecnológico e estímulo à inovação ou recuperação social de preso, evidentemente que o contrato a ser celebrado precisa guardar pertinência a tais finalidades. Ou seja, o contrato deve ter por objeto ensino, pesquisa, extensão, desenvolvimento institucional, científico e tecnológico e estímulo à inovação ou recuperação social de preso.

A título ilustrativo, no Acórdão nº 1.671/2015, o Plenário do Tribunal de Contas da União considerou que a hipótese de dispensa do inciso XIII do artigo 24 da Lei nº 8.666/1993 não poderia ser utilizada para a contratação de serviços de gestão ambiental.[359]

Perceba-se, no entanto, que o inciso XV do artigo 75 da Lei nº 14.133/2021 permite que o contrato firmado com dispensa de licitação tenha por objeto "gerir administrativa e financeiramente essas atividades". Ou seja, a gestão administrativa e financeira deve ser exercida sobre a atividade de ensino, pesquisa, extensão, desenvolvimento institucional, científico e tecnológico e estímulo à inovação ou recuperação social de preso.

Também é de frisar que a instituição precisa dedicar-se à área objeto do contrato, que deve se relacionar com um dos objetivos enunciados no dispositivo supracitado e revelar experiência nela ou pelo menos contar com estrutura de pessoal experiente e qualificada.[360] Registre-se que o Tribunal de Contas da União vê com bastante restrição

[359] TCU, Plenário. Acórdão nº 1.671/2015. Rel. Min. José Múcio Monteiro, j. 8.7.2015.

[360] Esse entendimento encontra respaldo no Tribunal de Contas da União. Entre outros precedentes, destaca-se ementa da lavra do Ministro Lincoln Magalhães da Rocha, que expressa o seguinte: "A dispensa de licitação fundamentada no inciso XIII do art. 24 da Lei nº 8.666/93, somente poderá se efetivar se comprovado o nexo entre as atividades mencionadas no dispositivo, a natureza da instituição e o objeto da contratação". E, no corpo da decisão, colhe-se a passagem que se segue: "A fim de compatibilizar a norma com o ordenamento jurídico vigente, onde se tem, no campo da Administração Pública, o princípio maior da licitação – balizada por princípios outros como o da impessoalidade, da moralidade – impõe-se uma interpretação rigorosa do dispositivo legal citado, de modo a exigir que a entidade contratada tenha objetivos condizentes com o objeto da contratação e estrutura que comporte o cumprimento pessoal dos compromissos assumidos" (TCU, Plenário. Decisão nº 346/1999. Rel. Min. Lincoln Magalhães da Rocha, j. 9.6.1999).

a possibilidade de a entidade contratada subcontratar préstimos com terceiros. A regra é que, se a entidade foi contratada em razão dos seus atributos pessoais, ela deve prestar diretamente os serviços e não terceiros por ela subcontratados. O Tribunal de Contas da União, em precedente mais flexível, entendeu que seria permitida a subcontratação apenas de serviços tocantes "a partes não relevantes do objeto, quer técnica quer economicamente, mantendo-se íntegros os fundamentos da contratação sem licitação".[361] Quer-se evitar as situações em que entidades sem fins lucrativos sejam contratadas sem licitação e atuem como meras intermediárias, repassando a execução dos contratos a terceiros.

Outro aspecto polêmico da dispensa do inciso XV do artigo 75 da Lei nº 14.133/2021 diz respeito ao que se deve entender pela expressão "desenvolvimento institucional", haja vista inexistir conceito preciso que o defina – polêmica que é herança do inciso XIII do artigo 24 da Lei nº 8.666/1993, que também se referia à mesma expressão.

Parte-se da premissa, para compreender o que seja *desenvolvimento institucional*, que o intérprete deve tratar os casos que lhe são apresentados com olhos na parte inicial do inciso XXI do artigo 37 da Constituição, cujo enunciado ordena interpretar restritivamente a dispensa e, pois, formular conceito restritivo e não ampliativo. Ora, se fosse possível formular conceito amplo de *desenvolvimento institucional*, praticamente todas as entidades sem fins lucrativos seriam beneficiadas pela dispensa prevista no inciso em comento, porque todas têm algum propósito "institucional".[362]

Em regra, o Tribunal de Contas da União é rigoroso e restritivo na interpretação do conceito de desenvolvimento institucional. Ressalva-se, no entanto, a posição do Tribunal de Contas da União sobre contratação de entidades para a promoção de concursos públicos, que chegou a ser objeto da Súmula nº 287:

> É lícita a contratação de serviço de promoção de concurso público por meio de dispensa de licitação, com fulcro no art. 24, inciso XIII, da Lei 8.666/1993, desde que sejam observados todos os requisitos previstos no referido dispositivo e demonstrado o nexo efetivo desse objeto com a natureza da instituição a ser contratada, além de comprovada a compatibilidade com os preços de mercado.

O entendimento do Tribunal de Contas da União está equivocado. A promoção de concurso público não é diretamente relacionada ao desenvolvimento institucional. Se houver alguma relação, ela é meramente reflexa, da mesma forma ou em grau muito parecido a todos os serviços prestados em favor da Administração. Todos eles, em alguma medida, contribuem para que a Administração realize seus préstimos e, nessa

---

361 TCU, Plenário. Acórdão nº 522/2014. Rel. Min. Benjamin Zymler, j. 12.3.2014.

362 A equipe de consultoria do Grupo Zênite manifestou-se sobre a expressão "desenvolvimento institucional": "Ao nosso ver, o desenvolvimento institucional está ligado ao desenvolvimento de ações voltadas ao aperfeiçoamento das atividades da própria contratante. Citamos, como exemplos de instituições voltadas ao desenvolvimento institucional, o Instituto Euvaldo Lodi (IEL), destinado ao desenvolvimento institucional da Indústria, e a Associação Brasileira dos Bancos Estaduais (ASBACE), que visa conjugar esforços para a consecução de fins que interessem às atividades de seus associados. Por fim, no que diz respeito ao desenvolvimento institucional, entendemos que ele está ligado ao desenvolvimento de ações voltadas ao aperfeiçoamento das atividades da própria contratante, conforme anteriormente mencionado, devendo o dispositivo ser interpretado de modo restritivo, em benefício do interesse público, visando à sua harmonia com o ordenamento jurídico vigente" (ZÊNITE – *Informativo de Licitações e Contratos*, Curitiba, v. 864, n. 80, out. 2000).

perspectiva, cumpra seus objetivos institucionais. O objeto de um contrato somente pode ser qualificado como de desenvolvimento institucional nas hipóteses em que os préstimos oferecidos à Administração tenham relação direta e não apenas reflexa com algum propósito institucional.

O Tribunal de Contas da União entendeu que a União poderia se valer da dispensa de licitação para contratar entidade sem fins lucrativos para promover o Enem, que se assemelharia a concurso público, na medida em que se trata de processo seletivo para o ingresso em instituições de ensino superior. No entanto, concluiu que não poderia se utilizar da mesma hipótese de dispensa de licitação para a promoção de outras avaliações, como Enade, Prova Brasil e Encceja, porque essas provas seriam de mera avaliação, sem caráter seletivo, não se enquadrariam no conceito de desenvolvimento institucional. Aliás, o Tribunal de Contas da União reconheceu a importância de empreender-se interpretação restritiva sobre o conceito de desenvolvimento institucional:

> 43. Nesse contexto, em tese, a contratação direta no caso do ENEM pode ocorrer com base no inciso XIII do art. 24 da mencionada Lei. Contudo, INEP deve ponderar em cada caso concreto a viabilidade de realizar certame licitatório, tendo em vista os valores envolvidos e o interesse de outras instituições potencialmente aptas a prestar os serviços.
> 44. No Acórdão proferido quando do julgamento dos embargos de declaração opostos pela representante, o TCU entendeu que as demais avaliações (Enade, Prova Brasil e Encceja), por não apresentarem a mesma característica diferenciadora do Enem, uma vez que não constituem instrumentos de seleção de estudantes para ingresso em instituições de ensino superior, não se enquadram na previsão do art. 24, XIII, da Lei nº 8.666/1993.
> 45. Em seu recurso, o INEP alegou que a realização desses exames é uma de suas atividades finalísticas. Aduziu que o desenvolvimento dessa atividade lhe conferiria maior grau de conhecimento de sua própria atividade, ou seja, seria uma ação vinculada ao conceito de desenvolvimento institucional. Considero que esta tese não merece prosperar, sob pena de atribuir ao conceito de desenvolvimento institucional um sentido tão extenso que poderia comprometer a própria subsistência do dever de licitar como regra para a Administração Pública.
> 46. Afinal, o desenvolvimento de todas as atividades finalísticas de um ente público contribui para o aprimoramento dos conhecimentos técnicos, operacionais e administrativos detidos por esse ente. Logo, se esse aprimoramento ensejasse a qualificação dessas atividades como "desenvolvimento institucional", sobrariam poucas hipóteses enquadráveis no dever de licitar. Daí decorre a necessidade de estabelecer a exata dimensão do termo "desenvolvimento institucional", avaliando as peculiaridades de cada situação concreta, a fim de compatibilizar o referido conceito com as normas de licitação.
> 47. No caso vertente, ressalto que não existe um liame lógico entre a realização dos três exames ora sob comento e o desenvolvimento institucional do INEP.[363]

Ora, a posição do Tribunal de Contas da União não faz sentido, a natureza das obrigações é a mesma. E, se a promoção do Enem se vincula a algum propósito institucional, as demais avaliações supracitadas, sob as mesmas balizas, também se vinculam. Não se enxerga razão substancial para permitir a contratação direta para

[363] TCU. Plenário. Acórdão nº 2.139/2014. Rel. Min. Benjamin Zymler, j. 20.8.2014.

provas que representam processos seletivos[364] e não permitir para outras provas, que representam avaliações importantes para os fins de interesse público, embora sem caráter necessariamente seletivo. Ao fim e ao cabo, o acórdão supracitado demonstra o quão frágil são os argumentos do Tribunal de Contas da União para qualificar a atividade de promoção de concurso público ou processo seletivo como de desenvolvimento institucional.

16 Aquisição de insumos estratégicos para a saúde produzidos por fundação dedicada a apoiar a Administração Pública

O inciso XVI do artigo 75 da Lei nº 14.133/2021 considera dispensável a licitação

> [...] para aquisição, por pessoa jurídica de direito público interno, de insumos estratégicos para a saúde produzidos por fundação que, regimental ou estatutariamente, tenha por finalidade apoiar órgão da Administração Pública direta, sua autarquia ou fundação em projetos de ensino, pesquisa, extensão, desenvolvimento institucional, científico e tecnológico e de estímulo à inovação, inclusive na gestão administrativa e financeira necessária à execução desses projetos, ou em parcerias que envolvam transferência de tecnologia de produtos estratégicos para o SUS, nos termos do inciso XII deste *caput*, e que tenha sido criada para esse fim específico em data anterior à entrada em vigor desta Lei, desde que o preço contratado seja compatível com o praticado no mercado;

Essa hipótese de dispensa de licitação complementa a hipótese de dispensa do inciso IX do mesmo artigo 75, que autoriza a contratação direta de bens ou serviços por parte de "órgão ou entidade que integrem a Administração Pública e que tenham sido criados para esse fim específico, desde que o preço contratado seja compatível com o praticado no mercado". Ora, presume-se que a fundação a que se refere o inciso XVI é privada, não é entidade integrante da Administração Pública, porque, se fosse, aplicar-se-ia o inciso IX do mesmo artigo – o que tornaria o inciso XVI completamente inútil. Então, para deixar claro: o inciso IX do artigo 75 diz respeito à dispensa para contratação de órgão ou entidade integrante da Administração Pública, inclusive fundações públicas ou mesmo com personalidade jurídica de direito privado que sejam constituídas e que integrem a Administração Pública e inclusive para bens e serviços no âmbito do Sistema Único de Saúde, estratégicos ou não. O inciso XVI do mesmo artigo 75 versa sobre a dispensa para a contratação de fundação que não integra a Administração Pública e é delimitado à aquisição de insumos estratégicos para a saúde.

É de notar que o inciso XVI do artigo 75 exige que a fundação "tenha sido criada para esse fim específico em data anterior à entrada em vigor desta Lei", o que não faz sentido algum. As fundações privadas deveriam ser prestigiadas em razão dos seus préstimos em contribuição ao interesse público e não em razão das datas de suas constituições. Além de não fazer sentido, a discriminação desfavorável às fundações

[364] O Tribunal de Contas da União também reconheceu a legalidade da dispensa de licitação do inciso XIII do artigo 24 da Lei nº 8.666/93 no tocante à contratação de fundação ligada à Universidade Federal para a promoção de vestibular (TCU, Primeira Câmara. Acórdão nº 1.828/2015. Rel. Min. Benjamin Zymler, j. 31.3.2015).

mais novas viola de peito aberto o princípio da isonomia e, por via de consequência, é inconstitucional.

De mais a mais, o inciso XVI do artigo 75 da Lei nº 14.133/2021 é parcialmente redundante, porque ele remete literalmente à hipótese de dispensa do inciso XII do mesmo artigo, cujo teor versa sobre a "contratação em que houver transferência de tecnologia de produtos estratégicos para o Sistema Único de Saúde (SUS), [...] inclusive por ocasião da aquisição desses produtos durante as etapas de absorção tecnológica". Sucede que não há utilidade em prescrever a dispensa de licitação (inciso XVI) para contrato cuja licitação já foi dispensada por outro dispositivo (inciso XII), que, inclusive, se encontra no mesmo artigo da mesma lei. As fundações não integrantes da Administração podem perfeitamente ser contratadas com dispensa de licitação em acordo com o inciso XII do artigo 75 da Lei nº 14.133/2021 desde que o contrato preveja transferência de tecnologia de produtos estratégicos para o Sistema Único de Saúde, podendo envolver também a aquisição desses produtos, que, de igual forma, é o objetivo do inciso XVI do mesmo artigo 75.

De todo modo, o inciso XVI do artigo 75 da Lei nº 14.133/2021 restringe a dispensa para contrato firmado por pessoa jurídica de direito público interno. Daí que entidades de direito privado integrantes da Administração Pública não podem se valer da dispensa de licitação em comento. O inciso XVI também exige que o preço contratado seja compatível com o praticado no mercado. O benefício da dispensa de licitação às fundações não justifica, evidentemente, contratos com preços acima dos praticados no mercado.

O inciso XVI do artigo 75 da Lei nº 14.133/2021 exige que o contrato decorrente da dispensa tenha por objeto a compra de insumos estratégicos. Relembrem-se os comentários já apontados, em razão do inciso XII do artigo 75 da Lei nº 14.133/2021, de que o inciso II do artigo 2º Portaria nº 2.531/2014 do Ministério da Saúde esclarece que os produtos estratégicos são aqueles

> necessários ao SUS para ações de promoção, prevenção e recuperação da saúde, com aquisições centralizadas ou passíveis de centralização pelo Ministério da Saúde e cuja produção nacional e de seus insumos farmacêuticos ativos ou componentes tecnológicos críticos são relevantes para o CEIS.

17 Dispensa para a implementação de cisternas ou outras tecnologias sociais de acesso à água

O inciso XVII do artigo 75 da Lei nº 14.133/2021 reputa dispensável a licitação

> para contratação de entidades privadas sem fins lucrativos para a implementação de cisternas ou outras tecnologias sociais de acesso à água para consumo humano e produção de alimentos, a fim de beneficiar as famílias rurais de baixa renda atingidas pela seca ou pela falta regular de água;

A hipótese de dispensa em comento é específica e foi introduzida na Lei nº 14.133/2021 pela Lei nº 14.628/2023, que instituiu o Programa de Aquisição de Alimentos (PAA), que integra o Sistema Nacional de Segurança Alimentar e Nutricional (Sisan).

A dispensa de licitação do supracitado inciso XVII pressupõe que o contratado seja entidade privada sem fim lucrativo. Portanto, a dispensa não vale para entidades públicas e para entidades privadas com fins lucrativos. Logo, o propósito central da dispensa de licitação não é o de facilitar a contratação de cisternas ou outras tecnologias sociais de acesso à água e sim fomentar a contratação de pessoas jurídicas sem fins lucrativos para os tais objetos. Por hipótese, se uma empresa privada, com fim lucrativo, desenvolver tecnologia disruptiva, que gere cisterna ou equipamento com mais qualidade e mais barata do que as existentes no mercado, capaz de impactar milhares de pessoas, não poderá ser contratada com a dispensa de licitação do inciso XVII. Para a dispensa, repita-se, a contratada não poderá ter fins lucrativos. O núcleo da dispensa, pela vontade do legislador, está na pessoa jurídica sem fins lucrativos. É ela, a pessoa jurídica sem fins lucrativos, que é diretamente beneficiada pela dispensa de licitação e não as famílias rurais de baixa renda atingidas pela seca ou pela falta regular de água. Essas famílias podem até ser beneficiadas, porém indiretamente. E o foco, de todo modo, não está na solução que mais impactará essas famílias e sim no fato de o contratado ser pessoa sem fim lucrativo.

O objeto do contrato abrangido pela dispensa do inciso XVII do artigo 75 da Lei nº 14.133/2024 é a implementação de cisternas ou outras tecnologias sociais de acesso à água para consumo humano e produção de alimento. Logo, o objeto é aberto, abrange qualquer tipo de equipamento ou bem para o acesso à água. Chama a atenção a expressão "tecnologias sociais". De acordo com o Ministério da Ciência, Tecnologia e Inovação:

> O conceito de Tecnologia Social remete para uma proposta inovadora de desenvolvimento, considerando uma abordagem construtivista na participação coletiva do processo de organização, desenvolvimento e implementação, aliando saber popular, organização social e conhecimento técnico-científico.
>
> Tem como base a disseminação de soluções para problemas voltados a demandas de renda, trabalho, educação, conhecimento, cultura, alimentação, saúde, habitação, recursos hídricos, saneamento básico, energia, ambiente, igualdade de raça e gênero, dentre outras, importando essencialmente que sejam efetivas e reaplicáveis e promovam a inclusão social e a melhoria da qualidade de vida das populações em situação de vulnerabilidade social.
>
> O conceito de Tecnologia Social (TS) estabelece 04 (quatro) dimensões:
>
> Conhecimento, ciência, tecnologia TS tem como ponto de partida os problemas sociais; TS é feita com organização e sistematização; TS introduz ou gera inovação nas comunidades.
>
> Participação, cidadania e democracia TS enfatiza a cidadania e a participação democrática; TS adota a metodologia participativa nos processos de trabalho; TS impulsiona sua disseminação e reaplicação.
>
> Educação TS realiza um processo pedagógico por inteiro; TS se desenvolve num diálogo entre saberes populares e científicos; TS é apropriada pelas comunidades, que ganham autonomia.
>
> Relevância social TS é eficaz na solução de problemas sociais; TS tem sustentabilidade ambiental; TS provoca a transformação social. Até 2015, as tecnologias sociais contribuíram, de forma participativa e democrática, com os Objetivos do Milênio (ODM) da Organização das Nações Unidas (ONU). Agora, com Agenda 2030 da ONU e seus 17 Objetivos do Desenvolvimento Sustentável (ODS) (https://nacoesunidas.org/pos2015/agenda2030), as

> tecnologias sociais são importantes instrumentos para a construção de um mundo mais justo, resiliente e sustentável.[365]

O conceito parece bem fluido e repleto de academicismos. Em sua essência, tecnologia social é aquela que promove inclusão social. Sob essa luz, o emprego do termo "tecnologias sociais" no inciso XVII do artigo 75 da Lei nº 14.133/2024 é redundante porque toda a tecnologia que favorece o acesso à água acaba por promover inclusão social e, por conseguinte, não deixa de ser uma tecnologia social.

O inciso XVII do artigo 75 da Lei nº 14.133/2024 faz um outro corte relevante: o contrato a ser firmado com a dispensa de licitação é para "[...] beneficiar as famílias rurais de baixa renda atingidas pela seca ou pela falta regular de água". A dispensa também não vale para beneficiar famílias em comunidades urbanas, ainda que sejam atingidas pela seca ou pela falta regular de água. A dispensa do inciso XVII não vale se o problema da falta de água ocorre numa cidade, ainda que atinja comunidades carentes ou mais carentes do que as comunidades rurais, que tais comunidades sejam enormes e que os problemas delas com falta de água sejam bem maiores do que eventuais problemas das comunidades rurais.

18 Dispensa para a implementação do Programa Cozinha Solidária

O inciso XVIII do artigo 75 da Lei nº 14.133/2021 prescreve a dispensa de licitação

> para contratação de entidades privadas sem fins lucrativos, para a implementação do Programa Cozinha Solidária, que tem como finalidade fornecer alimentação gratuita preferencialmente à população em situação de vulnerabilidade e risco social, incluída a população em situação de rua, com vistas à promoção de políticas de segurança alimentar e nutricional e de assistência social e à efetivação de direitos sociais, dignidade humana, resgate social e melhoria da qualidade de vida.

A hipótese de dispensa supracitada é específica e foi introduzida na Lei nº 14.133/2021 pela Lei nº 14.628/2023, que instituiu o Programa Cozinha Solidária, cujo objeto maior é o "de fornecer alimentação gratuita e de qualidade à população, preferencialmente às pessoas em situação de vulnerabilidade e risco social, incluída a população em situação de rua, e de insegurança alimentar e nutricional".[366]

Com o mesmo espírito da hipótese de dispensa de licitação do inciso XVII do artigo 75 da Lei nº 14.133/2021, também criada pela Lei nº 14.628/2023, a dispensa somente tem lugar para contratação de entidade sem fim lucrativo. Portanto, a dispensa não cabe se uma empresa privada com fim lucrativo puder oferecer alimento com mais qualidade e com preço menor. Só cabe se a contratada for sem fins lucrativos, de modo que se conclui que o objetivo direto é favorecer entidades sem fins lucrativos e

---

365 Disponível em: https://antigo.mctic.gov.br/mctic/opencms/ciencia/politica_nacional/_social/Tecnologia_Social.html. Acesso em: 20 jan. 2025.

366 O Ministério do Desenvolvimento e Assistência Social, Família e Combate à Fome informa que há mais de duas mil cozinhas solidárias. Disponível em: https://www.gov.br/mds/pt-br/acoes-e-programas/acesso-a-alimentos-e-a-agua/programa-cozinha-solidaria. Acesso em: 20 jan. 2025.

não, necessariamente, pessoas em situação de vulnerabilidade e risco social, que são beneficiadas indiretamente.

O Programa Cozinha Solidária foi regulamentado pelo Decreto nº 11.937/2024, cujo inciso II do artigo 3º oferece o seguinte conceito:

> [...] cozinha solidária - tecnologia social de combate à insegurança alimentar e nutricional, de base popular, não estatal, estruturada pela comunidade local, por meio de seus coletivos, seus movimentos sociais e suas organizações da sociedade civil, com a finalidade de produção e oferta de refeições adequadas e saudáveis, preferencialmente para pessoas em vulnerabilidade e risco social, incluída a população em situação de rua, com o apoio à comunidade por meio de outras atividades de interesse coletivo;

O inciso IV do artigo 3º do Decreto nº 11.937/2024 prevê a figura da entidade gestora, que é "entidade privada sem fins lucrativos, credenciada junto ao Ministério do Desenvolvimento e Assistência Social, Família e Combate à Fome, para executar o Programa Cozinha Solidária de forma direta, mediante a produção e a oferta de refeições em equipamento próprio, ou indireta, mediante o apoio a outras cozinhas solidárias com os recursos financeiros repassados". De acordo com o artigo 12 do decreto, entidades sem fins lucrativos interessadas podem concorrer em chamadas públicas abertas pelo Ministério do Desenvolvimento e Assistência Social, Família e Combate à Fome para se qualificarem como entidade gestora. As cozinhas solidárias, conforme o artigo 10 do decreto, se cadastram no Ministério e, a partir do cadastro, podem ser contratadas pela entidade gestora. Trocando-se em miúdos, o decreto terceirizou a contratação de cozinhas solidárias. Ele contratará uma entidade sem fins lucrativos (entidade gestora) para que ela contrate outras entidades sem fins lucrativos (cozinhas solidárias).

CAPÍTULO 7

DISPENSA DE LICITAÇÃO PÚBLICA PARA A DISPOSIÇÃO DE BENS PÚBLICOS

1 Considerações gerais

O artigo 76 da Lei nº 14.133/2021 versa normas jurídicas a respeito do gerenciamento dos bens públicos. De acordo com o *caput* do artigo, a alienação de todos os bens públicos, independentemente de sua natureza ou classificação, é subordinada à existência de interesse público devidamente justificado e, de todo modo, deve ser precedida de avaliação.[367] Em seguida, o artigo é dividido em dois incisos, acompanhados de alíneas, que, respectivamente, tratam das hipóteses de dispensa para disposição de bens imóveis e móveis.

O primeiro inciso gira em torno dos bens imóveis, exigindo autorização legislativa como pré-requisito para a alienação no que tange à Administração direta e às entidades autárquicas e fundacionais. Por conseguinte, as demais entidades que integram a Administração Pública não precisam de autorização legislativa para alienar os seus imóveis. Ainda, a alienação dos bens imóveis demanda modalidade leilão, exceto para os casos reputados como de licitação pública *dispensada*, enumerados nas alíneas que seguem o inciso. Repita-se que, de acordo com o *caput* do artigo 76, todas as alienações, inclusive a de bens imóveis, dependem da configuração de interesse público devidamente justificado e de avaliação prévia.

Então, objetivamente, os requisitos legais para a alienação de bens imóveis são: (i) interesse público devidamente justificado, (ii) avaliação prévia, (iii) autorização legislativa para a Administração direta e as entidades autárquicas e fundacionais e (iv) realização de licitação na modalidade leilão para Administração direta e entidades autárquicas e fundacionais, à exceção das hipóteses de licitação dispensada.

Cumpre ressaltar que, além dos requisitos prescritos na revogada Lei nº 8.666/1993, o inciso XVII do artigo 49 da Constituição Federal preceitua a competência exclusiva do

[367] Antônio Marcelo da Silva enfatiza: "O *interêsse público* não se relaciona unicamente com a conveniência da Administração em se desfazer do bem: há de orientar toda a operação, inclusive a escolha do adquirente, tendo em vista a destinação que este pretenda dar ao objeto da alienação. Observe-se que o interesse público deve ser *devidamente justificado*, isto é, a alienação só pode ser autorizada, em princípio, mediante um processo, no qual fique demonstrada sua conveniência" (SILVA, Antônio Marcelo. *Contratações administrativas*. São Paulo: Revista dos Tribunais, 1971, p. 47).

Congresso Nacional para o efeito de aprovar, previamente, a alienação ou concessão de terras públicas com área superior a dois mil e quinhentos hectares. Essa norma vem repetida no §1º do artigo 188, também da Constituição Federal, ressalvadas as alienações e concessões para fins de reforma agrária, desta vez com arrimo no §2º do mesmo artigo 188.

O segundo inciso diz respeito à alienação de móveis, o que depende de licitação na modalidade leilão, exceto nas hipóteses de licitação pública dispensada, conforme disposto nas suas alíneas. O *caput* do artigo 76 da Lei nº 14.133/2021 prescreve que a alienação de todos os bens à Administração Pública deve ser precedida de interesse público devidamente justificado e de avaliação prévia, o que também se aplica, evidentemente, aos bens móveis. Chama a atenção que o inciso II do artigo 76 da Lei nº 14.133/2021 não exige expressamente que a alienação de móveis seja precedida de autorização legislativa, tal qual exigido pelo inciso I do mesmo artigo no tocante à alienação de bens imóveis. Realmente, a autorização legislativa é desnecessária, e é assim já de muito, inclusive em face do inciso II do artigo 17 da Lei nº 8.666/1993, que tratava da hipótese de licitação dispensada análoga.

Em síntese, os requisitos legais para a alienação de bens imóveis são: (i) interesse público devidamente justificado, (ii) avaliação prévia e (iii) realização de licitação na modalidade leilão, à exceção das hipóteses de licitação dispensada.

Ainda, cumpre ponderar que os incisos I e II do artigo 76 da Lei nº 14.133/2021 consignam normas acerca da alienação de bens imóveis e móveis, mas são omissos no tocante à alienação de bens semoventes, isto é, aqueles que se movem por si, como, por exemplo, os animais selvagens, domesticados ou domésticos. A omissão já era sentida, registra-se, na Lei nº 8.666/1993.

Maria Sylvia Zanella Di Pietro, em raciocínio sobre a definição de modalidade de licitação pública na Lei nº 8.666/1993, que pode ser também aplicado à Lei nº 14.133/2021, assinala:

> Na Lei nº 8.666 nada se diz quanto a esse tipo de bem, podendo, no entanto, ser-lhe aplicada a mesma regra que se refere aos bens móveis, já que os semoventes são, em regra, considerados uma espécie de bem móvel dotado de movimento próprio (como os animais), ao lado de outra modalidade que não tem essa característica.[368]

É de admitir que o critério levado em conta para definir modalidade de licitação pública para a alienação de móvel também seja usado para a alienação de bem semovente, até mesmo em decorrência de analogia, com amparo no artigo 4º da Lei de Introdução ao Código Civil (Decreto-Lei nº 4.657, de 4.9.1942).

No entanto, a questão ganha complexidade se houver a pretensão de aplicar todas as regras destinadas à alienação de bens móveis aos bens semoventes, incluindo aí as hipóteses em que o legislador prescreveu dispensa de licitação pública, estampadas nas alíneas do inciso II do artigo 76 da Lei nº 14.133/2021. E ganha complexidade porque é obrigatório interpretar as hipóteses de dispensa de licitação pública como exceção, isto é, de maneira restritiva, por força da norma programática prescrita na parte inicial do

[368] DI PIETRO, Maria Sylvia Zanella. *Direito administrativo*. 23. ed. São Paulo: Atlas, 2010. p. 320.

inciso XXI do artigo 37 da Constituição Federal. Então, não há outra solução afora obstar que se recorra à analogia em relação às hipóteses de dispensa ou que se imprima a elas interpretação extensiva, vedando-se, por consequência, que se estendam à alienação de bens semoventes as hipóteses de dispensa prescritas para a alienação de bens móveis.

Feitas essas considerações introdutórias concernentes à alienação de bens públicos, passa-se a tratar das hipóteses de licitação dispensada prescritas nas alíneas dos incisos I e II do artigo 76 da Lei nº 14.133/2021.

2 Dação em pagamento

A alínea "a" do inciso I do artigo 76 da Lei nº 14.133/2021 considera dispensada a licitação pública nas operações que envolvem a alienação de imóveis públicos em virtude de dação em pagamento.

A dação em pagamento, com decalque no conceito adotado no artigo 356 do novo Código Civil, ocorre nas hipóteses em que o credor consente em receber coisa diversa da que lhe é devida. Nesse contexto, a Administração Pública pode liberar-se de dívida pecuniária, efetuando o adimplemento mediante a transferência ao credor de bem imóvel, sem que seja necessário recorrer à licitação pública.

O debate em torno da hipótese de dispensa em apreço acirra-se em vista das peculiaridades do contrato de dação em pagamento, especialmente no que concerne à vantagem a ser obtida com a operação e ao tratamento isonômico a ser conferido a todos os credores da Administração Pública que potencialmente pretendam o pagamento de seus créditos por essa medida.

Em primeiro lugar, no que tange à vantagem a ser obtida com a dação em pagamento, não se esqueça que ela sempre depende de avaliação prévia. Quer dizer que a Administração aliena o bem pelo montante que ele realmente vale, presumindo-se que a avaliação tenha sido feita com seriedade e por profissionais habilitados. A intenção, portanto, não é receber o maior preço pelo imóvel, mas dispor dele para saldar uma dívida. Se a Administração deve a alguém, o interesse público primário demanda que a dívida seja paga integralmente, alienando-se o imóvel exatamente por quanto ele vale e não por menos do que isso. Então, para a dação em pagamento, a maior vantagem pecuniária é algo a ser posto em segundo plano; antes disso, a utilidade é de se liberar da dívida sem que seja necessário despender pecúnia, pelo preço justo, pelo quanto o imóvel realmente vale.

Em segundo lugar, no que atine à isonomia, atente-se que a dação em pagamento pode ocorrer em razão de débito reconhecido pela própria Administração Pública ou pelo Poder Judiciário.

Se o montante decorre de condenação judicial, a dação em pagamento deve respeitar a ordem cronológica de apresentação dos precatórios, por obediência ao artigo 100 da Constituição Federal, realizando-se transação com o credor que estiver na vez de receber o pagamento. Ou seja, não é lícito proceder à dação em pagamento a favor de credor e preterir tantos outros que porventura estejam à sua frente na ordem cronológica de apresentação dos precatórios. Respeitada a ordem cronológica, cai por terra qualquer argumento baseado na violação do princípio da isonomia, pois não se pode dizer que o credor tenha sido apadrinhado, beneficiado injustamente pela Administração, especialmente tomando em conta que o imóvel foi transacionado com a concordância do Legislativo e tendo sido feita avaliação.

Se o débito é reconhecido pela própria Administração antes da expedição do precatório, abrangendo questões eminentemente administrativas ou questões já ajuizadas, o que é algo perfeitamente possível, a dação em pagamento sofre alguns temperamentos. E isso porque, à primeira vista, haverá agravos à isonomia, se mais de um credor, cuja dívida tenha sido reconhecida pela Administração Pública, potencialmente tiver interesse em receber o imóvel em pagamento. Tais credores, cujas dívidas foram reconhecidas pela Administração Pública, estão em situação de igualdade e, na medida em que são qualificados como iguais, não podem ser tratados de modo desigual.

Se a dívida da Administração se revestir de natureza contratual, deve-se trazer à colação a norma preceituada na parte final do *caput* do artigo 141 da Lei nº 14.133/2021, que exige a realização dos pagamentos em consonância com a estrita ordem cronológica das datas de suas exigibilidades, salvo quando presentes razões de interesse público e mediante justificativa da autoridade competente, devidamente publicada. Isto é, terá preferência, em relação à dação em pagamento, o portador do crédito de exigibilidade mais antiga. A Administração, se não lhe convém firmar dação com ele, deve pagá-lo por outro modo, para, então, com os credores seguintes avaliar a conveniência da dação.

Se a dívida não for de natureza contratual, para harmonizar a figura da dação em pagamento com princípio da isonomia, cumpre recorrer à analogia, que encontra respaldo no *caput* do artigo 141 da Lei nº 14.133/2021 e no regime dos precatórios. Isso significa que a Administração pode utilizar dação em pagamento, desde que em respeito à ordem cronológica da exigibilidade dos créditos. Tal qual ocorre com o regime contratual, autoriza-se que essa ordem seja excepcionada por razões de interesse público, desde que devidamente justificada e publicada.

Ademais, não deve se sujeitar a essa ordem cronológica a dação em pagamento cujos imóveis envolvidos sejam destinados à utilidade pública. Por exemplo, imóvel a ser destinado a abrigo de idosos mantido por entidade do terceiro setor, para quem a Administração Pública deve determinada importância. Aí há justificativas mais do que plausíveis para enfraquecer a isonomia, sob o argumento da proteção do interesse público, o que requer a facilitação da operação.

3 Doação

A alínea "b" do inciso I do artigo 76 dispensa a licitação pública para contrato de doação de imóveis, que, segundo o texto, é permitida exclusivamente para outro órgão ou entidade da Administração Pública, de qualquer esfera de governo, ressalvado o disposto nas alíneas "f", "g" e "h" do mesmo inciso I, que tratam, respectivamente, da disposição, inclusive por meio de doação, (i) de bens imóveis residenciais tocantes a programas de habitação ou de regularização fundiária de interesse social, (ii) de bens imóveis comerciais de âmbito local, com área de até 205 m2, destinados a programas de regularização fundiária de interesse social e (iii) de terras públicas rurais da União e do Instituto Nacional de Colonização e Reforma Agrária.

É de sublinhar que as alíneas "f", "g", "h", "i" e "j" do mesmo inciso I do artigo 76 também versam sobre doação. As hipóteses de dispensa previstas nas alíneas "f", "g" e "h" admitem diversas modalidades contratuais, que se referem expressamente à alienação gratuita, o que significa doação. As alíneas "i" e "j" do mesmo inciso I do artigo 76 também versam sobre doação, dado que tratam do procedimento de legitimação de posse, que também importa em alienação gratuita.

Por sua vez, a alínea "a" do inciso II do mesmo artigo 76 dispensa a licitação pública para contrato de doação de móveis, permitida exclusivamente para fins e uso de interesse social, após avaliação de sua oportunidade e conveniência socioeconômica relativamente à escolha de outra forma de alienação.

Com amparo no artigo 538 do novo Código Civil, "considera-se doação o contrato em que uma pessoa, por liberalidade, transfere do seu patrimônio bens ou vantagens para o de outra". É sabido que a doação quer significar a transferência do domínio do bem, que acarreta a desvinculação dele do patrimônio do doador. Quer dizer que o donatário passa a ser o senhor do bem doado, fazendo dele o que quiser.

Pois bem, antes de tecer outras considerações, impende assinalar que a textura da doação é algo incompatível com a licitação pública, uma vez que, em vez de dispensa, o que há é inexigibilidade. Ora, a doação pressupõe a existência de interesse público para que a Administração se desfaça de imóvel que é seu e o transfira a outrem gratuitamente. Trata-se de desfazimento gratuito de patrimônio público, o que só pode ser permitido nas hipóteses em que houver excepcional e relevante interesse público. Não se pode levar a cabo operação dessa ordem por gracejo, às custas do interesse público. Bem público só pode ser doado para pessoas ou entidades altamente reputadas e confiáveis, com vistas a serem utilizados em atividades que propiciem vantagens ou que contemplem o interesse público. Essas entidades, capazes de receber em doação bens públicos, são absolutamente singulares, dado que a utilidade a ser dada ao bem é peculiar, avaliada caso a caso, sempre excepcionalmente, pelo que é inviável fazê-las competir pelo bem doado.[369]

Hoje em dia é cada vez mais frequente a transferência de áreas a particulares para fins urbanísticos ou, até mesmo, para o desenvolvimento econômico de dada região ou para fomento da criação de empregos. Nesses casos, o interesse público é manifesto, devendo-se apenas curar dos instrumentos para que os propósitos da doação sejam cumpridos à risca.

Veja-se que o texto da alínea "b" do inciso I do artigo 76 da Lei nº 14.133/2021 preceitua que a doação de imóvel só pode ser realizada a favor de outro órgão ou entidade da Administração Pública, de qualquer esfera de governo. Com isso, a União acabou por suprimir a autonomia do Distrito Federal, dos estados e dos municípios, que têm poderes próprios, entre os quais o de gerenciar os seus bens e interesses. Extravasa o âmbito de norma geral – na medida da competência outorgada à União pelo inciso XXVII do artigo 22 da Constituição Federal – dizer para quem os demais entes federativos devem doar os seus bens. Se eles tiverem interesse em doar para entidades que não pertençam à Administração Pública, não é a União que os pode impedir de fazerem-no, ao menos

[369] Confira-se, a propósito, também qualificando tal hipótese como de inexigibilidade: SUNDFELD, Carlos Ari. *Licitação e contrato administrativo*. 2. ed. São Paulo: Malheiros, 1995. p. 51-52.

não mediante norma geral. Por isso, na Ação Direta de Inconstitucionalidade nº 927-3/RS, o Supremo Tribunal Federal suspendeu liminarmente a parte final da alínea "b" do inciso I do artigo 17 da Lei nº 8.666/1993, que prescrevia hipótese análoga de dispensa de licitação, na verdade com a mesma redação, permitindo, pois, que fossem doados bens imóveis para entidades não insertas nos quadros da Administração Pública.[370] Defende-se que, enquanto vigente, a liminar dada na ação direta de inconstitucionalidade referente à alínea "b" do inciso I do artigo 17 da Lei nº 8.666/1993 seja estendida e aplicada à alínea "b" do inciso I do artigo 76 da Lei nº 14.133/2021, porque as razões de direito são exatamente as mesmas, dada a identidade havida entre os dispositivos.

Agregue-se que o §2º do artigo 76 da Lei nº 14.133/2021 prescreve que "os imóveis doados com base na alínea 'b' do inciso I do *caput* deste artigo, cessadas as razões que justificaram sua doação, serão revertidos ao patrimônio da pessoa jurídica doadora, vedada sua alienação pelo beneficiário".

Dispositivo análogo, o §1º do artigo 17 da Lei nº 8.666/1993, praticamente com a mesma redação, foi suspenso pelo Supremo Tribunal Federal, na mesma liminar conferida na Ação Direta de Inconstitucionalidade nº 927-3/RS. Observa-se, a propósito, que a referida suspensão liminar abrangeu, além do Distrito Federal, dos estados e dos municípios, também os próprios órgãos federais.

Caso esse dispositivo fosse válido, ele teria o condão de subverter por completo o que até então no direito brasileiro se entendia por *doação*. Ocorre que, como dito, a doação implica transferência do bem doado do patrimônio do doador para o do donatário, que passa a ser o dono, o senhor do bem, cabendo-lhe, a teor do artigo 1.228 do Novo Código Civil, usar, gozar, dispor e reaver a coisa que passa a lhe pertencer. Ou seja, uma vez doado, o donatário faz o que quiser do bem.

A exceção a esse regime ocorre nas situações em que a doação é feita com encargo, em virtude do que o ato está condicionado ao ônus, que cabe ao donatário cumprir, sob pena de revogação do negócio. Sem embargo, perceba-se que o §2º do artigo 76 da Lei nº 14.133/2021 vai além: estabelece condição que é permanente, porquanto o bem doado deve reverter ao doador, a qualquer tempo, desde que cessadas as razões que justificaram o negócio, além de impor ao imóvel gravame de inalienabilidade. O ponto é que, nesses termos, não há que se falar verdadeiramente de doação, porque o donatário não se torna proprietário do bem doado, tomando-se em conta, inclusive, que as razões da doação podem desaparecer sem que isso possa ser imputado a ele.

Veja-se que, mesmo diante da decisão liminar prolatada na Ação Direta de Inconstitucionalidade nº 927-3/RS, o legislador reproduziu a mesma prescrição do §1º do artigo 17 da Lei nº 8.666/1993 no §2º do artigo 76 da Lei nº 14.133/2021. Também o fez no artigo 31 da Lei nº 9.636/1998, prescrevendo que a doação de bem imóvel federal, a ser destinada somente a estados, municípios, fundações e autarquias públicas, deve ser precedida de autorização, em cujo corpo – já agora com amparo no §1º do artigo – deve constar a finalidade da doação e o prazo para seu cumprimento. De conformidade ao §2º do mesmo artigo, a finalidade da doação e o prazo para efetuá-la revelam encargo

[370] Marçal Justen Filho critica e mostra-se perplexo com a redação dada ao mesmo dispositivo (JUSTEN FILHO, Marçal. *Comentários à Lei de Licitações e Contratos Administrativos*. 1. ed. São Paulo: Thomson Reuters Brasil, 2021. *E-book*).

permanente e resolutivo, devendo o imóvel reverter automaticamente à União, independentemente de benfeitoria, caso não se cumprir a finalidade no prazo legal (inciso I); ou cessarem as razões que justificaram a doação (inciso II); ou ao imóvel, no todo ou em parte, vier a ser dada aplicação diversa da prevista (inciso III).[371]

Nada obstante isso, a Administração Pública também pode doar com encargo, sendo até recomendável que assim o faça, para assegurar o cumprimento dos interesses públicos que visa contemplar com o negócio.

É de estranhar, no entanto, a redação dada ao §6º do artigo 76 da Lei nº 14.133/2021, cuja expressão propugna que "A doação com encargo será licitada e de seu instrumento constarão, obrigatoriamente, os encargos, o prazo de seu cumprimento e a cláusula de reversão, sob pena de nulidade do ato, dispensada a licitação em caso de interesse público devidamente justificado".

A estranheza reside na pretensa exigibilidade de licitação pública para doação com encargo, haja vista que os interessados não têm parâmetros para oferecer suas propostas. É que o encargo é fixado pela Administração Pública, sendo, portando, incabível licitação para assumir mais ou menos encargos.[372] Na mesma linha, a doação é gratuita, em decorrência do que seria disparatado cogitar que alguém devesse pagar para receber algo em doação.

O dispositivo é ainda mais estranho ao prescrever que a licitação é dispensada no caso de interesse público devidamente justificado. Como se houvesse a possibilidade de doar bem público sem que ocorra interesse público *absolutamente* justificado. Já que toda doação pressupõe interesse público, todas elas devem ser feitas diretamente, sem licitação pública.

Importa ressaltar, enfim, que o §6º do mesmo artigo 17 prescreve que, "caso o donatário necessite oferecer o imóvel em garantia de financiamento, a cláusula de reversão e as demais obrigações serão garantidas por hipoteca em segundo grau em favor do doador". Destarte, o imóvel doado pode ser dado em garantia em operação de financiamento, suavizando a cláusula de inalienabilidade enunciada no §1º do mesmo artigo, contentando-se a Administração Pública com garantia hipotecária de segundo grau.

---

[371] "Art. 31. Mediante ato do Poder Executivo e a seu critério, poderá ser autorizada a doação de bens imóveis de domínio da União, observado o disposto no art. 23 desta Lei, a: I - Estados, Distrito Federal, Municípios, fundações públicas e autarquias públicas federais, estaduais e municipais; II - empresas públicas federais, estaduais e municipais; III - fundos públicos nas transferências destinadas a realização de programas de provisão habitacional ou de regularização fundiária de interesse social; IV - sociedades de economia mista voltadas à execução de programas de provisão habitacional ou de regularização fundiária de interesse social; ou V - beneficiários, pessoas físicas ou jurídicas, de programas de provisão habitacional ou de regularização fundiária de interesse social desenvolvidos por órgãos ou entidades da administração pública, para cuja execução seja efetivada a doação. §1º No ato autorizativo e no respectivo termo constarão a finalidade da doação e o prazo para o seu cumprimento. §2º O encargo de que trata o parágrafo anterior será permanente e resolutivo, revertendo automaticamente o imóvel à propriedade da União, independentemente de qualquer indenização por benfeitorias realizadas se: I - não for cumprida, dentro do prazo, a finalidade da doação; II - cessarem as razões que justificaram a doação; ou III - ao imóvel, no todo ou em parte, vier a ser dada aplicação diversa da prevista".

[372] Marçal Justen Filho caminha em direção inversa: "Quando for caso de promover licitação, os interessados deverão apresentar propostas acerca da execução do encargo. O ato convocatório deverá estabelecer as condições gerais e específicas. As propostas serão avaliadas segundo os critérios definidos previamente (tais como qualidade na execução, prazo de execução, reflexos para a comunidade etc.)" (JUSTEN FILHO, Marçal. *Comentários à Lei de Licitações e Contratos Administrativos.* 1. ed. São Paulo: Thomson Reuters Brasil, 2021. *E book*).

Já a doação de bens móveis, com fundamento na alínea "a" do inciso II do artigo 76, é permitida apenas para fins e uso de interesse social, após a avaliação de sua oportunidade e conveniência socioeconômica, relativamente à escolha de outra forma de alienação.

Em primeiro lugar, é preciso esclarecer que interesse social é espécie que se subsome ao espectro mais largo do interesse público. Isso significa que todo interesse social é pertinente ao interesse público, mas que nem todo interesse público pode ser qualificado como interesse social. Daí que os bens móveis podem ser doados para serem utilizados em projetos sociais. Não é lícito doar bens móveis a serem utilizados em atividades de interesse público que não tenham fundo social.

Em segundo lugar, antes de decidir doar bem móvel, é necessário avaliar a oportunidade e a conveniência socioeconômica, devendo-se priorizar outra forma de alienação. Se possível e razoável, em virtude da indisponibilidade do interesse público, que se adote outra forma de transferência do bem, de preferência sem o alienar.

4 Permuta

A alínea "c" do inciso I do artigo 76 da Lei nº 14.133/2021 prescreve a dispensa para a permuta de imóvel da Administração Pública. A alínea "b" do inciso II do mesmo artigo, por sua vez, enuncia a dispensa para a permuta de bem móvel, permitida exclusivamente entre órgãos ou entidades da Administração Pública.

A permuta, outro instituto moldado pelo direito civil,[373] constitui negócio mediante o qual os contratantes trocam um bem por outro; melhor explicando, a Administração transfere um bem e recebe outro em contrapartida.

A rigor, a permuta de bens imóveis por parte da Administração Pública não corresponde à hipótese de dispensa de licitação e sim de inexigibilidade. Ocorre que a permuta só tem lugar nas hipóteses em que as características de instalações e localização do imóvel recebido pela Administração condicionem a escolha, uma vez que, nesses termos, está-se diante de bem singular, de inexigibilidade de licitação pública. Se o bem a ser recebido não for singular, descabe a permuta, pois aí a Administração deveria vender o bem de sua propriedade, receber a importância respectiva e comprar outro bem, procedendo à licitação pública. Em outras palavras: a própria legalidade da permuta está condicionada à singularidade do bem, dado que, em hipótese contrária, não subsistem razões para impor tratamento desigual aos que pretendem vender ou comprar imóveis da Administração Pública.

Nessa direção, o artigo 30 da Lei nº 9.636/1998 trata da permuta de imóveis da Administração Pública Federal, sendo que o §2º do referido artigo prescreve que, "na permuta, sempre que houver condições de competitividade, deverão ser observados os procedimentos licitatórios previstos na lei". Isso serve para reforçar o argumento de que permuta sem licitação pública retrata inexigibilidade, não dispensa, haja vista que só admitida se inviável a competição.

---

[373] Confira-se o artigo 533 do Código Civil.

Ressalva-se, no entanto, que o enquadramento equivocado realizado pelo legislador, que tratou como dispensa hipótese que corresponde à inexigibilidade, não traz prejuízos mais relevantes, dado que, numa e noutra hipótese, a contratação se realiza sem licitação pública. O efeito prático, nessa medida, acaba sendo o mesmo. O que importa ressaltar disso tudo, qualquer que seja o enquadramento, é a necessidade de motivar adequadamente a permuta, em especial as vantagens para o interesse público em razão das características particulares do bem que será recebido por ela.

Em princípio, a troca realizada por meio da permuta não deve envolver pecúnia, porém, bem por bem. No entanto, é um tanto quanto difícil, por exemplo, que dois imóveis valham exatamente a mesma importância, em virtude do que, para viabilizar operações desse naipe, é permitido acertar os valores por modo pecuniário, desde que dentro de parâmetros razoáveis. Isto é, um imóvel vale 100 (cem) e outro 90 (noventa); quem ficou com o imóvel de 90 (noventa) recebe 10 (dez) em espécie. Noutro lado, é ilícita a permuta entre imóveis de valores 100 (cem) e 10 (dez), porquanto uma das partes receberia a torna de 90 (noventa), valor substancial que desnatura a permuta, aproximando o negócio de uma compra e venda.[374]

A alínea "c" do inciso I do artigo 76 da Lei nº 14.133/2021 atentou-se a esse aspecto da torna de valores, tendo estabelecido "[...] que a diferença apurada não ultrapasse a metade do valor do imóvel que será ofertado pela União, segundo avaliação prévia [...]". Ou seja, fixou-se o montante máximo da torna na metade do valor do imóvel oferecido à União, independentemente da parte responsável por ela, Administração Pública ou contratado.

A alínea "c" do inciso I do artigo 76 da Lei nº 14.133/2021, da mesma maneira que o faz a alínea "c" do inciso I do artigo 17 da Lei nº 8.666/1993, autoriza apenas a permuta de imóveis, ou seja, a Administração não pode trocar imóvel por móvel, por mais vantajoso que o negócio possa ser. O dispositivo da Lei nº 8.666/1993, por transbordar o âmbito da *norma geral*, em apego ao inciso XXVII do artigo 22 da Constituição Federal, recebeu as injunções do Supremo Tribunal Federal, uma vez que a sua incidência está liminarmente suspensa em tributo à Ação Direta de Inconstitucionalidade nº 927-3/RS. O mesmo entendimento vale e deve ser aplicado em relação à alínea "c" do inciso I do artigo 76 da Lei nº 14.133/2021, porque a prescrição reproduz a da alínea "c" do inciso I do artigo 17 da Lei nº 8.666/1993, pelo menos até que a decisão do Supremo Tribunal Federal permaneça vigente.

No que tange especificamente à permuta de bens móveis, é de ressaltar que o Supremo Tribunal Federal, no julgamento liminar da Ação Direta de Inconstitucionalidade nº 927-3/RS, suspendeu a parte final da alínea "b" do inciso II do artigo 17 da Lei nº 8.666/1993, que é análoga à alínea "b" do inciso II do artigo 74 da Lei nº 14.133/2021, mais especificamente da parte que alude à expressão "permitida exclusivamente entre órgãos ou entidades da Administração Pública". O Supremo Tribunal Federal considerou

[374] Como ponderam Roberto Riberiro Bazilli e Sandra Julien Miranda: "Não desfigura, contudo, a permuta a existência de reposição ou volta para uma das partes. Raramente os valores dos bens avaliados são iguais; quase sempre há torna para uma das partes. Este fato, por si só, não desnatura a permuta; o que a desfigura é a torna de valor substancialmente superior ao bem permutado, ensejando a possibilidade de fraude na utilização do instituto pela Administração" (BAZILLI, Roberto Ribeiro; MIRANDA, Sandra Julien. *Licitação à luz do direito positivo*. São Paulo: Malheiros, 1999. p. 116).

que tal passagem extravasa o âmbito das normas gerais, e, por conseguinte, o âmbito de competência da União, pelo que o Distrito Federal, os estados e os municípios já não se encontram sujeitos, ao menos provisoriamente, à restrição em apreço. O mesmo entendimento deve prevalecer em relação à alínea "b" do inciso II do artigo 74 da Lei nº 14.133/2021, pelo menos enquanto a decisão do Supremo Tribunal Federal for vigente.

Aliás, por rigor jurídico, a permuta de bens móveis, tal qual a de bens imóveis, desenha, a rigor, hipótese de inexigibilidade de licitação e só tem lugar nos casos em que o contrato é firmado com pessoas estranhas à Administração Pública, diante de justificativas consistentes sobre a vantagem da Administração Pública em realizá-la, que fazem o objeto da permuta singular. Acontece que, sem a singularidade, a Administração deve alinear os seus bens móveis e deve adquirir os bens móveis que necessita por meio de licitação. A troca de bens fora dos limites internos da Administração Pública só tem lugar em situações excepcionais, devidamente justificadas. De todo modo, advirta-se, mais uma vez, que o erro de enquadramento realizado pelo legislador, que afirmou ser dispensa o que é inexigibilidade, não traz maiores consequências práticas, porque em ambos os casos a contratação se dá sem licitação.

5 Investidura

A alínea "d" do inciso I do artigo 76 da Lei nº 14.133/2021 remete a outra hipótese de licitação dispensada, pertinente, desta vez, à investidura. Os dois incisos do §5º do mesmo artigo 76 preocupam-se em definir o que se deve entender por investidura. De acordo com o inciso I, ela é

> [...] alienação, ao proprietário de imóvel lindeiro, de área remanescente ou resultante de obra pública que se tornar inaproveitável isoladamente, por preço que não seja inferior ao da avaliação nem superior a 50% (cinquenta por cento) do valor máximo permitido para dispensa de licitação de bens e serviços previsto nesta Lei.

Já o inciso II reputa investidura como

> [...] alienação, ao legítimo possuidor direto ou, na falta dele, ao poder público, de imóvel para fins residenciais construído em núcleo urbano anexo a usina hidrelétrica, desde que considerado dispensável na fase de operação da usina e que não integre a categoria de bens reversíveis ao final da concessão.

A bem da verdade, a Lei nº 14.133/2021 qualifica duas hipóteses como investidura e autoriza a Administração a levá-las a cabo sem recorrer à licitação pública. Aliás, essas duas hipóteses são absolutamente autônomas, visto que cada qual é condicionada a requisitos distintos. A única identidade possivelmente estabelecida entre elas é que ambas tratam de áreas pretensamente sem utilidade para a Administração. Pois bem, passa-se a abordá-las em separado, conforme segue.

5.1 Investidura para imóveis lindeiros

A hipótese desenhada no inciso I do §5º do artigo 76 da Lei nº 14.133/2021 diz respeito à sobra de áreas decorrentes de obras públicas, que não podem ser aproveitadas isoladamente pela Administração ou por terceiro estranho ao proprietário lindeiro, isto é, ao dono do imóvel vizinho. Ele – e, a princípio, só ele – pode agregar à sua propriedade a área remanescente de obra pública, dando-lhe proveito.[375]

Depreende-se o primeiro requisito para a investidura, qual seja, que a área objeto seja inaproveitável isoladamente. Isso significa que, em obediência às posturas urbanísticas, não é lícito dar qualquer utilidade à faixa de terra. Então, com a investidura, a Administração aliena a área ao proprietário lindeiro, que pode acrescê-la ao seu imóvel e, em decorrência disso, dar-lhe utilidade.[376] Sob essa perspectiva, a investidura é instrumento compatível, sobretudo, com a função social da propriedade, no sentido de que a gleba de terra seja destinada a alguma finalidade, que se dê a ela algum uso.

Marçal Justen Filho entende que à área objeto da investidura não se pode dar realmente qualquer utilidade, nem mesmo ecológica. Para ele:

> [...] qualquer que seja a área imóvel remanescente, poderá cogitar-se de seu aproveitamento para fins ecológicos e ambientais. Assim, entre a opção de conceder o domínio de uma pequena faixa de terras a um particular (para que dela faça uso egoístico) e utilizar a área para fins ecológicos (promovendo implantação de parques, por exemplo), a Administração terá o dever de optar pela segunda alternativa.[377]

Discorda-se dessa interpretação, na medida em que ela acaba por frustrar a incidência da hipótese de investidura em comento, pois duas ou três árvores podem sempre ser plantadas em faixa de terra e, em vista disso, reputar que se tenha dado a ela uma destinação proveitosa ao meio ambiente e à ecologia. Assim sendo, já não haveria áreas para a investidura, porque já não haveria áreas inaproveitáveis. Repita-se que o critério para apurar o proveito de uma área remanescente de obra pública é o enlaçado nas leis urbanísticas e, no que tange a imóveis rurais, nas regras pertinentes. Se a área não atender aos requisitos legais exigidos, passa a ser qualificada como inaproveitável, autorizando a investidura.

O segundo requisito é que a investidura seja celebrada com o proprietário do imóvel lindeiro, ou seja, do imóvel vizinho à área remanescente ou resultante de obra

---

375 Antônio Marcelo da Silva esclarece: "*Lindeiro* é o imóvel que confronta com a área inaproveitável, do qual esta, usualmente, teria sido destacada para a execução da obra, em sua fase inicial. *Área inaproveitável isoladamente* é aquela que não se enquadra nos módulos estabelecidos por lei para a edificação urbana ou aproveitamento para fins agropecuários" (SILVA, Antônio Marcelo. *Contratações administrativas*. São Paulo: Revista dos Tribunais, 1971. p. 47).

376 É isso que, em suma, defendem Roberto Ribeiro Bazilli e Sandra Julien Miranda: "É óbvio que, apresentando a área remanescente metragem compatível com os limites fixados pela legislação que regulamenta o uso do solo, ou sua utilização rural (módulo rural), esta passa a ter individualidade própria e suscetível de aproveitamento em geral. Portanto, a expressão 'inaproveitável isoladamente' deve ser entendida nesse contexto de possibilidade ou não da utilização da área remanescente, isoladamente considerada, seja ela rural ou urbana; em outras palavras, área inaproveitável isoladamente 'é aquela que não se enquadra nos módulos estabelecidos por lei para edificação urbana ou aproveitamento para fins agropecuários" (BAZILLI, Roberto Ribeiro; MIRANDA, Sandra Julien. *Licitação à luz do direito positivo*. São Paulo: Malheiros, 1999. p. 118).

377 JUSTEN FILHO, Marçal. *Comentários à Lei de Licitações e Contratos Administrativos*. 1. ed. São Paulo: Thomson Reuters Brasil, 2021. *E-book*.

pública. Até porque é só o proprietário do imóvel lindeiro que pode aproveitar a área, agregando-a à sua propriedade. Assim, essa hipótese de investidura retrata inexigibilidade de licitação pública, haja vista que só é possível celebrar o contrato com o proprietário lindeiro e não com qualquer outra pessoa, redundando na inviabilidade da competição.

Sem embargo, alguns autores sustentam que, na hipótese de existir mais de um proprietário lindeiro, é obrigatório realizar licitação pública entre eles, a fim de lhes conferir igualdade de oportunidades para a aquisição da área remanescente ou resultante de obra pública.[378] Em sentido oposto, o artigo 540 do Código Civil, referente à divisão das terras obtidas por acessão, dispõe que cada vizinho acresce as terras na proporção de suas respectivas testadas. Em vista disso, propõe analogia para o efeito de, em vez de proceder à licitação pública, firmar a investidura com todos os proprietários lindeiros, cada qual limitada à proporção de sua testada.

Demais disso, o inciso I do §5º do artigo 76 da Lei nº 14.133/2021 estatui que a investidura não se pode operar por preço inferior ao da avaliação e desde que não ultrapasse 50% (cinquenta por cento) do valor máximo permitido para dispensa de licitação de bens e serviços previsto na Lei nº 14.133/2021, que corresponde à hipótese de dispensa do inciso II do seu artigo 75, cujo valor máximo é de R$50.000,00.[379]

Em outras palavras: o legislador quis limitar a contratação direta de investidura a áreas cujos valores não excedam a R$50.000,00. Com isso, ele acabou limitando a possibilidade de realizar investidura em áreas cujos respectivos valores ultrapassem tal importância, dado que esse tipo de negócio, acentua-se novamente, só pode ser feito com o proprietário lindeiro, não com qualquer outro, inviabilizando a competição e forçando reconhecer que, em vez de dispensa, está-se diante de inexigibilidade de licitação pública.

Essa limitação faz com que as áreas remanescentes ou resultantes de obras públicas de valores mais elevados, em razão das quais a Administração iria receber importâncias consideráveis, sejam condenadas a perpetuarem-se inaproveitáveis. Vê-se que solução desse porte repugna ao inciso XXIII do artigo 5º da Constituição Federal, em vista do qual a propriedade deve atender à sua função social, ou seja, no mínimo deve servir para algo, prestar-se a alguma utilidade. Por isso, convém defender a inconstitucionalidade da aludida limitação, o que implica autorizar a Administração Pública a celebrar investidura de áreas remanescentes ou resultantes de obras públicas cujos valores vão além dos R$50.000,00 e a fazê-lo pelo único modo possível, mediante inexigibilidade de licitação pública.

5.2 Investidura para imóveis anexos a usinas hidrelétricas

O inciso II do §5º do artigo 76 da Lei nº 14.133/2021 prevê a investidura para a alienação de bens imóveis para fins residenciais construídos em núcleos urbanos anexos a usinas hidrelétricas. Essas usinas usualmente são construídas em lugares afastados dos núcleos urbanos, em razão do que o Estado, para viabilizar a construção, acaba

[378] Entre outros: JUSTEN FILHO, Marçal. *Comentários à Lei de Licitações e Contratos Administrativos*. 1. ed. São Paulo: Thomson Reuters Brasil, 2021. *E-book*.

[379] Valor atualizado pelo Decreto Federal nº 12.343/2024, que passou para R$62.725,59.

criando pequenos vilarejos para hospedar a mão de obra envolvida. Com o término das obras, parcela dos imóveis destinados à hospedaria acaba desocupada, pois a massa de trabalhadores volta às suas respectivas origens, permanecendo no lugar apenas aqueles empregados na operação e na manutenção da usina. A hipótese de dispensa em apreço visa autorizar a alienação direta desses imóveis aos possuidores diretos, ou seja, aqueles que receberam tais imóveis do Poder Público e neles permaneceram. O inciso II em comento também admite a investidura em favor do próprio Poder Público, muitas vezes a estado ou município, que precisa dispor de postos de saúde, creches e demais infraestruturas para a prestação de serviços públicos ao núcleo urbano que surge em razão das usinas.

O primeiro requisito para a investidura contemplado no inciso II do §5º do artigo 76 da Lei nº 14.133/2021 é que a alienação seja voltada aos legítimos possuidores diretos ou, na falta deles, ao Poder Público. Portanto, à Administração não é lícito alienar mediante investidura a possuidores ilegítimos, tampouco, a possuidores indiretos, que transferiram a posse direta a outrem. Da mesma forma, não pode levar a cabo investidura em favor de terceiros que não detenham a posse direta, conquanto os interesses em adquirir o imóvel sejam até legítimos.[380]

O segundo requisito é que o imóvel a ser alienado em investidura seja afetado a fins residenciais. Não quer dizer que o imóvel tenha sido construído necessariamente para servir de residência, mas que, a partir da investidura, é obrigatório que se dê a ele tal utilidade. Nesse sentido, não é lícita a investidura para aqueles que pretendem dar uso comercial ao imóvel, conquanto seja legítimo fazê-lo por outro instrumento contratual.

O terceiro requisito é que o imóvel em comento deve ter sido construído em núcleos urbanos anexos a usinas hidrelétricas. É difícil precisar o que realmente seja um *núcleo urbano*, quantas casas e quantas pessoas devem agrupar-se para que seja reconhecido como tal. Entretanto, o quesito de núcleo urbano não precisa ser tomado com rigores. Qualquer agrupamento de casas com fito residencial e ligado a obras de usinas já deve ser qualificado como núcleo urbano, autorizando-se a investidura.

Ressalta-se que a dispensa de licitação pública não contempla casas ou imóveis construídos como suporte a obras de usinas de outro porte ou de outros tipos de obras. O dispositivo em comento é restritivo e assim deve ser interpretado, sobretudo em homenagem à parte inicial do inciso XXI do artigo 37 da Constituição Federal, cuja norma programática, insista-se, propugna tomar os casos de dispensa como excepcionais, sem que seja apropriado conferir a eles interpretação extensiva. Destarte, como o dispositivo remete a imóveis construídos anexos a usinas hidrelétricas, não é cabível estender os efeitos para outros tipos de obras, não referidas no enunciado normativo.[381]

---

[380] "Legítimo possuidor direto é o que reside no imóvel em decorrência de vínculo decorrente da construção da obra, com posse mansa e pacífica. Não se legitima a adquirir o imóvel aquele que o ocupa ainda que com posse mansa e pacífica se esta nasce de forma indireta, ou seja, provém do antigo possuidor direto, e não do necessário vínculo com a obra. Por mais essa razão não se legitima, também, o possuidor cuja posse decorre de atos contrários à lei" (BAZILLI, Roberto Ribeiro; MIRANDA, Sandra Julien. *Licitação à luz do direito positivo.* São Paulo: Malheiros, 1999. p. 119).

[381] Em sentido contrário, entendendo possível estender a incidência do dispositivo a grandes obras de engenharia e a outros tipos de usinas: JUSTEN FILHO, Marçal. *Comentários à Lei de Licitações e Contratos Administrativos.* 1. ed. São Paulo: Thomson Reuters Brasil, 2021. *E-book.*

Em quarto lugar, é necessário que o imóvel a ser alienado seja considerado dispensável pela Administração Pública, isto é, que ela não lhe dê nem pretenda dar-lhe outra utilidade qualquer. Vê-se que a dispensa incide sobre os imóveis construídos em anexo a usinas hidrelétricas que já não oferecem utilidade à Administração Pública, uma vez que se autoriza a ela alienar diretamente ao legítimo possuidor direto. A bem da verdade, se o imóvel fosse utilizado, seria classificado como bem público de uso especial, e, por isso, sequer poderia ser alienado, menos ainda diretamente.

Em quinto lugar, a parte final do inciso II do §3º do artigo 17 exige que o imóvel objeto da investidura não integre a categoria dos bens reversíveis ao final da concessão. Essa parte do dispositivo situa-se completamente fora de lugar, dado que, se o bem não for reversível, não o será de domínio público, pelo que a Administração é impedida de aliená-lo, pois, sobretudo, se trata de coisa que não lhe pertence. Ademais, no decorrer da concessão também não o pode alienar, uma vez que ainda de propriedade do concessionário.[382]

Por fim, ressalta-se que há um grande entrave prático para a dispensa de licitação do inciso II do §5º do artigo 76 da Lei nº 14.133/2021. Acontece que grande parte das obras de usinas hidrelétricas é realizada por estatais, sociedades de economia mista e empresas públicas, com destaque para as integrantes da *holding* Eletrobras. Portanto, os imóveis a que se refere o dispositivo pertencem normalmente às estatais, que, por sua vez, não se submetem à Lei nº 14.133/2021, como prescreve claramente o §1º do artigo 1º da Lei nº 14.133/2021. Elas são regidas pela Lei nº 13.303/2016, que não cuida da mesma hipótese de dispensa. Logo, as estatais não podem se valer diretamente da dispensa do inciso II do §5º do artigo 76 da Lei nº 14.133/2021, o que lhes esvazia sobremaneira. A impressão é que o inciso II do §5º do artigo 76 da Lei nº 14.133/2021 está no lugar errado. Deveria estar na Lei nº 13.303/2016 e não na Lei nº 14.133/2021.

6 Venda de bens a outro órgão administrativo

A alínea "e" do inciso I do artigo 76 da Lei nº 14.133/2021 dispensa a licitação pública para a venda de imóveis a outro órgão ou entidade da Administração Pública, de qualquer esfera de governo. A alínea "f" do inciso II do mesmo artigo 76 dispensa a licitação pública para "venda de materiais e equipamentos sem utilização previsível por quem deles dispõe para outros órgãos ou entidades da Administração Pública".

No que tange à alienação de imóveis, quer-se facilitar operações desse tipo, até porque usualmente por detrás delas há interesse público em destinar bem a este ou àquele órgão. Veja-se que, embora o bem se destine a outra entidade administrativa, não se atenuam as exigências do inciso I do artigo 76, quais sejam, repita-se, autorização legislativa para órgãos da Administração direta e entidades autárquicas e fundacionais, e, para todos, justificativa em interesse público e avaliação prévia.

Os autores costumam dizer, com acerto, que nesse tipo de contrato não há espaço para corretagem. A negociação deve ser direta entre entidades administrativas, sem intermediários que se proponham a auferir lucro.

382 Essas observações são feitas com propriedade em: JUSTEN FILHO, Marçal. *Comentários à Lei de Licitações e Contratos Administrativos*. 1. ed. São Paulo: Thomson Reuters Brasil, 2021. *E-book*.

Quanto à alienação de móveis, mais propriamente de materiais e equipamentos para outros órgãos ou entidades da Administração Pública, o dispositivo exige que tais bens não tenham utilização previsível por quem deles dispõe. Eis maneira ágil de transferir equipamentos de um órgão para outro, dando a eles destinação útil.

7 Imóveis utilizados em programas de interesse social

A alínea "f" do inciso I do artigo 76 da Lei nº 14.133/2021 considera dispensada a licitação pública no que tange a contratos de

> [...] alienação gratuita ou onerosa, aforamento, concessão de direito real de uso, locação e permissão de uso de bens imóveis residenciais construídos, destinados ou efetivamente usados em programas de habitação ou de regularização fundiária de interesse social desenvolvidos por órgão ou entidade da Administração Pública.

A alínea "g" do mesmo inciso trata de hipótese parecida, porém tendo por objeto imóveis comerciais de âmbito local. A redação da alínea "g" prescreve a dispensa para

> [...] a alienação gratuita ou onerosa, aforamento, concessão de direito real de uso, locação e permissão de uso de bens imóveis comerciais de âmbito local, com área de até 250 m² (duzentos e cinquenta metros quadrados) e destinados a programas de regularização fundiária de interesse social desenvolvidos por órgão ou entidade da Administração Pública; [...].

A sistemática da licitação pública não se harmoniza a programas sociais. Tudo porque o certame visa obter a proposta mais vantajosa para a Administração Pública, ao passo que programas sociais se propõem a exatamente o contrário, isto é, tais programas retratam intervenção estatal a fim de beneficiar os menos favorecidos, aqueles sem condições de oferecer boa proposta, mas que precisam de assistência pública, cujos efeitos lhes assegurem o exercício de direitos fundamentais, entre os quais o de moradia, a teor do *caput* do artigo 6º da Constituição Federal. Nesses casos, a Administração Pública, em vez de almejar a proposta mais vantajosa, deve selecionar os menos favorecidos, que, se participassem de licitação pública, tenderiam a oferecer a ela a pior proposta. Por isso, o legislador – com acerto – dispensou a licitação pública para alienação ou transferência do uso vinculada a programas sociais de habitação e de regularização fundiária.

As referidas alíneas "f" e "g" valem-se de cinco figuras distintas, a saber, a alienação, o aforamento, a concessão de direito real de uso, a locação e a permissão de uso. É conveniente, para a inteira apreensão da matéria, delimitar o campo de incidência de cada uma delas.

Com efeito: em primeiro lugar, *alienação* traduz, de maneira ampla, a transferência de domínio, o que ocorre por diferentes tipos de contratos, entre os quais o de compra e venda, de doação, de permuta, de dação em pagamento etc. Veja-se que o legislador, por ter aludido à *alienação* de modo abrangente, conferiu discricionariedade ao agente administrativo para decidir mediante qual modalidade pretende transferir o domínio, uma vez que, por ilação, qualquer uma delas, a princípio, é admissível.

Em segundo lugar, o *aforamento*, também chamado de enfiteuse, é espécie de contrato oneroso através do qual se transfere direito real sobre bem imóvel por meio do desdobramento do domínio entre o efetivo proprietário, apelidado de senhorio, e aquele que recebe o direito real sobre o imóvel, apelidado de foreiro ou enfiteuta. O senhorio é titular do domínio direto, enquanto o foreiro do domínio útil, o que outorga a ele amplos poderes sobre a coisa, podendo aproveitá-la como se ela lhe pertencesse. Conforme frisa Caio Mário da Silva Pereira, "O foreiro ou enfiteuta tem a posse direta do imóvel aforado, do que lhe resulta a faculdade de aproveitá-la segundo o seu interesse nos limites legais, perceber os seus frutos e rendimentos, e usá-lo sem lhe destruir a substância [...]".[383] O foreiro conserva esses direitos perpetuamente, podendo transferi-los aos seus herdeiros ou a terceiros, de modo gratuito ou oneroso.

Em terceiro lugar, o dispositivo remete à *concessão de direito real de uso* e, em seguida, à *permissão de uso*. De acordo com Celso Antônio Bandeira de Mello, "*permissão de uso de bem público* é o ato unilateral, precário e discricionário quanto à decisão da outorga, pelo que se faculta a alguém o uso de bem público".[384] Para o mesmo autor:

> [...] *a concessão de uso de bem público* é o contrato administrativo pelo qual, como o nome já indica, a Administração trespassa a alguém o uso de bem público para uma finalidade específica. Se o Poder Público, instado por conveniências administrativas, pretender rescindi-la antes do termo estipulado, terá de indenizar o concessionário.[385]

Já a *concessão de direito real de uso*, figura a que se refere o dispositivo, ainda trilhando as lições do professor, "é o contrato pelo qual a Administração transfere, como direito real resolúvel, o uso remunerado ou gratuito de terreno público ou do espaço aéreo que o recobre, para que seja utilizado com fins específicos por tempo certo ou por prazo indeterminado", ressaltando, ainda, que, de acordo com o §4º do artigo 7º do Decreto-Lei nº 271, de 28.2.1967, é transmissível por ato *inter vivos* ou *mortis causa*.[386] Em seguida, ele acentua que tal concessão, "desde logo diverge da simples concessão de uso pelo fato de que, ao contrário daquela – na qual apenas se compõe um direito de natureza obrigacional (isto é, pessoal) –, instaura um direito real".[387] Portanto, ele conclui que a concessão de direito real de uso

> [...] possui, então, como características inerentes sua imediata adesão à coisa e o chamado direito de sequela, que enseja a persecução do bem. É exclusivo, vale dizer, sobre o bem em que recai não incidirá outro direito da mesma espécie, e é protegido por ação real, graças ao quê "prevalece contra qualquer que detenha a coisa". É oponível *erga omnes*, ou seja, contra todos, pois confere ao titular a prerrogativa de vê-lo respeitado por quaisquer sujeitos, os quais ficam impedidos de opor-lhe qualquer embaraço. Seu exercício independe

---

383 PEREIRA, Caio Mário da Silva. *Instituições de direito civil*. 12. ed. Rio de Janeiro: Forense, 1993. v. 4. p. 173.

384 BANDEIRA DE MELLO, Celso Antônio. *Curso de direito administrativo*. 35. ed. São Paulo: Malheiros, 2021. p. 876.

385 BANDEIRA DE MELLO, Celso Antônio. *Curso de direito administrativo*. 35. ed. São Paulo: Malheiros, 2021. p. 877.

386 BANDEIRA DE MELLO, Celso Antônio. *Curso de direito administrativo*. 35. ed. São Paulo: Malheiros, 2021. p. 877.

387 BANDEIRA DE MELLO, Celso Antônio. *Curso de direito administrativo*. 35. ed. São Paulo: Malheiros, 2021. p. 878.

da colaboração de terceiro; faz-se de por si, diretamente na relação entre o sujeito e a coisa, ao contrário dos direitos pessoais.[388]

Tanto na permissão quanto na concessão de direito real de uso, não ocorre a transferência do domínio do bem, isto é, a Administração passa apenas a posse direta da coisa, precisamente a faculdade de usá-la. Ademais, ambas as figuras podem ser gratuitas ou onerosas, ou seja, a Administração pode ou não receber remuneração pela permissão ou concessão, dependendo da conveniência.

Noutro lado, ressaltam diferenças entre ambas as figuras: já, de pronto, vem à colação que a permissão se dá por ato administrativo, enquanto a concessão se processa por contrato administrativo. E o ato administrativo que concede a permissão é *precário*, na medida em que pode ser revogado a qualquer tempo pela Administração Pública, diante das situações que lhe forem convenientes, sem que assista ao permissionário direito à indenização. A concessão de direito real de uso, por seu turno, por assumir natureza contratual, não se reveste de natureza precária, uma vez que a rescisão provocada pela Administração confere ao concessionário o direito à indenização. Sobretudo, agrega direito real, que permite ao concessionário exercer os seus poderes diretamente em relação à coisa. Compete à Administração Pública, valendo-se de juízo discricionário, optar pela concessão ou permissão de uso, conforme as peculiaridades de cada caso.

Em quarto lugar, a alínea sob comento prescreve a dispensa para a locação de imóveis. Segundo o artigo 565 do novo Código Civil, "na locação de coisas, uma das partes se obriga a ceder à outra, por tempo determinado ou não, o uso e gozo de coisa não fungível, mediante certa retribuição". A locação, a bem da verdade, assemelha-se em muito com a concessão de uso, porquanto em ambas se transfere a posse direta da coisa, mediante contrato, que, portanto, desautoriza atribuir-lhes natureza precária. A diferença reside no fato de que a locação é sempre onerosa, enquanto a concessão pode ser gratuita. Ademais, o concessionário pode apenas usar a coisa, ao passo que ao locatário também assiste o direito de gozar dela, maximizando suas prerrogativas.

A alínea "f" do inciso II do artigo 76 da Lei nº 14.133/29021 preceitua dispensa apenas para bens imóveis construídos e destinados ou efetivamente utilizados no âmbito de programas habitacionais ou de regularização fundiária de interesse social. Portanto, importa que alienação, concessão, permissão ou locação sejam implementadas mediante programa de cunho social que vise à habitação. A alínea "g" do mesmo inciso é restrita aos bens imóveis comerciais de âmbito local, com área de até 250 m2 (duzentos e cinquenta metros quadrados) e destinados a programas de regularização fundiária de interesse social. Portanto, a alínea "g" destoa da alínea "f" essencialmente porque trata de imóveis comercias.

Outrossim, as alíneas "f" e "g" do inciso II do artigo 76 da Lei nº 14.133/29021 restringem o sujeito ativo da dispensa aos órgãos ou às entidades da Administração Pública criados para o fim de promoverem programas habitacionais e de regularização fundiária de interesse social. Isso significa que outros organismos, não incumbidos de tais finalidades, não estão autorizados a proceder à dispensa de licitação pública. A

---

[388] BANDEIRA DE MELLO, Celso Antônio. *Curso de direito administrativo*. 35. ed. São Paulo: Malheiros, 2021. p. 878

rigor, essa parte final carece de sentido, porque os órgãos administrativos estão restritos a atuarem em obediência estrita aos termos da lei que os criou, para cumprirem as finalidades nela almejadas, sob pena de desvio de poder. Dessa forma, se a lei que cria o órgão administrativo não atribui a ele a realização de programas habitacionais ou de regularização fundiária, não lhe compete realizá-lo, pelo que, já de antemão, se afasta a incidência da dispensa prevista na norma em comento.

8 Outras questões fundiárias

As alíneas "h", "i" e "j" do inciso I do artigo 76, o inciso II do §§3º e 4º do mesmo artigo 76, tudo da Lei nº 14.133/2021, versam sobre hipóteses de licitação dispensada relacionadas às questões fundiárias.

A alínea "h" dispensa a licitação para

> [...] alienação e concessão de direito real de uso, gratuita ou onerosa, de terras públicas rurais da União e do Instituto Nacional de Colonização e Reforma Agrária (Incra) onde incidam ocupações até o limite de que trata o §1º do art. 6º da Lei nº 11.952, de 25 de junho de 2009, para fins de regularização fundiária, atendidos os requisitos legais.

A Lei nº 11.952/2009 dispõe sobre a regularização fundiária das ocupações incidentes em terras situadas em áreas da União no âmbito da Amazônia Legal. O §1º do artigo 6º da sobredita lei prevê a regularização das áreas ocupadas que não sejam superiores a 2.500 hectares por meio da alienação delas, que, portanto, pode ser realizada sem licitação pública.

A alínea "i" reputa dispensada a licitação para o procedimento de legitimação de posse, previsto no artigo 29 da Lei nº 6.383/1976, mediante iniciativa e deliberação dos órgãos da Administração Pública em cuja competência legal inclua-se tal atribuição.

Pois bem, a legitimação de posse é tema que também apresenta contornos sociais, haja vista que objetiva regularizar a ocupação de terras públicas que se tenha dado de modo clandestino, dentro de certas condições, o que é fundamental para a justiça social e, mais especificamente, fundiária do país.

O artigo 29 da Lei nº 6.383/1976 estabelece que o ocupante de terras públicas, que as tenha tornado produtivas com o seu trabalho e o de sua família, faz jus à legitimação da posse de área contínua até 100 hectares, desde que não seja proprietário de imóvel rural e comprove a morada permanente e cultura efetiva, pelo prazo mínimo de 1 (um) ano. A legitimação da posse, de acordo com o §1º do referido artigo 29, consiste no fornecimento de licença de ocupação, pelo prazo mínimo de mais de quatro anos, findo o qual o ocupante faz jus à preferência para aquisição do lote, pelo valor histórico da terra nua, satisfeitos os requisitos de morada permanente e cultura efetiva e comprovada a sua capacidade para desenvolver a área ocupada. Portanto, dentro do procedimento de legitimação de posse, o ocupante, preenchidos os requisitos legais, obtém a licença de ocupação e, ao final do prazo dela, ele pode adquirir a propriedade diretamente, sem participar de licitação pública, desta feita nos termos da alínea "i" do inciso I do artigo 76 da Lei nº 14.133/2021.

A alínea "j" trata da dispensa para "a legitimação fundiária e legitimação de posse de que trata a Lei nº 13.465, de 11 de julho de 2017". A Lei nº 13.465/2017 dispõe sobre a regularização fundiária rural e urbana, sobre a liquidação de créditos concedidos aos assentados da reforma agrária e sobre a regularização fundiária no âmbito da Amazônia Legal.

Por fim, o inciso II do §3º do artigo 76 da Lei nº 14.133/2021 dispensa a licitação para conceder título de propriedade ou de direito real de uso de imóveis quando o uso se destinar a

> pessoa natural que, nos termos de lei, regulamento ou ato normativo do órgão competente, haja implementado os requisitos mínimos de cultura, de ocupação mansa e pacífica e de exploração direta sobre área rural, observado o limite de que trata o §1º do art. 6º da Lei nº 11.952, de 25 de junho de 2009.

Repita-se que a Lei nº 11.952/2009 dispõe sobre a regularização fundiária das ocupações incidentes em terras situadas em áreas da União no âmbito da Amazônia Legal e que o §1º do artigo 6º da sobredita lei prevê a regularização das áreas ocupadas que não sejam superiores a 2.500 hectares por meio da alienação delas, que, portanto, pode ser realizada sem licitação pública. A peculiaridade do inciso II do §3º do artigo 76 da Lei nº 14.133/2021 é que ele se aplica de modo particular à pessoa natural que haja implementado os requisitos mínimos de cultura, de ocupação mansa e pacífica e de exploração direta sobre área rural.

Nesses casos, previstos no inciso II do §3º do artigo 76 da Lei nº 14.133/2021, o §4 do mesmo artigo afasta a necessidade de autorização legislativa. De todo modo, o mesmo dispositivo requer o atendimento aos seguintes quesitos:

> I - aplicação exclusiva às áreas em que a detenção por particular seja comprovadamente anterior a 1º de dezembro de 2004;
> II - submissão aos demais requisitos e impedimentos do regime legal e administrativo de destinação e de regularização fundiária de terras públicas;
> III - vedação de concessão para exploração não contemplada na lei agrária, nas leis de destinação de terras públicas ou nas normas legais ou administrativas de zoneamento ecológico-econômico;
> IV - previsão de extinção automática da concessão, dispensada notificação, em caso de declaração de utilidade pública, de necessidade pública ou de interesse social;
> V - aplicação exclusiva a imóvel situado em zona rural e não sujeito a vedação, impedimento ou inconveniente à exploração mediante atividade agropecuária;
> VI - limitação a áreas de que trata o §1º do art. 6º da Lei nº 11.952, de 25 de junho de 2009, vedada a dispensa de licitação para áreas superiores;
> VII - acúmulo com o quantitativo de área decorrente do caso previsto na alínea "i" do inciso I do *caput* deste artigo até o limite previsto no inciso VI deste parágrafo.

9 Venda de ações e de títulos

As alíneas "c" e "d" do inciso II do artigo 76 da Lei nº 14.133/2021 dispensam licitação pública para a "venda de ações, que poderão ser negociadas em bolsa, observada a legislação específica" e para a "venda de títulos, observada a legislação pertinente".

Como ponderam Roberto Ribeiro Bazilli e Sandra Julien Miranda:

> o termo genérico "títulos" é abrangente, e nele, sem dúvida, poderiam estar as ações. Quis, no entanto, o legislador separar as ações dos demais títulos, pois aquelas e estes estão disciplinados por legislação própria; daí o enquadramento ter sido feito em duas alíneas diferentes.[389]

A venda de ações é disciplinada pela Lei nº 6.385, de 7.12.1976, devendo ser negociada em bolsa de valores, sob a chancela da Comissão de Valores Imobiliários. A dispensa preceituada na alínea "c" do inciso II do artigo 76 da Lei nº 14.133/2021 apenas legitima e reconhece a aplicação dessa legislação específica, própria do mercado mobiliário. É correto dizer que, conquanto não haja licitação pública para tais negócios, o princípio da isonomia é deveras preservado, uma vez que a todos os interessados é dada a oportunidade de adquirir tais ações, sujeitando-se às condições de mercado. De qualquer modo, a venda de ações pertencentes ao Poder Público sujeita-se à existência de interesse público devidamente justificado, de conformidade com o *caput* do artigo 76 da Lei nº 14.133/2021, e com a avaliação prévia.

Também a venda de títulos, abrangente de todos os papéis emitidos pelo Poder Público, foi dispensada de licitação pública, devendo ser aplicada à legislação pertinente. Cabe assinalar que se trata de matéria relacionada ao direito financeiro, cuja competência também é concorrente, a propósito do inciso I do artigo 24 da Constituição Federal, à qual se aplicam, sobretudo, as limitações engendradas na Lei Complementar nº 101, de 4.5.2000, conhecida como Lei de Responsabilidade Fiscal.

10 Venda de bens produzidos ou comercializados por órgãos ou entidades administrativas

A alínea "e" do inciso II do artigo 76 da Lei nº 14.133/2021 dispensa da licitação pública contratos de "venda de bens produzidos ou comercializados por entidades da Administração Pública, em virtude de suas finalidades".

Perceba-se, desde o princípio, que o dispositivo em comento autoriza a alienação, com dispensa de licitação pública, de bens produzidos *ou* comercializados: de uns e de outros. O dispositivo pretende abranger todos os bens ofertados pela Administração Pública no varejo, na medida em que os interessados disputam por eles em condições de mercado.

A parte final da alínea preconiza que o bem deve ser produzido ou comercializado em razão das finalidades da entidade. Isso leva alguns autores a restringirem a incidência dessa hipótese de dispensa às empresas públicas e sociedades de economia mista que

---

[389] BAZILLI, Roberto Ribeiro; MIRANDA, Sandra Julien. *Licitação à luz do direito positivo*. São Paulo: Malheiros, 1999. p. 122.

exercem atividade econômica em sentido estrito, regradas pelo artigo 173 da Constituição Federal, participantes do mercado em igualdade de condições com as demais empresas criadas pela iniciativa privada.[390] A questão é que as empresas públicas e sociedades de economia mista não se submetem à Lei nº 14.133/2021, como prescreve o §1º do seu artigo 1º. Elas são regidas pela Lei nº 13.303/2016.

Sendo assim, é equivocado afirmar que a alínea em apreço se cinge a empresas públicas e sociedades de economia mista, excluindo outras entidades administrativas, sob pena de retirar-lhes por completo a utilidade. Aliás, como o legislador se valeu da expressão "entidades da Administração Pública", por consequência, a incidência do dispositivo é abrangente, relativa a todas as entidades que produzam ou comercializem determinados bens em razão de suas finalidades.

Com isso, quer-se afirmar que outras entidades, como, por exemplo, as autarquias, podem vender certos bens e produtos, com dispensa de licitação pública, embora sua finalidade precípua seja diversa, qual seja a prestação de serviços públicos.[391] Tudo depende da lei que cria o órgão ou entidade e prescreve as suas competências, bem como, sobretudo, do modo como se interpretam tais competências.

A propósito, consoante as lições de Caio Tácito, "ao contrário da pessoa de direito privado, que, como regra, tem a liberdade de fazer aquilo que a lei não proíbe, o administrador público somente pode fazer aquilo que a lei autoriza expressa ou implicitamente".[392] A competência do agente administrativo é vinculada à lei, mas essa condição não pode ser entendida de maneira extremada, pelo que é lícito deduzi-la de modo implícito. Em caso contrário, corre-se o risco de impedir a fluidez imprescindível à consecução do bem comum.

Na mesma linha, observa Lúcia Valle Figueiredo:

> Todavia, o princípio da legalidade não pode ser compreendido de maneira acanhada, de maneira pobre. E assim seria se o administrador, para prover, para praticar determinado ato administrativo, tivesse sempre de encontrar arrimo expresso em norma específica, que dispusesse exatamente para aquele caso concreto.[393]

---

[390] Para Roberto Ribeiro Bazilli e Sandra Julien Miranda: "Este tópico tem em mira as empresas públicas, as sociedades de economia mista e outras entidades que explorem atividade econômica" (BAZILLI, Roberto Ribeiro; MIRANDA, Sandra Julien. *Licitação à luz do direito positivo*. São Paulo: Malheiros, 1999. p. 122). Com o mesmo teor, confira-se: JUSTEN FILHO, Marçal. *Comentários à Lei de Licitações e Contratos Administrativos*. 1. ed. São Paulo: Thomson Reuters Brasil, 2021. *E-book*.

[391] Sob esse quadro, ao tecer comentários sobre as competências das autarquias, Osvaldo Aranha Bandeira de Mello anota o seguinte: "As pessoas jurídicas de direito público, além dos interesses da comunidade, que lhes incumbe zelar, de economia coletiva, têm interesses próprios, de sua respectiva economia. Aqueles são os interesses que constituem a razão de ser de suas personalidades, que lhes cabem promover. Constituem os interesses fins da entidade pública. Estes são os interesses meio da entidade pública, para alcançar os interesses fins e, por isso, lhes competem, também, promovê-los. Uns visam a perseguir os interesses do Estado-sociedade na consecução direta e imediata dos seus objetivos. Os outros buscam os interesses do Estado-poder, como instrumento para o desempenho do bem comum do Estado-sociedade e, portanto, como ele relacionado. Os interesses-fins se alcançam através do exercício da capacidade de direito pública e os interesses-meios, mediante a utilização de ambas as capacidades, pública e privada" (BANDEIRA DE MELLO, Oswaldo Aranha. *Princípios gerais de direito administrativo*. Rio de Janeiro: Forense, 1969. v. II. p. 214).

[392] TÁCITO, Caio. O princípio da legalidade: ponto e contraponto. *Revista de Direito Administrativo – RDA*, v. 206, 1996. p. 2.

[393] FIGUEIREDO, Lúcia Valle. *Curso de direito administrativo*. 2. ed. São Paulo: Malheiros, 1995. p. 39.

Não se vai fazer somente o permitido pela lei, mas o autorizado ou o que possa ser justificado por ela. No final das contas, a lei que cria e prescreve a competência do órgão ou entidade da Administração Pública é o determinante para se verificar a incidência ou não da alínea "e" do inciso II do artigo 76 da Lei nº 14.133/2021, advertindo-se que não é cabível realizar interpretação restritiva da competência administrativa.

11 Venda de materiais e equipamentos sem utilização previsível

A alínea "f" do inciso II do artigo 76 da Lei nº 14.133/2021 dispensa a licitação para a "venda de materiais e equipamentos sem utilização previsível por quem deles dispõe para outros órgãos ou entidades da Administração Pública". Ora, o bem que já não tem utilidade para dada entidade administrativa pode ser útil para outra. Logo, a ideia é facilitar esse intercâmbio de bens em prol dos interesses públicos. Veja-se que uma das possibilidades é a doação, prevista na alínea "a" do inciso II do artigo 76, que é gratuita, o doador não recebe contrapartida. Outra possibilidade é a entidade, em vez de doar, vender o bem para outra entidade administrativa, assim recebendo contrapartida. Essa hipótese de dispensa complementa a referente à doação, nas situações em que não se encontra justificativa para o negócio gratuito, que é a doação. Veja-se que a venda da alínea "f" é restrita a órgãos ou entidades da Administração Pública e não pode ser realizada em favor de particulares. Se for o caso de vender a particulares, daí é necessária a licitação.

12 Concessão de direito real de uso

A concessão de direito real de uso é o contrato pelo qual a Administração transfere direito real resolúvel sobre o uso de dado bem público. O concessionário pode transmitir esse direito por ato *inter vivos* ou *causa mortis*, já que ele exerce espécie de direito real. Justamente por isso, o direito dele adere à coisa, é exercido de modo exclusivo e é oponível *erga omnes*. Não se esqueça que a alínea "f" do inciso I do artigo 76 da Lei nº 14.133/2021 já fez remissão à concessão de direito real de uso, ao tratar da transferência da posse direta de imóveis relacionados aos programas habitacionais de interesse social.

Desta feita, o §3º do mesmo artigo 76 preceitua:

> [...] a Administração poderá conceder título de propriedade ou de direito real de uso de imóvel, admitida a dispensa de licitação, quando o uso destinar-se a:
> I - outro órgão ou entidade da Administração Pública, qualquer que seja a localização do imóvel;
> II - pessoa natural que, nos termos de lei, regulamento ou ato normativo do órgão competente, haja implementado os requisitos mínimos de cultura, de ocupação mansa e pacífica e de exploração direta sobre área rural, observado o limite de que trata o §1º do art. 6º da Lei nº 11.952, de 25 de junho de 2009.

Dessa maneira, o parágrafo em comento trata da concessão de direito real de uso sob perspectiva abrangente, não restrita aos programas habitacionais de interesse social.

Por regra, a concessão de direito real de uso deve ser objeto de licitação. Ora, se a Administração pretende conceder direito real de uso, todos os interessados em recebê-la merecem ser tratados com igualdade, pelo que se impõe a licitação. Sem embargo, o §3º do artigo 76 excepciona a regra, dispensando a licitação para as hipóteses de que cuida.

Perceba-se que a alínea "b" do inciso I do artigo 76 autoriza a Administração a doar imóveis sem recorrer à licitação pública, evidentemente amparada em justificativa de interesse público. Entretanto, a doação é, muitas vezes, desvantajosa para a Administração, já que o donatário recebe a propriedade do bem, passa a ser o senhor da coisa. Isso pode ensejar o desvirtuamento das finalidades que a Administração pretendia aportar com a doação, mesmo porque, transferida a propriedade, os controles dela em relação ao destino dado ao imóvel se suavizam.

Nesse contexto, para evitar tais situações, a concessão de direito real de uso apresenta-se como boa alternativa, dado que, através dela, a Administração não transfere a propriedade, apenas o direito real de uso, que é resolúvel. Ou seja, se o bem for desviado das finalidades que a Administração pretendia alcançar, o concessionário perde a concessão, o que protege o interesse público. Daí que, pelo menos em princípio, o interesse público demanda preferir a concessão de direito real de uso à doação.

Por isso é que impende visualizar entendimento sistêmico da matéria, para o efeito de permitir que a concessão de direito real de uso se sujeite às mesmas condições da doação, desde que justificado o interesse público, tal qual ocorre com a doação. Ora, quem pode o mais, pode o menos. Quem pode doar sem licitação, também pode conceder direito real de uso sem licitação, fortificando, com isso, as garantias ao cumprimento do interesse público e preservando o patrimônio da coletividade.

Seguindo essa linha de raciocínio, excetuada a dispensa prevista na alínea "f" do inciso I e no §3º, ambos dispositivos do artigo 76 da Lei nº 14.133/2021, a concessão de direito real de uso pode também revelar inexigibilidade, na linha dos argumentos expendidos para a doação de imóveis a particulares. Por vezes, o interesse público demanda disponibilizar bens públicos a particulares, que se revestem de condições singulares, porquanto, eles e não outros, em tributo às suas especiais características, agregam as condições de satisfazer o interesse público. Trata-se, especialmente, das questões que envolvem a urbanização ou a implantação de indústrias em dada localidade. Pondera-se, por oportuno, que a inexigibilidade de licitação para a concessão de direito real de uso não incide em todos os casos em que se pretenda recorrer a esse tipo de contrato, porém só naqueles em que as condições que o envolvem forem singulares. Em caso contrário, a regra é a obrigatoriedade de licitação pública, conforme se depreende da parte inicial do inciso XXI do artigo 37 da Constituição Federal.

Em resumo, pode-se dizer que a regra para a concessão de direito real de uso é a licitação pública. A primeira exceção remonta à alínea "f" do inciso I do artigo 76 da Lei nº 14.133/2021, que dispensa a licitação para a concessão de direito real de uso de imóveis destinados a programas habitacionais ou de regularização fundiária de interesse social. A segunda exceção envolve a dispensa de licitação no tocante à concessão para o uso de outro órgão ou entidade da Administração Pública, com fundamento no §3º do artigo 76 da Lei nº 14.133/2021. A terceira exceção relaciona-se a casos singulares, em que o concessionário se reveste de especiais condições para promover a consecução dos interesses públicos visados, cuja contratação direta encontra fundamento no *caput* do artigo 74 da Lei nº 14.133/2021, pertinente à inexigibilidade.

CAPÍTULO 8

LICITAÇÕES E CONTRATOS ADMINISTRATIVOS COMO INSTRUMENTOS DE POLÍTICA PÚBLICA

1 Panorama geral sobre a utilização das licitações e contratos como instrumentos de políticas públicas

1.1 A promoção de políticas públicas como uma das finalidades das licitações e contratos administrativos

A investigação sobre o conceito e o significado da licitação pública sob a ótica do regime jurídico-administrativo e da sistemática constitucional permite revelar a sua causa e a sua finalidade ou finalidades.

A causa da licitação pública, a razão pela qual ela é obrigatória, remete ao princípio da isonomia e à necessidade de proteger o interesse público, fazendo com que a escolha do futuro contratado se dê de maneira legítima e republicana. Por força do princípio da isonomia, a Administração tem a obrigação de tratar a todos com igualdade (todos que estão em posição de igualdade). Portanto, se ela pretende firmar contrato administrativo, que importará benefício econômico ao contratado, todos os interessados devem ser tratados com igualdade. Para tratá-los com igualdade, é necessário que, para a seleção do futuro contratado, realize processo que assegure aos interessados a possibilidade de disputar o contrato em igualdade. Esse processo é o que se convencionou denominar *licitação pública*. Nesse sentido, a igualdade, valor subjacente ao princípio da isonomia, não é a finalidade da licitação pública, é, na verdade, a sua causa, a sua gênese (fundamento que dá origem e que a faz obrigatória).

A finalidade da licitação (o que se pretende), por sua vez, é a seleção da proposta mais vantajosa, a fim de melhor satisfazer o interesse público, que, no final das contas, é o propósito de tudo que faz a Administração Pública.

Nota-se que a tarefa de descortinar a causa e a finalidade da licitação pública é eminentemente doutrinária. Cabe à doutrina compreender, explicar e refletir criticamente sobre os institutos jurídicos. Portanto, cabe compreender, explicar e refletir criticamente sobre a licitação pública, desvendando a sua essência, amplitude, causa e finalidades. Isso não é realizado de maneira arbitrária, não dependente somente de um juízo subjetivo do doutrinador e desamarrado do ordenamento jurídico positivo. A missão da doutrina é aclarar os institutos jurídicos com base nos elementos que lhe são oferecidos pelo direito positivo, interpretando-o sistemicamente a partir da Constituição Federal e dos seus princípios. Sem embargo, é de reconhecer que as questões afeitas à doutrina comportam uma pluralidade de percepções bastante influenciadas por juízos subjetivos e políticos, sobremodo diante de uma Constituição analítica e plural como a brasileira, que carreia um conjunto de princípios de variados matizes, cujos teores acabam sendo manipulados em viés confirmatório para emprestar fundamento à dada posição ou entendimento antecipado e preconcebido que se pretenda justificar.

Dizendo de maneira direta, não é necessário que haja uma regra jurídica ou enunciado jurídico expresso e específico que diga qual a causa e as finalidades da licitação pública para que a doutrina as desvende. E, sendo tarefa eminentemente doutrinária, é natural que existam enfrentamentos e conclusões diferentes.

Pois bem, o temário da finalidade da licitação ganhou emoção e ânimo com o passar do tempo na medida em que o legislador foi burilando a licitação pública com uma série de prescrições e exigências sem correlação lógica com a finalidade de selecionar a proposta mais vantajosa. Essas prescrições e exigências guardam relação com outras pautas, notadamente justiça social, fomento de natureza econômica e, mais recentemente, questão ambiental, apanhada pelo abrangente amálgama da sustentabilidade. Ou seja, o legislador, historicamente, vem utilizando a licitação pública como instrumento para a promoção de políticas públicas – e isso vem se ampliando.

Para coroar essa tendência e assumi-la de peito aberto, o legislador resolveu alterar o revogado *caput* do artigo 3º da Lei nº 8.666/1993 para afirmar, com todas as letras, que uma das finalidades da licitação é a promoção do desenvolvimento nacional sustentável. O artigo 5º da Lei nº 14.133/2021 considera o desenvolvimento nacional sustentável um dos princípios regentes das licitações e contratos administrativos.

Sem embargo, de forma mais específica, o artigo 11 da Lei nº 14.133/2021 enuncia quatro objetivos do processo licitatório:

> I - assegurar a seleção da proposta apta a gerar o resultado de contratação mais vantajoso para a Administração Pública, inclusive no que se refere ao ciclo de vida do objeto;
> II - assegurar tratamento isonômico entre os licitantes, bem como a justa competição;
> III - evitar contratações com sobrepreço ou com preços manifestamente inexequíveis e superfaturamento na execução dos contratos;
> IV - incentivar a inovação e o desenvolvimento nacional sustentável.

Ressalva-se que "assegurar tratamento isonômico entre os licitantes" não é objetivo da licitação. É, a rigor, a sua causa. Tirando isso, ganha proeminência a finalidade de seleção da proposta mais vantajosa, indicada no inciso I do artigo 11 da Lei nº 14.133/2021 – pode-se dizer, até mesmo topologicamente, a primeira finalidade do processo de licitação. Ligada a essa finalidade e como uma espécie de desdobramento dela, também se objetiva, como indicado no inciso III do mesmo artigo, evitar sobrepreço, preços manifestamente inexequíveis e superfaturamento. Ora, essas coisas, quando ocorrem, acabam comprometendo a vantagem da proposta e da contratação, por isso que são conexas à finalidade de selecionar a proposta mais vantajosa, alinhando-se ao inciso I. E, por fim, igualmente como finalidade da licitação, como estabelece o inciso IV do artigo 11, incentivar a inovação e o desenvolvimento nacional sustentável. O inciso IV dá o tom e assume de peito aberto que as licitações e contratos são instrumentos para a consecução de políticas públicas.

Nada mais amplo do que o desenvolvimento nacional sustentável, especialmente diante do entendimento de que a sustentabilidade comporta aspectos ecológicos, econômicos, sociais, culturais e espaciais. A sustentabilidade, sob essa dimensão tão ampla, confunde-se com o próprio conceito de interesse público. Ao fim e ao cabo, abre-se espaço para utilizar a licitação como instrumento para a promoção de políticas públicas.

A inovação, cujo incentivo é ao lado do desenvolvimento nacional sustentável uma das finalidades do processo de licitação, consoante o inciso IV do artigo 11 da Lei nº 14.133/2021, também remete a conceito bem aberto. Veja-se que o inciso IV do artigo 2º da Lei nº 10.973/2004 considera inovação a

> [...] introdução de novidade ou aperfeiçoamento no ambiente produtivo e social que resulte em novos produtos, serviços ou processos ou que compreenda a agregação de novas funcionalidades ou características a produto, serviço ou processo já existente que possa resultar em melhorias e em efetivo ganho de qualidade ou desempenho.

O incentivo à inovação até se confunde ou é abrangido pelo aspecto econômico da sustentabilidade. Quer dizer que incentivo à inovação e sustentabilidade são ideias que se complementam.

1.2 Ressalvas em relação à utilização das licitações e contratos administrativos como instrumentos de política pública

Como pano de fundo, o argumento para dar suporte à premissa de utilizar a licitação como instrumento de política pública é constitucional, pura e simplesmente porque as mais variadas pautas de interesse público geradoras de políticas públicas têm assento constitucional. A lógica é bem simplória, quase que num silogismo: a Constituição Federal obriga que o Estado cuide do meio ambiente, então uma das finalidades da licitação é cuidar do meio ambiente; a Constituição Federal obriga que o Estado cuide das pessoas portadoras de deficiência, então uma das finalidades da licitação é cuidar das pessoas portadoras de deficiência; a Constituição Federal obriga o Estado a incentivar as microempresas e empresas de pequeno porte, então uma das finalidades da licitação é beneficiar as microempresas e empresas de pequeno porte.

E, nesse ritmo, podem-se seguir outras dezenas ou centenas de finalidades atribuídas às licitações, tantas quantas se puderem vislumbrar das mais variadas pautas de interesse público contidas no texto constitucional. Em meio a tantas outras, a finalidade de obter a proposta mais vantajosa para a Administração Pública, que é a sua primeira finalidade, vai cedendo, se acanhando, se envergonhando, vai parecendo algo frívolo e até egoísta diante da dimensão moral das mais diversas pautas constitucionais atinentes ao interesse público que devem ser abraçadas nesta visão de que as licitações devem ser instrumentos para a promoção de políticas públicas.

Não se é contra as pautas constitucionais de interesse público. No entanto, de maneira geral, fazem-se três ressalvas a essa força que propugna empregar a licitação como instrumento de política pública.

A primeira é que a verdadeira ou primeira finalidade da licitação é a seleção da proposta mais vantajosa. Pode-se afirmar que a promoção de políticas públicas também é uma finalidade da licitação, mas de caráter secundário, que se acopla à finalidade primária.[394] Significa dizer que a promoção de políticas públicas não pode derrogar a busca pela proposta mais vantajosa. Salienta-se que a proposta mais vantajosa não se reduz ao menor preço, conforme usualmente praticado pela Administração. Aliás, isso está bem claro no inciso I do artigo 11 da Lei nº 14.133/2021, que se refere ao "[...] resultado de contratação mais vantajoso para a Administração Pública, inclusive no que se refere ao ciclo de vida do objeto". O que é a proposta mais vantajosa depende da avaliação dos custos indiretos e de outros fatores ligados ao ciclo de vida, quando estes forem relevantes, inclusive de ordem ambiental. De todo modo, custo indireto significa custo concreto e palpável.

A segunda ressalva é de que a licitação brasileira é procedimento já por demais complicado. Os editais de licitação desenham verdadeira gincana de documentos, contendo exigências, muitas delas meramente formais e burocráticas, totalmente dispensáveis. A eficiência em licitação será encontrada na medida em que esta se tornar mais simples, mais focada no propósito de selecionar a proposta mais vantajosa. Tudo que se põe na licitação que não vise a selecionar a proposta mais vantajosa acaba prejudicando em algum grau este intento, já que a torna mais complicada. O país ganharia muito com uma licitação menos complicada, o procedimento seria mais célere, o custo financeiro dos contratos menor e os objetos teriam melhor qualidade. Isso faria com que a Administração desempenhasse melhor as suas atividades, em prol da população. Disporia de obras, serviços e bens de melhor qualidade e mais eficientes, o que leva à entrega de serviços públicos melhores. Economizaria recursos financeiros, logo poderia utilizar o montante economizado para ampliar sua atuação, atendendo a mais gente e com mais funcionalidades. Enfim, a simplificação da licitação é a melhor medida para promover políticas públicas, sob todos os seus aspectos, ainda que de forma reflexa.

Não se quer dizer com isso que a licitação não deve ser utilizada jamais como instrumento de política pública. O ponto é – este é o grande desafio – conciliar as diversas pautas constitucionais pertinentes ao interesse público com a obtenção da proposta mais vantajosa, que remete ao princípio constitucional da eficiência, bem como com as demais normas constitucionais, especialmente o princípio da competitividade, encartado na parte final do inciso XXI do artigo 37 da Constituição Federal.

Daí que a terceira ressalva diz respeito a como tratar da promoção de políticas públicas por meio de licitações e contratos administrativos. Nesse sentido, adianta-se que o autor deste livro não defende qualquer objeção jurídica de princípio, porém de meio. Em relação a isso, devem-se fazer três, diga-se, sub-ressalvas.

---

[394] Daniel Ferreira afirma que o desenvolvimento nacional sustentável é a finalidade material extraordinária da licitação pública. Cf. FERREIRA, Daniel. *A licitação pública no Brasil e sua nova finalidade legal*: a promoção do desenvolvimento nacional sustentável. Belo Horizonte: Fórum, 2012. p. 43.

Em primeiro lugar, é sabido que as demandas morais da sociedade brasileira, muitas delas plasmadas na Constituição Federal, são amplíssimas e variadas, que podem gerar número enorme de políticas públicas justamente atribuídas ao Estado. Sem muita reflexão, pode-se pensar em listar demandas para a proteção das crianças, dos idosos, dos portadores de deficiência, do consumidor, da família, dos grupos LGBT+, das mulheres, dos indígenas e quilombolas, da saúde, das microempresas e empresas de pequeno porte, do meio ambiente, da igualdade racial, da agricultura, da indústria nacional, do saneamento, da previdência, da pesquisa científica, da assistência social, da assistência judiciária gratuita, da energia, da mobilidade urbana etc. Praticamente em todas as áreas humanas, podem-se encontrar demandas morais geradoras de políticas públicas, isto é, valores morais que requerem do Poder Público a proteção ou o fomento de alguma atividade ou estado de coisas. E este é o dever do Estado, é para isto que ele existe e serve.

Entretanto, não se pode querer que todas as demandas morais identificáveis, que remetem a pautas constitucionais atinentes ao interesse público e que geram suas respectivas políticas públicas, sejam incorporadas de alguma maneira no regime das licitações públicas, sob pena de inviabilizá-la por completo. A licitação não chegaria a um fim. O licitante teria de apresentar centenas de certidões e declarações e as margens de preferências seriam sucessivas.

Para ser mais prático, por exemplo, hoje o inciso VI do artigo 68 da Lei nº 14.133/2021 proíbe que seja habilitado em licitação quem empregar crianças e adolescentes nas condições vedadas no inciso XXXIII do artigo 7º da Constituição Federal. Nada mais justo, porque quem explora o trabalho infantil não deve ser contratado pelo Estado. Perfeito. E quem explora ou maltrata os idosos? Também não deveria ser contratado. E quem não respeita os direitos dos portadores de deficiência ou dos povos indígenas? Da mesma forma. E quem não trata adequadamente os consumidores? Igual. Se fosse para ser coerente, essa lista seria longuíssima.

Essa assertiva sinaliza que a utilização da licitação para a promoção de política pública é seletiva, porque não é viável acolher em licitação exigências e condicionantes pertinentes a todas as políticas públicas legitimamente assumidas pelo Estado.

Como deve ser realizada essa seleção? Não é pela importância da política pública, porque isto é bastante relativo. Quem irá dizer que proteger as crianças é mais importante que proteger os idosos? Talvez o melhor critério fosse o da eficácia. Dever-se-ia estabelecer um número máximo de políticas públicas a serem contempladas em licitação, analisar todas as existentes e selecionar aquelas cujas exigências e condicionantes previstas em licitações sejam mais eficazes, contribuam em maior medida para os objetivos pretendidos com as tais políticas públicas. Isso nunca foi realizado. Hoje, as políticas públicas contempladas em licitação o são pelo acaso, porque alguém teve a ideia, a vontade e a força para que o Congresso aprovasse. Puro casuísmo político, sem estudo minimamente confiável e planejamento.[395]

---

[395] O Decreto Federal nº 11.890/2024 instituiu a Comissão Interministerial de Contratações Públicas para o Desenvolvimento Sustentável. De acordo com o artigo 7º do aludido Decreto, a Comissão tem caráter permanente e "atribuições específicas relativas ao uso da demanda estatal para a promoção do desenvolvimento nacional sustentável". Dentre os seus objetivos, conforme §2º do artigo 7º do Decreto, estão: "I - mobilizar e articular a demanda estatal para apoiar os objetivos de políticas públicas; II - promover o alinhamento entre diferentes

Em segundo lugar, a parte final do inciso XXI do artigo 37 da Constituição Federal prescreve que a lei somente deve permitir em licitação "as exigências de qualificação técnica e econômica indispensáveis à garantia do cumprimento das obrigações". Isso é uma regra constitucional válida e vigente, que deve ser cumprida. Portanto, não é permitido ao legislador formular exigências que não sejam de natureza técnica e econômica e que não sejam indispensáveis a avaliar se o licitante terá ou não condições de cumprir o contrato.

Diante da parte final do inciso XXI do artigo 37 da Constituição Federal são categoricamente inconstitucionais todas as exigências de habilitação em licitação encartadas na legislação que visam a promover políticas públicas, porque evidentemente não visam a avaliar se os licitantes têm ou não condições de cumprir o futuro contrato. Daí que política pública não se faz com exigência de habilitação nem com qualquer outro tipo de exigência, ainda que colocada noutra fase da licitação, que condicione a participação de quem quer que seja. Trocando-se em miúdos: ninguém pode ser impedido de participar de licitação porque não atende a políticas públicas. Quer-se mudar isto, mude-se a Constituição.

Talvez seja necessário encarecer que o reconhecimento da inconstitucionalidade de exigências de habilitação relacionadas à promoção de políticas públicas não significa que quem a reconheça seja contra a política pública. Significa apenas que a exigência legal é contrária à parte final do inciso XXI do artigo 37 da Constituição Federal, daí inconstitucional. Significa ponderar que, por exemplo, exigir dos licitantes declaração de que não empregam menores nas condições vedadas pelo inciso XXXIII do artigo 7º da Constituição Federal provavelmente não resolverá problema algum, não melhorará em praticamente nada a vida das crianças e dos adolescentes abandonados pelo aparelho do Estado.

Sob esse prisma, sobrou para as políticas públicas em licitação espaços estreitos, algum tipo de preferência na seleção da proposta mais vantajosa, eventualmente que o objeto da licitação, definido discricionariamente pela Administração, seja adequado a dada política pública e mesmo que se dispense a licitação para facilitar contratos alinhados às políticas públicas.

Em relação às preferências, há um problema lógico de limitação numérica. Embora possível, não faz sentido criar sucessivos e sobrepostos critérios de preferência. Atualmente, para as licitações em geral, há alguns critérios de preferência sucessivos e sobrepostos.[396] Menciona-se, introdutoriamente, o previsto nos artigos 44 e 45 da Lei Complementar nº 123/2006, em favor das microempresas e empresas de pequeno porte.

---

políticas públicas; e III - melhorar a qualidade da contratação pública". A ideia da Comissão é positiva, de alguma forma organizar, colocar ordem e racionalizar o conjunto de políticas públicas aplicado às licitações e contratos. Um dos problemas, talvez o grande limitador, seja que as tais políticas públicas são definidas em lei, de modo que uma comissão administrativa, vinculada ao Executivo, não tem competência para dispor sobre o que já está prescrito na lei e, evidentemente, não pode contrariá-la. Quer dizer que a confusão e a falta de critério que imperam atualmente são provenientes do Legislativo e não do Executivo, o que retira a força da referida Comissão.

[396] A propósito, registre-se que o inciso XII do art. 6º da Lei nº 12.187/2009 (lei que institui a Política Nacional sobre Mudanças Climáticas) prescreve que as medidas que importem "estabelecimento de critérios de preferência nas licitações e concorrências públicas, compreendidas aí as parcerias público-privadas e a autorização, permissão, outorga e concessão para exploração de serviços públicos e recursos naturais, para as propostas que propiciem maior economia de energia, água e outros recursos naturais e redução da emissão de gases

Também vale, por ilustração, referência ao artigo 26 da Lei nº 14.133/2021, em favor dos produtos manufaturados e serviços nacionais e para os bens reciclados, recicláveis ou biodegradáveis.

O problema prático é o seguinte: abrem-se as propostas; as duas melhores propostas, não importa a ordem entre elas, são apresentadas por uma microempresa que oferta produto importado e uma grande empresa que oferta produto manufaturado no Brasil. As duas são favorecidas por políticas públicas. Quem exerce preferência sobre quem? Do jeito que as coisas andam, logo haverá diversos direitos de preferências sucessivos e sobrepostos. Isso complicaria estrondosamente as licitações, no final das contas poria freio à gestão pública e comprometeria as próprias políticas públicas que se pretendem estimular.

Em relação às especificações do objeto, reconhece-se discricionariedade à Administração para defini-las de acordo com as suas necessidades, que são pautadas por análise de conveniência e de oportunidade. Nesse quadrante, seria ilógico, contraditório e totalmente despropositado que a Administração definisse as especificações dos objetos a serem contratados por ela de maneira contrária às políticas públicas estatais. Esse é o espaço mais apropriado e eficaz para utilizar a licitação como instrumento para a promoção das políticas públicas.[397]

Por exemplo, a Administração pretende comprar veículos automotores. Que ela exija dos licitantes veículos com características adequadas ao meio ambiente, que, entre outras coisas, consumam menos combustível. A Administração pretende contratar a construção de um prédio público. Que ela especifique o prédio de modo a garantir acessibilidade aos deficientes físicos, economize energia e empregue materiais ambientalmente adequados.

É possível também, principalmente em licitações que envolvem julgamento técnico, que algum aspecto pertinente à política pública assumida pelo Estado seja considerado para comparar as propostas. Por exemplo, propostas mais adequadas ao meio ambiente recebem pontuação técnica maior. Não há problema nisso, mas tudo deve ser feito com proporcionalidade, sopesando todos os aspectos que somados levam à identificação da proposta mais vantajosa.

---

de efeito estufa e de resíduos" constituem instrumentos da Política Nacional sobre Mudança do Clima. Esse dispositivo será objeto de considerações no tópico destinado ao aspecto ambiental.

397 Daniel Ferreira empresta ênfase a este particular: "Ou seja, outrora os processos licitatórios podiam servir de instrumento para fomentar comportamentos de pessoas físicas e de pessoas jurídicas que se revelam úteis ou necessários à promoção do desenvolvimento nacional sustentável. Agora, devem. Logo, a conscientização do 'poder de compra' governamental é imprescindível para que todos os entes políticos assumam que, isoladamente ou em conjunto, interferem de forma profunda na condução dos negócios privados. E assim o fazem de modo direto e indireto. Diretamente ao exigir (por força de lei, determinação regulamentar ou inserção no instrumento convocatório), por exemplo, o uso de madeira certificada nos móveis escolares a serem fornecidos às escolas públicas. Ora, se isso se passar no âmbito do Estado de São Paulo, então é bem provável que várias linhas de produção de vários industriais paulistas e não paulistas, passem a apenas utilizar madeira de procedência conhecida e atestada na confecção das carteiras escolares. Logo, até mesmo as instituições de ensino particulares (e públicas de outros estados e municípios), involuntariamente, poderão vir a adquirir os mesmos móveis pelo simples e futuro fato de virem a ser os 'mais comuns' à disposição no mercado e, afinal, de preço acessível pela economia de escala produzida" (FERREIRA, Daniel. *A licitação pública no Brasil e sua nova finalidade legal*: a promoção do desenvolvimento nacional sustentável. Belo Horizonte: Fórum, 2012. p. 41-42).

A utilização das licitações e contratos como instrumentos de política pública também encontra espaços na definição do legislador sobre os casos de dispensa de licitação, muitas vezes com o objetivo de privilegiar grupo ou entidade ligada a algum tipo de minoria ou de facilitar contratos que visem à inovação ou outra pauta coletiva. Essa prática é legítima, porém com a ressalva de que não se pode generalizar as contratações diretas, transformá-las em regra, sob pena de subverter a parte inicial do inciso XXI do artigo 37 da Constituição Federal, cuja dicção afirma a obrigatoriedade de licitação como regra e a contratação direta como exceção.

A terceira sub-ressalva é que a licitação não é a panaceia das políticas públicas. O Estado dispõe de muitos instrumentos para realizar as políticas públicas mais eficientes e eficazes que a licitação pública. A licitação pode ser utilizada como instrumento de política pública a depender da situação, porém não é o instrumento mais adequado porque, na maioria dos casos, a licitação é incapaz, não consegue. Há casos e casos, cada qual com a sua peculiaridade. No entanto, de maneira geral, percebe-se claramente que não é com licitação que as políticas públicas alcançarão os resultados que lhes são esperados. Os eventuais benefícios, em muitos casos, não somam sequer uma fração dos prejuízos resultantes da complicação das licitações e contratos administrativos e da majoração de preços ou custos extras imputados à Administração. Esse cálculo de proporção, entre vantagens e desvantagens, não costuma ser realizado de forma séria e científica – se é que algum dia já foi realizado.

1.3 A promoção de políticas públicas na Lei nº 14.133/2021

Sob a sistemática da Lei nº 14.133/2021, o ponto de partida para o emprego das licitações e contratos administrativos como instrumentos de política pública se encontra no seu artigo 5º, que qualifica o desenvolvimento nacional sustentável como um dos seus princípios jurídicos regentes, e no inciso IV do *caput* do artigo 11, cujo texto afirma que o incentivo à inovação e ao desenvolvimento nacional sustentável constituem finalidades do processo de licitação.

O texto da Lei nº 14.133/2021, escorado nesses dois dispositivos, que lhe marcam o próprio espírito, é impregnado por regras voltadas à promoção de políticas públicas. É algo tão presente, encrustado e natural à Lei nº 14.133/2021 que se torna até mesmo difícil destacar todos eles e sistematizá-los. Pretende-se, neste tópico, apresentar uma visão geral.

Pois bem, inicia-se pelas previsões acerca do favorecimento de microempresas e empresas de pequeno porte, versadas já no artigo 4º da Lei nº 14.133/2021, no Capítulo I do seu Título I. Embora desnecessário, o legislador reputou como adequado afirmar que as disposições da Lei Complementar nº 123/2006, conhecida como Estatuto das Microempresas e Empresas de Pequeno Porte, aplicam-se às licitações e contratos administrativos. Entre elas, estão os benefícios em relação à comprovação da regularidade fiscal e trabalhista, o direito de preferência, a cédula de crédito microempresarial e o tratamento diferenciado e simplificado, que, por sua vez, engloba licitações exclusivas e com cotas reservadas, bem como a subcontratação compulsória de microempresas e empresas de pequeno porte. Esses benefícios são altamente impactantes para o regime das licitações e contratos administrativos, com aplicação cotidiana por parte da

Administração Pública já por mais de década. Pode-se dizer que, sem dúvida, trata-se da política pública mais relevante em matéria de licitações e contratos administrativos.

A novidade da Lei nº 14.133/2021 no tocante às microempresas e empresas de pequeno porte reside no estabelecimento de regras restritivas à aplicação dos tais benefícios, como se depreende dos §§1º e 2º do seu artigo 4º, em razão dos valores dos respectivos contratos e dos valores já anteriormente contratados por microempresas e empresas de pequeno porte, valendo como limite o montante que serve de teto para o enquadramento de empresas de pequeno porte, atualmente, conforme o inciso II do *caput* do artigo 3º da Lei Complementar nº 123/2006, R$4.800.000,00.

As restrições da Lei nº 14.133/2021 são bastante acertadas, porque prescrevem amarração de proporcionalidade para os benefícios concedidos em favor das microempresas e empresas de pequeno porte. A premissa é a de beneficiar as empresas de menor porte, para que elas tenham acesso aos mercados, o que deve ser proporcional aos valores que servem de limite para caracterizá-las. Não é proporcional, na visão da Lei nº 14.133/2021, que esses benefícios sejam aplicados em contratos de elevada expressão econômica e concedidos para empresas que já tiveram acesso a contratos cujos valores ultrapassem o teto que as qualifica como empresas de pequeno porte.

A Lei nº 14.133/2021, sob a perspectiva das políticas públicas, também emprestou ênfase à etapa preparatória das licitações e dos contratos administrativos, em especial às especificações dos seus objetos, que devem ser conformes aos padrões de sustentabilidade, notadamente sob o aspecto ambiental/ecológico. Nesse quadro, sublinha-se que: (i) a alínea "c" do inciso XXIII do artigo 6º exige do termo de referência a descrição da solução a ser licitada e contratada, inclusive considerando o ciclo de vida do objeto; (ii) a alínea "e" do inciso XXIV do artigo 6º exige do anteprojeto "parâmetros de adequação ao interesse público, de economia na utilização, de facilidade na execução, de impacto ambiental e de acessibilidade"; (iii) o inciso XXV do artigo 6º exige do projeto básico "o adequado tratamento do impacto ambiental do empreendimento", sendo que a sua alínea "a" demanda estudos socioambientais; (iv) o inciso VIII do *caput* do artigo 18 prescreve que na etapa preparatória deve-se modelar a licitação, com destaque para os modos de disputa e critérios de julgamento, visando à contratação mais vantajosa, considerando o ciclo de vida do objeto; (v) o inciso XII do §1º do artigo 18 exige do estudo técnico preliminar a "descrição de possíveis impactos ambientais e respectivas medidas mitigadoras, incluídos requisitos de baixo consumo de energia e de outros recursos, bem como logística reversa para desfazimento e reciclagem de bens e refugos, quando aplicável"; (vi) o §5º do artigo 25 admite que se responsabilize o contratado pela obtenção do licenciamento ambiental; (vii) o §6º do artigo 25 estabelece que o licenciamento ambiental das obras e serviços de engenharia da Administração Pública tenham prioridade; (viii) o §1º do artigo 34 preceitua que os custos indiretos, com ênfase para os ambientais/ecológicos, sejam considerados para a definição do menor dispêndio para a Administração e, por conseguinte, da proposta mais vantajosa; (ix) o inciso II do §2º do artigo 40 prescreve que a decisão sobre o parcelamento do objeto das compras deve considerar o aproveitamento das peculiaridades do mercado local, medida que favorece o meio ambiente; (x) o inciso III do artigo 42 permite que se requeira dos licitantes prova de qualidade dos objetos que oferecem à Administração por meio de certificações e outros documentos que atestem sua conformidade ambiental; e (xi) os incisos do artigo 45 determinam o cumprimento de uma série de condicionantes de ordem ambiental/ecológica e social em obras e serviços de engenharia.

Outra vertente importante da Lei nº 14.133/2021 atinente ao uso das licitações e contratos administrativos como instrumento de política pública envolve a previsão de direito e margem de preferência. O artigo 4º da Lei nº 14.133/2021, como já mencionado, reconhece a aplicação das disposições da Lei Complementar nº 123/2006, que, entre outros privilégios, estabelece direito de preferência às microempresas e empresas de pequeno porte. Além disso, o *caput* do artigo 26 prevê margens de preferência a favor de "I - bens manufaturados e serviços nacionais que atendam a normas técnicas brasileiras; II - bens reciclados, recicláveis ou biodegradáveis, conforme regulamento".

Com repercussão menor, o *caput* e o §1º do artigo 60 da Lei nº 14.133/2021 preceituam que sejam considerados como critério de desempate, entre outros: (i) o desenvolvimento pelo licitante de ações de equidade entre homens e mulheres no ambiente de trabalho (inciso III do *caput* do artigo 60); (ii) o fato de licitantes investirem em pesquisa e no desenvolvimento de tecnologia no país (inciso III do §1º do artigo 60); (iii) a prova de mitigação de impactos ambientais, na forma da Lei nº 12.187/2009 (inciso IV do §1º do artigo 60).

A promoção de políticas públicas também é sentida em relação aos requisitos de habilitação exigidos na Lei nº 14.133/2021. Entre eles, destaca-se a prescrição de qualificação social e trabalhista, conforme inciso III do artigo 62 e, de modo mais específico, nos incisos V e VI do artigo 68. Também merece realce o disposto no inciso IV do artigo 63 de que "será exigida do licitante declaração de que cumpre as exigências de reserva de cargos para pessoa com deficiência e para reabilitado da Previdência Social, previstas em lei e em outras normas específicas". Reitera-se que tais dispositivos são inconstitucionais, porque violam a parte final do inciso XXI do artigo 37 da Constituição Federal, cujo teor somente admite em licitações exigências técnicas e econômico-financeiras que sejam indispensáveis ao cumprimento das futuras obrigações contratuais. Aspectos sociais, trabalhistas e tocantes às pessoas com deficiência não são técnicos nem econômico-financeiros, muito menos indispensáveis à garantia do cumprimento das obrigações contratuais.[398]

---

[398] Registre-se que, em sentido oposto ao defendido aqui, o Supremo Tribunal Federal reconheceu a constitucionalidade da exigência de habilitação trabalhista já prevista na Lei nº 8.666/1993. O entendimento do Supremo é aderente ao previsto na Lei nº 14.133/2021. Confira-se parte da ementa: "Direito do trabalho, processual do trabalho e direito administrativo. Ações Diretas de Inconstitucionalidade nºs 4.716 e 4.742. Julgamento conjunto. Certidão Negativa de Débito Trabalhista (CNDT). Documento de habilitação em licitações. Devido processo legal assegurado. Promoção do interesse público. Princípios constitucionais da licitação e dos contratos administrativos. Harmonização com os princípios da ordem econômica. Improcedência dos pedidos. I. Caso em exame 1. Ação direta ajuizada contra a Lei nº 12.440, de 7 de julho de 2011, que acrescentou o Título VII-A à Consolidação das Leis do Trabalho (CLT), instituindo a Certidão Negativa de Débito Trabalhista CNDT), e alterou a Lei nº 8.666/93, tornando obrigatória a apresentação do documento nos processos licitatórios. II. Questão em discussão 2. Há duas questões em discussão: (i) saber se a recusa de emissão de CNDT nas hipóteses determinadas pela Lei nº 12.440/11 viola os postulados constitucionais do contraditório, da ampla defesa e do devido processual legal; e (ii) saber se a exigência de apresentação de CNDT como requisito de participação em procedimentos licitatórios viola o princípio da licitação pública e os princípios da livre concorrência e da livre iniciativa. III. Razões de decidir 3. A Lei nº 12.440/11 resguarda a observância do contraditório e da ampla defesa, não sendo possível vislumbrar, na sistemática estabelecida, a emissão de Certidão Negativa de Débito Trabalhista (CNDT) e a consequente inscrição da empresa no Banco Nacional de Devedores Trabalhistas (BNDT) sem a realização das referidas garantias constitucionais. 4. O

Para além disso, a utilização da contratação como instrumento de política pública se faz notar fortemente na definição de muitas das hipóteses de dispensa de licitação do artigo 75 da Lei nº 14.133/2021, que visam a beneficiar segmentos ou grupos menos favorecidos e a inovação, como ocorre com a contratação de: (i) cooperativas formadas exclusivamente de pessoas físicas de baixa renda (alínea "j" do inciso IV do artigo 75); (ii) objetos que envolvem inovação ou risco tecnológico (inciso V do artigo 75) e transferência de tecnologia de produtos estratégicos do Sistema Único de Saúde (SUS) (inciso XII do artigo 75); (iii) associações de pessoas com deficiência (inciso XIV do artigo 75); (iv) e associações dedicadas à inovação e instituições dedicadas à recuperação social da pessoa presa (inciso XV do artigo 75). O artigo 76, com o mesmo tom, enumera uma série de hipóteses de dispensa de licitação atreladas a programas de habilitação e à regularização fundiária (alíneas "f", "g", "h", "i", "j" dos incisos I e II do §3º, tudo do artigo 76), todas também direcionadas à promoção de políticas públicas.

Esclareça-se que, para efeitos metodológicos, as questões referentes à etapa preparatória das licitações e contratos, exigências de habilitação e dispensa de licitação são enfrentadas nos capítulos deste livro que lhe são específicos. Neste capítulo, propõe-se tratar com detalhe do regime de privilégios concedidos em favor das microempresas e empresas de pequeno porte, das margens de preferência e das licitações sustentáveis sob a ótica ambiental/ecológica.

2 Regime de privilégios concedidos em favor das microempresas e empresas de pequeno porte

2.1 Breve contextualização normativa

A Lei Complementar nº 123/2006 versa sobre o Estatuto da Microempresa e da Empresa de Pequeno Porte. Como se depreende do seu artigo 1º, ela estabelece normas gerais que instauram tratamento privilegiado às microempresas e às empresas de pequeno porte no âmbito da União, dos estados, do Distrito Federal e dos municípios, sobretudo de ordem fiscal. Sem embargo, afora a questão tributária, o legislador resolveu imiscuir-se na seara das licitações e contratos administrativos, prescrevendo normas abertamente estranhas ao regime jurídico que lhes é próprio, já bastante complicado, diga-se de passagem, o que causa espécie e dificuldades de toda a sorte. Não bastasse, o legislador alterou de modo significativo a redação da Lei Complementar nº 123/2006

requisito de habilitação em licitações criado pela Lei nº 12.440/11 privilegia o interesse público em dupla perspectiva: i) promove licitações que efetivamente garantam a igualdade de condições a todos os concorrentes e a seleção da proposta mais vantajosa para a administração; e ii) celebra contratos com empresas que estejam efetivamente aptas a honrar com suas obrigações, atendendo, assim, ao princípio da eficiência administrativa. 5. Os princípios da livre concorrência e da livre iniciativa devem ser interpretados de forma a se harmonizarem com os demais princípios da ordem econômica, tais como a valorização do trabalho humano, a dignidade da pessoa humana e a redução das desigualdades sociais. A Lei nº 12.440/11 logra obter essa harmonização, pois contribui para que o débito trabalhista não se protraia no tempo, privilegiando a célere satisfação do direito do credor trabalhista. IV. Dispositivo e tese 6. Pedidos improcedentes. Tese de julgamento: '1. É constitucional a recusa de emissão de Certidão Negativa de Débitos Trabalhistas (CNDT) nas hipóteses determinadas no art. 642-A, §1º, da Consolidação das Leis do Trabalho (CLT), com a redação conferida pela Lei nº 12.440/11; e 2. É constitucional a exigência de apresentação de CNDT nos processos licitatórios como requisito de comprovação de regularidade trabalhista'" (STF, Pleno, ADI 4716, Rel. Min. Dias Toffoli, j. 30.9.2024).

por meio da Lei Complementar nº 147/2014, com a introdução de dispositivos ainda mais equivocados e ainda mais mal redigidos, de difícil entendimento e aplicação prática por parte da Administração Pública.

Pois bem, a lei complementar prescreve normas que afetam as licitações públicas nos seus artigos 42 a 49. Os artigos 42 e 43 enunciam normas sobre a comprovação da regularidade fiscal por parte das microempresas e das empresas de pequeno porte. Os artigos 44 e 45 estatuem em favor delas "direito de preferência". O artigo 46 autoriza-as a emitir cédula de crédito microempresarial, na forma de regulamento a ser expedido pelo Poder Executivo. E, enfim, os artigos 47, 48 e 49 dispõem sobre "tratamento privilegiado e simplificado para as microempresas e as empresas de pequeno porte".

O artigo 47 da Lei Complementar nº 123/2006 prescrevia, em sua redação original, que se poderia conceder tratamento diferenciado e simplificado em favor das microempresas e empresas de pequeno porte, desde que fosse previsto e regulamentado na legislação do respectivo ente. Na prática, não era utilizado pela maioria dos órgãos e entidades da Administração, era ignorado, salvo raras exceções.

Para reverter esse quadro, o legislador, por meio da Lei Complementar nº 147/2014, emprestou nova redação ao artigo 47 da Lei Complementar nº 123/2006, tornando o tratamento diferenciado e simplificado obrigatório e autoaplicável, desfazendo a exigência de que fosse regulamentado por legislação. A atual redação, com a inclusão de parágrafo, é a seguinte:

> Art. 47. Nas contratações públicas da administração direta e indireta, autárquica e fundacional, federal, estadual e municipal, deverá ser concedido tratamento diferenciado e simplificado para as microempresas e empresas de pequeno porte objetivando a promoção do desenvolvimento econômico e social no âmbito municipal e regional, a ampliação da eficiência das políticas públicas e o incentivo à inovação tecnológica.
> Parágrafo único. No que diz respeito às compras públicas, enquanto não sobrevier legislação estadual, municipal ou regulamento específico de cada órgão mais favorável à microempresa e empresa de pequeno porte, aplica-se a legislação federal.

De todo modo, o denominado tratamento diferenciado e simplificado consiste em promover processo licitatório, na dicção dos incisos do artigo 48 da Lei Complementar nº 123/2006, também com redação alterada pela Lei Complementar nº 147/2014, em que a Administração Pública:

> I - deverá realizar processo licitatório destinado exclusivamente à participação de microempresas e empresas de pequeno porte nos itens de contratação cujo valor seja de até R$80.000,00 (oitenta mil reais);
> II - poderá, em relação aos processos licitatórios destinados à aquisição de obras e serviços, exigir dos licitantes a subcontratação de microempresa ou empresa de pequeno porte;
> III - deverá estabelecer, em certames para aquisição de bens de natureza divisível, cota de até 25% (vinte e cinco por cento) do objeto para a contratação de microempresas e empresas de pequeno porte.

Outrossim, com escudo no artigo 49 da Lei Complementar nº 123/2006, o tratamento diferenciado e simplificado não deve ser aplicado, conforme seus incisos, se:

II - não houver um mínimo de três fornecedores competitivos enquadrados como microempresas ou empresas de pequeno porte sediados local ou regionalmente e capazes de cumprir as exigências estabelecidas no instrumento convocatório;
III - o tratamento diferenciado e simplificado para as microempresas e empresas de pequeno porte não for vantajoso para a Administração Pública ou representar prejuízo ao conjunto ou complexo do objeto a ser contratado; e
IV - a licitação for dispensável ou inexigível, nos termos dos *arts. 24 e 25 da Lei nº 8.666, de 21 de junho de 1993*, excetuando-se as dispensas tratadas pelos incisos I e II do artigo 24 da mesma Lei, nas quais a compra deverá ser feita preferencialmente de microempresas e empresas de pequeno porte, aplicando-se o disposto no inciso I do artigo 48.[399]

As alterações na Lei Complementar nº 123/2006, promovidas pela Lei Complementar nº 147/2014, demandaram a edição do Decreto Presidencial nº 8.538/2015.

A Lei nº 14.133/2021, no seu artigo 4º, reconhece a aplicação nas licitações e contratos administrativos da Lei Complementar nº 123/2006. No entanto, para além disso, também promove alterações no regime da Lei Complementar nº 123/2006, impondo restrições com efeitos práticos bastante significativos. O §1º do artigo 4º da Lei nº 14.133/2021 estabelece que os privilégios às microempresas e empresas de pequeno porte não devem ser aplicados:

I - no caso de licitação para aquisição de bens ou contratação de serviços em geral, ao item cujo valor estimado for superior à receita bruta máxima admitida para fins de enquadramento como empresa de pequeno porte;
II - no caso de contratação de obras e serviços de engenharia, às licitações cujo valor estimado for superior à receita bruta máxima admitida para fins de enquadramento como empresa de pequeno porte.

Atualmente, na forma do inciso II do artigo 3º da Lei Complementar nº 123/2006, o limite para o enquadramento das empresas de pequeno porte é de R$4.800.000,00.

Para além disso, o §2º do artigo 4º da Lei nº 14.133/2021 limita os benefícios em licitações e contratos administrativos

[...] às microempresas e às empresas de pequeno porte que, no ano-calendário de realização da licitação, ainda não tenham celebrado contratos com a Administração Pública cujos valores somados extrapolem a receita bruta máxima admitida para fins de enquadramento como empresa de pequeno porte, devendo o órgão ou entidade exigir do licitante declaração de observância desse limite na licitação.

O §3º do mesmo artigo 4º, em complemento, anuncia que nas contratações com prazo de vigência superior a 1 ano, "será considerado o valor anual do contrato na aplicação dos limites previstos nos §§1º e 2º deste artigo".

Pois bem, esse é o quadro normativo relativo às medidas que favorecem microempresas e empresas de pequeno porte em licitações públicas e contratos administrativos, com as alterações restritivas que foram introduzidas pela Lei nº 14.133/2021.

---

[399] O inciso I do artigo 48 foi revogado pela Lei Complementar nº 147/2014.

2.1.1 Órgãos e entidades administrativas obrigadas a conceder os benefícios às microempresas e empresas de pequeno porte

O artigo 1º da Lei Complementar nº 123/2006 prescreve que ela encontra aplicação "no âmbito dos Poderes da União, dos Estados, do Distrito Federal e dos Municípios". A expressão é abrangente e pretende a aplicação dos benefícios concedidos às microempresas e empresas de pequeno porte para a Administração Pública nacional, de todos os poderes, de todas as esferas.

Todos aqueles que são obrigados a promover licitação pública desempenham alguma parcela de função administrativa e compõem, sob essa perspectiva mais abrangente, a Administração Pública e, pois, devem conceder os benefícios às microempresas e empresas de pequeno porte em suas licitações.

Pondera-se, por oportuno, que o artigo 47 da Lei Complementar nº 123/2006 versa sobre o que se chama "tratamento diferenciado e simplificado" para microempresas e empresas de pequeno porte em licitações e contratos, incidente "nas contratações públicas da administração direta e indireta, autárquica e fundacional, federal, estadual e municipal". A redação do artigo 47 é ruim e desnecessária, pode gerar dúvidas sobre a aplicação do tratamento diferenciado e simplificado no âmbito dos poderes Legislativo e Judiciário, já que não se refere, tal qual o artigo 1º da Lei Complementar nº 123/2006, a todos os poderes. Entretanto, está-se diante apenas de má redação, não se exclui o tratamento diferenciado e simplificado do Legislativo e do Judiciário. Pode-se dizer que o Legislativo e o Judiciário, quando promovem licitação, desempenham função administrativa e, nessa perspectiva, compõem a Administração Pública. Ademais, em interpretação teleológica, não faria sentido aplicar o tratamento diferenciado e simplificado para o Executivo e deixá-lo de fazê-lo para os demais poderes.

2.1.2 As discussões sobre a constitucionalidade dos privilégios concedidos às microempresas e empresas de pequeno porte

Favorecer microempresas e empresas de pequeno porte em licitações públicas e contratos administrativos não é, por si só, medida inconstitucional. O inciso IX do artigo 170 da Constituição Federal prescreve que a ordem econômica importa no favorecimento às empresas de pequeno porte, o que se constitui o objetivo da Lei Complementar nº 123/2006. O dispositivo constitucional cogita do favorecimento das empresas de pequeno porte sem mencionar ou restringi-lo a qualquer ramo ou área da atividade econômica. É importante frisar que o constituinte não exigiu que o favorecimento ocorresse em licitação pública e contrato administrativo. Ele deixou em aberto. Portanto, cabe ao legislador escolher as áreas em que as empresas de pequeno porte devem ser favorecidas, bem como as medidas de tais favorecimentos.

O legislador resolveu beneficiar as microempresas e as empresas de pequeno porte em licitações e contratos administrativos, conforme se depreende dos artigos 42 e seguintes da Lei Complementar nº 123/2006, já mencionados. A opção do legislador não foi a melhor, especialmente porque os privilégios são muito acentuados, impactantes e impingem prejuízos vultosos ao erário público. Qualquer cidadão pode concordar com as opções do Legislativo ou discordar delas, afinal de contas, vive-se numa democracia e numa sociedade plural. Deixe-se claro: discordar do legislador não significa dizer que se considere que o tal favorecimento é, por si só, inconstitucional. Em tese, inconstitucional não é. É "apenas", na opinião do subscritor deste texto, contrário ao interesse público.

Pois bem, afirmar que, em tese, favorecer microempresas e empresas de pequeno porte em licitação pública e contrato administrativo seja constitucional não significa que qualquer tipo de favorecimento previsto pelo legislador também seja constitucional. O legislador pode favorecer, porém é necessário tratar-se das medidas concretas de favorecimento. Essas podem ser inconstitucionais, a depender dos seus teores. Cada medida de favorecimento concedida às microempresas e empresas de pequeno porte será analisada em separado e oportunamente neste capítulo, com considerações, quando necessárias, sobre sua constitucionalidade ou inconstitucionalidade.

2.2 O enquadramento como microempresa e empresa de pequeno porte e as fraudes recorrentes

2.2.1 O enquadramento como microempresas e empresas de pequeno porte em razão da receita bruta

De acordo com o *caput* do artigo 3º da Lei Complementar nº 123/2006:

> Art. 3º Para os efeitos desta Lei Complementar, consideram-se microempresas ou empresas de pequeno porte, a sociedade empresária, a sociedade simples, a empresa individual de responsabilidade limitada e o empresário a que se refere o artigo 966 da Lei nº 10.406, de 10 de janeiro de 2002 (Código Civil), devidamente registrados no Registro de Empresas Mercantis ou no Registro Civil de Pessoas Jurídicas, conforme o caso, desde que:
> I - no caso da microempresa, aufira, em cada ano-calendário, receita bruta igual ou inferior a R$360.000,00 (trezentos e sessenta mil reais); e
> II - no caso de empresa de pequeno porte, aufira, em cada ano-calendário, receita bruta superior a R$360.000,00 (trezentos e sessenta mil reais) e igual ou inferior a R$4.800.000,00 (quatro milhões e oitocentos mil reais).

Registre-se que, de acordo com o artigo 3º-A da Lei Complementar nº 123/2006, o produtor rural pessoa física e o agricultor familiar conceituado na Lei nº 11.326/2006, com situação regular na Previdência Social e no município, que tenham auferido receita bruta anual até o limite previsto para as empresas de pequeno porte, conforme o supracitado inciso II do *caput* do artigo 3º da Lei Complementar nº 123/2006, recebe benefícios destinados às microempresas e empresas de pequeno porte, inclusive no que tange às licitações e contratos administrativos.

Bem se vê que a qualificação como microempresa ou empresa de pequeno porte depende da receita bruta auferida em cada ano-calendário. Pois bem, receita bruta, segundo o §1º do artigo 3º da Lei Complementar nº 123/2006, corresponde ao "produto da venda de bens e serviços nas operações de conta própria, o preço dos serviços prestados e o resultado nas operações em conta alheia, não incluídas as vendas canceladas e os descontos incondicionais concedidos".

Nessa perspectiva, pouco importa, para efeito de qualificação como microempresa e empresa de pequeno porte, os contratos firmados ou as notas fiscais emitidas. Importa é o ingresso de valores. Por exemplo, uma microempresa pode firmar contrato de R$10 milhões. A assinatura do contrato, por si, não lhe retira o *status* de microempresa. O que lhe retira o *status* de microempresa é o recebimento dos valores relativos ao tal contrato.

Ressalva-se, por oportuno, que o §14 do artigo 3º da Lei Complementar nº 123/2006 permite que os valores fixados no *caput* do mesmo artigo 3º sejam ultrapassados, sem que a microempresa ou empresa de pequeno porte perca sua qualificação como tal, desde que se trate de

> [...] receitas decorrentes da exportação de mercadorias ou serviços, inclusive quando realizada por meio de comercial exportadora ou da sociedade de propósito específico prevista no artigo 56 desta Lei Complementar, desde que as receitas de exportação também não excedam os referidos limites de receita bruta anual.

Ou seja, o limite de R$4.800.000,00, previsto no inciso II do artigo 3º da Lei Complementar nº 123/2006, é calculado em separado para as receitas advindas do mercado nacional e do mercado internacional, por meio de exportação. Logo, a empresa de pequeno porte não perde o seu qualificativo se auferir receita bruta de até R$9.600.000,00, desde que não ultrapasse R$4.800.000,00 de receita bruta advinda do mercado interno e R$4.800.000,00 de receita bruta decorrente de exportação.

Já a expressão "ano-calendário" vem do direito tributário e significa o período compreendido entre 1º de janeiro e 31 de dezembro.[400] Em termos práticos, quem auferir receita bruta superior aos valores fixados no *caput* do artigo 3º da Lei Complementar nº 123/2006, com a ressalva que se fez sobre as receitas brutas decorrentes de exportação, em consonância com o §14 do mesmo artigo, perde a qualificação de microempresa ou de empresa de pequeno porte.

Advirta-se que, para efeitos de licitação e contrato administrativo, não há diferença de tratamento entre microempresa e empresa de pequeno porte. Ambas são favorecidas em igual medida e não há privilégios entre elas. Dito de outro modo, a microempresa, por ser menor, não é favorecida em face da empresa de pequeno porte. As duas recebem o mesmo tratamento. Em consequência, o fato de uma empresa auferir receita bruta superior a R$360.000,00 (limite para caracterizar microempresa) é irrelevante para licitações e contratos administrativos. Ela somente deixará de colher os benefícios previstos na legislação se a receita bruta ultrapassar os R$4.800.000,00, que é o limite das empresas de pequeno porte – com a ressalva do §14 do artigo 3º da Lei Complementar nº 123/2006.

Menciona-se, por fim, que a Lei Complementar nº 123/2006 prevê uma série de benefícios às microempresas e empresas de pequeno porte que não se restringe às licitações e aos contratos administrativos. Destaca-se, nesse plano, o chamado Simples Nacional, que é tratado a partir do artigo 12 da Lei Complementar nº 123/2006. O artigo 17 da Lei Complementar nº 123/2006 prevê que certas microempresas e empresas de pequeno porte não podem se valer do Simples Nacional. De todo modo, como se depreende

---

[400] O termo "ano-calendário" é muito utilizado na legislação do imposto de renda. O Regulamento do Imposto de Renda vigente não prescreve definição legal, ao contrário dos anteriores (RIR/94, artigo 185, §1º e RIR/80, artigo 145, §2º). Os dispositivos dos regulamentos anteriores tinham como base o Decreto-Lei nº 1.381/1974, cujo inciso II do artigo 2º definia "ano-calendário" "como o período de doze meses consecutivos contados de 1º de janeiro a 31 de dezembro".

dos dispositivos legais, o Simples Nacional é uma opção, não é obrigatório. Dito isso, o ponto é que a não opção pelo Simples Nacional ou o impedimento de usufruir dele não retiram o *status* de microempresa ou empresa de pequeno porte, sobremodo para efeito de licitações e contratos administrativos. Noutras palavras, não há qualquer óbice para que microempresa ou empresa de pequeno porte que não se submete ao Simples Nacional seja privilegiada em licitações e contratos administrativos.[401]

2.2.1.1 O desenquadramento como microempresas e empresas de pequeno porte em razão da receita bruta

Então, se a receita bruta ultrapassar R$4.800.000,00, a empresa perde o qualificativo de empresa de pequeno porte, deve ser desenquadrada e não pode mais valer-se dos benefícios previstos na Lei Complementar nº 123/2006. A exclusão do regime das microempresas e empresas de pequeno porte efetiva-se "no mês subsequente à ocorrência do excesso", na linha do que determina o §9º do artigo 3º da Lei Complementar nº 123/2006.

Por exemplo, empresa de pequeno porte firma contrato de R$10 milhões, no mês de abril. No mês de julho, em razão de tal contrato, recebe R$5 milhões, valor acima do limite que qualifica as empresas de pequeno porte, que é de R$4.800.000,00 (inciso II do artigo 3º da Lei Complementar nº 123/2006). Ela é excluída do regime das microempresas e empresas de pequeno porte já a partir do mês de agosto.

O §9º-A do artigo 3º da Lei Complementar nº 123/2006 prescreve que "Os efeitos da exclusão prevista no §9º dar-se-ão no ano-calendário subsequente se o excesso verificado em relação à receita bruta não for superior a 20% do limite referido no inciso II do *caput*".[402] Então, para que a exclusão do regime das microempresas e empresas de pequeno porte aconteça no mês subsequente, como estabelece o §9º do artigo 3º da Lei Complementar nº 123/2006, é necessário que a empresa aufira receita bruta superior a 20% de R$4.800.000,00, ou seja superior a R$5.760.000,00. Se não ultrapassar tal montante, a exclusão somente ocorre no ano-calendário seguinte, a partir daí, do seu primeiro mês, a partir de janeiro.

Por exemplo, se até março a empresa de pequeno porte faturou R$5 milhões, ela permanece favorecida pelo regime das microempresas e empresas de pequeno porte, embora já tenha ultrapassado o limite de R$4.8000,00. O fato de ter faturado R$5 milhões até março determina que ela seja excluída do regime das microempresas e empresas de pequeno porte no ano-calendário seguinte. Portanto, ela já sabe que será excluída, mais cedo ou mais tarde. Se ela auferir receita bruta maior do que R$760.000,00 no restante do mesmo ano-calendário, ultrapassando, então, R$5.760.000,00, daí, quando

---

401 "O fato de a empresa estar excluída do regime de tributação do Simples Nacional por realizar cessão ou locação de mão de obra (art. 17, inciso XII, da Lei Complementar 123/2006) não implica o seu impedimento para participar de certames licitatórios auferindo os benefícios da referida Lei Complementar, pois o que confere a condição de micro ou empresa de pequeno porte é a receita bruta obtida em cada ano-calendário, e não o regime de tributação" (TCU, Plenário. Acórdão nº 1.100/2014. Rel. Min. Benjamin Zymler, j. 30.4.2014).

402 "A Empresa de Pequeno Porte que exceder, no ano-calendário, o limite de receita bruta previsto no art. 3º, inciso II, da LC 123/2006 deve ser excluída do tratamento diferenciado para o fim de desempate em processos licitatórios já no mês subsequente à ocorrência do fato, ressalvando-se a hipótese em que tal excesso não for superior a 20% da receita bruta, o que importará o desenquadramento da empresa somente no ano-calendário subsequente" (TCU, Plenário. Acórdão nº 2.134/2013. Rel. Min. Ana Arraes, j. 14.8.2013).

isso acontecer, ela será excluída imediatamente, no mês seguinte ao do recebimento da receita. Se não faturar, no restante do ano, valor superior a R$760.000,00, logo se não ultrapassar R$5.760.000,00, somente será excluída no ano-calendário seguinte.

Para as empresas constituídas no próprio ano-calendário, o §10 do artigo 3º da Lei Complementar nº 123/2006 prescreve que o limite de receita bruta anual deve ser calculado proporcionalmente. Ou seja, o montante de R$4.800.00,00 deve ser calculado proporcionalmente ao tempo de atuação da empresa.

Por exemplo, se a empresa é constituída em 1º de setembro, ela terá quatro meses de atuação no ano-calendário. Logo, o limite de R$4.800.000,00, previsto para 12 meses, deve ser calculado, em proporção, para quatro meses, o que resulta em R$1.600.000,00. O que significa que a empresa perde a qualificação de microempresa ou empresa de pequeno porte se auferir até dezembro valor superior a R$1.600.000,00.

Além disso, o §10 do artigo 3º da Lei Complementar nº 123/2006 determina que, na hipótese de empresas constituídas no próprio ano-calendário, a exclusão opera efeito retroativo ao início das suas atividades.

Continuando no exemplo acima, suponha-se que a empresa foi constituída em setembro, em outubro conseguiu firmar um grande contrato e, em virtude dele, em novembro, auferiu receita bruta de R$2.000.000,00. Ela perde a qualificação de microempresa imediatamente, com efeitos retroativos, a partir da data de sua constituição, como prescreve o §10 do artigo 3º da Lei nº 123/2006. Por conseguinte, para efeitos legais, é como se essa empresa nunca fosse qualificada como microempresa e, nesse sentido, nunca poderia ter usufruído os benefícios concedidos às microempresas ou empresas de pequeno porte.

Repita-se que a Lei Complementar nº 123/2006 prescreve vantagens de vários matizes para as microempresas e empresas de pequeno porte. Afirmar que a microempresa perde a qualificação com efeitos retroativos, desde a sua instituição, pode fazer algum sentido na área tributária ou outras previstas na legislação, porém não em licitações e contratos administrativos. Ocorre que, se a empresa participou de licitação e sagrou-se vencedora à época em que era qualificada como microempresa, não há meios para fazer com que a exclusão dela do regime das microempresas e empresas de pequeno porte opere efeitos retroativos, desde a data da sua constituição. Ora, se a licitação já foi concluída, se o contrato já foi assinado e está em execução, é inviável voltar atrás e anular a licitação, desconstituindo o seu resultado. Essa solução feriria o princípio da segurança e da estabilidade das relações jurídicas, em prejuízo manifesto para a própria Administração Pública e para o interesse público. Em conclusão, acaso a microempresa aufira receita bruta proporcionalmente superior ao limite de R$4.800.000,00, os efeitos da desqualificação dela como microempresa não retroagirão em licitações e contratos administrativos.

Demais disso, ainda para o caso das empresas constituídas no ano-calendário, o §12 do artigo 3º da Lei Complementar nº 123/2006 prevê que a exclusão do regime das microempresas somente se aplica retroativamente, tal qual previsto no §11, se a receita bruta proporcional for superior a 20% do limite do inciso II do artigo 3º da Lei Complementar nº 123/2006. Acaso não ultrapasse os 20%, a exclusão somente acontece no ano-calendário seguinte.

Por fim, ressalta-se que a obrigação de adequar os seus registros perante as juntas comerciais é da empresa desenquadrada. Aliás, o registro na junta comercial é obrigação acessória e depende de declaração do próprio empresário, como se depreende da Instrução Normativa nº 103/2007, do Departamento Nacional de Registro do Comércio – DNRC:

> Art. 1º O enquadramento, reenquadramento e desenquadramento de microempresa e empresa de pequeno porte pelas Juntas Comerciais será efetuado, conforme o caso, mediante arquivamento de declaração procedida pelo empresário ou sociedade em instrumento específico para essa finalidade.

Ou seja, a junta comercial não acompanha, controla e investiga o faturamento dos milhares de empresas brasileiras e abre milhares de processos administrativos para decidir sobre enquadramento e desenquadramento. Eles ocorrem de forma automática; a atualização do registro na junta comercial é obrigação dos empresários, como também está prescrito no Decreto Federal nº 8.538/2015:

> Art. 13. [...]
> §1º O licitante é responsável por solicitar seu desenquadramento da condição de microempresa ou empresa de pequeno porte quando houver ultrapassado o limite de faturamento estabelecido no art. 3º da Lei Complementar nº 123, de 2006, no ano fiscal anterior, sob pena de ser declarado inidôneo para licitar e contratar com a administração pública, sem prejuízo das demais sanções, caso usufrua ou tente usufruir indevidamente dos benefícios previstos neste Decreto.

O Tribunal de Contas da União já enfrentou a mesma discussão, em que licitante se apresentou como empresa de pequeno porte depois de ser desenquadrado. Ao ser descoberto, o licitante tentou se justificar sob o argumento de que ainda estava registrado na junta comercial como empresa de pequeno porte:

> 6. Já, perante a Administração, a qualificação como microempresa ou empresa de pequeno porte é feita mediante declaração da Junta Comercial, que a expede com base em informação da empresa interessada, que requer à respectiva Junta o arquivamento da "Declaração de Enquadramento de ME ou EPP".
> 7. Da mesma forma, cessadas as condições que permitiam o enquadramento como ME ou EPP, a empresa deverá fazer a "Declaração de Desenquadramento". Essas ações competem exclusivamente às empresas interessadas em auferir os benefícios da LC 123/2006 e cuja operacionalização foi estabelecida pelo Departamento Nacional de Registro do Comércio (DNRC), na Instrução Normativa DNRC 103/2007.
> 8. Trata-se de "ato declaratório", de iniciativa de quem pretenda usufruir dos benefícios concedidos às ME e EPP. A declaração, conforme expressamente previsto nos artigos 11 do Decreto 6.204/2007 e 1º da IN/DNRC 103/2007, é feita "sob as penas da lei", sujeitando os infratores às cominações legalmente estabelecidas. [...]
> 12. Ressalte-se que a informação da perda da condição de ME ou EPP, por ser ato declaratório, era de responsabilidade da empresa Cine Foto Universitário Ltda. que, por não tê-la prestado e por ter auferido indevidamente os benefícios da LC 123/2006, ação que

caracteriza fraude à licitação, deve ser declarada inidônea para participar de licitações na administração pública federal.[403]

Repita-se que o desenquadramento daquelas empresas cujos faturamentos ultrapassam os limites estabelecidos na Lei Complementar nº 123/2006 é automático e produz efeitos independentemente de ato, aviso ou comunicação por parte de qualquer órgão público. O registro na junta comercial, com a comunicação do desenquadramento, é obrigação da empresa. Por conseguinte, a desatualização do registro na junta comercial não significa que, enquanto a empresa estiver registrada equivocadamente como microempresa ou empresa de pequeno porte, ela está autorizada a apresentar-se como tal e aproveitar-se das benesses da Lei Complementar nº 123/2006.

2.2.1.2 Direito à revisão do contrato em razão da exclusão do regime das microempresas e empresas de pequeno porte

Como visto, a qualificação de microempresa e empresa de pequeno porte depende do faturamento. Ultrapassados os patamares definidos pela legislação e de acordo com os seus parâmetros temporais, a empresa é excluída do regime das microempresas e empresas de pequeno porte e, por consequência, a partir desse momento, deixa de usufruir dos benefícios que lhe são concedidos pela Lei Complementar nº 123/2006, inclusive com reflexos tributários, a carga tributária será elevada.

Sob essa perspectiva, veja-se que a microempresa ou empresa de pequeno porte participa da licitação, projeta o seu custo e define a sua proposta contando com a carga tributária que lhe beneficia. Depois, durante a execução do contrato, ultrapassa os limites de faturamento, é excluída do regime das microempresas e empresas de pequeno porte e, como reflexo, tem sua carga tributária majorada. Isso, evidentemente, impacta nos seus custos, diminui os seus ganhos e afeta a equação econômico-financeira estabelecida com a licitação.

Em linhas gerais, nessas situações, as microempresas ou empresas de pequeno porte fazem jus à revisão dos seus contratos. A alínea "d" do inciso II do artigo 124 da Lei nº 14.133/2021 prescreve que o direito à revisão depende da ocorrência de eventos imprevisíveis ou, ainda que previsíveis, com consequências incalculáveis. Assim, salvo se à época da licitação o licitante já sabia que seria excluído ou tinha condições palpáveis de prever sua exclusão do regime das microempresas ou empresas de pequeno porte, é-lhe devido, insista-se, a revisão contratual, para adequar à nova carga tributária.

Pondera-se, entretanto, que a revisão pode ser prejudicial para a Administração Pública. Pode acontecer, por exemplo, que a diferença entre a proposta da microempresa ou empresa de pequeno porte, vencedora da licitação, para a proposta de outros licitantes seja pequena. Daí a revisão poderia fazer com que o preço do contrato seja superior ao proposto pelos demais licitantes. Ou seja, com a revisão, a contratação da microempresa ou empresa de pequeno porte é mais cara do que a das médias e grandes, por isso desvantajosa para a Administração Pública.

---

[403] TCU, Plenário. Acórdão nº 970/2011. Rel. Min. Augusto Sherman, j. 13.4.2011.

É de anotar que a desvantagem para a Administração Pública não pode justificar a recusa à revisão do contrato, amparada no direito constitucional ao equilíbrio econômico-financeiro, determinado no inciso XXI do artigo 37 da Constituição Federal. Se for o caso, sem recusar o direito à revisão, a Administração Pública poderia apenas rescindir o contrato por razões de interesse público, com fundamento no inciso VIII do artigo 137 da Lei nº 14.133/2021, pagando a indenização correspondente, ou, se cabível à espécie, não prorrogar o contrato. A Administração Pública perde em todas as hipóteses, o que, aliás, é algo recorrente em face da Lei Complementar nº 123/2006.

Ressalva-se que a tese aqui defendida de que o reflexo tributário da perda da condição de empresa de pequeno porte gera ao contratado o direito à revisão do contrato não encontra respaldo na jurisprudência. Não se encontram precedentes nesse sentido.

2.2.2 O enquadramento de microempresas e empresas de pequeno porte coligadas ou congêneres

O §4º do artigo 3º da Lei Complementar nº 123/2006 prescreve o seguinte:

> Art. 3º [...]
> §4º Não poderá se beneficiar do tratamento jurídico diferenciado previsto nesta Lei Complementar, incluído o regime de que trata o artigo 12 desta Lei Complementar, para nenhum efeito legal, a pessoa jurídica:
> I - de cujo capital participe outra pessoa jurídica;
> II - que seja filial, sucursal, agência ou representação, no País, de pessoa jurídica com sede no exterior;
> III - de cujo capital participe pessoa física que seja inscrita como empresário ou seja sócia de outra empresa que receba tratamento jurídico diferenciado nos termos desta Lei Complementar, desde que a receita bruta global ultrapasse o limite de que trata o inciso II do *caput* deste artigo;
> IV - cujo titular ou sócio participe com mais de 10% (dez por cento) do capital de outra empresa não beneficiada por esta Lei Complementar, desde que a receita bruta global ultrapasse o limite de que trata o inciso II do *caput* deste artigo;
> V - cujo sócio ou titular seja administrador ou equiparado de outra pessoa jurídica com fins lucrativos, desde que a receita bruta global ultrapasse o limite de que trata o inciso II do *caput* deste artigo;
> VI - constituída sob a forma de cooperativas, salvo as de consumo;
> VII - que participe do capital de outra pessoa jurídica;
> VIII - que exerça atividade de banco comercial, de investimentos e de desenvolvimento, de caixa econômica, de sociedade de crédito, financiamento e investimento ou de crédito imobiliário, de corretora ou de distribuidora de títulos, valores mobiliários e câmbio, de empresa de arrendamento mercantil, de seguros privados e de capitalização ou de previdência complementar;
> IX - resultante ou remanescente de cisão ou qualquer outra forma de desmembramento de pessoa jurídica que tenha ocorrido em um dos 5 (cinco) anos-calendário anteriores;
> X - constituída sob a forma de sociedade por ações.
> XI - cujos titulares ou sócios guardem, cumulativamente, com o contratante do serviço, relação de pessoalidade, subordinação e habitualidade.

O §5º do mesmo artigo 3º estabelece algumas exceções, que afastam as restrições dos incisos IV e VII, em razão da

> [...] participação no capital de cooperativas de crédito, bem como em centrais de compras, bolsas de subcontratação, no consórcio referido no artigo 50 desta Lei Complementar e na sociedade de propósito específico prevista no artigo 56 desta Lei Complementar, e em associações assemelhadas, sociedades de interesse econômico, sociedades de garantia solidária e outros tipos de sociedade, que tenham como objetivo social a defesa exclusiva dos interesses econômicos das microempresas e empresas de pequeno porte.

O mote da Lei Complementar nº 123/2006 é favorecer as microempresas e empresas de pequeno porte, as empresas verdadeiras pequenas, consideradas em posição de desvantagem em competição com as médias e grandes empresas. Nesse horizonte, o supracitado §4º do artigo 3º exclui dos benefícios supostas microempresas e empresas de pequeno porte com relações com outras empresas de médio ou grande porte ou mesmos sócios ou investidores de outras empresas de médio ou grande porte.

2.2.3 Os limites para usufruir dos benefícios da Lei Complementar nº 123/2006 em licitações e contratos administrativos prescritos na Lei nº 14.133/2021

Como visto, a Lei Complementar nº 123/2006 prescreve benefícios de diversas ordens e naturezas para as microempresas e empresas de pequeno porte, cada qual com as suas especificidades, entre os quais os benefícios pertinentes às licitações e contratos administrativos. Basicamente, as microempresas e empresas de pequeno porte são beneficiadas no tocante à comprovação da regularidade fiscal e trabalhista, podem valer-se do chamado direito de preferência, o que lhes é decisivo, e ainda do tratamento diferenciado e simplificado. Os tais benefícios serão ainda enfrentados amiúde no curso do presente capítulo.

Sem embargo disso, o fato é que os benefícios foram concebidos para empresas menores, cujos faturamentos não ultrapassam os limites fixados pelo legislador. Logo, seria natural que os benefícios em licitações e contratos administrativos fossem também, na mesma proporção, limitados às licitações e contratos administrativos de menor expressão econômica. E o fato é que, nos termos da Lei Complementar nº 123/2006, não há qualquer tipo de limitação ou baliza. As microempresas e empresas de pequeno porte têm acesso a qualquer tipo de licitações e contratos administrativos, quaisquer que sejam os seus valores, e podem se valer dos benefícios da Lei Complementar nº 123/2006 sem maior restrição. Podem, por exemplo, participar na condição de microempresa e empresa de pequeno porte de licitação cujo valor estimado seja muitas vezes superior ao valor que serve como limite para enquadramento e usufruir dos benefícios da Lei Complementar nº 123/2006, de forma decisiva.

O legislador, por ocasião da Lei nº 14.133/2021, houve por bem estabelecer alguns limites para os benefícios da Lei Complementar nº 123/2006 atinentes às licitações e contratos administrativos, sobretudo relacionados aos valores envolvidos nas licitações e aos contratos já firmados pelas microempresas ou empresas de pequeno porte.[404]

Pois bem, o §1º do artigo 4º da Lei nº 14.133/2021 estabelece que os privilégios às microempresas e empresas de pequeno porte não devem ser aplicados:

> I - no caso de licitação para aquisição de bens ou contratação de serviços em geral, ao item cujo valor estimado for superior à receita bruta máxima admitida para fins de enquadramento como empresa de pequeno porte;
> II - no caso de contratação de obras e serviços de engenharia, às licitações cujo valor estimado for superior à receita bruta máxima admitida para fins de enquadramento como empresa de pequeno porte.

Atualmente, repita-se, na forma do inciso II do artigo 3º da Lei Complementar nº 123/2006, o limite para o enquadramento das empresas de pequeno porte é de R$4.800.000,00.

Veja-se que a regra, contida no inciso I do §1º do artigo 4º da Lei nº 14.133/2021, é que não se apliquem os benefícios da Lei Complementar nº 123/2006 em razão do item licitado cujo valor estimado ultrapasse o limite de enquadramento como empresa de pequeno porte. Então, o valor total envolvido na licitação pode ultrapassar o limite para o enquadramento como empresa de pequeno porte e as microempresas e empresas de pequeno porte podem participar dela e se utilizar dos benefícios. A restrição é balizada pelo item e não pelo valor total.

No entanto, a regra do inciso I do §1º do artigo 4º da Lei nº 14.133/2021 vale, evidentemente, apenas para licitação cujo julgamento é dividido por itens. Se o julgamento é pelo lote ou pelo preço global, ainda que se trate de aquisição de bens ou prestação de serviços, o limite deve ser calculado, respectivamente, pelo valor total do lote ou do preço global. Ocorre que, por rigor, em licitações julgadas pelo lote ou pelo preço global, não há itens, então é inviável calcular o limite pelo item.

O inciso II do §1º do artigo 4º da Lei nº 14.133/2021, ao tratar das licitações de obras e serviços de engenharia, não se refere a item, porém ao valor total estimado para a licitação. Daí que, nesses casos, com mais clareza, os benefícios às microempresas e empresas de pequeno porte não se aplicam se o valor estimado do contrato ultrapassar o valor que serve como limite de enquadramento para empresa de pequeno porte.

Para além disso, o §2º do artigo 4º da Lei nº 14.133/2021 limita os benefícios em licitações e contratos administrativos

> [...] às microempresas e às empresas de pequeno porte que, no ano-calendário de realização da licitação, ainda não tenham celebrado contratos com a Administração Pública cujos valores

404 Frisa-se que lei ordinária pode alterar lei complementar, desde que a matéria objeto da alteração não dependa de lei complementar, como é o caso das licitações e contratos administrativos. A propósito, do Supremo Tribunal Federal: "Naquela oportunidade, firmou-se o entendimento de que o conflito aparente entre lei ordinária e lei complementar não deveria ser resolvido pelo critério hierárquico, mas pela natureza da matéria regrada, de acordo com o que dispõe a Constituição Federal. Nesta linha, entendeu a Corte que a isenção prevista na Lei Complementar nº 70/91 configurava norma de natureza materialmente ordinária, razão pela qual, muito embora aprovada sob a forma de lei complementar, com 'quorum' qualificado de votação no Congresso Nacional, considerou válida a sua revogação por lei ordinária, determinada pelo art. 56 da Lei nº 9.430/96" (STF. ADI nº 5.626/DF 5015417-57.2016.1.00.0000. Rel. Celso de Mello, j. 25.9.2020).

somados extrapolem a receita bruta máxima admitida para fins de enquadramento como empresa de pequeno porte, devendo o órgão ou entidade exigir do licitante declaração de observância desse limite na licitação.

O §3º do mesmo artigo 4º, em complemento, anuncia que nas contratações com prazo de vigência superior a um ano, "será considerado o valor anual do contrato na aplicação dos limites previstos nos §§1º e 2º deste artigo".

Veja-se que, nos termos estritos da Lei Complementar nº 123/2006, mais precisamente do §9º do seu artigo 3º, as microempresas e empresas de pequeno porte perdem essa condição, são desenquadradas, em razão do faturamento efetivo e não apenas dos contratos firmados. Ou seja, pode ser que empresa de pequeno porte celebre contrato de elevada monta, de dezenas de milhões de reais. De acordo com a Lei Complementar nº 123/2006, a celebração do contrato por si não leva ao desenquadramento dela, que só ocorre com o efetivo recebimento por parte dela dos respectivos valores. Nessa perspectiva, pode ser que o contrato seja rescindido ou desfeito antes do ingresso dos valores, pode ser que o ingresso dos valores seja diferido ou postergado. Nessas e noutras situações, nos termos estritos da Lei Complementar nº 123/2006, sem que tenha ocorrido o faturamento, a microempresa e a empresa de pequeno porte mantêm o seu enquadramento e podem usufruir de todos os benefícios que lhes são próprios.

Como visto, a Lei nº 14.133/2021 alterou esse quadro, porém, ressalva-se, apenas em relação às licitações e contratos administrativos. De acordo com o supracitado §2º do artigo 4º da Lei nº 14.133/2021, a microempresa ou empresa de pequeno porte que já firmou contratos com valores somados superiores ao que serve como limite para enquadramento de empresa de pequeno porte não pode mais se utilizar dos benefícios da Lei Complementar nº 123/2006 atinentes às licitações e contratos. Os contratos bastam, não é mais necessário, para esse efeito, que ocorra de fato o faturamento. Permanecem microempresas ou empresas de pequeno porte, não são desenquadradas, podem se valer dos demais benefícios da Lei Complementar nº 123/2006, porém não dos benefícios pertinentes às licitações e contratos administrativos.

Bem se vê que a Lei nº 14.133/2021 alterou, de maneira restritiva, o regime de privilégios tocantes às licitações e contratos administrativos concedidos em favor das microempresas e empresas de pequeno porte pela Lei Complementar nº 123/2006. As alterações são positivas e corrigem situações inusitadas de flagrante desproporcionalidade, em que microempresas e empresas de pequeno porte se faziam prevalecer, especialmente por meio do direito de preferência, em licitações com valores estimados muitas vezes superiores ao limite de enquadramento das empresas de pequeno porte ou que venciam, também com o uso do direito de preferência, diversas e sucessivas licitações com valores de igual forma excedentes.

2.2.4 As fraudes recorrentes

Infelizmente, têm-se detectado fraudes por parte de empresas com receita bruta superior aos limites definidos na legislação e que se declaram microempresas e empresas de pequeno porte para serem favorecidas em licitações e contratos administrativos e se valerem de outros privilégios previstos na Lei Complementar nº 123/2006. É usual que a empresa não informe sua exclusão do regime das microempresas e empresas de pequeno porte. Esse comportamento é grave; a licitante, em princípio, deve ser desclassificada da licitação e sofrer sanções administrativas e, inclusive, penais.

O §1º do artigo 13 do Decreto Federal nº 8.538/2015 prescreve que, quando ultrapassado o limite de faturamento, o licitante que não solicitar o seu desenquadramento deve sofrer sanção de declaração de inidoneidade para licitar e contratar com a Administração Pública. A jurisprudência do Tribunal de Contas da União também é no sentido de que, nessas situações, é cabível a sanção de declaração de inidoneidade:

> O uso ilícito do direito de preferência assegurado às microempresas (ME) e às empresas de pequeno porte (EPP) para oferta de lances em licitações, pelo amparo em declaração com conteúdo falso, configura fraude à licitação e enseja a declaração de inidoneidade do licitante fraudador (art. 46 da Lei 8.443/1992). Entretanto, a ausência de obtenção de vantagem econômica, a não reincidência na fraude e o fato de não haver outras condenações no âmbito do TCU podem ser consideradas circunstâncias atenuantes na dosimetria da pena.[405]

Discorda-se, em parte, da posição do Decreto Federal nº 8.538/2015 e da decisão supracitada do Tribunal de Contas da União. Sucede que a sanção de declaração de inidoneidade é muito severa e deveria ser reservada para situações graves, em que ficasse caracterizada a má-fé do apenado e a produção de danos. Tais pressupostos devem ser analisados em cada caso, de acordo com as suas particularidades. Dessa sorte, não se deveria prescrever que a ausência do desenquadramento quando necessário ou a participação de licitante que se declara indevidamente como microempresa ou empresa de pequeno porte devem sempre ensejar a aplicação da sanção de inidoneidade. As particularidades de cada caso, especialmente a culpabilidade da empresa, devem ser sopesadas, de modo a atenuar a sanção ou mesmo deixar de aplicá-la, a depender da situação.[406]

É também comum que a qualificação de microempresa ou empresa de pequeno porte seja questionada por licitantes ou que a Administração Pública, por si só, tenha dúvidas. Nessas situações, a Administração deve investigar a correção da qualificação

---

[405] TCU, Plenário. Acórdão nº 68/2021. Rel. Min. Aroldo Cedraz, j. 20.1.2021.

[406] "MANDADO DE SEGURANÇA – Licitação – Aplicação à licitante da sanção administrativa de impedimento de licitar e contratar com a Administração Pública pelo prazo de cinco anos – Pretensão de que seja declarada a nulidade da decisão punitiva ou reduzido o prazo da punição – Ausência de nulidade ou de ilegalidade no procedimento licitatório e na decisão que resultou na aplicação da pena – Licitante que tinha ciência de que não mais se enquadrava na categoria de empresa de pequeno porte (EPP) e, mesmo assim, participou do certame com o enquadramento indevido, com o objetivo de exercer direito de preferência – Tanto não bastasse, embora inabilitada desde 09.10.2015, ante a irregularidade no enquadramento, em 19.11.2015 a empresa participou de outro pregão, com o mesmo enquadramento, vindo a registrar a regularização de sua situação somente em 30.12.2015 – Segundo certame de que não participou na fase de decisão, limitando-se ao acompanhamento – SANÇÃO aplicada no prazo máximo previsto no artigo 7º da Lei 10.520/2002 – Ajustamento à natureza e a relativa gravidade da conduta da licitante, que não causou dano à administração e ao erário, sem embargo, igualmente, de não ter sido posto em dúvida ostentar a licitante condições técnicas para prestar o serviço para o qual pretendeu se habilitar – Possibilidade de ajustamento da sanção com atenção aos critérios de proporcionalidade e razoabilidade, observados e levados em conta os dados objetivos que lhe são supedâneo – Ajustamento, com redução da pena a dois anos de inabilitação para licitar e contratar com a administração – Segurança concedida para esse fim. Segurança concedida em parte" (TJSP, Órgão Especial. MS nº 2196951-74.2016.8.26.0000. Rel. Des. João Carlos Saletti, j. 29.3.2017).

da licitante como microempresa e empresa de pequeno porte, realizando diligência. Nesse sentido, o Tribunal de Contas da União tem decidido:

> Havendo dúvidas sobre o enquadramento da licitante na condição de microempresa ou de empresa de pequeno porte, segundo os parâmetros estabelecidos no artigo 3º da Lei Complementar 123/2006, além de se realizar as pesquisas pertinentes nos sistemas de pagamento da Administração Pública Federal, deve ser solicitado à licitante a apresentação dos documentos contábeis aptos a demonstrar a correção e a veracidade de sua declaração de qualificação como microempresa ou empresa de pequeno porte para fins de usufruto dos benefícios da referida lei.[407]

Como dito, os casos de fraude ocorrem com frequência. A Administração não deve ser omissa diante de indícios ou suspeitas consistentes de fraude, inclusive sob pena de os agentes administrativos serem responsabilizados pessoalmente, a depender das situações. Em primeiro lugar, devem verificar nos sistemas do Governo Federal os contratos firmados pela licitante que se declara microempresa ou empresa de pequeno porte e seus respectivos pagamentos. Sugere-se que órgãos de estados, Distrito Federal e municípios sigam a mesma lógica, consultando os seus próprios sistemas e, se possível, também o sistema federal. Somente com esse procedimento, muitas vezes, já é possível detectar a fraude. Afora isso, é importante requerer os documentos contábeis da licitante e analisá-los com atenção, inclusive com o auxílio de profissionais especializados, se for o caso.

De toda sorte, isso tudo tumultua, produz atrasos na conclusão das licitações e, por conseguinte, ao atendimento ao interesse público. Os responsáveis pela condução da licitação, afora tratarem da licitação propriamente dita, tornam-se investigadores e auditores sobre as receitas brutas dos licitantes que se declaram microempresas e empresas de pequeno porte. As licitações ficam cada vez mais complexas e mais distantes dos padrões de eficiência requeridos pela sociedade brasileira.

Infelizmente, também têm acontecido muitas fraudes em relação às empresas coligadas. Sucede que, para valer-se dos benefícios da Lei Complementar nº 123/2006, é usual que as mesmas pessoas ou grupo de sócios constituam duas, três ou mais empresas, dividindo o faturamento entre eles, para que não ultrapassem o limite de receita bruta anual previsto no inciso II do *caput* do artigo 3º da Lei Complementar nº 123/2006 e permaneçam qualificadas como microempresas ou empresas de pequeno porte, usufruindo das vantagens que lhes são dadas.

Por exemplo, empresa de pequeno porte experimenta crescimento, com perspectiva de, no decorrer do ano-calendário, obter receita bruta superior ao limite do inciso II do *caput* do artigo 3º da Lei Complementar nº 123/2006. Se isso acontecer, ela não poderá mais se aproveitar dos benefícios concedidos às microempresas e empresas de pequeno porte, porque será excluída do regime que lhes é próprio. Então, os sócios dessa empresa de pequeno porte, para evitar que isso ocorra, constituem nova empresa e passam a direcionar a ela contratos ou receitas da empresa de pequeno porte, a fim de não ultrapassar os sobreditos limites e manter os benefícios. Ao fim e ao cabo, em vez de

[407] TCU, Plenário. Acórdão nº 1.370/2015. Rel. Min. Ana Arraes, j. 3.6.2015.

uma empresa de porte médio, que não recebe benefícios, passa-se a duas microempresas e empresas de pequeno porte, mantendo-se os benefícios. Trata-se de fraude, que, como dito, malgrado, tem sido recorrente.

É comum que a fraude seja mais requintada, especialmente com o ingresso de sócios diferentes, muitas vezes parentes ou terceiros, conhecidos popularmente como "laranjas". Com esses arranjos, é mais difícil detectar a fraude.

Essas situações, de fraude, são expressamente vedadas pelo §4º do artigo 3º da Lei Complementar nº 123/2006 e a exclusão do regime das microempresas e empresa de pequeno porte deve ser imediata, "a partir do mês seguinte ao que incorrida a situação impeditiva", como enuncia o §6º do artigo 3º da Lei Complementar nº 123/2006. O Tribunal de Contas da União tem se posicionado sobre o assunto:

> A participação simultânea de empresas coligadas em licitação afronta a legislação quando evidenciado que a empresa de maior porte – não enquadrada como microempresa ou empresa de pequeno porte – busca usufruir indiretamente dos benefícios da Lei Complementar 123/2006 por meio da sociedade de pequeno porte.[408]

Mais uma vez, essas fraudes tumultuam as licitações, aumentando bastante a litigiosidade. É comum que licitantes denunciem essas situações e a Administração acaba sendo forçada a suspender a tramitação dos processos, realizar diligências para apurar os fatos e tomar as providências necessárias. As licitações demoram para ser concluídas, os contratos são postergados, em prejuízo para a Administração Pública e para o interesse público.

É usual que, ao ser descoberto, o licitante que se declarou falsamente como microempresa ou empresa de pequeno porte alegue que não deve ser desclassificado da licitação ou sofrer outras reprimendas ao argumento de que não se valeu dos benefícios da Lei Complementar nº 123/2006. Ou seja, o licitante apresentou declaração falsa descoberta antes que ele se valesse dos benefícios. Também é possível que a declaração falsa tenha sido apresentada, mirando os benefícios, porém, por qualquer razão, o licitante não precisou se valer dos benefícios. A discussão que surge é se a declaração falsa, por si só, é o bastante para desclassificar o licitante e aplicar-lhe outras reprimendas ou se é necessário que a falsidade tenha produzido efeitos e prejuízos concretos à Administração Pública ou a terceiros.

O Tribunal de Contas da União vem entendendo que a mera declaração falsa é o suficiente para caracterizar a fraude à licitação, não sendo necessário que o licitante obtenha benefício:

> Desse modo, ao apresentar falsa declaração de enquadramento no Simples, na condição de EPP, a empresa incorreu em fraude à licitação, independentemente de haver exercido ou não eventual direito de preferência em decorrência de empate das propostas de lances. A jurisprudência do Tribunal é firme no sentido de que a mera participação de licitante como microempresa ou empresa de pequeno porte, amparada por declaração com conteúdo falso, configura fraude à licitação, não sendo necessário, para a configuração do ilícito, que a autora da fraude obtenha a vantagem esperada (Acórdão 1702/2017-TCU-Plenário, de

[408] TCU, Plenário. Acórdão nº 2.978/2013. Rel. Min. Benjamin Zymler, j. 6.11.2013.

relatoria do ministro Walton Alencar Rodrigues; 1488/2022-Plenário, de relatoria do ministro Vital do Rego; 68/2021-Plenário, de relatoria do ministro Aroldo Cedraz, entre outros). A qualificação como microempresa (ME) ou EPP é feita mediante declaração da Junta Comercial, que a expede com base em informação da empresa interessada. Da mesma forma, cessadas as condições que permitem o aludido enquadramento, a empresa deve fazer a declaração de desenquadramento, tratando-se, pois, de ato declaratório, de iniciativa de quem pretende usufruir dos referidos benefícios.[409] [410]

O Superior Tribunal de Justiça tem o mesmo entendimento:

PROCESSUAL CIVIL. UTILIZAÇÃO INDEVIDA DA CONDIÇÃO DE EPP PARA OBTENÇÃO DE TRATAMENTO FAVORECIDO NA LICITAÇÃO. 1. Na origem, Mandado de Segurança contra ato do Procurador-Geral de Justiça do Ministério Público do Estado de Minas Gerais, em que se objetiva afastar a aplicação da penalidade de suspensão temporária de participação em licitação e contratação com a Administração Pública pelo prazo de 1 (um) ano, além de multa no valor de R$6.000,00 (seis mil reais), devido a suposta fraude em pregão eletrônico realizado pelo MPE/MG, consistente na apresentação de declaração afirmando que cumpria os requisitos legais para sua qualificação como Microempresa ou Empresa de Pequeno Porte. [...] 3. A fraude à licitação apontada no acórdão recorrido dá ensejo ao chamado dano *in re ipsa*. Nesse sentido: REsp 1.376.524/RJ, Rel. Ministro Humberto Martins, Segunda Turma, DJe 9/9/2014; REsp 1.280.321/MG, Rel. Ministro Mauro Campbell Marques, Segunda Turma, DJe 9/3/2012; [...].[411]

O dano *in re ipsa*, mencionado pelo Superior Tribunal de Justiça no acórdão supracitado, é aquele que se configura pela própria coisa, surge do fato, é presumido e independe de comprovação. Ou seja, pouco importa se o licitante foi de fato beneficiado ou não. Importa é que apresentou uma declaração falsa.

---

[409] TCU, Plenário. Acórdão nº 1.483/2024. Rel. Min. Weder Oliveira, j. 24.7.2024.

[410] Em linha divergente de sua jurisprudência, o Tribunal de Contas da União reconheceu em precedente que o arrependimento eficaz importa na não aplicação da sanção, porque configura causa excludente de tipicidade. No caso, o licitante apresentou-se como microempresa e retratou-se antes de qualquer suposto efeito. Confira-se: "16. Não há dúvida de que a representada praticou, em um primeiro momento, a conduta vedada no dispositivo, porquanto declarou que se beneficiava do tratamento jurídico privilegiado da LC 123/2006, ao preencher os campos pertinentes no sistema, por ocasião dos pregões em exame. Há prova nos autos de que os sócios da empresa possuem mais de 10% no capital social outras sociedades não beneficiadas pela referida norma, circunstância admitida, inclusive, pela própria representada. 17. Todavia, compreendo que a situação em análise, de fato, distingue-se dos casos analisados pela jurisprudência do Tribunal, uma vez que a Vip Service Club Locadora e Serviços Ltda. buscou corrigir a sua conduta ou evitar os seus efeitos, voluntariamente, no curso da execução. 18. A meu juízo, ocorreu o que se chama de desistência voluntária e arrependimento eficaz, no Direito Criminal, sendo aplicável, por analogia, o art. 15 do Código Penal: Art. 15 - O agente que, voluntariamente, desiste de prosseguir na execução ou impede que o resultado se produza, só responde pelos atos já praticados. (Redação dada pela Lei nº 7.209, de 11.7.1984) 19. No caso, como a representada neutralizou os efeitos de sua conduta, no curso das licitações, compreendo que ela não praticou o fato típico descrito no art. 46 da Lei 8.443/1992, na medida em que, ao fim e ao cabo, ela não ludibriou nem enganou as entidades contratantes, não incorrendo em fraude à licitação. 20. Adoto, na situação em exame, a corrente dos criminalistas Basileu Garcia, Damásio de Jesus, Frederico Marques e Heleno Fragoso, entre outros, no sentido de que a desistência voluntária e o arrependimento eficaz constituem causas excludentes de tipicidade. 21. Dessa forma, considerando os elementos disponíveis no processo, acolho a defesa da sociedade empresária Vip Service Club Locadora e Serviços Ltda. e julgo improcedente a representação." (TCU, Plenário. Acórdão nº 1466/2024, Rel. Min. Benjamin Zymler, j. 24.7.2024).

[411] STJ, Segunda Turma. RMS nº 54.262/MG. Rel. Min. Herman Benjamin, j. 5.9.2017.

A declaração falsa também se qualifica como ato lesivo à Administração Pública nacional, dado que implica fraude à licitação pública, na forma da alínea "d" do inciso IV do artigo 5º da Lei nº 12.846/2013,[412] conhecida como Lei Anticorrupção. Nessa direção, a I Jornada de Direito Administrativo do Conselho da Justiça Federal aprovou o Enunciado 21, vazado nos seguintes termos:

> Enunciado 21 – A conduta de apresentação de documentos falsos ou adulterados por pessoa jurídica em processo licitatório configura o ato lesivo previsto no art. 5º, IV, "d", da Lei nº 12.846/2013, independentemente de essa sagrar-se vencedora no certame ou ter a continuidade da sua participação obstada nesse.

Nesses casos, a responsabilidade da pessoa jurídica é objetiva (artigo 2º da Lei nº 12.846/2013) e há previsão de imputação de responsabilidade às autoridades competentes omissas (artigo 27 da Lei nº 12.846/2013).

Aliás, em tese, a apresentação de declaração falsa configura o crime de falsidade ideológica, que é de natureza formal, não depende da aferição de benefícios por parte do seu autor. A jurisprudência do Superior Tribunal de Justiça é assentada:

> 2. A falsidade ideológica é crime formal e instantâneo, cujos efeitos podem vir a se protrair no tempo. A despeito dos efeitos que possam, ou não, vir a gerar, ela se consuma no momento em que é praticada a conduta. Precedentes.[413]

Não se afirma que todos os casos em que se constata a falsidade da declaração devem levar, quase que automaticamente, à desclassificação da licitante e a aplicação das demais sanções legais. As consequências da declaração dependem da culpabilidade, à exceção da responsabilidade objetiva preceituada no artigo 2º da Lei nº 12.846/2013, e, portanto, da análise das particularidades de cada caso. No entanto, é preciso destacar que as consequências e reprimendas legais resultantes da declaração falsa não são sobrestadas pela não obtenção de benefícios pelo licitante. A não obtenção dos benefícios, logo, a inexistência de dano concreto mais substancial, deve ser levada em consideração para definir o grau de responsabilidade do licitante e a medida das sanções a serem aplicadas contra ele. A pena pode ser menor, mas não deve deixar de ser aplicada.

De mais a mais, ainda que se deva avaliar as particularidades de cada caso, o licitante que apresenta a declaração com má-fé, sabendo que já não se enquadrava como microempresa ou empresa de pequeno porte, deve ser desclassificado da licitação e sancionado. Não se pode alegar que se trata de mera formalidade, algo que poderia ser relevado pela Administração em vistas da busca da proposta mais vantajosa. A desclassificação é medida que se impõe, o vício decorrente da má-fé não é saneável. Não custa lembrar que a conduta corresponde ao crime de falsidade ideológica. A

[412] "Art. 5º Constituem atos lesivos à administração pública, nacional ou estrangeira, para os fins desta Lei, todos aqueles praticados pelas pessoas jurídicas mencionadas no parágrafo único do art. 1º, que atentem contra o patrimônio público nacional ou estrangeiro, contra princípios da administração pública ou contra os compromissos internacionais assumidos pelo Brasil, assim definidos: [...] IV - no tocante a licitações e contratos: d) fraudar licitação pública ou contrato dela decorrente".

[413] STJ, Terceira Seção. RvCr 5.233/DF. Rel. Min. Reynaldo Soares da Fonseca, j. 13.5.2020

Administração não pode tolerar e fazer vista grossa para contratar alguém que cometeu crime cuja vítima é a própria Administração.

2.3 Regularidade fiscal e trabalhista

Os artigos 42 e 43 da Lei Complementar nº 123/2006 concedem privilégio às microempresas e às empresas de pequeno porte no que tange à comprovação da regularidade fiscal e trabalhista. Convém esclarecer que, na redação original dos supracitados artigos da Lei Complementar nº 123/2006, o privilégio era limitado à regularidade fiscal. A Lei Complementar nº 155/2016 alterou os artigos 42 e 43 da Lei Complementar nº 123/2006, para estender o privilégio para a regularidade trabalhista.

De todo modo, a ideia que os perpassa é a de conferir oportunidade para que as microempresas e empresas de pequeno porte regularizem defeitos pertinentes à regularidade fiscal e trabalhista. Ou seja, todos os demais licitantes, se apresentarem documento de regularidade fiscal e trabalhista com defeito, são de plano inabilitados. As microempresas e empresas de pequeno porte não devem ser imediatamente inabilitadas, pois dispõem de outra oportunidade para apresentar os documentos devidos.

Pois bem, o artigo 42 da Lei Complementar nº 123/2006 prescreve que "nas licitações públicas, a comprovação de regularidade fiscal e trabalhista das microempresas e empresas de pequeno porte somente será exigida para efeito de assinatura do contrato".

Em sentido oposto, o artigo 43 da mesma Lei Complementar nº 123/2006 preceitua que "as microempresas e empresas de pequeno porte, por ocasião da participação em certames licitatórios, deverão apresentar toda a documentação exigida para efeito de comprovação de regularidade fiscal e trabalhista, mesmo que esta apresente alguma restrição".

Em complemento, o §1º do mesmo artigo 43 enuncia:

> [...] havendo alguma restrição na comprovação da regularidade fiscal e trabalhista, será assegurado o prazo de cinco dias úteis, cujo termo inicial corresponderá ao momento em que o proponente for declarado vencedor do certame, prorrogável por igual período, a critério da administração pública, para regularização da documentação, para pagamento ou parcelamento do débito e para emissão de eventuais certidões negativas ou positivas com efeito de certidão negativa.

A contradição salta aos olhos. De acordo com o artigo 42 da Lei Complementar nº 123/2006, as microempresas e empresas de pequeno porte não devem apresentar documentos de regularidade fiscal e trabalhista durante a licitação, mas apenas após a conclusão desta, depois da homologação, quando convocadas para assinar o contrato. Por outro lado, o artigo 43 da mesma lei complementar é peremptório ao demandar a apresentação dos documentos de regularidade fiscal e trabalhista ainda durante a licitação, prescrevendo, inclusive, em seu §1º, prazo, durante a licitação, que a microempresa ou empresa de pequeno porte apresente os documentos que foram apresentados anteriormente com defeito.

Enfim, deve-se seguir o artigo 42 ou o artigo 43? Devem-se exigir os documentos de regularidade fiscal e trabalhista das microempresas e empresas de pequeno porte durante a licitação ou apenas após a sua conclusão? Como resolver essa contradição?

Devem-se exigir os documentos das microempresas e empresas de pequeno porte durante a licitação, conforme o estatuído no artigo 43 da Lei Complementar nº 123/2006.

Explicando melhor, o artigo 42 é geral e o artigo 43 é específico, subdividido em parágrafos que detalham o procedimento. Em conflito entre o geral e o específico, conforme regra de hermenêutica, deve prevalecer o específico, isto é, o artigo 43 deve prevalecer sobre o artigo 42.

Demais disso, em raciocínio de ordem sistêmica, não faria qualquer sentido exigir documento de habilitação depois de encerrada a licitação. Ora, a licitação presta-se justamente a selecionar aquele com quem a Administração irá firmar contrato, verificando se ele tem ou não condições e habilidade para fazê-lo. Assim sendo, documentos de habilitação, como são os documentos pertinentes à regularidade fiscal e trabalhista, devem ser exigidos no curso da licitação, sob pena de subverter a finalidade dela.

Em apertada síntese, as microempresas e as empresas de pequeno porte, diferentemente das demais, não devem ser inabilitadas, na fase própria de habilitação, se houve problemas com qualquer documento pertinente à regularidade fiscal e trabalhista.

A rigor, na forma do *caput* do artigo 43 da Lei Complementar nº 123/2006, as microempresas e as empresas de pequeno porte devem apresentar as certidões de regularidade fiscal e trabalhista normalmente, durante a licitação, tais quais os demais licitantes, dentro do envelope destinado aos documentos de habilitação. Entretanto, se houver problema em algum dos documentos pertinentes à regularidade fiscal e trabalhista delas, a Administração não as deve inabilitar. Nessa situação, o juízo sobre a habilitação das microempresas e das empresas de pequeno porte é suspenso, é postergado.

Trocando em miúdos, ao final da fase de habilitação, as microempresas ou as empresas de pequeno porte, cujas certidões de regularidade fiscal e trabalhista apresentaram defeitos, não devem ser habilitadas nem inabilitadas. Elas, em que pese apresentarem certidões de regularidade fiscal e trabalhista defeituosas, passam à próxima fase do certame, não são excluídas dele.

Nesse ponto é oportuno que se faça um esclarecimento. O artigo 43 da Lei Complementar nº 123/2006 prescreve que a microempresa ou empresa de pequeno porte deve "apresentar toda a documentação exigida para efeito de comprovação de regularidade fiscal e trabalhista, mesmo que esta apresente alguma restrição". O §1º do artigo 43 enuncia que, "havendo alguma restrição na comprovação da regularidade fiscal e trabalhista", será dado prazo para regularizá-la.

Portanto, da literalidade dos dispositivos supracitados, parece que a microempresa ou empresa de pequeno porte precisa, para valer-se do prazo de regularização, apresentar alguma sorte de documento, ainda que defeituoso, ainda que não atenda ao edital. Nessa linha, ela teria de apresentar certidão positiva ou fora do prazo, porém teria de apresentar algum documento, não poderia, pura e simplesmente, não apresentar documento algum.

Essa interpretação é equivocada. Sucede que a apresentação de documento com defeito e a não apresentação de documento geram o mesmo efeito. Ora, quem apresenta documento com defeito e quem não apresenta o documento não atendem ao edital. Não faz qualquer sentido os diferenciar, dizer que quem apresenta documento com defeito terá prazo para regularizá-lo e quem não apresenta documento não terá qualquer prazo. Não há razão jurídica suficiente para fundamentar a discriminação entre as duas situações. Logo, em raciocínio amparado no princípio da isonomia, pouco importa se a microempresa ou empresa de pequeno porte apresentou com defeito ou não apresentou a documentação de regularidade fiscal ou trabalhista, em ambos os casos faz jus ao prazo para apresentá-la, desde que declarada vencedora.

Pois bem, se a microempresa ou a empresa de pequeno porte cujas certidões de regularidade fiscal e trabalhista apresentarem defeito for declarada vencedora da licitação, a Administração deve conceder a ela, a partir do momento em que é declarada vencedora, o prazo de cinco dias úteis, prorrogável por igual período, para regularizar a sua situação, para que apresente novas certidões, escoimadas dos defeitos constatados inicialmente.

A essa altura, ergue-se outra dúvida: deve-se oportunizar, em conformidade com o §1º do artigo 43 da Lei Complementar nº 123/2006, à microempresa ou à empresa de pequeno porte prazo para a apresentação de certidões de regularidade fiscal e trabalhista depois de *declarada vencedora*. A dúvida reside em precisar o momento em que os licitantes são *declarados vencedores*.

Na modalidade pregão da revogada Lei nº 10.520/2002, o inciso XV do artigo 4º da Lei nº 10.520/2002 enunciava que, "verificado o atendimento das exigências fixadas no instrumento convocatório, o licitante será declarado vencedor". Ou seja, no pregão da revogada Lei nº 10.520/2002 o licitante era declarado vencedor após a habilitação e antes da etapa recursal. Então, a microempresa ou a empresa de pequeno porte dispunha do direito de reapresentar as certidões de regularidade fiscal logo após a fase de habilitação.

O problema é que na Lei nº 14.133/2021 não existe o ato formal em que o licitante é declarado vencedor. Por analogia à revogada Lei nº 10.520/2002, que o legislador teve em mente ao redigir o §1º do artigo 43 da Lei Complementar nº 123/2006, deve-se entender que a oportunidade para a regularização das certidões de regularidade fiscal e trabalhista deve ser concedida antes da etapa recursal. Ou seja, o agente ou comissão encarregada de conduzir a licitação deve suspender a licitação e conceder o prazo para a regularização antes de abrir prazo para os licitantes manifestarem intenção de recorrer, conforme o inciso I do §1º do artigo 165 da Lei nº 14.133/2021.

Se, dentro do prazo, a microempresa ou empresa de pequeno porte apresentar os documentos de regularidade fiscal e trabalhista faltantes, o pregoeiro deve retomar a sessão pública do pregão, para o efeito de confirmar a habilitação dela e a declaração de vencedora, passando, então, à fase recursal.

Se a microempresa ou a empresa de pequeno porte não apresentar os documentos, consoante o §2º do artigo 43 da Lei Complementar nº 123/2006, ela é inabilitada, perde o direito à contratação e deve ser penalizada. O §2º do artigo 43 da Lei Complementar nº 123/2006 refere-se expressamente ao revogado artigo 81 da Lei nº 8.666/1993, que tratava da "recusa injustificada do adjudicatário em assinar o contrato, aceitar ou retirar o instrumento equivalente".[414] Diante da Lei nº 14.133/2021, com amparo no seu artigo

---

[414] "Art. 81. A recusa injustificada do adjudicatário em assinar o contrato, aceitar ou retirar o instrumento equivalente, dentro do prazo estabelecido pela Administração, caracteriza o descumprimento total da obrigação assumida, sujeitando-o às penalidades legalmente estabelecidas".

189,[415] deve-se aplicar o §5º do seu artigo 90, que tem praticamente o mesmo teor do artigo 81 da Lei nº 8.666/1993:

> A recusa injustificada do adjudicatário em assinar o contrato ou em aceitar ou retirar o instrumento equivalente no prazo estabelecido pela Administração caracterizará o descumprimento total da obrigação assumida e o sujeitará às penalidades legalmente estabelecidas e à imediata perda da garantia de proposta em favor do órgão ou entidade licitante.

Também se pode aplicar, em reforço, o inciso V do artigo 155 da Lei nº 14.133/2021, que prescreve a responsabilidade administrativa do licitante nos casos em que ele "não manter a proposta, salvo em decorrência de fato superveniente devidamente justificado". Ou seja, a não apresentação dos documentos é equiparada à recusa em assinar o contrato e gera a aplicação das penalidades legais, que dependerão da modalidade de licitação realizada.

Sob essa perspectiva, convém salientar que a microempresa ou empresa de pequeno porte deve tratar do assunto com seriedade. Se ela não dispõe de documento de regularidade fiscal e trabalhista, e, mesmo assim, pretende participar da licitação, deve ter a ciência de que, acaso declarada vencedora, precisará regularizar sua situação, sob pena de sofrer sanções administrativas. Ela deve avaliar, com antecedência, se terá disposição e condições de regularizar sua situação no prazo dado pelo §1º do artigo 43 da Lei Complementar nº 123/2006. Se ela participou da licitação e foi declarada vencedora, a apresentação da documentação não é uma mera liberalidade ou faculdade. A participação dela na licitação gera o compromisso de regularização da situação, acaso declarada vencedora.

Esclareça-se que o prazo para a regularização dos documentos de regularidade é de cinco dias úteis, prorrogáveis por igual período, a critério da Administração Pública (§1º do artigo 43 da Lei Complementar nº 123/2006). Logo, por força do aludido dispositivo, o agente ou comissão encarregada de conduzir a licitação goza de discricionariedade para prorrogar o prazo ou não.

Defende-se a tese de que o agente ou comissão encarregada de conduzir a licitação pode conceder o prazo de dez dias úteis de uma vez só, se já se descortinar, de início, justificativa para tal medida. Ou seja, o agente ou comissão encarregada de conduzir a licitação pode, já de pronto, conceder à microempresa ou à empresa de pequeno porte o prazo total com o período correspondente à prorrogação, a fim de simplificar o procedimento e evitar entraves burocráticos, como formalização do pedido de prorrogação, pareceres etc.

---

[415] "Art. 189. Aplica-se esta Lei às hipóteses previstas na legislação que façam referência expressa à Lei nº 8.666, de 21 de junho de 1993, à Lei nº 10.520, de 17 de julho de 2002, e aos arts. 1º a 47-A da Lei nº 12.462, de 4 de agosto de 2011".

2.4 Direito de preferência às microempresas e às empresas de pequeno porte em licitação pública

O *caput* do artigo 44 da Lei Complementar nº 123/2006 confere às microempresas e às empresas de pequeno porte direito de preferência nas situações em que ocorre empate em licitação pública. No entanto, o empate que dá ensejo ao direito de preferência não pressupõe que as propostas apresentadas por microempresas ou empresas de pequeno porte contenham exatamente o mesmo valor nominal ofertado por outras empresas. Ocorre que os §§1º e 2º do referido artigo 44 prescrevem que há empate nos casos em que a proposta apresentada pela microempresa ou empresa de pequeno porte não seja superior a 10% da proposta mais bem classificada e, no caso de licitação promovida sob a modalidade pregão, que não seja superior a 5% da proposta com o menor preço.

De todo modo, ocorrendo o empate a que aludem os parágrafos do artigo 44 da Lei Complementar nº 123/2006, a microempresa ou a empresa de pequeno porte não é automaticamente declarada vencedora, na medida em que o seu preço é de fato superior ao menor preço ofertado no certame, o que importaria, se fosse o caso, desvantagem à Administração Pública.

A rigor, reconhecendo-se o empate, na forma dos parágrafos do artigo 44 da Lei Complementar nº 123/2006, a microempresa ou a empresa de pequeno porte mais bem classificada faz jus à oportunidade de oferecer proposta de preço inferior à proposta até então considerada vencedora do certame, conforme dispõe o inciso I do artigo 45 da mesma lei complementar. Enfatiza-se que não basta à microempresa ou à empresa de pequeno porte igualar o menor preço até então ofertado. A microempresa ou a empresa de pequeno porte mais bem classificada deve cobrir o menor preço até então ofertado, reduzi-lo. Se o fizer, prescreve o referido inciso I do artigo 45 da lei complementar, o objeto da licitação deve ser adjudicado a ela.

A propósito, nem todas as microempresas e as empresas de pequeno porte que cotarem preços considerados empatados com o menor preço então ofertado, nos termos dos parágrafos do artigo 44 da Lei Complementar nº 123/2006, têm o direito de cobri-lo, oferecendo nova proposta. Somente a microempresa ou a empresa de pequeno porte mais bem classificada faz jus ao direito.

O inciso II do artigo 45 da Lei Complementar nº 123/2006 prescreve que se a microempresa ou a empresa de pequeno porte mais bem classificada não exercer o direito de preferência, as demais microempresas e empresas de pequeno porte participantes da licitação, desde que tenham ofertado preços dentro dos parâmetros estabelecidos pelos parágrafos do artigo 44 da Lei Complementar nº 123/2006, terão também o direito de cobrir o menor valor então proposto, de acordo com a ordem de classificação delas.

Demais disso, se, eventualmente, houver efetivo empate entre preços de diferentes microempresas e/ou empresas de pequeno porte, o inciso III do artigo 45 da Lei Complementar nº 123/2006 determina que se deve proceder a sorteio, para definir a ordem de classificação e, por consequência, qual delas poderá exercer o direito de preferência estatuído na Lei Complementar nº 123/2006 em primeiro lugar.

2.4.1 A aplicação do direito de preferência nas licitações julgadas pelo critério da técnica e preço e a não aplicação em relação às licitações julgadas pelo critério da melhor técnica ou conteúdo artístico

O direito de preferência concedido em favor das microempresas e das empresas de pequeno porte não se aplica sobre as licitações que adotam o tipo melhor técnica ou conteúdo artístico.

Bem se vê, sobretudo em face do inciso I do artigo 45 da Lei Complementar nº 123/2006, que o direito de preferência outorgado em favor das microempresas e das empresas de pequeno porte é exercido estritamente sob a perspectiva do preço. Tanto o é que o referido dispositivo alude ao direito de "apresentar proposta com preço inferior àquela considerada vencedora do certame".

Ocorre que, nas licitações do tipo melhor técnica ou conteúdo artístico, o preço não é o fator determinante ou preponderante para a Administração Pública, tanto que é fixado no edital pela própria Administração, consoante estatui o artigo 35 da Lei nº 14.133/2021. Ou seja, a disputa não passa pelo preço, só pela técnica e conteúdo artístico.

Insista-se que o inciso I do artigo 45 da Lei Complementar nº 123/2006 determina que o direito de preferência deve ser exercido por meio do oferecimento por parte da microempresa ou da empresa de pequeno porte mais bem classificada de proposta de preço inferior ao ofertado na proposta até então considerada vencedora do certame. Assim sendo, por força do princípio da legalidade, como a lei complementar em comento não previu a melhora da proposta técnica ou de conteúdo artístico, é de concluir que o direito de preferência preceituado nela se restringe às licitações cujo preço seja fator preponderante para a definição do vencedor, excluindo aquelas do tipo melhor técnica.

Convém ressalvar que é possível aplicar o direito de preferência estatuído na Lei Complementar nº 123/2006 nas licitações do tipo técnica e preço. Ocorre que nelas há uma nota técnica e uma nota de preço, que são ponderadas para a obtenção do resultado. Nesse sentido, apesar das dificuldades procedimentais, comentadas adiante, a microempresa ou a empresa de pequeno porte poderia reduzir o seu preço e, em vista disso, ainda que com a mesma técnica, passar a oferecer a proposta mais vantajosa à Administração. Essa solução foi incorporada no §8º do artigo 5º do Decreto Federal nº 8.538/2015,[416] que trata do exercício do direito de preferência para as licitações do tipo técnica e preço.

Percebe-se que o Decreto Federal nº 8.538/2015 prescreve norma sobre o direito de preferência para o tipo técnica e preço e não prevê para o tipo melhor técnica. Depreende-se, olhando-se o conjunto, que a ideia é que não se aplique o direito de preferência nas licitações do tipo melhor técnica ou conteúdo artístico, como defendido aqui.

---

[416] "Art. 5º [...] §8º Nas licitações do tipo técnica e preço, o empate será aferido levando em consideração o resultado da ponderação entre a técnica e o preço na proposta apresentada pelos licitantes, sendo facultada à microempresa ou empresa de pequeno porte melhor classificada a possibilidade de apresentar proposta de preço inferior, nos termos do regulamento".

2.4.2 Procedimento para o exercício do direito de preferência

Pois bem, nas licitações do tipo menor preço, ao fim do julgamento das propostas, se microempresa ou empresa de pequeno porte tiver ofertado o menor preço, o certame deve seguir normalmente. No entanto, se o menor preço tiver sido oferecido por empresa não qualificada como microempresa ou empresa de pequeno porte, o agente ou comissão encarregada de conduzir a licitação deve verificar se alguma microempresa ou empresa de pequeno porte ofertou proposta não superior a 10% em relação ao menor preço e 5%, se a modalidade for o pregão.

Se a resposta for positiva, isto é, se alguma microempresa ou empresa de pequeno porte ofertou preço não superior ao percentual estabelecido em relação ao menor preço, o agente ou comissão de licitação deve conceder à microempresa ou empresa de pequeno porte mais bem classificada oportunidade para que ela exerça o direito de preferência.

Ressalta-se que, se o julgamento for realizado pelo modo de disputa aberto, o direito de preferência deve ser concedido depois do encerramento da etapa de lances. Sucede que, até o advento da Lei nº 14.133/2021, a etapa de lances ocorria apenas na modalidade pregão e não nas modalidades tradicionais da revogada Lei nº 8.666/1993. Tomando isso em conta, o legislador, no §3º do artigo 45 da Lei Complementar nº 123/2006, prescreveu que, "no caso de pregão, a microempresa ou empresa de pequeno porte mais bem classificada será convocada para apresentar nova proposta no prazo máximo de cinco minutos após o encerramento dos lances, sob pena de preclusão". Ou seja, de acordo com o dispositivo, a oportunidade para o direito de preferência deve ser concedida após a etapa de lances e antes que se tomem outras providências, como a verificação da conformidade das propostas e negociação.

Aplicando-se a mesma lógica, pode-se extrair a conclusão de que o direito de preferência deve ser concedido às microempresas ou empresas de pequeno porte logo após o julgamento propriamente dito das propostas e antes que, por regra, se proceda à verificação de conformidade das propostas e à negociação. Essa lógica decorre do prescrito no supracitado no §3º do artigo 45 da Lei Complementar nº 123/2006 que, embora mire a modalidade pregão, pode ser replicada para as demais modalidades, dado que não há incompatibilidade.

Em linhas gerais, a Lei Complementar nº 123/2006 não define o prazo de que dispõe a microempresa ou a empresa de pequeno porte que faz jus ao direito de preferência para exercê-lo, à exceção da modalidade pregão – o supracitado §3º do artigo 45 da Lei Complementar nº 123/2006 estabeleceu o prazo de cinco minutos para o exercício do direito de preferência na modalidade pregão.

O §7º do artigo 5º do Decreto Federal nº 8.538/2015 prescreve que o prazo deve ser definido pela Administração já no edital de licitação. Se, eventualmente, por desatenção, não tiver sido, cabe ao agente ou à comissão encarregada de conduzir a licitação fazê-lo no transcuro do certame, porém de forma razoável e compatível com o vulto e complexidade da licitação.

Se a microempresa ou a empresa de pequeno porte mais bem classificada exercer o direito de preferência, cobrindo o menor preço até então ofertado, o agente ou comissão encarregada de conduzir a licitação deve atribuir a ela a primeira classificação e dar sequência à licitação.

Se a microempresa ou empresa de pequeno porte mais bem classificada não exercer o direito de preferência, não cobrindo o menor preço até então ofertado, o agente ou comissão encarregada de conduzir a licitação deve verificar se alguma outra microempresa ou empresa de pequeno porte ofertou preço não superior a dez por cento do menor preço. Se houver outra ou outras microempresas ou empresas de pequeno porte nessa situação, deve-se repetir o mesmo procedimento, conferindo a elas, de acordo com a ordem de classificação, oportunidade para exercer o direito de preferência.

2.4.3 Procedimento para o direito de preferência nas licitações julgadas sob o critério da técnica e preço

Nas licitações julgadas sob o critério da técnica e preço, o agente ou comissão encarregada de conduzir a licitação deve realizar o julgamento normalmente, abrindo o envelope com a proposta técnica e o envelope com a proposta de preço, apurando-se a nota final de cada licitante, que é resultante da ponderação dos dois fatores, técnica e preço.

O direito de preferência preconizado no artigo 44 da Lei Complementar nº 123/2006 somente deve ser exercido se houver empate na nota final, repita-se, resultante da ponderação entre os fatores técnica e preço. Veja-se que o §1º do artigo 44 da referida lei complementar prescreve que se entende "por empate aquelas situações em que as propostas apresentadas pelas microempresas e empresas de pequeno porte sejam iguais ou até 10% (dez por cento) superiores à proposta mais bem classificada". Ou seja, o parâmetro para identificar o empate é a proposta como um todo. E, nas licitações julgadas pela técnica e preço, a proposta como um todo resulta da conjunção da técnica e do preço. Quer dizer que isoladamente o preço não é o parâmetro para identificar o pretenso empate nas licitações de técnica e preço.

Pois bem, se houver microempresas ou empresas de pequeno porte cujas notas finais, resultantes da técnica e do preço, não sejam superiores a 10% da melhor nota final, a que tiver oferecido a melhor proposta fará jus ao direito de preferência.

Nesse sentido, o agente ou comissão encarregada de conduzir a licitação deve conceder à microempresa ou à empresa de pequeno porte mais bem classificada oportunidade para exercer o direito de preferência. Repita-se que a Lei Complementar nº 123/2006 não define o prazo de que dispõe a microempresa ou a empresa de pequeno porte que faz jus ao direito de preferência para exercê-lo. Logo, é recomendável que o edital verse sobre o assunto. Se o edital for omisso, o agente ou a comissão deve fixar o prazo.

Cumpre salientar que o direito de preferência outorgado à microempresa ou empresa de pequeno porte enseja a ela a melhora apenas da parte da proposta relativa ao preço; ela não poderá alterar a parte da proposta relativa à técnica. Nesse sentido, o inciso I do artigo 45 da Lei Complementar nº 123/2006 é claro e peremptório ao enunciar que o direito de preferência é exercido com a apresentação de proposta de preço inferior àquela considerada vencedora do certame.

É assim que prescreve o §8º do artigo 5º do Decreto Federal nº 8.538/2015:

Nas licitações do tipo técnica e preço, o empate será aferido levando em consideração o resultado da ponderação entre a técnica e o preço na proposta apresentada pelos licitantes, sendo facultada à microempresa ou empresa de pequeno porte melhor classificada a possibilidade de apresentar proposta de preço inferior, nos termos do regulamento.

Dessa forma, a licitante microempresa ou empresa de pequeno porte que faz jus ao direito de preferência tem a oportunidade apenas de reduzir o seu preço. A licitante microempresa ou empresa de pequeno porte somente é a vencedora se, com o novo preço apresentado por ela, a nota final dela for superior à da empresa inicialmente apontada como vencedora.

Se isso não ocorrer, o agente ou comissão encarregada de conduzir a licitação deve verificar se há outras microempresas ou empresas de pequeno porte que também tenham oferecido propostas não superiores a 10% da proposta mais bem classificada apresentada por licitante que não seja microempresa ou empresa de pequeno porte. Se houver, deve garantir a elas, de acordo com a ordem inicial de classificação, o direito de preferência, que se exerce da mesma forma.

2.5 Tratamento diferenciado e simplificado

Na sistemática original da Lei Complementar nº 123/2006, as microempresas e empresas de pequeno porte faziam jus a dois privilégios em todas as licitações e independentemente da vontade da Administração. Trata-se das questões relativas à regularidade fiscal e ao direito de preferência, já comentados acima. Afora isso, o artigo 46 da Lei Complementar nº 123/2006 outorga às microempresas e empresas de pequeno porte o direito de emitir cédula de crédito microempresarial e o artigo 47 prevê em favor delas o chamado "tratamento diferenciado e simplificado", que, na redação original do artigo, pressupunha previsão no edital, logo dependia da vontade da Administração, não era obrigatório para todas as licitações.

Diga-se, já a essa altura, na forma do artigo 48 da Lei Complementar nº 123/2006, que o tratamento diferenciado e simplificado consiste em três medidas: licitações exclusivas para microempresas e empresas de pequeno porte, licitações com cotas reservadas e exigência de subcontratação compulsória de microempresas e empresas de pequeno porte.

São medidas impactantes, especialmente sob a ótica econômica, e bastante controvertidas. Repita-se que a Administração, na redação original da Lei Complementar nº 123/2006, não era obrigada a adotá-las em suas licitações, a competência era discricionária. Diante disso, o fato é que eram previstas nos editais raramente. A maioria dos órgãos e entidades administrativas ignorava o tratamento diferenciado e simplificado.

Para reverter esse cenário, a Lei Complementar nº 147/2014 resolveu tornar o tratamento diferenciado e simplificado obrigatório. O artigo 47 da Lei Complementar nº 123/2006, em sua redação original, previa que "nas contratações públicas da União, dos Estados e dos Municípios, poderá ser concedido tratamento diferenciado e simplificado [...]". Em complemento, o inciso I do artigo 49, também da Lei Complementar nº 123/2006, determinava que o tratamento diferenciado e simplificado não se aplicava acaso não previsto expressamente no edital. O artigo 47, com a redação que lhe foi dada pela Lei Complementar nº 147/2014, passou a afirmar que "deverá ser concedido tratamento diferenciado e simplificado [...]", e o inciso I do artigo 49 foi simplesmente revogado. Daí fica muito claro que o tratamento diferenciado e simplificado passou a ser obrigatório, é um direito dado e reconhecido às microempresas e empresas de pequeno porte independentemente da vontade da Administração.

De todo modo, apesar de obrigatório, o tratamento diferenciado e simplificado deve ser previsto no instrumento convocatório. Nessa direção, o artigo 11 do Decreto Federal nº 8.538/2015 prescreve que "os critérios de tratamento diferenciado e simplificado para as microempresas e empresas de pequeno porte deverão estar expressamente previstos no instrumento convocatório". No silêncio do edital, não se pode presumir que a licitação seja exclusiva, com cota reservada ou com subcontratação obrigatória.[417] Tais aspectos devem ser expressos, a bem do princípio da vinculação ao edital e da segurança jurídica. Se não forem, a microempresa ou empresa de pequeno porte deve, se quiser, impugná-lo ou contestá-lo pelas vias competentes. Daí, acaso a impugnação ou qualquer outra medida seja acatada, o edital deve ser anulado e, se for o caso, publicado novamente.

De todo modo, com essa nova tonalidade trazida pela Lei Complementar nº 147/2014, o tratamento diferenciado e simplificado, sobremaneira em relação às licitações exclusivas e com cotas reservadas, ganhou relevância.

2.5.1 Licitação destinada exclusivamente às microempresas e às empresas de pequeno porte e sua inconstitucionalidade

Sob o manto do tratamento diferenciado e simplificado, o inciso I do artigo 48 da Lei Complementar nº 123/2006 prescreve que se promova licitação destinada exclusivamente à participação de microempresas e empresas de pequeno porte desde que o valor do contrato não ultrapasse R$80.000,00. Essa norma é reproduzida no artigo 6º do Decreto Federal nº 8.538/2015.

O inciso I do artigo 48 da Lei Complementar nº 123/2006 é inconstitucional.

Em primeiro lugar, ele se opõe ao princípio da isonomia, pois impede pessoas não qualificadas como microempresas ou empresas de pequeno porte de participarem de licitação.

É sabido que o princípio da isonomia não significa igualdade absoluta, que os iguais devem ser tratados com igualdade e que os desiguais devem ser tratados com desigualdade. É verdade que as microempresas e empresas de pequeno porte não são iguais às empresas de médio ou grande porte e, por isso, devem ser favorecidas, o que não afronta o princípio da isonomia (inciso IX do artigo 170 da Constituição Federal).

Entretanto, favorecer microempresas e empresas de pequeno porte não significa impedir que outras pessoas participem de licitação. Ou seja, favorecer significa privilegiar microempresas e empresas de pequeno porte dentro da licitação e não excluir aqueles que não recebam tal qualificativo. Quer dizer que o favorecimento pressupõe a competição.

---

[417] Em relação à subcontratação compulsória com maior intensidade porque o inciso II do artigo 48 da Lei Complementar nº 123/2006 ainda prescreve que o uso dela depende de competência discricionária da Administração: "Art. 48. Para o cumprimento do disposto no artigo 47 desta Lei Complementar, a administração pública: [...] II - poderá, em relação aos processos licitatórios destinados à aquisição de obras e serviços, exigir dos licitantes a subcontratação de microempresa ou empresa de pequeno porte, [...]".

O problema é que o inciso I do artigo 48 da Lei Complementar nº 123/2006 recusa a competição, ferindo o direito das pessoas que não sejam microempresas ou empresas de pequeno porte de participarem de licitação, que se funda no princípio da isonomia, encartado no *caput* do artigo 5º da Constituição Federal.

Demais disso, o inciso I do artigo 48 da Lei Complementar nº 123/2006 viola os princípios da eficiência e da competitividade (*caput* e inciso XXI do artigo 37 da Constituição Federal). A restrição à competitividade é clara. E o fato é que competição restrita limita o número de propostas ofertadas à Administração, cerceando o universo delas e diminuindo as chances de obter a mais vantajosa, o que, de pronto, não se harmoniza com o princípio da eficiência. Com competição limitada, restrita às microempresas e empresas de pequeno porte, na maioria dos casos, a Administração Pública receberá e contratará com propostas menos vantajosas, tanto sob a perspectiva da técnica quanto do preço, violando, também, o princípio da economicidade, que é uma espécie de consectário ou subprincípio decorrente do princípio da eficiência.[418]

Além do mais, o inciso I do artigo 48 da Lei Complementar nº 123/2006 é incompatível com os princípios regentes da ordem econômica, entre os quais os da livre iniciativa e da livre concorrência (*caput* e inciso IV do artigo 170 da Constituição Federal), porque cria espécie de reserva de mercado em licitação pública em prol das microempresas e empresas de pequeno porte.

Esclareça-se, também, que o inciso I do artigo 48 da Lei Complementar nº 123/2006 obriga que itens de licitações que não ultrapassem R$80.000,00 também sejam franqueados apenas às microempresas e empresas de pequeno porte, sem permitir a participação de outras empresas ou pessoas físicas. O artigo 6º do Decreto Federal nº 8.538/2015 prescreve que a licitação exclusiva se aplica em relação a itens ou lotes. Em essência, o teor da lei complementar e do decreto federal é o mesmo: se o objeto da licitação for dividido em partes autônomas, ou seja, entre itens ou lotes com julgamento separado, o limite de R$80.000,00 deve ser calculado por item ou lote e não pelo valor total envolvido na licitação. No entanto, se o julgamento for pelo preço global, isto é, pelo preço total para

---

[418] Sobre o princípio da eficiência, leiam-se as observações de Paulo Modesto: "A imposição de atuação eficiente, do ponto de vista jurídico, refere a duas dimensões da atividade administrativa indissociáveis: a) a dimensão da racionalidade e otimização no uso dos meios; b) a dimensão da satisfatoriedade dos resultados da atividade administrativa pública. Não é apenas uma ou outra exigência, mas as duas ideias conjugadas. Eficiência, para fins jurídicos, não é apenas o razoável ou correto aproveitamento dos recursos e meios disponíveis em função dos fins prezados, como é corrente entre os economistas e os administradores. A eficiência, para os administradores, é um simples problema de otimização de meios; para o jurista, diz respeito tanto a otimização dos meios quanto à qualidade do agir final. Recorde-se que o administrador público está obrigado a agir tendo como parâmetro o melhor resultado, consultando-se o princípio da proporcionalidade (Juarez Freitas, 1999: 85-86). Na primeira dimensão do princípio da eficiência insere-se a 'exigência de economicidade, igualmente positivada entre nós', sendo o desperdício a ideia oposta imediata. Trata-se aqui da eficiência como qualidade da ação administrativa que maximiza recursos na obtenção de resultados previstos. Na segunda dimensão, cuida-se da eficiência como qualidade da ação administrativa que obtém resultados satisfatórios ou excelentes, constituindo a obtenção de resultados inúteis ou insatisfatórios uma das formas de contravenção mais comum ao princípio. A primeira face ou dimensão do princípio é enfatizada por diversas disposições constitucionais (em especial, o artigo 39, §7º, e artigo 74, II, da Constituição Federal). Enfatizam o segundo aspecto as disposições sobre 'avaliação de resultado', em especial o referido no artigo 37, §3º 'avaliação periódica, externa e interna, da qualidade dos serviços' e a necessidade de lei para disciplinar a 'representação contra o exercício negligente ou abusivo de cargo, emprego ou função na administração pública'. Vale, neste ponto, conferir também o prescrito nos artigos 41, §3º e 41, §1º, III e 247" (MODESTO, Paulo. Notas para um debate sobre o princípio da eficiência. *Revista do Serviço Público*, ano 51, n. 2, abr./jun. 2000).

todo o objeto licitado, daí os R$80.000,00 devem ser calculados em razão do valor total da licitação e não de partes do seu objeto.

Enfim, quando o objeto da licitação for divisível e quando a Administração dividir o julgamento de licitação em itens ou lotes, os respectivos itens ou lotes que não ultrapassarem R$80.000,00 somente poderão ser disputados por microempresas e empresas de pequeno porte. Na prática, todos os interessados poderão participar da licitação. No entanto, os itens ou lotes de até R$80.000,00 são reservados para as microempresas e empresas de pequeno porte, sem que se admita a participação dos demais.

2.5.2 Licitação exclusiva deserta

É de supor que muitas licitações exclusivas acabem desertas ou fracassadas, sem a participação de licitantes ou com a participação de licitantes que não atendem ao edital e, por isso, inabilitados ou desclassificados. Nessas situações, de licitações exclusivas desertas ou fracassadas, não se pode aplicar a dispensa de licitação do inciso III do artigo 75 da Lei nº 14.133/2021, cuja redação é a seguinte:

> Art. 75. É dispensável a licitação: [...]
> III - para contratação que mantenha todas as condições definidas em edital de licitação realizada há menos de 1 (um) ano, quando se verificar que naquela licitação:
> a) não surgiram licitantes interessados ou não foram apresentadas propostas válidas;
> b) as propostas apresentadas consignaram preços manifestamente superiores aos praticados no mercado ou incompatíveis com os fixados pelos órgãos oficiais competentes; [...].

Sucede que o inciso III do artigo 75 da Lei nº 14.133/2021 pressupõe que tenha havido oportunidade para todos os interessados apresentarem propostas à Administração e, em que pese isso, ninguém se interessou em participar da licitação ou todos que participaram desatenderam ao edital. No caso de licitação exclusiva, as médias e grandes empresas são proibidas de participar. Portanto, é bem possível que microempresas ou empresas de pequeno porte não tenham participado da licitação ou atendido ao edital e que existam várias outras empresas médias ou grandes interessadas no contrato dela decorrente. Sob essa perspectiva, pode-se presumir que a licitação foi deserta ou fracassada porque exclusiva para microempresas e empresas de pequeno porte e que não seria deserta ou fracassada se aberta a todos os interessados. É como se a deserção ou o fracasso da licitação fosse provocado pela Administração e não fosse natural ao mercado. Não se trata de uma verdadeira deserção ou fracasso da licitação. Não faria sentido contratar com dispensa de licitação sem antes dar oportunidade às médias e às grandes empresas para disputarem o contrato. A solução é promover nova licitação, desta feita aberta a todos os interessados, não mais exclusiva para microempresas e empresas de pequeno porte.

Alguns agentes administrativos têm cogitado a hipótese de realizar licitação exclusiva a microempresas e empresas de pequeno porte e permitir no próprio edital que empresas médias ou grandes também apresentem propostas, que somente seriam abertas e consideradas acaso não houvesse microempresas ou empresas de pequeno porte ou se todas elas fossem inabilitadas ou desclassificadas. É como se as propostas das empresas médias ou grandes formassem uma espécie de reserva, diante da possibilidade de deserção ou fracasso da licitação. A intenção é aproveitar a licitação e não ter de repeti-la.

Sem embargo da boa intenção, o procedimento não deve ser aplicado. Primeiro porque não previsto na lei (princípio da legalidade). Ora, ou a licitação é aberta ou é exclusiva. Não existe na legislação licitação meio exclusiva e meio aberta ou exclusiva e subsidiariamente aberta. Segundo porque haveria forte prejuízo à competitividade. É de supor que muitas médias ou grandes empresas não se interessem em oferecer propostas que somente serão abertas acaso a licitação exclusiva para microempresas e empresas de pequeno porte seja deserta ou fracassada. Para muitas, seria uma perda de tempo, haja vista que suas propostas sequer seriam consideradas acaso aparecesse uma única microempresa ou empresa de pequeno porte. Logo, a competição subsidiária, entre médias ou grandes empresas, seria bastante restringida. Nesse cenário, deserta ou fracassada, a licitação exclusiva, deve-se abrir uma nova licitação, destinada, desde o seu início, a todos os interessados, de modo a fomentar e ampliar a competição.

2.5.3 Definição de licitação exclusiva em licitação para registro de preços com quantitativos previstos para órgão gerenciador, órgãos participantes e órgãos não participantes

Pode-se realizar licitação para promover registro de preços com quantitativos previstos para órgão gerenciador, órgãos participantes e órgãos não participantes. O órgão gerenciador é aquele que conduz a licitação e é responsável pela gestão da ata de registro de preços. Órgão participante é aquele que participa da licitação, porém não a conduz. Ele é identificado no edital, bem como as especificações e os quantitativos licitados que lhe são direcionados. Ou seja, o edital já define o que e qual quantidade serão registrados na ata para o órgão gerenciador e para os órgãos participantes. O órgão não participante não é mencionado especificamente no edital ou durante a licitação, ele é desconhecido ao tempo da licitação. No entanto, assinada a ata de registro de preços, o edital pode admitir que outros órgãos, não o gerenciador e não os participantes, a depender do atendimento de requisitos previstos no §2º do artigo 86 da Lei nº 14.133/2021, adiram à ata de registro de preços para firmar contratos utilizando-se dela.[419] Esses órgãos, que não são identificados na licitação, porém que contratam com base na ata de registro de preços formada em decorrência da licitação, por meio da adesão à ata de registro de preços, são os chamados órgãos não participantes.

Para compreender esse tópico, é importante deixar claro que os órgãos gerenciador e participantes são previamente identificados no edital. Pode-se dizer, sob essa perspectiva, que são certos e determinados. Os órgãos não participantes são desconhecidos à época

[419] O registro de preços é tratado, amiúde, no Capítulo 8 deste livro. De toda sorte, o Decreto Federal nº 7.892/2013 traz as definições: "Art. 2º Para os efeitos deste Decreto, são adotadas as seguintes definições: [...] III - órgão gerenciador - órgão ou entidade da administração pública federal responsável pela condução do conjunto de procedimentos para registro de preços e gerenciamento da ata de registro de preços dele decorrente; IV - órgão participante - órgão ou entidade da administração pública que participa dos procedimentos iniciais do Sistema de Registro de Preços e integra a ata de registro de preços; (Redação dada pelo Decreto nº 8.250, de 2014). V - órgão não participante - órgão ou entidade da administração pública que, não tendo participado dos procedimentos iniciais da licitação, atendidos os requisitos desta norma, faz adesão à ata de registro de preços".

da licitação, por isso não são identificados no edital. Assinada a ata, pode ser que algum órgão que não participou da licitação se interesse e queira firmar contrato com base nela. Nesse contexto, o órgão não participante é incerto e indeterminado quando da licitação. Não se sabe, durante a licitação, se haverá ou não órgão não participante, ele é eventual.

Essa sistemática, própria do registro de preços, causa algumas dúvidas em relação às definições das licitações exclusivas.

A primeira dúvida é se os quantitativos previstos para os órgãos gerenciador, participantes e não participantes devem ser somados para definir o valor estimado de R$80.000,00 destinado às licitações exclusivas.

Por exemplo, o órgão gerenciador quer comprar dada quantidade de um tipo de computador cujo valor estimado é de R$60.000,00. A mesma licitação terá um órgão participante, que quer quantitativo, para o mesmo computador, cujo valor estimado é também de R$60.000,00. Note-se que a licitação tem um item apenas.

Se as licitações fossem separadas, se o órgão gerenciador fizesse uma licitação para si e o órgão participante outra para si, não haveria dúvida de que elas deveriam ser exclusivas, destinadas apenas às microempresas e empresas de pequeno porte. No entanto, vai-se realizar uma licitação só, cujo valor estimado, consequente da soma do previsto para os órgãos gerenciador e participante, é de R$120.000,00. A questão é: a licitação deve ser exclusiva ou aberta?

A licitação não deve ser exclusiva. O inciso I do artigo 48 da Lei Complementar nº 123/2006 prescreve que a Administração Pública "deverá realizar processo licitatório destinado exclusivamente à participação de microempresas e empresas de pequeno porte nos itens de contratação cujo valor seja de até R$80.000,00 (oitenta mil reais)". Ou seja, o valor que determina se é o caso ou não de licitação exclusiva é definido em razão do item licitado e não da quantidade de órgãos que promovem a licitação, gerenciador e participantes. Portanto, como o valor estimado para o objeto desta licitação, R$120.000,00, é superior ao limite para a licitação exclusiva, R$80.000,00, a licitação deve ser aberta.

A premissa é que a licitação exclusiva é para ser de pequena monta, limitada a R$80.000,00. Não faz sentido que se realize licitação exclusiva, em que é proibida a participação de médias e grandes empresas, para que se firme contratos em razão desta licitação que, se somados, ultrapassem os R$80.000,00. Por isso que, em termos limitados, a competitividade e o direito das empresas médias e grandes são sacrificados em prol do incentivo às microempresas e empresas de pequeno porte. O legislador não admitiu a hipótese de sacrificar a competitividade para licitações e, por lógica, para contratações que ultrapassem esse montante, por qualquer meio que seja.

Os dispositivos que prescrevem licitações exclusivas para microempresas e empresas de pequeno porte implicam sacrifícios à competitividade e ao direito das médias e grandes empresas de participarem das licitações. Logo, como normas restritivas de direitos, devem ser interpretadas restritivamente. Não se pode permitir que sejam utilizadas, sobremaneira a licitação exclusiva, para situações cujos valores finais a serem contratados desbordem dos montantes definidos pelo legislador. Em linhas gerais, deve-se tomar em conta, como valor da licitação, o valor do conjunto de contratos que podem ser gerados pela licitação. Se o valor do conjunto de contratos for superior a R$80.000,00, já não tem lugar a licitação exclusiva.

2.5.4 Licitação com cota reservada e sua inconstitucionalidade

A medida de favorecimento prevista no inciso III do artigo 48 da Lei Complementar nº 123/2006, representada pela licitação com cota reservada, é inconstitucional. Repita-se que ela prescreve que se promova licitação, para aquisição de bens de natureza divisível, com "cota de até 25% (vinte e cinco por cento) do objeto para a contratação de microempresas e empresas de pequeno porte".

O dispositivo supracitado reserva uma parte do objeto licitado às microempresas e empresas de pequeno porte, impedindo que empresas de médio e grande porte a disputem, o que é inconstitucional, porque agride o princípio da isonomia (*caput* do artigo 5º da Constituição Federal), os da eficiência e da economicidade (*caput* do artigo 37 da Constituição Federal) e o da livre concorrência (*caput* do artigo 170 da Constituição Federal).

O artigo 8º do Decreto Federal nº 8.538/2015 regulamenta o inciso III do artigo 48 da Lei Complementar nº 123/2006. Em termos práticos, o dispositivo supracitado pretende que se reserve até 25% do quantitativo total do objeto para microempresas ou empresas de pequeno porte, o que ele denomina *cota reservada*. O restante é chamado de *cota principal*.

Por exemplo, a Administração quer adquirir 1.000 computadores. Ela deve reservar até 250 para as microempresas e empresas de pequeno porte. Em vista disso, as empresas de médio e grande porte oferecerão propostas apenas para os 750 computadores restantes. Os 250 computadores reservados serão disputados exclusivamente pelas microempresas e empresas de pequeno porte.

Dessa forma, provavelmente haverá um preço para a cota reservada e outro para a principal. Supõe-se que o preço da cota reservada seja superior ao preço da principal, uma vez que na cota reservada a competição é restrita às microempresas e às empresas de pequeno porte. É isso que se tem verificado na prática da Administração Pública. Pelo mesmo produto, a Administração paga dois preços diferentes, o preço menor para a cota principal, destinada à ampla competição, e o preço maior para a cota reservada, em que se refastelam, sozinhas, as microempresas e empresas de pequeno porte.

Aliás, já se deixe consignado que o Tribunal de Contas da União não vê problemas nisso:

> Na aplicação do tratamento diferenciado às microempresas (ME) e às empresas de pequeno porte (EPP) em licitações disposto no art. 48, inciso III, da LC 123/2006 (cota de 25% nas aquisições de bens de natureza divisível), é possível que sejam distintos os preços praticados, para um mesmo produto, pelas ME e EPP e as empresas que disputam as cotas destinadas à ampla concorrência, desde que não ultrapassem o preço de referência definido pela Administração, o qual deve sempre refletir os valores praticados no mercado.[420]

Na verdade, essa possibilidade de dois preços diferentes para o mesmo produto é inerente à licitação com cota reservada. Sabe-se pela experiência prática que, quase em regra absoluta, o preço da cota reservada, cuja competição é restrita, é mais caro que o preço da cota principal, cuja competição é aberta. A ideia da cota reservada,

[420] TCU, Plenário. Acórdão nº 1.819/2018. Rel. Min. Walton Alencar Rodrigues, j. 8.8.2018.

diga-se claramente, é que a Administração Pública pague mais caro para estimular microempresas e empresas de pequeno porte. O quão mais caro a Administração Pública irá pagar para a cota reservada depende de cada licitação. Porém, o fato é que, em regra, pagará mais caro.

Aliás, o §3º do artigo 8º do Decreto Federal nº 8.538/2015 estabelece que, "se a mesma empresa vencer a cota reservada e a cota principal, a contratação das cotas deverá ocorrer pelo menor preço". A *contrario sensu*, se empresas diferentes vencerem a cota reservada e a cota principal, cada uma delas é contratada com o seu preço, logo com preços diferentes.

Essa possibilidade, de preços diferentes para o mesmo objeto, opõe-se ao princípio da eficiência, reconhecido no *caput* do artigo 37 da Constituição Federal, e, mais precisamente, ao seu consectário, que é o princípio da economicidade.

A situação é inusitada. Seguindo o exemplo dos computadores, dado acima, supõe-se que na cota principal o preço obtido pela Administração seja de R$1.500,00 e que na cota reservada o preço seja de R$1.750,00. Para o legislador, essa diferença de preço parece algo normal, inerente ao tratamento diferenciado e simplificado que se pretende conceder às microempresas e empresas de pequeno porte. O autor do presente texto não admite nem concede a ideia de pagar pelo mesmo produto preços diferentes, preços superiores às microempresas e empresas de pequeno porte. Quer-se favorecê-las em licitações públicas e contratos administrativos, perfeito, a Constituição Federal autoriza. Sem embargo, que sejam favorecidas em acordo com os demais princípios constitucionais, entre os quais, para o caso em tela, ganha relevo o princípio da eficiência, previsto no *caput* do artigo 37 da Constituição Federal, e o seu consectário, que é o princípio da economicidade.

2.5.4.1 A cota reservada de até 25% deve ser limitada a R$80.000,00

As duas principais medidas dispostas na Lei Complementar nº 123/2006 para o tratamento diferenciado e simplificado são as licitações exclusivas para microempresas e empresas de pequeno porte, previstas no inciso I do artigo 48 da referida lei, e as licitações com cotas reservadas, previstas no inciso III do mesmo artigo. Defende-se, nesse tópico, que estas duas medidas, licitações exclusivas e com cotas reservadas, devem ser interpretadas de modo sistemático, em conjunto, porque uma é ligada umbilicalmente à outra.

Não é novidade que os preceitos de direito devem ser contextualizados, interpretados de modo sistemático. Juarez Freitas adverte "que cada preceito deve ser visto como parte viva do todo, eis que apenas no exame de conjunto tende a ser melhor equacionado qualquer caso problemático [...]".[421] Nesse sentido, pondera que "interpretar uma norma é interpretar o sistema inteiro, pois qualquer exegese comete, direta ou obliquamente, uma aplicação da totalidade do Direito, para além de sua dimensão textual".[422]

A questão é a seguinte: o inciso III do artigo 48 da Lei Complementar nº 123/2006 prescreve que se promova licitação, para aquisição de bens de natureza divisível, com

---

[421] FREITAS, Juarez. *Interpretação sistemática do direito*. 5. ed. São Paulo: Malheiros, 2010. p. 73.

[422] FREITAS, Juarez. *Interpretação sistemática do direito*. 5. ed. São Paulo: Malheiros, 2010. p. 76.

"cota de até 25% (vinte e cinco por cento) do objeto para a contratação de microempresas e empresas de pequeno porte". Fica claro que a cota reservada não é, necessariamente, de 25%. O texto prescreve que é "de até 25%". Logo, em princípio, pode ser, por exemplo, 20%, 10%, 1% ou 0,5%. O limite máximo é 25%, o mínimo quem define é a Administração. A dúvida, então, é como definir esse percentual.

Numa primeira interpretação, da leitura do inciso III do artigo 48 da Lei Complementar nº 123/2006, a impressão é que a Administração goza de competência discricionária para definir o percentual. Dito isso, os agentes administrativos disporiam de um elevadíssimo grau de liberdade para defini-lo, dado que o percentual pode variar de qualquer fração superior a zero a 25%. A dúvida, sob essa perspectiva, seria a respeito dos critérios para exercer tal competência discricionária, as bases para fixar o percentual que pode chegar a 25%.

Não há competência discricionária. A leitura conjugada dos incisos I e III do artigo 48 da Lei Complementar nº 123/2006 impõe critério objetivo, que deve ser observado pelos agentes administrativos e que afasta qualquer impressão de juízo discricionário. Explica-se.

O inciso I do artigo 48 da Lei Complementar nº 123/2006 prescreve que se promova licitação destinada exclusivamente à participação de microempresas e empresas de pequeno porte desde que o valor do contrato não ultrapasse R$80.000,00. Ou seja, o legislador definiu montante em que a disputa deve ser restrita às microempresas e empresas de pequeno porte. Poderia ter estabelecido outro valor, maior ou menor, entretanto estabeleceu R$80.000,00. A ideia é que licitações de até R$80.000,00 são de baixa representatividade econômica. Portanto, o legislador entendeu ser razoável sacrificar a ampla competitividade em prol das microempresas e empresas de pequeno porte nestes limites mais estreitos, em relação aos processos de contratação que não têm expressão econômica mais relevante, limitados, repita-se, a R$80.000,00. Nesse patamar, entendeu que a economicidade poderia ser posta num segundo plano para favorecer microempresas e empresas de pequeno porte. Porém, sempre até esse patamar de R$80.000,00, sem ultrapassá-lo.

Nessa percepção, de favorecer as microempresas e empresas de pequeno porte em até R$80.000,00, o legislador deparou-se com um problema de ordem prática, que traz consigo conflito de valores e que poderia retirar os efeitos da licitação exclusiva pretendida por ele. Ora, tratando-se de objetos divisíveis, se a licitação fosse em qualquer patamar acima de R$80.000,00, por exemplo, R$80.000,01, acrescendo-se quantidade pouco superior ao objeto licitado, já não se aplicaria a licitação exclusiva e as microempresas e empresas de pequeno porte deixariam de ser favorecidas. Não faria sentido (conflito de valores) beneficiar as microempresas e empresas de pequeno porte nas licitações de até R$80.000,00 e nas licitações com valores superiores e com objetos divisíveis não lhes beneficiar em nada. Por coerência, sendo o objeto divisível, o benefício precisaria ser estendido para as licitações em patamar superior a R$80.000,00, desde que fosse limitado.

Daí entra em cena a licitação com cota reservada, que se aplica para objetos divisíveis, quando o valor ultrapassa R$80.000,00, ou seja, fora da hipótese de licitação exclusiva, no limite de até 25% do seu objeto.

O que se defende é que o limite de 25% do objeto da licitação, que forma a cota reservada prevista no inciso III do artigo 48 da Lei Complementar nº 123/2006, deve ser limitado e definido de modo proporcional a R$80.000,00, que é o limite da licitação exclusiva para microempresas e empresas de pequeno porte. Por exemplo, se a licitação é de R$1.000.000,00, a cota reservada deve ser de 8%, correspondente a R$80.000,00. Se a licitação for de R$10.000.000,00, a cota reservada deve ser de 0,8%, correspondente a R$80.000,00. Nessa linha, 25% somente seria definido como cota reservada para licitações que não ultrapassassem R$320.000,00, porque R$80.000,00 representa 25% de R$320.000,00.

O argumento a favor dessa interpretação centra-se no fato de que a licitação com cota reservada é uma espécie de licitação exclusiva. A palavra *licitação* significa competição, disputa. Na cota reservada existe uma competição (licitação) exclusiva para microempresas e empresas de pequeno porte. Pode-se dizer que é uma licitação exclusiva dentro de uma licitação maior, que, no seu conjunto, ultrapassa o limite da licitação exclusiva do inciso I do artigo 48 da Lei Complementar nº 123/2006. Então, a lógica é que se reserve uma parte da licitação para competição (licitação) exclusiva entre microempresas e empresas de pequeno porte. Por consequência, a parte reservada deve guardar coerência com os limites da licitação exclusiva, que é de R$80.000,00.

Nas duas figuras, licitação exclusiva e com cota reservada, o legislador admite que a Administração pague mais caro para beneficiar as microempresas e empresas de pequeno porte. No entanto, com foco no princípio da proporcionalidade, o legislador estabeleceu limites para os impactos à economicidade. A Administração paga mais caro, porém dentro de um espaço limitado. O espaço é o definido pelo inciso I do artigo 48 da Lei Complementar nº 123/2006 para as licitações exclusivas, de R$80.000,00. Se não fosse assim, haveria uma espécie de conflito de valores entre os critérios do legislador para a licitação exclusiva e para as com cota reservada. Seria contraditório estabelecer limite de R$80.000,00 para a licitação exclusiva e permitir que a cota reservada, que é uma espécie de licitação exclusiva, consuma valor superior.

Considerando que 25% não é o percentual da cota reservada, porém o seu limite, como é claro no inciso III do artigo 48 da Lei Complementar nº 123/2006, é necessário que se construa algum parâmetro para estabelecer, nos casos concretos, o percentual. Se a definição não for atrelada ao montante máximo da licitação exclusiva, não haveria critério para definir o percentual. Não haveria critério para estabelecer, por exemplo, 0,1% ou 25%, nem, por conseguinte, parâmetros para questioná-lo ou obstá-lo. A maioria dos casos concretos não traria também nada que servisse como justificativa para a definição dos percentuais. Seria uma competência discricionária solta, dada às cegas. O único critério que se consegue colher da legislação para definir o percentual, que pode ir até 25%, em exercício de interpretação sistemática, é o estabelecido no inciso I do artigo 48 da Lei Complementar nº 123/2006 para as licitações exclusivas. Ou seja, que o percentual dedicado à cota reservada, nos casos concretos, não ultrapasse R$80.000,00, que serve como critério definidor.

A péssima técnica legislativa é presença constante na parte da Lei nº 123/2006 que versa sobre licitação pública e contrato administrativo. Seria melhor que o legislador tivesse sido mais claro em relação aos limites para a cota reservada. Não foi, infelizmente.

Cabe à doutrina e aos agentes administrativos, intérpretes da lei, o desafio de encontrar os critérios. Insista-se que, diante do *menu* oferecido na Lei Complementar nº 123/2006, o único critério que se descortina como razoável para definir o percentual de até 25% para a cota reservada é o de limitá-lo a R$80.000,00, para que tenha coerência e seja harmonizado às prescrições da própria Lei Complementar nº 123/2006 e ao princípio da proporcionalidade.[423]

Registre-se que o Tribunal de Contas da União já tratou do assunto e entendeu, de modo diverso do aqui defendido, que os incisos I e III do artigo 48 da Lei Complementar nº 123/2006 não devem ser interpretados como se fossem cumulativos. Confira-se:

> 9.3. dar ciência à Secretaria de Educação do Estado do Paraná, em razão dos fundamentos constantes do voto que fundamenta o presente acórdão, de que:
> 9.3.1. não há, na Complementar Lei 123/2006, e no decreto que a regulamenta, determinação no sentido de que a aplicação da cota de 25%, de que trata o inciso III do art. 48 da referida lei, estaria limitada à importância de R$80.000,00, prevista no inciso I do referido dispositivo, razão pela qual não procede o entendimento de que esses incisos devem ser interpretados de forma cumulativa; [...].[424]

No final das contas, o Tribunal de Contas da União entendeu que não é obrigatório limitar o valor da cota reservada a R$80.000,00. No entanto, o Tribunal de Contas da União não proibiu que se limitasse, dado que, insista-se, o inciso III do artigo 48 da Lei Complementar nº 123/2006 afirma que a cota reservada deve ser de até 25% e não de 25%. O exercício dessa competência discricionária, considerando a visão do Tribunal de Contas da União de que ela não está vinculada ao limite da licitação exclusiva, não tem critérios e balizas preestabelecidos, por efeito do que não se pode imputar qualquer irregularidade se a Administração resolve defini-lo no percentual que lhe aprouver, desde que não ultrapasse os 25%, sendo-lhe permitido (ainda que não obrigatório para o Tribunal de Contas da União) fixá-lo em montante que corresponda a R$80.000,00 em face dos valores por si estimados.

2.5.4.2 Cota reservada e registro de preços ou compras com entregas parceladas

Em regra, a Administração promove a licitação, define as cotas principal e reservada e contrata, todos os seus quantitativos, das cotas principal e reservada, de uma vez. Não há, então, em regra, precedência de contratação entre as cotas principal e reservada, elas são contratadas ao mesmo tempo.

Essa regra é excepcionada pelos procedimentos de registro de preços. Neles, a Administração promove a licitação, o vencedor ou vencedores assinam a ata de registro de preços e a Administração não tem a obrigação de firmar os contratos dela decorrentes, conforme se depreende do artigo 83 da lei nº 14.133/2021. Assinada a ata

---

423 A ideia de que R$80.000,00 seja o limite para a fixação do percentual de até 25% da cota reservada não é originariamente do autor deste texto. A ideia foi-lhe apresentada por uma participante de seminário promovido pela Zênite, no Rio de Janeiro, no segundo semestre de 2015. Infelizmente, o autor perdeu o nome da participante, pelo que não pode referi-lo expressamente. Com escusas.

424 TCU, Plenário. Acórdão nº 1.819/2018. Rel. Min. Walton Alencar Rodrigues, j. 8.8.2018.

de registro de preços, a Administração contrata de acordo com as suas necessidades e na medida delas, contrata se quiser, quando quiser (desde que dentro da vigência da ata) e na quantidade que quiser (desde que sem ultrapassar o quantitativo registrado na ata). Portanto, no registro de preços, em regra, a Administração não contrata todo o quantitativo registrado na ata de uma vez, ela contrata aos poucos, conforme suas demandas.

O problema é que, com a cota reservada, a Administração disporá de ata de registro de preços com o mesmo objeto e com dois fornecedores, um da cota principal e outro da reservada. Por exemplo, licitação para a aquisição de 100 computadores, 75 deles na cota principal e 25 na cota reservada. A cota principal foi arrematada por empresa de médio porte, ao preço de R$1.500,00 cada computador, e a cota reservada foi arrematada por microempresa ao preço de R$1.750,00 cada computador. Então, na ata são registrados 100 computadores, 75 da empresa média e 25 da microempresa. A Administração tem uma primeira demanda de 20 computadores, que ela pretende contratar imediatamente. Deve contratar com quem, com a empresa média, da cota principal, ou com a microempresa, da cota reservada?

Esse mesmo problema também se põe em contratos com entrega parcelada, chamados de contratos de fornecimento contínuos pelo inciso XV do artigo 6º da Lei nº 14.133/2021. Por exemplo, a Administração promove licitação, com cotas principal e reservada, para aquisição de 50 mil litros de combustível, que devem ser fornecidos ao longo de 12 meses. A Administração pagará na medida em que o combustível for fornecido, mês a mês. Terá, é provável, dois fornecedores, um para a cota principal e outro para a reservada, com preços diferentes. Contratará quem primeiro?

Na opinião da Presidência da República, deve-se contratar primeiro com a microempresa, ainda que o preço dela seja mais caro. Essa opinião está expressa na regra do §4º do artigo 8º do Decreto Federal nº 8.538/2015:

> Art. 8º [...]
> §4º Nas licitações por Sistema de Registro de Preço ou por entregas parceladas, o instrumento convocatório deverá prever a prioridade de aquisição dos produtos das cotas reservadas, ressalvados os casos em que a cota reservada for inadequada para atender as quantidades ou as condições do pedido, justificadamente.

Não faz sentido que, dispondo de dois fornecedores, com preços diferentes, a Administração contrate primeiro o fornecedor que tem o preço mais elevado. Essa opção, infelizmente seguida pela Presidência da República, viola os princípios da eficiência e da economicidade, ferindo a Constituição Federal.

Afora isso, a norma encartada no decreto transborda da competência regulamentar conferida à Presidência da República, em ofensa ao inciso II do artigo 5º, *caput* do artigo 37 e inciso IV do artigo 84, todos dispositivos da Constituição Federal. Ora, o legislador prescreveu cota reservada para as microempresas e empresas de pequeno porte. Não prescreveu que a cota reservada, com preço superior ao da cota principal, seja contratada em primeiro lugar, de modo a maximizar os dispêndios públicos. Portanto, a Presidência da República, por meio de decreto, inovou a ordem jurídica, criou benefício para as microempresas e empresas de pequeno porte, não pressuposto na lei.

Aliás, a interpretação sistemática do direito brasileiro induz à conclusão diametralmente oposta à da Presidência da República, haja vista os princípios constitucionais da eficiência e da economicidade e as normas da legislação ordinária, sobremodo a prevista no inciso I do *caput* do artigo 11 da Lei nº 14.133/2021, cujo teor propugna que o primeiro objetivo do processo licitatório é assegurar a seleção da proposta mais vantajosa.

Esclareça-se, a propósito, que o inciso IV do *caput* do artigo 11 da Lei nº 14.133/2021 prescreve que as licitações também devem promover o desenvolvimento nacional sustentável. Essas diretrizes devem ser ponderadas e equilibradas. O desenvolvimento nacional sustentável não antecede e, muito menos, justifica a exclusão ou postergação da proposta mais vantajosa. O desenvolvimento nacional sustentável não é razão suficiente para que, diante de uma ata ou contrato com dois preços para o mesmo produto, a Administração comece com o preço mais elevado, o que lhe é, obviamente, desvantajoso.

De toda sorte, o §4º do artigo 8º do Decreto Federal nº 8.538/2015 determina que, justificadamente, se "a cota reservada for inadequada para atender as quantidades ou as condições do pedido", a Administração pode iniciar com a contratação da cota principal. Volta-se ao exemplo dos computadores, descrito acima. Repita-se que na ata são registrados 100 computadores, 75 da empresa média e 25 da microempresa. Se a primeira demanda da Administração for de 50 computadores, fica claro que a cota reservada não tem condições de atendê-la, porque somente dispõe de 25 computadores. Daí que, nessa situação, insista-se, com as devidas justificativas, a Administração estaria autorizada a contratar primeiro os computadores da cota principal.

2.5.4.3 Licitação exclusiva ou com cota reservada não autoriza sobrepreço

O inciso I do *caput* do artigo 11 da Lei nº 14.133/2021 anuncia que o primeiro objetivo do processo licitatório é assegurar a seleção da proposta mais vantajosa. O inciso III do mesmo artigo também inclui entre os objetivos da licitação evitar contratações com sobrepreço. O inciso III do *caput* do artigo 59 da mesma lei afirma que devem ser desclassificadas com preços acima do orçamento estimado para a contratação.

Portanto, propostas desvantajosas, incompatíveis com os valores de mercado, devem ser rechaçadas pela Administração, independentemente do tipo ou espécie de licitação e do fato de visarem ao benefício de microempresas e empresas de pequeno porte.

A lógica da licitação com cota reservada é que a Administração receba dois preços pelo mesmo produto, dado que as disputas das cotas principal e reservada correm em paralelo e são autônomas. É de supor que o preço obtido na cota reservada seja superior ao preço obtido na cota principal, uma vez que a disputa é restrita às microempresas e às empresas de pequeno porte. Na licitação exclusiva, o problema ocorre com mais força ainda, porque sequer há espaço ou oportunidade para que as empresas médias ou grandes ofereçam propostas; somente participam as microempresas ou empresas de pequeno porte.

O fato é que, nas licitações exclusivas e com cota reservada, o legislador pressupõe e, por conseguinte, autoriza pagar mais caro para as microempresas e empresas de pequeno porte. Porém, a advertência é fundamental, não autoriza a Administração a arcar com sobrepreço, com preços superiores aos praticados no mercado. Daí que as propostas apresentadas em licitações exclusivas ou com cota reservada devem ser analisadas com lupa pela Administração. A Administração deve justificar, com cuidado, que o preço é compatível com o de mercado e, logo, aceitável.

O Tribunal de Contas da União já decidiu:

> De qualquer modo, não é admissível que, a pretexto de estimular o empreendedorismo, propiciando melhores condições para as sociedades empresárias de menor porte, a administração contrate ME e EPP a preços muito superiores aos ofertados pelas empresas que disputam as demais cotas.
> Conforme apontado pela equipe de auditoria, no âmbito da SEED/PR, no exercício de 2016, foram adjudicados às ME e EPP lotes de produtos, de acordo com a mencionada cota de 25%, a preços que ultrapassam, em muito, os preços ofertados pelas empresas às quais foram adjudicados lotes dos mesmos produtos, destinados à ampla concorrência. [...]
> Analisando as possíveis causas de tão elevadas diferenças, a mais provável me parece o deficiente estabelecimento dos preços de referência pela Secretaria de Educação, resultado de pesquisa que não teria refletido os valores efetivamente praticados no mercado, dando margem à indevida aceitação de elevados sobrepreços, com evidentes prejuízos financeiros ao Estado e ao Programa Nacional de Alimentação Escolar.
> Imperioso registrar que a eventual aceitação de preços nas condições acima contraria os princípios licitatórios da moralidade, da probidade administrativa e o dever de seleção da proposta mais vantajosa, razão pela qual, em situações análogas, a administração não pode se ver compelida a contratar preços exorbitantes, em razão de eventual equívoco no estabelecimento dos preços de referências definidos nos editais.[425]

No caso de licitação com cota reservada, se o preço oferecido por microempresa e empresa de pequeno porte em cota reservada for superior ao praticado no mercado, sugere-se o seguinte procedimento, por ordem: (i) negociar com a microempresa ou empresa de pequeno porte para a redução do valor; (ii) se o valor não for reduzido, desclassificá-la; (iii) negociar com as microempresas e empresas de pequeno porte remanescentes, de acordo com a ordem de classificação; (iv) se nenhuma delas concordar em reduzir o seu preço para patamares aceitáveis, desclassificar todas e declarar a cota reservada fracassada; (v) aplicar o §2º do artigo 8º do Decreto Federal nº 8.538/2015, adjudicando o objeto ao vencedor da cota principal ou, diante de sua recusa, aos licitantes remanescentes, desde que aceitem o preço do vencedor da cota principal. Se a licitação for exclusiva, resta apenas tentar negociar com os licitantes e, caso a negociação não seja frutífera, desclassificar todas as propostas e declarar a licitação fracassada.

Pelas razões já expostas, em licitações exclusivas ou com cota reservada torna-se ainda mais importante a pesquisa de preços que se realiza na etapa preparatória da licitação. A Administração precisa abrir a licitação com referência clara e real do preço de mercado, a fim de evitar que o privilégio às microempresas e empresas de pequeno porte seja distorcido para propiciar contratos desvantajosos, em prejuízo ao erário. O risco de que isso ocorra, em licitações exclusivas e com cota reservada, é altíssimo e sabido de antemão, pelo que se demanda da Administração cautelas redobradas.

---

[425] TCU, Plenário. Acórdão nº 1.819/2018. Rel. Min. Walton Alencar Rodrigues, j. 8.8.2018.

2.5.5 Subcontratação compulsória de microempresa e empresa de pequeno porte e sua inconstitucionalidade

O inciso II do artigo 48 da Lei Complementar nº 123/2006, com a redação que lhe foi dada pela Lei Complementar nº 147/2014, prescreve que a Administração Pública "poderá, em relação aos processos licitatórios destinados à aquisição de obras e serviços, exigir dos licitantes a subcontratação de microempresa ou empresa de pequeno porte". Na redação original do dispositivo, a subcontratação compulsória de microempresa e empresa de pequeno porte estava limitada a 30% do total licitado. Atualmente, com a Lei Complementar nº 147/2014, não há mais limites expressos e predefinidos, pelo que a Administração Pública teria discricionariedade para exigir a subcontratação compulsória em percentual superior a 30%.

O dispositivo supracitado é inconstitucional, por oposição acentuada aos princípios regentes das atividades econômicas, livre iniciativa e livre concorrência, estampados no *caput* e no inciso IV do artigo 170 da Constituição Federal.

Ocorre que, de acordo com os referidos princípios, cada pessoa realiza as suas atividades econômicas como melhor lhe aprouver, não cabendo ao Estado intrometer-se nisso. Se alguém conta com estrutura própria para executar integralmente dado contrato, o Estado não pode, sob pena de inconstitucionalidade, obrigar-lhe a subcontratar terceiro, entregando-lhe parte do objeto. Isso não se compadece, sobretudo, com o princípio da livre iniciativa, entabulado no *caput* do artigo 170 da Constituição Federal.

Outrossim, o §2º do artigo 48 da Lei Complementar nº 123/2006 prescreve que, nesses casos, de subcontratação compulsória, "os empenhos e pagamentos do órgão ou entidade da Administração Pública poderão ser destinados diretamente às microempresas e empresas de pequeno porte subcontratadas".

O Decreto Federal nº 8.538/2015 propõe-se a regulamentar a subcontratação compulsória, isto é, o inciso II do artigo 48 da Lei Complementar nº 123/2006.

O artigo 7º do Decreto Federal nº 8.538/2015 enuncia que a exigência de subcontratação deve ser determinada no instrumento convocatório, sob pena de rescisão de contrato. O §3º do artigo 7º estatui que a subcontratação das microempresas e empresas de pequeno porte deve ser comprovada no momento da aceitação, quando a modalidade de licitação for pregão, ou no momento da habilitação nas demais modalidades. Então, os licitantes que não atenderem à exigência devem ser desclassificados ou inabilitados, a depender da modalidade de licitação.

O inciso II do mesmo artigo 7º prescreve que as microempresas e as empresas de pequeno porte a serem subcontratadas devem ser indicadas e qualificadas pelos licitantes com a descrição dos bens e serviços a serem fornecidos e seus respectivos valores. O inciso III do mesmo artigo prescreve que o licitante deve apresentar os documentos de regularidade fiscal das microempresas e empresas de pequeno porte que pretende subcontratar. Portanto, os licitantes devem ter a relação dos futuros subcontratados para participar do certame.

O Decreto Federal nº 8.538/2015 obra em equívoco. Ocorre que a subcontratação é problema pertinente ao contrato e não à licitação. Logo, a Administração não deveria se preocupar com a subcontratação no curso do certame, complicando-o ainda mais. Ela deveria tratar do assunto na fase contratual. Poder-se-ia estabelecer que o descumprimento do percentual estabelecido para a subcontratação importaria multa ou mesmo a rescisão contratual.

Soma-se a isso que a exigência de indicação das futuras microempresas e empresas de pequeno porte subcontratadas na licitação restringe a competitividade, na medida em que dificulta muito a participação de outras empresas no certame. Imagine-se que se faça necessário subcontratar cinco microempresas ou empresas de pequeno porte. Além de preparar toda a documentação e a proposta, o que já não é fácil, o licitante precisará manter contato com várias microempresas e empresas de pequeno porte, investigar a qualidade dos serviços prestados por elas, negociar preço e delas requerer documentos. Isso, em tese, não precisava ser realizado em licitação. Quanto mais porque os licitantes não sabem sequer se lograrão êxito no certame e se serão os contratados. A maioria dos licitantes – partindo do pressuposto de que somente um será o vencedor – fará tudo isso em vão.

Repita-se que subcontratação é assunto pertinente ao contrato e não à licitação. A opção do Decreto Federal nº 8.538/2015 é bastante equivocada.

E mais equivocado ainda é o inciso III do artigo 7º do Decreto Federal nº 8.538/2015, cujo texto exige a apresentação dos documentos de regularidade fiscal das microempresas e empresas de pequeno porte no momento da habilitação.

O inciso em comento é lamentável, porquanto a habilitação deveria ser do licitante, e não de seus pretensos subcontratados. O problema é que, dentro desse quadro, parece que a não apresentação ou a apresentação irregular dos aludidos documentos pelas microempresas e empresas de pequeno porte a serem futuramente subcontratadas importa na inabilitação do licitante. Ora, em caso contrário, não haveria motivos para exigir, na fase de habilitação, os referidos documentos.

Daí, na linha dos incisos II e III do artigo 7º do Decreto Federal nº 8.538/2015, a Administração deve verificar documentos de habilitação do licitante e dos seus futuros e pretensos subcontratados, o que complica sobremaneira a licitação e, de modo específico, a sua fase de habilitação. E complica ainda mais porque as microempresas e empresas de pequeno porte, mesmo que subcontratadas, se deixarem de apresentar alguns dos documentos de regularidade fiscal, não devem ser de pronto inabilitadas, haja vista que o artigo 43 da Lei Complementar nº 123/2006 concede a elas outra oportunidade para fazê-lo.

O inciso IV do artigo 7º do Decreto Federal nº 8.538/2015 determina que a empresa contratada se compromete a substituir a subcontratada, no prazo máximo de trinta dias, na hipótese de extinção da subcontratação, mantendo o percentual originalmente subcontratado até a sua execução total, notificando o órgão ou entidade contratante, sob pena de rescisão, sem prejuízo das sanções cabíveis, ou demonstrar a inviabilidade da substituição, em que ficará responsável pela execução da parcela originalmente subcontratada.

Quer dizer que o licitante, além de subcontratar microempresa ou empresa de pequeno porte, é obrigado a mantê-la durante a execução do contrato, o que é óbvio, sob pena de fazer com que a exigência perca completamente o sentido. Seria um despropósito se o licitante pudesse indicar microempresas e empresas de pequeno porte no curso da licitação, subcontratá-las e, depois, extinguir os subcontratos.

Evidentemente os subcontratos devem ser mantidos sob pena de o contrato principal ser rescindido. Admite-se que o contratado tome o lugar do subcontratado se comprovar que a substituição é inviável.

A empresa contratada, a teor do inciso V do artigo 7º do Decreto Federal nº 8.538/2015, "responsabiliza-se pela padronização, compatibilidade, gerenciamento centralizado e qualidade da subcontratação", o que é algo imanente a qualquer subcontratação, como já afirmado anteriormente.

O §1º do artigo 7º determina que a exigência de subcontratação não se põe nas situações em que o licitante for: microempresa ou empresa de pequeno porte (inciso I); consórcio composto em sua totalidade por microempresas e empresas de pequeno porte, respeitado o disposto no revogado artigo 33 da Lei nº 8.666/1993 (inciso II); consórcio composto parcialmente por microempresas ou empresas de pequeno porte com participação igual ou superior ao percentual exigido de subcontratação (inciso III). A exigência de subcontratação compulsória visa a beneficiar as microempresas e empresas de pequeno porte. Se as microempresas ou empresas de pequeno porte já participam do contrato dentro do percentual que se lhes pretende assegurar, ainda que por meio de consórcio, não é necessário subcontratar outras, porque a finalidade da norma foi satisfeita.

O §2º do artigo 7º do Decreto nº 8.538/2015 preceitua que "não se admite a exigência de subcontratação para o fornecimento de bens, exceto quando estiver vinculado à prestação de serviços acessórios". Em contratos de fornecimento, geralmente, o contratado deve fornecer diretamente os produtos sem recorrer a terceiros.

A subcontratação compulsória de microempresas e empresas de pequeno porte é medida inconstitucional e equivocada, que se opõe, mesmo em tese, ao interesse público. Para piorar, o assunto foi regulamentado pelo Decreto Federal nº 8.538/2015 de modo completamente desastrado. O alento é que o inciso II do artigo 48 da Lei Complementar nº 123/2006 prescreve, claramente, que a subcontratação compulsória é facultativa e discricionária por parte da Administração. Com o mesmo timbre, o *caput* do artigo 7º do Decreto Federal nº 8.538/2015 enuncia que a subcontratação compulsória depende de previsão em edital. Portanto, se a Administração não quiser a subcontratação compulsória, basta que ela não a exija. E não vem querendo – quase nunca se vê previsão em edital nesse sentido.

2.5.6 Prioridade do tratamento diferenciado e simplificado para microempresas e empresas de pequeno porte sediadas local ou regionalmente

O §3º do artigo 48 da Lei Complementar nº 123/2006 prescreve que

> [...] os benefícios referidos no *caput* deste artigo poderão, justificadamente, estabelecer a prioridade de contratação para as microempresas e empresas de pequeno porte sediadas local ou regionalmente, até o limite de 10% (dez por cento) do melhor preço válido.

O dispositivo supracitado está no artigo 48 da Lei Complementar nº 123/2006, que versa sobre o tratamento diferenciado e simplificado concedido em favor das microempresas e empresas de pequeno porte. Portanto, a prioridade nele estabelecida para as microempresas e empresas de pequeno porte sediadas local ou regionalmente aplica-se apenas em relação ao tratamento diferenciado e simplificado. Não se trata de prioridade com aplicação geral, para todas as licitações. Não se aplica para o direito de preferência dos artigos 44 e 45 nem para a comprovação da regularidade fiscal – nem faria sentido – dos artigos 42 e 44, todos da Lei Complementar nº 123/2006.

As hipóteses de tratamento diferenciado e simplificado, conforme *caput* do artigo 48 da Lei Complementar nº 123/2006, são as de licitação exclusiva, com cota reservada e com subcontratação compulsória. A prioridade para as microempresas e empresas de pequeno porte sediadas local ou regionalmente, disposta no §3º do mesmo artigo 48, embora se refira genericamente aos benefícios previstos no *caput* do mesmo artigo 48, não se aplica para os casos de subcontratação compulsória.

É que a prioridade tem por finalidade dar vantagem competitiva às microempresas e empresas de pequeno porte sediadas local ou regionalmente. O ponto é que a subcontratação compulsória não se aplica, como dispõe os incisos do §1º do artigo 7º do Decreto Federal nº 8.538/2015, quando o licitante é microempresa ou empresa de pequeno porte ou consórcio composto total ou parcialmente por microempresas e empresas de pequeno porte, nas situações em que o percentual de participação delas é igual ou maior do que o exigido no edital para a subcontratação compulsória. Portanto, como a subcontratação compulsória não se aplica em face de licitantes microempresas ou empresas de pequeno porte, não há meios para dar-se prioridade entre as sediadas local ou regionalmente e as não sediadas. Falta-lhe o antecedente, que é a incidência sobre licitantes qualificados como microempresas ou empresas de pequeno porte.

Registre-se que, de modo contraditório, a alínea "f" do inciso II do artigo 9º do decreto federal prevê a aplicação da prioridade do §3º do artigo 48 da Lei Complementar nº 123/2006

> [...] nas licitações com exigência de subcontratação, [...] se o licitante for microempresa ou empresa de pequeno porte sediada local ou regionalmente ou for um consórcio ou uma sociedade de propósito específico formada exclusivamente por microempresas e empresas de pequeno porte sediadas local ou regionalmente.

Repita-se que o dispositivo é contraditório com os incisos do §1º do artigo 7º do mesmo decreto, dado que estes excluem a subcontratação compulsória para os licitantes que sejam microempresa ou empresa de pequeno porte ou consórcio composto total ou parcialmente por elas, nas situações em que o percentual de participação delas é igual ou maior do que o exigido no edital para a subcontratação compulsória.

A prioridade do §3º do artigo 48 da Lei Complementar nº 123/2006 não se confunde, sobremaneira, com o direito de preferência, encartado nos artigos 44 e 45 da mesma lei. No direito de preferência, a microempresa ou empresa de pequeno porte, para sagrar-se vencedora, precisa reduzir o seu preço e cobrir a proposta oferecida por empresa média ou grande. Em síntese, é um benefício concedido às microempresas e empresas de pequeno porte para ser exercido em face às empresas médias e grandes e, para ser exercido, é necessário que a microempresa e empresa de pequeno porte cuja proposta esteja dentro da margem de preferência reduza seu preço, apresente a mais vantajosa.

A prioridade do §3º do artigo 48 da lei complementar é bem diferente. Primeiro, o benefício é a favor das microempresas e empresas de pequeno porte sediadas local ou regionalmente e deve ser exercido em face das microempresas e empresas de pequeno porte que não são sediadas local ou regionalmente. Logo, o benefício não é exercido sobre empresas médias ou grandes.

Além disso, a microempresa e empresa de pequeno porte sediada local ou regionalmente não precisa reduzir o seu preço, oferecer a proposta mais vantajosa; ela é declarada vencedora e contratada com preço superior, até dez por cento superior. Daí que a prioridade do §3º do artigo 48 da lei complementar pressupõe que a Administração arque com preço superior, até 10% superior. Não há nada na Lei Complementar nº 123/2006 que sugira a necessidade de as microempresas ou empresas de pequeno reduzirem os seus preços e cobrirem a melhor proposta para sagrarem-se vencedoras.

Vê-se, a propósito, sob a sistemática da Lei Complementar nº 123/2006, notadamente no que tange ao direito de preferência versado pelos artigos 44 e 45, que o legislador foi claro e detalhou o procedimento nas hipóteses em que as microempresas e empresas de pequeno porte precisam, para sagrarem-se vencedoras, cobrir a proposta mais vantajosa. Insista-se que no §3º do artigo 48 da Lei Complementar nº 123/2006 não há qualquer indicativo nesse sentido.

Em sentido oposto ao que está prescrito no §3º do artigo 48 da Lei Complementar nº 123/2006, as alíneas do inciso II do artigo 9º do Decreto Federal nº 8.538/2015[426] prescrevem que a microempresa ou empresa de pequeno porte sediada local ou regionalmente, para gozar da prioridade, precisa reduzir os seus preços e cobrir a proposta da microempresa ou empresa de pequeno porte não sediada local ou regionalmente, em procedimento que se amolda ao direito de preferência concedido em favor das microempresas e empresas de pequeno porte em geral, consoante os artigos 44 e 45 da Lei Complementar nº 123/2006. Essa prescrição das alíneas do artigo 9º do Decreto Federal nº 8.538/2015 é contrária ao teor do §3º do artigo 48 da Lei Complementar nº 123/2006, logo é ilegal e não deve prevalecer, tudo com fundamento no princípio da legalidade (inciso II do artigo 5º, *caput* do artigo 37 e inciso VI do artigo 84, todos da Constituição Federal). Em termos práticos, microempresas e empresas de pequeno porte sediadas local ou regionalmente não precisam reduzir os seus preços para gozar da prioridade prevista no §3º do artigo 48 da Lei Complementar nº 123/2006.

De toda sorte, o inciso III do artigo 18 da Constituição Federal veda, terminantemente, que se criem distinções entre brasileiros ou preferências entre si. Então, é inconstitucional

[426] "Art. 9º Para aplicação dos benefícios previstos nos arts. 6º a 8º: [...] II - poderá ser concedida, justificadamente, prioridade de contratação de microempresas e empresas de pequeno porte sediadas local ou regionalmente, até o limite de dez por cento do melhor preço válido, nos seguintes termos: a) aplica-se o disposto neste inciso nas situações em que as ofertas apresentadas pelas microempresas e empresas de pequeno porte sediadas local ou regionalmente sejam iguais ou até dez por cento superiores ao menor preço; b) a microempresa ou a empresa de pequeno porte sediada local ou regionalmente melhor classificada poderá apresentar proposta de preço inferior àquela considerada vencedora da licitação, situação em que será adjudicado o objeto em seu favor; c) na hipótese da não contratação da microempresa ou da empresa de pequeno porte sediada local ou regionalmente com base na alínea 'b', serão convocadas as remanescentes que porventura se enquadrem na situação da alínea 'a', na ordem classificatória, para o exercício do mesmo direito; d) no caso de equivalência dos valores apresentados pelas microempresas e empresas de pequeno porte sediadas local ou regionalmente, será realizado sorteio entre elas para que se identifique aquela que primeiro poderá apresentar melhor oferta; [...]".

que a Administração beneficie empresas sediadas local ou regionalmente pura e simplesmente porque são sediadas local ou regionalmente. É possível até beneficiá-las, porém não diretamente porque são sediadas local ou regionalmente. É necessário que haja outra razão ou motivo para beneficiar as microempresas e empresas de pequeno porte sediadas local ou regionalmente.

O único motivo que se vislumbra como plausível tem relação com a sustentabilidade e depende do cálculo de custos indiretos, como transporte, armazenagem, enfim, de logística. Sob essa premissa, o montante da prioridade dada às microempresas e empresas de pequeno porte sediadas local ou regionalmente deve ser calculado em razão dos custos indiretos provocados pela contratação de microempresas e empresas de pequeno porte não sediadas local ou regionalmente.

Esses custos indiretos devem ser calculados e justificados, não podem ser presumidos ou implícitos. Ora, não faz qualquer sentido que a Administração pague preço superior às microempresas e empresas de pequeno porte sediadas local ou regionalmente sem qualquer tipo de contrapartida ou benefício concreto, sob pena de ofensa aos princípios constitucionais da eficiência e da economicidade, logo sob pena de inconstitucionalidade. Quer-se dizer que, sem o cálculo dos custos indiretos da contratação de microempresas e empresas de pequeno porte não sediadas local ou regionalmente, a Administração não pode, por mera liberalidade, aplicar o §3º do artigo 48 da Lei Complementar nº 123/2006 e pagar preços superiores às microempresas e empresas de pequeno porte sediadas local ou regionalmente, desperdiçando os já escassos recursos públicos.

Aliás, a alínea "h" do inciso II do artigo 9º do Decreto Federal nº 8.538/2015 prescreve que a prioridade do §3º do artigo 48 da Lei Complementar nº 123/2006 precisa ser motivada. Entretanto, o Decreto Federal nº 8.538/2015 perdeu ótima oportunidade para definir metodologia e critérios para tal motivação, para o cálculo dos custos indiretos da contratação de microempresas e empresas de pequeno porte não sediadas local ou regionalmente e, por conseguinte, de parâmetros para a definição do percentual, que pode ir até 10%. A impressão é que nem o núcleo da Administração Pública Federal dispõe de critérios técnicos para definir esse percentual. O que não se pode fazer é aplicar a prioridade de modo aleatório e por liberalidade, sem justificativa técnica. Enquanto não se dispuser de critérios técnicos, que não se aplique a prioridade.

O Decreto Federal nº 8.538/2015 definiu o que se entende por âmbito local e regional. De acordo com os incisos I e II do §2º do artigo 1º do decreto, âmbito local corresponde aos limites geográficos do município onde será executado o futuro contrato, e âmbito regional corresponde aos limites geográficos do estado ou da região metropolitana, que podem envolver mesorregiões ou microrregiões, conforme definido pelo Instituto Brasileiro de Geografia e Estatística – IBGE. O §3º do mesmo artigo admite "a adoção de outro critério de definição de âmbito local e regional, justificadamente, em edital, desde que previsto em regulamento específico do órgão ou entidade contratante e que atenda aos objetivos previstos no artigo 1º". A Administração goza de competência discricionária para definir se a prioridade deve favorecer as microempresas e empresas de pequeno porte sediadas localmente ou, de modo mais abrangente, as sediadas regionalmente. O exercício dessa competência discricionária, como não poderia ser diferente, deve ser motivado, por efeito do que a decisão não pode ser aleatória e tomada por liberalidade.

2.5.7 Hipóteses excludentes do tratamento diferenciado e simplificado

Os incisos do artigo 49 da Lei Complementar nº 123/2006 excluem o tratamento diferenciado e simplificado em três hipóteses, pelo que se pode concluir que ele não é absoluto. Há certas condições que precisam ser cumpridas, sob pena de não aplicação do tratamento diferenciado e simplificado.[427]

2.5.7.1 Inexistência de três microempresas ou empresas de pequeno porte sediadas local ou regionalmente capazes de cumprir as exigências do edital

A primeira exceção, na forma do inciso II do artigo 49 da Lei Complementar nº 123/2006, incide nas situações em que "não houver um mínimo de 3 (três) fornecedores competitivos enquadrados como microempresas ou empresas de pequeno porte sediados local ou regionalmente e capazes de cumprir as exigências estabelecidas no instrumento convocatório". Depreende-se que o tratamento diferenciado e simplificado pressupõe a existência de um mínimo de competição entre microempresas e empresas de pequeno porte aptas a atenderem às necessidades da Administração. Então, se não se identificar três fornecedores competitivos, aptos a atenderem à Administração, o tratamento diferenciado e simplificado é afastado e a licitação deve seguir os seus trâmites ordinários.

A grande questão aqui é como identificar as microempresas e empresas de pequeno porte. Como saber, antes da licitação, se há três microempresas e empresas de pequeno porte sediadas local ou regionalmente e que têm condições de atender ao edital a ser lançado pela Administração.

Pois bem, não faria sentido exigir que em todas as licitações a Administração fizesse ampla pesquisa no mercado das microempresas e empresas de pequeno porte para apurar quais teriam condições de atender aos futuros editais. Evidentemente, a Administração não conta com estrutura operacional para tal empreitada e a criação de estrutura desse porte seria desproporcionalmente onerosa. Portanto, é preciso que se disponha de um outro meio para apurar as microempresas e empresas de pequeno porte sediadas local ou regionalmente.

---

427 REMESSA NECESSÁRIA - MANDADO DE SEGURANÇA - ADMINISTRATIVO - LICITAÇÃO - CONTRATAÇÃO DE EMPRESA PRESTADORA DE SERVIÇO DE TRANSPORTE ESCOLAR - EDITAL QUE PERMITIU A PARTICIPAÇÃO APENAS DE MICROEMPRESAS E EMPRESAS DE PEQUENO PORTE - HIPÓTESES DO ART. 49 DA LEI COMPLEMENTAR 123/2016 NÃO EVIDENCIADAS - SENTENÇA DE PROCEDÊNCIA CONFIRMADA. 1. O incentivo às microempresas e empresas de pequeno porte se traduz em política econômica de desenvolvimento social e regional. Prestigia-se o pequeno negócio na busca de amplitude comercial futura, com geração de emprego e renda. O art. 170, IX, da CF/88, traduz exatamente essa orientação. Ocorre que, muito embora o art. 48 da LC 123/2016 autorize a contratação exclusiva com EPP ou ME nas compras de até R$ 80.000,00, o art. 49 da mesma lei elenca as hipóteses em que tal regra não se aplica: a) quando inexistente pelo menos três fornecedores competitivos enquadrados como microempresa ou empresas de pequeno porte sediados no local ou regionalmente e capazes de cumprir as exigências estabelecidas no instrumento convocatório; ou b) se não for vantajoso para a Administração Pública ou representar prejuízo ao conjunto ou complexo do objeto a ser contratado. No caso concreto, não há demonstração de que tenham sido atendidos aos requisitos do art. 49, incs. II e III, da LC 123/2016, de sorte que é de ser afastada a limitação do certame à participação exclusiva de microempresas ou empresas de pequeno porte. 2. Remessa desprovida. (TJSC, Quinta Câmara de Direito Público. RN 5000378-71.2019.8.24.0126. Rel. Des. Hélio do Valle Pereira, j. 20.10.2020).

Podem-se antever algumas diretrizes. De plano, veja-se que deve haver microempresas e empresas de pequeno porte aptas a atender à Administração em âmbito local ou regional. Repita-se que, segundo os incisos I e II do §2º do artigo 1º do Decreto Federal nº 8.538/2015, âmbito local equivale ao território do município e regional, ao do estado ou da região metropolitana, se existente. Sob essa luz, é razoável pressupor que para objetos comuns e simples existam microempresas ou empresas de pequeno porte aptas a atender às necessidades da Administração. Daí que nesses casos, de objetos comuns e simples, não seria necessária investigação ou pesquisa mais aprofundada.

Doutro lado, pode-se pressupor que microempresas e empresas de pequeno porte tenham dificuldades para atender às especificações e todas as exigências relacionadas a objetos não comuns e, especialmente, aos mais sofisticados. Nesses casos, a Administração deve verificar se há no seu registro cadastral microempresas ou empresas de pequeno porte atuantes na área e que disponham do objeto que será licitado. Caso não haja, é conveniente apurar se na última ou últimas licitações eventualmente realizadas para aquele objeto participaram microempresas e empresas de pequeno porte e se elas atenderam ao edital. A não participação de microempresas ou empresas de pequeno porte é indicativo da inexistência de empresas assim qualificadas aptas a atender ao edital.

Dito de outro modo, poder-se-ia apontar como justificativa para afastar o tratamento diferenciado e simplificado as seguintes razões, cumulativas ou não, a depender da situação: (i) objeto não é comum e/ou é sofisticado, (ii) não existem microempresas ou empresas de pequeno porte cadastradas, e (iii) na última ou últimas licitações não houve a participação de microempresas ou empresas de pequeno porte.

O Decreto Federal nº 8.538/2015 não ofereceu critérios ou metodologias claras para identificar as microempresas ou empresas de pequeno porte sediadas local ou regionalmente. No inciso I do artigo 2º, no entanto, prescreve que os órgãos ou entidades contratantes deverão, sempre que possível

> [...] instituir cadastro próprio, de acesso livre, ou adequar os eventuais cadastros existentes, para identificar as microempresas e empresas de pequeno porte sediadas regionalmente, juntamente com suas linhas de fornecimento, de modo a possibilitar a notificação das licitações e facilitar a formação de parcerias e as subcontratações.

Ou seja, na sistemática do Decreto Federal nº 8.538/2015, os registros cadastrais devem ser adaptados ou aperfeiçoados para que a Administração possa identificar as microempresas ou empresas de pequeno porte aptas a atender aos futuros editais de licitação.

Em princípio, parece ser a melhor solução, a Administração apuraria a situação com facilidade e celeridade, bastando mera consulta em cadastro. A dúvida é se a inexistência de microempresas ou empresas de pequeno porte previamente cadastradas é o suficiente para afastar o tratamento diferenciado e simplificado ou se seriam necessários outros aspectos ou justificativas. Suponha-se que, embora não se encontrem microempresas ou empresas de pequeno porte cadastradas, o objeto é usual e simples e a última licitação realizada pela Administração contou com a participação de várias microempresas e empresas de pequeno porte. Diante de uma situação como essa, nada obstante o resultado do cadastro, a Administração não está autorizada a afirmar que não existem microempresas ou empresas de pequeno porte sediadas local ou regionalmente aptas a cumprir o futuro contrato.

A falta de identificação de microempresas e empresas de pequeno porte no cadastro pode ser indício de que não se encontram em âmbito local ou regional ao menos três delas aptas a cumprir o edital. Em princípio, o cadastro seria suficiente para justificar o afastamento do tratamento diferenciado e simplificado. Contudo, pode haver contraindícios à disposição da própria Administração. Assim, se a Administração dispõe de informações que conduzam à conclusão contrária, de que existam microempresas e empresas de pequeno porte em condições de cumprir o edital, a Administração não pode ignorá-las e tomar conclusão míope, excluindo o tratamento diferenciado e simplificado. Em síntese, o cadastro traz informação importantíssima, que, no entanto, precisa ser corroborada por outros elementos dispostos pela própria Administração.

2.5.7.2 Desvantagem do tratamento diferenciado e simplificado

O inciso III do artigo 49 da Lei Complementar nº 123/2006 autoriza a não aplicação do tratamento diferenciado e simplificado nas hipóteses em que ele "não for vantajoso para a administração pública ou representar prejuízo ao conjunto ou complexo do objeto a ser contratado".

A primeira hipótese ocorre nas situações em que o tratamento diferenciado e simplificado não for vantajoso. Falar de vantagem é falar de conveniência e de oportunidade e, por conseguinte, de competência discricionária. A segunda hipótese sucede nas situações em que o tratamento diferenciado e simplificado representa prejuízo ao conjunto ou complexo do objeto a ser contratado. Prejuízo opõe-se à vantagem. Também se está no campo da análise da conveniência e oportunidade e, diga-se mais uma vez, diante de competência discricionária. A questão é saber qual a medida dessa discricionariedade.

É plausível que se faça uma oposição de princípio ao tratamento diferenciado e simplificado. Explicando melhor, em princípio e sem nenhuma análise de caso concreto, o tratamento diferenciado e simplificado não é vantajoso ou conveniente, porque importa, normalmente, em contratação mais dispendiosa para a Administração, haja vista a restrição à competitividade da licitação exclusiva e com cota reservada e as restrições à atuação livre das empresas na subcontratação compulsória.

Sem embargo, o teor da legislação, numa interpretação de ordem sistêmica e teleológica, não vai na direção de admitir a oposição de princípio, sem analisar os casos concretos, no tocante ao tratamento diferenciado e simplificado. Ora, as alterações promovidas na Lei Complementar nº 123/2006 pela Lei Complementar nº 147/2014, mais especificamente no *caput* do artigo 47 e no inciso I do artigo 49, limitam substancialmente a competência discricionária para a adoção do tratamento diferenciado e simplificado. Relembre-se que, em suas redações originais, o *caput* do artigo 47 prescrevia que o tratamento diferenciado e simplificado poderia ser concedido, e o inciso I do artigo 49, que o tratamento diferenciado e simplificado precisava ser previsto no edital. Entretanto, com as sobreditas alterações, o legislador substituiu no *caput* do artigo 47 o verbo *poderá* por *deverá*, e o inciso I do artigo 49 foi revogado. A finalidade dessas alterações não é tornar o tratamento diferenciado e simplificado absoluto, obrigatório em todas as oportunidades, porém, claramente, é fazê-lo mais forte e presente, que o afastamento dele seja excepcional, diante de situações excepcionais, o que não se compatibiliza com a oposição de princípio.

Ainda existe competência discricionária para decidir pelo tratamento diferenciado e simplificado, à vista do inciso I do artigo 49 da Lei Complementar nº 123/2006. No entanto, o espaço de discricionariedade foi limitado, a recusa ao tratamento diferenciado e simplificado deve ser excepcional, justificada diante de aspectos específicos presentes em dados casos concretos.

O parágrafo único do artigo 10 do Decreto Federal nº 8.538/2015 prescreve que o tratamento diferenciado e simplificado deve ser considerado inconveniente "quando: I - resultar em preço superior ao valor estabelecido como referência; ou II - a natureza do bem, serviço ou obra for incompatível com a aplicação dos benefícios".

O primeiro critério oferecido pelo parágrafo único do artigo 10 do Decreto Federal nº 8.538/2015 é de aplicação inviável. Observa-se que a decisão sobre a aplicação ou não do tratamento diferenciado e simplificado dá-se antes do lançamento da licitação. Ou seja, nesse momento, antes da publicação do edital, na fase interna da licitação, é que a Administração precisará definir se o tratamento diferenciado e simplificado é ou não vantajoso. O inciso I do parágrafo único do artigo 10 prescreve que ele não será vantajoso se "resultar em preço superior ao valor estabelecido como referência". O problema é que a Administração não tem meios para descobrir o preço a ser oferecido pelos licitantes antes de lançar a licitação. Ela somente saberá do preço no transcurso da licitação. Em conclusão, na fase interna da licitação, quando deve decidir se o tratamento diferenciado e simplificado será ou não vantajoso, a Administração não dispõe da informação sobre os preços oferecidos pelos licitantes, pelo que o inciso I do parágrafo único do artigo 10 é de aplicação inviável.

O segundo critério, do inciso II do parágrafo único do artigo 10 do Decreto Federal nº 8.538/2015, é de uma fluidez de sentido que ajuda muito pouco. Não esclarece, não explica em nada como aplicar o inciso III do artigo 49 da Lei Complementar nº 123/2006. A análise do que "não for vantajoso para a administração pública ou representar prejuízo ao conjunto ou complexo do objeto a ser contratado" (inciso III do artigo 49 da Lei Complementar nº 123/2006) é tão impregnada de subjetividade quanto a análise de situações em que "a natureza do bem, serviço ou obra for incompatível com a aplicação dos benefícios". Troca-se uma expressão por outra e mantém-se o problema.

Sugerem-se alguns parâmetros, mais objetivos:

(i) O tratamento diferenciado e simplificado deve ser considerado desvantajoso nas hipóteses em que o objeto a ser licitado não é comum e é complexo ou sofisticado, de modo que microempresas ou empresas de pequeno porte tenham dificuldade em atendê-lo.

(ii) Da mesma forma, não deve ser considerado vantajoso se, no histórico de outras licitações com o mesmo objeto, do mesmo órgão ou entidade ou de órgãos e entidades diferentes, ainda que com a participação de microempresas e empresas de pequeno porte, as propostas mais vantajosas tiverem sido apresentadas por empresas médias ou grandes. Daí, se a Administração afastar as empresas médias ou grandes, com a aplicação do tratamento diferenciado e simplificado, é plausível estimar que ela não receberá as propostas mais vantajosas, o que autoriza concluir por sua inconveniência.

(iii) Também há justificativa para considerá-lo desvantajoso nas hipóteses em que anteriormente houve a inexecução de contratos por microempresas ou empresas de pequeno porte, daí diretamente em face do órgão ou entidade que promove a licitação. Deve-se ter cuidado, nessa hipótese, para não generalizar. O fato de uma microempresa ou empresa de pequeno porte não cumprir sua obrigação não significa que outras também não as cumpram. Porém, em determinadas situações, pode-se antever que o inadimplemento ocorreu por falta de estrutura da contratada, dado que se tratava de microempresa ou empresa de pequeno porte.

(iv) O tratamento diferenciado e simplificado é inconveniente nas situações em que a Administração exige no edital capacidade operacional mais robusta, tanto em relação a pessoal, quanto a equipamentos, *back-office* etc. A depender da situação, as exigências mais robustas levam à conclusão de que microempresas ou empresas de pequeno porte têm enorme dificuldade em atendê-las, implicando restrição à competitividade.

(v) O tratamento diferenciado e simplificado deve ser reputado desvantajoso, especialmente no tocante à licitação com cota reservada, nas situações em que a execução do objeto do contrato deve ser acometida a uma pessoa somente e não fragmentada. Situações em que, por exemplo, dois prestadores de serviços concomitantes seriam inconvenientes. Acontece que, nas licitações com cota reservada, pode-se ter um vencedor para a cota principal e outro para a reservada, logo, dois contratados.

(vi) Também se deve entender que o tratamento diferenciado e simplificado é desvantajoso diante de insuficiência de recursos financeiros por parte do órgão ou da entidade administrativa, que se submete a regime de contenção de despesas. Sucede que, embora se recuse a oposição de princípio e não é disto que se trata neste tópico, é inerente ao tratamento diferenciado e simplificado que os dispêndios financeiros sejam aumentados, em razão da restrição à competitividade. Por exemplo, não é proporcional que Estado não pague o salário dos seus servidores e licite com tratamento diferenciado e simplificado, que, repita-se, aumenta os seus dispêndios contratuais. Dessa maneira, diante de situação de crise financeira, de contenção de despesas bem caracterizada, é de afastar o tratamento diferenciado e simplificado.

Os tópicos listados acima são meramente exemplificativos e não prescindem da análise e das justificativas de cada caso concreto. A competência para a análise da vantagem é discricionária, ainda que limitada. Nesse quadro, não custa advertir, em homenagem ao princípio da presunção de legitimidade dos atos administrativos, os juízos de discricionariedade da Administração devem ser reputados em conformidade com o direito e com as peculiaridades de fato que se lhe apresentam.

2.5.8 Licitação dispensável ou inexigível

O inciso IV do artigo 49 da Lei Complementar nº 123/2006 prescreve que o tratamento diferenciado e simplificado não encontra lugar nas situações em que

> [...] a licitação for dispensável ou inexigível, nos termos dos arts. 24 e 25 da Lei nº 8.666, de 21 de junho de 1993, excetuando-se as dispensas tratadas pelos incisos I e II do artigo 24 da mesma Lei, nas quais a compra deverá ser feita preferencialmente de microempresas e empresas de pequeno porte, aplicando-se o disposto no inciso I do artigo 48.

Por força do artigo 189 da Lei nº 14.133/2021, deve-se considerar, em vez dos artigos 24 e 25 da Lei nº 8.666/1993, os artigos 74 e 75 da Lei nº 14.133/2021, sendo que, no lugar das dispensas dos incisos I e II do artigo 24 da Lei nº 8.666/1993, as dispensas dos incisos I e II do artigo 75 da Lei nº 14.133/2021.

O tratamento diferenciado e simplificado, consoante artigo 48 da Lei Complementar nº 123/2006, diz respeito às licitações exclusivas, licitações com cotas reservadas e subcontratação compulsória. As duas primeiras hipóteses, em face do teor dos incisos II e III do referido artigo 48, pressupõem licitação e, por conseguinte, já excluem de antemão as hipóteses de dispensa e inexigibilidade, pelo que o inciso IV do artigo 49 da Lei Complementar nº 123/2006 não faz qualquer sentido. Poder-se-ia cogitar de aplicar a subcontratação compulsória em processos de dispensa e inexigibilidade, o que usualmente seria complicado, diante de suas especificidades. Nesse cenário, o inciso IV do artigo 49 da Lei Complementar nº 123/2006 presta-se apenas para reforçar que o tratamento diferenciado e simplificado não se aplica às subcontratações compulsórias, dado que as demais hipóteses já se excluíam de antemão, como dito.

O inciso IV do artigo 49 da Lei Complementar nº 123/2006, numa redação torta, prescreve que a licitação exclusiva, hipótese de que trata o inciso I do artigo 48 da Lei Complementar nº 123/2006, aplica-se nos casos de dispensa de licitação previstos nos revogados incisos I e II do artigo 24 da Lei nº 8.666/1993, que tratam das situações de contratos de baixa representatividade econômica – prescrição que deve ser estendida para os incisos I e II do artigo 75 da Lei nº 14.133/2021. O problema de redação é sério porque não é viável aplicar hipótese de licitação exclusiva para situação de dispensa de licitação, em que, como o próprio revela, não há licitação.

Fugindo da literalidade e tentando construir algum sentido para o dispositivo, a finalidade é que as dispensas fundadas na baixa representatividade econômica dos respectivos contratos somente sejam franqueadas às microempresas e empresas de pequeno porte. Noutros termos, que empresas médias ou grandes não podem ser contratadas com fundamento nos incisos I e II do artigo 75 da Lei nº 14.133/2021, salvo se houver situação que se encaixe às demais exceções do tratamento diferenciado e simplificado, previstas nos incisos I e II do artigo 49 da Lei Complementar nº 123/2006.

O inciso IV do artigo 49 da Lei Complementar nº 123/2006 traz outro problema de redação. O dispositivo prescreve, primeiro, que a licitação exclusiva se aplica para as hipóteses dos revogados incisos I e II do artigo 24 da Lei nº 8.666/1993, que versavam sobre obras, serviços e compras. Em seguida, o dispositivo prescreve "a compra deverá ser feita preferencialmente de microempresas e empresas de pequeno porte". Essa parte final utiliza o vocábulo *compra*, dando a entender que não se aplicaria para obras e serviços. O ponto é que o inciso I do artigo 24 da Lei nº 8.666/1993 e o inciso I do artigo 75 da Lei nº 14.133/2021 sequer versam sobre compra, eles têm por objeto apenas obras e serviços de engenharia – o inciso I do artigo 75 também trata de serviço de manutenção de veículo automotor. Logo, entender que a licitação exclusiva nas dispensas de licitação somente se aplica para as compras significa recusar que ela fosse aplicada ao inciso I do artigo 24 da Lei nº 8.666/1993. A previsão do dispositivo sobre o inciso I do artigo 24 da Lei nº 8.666/1993 não teria sentido algum, o que não se compatibiliza com as regras de interpretação.[428] Então, mais uma vez tentando minimizar a péssima redação da Lei Complementar nº 123/2006, deve-se aplicar a licitação exclusiva nas dispensas dos incisos I e II do artigo 75 da Lei nº 14.133/2021, para obras, serviços e compras.

2.6 Cédula de crédito microempresarial

O artigo 46 da Lei Complementar nº 123/2006 prescreve que

> [...] a microempresa e a empresa de pequeno porte titular de direitos creditórios decorrentes de empenhos liquidados por órgãos e entidades da União, Estados, Distrito Federal e Município não pagos em até 30 (trinta) dias contados da data de liquidação poderão emitir cédula de crédito microempresarial.

Na redação original da Lei Complementar nº 123/2006, o seu artigo 46 era acompanhado de parágrafo único, cujo teor esclarecia que a cédula de crédito microempresarial tinha como lastro o empenho do poder público e que o Poder Executivo teria de a regulamentar no prazo de 180 dias. O regulamento jamais foi produzido.

Daí a Lei Complementar nº 147/2014 alterou a Lei Complementar nº 123/2006 para revogar o sobredito parágrafo único do artigo 46. A intenção, bem clara, foi a de fazer com que o *caput* do artigo 46 passasse a ser autoaplicável, não dependesse mais da regulamentação por parte do Poder Executivo.

Na prática, a cédula de crédito microempresarial é pouquíssimo utilizada – se já foi utilizada em algum momento. De todo modo, trata-se de um título de crédito, uma espécie de duplicata contra o Poder Público. Dessume-se que, passados 30 dias da data da liquidação da despesa, isto é, do momento em que a Administração reconheceu ou recebeu em definitivo o objeto executado pelo contratado –, a microempresa ou empresa de pequeno porte pode emitir a cédula de crédito microempresarial contra a entidade que

---

[428] "Deve o direito ser interpretado inteligentemente: não de modo que a ordem legal envolva um absurdo, prescreva inconveniências, vá ter a conclusões inconsistentes ou impossíveis. Também se prefere a exegese de que resulte eficiente a providência legal ou válido o ato, à que torne aquela, sem efeito, inócua, ou este, juridicamente nulo. Releva acrescentar o seguinte: 'É tão defectivo o sentido que deixa ficar sem efeito (a lei), como o que faz produzir efeito senão em hipóteses tão gratuitas que o legislador evidentemente não teria feito uma lei para preveni-las' (PAULA BATISTA, op. cit., §12). Portanto a exegese há de ser de tal modo conduzida que explique o texto como não contendo superfluidades, e não resulte um sentido contraditório com o fim colimado ou o caráter do autor, nem conducente a conclusão física ou moralmente impossível. Desde que a interpretação pelos processos tradicionais conduz a injustiça flagrante, incoerências do legislador, contradição consigo mesmo, impossibilidades ou absurdos, deve-se presumir que foram usadas expressões impróprias, inadequadas, e buscar um sentido equitativo, lógico e acorde com o sentir geral e o bem presente e futuro da comunidade" (MAXIMILIANO, Carlos. *Hermenêutica e aplicação do direito*. 8. ed. São Paulo: Livraria Freitas Bastos, 1965. p. 177-179).

a contratou. Uma vez emitida, a cédula pode ser negociada com terceiros e o portador da cédula pode executá-la, haja vista que se trata de título executivo extrajudicial. Devem-se respeitar as normas contidas nos artigos 887 e seguintes do Código Civil.

O propósito da cédula de crédito microempresarial é o de minimizar os impactos do inadimplemento da Administração para as microempresas e empresas de pequeno porte. Assim, podem negociar com terceiros os seus créditos e executá-los judicialmente.

2.7 A apresentação de balanço patrimonial por parte das microempresas e empresas de pequeno porte como condição de habilitação

O inciso I do artigo 69 da Lei nº 14.133/2021 determina que os licitantes devem apresentar "balanço patrimonial, demonstração de resultado de exercício e demais demonstrações contábeis dos 2 (dois) últimos exercícios sociais". O inciso III do artigo 70 da mesma lei dispensa, total ou parcialmente, a apresentação dos documentos de habilitação "nas contratações para entrega imediata, nas contratações em valores inferiores a 1/4 (um quarto) do limite para dispensa de licitação para compras em geral e nas contratações de produto para pesquisa e desenvolvimento até o valor de R$300.000,00 (trezentos mil reais)". Não há dispositivo na Lei nº 14.133/2021 que dispensa microempresa e empresa de pequeno porte de apresentar o balanço patrimonial.

O §2º do artigo 1.179 do Código Civil prescreve que o pequeno empresário é dispensado de seguir sistema de contabilidade e de levantar balanço anual. O pequeno empresário, conforme o artigo 68 combinado com o §1º do artigo 18-A da Lei Complementar nº 123/2006, é o empresário individual caracterizado como microempresa que aufira receita bruta anual de até R$81.000,00.

Sem embargo, ainda que as pequenas empresas estejam dispensadas de levantar balanço para efeito contábil, se quiserem participar de licitação, terão de fazê-lo, por força do inciso I do artigo 69 da Lei nº 14.133/2021, ou terão de apresentar outro documento, também oficial e devidamente registrado, que demonstre a sua situação econômico-financeira. Ocorre que à Administração não é permitido contratar com pessoa que não tenha capacidade para cumprir o contrato. Logo, inevitavelmente a Administração deve analisar a situação econômico-financeira de todos os licitantes, inclusive das pequenas empresas. O Código Civil não reúne força para dispensá-las de comprovar a boa e suficiente situação econômico-financeira para efeito de licitação e de contrato administrativo, tudo com arrimo no princípio da supremacia do interesse público. A Lei de Licitações é específica e exige o balanço patrimonial de todos os licitantes, pouco importando se pequenas empresas ou não.[429]

O artigo 3º do Decreto Federal nº 8.538/2015, sem anteparo na Lei Complementar nº 123/2006, preceitua que "Na habilitação em licitações para o fornecimento de bens para pronta entrega ou para a locação de materiais, não será exigida da microempresa ou da

[429] 9.3 dar ciência à Advocacia-Geral da União (AGU) e ao Segundo Centro Integrado de Defesa Aérea e Controle de Tráfego Aéreo – CINDACTA II que para participação em licitação pública, regida pela Lei 8666/1993, o MEI, mesmo que esteja dispensado da elaboração do balanço patrimonial, deverá apresentar, quando exigido para fins de comprovação de sua boa situação financeira, o referido balanço e as demonstrações contábeis do último exercício social, conforme previsto no art. 31, inciso I, da Lei de Licitações; (TCU, Plenário. Acórdão nº 133/2022, Rel. Min. Walton Alencar Rodrigues, j. 26.1.2022).

empresa de pequeno porte a apresentação de balanço patrimonial do último exercício social". O decreto, aqui, inova a ordem jurídica, prescreve privilégio às microempresas e empresas de pequeno porte não pressuposto nas leis. Daí que o referido artigo 3º é inconstitucional, por violação ao princípio da legalidade, mais propriamente ao inciso II do artigo 5º, ao *caput* do artigo 37 e ao inciso VI do artigo 84, todos dispositivos da Constituição Federal.

De toda sorte, parece que o artigo 3º do Decreto Federal nº 8.538/2015 parte da ideia de que contratos de fornecimento de bens para pronta entrega ou para a locação de materiais não são complexos, não importam em obrigações financeiras futuras substanciais e, por isso, dispensam o balanço patrimonial das microempresas e empresas de pequeno porte. Por mera argumentação, mesmo que a premissa de tal raciocínio fosse verdadeira, a conclusão não lhe é compatível. Ora, se não é necessário investigar a qualificação econômico-financeira para esses contratos, dever-se-ia dispensar a apresentação do balanço patrimonial por parte de todos os licitantes e não por parte apenas das microempresas e empresas de pequeno porte. O critério para a quebra da isonomia, para privilegiar as microempresas e empresas de pequeno porte neste particular, não encontra justificação razoável e lógica. Daí, por conclusão, o dispositivo é inconstitucional por ofensa aos princípios da legalidade e da isonomia.[430]

3 Licitações sustentáveis sob a perspectiva ambiental/ecológica

A sustentabilidade tem sido compreendida de maneira amplíssima, não restrita ao aspecto ambiental. Tornou-se, do modo como vem sendo posta, espécie de amálgama de diversos vetores que remetem ao interesse público, quiçá, para essa visão, seja a própria representação do interesse público. Não se pretende aqui versar sobre o acerto ou desacerto desta visão, no mínimo, ambiciosa da sustentabilidade. Neste tópico, quer-se tratar da sustentabilidade sob a perspectiva ambiental/ecológica. A pauta ambiental deve ser versada em separado, porque guarda muitas especificidades, sobretudo em face das licitações públicas, e é realmente essencial diante da gravidade da crise ambiental que se descortina.

Pedro de Menezes Niebuhr oferece conceito de licitações sustentáveis:

> Por "licitações sustentáveis" entende-se a utilização de critérios ou parâmetros que tomem em consideração aspectos ambientalmente amigáveis na definição do objeto a ser contratado, na seleção do particular fornecedor ou prestador de serviços e/ou na metodologia de execução das obrigações contratadas. Pretende-se, com isso, usar do poderio econômico da Administração Pública como contratante (a rigor, a maior contratante no mercado interno) para induzir o comportamento de seus fornecedores e prestadores de serviços em direção à adoção e/ou preferência por processos produtivos/comerciais e produtos/serviços menos

[430] Registre-se que o Tribunal de Contas da União reconhece a aplicação do artigo 3º do Decreto nº 8.538/2015, como se extrai da seguinte passagem: "9.2. determinar ao Comando Logístico do Exército que, nos seus procedimentos licitatórios, observe que as microempresas e as empresas de pequeno porte somente devem ser liberadas da apresentação do balanço patrimonial do último exercício se o certame envolver fornecimento de bens para pronta entrega, conforme previsto no art. 3º do Decreto nº 8.538, de 6 de outubro de 2015, evitando a repetição da falha constatada no âmbito do Pregão Eletrônico SRP 18/2015;" (TCU, Segunda Câmara, Acórdão nº 5221/2016, Rel. Min. André Carvalho, j. 3.5.2016).

poluentes e degradantes, bem como reduzir a pegada ecológica da própria Administração Pública.[431]

A sustentabilidade, sob o viés ambiental e ecológico, pode repercutir nas licitações de diversas maneiras. As principais são: (i) em relação às especificações do objeto da licitação e do futuro contrato; (ii) no tocante a requisitos de habilitação; (iii) quanto aos critérios para avaliar a proposta mais vantajosa; e (iv) no que tange à previsão de preferências.

A pauta da sustentabilidade na ótica ambiental encontra espaço privilegiadíssimo em relação à definição das especificações do objeto da licitação e do futuro contrato. Reconhece-se discricionariedade para que a Administração defina as especificações do objeto de acordo com o interesse público, que, por sua vez, em larga medida, corresponde à sustentabilidade. Seria ilógico, contraditório e despropositado que a Administração definisse as especificações do objeto das suas licitações e dos seus futuros contratos sem atentar à sustentabilidade, que denota importante política pública. É como se a Administração negasse os seus valores.

Em termos práticos, a Administração deve definir suas obras e serviços de engenharia de modo ambientalmente adequado, no que tange, entre outros aspectos, aos insumos, equipamentos e eficiência energética. Deve comprar bens ambientalmente adequados, sob todos os seus aspectos, preferindo aqueles que sejam reciclados.

Nesse caminho, o inciso XI do artigo 7º da Lei nº 12.305/2010 (que institui a Política Nacional de Resíduos Sólidos) prescreve como objetivo da Política Nacional de Resíduos Sólidos que a Administração priorize em suas licitações e contratos produtos reciclados e bens, serviços e obras que considerem critérios compatíveis com padrões de consumo social e ambientalmente sustentáveis.

Advirta-se, apenas, que a especificação do objeto de modo ambientalmente adequado não prescinde de uma análise de proporcionalidade em sentido estrito, isto é, a relação entre custos e benefícios. Sucede que muitas vezes o benefício ambiental é irrelevante ou, em que pese haver uma característica ambientalmente positiva, o produto traz consigo várias outras negativas. E, mais, às vezes o produto é ambientalmente adequado, porém com custo altíssimo, incompatível com os orçamentos públicos. Nem sempre, em razão dos seus custos, a Administração conseguirá arcar com os produtos ambientalmente adequados e isto pode ser, a depender do caso, justificativa para definir no edital produtos que não o sejam.[432]

---

[431] NIEBUHR, Pedro de Menezes. Por que as licitações sustentáveis ainda não decolaram? *Revista Interesse Público*, Belo Horizonte, ano 19, n. 104, p. 25-48, jul./ago. 2017.

[432] Valem as ponderações de Marçal Justen Filho: "O Estado está constitucionalmente subordinado a adotar, em cada caso concreto e no conjunto de suas decisões e políticas, as práticas e as decisões mais compatíveis com a promoção da dignidade de todos. Um exemplo permite compreender a questão. Suponha-se a disseminação de certa doença que impõe padecimento doloroso ao portador. Imagine-se que é descoberta a cura, consistente num remédio produzido no exterior a um preço elevado. O Estado brasileiro não está autorizado a se negar a adquirir o medicamento sob o argumento da inconveniência da transferência de recursos nacionais para empresas estabelecidas fora do País. Mas esse é um caso fácil. Pode haver outros difíceis. Admita-se que a produção do medicamento importa uma prática lesiva ao meio ambiente. A Administração pode deparar-se com esse dilema: adquirir o medicamento e assegurar o atendimento aos doentes ou preservar o meio ambiente. Em outras palavras, o conceito de desenvolvimento nacional sustentado apresenta uma dimensão ótima e ideal. Compreende os casos em que é possível obter resultados plenamente satisfatórios de crescimento econômico e aperfeiçoamento social mediante práticas que não acarretam danos relevantes e permanentes para o meio

A pauta da sustentabilidade depende em muito da correta apreensão e aplicação da máxima da proporcionalidade. E isto, advirta-se, em todos os seus aspectos e com ênfase na definição da especificação do objeto da licitação.

Nesse contexto, é importante atentar para a fase de licenciamento ambiental, dado que as entidades ambientais muitas vezes fazem exigências que visam a proteger aspectos do ecossistema, porém que geram custos desproporcionais. Com esse espírito, o artigo 45 da Lei nº 14.133/2021 exige que as obras e serviços de engenharia respeitem as normas relativas à:

> I - disposição final ambientalmente adequada dos resíduos sólidos gerados pelas obras contratadas;
> II - mitigação por condicionantes e compensação ambiental, que serão definidas no procedimento de licenciamento ambiental;
> III - utilização de produtos, de equipamentos e de serviços que, comprovadamente, favoreçam a redução do consumo de energia e de recursos naturais;
> IV - avaliação de impacto de vizinhança, na forma da legislação urbanística;
> V - proteção do patrimônio histórico, cultural, arqueológico e imaterial, inclusive por meio da avaliação do impacto direto ou indireto causado pelas obras contratadas;
> VI - acessibilidade para pessoas com deficiência ou com mobilidade reduzida.

De mais a mais, é permitido à Administração, inclusive, exigir que as propostas sejam acompanhadas de certificações ambientais como meio para comprovar que os objetos oferecidos à Administração são ambientalmente adequados. A propósito, o inciso III do artigo 42 da Lei nº 14.133/2021 admite que a prova de qualidade do produto apresentado por licitantes seja empreendida por meio de "certificação, certificado, laudo laboratorial ou documento similar que possibilite a aferição da qualidade e da conformidade do produto ou do processo de fabricação, inclusive sob o aspecto ambiental, emitido por instituição oficial competente ou por entidade credenciada".

O objetivo é que a certificação sirva de prova de que determinado bem oferecido à Administração é ambientalmente adequado. Por outro lado, a certificação não deve ser exigida em habilitação, como prova de que a licitante segue padrões ambientalmente adequados em suas atividades, porque, neste caso, a exigência violaria a parte final do inciso XXI do artigo 37 da Constituição Federal.

---

ambiente. Mas haverá casos em que será necessário restringir a dimensão econômico-social do desenvolvimento tal como a dimensão de proteção ao meio ambiente. Existirá a necessidade de soluções de compromisso. Então, não se admite a proposta de crescimento econômico selvagem, que afirme a busca da riqueza sem atentar para os efeitos destrutivos do ambiente e da natureza. Mas também não se pode aceitar uma concepção de preservação da natureza que acarrete o atraso econômico e a condenação de largas parcelas da população a um estado de carência ou o sacrifício da dignidade de um ser humano. Também é indispensável que haja a ponderação dos custos envolvidos em cada solução. A invocação à finalidade de promover o desenvolvimento nacional sustentado não legitima contratações desastrosas ou práticas destituídas de eficiência econômica. Mais ainda, não pode conduzir à inviabilização do atendimento de outras necessidades, dotadas de igual relevância em face da supremacia da dignidade humana. A solução de equilíbrio deve ser produzida em face das circunstâncias concretas, sem a afirmação apriorística, abstrata e teórica de decisões que ignorem as características do mundo real" (JUSTEN FILHO, Marçal. Desempenho nacional sustentado: contratações administrativas e o regime introduzido pela Lei nº 12.349/10. *ILC – Informativo de Licitações e Contratos*, Curitiba, v. 18, n. 210, p. 745, ago. 2011).

No tocante às certificações, são necessários alguns cuidados, especialmente para preservar a competitividade. É que a participação na licitação e o oferecimento de proposta não deve depender da vontade de entidade privada que emite a certificação. Portanto, em princípio, o edital não deve prever uma única entidade responsável pela emissão da certificação, deve oferecer ao licitante mais de uma opção.

No que atine à habilitação, as exigências de sustentabilidade são obstadas pela parte final do inciso XXI do artigo 37 da Constituição Federal, cujo teor somente permite aquelas de natureza técnica e econômica indispensáveis à garantia do cumprimento das obrigações. Exigências de sustentabilidade não são indispensáveis para verificar se os contratados são aptos ou não para cumprir as obrigações decorrentes dos futuros contratos, por isto, inconstitucionais.[433] De toda sorte, na Lei nº 14.133/2021 não foram prescritas exigências de habilitação de natureza ambiental e ecológica.

A sustentabilidade ganha relevância na avaliação do que seja a proposta mais vantajosa. Em regra, as licitações são julgadas com base no preço. Mesmo nas licitações de técnica e preço, o preço acaba sendo relevante e determinante, na linha do estabelecido no artigo 36 da Lei nº 14.133/2021. A questão é o modo como apurar e identificar o menor preço.

Salvo hipóteses excepcionais, inexplicavelmente, em desarmonia aos princípios constitucionais da eficiência, da economicidade e da sustentabilidade, a Administração costuma avaliar o preço apenas em relação aos custos diretos, desprezando totalmente os custos indiretos, manutenção, reparo, vida útil e os custos ambientais. Não faz sentido pagar diretamente preço menor e arcar com custos indiretos muito superiores aos dos produtos e bens preteridos na licitação. O custo direto pode ser uma espécie de embuste, por efeito do que a avaliação do preço não pode desprezar os custos indiretos.

A avaliação dos custos indiretos das propostas dá-se no contexto do ciclo de vida dos seus objetos, sendo que a Lei nº 14.133/2021 avançou bastante nessa direção.[434] São as lições de Pedro de Menezes Niebuhr:

---

433 Sob essa premissa, o inciso II do art. 14 da Lei nº 12.462/2011, que disciplina o Regime Diferenciado de Contratações Públicas, é inconstitucional, dado que autoriza exigências de habilitação concernentes à sustentabilidade ambiental. Também é inconstitucional o art. 25 da Lei nº 3.135/2007, do estado do Amazonas, na medida em que autoriza a exigência de certificação de conformidade com o licitante à Política Estadual de Mudanças Climáticas, Conservação Ambiental e Desenvolvimento Sustentável.

434 "Art. 6º [...] XXIII - termo de referência: documento necessário para a contratação de bens e serviços, que deve conter os seguintes parâmetros e elementos descritivos: [...] c) descrição da solução como um todo, considerado todo o ciclo de vida do objeto; [...] Art. 11. O processo licitatório tem por objetivos: I - assegurar a seleção da proposta apta a gerar o resultado de contratação mais vantajoso para a Administração Pública, inclusive no que se refere ao ciclo de vida do objeto [...]. Art. 18. A fase preparatória do processo licitatório é caracterizada pelo planejamento e deve compatibilizar-se com o plano de contratações anual de que trata o inciso VII do *caput* do art. 12 desta Lei, sempre que elaborado, e com as leis orçamentárias, bem como abordar todas as considerações técnicas, mercadológicas e de gestão que podem interferir na contratação, compreendidos: [...] VIII - a modalidade de licitação, o critério de julgamento, o modo de disputa e a adequação e eficiência da forma de combinação desses parâmetros, para os fins de seleção da proposta apta a gerar o resultado de contratação mais vantajoso para a Administração Pública, considerado todo o ciclo de vida do objeto. [...] Art. 34. O julgamento por menor preço ou maior desconto e, quando couber, por técnica e preço considerará o menor dispêndio para a Administração, atendidos os parâmetros mínimos de qualidade definidos no edital de licitação. §1º Os custos indiretos, relacionados com as despesas de manutenção, utilização, reposição, depreciação e impacto ambiental do objeto licitado, entre outros fatores vinculados ao seu ciclo de vida, poderão ser considerados para a definição do menor dispêndio, sempre que objetivamente mensuráveis, conforme disposto em regulamento".

> O ciclo de vida, na forma institucionalizada pela Lei nº 12.305/2010 – que institui a Política Nacional de Resíduos Sólidos – é a "série de etapas que envolvem o desenvolvimento do produto, [desde] a obtenção de matérias-primas e insumos, o processo produtivo, o consumo e a disposição final". Trata-se da trajetória, do *berço ao túmulo*, de um produto, serviço, processo ou material. [...]
> A Lei nº 14.133/2021 incorpora, de forma definitiva, o ciclo de vida do objeto da licitação/contrato como importante variável de sustentabilidade das licitações. O ciclo de vida aparece como (i) um componente da vantajosidade da licitação, outro dos objetivos da licitação previstos no inciso I do artigo 11 e no inciso VIII do artigo 18; além de (ii) variável que compõe os custos indiretos da proposta a serem considerados, a critério da autoridade administrativa, no julgamento pelo critério menor preço ou maior desconto, no §1º do artigo 34. O artigo 6º exige, em complemento, que todo o ciclo de vida do objeto seja considerado na descrição da solução, no termo de referência.
> Parece inegável que a avaliação do ciclo de vida do produto tem aptidão, pelo menos em tese, para repercutir na vantajosidade de dada solução. Produtos e serviços mais baratos, quando analisados ao longo de todo seu percurso na cadeia, podem se revelar ao final mais dispendiosos por serem menos eficientes duráveis. Isso é possível se deduzir de forma direta, quase que aritmética.[435]

Sem embargo, nem sempre será pertinente ou necessário avaliar os custos indiretos. A decisão é discricionária e depende de alguns fatores. De plano, é certo que os custos indiretos devem ser calculados e demonstrados objetivamente, socorrendo-se a Administração dos préstimos das ciências contábeis e das diversas especializações técnicas, especialmente as de engenharia.[436]

Ainda no que diz respeito à avaliação da proposta mais vantajosa, é possível também que nas licitações julgadas pelos critérios da técnica e preço e melhor técnica que a Administração pontue o aspecto técnico com base em questões ambientais. Ou seja, a proposta que apresentar a solução ambiental mais adequada deve receber pontuação mais elevada. Nesse sentido, quando o julgamento envolver o aspecto técnico, a questão ambiental pode ser decisiva.

A sustentabilidade, sob a perspectiva ambiental e ecológica, pode ser aproveitada em licitações também para a instituição de direito, margem ou algum tipo de critério de preferência aos licitantes que cotarem bens ou que tenham comportamentos ambientalmente adequados.

A propósito, esclareça-se que direito de preferência significa que o licitante favorecido tem a oportunidade de apresentar nova proposta e cobrir a proposta inicialmente mais vantajosa. Por sua vez, na hipótese de margem de preferência o licitante não precisa apresentar nova proposta, ele é declarado vencedor mesmo com

---

435 NIEBUHR, Pedro de Menezes. Licitações sustentáveis. *In*: NIEBUHR, Joel de Menezes (coord.). *Nova Lei de Licitações e Contratos Administrativos*. 2. ed. Curitiba: Zênite, 2021. p. 100-101.

436 Naturalmente, para alcançar aceitável resposta aos desafios do desenvolvimento duradouro e includente, urge investir num sistema idôneo de avaliação dos custos, que migre para parâmetros objetivos de avaliação dos custos indiretos, sociais, ambientais e econômicos, de maneira a permitir uma governança eticamente responsável, prospectiva e causadora de homeostase social. Deveras, as licitações e contratações sustentáveis demandam, como nunca, a observância cabal de critérios que incluam projeções inteligíveis dos custos de longo espectro dos produtos, obras e serviços (FREITAS, Juarez. Licitações públicas sustentáveis: dever constitucional e legal. *Revista do Instituto do Direito Brasileiro*, v. 2, n. 1. p. 364).

proposta menos vantajosa. Nessas situações, no final das contas e em termos práticos, a Administração admite pagar preço superior em razão da promoção de política pública. Por último, critério de preferência é gênero, pode ser direito ou margem de preferência ou qualquer outra medida que ponha dado licitante em situação mais vantajosa.

Sobre o assunto, o inciso XII do artigo 6º da Lei nº 12.187/2009 (que institui a Política Nacional sobre Mudanças Climáticas) prescreve que constituem instrumentos da Política Nacional sobre Mudança do Clima as medidas que importem

> [...] estabelecimento de critérios de preferência nas licitações e concorrências públicas, compreendidas aí as parcerias público-privadas e a autorização, permissão, outorga e concessão para exploração de serviços públicos e recursos naturais, para as propostas que propiciem maior economia de energia, água e outros recursos naturais e redução da emissão de gases de efeito estufa e de resíduos.

Entende-se que os critérios de preferência referidos no dispositivo supracitado não são autoaplicáveis, porque não veicula qualquer indicativo do que eles são e como devem ser exercidos, nenhum tipo de parâmetro a ser considerado. Não há sinalização se é caso de direito de preferência, margem de preferência ou algum outro tipo de vantagem.

O inciso II do *caput* do artigo 26 da Lei nº 14.133/2021 é mais específico e prescreve que se pode estabelecer margem de preferência em licitações em favor de bens reciclados, recicláveis ou biodegradáveis, conforme regulamento, que pode ser, conforme inciso II do §1º do mesmo artigo, de até 10% sobre o preço dos bens e serviços que não ostentem tais características. Essa margem de preferência também não é autoaplicável, dado a ressalva expressa constante da parte final do inciso II do *caput* do artigo 26, que demanda regulamentação. Sem embargo, insista-se que o legislador tratou de margem e não de direito de preferência. Isso significa que, no percentual a ser definido de até 10%, os licitantes que cotarem bens reciclados, recicláveis ou biodegradáveis e que forem favorecidos pela margem de preferência não precisarão cobrir as propostas dos demais licitantes. A Administração admite pagar mais caro para favorecer aqueles que oferecem bens reciclados, recicláveis ou biodegradáveis.

4 Margem de preferência para bens manufaturados e serviços nacionais

O Presidente da República baixou a Medida Provisória nº 495/2010, depois convertida na Lei nº 12.349/2010, com o propósito declarado de utilizar a licitação pública para beneficiar o licitante nacional em detrimento dos estrangeiros, promovendo alterações de monta na revogada Lei nº 8.666/1993 e na sistemática das licitações públicas. O §8º do artigo 3º da Lei nº 8.666/1993, introduzido pela Lei nº 12.349/2010, permitia o estabelecimento de margem de preferência de até 25% (vinte e cinco por cento) para os produtos manufaturados e serviços nacionais que atendam a normas técnicas brasileiras.

A Lei nº 14.133/2021 reproduziu a essência da Lei nº 12.349/2010. O inciso I do artigo 26 da Lei nº 14.133/2021 prescreve margem de preferência em favor de "bens manufaturados e serviços nacionais que atendam a normas técnicas brasileiras". O percentual em favor dos nacionais na Lei nº 14.133/2021 é, por regra, de até 10% (dez por cento), bem menor do que o da Lei nº 12.349/2010, que é de até 25% (vinte e cinco por cento). Ressalta-se que, consoante o §2º do mesmo artigo 26, "para os bens manufaturados nacionais e serviços nacionais resultantes de desenvolvimento e inovação tecnológica no País, definidos conforme regulamento do Poder Executivo federal, a margem de preferência a que se refere o *caput* deste artigo poderá ser de até 20% (vinte por cento)". De toda sorte, ainda menor do que os 25% (vinte e cinco por cento) da Lei nº 12.349/2010.

Trocando-se em miúdos, se a proposta do licitante nacional for superior à do licitante estrangeiro em patamar que não ultrapasse o percentual da margem de preferência, que é de até 10% (dez por cento) ou de até 20% (vinte por cento), conforme o caso, o licitante nacional é o vencedor da licitação pública. Frisa-se que o licitante nacional, para ser beneficiado com a margem de preferência e sagrar-se vencedor do certame, não é obrigado a reduzir o seu preço e cobrir a proposta do estrangeiro. Ele é considerado vencedor ainda que com preço superior, o que onera o erário público.

O artigo 26 da Lei nº 14.133/2021 foi regulamentado pelo Decreto nº 11.890/2024, restrito ao âmbito da Administração Pública federal direta, autárquica e fundacional. Nada obstante, o §4º do artigo 3º do referido Decreto prescreve que "Os Estados, o Distrito Federal, os Municípios e os demais Poderes da União poderão adotar as margens de preferência estabelecidas pelo Poder Executivo federal, previstas no art. 26 da Lei nº 14.133, de 2021".

O Decreto nº 11.890/2024 refere-se à margem de preferência normal e à margem de preferência adicional. De acordo com o inciso I do seu artigo 2º, a margem de preferência normal consiste no diferencial de preços que ocorre entre:

> a) produtos manufaturados nacionais e produtos manufaturados estrangeiros;
> b) serviços nacionais e serviços estrangeiros; ou
> c) bens reciclados, recicláveis ou biodegradáveis e bens não enquadrados como tais;

Por sua vez, na forma do inciso II do mesmo artigo 2º do Decreto nº 11.890/2024, a margem de preferência adicional consiste no diferencial de preços que ocorre entre:

> a) produtos manufaturados nacionais resultantes de desenvolvimento e inovação tecnológica no País e produtos manufaturados estrangeiros;
> b) produtos manufaturados nacionais resultantes de desenvolvimento e inovação tecnológica no País e produtos manufaturados nacionais não resultantes de desenvolvimento e inovação tecnológica no País;
> c) serviços nacionais resultantes de desenvolvimento e inovação tecnológica no País e serviços estrangeiros; ou
> d) serviços nacionais resultantes de desenvolvimento e inovação tecnológica no País e serviços nacionais não resultantes de desenvolvimento e inovação tecnológica no País;

O §2º do artigo 2º do Decreto nº 11.890/2024 prescreve que "a margem de preferência adicional será cumulativa com a margem de preferência normal". O mesmo Decreto instituiu em seu artigo 7º a Comissão Interministerial de Contratações Públicas para o Desenvolvimento Sustentável e ele é competente, dentre outras atividades, para discutir e definir as margens de preferência normais e adicionais (inciso I do §3º do artigo 7º do Decreto nº 11.890/2024).

Convém reiterar que se trata de margem de preferência, tanto a denominada normal quanto a adicional, e não de direito de preferência. Na margem de preferência, diga-se novamente, o licitante favorecido não precisa apresentar nova proposta e reduzir o seu preço, sendo que a Administração aceita pagar preço superior para promover dada política pública. Por sua vez, no direito de preferência, o licitante goza da oportunidade de apresentar nova proposta e somente será o vencedor da licitação, com essa oportunidade, se sua proposta passar a ser a mais vantajosa. É o caso, por exemplo, do direito de preferência das microempresas e empresas de pequeno porte reconhecido nos artigos 44 e 45 da Lei Complementar nº 123/2006.

Pois bem, pretende-se colocar os bens produzidos no Brasil em vantagem em relação aos produzidos no estrangeiro sob a alegação de promover o desenvolvimento nacional. A ideia subjacente à margem de preferência é prestigiar aqueles que produzem, geram empregos e recolhem impostos no Brasil. Numa primeira passada de olhos, soa estranho que empresa estrangeira, que gera empregos e produz riqueza noutras cercanias, derrote empresa que produza no Brasil, por vezes com diferença ínfima de preço ou de técnica. Não parece razoável a Administração Pública contribuir para a geração de empregos e riqueza no exterior, em detrimento da economia nacional.

Sem embargo, a preferência ao produto nacional deve descambar para espécie de reserva de mercado, o que, ao fim e ao cabo, revela-se desvantajosa, como comprovado historicamente. O capitalismo é centrado na competição e nada pior para a competição do que a zona de conforto forjada por regras de proteção. As empresas deixam de inovar, investir e reduzir custos.[437]

Com a vantagem de até 10% (dez por cento) ou 20% (vinte por cento) para os nacionais, dependendo do caso, é crível supor que os estrangeiros nem se animem a oferecer propostas. A tendência, nas hipóteses em que se aplicar essa margem de preferência, é minguar a competição, afastando os licitantes estrangeiros, deixando os nacionais sozinhos; bem acomodados para oferecerem preços mais elevados e ampliarem os seus ganhos às custas do erário público.

O fato é que, ao beneficiar a produção nacional em licitação pública, a Administração Pública aceita a premissa de pagar mais caro por produtos brasileiros ou contratar bens e serviços com qualidade inferior.

A título ilustrativo, imagine que a Administração Pública pretenda comprar equipamentos médicos resultantes de inovação tecnológica. Em termos bem práticos, aplicando-se a margem de 20% (vinte por cento), o valor pago a mais na compra de cinco

---

[437] São as advertências de Guilherme Carvalho: "Economicamente, trata-se de uma vulgarização do esforço do contribuinte. Sob o viés da isonomia, inquestionável o favorecimento desprovido de razão. À luz de políticas sustentáveis, os conceitos não convergem (...). Resumidamente, pouco ou nada agrega. O argumento da melhoria do mercado nacional e da proteção aos postos de trabalho nunca foi comprovado, sobretudo porque, em outras oportunidades históricas, essa criatividade já foi testada. Logo, é a repetição de um mesmíssimo erro, desprendido de qualquer motivo justo (isonômico mesmo), digno de um modelo estatizante e disforme à complexidade das variâncias do mercado. Licitar *a la soviética* é uma pretensa expertise lerdaça, comprimindo o dinamismo e a potencialidade de um significativo setor da economia nacional, sendo, por isso, contraproducente. Confessadamente, um fetiche normativo, filhote de um poder autocrático". (CARVALHO, Guilherme. *Margem de Preferência para produtos nacionais*: recursos sobrando? Disponível em: https://www.conjur.com.br/2024-out-25/margem-de-preferencia-para-produtos-nacionais-recursos-sobrando/. Acesso em: 10 jan. 2025)

unidades significa que a Administração Pública deixa de adquirir uma nova unidade. E, talvez, pague mais por produto de qualidade inferior.

4.1 A regra de não discriminação entre Estados Partes do Protocolo de Contratações Públicas do Mercosul

O inciso III do §1º do artigo 26 da Lei nº 14.133/2021 prescreve que a margem de preferência pode ser estendida, total ou parcialmente, aos bens e serviços originários dos Estados-Partes do Mercado Comum do Sul (Mercosul). Nos termos da Lei nº 14.133/2021, trata-se de uma faculdade, a ser exercida em regime de reciprocidade. O Brasil oferece aos integrantes do Mercosul o mesmo tratamento vantajoso que oferece aos agentes econômicos nacionais em troca do mesmo benefício em prol dos nacionais. Não faria sentido o contrário, em que pesem as nuances das tratativas internacionais.

O Brasil é signatário do Protocolo de Contratações Públicas do Mercosul, promulgado pelo Decreto nº 12.299/2024, portanto incorporado ao ordenamento jurídico brasileiro. Ressalva-se que o Protocolo não se aplica, pelo menos não atualmente, para todas as licitações públicas e contratos administrativos da Administração Pública nacional. Ele somente se aplica, na forma do seu artigo 2º, para as entidades por si listadas e para os tipos contratos nele previstos e cujos valores sejam iguais ou superiores aos valores de referência nele estabelecidos.[438] Remete-se o leitor, para uma contextualização mais apurada, ao Capítulo 1, tópico 3.2. Nada obstante, é de salientar que o Protocolo somente se aplica para contratações acima de determinado patamar econômico, o que deve ser definido por cada Estado Parte. Alerte-se que, até o fechamento desta edição, o Brasil não definiu o valor a ser aplicado para si, de modo que, sem essa definição, embora promulgado, é inviável aplicar o Protocolo.

A finalidade do Protocolo de Contratações Públicas do Mercosul é assegurar o direito dos agentes econômicos dos Estados Partes de acessarem em igualdade os contratos públicos de todos os Estados Partes. Para tanto, o Protocolo prescreve uma série de normas para garantir esse propósito, com destaque para as contidas nos seus artigos 5º e 6º, que, sob perspectiva geral, transformam a faculdade do inciso III do §1º do artigo 26 da Lei nº 14.133/2021 em obrigação:

> Artigo 5º - TRATAMENTO DE NAÇÃO MAIS FAVORECIDA
> No que diz respeito às disposições estabelecidas neste Protocolo, cada Estado Parte concederá imediata e incondicionalmente aos bens, serviços e aos fornecedores e prestadores de qualquer outro Estado Parte tratamento não menos favorável do que aquele que tenha concedido aos bens, serviços e aos fornecedores e prestadores de qualquer outro Estado Parte ou de terceiros países, de acordo ao estabelecido no Anexo IX "Tratamento de Nação Mais Favorecida".
> Artigo 6º - TRATAMENTO NACIONAL E NÃO DISCRIMINAÇÃO
> 1. Com relação a qualquer medida coberta por este Protocolo, cada Estado Parte concederá imediata e incondicionalmente aos bens e serviços dos outros Estados Partes e aos

---

[438] Art. 2º [...] 1. Este Protocolo é aplicável às contratações públicas realizadas pelas entidades listadas no Anexo I "Entidades", por qualquer meio contratual, para a aquisição de bens e serviços listados nos Anexos II "Bens", III "Serviços" e IV "Serviços de Construção", respectivamente, cujo valor seja igual ou superior aos patamares estabelecidos no Anexo V "Patamares" sem prejuízo do disposto no Anexo VI "Notas Gerais".

> fornecedores dos outros Estados Partes que forneçam bens e serviços de qualquer Estado Parte um tratamento não menos favorável que o tratamento mais favorável que o referido Estado Parte conceda a seus próprios bens, serviços e fornecedores.
> 2. Com relação a qualquer medida coberta por este Protocolo, nenhum Estado Parte poderá discriminar:
> a) um fornecedor ou prestador estabelecido em qualquer um dos Estados Partes por seu grau de afiliação ou propriedade estrangeira, nem
> b) um fornecedor ou prestador estabelecido em seu território pelo fato de os bens ou serviços oferecidos por esse fornecedor ou prestador, para uma contratação específica, serem os bens ou serviços dos outros Estados Partes.
> 3. Este Artigo não se aplica:
> a) aos direitos aduaneiros, incluindo as tarifas ou outros encargos de qualquer tipo que sejam impostos à importação ou que estejam a ela relacionados, ao método de arrecadação desses impostos e encargos, nem a outras regulamentações de importação, incluindo as restrições e formalidades;
> b) às medidas que afetam o comércio de serviços, diferentemente das medidas que regem especificamente a contratação pública coberta por este Protocolo.

Portanto, agentes econômicos dos Estados Partes, signatários do Protocolo, não podem ser discriminados por qualquer dos Estados Partes, tendo o direito de receber o tratamento mais vantajoso concedido por qualquer dos Estados Partes, quer seja aos agentes econômicos nacionais, de outros Estados Partes ou de terceiros. Trata-se de direito subjetivo, que pode ser exigido em qualquer licitação promovida por entidade obrigada ao Protocolo e em relação aos contratos por ele abrangidos.

4.2 Discricionariedade para a aplicação da margem de preferência

Esclareça-se, por oportuno, que a aplicação da *margem de preferência* é discricionária. A redação do artigo 26 da Lei nº 14.133/2021 é clara ao preceituar que "[...] poderá ser estabelecida margem de preferência [...]".

Por ser ato discricionário, os órgãos e entidades da Administração Pública não são obrigados a concedê-la. Disso decorrem efeitos jurídicos relevantes.

Em primeiro lugar, o legislador aceita a tese de que a concessão da *margem de preferência* nem sempre é a opção mais vantajosa para o interesse público, nem sempre contribuirá para o desenvolvimento nacional. Há casos em que a aplicação da *margem de preferência* é prejudicial ao interesse público. Se não fosse assim, o legislador teria prescrito a *margem de preferência* como obrigatória, para todos os casos, e não facultativa. Bem por isso que o artigo 7º do Decreto nº 11.890/2024 criou a Comissão Interministerial de Contratações Públicas para o Desenvolvimento Sustentável, que tem a função de discutir e definir as margens de preferência, no exercício da competência discricionária prescrita no *caput* do artigo 26 da Lei nº 14.133/2021. O inciso VI do artigo 8º do decreto atribui à Comissão "avaliar a conveniência e a viabilidade operacional da aplicação de margem de preferência, medida de compensação ou instrumento e política de fomento, a que se refere o inciso I;".

Em segundo lugar, como ocorre com todos os atos administrativos que afetam direitos e interesses de terceiros, a decisão pela aplicação ou não da *margem de preferência* deve ser motivada, por força do artigo 55 da Lei nº 9.874/1999. Os órgãos e entidades da Administração Pública terão de tecer justificativas técnicas sobre o mercado pertinente ao objeto da licitação, os potenciais interessados em participar do certame, se há bens e serviços produzidos no país e no estrangeiro, entre outros aspectos. A decisão pela aplicação ou não da *margem de preferência* tem o condão de onerar gravemente o erário público. Dessa sorte, é inadmissível que tal decisão seja tomada intuitivamente, sem o apoio de prévio e rigoroso estudo técnico. Nessa direção, o inciso I do 1º do artigo 26 da Lei nº 14.133/2021 prescreve que a margem de preferência deve ser "definida em decisão fundamentada do Poder Executivo federal". Em âmbito federal, na forma do Decreto nº 11.890/2024, cabe à Comissão Interministerial de Contratações Públicas para o Desenvolvimento Sustentável receber e analisar propostas e estudos setoriais para decidir motivadamente sobre as margens de preferência e "garantir transparência sobre as suas decisões, os estudos e os elementos que as fundamentaram, e os resultados alcançados" (inciso IX do artigo 8º do decreto).

A propósito, o §5º do artigo 26 da Lei nº 14.133/2021 enuncia que a margem de preferência não deve ser aplicada quando a capacidade de produção dos bens ou a prestação dos serviços no Brasil seja inferior à quantidade a ser adquirida ou contratada ou inferior ao quantitativo fixado em razão do parcelamento do objeto, quando for o caso. O parágrafo único do artigo 4º do Decreto nº 11.890/2024 prescreve que a Comissão Interministerial de Contratações Públicas para o Desenvolvimento Sustentável "[...] poderá considerar investimentos em expansão de capacidade, conforme critérios estabelecidos em resolução".

Em terceiro lugar, por força do princípio da vinculação ao edital, é imprescindível que a Administração Pública prescreva no edital se aplicará ou não a *margem de preferência*. Os potenciais interessados em participar da licitação devem ser informados previamente sobre a aplicação ou não da regra, inclusive para decidirem se participam ou não do certame e para elaborarem as suas propostas. A Administração Pública não pode surpreender os licitantes com decisão pela aplicação da *margem de preferência* tomada já no curso da fase externa da licitação pública.

4.3 A definição da margem de preferência

O §1º do artigo 26 da Lei nº 14.133/2021 estabelece que a margem de preferência para os nacionais deve ser definida em decisão fundamentada do Poder Executivo Federal. O §2º do mesmo artigo, que prevê percentual maior para bens manufaturados nacionais e serviços nacionais resultantes de desenvolvimento e inovação tecnológica no país também exige regulamento do Poder Executivo Federal.

Daí que a *margem de preferência* não é norma autoaplicável, porque depende de regulamentação, da definição do Executivo Federal. Diante da redação do aludido dispositivo, depreende-se que não cabe aos órgãos e entidades administrativas definir aos seus talantes e exclusivamente para si o percentual da *margem de preferência*. Este deve ser determinado de maneira geral, para todos os órgãos e entidades administrativas em razão do produto, serviço, grupo de produtos ou grupo de serviços, isto é, em consonância com cada mercado e segmento econômico. É o Executivo Federal quem detém tal competência, que é exclusiva.

Seguindo essa linha, estados, municípios, poderes Judiciário e Legislativo não gozam de competência para estabelecer a *margem de preferência*. Estados, municípios, poderes Judiciário e Legislativo gozam de competência apenas para decidir se aplicam ou não a *margem de preferência* definida pelo Executivo Federal. A intenção externada na Lei nº 14.133/2021 é que o percentual da *margem de preferência* seja nacional. Sob essa perspectiva, não faz sentido permitir percentuais de *margem de preferência* regionalizados. Ora, se a definição do percentual tivesse que ser local, a competência não poderia ser do Executivo Federal, e sim dos poderes estaduais e municipais, pelo menos em relação aos seus órgãos e entidades administrativas.

De todo modo, a competência do Executivo Federal para fixar o percentual da *margem de preferência* é de duvidosa constitucionalidade, em face do princípio federativo e da autonomia política e administrativa concedida pelo artigo 18 da Constituição Federal aos entes federativos. Partindo dessa premissa, o §5º do artigo 3º do Decreto nº 11.890/2024 prescreve que "os Estados, o Distrito Federal, os Municípios e os demais Poderes da União poderão adotar as margens de preferência estabelecidas pelo Poder Executivo federal, previstas no art. 26 da Lei nº 14.133, de 2021". Ou seja, o Decreto não obriga os demais entes federativos a adotarem as margens de preferências definidas na esfera federal, apenas autorizando que eles a adotem se assim quiserem. A solução do decreto, embora divergente do preconizado no inciso I do 1º do artigo 26 da Lei nº 14.133/2021, cujo teor confere competência para definir a margem de preferência ao Poder Executivo federal, está em harmonia com o princípio federativo e, portanto, com a Constituição Federal.

Como dito, de acordo com o inciso II do §1º do artigo 26 da Lei nº 14.133/2021, a percentagem máxima admitida para a *margem de preferência* é, por regra, de até 10%, que corresponde à margem de preferência normal, na expressão do Decreto nº 11.890/2024. Excepcionalmente, consoante o §2º do mesmo artigo, o percentual pode ser de até 20% para bens manufaturados nacionais e serviços nacionais resultantes de desenvolvimento e inovação tecnológica no país, o que corresponde à margem adicional, também nos termos do Decreto nº 11.890/2024. Isto é, a diferença máxima admitida entre o preço do produtor nacional e do estrangeiro é de 10% na margem normal ou de 20% na margem adicional em desfavor do primeiro, conforme o caso. Nada impede que a *margem de preferência* seja estabelecida em patamares inferiores, adequados às especificidades de cada mercado e segmento econômico, o que depende de decisão discricionária da Administração Pública.

Ressalta-se que a Lei nº 14.133/2021 não define critérios para a fixação da margem de preferência pelo Poder Executivo federal. Portanto, ele goza de competência discricionária para dispor da margem de preferência como lhe parecer mais adequado. Noticia-se que a Lei nº 8.666/1993 dispunha do assunto de modo diverso, sinalizando os critérios no §6º do artigo 3º, nomeadamente:

> I - geração de emprego e renda;
> II - efeito na arrecadação de tributos federais, estaduais e municipais;
> III - desenvolvimento e inovação tecnológica realizados no País;
> IV - custo adicional dos produtos e serviços; e
> V - em suas revisões, análise retrospectiva de resultados.

O legislador, quando da Lei nº 14.133/2021, preferiu silenciar sobre os critérios, optou por deixar o Poder Executivo Federal mais livre. Em âmbito federal, o Decreto nº 11.890/2024 criou a Comissão Interministerial de Contratações Públicas para o Desenvolvimento Sustentável, que tem a competência para estabelecer critérios (inciso I do artigo 8º), condicionantes e metas para a aplicação da margem de preferência (inciso V do artigo 8º).

De toda forma, a definição do percentual da *margem de preferência* depende de cálculo de proporcionalidade a ser realizado em vista das peculiaridades de cada atividade ou segmento econômico. Quer dizer que o Executivo Federal deve mensurar os benefícios a serem gerados pela contratação de produto manufaturado ou serviço nacional e, pois, definir o quanto vale a pena para a Administração Pública pagar mais caro em detrimento de proposta de menor preço apresentada diante de produto ou serviço estrangeiro. Os benefícios a serem gerados são de difícil mensuração, sobremodo de mensuração objetiva.

Por exemplo, pode-se supor que um dos benefícios almejados é a manutenção ou a criação de empregos. No entanto, a Lei nº 14.133/2021 não prescreve nenhuma obrigação para a empresa beneficiada de manter ou criar empregos. Por exemplo, pode ser que, em razão do contrato administrativo, a empresa beneficiada invista em maquinário, novos equipamentos e demita empregados. Pode ser que outros fatores, estranhos à licitação pública e ao contrato administrativo, acarretem a demissão de empregados. De mais a mais, quantos empregos devem ser mantidos ou criados para compensar o pagamento a maior pela Administração Pública? Enfim, quanto custa um novo emprego ou a manutenção de um emprego? Qual o impacto para o Estado brasileiro? Por exemplo, vale a pena pagar R$10 milhões a mais em contrato administrativo em troca da criação de 10, ou 20, ou 30 novos postos de trabalho? Como mensurar o quanto vale a pena pagar a mais em contrato administrativo em troca de postos de trabalho?

Seguindo a mesma exegese, quanto o desenvolvimento e inovações tecnológicas beneficiam o Estado brasileiro? As mesmas perguntas, a título ilustrativo: vale a pena pagar R$10 milhões a mais em contrato administrativo em troca do desenvolvimento nacional de um novo *software*? Como mensurar o quanto vale a pena para a Administração Pública pagar a mais para incentivar a criação de nova tecnologia?

A margem de preferência oferecida ao empresariado nacional deve ser compensadora, deve favorecer o Estado brasileiro. A iniciativa privada não deve apropriar-se das benesses da margem de preferência, o que seria imoral. O problema é como estabelecer esta relação de proporcionalidade entre o quanto a Administração Pública pagará a mais e quanto o Estado brasileiro será beneficiado com a contratação do nacional em lugar do estrangeiro.

Cálculos desse quilate dependem de uma plêiade de variáveis, muito difícil de ser definida de antemão por ato do Executivo Federal e para todo o país. É difícil empreender avaliações deste porte de maneira científica e com objetividade, sopesando todos esses fatores de maneira abstrata, sem saber qual empresa será beneficiada, quanto ela pagará de tributos e para quem, quantos empregos ela realmente pretende criar, qual tecnologia será aplicada ao contrato. O receio é que a *margem de preferência* seja definida meio que intuitivamente, diante de critérios casuísticos, mais políticos do que técnicos. Por isso, de forma acertada, o Decreto nº 11.890/2024 atribui à Comissão Interministerial de Contratações Públicas para o Desenvolvimento Sustentável:

> Art. 8º [...] VII - em parceria com os órgãos e as entidades demandantes e com as instituições parceiras, monitorar e avaliar:
> a) a aplicação de margem de preferência, medida de compensação ou instrumento e política de fomento, a que se refere o inciso I;
> b) o cumprimento de condicionalidades e metas;
> c) os custos resultantes da aplicação de margem de preferência, medida de compensação ou instrumento e política de fomento, a que se refere o inciso I; e
> d) os benefícios alcançados;
> [...]
> IX - garantir transparência sobre as suas decisões, os estudos e os elementos que as fundamentaram, e os resultados alcançados;

A Comissão Interministerial de Contratações Públicas para o Desenvolvimento Sustentável tem editado resoluções para a definição das margens de preferência, como, por exemplo, a Resolução SEGES-CICS/MGI nº 4/2024. O anexo da Resolução traz a lista com a descrição dos objetos beneficiados com a margem de preferência e os seus respectivos percentuais.

4.4 Medidas de compensação

O §6º do artigo 26 da Lei nº 14.133/2021 prescreve que

> [...] os editais de licitação para a contratação de bens, serviços e obras poderão, mediante prévia justificativa da autoridade competente, exigir que o contratado promova, em favor de órgão ou entidade integrante da Administração Pública ou daqueles por ela indicados a partir de processo isonômico, medidas de compensação comercial, industrial ou tecnológica ou acesso a condições vantajosas de financiamento, cumulativamente ou não, na forma estabelecida pelo Poder Executivo federal.

Ou seja, os editais de licitação pública podem prever que, aplicada a margem de preferência, a empresa beneficiada com ela tenha a obrigação de promover medidas de compensação comercial, industrial, tecnológica ou acesso a condições vantajosas de financiamento. É difícil vaticinar como tais medidas podem ser implementadas em favor da Administração Pública.

De todo modo, a ideia da compensação é contrária à da margem de preferência. Esta foi instituída sob a premissa de que o licitante estrangeiro, favorecido por uma série de aspectos, como melhor infraestrutura, custos trabalhistas menores, condições cambiais e outros, tem condições de apresentar preço inferior ao nacional. Então, confere-se margem de preferência ao nacional, para incentivar o desenvolvimento nacional, o que significa que ele, mesmo com preço superior, é declarado vencedor da licitação pública. Ora, a compensação onera a empresa nacional; a compensação custa. Se o nacional deve arcar com a compensação e o estrangeiro, não, ao fim e ao cabo, para o nacional pode ser que não haja vantagem. Por exemplo, em caso hipotético, aplicando a margem de preferência, o nacional é vencedor mesmo que a proposta dele seja superior em R$1 milhão à proposta do estrangeiro. Sem embargo, se o nacional é obrigado a oferecer compensação e, para tanto, incorre em custo de R$1 milhão, a margem de preferência não lhe favoreceu em nada. O valor gasto na compensação poderia ser utilizado para reduzir o valor da proposta, o que faria o nacional vencedor do certame. O custo do nacional, sem a margem de preferência ou com a margem de preferência acompanhada da medida de compensação, neste exemplo hipotético, é o mesmo.

É certo que, se o custo da compensação for menor do que o montante decorrente da margem de preferência, a vantagem desta não é anulada. Porém, na mais tênue hipótese, os seus efeitos são atenuados. A título ilustrativo, a margem de preferência de R$1 milhão, acompanhada com obrigação de compensação que custa R$500 mil, importa em vantagem real para o nacional de apenas R$500 mil.

A obrigação de compensação produz o efeito de anular ou atenuar as vantagens da margem de preferência.

E, enfatiza-se, que, em conformidade com o §6º do artigo 26 da Lei nº 14.133/2021, introduzido pela Lei nº 12.349/2010, a exigência de medida de compensação é de competência discricionária do órgão ou da entidade promotora da licitação pública, definida no edital, mediante prévia justificativa da autoridade competente. Por consequência, a obrigação de compensação pode ser manejada pelos órgãos e entidades promotoras da licitação pública como instrumento para reduzir os efeitos da margem de preferência fixada pelo Poder Executivo federal.

5 A preferência para bens e serviços de informática nacionais

5.1 Preferência e restrição de acesso às licitações e contratos administrativos em favor de bens e serviços de informática nacionais

A Lei nº 8.248/1991 dispõe sobre a capacitação e competitividade do setor de informática e automação e prevê benefícios para os nacionais. O artigo 3º da Lei nº 8.248/1991, com a redação que lhe foi dada pela Lei nº 10.176/2001, trata do direito de preferência nos seguintes termos:

> Art. 3º Os órgãos ou entidades da Administração Pública federal, direta ou indireta, as fundações instituídas e mantidas pelo Poder Público e as demais organizações sob o controle direto ou indireto da União, darão preferência, nas aquisições de bens e serviços de informática e automação, nos termos do §2º do artigo 171 da Constituição Federal, aos produzidos por empresas brasileiras de capital nacional, observada a seguinte ordem:
> I - bens e serviços com tecnologia desenvolvida no País;
> II - bens e serviços produzidos de acordo com Processo Produtivo Básico, na forma a ser definida pelo Poder Executivo.

Mais tarde, a Lei nº 11.077/2004 introduziu o §3º no artigo 3º da Lei nº 8.248/1991, com a seguinte redação:

> Art. 3º [...]
> §3º A aquisição de bens e serviços de informática e automação, considerados como bens e serviços comuns nos termos do parágrafo único do art. 1º da Lei nº 10.520, de 17 de julho de 2002, poderá ser realizada na modalidade pregão, restrita às empresas que cumpram o Processo Produtivo Básico nos termos desta lei e da Lei nº 8.387, de 30 de dezembro de 1991 (NR).

O Processo Produtivo Básico, de acordo com o artigo 16 do Decreto Federal nº 5.906/2006, "é o conjunto mínimo de operações, no estabelecimento fabril, que caracteriza a efetiva industrialização de determinado produto". Ou seja, bens e serviços não precisam ser totalmente desenvolvidos, fabricados ou prestados no país para que cumpram o Processo Produtivo Básico. É preciso, no entanto, que uma parte considerável deles o seja. Essa parte nacional depende das características do bem ou serviço, cujos critérios são definidos, caso a caso, pelo Executivo Federal.

Então, o *caput* do artigo 3º da Lei nº 8.248/1991 prescreve direito de preferência em favor, em primeiro lugar, dos bens e serviços com tecnologia desenvolvida no país, e, em segundo lugar, dos bens e serviços produzidos de acordo com Processo Produtivo Básico. Trata-se, insista-se, apenas de uma preferência. Em tom destoante, o §3º do mesmo artigo 3º vai além do direito de preferência e prescreve que as licitações de bens e serviços de informática, desde que realizadas por meio da modalidade pregão, sejam restritas às empresas que cumpram o Processo Produtivo Básico.

Sem qualquer explicação lógica e racional, a regra é: (i) modalidade pregão é limitada a quem cumpre o Processo Produtivo Básico, outros licitantes não podem participar; e (ii) se não for modalidade pregão, qualquer interessado pode participar, porém se reconhece preferência em favor, por ordem, dos bens e serviços com tecnologia desenvolvida no país e aos bens e serviços produzidos de acordo com Processo Produtivo Básico.

Cabe frisar que o *caput* do artigo 3º da Lei nº 8.248/1991 refere-se expressamente à Administração Pública Federal, direta e indireta, não abrangendo a Administração Pública dos demais entes federativos. Logo, a restrição contida no §3º do mesmo artigo 3º não afeta os pregões promovidos pela Administração Pública dos estados, Distrito Federal e municípios, circunscrevendo-se, repita-se, à Administração Pública Federal, direta e indireta.

Como se o assunto já não fosse complicado o bastante, o §7º do artigo 26 da Lei nº 14.133/2021, sem revogar ou alterar diretamente a redação de qualquer dispositivo da Lei nº 8.248/1991, prescreve que

> [...] nas contratações destinadas à implantação, à manutenção e ao aperfeiçoamento dos sistemas de tecnologia de informação e comunicação considerados estratégicos em ato do Poder Executivo federal, a licitação poderá ser restrita a bens e serviços com tecnologia desenvolvida no País produzidos de acordo com o Processo Produtivo Básico de que trata a Lei nº 10.176, de 11 de janeiro de 2001.

Percebe-se que o §7º do artigo 26 da Lei nº 14.133/2021 não trata da preferência do *caput* do artigo 3º da Lei nº 8.248/1991.

O §7º do artigo 26 da Lei nº 14.133/2021 trata é de licitação restrita a quem cumpre o Processo Produtivo Básico, entrando na seara e dispondo de um tipo específico de contrato diante do §3º do artigo 3º da Lei nº 8.248/1991. As diferenças entre os dois dispositivos são as seguintes:

	Lei nº 8.248/1991 (§3º do artigo 3º)	**Lei nº 14.133/2021 (§7º do artigo 26)**
Modalidade de licitação	Modalidade pregão	Todas as modalidades
Objeto	Todos os bens e serviços de informática	Implantação, manutenção e aperfeiçoamento dos sistemas de tecnologia de informação e comunicação estratégicos
Restrição à participação apenas de licitantes que cumprem o Processo Produtivo Básico	Obrigatória, em se tratando de modalidade pregão	Facultativa

Conclui-se, então, o seguinte:

(i) O §7º do artigo 26 da Lei nº 14.133/2021 é específico em relação aos contratos de implantação, manutenção e aperfeiçoamento dos sistemas de tecnologia de informação e comunicação estratégicos. Portanto, por ser específico, deve prevalecer e ser aplicado nas hipóteses em que o objeto da licitação for contratos de implantação, manutenção e aperfeiçoamento dos sistemas de tecnologia de informação e comunicação estratégicos. Daí pouco importa a modalidade de licitação, vale para todas as licitações.

(ii) O §3º do artigo 3º da Lei nº 8.248/1991 é geral em relação aos contratos de bens e serviços de informática, no entanto, somente se aplica se a modalidade for pregão. Então, quando não se tratar de contrato de implantação, manutenção e aperfeiçoamento dos sistemas de tecnologia de informação e comunicação estratégicos, aplica-se o §3º do artigo 3º da Lei nº 8.248/1991, porém apenas se a licitação seguir a modalidade pregão.

Chama a atenção que o §7º do artigo 26 da Lei nº 14.133/2021 apenas autoriza que as licitações, sob suas condições específicas, sejam restritas às empresas cumpridoras do Processo Produtivo Básico. Significa que órgãos e entidades gozam de competência discricionária para promover a licitação aberta ou restrita àqueles que possuem o Processo Produtivo Básico. Já o §3º do artigo 3º da Lei nº 8.248/1991 confere discricionariedade apenas para decidir se a modalidade é o pregão ou não. Sendo a modalidade pregão, a restrição a quem dispõe do Processo Produtivo Básico é obrigatória.

5.2 Inconstitucionalidade da restrição de acesso à licitação apenas aos que cumprem o Processo Produtivo Básico

O §3º do artigo 3º da Lei nº 8.248/1991 e o §7º do artigo 26 da Lei nº 14.133/2021, ao prescreverem situações em que a licitação é restrita aos licitantes que cumpre o Processo Produtivo Básico, são inconstitucionais. Os dispositivos estabelecem reserva de mercado, violando o princípio da isonomia, prescrito no *caput* do artigo 5º da Constituição Federal e em vários outros dispositivos dela, entre os quais merece destaque o inciso XXI do seu artigo 37, cujo texto assegura que todos os licitantes gozam do direito de ser tratados com igualdade.

O ponto é que, em razão do princípio da isonomia, afirma-se que todos os interessados em participar de licitação pública têm o direito de fazê-lo, desde que comprovem que dispõem das condições para atender aos reclames da Administração Pública. Isto é, o acesso à licitação pública é universal, todos os que tiverem condições e quiserem contratar com a Administração Pública gozam do direito subjetivo de participar dela.

A inconstitucionalidade do dispositivo em apreço centra-se na vedação de acesso à licitação de pessoas em princípio aptas a participarem dela em relação à contratação de bens e serviços de informática e automação, desde que elas não atendam ao Processo Produtivo Básico. Pode haver pessoas, autorizadas a comercializar bens e serviços de informática e automação no país, que não atendam ao Processo Produtivo Básico e que, talvez, sequer queiram atender. Nada obstante isso, elas têm o direito de participar de qualquer processo de licitação pública, por força do princípio da isonomia. O §3º do artigo 3º da Lei nº 8.248/1991 e o §7º do artigo 26 da Lei nº 14.133/2021 jamais poderiam impedir, como infelizmente impedem, que tais pessoas participem das licitações.

Agregue-se que muitos fornecedores habituais da Administração Pública, que comercializam bens e serviços de informática e automação com qualidade reconhecida e notória e com preços competitivos, não cumprem o Processo Produtivo Básico nem têm interesse em cumpri-lo. Esses fornecedores, se o §3º do artigo 3º da Lei nº 8.248/1991 e o §7º do artigo 26 da Lei nº 14.133/2021 forem considerados constitucionais, estarão ou poderão estar alijados das licitações, o que diminui a quantidade de licitantes, violando o princípio da competitividade, também de alçada constitucional, previsto na parte final do inciso XXI do artigo 37 da Constituição Federal.

A restrição à competitividade faz com que menos pessoas participem das licitações. Por via de consequência, a Administração Pública recebe menos propostas e, pois, encontra mais dificuldades para receber e escolher aquela que realmente satisfaça o interesse público, sob todos os seus aspectos, sobretudo econômico. Assim sendo, o §3º do artigo 3º da Lei nº 8.248/1991 e o §7º do artigo 26 da Lei nº 14.133/2021 também vulneram o princípio da eficiência, consagrado no *caput* do artigo 37 da Constituição Federal.

No mesmo passo, o §3º do artigo 3º da Lei nº 8.248/1991 e o §7º do artigo 26 da Lei nº 14.133/2021 também se opõem ao princípio da livre concorrência, encartado no inciso IV do artigo 170 da Constituição Federal, dado que cria reserva de mercado, impedindo que participem das licitações empresas aptas a contratar com a Administração Pública bens e serviços de informática e automação se não cumprirem o Processo Produtivo Básico.

Outrossim, diante do §3º do artigo 3º da Lei nº 8.248/1991, é de estranhar que se impeça a participação das empresas que não cumprem o Processo Produtivo Básico apenas nas licitações promovidas sob a modalidade pregão. Se a licitação for promovida noutra modalidade que não o pregão, essas empresas podem participar, sem que sofram maiores restrições. Isso indica a ausência de razoabilidade da norma em comento, completamente apartada do bom senso e desprovida de qualquer justificativa lógica.

Em que pese a inconstitucionalidade da exigência de Processo Produtivo Básico como condição para participar de licitação, o fato é que aqueles que o cumprem são beneficiados com uma série de vantagens de ordem tributária, que barateiam os seus custos. Isso reduz em muito as chances em licitação daqueles que não cumprem o Processo Produtivo Básico, em quaisquer modalidades de licitação, porquanto as suas propostas, provavelmente, transitarão em valores mais elevados.

5.3 Entendimento do Tribunal de Contas da União sobre o Processo Produtivo Básico e sobre a inconstitucionalidade da restrição de acesso às licitações e contratos administrativos

O Tribunal de Contas da União chegou, somente no ano de 2005, a três diferentes conclusões a respeito do Processo Produtivo Básico, todas elas, com o devido respeito, equivocadas e, as duas últimas, bastante confusas.

Pois bem, num primeiro momento, o Tribunal de Contas da União entendeu que empresas cujos produtos não fossem qualificados como cumpridores do Processo Produtivo Básico não poderiam participar de licitação na modalidade pregão, dando ampla acolhida ao §3º do artigo 3º da Lei nº 8.248/1991, conforme se depreende do seguinte excerto:

> [...] 7. De se ver ainda que a impressora enquadrada nas especificações editalícias não é de fabricação nacional, o que impede a sua aquisição pela modalidade pregão, consoante o art. 3º, §3º da Lei 8.248/1991, com a redação dada pela Lei nº 11.077/2004, c/c o art. 3º, §3º, do Decreto nº 3.555/2000.[439]

Logo em seguida, o Tribunal de Contas da União prolatou outra decisão, bastante confusa, vazada nos seguintes termos:

> ACORDAM os Ministros do TCU, reunidos em sessão Plenária, ante as razões expostas pelo Relator e com fundamento no art. 1º, inciso XVII, da Lei 8.443/92, em:
> 9.1. conhecer da consulta para respondê-la no sentido de que não é juridicamente possível afastar a aplicação da regra de preferência, de que trata o §3º do art. 3º da Lei 8.248/1991, alterado pelas Leis 10.176/2001 e 11.077/2004, nos procedimentos licitatórios realizados sob a modalidade Pregão, cujo objeto seja o fornecimento de bens e serviços comuns de informática e automação, assim definidos pelo art. 1º, parágrafo único, da Lei 10.520/2002, estando essas licitações restritas às empresas que cumpram o Processo Produtivo Básico, nos termos desta Lei e da Lei 8.387/1991;
> 9.2. nos processos licitatórios sob a modalidade Pregão que se destinem ao fornecimento de bens e serviços comuns de informática e automação, a Administração Pública Federal deverá adotar os seguintes procedimentos:
> 9.2.1. verificado empate entre propostas comerciais, adotar as providências a seguir:
> 9.2.1.1. primeiro, analisar se algum dos licitantes está ofertando bem ou serviço cuja tecnologia tenha sido desenvolvida no Brasil, a ser devidamente comprovada pelo interessado, conforme dispõe o art. 9º da Lei 10.520/2002, c/c o art. 45, §2º, da Lei 8.666/93, devendo em tal hipótese

[439] TCU, Primeira Câmara. Acórdão 1.580/2005. Rel. Min. Marcos Bemquerer, j. 26.7.2005.

> ser aplicado o direito de preferência estabelecido no §3º do art. 3º da Lei 8.248/1991, alterado pelas Leis 10.176/2001 e 11.077/2004;
> 9.2.1.2. persistindo o empate entre os licitantes, proceder ao sorteio previsto no art. 45, §2º, da Lei 8.666/93, aplicável subsidiariamente ao Pregão por força do art. 9º da Lei 10.520/2002;
> 9.2.2. exigir dos licitantes, na etapa de habilitação do certame, a comprovação do cumprimento do Processo Produtivo Básico, conforme determina o §3º do art. 3º da Lei 8.248/1991, alterado pelas Leis 10.176/2001 e 11.077/2004, definido nos termos da Lei 8.387/1991;
> 9.3. recomendar à Casa Civil da Presidência da República que harmonize o texto do §3º do art. 3º do Decreto 3.555/2000, introduzido pelo Decreto 3.693/2000, com o texto do §3º do art. 3º e seus parágrafos da Lei 8.248/1991, na redação dada pelas Leis 10.176/2001 e 11.077/2004;
> 9.4. encaminhar cópia deste acórdão, acompanhado do relatório e voto que o fundamentam, à autoridade consulente; e
> 9.5. arquivar o presente processo.[440]

A supracitada decisão do Tribunal de Contas da União é equivocada porque no tópico 9.1 trata da exigência de Processo Produtivo Básico como espécie de direito de preferência, contrariando o §3º do artigo 3º da Lei nº 8.248/1991, cujo texto restringe a participação em pregão a empresas que cumpram o Processo Produtivo Básico. Ou seja, o Tribunal de Contas da União trata como mero quesito para uma espécie de direito de preferência aquilo que na Lei nº 8.248/1991 é prescrito como condição para participar da licitação.

A supracitada decisão do Tribunal de Contas da União, além de equivocada, é confusa ou mesmo contraditória, porquanto, após afirmar que quem cumpre o Processo Produtivo Básico goza apenas de espécie de direito de preferência (tópico 9.1), deixa consignado que o cumprimento do Processo Produtivo Básico é condição de habilitação (tópico 9.2.2).

Ora, se o Processo Produtivo Básico é condição de habilitação, quem não o cumpre deve ser alijado da licitação. Nessa toada, não há de se falar em direito de preferência, na medida em que, sendo o Processo Produtivo Básico condição de habilitação, pressupõe-se que todos os licitantes lhe atendem; se todos atendem ao Processo Produtivo Básico, ninguém fruirá da preferência, porque todos estarão em igualdade.

Demais disso, o Tribunal de Contas da União não percebeu que a exigência de Processo Produtivo Básico é restrita à modalidade pregão, na qual é muito difícil ocorrer empate entre licitantes, haja vista a etapa de lances.

E, ainda, no pregão, a habilitação é realizada somente após o encerramento da etapa de lances. Como o Tribunal de Contas da União afirma que o Processo Produtivo Básico é condição de habilitação, ele não poderá ser aferido na fase que a antecede, que é a de julgamento das propostas. Quando o pregoeiro, na fase de habilitação, for aferir se o licitante cumpre ou não cumpre o Processo Produtivo Básico, ele já terá identificado, pela estrutura procedimental da modalidade pregão da Lei nº 10.520/2002, o autor da melhor proposta. Por tudo e em tudo, se o pregoeiro já tiver identificado o autor da melhor proposta, não é mais viável aplicar qualquer regra de preferência.

---

[440] TCU, Plenário. Acórdão nº 1.707/2005. Rel. Min. Walton Alencar Rodrigues, j. 26.10.2005.

A Câmara dos Deputados, a quem se dirigia a supracitada decisão, opôs embargos de declaração, acolhidos pelo Tribunal de Contas da União, que então passou a dizer o seguinte:

> ACORDAM os Ministros do TCU, reunidos em sessão do Plenário, ante as razões expostas pelo Relator e com fundamento nos arts. 32, II, 33 e 34 da Lei 8.443/92, em:
> 9.1. conhecer dos embargos de declaração, para, no mérito, dar-lhes provimento;
> 9.2. alterar a parte dispositiva do Acórdão 1.707/2005-TCU-Plenário para os seguintes termos:
> "9.1. conhecer da consulta para respondê-la no sentido de que não é juridicamente possível afastar a aplicação da regra de preferência de que trata o art. 3º da Lei 8.248/1991, alterado pelas Leis 10.176/2001 e 11.077/2004, nos procedimentos licitatórios realizados sob a modalidade Pregão, cujo objeto seja o fornecimento de bens e serviços comuns de informática e automação, assim definidos pelo art. 1º, parágrafo único, da Lei 10.520/2002, estando essas licitações franqueadas a todos os interessados, independentemente de desenvolverem bens e produtos com tecnologia nacional e cumprirem o Processo Produtivo Básico, definido pela Lei nº 8.387, de 30 de dezembro de 1991;
> 9.2. esclarecer ao Consulente que é juridicamente possível a aquisição de bens e serviços comuns de informática e automação nas contratações realizadas por intermédio da modalidade Pregão, mesmo nas hipóteses em que não seja tecnicamente viável a aplicação da regra da preferência a que alude o art. 3º da Lei nº 8.248/1991, com redação alterada pelas Leis nº 10.176/2001 e 11.077/2004, vale dizer, nas situações em que não haja licitantes que possam fornecer produto ou serviço com tecnologia desenvolvida no País ou não cumpram o Processo Produtivo Básico, assim definido pela Lei nº 8.387/1991;
> 9.3. nos processos licitatórios sob a modalidade Pregão que se destinem ao fornecimento de bens e serviços comuns de informática e automação, a Administração Pública Federal deverá adotar os seguintes procedimentos:
> 9.3.1. verificado empate entre propostas comerciais, adotar as providências a seguir:
> 9.3.1.1. primeiro, analisar se algum dos licitantes está ofertando bem ou serviço que preencha simultaneamente às seguintes condições, hipótese em que deverá ser aplicado o direito de preferência estabelecido no art. 3º da Lei 8.248/1991, alterado pelas Leis 10.176/2001 e 11.077/2004:
> a) bens e serviços com tecnologia desenvolvida no Brasil, a ser devidamente comprovada pelo interessado, conforme dispõe o art. 9º da Lei 10.520/2002, c/c o art. 45, §2º, da Lei 8.666/93;
> b) bens e serviços produzidos de acordo com Processo Produtivo Básico, na forma definida pelo Poder Executivo (Lei nº 8.387/1991);
> 9.3.1.2. persistindo o empate entre as melhores propostas licitantes, ou comprovada a inviabilidade da aplicação da regra de preferência estabelecida pela redação atualizada do art. 3º da Lei nº 8.248/1991, proceder ao sorteio da oferta que atenderá ao interesse público, observado o disposto no art. 45, §2º, da Lei 8.666/93, aplicável subsidiariamente ao Pregão por força do art. 9º da Lei 10.520/2002;
> 9.4. recomendar à Casa Civil da Presidência da República que harmonize o texto do §3º do art. 3º do Decreto 3.555/2000, introduzido pelo Decreto 3.693/2000, com o texto do §3º do art. 3º e seus parágrafos da Lei 8.248/1991, na redação dada pelas Leis 10.176/2001 e 11.077/2004;
> 9.5. encaminhar cópia deste acórdão, acompanhado do relatório e voto que o fundamentam, à autoridade consulente; e
> 9.5. arquivar o presente processo."

9.3. dar ciência ao embargante da presente deliberação, bem como do voto e relatório que a fundamentam.[441]

Pois bem, o Tribunal de Contas da União insiste na tese, que o subscritor deste estudo reputa equivocada, de que o Processo Produtivo Básico confere apenas direito de preferência, em igualdade de condições. Como dito, o texto do §3º do artigo 3º da Lei nº 8.248/1991 é muito claro ao prescrever que o Processo Produtivo Básico é condição para a participação em pregões que tenham por objeto bens ou serviços de informática. A pretexto de não recusar a aplicação do supracitado dispositivo, o Tribunal de Contas da União conferiu a ele interpretação abertamente contrária ao seu conteúdo semântico. Isso é equivocado, porquanto, a interpretação sistêmica e teleológica não autoriza subverter aquilo que está escrito de modo unívoco na norma legal.

Aliás, para o Tribunal de Contas da União, a preferência decorrente do Processo Produtivo Básico é secundária. Primeiro, em caso de empate, deve-se dar preferência a bens e serviços com tecnologia desenvolvida no Brasil, na forma do *caput* do artigo 3º da Lei nº 8.248/1991. Só então, se persistir o empate, é que se deve dar preferência aos que cumprem o Processo Produtivo Básico.

Além disso, o Tribunal de Contas da União houve por bem esclarecer que, em relação às licitações em que nenhum licitante cumprir o Processo Produtivo Básico, o direito de preferência não será levado a cabo. Ora, isso não precisava ser dito: se ninguém cumpre o Processo Produtivo Básico, ninguém será beneficiado com o direito de preferência.

Outrossim, o Tribunal de Contas da União não demanda mais que a comprovação do Processo Produtivo Básico seja postulada como requisito de habilitação. Portanto, os pregoeiros devem exigir tal comprovação na fase de julgamento das propostas.

Mais recentemente, o Tribunal de Contas da União considerou, ainda que de forma enviesada, que o §3º do artigo 3º da Lei nº 8.248/1991 é inconstitucional, opõe-se aos princípios da eficiência e da isonomia. Por isso, confirmou a tese de que os pregões destinados à contratação de bens e serviços de informática devem ser franqueados a todos os interessados, inclusive àqueles que não cumprem o Processo Produtivo Básico. Confira-se:

> 2. Mediante a decisão recorrida, o Acórdão nº 2.879/2006-TCU-2ª Câmara, foi determinado à Caixa: [...]; e 6.2 que caso as empresas concorrentes não possuam PPB para os equipamentos autônomos desejados, utilize-se da modalidade de Concorrência "técnica e preço" para a aquisição dos produtos, conforme previsto na Lei nº 8.666/93, art. 45, §4º, eximindo-se de utilizar o Pregão Eletrônico, em obediência ao contido na Lei 8.248, art. 3º, §3º;
> 3. Inconformada com o contido no item 6.2, a recorrente alegou [...], que, a partir do Acórdão nº 2.138/2005-TCU-Plenário, ficou assente: i) a possibilidade de utilização da modalidade de licitação denominada Pregão para a aquisição de bens e serviços comuns de informática e automação mesmo nas situações em que não haja licitantes que não cumpram o Processo Produtivo Básico; ii) a garantia de acesso a essa modalidade de licitação a todos os interessados, independentemente de cumprirem o Processo Produtivo Básico; e iii) o Processo Produtivo Básico deveria ser utilizado com critério de desempate. [...].

441 TCU, Plenário. Acórdão nº 2.138/2005. Rel. Min. Walton Alencar Rodrigues, j. 7.12.2005.

4. Tendo em vista a jurisprudência neste sentido, assiste razão à recorrente. Como suporte a este posicionamento, cito, além da decisão mencionada pela Caixa, os acórdãos de número 208/2006-TCU-Plenário, 476/2006-TCU-1ª Câmara, 1.438/2006-TCU-1ª Câmara e 1.598/2006-TCU-Plenário.
5. Ora, realmente não se pode dar ao §3º do art. 3º da Lei nº 8.248/1991 a interpretação literal, que impediria interessados que não cumpram o Processo Produtivo Básico de participarem de pregão realizado para a contratação de serviços comuns de informática e de automação ou para a aquisição de bens deste gênero.[442]

O §3º do artigo 3º da Lei nº 8.248/1991 é mesmo inconstitucional, opõe-se a uma série de princípios, como já mencionado, entre os quais o da isonomia e da eficiência, citados pelo Tribunal de Contas da União.

Pondera-se que, se o Tribunal de Contas da União for coerente e manter o entendimento que prevaleceu no supracitado Acórdão nº 1.464/2009, é de esperar que também reconheça a inconstitucionalidade do §7º do artigo 26 da Lei nº 14.133/2021. A situação, em essência, é muito parecida, tanto o §3º do artigo 3º da Lei nº 8.248/1991 quanto o §7º do artigo 26 da Lei nº 14.133/2021 prescrevem hipóteses de licitações que são exclusivas para quem cumpre o Processo Produtivo Básico.

De todo modo, insista-se que, quer o Processo Produtivo Básico seja reputado direito de preferência, quer seja reputado condição para participar dos pregões, o fato é que ele, na prática e na maioria dos casos, é decisivo para o sucesso em quaisquer licitações, independentemente da modalidade adotada. Quem cumpre o Processo Produtivo Básico goza de uma série de vantagens de ordem tributária e, pois, tem um custo bem menor do que o de seus concorrentes que não o cumprem. Noutras palavras, os custos e, por consequência, as propostas dos que não cumprem o Processo Produtivo Básico transitam em valores mais elevados em comparação às daqueles que o cumprem, o que é decisivo em processo de licitação pública.

5.4 O direito de preferência previsto no Decreto nº 7.174/2010

O Decreto nº 7.174/2010 não reproduz a regra prevista no §3º do artigo 3º da Lei nº 8.248/1991, que restringe a participação em pregão das empresas cumpridoras do Processo Produtivo Básico. Na verdade, ele regulamenta o *caput* do artigo 3º da Lei nº 8.248/1991, que prevê preferências em licitações que tenham por objeto bens e serviços de informática, com o propósito de favorecer as empresas que produzam ou desenvolvam tecnologia no território nacional.

O aludido decreto, em seu artigo 5º, prescreve direito de preferência, por ordem, para I - bens e serviços com tecnologia desenvolvida no país e produzidos de acordo com o Processo Produtivo Básico (PPB), na forma definida pelo Poder Executivo federal; II - bens e serviços com tecnologia desenvolvida no país; e III - bens e serviços produzidos de acordo com o PPB, na forma definida pelo Poder Executivo Federal.

Nota-se que o Decreto nº 7.174/2010 não se harmoniza com o *caput* do artigo 3º da Lei nº 8.248/1991, que visa a regulamentar e, por conseguinte, é ilegal. O *caput* do artigo 3º da Lei nº 8.248/1991 concede preferência, por ordem, para "I - bens e serviços com

[442] TCU, Segunda Turma. Acórdão nº 1.464/2009. Rel. Min. Raimundo Carreiro, j. 31.3.2009.

tecnologia desenvolvida no País; II - bens e serviços produzidos de acordo com Processo Produtivo Básico, na forma a ser definida pelo Poder Executivo". A ilegalidade ocorre porque o decreto resolveu que as hipóteses do *caput* do artigo 3º da Lei nº 8.248/1991 devem ser antecedidas por uma outra, não pressuposta na lei, em favor bens e serviços com tecnologia desenvolvida no país e produzidos de acordo com o Processo Produtivo Básico.

A preferência objeto do Decreto Federal nº 7.174/2010 pressupõe, da mesma forma que a preferência dedicada às microempresas e às empresas de pequeno porte, que tenha havido o denominado *empate ficto*. Como prescrevem os incisos II e III do artigo 8º do Decreto Federal nº 7.174/2010, as licitantes que se encaixem nas condições do artigo 5º do mesmo decreto e cujas propostas não ultrapassem 10% da melhor proposta podem exercer o direito de preferência. Significa que, se for o caso, precisam oferecer nova proposta, cobrindo ou igualando a então melhor proposta. A Administração, nos termos do Decreto Federal nº 7.174/2010, não aceita contratar com proposta menos vantajosa nem arcar com valores mais altos, como ocorre nas hipóteses de margem de preferência dos incisos do *caput* do artigo 26 da Lei nº 14.133/2021.

6 A concorrência entre preferências

A legislação prescreve as seguintes preferências em licitações e contratos administrativos: (i) direito de preferência em favor das microempresas e empresas de pequeno porte (artigos 44 e 45 da Lei Complementar nº 123/2006); (ii) margem de preferência em favor de bens e serviços manufaturados e serviços nacionais (parágrafos do artigo 3º da Lei nº 8.666/1993 e inciso I do artigo 26 da Lei nº 14.133/2021); (iii) direito de preferência em favor de bens e serviços de informática com tecnologia desenvolvida no país e/ou que cumpram processo produtivo básico (*caput* do artigo 3º da Lei nº 8.248/1991); (iv) critérios de preferência em favor das propostas que propiciem maior economia de energia, água e outros recursos naturais e redução da emissão de gases de efeito estufa e de resíduos (inciso XII do artigo 6º da Lei nº 12.187/2009); e (v) margem de preferência em favor de bens reciclados, recicláveis ou biodegradáveis (inciso II do *caput* do artigo 26 da Lei nº 14.133/2021).

As duas últimas, relacionadas à sustentabilidade sob a ótica ambiental e ecológica, dependem de regulamentação, ainda não existente. O direito de preferência das microempresas e empresas de pequeno porte é autoaplicável e, de todo modo, regulamentado pelo Decreto nº 8.538/2015. A margem de preferência em favor de bens e serviços manufaturados e serviços nacionais prevista na Lei nº 14.133/2021 também é autoaplicável, no entanto, depende da definição dos percentuais por ato do Poder Executivo Federal. O direito de preferência em favor de bens e serviços de informática com tecnologia desenvolvida no país e/ou que cumpram processo produtivo básico é regulamentado pelo Decreto nº 7.174/2010.

Relembre-se que direito de preferência significa que o licitante favorecido tem a oportunidade de apresentar nova proposta e cobrir a proposta inicialmente mais vantajosa – como é o caso do direito de preferência das microempresas e empresas de pequeno porte (artigos 44 e 45 da Lei Complementar nº 123/2006) e daquele reconhecido em favor de bens e serviços de informática com tecnologia desenvolvida no país e/ou que cumpram processo produtivo básico (*caput* do artigo 3º da Lei nº 8.248/1991). Por sua vez, na hipótese de margem de preferência, o licitante não precisa apresentar nova proposta, ele é declarado vencedor mesmo com proposta menos vantajosa – como é o caso da margem de preferência em favor de bens e serviços manufaturados e serviços nacionais (parágrafos do artigo 3º da Lei nº 8.666/1993 e inciso I do artigo 26 da Lei nº 14.133/2021) e daquela reconhecida em favor de bens reciclados, recicláveis ou biodegradáveis (inciso II do *caput* do artigo 26 da Lei nº 14.133/2021). Nas hipóteses de margem de preferência, no final das contas e em termos práticos, a Administração admite pagar preço superior em razão da promoção de política pública. Por último, critério de preferência é gênero, pode ser direito ou margem de preferência ou qualquer outra medida que ponha dado licitante em situação mais vantajosa, como ocorre com as propostas que propiciem maior economia de energia, água e outros recursos naturais e redução da emissão de gases de efeito estufa e de resíduos (inciso XII do artigo 6º da Lei nº 12.187/2009).

A outorga de preferências é um dos mecanismos que vem sendo valorizado pelo legislador para a promoção de políticas públicas por meio de licitações e contratos administrativos. O grande problema diante do seu uso mais disseminado é que preferências de natureza diversa concorrem entre si, sendo que, inevitavelmente, uma terá que prevalecer sobre a outra, estabelecendo-se uma espécie de gradação entre elas.

Por exemplo, supõe-se que numa licitação se encontra licitante qualificado como empresa de pequeno porte que ofertou bem estrangeiro e empresa de médio porte que ofertou bem nacional beneficiado com a margem de preferência do inciso I do *caput* do artigo 26 da Lei nº 14.133/2021, fixada por ato do Poder Executivo Federal em 10%. Para ilustrar melhor:

- Licitante A – empresa de médio ou grande porte, que oferece produto estrangeiro;
- Licitante B – microempresa, que oferece produto estrangeiro;
- Licitante C – empresa de médio ou grande porte, que oferece produto nacional beneficiado com a margem de preferência do inciso I do *caput* do artigo 26 da Lei nº 14.133/2021.

Os licitantes ofereceram as seguintes propostas:

Licitante A	R$100,00
Licitante B	R$101,00
Licitante C	R$102,00

As propostas dos licitantes B e C estão dentro dos percentuais que lhes atribuem, respectivamente, o direito de preferência dos artigos 44 e 45 da Lei Complementar nº 123/2006 e a margem de preferência do inciso I do *caput* do artigo 26 da Lei nº 14.133/2021. Inevitavelmente, uma prevalecerá sobre a outra. Ou se privilegia o Licitante B, pelo fato de ele ser microempresa, ou se privilegia o Licitante C, pelo fato de ele oferecer produto nacional.

Entre uma das possibilidades de conflito, é de registrar que o *caput* do artigo 8º do Decreto nº 7.174/2010, que trata dos bens e serviços de informática, prescreve como critério fundamental que primeiro se deve conceder o direito de preferência às microempresas e empresas de pequeno porte. O Tribunal de Contas da União entendeu, sob essa luz, que o exercício do direito de preferência por parte da microempresa ou empresa de pequeno porte obsta a aplicação do direito de preferência pertinente aos bens e serviços de informática.[443] Sendo assim, o direito de preferência das microempresas e empresas de pequeno porte foi priorizado e prevaleceu em detrimento do direito de preferência para bens e serviços de informática com tecnologia desenvolvida no país e/ou que cumpram processo produtivo básico. Este somente é exercido sucessivamente, se o direito de preferência das microempresas e empresas de pequeno porte não o for.

Mais tarde, o Decreto nº 8.184/2014, que regulamentou os parágrafos do artigo 3º da Lei nº 8.666/1993 que favoreciam os manufaturados e serviços nacionais para equipamentos de tecnologia da informação e comunicação, voltou ao assunto. Apenas se estabelece que a margem de preferência versada no decreto não excluía o direito de preferência das microempresas e empresas de pequeno porte (§5º do artigo 5º do Decreto nº 8.184/2014), o que não esclarece muita coisa. Além disso, prescrevia que o direito de preferência dos bens e serviços de informática com tecnologia desenvolvida no país e/ou que cumpram processo produtivo básico somente deve ser aplicado depois da margem de preferência reconhecida aos manufaturados e serviços nacionais (§6º do artigo 5º do Decreto nº 8.184/2014).

A margem de preferência para bens manufaturados e serviços nacionais estabelecida nos parágrafos do artigo 3º da Lei nº 8.666/1993 ou no inciso I do artigo 26 da Lei nº 14.133/2021 e o direito de preferência para bens e serviços de informática com tecnologia desenvolvida no país e/ou que cumpram processo produtivo básico (*caput* do artigo 3º da Lei nº 8.248/1991) compartilham a mesma gênese e o mesmo propósito de privilegiar a economia nacional. Nada obstante isso, em tese, pode haver concorrência entre eles – algo que não é minimamente plausível, mas que pode vir a ocorrer. Primeiro, então, por ser pressuposto, a margem de preferência geral aos nacionais. Se não aplicada, daí se concede o direito de preferência do *caput* do artigo 3º da Lei nº 8.248/1991.

Outrossim, o §9º do artigo 5º do Decreto nº 8.538/2015, que regulamenta a Lei Complementar nº 123/2006, sobre as microempresas e empresas de pequeno porte, prescreve o seguinte:

> Art. 5º [...]
> §9º Conforme disposto nos §§14 e 15 do art. 3º da Lei nº 8.666, de 1993 o critério de desempate previsto neste artigo observará as seguintes regras:

---

[443] "11. Eis que, no referido processo, a Conjur concluiu que, nos termos do regulamento em questão, as regras de preferência previstas em seu art. 5º somente deveriam ser aplicadas após a concessão do benefício previsto no art. 44 da Lei Complementar nº 123, de 14 de dezembro de 2006 (que concedeu o direito de preferência às microempresas e empresas de pequeno porte – ME/EPP). 12. Noutros termos, o exercício do direito de preferência deve ser concedido, em primeiro lugar, às ME/EPP, para apenas depois se aplicarem as regras de preferência indicadas no art. 3º da Lei nº 8.248, de 23 de outubro de 1991, quando existirem fornecedores de bens e serviços com tecnologia desenvolvida no País cuja proposta seja até 10% acima da melhor proposta válida" (TCU, Segunda Câmara. Acórdão nº 4.241/2012. Rel. Min. André de Carvalho, j. 19.6.2012).

I - quando houver propostas beneficiadas com as margens de preferência em relação ao produto estrangeiro, o critério de desempate será aplicado exclusivamente entre as propostas que fizerem jus às margens de preferência, conforme regulamento;

II - nas contratações de bens e serviços de informática e automação, nos termos da Lei nº 8.248, de 23 de outubro de 1991, as microempresas e as empresas de pequeno porte que fizerem jus ao direito de preferência previsto no Decreto nº 7.174, de 12 de maio de 2010, terão prioridade no exercício desse benefício em relação às médias e às grandes empresas na mesma situação; e

III - quando aplicada a margem de preferência a que se refere o Decreto nº 7.546, de 2 de agosto de 2011, não se aplicará o desempate previsto no Decreto nº 7.174, de 2010.

Ou seja, na forma do inciso I do §9º do artigo 5º do Decreto nº 8.538/2015, se houver proposta beneficiada com a margem de preferência em relação ao produto estrangeiro, é a margem de preferência que deve ser concedida e não o direito de preferência que favorece as microempresas e empresas de pequeno porte. Faltou o decreto dizer que, recusando-se o nacional a exercer a preferência, então se deve conceder o direito de preferência à microempresa ou empresa de pequeno porte, mesmo que ofereça produto estrangeiro.

O critério encartado no inciso I do §9º do artigo 5º do Decreto nº 8.538/2015 é o mais plausível. Ora, tanto a preferência dada às microempresas e empresas de pequeno porte, quanto a concedida aos nacionais, tem o mesmo fundo econômico. Quer-se, com ambas, estimular a economia, ainda que sob perspectivas diferentes. Sob esse contexto, faz todo o sentido preferir uma empresa média ou grande que desenvolve tecnologia ou produz no país, que gera emprego e dividendos para o país, em detrimento da microempresa ou empresa de pequeno porte que apenas importa produtos com tecnologia estrangeira ou produzidos no estrangeiro, com potencial muito pequeno de geração de empregos e riqueza, muitas vezes uma mera intermediária de empresas estrangeiras.

Em adição, o inciso II do §9º do artigo 5º do Decreto nº 8.538/2015 prescreve que, diante da preferência da Lei nº 8.248/1991 e do Decreto nº 7.174/2010, se houver microempresa ou empresa de pequeno porte e empresa de médio ou grande porte, ambas oferecendo produtos que contemplam os requisitos nacionais, deve-se dar preferência para as microempresas ou empresas de pequeno porte que ofereçam os nacionais. O Decreto nº 8.538/2015 não exclui o Decreto nº 7.174/2010, que é específico para bens e serviços de informática. Repita-se que, neste, no Decreto nº 7.174/2010, o direito de preferência concedido em favor das microempresas e empresas de pequeno porte vem na frente da preferência direcionada para os bens e serviços de informática nacionais.

Os critérios que prevalecem nos decretos não têm sentido harmônico, ora se privilegia a origem nacional e ora a condição de microempresa e empresa de pequeno porte. Em síntese:

(i) a concorrência entre a margem de preferência geral dada aos nacionais (parágrafos do revogado artigo 3º da Lei nº 8.666/1993 ou inciso I do artigo 26 da Lei nº 14.133/2021) e o direito de preferência das microempresas e empresas de pequeno porte (artigos 44 e 45 da Lei Complementar nº 123/2006) resolve-se em favor da margem de preferência geral dada aos nacionais, com fundamento no inciso I do §9º do artigo 5º do Decreto nº 8.538/2015;

(ii) a concorrência entre a margem de preferência geral dada aos nacionais (parágrafos do revogado artigo 3º da Lei nº 8.666/1993 ou inciso I do artigo 26 da Lei nº 14.133/2021) e o direito de preferência dado aos bens e serviços de informática nacionais (*caput* do artigo 3º da Lei nº 8.248/1991) resolve-se em favor da margem de preferência geral dada aos nacionais, com fundamento no inciso §6º do artigo 5º do Decreto nº 8.184/2014;

(iii) a concorrência entre o direito de preferência das microempresas e empresas de pequeno porte (artigos 44 e 45 da Lei Complementar nº 123/2006) e o direito de preferência dado aos bens e serviços de informática nacionais (*caput* do artigo 3º da Lei nº 8.248/1991) resolve-se em favor do direito de preferência das microempresas e empresas de pequeno porte, com fundamento nos incisos do *caput* do artigo 8º do Decreto nº 7.174/2010.

Bem se vê que não há critério uniforme. Ora prevalece a origem nacional e ora prevalece a condição de microempresa e empresa de pequeno porte. O mais plausível é que, havendo concorrência entre as preferências, prevalecesse o nacional, como já salientado.

A confusão é armada diante da sucessão de preferências, que, como ressaltado, deveriam ser previstas pelo legislador com mais comedimento. E, ressalta-se, para tumultuar mais ainda, aguarda-se a regulamentação da margem de preferência para bens reciclados, recicláveis ou biodegradáveis, prevista no inciso II do *caput* do artigo 26 da Lei nº 14.133/2021. Esse quadro confuso torna mais evidente que o uso das licitações e dos contratos administrativos como instrumentos de política pública é casuístico, não é pensado ou planejado no seu todo. A impressão diante de tantas normas embaralhadas e sem um critério uniforme que as perpasse é de que nada faz sentido.

ETAPA PREPARATÓRIA

1 O princípio do planejamento e a etapa preparatória das licitações e dos contratos administrativos

O planejamento foi elevado a princípio das licitações e dos contratos, em conformidade com o *caput* do artigo 5º da Lei nº 14.133/2021, e o legislador houve por bem dedicar à fase preparatória, em que ocorre o planejamento, um capítulo inteiro da nova lei, o Capítulo II do Título II. Bem se vê que o planejamento das licitações e dos contratos foi bastante realçado na Lei nº 14.133/2021, constituindo-se num dos seus pilares fundamentais.

Como preceitua o inciso I do artigo 17 da Lei nº 14.133/2021, a licitação inicia-se numa fase preparatória ou interna, em que a Administração Pública justamente trata de planejar a futura licitação e contrato, definindo os seus objetos e todas as suas condições, o que deve, ao final, ser retratado no edital de licitação e documentos que lhe são anexos e partes integrantes.

Um dos princípios mais basilares da licitação é o da vinculação ao edital, também previsto no *caput* do artigo 5º da Lei nº 14.133/2021, em virtude do qual a Administração Pública e os licitantes estão restritos às disposições contidas no edital, sem que possam exigir mais ou menos do que nele está prescrito. Em síntese, o edital rege a licitação.

Nesse sentido, a Administração Pública deve consignar no edital o que pretende contratar, ou seja, qual o objeto do contrato e, por dedução, da licitação pública, com todas as suas especificidades. Os licitantes, ao analisarem o edital, devem ter condições de identificar tudo o que serão obrigados a fazer, caso saiam vencedores do certame. E, por outro lado, a Administração Pública só pode exigir aquilo que efetivamente estiver no edital, salvo se posteriormente alterar o contrato, dentro das balizas legais, restabelecendo o equilíbrio econômico-financeiro. Demais disso, o edital deve indicar os documentos a serem apresentados pelos licitantes para que eles sejam habilitados no certame. E, ainda, em linha geral, deve enunciar os critérios objetivos a serem levados em conta para comparar as propostas.

Tendo-se produzido e aprovado o edital, ele é levado à publicação, desta feita com base no inciso II do mesmo artigo 17, iniciando-se, então, a etapa seguinte da licitação, conhecida como etapa externa, em que a licitação se abre para terceiros estranhos à

Administração Pública, que tenham interesse em contratar com ela. A etapa preparatória, como é natural, baliza e determina todas as demais etapas da licitação e a contratação.

2 A inspiração burocrática disfuncional

O Governo Federal, já de algum tempo, vem editando instruções normativas para disciplinar o planejamento das suas licitações e contratos, muito influenciado por acórdãos do Tribunal de Contas da União. Podem-se destacar, entre outras:

(i) Instrução Normativa nº 1/2019, da Secretaria de Gestão do Ministério da Economia, que exige da Administração Pública Federal direta, autárquica e fundacional a elaboração de plano de contratação anual.

(ii) Instrução Normativa nº 5/2017, da antiga Secretaria de Gestão do antigo Ministério do Planejamento, Desenvolvimento e Gestão, que dispõe sobre a contratação de serviços no âmbito da Administração Pública Federal direta, autárquica e fundacional e exige delas planejamento minudente, com destaque para a necessidade de documento de formalização de demanda, estudo técnico preliminar, termo de referência e análise de risco.

(iii) Instrução Normativa nº 1/2019, da Secretaria de Governo Digital do Ministério da Economia, que regulamenta o processo de contratação de soluções de Tecnologia da Informação e Comunicação (TIC) pelos órgãos e entidades integrantes do Sistema de Administração dos Recurso de Tecnologia da Informação do Poder Executivo Federal e também exige planejamento muito detalhado, destacando-se, da mesma forma, a necessidade de documento de formalização de demanda, estudo técnico preliminar, termo de referência e análise de risco.

(iv) Instrução Normativa nº 40/2020, da agora Secretaria de Desburocratização e Governo Digital do Ministério da Economia, que regulamenta a elaboração de estudo técnico preliminar no âmbito da Administração Pública Federal direta, autárquica e fundacional.

(v) Instrução Normativa nº 73/2020, também da Secretaria de Desburocratização e Governo Digital do Ministério da Economia, que regulamenta o procedimento administrativo para a pesquisa de preços no âmbito da Administração Pública Federal direta, autárquica e fundacional.

O viés dessas instruções normativas é essencialmente burocrático: estabelecer normas, detalhar os procedimentos ao máximo e segregar funções para o planejamento das licitações e dos contratos. A ironia é que muitas das sobreditas instruções normativas são produzidas pela Secretaria de Desburocratização.

A burocracia, com destaque para normas, procedimentos e especialização de funções, não é algo por si ruim. Ao contrário, é importante para que a Administração Pública se organize, siga procedimentos padronizados, tenha controle e, por conseguinte, evite desvios.

O problema é o excesso de burocracia, o que se constata com cores bem intensas na Instrução Normativa nº 5/2017, que trata da terceirização de serviços, e na Instrução

Normativa nº 1/2019, que trata da contratação de soluções de tecnologia da informação e comunicação (TIC).

Pois bem, o conjunto dessas instruções normativas, com seus recortes específicos, estrutura o planejamento das licitações e contratos em alguns pilares, desenhando, de modo geral, uma espécie de fluxo procedimental: plano anual de contratação, estudo técnico preliminar, termo de referência ou projeto básico, orçamentação, análise de risco e aprovação jurídica. Em resumo, o planejamento, no âmbito federal, de acordo com as sobreditas instruções normativas, foi armado para seguir esse fluxo procedimental.

O fato é que a Lei nº 14.133/2021 encampou em linhas gerais o fluxo procedimental para o planejamento contido nessas instruções normativas federais, pelo que a origem é bem identificada: plano de contratação anual (inciso VII do artigo 12), estudo técnico preliminar (inciso I do artigo 18), termo de referência ou projetos (inciso II do artigo 18), orçamentação (inciso III do artigo 18), análise de riscos (inciso X do artigo 18) e aprovação jurídica (artigo 52).

A crítica que desde logo se faz à Lei nº 14.133/2021 é pertinente ao excesso de burocracia, porque cada uma dessas providências demanda, pela redação do projeto, diversos levantamentos, investigações e definições, algo muito complicado de ser cumprido, especialmente por órgãos e entidades menos estruturados. Também chama a atenção que tais exigências burocráticas são presentes para a preparação de todas as licitações e contratos, até mesmo para aqueles cujos objetos são simples e usuais ou que não envolvam valores muito elevados.

Falando-se claramente: as regras sobre a etapa preparatória prescritas na Lei nº 14.133/2021 condenam as licitações e os contratos brasileiros à burocracia exagerada e disfuncional, exigindo procedimentos muito pesados e amarrados para tudo, difíceis de serem realmente cumpridos pela maioria dos órgãos e entidades da Administração Pública nacional, porque muito distantes de suas realidades e das suas efetivas disponibilidades, inclusive de pessoal qualificado.

O erro do legislador foi o de acatar a ideia de impor à Administração Pública nacional o planejamento a fórcipes sob a premissa de que regras complexas precisariam ser prescritas em pormenor para todos e para todas as licitações, num modelo bastante pesado e amarrado. O planejamento das licitações e contratos seria mais eficaz se fosse mais simples.

Num plano ideal, o legislador deveria ter previsto exigências para a etapa preparatória substancialmente mais simples para as contratações mais simples. Não é plausível, por exemplo, que se exija análise de riscos, conforme faz o inciso X do artigo 18 da Lei nº 14.133/2021, para todas as contratações, inclusive as mais simples, como para a compra de bem de consumo ordinário, de baixo valor e de pronta entrega. Na verdade, praticamente nada do que está no artigo 18 da Lei nº 14.133/2021 se revela plausível para as contratações mais simples, que representam a maior parte das realizadas pela Administração Pública nacional.

E, pondera-se, mesmo para as contratações mais complexas ou sensíveis, a carga burocrática do artigo 18 da Lei nº 14.133/2021 é pesada demais, com formalidades e mais formalidades, em grande parte redundantes.

É certo que o insucesso de muitas contratações decorre de defeitos tocantes ao planejamento e que isso ocorre com frequência na Administração Pública nacional. Diante disso, é legítima a pretensão de melhorar a qualidade da etapa preparatória das licitações e dos contratos administrativos, em que ocorre o planejamento. No entanto, essa almejada melhora qualitativa não é obtida por meio de regras burocráticas disfuncionais, que acabam desviando o foco do conteúdo para o cumprimento vazio de formalidades. A melhora qualitativa, em linha diametralmente diversa da abraçada pela Lei nº 14.133/2021, pressuporia a racionalização do planejamento.

E, para além de tudo isso, a prescrição de regras para o planejamento, ainda que fossem positivas, não importa por si em melhora qualitativa. Se a profusão de leis, decretos, portarias e instruções normativas resolvessem o problema, as contratações brasileiras seriam modelo de eficiência internacional. A obtenção de melhora qualitativa no planejamento é algo bem mais complexo, depende mais de cultura organizacional do que de regras jurídicas. E o fato é que alterar a cultura organizacional dá muito mais trabalho.

3 Governança

Governança diz respeito às regras que orientam e condicionam a direção de uma organização para otimizar a sua geração de valor.

O tema da governança ganhou realce com a evolução do ambiente corporativo, sobretudo nas grandes corporações, quando executivos não proprietários assumem as suas direções e quando se abre o mercado de capitais, com a pulverização das ações das corporações em mãos de acionistas minoritários.

Daí a utilidade de os proprietários definirem as regras que devem ser observadas pelos executivos para a direção das corporações, justamente para que a direção seja aderente aos valores e às expectativas dos proprietários, evitando-se abusos, fraudes e desvirtuamentos por parte dos executivos.

Sob essas luzes, a governança veicula regras que limitam e restringem a direção das corporações, para que elas permaneçam de fato vinculadas às finalidades e aos valores consensuados por seus proprietários, bem como estabelece mecanismos para que os proprietários acompanhem e controlem a direção dos executivos.

Para além disso, encarecendo-se a função social das corporações, as regras de governança não visam apenas a proteger os interesses dos proprietários, porém, os de diversos agentes, com relevo para os acionistas minoritários, empregados, fornecedores, parceiros, credores, poder público e a sociedade em geral.[444]

A governança corporativa, portanto, tem origem em questões ligadas às normas de direito empresarial, na busca pela articulação da propriedade e da gestão. Remete-se, em princípio, à separação do gestor e do controlador e ao estabelecimento de novas técnicas de relacionamento das corporações, em especial no que tange às decisões dos diretores que privilegiam outros interesses em detrimento dos interesses dos acionistas.[445]

---

[444] VIEIRA, James Batista; BARRETO, Rodrigo Tavares de Souza. *Governança, gestão de riscos e integridade*. Brasília: ENAP, 2019.

[445] SCHRAMM, Fernanda Santos. *Compliance nas contratações públicas*. Belo Horizonte: Fórum, 2019.

Segundo o Instituto Brasileiro de Governança (IBGC), governança corporativa é o "sistema pelo qual as empresas e demais organizações são dirigidas, monitoradas e incentivadas, envolvendo os relacionamentos entre sócios, conselho de administração, diretoria, órgãos de fiscalização e controle e demais partes interessadas".[446]

A Comissão de Valores Mobiliários (CVM), com foco na confiabilidade das informações sobre as companhias no mercado de capitais, conceitua o termo como "o conjunto de práticas que tem por finalidade otimizar o desempenho de uma companhia ao proteger todas as partes interessadas, tais como investidores, empregados e credores, facilitando o acesso ao capital".[447]

3.1 Governança pública

A ideia de governança corporativa se estendeu e se transplantou para a esfera pública, passando-se, então, com os seus próprios temperamentos, a se designar como governança pública.

Na esfera pública, ainda com maior ênfase, são necessárias regras sobre a direção dos órgãos públicos e, também, das empresas estatais. Sucede que um dos princípios regentes da Administração Pública é o da indisponibilidade do interesse público, de maneira que o gestor público não gere algo que lhe pertence, mas que pertence à coletividade e que encarna valores que lhe são caros, representativos do interesse público.[448]

Então, a direção das organizações públicas precisa ser limitada e vinculada ao interesse público que lhe é subjacente. E essa necessidade, insista-se, se faz ainda mais presente do que perante as organizações eminentemente privadas, porque o proprietário das entidades públicas/estatais, em última instância, é a própria coletividade e porque da boa gestão de tais entidades depende a consecução do interesse público.

A governança pública está em evidência e vem sendo bastante valorizada e estimulada pelos órgãos de controle. Na sua essência, a governança vem em reforço às regras e aos princípios de direito administrativo, em movimento que incorpora ao direito administrativo as regras que foram desenvolvidas pelas corporações privadas, que condicionam os executivos encarregados de sua direção e que passam a condicionar também os gestores públicos e estatais, encarregados que são da direção das entidades públicas e estatais.

Nesse fluxo, o direito administrativo é renovado com regras que são extraídas das corporações privadas, para que as entidades públicas e as estatais não sejam desvirtuadas, para que seus objetivos sejam realizados de maneira ótima e para limitar e impor controles extras aos gestores públicos e estatais.

---

[446] INSTITUTO BRASILEIRO DE GOVERNANÇA CORPORATIVA. *Governança Corporativa*. 2015.

[447] COMISSÃO DE VALORES MOBILIÁRIOS. Recomendações da CVM sobre governança corporativa. 2002.

[448] Razão assiste a Rui Cirne Lima, ao advertir que se "opõe a noção de administração à de propriedade nisto que, sob a administração, o bem se não entende vinculado à vontade ou personalidade do administrador, porém, à finalidade impessoal a que essa vontade deve servir". Dessa maneira, assevera que, "em direito público, designa, também, a palavra *administração* a atividade do que não é senhor absoluto" (LIMA, Rui Cirne. *Princípios de direito administrativo*. 5. ed. São Paulo: Revista dos Tribunais, 1982. p. 20-21.) Desses conceitos, Celso Antônio Bandeira de Mello conclui, acerca da indisponibilidade dos interesses públicos, que, "sendo interesses qualificados como próprios da coletividade – internos ao setor público –, não se encontram à livre disposição de quem quer que seja, por inapropriáveis" (BANDEIRA DE MELLO, Celso Antônio. *Curso de direito administrativo*. 35. ed. São Paulo: Malheiros, 2021. p. 63).

Pode-se falar que a governança pública importa controles extras sobre os gestores públicos e estatais, porque prescreve a eles limitações que se somam àquelas típicas do direito administrativo, como, entre diversas outras, a vedação ao desvio de finalidade, a teoria dos motivos determinantes, a obrigação de tratar todas as pessoas com igualdade (princípio da isonomia) e a de realizar uma gestão pública impessoal (princípio da impessoalidade).

É de registrar que o Tribunal de Contas da União tem sido um dos grandes estimuladores da governança pública, produzindo materiais didáticos, realizando auditorias e mensurando o nível de governança da Administração Pública, naturalmente com foco no âmbito federal.

No Referencial Básico de Governança (RBG) do Tribunal de Contas da União:

> governança pública organizacional compreende essencialmente os mecanismos de liderança, estratégia e controle postos em prática para avaliar, direcionar e monitorar a atuação da gestão, com vistas à condução de políticas públicas e à prestação de serviços de interesse da sociedade.

Esse conceito vem sendo repetido em diversas instâncias e normas, como, entre outros, no Decreto Federal nº 9.203/2017,[449] que dispõe sobre a política de governança da Administração Pública Federal direta, autárquica e fundacional, bem como na nova Lei de Licitações e Contratos da Administração Pública, que é a Lei nº 14.133/2021.[450]

Pode-se dizer que, sob a influência positiva do Tribunal de Contas da União, a governança pública envolve três grandes eixos: liderança, estratégia e controle.

A dimensão de liderança busca garantir que a organização possua em sua estrutura práticas comportamentais que assegurem a existência das condições mínimas para o exercício da boa governança (integridade, competência, responsabilidade e motivação). Uma liderança aprimorada ocorre na medida em que os responsáveis pela governança e a alta administração exercem suas responsabilidades de riscos e cultura, avaliação, direcionamento e monitoramento.

Na dimensão de estratégia, verifica-se se a organização dispõe de políticas e estratégias de gestão de riscos definidas, comunicadas e em prática. Aqui são definidos diretrizes, objetivos, planos e ações, para que os serviços e produtos de responsabilidade da organização alcancem o resultado pretendido, a fim de que haja atualização e melhoria contínua, criando a cultura da organização.

A dimensão do controle (*accountability*), por sua vez, busca identificar a transparência, a prestação de contas e a responsabilização das organizações. Os processos são estruturados para mitigar os riscos, com vistas ao alcance dos objetivos institucionais

---

449 "Art. 2º Para os efeitos do disposto neste Decreto, considera-se: I - governança pública - conjunto de mecanismos de liderança, estratégia e controle postos em prática para avaliar, direcionar e monitorar a gestão, com vistas à condução de políticas públicas e à prestação de serviços de interesse da sociedade; [...]".

450 "Art. 11. [...] Parágrafo único. A alta administração do órgão ou entidade é responsável pela governança das contratações e deve implementar processos e estruturas, inclusive de gestão de riscos e controles internos, para avaliar, direcionar e monitorar os processos licitatórios e os respectivos contratos, com o intuito de alcançar os objetivos estabelecidos no *caput* deste artigo, promover um ambiente íntegro e confiável, assegurar o alinhamento das contratações ao planejamento estratégico e às leis orçamentárias e promover eficiência, efetividade e eficácia em suas contratações".

e para garantir a execução ordenada, ética, econômica, eficiente e eficaz das atividades da organização.

3.2 Governança de acordo com a Lei nº 14.133/2021

O artigo 11 da Lei nº 14.133/2021 anuncia os objetivos das licitações:

> I - assegurar a seleção da proposta apta a gerar o resultado de contratação mais vantajoso para a Administração Pública, inclusive no que se refere ao ciclo de vida do objeto;
> II - assegurar tratamento isonômico entre os licitantes, bem como a justa competição;
> III - evitar contratações com sobrepreço ou com preços manifestamente inexequíveis e superfaturamento na execução dos contratos;
> IV - incentivar a inovação e o desenvolvimento nacional sustentável.

Para contemplar tais objetivos, de forma vinculada a eles, o parágrafo único do artigo 11 da Lei nº 14.133/2021 ressalta a obrigação da alta administração dos órgãos e entidades administrativas de cuidar da governança das contratações, de modo a

> [...] implementar processos e estruturas, inclusive de gestão de riscos e controles internos, para avaliar, direcionar e monitorar os processos licitatórios e os respectivos contratos, com o intuito de alcançar os objetivos estabelecidos no *caput* deste artigo, promover um ambiente íntegro e confiável, assegurar o alinhamento das contratações ao planejamento estratégico e às leis orçamentárias e promover eficiência, efetividade e eficácia em suas contratações.

A boa governança depende de uma série de fatores, que são objetos da ciência da Administração.[451] Entre eles, destaca-se a necessidade de definir processos e os papéis e responsabilidades das instâncias internas, levando em consideração a realidade de cada órgão e entidade administrativa. Em relação às licitações e contratos administrativos, é preciso definir com clareza o fluxo dos processos, começo, meio e fim, quais os agentes administrativos envolvidos em cada etapa e o que se espera deles. Esse fluxo deve ser bem comunicado, compreendido e monitorado.

Sob essa luz, o artigo 7º da Lei nº 14.133/2021 exige da autoridade máxima do órgão ou da entidade a promoção de gestão por competências, em especial no tocante à designação de agentes administrativos para a produção dos atos tocantes às licitações e contratos administrativos. A gestão por competências é um método para a administração de recursos humanos, logo também ligado à ciência da administração, que promete desenvolver as habilidades técnicas e comportamentais dos profissionais. A ideia básica é que se deve identificar as competências demandadas pela organização e avaliar se os seus agentes gozam dos atributos técnicos e comportamentais necessários para atender a tais competências. Quer-se aproximar as expectativas das organizações com os atributos das pessoas que fazem parte dela, o que passa pelos processos de recrutamento e seleção, avaliação e indicadores de desempenho e capacitação.

---

[451] Registra-se que o Decreto Federal nº 9.203/2017 regulamenta a política de governança da Administração Pública federal direta, autárquica e fundacional.

Aliás, o artigo 7º da Lei nº 14.133/2021 prescreve que os agentes administrativos a serem designados para atuar em licitações e contratos administrativos devem preencher os seguintes requisitos:

> I - sejam, preferencialmente, servidor efetivo ou empregado público dos quadros permanentes da Administração Pública;
> II - tenham atribuições relacionadas a licitações e contratos ou possuam formação compatível ou qualificação atestada por certificação profissional emitida por escola de governo criada e mantida pelo poder público; e
> III - não sejam cônjuge ou companheiro de licitantes ou contratados habituais da Administração nem tenham com eles vínculo de parentesco, colateral ou por afinidade, até o terceiro grau, ou de natureza técnica, comercial, econômica, financeira, trabalhista e civil.

Como já salientado, o Tribunal de Contas da União tem sido um dos grandes estimuladores da governança pública, produzindo materiais didáticos, realizando auditorias e mensurando o nível de governança da Administração Pública federal.

Nesse contexto, o Acórdão nº 2.699/2018, da relatoria do Ministro Bruno Dantas, trata do relatório de medição da capacidade de governança e gestão das organizações públicas federais, apurado com base em questionário de autoavaliação respondido por 498 organizações.[452] Em razão das respostas, encontra-se um índice de governança que se divide em três grandes categorias: inicial, intermediário e aprimorado. No acórdão, os ministros comemoram os resultados, diante de evolução sentida entre os anos de 2017 e 2018. Interessa, sobremaneira, o Índice de Governança e Gestão de Contratações, sendo que apenas 14% das organizações estavam no estágio aprimorado, 45%, no estágio intermediário e 41%, no estágio inicial.

O Tribunal de Contas da União também prolatou o Acórdão nº 1.637/2021, da relatoria do Ministro Augusto Sherman, sobre as conclusões de auditoria que se debruçou sobre 72 organizações públicas federais, com o objetivo de avaliar suas ações tocantes ao Plano de Contratações Anual.[453] Entre as diversas análises e conclusões, chama a atenção "que o nível de maturidade em governança das contratações nos órgãos não contribui para o processo de elaboração e gestão do PAC".

Mais recentemente, o Tribunal de Contas da União produziu o Acórdão nº 1917/2024, da relatoria do Ministro Benjamin Zymler, acerca de dados coletados por meio de questionário eletrônico sobre a aplicação da Lei nº 14.133/2021.[454] O Tribunal desenvolveu o denominado "Índice de Maturidade na Implementação da Lei de Licitações (IMIL)", apurado em relação a 1.768 (um mil setecentos e sessenta e oito) órgãos e entidades do Poder Executivo das três esferas federativas: Federal, Estadual e Municipal. Dentre os respondentes, 139 (cento e trinta e nove) foram órgãos federais, 28 (vinte e oito) estaduais e 1.546 (um mil quinhentos e quarenta e seis) municipais. Não participaram do levantamento os poderes Legislativo e Judiciário, empresas estatais e municípios com população de até 20 (vinte) mil habitantes. O Índice de Maturidade foi dividido em cinco níveis, que são os seguintes:

---

[452] TCU, Plenário. Acórdão nº 2.699/2018. Rel. Min. Bruno Dantas, j. 21.11.2018.
[453] TCU, Plenário. Acórdão nº 1.637/2021. Rel. Min. Augusto Sherman, j. 7.7.2021.
[454] TCU, Plenário. Acórdão nº 1917/2024, Rel. Min Benjamin Zymler, j. 18.9.2024.

a) Inadimplente: nível insatisfatório e crítico de maturidade, decorrente de omissão voluntária para responder os questionários aplicados, condição essa que, na presente fiscalização, somou 55 entes;
b) Insuficiente: nível insatisfatório de maturidade institucional, que indica a existência de lacunas relevantes nos procedimentos de contratações públicas, em sua estrutura, governança, transparência ou no correspondente sistema de controle;
c) Básico: nível satisfatório, de desempenho mínimo aceitável, porém sem revelar evolução estrutural, de governança, controle, transparência, ou procedimental significativa na área de licitações e contratos;
d) Intermediário: nível satisfatório, que sinaliza melhorias na estrutura, governança, controle, transparência, ou em rotinas procedimentais vinculadas a contratações públicas; e
e) Avançado: nível satisfatório de excelência, que indica a possibilidade de estar ocorrendo contratações públicas com aspectos inovadores estabelecidos pela Nova Lei de Licitações, ou de implementação mais complexa.

O resultado geral do Índice de Maturidade aplicado pelo Tribunal de Contas da União foi o seguinte:

Resultado geral do IMIL.

Grau de Maturidade	Qtde.	%	IMIL	
			Mínimo (>)	Máximo (<=)
Inadimplente	55	3,1%		
Insuficiente	1.085	61,4%	0,00	0,60
Básico	534	30,2%	0,60	0,85
Intermediário	83	4,7%	0,85	0,95
Avançado	11	0,6%	0,95	1,00
Total	1.768	100,0%		

É de ressaltar que, como esperado, apurou-se diferença significativa nos graus de maturidade a depender da esfera federativa. Os órgãos federais tiveram o Índice médio de 0,82 e os estaduais de 0,69, ambos considerados básicos, conforme os critérios do Tribunal de Contas da União. Os órgãos municipais, por sua vez, obtiveram a nota média de 0,53, qualificada como insuficiente, o que trouxe a média geral para patamar inferior, sobretudo porque, repita-se, a grande maioria dos consultados foram órgãos municipais. De ressaltar, novamente, que os municípios de menor porte, com população de até 20.000 (vinte mil) habitantes, não foram consultados. Se tivessem sido, é quase certo que o índice geral seria bastante pior.

Em que pese a evolução no tocante à governança experimentada nos últimos anos, o cenário ainda é bastante negativo, isso em se tratando da Administração Pública Federal, cujos órgãos e entidades, por regra, são mais bem estruturados do que os estaduais, distritais e municipais. Alguns dados ilustram essa realidade, especialmente se a comparação for com os municípios brasileiros, tomando-se em conta, por exemplo, que 80% dos municípios não geram 20% de suas receitas e que os servidores públicos federais recebem remuneração 96% superior à dos servidores municipais.[455] As ações de governança e de gestão por competência ficam em muito prejudicadas senão comprometidas para os municípios de médio e pequeno porte, bem como para os órgãos e entidades menos estruturados. Mal e mal se consegue contratar uma capacitação adequada em licitações e contratos administrativos.

Sob essa luz, é preciso que os órgãos de controle tenham sensibilidade, porque seria leonino, diante da realidade da Administração Pública nacional, exigir dela padrões elevados de governança, como que decorrentes de um raciocínio lógico dedutivo generalista vinculado de modo estrito às normas da Lei nº 14.133/2021.

Os modelos de governança devem ser construídos diante das realidades e das limitações de cada órgão e entidade administrativa. Não se pode impor aos municípios de médio e pequeno porte e aos órgãos e entidades menos estruturados o mesmo padrão de governança exigido para a Esplanada dos Ministérios. Extrai-se essa conclusão do artigo 22 da Lei de Introdução às Normas do Direito Brasileiro, cujo teor prescreve que "na interpretação de normas sobre gestão pública, serão considerados os obstáculos e as dificuldades reais do gestor e as exigências das políticas públicas a seu cargo, sem prejuízo dos direitos dos administrados", bem como do §1º do mesmo artigo, cujo texto exige que "em decisão sobre regularidade de conduta ou validade de ato, contrato, ajuste, processo ou norma administrativa, serão consideradas as circunstâncias práticas que houverem imposto, limitado ou condicionado a ação do agente".

Diante da realidade nacional, as referências legais devem ser entendidas em primeiro plano como diretrizes normativas indutoras da boa governança e da gestão por competências. A responsabilização dos agentes públicos por deficiência na governança ou na gestão por competências deve ser excepcional, considerados os obstáculos e as dificuldades reais dos gestores, na forma do artigo 22 da Lei de Introdução às Normas do Direito Brasileiro, insista-se. O mesmo tratamento deve ser dispensado, por lógica e por via reflexa, para deficiências havidas nas licitações e contratos administrativos que

---

[455] De acordo com estudos da Federação das Indústrias do Estado do Rio de Janeiro (Firjan), dos 5.570 municípios brasileiros, 81,7% não geraram 20% de suas receitas no ano de 2016 (Disponível em: https://www.firjan.com.br/noticias/firjan-alerta-para-risco-de-proposta-de-criacao-de-municipios.htm). Outro dado indicativo das dificuldades dos municípios diz respeito ao seu corpo técnico. Estudo do Banco Mundial revela que a remuneração dos servidores municipais é substancialmente inferior à dos servidores federais e estaduais: "Utilizando dados mais precisos e atualizados para o Brasil a partir da RAIS, estima-se que os servidores públicos federais tinham em 2017 salários 96% maiores que trabalhadores do setor privado formal e servidores públicos estaduais, 16%, em média. Servidores públicos municipais tinham salários similares ao do setor privado, em média. Servidores públicos como um todo tinham, em média, salários 8% maiores que trabalhadores similares do setor privado" (Disponível em: http://documents1.worldbank.org/curated/en/449951570645821631/pdf/Gestão-de-Pessoas-e-Folha-de-Pagamentos-no-Setor-Público-Brasileiro-o-Que-Os-Dados-Dizem.pdf. Acesso em: 3 jul. 2020). A Firjan apresenta o Índice Firjan Desenvolvimento Municipal. O relatório, que teve como ano-base 2016, destaca as disparidades regionais: "A análise mais detalhada do *IFDM* revela as enormes disparidades regionais que ainda existem no país. O Sul continua apresentando-se como a região mais desenvolvida, tendo em sua composição 98,8% dos municípios classificados com desenvolvimento moderado ou alto, e nenhum município classificado em baixo desenvolvimento. A Região Sudeste tem perfil semelhante. O Centro-Oeste alcançou o padrão Sul-Sudeste, com 92,4% dos municípios com desenvolvimento moderado ou alto e nenhum município com baixo desenvolvimento. Por sua vez, as regiões Norte e Nordeste apresentaram, respectivamente, 60,2% e 50,1% dos seus municípios classificados com desenvolvimento regular ou baixo e juntas respondem por 87,2% do total de municípios nessas classificações" (Disponível em: http://publicacoes.firjan.org.br/ifdm2018/files/assets/common/downloads/publication.pdf. Acesso em: 3 jul. 2020).

sejam decorrentes da deficiência na governança e na gestão por competências. O controle não pode dar as costas à realidade nacional, que, como todos sabem, está longe da ideal.

Registre-se, por fim, que a governança dos processos de contratação deve ser orientada de modo a aproveitar e dar efetividade às medidas de racionalização enunciadas no artigo 19 da Lei nº 14.133/2021. As medidas são: centralização de procedimentos (inciso I); criação de catálogo eletrônico (inciso II); sistema informatizado de acompanhamento de obras, com recursos de imagem e vídeo (inciso III); minutas padronizadas de editais, contratos, termos de referência e de outros documentos (inciso IV); e adoção de modelos digitais para obras e serviços de engenharia (inciso VI). Trata-se de medidas que podem ser bastante benéficas para a Administração Pública, de modo a aproveitar a economia de escala, conferir agilidade e maior transparência.

3.3 Governança de acordo com a Portaria Seges/ME nº 8.678/2021

A Secretaria Especial de Desburocratização, Gestão e Governo Digital do Ministério da Economia produziu a Portaria nº 8.678/2021, que dispõe sobre a governança das contratações públicas no âmbito da Administração Pública Federal, autárquica e fundacional. A responsabilidade pela governança, já no §1º do artigo 1º da portaria, é atribuída à alta administração dos órgãos e entidades administrativas, composta, conforme a definição do inciso I do artigo 2º também da portaria, "dos gestores que integram o nível executivo do órgão ou da entidade, com poderes para estabelecer as políticas, os objetivos e conduzir a implementação da estratégia para cumprir a missão da organização".

O artigo 6º da portaria define nove instrumentos para a promoção da governança nas contratações públicas:

> I - Plano Diretor de Logística Sustentável - PLS;
> II - Plano de Contratações Anual;
> III - Política de gestão de estoques;
> IV - Política de compras compartilhadas;
> V - Gestão por competências;
> VI - Política de interação com o mercado;
> VII - Gestão de riscos e controle preventivo;
> VIII - Diretrizes para a gestão dos contratos; e
> IX - Definição de estrutura da área de contratações públicas.

As linhas mestras da governança em contratação pública são estabelecidas pelo Plano Diretor de Logística Sustentável, que, a teor do inciso VI do artigo 2º da portaria, deve estabelecer "a estratégia das contratações e da logística no âmbito do órgão ou entidade, considerando objetivos e ações referentes a critérios e a práticas de sustentabilidade, nas dimensões econômica, social, ambiental e cultural". O artigo 7º da portaria faz referência a modelo de plano diretor definido em ato da Secretaria de Gestão da Secretaria Especial de Desburocratização, Gestão e Governo Digital do Ministério da Economia, que deve conter, desta feita com base no artigo 8º da portaria:

I - diretrizes para a gestão estratégica das contratações e da logística no âmbito do órgão ou entidade;
II - metodologia para aferição de custos indiretos, que poderão ser considerados na escolha da opção mais vantajosa à Administração, relacionados às despesas de manutenção, utilização, reposição, depreciação, tratamento de resíduos sólidos e impacto ambiental, entre outros fatores vinculados ao ciclo de vida do objeto contratado;
III - ações voltadas para:
a) promoção da racionalização e do consumo consciente de bens e serviços;
b) racionalização da ocupação dos espaços físicos;
c) identificação dos objetos de menor impacto ambiental;
d) fomento à inovação no mercado;
e) inclusão dos negócios de impacto nas contratações públicas; e
f) divulgação, conscientização e capacitação acerca da logística sustentável;
IV - responsabilidades dos atores envolvidos na elaboração, na execução, no monitoramento e na avaliação do PLS; e
V - metodologia para implementação, monitoramento e avaliação do PLS.

O §1º do artigo 8º da portaria determina que o Plano Diretor de Logística Sustentável deve nortear a elaboração: "I - do Plano de Contratações Anual; II - dos estudos técnicos preliminares; e III - dos anteprojetos, dos projetos básicos ou dos termos de referência de cada contratação". Ou seja, o plano diretor veicula a concepção estratégica da governança atinente às contratações públicas, sendo que todos os demais instrumentos de governança e de gestão partem e devem estar em conformidade com ele.

Com base no Plano Diretor de Logística Sustentável, deve-se construir o Plano de Contratações Anual, que é exigência expressa da Lei nº 14.133/2021 e será objeto de comentários apartados no tópico seguinte deste livro. De todo modo, adianta-se que, consoante o inciso VI do artigo 2º da portaria, o Plano de Contratações Anual é o

> [...] instrumento de governança, elaborado anualmente pelos órgãos e entidades, contendo todas as contratações que se pretende realizar ou prorrogar no exercício subsequente, com o objetivo de racionalizar as contratações sob sua competência, garantir o alinhamento com o seu planejamento estratégico e subsidiar a elaboração da respectiva lei orçamentária do ente federativo.

Os instrumentos de governança definidos na portaria seguem de forma encadeada o Plano Diretor de Logística Sustentável e o Plano de Contratações Anual. Na sequência, então, deve-se elaborar o plano de gestão de estoques, a política de compras compartilhadas e a política de interação com o mercado, estruturar a gestão de riscos e controle preventivo e estabelecer diretrizes para a gestão dos contratos.

Ganha destaque na Portaria nº 8.678/2021, em alinho ao artigo 7º da Lei nº 14.133/2021, a obrigação de promover a gestão por competências e de definir a estrutura da área de contratações públicas. A estrutura, segundo a definição do inciso II do artigo 2º da portaria, envolve a "maneira como estão divididas as responsabilidades e a autoridade para a tomada de decisões em uma organização". Então, somando-se a gestão de competências com a estruturação da área de contratações públicas, deve-se dispor de pessoal com competências adequadas para os diversos papéis desempenhados nas licitações e contratos administrativos, devendo-se distinguir os papéis e as responsabilidades.

4 Plano de Contratações Anual

O inciso VII do artigo 12 da Lei nº 14.133/2021 prescreve que "a partir de documentos de formalização de demandas, os órgãos responsáveis pelo planejamento de cada ente federativo poderão, na forma de regulamento, elaborar plano de contratações anual, com o objetivo de racionalizar as contratações dos órgãos e entidades sob sua competência, garantir o alinhamento com o seu planejamento estratégico e subsidiar a elaboração das respectivas leis orçamentárias". O §1º do mesmo artigo prescreve que o plano "deverá ser divulgado e mantido à disposição do público em sítio eletrônico oficial e será observado pelo ente federativo na realização de licitações e na execução dos contratos".

O *caput* do artigo 18 da Lei nº 14.133/2021 estabelece que a fase preparatória das licitações "deve compatibilizar-se com o Plano de Contratações Anual" e o estudo técnico preliminar, que é um dos seus documentos, deve conter "demonstração da previsão da contratação no Plano de Contratações Anual, sempre que elaborado, de modo a indicar o seu alinhamento com o planejamento da Administração".

A ideia é que o planejamento das licitações inicie e parta do Plano de Contratações Anual. Isso é ótimo e já vem sendo implementado por muitos órgãos e entidades, especialmente federais, dado que já vinha sendo disciplinado e exigido pela Instrução Normativa nº 1/2019, da Secretaria de Desburocratização, Gestão e Governo Digital do Ministério da Economia. Atualmente, em acordo com a Lei nº 14.133/2021, o Plano de Contratações Anual é regulamentado pelo Decreto Federal nº 10.947/2022, que é obrigatório para a Administração Pública federal direta, autárquica e fundacional.

É importante ressaltar, já a essa altura, que o Plano de Contratações Anual, tal qual previsto no inciso VII do artigo 12 da Lei nº 14.133/2021 não é obrigatório, é meramente facultativo. O dispositivo é claro ao afirmar que os órgãos "[...] poderão, na forma de regulamento, elaborar plano de contratações anual [...]".

Como já noticiado, o Tribunal de Contas da União produziu o Acórdão nº 1.917/2024, da relatoria do Ministro Benjamin Zymler, acerca de dados coletados por meio de questionário eletrônico sobre a aplicação da Lei nº 14.133/2021, tendo desenvolvido o denominado "Índice de Maturidade na Implementação da Lei de Licitações (IMIL)".[456] Um dos aspectos avaliados foi o grau de não implementação do Plano de Contratação Anual. Na esfera federal, apenas 16,55% dos avaliados não dispunham do Plano, na estadual 35,71% e na municipal 73,93%, índice que é altíssimo.

A equipe de fiscalização do Tribunal de Contas da União responsável pela pesquisa a que se refere o Acórdão nº 1.917/2024 sugeriu que o Tribunal apresentasse proposta ao Ministério da Gestão e Inovação para incentivar a elaboração dos Planos. A ideia é que a transferência de recursos federais fosse condicionada à produção dos Planos, de modo que quem não o tivesse não mais receberia recursos federais. A proposta, de duvidosa

[456] TCU, Plenário. Acórdão nº 1917/2024, Rel. Min Benjamin Zymler, j. 18.9.2024.

constitucionalidade, foi rejeitada pelos Ministros, que, no entanto, reconheceram a importância dele e a necessidade de dispor de instrumentos para estimular a sua produção pela Administração Pública. Dentre as razões constantes do Acórdão, o Relator afirmou, sem maior fundamentação, que "a exigência de implementação do PCA pelo ente subnacional só poderá ser dispensada de forma excepcional, devidamente motivada". O Acórdão não dá pistas do que caracterizaria essa excepcionalidade nem o que poderia servir como motivação para a não produção do Plano de Contratações Anual.

Pondera-se que o Plano de Contratações Anual é instrumento importante para o planejamento e para a governança das contratações públicas. No entanto, por deferência à Lei nº 14.133/2021, mais precisamente ao inciso VII do seu artigo 12, ele não é obrigatório, é facultativo para a Administração. Repita-se que o legislador prescreveu que os órgãos "poderão, na forma de regulamento, elaborar plano de contratações anual". "Poderão" tem um sentido unívoco, expressa uma faculdade e não uma obrigação. Se o legislador quisesse que o Plano fosse obrigatório ele o teria dito e não teria empregado o vocábulo "poderão". Essa foi a opção legítima do legislador e deve ser respeitada, com deferência pelos órgãos de controle. Sabe-se que a lei não contém palavras inúteis (*verba cum effectu sunt accipienda*), de modo que não é legítimo esvaziar o conteúdo da palavra "poderão". O intérprete, por mais qualificado que seja, não deve transformar "poderão" em "deverão". Se o fizer, já não será mais intérprete, terá tomado para si, ilegitimamente, a função legislativa.

Com o mesmo espírito, não há nada na Lei que autorize afirmar que a não realização do plano deve ser excepcional e motivada, como posto no Acórdão nº 1.917/2024. Não há norma que o prescreva como preferencial ou coisa do tipo, nem que diga que a não realização dele demande motivação específica. Portanto, o Tribunal de Contas da União está correto ao enaltecer a relevância do Plano de Contratações Anual e sugerir que ele seja estimulado. Está equivocado, no entanto, ao considerar que a não produção dele deve ser excepcional e que precisa ser motivada, porque não há amparo legal para tais conclusões.

Aliás, o Tribunal de Contas da União, no Acórdão nº 1.637/2021, reconheceu que o Plano de Contratações Anual da Lei nº 14.133/2021 não é obrigatório:

> Por oportuno, cumpre salientar, em relação à Lei 14.133/2021, o adensamento das atividades relacionadas ao planejamento das contratações, a exemplo da positivação do "plano de contratações anual" de cada ente federativo, com o objetivo de racionalizar as contratações de seus órgãos e entidades, garantir o alinhamento com o seu planejamento estratégico e subsidiar a elaboração das respectivas leis orçamentárias (Lei 14.133/2021, art. 12, inciso VII, e §1º).

Ainda que o legislador não tenha previsto, ao menos de modo expresso, a obrigatoriedade de utilização do referido plano (art. 12, inciso VII), é forçoso reconhecer que se trata de mecanismo integralmente alinhado aos princípios expressos do planejamento e da eficiência (Lei nº 14.133/2021, art. 5º, *caput*) e, no tocante às compras, da responsabilidade fiscal (art. 40, inciso V, alínea "c"), além de fomentar a transparência das atividades logísticas do Estado (Lei 14.133/2021, art. 12, §1º).[457] Fato é que a faculdade da elaboração do Plano de Contratações Anual é matéria controversa.[458] Afora as questões jurídicas, não é raro encontrar quem discorde do legislador e queira, por juízo de mérito seu, que o Plano seja obrigatório ou criar biombos para forçar, de forma enviesada, a Administração a produzi-lo. Cada um pode fazer o juízo de mérito que lhe pareça adequado, no entanto deve obedecer às normas legais e não se lançar em piruetas para desfazer a literalidade do que foi prescrito. A lei não deve ser dobrada por juízos de mérito estranhos ao processo legislativo democrático, ainda que se considere que o Plano de Contratações Anual seja relevante e que deva ser estimulado.

Sem embargo, sendo para a lei facultativo, nada impede que a Administração decida que o seu Plano de Contratações Anual seja para si obrigatório. Ora, quem tem a faculdade de fazer pode se comprometer a fazer, tornando obrigatório para si. Trata-se do exercício positivo da faculdade que foi outorgada no inciso VII do artigo 12 da Lei nº 14.133/2021, que em nada a contraria. Essa foi a opção legítima da Administração Pública federal direta, autárquica e fundacional, encarnada no Decreto nº 10.947/2022, cujas normas exigem a elaboração do plano. A opção dos demais entes federativos e entidades não submetidas ao Decreto Federal pode ser diferente, é-lhes legítimo não produzir o plano.

Na essência, com o Plano de Contratações Anual projetam-se todas as licitações e contratações para o ano subsequente, divide-se por tipos ou categorias, verifica-se a compatibilidade com o orçamento, definem-se prioridades e estabelece-se uma espécie de calendário. Faz sentido, é natural e necessário. O estranho seria não fazer coisa do tipo, ir licitando e contratando ao acaso.

É de notar que a Lei nº 14.133/2021 não dispôs sobre o conteúdo do Plano de Contratações Anual, que pode ser objeto de normas administrativas. O *caput* do artigo 6º do Decreto Federal nº 10.947/2022 prescreve o seguinte:

> Art. 6º Até a primeira quinzena de maio de cada exercício, os órgãos e as entidades elaborarão os seus planos de contratações anual, os quais conterão todas as contratações que pretendem realizar no exercício subsequente, incluídas:
> I - as contratações diretas, nas hipóteses previstas nos art. 74 e art. 75 da Lei nº 14. 133, de 2021; e
> II - as contratações que envolvam recursos provenientes de empréstimo ou de doação, oriundos de agência oficial de cooperação estrangeira ou de organismo financeiro de que o País seja parte.[459]

---

[457] TCU, Plenário. Acórdão nº 1.637/2021. Rel. Min. Augusto Sherman, j. 7.7.2021.

[458] Por ilustração, de maneira muito sucinta e sem externar as suas razões jurídicas, Marçal Justen Filho afirma o seguinte: "A redação legal induz à facultatividade da elaboração do PCA. Mas essa interpretação exige cautela. A utilização do vocábulo 'poderão' não deve ser o critério isolado para a interpretação. A interpretação mais adequada consiste em reconhecer a existência de um dever de elaborar o PCA, cujo atendimento será vinculado às circunstâncias e características da realidade. Caberá ao regulamento dispor sobre as condições de elaboração do PCA, inclusive determinando a sua implantação de modo progressivo e compulsório" (JUSTEN FILHO, Marçal. *Comentários à Lei de Licitações e Contratações Administrativas.* SP: RT, 2021. p. 273 e 274).

[459] O artigo 7º do Decreto, em complemento, esclarece contratações que não precisam estar no Plano: "Art. 7º Ficam dispensadas de registro no plano de contratações anual: I - as informações classificadas como sigilosas, nos termos do disposto na Lei nº 12.527, de 18 de novembro de 2011, ou abrangidas pelas demais hipóteses legais de sigilo; II - as contratações realizadas por meio de concessão de suprimento de fundos, nas hipóteses previstas no art. 45 do Decreto nº 93.872, de 23 de dezembro de 1986; III - as hipóteses previstas nos incisos

Sugere-se que não se exijam para o plano informações muito detalhadas sobre as licitações e contratos administrativos, até porque se elabora o plano no ano anterior à realização das respectivas licitações e contratos administrativos. É melhor simplificar o conteúdo do plano, porque dele até as licitações medeiam meses, sendo praticamente inviável dispor de informações detalhadas, como é o caso de especificações de objetos. Devem-se indicar os objetos de forma mais geral e prever os valores com base em contratos anteriores do próprio órgão ou entidade. O plano, insista-se, deve veicular uma programação de licitações e contratos administrativos para o ano seguinte. Não se deve ter a pretensão de que o plano seja uma espécie de compromisso de caráter vinculativo e exauriente de que as licitações e contratos administrativos do ano seguinte tenham que se realizar exatamente em acordo com os seus termos.

Não é demais ressaltar que o Plano de Contratações Anual é em essência uma programação das licitações e dos contratos administrativos. Essa programação, pelo menos do jeito como está posta na Lei nº 14.133/2021, não vincula a Administração Pública, que pode divergir dela, sem que isso devesse gerar maiores repercussões. Por exemplo, pode ser que dada demanda não tenha sido prevista no plano. Não é por isso, por não constar do plano, que ela não pode gerar uma licitação e um contrato administrativo. Com o mesmo exemplo, pode-se prever que dada licitação se inicie em dado período e que a Administração não consiga tomar as providências no tempo projetado. Não se previram maiores repercussões ou sanções em face do descumprimento do estabelecido no Plano de Contratações Anual. Sem embargo, na qualidade de plano, a intenção é que ele se aproxime ao máximo da realidade e possibilite à Administração Pública uma antevisão das suas licitações e contratos administrativos.

Pondera-se que o inciso II do §1º do artigo 18 da Lei nº 14.133/2021, que trata do estudo técnico preliminar, prescreve que um dos elementos que se exige dele é a "demonstração da previsão da contratação no Plano de Contratações Anual, sempre que elaborado, de modo a indicar o seu alinhamento com o planejamento da Administração". Essa disposição não significa que todas as licitações precisam estar previstas no plano. Significa que a contratação prevista no plano deve ser mencionada no estudo técnico preliminar. Não estando prevista, que se apresente uma justificativa ou coisa do gênero. Aliás, a primeira exigência do estudo técnico preliminar, conforme o inciso I do mesmo §1º, é a descrição da necessidade da contratação. Não seria razoável impedir a Administração de lançar licitação para demanda que é necessária em decorrência da falta da sua indicação no plano, o que prejudicaria os interesses públicos. Seria fazer prevalecer uma questão de fundo meramente formal sobre os interesses públicos.

É essa a solução, de maneira geral, prevista nos artigos 16 e 17 do Decreto Federal nº 10.947/2022, ainda que com amarras desnecessárias. Os referidos dispositivos prescrevem que o plano pode ser alterado. O parágrafo único do artigo 17 prevê que "as demandas que não constarem do plano de contratações anual ensejarão a sua revisão [...]". Ou seja, para o Decreto, a justificativa não basta, é necessário alterar o plano para inserir a

VI, VII e VIII do *caput* do art. 75 da Lei nº 14.133, de 2021; e IV - as pequenas compras e a prestação de serviços de pronto pagamento, de que trata o §2º do art. 95 da Lei nº 14.133, de 2021. Parágrafo único. Na hipótese de classificação parcial das informações de que trata o inciso I do *caput*, as partes não classificadas como sigilosas serão cadastradas no PGC, quando couber".

contratação que não foi prevista – essa necessidade de alteração do plano é a principal amarra desnecessária do Decreto. De todo modo, o ponto principal é que demandas não previstas no plano podem ser processadas e contratadas, devendo aqueles sujeitos ao Decreto Federal nº 10.947/2022, em medida burocrática, rever o plano para inseri-las.

Registra-se que, nos termos do inciso VII do *caput* do artigo 12 da Lei nº 14.133/2021, o Plano de Contratações Anual deve ser elaborado pelos "órgãos responsáveis pelo planejamento de cada ente federativo". Ou seja, o plano é central, e não de órgãos ou entidades de forma isolada. De toda sorte, não está proibido que órgãos e entidades, em paralelo ao plano central, façam os seus próprios planos. Aliás, trata-se de medida altamente recomendada, apesar de não exigida e nem sequer mencionada pela Lei nº 14.133/2021.

Como enfatizado no tópico anterior, o Tribunal de Contas da União prolatou o Acórdão nº 1.637/2021, da relatoria do Ministro Augusto Sherman, sobre as conclusões de auditoria que se debruçou sobre 72 organizações públicas federais, com o objetivo de avaliar suas ações tocantes ao Plano de Contratações Anual.[460] Esse acórdão, como já salientado, constatou que muitas das deficiências dos planos anuais decorrem da falta de maturidade de governança dos órgãos e entidades federais. É de registrar, em adição, que a auditoria verificou um conjunto razoável de dificuldades operacionais para a confecção dos planos relacionadas ao sistema operacional tecnológico que é usado pelos órgãos e entidades federais. O Tribunal, ainda, fez referência às dificuldades para elaborar os planos sem dispor de dados mais detalhados sobre as licitações, uma vez que eles são confeccionados antes de iniciar as etapas preparatórias das licitações, no ano anterior.

De fato, a produção do Plano de Contratações Anual não é tarefa simples, envolve a mobilização de pessoal e a disposição de dados confiáveis e sistematizados para que se consiga projetar as demandas de licitações e contratos administrativos do ano subsequente. Sem isso, é provável que o plano seja reduzido a uma peça alegórica meramente formal e vazia de conteúdo, construída apenas para cumprir as exigências legais e regulamentares, e não para servir de verdade e substancialmente ao planejamento das licitações e dos contratos administrativos.

Mais uma vez, as dificuldades sentidas pelos órgãos e entidades federais no tocante ao Plano de Contratações Anual projetam cenários cinzentos para os municípios de médio e pequeno porte. Com carências de recursos humanos e financeiros, sem capacitação, é provável que muitos não produzam o Plano de Contratações Anual ou o façam de modo bastante precário, frisando-se, mais uma vez, que o inciso VII do artigo 12 da Lei nº 14.133/2021 não o prescreve como obrigatório.

5 Documento de formalização de demanda

O inciso VII do artigo 12 da Lei nº 14.133/2021 prescreve que o Plano de Contratações Anual deve ser elaborado a partir de documentos de formalização de demandas. A figura do documento de formalização de demanda aparece numa outra passagem da

460 TCU, Plenário. Acórdão nº 1.637/2021. Rel. Min. Augusto Sherman, j. 7.7.2021.

Lei nº 14.133/2021, no inciso I do seu artigo 72, cujo teor prescreve que o processo de contratação direta deve ser instruído com "documento de formalização de demanda e, se for o caso, estudo técnico preliminar, análise de riscos, termo de referência, projeto básico ou projeto executivo". Essa expressão "documento de formalização de demanda" não aparece noutros dispositivos da Lei nº 14.133/2021, portanto ela está descontextualizada. Demais disso, no inciso VII do artigo 12 o documento antecede e está vinculado ao Plano de Contratações Anual e no inciso I do artigo 72 não está relacionado ao Plano de Contratações Anual, sendo exigido como documento obrigatório em todos os processos de contratação direta. Então, as referências do inciso VII do artigo 12 e do inciso I do artigo 72, ambas da Lei nº 14.133/2021, não se harmonizam ou não têm o mesmo sentido ou utilidade.

Pois bem, a expressão "documento de formalização de demanda" não é estranha para a Administração Pública Federal, dado que referida em diversas instruções normativas anteriores à Lei nº 14.133/2021, como a Instrução Normativa nº 5/2014, da antiga Secretaria de Gestão do antigo Ministério do Planejamento, Desenvolvimento e Gestão, que previa o documento de formalização de demanda como o primeiro passo da etapa preparatória das licitações, antes do estudo técnico preliminar, com a função de indicar algumas informações básicas iniciais. Portanto, historicamente, antes da Lei nº 14.133/2021 e pelas práticas administrativas, o documento de formalização de demanda vinha sendo produzido quando da abertura da etapa preparatória da licitação e não no ano anterior, quando da confecção do plano de contratações anuais.

No entanto, com a Lei nº 14.133/2021, especificamente com o inciso VII do seu artigo 12, o documento de formalização de demanda ganhou um novo contorno: em vez de ser produzido apenas para abrir a etapa preparatória da licitação, passa-se a exigir que ele seja produzido no ano anterior, para a confecção do plano de contratações anuais. Pode-se dizer, nessa medida, que o documento de formalização de demanda foi bastante antecipado.

O *caput* do artigo 8º do Decreto Federal nº 10.947/2022 prescreve que o documento de formalização de demanda deve ser preenchido pelos setores requisitantes dos órgãos e entidades e deve conter:

> I - justificativa da necessidade da contratação;
> II - descrição sucinta do objeto;
> III - quantidade a ser contratada, quando couber, considerada a expectativa de consumo anual;
> IV - estimativa preliminar do valor da contratação, por meio de procedimento simplificado, de acordo com as orientações da Secretaria de Gestão da Secretaria Especial de Desburocratização, Gestão e Governo Digital do Ministério da Economia;
> V - indicação da data pretendida para a conclusão da contratação, a fim de não gerar prejuízos ou descontinuidade das atividades do órgão ou da entidade;
> VI - grau de prioridade da compra ou da contratação em baixo, médio ou alto, de acordo com a metodologia estabelecida pelo órgão ou pela entidade contratante;
> VII - indicação de vinculação ou dependência com o objeto de outro documento de formalização de demanda para a sua execução, com vistas a determinar a sequência em que as contratações serão realizadas; e
> VIII - nome da área requisitante ou técnica com a identificação do responsável.

De acordo com o artigo 10 do Decreto Federal nº 10.947/2022, os documentos de formalização de demanda devem ser produzidos até 1º de abril do ano de elaboração do plano, logo, do ano anterior às contratações. Ou seja, o decreto exige que no começo de cada ano, até 1º de abril, os setores requisitantes definam todas as informações listadas para serem licitadas e contratadas no curso do ano seguinte. Exige-se uma antecipação gigantesca com indicação de necessidade, quantidade, orçamento e grau de prioridade. É muita informação para ser produzida com tanta antecedência. É muita burocracia, que desvirtua a ideia do Plano de Contratações Anual e dificulta sobremaneira as atividades da Administração Pública. É e será extremamente difícil e custoso para a Administração atender tanta burocracia.

É de ressaltar que o Decreto Federal nº 10.947/2022 se aplica apenas para a Administração Pública federal direta, autárquica e fundacional. O restante da Administração Pública não precisa seguir essas regras extremamente burocráticas do Decreto Federal, podem produzir os seus próprios regulamentos, com soluções mais simples. É possível, nessa linha, prescrever que o documento de formalização de demanda contenha menos informações e seja mais objetivo, sobretudo quando utilizado para a elaboração do Plano de Contratação Anual, no ano anterior ao da própria licitação e contratação.

É possível, também, que órgãos e entidades administrativas, inclusive as sujeitas ao Decreto Federal nº 10.947/2022, empreguem a figura do documento de formalização de demanda com um sentido mais alinhado ao que vinha sendo usado pela Administração Pública Federal anteriormente à Lei nº 14.133/2021, conforme vinha sendo preceituado na Instrução Normativa nº 5/2014, da antiga Secretaria de Gestão do antigo Ministério do Planejamento, Desenvolvimento e Gestão. A ideia é que o documento de formalização de demanda seja o primeiro documento da etapa preparatória da licitação, portanto simples e objetivo, em que o órgão requisitante apenas aponta a sua necessidade, servindo de base para a construção do estudo técnico preliminar e demais documentos técnicos. Essa roupagem não exclui a utilização do documento de formalização de demanda como anterior ao Plano de Contratação Anual, poderia ser concebida como uma forma de utilização complementar e não excludente do documento.

Aliás, nessa direção, repita-se que o inciso I do artigo 72 da Lei nº 14.133/2021 determina que o processo de contratação direta deve ser instruído com "documento de formalização de demanda e, se for o caso, estudo técnico preliminar, análise de riscos, termo de referência, projeto básico ou projeto executivo". Na perspectiva do supracitado inciso I do artigo 72, ainda que relativo às contratações diretas e não às licitações, o documento de formalização de demanda não está atrelado ao Plano de Contratação Anual e sim à etapa preparatória das contratações diretas, valorizado pelo Legislador como documento obrigatório, seguido por outros documentos considerados meramente facultativos. Aqui, diante do inciso I do artigo 72 da Lei nº 14.133/2021, o documento de formalização de demanda se reaproxima do uso que dele a Administração Pública Federal fazia anteriormente à própria Lei nº 14.133/2021. Ou seja, trata-se de um documento inicial, que indica a necessidade do órgão requisitante e que serve de base para o estudo técnico preliminar e demais documentos técnicos.

6 Estudo técnico preliminar

Conforme o fluxo procedimental definido no artigo 18 da Lei nº 14.133/2021, a etapa preparatória da licitação inicia-se propriamente com o estudo técnico preliminar, que, na redação do seu inciso I, presta-se a caracterizar "o interesse público envolvido". O inciso XX do artigo 6º da Lei nº 14.133/2021 esclarece que o estudo técnico preliminar é o

> documento constitutivo da primeira etapa do planejamento de uma contratação que caracteriza o interesse público envolvido e a sua melhor solução e dá base ao anteprojeto, ao termo de referência ou ao projeto básico a serem elaborados caso se conclua pela viabilidade da contratação.

O §1º do artigo 18 da Lei nº 14.133/2021 dedica-se de forma específica ao estudo técnico preliminar, que deve "evidenciar o problema a ser resolvido e a sua melhor solução, de modo a permitir a avaliação da viabilidade técnica e econômica da contratação [...]". Na sequência, o dispositivo divide-se em 13 incisos, bem detalhados e burocráticos, prestantes a indicar o que deve estar contido no estudo técnico preliminar:

> Art. 18. [...]
> §1º [...]
> I - necessidade da contratação, considerado o problema a ser resolvido sob a perspectiva do interesse público;
> II - demonstração da previsão da contratação no plano de contratações anual, sempre que elaborado, de modo a indicar o seu alinhamento com o planejamento da Administração;
> III - requisitos da contratação;
> IV - estimativas das quantidades para a contratação, acompanhadas das memórias de cálculo e dos documentos que lhes dão suporte, que considerem interdependências com outras contratações, de modo a possibilitar economia de escala;
> V - levantamento de mercado, que consiste na análise das alternativas possíveis, e justificativa técnica e econômica da escolha do tipo de solução a contratar;
> *VI - estimativa do valor da contratação, acompanhada dos preços unitários referenciais, das memórias de cálculo e dos documentos que lhe dão suporte, que poderão constar de anexo classificado, se a Administração optar por preservar o seu sigilo até a conclusão da licitação;*
> VII - descrição da solução como um todo, inclusive das exigências relacionadas à manutenção e à assistência técnica, quando for o caso;
> VIII - justificativas para o parcelamento ou não da solução;
> IX – demonstrativo dos resultados pretendidos em termos de economicidade e de melhor aproveitamento dos recursos humanos, materiais ou financeiros disponíveis;
> X - providências a serem adotadas pela Administração previamente à celebração do contrato, inclusive quanto à capacitação de servidores ou de empregados para fiscalização e gestão contratual;
> XI - contratações correlatas e/ou interdependentes;
> XII - possíveis impactos ambientais e respectivas medidas mitigadoras, incluídos requisitos de baixo consumo de energia e de outros recursos, bem como logística reversa para desfazimento e reciclagem de bens e refugos, quando aplicável;
> XIII - posicionamento conclusivo sobre a adequação da contratação para o atendimento da necessidade a que se destina.

O §2º do mesmo artigo 18 da Lei nº 14.133/2021, em redação que no seu todo é bem confusa, determina que o estudo técnico preliminar deve conter obrigatoriamente apenas o exigido nos incisos I (necessidade da contratação), IV (estimativa de quantidades), VI (estimativa de valor), VIII (justificativas para o parcelamento ou não do objeto) e XIII (posicionamento conclusivo sobre a adequação da contratação para o atendimento da necessidade a que se destina) do §1º do mesmo artigo.

As exigências contidas nos demais incisos são, portanto, facultativas. No entanto, de acordo com o §2º, acaso dispensadas, precisam ser justificadas, deve-se demonstrar que são impertinentes, desnecessárias ou inviáveis. Logo, por regra, os estudos técnicos preliminares devem contemplar todas as exigências externadas nos incisos do §1º do artigo 18 da Lei nº 14.133/2021.

De todo modo, a redação do §2º do artigo 18 da Lei nº 14.133/2021 permite distinguir entre uma espécie de estudo técnico preliminar completo e outro simplificado. O legislador, como visto, deixou em aberto as situações que autorizam o estudo simplificado, exigindo que sejam justificadas. Portanto, é possível que a Administração produza regulamento que, entre outros aspectos, indique as hipóteses autorizativas dos estudos simplificados, dispensando-as de justificativa a cada caso. Por lógica, faria sentido que os contratos não estratégicos, mais simples e recorrentes, fossem precedidos de estudos simplificados.

O ponto é que o cumprimento de todas as exigências ou quiçá parte das exigências do §1º do artigo 18 da Lei nº 14.133/2021 é tarefa bastante complexa, como a realização de algum tipo de orçamento, pesquisa de mercado, previsão de quantidade, descrição da solução como um todo e levantamento de impactos ambientais e medidas mitigadoras.

No final de tudo, contraditoriamente, requer-se da Administração, já no estudo supostamente preliminar, um posicionamento conclusivo sobre a adequação da contratação para o atendimento da necessidade a que se destina. A contradição, para ser mais claro, ocorre porque o resultado de um estudo preliminar deveria ser também preliminar. A Lei nº 14.133/2021 exige posicionamento conclusivo, o que denota que o estudo técnico preliminar, de verdade, de *preliminar* só tem o nome.

Noticia-se, por derradeiro, que em âmbito federal o estudo técnico preliminar é regulamentado pela Instrução Normativa SEGES nº 58/2022, que é obrigatória para a Administração Pública federal direta, autárquica e fundacional e para as demais entidades que contratem com recursos decorrentes de transferências voluntárias da União. A instrução normativa repete em larga medida o que já está prescrito na Lei nº 14.133/2021 (algo sem serventia alguma), complementa alguns aspectos menores e trata de questões burocráticas e procedimentais, em que se destaca a necessidade de elaboração no Sistema ETP Digital.

6.1 A obrigatoriedade do estudo técnico preliminar

Advirta-se que, pelo teor do artigo 18 da Lei nº 14.133/2021, o estudo técnico preliminar é obrigatório, e a Administração não tem a faculdade de dispensá-lo. Admite-se o estudo simplificado, na forma §2º do mesmo artigo 18. Entretanto, não se admite a não realização do estudo, ainda que se trate de uma licitação simples, recorrente e sem maiores vulnerabilidades. A exceção é a contida no inciso I do *caput* do artigo 72 da Lei nº 14.133/2021, que, a rigor, não versa sobre licitação, e sim sobre contratação direta. O aludido dispositivo preceitua que o estudo técnico preliminar não é obrigatório nas contratações diretas, dado que deve ser produzido "ser for o caso". Os casos podem ser mais bem detalhados em regulamento.[461]

Esse aspecto tem atraído polêmica, e doutrinadores têm defendido a possibilidade de dispensar-se o estudo técnico preliminar, mesmo para casos de licitação, diante de objetos mais simples. Por ilustração, para Ronny Charles, a "[...] obrigatoriedade generalizada do ETP ignora os custos transacionais de sua elaboração [...]" e "[...] induz a realização de estudos técnicos preliminares apenas formais, que constam no processo para cumprir comando burocrático, mas que efetivamente não demonstram a reflexão pretendida pelo instrumento". Diante disso, conclui:

> A exigência de confecção do ETP em contratações corriqueiras, ordinárias, de baixo valor e de baixa complexidade atenta contra a eficiência e a economicidade, além de induzir um comportamento que banaliza a importância do instrumento, passando a ser usado de maneira meramente formalista, para compor processos, fragilizando sua relevância e valor, mesmo quando necessário.[462]

Discorda-se.

A Lei nº 14.133/2021 é excessivamente burocrática, merece todas as críticas por isso, e a obrigatoriedade do estudo técnico preliminar para todas as licitações é exemplo destacado dessa disfuncionalidade. Realmente, não faz sentido que para objetos simples, de contratação usual, se faça estudo técnico preliminar. Essa é uma opinião pessoal do autor deste livro, concorde com a opinião externada por Ronny Charles. Está-se, aqui, na esfera da conveniência, de desejos sobre o melhor ou pior para a Administração, não na esfera jurídica.

Sob o ponto de vista jurídico, em que pese a crítica em tudo legítima à Lei nº 14.133/2021, a questão é que o legislador entendeu diferente e prescreveu no inciso I do *caput* do seu artigo 18 que a fase preparatória da licitação compreende "a descrição da necessidade da contratação fundamentada em estudo técnico preliminar que caracterize o interesse público envolvido". O legislador, por sua avaliação de conveniência, não estabeleceu exceção em relação às licitações, apenas para as contratações diretas, no inciso I do artigo 72 da Lei nº 14.133/2021, como já salientado. Para além disso, o legislador resolveu admitir um estudo técnico preliminar simplificado nas etapas preparatórias das licitações que supostamente sejam mais simples e usuais, conforme o §2º do mesmo artigo 18. Então, o legislador considerou sim que há objetos mais simples e usuais, que mereceriam tratamento mais simples. Para esses objetos, admitiu o estudo técnico preliminar simplificado. Não admitiu a inexistência do estudo técnico preliminar, goste-se ou não da opção do legislador. Não há como fugir, sob a perspectiva jurídica

---

[461] Nessa direção, o *caput* do artigo 14 da Instrução Normativa SEGES nº 58/2022 prescreve que a elaboração do estudo: "I - é facultada nas hipóteses dos incisos I, II, VII e VIII do art. 75 e do §7º do art. 90 da Lei nº 14.133, de 2021; e II - é dispensada na hipótese do inciso III do art. 75 da Lei nº 14.133, de 2021, e nos casos de prorrogações dos contratos de serviços e fornecimentos contínuos".

[462] TORRES, Ronny Charles Lopes. *Da (não) obrigatoriedade de elaboração do Estudo Técnico Preliminar*. Disponível em: https://ronnycharles.com.br/da-nao-obrigatoriedade-de-elaboracao-do-estudo-tecnico-preliminar/. Acesso em: 5 jan. 2024.

e sob pena de negar o que está prescrito na Lei (numa espécie de direito administrativo alternativo *contra legem*), que o estudo técnico preliminar é sim obrigatório para as etapas preparatórias de todas as licitações, ainda que para aquelas que tenham objetos simples e corriqueiros.[463] [464]

É de ressaltar, em complemento, que os princípios da eficiência e da economicidade não são bastantes para autorizar o descumprimento da legalidade. A Administração está subordinada à legalidade, e aos gestores públicos jamais foi outorgada uma espécie de cláusula geral de discricionariedade para deixar de cumprir comandos legais que aos seus juízos levassem a resultados ineficientes ou não econômicos. Essa suposta prerrogativa de gestores públicos de descumprir normas legais implicaria relativização vertical do direito administrativo, qualquer norma legal imposta à Administração poderia em tese ser afastada sob tais motivos, em grande medida subjetivos e de dificílimo controle.

6.2 Não obrigatoriedade de publicação do estudo técnico preliminar como anexo ao edital

O estudo técnico preliminar é essencialmente voltado para a Administração (para dentro), e não para os licitantes (para fora). É um estudo feito pela Administração para, basicamente, definir a sua necessidade, avaliar as opções que o mercado lhe oferece e definir a solução a ser contratada, de modo a produzir, em regra e conforme o caso, o termo de referência ou o projeto básico. Estes documentos, o termo de referência ou projeto básico são destinados aos licitantes (para fora), partem e consolidam as informações do estudo técnico preliminar, informando a eles tudo o que precisam considerar para elaborarem suas propostas.

---

463 4. Nos termos do artigo 18, §1º, inciso V da Lei Federal nº 14133/21. O Estudo Técnico Preliminar deve contemplar levantamento das soluções existentes no mercado e a avaliação das alternativas que embasam a escolha da solução adotada como a que melhor atende o objetivo da contratação. 5. A ausência de Estudo Técnico Preliminar completo e nos termos do 18, §1º, da Lei Federal nº 14133/21 fragiliza a descrição suficiente da necessidade de contratação, requisito fundamental do planejamento que caracteriza a fase preparatória da licitação, configurando vício de origem que impõe que se determine a anulação do certame na forma do artigo 71, inciso III da Lei 14.133/2021. (TCE/SP, Pleno. TCE-012227.989.24.1, Rel. Cons. Dimas Ramalho, j. 3.7.2024).

464 1. O Estudo Técnico Preliminar – ETP – é instrumento essencial ao planejamento das contratações, servindo de subsídio para as demais fases da licitação e de amparo para as decisões do gestor público. 2. Embora, em regra, a Lei n. 14.133/21 não possibilite a dispensa do ETP, o art. 18, §2º, permite que seja elaborado "ETP simplificado", hipótese em que o gestor deve justificar a omissão das exigências facultativas. 2.1. A fim de proporcionar maior segurança jurídica, recomenda-se que conste em regulamento as hipóteses em que se poderá elaborar "ETP simplificado" ou dispensar as exigências facultativas. 3. Nas contratações que utilizem catálogo eletrônico de padronização, previsto no art. 19, II, da Lei n. 14.133/21, poderá o ETP ser dispensado, desde que já tenha sido realizado por ocasião da inclusão do item em tal catálogo e conste declaração de que os parâmetros utilizados no estudo anterior não se modificaram. 4. O art. 72, I, da Lei n. 14.133/21 possibilita a dispensa do Estudo Técnico Preliminar nos casos de contratação direta, devendo tal procedimento ser adotado em situações excepcionais, nos termos deregulamento. 4.1. Cabe ao ente federativo com competência regulamentar realizar uma análise de proporcionalidade das situações em que permitirá a dispensa do ETP, considerando o tempo disponível para a contratação, o valor e a complexidade do objeto, em especial, quanto ao prévio conhecimento da solução a ser contratada. 4.2. Ainda que regulamentadas as situações em que seja dispensado o ETP, é necessário que conste no processo a devida justificativa para sua dispensa. 4.3. A elaboração de ETP simplificado nas licitações ou sua dispensa, nas hipóteses de utilização de catálogo eletrônico de padronização e de contratação direta, deve ser alvo de avaliação e justificação exarada pela autoridade competente, dada a importância de tal instrumento para o planejamento das aquisições públicas, bem como para garantir maior segurança jurídica aos envolvidos na tomada de decisão. (TCE/SC, Prejulgado 2414, Rel. Cons. Sabrina Nunes Locken).

Com esse espírito, por ser voltado para a Administração, o estudo técnico preliminar não é documento anexo obrigatório ao edital e não precisa ser levado a publicação. Pode até sê-lo, mas não o é de forma compulsória. O termo de referência e o projeto básico, produzidos a partir do estudo técnico preliminar, são documentos voltados para fora da Administração, para o seu público externo, e, logo, devem ser anexos obrigatórios do edital e publicados. Repita-se, o estudo técnico preliminar é um documento interno.

Nesse sentido, o §3º do artigo 25 da Lei nº 14.133/2021 trata dos anexos do edital, que, por suposto, devem ser divulgados juntos com ele, sem nominar o estudo técnico preliminar:

> Art. 25. [...]
> §3º Todos os elementos do edital, incluídos minuta de contrato, termos de referência, anteprojeto, projetos e outros anexos, deverão ser divulgados em sítio eletrônico oficial na mesma data de divulgação do edital, sem necessidade de registro ou de identificação para acesso.

Conforme se depreende, são anexos obrigatórios ao edital a minuta do contrato, termo de referência, anteprojeto e projetos. Pode haver outros anexos, que dependem da avaliação discricionária da Administração sobre suas necessidades e utilidades. Entre eles, se a Administração entender por conveniente, pode estar o estudo técnico preliminar, que, no entanto, não é de divulgação obrigatória junto com o edital. Se fosse, teria sido mencionado no §3º do artigo 25 da Lei nº 14.133/2021.

Nessa linha, o §3º do artigo 54 da Lei nº 14.133/2021 prescreve o seguinte:

> Art. 54 [...]
> §3º Após a homologação do processo licitatório, serão disponibilizados no Portal Nacional de Contratações Públicas (PNCP) e, se o órgão ou entidade responsável pela licitação entender cabível, também no sítio referido no §2º deste artigo, os documentos elaborados na fase preparatória que porventura não tenham integrado o edital e seus anexos.

O dispositivo supracitado pressupõe que nem todos os documentos técnicos elaborados na etapa preparatória da licitação precisam acompanhar o edital como anexos e que tais documentos, que não acompanham o edital, devem ser disponibilizados no Portal Nacional de Contratações Públicas (PNCP) após a homologação da licitação e não antes disso. Logo, embora não necessariamente sigilosos, eles são divulgados de forma ampla pela Administração apenas após a licitação.

É de registrar que o Tribunal de Contas da União, diante do regime revogado da Lei nº 8.666/1993 e, em especial, do disposto na também revogada Instrução Normativa SEGES/MPDG nº 5/2017, entendeu que o estudo técnico preliminar deveria acompanhar o edital como anexo dele. No entanto, tal entendimento foi baseado na sobredita Instrução Normativa, que não tem aplicação sob o regime da Lei nº 14.133/2021.[465] Mais recentemente, no entanto, o Tribunal de Contas da União prolatou o Acórdão nº 2273/2024, do Plenário, relatado pelo Ministro Benjamin Zymler, em que se conclui pela

[465] TCU, Plenário. Acórdão nº 2.076/2023. Rel. Min. Jorge Oliveira, j. 11.10.2023.

desnecessidade de publicação do estudo técnico preliminar como anexo obrigatório ao edital.[466] De acordo com o Relator, a divulgação do estudo técnico preliminar junto com o edital faz surgir algumas preocupações tais como:

> a) o elevado risco de informações conflitantes entre o ETP e o projeto básico ou termo de referência, já que estes artefatos de planejamento podem alterar as soluções/especificações que foram preliminarmente delineadas no ETP ou, ainda, complementar/detalhar tais soluções e alternativas;
> b) a inadequação de que critérios de julgamento e habilitação acabem constando apenas do ETP, quando deveriam constar do edital e/ou do termo de referência, como observado nestes autos, induzindo os licitantes à apresentação de propostas com documentação incompleta;
> c) a necessidade de revisar e compatibilizar o ETP após a elaboração do termo de referência e/ou projeto básico no caso de estes artefatos de planejamento modificarem alguma disposição do estudo técnico preliminar, gerando um retrabalho desnecessário;
> d) o aumento potencial de pedidos de impugnação ou esclarecimento de dúvidas baseados em informações que estão contidas no ETP; e
> e) a grande quantidade de informações existentes no ETP que não são de interesse dos potenciais concorrentes, aumentando desnecessariamente o volume de documentos e dados a serem analisados pelos licitantes, aumentando, por conseguinte, os custos de transação com o setor público.

Diante de tais riscos, a conclusão do Relator foi a seguinte:

> Em suma, julgo que a publicação do ETP em conjunto com o instrumento convocatório não seja obrigatória, mas, caso a equipe de planejamento de contratação do órgão promotor do certame considere que a divulgação do ETP melhor embase os licitantes para sua participação no processo, não vejo nenhum óbice quanto à sua publicação, desde que os riscos de informações conflitantes com o TR sejam mitigados previamente.
> Nesse sentido, não subsiste nenhuma ilegalidade na publicação do ETP, a não ser que tal documento possua informações protegidas pelo sigilo ou sensíveis, que não devam ser disponibilizadas ao mercado. Sendo assim, a decisão pela publicação ou não do ETP deve ficar à cargo do órgão licitante, de acordo com as características do objeto a ser licitado e respeitando as particularidades de cada caso concreto.

Nada obstante isso, o teor do estudo técnico preliminar, em princípio, não é sigiloso, e, portanto, os interessados que requererem podem acessá-lo e obter cópias se desejarem. Ressalva-se que é permitido classificar as informações constantes de estudo técnico preliminar, se houver alguma que motivadamente mereça sigilo, como preceituado na Lei nº 12.527/2011, possibilidade esta reconhecida no artigo 13 da Instrução Normativa SEGES nº 58/2022.

É de pontuar que o estudo técnico preliminar pode ser bastante útil para a defesa dos interesses legítimos das empresas interessadas em participar de licitações, de modo a fundamentar impugnações a editais de licitação pública e, sendo assim, também para todas as linhas de controle. Isso porque o conteúdo dele pode revelar falhas na condução

[466] TCU, Plenário. Acórdão nº 2273/2024. Rel. Min. Benjamin Zymler, j. 23.10.2024.

do processo e na definição das exigências formuladas no edital e nos seus documentos anexos. Pode revelar, dentre outros aspectos, que a necessidade da Administração não foi bem definida ou que não está conectada com a descrição do objeto ou que não foi realizado levantamento de mercado ou que ele tenha sido superficial e insuficiente. Os motivos e os caminhos pelos quais a Administração alcançou os termos do edital acabam sendo externados no estudo técnico preliminar, portanto os seus acertos e desacertos. São aspectos exigidos no §1º do artigo 18 da Lei nº 14.133/2021 para o estudo técnico preliminar e cuja desatenção pode sinalizar o direcionamento de licitações ou outros defeitos de legalidade.

7 Documentos técnicos que devem acompanhar o edital

Como definido no inciso XX do artigo 6º da Lei nº 14.133/2021, o estudo técnico preliminar "[...] dá base ao anteprojeto, ao termo de referência ou ao projeto básico a serem elaborados [...]". Esses documentos técnicos constituem elementos que são anexos e que se integram ao edital e devem ser divulgados em sítio eletrônico oficial na mesma data da divulgação do edital, como afirma o §3º do artigo 25 da Lei nº 14.133/2021. Daí que, depois de concluído o estudo técnico preliminar, passa-se à elaboração dos tais documentos técnicos que devem acompanhar o edital, em acordo com o inciso II do artigo 18 da Lei nº 14.133/2021. Esses documentos, guardadas as suas peculiaridades, têm a finalidade geral de descrever o objeto das futuras licitações e contratos e as condições que sejam relevantes para a sua execução, apresentando, conforme cada caso, as suas especificações.

Segundo o artigo 8º da Lei nº 14.133/2021, o conteúdo do termo de referência é indicado no seu inciso XXIII, o do anteprojeto, no seu inciso XXIV, o do projeto básico, no inciso XXV e o do projeto executivo, no inciso XXVI. Em resumo, o termo de referência é utilizado para a contratação de bens e serviços e o projeto básico para obras e serviços. O anteprojeto é uma espécie de documento preliminar com subsídios para o projeto básico, utilizado no regime de contratação integrada (§2º do artigo 46 da Lei nº 14.133/2021). O projeto executivo versa sobre os elementos para a execução completa da obra, detalhando ainda mais as soluções contidas no projeto básico.

Registra-se que, consoante o §3º do artigo 18 da Lei nº 14.133/2021, o estudo técnico preliminar que tenha por objeto obras e serviços comuns de engenharia pode indicar que a Administração deve elaborar termo de referência e não projetos, desde que "[...] demonstrada a inexistência de prejuízos para aferição dos padrões de desempenho e qualidade almejados [...]". Ou seja, faculta-se à Administração, conforme sua análise discricionária, descrever o objeto das licitações e contratos que envolvem engenharia em termos de referência ou em projetos básicos.

7.1 Termo de referência

Tradicionalmente, é comum que a etapa preparatória da licitação pública se inicie com a requisição de algum setor do órgão ou da entidade administrativa para a autoridade competente a respeito da necessidade de adquirir-se um bem, receber a prestação de um serviço ou outra utilidade por meio da contratação de terceiros. Essa requisição não costuma se revestir de maiores formalidades, pelo que o padrão de procedimento diverge de um órgão ou entidade administrativa para outro.

Quem costuma fazer essa requisição é o órgão, setor ou agente administrativo que disporá do bem futuramente licitado e contratado, que é, na perspectiva da Administração, o futuro usuário do bem, muitas vezes chamado de demandante ou requisitante. Logo, é importante que a requisição seja redigida de modo claro, objetivo e preciso, para que o setor responsável pela elaboração do edital saiba o que o demandante realmente pretende e precisa.

Em que pese isso, as requisições muitas vezes vinham e vêm inadequadas e incompletas, gerando uma série de problemas para a Administração. Isso porque o setor responsável pelo edital, ao se deparar com requisição mal elaborada, não dispõe de elementos para confeccionar o edital. Em vista disso, muitas vezes a Administração abre licitação e acaba contratando objetos que não lhe servem, que não atendem às suas efetivas demandas.

Diante desse quadro, em âmbito federal e de modo específico para a modalidade pregão, o inciso II e da alínea "a" do inciso III, ambos do artigo 8º do Decreto Federal nº 3.555/2000, que regulamentava o pregão presencial regido pela Lei nº 10.520/2002, prescreveu a obrigação de que o setor ou agente administrativo demandante, junto com a área de compras, encaminhe à autoridade competente, acompanhado com a requisição, o denominado *termo de referência*. Foi nesse contexto histórico, no ano de 2000, insista-se, que apareceu a expressão "termo de referência".

Segundo o inciso II do artigo 8º do Decreto Federal nº 3.555/2000:

> o termo de referência é o documento que deverá conter elementos capazes de propiciar a avaliação do custo pela Administração, diante de orçamento detalhado, considerando os preços praticados no mercado, a definição dos métodos, a estratégia de suprimentos e o prazo de execução.

Pode-se dizer que o termo de referência, tal qual concebido pelo Decreto Federal nº 3.555/2000, é o documento que inicia a etapa preparatória do pregão promovido pelos órgãos federais, em que o demandante esclarece aquilo que realmente precisa, trazendo a definição do objeto, orçamento detalhado de acordo com os preços de mercado, métodos, estratégia de suprimentos e cronograma. Isto é, o termo de referência retrata o planejamento inicial da licitação e da contratação, definindo os seus elementos básicos.

Nessa perspectiva histórica, como estabelecido no Decreto Federal nº 3.555/2000, o termo de referência não vincula. O que vincula é o edital. O termo de referência, de acordo com o sentido literal da expressão, é uma mera referência. Por isso, a ideia inicial era que as informações nele constantes não fossem definitivas, apenas dariam início ao processo de licitação sob a modalidade pregão e, por isso, poderiam ser alteradas, acrescidas, substituídas ou complementadas. O termo de referência veiculava as primeiras informações, sobre as quais deveria ser autorizada ou não a abertura do processo de licitação e sobre as quais os agentes administrativos responsáveis, oportunamente, deveriam confeccionar o edital, estabelecendo todas as suas condicionantes e exigências. Nessa visão tradicional, o termo de referência prestava-se a nortear as atividades internas da Administração. A *referência* era interna, para a Administração, não para os licitantes.

O termo de referência não se assemelhava com o projeto básico. A função do projeto básico sempre foi externa, de orientar os licitantes a respeito das especificidades do objeto da licitação. A função do termo de referência, de acordo com Decreto Federal nº 3.555/2000, era interna, para orientar a própria Administração.

Sucede que, nada obstante isso e mesmo sob a égide do Decreto Federal nº 3.555/2000, muitos órgãos e entidades da Administração passaram a utilizar o termo de referência como se ele fosse espécie de projeto básico resumido, anexando-o ao edital como parte integrante dele, veiculando as especificações do objeto. Ou seja, na prática, o termo de referência passou a ser empregado para outra função que não a declarada no Decreto Federal nº 3.555/2000, que o concebeu.

Esse uso do termo de referência equivalente ao projeto básico acabou se consolidando no tempo. O documento de formalização de demanda e o estudo técnico preliminar, de certa forma, atualmente e em especial na Administração Pública Federal, fazem as vezes do termo de referência tal qual concebido inicialmente, a teor do Decreto Federal nº 3.555/2000.

Então, já de muito a Administração Pública, praticamente em âmbito nacional, vem utilizando o termo de referência como equivalente ao projeto básico para objetos que não envolvam engenharia. Esse fenômeno, decorrente de costume, foi sendo incorporado na regulamentação federal e na própria jurisprudência e acabou consagrado na Lei nº 14.133/2021. Nesse sentido, o §3º do artigo 25 da Lei nº 14.133/2021 prescreve que "todos os elementos do edital, incluídos minuta de contrato, termos de referência, anteprojeto, projetos e outros anexos, deverão ser divulgados em sítio eletrônico oficial na mesma data de divulgação do edital, sem necessidade de registro ou de identificação para acesso". O termo referência, segundo o inciso XXIII do artigo 6º da Lei nº 14.133.2021, é o documento necessário para a contratação de bens e serviços, sendo que o projeto básico, na forma do inciso XXV do mesmo artigo, é destinado às obras e serviços, especialmente os de engenharia.

Em acréscimo, o §3º do artigo 18 da Lei nº 14.133/2021 permite o emprego do termo de referência no lugar do projeto básico para obras e serviços de engenharia comuns. Ocorre que há muitas obras e serviços de engenharia simples e triviais, que não requerem detalhamento técnico mais minucioso e que, por isso, dispensam a elaboração do projeto básico. Por exemplo, não haveria qualquer razoabilidade em elaborar projeto básico, com todo o rigor técnico que lhe é imanente, para licitar ou contratar serviço ou reparo simples de um muro ou de uma parede com infiltração. Tudo depende das especificidades de cada caso. Contudo, em regra, as obras e os serviços devem ser precedidos, na fase preparatória da licitação, de projeto básico. A dispensa do projeto básico é exceção, que tem lugar diante de objeto de natureza deveras comum, em vista do qual é despicienda a elaboração do projeto básico. Sem embargo, mesmo nesses casos mais simples, a Administração precisa detalhar adequadamente o objeto da licitação, o que deve ser feito no termo de referência.

O conteúdo do termo de referência é prescrito no inciso XXIII do artigo 6º da Lei nº 14.133/2021:

> a) definição do objeto, incluídos sua natureza, os quantitativos, o prazo do contrato e, se for o caso, a possibilidade de sua prorrogação;

b) fundamentação da contratação, que consiste na referência aos estudos técnicos preliminares correspondentes ou, quando não for possível divulgar esses estudos, no extrato das partes que não contiverem informações sigilosas;
c) descrição da solução como um todo, considerado todo o ciclo de vida do objeto;
d) requisitos da contratação;
e) modelo de execução do objeto, que consiste na definição de como o contrato deverá produzir os resultados pretendidos desde o seu início até o seu encerramento;
f) modelo de gestão do contrato, que descreve como a execução do objeto será acompanhada e fiscalizada pelo órgão ou entidade;
g) critérios de medição e de pagamento;
h) forma e critérios de seleção do fornecedor;
i) estimativas do valor da contratação, acompanhadas dos preços unitários referenciais, das memórias de cálculo e dos documentos que lhe dão suporte, com os parâmetros utilizados para a obtenção dos preços e para os respectivos cálculos, que devem constar de documento separado e classificado;
j) adequação orçamentária.

A lista enorme das alíneas do inciso XXIII do artigo 6º da Lei nº 14.133/2021 revela que o termo de referência é documento bastante abrangente e que condensa as informações principais sobre a etapa preparatória das licitações, não se contentando com aspectos relacionados ao objeto da licitação e do contrato administrativo e de sua execução, mas também indicando forma e critério de seleção do futuro contratado, estimativa do valor da contratação e adequação orçamentária. Ele apresenta o substrato técnico do edital, que o toma por base. Assim, o edital se concentra mais em questões procedimentais e propriamente de seleção (habilitação e julgamento das propostas), sendo que as exigências nele contidas devem ser proporcionais às definições constantes do termo de referência.

Noticia-se que, em âmbito federal, o termo de referência é regulamentado pela Instrução Normativa SEGES nº 81/2022, que é obrigatória para a Administração Pública Federal direta, autárquica e fundacional e para as demais entidades que contratem com recursos decorrentes de transferências voluntárias da União. A Instrução Normativa nº 81/2022, tal qual a de nº 58/2022, que trata do estudo técnico preliminar, repete em larga medida o que já está prescrito na Lei nº 14.133/2021 (algo sem serventia alguma), complementa alguns aspectos menores e trata de questões burocráticas e procedimentais, em que se destaca a necessidade de elaboração no Sistema TR Digital.

7.2 Projeto básico

Projeto básico, de acordo com o inciso XXV do artigo 6º da Lei nº 14.133/2021, é o

> [...] conjunto de elementos necessários e suficientes, com nível de precisão adequado para definir e dimensionar a obra ou o serviço, ou o complexo de obras ou de serviços objeto da licitação, elaborado com base nas indicações dos estudos técnicos preliminares, que assegure a viabilidade técnica e o adequado tratamento do impacto ambiental do empreendimento

e que possibilite a avaliação do custo da obra e a definição dos métodos e do prazo de execução.[467]

As alíneas do supracitado inciso XXV estabelecem o que deve estar contido no projeto básico:

> a) levantamentos topográficos e cadastrais, sondagens e ensaios geotécnicos, ensaios e análises laboratoriais, estudos socioambientais e demais dados e levantamentos necessários para execução da solução escolhida;
> b) soluções técnicas globais e localizadas, suficientemente detalhadas, de forma a evitar, por ocasião da elaboração do projeto executivo e da realização das obras e montagem, a necessidade de reformulações ou variantes quanto à qualidade, ao preço e ao prazo inicialmente definidos;
> c) identificação dos tipos de serviços a executar e dos materiais e equipamentos a incorporar à obra, bem como das suas especificações, de modo a assegurar os melhores resultados para o empreendimento e a segurança executiva na utilização do objeto, para os fins a que se destina, considerados os riscos e os perigos identificáveis, sem frustrar o caráter competitivo para a sua execução;
> d) informações que possibilitem o estudo e a definição de métodos construtivos, de instalações provisórias e de condições organizacionais para a obra, sem frustrar o caráter competitivo para a sua execução;
> e) subsídios para montagem do plano de licitação e gestão da obra, compreendidos a sua programação, a estratégia de suprimentos, as normas de fiscalização e outros dados necessários em cada caso;
> f) orçamento detalhado do custo global da obra, fundamentado em quantitativos de serviços e fornecimentos propriamente avaliados, obrigatório exclusivamente para os regimes de execução previstos nos incisos I, II, III, IV e VII do *caput* do art. 46 desta Lei.

Em síntese, o projeto básico deve apresentar aos licitantes em todo o detalhe e rigor técnico o objeto da licitação, que será o objeto do futuro contrato, isto é, o que o futuro contratado terá que fazer para a Administração. Os interessados na licitação, ao manusearem o projeto básico, devem antever tudo o que precisará ser executado no futuro, para que consigam prospectar os seus custos e tenham condições de preparar as suas propostas com exatidão.

O projeto básico é documento técnico e deve ser elaborado por profissionais especializados. Quando se tratar de obras e serviços com alto grau de complexidade e o órgão administrativo considerar-se inábil a elaborar o projeto básico, deve, sob a fiança da prudência, contratar alguém ou empresa especializada, com conhecimentos adequados. O projeto básico deve ser elaborado com todo o cuidado e zelo. Projetos básicos mal elaborados são causa do insucesso de muitas empreitadas públicas,

---

[467] O inciso VIII do artigo 42 da Lei nº 13.303/2016 traz definição parecida: "projeto básico: conjunto de elementos necessários e suficientes, com nível de precisão adequado, para, observado o disposto no §3º, caracterizar a obra ou o serviço, ou o complexo de obras ou de serviços objeto da licitação, elaborado com base nas indicações dos estudos técnicos preliminares, que assegure a viabilidade técnica e o adequado tratamento do impacto ambiental do empreendimento e que possibilite a avaliação do custo da obra e a definição dos métodos e do prazo de execução, devendo conter os seguintes elementos: [...]".

sobremodo de obras de grande porte que requerem investimentos vultosos por parte da Administração Pública.

7.2.1 Adequado tratamento do impacto ambiental

Cumpre destacar que o supracitado inciso XXV do artigo 6º da Lei nº 14.133/2021 exige que o projeto básico verse sobre o adequado tratamento do impacto ambiental do empreendimento. Logo, quando for necessário realizar estudo de impacto ambiental, por regra, ele deve ser promovido pela Administração na etapa preparatória da licitação, por ocasião da elaboração do projeto básico. Por via de consequência, a Administração também deve obter a licença ambiental, ao menos a prévia, na etapa preparatória da licitação e suas condicionantes devem ser também enfrentadas no projeto básico.

Sem embargo disso, o §5º do artigo 25 da Lei nº 14.133/2021 admite que o edital preveja a responsabilidade do contratado pela obtenção do licenciamento ambiental e pela realização de desapropriação autorizada pelo Poder Público.

Extrai-se, desse conjunto de normas, uma regra e uma exceção: a regra é que o estudo de impacto ambiental e o licenciamento ambiental prévio sejam de responsabilidade da Administração e que eles devem anteceder o próprio projeto básico, que deve prever o adequado tratamento do impacto ambiental do empreendimento. A exceção, amparada no §5º do artigo 25 da Lei nº 14.133/2021, é que o estudo de impacto ambiental e a licença ambiental, inclusive a prévia, fiquem ao cargo do futuro contratado.

O §4º do artigo 115 da Lei nº 14.133/2021 preceitua que, "nas contratações de obras e serviços de engenharia, sempre que a responsabilidade pelo licenciamento ambiental for da Administração, a manifestação prévia ou licença prévia, quando cabíveis, deverão ser obtidas antes da divulgação do edital". Portanto, nas situações em que a responsabilidade do licenciamento for da Administração, a licença deve ser obtida antes da divulgação do edital, o que confirma a tese de que ela deve ser obtida na etapa preparatória da licitação e seus efeitos devem ser tratados no projeto básico. Se a Administração é desonerada do licenciamento, como autoriza o §5º do artigo 25 da Lei nº 14.133/2021, então primeiro se realiza a licitação e depois se tomam as providências para o licenciamento, que fica postergado para a etapa contratual.

O problema disso tudo é que o estudo de impacto ambiental e o licenciamento, ao menos o prévio, quando exigidos, são determinantes para que se possa precisar o próprio objeto da licitação e, inclusive, para apurar se ele é viável. Por via de consequência, constituem medidas fundamentais para que os licitantes formatem as suas propostas. Sem o estudo de impacto ambiental e a licença prévia os licitantes não sabem com precisão o que deverá ser executado e com quais características e, portanto, as propostas apresentadas por eles partirão de pressupostos distintos. A faculdade entabulada no §5º do artigo 25 da Lei nº 14.133/2021 de livrar a Administração do estudo de impacto ambiental e rogá-lo ao futuro contratado amplia substancialmente os riscos da contratação, que podem ser de altíssimo impacto, sucessivos e que se multiplicam, muitas vezes inviabilizando o próprio contrato. Nesses casos, a Administração deve tratar esses riscos de forma adequada na análise de riscos que é exigida no inciso X do artigo 18 da Lei nº 14.133/2021 e é recomendável que se utilize da matriz de riscos, prevista no artigo 22 da Lei nº 14.133/2021, em que pese ela não seja obrigatória para todas as obras e serviços de engenharia.

Anote-se que o §6º do artigo 25 da Lei nº 14.133/2021 prescreve que

> [...] os licenciamentos ambientais de obras e serviços de engenharia licitados e contratados nos termos desta Lei terão prioridade de tramitação nos órgãos e entidades integrantes do Sistema Nacional do Meio Ambiente (Sisnama) e deverão ser orientados pelos princípios da celeridade, da cooperação, da economicidade e da eficiência.

Quer-se, evidentemente, apressar as obras públicas. No entanto, não se pode esquecer que toda prioridade ou preferência se dá em detrimento do direito de um outro, no caso dos empreendimentos da iniciativa privada, que são tão ou mais importantes para o desenvolvimento do país. A opção do Legislativo a favor da prioridade para as obras públicas, bem questionável, causa prejuízos à iniciativa privada, cujas licenças devem demorar mais ainda. Pontua-se que a Lei nº 14.133/2021 não define como se dará essa prioridade de tramitação, o que deve ser definido pelos órgãos ambientais responsáveis pelos licenciamentos, pelo menos até que advenha norma que a regulamente.

Ainda sob a ótica ambiental e de sustentabilidade, o projeto básico deve considerar as determinantes listadas nos incisos do artigo 45 da Lei nº 14.133/2021:

> I - disposição final ambientalmente adequada dos resíduos sólidos gerados pelas obras contratadas;
> II - mitigação por condicionantes e compensação ambiental, que serão definidas no procedimento de licenciamento ambiental;
> III - utilização de produtos, de equipamentos e de serviços que, comprovadamente, favoreçam a redução do consumo de energia e de recursos naturais;
> IV - avaliação de impacto de vizinhança, na forma da legislação urbanística;
> V - proteção do patrimônio histórico, cultural, arqueológico e imaterial, inclusive por meio da avaliação do impacto direto ou indireto causado pelas obras contratadas;
> VI - acessibilidade para pessoas com deficiência ou com mobilidade reduzida.

Todas essas medidas são necessárias, atinentes ao interesse público e não seria mesmo razoável que fossem desconsideradas pela Administração Pública.

7.3 Projeto executivo

O projeto executivo, em consonância ao inciso XXVI do artigo 6º da Lei nº 14.133/2021, corresponde ao

> [...] conjunto de elementos necessários e suficientes à execução completa da obra, com o detalhamento das soluções previstas no projeto básico, a identificação de serviços, de materiais e de equipamentos a serem incorporados à obra, bem como suas especificações técnicas, de acordo com as normas técnicas pertinentes.

O projeto básico é definido como o conjunto de elementos necessários e suficientes para a caracterização da obra ou serviço, sendo que todas as especificações e detalhes técnicos devem ser previstos. O projeto executivo diz respeito apenas às obras e versa sobre os elementos necessários e suficientes à execução completa delas. Além de expressar o que deve ser feito, que é a missão do projeto básico, faz-se necessário, também, informar como deve ser feito, o que, por sua vez, é a missão do projeto executivo.

O projeto executivo, por via de regra, deve ser elaborado na etapa preparatória da licitação por parte da Administração Pública, como prescreve o inciso II do artigo 18 da Lei nº 14.133/2021. Nessas hipóteses, de acordo com o §3º do artigo 25 também da Lei nº 14.133/2021, o projeto executivo é um elemento do edital, anexo a ele. No entanto, o §4º do artigo 14 da Lei nº 14.133/2021 prescreve que o projeto executivo pode ser incluso no objeto da licitação e passar a ser encargo do futuro contratado. De toda sorte, mesmo assim, desta feita em consonância ao §1º do artigo 46 da Lei nº 14.133/2021, "é vedada a realização de obras e serviços de engenharia sem projeto executivo [...]". Advirta-se e reitere-se que projeto executivo, conforme a definição do inciso XXVI do artigo 6º da Lei nº 14.133/2021, é restrito às obras. A referência contida no supracitado §1º do artigo 46 da Lei nº 14.133/2021 a serviços de engenharia é equivocada, porque estes não devem ser precedidos de projeto executivo. Portanto, por via de regra, obras somente podem ser executadas se houver projeto executivo, ainda que a confecção deste tenha sido postergada para a fase contratual.

O §3º do artigo 18 da Lei nº 14.133/2021 excepciona a regra ao prever que o estudo técnico preliminar pode dispensar a elaboração de projetos, básico e executivo, para a contratação de obras e serviços comuns de engenharia. Daí a especificação de uma obra e de sua execução, desde que ela seja considerada comum, pode ser realizada em termo de referência ou apenas em projeto básico, sem a necessidade de projeto executivo.

7.4 Anteprojeto

A Administração é obrigada a descrever em edital adequadamente o objeto das suas licitações. Não se pode supor o contrário, sob pena de violação ao princípio da isonomia. Nas licitações ordinárias de obras e serviços, sobretudo de engenharia, o objeto é descrito no projeto básico. Nas licitações que adotam o regime de contratação integrada, no entanto, o objeto é descrito no anteprojeto. O §2º do artigo 46 da Lei nº 14.133/2021 prescreve que

> a Administração é dispensada da elaboração de projeto básico nos casos de contratação integrada, hipótese em que deverá ser elaborado anteprojeto de acordo com metodologia definida em ato do órgão competente, observados os requisitos estabelecidos no inciso XXIV do art. 6º desta Lei.

A pedra de toque das contratações integradas é que os seus editais são desacompanhados do projeto básico e do projeto executivo, que ficam ao cargo do futuro contratado. Daí que o objeto do futuro contrato, com as informações para a elaboração das propostas, é descrito no anteprojeto, documento, em princípio, mais simples e menos completo que o projeto básico.

O inciso XXIV do artigo 6º da Lei nº 14.133/2021 enuncia que o anteprojeto é

> [...] peça técnica com todos os subsídios necessários à elaboração do projeto básico, que deve conter, no mínimo, os seguintes elementos:

a) demonstração e justificativa do programa de necessidades, avaliação de demanda do público-alvo, motivação técnico-econômico-social do empreendimento, visão global dos investimentos e definições relacionadas ao nível de serviço desejado;
b) condições de solidez, de segurança e de durabilidade;
c) prazo de entrega;
d) estética do projeto arquitetônico, traçado geométrico e/ou projeto da área de influência, quando cabível;
e) parâmetros de adequação ao interesse público, de economia na utilização, de facilidade na execução, de impacto ambiental e de acessibilidade;
f) proposta de concepção da obra ou do serviço de engenharia;
g) projetos anteriores ou estudos preliminares que embasaram a concepção proposta;
h) levantamento topográfico e cadastral;
i) pareceres de sondagem;
j) memorial descritivo dos elementos da edificação, dos componentes construtivos e dos materiais de construção, de forma a estabelecer padrões mínimos para a contratação.

No projeto básico, consoante o inciso XXV do artigo 6º da Lei nº 14.133/2021, é necessário constar a especificação dos materiais e equipamentos a incorporar à obra (alínea "c") e o orçamento detalhado do custo global da obra, fundamentado em quantitativos de serviços e fornecimentos propriamente avaliados (alínea "d"). Esses detalhamentos, como se verifica do inciso XXIV do mesmo artigo 6º, não são pertinentes a anteprojeto, que, desse modo, é mais panorâmico, preocupa-se em oferecer uma percepção da obra mais generalista.

Em que pese apresentar uma perspectiva mais panorâmica, o anteprojeto não deve ser superficial, tanto que o supracitado inciso XXIV do artigo 6º da Lei nº 14.133/2021 exige uma série de informações complexas, que demandam estudos adequados, como, entre outras, levantamentos topográfico e cadastral, pareceres de sondagem, memorial descritivo dos elementos da edificação e proposta de concepção da obra ou do serviço de engenharia, inclusive com estética do projeto arquitetônico e traçado geométrico. Portanto, o anteprojeto deve apresentar as informações suficientes, ainda que num plano mais panorâmico e sem o detalhamento do projeto executivo ou do projeto básico, para que os licitantes possam compreender em nível aceitável o objeto da licitação e oferecer suas propostas, servindo de partida para a confecção do projeto básico por parte do vencedor da licitação.

De toda sorte, para as contratações integradas, como determina o §3º do artigo 25 da Lei nº 14.133/2021, o anteprojeto é qualificado como elemento do edital e anexo dele, com a função, apropriada às particularidades das contratações integradas, de apresentar aos interessados em participar da licitação o seu objeto em visão mais panorâmica.

8 Condicionantes da Lei nº 14.133/2021 sobre o objeto das licitações e dos contratos administrativos

8.1 Descrição do objeto da licitação

O maior desafio da etapa preparatória da licitação é a descrição do seu objeto, que é também o objeto do futuro contrato administrativo, com todas as suas especificidades e condicionantes para a sua execução. Todas as demais exigências inseridas no edital dependem da definição do objeto, porquanto devem ser erguidas de modo compatível e proporcional a ele.

A descrição do objeto do futuro contrato deve ser realizada com toda a precaução, valendo-se a Administração de estudos técnicos para definir, de maneira precisa, o que realmente contempla o interesse público. Ora, é necessário que a Administração saiba o que quer e, para tanto, não há outro caminho afora o de procurar conhecer as possibilidades ofertadas no mercado.

A descrição do objeto talvez seja a fase mais delicada da licitação pública. Acontece que, por um lado, a Administração não pode restringir em demasia o objeto, sob pena de frustrar a competitividade. Por outro, ela não o pode definir de maneira excessivamente ampla, haja vista que, nesse caso, além de falecerem critérios objetivos para o julgamento das propostas, a própria consecução do interesse público é posta num segundo plano, em virtude de a Administração ter admitido propostas díspares, por força do que, pode-se deduzir, não soube ou não envidou os esforços necessários para delimitar, como devido, qual a utilidade que melhor o contempla. E isso porque, se a Administração descreveu o objeto de modo amplo demais, acaba por aceitar soluções díspares, inclusive as que não satisfazem o interesse público. Assim sendo, supõe-se que ela não soube definir bem o que queria e quais as especificidades que pretendia. Por consequência, conclui-se que não cuidou bem do interesse público.

O ideal a ser buscado em relação à descrição do objeto é o meio-termo, sem que se admita restringi-lo nem o ampliar em demasia. Todavia, a descrição é levada a cabo por agentes administrativos que, na maioria das vezes, não agregam os conhecimentos técnicos para fazê-la adequadamente. Por conseguinte, tantas licitações e tantos contratos administrativos não obtêm êxito, implicando gravames ao interesse público e prejuízos financeiros à Administração Pública, já que, por falha na descrição do objeto, é comum que os produtos contratados sejam de baixa qualidade ou inaptos para propiciar os préstimos visados pelos interesses públicos.

A atividade de definição do objeto da licitação pública é eminentemente discricionária. Compete ao agente administrativo avaliar o que o interesse público demanda obter mediante contrato para desenvolver satisfatoriamente as atividades administrativas. Daí, em primeiro lugar, o objeto do contrato deve ser definido com vistas aos recursos orçamentários previstos para o respectivo órgão, pois se deve adequar os dispêndios decorrentes de contrato administrativo com a entrada das importâncias necessárias para realizar os respectivos pagamentos aos contratados. Ademais, o órgão provavelmente possui várias demandas à espera de contrato administrativo, só que nem todas podem ser contempladas, o que compele priorizar umas em detrimento de outras, ou, até mesmo, contratar objetos não tão complexos e caros, visando a economizar valores e a atender a número maior de demandas.

Pois bem, importa que a definição do objeto da licitação e todas as suas especificidades são atividades entregues à discricionariedade dos agentes administrativos, que devem sentir o quadro social, político e econômico, bem como priorizar as demandas a serem atendidas pela Administração Pública.

Não obstante tais considerações, toda competência discricionária é limitada. No que tange à descrição do objeto, os próprios objetivos das licitações servem como limites à discricionariedade, conforme indicados nos incisos do artigo 11 da Lei nº 14.133/2021:

> I - assegurar a seleção da proposta apta a gerar o resultado de contratação mais vantajoso para a Administração Pública, inclusive no que se refere ao ciclo de vida do objeto;
> II - assegurar tratamento isonômico entre os licitantes, bem como a justa competição;
> III - evitar contratações com sobrepreço ou com preços manifestamente inexequíveis e superfaturamento na execução dos contratos;
> IV - incentivar a inovação e o desenvolvimento nacional sustentável.

Como desdobramento do supracitado inciso II do artigo 11, as alíneas do inciso I do artigo 9º, também da Lei nº 14.133/2021, vedam ao agente administrativo

> [...] admitir, prever, incluir ou tolerar, nos atos que praticar, situações que:
> a) comprometam, restrinjam ou frustrem o caráter competitivo do processo licitatório, inclusive nos casos de participação de sociedades cooperativas;
> b) estabeleçam preferências ou distinções em razão da naturalidade, da sede ou do domicílio dos licitantes;
> c) sejam impertinentes ou irrelevantes para o objeto específico do contrato.

Isso significa que o agente administrativo, no uso de sua competência discricionária, não pode escolher o objeto que pessoalmente lhe convenha, salientando características que não sejam relevantes para a consecução do interesse público, mas que sirvam a restringir o acesso à licitação, direcionando-a a pessoas predeterminadas.

Os agentes administrativos devem especificar o objeto da licitação em detalhe, a fim de distinguir durante a licitação aqueles de boa qualidade dos de má qualidade. No entanto, os agentes administrativos não podem particularizar características irrelevantes e impertinentes do objeto licitado para a satisfação do interesse público. Os agentes administrativos, seguindo essa linha, podem exigir no edital todas as especificações que encontrem justificativa em interesse público.

Por exemplo, a Administração está promovendo licitação pública para a aquisição de canetas esferográficas. Ao especificar as características da caneta pretendida pela Administração, os agentes administrativos devem sempre procurar justificativa em interesse público. Portanto, não é permitido exigir no edital que a caneta a ser ofertada à Administração possua haste hexagonal, salvo se fosse possível justificar que a haste hexagonal é fundamental ou importante para atender ao interesse público. E de fato não o é, na medida em que há várias canetas esferográficas no mercado, com hastes cilíndricas ou com outras formas geométricas, que funcionam perfeitamente e que atendem com presteza ao interesse público.

Noutro exemplo, a Administração está promovendo licitação pública para a aquisição de veículo de passeio, que servirá como transporte para os diretores de dada entidade administrativa. A Administração pretende comprar veículo com ar-condicionado. A ela é permitido exigir no instrumento convocatório que o veículo a ser ofertado pelos licitantes possua ar-condicionado, na medida em que há justificativa em interesse público para tanto, uma vez que o clima da maior parte do país é tropical, com altas temperaturas.

Enfim, cada caso reveste-se de suas peculiaridades. Todas as especificações relacionadas ao objeto da licitação exigidas pela Administração em instrumento convocatório devem encontrar justificativa em interesse público, sob pena de revelar ilegalidade, restrição indevida da competitividade e, eventualmente, direcionamento da licitação pública.

8.2 Proibição de aquisição de artigos de luxo

É de salientar, sobre a especificação do objeto, o artigo 20 da Lei nº 14.133/2021, cujo texto exige que os itens de consumo adquiridos pela Administração sejam de "qualidade comum, não superior à necessária para cumprir as finalidades às quais se destinam, vedada a aquisição de artigos de luxo".

A redação do dispositivo não é das melhores, porque associa objetos que não sejam de qualidade comum com artigos de luxo. A associação é indevida e a Administração pode, obviamente, contratar objetos com qualidade superior àquela considerada comum. O dispositivo não pode ser interpretado como uma espécie de proibição à contratação de objetos de qualidade ótima, de ótimo desempenho e performance. O que se veda é a contratação de artigos de luxo, supérfluos e, nessa medida, desnecessários e desproporcionais.

O §1º do mesmo artigo 20 prevê que "os Poderes Executivo, Legislativo e Judiciário definirão em regulamento os limites para o enquadramento dos bens de consumo nas categorias comum e luxo". Na sequência, o §2º determina que, "a partir de 180 (cento e oitenta) dias contados da promulgação desta Lei, novas compras de bens de consumo só poderão ser efetivadas com a edição, pela autoridade competente, do regulamento a que se refere o §1º deste artigo".

A Presidência da República produziu o Decreto nº 10.818/2021, que regulamenta o supracitado §1º do artigo 20 da Lei nº 14.133/2021. O inciso I do artigo 2º do decreto conceitua bem de luxo como o "bem de consumo com alta elasticidade-renda da demanda, identificável por meio de características tais como: a) ostentação; b) opulência; c) forte apelo estético; ou d) requinte; [...]". Elasticidade-renda da demanda, conforme o inciso IV do mesmo artigo, corresponde à "razão entre a variação percentual da quantidade demandada e a variação percentual da renda média". O conceito de elasticidade-renda da demanda, evidentemente, é insuficiente para compreender bem de luxo. Além de insuficiente, é de difícil compreensão e aplicação por parte dos agentes administrativos.

O artigo 4º do Decreto nº 10.818/2021 admite a contratação de bem de luxo nas seguintes situações: "I - for adquirido a preço equivalente ou inferior ao preço do bem de qualidade comum de mesma natureza; ou II - tenha as características superiores justificadas em face da estrita atividade do órgão ou da entidade". O artigo supracitado, em que pese adequado sob a perspectiva das necessidades da Administração, contraria o artigo 20 da Lei nº 14.133/2021, dado que este não admite a aquisição de artigos de luxo em qualquer hipótese.

O Decreto nº 10.818/2021, no final das contas, não prescreveu "[...] limites para o enquadramento dos bens de consumo nas categorias comum e luxo", como exige o

§1º do artigo 20 da Lei nº 14.133/2021. Embora a intenção seja legítima, as prescrições contidas no artigo 20 da Lei nº 14.133/2021 são bem atrapalhadas, para dizer o mínimo. É realmente muito difícil fazer uma lista com todos os artigos possíveis de serem adquiridos pela Administração e estabelecer-se valores máximos para todos eles ou mesmo definir outros parâmetros de limite que os qualifiquem como de luxo. Diante da dificuldade, o Decreto nº 10.818/2021 saiu pela tangente, valendo-se de conceitos abertos de difícil compreensão, e não cumpre a prescrição do §1º do artigo 20 da Lei nº 14.133/2021.

Registre-se que, no texto aprovado pelo Congresso Nacional havia também o §3º do artigo 20, que acabou acertadamente vetado pelo Presidente da República. O dispositivo prescrevia que os limites dos três poderes nas esferas federal, estadual, distrital e municipal não poderiam ser superiores aos limites do Executivo Federal. Ocorre que é fragorosamente inconstitucional submeter os poderes Judiciário e Legislativo, bem como os demais entes federativos, ao Poder Executivo Federal, por ofensa à separação de poderes, princípio consagrado no artigo 2º da Constituição Federal, e à autonomia dos entes federativos, hospedada no *caput* do artigo 18, também da Constituição Federal.

8.3 Aderência às normas técnicas e certificações

A Lei nº 5.966/1973 instituiu o Sistema Nacional de Metrologia, Normalização e Qualidade Industrial, que tem a finalidade, conforme disposto no seu artigo 1º, "de formular e executar a política nacional de metrologia, normalização industrial e certificação de qualidade de produtos industriais". A mesma lei também criou o Conselho Nacional de Metrologia, Normalização e Qualidade Industrial (Conmetro), que é o seu órgão normativo, e o Instituto Nacional de Metrologia, Qualidade e Tecnologia (Inmetro), autarquia federal, que é o braço executivo do sistema.

A Resolução nº 7/1993, do Conmetro, designou a Associação Brasileira de Normas Técnicas (ABNT) como o foro nacional de normalização. Esclareça-se que a ABNT é uma entidade privada, que firmou termo de compromisso com o Governo brasileiro para orientar e supervisionar o processo de elaboração de normas brasileiras, bem como elaborar e editar a referidas normas.

De acordo com o inciso VIII do artigo 39 do Código do Consumidor (Lei nº 8.078/1990), é proibido e considerado prática abusiva

> [...] colocar, no mercado de consumo, qualquer produto ou serviço em desacordo com as normas expedidas pelos órgãos oficiais competentes ou, se normas específicas não existirem, pela Associação Brasileira de Normas Técnicas ou outra entidade credenciada pelo Conselho Nacional de Metrologia, Normalização e Qualidade Industrial (Conmetro).

Sendo assim, pelas mãos do Código de Defesa do Consumidor, na hipótese de não existirem normas expedidas por órgãos oficiais competentes, as normas da ABNT tornaram-se obrigatórias, de modo que quem comercializa objeto que não atende às normas da ABNT comete ato ilícito.

Por via de consequência, a Administração Pública, ao especificar os objetos das licitações e dos contratos administrativos, deve fazê-lo em consonância às normas da

ABNT. Não há espaço de discricionariedade para recusar as normas da ABNT, ainda que, eventualmente, se entenda que elas são desnecessárias ou restritivas à competição.[468]

A propósito, na fase contratual, para verificar se os objetos contratados atendem às normas da ABNT, o §6º do artigo 17 da Lei nº 14.133/2021 permite que a Administração exija certificação por organização independente acreditada pelo Instituto Nacional de Metrologia, Qualidade e Tecnologia (Inmetro). Os incisos I e III do artigo 42 da Lei nº 14.133/2021 autorizam exigência de certificação da mesma espécie para as licitações, com o propósito de fazer "[...] prova de qualidade de produto apresentado pelos proponentes como similar ao das marcas eventualmente indicadas no edital [...]". O §1º do mesmo artigo 42, de modo mais abrangente e, também, dispondo sobre a licitação, prevê que "o edital poderá exigir, como condição de aceitabilidade da proposta, certificação de qualidade do produto por instituição credenciada pelo Conselho Nacional de Metrologia, Normalização e Qualidade Industrial (Conmetro)".

Ressalva-se que a certificação é apenas um meio de provar o cumprimento das normas da ABNT. É possível que uma empresa fabrique dado objeto e que atenda totalmente às normas da ABNT, porém que não disponha da certificação, porque não quis obtê-la ou por qualquer outra razão. Ou seja, o inciso VIII do artigo 39 do Código do Consumidor prescreve que o cumprimento das normas da ABNT é obrigatório. Isso não significa que a certificação seja obrigatória.

Por isso é que a Lei nº 14.133/2021, conforme os dispositivos supracitados, prescreve que a exigência de certificação é uma faculdade da Administração, que pode prevê-la ou não no edital. A não exigência da certificação não exime o cumprimento das normas da ABNT. Ao não exigir certificação, a Administração admite que ela seja provada de outras formas, inclusive por meio de diligências.

Convém ponderar que a exigência de certificação, ainda que admitida pela Lei nº 14.133/2021, deve ser vista com cautela, porque pode ser restritiva à competição. Como salientado, a certificação não é obrigatória, sendo que para obtê-la as empresas devem contratar entidade certificadora, o que, por vezes, é dispendioso e toma tempo razoável. Então, ao exigir a certificação, a depender do caso, a Administração inviabiliza

---

468 O Tribunal de Contas da União entende diferente: "48. Inclusive, a nova Lei de Licitações também traz previsão, no seu art. 42, de que a prova de qualidade de produto apresentado pelos proponentes como similar ao das marcas eventualmente indicadas no edital será admitida pela comprovação de que o produto está de acordo com as normas técnicas determinadas pelos órgãos oficiais competentes, pela ABNT ou por outra entidade credenciada pelo Inmetro. 49. As disposições legais acima devem ser interpretadas e relativizadas, principalmente tendo em vista a imensa quantidade de normas técnicas hoje existentes. As leis devem ser interpretadas não só de forma literal, mas também a partir de uma visão sistêmica e teleológica que decorra também da evolução do quadro da realidade. Uma postura exacerbada na aplicação desses diplomas legais levaria a situações de inconstitucionalidade, uma vez que teríamos restrições de competitividade vedadas pelo art. 37, inciso XXI, da Constituição Federal. 50. De acordo com o art. 6º, inciso X, da Lei 8.666/1993, aplicada subsidiariamente ao pregão, o projeto executivo é definido como 'o conjunto dos elementos necessários e suficientes à execução completa da obra, de acordo com as normas *pertinentes* da Associação Brasileira de Normas Técnicas - ABNT'. O termo 'pertinentes' é um adjetivo de dois gêneros que significa concernente ou que pertence. Também designa algo oportuno ou apropriado. 51. Assim, conforme me manifestei ao apreciar o Acórdão 1668/2021-TCU-Plenário, no qual foram analisadas exigências semelhantes adotadas em outros pregões para aquisição de mobiliário, estou convicto de que a indicação do atendimento de normas da ABNT, na descrição do objeto licitado, é matéria totalmente discricionária, cabendo um indispensável juízo de conveniência e oportunidade ao indicar o atendimento à determinada norma técnica na especificação do produto a ser adquirido, exigindo, por conseguinte, a devida motivação pelo gestor" (TCU, Plenário. Acórdão nº 2.129/2021. Rel. Min. Benjamin Zymler, j. 15.9.2021).

a participação na licitação de interessados que não disponham da certificação, mesmo porque é provável que não terão tempo de obtê-la no prazo de publicidade do edital. É importante que a Administração avalie as peculiaridades de cada caso e o comportamento do mercado, monitorando previamente as empresas que possuem ou não a certificação que se pretende exigir, para que se consiga vislumbrar com antecedência o impacto que a exigência dela produzirá na competição.

Registre-se, por derradeiro, que a jurisprudência do Tribunal de Contas da União, construída diante da Lei nº 8.666/1993, sobre a observância de normas técnicas e certificações, não é consistente. Por exemplo, no Acórdão nº 337/2021, do Plenário, os ministros entenderam que a certificação deveria ser exigida apenas por ocasião do contrato administrativo e não na licitação.[469] Noutro exemplo, no Acórdão nº 555/2008, também do Plenário, prevaleceu a tese de que o cumprimento das normas técnicas da ABNT seria exigência discricionária e que se poderiam admitir outras normas.[470] Os entendimentos devem ser revistos diante das novas disposições da Lei nº 14.133/2021.

8.4 Padronização

A padronização é um dos princípios das licitações de compras e serviços, conforme se constata da redação da alínea "a" do inciso V do artigo 40 e do inciso I do artigo 47, ambos da Lei nº 14.133/2021. Trata-se, na visão do legislador, de medida importante, pode-se dizer que até mesmo imprescindível, para a racionalidade das licitações e dos contratos administrativos. Logo, a padronização não foi prevista pelo legislador como uma mera faculdade concedida à Administração Pública, em vez disso foi qualificada como princípio, uma diretriz que deve ser observada. Nessa direção, o inciso IX do artigo 4º da Portaria nº 8.678/2021, da Secretaria Especial de Desburocratização, Gestão e Governo Digital do Ministério da Economia, que dispõe sobre a governança das contratações no âmbito da Administração Pública Federal direta, autárquica e fundacional, anuncia que a padronização é uma das diretrizes para a governança das contratações públicas.

Tanto isso é verdade que o inciso II do artigo 19 da Lei nº 14.133/2021 prescreve categoricamente que "os órgãos da Administração com competências regulamentares [...] deverão [...] criar catálogo eletrônico de padronização de compras, serviços e obras, admitida a adoção do catálogo do Poder Executivo federal por todos os entes federativos". O catálogo, na definição do inciso LI do artigo 6º da Lei nº 14.133/2021, consiste em "sistema informatizado, de gerenciamento centralizado e com indicação de preços, destinado a permitir a padronização de itens a serem adquiridos pela Administração Pública e que estarão disponíveis para a licitação". Em complemento, de forma bem assertiva, o §2º do artigo 19 da mesma lei adverte que a não utilização do catálogo "deverá ser justificada por escrito e anexada ao respectivo processo licitatório".

O saudoso Diogenes Gasparini, em comentários sobre a Lei nº 8.666/1993 que podem perfeitamente serem aproveitados para a Lei nº 14.133/2021, esclarece:

---

469 TCU, Plenário. Acórdão nº 337/2021. Rel. Min. Bruno Dantas, j. 24.2.2021.

470 TCU, Plenário. Acórdão nº 555/2008. Rel. Min. Augusto Sherman, j. 2.4.2008.

2. Padronizar significa igualar, uniformizar, estandizar. Padronização, por sua vez, quer dizer: adoção de um estander, um modelo. Princípio indica o básico, o elementar. Assim, deve a Administração Pública, tomada essa expressão com o sentido lato que lhe é atribuído pelo inc. XI, do art. 6º, do Estatuto Federal das Licitações e Contratos Administrativos, em todos os negócios para a aquisição de bens, observar as regras básicas que levam à adoção de um estander, de um padrão que, vantajosamente, possa satisfazer às necessidades das atividades que estão a seu cargo.[471]

A padronização é vantajosa para a Administração Pública e, nessa medida, harmoniza-se com o princípio da eficiência. Os motivos para a padronização são um tanto quanto evidentes, haja vista que ela racionaliza as atividades administrativas, evitando incompatibilidades de ordem técnica e todos os seus inconvenientes. A padronização gera uma série de benefícios como redução de custos, otimização de treinamento e, especialmente, favorece a integração e o compartilhamento de trabalho, informações e experiências.

Não faz sentido, por exemplo, que a mesma entidade administrativa utilize sistemas de informática diferentes para os mesmos propósitos. O mais conveniente é que a equipe trabalhe com os mesmos sistemas, com as mesmas funcionalidades e protocolos, para que as informações possam transitar, fluir e ser compartilhadas por toda a organização.

Advirta-se, a essa altura, que a padronização não conduz, necessariamente, à definição de uma marca e à inexigibilidade de licitação pública. A Administração pode perfeitamente padronizar as especificações de dado objeto sem definir qualquer tipo de marca. Por exemplo, a Administração padroniza as especificações das canetas esferográficas a serem adquiridas por ela. Várias marcas, em princípio, podem atender a tais especificações.

Em determinadas situações, com as devidas justificativas técnicas, a padronização pode aportar a uma marca específica. A propósito, a alínea "a" do inciso I do artigo 41 da Lei nº 14.133/2021 reconhece o acerto de indicar marca ou modelo em decorrência de processo de padronização do objeto, desde que formalmente justificado. Em complemento, a orientação da Súmula nº 270 do Tribunal de Contas da União – concebida diante da Lei nº 8.666/1993, mas que se harmoniza às prescrições da Lei nº 14.133/2021 – é que "em licitações referentes a compras, inclusive de softwares, é possível a indicação de marca, desde que seja estritamente necessária para atender exigências de padronização e que haja prévia justificação".

E, mesmo nos casos de padronização com indicação de marca, é usual que várias empresas disponham da marca padronizada, podendo oferecê-la à Administração. Nessa situação, a competição é viável e, por conseguinte, a licitação pública é obrigatória.

A inexigibilidade de licitação decorrente de padronização é excepcional, somente tem lugar nas situações em que se indica marca específica e que ela é fornecida por apenas uma pessoa, daí com fundamento no inciso I do artigo 74 da Lei nº 14.133/2021.[472]

---

[471] GASPARINI, Diogenes. Padronização. *ILC – Informativo de Licitações e Contratos*, Curitiba, n. 21, nov. 1995.

[472] "Percebe-se, portanto, que a padronização e a especificação a que se refere a Lei são relativas às características específicas de cada objeto a ser adquirido. Exemplo: uma cadeira, com esta ou aquela característica ou padrão de qualidade: um aparelho de ultrassonografia, com esta ou aquela inovação no campo da ciência, isto porque os fabricantes de cadeiras as fabricam com modelos e qualidades dos mais variados e as indústrias

Nessa ótica, a contratação pressupõe dois momentos distintos. O primeiro é o da padronização, que pode aportar a uma marca específica, a depender das justificativas técnicas. Para tanto, a Administração deve demonstrar que é aquela marca que atende ao interesse público e que as demais marcas eventualmente existentes não atenderiam, tudo baseado em elementos técnicos. Da padronização pode-se caminhar para a inexigibilidade de licitação pública, que é o segundo momento e depende da comprovação de que apenas uma única empresa é a que dispõe da marca padronizada e pode oferecê-la à Administração. Logo, se ela é a única que pode satisfazer a necessidade de padronização da Administração, a competição é inviável e está-se diante da hipótese de inexigibilidade do inciso I do artigo 74 da Lei nº 14.133/2021.[473]

O ponto fundamental para que a padronização sirva como fundamento para a inexigibilidade de licitação pública diz respeito às justificativas técnicas, que devem ser apropriadas.[474] Nessa linha, o artigo 43 da Lei nº 14.133/2021 versa sobre o processo de padronização, que deve conter:

> I - parecer técnico sobre o produto, considerados especificações técnicas e estéticas, desempenho, análise de contratações anteriores, custo e condições de manutenção e garantia;
> II - despacho motivado da autoridade superior, com a adoção do padrão;
> III - síntese da justificativa e descrição sucinta do padrão definido, divulgadas em sítio eletrônico oficial.

---

de instrumentais médicos podem fabricar aparelhos para ultrassonografia com maior ou menor sofisticação científica. [...] Ao contrário do que se irradia da peça vestibular, a padronização e a especificação podem, em certos casos, ferir os princípios da igualdade e da competitividade, quando signifiquem direcionamento, ex.: exigência de determinada marca, sem que haja critério e necessidade para tanto, casos em que até se permitiria a dispensa de licitação, o que, evidentemente, não é o caso dos autos" (STJ, Segunda Turma. RMS nº 6.597. Rel. Min. Antônio de Pádua Ribeiro, j. 16.12.1996).

473 A doutrina admite, de forma ampla, que a padronização conduza à inexigibilidade de licitação pública. Diogenes Gasparini, com decalque nas lições de Hely Lopes Meirelles, pontua: "12. Uma vez institucionalizada a padronização, qualquer aquisição dependerá de prévia licitação se mais de uma pessoa puder fornecer o bem padronizado. Nesses casos, deve constar do edital ou carta-convite a marca e, se for o caso, o modelo do bem desejado, padronizado nos termos do decreto, da portaria ou do ato tal ou qual. Esse esclarecimento é necessário para circunscrever o universo de proponentes e indicar que se trata de aquisição de bem padronizado. Certamente, inexigível será a licitação se somente um fornecedor puder atender ao desejado pela Administração Pública interessada no bem padronizado, como se dá se o produtor, a empresa e o representante comercial for exclusivo. No caso, a licitação será inexigível por inviabilidade de competição, consoante a dicção do art. 25, I, do Estatuto Federal das Licitações e Contratos Administrativos. Esse entendimento já era enfatizado por Hely Lopes Meirelles (MEIRELLES, Hely Lopes. Licitação e Contrato Administrativo. 9. ed. São Paulo: Revista dos Tribunais, 1990, p. 104) na seguinte lição: 'Em outras palavras, se o produto padronizado ou uniformizado é de determinada marca e se o produtor ou revendedor é exclusivo, a licitação é inexigível...'. 13. Não se alegue que o processo de padronização não pode levar à eleição de uma das marcas dos bens similares existentes no mercado, dada a expressa vedação contida no inc. I do art. 25 do Estatuto Federal Licitatório, pois seria alegação equivocada. A proibição aí consignada, sobre ser incompreensível, somente pode servir para evitar a escolha arbitrária de certa marca. A escolha como fim em si mesma é que está proibida, não a seleção em função do interesse público. De sorte que a eleição de uma marca é sempre válida quando se deseja: a) dar continuidade a um serviço ou obra em que bem de determinada marca foi empregado; b) introduzir, no serviço público a título de padronização, bem de determinada marca; c) manter o uso de bem de marca já adotada ou padronizada; d) atender necessidades específicas do serviço que só podem ser satisfeitas com vantagem se utilizado bem de certa marca" (GASPARINI, Diogenes. Padronização. *ILC – Informativo de Licitações e Contratos*, Curitiba, n. 21, nov. 1995).

474 "[...] ACORDAM os Ministros do Tribunal de Contas da União, reunidos em Sessão do Plenário, diante das razões expostas pelo Relator, em: [...] 9.3.24. efetuar, nas contratações que considere inexigível o procedimento licitatório por padronização, estudos técnicos que justifiquem tal situação, atentando para a existência prévia de objeto a ser padronizado e da necessidade futura de permanência de utilização do mesmo [...]" (TCU, Plenário. TC nº 013.661/2003-0. Rel. Min. Ubiratan Aguiar, j. 16.6.2004).

Aliás, para disseminar e facilitar o uso da padronização e dos respectivos catálogos, o §1º do artigo 43 da Lei nº 14.133/2021 permite

> [...] a padronização com base em processo de outro órgão ou entidade de nível federativo igual ou superior ao do órgão adquirente, devendo o ato que decidir pela adesão a outra padronização ser devidamente motivado, com indicação da necessidade da Administração e dos riscos decorrentes dessa decisão, e divulgado em sítio eletrônico oficial.

Ou seja, também justificadamente, é possível aderir ao processo de padronização de outro órgão ou entidade, o que representa mais uma medida de racionalização. Se órgão ou entidade já fez os estudos necessários, dispõe de justificativa adequada e decidiu pela padronização, outros órgãos e entidades podem se aproveitar desses trabalhos. Não faria sentido ter que os repetir ou, até mesmo, copiá-los.

Só não há sentido na prescrição contida no §1º do artigo 43 da Lei nº 14.133/2021 de que a padronização deve ser de órgão e entidade de nível federativo igual ou superior, como se houvesse hierarquia entre entes federados, ideia que se contrapõe abertamente aos artigos 18 e 19 da Constituição Federal. Não é plausível que padronização adequada produzida por entidade estadual não possa ser aproveitada por entidade federal pura e simplesmente porque produzida por entidade estadual. A regra é discriminatória, arbitrária, aleatória e expõe bem a arrogância de alguns técnico-burocratas federais, certamente influentes na produção da Lei nº 14.133/2021.

8.5 Exigência de marcas

O artigo 41 da Lei nº 14.133/2021 prescreve que "no caso de licitação que envolva o fornecimento de bens, a Administração poderá excepcionalmente: I - indicar uma ou mais marcas ou modelos, desde que formalmente justificado, nas seguintes hipóteses: [...]". Bem se vê que a indicação de marca é exceção, que, nessa qualidade, deve ser interpretada restritivamente. A regra é não indicar marca específica, porque ela, na maioria dos casos, não é o fundamental para determinar o atendimento ou não ao interesse público. O que importa, noutras palavras, não é a marca, mas sim as especificidades de cada produto, suas características substanciais. Demais disso, ao exigir marca específica, a Administração restringe substancialmente a competitividade, uma vez que somente as pessoas que dispõem de produtos com a marca exigida podem participar do certame, afastando várias outras, que trabalham com outras marcas e que poderiam atender perfeitamente às necessidades da Administração.

Vê-se, no entanto, que a proibição de marcas não é absoluta, tanto que o supracitado artigo 41 a permite, ainda que excepcionalmente, com motivação formal. Cumpre sublinhar que a justificativa para a indicação de marca não deve se restringir a afirmar que a marca eleita atende ao interesse público. A justificativa, para ser legítima, deve demonstrar que somente a marca eleita atende ao interesse público, que ela tem peculiaridades que nenhuma outra tem e que elas são fundamentais, repita-se, para o interesse público. Isto é, deve-se demonstrar que nenhuma outra marca, afora a exigida no instrumento convocatório, atende ao interesse público.[475]

As alíneas do inciso I do artigo 41 da Lei nº 14.133/2021 dispõem, de modo geral, sobre as justificativas admitidas para a indicação de marca específica:

> a) em decorrência da necessidade de padronização do objeto;
> b) em decorrência da necessidade de manter a compatibilidade com plataformas e padrões já adotados pela Administração;
> c) quando determinada marca ou modelo comercializados por mais de um fornecedor forem os únicos capazes de atender às necessidades do contratante;
> d) quando a descrição do objeto a ser licitado puder ser mais bem compreendida pela identificação de determinada marca ou determinado modelo aptos a servir apenas como referência.

As hipóteses das alíneas "a", "b" e "c" convergem. É que a padronização, prevista na alínea "a", é abrangente "da necessidade de manter a compatibilidade com plataformas e padrões já adotados pela Administração", situação prevista na alínea "b". Ademais, a padronização só pode apontar uma marca específica quando houver justificativa de que, dentro do contexto de cada caso, a marca indicada é a única que atende ao interesse público. É de frisar que a alínea "c" somente admite a exigência de marca quando ela for comercializada por mais de um fornecedor. É que, se a única marca que atende ao interesse público for comercializada por apenas um fornecedor, então o caso é de inexigibilidade de licitação, com base no inciso I do artigo 74 da Lei nº 14.133/2021.

A hipótese da alínea "d" do inciso I do artigo 41 da Lei nº 14.133/2021 não importa, a rigor, na exigência de marca. Trata-se, na verdade, de indicar uma marca como referência, admitindo-se o oferecimento de outras. Portanto, nesta situação, a indicação de marca não é excludente, não importando agravos à competitividade.

O artigo 42 da Lei nº 14.133/2021 prescreve que, nessa hipótese da alínea "d" do inciso I do artigo 41 da Lei nº 14.133/2021,

> [...] a prova de qualidade de produto apresentado pelos proponentes como similar ao das marcas eventualmente indicadas no edital será admitida por qualquer um dos seguintes meios:
> I - comprovação de que o produto está de acordo com as normas técnicas determinadas pelos órgãos oficiais competentes, pela Associação Brasileira de Normas Técnicas (ABNT) ou por outra entidade credenciada pelo Inmetro;
> II - declaração de atendimento satisfatório emitida por outro órgão ou entidade de nível federativo equivalente ou superior que tenha adquirido o produto;
> III - certificação, certificado, laudo laboratorial ou documento similar que possibilite a aferição da qualidade e da conformidade do produto ou do processo de fabricação, inclusive sob o aspecto ambiental, emitido por instituição oficial competente ou por entidade credenciada.

---

[475] Nos processos licitatórios, é vedado adotar preferência de marca, a menos que seja demonstrado, tecnicamente e de forma circunstanciada, que somente uma atende às necessidades específicas da Administração, conforme disposto nos arts. 7º, §5º e 15, §7º, inciso I, da Lei nº 8.666, de 1993 (TCU, Plenário. Decisão nº 664/2001. Rel. Min. Marcos Vinicios Vilaça, j. 29.8.2001).

Perceba-se que na hipótese da alínea "d" do inciso I do artigo 41 da Lei nº 14.133/2021, a marca não é o fundamental, porém a qualidade do objeto oferecido à Administração Pública. Se a qualidade for comprovada, pelos meios dispostos no artigo 42, a proposta deve ser aceita, ainda que o objeto oferecido apresente características destoantes do objeto que teve a marca indicada.

A bem da competitividade, a lista de meios de prova sobre a compatibilidade é bem aberta, o que pode suscitar questionamentos no curso da licitação. Por exemplo, a declaração de atendimento satisfatório concedida por outro órgão ou entidade administrativa pode ter tomado por base uma demanda bem diferente e mais simples do que a do órgão ou entidade que promove a licitação. Nesse sentido, a marca objeto da declaração pode ter sido satisfatória para o órgão ou entidade declarante e não ser satisfatória para o órgão ou entidade que promove a licitação, cuja demanda, por uma série de razões, pode ser diferente e mais complexa. Isso porque as exigências formuladas em edital são decorrentes das demandas de cada órgão e entidade, que guardam as suas particularidades. Então, os meios de prova do artigo 42 da Lei nº 14.133/2021, em que pese favorecerem a competitividade, podem causar gravames à obtenção da proposta mais vantajosa, que de fato atenda à demanda da Administração Pública. O órgão e entidade que promovem a licitação devem analisar tais documentos e, se for o caso, inclusive, promover diligências, com base no §2º do mesmo artigo 42.

O inciso III do artigo 41 da Lei nº 14.133/2021 permite que a Administração proíba em edital "a contratação de marca ou produto, quando, mediante processo administrativo, restar comprovado que produtos adquiridos e utilizados anteriormente pela Administração não atendem a requisitos indispensáveis ao pleno adimplemento da obrigação contratual". A medida é bem razoável. Se a Administração Pública já contratou determinada marca e ela não atendeu a suas necessidades, não faz sentido que seja compelida, noutro processo de licitação, a contratá-la novamente. Veja-se que a vedação não se direciona ao fornecedor e sim à marca. Logo, o fornecedor anteriormente contratado, cujo produto de dada marca não atendeu às necessidades da Administração Pública, se não tiver sofrido sanção administrativa própria, pode perfeitamente participar de nova licitação, desde que sem oferecer a mesma marca.

Adverte-se, no entanto, que essa vedação prescrita no inciso III do artigo 41 da Lei nº 14.133/2021 não pode ser arbitrária. É necessário que ela seja decorrente de processo administrativo, que assegure ao fornecedor e, mais importante, à pessoa responsável pela marca, normalmente o fabricante, o contraditório e a ampla defesa. Além da perspectiva formal do processo administrativo, é também necessário que a decisão seja motivada, com a indicação de razões técnicas e não meramente subjetivas.

8.6 Carta de solidariedade do fabricante

O artigo 41 da Lei nº 14.133/2021 trata de licitação que envolve o fornecimento de bens e revela preocupação com a qualidade dos objetos fornecidos à Administração Pública. Sob essa luz, permite que a Administração, excepcionalmente, adote algumas providências para assegurar que os objetos licitados por ela atendam às suas necessidades. Entre elas, como prescreve o inciso IV do artigo 41, permite que a Administração solicite, "motivadamente, carta de solidariedade emitida pelo fabricante, que assegure a execução do contrato, no caso de licitante revendedor ou distribuidor".

A carta de solidariedade é uma declaração do fabricante de que o licitante está autorizado a comercializar os objetos por ele fabricados e, mais do que isso, que assume responsabilidade solidária junto com o licitante pela execução do contrato. Insista-se que não se trata de mera autorização do fabricante para que licitante ofereça à Administração objeto fabricado por si. Se fosse mera autorização, o nome do documento seria carta de autorização e não carta de solidariedade. Obviamente que numa carta de solidariedade o emitente da carta assume solidariedade.

O inciso IV do artigo 41 da Lei nº 14.133/2021 é bem claro ao prescrever que o fabricante, ao emitir a carta de solidariedade, assegura a execução do contrato. Daí que, ressalta-se, a extensão da responsabilidade solidária do fabricante é bem alargada, não se resume à qualidade e à aderência do objeto fabricado por si às exigências do edital. Ele se compromete, é o que está escrito com todas as letras, pela execução do contrato. Se o contratado falhar na execução do contrato, qualquer que seja a razão, ainda que não imputada ao fabricante, o fabricante responde.

Ressalva-se que a declaração não versa sobre o objeto propriamente dito, sobre suas qualidades, logo não assegura nem indica que o objeto oferecido à Administração está ou não em conformidade com o exigido no edital. A utilidade da carta de solidariedade é a de reforçar a responsabilidade perante a Administração na hipótese de o contrato não ser executado pelo futuro contratado. Sem a carta de solidariedade, apenas o contratado é responsável perante a Administração. Com a carta de solidariedade, o contratado e o fabricante tornam-se responsáveis perante a Administração. Supõe-se que os fabricantes, antes de emitirem a carta de solidariedade, sejam prudentes e cuidadosos, verifiquem se os objetos fabricados são realmente aderentes ao solicitado no edital e se o licitante é confiável e cumpre suas obrigações.

Perceba-se que, sendo assim, a carta de solidariedade assemelha o fabricante a uma espécie de consorciado fragilizado do licitante/contratado. É que uma das características mais marcantes do consórcio é que os consorciados assumem responsabilidade solidária por todos os atos praticados no consórcio, tanto na fase de licitação quanto na de execução do contrato, como estabelece o inciso V do artigo 15 da Lei nº 14.133/2021. Sem embargo, o fabricante que se declara solidário tem responsabilidade sobre a execução do contrato e não tem o mesmo nível de proteção jurídica de empresas consorciadas, cujas relações são definidas em instrumento de consórcio em que os consorciados estabelecem direitos e obrigações recíprocas, sendo que ambos os consorciados mantêm relação jurídica contratual direta com a Administração, ainda que um dos consorciados seja indicado como líder. O mesmo não ocorre com o fabricante que emite uma mera carta de declaração de solidariedade. O fabricante, por emitir uma carta de solidariedade, não é contratado pela Administração, é meramente uma espécie de garantidor.

Bem se vê que, sob a ótica dos fabricantes, a emissão da carta de solidariedade é ato que pode envolver risco elevado. Por isso é de deduzir que os fabricantes sejam restritivos em relação à emissão de cartas de solidariedade. Essa restrição por parte dos fabricantes, que é natural, reverbera sobre a licitação, cuja competitividade tende a ser prejudicada. O fabricante, por postura de restrição, tende a não emitir carta de solidariedade a todos os revendedores que lhe solicitem, sendo que quem não recebe a carta não pode participar da licitação.

De certa maneira, ainda que parcialmente, o fabricante tem o poder de escolher quem participa da licitação – dado que a pretensão de dado revendedor de participar de licitação depende do aval do fabricante. A propósito, a relação entre fabricante e revendedor é de natureza privada, portanto, o fabricante goza do direito de emitir ou não carta de solidariedade para quem lhe aprouver, sem que tenha obrigação de expor as suas razões ou tratar os revendedores com justiça ou igualdade.

Por todas essas razões, ainda que no tocante à Lei nº 8.666/1993 e não em relação à Lei nº 14.133/2021, os órgãos de controle vêm entendendo que a previsão de exigências de carta de solidariedade em edital de licitação é medida excepcional, que demanda justificativa expressa e pública. O *caput* do artigo 41 da Lei nº 14.133/2021, seguindo a linha dos órgãos de controle, prescreve que a exigência em edital de carta de solidariedade é medida excepcional. Isso significa que a Administração precisa avaliar os casos concretos, os impactos da exigência sobre a competitividade e, ponderando todos os fatores, decidir pela exigência ou não da carta de solidariedade.[476] Se não houver uma boa razão, a carta de solidariedade não deve ser exigida.

8.7 Previsão de quantitativos

O inciso XXIII do artigo 6º da Lei nº 14.133/2021 prescreve que o termo de referência deve definir o objeto da licitação e do futuro contrato, bem como o seu quantitativo. O inciso XXV do mesmo artigo, que trata do projeto básico, exige nele o orçamento detalhado do custo global da obra, fundamentado em quantitativos de serviços e fornecimentos propriamente avaliados. Antes do termo de referência ou do projeto básico, o estudo técnico preliminar, com base no inciso IV do §1º do artigo 18 da Lei nº 14.133/2021, exige as "estimativas das quantidades para a contratação, acompanhada de memórias de cálculo e dos documentos que lhe dão suporte [...]". Na mesma linha, o artigo 24, também da Lei nº 14.133/2021, admite que o orçamento estimado pela Administração Pública seja sigiloso, porém, nesse caso, "sem prejuízo da divulgação do detalhamento dos quantitativos e das demais informações necessárias para a elaboração das propostas". Por fim, o inciso III do artigo 40 da mesma lei prescreve

476 "Representação. Conhecimento. Procedência. Ciência. Arquivamento. Conforme jurisprudência desta Corte, a exigência de declaração do fabricante, carta de solidariedade, ou credenciamento, como condição para habilitação de licitante, carece de amparo legal, por extrapolar o que determinam os arts. 27 a 31, da Lei nº 8.666/93, e 14 do Decreto nº 5.450/2005. Essa exigência pode ter caráter restritivo e ferir o princípio da isonomia entre os licitantes, por deixar ao arbítrio do fabricante a indicação de quais representantes poderão participar do certame. Nesse sentido, as seguintes decisões: Decisão 486/2000 e Acórdãos 808/2003, 1670/2003, 1676/2005, 423/2007, 539/2007, 1729/2008, 2056/2008, do Plenário; 2404/2009, da 2ª Câmara, dentre outros. Existem outros meios para assegurar o cumprimento das obrigações pactuadas, tais como pontuação diferenciada em licitações do tipo técnica e preço, exigência de garantia para execução contratual, ou ainda multa contratual. A exigência de declaração do fornecedor como requisito de habilitação somente pode ser aceita em casos excepcionais, quando se revelar necessária à execução do objeto contratual, situação em que deverá ser adequadamente justificada de forma expressa e pública, por ser requisito restritivo à competitividade" (TCU, Plenário. Acórdão nº 1.805/2015. Rel. Min. Weber de Oliveira, j. 22.7.2015). "12. Por outro lado, a exigência de declaração emitida pelo fabricante do software/hardware ofertado como requisito de habilitação técnica vai de encontro ao entendimento sedimentado em precedentes desta Corte de Contas, tendo em vista a sua aptidão, em tese, de restringir indevidamente o caráter competitivo do certame" (TCU, Plenário. Acórdão nº 2.061/2023. Rel. Min. Jorge Oliveira, j. 4.10.2023).

que "o planejamento de compras deverá considerar a expectativa de consumo anual [...]" e deve observar a "determinação de unidades e quantidades a serem adquiridas em função de consumo e utilização prováveis, cuja estimativa será obtida, sempre que possível, mediante adequadas técnicas quantitativas, admitido o fornecimento contínuo".

A quantidade a ser contratada é informação fundamental para os licitantes. Ocorre que, em razão da economia de escala, a quantidade influi decisivamente no preço. Demais disso, os interessados na licitação precisam avaliar se possuem ou não condições operacionais para atender ao quantitativo exigido pela Administração. Trocando-se em miúdos, a quantidade pretendida pela Administração é informação fundamental para os licitantes, para que eles avaliem se têm ou não condições de atender à necessidade da Administração e para que formatem as suas respectivas propostas.

Muitas vezes, no entanto, a Administração não consegue prever com exatidão o quantitativo de que ela necessita. Isso ocorre, por exemplo, com a contratação de serviços de transporte aéreo, com fornecimento de combustíveis etc. Nesses casos, a Administração também deve prever quantitativo, no entanto, ela deve deixar claro que ele é meramente estimado. Assim, o quantitativo estimado serve como limite máximo para a Administração, sendo, no entanto, permitido a ela não o utilizar em sua totalidade.

8.8 O princípio do parcelamento do objeto, adjudicação por itens, lotes ou preço global

O inciso VIII do §1º do artigo 18 da Lei nº 14.133/2021 prescreve que o estudo técnico preliminar deve apresentar "justificativas para o parcelamento ou não da contratação". A alínea "b" do inciso V do artigo 40, também da Lei nº 14.133/2021, afirma que o parcelamento é um dos princípios do planejamento das compras, que deve ser prestigiado "quando for tecnicamente viável e economicamente vantajoso". O inciso II do artigo 47 da Lei nº 14.133/2021, com o mesmo tom, anuncia que um dos princípios regentes das licitações de serviços é o "do parcelamento, quando for tecnicamente viável e economicamente vantajoso".

Os dispositivos supracitados direcionam a Administração Pública para parcelar os objetos das licitações, de modo a ampliar a competitividade. Trata-se, nas palavras do legislador, de um princípio atinente às compras e aos serviços. Logo, o não parcelamento, a concentração do objeto, é exceção. A premissa adotada pelo legislador é de dividir os objetos em partes menores, para que empresas menores possam participar da licitação; empresas que, talvez, não poderiam participar se o objeto fosse concentrado, porque não teriam condições técnicas e econômico-financeiras.

Sem embargo, o princípio do parcelamento, como todos os princípios, não é absoluto, depende das especificidades de cada caso concreto e não pode ser aplicado em prejuízo ao interesse público. A alínea "b" do inciso V do artigo 40 e o inciso II do artigo 47, ambos da Lei nº 14.133/2021, condicionam e relativizam o parcelamento, dado que ele deve adotado "quando for tecnicamente viável e economicamente vantajoso". A Administração Pública deve, então, sopesar a sua demanda, a execução e o gerenciamento dos contratos, o propósito de evitar desperdícios e a economia de escala. A concentração do objeto, que é o oposto do parcelamento, em muitas oportunidades é vantajosa para a Administração, justamente em razão da economia de escala.

A conclusão é que a Administração goza de competência discricionária para decidir se concentra ou parcela o objeto da licitação, em juízo sobre as vantagens de uma ou outra opção para o interesse público. É importante ressaltar, especialmente para os órgãos de controle, que os atos administrativos se presumem legítimos e verdadeiros, inclusive os que decidem pela concentração ou parcelamento do objeto da licitação. Os órgãos de controle não devem tomar para si o mérito dos atos administrativos, em decisões impregnadas de subjetividade, que não lhe são próprias. Somente poderiam objetar a opção legítima da Administração diante de razões fortes e concretas, que fossem conhecidas ou pudessem ser conhecidas pelas autoridades administrativas quando decidiram pela concentração ou pelo parcelamento do objeto da licitação.

Essa questão, da concentração ou parcelamento do objeto, torna-se mais problemática diante de objetos divisíveis. Ou seja, bens ou serviços diferentes, porém da mesma natureza, que guardam relação entre si. Por exemplo, itens de material de expediente, medicamentos de diversos tipos, mobiliário ou mobiliário e divisórias, serviços de reparo e manutenção, bem como serviços em geral, especialmente os que não sejam de natureza técnica predominantemente intelectual. Em tese, nesses casos, é possível concentrar os objetos e adjudicá-los em conjunto, para o mesmo fornecedor ou prestador de serviços, ou fazê-lo, em separado, item por item, com a possibilidade de contratar fornecedores e prestadores de serviços diferentes.

Essa situação, referente aos objetos divisíveis, sob a aplicação da Lei nº 8.666/1993, vem sendo bastante debatida pelos órgãos de controle, com destaque para o Tribunal de Contas da União. De modo geral, os precedentes anteriores à Lei nº 14.133/2021 podem ser aproveitados, dado que, na Lei nº 8.666/1993, a questão sobre o parcelamento ou concentração de objetos divisíveis parte do mesmo pressuposto da Lei nº 14.133/2021, de que, por regra, se deve parcelar, mas que há competência discricionária para decidir pelo não parcelamento ou concentração, desde que a decisão seja justificada em interesse público.[477]

Nesse contexto, o Tribunal de Contas da União editou a Súmula nº 247:

> É obrigatória a admissão da adjudicação por item e não por preço global, nos editais das licitações para a contratação de obras, serviços, compras e alienações, cujo objeto seja divisível, desde que não haja prejuízo para o conjunto ou complexo, ou perda de economia de escala, tendo em vista o objetivo de propiciar a ampla participação de licitantes que, embora não dispondo de capacidade para a execução, fornecimento ou aquisição da totalidade do objeto, possam fazê-lo com relação a itens ou unidades autônomas, devendo as exigências de habilitação adequar-se a essa divisibilidade.

O Tribunal de Contas da União na Súmula nº 247 admite a licitação concentrada, adjudicada por lote ou pelo preço global e não por itens. Entretanto, considera que a regra é o parcelamento e, pois, a adjudicação pelo item. Note-se que, nos termos da Súmula nº 247, o parcelamento deve ser adotado desde que "não haja prejuízo para o conjunto

---

[477] O §1º do artigo 23 da Lei nº 8.666/1993 prescreve: "Art. 23. [...] §1º As obras, serviços e compras efetuadas pela Administração serão divididas em tantas parcelas quantas se comprovarem técnica e economicamente viáveis, procedendo-se à licitação com vistas ao melhor aproveitamento dos recursos disponíveis no mercado e à ampliação da competitividade sem perda da economia de escala".

ou complexo, ou perda de economia de escala". Então, a obrigação de parcelamento é relativa, pode ser excepcionada. Pode-se reconhecer que, para o Tribunal de Contas da União, a adjudicação por lote ou pelo preço global é exceção, que demanda justificativas.[478]

O maior desafio, em relação ao assunto, é delimitar as situações em que se considera legítimo o não parcelamento ou a concentração do objeto, logo que o julgamento de objetos divisíveis seja realizado por lotes ou pelo preço global e não por itens. Para tanto, é preciso avaliar com mais profundidade os precedentes dos órgãos de controle. Adianta-se que, com o passar do tempo, num plano geral, os órgãos de controle têm sido mais flexíveis.

Tome-se, como exemplo inicial, o Acórdão nº 2.407/2006, do Plenário do Tribunal de Contas da União:

> 59. Como é sabido, a regra do fracionamento da contratação deve ser aplicada nas hipóteses em que isso for possível e representar vantagem para a Administração. Essa medida visa a ampliar a competitividade, sob o pressuposto de que a redução do porte das aquisições ampliaria o universo de possíveis interessados na disputa.
> 60. Essa regra, contudo, poderá ser mitigada em face de limites de ordem técnica, ou seja, o fracionamento em lotes deverá respeitar a integridade qualitativa do objeto a ser executado.
> 61. Além disso, o fracionamento da contratação poderá também esbarrar em impedimentos de ordem econômica, os quais se relacionam com o risco de o fracionamento aumentar o preço unitário a ser pago pela Administração. Logo, nas situações em que pode ocorrer o aumento dos custos para o Poder Público, não caberá falar em fracionamento, uma vez que a sua finalidade é a redução das despesas administrativas.[479]

O caso enfrentado pelo Tribunal de Contas da União no Acórdão nº 2.407/2006 envolvia a licitação adjudicada pelo preço global cujo objeto era a compra de mobiliário e divisórias. O Tribunal entendeu que não havia justificativa para licitar, em conjunto,

---

[478] Ivan Barbosa Rigolin comenta a jurisprudência do Tribunal de Contas da União: "A decisão nº 393/94, do e-TCU, de outro lado, não oferece a rigidez que aparenta, pelas próprias palavras que contém. Afirma que a adjudicação deve ser fracionada sempre que 'o objeto for divisível' e, ainda, 'sem prejuízo do conjunto ou do complexo'. Ora, então a decisão não pretendeu afirmar ou impor nada! Dentre os objetos divisíveis, quem delibera se a adjudicação deve ser fracionada ou global, com vistas a evitar 'prejuízo ao conjunto ou complexo', é sempre a entidade que licita, e ninguém mais! Quem sabe se o só fato de fracionar a adjudicação prejudicará ou não o conjunto ou o complexo do objeto é sempre, necessária e inarredavelmente, a entidade pública licitadora! Quem conhece o objeto necessário é a entidade que licita e, a princípio, ninguém além dela! [...] Se é conveniente administrar um só contrato de fornecimento de todos os itens, ou se é preferível administrar um contrato de cada fornecedor de cada item, com todas as consequências da multiplicação de contratos que poderiam estar resumidos em um só, é problema que apenas e, tão-somente, à entidade licitadora diz respeito, na forma das suas necessidades administrativas e operacionais que apenas ela conhece, e que a ninguém mais, com estrito sentido lógico, diz respeito! [...] Quanto à 'frustração da competitividade' na adjudicação integral ou global, é ideia que não passa pela cabeça de estudioso algum, nem de prático das licitações, no país inteiro. Se a Administração dispõe da faculdade de desclassificar as propostas com condições desfavoráveis ou desvantajosas, e se a Administração sempre licitou com adjudicação global, pois que essa sempre foi a regra legal, e se o edital não disser diferente, a adjudicação precisa ser sempre global, então, não tem o menor sentido técnico inverter a regra de décadas a fio do serviço público, para, de uma hora para outra, afirmar que a lei está obrigando a exceção! [...] Entender, assim sendo, que a lei agora está a proibir a adjudicação global, ou que em qualquer hipótese é obrigatória a adjudicação fracionada, é ideia que não encontra fundamento em nenhum artigo ou dispositivo da atual lei de licitações, como não havia também na lei anterior, muito antes, ao contrário, basta o edital silenciar, incide, automaticamente, a regra tradicional da adjudicação global" (RIGOLIN, Ivan Barbosa. *Comentando as licitações públicas.* Rio de Janeiro: Temas e Ideias, 2001. p. 73-74).

[479] TCU, Plenário. Acórdão nº 2407. Rel. Min. Benjamin Zymler, j. 6.12.2006.

pelo preço global, portanto, que a adjudicação deveria ser por item, dado que haveria empresas especializadas em mobiliário e outras em divisórias.

Esse caso ilustra bem os critérios utilizados pela Corte de Contas (ou a falta de critérios), que são em muito subjetivos. Ora, as razões para objetar a adjudicação conjunta de mobiliário e divisórias são duvidosas, até, porque, divisórias podem ser qualificadas como mobiliário. Ademais, se o raciocínio do Tribunal de Contas fosse correto, os itens que compõem o mobiliário também deveriam ser separados, uma vez que há empresas que somente vendem cadeiras, outras mesas etc. O problema, no caso, residiria na pluralidade de empresas e fornecedores para a execução do contrato. É flagrante que, para a Administração, seria melhor tratar com apenas um fornecedor do que com vários. Esse aspecto não foi levado em consideração.

No Acórdão nº 5.301/2013, da Segunda Câmara, não tão antigo, o Tribunal de Contas da União aceitou a justificativa de agrupamento em lotes. Confira-se:

> 13. Observa-se que, ao todo, esses 16 lotes contemplam 107 itens, o que me leva, materialmente, a acompanhar a seguinte conclusão da unidade técnica: "*A licitação por itens poderia exigir a realização de igual número de contratações, o que, como já ressaltado, constituiria um ônus muito pesado aos servidores encarregados do acompanhamento desses instrumentos, o que possivelmente oneraria a Administração*".
> 14. Bem se vê, que o elevado número de procedimentos para seleção por itens isolados, tal como ocorreria no presente caso concreto, tornaria bem mais oneroso o trabalho da administração pública, sob o ponto de vista do emprego de recursos humanos e da dificuldade de controle, de sorte que poderia colocar em risco a economia de escala e a celeridade processual, comprometendo a seleção da proposta mais vantajosa para a administração.[480]

Veja-se que, no acórdão supracitado, o Tribunal de Contas da União foi mais flexível, não se apegou ao fato de que nem todas as empresas teriam condições de fornecer todos os itens. Preferiu dar mais relevo ao fato de que é difícil licitar muitos itens isolados, com uma etapa de lances para cada um, o que poderia comprometer a economia de escala, a celeridade e a seleção da proposta mais vantajosa. Os argumentos lançados no acórdão também não são muitos rigorosos, porque os malefícios visualizados em relação à adjudicação por itens na licitação objeto do acórdão são comuns a todas as licitações em que a adjudicação se dá por itens e não por lotes ou preço global, notadamente para aquelas com muitos itens.

Os precedentes do Tribunal de Contas da União têm sido ainda mais flexíveis com o passar do tempo, quase que subvertendo a lógica de que por regra se deve parcelar e que a exceção é o não parcelamento ou concentração. Por exemplo, especialmente a Administração Pública Federal vem agrupando diversos serviços em contrato único, que costuma ser chamado de *facilities full*, com a chancela do Tribunal de Contas da União, desde que com autorização para formação de consórcios e subcontratação:

> 9.3. dar ciência ao Serviço Brasileiro de Apoio às Micro e Pequenas Empresas de que: [...]
> 9.3.4. em licitações de serviços diversos em contrato único (*Facilities Full*), a permissão de formação de consórcios e a possibilidade de subcontratação de serviços são meios que

480 TCU, Segunda Câmara. Acórdão nº 5.301/2013. Rel. Min. André Luis de Carvalho, j. 3.9.2013.

podem amenizar a restrição a concorrência decorrente da junção de inúmeros serviços em único objeto.[481]

Aliás, o Tribunal de Contas da União, no Acórdão nº 10.049/2018, da Segunda Câmara, considerou que "o parcelamento do objeto deve ser adotado apenas na contratação de serviços de maior especialização técnica, uma vez que, como regra, ele não propicia ampliação de competitividade na contratação de serviços de menor especialização".[482] Ou seja, o Tribunal, de peito aberto, subverteu o princípio do parcelamento em relação aos serviços de menor especialização.

Noutro acórdão, também importante, o Tribunal de Contas da União permitiu, diante das devidas justificativas, a concentração na mesma licitação e sob julgamento global de locação de bem móvel com serviços de segurança, manutenção, limpeza e conservação (solução imobiliária completa). Leia-se o enunciado:

> Licitação que tenha por objeto a locação de bem imóvel juntamente com serviços de segurança, manutenção, limpeza e conservação (solução imobiliária completa), contidos na taxa condominial, não representa, por si só, violação ao art. 23, §1º, da Lei 8.666/1993, haja vista que esse dispositivo não traz regra absoluta, devendo ser avaliado, caso a caso, se o parcelamento é vantajoso ou não para a Administração.[483]

Enfim, são muitos os casos debatidos nos tribunais de contas e órgãos de controle sobre a consolidação ou parcelamento do objeto e, nesse espectro, sobre adjudicação por itens, lotes ou preço global. A percepção é que a apreciação é, em muitas oportunidades, subjetiva, negando prestígio às decisões discricionárias da Administração Pública que deveriam ser amparadas pelo atributo da presunção de legitimidade e veracidade dos atos administrativos. Sem embargo, a tendência que se verifica nas decisões mais atuais, notadamente do Tribunal de Contas da União, é de maior flexibilidade no tocante à concentração do objeto, em prestígio às tentativas da Administração Pública de buscar modelagens novas de contratos que possam melhor satisfazer as suas necessidades.

No entanto, em que pesem os precedentes do Tribunal de Contas da União, não se pode perder de vistas que na Lei nº 14.133/2021 o princípio é o do parcelamento e a concentração é a exceção, que deve ser justificada.

Nesse sentido, o §2º do artigo 40 da Lei nº 14.133/2021, que trata das compras, preceitua que se deve considerar em relação ao princípio do parcelamento:

> I - a viabilidade da divisão do objeto em lotes;
> II - o aproveitamento das peculiaridades do mercado local, com vistas à economicidade, sempre que possível, desde que atendidos os parâmetros de qualidade; e
> III - o dever de buscar a ampliação da competição e de evitar a concentração de mercado.

Em complemento, o §3º do mesmo artigo 40 determina que o parcelamento não deve ser adotado quando:

---

481 TCU, Segunda Câmara. Acórdão nº 10.264/2018. Rel. Min. Ana Arraes, j. 23.10.2018.

482 TCU, Segunda Câmara. Acórdão nº 10.049/2018. Rel. Min. André Carvalho, j. 16.10.2018.

483 TCU, Plenário. Acórdão nº 2.020/2017. Rel. Min. Weder Oliveira, j. 13.9.2017.

> I - a economia de escala, a redução de custos de gestão de contratos ou a maior vantagem na contratação recomendar a compra do item do mesmo fornecedor;
> II - o objeto a ser contratado configurar sistema único e integrado e houver a possibilidade de risco ao conjunto do objeto pretendido;
> III - o processo de padronização ou de escolha de marca levar a fornecedor exclusivo.

Perceba-se que, embora o parcelamento seja a regra, as justificativas para a concentração no tocante às compras são bem abertas. Chama a atenção, sob essa perspectiva, que a economia de escala é algo que na maior parte dos casos pode ser alegada, bem como as facilidades e redução dos custos na gestão dos contratos.

Em linha parecida, o §1º do artigo 47 da Lei nº 14.133/2021 prescreve, para os serviços, que a aplicação do princípio do parcelamento deve considerar "I - a responsabilidade técnica; II - o custo para a Administração de vários contratos frente às vantagens da redução de custos, com divisão do objeto em itens; III - o dever de buscar a ampliação da competição e de evitar a concentração de mercado". Ou seja, admite-se expressamente que o parcelamento ceda diante dos riscos de dispersão de responsabilidade técnica e das estimativas dos custos de vários contratos, o que são desvantagens inerentes a quase todos os parcelamentos de objetos.

O parcelamento foi afirmado como princípio na Lei nº 14.133/2021, no entanto, ela própria abre diversos caminhos para que ele seja excepcionado, que, no final das contas, remetem à solução que seja a mais vantajosa para o interesse público, algo que por natureza é bastante subjetivo. Com respaldo nos precedentes do Tribunal de Contas da União, o princípio do parcelamento vem sendo enfraquecido, dando-se preferência aos modelos contratuais mais vantajosos para o interesse público, o que é acertado. No final das contas e diante dessa perspectiva, o princípio do parcelamento restringe-se a imputar ônus argumentativo à decisão pelo não parcelamento. Ou seja, o parcelamento, por ser o princípio, não precisa ser justificado. O não parcelamento, por ser a exceção, deve ser justificado. Daí as questões giram em torno das justificativas, logo, às especificidades de cada caso em vista da melhor configuração para o interesse público.

8.9 Contratação simultânea

O artigo 49 da Lei nº 14.133/2021 permite a contratação simultânea para o mesmo serviço de mais de uma pessoa. O dispositivo supracitado exige que tal opção seja motivada, sendo necessário explicar em que medida ela contemplaria melhor o interesse público, o que pressupõe não haver perda de escala. O mesmo artigo 49 autoriza a contratação simultânea em duas hipóteses: "I - o objeto da contratação puder ser executado de forma concorrente e simultânea por mais de um contratado; e II - a múltipla execução for conveniente para atender à Administração".

Por vezes, a demanda da Administração não consegue ser atendida ou há risco de que não seja se apenas uma pessoa for contratada, notadamente nas situações em que os quantitativos são elevados ou nas que envolvem objetos vulneráveis e sensíveis, cuja descontinuidade pode provocar prejuízos acentuados ao interesse público. A contratação de duas pessoas para o mesmo serviço assegura a Administração, porque há uma espécie de reserva. Se um dos contratados falhar, há um segundo prestando o serviço, à disposição da Administração. Então, para não haver solução de continuidade, por vezes, mostra-se conveniente para o interesse público contratar mais de uma pessoa para o mesmo serviço. Com as devidas adaptações, isto ocorre usualmente com licitações de publicidade, expressamente autorizado pelo §3º do artigo 2º da Lei nº 12.232/2010.

O parágrafo único do artigo 49 da Lei nº 14.133/2021 prescreve que em relação às contratações simultâneas "a Administração deverá manter o controle individualizado da execução do objeto contratual relativamente a cada um dos contratados". Isso significa que os contratos simultâneos não devem ser confundidos, são simultâneos e distintos, e que todos eles devem ser fielmente executados. É importante, nesses casos, esclarecer bem a forma de execução, especialmente o convívio entre mais de um contratado para o mesmo objeto, regras para o acionamento de um ou outro ou ambos.

9 Orçamento estimado e adequação orçamentária

9.1 A importância do orçamento estimado

Depois da definição e especificação do objeto da licitação e do futuro contrato administrativo, é necessário orçá-lo, na letra do inciso IV do artigo 18 da Lei nº 14.133/2021, dispor de "orçamento estimado, com as composições dos preços utilizados para sua formação". Ou seja, a Administração Pública deve proceder à pesquisa para apurar os preços praticados no mercado acerca do objeto da licitação e do futuro contrato administrativo. Como resultado dessa pesquisa, a Administração Pública define um orçamento ou preço estimado, que lhe serve como referência.

O orçamento estimado daquilo que se está licitando é ato fundamental para a condução de todo processo, especialmente para proceder ao controle dos preços propostos à Administração, se excessivos ou inexequíveis. Não custa lembrar que, de acordo com o inciso III do artigo 11 da Lei nº 14.133/2021, um dos objetivos das licitações é "evitar contratações com sobrepreço ou com preços manifestamente inexequíveis e superfaturamento na execução dos contratos". Sem o orçamento, sem saber o quanto custa o que está licitando, a Administração não dispõe de elementos para realizar tais controles e, por consequência, passa a aceitar quaisquer tipos de valores, em detrimento ao interesse público.

Aliás, na forma do inciso LVI do artigo 6º da Lei nº 14.133/2021, sobrepreço é o "preço orçado para licitação ou contratado em valor expressivamente superior aos preços referenciais de mercado, seja de apenas 1 (um) item [...]". Veja-se como a pesquisa de preços é importante e delicada, porque o preço estimado, resultante da pesquisa, se for considerado expressivamente superior aos preços praticados no mercado, é o bastante para caracterizar sobrepreço, por via de consequência dano ao erário, que pode gerar a responsabilização dos agentes públicos responsáveis pela pesquisa. Inclusive, deixe-se registrado que o Tribunal de Contas da União, nesses casos, além de responsabilizar os agentes administrativos que realizaram ou participaram da pesquisa de preços de mercado, também tem responsabilizado as empresas que participaram da licitação e que ofereceram propostas de preços superiores aos de mercado, mesmo que de acordo com o orçado pela Administração.[484]

O orçamento estimado também é relevante porque há situações previstas na Lei nº 14.133/2021 em que a faculdade ou a obrigação de produzir certos atos é a ele condicionado, como ocorre diante do inciso III do seu artigo 70 (faculdade de dispensa dos documentos de habilitação) e do §2º do seu artigo 37 (obrigatoriedade de utilização dos critérios de julgamento melhor técnica ou técnica e preço para a contratação de certos serviços técnicos especializados de natureza predominantemente intelectual). Ou seja, em situações específicas, a Lei nº 14.133/2021 condiciona dadas escolhas ao valor do futuro contrato, o que depende do orçamento estimado.

Por fim, é de salientar que, em razão do disposto no artigo 24 da Lei nº 14.133/2021, o orçamento estimado deve, em regra, ser divulgado junto com o edital. Nesses casos, então, os licitantes são informados sobre o orçamento estimado e acabam sendo induzidos a oferecer propostas em torno dele. É um parâmetro utilizado pelos licitantes, muito frequentemente, para definirem os valores de suas propostas. Daí que o orçamento estimado também direciona as propostas e, sendo assim, o próprio resultado da licitação pública.

9.2 Orçamento estimado e preço máximo

Em princípio, orçamento ou preço estimado não se confunde com preço máximo. Em tese, são coisas diferentes, com funções e efeitos diferentes. Em síntese, o preço máximo opera como condição preestabelecida no edital para as propostas. Aquelas que consignarem preço acima do máximo estipulado devem ser desclassificadas, sem a necessidade de maiores justificativas. Já o preço estimado não agrega tamanha força. Trata-se de mera referência, de estimativa da Administração do quanto ela planeja desembolsar com o contrato, prestando-se a orientar a formulação das propostas por parte dos licitantes, sem autorizar qualquer espécie de sanção ou a desclassificação daquelas propostas que consignarem preços superiores a ele.

---

484 "A participação de Francisco Soares da Silva Filho na elaboração do termo de referência e na pesquisa de preços ficou evidenciada pelos elementos já mencionados na Representação TC Processo 010.373/2013-6. O responsável era chefe da Divisão de Manutenção de Bens Móveis da UFMS, com atribuição para participar da elaboração do edital e da pesquisa de preços. Seu superior, José Delfino Dias, Chefe da Coordenação de Manutenção, afirmou que todos os processos licitatórios passavam por ele, e, em seu próprio depoimento à comissão de sindicância (peça 161), há a informação de que ele fazia termo de referência há cerca de 10 anos. Outrossim, a imprecisão do termo de referência e o vício na pesquisa de preços foram decisivos para a contratação da Transamérica Construções e Serviços Ltda. e para ocorrência do prejuízo. Em relação à empresa, sua responsabilidade solidária pelo débito advém do recebimento irregular de valores acima do mercado. Não é necessário que fique demonstrada a sua participação na elaboração do edital ou do orçamento-base da licitação, pois a obrigação de seguir os preços do mercado (art. 43, IV, da Lei 8.666/1993) se aplica tanto à Administração Pública quanto aos colaboradores privados, já que ambos são destinatários do regime jurídico-administrativo relativo às contratações públicas (Acórdão 1392/2016-TCU-Plenário). Por fim, o Pro-Reitor de Administração merece ser responsabilizado pelo dano, uma vez que deu prosseguimento ao certame e autorizou a contratação e os pagamentos à contratada, não obstante as informações de preços excessivos e do conflito de interesses entre o servidor da Divisão de Manutenção, que atuou na licitação, e a UFMS. Sendo assim, as informações constantes do processo não permitem concluir pela regular aplicação dos recursos, cabendo, portanto, julgar irregulares as contas dos responsáveis, condenando-os ao pagamento do débito apurado nos autos e aplicando-lhes a multa prevista no art. 57 da referida Lei" (TCU, Plenário. Acórdão nº 1.427/2021. Rel. Min. Bruno Dantas, j. 16.6.2021).

Pois bem, na sistemática da Lei nº 8.666/1993, toda e qualquer licitação devia ser precedida da estimativa do preço por parte da Administração Pública, porém o preço máximo constituía mera faculdade, na forma do inciso X do artigo 40 da Lei nº 8.666/1993, isto é, a Administração estabelecia preço máximo no edital se quisesse. Nada impedia, diante da Lei nº 8.666/1993, que o preço estimado fosse considerado também preço máximo, desde que o edital assim prescrevesse. Nessa hipótese, o licitante que oferecesse proposta acima do preço estimado, que corresponde ao preço máximo, deveria ser desclassificado de plano.

Ressalta-se que na Lei nº 14.133/2021 dispensou-se tratamento diferente ao tema. Sucede que o inciso III do seu artigo 59 obriga a desclassificação das propostas que "apresentarem preços inexequíveis ou permanecerem acima do orçamento estimado para a contratação". Isso significa que o preço estimado na Lei nº 14.133/2021 confunde-se e tem o mesmo efeito do preço máximo, porque aquelas propostas cujos valores estejam acima dele devem ser desclassificadas.

Mais uma vez, sente-se a relevância da pesquisa de preços que leva ao orçamento estimado, porque ele estabelece baliza máxima para os preços a serem ofertados em licitação pública. Assim, o orçamento estimado que transita em valores muito baixos, inferiores aos praticados no mercado, pode importar no fracasso da licitação pública, porque inviabiliza o oferecimento de propostas pelos interessados. Note-se que o orçamento expressivamente acima do praticado no mercado implica sobrepreço e dano ao erário. Por sua vez, o orçamento expressivamente abaixo do praticado no mercado não raro inviabiliza a própria licitação pública, porque impede que os licitantes ofereçam preços razoáveis e que sejam compatíveis com o mercado, dado que o valor orçado é considerado preço máximo, na forma do inciso III do artigo 59 da Lei nº 14.133/2021.

9.3 Momento de definir o orçamento estimado

Pela redação dos dispositivos da Lei nº 14.133/2021, é um tanto quanto confuso precisar o momento em que se deve proceder à pesquisa de preços no mercado e definir o orçamento estimado. De acordo com ordem dos incisos do artigo 18, o processo inicia com o estudo técnico preliminar, depois termo de referência/projetos e, na sequência, o orçamento estimado. A lógica confirmaria essa sequência: primeiro, define-se exatamente o que se quer e, depois, vai-se apurar o preço desse objeto no mercado. Sem definir o objeto é difícil apurar preços, porque, por óbvio, os preços variam conforme as variações dos objetos.

No entanto, o inciso VI do §1º do artigo 18 exige que o estudo técnico preliminar já apresente "estimativa do valor da contratação, acompanhada dos preços unitários referenciais, das memórias de cálculo". Quer dizer que o documento que dá a largada na etapa preparatória já pressupõe o orçamento, porque estimativa do valor da contratação decorre de algum tipo de orçamentação, ainda que mais simples. É digno de nota que o dispositivo, contudo, não se contenta com algo mais simples, porque exige a indicação de preços referenciais e memórias de cálculo.

Para complicar ainda mais, a alínea "i" do inciso XXIII do artigo 6º da Lei nº 14.133/2021 exige que o termo de referência também aponte as estimativas do valor da contratação, acompanhadas dos preços unitários referenciais, das memórias de cálculo e dos documentos que lhe dão suporte, com os parâmetros utilizados para a obtenção dos preços e para os respectivos cálculos, que devem constar de documento separado e classificado.

Para não perder o passo, a alínea "f" do inciso XXV do artigo 6º da Lei nº 14.133/2021 exige que o projeto básico, por sua vez, apresente "o orçamento detalhado do custo global da obra, fundamentado em quantitativos de serviços e fornecimentos propriamente avaliados".

Trocando-se em miúdos, o orçamento deve estar no estudo técnico preliminar e, também, deve estar no termo de referência ou projeto básico. Essas disposições legais abrem algumas possibilidades, todas legítimas por parte da Administração.

Uma alternativa seria a de realizar uma espécie de orçamento preliminar quando do estudo técnico preliminar, mais simples, sem pesquisa aprofundada de mercado, podendo-se valer de comparativo com contratos antigos do próprio órgão ou entidade ou, no caso de engenharia, utilizando-se de metodologia expedita ou paramétrica. Depois, como uma das atividades necessárias para a elaboração do termo de referência ou do projeto básico, definida a especificação do objeto a ser licitado e contratado, realizar o orçamento definitivo e mais rigoroso, de acordo com os critérios definidos na Lei nº 14.133/2021. Então, seria possível elaborar dois orçamentos, um preliminar, mais simples, e outro definitivo e completo. A desvantagem dessa alternativa é justamente fazer dois orçamentos, o que gera mais trabalho e onera a Administração.

O Tribunal de Contas da União, no Acórdão nº 2.273/2024, da relatoria do Ministro Benjamin Zymler, referendou essa alternativa, repita-se de realizar um orçamento preliminar mais simples por ocasião da elaboração do estudo técnico preliminar e outro definitivo, mais completo, por ocasião do termo de referência.[485] A ideia é que o orçamento do estudo técnico preliminar serve apenas para que a autoridade competente compreenda a viabilidade econômica da contratação e decida ou não por prosseguir com ela. Depois disso, seria produzido o orçamento definitivo, mais robusto, cujos parâmetros serviriam para classificar ou desclassificar as propostas. O problema, repita-se, envolve

[485] "O orçamento estimativo do ETP é preliminar e serve para definir a melhor alternativa em termos de custo-benefício, ao passo que o orçamento estimativo da contratação, a que se refere o art. 23 da Lei 14.133/2021, detalha o valor estimado da solução escolhida no ETP. Dito de outra forma, a estimativa de valor da contratação realizada nos ETP visa levantar o eventual gasto com a solução escolhida de modo a avaliar a viabilidade econômica da opção. Essa estimativa não se confunde com os procedimentos e parâmetros de uma pesquisa de preço para fins de verificação da conformidade/aceitabilidade da proposta. Com o intuito de demonstrar as diferenças na estimava do valor da contratação realizada nas etapas do ETP e do TR, cito o enunciado 3 do Instituto Nacional da Contratação Pública: '*A estimativa do valor da contratação constante do Estudo Técnico Preliminar, que está relacionada à escolha da solução do que a definição de um preço de referência, não precisa seguir estritamente todas as regras definidas pelo artigo 23 da Lei nº 14.133/2021, permitindo a opção por aferições mais simples, quando cabível*' Também cabe apresentar o enunciado 17, aprovado no 1º Simpósio de Licitações e Contratos da Justiça Federal (grifo acrescido): '*A estimativa do valor da contratação realizada por meio dos Estudos Técnicos Preliminares, de que trata o art. 18, §1º, inciso VI, será, via de regra, uma análise inicial dos preços praticados no mercado por servir unicamente à análise da autoridade competente quanto à viabilidade econômica da contratação. De forma diferente, há uma estimativa do valor da contratação realizada pelo setor competente do órgão, conforme o art. 6º, inciso XXIII, i, que servirá como base à análise da aceitabilidade das propostas na fase externa do processo licitatório e, por isso, utilizará os parâmetros do art. 23 e seus parágrafos, combinados, sempre que possível, em uma cesta de preços, priorizando os preços públicos, salvo quando, de acordo com o Manual de Atribuições e Regulamento Interno do órgão, a obrigação recair para o mesmo setor que estiver elaborando os Estudos Técnicos Preliminares*'" (TCU, Plenário. Acórdão nº 2.273/2024. Rel. Min. Benjamin Zymler, j. 23.10.2024).

a carga burocrática e redundante dessa solução, que demanda dois orçamentos, um na sequência do outro, consumindo a força de trabalho da Administração e comprometendo a celeridade dos processos.

Outra possibilidade que se abre para a Administração, igualmente legítima, seria já fazer o orçamento completo por ocasião do estudo técnico preliminar e, na sequência, replicar esse mesmo orçamento no termo de referência ou no projeto básico. Na prática, o processo de elaboração do estudo técnico preliminar seguiria, em linhas gerais: identificação da necessidade da Administração, avaliação de soluções oferecidas pelo mercado, especificação do objeto e pesquisa de mercado para definir o valor orçado. Todos esses dados seriam vertidos no documento que formalizaria o estudo técnico preliminar, e, com base neles, seria construído o termo de referência ou o projeto básico, replicando, no que fosse pertinente, as informações já constantes do estudo técnico preliminar. Essa segunda alternativa parece melhor, porque se faz um orçamento só. Os pontos negativos são a redundância de informações e o fato de o orçamento ser produzido num momento da tramitação da etapa preparatória ainda inicial, já no primeiro documento, sem que, muitas vezes, a Administração tenha definições exaurientes do objeto da licitação e de todas as condições para a execução do futuro contrato, definições estas que podem vir a impactar os orçamentos. Os contraceptivos, em face desse ponto negativo, seriam os seguintes: [i] a Administração tentar alcançar uma descrição do objeto e das condições essenciais para a execução do contrato definitiva por ocasião do estudo técnico preliminar, de modo que o orçamento realizado quando do estudo técnico preliminar já considerasse o objeto e as condições de execução definitivas; [ii] ressalvar a hipótese de rever o orçamento realizado no estudo técnico apenas se houver necessidade de ajustes relevantes no objeto ou nas condições essenciais para a execução do contrato por ocasião do termo de referência ou do projeto básico. Ou seja, quando do termo de referência ou projeto básico, se for necessário alterar o objeto ou as condições essenciais de execução, daí se complementa ou se produz um novo levantamento de preços. Se não houver a necessidade de alteração, faz-se uma pesquisa de preços apenas e não duas, com menos burocracia e com mais celeridade para a tramitação dos processos.

9.4 Procedimento para realizar a pesquisa de preços

O artigo 23 da Lei nº 14.133/2021 prescreve as regras sobre como alcançar o orçamento estimado, isto é, como realizar pesquisa de preços cujo resultado é o orçamento estimado pela Administração Pública. O *caput* anuncia que o valor deve ser "compatível com os valores praticados pelo mercado, considerados os preços constantes de bancos de dados públicos e as quantidades a serem contratadas, observadas a potencial economia de escala e as peculiaridades do local de execução do objeto".

Convém mencionar, já inicialmente, que, em âmbito federal, a Instrução Normativa nº 65/2021, da Secretaria Especial de Desburocratização, Gestão e Governo Digital do Ministério da Economia, regulamenta o procedimento administrativo para a realização de pesquisa de preços para aquisição de bens e contratação de serviços em geral, sendo obrigatória para Administração Pública Federal direta, autárquica e fundacional. Os demais entes federativos estão sujeitos à Instrução Normativa nº 65/2021, nos termos do

§2º do seu artigo 1º, "quando executarem recursos da União decorrentes de transferências voluntárias".

O §1º do artigo 23 da Lei nº 14.133/2021 trata do orçamento das licitações para aquisição de bens e contratação de serviços em geral, estabelecendo que ele deve ser definido com base nos valores iguais à mediana constante ou em painel para consulta de preços ou no Banco de Preços em Saúde, que devem ser disponibilizados no Portal Nacional de Contratações Públicas (PNCP) (inciso I); em contratações similares da Administração Pública em execução ou concluídas no prazo máximo de um ano (inciso II); referências havidas em mídias especializadas, tabelas ou *sites* (inciso III); pesquisa com, no mínimo, três fornecedores (inciso IV); e pesquisa na base nacional de notas fiscais eletrônicas, o que ainda deve ser regulamentado (inciso V).

O artigo 5º da Instrução Normativa nº 65/2021 reproduz os mesmos critérios, com dois acréscimos secundários: (i) os dados obtidos em razão de mídia especializada, tabelas ou *sites* devem ser atuais, conforme o inciso III do artigo 5º devem ser "compreendidos no intervalo de até 6 (seis) meses de antecedência da data de divulgação do edital"; (ii) a pesquisa na base nacional de notas fiscais eletrônicas também deve ser atual, a data das notas deve estar "compreendida no período de até 1 (um) ano anterior à data de divulgação do edital". Não se consegue divisar as razões pelas quais num caso o parâmetro é seis meses e noutro caso, um ano. De toda sorte, foi o critério disposto na instrução normativa.

Comparando-se a Lei nº 14.133/2021 e a Instrução Normativa nº 65/2021, percebe-se dissenso importante. Ocorre que o artigo 23 da Lei nº 14.133/2021 define os critérios para a pesquisa sem estabelecer qualquer ordem ou prioridade entre eles. O §1º do artigo 5º da instrução normativa prescreve que sejam priorizados os critérios indicados nos incisos I e II do seu *caput*, ou seja, os valores constantes do painel de preços ou os resultantes de contratações similares da Administração Pública. Pontua-se que não há ilegalidade nisso, porque, se a Lei nº 14.133/2021 conferiu discricionariedade para escolher os critérios, a Administração Pública pode, no exercício dessa discricionariedade, ainda que por meio de uma instrução normativa, estabelecer entre eles prioridades, de modo que se adotem os considerados como mais adequados.

Chama a atenção que a opção constante da Lei nº 14.133/2021 de não estabelecer prioridades entre os critérios para a pesquisa se opõe à posição tradicional do Tribunal de Contas da União, que é contrário à realização de pesquisa de preços diretamente junto a fornecedores:

> Para fins do exercício do poder sancionatório do TCU, pode ser tipificada como erro grosseiro (art. 28 do Decreto-lei 4.657/1942 - LINDB) a elaboração do orçamento estimado da licitação sem o dimensionamento adequado dos quantitativos e com base em pesquisa de mercado exclusivamente junto a potenciais fornecedores, sem considerar contratações similares realizadas pela Administração Pública, propiciando a ocorrência de substancial sobrepreço no orçamento do certame.[486]

[486] TCU, Segunda Câmara. Acórdão nº 3.569. Rel. Min. Marcos Bemquerer, j. 23.5.2023.

A objeção do Tribunal de Contas da União tem razão de ser. Ocorre que grande parte da Administração Pública costuma repetir o procedimento de consultar três pessoas que atuem no ramo do objeto a ser licitado, pedindo a eles que encaminhem orçamentos. Daí, a entidade administrativa faz uma média dos orçamentos recebidos para apurar o valor estimado da contratação. O problema é que esse procedimento não é eficaz. Ocorre, com larga frequência, que as empresas previamente consultadas pela entidade administrativa apresentam a ela orçamentos com preços excessivos, superiores aos preços praticados por elas, até mesmo porque pretendem participar da licitação e não se dispõem a externar, antes do próprio certame, o seu preço real e final. Assim sendo, a entidade administrativa acaba recebendo orçamentos inflados e, por consequência, superestima os valores dos seus futuros contratos. Desse modo, a entidade administrativa utiliza estimativa irreal, que não lhe serve como parâmetro verdadeiro para planejar e programar os seus contratos, bem como, durante a licitação, para controlar os preços que lhe são ofertados. O grande problema é que, sem parâmetro de preço verdadeiro, a Administração costuma aceitar qualquer proposta, muitas vezes com preços excessivos ou com preços inexequíveis.

Reitera-se que, em linha divergente à jurisprudência do Tribunal de Contas da União, a Lei nº 14.133/2021 prescreve como um dos critérios à disposição da Administração Pública a pesquisa direta junto a fornecedores e não estabelece qualquer ordem de preferência entre os parâmetros listados nos incisos do §1º do seu artigo 23 para a pesquisa de preços, tanto que autoriza, expressamente, que eles sejam "adotados de forma combinada ou não". Daí que, repita-se, nos termos da Lei nº 14.133/2021, a Administração goza de discricionariedade para eleger os parâmetros que lhe parecem mais adequados para cada caso, inclusive a pesquisa direta com fornecedores, já de muito desestimulada, insista-se, pelo Tribunal de Contas da União.

A Instrução Normativa nº 65/2021, por sua vez, curva-se à jurisprudência do Tribunal de Contas da União. Fica claro que, de acordo com o §1º do artigo 5º da instrução normativa, o critério principal para a pesquisa de preços diz respeito aos valores praticados por outros órgãos ou entidades da Administração Pública em contratações similares. O dispositivo, no seu inciso I, refere-se à pesquisa em painel de preços, que, ao fim e ao cabo, registra os contratos e os valores praticados por órgãos e entidades administrativas.[487] O inciso II do mesmo artigo salienta, como critério, as contratações similares de outros entes públicos. Em síntese, os incisos I e II do *caput* do artigo 5º da instrução normativa tratam do mesmo critério de pesquisa ou informação. A diferença reside apenas no modo de obter a informação sobre os preços dos outros contratos administrativos. Na hipótese do inciso I, a informação já está sistematizada e organizada no painel de preços. Na hipótese do inciso II, a informação deve ser obtida por outro meio, quer por pesquisa na internet, diário oficial, contato direto com o órgão ou entidade administrativa ou qualquer outro meio.

Sob esse contexto, de consultar os preços de outros órgãos e entidades da Administração Pública, parece interessante o serviço prestado por algumas empresas privadas, que pesquisam, junto a órgãos e entidades administrativas, os seus contratos

[487] Nesta hipótese, do inciso I, é admitida a pesquisa de um único preço, conforme preceitua o §1º do artigo 2º da Instrução Normativa nº 5/2014.

e respectivos preços, compilando tais informações. Daí os órgãos e entidades administrativas recebem as referências de preços atualizadas, sem que tenham que empreender diretamente as pesquisas. Esse serviço enquadra-se na hipótese do inciso II do *caput* do artigo 5º da Instrução Normativa nº 65/2021.

Perceba-se que, como prescreve o §1º do artigo 5º da Instrução Normativa nº 65/2021, a não adoção dos parâmetros dos incisos I e II do *caput* depende da impossibilidade de utilizá-los, o que deve ser justificado. A instrução normativa não esclarece o que pode ser admitido como justificativa, porém, de modo geral, pode-se entender que o órgão ou entidade administrativa deve demonstrar que não teve êxito em obter os referenciais de preços com base noutros contratos administrativos.

Advirta-se que o §1º do artigo 5º da Instrução Normativa nº 65/2021 não prescreve que os critérios sejam sucessivos, ou seja, que os demais somente poderiam ser utilizados se os dos incisos I e II forem inviáveis. O dispositivo exige, em regra, a utilização dos critérios dos incisos I e II, mas não proíbe que os demais sejam empregados de forma adicional. Aliás, o ideal é que a Administração colha o maior número de elementos, dados e referências possíveis para apurar o valor estimado das suas contratações. Isto é, faça uma pesquisa de preços com eventuais fornecedores, faça uma pesquisa na internet e em revistas especializadas, consulte outros órgãos e entidades da Administração Pública, bem como o painel de preços, se disponível, enfim, tudo que estiver ao seu alcance para obter uma estimativa real de preço. O fundamental é que a Administração Pública saiba, efetivamente, o quanto custa, no mercado, o objeto a ser licitado. E, nesse sentido, quanto mais elementos e informações, mais fidedigno o orçamento estimado pela Administração Pública.

Quanto aos demais critérios, insista-se que a consulta direta a fornecedores, em que pesem as supracitadas objeções do Tribunal de Contas da União, permanece como um dos parâmetros de pesquisa, conforme inciso IV do §1º do artigo 23 da Lei nº 14.133/2021 e inciso IV do *caput* do artigo 5º da Instrução Normativa nº 65/2021, porém sem qualquer proeminência. Ou seja, para a Lei nº 14.133/2021, esse parâmetro pode até ser utilizado pela Administração, mas está claro que é facultativo. Para a Instrução Normativa nº 65/2021, essa faculdade é, pode-se dizer, desencorajada, dado que em primeiro lugar devem vir os critérios contidos nos incisos I e II do *caput* do seu artigo 5º.

Nas situações em que a Administração pretender ou vir-se forçada a seguir com a pesquisa diretamente junto a fornecedores, devem ser tomadas algumas precauções: (i) somente deve admitir preços cujas datas não se diferenciem em mais de 6 meses de antecedência da data de divulgação do edital (inciso IV do §1º do artigo 23 da Lei nº 14.133/2021 e inciso IV do *caput* do artigo 5º da Instrução Normativa nº 65/2021); (ii) devem ser consultados no mínimo três fornecedores (inciso IV do §1º do artigo 23 da Lei nº 14.133/2021 e inciso IV do *caput* do artigo 5º da Instrução Normativa nº 65/2021); (iii) a escolha dos fornecedores a serem consultados deve ser justificada (inciso IV do §1º do artigo 23 da Lei nº 14.133/2021 e inciso IV do *caput* do artigo 5º da Instrução Normativa nº 65/2021); (iv) a consulta deve ser formal, por meio de solicitação de cotação (inciso IV do §1º do artigo 23 da Lei nº 14.133/2021 e inciso IV do *caput* do artigo 5º da Instrução Normativa nº 65/2021); (v) os consultados devem receber com a solicitação de cotação as informações sobre a caracterização da contratação (inciso III do §2º do artigo 5º da

Instrução Normativa nº 65/2021); (vi) deve-se apontar na solicitação de cotação o prazo para a resposta compatível com a complexidade do objeto (inciso I do §2º do artigo 5º da Instrução Normativa nº 65/2021); (vii) os orçamentos devem ser apresentados formalmente – contendo: "a) descrição do objeto, valor unitário e total; b) número do Cadastro de Pessoa Física – CPF ou do Cadastro Nacional de Pessoa Jurídica – CNPJ do proponente; c) endereços físico e eletrônico e telefone de contato; d) data de emissão; e e) nome completo e identificação do responsável" (inciso I do §2º do artigo 5º da Instrução Normativa nº 65/2021); e (viii) deve-se registrar nos autos do processo administrativo a relação dos fornecedores que foram consultados e que não ofereceram proposta (inciso VI do §2º do artigo 5º da Instrução Normativa nº 65/2021).

Frisa-se que o inciso IV do §1º do artigo 23 da Lei nº 14.133/2021 e o inciso IV do *caput* do artigo 5º da Instrução Normativa nº 65/2021 prescrevem que a escolha dos fornecedores a serem consultados deve ser justificada. Não há pistas na Lei nº 14.133/2021 e na Instrução Normativa sobre qual o teor da justificativa. Nada obstante isso, sugere-se que se demonstre que foram consultadas empresas atuantes no ramo do objeto da licitação e do futuro contrato administrativo, bem como, de preferência, na região da contratação. É conveniente também que se indique o modo como tais empresas foram identificadas, se por pesquisa em internet, cadastros de fornecedores, recomendações ou outros, bem como o agente administrativo que as identificou. Em relação à governança das contratações, é importante que as decisões sejam rastreáveis, o que significa que todos esses atos devem ser documentados, registrados e com a identificação dos seus autores.

O inciso III do §1º do artigo 23 da Lei nº 14.133/2021 e o inciso III do artigo 5º da Instrução Normativa nº 65/2021 também admitem como critério pesquisa publicada em mídia especializada, tabelas de referência e sítios eletrônicos. Essa metodologia é conveniente, porque extravasa o âmbito dos contratos administrativos, pelo que a Administração consegue uma percepção mais próxima das práticas de mercado havidas na iniciativa privada. Na mesma linha, é o critério do inciso V do §1º do artigo 23 da Lei nº 14.133/2021 e o inciso V do artigo 5º da Instrução Normativa nº 65/2021, que diz respeito à pesquisa na base nacional de notas fiscais eletrônicas.

Pondera-se que todos os critérios indicados no §1º do artigo 23 da Lei nº 14.133/2021 e reproduzidos no artigo 5º da Instrução Normativa nº 65/2021 são imprecisos e falhos, especialmente se tomados de forma isolada. O critério preferido da Instrução Normativa nº 65/2021, que é o relativo aos preços praticados noutros contratos administrativos, tem os seus problemas porque, quando se faz esse tipo de comparação entre contratos, o usual é que muitos aspectos do contrato que se toma como referência não sejam levados em consideração, como especificações relacionadas ao objeto, condições de pagamento etc. Então, acaba-se, muitas vezes, comparando-se e tomando-se em conta contratos que, num plano geral, têm o mesmo objeto, mas que guardam diferenças substanciais e que repercutem no preço, desprezando tais diferenças. A pesquisa direta com fornecedores é visivelmente precária, porque, como já enfatizado, eles tendem a oferecer para atender aos pedidos de cotação da Administração Pública valores acima dos realmente praticados. Por sua vez, os levantamentos em contratos privados, que se fazem em sítios eletrônicos, publicações especializadas, tabelas ou por meio do banco de notas fiscais eletrônicas, também tendem a ser imprecisos porque indicam práticas do mercado privado, que, na maior parte dos casos, são bem destoantes das estabelecidas em contratos administrativos, com destaque para promoções, liquidações e condições de pagamento. O risco acentuado, nessa última hipótese, é o de obter referência de preço bem inferior ao que poderia ser oferecido à Administração Pública, diante das exigências pertinentes ao contrato formuladas pela própria Administração Pública.

Logo, nenhum dos critérios é ideal, especialmente, insista-se, se tomados de forma isolada. O ideal, para atenuar as imprecisões de cada um dos critérios, é ampliar a pesquisa e combinar os vários critérios, como, inclusive, autoriza o §1º do artigo 23 da Lei nº 14.133/2021. Assim, com uma base maior, as imprecisões tendem a se compensar, aproximando-se das condições reais de preços que podem ser oferecidas à Administração Pública. A dificuldade disso é a de atender a toda a demanda da Administração Pública, porque essa pesquisa mais estendida consome tempo e recursos humanos. É de supor que muitos órgãos e entidades administrativas não disponham de recursos para promover pesquisa assim mais amplificada em relação a todas as suas licitações públicas.

A pesquisa de preços e, na sua sequência, a definição do orçamento estimado é ato complexo, depende de muitas variáveis. Tendo isso em vista, o artigo 3º da Instrução Normativa nº 65/2021 prescreve que ela deve ser formalizada em documento com:

> I - descrição do objeto a ser contratado;
> II - identificação do(s) agente(s) responsável(is) pela pesquisa ou, se for o caso, da equipe de planejamento;
> III - caracterização das fontes consultadas;
> IV - série de preços coletados;
> V - método estatístico aplicado para a definição do valor estimado;
> VI - justificativas para a metodologia utilizada, em especial para a desconsideração de valores inconsistentes, inexequíveis ou excessivamente elevados, se aplicável;
> VII - memória de cálculo do valor estimado e documentos que lhe dão suporte; e
> VIII - justificativa da escolha dos fornecedores, no caso da pesquisa direta de que dispõe o inciso IV do art. 5º.

Ou seja, a instrução normativa exige a produção de documento que relate as providências e as escolhas relativas à pesquisa de preços e à definição do orçamento estimado, inclusive para potencializar as ações de controle e identificar os agentes administrativos, que devem motivar adequadamente as suas escolhas. Recomenda-se que as dificuldades e as soluções encontradas sejam bem contextualizadas.

9.5 Critério para definir o orçamento estimado

O §1º do artigo 23 da Lei nº 14.133/2021 determina que "o valor estimado será definido com base no melhor preço aferido por meio da utilização dos seguintes parâmetros, adotados de forma combinada ou não: [...]". Vê-se que o legislador preferiu a expressão "melhor preço" e não "menor preço". Evidente que o contratante, quando negocia preço, pretende o menor preço. No entanto, isso não deve ser considerado em absoluto, devendo-se ponderar os custos indiretos, as propostas que fogem do padrão e que podem ser consideradas inexequíveis, bem como outros aspectos.

Embora seja legítimo à Administração Pública procurar o menor preço, deve-se agir com grau de cautela diante do risco de obter referenciais de preços mais baixos do que os praticados no mercado, definir tais valores como o orçamento estimado e, com isso, induzir condições inexequíveis para a licitação pública.

Nesse contexto, advirta-se que se deve ter muito cuidado em adotar como referência o menor valor coletado, porque ele pode refletir alguma peculiaridade da empresa ou pessoa que lhe ofereceu ou alguma característica específica do contrato tomado como referência e não corresponder às práticas de mercado. Nesse cenário, se adotado o menor valor coletado, pode ser que as demais empresas interessadas sejam desestimuladas ou afastadas da licitação, em prejuízo à competitividade.

Sob essa perspectiva, é de separar a pesquisa de preços da definição do orçamento ou preço estimado. A Administração Pública vale-se da pesquisa para levantar dados e com base nesses dados define o orçamento estimado, que não é algo automático e irrefletido. Tanto isso é verdade que o *caput* do artigo 23 da Lei nº 14.133/2021 prescreve que o orçamento estimado deve considerar "as quantidades a serem contratadas, observadas a potencial economia de escala e as peculiaridades do local de execução do objeto". Em acréscimo, o §1º do mesmo artigo 23 permite que a Administração Pública, para definir o orçamento estimado, combine os referenciais obtidos com a pesquisa de preços. Isso quer dizer que deve haver uma "inteligência" por trás da definição do orçamento estimado.

Aliás, o artigo 4º da Instrução Normativa nº 65/2021 exige que a pesquisa de preços já leve em conta

> [...] as condições comerciais praticadas, incluindo prazos e locais de entrega, instalação e montagem do bem ou execução do serviço, quantidade contratada, formas e prazos de pagamento, fretes, garantias exigidas e marcas e modelos, quando for o caso, observadas a potencial economia de escala e as peculiaridades do local de execução do objeto.

As diferenças devem ser identificadas quando se faz a pesquisa de preços e os dados coletados devem ser tratados, para que se defina o orçamento estimado diante de referências de preços que remetem a objetos equivalentes.

Nessa direção, o artigo 6º da Instrução Normativa nº 65/2021, da Secretaria Especial de Desburocratização, Gestão e Governo Digital do Ministério da Economia, prescreve que a definição do orçamento estimado pode ser realizada por meio da média, da mediana ou do menor dos valores obtidos na pesquisa de preços, "desde que o cálculo incida sobre um conjunto de três ou mais preços, oriundos de um ou mais dos parâmetros de que trata o art. 5º, desconsiderados os valores inexequíveis, inconsistentes e os excessivamente elevados". A instrução normativa ainda prescreve: (i) a possibilidade de utilizar outros critérios ou métodos, desde que justificados pelo gestor responsável e aprovados pela autoridade competente (§1º do artigo 6º); (ii) a possibilidade de acrescentar ou subtrair determinado percentual, de forma a aliar a atratividade do mercado e mitigar o risco de sobrepreço (§2º do artigo 6º); e (iii) a adoção de critérios fundamentados para desconsiderar valores inexequíveis, inconsistentes ou excessivamente elevados (§3º do artigo 6º). Para arrematar, o §4º do artigo 6º da instrução normativa exige que "os preços coletados devem ser analisados de forma crítica, em especial, quando houver grande variação entre os valores apresentados".

Pois bem, como visto, de acordo com o artigo 6º da Instrução Normativa nº 65/2021, a regra é que o orçamento estimado seja decorrente da média, da mediana ou do menor dos valores obtidos na pesquisa de preços. A média é a soma de todos os valores coletados dividido pelo número de valores coletados. A mediana importa em tomar como referência o valor que ocupa a posição central entre os coletados. O último método reconhecido pelo dispositivo supracitado é o de considerar como referência o menor valor levantado. Por exemplo, em razão da pesquisa, entidade administrativa obteve três valores: R$100,00, R$105,00 e R$108,00. Se adotada a média, o valor de referência é de R$104,33. Se adotada a mediana, o valor de referência é de R$105,00, que ocupa a posição central entre os coletados. Se adotado o menor preço, o valor é de R$100,00.

A Administração Pública, na forma do §1º do artigo 6º da Instrução Normativa nº 65/2021, goza de competência discricionária para escolher a metodologia que considere mais adequada para cada situação concreta. Deve-se ter cuidado em adotar como referência o menor valor coletado, porque ele pode refletir alguma peculiaridade da empresa ou pessoa que lhe ofereceu e não corresponder às práticas de mercado. Daí, se adotado o menor valor coletado, pode ser que as demais empresas sejam desestimuladas ou afastadas da licitação, em prejuízo à competitividade. É mais prudente que o preço de referência seja resultante de média ou da mediana.

Para além disso, o §1º do artigo 6º da Instrução Normativa nº 65/2021 prescreve que "o cálculo incida sobre um conjunto de três ou mais preços, oriundos de um ou mais dos parâmetros de que trata o artigo 5º, desconsiderados os valores inexequíveis, inconsistentes e os excessivamente elevados". Ou seja, a Administração, para obter o valor orçado, precisa levar em consideração e, portanto, obter três valores. Esses três valores podem provir de parâmetros diferentes, entre os nominados nos incisos do *caput* do artigo 5º. Somente excepcionalmente, mediante justificativa do gestor responsável e aprovada pela autoridade competente, admite-se a definição do orçamento com base em menos de três valores, como enuncia o §5º do mesmo artigo 6º.

O §6º do artigo 6º da Instrução Normativa nº 65/2021 prescreve que, nos casos em que o preço estimado for obtido em base única, ou seja, de não se combinar os parâmetros do seu artigo 5º, o preço estimado não pode ser superior à mediana do item nos sistemas consultados.

A Instrução Normativa nº 65/2021, no §4º do artigo 6º, exige que os valores obtidos sejam analisados de forma crítica, em especial quando os valores forem discrepantes. Nessa linha, o *caput* do mesmo artigo 6º prescreve que os valores inexequíveis, inconsistentes e os excessivamente elevados sejam desconsiderados. O §3º, também do artigo 6º, determina que a desconsideração de tais valores seja pautada por critérios fundamentados e descritos no processo administrativo. Sucede que preços inexequíveis ou excessivamente elevados, se tomados como referência pela Administração Pública, podem inviabilizar ou causar grande prejuízo nas licitações. Se o preço de referência da Administração é inexequível, os licitantes são conduzidos a oferecer também preços inexequíveis. Licitantes com preços adequados e justos são desestimulados a participar da licitação. Se o preço for excessivo, da mesma forma, porém em sentido contrário, os licitantes são induzidos a apresentar preços excessivos e, por conseguinte, ampliam-se os riscos de a Administração Pública firmar contrato desvantajoso.

9.6 Orçamento estimado em obras e serviços de engenharia

O orçamento de obra ou serviço de engenharia é medida complexa, porquanto, demanda a definição e o dimensionamento de todos os insumos e serviços necessários para a sua execução, que usualmente são muitos. Então, a Administração deve estimar o preço de cada um deles e, depois, somá-los aos custos indiretos e à projeção de margem de lucro, para então obter estimativa do total.

Durante alguns anos, em âmbito federal, a Lei de Diretrizes Orçamentárias veiculou normas sobre os orçamentos de obras e serviços de engenharia. Essa medida não era a mais adequada, haja vista que estranha aos verdadeiros propósitos da Lei de Diretrizes Orçamentárias. Demais disso, a Lei de Diretrizes Orçamentárias incide apenas sobre o exercício orçamentário seguinte, pelo que seu prazo é delimitado. Daí que essas normas eram precárias, restritas ao exercício objeto da Lei de Diretrizes Orçamentárias, gerando instabilidade e insegurança jurídica.

O legislador deixou de prever tais normas na Lei de Diretrizes Orçamentárias e a Presidência da República editou o Decreto Federal nº 7.983/2013, que, regulamentando a Lei nº 8.666/1993, estabeleceu normas para a elaboração do orçamento estimado em obras e serviços de engenharia.

O critério para alcançar o valor estimado em obra e serviço de engenharia, como vinha sendo previsto nas Leis de Diretrizes Orçamentárias e como é previsto no Decreto Federal nº 7.983/2013, baseia-se, fundamentalmente, nos custos unitários de referência do Sistema Nacional de Pesquisa de Custos e Índices da Construção Civil (Sinapi), mantido pela Caixa Econômica Federal e, para o caso dos serviços e obras de infraestrutura de transportes, do Sistema de Custos Referenciais de Obras (Sicro), mantido pelo Departamento Nacional de Infraestrutura de Transportes – DNIT.

A Lei nº 14.133/2021 incorporou esse critério. O §2º do seu artigo 23 prescreve que a orçamentação de obras e serviços de engenharia deve seguir a composição de custos unitários menores ou iguais à mediana do item do Sicro, para serviços e obras de infraestrutura de transportes, ou do Sinapi, para as demais obras e serviços de engenharia (inciso I).

A Instrução Normativa SEGES/ME nº 91/2022, que vale para a Administração Pública Federal direta, autárquica e fundacional, autoriza a aplicação do Decreto Federal nº 7.983/2013, no que couber, para definir o valor orçado nos processos de licitação e de contratação direta de obras e serviços de engenharia fundados na Lei nº 14.133/2021. De fato, o critério geral do Decreto Federal é aderente ao da Lei nº 14.133/2021, ambos baseados no Sinapi e Sicro. O problema é que nem tudo é aderente e compatível e, diante da opção do Ministério da Economia, cabe aos agentes administrativos que estão na linha de frente identificar as compatibilidades e incompatibilidades do Decreto Federal nº 7.983/2013 com a Lei nº 14.133/2021. Ora, a ideia de um regulamento é a de explicar como a norma legal deve ser aplicada para aquele que deve aplicá-la, de modo a orientar-lhe, evitar intepretações equivocadas e uniformizar as ações administrativas. A Instrução Normativa SEGES/ME nº 91/2022 faz o oposto e, nessa medida, mais obscurece do que esclarece. Melhor que não houvesse a Instrução Normativa, o que não impediria os agentes administrativos elaborarem os orçamentos com base na Lei nº 14.133/2021, que oferece elementos suficientes para tanto.

Além do Sinapi e do Sicro, o §2º do seu artigo 23 da Lei nº 14.133/2021 prescreve também outros critérios, como referências havidas em mídias especializadas, tabelas ou *sites* (inciso II); em contratações similares da Administração Públicas em execução ou concluídas no prazo máximo de um ano (inciso III); e pesquisa na base nacional de notas fiscais eletrônicas, o que ainda deve ser regulamentado (inciso IV).

No entanto, diferente do §1º do mesmo artigo 23, que trata dos parâmetros para a orçamentação de objetos que não envolvem engenharia, o §2º exige que, para obras e serviços de engenharia, os parâmetros devem ser utilizados na ordem definida nos supracitados incisos. Logo, esses parâmetros devem ser entendidos como subsidiários e não adicionais ou alternativos. Ou seja, só se utiliza o parâmetro do inciso II se o do inciso I não for adequado. Aqui, então, não há a mesma discricionariedade outorgada pelo §1º do mesmo artigo para as licitações que não envolvem engenharia.[488]

A prática de consultar empresas interessadas e solicitar a elas a apresentação de orçamentos revela-se problemática também em se tratando de obra e serviço de engenharia. Afora os aspectos negativos desse procedimento em relação a qualquer tipo de objeto, ocorre que, em engenharia, as empresas interessadas precisam ter acesso ao projeto básico para elaborar os orçamentos, o que demanda tempo razoável e a dedicação de profissional habilitado. Ademais, o acesso ao projeto básico antes da publicação do edital pode atrair questionamentos. Inclusive, o Tribunal de Contas da União já reconheceu que o acesso antecipado ao conteúdo do projeto básico, por parte de empresas interessadas, compromete o princípio da isonomia.[489] Por isso que, em engenharia, a regra é a utilização dos supracitados sistemas de referência de preços em vez de realizar pesquisa direta com empresas do setor. Note-se que a pesquisa direta com empresas não é mencionada entre os critérios previstos no §2º do artigo 23 da Lei nº 14.133/2021.

Pondera-se que o artigo 8º do Decreto Federal nº 7.893/2013 permite que os orçamentos levem em consideração especificidades locais ou de projeto, desde que justificado tecnicamente, em relatório assinado por profissional habilitado. Sucede que, muitas vezes, as especificidades relacionam-se com problemas de frete e disposição de mercadorias e insumos em certas regiões do país, que, normalmente, encarecem os seus preços. Também seria possível demonstrar que o padrão utilizado em dado projeto é diferente do tomado em consideração no Sinapi ou no Sicro, com repercussão no preço.

A Lei nº 14.133/2021 não prescreve, ao menos não literalmente, a mesma regra do artigo 8º do Decreto Federal nº 7.893/2013. De toda sorte, não se enxerga contrariedade nesse ponto, de maneira que a sua aplicação seria viável, diante do prescrito na Instrução Normativa SEGES/ME nº 91/2022. Ademais, o §2º do seu artigo 23 apenas

[488] É irregular, em licitações de obras e serviços de engenharia que prevejam o uso de recursos da União, a adoção de custos unitários de referência com valores superiores aos correspondentes no Sinapi ou no Sicro, mesmo que obtidos a partir de composições de outros sistemas oficiais de custos, sem a devida justificativa técnica (arts. 3º, 4º e 8º, parágrafo único, do Decreto nº 7.983/2013). (TCU, Plenário. Acórdão nº 1003/2023. Rel. Min. Antonio Anastasia, j. 24.5.2023)

[489] TCU, Plenário. Acórdão nº 1.087/2007. Rel. Min. Benjamin Zymler, j. 6.6.2007.

indica parâmetros que devem ser considerados para a orçamentação e não obsta que as especificidades pertinentes às contratações sejam também consideradas. Nessa direção, o *caput* do artigo 23 prescreve que o orçamento estimado deve ser "compatível com os valores praticados pelo mercado, considerados os preços constantes de bancos de dados públicos e as quantidades a serem contratadas, observadas a potencial economia de escala e as peculiaridades do local de execução do objeto".

Registre-se que o §3º do artigo 23 da Lei nº 14.133/2021 reconhece que municípios, estados e Distrito Federal, desde que em contratações que não envolvam recursos da União, podem utilizar sistemas próprios diferentes do Sinapi e do Sicro.

9.7 Orçamento estimado em contratação integrada e semi-integrada

Os editais das licitações promovidas sob o regime de contratação integrada são desacompanhados de projeto básico. As especificações técnicas constam de anteprojeto, que é documento mais simples e menos completo que o projeto básico. Daí que, sem projeto básico, não se consegue produzir orçamento detalhado, uma vez que não se dispõe de todos os insumos e dos quantitativos para a execução da futura obra. Assim, sem saber em minúcia o que precisa ser realizado pelo futuro contratado, o modelo de orçamento prescrito no §2º do artigo 23 da Lei nº 14.133/2021, centrado nas tabelas oficiais, é imprestável.

Sob essa luz, o §5º do artigo 23 da Lei nº 14.133/2021 prescreve que, nos casos de contratação integrada e semi-integrada,

> [...] o valor estimado da contratação será calculado nos termos do §2º deste artigo, acrescido ou não de parcela referente à remuneração do risco, e, sempre que necessário e o anteprojeto o permitir, a estimativa de preço será baseada em orçamento sintético, balizado em sistema de custo definido no inciso I do §2º deste artigo, devendo a utilização de metodologia expedita ou paramétrica e de avaliação aproximada baseada em outras contratações similares ser reservada às frações do empreendimento não suficientemente detalhadas no anteprojeto.

Ou seja, as partes do anteprojeto que forem específicas devem ser orçadas de acordo com os parâmetros do §2º do artigo 23 da Lei nº 14.133/2021. Em relação às partes que não forem suficientemente específicas, admite-se orçamento sintético, podendo-se utilizar de metodologia expedida ou paramétrica.

Orçamento sintético, valendo-se de metodologia expedida ou paramétrica, é uma espécie de orçamento genérico e superficial, que pode dar espaços a muitas distorções. Na prática, por exemplo, pretende-se orçar uma estação de tratamento de água, com vazão de 100 l/s. Faz-se o orçamento com base no preço de outra estação de tratamento de água. Em linhas gerais, vê-se a dimensão desta outra estação, aplica-se uma regra de três e tem-se o valor orçado.[490]

---

[490] 1. Orçamento sintético. O orçamento sintético é elaborado mediante levantamentos de quantitativos de serviços calculados com base no anteprojeto de engenharia, com precisão compatível com o seu nível de detalhamento, composto pela descrição, unidade de medida, preço unitário, quantidades e preço dos serviços da obra. O orçamento sintético deve ser balizado pelos sistemas referenciais oficiais tais como Sinapi e Sicro, ou outro de reconhecida utilização, devidamente adaptados às condições regionais e peculiares de cada obra, além de

Em razão dessa vulnerabilidade a distorções, o Tribunal de Contas da União, antes da Lei nº 14.133/2021, vinha entendendo que, sempre que possível, em relação às partes do anteprojeto suficientemente detalhadas, o orçamento seguisse os moldes tradicionais, amparado nas tabelas oficiais.[491] Bem se vê que os precedentes do Tribunal de Contas da União foram acolhidos no §5º do artigo 23 da Lei nº 14.133/2021. Ou seja, se o anteprojeto definir alguma fração do objeto de modo preciso, com quantitativos, então, em relação a essa parte, deve-se orçar de acordo com o modelo tradicional, baseado nas tabelas oficiais. Então, deve haver uma concorrência de critérios para a elaboração do mesmo orçamento. Numa parte ele será mais preciso, com base nas especificações, nos quantitativos e nos valores constantes das tabelas oficiais, e noutra ele será mais superficial, com base numa comparação genérica com outros contratos.

O §6º do artigo 23 da Lei nº 14.133/2021 prescreve que, nos casos de contratação integrada e semi-integrada, deve ser "exigido dos licitantes ou contratados, no orçamento que compuser suas respectivas propostas, no mínimo, o mesmo nível de detalhamento do orçamento sintético referido no mencionado parágrafo". Ou seja, em regra, as propostas devem espelhar os orçamentos da Administração Pública. A proposta deve ser detalhada na parte em que o orçamento da Administração Pública for detalhado e pode ser genérica na parte em que o orçamento da Administração Pública for genérico.

9.8 Orçamento estimado em contratação de soluções de tecnologia da informação e comunicação (TIC)

O orçamento estimado de contratação de soluções de tecnologia da informação e comunicação (TIC) enquadra-se na regra geral sobre orçamentação do §1º do artigo 23 da Lei nº 14.133/2021, cujo teor abrange a aquisição de bens e contratação de serviços em geral, bem como na do §1º do artigo 5º da Instrução Normativa nº 65/2021, que tem a mesma abrangência.

---

levar em consideração possíveis ganhos de escala e os advindos de otimizações do anteprojeto permitidas para a elaboração do projeto básico.
7.2. Metodologia paramétrica. A metodologia paramétrica deve ser utilizada, na elaboração do orçamento, exclusivamente nos casos dos serviços para os quais não haja detalhamento suficiente no anteprojeto de engenharia, quando os quantitativos poderão ser estimados por meio de índices médios. A metodologia paramétrica consiste em utilizar parâmetros de custos ou de quantidades de parcelas do empreendimento obtidos a partir de obras com características similares, tais como: percentual do custo total da obra: mobilização e desmobilização, administração local e projetos; custo por unidade de comprimento: defensa, meio-fio e sarjeta; custo por unidade de área: canteiro de obras, impermeabilização e limpeza final de obra; custo por unidade de volume: demolição, movimentação de terra e sistema de climatização de ar; e custo por ponto de utilização: instalações hidráulicas, instalações sanitárias, instalações elétricas e circuito fechado de vídeo (CFTV).
7.3. Metodologia Expedita. A metodologia expedita deve ser utilizada exclusivamente para empreendimentos cuja singularidade no Brasil torne inviável a elaboração do orçamento por meio dos demais métodos. A metodologia expedita é baseada em preços por unidade de capacidade ou na utilização de indicadores de preços médios por unidade característica do empreendimento, por exemplo: obras de edificação: preço por metro quadrado de área construída; obras de geração de energia: preço por MW de potência instalada; estações de tratamento de água ou de esgoto: preço por unidade de volume tratado; e linhas de transmissão de energia: preço por quilômetro de linha com as mesmas características técnica (IBRAOP OT -IBR 006/2016. Orientação Técnica. p. 9 e 10).

491 TCU, Plenário. Acórdão nº 1.814/2013. Rel. Min. Valmir Campelo, j. 17.7.2013.

Em acréscimo, a Instrução Normativa nº 65/2021, da Secretaria Especial de Desburocratização, Gestão e Governo Digital do Ministério da Economia, mais precisamente o seu artigo 8º, exige que os

> itens constantes nos Catálogos de Soluções de TIC com Condições Padronizadas, publicados pela Secretaria de Governo Digital da Secretaria Especial de Desburocratização, Gestão e Governo Digital do Ministério da Economia, deverão ser utilizados como preço estimado, salvo se a pesquisa de preços realizada resultar em valor inferior.

Em complemento, o parágrafo único do artigo 8º prescreve que "as estimativas de preços constantes em modelos de contratação de soluções de TIC, publicados pela Secretaria de Governo Digital, poderão ser utilizadas como preço estimado".

Esclareça-se que o catálogo de soluções de TIC com condições padronizadas é previsto na Instrução Normativa nº 1/2019 da Secretaria de Governo Digital do Ministério da Economia. De acordo com o inciso XXVI do seu artigo 2º, o catálogo compõe-se da "relação de soluções de TIC ofertadas pelo mercado que possuem condições padrões definidas pelo Órgão Central do SISP, podendo incluir o nome da solução, descrição, níveis de serviço, Preço Máximo de Compra de Item de TIC, entre outros". Trata-se, então, de documento que reúne uma série de soluções de TIC e define os seus preços máximos. A Instrução Normativa nº 65/2021, no seu artigo 8º, estabelece que os preços máximos indicados nesses catálogos sejam respeitados e os orçamentos sejam realizados com base neles.

9.9 Orçamento estimado em contratação de prestação de serviços com regime de dedicação de mão de obra exclusiva

O orçamento estimado de contratação de prestação de serviços com regime de dedicação de mão de obra exclusiva também se enquadra na regra geral sobre orçamentação do §1º do artigo 23 da Lei nº 14.133/2021, cujo teor, repita-se, abrange a aquisição de bens e contratação de serviços em geral, bem como na do §1º do artigo 5º da Instrução Normativa nº 65/2021, que tem a mesma abrangência.

Em complemento, o artigo 9º da Instrução Normativa nº 65/2021 prescreve regra especial, que remete ao disposto na Instrução Normativa nº 5/2017 ou outra normativa que seja produzida no lugar dela. A propósito, o Anexo V da Instrução Normativa nº 5/2017 trata sobre diretrizes para elaboração do projeto básico ou termo de referência, sendo que a alínea "b" do seu item 2.9 prescreve que, nos casos de contratação com regime de dedicação exclusiva de mão de obra, o orçamento estimado deve ser obtido da seguinte forma:

> b.1) por meio do preenchimento da planilha de custos e formação de preços, observados os custos dos itens referentes ao serviço, podendo ser motivadamente dispensada naquelas contratações em que a natureza do seu objeto torne inviável ou desnecessário o detalhamento dos custos para aferição da exequibilidade dos preços praticados; b.2) por meio de fundamentada pesquisa dos preços praticados no mercado em contratações similares; ou ainda por meio da adoção de valores constantes de indicadores setoriais, tabelas de fabricantes, valores oficiais de referência, tarifas públicas ou outros equivalentes, se for o

caso; e b.3) previsão de regras claras quanto à composição dos custos que impactem no valor global das propostas das licitantes, principalmente no que se refere a regras de depreciação de equipamentos a serem utilizados no serviço.

9.10 A competência discricionária para decretar o sigilo sobre o orçamento estimado

O artigo 24 da Lei nº 14.133/2021 prescreve que, "desde que justificado, o orçamento estimado da contratação poderá ter caráter sigiloso [...]". Entretanto, não pode haver sigilo para os órgãos de controle, como adverte o inciso I do mesmo artigo 24.

Significa que o legislador atribui competência discricionária à Administração para decidir se divulga com o termo de referência ou projeto básico ou com o próprio edital os seus orçamentos. Não se trata, a rigor, de orçamento absolutamente sigiloso. A uma porque os órgãos de controle têm acesso a ele. A duas porque, em dado momento, será divulgado para o público em geral, sobretudo para os licitantes. Então, a questão é a respeito de quando divulgar o orçamento: junto com o termo de referência ou projeto ou com o próprio edital ou apenas após a fase de julgamento das propostas?

Anote-se que essa competência discricionária sobre o momento da divulgação do orçamento precisa ser motivada. O *caput* do artigo 24 condiciona o orçamento sigiloso à motivação. Repita-se a redação: "desde que justificado, o orçamento estimado da contratação poderá ter caráter sigiloso [...]". Nesses termos, é de concluir que o orçamento sigiloso não é a regra. A regra é que ele seja público e divulgado. Se houver justificativa para o sigilo, logo uma boa razão para o sigilo, então se pode decidir pelo orçamento sigiloso. Falando de outra maneira, se não houver justificativa para o sigilo, o orçamento deve vir junto com termo de referência ou projetos ou com o próprio edital. Na mesma linha, o inciso XI do artigo 18 da Lei nº 14.133/2021 também exige "motivação sobre o momento da divulgação do orçamento da licitação [...]".

Podem-se esperar controvérsias sobre o sigilo ou não do orçamento, na verdade, sobre o que serve e o que não serve de justificativa para a adoção do sigilo, especialmente no âmbito do Tribunal de Contas da União, que tem muitas decisões divergentes sobre o assunto, notadamente diante da modalidade pregão.[492]

As normas que determinam o sigilo do orçamento costumam ter as suas constitucionalidades questionadas. O argumento é que o sigilo afrontaria o princípio da publicidade. A tese da inconstitucionalidade não é procedente, porque o princípio da publicidade deve ser ponderado com os outros princípios e, sob esse prisma, o princípio da publicidade não é absoluto, ele pode e deve ceder em face de outros princípios, a depender do caso. Assim, é legítimo e constitucional prescrever o sigilo em casos excepcionais, em que haja justificativa para o interesse público. Aqui, a depender da situação, a justificativa mira os princípios da competitividade, da eficiência e da economicidade. Quer-se ampliar a competição e conferir instrumentos para que a Administração firme contratos mais vantajosos.

---

492 Confira-se: (i) TCU, Plenário. Acórdão nº 2.989/2018. Rel. Min. Walton Alencar Rodrigues, j. 12.12.2018; (ii) TCU, Plenário. Acórdão nº 903/2019. Rel. Min. Augusto Nardes, j. 16.4.2019.

De todo modo, melhor é que todos os atos praticados durante o curso do processo de licitação, inclusive o orçamento, sejam públicos, disponibilizados a todos, para que todos sejam tratados com igualdade. Sem embargo, não se pode negar os dispositivos legais que prescrevem a competência discricionária para decretar sigilo acerca do orçamento estimado nem forçar o reconhecimento de uma inconstitucionalidade inexistente.

Nas hipóteses de orçamento sigiloso, a Administração deve ter algumas precauções, sobretudo para evitar o vazamento do valor orçado. Por exemplo, o termo de referência, de acordo com a alínea "i" do inciso XXIII do artigo 6º da Lei nº 14.133/2021, deve veicular o valor orçado. A Administração costuma publicar o edital acompanhado do termo de referência. Portanto, ao publicar o edital, deve ter o cuidado de retirar do termo de referência as indicações sobre o valor orçado. Nessa mesma direção, o inciso VI do §2º do artigo 18 da Lei nº 14.133/2021, que versa sobre o estudo técnico preliminar e, também, exige a estimativa do valor da contratação, autoriza que a estimativa conste de anexo classificado, justamente para preservar o seu sigilo.

E, mais, a pesquisa de preços que gera o valor orçado é realizada durante a etapa preparatória da licitação e todos os seus passos devem ser documentados no respectivo processo administrativo. Se o orçamento é sigiloso, toda a documentação relativa a ele deve ser juntada em autos apartados do processo de licitação. Ora, em caso contrário, qualquer um que manuseie o processo administrativo teria acesso ao valor orçado, fazendo com que o sigilo fosse facilmente quebrado.

Sob a mesma perspectiva, seria conveniente, embora não haja obrigação legal nesse sentido, estabelecer para os próprios agentes administrativos restrições de acesso ao orçamento. Apenas os agentes administrativos que o produziram, o agente de contratação, a comissão ou pregoeiro e a autoridade competente deveriam ter conhecimento sobre o valor orçado. Se o orçamento é sigiloso, não parece adequado que todos os agentes administrativos tenham acesso a ele. Devem ter acesso apenas aqueles que precisam conhecê-lo em face de suas funções e atuação durante a licitação pública.

Registre-se que no texto da Lei nº 14.133/2021, aprovado pelo Congresso Nacional, havia o inciso II no artigo 24, que, no entanto, foi vetado pela Presidência da República. O dispositivo vetado previa que o orçamento "será tornado público apenas e imediatamente após a fase de julgamento de propostas, sem prejuízo da divulgação do detalhamento dos quantitativos e das demais informações necessárias para a elaboração das propostas". A Presidência considerou, de forma acertada, que seria melhor à Administração gozar de competência discricionária para decidir o momento da divulgação do orçamento sigiloso, porque seria vantajoso ao interesse público, em muitas situações, não o divulgar antes de encerrada a negociação. A premissa é procedente, especialmente nos casos em que a proposta objeto da negociação está muito próxima ou mesmo abaixo do orçamento. Nesses casos, divulgar o orçamento antes da negociação poderia desestimular uma redução de preços mais substancial por parte do licitante, o que corresponde ao cerne da razão do veto.[493]

[493] 9.3. dar ciência ao Centro de Intendência Tecnológico da Marinha em São Paulo, com fundamento no art. 9º, inciso I, da Resolução – TCU 315/2020, sobre as seguintes impropriedades/falhas, identificadas no Pregão Eletrônico 90005/2024, para que sejam adotadas medidas internas com vistas à prevenção de outras ocorrências semelhantes: [...] 9.3.2. previsão contida no item 10.1 do termo de referência, no sentido de que o custo estimado da contratação, por possuir caráter sigiloso, não seria tornado público antes de definido o

9.11 Adequação orçamentária

Com o orçamento estimado em mãos, a Administração deve tratar da adequação orçamentária, isto é, falando-se diretamente, se o que ela estimou gastar com dado contrato administrativo encontra respaldo nas leis orçamentárias, se ela disporá de recursos para fazer frente ao contrato administrativo. O inciso XXIII do artigo 6º da Lei nº 14.133/2021 prescreve que a Administração Pública deve no próprio termo de referência verificar a adequação orçamentária. O *caput* do artigo 18, também da Lei nº 14.133/2021, salienta que a etapa preparatória da licitação deve se compatibilizar com as leis orçamentárias. Inclusive para as contratações diretas, o inciso IV do artigo 72 da Lei nº 14.133/2021 exige "demonstração da compatibilidade da previsão de recursos orçamentários com o compromisso a ser assumido".

Trata-se de medida crucial para a responsabilidade fiscal do Estado, tanto que a alínea "c" do inciso V do artigo 40 da Lei nº 14.133/2021 determina que o planejamento das compras deve atender ao princípio "da responsabilidade fiscal, mediante a comparação da despesa estimada com a prevista no orçamento". A exigência de adequação orçamentária visa a evitar que contratos sejam celebrados sem que a Administração disponha, no seu orçamento, da previsão do montante necessário para realizar os respectivos pagamentos. Quer-se evitar contratações aventureiras e o inadimplemento da Administração.

Sendo assim, a adequação orçamentária e a responsabilidade fiscal, por sua centralidade, qualificam-se como balizas fundamentais para a governança das contratações. Aliás, o parágrafo único do artigo 11 da Lei nº 14.133/2021 atribui à alta administração do órgão ou entidade a responsabilidade pela governança das contratações, sendo que uma de suas finalidades é "assegurar o alinhamento das contratações ao planejamento estratégico e às leis orçamentárias". Nessa direção, o inciso IV do artigo 4º da Portaria nº 8.678/2021, da Secretaria Especial de Desburocratização, Gestão e Governo Digital do Ministério da Economia, que dispõe sobre a governança das contratações no âmbito da Administração Pública Federal direta, autárquica e fundacional, anuncia como uma das diretrizes para a governança das contratações públicas o "alinhamento das contratações públicas aos planejamentos estratégicos dos órgãos e entidades, bem como às leis orçamentárias".

Note-se que se não exige a disposição de recursos antes da licitação ou mesmo antes da celebração do contrato. Exige-se apenas que se disponha dos recursos no exercício financeiro correspondente ao contrato, isto é, que haja previsão dos recursos na respectiva lei orçamentária. Cumpre insistir – porque frequente é a confusão – que a Administração não precisa dispor, à época da licitação, do montante necessário para arcar com o contrato; ela precisa apenas indicar que há previsões no orçamento para realizar os pagamentos futuros.

---

resultado do julgamento das propostas, é contrária ao interesse público, uma vez que deve ser permitida a sua divulgação, em ato público, após a fase de lances, quando as propostas permanecerem com preços acima dos de referência, de forma a tornar a fase de negociação de preços com os licitantes mais efetiva e evitar a ocorrência de tratamento não isonômico; (TCU, Plenário. Acórdão nº 2190/2024. Rel. Min. Augusto Nardes, j. 16.10.2024).

9.12 Cumprimento dos incisos I e II do caput do artigo 16 da Lei Complementar nº 101/2000 (Lei de Responsabilidade Fiscal)

Consoante os incisos I e II do *caput* do artigo 16 da Lei de Responsabilidade Fiscal,

> [...] a criação, expansão ou aperfeiçoamento de ação governamental que acarrete aumento da despesa será acompanhado de:
> I - estimativa do impacto orçamentário-financeiro no exercício em que deva entrar em vigor e nos dois subsequentes;
> II - declaração do ordenador da despesa de que o aumento tem adequação orçamentária e financeira com a lei orçamentária anual e compatibilidade com o plano plurianual e com a lei de diretrizes orçamentárias.

Em complemento, o inciso I do §4º do mesmo artigo 16 prescreve que "as normas do *caput* constituem condição prévia para: I - empenho e licitação de serviços, fornecimento de bens ou execução de obras". Ainda, o artigo 15 considera não autorizada, irregular e lesiva ao patrimônio público a geração de despesa ou a assunção de obrigação que desatenda ao preceituado no artigo 16.

O *caput* do artigo 16 trata especificamente da criação, expansão ou aperfeiçoamento de ação governamental que acarrete aumento de despesa. Dessa maneira, compreende-se que as exigências relativas à estimativa de impacto orçamentário-financeiro e à declaração de conformidade orçamentária e financeira às leis pertinentes não incidem em todos os empenhos e licitações, mas somente naqueles em que haja criação, expansão ou aperfeiçoamento de ação governamental.

Nesses termos, a previsão do inciso I do §4º do artigo 16 serve somente para declinar em qual momento devem ser cumpridas as formalidades supracitadas (dos incisos do *caput* do artigo 16), pois elas devem ser levadas a cabo de qualquer forma, se for caso de criação, expansão ou aperfeiçoamento de ação governamental.

Ou seja, vai-se criar, expandir ou aperfeiçoar a ação governamental; torna-se, pois, imperativo obedecer ao prescrito nos incisos do *caput* do artigo 16, em suma, elaborar estimativa do impacto orçamentário e declarar a adequação e a compatibilidade orçamentária e financeira com as leis pertinentes. O papel dos incisos do §4º do artigo 16 é justamente o de esclarecer que, se a ação governamental implica empenho ou licitação, as referidas formalidades devem ser cumpridas antes que eles sejam realizados.

Esclareça-se, a esta altura, que a estimativa do impacto orçamentário-financeiro no exercício em que deva entrar em vigor e nos dois subsequentes, bem como a declaração do ordenador da despesa de que o aumento tem adequação orçamentária e financeira com a lei orçamentária anual e compatibilidade com o plano plurianual, correspondem às *despesas provocadas pela* criação, expansão e aperfeiçoamento da ação governamental; e não apenas às *despesas para* a criação, expansão e aperfeiçoamento da ação governamental. Portanto, não basta tomar em conta as despesas defluentes do contrato a ser firmado em face do procedimento licitatório; antes disso, é imprescindível avaliar as despesas que advirão da nova projeção da ação governamental como um todo, abrangendo as despesas com contrato, custo fixo, manutenção etc.

Para criar ação governamental, o custo pode ser bastante reduzido, conquanto, mantê-la seja em tudo oneroso. O artigo 16, desde o *caput* até a última letra do inciso

II do §4º, revela preocupação, insista-se, com as despesas provenientes de criação, expansão e aperfeiçoamento de ação governamental como um todo.[494]

10 Definição do regime de execução

10.1 Considerações gerais

A Administração Pública demanda serviços, obras e fornecimento de bens, que podem ser providos por ela diretamente. Nesses casos, fala-se em *execução direta*, isto é, a própria Administração Pública presta o serviço, executa a obra ou produz o bem. A *execução indireta* ocorre nas situações em que a Administração Pública contrata terceiros para que estes provejam a ela os serviços, as obras e os bens de que ela necessita.

Diante dos casos de *execução indireta*, a Administração Pública deve definir na etapa preparatória da licitação o regime de execução, que, de acordo com os incisos do artigo 46 da Lei nº 14.133/2021, são sete: "I - empreitada por preço unitário; II - empreitada por preço global; III - empreitada integral; IV - contratação por tarefa; V - contratação integrada; VI - contratação semi-integrada; VII - fornecimento e prestação de serviço associado".

A definição do regime de execução, sobretudo em obras e serviços de engenharia, é importante, porque é determinante na condução da etapa preparatória da licitação, nos procedimentos, informações e documentos exigidos, conforme a legislação.

10.2 Empreitada por preço unitário e global

Há divergência sobre a compreensão da distinção entre empreitada por preço global e unitário. O inciso XXVIII do artigo 6º da Lei nº 14.133/2021 prescreve que a empreitada por preço unitário é a "contratação da execução da obra ou do serviço por preço certo de unidades determinadas". O inciso XXIX do mesmo artigo define que a empreitada por preço global é a "contratação da execução da obra ou do serviço por preço certo e total".

Na empreitada por preço global, a Administração remunera o contratado em razão da execução da obra ou do serviço como um todo ou em razão de partes ou etapas predeterminadas, apuradas também em sua totalidade. Em linha diversa, na empreitada por preço unitário, o contratado é remunerado em razão das unidades determinadas e não em razão de etapas ou do todo contratado.[495]

---

[494] No sentido esposado neste estudo, cf. QUADROS, Cerdônio (org.). *Responsabilidade fiscal*: estudos e orientações: uma primeira abordagem. São Paulo: NDJ, [s.d.]. p. 68.

[495] 61. O quarto achado discorre sobre o pagamento em desacordo com regime de empreitada por preço global. 62. No Contrato 66/2023, firmado com a Construtora LDN Ltda., não se observou o regime de execução por preço global como critério de medição contratado, em afronta ao §9º do art. 46 da Lei 14.133/2021 e das cláusulas 10.4 e 10.5 daquele contrato. Identificou-se, todavia, a adoção de sistemática de remuneração orientada por quantidades de itens unitários. Em análise às medições até então aferidas, identificou-se que não houve cumprimento de metas definidas e que os pagamentos corresponderam à execução física dos serviços (característica de empreitada por preço unitário), e não conforme as metas definidas em contrato. (TCU, Acórdão nº 1.795/2024, Plenário. Rel. Min. Jhonatan de Jesus, j. 28.8.2024).

Renato Geraldo Mendes explica de forma contextualizada a distinção entre os regimes de empreitada por preço global e unitário.[496] O raciocínio esposado por Renato Geraldo Mendes parte da premissa de que a essência dos contratos administrativos é cunhada pela relação entre *encargo* e *remuneração*. O *encargo* é a obrigação assumida pelo contratado, o préstimo a ser realizado por ele. A *remuneração* é o valor devido em contrapartida pela Administração, de acordo com a proposta apresentada oportunamente pelo contratado, em processo de licitação pública ou de contratação direta.

O encargo, prossegue o professor paranaense, deve ser definido tanto em seu aspecto qualitativo quanto quantitativo, isto é, quem apresenta proposta deve saber *o que terá que fazer* e o *quanto terá que fazer*. A *remuneração* devida ao contratado somente pode ser definida se conhecido o *encargo* em sua totalidade, no que tange aos seus aspectos qualitativo e quantitativo. Sem conhecer ambos os aspectos, não há como apresentar proposta.

O ponto é que, de acordo com o defendido por Renato Geraldo Mendes, em algumas oportunidades, a Administração não consegue estabelecer de antemão o aspecto quantitativo. O melhor exemplo é o da contratação de obra de perfuração de poço artesiano. A Administração não sabe de antemão, no momento de lançar o edital, com quanto metros de perfuração a água será obtida (por exemplo, se com 30 metros, 40 metros ou mais). As empresas que participam da licitação pública também não têm condições de saber. Trocando-se em miúdos, há casos em que, por imperativo da realidade, a Administração e os contratados conhecem o encargo apenas parcialmente, em relação ao seu aspecto qualitativo; desconhecem o aspecto quantitativo. Sem o aspecto quantitativo, é inviável a formulação de propostas em sua totalidade, isto é, a definição total da remuneração.

Para atender a essa realidade, admitindo que existam casos em que a Administração Pública não consegue precisar os quantitativos, o encargo a ser suportado pelo contratado em sua totalidade, o legislador houve por bem distinguir a empreitada por preço global e a por preço unitário. Por isso é que, repita-se, no inciso XXVIII do artigo 6º da Lei nº 14.133/2021, o legislador considerou que a empreitada por preço unitário é a "contratação da execução da obra ou do serviço por preço certo de unidades determinadas", e no inciso XXIX do mesmo artigo que a empreitada por preço global é a "contratação da execução da obra ou do serviço por preço certo e total".

Continuando com os argumentos de Renato Geraldo Mendes, a empreitada por preço global pressupõe que a contratação ocorra por preço certo e total, o que depende do conhecimento completo do encargo, tanto em relação ao aspecto quantitativo quanto qualitativo. A empreitada por preço unitário pressupõe que não se conheça o encargo em sua totalidade, especificamente o seu aspecto quantitativo. Ora, a contratação ocorre por preço unitário porque não se sabe previamente qual a quantidade total. Se ela fosse conhecida, não haveria razões para que a remuneração fosse pela unidade e não pela totalidade.

Volta-se ao exemplo do poço artesiano, em que a contratação é por empreitada por preço unitário, isto é, a contratação é por unidade de medida definida pela

[496] Renato Geraldo Mendes enfrenta o assunto no Capítulo 6, "Os regimes de empreitada na Lei nº 8.666/93", do seu *O regime jurídico da contratação pública*. Curitiba: Zênite, 2008 p. 133-166.

Administração, por exemplo, metro cúbico. A remuneração devida ao contratado depende da quantidade referente ao metro cúbico de terra extraída por ele, dado que a Administração não consegue precisá-la antecipadamente. Se conseguisse precisar antecipadamente a quantidade, não haveria razão para adotar a empreitada por preço unitário; seria obrigatória a empreitada por preço global.

Em face dos dispositivos legais supracitados, diga-se novamente, a diferença entre a empreitada por preço global e unitário é que na primeira o preço é certo e total e na segunda ele é certo em razão de unidades determinadas. Ora, na empreitada por preço global, o preço é certo e total porque o encargo é conhecido em sua totalidade, em relação ao aspecto qualitativo e quantitativo. Na empreitada por preço unitário, o preço é certo em razão de unidades determinadas, porque o encargo não é conhecido em sua inteireza, não se conhece a quantidade.

Advirta-se que, em ambos os regimes, a Administração deve produzir projeto básico e que, diante da alínea "f" do inciso XXV do artigo 6º da Lei nº 14.133/2021, dentro dele deve inserir "orçamento detalhado do custo global da obra, fundamentado em quantitativos de serviços e fornecimentos propriamente avaliados, obrigatório exclusivamente para os regimes de execução previstos nos incisos I, II, III, IV e VII do *caput* do art. 46 desta Lei". O inciso I do *caput* do artigo 46, esclareça-se, se refere à empreitada por preço unitário.

Quer dizer que, embora a Administração não consiga precisar o quantitativo total a ser demandado na obra, ela deve produzir um orçamento sobre o custo global dela. Para tanto, a Administração acaba sendo forçada a estimar os quantitativos totais, ainda que com margem de erro substancial, que pode ser maior ou menor, a depender do caso. Ou seja, mesmo no caso de regime de empreitada por preço unitário, a Administração precisa definir a obra e o orçamento em seu todo, ainda que o seja de forma estimada.

No entanto, sensível à distinção entre a empreitada por preço global e a por preço unitário, o Tribunal de Contas da União prolatou o Acórdão nº 1.643/2024, da relatoria do Ministro Benjamin Zymler, cujo teor reconhece que "[...] nas empreitadas por preço unitário, definida no art. 6º, inciso XXVIII, da Lei 14.133/2021, faz-se regular a promoção de pequenas alterações de quantitativos na planilha orçamentária, sem a necessidade da celebração de termo aditivo [...]". Ora, como o pressuposto da empreitada por preço unitário é que a Administração não consegue precisar o aspecto quantitativo do objeto do contrato, é natural que ocorra uma variação na quantidade estimada, que se demande quantitativo menor ou maior do que o estimado. Essa variação deve ser considerada como normal no regime de empreitada por preço unitário, compõe o próprio objeto do contrato, é ínsita a ele e, nessa medida, não importa alteração a ser formalizada por aditivo contratual.[497] Logo, no regime de empreitada por preço unitário, os quantitativos devem ser indicados no projeto básico, ainda que de forma estimada e ainda que se admita uma variação deles, variação esta que também deve ser definida no projeto básico.

[497] É de registrar que, no Acórdão nº 1.643/2024, o Tribunal de Contas da União estabeleceu uma série de condicionantes para que essa variação de quantitativo não seja considerada alteração contratual, algumas delas excessivas e sem razão aparente, que serão tratadas no Capítulo 20 deste livro, dedicado à "Alteração incidente sobre o objeto do contrato administrativo". No mesmo Capítulo 20, será abordada a discussão sobre o direito do contratado ao aditivo em casos de variações no quantitativo unitário no caso de regime de empreitada por preço global.

Por derradeiro, diante das distinções aqui apresentadas, é de concluir que a definição do regime de execução, se empreitada por preço global ou unitário, não é ato livre e arbitrário. À Administração Pública não é dado escolher, apartada de critérios técnicos, a empreitada por preço global ou unitário. Se a Administração tem condições de definir antecipadamente o encargo na sua totalidade, nos seus aspectos qualitativos e quantitativos, impõe-se a empreitada por preço global. Em caso contrário, se a Administração não tem condições de antever o encargo em sua totalidade, não consegue precisar o quantitativo, daí se impõe a empreitada por preço unitário.[498]

10.3 Empreitada integral

A empreitada integral constitui um passo além da empreitada por preço global. Na empreitada integral o contratado é obrigado a entregar o empreendimento em funcionamento e operação. Fala-se em *turn key*. Na definição do inciso XXX do artigo 6º da Lei nº 14.133/2021, trata-se da

> [...] contratação de empreendimento em sua integralidade, compreendida a totalidade das etapas de obras, serviços e instalações necessárias, sob inteira responsabilidade do contratado até sua entrega ao contratante em condições de entrada em operação, com características

[498] O Tribunal de Contas da União vem seguindo essa linha, conforme se depreende do seguinte excerto: "12. Na análise da unidade instrutiva, a SecobEdificação acertadamente comenta que, não obstante a sua preferência, existem situações em que, pelas características do empreendimento, se faz mais vantajosa a utilização do regime de empreitada por preço unitário, no que propõe, após abalizada exposição, notificação à Infraero sobre tal inadequação. 13. De fato, existem certos tipos de obras e sistemas construtivos que, por suas características, não possibilitam uma quantificação absolutamente acurada dos exatos volumes a executar. Há uma imprecisão nata nesses afazeres. São os casos, por exemplo, da execução de grandes volumes de terraplenagem. Quando se compacta um material, o volume in natura é reduzido; e cada solo, em razão de suas características geotécnicas, possui um comportamento diferenciado para essa retração. Tal medida pode ser traduzida por um índice chamado 'fator de contração' ou 'fator de homogeneização'. Quanto maior esse índice, mais escavações devem ser feitas para viabilizar a construção dos respectivos aterros. O valor da obra, portanto, é altamente impactado em decorrência dessa particularidade. 14. Em uma jazida de solos é comum existirem vários extratos de material com 'fatores de contração' distintos. Quer dizer que, não obstante a realização prévia de ensaios geotécnicos, é inviável oferecer uma acurácia absoluta no projeto. Até, porque, existe, também, um fator perdas nas operações de transporte (dos cortes para os aterros). Essas perdas, claro, também são relevantemente imprecisas. Sem contar a existência de uma capa orgânica nos cortes (de espessura irregular) imprestável para servir de suporte nos aterros. Quanto maior essa capa, mais escavações serão necessárias. Outra camada superficial no leito dos aterros (mais uma vez de medida indeterminada, a priori) também deve ser retirada, o que ocasionará mais ou menos volumes de material aterrado para atender às cotas de projeto. 15. Natural concluir que, não obstante, os cuidados no projeto básico para adequadamente quantificar os volumes de terraplenagem, sempre haverá uma boa margem de indeterminação. 16. Idêntica afirmativa pode ser imposta em contratos de *reforma de edificação* (como é o presente caso). Não há como prever o exato estado das tubulações no interior dos pisos e paredes, sem antes demoli-las. Em restaurações de prédios históricos, igualmente tortuoso identificar, com antecedência, a perfeita quantidade de pisos, portas, esquadrias e janelas a serem totalmente substituídos e quais serão recuperados. Obras urbanas, que intuam interferências diversas, possuirão a mesma peculiaridade. Alguns tipos de fundações, principalmente as cravadas, também. Recuperações estruturais e manutenção rodoviária são outro exemplo. Existe uma gama de outras situações. 17. Caso utilizada uma empreitada por preço global nesses tipos de objetos, as medições serão realizadas por etapas; não por quantitativos medidos. Resultado: os construtores irão alocar uma parcela muito alta de risco para adimplir, com segurança, o objeto licitado. Na verdade, essa segurança não existirá, porque o imponderável é muito alto. A melhor proposta para a administração mais se voltará para a aleatoriedade que propriamente a uma boa oferta licitatória. 18. Por esse motivo, nesses empreendimentos eivados de imprecisão congênita, é preferível a utilização de empreitadas por preço unitário, pelas características próprias do sistema de medição. Nisso, concordo inteiramente com as conclusões tomadas pela unidade instrutiva" (TCU, Plenário. Acórdão nº 1.978/2013. Rel. Min. Valmir Campelo, j. 31.7.2013).

adequadas às finalidades para as quais foi contratado e atendidos os requisitos técnicos e legais para sua utilização com segurança estrutural e operacional.

Toma-se como exemplo a construção de um centro de convenções. A Administração pode contratar empresa apenas para a construção da estrutura física do centro de convenções, sem instalar equipamentos e mobiliário. Ou seja, a Administração contrata a construção do prédio que irá abrigar o centro de convenções e isto deve ocorrer sob o regime de empreitada por preço global. O contratado entrega o prédio e, posteriormente, a Administração compra e instala os equipamentos e mobiliário, sem os quais o centro de convenções não entra em funcionamento. Na empreitada integral, a Administração contrata a construção do prédio do centro de convenções, que deve ser entregue pronto para operar, com todos os equipamentos e mobiliário instalados. O contratado entrega-o pronto para a operação.

Aplica-se, de resto, toda a sistemática da empreitada por preço global. Pode-se dizer que a empreitada integral é muito próxima da empreitada por preço global, é quase que um passo adiante, dado que o empreendimento é entregue pronto para a operação.

A jurisprudência do Tribunal de Contas da União faz ressalvas em relação à adoção da empreitada integral. Confira-se:

> 22. Após a publicação do orçamento detalhado elaborado pela Unifesp para subsidiar a elaboração das propostas, a Seinfra Urbana destacou que, "além dos serviços, equipamentos e instalações comumente executados dentro do escopo de obras públicas de edificações, há alguns itens que, eventualmente, poderiam ter sido objeto de contratação à parte, como, por exemplo, os equipamentos de cozinha industrial [...]". Informou que os referidos itens totalizam R$867.465,95, incluído o BDI.
> 23. Tem razão a Seinfra Urbana. A jurisprudência deste Tribunal é firme no sentido de que o regime de empreitada integral previsto no art. 6º, inciso VIII, alínea "e", da Lei 8.666/1993 deve ser considerado na condução de projetos de vulto e complexos, em que a perfeita integração entre obras, equipamentos e instalações se mostre essencial para pleno funcionamento do empreendimento, a exemplo de obras em hidrelétricas. Essa complexidade não se encontra demonstrada nas obras pretendidas pela Unifesp.[499]

Bem se vê que o Tribunal de Contas da União não proíbe a empreitada integral – aliás, nem poderia fazê-lo, porque prevista expressamente na Lei nº 14.133/2021 – e na revogada Lei nº 8.666/1993. No entanto, na percepção ponderada da Corte, a empreitada integral apenas não deve ser utilizada como regra, para casos injustificados. É permitido utilizá-la em situações em que se exige "a perfeita integração entre obras, equipamentos e instalações [...]", o que depende de avaliação discricionária dos agentes administrativos, o que deve acontecer diante das peculiaridades de cada caso.

10.4 Tarefa

O regime de empreitada também prevê a figura da tarefa, que, conforme a definição do inciso XXXI do artigo 6º da Lei nº 14.133/2021, consiste no "regime de contratação

---

[499] TCU, Plenário. Acórdão nº 711/2016. Rel. Min. Ana Arraes, j. 30.3.2016.

de mão de obra para pequenos trabalhos por preço certo, com ou sem fornecimento de materiais". Trata-se de regime de empreitada de pouca relevância e expressão, empregada para serviços simples como de jardinagem, pintura de muro etc. Define-se o serviço na sua totalidade, que constitui a tarefa, e acerta-se um preço fechado para ele. Pode-se acordar o fornecimento ou não de materiais, conforme decisão discricionária da Administração.

10.5 Contratação integrada e contratação semi-integrada

O modelo tradicional de licitação pública parte do pressuposto que o objeto da licitação e do futuro contratado é estabelecido de antemão e de modo unilateral e fechado pela Administração Pública. O mercado não influi nele e os licitantes apresentam as suas propostas em acordo com o projeto básico, sob pena de desclassificação. A disputa, na maior parte dos casos, concentra-se no preço. Bate-se preço para um objeto predeterminado pela Administração Pública. Dito de outro modo, a Administração Pública define o objeto e os licitantes definem o preço.

Em muitos casos, esse modelo tradicional pode ser desvantajoso para a Administração Pública, especialmente diante de objetos de mais elevada complexidade e que admitem soluções técnicas diversas. Nesse modelo tradicional, licitantes, ainda que quisessem, não dispõem da oportunidade de apresentar soluções diversas e, eventualmente, melhores para a Administração Pública.

Esse modelo tradicional é rompido com os regimes de contratação integrada e semi-integrada, que foram introduzidos no direito brasileiro, respectivamente, pela Lei nº 12.462/2011, que cuida do Regime Diferenciado de Contratações Públicas, e pela Lei nº 13.303/2016, que disciplina as empresas estatais. Os regimes de contratação integrada e semi-integrada têm as suas diferenças, mas partem de uma gênese comum: abre-se a possibilidade de os licitantes oferecerem soluções não apresentadas de antemão e de modo unilateral e fechado pela Administração Pública.

Em resumo, na contratação integrada, a Administração faz com que o edital seja acompanhado de anteprojeto e não de projeto básico. O anteprojeto dá uma visão panorâmica do objeto da licitação, sem o especificar em detalhes como no projeto básico. Na contratação semi-integrada, o edital é acompanhado de projeto básico, com todos os seus elementos e detalhamento, porém a Administração permite que, em relação a partes identificadas do projeto básico, os licitantes apresentem soluções alternativas. Em ambas, na contratação integrada e na semi-integrada, os licitantes não estão vinculados inteiramente e de modo definitivo às soluções apresentadas pela Administração e podem oferecer as suas próprias soluções. Então, nesse novo modelo, a disputa também passa pela definição do objeto da futura contratação, que pode contar com a contribuição dos licitantes. A disputa não é mais somente de preço, mas também de inteligência de engenharia. Quem tem a melhor engenharia consegue soluções melhores e mais baratas, que lhe propiciam oferecer proposta melhor e mais barata, dando-lhe vantagem competitiva determinante.

Os licitantes, com a contratação integrada e a semi-integrada, são estimulados a investigar soluções diversas para reduzir os seus custos, apresentar preços menores e ampliar suas chances de vitória. O modelo, em tese, é excelente, é moderno, abre uma nova perspectiva para a licitação, dentro de uma Administração consensual e dialógica, que não atua apenas unilateralmente, mas que conversa, dispõe-se a ouvir e aprender com a expertise da iniciativa privada. A Administração tem a chance de ganhar com a expertise dos licitantes.

Diante dessas considerações, pelo menos quatro aspectos devem ser frisados já de início.

O primeiro diz respeito à utilização da contratação integrada e da semi-integrada, dado que a Administração, nos termos do artigo 46 da Lei nº 14.133/2021, goza de discricionariedade para utilizá-las ou um dos outros regimes de execução. Pois bem, em termos gerais, a contratação integrada e a semi-integrada pressupõem objeto que possa ser executado com diferentes metodologias ou tecnologias. O ponto deve ser se a Administração quer admitir diferentes metodologias ou tecnologias em suas licitações ou se, por sua avaliação técnica, prefere elegê-la de antemão. A Administração não deve utilizar a contratação integrada ou a semi-integrada se avaliou previamente as metodologias e tecnologias disponíveis e decidiu eleger uma de antemão. Logo, no exercício de sua discricionariedade, não permite que os licitantes ofereçam propostas que alterem o projeto básico, com novas metodologias e tecnologias. Então, a Administração goza de competência para definir de antemão uma única metodologia e tecnologia para a execução dos objetos que pretende contratar, hipótese que afasta o uso da contratação integrada e da semi-integrada. Ambas caem bem nos casos em que a Administração quer realizar a licitação de modo aberto a diferentes metodologias ou tecnologias, ainda que parcialmente.

O segundo aspecto envolve o modo de avaliação da nova metodologia ou tecnologia que será apresentada pelos licitantes. A Administração deve estabelecer os critérios para a avaliação em edital, que devem ser objetivos. Também precisa sopesar tais critérios com o preço. Por exemplo, licitante propôs tecnologia considerada melhor, porém mais cara. Como comparar, com qual proporção, proposta de outro licitante que traz tecnologia pior e mais barata? A Lei nº 14.133/2021 não dá pista de como isto deve ser feito, por efeito do que o edital deve estabelecer os critérios.

Daí vem o terceiro aspecto, centrado na subjetividade de tais avaliações. A escolha dos critérios para a avaliação já é em boa dose subjetiva. A avaliação, propriamente dita, também não escapa da subjetividade. Ou seja, a contratação integrada e semi-integrada amplia o espaço de discricionariedade para a avaliação da proposta mais vantajosa – o que não é algo, necessariamente, negativo.

O quarto aspecto envolve os aditivos decorrentes de contratação integrada e de semi-integrada. Sucede que o contratado, tendo apresentado total ou parcialmente as suas próprias soluções, atrai para si os riscos e a responsabilidade que decorrem dos seus defeitos, não lhe cabendo pleitear aditivos em razão de tais defeitos, provocados, nessa medida, por ele mesmo. É o que prescreve o artigo 133 da Lei nº 14.133/2021, que permite aditivos apenas em casos excepcionais, nomeadamente:

> I - para restabelecimento do equilíbrio econômico-financeiro decorrente de caso fortuito ou força maior;
> II - por necessidade de alteração do projeto ou das especificações para melhor adequação técnica aos objetivos da contratação, a pedido da Administração, desde que não decorrente

> de erros ou omissões por parte do contratado, observados os limites estabelecidos no art. 125 desta Lei;
> III - por necessidade de alteração do projeto nas contratações semi-integradas, nos termos do §5º do art. 46 desta Lei; e
> IV - por ocorrência de evento superveniente alocado na matriz de riscos como de responsabilidade da Administração.

O §4º do artigo 22, também da Lei nº 14.133/2021, determina que "nas contratações integradas ou semi-integradas, os riscos decorrentes de fatos supervenientes à contratação associados à escolha da solução de projeto básico pelo contratado deverão ser alocados como de sua responsabilidade na matriz de riscos".

A contratação integrada e a semi-integrada devem ser compreendidas como modelos alternativos de licitação pública, baseadas que são numa percepção dialógica e consensual da Administração Pública, em que ela não define o objeto da licitação e do futuro contrato administrativo de antemão e de modo unilateral e fechado, porém permite que os licitantes ofereçam as suas soluções. Inauguram assim um modelo de licitação aberto, vocacionado a fazer com que a Administração Pública se aproveite do conhecimento da iniciativa privada. Não são a panaceia, a chave para a resolução de todos os problemas contratuais da Administração Pública, mas podem ser instrumentos importantes para a obtenção de contratos mais vantajosos, especialmente se bem utilizados e para as situações que sejam adequados.

10.5.1 Contratação integrada

A contratação integrada foi introduzida no Brasil pelo Regime Diferenciado de Contratações Públicas (RDC), mais precisamente pelo artigo 9º da Lei nº 12.462/2011. Ela também foi prevista, posteriormente, pela Lei nº 13.303/2016, das estatais, no seu artigo 42. A Lei nº 14.133/2021 também a prevê entre os regimes de empreitada listados no seu artigo 46.

Mal compreendida e interpretada, a contratação integrada atrai manifestações quase passionais e, inclusive, é objeto de duas ações diretas de inconstitucionalidade, a ADI nº 4.645 e a ADI nº 4.655, julgadas improcedentes pelo Supremo Tribunal Federal.[500] A principal característica da contratação integrada, que gera tanto entrevero, reside na dispensa de projeto básico para a licitação, como se depreende da definição contida no inciso XXXII do artigo 6º da Lei nº 14.133/2021:

> regime de contratação de obras e serviços de engenharia em que o contratado é responsável por elaborar e desenvolver os projetos básico e executivo, executar obras e serviços de engenharia, fornecer bens ou prestar serviços especiais e realizar montagem, teste, pré-operação e as demais operações necessárias e suficientes para a entrega final do objeto.

[500] 5. *In casu*, o modelo de contratação integrada não é aprioristicamente incompatível com a regra constitucional da licitação (art. 37, XXI, da CRFB), porquanto a inexistência projeto básico, per se, não significa a indefinição do objeto licitado e/ou a subjetivização do julgamento da proposta, bem como a interpretação sistemática da lei impugnada permite verificar a presença de mecanismos mitigadores de riscos ao interesse público decorrentes dessa escolha legislativa. (STF, ADI 4645/DF, Rel. Min. Luiz Fux, j. 12.9.2023).

Na realidade, a licitação sob regime de contratação integrada é realizada com base em anteprojeto, transferindo-se ao futuro contratado a elaboração e o desenvolvimento dos projetos básico e executivo, bem como a execução de obras e serviços de engenharia, a montagem, a realização de testes, a pré-operação e todas as demais operações necessárias e suficientes para a entrega final do objeto.

Por trás da contratação integrada, ao menos em sua versão brasileira, está a confessa derrota e fracasso da Administração em relação à elaboração do projeto básico.[501] A Administração, na medida do possível, quer livrar-se deste encargo. Aliás, é sabido que os projetos brasileiros são muitas vezes feitos de afogadilho e causam toda a sorte de problemas que ganham feição durante a execução das obras e serviços. Não é raro que as obras e os serviços sejam estimados em valor e prazo que não se realizam em virtude de defeitos dos projetos básicos. Daí a quantidade supostamente excessiva de termos aditivos no Brasil, celebrados para corrigir os defeitos dos projetos básicos.

O contratado, tendo a obrigação de elaborar o projeto básico, atrai para si os riscos e a responsabilidade que decorrem dos seus defeitos, não lhe cabendo pleitear aditivos em razão de tais defeitos, provocados, nessa medida, por ele mesmo. Repita-se que o §4º do artigo 22 da Lei nº 14.133/2021 determina que "nas contratações integradas ou semi-integradas, os riscos decorrentes de fatos supervenientes à contratação associados à escolha da solução de projeto básico pelo contratado deverão ser alocados como de sua responsabilidade na matriz de riscos". Ou seja, com a contratação integrada não há aditivos motivados em defeitos do projeto básico.

A crítica que se faz em relação à contratação integrada é que os licitantes, em princípio, precisam conhecer detalhadamente o objeto do futuro contrato para oferecer com seriedade as suas propostas. A premissa da crítica, em parte procedente, é que não há como definir os custos sem conhecer o detalhamento do seu objeto, desde as características do solo e do subsolo às dos equipamentos e utensílios que serão utilizados no acabamento da obra ou serviço.[502]

Prosseguindo nos exemplos, se não é realizado um estudo geológico e geotécnico adequado, que analise as características do solo e do subsolo, não há como definir a

---

501 9. A lógica subjacente a essa modalidade de contratação é a percepção de que a Administração Pública nem sempre é capaz de realizar o projeto básico a contento, a depender dos contornos ou objetivos da licitação, o que pode vir a prejudicar a própria higidez do contrato administrativo a ser licitado. (STF, ADI 4645/DF, Rel. Min. Luiz Fux, j. 12.9.2023).

502 São procedentes as críticas de Augusto Neves Dal Pozzo: "Se a Administração Pública deixar de estabelecer, de maneira completa, o conjunto de elementos suficientes para caracterizar o que está pretendendo contratar, não haverá torneio possível, pois, em verdade, estarão sendo oferecidas propostas para alguma coisa que não se sabe ao certo o que efetivamente é: trata-se de um pressuposto lógico do certame. E as consequências são absolutamente nefastas, pois essa imprecisão possibilita o oferecimento de propostas com valores que podem ser ínfimos e, portanto, inexequíveis de plano, ou então propostas com valores muito acima daqueles que efetivamente se poderiam conseguir, caso estivesse bem delineado o objeto da contratação a ser entabulada. A experiência mostra que a falta de projetos adequados causa inúmeros transtornos para a Administração durante a execução contratual, seja porque se encontra limitada a estabelecer quantitativos de valor, seja porque se pagará um preço muito alto para algo que poderia ser menos oneroso ao erário. Além disso, em muitos casos, a ineficiência do projeto pode, inclusive, obstar toda a contratação, pois a necessidade de alteração técnica é de tal monta que desnatura, *in totum*, o objeto a ser contratado" (DAL POZZO, Augusto Nevez. Panorama geral dos regimes de execução previstos no Regime Diferenciado de Contratações: a contratação integrada e seus reflexos. *In*: CAMMAROSANO, Márcio; DAL POZZO, Augusto Nevez; VALIM, Rafael (coord.). *Regime Diferenciado de Contratações Públicas – RDC (Lei nº 12.462/11; Decreto nº 7.581/11)*: aspectos fundamentais. 2. ed. Belo Horizonte: Fórum, 2012. p. 71-72).

base ou fundação das obras. E há diferenças enormes entre as técnicas empregadas para definir a base ou fundação das obras, que variam em razão das características do solo e do subsolo, com repercussões substanciais no custo das obras ou serviços. Tais características do solo e do subsolo não são apuradas apressadamente, dependem de estudos mais aprofundados.

Da mesma forma, insistindo no exemplo, há inúmeras opções para os materiais utilizados no acabamento de uma obra ou serviço que, muitas vezes, a depender das opções, representam a parte mais cara. O piso de um prédio, ilustrativamente, pode ser de porcelanato, madeira, mármore etc. O preço é totalmente diferente e requer a definição exata da metragem do espaço, o que demanda projeto básico.

Então, a crítica é que, na contratação integrada, grande parte das definições necessárias para caracterizar e orçar adequadamente um dado objeto é postergada; fica aberta durante a licitação. Dessa sorte, os licitantes oferecem propostas que não partem das mesmas premissas, levam em considerações objetos diferentes. Nesse passo, a contratação integrada não se afeiçoaria ao princípio da isonomia. Ora, os licitantes não podem ser tratados com igualdade se oferecem propostas para objetos diferentes. A isonomia pressupõe que todos os licitantes sejam informados dos encargos do futuro contrato para que possam oferecer as suas propostas e disputar o futuro contrato em igualdade de condições.

Todas essas questões podem repercutir na qualidade do futuro contrato. Sucede que, sem o detalhamento do projeto básico, a Administração não dispõe de elementos para realizar análise rigorosa da aceitabilidade das propostas. Os licitantes oferecem propostas que foram definidas em termos gerais. A análise da proposta também será realizada em tais termos, de modo geral, para não dizer superficial. O detalhamento é definido depois da licitação, somente na fase contratual. Nesse sentido, é bem possível que os interessados nos contratos definam os detalhes do objeto priorizando a redução dos custos em detrimento da qualidade para conseguir oferecer propostas com preços menores e vencer as licitações. No final das contas, as obras e os serviços serão entregues e o contratado receberá os pagamentos que lhe são devidos. O problema virá depois.

Todas as críticas à contratação integrada guardam alguma procedência. Servem, no mínimo, como advertência para a Administração. O grau de procedência das críticas depende da interpretação que irá prevalecer a respeito do uso da contratação integrada e das condicionantes estabelecidas em lei. Os aspectos negativos tão usualmente salientados serão sobremaneira atenuados se a contratação integrada for utilizada restritivamente e com parcimônia.

10.5.1.1 Requisitos para a utilização da contratação integrada

O *caput* do artigo 46 da Lei nº 14.133/2021 atribui à Administração competência discricionária para decidir pela contratação integrada em detrimento dos outros regimes de execução. Ou seja, a contratação integrada é uma opção dada aos agentes administrativos, não é obrigatória. De modo um tanto quanto inusitado, a Lei nº 14.33/2021 não prescreve critérios, parâmetros ou diretrizes para a utilização da contratação integrada, o que dá a impressão de que a escolha dela depende apenas da liberalidade da Administração Pública e que ela pode ser empregada para qualquer caso.

Diz-se que essa omissão da Lei nº 14.133/2021 é um tanto quanto inusitada, porque a utilização da contratação integrada, tal qual era prevista na Lei nº 12.462/2011, que é a Lei do Regime Diferenciado de Contratações Públicas (RDC), já revogada, era condicionada a circunstâncias bem específicas: (i) inovação tecnológica ou técnica; (ii) possibilidade de execução com diferentes metodologias; ou (iii) possibilidade de execução com tecnologias de domínio restrito no mercado. A Lei nº 13.303/2016, que é a Lei das Estatais, seguiu o mesmo caminho, como se depreende do inciso VI do seu artigo 43 e do §5º do seu artigo 42. Portanto, é inusitado que a Lei nº 14.133/2021 rompa com a sistemática legal que vinha prevalecendo, sobretudo porque não se consegue enxergar nenhuma razão consistente para fazê-lo.

Quanto mais porque a contratação integrada é regime peculiar, dado que a licitação é realizada sem projeto básico, sem a definição precisa do que a Administração quer do contratado, o que pode importar prejuízos à competitividade e à própria isonomia, como já salientado.

Sob esse contexto, deve-se entender que, por regra, a Administração é obrigada a descrever em edital adequadamente o objeto das suas licitações, o que se faz, em relação às obras e serviço de engenharia, no projeto básico. Na contratação integrada essa obrigação da Administração é mitigada, porque basta o anteprojeto, que não especifica em detalhe o objeto. Ligando-se uma ponta a outra, aporta-se à conclusão de que a contratação integrada, em que não há a especificação detalhada do objeto, deve ser a exceção, deve haver alguma razão que justifique a sua opção.

Ou seja, a regra é que o objeto da licitação seja adequadamente descrito, o que demanda projeto básico e, por via de consequência, um dos regimes de execução do artigo 46 da Lei nº 14.133/2021 que não a contratação integrada. A exceção é mitigar a descrição do objeto da licitação, aceitando-se que seja realizada de modo mais panorâmico, portanto sem projeto básico, o que importa na adoção da contratação integrada.

Diante da premissa de que a contratação integrada é exceção, ainda que não declarada literalmente na Lei nº 14.133/2021, a Administração deve dispor de razão que justifique a sua utilização. Não se devem exigir justificativas tão estreitas quanto as que eram previstas na revogada Lei nº 12.462/2011, que versava sobre o Regime Diferenciado de Contratações Públicas (RDC), ou na Lei nº 13.303/2016, que é a Lei das Estatais. Ora, se o legislador quisesse que tais justificativas condicionassem o uso da contratação integrada no âmbito da Lei nº 14.133/2021, ele as teria exigido expressamente. Ele não o fez e deve-se respeitar a escolha do legislador. Isso não significa, entretanto, que a Administração pode adotar a contratação integrada de modo arbitrário, sem amparo no interesse público. Então, deve haver justificativa em interesse público para a adoção da contratação integrada.

Registre-se que o Tribunal de Contas da União vê a contratação integrada como exceção e vem prolatando precedentes bastantes restritivos em relação à sua utilização. Ocorre que, sob o regime da Lei nº 12.462/2011, houve abuso no uso da contratação integrada, empregada muitas vezes para objetos simples e comuns, com a finalidade única de livrar a Administração Pública de produzir o projeto básico. Confira-se:

> A opção pelo regime de contratação integrada com base na possibilidade de execução com diferentes metodologias, art. 9º, inciso II, da Lei 12.462/2011, (i) se restringe às situações em

> que as características do objeto permitam que haja real competição entre as licitantes para a concepção de metodologias e tecnologias distintas, que levem a soluções capazes de serem aproveitadas vantajosamente pelo Poder Público, no que refere a competitividade, prazo, preço e qualidade, em relação a outros regimes de execução, especialmente a empreitada por preço global; e (ii) deve estar fundamentada em análise comparativa com contratações já concluídas ou outros dados disponíveis, procedendo-se à quantificação, inclusive monetária, das vantagens e desvantagens da utilização do regime de contratação integrada, sendo vedadas justificativas genéricas, aplicáveis a qualquer empreendimento, e sendo necessária a justificativa circunstanciada no caso de impossibilidade de valoração desses parâmetros.[503]
> A opção pelo regime de contratação integrada exige, nos termos do art. 9º da Lei 12.462/2011 (Regime Diferenciado de Contratações), que haja justificativa sob os prismas econômico e técnico. No econômico, a Administração deve demonstrar em termos monetários que os gastos totais a serem realizados com a implantação do empreendimento serão inferiores se comparados aos obtidos com os demais regimes de execução. No técnico, deve demonstrar que as características do objeto permitem que ocorra real competição entre as contratadas para a concepção de metodologias/tecnologias distintas, que levem a soluções capazes de serem aproveitadas vantajosamente pelo Poder Público.[504]

Percebe-se que os precedentes foram prolatados em vista da revogada Lei nº 12.462/2011 e não da Lei nº 14.133/2021. É oportuno advertir que os precedentes não devem ser transplantados automaticamente para o regime da Lei nº 14.133/2021. Isso porque, como já ressaltado, a Lei nº 12.462/2011 previa requisitos para o uso da contratação integrada que não foram reproduzidos na Lei nº 14.133/2021. O legislador, na Lei nº 14.133/2021, não quis estabelecer a mesma restrição em relação ao uso da contratação integrada, por efeito do que, ainda que ela seja concebida como medida excepcional, não pode ser compreendida sob a mesma régua da Lei nº 12.462/2011.

Entretanto, de fato houve abuso por parte da Administração Pública em relação à utilização da contratação integrada. Esse abuso provocou reação do Tribunal de Contas da União, que firmou jurisprudência bastante restritiva. A rigor, a jurisprudência está demasiadamente restritiva, exigindo requisitos e justificativas não estabelecidos na legislação, mesmo na Lei nº 12.462/2011, visivelmente exagerados e de dificílimo cumprimento – para não dizer impossível. A exigência da Corte de Contas de análise comparativa de contratações passadas, com quantificação monetária da vantagem do regime de empreitada, é praticamente inviável de ser realizada, mesmo porque não há dados disponíveis e experiências em relação aos diversos objetos que se possa pretender contratar em volume e dimensões suficientes. Tal jurisprudência, se levada à risca, sepulta a contratação integrada, o que desvela o equívoco do Tribunal de Contas da União, que deveria se ater mais à legalidade – isso porque a exigência de tal motivação não foi pressuposta, nem remotamente, na lei.

Sem embargo disso, pode-se afirmar que a contratação integrada, bem como a semi-integrada, é vocacionada para as demandas da Administração que podem ser bem atendidas por soluções diversas e que o melhor para o interesse público é admitir que licitantes ofereçam as soluções que entendem mais adequadas, conforme as suas *expertises*.

---

503 TCU, Plenário. Acórdão nº 2.725/2016. Rel. Min. Walton Alencar Rodrigues, j. 26.10.2016.

504 TCU, Plenário. Acórdão nº 1.850/2015. Rel. Min. Benjamin Zymler, j. 29.7.2015.

Noutras palavras, a contratação integrada tem lugar privilegiado nas situações em que o interesse público pode ser atendido por caminhos diferentes e que a Administração Pública entende como mais conveniente a si não definir o caminho de antemão no projeto básico. Daí ela se utiliza da contratação integrada, valendo-se do anteprojeto em vez do projeto básico, porque assim ela apresenta o objeto da licitação de forma panorâmica e abre os espaços para que os licitantes ofereçam as suas soluções específicas.

Disso resulta que a contratação integrada não deve ser utilizada para objetos mais ordinários, cujas execuções dependem de técnicas ordinárias e conhecidas. O regime é para objetos especiais, com diferenciais tecnológicos ou com possibilidade de execução com diferentes metodologias.

Soma-se a isso que uma outra condicionante para a contratação integrada é que o objeto da licitação possa ser adequadamente descrito (e compreendido) em anteprojeto, sendo dispensável o detalhamento do projeto básico. Caso contrário, não é permitido utilizar a contratação integrada.

Veja-se que o inciso II do artigo 18 da Lei nº 14.133/2021 exige na etapa preparatória "a definição do objeto para o atendimento da necessidade, por meio de termo de referência, anteprojeto, projeto básico ou projeto executivo, conforme o caso" e, na sua sequência, consoante o inciso VII do mesmo artigo, a definição do "o regime de fornecimento de bens, de prestação de serviços ou de execução de obras e serviços de engenharia, observados os potenciais de economia de escala".

Dito de outro modo, qualquer que seja o regime de execução e o documento técnico que será adotado, a Administração Pública tem a obrigação de empreender "a definição do objeto para o atendimento da necessidade". Então, o anteprojeto, ainda que panorâmico, deve ser adequado à definição do objeto. Se o anteprojeto não se prestar a fazê-lo, não cabe a contratação integrada.

Em regra, para obras e serviços de engenharia, o anteprojeto não é suficiente para descrever (e compreender) adequadamente o objeto. Faz-se necessário o projeto básico. Todavia, em determinados casos, pode-se cogitar que o anteprojeto seja sim suficiente para oferecer aos licitantes as informações necessárias para formularem com igualdade as suas propostas, sem que a Administração se descuide do interesse público. Essa hipótese excepcional pode existir, depende das características do objeto e do conteúdo do anteprojeto. Tanto isso é verdade que a alínea "a" do inciso XXIV do artigo 6º da Lei nº 14.133/2021 exige que no anteprojeto conste a "demonstração e justificativa do programa de necessidades, avaliação de demanda do público-alvo, motivação técnico-econômico-social do empreendimento, visão global dos investimentos e definições relacionadas ao nível de serviço desejado".

Ligada a isso, uma variável importantíssima para a contratação integrada diz respeito ao conteúdo do anteprojeto, se mais ou menos completo.

Frisa-se que as obras e serviços de engenharia compartilham ponto de vulnerabilidade, que diz respeito à caracterização do espaço, do ambiente físico onde será construída a obra ou prestado o serviço. A falta da caracterização apropriada do espaço é a causa do insucesso de muitos projetos básicos e de grande número de aditivos. Ainda que a licitação seja escorada em anteprojeto, dispensando o projeto básico, a Administração deve certificar-se que a obra ou serviço é viável para aquele espaço pretendido por ela e que tipo de base ou fundação deve ser realizada pelo futuro contratado. Para tanto, é necessário dispor de estudo de solo e de subsolo. Ou ele já existe ou ele deve ser elaborado especialmente para o anteprojeto. Nessa direção é a prescrição das alíneas "h" e "i" do inciso XXIV do artigo 6º da Lei nº 14.133/2021, que demandam "levantamento topográfico e cadastral" e "pareceres de sondagem". Sem os referidos estudos é inviável a caracterização da obra ou serviço e a elaboração e comparação, de forma isonômica, das propostas a serem ofertadas pelos licitantes.

Nesses termos, a utilização da contratação integrada pressupõe que seja viável prospectar custo e, portanto, definir a proposta sem dispor das especificações detalhadas do projeto básico. Deve ser viável estimar de maneira apropriada os custos com base em orçamento sintético ou com metodologia expedita ou paramétrica. Ora, se as informações mais superficiais do anteprojeto são suficientes para descrever (e compreender) adequadamente o objeto, são suficientes também para que o custo dele seja estimado sem o detalhamento do projeto básico. Evidentemente o orçamento não será preciso, porém aproximado.

Revelando preocupações com a imprecisão dos orçamentos nas contratações integradas, o §5º do artigo 23 da Lei nº 14.133/2021 exige que,

> [...] sempre que necessário e o anteprojeto o permitir, a estimativa de preço será baseada em orçamento sintético, balizado em sistema de custo definido no inciso I do §2º deste artigo, devendo a utilização de metodologia expedita ou paramétrica e de avaliação aproximada baseada em outras contratações similares ser reservada às frações do empreendimento não suficientemente detalhadas no anteprojeto.

A ideia é que o orçamento seja o mais preciso. Portanto, em relação às partes do anteprojeto suficientemente especificadas, deve-se detalhar o orçamento. E, de toda sorte, mesmo seguindo a metodologia expedita ou paramétrica, deve-se procurar sempre o maior nível de precisão.

10.5.2 Contratação semi-integrada

Na contratação integrada, o vencedor da licitação, realizada apenas com anteprojeto, fica encarregado dos projetos e da execução da obra ou do serviço. A razão para muitos acerca da contratação integrada é o insucesso recorrente da Administração Pública com os projetos, que geram aditivos em excesso na fase de execução do contrato. Então, a Administração Pública larga mão dos projetos, já que ela, ressalvando-se as devidas exceções, não consegue fazê-los dentro dos padrões de qualidade. A vantagem é que, se aparecem erros de projeto durante a fase de execução do contrato, o contratado não faz jus a aditivos. É que o erro, nessa situação, foi causado pelo próprio contratado, porque o projeto é dele. A desvantagem é que a licitação sem projeto é, para falar o mínimo, estranha, porque os licitantes podem ser levados a apresentar as suas propostas sem ter uma base de informações comuns suficientes, o que pode comprometer a isonomia e a objetividade no julgamento das propostas.

Diante disso, em vista da Lei nº 12.462/2011, o Tribunal de Contas da União impôs restrições ao uso da contratação integrada, exigindo justificativas técnica e econômica rigorosas. O entendimento do Tribunal de Contas da União é que a contratação integrada é exceção, que somente pode ser utilizada para casos pontuais, cercados de justificativas.

Na sequência, o legislador produziu a Lei nº 13.303/2016, que disciplina as licitações e contratos das empresas estatais. O legislador, nessa oportunidade, já ciente da posição do Tribunal de Contas da União, previu a contratação integrada, mas sem protagonismo. Em complemento, criou uma espécie de "meia" contratação integrada. Preferiu chamar de contratação semi-integrada, conforme inciso V do seu artigo 42.[505] A contratação semi-integrada da Lei nº 13.303/2016 foi incorporada à Lei nº 14.133/2021 entre os regimes de execução, na linha do conceito esposado pelo inciso XXXIII do artigo 6º da Lei nº 14.133/2021:

> [...] contratação semi-integrada: regime de contratação de obras e serviços de engenharia em que o contratado é responsável por elaborar e desenvolver o projeto executivo, executar obras e serviços de engenharia, fornecer bens ou prestar serviços especiais e realizar montagem, teste, pré-operação e as demais operações necessárias e suficientes para a entrega final do objeto.

A contratação semi-integrada é inovadora, representa um modelo de licitação completamente diferente do empregado tradicionalmente pela Administração Pública nacional. Ela se aproxima da contratação integrada, mas difere dela justamente porque a Administração faz a licitação com projeto básico e não com mero anteprojeto. A peculiaridade é que os licitantes não precisam seguir à risca o projeto básico, pelo menos não a totalidade dele, sendo-lhes permitido propor soluções alternativas.

Com esse timbre, o §5º do artigo 46 da Lei nº 14.133/2021 prescreve que,

> [...] na contratação semi-integrada, mediante prévia autorização da Administração, o projeto básico poderá ser alterado, desde que demonstrada a superioridade das inovações propostas pelo contratado em termos de redução de custos, de aumento da qualidade, de redução do prazo de execução ou de facilidade de manutenção ou operação, assumindo o contratado a responsabilidade integral pelos riscos associados à alteração do projeto básico.

Com a contratação semi-integrada, os licitantes podem interferir no objeto da licitação. O objeto é definido, de forma preliminar, no projeto básico, que é completo, deve ser acompanhado de todas as informações exigidas pela legislação. Diz-se que o objeto é definido de forma preliminar no projeto básico, porque a própria Administração deve permitir que os licitantes proponham soluções alternativas para o objeto definido no projeto básico. Ou seja, os licitantes podem propor alterações no projeto. Então, a disputa, diante da contratação semi-integrada, também passa pela definição do objeto da futura contratação, que pode contar com a contribuição dos licitantes. A disputa não é mais somente de preço, mas também de inteligência de engenharia.

Em termos práticos, numa licitação julgada pelo menor preço, a Administração produz o projeto básico completo e indica que partes dele são obrigatórias e imutáveis e

---

505 Aliás, noticie-se que a Administração já tentou lançar licitação sob o regime de contratação integrada mesmo dispondo de projeto, no caso, de projeto executivo. No entanto, a licitação fez água, o Tribunal de Contas da União não gostou. Firmou posição que, se a Administração dispõe do projeto executivo, não cabe a contratação integrada (TCU, Plenário. Acórdão nº 2.209/2015. Rel. Min. Ana Arraes, j. 2.9.2015).

que partes dele podem ser alteradas em razão de propostas de soluções alternativas por parte dos licitantes. Em relação ao que pode ser alterado, a Administração deve indicar sua necessidade, o que pretende e quais os parâmetros de qualidade que devem ser respeitados. Os licitantes, então, apresentam as suas propostas, podendo, se quiserem, apresentar soluções alternativas às previstas no projeto básico, nas partes em que a Administração admite tais soluções alternativas. A Administração avalia tais soluções alternativas, especialmente se elas contemplam a necessidade, o que é pretendido e o padrão de qualidade exigido. Se atende, então admite a proposta do licitante com aquela solução alternativa.

Pode-se perguntar qual é a vantagem para o licitante em apresentar solução alternativa. A vantagem é que, se a licitação, por exemplo, for julgada pelo menor preço, ele pode encontrar solução alternativa mais barata, atendidas as necessidades, o pretendido pela Administração e o padrão de qualidade exigido, o que reduz os seus custos e abre-lhe espaços para oferecer preço mais reduzido, aumentando as suas chances de vitória.

Por exemplo, a Administração previu no projeto básico solução técnica que custa X. O licitante dispõe de solução diferente, que atende à necessidade e ao padrão de qualidade exigido, que custa X – 20%. Então, ele tem custo menor, pode oferecer preço menor e, em razão disso, as chances dele de vitória são potencializadas, especialmente em comparação com os outros licitantes que não pensaram em soluções diferentes e cotaram a solução prevista no projeto básico, mais cara.

No final das contas, a contratação semi-integrada faz com que a disputa não ocorra somente em relação ao preço. A disputa estende-se para a inteligência de engenharia que leva ao menor preço, a fazer mais por menos. Os licitantes são estimulados a investigar soluções diferentes das previstas no projeto básico, atendidas as balizas do projeto básico, para reduzir os seus custos, apresentar preços menores e ampliar suas chances de vitória.

10.6 Fornecimento e prestação de serviço associado

A Lei nº 14.133/2021 inovou o regime de execução dos contratos administrativos, prevendo a figura do fornecimento e prestação de serviço associado, que, de acordo com a definição do inciso XXXIV do seu artigo 6º, é o "regime de contratação em que, além do fornecimento do objeto, o contratado responsabiliza-se por sua operação, manutenção ou ambas, por tempo determinado". Ou seja, contrata-se dado objeto e, junto com ele, o contratado tem a obrigação de realizar atividades a ele associadas. Por exemplo, o contratado pode fornecer um equipamento de radioterapia e ficar responsável pela sua manutenção e atualização. Ou, noutro caso, o contratado pode construir uma estação de tratamento de água e ter a responsabilidade de mantê-la e operá-la. O racional do regime de fornecimento e prestação de serviço associado é o de obter em único contrato uma solução integrada para dada demanda da Administração Pública.

A jurisprudência do Tribunal de Contas da União, mesmo antes da Lei nº 14.133/2021, já vinha reconhecendo a possibilidade. Por exemplo, no Acórdão nº 2020/2017, o Plenário admitiu a contratação de solução imobiliária completa, que é uma espécie de fornecimento e prestação de serviço associado.

> Licitação que tenha por objeto a locação de bem imóvel juntamente com serviços de segurança, manutenção, limpeza e conservação (solução imobiliária completa), contidos na taxa condominial, não representa, por si só, violação ao art. 23, §1º, da Lei 8.666/1993, haja vista que esse dispositivo não traz regra absoluta, devendo ser avaliado, caso a caso, se o parcelamento é vantajoso ou não para a Administração.[506]

Pondera-se que o legislador se equivocou ao qualificar como regime de execução o fornecimento e prestação de serviço associado. A rigor jurídico, em que pese a qualificação dada pelo legislador, não se trata de regime de execução, mas de um modelo específico de contrato, com uma obrigação principal e outras que lhe são associadas. O que o distingue dos demais é o conjunto das obrigações assumidas pelo contratado e não o regime de sua execução.

De todo modo, as vantagens do modelo são patentes. Entre outras, em vez de várias licitações e contratos, uma para o objeto principal e outras para os associados, faz-se uma licitação e um contrato apenas, o que gera economia de recursos e facilidade de gestão. Além disso, ao abranger o objeto principal e os associados, a Administração dispõe de solução que é integrada, evitando-se desconformidades entre fornecedores diversos. Também é de mencionar que o contratado, sendo responsável pela solução integrada, dispõe de meios para otimizar e reduzir os seus custos, que acabam refletindo nos valores pagos em favor da Administração Pública.

O artigo 46 da Lei nº 14.133/2021 prescreve competência discricionária para que os agentes administrativos escolham o regime de fornecimento e prestação de serviço associado, sem prever aprioristicamente nenhum tipo de restrição ou barreira. No entanto, o regime pressupõe concentração do objeto, que poderia, em princípio, ser licitado e contratado de forma parcelada. Então, para a escolha do regime de fornecimento e prestação de serviço associado é necessário tecer as justificativas exigidas pela Lei nº 14.133/2021 que sejam prestantes a excepcionar o princípio do parcelamento, com base no §2º do artigo 40 e no §1º do artigo 47, ambos os dispositivos da Lei nº 14.133/2021.

Chama a atenção que o fornecimento e prestação de serviço associado não foi mais detalhadamente disciplinado pela Lei nº 14.133/2021. Identificam-se apenas três dispositivos sobre o assunto: (i) o supracitado inciso XXXIV do artigo 6º, que apresenta uma definição de fornecimento e prestação de serviço associado; (ii) o inciso VII do artigo 46, que o lista entre os regimes de execução indireta, concedendo discricionariedade para a Administração Pública escolher o que lhe seja mais vantajoso; e (iii) o artigo 113, que trata da duração do contrato de fornecimento e prestação de serviço associado, admitindo até cinco anos da data de recebimento do objeto inicial, prorrogável por outros cinco anos.

Convém mencionar, também, a semelhança do regime de fornecimento e prestação de serviço associado com as parcerias público-privadas, nomeadamente da modalidade concessão administrativa, que, na forma do §2º do artigo 2º da Lei nº 11.079/2004, "é o contrato de prestação de serviços de que a Administração Pública seja a usuária direta ou indireta, ainda que envolva execução de obra ou fornecimento e instalação de bens". Por exemplo, numa parceria público-privada o contratado pode ser incumbido

506 TCU, Plenário. Acórdão nº 2.020/2017. Rel. Min. Weder Oliveira, j. 13.9.2017.

de construir um hospital e cuidar da manutenção dele por determinado período. O mesmo conjunto de obrigações pode ser estabelecido com o regime de fornecimento e prestação de serviço associado.

Pode-se dizer, no entanto, que o contrato de parceria público-privada é mais complexo do que o de fornecimento e prestação de serviço associado, diante do regramento especial da Lei nº 11.079/2004, com condições mais estritas e diversos instrumentos para viabilizá-lo, inclusive no sentido de oferecer garantias aos investimentos por parte do parceiro privado. Veja-se, nessa direção, que o §4º do artigo 2º da Lei nº 11.079/2004 não admite a parceria público-privada para contratos cujos valores sejam inferiores a R$10 milhões ou com prazo de prestação inferior a cinco anos, que pode ser estendido até trinta e cinco anos, desta feita com fundamento no inciso I do artigo 5º, também da Lei nº 11.079/2004.

Sendo assim, de modo geral, sinaliza-se que os contratos de parceria público-privada devem ser firmados diante de objetos mais complexos e que demandam investimentos mais vultosos por parte do contratado, o que exige prazo maior para que sejam amortizados, e mecanismos mais complexos e robustos para viabilizar os investimentos e dar-lhes garantia. O contrato de fornecimento e prestação de serviço associado, por seu turno, deve ser firmado para operações mais simples e que necessitem investimentos menores, logo, com anteparos não tão estruturados.

Esses marcos distintivos não são afirmados pelo legislador e, nessa medida, não devem ser tomados como se fossem absolutos. São úteis para oferecer uma sinalização, uma diretriz a ser seguida. Há, contudo, espaços de interseção e de não exclusão entre as parcerias público-privadas e o regime de fornecimento e prestação de serviço associado. Nestes espaços, há escolha discricionária, que é da Administração Pública.

11 Edital

Por força do princípio da igualdade, a Administração deve conferir a todos os interessados em contratar com ela as mesmas oportunidades. Para tratar todos com igualdade, ela precisa lançar mão de processo seletivo equânime para escolher o futuro contratado, o que é denominado licitação pública. Com esse propósito, a Administração deve estabelecer as regras sobre as quais os interessados em firmar com ela o contrato devem disputá-lo e tornar tais regras públicas, convocando-os a oferecer as suas propostas. A Administração deve estabelecer tais regras de modo objetivo e claro, de forma escrita, veiculadas em documento, que é chamado de edital.

Nesse sentido, o edital é o documento que convoca os interessados para participar do processo de licitação pública, para oferecer propostas, estabelecendo todas as regras a respeito dela. Ele, portanto, tem dupla função. Em primeiro lugar, ele prescreve as regras sobre a licitação pública, ele a disciplina. Em segundo lugar, ele convoca os interessados a participar dela, ele é o meio para dar publicidade à licitação, chamando os interessados para oferecer as suas propostas.

A Administração é a responsável pela elaboração do edital e, por via de consequência, por prescrever as regras nele contidas. Aliás, muitas das regras definidas no edital são decorrentes de competências discricionárias outorgadas aos agentes administrativos.

Sob esse contexto, depois do estudo técnico preliminar, termo de referência ou projetos, conforme o caso, e definição de preço estimado, a Administração passa a cuidar da elaboração do edital (inciso V do artigo 18 da Lei nº 14.133/2021), com o estabelecimento das regras sobre a licitação pública, desde a modalidade, condições para participação de interessados, requisitos de habilitação e critérios para julgamento das propostas. Na mesma oportunidade, a Administração deve produzir a minuta do contrato (inciso VI do artigo 18 da Lei nº 14.133/2021), que é documento que segue anexo ao edital, como o termo de referência ou projetos (§3º do artigo 25 da Lei nº 14.133/2021).

O artigo 25 da Lei nº 14.133/2021 estabelece que o edital contenha "as regras relativas à convocação, ao julgamento, à habilitação, aos recursos e às penalidades da licitação, à fiscalização e à gestão do contrato, à entrega do objeto e às condições de pagamento". O §1º do mesmo artigo 25 prescreve, como medida para quebrar um pouco a orientação burocrática, que, "sempre que o objeto permitir, a Administração adotará minutas padronizadas de edital e de contrato com cláusulas uniformes".

Pois bem, depois de produzido e aprovado, o edital é publicado e as pessoas, os eventuais interessados, tomam ciência da existência da licitação e de todas as suas regras, destacando-se o objeto pretendido pela Administração, as exigências de habilitação, as condições das propostas, os critérios para determinar a melhor proposta etc. Com base nas regras fixadas no edital, os interessados decidem se devem ou não participar da licitação, como devem participar e qual o conteúdo de suas propostas. Trocando-se em miúdos, o edital é absolutamente determinante para a participação dos licitantes.

Assim sendo, uma vez publicado o edital, a Administração e os licitantes estão vinculados a ele, não podem se apartar ou se divorciar dos seus termos. À Administração não é permitido fazer exigências não previstas no edital nem deixar de exigir aquilo que fora prescrito nele. Os licitantes, por sua vez, devem apresentar os documentos e as propostas nos exatos termos estabelecidos no edital. Eis o princípio da vinculação ao edital, que representa uma das ideais mais basilares da licitação pública, consagrada no *caput* do artigo 5º da Lei nº 14.133/2021.

11.1 Motivação circunstanciada das condições do edital

Voltando ao seu padrão burocrático e desconfiado, o inciso IX do artigo 18 da Lei nº 14.133/2021 demanda:

> Art. 18. [...]
> IX - a motivação circunstanciada das condições do edital, tais como justificativa de exigências de qualificação técnica, mediante indicação das parcelas de maior relevância técnica ou valor significativo do objeto, e de qualificação econômico-financeira, justificativa dos critérios de pontuação e julgamento das propostas técnicas, nas licitações com julgamento por melhor técnica ou técnica e preço, e justificativa das regras pertinentes à participação de empresas em consórcio.

O dispositivo supracitado deve ser interpretado com cautela, sob pena de transformar o processo de licitação pública num caderno sem fim de justificativas. Imagine-se se os requisitos de habitação devessem ser justificados, um por um; as especificidades do objeto, uma por uma; e, o que é mais absurdo, as cláusulas da minuta do contrato, uma por uma. Suponha-se um contrato com cinquenta cláusulas. A Administração já não faria outra coisa senão justificativas. Cada edital demoraria meses para ser lançado, aguardando tão só as justificativas.

O intento em exigir tais justificativas consiste em evitar o direcionamento de editais, o que costuma ocorrer em razão da disposição de cláusulas arbitrárias, especialmente no que tange ao objeto do certame e às exigências de habilitação. A necessidade de justificar as definições requeridas no IX do artigo 18 da Lei nº 14.133/2021 é um modo para controlá-las, na medida em que se deverá apontar quais os pressupostos de fato ou quais as circunstâncias que levaram a Administração a tomar tal ou qual postura. Então, partindo-se desse pressuposto, devem ser justificadas somente as cláusulas que estabeleçam limites à competição, que excluam a participação de pessoas virtualmente interessadas na licitação.

Ocorre que muitas definições contidas no edital são eminentemente discricionárias, isto é, a autoridade competente é quem decide se vai realizá-las ou não e em qual medida. E, além disso, elas são fundamentais para determinar a participação dos interessados. Essas exigências, sim, precisam ser justificadas, sendo que o legislador enfatizou algumas que considera mais sensíveis: de qualificação técnica, especialmente as partes de maior relevância técnica ou valor significativo do objeto, de qualificação econômico-financeira, critérios de pontuação e julgamento das propostas técnicas e justificativa das regras pertinentes à participação de empresas em consórcio.

Sob essa perspectiva, de todo modo, ainda há muitas coisas a serem justificadas, exigindo trabalho vultoso que consumiria laudas e laudas. Em vista disso, defende-se a tese de que tais justificativas possam ser formuladas de maneira geral, em único documento, que relacionasse o objeto licitado e as necessidades da Administração com tais exigências.

Outrossim, registra-se que a falta de justificativa desenha vício relativo à formalidade, que pode ser convalidado. Nessa linha, é de se admitir, ainda que isso não deva ser a regra, que a autoridade competente, havendo efetivamente justificativas para as exigências referidas, as indique posteriormente, em ato de convalidação.

12 Análise de risco e matriz de risco

12.1 Análise de risco do metaprocesso de contratação pública

O parágrafo único do artigo 11 da Lei nº 14.133/2021 atribui à alta administração do órgão ou entidade a responsabilidade pela governança das contratações e, dentro dela, pela implementação de processos e estruturas, inclusive de gestão de riscos. Esclareça-se, já a essa altura, que gestão ou análise de risco é o conjunto de providências prestantes a identificar e qualificar riscos, bem como tratá-los, prevendo medidas de mitigação para evitá-los e, se for o caso, para atenuar os seus efeitos. Risco é um evento futuro e incerto, que pode causar impacto em dado empreendimento.

Alinhada ao parágrafo único do artigo 11 da Lei nº 14.133/2021, a Portaria nº 8.678/2021, da Secretaria Especial de Desburocratização, Gestão e Governo Digital do Ministério da Economia, que trata da governança no âmbito da Administração Pública Federal direta, autárquica e fundacional, mais precisamente o inciso VII do seu artigo 6º, prescreve que a gestão de risco e o controle preventivo são instrumentos de governança pública.

Nesse sentido, o artigo 16 da mesma portaria exige dos órgãos e entidades administrativas a gestão de riscos e o controle preventivo do processo de contratação pública, o que importa, em conformidade com os seus incisos:

> I - estabelecer diretrizes para a gestão de riscos e o controle preventivo que contemplem os níveis do metaprocesso de contratações e dos processos específicos de contratação;
> II - realizar a gestão de riscos e o controle preventivo do metaprocesso de contratações e dos processos específicos de contratação, quando couber, conforme as diretrizes de que trata o inciso I;
> III - incluir nas atividades de auditoria interna a avaliação da governança, da gestão de riscos e do controle preventivo nas contratações; e
> IV - assegurar que os responsáveis pela tomada de decisão, em todos os níveis do órgão ou da entidade, tenham acesso tempestivo às informações relativas aos riscos aos quais está exposto o processo de contratações, inclusive para determinar questões relativas à delegação de competência, se for o caso.

Vê-se que, nos termos da Portaria nº 8.678/2021, devem-se estabelecer dois cortes para a gestão de riscos. Um corte para o metaprocesso de contratações e outro para os processos específicos de contratação. Por metaprocesso de contratação pública deve-se entender, como dispõe o inciso IV do artigo 2º da portaria, o "rito integrado pelas fases de planejamento da contratação, seleção do fornecedor e gestão do contrato, e que serve como padrão para que os processos específicos de contratação sejam realizados". Ou seja, deve haver uma gestão de risco direcionada para as contratações dos órgãos e entidades no seu todo, para o conjunto delas, o que foi denominado metaprocesso, e outra gestão de risco, conectada e inserida na primeira, porém com objeto restrito a cada processo de contratação específica.

Com foco no corte do metaprocesso de contratação pública, o artigo 169 da Lei nº 14.133/2021 determina que "as contratações públicas deverão submeter-se a práticas contínuas e permanentes de gestão de riscos e de controle preventivo [...]", exigindo três linhas de defesa: a primeira composta pelos agentes administrativos, a segunda, pela assessoria jurídica e controle interno e a terceira, pelo órgão central de controle interno da Administração e pelo tribunal de contas.

Portanto, os órgãos e entidades devem promover a gestão de riscos na perspectiva conjunta dos seus processos de contratação pública. O modo como a gestão de riscos deve ser realizada é questão de ciência da administração e não, em princípio, da ciência do direito, salvo se forem prescritas normas jurídicas para essa finalidade. Sem embargo, sugere-se que se crie um comitê de gestão de risco para os processos de contratação pública do órgão ou entidade, que aquele elabore plano de trabalho a ser referendado pela alta administração do órgão ou entidade e que, dentro dele, sejam tomadas as medidas consideradas adequadas. Entre essas medidas, sugere-se que se classifiquem os contratos do órgão ou entidade, que se avaliem e que se qualifiquem os riscos relacionados a cada classe de contrato ou às principais classes de contrato e, com base nisso, que sejam definidas políticas de alçadas e plano de ação em relação às classes, alcançando-se medidas mitigadoras, de monitoramento e de controle.

Não se trata, bem se vê, de empreitada simples, até porque não se encontra uma fórmula geral pronta, que sirva a todos os órgãos e entidades. Cada um tem o seu perfil, enfrenta riscos diferentes e com intensidade diferentes, bem como dispõe de recursos e meios diferentes para as medidas mitigadoras, por efeito do que a gestão de riscos somente faz sentido se for particularizada.

12.2 Análise de riscos dos processos específicos de contratação pública

O inciso X do artigo 18 da Lei nº 14.133/2021 exige que a Administração, ao final da etapa preparatória, produza análise de riscos para todas as suas licitações e contratos.[507] Pela letra da Lei nº 14.133/2021, a análise de riscos é obrigatória em todas as licitações e contratações diretas, quaisquer que sejam os seus objetos e valores envolvidos, de modo que à Administração não foi atribuída discricionariedade para dispensá-la.[508] [509]

Chama a atenção que a Lei nº 14.133/2021 exige a análise de riscos, porém o legislador não se prestou a prescrever regras ou diretrizes mínimas de como ela deve ser realizada. De maneira bem resumida, a análise de riscos pressupõe a identificação, a avaliação, a qualificação e o tratamento dos riscos e costuma se materializar em algum tipo de documento, mapa de riscos ou documento equivalente.

A exigência da Lei nº 14.133/2021 sobre análise de riscos é herança clara das orientações normativas federais. Veja-se, por exemplo, que a Instrução Normativa nº 5/2017, que trata da terceirização e serviços, prevê como uma das etapas fundamentais do planejamento das contratações o "gerenciamento de riscos".

Sem embargo, o que até então era exigido para situações específicas, normalmente em instruções normativas circunscritas ao âmbito federal, foi alastrado para toda a Administração Pública nacional e para todos os processos de contratação. O exagero salta aos olhos. A crítica, que se formula já a essa altura, é que uma análise de riscos minimamente séria demanda tempo e a mobilização de recursos, especialmente de

---

[507] Convém mencionar que o inciso I do artigo 72 da mesma Lei prescreve a análise de riscos para os processos de contratação direta, inclusive para os que se enquadram nas hipóteses de dispensa provocadas pela baixa repercussão econômica dos contratos, listadas nos incisos I e II do artigo 75, também da Lei nº 14.133/2021. Atente-se que o inciso I do artigo 72 estabelece que a análise de riscos deve ser realizada nas contratações diretas "se for o caso", o que significa que a Administração goza de discricionariedade para realizá-la ou não. Essa discricionariedade, em sentido diverso, não foi reconhecida ou reproduzida no inciso X do artigo 18 da Lei nº 14.133/2021 em relação aos processos de licitação pública.

[508] Até a 6ª edição desta obra, defendeu-se que a Administração poderia dispensar a análise de risco com base no princípio da proporcionalidade, dado que para objetos mais simples e usuais ela não seria útil nem necessária. Nesta edição, alterou-se o entendimento, porque a Lei nº 14.133/2021 não prescreve exceção à obrigatoriedade da análise de risco em razão da natureza do objeto da licitação e porque o princípio da proporcionalidade não pode ser usado como biombo seletivo para a Administração descumprir normas legais. Reafirma-se que a única exceção envolve a análise de riscos na contratação direta, em que o Legislador conferiu discricionariedade para a a Administração realizá-la ou não, nos termos do inciso I do artigo 72 da Lei nº 14.133/2021.

[509] A Consultoria Zênite, em linha diversa ao aqui defendido, sustenta que a análise de riscos pode ser dispensada pela Administração, que, portanto, goza de discricionariedade para fazê-la: "Ainda que não conste expressamente da Lei nº 14.133/2021, entende-se possível dispensar a realização da análise de riscos quando o planejamento da contratação envolver a contratação de solução extremamente simples ou que se observe, por exemplo, elevado nível de conhecimento que a Administração já acumulou, não demandando assim a elaboração de um gerenciamento de riscos específico, ou permitindo o aproveitamento de estudos anteriores elaborados para outras ocasiões, devendo a Administração justificar a desnecessidade de instruir o planejamento com tal requisito." (Consultoria Zênite, *O que é análise de risco e quando deve ser realizada: no ETP, TR ou em apartado? https://zenite.blog.br/o-que-e-analise-de-risco-e-quando-deve-ser-realizada-no-etp-tr-ou-em-apartado/* Acesso em: 7 jan. 2025).

pessoal. Logo, a análise de riscos deveria ter sido exigida pelo legislador apenas para as licitações mais vulneráveis e estratégicas, não para todas as licitações, o que representa entrave burocrático muito pesado. Apesar da crítica, repita-se que o legislador exigiu a análise de riscos na etapa preparatória de todas as licitações, conforme está claro no inciso X do artigo 18 da Lei nº 14.133/2021, sem prever competência discricionária para que a Administração decida dispensá-la. O que se pode fazer, para minimizar os impactos negativos desta prescrição genérica, é desenvolver e adotar modelos padronizados e referenciais para dadas categorias de objetos, especialmente os que dizem respeito a contratações usuais ou cíclicas, sem que se tenha que promover a análise de risco específica a cada licitação.

12.3 Matriz de alocação de riscos

Ligado à gestão dos riscos, o artigo 22 da Lei nº 14.133/2021 prescreve que o edital pode contemplar matriz de alocação de riscos entre o contratante e contratado. Trata-se, de forma bem clara, de uma faculdade para a Administração e não de uma obrigação. O §3º do mesmo artigo 22, no entanto, obriga a matriz de riscos nas situações em que a contratação envolver "[...] obras e serviços de grande vulto ou forem adotados os regimes de contratação integrada e semi-integrada [...]". Esclareça-se que obras, serviços e fornecimento de grande vulto, na forma do inciso XXII do artigo 6º da Lei nº 14.133/2021, são "aqueles cujo valor estimado supera R$200.000.000,00 (duzentos milhões de reais)".

Convém registrar que a matriz de riscos também é tratada na Lei nº 13.303/2016, que disciplina as licitações e contratos das estatais. Nela, a alínea "d" do inciso I do §1º do artigo 42 exige a matriz de riscos apenas para os contratos que seguem o regime de contratação integrada ou semi-integrada, em solução parecida com a do supracitado §3º do artigo 22 da Lei nº 14.133/2021. Em acréscimo, o inciso X do artigo 69 da Lei nº 13.303/2016 veicula prescrição geral de que os contratos das estatais prevejam matriz de riscos. Sucede que, diante da Lei nº 13.303/2016 e nada obstante os seus termos, o Tribunal de Contas da União entendeu que todos os contratos de obras e serviços de engenharia das estatais devem contar com matriz de riscos:

> As empresas estatais devem, obrigatoriamente, incluir a matriz de riscos em seus editais e contratos de obras e serviços de engenharia (art. 69, inciso X, da Lei 13.303/2016), independentemente do modelo de contratação adotado, com a finalidade de garantir o equilíbrio econômico-financeiro da avença e de favorecer a elaboração das propostas dos licitantes, na medida em que lhes é dado conhecimento dos riscos a que serão submetidos durante a execução contratual.[510] [511]

---

510 TCU, Plenário. Acórdão nº 320/2023. Rel. Min. Augusto Nardes, j. 1.3.2023.

511 Sem embargo, o Tribunal de Contas da União já decidiu em sentido contrário: "27. De fato, a CGT Eletrosul e a Eletrobras têm razão quanto à previsão da matriz de riscos ser obrigatória às contratações semi-integradas e integradas, conforme estabelece a Lei 13.303/2016 e prevê o RLCE. 28. No entanto, conforme bem ressaltado pela unidade técnica, a jurisprudência do TCU *recomenda* a elaboração de matriz de riscos mesmo em contratações a preço global, para casos em que envolvam incertezas significativas, a exemplo dos Acórdão 1441/2015-TCU-Plenário (relator Ministro Vital do Rêgo), 2.172/2013-TCU-Plenário (relator Ministro-Substituto André de Carvalho). 29. Assim, acolho o encaminhamento sugerido pela SeinfraElétrica, por entender oportuno e conveniente, de propor à Eletrobras a utilização de matriz de riscos em contratações derivadas

É fato que a Lei nº 14.133/2021 não veicula exatamente as mesmas prescrições da Lei nº 13.303/2016 sobre a matriz de risco, muito embora sejam parecidas. Entretanto, não há nada na Lei nº 13.303/2016 que exija matriz de riscos para todos os contratos de engenharia independentemente do regime de execução. O inciso X do artigo 69 da Lei nº 13.303/2016 até poderia ser interpretado no sentido de que todos os contratos, não só os de engenharia, precisariam de matriz de risco. Essa interpretação seria bem equivocada e desproporcional, mas, de todo modo, não foi essa a interpretação do Tribunal de Contas da União. Daí que, mudando-se o que deve ser mudado, não seria de espantar que o Tribunal de Contas da União reproduzisse o mesmo embate para a Lei nº 14.133/2021, sobremodo para recomendar a matriz de riscos nos casos de incertezas significativas. Não há acórdão com esse teor ainda, mas é possível que exista no futuro, pela semelhança do tratamento dispensado à matriz de riscos na Lei nº 14.133/2021 e na Lei nº 13.303/2016.

De toda sorte, o inciso XXVII do artigo 6º da Lei nº 14.133/2021 define matriz de riscos como a "cláusula contratual definidora de riscos e de responsabilidades entre as partes e caracterizadora do equilíbrio econômico-financeiro inicial do contrato, em termos de ônus financeiro decorrente de eventos supervenientes à contratação [...]". Em complemento, o §1º do artigo 22 da Lei nº 14.133/2021 enuncia que a matriz de risco deve "promover a alocação eficiente dos riscos de cada contrato e estabelecer a responsabilidade que caiba a cada parte contratante, bem como os mecanismos que afastem a ocorrência do sinistro e mitiguem os seus efeitos, caso este ocorra durante a execução contratual".

A rigor, a essência da matriz de riscos é a de apontar os riscos e distribui-los entre os contratantes, tudo em prol da segurança jurídica, deixando-se mais claro o que cabe a cada uma das partes e quais os riscos assumidos por elas. A intenção é que, no curso do contrato, ocorrendo evento superveniente, saiba-se com clareza quem é o responsável por seus efeitos, sobremodo efeitos econômicos e financeiros.

A matriz de riscos, ressalva-se, não se confunde com a análise de riscos exigida no inciso X do artigo 18 da Lei nº 14.133/2021. A análise, que é obrigatória, serve para que a Administração identifique e trate os riscos da licitação e da contratação. A matriz de risco é documento contratual, que distribui os riscos da contratação entre contratante e contratado. A análise de riscos é essencialmente uma atividade de planejamento. A matriz de riscos é um desdobramento da análise de riscos, com vocação contratual, ainda que sua minuta seja produzida na etapa preparatória da licitação.

Veja-se, nesse sentido, que a Lei nº 14.133/2021, ao tratar do edital de licitação, não exige expressamente que ele seja acompanhado da matriz de risco. O §3º do artigo 25 da Lei nº 14.133/2021 refere-se a elementos do edital e, entre eles, menciona a minuta do contrato, termo de referência, anteprojeto, projetos e outros anexos, que devem ser divulgados juntos com o edital. O inciso IX do artigo 92 da Lei nº 14.133/2021, no entanto, exige em todo contrato cláusula que estabeleça "a matriz de risco, quando for o caso". Daí que, quando for o caso, a matriz de risco integra-se ao contrato e, portanto, na qualidade de cláusula contratual, à minuta do contrato. E a minuta do contrato,

da Lei 13.303/2016 que envolvam incertezas significativas, ainda que sob regime de empreitada por preço global" (TCU, Plenário. Acórdão nº 2.616/2020. Rel. Min. Vital do Rêgo, j. 30.9.2020).

como visto, é considerada um elemento e anexo ao edital. Disso se conclui que a matriz de risco, quando for adotada pela Administração Pública, deve ser elaborada na etapa preparatória da licitação, deve ser incorporada à minuta do contrato, até porque é uma cláusula contratual, e, nessa medida, é um elemento do edital, ainda que de forma reflexa, devendo ser divulgada junto com ele.

A matriz de risco é medida positiva, que tende a contribuir para ambiente com mais segurança jurídica. No entanto, ressalva-se que a matriz de risco deve ser justa e equilibrada. O §4º do artigo 103 da Lei nº 14.133/2021 preceitua que "a matriz de alocação de riscos definirá o equilíbrio econômico-financeiro inicial do contrato em relação a eventos supervenientes e deverá ser observada na solução de eventuais pleitos das partes".

Seguindo essa linha, o §5º do mesmo artigo estabelece que,

> [...] sempre que atendidas as condições do contrato e da matriz de alocação de riscos, será considerado mantido o equilíbrio econômico-financeiro, renunciando as partes aos pedidos de restabelecimento do equilíbrio relacionados aos riscos assumidos, exceto no que se refere:
> I - às alterações unilaterais determinadas pela Administração, nas hipóteses do inciso I do *caput* do art. 124 desta Lei;
> II - ao aumento ou à redução, por legislação superveniente, dos tributos diretamente pagos pelo contratado em decorrência do contrato.

No mesmo passo, o §2º do artigo 22 da Lei nº 14.133/2021 exige que o contrato reflita a alocação de riscos, especialmente quanto:

> I - às hipóteses de alteração para o restabelecimento da equação econômico-financeira do contrato nos casos em que o sinistro seja considerado na matriz de riscos como causa de desequilíbrio não suportada pela parte que pretenda o restabelecimento;
> II - à possibilidade de resolução quando o sinistro majorar excessivamente ou impedir a continuidade da execução contratual;
> III - à contratação de seguros obrigatórios previamente definidos no contrato, integrado o custo de contratação ao preço ofertado.

O objetivo final da matriz é alocar os riscos entre os contratantes. Isso significa que a responsabilidade e os reflexos financeiros e patrimoniais produzidos em razão da ocorrência do risco devem ser suportadas pelo contratante a quem o risco foi alocado. Logo, o contratante que teve o risco alocado para si não faz jus à reparação ou mesmo à revisão do contrato em razão da ocorrência do risco. A responsabilidade é dele, que deve arcar com os seus reflexos.

Inclusive, é de encarecer que a matriz de riscos pode alocar os riscos entre os contratantes conforme o grau ou bandas de variação de preços. Por exemplo, pode-se prever que até determinado percentual de variação o risco é atribuído ao contratado e acima desse percentual passa a ser do contratante, sendo devida a revisão contratual. É o que decidiu o Tribunal de Contas da União:

> 18. Destaco que é lícito que o contrato administrativo estabeleça divisão de riscos entre as partes, inclusive - de forma exemplificativa – no que tange a faixas de variação nos custos

de determinados insumos. Tal preocupação se mostra mais indicada à medida em que o insumo seja representativo no contexto dos serviços contratados e esteja propenso a flutuações decorrentes de fatores de difícil previsão, como é o caso dos materiais betuminosos em determinados tipos de obras nas quais sua utilização é intensiva. Nesse sentido, obras de recuperação e manutenção de pavimentos flexíveis são muito mais sensíveis às oscilações de preço do CAP do que obras que envolvam precipuamente serviços de terraplenagem ou a construção de obras de arte especial.
19. Nessa linha, entendo oportuno recomendar ao Dnit, que, em atenção aos arts. 6º, LVIII; 92, §3º; e 124, inciso II, 'd' da Lei 14.133/2021, preveja, para futuras contratações de obras rodoviárias, bandas aceitáveis de variação de custo de insumos asfálticos, em prazo delimitado, considerando a representatividade desses materiais na obra em particular, para as quais a empresa contratada se compromete a cumprir fielmente o contrato sem o cabimento de pedido de reequilíbrio econômico-financeiro, resguardada, em todo o caso, a observância do reajustamento periódico.[512]

Pondera-se que quem define a matriz de risco é a Administração, dado que ela é quem produz o edital e a minuta do contrato. Então, diferente do que costuma ocorrer nos contratos privados, a matriz de risco não é negociada, ponderada, ela é imposta pela Administração, que identifica os riscos e os distribui de maneira discricionária.

O receio, falando-se diretamente, é que a Administração exerça de maneira equivocada a competência discricionária e distribua os riscos de forma desproporcional para o contratado, eximindo-se das suas responsabilidades. Se o fizer, haverá, pelo menos, duas consequências. Primeiro, acaso isso ocorra, a matriz de riscos contrariará o seu principal propósito, que é a favor da segurança jurídica. Ela criará contrato leonino e, com isso, gerará insegurança jurídica. A segunda consequência é que, transferidos todos os riscos para o contratado, o contrato deve tornar-se mais caro, em prejuízo para a entidade licitante. O risco é precificado e a Administração acabará pagando o preço. Se a Administração quiser eximir-se de riscos, ela que contrate garantias, seguros, fianças ou coisa do gênero, que cubram a totalidade dos seus contratos. A matriz de risco não se presta a tanto, não deve ser instrumento para tornar os contratados garantidores universais de todos os riscos que seriam próprios, por sua natureza, à Administração.

A preocupação é com o conteúdo da matriz de risco, que não pode violar o direito constitucional dos contratantes ao equilíbrio econômico-financeiro do contrato, com assento no inciso XXI do artigo 37 da Constituição Federal. A competência administrativa discricionária para definir os termos da matriz de risco é limitada, como são todas as competências discricionárias. Assim, deve ser escorada em razões de interesse público e não pode ser desvirtuada para, pura e simplesmente, livrar a Administração de qualquer suposto risco. Cada contrato tem as suas peculiaridades e é permitido à Administração promover em matriz de riscos arranjos não usuais. No entanto, não se pode esquecer que há regras jurídicas limitadoras dessa competência discricionária, como a disposta no §1º do artigo 103 da Lei nº 14.133/2021, cujo teor propugna que a alocação de riscos deve considerar "em compatibilidade com as obrigações e os encargos atribuídos às partes no contrato, a natureza do risco, o beneficiário das prestações a que se vincula

[512] TCU, Plenário. Acórdão nº 1210/2024, Plenário. Rel. Min. Antonio Anastasia, j. 19.6.2024.

e a capacidade de cada setor para melhor gerenciá-lo". Em adição, o §2º do mesmo artigo sinaliza que "Os riscos que tenham cobertura oferecida por seguradoras serão preferencialmente transferidos ao contratado". Com a mesma preocupação, o §6º do mesmo artigo 103 permite que sejam adotados

> métodos e padrões usualmente utilizados por entidades públicas e privadas, e os ministérios e secretarias supervisores dos órgãos e das entidades da Administração Pública poderão definir os parâmetros e o detalhamento dos procedimentos necessários à sua identificação, alocação e quantificação financeira.

Sob essas premissas, os interessados em participar das licitações gozam de legitimidade para impugnar e contestar perante os órgãos de controle o conteúdo das matrizes de risco. A competência discricionária dada à entidade que promove a licitação para definir o teor da matriz de risco não é absoluta, como não é absoluta qualquer competência discricionária. Nessa toada, a distribuição de riscos deve ser justificada e alinhada aos princípios de Direito Administrativo.

Sob essa premissa, não se pode descurar que a alocação de riscos produz efeitos diretos sobre os custos do contratado e o preço do contrato. Em razão disso, o §3º do artigo 103 da Lei nº 14.133/2021 prescreve que "a alocação dos riscos contratuais será quantificada para fins de projeção dos reflexos de seus custos no valor estimado da contratação". Com o mesmo espírito, o *caput* do artigo 22, também da Lei nº 14.133/2021, permite que se considere no cálculo do valor estimado da contratação "taxa de risco compatível com o objeto a licitação e com os riscos atribuídos ao contratado, de acordo com metodologia predefinida pelo ente federativo".

Registre-se, por fim, que o inciso XXVII do artigo 6º da Lei nº 14.133/2021 previu que a matriz de riscos deve conter as seguintes informações:

> a) listagem de possíveis eventos supervenientes à assinatura do contrato que possam causar impacto em seu equilíbrio econômico-financeiro e previsão de eventual necessidade de prolação de termo aditivo por ocasião de sua ocorrência;
> b) no caso de obrigações de resultado, estabelecimento das frações do objeto com relação às quais haverá liberdade para os contratados inovarem em soluções metodológicas ou tecnológicas, em termos de modificação das soluções previamente delineadas no anteprojeto ou no projeto básico;
> c) no caso de obrigações de meio, estabelecimento preciso das frações do objeto com relação às quais não haverá liberdade para os contratados inovarem em soluções metodológicas ou tecnológicas, devendo haver obrigação de aderência entre a execução e a solução predefinida no anteprojeto ou no projeto básico, consideradas as características do regime de execução no caso de obras e serviços de engenharia.

Advirta-se que o estabelecido nas alíneas "b" e "c" do supracitado inciso XXVII do artigo 6º da Lei nº 14.133/2021 não diz respeito, em essência, ao conteúdo de uma matriz de risco, seria uma espécie de conteúdo suplementar. As alíneas supracitadas, como visto, prescrevem que a matriz de risco estabeleça as frações do objeto em que haverá ou não liberdade para o contratado inovar tecnicamente. Fazem-se distinções em razão de obrigações de resultado e de meio completamente descontextualizadas, que parecem soltas e aleatórias no corpo da Lei nº 14.133/2021. Aliás, por regra, essa possibilidade de inovação é restrita aos regimes de contratação integrada e semi-integrada. Logo, salvo alguma situação excepcional, apenas as matrizes de riscos de licitações realizadas sob tais regimes é que deveriam estabelecer frações do objeto em que se admite a inovação por parte do contratado. De todo modo, nesses casos, em obediência aos dispositivos em apreço, que sejam apontadas as frações em que pode haver inovação por parte do contratado.

13 Procedimento de manifestação de interesse

A Administração, para planejar e lançar suas licitações, em regra, precisa recorrer ao mercado, aos agentes privados, a fim de obter informações técnicas e econômicas. Os agentes administrativos, encarregados da fase interna da licitação, precisam compreender o objeto da futura licitação, suas nuances e diferenciais tecnológicos, bem como a dinâmica do mercado e seus *players*. Então, é usual que, sem procedimentos estruturados, os agentes administrativos procurem empresas privadas para obter tais informações. Ou seja, é natural que na fase interna da licitação ocorra, em algum grau, uma espécie de diálogo entre os agentes administrativos e o mercado.

O ponto é que esse diálogo acontece de maneira quase informal. Os agentes administrativos selecionam, muitas vezes aleatoriamente e sem qualquer justificativa, empresas que atuam no mercado para obter as informações que julgam necessárias. Outras empresas não são selecionadas e não têm a mesma oportunidade de dialogar com a Administração. Esses diálogos, também, não costumam ser formalizados e registrados.

Embora não seja ilícita, essa prática quase informal pode dar espaços para suspeitas e distorções. Seria melhor que esse diálogo fosse pautado num procedimento estruturado, com oportunidades a todos os interessados em participar e que, ao final, as decisões tomadas com base nas informações coletadas neste diálogo fossem motivadas. Essa é a essência do procedimento de manifestação de interesse, que é um dos modos de realizar-se o diálogo com a iniciativa privada.

O artigo 81 da Lei nº 14.133/2021 prescreve que

> [...] a Administração poderá solicitar à iniciativa privada, mediante procedimento aberto de manifestação de interesse a ser iniciado com a publicação de edital de chamamento público, a propositura e a realização de estudos, investigações, levantamentos e projetos de soluções inovadoras que contribuam com questões de relevância pública, na forma de regulamento.

Na verdade, o procedimento de manifestação de interesse não é uma novidade da Lei nº 14.133/2021, ele já vinha sendo aplicado pela Administração Pública em geral, porém de forma restrita a processos de concessão de serviços públicos e parcerias público-privadas. O procedimento tomou corpo em projetos que importam delegação de serviços públicos em face do artigo 31 da Lei nº 9.074/1995, cujo teor prescreve que os autores ou responsáveis economicamente pelos projetos básico ou executivo podem participar da licitação ou da execução de obras ou serviços. Ou seja, o dispositivo pressupõe que alguém faça e pague pelos projetos depois utilizados pela Administração.

Gustavo Henrique Carvalho Schiefler é autor de obra monográfica sobre o procedimento de manifestação de interesse, em que analisa o assunto com profundidade, enfatizando suas vantagens e alertando para riscos de mal-uso, sob a ótica da teoria da captura. O autor defende que o procedimento de manifestação de interesse seja ampliado e utilizado, inclusive, para as licitações comuns, que é o previsto na Lei nº 14.133/2021.[513]

O inciso III do §2º do artigo 81 da Lei nº 14.133/2021 ressalva que os estudos, investigações, levantamentos e projetos não implicam direito de ressarcimento por parte dos seus autores. Os autores devem ser remunerados apenas se os estudos, investigações, levantamentos e projetos forem utilizados pela Administração, o que é obrigação, conforme dispõe o inciso IV do mesmo artigo 81, do vencedor da licitação, sendo "[...] vedada, em qualquer hipótese, a cobrança de valores do poder público". Os incisos I e II do §2º do artigo 81 da Lei nº 14.133/2021 ainda prescrevem que o autor dos estudos, investigações, levantamentos e projetos não tem preferência na licitação, bem como que a Administração não é obrigada a realizar a licitação ou a contratação.

Voltando-se à questão da remuneração do autor dos estudos, investigações, levantamentos e projetos, se for o caso, a Administração precisará prever no edital que o vencedor da licitação tem a obrigação de remunerá-lo. Reitera-se que o autor dos estudos, investigações, levantamentos e projetos também pode participar da licitação, o que lhe confere a vantagem competitiva de não ter que remunerar a si mesmo, abrindo espaços para oferecer proposta com preço menor em comparação aos demais licitantes.

O §3º do artigo 81 da Lei nº 14.133/2021 preceitua que,

> [...] para aceitação dos produtos e serviços de que trata o *caput* deste artigo, a Administração deverá elaborar parecer fundamentado com a demonstração de que o produto ou serviço entregue é adequado e suficiente à compreensão do objeto, de que as premissas adotadas são compatíveis com as reais necessidades do órgão e de que a metodologia proposta é a que propicia maior economia e vantagem entre as demais possíveis.

Ou seja, os estudos, investigações, levantamentos e projetos apresentados pelas empresas privadas não devem ser recebidos cegamente pela Administração. Bem ao contrário, devem ser analisados com todo o rigor pela Administração e somente devem ser adotados se adequados às suas necessidades, tudo apreciado em parecer fundamentado.

A Lei nº 14.133/2021 não estabelece normas mais pormenorizadas sobre o procedimento de manifestação de interesse. Por isso, o artigo 81 da Lei nº 14.133/2021 prescreve que a Administração deve expedir regulamento para tratar do procedimento de manifestação de interesse a que ele se refere.

Em âmbito federal, o Decreto Federal nº 8.428/2015 regulamenta o procedimento de manifestação de interesse, referindo-se à "estruturação de empreendimentos objeto de concessão ou permissão de serviços públicos, de parceria público-privada, de arrendamento de bens públicos ou de concessão de direito real de uso". O Decreto nº 8.428/2015, embora não sirva para as contratações comuns e sim para os contratos que envolvem delegação de serviços públicos, pode ser aplicado analogicamente, nas partes

---

513 SCHIEFLER, Gustavo Henrique Carvalho. *Procedimento de manifestação de interesse (PMI)*. Rio de Janeiro: Lumen Juris, 2014. p. 295-297.

que foram compatíveis com as disposições da Lei nº 14.133/2021, até que o regulamento específico mencionado no seu artigo 81 seja produzido.

Por fim, registre-se que o §4º do artigo 81 da Lei nº 14.133/2021 confere discricionariedade à Administração para restringir o procedimento de manifestação de interesse

> [...] a startups, assim considerados os microempreendedores individuais, as microempresas e as empresas de pequeno porte, de natureza emergente e com grande potencial, que se dediquem à pesquisa, ao desenvolvimento e à implementação de novos produtos ou serviços baseados em soluções tecnológicas inovadoras que possam causar alto impacto, exigida, na seleção definitiva da inovação, validação prévia fundamentada em métricas objetivas, de modo a demonstrar o atendimento das necessidades da Administração.

O dispositivo veicula conceito de *startup* diferente e mais restritivo do que o do artigo 4º da Lei Complementar nº 182/2021 (Marco Legal das *Startups*), associando-a às microempresas e empresas de pequeno porte. A ideia é de privilegiar essas *startups* qualificadas como microempresas e empresas de pequeno porte. Ressalva-se, contudo, que a Lei Complementar nº 182/2021 prescreve modalidade especial de licitação para soluções inovadoras e não há nada que impeça que também seja precedida de procedimento de manifestação de interesse.

14 Aprovação jurídica

O *caput* do artigo 53 da Lei nº 14.133/2021 prescreve que, "ao final da fase preparatória, o processo licitatório seguirá para o órgão de assessoramento jurídico da Administração, que realizará controle prévio de legalidade mediante análise jurídica da contratação". Também se sujeita à análise da assessoria jurídica, como estatui o §4º do artigo 53, os processos de "contratações diretas, acordos, termos de cooperação, convênios, ajustes, adesões a atas de registro de preços, outros instrumentos congêneres e de seus termos aditivos". Permite-se, no entanto, em alinho ao §5º do artigo 53, que a autoridade jurídica máxima competente dispense a análise jurídica em razão de baixo valor, baixa complexidade da contratação, entrega imediata do bem ou utilização de minutas padronizadas.

O legislador não se contentou com meros vistos ou pareceres genéricos por parte da assessoria jurídica. O §1º do artigo 53 da Lei nº 14.133/2021 formula condicionantes para a manifestação da assessoria jurídica, que deve ser externada em parecer jurídico, com a obrigação de "apreciar o processo licitatório conforme critérios objetivos prévios de atribuição de prioridade" (inciso I); e "redigir sua manifestação em linguagem simples e compreensível e de forma clara e objetiva, com apreciação de todos os elementos indispensáveis à contratação e com exposição dos pressupostos de fato e de direito levados em consideração na análise jurídica" (inciso II).

É importante salientar que a Lei nº 14.133/2021, conforme o seu artigo 53, não exige apenas a apreciação do edital e dos documentos que lhe são anexos. Passa-se a exigir, expressamente, a avaliação de todo o processo licitatório, logo a revisão jurídica de todos os atos praticados na etapa preparatória. Na prática, essa nova percepção aproxima a assessoria jurídica de um órgão de controle interno ou de auditoria, porque os advogados terão de analisar a correção dos procedimentos dos agentes administrativos que atuaram no curso de todo o processo. Por exemplo, terão de analisar se os documentos como estudo técnico preliminar e termo de referência contêm as informações exigidas pela lei, se o orçamento foi elaborado em acordo com os critérios estabelecidos, se o objeto da licitação não se qualifica como artigo de luxo etc.

O §2º do artigo 53 do projeto de lei aprovado pelo Congresso Nacional foi vetado pela Presidência da República. O dispositivo era útil porque deixava claro que o parecer jurídico não seria vinculante, porque ele poderia "ser motivadamente rejeitado pela autoridade máxima do órgão ou entidade, hipótese em que esta passará a responder pessoal e exclusivamente pelas irregularidades que, em razão desse fato, lhe forem eventualmente imputadas". O veto foi infeliz e não se deu em razão da não vinculação do parecer, mas por receio de responsabilização indevida de advogados pelos seus pareceres. O receio foi exagerado e o veto do §2º fez com que a questão da vinculação ou não do parecer permanecesse em aberto, perpetuando controvérsia de muito tempo.

Por fim, o §6º do artigo 53 do projeto aprovado pelo Congresso Nacional também foi vetado. Ele trazia ponto relevantíssimo, porque qualificava a culpabilidade dos advogados públicos, que somente podem ser responsabilizados em casos de dolo ou fraude, como já disposto pelo artigo 184 do Código de Processo Civil. Entendeu-se que o dispositivo seria redundante, o que é verdade. No entanto, o veto foi infeliz, porque a redundância aqui seria bastante útil, diante da insistência dos órgãos de controle em responsabilizar advogados por erro grosseiro (culpa grave), que é diferente de dolo ou fraude.[514]

O §3º do artigo 54 da Lei nº 14.133/2021 prescreve que, "encerrada a instrução do processo sob os aspectos técnico e jurídico, a autoridade determinará a divulgação do edital de licitação". Ou seja, depois da apreciação da assessoria jurídica, o edital segue para a autoridade competente, que dá a última palavra sobre ele. A aprovação do edital encerra a etapa preparatória. O próximo passo é a publicação do edital, que abre a etapa externa da licitação.

15 Fase preparatória simplificada para o enfrentamento de calamidade pública

Como exposto e contextualizado no Capítulo 6 desta obra, a Lei nº 14.981/2024 dispõe de medidas excepcionais para aquisição de bens e a contratação de obras e de serviços, inclusive de engenharia, destinados ao enfrentamento de impactos decorrentes de estado de calamidade pública.[515] Independentemente e antes da Lei nº 14.981/2024, a calamidade pública já autorizava e autoriza a dispensa de licitação, na forma do inciso VIII do artigo 75 da Lei nº 14.133/2021. A Lei nº 14.981/2024 prescreve condições especiais

---

[514] A ausência de critério de aceitabilidade dos preços unitários em edital de licitação para contratação de obra, em complemento ao critério de aceitabilidade do preço global, configura erro grosseiro que atrai a responsabilidade do parecerista jurídico que não apontou a falha no exame da minuta do ato convocatório, pois deveria saber, como esperado do parecerista médio, quando as disposições editalícias não estão aderentes aos normativos legais e à jurisprudência (TCU, Plenário. Acórdão nº 615/2020. Rel. Min. Ana Arraes, j. 18.3.2020).

[515] O §1º do artigo 1º da Lei nº 14.981/2024 prescreve que as medidas excepcionais prescritas na referida Lei são condicionadas à "[...] declaração ou reconhecimento do estado de calamidade pública pelo Chefe do Poder Executivo do Estado ou do Distrito Federal ou pelo Poder Executivo federal [....]" (inciso I) e a "ato do Poder Executivo federal ou do Chefe do Poder Executivo do Estado ou do Distrito Federal, com a autorização para aplicação das medidas excepcionais e a indicação do prazo dessa autorização" (inciso II).

e, em regra, mais flexíveis para a dispensa de licitação em estado de calamidade pública, bem como trata de aspectos relacionados às licitações e aos próprios contratos firmados em estado de calamidade pública. Chama a atenção que a calamidade pública autoriza e justifica a contratação com dispensa de licitação e, em que pese isso, é também possível à Administração, em vez de contratar com dispensa de licitação, proceder à licitação, decisão esta que se encontra dentro das competências discricionárias da Administração.

O artigo 3º da Lei nº 14.981/2024 prevê fase preparatória para aquisições e contratações mais simplificada do que a exigida na Lei nº 14.133/2021, especialmente diante das prescrições contidas no seu artigo 18. Essa simplificação não tem utilidade para as dispensas de licitação, dado que o artigo 72 da Lei nº 14.133/2021 já prevê processo mais simplificado para a contratação direta, inclusive sem exigir, para todos os casos, estudo técnico preliminar, análise de riscos, termo e referência, projeto básico ou projeto executivo, o que é abordado no capítulo 4 desta obra. Portanto, a simplificação da etapa preparatória preceituada no artigo 3º da Lei nº 14.981/2024 tem maior utilidade nos casos em que se promove licitação.

O artigo 3º da Lei nº 14.981/2024 prescreve as medidas de simplificação da etapa preparatória:

> Art. 3º Na fase preparatória para as aquisições e as contratações de que trata esta Lei:
> I - será dispensada a elaboração de estudos técnicos preliminares, quando se tratar de aquisição de bens e contratação de obras e de serviços comuns, inclusive de engenharia;
> II - será exigível o gerenciamento de riscos da contratação somente durante a gestão do contrato; e
> III - será admitida a apresentação simplificada de termo de referência, de anteprojeto ou de projeto básico.

Pois bem, o inciso I do *caput* do artigo 18 da Lei nº 14.133/2021 exige o estudo técnico preliminar na etapa preparatória de todas as licitações. O supracitado inciso I do artigo 3º da Lei nº 14.981/2024 já não o exige, havendo calamidade, nos casos de aquisição de bens e contratação de obras e de serviços comuns, inclusive de engenharia. O inciso II do mesmo artigo 3º dispensa a análise de riscos na etapa preparatória da licitação, que é exigida no inciso X do *caput* do artigo 18 da Lei nº 14.133/2021. E, por fim, o inciso III, também do artigo 3º, admite termo de referência, anteprojeto ou projeto básico simplificados, cujo conteúdo está descrito no §1º do artigo 3º:

> Art. 3º [...] §1º O termo de referência, o anteprojeto ou o projeto básico simplificado de que trata o inciso III do *caput* deste artigo conterá:
> I - a declaração do objeto;
> II - a fundamentação simplificada da contratação;
> III - a descrição resumida da solução apresentada;
> IV - os requisitos da contratação;
> V - os critérios de medição e de pagamento;
> VI - a estimativa de preços obtida por meio de, no mínimo, um dos seguintes parâmetros:
> a) composição de custos unitários menores ou iguais à mediana do item correspondente nos sistemas oficiais de governo;
> b) contratações similares feitas pela administração pública;

c) utilização de dados de pesquisa publicada em mídia especializada, de tabela de referência formalmente aprovada pelo Poder Executivo e de sítios eletrônicos especializados ou de domínio amplo;
d) pesquisa realizada com os potenciais fornecedores; ou
e) pesquisa na base nacional de notas fiscais eletrônicas; e
VII - a adequação orçamentária.

Perceba-se que o §1º do artigo 3º da Lei nº 14.981/2024 uniformizou o conteúdo do termo de referência, do anteprojeto e do projeto básico, de modo que, nos seus termos, não há diferenças entre os sobreditos documentos, o que não faz sentido. Não há lógica alguma de distingui-los e atribuir a eles o mesmo conteúdo. Como o conteúdo é o mesmo, o documento deveria ser o mesmo. Chama a atenção o conteúdo bastante simplificado do projeto básico, especialmente se comparado ao que é exigido do projeto básico no inciso XXV do artigo 6º da Lei nº 14.133/2021. Não há necessidade, nos termos do §1º do artigo 3º da Lei nº 14.981/2024, dentre outros aspectos, de tratamento do impacto ambiental, levantamento topográfico e sondagens, soluções técnicas globais e especificações de materiais. O racional é o de simplificar tais documentos, ainda que com perdas qualitativas, para viabilizar contratação célere que atenda o interesse público e se preste a enfrentar a situação de calamidade.

A Administração, na forma do artigo 23 da Lei nº 14.133/2021, é obrigada a proceder à pesquisa de preços para definir o valor de referência da contratação, que deve ser compatível com o praticado no mercado. O §3º do artigo 3º da Lei nº 14.981/2024, em razão da situação de calamidade, autoriza que se contrate com preços superiores aos levantados em pesquisa de preços em razão de "oscilações ocasionadas pela variação de preços". Nesses casos, o dispositivo exige: "I - negociação prévia com os demais fornecedores, segundo a ordem de classificação, para obtenção de condições mais vantajosas; e II - fundamentação, nos autos do processo administrativo da contratação correspondente, da variação de preços praticados no mercado por motivo superveniente". Sucede que situações de calamidade costumam afetar os mercados, muitas vezes faltam produtos e serviços, de modo que os preços sofrem oscilações e não correspondem exatamente aos preços praticados em situações normais e em outras praças não afetadas pela calamidade. Daí que essas oscilações que afetam a região atingida pela calamidade formam o próprio preço de mercado, porque correspondem ao que é efetivamente praticado no local da calamidade. Então, é preciso reconhecer a oscilação dos preços e considerá-la ao definir o preço da contratação, que pode não corresponder aos preços praticados nas praças não afetadas pela calamidade.

Por fim, o artigo 4º da Lei nº 14.981/2024 prescreve que, em razão do estado extraordinário de calamidade, havendo restrição de fornecedores ou de prestadores de serviços, algo usual nas áreas afetadas, "[...] a autoridade competente, excepcionalmente e mediante justificativa, poderá dispensar a apresentação de documentação relativa às regularidades fiscal e econômico-financeira e delimitar os requisitos de habilitação jurídica e técnica ao estritamente necessário à adequada execução do objeto contratual." Logo, o legislador, para enfrentar a calamidade, se for necessário, autoriza a simplificação dos requisitos de habilitação.

COMPETÊNCIAS E RESPONSABILIDADES DOS AGENTES ADMINISTRATIVOS QUE ATUAM EM LICITAÇÃO PÚBLICA

1 Administração Pública do medo

Os órgãos de controle avançaram sobremaneira nos últimos anos ou décadas, ganharam braços competentes e recursos tecnológicos. Esse avanço é necessário, especialmente num país como o Brasil, em que o grau de corrupção parece ser elevadíssimo. É necessário quebrar o paradigma da impunidade em relação às classes mais abastadas.

Daí a enorme legitimidade dos órgãos de controle e o baixíssimo grau de análise crítica por parte da opinião pública em relação a eles. A impressão é que, para a maioria expressiva da sociedade, tudo que vem dos órgãos de controle é certo e adequado, pura e simplesmente porque vem dos órgãos de controle. Contudo, no mundo real as coisas não correm bem assim. A despeito dos avanços, há excessos, que precisam ser conhecidos, reprimidos e evitados. Nem tudo são flores.

Pondera-se, por outro lado, que não se pode ir ao extremo de demonizar os órgãos de controle. A crítica não pode desfazer ou deixar de reconhecer os seus acertos. Deve-se enaltecer o mérito e criticar o demérito, um não apaga nem justifica o outro. A crítica também não pode generalizar. As críticas são dirigidas aos órgãos de controle, porém com a ressalva de que nem todos procedem do mesmo modo equivocado. Muitos integrantes dos órgãos de controle não merecem sequer uma vírgula das críticas que seguem. Infelizmente, por outro lado, muitos merecem.

A crítica relaciona-se diretamente com o déficit de segurança jurídica que palpita na ordem jurídica brasileira e que se reflete sobre a Administração Pública diante de um conjunto de órgãos de controle com competências sobrepostas, que, na perspectiva de boa parte dos seus integrantes, se apropriaram de uma espécie de propósito messiânico de depuração da Administração Pública aos seus olhos corrompida – apropriaram-se porque essa missão não lhes foi dada pela ordem constitucional.

A depuração é cumprida com a repressão, a punição exemplar, rigorosa e célere de agentes administrativos. A punição célere, muitas vezes, não se harmoniza com as ideias de devido processo legal, contraditório e ampla defesa, princípios fundamentais assegurados na Constituição Federal, frutos de muita luta e muito sangue, mas atualmente em baixa, considerados, em larga medida, meros signos de uma retórica elitista e de um bacharelismo bem remunerado. Então, a punição célere, com frequência, transveste-se em punição antecipada, antes mesmo de instaurado o processo. No fim das contas, a sociedade aplaude a punição e os agentes da punição, os integrantes do aparelhamento de controle, técnicos e conselheiros ou ministros de tribunais de contas, técnicos das controladorias, policiais e delegados, promotores e juízes. Nessa visão distorcida, quem pune é herói. E quem pune antes é herói antes.

O alvo é a Administração Pública, uma abstração jurídica formada por pessoas que foram aprovadas em concursos públicos ou nomeadas para cargos em comissão, estes, na sua maioria, por uma deformação institucional pouco combatida, em razão de critérios meramente políticos e não técnicos. Essas pessoas, que dão rosto à Administração Pública, devem cumprir a lei e prover soluções para os mais diversos problemas por meio da tomada quase intermitente de decisões discricionárias, que podem dar certo ou errado, serem bem ou malsucedidas. Essas decisões são submetidas aos órgãos de controle, podem ser aprovadas ou reprovadas, e as pessoas que as tomam, se as decisões forem reprovadas, sujeitam-se às penalidades.

Por racionalidade, as decisões dos agentes administrativos deveriam ser avaliadas pelos órgãos de controle com deferência (princípio da deferência), partindo-se do pressuposto de que sejam legítimas (presunção de legitimidade dos atos administrativos). A mera discordância com o mérito da decisão não deveria ser suficiente para reprová-la e, muito menos, para apenar o agente administrativo que tenha participado dela. Os agentes administrativos somente deveriam ser penalizados quando tivessem atuado com má-fé ou quando tivessem agido com culpa grave, que se caracteriza diante de casos gritantes e excepcionais. Não deveriam ser penalizados quando os órgãos de controle apenas discordam sobre o mérito de suas decisões ou quando discordam da interpretação jurídica dada pelos agentes administrativos diante de temas que sejam ou que admitam controvérsia técnica ou jurídica. A interpretação dos órgãos de controle não poderia ser levada à verdade absoluta, de modo que agentes administrativos fossem penalizados pela mera divergência de entendimento.

Tudo isso parece óbvio, bem óbvio. Mas não é isso que acontece na prática. Os agentes administrativos são penalizados, e com penas duríssimas, mesmo quando atuam com boa-fé, mesmo em casos em que sequer se cogita de desonestidade. São penalizados por pretensos equívocos, que, na verdade, remontam à divergência de interpretação ou por desatenção às formalidades prescritas em lei. Fala-se de crime de hermenêutica.

Os excessos de parte dos órgãos de controle ganham espaços porque se trabalha com uma legislação confusa, que se perde numa malha de normas burocráticas de caráter formalista. O exemplo mais expoente é representado pelas licitações e contratos administrativos, matéria disciplinada por décadas pela revogada Lei nº 8.666/1993 e agora pela Lei nº 14.133/2021, ambas excessivamente burocráticas, formalistas, engessadas e desconfiadas.

Essa legislação defeituosa é permeada por uma plêiade de princípios, que, por natureza, são mais abertos e, em razão disso, acabam servindo de pretensa justificativa para qualquer tipo de decisões, para qualquer lado, totalmente subjetivas e soltas. Aliás, de uma maneira geral, os órgãos de controle nem se preocupam em articular argumentos para justificar que dado princípio leva a uma ou outra conclusão. Pura e simplesmente decidem e utilizam princípios para pretensamente fundamentar a decisão, sem explicar por quais razões e sob quais circunstâncias o princípio empregado aportaria àquela decisão. Daí os órgãos de controle tomam para si a competência para decidir com liberdade. A rigor, deixam de controlar o cumprimento por parte da Administração Pública da legalidade e passam a criar a própria legalidade.

Os agentes administrativos, controlados pelos órgãos de controle, vêm-se, então, diante de uma legalidade movediça, relativa e voltada para a repressão.

Para piorar o quadro, as penas a que se sujeitam os agentes administrativos variam, têm dimensões e naturezas diferentes. A mesma decisão, no entanto, pode levar a diversas penas, na esfera administrativa, civil e penal. Por exemplo, toma-se uma contratação por dispensa de licitação considerada equivocada. Os agentes administrativos que tenham participado do processo que culminou na contratação, técnicos, advogados, autoridades administrativas, podem ser responsabilizados dentro da própria Administração Pública, ser até demitidos e ter suas aposentadorias cassadas. Pela mesma contratação, podem ser condenados perante o tribunal de contas, sofrer multas altíssimas, ser impedidos de exercer suas funções, condenados a ressarcir prejuízos e outras sanções. Ainda pela mesma contratação, podem sofrer ações populares ou ações de improbidade administrativa, com condenações muito parecidas, multas, perda de direitos, inclusive políticos, e ressarcimento de dano. Os agentes administrativos ainda podem, pela mesma contratação, sofrer processo-crime, porque, de acordo com o artigo 337-F do Código Penal, dispositivo que lhe foi introduzido pela Lei nº 14.133/2021, contratar sem licitação fora das hipóteses legais é crime, com pena de reclusão de quatro a oito anos. Ou seja, por uma interpretação equivocada da Lei nº 14.133/2021, os agentes administrativos estão sujeitos a perder o cargo, perder a aposentadoria, perder uma série de direitos, inclusive políticos, tomar multas sucessivas, ter de ressarcir pretensos prejuízos causados ao erário e ser presos. É um horizonte cinzento.

O ressarcimento de pretensos danos ao erário é outro caso à parte. Não é raro que órgãos de controle considerem que há dano ao erário quando os agentes administrativos tomam uma decisão que avaliam como equivocada e antieconômica. Ou seja, nessa compreensão, se os agentes administrativos tomassem a decisão que aos olhos do controle seria a correta, economizariam recursos públicos. Por conseguinte, na perspectiva de parte dos órgãos de controle, todos os recursos empregados na decisão reputada equivocada presumem dano ao erário, ainda que tenham sido aproveitados pela Administração Pública, como ocorre com contratos de fato executados por terceiros. Os valores, por envolverem a Administração Pública, costumam ser elevados. No fim das contas, as condenações a que se sujeitam os agentes administrativos costumam ser milionárias e, por consequência, impagáveis.

Soma-se a isso que os agentes administrativos se sujeitam a uma série de penas antecipadas, bastante em voga em razão do propósito de punir com celeridade. Nas ações de improbidade, por exemplo, é usual que de largada haja o bloqueio de bens dos acusados. No direito penal, as medidas antecipadas também gracejam, entre as buscas e apreensões, prisões provisórias e preventivas. O que era para ser totalmente excepcional passa a aspirar à condição de regra. Para muitos integrantes do controle, a mera dúvida em relação à conduta de um agente administrativo é o bastante para aplicar tais penas antecipadas, com base no suposto princípio do *in dubio pro societate*, utilizado sem maiores anteparos para bloquear bens e decretar medidas penais acautelatórias diante de acusações muitas vezes frágeis e sem lastro probatório. Afirma-se ser um "suposto" princípio, porque, na verdade, ele não existe na ordem jurídica brasileira, pelo menos não se pode depreendê-lo da Constituição Federal. Aliás, tal princípio desvela ideia diametralmente contrária à do *in dubio pro reo*, que decorre da presunção de inocência, este sim com estatura constitucional.

Afora o enfraquecimento do devido processo legal, do contraditório e da ampla defesa, tais penas antecipadas devastam emocional e psicologicamente os agentes administrativos que as sofrem e suas famílias. Presenciam-se cotidianamente casos, sempre dramáticos, de pessoas que, posteriormente, foram absolvidas. E tais penas costumam ser vexatórias, executadas com o acompanhamento vigoroso da mídia, quase sempre de forma favorável ao órgão de controle e desfavorável aos agentes administrativos envolvidos. Armam-se espetáculos, consumidos em regozijo coletivo pela opinião pública. Depois, com a absolvição dos agentes administrativos, a mídia nunca se anima para conceder o mesmo espaço ou tecer qualquer crítica aos órgãos de controle que aplicaram a pena antecipada. A crítica, a essa altura, se houver, é direcionada ao juiz (controlador) que absolveu, dado que, sob essa concepção torta, insista-se, o juiz que absolve é um mau juiz. O juiz que condena é herói.

Em resumo, o quadro é o seguinte: (i) agentes administrativos são penalizados sem que sejam sequer acusados de terem atuado com má-fé, basta que tenham se equivocado ou que os órgãos de controle considerem que tenham se equivocado; (ii) as penas são duríssimas e de diversas matizes, administrativas, cíveis e criminais; (iii) com frequência os órgãos de controle presumem dano ao erário em razão de condutas que consideram equivocadas e os agentes administrativos são condenados a dívidas impagáveis; (iv) os agentes administrativos estão sujeitos a penas antecipadas, vexatórias e aplicadas de surpresa, sem que tenham o direito de oferecer defesa ou prestar qualquer esclarecimento preliminar, com amplíssima exposição social; (v) o agente administrativo pode dar o azar de encontrar para si um juiz (controlador) parcial, que queira, de antemão, puni-lo.

Por tudo e em tudo, não sem razão, os agentes administrativos que atuam nas licitações públicas, especialmente os honestos, estão com medo, com muito medo, cumprem suas funções pisando em ovos, sob o fio da navalha de um aparato de controle sedento por punições. É difícil, hoje em dia, encontrar alguém que se disponha a participar de qualquer decisão que possa ser considerada controvertida.[516]

Esse estado de medo na Administração Pública gera consequências que são nefastas para o Estado e para a sociedade brasileira. Há várias repercussões negativas, sentidas fortemente nas licitações públicas. Frisam-se três delas:

[516] Esse estado de coisas não passa desapercebido pela comunidade acadêmica. Há mais de década, o Professor Rodrigo Valgas dos Santos já denunciava, em diversas conferências, a formação de uma "Administração Pública do medo" – expressão aqui apropriada. Aliás, mais recentemente defendeu tese de doutorado na Universidade Federal de Santa Catarina e publicou livro com o mesmo título, que teve e tem grande acolhida e merece ser lido por todos aqueles que se aventuram nas licitações e contratos administrativos (SANTOS, Rodrigo Valdas dos. *Direito administrativo do medo*. Risco de fuga da responsabilização dos agentes públicos. São Paulo: RT, 2020).

A consequência mais grave, que se percebe de plano, é a falta de inovação na Administração Pública. Ninguém quer criar, fazer diferente, pensar noutras soluções. O novo pode dar errado e o erro, repita-se, é punido com severidade. Então, por autopreservação, é melhor repetir o velho, mesmo que se saiba que o velho já não funciona. A Administração Pública fica paralisada, quase em inação. Quem sofre é a população, sobremaneira a mais carente, que mais precisa da atuação eficiente do Estado. Especialmente em tempos de crise econômica, é necessário fazer mais com menos, fazer diferente. No entanto, dentro dos muros da Administração Pública, ninguém quer o novo, que soa como irresponsável.

Para além disso, tudo é muito moroso, vai a passo de tartaruga. Em alguns órgãos da Administração Pública, por exemplo, leva-se mais de um ano para assinar mero termo aditivo. As concorrências, não raro, completam o ciclo da Terra em torno do Sol. Os processos vão de um lado para o outro e ninguém decide. Posterga-se ao máximo, muitas vezes com o propósito de fazer com que o tempo inviabilize a medida pretendida. É mais fácil não fazer, porque quem não faz passa ileso pelos órgãos de controle. Não é raro que empresa apresente pleito à Administração Pública, o gestor confessa que é favorável ao pleito, mas que não o concederá com medo dos órgãos de controle. Sugere, muitas vezes, que a empresa proponha ação judicial contra a Administração Pública.

Outra repercussão do medo é o afastamento de bons nomes dos quadros da Administração Pública. Muitos não se sentem atraídos para construir uma carreira perante a Administração Pública. E muitos dos melhores quadros da Administração Pública não se sentem estimulados para prosseguir. Ou procuram a iniciativa privada ou pretendem ingressar em algum órgão de controle. É melhor, sob qualquer aspecto que se possa cogitar atualmente, controlar do que ser controlado.

Esse estado de medo deve ser revertido, a Administração Pública precisa retomar o seu prumo e avançar. As licitações precisam retomar o seu prumo e avançar. Leis novas podem ajudar, mas não são suficientes. Tanto isso é verdade que nos últimos anos foram aprovadas leis importantes nesse sentido, como a Lei nº 13.655/2018, que promoveu alterações na Lei de Introdução às Normas do Direito Brasileiro, com significativo impacto sobre a responsabilidade dos agentes públicos e na atuação dos órgãos de controle; a Lei nº 13.869/2019, batizada de *Lei Cancellier*, em homenagem ao Reitor da Universidade Federal de Santa Catarina Luis Carlos Cancellier de Olivo, vitimado por uma prisão cautelar difícil de ser compreendida, no ano de 2017, que o levou à tragédia do suicídio; e a Lei nº 14.230/2021, que promoveu alterações na Lei nº 8.429/1992 (Lei de Improbidade Administrativa), refreando alguns dos seus exageros. Apesar dos avanços no plano legislativo, os excessos do controle não foram contidos, e a sensação de medo não arrefeceu substancialmente.

Não tem sido fácil conciliar as atividades de controle, o necessário combate à corrupção e à impunidade com o respeito das garantidas e dos direitos fundamentais. Urge encontrar um ponto de equilíbrio plausível, que passa necessariamente por postura de comedimento e autocontenção por parte dos órgãos de controle sem abdicar de suas funções que são imprescindíveis para o desenvolvimento nacional. Encontrar esse ponto de equilíbrio é fundamental, porque o Estado brasileiro não vai a lugar algum enquanto os seus agentes públicos honestos tiverem medo de exercer as suas funções. Talvez o diálogo genuíno e aberto seja o primeiro passo.

2 A importância da LINDB em relação à responsabilização de agentes públicos e a frustração de suas normas em razão da interpretação dos órgãos de controle

Não é novidade que o aparato de controle e de repressão da Administração Pública nunca se animou com as alterações promovidas na LINDB pela Lei nº 13.655/2018. Tanto é verdade que muitos se lançaram institucionalmente em campanha aberta pelo veto da Presidência da República, com argumentos exagerados que propugnavam a inviabilização das atividades de controle.[517] Houve êxito parcial, com o veto de dispositivos importantes, desacompanhados de justificativas plausíveis. No entanto, ainda que desidratada, a Lei nº 13.655/2018 foi sancionada, o que representou avanço relevante no plano legislativo, de modo a conferir mais segurança jurídica e arrefecer a sensação de medo que oprime os quadros da Administração Pública.

As disposições incorporadas na LINDB dirigem-se, em sua essência, aos órgãos de controle, de modo a lhes impor algumas balizas e refrear os excessos. O problema é que os enunciados normativos da LINDB que afetam esses órgãos acabam sendo interpretados por eles mesmos nos casos concretos, pois dão a palavra final sobre os seus sentidos e determinam o alcance de suas aplicações práticas. Sim, eles próprios: os mesmos órgãos de controle que fizeram *lobby* contra a sanção da Lei nº 13.655/2018.

Indo diretamente ao ponto, passados alguns anos das alterações promovidas na LINDB, vem se consolidando jurisprudência que a esvazia substancialmente.

O dispositivo mais importante da nova feição da LINDB, dada pela Lei nº 13.655/2018, é o artigo 28, cujo teor prescreve que agentes públicos somente podem ser responsabilizados em casos de dolo ou de erro grosseiro. É esse o dispositivo que atraiu as atenções do Tribunal de Contas da União, protagonista entre os órgãos de controle, e sobre o qual ele tem se debruçado com mais frequência.

---

[517] "Logo após sua aprovação na Câmara dos Deputados, proposta provocou uma imensa polêmica sobre a matéria, com manifestações a favor e contra. Segundo autoridades da Corte de Contas, o PL pretendia tornar lei dispositivos de cunho fortemente desfavorável ao controle da Administração Pública, à eficiência administrativa e ao erário e, ainda, de constitucionalidade duvidosa. O ministro-presidente do TCU – que já havia externado, publicamente, sua apreensão sobre o texto do PL – expôs, no dia 16 de abril, durante reunião com o presidente da República, os riscos envolvidos na conversão em norma jurídica dessa proposição legislativa. E, assim, sugeriu o veto total ou parcial ao PL, especialmente aos artigos 25 – que versa sobre ação declaratória de validade de ato, contrato, ajuste, processo ou norma administrativa –, 23 – sobre dever de transição – e 28 – acerca de dolo ou erro grosseiro. Entre as manifestações que defenderam o veto total ou parcial ao PL 7.488/2017, está a 'Análise Preliminar' realizada pela Consultoria Jurídica do TCU e enviada ao ministro-chefe da Casa Civil, Eliseu Padilha. Em 20 de abril, o Tribunal também produziu uma nova manifestação com um parecer que apresenta diversas considerações sobre o PL. Outros representantes do controle também se pronunciaram a favor do veto, foi o caso do Ministério Público Federal. 'Enviei o referido parecer, ainda naquele mesmo dia, à Advocacia-Geral da União, tendo em vista que, conforme noticiado pela imprensa, o presidente da República lhe solicitou um parecer sobre o PL 7.448/2017, para subsidiar a sua decisão sobre a sanção ou veto', enfatizou o ministro-presidente da Corte de Contas, Raimundo Carreiro" (TCU promove três encontros para avaliar novas normas de controle da LINDB. *Tribunal de Contas da União*, 3 maio 2018. Disponível em: https://portal.tcu.gov.br/imprensa/noticias/tcu-promove-tres-encontros-para-avaliar-novas-normas-de-controle-da-lindb.htm. Acesso em: 3 ago. 2021).

O Acórdão nº 2.391/2018, do Plenário, relatado pelo Ministro Benjamin Zymler, foi o *leading case*. Entendeu-se, com acerto, que o erro grosseiro

> [...] é o que poderia ser percebido por pessoa com diligência abaixo do normal, ou seja, que seria evitado por pessoa com nível de atenção aquém do ordinário, consideradas as circunstâncias do negócio. Dito de outra forma, o erro grosseiro é o que decorreu de uma grave inobservância de um dever de cuidado, isto é, que foi praticado com culpa grave.

Até então o Tribunal de Contas da União avaliava a responsabilidade dos agentes públicos sob a régua do "administrador médio", correspondente a um grau de culpa leve, o que sempre foi muito subjetivo e solto, causando enorme insegurança jurídica.[518] Agora, diante do artigo 28 da LINDB, a régua não poderia mais ficar na altura do médio, porque a responsabilização dependeria de uma desatenção acima da média, "além do ordinário". Esse reconhecimento por parte do Tribunal de Contas da União foi positivo.

Sem embargo, o mesmo Acórdão nº 2.391/2018 trouxe outra discussão muito sensível. Os ministros do Tribunal de Contas da União entenderam que a LINDB não poderia limitar a responsabilidade dos agentes públicos aos casos de dolo ou erro grosseiro no tocante à reparação de dano ao erário. O argumento é que o §6º do artigo 37 da Constituição Federal enuncia que a obrigação de reparação de dano ao erário dependeria apenas da culpabilidade do agente público, não importando o grau de culpa. Daí que, por força da Constituição Federal, qualquer grau seria o bastante para fazer com que os agentes públicos fossem obrigados a reparar o dano ao erário. O dolo e o erro grosseiro seriam condicionantes apenas à aplicação de outras sanções, como multas e suspensões de direitos. Nas palavras do ministro relator:

> 145. Sendo assim, compreendo que as circunstâncias específicas relativas à culpabilidade do Sr. [XXX] impõem um tratamento distinto do responsável quanto à sua punibilidade. Porém, entendo que tais aspectos não alteram a sua responsabilidade pelo débito

---

[518] "Dentre as várias métricas que o TCU se vale para responsabilizar, a do administrador médio é a mais pitoresca. Nada menos de 133 acórdãos se referem a ela. O teste consiste em comparar o comportamento avaliado com o esperado do administrador médio, tomado como razoável ('razoabilidade da conduta'); se a carapuça do administrador médio não servir, responsabiliza-se. As sanções somente seriam manejadas em situações extremas, quando fosse '*nítido o distanciamento do critério de atuação esperado, considerando a também vaga noção de administrador médio*', ou quando fossem '*descumpridas determinações anteriores*' (Ac. 2575/2014; Ac. 2160/2014). Mas quem é o administrador médio do TCU? Para o Tribunal, o administrador médio é, antes de tudo, um sujeito leal, cauteloso e diligente (Ac. 1781/2017; Ac. 243/2010; Ac. 3288/2011). Sua conduta é sempre razoável e irrepreensível, orientada por um senso comum que extrai das normas seu verdadeiro sentido teleológico (Ac. 3493/2010; Ac. 117/2010). Quanto ao grau de conhecimento técnico exigido, o TCU titubeia. Por um lado, precisa ser sabedor de práticas habituais e consolidadas, dominando com mestria os instrumentos jurídicos (Ac. 2151/2013; Ac. 1659/2017). Por outro, requer do administrador médio o básico fundamental, não lhe exigindo exame de detalhes de minutas de ajustes ou acordos administrativos que lhe sejam submetidos à aprovação, por exemplo (Ac. 4424/2018; Ac. 3241/2013; Ac. 3170/2013; 740/2013). Sua atuação é preventiva: ele devolve os valores acrescidos da remuneração por aplicação financeira aos cofres federais com prestação de contas, e não se apressa para aplicar esses recursos (Ac. 8658/2011; Ac. 3170/2013). Não deixa de verificar a regularidade dos pagamentos sob sua responsabilidade (Ac. 4636/2012), não descumpre determinação do TCU e não se envolve pessoalmente em irregularidades administrativas (Ac. 2139/2010)" (PALMA, Juliana Bonacorsi. Quem é o 'administrador médio' do TCU? *Jota*, 2 ago. 2018. Disponível em: www.jota.info. Acesso em: 3 ago. 2021).

146. Isso ocorre porque as alterações promovidas na LINDB, em especial no art. 28, não provocaram uma modificação nos requisitos necessários para a responsabilidade financeira por débito.
147. O dever de indenizar os prejuízos ao erário permanece sujeito à comprovação de dolo ou culpa, sem qualquer gradação, como é de praxe no âmbito da responsabilidade aquiliana, inclusive para fins de regresso à administração pública, nos termos do art. 37, §6º, da Constituição:
"6º As pessoas jurídicas de direito público e as de direito privado prestadoras de serviços públicos responderão pelos danos que seus agentes, nessa qualidade, causarem a terceiros, assegurado o direito de regresso contra o responsável nos casos de dolo ou culpa" (grifos acrescidos).
148. Como regra, a legislação civil não faz nenhuma distinção entre os graus de culpa para fins de reparação do dano. Tenha o agente atuado com culpa grave, leve ou levíssima, existirá a obrigação de indenizar. A única exceção se dá quando houver excessiva desproporção entre a gravidade da culpa e o dano. Nesta hipótese, o juiz poderá reduzir, equitativamente, a indenização, nos termos do art. 944, parágrafo único, do Código Civil.
149. No presente caso, compreendo que o responsável agiu com culpa na consumação da irregularidade, não havendo nenhuma desproporcionalidade entre o seu grau de negligência, verificado no cometimento do ato inquinado, e o dano que causou ao erário.
150. Sendo assim, compreendo que o Sr. [XXX] deve ser condenado em débito, mas, diante da ausência de culpa grave, deve ser dispensado da aplicação da multa.[519]

O argumento do Tribunal de Contas da União pode ser refutado por, pelo menos, duas razões. A primeira é que o legislador infraconstitucional pode perfeitamente estabelecer balizas e condicionantes às normas constitucionais, inclusive distinguindo graus de culpa para a responsabilização de agentes públicos.[520] Note-se que o próprio legislador infraconstitucional limitou a responsabilidade de magistrados, membros do Ministério Público e ministros de tribunais de contas, que também são agentes públicos, a casos de dolo ou fraude (inciso I do artigo 143 e artigo 181, ambos do CPC, e artigo 73 da Lei Orgânica do Tribunal de Contas da União), curiosamente sem notícias de arguição de inconstitucionalidade por parte do aparato de controle. A segunda razão é que o §6º do artigo 37 da Constituição Federal trata literalmente da reponsabilidade de agentes públicos diante de danos causados a terceiros e não à própria Administração Pública.[521] Logo, o §6º do artigo 37 não poderia ser utilizado como fundamento para qualificar como inconstitucional o condicionante ao dolo e ao erro grosseiro da obrigação de reparar o dano ao erário.

---

[519] TCU, Plenário. Acórdão nº 2391/2018. Rel. Min. Benjamin Zymler, j. 17.10.2018.

[520] Esse argumento, em linhas gerais, foi apresentado pelo Professor Clóvis Beznos, no XV Congresso Goiano de Direito Administrativo.

[521] "O terceiro argumento, atribuído a este que vos escreve agora, é o de que o parágrafo 6º do artigo 37 da Constituição dedica-se aos danos causados pelos agentes públicos a terceiros (externos), e não aos danos causados pelos agentes públicos à própria administração pública (internos). O texto constitucional, com efeito, é categórico, ao dizer que 'as pessoas jurídicas de direito público e as de direito privado prestadoras de serviços públicos responderão pelos danos que seus agentes, nessa qualidade, causarem a terceiros...' – e como consequência o legislador democrático pode definir a responsabilidade interna de maneira diversa, sob pena de inconstitucionalidade da responsabilidade funcional dos magistrados, membros do Ministério Público e dos tribunais de contas" (FERRAZ, Luciano. Alteração na LINDB e seus reflexos sobre a responsabilidade dos agentes públicos. *Conjur*, 29 nov. 2018. Disponível em: https://www.conjur.com.br/2018-nov-29/interesse-publico-lindb-questao-erro-grosseiro-decisao-tcu. Acesso em: 3 ago. 2021).

Essa tese do Tribunal de Contas da União acaba desidratando em muito a dimensão do artigo 28 da LINDB. Ora, a medida de responsabilização de agentes públicos mais significativa é a reparação de dano ao erário; as demais sanções acabam sendo secundárias. Veja-se que, no caso do Acórdão nº 2.391/2018, discutiu-se a responsabilidade de um ex-diretor da Funasa, acusado de negligência em relação aos procedimentos de liquidação de despesa. Reconheceu-se que não se tratava de culpa grave, o que o eximiu da multa. Contudo, ele foi condenado ao ressarcimento do valor supostamente liquidado de forma indevida. Ao fim e ao cabo, o ex-diretor não escapou da condenação – justamente da parte mais pesada, que corresponde à reparação do dano ao erário, normalmente bem superior ao valor das multas.

Apesar dos pesares, o Acórdão nº 2.391/2018 até que poderia ser recebido com otimismo. Era a primeira decisão do Tribunal de Contas da União que se embrenhava sobre a nova feição da LINDB e se podia sentir avanços, sobremodo na associação do erro grosseiro à culpa grave e na consequente revisão da régua para a responsabilização dos agentes públicos, da culpa leve para a culpa grave. A tese de que o artigo 28 da LINDB não condiciona a responsabilização dos agentes públicos no que concerne à reparação de danos ao erário é problemática. Porém, nesse quadro otimista, tinha-se ao menos um primeiro passo. Era de esperar que as próximas decisões do Tribunal de Contas da União trouxessem avanços acerca da caracterização da culpa grave, notadamente na definição de alguns tópicos para o escrutínio dos casos concretos e suas motivações. Era de esperar que, com as críticas da doutrina, o Tribunal de Contas da União reavaliasse o entendimento de que a obrigação de reparação de dano ao erário não se submete às condições do artigo 28 da LINDB.

Essa visão otimista, infelizmente, malogrou. De lá para cá o Tribunal de Contas da União tratou do artigo 28 da LINDB em diversos acórdãos. O autor deste estudo identificou que, entre 21.11.2018 e 22.10.2019, o Tribunal de Contas da União prolatou pelo menos 63 acórdãos sobre a responsabilização de agentes públicos, sendo que, dentro dessa amostragem, em 44 deles, representativo de 72% do total, a Corte reconheceu o erro grosseiro e penalizou agentes administrativos. O percentual resultante dessa amostragem é altíssimo e sinaliza que os agentes administrativos não têm muitas razões para comemorar.

A análise qualitativa dos acórdãos também não abre espaços para regozijo. Constata-se, em termos gerais, *déficit* de motivação por parte do Tribunal de Contas da União e que a qualificação do erro grosseiro acabou sendo reduzida e confundida com o mero descumprimento da legalidade. A motivação prevalecente segue quase que um silogismo simplório segundo o qual a desobediência de exigência legal é o bastante para caracterizar o erro grosseiro.

Por ilustração, para que as afirmações não soem soltas, veja-se o disposto no Acórdão nº 1.264/2019, do Plenário. O objeto do acórdão foi a contratação de solução de tecnologia da informação e, na visão do Tribunal de Contas da União, os agentes administrativos não realizaram o planejamento da licitação em acordo com as normas estabelecidas em instrução normativa federal, o bastante para configurar o erro grosseiro. Frisou-se:

> 18. Tendo em vista que tal instrução normativa dispõe sobre o processo de contratação de Soluções de Tecnologia da Informação pelos órgãos integrantes do Sistema de Administração

> dos Recursos de Tecnologia da Informação do Poder Executivo Federal, o descumprimento de regras contidas nesse normativo pode ser considerado como um erro grosseiro, nos termos do art. 28 do Decreto-Lei 4.657/1942 (LINDB), passível de ensejar a aplicação de sanção do TCU. 19. Dito de outra forma, compreendo que ocorreu uma grave inobservância de um dever de cuidado por parte do Sr. [XXX], pois qualquer pessoa apta a aprovar um processo de contratação envolvendo expansão e modernização de solução de armazenagem de dados, que se enquadra no conceito de solução de tecnologia da informação, teria ou deveria ter a iniciativa de ao menos cumprir o estabelecido na IN-SLTI/MP 4/2014, em especial a ordem dos procedimentos estabelecida nesse normativo.[522]

Em paralelo, as premissas afirmadas no Acórdão nº 2.391/2018, que reconheceram a mudança da régua para a responsabilização de agentes públicos – que deixou de ser a culpa leve, balizada no administrador médio, e passou à culpa grave, caracterizadora do erro grosseiro –, foram sendo postas de lado. Retomou-se, com desenvoltura, o parâmetro pré-LINDB do administrador médio, associado à culpa leve. Também por ilustração, veja-se trecho do mesmo Acórdão nº 1.264/2019, do Plenário:

> 16. Assim sendo, compreendo que os elementos constantes dos autos permitem concluir que as condutas dos Srs. [responsável 1] (decidir pelo prosseguimento da contratação em detrimento das falhas presentes no processo, apontadas em parecer jurídico do Confea) e [responsável 2] (assinar o Contrato 8/2017 não observando os pressupostos necessários, ignorando, inclusive, os alertas da Consultoria Jurídica da entidade) fugiram do referencial do administrador médio utilizado pelo TCU para avaliar a razoabilidade dos atos submetidos a sua apreciação. Tratou-se, a meu ver, de erro grosseiro, que permite que os referidos gestores respondam pessoalmente por seus atos, nos termos do art. 28 da Lei de Introdução às Normas do Direito Brasileiro (Decreto-Lei 4.657/1942, com redação dada pela Lei 13.655/2018): [...].[523]

A retomada ao padrão do administrador médio foi assumida de peito aberto no Acórdão nº 2012/2022, da Segunda Câmara, da relatoria do Ministro Antonio Anastasia – o que é, no mínimo, inusitado, porque o Ministro foi o relator no Senado Federal do projeto de Lei que deu origem às alterações promovidas na LINDB (Lei nº 13.655/2018) e um de seus grandes entusiastas. O Acórdão faz um breve apanhado da jurisprudência do Tribunal de Contas da União sobre o assunto, com remissão a um primeiro Acórdão, de nº 1628/2018, Plenário, da relatoria do Ministro Benjamin Zymler, em que ele havia considerado o erro grosseiro sob a régua do administrador médio. Na sequência, menciona o Acórdão nº 2391/2018, Plenário, já citado e aqui considerado como paradigmático, que vincula o erro grosseiro à culpa grave e não ao padrão do administrador médio. Sem embargo, o Ministro Anastasia observa que a Corte de Contas tem aplicado com predominância o parâmetro do administrador médio, listando diversos julgados, inclusive da lavra do Ministro Benjamin, que estaria retomando o seu entendimento original. O Ministro Anastasia, no final das contas, adere ao padrão

522 TCU, Plenário. Acórdão nº 1.264/2019. Rel. Min. Augusto Nardes, j. 5.6.2019.

523 TCU, Plenário. Acórdão nº 1.264/2019. Rel. Min. Augusto Nardes, j. 5.6.2019.

mítico do administrador médio e ressalta que ele deve ser considerado para aferir a culpa grave – o que esse autor considera, no mínimo, insista-se, inusitado. Leia-se:

> 22. Logo após, porém, mudou seu entendimento e passou a defender, no voto que fundamentou o Acórdão 2391/2018-TCU-Plenário, que "O erro grosseiro, por sua vez, é o que poderia ser percebido por pessoa com diligência abaixo do normal, ou seja, que seria evitado por pessoa com nível de atenção aquém do ordinário, consideradas as circunstâncias do negócio". Esse procedente passou a ser invocado no voto de vários Ministros, mas não de todos, caso do Ministro Augusto Sherman, que permanece aplicando o conceito, a meu ver correto, do Acórdão 1628/2018-TCU-Plenário, que é o de considerar o erro grosseiro como culpa grave, mas mantendo o referencial do homem médio. Os demais Ministros ostentam jurisprudência nos dois sentidos.
> 23. Não obstante, verifico que o próprio Ministro Benjamin Zymler parece estar caminhando para retomar o seu entendimento original de erro grosseiro, como aquele praticado por gestor com *padrão médio de diligência* (v.g., Acórdão 10679/2021-TCU-Primeira Câmara, 2.592/2021-TCU-Plenário, 2.954/2021-TCU-Plenário). No mesmo sentido, Sua Excelência o Ministro Bruno Dantas, no Acórdão 2599/2021-TCU-Plenário e o Exmo. Ministro Augusto Nardes, no Acórdão 1264/2019-TCU-Plenário): [...].[524]

Convém registrar que, no mesmo Acórdão nº 2012/2022, o Ministro Anastasia afirma conhecer a tese do Tribunal de Contas da União de que o erro grosseiro somente limitaria a responsabilidade de agentes públicos no tocante às multas (sanções), e não à reparação de dano ao erário, o que, como salientado, representa um enorme esvaziamento da LINDB e não encontra, pelo menos aos olhos deste Autor, argumentos plausíveis. Afora externar o conhecimento, o Ministro Anastasia não se opôs nem sinalizou qualquer ressalva a tal entendimento, o que autoriza concluir que aderiu a ele – no mínimo inusitado e difícil de entender.[525]

Mais adiante, o Tribunal de Contas da União proferiu o Acórdão nº 63/2023, da Primeira Câmara, da relatoria do Ministro Benjamin Zymler, que se opôs aos termos do supracitado Acórdão nº 2021/2022, da Segunda Câmara. O Ministro Benjamin marcou posição no sentido de que o erro grosseiro deve ser associado à culpa grave e que a baliza do "administrador médio" não é adequada. Nas palavras do Ministro:

> [...] associar culpa grave à conduta desviante da que seria esperada pelo homem médio significa tornar aquela absolutamente idêntica à culpa comum ou ordinária, visto que este sempre foi o parâmetro para se aferir tal modalidade de culpa. Além de inadequada, essa posição parece negar eficácia às mudanças promovidas pela Lei nº 13.655/2018, que buscou instituir um novo paradigma de avaliação da culpabilidade dos agentes públicos, tornando mais restritos os critérios de responsabilização.[526]

---

[524] TCU, Segunda Câmara. Acórdão nº 2012/2022, Rel. Min. Antonio Anastasia. j. 3.5.2022.

[525] Em sentido oposto, com elogios aos argumentos do Ministro Anastasia vertidos no Acórdão nº 2012/2022, confira-se: FORTINI, Cristiana; PINCININ, Juliana. Novas perspectivas no TCU: contribuições do Ministro Antonio Anastasia acerca das contratações. Disponível em: https://www.novaleilicitacao.com.br/2022/06/09/novas-perspectivas-no-tcu-contribuicoes-do-ministro-antonio-anastasia-acerca-das-contratacoes-publicas/. Acesso em: 17 jan. 2023.

[526] TCU, Primeira Câmara. Acórdão nº 63/2023. Rel. Min. Benjamin Zymler, j. 24.1.2023.

O Ministro Benjamin está certo.

A propósito, a inconsistência da jurisprudência do Tribunal de Contas da União sobre esse particular chamou a atenção do Supremo Tribunal Federal, conforme se extrai de voto do Ministro Luiz Fux:

> A relevância dos graus de culpa ganhou destaque com a Lei 13.655/18, que introduziu o artigo 28 na Lei de Introdução às Normas do Direito. Ao restringir a responsabilização pessoal do agente público aos casos "de dolo ou erro grosseiro", a LINDB visa a conferir segurança jurídica para o agente público na tomada de decisão, evitando a presença de um temor excessivo em ser pessoalmente responsabilizado no exercício da função pública (DIONÍSIO, Pedro de Hollanda. *O Direito ao erro do administrador público no Brasil*. GZ Editora: Rio de Janeiro, 2019. p. 95).
>
> Com o veto aos parâmetros estabelecidos no §1º do artigo 28 na LINDB, a delimitação do conceito de erro grosseiro mantém-se candente, de modo que a densidade normativa da expressão mantem-se a cargo da doutrina e da jurisprudência judicial e administrativa. No entanto, o posicionamento do Tribunal de Contas da União tampouco tem se mostrado homogêneo, oscilando entre a classificação tripartite de erro leve, sem qualificação e grosseiro, sendo este associado à culpa grave (Tomada de Contas Especial da FUNASA, Ac. no 2.391/18) e a atuação lastreada em "especial zelo" ou na figura do "administrador médio" (Tomada de Contas Especial da Petrobras, Ac. No 2.677/18).[527]

Para além disso, o entendimento do Tribunal de Contas da União de que o artigo 28 da LINDB não condiciona a responsabilização dos agentes públicos no tocante à reparação de danos ao erário foi mantido.[528] E, cumpre destacar, o Tribunal de Contas da União despreza o disposto no artigo 14 do Decreto Federal nº 9.830/2019, cuja redação prescreve que "[...] o direito de regresso previsto no §6º do art. 37 da Constituição somente será exercido na hipótese de o agente público ter agido com dolo ou erro grosseiro [...]". É inusitado que o Tribunal de Contas da União sequer mencione o decreto federal, como se ele não existisse.[529]

---

527 STF, Primeira Turma. MS nº 35.196. Rel. Min. Luiz Fux, j. 12.11.2019.

528 Vê-se, nesse sentido, por ilustração: "16. Por fim, relativamente ao art. 28 da Lei 13.655/2018, o qual, segundo o citado memorial, socorreria o recorrente Ednaldo Rodrigues de Almeida, que supostamente não teria agido com dolo ou erro grosseiro nos atos de gestão em exame – os quais ao final resultaram em prejuízo ao Erário, por culpa do mencionado recorrente, dentre outros –, refuto tal argumentação utilizando-me das palavras do Exmo. Ministro Benjamin Zymler, quando, ao relatar o recente Acórdão 2391/2018-TCU-Plenário (Sessão de 17/10/2018), asseverou: 146. Isso ocorre porque as alterações promovidas na LINB, em especial no art. 28, não provocaram uma modificação nos requisitos necessários para a responsabilidade financeira por débito. 147. O dever de indenizar os prejuízos ao erário permanece sujeito à comprovação de dolo ou culpa, sem qualquer gradação, como é de praxe no âmbito da responsabilidade aquiliana, inclusive para fins de regresso à administração pública, nos termos do art. 37, §6º, da Constituição: '6º As pessoas jurídicas de direito público e as de direito privado prestadoras de serviços públicos responderão pelos danos que seus agentes, nessa qualidade, causarem a terceiros, assegurado o direito de regresso contra o responsável nos casos de dolo ou culpa' (grifos acrescidos). 148. Como regra, a legislação civil não faz nenhuma distinção entre os graus de culpa para fins de reparação do dano. Tenha o agente atuado com culpa grave, leve ou levíssima, existirá a obrigação de indenizar. A única exceção se dá quando houver excessiva desproporção entre a gravidade da culpa e o dano. Nesta hipótese, o juiz poderá reduzir, equitativamente, a indenização, nos termos do art. 944, parágrafo único, do Código Civil" (TCU, Segunda Câmara. Acórdão nº 5.850/2021. Rel. Min. Augusto Nardes, j. 6.4.2021).

529 Registre-se que a constitucionalidade do artigo 28 da LINDB no que se refere à limitação da obrigação de reparação de dano ao erário foi questionada perante o Supremo Tribunal Federal. A medida cautelar não apreciou a questão, embora se tenham feito os seguintes apontamentos: "7. Por essa razão, deixo de me manifestar,

É de registrar que o Tribunal de Contas da União prolatou o Acórdão nº 1835/2024, da Relatoria do Ministro Benjamin Zymler, decidido por maioria, que atenuou, de certa forma, a responsabilização de agentes públicos por danos causados ao erário.[530] O Tribunal não alterou o entendimento de que a responsabilização de agentes públicos por danos causados ao erário não depende da configuração do dolo ou do erro grosseiro prescrito no artigo 28 da LINDB e que, portanto, qualquer grau de culpa é o suficiente para a condenação à reparação de dano ao erário – embora o Ministro Relator tenha sinalizado a possibilidade da revisão desse entendimento. Sem embargo disso, o Tribunal aplicou o parágrafo único do artigo 944 do Código Civil, cujo teor prescreve que, "se houver excessiva desproporção entre a gravidade da culpa e o dano, poderá o juiz reduzir, equitativamente, a indenização". O Acórdão envolve caso de corrupção em relação à Petrobras, com a participação de empresas que atuaram em cartel, diversos agentes da estatal e o seu Presidente, que teria sido omisso. Sob essa luz, decidiu-se por distinguir o montante da indenização devida pelo Presidente de estatal dos demais envolvidos nos fatos que geraram dano ao erário. Considerou-se que a culpabilidade do Presidente, apesar de grave, seria substancialmente diferente da dos demais envolvidos, sobretudo porque não houve prova de que ele participou diretamente dos atos de corrupção ou recebeu vantagens indevidas. Então, decidiu-se distinguir o montante a ser reparado pelo Presidente em comparação com o montante a ser reparado pelos demais condenados, reduzindo o valor imputado ao Presidente, não abrangente da totalidade do prejuízo causado ao erário. Em síntese, o Tribunal entendeu que, havendo solidariedade entre diversos responsáveis, o valor das indenizações devidas por cada um deles pode ser diferenciado, reduzindo-se proporcionalmente em razão do grau de culpa.

Como se vê, a LINDB não anda bem no Tribunal de Contas da União. Infelizmente, anda pior ainda no Superior Tribunal de Justiça, que decidiu desprezar o seu artigo 28. Não há argumento de inconstitucionalidade ou que contorne os seus termos, ainda que temerário. Ocorre, apenas, que o artigo 28 da LINDB não é considerado.

O Superior Tribunal de Justiça costuma ser a última instância em questões relacionadas à improbidade administrativa, que implicam responsabilização de agentes públicos. Contudo, não se vê referência ao artigo 28 da LINDB nos acórdãos sobre o tema. Aliás, em sentido oposto, o Tribunal da Cidadania tem afirmado que a culpabilidade dos agentes públicos deve ser aferida diante de comportamento mais diligente do que o esperado do homem médio:

---

por ora, sobre a complexa questão, que também decorre da LINDB (e de seu decreto regulamentador por arrastamento), de saber se é possível limitar a responsabilidade dos agentes públicos em geral aos casos de erro grosseiro ou de dolo e, portanto, excluir sua responsabilidade na situação de culpa simples ou de erro escusável, que é o objeto da Lei de Introdução às Normas do Direito Brasileiro. A questão envolve, de um lado, uma leitura do alcance do princípio republicano e do art. 37, §6º, CF; e, de outro lado, uma compreensão aprofundada sobre as circunstâncias e particularidades do processo decisório dos agentes públicos em situações de incerteza, urgência e assimetria de informações, bem como dos problemas relacionados ao exercício do poder de controle sobre tais autoridades. Já adianto que há duas coisas muito ruins para a administração pública e o bem comum: de um lado, administradores incorretos e, de outro, administradores corretos que têm medo de decidir o que precisa ser decidido, por temor de retaliações futuras" (STF, Plenário. ADI nº 6.424. Rel. Min. Roberto Barroso, j. 21.5.2020).

530 TCU, Acórdão nº 1.835/2024, Plenário. Rel. Min. Benjamin Zymler, j. 4.9.2024.

> [...] XV - A conduta exigida dos agentes públicos não se limita às suas convicções pessoais sobre a licitude, abrangendo, também, a observância de um padrão mínimo esperado no âmbito da administração pública, tendo em vista o objetivo primordial de atender o interesse público. É dizer, dos agentes públicos exige-se grau de diligência superior ao do homem médio. Isso porque eles não podem dispor da coisa pública como bem lhes aprouver. Ao contrário, devem empregar na proteção da res publica zelo maior do que aquele com que tratam dos seus interesses privados. Por essa razão, comportamentos que revelem uma atuação despreocupada e descompromissada dos agentes públicos não podem ser tolerados.[531]

Ou seja, para o Superior Tribunal de Justiça, o padrão para avaliar a culpabilidade dos agentes públicos não é a culpa grave, que remete ao erro grosseiro do artigo 28 da LINDB. Tampouco é a culpa leve, que se conecta com a postura do homem médio. O Superior Tribunal de Justiça exige dos agentes públicos cuidados acima dos que seriam próprios ao homem médio, cuidados extraordinários, o avesso do requisito do erro grosseiro prescrito no artigo 28 da LINDB.

As alterações promovidas na LINDB pela Lei nº 13.655/2018 foram festejadas como se bastantes para trazer equilíbrio aos órgãos de controle e segurança jurídica para os agentes administrativos. O problema é que a lei, qualquer que seja, sozinha, resolve muito pouco. Ela oferece a base jurídica para as mudanças, mas não dá conta, sozinha, de operá-las. E a aplicação da LINDB depende sobremaneira do Tribunal de Contas da União e do Superior Tribunal de Justiça. Infelizmente, os avanços no plano legal têm sido largamente frustrados pelas interpretações que vêm prevalecendo, sem sinais de melhora em curto prazo.

3 Agentes administrativos atuantes nas licitações públicas

3.1 Agentes administrativos atuantes nas licitações públicas de acordo com a Lei nº 8.666/1993 e a Lei nº 10.520/2002

Na sistemática tradicional, disposta na revogada Lei nº 8.666/1993, os principais agentes administrativos envolvidos na condução de processo de licitação pública são a autoridade competente e os membros da comissão de licitação. Em apertada síntese, pode-se afirmar que a autoridade competente é quem agrega poderes para representar o órgão ou ente administrativo, responsável juridicamente pela licitação e pelo contrato que a segue. Ela, em princípio, é quem assina o edital, o que significa que é responsável pelo conteúdo e exigências nele contidas, que são desenvolvidas na etapa preparatória da licitação. Além disso, a autoridade competente designa a comissão de licitação, cuja atribuição é pôr em prática o edital, conduzir a fase externa da licitação, recebendo documentos e propostas, avaliando a habilitação, realizando o julgamento, procedendo à adjudicação e recebendo virtuais recursos e impugnações. A autoridade competente, durante a fase externa da licitação, é a responsável pela análise das impugnações lançadas contra o edital e pela apreciação dos recursos interpostos contra atos da comissão de licitação, bem como, ao final, pela chamada fase integrativa do certame, que se constitui na competência para homologá-lo ou não.

---

[531] STJ, Segunda Turma. EDcl no AgInt no AREsp nº 1.631.846/CE. Rel. Min. Francisco Falcão. j. 13.8.2021.

A modalidade pregão, da Lei nº 10.520/2002, trouxe mudanças significativas em relação aos agentes administrativos que atuam nas licitações públicas. A autoridade competente, a rigor, preserva a maior parte de suas competências, tais quais definidas na Lei nº 8.666/1993, sem que haja maiores alterações. No entanto, a grande peculiaridade constitui-se na figura do pregoeiro, que, praticamente, substitui a comissão de licitação, reunindo para si toda a responsabilidade de conduzir a fase externa do pregão. Ou seja, a condução da licitação deixou de ser compartilhada por uma comissão e passou a ser por uma pessoa somente, o pregoeiro. Ainda, o pregoeiro é auxiliado pela denominada *equipe de apoio*, que lhe oferece a logística necessária ou conveniente para o exercício de suas atividades.

Veja-se que a comissão de licitação toma as suas decisões em conjunto, pelo voto da maioria. Todos os membros respondem solidariamente pelos atos e decisões da comissão de licitação, salvo posição divergente devidamente fundamentada e registrada em ata, como prescrevia o §3º do artigo 51 da Lei nº 8.666/1993.[532] Na prática, entretanto, é comum que o presidente da comissão de licitação, além de coordenar os trabalhos, influa sobremaneira nas decisões do grupo. É raro encontrar-se decisão tomada pela maioria, com voto de divergência. Repita-se, sem externar e fundamentar a divergência, todos os integrantes da comissão de licitação respondem solidariamente pelos atos e decisões dela, que são compartilhados.

Em sentido diverso, o pregoeiro é um só. As decisões do pregoeiro não são compartilhadas. Alguns ponderam que o pregoeiro concentra responsabilidade e autoridade em demasia, havendo espécie de centralização, que pode ser danosa à Administração Pública. Realmente, o pregoeiro agrega muitas competências, que, pois, precisam ser exercidas por agente capacitado, experiente, que se comunique com facilidade, tenha firmeza e bom senso.

Vê-se que o pregoeiro agrega praticamente as mesmas funções da comissão de licitação, tal qual disposta na revogada Lei nº 8.666/1993, no que tange às demais modalidades. A função de ambos é pôr em prática o edital, conduzindo a fase externa da licitação, recebendo documentos e propostas, procedendo ao julgamento, à classificação das propostas, à habilitação, recebendo os recursos e adjudicando o objeto licitado ao vencedor.

3.2 Agentes administrativos atuantes nas licitações públicas de acordo com a Lei nº 14.133/2021

Na Lei nº 14.133/2021 também se destaca a posição da autoridade competente, de forma equivalente à das revogadas Lei nº 8.666/1993 e Lei nº 10.520/2002. Num plano geral, é ela quem designa os agentes administrativos que devem atuar nas etapas preparatória e externa da licitação. Ela também dá a palavra final sobre o edital de licitação e, no final das contas, é quem decide os recursos administrativos e homologa a licitação.

A Lei nº 14.133/2021 traz novidades no tocante ao agente administrativo encarregado de conduzir a licitação pública na sua etapa externa, prevendo três figuras distintas: o

[532] "Art. 51. [...] §3º Os membros das Comissões de licitação responderão solidariamente por todos os atos praticados pela Comissão, salvo se posição individual divergente estiver devidamente fundamentada e registrada em ata lavrada na reunião em que tiver sido tomada a decisão".

agente de contratação, o pregoeiro e a comissão de contratação. Em vez de optar por um grupo de agentes, que é o que ocorre com a comissão de contratação, ou por um agente só, que é o que ocorre com o agente de contratação e o pregoeiro, o legislador preferiu deixar em aberto todas as possibilidades, permitindo que a Administração escolha a opção mais adequada conforme o caso. A regra é que as licitações sejam conduzidas por agente de contratação ou por pregoeiro e, apenas excepcionalmente, nos casos de bens ou serviços especiais, por comissão de contratação. Diga-se, já de antemão, que a distinção entre agente de contratação e pregoeiro é meramente formal, dado que as competências são as mesmas. A rigor, o pregoeiro é uma espécie de agente de contratação, que atua na modalidade pregão. Ou seja, o pregoeiro, que é a espécie de agente de contratação, atua na modalidade pregão, e o agente de contratação em sentido estrito atua nas demais modalidades.[533]

A Lei nº 14.133/2021 também faz breve referência à equipe de apoio, nos mesmos moldes da modalidade pregão da Lei nº 10.520/2021, cuja função é assistir o agente de contratação ou o pregoeiro.

Salienta-se que o §3º do artigo 8º da Lei nº 14.133/2021 prescreve que "as regras relativas à atuação do agente de contratação e da equipe de apoio, ao funcionamento da comissão de contratação e à atuação de fiscais e gestores de contratos de que trata esta Lei serão estabelecidas em regulamento". Nessa direção, em âmbito federal, no tocante à Administração Pública Federal direta, autárquica e fundacional, foi produzido o Decreto nº 11.246/2022, que veicula detalhamento das sobreditas competências. Adianta-se que o sobredito Decreto é polêmico, porque acaba atribuindo ao agente de contratação a competência para atuar na fase preparatória da licitação, o que rompe com as práticas usuais da Administração Pública, especialmente em face da Lei nº 8.666/1993 e da Lei nº 10.520/2002. Convém ressalvar, já a essa altura, que os demais entes federativos e os demais poderes que não o Executivo não estão sujeitos ao Decreto nº 11.246/2022.

3.3 Autoridade competente

3.3.1 Quem é a autoridade competente?

O inciso VI do artigo 6º da Lei nº 14.133/2021 oferece conceito bem singelo: "autoridade: agente público dotado de poder de decisão". Portanto, a autoridade competente em licitação pública é o agente a quem se atribuiu competência para decidir em matéria de licitação pública. Pode-se entender "decisão" como última palavra, como decisão final, que não se sujeita ao poder hierárquico de outro agente. Enfim, a autoridade competente é quem dá a última palavra sobre o edital, impugnações, recursos e sobre a própria licitação.

Não se consegue identificar, de modo geral, quem de fato é a autoridade competente para todos os órgãos e entidades administrativas. Isso porque cada qual tem a sua

[533] 3. Na modalidade pregão, o agente de contratação é denominado pregoeiro, não havendo diferenças de atuações. Nas duas situações (agente de contratação ou pregoeiro), cabe a eles conduzirem os certames, podendo tomar decisões, acompanhar o trâmite da licitação, dar impulso ao procedimento licitatório e executar quaisquer outras atividades necessárias ao bom andamento da disputa, até a fase de homologação, conforme previsto no art. 8º, *caput*, e §5º, da Lei n. 14.133/2021. (TCE/SC, Plenário. Prejulgado nº 2440, Rel. Cons. José Nei Ascari).

concertação de competências, de acordo com a legislação que lhe instituiu e suas normas internas.

Os órgãos e entidades administrativas gozam de liberdade para dispor de regras para distribuir internamente as suas funções, por imperativo de racionalidade administrativa, desde que não contrarie os dispositivos legais, definindo os agentes responsáveis pelos atos produzidos no transcurso de processo de licitação pública, entre os quais, os de titularidade da autoridade competente.

Nem sempre a autoridade competente, para efeito de licitação pública, será o presidente do órgão ou da entidade ou sua autoridade máxima. As normas internas de competência dos órgãos e entidades da Administração Pública, que estabelecem os organogramas e os processos internos, muitas vezes atribuem as funções a um diretor, a um gerente ou a um equivalente. Ou seja, para identificar quem é a autoridade competente em dada licitação é preciso avaliar as normas de competência que regem o órgão ou a entidade que a promove.

Por vezes, tais regras de distribuição de competência variam de acordo com a complexidade e com os valores envolvidos nas licitações. Por exemplo, é comum encontrar regras com o seguinte teor: para licitações cujos valores estimados não ultrapassam R$1.000.000,00, a autoridade competente será o gerente de materiais; para as licitações com valores acima de R$1.000.000,00, a autoridade competente será o diretor administrativo; já para as licitações que ultrapassem R$10.000.000,00, a autoridade competente será o presidente do órgão. Ou seja, dentro do mesmo órgão ou entidade, nem sempre a autoridade competente para efeito de licitação pública será a mesma. Devem-se avaliar, insista-se, as regras de distribuição interna de competência dos órgãos e das entidades administrativas.

Sem embargo, não é raro que a legislação que instituiu o órgão ou entidade ou suas normas internas não definam quem é a autoridade competente para efeito de licitação pública. Se não houve tal previsão, a autoridade competente será quem representa o órgão ou a entidade externamente. Uma regra prática: a autoridade competente costuma ser o agente que reúne competência para assinar o contrato, isto é, representar a entidade administrativa perante terceiros.

Sendo assim, o mais usual é que a autoridade competente para a licitação pública também o seja para o contrato administrativo. Isto é, a mesma pessoa goza do poder de decidir nas licitações e nos contratos administrativos. Sucede que, como dito, na maioria das vezes, a autoridade competente é o agente dotado de competência para representar o órgão ou entidade, portanto, é ele quem decide e firma os atos que produzem efeitos jurídicos perante terceiros, como é o caso do edital e do contrato administrativo. Entretanto, repita-se, essa regra não é necessária e pode haver concertações diversas, separando as autoridades para atuar em licitações e em contratos administrativos.

A advertência é importante porque, com frequência, se confunde a figura da autoridade competente com a do ordenador de despesa. Esclareça-se que o ordenador de despesas, consoante a definição do §1º do artigo 80 do Decreto-Lei nº 200/1964, "é tôda e qualquer autoridade de cujos atos resultarem emissão de empenho, autorização de pagamento, suprimento ou dispêndio de recursos da União ou pela qual esta responda". Trata-se de uma qualificação que mira o processo de despesa pública e que, sendo assim, acaba produzindo reflexos sobre as licitações e os contratos administrativos, especialmente nestes últimos, porque a Administração, em razão dos contratos, deve pagar os contratados. Chama a atenção, contudo, que a expressão "ordenador de despesa" não é mencionada na Lei nº 14.133/2021 – ela trata da autoridade competente e não do ordenador de despesa.

Em síntese breve, a autoridade competente pode ser também ordenadora de despesa, desde que também desempenhe as funções estabelecidas no §1º do artigo 80 do Decreto-Lei nº 200/1964. Porém, nem sempre a autoridade competente é ordenadora de despesa, porque é possível que ela tenha poder de decisão sobre licitação pública e esse poder de decisão não implique emissão de empenho, autorização de pagamento, suprimento ou dispêndio de recursos, insista-se, na forma do §1º do artigo 80 do Decreto-Lei nº 200/1964.

3.3.2 As atribuições da autoridade competente

A autoridade competente é a responsável final pela fase interna ou preparatória da licitação, pois cabe a ela tomar a decisão definitiva sobre o edital e seus anexos e abrir a etapa externa da licitação, com a publicação do edital. Nessa linha, o §3º do artigo 53 da Lei nº 14.133/2021 prescreve que, "encerrada a instrução do processo sob os aspectos técnico e jurídico, a autoridade determinará a divulgação do edital de licitação conforme disposto no art. 54".

O artigo 164 da Lei nº 14.133/2021 versa sobre a impugnação ao edital e não aponta quem deve responder-lhe. A dúvida é se cabe à autoridade competente ou se cabe ao agente de contratação, pregoeiro ou comissão de contratação, conforme o caso. O correto é que a autoridade competente responda à impugnação. Sucede que o agente de contratação, pregoeiro ou comissão de contratação não é o responsável pelo edital, mas apenas dá cumprimento a ele, está vinculado aos seus termos. Se agente de contratação, pregoeiro ou comissão de contratação decide acatar a argumentação lançada na impugnação, ele acaba por modificar o próprio edital, na medida em que afasta um de seus dispositivos. Assim sendo, como essa atribuição não é dada a ele, quem deve decidir sobre a impugnação é a autoridade competente, repita-se, que reúne poderes para dispor e realizar as alterações no edital.[534]

À autoridade competente também cabe, segundo o artigo 8º da Lei nº 14.133/2021, designar o agente de contratação, pregoeiro, comissão de contratação e equipe de apoio, conforme o caso, a quem cabe, de forma geral, conduzir a licitação, dando cumprimento ao procedimento estabelecido no edital.

O §2º do artigo 165 da Lei nº 14.133/2021 também atribui à autoridade competente o dever de decidir os recursos. O dispositivo, a rigor jurídico, refere-se à autoridade superior à autoridade que tiver proferido o ato ou proferido a decisão recorrida. Como

---

[534] Em sentido contrário, a Instrução Normativa SEGES/ME nº 73/2022 prescreve: "§1º O agente de contratação ou a comissão de contratação, quando o substituir, responderá aos pedidos de esclarecimentos e/ou impugnação no prazo de até três dias úteis contado da data de recebimento do pedido, limitado ao último dia útil anterior à data da abertura do certame, e poderá requisitar subsídios formais aos responsáveis pela elaboração do edital de licitação e dos anexos". Na mesma linha contrária ao defendido neste livro, entendendo que cabe ao responsável por conduzir a licitação a resposta à impugnação ao edital: TCU, Plenário. Acórdão nº 1414/2023. Rel. Min. Jorge Oliveira, j. 12.7.2023.

no curso de licitação pública os atos e decisões são dados, conforme o caso, ao agente de contratação, pregoeiro ou comissão de contratação, a autoridade que lhes é superior é a autoridade competente, que, inclusive, os designou.

A autoridade competente também reúne a atribuição de homologar a licitação, se entender que ela deve ser homologada evidentemente, de acordo com o artigo 71 da Lei nº 14.133/2021. Com a homologação encerra-se a licitação e passa-se ao contrato administrativo.

3.3.2.1 A designação dos agentes administrativos por parte da autoridade competente

A Lei nº 14.133/2021 prescreve uma série de prescrições gerais sobre os agentes administrativos no Capítulo IV do seu Título I, que se conectam, de forma geral, às questões atinentes à governança das licitações e contratos administrativos.

Esclareça-se, desde já, que o §3º do artigo 8º da Lei nº 14.133/2021 determina que seja produzido regulamento que verse sobre a atuação do agente de contratação, da equipe de apoio, da comissão de contratação e dos fiscais e gestores de contratos. Recomenda-se que o aludido regulamento trate do regime dos agentes administrativos que desempenham as principais funções tocantes às licitações e contratos administrativos, desde formação, qualificação, quesitos para a designação, princípio da segregação de funções e situações de conflitos de interesse.

Pois bem, o *caput* do artigo 7º da Lei nº 14.133/2021 obriga a autoridade máxima do órgão ou da entidade à promoção de gestão por competências, que é método para a administração de recursos humanos centrado no desenvolvimento de habilidades técnicas e comportamentais das pessoas. Por meio desse método, pretende-se identificar as competências demandadas por dada organização e avaliar se os seus agentes gozam dos atributos técnicos e comportamentais necessários para atender a tais competências, envolvendo os processos de recrutamento e seleção, avaliação e indicadores de desempenho e capacitação.

Sob essa perspectiva, de acordo com o inciso I do *caput* do artigo 7º da Lei nº 14.133/2021, as autoridades devem designar agentes administrativos para o desempenho das funções essenciais atinentes às licitações e aos contratos administrativos que "sejam, preferencialmente, servidor efetivo ou empregado público dos quadros permanentes da Administração Pública". Quer-se prestigiar os agentes que tenham relação de natureza permanente com a Administração Pública, aprovados em concursos públicos e que gozem das prerrogativas legais concedidas em favor dos agentes públicos que mantêm vínculo dessa natureza, de modo que, em razão do regime jurídico que lhes é próprio, as decisões por si tomadas sejam menos vulneráveis à captura por outros interesses que não o da coletividade.

Veja-se que não é obrigatório que os designados sejam servidores efetivos ou empregados públicos dos quadros permanentes. Trata-se apenas de uma preferência. O efeito jurídico da preferência é que a designação de agente público que não seja servidor efetivo ou empregado público dos quadros permanentes deve ser excepcional e que deve haver para ela alguma sorte de razão ou justificativa.

As designações, conforme o inciso II do *caput* do artigo 7º da Lei nº 14.133/2021, devem recair sobre agentes administrativos que "possuam formação compatível ou qualificação atestada por certificação profissional emitida por escola de governo criada e mantida pelo poder público". Ressalva-se que o legislador se valeu da conjunção alternativa, de modo que se exige ou a formação compatível ou a qualificação atestada. Quem tem formação compatível não necessita da qualificação. Logo, a qualificação a que se refere o inciso II é apenas para os agentes administrativos que já não possuem a formação compatível com a função para a qual são designados.

A exigência do legislador de que a qualificação do agente administrativo deve ser atestada por escola de governo criada e mantida pelo Poder Público não parece plausível, porque a qualificação pode perfeitamente ser obtida junto a empresas ou entidades de capacitação privada. As escolas de governo, quando remuneradas, concorrem com as empresas ou entidades privadas e o privilégio concedido a elas pelo inciso II do *caput* do artigo 7º da Lei nº 14.133/2021, de que somente elas podem emitir a certificação profissional, revela-se inconstitucional, por ofensa aos princípios da livre iniciativa e da livre concorrência.

O inciso II do *caput* do artigo 7º da Lei nº 14.133/2021 também exige que a designação deve recair em agente administrativo cujas atribuições sejam relacionadas às licitações e contratos administrativos. Significa que o agente administrativo deve ocupar cargo ou emprego cujas competências são compatíveis com as funções para as quais se pretende designá-lo, sob pena de desvio de função, o que, por si só, representa ilegalidade.

Aliás, sendo a designação promovida pela autoridade administrativa compatível com as competências atribuídas ao cargo ou emprego público ocupado pelo designado, ele não pode recusá-la, sob pena de descumprimento de ordem hierárquica. A propósito, ainda sob o regime da Lei nº 8.666/1993, o Tribunal de Contas da União já decidiu:

> O servidor designado para exercer o encargo de fiscal não pode oferecer recusa, porquanto não se trata de ordem ilegal. Entretanto, tem a opção de expor ao superior hierárquico as deficiências e limitações que possam impedi-lo de cumprir diligentemente suas obrigações. A opção que não se aceita é uma atuação a esmo (com imprudência, negligência, omissão, ausência de cautela e de zelo profissional), sob pena de configurar grave infração à norma legal.[535]

Na mesma linha, em âmbito federal, o *caput* do artigo 11 do Decreto Federal nº 11.246/2022 preceitua que "o encargo de agente de contratação, de integrante de equipe de apoio, de integrante de comissão de contratação, de gestor ou de fiscal de contratos não poderá ser recusado pelo agente público". No entanto, o §1º do mesmo artigo 11 ressalva que, "na hipótese de deficiência ou de limitações técnicas que possam impedir o cumprimento diligente das atribuições, o agente público deverá comunicar o fato ao seu superior hierárquico". Nessas situações, se forem procedentes as alegações do agente designado, consoante o §2º do mesmo artigo 11, "a autoridade competente poderá providenciar a qualificação prévia do servidor para o desempenho das suas atribuições,

[535] TCU, Plenário. Acórdão nº 2.917/2010. Rel. Min. Valmir Campelo, j. 3.11.2010.

conforme a natureza e a complexidade do objeto, ou designar outro servidor com a qualificação requerida".

O §1º do artigo 7º da Lei nº 14.133/2021 prescreve que a autoridade deve "observar o princípio da segregação de funções, vedada a designação do mesmo agente público para atuação simultânea em funções mais suscetíveis a riscos, de modo a reduzir a possibilidade de ocultação de erros e de ocorrência de fraudes na respectiva contratação". Remete-se o leitor ao capítulo dedicado aos princípios da Lei nº 14.133/2021, em que se abordou o princípio da segregação de funções.

O *caput* do artigo 3º do Decreto Federal nº 11.246/2022 prescreve que "o agente de contratação e o respectivo substituto serão designados pela autoridade competente, em caráter permanente ou especial". Ou seja, a autoridade competente pode preferir designar o agente de contratação em cada licitação específica ou prover uma espécie de designação geral, que é a considerada permanente. Deve-se reconhecer que a designação permanente significa que ela serve para mais de uma licitação em concreto e que não tem prazo de validade, perdura até ser revogada pela autoridade competente, se assim entender conveniente, ou desconstituída por alguma outra forma de extinção do ato administrativo de designação. No caso de designação permanente, o §2º do artigo 3º do Decreto Federal enuncia que "a autoridade competente poderá designar, em ato motivado, mais de um agente de contratação e deverá dispor sobre a forma de coordenação e de distribuição dos trabalhos entre eles". A ideia é que se designe previamente um conjunto de agentes de contratação de forma permanente para uma generalidade de licitações e que, no caso concreto, elas sejam distribuídas entre os agentes de contratação sem a intervenção da autoridade competente, em acordo com critérios definidos por cada órgão ou entidade.

3.3.3 Responsabilidade da autoridade competente

De modo geral, há dois momentos em que a atuação da autoridade competente ganha destaque, com natureza mais intensa de controle ou supervisão sobre a atuação dos seus subordinados. O primeiro é quando aprova e assina o edital, o que pressupõe a avaliação dos atos desenvolvidos na etapa interna ou preparatória da licitação, que são efetivamente produzidos por outras pessoas, equipes administrativas que empreendem estudos e definem os termos do edital e seus anexos, bem como submetidos previamente a parecer jurídico. O segundo é ao final da licitação, quando o processo é submetido à sua homologação. É preciso que se dê atenção especial a eles, dado que, com frequência, autoridades competentes são responsabilizadas nessas duas ocasiões pelos órgãos de controle, muitas vezes com exagero, de forma quase automatizada por qualquer ilegalidade que seja constatada.

O correto é que os órgãos de controle analisassem de forma ponderada a eventual responsabilidade de autoridades competentes sobre questões relacionadas a editais e mesmo à condução de processos de licitação pública. Sucede que é quase inviável para a autoridade competente acompanhar de perto e definir todas as minúcias e detalhes de editais de licitação e da condução do processo licitatório. A autoridade competente, muitas vezes, analisa tais questões de modo mais abrangente, sem adentrar em detalhes e rever todos os estudos que culminaram na elaboração dos editais ou todos os atos pertinentes à condução da licitação, o que, na maioria dos casos, seria mesmo inviável. Daí que a responsabilização da autoridade competente deve ater-se à sua real culpabilidade, numa perspectiva do dever de cuidado que seria razoável exigir dela, diante do conjunto de suas atribuições e da estruturação e dimensão do órgão ou entidade administrativa na qual se insere.

Registra-se que os precedentes dos órgãos de controle sobre a responsabilidade da autoridade competente são decorrentes da aplicação da Lei nº 8.666/1993 e da Lei nº 10.520/2002. No entanto, as atribuições da autoridade competente são equivalentes às previstas na Lei nº 14.133/2021, por efeito do que lhe guardam pertinência. A Lei nº 14.133/2021 não traz nada de novo e especial que tenda a provocar mudança de entendimento.

Pois bem, as decisões do Tribunal de Contas da União oscilam e parecem que não se apoiam nos mesmos critérios e balizas. Por exemplo, no Acórdão nº 7.181/2018, da Segunda Câmara, a autoridade competente foi responsabilizada praticamente de forma automática por defeitos apontados em projeto básico e em orçamento de obras. Leia-se trecho esclarecedor:

> 12. O que se tem é que o recorrente, na oportunidade no exercício do cargo de Secretário Municipal de Infraestrutura de Cuiabá/MT, não se cercou dos cuidados esperados da sua função. Ou seja, o responsável tinha o dever de supervisão dos atos praticados por seus subordinados, quando elaboraram e encaminharam projeto básico e o edital desatentos às determinações da Lei 8.666/1993.
> 13. Não foi afastada, também, a culpabilidade em razão do nexo de causalidade firmado entre a inação (conduta omissiva) do Sr. [*omissis*] e a irregularidade a ele imputada. Não é possível licitar obras e serviços sem que o respectivo orçamento detalhado, elaborado pela Administração, expresse, com razoável precisão, os valores de mercado, a composição de todos os seus custos unitários, nos termos do art. 7º, §2º, inciso II, da Lei 8.666/1993, tendo-se presente que essa peça é fundamental para a contratação pelo preço justo e vantajoso, na forma exigida pelo art. 3º da citada Lei.
> 14. O argumento de que não estava completamente inteirado da composição dos documentos que avalizou não socorre o recorrente. Se não tinha informações suficientes e necessárias para aprofundar o exame da questão e firmar juízo sobre o que estava decidindo, o mais seguro seria não fazê-lo e buscar mais elementos para firmar convicção.
> 15. Conforme adequadamente informado na instrução, a aprovação é ato unilateral e discricionário pelo qual se exerce o controle a priori ou a posteriori do ato administrativo. Portanto, ao praticar este ato, a autoridade competente referenda os procedimentos até então adotados e o conteúdo daquilo que aprova. Não é ato meramente formal ou chancelatório, mas antes um ato de fiscalização, razão pela qual os procedimentos inadequados que geraram consequências danosas não podem ser imputados unicamente a quem os praticou.
> 16. Assim, a responsabilidade do recorrente em razão dessa ação só poderia ser afastada caso as irregularidades decorressem de vícios ocultos, dificilmente perceptíveis no âmbito da análise procedida, o que, nesse caso concreto, não restou demonstrado. O que se observou foi que, da referida omissão, negligência ou imperícia do dever de fiscalizar resultou a aprovação de projeto básico deficiente, ao arrepio da legislação pertinente.[536]

---

[536] TCU, Segunda Câmara. Acórdão nº 7.181/2018. Rel. Min. Aroldo Cedraz, j. 7.8.2018.

No Acórdão nº 4.843/2017, da Primeira Câmara, seguiu-se a mesma linha rigorosa, desta feita em razão da homologação da licitação:

> 26. No que se refere especificamente a [*omissis*], a jurisprudência dominante neste Tribunal é de que a autoridade homologadora é responsável solidariamente pelos vícios identificados nos procedimentos licitatórios, exceto se forem vícios ocultos, dificilmente perceptíveis. A homologação se caracteriza como um ato de controle praticado pela autoridade competente, que não pode ser tido como meramente formal ou chancelatório (Acórdão 8744/2016 – 2ª Câmara, Relator Ministro Raimundo Carreiro, Acórdão 1526/2016 – Plenário, Relator Ministro Augusto Nardes, Acórdão 1815/2015 – Plenário, Relator Ministro Vital do Rêgo). Os vícios apontados pelo Tribunal eram facilmente perceptíveis: (i) a ausência de quantitativos estimados seria imediatamente detectada a partir de uma simples leitura do edital; (ii) as impugnações ao edital e seu indeferimento não fundamentado revelavam a existência de irregularidades no procedimento; (iii) a adjudicação do objeto com preço significativamente inferior ao orçado indicava erros de orçamentação e a ausência de aceitabilidade dos preços unitários.[537]

Em direção diversa, colhem-se julgados em que a análise é mais ponderada e que a responsabilização das autoridades competentes não é automática, sem que lhe sejam exigidas avaliações minudentes sobre os atos produzidos no curso dos processos administrativos. Por exemplo, no Acórdão nº 1.529/2019, do Plenário, sobre a assinatura de convênios, cujas razões servem também para as aprovações de editais e homologação de licitação, fizeram-se as seguintes considerações:

> 23. Os recorrentes argumentam, de forma geral, que as assinaturas dos convênios foram precedidas de análises técnica e jurídica, ambas favoráveis à concretização dos ajustes, não sendo possível imputar responsabilidade aos signatários dos instrumentos. Como se percebe, a controvérsia reside na culpabilidade dos secretários sob o prisma do dever de vigilância.
> 24. A jurisprudência do TCU, a exemplo do Acórdão 1715/2008-Plenário, consolidou-se no sentido de que os dirigentes têm a obrigação de acompanhar, controlar e fiscalizar a execução dos atos de seus subordinados, além de escolher seus auxiliares diretos com esmero, sob pena de responder por culpa *in vigilando* e culpa *in elegendo*.
> 25. Por outro lado, há julgados desta Corte, caso do Acórdão 1971/2013-Plenário, que eximem de responsabilidade as autoridades máximas e seus substitutos quando for necessária uma revisão minuciosa dos atos praticados pelos subordinados. Esse entendimento é aplicado normalmente quando se está diante de falhas que só poderiam ser detectadas caso fosse necessária uma completa revisão dos atos praticados pelos subordinados, de que são exemplos o recálculo do quantitativo de determinado serviço ou a necessidade de nova vistoria *in loco* para constatar a falsidade do que fora atestado pelo agente público.
> 26. Dito isso, em regra entendo não ser razoável exigir de ocupantes do cargo de secretário-executivo a análise detalhada do material apresentado pelas proponentes a fim de verificar se possuem capacidade de bem executar as ações previstas no plano de trabalho, sobretudo quando os pareceres técnico e jurídico recomendavam a celebração dos ajustes.
> 27. Pensar de forma contrária equivaleria a exigir, por parte dos secretários-executivos, a completa revisão de todas as etapas até a celebração do convênio. Significa verificar,

[537] TCU, Primeira Câmara. Acórdão nº 4.843/2017. Rel. Min. José Múcio Monteiro, j. 20.6.2017.

> inclusive, se o estatuto da entidade está juntado nos autos, se foi apresentada a relação nominal dos dirigentes da instituição, se há débitos pendentes perante o poder público, se tais dirigentes são servidores, dentre muitas outras coisas.
> 28. A meu ver, essas funções não competem, em regra, à autoridade responsável pela assinatura do negócio jurídico, sob pena de inviabilizar as atividades ministeriais. Afinal, conforme Lei de Introdução às Normas do Direito Brasileiro (art. 22), na interpretação das normas, o julgador deve levar em consideração os obstáculos e as dificuldades reais do gestor. Por essa razão, proponho dar provimento ao apelo interposto pelo sr. [responsável 1].[538]

Na mesma linha, no Acórdão nº 2.458/2012, do Plenário, a Corte de Contas foi sensível e eximiu a autoridade competente da responsabilização sobre critério de reajuste considerado equivocado. Confira-se a seguinte passagem:

> 22. Diante disso, não creio que o equívoco na especificação do critério de reajuste no edital tenha ocasionado, ao final das contas, o enriquecimento sem causa por parte do fornecedor ou mesmo afetado o balanceamento final da equação contratual.
> 23. E mais. Diante da grande variação de preços do cobre ao longo do tempo, a troca da fórmula poderia até ter favorecido a Chesf. Veja-se, por exemplo, que em 2009, o metal experimentou queda de quase 40% em sua cotação. Tivesse o erro ocorrido nesse ano e aplicada a fórmula que considera pesa maior ao insumo, o reajuste seria muito menor, ou poderia até mesmo ter havido redução de preço.
> 24. De qualquer forma, está claro para mim que a situação se originou de falha na elaboração do edital. Não custa lembrar que, via de regra, tais documentos são confeccionados a partir de versões utilizadas em licitações anteriores. Possivelmente, o responsável pela preparação do edital incorreu em erro ao não perceber a necessidade de se alterar a fórmula. Não seria razoável, portanto, exigir dos escalões superiores da Chesf, que verificassem todos os termos do instrumento convocatório, incluindo a fórmula de reajuste, que, diga-se de passagem, diferia muito pouco entre as duas classes de tensão: [...].[539]

Com esse mesmo espírito, no Acórdão nº 5651/2024, da Segunda Câmara, o Tribunal de Contas da União eximiu a autoridade competente de responsabilidade por pagamentos realizados em favor de contratado considerados indevidos, porque se entendeu que não cabia a ela verificá-los e sim ao fiscal do contrato:

> O Sr. [*omissis*] alega, em síntese, que não seria razoável exigir que o ex-diretor-geral checasse o serviço prestado no âmbito do Contrato 1/2010. Assevera que essa verificação deve ser feita pelo servidor designado como fiscal do contrato, o qual deve analisar se o serviço foi prestado na forma prevista no instrumento contratual e comunicar à direção-geral eventuais falhas na prestação de serviços. Por fim, argumenta que os pagamentos por ele autorizados à empresa Hopevig foram efetuados com fundamento em notas fiscais atestadas pelo servidor fiscal do contrato, não existindo, nos procedimentos de pagamento, qualquer aviso do fiscal do contrato de que a avença não estava sendo integralmente cumprida, a fim de que justificasse a não autorização dos pagamentos.

---

[538] TCU, Plenário. Acórdão nº 1.529/2019. Rel. Min. Benjamin Zymler, j. 3.7.2019.

[539] TCU, Plenário. Acórdão nº 2.458/2012. Rel. Min. José Jorge, j. 11.9.2012.

> Quanto às alegações de defesa do Sr. [*omissis*], concordo com a unidade técnica, no sentido de que não seria razoável esperar que o dirigente máximo do HFCF tivesse de refazer o trabalho do fiscal de contrato quanto à conferência e aos cálculos de frequência de mão de obra terceirizada, antes de autorizar o pagamento na condição de ordenador de despesas. Nesse sentido, acolho os argumentos de defesa apresentados pelo Sr. [*omissis*], a fim de afastar sua responsabilidade quanto à Constatação 478557.[540]

Os precedentes do Tribunal de Contas da União variam; às vezes, soam mais rigorosos e, às vezes, mais flexíveis. De maneira geral, aos olhos do Tribunal de Contas da União, é importante que as autoridades competentes realmente avaliem os processos que são submetidos ao seu crivo, se inteirem dos seus atos principais e mesmo questionem os seus subordinados. Os pormenores de cada caso acabam sendo decisivos em relação à análise da culpabilidade das autoridades competentes, e certas omissões chamam a atenção dos órgãos de controle, inclusive a depender do vulto das licitações e dos contratos. Nesse sentido:

> 29. A caracterização do erro grosseiro não foi afastada, pois o responsável agiu, de fato, com culpa grave. Na condição de responsável pela homologação de licitação orçada em aproximadamente R$347 milhões, esperava-se que adotasse postura minimamente zelosa no sentido de se informar a respeito de questões relevantes do processo licitatório, a exemplo dos valores das propostas apresentadas, bem como das impugnações realizadas durante o certame. Por certo, a existência de propostas aparentemente inexequíveis e as rejeições das intenções de recurso deveriam ter-lhe chamado a atenção quanto a possíveis problemas, possibilitando o exame mais acurado desses temas e a eventual determinação das providências corretivas adequadas. Anoto que foi esse o entendimento que fundamentou o Acórdão 4834/2022-TCU-Primeira Câmara, relator Ministro Walton Alencar Rodrigues, - "A autoridade que homologa o pregão deve, sob pena de responsabilização, verificar a existência de fundamentos na manifestação do pregoeiro pelo não provimento de recurso interposto por licitante, especialmente se houve contraposição às razões recursais apresentadas, em observância ao princípio da motivação (art. 2º da Lei 9.784/1999) ", conforme a Jurisprudência Sistematizada do Portal do TCU.[541]

Em outro caso, referente ao Acórdão nº 1064/2024, do Plenário, considerou-se que o planejamento da contratação foi meramente formal e que levou autarquia a firmar contrato desnecessário para si por meio de adesão à ata de registro de preços. O Tribunal valorizou o fato de a solicitação de adesão ter sido realizada antes da confecção do estudo técnico preliminar e do termo de referência. Esse aspecto temporal, na visão do Tribunal, deveria ter chamado a atenção do Presidente da Autarquia, que deveria ter questionado a contratação:

> O Sr. [*omissis*], ex-presidente da Funasa, foi citado em razão de: (a) aprovar o TR, bem como, tacitamente, os demais artefatos que o antecederam, quais sejam o DOD, o ETP e a AR, sem a observância dos controles internos que poderiam evitar uma série de irregularidades, permitindo que a contratação seguisse mesmo com artefatos que teriam sido criados

[540] TCU, Segunda Câmara. Acórdão nº 5.651/2024. Rel. Min. Vital do Rêgo, j. 13.8.2024.

[541] TCU, Segunda Câmara. Acórdão nº 3.972/2023. Rel. Min. Antonio Anastasia, j. 6.6.2023.

> apenas para atender às formalidades do processo licitatório e dar aparência de legalidade ao processo que levou ao direcionamento para a contratação da empresa RSX por meio da adesão à ARP-MI 24/2017, com preços acima dos praticados no mercado; e [...]
> Com as vênias de estilo, discordo da conclusão de que o procedimento aparentava legalidade, o que, segundo a unidade técnica, indicaria não caber exame pormenorizado do processo.
> Além disso, não há como acolher a tese de que a aprovação de um planejamento meramente formal, que somente confirmaria decisão previamente tomada por outro gestor, não suscite sua responsabilização ou que seja irregularidade de menor gravidade.
> Inicio registrando que o Sr. [*omissis*], ao aprovar o termo de referência (peça 152, p. 86), *atestou expressamente que o documento estaria em "em conformidade com os requisitos administrativos necessários ao cumprimento do objeto"*, decidindo "motivadamente pelo prosseguimento da contratação em conformidade com o Art. 12º, §3 da Instrução Normativa nº 4 de 11 de setembro de 2014".
> Não se trata, assim, de mero "de acordo" para dar andamento processual. Examinando, de modo simplório, os documentos do processo, seria possível perceber que a solicitação para adesão à ARP, em 17/9/2017 (peça 153, p. 29 e 30), foi anterior à conclusão da elaboração do ETP e do termo de referência, em 6/11/2017 (peça 152, p. 40 e 85), subscrito pelo responsável.
> Tal ordem cronológica – que torna evidente que a decisão pela contratação antecedeu o referido planejamento – desnuda a ausência de planejamento e poderia ser facilmente percebida, a partir do simples exame dos artefatos da contratação.
> Mesmo não sendo exigível que o dirigente máximo comparasse os artefatos aprovados com aqueles elaborados pelo MI (em que foram identificados claros indicativos de cópia de trechos dos artefatos do MI), não seria demais questionar, naquela situação, se foi efetivamente seguido o procedimento previsto na legislação, qual precisamente seria a necessidade de negócio a ser atendida ou as alternativas para o atendimento da necessidade de negócio.
> Não se trata de minucias da contratação, mas de aspectos centrais do dispêndio que seria efetivado.
> Em outras palavras, a despeito de o dirigente máximo não ter, de fato, a responsabilidade primária pelo planejamento de uma contratação de TI e, em regra, não ser exigível a revisão de minúcias técnicas do processo instruído pelas unidades a ele subordinadas, é forçoso reconhecer estarmos diante de ilegalidades que, friso, gravitam em torno de aspectos centrais da contratação, consistente na sua própria necessidade ou do estabelecimento de um modelo de remuneração absolutamente desarrazoado.
> Portanto, não se está a exigir que o então Presidente revisasse o trabalho de todos os servidores, incluindo da EPC e, portanto, de todos os órgãos técnicos responsáveis pela condução do processo de adesão, consoante alegado pelo responsável, mas da verificação do cumprimento do procedimento previsto na legislação, o qual independe de conhecimentos especializados na área de tecnologia da informação.[542]

De toda sorte, a autoridade competente exerce funções mais de controle nas fases interna e externa da licitação. Na fase interna ou preparatória, dá a última palavra sobre o edital e na fase externa, dá a última palavra sobre a licitação. No entanto, quem atua diretamente na construção do edital é a equipe administrativa do órgão ou entidade, e quem atua diretamente na condução da etapa externa da licitação é o agente de contratação, pregoeiro, comissão de contratação. Portanto, insista-se, a autoridade

[542] TCU, Acórdão nº 1064/2024, Plenário. Rel. Min. Augusto Sherman, j. 29.5.2024.

competente controla a atuação da equipe administrativa e dos agentes encarregados da condução da licitação, sua atuação desenvolve-se numa perspectiva geral e não sob aspectos pormenorizados. O controle deve responsabilizar a autoridade competente dentro dessa perspectiva, que corresponde à sua verdadeira atuação.

Em favor da autoridade competente, o artigo 28 da Lei de Introdução às Normas do Direito Brasileiro (LINDB) condiciona a responsabilidade de agentes públicos aos casos de dolo ou de erro grosseiro, o que corresponde à culpa grave. O §6º do artigo 12 do Decreto Federal nº 9.830/2019, que regulamenta no plano federal a Lei de Introdução, prescreve que a

> responsabilização pela opinião técnica não se estende de forma automática ao decisor que a adotou como fundamento de decidir e somente se configurará se estiverem presentes elementos suficientes para o decisor aferir o dolo ou o erro grosseiro da opinião técnica ou se houver conluio entre os agentes.

Em complemento, o §7º do mesmo artigo enuncia que, "no exercício do poder hierárquico, só responderá por *culpa in vigilando* aquele cuja omissão caracterizar erro grosseiro ou dolo".

É de mencionar que, com esse espírito e levando em consideração a Lei de Introdução às Normas do Direito Brasileiro (LINDB), o Acórdão nº 2012/2022, da Segunda Câmara do Tribunal de Contas da União, da relatoria do Ministro Antonio Anastasia, enfatizou a necessidade de a responsabilização da autoridade competente não decorrer automaticamente do dever de vigilância sobre os seus subordinados, estando condicionada à análise do caso concreto e à configuração de dolo ou erro grosseiro por parte da autoridade. Confira-se a seguinte passagem:

> 29. A partir dessas reflexões, identifico uma *quarta fragilidade/contradição* na responsabilização do ex-gestor, justamente por não vislumbrar qualquer indicação de que tenha agido como dolo ou culpa grave, abaixo dos padrões do "gestor municipal médio". Forçoso anotar que esta Corte tem precedentes no sentido de que teoria da culpa da má escolha (*in eligendo*) ou da culpa da ausência de fiscalização (*in vigilando*) não impõe ao prefeito o dever de fiscalizar todo e qualquer ato praticado pelos gestores municipais sob sua tutela. Nesse sentido, trago os seguintes julgados da jurisprudência selecionada do TCU: [...]
> 30. Nessa quadra, verifico que os motivos pelos quais os Sr. [*omissis*] foi responsabilizado no âmbito desta Corte de Contas, correspondem a avaliações de ordem técnica e de engenharia que não me parecem estar ao alcance cognoscível e nem nas atribuições do "gestor médio", conforme informações trazidas na instrução à peça 121, p. 9-10, consolidadas com base na planilha juntada posteriormente pelo Controle Interno à peça 76: [...].[543]

De acordo com a Lei de Introdução e o Decreto Federal nº 9.830/2019, a responsabilidade da autoridade competente depende da configuração de dolo ou de erro grosseiro, o que demanda a avaliação concreta de sua culpabilidade, que não é automática em relação à aprovação do edital e da licitação. Assim, deve-se sopesar se a autoridade competente, diante das particularidades de cada caso, tinha ou não condições de perceber a ilegalidade

[543] TCU, Segunda Câmara. Acórdão nº 2.012/2022. Rel. Min. Antonio Anastasia, j. 3.5.2022.

do edital e da licitação, bem como se tinha condições de perceber se as opiniões técnicas e os atos dos demais agentes administrativos foram ou não produzidos com dolo ou erro grosseiro. Não se pode supor que a autoridade competente, encarregada da direção de órgão ou entidade administrativa, tenha condições de analisar editais ou procedimentos de licitação em pormenor e refazer estudos e avaliações técnicas e jurídicas, de modo que seja responsabilizada por qualquer sorte de ilegalidade eventualmente constatada. A avaliação da autoridade competente é empreendida num plano geral e apoiada decisivamente em pareceres técnicos e jurídicos. Portanto, o correto é que autoridade competente somente seja responsabilizada em relação ao dever de cuidado relativo a essa avaliação geral e não sob a perspectiva de uma inviável revisão detalhada de todos os atos de planejamento e de condução da licitação.

3.4 Agente de contratação, pregoeiro e comissão de contratação

Como visto, a Lei nº 8.666/1993 prescrevia que a autoridade competente devia designar comissão de licitação para conduzir a etapa externa da licitação, a partir da publicação do edital até entregar o processo administrativo à autoridade competente para homologá-lo ou não. A Lei nº 10.520/2002 substituiu a comissão de licitação pelo pregoeiro, que é um agente administrativo só, que decide, por óbvio, sozinho. As funções, de um e de outro, sempre foram equivalentes.

Ou seja, até o advento da Lei nº 14.133/2021, ou a condução da licitação era atribuída a um conjunto de agentes administrativos, que era o caso da comissão de licitação da Lei nº 8.666/1993, ou era atribuída a um só, que era o caso do pregoeiro da Lei nº 10.520/2002.

O legislador, na Lei nº 14.133/2021, quis deixar as duas opções abertas: a licitação da Lei nº 14.133/2021, em regra, deve ser conduzida por um agente administrativo apenas, agente de contratação ou pregoeiro, porém é permitido que, se o objeto da licitação for qualificado como especial, na forma do §2º do artigo 8º, a licitação seja conduzida por um grupo, pela comissão de contratação.

Abordam-se aqui o agente de contratação, o pregoeiro e a comissão de contratação em conjunto porque a função deles é essencialmente a mesma. As diferenças são bem simples: (i) agente de contratação e pregoeiro são uma pessoa só, e a comissão de contratação se constitui num grupo de pessoas; (ii) o pregoeiro atua apenas na modalidade pregão, e o agente de contratação e a comissão de contratação, nas demais modalidades da Lei nº 14.133/2021.

Ressalta-se, já de início, que a figura do pregoeiro, embora prevista na Lei nº 14.133/2021, é-lhe, de certo modo, estranha. Explica-se melhor: na concepção da Lei nº 14.133/2021, as licitações deveriam ser conduzidas pelo agente de contratação, permitindo-se, excepcionalmente, que o fosse pela comissão de contratação. Não havia a previsão do pregoeiro. A figura central é a do agente de contratação, cuja atuação é referida e estruturada em diversos dispositivos da Lei nº 14.133/2021. O pregoeiro, como se diz em linguagem popular, "caiu de paraquedas" no meio do processo legislativo. Entendeu-se que a modalidade pregão deveria ser conduzida pelo pregoeiro, não por qualquer razão de ordem substancial, mas porque, até o advento da Lei nº 14.133/2021, os pregões sempre foram conduzidos por pregoeiros. A intenção foi a de manter a tradição e valorizar as pessoas que já atuavam como pregoeiros. Essa opção legítima do legislador foi vertida no §5º do artigo 8º da Lei nº 14.133/2021, dispositivo que veicula a única referência da sobredita Lei à palavra "pregoeiro": "Em licitação na modalidade pregão, o agente responsável pela condução do certame será designado pregoeiro". Não há qualquer outro dispositivo na Lei, insista-se, que lhe defina a atuação ou lhe estabeleça requisitos especiais, nada.

Nota-se que, a teor do supracitado §5º do artigo 8º da Lei nº 14.133/2021, pregoeiro é apenas uma designação especial dada ao agente de contratação que atua na modalidade pregão. Significa dizer que o pregoeiro é um agente de contratação em sentido amplo, que exerce suas atribuições na modalidade pregão. Então, pode-se dizer que agente de contratação é gênero, que conta com duas espécies: o pregoeiro, atuante na modalidade pregão, e o agente de contratação em sentido estrito, atuante nas demais modalidades, conforme as regras da Lei nº 14.133/2021.

Sob esse contexto, é de concluir que não há diferença entre a atuação do agente de contratação e a do pregoeiro, afora que este último atua no pregão. A essência é a mesma, o que muda mesmo é, simplesmente, a nomenclatura. Como a atuação do pregoeiro está descontextualizada na Lei nº 14.133/2021, como não há normas específicas sobre sua atuação e como a figura dele é equivalente à do agente de contratação, deve-se aplicar a ele as mesmas normas, condicionantes e requisitos exigidos para os agentes de contratação. Por conseguinte, o que se afirmar neste texto acerca dos agentes de contratação vale também para os pregoeiros.[544]

Tudo isso, no entanto, gera situação inusitada. É que a modalidade pregão deve ser utilizada para a contratação de bens e serviços comuns, o que corresponde à expressiva maioria das licitações nacionais. Isso significa que, na prática, a figura do pregoeiro será preponderante em relação à do agente de contratação. Ou seja, a Lei nº 14.133/2021 foi concebida, armada e centrada no agente de contratação. No meio do caminho do processo legislativo, sem anteparos, fez-se uma previsão solta a respeito do pregoeiro, que é, repita-se, quem será preponderante, porque a modalidade pregão é preponderante. O inusitado é o descompasso entre a Lei nº 14.133/2021 e o que haverá na prática. No plano da Lei nº 14.133/2021, prepondera o agente de contratação, no entanto, no cotidiano da Administração, quem prepondera é o pregoeiro. Toda a construção legislativa em torno do agente de contratação passa a coadjuvante, enquanto sobre o protagonista (o pregoeiro), a legislação é silente.

A propósito, o artigo 6º da Lei nº 14.133/2021, que veicula uma lista enorme de definições, refere-se à comissão de contratação e ao agente de contratação. Não se refere ao pregoeiro.

Pois bem, de acordo com o inciso L do artigo 6º da Lei nº 14.133/2021, a comissão de contratação é o "conjunto de agentes públicos indicados pela Administração, em caráter permanente ou especial, com a função de receber, examinar e julgar documentos relativos às licitações e aos procedimentos auxiliares". Por sua vez, o agente de contratação, consoante o inciso seguinte, é a:

---

[544] 3. Na modalidade pregão, o agente de contratação é denominado pregoeiro, não havendo diferenças de atuações. Nas duas situações (agente de contratação ou pregoeiro), cabe a eles conduzirem os certames, podendo tomar decisões, acompanhar o trâmite da licitação, dar impulso ao procedimento licitatório e executar quaisquer outras atividades necessárias ao bom andamento da disputa, até a fase de homologação, conforme previsto no art. 8º, caput, e §5º, da Lei n. 14.133/2021. (TCE/SC, Plenário. Prejulgado nº 2440, Rel. Cons. José Nei Ascari).

> [...] pessoa designada pela autoridade competente, entre servidores efetivos ou empregados públicos dos quadros permanentes da Administração Pública, para tomar decisões, acompanhar o trâmite da licitação, dar impulso ao procedimento licitatório e executar quaisquer outras atividades necessárias ao bom andamento do certame até a homologação.

O *caput* do artigo 8º da Lei nº 14.133/2021, focado no agente de contratação, o protagonista no plano legislativo, prescreve:

> A licitação será conduzida por agente de contratação, pessoa designada pela autoridade competente, entre servidores efetivos ou empregados públicos dos quadros permanentes da Administração Pública, para tomar decisões, acompanhar o trâmite da licitação, dar impulso ao procedimento licitatório e executar quaisquer outras atividades necessárias ao bom andamento do certame até a homologação.

Em complemento, o já mencionado §2º do artigo 8º da Lei nº 14.133/2021 prevê que:

> [...] em licitação que envolva bens ou serviços especiais, desde que observados os requisitos estabelecidos no art. 7º desta Lei, o agente de contratação poderá ser substituído por comissão de contratação formada por, no mínimo, 3 (três) membros, que responderão solidariamente por todos os atos praticados pela comissão, ressalvado o membro que expressar posição individual divergente fundamentada e registrada em ata lavrada na reunião em que houver sido tomada a decisão.

Como dito, a grande diferença entre agente de contratação e comissão de contratação é que, como as próprias expressões revelam, aquele é uma pessoa só, e este é um grupo de pessoas. As funções são equivalentes, de conduzir a etapa externa da licitação. Tanto são equivalentes que o supracitado §2º do artigo 8º determina que "[...] o agente de contratação poderá ser substituído por comissão de contratação [...]". Quem substitui, evidentemente, desempenha a mesma função do substituído.

3.4.1 Designação da comissão de licitação

O inciso L do artigo 6º da Lei nº 14.133/2021 prescreve que a comissão é composta por "conjunto de agentes públicos", sem exigir qualquer requisito especial para os tais agentes públicos. Agente público, como conceituado no inciso V do artigo 6º da Lei nº 14.133/2021, é o "indivíduo que, em virtude de eleição, nomeação, designação, contratação ou qualquer outra forma de investidura ou vínculo, exerce mandato, cargo, emprego ou função em pessoa jurídica integrante da Administração Pública".

O vínculo do agente público com a Administração Pública pode ser tanto estatutário quanto regido pela Consolidação das Leis Trabalhistas, englobando os ocupantes de cargos efetivos, cargos em comissão, empregados, contratados por tempo determinado, todos, a rigor, para efeitos legais, "agentes públicos". Repita-se que ser agente público é o que basta para compor comissão de contratação.

O legislador, ao exigir que os membros da comissão de contratação sejam agentes públicos, quis proibir apenas a designação de terceirizados, porque estes não possuem um vínculo direto com a Administração Pública, dado que o vínculo deles é com a empresa contratada para prestar os serviços terceirizados. Afora os terceirizados, todos os demais agentes públicos podem ser designados para compor comissão de contratação, desde que o cargo que exerçam ou a função que ocupem lhes seja compatível.

Pondera-se que o inciso I do artigo 7º da Lei nº 14.133/2021 prescreve que cabe à autoridade designar os agentes públicos para as funções essenciais pertinentes às licitações e aos contratos administrativos, dando-se preferência para "servidor efetivo ou empregado público dos quadros permanentes da Administração Pública". Esse dispositivo precisa ser lido em conjunto com o inciso V do artigo 6º da Lei nº 14.133/2021, que, como visto, não exige nem sinaliza preferência para que os integrantes da comissão de contratação sejam agentes públicos com vínculo efetivo ou permanente – o que soa contraditório, porque, sem dúvida, a comissão de contratação desempenha função essencial no âmbito da Lei nº 14.133/2021. A conclusão, combinando-se os dois dispositivos, é que não é obrigatório, porém é preferencial, que os membros da comissão de contratação sejam servidores efetivos ou empregados públicos dos quadros permanentes da Administração Pública.

A Lei nº 14.133/2021 não exige motivação expressa para a designação à comissão de contratação de agente público que não seja servidor efetivo ou empregado público dos quadros permanentes da Administração Pública. No entanto, deve-se entender, em vista do inciso I do artigo 7º da Lei nº 14.133/2201, que essa designação deve ser excepcional e, portanto, deve haver alguma justificativa para tanto – o que, inclusive, pode ser questionado pelos órgãos de controle. A regra, a preferência, é pela designação à comissão de contratação de servidor efetivo ou empregado público dos quadros permanentes da Administração Pública.

3.4.2 A designação do agente de contratação e pregoeiro e a obrigatoriedade de serem servidores efetivos ou empregados públicos integrantes dos quadros permanentes da Administração Pública

O agente de contratação, de acordo com o inciso LX do artigo 6º da Lei nº 14.133/2023, deve ser servidor público efetivo ou empregado público dos quadros permanentes da Administração Pública. Diga-se, mais uma vez, que as regras sobre agente de contratação devem ser aplicadas ao pregoeiro, diante da identidade das suas figuras, reconhecida no §5º do artigo 8º da Lei nº 14.133/2021.

Norma com o mesmo teor é extraída do caput do artigo 8º da Lei nº 14.133/2021, para quem o agente de contratação deve ser "[...] pessoa designada pela autoridade competente, entre servidores efetivos ou empregados públicos dos quadros permanentes da Administração Pública [...]".

Isso significa que não podem ser agente de contratação e pregoeiro o mero ocupante de cargo em comissão, desde que o cargo não seja ocupado por servidor efetivo ou empregado do quadro permanente, e os que sejam contratados por prazo determinado.

Supõe-se que o legislador levou em conta que os agentes que mantêm vínculos permanentes com a Administração Pública gozam de prerrogativas, como a estabilidade dos servidores públicos, que lhes protegem de pressões e estimulam decisões imparciais e mais alinhadas aos interesses públicos. O legislador, tudo indica, quis estabelecer requisitos especiais para o agente de contratação e pregoeiro porque eles tomam as decisões sozinhos, e não em colegiado, como ocorre na comissão de contratação, o que os tornaria mais vulneráveis. Então, porque a posição do agente de contratação e do pregoeiro seria mais vulnerável do que a da comissão de contratação, o legislador houve por bem exigir deles requisitos especiais.

Compreender a finalidade mirada pelo legislador é importante, inclusive para justificar a extensão das mesmas regras prescritas para o agente de contratação ao pregoeiro. A finalidade, como visto, é mitigar a vulnerabilidade de quem atua sozinho, o que é o caso do agente de contratação e do pregoeiro. Assim, até mesmo por analogia, os mesmos requisitos exigidos para o agente de contratação devem ser exigidos para o pregoeiro.

Bom dizer que as regras dos artigos 7º e 8º da Lei nº 14.133/2021 foram expressamente excepcionadas pelo legislador no inciso I do caput do artigo 176 da mesma Lei, que concedeu prazo de seis anos para que municípios com até vinte mil habitantes deem cumprimento a ela. Essa exceção, de acordo com o juízo político do Legislativo, certamente considerou as dificuldades orçamentárias e operacionais destes pequenos municípios.

A obrigatoriedade de o agente de contratação e pregoeiro serem servidores efetivos ou empregados públicos integrantes dos quadros permanentes da Administração tem gerado controvérsia, dada a alegada dificuldade, inclusive de natureza orçamentária e operacional, para muitos órgãos e entidades designarem para tais funções servidores ou empregados públicos com esses vínculos. A questão é saber se a Administração, sob tais alegações e sob a perspectiva jurídica, pode designar como agente de contratação e pregoeiro servidores ocupantes de cargos comissionados.

O Tribunal de Contas da União, no Acórdão nº 1.917/2024, Plenário, consolidou o resultado de questionário aplicado a órgãos e entidades da Administração federal, estadual e municipal sobre a Lei nº 14.133/2021, de modo que apurou o índice de maturidade deles em relação à aplicação da referida Lei. É relevante considerar que municípios com população de até vinte mil habitantes não foram alvos da pesquisa. Pois bem, o Acórdão traz uma lista sobre os tópicos pesquisados que representam índices/taxas de não implementação mais significativos. Entre os órgãos estaduais, o principal tópico de não implementação, verificado em 64,3% deles, foi relativo ao "exercício das funções de agente de contratação e pregoeiros, em sua maioria ou exclusivamente por servidores não efetivos". Quanto aos municípios, o percentual de desatendimento em relação a esse tópico foi de 40,80%,

A equipe encarregada da fiscalização no Tribunal de Contas sugeriu ao Plenário que fosse firmado o entendimento de que agentes de contratação e pregoeiros fossem, necessariamente, servidores públicos ou empregados dos quadros permanentes da Administração Pública, como exigido no artigo 8º da Lei nº 14.133/2021. O Ministro Benjamin Zymler, Relator do Acórdão, fez uma série de considerações sobre o tema, sinalizando interpretação concorde com a da equipe de fiscalização. No entanto, divergiu da sugestão da equipe de fiscalização pelas seguintes razões:

> Em sintonia com o exposto, em vez de apenas expedir um comando abstrato de "firmar entendimento" no acórdão que ora submeto ao descortino deste Colegiado, considero mais assertivo que o Tribunal emita orientação às unidades técnicas desta Corte de Contas que, no exame dos processos envolvendo certames licitatórios da nossa jurisdição conduzidos sob a égide da Lei 14.133/2021, verifiquem se os agentes de contratação ou pregoeiros responsáveis pela condução do certame são servidores efetivos ou empregados públicos dos

> quadros permanentes da administração pública, tendo em vista o disposto nos arts. 6º, inciso LX, e 8º, *caput*, da Lei 14.133/2021, representando no caso de encontrar desconformidades. A não ser em situações extraordinárias, devidamente fundamentadas, a indicação de agente público que não satisfaça o comando dos arts. 6º, inciso LX, e 8º, *caput*, da Lei 14.133/2021, pode causar culpa *in eligendo* da autoridade responsável pela designação por eventuais falhas cometidas pelo referido agente, pois, nos termos do art. 11, parágrafo único, do mesmo diploma legal, "a alta administração do órgão ou entidade é responsável pela governança das contratações e deve implementar processos e estruturas, inclusive de gestão de riscos e controles internos, para avaliar, direcionar e monitorar os processos licitatórios e os respectivos contratos, com o intuito de alcançar os objetivos estabelecidos no *caput* deste artigo, promover um ambiente íntegro e confiável, assegurar o alinhamento das contratações ao planejamento estratégico e às leis orçamentárias e promover eficiência, efetividade e eficácia em suas contratações".
> Além disso, a autoridade competente infringirá a diretriz de promover a gestão por competências dos agentes públicos que atuam nas licitações e contratos, prevista no art. 7º, *caput*, da Lei 14.133/2021.[545]

O Acórdão não explica as razões, mas o fato é que os ministros relativizaram a exigência de que agentes de contratação e pregoeiros sejam servidores públicos ou empregados dos quadros permanentes da Administração Pública, dado que admite que não o sejam "em situações extraordinárias, devidamente fundamentadas [...]". O Acórdão não dá pistas sobre quais seriam as tais "situações extraordinárias", que, portanto, devem ser analisadas casuisticamente. Sem embargo, embora relativize a exigência legal, adverte que, se não for comprovada a excepcionalidade, os gestores públicos podem ser responsabilizados por culpa *in eligendo* e por não promover a gestão por competências, prescrita no artigo 7º da Lei nº 14.133/2021.[546]

A questão é complexa. No entanto, nos termos estritos da Lei nº 14.133/2021, os agentes de contratação e pregoeiros devem ser, necessariamente, servidores públicos ou empregados dos quadros permanentes da Administração Pública. O legislador, como visto, abriu explicitamente exceção à regra no artigo 176 da Lei nº 14.133/2021, outorgando prazo de até seis anos para que municípios com até vinte mil habilitantes a cumpram. Exceção, como sabido, deve ser interpretada restritivamente (*exceptiones sunt strictissimoe interpretationis*). O legislador não abriu exceção diante de alegação de restrição orçamentária ou operacional ou diante de qualquer outra "situação extraordinária". Então, sob a ótica exclusiva do preceituado na Lei nº 14.133/2021, o Acórdão nº 1.917/2024, do Plenário do Tribunal de Contas da União é equivocado. Pode-se até, sensível à realidade de órgãos e entidades administrativas, concordar com a decisão

---

[545] TCU, Acórdão nº 1917/2024, Plenário. Rel. Min. Benjamin Zymler, j. 18.9.2024.

[546] O assunto é controverso no âmbito das demais cortes de contas. Por ilustração, o Tribunal de Contas do Estado do Paraná, na linha do Tribunal de Contas da União, deu aval à designação de ocupantes de cargos comissionados para as funções de agente de contratação e de pregoeiro, ainda que excepcionalmente e mesmo reconhecendo o teor do inciso LX do artigo 6º e do caput do artigo 8º da Lei nº 14.133/2021 (TCE/PR, Pleno. Acórdão nº 3.561/23. Rel. Cons. José Durval Mattos do Amaral, j. 9.11.2023). Por sua vez, o Tribunal de Contas do Estado do Rio de Janeiro seguiu linha diversa, no sentido de que agentes de contratação e pregoeiros devem ser, necessariamente, servidores efetivos ou empregados públicos dos quadros da Administração Pública (TCE/RJ, Pleno. Acórdão nº 85.922/2023).

sob o viés político, de conveniência para a Administração. Porém, sob o viés jurídico, diante do preceituado na Lei nº 14.133/2021, não há argumento consistente.

Ronny Charles, noutro quadro, sustenta que as regras encartadas no inciso LX do artigo 6º e no *caput* do artigo 8º, ambas da Lei nº 14.133/2021, desbordariam do conceito de norma geral, seriam inconstitucionais ao incidirem para além dos órgãos e entidades federais e, por conseguinte, não seriam obrigatórias para os órgãos e entidades estaduais, distritais e municipais. Confira-se:

> De maneira sucinta e objetiva, parece-nos que, ao ultrapassar a condição de diretriz, orientando pela preferência, o artigo 8º define uma regra cogente, que impõe submissão à organização administrativa do ente. Com essa característica, tal disciplinamento claramente se reveste da condição de norma materialmente específica, não vinculando Estados, Municípios e o Distrito Federal, mas apenas órgãos e entidades federais. Atentaria contra a autonomia administrativa que a União definisse a obrigatória condição de servidor efetivo para o exercício da função de agente de contratação para todos os demais entes da Federação.[547]

Em sentido oposto, Rodrigo Vissotto Junkes defende que as regras do inciso LX do artigo 6º e do *caput* do artigo 8º, ambas da Lei nº 14.133/2021, são normas gerais. Alega que, em acordo com a Constituição Federal e precedente do Supremo Tribunal Federal, cargos comissionados são restritos às funções de direção, chefia e assessoramento e, logo, os seus ocupantes não poderiam desempenhar tarefas operacionais e técnicas, como são as atribuídas a agente de contratação e pregoeiro. Então, na sua visão, o legislador apenas repercutiu norma constitucional cogente e não feriu a autonomia dos entes da Federação.

> Aliás, pelo contrário. Cabe a cada unidade federativa criar e distribuir de forma específica e incremental cargos, núcleos de competências, entre outros aspectos que se revelarem necessários ao atendimento das suas necessidades sempre observando que o provimento dos agentes públicos deverá se dar por uma das formas estabelecidas na Constituição. E, ao fazê-lo, deverão inclusive observar quais funções poderão ser atribuídas aos cargos de provimento efetivo, e quais poderão ser dirigidas a cargos de provimento em comissão, observando os limites definidos para cada qual pela própria Constituição. Aqui, vale lembrar que a regra é que se criem cargos de provimento efetivo, restringindo-se os cargos de provimento em comissão somente para as atribuições de direção, chefia e assessoramento (art. 37, V, da CR/88), o que, inclusive, foi reafirmado recentemente pelo Egrégio STF.
> Logo, quando a Lei nº 14.133/2021 estabelece que a função de agente de contratação deve ser exercida por um sujeito que possua relação funcional permanente com a Administração, ou seja, detentor de cargo de provimento efetivo ou de emprego permanente, ela não está realizando nenhuma ingerência na liberdade que as pessoas jurídicas de direito público interno possuem para dimensionar seus quadros funcionais. Apenas reconhece que as atribuições inerentes ao processamento das licitações são incompatíveis com as funções de chefia, assessoramento e direção, típicas dos cargos de provimento em comissão.[548]

---

547 TORRES, Ronny Charles. *Agente de contratação e a condição de servidor efetivo*. Disponível em: https://ronnycharles.com.br/agente-de-contratacao-e-a-condicao-de-servidor-efetivo/. Acesso em: 5 jan. 2023.

548 JUNKES, Rodrigo Vissotto. Afinal, quem pode ser designado agente de contratação na Lei nº 14.133/2021? *Blog da Zênite*. Disponível em: https://zenite.blog.br/afinal-quem-pode-ser-designado-agente-de-contratacao-na-lei-no-14-133-2021/. Acesso em: 5 jan. 2023.

Rodrigo Vissotto Junkes está correto ao sinalizar que cargo em comissão deve ser criado para o desempenho de função de direção, chefia e assessoramento e não para funções operacionais e técnicas, que correspondem às atribuições de agente de contratação e de pregoeiro.

Sem embargo disso, tomando em conta a realidade da Administração Pública nacional, parece constitucional criar cargo em comissão para o desempenho de função de chefia e assessoramento e os ocupantes destes cargos, ao lado das atribuições de chefia e de assessoramento, também atuarem como agente de contratação e pregoeiro. Parece constitucional conciliá-las. Por exemplo, uma gerente de licitações de município que, concomitante com as suas funções de gerente, também atua como agente de contratação ou pregoeira, até mesmo diante da escassez dos quadros funcionais do município, sobretudo de agentes especializados. Por experiência, isso é um tanto usual e não parece inconstitucional. O inconstitucional seria criar cargo em comissão exclusivamente para o desempenho de tarefas operacionais e técnicas, como as do agente de contratação e do pregoeiro.

Sob essa premissa, afastando a inconstitucionalidade apriorística sustentada por Rodrigo Vissotto Junkes, o argumento de Ronny Charles, de que normas gerais não devem incursionar nestes pormenores organizacionais de pessoal, é procedente. Sendo assim, as regras do inciso LX do artigo 6º e do *caput* do artigo 8º, ambas da Lei nº 14.133/2021, extravasam o âmbito das normas gerais, e a imposição delas a estados, Distrito Federal e municípios revela-se inconstitucional. A eles deve ser reservada competência para dispor sobre a estruturação e organização dos seus quadros de pessoal, inclusive sobre os requisitos para que agente público seja designado como agente de contratação e pregoeiro, obedecendo às condicionantes da Constituição Federal. A União não tem competência para lhes impor tais injunções. Deve-se preservar a autonomia dos estados, Distrito Federal e municípios.[549]

A discussão é atual e bastante impactante para a Administração Pública nacional e, em especial, para os municípios de médio porte, não contemplados pela exceção do inciso I do *caput* do artigo 176 da Lei nº 14.133/2021. O recomendável é que os órgãos e entidades, que não conseguem cumprir as regras do inciso LX do artigo 6º e do *caput* do artigo 8º, ambas da Lei nº 14.133/2021, tomem alguma medida antecipada perante os órgãos de controle, inclusive, se for o caso, perante o Poder Judiciário. Se não tomarem a iniciativa e não cumprirem as referidas regras, é provável que a alta administração seja exposta a sanções dos órgãos de controle.

---

[549] O Tribunal de Contas do Espírito Santo segue essa linha: "A competência da União para estabelecer normas gerais em licitação tem previsão na Constituição Federal, em seu art. 22, inciso XXVII. Isso significa que é da responsabilidade da União definir as normas gerais que serão seguidas por todos os entes federados no que se refere aos procedimentos licitatórios. No entanto, a competência privativa da União não exclui a competência suplementar dos municípios, que têm autonomia para criarem regras específicas, que apenas complementem às estabelecidas pela União, sem, contudo, contrariá-las, conforme previsão do art. 30, inciso II, da Constituição Federal. Assim, os municípios poderão regulamentar por lei as nomeações de 'Agentes de Contratação' e 'Pregoeiros', desde que realizadas, preferencialmente, entre os servidores efetivos e de carreira, salvo quando comprovada a ausência de disponibilidade dos referidos agentes públicos, sob inteira responsabilidade da autoridade nomeante, sendo imprescindível demonstrar, também, as qualificações profissionais dos nomeados, bem como que são estas suficientes e adequadas ao exercício das funções" (TCE-ES, Plenário, Consulta 00016/2023-1. Rel. Cons. Augusto Taufner, j. 5.9.2023).

3.4.3 Regras para a designação de comissão de contratação, agente de contratação e pregoeiro

A autoridade competente, diante dos artigos 7º e 8º da Lei nº 14.133/2021, pode designar o agente de contratação, o pregoeiro e os integrantes de comissão de contratação com discricionariedade. Pode designar, por exemplo, um pregoeiro específico para cada licitação (designação especial), bem como pode designar um pregoeiro para todas as licitações a serem promovidas pelo órgão ou entidade administrativa (designação permanente). Essa escolha cabe à autoridade competente, de acordo com as conveniências do quadro de pessoal disponível. Repita-se que o artigo 3º do Decreto Federal nº 11.246/2022 caminha nessa direção e reconhece que a designação do agente de contratação pode ser em caráter permanente ou especial, e que é permitido designar mais de um agente de contratação para licitações em geral, provendo regras para distribuí-las entre os designados.

Agregue-se que não há qualquer disposição que imponha mandato certo ao agente de contratação, ao pregoeiro e aos integrantes de comissão de contratação, nem que estabeleça limitação temporal ao exercício de suas atividades – ao contrário do que ocorria com a comissão permanente de licitação da Lei nº 8.666/1993, cuja investidura, por força do §4º do artigo 51 da Lei nº 8.666/1993, não devia exceder um ano, vedada a recondução da totalidade de seus membros para a mesma comissão no período subsequente. Portanto, agente de contratação, pregoeiro e integrantes de comissão de contratação, uma vez designados, podem exercer suas funções por prazo indeterminado, dependendo apenas da avaliação e da vontade da autoridade competente.

De mais a mais, convém sublinhar que o agente público é aquele que mantém vínculo com a Administração Pública, como preceitua o inciso V do artigo 6º da Lei nº 14.133/2021. O inciso LX do mesmo artigo 6º e o artigo 8º, também da Lei nº 14.133/2021, exigem vínculo do agente de contratação com a Administração Pública. Sucede que Administração Pública, como posto no inciso III do artigo 6º da Lei nº 14.133/2021, corresponde à "administração direta e indireta da União, dos Estados, do Distrito Federal e dos Municípios, inclusive as entidades com personalidade jurídica de direito privado sob controle do poder público e as fundações por ele instituídas ou mantidas". Por sua vez, na redação do inciso IV do mesmo artigo, Administração é o "órgão ou entidade por meio do qual a Administração Pública atua". Daí que o agente público designado para atuar como agente de contratação, pregoeiro ou integrante de comissão de contratação não precisa, necessariamente, manter vínculo direto com o órgão ou a entidade que promove a licitação (Administração). O vínculo que se exige é com a Administração Pública, o que significa que ele pode ter sido cedido a um órgão ou entidade diferente da sua origem, e isso não o impede de ser designado para tais funções.

3.4.4 As atribuições do agente de contratação, do pregoeiro e da comissão de contratação

As funções do agente de contratação, do pregoeiro e de comissão de contratação são, em essência, as mesmas, distinguindo-se as modalidades e as licitações em que há a atuação deles, conforme os critérios do legislador.

A principal atribuição do agente de contratação, do pregoeiro e da comissão de contratação é pôr em prática o edital, conduzindo a fase externa da licitação, recebendo documentos e propostas, procedendo ao julgamento, à classificação das propostas, à negociação, à habilitação, ao saneamento de defeitos, recebendo os recursos e, enfim, tomando todas as providências necessárias até levar o processo de licitação à autoridade competente para que ela decida sobre sua homologação ou não. O agente de contratação, o pregoeiro e a comissão de contratação não dispõem sobre o edital e os demais documentos da etapa preparatória, não são responsáveis diretos por tais documentos.

É a mesma lógica da Lei nº 8.666/1993 em relação à comissão de licitação e da Lei nº 10.520/2002 em relação ao pregoeiro.

Sem embargo, a Lei nº 14.133/2021 prescreve normas com espaços de dubiedade e que geram dúvida acerca da atuação do agente de contratação, do pregoeiro e da comissão de contratação na etapa preparatória das licitações. Abrem-se parênteses para salientar que todas as ponderações aqui externadas sobre o agente de contratação acabam se refletindo sobre o pregoeiro e a comissão de contratação. Como já afirmado, em face do §5º do artigo 8º da Lei nº 14.133/2021, o pregoeiro é uma espécie de agente de contratação. Sendo uma espécie, tudo que se põe para o agente de contratação se põe para o pregoeiro. Por sua vez, com base no §2º do mesmo artigo 8º, a comissão de contratação apenas substitui o agente de contratação nas licitações que tenham por objeto bens ou serviços especiais. Ora, se o substitui, pelo menos em princípio, deve realizar todas as suas atribuições.

Pois bem, veja-se que o inciso LX do artigo 6º da Lei nº 14.133/2021 define agente de contratação:

> Art. 6º [...] LX - agente de contratação: pessoa designada pela autoridade competente, entre servidores efetivos ou empregados públicos dos quadros permanentes da Administração Pública, para tomar decisões, acompanhar o trâmite da licitação, dar impulso ao procedimento licitatório e executar quaisquer outras atividades necessárias ao bom andamento do certame até a homologação.

O *caput* do artigo 8º da Lei nº 14.133/2021 repete os termos do inciso LX do artigo 6º e sinaliza que o agente de contratação deve "[...] tomar decisões, acompanhar o trâmite da licitação, dar impulso ao procedimento licitatório e executar quaisquer outras atividades necessárias ao bom andamento do certame até a homologação".

A dúvida ocorre porque os dispositivos legais supracitados prescrevem ao agente de contratação a competência para "acompanhar o trâmite da licitação", impulsioná-la e tomar medidas para o seu bom andamento, sem restringir tal atuação, ao menos literalmente, à etapa externa da licitação. Logo, tais dispositivos podem dar espaço à interpretação de que o agente de contratação, e, por ligação, o pregoeiro e a comissão de contratação, atuam também na etapa preparatória da licitação.

É preciso reconhecer que o legislador não foi preciso e abriu espaços para interpretações divergentes. No entanto, tal imprecisão parece proposital, de modo a permitir que os órgãos e as entidades administrativas estabeleçam as concertações que lhes sejam mais adequadas para a atuação desses agentes em acordo com as suas realidades. Nessa direção é a previsão do §3º do artigo 8º da Lei nº 14.133/2021 de que "as regras relativas à atuação do agente de contratação e da equipe de apoio, ao funcionamento da comissão de contratação e à atuação de fiscais e gestores de contratos de que trata esta Lei serão estabelecidas em regulamento [...]". Ou seja, o legislador preferiu transferir à Administração Pública, diante de suas mais diversas realidades, a regulamentação e a definição amiúde da atuação do agente de contratação, do pregoeiro e da comissão de contratação. Logo, diante dos termos do inciso LX do artigo 6º e do *caput* do artigo 8º, ambos da Lei nº 14.133/2021, é legítimo que órgãos e entidades administrativas produzam regulamentos com atribuições ao agente de contratação, ao pregoeiro e à comissão de contratação atinentes à etapa preparatória.

Frisa-se que, diante da abertura dada pelo legislador, há espaços para prever atribuições mais ou menos intensas para o agente de contratação, o pregoeiro e a comissão de contratação ou mesmo eximi-los de atuar diretamente na etapa preparatória – até porque os dispositivos legais supracitados não prescrevem uma atuação direta do agente de contratação na etapa preparatória. Os dispositivos legais supracitados não exigem comportamentos específicos e diretos afora as previsões genéricas de acompanhamento, impulso e medidas para bom andamento.

Sob essa premissa, é legítimo que órgão e entidade administrativa apenas prevejam em seu regulamento que o agente de contratação, o pregoeiro e a comissão de contratação recebam o edital e os documentos anexos quando prontos e tomem conhecimento deles, cabendo, diante de alguma dúvida, requerer esclarecimentos ou, se entenderem conveniente, sugerir alguma complementação aos setores ou agentes administrativos competentes, ressaltando que eles não teriam de acompanhar a etapa preparatória e não seriam instância de controle, supervisão ou revisão – receberiam os editais e documentos anexos prontos, repita-se. Previsão desse tipo poderia ser considerada como uma atuação menos intensa sobre a fase preparatória da licitação e não mereceria qualquer reparo diante da legalidade. Seria muito próxima das práticas incorporadas pela grande maioria dos órgãos e entidades administrativas sob o regime antigo da Lei nº 8.666/1993 e da Lei nº 10.520/2002, logo, não provocaria maiores solavancos – algo desejável em momento de transição para a nova Lei nº 14.133/2021.

Sem embargo, essa não foi a opção da Presidência da República quando da edição do Decreto Federal nº 11.246/2022, que, ressalva-se novamente, vale apenas para a Administração Pública Federal direta, autárquica e fundacional. Veja-se que os incisos I e II do *caput* do artigo 14 do decreto atribuem ao agente de contratação impulsionar o procedimento de licitação, inclusive por meio de demandas às áreas das unidades de contratações, descentralizadas ou não, para fins de saneamento da fase preparatória, bem como o acompanhamento da licitação e a promoção de diligência para cumprir o calendário de contratação estabelecido no Plano de Contratação Anual. Vê-se que, nos termos do Decreto Federal, o agente de contratação passa a ser uma espécie de gestor de projeto, que tem a função de supervisionar e cobrar os demais setores dos órgãos e das entidades administrativas sobre o andamento das licitações e determinar saneamento de eventuais defeitos. Sendo assim, o agente de contratação foi colocado numa posição de supervisão e de controle sobre os trabalhos das demais instâncias que conduzem a etapa preparatória. Ora, se tem a competência para determinar saneamento, é porque supervisiona e controla.

Em complemento, o §2º do artigo 14 do Decreto Federal nº 11.246/2022 ressalva que "a atuação do agente de contratação na fase preparatória deverá ater-se ao acompanhamento e às eventuais diligências para o fluxo regular da instrução processual". O §3º do mesmo artigo 14 completa, esclarecendo que "[...] o agente de contratações estará desobrigado da elaboração de estudos preliminares, de projetos e de anteprojetos, de termos de referência, de pesquisas de preço e, preferencialmente, de minutas de editais". A palavra "preferencialmente", posta no §3º do artigo 14, causa polêmica, porque relativiza as competências do agente de contratações. Perceba-se que não há uma prescrição categórica e imperativa de que o agente de contratação não deve elaborar o edital. A prescrição é que, preferencialmente, ele não deve elaborar o edital, o que, por ser mera preferência, admite exceções. Tais exceções não foram indicadas no Decreto Federal.

De todo modo, afora supostas exceções, a elaboração dos documentos da etapa preparatória não é atribuição do agente de contratação. Nessa medida, chama a atenção que o inciso I do *caput* do artigo 14 do Decreto Federal nº 11.246/2022 preceitue que o agente de contratação pode apresentar "[...] demandas às áreas das unidades de contratação [...] para fins de saneamento". Quer dizer que o agente de contratação não promove o saneamento diretamente, ele demanda que os setores competentes promovam o saneamento. Esse particular é reforçado pelo §6ª do mesmo artigo 14 do Decreto Federal, cujo teor admite que os setores demandados não cumpram as diligências do agente de contratação, considerando que "o não atendimento das diligências do agente de contratação por outros setores do órgão ou da entidade ensejará motivação formal, a ser juntada aos autos do processo". Portanto, o Decreto Federal não autoriza que o agente de contratação tome a etapa preparatória das licitações para si e faça prevalecer seus juízos sobre os dos demais setores. Ele acompanha, impulsiona e determina diligências que podem, motivadamente, não ser cumpridas. Não é o agente de contratação que dá a última palavra sobre o edital e os demais documentos da etapa preparatória. Essa atribuição ainda é da autoridade competente, mesmo na sistemática do Decreto Federal nº 11.246/2022.

Então, sob a sistemática do Decreto Federal nº 11.246/2022, pode-se concluir que o agente de contratação, por regra, não é competente para produzir os documentos da etapa preparatória da licitação, porém que deve acompanhá-la, supervisionar e controlar as atividades a ela inerentes, com destaque para o cumprimento do calendário estabelecido no Plano de Contratações Anual. Ademais, a atuação do agente de contratação na etapa preparatória, em conformidade com o Decreto Federal, não se limita a um acompanhamento, supervisão e controle mais remoto ou distante, sem interferir nos trabalhos realizados. Sucede que, em acordo com o inciso I do *caput* do artigo 4 do Decreto Federal, o agente de contratação tem competência para determinar o saneamento de defeitos da etapa preparatória. Ora, a determinação de saneamento de defeitos pressupõe a revisão dos documentos produzidos, o que passa a ser um dever do agente de contratação – em caso contrário, os defeitos não teriam como ser detectados, salvo se por uma coincidência ou acaso. Portanto, claramente, a opção do Decreto Federal foi por uma atuação intensa e determinante do agente de contratação na etapa preparatória das licitações, com atribuição especial de supervisão e de controle.

A opção do Decreto Federal nº 11.246/2022 sobre as competências do agente de contratação não diverge do inciso LX do artigo 6º e do *caput* do artigo 8º, ambos da Lei nº 14.133/2021, dadas as aberturas deixadas por tais dispositivos. Ilegal não parece ser. Pode ser, a depender de juízos subjetivos, conveniente ou inconveniente, mais ou menos vantajosa para o interesse público. É fora de dúvida que implica remodelagem na atuação dos agentes públicos que participavam de comissões de licitação e que eram pregoeiros sob o regime antigo, da Lei nº 8.666/1993 e da Lei nº 10.520/2002, e que, provavelmente, em sua maioria, passam a ser designados como agentes de contratação, pregoeiros e membros das comissões de contratação no regime novo, da Lei nº 14.133/2021.

A remodelagem instituída no plano federal pelo Decreto Federal nº 11.246/2022 aos agentes de contratação é bastante desafiadora. O agente de contratação terá de redirecionar sua atuação, preocupar-se com a etapa preparatória e participar dela, o que consumirá, evidentemente, tempo maior. Por consequência, como atua na etapa preparatória, pode ser cobrado e responsabilizado pelo que ocorre e pelo que é produzido nela – ainda que, em regra, não produza diretamente os documentos da etapa preparatória. Sucede que, como instância revisional, pode lhe ser imputado algum vício não percebido, sobre o qual não houve diligência ou determinação de saneamento. Tais atividades não são ligeiras, insista-se, demandam tempo e importam ampliação do arco de responsabilidade.

Diante disso, é provável que mais agentes públicos terão de ser designados como agentes de contratação para darem conta de supervisionar e controlar os trâmites das etapas preparatórias de todas as licitações dos seus órgãos e entidades. Sobre esse aspecto, em função do princípio da segregação de funções, como o agente de contratação passa a supervisionar e controlar a etapa externa, ele não poderá mais participar diretamente dela, o que contraria as práticas de muitos órgãos e entidades, inclusive federais. Pode-se projetar déficit de pessoal, necessidade de novas contratações e aumento de custos da máquina administrativa com atividades burocráticas de meio em detrimento das atividades-fim.

Insista-se em que o agente de contratação, o pregoeiro e a comissão de contratação, mesmo no regime do Decreto Federal nº 11.246/2022, não são os responsáveis diretos pelo edital e pelo documento da etapa preparatória, não exercem poderes de disposição sobre tais documentos. O responsável pelo edital e pelos documentos anexos, quem dá a palavra final, é a autoridade competente, conforme a regra expressa do §3º do artigo 53 da Lei nº 14.133/2021. Logo, o agente de contratação, o pregoeiro e a comissão de contratação estão vinculados ao edital, eles atuam para dar cumprimento ao procedimento e às exigências do edital, sem que possam, insista-se, dispor dele. O edital encarna uma ordem da autoridade competente, hierarquicamente superior, ao agente de contratação, pregoeiro ou comissão de contratação, hierarquicamente inferior, cujo cumprimento lhes é obrigatório, sob pena de desobediência hierárquica.

Sendo assim, vale mencionar que o agente de contratação, o pregoeiro e a comissão de contratação não reúnem competência para responder à impugnação a edital e a pedidos de esclarecimento sobre edital. Essa atribuição é da autoridade competente, que é o agente responsável juridicamente pelo edital. Ocorre que, se o agente de contratação, o pregoeiro e a comissão de contratação resolvessem deferir a impugnação, eles acabariam, obliquamente, por alterar o conteúdo do edital. Quem pode alterar o edital é o responsável por ele, que é a autoridade competente. Por essa razão é ela quem deve apreciar as impugnações. O agente de contratação, o pregoeiro e a comissão de contratação apenas dão cumprimento ao edital, sem que possam pretender decidir sobre o seu conteúdo ou alterar as suas disposições. Por isso, é equivocada a competência atribuída ao agente de contratação pela alínea "a" do inciso III do artigo 14 do Decreto Federal nº 11.246/2022 de responder às impugnações e aos pedidos de esclarecimento ao edital. Quem deve fazê-lo é quem dispõe sobre o edital, quem pode acatar os argumentos que demandam sua revisão ou alteração. Essa pessoa é a autoridade competente, diga-se mais uma vez.

Também é de pontuar que os recursos administrativos não devem ser decididos em definitivo pelo agente de contratação, pelo pregoeiro ou pela comissão de contratação. A regra está no §2º do artigo 165 da Lei nº 14.133/2021. O recurso contra atos do agente de contratação, do pregoeiro ou da comissão de contratação é dirigido a eles, que podem reconsiderar a decisão tomada em 3 (três) dias úteis. Se resolvem manter a decisão, devem encaminhar o recurso à autoridade competente, quem tem a atribuição para decidi-lo em definitivo no âmbito administrativo.

A lógica é que o recurso expressa a desconformidade do licitante com uma decisão já tomada pelo agente de contratação, pelo pregoeiro ou pela comissão de contratação, pleiteando que ela seja revista. Evidentemente, não há sentido em dizer que os recursos sejam apreciados pela mesma pessoa que tomou a decisão da qual se recorreu, porquanto a posição dela já se conhece; quer-se, com o recurso, levar a questão a outro sujeito, para que efetivamente haja uma espécie de revisão. Por isso, é a autoridade competente, e não o agente de contratação, o pregoeiro ou a comissão de contratação, quem deve analisar e decidir sobre os recursos. A estes cabe, no máximo, dispor de oportunidade para rever as suas posições. Não lhes compete decidir em definitivo recurso interposto contra as suas decisões.

3.4.5 A responsabilidade do agente de contratação, do pregoeiro e da comissão de contratação

A responsabilidade do agente de contratação, do pregoeiro e da comissão de contratação é reflexo das suas atribuições. Eles são responsáveis por aquilo que fazem (comportamento comissivo) ou pelo que deixam de fazer (comportamento omissivo) diante das competências que lhes foram acometidas. Não devem, por via de consequência, ser responsabilizados por atos ou fatos estranhos às suas atribuições, salvo se atuarem com desvio de função.

Sob essa premissa, ao tratar da responsabilidade do agente de contratação, do pregoeiro e da comissão de contratação, é preciso salientar que eles, em regra, não são os responsáveis diretos pelo edital e pelos demais documentos da etapa preparatória da licitação. Quem responde pelo edital são a autoridade competente e os agentes administrativos que o elaboraram e aprovaram.

Assim sendo, em princípio, as irregularidades tocantes à etapa preparatória da licitação, especialmente as que atingem o conteúdo e exigências do edital e seus documentos anexos, não devem ser atribuídas ao agente de contratação, ao pregoeiro ou à comissão de contratação. Tais irregularidades devem ser atribuídas aos agentes que produziram os documentos atinentes à etapa preparatória da licitação. O agente de contratação, o pregoeiro ou a comissão de contratação devem responder pelos atos inerentes à condução da licitação, e não sobre as regras acerca da licitação definidas na etapa preparatória.

Sem embargo disso, repita-se que o inciso LX do artigo 6º e do *caput* do artigo 8º, ambos da Lei nº 14.133/2021 prescrevem atribuições gerais ao agente de contratação de acompanhar a licitação e dar-lhe impulso, bem como cuidar do bom andamento da licitação. Os termos dos dispositivos legais conferem espaços para entender-se que o agente de contratação, o pregoeiro e a comissão de contratação devem atuar na etapa preparatória da licitação, o que se harmoniza com o §3º do artigo da Lei nº 14.133/2021, cujo teor demanda a definição de regras em regulamento sobre a atuação do "agente de contratação e da equipe de apoio, ao funcionamento da comissão de contratação e à atuação de fiscais e gestores de contratos [...]". Assim, cada órgão e entidade administrativa, em consonância com os seus regulamentos, pode dispor de competências mais ou menos intensas para a atuação do agente de contratação, do pregoeiro e da comissão de contratação na etapa preparatória, de modo que a responsabilidade deles deve ser definida e espelhar esse conjunto de competências que lhes sejam atribuídas.

Nesse passo, é legal e legítimo prever que o agente de contratação, o pregoeiro e a comissão de contratação não tenham atribuições sobre a etapa preparatória. Nesse caso, não podem ser responsabilizados pelos atos pertinentes à etapa preparatória. E, nesse caso, não se diga, com o intuito de responsabilizar o agente de contratação, o pregoeiro ou a comissão de contratação por defeitos do edital, que ele precisaria revê-lo e, nessa medida, por revê-lo, também seria responsabilizado. O argumento é improcedente. Primeiro, porque o agente de contratação, o pregoeiro ou a comissão de contratação devem conhecer o edital que precisam colocar em prática, porém não são instância revisora, dado que não lhes foi atribuída tal competência. Segundo, porque, em termos práticos e pela quantidade de licitações e procedimentos geralmente acometidos ao agente de contratação, ao pregoeiro ou à comissão de contratação, seria muitas vezes inviável que eles revissem todos os termos de todos os editais, inclusive em relação a aspectos técnicos e jurídicos. Terceiro, porque o agente de contratação, o pregoeiro ou a comissão de contratação não detêm, necessariamente, conhecimento técnico sobre o objeto da licitação; quem costuma ter é a área demandante ou requisitante, normalmente responsável pelos estudos e definições técnicas do edital. Quarto, porque o agente de contratação, o pregoeiro ou a comissão de contratação, em regra, também não detêm conhecimento jurídico mais aprofundado. É até possível e recomendável que o agente de contratação, o pregoeiro ou a comissão de contratação, constatando algum equívoco ou ilegalidade em edital, comuniquem à autoridade competente e ressalvem o seu posicionamento pessoal. Entretanto, pelas razões expostas, se não houver previsão em regulamento em sentido contrário, não se pode exigir que o agente de contratação, o pregoeiro ou a comissão de contratação procedam assim em todos os casos, pelo que a ausência de manifestação de discordância ou ressalva de posição pessoal não é uma exigência que se lhe impõem de modo a justificar ou a afastar, por parte dos órgãos de controle, a sua responsabilização pessoal.

Pondera-se que, em face da abertura dada pelo inciso LX do artigo 6º, pelo *caput* e §3º do artigo 8º, ambos da Lei nº 14.133/2021, é igualmente legal e legítimo estabelecer ao agente de contratação, ao pregoeiro e à comissão de contratação a atribuição de atuar com mais intensidade na etapa preparatória. Como destacado no tópico antecedente, essa foi a opção do Decreto Federal nº 11.246/2022. Nos seus termos, o agente de contratação, por regra, não é competente para produzir os documentos da etapa preparatória da licitação, porém deve acompanhá-la, supervisionar e controlar as atividades a ela inerentes, com destaque para o cumprimento do calendário estabelecido no Plano de Contratações Anual. Sob o panorama do Decreto Federal nº 11.246/2022, o agente de contratação e, por arrastamento, o pregoeiro e a comissão de contratação devem supervisionar e controlar a etapa de preparatória, de modo que podem ser sim responsabilizados por aquilo que se sucede nela. Como não receberam atribuições diretas, não devem ser responsabilizados por atos comissivos. Porém, como devem exercer supervisão e controle, podem ser responsabilizados por atos omissivos, quando não se apercebem ou não apontam ilegalidades que deveriam identificar, desde que a omissão seja dolosa ou fruto de desatenção bastante para configurar a culpa grave caracterizadora do erro grosseiro, em harmonia ao preceituado na Lei de Introdução às Normas do Direito Brasileiro (LINDB).

Nesse quadro, os órgãos de controle devem ter redobrada atenção, porque as competências e as responsabilidades do agente de contratação, do pregoeiro e da comissão de contratação variam e dependem do regulamento incidente sobre o órgão ou a entidade administrativa respectiva. Pode ser que, num dado caso, o regulamento não exija do agente de contratação uma determinada providência e, por conseguinte, ele não pode ser penalizado pela falta dela. Em sentido contrário, pode ser que, diante de caso assemelhado, outro agente de contratação de outro órgão ou entidade deve ser responsabilizado porque submetido a outro regulamento que exija dele aquela mesma providência, cuja falta caracteriza omissão. A punição do agente de contratação, do pregoeiro e da comissão de contratação tornou-se mais complexa e relativa. A avaliação da culpabilidade, espelhada nas competências atribuídas, é mais e mais determinante.

Registre-se que, sob a mira da Lei nº 8.666/1993 e da Lei nº 10.520/2002, a jurisprudência do Tribunal de Contas da União é inconsistente e conflituosa sobre a responsabilização dos membros da comissão de licitação e dos pregoeiros. Há acórdãos que não os responsabilizam por defeitos atinentes à etapa preparatória, justamente por considerar que não lhes cabe dispor sobre ela.[550] Nessa mesma linha, o Tribunal de Contas da União afastou a responsabilidade do pregoeiro sobre defeitos havidos no orçamento que serviu de base para a licitação:

> 9. Por fim, discordo da responsabilização do Sr. [omissis], na qualidade de Pregoeiro do Coren/PI, pelo prejuízo decorrente da falha na pesquisa de preços do certame.
> 10. Conforme jurisprudência deste Tribunal, os membros da comissão de licitação não devem ser responsabilizados por sobrepreço ou superfaturamento decorrente de orçamento estimativo com preços acima de mercado, salvo se houver prova de que tenham

[550] "Ementa: Representação. Licitação. Vedação de exigência de documentos e informações já constantes do SICAF. Responsabilidade de pregoeiro pelas exigências do edital. Fixação de prazo para adoção de providências. [...] 2. O pregoeiro não pode ser responsabilizado por irregularidade em edital de licitação, já que sua elaboração não se insere no rol de competências que lhe foram legalmente atribuídas" (TCU, Plenário. Acórdão nº 2.389/2006. Rel.: Min. Ubiratan Aguiar. j. 6.12.2006).

participado efetivamente da elaboração do respectivo orçamento. Nesse sentido, os Acórdãos 1844/2019-TCU-Plenário e 4.96/2018-TCU-2ª Câmara.
11. No caso concreto, as provas dos autos evidenciam que o orçamento deficiente foi elaborado pelo Presidente do Coren/PI, Sr. [omissis], sem a participação do pregoeiro da entidade.
12. Dessa forma, não há como responsabilizar o Sr. [omissis] pelo prejuízo ora apurado, motivo pelo qual ele deve ser excluído da relação processual.[551]

Em sentido contrário, por ilustração, o Plenário do Tribunal de Contas da União prolatou o Acórdão nº 2.318/2017, que imputa equivocadamente responsabilidade ao pregoeiro por pesquisa de preços, ato típico da etapa preparatória das licitações.[552] Sob a mesma luz, o Acórdão nº 65/2014[553] responsabiliza membros de comissão de licitação por defeitos de edital, inclusive, sobre a definição da modalidade de licitação, o que, repita-se, não faz parte de suas atribuições.[554]

Infelizmente, os precedentes não são firmes, oscilam, o que denota incoerência teórica, falta de critérios e balizas, bem como geram insegurança jurídica para os agentes administrativos, notadamente os que atuam como agente de contratação, pregoeiro ou como integrantes de comissão de contratação.

Obviamente, a avaliação da responsabilidade pessoal é casuística, depende da culpabilidade individual e das especificidades que a formam. Sem embargo disso, por rigor, agente de contratação, pregoeiro e membros de comissão de contratação devem ser responsabilizados por atos pertinentes à condução da etapa externa das licitações, em aderência às competências que lhe são próprias. Não parece que faça sentido responsabilizá-los por atos atinentes à etapa preparatória da licitação, salvo nas situações em que eles tenham participado e tomado decisões efetivas na etapa preparatória. Aliás, mesmo em relação à condução da etapa externa das licitações, há de se analisar, antes de responsabilizar agente de contratação, pregoeiro ou membros de comissão de contratação, se os atos reputados como indevidos podem ser diretamente imputados a eles, se não foram decorrentes de informações equivocadas oriundas da etapa preparatória ou mesmo se eles dispunham do rol de competências adequadas para avaliar os fatos e tomar decisão diversa. Enfim, deve-se, em todos os casos, perquirir a reprovabilidade das condutas e se seria razoável exigir de agente de contratação, pregoeiro ou membros de comissão de contratação conduta diversa. Essa análise, não custa reforçar, deve partir da presunção de legitimidade e legalidade dos atos administrativos, da presunção de boa-fé, e não do seu oposto.[555]

---

551 TCU, Segunda Câmara Acórdão nº 8151. Rel. Min. Vital do Rêgo, j. 26.11.2024.

552 TCU, Plenário. Acórdão nº 2.318/2017, Rel. Min. Marcos Bemquerer. j. 11.10.2017.

553 TCU, Plenário. Acórdão nº 65/2014. Rel. Min. Ana Arraes. j. 22.1.2014.

554 TCU, Plenário. Acórdão nº 2.318/2017, Rel. Min. Marcos Bemquerer. j. 11.10.2017.

555 PENAL E PROCESSUAL PENAL. AGRAVO REGIMENTAL NO RECURSO ESPECIAL. FRAUDE EM LICITAÇÃO. PRETENDIDA RESPONSABILIZAÇÃO OBJETIVA DO PREGOEIRO. IMPOSSIBILIDADE. AGRAVO REGIMENTAL DESPROVIDO. 1. Para que o réu seja condenado pelo crime do art. 90 da Lei n. 8.666/1993, "é necessário demonstrar o conluio doloso de frustrar ou fraudar o caráter competitivo da licitação" (REsp n. 2.022.490/PB, relator Ministro Antonio Saldanha Palheiro, Sexta Turma, julgado em 4/10/2022, DJe de 10/10/2022). 2. O simples fato de o acusado ter atuado como pregoeiro em uma licitação na qual corréus praticaram condutas ilícitas não permite presumir que ele teria aderido às condutas dos demais agentes, nem feito parte do conluio. Pretensão de responsabilização objetiva que não encontra amparo na jurisprudência

O agente de contratação, pregoeiro e membros da comissão de contratação, como os demais agentes públicos, não se sujeitam à responsabilidade objetiva, ainda que no tocante a atos relativos à condução da etapa externa da licitação. A responsabilidade é sempre subjetiva, dependendo da reprovabilidade da conduta concreta que lhes seja atribuída. Com esse teor, do Superior Tribunal de Justiça:

> PENAL E PROCESSUAL PENAL. AGRAVO REGIMENTAL NO RECURSO ESPECIAL. FRAUDE EM LICITAÇÃO. PRETENDIDA RESPONSABILIZAÇÃO OBJETIVA DO PREGOEIRO. IMPOSSIBILIDADE. AGRAVO REGIMENTAL DESPROVIDO. 1. Para que o réu seja condenado pelo crime do art. 90 da Lei n. 8.666/1993, "é necessário demonstrar o conluio doloso de frustrar ou fraudar o caráter competitivo da licitação" (REsp n. 2.022.490/PB, relator Ministro Antonio Saldanha Palheiro, Sexta Turma, julgado em 4/10/2022, DJe de 10/10/2022). 2. O simples fato de o acusado ter atuado como pregoeiro em uma licitação na qual corréus praticaram condutas ilícitas não permite presumir que ele teria aderido às condutas dos demais agentes, nem feito parte do conluio. Pretensão de responsabilização objetiva que não encontra amparo na jurisprudência desta Corte. 3. Agravo regimental desprovido.

Veja-se, por exemplo, o decidido pelo Tribunal de Contas da União no Acórdão nº 5651/2024, em que pregoeiro foi responsabilizado porque não identificou defeitos em planilha de custos e formação de preços apresentada por licitante, o que ocasionou dano ao erário. Confira-se:

> O Relatório de Demanda Especial da CGU (peça 2) e os relatórios do Denasus (peça 3) apontaram que, no processo licitatório do Pregão 08/2009, realizado pelo HFCF para contratação de serviços técnicos de locação e manutenção de equipamentos para realização de exames de endoscopia, o certame foi adjudicado e homologado sem a conferência de todos os cálculos constantes da Planilha de Custo e Formação de Preços apresentada na proposta vencedora, cujos valores referentes aos encargos sociais e trabalhistas foram calculados em duplicidade, o que impactou no custo final dos serviços.
>
> [...]
>
> Entendo que o responsável deve ser responsabilizado pela irregularidade apontada. Isso porque ele atuou como pregoeiro no certame que precedeu a contratação (peça 13), adjudicou o resultado da licitação e propôs sua homologação sem analisar de forma consistente os cálculos registrados nas planilhas que subsidiaram a contratação, as quais continham informações incorretas sobre os encargos a serem utilizados na avença. Concordo com a unidade técnica de que caberia ao pregoeiro indicar de forma clara e objetiva as inconsistências que deveriam ser corrigidas na planilha de preços apresentada pela então licitante, que se sagrou vencedora do certame.[556]

É fato que a análise da planilha de custos e formação de preços é ato que se insere na condução da etapa externa da licitação e que a competência para classificar ou desclassificar proposta é do pregoeiro. Entretanto, por hipótese, antes de responsabilizá-lo,

desta Corte. 3. Agravo regimental desprovido (STJ, AgRg no REsp 2101913, Quinta Turma. Rel. Min. Ribeiro Dantas, j. 23.9.2024).

556 TCU, Segunda Câmara. Acórdão nº 5651/2024. Rel. Min. Vital do Rêgo, j. 13.8.2024.

seria adequado apurar se na etapa preparatória da licitação os agentes encarregados elaboraram uma planilha para a Administração, inclusive para efeito de orçamento, e se essa planilha estava correta. É possível, a depender da situação, que o pregoeiro tenha sido levado a engano em razão de uma planilha equivocada que tenha sido elaborada na etapa preparatória. Também, por hipótese e antes de penalizar o pregoeiro, seria de investigar se no órgão ou na entidade que promove a licitação a avaliação da planilha é realizada efetivamente pelo pregoeiro ou se ele, nesse aspecto, é assistido por equipe de apoio ou por algum setor técnico especializado, ou mesmo se ele dispunha de conhecimento e foi capacitado para analisar os encargos sociais e trabalhistas de planilhas, que costumam ser complexos. No caso concreto do Acórdão nº 5651/2024 estes aspectos não foram mencionados e é possível que não sejam pertinentes. No entanto, por hipótese, uma vez constatados, influem decisivamente na apuração da culpabilidade e afastam a caracterização de erro grosseiro, que é condição para a responsabilização de agentes públicos, em conformidade com o artigo 28 da LINDB.

Por derradeiro, frisa-se que, como determinado no §2º do artigo 8º da Lei nº 14.133/2021, os membros da comissão de contratação "responderão solidariamente por todos os atos praticados pela comissão, ressalvado o membro que expressar posição individual divergente fundamentada e registrada em ata lavrada na reunião em que houver sido tomada a decisão".

A comissão de contratação toma as suas decisões em conjunto, pelo voto da maioria. Todos os membros respondem solidariamente pelos atos e decisões da comissão de contratação, salvo, como visto, posição divergente devidamente fundamentada e registrada em ata. Na prática, é comum que o presidente da comissão de contratação, além de coordenar os trabalhos, influa sobremaneira nas decisões do grupo. É raro encontrar-se decisão tomada pela maioria, com voto de divergência. Repita-se, sem externar e fundamentar a divergência, todos os integrantes da comissão de contratação respondem solidariamente pelos atos e decisões dela, que são compartilhados.

3.5 Equipe de apoio

Ao agente de contratação e ao pregoeiro foi conferido amplo rol de competências, pertinentes à condução da etapa externa da licitação. Ocorre que, sozinho, o agente de licitação e pregoeiro não dão conta de realizar todos os atos do processo; por isso eles contam com o assessoramento de outros agentes, que se reúnem na denominada *equipe de apoio*, consoante prescreve o §1º do artigo 8º da Lei nº 14.133/2021. Em suma, a equipe de apoio trabalha sob a orientação do pregoeiro, auxiliando-o na condução do processo licitatório.

Não se encontra na Lei nº 14.133/2021 a exigência de requisitos especiais para agente público ser designado para equipe de apoio. A flexibilidade se explica diante do fato de que a equipe de apoio não toma decisão, no máximo influi na tomada de decisão. De todo jeito, vale a preferência, expressa no inciso I do artigo 7º da Lei nº 14.133/2021, de que os seus integrantes sejam servidores efetivos ou empregados públicos dos quadros permanentes da Administração Pública.

A equipe de apoio trabalha sob a orientação do agente de contratação ou do pregoeiro, auxiliando na condução do processo licitatório. Dessa sorte, em princípio, os membros da equipe de apoio não devem ser responsabilizados pelos atos praticados pelo agente de contratação ou pregoeiro, porque eles não decidem nada, quem decide é o agente de contratação ou pregoeiro.

Em que pese isso, admite-se excepcionalmente a responsabilização dos membros da equipe de apoio nos casos de assistência técnica prestada por eles. É isso que prescreve a parte final do §1º do artigo 8º da Lei nº 14.133/2021: "O agente de contratação será auxiliado por equipe de apoio e responderá individualmente pelos atos que praticar, salvo quando induzido a erro pela atuação da equipe". Ocorre que o agente de contratação ou pregoeiro pode ser levado a tomar certa decisão em razão de parecer técnico de membro da equipe de apoio. Imagine-se que agente de contratação ou pregoeiro, em virtude de parecer de contabilista membro da equipe de apoio, tome a decisão equivocada de inabilitar licitante alegando que este desatendeu aos requisitos de qualificação econômico-financeira estabelecidos no edital. Ora, o agente de contratação ou pregoeiro, nesse caso, foi induzido a erro por membro da equipe de apoio. Logo, tal membro pode ser responsabilizado mediante processo administrativo e pode responder subsidiariamente junto ao Tribunal de Contas ou ao Poder Judiciário.

3.6 Assessoria jurídica

3.6.1 Atribuições da assessoria jurídica

O *caput* do artigo 53 da Lei nº 14.133/2021 prescreve que, "ao final da fase preparatória, o processo licitatório seguirá para o órgão de assessoramento jurídico da Administração, que realizará controle prévio de legalidade mediante análise jurídica da contratação". O §3º do mesmo artigo 53 determina que, "encerrada a instrução do processo sob os aspectos técnico e jurídico, a autoridade determinará a divulgação do edital de licitação conforme disposto no art. 54". Ou seja, ao final da etapa preparatória da licitação, todo o processo administrativo relativo a ela deve ser submetido à avaliação da assessoria jurídica e, somente depois disso, ele segue para a autoridade competente, que dá a palavra final sobre o edital e seus anexos.

É conveniente realçar que a assessoria jurídica não deve analisar apenas o edital e seus anexos. Na redação precisa do *caput* do artigo 53 da Lei nº 14.133/2021, ela precisa avaliar o processo de licitação inteiro, tudo o que foi produzido pela Administração Pública na etapa preparatória da licitação. Sucede que a Lei nº 14.133/2021 disciplina a etapa preparatória da licitação, com destaque para as disposições do seu artigo 18, cujo teor indica uma série de atos a serem produzidos, com condicionantes formais e de conteúdo. A assessoria jurídica deve avaliar se essas normas jurídicas atinentes à etapa preparatória foram cumpridas.

Na prática, essa nova percepção aproxima a assessoria jurídica de um órgão de controle interno ou de auditoria, porque os advogados terão de analisar a correção dos procedimentos dos agentes administrativos que atuaram no curso de todo o processo. Por exemplo, terão de analisar se os documentos como estudo técnico preliminar e termo de referência contêm as informações exigidas pela lei, se o orçamento foi elaborado em acordo com os critérios estabelecidos, se o objeto da licitação não se qualifica como artigo de luxo etc.

Nesse passo, a assessoria jurídica deve avaliar documentos de ordem técnica, que são produzidos na etapa preparatória da licitação. No entanto, a análise a ser empreendida pela assessoria jurídica sobre os documentos técnicos deve ser jurídica e não técnica. O *caput* do artigo 53 da Lei nº 14.133/2021 atribui à assessoria jurídica o "controle prévio de legalidade" e não de aspectos técnicos. Conquanto a linha, muitas vezes, seja tênue, a assessoria jurídica não deve se intrometer em aspectos técnicos, porém tratar das exigências legais que circundam e limitam os aspectos técnicos.

O §4º do artigo 53 da Lei nº 14.133/2021 determina que a assessoria jurídica também realize o "controle prévio de legalidade de contratações diretas, acordos, termos de cooperação, convênios, ajustes, adesões a atas de registro de preços, outros instrumentos congêneres e de seus termos aditivos". Afora essas situações, cuja atuação da assessoria jurídica é obrigatória, ela deve prestar as orientações jurídicas sempre que lhe seja requisitado pelos demais agentes públicos, de acordo com os fluxos de cada órgão e entidade administrativa.

Sente-se falta, na lista do supracitado §4º do artigo 53, da atuação obrigatória da assessoria jurídica nos processos administrativos que visam às rescisões contratuais e à aplicação de sanções administrativas. Seria natural, pela relevância jurídica desses processos e por suas repercussões jurídicas, que eles fossem obrigatoriamente submetidos ao controle prévio de legalidade da assessoria jurídica. No entanto, não se pode fugir do fato de que o legislador não prescreveu regra com esse teor, à vista da redação clara do §4º do artigo 53 da Lei nº 14.133/2021. Nada obstante isso, a avaliação de legalidade da assessoria jurídica também pode ser exigida nesses casos, de acordo com o juízo de conveniência de cada órgão ou entidade e, especialmente, das suas respectivas autoridades competentes.

3.6.2 Dispensa de análise jurídica

O §5º do artigo 53 da Lei nº 14.133/2021 considera que

> [...] é dispensável a análise jurídica nas hipóteses previamente definidas em ato da autoridade jurídica máxima competente, que deverá considerar o baixo valor, a baixa complexidade da contratação, a entrega imediata do bem ou a utilização de minutas de editais e instrumentos de contrato, convênio ou outros ajustes previamente padronizados pelo órgão de assessoramento jurídico.

Advirta-se que o §5º do artigo 53 da Lei nº 14.133/2021 trata de duas situações distintas. A primeira envolve a dispensa da análise jurídica em razão do baixo valor, da baixa complexidade da contratação ou da entrega imediata do bem. Nessas hipóteses a premissa é que as respectivas licitações e contratações, por suas características, envolvem riscos de baixa amplitude que não justificam, em juízo de proporcionalidade, a mobilização da assessoria jurídica para avaliá-los. Aqui há verdadeira dispensa de análise jurídica, os processos seguem sem ela.

A segunda diz respeito aos casos de utilização de minutas de editais e instrumentos de contrato, convênio ou outros ajustes previamente padronizados pelo órgão de assessoramento jurídico. Note-se que, nessas situações, a assessoria jurídica é quem padroniza o documento. Ora, sendo assim, o documento recebeu análise jurídica, dado que concebido pela própria assessoria jurídica. A dispensa de análise jurídica é em sentido fraco, em relação a processo administrativo específico, porque a situação e os documentos que lhe são pertinentes passaram sim pelo crivo da assessoria jurídica, ainda que de modo geral, quando da padronização. É comum, nessa situação, que a assessoria jurídica produza parecer jurídico padronizado ou referencial.

Aliás, essa prática de pareceres jurídicos padronizados ou referenciais já vem sendo empregada pela Administração Pública há bom tempo, mesmo diante da Lei nº 8.666/1993 e da Lei nº 10.520/2002. Inclusive, a Advocacia-Geral da União produziu a Orientação Normativa nº 55/2014, que tem o seguinte teor:

> I - Os processos que sejam objeto de manifestação jurídica referencial, isto é, aquela que analisa todas as questões jurídicas que envolvam matérias idênticas e recorrentes, estão dispensados de análise individualizada pelos órgãos consultivos, desde que a área técnica ateste, de forma expressa, que o caso concreto se amolda aos termos da citada manifestação.
> II - Para a elaboração de manifestação jurídica referencial devem ser observados os seguintes requisitos: a) o volume de processos em matérias idênticas e recorrentes impactar, justificadamente, a atuação do órgão consultivo ou a celeridade dos serviços administrativos; e b) a atividade jurídica exercida se restringir à verificação do atendimento das exigências legais a partir da simples conferência de documentos.[557]

Registra-se que a supracitada Orientação Normativa nº 55/2014 contou com o aval do Tribunal de Contas da União:

> 7. Bem se sabe que a orientação do TCU a respeito da emissão dos pareceres jurídicos emitidos quanto à adequabilidade das minutas dos editais licitatórios previstos no art. 38, parágrafo único, da Lei nº 8.666, de 21 de junho de 1993, tem sido no sentido da impossibilidade de os referidos pareceres serem incompletos, com conteúdos genéricos, sem evidenciação da análise integral dos aspectos legais pertinentes.
> 8. A dúvida levantada pela AGU, pressupondo uma suposta obscuridade no acórdão embargado, diz respeito à adequabilidade e à legalidade do conteúdo veiculado na Orientação Normativa AGU nº 55, de 2014, que autoriza a emissão de "manifestação jurídica referencial", a qual, diante do comando do item 9.4.4, poderia não ser admitida. [...]
> 11. Desse modo, a despeito de não pairar obscuridade sobre o acórdão ora embargado, pode-se esclarecer à AGU que o entendimento do TCU referenciado nos Acórdãos 748/2011 e 1.944/2014, ambos prolatados por este Plenário, não impede a utilização, pelos órgãos e entidades da administração pública federal, de um mesmo parecer jurídico em procedimentos licitatórios diversos, desde que envolvam matéria comprovadamente idêntica e sejam completos, amplos e abranjam todas as questões jurídicas pertinentes.[558]

[557] Registre-se que, sob a vigência da Lei nº 14.133/2021, a Advocacia-Geral da União editou a Orientação Normativa nº 69/2021, focada nas hipóteses de contratação direta: "NÃO É OBRIGATÓRIA MANIFESTAÇÃO JURÍDICA NAS CONTRATAÇÕES DIRETAS DE PEQUENO VALOR COM FUNDAMENTO NO ART. 75, I OU II, E §3º DA LEI Nº 14.133, DE 1º DE ABRIL DE 2021, SALVO SE HOUVER CELEBRAÇÃO DE CONTRATO ADMINISTRATIVO E ESTE NÃO FOR PADRONIZADO PELO ÓRGÃO DE ASSESSORAMENTO JURÍDICO, OU NAS HIPÓTESES EM QUE O ADMINISTRADOR TENHA SUSCITADO DÚVIDA A RESPEITO DA LEGALIDADE DA DISPENSA DE LICITAÇÃO. APLICA-SE O MESMO ENTENDIMENTO ÀS CONTRATAÇÕES DIRETAS FUNDADAS NO ART. 74, DA LEI Nº 14.133, DE 2021, DESDE QUE SEUS VALORES NÃO ULTRAPASSEM OS LIMITES PREVISTOS NOS INCISOS I E II DO ART. 75, DA LEI Nº 14.133, DE 2021".

[558] TCU, Plenário. Acórdão nº 2.674/2014. Rel. Min. André Carvalho, j. 8.10.2014.

O objetivo da adoção de pareceres padronizados ou referenciais é o de otimizar atividades administrativas: padronizam-se procedimentos, editais, documentos técnicos e, por via de consequência, os pareceres jurídicos também são padronizados. É elogiável a intenção de otimizar as atividades administrativas para se economizar recursos humanos e ganhar celeridade, padronizando documentos e pareceres. Ora, não há qualquer defeito em debater e construir, administrativamente, modelos de editais e demais documentos pertinentes. Aliás, o diálogo e a interação entre os diversos setores administrativos devem ser incentivados. Nesse sentido, se a estrutura jurídica do edital é padronizada, não há razão que impeça a adoção de parecer jurídico padronizado/referencial. O que varia, nesses editais padronizados, é a descrição do objeto da licitação e de exigências realizadas com base nela. Esses são aspectos mais técnicos do que jurídicos. Portanto, sempre com a devida análise, estando o edital de acordo com a estrutura jurídica previamente aprovada e sem que sejam necessários apontamentos sobre quaisquer aspectos peculiares, o parecer jurídico referencial deve ser admitido e, até mesmo, fomentado.

A dispensa do parecer jurídico não deve ser tratada como regra absoluta. Há casos, com suas peculiaridades, que precisam ser enfrentados e motivados em pareceres jurídicos específicos, sob pena de serem considerados omissos ou defeituosos. Tais peculiaridades não são dadas de antemão e não são identificadas de maneira objetiva. Daí a importância da sensibilidade da assessoria jurídica, que deve distinguir os casos em que os pareceres jurídicos padronizados devem ou não devem ser utilizados.

Nesse quadro, ganha importância a atuação da autoridade jurídica máxima competente, referida no §5º do artigo 53 da Lei nº 14.133/2021. Em que pese a Lei nº 14.133/2021 não dispor de norma que a conceitue e defina sua atuação, deve-se entender que ela é o advogado público que responde pelo departamento jurídico ou equivalente do órgão ou da entidade administrativa, que ocupa, na carreira jurídica, a posição hierárquica superior. É essa autoridade que deve, participando da governança do órgão ou da entidade, cuidar da organização e da otimização das atividades da assessoria jurídica e, nessa medida, decidir, no exercício de competência discricionária, sobre os casos, autorizados pelo §5º do artigo 53 da Lei nº 14.133/2021, que dispensam a análise jurídica.

3.6.3 O conteúdo do parecer jurídico

Em acórdãos fundamentados na revogada Lei nº 8.666/1993, o Tribunal de Contas da União tem entendido que o mero "visto" do assessor jurídico não é o suficiente para formalizar a análise jurídica, dado que ela demanda parecer com a devida motivação.[559] Com a mesma batida, o Tribunal de Contas da União tem sido contrário a pareceres jurídicos considerados *pro forma*, que são aqueles de conteúdo sintético e genérico. Leia-se trecho do Acórdão nº 1.944/2014, do Plenário:

---

559 TCU, Plenário. Acórdão nº 1.847/2012. Rel. Min. Aroldo Cedraz, j. 18.7.2012.

25. Por outro lado, a partir da análise mais aprofundada dos documentos vinculados aos referidos certames, e ensejando a proposta de anulação dos procedimentos licitatórios, foram constatadas as seguintes irregularidades:
a) adoção de pareceres jurídicos pró-forma; e
b) projeto de implantação das creches diferente do aprovado pelo FNDE.
26. De fato, a utilização de pareceres jurídicos sintéticos, de apenas uma página, com conteúdo genérico, sem demonstração da efetiva análise do edital e dos anexos, em especial quanto à legalidade das cláusulas editalícias, permitiu, no caso concreto, a presença de itens posteriormente impugnados, inclusive por meio da presente representação, e que foram alterados nos certames subsequentes.
27. Este Tribunal já se posicionou acerca da necessidade de os pareceres jurídicos exigidos pelo art. 38 da Lei nº 8.666, de 21 de junho de 1993, integrarem a motivação dos atos administrativos, com abrangência suficiente, evidenciando a avaliação integral dos documentos submetidos a exame (v. g.: Acórdão 748/2011-Plenário).[560]

Sob a provável influência dos precedentes do Tribunal de Contas da União, o legislador não se contentou com meros vistos ou pareceres genéricos por parte da assessoria jurídica. O §1º do artigo 53 da Lei nº 14.133/2021 formula condicionantes para a manifestação da assessoria jurídica, que deve ser externada em parecer jurídico, com a obrigação de "apreciar o processo licitatório conforme critérios objetivos prévios de atribuição de prioridade" (inciso I); e "redigir sua manifestação em linguagem simples e compreensível e de forma clara e objetiva, com apreciação de todos os elementos indispensáveis à contratação e com exposição dos pressupostos de fato e de direito levados em consideração na análise jurídica" (inciso II).

Pondera-se que os editais – e apenas eles, sem falar do processo de licitação inteiro – costumam ser compostos por grande número de exigências e condições, frequentemente divididas em itens, não sendo incomum que haja mais de uma centena deles. Seria inviável que os assessores jurídicos tivessem de se pronunciar sobre cada um desses itens. Os pareceres jurídicos seriam intermináveis.

Então, desde que a análise do edital e demais documentos pertinentes tenha realmente sido realizada, acaba sendo necessário que os pareceres jurídicos veiculem textos que se debrucem sobre uma ou outra exigência ou aspecto considerado mais relevante e impactante e que seja genérico e panorâmico sob a perspectiva geral. Não é exequível parecer jurídico que se debruce item por item sobre tudo que foi produzido na etapa preparatória da licitação pública.

O inciso II do §1º do artigo 53 da Lei nº 14.133/2021 prescreve que o parecer deve conter a "apreciação de todos os elementos indispensáveis à contratação". O dispositivo, entretanto, não dá pistas sobre quais seriam tais elementos. O inciso I do mesmo §1º determina que a análise jurídica se dê conforme "critérios objetivos prévios de atribuição de prioridade". A redação é um tanto quanto confusa, mas é possível entender que esses critérios dizem respeito aos aspectos do processo de licitação que devem ser objeto de considerações expressas ou que devem ser priorizados no parecer jurídico.

Nesse sentido, os tais critérios ou aspectos a serem priorizados ou elementos indispensáveis à contratação podem ser inspirados no inciso IX do *caput* do artigo 18

[560] TCU, Plenário. Acórdão nº 1.944/2014. Rel. Min. André Carvalho, j. 23.6.2014.

da Lei nº 14.133/2021, que exige motivação circunstanciada sobre as condições do edital, selecionando alguns aspectos dele que merecem maior atenção, quais sejam:

> [...] exigências de qualificação técnica, mediante indicação das parcelas de maior relevância técnica ou valor significativo do objeto, e de qualificação econômico-financeira, justificativa dos critérios de pontuação e julgamento das propostas técnicas, nas licitações com julgamento por melhor técnica ou técnica e preço, e justificativa das regras pertinentes à participação de empresas em consórcio.

Ressalva-se que o inciso IX do *caput* do artigo 18 da Lei nº 14.133/2021 não é dirigido à assessoria jurídica de forma particularizada. Ele exige motivação sobre as condições do edital dos agentes administrativos encarregados de produzi-lo. No entanto, ao fazê-lo, o legislador sinalizou aspectos que considera sensíveis e que precisam ser considerados. Essa mesma sinalização também pode ser aproveitada pela assessoria jurídica ao menos como referência não exaustiva sobre o conteúdo que deve ser expresso nos pareceres jurídicos.

Afora isso, o inciso II do §1º do artigo 53 da Lei nº 14.133/2021 exige que os pareceres tragam a "exposição dos pressupostos de fato e de direito levados em consideração na análise jurídica". Ou seja, sobre os aspectos versados no parecer, é necessário dispor sobre os fatos e sobre o direito, bem como conectar um ao outro, que é propriamente a análise jurídica. Não basta indicar o fato e o direito, sem correlacioná-los, com conclusão lacônica acompanhada do consagrado "salvo melhor juízo". O advogado público não é um mero expectador.

É oportuno frisar que a Lei nº 14.133/2021 não exige que o parecer jurídico contenha citação doutrinária nem jurisprudencial, que, pois, são facultativas. Recomenda-se a citação, apesar de facultativa, porque reforça e empresta subsistência ao parecer jurídico.

Alerta-se o leitor para o entendimento do Tribunal de Contas da União de que a desconsideração em parecer jurídico de sua jurisprudência pacificada configura erro grosseiro e enseja a responsabilização do advogado público que o emitiu.[561] Isso significa que, na visão da Corte de Contas, o parecer jurídico deve mencionar e seguir a sua jurisprudência pacificada. Esse posicionamento do Tribunal de Contas da União é equivocado, não encontra amparo legal e será refutado no tópico referente à responsabilização dos advogados públicos. Na prática, entretanto, para evitar as injunções do Tribunal de Contas da União, é recomendável que os advogados públicos enveredem esforços para informar-se da jurisprudência dos órgãos de controle sobre os fatos e processos administrativos que lhe são submetidos, que os principais julgados sejam referidos e, se for o caso de não os aplicar, que se demonstrem as razões para tanto.

3.6.4 O parecer jurídico não é vinculante

O revogado parágrafo único do artigo 38 da Lei nº 8.666/1993 previa que "as minutas de editais de licitação, bem como as dos contratos, acordos, convênios ou ajustes devem ser previamente examinadas e aprovadas por assessoria jurídica da Administração". O dispositivo refere-se à aprovação da assessoria jurídica, o que sinaliza que o parecer

[561] TCU, Primeira Câmara. Acórdão nº 13.375/2020. Rel. Min. Benjamin Zymler, j. 24.11.2020.

jurídico é vinculante, que a autoridade competente não pode decidir em desacordo com ele. Em que pese isso, o assunto sempre guardou polêmica, com reflexos na responsabilização dos advogados pela emissão dos pareceres jurídicos.

Em razão da polêmica, o §2º do artigo 53 do projeto de lei aprovado pelo Congresso Nacional deixava claro que o parecer jurídico não é vinculante, porque ele poderia "ser motivadamente rejeitado pela autoridade máxima do órgão ou entidade, hipótese em que esta passará a responder pessoal e exclusivamente pelas irregularidades que, em razão desse fato, lhe forem eventualmente imputadas". O Presidente da República vetou o dispositivo. O veto foi infeliz e não se deu em razão da não vinculação do parecer jurídico, mas por receio de responsabilização indevida de advogados públicos. O receio foi exagerado, e o veto do §2º fez com que não houvesse uma resposta precisa e clara na Lei nº 14.133/2021 sobre a vinculação ou não do parecer jurídico.

Em que pese o veto, a Lei nº 14.133/2021, diferente da revogada Lei nº 8.666/1993, não prescreve que o parecer jurídico vincula nem que a assessoria jurídica se presta a aprovar ou desaprovar atos. O que o *caput* do artigo 53 da Lei nº 14.133/2021 exige é a "análise jurídica da contratação", o que deve ser formalizado por meio de parecer jurídico com os requisitos dispostos no §1º do mesmo artigo.

Valem as lições de Hely Lopes Meirelles, para quem

> [...] o parecer tem caráter meramente opinativo, não vinculando a Administração ou os particulares à sua motivação ou conclusões, salvo se aprovado por ato subsequente. Já, então, o que subsiste como ato administrativo não é o parecer, mas, sim, o ato de sua aprovação, que poderá revestir a modalidade normativa, ordinatória, negocial ou punitiva.[562]

Diogenes Gasparini observa que o parecer jurídico pode ser, excepcionalmente, vinculante, "o que ocorrerá se a decisão da autoridade restar, por determinação legal, presa às suas conclusões".[563] Mais adiante, adverte, com decalque nas lições de Sérgio Ferraz e Adilson Dallari, que "o parecer vinculante é, no mínimo, estranho, pois se a autoridade competente para decidir há de observar suas conclusões, ele deixa de ser parecer, opinião, para ser decisão, conforme ensinam Sérgio Ferraz e Adilson Abreu Dallari".[564]

Faz-se um breve reparo: não é o mais correto afirmar que o parecer tem caráter opinativo. A opinião dá a ideia de algo descompromissado. Mais que uma opinião, o parecer é o ato administrativo por meio do qual se externa uma orientação. O parecer jurídico é o ato que externa orientação jurídica, normalmente endereçado para autoridade que não tem formação jurídica. Nada obstante isso, por gênese, trata-se de algo que "parece ser". O parecer jurídico, em sua essência, não determina, não aprova nem rejeita, ele orienta dada decisão. Se vincula, na sua essência, deixa de ser parecer.

Por tudo e em tudo, o parecer jurídico vinculante é exceção, depende de expressa disposição legal, inexistente na Lei nº 14.133/2021. Isso significa que, sob a ótica da Lei nº 14.133/2021, o parecer jurídico não vincula, porque não há nada nela que prescreva a

---

562 MEIRELLES, Hely Lopes. *Direito administrativo brasileiro*. 33. ed. São Paulo: Malheiros, 2007. p. 194.

563 GASPARINI, Diogenes. *Direito administrativo*. 14. ed. São Paulo: Saraiva, 2009. p. 92.

564 GASPARINI, Diogenes. *Direito administrativo*. 14. ed. São Paulo: Saraiva, 2009. p. 92-93.

vinculação. Reforça-se que o tratamento dispensado ao assunto pela Lei nº 14.133/2021 é bem diferente do dispensado pela revogada Lei nº 8.666/1993. Daí que, nesse aspecto, é importante ter o cuidado de não transplantar para as licitações e contratos administrativos da Lei nº 14.133/2021 os entendimentos dos órgãos de controle, inclusive judiciais, firmados diante da Lei nº 8.666/1993 ou mesmo da Lei nº 10.520/2002.

3.6.5 A responsabilidade do assessor jurídico pela emissão de parecer jurídico

3.6.5.1 A inviolabilidade constitucional dos advogados por seus atos e manifestações no exercício da profissão

Os advogados públicos, na qualidade de agentes administrativos, não estão imunes às responsabilidades por danos causados ao interesse público ou a terceiros em razão de suas atividades. Não há dúvida, por exemplo, que o advogado público que perde o prazo para contestar ação judicial e causa dano à Administração deve ser responsabilizado. Também deve ser responsabilizado o advogado público que incorre em improbidade administrativa, porque, por exemplo, atuou dolosamente e obteve benefício ilícito. Sobre essas questões, repita-se, não há dúvidas ou controvérsias acerca da possível responsabilização de advogados públicos, valendo a regra expressa no artigo 32 da Lei nº 8.906/1994, segundo a qual "o advogado é responsável pelos atos que, no exercício profissional, praticar com dolo ou culpa".

A questão, no entanto, torna-se bastante controvertida no tocante à responsabilidade dos advogados públicos em razão do conteúdo das suas manifestações, especialmente na órbita consultiva, como ocorre nas licitações e contratos administrativos. Por exemplo, advogado público emite parecer jurídico favorável a dado processo de licitação, orientando a autoridade competente a dar seguimento a ele. Posteriormente, órgão de controle externo analisa o referido processo e detecta, sob a sua ótica, uma série de ilegalidades, não apontadas no parecer jurídico. O advogado público, autor do parecer jurídico, deve ser responsabilizado?

A resposta a essa questão é complexa e deve partir, necessariamente, do artigo 133 da Constituição Federal, cujo texto prescreve que "o advogado é indispensável à administração da justiça, sendo inviolável por seus atos e manifestações no exercício da profissão, nos limites da lei". A garantia de inviolabilidade reconhecida constitucionalmente aos advogados – tanto aos privados, quanto aos públicos – não deve ser compreendida como um privilégio classista. Ao contrário, ela tem razão de ser e deve ser compreendida diante das especificidades da ciência jurídica e do próprio exercício da advocacia.

Pois bem, o direito não é ciência exata, suas formulações não decorrem de raciocínios meramente dedutivos e empíricos, meramente lógicos e formais, dos quais se possa extrair juízo de verdade ou falsidade, de correção ou incorreção. O direito é uma ciência social. Em grande medida, as respostas oferecidas pelo direito não são precisas, porque produzidas por raciocínios impregnados de subjetividade e de valoração, admitindo como aceitáveis dois, três ou mais entendimentos sobre determinado assunto.

Não se está a afirmar a relatividade do direito, como se não houvesse certo ou errado, como se para todos os problemas jurídicos se pudesse admitir qualquer tipo de resposta. Sem cair nesse extremo, o fato é que grande parte das questões jurídicas, sobremodo as mais complexas, não é resolvida por meio de juízos de verdade ou falsidade, de correto ou incorreto. As respostas jurídicas, especialmente nesses casos complexos, resultam da interpretação de enunciados legais diante dos fatos apresentados, conectando-se um ao outro e extraindo-se as conclusões. Esse processo de interpretação é permeado por boa dose de subjetividade, por efeito do que é frequente que juristas dos mais renomados divirjam frontalmente sobre a mesma questão. Inclusive, vê-se esse tipo de divergência, quase todos os dias, nos tribunais. Sendo assim, grande parte das questões jurídicas, especialmente as mais difíceis, resolve-se em decisões razoáveis ou não razoáveis. E o ponto é que uma decisão razoável sobre certo problema jurídico não exclui outras decisões sobre o mesmo problema também razoáveis. Ou seja, no âmbito do direito, com ênfase nos assuntos mais complexos, é forçoso reconhecer uma pluralidade de respostas possíveis e admissíveis para o mesmo problema jurídico.

Com efeito, razoável é o que corresponde ao racional, ao bom senso. Uma decisão jurídica é razoável na medida em que é tomada com bom senso, de modo justificado e fundamentado, sem levar a absurdos, sem partir de ideias desconexas e despropositadas. Noutras palavras, todas as decisões justificadas, fundamentadas, conexas e propositadas são razoáveis e, sob essa perspectiva, legítimas, ainda que contra ela existam outras decisões também razoáveis, por vezes adotadas pela maioria dos intérpretes ou por quase a unanimidade deles.

Sublinha-se que posturas divergentes são imanentes ao direito. Duas ou mais posturas jurídicas divergentes não são por si ilegítimas. Se ambas forem razoáveis, ambas serão, sob esse corte, legítimas e os que as defendem não devem ser repreendidos ou responsabilizados, independentemente de seus qualificativos pessoais, de quem representam ou de qual delas seja a postura reputada como oficial ou majoritária.

Disso resulta que os profissionais do direito não devem sofrer reprimendas e muito menos ser responsabilizados por causa da interpretação legítima que fazem dos enunciados legais e dos fatos que lhes são submetidos, ainda que defendam posições minoritárias. Não devem ser responsabilizados porque isso representa a própria essência das suas profissões. Admitir o contrário seria tornar ilícita a advocacia.

Não por outra razão é que, na forma do artigo 133 da Constituição Federal, o advogado é "inviolável por seus atos e manifestações no exercício da profissão". Essa inviolabilidade não é absoluta, não significa que o advogado está autorizado a cometer ilícitos nem que goza de uma espécie de salvo-conduto constitucional. O advogado pode sim ser responsabilizado, porém não deve sê-lo por seus atos e manifestações no exercício da profissão.

Daí que os advogados públicos não devem ser responsabilizados em razão da interpretação legítima que fazem dos enunciados legais diante dos fatos que lhe são apresentados, interpretação esta que é exteriorizada em pareceres jurídicos e petições formuladas em processos judiciais e que correm perante os órgãos de controle. Portanto, advogado público não deve ser responsabilizado em razão da interpretação que lhe é legítima e que o levou a concluir pela legalidade de processo de licitação ou de qualquer outro ato atinente às licitações e aos contratos administrativos.

3.6.5.2 O protagonismo do artigo 184 do Código de Processo Civil: advogados públicos somente podem ser responsabilizados em razão dos seus atos e manifestações no exercício da profissão em casos de dolo ou fraude

O artigo 184 do Código de Processo Civil prescreve que "o membro da Advocacia Pública será civil e regressivamente responsável quando agir com dolo ou fraude no exercício de suas funções". Nessa mesma toada, em âmbito federal, o §2º do artigo 38 da Lei nº 13.327/2016 prescreve que os ocupantes dos cargos jurídicos federais nela nomeados somente devem ser responsabilizados em casos de dolo ou fraude.

A propósito, com coerência, o artigo 181 do Código de Processo Civil prevê que os membros do Ministério Público somente devem ser responsabilizados nas situações em que atuam com dolo ou fraude. E a mesma regra se aplica para os juízes, de acordo com o inciso I do artigo 143, também do Código de Processo Civil, cuja responsabilização pessoal também depende de "proceder com dolo ou fraude". Para os ministros do Tribunal de Contas da União, aplica-se a mesma regra, em vista do artigo 73 da Lei Orgânica da Corte, cuja redação reconhece a eles as garantias e prerrogativas dos ministros do Superior Tribunal de Justiça.

Em perspectiva, a inviolabilidade reconhecida constitucionalmente ao exercício da advocacia relaciona-se às próprias particularidades da ciência jurídica, dado que os raciocínios jurídicos são por natureza subjetivos. A inviolabilidade, portanto, visa a proteger a advocacia, a garantir o livre exercício dela. Os advogados, entre eles os advogados públicos, não podem ser responsabilizados pela interpretação dos enunciados legais em conexão aos fatos que lhe são apresentados. Sem embargo, essa inviolabilidade não é absoluta e é a própria lei que a excepciona ou lhe oferece os contornos: o artigo 184 do Código de Processo Civil, cuja dição admite a responsabilização de advogado apenas diante de casos de dolo ou fraude, da mesma forma e com a mesma medida que faz em relação aos próprios juízes e promotores (inciso I do artigo 143 e artigo 181, ambos do Código de Processo Civil), até porque todos eles, advogados, juízes e promotores, com as especificidades de suas funções, exercem atividades jurídicas submetidas ao mesmo processo cognitivo, basicamente, chegam às suas conclusões por meio da interpretação de enunciados legais diante de fatos que lhe são apresentados.

Sob essas premissas, a responsabilização civil dos advogados públicos tem o artigo 184 do Código de Processo Civil como protagonista (associado, no plano federal, ao §2º do artigo 38 da Lei nº 13.327/2016). Ora, a regra do artigo 133 da Constituição Federal é que advogados são invioláveis por atos e manifestações no exercício da advocacia. Por regra, então, sendo invioláveis, não devem ser responsabilizados por atos e manifestações no exercício da advocacia. A exceção à regra é que os advogados sejam responsabilizados. Para os advogados públicos, a responsabilidade civil é limitada claramente no artigo 184 do Código de Processo Civil, condicionada à atuação com dolo ou fraude.

A configuração do dolo ou da fraude pressupõe a intenção do agente, a identificação de uma ação intencionalmente voltada para a prática ilícita. Esse aspecto é fundamental, porque, estando a responsabilidade civil dos advogados públicos limitada à atuação com dolo ou fraude, eles não podem ser responsabilizados nas hipóteses em que atuam com culpa, qualquer que seja o grau de culpa, ainda que grave.

Sendo assim, é preciso atentar que a responsabilização civil de advogados públicos por seus atos e manifestações no exercício da advocacia é especial e não se submete à regra geral que se aplica para os agentes públicos, encartada no artigo 28 da Lei de Introdução às Normas do Direito Brasileiro, que as condiciona aos casos de dolo e de erro grosseiro, este último correspondente à culpa grave. Repita-se que o artigo 184 do Código de Processo Civil condiciona a responsabilização civil dos advogados públicos à configuração do dolo ou da fraude, figuras que não se confundem com erro grosseiro/ culpa grave.[565]

O erro grosseiro, que caracteriza a culpa grave, se configura diante de falta de cuidado ou de atenção extremada, inescusável. Porém, conquanto grave, o erro grosseiro não é intencional. Por outro lado, como dito, o dolo e a fraude são intencionais. Isso significa que o advogado público extremamente descuidado não pode ser responsabilizado civilmente. Da mesma forma que um juiz e um promotor de justiça extremamente descuidados não podem ser responsabilizados civilmente. Todos eles somente podem ser responsabilizados civilmente diante de condutas intencionais, praticadas com dolo ou fraude.

Abrem-se parênteses para fazer duas considerações no que tange ao artigo 184 do Código de Processo Civil.

A primeira é que o artigo trata da responsabilidade civil e não da criminal, como se percebe da sua própria redação. A responsabilidade penal dá-se nos termos da lei penal e depende dos tipos penais específicos.

A segunda consideração é que o artigo 184, embora prescrito no Código de Processo Civil, não se restringe à atuação em processos judiciais, valendo também para a atuação consultiva da advocacia pública. Isso deflui da redação do dispositivo, que é abrangente e ampla, trata da responsabilidade civil de advogado público "no exercício de suas funções". Em acréscimo, ainda que assim não fosse, o artigo 15 do Código de Processo Civil prescreve que ele se aplica de forma supletiva e subsidiária ao direito administrativo, logo, à atuação consultiva da advocacia pública, dado que não há norma específica sobre a responsabilidade de advogado público – salvo no plano federal,

---

565 Noticia-se que o §6º do artigo 53 do projeto aprovado pelo Congresso Nacional, que deu origem à Lei nº 14.133/2021, foi vetado. Ele trazia ponto relevantíssimo, porque qualificava a culpabilidade dos advogados públicos, que somente podem ser responsabilizados em casos de dolo ou fraude, como já disposto pelo artigo 184 do Código de Processo Civil. Entendeu-se que o dispositivo seria redundante, o que é verdade. No entanto, o veto foi infeliz, porque a redundância aqui seria bastante útil, diante da insistência dos órgãos de controle, como será exposto a seguir, em responsabilizar advogados por erro grosseiro (culpa grave), que é diferente de dolo ou fraude.

conforme o §2º do artigo 38 da Lei nº 13.327/2016.[566] [567] De mais a mais, em reforço, não haveria plausibilidade em distinguir a responsabilidade de advogado público em razão de atuação judicial ou consultiva, uma vez que ambas partem do mesmo processo cognitivo de interpretação de enunciados legais diante de fatos que lhe são apresentados, sendo irrelevante, para fins de responsabilidade, se a interpretação alcançada pelo advogado público se exterioriza numa petição levada à apreciação do Poder Judiciário ou num parecer jurídico levado à apreciação de autoridade administrativa.

3.6.5.3 A jurisprudência do Supremo Tribunal Federal

É útil contextualizar a posição da jurisprudência acerca da responsabilidade dos advogados sobre a emissão de pareceres jurídicos em matéria de licitações e contratos administrativos, sem a pretensão de empreender inventário exaustivo, até porque, infelizmente, o assunto bate às portas do Judiciário e dos órgãos de controle com muita frequência.

Parte-se do Supremo Tribunal Federal, mais precisamente de acórdão relatado pelo Ministro Carlos Veloso no ano de 2002, prolatado em mandado de segurança impetrado contra ato do Tribunal de Contas da União que havia responsabilizado advogados públicos que emitiram parecer jurídico a favor de contratação direta.[568] O ministro relator valeu-se de dois argumentos para acolher o mandado de segurança. Em primeiro lugar, afirmou que os pareceres são atos meramente opinativos, que não vinculam a autoridade administrativa. Em segundo lugar, o ministro relator assinalou que o advogado é inviolável no que tange ao exercício profissional, por efeito do que não deve ser penalizado em razão de opinião ou de tese jurídica por ele esposada. No entanto, apesar de entender excepcional, o acórdão deixou consignado que advogado público poderia ser responsabilizado diante de erro grave, inescusável, e não por mera divergência doutrinária ou discordância de interpretação.

No ano de 2008, também antes do Código de Processo Civil, houve uma outra decisão importante sobre o tema no Supremo Tribunal Federal, relatada pelo Ministro Joaquim Barbosa. Discutiu-se, com realce, se o parecer jurídico vincula ou não a

---

[566] Egon Bockmann Moreira tece comentários precisos sobre o supracitado artigo 15 do Código de Processo Civil: "Inicialmente, é de se deixar claro que o CPC/2015 incidirá em todos os processos administrativos. O que não significa dizer que ele tenha revogado (nem derrogado nem ab-rogado) a Lei 9.784/1999 ou outras leis especiais, que persistem íntegras. O que se dá é o fato de que as normas da legislação superveniente – o CPC/2015 – serão aplicadas, de modo supletivo e/ou subsidiário, nos processos administrativos regidos por leis pretéritas. O CPC/2015 presta-se a *suprir as lacunas* das leis processuais – seja por *instalar novas hipóteses* de incidência (ausência da norma: lacuna normativa), seja por *criar novas compreensões* no sistema processual (atualizando a construção de normas que não mais correspondiam à realidade social e, também, permitindo soluções processuais mais justas: lacunas ontológicas e axiológicas). Na medida em que o artigo 15 valeu-se da 'aplicação supletiva' ao lado da 'aplicação subsidiária', positivou a incidência do CPC/2015 a processos administrativos tanto nos casos em que se constatar omissão legislativa (e/ou normativa em sentido estrito) como naqueles em que o dispositivo a ser aplicado possa ser valorizado/aprimorado no caso concreto por meio da incidência de norma recém-positivada" (MOREIRA, Egon Bockmann. O impacto do CPC/2015 nos processos administrativos: uma nova racionalidade. *Direito do Estado*, n. 104, 2016. Disponível em: www.direitodoestado.com.br. Acesso em: out. 2021).

[567] Também é oportuno mencionar a Súmula nº 103, do Tribunal de Contas da União: "Na falta de normas legais regimentais específicas, aplicam-se, analógica e subsidiariamente, no que couber, a juízo do Tribunal de Contas da União, as disposições do Código de Processo Civil".

[568] STF, Pleno. MS nº 24.073. Rel. Min. Carlos Velloso, j. 6.11.2002.

autoridade administrativa a que ele se direciona, distinguindo-se situações em que o parecer jurídico é facultativo, obrigatório ou vinculante. Reconheceu-se que, salvo os casos de disposições legais expressas em sentido contrário, o parecer jurídico é meramente opinativo e não vinculante, por efeito do que o advogado público somente poderia ser responsabilizado em caso de culpa ou erro grosseiro.[569]

Convém dar destaque também à decisão monocrática da lavra do Ministro Joaquim Barbosa, do ano de 2012. Nesse caso, advogado público foi condenado pelo Tribunal de Contas da União porque não reproduziu em seu parecer o entendimento prevalecente na Corte de Contas. O ministro suspendeu a decisão, com advertências contundentes à atuação do Tribunal de Contas da União:

> De fato, os pareceres devem ser devidamente fundamentados e sustentar teses razoáveis. Porém, essa fundamentação não precisa necessariamente estar baseada em doutrina ou jurisprudência, pois os jurisdicionados têm ampla liberdade para questionar pelos meios legais previstos a opinião dominante tanto no meio acadêmico como nos Tribunais. Por outro lado, o simples dissenso entre o que entende o órgão de controle e o controlado é insuficiente para caracterizar tese contrária à lei e ao direito. Ademais, o devido processo legal constitucional admite que o jurisdicionado busque a reversão de entendimento consolidado, com o uso dos instrumentos jurídicos disponíveis, pela introdução de elementos até então desconhecidos ou pela proposta de releitura do quadro, à luz de abordagem em tese capaz de alterar as conclusões sufragadas. Em síntese, o órgão de controle deve ser parcimonioso de modo a não elevar sua interpretação sobre as questões de fundo ao status de verdade por si evidente e definitiva. O que não se admite é a opinião frívola, descompromissada, falsa ou ilógica.[570]

O Ministro Joaquim Barbosa decidiu corretamente, porque o parecer jurídico não precisa seguir as orientações doutrinárias e jurisprudenciais. O advogado público goza de liberdade para exercer a advocacia, na forma do artigo 133 da Constituição Federal, o que importa lhe reconhecer o direito de divergir da doutrina e da jurisprudência.

No ano de 2019, o Supremo Tribunal Federal prolatou outro acórdão, da relatoria do Ministro Luiz Fux, que é marcante em relação ao tema da responsabilização de advogado público.[571] Veja-se que, a essa altura, o Código de Processo Civil de 2015 já era vigente, bem como a Lei de Introdução às Normas do Direito Brasileiro já havia sido alterada pela Lei nº 13.655/2018, com a inclusão do seu artigo 28, cujo texto limitou a responsabilidade de agentes públicos aos casos de dolo e de erro grosseiro. Chama a atenção que o artigo 184 do Código de Processo Civil não foi mencionado no acórdão, como se não existisse. É curioso, a propósito, que o Código de Processo Civil é comumente chamado de "Código Fux", porque o Ministro Luiz Fux, relator do acórdão, presidiu comissão do Senado Federal sobre o então projeto que veio a ser aprovado e tornou-se o Código de Processo Civil de 2015.

O caso tratava da responsabilização de advogado público por parte do Tribunal de Contas da União em razão de parecer jurídico favorável a pedido formulado por

569 STF, Pleno. MS nº 24.631. Rel. Min. Joaquim Barbosa, j. 1º.2.2008.

570 STF, MS nº 24.631-6/DF. Rel. Min. Joaquim Barbosa, j. 2.2.2012.

571 STF, Primeira Turma. MS nº 35.196. Rel. Min. Luiz Fux, j. 12.11.2019.

contratado de reequilíbrio econômico-financeiro. O artigo 28 da Lei de Introdução às Normas do Direito Brasileiro teve destaque no acórdão, cuja conclusão foi pela concessão da ordem, ao argumento de que o parecer jurídico estava adequadamente motivado e que a divergência de interpretação por parte do Tribunal de Contas da União não era o bastante para configurar o erro grosseiro.

Enfim, o Supremo Tribunal Federal reconheceu que a responsabilidade de advogado público deve ser aferida com mira no artigo 28 da Lei de Introdução às Normas do Direito Brasileiro, dependente de dolo ou erro grosseiro; logo, que a configuração do erro grosseiro, que diz respeito à atuação culposa, é o bastante para responsabilizar advogado público em razão da emissão de parecer jurídico. Não se aplicou ao caso o artigo 184 do Código de Processo Civil que condiciona a responsabilidade civil de advogado público a dolo ou fraude, sequer mencionado, insista-se.

Frisa-se um quarto julgado, este de natureza monocrática, prolatado no ano de 2020 pela Ministra Cármen Lúcia, em que reconheceu a legalidade da responsabilização de advogado público por parte do Tribunal de Contas da União em razão de parecer jurídico que aprovou processo de licitação sem considerar questões tocantes à ausência de publicidade.[572] Realça-se que, mais uma vez, advogado público foi sancionado sem menção ao artigo 184 do Código de Processo Civil, logo, sem exigir a configuração de dolo ou fraude. Demais disso, a decisão aborda a natureza jurídica do parecer jurídico, tendo consignado:

> 17. Embora a aprovação do ato pela assessoria jurídica não vincule o Administrador a ponto de substitui-lo em seu juízo de valor, isso não significa que o parecerista é absolutamente isento de responsabilidade sobre suas manifestações. Se a prática do ato administrativo está lastreada em manifestação favorável da unidade técnica, há convergência de entendimentos e, em certa medida, compartilhamento de poder decisório entre o Administrador e o parecerista, pelo que se tornam responsáveis pelos danos que possam causar ao erário.

A decisão é acertada nesse ponto. Sucede que muitos advogados, quando instados a dar explicações sobre os seus pareceres ou responder a processos administrativos, alegam que não devem ser responsabilizados porque os seus pareceres não vinculam, que seriam meras opiniões e que, portanto, quem tomou a decisão foi a autoridade a quem se destinou o parecer. Esta alegação, bastante corriqueira, é insubsistente, como reconhecido pela Ministra Cármen Lúcia. Ora, ainda que o parecer não vincule, ele induz a autoridade a produzir determinado ato de uma maneira ou de outra, ele é fundamental para a produção do ato, haja vista que a autoridade procede de acordo com o que lhe foi orientado pela assessoria jurídica. Quer-se dizer apenas que o parecer não precisa ser vinculante para produzir os seus efeitos e causar prejuízos à Administração, porque, na hipótese mais tênue, induz e influencia a tomada de decisão.

Pois bem, com base nos julgados supracitados do Supremo Tribunal Federal sobre a responsabilização de advogado público pela emissão de pareceres jurídicos, consegue-se identificar as balizas que vêm sendo aplicadas pela jurisprudência: (i) reconhece-se a inviolabilidade constitucional garantida aos advogados públicos no exercício da

[572] STF. MS nº 36.274/DF. Decisão Monocrática. Rel. Min. Cármen Lúcia, j. 17.11.2020.

advocacia, de modo que a discordância da parte de órgão de controle sobre o teor de parecer jurídico emitido por advogado público não é o suficiente para responsabilizá-lo; (ii) o advogado público pode ser responsabilizado mesmo se o parecer jurídico não vincule a autoridade a que ele se destina, porque, no mínimo, orienta e influi na tomada da decisão; (iii) o advogado público não pode ser responsabilizado porque não seguiu a jurisprudência dominante dos órgãos de controle, reconhecendo-lhe o direito de divergir dela; e (iv) a responsabilidade civil do advogado público pela emissão de parecer jurídico depende da configuração no caso concreto de dolo ou de erro grosseiro, na forma do artigo 28 da Lei de Introdução às Normas do Direito Brasileiro.

Sem embargo, é realmente inusitado que o artigo 184 do Código de Processo Civil seja olimpicamente ignorado pelo Supremo Tribunal Federal. O dispositivo não é sequer mencionado, como se não existisse. Essa postura silenciosa de negação é inusitada diante de tudo o que se afirmou até aqui e do protagonismo do artigo 184 do Código de Processo Civil acerca da responsabilidade civil de advogado público no exercício da advocacia. Ressalva-se, por oportuno, que o Código de Processo Civil é do ano de 2015 e somente entrou em vigência no ano de 2016. Logo, precedentes anteriores ao ano de 2016 não poderiam mesmo o ter mencionado. O problema ocorre com os precedentes mais recentes.

3.6.5.4 A jurisprudência do Superior Tribunal de Justiça e do Tribunal de Contas da União

Nesse passo, seguem o Superior Tribunal de Justiça, os demais tribunais e, também, os tribunais de contas, com destaque para o Tribunal de Contas da União. Na prática, a responsabilidade de advogado público vem sendo decidida em vista das particularidades dos casos concretos e dos elementos de prova produzidos nos respectivos processos.

Com rigor excessivo, nota-se uma espécie de movimento, em especial no Tribunal de Contas da União, de responsabilizar os advogados públicos por omissões em suas análises jurídicas. Tem sido mais frequente que advogados públicos sejam responsabilizados por atos ou fatos que lhes passaram desapercebido ou sobre os quais eles deliberadamente não se pronunciaram do que sobre os atos ou fatos enfrentados abertamente nos respectivos pareceres jurídicos. Não se vê, usualmente, advogado público ser responsabilizado sobre o que realmente foi abordado no parecer jurídico de modo motivado por meio de arrazoado jurídico, ainda que em desarmonia ao entendimento dos órgãos de controle.

O que mais se vê, repita-se, é o advogado ser responsabilizado pelo que não foi dito. Por ilustração, colhe-se da jurisprudência do Tribunal de Contas da União que advogado público foi responsabilizado porque aprovou processo de contratação sem questionar: (i) as razões para o uso de pregão presencial em detrimento de pregão eletrônico;[573] (ii) a não previsão de preços unitários máximos para obra de engenharia;[574] (iii) a ausência de comprovação de que entidade sem fins lucrativos contratada por dispensa de licitação dispunha de corpo técnico interno e qualificado para a execução do contrato;[575] (iv) a

[573] TCU, Plenário. Acórdão nº 825/2019. Rel. Min. Ana Arraes, j. 2.4.2014.

[574] TCU, Plenário. Acórdão nº 1.695/2018. Rel. Min. Vital do Rêgo, j. 25.7.2018.

[575] TCU, Plenário. Acórdão nº 362/2018. Rel. Min. Augusto Nardes, j. 28.2.2018.

ausência de comprovação da condição de empresário exclusivo para inexigibilidade de licitação;[576] (v) os quesitos a serem cumpridos por balanço patrimonial para ensejar a inabilitação de licitante;[577] (vi) quesitos de qualificação técnica que possam comprometer a competição;[578] edital sem orçamento detalhado e pesquisa de preços.[579]

O Superior Tribunal de Justiça tem seguido a mesma linha do Tribunal de Contas da União, analisando as particularidades de cada caso concreto, mas com excesso de rigor na responsabilização de advogados por seus pareceres. Por ilustração, dentre outros julgados, toma-se o prolatado em ação de improbidade administrativa que responsabilizou advogado em razão de supostas omissões em relação a aspectos da contratação de artistas por inexigibilidade de licitação, porque se considerou que ele deveria ter identificado tais supostas omissões, embora o parecer jurídico tenha feito ressalvas pertinentes à contratação. Confira-se:

> Quanto à tentativa do Procurador Municipal de se ver excluído dos atos e responsabilidades, sob o argumento de que apenas elaborou parecer opinativo, que não vinculava a ação dos agentes públicos, a realidade é que, assim como os outros réus, tinha pleno conhecimento dos fatos e foi avisado do possível superfaturamento do contrato. Consoante depoimento acima transcrito, Luiz Carlos Lima Reis, que depôs no Ministério Público e em juízo, afirmou que alertou ao procurador que o valor do contrato estava elevado, recebendo a resposta que 'diversão é o ópio do povo'. Não obstante o parecer não seja vinculativo, e, em tese, não vincule o Administrador, alguns aspectos devem ser registrados. Em seu parecer o apelante dá seu aval e recomenda a contratação, mesmo tendo elencado como requisitos para a regularidade, além da inviabilidade de competição, outros três requisitos imprescindíveis. O segundo destes requisitos era a contratação direta ou através de empresário exclusivo. Consoante fundamentos acima, o contrato não estava sendo celebrado nem diretamente com a banda, nem mediante empresário exclusivo, havendo carta de exclusividade irregular para um show, que não tornava Marco Paulo Gama de Andrade Junior-ME empresária da banda Jammil e Uma Noites. Havia dupla contratada, inserida no contrato, sem justificativa, documentação, valor ou qualquer menção a empresário, contratação direta, etc. O nome Lourenço e Lourival simplesmente foi inserido no contrato sem qualquer menção no processo. O apelante autorizou tal contratação após análise dos documentos que instruíam o processo (f. 7721773), de modo que, embora se tratasse de parecer apenas consultivo, foi determinante para a celebração do contrato e prejuízo ao Município de Passos. Era dever do réu, enquanto maior conhecedor das regras aplicáveis à espécie, ao menos, destacar a irregularidade da inexigibilidade de licitação em hipótese na qual a contratação se dava através de intermediário, e em razão da inclusão de dupla sertaneja sequer mencionada na justificativa inicial (f. 7341735), por valor não especificado. Não se está a sancionar um advogado pela emissão de uma opinião jurídica, em afronta ao Estatuto da OAB, mas a se observar que, tendo emitido parecer no qual aponta os requisitos para a regularidade do contrato, e mesmo tendo analisado documentos (contrato, por exemplo) que revelavam a existência de irregularidades - já antes exaustivamente expostas - sugeriu e aprovou a contratação. O contrato padecia de irregularidade marcante e tal não foi notado ou

[576] TCU, Primeira Câmara. Acórdão nº 1.137/2019. Rel. Min. Vital do Rego, j. 5.2.2019.

[577] TCU, Primeira Câmara. Acórdão nº 4.731/2020. Rel. Min. Walton Alencar Rodrigues, j. 20.4.2020.

[578] TCU, Primeira Câmara. Acórdão nº 7289/2022. Rel. Min. Vital do Rêgo, j. 11.10.2022.

[579] TCU, Plenário. Acórdão nº 2121/2024. Rel. Min. Benjamin Zymler, j. 9.10.2024.

> ressalvado pelo procurador municipal, que não pode transferir a competência de tal análise à Controladoria, que, pela prova documental, não foi consultada na espécie. Isto somado ao fato de que foi alertado por ex-Secretário de que o valor do contrato estava elevado, autoriza a manutenção da responsabilidade do réu.[580]

O excesso de rigor do Superior Tribunal de Justiça e do Tribunal de Contas da União vem marginalizando a advocacia pública, com adendo saliente sobre o *déficit* de motivação das respectivas decisões. A constatação de que alguma particularidade do processo de licitação ou de contratação direta considerada relevante não foi abordada no parecer jurídico tem sido o bastante para configurar o erro grosseiro e responsabilizar advogado público. Basta a constatação da suposta ilegalidade por omissão, acompanhada de uma espécie de juízo genérico sobre a importância do aspecto omitido.

O fato de um ou outro aspecto passar desapercebido não pode ser o bastante para responsabilizar advogado público. E, muitas vezes, o tal aspecto até foi percebido, mas não foi objeto de considerações particularizadas no parecer jurídico, porque, na visão do advogado público, não se tratava de algo relevante. É de ponderar que num processo de licitação há centenas de aspectos, itens e exigências, desde a pesquisa de preços, o termo de referência e o próprio edital. Somente o edital costuma consumir dezenas de páginas, com centenas de exigências. O advogado público não tem meios para pronunciar-se expressamente e de forma particularizada sobre cada item, sobre cada procedimento e sobre cada exigência formulada ou não formulada no processo de contratação. Se isso fosse exigido, o parecer jurídico se transformaria numa peça praticamente sem fim. É preciso reconhecer que o parecer jurídico é seletivo e que alguns aspectos do processo de contratação lhe passam ao largo, sem que isso configure, nem remotamente, erro grosseiro ou coisa do tipo.

Merece menção especial julgado do Superior Tribunal de Justiça que foge da linha do excesso de rigor na responsabilização de advogado. No caso, advogado havia sido responsabilizado pelo Tribunal de origem porque se considerou que o parecer jurídico que aprovou aditivo contratual teria sido produzido com erro grosseiro, o que se corroborava, parece que de forma decisiva, pelo fato dele ser sintético. O Superior Tribunal Justiça conheceu do recurso especial interposto pelo advogado e reformou a decisão, ressaltando a excepcionalidade da responsabilidade de advogado por parecer jurídico:

> PROCESSUAL CIVIL. ADMINISTRATIVO. AGRAVO INTERNO. RECURSO ESPECIAL. AÇÃO POPULAR. DANO AO ERÁRIO. REPARAÇÃO POR ALEGADO PREJUÍZO DECORRENTE DA CELEBRAÇÃO DE ADITIVO CONTRATUAL. CONDENAÇÃO PELA EMISSÃO DE PARECER JURÍDICO CONTAMINADO POR AFIRMADO ERRO GROSSEIRO NA INTERPRETAÇÃO DE REGRA JURÍDICA. REEXAME DE FATOS E PROVAS. DESNECESSIDADE. ERRO GROSSEIRO INEXISTENTE. CONDENAÇÃO REFORMADA. AGRAVO INTERNO DESPROVIDO.

[580] STJ, Segunda Turma. AgInt no AREsp 1623926/MG. Rel. Min. Herman Benjamin, j. 4.8.2020.

> 1. Recurso especial que, interposto com fundamento em a, mostra-se cognoscível no capítulo alusivo à violação ao art. 32 da Lei 8.906/94 e ao art. 28 do Decreto-lei 4.657/42, providência que não encontra obstáculo no entendimento consolidado na Súmula 7/STJ.
> 2. Conclusão a que se chega a partir da constatação de que o parecer jurídico em xeque tem conteúdo incontroverso nos autos, estando ele, o enxuto parecer, transcrito em peças do processo (apelação e agravo interno da parte agravada). Além disso, e mais importante, o acórdão recorrido não baseia a condenação da parecerista na existência de dolo, mas sim na afirmada existência de erro grosseiro na interpretação de regra jurídica (art. 65, §1º, da Lei 8.666/93), erro esse que, por evidente, constitui, em tese, erro de direito, o que permite que a conclusão da instância ordinária seja passível de revaloração jurídica pelo STJ.
> 3. É possível, em princípio, a responsabilização de advogado público na hipótese em que ficar comprovada a existência de erro grosseiro na emissão de parecer opinativo. Essa responsabilização, entretanto, é excepcional, de modo que, para ser afirmada, é preciso que haja firme convicção quanto à insustentabilidade da posição jurídica defendida no parecer ofertado à autoridade decisória.
> 4. Hipótese em que a leitura atenta do sintético parecer não permite afirmar que exista nele erro grosseiro quanto à interpretação de regra jurídica, em especial a regra nele invocada, ou seja, o art. 65, §1º, da Lei 8.666/93.
> 5. Agravo interno a que se nega provimento.[581]

O Tribunal de Contas da União também vem responsabilizando advogado público que desconsidera a jurisprudência supostamente pacificada da casa. Por ilustração:

> 19. Deste modo, entendo que a responsabilização jurídica do gestor encontra amparo na jurisprudência do TCU, segundo o qual o parecer jurídico que não esteja fundamentado em razoável interpretação da lei, contenha grave ofensa à ordem pública ou *deixe de considerar jurisprudência pacificada* pode, em tese, ensejar a responsabilização de seu autor, se o ato concorrer para eventual irregularidade praticada pelo gestor que nele se embasou (*v.g.* Acórdãos do Plenário 336/2008, 2.890/2014 e 615/2020).[582]

Trata-se de mais um exagero do Tribunal de Contas da União. Ora, é difícil para os advogados públicos terem pleno domínio da jurisprudência do Tribunal de Contas da União, mesmo a considerada pelos ministros como pacífica, que é vastíssima e se deita sobre os mais variados aspectos das atividades administrativas. O fato de advogado público não conhecer a fundo dado conjunto de precedentes não pode ser entendido sequer como culpa média, quanto mais como erro grosseiro/culpa grave ou, menos ainda, como indicativo de dolo ou fraude, que é o exigido pelo artigo 184 do Código de Processo Civil.

Isso se agrava nas situações em que o advogado deve analisar o processo administrativo de contratação pública inteiro, abrangendo os seus mais diversos aspectos, sem ser provocado sobre dada situação específica. Ora, se ele é provocado sobre uma situação específica, é mais fácil que ele proceda à pesquisa direta na jurisprudência e identifique as decisões dos órgãos de controle sobre o assunto que lhe toca. Por outro lado, nas hipóteses em que ele não é provocado e direcionado para uma situação

---

[581] STJ, Primeira Turma, AgInt no AgInt no AREsp 2200245/SP. Rel. Min. Paulo Sérgio Domingues, j. 27.5.2024.

[582] TCU, Primeira Câmara. Acórdão nº 13.375/2020. Rel. Min. Benjamin Zymler, j. 24.11.2020.

específica, ele faz uma leitura geral do processo administrativo e, acaso ele não conheça de antemão os precedentes, é quase certo que não se atentará sobre dado aspecto que seja potencialmente conflitante. Nessas hipóteses, é altamente improvável que o advogado público identifique a desarmonia com a jurisprudência prevalecente.

De mais a mais, essa posição do Tribunal de Contas da União se opõe a precedente do Supremo Tribunal Federal, como já frisado.[583]

Por fim, lamenta-se que o Superior Tribunal de Justiça e o Tribunal de Contas da União não tomem na devida consideração o artigo 184 do Código de Processo Civil, cujo teor condiciona a responsabilidade de advogado público aos casos de atuação com dolo ou fraude. A mesma lamentação vale, notadamente para o plano federal, diante do §2º do artigo 38 da Lei nº 13.327/2016, cuja redação prescreve que, "no exercício de suas funções, os ocupantes dos cargos de que trata este Capítulo não serão responsabilizados, exceto pelos respectivos órgãos correcionais ou disciplinares, ressalvadas as hipóteses de dolo ou de fraude".

Chama a atenção que o Tribunal de Contas da União foi expressamente provocado acerca de tais dispositivos pela Advocacia-Geral da União. O Acórdão nº 615/2020, do Plenário, da relatoria da Ministra Ana Arraes, omitiu-se sobre o artigo 184 do Código de Processo Civil. Não se enxerga no acórdão motivação específica relacionada a ele. Todavia, o acórdão minimiza o §2º do artigo 38 da Lei nº 13.327/2016 sob os seguintes argumentos, que, mesmo indiretamente, também poderiam ser ventilados em face do artigo 184 do Código de Processo Civil:

> O dispositivo foi promulgado muito tempo após a prática dos atos inquinados, cumprindo ao TCU julgar com fulcro na legislação em vigor à época dos fatos. Ademais, *a responsabilização, a que a norma se refere apenas pode ser a funcional, e não qualquer tipo de responsabilização, sob pena de obstar o exercício da competência atribuída a esta Corte pela Constituição Federal de 1988*. A fiscalização financeira e orçamentária das entidades da Administração tem sede constitucional, quanto à legalidade, com expressa previsão no *caput* do art. 70 da CF, o que engendra plenamente a possibilidade de aplicação das sanções previstas em lei, dispositivo esse que ostenta matiz constitucional.
>
> Aliás, pudesse mero dispositivo legal esvaziar, por tal forma, as competências de estatura constitucional do TCU, nenhuma valia teria a Constituição Federal. Bastaria, também, aos prefeitos, aos secretários de estado e de municípios, aos administradores, seguir o exemplo dos procuradores e obter do Congresso legislação especial extravagante, no sentido de eximi-los do Controle Externo e das punições que ele legitimamente aplica, em virtude da prática de atos danosos ao Erário. Estaríamos a vislumbrar espúria isenção do foro do controle externo e a ausência de responsabilidade pelos atos praticados, o que equivaleria a períodos em que se considerava que o rei não causava dano, o que remete a períodos já superados da história da humanidade.[584]

Em resumo, o Tribunal de Contas afirma a sua competência constitucional para fiscalizar a Administração Pública, o que é certo. Daí considera que o Legislativo lhe esvaziaria a competência constitucional acaso prescrevesse balizas para a responsabilização de

---

583 STF. MS nº 21.631 6/DF. Rel. Min. Joaquim Barbosa, j. 2.2.2012.

584 TCU, Plenário. Acórdão nº 615/2020. Rel. Min. Ana Arraes, j. 18.3.2020.

advogado público. Por essas razões, embora sem afirmar em alto e bom som, empreende uma espécie de interpretação conforme a Constituição para delimitar a incidência do §2º do artigo 38 da Lei nº 13.327/2016 ao plano funcional, algo que não lhe diria respeito e que não precisaria ser por si respeitado.

O argumento do Tribunal de Contas da União é visivelmente equivocado. A principal objeção que se faz a ele é que o legislador infraconstitucional pode perfeitamente estabelecer balizas e condicionantes à aplicação das normas constitucionais, inclusive distinguindo graus de culpa para a responsabilização de agentes públicos. Note-se que o próprio legislador infraconstitucional limitou a responsabilidade de magistrados, membros do Ministério Público e ministros de tribunais de contas, que também são agentes públicos, a casos de dolo ou fraude (inciso I do artigo 143 e artigo 181, ambos do Código de Processo Civil, e o artigo 73 da Lei Orgânica do Tribunal de Contas da União).

Não é preciso pôr em realce que magistrados, membros do Ministério Público e ministros do Tribunal de Contas da União são agentes públicos. Ninguém discute, especialmente os próprios, que para eles é permitido ao legislador infraconstitucional, sem censuras, restringir as suas responsabilidades aos casos de dolo ou fraude. Por coerência, utilizando a mesma régua, também deveriam prestigiar a constitucionalidade do §2º do artigo 38 da Lei nº 13.327/2016 e, com mais ênfase, do artigo 184 do Código de Processo Civil. O legislador, notadamente no artigo 184 do Código de Processo Civil, tratou da responsabilidade dos agentes públicos de forma ampla, sem qualquer restrição. Não cabe ao Tribunal de Contas da União fabular restrições não supostas pelo legislador.

A inviolabilidade para o exercício da advocacia prescrita no artigo 133 da Constituição Federal deve ser resgatada, com foco privilegiado para a advocacia pública. A responsabilização de advogado público deve ser condicionada à configuração de dolo ou de fraude, nos termos do artigo 184 do Código de Processo Civil. De todo modo, ainda que se insista em admitir a responsabilização de advogado público por erro grosseiro/culpa grave, com base no artigo 28 da Lei de Introdução às Normas do Direito Brasileiro, não é admissível que advogado público seja sancionado por divergência de interpretação ou porque não se atentou a qualquer sorte de suposta ilegalidade e não a mencionou expressamente no parecer jurídico, de modo que a responsabilização deixe de ser a regra e passa a ser a exceção, a ser aplicada para casos em que os elementos de culpa realmente estejam bem delineados.

3.6.6 A responsabilidade dos agentes administrativos que decidem com base em pareceres jurídicos

A atividade do advogado público é fundamental para o processo de contratação pública. Como sabido, a matéria referente às licitações e contratos administrativos é complexa, permeada por legislação confusa e de difícil entendimento, que levanta inúmeros embates jurídicos. Portanto, a autoridade competente e os demais agentes envolvidos no processo correm grande risco de praticar atos em descompasso com a legislação ou com as posições da jurisprudência, especialmente dos tribunais de contas, o que pode implicar penalidades e rejeição de contas. O fato é que a autoridade competente e os demais agentes contam com o zelo da assessoria jurídica, para o efeito de levar a cabo licitação e contratação escorreitas, em conformidade com a legislação.

Como já sublinhado, é corrente a afirmação de que o parecer jurídico é meramente opinativo, no sentido de que veicula uma sugestão a respeito da providência a ser tomada ou sobre o ato administrativo a ser produzido pelo agente competente. Discorda-se da assertiva que associa o parecer jurídico a uma mera opinião, porque difunde a percepção de algo descompromissado. Ele, a rigor jurídico, é ato administrativo mediante o qual advogado público expressa orientação sobre alguma questão jurídica que lhe é posta à apreciação ou sobre a legalidade ou ilegalidade de algum ato ou processo administrativo, propondo à autoridade administrativa solução jurídica. O advogado não exterioriza o que ele acha que deve ser feito, mas o que, de acordo com a sua interpretação, o direto prescreve que deve ser feito.

É certo que, salvo disposição legal expressa em sentido diverso, o parecer jurídico não vincula a autoridade administrativa para o qual se destina, que pode perfeitamente não adotar a solução nele preconizada. No entanto, isso não reduz o parecer a um ato meramente opinativo.

De todo modo, o parecer jurídico não decide nada. Ele, a rigor, oferece os subsídios jurídicos para que a autoridade administrativa decida. Outrossim, o parecer jurídico não é, por si, sequer motivação de decisão. Ele pode ser motivação, desde que isso seja apontado pela autoridade administrativa, isto é, desde que ela o adote como motivação do ato.

Sem embargo, ganha relevo o fato de que a autoridade administrativa decide influenciada sobremaneira pelo parecer jurídico. Ora, a autoridade administrativa talvez possua conhecimentos jurídicos muito básicos. Grande parte delas, a maioria, não recebeu formação jurídica específica. Pressupõe-se que as autoridades administrativas tenham experiência, vivência com a coisa pública e, por via direta de consequência, estejam aptas a distinguir o certo do errado. Sem embargo, não cabe a elas o ofício jurídico, acompanhar de perto as decisões dos tribunais e as novas teses desenvolvidas pela doutrina. Para isso, ela conta com o corpo jurídico da entidade, cujo dever é expor a ela tais informações, empreendendo raciocínio jurídico sistêmico e amplamente fundamentado, que inspira e sirva de base para as suas decisões.

Em razão disso, cabe reconhecer que a responsabilidade da autoridade administrativa está em algum grau entrelaçada com a responsabilidade do advogado, cujo parecer jurídico lhe serviu de fundamento para a tomada de decisão. Márcio Camarrossano é um dos primeiros autores a defender a tese de que as autoridades administrativas não devem ser penalizadas se atuam amparadas por pareceres jurídicos que tenham sido redigidos em termos que lhes possam depositar confiança. Confira-se:

> Portanto, se determinada autoridade administrativa decide por expedir este ou aquele ato, celebrar este ou aquele contrato, baseando-se em parecer jurídico que solicita, emitido por profissional do próprio quadro de servidores ou a ele estranho, e desde que o parecer que se lhe apresenta esteja redigido em termos tais que lhe possa inspirar confiança, considerando-o com a prudência que é de se esperar do bom administrador, esse mesmo administrador não poderá ser responsabilizado se porventura sua decisão vier a ser anulada pelo Judiciário ou considerada ilegal pelo Tribunal de Contas. Não se pode esquecer de que responsabilidade pessoal do administrador público só há se tiver agido com dolo ou culpa. Se decide com base em parecer do qual, de acordo com seu prudente critério, e em

face do que consta do processo administrativo em que tenha sido juntado, não tem por que desconfiar, mesmo porque aparentemente bem fundamentado e com conclusões plausíveis, não pode ser punido.[585]

Esse entrelaçamento de responsabilidade entre o advogado público emissor do parecer jurídico e a autoridade que decide com base nele demanda alguns anteparos.

O mais evidente é que esse entrelaçamento de responsabilidades não ocorre nas situações em que a autoridade administrativa não tenha adotado o parecer do advogado, atraindo para si toda a responsabilidade e dever de motivação. Aliás, noticie-se que, para o Tribunal de Contas da União, a desconsideração imotivada de parecer jurídico é elemento que conduz à caracterização do erro grosseiro por parte da autoridade.[586]

Para além disso, a autoridade só se protege no tocante às questões jurídicas. Sucede que a decisão da autoridade envolve outros aspectos que não jurídicos, como de conveniência e oportunidade, bem como de fundo técnico e econômico-financeiro, que não se confundem com o recorte jurídico que é próprio do parecer jurídico. Logo, o parecer jurídico não evita que a autoridade seja questionada ou responsabilizada em razão desses outros recortes que não sejam jurídicos. No que tange a esses outros assuntos, notadamente técnico e econômico-financeiro, a autoridade pode valer-se de outros pareceres de natureza técnica e econômico-financeira e não jurídica. O raciocínio que se aplica à autoridade sobre o parecer jurídico serve também a eventuais pareceres técnicos e econômico-financeiros.

Também é preciso ponderar que a autoridade somente se escuda no parecer jurídico diante dos fatos levados à consideração do advogado público que o emitiu. O advogado público, por regra, analisa os fatos tal qual postos no respectivo processo administrativo. Fatos que lhe são estranhos, que tenham sido sonegados do advogado público, não podem ser justificados em razão de parecer jurídico que deles desconhece.

Outro fator a ser sopesado diz respeito aos critérios distintos para a aferição das culpabilidades dos advogados públicos e das autoridades que decidem com base nos pareceres jurídicos. Acontece que os advogados públicos somente devem ser responsabilizados se atuam com dolo ou fraude, como determina o artigo 184 do Código de Processo Civil. Por sua vez, a autoridade deve ser responsabilizada se atua com dolo ou erro grosseiro/culpa grave, em face do artigo 28 da Lei de Introdução às Normas do Direito Brasileiro. Isso significa que a responsabilização do advogado público, porque condicionada ao dolo ou fraude, depende de intenção ilícita. A responsabilização da

---

[585] CAMARROSANO, Márcio. Da responsabilidade de autoridades governamentais por atos que expedem tendo por suporte pareceres jurídicos, e dos autores destes. *ILC – Informativo de Licitações e Contratos*, Curitiba, p. 229, mar. 1997.

[586] "13. Especificamente quanto aos gestores Rodrigo Zotti de Araújo, Superintendente Administrativo e Financeiro do Confea (responsável pela decisão de dar prosseguimento à contratação em detrimento das falhas presentes no processo), e José Tadeu da Silva, Presidente do Confea (responsável por assinar o Contrato 8/2017 sem avaliar as falhas presentes no processo), entendo que suas condutas se revestem de culpa grave, pois agiram desconsiderando Parecer da Consultoria Jurídica da instituição (Parecer 125/2017-Sucon, peça 63, p. 55-63), que identificou a necessidade de o processo de contratação que visava à adesão à ARP do MI conter justificativas embasadas da área técnica sobre a vantajosidade da contratação e a respeito do objeto da ata não derivar de situações específicas do seu órgão gestor. Tais condutas evidenciam que esses responsáveis não desempenharam suas atribuições da forma que seria esperada do administrador médio, ou seja, suas condutas foram contrárias à ação que se espera de um gestor diligente, denunciando descaso, temeridade e falta de cuidados indispensáveis" (TCU, Plenário. Acórdão nº 1.264/2019. Rel. Min. Augusto Nardes, j. 5.6.2010).

autoridade, por sua vez, pode ocorrer independentemente da intenção ilícita, a falta de cuidado extremada é o bastante para caracterizar o erro grosseiro/culpa grave.

O ponto é que se deve considerar, com os devidos anteparos e por via de regra, que a autoridade que decide em consonância às orientações vertidas em parecer jurídico atua com cuidado e não incorre em erro grosseiro/culpa grave. Ora, o natural seria visualizar violação ao dever de cuidado por parte da autoridade competente que diverge do parecer jurídico. O Superior Tribunal de Justiça tem precedente que aponta exatamente nesse rumo:

> O que se vê é que os demandados atuaram em conformidade com as conclusões de vários órgãos especializados, que abordaram questões técnicas e jurídicas, convergindo para a orientação de que haveria a possibilidade de se firmarem os termos de aditamento que deram ensejo à alegada improbidade.
> Entendo, nessa esteira, que a solução aplicada pelas instâncias *a quo* para imputar a conduta de improbidade aos demandados não parece se coadunar com os ditames da razoabilidade, visto que seria mais lógica tal conclusão se os demandados tivessem agido em contrariedade às recomendações de ordem técnica ou ainda se houvesse a comprovação de que o conjunto de atos procedimentais que embasou a sua atuação tivesse sido praticado com intenção direcionada à lesão da administração pública.
> E, pelo que consta do quadro fático apresentado pelas instâncias ordinárias, em nenhum momento a lisura de tais pareceres e recomendações foi questionada.
> Sob esse prisma, pode-se afirmar que o Tribunal estadual não se desincumbiu de tecer um detalhamento mínimo necessário à aferição da culpa, na medida em que sua conclusão decorreu de presunção de que a desconformidade dos adiamentos contratuais com os ditames da Lei 8.666/93 automaticamente configuraria a improbidade.
> Entretanto, a irregularidade ou ilegitimidade por si só, sem a perquirição do elemento volitivo, como já demonstrado, não consubstanciam substratos fáticos suficientes para a tipificação das condutas e a aplicação das sanções previstas na Lei de Improbidade Administrativa, sob pena de se admitir a responsabilização objetiva dos agentes públicos.
> Dessa forma, tendo os atos sido praticados em conformidade com as orientações de ordem técnica e jurídica, convergentes e provenientes de diversos órgãos da administração, bem como levando-se em consideração que a idoneidade dessas manifestações não foi questionada, e que estas apresentaram posicionamentos e interpretações plausíveis, não é razoável nem proporcional considerar existente a culpa, a ponto de se tipificar as condutas dos recorrentes como incursas no artigo 10 da Lei de improbidade administrativa.
> Feitas tais considerações, constata-se que os elementos e circunstâncias mencionadas pelo Tribunal de origem referem-se, em verdade, a eventuais ilegalidades dos atos em discussão, os quais, repita-se, não são suficientes para demonstrar a culpa dos demandados.[587]

O Tribunal de Contas da União admite o raciocínio em hipótese, mas dificilmente o aplica. Por exemplo, no Acórdão nº 206/2007, do Plenário, da relatoria do Ministro Aroldo Cedraz, a autoridade foi condenada mesmo reconhecendo-se a tese:

> 9. O fato de o administrador seguir pareceres técnicos e jurídicos não o torna imune à censura do Tribunal. Esta Corte evoluiu o seu posicionamento no sentido de que tal

[587] STJ, Primeira Seção. REsp nº 997.564. Rel. Min. Benedito Gonçalves, j. 18.3.2010.

entendimento somente pode ser admitido a partir da análise de cada caso, isto é, deve-se verificar se o parecer está devidamente fundamentado, se defende tese aceitável e se está alicerçado em lição de doutrina ou de jurisprudência. Presentes tais condições, não há como responsabilizar os técnicos e os advogados, nem, em consequência, a autoridade que se baseou em seu parecer.[588]

A posição recorrente do Tribunal de Contas da União é que as autoridades devem avaliar e rever os pareceres jurídicos que lhes são encaminhados, bem como devem discordar de pontos deles que estejam equivocados, sendo que as autoridades e os advogados públicos emissores dos pareceres jurídicos podem ser responsabilizados em conjunto.[589]

É certo que o parecer jurídico não deve ser encarado como salvo-conduto absoluto para as autoridades que decidem com base nele, sob pena de chancelarem atos ilegais e toda sorte de desvios. Nessa medida, as autoridades, até em razão da posição que ocupam, devem ter condições de avaliar os pareceres jurídicos, ainda que não se possa exigir delas a intromissão no mérito dos raciocínios jurídicos mais complexos, até porque é de supor que não estejam completamente atualizadas sobre a legislação, doutrina e jurisprudência, porque não é isso que lhes cabe – contam com a assessoria jurídica justamente para essa finalidade.

Sendo assim, embora autoridades não devam receber os pareceres jurídicos às cegas, é plausível que adotem postura de deferência em relação a eles – deferência que é, por natureza, relativa e não absoluta. Ou seja, devem acatar os pareceres jurídicos por via de regra, presumindo que são adequados, salvo se puderem identificar algum tipo de elemento que sinalize o inverso. Deve-se reconhecer a presunção, ainda que relativa, a favor das autoridades que seguem o parecer jurídico.

O principal sinal de alerta para as autoridades administrativas se desenha diante de pareceres jurídicos com motivação extremamente sucinta e genérica, que se contenta apenas em mencionar os dispositivos legais. Ressalta-se que o parecer jurídico deve expressar a interpretação do advogado público acerca dos enunciados legais diante dos fatos que lhe são apresentados, conectando os enunciados legais e os fatos. Essa interpretação deve ser exteriorizada em linguagem articulada, minimamente compreensível para alguém que não é da área jurídica, como é o caso, repita-se, da maioria das autoridades administrativas.

É importante para as autoridades administrativas decidirem amparadas em pareceres jurídicos bem fundamentados, que lhes exponham todas as especificidades e entendimentos sobre as questões que lhes são submetidas. Dessa sorte, é de igual forma importante que as autoridades tenham razoável conhecimento sobre a legalidade e que rejeitem pareceres jurídicos com motivação extremamente sucinta e genérica.

---

[588] TCU, Plenário. Acórdão nº 206/2007. Rel. Min. Aroldo Cedraz, j. 28.2.2007.

[589] "29. Como já informado, o parecer técnico e o jurídico limitaram-se a fazer referência a planilhas anexas, sem trazer justificativas para fundamentar a necessidade de realinhamento, para o qual a lei exigiria comprovação de fatos imprevisíveis de consequências impeditivas da execução. 30. Não se trata, portanto, de exigir do secretário a análise de documentos e justificativas técnicas complexas, que, no caso, sequer foram apresentadas. Desse responsável era exigível ter detectado a falta de fundamento em tais pareceres, razão pela qual sua responsabilidade não pode ser afastada, devendo a deliberação ser mantida em seus exatos termos" (TCU, Segunda Câmara. Acórdão nº 7.181/2018. Rel. Min. Aroldo Cedraz, j. 7.8.2018).

Nada obstante isso, não havendo elementos que sinalizem o contrário, é de se presumir (presunção relativa) que quem age em consonância com as orientações jurídicas emitidas por advogados age de boa-fé. Diante dessa presunção, pelo menos em princípio, ainda que posteriormente órgão de controle reconheça que a solução jurídica sugerida pelo advogado público não seja a mais razoável, ou mesmo que não seja correta, a autoridade administrativa não deve ser responsabilizada. O efeito da presunção é que a responsabilização da autoridade administrativa que decide em consonância com o parecer jurídico impõe ao órgão de controle ônus argumentativo adicional, bastante para desconstituí-la. Significa que o órgão de controle deve demonstrar, diante dos fatos, que a autoridade tinha condições de identificar o desacerto e rejeitar o parecer jurídico. Não existe fórmula pronta, depende da análise de cada caso, porém a presunção é a favor da autoridade que segue o parecer jurídico e não o seu oposto.

3.7 O dever da advocacia pública de promover a defesa de agentes administrativos que atuaram em estrita observância de orientação constante de parecer jurídico

O *caput* do artigo 10 da Lei nº 14.133/2021 prescreve que, em matéria de licitações e contratos administrativos, a autoridade ou agente administrativo que tiver decidido e produzido ato administrativo em estrita observância de orientação constante em parecer jurídico goza do direito de ser defendida pela advocacia pública nas esferas administrativa, controladora ou judicial. O inciso II do §1º do artigo 1º do mesmo artigo 10 determina que o direito de ser representado pela advocacia pública não se aplica se houver no processo administrativo ou judicial prova da prática de atos ilícitos dolosos. Por fim, o §2º do mesmo artigo assegura que o direito de ser assistido pela advocacia pública não se extingue nas hipóteses de o agente administrativo deixar de ocupar o cargo, emprego ou função em que o ato questionado foi praticado.

Note-se que o *caput* do artigo 10 da Lei nº 14.133/2021 não prescreve o direito geral de agentes públicos de serem representados pela advocacia pública. O direito de que trata o artigo é delimitado apenas às situações em que o agente administrativo atuou "com estrita observância de orientação constante em parecer jurídico".

Portanto, o artigo 10 da Lei nº 14.133/2021 não alberga situações em que os agentes administrativos tenham atuado com correção, na defesa dos melhores interesses públicos, porém sem a orientação do parecer jurídico. A existência do parecer jurídico e o seguimento da orientação vertida nele são condições para a aplicação do dispositivo.

Seria, de fato, muito injusto se o agente administrativo fez exatamente o que lhe foi orientado pela advocacia pública e, uma vez questionado em processo administrativo ou judicial, não recebesse o suporte da mesma advocacia pública e tivesse de contratar advogados privados às suas próprias expensas. É quase que uma obrigação moral da advocacia pública amparar o agente administrativo que seguiu suas orientações e promover-lhe a defesa.

Bem por isso o *caput* do artigo 10 da Lei nº 14.133/2021 confere aos agentes administrativos, atendidas as condições por si preceituadas, o direito de serem representados pela advocacia pública, dado que o comando dirigido a ela é peremptório: "[...] a advocacia pública promoverá, a critério do agente público, sua representação judicial ou extrajudicial". Ou seja, nesses casos, o agente público goza do direito de ser representado pela advocacia pública e esta tem o dever de lhe representar.

Pondera-se que o agente administrativo também pode ser defendido pela advocacia pública nos casos em que sofre processo administrativo ou judicial em razão de ato administrativo correto e na defesa dos melhores interesses públicos, mesmo que não amparado em parecer jurídico. Entretanto, nessa situação, a defesa por parte da advocacia pública não deve ser realizada com base no artigo 10 da Lei nº 14.133/2021, que tem recorte mais estreito, como visto.

Nessa direção, em âmbito federal, o artigo 22 da Lei nº 9.028/1995 autoriza que a Advocacia-Geral da União e os seus órgãos vinculados representem judicialmente os agentes administrativos. O dispositivo é mais amplo e não limitado às situações em que o agente administrativo segue parecer jurídico, como são aquelas a que se refere o artigo 10 da Lei nº 14.133/2021. A Portaria nº 428/2019, da Advocacia-Geral da União, disciplina os procedimentos para a representação judicial dos agentes administrativos por si, o que depende da solicitação do interessado e da demonstração da existência de interesse público da União. Por simetria, são permitidas prescrições legais similares nas demais esferas federativas.

Informe-se que o Conselho Federal da Ordem dos Advogados do Brasil propôs a Ação Direta de Inconstitucionalidade nº 2.888, perante o Supremo Tribunal Federal, por considerar o artigo 22 da Lei nº 9.028/1995 inconstitucional. Em resumo, a Ordem dos Advogados entende que o legislador não poderia prever competências à Advocacia-Geral da União que não fossem expressas na Constituição Federal, mais precisamente no seu artigo 131. O argumento é equivocado, porque o Legislativo pode perfeitamente atribuir competências a agentes públicos que sejam adicionais àquelas previstas constitucionalmente, desde que não as contrariem nem as desnaturem, o que é o caso.

Sucede que a defesa dos agentes administrativos é meio reflexo para a defesa da própria Administração Pública. Ora, a Administração Pública é uma abstração jurídica, que atua concretamente através dos agentes administrativos. Eles que representam a Administração Pública e que atuam em seu nome. Logo, o questionamento direcionado a agente administrativo em razão de ato administrativo reflete-se na própria Administração Pública. Ou seja, a defesa do agente administrativo importa na defesa do ato administrativo e, por via de consequência, na defesa da própria Administração Pública, que é o mister maior da advocacia pública.

Uma das questões mais difíceis em torno do artigo 10 da Lei nº 14.133/2021 diz respeito à previsão constante do inciso II do seu §1º de que a advocacia pública não deve assumir a defesa dos agentes administrativos se "provas da prática de atos ilícitos dolosos constarem nos autos do processo administrativo ou judicial". Percebe-se, já de plano, que o dispositivo exige prova e não se contenta com meros indícios ou suspeitas ou conjecturas sobre a prática de atos ilícitos dolosos.

O problema prático é que o autor ou aquele que provoca o processo administrativo ou judicial pode entender e alegar que há prova da ocorrência de atos ilícitos dolosos e o objetivo da defesa do agente administrativo é justamente desconstituir tal alegação, demonstrando a correção e licitude do ato administrativo ou que este, se entendido como ilícito, não foi produzido com dolo. Somente ao final do processo é que se vai decidir definitivamente se há ou não prova sobre atos ilícitos dolosos. Contudo, a defesa é prévia, faz-se antes dessa solução definitiva. Logo, a advocacia pública goza de competência para analisar o processo e formular juízo apriorístico sobre a existência ou não de prova acerca de atos ilícitos dolosos. Essa situação é delicada, porque o juízo da advocacia pública deve ser formalizado e, sendo assim, acaso desfavorável ao agente administrativo, pode, inclusive, prejudicá-lo em sua defesa. Outra complicação é o tempo que a advocacia pública dispõe para realizar essa análise, porque, se ela se demorar, consome o próprio prazo da defesa.

Reitera-se que o *caput* do artigo 10 da Lei nº 14.133/2021 refere-se às situações em que o agente administrativo segue estritamente o parecer jurídico. Logo, sendo assim, a presunção, ainda que relativa, é que o ato administrativo seja lícito. Aliás, é atribuição geral dos atos administrativos a presunção de legalidade, o que se reforça, na hipótese em comento, pela aderência à orientação de parecer jurídico. Sob esse contexto, a recusa da advocacia pública em promover a defesa do agente público deve ser excepcional, demanda dela motivação que indique prova concreta acerca de fatos que desbordem da órbita estritamente jurídica própria do parecer jurídico.

O artigo 10 da Lei nº 14.133/2021 é positivo, oferece algum conforto para os agentes administrativos e, nesse mesmo grau, atenua a sensação de medo que tanto lhes atormenta. Contar com a representação do Estado, por meio dos quadros competentes da advocacia pública, é um alento para os agentes administrativos.

3.7.1 Seguro de responsabilidade

Tem sido frequente que empresas estatais contratem seguros de responsabilidade para os seus administradores (*Directors and Officers Liability* – D&O), que abrangem os custos para que eles promovam suas defesas nas hipóteses em que seus atos sejam questionados, incluindo a contratação de advogados privados, bem como cobertura de indenização ou pagamento de sanções que lhes forem aplicadas.

O Tribunal de Contas da União, por meio do Acórdão nº 3.116/2013, do Plenário, relatado pelo Ministro Raimundo Carreiro, considerou regular a contratação de tais seguros, com as seguintes ressalvas:

> 9.3. dar ciência [à concessionária] de que:
> 9.3.1. a contratação de seguro cuja apólice inclua cobertura de indenização ou pagamento de sanções aplicadas por órgãos do Estado, em virtude de atos praticados com dolo ou culpa, no segundo caso quando comprovado que não foram adotadas as precauções e medidas normativas e legais que se esperaria de um homem médio, afronta os princípios da moralidade e da supremacia do interesse público, previstos, respectivamente, no art. 37, caput, da Constituição da República, e no art. 2º, caput, da Lei nº 9.784/1999;
> 9.3.2. a contratação de seguro para defesa de dirigentes em processos administrativos ou judiciais, cuja apólice inclua cobertura em caso de prática de atos manifestamente ilegais, contrários ao interesse público, praticados com dolo ou culpa, nesse último caso quando comprovado que não foram adotadas as precauções e medidas normativas e legais que se esperaria de um homem médio, afronta o disposto nos princípios da moralidade,

legalidade e supremacia do interesse público, previstos, respectivamente, no art. 37, caput, da Constituição da República, e no art. 2º, caput, da Lei nº 9.784/1999; [...].[590]

Salienta-se que a contratação de seguro se dá nos termos da legislação civil e de acordo com as suas normas regulamentares. A propósito, em harmonia ao acórdão do Tribunal de Contas da União, o artigo 762 do Código Civil prescreve que "nulo será o contrato para garantia de risco proveniente de ato doloso do segurado, do beneficiário, ou de representante de um ou de outro".

A mesma prática correspondente à contratação de seguros de responsabilidade poderia ser empregada pelos órgãos e entidades administrativas, o que seria mais uma medida de proteção para que os agentes administrativos pudessem desempenhar as suas funções com mais tranquilidade e desenvoltura.

4 Conflito de interesses

A Lei nº 12.813/2013 dispõe sobre o conflito de interesses no exercício de cargo ou emprego no âmbito do Poder Executivo Federal. O artigo 2º da referida lei estabelece que se submetem a ela os ocupantes dos seguintes cargos e empregos:

> I - de ministro de Estado;
> II - de natureza especial ou equivalentes;
> III - de presidente, vice-presidente e diretor, ou equivalentes, de autarquias, fundações públicas, empresas públicas ou sociedades de economia mista; e
> IV - do Grupo-Direção e Assessoramento Superiores - DAS, níveis 6 e 5 ou equivalentes.

Além deles, o parágrafo único do artigo 2º estende a aplicação da lei aos "ocupantes de cargos ou empregos cujo exercício proporcione acesso a informação privilegiada capaz de trazer vantagem econômica ou financeira para o agente público ou para terceiro, conforme definido em regulamento", o que, evidentemente, se aplica sobre as licitações e contratos administrativos. Num passo adiante, o artigo 10 da mesma lei enuncia que o disposto nos seus artigos 4º, 5º e no inciso I do artigo 6º aplica-se para todos os agentes administrativos no âmbito do Poder Executivo Federal.

Registre-se que, segundo o artigo 12 da Lei nº 12.813/2013, a prática dos atos que configuram conflito de interesse caracteriza improbidade administrativa e sujeita o agente administrativo à pena disciplinar de demissão. O inciso I do artigo 3º da Lei nº 12.813/2013 sinaliza que conflito de interesses é "a situação gerada pelo confronto entre interesses públicos e privados, que possa comprometer o interesse coletivo ou influenciar, de maneira imprópria, o desempenho da função pública". Em complemento, o §2º do artigo 4º da mesma lei adverte que "a ocorrência de conflito de interesses independe da existência de lesão ao patrimônio público, bem como do recebimento de qualquer vantagem ou ganho pelo agente público ou por terceiro".

---

590 TCU, Plenário. Acórdão nº 3.116/2013. Rel. Min. Raimundo Carreiro, j. 20.11.2013.

O artigo 5º da Lei nº 12.813/2013 nomeia as hipóteses de conflito de interesses:

> I - divulgar ou fazer uso de informação privilegiada, em proveito próprio ou de terceiro, obtida em razão das atividades exercidas;
> II - exercer atividade que implique a prestação de serviços ou a manutenção de relação de negócio com pessoa física ou jurídica que tenha interesse em decisão do agente público ou de colegiado do qual este participe;
> III - exercer, direta ou indiretamente, atividade que em razão da sua natureza seja incompatível com as atribuições do cargo ou emprego, considerando-se como tal, inclusive, a atividade desenvolvida em áreas ou matérias correlatas;
> IV - atuar, ainda que informalmente, como procurador, consultor, assessor ou intermediário de interesses privados nos órgãos ou entidades da administração pública direta ou indireta de qualquer dos Poderes da União, dos Estados, do Distrito Federal e dos Municípios;
> V - praticar ato em benefício de interesse de pessoa jurídica de que participe o agente público, seu cônjuge, companheiro ou parentes, consanguíneos ou afins, em linha reta ou colateral, até o terceiro grau, e que possa ser por ele beneficiada ou influir em seus atos de gestão;
> VI - receber presente de quem tenha interesse em decisão do agente público ou de colegiado do qual este participe fora dos limites e condições estabelecidos em regulamento; e
> VII - prestar serviços, ainda que eventuais, a empresa cuja atividade seja controlada, fiscalizada ou regulada pelo ente ao qual o agente público está vinculado.

O artigo 6º da Lei nº 12.813/2013 versa sobre os conflitos de interesses havidos após o exercício de cargo ou emprego:

> I - a qualquer tempo, divulgar ou fazer uso de informação privilegiada obtida em razão das atividades exercidas; e
> II - no período de 6 (seis) meses, contado da data da dispensa, exoneração, destituição, demissão ou aposentadoria, salvo quando expressamente autorizado, conforme o caso, pela Comissão de Ética Pública ou pela Controladoria-Geral da União: a) prestar, direta ou indiretamente, qualquer tipo de serviço a pessoa física ou jurídica com quem tenha estabelecido relacionamento relevante em razão do exercício do cargo ou emprego;
> b) aceitar cargo de administrador ou conselheiro ou estabelecer vínculo profissional com pessoa física ou jurídica que desempenhe atividade relacionada à área de competência do cargo ou emprego ocupado;
> c) celebrar com órgãos ou entidades do Poder Executivo federal contratos de serviço, consultoria, assessoramento ou atividades similares, vinculados, ainda que indiretamente, ao órgão ou entidade em que tenha ocupado o cargo ou emprego; ou
> d) intervir, direta ou indiretamente, em favor de interesse privado perante órgão ou entidade em que haja ocupado cargo ou emprego ou com o qual tenha estabelecido relacionamento relevante em razão do exercício do cargo ou emprego.

Reitera-se que, em alinho ao artigo 10 da Lei nº 12.813/2013, as hipóteses do artigo 5º e apenas a do inciso I do artigo 6º aplicam-se para a generalidade dos agentes administrativos no âmbito do Poder Executivo Federal. O inciso II do artigo 6º, que trata da quarentena de 6 meses, se aplica somente para os agentes mencionados no artigo 2º da mesma lei.

O inciso III do *caput* do artigo 7º e os §§1º e 2º do artigo 9º, todos dispositivos da Lei nº 14.133/2021, veiculam regras especiais de conflito de interesses incidente sobre os agentes administrativos que atuam nas licitações e contratos administrativos. Em relação aos agentes administrativos do Poder Executivo Federal, tais regras não afastam nem substituem as regras da Lei nº 12.813/2013, apenas se somam a elas.

O inciso III do *caput* do artigo 7º da Lei nº 14.133/2021 exige que a autoridade designe para o desempenho das funções essenciais atinentes às licitações e contratos administrativos agentes que "não sejam cônjuge ou companheiro de licitantes ou contratados habituais da Administração nem tenham com eles vínculo de parentesco, colateral ou por afinidade, até o terceiro grau, ou de natureza técnica, comercial, econômica, financeira, trabalhista e civil".

De acordo com o artigo 1.591 do Código Civil, "são parentes em linha reta as pessoas que estão umas para com as outras na relação de ascendentes e descendentes". O artigo 1.592 do Código Civil considera que "são parentes em linha colateral ou transversal, até o quarto grau, as pessoas provenientes de um só tronco, sem descenderem uma da outra". No que atine aos graus de parentesco, o artigo 1.594 do Código Civil prescreve que "contam-se, na linha reta, os graus de parentesco pelo número de gerações, e, na colateral, também pelo número delas, subindo de um dos parentes até ao ascendente comum, e descendo até encontrar o outro parente".

Sob essas luzes, esclareça-se que na ascendência o terceiro grau é o bisavô e na descendência é o bisneto. Em linha colateral, os parentes de terceiro grau são os tios e sobrinhos. Primos são parentes de quarto grau, portanto não estão abrangidos pelo inciso III do *caput* do artigo 7º da Lei nº 14.133/2021.

Também há a relação de parentesco por afinidade. O artigo 1.595 do Código Civil determina que "cada cônjuge ou companheiro é aliado aos parentes do outro pelo vínculo da afinidade". O §1º do mesmo artigo sinaliza que "o parentesco por afinidade limita-se aos ascendentes, aos descendentes e aos irmãos do cônjuge ou companheiro".

Então, por afinidade, em relação aos ascendentes e descendentes da esposa ou do marido, não há limites. Por exemplo, os parentes em linha reta do marido são considerados parentes colaterais em linha reta da esposa. Em termos práticos, por afinidade, pais e filhos (primeiro grau), avós e netos (segundo grau) e bisavós e bisnetos (terceiro grau) do marido são considerados parentes por afinidade em linha reta da esposa e, também, se enquadram no inciso III do *caput* do artigo 7º da Lei nº 14.133/2021.

Em linha colateral, o parentesco por afinidade, na forma do §1º do artigo 1.595 do Código Civil, limita-se aos irmãos do cônjuge ou companheiro, portanto, aos cunhados. A relação de parentesco por afinidade e em linha colateral encerra-se com os cunhados. Os sobrinhos, tios e primos do cônjuge ou companheiro sequer são considerados parentes.

Afora a referência a cônjuges, companheiros e parentes, o inciso III do *caput* do artigo 7º da Lei nº 14.133/2021 emprega termos com conceitos fluidos, com muitas brechas que demandam definição, desde o que seja e como identificar "licitantes ou contratados habituais" até o que realmente caracteriza relação técnica, comercial, econômica, financeira, trabalhista e civil.

Note-se que, de acordo com a redação legal, o conflito de interesses somente se desenha diante de licitantes ou contratados habituais. Depreende-se que, para licitantes ou contratados não habituais, não se caracteriza o conflito. Ter-se-ia, daí, que recorrer ao artigo 5º da Lei nº 12.813/2013, pelo menos na órbita federal, cujas hipóteses não têm tanta abrangência quanto às do inciso III do *caput* do artigo 7º da Lei nº 14.133/2021.

Os termos usados no inciso III do *caput* do artigo 7º da Lei nº 14.133/2021, bem abertos, podem causar muitas dúvidas, em prejuízo à segurança jurídica, especialmente em municípios de médio e pequeno porte. Nesses municípios de médio e pequeno porte, é comum que o universo de fornecedores seja limitado, a maior parte dos fornecedores sediado na região, e que os agentes administrativos acabem travando relações comerciais ou de outras espécies com os tais fornecedores, como posto de gasolina, mercado, oficina etc. Se o dispositivo for interpretado sem restrições, é provável que todos os agentes administrativos se tornem conflitados. É conveniente que o regulamento a que se refere o §3º do artigo 8º da Lei nº 14.133/2021 cuide dessas questões e melhor as delimite.

Vínculo trabalhista não atrai dúvida maior, pressupõe relação de emprego. Sobre os demais vínculos, os de natureza técnica, comercial, econômica, financeira ou civil, não há definição precisa e objetiva. Por exemplo, imagine-se que o agente público que se pretenda designar seja correntista de instituição bancária e que tenha financiado com ela a aquisição do seu automóvel particular. A rigor jurídico, pode-se dizer que há vínculo comercial, econômico, financeiro e civil.

Propõe-se que os vínculos especiais listados no inciso III do *caput* do artigo 7º da Lei nº 14.133/2021 não se configuram diante de relações que são padronizadas e de préstimos que são oferecidos de modo geral ao público com condições relativamente uniformes. É que não se antevê relação pessoal direta nessas situações, o que configuraria o receio de benefício indevido ou conflito de interesse, o que se busca evitar com o inciso III do *caput* do artigo 7º da Lei nº 14.133/2021 (interpretação teleológica).

Sublinha-se que não é permitido designar para as funções essenciais agente público que seja sócio de empresa que é licitante ou contratado habitual. Sucede que a relação societária é essencialmente uma relação econômica. O sócio de uma empresa, ainda que não tenha poder de gerência, é beneficiado com os lucros auferidos por ela, que lhe devem ser distribuídos. Há claramente vínculo econômico com relação pessoal direta.

Ainda sobre conflito de interesses, o §1º do artigo 9º da Lei nº 14.133/2021 determina que

> não poderá participar, direta ou indiretamente, da licitação ou da execução do contrato agente público de órgão ou entidade licitante ou contratante, devendo ser observadas as situações que possam configurar conflito de interesses no exercício ou após o exercício do cargo ou emprego, nos termos da legislação que disciplina a matéria.

O §2º do mesmo artigo, em complemento, preceitua que "as vedações de que trata este artigo estendem-se a terceiro que auxilie a condução da contratação na qualidade de integrante de equipe de apoio, profissional especializado ou funcionário ou representante de empresa que preste assessoria técnica". Relembre-se que os casos de conflitos de interesse após o exercício do cargo ou emprego são prescritos no âmbito do Poder Executivo Federal no artigo 6º da Lei nº 12.813/2013, sendo que o seu inciso II, que impõe a quarentena de seis meses, aplica-se apenas aos agentes listados no artigo 2º da mesma lei.

CAPÍTULO 11

MODALIDADES DE LICITAÇÃO PÚBLICA

1 Considerações gerais

1.1 Panorama histórico das modalidades de licitação até o advento da Lei nº 14.133/2021

A licitação pública é um processo administrativo que se desenrola em uma cadeia de atos administrativos sucessivos, que devem ser cumpridos rigorosamente para que, ao final, se escolha o proponente com o qual a Administração Pública irá celebrar contrato. Esses atos praticados no curso da licitação pública retratam uma série de formalidades a que se sujeita a Administração Pública e que serve para legitimar as suas contratações, preservando o interesse público e assegurando as mesmas oportunidades a todos os interessados nos contratos administrativos.

Ocorre que há diversos tipos de contratos, que demandam formalidades distintas, adequados cada qual à importância e à natureza do seu objeto. Portanto, pensando na diversidade de contratos e sob a mira deles, o legislador criou modalidades de licitação pública. A ideia central é que as modalidades, como o nome revela, representam modos diferentes de realizar licitação pública, dado que devem dispor de procedimentos diferenciados.

Num panorama histórico, a Lei nº 8.666/1993 prescrevia cinco modalidades, conforme o seu artigo 22: leilão, concurso, convite, tomada de preços e concorrência. O leilão e o concurso são utilizados para objetos bem específicos, sendo que o leilão, em regra, para a alienação de bens móveis e o concurso, para a escolha de trabalho técnico, artístico ou científico mediante prêmio ou remuneração. As demais modalidades têm utilização geral e dependem dos valores envolvidos e da complexidade do seu objeto. A concorrência é a modalidade padrão, com procedimento mais rigoroso e que deve ser utilizada nos contratos com valores mais elevados e de objetos mais complexos. A tomada de preços visa aos contratos intermediários e o convite, aos contratos de menor expressão.

Ainda sob a perspectiva da Lei nº 8.666/1993, a modalidade convite causa polêmica, porque nela a Administração convida três interessados e fixa cópia da carta-convite em lugar apropriado (§3º do artigo 22 da Lei nº 8.666/1993). Nos termos da lei, a carta-convite, que equivale ao edital, não precisa ser publicada. Esse procedimento é bastante fragilizado e impõe gravame ao princípio da isonomia, dando espaços a práticas fraudulentas e de corrupção. Isso porque, como a licitação é restrita, na maior parte das vezes, aos convidados, é fácil à Administração manipular a escolha dos convidados, o que propicia arranjos e conluios.

Afora isso, ainda na ótica da Lei nº 8.666/1993, as modalidades concorrência, tomada de preços e convite seguem a mesma base procedimental: inicia-se com a habilitação de todos os licitantes e depois se procede ao julgamento das propostas dos licitantes habilitados. As propostas são fechadas, apresentadas numa única oportunidade, sem que seja possível aos licitantes alterar as suas propostas depois de apresentadas. Há, por via de regra, um recurso contra a decisão sobre a habilitação e outro contra a decisão sobre o julgamento das propostas.

Em paralelo e fora da Lei nº 8.666/1993, o legislador criou uma sexta modalidade de licitação, denominada pregão. Ela apareceu, pela primeira vez, na Lei nº 9.472/1997, para ser aplicada somente pela Agência Nacional de Telecomunicações (Anatel). Posteriormente, a Medida Provisória nº 2.026/2000 fez o pregão abranger toda a Administração Pública Federal. Com o mesmo fundo, a referida medida provisória recebeu nova numeração, dessa vez o nº 2.108/2000, e acabou convertida na Lei nº 10.520/2002, abrindo-se para toda a Administração Pública nacional.

A modalidade pregão deve ser utilizada apenas para a aquisição de bens e serviços de natureza comum, isto é, consoante definição contida na respectiva lei, bens e serviços cujos padrões de desempenho e qualidade possam ser objetivamente definidos no edital, por meio de especificações usuais no mercado (parágrafo único do artigo 1º da Lei nº 10.520/2002). O ponto positivo disso é que a adoção do pregão independe do valor do contrato, critério até então prevalecente, em especial no que toca às modalidades definidas na Lei nº 8.666/1993, minimizando problemas relativos ao parcelamento indevido de licitação pública. A modalidade pregão introduziu também a licitação eletrônica, chamada de pregão eletrônico, regulada pelo Decreto Federal nº 10.024/2019.

A modalidade pregão inaugurou uma base procedimental bem diferente da prevista na Lei nº 8.666/1993. Primeiro se trata das propostas e se admite que elas sejam alteradas no curso da licitação, por meio da apresentação de lances, na chamada etapa de lances. Depois é que se passa à habilitação e, daí, apenas do melhor classificado. Há apenas um recurso, ao final do procedimento. Essa base procedimental era mais moderna do que a da Lei nº 8.666/1993, estimulou o oferecimento de preços mais reduzidos e imprimiu celeridade às licitações.

Sem embargo, a modalidade pregão acendeu polêmicas, críticas lhe são dirigidas, especialmente porque a etapa de lances leva, muitas vezes, ao oferecimento de propostas irrefletidas e inexequíveis. Também se questiona a inversão das fases ao argumento de que, depois de abertas as propostas, a Administração tende a ser leniente com os requisitos de habilitação, o que leva à contratação de pessoas sem as qualificações necessárias.

Tem-se também o denominado Regime Diferenciado de Contratações Públicas (RDC), disciplinado pela Lei nº 12.462/2011. Ele foi concebido para as licitações destinadas à Copa do Mundo de Futebol de 2014 e às Olimpíadas de 2016. Entretanto, posteriormente, foi ampliado para outros objetos, inclusive para as ações integrantes do Programa de Aceleração do Crescimento – PAC. As licitações então realizadas sob regime diferenciado não seguem nenhuma das modalidades da Lei nº 8.666/1993 ou o pregão. O Regime Diferenciado é por si uma nova modalidade, um novo modo de promover licitação. Embora não se nomeie modalidade, segue a mesma base procedimental do pregão, com alguns anteparos. Em linha geral, o julgamento vem antes da habilitação, admite-se a etapa de lances e o recurso é um só, ao final.

Posteriormente, o legislador produziu a Lei nº 13.303/2016, dedicada às empresas públicas, sociedades de economia mista e suas subsidiárias, que, também num plano geral, segue a mesma sistemática do Regime Diferenciado de Contratações Públicas, sem prever modalidades específicas, embora estabeleça que se deve priorizar a modalidade pregão da Lei nº 10.520/2002 nas hipóteses em que a licitação tiver por objeto bens e serviços comuns (inciso IV do artigo 32 da Lei nº 13.303/2016). A Lei nº 13.303/2016 prevê procedimento próprio de licitação, também com a mesma base procedimental da modalidade pregão, de modo bastante parecido, insista-se, com o Regime Diferenciado de Contratações Públicas.

Pode-se dizer, analisando-se em perspectiva, até o advento da Lei nº 14.133/2021, que as modalidades mais usuais de licitação se dividiam entre duas grandes bases procedimentais. A base procedimental tradicional, da Lei nº 8.666/1993, e a base procedimental da modalidade pregão, da Lei nº 10.520/2002. Toda a legislação sobre licitação pública produzida depois da criação da modalidade pregão seguiu a sua base procedimental, ainda que com algumas particularidades, aspectos mais pontuais.

A modalidade pregão, nesse processo histórico, acabou prevalecendo. Ela pode ser aplicada para bens e serviços comuns, conceito que foi se alargando com o passar do tempo. Atualmente, ela é utilizada para quase todos os objetos, inclusive serviços comuns de engenharia. A exceção relevante ocorre com as obras de engenharia.

1.2 Panorama geral das modalidades de licitação na Lei nº 14.133/2021

A Lei nº 14.133/2021, diferentemente da Lei nº 12.462/2011 e da Lei nº 13.303/2016, resolveu dispor sobre modalidades de licitação pública. O artigo 28 da Lei nº 14.133/2021 prescreve cinco modalidades: pregão, concorrência, concurso, leilão e diálogo competitivo. A modalidade convite, da Lei nº 8.666/1993, não foi reproduzida na Lei nº 14.133/2021. Já vai tarde.

O concurso e o leilão tratam de objetos específicos, na mesma linha da revogada Lei nº 8.666/1993, sem maiores novidades. O leilão deve ser utilizado para a alienação de bens públicos e o concurso para escolha de trabalho técnico, científico ou artístico.

O diálogo competitivo é a grande novidade, com inspiração estrangeira. Nele a Administração lança a licitação apresentando a sua demanda e os licitantes apresentam as suas soluções, que são escrutinadas em processo de diálogo com a Administração. Ao fim dos diálogos, a Administração especifica o objeto que pretende contratar e abre prazo para o oferecimento das propostas de preços. Trata-se de modalidade que incorpora as premissas da Administração Pública dialógica e consensual, que pode ser positiva, mas que deve ser aplicada em casos bem restritos e excepcionais.

As duas modalidades que, provavelmente, serão as mais frequentes são o pregão e a concorrência. A modalidade pregão é para bens e serviços comuns. A modalidade concorrência é para bens e serviços especiais e obras e serviços comuns e especiais de engenharia. Os objetos comuns devem ser licitados por meio do pregão e os especiais, por meio da concorrência.

O que chama sobremaneira a atenção é o fato que a concorrência e o pregão seguem o mesmo procedimento, estabelecido no artigo 17 da Lei nº 14.133/2021, como reconhece o artigo 29 da mesma Lei nº 14.133/2021. E, diga-se de passagem, esse procedimento de licitação do artigo 17 da Lei nº 14.133/2021 segue a mesma base procedimental da modalidade pregão, basicamente, num quadro geral: julgamento antes da habilitação, possibilidade de etapa de lances e um recurso só no final. Ou seja, são duas modalidades, com dois nomes diferentes, porém com o mesmo procedimento. Não faz sentido algum prescrever duas modalidades diferentes se a licitação numa e noutra seguem as mesmas regras e o mesmo procedimento. São modalidades diferentes apenas no nome. A bem da verdade, a concorrência da Lei nº 14.133/2021 tem muito pouco da concorrência da revogada Lei nº 8.666/1993. Trata-se, na essência, da modalidade pregão, sabe-se lá por quais razões resolveram chamá-la de concorrência.

Por fim, registre-se que o §2º do artigo 28 da Lei nº 14.133/2021 prescreve que "é vedada a criação de outras modalidades de licitação ou, ainda, a combinação daquelas referidas no *caput* deste artigo". O comando normativo é dirigido diretamente à Administração Pública e decorre do princípio da legalidade. As modalidades são concebidas por lei e não pela Administração Pública, que não pode inovar em relação ao assunto, salvo para regulamentar a execução das modalidades nos termos e de acordo com o estabelecido pelo legislador. Não é permitido, com a mesma toada, combinar ou fazer arranjos entre as modalidades prescritas na lei, o que implicaria, se admitido fosse, criação enviesada de novas modalidades. Advirta-se que a norma do §2º do artigo 28 da Lei nº 14.133/2021 não se dirige nem vincula o legislador, que pode, inclusive por meio de leis especiais, prever novas modalidades e fazer os arranjos que entender devidos.

1.3 Modalidades especiais de licitação

A palavra *modalidade* significa aspecto, característica ou feição diversa de algum objeto em comparação com outros. Modalidade de licitação significa, então, modo diverso de realizar licitação. Ou seja, em tese, as licitações podem ser todas conduzidas de um jeito único, daí não faria sentido falar em modalidades de licitação. E as licitações podem ser conduzidas de jeitos substancialmente diversos, o que autoriza falar de modalidades de licitação. Quer dizer que, por rigor jurídico e independentemente da nomenclatura empregada ou não pelo legislador, está-se diante de modalidade própria de licitação sempre que lei dispuser sobre licitação pertinente a objeto específico e prescrever a ela regras próprias que sejam substancialmente destoantes das modalidades previstas na lei geral, que é a Lei nº 14.133/2021.

Sob essa luz, identificam-se modalidades especiais de licitação pública, porque previstas em legislação especial e não na Lei Geral de Licitações, que é a Lei nº 14.133/2021. Pode-se mencionar, sem prejuízo de outras, a modalidade especial para a contratação de soluções inovadoras desenvolvidas ou a serem desenvolvidas, com ou sem risco tecnológico, estabelecida na Lei Complementar nº 182/2021, conhecida como marco legal das *startups*. Também se pode mencionar, embora o legislador não a tenha qualificado exatamente desse modo, a modalidade especial de licitação para a contratação de serviços de publicidade prestados por intermédio de agências de publicidade, regida pela Lei nº 12.232/2010.

2 O critério determinante para a utilização das modalidades pregão e concorrência: bens e serviços comuns e especiais

2.1 Considerações gerais

A modalidade pregão, de acordo com o inciso XLI do artigo 6º da Lei nº 14.133/2021, é "obrigatória para aquisição de bens e serviços comuns, cujo critério de julgamento poderá ser o de menor preço ou o de maior desconto". Por sua vez, o inciso XXXVIII do mesmo artigo indica a utilização da modalidade concorrência "para contratação de bens e serviços especiais e de obras e serviços comuns e especiais de engenharia". Nessa lógica, a regra é que objetos comuns devem ser licitados por meio da modalidade pregão e objetos especiais por meio da modalidade concorrência. Sob o regime da Lei nº 14.133/2021, o *comum* antagoniza com o *especial*.

Com efeito, bens e serviços comuns e especiais envolvem expressões com larga fluidez semântica, cujos conceitos costumam denominar-se indeterminados, na medida em que podem variar de acordo com a subjetividade do interlocutor. Quer dizer que objeto reputado comum para alguém talvez o seja especial aos olhos de outrem, sem que se possa, em grande parte dos casos, determinar, objetivamente, quem está certo ou quem está errado.

Contudo, apesar da fluidez semântica das expressões *bens* e *serviços comuns e especiais*, a elas se atribui, tal qual se atribui a todas as expressões, um conceito, um significado. Note-se que conceitos indeterminados pressupõem existir algum conceito que, conquanto não seja preciso, definido, determinado, pode ser construído ou delimitado, mesmo que em linhas gerais, para servir de baliza aos agentes administrativos e jurídicos.

A própria Lei nº 14.133/2021 oferece balizas para a conceituação de bens e serviços comuns. O seu artigo 29 enuncia que

> a concorrência e o pregão seguem o rito procedimental comum a que se refere o artigo 17 desta Lei, adotando-se o pregão sempre que o objeto possuir padrões de desempenho e qualidade que possam ser objetivamente definidos pelo edital, por meio de especificações usuais de mercado.

Ora, numa ponta, o inciso XXXVIII do artigo 6º da Lei nº 14.133/2021 prescreve que a modalidade pregão deve ser utilizada para a contratação de bens e serviços comuns. Noutra ponta, o artigo 29 da mesma lei prescreve que o pregão deve ser utilizado para objeto que possuir padrões de desempenho e qualidade que possam ser objetivamente definidos pelo edital, por meio de especificações usuais de mercado. Ligando as duas pontas, em interpretação que harmoniza os dois dispositivos, pode-se entender que bens e serviços comuns são aqueles que possuem padrões de desempenho e qualidade que podem ser objetivamente definidos pelo edital, por meio de especificações usuais de mercado.

Para além disso, de forma precisa e direta, o inciso XIII do artigo 6º da Lei nº 14.133/2021 confirma que bens e serviços comuns são "aqueles cujos padrões de desempenho e qualidade podem ser objetivamente definidos pelo edital, por meio de especificações usuais de mercado".

Trata-se, diga-se de passagem, do mesmo conceito formulado na Lei nº 10.520/2002, mais precisamente no parágrafo único do seu artigo 1º, cujo teor esclarece: "consideram-se bens e serviços comuns, para os fins e efeitos deste artigo, aqueles cujos padrões de desempenho e qualidade possam ser objetivamente definidos pelo edital, por meio de especificações usuais no mercado".

Para a Lei nº 14.133/2021, bens e serviços comuns rivalizam com bens e serviços especiais. Dessa sorte, o conceito de bens e serviços especiais poderia ser alcançado por exclusão: é especial aquilo que não é comum. No entanto, o legislador quis apresentar conceito de bens e serviços especiais, que são "aqueles que, por sua alta heterogeneidade ou complexidade, não podem ser descritos na forma do inciso XIII do *caput* deste artigo, exigida justificativa prévia do contratante".

2.2 Bens e serviços comuns

Inicia-se a abordagem pelo conceito de bens e serviços comuns, como indicado no inciso XIII do artigo 6º da Lei nº 14.133/2021. O conceito do legislador se compõe de dois elementos, que ganham destaque: (i) o padrão de desempenho e de qualidade dos bens ou serviços podem ser objetivamente definidos pelo edital; e (ii) essa definição realiza-se por meio de especificações usuais no mercado.

Em princípio, todos os objetos licitados precisam ser descritos objetivamente nos respectivos editais. Entretanto, há certas situações em que a Administração Pública descreve os bens ou serviços objetos da licitação com objetividade e, ainda assim, existe, entre os bens ou serviços à disposição no mercado que atendem à descrição entabulada no edital, variação no que tange ao desempenho, ao rendimento, à velocidade, à capacidade de armazenamento e a outros elementos determinantes da qualidade (técnica), o que é decisivo para avaliar quais os mais vantajosos para o interesse público.

Ou seja, a Administração Pública pretende bem ou serviço com certo padrão, que é definido de maneira objetiva. Mas, dentro do padrão estabelecido no edital, o mercado oferece espécies do bem ou serviço requerido no edital que apresentam características que os diferenciam, especificações que repercutem na qualidade, em outras palavras, na técnica de tais bens ou serviços, especificações importantes ou decisivas para avaliar qual o mais vantajoso para o interesse público. Esses bens e serviços não são qualificados como comuns. As licitações que os têm como objeto, como sinalizado no artigo 35 e no §1º do artigo 36, ambos da Lei nº 14.133/2021, devem ser julgadas pelos critérios da melhor técnica ou da técnica e preço, em que a Administração Pública se vale de instrumentos para mensurar tais variações técnicas, levando-as em consideração para cotejar as propostas, determinando qual a que melhor contempla o interesse público.

Noutro lado, há bens e serviços que podem ser definidos inteiramente por meio de especificações objetivas. Ainda que, a partir de tais especificações objetivas, existam variações técnicas, elas não são importantes ou decisivas para a avaliação de qual a proposta mais vantajosa para o interesse público. Quer dizer que há situações em que à Administração Pública não convém comparar as propostas sob o aspecto técnico, de qualidade. Nessas situações, que são a maioria, a Administração Pública descreve o bem ou serviço pretendido por ela no edital de modo objetivo, estabelecendo o padrão de qualidade desejado por ela, e no final das contas, como não há variação de qualidade substancial que influa na determinação do que é melhor para o interesse público, ela escolhe a proposta mais vantajosa unicamente com base no preço.

Esses bens e serviços, que podem ser definidos no edital de maneira objetiva, sem que variações técnicas sejam importantes ou decisivas para a determinação de qual a proposta melhor contempla o interesse público, são os considerados comuns. Nessa ordem de ideias, bens e serviços comuns comportam julgamento centrado unicamente no preço, sem que seja conveniente à Administração Pública avaliar as propostas por meio de critérios técnicos, dado que eles não são importantes ou decisivos para escolher a proposta que melhor atenda ao interesse público.

Salienta-se que o critério adequado para o julgamento das propostas é assunto que acaba se entronizando com a qualificação de bens e serviços como comuns ou como especiais, bem como, por conseguinte, com o cabimento da modalidade pregão ou concorrência. Nessa direção, não se descura que o inciso XLI do artigo 6º da Lei nº 14.133/2021 prescreve que na modalidade pregão o "[...] critério de julgamento poderá ser o de menor preço ou o de maior desconto", sendo que ambos são centrados no preço. Por sua vez, o inciso XXXVIII do mesmo artigo admite para a modalidade concorrência os critérios de julgamento: "a) menor preço; b) melhor técnica ou conteúdo artístico; c) técnica e preço; d) maior retorno econômico; e) maior desconto". Fica claro, com esse corte, que a modalidade pregão, circunscrita a bens e serviços que possam ser qualificados como comuns, repele critérios de julgamento balizados em aspectos técnicos ou qualitativos. O preço deve ser o bastante para o julgamento.

Acrescenta-se a isso que o desempenho e a qualidade do bem e do serviço comum, além de poderem ser definidos de maneira objetiva no edital, devem sê-lo de acordo com padrões usuais no mercado. Isto é, as especificações utilizadas para definir o desempenho e a qualidade dos bens e serviços comuns devem ser usuais no mercado.

Não basta para qualificar bem ou serviço como comum que ele possa ser especificado objetivamente de modo que eventuais variações técnicas existentes entre os produtos ofertados no mercado que atendam às tais especificações não sejam importantes ou decisivas para a escolha da proposta mais vantajosa para o interesse público. Além disso, para que bem e serviço seja qualificado como comum, é necessário que tais especificações sejam usuais no mercado.

Noutras palavras, os bens e serviços cujos padrões de desempenho e qualidade possam ser definidos objetivamente por especificações usuais no mercado são qualificados como comuns e, por consequência, podem ser licitados sob a modalidade pregão. Em sentido oposto, o que não pode ser definido por especificações usuais no mercado são bens e serviços especiais, e, por consequência, deve ser licitado por meio da modalidade concorrência.

Daí que um dos elementos a ser levado em consideração para avaliar se bem ou serviço é comum ou especial é o quão usual ele é no mercado. Mas, o que é o mercado? Existe um único mercado? Pode-se dizer que mercado significa comércio. O mercado diz respeito a tudo que é posto à disposição dos consumidores. Porém, não existe um único mercado. Os mercados variam de acordo com o lugar, com a natureza das atividades ou dos bens nele comercializados e em razão de outros fatores. E a questão é que determinado bem ou serviço pode ser usual em dado mercado e não ser noutro.

Agrega-se que quem avalia se bem ou serviço é usual ou não no mercado ou em mercado específico são os agentes administrativos, que o farão de conformidade com as suas experiências, suas vivências e suas atividades.

No final das contas, o relevante é que os conceitos de bens e serviços comuns e especiais dependem também do quanto são usuais no mercado as especificações de dado objeto e que o vocábulo *usual* também induz conceito indeterminado, porquanto algo pode ser usual para certo mercado e excepcional para outro, bem como usual para alguém e excepcional para outrem, dependendo da perspectiva do interlocutor. A rigor, a palavra *usual* significa algo que é rotineiro, realizado com frequência, algo a que as pessoas estão acostumadas a fazer ou a tratar. É verdade que o termo *usual* oferece algum parâmetro aos agentes administrativos, mas não o suficiente para lhes conferir segurança. Perceba-se que há uma espécie de trocadilho entre *comum* e *usual*, que têm significados muito próximos: ora, o que é comum para alguém, em certa medida, é também usual e, assim, reciprocamente.

Partindo-se do pressuposto de que os vocábulos *comum* e *usual* encerram conceitos indeterminados, é forçoso reconhecer que a avaliação do que é efetivamente *comum* e *usual* depende da perspectiva do interlocutor, ou melhor, do agente administrativo que deve decidir se a licitação pode ou não ser feita por meio da modalidade pregão. Isso porque o *comum* e o *usual* dependem da experiência, da vivência, da atividade do interlocutor em relação ao mercado.

Por exemplo, para uma empresa pública do setor elétrico, transformadores, disjuntores, cabos e outros materiais elétricos são comuns e usuais, já que utilizados por ela cotidianamente, desde sempre. No entanto, para um hospital público, tais materiais provavelmente não sejam comuns, porque ele não costuma utilizá-los com frequência ou sequer nunca o utilizaram. Da mesma forma, determinado aparelho médico pode ser comum e usual para um hospital público que o utiliza com frequência, e absolutamente estranho e especial para uma empresa pública que atue no setor elétrico.

Assim sendo, os conceitos de bens e serviços comuns e especiais são relativos, porque dependem do interlocutor. Para alguém, dado bem e serviço pode ser comum, e para outrem pode ser especial, dependendo da experiência, do mercado em que costumam atuar.

Sob esse contexto, é relevante reconhecer que a avaliação de quão usuais no mercado são as especificações de determinado bem ou serviço é, em muitas ocasiões, subjetiva. E, por isso, os órgãos de controle devem ter sensibilidade, ponderar as situações com razoabilidade e bom senso, sem adotar posturas radicais. Há certos bens e serviços que evidentemente não são usuais e há outros bens e serviços que evidentemente são usuais. Em que pese isso, há bens e serviços a respeito dos quais não se consegue determinar, com precisão e objetividade, se são usuais ou não. Nesse espaço de imprecisão é que tem lugar a avaliação subjetiva dos agentes administrativos, o que depende, insista-se, de suas experiências, vivências e atividades.

Nesse espaço de imprecisão deve prevalecer a decisão do agente administrativo, que, não se pode supor o contrário, quer o melhor para o interesse público. Até mesmo em decorrência da presunção de legitimidade dos atos administrativos, é imperativo que, nessas situações que admitem grau de subjetividade, a escolha dos agentes administrativos presuma-se correta. Portanto, os órgãos de controle devem respeitar tais escolhas, reputando-as legítimas.

2.3 Bens e serviços especiais

Como visto, bens e serviços comuns antagonizam com bens e serviços especiais, sendo que o legislador também formulou conceito de bens e serviços especiais, cuja nota marcante, consoante o XIV do artigo 6º da Lei nº 14.133/2021, é a alta heterogeneidade ou complexidade. Na visão do legislador, se o bem ou serviço for altamente heterogêneo ou complexo, ele é especial e, por exclusão, não é comum.

O que parece mais relevante é o vínculo estabelecido pelo legislador entre complexidade e bens e serviços especiais. Bens e serviços de maior complexidade são especiais e não comuns. Por via de consequência, o legislador afastou da modalidade pregão bens e serviços mais complexos, aqueles que podem ser qualificados como simples.

Critica-se o legislador, porque não é correto confundir o comum e o simples. Comum é algo que se faz com frequência, de maneira usual, rotineiramente. É possível que se faça com frequência algo bastante complexo. Se o complexo é realizado com frequência ele passa a ser, além de complexo, comum. As ideias de complexo e comum não são excludentes. Isso significa que o objeto, ainda que guarde elevada complexidade técnica, poderia ser qualificado como comum e poderia ser, em tese, licitado por meio de pregão.

Ao associar o especial ao complexo e o comum ao simples (não complexo), o legislador opõe-se à jurisprudência, especialmente à do Tribunal de Contas da União, e às práticas administrativas consolidadas há bom tempo.[591] A Administração, por exemplo, promove usualmente licitações para equipamentos acentuadamente complexos, de alta tecnologia, por meio da modalidade pregão. Também se vale da modalidade pregão para serviços complexos, inclusive para elaboração de estudos e projetos. Essas licitações já não podem ser promovidas por meio da modalidade pregão, porque em desacordo com a Lei nº 14.133/2021. Terão de ser realizadas por meio de concorrência.

O XIV do artigo 6º da Lei nº 14.133/2021 também qualifica como bem e serviço especial aquele que seja considerado altamente heterogêneo, o que remete a algo diferente, plural, variado, algo que não é padronizado. Esclareça-se, no entanto, que bem e serviço comum não precisam ser, necessariamente, algo de antemão padronizado, não se confundem com bem ou serviço de prateleira. A padronização requerida diz respeito às especificações do objeto, mais especificamente, na forma do XIII do artigo 6º da Lei nº 14.133/2021, "cujos padrões de desempenho e qualidade podem ser objetivamente definidos pelo edital [...]". Ou seja, o padrão é o definido no edital em relação ao

---

591 "18. Primeiramente, há que se ter em mente que 'bem ou serviço comum' deve ser entendido como aquele que detém características padronizadas, identificável por denominação usual no mercado. Portanto, a noção de 'comum' não está vinculada à estrutura simples de um bem ou de um serviço. Do mesmo modo, a estrutura complexa também não é razão bastante, por si só, para retirar a qualificação de 'bem ou serviço comum'" (TCU, Plenário. Acórdão nº 1.046/2014. Rel. Min. Benjamin Zimler, j. 23.4.2014).

desempenho e à qualidade exigidos pela Administração Pública, sem excluir bens e serviços que sejam, por exemplo, desenvolvidos especificamente para ela.[592]

Deve-se entender por altamente heterogêneos, sob essa perspectiva, aqueles bens e serviços sobre os quais a Administração Pública não consegue definir no edital objetivamente o padrão de desempenho e qualidade e, portanto, admite que sejam oferecidos em licitação com variações substanciais no tocante a tais aspectos. Se a Administração Pública define o padrão de desempenho e qualidade de forma objetiva no edital, ainda que para algo que será produzido especialmente para si, deve-se entender que o bem ou serviço é homogêneo, pelo menos nesse sentido, para decidir-se se corresponde a bem ou serviço comum e se é possível ou não ser licitado por meio da modalidade pregão.

De toda forma, observa-se que complexidade e heterogeneidade apontam para conceitos indeterminados, variáveis e relativos. Há, sobretudo, graus diversos de complexidade ou heterogeneidade. Nessa linha, pode-se reconhecer bens e serviços com graus baixos, médios ou altos de complexidade ou heterogeneidade. A qualificação do bem ou serviço como especial e a consequente repulsa à modalidade pregão depende de complexidade ou heterogeneidade acentuada. A mera alegação de complexidade ou heterogeneidade rasa, de menor expressão, não é o suficiente para qualificar o bem ou serviço como especial e afastar a incidência da modalidade pregão – até porque sempre se poderia alegar que bem ou serviço tem alguma complexidade ou heterogeneidade, ainda que em grau baixo.

2.4 A preferência à modalidade pregão

Então, na sistemática da Lei nº 14.133/2021 e num plano geral, a modalidade pregão serve aos bens e serviços comuns e a modalidade concorrência, aos bens e serviços especiais. Sem embargo, porque os seus conceitos são indeterminados, há boa dose de subjetividade para interpretá-los e aplicá-los diante dos casos concretos. Desse modo, pode-se identificar, a depender dos casos concretos, campo de certeza negativo e positivo. Ou seja, situações em que, claramente, dado objeto é comum e não especial ou dado objeto é especial e não comum. No meio dos campos de certeza negativo e positivo encontra-se uma área de penumbra ou de indeterminação verdadeira, em que não se consegue afirmar com certeza se o objeto é comum ou especial. Aqui deve prevalecer o critério do agente administrativo, o juízo de valor dele, diante de suas experiências e vivências.

O critério administrativo, nessas zonas de maior incerteza, no entanto, não é de todo livre. Isso porque o legislador dá preferência à modalidade pregão, o que se denota da interpretação conjunta dos incisos XIII e XIV do artigo 6º da Lei nº 14.133/2021. O inciso XIII conceitua bens e serviços comuns, objetos da modalidade pregão: "XIII - bens e serviços comuns: aqueles cujos padrões de desempenho e qualidade podem ser objetivamente definidos pelo edital, por meio de especificações usuais de mercado". Na sequência, o inciso XIV conceitua bens e serviços especiais, objetos da modalidade concorrência: "bens e serviços especiais: aqueles que, por sua alta heterogeneidade ou

[592] TCU, Plenário. Acórdão nº 1.667/2017. Rel. Min. Aroldo Cedraz, j. 2.8.2017.

complexidade, não podem ser descritos na forma do inciso XIII do *caput* deste artigo, exigida justificativa prévia do contratante".

Veja-se que, ao tratar dos bens e serviços especiais, ao final do inciso XIV do artigo 6º, o legislador houve por bem demandar "justificativa prévia do contratante", exigência não reproduzida para os bens e serviços comuns, versados no inciso anterior. Disso resulta que a qualificação de bens e serviços especiais é excepcional, dado que requer justificativas. A qualificação de bens e serviços comuns é a regra, dado que não requer justificativas. O efeito prático é que nessa área de maior incerteza, onde não se dispõe de critério preciso para distinguir bens e serviços comuns e especiais, deve-se preferir qualificar os bens e serviços como comuns. A qualificação como bens e serviços especiais impõe ao agente administrativo ônus argumentativo adicional, porque ele tem o dever de explicar as suas razões. Nesse sentido, a Lei nº 14.133/2021 inclina-se a favor da qualificação dos bens e serviços como comuns e, por via de consequência, a favor da modalidade pregão.

Diante disso e sob a luz de interpretação teleológica (que mira a finalidade das normas jurídicas), é apropriado afirmar que, de modo geral, todos os bens e serviços que podem ser licitados por pregão sem que haja prejuízo no que tange à avaliação de suas qualidades sejam considerados bens e serviços comuns. Noutras palavras, todos os bens e serviços que podem ser licitados adequadamente pela modalidade pregão, desde que não haja disposição legal expressa em sentido diverso, devem ser considerados comuns.[593]

Evidentemente que a modalidade pregão não deve ser utilizada em todos os casos. E não é isso que se defende aqui e, claramente, não é isso que está prescrito na Lei nº 14.133/2021. O que se defende, repita-se, é que ela seja utilizada em todos os casos em que o objeto da licitação seja compatível com a sistemática da modalidade, de forma ampla.

Veja-se que o ponto central que atraiu a atenção do legislador para definir o cabimento da modalidade pregão gira em torno da qualidade dos bens. Tanto que ele definiu bens e serviços comuns como aqueles cujos padrões de *desempenho* e *qualidade* podem ser objetivamente definidos pelo edital, por meio de especificações usuais no mercado. Nota-se que a referência para mensurar o que é usual no mercado diz respeito diretamente ao desempenho e à qualidade dos bens licitados. Se a adoção do pregão não prejudicar a análise da qualidade do produto, porque ela é definida de modo usual, então é cabível o pregão. Noutro lado, se o bem licitado envolver técnicas especiais, variáveis

---

593 Esse argumento também é defendido por Ricardo Ribas da Costa Berloffa: "Isto é, a interpretação do conceito de bem e serviço comum deve fazer-se em função das exigências do interesse público e das peculiaridades procedimentais do próprio Pregão. A natureza do Pregão deve ser considerada para determinar o próprio conceito de 'bem ou serviço comum'" (BERLOFFA, Ricardo Ribas da Costa. *A nova modalidade de licitação*: pregão: breves comentários à Lei Federal nº 10.520/02: Lei do Pregão. Porto Alegre: Síntese, 2002. p. 46). Também Vera Scarpinella advoga interpretação ampla a respeito do conceito de bem e serviço comum: "Aqui está o segundo elemento de fundamental importância na caracterização da hipótese de cabimento da modalidade de pregão acima referido – qual seja, a possibilidade de os bens e serviços envolvidos nos diversos casos concretos serem utilmente adquiridos por pregão. Isto implica *adequação da estrutura procedimental da modalidade ao caso concreto*. Considerando que o procedimento do pregão é abreviado, que o critério de julgamento é objetivo (sempre pelo menor preço) e que a inversão das fases de habilitação e julgamento impossibilita aferição especial a respeito do fornecedor ou do objeto licitado, somente serão compatíveis com esta modalidade as aquisições de *bens e serviços comuns*, na forma acima definida, que garantam a celebração de contratos em total consonância com as necessidades da Administração Pública" (SCARPINELLA, Vera. *Licitação na modalidade de pregão*: Lei 10.520, de 17 de julho de 2002. 2. ed. São Paulo: Malheiros, 2010. p. 81).

de produto para produto, que mereçam atenção particularizada e pormenorizada, então o pregão não é cabível, fazendo-se imperativo recorrer, em princípio, à concorrência.

Repisa-se que a avaliação sobre a pertinência das modalidades pregão ou concorrência também é suscetível à subjetividade do interlocutor. Para alguns, determinado bem ou serviço pode perfeitamente ser licitado por pregão, sem prejuízo da avaliação da qualidade. Para outros, o pregão já compromete a avaliação da qualidade daquele mesmo bem ou serviço, o que atraía concorrência. Sem embargo, a subjetividade é algo imanente aos conceitos de bens e serviços comuns e especiais, que são, repita-se, indeterminados. À doutrina cabe criar contornos que ofereçam subsídios para melhor delimitar tais conceitos. No entanto, não compete a ela delimitá-los de tal forma a retirar-lhe a indeterminação. Se a intenção fosse dispor de conceitos precisos, o legislador que tivesse veiculado norma precisa. Como não o fez, resta aos intérpretes conviver com tal indeterminação. Quanto mais, como se pretende aqui, oferecer subsídios para aproximar os conceitos, fixar parâmetros para eles. Insista-se, jamais determiná-los, até porque tal empreendimento é fadado, já de partida, ao fracasso.

A intenção do legislador ao valer-se de conceitos indeterminados para prescrever o que deve ser licitado por meio do pregão e o que deve ser licitado por meio da concorrência merece elogios, não críticas. Sucede que os conceitos indeterminados legitimam espaços para a avaliação subjetiva dos intérpretes, que, como dito mais de uma vez, é condicionada pelas suas experiências, vivências e atividades. E o fato é que essas experiências, vivências e atividades variam ao longo do tempo, fazendo com que o entendimento a respeito do que efetivamente se subsome aos conceitos de bens e serviços comuns também varie. A título ilustrativo, hoje determinado objeto não é qualificado como comum. Mas, talvez, com o tempo, ele passe a usual, as características fundamentais dele passem a ser difundidas e dominadas e, pois, ele pode tornar-se comum. Quer dizer que o legislador, ao utilizar conceitos indeterminados, permite que os usos das modalidades pregão e concorrência evoluam e avancem com o tempo. Melhor assim do que engessar as modalidades à realidade do tempo em que a Lei nº 14.133/2021 foi confeccionada, que logo é vencida por novas tecnologias e pelo desenvolvimento da ciência, tornando-se defasada e despicienda.

2.4.1 Modalidade pregão obrigatória para bens e serviços comuns

Há um outro aspecto que atrai a atenção no tocante ao tratamento dispensado à modalidade pregão pela Lei nº 14.133/2021 em comparação com a Lei nº 10.520/2002. Sucede que, nos termos do *caput* do artigo 1º da Lei nº 10.520/2002, diante de bens e serviços comuns, a Administração pode utilizar a modalidade pregão, claramente uma possibilidade e não uma obrigação. Na Lei nº 14.133/2021 a questão muda de figura, notadamente em razão da redação do inciso XLI do seu artigo 6º, cujo teor propugna que o pregão é "modalidade de licitação obrigatória para aquisição de bens e serviços comuns, cujo critério de julgamento poderá ser o de menor preço ou o de maior desconto". Então, para a Lei nº 14.133/2021, tendo-se qualificado o objeto da licitação como bem ou serviço comum, a modalidade pregão se impõe, seu uso é obrigatório e não mera possibilidade.

Abre-se exceção, no entanto, em relação aos serviços comuns de engenharia. É que o inciso XXXVIII do artigo 6º da Lei nº 14.133/2021 determina que a concorrência é a "modalidade de licitação para contratação de bens e serviços especiais e de obras e serviços comuns e especiais de engenharia [...]". Ou seja, admite-se também a concorrência para serviços comuns de engenharia. Isso não significa, pondera-se, que serviços de engenharia comuns devem ser licitados por meio de concorrência, mas apenas que podem sê-lo. Essa ideia é reforçada com o parágrafo único do artigo 29 da Lei nº 14.133/2021, que permite, textualmente, a modalidade pregão para serviços comuns de engenharia.

Em conclusão: se o objeto da licitação é bem ou serviço comum, é obrigatório utilizar a modalidade pregão. A exceção diz respeito a serviço de engenharia comum, porque em relação a ele é permitido usar as modalidades pregão ou concorrência. A escolha, daí, é rogada à competência discricionária dos agentes administrativos.

2.5 As modalidades adequadas para obras e serviços de engenharia

2.5.1 Perspectiva histórica diante da Lei nº 10.520/2002

Já não é de hoje que uma das questões mais polêmicas em torno da modalidade pregão envolve o seu cabimento para promover licitações de obras e de serviços de engenharia. Como dito, desde que a modalidade pregão surgiu, a regra é que ela pode ser utilizada para a contratação de bens e serviços comuns. Atualmente, diante da Lei nº 14.133/2021, a regra se manteve, com o acréscimo de que ela deve ser utilizada para bens e serviços comuns e a concorrência, para bens e serviços especiais. Então, a discussão é se obras e serviços de engenharia podem ser qualificados como bens e serviços comuns e, por via de consequência, licitados por meio da modalidade pregão.

É conveniente apresentar o tema sob uma perspectiva histórica.

Pois bem, o artigo 5º do Decreto Federal nº 3.555/2000, que regulamenta a Lei nº 10.520/2002, veda a utilização de pregão para obras e serviços de engenharia. No entanto, em sentido oposto, o item 20 do Anexo II do mesmo decreto federal autoriza a utilização do pregão para a contratação de serviços de manutenção de bens imóveis e móveis.

O entendimento do Tribunal de Contas da União sobre a possibilidade de utilizar o pregão para licitar obra e serviço de engenharia vem evoluindo sensivelmente ao longo do tempo. De início, o Tribunal adotava posição restritiva, admitindo a adoção do pregão somente nos casos expressamente autorizados pelo Decreto Federal nº 3.555/2000. Assim, o Tribunal de Contas da União decidiu que a atividade de manutenção de equipamentos industriais, conquanto qualificada como serviço de engenharia, sujeita à fiscalização do Crea, é ao mesmo tempo serviço comum e, por isso, pode ser licitada por meio de pregão. Leia-se trecho elucidativo do voto do Min. Iram Saraiva:

> Temos, então, numa mesma norma jurídica, o Decreto nº 3.555/00, dois dispositivos conflitantes, o Anexo I, artigo 5º, que impede o uso do pregão para a aquisição de obras e serviços de engenharia, e o Anexo II, que autoriza serem licitados na modalidade pregão os serviços de manutenção de bens móveis e imóveis. Ensina a boa técnica de interpretação que, em normas do mesmo valor hierárquico, o específico deve prevalecer sobre o geral. Consequentemente, a proibição contida no artigo 5º sucumbe diante da clara manifestação

do Anexo II. Isto é, os serviços de manutenção de imóveis, mesmo sendo serviços de engenharia, podem ser licitados na modalidade pregão.[594]

Com o passar do tempo e com a percepção de que a modalidade pregão proporciona inúmeras vantagens à Administração Pública, o Tribunal de Contas da União passou a adotar interpretação mais apegada à amplitude da Lei nº 10.520/2002, permitindo a utilização do pregão para obra e serviço de engenharia, em que pese a proibição contida no artigo 5º do Decreto Federal nº 3.555/2000. Leia-se trecho de decisão marcante do Tribunal de Contas da União:

> 3. Quanto ao mérito, destaco inicialmente do acima relatado que a Secex/PE e o Ministério Público junto ao Tribunal concluíram no sentido de que "[...] consoante a interpretação que busca os princípios da eficiência e da legalidade no agir da Administração, temos que a adoção do pregão para os serviços contratados pelo Serpro/PE não violou a Lei nº 10.520/2002 nem o seu decreto regulamentar, posto guardar sintonia com os objetivos buscados por tal norma, considerada a complexidade dos serviços no caso concreto ora analisado, o que implica a improcedência do mérito da presente Representação".
> 4. Ainda como razões de decidir, recordo que a Lei nº 10.520, de 2002, condiciona o uso da modalidade Pregão somente aos serviços comuns, não excluindo previamente quaisquer espécies de serviços e contratações, e o rol de bens e serviços comuns previstos no decreto regulamentar é meramente exemplificativo. Assim, a existência de bens e serviços comuns deverá ser avaliada pelo administrador no caso concreto, mediante a existência de circunstâncias objetivas constantes da fase interna do procedimento licitatório.
> 5. Como se vê, a Lei nº 10.520, de 2002, não exclui previamente a utilização do Pregão para a contratação de obra e serviço de engenharia. O que exclui essas contratações é o artigo 5º do Decreto 3.555, de 2000. Todavia, o item 20 do Anexo II desse mesmo Decreto autoriza a utilização do Pregão para a contratação de serviços de manutenção de imóveis, que pode ser considerado serviço de engenharia.
> 6. Examinada a aplicabilidade dos citados dispositivos legais, recordo que somente à lei compete inovar o ordenamento jurídico, criando e extinguindo direitos e obrigações para as pessoas, como pressuposto do princípio da legalidade. Assim, o Decreto, por si só, não reúne força para criar proibição que não esteja prevista em lei, com o propósito de regrar-lhe a execução e a concretização, tendo em vista o que dispõe o inciso IV do artigo 84 da Carta Política de 1988.
> 7. Desse modo, as normas regulamentares que proíbem a contratação de obras e serviços de engenharia pelo Pregão carecem de fundamento de validade, visto que não possuem embasamento na Lei nº 10.520, de 2002. O único condicionamento que a Lei do Pregão estabelece é a configuração do objeto da licitação como bem ou serviço comum.
> 8. No caso ora analisado, o objeto do Pregão 4/2004 do Serpro, aquisição e instalação dos aparelhos de ar-condicionado, modelo "Multi Split", apresenta características padronizadas e se encontra disponível, a qualquer tempo, em um mercado próprio.
> 9. Nesse sentido, consoante o entendimento doutrinário do eminente professor Marçal Justen Filho apresentado no Relatório acima, sou de opinião de que, constatada a natureza de bens e serviços comuns daqueles constantes do objeto do referido Pregão, a presente Representação deve ser considerada improcedente pelo Tribunal.

[594] TCU. Decisão nº 674/2002. Rel. Min. Iram Saraiva, j. 19.6.2002.

Assim, acolhendo no mérito os pareceres coincidentes da Secex/PE e do Ministério Público, Voto no sentido de que o Tribunal adote o Acórdão que ora submeto a este Colegiado.[595]

Como acentuado na referida decisão, a Lei nº 10.520/2002 condiciona o uso da modalidade pregão somente aos bens e serviços comuns, sem excluir espécies de serviços e de contratações. Quer dizer que a lei não excluiu, de antemão, a utilização do pregão para a contratação de obra e serviço de engenharia. Se houvesse obra ou serviço de engenharia de natureza comum, em princípio, seria permitida a adoção do pregão. O que exclui as obras e os serviços de engenharia é o Decreto Federal nº 3.555/2000. Daí a questão é que decreto não reúne força para criar proibição não necessariamente pressuposta em lei, haja vista a incidência restrita da competência regulamentar, sempre abaixo da lei, com o propósito específico de lhe regrar a execução e a concretização.

A propósito, convém noticiar que, ao tempo do Acórdão nº 817/2005, o Tribunal de Contas da União utilizou o pregão para licitar obras de engenharia e fez questão de anunciar as suas vantagens, consoante se infere da seguinte passagem destacada da revista do próprio Tribunal de Contas da União:

> Ao contrário do que pregam entidades representativas de empresários e profissionais da construção, o TRIBUNAL DE CONTAS DA UNIÃO não vê problemas no uso do pregão eletrônico como modalidade de licitação para obras e serviços de engenharia. Tanto que decidiu dar o exemplo. Desde dezembro, duas obras do TRIBUNAL DE CONTAS DA UNIÃO foram contratadas por meio de pregão e uma terceira deverá ser licitada em breve, diz o secretário de engenharia do órgão, Valdir Lavorato. [...]
> "As duas experiências que realizamos provam que é possível, sim, usar o pregão, modalidade que proporciona mais competição e portanto mais economia, sem comprometimento da qualidade técnica", diz ele. O tribunal contratou por pregão, em dezembro, a reforma do prédio que abriga sua unidade de treinamento, o Instituto Serzedello Corrêa (ISC), em Brasília. O mesmo tipo de processo seletivo antecedeu a contratação da escavação da área onde será construído o terceiro anexo do TRIBUNAL DE CONTAS DA UNIÃO.
> O primeiro desses dois contratos foi firmado por cerca de R$190 mil, bem menos do que os R$257,4 mil estimados pelo TRIBUNAL DE CONTAS DA UNIÃO a partir de um banco de dados com preços pesquisados pelo IBGE e pela Caixa Econômica Federal para insumos e serviços usados em obras públicas. No segundo caso, a economia também foi grande. A estimativa chegava a R$2,43 milhões e o último lance da empresa vencedora foi de R$1,5 milhão aproximadamente.[596]

Porém, passado mais algum tempo, pode-se dizer que o Tribunal de Contas da União retrocedeu e firmou jurisprudência que veda a utilização do pregão para as obras, admitindo apenas em relação aos serviços de engenharia. A jurisprudência do Tribunal de Contas da União foi assentada com a edição da Súmula nº 257/2010, cujo teor é o seguinte: "O uso do pregão nas contratações de serviços comuns de engenharia encontra amparo na Lei nº 10.520/2002".

[595] TCU, Primeira Câmara. Acórdão nº 817/2005. Rel. Min. Valmir Campelo, j. 3.5.2005.

[596] IZAGUIRRE, Mônica. Tribunal de Contas da União defende uso de pregão eletrônico para contratar obras de engenharia. *Revista do Tribunal de Contas da União*, Brasília, n. 109, 2007. p. 80-81.

Esse entendimento de que o pregão é incabível para obra e admissível para serviço de engenharia encontrava pretenso respaldo no artigo 6º do Decreto Federal nº 5.450/2005, que regulamentava o pregão eletrônico. O Decreto Federal nº 10.024/2019 substituiu o Decreto Federal nº 5.450/2005, e seguiu a mesma lógica ao determinar que o pregão eletrônico não se aplica "a contratações de obras" (inciso I do artigo 4º do Decreto Federal nº 10.024/2019). O Decreto Federal nº 10.024/2019 faz questão de frisar o cabimento do pregão para serviços comuns de engenharia. Veja-se que o *caput* do seu artigo 1º preceitua que o pregão eletrônico cabe "para aquisição de bens e serviços comuns, inclusive os serviços comuns de engenharia [...]".

Em síntese, o Decreto Federal nº 10.024/2019 e o Tribunal de Contas da União andam alinhados ao permitir o uso do pregão para serviços de engenharia comuns e proibi-lo para obras. Sob essa ótica, serviços de engenharia não comuns e obras deveriam ser licitados de acordo com as modalidades tradicionais da Lei nº 8.666/1993, nomeadamente concorrência, tomada de preços e convite, a depender dos seus valores estimados, conforme os parâmetros definidos no seu artigo 23.

O autor deste livro, diante da Lei nº 10.520/2002 e do Decreto Federal nº 10.024/2019, discorda do entendimento predominante, sob o argumento de que obras também podem ser qualificadas como bens comuns e, por via de consequência, licitadas por meio da modalidade pregão.

A discordância parte do pressuposto de que não há sentido armar cavalo de batalha em torno da distinção entre obra e serviço de engenharia, que é muito tênue. Sobre o assunto, leiam-se as palavras de Hely Lopes Meirelles:

> O que caracteriza a construção como obra e a distingue do serviço é o emprego predominante do material sobre o trabalho (mão de obra). Em toda construção entram serviços, mas estes são absorvidos pela conjugação dos materiais que compõem a obra final. [...]
> Na distinção entre obra e serviço, além da predominância do material (na obra) sobre a atividade operativa (serviço), deve ser salientado que a obra é limitada no tempo e o serviço tem caráter de continuidade.[597]

Ou seja, na obra predomina a matéria e no serviço predomina o trabalho. Evidentemente, tal distinção não é fundamental ou sequer pertinente para apartar algo comum ou incomum, que deveria ser decisivo para concluir acerca do cabimento ou não da modalidade pregão. Insista-se que pode haver obra e serviço de engenharia comuns. Dever-se-iam avaliar as especificidades de cada obra a fim de aferir se o objeto dela é ou não comum e, então, posicionar-se em torno da utilização ou não da modalidade pregão.

Suponha-se o seguinte: entidade administrativa pretende contratar a construção de um prédio de dois andares, com quatrocentos metros quadrados, que abrigará uma creche.

Repita-se, que, de acordo com o parágrafo único do artigo 1º da Lei nº 10.520/2002, "consideram-se bens e serviços comuns, para os fins e efeitos deste artigo, aqueles cujos

---

[597] MEIRELLES, Hely Lopes. *Licitação e contrato administrativo*: de acordo com a Lei 8.666, de 21.6.1993, com todas as alterações posteriores. 15. ed. São Paulo: Malheiros, 2010.

padrões de desempenho e qualidade possam ser objetivamente definidos pelo edital, por meio de especificações usuais no mercado".

Diante do conceito legal, há de se formular questões: em primeiro lugar, o padrão de desempenho e qualidade pretendido pela Administração para o prédio é definido de maneira objetiva no edital? Ou seja, a Administração consegue definir no edital o que ela pretende com o prédio e todas as características dele? É perfeitamente possível e a Administração é obrigada a fazê-lo. Aliás, esta é a função do projeto básico. Em segundo lugar, as características do prédio são definidas por meio de especificações usuais no mercado? Provavelmente, salvo alguma excepcionalidade, as especificações de um prédio que servirá a abrigar uma creche são usuais no mercado.

Portanto, em vista do conceito encartado no parágrafo único do artigo 1º da Lei nº 10.520/2002, deixando de lado elucubrações e ideias preconcebidas, a construção de um prédio de dois andares, com quatrocentos metros quadrados, para abrigar uma creche, é qualificada como comum, dado que as suas características são definidas de maneira objetiva no edital, por meio de especificações usuais no mercado.

Por tudo e em tudo, o argumento é que não há razões para rechaçar de antemão a possibilidade de obra de engenharia conformar-se ao conceito de *comum* estabelecido no parágrafo único do artigo 1º da Lei nº 10.520/2002.

Poder-se-ia argumentar, em sentido contrário, que obras de engenharia, conquanto possam ser reconhecidas como comuns, não poderiam ser licitadas por meio de pregão, haja vista que o *caput* do artigo 1º da Lei nº 10.520/02 condiciona o uso da modalidade, textualmente, à *aquisição de bens e serviços comuns*. O argumento, melhor explicando, é que obra não seria bem nem serviço. Portanto, insista-se, ainda que houvesse obra comum, a utilização do pregão não encontraria abrigo no *caput* do artigo 1º da Lei nº 10.520/2002.

O argumento acima é improcedente. Isso porque a obra executada por meio do contrato administrativo é um bem. A obra comum é, na realidade, um bem comum. Dessa sorte, o emprego da modalidade pregão para a contratação de obra comum (bem comum) não rivaliza com o *caput* do artigo 1º da Lei nº 10.520/2002.

2.5.2 As modalidades adequadas para obras e serviços de engenharia de acordo com a Lei nº 14.133/2021

As prescrições da Lei nº 14.133/2021 sobre as modalidades adequadas para licitar obras e serviços de engenharia são um tanto confusas.

Pois bem, o inciso XLI do artigo 6º da Lei nº 14.133/2021 define que o pregão é a "modalidade de licitação obrigatória para aquisição de bens e serviços comuns, cujo critério de julgamento poderá ser o de menor preço ou o de maior desconto".

No mesmo artigo 6º, o inciso XXXVIII versa sobre a concorrência, que é a "modalidade de licitação para contratação de bens e serviços especiais e de obras e serviços comuns e especiais de engenharia [...]".

A primeira impressão, especialmente diante da redação do inciso XXXVIII, é que obras e serviços de engenharia, ainda que comuns, não devem ser licitados por meio da modalidade pregão e sim pela modalidade concorrência. Ou seja, parece que o legislador estabeleceu a regra geral de que o pregão deve ser aplicado para bens e serviços comuns, porém que ele quis ressalvar expressamente as obras e serviços de engenharia, tanto que prescreveu como cabível a modalidade concorrência "para obras e serviços comuns e especiais de engenharia".

Essas conclusões, no entanto, não resistem ao parágrafo único do artigo 29 da Lei nº 14.133/2021, cujo teor prescreve que a modalidade pregão não se aplica às contratações "[...] de obras e serviços de engenharia, exceto os serviços de engenharia de que trata a alínea 'a' do inciso XXI do *caput* do artigo 6º desta Lei". A sobredita alínea "a" do inciso XXI do *caput* do artigo 6º refere-se a serviço comum de engenharia, afirmando que ele é "todo serviço de engenharia que tem por objeto ações, objetivamente padronizáveis em termos de desempenho e qualidade, de manutenção, de adequação e de adaptação de bens móveis e imóveis, com preservação das características originais dos bens". A alínea "b" do mesmo inciso, em contraposição, trata do serviço especial de engenharia, que é "aquele que, por sua alta heterogeneidade ou complexidade, não pode se enquadrar na definição constante da alínea 'a' deste inciso". Então, a modalidade pregão também é cabível para serviços de engenharia, desde que considerados comuns.

Pondera-se que os serviços de engenharia comuns também podem ser licitados por meio da modalidade concorrência, consoante o teor expresso do supracitado inciso XXXVIII do artigo 6º da Lei nº 14.133/2021: "concorrência: modalidade de licitação para contratação de bens e serviços especiais e de obras e serviços comuns e especiais de engenharia [...]". O dispositivo, frisa-se, admite que serviços comuns de engenharia sejam licitados por meio da modalidade concorrência.

Disso resulta que, nos termos estritos da Lei nº 14.133/2021: (i) obra de engenharia não pode, qualquer que seja a obra, ainda que considerada comum, ser licitada por meio da modalidade pregão, deve ser por meio da modalidade concorrência; (ii) serviços de engenharia comuns podem ser licitados por meio da modalidade pregão ou da concorrência; (iii) serviços de engenharia não comuns, qualificados como especiais, devem ser licitados por meio da modalidade concorrência.

Sendo assim, a Lei nº 14.133/2021 não inovou, pelo menos não diretamente, em relação ao assunto. Apenas confirmou o entendimento que vinha prevalecendo, conforme as disposições do Decreto Federal nº 10.024/2019 e a jurisprudência do Tribunal de Contas da União. Agora é a lei e não apenas o decreto que exclui as obras do universo da modalidade pregão. Essa foi a vontade do legislador, o que torna impertinente os argumentos de que certos tipos de obras poderiam se encaixar no conceito de bens comuns e serem licitados por meio da modalidade pregão.

2.5.3 Serviços de engenharia consultiva

O §2º do artigo 37 da Lei nº 14.133/2021 prescreve:

> [...] ressalvados os casos de inexigibilidade de licitação, na licitação para contratação dos serviços técnicos especializados de natureza predominantemente intelectual previstos nas alíneas "a", "d" e "h" do inciso XVIII do *caput* do artigo 6º desta Lei cujo valor estimado da contratação seja superior a R$300.000,00 (trezentos mil reais), o julgamento será por:
> I - melhor técnica; ou
> II - técnica e preço, na proporção de 70% (setenta por cento) de valoração da proposta técnica.

Esse dispositivo chegou a ser vetado pela Presidência da República e o veto foi derrubado pelo Congresso Nacional.

Esclareça-se que o inciso XVIII do artigo 6º da Lei nº 14.133/2021 trata dos serviços técnicos especializados de natureza predominantemente intelectual. As suas alíneas "a", "d" e "h" dispõem, respectivamente, sobre:

> a) estudos técnicos, planejamentos, projetos básicos e projetos executivos; [...]
> d) fiscalização, supervisão e gerenciamento de obras e serviços; [...]
> h) controles de qualidade e tecnológico, análises, testes e ensaios de campo e laboratoriais, instrumentação e monitoramento de parâmetros específicos de obras e do meio ambiente e demais serviços de engenharia que se enquadrem na definição deste inciso.

Ou seja, as alíneas referidas abrangem boa parte dos serviços que se costuma qualificar como de engenharia consultiva.

Então, esses serviços de engenharia consultiva, na forma do §2º do artigo 37 da Lei nº 14.133/2021, nas situações cujos valores forem superiores a R$300.000,00, somente podem ser licitados pelos critérios da melhor técnica ou da técnica e preço. Sucede que, segundo o inciso XLI do artigo 6º da Lei nº 14.133/2021, na modalidade pregão, somente cabem os critérios do menor preço ou do maior desconto. De maneira reflexa, portanto, esses serviços de engenharia consultiva já não podem ser licitados por meio da modalidade pregão, apenas por concorrência ou, a depender da situação, por concurso. A modalidade pregão somente é cabível se os tais serviços não ultrapassam R$300.000,00. A regra jurídica é totalmente casuística e política, não se vislumbra nela justificativa técnica. Contudo, trata-se de regra jurídica válida e bem clara, resultante da vontade do legislador, que deve ser obedecida.

Aliás, registre-se que a regra do §2º do artigo 37 da Lei nº 14.133/2021 não se harmoniza com a jurisprudência que vinha prevalecendo perante os órgãos de controle, especialmente perante o Tribunal de Contas da União, diante da Lei nº 8.666/1993 e da Lei nº 10.520/2002.[598] O Tribunal de Contas da União, no entanto, já teve a oportunidade de harmonizar o seu entendimento ao do texto da Lei nº 14.133/2021.[599]

---

598 "Dessa forma, a mera alegação de que os serviços a serem contratados por meio da Concorrência 1/2018 são serviços genericamente descritos como serviços 'técnicos especializados' ou serviços de 'engenharia consultiva' não é suficiente para justificar a escolha da modalidade concorrência. Examinando ainda a jurisprudência do Tribunal de Contas da União mais especificamente quanto à contratação de serviços de gerenciamento, supervisão e fiscalização de obras, os quais são muito similares aos serviços da licitação ora em exame, verifica-se a consolidação do entendimento de que é possível a licitação desses serviços por meio do pregão, conforme fundamentada análise realizada pela Seinfra Rodovia Aviação: [...]" (TCU, Plenário. Acórdão nº 713/2019. Rel. Min. Bruno Dantas, j. 27.3.2009). "9.3.4. o emprego da modalidade pregão como regra para a contratação de serviços de engenharia consultiva, supervisão e elaboração de projetos de obras não exclui o modelo tradicional de licitação por melhor técnica ou técnica e preço, previsto no artigo 46 da Lei nº 8.666/1993, para o caso de trabalhos de alta complexidade que não possam ser enquadrados como comuns nem, portanto, ter padrões de desempenho e qualidade objetivamente definidos por meio de especificações usuais, segundo reconhecimento e justificativa prévia do contratante" (TCU, Plenário. Acórdão nº 1.092/2014. Rel. Min. Bruno Dantas, j. 30.4.2014). "Os serviços técnicos necessários à estruturação de projeto de parceria público-privada relativo à modernização, eficientização, expansão, operação e manutenção da infraestrutura de rede de iluminação pública são, em regra, serviços comuns, licitados na modalidade de pregão" (TCU, Plenário. Acórdão nº 1.711/2017. Rel. Min. Vital do Rêgo, j. 9.8.2017).

599 9.4. dar ciência à Universidade Federal Rural de Pernambuco (UFRPE), com base no art. 9º, inciso I, da Resolução-TCU 259/2014, de que a não utilização do critério de julgamento do tipo "técnica e preço" no edital de Concorrência 1/2023 atentou contra o art. 37, §2º, da Lei 14.133/2021, por ultrapassar o limite de R$

2.6 Serviços de natureza predominantemente intelectual

O parágrafo único do artigo 29 da Lei nº 14.133/2021 também veda o uso da modalidade pregão para a generalidade dos serviços técnicos especializados de natureza predominantemente intelectual. Como visto, o inciso XVIII do artigo 6º da Lei nº 14.133/2021 apresenta uma lista de serviços técnicos especializados de natureza predominantemente intelectual:

> a) estudos técnicos, planejamentos, projetos básicos e projetos executivos;
> b) pareceres, perícias e avaliações em geral;
> c) assessorias e consultorias técnicas e auditorias financeiras e tributárias;
> d) fiscalização, supervisão e gerenciamento de obras e serviços;
> e) patrocínio ou defesa de causas judiciais e administrativas;
> f) treinamento e aperfeiçoamento de pessoal;
> g) restauração de obras de arte e de bens de valor histórico;
> h) controles de qualidade e tecnológico, análises, testes e ensaios de campo e laboratoriais, instrumentação e monitoramento de parâmetros específicos de obras e do meio ambiente e demais serviços de engenharia que se enquadrem na definição deste inciso.

Por conseguinte, para esses serviços, independentemente do critério de julgamento, inclusive se a Administração aplicar o critério do menor preço, é proibida a utilização da modalidade pregão.

Essa regra contida no parágrafo único do artigo 29 da Lei nº 14.133/2021 também contraria as orientações que se colhe da jurisprudência do Tribunal de Contas da União produzida diante da Lei nº 8.666/1993 e da Lei nº 10.520/2002. O argumento, que vinha prevalecendo, é que o conceito de serviço comum não exclui o de serviço complexo – algo pode ser, ao mesmo tempo, comum e complexo. São vários julgados do Tribunal de Contas da União nessa direção, podendo-se destacar: (i) Acórdão nº 713/2019, Plenário, Rel. Min. Bruno Dantas, j. 27.3.2019, que envolve a contratação de serviços de engenharia consultiva; (ii) Acórdão nº 197/2018, Plenário, Rel. Min. Augusto Sherman, j. 31.1.2018, cujo objeto é a contratação de serviços advocatícios; (iii) Acórdão nº 1.711/2017, Plenário, Rel. Min. Vital do Rêgo, j. 9.8.2017, sobre serviços de consultoria para a estruturação de parceria público-privada; e (iv) Acórdão nº 1.046/2014, Plenário, Rel. Min. Benjamin Zymler, j. 23.4.2014, que trata de serviços de auditoria independente.

Essa jurisprudência deve cair com a Lei nº 14.133/2021. Repita-se que, nos termos da referida lei, serviços especiais não podem ser licitados por meio da modalidade pregão e serviços especiais são aqueles de alta heterogeneidade ou complexidade (inciso XIV do artigo 6º da Lei nº 14.133/2021). Normalmente, serviços técnicos especializados de natureza predominantemente intelectual são sim de alta heterogeneidade ou complexidade. Logo, sob a régua da Lei nº 14.133/2021, tais serviços não devem mesmo ser licitados por meio da modalidade pregão, por efeito do que o parágrafo único do artigo 29 da

---

300,000,00 relativo à estimativa do valor da contratação para serviços técnicos especializados de natureza eminentemente intelectual estabelecido no nominado dispositivo (atualizado para R$ 343.249,93, mediante o Decreto 11.317/2022 e, posteriormente, para R$ 359.436,08, pelo Decreto 11.781/2023); (TCU, Plenário. Acórdão nº 2381/2024. Rel. Min. Augusto Sherman, j. 6.11.2024).

Lei nº 14.133/2021 é coerente com a sistemática da Lei nº 14.133/2021 – concorde-se com ela ou não.

2.7 Contratações de tecnologia da informação e de comunicação

O inciso XLI do artigo 6º da Lei nº 14.133/2021 estabelece que a modalidade pregão deve ser utilizada para a aquisição de bens e serviços comuns. O próprio legislador ofereceu definição para a expressão *bem e serviço comum*, que, de acordo com o inciso XIII do mesmo artigo 6º da Lei nº 14.133/2021, são aqueles cujos padrões de desempenho e qualidade podem ser objetivamente definidos pelo edital, por meio de especificações usuais no mercado.

Como afirmado,[600] a definição legal de bem e serviço comum depende do quão usuais são no mercado as especificações de dado produto, o que é algo carregado de subjetividade, uma vez que determinado produto pode ser usual para alguém e não ser para outrem. Em que pese isso, consideram-se bens e serviços comuns todos aqueles que possam ser licitados pela modalidade pregão sem que haja prejuízo no que tange à avaliação de sua qualidade ou da própria capacitação técnica dos licitantes. Isto é, bens e serviços comuns são todos aqueles rotineiros, usuais, que sejam definidos por especificações conhecidas e dominadas pelos agentes administrativos, sem que se admita, a partir de certas especificações estabelecidas no edital, variações técnicas substanciais que possam repercutir na satisfação do interesse público.

Noutras palavras: se a Administração conhece certo produto, trabalha e tem experiência com ele, consegue definir em relação a ele as especificações que melhor atendem ao interesse público – ainda que pudesse haver outras especificações – e, com isso, a Administração define o objeto licitado com precisão, sem admitir que lhe sejam ofertados produtos com variações técnicas substanciais, tal objeto deve ser qualificado como *bem e serviço comum* e, pois, pode ser licitado por pregão.

Sob esse contexto, em regra, bens e serviços de tecnologia da informação e de comunicação, a depender das suas características, podem ser qualificados como bens e serviços comuns e, por via de consequência, podem ser licitados por meio do pregão.

Ora, a maioria dos computadores e equipamentos de *hardware* adquiridos pela Administração apresenta características padronizadas, definidas de antemão, sem admitir entre eles, a partir de certas especificações estabelecidas no edital, variação técnica substancial que repercuta decisivamente na satisfação do interesse público. Na mesma linha, atualmente há uma série de *softwares* que são produzidos em processo industrial e oferecidos de modo padronizado ao público, *softwares* comumente conhecidos como *de prateleira*, também facilmente qualificados como bens comuns. Isso sem falar dos insumos de informática, utensílios que servem para manter os equipamentos em funcionamento, normalmente padronizados e oferecidos por vários fabricantes, que também se subsomem ao conceito de bem comum.

O ponto de maior controvérsia reside nos *softwares* que precisam ser desenvolvidos ou customizados para a Administração. Questiona-se se eles podem ser qualificados como bens e serviços comuns e ser licitados por meio de pregão.

---

600 Conferir subitem 2.2.

Registre-se que, sob a ótica da Lei nº 10.520/2002, o Tribunal de Contas da União vem entendendo que sim:

> 21. Este Tribunal, por diversas vezes, examinou contratações de empresas que deveriam desenvolver softwares específicos para a contratante e não verificou ilegalidade na escolha do pregão como modalidade de licitação. A bem da verdade são as particularidades do objeto a ser licitado que irão permitir ou impedir a adoção da modalidade pregão. A Corte de Contas entende, então, que o desenvolvimento e a manutenção de softwares não necessariamente são objetos predominantemente intelectuais. Se objetivamente definidos por meio de especificações usuais no mercado, enquadram-se na categoria de bens/serviços comuns prevista na legislação.
> 22. Desse modo, o juízo do Tribunal é de que o pregão, do tipo menor preço, é, em regra, a modalidade de licitação adequada para a contratação desses objetos, basta que a solução atenda aos parâmetros de desempenho e qualidade estabelecidos no edital. Nesse tipo de contratação, o procedimento de avaliação de amostras consiste na apresentação, por parte do licitante, de uma amostra dos produtos ofertados, seguida da realização de testes pelo ente promotor da licitação.
> 23. Concordo que, quando consideradas a legislação, a jurisprudência e a doutrina apresentadas, não há dúvida de que o objeto licitado se caracteriza como bem comum. Logo, seguindo esses mesmos paradigmas, deve, de fato, ser adotado o pregão como modalidade de licitação para este caso.[601]

A Lei nº 14.133/2021 alterou o quadro sobre o uso da modalidade pregão. Sucede que, como já apontado, a modalidade pregão deve ser utilizada para a contratação de bens e serviços comuns e a modalidade concorrência, por via de regra, para bens e serviços especiais. Em acréscimo, o inciso XIV do artigo 6º da Lei nº 14.133/2021 define bens e serviços especiais como aqueles com alta heterogeneidade ou complexidade. Então, a reposta à questão se é cabível ou não a modalidade pregão para *softwares* que precisam ser desenvolvidos ou customizados para a Administração depende dos casos postos à sua apreciação.

Ocorre que a alta heterogeneidade ou complexidade do *software* a ser desenvolvido depende de uma série de aspectos, variáveis caso a caso. Haverá muitos *softwares* com alta heterogeneidade ou complexidade e esses não devem ser licitados por meio da modalidade pregão. No entanto, não se pode excluir a hipótese de o desenvolvimento ou a customização de *software* não envolver tarefas mais complexas ou que a Administração saiba definir no edital objetivamente o que precisa e por meio de especificações que lhe são usuais. Nessas hipóteses, a modalidade pregão tem lugar.

Aliás, cumpre consignar que o inciso III do §1º do artigo 36 da Lei nº 14.133/2021 prescreve que o julgamento por técnica e preço pode ser usado para licitações que tenham por objeto bens e serviços especiais de tecnologia da informação e da comunicação. Ora, o legislador, ao permitir a técnica e preço para bens e serviços especiais de tecnologia da informação e da comunicação, admite também o seu oposto, ainda que implicitamente: a existência de bens e serviços comuns de tecnologia da informação e da comunicação

---

601 TCU, Plenário. Acórdão nº 1.667/2017. Rel. Min. Aroldo Cedraz, j. 2.8.2017.

e, para estes, conforme a avaliação técnica da Administração, o critério deve ser o de menor preço e, naturalmente, por regra, deve ser adotada a modalidade pregão.

2.8 A modalidade pregão venceu

O conjunto das considerações expendidas até aqui pode passar a impressão de que a Lei nº 14.133/2021 retrocedeu no tocante à abrangência da modalidade pregão se comparada com a Lei nº 10.520/2002. Ora, fora da Lei nº 14.133/2021, admite-se a modalidade pregão para objetos complexos, o que é proibido pelo inciso XIV do artigo 6º da Lei nº 14.133/2021. Com o mesmo timbre, fora da Lei nº 14.133/2021, admite-se a modalidade pregão para engenharia consultiva e serviços técnicos especializados de natureza predominantemente intelectual, o que foi proibido pelo parágrafo único do artigo 29, reforçado pelo §2º do artigo 37, ambos da Lei nº 14.133/2021.

No entanto, essa impressão é equivocada. Na verdade, em leitura mais atenta, se percebe claramente que a modalidade pregão foi expandida, ainda que por meios reflexos e indiretos. Explica-se melhor.

Como dito, das cinco modalidades previstas no artigo 28 da Lei nº 14.133/2021, três delas, concurso, leilão e diálogo competitivo, servem a situações bem específicas e delimitadas. Duas delas são gerais, pregão e concorrência, e devem ser as mais utilizadas. Daí vem a polêmica sobre em quais situações se deve valer de uma ou de outra, dado que elas dependem da configuração dos seus objetos como bens e serviços comuns ou especiais, que remetem a conceitos jurídicos indeterminados, carregados de subjetividade. A polêmica se potencializa na área de engenharia, foco histórico de resistências à modalidade pregão.

Nada obstante isso, a celeuma em torno das modalidades pregão e concorrência perdem em muito qualquer sentido prático, porque o procedimento que se aplica a uma e a outra é o mesmo, como reconhece o artigo 29 da Lei nº 14.133/2021. Ao fim e ao cabo, de modo geral, por uma modalidade ou por outra, a licitação será a mesma, com o mesmo procedimento e podendo-se formular as mesmas exigências.

A única diferença significativa diz respeito ao emprego dos critérios de julgamento, como já enfatizado: no pregão o critério deve ser centrado no preço (menor preço ou maior desconto, conforme o inciso XLI do artigo 6º da Lei nº 14.133/2021) e na concorrência admitem-se os critérios baseados nos fatores técnicos e qualitativos (menor preço, melhor técnica ou conteúdo artístico, técnica e preço, maior retorno econômico e maior desconto, conforme o inciso XXXVIII do artigo 6º da Lei nº 14.133/2021). No entanto, se a Administração quiser adotar o critério do menor preço, que é a regra, presente na maioria das licitações, utilizar pregão ou concorrência não fará diferença.

E o ponto é que o procedimento a ser empregado em ambas as modalidades é o externado no artigo 17 da Lei nº 14.133/2021, que segue a mesma base procedimental da modalidade pregão, por regra: julgamento antes da habilitação, possibilidade de etapa de lances e um recurso só no final. Ou seja, a concorrência da Lei nº 14.133/2021 é coisa bem diferente da concorrência da Lei nº 8.666/1993. A concorrência da Lei nº 14.133/2021 é em essência o pregão, a alma foi roubada pelo pregão. Chama-se de concorrência, talvez para não desagradar as entidades de engenharia, mas a essência é a do pregão. Parece que o problema da modalidade é apenas de nome. Insista-se: a modalidade pregão venceu.

3 Concurso

O concurso, conforme o inciso XXXIX do artigo 6º da Lei nº 14.133/2021, é "modalidade de licitação para escolha de trabalho técnico, científico ou artístico, cujo critério de julgamento será o de melhor técnica ou conteúdo artístico, e para concessão de prêmio ou remuneração ao vencedor". O artigo 30 da Lei nº 14.133/2021 prescreve que o edital do concurso deve indicar: "I - a qualificação exigida dos participantes; II - as diretrizes e formas de apresentação do trabalho; III - as condições de realização e o prêmio ou remuneração a ser concedida ao vencedor". O parágrafo único do mesmo artigo 30 estabelece:

> nos concursos destinados à elaboração de projeto, o vencedor deverá ceder à Administração Pública, nos termos do artigo 93 desta Lei, todos os direitos patrimoniais relativos ao projeto e autorizar sua execução conforme juízo de conveniência e oportunidade das autoridades competentes.

Pondera-se que a modalidade concurso não cabe para a contratação de qualquer sorte de trabalho técnico, científico ou artístico. Sucede que a modalidade concurso tem lugar para a escolha de trabalho pronto. Ou seja, o contrato administrativo decorrente da modalidade concurso não é para que o contratado desenvolva trabalho técnico, científico ou artístico. O trabalho pronto é apresentado no prazo indicado no edital e, por meio dos critérios definidos no edital, a Administração escolhe o trabalho com a melhor técnica ou conteúdo artístico. Por isso que o supracitado artigo 30 da Lei nº 14.133/2021 exige do edital a indicação do que a Administração pretende com o trabalho e já determine o valor do prêmio ou remuneração.

Por exemplo, suponha-se que a Administração pretende dispor de projeto para a revitalização de uma praça pública. Há dois caminhos diferentes para a contratação.

Um dos caminhos é a promoção de concurso. Nesse caso, ela publica edital e, no prazo fixado, os interessados apresentam os seus projetos – em acordo com as diretrizes e critérios já dispostos no edital. Cada licitante faz o seu projeto e o apresenta à Administração, sem garantia de remuneração. A Administração avalia os projetos e escolhe o melhor. Com o contrato, a Administração adquire os direitos sobre o projeto escolhido e o utiliza conforme sua conveniência, sendo que o autor faz jus à remuneração ou ao prêmio previamente fixado no edital.

O outro caminho é a promoção de uma concorrência, que é bem mais frequente. A Administração publica o edital, porém os licitantes não precisam apresentar a ela, no prazo do edital, os projetos prontos. Os licitantes apresentam propostas, que podem envolver aspectos de preço e de técnica. A Administração seleciona o contratado, que, com a assinatura do contrato, deve então desenvolver o projeto. O projeto pronto daí é entregue à Administração, que deve recebê-lo e pagar por ele o valor ajustado no contrato, daí recebendo os direitos sobre ele e sendo-lhe facultado usá-lo como lhe for mais conveniente.

Esclareça-se que o prêmio sempre agrega uma ideia meritória e de reconhecimento, ele pode ser expresso, total ou parcialmente, em pecúnia, o que, nesse caso, equivale a uma forma de remuneração, que dela não difere essencialmente, ainda que de natureza simbólica. Sem embargo, o prêmio não envolve necessariamente pecúnia, pode ser de outra natureza, como o mero reconhecimento por meio de uma placa, troféu ou medalha, entre outras formas.

4 Leilão

O leilão, como expresso no inciso XL do artigo 6º da Lei nº 14.133/2021, é a "modalidade de licitação para alienação de bens imóveis ou de bens móveis inservíveis ou legalmente apreendidos a quem oferecer o maior lance". Em complemento, os incisos I e II do *caput* do artigo 76 da Lei nº 14.133/2021 prescrevem que o leilão é a modalidade adequada para a alienação de bens imóveis e móveis, ressalvados os casos de dispensa de licitação pública. A rigor, a modalidade leilão deve ser usada para a alienação e para a disposição de bens públicos de qualquer natureza, o que deflui de interpretação sistêmica, especialmente das alíneas dos incisos do *caput* do referido artigo 76, que versam sobre outras figuras como concessões e aforamentos, que não importam necessariamente a transferência da propriedade ou da propriedade plena da Administração Pública para terceiros.

Pondera-se que, em face da redação categórica dos I e II do *caput* do artigo 76 da Lei nº 14.133/2021, a alienação de bens da Administração deve necessariamente ser precedida de licitação na modalidade leilão, à exceção apenas dos casos de contratação direta, quando cabíveis. É vedado o emprego de outras modalidades de licitação.

Como preceitua o §2º do artigo 31 da Lei nº 14.133/2021, o edital de licitação promovida na modalidade leilão deve conter:

> I - a descrição do bem, com suas características, e, no caso de imóvel, sua situação e suas divisas, com remissão à matrícula e aos registros;
> II - o valor pelo qual o bem foi avaliado, o preço mínimo pelo qual poderá ser alienado, as condições de pagamento e, se for o caso, a comissão do leiloeiro designado;
> III - a indicação do lugar onde estiverem os móveis, os veículos e os semoventes;
> IV - o sítio da internet e o período em que ocorrerá o leilão, salvo se excepcionalmente for realizado sob a forma presencial por comprovada inviabilidade técnica ou desvantagem para a Administração, hipótese em que serão indicados o local, o dia e a hora de sua realização;
> V - a especificação de eventuais ônus, gravames ou pendências existentes sobre os bens a serem leiloados.

De modo geral, as principais obrigações da Administração em edital sob a modalidade leilão são descrever e contextualizar o bem objeto da alienação, bem como indicar o preço mínimo que admite por ele, decorrente de avaliação.

O *caput* do artigo 31 da Lei nº 14.133/2021 prescreve que o leilão pode ser "cometido a leiloeiro oficial ou a servidor designado pela autoridade competente da Administração [...]". A escolha é discricionária da Administração. O leiloeiro onera a Administração, porque os serviços dele, obviamente, devem ser remunerados – ainda que pelo adquirente.

A designação de servidor, em princípio, é menos onerosa, porque a Administração não terá dispêndios extras com o servidor, que já é remunerado em razão do vínculo havido entre ele e a Administração. Por outro lado, o leiloeiro pode dar mais visibilidade à alienação e, por conseguinte, fazer com que a Administração obtenha mais propostas e resultado mais vantajoso. Esses aspectos devem ser ponderados e, insista-se, a escolha é discricionária da Administração.

Se a Administração optar pelo leiloeiro, terá de contratá-lo e tratar da sua remuneração. O §1º do artigo 31 da Lei nº 14.133/2021 prescreve que a Administração deve

> selecioná-lo mediante credenciamento ou licitação na modalidade pregão e adotar o critério de julgamento de maior desconto para as comissões a serem cobradas, utilizados como parâmetro máximo os percentuais definidos na lei que regula a referida profissão e observados os valores dos bens a serem leiloados.[602]

Portanto, o legislador previu hipótese especial de credenciamento para a contratação de leiloeiros. Nesse caso de credenciamento, a Administração deve publicar edital de credenciamento e nele definir as condições e o valor ou critério de remuneração. Todos os leiloeiros que se apresentarem e cumprirem os requisitos do edital devem ser credenciados, sendo que a Administração deve adotar critérios objetivos de distribuição de demanda (objetos a alienar) aos leiloeiros credenciados, na forma do inciso II do parágrafo único do artigo 79 da Lei nº 14.133/2021.

Acaso a Administração opte pela contratação de leiloeiro pela modalidade pregão, deve elaborar edital e seguir os procedimentos que lhe são próprios, com critério de julgamento de maior desconto sobre as comissões a serem cobradas. Nessas situações, abre-se disputa centrada no preço, sendo que quem cobrar a menor comissão deve ser o vencedor. O §1º do artigo 31 da Lei nº 14.133/20 exige que se pratique "como parâmetro

---

602 "DIREITO PROCESSUAL CIVIL E ADMINISTRATIVO. RECURSO ORDINÁRIO EM MANDADO DE SEGURANÇA. OFENSA AO ART. 1.022 DO CÓDIGO DE PROCESSO CIVIL DE 2015. INOCORRÊNCIA. PROCEDIMENTO LICITATÓRIO NA MODALIDADE LEILÃO. DISCRICIONARIEDADE ADMINISTRATIVA NA FORMA DE CONTRATAÇÃO DE LEILOEIRO OFICIAL PELO PODER PÚBLICO. INTELIGÊNCIA DO ART. 31, CAPUT E §1º DA LEI N. 14.133/2021. DIVULGAÇÃO PÚBLICA E PERMANENTE DE EDITAL DE CREDENCIAMENTO EM SÍTIO ELETRÔNICO. OBRIGAÇÃO DECORRENTE DO ART. 79, PARÁGRAFO ÚNICO, I, DA LEI N. 14.133/2021. INAPLICABILIDADE AOS CHAMAMENTOS PÚBLICOS REALIZADOS SOB A ÉGIDE DA LEI N. 8.666/1993. AUSÊNCIA DE DIREITO LÍQUIDO E CERTO. RECURSO ORDINÁRIO IMPROVIDO. I - De acordo com o decidido pelo Plenário desta Corte, na sessão realizada em 9.3.2016, o regime recursal será determinado pela data da publicação do provimento jurisdicional impugnado. *In casu*, aplica-se o Código de Processo Civil de 2015. II - Ausente ofensa ao art. 1.022 do CPC/15, uma vez que a Corte de origem apreciou todas as questões relevantes apresentadas com fundamentos suficientes. III - O art. 31, caput e §1º, da Lei n. 14.133/2021 faculta à Administração a designação de servidor para conduzir o procedimento licitatório na modalidade leilão, ou, ainda, a delegação da atividade a leiloeiro oficial, cuja seleção, nesse último caso, deve ocorrer, obrigatoriamente, mediante credenciamento ou pregão entre os auxiliares do comércio que preencham os requisitos do Decreto n. 21.981/1932, sem, no entanto, estabelecer juízo de precedência condicionada entre ambos os institutos, cabendo à autoridade competente eleger o instrumento adequado, com supedâneo em critérios de conveniência e oportunidade. IV - Embora o art. 79, parágrafo único, I, da Lei n. 14.133/2021 imponha a manutenção pública de edital de credenciamento em sítio eletrônico, de modo a permitir ao cadastramento permanente de novos interessados - obstando, por conseguinte, a fixação prévia de balizas temporais limitando o acesso de novos postulantes -, especificamente quanto à contratação de leiloeiros oficiais, tal normatividade somente incide quando presente prova cabal da opção administrativa por essa modalidade de seleção pública na vigência da Nova Lei de *Licitações* e Contratações Administrativas, porquanto ausente igual obrigação nas disposições constantes da Lei n. 8.666/1993. V - Recurso Ordinário improvido" (STJ, Primeira Turma. RMS nº 68.504/SC. Rel. Min. Regina Helena Costa, j. 10.10.2023).

máximo os percentuais definidos na lei que regula a referida profissão", que serve como espécie de teto. Se houver empate, em razão ou não do teto, deve-se aplicar os critérios de desempate dispostos no artigo 60 da Lei nº 14.133/2021.

5 Diálogo competitivo

5.1 Considerações gerais

Uma das mais comentadas novidades da Lei nº 14.133/2021 é o diálogo competitivo, que, de acordo com o inciso XLII do seu artigo 6º, é a

> [...] modalidade de licitação para contratação de obras, serviços e compras em que a Administração Pública realiza diálogos com licitantes previamente selecionados mediante critérios objetivos, com o intuito de desenvolver uma ou mais alternativas capazes de atender às suas necessidades, devendo os licitantes apresentar proposta final após o encerramento dos diálogos.

Essa modalidade tem inspiração em práticas estrangeiras, podendo-se mencionar com destaque o seu equivalente europeu, a modalidade diálogo concorrencial, prevista no artigo 30 da Diretiva Europeia nº 2014/24.

Em síntese breve, a Administração lança a licitação e por meio de edital apresenta a sua necessidade e não a solução pronta, completa e definitiva para atender a tal necessidade. Os interessados devem apresentar as suas qualificações, conforme exigências formuladas no edital, sendo que os qualificados iniciam processo de diálogo com a Administração, apresentando soluções para as necessidades indicadas no edital. Nesse diálogo, a Administração pode formular questionamentos, sugestões, ponderações, enfim, interagir com os qualificados para colher as informações necessárias a fim de escolher ou formatar uma dada solução. Quando a Administração sentir que dispõe das informações suficientes, o que depende de juízo técnico e discricionário, ela publica novo edital com a especificação da solução eleita por ela e concede prazo para os licitantes pré-selecionados apresentarem suas propostas.

O aspecto de maior destaque da modalidade diálogo competitivo é que a licitação se desenvolve por meio de diálogo – daí o seu nome –, que se presta a identificar a solução técnica que melhor atende à necessidade da Administração. Isso significa que o edital é publicado sem que a Administração tenha definido as especificações do objeto do futuro contrato, o que ela espera fazê-lo com os elementos e informações que colher em razão dos diálogos com os licitantes qualificados.

O diálogo competitivo, nessa medida, rompe fortemente com o modelo tradicional de licitação pública, em que a Administração requer dos licitantes propostas apenas para atender a objeto previamente definido por si, sem admitir que eles contribuam com seus conhecimentos para melhorá-lo. Com o diálogo competitivo a Administração abre-se e quer justamente colher as contribuições dos licitantes. A disputa, sob essa perspectiva, não se limita à proposta para atender a determinado objeto previamente definido. A disputa passa e é provável que encontre o seu ápice na própria definição do objeto, que deve ser o determinante para o resultado da licitação pública. Isso porque as empresas atuantes no mercado costumam empregar as suas tecnologias e metodologias para prover dadas necessidades, que não são necessariamente compartilhadas por seus concorrentes. A escolha, por parte da Administração, de dadas tecnologias e metodologias tende a ser determinante para a seleção da proposta final, que depende delas. Então, o licitante que conseguir influir positivamente o juízo da Administração pode dispor de grande vantagem, porque o objeto definido por ela tende a contemplar as tecnologias e metodologias abarcadas em seus produtos e não nos dos seus concorrentes. Por evidente, a contribuição oferecida pelos licitantes qualificados não é graciosa e altruísta, ela visa a interesses econômicos legítimos. A Administração, com o diálogo competitivo, quer se aproveitar disso.

5.2 Outros instrumentos de diálogo em contratação pública

É oportuno registrar que os modelos de contratação pública já vêm passando por processo de abertura ao diálogo ou à contribuição da iniciativa privada. A modalidade diálogo competitivo é mais um instrumento dessa nova percepção dialógica de licitação e contrato administrativo e da própria Administração Pública, que procura, tanto quanto possível, construir consensos e dialogar com o mercado.

Há outros instrumentos que partem da mesma gênese, podendo-se citar, por exemplo, os regimes de execução contratação integrada e semi-integrada, previstos no artigo 46 da Lei nº 14.133/2021. Na contratação integrada, prevista originariamente na Lei nº 12.462/2011, que instituiu o Regime Diferenciado de Contratações Públicas, e depois na Lei nº 13.303/2016, que disciplina as licitações e contratos das estatais, a Administração lança o edital de licitação acompanhado apenas de anteprojeto, com a descrição das suas necessidades e não da especificação detalhada do objeto, permitindo que licitantes ofereçam soluções diferentes, de acordo com os seus conhecimentos. Na contratação semi-integrada, prevista antes na Lei nº 13.303/2016, o edital é acompanhado de projeto básico, porém a Administração indica partes dele sobre as quais os licitantes podem propor soluções alternativas. A premissa das contratações integrada e semi-integrada é justamente a de abrir espaços para que o mercado participe e ofereça a solução que forma o objeto do futuro contrato, que não é estabelecido de antemão e de forma definitiva pela Administração. Quer a Administração aproveitar do conhecimento do mercado, da mesma forma que o faz no diálogo competitivo. No entanto, no diálogo competitivo essa intenção é agravada, dado que, diferente da contratação integrada e semi-integrada, estabelece-se realmente um processo de comunicação institucional direto entre a Administração e os licitantes qualificados, com troca de informações de modo que dúvidas sejam esclarecidas, ajustes sejam feitos e soluções sejam encontradas.

Outro instrumento que igualmente tem assento na Lei nº 14.133/2021 é o procedimento de manifestação de interesse, versado no seu artigo 81. Por meio dele a Administração publica edital de chamamento público a fim de obter informações técnicas e econômicas para futura licitação pública, sendo que os interessados em participar do procedimento podem apresentar estudos, investigações, levantamentos e projetos de soluções inovadoras que contribuam com questões de relevância pública. Ao final, a Administração pode decidir aproveitar ou não os estudos, investigações, levantamentos e projetos. Se os aproveitar, o autor ou os autores fazem jus à remuneração e isso não os impede de participar da própria licitação. Na verdade, o procedimento de manifestação de interesse não é uma novidade da Lei nº 14.133/2021, ele já vinha sendo aplicado pela Administração Pública em geral, porém, de forma restrita a processos de concessão de serviços públicos e parcerias público-privadas. Ele também foi previsto na Lei nº 13.303/2016, que cuida das licitações e contratos das estatais.

Também vale mencionar o regime para a contratação de soluções inovadoras estabelecido na Lei nº 10.973/2004, regulamentada pelo Decreto Federal nº 9.283/2018. O artigo 20 da Lei nº 10.973/2004 prevê a dispensa de licitação para contrato cujo objeto diz respeito à pesquisa, desenvolvimento e inovação que envolva risco tecnológico. Os §§3º, 4º e 8º do artigo 27 do Decreto Federal nº 9.283/2018 prescrevem que a dispensa de licitação deve ser precedida de consulta a potenciais interessados e negociação, precedida da elaboração de documento por parte da Administração Pública que descreva suas necessidades, sem as especificações técnicas do objeto do contrato de solução inovadora. Ou seja, a lógica é que a Administração produz documento com a descrição da sua necessidade e abre diálogo com empresas interessadas para encontrar ideias e soluções que podem compor o objeto do futuro contrato. Trata-se de algo muito parecido com o diálogo competitivo, porém formulado num processo de dispensa de licitação.

Sob o mesmo enfoque, não se pode deixar de mencionar que o artigo 13 da Lei Complementar nº 182/2021 criou modalidade especial de licitação para a contratação de soluções inovadoras, com ou sem risco tecnológico. A principal característica é que o edital de licitação não precisa especificar o objeto da futura contratação, pode deixá-lo em aberto, apenas indicando o problema a ser resolvido, os resultados esperados e os desafios tecnológicos a serem superados, consoante estabelece o §1º do referido artigo 13, igualmente se aproximando da modalidade diálogo competitivo da Lei nº 14.133/2021.

Todas essas referências sinalizam que a modalidade diálogo competitivo não representa iniciativa isolada e destoante. Ela rompe com o modelo tradicional de licitação pública, porém junto com ela há vários outros instrumentos que também o fazem, cada qual com as suas particularidades e em diferentes graus e medidas, mas todos na mesma direção de abertura para o diálogo com o mercado. Pode-se mesmo vislumbrar que, diante desse conjunto de medidas, as licitações e contratos administrativos passam por processo de transformação ou, ao menos, o legislador vem sinalizando caminhos nessa direção.

5.3 Cabimento da modalidade diálogo competitivo

A modalidade diálogo competitivo não cabe para licitações comuns. Ela, por sua característica, pressupõe objeto bastante complexo, que a Administração tenha dificuldades para definir sua especificação de antemão no edital. Ou seja, a Administração tem uma necessidade, mas não dispõe dos elementos ou de todos os elementos para definir o objeto e sua especificação a fim de atender a tal necessidade, sobremodo porque ela pode ser atendida de maneiras diferentes.

Sob essa luz, o inciso I do artigo 32 da Lei nº 14.133/2021 estabelece:

> [...] a modalidade diálogo competitivo é restrita a contratações em que a Administração:
> I - vise a contratar objeto que envolva as seguintes condições:
> a) inovação tecnológica ou técnica;

> b) impossibilidade de o órgão ou entidade ter sua necessidade satisfeita sem a adaptação de soluções disponíveis no mercado; e
> c) impossibilidade de as especificações técnicas serem definidas com precisão suficiente pela Administração.

Veja-se que os requisitos listados nas alíneas do inciso I do artigo 32 da Lei nº 14.133/2021 são adicionais e não alternativos. Ou seja, a modalidade diálogo competitivo demanda o atendimento de todas elas, em conjunto. Logo, como afirmado, o objeto não deve ser algo simples e corriqueiro. Deve envolver inovação tecnológica ou técnica (alínea "a"), portanto, algo novo, ainda não dominado e padronizado pelo mercado, cujo conhecimento ainda não foi disseminado. Mais do que isso, é preciso demonstrar que as soluções previamente identificadas no mercado não sejam suficientes, que elas devem ser, na melhor das hipóteses, adaptadas para atender à necessidade da Administração (alínea "b"). Logo, a modalidade não tem cabimento mesmo diante de objeto inovador, porém que seja pronto e acabado, que não demande, pelo menos, customização para atender à Administração. Diante do risco e da incerteza que é própria à inovação, a Administração não se vê em condições de definir as especificações técnicas com precisão suficiente (alínea "c").

Por esse conjunto de razões é que a Administração deve optar pelo diálogo competitivo, que, na forma do inciso II do artigo 32 da Lei nº 14.133/2021, se presta justamente a

> definir e identificar os meios e as alternativas que possam satisfazer suas necessidades, com destaque para os seguintes aspectos:
> a) a solução técnica mais adequada;
> b) os requisitos técnicos aptos a concretizar a solução já definida;
> c) a estrutura jurídica ou financeira do contrato.

Nessa toada, a finalidade do diálogo competitivo é encontrar a solução técnica adequada (alínea "a"), definir daí as especificações tocantes a ela (alínea "b") e, inclusive, diante da complexidade do objeto e da própria contratação, definir também a estrutura jurídica e financeira do contrato (alínea "c").

A menção contida na alínea "c" do inciso II do artigo 32 da Lei nº 14.133/2021 é relevante, porque deixa claro que a contribuição que se espera do mercado não é restrita aos aspectos apenas técnicos, mas também jurídicos e financeiros. Sendo assim, é de reconhecer que o contrato decorrente de licitação promovida sob a modalidade diálogo competitivo, em decorrência da complexidade do seu objeto e, por conseguinte, do próprio contrato, pode seguir modelos jurídicos e financeiros não usuais, diferentes daqueles próprios aos contratos comuns da Lei nº 14.133/2021. Disso também decorre a constatação de que as estruturas técnica, jurídica e financeira são, em certa medida, interdependentes em contratos mais complexos.

5.4 Procedimento da modalidade diálogo competitivo

As balizas do procedimento da modalidade diálogo competitivo são descritas nos incisos do §1º do artigo 32 da Lei nº 14.133/2021.

O procedimento, em sua etapa externa, inicia-se com a publicação de edital, por meio do qual a Administração deve indicar "[...] suas necessidades e as exigências já definidas [...]" (inciso I). Reitera-se que a principal característica da modalidade diálogo competitivo é que a Administração não dispõe do objeto especificado quando do lançamento da licitação; ela se utiliza da modalidade justamente para definir o objeto e suas especificações em diálogo com os licitantes. Então, a Administração no edital deve descrever apenas as suas necessidades. Pode ser, no entanto, que a Administração já tenha definido alguma parcela do objeto previamente. Se for o caso, então essa parcela deve ser comunicada aos interessados já no edital e serve como uma premissa de que se deve partir para encontrar a solução que atende à necessidade da Administração.

Não são todos os interessados que livremente podem participar do diálogo competitivo, mas apenas aqueles que comprovarem que contam com a qualificação necessária. Daí o inciso II, cujo teor determina que o edital deve indicar os critérios empregados para a pré-seleção dos licitantes, devendo-se admitir todos os interessados que preencherem os requisitos objetivos estabelecidos.

Nesse particular, diga-se de passagem, a modalidade diálogo competitivo da Lei nº 14.133/2021 destoa substancialmente da modalidade diálogo concorrencial prescrito no artigo 30 da Resolução 2.014/2020, da União Europeia. Sucede que lá a Administração está autorizada a limitar o número de participantes do diálogo, que depende de convite formulado por ela. Ou seja, de início, todos os interessados podem apresentar as suas qualificações. No entanto, o atendimento dos requisitos indicados não significa que todos tenham o direito de prosseguir na licitação. Isso porque o desenvolvimento do diálogo, sobretudo com a profundidade desejada, é bastante trabalhoso e a Administração encontra dificuldades de conduzi-lo adequadamente com um número maior de licitantes. Logo, repita-se, na versão europeia, permite-se a limitação dos licitantes, que se faz a bem do interesse público, para viabilizar os diálogos, que devem ser aprofundados. No Brasil, conforme o inciso II do §1º do artigo 32 da Lei nº 14.133/2021, todos os que atenderem aos requisitos fixados no edital avançam para a fase de diálogo. Se, eventualmente, quantidade maior de interessados se qualificar, é de supor que à Administração seja difícil manter o diálogo dentro do padrão e com o nível de profundidade desejado.

Com a decisão sobre os licitantes qualificados, inicia-se, na sequência, propriamente, o processo de diálogo. É preciso que os licitantes, em todo o processo de diálogo competitivo, tenham acesso às mesmas informações, sob pena de a licitação ser manipulada de modo fraudulento. Por isso, o inciso III declara que "a divulgação de informações de modo discriminatório que possa implicar vantagem para algum licitante será vedada". O inciso IV, no entanto, proíbe à Administração "revelar a outros licitantes as soluções propostas ou as informações sigilosas comunicadas por um licitante sem o seu consentimento", o que é fundamental para que os licitantes qualificados apresentem suas estratégias, tecnologia e metodologias. Portanto, as sessões não são públicas, abertas a todos os licitantes ou interessados. A sessão conta com a participação dos representantes da Administração e do licitante com quem se dialoga, salvo se uma sessão for marcada para tratativas que se considere apropriado fazer em conjunto. Para preservar a lisura da licitação, contudo, o inciso VI preceitua que "as reuniões com os licitantes pré-selecionados serão registradas em ata e gravadas mediante utilização de recursos tecnológicos de áudio e vídeo", que devem ser juntados aos autos do processo licitatório quando da declaração de conclusão do diálogo, forte no inciso VIII. Revelando preocupação com o tratamento das informações obtidas no diálogo, o §2º do artigo 32 da Lei nº 14.133/2021 exige que os profissionais contratados para assessorar tecnicamente a comissão de contratação assinem termo de confidencialidade e se abstenham de atividades que possam configurar conflito de interesses.

O diálogo propriamente dito consiste em conversas havidas entre os licitantes qualificados e a Administração. Em termos práticos, a Administração deve marcar reuniões com os representantes dos licitantes e discutir as soluções apresentadas por eles, formulando questionamentos, ajustando detalhes, solicitando todas as providências consideradas pertinentes para divisar a solução adequada.

A Orientação Normativa nº 82/2024, da AGU, reconhece que:

> No processo licitatório na modalidade do diálogo competitivo é possível estabelecer no edital de pré-seleção critérios de exclusão a serem observados pelos licitantes para participação e durante o desenvolvimento dos diálogos, sob pena de exclusão da fase competitiva.

Ou seja, afora os critérios de qualificação para que os interessados participem do diálogo, é permitido estabelecer critérios de exclusão, inclusive durante o desenvolvimento dos diálogos. É possível que o diálogo não evolua com determinado licitante, que ele não revele conhecimento e capacidade suficientes para contribuir com o diálogo ou que ele descumpra compromissos e obrigações ajustadas durante o diálogo. Não faria sentido que a Administração tivesse que prosseguir com diálogo com licitante nestas condições.

Não há um prazo ou quantidade de reuniões predefinidos para concluir os diálogos. Eles seguem de acordo com a necessidade e de acordo com os aspectos que surgem em decorrência deles. O inciso V estabelece que "a fase de diálogo poderá ser mantida até que a Administração, em decisão fundamentada, identifique a solução ou as soluções que atendam às suas necessidades". Nada obstante, recomenda-se que a Administração estabeleça e divulgue um plano para o diálogo, com uma espécie de calendário de reuniões. No desenrolar dos diálogos, pode ser que ocorra a necessidade de fazer mais reuniões com dado licitante ou reservar tempo maior para dado licitante em detrimento dos outros. Não há o que se opor, uma vez que o diálogo estabelecido com um dos licitantes pode ser mais promissor do que com outros ou pode ser que com um dos licitantes se verifique mais pendências do que com outros licitantes, o que demanda tempo maior. Isso significa que os diálogos, para alcançar bom termo, devem ser flexíveis, e o eventual plano ou calendário deve ser considerado apenas como referencial.

Não se pode excluir a hipótese de o diálogo não ser exitoso, de a Administração não colher as informações pretendidas. Nesse caso, quando se vaticinar o impasse ou o malogro, a Administração pode concluir o diálogo e declarar a licitação fracassada. É que talvez o mercado não tenha a oferecer o que pretende a Administração.

O êxito do diálogo ocorre nas hipóteses em que a Administração reúne as informações pretendidas e com ela consegue definir e especificar a solução a ser contratada. Para tanto, o inciso VI enuncia que "o edital poderá prever a realização de fases sucessivas, caso em que cada fase poderá restringir as soluções ou as propostas a serem discutidas". Quer dizer que o diálogo pode ser estruturado por etapas, superando-se em cada uma delas desafios e definindo-se balizas para as etapas subsequentes. A Administração não precisa, convém dizer, escolher ou rejeitar totalmente a solução proposta por um licitante. As informações podem ser aproveitadas pela Administração parcialmente.

Ao alcançar um bom termo final, aportando à solução adequada, a Administração deve dar por concluído o diálogo. Daí abre a fase competitiva, amparada no inciso VIII, com a publicação de edital para a seleção da proposta mais vantajosa, com prazo não inferior a 60 dias para que todos os licitantes qualificados que quiserem apresentem suas propostas, sobre as quais a Administração ainda pode solicitar esclarecimentos ou ajustes, "[...] desde que não impliquem discriminação nem distorçam a concorrência entre as propostas [...]", como adverte o inciso IX. Feitos os eventuais esclarecimentos, a Administração deve definir a proposta vencedora, segundo o critério determinado no edital. A Lei nº 14.133/2021 não predefine nem sinaliza o critério de julgamento a ser adotado, entre os enumerados no artigo 33. Logo, a Administração goza de discricionariedade para defini-lo.

Realizado o julgamento, parte-se para etapa de conclusão da licitação, com a fase recursal, adjudicação e homologação, sem que a Lei nº 14.133/2021 tenha prescrito regras especiais para a modalidade diálogo competitivo no tocante a tais aspectos.

6 Modalidade especial de licitação da Lei Complementar nº 182/2021

6.1 Considerações gerais

A Lei Complementar nº 182/2021, que institui o marco legal das *startups*, dedica o seu Capítulo VI à "Contratação de Soluções Inovadoras pelo Estado", com a promessa, anunciada no *caput* do seu artigo 12, de "I - resolver demandas públicas que exijam solução inovadora com emprego de tecnologia; e II promover a inovação no setor produtivo por meio do uso do poder de compra do Estado".

Basicamente, a Lei Complementar nº 182/2021 prescreve modalidade especial de licitação pública para a contratação de solução inovadora e algumas regras também especiais acerca dos contratos administrativos que lhe são decorrentes, chamados de "Contrato Público para Solução Inovadora (CPSI)".

O artigo 13 da Lei Complementar nº 182/2021 trata da modalidade especial. A principal característica é que o edital de licitação não precisa especificar o objeto da futura contratação, pode deixá-lo em aberto, apenas indicando o problema a ser resolvido, os resultados esperados e os desafios tecnológicos a serem superados, consoante estabelece o §1º do referido artigo 13, aproximando-se bastante da modalidade diálogo competitivo da Lei nº 14.133/2021. O julgamento das propostas é realizado por comissão especial (§3º do artigo 13), sob critérios particulares (§4º do artigo 13), permitindo-se a dispensa de parte dos documentos de habilitação e da prestação de garantias (§8º do artigo 13).

De plano, chama a atenção que essa modalidade especial de licitação não é restrita às *startups*; quaisquer pessoas físicas ou jurídicas, isoladamente ou em consórcio, podem participar dela e firmar o contrato dela decorrente. Soa contraditório, mas o fato é que o regime de contratação da Lei Complementar nº 182/2021, que é o Marco Legal das

Startups, não é direcionado para as *startups*, porém à contratação de soluções inovadoras, a serem celebradas com quaisquer pessoas que atendam às condições do edital de licitação. Noutras palavras, nada impede que uma *big tech*, se quiser, seja contratada pela Administração Pública em procedimento regido pelo Marco Legal das *Startups* (Lei Complementar nº 182/2021).

6.2 Cabimento da modalidade especial de licitação da Lei Complementar nº 182/2021

A utilização dessa modalidade especial de licitação depende do atendimento a dois requisitos.

O primeiro, conforme o artigo 13 da Lei Complementar nº 182/2021, é que o objeto da licitação seja o teste de soluções inovadoras desenvolvidas ou a ser desenvolvidas, com ou sem risco tecnológico. Ou seja, é permitido utilizar a modalidade especial para contratar solução inovadora já desenvolvida, porém não testada, ou para contratar o próprio desenvolvimento da solução inovadora.

Convém frisar que o artigo 13 da Lei Complementar nº 182/2021 prescreve que a contratação do teste ou do desenvolvimento da solução inovadora pode envolver ou não risco tecnológico. A prescrição não faz sentido, porque o teste ou o desenvolvimento de solução inovadora sempre importa risco tecnológico, em algum grau ou medida.

Insista-se que o inciso II do artigo 2º do Decreto Federal nº 9.283/2018, que regulamenta a Lei nº 10.973/2004, define risco tecnológico como a "possibilidade de insucesso no desenvolvimento de solução, decorrente de processo em que o resultado é incerto em função do conhecimento técnico-científico insuficiente à época em que se decide pela realização da ação".

Ora, a contratação do teste de uma solução inovadora pressupõe que ela já tenha sido desenvolvida, porém que não se conheçam os resultados dela. O teste justamente se presta a conhecer os resultados. Logo, é evidente o risco de insucesso, pode ser que os resultados fiquem aquém do projetado, desenhando o risco tecnológico. A contratação do desenvolvimento de solução inovadora, com mais ênfase ainda, traz em sua gênese o risco tecnológico. Se não houver risco, ou a solução inovadora já foi desenvolvida e o contrato para desenvolvê-la é uma espécie de simulação ou a solução pretendida não é verdadeiramente inovadora. O risco tecnológico anda de mãos dadas com a inovação, por efeito do que não há contrato de solução inovadora sem risco tecnológico.

O segundo requisito para utilizar a modalidade especial da Lei Complementar nº 182/2021, como prescreve o §2º do seu artigo 14, é que o valor do contrato dela decorrente, chamado de "Contrato Público para Solução Inovadora (CPSI)", não pode ultrapassar R$1.600.000,00. Projetos maiores, com repercussões financeiras mais amplas, não podem ser enquadrados na Lei Complementar nº 182/2021. Essa restrição é limitadora e pode ser frustrante, mas o fato é que há um teto.

A Administração Pública, portanto, na etapa preparatória da licitação, deve estimar os valores dos respectivos contratos, sendo que a modalidade especial de que cuida a Lei Complementar nº 182/2021 somente tem cabimento se o valor estimado não ultrapassar R$1.600.000,00. Estimar de antemão o valor da contratação deve ser difícil para a Administração Pública, porque a principal característica da modalidade especial é que o edital não precisa especificar o objeto da futura contratação, apenas o problema a ser resolvido, os resultados esperados e os desafios tecnológicos a serem superados. Quer dizer que, na etapa preparatória da licitação e quando da publicação do edital, a Administração Pública conhece apenas o problema e não a solução do problema, que é justamente o que ela pretende contratar. Dizendo de outra forma, a dificuldade para a Administração é definir o valor teto da contratação sem especificar tecnicamente o objeto a ser desenvolvido.

6.3 Características da modalidade especial de licitação da Lei Complementar nº 182/2021

A característica mais importante da modalidade especial da Lei Complementar nº 182/2021 é que o edital não precisa trazer a especificação técnica da solução a ser desenvolvida, porém, apenas a indicação do problema a ser resolvido, os resultados esperados e os desafios tecnológicos a serem superados (§1º do artigo 13). Ou seja, a Administração Pública promove a licitação do problema, sendo que a suposta solução deve ser oferecida (indicada) pelos licitantes.

Nessa sistemática, a avaliação das propostas acaba sendo bastante subjetiva e em boa parte, técnica. Ocorre que os licitantes, ao apresentarem as suas propostas, não têm as soluções, eles apenas projetam as soluções, dado que o desenvolvimento propriamente da solução é o objeto do futuro contrato. Então, a Administração Pública precisa avaliar os projetos de solução, principalmente se são ou não viáveis e o que eles envolvem.

Sob essas luzes, diante do §3º do artigo 13 da Lei Complementar nº 182/2021, o edital deve indicar que o julgamento deve ser realizado por

> [...] comissão especial integrada por, no mínimo, 3 (três) pessoas de reputação ilibada e reconhecido conhecimento no assunto, das quais:
> I - 1 (uma) deverá ser servidor público integrante do órgão para o qual o serviço está sendo contratado; e
> II - 1 (uma) deverá ser professor de instituição pública de educação superior na área relacionada ao tema da contratação.

O legislador exigiu um servidor público e um professor de instituição pública. O terceiro membro da comissão especial é de escolha discricionária da Administração Pública, desde que ostente "reputação ilibada e reconhecido conhecimento no assunto".

O edital deve definir os critérios para a avaliação e julgamento das propostas por parte da comissão especial. O §4º do artigo 13 da Lei Complementar nº 182/2021 preceitua que se deve considerar, sem prejuízos de outros elementos:

> I - o potencial de resolução do problema pela solução proposta e, se for o caso, da provável economia para a administração pública;
> II - o grau de desenvolvimento da solução proposta;
> III - a viabilidade e a maturidade do modelo de negócio da solução;
> IV - a viabilidade econômica da proposta, considerados os recursos financeiros disponíveis para a celebração dos contratos; e

> V - a demonstração comparativa de custo e benefício da proposta em relação às opções funcionalmente equivalentes.

O legislador quis ressaltar que o preço não deve ser o fator determinante para o julgamento das propostas. O §5º do artigo 13 da Lei Complementar nº 182/2021 prescreve que "o preço indicado pelos proponentes para execução do objeto será critério de julgamento somente na forma disposta nos incisos IV e V do §4º deste artigo". Ou seja, a comissão especial deve avaliar sob a ótica do preço apenas a viabilidade econômica da proposta e a sua relação de custo e benefício.

Em complemento, no tocante ao preço, o §9º do artigo 13 da Lei Complementar nº 182/2021 permite "negociar com os selecionados as condições econômicas mais vantajosas para a administração e os critérios de remuneração que serão adotados [...]". E, ainda, o §10 do mesmo artigo prescreve:

> [...] na hipótese de o preço ser superior à estimativa, a administração pública poderá, mediante justificativa expressa, com base na demonstração comparativa entre o custo e o benefício da proposta, aceitar o preço ofertado, desde que seja superior em termos de inovações, de redução do prazo de execução ou de facilidade de manutenção ou operação, limitado ao valor máximo que se propõe a pagar.

Quer dizer que, ao fim e ao cabo, deve prevalecer a técnica. Advirta-se, no entanto, mais uma vez, que, segundo o §2º do seu artigo 14 da Lei Complementar nº 182/2021, o valor do contrato não pode ultrapassar R$1.600.000,00, mesmo na hipótese do referido §10 do artigo 13.

O §6º do artigo 13 da Lei Complementar nº 182/2021 permite a seleção de mais de uma proposta para a celebração do contrato, o que deve ser indicado no edital, inclusive o limite de propostas selecionáveis. Isso significa que é permitido à Administração Pública contratar mais de uma pessoa para o desenvolvimento da mesma solução ou para partes diferentes da solução pretendida.

A fim de prever algum tipo de benefício para as *startups*, o §8º do artigo 13 da Lei Complementar nº 182/2021 flexibiliza os requisitos de habilitação previstos na revogada Lei nº 8.666/1993, permitindo que o edital os dispense no todo ou em parte, ressalvando-se o disposto no §3º do artigo 195 da Constituição Federal, cujo teor proíbe a contratação pelo Poder Público de pessoas jurídicas em débito com a Seguridade Social. Muitas *startups*, por serem *startups*, não conseguem comprovar experiência, são bastante alavancadas e mesmo não mantêm todas as certidões fiscais em dia, o que lhes impede de participar das licitações tradicionais. Daí a ideia é que tais comprovações não sejam exigidas, conforme decisão discricionária da Administração Pública, que deve estar expressa no edital.

O inciso II do §8º do artigo 13 da Lei Complementar nº 182/2021 também autoriza que o edital dispense a exigência de garantias, o que também poderia ser difícil para as *startups*. A prescrição legal, no entanto, não faz sentido, porque o revogado artigo 56 da Lei nº 8.666/1993 e o artigo 96 da Lei nº 14.133/2021 estabelecem que a garantia pode ser exigida pela Administração Pública, o que significa que ela não é obrigatória, inclusive para as modalidades tradicionais. Dizendo de outra forma, dispensou-se a exigência de algo cuja exigência já não era obrigatória.

Soma-se que é permitido à Administração Pública, também em benefício das *startups*, prever no edital o pagamento antecipado da etapa inicial do contrato, na forma do §7º do artigo 14 da Lei Complementar nº 182/2021, "a fim de garantir os meios financeiros para que a contratada implemente a etapa inicial do projeto". Em caso de inexecução injustificada da etapa inicial, consoante o §8º do mesmo artigo 14, a Administração Pública deve exigir a devolução do valor antecipado ou glosar os pagamentos subsequentes, se houver.

O pagamento antecipado se constitui em medida de alto risco, porque, pura e simplesmente, pode ser que o contratado não cumpra a sua parte do contrato. Normalmente, ao cogitar pagamento antecipado, a Administração Pública exige a prestação de garantias do contratado, o que não foi mencionado no §7º do artigo 14 da Lei Complementar nº 182/2021. Afora isso, o inciso II do §8º do artigo 13 da mesma Lei dispensou sua exigência. Nada impede, no entanto, que a Administração Pública a exija como condição para realizar o pagamento antecipado. No entanto, se exigir, arrisca-se a inviabilizar a execução do contrato, especialmente se a contratada for *startup* que inicia suas atividades e que não está capitalizada. Aliás, a previsão de pagamento antecipado do §7º do artigo 14 certamente foi concebida para favorecer tais *startups*, por efeito do que a exigência de garantia soaria, no mínimo, contraditória. De todo modo, a Administração Pública pode seguir outras cautelas em relação ao pagamento antecipado, como realizar *due diligence* sobre o contratado e acompanhar muito de perto a execução da etapa inicial do contrato, que é remunerada com o pagamento antecipado.[603]

Por fim, registre-se que, como preceitua o §2º do artigo 13 da Lei Complementar nº 182/2021, o edital deve ser divulgado com antecedência mínima de 30 dias corridos até a data de recebimento das propostas, devendo ser publicado em sítio eletrônico centralizado de divulgação de licitações ou mantido pelo ente público licitante; e no diário oficial do ente federativo. O legislador não obrigou a divulgação no Portal Nacional de Contratações Públicas (PNCP) nem em jornal diário de circulação, como se exige para os demais editais por força do artigo 54 da Lei nº 14.133/2021. Como não obrigou, tais medidas não são exigidas para a modalidade especial de que cuida a Lei Complementar nº 182/2021.

7 Modalidade especial para a contratação de serviços de publicidade

As licitações e os contratos administrativos de serviços de publicidade prestados por intermédio de agências de publicidade são regidos por legislação especial, mais precisamente, pela Lei nº 12.232/2010, que prescreve normas gerais impositivas para a União, estados, Distrito Federal e municípios. Aliás, o artigo 186 da Lei nº 14.133/2021 prescreve que suas prescrições devem ser aplicadas de forma subsidiária à Lei nº 12.232/2010, portanto, esta não foi revogada, permanece vigente.

[603] Conferir: NIEBUHR, Joel de Menezes; PIRONTI, Rodrigo Aguirre de Castro. Gestão de riscos de pagamentos antecipados. *Blog da Zênite*. Disponível em: https://www.zenite.blog.br/gestao-de-riscos-de-pagamentos-antecipados/. Acesso em: 22 jun. 2021.

O artigo 5º da Lei nº 12.232/2010 prescreve que as licitações e os contratos administrativos de serviços de publicidade prestados por intermédio de agências de publicidade devem ser realizados em acordo com as modalidades definidas no revogado artigo 22 da Lei nº 8.666/1993. Por força do artigo 190 da Lei nº 14.133/2021, deve-se passar a ler o artigo 5º da Lei nº 12.232/2010 substituindo-se a referência à Lei nº 8.666/1993 pela Lei nº 14.133/2021. Logo, deve-se aplicar as modalidades de licitação da Lei nº 14.133/2021, tal qual dispostas no seu artigo 28.

Sem embargo disso, por rigor jurídico, nenhuma das modalidades da Lei nº 14.133/2021 encaixa-se e é apropriada para realizar a licitação peculiar disposta na Lei nº 12.232/2010 – como também não eram as modalidades da Lei nº 8.666/1993. Por rigor jurídico, a Lei nº 12.232/2010 prescreve uma espécie de modalidade especial de licitação pública, um modo particular de realizar licitação pública, que diverge sobremaneira do procedimento da Lei nº 14.133/2021 e das modalidades nela previstas.

Sendo assim, em que pese a referência literal do artigo 5º da Lei nº 12.232/2010 à aplicação das modalidades da revogada Lei nº 8.666/1993, que devem passar a ser lidas como as modalidades da Lei nº 14.133/2021, verdadeiramente a Lei nº 12.232/2010 institui modalidade especial de licitação pública, da mesma maneira que o faz a Lei Complementar nº 182/2021, que versa sobre modalidade especial para a contratação de soluções inovadoras desenvolvidas ou a ser desenvolvidas, com ou sem risco tecnológico.

7.1 Características da modalidade especial de licitação para a contratação de serviços de publicidade

O artigo 5º da Lei nº 12.232/2010 enuncia que as licitações de publicidade devem adotar, obrigatoriamente, os tipos *melhor técnica* ou *técnica e preço*. Portanto, é vedada a licitação cujo critério de julgamento é baseado exclusivamente no preço. O aspecto técnico deve necessariamente ser levado em consideração para efeito de comparação das propostas.

Em tais licitações, como se depreende do inciso I do artigo 6º da Lei nº 12.232/2010, ocorre a inversão das fases, seguindo o padrão da modalidade pregão, incorporado na Lei nº 14.133/2021. Em primeiro lugar, julgam-se as propostas e depois os documentos de habilitação dos licitantes classificados no julgamento final.

Os licitantes devem apresentar quatro envelopes, um destinado à proposta de preço e três destinados às propostas técnicas, conforme prescreve o artigo 9º da Lei nº 12.232/2010. Dos três envelopes com propostas técnicas, um abriga via não identificada do plano de comunicação e outro via identificada do plano de comunicação. O terceiro veicula as demais informações integrantes da proposta técnica, composta de quesitos destinados a avaliar a capacidade de atendimento do proponente e o nível dos trabalhos por ele realizados para seus clientes, em harmonia com o artigo 8º da Lei nº 12.232/2010. O quarto envelope versa sobre as propostas de preços.

O artigo 7º da Lei nº 12.232/2010 preceitua que o plano de comunicação deve ser composto pelos seguintes quesitos: (i) raciocínio básico, vertido em texto, que apresenta diagnóstico, compreensão do objeto e os desafios de comunicação; (ii) estratégia de comunicação, também vertida em texto, cujo propósito é apresentar e defender a proposta, tudo visando vencer os desafios e atingir as metas admitidas; (iii) ideia criativa, vertida em peças publicitárias, que externa a resposta criativa dos licitantes; e (iv) estratégia de mídia e não mídia, vertida em texto, tabelas, gráficos, planilhas e quadros de resumo, demonstrando e justificando a estratégia de comunicação proposta em razão da verba disponível, com indicação de peças, quantidades, inserções e custos.

Percebe-se que os quesitos do plano de comunicação são conexos. Em resumo, o raciocínio básico apresenta o diagnóstico, os problemas e os objetivos. A estratégia de comunicação é um texto que introduz e defende a ideia criativa. Esta, por sua vez, é a solução criativa, a proposta criativa propriamente dita. E a estratégia de mídia e não mídia é o plano de como a ideia criativa será veiculada e atingirá o público visado pela Administração, levando-se em consideração os custos e os valores disponíveis para as ações publicitárias.

As licitações de publicidade são processadas por comissão permanente ou especial, exceto o julgamento das propostas técnicas, que, consoante o §1º do artigo 10 da Lei nº 12.232/2010, é de competência de subcomissão técnica constituída por três membros, formados em comunicação, publicidade ou *marketing* ou que atuem em tais áreas, sendo que pelo menos um terço deles não poderá manter qualquer espécie de vínculo com o órgão ou a entidade promotora da licitação.

A escolha dos integrantes dessa subcomissão encarregada das propostas técnicas ocorre por sorteio. Como preconiza o §2º do artigo 10 da Lei nº 12.232/2010, a Administração deve dispor de lista com, no mínimo, o triplo do número dos integrantes da subcomissão técnica. O §3º do mesmo artigo prescreve que, se o valor estimado da contratação não ultrapassar em dez vezes o limite previsto na revogada alínea "a" do inciso II do artigo 23 da Lei nº 8.666/1993, cujo teor estabelecia limite de valor para a modalidade convite, a lista deve conter, no mínimo, o dobro dos integrantes da subcomissão técnica. Registre-se que a Lei nº 14.133/2021 não reproduziu a modalidade convite da Lei nº 14.133/2021 nem previu valores-limite para a adoção das suas modalidades. Logo, diante da Lei nº 14.133/2021, a aplicação do disposto no §3º do artigo 10 da Lei nº 12.232/2010 torna-se inviável, por efeito do que a lista dos integrantes da subcomissão deve conter, no mínimo, o triplo dos seus integrantes.

O sorteio para a escolha dos integrantes da subcomissão deve ser realizado em sessão pública, antecedida em dez dias da devida publicação. Em até 48 horas da sessão pública do sorteio, os nomes integrantes da lista podem ser impugnados. Acatada a impugnação, deve ser elaborada e publicada nova lista, com a substituição do nome do impugnado (§§5º a 7º do artigo 10 da Lei nº 12.232/2010). A Lei nº 12.232/2010 não deixa claro, porém, não há nada que impeça que a lista com os potenciais membros da subcomissão técnica seja divulgada junto com o edital. Portanto, se assim for, em dez dias após a publicação do edital, o sorteio já pode ser realizado. Tal prazo, diga-se de passagem, não interfere no prazo de publicidade do edital.

A intenção manifesta do legislador ao tratar e prescrever as competências da subcomissão técnica é assegurar a isenção e evitar o favorecimento e o direcionamento no julgamento das propostas técnicas. Como a avaliação das propostas técnicas é impregnada por inevitável e altíssima dose de subjetividade, não é raro que os agentes responsáveis sejam escolhidos deliberadamente para privilegiar agências de publicidade predeterminadas, que acabavam vencendo as licitações. Com a introdução da lista e do sorteio dos integrantes da subcomissão, quer-se dificultar a indicação de pessoas previamente favoráveis ou comprometidas com agências de publicidade predeterminadas. Daí que, com as normas enfeixadas na Lei nº 12.232/2010, quem pretende direcionar ou favorecer dadas agências de publicidade, indicando os agentes responsáveis pelo julgamento técnico, tem de realizar os seus acertos escusos com um grupo bem maior. Antes da Lei nº 12.232/2010, bastava indicar três pessoas, número usualmente adotado para as comissões de licitação ou de julgamento das propostas técnicas. Com a Lei nº 12.232/2010, este triplica, no mínimo. É mais difícil – não é impossível, evidentemente – controlar o triplo de pessoas, que são os servidores ou pessoas integrantes da lista.

A comissão de licitação recebe os quatro envelopes, inclusive os dois planos de comunicação, o identificado e o não identificado. O plano de comunicação identificado, diferente da versão não identificada, não contém os exemplos de peças referentes à ideia criativa (§2º do artigo 9º da Lei nº 12.232/2010). De resto, afora a identificação, devem ser idênticos.

O plano de comunicação não identificado é encaminhado para a subcomissão, juntamente com o terceiro envelope com os quesitos destinados a avaliar a capacidade de atendimento do proponente e o nível dos trabalhos por ele realizados para seus clientes. Em primeiro lugar, a subcomissão julga o plano de comunicação e encaminha à comissão de licitação as propostas, as planilhas com as pontuações e as justificativas escritas das razões que a fundamentaram. Somente depois, em segundo lugar, a subcomissão avalia o terceiro envelope, com os quesitos destinados a avaliar a capacidade de atendimento do proponente e o nível dos trabalhos por ele realizados para seus clientes, encaminhando à comissão de licitação, da mesma forma como ocorre em relação ao plano de comunicação, as propostas, as planilhas com as pontuações e as justificativas escritas das razões que a fundamentaram (incisos I a VI do §4º do artigo 11 da Lei nº 12.232/2010).

A comissão de licitação, então, realiza sessão pública para a apuração do resultado das propostas técnicas, cotejando os planos de comunicação identificados, de posse dela, com os não identificados, que foram avaliados pela subcomissão (inciso VII do §4º do artigo 11 da Lei nº 12.232/2010). O resultado do julgamento da proposta técnica é publicado, abrindo-se prazo para a interposição de recursos administrativos.

Mais uma vez, nota-se a intenção do legislador de assegurar a isenção e evitar o favorecimento e o direcionamento no julgamento das propostas técnicas. Como dito, a subcomissão encarregada do julgamento das propostas técnicas recebe plano de comunicação não identificado. A ideia é que os membros da subcomissão não saibam quem são os autores das respectivas propostas e, pois, as analisem com imparcialidade. Quer-se que a avaliação técnica seja realizada às cegas no tocante aos seus autores e determinada pelo conteúdo das propostas e soluções e não pela identidade da agência de publicidade que as produziu.

Dessa sorte, para fazer com que os responsáveis pela avaliação técnica não conheçam a identidade dos licitantes, o legislador tornou obrigatória a padronização dos elementos formais dos planos de comunicação. Nesse sentido são as prescrições dos incisos IX a XIII do artigo 6º da Lei nº 12.232/2010. Todos os licitantes devem apresentar os seus planos de comunicação com a mesma fonte, tamanho, espaçamento, quantidades e formas dos exemplos das peças. Os dispositivos supracitados proíbem categoricamente a aposição no plano de comunicação de qualquer elemento que, direta ou indiretamente, possa identificar o seu autor.

O Professor Carlos Pinto Coelho Motta tece comentários sobre a padronização dos planos de comunicação e a premissa de não identificação dos seus autores:

> As advertências contidas nos incisos XII e XIII remetem, ambas, ao inciso III, no qual se estabelecera a apresentação do plano de comunicação publicitária em duas vias – uma delas, lembre-se, *sem identificação* do proponente.
> O sigilo provisório sobre o autor da proposta justifica-se por ser elemento assegurador da objetividade da avaliação técnica, em mais uma cautela contra a *preconcepção* ou *contaminação* do julgamento pela imagem do licitante. A Corte de Contas da União, em acórdão de 2006, já recomendava essa práxis, ao determinar à entidade fiscalizada que:
> "9.2.1.7 adote procedimentos administrativos para que as propostas sejam examinadas pelos membros da Comissão de Licitação sem identificação de sua autoria, com o fim de alcançar-se maior isenção no julgamento" (TCU, Acórdão 222/2006, Plenário, *DOU* 1º mar. 2006).
> Esse requisito é agora reiterado, proibindo-se qualquer forma de identificação do licitante até o momento de abertura do invólucro.
> Como se verá, as duas vias do aludido plano, apresentadas pelo licitante, não são idênticas e cumprirão procedimentos diversos. Os §§1º e 2º do artigo 9º estabelecem a distinção entre as formas de apresentação do plano, donde se percebe que a segunda via, não identificada, contém dados e exemplos omitidos na primeira. Também no invólucro destinado as informações sobre o proponente não pode figurar qualquer elemento que identifique a autoria do plano de comunicação publicitária; o sigilo sobre a autoria do plano deve ser mantido até a abertura dos invólucros.[604]

A intenção do legislador de proibir a identificação dos licitantes autores dos planos de comunicação é evidente e foi ressaltada inúmeras vezes durante a tramitação do projeto de lei que deu origem à Lei nº 12.232/2010. Leia-se trecho de autoria do Deputado Federal José Eduardo Cardozo, autor do projeto de lei.

> [...] Dentro dos mesmos objetivos, o projeto busca, ainda, alterar o processamento da licitação de serviços de publicidade, fazendo com que, durante o julgamento da proposta técnica sejam desconhecidos, dos membros da comissão de licitação, os autores das propostas que serão julgadas.

Tal aspecto também foi destacado no relatório que recomendou a aprovação do projeto de lei na Comissão de Trabalho, de Administração e Serviço Público da Câmara dos Deputados:

> O projeto de lei em exame, com o propósito de evitar desvirtuamentos nas licitações de serviços de publicidade, institui criteriosa sistemática de seleção de projetos de publicidade e de controle da execução dos contratos decorrentes, devendo, entre outros pontos, ser destacados os seguintes:

604 MOTTA, Carlos Pinto Coelho. *Divulgação institucional e contratação de serviços de publicidade*: legislação comentada. Belo Horizonte: Fórum, 2010. p. 121-123.

> - Composição da comissão especial de licitação feita por sorteio, em sessão pública, com a escolha de cinco membros entre quinze cadastrados, o que permite a prevalência do princípio da impessoalidade.
> - Utilização de metodologia para recebimento de propostas técnicas (partes dissertativa e artística) que impeça a prévia identificação dos proponentes, o que enfatiza, mais uma vez, o princípio da impessoalidade.
> - Adoção obrigatória de licitação dos tipos "melhor técnica" ou "técnica e preço", em atenção aos princípios constitucionais da eficiência e da economicidade.
> Todos esses elementos atestam a nítida pretensão moralizadora e a feição de modernização contidas no Projeto de Lei nº 3.305, de 2008.
> Dessa forma, por todo o exposto, manifestamo-nos pela aprovação do Projeto de Lei nº 3.305, de 2008, com fundamento no artigo 129, inciso II, do Regimento Interno da Câmara dos Deputados.

A propósito, o inciso XIV do artigo 6º da Lei nº 12.232/2010 é categórico e peremptório ao prescrever a desclassificação dos licitantes que desatenderem aos incisos XII e XIII do mesmo artigo. A identificação das propostas técnicas, ainda que por elementos indiretos, em face do descumprimento das exigências de padronização, importa na desclassificação das respectivas propostas.

Tais prescrições de padronização e de não identificação, inclusive indireta, dos planos de comunicação, causam polêmica. Ocorre, com frequência, que licitante, por engano, por exemplo, utiliza papel em formato diferente do exigido no edital, ou espaçamento proibido. Tais características, em tese, poderiam permitir a identificação do licitante pela subcomissão técnica. É comum que, em situações desse naipe, ou o licitante é desclassificado ou os demais licitantes interpõem recursos administrativos pleiteando a sua desclassificação, instaurando-se litígio.

Muito embora a intenção do legislador de evitar o favorecimento e prestigiar a impessoalidade seja louvável, as normas que impõem padronização e que vedam a identificação do plano de comunicação destinado à subcomissão técnica merecem críticas, porque flagrantemente inócuas. Por bom senso, se dado licitante pretende que membros da subcomissão técnica o identifiquem, ele não precisaria, por exemplo, utilizar um papel com tamanho diverso do indicado no edital. Ele poderia valer-se de vários outros subterfúgios e estratagemas, muito mais eficazes, simples e fáceis. Bastaria que ele entrasse em contato previamente e não de maneira oficial com os membros da subcomissão técnica e apresentasse a eles uma cópia do plano de comunicação ou os informasse sobre alguma característica do seu plano de comunicação. Pronto, resolvido, os membros da subcomissão técnica saberiam qual dos planos de comunicação é de autoria do licitante que eles pretendem beneficiar. É de espantar que os autores do projeto de lei que deu origem à Lei nº 12.232/2010 e os deputados e senadores não vaticinaram tal hipótese e não perceberam que todo o esforço e o cavalo de batalha que armaram para não identificar o autor do plano de comunicação é ineficaz.

Aliás, em sentido contrário, a não identificação oficial do plano de comunicação levado ao conhecimento da subcomissão técnica produz efeito negativo, porque acaba ajudando a legitimar o julgamento empreendido por ela, valendo como justificativa de antemão para qualquer tipo de questionamento. Por exemplo, alguém denuncia que dada agência de publicidade foi beneficiada pela subcomissão técnica. A subcomissão técnica pode defender-se com a alegação de que os seus membros não conheciam os autores dos planos de comunicação, porque, como prescreve a Lei nº 12.232/2010, eles não são identificados – pelo menos não oficial e abertamente. Assim o sendo, a não identificação oficial pode, ao contrário do pretendido e anunciado pelo legislador, colaborar com o direcionamento da licitação. O ponto é que a Lei nº 12.232/2010 determina a desclassificação de planos de comunicação identificados oficialmente. Conquanto seja proibida a identificação oficial ou não oficial, aberta ou escondida, não há nada que impeça – de fato – a identificação não oficial, escondida e, por corolário, que os membros da subcomissão técnica, de fato, conheçam os autores dos planos de comunicação, beneficiando apadrinhados e prejudicando desafetos.

Encerrado o julgamento das propostas técnicas, realiza-se nova sessão pública, para a abertura dos envelopes com as propostas de preço (inciso IX do §4º do artigo 11 da Lei nº 12.232/2010). Publica-se o resultado do julgamento final das propostas e abre-se prazo para a interposição de recurso.

Vencida a fase de julgamento, os licitantes classificados são convocados para apresentarem os seus respectivos envelopes com os documentos de habilitação, tudo em sessão pública (incisos XI e XII do §4º do artigo 11 da Lei nº 12.232/2010). Da decisão sobre a habilitação cabe recurso (inciso XIII do §4º do artigo 11 da Lei nº 12.232/2010). Encerrada a habilitação, segue a fase integrativa do certame com a homologação e adjudicação (inciso XIV do §4º do artigo 11 da Lei nº 12.232/2010).

CAPÍTULO 12

PROCEDIMENTO DE LICITAÇÃO PÚBLICA DA LEI Nº 14.133/2021

1 A estrutura procedimental da Lei nº 14.133/2021

A licitação pública desenvolve-se por meio de procedimento administrativo, isto é, de uma sucessão encadeada de atos administrativos, cada qual com propósito específico e todos eles em conjunto com propósito comum. Isso significa que cada fase da licitação se presta a uma utilidade. Por exemplo, a habilitação objetiva analisar a pessoa do licitante, o julgamento visa avaliar a proposta etc. Todos os atos do procedimento, ao fim e ao cabo, convergem para a finalidade de selecionar com quem e em quais condições a Administração deve firmar contrato, procurando-se as condições mais vantajosas para os seus interesses com respeito aos princípios que lhe são regentes.

O procedimento em que se desenvolve a licitação pública é variável, dependente da legislação que lhe é própria. Pode-se dizer que há uma estrutura procedimental tradicional de licitação, baseada na revogada Lei nº 8.666/1993, cujo teor, embora existam variáveis em razão das modalidades de licitação então previstas na própria Lei nº 8.666/1993, seguia determinada linha mestra. E, doutro lado, há uma segunda estrutura procedimental de licitação, mais nova, inaugurada com a modalidade pregão, conforme a revogada Lei nº 10.520/2002, e replicada no Regime Diferenciado de Contratações Públicas, de acordo com a em parte revogada Lei nº 12.462/2011, nas licitações das estatais, regidas pela Lei nº 13.303/2016, e, agora, na Lei nº 14.133/2021 Embora também haja diferenças entre os regimes da Lei nº 10.520/2002, da Lei nº 12.462/2011, da Lei nº 13.303/2016 e da Lei nº 14.133/2021, bem como variáveis internas a elas próprias, todas partem de uma mesma espinha dorsal tocante à estrutura procedimental.

Um dos pontos fundamentais de distinção entre os procedimentos previstos, de um lado, na Lei nº 8.666/1993 (tradicional) e, de outro, na modalidade pregão, no Regime Diferenciado de Contratações Públicas, na Lei nº 13.303/2016 e na Lei nº 14.133/2021 (novo), reside na ordenação das fases de habilitação e de julgamento das propostas. Ocorre que no novo procedimento as fases tais como tradicionalmente dispostas na Lei nº 8.666/1993 são invertidas. Ou seja, enquanto na Lei nº 8.666/1993 deve-se primeiro proceder à habilitação e, só depois de concluí-la, passar a analisar as propostas, no novo procedimento, incorporado na Lei nº 14.133/2021, ocorre exatamente o contrário: deve-se proceder à apreciação das propostas, depois à habilitação.

A ordenação das fases da licitação prevista na Lei nº 8.666/1993 parte do pressuposto de que, antes de analisar as propostas, é necessário apurar se os proponentes têm ou não condições de oferecê-la, isto é, se eles têm ou não condições de arcar com as obrigações decorrentes de suas propostas, o que se realiza com a habilitação. Caso os licitantes revelem-se inaptos, a Administração não deve sequer tomar ciência das suas propostas. A Administração somente aprecia as propostas encaminhadas por licitantes habilitados, que demonstrem agregar as condições mínimas para dar cumprimento ao contrato. Perceba-se que, *a priori*, a sistemática da Lei nº 8.666/1993, no que tange à ordenação das fases, seguia linha lógica, isto é, inicialmente analisa-se o proponente e depois a proposta. A Administração, antes de apurar o que lhe é oferecido, apura se o licitante tem ou não condições de oferecê-lo.

Apesar de lógica, a ordenação das fases de licitação disposta na Lei nº 8.666/1993 induzia a resultados práticos insatisfatórios, especialmente em relação à Administração Pública, que se via envolta em cipoal de documentos, impugnações, prazos e recursos.

Em apertada síntese, o procedimento de habilitação previsto na Lei nº 8.666/1993 era o seguinte: a comissão de licitação deve abrir os envelopes de habilitação de todos os licitantes, verificar documento por documento e franquear vistas a todos os licitantes, para que possam impugnar os apresentados pelos seus pares. Apresentada alguma impugnação, a comissão deve analisá-la e, de qualquer modo, avaliar os documentos apresentados, posicionando-se a respeito da conformidade ou desconformidade deles com o pedido no edital. Essa decisão deve ser publicada, salvo se todos os licitantes estiverem presentes na sessão de abertura e se todos forem cientificados, pessoalmente e naquela oportunidade, da decisão tomada pela comissão. Realizada a intimação dos licitantes, a comissão deve conceder-lhes o prazo para interporem os recursos que reputem cabíveis, que terão efeito suspensivo, abrindo vistas, em seguida e pelo mesmo prazo do recurso, para os demais se manifestarem. Enfim, pronunciando-se sobre os eventuais recursos, a autoridade competente expressa decisão administrativa definitiva sobre a habilitação.

A título ilustrativo, em termos práticos, costuma acontecer o seguinte: imagine-se que vinte empresas participem da licitação. A comissão de licitação é obrigada a abrir os vinte envelopes de habilitação. É de presumir que, numa licitação de certa complexidade, cada um dos licitantes apresente cem laudas de documentos de habilitação. Então, a comissão de licitação deve analisar duas mil laudas de documentos. Feito isso, a comissão de licitação abre vistas de tais documentos a todos os licitantes para que um verifique os documentos apresentados pelos outros e, eventualmente, ofereçam impugnação. Depois de esperar horas para que os licitantes analisem os documentos, a comissão de licitação passa a receber as impugnações. Se a licitação for disputada, os licitantes provavelmente devem esforçar-se para oferecer várias impugnações. Suponha-se que cada licitante apresente uma impugnação. Assim sendo, a comissão de licitação deve reunir-se para apreciar tais impugnações, o que, provavelmente, não vai ser realizado na mesma sessão ou no mesmo dia, porquanto todos já estão exauridos, haja vista o avançar das horas. Daí a comissão suspende a sessão, lavra ata, consigna nela as impugnações e deixa para apreciá-las noutro dia. Na data marcada, a comissão de licitação reúne-se, discute entre si e decide a respeito das impugnações. Tal decisão precisa ser publicada, o que já requer alguns dias, especialmente em vista dos trâmites burocráticos. Depois de publicada, conta-se prazo para que os licitantes interponham recursos administrativos. Havendo recursos, deve-se aguardar para que os demais licitantes se manifestem sobre eles. Recebidos os recursos e as manifestações sobre os recursos, a comissão os encaminha para a autoridade competente, que deve julgá-los.

A decisão da autoridade competente sobre os recursos encerra no âmbito administrativo a fase da habilitação, autorizando a comissão de licitação a abrir os envelopes de propostas dos licitantes habilitados. No entanto, os licitantes insatisfeitos com o resultado da habilitação podem propor alguma medida judicial acompanhada de pedido liminar, que, muitas das vezes, suspende o processo licitatório por tempo indeterminado, impondo prejuízos e contratempos à Administração.

Em razão de todas essas formalidades e complexidades, passou-se a reclamar nova ordenação das fases de licitação, para que se invertesse a sistemática da Lei nº 8.666/1993, avaliando-se a habilitação somente após o julgamento das propostas, o que foi feito com o pregão, atualmente regido pela Lei nº 10.520/2002. Repita-se que a estrutura do procedimento do pregão, apesar de pontos de divergência, foi reproduzida em essência no Regime Diferenciado de Contratações Públicas, da Lei nº 12.462/2011, nas licitações das estatais, Lei nº 13.303/2016, e na Lei nº 14.133/2021.

Nessa nova estrutura procedimental, encampada pela Lei nº 14.133/2021, após o julgamento das propostas e a análise da respectiva aceitabilidade, passa-se à fase de habilitação. Nela, num primeiro momento, abre-se apenas o envelope do autor da melhor proposta, desde que tenha sido reputada aceitável. Se o licitante desatende às condições da habilitação, deve-se abrir o envelope do autor da proposta subsequente, na ordem de classificação, e, assim, sucessivamente, até que apure alguém que as atenda, isto é, que esteja devidamente habilitado.

Além de tratar da habilitação depois do julgamento, a inversão das fases implica analisar os documentos de habilitação somente do autor da melhor proposta. Os envelopes com os documentos de habilitação de todos os outros licitantes permanecem fechados. Se o autor da melhor proposta é inabilitado, então se abre o envelope com os documentos de habilitação do segundo mais bem classificado e, assim, sucessivamente.

Logo, seguindo o caso hipotético acima referido, não se analisam, de plano, as duas mil laudas, nem se recebem dezenas de impugnações, tampouco, dezenas de recursos. Apenas se analisam as cem laudas (de acordo com o exemplo acima) referentes aos documentos de habilitação do primeiro classificado. Se ele, o primeiro classificado, atende às condições de habilitação, o pregoeiro o habilita e passa à próxima fase da licitação, que é relativa aos recursos.

Salta aos olhos que a ordenação das fases disposta nessa nova estrutura procedimental implica resultados práticos altamente favoráveis à eficiência administrativa, mormente em relação à celeridade na condução do certame.

Apesar das manifestas vantagens proporcionadas pela inversão das fases tal qual dispostas na Lei nº 8.666/1993, em sentido contrário à corrente de entusiastas dessa novidade, Celso Antônio Bandeira de Mello levanta razões de ordem lógica, de ordem legal, e calcadas nos princípios fundamentais da licitação. Segundo ele, em apertada síntese, a ordem preestabelecida na estrutura procedimental tradicional evita que a classificação das propostas influa na apreciação dos documentos relativos à habilitação, o que comprometeria a objetividade e a isonomia.[1] Noutras palavras, recebendo proposta atrativa, a Administração Pública tenderia a descurar da análise dos documentos de habilitação, sendo condescendente com alguma falta ou irregularidade, o que poderia causar prejuízos futuros ao interesse público.

Trata-se de advertência em tudo pertinente. Há sério risco, para a Administração, de, ao colher proposta excepcional, tender a flexibilizar os critérios de habilitação ou mesmo de avaliação da (in)exequibilidade, prejudicando a isenção e a objetividade. Vale lembrar que, se o contratante não for hábil ou a proposta for inexequível, nada obstante se pretenda agilizar e simplificar o procedimento, fere-se o interesse público. De nada adianta licitação rápida e preço baixo se combinados com contrato descumprido ou mal executado.

Portanto, que a crítica de Celso Antônio Bandeira de Mello seja recebida como espécie de advertência. O preço reduzido não deve induzir o agente público a posicionar-se de maneira condescendente na análise da habilitação. Trata-se de duas fases distintas, que precisam ser bem apartadas, para que o resultado de uma não influa no da outra e imprima prejuízos ao interesse público.

Sem embargo, as críticas lançadas à ordenação das fases não rivalizam com as vantagens propiciadas por ela. A inversão das fases implica desburocratização, celeridade e eficiência, sem desproteger ou flexibilizar as formalidades protetoras do interesse público. Afirma-se, inclusive, que a grande vantagem do novo procedimento em relação ao tradicional reside, justamente, na ordenação das fases, isto é, no fato de proceder-se à habilitação somente depois do julgamento.

A condução da fase de julgamento das propostas também revela aspecto procedimental de destaque que diferencia a tradicional e a nova estrutura procedimental. Ocorre que no novo procedimento, diferentemente do tradicional, há a previsão do oferecimento de lances por parte dos licitantes.

A oportunidade para o oferecimento de lances objetiva minimizar o preço inicialmente ofertado à Administração, o que encontra respaldo no princípio da eficiência e, mais precisamente, no da economicidade.

Deve-se pressupor, como condição de participação em licitação, que os interessados avaliem com precisão e zelo o teor de suas propostas, empreendendo análise acurada daquilo que podem ou não oferecer, calculando a margem de lucro que lhes é possível e exequível. É que a previsão de oferecimento de lances em tese pode comprometer o rigor e a seriedade das propostas. No afã de sagrar-se vencedor da licitação e de celebrar o contrato, envolto no clima de disputa aberta que será decidida naquele momento, não se pode imaginar que todos os licitantes mantenham a serenidade e calculem adequadamente as condições de exequibilidade dos lances ofertados, antevendo seus efeitos econômicos e operacionais.

---

1 BANDEIRA DE MELLO, Celso Antônio. *Licitação*. São Paulo: Revista do Tribunais, 1985. p. 52.

Corre-se, mais uma vez, risco considerável. Não interessa à Administração preço abaixo do razoável, do justo. Interessa-lhe, apenas, preço compatível com o do mercado, que possa ser mantido e cumprido. Portanto, a Administração não deve menosprezar a análise da proposta como um todo nem apenas em relação ao preço. É legítimo que a Administração busque o menor preço e ela realmente deve fazê-lo, para atender de modo mais eficiente às demandas públicas. No entanto, o preço não pode ser alçado a fator absoluto para a avaliação das propostas em licitação.

Por derradeiro, reafirma-se que há distinções dentro do que se chama novo procedimento de licitação, de modo mais enfático entre a modalidade pregão, disciplinada pela Lei nº 10.520/2002, e entre o Regime Diferenciado de Contratações Públicas, da Lei nº 12.462/2011, o regime de licitações das Estatais, da Lei nº 13.303/2016, e o estatuído na Lei nº 14.133/2021.

As principais distinções, em relação ao abordado neste tópico e tomando em conta como referência a Lei nº 14.133/2021, são que na modalidade pregão a inversão das fases e a etapa de lances são obrigatórias. Na Lei nº 14.133/2021, a inversão das fases e a etapa de lances são facultativas, o que representa avanço e aprimoramento.

Ora, viu-se que a nova estrutura procedimental incorporada pela Lei nº 14.133/2021 é, na maioria das vezes, mais vantajosa, porque dá instrumentos para que se faça a licitação com mais celeridade e se consiga preço melhor. No entanto, também há desvantagens, justamente na possibilidade de ampliar os riscos da Administração em razão de avaliações açodadas de documentos de habilitação e de recebimento de propostas inexequíveis. Sob essa ótica, andou bem o legislador ao permitir, ainda que excepcionalmente, que os agentes administrativos, se quiserem, avaliando as peculiaridades de cada caso, optem pela estrutura procedimental tradicional, ainda que parcialmente.

O artigo 17 da Lei nº 14.133/2021 define a ordem, em regra, do procedimento de licitação: "I - preparatória; II - de divulgação do edital de licitação; III - de apresentação de propostas e lances, quando for o caso; IV - de julgamento; V - de habilitação; VI - recursal; VII - de homologação".

Na sequência, o §1º do artigo 17 prescreve que "A fase referida no inciso V do caput deste artigo poderá, mediante ato motivado com explicitação dos benefícios decorrentes, anteceder as fases referidas nos incisos III e IV do caput deste artigo, desde que expressamente previsto no edital de licitação". Ou seja, a Administração pode inverter o procedimento utilizado como regra, para primeiro proceder à habilitação e depois ao julgamento das propostas, alinhando-se, sob esse aspecto, à estrutura procedimental tradicional da Lei nº 8.666/1993. Trata-se de competência discricionária, que, no entanto, não é livre e não pode ser adotada como regra. O dispositivo supracitado é categórico ao qualificar a hipótese como exceção, que, assim o sendo, pressupõe peculiaridades que a justifiquem, tanto que exige, literalmente, motivação "[...] com explicitação dos benefícios decorrentes [...]".

Demais disso, o artigo 56 da Lei nº 14.133/2021 prescreve que "o modo de disputa poderá ser, isolada ou conjuntamente: I - aberto, hipótese em que os licitantes apresentarão suas propostas por meio de lances públicos e sucessivos, crescentes ou decrescentes; II - fechado, hipótese em que as propostas permanecerão". O modo de disputa aberto corresponde à etapa de lances e, o fechado, ao procedimento de julgamento tradicional da revogada Lei nº 8.666/1993, sem lances. Demais disso, o §1º do artigo 56 prescreve que a "a utilização isolada do modo de disputa fechado será vedada quando adotados os critérios de julgamento de menor preço ou de maior desconto". Ou seja, na hipótese de a licitação ser julgada pelo critério de menor preço, que corresponde à grande maioria das licitações, a Administração deve se valer do modo de disputa aberto ou combiná-lo com o modo de disputa fechado. A combinação sempre pressupõe a oportunidade para o oferecimento de lances.

2 Licitação eletrônica e presencial

2.1 Considerações gerais

O procedimento de licitação pode ser presencial ou eletrônico, como reconhece o §2º do artigo 17 da Lei nº 14.133/2021. No primeiro, os licitantes podem estar todos presentes fisicamente, em determinada sessão, em que os procedimentos são realizados. No segundo, o eletrônico, o processamento da licitação dá-se basicamente por meio da utilização da tecnologia da informação, a distância, isto é, sem a presença física dos licitantes, que encaminham as suas propostas e participam do certame valendo-se da internet.

Na licitação eletrônica, consoante o §4º do artigo 17 da Lei nº 14.133/2021, a Administração pode determinar, "como condição de validade e eficácia, que os licitantes pratiquem seus atos em formato eletrônico". Logo, como é natural, a licitação eletrônica, em princípio, deve se realizar totalmente em ambiente eletrônico, com todas as suas interações. A licitação presencial se desenrola por meio de sessões presenciais, sendo que, na forma do §5º do artigo 17 da Lei nº 14.133/2021, "a sessão pública de apresentação de propostas deverá ser gravada em áudio e vídeo, e a gravação será juntada aos autos do processo licitatório depois de seu encerramento".

A primeira experiência com licitação eletrônica foi com o pregão eletrônico, previsto no §1º do artigo 2º da Lei nº 10.520/2002, cujo texto prescreve que "poderá ser realizado o pregão por meio da utilização de recursos de tecnologia da informação, nos termos de regulamentação específica". O pregão eletrônico da Lei nº 10.520/2002 atualmente é regulamentado pelo Decreto Federal nº 10.024/2019. As modalidades da revogada Lei nº 8.666/1993, por sua vez, jamais tiveram versões eletrônicas. Logo, uma das novidades da Lei nº 14.133/2021 é a possibilidade de que todas as licitações, em todas as modalidades, sejam realizadas por meio eletrônico – o que já se previa, registra-se, no Regime Diferenciado de Contratações Públicas, da Lei nº 12.462/2011, e no regime de licitações das estatais, da Lei nº 13.303/2016.

A Administração Pública nacional é criticada com frequência, em vista da sua incapacidade de oferecer bons serviços à população e – o que é consequência – não cumprir os objetivos para os quais foi criada. A reação passa pela tecnologia, e desta, entre suas funções principais, destaca-se a de encurtar as distâncias e aproximar as pessoas, facilitando a interação do conhecimento e das informações, o que implica transformações constantes no modo de agir dos atores econômicos, políticos e sociais.

A licitação eletrônica é uma das facetas dessa reação e, por isso, ela deve ser festejada e fomentada, porque ela melhora os procedimentos e tem o potencial de tornar a Administração Pública mais eficiente e transparente, encurtando as distâncias e ampliando a competição. Sem embargo, não se deve nutrir expectativas exageradas em relação à licitação eletrônica, pois não se trata de panaceia, de solução para a ineficiência dos processos de contratação pública, ela não tem esse alcance, aliás, está muito longe disso.

Advirta-se que, muito embora haja uma série de distinções nos procedimentos eletrônico e presencial, ambos partem da mesma espinha dorsal, por efeito do qual devem compartilhar as mesmas premissas, os mesmos objetivos e os mesmos princípios jurídicos. As referidas distinções existem porque é necessário adaptar o procedimento presencial, em que os licitantes se fazem presentes num espaço físico, ao procedimento eletrônico, em que os licitantes atuam por intermédio da internet. Sem embargo, repita-se que as premissas, os objetivos e os princípios jurídicos devem ser os mesmos. As licitações eletrônica e presencial divergem nos detalhes, nos aspectos operacionais, porém devem comungar da mesma essência.

2.2 As vantagens da licitação eletrônica em relação à presencial

A licitação eletrônica, por utilizar recursos de tecnologia da informação, apresenta vantagens em relação à licitação presencial.

Em primeiro lugar, na licitação eletrônica, por desenvolver-se na internet, não há tanto uso de papel quanto na licitação presencial. As propostas e quase todos os atos que lhe são pertinentes são enviados e recebidos por meio da internet, o que, sem sombra de dúvidas, acaba com várias formalidades e burocracia.

Em segundo lugar, na licitação presencial, o agente responsável pela condução da licitação é sobrecarregado, incidindo sobre ele uma série de responsabilidades. Praticamente todo o processo presencial é conduzido por ele, que deve receber os envelopes, classificar os licitantes, proceder aos lances orais, analisar a aceitabilidade das propostas, proceder à "negociação", avaliar os documentos de habilitação, dar oportunidade para que os licitantes interponham recursos e, conforme o caso, adjudicar o objeto da licitação. Acima de tudo, a atividade de condução da licitação presencial é múltipla e complexa em virtude especialmente dos lances orais, que, por vezes, tomam muito tempo e deles nascem dificuldades. Para que tudo transcorra a contento, o agente responsável pela condução da licitação deve dar oportunidade para que os licitantes classificados, um a um, ofereçam os seus lances e, assim, sucessivamente, até que apure o vencedor.

Daí a segunda vantagem manifesta da licitação eletrônica, que consiste na simplificação das atividades de condução da licitação. Isso porque, na licitação eletrônica, é o sistema que recebe todos os lances e já os ordena. O agente administrativo não precisa colher lances de licitante por licitante. Cada um deles é quem envia o lance pela internet, que o próprio sistema de informática recebe e ordena. Então, ao menos nesse particular, a atividade de condução da licitação é mais simples do que na licitação presencial.

Em terceiro lugar, reconhece-se certa dificuldade para proceder via licitação presencial à licitação julgada por itens ou lotes, especialmente nas situações em que há vários itens ou vários lotes, como ocorre com algumas licitações para medicamentos, para gêneros alimentícios, para peças, para material de limpeza etc. Sucede que, se essas licitações são realizadas de forma presencial, o agente administrativo encarregado de conduzir a licitação deve abrir lances orais de item por item ou lote por lote, o que torna o procedimento bastante complicado e, sobretudo, lento. Consome-se, na maioria das vezes, horas, talvez dias, para concluir as respectivas disputas.

Sob esse quadro, outra vantagem da licitação eletrônica sobre a presencial é a de que, por meio dela, torna-se viável proceder à licitação cujo julgamento é dividido em vários itens ou lotes. Ora, na licitação eletrônica a disputa dá-se pela internet, em virtude do que ocorre a simplificação das atividades tocantes ao recebimento dos lances, porque é o sistema que os recebe e os ordena. Em decorrência disso, o agente administrativo não precisa colher lance por lance em cada um dos itens ou lotes licitados. Quem faz isso é o sistema, que abre e executa a disputa. Ademais, é viável abrir a etapa de lances de vários itens ou de vários lotes de modo concomitante, o que agiliza o processamento da licitação.

Em quarto lugar, a principal vantagem dos recursos de tecnologia de informação é a aproximação das pessoas, o encurtamento das distâncias, o que causa inúmeras repercussões positivas num processo de licitação pública. Essa é justamente a principal vantagem da licitação eletrônica em relação à presencial, haja vista que a aproximação das pessoas implica ampliação considerável da competitividade e da pressão concorrencial.

Com efeito, numa licitação tradicional é recomendável que os licitantes se façam representar na sessão pública. Nas situações em que há etapas de lances, é fundamental que os licitantes sejam representados, até para que tenham condições de apresentar os lances e interpor recursos administrativos.

Nesse contexto, como o êxito de licitante em procedimento presencial frequentemente depende de o licitante fazer-se representar na sessão pública, é comum que somente empresas próximas ao lugar onde se promove a licitação se interessem em participar dela. É de se supor que uma empresa do Sul do país não se interesse em participar de licitação presencial promovida na região Norte e vice-versa, haja vista os custos para fazer-se representar. Muitas empresas preferem não participar de licitações promovidas longe de suas sedes, uma vez que, para participar, teriam de investir recursos para o deslocamento e hospedagem de preposto, sem que haja qualquer garantia de retorno. Em decorrência disso, é correto afirmar que a competitividade da licitação presencial está, naturalmente, circunscrita às pessoas da região do lugar da licitação, que não precisam de investimentos expressivos para participar da licitação, sobretudo se os valores envolvidos nela não são tão atraentes.

Por outro lado, na licitação eletrônica, com o uso da tecnologia da informação, as empresas ou pessoas distantes do lugar da licitação têm condições de participar dela sem maiores investimentos, na medida em que não precisam arcar com os custos do deslocamento de prepostos, ao menos para participar do certame. Os interessados participam da licitação eletrônica diretamente das suas respectivas sedes, sem terem de ir ou vir. Basta disporem de equipamento e internet, conectarem-se ao endereço eletrônico indicado no edital e enviarem as suas propostas e demais declarações que se fizerem necessárias, eximindo-se de quaisquer ônus financeiros. Assim sendo, não há nada que impeça ou desaconselhe empresa ou pessoa do Sul do país a participar de licitação promovida na região Norte e vice-versa. Isso porque nenhum dos interessados na licitação terá de arcar com valores para deslocamento e hospedagem de preposto. Basta que acesse a internet e participe da licitação eletrônica a partir da sua sede, sem custo nenhum.

Dessa sorte, a licitação eletrônica estimula a competitividade. Não só as empresas da região do lugar da licitação participam dela. Mas, com a facilidade dos recursos de tecnologia da informação, quaisquer interessados, de qualquer lugar do país, podem participar dela sem a necessidade de maiores investimentos. É necessário apenas que acessem a internet, que, é manifesto, encurta as distâncias, aproximando a Administração Pública de seus potenciais fornecedores.

Por via de consequência, a licitação eletrônica tende a gerar contratos mais vantajosos sob o prisma econômico-financeiro. Como mais pessoas participam da licitação eletrônica, a Administração recebe mais propostas, tendo mais chances de escolher aquela que melhor satisfaça o interesse público, aquela que apresente preço melhor. Isto é, a licitação eletrônica, por ampliar a competitividade, tende a produzir redução dos valores despendidos pela Administração Pública.

Em resumo, a grande vantagem da licitação eletrônica sobre a presencial reside no aumento da competitividade, uma vez que empresas e pessoas, distantes do lugar da licitação, são incentivadas a participar dela, porquanto não precisam realizar maiores investimentos para tanto. Basta acessarem a internet. E a ampliação da competitividade, com o maior número de participantes na licitação, aumenta a probabilidade de a Administração Pública firmar contrato mais vantajoso, haja vista que ela recebe mais propostas, ampliando a pressão concorrencial.

2.3 Desvantagens da licitação eletrônica em relação à presencial

O êxito da licitação eletrônica pressupõe disposição da tecnologia adequada: é recomendável que o licitante disponha de bom equipamento, de internet de banda larga, de pessoal treinado etc. E o ponto é que há inúmeras empresas e pessoas ainda não aparelhadas e preparadas. Normalmente, tais fornecedores exercem comércio de pequeno porte ou situados em locais mais afastados. Na verdade, também há muitas entidades da Administração Pública, especialmente pequenos municípios, que não dispõem da tecnologia e do conhecimento para promover com êxito licitação eletrônica.

Veja-se que, segundo dados da Anatel (anatel.gov.br, em notícia publicada em 29.5.2017), no Brasil 64,4% dos municípios possuem *backhaul* de fibra ótica. No Piauí, com o pior índice, apenas 17,9% possuem a estrutura, e na potente Minas Gerais a cobertura é de apenas 43,7%. É verdade que a internet de banda larga pode ser provida por outras tecnologias, especialmente por meio de satélites. No entanto, a conectividade de banda larga de qualidade costuma ser oferecida apenas nos grandes centros e não é economicamente acessível para a maior parte dos brasileiros e, talvez, para boa parte das empresas, notadamente as de pequeno porte.

Em acréscimo, conforme dados colhidos na Pesquisa Nacional por Amostra de Domicílios Contínua – Tecnologia da Informação e Comunicação (Pnad Contínua TIC) 2018, realizada pelo Instituto Brasileiro de Geografia e Estatística (IBGE), 46 milhões de brasileiros não acessam a internet, a maior parte residente em áreas rurais. Confiram-se trechos de reportagem da Agência Brasil, publicada em 29.4.2020:

> A Pesquisa Nacional por Amostra de Domicílios Contínua - Tecnologia da Informação e Comunicação (Pnad Contínua TIC) 2018, divulgada hoje (29) pelo Instituto Brasileiro de Geografia e Estatística (IBGE), mostra que uma em cada quatro pessoas no Brasil não tem acesso à internet. Em números totais, isso representa cerca de 46 milhões de brasileiros que não acessam a rede.
>
> Os dados, que se referem aos três últimos meses de 2018, mostram ainda que o percentual de brasileiros com acesso à internet aumentou no país de 2017 para 2018, passando de 69,8% para 74,7%, mas que 25,3% ainda estão sem acesso. Em áreas rurais, o índice de pessoas sem acesso é ainda maior que nas cidades, chega a 53,5%. Em áreas urbanas é 20,6%.
>
> Quase a metade das pessoas que não têm acesso à rede (41,6%) diz que o motivo para não acessar é não saber usar. Uma a cada três (34,6%) diz não ter interesse. Para 11,8% delas, o serviço de acesso à internet é caro e para 5,7%, o equipamento necessário para acessar a internet, como celular, laptop e tablet, é caro.[2]

Sob essa perspectiva, muito embora, por um lado, a licitação eletrônica amplie a competitividade, por outro, se utilizada indistintamente, para objetos cujos fornecedores ainda não disponham de tecnologia, o efeito tende a ser contrário, restringindo a competitividade. Se os possíveis interessados na licitação não dispuserem dos recursos tecnológicos adequados e se ela for realizada por meio eletrônico, é quase certo que eles não participarão da licitação. Nesse caso, a adoção da licitação eletrônica, em vez de benefício, acarreta prejuízo à Administração Pública, na medida em que será menor o número de licitantes. Talvez, alguém que tenha uma ótima proposta seja desencorajado a participar do certame pelo fato de não dispor de tecnologia para concorrer em ambiente eletrônico.

É óbvio que a Administração Pública não deve parar no tempo, nem adotar postura refratária a novas tecnologias e a novas alternativas de gerenciamento, curvando-se ao atraso de alguns pretensos e potenciais fornecedores. A Administração Pública deve avançar e os fornecedores, mais cedo ou mais tarde, acabarão por se adaptar. No entanto, algumas medidas devem ser implementadas com prudência. Nisto é preponderante a experiência dos agentes administrativos envolvidos no processo de licitação, que conhecem os seus fornecedores e sabem em que segmentos devem adotar a licitação eletrônica e em que segmentos devem agir com mais moderação.

Outrossim, há licitações públicas, de objetos de pequena importância, sobretudo econômica, em que a disputa se limita naturalmente a empresas da região da entidade promotora da licitação. Isto é, ainda que seja realizada a licitação eletrônica, a participação naturalmente será restrita aos empresários locais, porquanto empresas distantes, ainda que possam participar do certame sem maiores custos, não se interessariam em arcar com frete e todos os trâmites para fazer a entrega das mercadorias ou prestar os serviços. Nesses casos, não há razões substanciais para realizar a licitação eletrônica. Talvez, dependendo das especificidades de cada caso, seja mais interessante realizar a licitação presencial, em que os representantes das empresas se dirigem à Administração Pública e os agentes administrativos dispõem de uma margem maior de ação para conduzir o

---

[2] TOKARNIA, Mariana. Um em cada 4 brasileiros não tem acesso à internet, mostra pesquisa. *Agência Brasil*, 29 abr. 2020. Disponível em: https://agenciabrasil.ebc.com.br/economia/noticia/2020-04/um-em-cada-quatro-brasileiros-nao-tem-acesso- internet. Acesso em: out. 2021.

processo, perceber alguma distorção, analisar com mais acuidade o objeto ou proceder com mais facilidade a diligências, ou mesmo dispor de melhores condições para travar negociação, expondo com mais desenvoltura os seus argumentos. O fato é que há casos em que a licitação presencial se mostra mais adequada, mais vantajosa, conforme a avaliação dos agentes administrativos encarregados de proceder à licitação.

Demais disso, na licitação eletrônica o agente administrativo encarregado de conduzi-la vê o seu poder de influência sobre os licitantes ser bastante reduzido. Melhor explicando: na licitação presencial, o agente está na frente dos licitantes, em contato direto, por efeito do que ele pode perceber certos detalhes e agir de forma contundente, quando for o caso. Na licitação eletrônica, em que tudo é feito pela internet, o poder de intervenção e persuasão do agente administrativo é bem mais reduzido, isto é, o procedimento, sob esse aspecto, foge do controle dele. Essa situação pode ser favorável ou desfavorável, dependendo da perspectiva e dos casos concretos que se apresentem. É favorável porque a licitação em si se torna mais impessoal e minimiza-se o risco de o agente administrativo praticar atos arbitrários. Noutro lado, é desfavorável para muitas licitações já sabidamente problemáticas, difíceis de serem realizadas, em que a intervenção ativa do agente produziria benesses ao interesse público.

Acrescenta-se que muitos bens e serviços, mesmo os qualificados como comuns, por vezes, demandam análise mais rigorosa. Tanto isso é verdade que a Administração Pública, com certa frequência, exige amostras em pregões. O ponto é que nesses casos a licitação eletrônica não parece ser a melhor solução. Ora, é estranho exigir amostras em procedimento que se desenvolve pela internet. Não que seja proibido; mas é, no mínimo, inconveniente. Se for para exigir amostras, que se prefira a solução presencial, solução mais adequada.

Perceba-se que as desvantagens assinaladas à licitação eletrônica, de restringir a competitividade ou de não se adequar a certas situações, não são inerentes propriamente à generalidade das licitações eletrônicas. Tais desvantagens podem ser perfeitamente contornadas, desde que haja sensibilidade para saber quando e em que situações utilizar a licitação eletrônica.

2.4 Preferência à licitação eletrônica

O procedimento de licitação da Lei nº 14.133/2021 pode ser eletrônico ou presencial. O §2º do artigo 17 da Lei nº 14.133/2021 prescreve, no entanto, que "as licitações serão realizadas preferencialmente sob a forma eletrônica, admitida a utilização da forma presencial, desde que motivada, devendo a sessão pública ser registrada em ata e gravada em áudio e vídeo". Está-se diante de competência discricionária reservada aos agentes administrativos. Contudo, o exercício dessa competência discricionária não é totalmente livre, dado que o legislador determinou a preferência, em linhas gerais, pela licitação eletrônica. Daí que, em casos específicos, em juízo de conveniência e oportunidade que é dos agentes administrativos e que deve ser prestigiado pelos órgãos de controle, é permitido utilizar o modelo presencial.

Bem se vê que o legislador partiu do pressuposto de que a licitação eletrônica produz resultados mais favoráveis na medida em que os agentes administrativos, dos mais diversos órgãos e entidades, adotem o meio eletrônico com sensibilidade para as situações em que ele tem o condão de produzir resultados favoráveis. Os agentes administrativos são os que vivem a realidade da Administração Pública, ninguém melhor do que eles para identificar o que é mais vantajoso para ela. Logo, deve-se confiar nas decisões deles.

É de se registrar que a preferência à licitação eletrônica é herança dos decretos federais que regulamentam a modalidade pregão eletrônico, especialmente do Decreto Federal nº 5.450/2005, sucedido pelo Decreto Federal nº 10.024/2019.

Sob essa luz, diante do *caput* e do §1º do artigo 4º do Decreto Federal nº 5.450/2005, a jurisprudência do Tribunal de Contas da União firmou-se no sentido de que o pregão eletrônico deve ser preferido em detrimento do pregão presencial. E, mais ainda, que o pregão eletrônico somente pode deixar de ser empregado acaso comprovada a sua inviabilidade. São vários os acórdãos com esse teor, podendo-se citar, por ilustração: (i) TCU, Acórdão nº 1.453/2009, Plenário, Rel. Min. Marcos Bemquerer, j. 1º.7.2009; (ii) TCU, Acórdão nº 2.272/2011, Plenário, Rel. Min. Augusto Sherman, j. 24.8.2011; (iii) TCU, Acórdão nº 2.290/2017, Plenário, Rel. Min. Ana Arraes, j. 11.10.2017; (iv) TCU, Acórdão nº 505/2018, Plenário, Rel. Augusto Nardes, j. 14.3.2018: (v) TCU, Acórdão nº 2.292/2012, Plenário, Rel. Min. Weder Oliveira, j. 29.8.2018; (vi) TCU, Acórdão nº 713/2019, Plenário, Rel. Min. Bruno Dantas, j. 27.3.2019.

É de registrar que o Tribunal de Contas da União, em determinadas ocasiões, inclusive, aplicou sanção a agentes públicos em razão da utilização injustificada do pregão presencial em detrimento do pregão eletrônico. Por exemplo, no Acórdão nº 825/2014, do Plenário, da relatoria da Ministra Ana Arraes, julgado em 2.4.2014, advogado público foi sancionado porque, entre outros aspectos, lavrou parecer jurídico aprovando edital de licitação de pregão presencial sem ter apontado a ausência de justificativa para a não adoção do pregão eletrônico – decisão que parece exagerada e até inusitada.

O fato é que o Tribunal de Contas da União comprou a ideia de que o pregão eletrônico é mais vantajoso do que o pregão presencial e, por conseguinte, que esse somente pode ser realizado em casos de extrema excepcionalidade, tudo devida e antecipadamente justificado. O Tribunal de Contas da União não aceita justificativas genéricas e superficiais para a adoção do pregão presencial. Ainda que de modo indireto, por seu rigor, o Tribunal de Contas da União vem na prática transformando o pregão eletrônico em obrigatório e esvaziando, quase que por completo, o pregão presencial.

Tinha-se a expectativa que o entendimento do Tribunal de Contas da União sobre a preferência ao pregão eletrônico diante da Lei nº 10.520/2002 e seus decretos não fosse automaticamente transplantado para as licitações da Lei nº 14.133/2021, porque o quadro normativo é diferente.

Pondera-se que a jurisprudência do Tribunal de Contas da União foi formada diante da redação do §1º do artigo 4º do já revogado Decreto Federal nº 5.450/2005, cujo teor determinava que o pregão eletrônico fosse a regra "salvo nos casos de comprovada inviabilidade a ser justificada pela autoridade competente". O §2º do artigo 17 da Lei nº 14.133/2021 não veicula a mesma redação, não condiciona a licitação presencial à demonstração da inviabilidade da eletrônica. Ele apenas enuncia que a eletrônica é preferencial e que a sua não utilização deve ser motivada, sendo que a motivação, em nenhuma passagem, é reduzida ou confundida com a demonstração de inviabilidade da licitação eletrônica, tal qual exigido no §1º do artigo 4º do já revogado Decreto Federal nº 5.450/2005.

Daí que, com a nova roupagem da Lei nº 14.133/2021, o Tribunal de Contas da União deveria rever o seu entendimento, especialmente sobre as justificativas a serem aceitas para a adoção da licitação presencial, que devem ser mais flexíveis do que as admitidas atualmente diante da Lei nº 10.520/2002 e, especialmente, do revogado Decreto Federal nº 5.450/2005. O Tribunal de Contas da União deveria passar a aceitar justificativas dadas sobre razões de conveniência e não necessariamente que demonstrem a inviabilidade da licitação eletrônica.

No entanto, parece que a expectativa foi frustrada. O Tribunal de Contas da União vem mantendo o entendimento, rejeitando qualquer tipo de justificativa para a realização do pregão presencial afora a inviabilidade técnica do pregão eletrônico, o que, dessa forma, marginaliza o pregão presencial. Confira-se:

> 24. Considerando as vantagens da adoção da forma eletrônica em termos de eficiência, celeridade e economicidade, a nova lei de licitações (Lei 14.133/2021), que se aplica também aos municípios e aos fundos especiais, prevê, no art. 17, §2º, que "as licitações serão realizadas preferencialmente sob a forma eletrônica, admitida a utilização da forma presencial, desde que motivada, devendo a sessão pública ser registrada em ata e gravada em áudio e vídeo". [...] 26. Assim, a opção não justificada pelo pregão presencial em vez do pregão na forma eletrônica, sem a comprovação de sua inviabilidade técnica, caracteriza ato de gestão antieconômico, passível de sanção por este Tribunal.[3]
> 9.2.4. não atende a motivação necessária para justificar o afastamento da licitação eletrônica, preferencialmente adotada, consoante expresso no art. 17, §2º, da Lei 14.133/2021, os seguintes argumentos apresentados pela municipalidade, à peça 28, uma vez que não são amparadas em lei ou na demonstração de contribuição para a oferta da proposta mais vantajosa, bem como poderem ser também providas em ambiente eletrônico: interação mais direta com os participantes, para lhes sanear dúvidas quanto à verificação dos documentos, contribuindo para a isonomia; reforço de transparência do processo licitatório, com incremento da confiança, em face da verificação direta dos documentos oferecidos; natureza específica das obras de pavimentação, com necessidade de avaliação técnica detalhada, inspeções frequentes e precisas em razão das especificidades do objeto; e dificuldade de alguns municípios em prover internet de qualidade;[4]

Repita-se que a regra do §2º do artigo 17 da Lei nº 14.133/2021 é que a licitação eletrônica seja preferencial. Disso se extrai que, se for viável realizar a licitação presencial e a eletrônica de modo indistinto, sem que uma se revele mais conveniente do que a outra, a licitação eletrônica, por ter a preferência, deve ser a escolhida. No entanto, se for viável realizar a licitação presencial e a eletrônica e se a segunda, conquanto viável, não seja a mais conveniente, é permitido utilizar a primeira. A prescrição da parte final do §2º do artigo 17 da Lei nº 14.133/2021 importa reconhecer que seja legítimo não adotar a licitação eletrônica por motivo de inconveniência, ainda que ela seja possível e viável.

---

3 TCU, Plenário. Acórdão nº 4.958/2022. Rel. Min. Augusto Sherman, j. 30.8.2022.

4 TCU, Plenário. Acórdão nº 2.118/2024. Rel. Benjamin Zymler, j. 9.10.2024.

Essa solução, consagrada no §2º do artigo 17 da Lei nº 14.133/2021, é a que melhor se harmoniza ao princípio da eficiência, encartado no *caput* do artigo 37 da Constituição Federal e no artigo 5º da Lei nº 14.133/2021, de acordo com o qual os agentes administrativos devem prover as melhores soluções para o interesse público, procurando excelência. Em vista disso, admitindo-se hipótese em que a licitação presencial se mostre mais vantajosa para o interesse público do que a eletrônica, é imperativo, por obediência ao princípio da eficiência, que se utilize a presencial. Adotar a licitação eletrônica, ainda que a presencial seja mais vantajosa, importa recusar a dicção normativa do princípio da eficiência, recusando-se a prover a melhor solução para o interesse público, o que, para além de tudo, não é plausível.

É importante destacar que a análise da conveniência ou da oportunidade a respeito da utilização da licitação eletrônica ou da presencial é intrinsecamente discricionária, dependendo, pois, da avaliação subjetiva dos agentes administrativos. De qualquer maneira, se os agentes administrativos reputam que a licitação eletrônica não é a medida mais conveniente, devem motivar referida decisão, externando as razões de tal juízo. Insista-se que o §2º do artigo 17 da Lei nº 14.133/2021 exige expressamente a motivação.

Entre as justificativas possíveis para a licitação presencial, podem-se listar as seguintes: (i) a contratação é de pequena monta, portanto, não atrai licitantes de outras localidades; (ii) o universo de competidores é conhecido e limitado e todos, em princípio, se dispõem a vir até a sede do órgão que promoverá a licitação; (iii) é necessário fazer uma análise mais detida das propostas dos licitantes, especialmente no que tange ao objeto, sendo conveniente, inclusive, exigir amostras ou provas de conceito; (iv) é necessário proceder à análise mais detida da capacitação técnica dos licitantes; (v) é interessante uma intervenção mais ativa do agente encarregado da condução da licitação, por efeito do qual o contato direto e presencial dele com os licitantes seria mais proveitoso; (vi) a licitação eletrônica já fora realizada para aquele objeto, sem que se tenha obtido resultados favoráveis ao interesse público.

Espera-se que os órgãos de controle, especialmente o Tribunal de Contas da União, tenham deferência para com os atos discricionários dos agentes administrativos tocantes à avaliação das vantagens ou desvantagens da licitação presencial ou eletrônica e que avaliem as justificativas com parcimônia, sem adotar posturas extremadas.

Convém alertar os leitores, no entanto, de que, na vigência do Decreto Federal nº 5.450/2005, as justificativas sobre pretensa inconveniência do pregão eletrônico foram recorrentemente e de pronto rejeitadas. Por exemplo, no Acórdão nº 2.789/2013, da relatoria do Ministro Benjamin Zymler, o Tribunal de Contas da União rejeitou todas as justificativas apresentadas pela Administração para a utilização do pregão presencial. Confira-se:

> 35. No caso concreto, *a CODEVASF não apresentou justificativas suficientes para comprovar a inviabilidade da realização do pregão em sua forma eletrônica.* Irretocável, nesse sentido, a análise empreendida pela unidade técnica, que pode ser assim resumida:
> *1)* a alegada necessidade de se realizar detida análise da *"capacidade do fabricante"*, por si só, não se constitui em justificativa plausível para afastar a obrigatoriedade de realização do pregão eletrônico; não se vislumbre em que a realização do pregão na forma presencial tenha

> permitido maior agilidade dos procedimentos ou assegurado à CODEVASF a capacidade de averiguar a *"capacidade do fabricante"* já durante a realização da sessão pública;
> *2)* não se vislumbra em que, a quantidade a ser adquirida, o valor envolvido ou a matéria prima utilizada na fabricação da cisterna seriam condições necessárias e suficientes para determinar a opção de escolha pela realização do pregão na forma presencial;
> *3)* não é a forma presencial do pregão que assegura a seleção de licitante que, de fato, atenda às condições de qualificação técnica, mas, sim, a clareza e a objetividade das especificações técnicas na descrição do objeto e o atendimento às exigências descritas no Edital;
> *4)* a possibilidade de realizar o pregão na forma eletrônica em nada impediria a CODEVASF de recusar a aceitação de propostas apresentadas por licitantes que viessem a se demonstrar não qualificadas tecnicamente para a execução do objeto; o fato de haver realizado o pregão na forma presencial em nada impediu a CODEVASF de aceitar propostas que, posteriormente, viria a desclassificar em razão de considerar como não comprovada a capacidade de fabricação e entrega dos reservatórios em polietileno, por considerar se tratar de empresas que, a seu entendimento, não *"eram do ramo"*; e
> *5)* não se vislumbra que a adoção da forma presencial, no caso presente, tenha resultado em qualquer adição de *"vantagens econômicas para a Administração"* ou a redução de *"custos operacionais"* e dos *"valores médios das aquisições e serviços"*.[5]

É certo que os órgãos de controle avaliarão as justificativas apresentadas pela Administração nos casos de utilização de licitação presencial. Devem, nessa avaliação, investigar se os fatos levados em consideração são verdadeiros e não desfazer os juízos realizados sobre tais fatos, acaso eles sejam verdadeiros. A intromissão no mérito dos juízos sobre a conveniência e a oportunidade importa usurpação da competência discricionária concedida pela Lei nº 14.133/2021 em favor dos agentes administrativos.

Registre-se, por derradeiro, que a Secretaria Especial de Desburocratização, Gestão e Governo Digital do Ministério da Economia produziu a Instrução Normativa nº 73/2022, que versa sobre as licitações regidas pelos critérios de menor preço ou maior desconto, na forma eletrônica, para a Administração Pública Federal direta, autárquica e fundacional e, também, em princípio, para os demais entes nas hipóteses em que contratam com recursos voluntários recebidos da União.

A Instrução Normativa se vale de uma espécie de jogo de palavras para reforçar a incidência da licitação eletrônica, como se depreende dos §1º e 2º do seu artigo 1º:

> Art. 1º [...] §1º É obrigatória a utilização da forma eletrônica nas licitações de que trata esta Instrução Normativa pelos órgãos e entidades de que trata o *caput*.
> §2º Será admitida, excepcionalmente, mediante prévia justificativa da autoridade competente, a utilização da forma presencial nas licitações de que trata esta Instrução Normativa, desde que fique comprovada a inviabilidade técnica ou a desvantagem para a Administração na realização da forma eletrônica, devendo-se observar o disposto nos §§2º e 5º do art. 17 da Lei nº 14.133, de 1º de abril de 2021.

Ora, o §2º do artigo 17 da Lei nº 14.133/2021 prescreve que a licitação eletrônica é preferencial, e o §1º do artigo 1º da Instrução Normativa nº 73 a considera obrigatória. Há um reforço evidente.

---

[5] TCU, Plenário. Acórdão nº 2.789/2013. Rel. Min. Benjamin Zymler, j. 16.10.2013.

No entanto, a rigor, a obrigatoriedade da licitação eletrônica disposta na Instrução Normativa é relativa e pode ser afastada diante das justificativas sinalizadas no §2º do mesmo artigo, de inviabilidade técnica ou de desvantagem para a Administração (inconveniência). Então, em termos práticos, apesar do jogo de palavras, a obrigatoriedade da Instrução Normativa equivale à preferência da Lei nº 14.133/2021, porque, num e noutro caso, é permitido valer-se da licitação presencial, inclusive sob razões de conveniência.

Esse último aspecto é importante, porque o §2º do artigo 17 da Lei nº 14.133/2021 não é expresso ao permitir que a licitação eletrônica seja substituída pela presencial por razão de conveniência. Defende-se, em interpretação, que a razão de conveniência é suficiente para não seguir com a licitação eletrônica, dado que ela é meramente preferencial e pode ser afastada desde que motivadamente, sem que o legislador tenha erguido qualquer restrição à motivação amparada em razão de conveniência. No entanto, insista-se, isso não está dito diretamente no dispositivo legal. O §2º do artigo 1º da Instrução Normativa nº 73 deixou claro que a inviabilidade técnica e a desvantagem para a Administração, o que remete à razão de conveniência, são suficientes para não utilizar a licitação eletrônica, e sim a presencial. A Instrução Normativa deixou expresso aquilo que se poderia extrair do §2º do artigo 17 da Lei nº 14.133/2021, o que tem sua serventia, para evitar dúvidas.

3 Edital

3.1 Princípio da vinculação ao edital

Em razão do princípio da isonomia, a Administração deve conferir a todos os interessados em contratar consigo as mesmas oportunidades. Para tratar todos com igualdade, a Administração precisa lançar mão de processo seletivo equânime para escolher o contratado, o que é denominado licitação pública, cuja obrigatoriedade decorre do princípio da isonomia, previsto no *caput* do artigo 5º da Constituição Federal e na parte inicial do inciso XXI do artigo 37 da Constituição Federal. Para tratar todos com igualdade, a Administração deve estabelecer as regras sobre as quais a disputa pelo contrato deve ocorrer. Essas regras devem ser objetivas e claras, formalizadas em documento, que é chamado de edital.

O edital é um ato administrativo, que se presta a disciplinar o processo de licitação pública, dando ciência aos eventuais interessados sobre a existência dela, do seu objeto e de todas as suas especificidades. Basicamente, o edital divide-se em três grandes pilares: os requisitos para participar da licitação, os critérios para a seleção do contratado e os procedimentos que devem ser seguidos pela Administração.

O edital é publicado e as pessoas, os eventuais interessados, tomam ciência da existência da licitação e de todas as suas regras. Em razão das regras contidas no edital, os interessados decidem se devem ou não participar da licitação, como devem participar e qual o conteúdo de suas propostas, que são estrategicamente concebidas diante dos critérios de seleção postos no edital. Assim, o edital é absolutamente determinante para a participação dos licitantes.

Sob essa luz, publicado o edital, a Administração e os licitantes estão vinculados a ele, não podem se apartar dos seus termos. A discricionariedade administrativa que dá a tônica da etapa preparatória se dissipa e dá lugar à vinculação. À Administração não é permitido fazer exigências não previstas no edital nem deixar de exigir aquilo que fora prescrito nele. Os licitantes, por sua vez, devem cumprir os termos estabelecidos no edital. Eis o princípio da vinculação ao edital, que corresponde a uma das ideias mais básicas sobre licitação pública.

3.2 Publicidade do edital

O artigo 54 da Lei nº 14.133/2021 prescreve que "a publicidade do edital de licitação será realizada mediante divulgação e manutenção do inteiro teor do ato convocatório e de seus anexos no Portal Nacional de Contratações Públicas (PNCP)". O Portal Nacional de Contratações Públicas (PNCP) é sítio eletrônico que tem a missão audaciosa de reunir todas as informações sobre as licitações e contratos administrativos em âmbito nacional. Nesse sentido, ele deve, como preceitua o inciso I do artigo 174 da Lei nº 14.133/2021, realizar a "divulgação centralizada e obrigatória dos atos exigidos por esta Lei". Em adição, o inciso III do §2º do mesmo artigo 174 determina que do Portal constem os "editais de credenciamento e de pré-qualificação, avisos de contratação direta e editais de licitação e respectivos anexos".

O §1º do artigo 54 da Lei nº 14.133/2021 também prescreve como "obrigatória a publicação de extrato do edital no Diário Oficial da União, do Estado, do Distrito Federal ou do Município, ou, no caso de consórcio público, do ente de maior nível entre eles, bem como em jornal diário de grande circulação".

O §2º do mesmo artigo 54 ainda faculta:

> a divulgação adicional e a manutenção do inteiro teor do edital e de seus anexos em sítio eletrônico oficial do ente federativo do órgão ou entidade responsável pela licitação ou, no caso de consórcio público, do ente de maior nível entre eles, admitida, ainda, a divulgação direta a interessados devidamente cadastrados para esse fim.

Reunindo todos esses dispositivos, a publicidade do edital deve ser a seguinte: (i) o inteiro teor do edital, com todos os seus anexos, deve ser publicado Portal Nacional de Contratações Públicas (PNCP); (ii) o inteiro teor do edital, com todos os seus anexos, pode ser publicado, em complementação à publicação promovida no Portal Nacional, sítio eletrônico oficial do ente federativo do órgão ou entidade responsável pela licitação; e (iii) o extrato do edital – apenas o extrato, ressalta-se – deve ser publicado no *Diário Oficial* da União, do estado, do Distrito Federal ou do município, ou, no caso de consórcio público, do ente de maior nível entre eles, bem como em jornal diário de grande circulação.

3.3 Prazo de publicidade dos avisos de editais

O prazo entre a publicidade do edital e a data que serve como limite para a apresentação das propostas pelos licitantes é variável de acordo o objeto da licitação, critérios de julgamento e regimes de empreitada. O *caput* do artigo 55 da Lei nº 14.133/2021 prescreve:

> Art. 55. Os prazos mínimos para apresentação de propostas e lances, contados a partir da data de divulgação do edital de licitação, são de:
> I - para aquisição de bens:
> a) 8 (oito) dias úteis, quando adotados os critérios de julgamento de menor preço ou de maior desconto;
> b) 15 (quinze) dias úteis, nas hipóteses não abrangidas pela alínea "a" deste inciso;
> II - no caso de serviços e obras:
> a) 10 (dez) dias úteis, quando adotados os critérios de julgamento de menor preço ou de maior desconto, no caso de serviços comuns e de obras e serviços comuns de engenharia;
> b) 25 (vinte e cinco) dias úteis, quando adotados os critérios de julgamento de menor preço ou de maior desconto, no caso de serviços especiais e de obras e serviços especiais de engenharia;
> c) 60 (sessenta) dias úteis, quando o regime de execução for de contratação integrada;
> d) 35 (trinta e cinco) dias úteis, quando o regime de execução for o de contratação semi-integrada ou nas hipóteses não abrangidas pelas alíneas "a", "b" e "c" deste inciso;
> III - para licitação em que se adote o critério de julgamento de maior lance, 15 (quinze) dias úteis;
> IV - para licitação em que se adote o critério de julgamento de técnica e preço ou de melhor técnica ou conteúdo artístico, 35 (trinta e cinco) dias úteis.

Vale dizer que os prazos referidos são mínimos. Isso significa que à Administração é permitido dispor de prazos maiores, conforme juízo discricionário dos agentes administrativos. A rigor, esse é o tempo de que dispõem os interessados na licitação para avaliarem a íntegra do edital, reunirem os documentos exigidos para a habilitação, formularem e entregarem as suas respectivas propostas à Administração, e, enfim, tomarem todas as providências para participar da licitação.

Noticie-se que o §2º do artigo 55 da Lei nº 14.133/2021 estatui que "os prazos previstos neste artigo poderão, mediante decisão fundamentada, ser reduzidos até a metade nas licitações realizadas pelo Ministério da Saúde, no âmbito do Sistema Único de Saúde (SUS)". Essa redução de prazo, como deflui do dispositivo supracitado, não é automática, não se aplica para todos os casos e deve ser vista como excepcional, tanto que demanda motivação. Como a questão é atinente à redução do prazo, a motivação, em princípio, deve ser relacionada à necessidade de imprimir maior celeridade à licitação. Deve-se indicar alguma circunstância especial que dê suporte a essa redução de prazo, sendo que alegações genéricas não são suficientes para justificá-la.

Sob a mesma premissa, o inciso II do artigo 2º da Lei nº 14.981/2024, que versa sobre o enfrentamento de calamidade pública, reduz pela metade os prazos do artigo 55 da Lei nº 14.133/2021 nas licitações com disputa eletrônica. Ressalva-se que, se a licitação for presencial, o prazo não é reduzido. De todo modo, para o inciso II do artigo 2º da Lei nº 14.981/2024, a redução do prazo não precisa ser justificada - o estado de calamidade a autoriza independentemente de justificativa.

3.3.1 Os prazos mínimos definidos no Protocolo de Contratações Públicas do Mercosul

O Protocolo de Contratações Públicas do Mercosul, promulgado pelo Decreto nº 12.299/2024, prescreve as seguintes regras sobre os prazos de publicidade:

> Artigo 19 - PRAZOS
> 1. Cada entidade proporcionará aos provedores tempo suficiente para preparar e apresentar ofertas adequadas, tendo em conta a natureza e a complexidade da contratação pública.
> 2. Cada entidade concederá um prazo mínimo de vinte e cinco (25) dias corridos entre a data da publicação do aviso de contratação pública e a data final para a apresentação das ofertas.
> 3. Sem prejuízo do disposto no parágrafo 2º deste Artigo, as entidades poderão estabelecer um prazo inferior, porém, em nenhuma hipótese, inferior a dez (10) dias corridos, quando:
> a) tratar-se de contratação de bens ou de simples e objetiva especificação, cujos padrões de rendimento e qualidade podem ser definidos de maneira objetiva por meio de especificações habituais de mercado, que razoavelmente leve a um esforço menor na preparação das ofertas;
> b) por motivos de urgência devidamente justificados pela entidade, não seja possível cumprir o prazo mínimo estabelecido no parágrafo 2º deste Artigo.
> 4. Um Estado Parte poderá estabelecer que uma de suas entidades reduza em cinco (5) dias corridos o prazo para apresentação de ofertas estabelecido no parágrafo 2º deste Artigo, por cada uma das seguintes circunstâncias, quando:
> a) o aviso de contratação futura for publicado por meio eletrônico;
> b) todos os editais de contratação estejam à disposição do público por meio eletrônico na data de publicação do aviso de contratação; ou
> c) as ofertas possam ser recebidas por meio eletrônico pela entidade contratante.
> 5. A aplicação dos parágrafos 3º e 4º deste Artigo não poderá resultar na redução dos prazos estabelecidos no parágrafo 2º deste Artigo para menos de dez (10) dias corridos contados da data de publicação do aviso de contratação.

A redação do supracitado artigo 19 do Protocolo é um tanto confusa. De todo jeito, extrai-se dela o seguinte: [i] o prazo mínimo, em regra, é de vinte e cinco dias corridos; [ii] o prazo mínimo de vinte e cinco dias corridos pode ser reduzido em cinco dias corridos, passando a ser de vinte dias corridos nos casos de aviso de edital publicado em meio eletrônico, com edital disponível em meio eletrônico e com previsão de recebimento de propostas por meio eletrônico; [iii] excepcionalmente, o prazo pode ser inferior, mas não inferior a dez dias corridos, para bens considerados simples, cuja conceituação se aproxima dos bens comuns do inciso XIII do artigo 6º da Lei nº 14.133/2021, e para situações urgentes, que devem ser motivadas; [iv] não se admite prazo inferior a dez dias corridos.

Vê-se que os prazos previstos no Protocolo do Mercosul não se harmonizam à parte dos prazos encartados no artigo 55 da Lei nº 14.133/2021. A depender de se encaixarem ou não nas exceções do artigo 19 do Protocolo do Mercosul, são insuficientes os prazos previstos nas alíneas "a" e "b" do inciso I e da alínea "a" do inciso II, todos do artigo 55 da Lei nº 14.133/2021. Também, a depender do caso, as reduções dos prazos preceituadas no §2º do artigo 55 da Lei nº 14.133/2021 e no inciso II do artigo 2º da Lei nº 14.981/2024 tornam-se incompatíveis ou se deve entender que elas não podem importar em redução inferior às balizas do Protocolo do Mercosul.

Reitera-se que o Protocolo do Mercosul não é obrigatório, pelo menos não atualmente, para toda a Administração Pública nacional. É obrigatório apenas para as entidades nele referidas expressamente, de modo geral para a administração direta Federal, para os tribunais superiores, Justiça Federal (inclusive eleitoral e trabalhista), e Justiça do Distrito Federal e territórios, bem como para o Legislativo federal e para o Tribunal de Contas da União. Estas entidades, portanto, devem adequar os prazos dos seus editais ao estabelecido no artigo 19 do Protocolo do Mercosul. Também é de salientar que o Protocolo somente se aplica para contratações acima de determinado patamar econômico, o que deve ser definido por cada Estado Parte. Alerte-se que, até o fechamento desta edição, o Brasil não definiu o valor a ser aplicado para si, de modo que, sem essa definição, embora promulgado, é inviável aplicar o Protocolo. Remete-se o leitor, para uma contextualização mais apurada, ao capítulo 2, tópico 3.2.

3.4 Regras para contagem dos prazos

O artigo 183 da Lei nº 14.133/2021 oferece critérios para a contagem dos prazos. De acordo com o *caput* do artigo, na contagem dos prazos, deve-se excluir o dia do começo e incluir-se o do vencimento. O inciso III do mesmo artigo 183 determina que, nos prazos expressos em dias úteis, como são os prazos de publicidade dos editais, "serão computados somente os dias em que ocorrer expediente administrativo no órgão ou entidade competente". Com o mesmo timbre, o §2º do artigo 183 da Lei nº 14.133/2021 estabelece que os prazos só vencem em dias úteis, de expediente, prorrogando-se, se for o caso, para o dia útil seguinte. A prorrogação também deve ocorrer, de acordo com o mesmo dispositivo, "se o expediente for encerrado antes da hora normal ou se houver indisponibilidade da comunicação eletrônica".

A título ilustrativo, se o aviso do edital for publicado segunda-feira, o prazo começa a correr apenas na terça-feira, pois o dia da publicação é excluído para o efeito da contagem de prazos. Nesse caso, se, por exemplo, o prazo for de oito dias úteis (alínea "a" do inciso I do artigo 55 da Lei nº 14.133/2021) e se não houver feriado ou outra situação excepcional, o prazo vencerá apenas na quinta-feira da semana seguinte, oitavo dia útil, a partir da terça-feira.

Registre-se que, em consonância ao inciso I do §1º do artigo 183 da Lei nº 14.133/2021, o dia do começo do prazo é o primeiro dia útil seguinte ao da disponibilização da informação na internet. Sem embargo, no caso dos editais, em que o artigo 54 da Lei nº 14.133/2021 exige a publicação em mais de um veículo, o prazo de publicidade, por lógica, deve começar a contar da última publicação e desde que o edital e seus anexos estejam efetivamente disponíveis na internet, no Portal Nacional de Contratações Públicas (PNCP). Se não fosse assim, o intento do legislador de reforçar a publicidade com a divulgação do edital em diversos veículos seria frustrado. De nada adiantaria, por exemplo, publicar o extrato em jornal de circulação quando o prazo já estivesse em curso ou mesmo quando parte dele já tivesse sido consumida.

De todo modo, é deveras frequente que os extratos de editais sejam publicados, mas a íntegra deles não esteja disponível para os interessados. Repita-se que, nessas hipóteses, como exige o inciso I do §1º do artigo 183 da Lei nº 14.133/2021, o prazo mínimo de publicidade só passa a correr depois da data em que a íntegra dos editais realmente estiver à disposição dos interessados, o que, na forma do artigo 54 da Lei nº 14.133/2021, deve ocorrer no Portal Nacional de Contratações Públicas (PNCP).

3.5 Alterações no edital

A Administração põe-se com frequência às voltas com alterações no edital, porque percebe equívocos nele após a publicação, o que retrata, em certa medida, falhas na atividade de planejamento e de elaboração do edital. Por razões de lógica, é de presumir que a Administração refletisse detidamente sobre as regras do edital antes de publicá-lo. No entanto, não é isso que ocorre em muitas situações.

Nesses casos, aplica-se o §1º do artigo 55 da Lei nº 14.133/2021, cujo teor preceitua que "eventuais modificações no edital implicarão nova divulgação na mesma forma de sua divulgação inicial, além do cumprimento dos mesmos prazos dos atos e procedimentos originais, exceto quando a alteração não comprometer a formulação das propostas".[6]

Melhor explicando: se for necessário alterar o edital, é obrigatória a publicação de tal alteração e a recontagem, desde o início, do prazo de publicidade dele, nos mesmos veículos em que o edital e o seu extrato foram publicados. Tais formalidades não são obrigatórias apenas nas situações em que a alteração não afetar, de modo geral, a formulação das propostas, isto é, em que ela não afetar o princípio da isonomia e a participação na licitação de quaisquer interessados. Dispensa-se a publicação e a recontagem do prazo somente em casos de alterações de questões meramente formais ou de aspectos secundários, que importem esclarecimentos ou pequenos ajustes que não produzem repercussão substancial na participação no certame de qualquer interessado, o que deve ser avaliado, caso a caso, em consonância ao princípio da proporcionalidade.

A nova publicação e a recontagem do prazo importam prejuízos para a Administração, sobretudo porque postergam a realização e a conclusão do certame. Portanto, o cumprimento de tais formalidades não deve ser exigido diante de qualquer tipo de alteração promovida no edital. Daí a importância de analisar as especificidades e as repercussões de cada situação, não sendo necessária nova publicação, por exemplo, quando a alteração promovida no edital não demanda que os interessados refaçam ou promovam alterações substanciais em suas propostas e não é determinante para que interessados participem ou não do certame.

3.6 Impugnação e pedidos de esclarecimento sobre o edital

O artigo 164 da Lei nº 14.133/2021 prescreve que "qualquer pessoa é parte legítima para impugnar edital de licitação por irregularidade na aplicação desta Lei ou para solicitar esclarecimento sobre os seus termos, devendo protocolar o pedido até 3 (três) dias úteis antes da data de abertura do certame". O parágrafo único do mesmo artigo determina que "a resposta à impugnação ou ao pedido de esclarecimento será divulgada

---

[6] "[...] É lícito, à Administração, introduzir alterações no Edital, devendo, em tal caso, renovar a publicação do Aviso por prazo igual ao original, sob pena de frustrar a garantia da publicidade e o princípio formal da vinculação ao procedimento. A exigência da publicidade plena (do processo licitatório) não preclui pela inexistência de reclamação dos licitantes, na fase administrativa e não impede que a corrigenda se faça na esfera jurisdicional, porquanto, segundo mandamento constitucional, nenhuma lesão de direito poderá ficar sem a apreciação do Judiciário" (STJ, Primeira Seção. MS nº 5.601/DF. Rel. Min. Demócrito Reinaldo, j. 6.11.1998).

em sítio eletrônico oficial no prazo de até 3 (três) dias úteis, limitado ao último dia útil anterior à data da abertura do certame".[7]

Dessa forma, nos termos da Lei nº 14.133/2021, não há distinção, para efeito de impugnação ao edital, entre licitantes e não licitantes – até porque, antes da data marcada para a apresentação dos envelopes, não se sabe, a rigor jurídico, quem é e quem não é licitante. O direito à impugnação é reconhecido a ambos, os prazos são os mesmos, tanto para a impugnação quanto para a resposta. Ademais, todas as prescrições sobre impugnação valem para os pedidos de esclarecimentos, que são equivalentes. O tratamento jurídico é o mesmo.

Pondera-se que, em acordo com jurisprudência do Tribunal de Contas da União, "[...] é dever do responsável por conduzir licitação no âmbito da Administração, a partir de impugnação ao edital apontando a existência de cláusulas restritivas à competitividade do certame, realizar a revisão criteriosa dessas cláusulas, ainda que a impugnação não seja conhecida".[8] No caso submetido ao Tribunal, os anexos do edital não haviam sido publicados e disponibilizados no sistema, o que afetou a participação de interessados. A impugnação, questionando esse vício, no entanto, havia sido apresentada fora do prazo legal e, por essa razão, não fora conhecida. O Tribunal entendeu que, ciente das ilegalidades sinalizadas na impugnação, o pregoeiro tinha o dever de corrigir o procedimento e providenciar nova publicação. Ora, ciente de ilegalidade, pelo meio que for, o agente administrativo deve tomar providências para corrigi-la, por força do princípio da legalidade e do seu consectário da autotutela. Prosseguindo com o raciocínio, no fim das contas, dentro ou fora do prazo, o teor de pedido de esclarecimento ou de impugnação deve ser analisado pela Administração, seja para rejeitá-lo ou para acatá-lo.

Como dito, o prazo é um só, três dias úteis antes da data fixada para a ocorrência do certame, conforme dispositivo supracitado. Perceba-se, também, que o parágrafo único do artigo 164 da Lei nº 14.133/2021 exige que a Administração responda à impugnação em até três dias úteis. Quer-se evitar a prática costumeira de alguns órgãos administrativos, baseada na revogada Lei nº 8.666/1993, de manifestarem-se acerca da impugnação apenas durante a sessão de abertura, impedindo que os licitantes tomem medidas judiciais prévias ou outras providências. Acrescente-se que a sistemática da Lei nº 14.133/2021 incentiva os participantes a apresentarem as suas impugnações o quanto antes. E isso porque, se assim fizerem, tomam ciência das razões da Administração com maior antecedência, dispondo de tempo para estudar ações judiciais ou outras providências. Outra consequência da regra é que, se várias impugnações forem apresentadas em datas diferentes, a Administração terá prazos diferentes para responder a elas.

O parágrafo único do artigo 164 da Lei nº 14.133/2021 também exige que as impugnações devem ser respondidas, no mais tardar, no último dia útil anterior à data da abertura da licitação. Garante-se que os licitantes, na pior das hipóteses, tenham ciência sobre o teor da resposta com um dia útil de antecedência em relação à

---

7 Em licitação eletrônica, é irregular, por configurar excesso de formalismo, a limitação do prazo de impugnação do edital ao horário de funcionamento da entidade promotora do certame, vez que a impugnação pode ser feita de maneira remota, pela *internet*, não exige funcionários da entidade de prontidão para o seu recebimento e não interfere no horário de início da análise de impugnação, não havendo razão para que não seja aceita até às 23h59min da data limite. (TCU, Plenário. Acórdão nº 969/2022. Rel. Min. Bruno Dantas, j. 4.5.2022).

8 TCU, Plenário. Acórdão nº 1.414/2023. Rel. Min. Jorge Oliveira, j. 12.7.2023.

abertura da licitação, para prepararem suas propostas e documentos. O pressuposto é que a resposta à impugnação pode afetar a formulação das propostas e a preparação dos documentos de habilitação. Por via de consequência, se a resposta não ocorrer no prazo legal, o autor da impugnação tem direito ao adiamento da abertura da licitação, para que se lhe garanta o intervalo de, no mínimo, um dia útil entre a data da resposta à impugnação e a data da abertura da licitação.

A Instrução Normativa nº 73/2022, da Secretaria Especial de Desburocratização, Gestão e Governo Digital do Ministério da Economia, trata da impugnação ao edital e dos pedidos de esclarecimentos e repete substancialmente o que já está no artigo 164 da Lei nº 14.133/2021 – repetição que não tem serventia alguma, diga-se de passagem.

Em meio à repetição do que já está na Lei nº 14.133/2022, o §1º do artigo 16 da Instrução Normativa nº 73/2022 prescreve que "o agente de contratação ou a comissão de contratação, quando o substituir, responderá aos pedidos de esclarecimentos e/ou impugnação [...]". É comum na prática administrativa que agente de contratação ou comissão de contratação responda pedido de esclarecimento e impugnação. Em que pese ser comum e mesmo diante do silêncio da Lei nº 14.133/2021 sobre esse particular, não é o correto. Sucede que o agente de contratação ou comissão de contratação não é o responsável pelo edital, mas apenas dá cumprimento a ele, está vinculado aos seus termos. Se agente de contratação ou comissão de contratação decide acatar a argumentação lançada em pedido de esclarecimento ou impugnação, ele acaba por modificar o próprio edital, na medida em que afasta um de seus dispositivos ou altera o seu teor. Por lógica, como essa atribuição não é dada a ele, quem deve decidir sobre a impugnação é a autoridade competente, repita-se, que reúne poderes para dispor e realizar as alterações no edital.[9] Seria correto que o agente de contratação ou comissão de contratação avaliasse preliminarmente pedido de esclarecimento e impugnação, porém a resposta definitiva, sobretudo se ela implica revisão do edital, deveria passar pelo crivo e aprovação da autoridade competente, quem tem a atribuição de dispor e realizar as alterações do edital.

Soma-se que o §2º do artigo 16 da Instrução Normativa nº 73/2022 declara que "a impugnação não possui efeito suspensivo, sendo a sua concessão medida excepcional que deverá ser motivada pelo agente de contratação ou pela comissão de contratação, quando o substituir, nos autos do processo de licitação".

Há duas impropriedades aqui. A primeira é que não se haveria de falar de efeito suspensivo ou não da impugnação, porque o parágrafo único do artigo 164 da Lei nº 14.133/2021, cuja essência é reproduzida no §1º do artigo 16 da Instrução Normativa, prescreve que o prazo de resposta da impugnação ou do pedido de esclarecimento é de 3 (três) dias úteis, limitado ao último dia útil anterior à data da abertura do certame. Ora, sendo assim, não se pode abrir a licitação sem a resposta. Se a Administração não consegue dar a resposta até o dia útil anterior à data de abertura, precisa, evidentemente, postergar a data da abertura. A ideia de não ter efeito suspensivo seria a de prosseguir com a licitação pendente de resposta à impugnação ou ao pedido de esclarecimento, o que não faz sentido, repita-se, porque a resposta deve vir até o dia útil anterior à data

---

9 Em sentido contrário ao defendido neste livro, entendendo que cabe ao responsável por conduzir a licitação a resposta à impugnação ao edital: TCU, Plenário. Acórdão nº 1.414/2023. Rel. Min. Jorge Oliveira, j. 12.7.2023.

de abertura da licitação. A segunda impropriedade é consequência da primeira, porque, sendo obrigado a responder até o dia útil anterior à data da abertura, não tem lugar conceder ou não conceder efeito suspensivo, dado que a licitação não pode ser aberta e prosseguir sem a resposta à impugnação e ao pedido de esclarecimento.

Acolhida impugnação e se, de qualquer modo, ela implicar alteração no edital, é imperativo dar-lhe novamente publicidade e contar o prazo desde o início, por força do §1º do artigo 55 da Lei nº 14.133/2021, que, na verdade, é mera consequência do princípio da isonomia. O racional também vale para pedido de esclarecimento cuja resposta importe alteração do edital. De acordo com o referido dispositivo, relembre-se, só não é preciso republicar o edital e abrir novamente o prazo nas hipóteses em que a "alteração não comprometer a formulação das propostas".

Nessa direção, o §4º do artigo 16 da Instrução Normativa nº 73/2022 preceitua que "as respostas aos pedidos de esclarecimentos e impugnações serão divulgadas em sítio eletrônico oficial do órgão ou da entidade promotora da licitação e no sistema, dentro do prazo estabelecido no §1º, e vincularão os participantes e a Administração". O decidido por ocasião de pedido de esclarecimento e de impugnação ao edital incorpora-se ao edital e a Administração vincula-se à sua resposta, o que é decorrência da boa-fé objetiva e do princípio da proteção à confiança legítima. Não seria plausível que a Administração oferecesse resposta a pedido de esclarecimento em dado sentido e, depois, no transcurso da licitação, adotasse posição diversa.[10]

Registre-se que o Tribunal de Contas da União tem precedente que indica a necessidade de o licitante esgotar a discussão sobre o edital na via administrativa para, somente depois, oferecer representação perante o próprio Tribunal de Contas da União:

> O interessado em questionar eventuais irregularidades em processo licitatório deve acionar inicialmente o órgão ou a entidade promotora do certame, e somente após, se necessário, ingressar com representação no TCU, a fim de evitar duplicação de esforços de apuração em desfavor do erário e do interesse público, considerando o princípio constitucional da eficiência e as disposições do art. 169 da Lei 14.133/2021 (nova Lei de Licitações e Contratos Administrativos).[11]

Esse precedente é isolado e equivocado. O §4º do artigo 170 da Lei nº 14.133/2021 prescreve que "qualquer licitante, contratado ou pessoa física ou jurídica poderá representar aos órgãos de controle interno ou ao tribunal de contas competente contra irregularidades na aplicação desta Lei". Esse direito à representação não é condicionado à resposta definitiva da Administração sobre suposta irregularidade. Ademais, as linhas de defesa do *caput* do artigo 169 da Lei nº 14.133/2021 não precisam ser acionadas sucessivamente, dado que não há prescrição legal nesse sentido. Pedido de esclarecimento e impugnação ao edital deve ser visto como instrumento para contribuir com a qualidade das licitações e contratos, de modo a evitar ilegalidades. As linhas de defesa, sobretudo os órgãos de controle externo, deveriam apreciar e valorizar essa

[10] Os esclarecimentos prestados pela Administração ao longo do certame licitatório possuem natureza vinculante, não sendo possível admitir, quando da análise das propostas, interpretação distinta, sob pena de violação ao instrumento convocatório (TCU, Plenário. Acórdão nº 179/2021. Rel. Min. Raimundo Carreiro, j. 3.2.2021).

[11] TCU, Segunda Câmara. Acórdão nº 10038/2023. Rel. Min. Vital do Rêgo, j. 24.10.2023.

contribuição, que os informa e provoca sobre eventuais irregularidades que não seriam levadas automaticamente a si, inclusive para que tenham condições de tomar providências tempestivas e evitar a consumação de danos. O acionamento célere das linhas de defesa deveria ser estimulado, não o contrário, que é o que costuma acontecer, infelizmente.

3.7 Contestação judicial ou perante o Tribunal de Contas do edital por licitante ou interessado que não o impugnou a tempo

Ocorre, com frequência, que licitante não apresenta impugnação ao edital e, durante o certame, é inabilitado ou desclassificado em razão de exigência constante do edital não impugnado. Daí ele propõe ação judicial, mandado de segurança, ação cautelar, ação ordinária com pedido de tutela antecipada ou outra medida, ao argumento de que a exigência do edital que fundamentou a sua inabilitação ou desclassificação é ilegal e, por consequência, pede ao Judiciário que reveja o ato da Administração, para o efeito de determinar a sua habilitação ou classificação. Também é usual que o licitante represente ao respectivo Tribunal de Contas mesmo sem ter impugnado a impugnação a tempo.

Nessas situações, também é bastante frequente que a Administração alegue em defesa que o direito do referido licitante de contestar o edital, ainda que na via judicial, encontra-se precluso, isto é, ele perdeu o direito de fazê-lo, haja vista que não apresentou impugnação no tempo devido.

A Administração costuma sustentar que o licitante que não apresenta impugnação ao instrumento convocatório o aceita, ainda que implicitamente. De acordo com essa corrente, decorrido o prazo previsto na lei sem impugnação, o instrumento convocatório estabiliza-se e passa a valer o princípio da vinculação ao edital, tanto para a Administração quanto para os licitantes. Logo, os licitantes não podem mais contestá-lo, não podem mais discuti-lo.

Essa tese, defendida muitas vezes pela Administração, é facilmente refutada.

De plano, o inciso XXXV do artigo 5º da Constituição Federal consagra o princípio da inafastabilidade do Poder Judiciário ou da universalidade da jurisdição, prescrevendo que lei não excluirá da apreciação do Poder Judiciário lesão ou ameaça de lesão a direito. Logo, quem se sentir lesionado por edital, que é uma espécie de ato administrativo, goza do direito constitucional de levar o seu inconformismo ou descontentamento ao Poder Judiciário, sem que qualquer lei possa impedi-lo.

De toda sorte, a legislação não prescreve que licitante que não impugnou o edital a tempo perante a Administração perde o direito de contestá-lo judicialmente. Noutros termos, quem não oferece impugnação no tempo devido perde o direito de fazê-lo perante a Administração e não perante o Poder Judiciário. Por consequência, a quem não impugnou o edital a tempo é permitido propor medida judicial para questioná-lo, ainda que posteriormente, no curso ou após a licitação.

De mais a mais, todos os atos administrativos devem obediência ao princípio da legalidade. O edital é uma espécie de ato administrativo, que, como todos os outros, deve alinhar-se à legalidade. Nesse passo, se o edital contém ilegalidade, ele deve ser invalidado ou convalidado, mesmo que a licitação já esteja em andamento. O escoamento do prazo para a impugnação administrativa do edital não saneia as ilegalidades nele existentes, que, se levadas ao conhecimento do Judiciário, devem ser invalidadas por ele.

Conclui-se, com base em tais argumentos, que aos licitantes que não impugnaram administrativamente o edital a tempo é permitido ainda discutir suas cláusulas e exigências posteriormente na esfera judicial, por ocasião da habilitação, do julgamento das propostas ou mesmo depois de homologada a licitação.[12] [13]

4 Saneamento de vícios

4.1 Formalidades

A missão da Administração Pública é satisfazer o interesse público, que assume *status* de ponto de convergência de todos os princípios regentes da matéria. Ocorre que o interesse público pertence à coletividade, jamais a particulares, por maiores que sejam os seus atributos morais ou as suas autoridades. O interesse público diz respeito às expectativas do todo, não das partes individualmente concebidas. Dessa sorte, quem gerencia o interesse público não atua de acordo com as suas percepções pessoais, de acordo com as suas vontades, porém, sempre com vistas nas expectativas do todo. Quem gerencia o interesse público não pode se valer da posição que ocupa para lograr privilégios pessoais, sobrepondo a sua vontade individualmente concebida às pautas da coletividade.

Em razão disso, para impedir que agentes administrativos ou terceiros se valham da coisa pública para benefício estritamente pessoal, impõe-se à atividade administrativa a rigorosa observância de uma série de formalidades, de limitações, de sujeições mais rigorosas do que as incidentes sobre os particulares. Isso significa que a formalidade é algo imanente à Administração Pública, já que é elemento indispensável para que se imprima ao gerenciamento do interesse público postura impessoal, para que a coisa pública não se preste a beneficiar afilhados nem a desfavorecer desafetos de particulares.

A Administração vê-se compelida a firmar uma série de contratos, para o efeito de receber utilidades de terceiros, que propiciem a ela realizar as suas atividades, a fim de contemplar o interesse público. Os contratos administrativos, de modo geral, costumam transitar em importâncias consideráveis, proporcionais às amplas demandas vinculadas ao interesse público, o que atrai a cobiça de muitos.

Por isso, a Administração está sujeita à observância de certas formalidades para a determinação das condições de seus contratos e para a seleção dos contratados. O propósito dessas formalidades é justamente proteger o interesse público, evitar que os agentes administrativos firmem contratos que os favoreçam individualmente, às custas de toda a coletividade. Tais formalidades, reunidas em procedimento estabelecido por lei, são denominadas "licitação pública".

---

[12] Advirta-se, entretanto, que essa questão insufla longa discussão judicial, especialmente no âmbito do Superior Tribunal de Justiça, que deduz entendimentos divergentes. A título ilustrativo, no ROMS nº 10.847/MA, Segunda Turma (Rel. Min. Laurita Vaz, j. 27.11.2001), o recurso foi desprovido porque o recorrente não havia oportunamente impugnado o edital. Já no MS nº 5.755/DF, Primeira Seção (Rel. Min. Demócrito Reinaldo, j. 9.9.1998), foi rejeitada a tese de que a não impugnação administrativa no tempo oportuno importa a preclusão do direito de contestar o instrumento convocatório posteriormente perante o Judiciário – tese que defendemos.

[13] O fato de o edital de licitação não ter sido tempestivamente impugnado pelas empresas licitantes no pregão não obsta a atuação do TCU, que detém a prerrogativa de examinar todos os atos praticados no processo licitatório. (TCU, Plenário. Acórdão nº 1467/2022. Rel. Min. Aroldo Cedraz, j. 22.6.2022).

Em outras palavras: a licitação pública não é outra coisa senão um conjunto de formalidades impostas à Administração como condição para a celebração de contrato. A licitação pública é, em si, uma formalidade.

Em que pese a fundamental associação entre licitação pública e formalidade, a Administração não deve obstaculizar a participação no certame de empresas aptas a cumprirem satisfatoriamente o objeto do futuro contrato. Nesse sentido, as alíneas do inciso I do artigo 9º da Lei nº 14.133/2021 vedam ao agente administrativo:

> [...] admitir, prever, incluir ou tolerar, nos atos que praticar, situações que:
> a) comprometam, restrinjam ou frustrem o caráter competitivo do processo licitatório, inclusive nos casos de participação de sociedades cooperativas;
> b) estabeleçam preferências ou distinções em razão da naturalidade, da sede ou do domicílio dos licitantes;
> c) sejam impertinentes ou irrelevantes para o objeto específico do contrato.

É fora de dúvida que os agentes administrativos gozam de competência discricionária para definir o objeto da licitação e, por consequência, para prescrever as formalidades necessárias a apurar a habilitação dos licitantes e a adequação das propostas apresentadas por eles aos reclames relacionados ao interesse público. No entanto, a discricionariedade não é ilimitada, sem que a eles se atribua competência para restringir o objeto da licitação de molde a prejudicar o interesse público. Todas as formalidades devem ser justificadas, razoáveis e proporcionais. Em sentido oposto, as formalidades não podem ser aleatórias, desnecessárias, desconexas ao interesse público, sob pena de comprometerem a competitividade.

Em resumo: a licitação pública é, exatamente, um conjunto de formalidades. Mas, não de qualquer tipo de formalidade. É vedado à Administração, a pretexto de proceder à licitação pública, realizar exigências despiciendas, despropositadas, desprovidas de nexo de utilidade com o objeto específico do futuro contrato, que acabam por frustrar a competitividade.

Explicando melhor, há dois tipos fundamentais de formalidades, as que produzem efeito substancial e as que não produzem. As primeiras são essenciais para a licitação pública, as segundas revelam excessos que constituem ilegalidade e que comprometem a plena competitividade.

4.2 Saneamento de vícios: panorama histórico até o advento da Lei nº 14.133/2021

Em meio a essas considerações, apresenta-se um dos debates mais polêmicos sobre licitações públicas, que diz respeito à possibilidade ou não de relevar certas falhas, defeitos ou desatenção incorridos pelos licitantes. Sendo possível, discute-se em que situações e sob quais justificativas e critérios.

A respeito do tema, o revogado §3º do artigo 43 da Lei nº 8.666/1993 tinha especial relevância, haja vista que permitia a "promoção de diligência destinada a esclarecer ou a complementar a instrução do processo, vedada a inclusão posterior de documento ou informação que deveria constar originalmente da proposta". Dito de outra forma, para a sistemática da Lei nº 8.666/1993, a desatenção ao edital importava na inabilitação do licitante ou desclassificação da proposta, dado que era proibida a inclusão posterior de documento ou informação, o que, em tese, poderia sanear o defeito existente em documento de habilitação ou proposta.

Em que pese isso, difundiu-se na jurisprudência, sobremodo a partir do final da década de noventa, tese segundo a qual o cometimento de falhas meramente formais por parte dos licitantes, que possam ser supridas por informações já disponibilizadas ou que não produzam ressonância de efeito concreto e prático, não autoriza a inabilitação deles ou a desclassificação de propostas, até porque, a rigor jurídico, a Administração Pública sequer deveria tê-las exigido. Isto é, com amparo nos princípios da competitividade e da razoabilidade, autoriza-se que a Administração Pública releve certas falhas meramente formais cometidas pelos licitantes ou que tais falhas sejam saneadas, quer pelos licitantes, quer pela própria Administração Pública.

A título ilustrativo, um dos acórdãos precursores do Superior Tribunal de Justiça, proferido nos autos do MS nº 5.418/DF, relatado pelo Min. Demócrito Reinaldo, envolve a concorrência pertinente à telefonia da chamada Banda B. À época, o Consórcio Tess, um dos licitantes, foi desclassificado da licitação porque grafou sua proposta somente em algarismos, sem a indicação por extenso. Perceba-se que se tratava, efetivamente, de mera irregularidade, sem qualquer repercussão prática. Em razão disso, os ministros do Superior Tribunal de Justiça resolveram conceder a segurança, reformando a decisão que havia desclassificado o referido consórcio.

Na ementa do supracitado acórdão, lê-se o seguinte:

> Consoante ensinam os juristas, o princípio da vinculação ao edital não é absoluto, de tal forma que impeça o Judiciário de interpretar-lhe, buscando-lhe o sentido e a compreensão e escoimando-o de cláusulas desnecessárias ou que extrapolem os ditames da lei de regência e cujo excessivo rigor possa afastar, da concorrência, possíveis proponentes, ou que o transmude de um instrumento de defesa do interesse público em conjunto de regras prejudiciais ao que, com ele, objetiva a Administração [...]. O formalismo no procedimento licitatório não significa que se possa desclassificar propostas eivadas de simples omissões ou defeitos irrelevantes.[14]

Em síntese, admite-se relevar formalidades exigidas no instrumento convocatório e desatendidas pelos licitantes diante de casos em que a inabilitação do licitante ou desclassificação da proposta afigura flagrante descompasso ao senso comum, à razoabilidade. Ora, a ausência de indicação do valor da proposta por extenso, tendo ela sido grafada em algarismos, constitui falha sem a mais remota repercussão prática, que pode ser perfeitamente desconsiderada pela Administração, sem necessidade de apresentação de novos documentos ou informações por parte do licitante, o que era vedado, diga-se mais uma vez, pelo §3º do artigo 43 da Lei nº 8.666/1993.

De tudo quanto até agora se expôs, conclui-se que a jurisprudência, a partir do Superior Tribunal de Justiça, admite a tese que propugna o abrandamento ou a desconsideração de formalidade exigida em edital, mas não atendida por licitante, desde que se trate de mera formalidade, que não produza efeito substancial. As formalidades

---

[14] STJ, Primeira Seção. MS nº 5.418/DF. Rel. Min. Demócrito Reinaldo, j. 25.3.1998.

que produzem efeito substancial não poderiam ser desprezadas pela Administração, e os licitantes que as desatenderem deveriam ser desclassificados ou inabilitados.

Insista-se que não se trata de recusar a função das formalidades em licitação pública. O fundamental é separar as exigências meramente formais, cuja desatenção pode ser relevada, das exigências substanciais, cuja desatenção produz efeito concreto e prático, e, pois, ao contrário, não pode ser relevada.

A propósito, é exatamente nesse ponto que residem os maiores problemas, dado que a avaliação de se determinada exigência feita pela Administração Pública é meramente formal ou se ela produz efeito substancial, com certa frequência, é subjetiva. Isso significa que, diante de casos concretos, as pessoas divergem sobre o que é mera formalidade e o que é formalidade que produz efeito substancial.

O leitor deve se perguntar, diante das situações concretas, se da formalidade desatendida por licitante defluem consequências importantes para averiguar se ele é ou não apto para cumprir o futuro contrato e se a proposta dele é adequada ou não. Se a formalidade desatendida pelo licitante não for importante para averiguar se ele é ou não apto para cumprir o futuro contrato e se a sua proposta é adequada ou não, ela não produz efeito substancial, e a desatenção a ela deve ser relevada pela Administração Pública. Demais disso, por força da razoabilidade, a própria Administração Pública deve sanear falhas ou defeitos na documentação ou proposta dos licitantes que, ainda que sejam relevantes, estejam disponíveis a ela nos próprios autos do processo de licitação, nos arquivos da própria Administração Pública ou em sistemas eletrônicos utilizados por ela.

Sem embargo, o fato é que há um espaço de relativa subjetividade para decidir que tipo de formalidade eventualmente desatendida por licitante é de efeito meramente formal e que tipo produz efeito substancial. A jurisprudência encontrou aberturas para avançar diante dos casos concretos, mesmo sem negar as premissas definidas pelo Superior Tribunal de Justiça no final da década de noventa. As decisões variam, é bom deixar claro que a jurisprudência não é realmente consistente. Encontram-se decisões mais flexíveis e decisões mais conservadoras. No entanto, de maneira geral, com o passar dos anos, as decisões foram se tornando cada vez mais flexíveis em favor da possibilidade de saneamento de defeitos.

Não é o caso de levantamento mais apurado dessa dinâmica jurisprudencial. Porém, para ilustrá-la, confira-se trecho de acórdão do Tribunal de Contas da União:

> 5. Quanto à desclassificação compulsória de diversas ofertas, com valores expressivamente mais vantajosos, em razão de que as licitantes não fizeram constar, em suas propostas, a marca/modelo, a garantia ou o prazo de entrega dos equipamentos oferecidos, manifesto minha concordância com a unidade técnica no sentido de que se trata de medida de excessivo formalismo e rigor, que foi determinante para que certos itens fossem adjudicados por valores acima do preço de referência, conforme se verá adiante.
> 6. Isso porque, apesar de o edital conter disposição no sentido de que cumpria ao licitante preencher adequadamente o campo "descrição detalhada do objeto ofertado", sob pena de desclassificação, e que o art. 41 da Lei nº 8.666/1993 fixa que a Administração não pode descumprir as normas e condições do edital, não poderia o gestor interpretar os mencionados dispositivos de maneira tão estreita.

7. Na verdade, as citadas disposições devem ser entendidas como prerrogativas do poder público, que deverão ser exercidas mediante a consideração dos princípios basilares que norteiam o procedimento licitatório, dentre eles, o da seleção da proposta mais vantajosa para a administração.
8. No caso, portanto, caberia ao pregoeiro utilizar-se, zelosamente, da possibilidade de encaminhar diligência às licitantes (art. 43, §3º, da Lei nº 8.666/1993), a fim de suprir as lacunas quanto às informações dos equipamentos ofertados, medida simples que poderia ter oportunizado a obtenção de proposta mais vantajosa.[15]

Veja-se que o caso submetido ao Tribunal de Contas da União não tratava do descumprimento de vícios meramente formais. Ora, as exigências de indicação na proposta de marca/modelo e garantia de equipamento, bem como de prazo de entrega, não são meramente formais; produzem evidente efeito substancial, dado que são relevantes para apurar a qualidade e o atendimento das necessidades da Administração. Poderiam sim, em tese, ser saneadas com a apresentação de novas informações, porém não se esqueça que o revogado §3º do artigo 43 da Lei nº 8.666/1993 vedava "a inclusão posterior de documento ou informação que deveria constar originalmente da proposta". O critério geral, afirmado pela jurisprudência, era que o descumprimento de exigências formais poderia ser relevado e saneado, o que, insista-se, não é o caso daquelas versadas no acórdão.

E não se trata de acórdão isolado, salienta-se. Os órgãos de controle, diante dos casos concretos, passaram a adotar postura mais flexível com bastante frequência, a ponto de ser evidente o descompasso lógico entre a premissa afirmada, de que apenas excessos de formalismo poderiam ser relevados, e as decisões tomadas, que permitiam que fosse relevado praticamente qualquer tipo de defeito, inclusive os que produziam efeitos substanciais. Ou seja, afirma-se, como pressuposto, que excessos de formalismo podem ser saneados e, ao mesmo tempo, reconhecendo essa premissa, determinam o saneamento de defeitos que claramente produzem consequências substanciais, que não são meramente formais. Pode-se até concordar com o resultado prático dessa jurisprudência, que é a obtenção da proposta mais vantajosa para a Administração. O problema é a inconsistência dela e o atropelo da legislação de regência, com destaque para a parte final do §3º do artigo 43 da Lei nº 8.666/1993, que se tornou, na maior parte dos casos, letra morta.

Como salientado, entretanto, a jurisprudência não é consistente. E coube ao Superior Tribunal de Justiça formular contraponto à compreensão cada vez mais flexível sobre a possibilidade de saneamento de defeitos encontrados nas propostas e nos documentos de habilitação. Sucede que o Superior Tribunal de Justiça, diante da redação do §3º do artigo 43 da Lei nº 8.666/1993, vem entendendo que somente é permitido apresentar documentos novos em diligência para complementar informações acerca de outros documentos que tenham sido juntados oportunamente pelos licitantes. Confira-se:

[....] VII. O princípio da igualdade, um dos postulados que norteiam a licitação, impõe ao Poder Público a observância de tratamento isonômico àqueles que se encontrem na mesma

[15] TCU, Plenário. Acórdão nº 3.381/2013. Rel. Min. Valmir Campelo, j. 4.12.2013.

situação jurídica. VIII. O acórdão recorrido considerou que, "conforme restou demonstrado nos autos, e restou incontroverso, a empresa Vanguarda não se ateve estritamente ao Edital no tocante à apresentação do balanço patrimonial, tendo apresentado inicialmente balanço contábil de empresa diversa (Jardiplan). Em razão disso, a Comissão de Licitação autorizou a inclusão do balanço contábil correto, sob a justificativa de que tal medida estaria enquadrada na hipótese acima analisada", ou seja, no art. 43, §3º da Lei 8.666/93. IX. Nesse contexto, a apresentação de documento novo, consubstanciado no balanço patrimonial correto - circunstância fática delineada no acórdão - não se enquadra na hipótese autorizada pelo art. 43, §3º, da Lei 8.666/93, que permite à Comissão de Licitação apenas "a promoção de diligência destinada a esclarecer ou a complementar a instrução do processo, vedada a inclusão posterior de documento ou informação que deveria constar originariamente da proposta". X. Na forma da jurisprudência do STJ, "nos termos do art. 43, §3º, da Lei 8.666/1993, é facultado à comissão licitatória, em qualquer fase, promover diligência destinada a esclarecer ou a complementar a instrução, vedada a inclusão posterior de documento ou informação que deveria constar originariamente da proposta, sob pena de ofensa de ofensa ao princípio da vinculação ao edital" (STJ, REsp 1.717.180/SP, Rel. Ministro HERMAN BENJAMIN, SEGUNDA TURMA, DJe de 13/11/2018). No mesmo sentido: STJ, AgInt no RMS 64.824/MT, Rel. Ministra ASSUSETE MAGALHÃES, SEGUNDA TURMA, DJe de 06/05/2021. XI. Como o entendimento do Tribunal de origem não encontra ressonância na jurisprudência do STJ, que não admite a inclusão, em momento posterior, de documento novo, que deveria constar da fase de habilitação, deve ser provido o Recurso Especial, para conceder a segurança, a fim de considerar inabilitada a empresa Vanguarda Construções e Serviços de Conservação Viária Ltda, nos lotes 13, 18, 40 e 54 da Concorrência 5/2017 do DER/SP. XII. Recurso Especial conhecido e provido.[16]

A interpretação que vem prevalecendo no Superior Tribunal de Justiça é correta sob a perspectiva da legalidade, em razão do prescrito no revogado §3º do artigo 43 da Lei nº 8.666/1993. Juízes podem até não concordar com a solução dada pelo supracitado dispositivo, mas o fato é que se trata de norma válida e vigente, que não rivaliza com qualquer sorte de norma constitucional. Por conseguinte, realmente não caberia ao Judiciário desprezar o comando normativo do §3º do artigo 43 da Lei nº 8.666/1993, como se constata em muitas decisões dos tribunais – de tribunais de contas e, inclusive, do Poder Judiciário.

Então, sob a perspectiva do Superior Tribunal de Justiça: (i) questões formais podem ser relevadas e superadas pela própria Administração, sem demandar a juntada de novos documentos; (ii) a juntada de novos documentos somente é admitida para a complementação de informações sobre documentos juntados no momento oportuno.

Noticia-se que, em paralelo a essa jurisprudência, houve avanço no campo legislativo, ainda que com corte específico e delimitado. O Regime Diferenciado de Contratações Públicas (RDC) prescreve que devem ser desclassificadas apenas as propostas que contenham vícios insanáveis (inciso I do artigo 24 da Lei nº 12.462/2011) ou que apresentem desconformidade com quaisquer outras exigências do instrumento convocatório, desde que insanáveis (inciso V do mesmo artigo). As licitações das estatais seguem a mesma linha, vez que somente as propostas contaminadas por vícios insanáveis

[16] STJ, Segunda Turma. REsp nº 1.894.069/SP. Rel. Min. Assusete Magalhães, j. 30.6.2021.

devem ser desclassificadas (inciso I do artigo 56 da Lei nº 13.303/2016). Em linha parecida, a legislação que disciplina as parcerias público-privadas, mais antiga, precisamente o inciso IV do artigo 12 da Lei nº 11.079/2004, prescreve que "o edital poderá prever a possibilidade de saneamento de falhas, de complementação de insuficiências ou ainda de correções de caráter formal no curso do procedimento, desde que o licitante possa satisfazer as exigências dentro do prazo fixado no instrumento convocatório".

O Regime Diferenciado de Contratações Públicas, as licitações das estatais e as licitações para parceria público-privada romperam com a sistemática da Lei nº 8.666/1993, introduzindo uma percepção instrumental da licitação, na medida em que os licitantes somente devem ser inabilitados ou desclassificados em razão de vícios insanáveis. Ou seja, ainda que o licitante apresente documento ou proposta defeituosa, leia-se, que não atende ao edital, ele não deve ser inabilitado ou desclassificado se for possível a correção do defeito. O regime revogado da Lei nº 8.666/1993 não admite a correção de defeitos como regra, apenas excepcionalmente de acordo com a premissa afirmada pela jurisprudência, quando o licitante deixar de cumprir exigência meramente formal, que não produza efeito substancial. No Regime Diferenciado, das estatais e nas parcerias público-privadas, ainda que não se trate de mera formalidade, ainda que o licitante descumpra exigência substancial do edital, ele goza da oportunidade de corrigir o defeito constante da sua proposta ou documento de habilitação, desde que o defeito admita ser corrigido.

A solução do Regime Diferenciado, da Lei das Estatais e das Parcerias Público-Privadas é melhor do que a da Lei nº 8.666/1993, porque foca na proposta mais vantajosa. Sucede que, muitas vezes, sob o regime da Lei nº 8.666/1993, a Administração perde licitantes e propostas em razão de defeitos que poderiam ser corrigidos com facilidade. Ou seja, na verdade, o licitante teria condições de satisfazer a Administração e a proposta poderia ser conformada ao edital, porém, por causa de um lapso ou uma desatenção, algum documento é apresentado de maneira defeituosa, mas algo que poderia ser corrigido. Repita-se que o revogado §3º do artigo 43 da Lei nº 8.666/1993 proíbe a renovação de documentos ou informações que deveriam ser apresentadas de início, já nos envelopes de habilitação ou de proposta. Portanto, insista-se, concorde-se ou não com a opção do legislador, para a sistemática da Lei nº 8.666/1993, defeitos substanciais importam na inabilitação dos licitantes ou na desclassificação das propostas, ainda que fosse possível corrigi-los.

E, mais, a sistemática revogada da Lei nº 8.666/1993, sobremodo o §3º do seu artigo 43, aplicava-se subsidiariamente à modalidade pregão, por força do artigo 9º da Lei nº 10.520/2002. Esclareça-se, a propósito, que a Lei nº 10.520/2002 não prescrevia normas que permitiam o saneamento de defeitos de habilitação ou de propostas, ela era omissa sobre o assunto. Daí que se devia aplicar subsidiariamente a Lei nº 8.666/1993 e, por decorrência, o §3º do seu artigo 43. Nessa medida, os decretos que regulamentavam a Lei nº 10.520/2002 não gozavam de legitimidade para inovar a matéria e desfazer o §3º do artigo 43 da Lei nº 8.666/1993, sob pena de violação do princípio da legalidade. Registre-se, por oportuno, que o *caput* do artigo 47 do Decreto Federal nº 10.024/2019, que regulamentava o pregão eletrônico, autoriza o pregoeiro a "[...] sanear erros ou falhas que não alterem a substância das propostas, dos documentos e sua validade jurídica [...]".

Esse dispositivo devia ser interpretado de maneira compatível com as leis nº 10.520/2002 e nº 8.666/1993, que visava regulamentar, sendo claro que o saneamento deveria ser de erros ou falhas que não "alterem a substância das propostas, dos documentos e sua validade jurídica", por conseguinte, apenas de falhas meramente formais e não de vícios que produzam efeitos substanciais.

4.3 Saneamento de vícios na Lei nº 14.133/2021

O inciso III do artigo 12 da Lei nº 14.133/2021 prescreve que "o desatendimento de exigências meramente formais que não comprometam a aferição da qualificação do licitante ou a compreensão do conteúdo de sua proposta não importará seu afastamento da licitação ou a invalidação do processo". Esse dispositivo é tímido, não representa avanços, apenas expressa a premissa que vem sendo afirmada pela jurisprudência desde o final da década de noventa, de que o desatendimento por parte dos licitantes de exigências meramente formais não é o bastante para afastá-los da licitação. Limita-se, insista-se, às "exigências meramente formais" e não abrange as exigências que produzem efeito substancial.

De forma mais específica, no entanto, o inciso I do artigo 59 da Lei nº 14.133/2021 determina que devem ser desclassificadas as propostas que "contiverem vícios insanáveis". Ou seja, propostas que apresentem defeitos sanáveis, quaisquer que sejam eles, ainda que produzam efeitos substanciais e que não sejam meramente formais, que podem ser corrigidos, não devem ser desclassificadas de pronto, deve-se permitir que os autores delas corrijam os supostos defeitos. Aqui há sim novidade em comparação com a Lei nº 8.666/1993, que não tinha dispositivo parecido, e avanço importante, aproximando-se a Lei nº 14.133/2021 do Regime Diferenciado de Contratações Públicas, da Lei das Estatais e das Parcerias Público-Privadas.

São vícios sanáveis os que podem ser saneados, corrigidos. Entende-se, em linha geral, que, se o ato pode ser repetido sem o vício, então o vício que o contamina é sanável. Entre outros, são defeitos sanáveis atinentes às propostas os relativos à descrição do objeto da proposta e suas especificações técnicas, incluindo aspectos relacionados à execução do objeto, às formalidades, aos requisitos de representação, às planilhas de composição de preços, à inexequibilidade ou ao valor excessivo de preços unitários e, de modo geral, aos documentos de conteúdo declaratório sobre situações preexistentes também atinentes às propostas.

Note-se que o artigo 59 da Lei nº 14.133/2201 é inserido no capítulo que versa sobre julgamento das propostas. O *caput* do artigo trata, expressamente, de desclassificação de propostas. Então, a regra do inciso I do artigo 59 da Lei nº 14.133/2021 deve ser aplicada para as propostas e não para os documentos da fase de habilitação.

Essa limitação da abrangência do inciso I do artigo 59 da Lei nº 14.133/2021 à fase de julgamento das propostas faz mais sentido diante do disposto no artigo 64 da mesma lei, inserido no capítulo tocante à habilitação. Então, sobre a habilitação o que vale é o seguinte:

> Art. 64. Após a entrega dos documentos para habilitação, não será permitida a substituição ou a apresentação de novos documentos, salvo em sede de diligência, para:

I - complementação de informações acerca dos documentos já apresentados pelos licitantes e desde que necessária para apurar fatos existentes à época da abertura do certame;
II - atualização de documentos cuja validade tenha expirado após a data de recebimento das propostas.

Pois bem, a Lei nº 14.133/2021 é mais restritiva em relação ao saneamento de defeitos havidos na fase de habilitação. Colhe-se, do *caput* do artigo 64, que a regra é que não é permitida a substituição e a apresentação de novos documentos. No entanto, essa regra é excepcionada na hipótese de diligência, em que se admitem novos documentos em conformidade com os seus incisos I e II.

A hipótese do inciso I do artigo 64 da Lei nº 14.133/2021 é a de maior repercussão. Veja-se que é permitido apresentar novos documentos que complementem as informações acerca de documentos já apresentados. Por exemplo, licitante apresentou atestado de capacidade técnica com informações incompletas. É-lhe permitido apresentar novo atestado com todas as informações exigidas, porque, nessa hipótese, esse novo atestado complementa as informações do atestado apresentado originariamente. Sem embargo, o dispositivo em comento não permite a juntada de documento completamente novo, que não se preste a complementar documento oportunamente apresentado. Por exemplo, licitante possui o atestado de capacidade técnica exigido, mas, por um lapso, deixou de apresentá-lo à Administração. Não lhe é permitido juntar esse novo atestado posteriormente, dado que esse novo atestado não complementa as "[...] informações acerca dos documentos já apresentados [...]".

Sob essa medida, o inciso I do artigo 64 permite o saneamento de defeitos nos documentos de habilitação de modo bem restritivo. O ponto é que, conforme a redação literal do dispositivo, o saneamento é limitado à mera complementação de documentos já apresentados. Essa limitação merece toda a sorte de críticas, imprime feição formalista à Lei nº 14.133/2021 e é contraditória ao inciso I do artigo 59, que, ao tratar das propostas, permite o saneamento de defeitos de modo amplo, sem a mesma restrição.

A propósito, percebe-se que o inciso I do artigo 64 da Lei nº 14.133/2021 praticamente incorpora e sintetiza a jurisprudência do Superior Tribunal de Justiça construída diante do revogado §3º do artigo 43 da Lei nº 8.666/1993. Repita-se que, para o Superior Tribunal de Justiça, o §3º do artigo 43 da Lei nº 8.666/1993 somente admitia a juntada de novos documentos ou informações que sejam complementares aos documentos e informações apresentados no momento oportuno.[17] Essa foi a solução preferida pelo legislador e expressa no inciso I do artigo 64 da Lei nº 14.133/2021, por efeito do que fica claro que ele optou por não avançar ou inovar, reproduzindo o mesmo perfil formalista da Lei nº 8.666/1993. Perdeu-se a chance de avançar no plano legislativo, construindo modelo de licitação não formalista, o que é lamentável.

O inciso II do artigo 64 da Lei nº 14.133/2021, fora de lugar, permite a "atualização de documentos cuja validade tenha expirado após a data de recebimento das propostas". Vê-se que o inciso II não trata de saneamento de defeito algum, porque sua hipótese pressupõe que o licitante apresentou o documento correto, dentro do prazo de validade, porém que o prazo e validade expirou após a sua apresentação. Não seria nem de cogitar

[17] STJ, Segunda Turma. REsp nº 1.894.069/SP. Rel. Min. Assusete Magalhães, j. 30.6.2021.

em inabilitar o licitante porque o documento era válido na data que foi apresentado à Administração. O inciso II, com essa roupagem, apenas determina o óbvio, que se atualize esse documento.

O §1º do artigo 64 da Lei nº 14.133/2021 ainda prescreve:

> na análise dos documentos de habilitação, a comissão de licitação poderá sanar erros ou falhas que não alterem a substância dos documentos e sua validade jurídica, mediante despacho fundamentado registrado e acessível a todos, atribuindo-lhes eficácia para fins de habilitação e classificação.

O dispositivo não veicula maior abertura ao saneamento de defeitos de habilitação, porque o restringe aos "[...] erros ou falhas que não alterem a substância dos documentos e sua validade jurídica [...]", o que pressupõe documentos já apresentados, cujas restrições são meramente formais, que não digam respeito a aspectos substanciais.

O §1º do artigo 64 da Lei nº 14.133/2021 também exige que a decisão pelo saneamento de erros ou falhas nos documentos de habilitação seja realizada "[...] mediante despacho fundamentado registrado e acessível a todos [...]". Isso significa que a decisão pelo saneamento deve ser escrita e motivada, sendo que, obviamente, os motivos devem guardar coerência com as prescrições restritivas do *caput* do artigo 64.

Enfim, o assunto avançou na Lei nº 14.133/2021, notadamente diante do inciso I do artigo 59, que permite, de modo amplo, o saneamento de vícios e defeitos havidos nas propostas. Não se consegue entender as razões, se é que existe alguma, mas o fato é que o legislador foi incoerente e não reproduziu a mesma amplitude no tocante aos documentos de habilitação, cujo saneamento de vícios ou defeitos é restrito à "[...] complementação de informações acerca dos documentos já apresentados pelos licitantes [...]", não permitindo, como se vê, novos documentos que não se refiram a documentos anteriormente apresentados. O tratamento dispensado pelo legislador para as propostas e para os documentos de habilitação é completamente diverso, sem a mínima plausibilidade.

4.4 A posição do Tribunal de Contas da União diante da Lei nº 14.133/2021

O Tribunal de Contas da União prolatou o Acórdão nº 1.211/2021, do Plenário, da relatoria do Ministro Walton Alencar Rodrigues, com ampla abordagem sobre o tema do saneamento de vícios e defeitos em propostas e documentos de habilitação apresentados por licitantes, firmando posição que é inovadora e destoante das prescrições legais. Embora o Acórdão tenha por objeto licitação realizada sob a modalidade pregão da Lei nº 10.520/2002, também fez referências à Lei nº 14.133/2021.

O acórdão assentou-se em interpretação do §3º do artigo 43 da Lei nº 8.666/1993. Confira-se:

> Em alinhamento com esse entendimento, a vedação à inclusão de documento *"que deveria constar originariamente da proposta"*, prevista no art. 43, §3º, da Lei 8.666/1993, deve se restringir ao que o licitante não dispunha materialmente no momento da licitação. Caso o documento ausente se refira a condição atendida pelo licitante quando apresentou sua proposta, e não

> foi entregue juntamente com os demais comprovantes de habilitação ou da proposta por equívoco ou falha, haverá de ser solicitado e avaliado pelo pregoeiro.
> Isso porque admitir a juntada de documentos que apenas venham a atestar condição pré-existente à abertura da sessão pública do certame não fere os princípios da isonomia e igualdade entre as licitantes e o oposto, ou seja, a desclassificação do licitante, sem que lhe seja conferida oportunidade para sanear os seus documentos de habilitação, resulta em objetivo dissociado do interesse público, com a prevalência do processo (meio) sobre o resultado almejado (fim).

Vê-se que a tese encampada pelo Tribunal de Contas da União é que o revogado §3º do artigo 43 da Lei nº 8.666/1993 admitia a juntada posterior de documento não apresentado no momento devido por equívoco ou falha desde que o licitante dispunha dele ou que atendesse à condição exigida no edital no momento da abertura da licitação. Por exemplo, edital exige atestado de capacidade técnica para comprovar que o licitante executou anteriormente dado objeto. O licitante, de fato, antes da licitação, executou o dado objeto e, portanto, ele atende ao exigido no edital. No entanto, por equívoco ou falha, o licitante não apresentou o atestado quando exigido. O Tribunal de Contas da União entendeu que o §3º do artigo 43 da Lei nº 8.666/1993 reconhecia que o licitante poderia apresentar o documento depois do momento que lhe foi exigido no edital.

O §3º do artigo 43 da Lei nº 8.666/1993 não tinha o teor que lhe atribuiu o Tribunal de Contas da União. Ora, o dispositivo afirmava, com todas as letras, que era "[...] vedada a inclusão posterior de documento ou informação que deveria constar originalmente da proposta". Não importava para o §3º do artigo 43 se o licitante atendia ou não à condição exigida, se dispunha ou não do documento. Importava para o §3º do artigo 43 apenas que o licitante não apresentou o documento quando lhe foi exigido e, sendo assim, não poderia fazê-lo posteriormente. Goste-se ou não, é o que estava prescrito na lei.

O Tribunal de Contas da União, no trecho supracitado, afirma que admitir a juntada de novos documentos que atestem condições preexistentes não fere a isonomia e a igualdade, e o oposto, não os admitir, seria contrário ao interesse público. Essas assertivas do Tribunal de Contas da União podem até estar corretas, porém, são juízos de mérito sobre conveniência e oportunidade e não sobre a legalidade. A opinião do Tribunal de Contas da União sobre a medida que melhor satisfaz o interesse público não poderia se sobrepor ao prescrito pelo legislador. O fato é que o legislador prescreveu a regra do revogado §3º do artigo 43 da Lei nº 8.666/1993 e o Tribunal de Contas da União, sem qualquer lastro jurídico, não concordou com ela e resolveu afastá-la, negando o seu teor literal e atribuindo-lhe o sentido oposto, permitindo o que foi expressamente proibido.

Chama a atenção que a posição do Tribunal de Contas da União vertida no Acórdão nº 1221/2021 rivaliza abertamente com a do Superior Tribunal de Justiça, que somente admite a juntada de documentos ou informações novas que sejam complementares às apresentadas no momento oportuno.[18] A jurisprudência do Superior Tribunal de Justiça não foi mencionada pelo Tribunal de Contas da União. O desprezo do Tribunal de Contas da União acerca da jurisprudência do Superior Tribunal de Justiça e a contradição aberta entre os entendimentos e orientações é mais um sintoma da insegurança jurídica

---

[18] STJ, Segunda Turma. REsp nº 1.894.069/SP. Rel. Min. Assusete Magalhães, j. 30.6.2021.

que tanto mal faz à Administração Pública. É evidente que o Tribunal de Contas da União deveria ser deferente à jurisprudência do Poder Judiciário, principalmente do Superior Tribunal de Justiça e principalmente em relação à interpretação jurídica de norma infraconstitucional, como era o §3º do artigo 43 da Lei nº 8.666/1993.

De toda sorte, o Acórdão nº 1221/2021 também avança sobre a Lei nº 14.133/2021, mais precisamente sobre o seu artigo 64, como se verifica da seguinte passagem:

> O dispositivo reproduz a vedação à inclusão de novos documentos, prevista no art. 43, §3º, da Lei 8.666/1993; porém, deixa salvaguarda a possibilidade de diligência para a complementação de informações necessárias à apuração de fatos existentes à época da abertura do certame, o que se alinha com a interpretação de que é possível e necessária a requisição de documentos para sanear os comprovantes de habilitação ou da proposta, atestando condição pré-existente à abertura da sessão pública do certame.
> Assim, nos termos dos dispositivos citados, inclusive do art. 64 da Lei 14.133/2021, entendo não haver vedação ao envio de documento que não altere ou modifique aquele anteriormente encaminhado. Por exemplo, se não foram apresentados atestados suficientes para demonstrar a habilitação técnica no certame, talvez em razão de conclusão equivocada do licitante de que os documentos encaminhados já seriam suficientes, poderia ser juntado, após essa verificação no julgamento da proposta, novos atestados de forma a complementar aqueles já enviados, desde que já existentes à época da entrega dos documentos de habilitação.

No trecho supracitado, o Tribunal de Contas da União afirma que o artigo 64 da Lei nº 14.133/2021, comparando-o com o revogado §3º do artigo 43 da Lei nº 8.666/1993, "[...] deixa salvaguarda a possibilidade de diligência para a complementação de informações necessárias à apuração de fatos existentes à época da abertura do certame [...]". É curioso que a passagem citada confirma ou dá a entender que o §3º do artigo 43 da Lei nº 8.666/1993 não conferia abertura alguma para a juntada posterior de documentos atinentes a fatos existentes à época da abertura da licitação, como antes afirmado no próprio acórdão.

E, a rigor jurídico, o artigo 64 da Lei nº 14.133/2021 também não admite salvaguarda no sentido sinalizado pelo Tribunal de Contas da União. Sucede que o inciso I do artigo 64, de modo unívoco, permite apenas "a complementação de informações acerca dos documentos já apresentados pelos licitantes [...]". A limitação é categórica: só admite documentos complementares a documentos apresentados e, de jeito algum, documento novo, que não se refira a documento anteriormente apresentado.

Mais uma vez o Tribunal de Contas da União distorce o teor literal de dispositivo legal para construir sentido que, pura e simplesmente, lhe parece mais conveniente. O desprezo pela legalidade manifesta-se de uma maneira muito peculiar, afirmando-se que o dispositivo legal prescreve algo que não prescreve, a rigor jurídico, no caso do inciso I do artigo 64 da Lei nº 14.133/2021, algo que ele proíbe expressamente. Noutras palavras, não se suscita alguma sorte de inconstitucionalidade ou se indica outras normas, nem mesmo princípios jurídicos aleatórios, para justificar orientação dissonante ao texto expresso da lei. Apenas, de maneira muito singela e sem maior esforço argumentativo, atribui-se ao enunciado legal um conteúdo que ele univocamente não tem, aliás, insista-se, que ele proíbe expressamente.

Em que pesem as críticas, o Acórdão nº 1.211/2021 externa a orientação do Tribunal de Contas da União sobre o assunto, que é cada vez mais flexível.[19] Sem levar em conta a legalidade, a orientação é vantajosa para o interesse público, de modo que a Administração não afaste licitante que de fato cumpre os requisitos exigidos no edital.[20] O problema e a razão da crítica são a legalidade, que não andou no mesmo passo e que não poderia ser desprezada ou distorcida como malgrado foi. Certo ou errado, o entendimento do Tribunal de Contas da União é o que deve prevalecer perante a Administração Pública, especialmente em âmbito federal, diante da sua posição de protagonismo perante os órgãos de controle.

4.5 O dever-poder geral de diligência

A Lei nº 8.666/1993 prescrevia norma abrangente sobre as diligências, conforme o §3º do seu artigo 43:

> é facultada à Comissão ou autoridade superior, em qualquer fase da licitação, a promoção de diligência destinada a esclarecer ou a complementar a instrução do processo, vedada a inclusão posterior de documento ou informação que deveria constar originariamente da proposta.

---

[19] A Controladoria-Geral da União e a Advocacia-Geral da União seguem a mesma linha do Tribunal de Contas da União, como se depreende do Parecer nº 00002/2025/CNLCA/CGU/AGU: "I - O art. 64 da Lei nº 14.133/2021 trata da impossibilidade de juntada de novos documentos, após encerrada a fase de habilitação; II - Autorização legal nos incisos do citado art. 64 para realização de diligências visando complementação de informações acerca dos documentos já apresentados pelos licitantes e desde que necessária para apurar fatos existentes à época da abertura do certame, bem como visando a atualização de documentos cuja validade tenha expirado após a data de recebimento das propostas; III - O Tribunal de Contas da União possui entendimento consolidado no sentido de que a vedação à inclusão de novo documento, prevista no art. 64 da Nova Lei de Licitações, não alcança documento ausente, comprobatório de condição atendida pelo licitante quando apresentou sua proposta, que não foi juntado com os demais comprovantes de habilitação e/ou da proposta, por equívoco ou falha, o qual deverá ser solicitado e avaliado pelo agente condutor do certame. IV - Necessidade de o edital estabelecer, de forma expressa, os prazos e condições dos documentos que podem ser juntados posteriormente".

[20] Em linha diversa são as ponderações do Professor Victor Amorim: "Não se desconhece serem os agentes de contratação os principais afetados com o suposto dilema posto entre 'seguir o edital' e 'privilegiar a proposta mais vantajosa', como se fossem aspectos antagônicos. Não o são! Ainda que se diga que a licitação é um meio, não se pode afastar a premissa de que se trata de um 'procedimento', cujas regras básicas, lastreadas em uma lógica de preclusão, têm por finalidade estabelecer, em homenagem à própria ideia de isonomia, uma linha elementar de condução da fase de seleção dos fornecedores, ou seja, a 'regra do jogo'. Assim, se a licitante não atende às condições básicas e elementares de habilitação (e o momento de apresentação da documentação é uma questão elementar no processo!), sua oferta, por mais que represente o menor valor nominal, jamais será a 'mais vantajosa para a Administração', posto que inviável a contratação de fornecedor que não atendeu às regras substanciais do edital. Em detrimento de uma clara regra incidente sobre o tema, compreendemos que valer-se de uma argumentação principiológica para mudar a 'regra do jogo' no meio do jogo não nos parece a saída mais condizente com os princípios da Administração Pública, ainda que pareça saltar aos olhos os famigerados princípios da vantajosidade e do formalismo moderado. Afinal, se a licitação é um negócio, que tipo de imagem se está transmitindo ao mercado se, sequer, observamos as regras que a própria Administração estipula em seus normativos e editais? Para tanto, insistimos na necessidade de construção e manutenção de um ambiente negocial seguro, calcado em premissas elementares: segurança jurídica, transparência e respeito às condições de seleção preestabelecidas. E a segurança para o agente de contratação não está na ilusão de seguir uma pressuposta regra de preferência extraída da jurisprudência do TCU no sentido de buscar a proposta mais vantajosa a todo custo... A segurança está na clareza e objetividade do tratamento da matéria em seus editais" (AMORIM, Victor. *Formalismo moderado e o art. 64 da NLL? A polêmica premissa de juntada posterior de documento "novo" nas licitações eletrônicas. E-book* do Instituto Negócios Públicos. p. 10).

Esclareça-se que a norma é abrangente porque não se refere à situação específica, ela permite a diligência de modo amplo, "em qualquer fase da licitação" e para o que a Administração entender que seja pertinente, não se podendo esquecer, reitera-se, que é "[...] vedada a inclusão posterior de documento ou informação que deveria constar originariamente da proposta".

A Lei nº 14.133/2021 não veicula enunciado com a mesma abrangência. No seu artigo 64, estabelece diligência restrita à fase de habilitação e com as limitações que lhe são próprias. O §2º do artigo 59 da Lei nº 14.133/2021 também versa sobre diligência, porém, de forma mais restrita ainda, tocante à aferição da exequibilidade das propostas.

Independentemente de autorização legal específica, reconhece-se à Administração Pública o dever-poder geral de diligência para solicitar e tomar providências para esclarecer os fatos, as informações e os documentos que lhe são apresentados em licitação pública. Esse poder-dever geral de diligência encontra fundamento nos princípios regentes do processo administrativo, logo abrangentes do processo administrativo de licitação pública, entre os quais o da verdade material e o da oficialidade.

Em concreção desses princípios, o artigo 29 da Lei nº 9.784/1999 prescreve que "as atividades de instrução destinadas a averiguar e comprovar os dados necessários à tomada de decisão realizam-se de ofício ou mediante impulsão do órgão responsável pelo processo, sem prejuízo do direito dos interessados de propor atuações probatórias". Ou seja, as atividades de instrução para a tomada de decisões são próprias e de competência da Administração Pública e, dentro delas, abre-se a possibilidade de promover diligências para solicitar e tomar providências para esclarecer os fatos, as informações e os documentos tocantes às licitações públicas.

A realização de diligência é ato discricionário. Não existe na Lei nº 14.133/2021 e no Direito brasileiro norma jurídica que obrigue, para todos os casos, a realização de diligência. No entanto, o fato de tratar-se de ato discricionário não significa que a Administração pode decidir de modo arbitrário se a realiza ou não. É que, como sabido, toda competência discricionária é limitada e relativa, sob pena de transmudar-se em arbitrariedade. Não se esqueça que todos os agentes administrativos exercem função pública e que poderes lhe são atribuídos justamente para o cumprimento dos deveres que lhe são impostos para o desempenho de tal função pública. Por isso, nas palavras de Celso Antônio Bandeira de Mello, os "poderes são *instrumentais, servientes* do dever de bem cumprir a finalidade a que estão indissoluvelmente atrelados. Logo, aquele que desempenha função tem, na realidade, *deveres-poderes*".[21]

Nesse sentido, deve-se considerar que Administração não pode arbitrariamente negar-se a realizar a diligência. A recusa à diligência deve ser justificada, deve haver uma razão para não a realizar, especialmente nas situações em que ela é solicitada pelo licitante.

Pondera-se que o juízo de discricionariedade sobre a promoção de diligência é especialmente condicionado pelos princípios administrativos e pelas normas específicas prescritas na Lei nº 14.133/2021, limitadoras das diligências. Por força do princípio da legalidade, a Administração não goza de faculdade de realizar diligência que foi

---

[21] BANDEIRA DE MELLO, Celso Antônio. *Curso de direito administrativo*. 35. ed. São Paulo: Malheiros, 2021. p. 83.

especificamente proibida pelo legislador, ainda que o agente administrativo não aprecie o conteúdo da norma legal.

De todo modo, numa perspectiva geral, insista-se em reconhecer à Administração certa margem de discricionariedade para saber se há ou não dúvida em documento ou informação apresentada por licitante e se essa dúvida é relevante o suficiente para a realização da diligência. Sob essa perspectiva, pode ser que, na mesma licitação, a Administração realize diligência em favor de um licitante e não realize em favor de outro, sem que tal procedimento represente ofensa ao princípio da isonomia. Ora, pode ser que, diante de situações diferentes, haja dúvida razoável em relação aos documentos de um licitante, inexistente em relação ao outro. A ofensa à isonomia somente ocorre quando iguais são tratados de forma desigual. Logo, não há ofensa se desiguais são tratados de forma desigual. Tudo depende dos casos concretos, que devem ser sopesados pela Administração.

Não se esqueça que, conforme as lições de Celso Antônio Bandeira de Mello, a discricionariedade existente no plano da norma pode dissipar-se diante dos casos concretos:

> Finalmente, a discricionariedade é relativa, no sentido de que, ainda quando a lei haja, em sua dicção, ensanchado certa margem de liberdade para o agente, *tal liberdade poderá esmaecer ou até mesmo esvair-se completamente* diante da situação em concreto na qual deva aplicar a regra. É dizer: ante as particularidades do evento que lhe esteja anteposto, a autoridade poderá ver-se defrontada com um caso no qual suas opções *para atendimento do fim legal* fiquem contidas em espaço mais angusto do que aquele abstratamente franqueado pela lei, e pode ocorrer, até mesmo que, *à toda evidência*, não lhe reste *senão uma só conduta idônea para satisfação do escopo normativo*, por não ser comportada outra capaz de colimar os propósitos da lei em face da compostura da situação. Em síntese: a discrição ao nível da norma é condição necessária, mas nem sempre suficiente, para que subsista nas situações concretas. A razão disto está no seguinte. A lei, como é óbvio, almeja a adoção do comportamento capaz de atender o interesse público da maneira mais satisfatória. Ora, se a norma de direito sempre tipificasse em termos rígidos a conduta do administrador – inibindo-o de avaliar e tomar em conta a particularidade das situações – ao ser aplicada, dada a variedade e compostura polifacética da realidade empírica, em vez de bem acudir aos interesses e finalidades pretendidos, resultaria em desatendimento ou mau atendimento deles. Assim, exatamente por pretender a solução adequada para a circunstância, é que a lei, nas hipóteses em que comporta discrição, está redigida em termos aptos a conferir ao administrador – que é quem está acercado das individualizadas situações concretas – o encargo de apurar o modo correto de implementar o escopo legal. Segue-se disto que a variedade de soluções comportadas em lei outorgadora de discrição, não significa que repute quaisquer delas igual e indiferentemente adequadas para todos os casos de sua aplicação; *logo, não significa que o administrador está liberado para adotá-las indiscriminadamente perante quaisquer casos.* Significa exatamente o contrário. Ou seja: significa que considera algumas adequadas para certos casos e outras para outros casos, *a serem deslindados à vista das situações concretas*, razão porque necessitou apresentar alternativas ou um leque delas. É, certo, pois, que o administrador, ao

decidir-se, está inexoravelmente obrigado a eleger o comportamento cabível "vinculado" à compostura do caso.[22]

Ou seja, conquanto a realização de diligência é ato de competência discricionária no âmbito normativo, pode ser que diante das particularidades do caso concreto só se admita dada decisão como razoável, pelo que o ato se torna obrigatório. Por exemplo, suponha-se que licitante tenha apresentado documento que, na visão do agente encarregado de conduzir a licitação, não atende ao edital, sem nenhuma dúvida a respeito. Ainda que o licitante peça diligência, diante da inexistência de dúvida relevante, o agente administrativo deve recusá-la. Noutro exemplo, se o licitante apresenta documento de habilitação e a Administração tem dúvida relevante sobre algum aspecto dele, também não haverá discricionariedade, aqui será obrigatória a realização de diligência para solucionar a dúvida, com base no artigo 64 da Lei nº 14.133/2021. A Administração, repita-se, neste caso, não goza de discricionariedade, não pode recusar-se a realizar a diligência, tem o dever-poder de realizar a diligência.

Pode-se concluir que o ato de promoção de diligência é discricionário. No entanto, diante dos casos concretos, havendo dúvida relevante sobre documento ou informação apresentada em licitação e não havendo proibição em norma legal específica, a promoção da diligência passa a ato vinculado, passa a ser um dever-poder da Administração.

4.6 A obrigatoriedade de observância aos princípios da publicidade e do contraditório na realização de diligência

A Lei nº 14.133/2021 não prescreve normas específicas acerca dos procedimentos para a realização de diligência. No entanto, alguns cuidados devem ser observados, notadamente os decorrentes dos princípios da publicidade, previstos no *caput* do artigo 37 da Constituição Federal e no artigo 5º da Lei nº 14.133/2021, e do contraditório, prescrito como de observância obrigatória nos processos administrativos pelo inciso LV do artigo 5º da Constituição Federal.

Por força do princípio da publicidade, os procedimentos de diligência devem ser públicos e podem ser acompanhados por todos os licitantes. A Administração não pode proceder à diligência de modo sigiloso, nem recusar amplo acesso aos interessados sobre os documentos e informações obtidas com as diligências. Se a diligência importar na realização de vistoria ou inspeção ou medida equivalente, todos os licitantes devem ser cientificados previamente para acompanhá-la, com antecedência de três dias úteis, na forma do §2º do artigo 26 da Lei nº 9.784/1999.

Por força do princípio do contraditório, afora acompanharem a diligência, os licitantes têm o direito de se pronunciar sobre ela, especialmente sobre documentos e informações que forem levantadas em razão dela. Esse direito é assegurado no artigo 38 da Lei nº 9.784/1999: "o interessado poderá, na fase instrutória e antes da tomada da decisão, juntar documentos e pareceres, requerer diligências e perícias, bem como aduzir alegações referentes à matéria objeto do processo".

---

[22] BANDEIRA DE MELLO, Celso Antônio. *Curso de direito administrativo*. 35. ed. São Paulo: Malheiros, 2021. p. 936-937.

Demais disso, a Administração tem o dever de decidir motivadamente sobre a diligência e sobre as petições ou requerimentos que eventualmente lhe forem formulados pelos licitantes. É a exigência do artigo 48 da Lei nº 9.784/1999: "A Administração tem o dever de explicitamente emitir decisão nos processos administrativos e sobre solicitações ou reclamações, em matéria de sua competência".

5 Recursos

O inciso I do *caput* do artigo 165 da Lei nº 14.133/2021 prescreve que cabe

> [...] recurso, no prazo de 3 (três) dias úteis, contado da data de intimação ou de lavratura da ata, em face de:
> a) ato que defira ou indefira pedido de pré-qualificação de interessado ou de inscrição em registro cadastral, sua alteração ou cancelamento;
> b) julgamento das propostas;
> c) ato de habilitação ou inabilitação de licitante;
> d) anulação ou revogação da licitação;
> e) extinção do contrato, quando determinada por ato unilateral e escrito da Administração.

O inciso II do mesmo artigo anuncia que cabe "pedido de reconsideração, no prazo de 3 (três) dias úteis, contado da data de intimação, relativamente a ato do qual não caiba recurso hierárquico".

Em relação propriamente às licitações públicas, interessa o recurso contra a decisão sobre o julgamento das propostas e sobre os documentos de habilitação, conforme as alíneas "c" e "d" do inciso I do *caput* do artigo 165 da Lei nº 14.133/2021. O §1º do mesmo artigo 165 determina que, em relação a essa hipótese de recurso:

> I - a intenção de recorrer deverá ser manifestada imediatamente, sob pena de preclusão, e o prazo para apresentação das razões recursais previsto no inciso I do caput deste artigo será iniciado na data de intimação ou de lavratura da ata de habilitação ou inabilitação ou, na hipótese de adoção da inversão de fases prevista no §1º do art. 17 desta Lei, da ata de julgamento;
> II - a apreciação dar-se-á em fase única.

Extraem-se do §1º do artigo 165 da Lei nº 14.133/2021 as seguintes conclusões:

(i) Os licitantes dispõem de apenas uma oportunidade para interpor o recurso. Se a licitação seguir o procedimento padrão da Lei nº 14.133/2021, em que o julgamento das propostas antecede a fase de habilitação, o recurso depende da manifestação da intenção de recorrer, que deve ser apresentada imediatamente na data da intimação ou de lavratura da ata sobre a habilitação. Se a licitação seguir o procedimento tradicional, autorizado excepcionalmente pelo §1º do artigo 17 da Lei nº 14.133/2021, em que a habilitação antecede o julgamento das propostas, então a manifestação da intenção de recorrer vem depois da ata de julgamento. Ou seja, os procedimentos relativos aos recursos têm início a partir do que ocorrer por último, julgamento ou habilitação – sendo que a regra, no procedimento padrão da Lei nº 14.133/2021, é que a habilitação é que vem por último.

(ii) Há apenas uma oportunidade para interpor recurso, no final da licitação, que deve, por conseguinte, abranger todos os atos produzidos no curso dela. A apreciação do recurso, como não poderia ser diferente, também ocorre em fase única.

(iii) A oportunidade para manifestar a intenção conta-se da intimação ou da lavratura da ata de habilitação ou de julgamento das propostas, conforme o caso. Logo, adotando-se o padrão, em que o último ato é o de habilitação, na hipótese em que a Administração se manifesta sobre a habilitação na própria sessão, os licitantes devem manifestar a intenção de recorrer imediatamente, na própria sessão. No entanto, pode ser que a Administração receba os documentos e prefira analisá-los com mais detença noutro momento que não na própria sessão. Nesses casos, os licitantes devem ser intimados da decisão e, a partir dessa intimação, se assim quiserem, devem externar formalmente a intenção de recorrer. Veja-se que, na hipótese da intimação, ela deve indicar o prazo que os licitantes dispõem para manifestar a intenção de recorrer, o que também pode ser previsto no edital. Embora o inciso I do §1º do artigo 165 da Lei nº 14.133/2021 exija a manifestação imediata, o fato é que com intimação é inviável que a manifestação realmente seja imediata. Isso porque os licitantes a recebem em momentos diferentes e porque não ficam permanentemente a postos por tempo indeterminado, muitas vezes dias ou semanas ou até meses, aguardando-a para que de pronto manifestem a intenção de recorrer.

(iv) Os licitantes, além de disporem de apenas uma oportunidade para interpor o recurso, devem estar presentes à sessão da licitação para manifestar a intenção de recorrer sobre a habilitação ou julgamento da proposta na própria sessão. Isso porque, nesse caso, o licitante tem que manifestar a intenção de recorrer imediatamente, ou seja, na própria sessão. Se ele não estiver presente na sessão, já não terá a oportunidade de fazê-lo, o direito de recorrer terá sido objeto de preclusão.

(v) Diferentemente do que ocorre na modalidade pregão da Lei nº 10.520/2002, a manifestação da intenção de recurso na Lei nº 14.133/2021 não precisa ser motivada. A desnecessidade de motivação em relação à manifestação da intenção de recorrer traz à tona questão pertinente ao eventual juízo de admissibilidade do recurso a ser ou não realizado pelo agente ou comissão que conduz a licitação. Sucede que, na modalidade pregão da Lei nº 10.520/2002, como a manifestação é motivada, reconhece-se que o pregoeiro pode indeferir de plano o recurso, antes mesmo da interposição dele, se o recurso não preencher aspectos formais e se o licitante não indicar um verdadeiro motivo, isto é, algum ato do pregoeiro que tenha ocorrido durante a licitação. No entanto, este juízo de admissibilidade gera polêmicas, porque muitos pregoeiros rejeitam os recursos de modo antecipado por não considerarem que os motivos apresentados sejam plausíveis, entrando, assim, na análise do mérito de tais motivos, o que não lhes compete.[23] Na Lei nº 14.133/2021, esta discussão não tem lugar, porque o licitante não precisa externar os motivos do recurso quando manifesta a intenção de recorrer. Como ele não externa os motivos, o agente ou comissão que conduz a licitação não dispõe de meios para, acertada ou equivocadamente, avaliá-los.

(vi) Manifestada a intenção de recorrer, o licitante que a manifestou dispõe do prazo de 3 dias úteis para apresentar as razões recursais. Somente se considera que o recurso foi interposto quando apresentadas as razões recursais. Daí que, se o licitante não apresenta as razões por escrito, deve-se considerar que o recurso não foi interposto e, por via de consequência, a Administração não é obrigada a se pronunciar sobre a mera manifestação de intenção de recorrer não motivada. A manifestação da intenção de recorrer é, pura e simplesmente, o modo para evitar a preclusão do direito de interpor o recurso. Ou seja, com a manifestação motivada da intenção de recorrer, o licitante preserva o direito dele de consumar a interposição do recurso. O direito de recorrer só é exercido com a apresentação das razões por escrito, momento em que se considera o recurso interposto e a partir do qual existe o dever de a Administração apresentar resposta.

Em complemento, o *caput* do artigo 40 da Instrução Normativa nº 73/2022, da Secretaria Especial de Desburocratização, Gestão e Governo Digital do Ministério da Economia, que trata das licitações eletrônicas julgadas pelo menor preço ou maior desconto em âmbito federal ou custeadas com transferências voluntárias da União, prescreve que a manifestação da intenção de recorrer deve ocorrer no prazo concedido na sessão pública, não inferior a 10 (dez) minutos após o julgamento das propostas e a avaliação dos documentos de habilitação. Ressalva-se, novamente, que nas licitações eletrônicas os licitantes devem ser comunicados sobre a retomada da sessão pública se ela for suspensa para a análise das propostas e dos documentos de habilitação. O agente de contratação, o pregoeiro ou a comissão de contratação não podem retomar a sessão de surpresa e abrir o prazo de 10 (dez) minutos para a manifestação da intenção de recorrer sem avisar com antecedência os licitantes, o que inviabilizaria a interposição dos recursos. O importante é que os licitantes sejam bem comunicados sobre as regras procedimentais e a dinâmica da licitação eletrônica, papel fundamental do edital de licitação.

Para além disso, o §5º do artigo 165 da Lei nº 14.133/2021 assegura aos licitantes "vista dos elementos indispensáveis à defesa de seus interesses". Convém salientar que os licitantes têm direito de vista e de obter cópias do inteiro teor dos documentos pertinentes à licitação, provenientes da própria Administração ou apresentados pelos demais licitantes. Em deferência ao princípio constitucional da publicidade, o direito

[23] O art. 4º, inciso XVIII, da Lei nº 10.520/2002, e o art. 44, §1º, do Decreto nº 10.024/2019, que instituiu e regulamentou o pregão, respectivamente, dispõem que, declarado o vencedor, os licitantes poderão manifestar imediata e motivadamente a intenção de recorrer, quando será concedido o prazo de 3 dias para apresentação das razões do recurso. Ao rejeitar a intenção de recurso, de forma sumária, sem fundamentação, o pregoeiro deixou de observar os dispositivos legais; os princípios do devido processo legal, do contraditório e da ampla defesa; bem como o entendimento consignado deste Tribunal de que não cabe a análise antecipada do mérito recursal antes da apresentação do recurso administrativo (TCU, Plenário. Acórdão nº 1483/2024. Rel. Min. Weder Oliveira, j. 24.7.2024).

é amplo, salvo alguma informação excepcionalmente sigilosa. Sob essa luz, a redação do §5º do artigo 165 da Lei nº 14.133/2021, ao conferir o direito de vista apenas dos elementos "indispensáveis" à defesa dos interesses dos licitantes, não pode autorizar interpretação restritiva ao direito de vista e obtenção de cópias, como se a Administração pudesse recusar o acesso a algum dado da licitação não declarado sigiloso em razão de juízo subjetivo e discricionário do agente ou comissão encarregada de conduzir a licitação a respeito do que seria "indispensável" ou "dispensável" para o licitante que pretende recorrer. Repita-se, por força do princípio da publicidade, aos licitantes é permitido ter acesso a toda e qualquer informação ou documento tocante à licitação, salvo informações ou documentos declarados sigilosos, o que é sempre excepcional e demanda o atendimento estreito da legislação. Quem decide que uma informação ou documento é "indispensável" ou "dispensável" para a defesa dos seus direitos são os próprios detentores do direito, no caso os licitantes, e não a Administração ou quem lhes faça as vezes, sobre quem o direito dos licitantes é exercido.

Os recursos interpostos têm efeito suspensivo, isto é, obstam que seja dada continuidade à licitação até que sejam decididos, de acordo com o preceituado no artigo 168 da Lei nº 14.133/2021. Interpostos, os recursos devem ser comunicados aos demais licitantes por meio de intimação pessoal ou divulgação da interposição daqueles, sendo que os licitantes podem impugná-los também no mesmo prazo de 3 dias úteis, como garante o §4º do artigo 165 da Lei nº 14.133/2021. O modo como os demais licitantes terão ciência da interposição dos recursos deve ser esclarecido no edital ou pelo agente ou comissão encarregada de conduzir a licitação na sessão. Os demais licitantes não podem ser surpreendidos.

O §2º do artigo 165 da Lei nº 14.133/2021 determina que os recursos interpostos sejam dirigidos:

> à autoridade que tiver editado o ato ou proferido a decisão recorrida, que, se não reconsiderar o ato ou a decisão no prazo de 3 (três) dias úteis, encaminhará o recurso com a sua motivação à autoridade superior, a qual deverá proferir sua decisão no prazo máximo de 10 (dez) dias úteis, contado do recebimento dos autos.

A expressão "autoridade superior" é dúbia. Há duas possibilidades de entendimento. A primeira é considerar que autoridade superior é aquela que ocupa a posição hierárquica imediatamente superior ao agente ou comissão encarregada de conduzir a licitação. Por exemplo, se o agente de contratação é lotado na gerência de licitações, a autoridade superior seria o gerente de licitações, que seria, na escala hierárquica do órgão ou da entidade, a autoridade imediatamente superior ao agente de contratação. A autoridade superior não poderia ser o diretor administrativo, hierarquicamente superior ao gerente de licitações, nem mesmo a autoridade máxima do órgão ou entidade, por sua vez hierarquicamente superior ao diretor administrativo. A segunda possibilidade é entender que autoridade superior é aquela que ocupa posição hierárquica superior à do agente ou comissão, porém, não necessariamente a posição hierárquica imediatamente superior, sendo que o órgão ou entidade disporia de competência para decidir quem exatamente, dentro do seu organograma, seria competente para decidir sobre os recursos administrativos. A segunda possibilidade é a mais acertada, porque prestigia a autonomia do órgão ou entidade de se organizar administrativamente, bem como a competência dele para definir as regras a si mais adequadas de governança, em alinho à responsabilidade atribuída à alta administração do órgão ou entidade sobre a governança, como preceituado no parágrafo único do artigo 11 da Lei nº 14.133/2021. Na falta de definição interna sobre quem é a autoridade superior, deve-se entender que ela é a autoridade dotada de poderes para representar o órgão ou entidade perante terceiros, normalmente a autoridade máxima do órgão ou entidade.

Pois bem, o agente ou comissão recebe o recurso e empreende juízo de admissibilidade bastante limitado e restrito a aspectos formais, como cumprimento do prazo e assinatura, dado que não compete a ela adentrar no mérito do recurso, tomando o lugar da autoridade superior. Afora o juízo de admissibilidade, bastante limitado e restrito, ao agente ou comissão é permitido reconsiderar a sua decisão, tudo no prazo de 3 dias úteis. Se não o fizer, mantida a decisão recorrida, o recurso segue para a autoridade superior, que goza de 10 dias úteis para decidir em definitivo.

O §3º do artigo 165 veicula prescrição que é geral a todos os recursos, de acordo com a qual "o acolhimento de recurso implicará invalidação apenas dos atos insuscetíveis de aproveitamento". Se, em razão do recurso, reconhece-se a ilegalidade de dado ato produzido no curso do procedimento de licitação, este ato eivado de ilegalidade é que deve ser anulado e não a licitação inteira. A licitação permanece e prossegue, anulando-se apenas o ato viciado. Por exemplo, por decorrência de recurso, reconhece-se que dado licitante foi habilitado equivocadamente, em descompasso à legislação e ao edital. O ato de habilitação deve ser anulado, não a licitação no seu todo. Dessa sorte, o licitante indevidamente habilitado deve ser inabilitado. Feito isto e a partir deste ponto, a licitação prossegue, passa-se ao segundo colocado, analisa-se a aceitabilidade da proposta apresentada por ele e depois os seus documentos de habilitação, seguida de nova oportunidade para a interposição de recurso em relação ao juízo do agente ou da comissão sobre a proposta e os documentos de habilitação apresentados por ele.

6 Encerramento da licitação

6.1 Autoridade superior

O *caput* do artigo 71 da Lei nº 14.133/2021 prescreve:

> [...] encerradas as fases de julgamento e habilitação, e exauridos os recursos administrativos, o processo licitatório será encaminhado à autoridade superior, que poderá:
> I - determinar o retorno dos autos para saneamento de irregularidades;
> II - revogar a licitação por motivo de conveniência e oportunidade;
> III - proceder à anulação da licitação, de ofício ou mediante provocação de terceiros, sempre que presente ilegalidade insanável;
> IV - adjudicar o objeto e homologar a licitação.

Ressalta-se que o *caput* do artigo 71 da Lei nº 14.133/2021 atribui à autoridade superior a competência para tomar as providências tocantes ao encerramento da licitação, cabendo-lhe avaliar o processo no seu todo, exercendo controle sobre os atos produzidos pelo agente ou comissão encarregada de conduzir a licitação. Aliás, de acordo com o inciso I do *caput* do artigo 169 da Lei nº 14.133/2021, as autoridades que atuam na estrutura de governança do órgão ou entidade inserem-se na chamada primeira linha de defesa do controle das licitações e contratos administrativos.

A propósito, realça-se que na segunda linha de defesa, em consonância com o inciso II do *caput* do artigo 169 da Lei nº 14.133/2021, encontram-se a assessoria jurídica e o controle interno, que, a depender da análise de conveniência e de oportunidade da autoridade superior ou mesmo dos processos de governança do órgão ou entidade, podem ser instados a se manifestar antes da apreciação e da decisão acerca das possibilidades sinalizadas nos incisos do *caput* do artigo 71 da Lei nº 14.133/2021 por parte da autoridade superior. A fase de encerramento da licitação é privilegiada para o exercício do controle, e a avaliação sobre a legalidade e conveniência da licitação depende de juízos de diversas matizes, como os de ordem jurídica e de economicidade. Por essas razões, é sim recomendável que o órgão ou entidade estabeleça normas internas de governança que sejam adequadas às suas realidades, a depender de alçadas e outros aspectos, porém que, de alguma maneira, envolvam a segunda linha de defesa preventivamente, de modo a subsidiar a decisão final da autoridade superior.

Pois bem, é importante atentar que o *caput* do artigo 71 da Lei nº 14.133/2021 refere-se à autoridade superior, sem maiores indicações sobre quem ela de fato seja. Com o mesmo timbre, o §2º do artigo 165 da Lei nº 14.133/2021, que trata dos recursos administrativos, também se refere à autoridade superior de forma aberta, atribuindo a ela a competência para decidi-los em definitivo. Como já ressaltado, a lei se refere à autoridade superior e não à autoridade com posição hierárquica imediatamente superior ao agente ou comissão encarregada de conduzir a licitação. Nesse sentido, a autoridade deve ser superior, mas não é necessário que seja a imediatamente superior. O órgão ou entidade goza de autonomia para distribuir as competências internamente e estruturar sua governança, em harmonia ao disposto no parágrafo único do artigo 11 da Lei nº 14.133/2021. Inclusive, é bem possível que o órgão ou entidade defina que a autoridade superior para decidir os recursos administrativos é diferente da autoridade superior para adjudicar e homologar a licitação. De todo modo, se não houver indicação interna precisa sobre quem é a autoridade superior, deve-se entender que ela é a autoridade dotada de poderes para representar o órgão ou entidade perante terceiros, normalmente a autoridade máxima do órgão ou entidade.

6.2 Adjudicação e homologação

Portanto, depois de decididos os recursos, a autoridade superior deve analisar o processo de licitação em seu todo, mirando encerrá-lo. Na forma do *caput* do artigo 71 da Lei nº 14.133/2021, se tudo tiver corrido bem, que é o que acontece em regra, não havendo necessidade de determinar saneamento de irregularidades, de anular ou revogar a licitação, a autoridade deve adjudicar o objeto e homologar a licitação.

O agente ou comissão encarregada de conduzir a licitação recebe o edital da autoridade superior com a incumbência de colocá-lo em prática, levando a cabo todos os atos do processo de licitação pertinentes para selecionar proponente e proposta em razão dos quais a Administração pretende celebrar contrato. Ao final, devolve o processo à autoridade, que deve avaliar os atos do agente ou comissão. Se tudo estiver a contento, a autoridade adjudica o objeto da licitação à pessoa selecionada pelo agente ou comissão. Adjudicar significa dar, atribuir, reconhecer o direito de alguém sobre alguma coisa. De modo específico, no universo das licitações, adjudicar significa reconhecer o vencedor da licitação, atribuir a alguém a condição de vencedor da licitação.

Junto com a adjudicação, a autoridade deve tratar também da homologação da licitação. Na redação do inciso IV do artigo 71 da Lei nº 14.133/2021, adjudicação e homologação não são atos sucessivos, eles caminham e são produzidos em conjunto na mesma decisão. Portanto, um pressupõe o outro. Significa que, se a licitação não deve ser homologada, também o objeto não deve ser adjudicado. Da mesma forma, em sentido inverso, se o objeto não deve ser adjudicado, a licitação não deve ser homologada.

Na homologação, a autoridade empreende dois juízos distintos: quanto ao mérito e quanto à legalidade. No que tange ao mérito, ela deve avaliar se continua a haver interesse público em realizar a contratação. Se a autoridade reputa inconveniente proceder à contratação, deve revogar a licitação pública. No tocante à legalidade, a autoridade deve verificar as providências tomadas pelo agente ou comissão, a fim de constatar a regularidade do processo. Se ela percebe vício que possa ser sanado, deve convalidar ou determinar a regularização do ato contaminado pelo vício. Se ela constata vício insanável, deve anular o ato contaminado e, a partir dele, se possível, iniciar novamente o procedimento.

Sem embargo, se a autoridade competente reputa conveniente a celebração do contrato, bem como não constata nenhuma irregularidade, ou, constatada a irregularidade, providencia a convalidação ou a regularização dela, deve homologar a licitação, dando-a por encerrada, estando autorizada, pois, a, enfim, proceder à contratação.

Em síntese, a adjudicação é o ato administrativo que atribui a alguém a condição de vencedor da licitação. A homologação é o ato de controle da autoridade, que confirma os atos produzidos no curso da licitação, empreendendo análise sobre a legalidade deles e sobre a conveniência e oportunidade da contratação.

6.3 A anulação é medida excepcional

O inciso I do *caput* do artigo 71 da Lei nº 14.133/2021 prescreve que a autoridade superior, ao constatar que o agente ou comissão produziu ato irregular, deve "determinar o retorno dos autos para saneamento de irregularidades". Mais à frente, o inciso III do mesmo artigo determina que a autoridade proceda "[...] à anulação da licitação, de ofício ou mediante provocação de terceiros, sempre que presente ilegalidade insanável". O comando normativo é claro: se for possível, deve-se regularizar o ato ou a própria licitação em vez de decretar sua nulidade.

No mesmo passo, na parte da Lei nº 14.133/2021 que trata do controle, o inciso I do §3º do artigo 169 prescreve que as linhas de defesa, "quando constatarem simples impropriedade formal, adotarão medidas para o seu saneamento e para a mitigação de riscos de sua nova ocorrência, preferencialmente com o aperfeiçoamento dos controles preventivos e com a capacitação dos agentes públicos responsáveis".

É sabido que o ordenamento jurídico nacional pressupõe diferentes reações aos atos administrativos produzidos em descompasso com a legalidade, o que representa a pedra de toque do que se convencionou denominar "teoria das nulidades dos atos administrativos", absolutamente incorporada pela doutrina.[24] O fato é que são diferentes as posturas que se esperam da Administração Pública ante a constatação da ocorrência de discrepâncias entre a atuação administrativa e as regras jurídicas pertinentes. Não é qualquer vício bastante e suficiente para justificar a anulação de ato administrativo e, nesse contexto, da licitação pública.

Um dos pontos mais destacados da "teoria das nulidades dos atos administrativos" é representado pela máxima *pas de nullité sans grief* (não há nulidade sem dano). Ora, a invalidação de ato administrativo é medida extrema, que pode produzir repercussões negativas. Nessa direção, a invalidação de ato administrativo pressupõe que o vício nele existente tenha causado efetivo prejuízo ou dano de ordem substancial. Sem o efetivo prejuízo ou dano substancial, o ato administrativo, ainda que contaminado por vícios, deve subsistir, a bem dos princípios fundamentais da segurança jurídica, da boa-fé de terceiros, da estabilidade das relações jurídicas e da proporcionalidade.[25]

O Supremo Tribunal Federal já se manifestou sobre a aplicação da máxima *pas de nullité sans grief* perante o direito administrativo:

> Na interpretação de atos jurídicos, inclusive daqueles situados no âmbito do Direito Administrativo, é fundamental, como se sabe, indagar da existência de prejuízo para as partes envolvidas, bem como se erros tópicos quanto à forma, que não afetam a substância dos atos, nem configuram lesão aos princípios básicos da publicidade, da moralidade e

---

[24] "A ordem normativa pode repelir com intensidade variável atos praticados em desobediência às disposições jurídicas, estabelecendo destarte uma gradação ao repúdio a eles. [...] A melhor posição consiste em considerar-se como regra geral aquela segundo a qual, em face de ato contaminado por vício de legalidade, o administrador deve realmente anulá-lo. A Administração atua sob a direção do princípio da legalidade (art. 37, CF), de modo que, se o ato é ilegal, cumpre proceder à sua anulação para o fim de restaurar a legalidade malferida. Não é possível, em princípio, conciliar a exigência da legalidade dos atos com a complacência do administrador público em deixá-lo no mundo jurídico produzindo normalmente seus efeitos; tal omissão ofende literalmente o princípio da legalidade. Entretanto, se essa deve ser a regra geral, há que se reconhecer que, em certas circunstâncias especiais, poderão surgir situações que acabem por conduzir a Administração a manter o ato inválido. Nesses casos, porém, não haverá escolha discricionária para o administrador, mas a única conduta juridicamente viável terá que ser a de não invalidar o ato e deixá-lo subsistir e produzir seus efeitos" (CARVALHO FILHO, José dos Santos. *Manual de direito administrativo*. 22. ed. Rio de Janeiro: Lumen Juris, 2009. p. 153).

[25] A doutrina recebe bem a máxima do *pas de nullité sans grief* no direito administrativo brasileiro. A título ilustrativo, leiam-se as ponderações de Marçal Justen Filho: "O primeiro passo na teoria contemporânea das nulidades administrativas reside na superação de concepções formalistas mecanicistas na conceituação da nulidade. Em época pretérita, conceituava-se nulidade como a ausência de conformidade entre um ato concreto e o modelo normativo e abstrato. Sob esse enfoque, toda e qualquer desconformidade entre a *lei* e o *fato* conduzia à nulidade, reconhecida como categoria unitária e geradora do efeito único de inabilidade absoluta. Mas a evolução cultural tende a superar a compatibilidade externa como critério de validade e de invalidade. Cada vez mais, afirma-se que a validade depende da verificação do conteúdo do ato, da intenção das partes, dos valores realizados e assim por diante. A nulidade deriva da incompatibilidade do ato concreto com *valores* jurídicos relevantes. Se certo ato concreto realiza os valores, ainda que por vias indiretas, não pode receber tratamento jurídico equivalente ao reservado para os atos reprováveis. Se um ato, apesar de não ser o adequado, realizar as finalidades legítimas, não pode ser equiparado a um ato cuja prática reprovável deve ser banida. A nulidade consiste num defeito complexo, formado pela (a) discordância formal com um modelo normativo e que é (b) instrumento de infração aos valores consagrados pelo direito. De modo que, se não houver a consumação do efeito (lesão a um interesse protegido juridicamente), não se configurará invalidade jurídica. Aliás, a doutrina do direito administrativo intui essa necessidade, afirmando: *pás de nullité sans grief* (não há nulidade sem dado)" (JUSTEN FILHO, Marçal. *Curso de direito administrativo*. São Paulo: Saraiva, 2005. p. 253).

da razoabilidade, podem justificar a invalidação de atos praticados de inteira boa-fé e sem prejuízo de sua elevada finalidade.[26]

Também o Superior Tribunal de Justiça:

> 1. Demonstrada a suficiente abrangência publicitária da licitação e ausente alegação objetiva de prejuízo, prevalece o interesse público, como chancelador da legalidade do ato, perdendo significado a irregularidade ocorrida.[27]

A máxima *pas de nullité sans grief* aplica-se em tudo às licitações. Logo, para anular ato produzido em licitação ou a própria licitação, é imperativo demonstrar que os vícios identificados se revelam substanciais, que eles comprometem concretamente os princípios regentes da matéria. A mera existência de vícios, conquanto indesejáveis, não é razão suficiente para decretar o desfazimento da licitação, ainda que de parte dela.

Ressalva-se, em acréscimo, que a apreciação dos danos causados pelo ato viciado e a eventual anulação dele ou da licitação se sujeita ao princípio da proporcionalidade. Conforme as lições de Celso Antônio Bandeira de Mello, "as competências administrativas só podem ser validamente exercidas na extensão e intensidade correspondentes ao que seja realmente demandado para cumprimento da finalidade de interesse público a que estão atreladas".[28] Ou seja, danos menores, que não comprometam a competitividade e a lisura da licitação, podem ser relevados de modo que se contrate com a proposta mais vantajosa e que a licitação possa ser concluída com celeridade. Extrai-se da jurisprudência do Supremo Tribunal Federal:

> Ementa
> Licitação: irregularidade formal na proposta vencedora que, por sua irrelevância, não gera nulidade. [...]
> Voto
> Desta forma se a irregularidade praticada pela licitante vencedora, que não atendeu a formalidade prevista no edital licitatório, não lhe trouxe vantagem nem implicou prejuízo para os demais participantes, bem como se o vício apontado não interferiu no julgamento objetivo da proposta, não se vislumbrando ofensa aos demais princípios exigíveis na atuação da Administração Pública, correta é a adjudicação do objeto da licitação à licitante que ofereceu a proposta mais vantajosa, em prestígio do interesse público, escopo da atividade administrativa.

Soma-se a isso que o artigo 55 da Lei nº 9.784/1999 (Lei de Processo Administrativo Federal) anuncia que, "em decisão na qual se evidencie não acarretarem lesão ao interesse público nem prejuízo a terceiros, os atos que apresentarem defeitos sanáveis poderão ser convalidados pela própria Administração". Esclareça-se que a convalidação se traduz na produção de ato administrativo que apaga (saneia) os defeitos que possam ser apagados (saneados) de um ato ou situação anterior. O vício é sanável se o ato

[26] STF. Ação Originária nº 1.395/ES. Rel. Min. Sepúlveda Pertence, j. 7.4.2006.

[27] STJ. REsp nº 287.727/CE. Rel. Min. Milton Luiz Pereira, j. 24.9.2002.

[28] BANDEIRA DE MELLO, Celso Antônio. *Curso de direito administrativo*. 35. ed. São Paulo: Malheiros, 2021. p. 93.

contaminado por ele puder ser produzido novamente sem o vício. Vícios relativos a aspectos formais e de competência são claramente saneáveis. Vícios de outra ordem, relacionados ao próprio conteúdo do ato, também podem ser saneados, a depender dos casos concretos, especialmente da compostura do ato viciado. Não pode ser saneado ato viciado por desvio de finalidade ou por outra ordem de defeito originado de fraude, má-fé ou intenção desonesta.

Por fim, rememora-se que o §3º do artigo 165 da Lei nº 14.133/2021, ao versar sobre os recursos administrativos, prevê que "o acolhimento de recurso implicará invalidação apenas dos atos insuscetíveis de aproveitamento". O mesmo racional deve ser aplicado para as nulidades em geral, com base no princípio da proporcionalidade. Assim, reconhecida a ilegalidade insanável e causadora de dano substancial de dado ato produzido no curso do processo de licitação, este ato eivado de ilegalidade é que deve ser anulado, e não a licitação inteira. A licitação permanece, desfazendo-se o ato defeituoso e prosseguindo-se normalmente a partir dele.

6.4 A revogação é medida excepcional

O inciso II do *caput* do artigo 71 da Lei nº 14.133/2021 autoriza a autoridade superior a revogar a licitação por motivo de conveniência e oportunidade. O §2º do mesmo artigo estabelece que "o motivo determinante para a revogação do processo licitatório deverá ser resultante de fato superveniente devidamente comprovado".

A lógica é que os fatos conhecidos anteriormente ao lançamento da licitação já foram analisados pela Administração no seu momento oportuno, que exerceu juízo de conveniência e oportunidade sobre eles. Ocorre aqui o que se denomina *preclusão consumativa*, o que se aplica à licitação, porque ela é um processo administrativo. Se diante de dado motivo, oportunamente conhecido, o agente administrativo decidiu lançar a licitação, não haveria sentido lógico em depois, ao final do procedimento, desfazer a licitação pelo mesmo motivo. O ponto é que o sobredito motivo já foi apreciado, por efeito do que não cabe fazê-lo novamente, salvo se revestido e agregado por algum outro fato novo, desconhecido à época e suficiente para alterar o juízo anteriormente realizado sobre a conveniência e a oportunidade da licitação.

A revogação também precisa encontrar amparo no princípio da proporcionalidade, pelo que não é qualquer fato superveniente que lhe autoriza. A respeito dos motivos ensejadores da revogação, adverte Edgar Guimarães:

> não basta apenas a ocorrência de um fato superveniente ao ato que autorizou a abertura do certame. Tal fato, além de superveniente, deve ser dotado de potencialidade suficiente para pôr em risco o interesse público que está sendo objetivado com o certame, causando-lhe, de forma incontestável, certo prejuízo.[29]

De uma maneira geral, o professor paranaense defende a redução considerável da discricionariedade da autoridade competente para revogar a licitação:

---

29 GUIMARÃES, Edgar. Responsabilidade da Administração Pública pelo desfazimento da licitação. Belo Horizonte: Fórum, 2013. p. 71.

> Significa dizer que, em sede de revogação, a autoridade competente estará vinculada aos ditames da lei, do ordenamento jurídico e da situação fática que se apresenta em dado momento, o que especificamente obriga a explicitação do motivo e a apresentação de fato superveniente, pertinente e suficiente, além da exata correlação desse fato com o interesse público objetivado.
> O administrador público no campo específico dessa atuação tem o dever de atuar da melhor forma possível, buscando, dentre as possíveis alternativas, aquela que melhor atenda ao interesse público. Ressalte-se que há dever, o que por si só já é suficiente para limitar consideravelmente a discricionariedade.
> Assim, no exercício da competência discricionária, especificamente no que tange à revogação, o administrador público vincula-se ao dever de solução ótima, que será buscada respeitando-se o significado reconhecido socialmente do conceito jurídico impreciso, bem como sua exata adequação ao fato concreto.[30]

Trata-se de exigir que a revogação da licitação preste deferência ao princípio da proporcionalidade, em sua tríade adequação, necessidade e proporcionalidade em sentido estrito. Os fatos motivadores da revogação devem ser pertinentes e fortes o suficiente, necessários para a proteção ou consecução do interesse público. A competência para a revogação da licitação é discricionária, porque depende da avaliação da conveniência e da oportunidade da contratação. Isso não significa, no entanto, que a autoridade pode invocar quaisquer fatos para revogar a licitação e, muito menos, que ao Poder Judiciário e aos demais órgãos de controle seja vedado avaliar a legitimidade e a legalidade do exercício desta competência discricionária, sobremodo com olhos, insista-se, no princípio da proporcionalidade.

6.5 Contraditório e ampla defesa como condição para o desfazimento da licitação

O §3º do artigo 71 da Lei Federal nº 14.133/2021 prescreve que, "nos casos de anulação e revogação, deverá ser assegurada a prévia manifestação dos interessados". Assim, pelo teor literal do dispositivo legal, os licitantes devem ser previamente informados da intenção e das pretensas razões da anulação ou revogação da licitação e intimados para contraditá-las. É fato que o desfazimento da licitação afeta os interesses dos licitantes, especialmente dos licitantes mais bem classificados. Portanto, é natural, em obediência ao contraditório, que eles tenham o direito de contestar os motivos apontados pela Administração antes que o desfazimento da licitação seja ultimado.

Sem embargo, colhe-se forte tendência jurisprudencial, embora não pacífica e concebida diante da revogada Lei nº 8.666/1993, no sentido de reconhecer aos licitantes o direito ao contraditório apenas após a homologação da licitação. Por ilustração, confira-se trecho de ementa do Superior Tribunal de Justiça:

> 4. A revogação da licitação, quando antecedente da homologação e adjudicação, é perfeitamente pertinente e não enseja contraditório.

[30] GUIMARÃES, Edgar. Responsabilidade da Administração Pública pelo desfazimento da licitação. Belo Horizonte: Fórum, 2013. p. 69.

5. Só há contraditório antecedendo a revogação quando há direito adquirido das empresas concorrentes, o que só ocorre após a homologação e adjudicação do serviço licitado.
6. O mero titular de uma expectativa de direito não goza da garantia do contraditório.[31]

O argumento, em síntese, é que, antes da homologação, não há direito adquirido, apenas expectativa de direito. E, daí, sem direito adquirido, não haveria obrigação em conceder o contraditório. O argumento é bem equivocado.

Primeiro, por evidente, o exercício do contraditório não está atrelado ao prévio reconhecimento de um direito adquirido ao contrato. Nesse sentido, os incisos II e III do artigo 3º da Lei nº 9.784/1999 (Lei de Processo Administrativo Federal) asseguram aos administrados o direito de "ter ciência da tramitação dos processos administrativos" e de "formular alegações e apresentar documentos antes da decisão [...]". Portanto, numa percepção mais geral, os participantes de um processo administrativo têm o direito ao contraditório mesmo que as suas pretensões não tenham sido reconhecidas pela Administração e mesmo que esse processo não tenha alcançado o seu termo final. Aliás, se não fosse assim, os licitantes não teriam direito a qualquer contraditório no curso do processo de licitação.

Segundo, porque o §3º do artigo 71 da Lei Federal nº 14.133/2021 é claríssimo ao assegurar o contraditório antes do desfazimento, sem fazer qualquer indicação de que esse direito estaria condicionado à prévia homologação. Essa jurisprudência cria uma condição, recusando a vontade do legislador, em afronta à separação de poderes.

Terceiro, porque o argumento retira qualquer utilidade e sentido do já citado §3º do artigo 71 da Lei Federal nº 14.133/2021, que assegura o contraditório e a ampla defesa no caso de desfazimento da licitação na fase de aprovação da licitação. A propósito, não se pode perder de vista que o artigo 71 da Lei Federal nº 14.133/2021 diz respeito à denominada fase de encerramento da licitação. Nesta fase, ao final da licitação, o respectivo processo vai à autoridade competente, que tem duas opções excludentes: ou homologa ou desfaz a licitação. Não há a opção, nesta fase de encerramento da licitação, de homologar a licitação e ao mesmo tempo desfazê-la. Para a jurisprudência em comento, o contraditório pressuporia a homologação e depois o seu desfazimento. No entanto, repita-se, essa hipótese não existe para essa fase de encerramento da licitação, que é do que trata o artigo 71 da Lei Federal nº 14.133/2021. A fase de encerramento da licitação se exaure com a homologação. É até possível, embora excepcional, que depois da fase de encerramento da licitação e depois da sua homologação, antes da assinatura do contrato, a autoridade, diante de motivos supervenientes à homologação, decida por revogá-la, ou, diante do conhecimento posterior de alguma ilegalidade, decida anulá-la. Pondera-se, contudo, que, se isso ocorrer, já não se está na fase de encerramento da licitação, que é, insista-se, do que trata o artigo 71 da Lei Federal nº 14.133/2021 e, por conseguinte, os seus parágrafos.

Por último, o argumento dessa parcela da jurisprudência parte da premissa de que o vencedor da licitação goza do direito adquirido ao contrato desde que ocorra a homologação. Isso não é verdadeiro. Até porque pode surgir depois da homologação um fato superveniente que importa na sua revogação ou a descoberta de ilegalidade que

[31] STJ, Segunda Turma. RMS nº 23.404/PR. Rel. Min. Eliana Calmon, j. 18.3.2008.

importa sua nulidade. Imagine-se, por exemplo, situação em que, depois da homologação da licitação, o Poder Judiciário concede liminar em favor de licitante preterido na ordem de classificação, proibindo a assinatura do contrato. A liminar permanece vigente por um ano, até que é reformada e a assinatura do contrato autorizada pelo Poder Judiciário. Pode ser que, depois de um ano, as demandas da Administração sejam outras e que, portanto, em razão do impedimento de assinar o contrato no tempo projetado incialmente, já não seja mais de interesse público fazê-lo depois de um ano. A Administração poderá, nesse caso, se as justificativas forem suficientes, revogar a licitação. O vencedor da licitação não poderá exigir a assinatura do contrato em detrimento ao interesse público, alegando suposto direito adquirido. Não poderá exigir, pura e simplesmente, porque não goza de direito adquirido. A homologação não gera o direito adquirido ao contrato. Logo, sob essa perspectiva, não se percebe distinção de fato relevante sob a esfera jurídica do vencedor da licitação antes e depois da homologação que justifique a distinção jurídica realizada por essa parte da jurisprudência. A premissa maior do argumento, de que o vencedor de uma licitação homologada goza do direito adquirido ao contrato, é simplesmente falsa.[32]

6.6 A anulação ou revogação promovida pela autoridade na fase de homologação implica dever de indenização

Com a anulação ou revogação da licitação, a Administração tem a obrigação de indenizar os licitantes que agiram com boa-fé diante dos custos que comprovadamente incorreram para participar dela. Tal assertiva é forte na doutrina,[33] que afirma o dever de a Administração indenizar aqueles licitantes de boa-fé mesmo nos casos de nulidade da licitação, desde que que não tenham concorrido para a ilegalidade, haja vista o disposto no §6º do artigo 37 da Constituição Federal. Tal dispositivo prescreve que "as pessoas jurídicas de direito público e as de direito privado prestadoras de serviços públicos responderão pelos danos que seus agentes, nessa qualidade, causarem a terceiros, assegurado o direito de regresso contra o responsável nos casos de dolo ou culpa". Dessa sorte, se ocorre a anulação ou a revogação da licitação, sem que, como é de presumir, os licitantes lhe tenham dado causa, assiste a eles o direito de ser amplamente indenizados em relação aos prejuízos por eles suportados.

Edgar Guimarães, em comentários à Lei nº 8.666/1993 e tendo em vista a anulação da licitação, observa que o direito à indenização pressupõe "(i) regular comprovação de um dano injusto; (ii) que a anulação da licitação tenha sido causa do dano (nexo causal); e (iii) a boa-fé dos licitantes e que não tenham concorrido para a prática de qualquer

---

32 Nesse sentido: "Licitação – Concorrência pública – Prévia demarcação do campo de conveniência no edital – Hipótese em que o vencedor, em tais circunstâncias, por apresentar, além da proposta mais vantajosa, também a mais satisfatória, tem direito subjetivo líquido e certo à adjudicação, e não apenas legítimo interesse – Realidade que não perde relevo ante a possibilidade de a Administração revogar o procedimento se em conflito com o interesse público, uma vez que não se confundem o direito à adjudicação e o direito de contratar – Mandado de segurança concedido – Recurso extraordinário não conhecido" (STF, Segunda Turma. RE nº 107.552/DF. Rel. Min. Francisco Rezek, j. 27.4.1987).

33 GUIMARÃES, Edgar. *Responsabilidade da Administração Pública pelo desfazimento da licitação*. Belo Horizonte: Fórum, 2013. p. 156.

ato ilegal ensejador da anulação do certame".[34] Em relação à revogação, partindo dos mesmos pressupostos e considerando-se que ela se dá por força de juízo de conveniência e oportunidade da Administração, com mais força se reconhece o direito dos licitantes à indenização dos prejuízos a eles imputados em razão da licitação.[35]

---

[34] GUIMARÃES, Edgar. *Responsabilidade da Administração Pública pelo desfazimento da licitação*. Belo Horizonte: Fórum, 2013. p. 156.

[35] GUIMARÃES, Edgar. *Responsabilidade da Administração Pública pelo desfazimento da licitação*. Belo Horizonte: Fórum, 2013. p. 151.

CAPÍTULO 13

AS RESTRIÇÕES AO DIREITO DE ACESSO ÀS LICITAÇÕES E CONTRATOS ADMINISTRATIVOS

1 Considerações gerais

O princípio da isonomia, como expressão do valor de igualdade, é a causa da obrigatoriedade de licitação pública. Sucede que os contratos administrativos geram benefício econômico ao contratado. Como todos os interessados em colher tais benefícios econômicos devem ser tratados com igualdade, por força do *caput* do artigo 5º da Constituição Federal, impõe-se à Administração seguir certas formalidades para escolher com quem contratar, quem será o beneficiário. Por exemplo, entre outras coisas, a Administração precisa informar a todos os potenciais interessados em que termos pretende celebrar o contrato, precisa receber as propostas de todos e avaliá-las com objetividade. Esse conjunto de providências denota espécie de processo administrativo, denominado licitação pública. Quer dizer que a licitação pública é procedimento utilizado para que a Administração selecione com quem futuramente irá celebrar contrato, de maneira respeitosa ao princípio da igualdade, sem privilegiar apadrinhados ou desfavorecer desafetos.

Pode-se dizer que o princípio da isonomia é a gênese da licitação pública. Do princípio da isonomia é possível deduzir que, se não houver uma razão suficiente em sentido contrário, todos os interessados em contrato administrativo gozam do direito de disputá-lo, logo de participar de licitação pública e, a depender do êxito na licitação pública, de ser contratados. Dessa sorte, do princípio da isonomia reconhece-se o direito geral de acesso às licitações e contratos administrativos. Esse direito não é absoluto, ele cede diante de razões suficientes em sentido contrário. Sem embargo, o direito de acesso é a regra e a objeção ou a condicionante a ele é a exceção. Essa percepção é importante diante da máxima segundo a qual as normas restritivas de direitos devem ser interpretadas restritivamente, não cabendo analogia, interpretação extensiva ou medida equivalente (*exceptiones sunt strictissimoe interpretationis*).

O presente capítulo pretende sistematizar o conjunto de restrições identificáveis na Lei nº 14.133/2021, tanto objeções, quanto condicionantes, ao direito de acesso às licitações e contratos administrativos.

2 Impedimento para participar de licitações e celebrar contratos administrativos

2.1 Considerações gerais

Algumas pessoas são impedidas de participar de licitação e firmar contratos administrativos porque o legislador considera que gozam de algum tipo de informação ou posição privilegiada, de modo que, se participassem da licitação, seriam beneficiadas em detrimento dos demais licitantes, em violação ao princípio da isonomia e outros que lhe são próximos, como os da impessoalidade e da moralidade. Pode-se mesmo dizer que, sob essa perspectiva, as hipóteses de impedimento são concreções legislativas desses princípios.

Também há casos de impedimento de participar de licitações e contratar decorrentes de sanções administrativas. Ou seja, o direito de acesso às licitações e contratos administrativos é temporariamente obstado em razão de penalidade aplicada em processo administrativo e por força da prática de condutas especialmente qualificadas pelo legislador.

Registra-se que o Supremo Tribunal Federal, por ocasião do julgamento do Recurso Extraordinário nº 423.560,[36] reconheceu a constitucionalidade de lei orgânica municipal que ampliou as hipóteses de impedimento para participar de licitações previstas na Lei nº 8.666/1993. Em interpretação acerca do conceito de norma geral, conforme inciso XXVII do artigo 22 da Constituição Federal, entendeu que os entes federativos gozam de competência para legislar sobre impedimentos, prescrevendo novas hipóteses em prestígio ao princípio da moralidade administrativa. Portanto, sobre o assunto, o leitor deve pesquisar, se for o caso, a legislação estadual ou municipal, que não são versadas neste trabalho, até porque seria inviável, dada sua grande quantidade.

2.2 As hipóteses de impedimento são taxativas

Os incisos que compõem o *caput* do artigo 14 da Lei nº 14.133/2021 anunciam as hipóteses de impedimento do direito de participar de licitações e firmar contratos administrativos. A questão, com repercussões práticas enormes, é se as hipóteses de impedimento prescritas pelo legislador são taxativas ou exemplificativas.

A título ilustrativo, a Lei nº 14.133/2021 não impede a participação em licitação de empresa cuja sócia e representante seja namorada de pregoeiro. Então, suponha-se que, durante a licitação, um licitante impugne a participação do outro, alegando o namoro. Para completar, junta aos autos prova robusta. O pregoeiro admite o namoro. Então, diante dessa situação, a pergunta é: a empresa, cuja namorada do pregoeiro é sócia e representante, está impedida de participar da licitação, ainda que a Lei nº 14.133/2021 não mencione a relação de namoro como causa de impedimento?

Por mera ilustração, mencionou-se a relação de namoro. A relação poderia ser entre amigos, noivos ou primos e outras que, em conformidade com as prescrições legais, não geram expressamente impedimento. Embora tais relações não sejam qualificadas expressamente pelo legislador como geradoras de impedimento, podem denotar, em

---

[36] STF. RE nº 423.560/MG. Rel. Min. Joaquim Barbosa, j. 29.5.2012.

maior ou menor grau, proximidade pessoal e, nessa medida, causam estranheza num processo de licitação. Fica a suspeita de favorecimento e, por conseguinte, de quebra da isonomia.

A jurisprudência, sob essa luz, vem se inclinando no sentido de que as hipóteses de impedimento previstas na legislação são exemplificativas. Ou seja, que outras hipóteses, afora as prescritas pelo legislador, também gerariam impedimento. Para ilustrar, a posição do Tribunal de Contas da União sobre o artigo 9º da Lei nº 8.666/1993 é que "as vedações explicitadas nesse dispositivo legal estão sujeitas a analogia e interpretação extensiva, de forma que, de acordo com os princípios constitucionais que regem a administração pública, podem abranger situações não extraíveis diretamente da norma".[37] [38]

Essa jurisprudência, que preconiza o impedimento para hipóteses não previstas expressamente, não é fundamentada. Encontram-se nos acórdãos referências muito soltas e generalistas à analogia e à interpretação extensiva, como se fossem a mesma coisa, sem consideração a respeito de como se aplicariam aos casos concretos. Referem, também sem aprofundamento, à vontade do legislador. O raciocínio, sempre superficial e sem maiores explicações, é que o legislador não prescreveu o impedimento para certas situações, mas tinha a intenção de fazê-lo. Então, os tribunais teriam competência para corrigir a inépcia do legislador, para complementar o texto legal, prescrevendo hipóteses de impedimento guardadas, por alguma razão desconhecida, no íntimo do legislador, que, de forma muito inusitada, repita-se, tinha a vontade de prescrevê-las, porém não o fez expressamente. O raciocínio sempre fecha com invocações calorosas aos princípios da isonomia, impessoalidade e moralidade. A participação de pessoas na licitação com alguma proximidade com servidores públicos implicaria ofensa a tais princípios.

A jurisprudência está bem equivocada. Enumeram-se cinco razões.

A primeira razão é de ofensa à separação de poderes, princípio fundamental da Constituição Federal e, por conseguinte, ao princípio da legalidade. Quem cria normas jurídicas é o legislador, conforme o inciso II do artigo 5º da Constituição Federal, e não o Judiciário ou os tribunais de contas. Aqui, parece claro, os órgãos de controle não gostaram da solução dada pelo legislador. Então, com a invocação muito etérea a princípios jurídicos, resolveram prescrever a sua própria solução, em complemento ao prescrito pelo legislador. Evidentemente, não gozam de competência para tal empreitada, visivelmente inconstitucional.

A segunda razão é que a regra, decorrente do princípio da isonomia, é de acesso a todos às licitações e contratos administrativos. Todos têm o direito de participar das licitações, da mesma forma que têm direito de participar de concursos públicos. A norma que prescreve impedimentos ao direito de participar de licitações é uma norma restritiva de direitos. E, conforme as lições mais comezinhas de hermenêutica, normas restritivas de direitos devem ser interpretadas restritivamente, não cabendo analogia ou interpretação extensiva (*exceptiones sunt strictissimoe interpretationis*).[39] Nas palavras de Carlos Maximiliano:

---

[37] TCU, Plenário. Acórdão nº 1.019/2013. Rel. Min. Benjamin Zymler, j. 24.4.2013.

[38] No mesmo sentido: STJ, Primeira Turma. REsp 615432/MG. Rel. Min. Luiz Fux, j. 2.6.2005.

[39] É do Supremo Tribunal Federal: "Doutro turno, se, por razões particulares de conveniência ou de utilidade social, o ordenamento abre exceção ao tratamento genérico de uma ordem de fatos, para disciplina autônoma

> A lei que abre exceção a regras gerais, ou restringe direitos, só abrange os casos que especifica [...]. As disposições excepcionais são estabelecidas por motivos ou considerações particulares, contra outras normas jurídicas, ou contra o Direito comum; por isso não se estendem além dos casos e tempos que designam expressamente.[40]

A terceira razão é que princípio jurídico não é violado em tese. A violação é sempre concreta e, logo, não pode ser pressuposta, deve ser provada no caso concreto. Ou seja, por ilustração, a participação em licitação da empresa da namorada do pregoeiro não importa, por si e automaticamente, qualquer violação a princípio. É perfeitamente possível que a empresa da namorada não tenha recebido qualquer benefício ilegítimo e, por conseguinte, nesse caso, não teria havido violação a princípio jurídico. Se assim for, não se pode impedi-la de participar da licitação, afastá-la de antemão da licitação. Não é o caso de impedimento. Por outro lado, concretamente, pode ser que a empresa da namorada tenha sido beneficiada. Se foi beneficiada concretamente, está-se diante de outra situação, que já não se confunde com o impedimento. Daí se está diante de fraude à licitação e todos os partícipes da fraude devem ser penalizados, na medida de suas culpabilidades e em todas as esferas competentes. Nesse caso, a empresa será afastada da licitação em razão da fraude. No entanto, insista-se, a violação aos princípios jurídicos, o favorecimento e a fraude, não são pressupostos. Ao contrário, são concretos e, nessa medida, precisam ser provados. Sem a prova, não podem ser impedidos, afastados ou sofrer qualquer sanção do gênero.

A quarta razão tem a ver com a segurança jurídica. Isso porque as hipóteses geradoras de impedimento, de acordo com essa jurisprudência alargada, não são minimamente definidas e esclarecidas. Por exemplo, no REsp nº 615.432/MG, o Superior Tribunal de Justiça entendeu que a empresa cuja sócia mantém *relacionamento afetivo público e notório* com o prefeito municipal não pode participar da licitação. E se o relacionamento não fosse público e notório? Se a sócia da empresa fosse amante do prefeito? Ou se fosse ex-esposa ou ex-namorada? Se a sócia fosse a sogra? Irmã da sogra? Se o sócio fosse o marido resignado da amante do prefeito? Talvez, nessa hipótese, o impedimento fosse defendido ainda com mais ênfase. E se o sócio fosse o filho da namorada do prefeito? Amigo do prefeito? Quão amigo? Esse assunto, sobre os impedimentos, não pode ser tratado assim, de forma tão aberta. Essa é outra razão, baseada em segurança jurídica, pela qual o impedimento, sendo regra restritiva de direito, deve ser interpretado restritivamente, de acordo e nos termos exatos definidos pelo legislador. Deve haver clareza, as pessoas impedidas devem saber antecipadamente que estão impedidas. Não é plausível que as hipóteses de impedimento sejam decididas posteriormente, em juízos subjetivos.

---

de certa categoria, está claro, à míngua de razão normativa que o legitime, que se não pode estender, por interpretação, o regime especial a outras hipóteses. Ao lado do regime geral é que se acham as forcas sociais preponderantes na reconstituição semiológica e na aplicação de toda regra de direito positivo, sobretudo quando hospede garantias fundamentais ou valores individuais supremos. Mais de uma razão jurídica está, assim, a predicar que a cláusula constitucional de que se trata é de todo alérgica a interpretação extensiva, capaz de atingir situações que, não se tratasse de norma excepcional restritiva da liberdade pessoal, até poderiam caber-lhe no âmbito de incidência, quando concorressem fundamentos para expansão de seu sentido emergente" (STF, Plenário. RE nº 466.343-1/SP. Rel. Min. Cezar Peluso, j. 3.12.2008).

[40] MAXIMILIANO, Carlos. *Hermenêutica e aplicação do direito*. 2. ed. Porto Alegre: Globo, 1933. p. 184-193.

Por outro lado, ressalva-se que, se comprovado que qualquer pessoa foi beneficiada ilegitimamente em licitação por qualquer agente público, deve ser afastada da licitação e penalizada. Mas, insista-se, daí já não se discute impedimento, que se dá *a priori*, mas sim fraude à licitação, que é algo concreto e depende de prova.

Analogicamente, e aqui vale a analogia, deve-se aplicar o mesmo entendimento da jurisprudência sobre concursos públicos. É assentado que pessoas próximas de servidores públicos podem participar de concursos públicos, que eles não são impedidos e que a mera participação não é indício ou prova de fraude.[41] Por coerência, o raciocínio deveria ser o mesmo para as licitações públicas. Não há razão alguma para, nesse particular, distinguir os concursos públicos das licitações públicas.

2.3 Impedimento para os autores dos projetos ou documentos equivalentes

Proíbe-se a participação em licitações de quem elaborou o projeto ou documento equivalente que acompanha o edital e que, portanto, define regras sobre a própria licitação. Nesse sentido, o inciso I do *caput* do artigo 14 da Lei nº 14.133/2021 impede de participar das licitações e contratos administrativos o "autor do anteprojeto, do projeto básico ou do projeto executivo, pessoa física ou jurídica, quando a licitação versar sobre obra, serviços ou fornecimento de bens a ele relacionados".

Em complemento, o inciso II do *caput* do artigo 14 da Lei nº 14.133/2021 impede a

> [...] empresa, isoladamente ou em consórcio, responsável pela elaboração do projeto básico ou do projeto executivo, ou empresa da qual o autor do projeto seja dirigente, gerente, controlador, acionista ou detentor de mais de 5% (cinco por cento) do capital com direito a voto, responsável técnico ou subcontratado, quando a licitação versar sobre obra, serviços ou fornecimento de bens a ela necessários.

Não contente, o §3º do mesmo artigo 14 declara que se equiparam "aos autores do projeto as empresas integrantes do mesmo grupo econômico".

Como anteparo, para não haver dúvida, o §2º, também do artigo 14, assegura:

> [...] a critério da Administração e exclusivamente a seu serviço, o autor dos projetos e a empresa a que se referem os incisos I e II do *caput* deste artigo poderão participar no apoio das atividades de planejamento da contratação, de execução da licitação ou de gestão do contrato, desde que sob supervisão exclusiva de agentes públicos do órgão ou entidade.

Essa solução é bem incorporada nas práticas da Administração e produz resultados positivos. Sucede que a empresa autora do projeto costuma ter condições melhores para assessorar a Administração, especialmente na fiscalização, supervisão ou gerenciamento do futuro contrato. Isso porque ela elaborou o projeto, evidentemente, tem maior conhecimento sobre ele e, por conseguinte, do que deve ser exigido do contratado.

Chama a atenção que os supracitados incisos I e II do *caput* do artigo 14 da Lei nº 14.133/2021 se referem ao autor do anteprojeto, do projeto básico ou do projeto executivo e envolvem licitação de obra, serviços ou fornecimento de bens a ele relacionados.

---

[41] STF, Plenário. MS nº 26.700. Rel. Min. Ricardo Lewandowski, j. 27.6.2008.

Os dispositivos não aludem ao autor de termo de referência e de outros artefatos da etapa preparatória da licitação nem às licitações de compras de bens. Ora, o termo de referência é equivalente ao projeto básico e usado com mais frequência em relação à contratação de serviços, inclusive, consoante o §3º do artigo 18 da Lei nº 14.133/2021, pode ser usado para serviços comuns de engenharia.

Embora não seja tão usual, nada impede que terceiro seja contratado para elaborar termo de referência para a Administração ou mesmo contribuir com ela em relação aos demais artefatos que devem ser produzidos na etapa preparatória da licitação. Aliás, o §4º do artigo 8º da Lei nº 14.133/2021 admite:

> [...] em licitação que envolva bens ou serviços especiais cujo objeto não seja rotineiramente contratado pela Administração, poderá ser contratado, por prazo determinado, serviço de empresa ou de profissional especializado para assessorar os agentes públicos responsáveis pela condução da licitação.

Em que pese a ausência de alusão no artigo 14 da Lei nº 14.133/2021 ao termo de referência e aos demais artefatos produzidos na etapa preparatória da licitação, o §1º do artigo 9º da Lei nº 14.133/2021 impede de participar das licitações e contratos administrativos os agentes públicos de órgão ou entidade licitante ou contratante. Em acréscimo, o §2º do mesmo artigo estende o mesmo impedimento "[...] a terceiro que auxilie a condução da contratação na qualidade de integrante de equipe de apoio, profissional especializado ou funcionário ou representante de empresa que preste assessoria técnica". Ou seja, o §2º do artigo 9º da Lei nº 14.133/2021 veicula hipótese de impedimento geral e aberta, que incide sobre qualquer ato atinente à condução da contratação, portanto, também ao termo de referência e demais artefatos da etapa preparatória da licitação. Atente-se, entretanto, que o §2º do artigo 9º não diz respeito à pessoa jurídica e sim à pessoa física, tanto que menciona "representante de empresa que preste assessoria técnica", equiparando-o a agente público. O impedimento nele prescrito não atinge a empresa, apenas o seu representante.

Trata-se de incongruência da Lei nº 14.133/2021 que revela defeito de ordem sistêmica. Repita-se que os incisos I e II do *caput* do artigo 14 da Lei nº 14.133/2021 impedem de participar da licitação e do contrato o autor e a empresa responsáveis pelo anteprojeto, projeto básico ou do projeto executivo e, como se vê, é silente sobre termo de referência e demais artefatos da etapa preparatória da licitação. O §2º do artigo 9º da Lei nº 14.133/2021, por sua vez, impede que a pessoa física, representante de empresa que preste assessoria técnica na condução da contratação, portanto, abrangendo todos os artefatos da etapa preparatória, participe da licitação e da contratação. No final das contas, os incisos I e II do *caput* do artigo 14 e o §2º do artigo 9º não impedem de participar da licitação e da contratação a empresa eventualmente contratada para elaborar o termo de referência ou qualquer outro artefato da etapa preparatória da licitação que não o anteprojeto, o projeto básico e o projeto executivo. A impressão, nada mais do que uma impressão, é que essa lacuna passou desapercebida pelo legislador.

Podem-se supor três razões para o impedimento dos autores do anteprojeto, projeto básico e projeto executivo. A primeira é que o autor dos projetos conhece o objeto da licitação com mais profundidade do que os demais licitantes, o que o põe em posição de vantagem na licitação, enfraquecendo o princípio da isonomia. A segunda razão é que, na qualidade de autor do projeto, ele tem condições de manipular as informações, especialmente sonegar dados, que, assim, somente são conhecidos por ele e não pelos demais licitantes, também em desfavor do princípio da isonomia. A terceira razão é que a atuação do autor do projeto ou documento equivalente deve ser pautada apenas pelo interesse público, em elaborar o melhor projeto para a Administração, sem que nisso se sinta qualquer influência de interesses comerciais voltados para a licitação. É como se houvesse, acaso permitida a participação do autor do projeto, uma espécie de conflito de interesses. O autor do projeto deve estar comprometido com a Administração Pública, sem que seus futuros interesses comerciais interfiram nos seus juízos técnicos.

Sem embargo, pondera-se que as razões que impedem a participação do autor do projeto ou documento equivalente nas futuras licitações são relativizadas diante de uma análise mais ampla, especialmente diante do conjunto de exceções previstas na Lei nº 14.133/2021.

A propósito, o §4º do artigo 14 da Lei nº 14.133/2021 prescreve que "o disposto neste artigo não impede a licitação ou a contratação de obra ou serviço que inclua como encargo do contratado a elaboração do projeto básico e do projeto executivo, nas contratações integradas, e do projeto executivo, nos demais regimes de execução". Ou seja, o legislador não vê problemas em atribuir o projeto básico e o projeto executivo ao vencedor da licitação sob o regime de contratação integrada. E, também, não vê problema em atribuir ao contratado, em qualquer regime, a elaboração do projeto executivo. Bem se vê que, na visão do legislador, o óbice não é de natureza absoluta.

O mesmo ocorre com o denominado procedimento de manifestação de interesse, que é regrado no artigo 81 da Lei nº 14.133/2021. O inciso I do §2º do referido artigo 81 prescreve que o autor do projeto apresentado em procedimento de manifestação de interesse não goza de direito de preferência no processo licitatório. Se não goza de direito de preferência, é porque pode participar dele.

A propósito, o artigo 31 da Lei nº 9.074/1995, que trata das concessões de serviços públicos, prescreve que "os autores ou responsáveis economicamente pelos projetos básico ou executivo podem participar, direta ou indiretamente, da licitação ou da execução de obras ou serviços". O procedimento de manifestação de interesse (PMI) também foi previsto na Lei nº 13.303/2016, das estatais, nos §§4º e 5º do artigo 31, cuja prescrição também admite a participação na licitação do autor ou financiador do projeto.

Ora, se nesses casos se admite a participação na licitação do autor do projeto ou documento equivalente, é porque as razões que justificam ou mesmo justificariam o impedimento não são tão fortes ou podem ser contornadas, como destacado acima, foram relativizadas.

É verdade, há de reconhecer, que o procedimento de manifestação de interesse guarda as suas peculiaridades em comparação com a contratação de projetos pela Administração. No procedimento de manifestação de interesse, a Administração divulga que pretende receber projetos e estudos e abre a oportunidade aos particulares para os apresentarem. Então, várias pessoas podem desenvolvê-los e apresentá-los. A Administração avaliará todos e escolherá o melhor. Ou seja, no procedimento de manifestação de interesse, há uma espécie de disputa qualitativa, os particulares esforçam-se em oferecer os melhores projetos e estudos para a Administração, para que sejam escolhidos e utilizados na licitação, destacando-se que apenas os escolhidos é que fazem jus à remuneração. Essa peculiaridade foi bem percebida por Gustavo Schiefler, que é autor de monografia completíssima sobre o tema:

> [...] caso o particular empreendedor participe do Procedimento de Manifestação de Interesse e exagere na defesa de seus interesses (incluindo, além dos interesses legítimos, que são conformes ao interesse público, também os interesses ilegítimos, que são prejudiciais ao interesse público), correrá o risco de que a Administração Pública perceba o abuso e rejeite o estudo. Como consequência, além de não influenciar na modelagem do projeto, o particular ainda suportará o prejuízo pelos seus dispêndios. Suponha-se que isso represente um grande prejuízo ao particular.[42]

Na sistemática tradicional, sem o procedimento de manifestação de interesse, a Administração faz licitação para escolher a empresa que elaborará o projeto. Uma vez escolhida, o projeto é produzido por ela sem concorrência com qualquer outro interessado. Então, talvez seja mais fácil desvirtuá-lo do interesse público, porque a elaboração do projeto não ocorre sob pressão concorrencial. O projeto elaborado será único e, nessa qualidade, não será exposto à comparação com outros projetos com soluções melhores ou piores.

De toda sorte, não se pode fugir do fato de que, em procedimentos de manifestação de interesse, o autor do projeto ou documento equivalente pode participar da licitação. E, nessa medida, é até mesmo de questionar se as razões que justificam o impedimento do autor do projeto ou documento equivalente de participar da licitação, de uma maneira geral, ainda persistem. Pode-se ponderar que os projetos, mesmo que elaborados por particulares, devem ser previamente submetidos ao crivo e aprovados pela Administração. Logo, a Administração teria a obrigação de identificar e sanar qualquer vício ou omissão dos projetos, bem como curar para que eles apontem às melhores soluções para o interesse público. A palavra final e a responsabilidade sobre os projetos são da Administração. Pode-se ponderar, também, que outras empresas, interessadas na licitação, teriam a obrigação de avaliar os projetos e, em caso de discordância, impugná-los.

Nada obstante o debate, a regra é que, para o direito positivo, ressalvadas as exceções legais, quem elabora o anteprojeto, projeto básico ou projeto executivo ou documento, técnico, representante ou a própria empresa, está impedido de participar da licitação e da contratação.

2.4 Impedimento para agentes públicos e para pessoas com vínculos especiais com agentes públicos

2.4.1 Considerações gerais

Como já ressaltado, o §1º do artigo 9º da Lei nº 14.133/2021 impede, direta e indiretamente, de participar das licitações e contratos administrativos os agentes públicos de órgão ou entidade licitante ou contratante. Enfim, servidor, empregado ou

42 SCHIEFLER, Gustavo Henrique Carvalho. *Procedimento de manifestação de interesse (PMI)*. Rio de Janeiro: Lumen Juris, 2014. p. 164.

dirigente de órgão ou entidade da Administração é impedido de participar de licitação pública e de firmar contrato administrativo com o órgão ou entidade administrativa que compõe. Tais pessoas, pelos cargos ou empregos que ocupam, colocaram-se sob regime de sujeição especial em face da Administração Pública. Por isso, estão impedidos de participar das licitações.

Em complemento, o inciso III do *caput* do artigo 7º da Lei nº 14.133/2021 determina o impedimento para que agente público seja designado para o desempenho de funções consideradas essenciais para as licitações e contratos administrativos que seja "cônjuge ou companheiro de licitantes ou contratados habituais da Administração nem tenham com eles vínculo de parentesco, colateral ou por afinidade, até o terceiro grau, ou de natureza técnica, comercial, econômica, financeira, trabalhista e civil". Ou seja, o impedimento aqui é para a designação do agente público e não é voltado para a participação em licitação e contratação. A finalidade do dispositivo supracitado é evitar uma situação de impedimento de participação em licitação e contratação em potencial, obstando que o agente público que atrairia o impedimento seja designado para as tais funções essenciais.

E, para fechar, o inciso IV do *caput* do artigo 14 da Lei nº 14.133/2021 estabelece o impedimento para participar, direta ou indiretamente, de licitação e de contrato

> [...] aquele que mantenha vínculo de natureza técnica, comercial, econômica, financeira, trabalhista ou civil com dirigente do órgão ou entidade contratante ou com agente público que desempenhe função na licitação ou atue na fiscalização ou na gestão do contrato, ou que deles seja cônjuge, companheiro ou parente em linha reta, colateral ou por afinidade, até o terceiro grau, devendo essa proibição constar expressamente do edital de licitação.

Perceba-se que o §1º do artigo 9º da Lei nº 14.133/2021 impede de participar da licitação e da contratação todos os agentes públicos do órgão ou entidade administrativa. Esse, insista-se, é o impedimento voltado aos agentes públicos em geral. Por outro lado, o inciso III do *caput* do artigo 7º e o inciso IV do *caput* do artigo 14, ambos da Lei nº 14.133/2021, não se referem à generalidade dos agentes públicos. O inciso III do *caput* do artigo 7º versa sobre o impedimento de designação de agentes públicos "[...] para o desempenho das funções essenciais à execução desta Lei [...]". E o inciso IV do *caput* do artigo 14 é voltado, a seu turno, para o impedimento de participar de licitação e de contratação daqueles que mantenham vínculos especiais com dirigente do órgão ou entidade contratante ou com agente público que desempenhe função na licitação ou atue na fiscalização ou na gestão do contrato.

Pois bem, no tocante ao inciso IV do *caput* do artigo 14 da Lei nº 14.133/2021, insista-se que ele não gera impedimento para participar de licitações e contratos administrativos de todos que mantenham vínculos especiais com agentes públicos do órgão ou entidade licitante ou contratante. Repita-se que o impedimento é apenas para quem mantenha vínculo especial com dirigente do órgão ou entidade contratante ou com agente público que desempenhe função na licitação ou atue na fiscalização ou na gestão do contrato.

Os vínculos especiais qualificados pelo inciso IV do *caput* do artigo 14 da Lei nº 14.133/2021 são os de natureza técnica, comercial, econômica, financeira, trabalhista ou civil, bem como os de parentesco, abrangendo "cônjuge, companheiro ou parente em linha reta, colateral ou por afinidade, até o terceiro grau".

2.4.2 Vínculos especiais de parentesco

Os vínculos especiais qualificados pelo inciso IV do *caput* do artigo 14 da Lei nº 14.133/2021 são os de natureza técnica, comercial, econômica, financeira, trabalhista ou civil, bem como os de parentesco, abrangendo "cônjuge, companheiro ou parente em linha reta, colateral ou por afinidade, até o terceiro grau".

Sobre os vínculos especiais de parentesco, de acordo com o artigo 1.591 do Código Civil, "são parentes em linha reta as pessoas que estão umas para com as outras na relação de ascendentes e descendentes". O artigo 1.592 do Código Civil considera que "são parentes em linha colateral ou transversal, até o quarto grau, as pessoas provenientes de um só tronco, sem descenderem uma da outra". No que atine aos graus de parentesco, o artigo 1.594 do Código Civil prescreve que "contam-se, na linha reta, os graus de parentesco pelo número de gerações, e, na colateral, também pelo número delas, subindo de um dos parentes até ao ascendente comum, e descendo até encontrar o outro parente".

Sob essas luzes, esclareça-se que na ascendência o terceiro grau é o bisavô e na descendência é o bisneto. Em linha colateral, os parentes de terceiro grau são os tios e sobrinhos. Primos são parentes de quarto grau, portanto não estão abrangidos pelo impedimento do inciso IV do *caput* do artigo 14 da Lei nº 14.133/2021.

Também há a relação de parentesco por afinidade. O artigo 1.595 do Código Civil determina que "cada cônjuge ou companheiro é aliado aos parentes do outro pelo vínculo da afinidade". O §1º do mesmo artigo sinaliza que "o parentesco por afinidade limita-se aos ascendentes, aos descendentes e aos irmãos do cônjuge ou companheiro".

Então, por afinidade, em relação aos ascendentes e descendentes da esposa ou do marido, não há limites. Por exemplo, os parentes em linha reta do marido são considerados parentes colaterais em linha reta da esposa. Em termos práticos, por afinidade, os pais e filhos (primeiro grau), avós e netos (segundo grau) e bisavós e bisnetos (terceiro grau) do marido são considerados parentes por afinidade em linha reta da esposa e, também, se enquadram no impedimento do inciso IV do *caput* do artigo 14 da Lei nº 14.133/2021.

Em linha colateral, o parentesco por afinidade, na forma do §1º do artigo 1.595 do Código Civil, limita-se aos irmãos do cônjuge ou companheiro, portanto, aos cunhados. A relação de parentesco por afinidade e em linha colateral encerra-se com os cunhados. Estes, portanto, também são considerados impedidos pelo inciso IV do *caput* do artigo 14 da Lei nº 14.133/2021. Os sobrinhos, tios e primos do cônjuge ou companheiro sequer são considerados parentes.

2.4.3 Vínculos especiais de natureza técnica, comercial, econômica, financeira, trabalhista ou civil

Para além das relações de parentesco, o inciso IV do *caput* do artigo 14 da Lei nº 14.133/2021 também impõe o impedimento para participar de licitações e contratos em razão de vínculos especiais de natureza técnica, comercial, econômica, financeira, trabalhista ou civil.

É certo que vínculo trabalhista pressupõe relação de emprego – não há dúvida maior. Sobre os demais vínculos, os de natureza técnica, comercial, econômica, financeira ou civil, não se encontra definição precisa e objetiva. Por exemplo, imagine-se que o pregoeiro seja correntista de instituição bancária e que tenha financiado com ela a aquisição do seu automóvel particular. A rigor jurídico, pode-se dizer que há vínculo comercial, econômico, financeiro e civil e, por via de consequência, a instituição bancária estaria impedida de participar de licitação e de contratação com o órgão ou entidade em que atua o pregoeiro, ainda que eventualmente. Isso soa desproporcional.

Melhor compreender que os vínculos especiais listados no inciso IV do *caput* do artigo 14 da Lei nº 14.133/2021 não se configuram diante de relações que são padronizadas e de préstimos que são oferecidos de modo geral ao público/consumidores com condições relativamente uniformes. É que nessas situações, sob dada perspectiva, não se antevê relação pessoal direta bastante para configurar o receio de benefício indevido, o que se busca evitar com o inciso IV do *caput* do artigo 14 da Lei nº 14.133/2021 (interpretação teleológica).

Soma-se que a interpretação precisa ser restritiva e atrelada à configuração de relação pessoal direta e não em termos padronizados e uniformes oferecidos a uma generalidade de consumidores, sob pena de causar grande prejuízo à competitividade ou mesmo de inviabilizar as licitações e contratações, especialmente em regiões ou núcleos urbanos menores, onde o mercado é restrito. Os agentes públicos acabam mantendo relações comerciais e outras, na qualidade de consumidores, com supermercados, lojas, escolas, faculdades, postos de gasolina, oficinas, prestadores de serviço e outras empresas locais, que são, igualmente, os potenciais licitantes e contratados pela Administração. Essas relações padronizadas e uniformes não devem caracterizar o impedimento do inciso IV do *caput* do artigo 14 da Lei nº 14.133/2021.

Uma questão polêmica é se empresas que tenham como sócio dirigente do órgão ou entidade contratante ou agente público que desempenhe função na licitação ou atue na fiscalização ou na gestão do contrato estão impedidas de participar da licitação. A resposta é positiva, porque a relação societária é essencialmente uma relação econômica. O sócio de uma empresa, ainda que não tenha poder de gerência, é beneficiado com os lucros auferidos por ela, que lhe devem ser distribuídos. Há claramente vínculo econômico com relação pessoal direta.

2.5 Impedimento em razão de aplicação de sanção administrativa e desconsideração da personalidade jurídica

Há penalidades, previstas na legislação, que impedem o apenado de participar de licitações e firmar contratos administrativos. Os dispositivos legais que tratam de tais penalidades já dispõem sobre a dimensão e incidência delas. O inciso III do artigo 14 da Lei nº 14.133/2021 considera impedida de participar de licitação e de contrato administrativo "pessoa física ou jurídica que se encontre, ao tempo da licitação, impossibilitada de participar da licitação em decorrência de sanção que lhe foi imposta".

Para além disso, o legislador resolveu estender tais penalidades "ao licitante que atue em substituição a outra pessoa, física ou jurídica, com o intuito de burlar a efetividade da sanção a ela aplicada, inclusive a sua controladora, controlada ou coligada, desde que devidamente comprovado o ilícito ou a utilização fraudulenta da personalidade jurídica do licitante".

Trata-se de medida de desconsideração da personalidade jurídica, que já vinha sendo aplicada mesmo diante da Lei nº 8.666/1993, que não prescrevia norma específica nesse sentido. A jurisprudência de muito vem reconhecendo a possibilidade de estender a penalidade de uma empresa para outra diante de casos concretos em que se divisou o abuso de personalidade. O *leading case* foi assim ementado pelo Superior Tribunal de Justiça:

> PERSONALIDADE JURÍDICA NA ESFERA ADMINISTRATIVA. POSSIBILIDADE. PRINCÍPIO DA MORALIDADE ADMINISTRATIVA E DA INDISPONIBILIDADE DOS INTERESSES PÚBLICOS. - A constituição de nova sociedade, com o mesmo objeto social, com os mesmos sócios e com o mesmo endereço, em substituição a outra declarada inidônea para licitar com a Administração Pública Estadual, com o objetivo de burlar à aplicação da sanção administrativa, constitui abuso de forma e fraude à Lei de Licitações Lei nº 8.666/93, de modo a possibilitar a aplicação da teoria da desconsideração da personalidade jurídica para estenderem-se os efeitos da sanção administrativa à nova sociedade constituída. - A Administração Pública pode, em observância ao princípio da moralidade administrativa e da indisponibilidade dos interesses públicos tutelados, desconsiderar a personalidade jurídica de sociedade constituída com abuso de forma e fraude à lei, desde que facultado ao administrado o contraditório e a ampla defesa em processo administrativo regular. - Recurso a que se nega provimento.[43]

Bem se vê que a jurisprudência foi construída no sentido de reconhecer competência à Administração Pública para desconsiderar a personalidade jurídica em situações de abuso da personalidade, que devem ser identificadas caso a caso, de acordo com as suas particularidades. Nesse passo, em acordo com a jurisprudência, a desconsideração da personalidade jurídica não pode ser objetiva e automática nem prescindir do abuso da personalidade.

O ambiente de negócios no Brasil é bastante criticado em razão da insegurança jurídica e da falta de previsibilidade para a atuação empresarial. Em reação, fez-se a Lei nº 13.874/2019, que institui a Declaração de Direitos de Liberdade Econômica, mirando a proteção à livre iniciativa e ao livre exercício da atividade econômica. Dentro dela, promoveram-se alterações no Código Civil, notadamente com a inclusão do seu artigo 49-A e nova redação ao seu artigo 50. Transcreve-se:

> Art. 49-A. A pessoa jurídica não se confunde com os seus sócios, associados, instituidores ou administradores.
> Parágrafo único. A autonomia patrimonial das pessoas jurídicas é um instrumento lícito de alocação e segregação de riscos, estabelecido pela lei com a finalidade de estimular

---

43 STJ, Segunda Turma. RMS nº 15.166/BA. Rel. Min. Castro Meira, j. 7.8.2003.

empreendimentos, para a geração de empregos, tributo, renda e inovação em benefício de todos.
Art. 50. Em caso de abuso da personalidade jurídica, caracterizado pelo desvio de finalidade ou pela confusão patrimonial, pode o juiz, a requerimento da parte, ou do Ministério Público quando lhe couber intervir no processo, desconsiderá-la para que os efeitos de certas e determinadas relações de obrigações sejam estendidos aos bens particulares de administradores ou de sócios da pessoa jurídica beneficiados direta ou indiretamente pelo abuso.
§1º Para os fins do disposto neste artigo, desvio de finalidade é a utilização da pessoa jurídica com o propósito de lesar credores e para a prática de atos ilícitos de qualquer natureza.
§2º Entende-se por confusão patrimonial a ausência de separação de fato entre os patrimônios, caracterizada por:
I - cumprimento repetitivo pela sociedade de obrigações do sócio ou do administrador ou vice-versa;
II - transferência de ativos ou de passivos sem efetivas contraprestações, exceto os de valor proporcionalmente insignificante; e
III - outros atos de descumprimento da autonomia patrimonial.
§3º O disposto no caput e nos §§1º e 2º deste artigo também se aplica à extensão das obrigações de sócios ou de administradores à pessoa jurídica.
§4º A mera existência de grupo econômico sem a presença dos requisitos de que trata o caput deste artigo não autoriza a desconsideração da personalidade da pessoa jurídica.
§5º Não constitui desvio de finalidade a mera expansão ou a alteração da finalidade original da atividade econômica específica da pessoa jurídica.

O artigo 49-A do Código Civil foi categórico em distinguir a personalidade da pessoa jurídica da dos seus sócios, associados, instituidores ou administradores. A regra é que obrigações, direitos e ônus das pessoas jurídicas não se transmitem aos seus sócios, associados, instituidores ou administradores. Da mesma forma, obviamente, obrigações, direitos e ônus dos sócios, associados, instituidores ou administradores não se transmitem para as pessoas jurídicas.

A exceção é a desconsideração da personalidade jurídica, o que depende, consoante a prescrição do artigo 50 do Código Civil, da configuração do abuso da personalidade, o que se vislumbra pelo desvio de finalidade ou confusão patrimonial.[44] Fique igualmente assentado que a regra é a separação das personalidades da pessoa jurídica da dos seus sócios e das demais pessoas físicas que tenham relação com ela e a exceção é a desconsideração da personalidade jurídica.

Fazem-se todas essas considerações para deixar claro que a desconsideração da personalidade jurídica não é algo que possa ser automatizado, ainda que haja coincidência de sócios entre empresa apenada e empresa que participa de licitação ou ainda que elas

[44] "Esse entendimento vem de muito tempo: 'A personalidade jurídica da sociedade não se confunde com a personalidade jurídica dos sócios. Constituem pessoas distintas. Distintos também os direitos e obrigações. O sócio, por isso, não pode postular em nome próprio direito de entidade. Ilegitimidade ativa *ad causam*' (STJ. MS nº 469, Primeira Seção. Rel. Min. Luiz Vicente Cernicchiaro, j. 09/10/1990). A sociedade transforma-se em novo ser, estranho à individualidade das pessoas que participam de sua constituição, dominando um patrimônio próprio, possuidor de órgãos de deliberação e execução que ditam e fazem cumprir a sua vontade. Seu patrimônio, no terreno obrigacional, assegura sua responsabilidade direta em relação a terceiros. Os bens sociais, como objetos de sua propriedade, constituem a garantia dos credores, como ocorre com os de qualquer pessoa natural" (REQUIÃO, Rubens. *Curso de direito comercial*. 25. ed. São Paulo: Saraiva, 2003. v. 1. p. 373).

façam parte do mesmo grupo econômico. Esses fatos podem ser considerados indícios de abuso de personalidade, mas não são suficientes para configurá-lo. Repita-se que o §4º do artigo 50 do Código Civil adverte que "a mera existência de grupo econômico sem a presença dos requisitos de que trata o *caput* deste artigo não autoriza a desconsideração da personalidade da pessoa jurídica". Em sintonia fina, o §1º do artigo 14 da Lei nº 14.133/2021 admite a desconsideração da personalidade jurídica, inclusive com menção expressa às relações entre empresas controladora, controlada ou coligada, "[...] desde que devidamente comprovado o ilícito ou a utilização fraudulenta da personalidade jurídica do licitante".[45]

Menciona-se, também em harmonia, que o artigo 14 da Lei nº 12.846/2013 (Lei Anticorrupção) prescreve o seguinte:

> Art. 14. A personalidade jurídica poderá ser desconsiderada sempre que utilizada com abuso do direito para facilitar, encobrir ou dissimular a prática dos atos ilícitos previstos nesta Lei ou para provocar confusão patrimonial, sendo estendidos todos os efeitos das sanções aplicadas à pessoa jurídica aos seus administradores e sócios com poderes de administração, observados o contraditório e a ampla defesa.

Registre-se que o artigo 50 do Código Civil autoriza o Judiciário a decretar a desconsideração da personalidade jurídica. Na mesma linha, os artigos 133 e seguintes do Código de Processo Civil instituem o incidente de desconsideração da personalidade jurídica, também processado na esfera judicial. As normas supracitadas tornaram controversa a competência da Administração Pública para desconsiderar a personalidade jurídica. O argumento é que a Administração teria que recorrer ao Poder Judiciário para decretar a desconsideração da personalidade jurídica.

Essa discussão bateu às portas do Supremo Tribunal Federal e o Ministro Celso de Mello proferiu liminar para suspender a desconsideração da personalidade jurídica decretada pela Administração Pública, porque reconheceu que o assunto é controverso e que é plausível a tese de que a competência seria exclusivamente do Poder Judiciário. Leia-se a parte final da decisão:

> Ocorre, no entanto, que razões de prudência e o reconhecimento da plausibilidade jurídica da pretensão deduzida pela parte impetrante impõem que se outorgue, na espécie, a pretendida tutela cautelar, seja porque esta Suprema Corte ainda não se pronunciou sobre a validade da aplicação da *disregard doctrine* no âmbito dos procedimentos administrativos, seja porque há eminentes doutrinadores, apoiados na cláusula constitucional da reserva de jurisdição, que entendem imprescindível a existência de ato jurisdicional para legitimar a desconsideração da personalidade jurídica (o que tornaria inadmissível a utilização dessa técnica por órgãos e Tribunais administrativos), seja porque se mostra relevante examinar o tema da desconsideração expansiva da personalidade civil em face do princípio da

[45] "Tal como hoje consagrada, a desconsideração da personalidade jurídica é aplicável nos casos em que se desvia a pessoa jurídica de sua legítima finalidade, o que caracteriza abuso de direito, com o fim de lesar terceiros ou violar a lei, a configurar fraude. Abuso e fraude são, portanto, os requisitos da aplicação. À falta de qualquer deles, não se admite a desconsideração" (PEREIRA JÚNIOR, Jessé Torres; DOTTI, Marinês Restelatto. A desconsideração da personalidade jurídica em face de impedimentos para participar de licitações e contratar com a Administração Pública: limites jurisprudenciais. *Revista do TCU*, set./dez. 2010. p. 47-69).

intranscendência das sanções administrativas e das medidas restritivas de direitos, seja, ainda, porque assume significativa importância o debate em torno da possibilidade de utilização da *disregard doctrine*, pela própria Administração Pública, agindo pro domo sua, examinada essa específica questão na perspectiva do princípio da legalidade.[46]

Ressalta-se que a decisão do Ministro Celso de Mello não afirma a incompetência da Administração Pública para decretar a desconsideração da personalidade jurídica. Ela se restringe a admitir a controvérsia e que a tese da reserva de jurisdição é plausível, sendo que essas considerações foram suficientes para o deferimento da liminar que suspendeu os efeitos da desconsideração da personalidade jurídica.

Em prestígio à decisão do Supremo Tribunal Federal, independentemente do mérito da controvérsia, seria recomendável que a Administração Pública passasse a postular em juízo a desconsideração da personalidade jurídica e não a decretasse por ato unilateral. Essa postura seria a mais consentânea com o princípio da segurança jurídica, em linha mais conservadora e mais protetiva do direito geral de participar de licitação pública e celebrar contrato administrativo.

Em relação ao mérito, defende-se que a Administração Pública goza sim do direito de desconsiderar a personalidade jurídica, sobretudo diante da autorização que lhe foi dada pelo §1º do artigo 14 da Lei nº 14.133/2021 e dos seus poderes extroversos que configuram os atributos de exigibilidade e autoexecutoriedade dos atos administrativos. A atuação da Administração Pública que causa gravames à esfera jurídica de terceiros não precisa ser mediada por decisão judicial. De mais a mais, os dispositivos do Código de Processo Civil referem-se a incidente que ocorre em processo judicial e não diz respeito a processo administrativo. Nessa direção, o artigo 50 do Código Civil autoriza o juiz a decretar a desconsideração da personalidade jurídica, porém, sem prescrever a ele uma espécie de competência exclusiva. O Código de Processo Civil e o Código Civil, pela literalidade dos seus dispositivos, não excluem a competência da Administração Pública.

Sem embargo, reconhecendo-se a competência da Administração Pública, não há discussão alguma sobre a necessidade da instauração de processo administrativo que assegure o contraditório e a ampla defesa.[47] Desde o *leading case* do Superior Tribunal de Justiça, foi assentado que a desconsideração da personalidade jurídica seria possível

---

[46] STF, Decisão Monocrática. MS nº 32.494/DF. Rel. Min. Celso de Mello, j. 11.11.2013.

[47] "PROCESSO ADMINISTRATIVO - RESTRIÇÃO DE DIREITOS - OBSERVÂNCIA NECESSÁRIA DA GARANTIA CONSTITUCIONAL DO "DUE PROCESS OF LAW" (CF, ARTIGO 5º, LV) - REEXAME DE FATOS E PROVAS, EM SEDE RECURSAL EXTRAORDINÁRIA - INADMISSIBILIDADE - RECURSO IMPROVIDO. RESTRIÇÃO DE DIREITOS E GARANTIA DO "DUE PROCESS OF LAW" - O Estado, em tema de punições disciplinares ou de restrição a direitos, qualquer que seja o destinatário de tais medidas, não pode exercer a sua autoridade de maneira abusiva ou arbitrária, desconsiderando, no exercício de sua atividade, o postulado da plenitude de defesa, pois o reconhecimento da legitimidade ético-jurídica de qualquer medida estatal - que importe em punição disciplinar ou em limitação de direitos - exige, ainda que se cuide de procedimento meramente administrativo (CF, artigo 5º, LV), a fiel observância do princípio do devido processo legal. A jurisprudência do Supremo Tribunal Federal tem reafirmado a essencialidade desse princípio, nele reconhecendo uma insuprimível garantia, que, instituída em favor de qualquer pessoa ou entidade, rege e condiciona o exercício, pelo Poder Público, de sua atividade, ainda que em sede materialmente administrativa, sob pena de nulidade do próprio ato punitivo ou da medida restritiva de direitos. Precedentes. Doutrina. NÃO CABE REEXAME DE FATOS E DE PROVAS EM RECURSO EXTRAORDINÁRIO. - Não cabe recurso extraordinário, quando interposto com o objetivo de discutir questões de fato ou de examinar matéria de caráter probatório, mesmo que o apelo extremo tenha sido deduzido em sede processual penal" (STF, Segunda Turma. AI em AgR nº 241.201/SC. Rel. Min. Celso de Mello, j. 27.8.2002).

"[...] desde que facultado ao administrado o contraditório e a ampla defesa em processo administrativo regular. - Recurso a que se nega provimento".[48] No âmbito do Supremo Tribunal Federal, a decisão liminar do Ministro Celso de Mello, da mesma forma, ressalvou:

> É preciso reconhecer, presente esse contexto, que a desconsideração da personalidade jurídica, como anteriormente assinalado, configura prática excepcional, cuja efetivação impõe ao Estado a necessária observância de postulados básicos como a garantia do *due process of law*, que representa indisponível prerrogativa de índole constitucional assegurada à generalidade das pessoas.[49]

O Tribunal de Contas da União não diverge:

> 9.5. recomendar à Secretaria de Logística e Tecnologia da Informação do Ministério do Planejamento, Orçamento e Gestão que:
> 9.5.3. oriente todos os órgãos/entidades do Governo Federal, caso nova sociedade empresária tenha sido constituída com o mesmo objeto e por qualquer um dos sócios e/ou administradores de empresas declaradas inidôneas, após a aplicação dessa sanção e no prazo de sua vigência, nos termos do o artigo 46 da Lei 8.443/92, a adotar as providências necessárias à inibição de sua participação em licitações, em processo administrativo específico, assegurado o contraditório e a ampla defesa a todos os interessados.[50]

O §1º do artigo 14 da Lei nº 14.133/2021 versa sobre a desconsideração da personalidade jurídica, dependente da configuração do abuso da personalidade, que deve ser precedida de processo administrativo, com observância do contraditório e da ampla defesa.[51]

---

48 STJ, Segunda Turma. RMS nº 15.166/BA. Rel. Min. Castro Meira, j. 7.8.2003.

49 STF. MS nº 32.494 DF. Rel. Min. Celso de Mello, j. 11.11.2013.

50 TCU, Plenário. Acórdão nº 495/2013. Rel. Min. Raimundo Carreiro, j. 13.3.2013.

51 "PROCESSO CIVIL – Mandados de segurança – Feitos reunidos, por conexão, para julgamento conjunto dos recursos – Inocorrência de perda de objeto (ou perda ulterior do interesse de agir) dos dois feitos – [...] APELAÇÕES – Licitação – Concorrência internacional para contratação da concessão administrativa da iluminação pública do Município de São Paulo – Exclusão de licitante (Consórcio Walks), em razão da extensão da sanção de inidoneidade aplicada pela CGU (a empresa Alumini) a uma pessoa jurídica integrante do Consórcio licitante (a empresa Quaatro), mediante desconsideração da personalidade jurídica, bem como por inabilitação decorrente de deficiência da garantia apresentada à proposta – Atos administrativos de exclusão processados e julgados pela Comissão Especial de Licitação (CEL) – Exclusão por inidoneidade pela CEL e, depois, ratificada pelo Secretário Municipal – Exclusão por inabilitação pela deficiência da garantia pelo Secretário Municipal, em recurso, após indeferimento pela CEL, observada, ainda, decisões anteriores sobre a matéria não desfavoráveis à licitante – Vício formal na exclusão por inidoneidade: falta de processo administrativo específico, com observância ao contraditório e à ampla defesa, instaurado, processado e julgado por autoridade competente indicada pela Lei nº 12.846/2013 (arts. 8º e 14) – [...] RECURSOS PROVIDOS, com modulação de efeitos" (TJSP, Primeira Câmara de Direito Público. Apelação Cível nº 1000100-46.2018.8.26.0635. Rel. Des. Vicente de Abreu Amadei, j. 11.12.2018).

2.6 Impedimento de participação de empresas controladoras, controladas ou coligadas

O inciso V do *caput* do artigo 14 da Lei nº 14.133/2021 reputa impedidas para participar de licitação "empresas controladoras, controladas ou coligadas, nos termos da Lei nº 6.404, de 15 de dezembro de 1976, concorrendo entre si".

O §2º do artigo 243 da Lei nº 6.404/1976 considera "controlada a sociedade na qual a controladora, diretamente ou através de outras controladas, é titular de direitos de sócio que lhe assegurem, de modo permanente, preponderância nas deliberações sociais e o poder de eleger a maioria dos administradores". O §1º do mesmo artigo define como "coligadas as sociedades nas quais a investidora tenha influência significativa". Em complemento, o §4º, também do artigo 243, esclarece que "há influência significativa quando a investidora detém ou exerce o poder de participar nas decisões das políticas financeira ou operacional da investida, sem controlá-la". Em arremate, o §5º do mesmo artigo presume a "influência significativa quando a investidora for titular de 20% ou mais do capital votante da investida, sem controlá-la".

A regra do inciso V do *caput* do artigo 14 da Lei nº 14.133/2021 excepciona a autonomia das pessoas jurídicas em relação às empresas controladoras, controladas ou coligadas. O impedimento de que trata não é condicionado ao abuso de personalidade ou à constatação de qualquer ato fraudulento. O legislador partiu do pressuposto de que as relações havidas entre empresas controladoras, controladas ou coligadas, considerando que há uma espécie de norte gerencial comum, as impedem de concorrer entre si em processo de licitação pública.

Veja-se que o inciso V do *caput* do artigo 14 da Lei nº 14.133/2021 refere-se às empresas controladoras, controladas ou coligadas, empregando as palavras no plural, e as impedindo de concorrer entre si. Isso significa que o impedimento não se configura apenas sob os ângulos da controladora/controlada ou investidora/coligada. No caso de uma *holding*, por exemplo, em que uma empresa exerce o controle (controladora) sobre várias outras empresas (controladas), a controladora não pode concorrer com as controladas e as controladas não podem concorrer entre si. A mesma lógica se aplica à relação entre investidora e coligadas. Ou seja, empresas controladas não podem concorrer entre si e empresas coligadas também não podem concorrer entre si.

O disposto no inciso V do *caput* do artigo 14 da Lei nº 14.133/2021 contraria a jurisprudência do Tribunal de Contas da União que foi desenvolvida com base na Lei nº 8.666/1993. Veja-se, por ilustração:

> 10. Conforme registrou a unidade técnica especializada, de fato, a jurisprudência desta Corte caminha no sentido de não considerar a participação de sociedades coligadas em um mesmo certame licitatório, por si só, um ato ilícito. Da mesma forma, uma interpretação teleológica da legislação, especialmente a do princípio da igualdade de condições a todos os interessados, leva ao entendimento de que a participação de empresas pertencentes a sócios comuns pode ser considerada regular, se atuarem de forma independente, sem arranjos que possam macular a competitividade do certame.[52]

[52] TCU, Plenário. Acórdão nº 1.539/2014. Rel. Min. Benjamin Zymler, j. 11.6.2014.

A leitura do Tribunal de Contas da União não pode ser replicada à Lei nº 14.133/2021, dado que o inciso V do *caput* do seu artigo 14 decreta o impedimento de "empresas controladoras, controladas ou coligadas, nos termos da Lei nº 6.404, de 15 de dezembro de 1976, concorrendo entre si". A vontade do legislador, expressa com clareza, é que empresas controladoras, controladas ou coligadas não podem mais participar da mesma licitação em lados opostos.

2.7 Impedimento de participação de pessoas condenadas judicialmente por exploração de trabalho infantil, por submissão de trabalhadores a condições análogas às de escravo ou por contratação de adolescentes nos casos vedados pela legislação trabalhista

O inciso VI do *caput* do artigo 14 da Lei nº 14.133/2021 considera impedida para participar de licitação e contratação:

> pessoa física ou jurídica que, nos 5 (cinco) anos anteriores à divulgação do edital, tenha sido condenada judicialmente, com trânsito em julgado, por exploração de trabalho infantil, por submissão de trabalhadores a condições análogas às de escravo ou por contratação de adolescentes nos casos vedados pela legislação trabalhista.

Salienta-se que a condenação deve ser judicial e transitada em julgado. Essa condenação judicial pode ser em qualquer esfera, cível ou criminal. Não basta a condenação administrativa, ainda que em decorrência de processo administrativo com todas as garantias relativas ao contraditório e à ampla defesa.

O impedimento prescrito no VI do *caput* do artigo 14 da Lei nº 14.133/2021 equivale à sanção judicial diante da prática dos ilícitos nele referidos, sanção esta com reflexos sobre a Administração Pública. Por exemplo, o artigo 12 da Lei nº 8.429/1992 prescreve que o condenado judicialmente por improbidade administrativa pode ser proibido de contratar com o Poder Público. O VI do *caput* do artigo 14 da Lei nº 14.133/2021 segue a mesma lógica de modo enviesado, considerando impedida de participar de licitação e contratação a pessoa condenada judicialmente por exploração de trabalho infantil, por submissão de trabalhadores a condições análogas às de escravo ou por contratação de adolescentes nos casos vedados pela legislação trabalhista.

Por fim, observa-se que o prazo dessa sanção do VI do *caput* do artigo 14 da Lei nº 14.133/2021 é de cinco anos, que começa a contar do trânsito em julgado da condenação. Pela letra da lei, se os cinco anos não se completarem quando da publicação do edital, a pessoa condenada está impedida de participar da licitação e da contratação. O parâmetro é a data da publicação do edital e não a data da abertura da licitação.

2.8 Restrições do Protocolo de Contratações Públicas do Mercosul aos impedimentos para participar de licitações e celebrar contratos administrativos

O Brasil é signatário do Protocolo de Contratações Públicas do Mercosul, promulgado pelo Decreto nº 12.299/2024, portanto incorporado ao ordenamento jurídico brasileiro. Ressalva-se que o Protocolo não se aplica, pelo menos não atualmente, para todas as licitações públicas e contratos administrativos da Administração Pública nacional. Ele somente se aplica, na forma do seu artigo 2º, para as entidades por si listadas e para os tipos de contratos nele previstos e cujos valores sejam iguais ou superiores aos valores de referência nele estabelecidos.[53] Remete-se o leitor, para uma contextualização mais apurada, ao capítulo 2. Nada obstante, é de salientar que o Protocolo somente se aplica para contratações acima de determinado patamar econômico, o que deve ser definido por cada Estado Parte. Alerte-se que, até o fechamento desta edição, o Brasil não definiu o valor a ser aplicado para si, de modo que, sem essa definição, embora promulgado, é inviável aplicar o Protocolo.

Pois bem, a finalidade do Protocolo de Contratações Públicas do Mercosul é assegurar o direito dos agentes econômicos dos Estados Partes de acessarem em igualdade os contratos públicos de todos os Estados Partes. Para tanto, o Protocolo prescreve uma série de normas para garantir esse propósito, dentre as quais as prescritas no seu artigo 16 sobre condições de participação:

> Artigo 16 - CONDIÇÕES DE PARTICIPAÇÃO
> 1. Cada Estado Parte deverá garantir que suas entidades:
> a) limitem as condições de participação àquelas essenciais para garantir que qualquer fornecedor tenha capacidade legal, comercial, técnica e financeira para atender os requisitos técnicos de contratação pública, que serão avaliados com base nas atividades comerciais globais de negociação do fornecedor.
> b) tomem como base para suas decisões sobre a qualificação dos eventuais fornecedores somente as condições de participação especificadas com antecedência nos avisos ou editais de licitação; e
> c) reconheçam como qualificados todos os fornecedores dos Estados Partes que atenderam às condições de participação em uma contratação pública coberta por este Protocolo.
> d) comuniquem prontamente a qualquer fornecedor que se tenha apresentado à qualificação a decisão de se este foi considerado qualificado. Quando uma entidade rejeitar uma solicitação de qualificação ou deixar de reconhecer um fornecedor qualificado, essa entidade deverá, a pedido do fornecedor, conceder-lhe prontamente uma explicação por escrito sobre os motivos de sua decisão.
> 2. Poderá ser exigida dos prestadores a comprovação de experiência anterior compatível com o objeto da contratação, em característica e quantidade, inclusive com respeito às instalações, aos equipamentos e ao pessoal técnico disponível para a execução do contrato, quando a complexidade do serviço exigir.
> 3. Nenhuma entidade poderá impor como condição para que um fornecedor possa participar de uma contratação pública coberta por este Protocolo a adjudicação prévia de um ou mais contratos por uma entidade desse Estado Parte ou que esse fornecedor tenha experiência prévia de trabalho no território desse Estado Parte.
> 4. Nenhuma das disposições incluídas nos parágrafos acima impedirá que uma entidade exclua um fornecedor por motivos como falência, liquidação ou insolvência, declarações falsas ou descumprimento de obrigações fiscais dentro de um processo de contratação pública,

---

[53] Art. 2º [...] 1. Este Protocolo é aplicável às contratações públicas realizadas pelas entidades listadas no Anexo I "Entidades", por qualquer meio contratual, para a aquisição de bens e serviços listados nos Anexos II "Bens", III "Serviços" e IV "Serviços de Construção", respectivamente, cujo valor seja igual ou superior aos patamares estabelecidos no Anexo V "Patamares" sem prejuízo do disposto no Anexo VI "Notas Gerais".

deficiências significativas no cumprimento de uma obrigação sujeita a um contrato anterior ou sanções que o tornem inapto para celebrar contratos com entidades dos Estados Partes.

O artigo supracitado pretende evitar que Estados Partes se valham de eventuais artifícios tocantes às condições de participação nas licitações para não dar aplicação às suas normas e privilegiar agentes econômicos nacionais em detrimento dos oriundos dos demais Estados Partes. Portanto, agentes econômicos dos Estados Partes, signatários do Protocolo e para os quais ele é vigente, gozam do direito de que as condições de acesso às licitações públicas e contratos administrativos sejam limitadas "[...] àquelas essenciais para garantir que qualquer fornecedor tenha capacidade legal, comercial, técnica e financeira para atender os requisitos técnicos de contratação pública, que serão avaliados com base nas atividades comerciais globais de negociação do fornecedor" (alínea "a" do item 1 do artigo 16). Para além da capacidade legal, comercial, técnica e financeira, é permitido excluir da licitação "[...] fornecedor por motivos como falência, liquidação ou insolvência, declarações falsas ou descumprimento de obrigações fiscais dentro de um processo de contratação pública, deficiências significativas no cumprimento de uma obrigação sujeita a um contrato anterior ou sanções que o tornem inapto para celebrar contratos com entidades dos Estados Partes" (item 4 do artigo 16).

Sob essa premissa, agente econômico de Estado Parte não pode ser impedido de participar de licitação pública por qualquer condição que não seja pertinente à sua capacidade legal, comercial, técnica e financeira, à exceção de questões relacionadas à falência, liquidação e insolvência (que remete à capacidade financeira) e a alguma penalidade que o impeça de participar da licitação. Nos termos do Protocolo, não são permitidas outras condições de participação.

Sendo assim, parte das normas da Lei nº 14.133/2021 sobre impedimentos à participação em licitação e à contratação não é compatível com o Protocolo de Contratações Públicas do Mercosul, notadamente as relacionadas aos conflitos de interesse de autor de projeto ou equivalente (incisos I e II do artigo 14 da Lei nº 14.133/2021), bem como em razão de vínculo de natureza técnica, comercial, econômica, financeira, trabalhista ou civil e de parentesco (inciso IV do artigo 14 da Lei nº 14.133/2021) e as pertinentes à participação de empresas controladoras, controladas ou coligadas (inciso V do artigo 14 da Lei nº 14.133/2021). Daí a conclusão que, para as licitações promovidas pelas entidades listadas no Protocolo e para os contratos por ele abrangidos, não é permitido afastar licitantes por condições diversas das preceituadas no seu artigo 16.

3 Participação de empresas em consórcio

3.1 Discricionariedade para permitir a participação de empresas em consórcio

O consórcio constitui associação temporária entre duas ou mais pessoas para um empreendimento específico, disciplinado pelos artigos 278 e 279 da Lei nº 6.404/1976. O consórcio não tem personalidade jurídica própria, não é pessoa diferente dos seus integrantes. Em que pese isso, ele goza de personalidade judicial, é obrigatória a inscrição no Cadastro Nacional de Pessoas Jurídicas (CNPJ) e seus atos devem ser arquivados na junta comercial. Portanto, o consórcio não desvela uma associação definitiva e permanente. Ele representa uma espécie de soma de esforços entre pessoas diferentes para a execução de um empreendimento específico e, neste passo, desfaz-se após a execução do sobredito empreendimento.

O *caput* do artigo 15 da Lei nº 14.133/2021 deixa claro que admitir ou não a participação de empresas em consórcio é ato discricionário da Administração: "Salvo vedação devidamente justificada no processo licitatório, pessoa jurídica poderá participar de licitação em consórcio, observadas as seguintes normas: [...]". Portanto, a regra é que as empresas possam participar de licitação reunidas em consórcio. A exceção é a proibição à participação de empresas reunidas em consórcio, o que demanda motivação.[54]

De toda sorte, o ato discricionário de permitir ou não a participação de empresas em consórcio deve ser motivado em interesse público. E, é de ressaltar, mesmo em tese, que, salvo casos excepcionais, a participação de empresas em consórcio favorece o interesse público.

A principal vantagem da participação dos consórcios diz respeito ao estímulo e à ampliação da competitividade. Ocorre que, como será comentado adiante, no capítulo destinado à fase de habilitação, o inciso III do *caput* do artigo 15 prescreve ao consórcio o direito de somar os quantitativos de cada consorciado para efeito de qualificação técnica e os valores de cada consorciado para efeito de qualificação econômico-financeira. Em termos práticos, muitas vezes, empresas sozinhas não conseguem atender às condições de habilitação técnica e econômico-financeira exigidas no edital. Entretanto, reunidas em consórcio conseguem, somando-se as suas experiências técnicas e qualificação econômico-financeira.

As vantagens de permitir a participação de empresas em consórcio são ainda mais salientes em relação às licitações de maior complexidade e de maior expressão econômica. Não raro o objeto da licitação exige dos licitantes o domínio de técnicas e a realização de atividades de diversas áreas do conhecimento, que nem sempre são dispostas em conjunto pelas empresas atuantes no mercado. Ou seja, as empresas, sozinhas, não conseguem executar o objeto do edital. Entretanto, juntas, em consórcio, conseguem, cada uma executando a parte do edital correspondente à sua *expertise*. Também em relação às licitações de maior expressão econômica, pode suceder que as empresas atuantes no mercado, sozinhas, não disponham dos recursos econômicos necessários para a execução do objeto do contrato. Por outro lado, juntas, reunidas em consórcio, somam os seus recursos econômicos, o que viabiliza a execução das obrigações contratuais.[55]

---

[54] Nesse sentido, precedente do Superior Tribunal de Justiça, que versa sobre a Lei nº 8.666/1993 e que tem aderência à Lei nº 14.133/2021: "VIII - Em atenção aos princípios da isonomia e da escolha da proposta mais vantajosa, considerando que o Edital prevê a prestação de serviços diversos, não há razão para se vedar a participação de empresas sob consórcio. Tal vedação não atende aos princípios norteadores da *licitação*; logo, deve ser afastada do Edital. IX - Também como bem ressaltado na sentença "não se trata de critério discricionário do Administrador Público, mas de um princípio jurídico que deve ser mantido". Ademais, não consta no edital nenhuma motivação jurídica e legal para se vedar a participação de consórcio de empresas" (STJ, Segunda Turma. AgInt nos EDcl no REsp nº 1.455.704/RS. Rel. Min. Francisco Falcão, j. 16.3.2023).

[55] "Cabe ao gestor, em sua discricionariedade, a decisão de admitir, ou não, a participação de empresas organizadas em consórcio na licitação, contudo, na hipótese de objeto de grande vulto ou complexidade que tornem restrito o universo de possíveis licitantes, fica o Administrador obrigado a prever a participação de consórcios no certame com vistas à ampliação da competitividade e à obtenção da proposta mais vantajosa" (TCU, Plenário. Acórdão nº 1.094/2004. Rel. Min. Augusto Sherman, j. 4.8.2004).

Pondera-se, entretanto, que, a depender da situação, a previsão da participação de empresas em consórcio pode ser prejudicial ao interesse público. Isso ocorre, normalmente, diante de mercados restritos, em que se constata a atuação de poucas empresas, que são bem estruturadas e que, sozinhas, conseguem atender ao edital. Por exemplo, a Administração quer contratar serviço que pressupõe tecnologia sofisticada e restrita. Na etapa preparatória da licitação, a Administração identificou que apenas três grandes empresas dispõem dessa tecnologia – portanto, a competição é aprioristicamente restrita, dá-se entre essas três empresas apenas. Se a Administração permite a formação de consórcios, pode ser que essas poucas empresas, em vez de disputar entre si, formem consórcios, por suposição, dois consórcios ou, até mesmo, um apenas. Então, em vez de três licitantes, a Administração terá dois ou apenas um. Ou seja, nesse caso, a permissão de formação de consórcio pode desestimular a competição e, nessa medida, ser contrária ao interesse público.

Por isso que o legislador conferiu competência discricionária à Administração para permitir ou não a participação na licitação de empresas reunidas em consórcio. Na maioria dos casos é vantajoso para a Administração, daí a regra de permitir a participação de consórcio. Entretanto, repita-se, a depender da situação, a previsão de participação de empresas em consórcio pode ser desvantajosa para a Administração. Então, ainda que excepcionalmente, com as devidas justificativas, como exige o *caput* do artigo 15 da Lei nº 14.133/2021, pode-se proibir a participação em licitação de empresas reunidas em consórcio.

Por derradeiro, o inciso IV do *caput* do artigo 15 da Lei nº 14.133/2021 impede que uma mesma empresa participe de mais de um consórcio na mesma licitação. Relembre-se que o consórcio não é pessoa diferente dos seus integrantes, ele é a soma dos seus integrantes. Portanto, se uma empresa participasse de mais de um consórcio na mesma licitação, ela estaria participando duas vezes na mesma licitação. É como se ela fosse replicada, valesse por dois e concorresse consigo mesma.

3.2 Limitação da quantidade de integrantes do consórcio e do percentual de participação das empresas consorciadas

É usual que editais admitam a participação de consórcio, porém estabeleçam limites à quantidade de empresas consorciadas ou estabeleçam percentuais mínimos de participação das empresas no consórcio. O §4º do artigo 15 da Lei nº 14.133/2021 prescreve que, "desde que haja justificativa técnica aprovada pela autoridade competente, o edital de licitação poderá estabelecer limite máximo para o número de empresas consorciadas".

Vale a máxima lógica de que quem pode o mais, pode o menos. Ora, se o legislador conferiu competência discricionária para a Administração decidir se permite ou não a participação de consórcios, conferiu também competência para regrar tais consórcios, especialmente, estabelecer-lhes limites, desde que haja justificativa em interesse público.[56]

Pode-se justificar a limitação de consorciados em razão do fato de que quantidade expressiva deles amplia os riscos de falhas na execução do objeto do contrato, haja vista

[56] A fixação, no edital, do número máximo de empresas integrantes de consórcio deve ser devidamente justificada no processo licitatório (TCU, Plenário. Acórdão nº 1.852/2019. Rel. Min. Raimundo Carreiro, j. 7.8.2019).

que a gestão e as responsabilidades são pulverizadas. Também serve como justificativa o fato de que consórcios com muitos consorciados podem implicar restrições à competição, haja vista que as empresas, em vez de participarem sozinhas ou em vários consórcios e concorrerem entre si, podem reunir-se em um grande consórcio e esvaziar a competição.

Há de se ponderar, nos casos concretos, as particularidades do objeto de cada licitação e do mercado que lhe atende. Por exemplo, o objeto da licitação envolve duas atividades que costumam ser executadas por empresas distintas. Sendo duas atividades distintas, faz sentido que a quantidade de consorciados seja limitada a duas ou três empresas, que não passe muito disso. A Administração, em princípio, não ganha nada com consórcio formado por cinco empresas. A competência discricionária outorgada pelo legislador presta-se justamente a essa finalidade, oferecendo aberturas para que a Administração decida o modelo mais apropriado para cada caso.

No mesmo sentido, ainda que não previsto expressamente na Lei nº 14.133/2021, à Administração é permitido estabelecer o percentual mínimo de participação para os integrantes do consórcio, desde que também haja justificativa em interesse público. Demais disso, a fixação de percentual mínimo vale como limitação da quantidade de consorciados. Ora, se o edital prevê participação mínima de 30%, admite-se até três consorciados.

A depender do caso, o interesse público não seria atendido com a participação em percentual ínfimo de algumas empresas no consórcio. Afora os problemas de gerenciamento de contrato, ocorre, muitas vezes, que empresa quer participar de licitação, porém não possui os atestados de capacidade técnica exigidos. Então, ela procura uma outra empresa, que possui os atestados técnicos, e lhe oferece vantagem, às vezes, pagamento direto, apenas para que ela participe do consórcio com percentual ínfimo, de maneira a emprestar os seus atestados técnicos sem obrigação de verdadeiramente participar da execução do contrato. Ou seja, nesse caso, o consórcio é instrumento para que a empresa sem qualificação técnica consiga ser habilitada, quase como se fosse instrumento para o aluguel de atestados técnicos. No final das contas, a consorciada inexperiente toma a frente da execução do objeto do contrato e a consorciada experiente não participa dela. Ao exigir percentual mínimo de participação no consórcio, evita-se essa prática, fazendo com que o consórcio seja formado por empresas realmente comprometidas com a execução do contrato, que é o que interessa para a Administração Pública.

3.3 A constituição do consórcio e regras internas de funcionamento

As empresas que pretendem participar da licitação em consórcio devem firmar compromisso público ou particular de constituição de consórcio, na forma do inciso I do *caput* do artigo 15 da Lei nº 14.133/2021. Posteriormente, na linha do enunciado no §3º do mesmo artigo 15, se se sagrarem vencedoras da licitação, são obrigadas a promover, antes da celebração do contrato, a constituição e o registro do contrato do consórcio, que não pode destoar do compromisso firmado por ocasião da licitação.

Esses instrumentos devem tratar das regras sobre o consórcio, quais as obrigações e os direitos de cada uma das empresas consorciadas. Deve-se reconhecer liberdade para que as empresas pactuem livremente as obrigações e os direitos no âmbito interno do consórcio, de acordo com o que melhor lhes aprouver, desde que em consonância com a legislação e com as condições estabelecidas no edital.

Sem embargo, as disposições contidas no artigo 15 da Lei nº 14.133/2021 prescrevem algumas balizas que devem ser observadas pelas empresas consorciadas, por ordem, a seguir.

3.3.1 Responsabilidade solidária

De plano, é fundamental encarecer que a responsabilidade dos integrantes do consórcio perante a Administração e terceiros é solidária, conforme exige o inciso V do *caput* do artigo 15 da Lei nº 14.133/2021. Entre as empresas consorciadas, há o direito de regresso. Portanto, as empresas consorciadas devem ser vigilantes em relação ao cumprimento das obrigações umas das outras. Ainda que o documento constitutivo do consórcio deixe claro que dada empresa integrante do consórcio deve executar determinada parcela do objeto do contrato, se ela não o fizer adequadamente e causar prejuízos, todas as empresas que compõem o consórcio são responsáveis pelos sobreditos prejuízos perante a Administração e terceiros.

A imposição por lei da responsabilidade solidária dos integrantes do consórcio é medida que o desestimula, especialmente os que se pretende formar com empresas estrangeiras, que costumam ser mais reticentes.

Explica-se melhor. Fala-se de consórcios homogêneos e heterogêneos. O homogêneo é composto por empresas dedicadas às mesmas finalidades, logo, em que os consorciados assumem internamente e em conjunto todas as obrigações contratuais. O consórcio heterogêneo é formado por empresas dedicadas a atividades diferentes, portanto, pactua-se internamente que cada consorciado é responsável pela execução de parcela(s) distinta(s) do objeto contratual. Ora, a responsabilidade solidária faz todo sentido para os consórcios homogêneos, em que todos os consorciados fazem tudo, em que não se pode apartar o que cabe a um e o que cabe aos outros. Porém, não faz qualquer sentido nos consórcios heterogêneos.

Por exemplo, suponha-se licitação para a construção de uma usina. Há a parte de construção civil e a parte de instalação dos equipamentos, como turbinas e transformadores. Daí, forma-se consórcio entre empresa especializada na parte de construção civil e outra que vende e instala os equipamentos. Então, o consórcio é do tipo heterogêneo, cada uma das empresas consorciadas faz a sua parte. Pelo teor do inciso V do *caput* do artigo 15 da Lei nº 14.133/2021, ambas as empresas são responsáveis por tudo, uma é responsável pela outra. Isto, repita-se, desestimula o consórcio, porque, muitas vezes, uma empresa não admite gerenciar os riscos sobre atividade de outra empresa.[57] Melhor seria que as empresas pudessem pactuar as suas responsabilidades perante a Administração e terceiros de acordo com as obrigações assumidas no consórcio, ao menos nos consórcios do tipo heterogêneo.

---

[57] Não cabe desconsiderar a responsabilidade solidária das empresas consorciadas por atos praticados pelo consórcio ao longo da execução contratual, na forma disciplinada pelo artigo 33, inciso V, da Lei 8.666/1993, ainda que alguma delas não tenha, de fato, participado da execução do objeto (TCU, Plenário. Acórdão nº 2.861/2018. Rel. Min. Augusto Sherman, j. 5.12.2018).

A despeito dessas considerações, é conveniente advertir que a responsabilidade solidária é limitada à indenização dos prejuízos causados à Administração ou a terceiros pelo consórcio. Ela não justifica, por exemplo, a aplicação de sanções administrativas de maneira uniforme ou sem a garantia do direito de defesa para as empresas consorciadas individualmente, sobremodo se elas, individualmente, estão sujeitas às penalidades.

Pedro Henrique Braz de Vita tece comentários sobre a responsabilidade das empresas integrantes de consórcio e sobre o princípio da pessoalidade da sanção. Confira-se:

> O princípio da pessoalidade da sanção, como regra, impediria que a responsabilidade solidária se estendesse à esfera jurídica administrativa (a exceção ficaria por conta das sanções reais), limitando sua incidência à esfera cível. Dito de outro modo, a Administração, ao tomar as providências aptas a dar efetividade ao artigo 33, inc. V, da Lei de Licitações, teria que se limitar a exigir, de forma solidária, possível indenização em virtude de danos a ela causados durante a execução do contrato administrativo e o pagamento de multas devidas pelas empresas unidas em consórcio.
>
> Desse modo, a responsabilidade solidária existente entre as empresas unidas em consórcio, da forma prevista na Lei nº 14.133/2021, não serviria de fundamento para a aplicação de sanções subjetivas a todos os seus integrantes, em virtude de ato praticado por apenas um deles. [...]
>
> A síntese dos argumentos anteriormente apresentados, voltada à construção de uma proposta de solução para a questão, deve ter início na separação entre a possibilidade de serem aplicadas sanções a todas as empresas unidas em consórcio, por afronta a um dever contratual principal, cometida por apenas uma delas, durante a fase de licitação ou na execução do contrato, e o fundamento jurídico para assim se proceder.
>
> A inviabilidade de a Administração exercer seu *ius puniendi* em face de todos os integrantes do consórcio é procedente no que tange à inadequação do uso da responsabilidade solidária como fundamento jurídico para esses fins.
>
> De fato, interpretar o artigo 33, inc. V, da Lei nº 14.133/2021 de modo a estender a solidariedade ali prevista à esfera jurídica administrativa, utilizando-a como justificativa para gravar com ônus pessoais todos os integrantes de um consórcio, é contrariar a própria natureza de exceção da responsabilidade solidária e a consequente presunção contrária à sua existência, reforçada no âmbito administrativo pelos princípios da legalidade e da tipicidade, norteadores do direito sancionatório.
>
> Além disso, o princípio da pessoalidade da sanção, previsto no artigo 5º, inc. XLV, da Constituição Federal, por engendrar direito fundamental, deve ser interpretado de forma ampliativa, o que torna inconstitucional a utilização da responsabilidade solidária visando à transmissão de sanções administrativas (ao menos no que diz respeito às chamadas sanções subjetivas, que gravam a própria pessoa do infrator). [...]
>
> Assim, a Administração, ao instaurar o processo administrativo destinado a apurar as razões que levaram ao inadimplemento do contrato firmado entre ela e determinado consórcio, deverá sopesar o ato praticado por cada um dos integrantes (se comissivo ou omissivo), o quanto a prática desses atos colaborou para a consecução do inadimplemento (se afrontou dever primário ou lateral) e, ainda, a dimensão da lesão decorrente desse evento para, com base nisso, e sob a luz do princípio da razoabilidade, fixar as sanções subjetivas aplicáveis a cada uma das empresas.
>
> A responsabilidade solidária prevista no artigo 33, inc. V, da Lei nº 14.133/2021, por sua vez, serviria apenas como fundamento para a possibilidade de opor a qualquer das empresas integrantes do consórcio, o direito de perceber indenização em virtude dos danos

patrimoniais decorrentes do inadimplemento contratual, ou ainda, o direito de perceber montante decorrente de multas contratuais (sanções reais) eventualmente aplicadas.[58]

A responsabilidade solidária é instituto de direito civil e é circunscrita à indenização dos prejuízos causados. É evidente que não cabe estender a responsabilidade solidária para a aplicação de sanções, que depende de culpa individualizada.[59] A propósito, o Tribunal de Contas da União não diverge:

> 30. Embora haja evidências nos autos de que a sociedade empresária [construtora] obteve informações privilegiadas de agentes públicos da Petrobras acerca do orçamento estimativo do certame e que estabeleceu tratativas com dirigentes da companhia para aumentá-lo (item 25, letra c, supra), não há prova nos autos de que a sociedade empresária [empresa] tomou parte desse ajuste ou mesmo que teve ciência de sua ocorrência.
> 31. A propósito, cabe advertir que a condição de consorciada por si só não é apta a subsidiar a aplicação de sanção por fraude à licitação, caso os ilícitos tenham sido cometidos por outra empresa integrante de consórcio. Tal assertiva decorre do caráter personalíssimo da pena, segundo o qual nenhuma sanção passará da pessoa do condenado, conforme o artigo 5º, inciso XLV, da Constituição.[60]

Pois bem, a responsabilidade solidária das empresas integrantes de consórcio enfraquece a segurança jurídica e desestimula a formação de consórcios. Em que pese isso, é consagrada de maneira unívoca no inciso V do *caput* do artigo 15 da Lei nº 14.133/2021. De toda sorte, ela não deve ser concebida de forma absoluta, como se as empresas consorciadas individualmente não pudessem deduzir qualquer espécie de direito em face da Administração. A responsabilidade solidária está limitada às perdas e aos danos e não abrange as sanções administrativas, que, se aplicadas individualmente sobre as empresas consorciadas, demandam processo administrativo, com garantia individual de contraditório e ampla defesa, bem como que as sanções sejam individualizadas (princípio da individualização das penas, previsto no inciso XLVI do artigo 5º da Constituição Federal, e da pessoalidade das sanções, no inciso XLV do mesmo artigo).

---

[58] DE VITA, Pedro Henrique Braz. Os limites da responsabilidade solidária de empresas reunidas em consórcio no âmbito das contratações públicas. *ILC – Informativo de Licitações e Contratos*, Curitiba, nº 226, p. 1221-1228, dez. 2012.

[59] O Tribunal Regional Federal da 3ª Região já reconheceu que, inobstante a responsabilidade solidária das empresas consorciadas, elas gozam de legitimidade para, individualmente, contestar penalidade administrativa que lhes é aplicada pela Administração, conforme se depreende da ementa: "ADMINISTRATIVO. PROCESSO CIVIL. LICITAÇÃO. EMPRESAS CONSORCIADAS. LEGITIMIDADE ATIVA. ANULAÇÃO DE SENTENÇA. 1. O consórcio não tem personalidade jurídica, de modo que cada empresa que se reúne mantém sua personalidade própria, sob a liderança de uma delas, que apenas se responsabiliza no trato com a Administração. 2. Embora reunidas em consórcio transitório, foram as empresas, por seus representantes legais, que realizaram toda a participação no procedimento licitatório, inclusive, quando ressalvaram 'o direito de rever o critério adotado para fixação do preço na escritura'. 3. O ato administrativo teve repercussão direta na esfera de interesses jurídico e econômico das duas empresas autoras, não se podendo falar que elas estivessem em juízo pleiteando, em nome próprio, direito alheio. Legitimidade ativa reconhecida. 4. Limitaram-se as apelantes em pleitear o reconhecimento da sua legitimidade ativa e a consequente nulidade da sentença, pelo que inaplicável o §3º do artigo 515 do CPC. 5. Apelação provida" (TRF3, Quarta Turma. Apelação Cível nº 92.03.067429-2. Rel. Juiz Conv. Manoel Alvarez, j. 3.12.2003).

[60] TCU, Plenário. Acórdão nº 1.083/2019. Rel. Min. Benjamin Zymler, j. 15.5.2019.

3.3.2 Liderança

O inciso II do *caput* artigo 15 da Lei nº 14.133/2021 preceitua que o consórcio deve ser liderado por um dos seus integrantes, considerado responsável pela representação do consórcio.

Como dito, o inciso V do *caput* do mesmo artigo 15 prescreve que a responsabilidade dos integrantes do consórcio é solidária. Daí que a empresa líder não é a responsável pelo consórcio, ela apenas representa o consórcio – apenas isto. É o representante da empresa líder que assina documentos em nome do consórcio e que se apresenta perante a Administração e terceiros, inclusive ao Poder Judiciário e aos órgãos de controle, como interlocutor do consórcio.

É indevida qualquer outra espécie de ingerência do edital sobre as condições de liderança do consórcio afora a representação que é atribuída à empresa líder, porque impertinentes ao interesse público. De resto, para além da representação do consórcio, as empresas gozam de liberdade para dispor das regras que melhor lhes convierem. Inclusive, desde que sejam observadas as regras estabelecidas no edital e no contrato, é possível a alteração da empresa líder, se assim entenderem os consorciados.

É importante destacar que a empresa líder representa o consórcio, a coletividade. Portanto, em relação a atos pertinentes ao consórcio, a interação com a Administração dá-se por meio da empresa líder. Por outro lado, se, por exemplo, a Administração pretende produzir ato que afeta a esfera jurídica individual das consorciadas, então a Administração deve comunicar-se e proceder em relação a cada consorciada individualmente. É que a empresa líder atua como representante do consórcio e não como substituta das demais consorciadas. É elucidativa a distinção oferecida por Fredie Didier Júnior no que tange à representação e à substituição processual, que se aplica inteiramente em âmbito administrativo:

> Não se pode confundir, ainda, a substituição processual com a representação processual. Há representação processual quando um sujeito está em juízo em nome alheio, defendendo interesse alheio. O representante processual não é parte; parte é o representado. Note que o substituto processual é parte; o substituído não é parte processual, embora os seus interesses jurídicos estejam sendo discutidos em juízo. O substituto processual age em nome próprio defendendo interesse alheio. O representante processual atua em juízo para suprir a incapacidade processual da parte.[61]

A consorciada líder representa o consórcio, porque ele não é dotado de personalidade jurídica e, consequentemente, de capacidade postulatória perante a Administração, juízo ou terceiros, tal qual ocorre com o condomínio, a massa falida ou qualquer coletividade despersonalizada. Nesse sentido, insista-se, a consorciada líder não substitui as demais consorciadas nas hipóteses em que o assunto diz respeito às suas esferas jurídicas individuais. Daí que cada consorciada tem legitimidade para defender os seus interesses, inclusive, alegando exceções pessoais.[62]

---

[61] DIDIER JR., Fredie. *Curso de direito processual civil:* introdução ao direito processual civil, parte geral e processo de conhecimento. 19. ed. Salvador: Juspodivm, 2017. p. 400.

[62] Aliás, no tocante às exceções pessoais em matéria de responsabilidade solidária, preleciona Carlos Roberto Gonçalves que, "como a obrigação solidária é subjetivamente complexa, podem existir meios de defesa, exceções,

3.4 Acréscimo para a habilitação econômico-financeira de consórcio

O §1º do artigo 15 da Lei nº 14.133/2021 prescreve que "o edital deverá estabelecer para o consórcio acréscimo de 10% (dez por cento) a 30% (trinta por cento) sobre o valor exigido de licitante individual para a habilitação econômico-financeira, salvo justificação". Em complemento, o §2º do mesmo artigo ressalva que "o acréscimo previsto no §1º deste artigo não se aplica aos consórcios compostos, em sua totalidade, de microempresas e pequenas empresas, assim definidas em lei".

Não faz sentido exigir acréscimo para a habilitação econômico-financeira de consórcios em comparação com o exigido para os licitantes individuais. Ocorre que os requisitos de habilitação econômico-financeira devem ser formulados diante das obrigações financeiras do futuro contratado, de modo a medir se os licitantes que postulam o contrato têm ou não condições de executá-lo. É isso que está escrito, com todas as letras, na parte final do inciso XXI do artigo 37 da Constituição Federal. E o fato é que as obrigações financeiras decorrentes do contrato são as mesmas para contratada que seja constituída por consórcio ou que seja empresa individual. Por conseguinte, exigências de habilitação não devem variar em razão dos licitantes, até porque as obrigações contratuais não variam em razão dos licitantes ou do futuro contratado. Disso resulta que a norma estabelecida no §1º do artigo 15 da Lei nº 14.133/2021 é inconstitucional, por violação à parte final do inciso XXI do artigo 37 da Constituição Federal.

De todo jeito, em que pese a previsão desacertada e inconstitucional do §1º do artigo 15 da Lei nº 14.133/2021, é de ressaltar que ela não é obrigatória para todos os casos, dado que, na sua parte final, o legislador previu que ela pode ser excepcionada, desde que acompanhada de justificativas. Então, a competência é discricionária, como o é a competência para definir o percentual do acréscimo eventualmente exigido, que pode ser de 10% até 30%. A justificativa para a não previsão pode dizer respeito à desnecessidade por parte da Administração de exigir valores sobressalentes para a habilitação econômico-financeira dos consórcios diante do objeto da licitação e dos encargos que se projetam para a execução do contrato, que não são majorados em razão do fato de se contratar com consórcio ou com empresa individual.

3.5 Substituição de consorciado

O §5º do artigo 15 da Lei nº 14.133/2021 admite a substituição de consorciado, prática que tem sido usual:

---

particulares e próprias só a um, ou alguns, dos devedores. Aí, então, só o devedor exclusivamente atingido por tal exceção poderá alegá-la", e prossegue: "São as exceções pessoais, que não atingem nem contaminam o vínculo dos demais devedores. Assim, um devedor/outros devedores que se tenha(m) obrigado por erro, só poderá alegar esse vício de vontade em sua defesa. Os outros devedores, que se obrigaram sem qualquer vício, não podem alegar em sua defesa, a anulabilidade da obrigação, porque o outro coobrigado laborou em erro. Destarte, cada devedor pode opor em sua defesa, nas obrigações solidárias, as exceções gerais (todos os coobrigados podem fazê-lo), bem como as exceções que lhe são próprias, as pessoais. Assim, não pode o coobrigado, que se compromete livre e espontaneamente, tentar invalidar a obrigação, porque outro devedor entrou na solidariedade sob coação" (GONÇALVES, Carlos Roberto. *Direito civil brasileiro*: teoria geral das obrigações. 5. ed. São Paulo: Saraiva, 2008. v. II. p. 152).

> A substituição de consorciado deverá ser expressamente autorizada pelo órgão ou entidade contratante e condicionada à comprovação de que a nova empresa do consórcio possui, no mínimo, os mesmos quantitativos para efeito de habilitação técnica e os mesmos valores para efeito de qualificação econômico-financeira apresentados pela empresa substituída para fins de habilitação do consórcio no processo licitatório que originou o contrato.

O dispositivo não admite a substituição de consorciado na fase de licitação, apenas na de contrato.[63] Veja-se que a parte final do dispositivo se refere ao "[...] processo licitatório que originou o contrato". Ou seja, trata-se de situação em que o contrato já foi firmado, ele já teve origem.

O contrato é firmado com as empresas integrantes do consórcio. Por vezes, uma das empresas não consegue prosseguir, o que não importa que os demais não prossigam. Então, admite-se a substituição de empresa integrante de consórcio. Inclusive, destaca-se que não há qualquer óbice de a empresa substituída ser a líder do consórcio. Repita-se que, à vista do inciso II do *caput* do artigo 15 da Lei nº 14.133/2021, o líder apenas se diferencia dos demais consorciados porque goza da prerrogativa de representar o consórcio. Não há maior problema em alterar a consorciada com essa prerrogativa de representação.

Por derradeiro, noticia-se que a substituição pode ocorrer sem a anuência da consorciada a ser substituída. O Tribunal de Contas da União já tratou de caso em que a consorciada a ser substituída era a líder, que havia pleiteado a rescisão do contato, sem a concordância das demais consorciadas. Estas, as demais, se opuseram à rescisão e, para que o contrato tivesse continuidade, propuseram a substituição da empresa líder. O Tribunal de Contas da União não vislumbrou ilegalidade, nesse caso, na substituição da empresa líder.[64]

De mais a mais, é também permitida a extinção do consórcio e a assunção do contrato por uma das empresas consorciadas. Suponha-se consórcio formado por duas empresas, sendo que uma delas não pretende prosseguir com a execução do contrato. Se a consorciada remanescente atender às condições que lhe são exigidas, não há razão

---

[63] "9.1. dar ciência ao Departamento Nacional de Infraestrutura de Transportes, com fundamento no artigo 7º da Resolução-TCU 265/2014, sobre as seguintes falhas em editais de licitação de obras e serviços de engenharia, para que sejam adotadas medidas internas com vistas à prevenção de ocorrência de outras semelhantes: 9.1.1. autorização, no Edital 126/2014-11, para a substituição de empresa autora do projeto de engenharia em consórcio licitante, permitindo que o consórcio continue a participar da licitação, o que afronta o princípio da isonomia da licitação, indicado no artigo 37, XXI, da Constituição Federal de 1988, bem como o disposto no artigo 1º, §1º, inciso IV, da Lei 12.462/2011 c/c artigo 3º, §1º, inciso II, do Decreto 7.581/2011" (TCU, Primeira Câmara. Acórdão nº 3.276/2015. Rel. Min. Walon Alencar Rodrigues, j. 2.6.2015).

[64] "35. O ponto crucial desta Representação concerne na alteração feita por meio do 1º aditivo ao contrato, ocasionada pelo pedido de rescisão contratual da Representante, como empresa líder e participe com 50% do consórcio vencedor da licitação, cujo objeto era a execução das obras do metrô. 36. Por meio do aludido aditivo, foi alterada a denominação do consórcio contratado de [consórcio originário] para [novo consórcio] e modificada sua composição, pela substituição da [representante] pela [empresa 2], devendo-se ressaltar que, embora a empresa substituída não tenha manifestadamente consentido com essa alteração, havia, anteriormente, requerido a rescisão contratual. 37. A Lei 8.666/1993, ao permitir a participação de empresas em consórcio, o faz, em seu artigo 33, sob o requisito de que a responsabilidade dos integrantes pelos atos praticados em consórcio, tanto na fase de licitação quanto na de execução do contrato, é solidária. Portanto, é possível afirmar que, à vista da administração contratante, o consórcio é uma associação de sociedades, que, apesar de transitória e sem personalidade jurídica, representa uma unidade, e assim deve responder" (TCU, Plenário. Acórdao nº 2.130/2016. Rel. Min. Marcos Bemquerer, j. 17.8.2016).

para impedi-la de dar continuidade ao contrato, assumindo para si, isoladamente, a sua execução.

Advirta-se que a substituição da consorciada não pode causar prejuízo à Administração, por efeito do que é necessária a sua autorização e que, com a substituição, o consórcio mantenha as condições de habilitação, o que é reflexo do inciso XVI do *caput* do artigo 92 da Lei nº 14.133/2021, cujo teor prescreve "a obrigação do contratado de manter, durante toda a execução do contrato, em compatibilidade com as obrigações por ele assumidas, todas as condições exigidas para a habilitação na licitação, ou para a qualificação, na contratação direta".

A rigor, o §5º do artigo 15 prescreve que a empresa substituta possua, "no mínimo, os mesmos quantitativos para efeito de habilitação técnica e os mesmos valores para efeito de qualificação econômico-financeira apresentados pela empresa substituída para fins de habilitação do consórcio no processo licitatório que originou o contrato". Quer dizer que, conforme o texto supracitado, não basta atender ao exigido no edital, deve-se manter ou superar os mesmos quantitativos e valores da empresa que se retira do consórcio. Por exemplo, o edital exigiu quantitativo de 100 unidades para a qualificação técnica. O consórcio foi habilitado em razão da empresa A, que apresentou atestado com quantitativo de 200 unidades. Pretende-se substituir no consórcio a empresa A pela empresa B. Não basta, pela letra do §5º do artigo 15, que a empresa B apresente atestado com as 100 unidades exigidas no edital, terá que ser, no mínimo, de 200 unidades, para igualar a empresa A. Essa disposição do §5º do artigo 15 é inconstitucional, porque ofende a parte final do inciso XXI do artigo 37 da Constituição Federal, cujo teor propugna que somente se podem formular exigências de qualificação técnica e econômico-financeira indispensáveis ao cumprimento das obrigações. Ora, se o edital admitiu que a experiência de 100 unidades é suficiente, não há razão para exigir da empresa substituta a comprovação de 200 unidades, mais do que o necessário, conforme o juízo discricionário da Administração que se expressou no edital de licitação.

4 Participação de empresas estrangeiras

4.1 Licitação internacional

O inciso XXXV do artigo 6º da Lei nº 14.133/2021 define licitação internacional:

> licitação processada em território nacional na qual é admitida a participação de licitantes estrangeiros, com a possibilidade de cotação de preços em moeda estrangeira, ou licitação na qual o objeto contratual pode ou deve ser executado no todo ou em parte em território estrangeiro.

A licitação pública é aberta a todas as pessoas, físicas ou jurídicas, formadas com recursos nacionais ou estrangeiros, com sócios nacionais ou estrangeiros, que estejam constituídas de acordo com a legislação brasileira e que estejam autorizadas a funcionar em território nacional. A Administração Pública, no entanto, em exercício de competência discricionária, pode realizar licitação pública e permitir que dela participem pessoas estrangeiras não constituídas e não autorizadas a funcionar em território brasileiro. Nestes casos, está-se diante de licitação internacional.

Repita-se que a competência para realizar licitação internacional é discricionária, depende da avaliação de conveniência e oportunidade dos agentes administrativos, que devem levar em consideração as condições de mercado. Portanto, a Administração não é obrigada a adotá-la. Em linhas gerais, a licitação internacional é recomendável nas situações em que o objeto da licitação não é atendido por pessoas que operam no mercado nacional ou quando a competição no mercado nacional é muito restrita ou quando o objeto do contrato deve ser executado no todo ou em parte em território estrangeiro, como sinaliza o supracitado inciso XXXV do artigo 6º da Lei nº 14.133/2021.

É de registrar que, em acordo com o Protocolo de Contratações Públicas do Mercosul, promulgado pelo Decreto nº 12.299/2024, os agentes econômicos dos Estados Partes gozam do direito de acessarem em igualdade os contratos públicos de todos os Estados Partes. Portanto, agentes econômicos dos signatários do Protocolo, para os quais ele é vigente, podem participar livremente e em condições iguais às franqueadas aos nacionais, de licitações promovidas por qualquer outro Estado Parte, desde que signatário e para o qual o Protocolo seja vigente, sem que tal participação qualifique a respectiva licitação como internacional.[65]

4.2 Igualdade de condições para licitantes nacionais e estrangeiros

As empresas nacionais e as estrangeiras devem atender às exigências formuladas no edital. O §5º do artigo 52 da Lei nº 14.133/2021 prevê que "as propostas de todos os licitantes estarão sujeitas às mesmas regras e condições, na forma estabelecida no edital".

Sob essas luzes, o parágrafo único do artigo 70 da Lei nº 14.133/2021 estabelece que "as empresas estrangeiras que não funcionem no País deverão apresentar documentos equivalentes, na forma de regulamento emitido pelo Poder Executivo federal". Essa equivalência deve ser avaliada em cada caso, em conformidade com as exigências legais dos países de origem dos licitantes. Qualquer peculiaridade deve ser questionada e esclarecida pelo agente ou comissão encarregada de conduzir a licitação no tempo devido. Por sua vez, se o agente ou comissão encarregada de conduzir a licitação tiver dúvidas sobre os documentos que devem ser apresentados pelos licitantes estrangeiros, deve proceder a diligências junto às embaixadas e consulados respectivos.

De mais a mais, o §6º do artigo 52 da Lei nº 14.133/2021 preceitua:

> observados os termos desta Lei, o edital não poderá prever condições de habilitação, classificação e julgamento que constituam barreiras de acesso ao licitante estrangeiro, admitida a previsão de margem de preferência para bens produzidos no País e serviços nacionais que atendam às normas técnicas brasileiras, na forma definida no artigo 26 desta Lei.

Ou seja, à exceção da margem de preferência estabelecida no artigo 26 da Lei nº 14.133/2021, os licitantes nacionais e estrangeiros devem ser tratados com igualdade,

[65] Remete-se o leitor, para uma contextualização mais apurada, ao capítulo 2, tópico 3.2.

sem que se imponham a estrangeiros condições mais gravosas do que as exigidas dos brasileiros.

A recíproca é verdadeira, sendo que os brasileiros também não podem ser prejudicados. Qualquer facilidade prevista em prol de estrangeiro deve ser estendida também aos brasileiros.

Nesse sentido, o §1º do artigo 52 da Lei nº 14.133/2021 estabelece que, "quando for permitido ao licitante estrangeiro cotar preço em moeda estrangeira, o licitante brasileiro igualmente poderá fazê-lo". Dessa norma, defluem duas conclusões: a primeira é que é legal realizar licitação internacional e exigir dos licitantes cotação na moeda brasileira. A segunda, por isonomia, é que, se o licitante estrangeiro pode cotar em moeda estrangeira, o licitante brasileiro também pode. O §2º do artigo 52, contudo, prescreve que o pagamento ao licitante brasileiro deve ser realizado com a moeda brasileira e não com a estrangeira.

Na mesma toada de igualdade, o §3º do artigo 52 da Lei nº 14.133/2021 assegura que "as garantias de pagamento ao licitante brasileiro serão equivalentes àquelas oferecidas ao licitante estrangeiro". Os riscos, inclusive em relação ao inadimplemento da Administração, devem ser os mesmos para os nacionais e para os estrangeiros, sendo que, repita-se, facilidades oferecidas ao estrangeiro também devem ser oferecidas aos brasileiros.

O §4º do artigo 52 da Lei nº 14.133/2021 exige que "os gravames incidentes sobre os preços constarão do edital e serão definidos a partir de estimativas ou médias dos tributos".

Nota-se, de plano, que o dispositivo trata dos gravames de modo geral e não apenas dos tributários. Logo, devem ser previstos no edital todos os custos operacionais com os quais eventualmente a Administração tenha que arcar acaso contrate o licitante estrangeiro, como custos de fechamento de câmbio, despachantes, armazenamento e capatazia. Sucede que todos os custos reais, operacionais ou tributários, com os quais a Administração terá de arcar acaso contrate com estrangeiros, devem ser somados aos valores das suas propostas. Isso é necessário para que a Administração identifique verdadeiramente a proposta que lhe é mais vantajosa. Não faria sentido considerar o valor proposto pelo licitante estrangeiro sem os custos que terão que ser arcados pela Administração e que não teriam que ser arcados acaso a proposta fosse apresentada por licitante nacional. Essa avaliação, levando em consideração todos os custos reais incidentes sobre as propostas, operacionais e tributários, é obrigação da Administração.[66]

O §4º do artigo 52 da Lei nº 14.133/2201 não deve ser interpretado, no entanto, como se houvesse a obrigação da Administração de somar às propostas dos licitantes estrangeiros valores decorrentes de tributos devidos por empresas brasileiras, porém, que

[66] Nesse sentido: "9.3. dar ciência à Eletrobrás das seguintes irregularidades verificadas nos presentes autos, cuja constatação de reincidência em futuras ações de controle deste Tribunal poderá ensejar a aplicação de sanção aos responsáveis: 9.3.1. a ausência de previsão de equalização de propostas ofertadas por licitantes nacionais e estrangeiros, de forma a estimar o impacto de impostos e taxas alfandegárias incidentes sobre o processo de importação de produtos eventualmente adjudicados a licitantes de outros países, conforme verificado no Edital da Licitação Pública Internacional LPI 001/2012 do Projeto Energia +, configura desobediência aos princípios da isonomia, da eficiência e do julgamento objetivo da licitação, previstos no artigo 37, caput e inciso XXI, da Constituição Federal c/c artigo 42, §§4º e 5º, da Lei 8.666/93" (TCU, Plenário. Acórdão nº 2.238/2013. Rel. Min. José Jorge, j. 21.8.2013).

não lhe são incidentes e que não teriam que ser arcados pela Administração, porque não onerariam a proposta do licitante estrangeiro. Essa interpretação levaria a Administração a escolher a proposta menos vantajosa para si, o que seria inconstitucional porque seria incompatível com os princípios constitucionais da eficiência e da economicidade.[67]

Isso porque, em caso contrário, o referido §4º do artigo 52 poderia fazer com que a Administração arcasse com preços mais elevados. Por ilustração, imagine-se que licitante estrangeiro se submeta a regime tributário mais simples e com carga menos elevada que o licitante nacional, pelo que ele consegue oferecer à Administração proposta com preço bem vantajoso. Os tributos brasileiros não onerarão essa proposta estrangeira. Se a Administração, para promover uma suposta igualdade material, tivesse que acrescer ao valor da proposta do licitante estrangeiro o valor dos tributos que incidem sobre o licitante nacional, poderia fazer com que o valor final da proposta do estrangeiro supere o do nacional. No entanto, essa operação não representaria valores reais. A proposta seria onerada apenas para efeito de julgamento e não para efeito de contratação e pagamento. Ou seja, na realidade, os custos que a Administração teria com a proposta do licitante estrangeiro seriam inferiores. Daí que a Administração, repita-se, acabaria pagando mais caro, porque a proposta do licitante estrangeiro seria encarecida artificiosamente.

Então, deve-se interpretar o §4º do artigo 52 da Lei nº 14.133/2021 em harmonia com os princípios constitucionais da eficiência e da economicidade, no sentido de que, para efeitos de julgamento, devem ser acrescidos ao valor da proposta do licitante estrangeiro apenas os tributos e demais custos, inclusive operacionais, que realmente devem ser arcados pela Administração. Os tributos e demais custos que não devem ser arcados pela Administração não devem ser artificiosamente somados à proposta do licitante estrangeiro.

De mais a mais, seria complicadíssimo, quase inviável, promover uma ampla equalização de propostas de diferentes nacionalidades sob o aspecto tributário. Ora, empresas de diversas nacionalidades, submetidas a regimes tributários diversos, podem participar da licitação, sem que elas sejam conhecidas antecipadamente. Então, seria preciso compreender o sistema tributário da sede dos licitantes estrangeiros e compará-lo

[67] Em sentido oposto: "36. A Casa da Moeda do Brasil não conseguiu afastar a alegação de que as regras adotadas privilegiam licitantes estrangeiras em detrimento de licitantes nacionais, promovendo uma disputa desigual, sem justo motivo para isso. 37. Como já me manifestei anteriormente, apenas o fato de que haveria uma vantagem no preço obtido pela Casa da Moeda do Brasil não justifica o procedimento, pois o ganho econômico da empresa pública seria confrontado pela perda de arrecadação da União, com a contratação de uma empresa estrangeira. 38. Em outras palavras, embora as desonerações tributárias pudessem favorecer num primeiro momento a Casa da Moeda, com menor dispêndio final de recursos no âmbito de suas contratações, a mesma lógica não se aplicaria ao Tesouro Nacional, na hipótese de a vencedora do item em disputa ser empresa estrangeira, em virtude da perda de arrecadação daqueles impostos. 39. Na verdade, para a controladora, a União, do ponto de vista fiscal, mesmo que se admitisse eventual ganho para a Casa da Moeda com a contratação de empresa estrangeira que tivesse ofertado menor lance em razão da imunidade tributária, esse seria anulado pela perda de arrecadação na outra ponta, recurso esse que poderia ser aplicado em outras políticas públicas. [...] 9.1. conhecer, com fulcro no art. 87, §2º, da Lei 13.303/2016, c/c os arts. 235 e 237, inciso VII, do Regimento Interno do TCU (RITCU), e considerar parcialmente procedente a representação; 9.2. determinar à Casa da Moeda do Brasil - CMB, com fundamento no inciso I do art. 4º da Resolução TCU 315/2020 e no princípio da isonomia contido no inciso XXI do art. 37 da Constituição Federal e no caput do art. 31 da Lei 13.303/2016, que adote, no prazo de 120 dias, as providências necessárias para prever, em seu regulamento de licitações e contratos, regra de equalização de propostas, a exemplo da contida no art. 52, §4º, da Lei 14.133/2021, com vistas a assegurar a comparação justa das propostas de licitantes estrangeiras com àquelas de licitantes nacionais; [...]" (TCU, Plenário. Acórdão nº 2.319/2021. Rel. Min. Bruno Dantas, j. 23.9.2021).

com o nacional. O nível de compreensão do sistema tributário nacional já é muito difícil, imagine-se os de diversos outros países.

Registre-se, por último, que o Tribunal de Contas da União, diante da Lei nº 8.666/1993, tem julgados no sentido de que os editais de licitações internacionais, especialmente de maior vulto, sejam publicados em veículos de imprensa internacional ou em agências de divulgação de negócios no exterior.[68] O fundamento utilizado pela Corte de Contas é o princípio da publicidade, consoante o revogado artigo 3º da Lei nº 8.666/1993. O princípio foi replicado no artigo 5º da Lei nº 14.133/2021, por efeito do que é de supor que o entendimento se mantenha diante da Lei nº 14.133/2021.

Sem embargo, registre-se que não há norma legal expressa nesse sentido, de que editais de licitações internacionais devem ser publicados em veículos de imprensa internacional ou em agências de divulgação de negócios no exterior. Na Lei nº 8.666/1993, quem tratava do assunto eram os incisos do *caput* do artigo 21, que não mencionavam qualquer condição especial para a publicidade dos editais de licitação internacional. Na Lei nº 14.133/2021, quem trata do assunto é o seu artigo 54, que também não prescreve nenhuma condição especial para a publicidade de editais de licitações internacionais. Nesse sentido, o entendimento do Tribunal de Contas da União é equivocado, porque não encontra fundamento legal, opõe-se à legalidade. O princípio da publicidade não é o bastante para impor à Administração Pública regras específicas sobre veículos de comunicação onde devem ser divulgados os editais. O princípio serviria apenas para que se fizesse alguma sorte de recomendação, para que a Administração, nestes casos, buscasse dar publicidade mais ampla. Apenas isso, mera recomendação, não regra específica de direito.

4.3 Licitações financiadas com recursos de organismos internacionais

O §3º do artigo 1º da Lei nº 14.133/2021 prescreve:

> [...] nas licitações e contratações que envolvam recursos provenientes de empréstimo ou doação oriundos de agência oficial de cooperação estrangeira ou de organismo financeiro de que o Brasil seja parte, podem ser admitidas:
> I - condições decorrentes de acordos internacionais aprovados pelo Congresso Nacional e ratificados pelo Presidente da República;

[68] "O relatório de auditoria apontou que não houve publicação na imprensa internacional do resumo dos editais das concorrências internacionais nº GAC.T/CO.I-002/07 e nº GAC.T/CO.I-004/08. Cabe destacar que as concorrências envolviam recursos materialmente relevantes, uma vez que geraram contratações nos valores de R$39.683.772,00 e R$12.215.507,99, respectivamente. A divulgação dada aos certames não atendeu adequadamente ao princípio da publicidade artigo 3º da Lei 8.666/93, bem como às orientações desta Corte, dispostas na Decisão 289/1999-Plenário, item 8.1.4 e Decisão 488/2001-Plenário, item 8.2.2, abaixo transcritos: [...] quando da realização de licitação internacional, faça constar do processo comprovante de publicação do instrumento convocatório na imprensa internacional ou agências de divulgação de negócios no exterior. [...] ao realizar licitações internacionais, inclua no processo licitatório comprovante de publicação do instrumento convocatório na imprensa internacional ou agências de divulgação de negócios no exterior, atendendo, assim, ao entendimento firmado por este Tribunal na Decisão 289/99-TCU - Plenário - DOU de 14.6.1999. A falha formal não foi objeto das manifestações apresentadas pelo dirigente da Eletronuclear e pela Mitsubishi, empresa que obteve a adjudicação de ambas as concorrências. No entanto, cabe cientificar à Eletronuclear que quando da realização de licitação internacional, deve fazer constar do processo, comprovante de publicação do instrumento convocatório na imprensa internacional ou agências de divulgação de negócios no exterior" (TCU, Plenário. Acórdão nº 220/2013. Rel. Min. Ana Arraes, j. 20.2.2013).

II - condições peculiares à seleção e à contratação constantes de normas e procedimentos das agências ou dos organismos, desde que:
a) sejam exigidas para a obtenção do empréstimo ou doação;
b) não conflitem com os princípios constitucionais em vigor;
c) sejam indicadas no respectivo contrato de empréstimo ou doação e tenham sido objeto de parecer favorável do órgão jurídico do contratante do financiamento previamente à celebração do referido contrato.

O dispositivo supracitado autoriza o afastamento das normas internas do direito brasileiro sobre licitações e a adoção de normas que sejam exigidas por organismos internacionais. É que o organismo internacional, em determinadas situações, condiciona linhas de financiamento à adoção das suas próprias regras ou exigências específicas conflitantes com as previstas na legislação nacional. Daí que, na prática, se a Administração recusar tais regras, não terá acesso aos recursos para firmar a contratação. Sem embargo, fazem-se algumas ponderações.

A primeira é que o afastamento das normas nacionais deve ser justificado. Nessa medida, com base na alínea "a" do inciso II do §3º do artigo 1º da Lei nº 14.133/2021, é imprescindível demonstrar que o organismo internacional exige a aplicação de dada regra que seja incompatível com a norma nacional. Se a aplicação fosse meramente facultativa, não uma imposição do organismo internacional, o afastamento das normas nacionais seria desnecessário e, por conseguinte, desproporcional.

A segunda ponderação, de acordo com a alínea "b" do inciso II do §3º do artigo 1º da Lei nº 14.133/2021, é que as regras do organismo internacional devem ser compatíveis com os nossos princípios constitucionais. O Superior Tribunal de Justiça, ainda que sob a ótica da Lei nº 8.666/1993, já decidiu:

> 4. Tratando-se de recursos provenientes de contrapartida estadual e de empréstimo pelo qual se compromete também o Estado do Paraná a restituir ao BID, em prazo determinado, mediante pagamento de juros, conclui-se que, senão em seu todo, a maior parte dos recursos é de responsabilidade do Estado Brasileiro, não havendo como negar aplicação dos princípios insertos no artigo 37 da Carta Política de 1988 relativos à atuação da Administração Pública, ou tampouco de algumas das regras constantes da Lei de Licitações, Lei 8.666/93.[69]

É que a vontade do organismo internacional não pode se sobrepor aos princípios constitucionais brasileiros. Suponha-se, ainda que por absurdo, que o organismo internacional ofereça recursos ao Estado brasileiro desde que a licitação seja franqueada apenas a empresas cujos sócios sejam homens e não mulheres. É evidente que exigência deste gênero não poderia ser admitida. Se o edital de licitação trouxesse tal exigência, o Poder Judiciário teria a obrigação de anulá-lo, porque incompatível com os princípios constitucionais da isonomia e da competitividade, por mais dinheiro de que disponha ou ofereça o organismo internacional.

É usual que organismos internacionais formulem exigências mais rigorosas do que as previstas na legislação brasileira, que, muitas vezes, a depender da licitação, chega ao ponto de ser leniente com empresas sem condições de contratar com a Administração

[69] STJ, Segunda Turma. AG nº 627.913. Rel. Min. Eliana Calmon, j. 6.10.2004.

Pública. Tais exigências são admissíveis e legais, por força do inciso II do §3º do artigo 1º da Lei nº 14.133/2021, desde que não violem os nossos princípios constitucionais. E não é porque tais exigências desbordam da legislação nacional que violam os princípios constitucionais. O inverso também é verdadeiro. Não é porque prevista no regulamento do organismo internacional que está de acordo com os princípios constitucionais brasileiros. Cada caso deve ser ponderado diante das suas particularidades.

Há uma exigência particular, bastante comum, que chama a atenção. É a da comprovação de faturamento e demonstração financeira dos últimos cinco anos. O inciso I do artigo 31 da Lei nº 8.666/1993 exigia o balanço apenas do exercício anterior ao da licitação. O inciso I do artigo 69 da Lei nº 14.133/2021 exige o balanço dos últimos dois anos. O Superior Tribunal de Justiça, antes da Lei nº 14.133/2021, por ocasião do julgamento do Recurso em Mandado de Segurança nº 14.579,[70] considerou válida essa exigência de qualificação econômico-financeira em período alargado de cinco anos. Registre-se que o acórdão não é minimamente motivado em relação à compatibilidade da exigência com os nossos princípios constitucionais, apenas afirma que a exigência não é ilegal ou desprovida de razoabilidade, sem explicar as razões pelas quais aportou a tais conclusões.

5 Participação de cooperativas

A cooperativa é caracterizada pela reunião das forças de trabalho e recursos dos cooperados, que decidem com autonomia como executá-lo e como recebem e distribuem entre si os rendimentos dos seus trabalhos. Os cooperados não são empregados da cooperativa, eles são os próprios sócios dela, que se organizam e que se beneficiam com os frutos dos seus trabalhos.[71] As cooperativas, nessa medida, desempenham função econômica relevante, geram igualdade e justiça social. Por essas razões, o §2º do artigo 174 da Constituição Federal prescreve que "a lei apoiará e estimulará o cooperativismo e outras formas de associativismo".

---

[70] "ADMINISTRATIVO – RECURSO ORDINÁRIO EM MANDADO DE SEGURANÇA – LICITAÇÃO INTERNACIONAL – PRINCÍPIO DA LEGALIDADE E DA ISONOMIA ENTRE OS CONCORRENTES – ARTIGO 42, §5º DA LEI Nº 8.666/1993. 1. Em se tratando de concorrência pública internacional com recursos provenientes de agência estrangeira, a legislação pátria admite a inserção de exigências diversas daquelas previstas na Lei Geral das Licitações. Dessa forma, não constitui ilegalidade nem fere o princípio da isonomia entre os concorrentes a necessidade de comprovação de requisitos de capacitação técnica e financeira estabelecidos por instituição internacional como condição para a aprovação do financiamento. Inteligência do artigo 42, §5º, da Lei nº 8.666/1993. 2. Recurso ordinário não provido. [...] Da mesma maneira, não se mostram ilegais ou desprovidas de razoabilidade as exigências de comprovação de faturamento anual de no mínimo cinco vezes o valor do objeto licitado nos últimos cinco anos – ou seja, de R$105.300.000,00 (cento e cinco milhões e trezentos mil reais) – e de fornecimento anterior de produtos iguais aos licitados, porquanto se trata de mais duas condições impostas pelo banco financiador do projeto. Quanto à questão relativa às exigências realizadas pelo órgão internacional financiador, observa-se que o recorrente não se manifestou sobre a justificativa oferecida pelo recorrido acerca do fato de as cláusulas impugnadas terem se originado do convênio firmado com o *Japan Bank*. Limitou-se apenas a reafirmar os argumentos trazidos na inicial" (STJ, Segunda Turma. RMS nº 14.579. Rel. Min. João Otávio Noronha, j. 20.9.2005).

[71] De acordo com o item 2 da Recomendação nº 193 da Organização Mundial do Trabalho, cooperativa "significa associação autônoma de pessoas que se unem voluntariamente para atender a suas necessidades e aspirações comuns, econômicas, sociais e culturais, por meio de empreendimento de propriedade comum e de gestão democrática".

O artigo 3º da Lei nº 5.764/1971 prescreve que "celebram contrato de sociedade cooperativa as pessoas que reciprocamente se obrigam a contribuir com bens ou serviços para o exercício de uma atividade econômica, de proveito comum, sem objetivo de lucro". Em complemento, o artigo 4º da mesma lei esclarece que "[...] as cooperativas são sociedades de pessoas, com forma e natureza jurídica próprias, de natureza civil, não sujeitas a falência, constituídas para prestar serviços aos associados, distinguindo-se das demais sociedades pelas seguintes características: [...]".

Como uma sociedade reconhecida e estimulada pelo direito, as cooperativas podem produzir os atos que quiserem, contrair obrigações da mesma forma que qualquer outra pessoa. Podem, portanto, por força do princípio da isonomia e do direito geral de acesso às licitações e contratos administrativos, participar de licitações e firmar contratos com a Administração Pública.

Ocorre que, numa cooperativa, quem executa o trabalho são os cooperados e não empregados, sendo que eles, os cooperados, repartem entre si os resultados dos seus trabalhos. Daí que a cooperativa não paga aos seus cooperados os mesmos encargos que uma empresa paga aos seus empregados – porque os cooperados não são empregados, insista-se. Isso confere às cooperativas vantagem competitiva legítima em licitações e contratos administrativos.

Por força dessas vantagens, infelizmente, constata-se no mercado a existência de falsas cooperativas. Trata-se de empresas que se constituem em fraude como se fossem cooperativas e, em vez de contratarem seus empregados de acordo com a legislação trabalhista, os fazem ingressar na cooperativa como se fossem cooperados. No entanto, eles não são verdadeiros cooperados, são empregados, que se sujeitam às ordens dos constituidores dessas falsas cooperativas.

É comum que essas empresas se apresentem nas licitações como cooperativas e sejam contratadas pela Administração. Arregimentam mão de obra e prestam os serviços. Repita-se que são cooperativas falsas, meras intermediadoras de mão de obra. É comum, também, que os falsos cooperados proponham ações trabalhistas contra as tais supostas cooperativas, pleiteando o reconhecimento da relação de emprego e o pagamento das verbas e encargos que lhe são devidos. Afora isso, pedem a condenação subsidiária da Administração Pública, com base na Súmula nº 331, do Tribunal Superior do Trabalho.[72] A Administração é, com frequência, condenada, o que lhe impinge prejuízo significativo, porque, além de pagar os valores contratados para a suposta cooperativa,

[72] Súmula nº 331/TST: "I - A contratação de trabalhadores por empresa interposta é ilegal, formando-se o vínculo diretamente com o tomador dos serviços, salvo no caso de trabalho temporário (Lei nº 6.019, de 03.01.1974). II - A contratação irregular de trabalhador, mediante empresa interposta, não gera vínculo de emprego com os órgãos da Administração Pública direta, indireta ou fundacional (artigo 37, II, da CF/1988). III - Não forma vínculo de emprego com o tomador a contratação de serviços de vigilância (Lei nº 7.102, de 20.06.1983) e de conservação e limpeza, bem como a de serviços especializados ligados à atividade-meio do tomador, desde que inexistente a pessoalidade e a subordinação direta. IV - O inadimplemento das obrigações trabalhistas, por parte do empregador, implica a responsabilidade subsidiária do tomador dos serviços quanto àquelas obrigações, desde que haja participado da relação processual e conste também do título executivo judicial. V - Os entes integrantes da Administração Pública direta e indireta respondem subsidiariamente, nas mesmas condições do item IV, caso evidenciada a sua conduta culposa no cumprimento das obrigações da Lei nº 8.666, de 21.06.1993, especialmente na fiscalização do cumprimento das obrigações contratuais e legais da prestadora de serviço como empregadora. A aludida responsabilidade não decorre de mero inadimplemento das obrigações trabalhistas assumidas pela empresa regularmente contratada. VI - A responsabilidade subsidiária do tomador de serviços abrange todas as verbas decorrentes da condenação referentes ao período da prestação laboral".

ainda acaba arcando com verbas trabalhistas que não sabia serem devidas. Se soubesse, não contrataria as supostas cooperativas.

Como não é fácil ou simples distinguir uma cooperativa legítima de uma cooperativa falsa, que atua em fraude, a Administração passou a evitar a contratação de cooperativas. Muitos editais passaram, pura e simplesmente, a proibir a participação de cooperativas, quaisquer que fossem.

Diante dessa realidade, em 5.6.2003, o Ministério Público do Trabalho e a Advocacia-Geral da União firmaram termo de conciliação, cuja cláusula primeira prescreve o compromisso da União de não firmar contratos com cooperativas de mão de obra:

> [...] para a prestação de serviços ligados às suas atividades-fim ou meio, quando o labor, por sua própria natureza, demandar execução em estado de subordinação, quer em relação ao tomador, ou em relação ao fornecedor dos serviços, constituindo elemento essencial ao desenvolvimento e à prestação dos serviços terceirizados, sendo eles: a) Serviços de limpeza; b) Serviços de conservação; c) Serviços de segurança, de vigilância e de portaria; d) Serviços de recepção; e) Serviços de copeiragem; f) Serviços de reprografia; g) Serviços de telefonia; h) Serviços de manutenção de prédios, de equipamentos, de veículos e de instalações; i) Serviços de secretariado e secretariado executivo; j) Serviços de auxiliar de escritório; k) Serviços de auxiliar administrativo; l) Serviços de office boy (contínuo); m) Serviços de digitação; n) Serviços de assessoria de imprensa e de relações públicas; o) Serviços de motorista, no caso de os veículos serem fornecidos pelo próprio órgão licitante; p) Serviços de ascensorista; q) Serviços de enfermagem; e r) Serviços de agentes comunitários de saúde.

Com esse mesmo espírito, o Tribunal de Contas da União editou a Súmula nº 281, cujo teor considera "[...] vedada a participação de cooperativas em licitação quando, pela natureza do serviço ou pelo modo como é usualmente executado no mercado em geral, houver necessidade de subordinação jurídica entre o obreiro e o contratado, bem como de pessoalidade e habitualidade".

Para disciplinar as cooperativas de trabalho e evitar que as genuínas continuassem sendo prejudicadas, a Lei nº 12.690/2012 estabeleceu regras para identificá-las e separá-las das cooperativas meramente intermediadoras de mão de obra. O seu artigo 2º qualifica como "Cooperativa de Trabalho a sociedade constituída por trabalhadores para o exercício de suas atividades laborativas ou profissionais com proveito comum, autonomia e autogestão para obterem melhor qualificação, renda, situação socioeconômica e condições gerais de trabalho". O seu artigo 3º define os princípios e valores das cooperativas:

> I - adesão voluntária e livre;
> II - gestão democrática;
> III - participação econômica dos membros;
> IV - autonomia e independência;
> V - educação, formação e informação;
> VI - intercooperação;
> VII - interesse pela comunidade;
> VIII - preservação dos direitos sociais, do valor social do trabalho e da livre iniciativa;
> IX - não precarização do trabalho;
> X - respeito às decisões de assembleia, observado o disposto nesta Lei;

XI - participação na gestão em todos os níveis de decisão de acordo com o previsto em lei e no Estatuto Social.

O seu artigo 6º reconhece aos cooperados alguns direitos mínimos, como observância do piso da categoria, duração do trabalho, repouso semanal e anual, retirada para o trabalho noturno superior à do diurno, adicional para as atividades insalubres ou perigosas e seguro de acidente de trabalho.

Noutro delta, vale salientar que o artigo 5º da Lei nº 12.690/2012 proíbe expressamente que as cooperativas sejam usadas como meras intermediadoras de mão de obra subordinada. Na mesma linha, o artigo 18 da mesma lei adverte:

> a constituição ou utilização de Cooperativa de Trabalho para fraudar deliberadamente a legislação trabalhista, previdenciária e o disposto nesta Lei acarretará aos responsáveis as sanções penais, cíveis e administrativas cabíveis, sem prejuízo da ação judicial visando à dissolução da Cooperativa.

Diante dessas prescrições, o *caput* do artigo 10 da Lei nº 12.690/2012 assegura o direito de as cooperativas de trabalho adotarem o objeto social que quiserem, com liberdade, inclusive a prestação de serviços. Sob essa premissa, o §2º do seu artigo 10 afirma com ênfase: "A Cooperativa de Trabalho não poderá ser impedida de participar de procedimentos de licitação pública que tenham por escopo os mesmos serviços, operações e atividades previstas em seu objeto social".

O artigo 10 da Lei nº 12.690/2012 fez o Tribunal de Contas da União rever o posicionamento assentado na Súmula nº 281. Leiam-se trechos do Acórdão nº 2.463/2019, da Primeira Câmara, da relatoria do Ministro Bruno Dantas:

> 50. A inserção dessa expressão na lei de licitações visou, sem sombra de dúvidas, modificar o que ocorria anteriormente, quando a regra era a não admissão de sociedades cooperativas na disputa dos certames. A Lei 12.349/2010 inverteu essa lógica para que a exclusão de cooperativas de certames passasse a ser exceção, ou melhor, passasse a não existir. [...]
> 52. Assim, com o devido respeito a decisões passadas desta Corte, entendo que a lei proibiu explicitamente a inserção de cláusulas no edital visando impedir a participação de cooperativas. [...]
> 65. Portanto, o contexto em que foi assinado o Termo de Conciliação entre o Ministério Público do Trabalho e a União, bem como em que se proferiram os precedentes que embasaram a Súmula TCU 281, é bem diferente do atual. Naquela época, o risco de utilização de cooperativas como meio de burlar a legislação trabalhista era bem maior, o que, de certa forma, justificava a vedação de contratação desse tipo de associação para a execução de determinados serviços típicos de relação empregatícia.
> 66. Com a edição da lei, todavia, a preocupação que deve exercer o ente público federal não é com a natureza do serviço a ser contratado, mas com a inidoneidade da cooperativa. O órgão ou entidade pública deverá certificar-se quanto à regularidade de tais sociedades e à relação mantida com seus cooperados, além de exigir a prestação do serviço de forma coordenada, nos termos do artigo 7º, §6º, da referida norma.[73]

[73] TCU, Primeira Câmara. Acórdão nº 2.463/2019. Rel. Min. Bruno Dantas, j. 19.3.2019.

Na esteira desse novo posicionamento do Tribunal de Contas da União, o artigo 16 da Lei nº 14.133/2021 passou a admitir amplamente a participação de cooperativas em licitações, sob as seguintes condições:

> I - a constituição e o funcionamento da cooperativa observarem as regras estabelecidas na legislação aplicável, em especial a *Lei nº 5.764, de 16 de dezembro de 1971*, a *Lei nº 12.690, de 19 de julho de 2012*, e a *Lei Complementar nº 130, de 17 de abril de 2009*;
> II - a cooperativa apresentar demonstrativo de atuação em regime cooperado, com repartição de receitas e despesas entre os cooperados;
> III - qualquer cooperado, com igual qualificação, for capaz de executar o objeto contratado, vedado à Administração indicar nominalmente pessoas;
> IV - o objeto da licitação referir-se, em se tratando de cooperativas enquadradas na *Lei nº 12.690, de 19 de julho de 2012*, a serviços especializados constantes do objeto social da cooperativa, a serem executados de forma complementar à sua atuação.

Então, de acordo com o artigo 16 da Lei nº 14.133/2021, as cooperativas podem participar das licitações, sem vedações apriorísticas de atividades ou objetos de contrato. Devem, no entanto, funcionar em acordo com a legislação de regência (inciso I do artigo 16); mostrar que repartem receitas e despesas entre cooperados e que, portanto, não são meras intermediadoras de mão de obra (inciso II do artigo 16); sendo que qualquer cooperado com a mesma qualificação deve ser capaz de executar o objeto contratado (inciso III do artigo 16); e o objeto da licitação não deve ser estranho ao objeto social das cooperativas (inciso IV do artigo 16).

O ponto, diante do artigo 16 da Lei nº 14.133/2021, diz respeito à verificação por parte da Administração do cumprimento por parte das cooperativas das condições preceituadas nos seus incisos. Isso importa entraves de monta para a Administração, que não costuma contar com pessoal especializado e com conhecimento para proceder a avaliações mais aprofundadas. A dificuldade já se inicia no conhecimento da legislação de regência, que não é simples. Depois disso, é necessário investigar para apurar se a cooperativa cumpre toda a legislação de regência, com suas inúmeras nuances.

Pode-se vislumbrar dois cenários. No primeiro, a Administração propõe-se a investigar a cooperativa e, constatando alguma irregularidade, não lhe admite na licitação. É provável que a cooperativa, conhecedora do artigo 16 da Lei nº 14.133/2021 e do *caput* e do §2º do artigo 10 da Lei nº 12.690/2012, proponha ações judiciais em face de decisões que sejam contrárias à sua participação, tornando a licitação litigiosa. No segundo cenário, a Administração é permissiva e, mesmo por falta de conhecimento especializado, contrata com cooperativa que não atende às condicionantes legais. É possível que os cooperados, verdadeiros empregados, proponham ações judiciais trabalhistas contra a cooperativa, acompanhadas da responsabilidade subsidiária da Administração, pleiteando o reconhecimento do vínculo de emprego e os pagamentos que lhe são devidos. Diante da Súmula nº 331, do Tribunal Superior do Trabalho, as chances de condenação da Administração não são desprezíveis.

A Lei nº 14.133/2021 atende aos direitos das cooperativas legítimas, mas os problemas práticos estão longe de solução, especialmente porque é difícil para a Administração, no curso das licitações, investigar se cooperativas licitantes são genuínas ou não. O melhor seria se os órgãos competentes fiscalizassem o funcionamento das cooperativas e emitissem algum tipo de ateste que lhes permitisse participar de licitações, eximindo a Administração de investigá-las caso a caso. Não foi essa a solução da Lei nº 14.133/2021. O problema foi posto, mais uma vez, no colo dos diversos órgãos e entidades administrativas.

6 Participação de pré-qualificados

A pré-qualificação, na forma do artigo 80 da Lei nº 13.303/2016, objetiva identificar licitantes habilitados e/ou bens que atendam às necessidades da Administração, sobretudo, as de ordem técnica. De acordo com o inciso XLIV do artigo 6º da Lei nº 14.133/2021, a pré-qualificação é o "procedimento seletivo prévio à licitação, convocado por meio de edital, destinado à análise das condições de habilitação, total ou parcial, dos interessados ou do objeto".

O §10 do artigo 80 da Lei nº 14.133/2021 esclarece que a "a licitação que se seguir ao procedimento da pré-qualificação poderá ser restrita a licitantes ou bens pré-qualificados". Isso significa que, em razão da pré-qualificação, a Administração pode realizar licitação limitada aos pré-qualificados ou lançar licitação aberta a qualquer interessado, considerando os pré-qualificados habilitados ou os bens aprovados como adequados ao exigido no edital, dispensando-os de apresentar novos documentos, e aos licitantes que cotarem bens anteriormente aprovados de participar de provas de conceito ou avaliação de amostras.

A pré-qualificação não é nova, encontrava previsão no artigo 114 da Lei nº 8.666/1993.[74] A novidade da Lei nº 14.133/2021, com imensa repercussão, é que nela a pré-qualificação passa a ser permanente.

Explicando melhor: no modelo tradicional, da Lei nº 8.666/1993, a Administração lança edital de pré-qualificação e os interessados têm um prazo (o mesmo do edital de concorrência) para apresentar seus documentos ou objetos. Só participam da pré-qualificação aqueles que atendem ao prazo do edital; quem não o faz é excluído e, posteriormente, não participa das licitações lançadas em razão da pré-qualificação. Então, a pré-qualificação produz um efeito negativo, que é o de delimitar o universo dos participantes das licitações futuras, estimulando, a depender do caso, fraudes e conluios.[75]

---

[74] "Art. 114. O sistema instituído nesta Lei não impede a pré-qualificação de licitantes nas concorrências, a ser procedida sempre que o objeto da licitação recomende análise mais detida da qualificação técnica dos interessados. §1º A adoção do procedimento de pré-qualificação será feita mediante proposta da autoridade competente, aprovada pela imediatamente superior. §2º Na pré-qualificação serão observadas as exigências desta Lei relativas à concorrência, à convocação dos interessados, ao procedimento e à análise da documentação".

[75] "13. Ocorre que este Tribunal usualmente condena a desnecessária inclusão de etapa de pré-qualificação em procedimentos licitatórios como uma espécie de medida acautelatória, para que não ocorra a indesejada frustração da competição, quer pela restrição no número de competidores, em função de exigências superlativas incluídas no processo pré-qualificatório, quer pela facilitação da existência de acordos entre concorrentes para apresentação de suas propostas de preços, uma vez que os competidores pré-habilitados passam a ter conhecimento daqueles que serão seus concorrentes diretos. A preocupação deste Tribunal tem lastro na melhor doutrina, que interpreta a cautela legislativa em admitir a pré-qualificação apenas em situações excepcionais exatamente como fruto do receio do legislador de que ela venha a restringir indevidamente a competitividade dos certames. 14. Conforme já mencionei, a Unifesp utilizou-se da pré-qualificação de forma equivocada, pautada em uma fundamentação que não lhe era aplicável. Mais que isso, adotou essa

No modelo da Lei nº 14.133/2021, o edital é publicado e não há prazo para os interessados apresentarem seus documentos ou objetos. A pré-qualificação é sempre aberta, nesse sentido "permanente". O §2º do artigo 80 da Lei nº 14.133/2021 preceitua que "o procedimento de pré-qualificação ficará permanentemente aberto para a inscrição de interessados". Daí que, se alguém não se pré-qualifica num primeiro momento, pode fazê-lo posteriormente, de acordo com a sua conveniência. Ou seja, o universo dos pré-qualificados pode ser alterado durante a vigência da pré-qualificação.

Ressalva-se que, na forma do §8º do artigo 80 da Lei nº 14.133/2201, "quanto ao prazo, a pré-qualificação terá validade: I - de 1 (um) ano, no máximo, e poderá ser atualizada a qualquer tempo; II - não superior ao prazo de validade dos documentos apresentados pelos interessados". Vê-se que a pré-qualificação é permanente, porém, o prazo máximo dela é de um ano. Ou seja, "permanente" significa que, na sua vigência, ela está permanentemente aberta. Não significa que ela possa estender-se por prazo indeterminado.

Embora o dispositivo supracitado refira-se a prazo máximo de um ano, seria possível que a Administração previsse no próprio edital de pré-qualificação hipóteses de renovação, a depender da análise de sua conveniência e oportunidade, dado que não há prejuízos, porque ela deve estar permanentemente aberta. Com a renovação e mantidas todas as suas condições, os anteriormente pré-qualificados manteriam o seu *status*, e novos interessados poderiam, a qualquer tempo, obter a sua pré-qualificação.

O artigo 80 da Lei nº 14.133/2021 também cuida de alguns aspectos operacionais. O §3º do artigo 80 determina que seja publicado edital e que nele conste "I - as informações mínimas necessárias para definição do objeto; II - a modalidade, a forma da futura licitação e os critérios de julgamento". O §6º do artigo 80 prescreve que "a pré-qualificação poderá ser realizada em grupos ou segmentos, segundo as especialidades dos fornecedores". Ou seja, é permitido promover diversas pré-qualificações, para cada tipo de objetos que se pretende contratar.

Pois bem, em consonância ao §4º do artigo 80 da Lei nº 14.133/2021, os interessados apresentam os documentos pertinentes ao órgão ou comissão indicada no edital, que deve examiná-los em dez dias úteis. Se houver algum problema ou defeito, o órgão ou comissão deve determinar a sua correção.

Em relação aos documentos de habilitação, na forma do inciso I do §1º do artigo 80, podem ser dispensados os que já tiverem sido apresentados pelos licitantes por

---

etapa desprovida do intuito de efetivamente selecionar empresas que revelassem maior aptidão em aspectos específicos relacionados a pontos críticos das obras que pretendia construir. Como mencionou a SeinfraUrbana, as questões levantadas no 'Mapa de Riscos' elaborado não foram consideradas na pré-qualificação e os aspectos trazidos na manifestação da Unifesp perante este tribunal não têm correspondência nas exigências requeridas naquela etapa. Os fatores avaliativos levados para a pré-qualificação da Unifesp são aqueles usualmente adotados em obras comuns. De tudo o quanto foi dito, resta nítido que a real intenção da pré-qualificação foi a de proporcionar uma alegada celeridade administrativa ao procedimento, possibilitando a antecipação das etapas de habilitação dos certames, que foi efetuada de forma prévia e uma única vez para as quatro obras pretendidas. 15. Considerando, então, que a pré-qualificação, da forma como foi efetuada, consistiu apenas em uma 'antecipação' da etapa de habilitação, sem exigência de requisitos especialmente restritivos, não se verificou, ao final, uma real limitação no universo dos concorrentes. Como já se mencionou, houve habilitação de 12 concorrentes, sendo dois deles em razão do provimento de recursos apresentados, o que demonstra ausência de prévio ânimo restringente. Portanto, embora utilizada de forma inadequada, os resultados do certame não foram, até aqui, prejudicados em decorrência da pré-qualificação realizada" (TCU, Plenário. Acórdão nº 711/2016. Rel. Min. Ana Arraes, j. 30.3.2016).

ocasião de registro cadastral Assinala-se que, em consonância ao §7º do artigo 80 da Lei nº 14.133/2021, "a pré-qualificação poderá ser parcial ou total, com alguns ou todos os requisitos técnicos ou de habilitação necessários à contratação, assegurada, em qualquer hipótese, a igualdade de condições entre os concorrentes".

No tocante aos objetos, o inciso II do §1º do artigo 80 prevê a possibilidade de o edital exigir comprovação de qualidade. A propósito, o artigo 42 da Lei nº 14.133/2021 trata justamente da prova de qualidade, que pode ocorrer por meio de:

> I - comprovação de que o produto está de acordo com as normas técnicas determinadas pelos órgãos oficiais competentes, pela Associação Brasileira de Normas Técnicas (ABNT) ou por outra entidade credenciada pelo Inmetro;
> II - declaração de atendimento satisfatório emitida por outro órgão ou entidade de nível federativo equivalente ou superior que tenha adquirido o produto;
> III - certificação, certificado, laudo laboratorial ou documento similar que possibilite a aferição da qualidade e da conformidade do produto ou do processo de fabricação, inclusive sob o aspecto ambiental, emitido por instituição oficial competente ou por entidade credenciada.

É comum que para a avaliação de objetos a Administração preveja a apresentação de amostras ou a realização de provas de conceito, o que encontra estofo no §3º do artigo 17 da Lei nº 14.133/2021.

O §5º do artigo 80 da Lei nº 14.133/2021 estabelece que "os bens e os serviços pré-qualificados deverão integrar o catálogo de bens e serviços da Administração". Trata-se do catálogo eletrônico de padronização, que, segundo o inciso LI do artigo 6º da Lei nº 14.133/2021, é o "sistema informatizado, de gerenciamento centralizado e com indicação de preços, destinado a permitir a padronização de itens a serem adquiridos pela Administração Pública e que estarão disponíveis para a licitação". Ou seja, o catálogo indicará o objeto que foi analisado e aprovado, o que pode ser aproveitado pelo Poder Executivo federal e por todos os entes federativos, na forma do inciso II do artigo 19 da Lei nº 14.133/2021.

Por fim, em face do §9º do artigo 80, "os licitantes e os bens pré-qualificados serão obrigatoriamente divulgados e mantidos à disposição do público". Trata-se de medida de publicidade e transparência.

CAPÍTULO 14

JULGAMENTO DAS PROPOSTAS

1 Princípio do julgamento objetivo

O princípio do julgamento objetivo veda que a seleção da proposta mais vantajosa ao interesse público seja pautada por critérios subjetivos, que impliquem avaliação de acordo com o sabor ou o gosto pessoal dos agentes estatais. Ele está diretamente ligado aos princípios da igualdade e da impessoalidade, visto que, se o resultado da licitação fosse decidido pelo gosto pessoal dos agentes administrativos, franquear-se-iam espaços para posturas discriminatórias, prestantes a beneficiar apadrinhados ou desfavorecer desafetos, falecendo, daí, o próprio sentido da licitação pública. Sem embargo, não se deve ter a pretensão de que o julgamento sempre se realize sob critérios estritamente objetivos. Admite-se, especialmente quando o julgamento envolve fatores técnicos e artísticos, algum grau de subjetividade. No entanto, mesmo nesses casos, os critérios devem ser preestabelecidos no edital e todos os juízos amplamente motivados, a fim de alcançar o maior grau de objetividade possível.

2 Modos de disputa: aberto, fechado e combinado

A fase de julgamento das propostas na Lei nº 14.133/2021 varia em razão do modo de disputa adotado. O *caput* do seu artigo 56 prescreve que podem ser adotados os modos de disputa aberto ou fechado, de maneira isolada ou conjuntamente. Esclareça-se que conjuntamente significa combinar os modos de disputa.

O inciso I do *caput* do artigo 56 da Lei nº 14.133/2021 enuncia que, no modo de disputa aberto, "os licitantes apresentarão suas propostas por meio de lances públicos e sucessivos, crescentes ou decrescentes". O inciso II, na sequência, afirma que, no modo de disputa fechado, "as propostas permanecerão em sigilo até a data e hora designadas para sua divulgação".

Melhor explicando, o modo de disputa fechado é o que se pode chamar de tradicional, aquele típico das modalidades da Lei nº 8.666/1993, em que os licitantes apresentam propostas fechadas, com valor definitivo, de maneira que um licitante não conheça e não possa cobrir a proposta do outro. O modo de disputa aberto é aquele em que ocorre a etapa de lances, em que um licitante pode cobrir o preço do outro.

Frisa-se que a Administração pode combinar os modos de disputa. Em linhas gerais, a combinação fechado/aberto corresponde à sistemática tradicional da modalidade pregão da Lei nº 10.520/2002: os licitantes apresentam propostas fechadas e depois participam dos lances. É possível combinar os fatores de modo contrário, aberto/fechado, o que pode ser vantajoso, especialmente, se a licitação for processada no ambiente eletrônico. Nesse caso, primeiro se procede aos lances. Ao final, os mais bem classificados gozam da oportunidade de apresentar, de maneira fechada, as suas propostas derradeiras, sem que um conheça previamente a do outro.

Chama a atenção que o *caput* do artigo 56 da Lei nº 14.133/2021 deixa livre a combinação dos modos de disputa, sem qualquer condicionante, reconhecendo discricionariedade para a Administração decidir pela combinação conforme o seu juízo de conveniência e de oportunidade.

Nesse sentido, em âmbito federal, a Instrução Normativa nº 73/2022, da Secretaria Especial de Desburocratização, Gestão e Governo Digital do Ministério da Economia, trata dos procedimentos relativos às licitações eletrônicas julgadas pelo menor preço ou maior desconto e incide sobre a Administração Pública Federal direta, autárquica e fundacional. O artigo 22 da Instrução Normativa oferece balizas para os modos de disputa em que ocorre o envio de lances. Confira-se:

> Art. 22. Serão adotados para o envio de lances os seguintes modos de disputa:
> I - aberto: os licitantes apresentarão lances públicos e sucessivos, com prorrogações, conforme o critério de julgamento adotado no edital de licitação;
> II - aberto e fechado: os licitantes apresentarão lances públicos e sucessivos, com lance final fechado, conforme o critério de julgamento adotado no edital de licitação; ou
> III - fechado e aberto: serão classificados para a etapa da disputa aberta, com a apresentação de lances públicos e sucessivos, o licitante que apresentou a proposta de menor preço ou maior percentual desconto e os das propostas até 10% (dez por cento) superiores ou inferiores àquela, conforme o critério de julgamento adotado.

O §1º do artigo 56 da Lei nº 14.133/2021 veda o emprego isolado do modo de disputa fechado nas hipóteses em que o julgamento for pautado pelos critérios do menor preço ou de maior desconto. Frisa-se que o §1º, ao tratar da vedação ao modo de disputa fechado, refere-se à sua utilização isolada. Ou seja, é permitido valer-se do modo de disputa fechado para licitação julgada pelo critério do menor preço ou do maior desconto, desde que ele seja combinado com o modo de disputa aberto.

O §2º do mesmo artigo veda a utilização do modo aberto nas hipóteses em que o julgamento for pautado pelo critério de técnica e preço. Realça-se que o §2º, diferente do §1º, veda em absoluto a utilização do modo de disputa aberto e não apenas de maneira isolada. O legislador proibiu o emprego do modo de disputa aberto, que importa na realização de etapas de lances, nas situações em que o critério de julgamento é o de técnica e preço. Ou seja, critério de julgamento técnica e preço não pode contar com etapa de lances.

Percebe-se que o legislador, no §2º do artigo 56 da Lei nº 14.133/2021, poderia também ter mencionado o critério da melhor técnica ou conteúdo artístico. Nada obstante isso, o artigo 35 da mesma lei prescreve que o tal critério "considerará exclusivamente as propostas técnicas ou artísticas apresentadas pelos licitantes, e o edital deverá definir o prêmio ou a remuneração que será atribuída aos vencedores". Ou seja, no critério da melhor técnica ou conteúdo artístico o preço é definido de antemão pela Administração e não influi no julgamento. Logo, o critério repele a etapa de lances e, por conseguinte, o modo de disputa aberto, porque os lances dizem respeito, evidentemente, a preços e não a aspectos técnicos ou artísticos.

2.1 Procedimentos em relação aos modos de disputa

A Lei nº 14.133/2021 permite os modos de disputa aberto, fechado e a combinação entre eles. Esclareceu-se, de maneira muito básica, nos incisos do *caput* do artigo 56, que no modo aberto as propostas são apresentadas por meio de lances públicos e sucessivos, crescentes ou decrescentes e que no modo fechado "as propostas permanecerão em sigilo até a data e hora designadas para sua divulgação". No entanto, o legislador não se preocupou em detalhar os procedimentos que devem ser aplicados em relação aos respectivos modos de disputa. Sendo assim, cabe à Administração definir os procedimentos, o que pode ser feito em regulamento ou nos próprios editais de licitação.

A Instrução Normativa nº 73/2022, da Secretaria Especial de Desburocratização, Gestão e Governo Digital do Ministério da Economia, estabelece procedimentos para os modos de disputa em que ocorre o envio de lances, em modelo muito próximo ao do antigo Decreto Federal nº 10.024/2019, que regulamentava, sob o regime antigo da Lei nº 10.520/2002, a modalidade pregão eletrônico.

Pois bem, de acordo com o artigo 23 da Instrução Normativa, no modo de disputa aberto, a etapa de lances tem a duração inicial de 10 (dez) minutos. Se algum lance tiver sido oferecido nos últimos 2 (dois) minutos, o tempo é prorrogado automaticamente pelo sistema por outros 2 (dois) minutos, e assim sucessivamente. Portanto, a partir do 8º (oitavo) minuto do tempo inicial, todos os licitantes sabem que dispõem de 2 (dois) minutos para cobrir dado lance. Se algum licitante oferece novo lance, o sistema abre a contagem de 2 (dois) minutos novamente. Então, o vencedor é o licitante que ofereceu lance não coberto pelos demais em 2 (dois) minutos.

O vencedor, no modo de disputa aberto, não é definido por lance de sorte ou por azar, como o era no modelo antigo do pregão eletrônico do Decreto Federal nº 5.450/2005, em que a etapa de lances se encerrava em tempo randômico aleatoriamente determinado pelo sistema. No modelo da Instrução Normativa nº 73/2022, todos sabem o tempo de que dispõem para oferecerem os lances que desejarem. Se não ofereceram, é porque não quiseram ou porque foram negligentes. Com essa metodologia, a disputa é estendida enquanto os licitantes estiverem dispostos a oferecer novos lances, que representam propostas mais vantajosas para a Administração Pública. Dizendo de outra forma, a Administração Pública faz o óbvio: permite-se receber propostas mais vantajosas.

No modo de disputa aberto e fechado, disposto no artigo 24 da Instrução Normativa nº 73/2022, há prazo inicial de 15 (quinze) minutos para o envio dos lances, seguido de aviso de fechamento iminente dos lances, com tempo aleatório (randômico) de até 10 (dez) minutos, sem prorrogações, findo o qual se encerra a etapa de lances. Encerrado o tempo aleatório, todos os licitantes que ofereceram lances não superiores ou inferiores a 10% (dez por cento) do menor ou maior lance, conforme o critério de julgamento, têm a oportunidade de oferecer proposta derradeira e fechada, em até 5 (cinco) minutos. Se não houver 3 (três) propostas na margem de 10% (dez por cento), os licitantes que ofereceram as 3 (três) melhores propostas, independentemente dos valores, podem oferecer as propostas derradeiras. Passados os 5 (cinco) minutos, essas propostas derradeiras são divulgadas e identificadas, apurando-se a proposta mais vantajosa para a Administração Pública.

Por sua vez, no modo de disputa fechado e aberto, regulamentado pelo artigo 25 da Instrução Normativa nº 73/2022, os licitantes apresentam proposta inicial e apenas passam à etapa de lances os autores das propostas de menor ou maior valor, conforme o critério de julgamento, e os que apresentaram propostas dentro da margem de 10% (dez por cento). Não havendo 3 (três) propostas nessa margem, podem participar da etapa de lances os autores das 3 (três) melhores propostas. A Instrução Normativa não esclarece como deve ser essa etapa de lances, se segue a sistemática da etapa de lances do modo aberto ou do modo aberto e fechado. Supõe-se que seja a do modo aberto, porque a do modo aberto e fechado pressupõe uma derradeira apresentação de propostas pelos licitantes autores dos melhores lances, o que não ocorre no modo fechado e aberto. É recomendável que o edital deixe claro esse aspecto.

2.2 Etapa de lances

A Lei nº 14.133/2021 não traz muitas luzes sobre a etapa de lances. O inciso I do seu artigo 56 anuncia que os lances são públicos e sucessivos, crescentes ou decrescentes. O §3º do mesmo artigo considera intermediários os lances: "I - iguais ou inferiores ao maior já ofertado, quando adotado o critério de julgamento de maior lance; II - iguais ou superiores ao menor já ofertado, quando adotados os demais critérios de julgamento". O legislador dá a entender, embora não o afirme com todas as letras, que lances intermediários são admissíveis.

Na sequência, o §4º do mesmo artigo 56 da Lei nº 14.133/2021 determina que, "após a definição da melhor proposta, se a diferença em relação à proposta classificada em segundo lugar for de pelo menos 5% (cinco por cento), a Administração poderá admitir o reinício da disputa aberta, nos termos estabelecidos no instrumento convocatório, para a definição das demais colocações". O pressuposto é que um dos licitantes ofereceu proposta supostamente dissonante das práticas de mercado, o que desestimulou os demais licitantes a oferecem lances que a cobrisse ou mesmo que fossem intermediários. Daí a possibilidade, diante desse cenário, de reiniciar a disputa para a definição das demais colocações, até porque, pelo desvio havido entre as propostas, pode-se antever o risco de desclassificação futura da proposta dissonante, por efeito do que interessa à Administração fomentar a disputa entre os demais licitantes.

O §2º do artigo 22 da Instrução Normativa nº 73/2022 prescreve que, "quando da opção por um dos modos de disputa estabelecidos nos incisos I a III do *caput*, o edital preverá intervalo mínimo de diferença de valores ou de percentuais entre os lances, que incidirá tanto em relação aos lances intermediários quanto em relação ao lance que cobrir a melhor oferta".

O edital pode e deve ordenar a apresentação dos lances, de modo que a disputa se desenvolva dentro dos limites da razoabilidade. É muitas vezes inviável a disputa de lances em que os licitantes possam cobrir os preços sem qualquer parâmetro, não raro com reduções insignificantes, que estendem a disputa por tempo desnecessário. Por isso é que se permite estipular parâmetro ou percentagem para novos lances. Por exemplo, no critério do menor preço, o edital pode estipular que os novos lances reduzam, no mínimo, 1% (um por cento) do valor do menor preço até então apresentado.

Defende-se que o edital ainda pode prever que o agente de contratação, o pregoeiro ou a comissão de contratação, a depender do caso e no exercício do poder de polícia sobre a sessão da licitação, possam alterar os parâmetros inicialmente definidos. Imagine-se que, de acordo com pesquisa de mercado realizada na fase preparatória do pregão, tenha-se apurado que o valor do bem licitado gira em torno de R$100.000,00 (cem mil reais) a R$90.000,00 (noventa mil reais). No curso dos lances orais, as disputas tornam-se acirradas, e um dos licitantes propõe o preço de R$90.000,00 (noventa mil reais). O pregoeiro sabe que valores substancialmente abaixo dos R$90.000,00 (noventa mil reais) são inexequíveis. Até aquele momento, os novos lances deveriam reduzir, no mínimo, 1% (um por cento) sobre o valor do menor preço então proposto. Portanto, para evitar que os preços caiam na inexequibilidade, o pregoeiro poderia diminuir essa percentagem, determinando que, a partir desse valor, os novos lances devem reduzir, por exemplo, no mínimo, 0,5% (meio por cento) sobre o valor do menor preço então proposto. É de todo recomendável, insista-se, que a atribuição ao agente de contratação, ao pregoeiro ou à comissão de contratação de alterar ou mesmo estipular parâmetros para a apresentação dos lances seja prevista expressamente no edital, a fim de evitar questionamentos.

3 Critérios de licitação

3.1 Considerações gerais

A licitação é processo seletivo em decorrência do qual a Administração avalia quem lhe oferece proposta mais vantajosa para a celebração de contrato administrativo. Sob essa perspectiva, o momento-chave do processo de licitação é aquele em que a Administração compara as propostas que lhe são ofertadas, para o efeito de determinar qual a que lhe é mais vantajosa, ou seja, quando ela efetivamente julga as propostas.

A Administração, sob o manto do princípio da legalidade, não pode se valer de qualquer critério para julgar as propostas. Ela deve julgá-las de acordo com os critérios previstos em lei.

A Lei nº 14.133/2021 previu no seu artigo 33 seis critérios distintos de julgamento: menor preço; maior desconto; melhor técnica ou conteúdo artístico; técnica e preço; maior lance; e maior retorno econômico.

3.2 Menor preço

O critério de julgamento menor preço, previsto no inciso I do artigo 33 da Lei nº 14.133/2021, consiste em julgar as propostas unicamente com base nos preços que são ofertados pelos licitantes. O licitante que tiver ofertado o menor preço é o primeiro colocado.

Pondera-se que o critério de julgamento unicamente baseado no menor preço pode dar a impressão de desprezo para com a qualidade da proposta. Pode parecer, para quem não tem familiaridade com licitação, que a Administração aceita qualquer critério de produto, sem preocupação com a qualidade. Isso é equivocado, na medida em que a Administração deve desclassificar as propostas que não atendem às especificações do edital em relação à qualidade do objeto.

Explicando melhor, a Administração deve definir o objeto da licitação no edital. Ao definir o objeto, ela impõe certas características a ele, que, ao final das contas, servem como uma espécie de padrão mínimo de qualidade. Isso porque as propostas somente devem ser aceitas na licitação pública se atenderem às especificações do objeto exigidas pela Administração no edital, ou melhor, o padrão mínimo de qualidade exigido pela Administração.

Convém esclarecer, por oportuno, que "padrão mínimo de qualidade" não significa qualidade rasteira, básica. O "mínimo" é vinculado à necessidade da Administração; é ela quem define o "mínimo". Se a Administração precisa de produto de alta tecnologia, com alta qualidade, o "mínimo" desenhará padrão elevado. O vocábulo *mínimo* significa que o licitante que não lhe atender deve ser desclassificado.

3.3 Maior desconto

O artigo 33 da Lei nº 14.133/2021 trata, no inciso I, do menor preço e, no inciso II, do maior desconto. O critério do maior desconto é, de certa forma, abrangido pelo critério do menor preço. Sucede que o maior desconto remete ao menor preço, trata-se apenas de um jeito diferente de apurar o menor preço.

Noticia-se que o critério do maior desconto vem sendo aplicado já por bastante tempo pela Administração, mesmo sem previsão expressa na revogada Lei nº 8.666/1993. O entendimento, prevalecente até o advento da Lei nº 14.133/2021, é que o maior desconto é uma espécie de menor preço, estaria, portanto, abrangido pelo menor preço. De todo modo, o fato é que, embora sem previsão expressa na Lei nº 8.666/1993, o maior desconto não é novidadeiro para a Administração, consegue-se identificar experiência prática consistente em seu uso.

O §2º do artigo 34 da Lei nº 14.133/2021 prescreve que o "julgamento por maior desconto terá como referência o preço global fixado no edital de licitação, e o desconto será estendido aos eventuais termos aditivos". Por exemplo, define-se o objeto do contrato e o seu preço global, fixado no edital. Os licitantes oferecem desconto sobre o preço global, que é aplicado sobre todos os itens ou etapas do objeto, conforme o caso, e sobre os aditivos contratuais.

Sem embargo, não se deve interpretar o §2º do artigo 34 da Lei nº 14.133/2021 como se o único modo de obter o maior desconto fosse com a fixação do preço global no edital. Sucede que essa maneira não é a mais adequada nas situações em que a Administração não tem condições de definir os objetos e seus respectivos quantitativos, a exemplo do que ocorre na contratação de peças para veículos e equipamentos em geral. Também não se encaixa quando os potenciais licitantes atuam na condição de intermediários em objetos sujeitos a mercados dinâmicos, sem poder para compor preços dos produtos que repassam à Administração, restando-lhes se diferenciar, competitivamente, por meio de descontos incidentes sobre as comissões recebidas pelas vendas efetuadas.

No critério de julgamento de maior desconto, portanto, deve-se admitir que o edital seja acompanhado de tabela de preços, própria da Administração ou de terceiro, a qual embasa os preços fixados no edital, sobre os quais os descontos devem ser apresentados. Nesses casos, o vencedor da licitação deve ser o licitante que apresentar o maior desconto a ser aplicado linearmente sobre a tabela e atender às demais condições do edital, o que corresponde às práticas usuais da Administração.

3.4 Maior lance

O critério de julgamento maior lance é apropriado para as situações em que a Administração deve receber, em razão do contrato, valores em contrapartida a algum préstimo ofertado por ela. Trocando-se em miúdos, ele deve ser utilizado nas situações em que a Administração não paga; quando quem paga é o contratado. O critério de julgamento maior lance é decidido, unicamente, com base no preço, tal qual o critério menor preço. Pode-se dizer que o maior lance é o menor preço às avessas: em vez de a Administração pretender o menor preço, ela busca o maior preço.

O inciso V do *caput* do artigo 33 da Lei nº 14.133/2021 tem redação inusitada. Sucede que os incisos do *caput* trazem uma lista dos critérios de julgamento admitidos na Lei nº 14.133/2021. A questão é que o legislador, nos incisos, apenas enuncia cada um dos critérios de julgamento, sem prescrever regras sobre eles, que são versadas nos artigos seguintes. No entanto, destoando dos demais incisos, no inciso V do *caput* do artigo 33 da Lei nº 14.133/2021 o legislador, literalmente, refere-se ao "maior lance, no caso de leilão". Ou seja, o legislador não se contentou em anunciar o critério do maior lance, ele também reforçou o vínculo entre o critério do maior lance e a modalidade leilão.

Esse mesmo racional está contido nas definições do artigo 6º da Lei nº 14.133/2021, em que, de maneira geral, foram indicados os critérios de julgamento correspondentes a cada uma das modalidades de licitação:

> Art. 6º Para os fins desta Lei, consideram-se: [...]
> XXXVIII - concorrência: modalidade de licitação para contratação de bens e serviços especiais e de obras e serviços comuns e especiais de engenharia, cujo critério de julgamento poderá ser:
> a) menor preço;
> b) melhor técnica ou conteúdo artístico;
> c) técnica e preço;
> d) maior retorno econômico;
> e) maior desconto;
> XXXIX - concurso: modalidade de licitação para escolha de trabalho técnico, científico ou artístico, cujo critério de julgamento será o de melhor técnica ou conteúdo artístico, e para concessão de prêmio ou remuneração ao vencedor;
> XL - leilão: modalidade de licitação para alienação de bens imóveis ou de bens móveis inservíveis ou legalmente apreendidos a quem oferecer o maior lance;
> XLI - pregão: modalidade de licitação obrigatória para aquisição de bens e serviços comuns, cujo critério de julgamento poderá ser o de menor preço ou o de maior desconto;

> XLII - diálogo competitivo: modalidade de licitação para contratação de obras, serviços e compras em que a Administração Pública realiza diálogos com licitantes previamente selecionados mediante critérios objetivos, com o intuito de desenvolver uma ou mais alternativas capazes de atender às suas necessidades, devendo os licitantes apresentar proposta final após o encerramento dos diálogos; [...].

Sob esse contexto normativo, instaurou-se controvérsia sobre a legalidade da aplicação do critério de maior lance noutras modalidades de licitação que não o leilão.

Essa controvérsia é impactante porque o leilão é modalidade de licitação exclusiva para a alienação de bens e o fato é que a Administração pode pretender firmar uma série de outros contratos que não importam alienação de bens e que o interesse dela é o de obter o maior preço, como pode ocorrer, por exemplo, em contratos de licenciamento ou de concessões de direito em que a Administração é quem licencia ou concede o direito.

Demais disso, a modalidade leilão é disciplinada no artigo 31 da Lei nº 14.133/2021, em procedimento que é bem fechado e próprio para a alienação de bens, inclusive sem fase de habilitação, como prescreve o §4º do supracitado artigo 31. Esse procedimento pode servir para a alienação de bens, porém, não para outros objetos, como os mencionados acima, em que a Administração também pretende o maior preço e que se faz necessário, entre outras medidas, tratar da habilitação dos licitantes e formular outras exigências, inclusive sobre as características das propostas, como especificações de produtos e serviços, certificações e provas de conceito.

A dificuldade é que a Lei nº 14.133/2021 não prescreve algum outro critério de julgamento que mire o maior preço, sendo que o único critério do rol do artigo 33 orientado para o maior preço é o critério do maior lance. Então, se o maior lance não puder ser utilizado noutras modalidades afora o leilão, a Administração não teria como licitar tais objetos e receber por eles o maior preço, que é o que atende à sua necessidade e ao interesse público.

Deve-se entender que o inciso V do *caput* do artigo 33 da Lei nº 14.133/2021 prescreve que o critério do maior lance deve ser aplicado na modalidade leilão, porém, que também pode sê-lo noutras modalidades, desde que o interesse público demande que a melhor proposta seja aquela com o maior preço e não aquela com o menor preço.

A solução aqui apontada é estritamente jurídica e determinada pela interpretação literal da Lei nº 14.133/2021. Veja-se que a expressão do inciso V do *caput* do artigo 33 da Lei nº 14.133/2021 é "maior lance, no caso de leilão". Com o mesmo tom, o inciso XL do artigo 6º da mesma Lei esclarece que o leilão é para a alienação de bens "[...] a quem oferecer o maior lance". Tais dispositivos, por rigor jurídico, permitem e salientam que o leilão seja julgado pelo critério do maior lance. Eles não prescrevem que o critério do maior lance deve ser aplicado exclusivamente na modalidade leilão. É regra assente de hermenêutica que de uma permissão não se pode extrair uma proibição. Permitir uma conduta não importa proibir outras condutas. Nem seria o caso de adotar o argumento *a contrario senso*, porque o contrário de adotar o maior lance para o leilão seria não adotar o maior lance para o leilão, o que não se cogita. Adotar o maior lance para outras modalidades não é o oposto de adotar o maior lance para o leilão.

Demais disso e como já sinalizado, pode-se entender que o menor e o maior preço têm a mesma gênese, dado que em ambos o que deve prevalecer é o melhor preço.

Trocam-se apenas os sinais. Tanto que é usual ver-se pregão julgado pelo menor preço em que se admite o preço negativo, que é nada mais do que o maior preço. Então, além da literalidade dos dispositivos legais, a interpretação teleológica também corrobora a conclusão de que o critério de maior lance pode ser aplicado noutras modalidades que não o leilão, porque, em essência, a finalidade, num recorte mais amplo, é a mesma do menor preço: a prevalência do melhor preço, maior ou menor a depender da necessidade da Administração.

Também em linha sistêmica, desta feita com amparo no inciso VIII do artigo 18 da Lei nº 14.133/2021, é de reconhecer que a Administração dispõe na etapa preparatória da licitação de grau de discricionariedade para decidir sobre o critério de julgamento mais vantajoso para si e em acordo com o interesse público. O dispositivo estabelece que a etapa preparatória envolve a definição do critério de julgamento "[...] para os fins de seleção da proposta apta a gerar o resultado de contratação mais vantajoso para a Administração Pública, considerado todo o ciclo de vida do objeto". Portanto, respeitadas as condicionantes legais, sem descurar dos seus permissivos, é de reconhecer espaço de discricionariedade para a Administração decidir, diante de suas demandas específicas, o critério de julgamento mais adequado, inclusive o de maior lance para modalidades que não a modalidade leilão.

3.5 Maior retorno econômico

O inciso VI do artigo 33 da Lei nº 14.133/2021 trata do critério do maior retorno econômico. O artigo 39 da mesma lei preceitua que o critério deve ser "utilizado exclusivamente para a celebração de contrato de eficiência, considerará a maior economia para a Administração, e a remuneração deverá ser fixada em percentual que incidirá de forma proporcional à economia efetivamente obtida na execução do contrato".

O contrato de eficiência é definido no inciso LIII do artigo 6º da Lei nº 14.133/2021: "contrato cujo objeto é a prestação de serviços, que pode incluir a realização de obras e o fornecimento de bens, com o objetivo de proporcionar economia ao contratante, na forma de redução de despesas correntes, remunerado o contratado com base em percentual da economia gerada".

O objetivo pretendido com o contrato de eficiência é economizar despesas correntes e a remuneração do contratado se dá com base na economia gerada. Por exemplo, há empresas especializadas em eficiência energética. Elas avaliam todo o consumo de energia de seus clientes e realizam as intervenções necessárias, inclusive, e sobretudo, de engenharia, para reduzi-lo. Nesse caso, cabe o contrato de eficiência. O contratado será remunerado em razão da economia gerada à Administração. Esse tipo de serviço é prestado também para as operações de telefonia e outras.

O *caput* do artigo 39 da Lei nº 14.133/2021 indica que o critério do maior retorno econômico "considerará a maior economia para a Administração, e a remuneração deverá ser fixada em percentual que incidirá de forma proporcional à economia efetivamente obtida na execução do contrato". Na licitação, como enuncia o §1º do artigo 39, os licitantes devem apresentar proposta de trabalho e de preço. A proposta de trabalho deve contemplar, na forma das alíneas do inciso I do §1º: "a) as obras, os serviços ou os bens, com os respectivos prazos de realização ou fornecimento; b) a economia que se estima gerar, expressa em unidade de medida associada à obra, ao bem ou ao serviço e em unidade monetária". A proposta de preço, consoante inciso II do §1º, deve corresponder "a percentual sobre a economia que se estima gerar durante determinado período, expressa em unidade monetária". Ganha a licitação, consoante o §3º do mesmo artigo 39, o licitante que oferecer a proposta com a maior economia estimada deduzida a proposta de preço. O edital, sublinha o §2º do mesmo artigo, deve dispor de "parâmetros objetivos de mensuração da economia gerada com a execução do contrato, que servirá de base de cálculo para a remuneração devida ao contratado".

Se a economia proposta não for gerada, na forma do inciso I do §4º do artigo 39 da Lei nº 14.133/2021, "a diferença entre a economia contratada e a efetivamente obtida será descontada da remuneração do contratado". Ademais, de acordo com o inciso II do mesmo parágrafo, "se a diferença entre a economia contratada e a efetivamente obtida for superior ao limite máximo estabelecido no contrato, o contratado sujeitar-se-á, ainda, a outras sanções cabíveis".

Disso resulta que a estimativa de economia proposta pelo licitante deve ser séria e realista, porque, se ela não se realizar, o licitante terá sua remuneração descontada. A depender do caso, o desconto da remuneração do licitante pode absorvê-la completamente. Quer dizer que a frustração da economia contratada não implica apenas redução da remuneração no percentual da proposta de preços. Afora a redução do valor em razão do percentual, o contratado deve ainda sofrer desconto na sua remuneração.

É melhor explicar com exemplo.

Suponha-se que o licitante A ofereceu economia superestimada de R$1 milhão e percentual de remuneração de 10%. O julgamento da proposta, repita-se, diante do §3º do artigo 39 da Lei nº 14.133/2021, toma em conta a economia estimada deduzida a proposta de preços. Então, a proposta desse licitante foi de R$900 mil, que se obtém com base no R$1 milhão de economia estimada deduzidos R$100 mil, que é a remuneração por ele proposta no percentual de 10% sobre a economia estimada. O licitante A foi o vencedor da licitação.

Suponha-se que também participou da licitação o licitante B, com estimativa real de economia de R$500 mil e o mesmo percentual de remuneração, de 10% sobre a economia gerada. O resultado da proposta do licitante B foi de R$450 mil, obtido da economia de R$500 mil deduzidos R$50 mil, que é a remuneração por ele proposta no percentual de 10% sobre a economia estimada.

Prosseguindo com o exemplo, o contrato foi assinado com o licitante A e a economia real, no final das contas, foi de apenas R$500 mil. O licitante A não irá receber 10% da economia gerada de R$500 mil. Sucede que ele propôs economia inflada de R$1 milhão e foi por essa razão que ganhou a licitação. Então, na forma do inciso I do §4º do artigo 39 da Lei nº 14.133/2021, deve-se deduzir do valor a que ele faria jus a título de remuneração, que foi de 10% sobre a economia estimada, que perfaria R$100 mil, o montante relativo à frustração da economia estimada. A diferença entre a economia estimada, prometida na proposta, de R$1 milhão, e a real, de R$500 mil, é de R$500 mil. Logo, do valor a que o licitante A faria jus, de R$100 mil, deve-se descontar R$500 mil. Sendo assim, ele não receberá nada.

Ainda com o mesmo exemplo, o desconto dos R$100 mil, que seria a remuneração do licitante A, não compensa a diferença entre a economia estimada e prometida para a Administração e a efetivamente gerada. A Lei nº 14.133/2021 não prescreve que a não realização da economia gera o dever do contratado de ressarcir a Administração. Ou seja, o licitante A, além de perder a sua remuneração, não terá que indenizar os R$500 mil, que correspondem ao valor não gerado de economia em face do que foi estimado. Nessa situação, no entanto, deve-se aplicar o inciso II do §4º do artigo 39, sujeitando-se o licitante A a outras sanções cabíveis, inclusive, como já destacado, se previsto no contrato, à multa compensatória.

Um dos maiores entraves ao julgamento pelo maior retorno econômico é que os licitantes devem apresentar na licitação proposta de trabalho, descrevendo as obras, serviços ou bens necessários para gerar a economia, comprometendo-se com determinado patamar de economia. Para tanto, pressupõe-se que o projeto básico apresente diagnóstico completo sobre o objeto da licitação e aponte as ações para gerar a economia pretendida. No entanto, o grande diferencial desse tipo de serviço, que demanda tempo, é justamente realizar o diagnóstico da situação atual e identificar as medidas, projetando obras, serviços e novas instalações, que podem ser implementadas para gerar a economia. A execução das obras, serviços e novas instalações é secundário nesse contexto. Ou seja, há uma espécie de subversão lógica. A inteligência do contrato de eficiência, que prevalece na seara privada e que gera efetivamente a economia, é anterior à licitação, desenvolve-se no projeto básico. Em termos práticos, alguém faz o projeto básico, o núcleo do contrato de eficiência, e recebe remuneração fixa, não com base na economia gerada. Em razão das informações constantes do projeto básico, outros apenas se comprometem a executar as obras, serviços ou instalações previstas no projeto básico de terceiro e são remunerados em razão da economia gerada, apropriando-se e tendo lucros em virtude da inteligência de terceiro, de quem fez o projeto básico.

Acresça-se que os terceiros que participam da licitação também não apreciam a situação, sobremodo porque precisam se comprometer com um patamar de economia de despesas diante de um projeto básico que é de terceiro, sobre o qual é muito difícil, no prazo exíguo de publicidade de edital de licitação, sem que eles mesmos façam o diagnóstico da situação atual, empreender análise mais crítica e minudente.

Poder-se-ia argumentar que o mesmo problema ocorre nas licitações tradicionais, que não envolvem contratos de eficiência. O argumento não vale, porque nas licitações tradicionais os licitantes não se comprometem com resultados, comprometem-se apenas em executar o objeto descrito no projeto básico. O nível de compromisso é outro. Por exemplo, faz-se licitação para construir uma estação de tratamento de esgoto e projeta-se a capacidade de tratamento. Em regra, o sujeito que participa da licitação e executa o contrato não tem qualquer compromisso com a capacidade de tratamento projetada. A obrigação dele é de executar a estação de acordo com todas as especificações do projeto básico e, feito isso, ele faz jus à remuneração contratada, pouco importando a real capacidade de tratamento dela. Já no contrato de eficiência é diferente. O contratado tem obrigação com o resultado, a remuneração dele depende do resultado e, caso não atingindo, ele ainda sofre multa. Então, para participar da licitação é necessário abraçar o projeto básico, quase tomá-lo para si, o que, repita-se, é muito difícil no prazo exíguo de publicidade do edital, sem que o diagnóstico seja realizado diretamente por si.

Poder-se-ia cogitar como solução o emprego da contratação integrada, prevista no inciso V do artigo 46 da Lei nº 14.133/2021, dado que a licitação, nesse caso, seria realizada sem projeto básico, apenas com anteprojeto. O projeto básico ficaria ao cargo do vencedor da licitação. Mas, se assim fosse, dever-se-ia prever que os licitantes não fossem obrigados a apresentar na licitação proposta de trabalho, descrevendo as obras, serviços ou bens necessários para gerar a economia, comprometendo-se com a economia. Dito de outra forma, o problema é que os licitantes teriam de se comprometer em gerar dado patamar de economia apenas com base em anteprojeto, com dados ainda mais superficiais. Somente depois desenvolveriam o projeto básico. Imagine-se que, posteriormente, o projeto básico aportasse a conclusões diferentes daquelas visualizadas em face do anteprojeto, inviabilizando aquele patamar de economia que inicialmente se visualizou gerar. O compromisso com a economia já teria sido sacramentado e o contratado teria de cumprir suas obrigações, executando as obras, serviços e instalações, já sabendo, de antemão, que não seria remunerado suficientemente e que sofreria multas. A contratação integrada, sob essas premissas, apenas traria mais insegurança jurídica.

Recomenda-se, como medida de mitigação, que o edital de licitação e o contrato de eficiência sejam acompanhados da matriz de risco de que trata o artigo 22 da Lei nº 14.133/2021, de modo que os riscos decorrentes das incorreções e omissões do projeto básico sejam atribuídos à Administração, compensando-se de alguma maneira o contratado. Essa medida poderia sinalizar mais segurança aos interessados na licitação, aumentar a atratividade da licitação e ampliar a competição, bem como estabelecer contrato administrativo mais equilibrado e justo.

Em suma, a obrigação de apresentar proposta em licitação já identificando e comprometendo-se com determinado patamar de economia importa alguns problemas, entre os quais a dificuldade dos pretensos interessados em oferecer uma proposta firme de economia a ser gerada apenas com os dados fornecidos com o edital ou com uma singela visita técnica. Daí que o mercado enxerga a licitação julgada pelo maior retorno econômico com muita ressalva e restrição.

3.5.1 A Instrução Normativa SEGES/ME nº 96/2022

A Secretaria Especial de Desburocratização, Gestão e Governo Digital do Ministério da Economia produziu a Instrução Normativa nº 96/2022, que versa sobre a licitação pelo critério do julgamento por maior retorno econômico, na forma eletrônica, para a Administração Pública Federal direta, autárquica e fundacional. A Instrução Normativa também é obrigatória para os demais entes da federação nas hipóteses em que a contratação é custeada com transferências voluntárias da União.

A Instrução Normativa nº 96/2022 é longuíssima, conta com 62 artigos, que em sua maioria repetem ou reproduzem de forma muito aproximada questões gerais sobre o procedimento licitatório prescritas na Lei nº 14.133/2021, em abordagem parecida com a Instrução Normativa nº 73/2022, que trata das licitações julgadas pelos critérios do menor preço e do maior desconto. Este Autor considera que a repetição de normas legais em regulamento não tem serventia alguma, afora complicar o ambiente já complicado das licitações e dos contratos. De todo modo, em meio aos 62 artigos, a Instrução Normativa prescreve algumas normas importantes sobre o critério de julgamento do maior retorno econômico. Neste tópico, propõe-se a enfatizar as normas da Instrução que dizem respeito diretamente ao critério de julgamento, que sejam relevantes e que não se prestem apenas a reproduzir o que já está na Lei nº 14.133/2021, objeto do tópico precedente.

(i) Modalidade diálogo competitivo. Pois bem, o artigo 4º da Instrução Normativa nº 96/2022 prevê que o julgamento por maior retorno econômico pode se dar na modalidade concorrência ou diálogo competitivo. Chama a atenção o diálogo competitivo, que pode ser instrumento adequado para contornar o principal problema desse tipo de licitação, que diz respeito à falta de informação ou a insegurança acerca das informações por parte dos licitantes sobre os aspectos técnicos e sobre a estrutura existente para elaborar propostas de trabalho e de preço, baseada na economia que se projeta gerar. A nota fundamental do diálogo competitivo, conforme as disposições do artigo 32 da Lei nº 14.133/2021, é que a Administração apresenta inicialmente as suas necessidades e abre a fase de diálogo com os licitantes para definir a solução mais adequada. Então, nesses diálogos, ocorre uma interação e troca de informações entre licitantes e Administração, de modo que a construção da solução é, de certa forma, conjunta. Sob essa perspectiva, ao participar da construção da solução, atenua-se significativamente o problema da falta ou da insegurança da informação, de maneira que há condições mais favoráveis para a apresentação de proposta de trabalho e proposta de preço, comprometendo-se com dado patamar de desconto.

(ii) Julgamento por banca. O artigo 11 da Instrução Normativa nº 96/2022 exige que a proposta de trabalho seja "analisada por banca, composta por, no mínimo, 3 (três) membros, preferencialmente, servidores efetivos ou empregados públicos pertencentes aos quadros permanentes da Administração Pública", permitindo-se, na forma do seu parágrafo único, a contratação de profissionais com conhecimento técnico, experiência ou renome para fazer parte dela. A banca já é prevista na Lei nº 14.133/2021, mais precisamente no inciso II do *caput* do artigo 37 e no seu §1º, para a avaliação qualitativa das propostas apresentadas em licitação julgada pelos critérios da melhor técnica ou da técnica e preço. A previsão da banca é positiva, confere certa equidistância para a Administração, empresta autoridade à avaliação e tende a qualificá-la, mormente em relação a objetos muito específicos, sobre os quais os agentes administrativos não costumam ter domínio.

(iii) Fase preparatória. O artigo 13 da Instrução Normativa nº 96/2022 exige que o estudo técnico preliminar contemple "I - a potencial economia em despesas correntes; II - o risco envolvido, se comparado com outro modelo de contratação; III - a adequação do modelo de remuneração em face da disponibilidade orçamentária e financeira do órgão ou da entidade; e IV - o prazo de vigência adequado para o contrato de eficiência, considerando o disposto no art. 15". Os prazos, de acordo com o artigo 15, são de até 10 (dez) anos nos contratos sem investimento (o que é difícil de ocorrer, a tônica desse tipo de contrato é que o contratado faça investimentos), e de até 35 (trinta e cinco) anos nos contratos com investimento. O artigo 14 exige do termo de referência "todos os dados e as informações necessários e suficientes para que os licitantes possam elaborar

suas propostas de trabalho e de preço". O edital, conforme o artigo 16, deve prever, no mínimo, "I - parâmetros objetivos de mensuração da economia gerada com a execução do contrato, que servirá de base de cálculo para a remuneração devida ao contratado; II - o limite máximo do déficit da economia efetivamente obtida em relação à economia contratada, acima da qual haverá apuração de responsabilidade, podendo culminar em sanção ao particular; III - nível mínimo de economia que se pretende gerar; e IV - direito de realização de vistoria prévia, nos termos dos §§2º a 4º do art. 63 da Lei nº 14.133, de 2021, na hipótese de a avaliação prévia do local de intervenção ser imprescindível para a confecção da proposta de trabalho". Os parágrafos 1º e 2º do artigo 16 preceituam que os parâmetros objetos de mensuração devem ser adequados ao comportamento sazonal da despesa, com medição mensal e que mensurações em prazos superiores são excepcionais e devem ser justificadas.

(iv) Modos de disputa. O artigo 26 da Instrução Normativa somente admite os modos de disputa fechado e aberto, não prevê a combinação entre eles, o que não parece fazer sentido. Nada impediria, pelo menos aprioristicamente, a combinação dos modos de disputa.

(v) Avaliação da proposta de trabalho. Um dos aspectos mais sensíveis do julgamento pelo maior retorno econômico é a avaliação da proposta de trabalho, porque as intervenções propostas devem ser viáveis para gerar a economia projetada, o que depende de aspectos muito técnicos. Como dito, essa análise deve ser realizada por uma banca. Além disso, o artigo 38 da Instrução Normativa nº 96/2022 exige que se considerem "I - os aspectos técnicos da solução proposta; II - o atendimento a preceitos de desenvolvimento sustentável; e III - a efetividade em minimização da despesa corrente objeto da licitação".

(vi) Avaliação da proposta de preços. A Administração também deve avaliar a proposta de preços. O artigo 39 da Instrução Normativa prescreve que "é indício de inexequibilidade das propostas a previsão de percentuais referentes à proposta de preços inferiores a 10% (dez por cento)". Difícil entender de onde se alcançou esse percentual de 10% (dez por cento) e sobre qual montante esse percentual se aplica. Ora, o inexequível seria o maior desconto, e não o inferior, como posto no dispositivo. De todo modo, para amenizar, o parágrafo único do mesmo artigo condiciona a inexequibilidade à promoção de diligência que comprove "I - que o custo do licitante ultrapassa o valor pretendido de sua remuneração; e II - inexistirem custos de oportunidade capazes de justificar a proposta ofertada". Também é preciso avaliar o sobrepreço, em acordo com o artigo 40 da Instrução Normativa.

3.6 Melhor técnica ou conteúdo artístico

A Lei nº 14.133/2021, no inciso III do seu artigo 33, prevê o critério da melhor técnica ou conteúdo artístico. O *caput* do artigo 35 da mesma lei prescreve que "o julgamento por melhor técnica ou conteúdo artístico considerará exclusivamente as propostas técnicas ou artísticas apresentadas pelos licitantes, e o edital deverá definir o prêmio ou a remuneração que será atribuída aos vencedores".

Veja-se que o critério da melhor técnica ou conteúdo artístico da Lei nº 14.133/2021 destoa bastante do critério da melhor técnica da revogada Lei nº 8.666/1993. Ocorre que o artigo 46 da Lei nº 8.666/1993 previa que no critério da melhor técnica o preço também seja levado em consideração para efeito de julgamento e, por conseguinte, os licitantes apresentam proposta que se desdobra em técnica e em preço. Por sua vez, o critério da melhor técnica ou conteúdo artístico da Lei nº 14.133/2021 é centrado unicamente na técnica ou no conteúdo artístico e despreza o preço, que é estabelecido de antemão pela Administração no edital, conforme a redação do *caput* do seu artigo 35. Quer dizer que, se a Administração entender que o preço é relevante para apurar a proposta para si mais vantajosa, ela não deve utilizar o critério de julgamento de melhor técnica ou conteúdo artístico. Nele o preço é fator secundário, dado que o julgamento em si se concentra na técnica ou no conteúdo artístico.

Em linha de comparação, é de observar que a Lei nº 8.666/1993 não se referia, expressamente, ao critério de melhor técnica ou conteúdo artístico. No entanto, tal critério fazia as vezes da modalidade concurso, consoante o disposto no §4º do artigo 22 da Lei nº 8.666/1993.[76] A rigor, a melhor técnica ou conteúdo artístico é algo muito próximo do critério que sempre foi utilizado pela Administração Pública em geral para julgar as licitações realizadas sob a modalidade concurso, ainda que a Lei nº 8.666/1993 não o denominasse expressamente. Os propósitos e a aplicação prática são os mesmos.

Tanto isso é verdade que a modalidade concurso da Lei nº 14.133/2021, conforme definição constante do inciso XXXIX do seu artigo 6º, deve ser utilizada "para escolha de trabalho técnico, científico ou artístico, cujo critério de julgamento será o de melhor técnica ou conteúdo artístico, e para concessão de prêmio ou remuneração ao vencedor". A rigor, o critério de julgamento da melhor técnica ou conteúdo artístico é aquele típico da modalidade concurso.

O parágrafo único do artigo 35 da Lei nº 14.133/2021 autoriza que o critério da melhor técnica ou conteúdo artístico seja "utilizado para a contratação de projetos e trabalhos de natureza técnica, científica ou artística". O §2º do artigo 37 da mesma lei autoriza o emprego do critério da "melhor técnica" para os "serviços técnicos especializados de natureza predominantemente intelectual previstos nas alíneas 'a', 'd' e 'h' do inciso XVIII do *caput* do art. 6º desta Lei cujo valor estimado da contratação seja superior a R$300.000,00 (trezentos mil reais)", o que abrange boa parte dos serviços de engenharia consultiva.

Os parâmetros para a avaliação da proposta técnica, tanto sob o critério da melhor técnica ou conteúdo artístico, quanto sob o critério da técnica e preço, são os definidos no artigo 37 da Lei nº 14.133/2021, que serão comentados em tópico apartado. A avaliação dos aspectos de natureza quantitativa deve ser atribuída à banca especialmente designada, como refere o inciso II do *caput* do artigo 37 da Lei nº 14.133/2021.

Por último, pondera-se que, nas hipóteses em que se tem em mira o conteúdo artístico, o critério do inciso III do seu artigo 33 da Lei nº 14.133/2021 deve ser aplicado apenas para as contratações artísticas em que o interesse público realmente se volte para a avaliação do melhor conteúdo artístico, o que não abrange todas as contratações

---

[76] "Art. 22. [...] §4º Concurso é a modalidade de licitação entre quaisquer interessados para escolha de trabalho técnico, científico ou artístico, mediante a instituição de prêmios ou remuneração aos vencedores, conforme critérios constantes de edital publicado na imprensa oficial com antecedência mínima de 45 (quarenta e cinco) dias".

desse tipo. Por exemplo, a Administração talvez pretenda contratar trabalhos artísticos populares, como forma de divulgar marca ou por qualquer outra razão institucional. O trabalho artístico popular nem sempre é o de melhor conteúdo. Nesses casos, em que se pretende popularidade, o critério do melhor conteúdo artístico não se aplica.

O edital de licitação ou documento que lhe seja anexo deve indicar os critérios a serem levados em consideração para avaliar o conteúdo artístico. A subjetividade é inerente e mais intensa em relação à avaliação de conteúdo artístico do que à própria avaliação técnica. Em que pese isso, o edital deve estabelecer parâmetros objetivos para a avaliação das propostas, definindo, de antemão, o que deve ser levado em consideração e como deve ser calculada a pontuação final.

3.7 Técnica e preço

O inciso IV do artigo 33 da Lei nº 14.133/2021 prevê o critério de julgamento da técnica e preço, que deve ser utilizado, na forma do §1º do artigo 36 da mesma lei:

> [...] quando estudo técnico preliminar demonstrar que a avaliação e a ponderação da qualidade técnica das propostas que superarem os requisitos mínimos estabelecidos no edital forem relevantes aos fins pretendidos pela Administração nas licitações para contratação de:
> I - serviços técnicos especializados de natureza predominantemente intelectual, caso em que o critério de julgamento de técnica e preço deverá ser preferencialmente empregado;
> II - serviços majoritariamente dependentes de tecnologia sofisticada e de domínio restrito, conforme atestado por autoridades técnicas de reconhecida qualificação;
> III - bens e serviços especiais de tecnologia da informação e de comunicação;
> IV - obras e serviços especiais de engenharia;
> V - objetos que admitam soluções específicas e alternativas e variações de execução, com repercussões significativas e concretamente mensuráveis sobre sua qualidade, produtividade, rendimento e durabilidade, quando essas soluções e variações puderem ser adotadas à livre escolha dos licitantes, conforme critérios objetivamente definidos no edital de licitação.

Advirta-se que o enquadramento do objeto da licitação num dos incisos do §1º do artigo 36 da Lei nº 14.133/2021 não é o suficiente para autorizar o emprego do critério da técnica e preço.[77] Antes disso, o estudo técnico preliminar deve apontar que é vantajoso à Administração exigir no edital requisitos técnicos mínimos e que, para além deles, as

[77] Confira-se, nesse sentido, precedente do Superior Tribunal de Justiça que emprega interpretação restritiva sobre a adoção do critério de técnica e preço, ainda que sob a régua da Lei nº 8.666/1993: "IV - O Acórdão proferido na Corte a quo viola expressamente o artigo 46 da Lei n. 8.666/93 ao adotar o tipo de licitação 'técnica e preço'. O poder público municipal, ao adotar o critério técnica e preço, incorreu em erro, uma vez que tal critério é destinado exclusivamente para as licitações de natureza predominantemente intelectual, o que não é o caso. V - O critério 'técnica e preço' destina-se à concessão prevista na Lei n. 8.987/95 e não à contratação da Lei n. 8.666/93. Portanto, o critério de julgamento das propostas deveria ser o de menor preço (art. 45, §1º, I, da Lei 8.666/93). VI - No caso em análise, o trabalho a ser desenvolvido é predominantemente manual e não intelectual, quais sejam, conforme fixado na sentença: 'Coleta de resíduos sólidos (R$52.593,30), varrição de ruas (R$49.446,00) e capinas, roçadas e pintura (R$38.431,74) são os quesitos de maior valoração numa planilha orçamentária de R$201.888,93'. Ou seja, dúvidas não há de que não se trata de tarefa predominantemente braçal e não intelectual. (fls. 1.374) VII - Há também violação do artigo 33 da Lei n. 8.666/93. Isto porque como bem ressaltado na sentença 'o edital de licitação ora discutido restringiu a participação de empresas consorciadas no processo licitatório, sem qualquer justificativa'. A conduta afronta expressamente o artigo 33 da Lei n. 8.666/93, além de frustrar o objetivo de selecionar a proposta mais vantajosa à administração pública" (STJ, Segunda Turma. AgInt nos EDcl no REsp nº 1455.704/RS. Rel. Min. Francisco Falcão, j. 16.3.2023).

empresas atuantes no mercado podem oferecer soluções técnicas que lhes agreguem qualidade técnica, por efeito do que é conveniente para a Administração comparar/julgar esses diferenciais tocantes à qualidade técnica.

A constatação de possíveis diferenciais técnicos qualitativos que superem os requisitos técnicos mínimos exigidos no edital é o pressuposto lógico para a adoção do critério da técnica e preço. Se esse pressuposto é atendido, daí, na sequência, deve-se verificar se o objeto da licitação se enquadra num dos incisos do §1º do artigo 36. O emprego do critério da técnica e preço depende da atenção ao pressuposto tocante aos diferenciais técnicos qualitativos e do enquadramento do objeto da licitação num dos referidos nos incisos do §1º do artigo 36.

A propósito, a lista dos objetos constante dos incisos do §1º do artigo 36 da Lei nº 14.133/2201 é amplíssima e com termos bem fluidos, que deixam muitos espaços para enquadrar praticamente qualquer objeto de elevada complexidade técnica. Nessa medida, a lista é até redundante diante do pressuposto lógico para a utilização do critério de julgamento da técnica e preço tocante à constatação de possíveis diferenciais técnicos qualitativos que superem os requisitos técnicos mínimos exigidos no edital. Aliás, o objeto indicado no inciso V do §1º do artigo 36 acaba se confundido com o próprio pressuposto lógico apresentado no próprio §1º do mesmo artigo.

Registre-se, em adição e conforme o §2º do artigo 37 da Lei nº 14.133/2021, que o critério de julgamento da técnica e preço, ao lado do critério da melhor técnica ou conteúdo artístico, também deve ser empregado "para contratação dos serviços técnicos especializados de natureza predominantemente intelectual previstos nas alíneas 'a', 'd' e 'h' do inciso XVIII do *caput* do art. 6º desta Lei cujo valor estimado da contratação seja superior a R$300.000,00 (trezentos mil reais) [...]", o que abrange a maioria dos serviços de engenharia consultiva. As alíneas "a", "d" e "h" do inciso XVIII do *caput* do artigo 6º referem-se, respectivamente, aos serviços de:

> a) estudos técnicos, planejamentos, projetos básicos e projetos executivos; [...]
> d) fiscalização, supervisão e gerenciamento de obras e serviços; [...]
> h) controles de qualidade e tecnológico, análises, testes e ensaios de campo e laboratoriais, instrumentação e monitoramento de parâmetros específicos de obras e do meio ambiente e demais serviços de engenharia que se enquadrem na definição deste inciso.

O §2º do artigo 37 da Lei nº 14.133/2021 não tem qualquer plausibilidade, lógica ou sentido, parece, pura e simplesmente, fruto de *lobby*, ainda que legítimo, do setor de engenharia consultiva. Veja-se que para os serviços nele mencionados, desde que acima de R$300 mil, o critério de julgamento da técnica e preço ou da melhor técnica (esqueceram-se de que o critério indicado no artigo 33 da Lei nº 14.133/2021 não se chama melhor técnica e sim melhor técnica ou conteúdo artístico) é obrigatório. Ora, nem sempre se constatam potenciais diferenciais técnicos qualitativos que superem os requisitos técnicos mínimos exigidos no edital em relação aos tais serviços de engenharia consultiva, o que é o pressuposto lógico para a adoção do critério da técnica e preço, consoante o §1º do artigo 36 da Lei nº 14.133/2021. Também não se consegue antever explicação para distinguir os serviços técnicos especializados de natureza predominantemente intelectual mencionados nas alíneas "a", "d" e "h" em detrimento dos demais. Não há nada que justifique dar especial relevo, por exemplo, a serviço atinente a estudo técnico (alínea "a") em detrimento de serviço de consultoria técnica (alínea "c"), que acabam até mesmo se confundindo – o estudo técnico é o produto do serviço de consultoria técnica.

Goste-se ou não, apesar de não se vaticinarem razões para o §2º do artigo 37 da Lei nº 14.133/2021, ele faz parte da Lei nº 14.133/2021, passou pelo processo legislativo e não contraria diretamente qualquer dispositivo constitucional. Deve-se respeitar a vontade do legislador encarnada no §2º do artigo 37 da Lei nº 14.133/2021, sem se valer de artimanhas e manipulações de princípios jurídicos para contorná-la.

É importante realçar que a Lei nº 14.133/2021 não prescreve normas sobre os procedimentos que devem ser adotados pela Administração no julgamento pautado pelo critério da técnica e preço. Colhe-se da Lei nº 14.133/2021 apenas algumas poucas balizas. A primeira e mais saliente, decorrente do §2º do artigo 36 da Lei nº 14.133/2021, é que nas licitações julgadas pelo critério técnica e preço os licitantes devem apresentar duas propostas, uma técnica e outra de preço e que elas devem ser julgadas separadamente e de forma sequencial na ordem, primeiro a técnica e depois o preço. Seria perfeitamente possível exigir apenas uma proposta, com os elementos técnicos e de preço integrados. Não foi essa opção do legislador e a opção do legislador deve ser respeitada: primeiro a técnica e depois o preço.

O §2º do artigo 36 da Lei nº 14.133/2021 também prescreve que as propostas técnica e de preço devem ser ponderadas e que o desequilíbrio máximo admitido é de 70% a favor da proposta técnica. Agregue-se que o inciso II do §2º do artigo 37 da Lei nº 14.133/2021 prescreve que, para as licitações que tenham por objeto os serviços técnicos especializados de natureza predominantemente intelectual previstos nas alíneas "a", "d" e "h" do inciso XVIII do *caput* do artigo 6º da Lei nº 14.133/2021 que ultrapassem R$300 mil, aplicando-se o critério da técnica e preço, a proporção deve ser de 70% para a valoração da proposta técnica. Ou seja, nesses casos específicos, também sem maior justificativa, o legislador resolveu impor a proporção que deve ser tomada em conta para ponderar a técnica e o preço.

De modo geral, devem ser atribuídas aos licitantes uma nota técnica e outra de preço. O resultado será obtido pela ponderação das duas notas, sendo que o edital pode atribuir a elas pesos diferentes, valorizar mais a técnica em detrimento do preço ou o contrário. Mesmo antes da Lei nº 14.133/2021, sob os auspícios da Lei nº 8.666/1993, já era comum que fossem atribuídos 70% (setenta por cento) para a técnica e 30% (trinta por cento) para o preço. A justificativa para valorizar mais a técnica do que o preço é que, em muitos casos, o preço não é o aspecto mais relevante. É admissível que, dentro dos patamares de preço de mercado, já conhecidos pela Administração, o que importa para a consecução do interesse público é o diferencial técnico, o que justifica a valorização da técnica em detrimento do preço. Entretanto, o Tribunal de Contas da União, em muitas oportunidades, diante da Lei nº 8.666/1993, vem sendo rigoroso em exigir motivação consistente para as situações em que a Administração pretende atribuir nota superior à técnica, em detrimento do preço.[78] Na verdade e em termos práticos, o Tribunal de

[78] "21. Conforme já aduzi anteriormente nestes autos, no Acórdão 566/2013 – Plenário este Tribunal deixou assente não serem suficientes justificativas de que a atividade publicitária tem muitos fatores críticos para sua

Contas da União encontra enorme dificuldade para aceitar que se atribua à técnica relevância superior ao preço, sendo que as análises das justificativas apresentadas pela Administração são realizadas pela Corte de Contas com dose enorme de subjetividade.

Em que pese a ausência de regras específicas na Lei nº 14.133/2021 sobre o procedimento dos julgamentos pautados por técnica e preço, pode-se deduzir que o agente de contratação ou comissão de licitação deve abrir em primeiro lugar os envelopes com as propostas técnicas e proceder de imediato à análise da aceitabilidade delas sob o prisma do objeto e das formalidades, desclassificando aquelas que não atenderem às especificações e às exigências mínimas contidas no edital. Em seguida, deve atribuir às propostas classificadas as respectivas notas técnicas, de acordo com os parâmetros e critérios predeterminados no edital. A atribuição de notas a quesitos de natureza qualitativa fica ao cargo de banca designada para esse fim, como prescreve o inciso II do artigo 37 da Lei nº 14.133/2021. Realizada a avaliação técnica, a comissão de licitação, então, deve abrir os envelopes com as propostas de preços, analisando a sua aceitabilidade e desclassificando aquelas que consignarem preços excessivos ou preços inexequíveis. Na sequência, o agente de contratação ou comissão de licitação deve colocar as propostas de preços em ordem de classificação. Para fechar o procedimento, deve aplicar o fator de ponderação previsto no edital e, em razão dele, obter o resultado do julgamento.

Além disso, observa-se que a Lei nº 14.133/2021 é silente em relação à possibilidade de a Administração prever em edital uma nota técnica mínima de corte, abaixo da qual as propostas dos licitantes devem ser desclassificadas. Entende-se que, sendo assim, a Lei nº 14.133/2021 confere competência discricionária para a Administração exigir ou não pontuação técnica mínima, o que também pode ser disposto em norma regulamentar. Argumenta-se que faz sentido exigir pontuação técnica mínima de corte. Sucede que, embora sejam ponderados técnica e preço, é razoável que a Administração não pretenda objetos ou propostas abaixo de determinado patamar técnico, independentemente do

execução a justificar uma técnica com valoração mais que o dobro do preço ofertado. Tamanha disparidade deveria ser justificada mediante estudo capaz de sustentá-la, de modo a afastar a contraposição de pesos pela relação 6 x 4 ou de paridade entre as propostas, na relação técnica x preço. Não basta que haja justificativa no processo, necessita ela efetivamente dar sustentação ao critério adotado, ou seja, a justificativa deve ser razoável e adequada. 22. Conforme já tive oportunidade de expor, por ocasião da apreciação do agravo interposto contra a cautelar deferida nestes autos, a justificativa para a adoção dos pesos indicados no edital não se revelou adequada para tamanha disparidade, nem observou o entendimento deste Tribunal explicitado em deliberação especialmente dirigida às então agravantes, tendo em vista o que restou consignado no referido Acórdão 566/2013 – Plenário, envolvendo essas mesmas entidades: 'De acordo com a jurisprudência deste Tribunal, para 'a distribuição privilegiada de peso em favor da nota técnica deveria restar caracterizada a complexidade do certame e o impacto sobre os preços contratados', estando acompanhada de estudo demonstrando que a disparidade verificada é justificável (item 33 do relatório e 11 do voto condutor do Acórdão 1.488/2009 - Plenário). Ainda de acordo com esse acórdão, *'a simples adoção da licitação do critério 'técnica e preço' já proporciona a contratação de propostas de melhor qualidade, uma vez que a técnica passa a compor a nota final do certame, abrindo possibilidade para que, a despeito de apresentarem custos superiores, empresas com técnica mais apurada vençam a disputa' (item 15 do voto). Esse também é o entendimento constante dos Acórdãos 1.782/2007, 29/2009, 2017/2009, 327/2010 e 1.041/2010, todos do Plenário, dentre outros'*. (destaquei) 23. Por ocasião do referido julgado este Tribunal já havia determinado às referidas entidades (Sesi/Senai – DN), que se abstivessem de prever, em caso de licitação do critério técnica e preço, excessiva valoração atribuída ao quesito 'técnica', em detrimento do 'preço', sem amparo em justificativas técnicas suficientes que demonstrem sua necessidade, uma vez que a adoção de critério desproporcional pode acarretar prejuízo à competitividade do certame e à obtenção da proposta mais vantajosa, observando o artigo 2º do Regulamento de Licitações e Contratos do Sesi/Senai (subitem 9.1.6 do Acórdão 566/2013 - Plenário)" (TCU, Plenário. Acórdão nº 743/2014. Rel. Min. Augusto Sherman Cavalcanti, j. 26.3.2014).

preço ofertado. A exigência de pontuação técnica mínima é instrumento para prestigiar a técnica em detrimento do preço, em alinho ao que a Administração considera para si como a proposta mais vantajosa. A jurisprudência do Tribunal de Contas da União, ainda que desenvolvida com base na Lei nº 8.666/1993, igualmente silente, reconhece a legalidade de fixação no edital de nota técnica mínima de corte.[79]

Por fim, a banca referida no inciso II do artigo 37 da Lei nº 14.133/2021, cuja atribuição é a avaliação de notas a quesitos de natureza qualitativa, deve contar com, no mínimo, três membros, como exige o §1º do mesmo artigo 37. Ela pode ser composta por, de acordo com o mesmo dispositivo:

> I - servidores efetivos ou empregados públicos pertencentes aos quadros permanentes da Administração Pública;
> II - profissionais contratados por conhecimento técnico, experiência ou renome na avaliação dos quesitos especificados em edital, desde que seus trabalhos sejam supervisionados por profissionais designados conforme o disposto no art. 7º desta Lei.

3.8 Critérios para o estabelecimento das notas técnicas

A elaboração de edital de licitação dos critérios melhor técnica e melhor combinação de técnica e preço é algo bastante delicado, já que a Administração deve estabelecer critérios para comparar tecnicamente as propostas.

A Administração goza de larga discricionariedade para estabelecer os critérios para a aferição das notas técnicas, uma vez que cada caso guarda as suas especificidades.

Convém acentuar, por oportuno, que a Administração não se vale de único critério para determinar a nota técnica. Ao contrário, ela dispõe de vários critérios, que, em conjunto, servem para aferir a nota técnica. Assim, não se pode querer analisar os critérios separadamente, como se um não tivesse conexão com outro.

Noutros termos, por vezes, se dado fator for analisado isoladamente, ele pode parecer irrelevante e não suficiente para distinguir a qualidade técnica das propostas. Entretanto, deve-se ter em mente que esse fator é apenas um, que deve ser visualizado em conjunto com os demais, porque a nota técnica final é obtida em vista de todos os critérios em conjunto. Ou seja, cada critério presta-se a analisar uma particularidade, um aspecto da proposta e, todos, em conjunto, é que produzem o resultado.

De mais a mais, é inevitável, em muitas oportunidades, que a Administração se utilize de critérios com algum grau de subjetividade para avaliar as propostas técnicas. É difícil avaliar a técnica de modo completamente objetivo, sobretudo diante da intenção legítima da Administração de receber propostas com abordagens técnicas e enfrentamentos diferentes. Acaba havendo alguma subjetividade para considerar que uma opção técnica apresentada por licitante seja melhor ou pior do que a dos demais licitantes.

---

[79] Em licitação do tipo técnica e preço, é admissível a exigência de nota mínima para valorização da proposta, no que se refere aos quesitos de avaliação da proposta técnica (TCU, Plenário. Acórdão nº 2.353/2011. Rel. Min. Raimundo Carreiro, j. 31.8.2011). O estabelecimento de um *quantum* mínimo de pontuação técnica para a classificação é da própria natureza das licitações do tipo técnica e preço (TCU, Plenário. Acórdão nº 2.658/2007. Rel. Min. Raimundo Carreiro, j. 5.12.2007).

De todo modo, os critérios para a aferição da nota técnica não podem ser aleatórios e impertinentes, ainda que devam ser analisados conjuntamente. Todos eles estão vinculados ao propósito de valorizar a proposta com o melhor desempenho técnico, com a melhor qualidade.

O ponto é que a atividade de controle, interno e externo, encontra obstáculos de monta para assinalar a ilegalidade dos critérios para a aferição da nota técnica em vista da discricionariedade conferida aos agentes administrativos para estabelecê-los. É difícil apontar a ilegalidade dos referidos critérios sem adentrar no mérito do ato, o que é vedado aos órgãos de controle.

O artigo 37 da Lei nº 14.133/2021, sem recusar a discricionariedade atribuída aos agentes administrativos, estabelece três parâmetros gerais para a avaliação dos aspectos técnicos:

> I - verificação da capacitação e da experiência do licitante, comprovadas por meio da apresentação de atestados de obras, produtos ou serviços previamente realizados;
> II - atribuição de notas a quesitos de natureza qualitativa por banca designada para esse fim, de acordo com orientações e limites definidos em edital, considerados a demonstração de conhecimento do objeto, a metodologia e o programa de trabalho, a qualificação das equipes técnicas e a relação dos produtos que serão entregues;
> III - atribuição de notas por desempenho do licitante em contratações anteriores aferida nos documentos comprobatórios de que trata o §3º do art. 88 desta Lei e em registro cadastral unificado disponível no Portal Nacional de Contratações Públicas (PNCP).

O primeiro parâmetro é atinente à aferição da capacidade e experiência do licitante, cuja prova, como dispõe o inciso I do artigo 37 da Lei nº 14.133/2021, dá-se por meio da apresentação de atestados de capacidade técnica. Pode-se exigir a comprovação da capacidade e da experiência da própria licitante/empresa e dos profissionais que dela participam. Tanto isso é verdade que o artigo 38 da Lei nº 14.133/2021 prescreve que, "no julgamento por melhor técnica ou por técnica e preço, a obtenção de pontuação devido à capacitação técnico-profissional exigirá que a execução do respectivo contrato tenha participação direta e pessoal do profissional correspondente".

O Tribunal de Contas da União tem alguns precedentes sobre a pontuação técnica relacionados à capacidade e à experiência, que, embora prolatados diante da Lei nº 8.666/1993, podem ser aplicados também diante da Lei nº 14.133/2021, dado que esta não dispõe de regras que lhe sejam contrárias.

Pode-se mencionar, nessa direção, que o Tribunal de Contas da União admite "a atribuição de pontuação progressiva a número crescente de atestados comprobatórios de experiência, desde que devidamente justificada, porque a experiência da licitante na execução reiterada de determinados serviços, em certa medida, a qualifica a executá-los com melhor qualidade".[80] Ou seja, o licitante que apresentar mais atestados, comprovando mais experiência, deve receber nota melhor. Isso, evidentemente, depende do edital e, na visão do Tribunal de Contas da União, deve ser justificado. Ressalva-se que a

---

[80] TCU, Primeira Câmara. Acórdão nº 4.538/2010. Rel. Min. Walton Alencar Rodrigues, J. 20.7.2010.

experiência não deve ser medida apenas diante da quantidade de atestados, mas também deve considerar o conteúdo dos atestados e seus quantitativos.

No entanto, o Tribunal de Contas da União não admite que a nota técnica se dê em razão do tempo de experiência na execução de dado objeto.[81] A Corte admite que a experiência comprovada seja pontuada, o que ocorre por meio dos atestados. Quem apresentar mais atestados recebe mais pontos porque executou os objetos mais vezes ou em maior dimensão. No entanto, o tempo, por si, não deve ser tomado como critério, até porque é possível que alguém se dedique a dada atividade durante muito tempo, mas sem a devida inserção no mercado e sem desempenhá-la em grande volume. É possível que alguém com menos tempo de atuação tenha amealhado experiência mais relevante, com maior inserção no mercado e tendo executado o objeto mais vezes. Então, o que importa é o que foi executado e não o tempo de atuação de licitante no mercado.

A capacidade e a experiência a serem comprovadas pelos licitantes e valorizadas nas notas técnicas devem ser adequadas e compatíveis com o objeto da licitação. Daí que é permitido atrelar a capacidade e a experiência a atividades específicas, desde que compatíveis com o objeto da licitação e do futuro contrato administrativo e desde que relevantes. No entanto, não é permitido atribuir pontuação para licitantes que anteriormente já tenham sido contratados pelo próprio órgão ou entidade que promove a licitação ou por outros órgãos ou entidades de natureza semelhante.[82] O relevante é que comprovem experiência em razão da execução do objeto e não em razão de terem sido contratados por órgãos e entidades específicas.

Aliás, de maneira geral, o Tribunal de Contas da União entende que é restritiva à competição a previsão de atribuição de pontuação técnica para cujo atendimento os licitantes precisem incorrer em custos anteriores à celebração do respectivo contrato, como sucede com a comprovação de vínculos profissionais de forma permanente, disponibilização de instalações, equipamentos e programas de informática.[83]

O segundo parâmetro nominado no artigo 37 da Lei nº 14.133/2021 para a atribuição de nota técnica é o mencionado no seu inciso II de avaliação de quesitos de natureza qualitativa por banca designada para esse fim. O dispositivo prescreve que, com esse propósito, pode-se avaliar a demonstração de conhecimento do objeto, a metodologia e o programa de trabalho, a qualificação das equipes técnicas e a relação dos produtos que serão entregues.

---

[81] "9.4. determinar ao Departamento de Administração do Ministério das Relações Exteriores que, quando da abertura de novo(s) procedimento(s) licitatório(s) em substituição à Concorrência 02/2004, observe o disposto no art. 3º da Lei 8.666/93 e os seguintes preceitos na elaboração do(s) edital(ais): 9.4.1. abstenha-se de: [...] 9.4.1.6. incluir, em suas licitações do tipo de técnica e preço, quesitos que atribuam pontos na avaliação da proposta técnica pelo tempo de existência do licitante na prestação de serviços na área de informática, pois tal exigência restringe o caráter competitivo da licitação, consagrado no art. 3º, §1º, inciso I, da Lei 8.666/1993" (TCU, Plenário. Acórdão nº 264/2006. Rel. Min. Valmir Campelo, j. 8.3.2006).

[82] É irregular o critério de avaliação de proposta técnica que conceda pontuação a empresas pelo fato de terem sido anteriormente contratadas pela entidade ou por outras ligadas ao Sistema S (TCU, Primeira Câmara. Acórdão nº 2.641/2008. Rel. Min. Marcos Bemquerer, j. 20.8.2008).

[83] São irregulares os quesitos de pontuação técnica para cujo atendimento as empresas licitantes tenham de incorrer em despesas que sejam desnecessárias e anteriores à celebração do contrato ou frustrem o caráter competitivo do certame, a exemplo da pontuação para licitantes que possuírem, já na abertura da licitação, determinado quadro de pessoal com técnicos certificados e qualificados; a existência de plataforma de treinamento a distância para os funcionários da licitante; ambiente próprio de *help desk* para suporte remoto aos profissionais do contrato (TCU, Plenário. Acórdão nº 362/2007. Rel. Min. Ubiratan Aguiar, j. 14.3.2007).

A avaliação desses aspectos essencialmente qualitativos costuma ser realizada de modo bastante subjetivo. Por exemplo, a exigência em edital de demonstração de conhecimento do objeto normalmente demanda dos licitantes a apresentação de um texto que discorre sobre dados identificados no próprio projeto básico ou termo de referência que acompanha o edital e algum outro tipo de informação que seja pública. Uns licitantes podem apresentar textos mais completos e mais analíticos do que outros licitantes e é isso que acaba distinguido a pontuação técnica das propostas. A subjetividade na avaliação desses textos é enorme. A mesma subjetividade ocorre, ainda que ressalvadas suas peculiaridades, para as apresentações de metodologia e de programa de trabalho.

É relevante, nesses espaços de maior subjetividade, que o edital estabelece balizas em pormenor a respeito do que se exige dos licitantes, como se fossem subparâmetros para a atribuição das notas técnicas, o que limita a subjetividade em relação à própria intelecção dos licitantes acerca do que se exige deles e no tocante à avaliação das propostas.[84]

Mais importante do que isso é reforçar a motivação e a transparência nesses espaços de maior subjetividade. De certo modo, compensa-se o menor grau de objetividade com o maior grau de motivação.[85] Valendo-se da teoria dos motivos determinantes, o julgamento é vinculado aos parâmetros estabelecidos no edital e aos motivos declinados pela Administração, que devem ser transparentes. Isso oferece instrumentos para que se controle o resultado do julgamento e para que se evite que ele seja manipulado em razão da subjetividade dos critérios de avaliação.

Nessa direção, o Tribunal de Contas da União:

> A comissão julgadora de licitação do tipo "técnica e preço" deve fundamentar adequadamente as avaliaçoes das propostas técnicas, deixando-as consignadas em relatório circunstanciado nos autos do processo, não se limitando a meramente expressar as notas ou os conceitos. Para reduzir o grau de subjetividade nas pontuações atribuídas a essas propostas, os critérios

[84] "16. A falha descrita no subitem 4.6 supra, diz respeito à ausência de estabelecimento, nos editais das licitações analisadas, de critérios específicos acerca da gradação das notas dos quesitos das propostas técnicas. 17. Como apontado pela unidade instrutiva, a ocorrência dá ensejo à utilização de critérios subjetivos no julgamento técnico do certame. Como é cediço, os torneios licitatórios, em homenagem ao princípio da isonomia, devem possuir balizas preestabelecidas, cujo conhecimento deve ser amplo, de modo a possibilitar aos que desejam concorrer a adoção dos procedimentos tendentes à oferta de suas propostas, certos de que as regras editalícias a todos se aplicam" (TCU, Plenário. Acórdão nº 769/2013. Rel. Min. Marcos Bemquerer, j. 3.4.2013). "Portanto, a correção que deverá ser promovida pela Municipalidade consiste em adicionar ao edital parâmetros e diretrizes objetivas para a atribuição de pontos à proposta técnica, consignando os pressupostos mínimos e aspectos que deverão ser identificados para classificar o desempenho dos licitantes, em cada um dos quesitos, como 'ótimo', 'bom' ou 'regular', reduzindo assim a margem de atuação subjetiva da Comissão Julgadora sem base ou critério técnico, e atendendo ao princípio do julgamento objetivo" (TCESP, Tribunal Pleno. TC-000900.989.21-1. Rel. Cons. Dimas Ramalho, j. 3.3.2021).

[85] "[Determina que] 9.3.2 faça constar, de forma expressa, em documento, as razões e os critérios observados nos exames técnicos produzidos em apoio à aferição valorativa das propostas técnicas apresentadas em certame licitatório, de modo a evitar ou, ao menos, minimizar a avaliação de caráter subjetivo, em conformidade com o princípio da publicidade e do julgamento objetivo das propostas, previstos no artigo 3º, *caput*, bem como no artigo 44, §1º, ambos da Lei de Licitações" (TCU, Plenário. Acórdão nº 1.488/2009. Rel. Augusto Sherman Cavalcanti, j. 8.7.2009). "Os integrantes de comitê instituído para a avaliação de propostas de concorrentes em licitação devem fundamentar cada um dos pontos atribuídos aos participantes habilitados para que seja possível avaliar a observância ao princípio constitucional da isonomia e se, de fato, foi selecionada a proposta mais vantajosa para a Administração" (TCU, Plenário. Acórdão nº 700/2012. Rel. Min. Valdir Campelo, j. 28.3.2012).

de julgamento devem estar suficientemente detalhados no edital do certame, sob pena de violação ao princípio do julgamento objetivo.[86]

O Tribunal de Contas da União também vem entendendo, em acórdãos prolatados sob a mira da Lei nº 8.666/1993, porém que não contrariam a Lei nº 14.133/2021, que para a avaliação de quesitos de natureza qualitativa é permitido exigir certificações de qualidade. Sem embargo, aponta algumas ressalvas: (i) que, se não houver justificativa por força de padronização ou outra que seja relevante, não se exija uma única e específica certificação; (ii) que a certificação seja pertinente à área do objeto da licitação; (iii) que a certificação tenha sido emitida por entidade credenciada por organismo oficial; e (iv) que um único certificado seja considerado suficiente para a atribuição da pontuação.[87]

Noticia-se que o §6º do artigo 17 da Lei nº 14.133/2021 permite a exigência de certificação

> [...] por organização independente acreditada pelo Instituto Nacional de Metrologia, Qualidade e Tecnologia (Inmetro) como condição para aceitação de:
> I - estudos, anteprojetos, projetos básicos e projetos executivos;
> II - conclusão de fases ou de objetos de contratos;
> III - material e corpo técnico apresentados por empresa para fins de habilitação.

Em adição, o §1º do artigo 42, também da Lei nº 14.133/2021, prescreve que "o edital poderá exigir, como condição de aceitabilidade da proposta, certificação de qualidade do produto por instituição credenciada pelo Conselho Nacional de Metrologia, Normalização e Qualidade Industrial (Conmetro)".

Note-se que os dispositivos supracitados não se referem expressamente ao emprego das certificações para a atribuição de pontuação técnica. No entanto, a ausência de menção da parte do legislador não deve ser interpretada como ordem proibitiva. Ora, se a certificação pode ser exigida como condição de aceitabilidade da proposta, como permite o §1º do artigo 42 da Lei nº 14.133/2021, cujo descumprimento leva à desclassificação da proposta, é implícito que pode ser utilizada como fator para a pontuação técnica, cujo efeito é mais brando porque não acarreta a eliminação da proposta, apenas a atribuição de nota técnica menor. O argumento ampara-se na máxima de que *in eo quod plus est semper inest et minus* (quem pode o mais, pode o menos).

Ademais, como já ressaltado, o Tribunal de Contas da União permite a exigência de certificação para a pontuação técnica mesmo diante do silêncio da Lei nº 8.666/1993. Não é plausível que a conclusão seja diferente diante do silêncio apenas parcial da Lei nº 14.133/2021 – diz-se parcial porque, reitera-se, ela versa sobre as certificações, ainda que não as mencione para a avaliação das notas técnicas. Trata-se de critério legítimo,

[86] TCU, Plenário. Acórdão nº 1.257/20233. Rel. Min. Benjamin Zymler, j. 21.6.2023.

[87] "Em licitações para contratação de serviços de informática, a pontuação do fator qualidade deve estabelecer critérios objetivos de avaliação, considerando, ainda, a possibilidade de utilizar outras alternativas de avaliação, a exemplo da *certificação* de qualidade, desde que se evite o direcionamento por meio da apresentação de um certificado específico; que se assegure que o certificado se refira a área compatível com os serviços licitados; que o documento tenha sido emitido por entidade certificadora credenciada por organismo oficial; e que a apresentação de um único certificado seja considerada suficiente para atribuição de pontuação ao licitante de forma a evitar a exigência de apresentação de vários certificados" (TCU, Plenário. Acórdão nº 2.172/2005. Rel. Min. Augusto Sherman, j. 7.12.2005).

que deve ser manipulado com discricionariedade pelos agentes administrativos sempre diante das especificidades de cada caso concreto.

Em relação à qualificação das equipes técnicas, também mencionada pelo inciso II do artigo 37 da Lei nº 14.133/2021, por via de regra, considera-se irregular a atribuição de pontuação à licitante por força da comprovação por parte dela da disposição de certos tipos de profissionais em seus quadros permanentes – com vínculos societários ou trabalhistas.[88] Excepcionalmente, considerando-se as especificidades do objeto e a importância de a licitante dispor de profissionais reconhecidos de maneira estável, permite a atribuição de nota técnica pelo critério "fator de permanência" dos aludidos profissionais.[89] A solução depende das particularidades de cada caso e das justificativas apresentadas pela Administração.

Por fim, o inciso III do artigo 37 da Lei nº 14.133/2021 prescreve a faculdade de se atribuir nota técnica em razão do desempenho da licitante em contratações anteriores. O §3º do artigo 36 da mesma lei também determina que "o desempenho pretérito na execução de contratos com a Administração Pública deverá ser considerado na pontuação técnica, observado o disposto nos §§3º e 4º do art. 88 desta Lei e em regulamento".

A propósito, o §3º do artigo 88 da Lei nº 14.133/2021 prevê:

> [...] a atuação do contratado no cumprimento de obrigações assumidas será avaliada pelo contratante, que emitirá documento comprobatório da avaliação realizada, com menção ao seu desempenho na execução contratual, baseado em indicadores objetivamente definidos e aferidos, e a eventuais penalidades aplicadas, o que constará do registro cadastral em que a inscrição for realizada.

O §4º do mesmo artigo 88 afirma que a avaliação do desempenho do contratado é:

> [...] condicionada à implantação e à regulamentação do cadastro de atesto de cumprimento de obrigações, apto à realização do registro de forma objetiva, em atendimento aos princípios da impessoalidade, da igualdade, da isonomia, da publicidade e da transparência, de modo a possibilitar a implementação de medidas de incentivo aos licitantes que possuírem ótimo desempenho anotado em seu registro cadastral.

A avaliação do desempenho pretérito do licitante, desde que seja realizada de modo justo e por critérios homogêneos, é fator apropriado para atribuir pontuação técnica em licitação do tipo técnica e preço. O desafio é criar e operacionalizar esse sistema de avaliação que seja justo e homogêneo para diversos órgãos e entidades administrativas. O regulamento a que faz referência o §3º do artigo 36 e o §4º do artigo 88, ambos os

[88] "É irregular, nas licitações de técnica e preço, atribuir pontuação para empresa licitante simplesmente por possuir, em seu quadro permanente, por determinado tempo, certos tipos de profissionais, o que pode vir a inibir o caráter competitivo do certame e privilegiar empresas de grande porte, além de não garantir que os mesmos profissionais sejam alocados na execução do objeto" (TCU, Primeira Câmara. Acórdão nº 5.233/2017. Rel. Min. Vital do Rêgo, j. 11.7.2017).

[89] "É possível a atribuição de pontuação a partir do critério 'fator de permanência', excetuadas as situações em que o objeto específico da licitação, pelas condições de mercado, permita concluir que seria possível execução a contento, mesmo que a contratada não possua em seus quadros profissionais estáveis e reconhecidos" (TCU, Plenário. Acórdão nº 1.288/2011. Rel. Min. José Múcio Monteiro, j. 18.5.2011).

dispositivos da Lei nº 14.133/2021, deve apresentar modelo para a avaliação que seja exequível e que possa ser empregado. Será, certamente, de grande serventia.

3.9 Ciclo de vida

Nas palavras de Pedro de Menezes Niebuhr:

> [...] o ciclo de vida, na forma institucionalizada pela Lei nº 12.305/2010 – que institui a Política Nacional de Resíduos Sólidos – é a "série de etapas que envolvem o desenvolvimento do produto, [desde] a obtenção de matérias-primas e insumos, o processo produtivo, o consumo e a disposição final". Trata-se da trajetória, do *berço ao túmulo*, de um produto, serviço, processo ou material.[90]

O autor prossegue com a constatação de que

> [...] parece inegável que a avaliação do ciclo de vida do produto tem aptidão, pelo menos em tese, para repercutir na vantajosidade de dada solução. Produtos e serviços mais baratos, quando analisados ao longo de todo seu percurso na cadeia, podem se revelar ao final mais dispendiosos por serem menos eficientes e duráveis. Isso é possível se deduzir de forma direta, quase que aritmética.[91]

Sob essas luzes, o legislador houve por bem exigir que o julgamento que leva em consideração o preço deve ser pautado pelo menor dispêndio, sendo que, para tanto, é permitido considerar os custos indiretos relacionados ao ciclo de vida dos objetos licitados. É o que prescreve o *caput* e o §1º do artigo 34 da Lei nº 14.133/2021:

> Art. 34. O julgamento por menor preço ou maior desconto e, quando couber, por técnica e preço considerará o menor dispêndio para a Administração, atendidos os parâmetros mínimos de qualidade definidos no edital de licitação.
> §1º Os custos indiretos, relacionados com as despesas de manutenção, utilização, reposição, depreciação e impacto ambiental do objeto licitado, entre outros fatores vinculados ao seu ciclo de vida, poderão ser considerados para a definição do menor dispêndio, sempre que objetivamente mensuráveis, conforme disposto em regulamento.

É de posicionar que a previsão sobre o ciclo de vida se repete noutros dispositivos da Lei nº 14.133/2021. A alínea "c" do inciso XXIII do artigo 6º exige que o termo de referência apresente a "descrição da solução como um todo, considerado todo o ciclo de vida do objeto". O artigo 11 anuncia os objetivos do processo licitatório, sendo que o primeiro dele, destacado no inciso I, é o de "assegurar a seleção da proposta apta a gerar o resultado de contratação mais vantajoso para a Administração Pública, inclusive no que se refere ao ciclo de vida do objeto". Na mesma linha, o artigo 18 versa sobre a etapa preparatória da licitação e prescreve que ela compreenda

---

[90] NIEBUHR, Pedro de Menezes. Licitações sustentáveis. *In*: NIEBUHR, Joel de Menezes (coord.). *Nova Lei de Licitações e Contratos Administrativos*. 2. ed. Curitiba: Zênite, 2021. p. 100.

[91] NIEBUHR, Pedro de Menezes. Licitações sustentáveis. *In*: NIEBUHR, Joel de Menezes (coord.). *Nova Lei de Licitações e Contratos Administrativos*. 2. ed. Curitiba: Zênite, 2021. p. 101.

VIII - a modalidade de licitação, o critério de julgamento, o modo de disputa e a adequação e eficiência da forma de combinação desses parâmetros, para os fins de seleção da proposta apta a gerar o resultado de contratação mais vantajoso para a Administração Pública, considerado todo o ciclo de vida do objeto.

Perceba-se que o §1º do artigo 34 da Lei nº 14.133/2021 prescreve que os custos indiretos e outros fatores vinculados ao ciclo de vida "[...] poderão ser considerados para a definição do menor dispêndio, sempre que objetivamente mensuráveis, conforme disposto em regulamento". O dispositivo, literalmente, outorga competência discricionária para considerar-se ou não o ciclo de vida.

Sem embargo, a faculdade outorgada no §1º do artigo 34 deve ser conciliada, em busca de interpretação sistêmica, com as prescrições supracitadas da alínea "c" do inciso XXIII do artigo 6º, do inciso VIII do artigo 18 e, especialmente, do inciso I do artigo 11, todos da Lei nº 14.133/2021 – porque, de acordo com este último dispositivo, a contratação mais vantajosa, inclusive no que se refere ao ciclo de vida do objeto, é o primeiro objetivo do processo licitatório.

Em interpretação sistêmica, tomando em conta todos os supracitados dispositivos em conjunto, é forçoso concluir que a regra é a avaliação do menor dispêndio abrangendo os custos indiretos e outros fatores tocantes ao ciclo de vida. A desconsideração do ciclo de vida é a exceção, que demanda a identificação de alguma razão ou justificativa.

Numa primeira perspectiva, a razão ou justificativa para a desconsideração do ciclo de vida tem a ver com objetos mais simples e corriqueiros. Sucede que é importante que os custos decorrentes do ciclo de vida sejam relevantes para a avaliação da proposta mais vantajosa. Há casos em que não são. Pense-se em licitação para a aquisição de água mineral, café ou material de expediente. Trata-se de objetos simples, em que os custos indiretos, em princípio, não são relevantes ou mesmo não são existentes. Portanto, numa primeira aproximação, para decidir se prevê ou não no edital sistemática para a avaliação dos custos relacionados ao ciclo de vida, a Administração deve ponderar se estes são ou não relevantes para a avaliação da vantagem da proposta em face das peculiaridades de cada objeto. Se forem relevantes, deve-se prever que sejam avaliados. Se não forem relevantes, não se deve prever.

Demais disso, os custos relacionados ao ciclo de vida devem ser concretos e não presumidos. Dessa maneira, o juízo discricionário sobre a previsão ou não de critérios para a avaliação dos tais custos também deve tomar na devida conta se há ou não algum modo objetivo de mensurá-lo, dado que não se pode fazê-lo com subjetividade. Isto tem a ver com o que foi frisado no parágrafo anterior, que a avaliação dos custos indiretos deve ser relevante, admitindo-se casos em que não é. Na mesma linha de argumentação, muitas vezes em razão da simplicidade do objeto licitado, como exemplo, água mineral, café ou material de expediente, não há critérios objetivos para mensurar os custos indiretos.

A Administração deve prever nos seus editais metodologia para apurar os custos diretos e indiretos, definindo o preço com base no seu conjunto, avaliando, inclusive, depreciação e eventual valor residual. As fórmulas devem ser definidas no edital em cada caso e variam em razão das particularidades do objeto de cada licitação. A questão é de técnica contábil e de engenharia.

Nesse contexto, a parte final do §1º do artigo 34 da Lei nº 14.133/2021 prescreve que os critérios de mensuração dos custos indiretos e outros fatores vinculados ao ciclo de vida sejam dispostos em regulamento, o que é conveniente para propagar balizas e parâmetros, dar segurança aos agentes administrativos encarregados da elaboração dos editais e documentos técnicos, estimulando que a prática seja disseminada e realmente incorporada pela Administração Pública.

Os critérios de mensuração devem ser objetivos, porém a eleição deles é de alguma maneira subjetiva, sobremodo em relação a aspectos de sustentabilidade. Nem sempre a Administração conseguirá prever todos os custos indiretos, elegendo alguns em detrimento de outros. E mais difícil ainda é precisar o peso de cada custo indireto na proposta como um todo, ponderado com o custo direto e os demais custos indiretos. Aqui também se reconhece margem de discricionariedade para a Administração avaliar quais os custos indiretos devem ser levados em consideração. Em que pese a discricionariedade, os terceiros interessados gozam da prerrogativa de questionar ou mesmo pleitear a invalidade da metodologia definida pela Administração, desde que não seja escorreita e não se preste a avaliar adequadamente as propostas, desprezando, sobrevalorizando ou subvalorizando algum aspecto.

Entre outros, pode-se levar em consideração os custos indiretos suportados pela Administração, como (i) custos relacionados com aquisição; (ii) custos de uso, como consumo de energia, de combustíveis e de outros recursos naturais; (iii) custos de manutenção; e (iv) custos de fim de vida, como custos de recolha e reciclagem. Também se podem avaliar os custos imputados a externalidades ambientais ligadas ao bem ou serviço durante o seu ciclo de vida, abrangendo os custos das emissões de gases com efeito estufa e de outras emissões poluentes. Ressalta-se que há técnica para calcular todos os custos acima apontados. Sem embargo, insista-se que os custos relacionados ao ciclo de vida não devem ser fruto de abstrações e de presunções. Tais custos devem ser apurados concretamente.

Diante das considerações expendidas até aqui, conclui-se que a competência discricionária para prever ou não no edital a avaliação de custos indiretos e outros fatores vinculados ao ciclo de vida do objeto da licitação passa por dois juízos. O primeiro é se a avaliação de tais custos é relevante para aferir a vantagem das propostas a serem apresentadas na licitação. O segundo é se a Administração dispõe de critério objetivo para mensurá-los. Se os custos indiretos forem relevantes e houver critérios objetivos para mensurá-los, ainda que parciais, então a Administração deve dispor em seus editais sobre os custos indiretos, levando-os em consideração, dissipando-se a competência discricionária.

Adicione-se que a avaliação dos custos relacionados ao ciclo de vida vale para toda e qualquer licitação cuja aferição da proposta mais vantajosa seja influenciada pelo preço e desde que os tais custos sejam relevantes. Diga-se de maneira mais clara: a avaliação dos custos decorrentes do ciclo de vida do objeto decorre dos princípios da eficiência e da economicidade, insere-se na primeira finalidade do processo de licitação, conforme a dicção clara do inciso I do artigo 11 da Lei nº 14.133/2021. Contrariaria tais princípios e a própria finalidade da licitação promovê-la e firmar contratos em que os custos indiretos fossem relevantes e não os avaliar apropriadamente.

Ressalva-se que, muitas vezes, quando o julgamento envolve aspecto técnico, mormente por combinação entre técnica e preço, os custos indiretos são avaliados na parte técnica das propostas. Nesses casos, se já integrados à avaliação técnica, não seria preciso nem correto avaliá-los também em relação à proposta de preço.

A exigência de avaliação do ciclo de vida já vem tarde, porque oferece percepção adequada para a avaliação das propostas de preços, em que se deve considerar o menor dispêndio para a Administração, tomando-se em conta todos os custos que lhe são gerados, sobremodo os custos indiretos. É realmente absurdo – não se encontra expressão mais doce para dizer o que precisa ser dito – que a Administração em geral até o advento da Lei nº 14.133/2021 escolha a suposta proposta mais vantajosa para si apenas com base nos custos diretos, desprezando totalmente o ciclo de vida dos seus objetos e, nesse sentido, os custos indiretos. Por exemplo, não faz qualquer sentido poupar alguns trocados na aquisição de bem que, recebido pela Administração, gera custo de manutenção muito superior aos custos dos bens que foram preteridos na licitação. A Administração deve escolher a proposta mais vantajosa em seu todo. É óbvio que o custo direto da aquisição não representa o todo.

4 Desempate

O artigo 60 da Lei nº 14.133/2021 versa sobre os critérios de desempate, que devem ser aplicados na seguinte ordem:

> I - disputa final, hipótese em que os licitantes empatados poderão apresentar nova proposta em ato contínuo à classificação;
> II - avaliação do desempenho contratual prévio dos licitantes, para a qual deverão preferencialmente ser utilizados registros cadastrais para efeito de atesto de cumprimento de obrigações previstos nesta Lei;
> III - desenvolvimento pelo licitante de ações de equidade entre homens e mulheres no ambiente de trabalho, conforme regulamento;
> IV - desenvolvimento pelo licitante de programa de integridade, conforme orientações dos órgãos de controle.

Em primeiro lugar, havendo empate, permite-se que os licitantes empatados apresentem nova proposta fechada em ato contínuo à classificação. Não se trata, a rigor jurídico, de critério de desempate e sim de reabertura da disputa.

Persistindo o empate, o vencedor deve ser escolhido em razão da avaliação do desempenho contratual prévio dos licitantes. Reitera-se que o §3º do artigo 88 da Lei nº 14.133/2021 prevê:

> [...] a atuação do contratado no cumprimento de obrigações assumidas será avaliada pelo contratante, que emitirá documento comprobatório da avaliação realizada, com menção ao seu desempenho na execução contratual, baseado em indicadores objetivamente definidos e aferidos, e a eventuais penalidades aplicadas, o que constará do registro cadastral em que a inscrição for realizada.

Trata-se de medida positiva. Entre dois licitantes empatados, se um deles no passado executou contrato e foi bem avaliado e outro foi mal avaliado, deve-se preferir o licitante bem avaliado. Concede-se privilégio legítimo reconhecido pela legislação àqueles que já cumpriram os seus préstimos de maneira satisfatória em detrimento daqueles que não alcançaram o mesmo grau de satisfação, ou mesmo não executaram previamente os mesmos préstimos.

O §4º do artigo 88 da Lei nº 14.133/2021 prescreve que a avaliação do desempenho do contratado é

> [...] condicionada à implantação e à regulamentação do cadastro de atesto de cumprimento de obrigações, apto à realização do registro de forma objetiva, em atendimento aos princípios da impessoalidade, da igualdade, da isonomia, da publicidade e da transparência, de modo a possibilitar a implementação de medidas de incentivo aos licitantes que possuírem ótimo desempenho anotado em seu registro cadastral.

A regra é correta porque o sistema de avaliação deve ser justo e homogêneo, dado que deve ser aplicado por diversos órgãos e entidades administrativas. É preciso que essa avaliação seja realizada em acordo com balizas objetivas, porque há um risco enorme de que as avaliações sejam subjetivas, calcadas em critérios impertinentes e não fundamentados. Isto faria empresas serem discriminadas, determinando-se o vencedor da licitação, de modo arbitrário, sem amparo em razão jurídica subsistente, o que violaria, caso ocorresse, o princípio da isonomia.

Apenas se não houver desempate ou se não houver sistema de avaliação de desempenho contratual é que se aplica, como mero critério para desempate, o previsto nos incisos III e IV do artigo 60 da Lei nº 14.133/2021, que dizem respeito às ações de equidade entre homens e mulheres no ambiente de trabalho e, sucessivamente, ao desenvolvimento pelo licitante de programa de integridade. Essas medidas são avaliadas pelo legislador como boas práticas, que resolveu estimulá-las por meio da previsão de que sejam adotadas como critérios de desempate em licitações.

As ações de equidade entre homens e mulheres no ambiente de trabalho foi regulamentada pelo Decreto nº 11.430/2023, que é obrigatório para a administração pública federal direta, autárquica e fundacional. O §1º do artigo 5º do Decreto define as ações de equidade:

> Art. 5º [...]
> §1º Para fins do disposto no *caput*, serão consideradas ações de equidade, respeitada a seguinte ordem:
> I - medidas de inserção, de participação e de ascensão profissional igualitária entre mulheres e homens, incluída a proporção de mulheres em cargos de direção do licitante;
> II - ações de promoção da igualdade de oportunidades e de tratamento entre mulheres e homens em matéria de emprego e ocupação;
> III - igualdade de remuneração e paridade salarial entre mulheres e homens;
> IV - práticas de prevenção e de enfrentamento do assédio moral e sexual;
> V - programas destinados à equidade de gênero e de raça; e
> VI - ações em saúde e segurança do trabalho que considerem as diferenças entre os gêneros.

As ações de equidade listadas no Decreto nº 11.430/2023 são demasiadamente genéricas. A Administração, diante dessas ações de equidade listadas no decreto, não consegue vislumbrar o que efetivamente deve ser exigido dos licitantes para o efeito de desempate. Por essa razão, o §2º do artigo 5º do decreto prescreve que "ato do Secretário de Gestão e Inovação do Ministério da Gestão e da Inovação em Serviços Públicos disporá sobre a forma de aferição, pela administração, e sobre a forma de comprovação, pelo licitante, do desenvolvimento das ações de que trata o §1º". Dito de outro modo, a regulamentação do decreto é insuficiente, será necessário outro ato normativo para dispor sobre como os licitantes comprovarão as tais ações. Sem esse outro ato normativo, ainda não produzido, o critério de desempate referente às ações de equidade entre homens e mulheres no ambiente de trabalho é esvaziado, não tem eficácia, porque a Administração não consegue aplicá-lo. O Decreto nº 11.430/2023, nessa medida e para o efeito de desempate em licitações, é de pouca serventia, para não dizer que ele mais atrapalha e complica o universo das licitações. Ele representa mais uma norma, entre dezenas e dezenas, que tornam ainda mais complexas as licitações e não resolve problema prático algum.

Nessa mesma toada, para regulamentar o critério de desempate previsto no inciso IV do artigo 60 da Lei nº 14.133/2021, tocante ao desenvolvimento pelo licitante de programa de integridade, o Presidente da República produziu o Decreto nº 12.304/2024, obrigatório para a administração pública federal direta, autárquica e fundacional. O parágrafo único do artigo 1º do decreto prescreve que ele também se aplica "[...] às contratações realizadas por órgãos e entidades da administração pública estadual, distrital e municipal com recursos oriundos de transferências voluntárias da União". O decreto define o que é programa de integridade e como ele deve ser avaliado, estabelecendo diversos parâmetros e critérios, a maior parte deles genérica. O §2º do artigo 3º do decreto prescreve que "ato do Ministro de Estado da Controladoria-Geral da União estabelecerá a metodologia de avaliação e os critérios mínimos para considerar o programa de integridade como implantado, desenvolvido ou aperfeiçoado". Logo, o decreto não é o bastante para avaliar os programas de integridade, porque ele próprio estabelece que será necessário um outro ato para dispor sobre a metodologia de avaliação e critérios mínimos a serem considerados. Sem isso, a disposição de programa de integridade como critério de desempate também é esvaziada e não tem eficácia.[92]

Se, aplicados os critérios do *caput* do artigo 60 da Lei nº 14.133/2021, ainda assim a disputa permanecer empatada, então se deve dar preferência, na forma do §1º do mesmo artigo 60, sucessivamente, aos bens e serviços ou prestados por:

> I - empresas estabelecidas no território do Estado ou do Distrito Federal do órgão ou entidade da Administração Pública estadual ou distrital licitante ou, no caso de licitação realizada por órgão ou entidade de Município, no território do Estado em que este se localize;
> II - empresas brasileiras;
> III - empresas que invistam em pesquisa e no desenvolvimento de tecnologia no País;

[92] Remete-se o leitor ao tópico 10 do capítulo 17 deste livro para uma abordagem mais aprofundada do Decreto nº 12.304/2024.

IV - empresas que comprovem a prática de mitigação, nos termos da Lei nº 12.187, de 29 de dezembro de 2009.

Os critérios de preferência contidos no §1º do artigo 60 da Lei nº 14.133/2021 privilegiam o local do licitante em detrimento do local onde os bens ou serviços são produzidos ou prestados. Empresa localizada no estado e que vende produto importado é preferida em detrimento de empresa de outro estado que produz no Brasil. A regra é pouco inteligente.

O inciso II do §1º do artigo 60 da Lei nº 14.133/2021 dá preferência, também, às empresas brasileiras. O inciso I do artigo 170 da Constituição Federal, revogado pela Emenda Constitucional nº 6/1995, conceituava empresas brasileiras como aquelas constituídas sob as leis brasileiras, com sede e administração no país. Apesar da revogação, o artigo 1.126 do Código Civil trouxe conceito parecido, estatuindo que "É nacional a sociedade organizada de conformidade com a lei brasileira e que tenha no País a sede de sua administração". Então, pouco importa a origem do capital que constituiu tais empresas, a nacionalidade dos seus sócios e, muito menos, se produzem alguma coisa no Brasil. A preferência, mais uma vez, não parece fazer sentido.

O inciso III §1º do artigo 60 da Lei nº 14.133/2021, seguindo a ordem, dá preferência às empresas que invistam em pesquisa e no desenvolvimento de tecnologia no país. O artigo 3º da Lei nº 8.248/1991, que dispõe sobre a capacitação e competitividade do setor de informática e automação, prescreve que a Administração deve dar preferência a bens e serviços com tecnologia desenvolvida no país. O artigo 6º do Decreto Federal nº 7.174/2010 considera "bens e serviços de informática e automação com tecnologia desenvolvida no País aqueles cujo efetivo desenvolvimento local seja comprovado junto ao Ministério da Ciência e Tecnologia, na forma por este regulamentada".

Cumpre atentar, em complemento, que o Brasil é signatário do Protocolo de Contratações Públicas do Mercosul, promulgado pelo Decreto nº 12.299/2024, portanto incorporado ao ordenamento jurídico brasileiro. Ressalva-se que o Protocolo não se aplica, pelo menos não atualmente, para todas as licitações públicas e contratos administrativos da Administração Pública nacional. Ele somente se aplica, na forma do seu artigo 2º, para as entidades por si listadas e para os tipos de contratos nele previstos e cujos valores sejam iguais ou superiores aos valores de referência nele estabelecidos.[93] [94]

A finalidade do Protocolo de Contratações Públicas do Mercosul é assegurar o direito dos agentes econômicos dos Estados Partes de acessarem em igualdade os contratos públicos de todos os Estados Partes. Para tanto, o Protocolo prescreve uma série de normas para garantir esse propósito, com destaque para as contidas no seu artigo 6º, cujo texto prescreve que agentes econômicos dos Estados Partes, signatários do Protocolo e para os quais ele seja vigente, não podem ser discriminados por qualquer dos Estados Partes, tendo o direito de receber o tratamento mais vantajoso concedido por qualquer dos Estados Partes, quer seja aos agentes econômicos nacionais, de outros

---

[93] Art. 2º [...] 1. Este Protocolo é aplicável às contratações públicas realizadas pelas entidades listadas no Anexo I "Entidades", por qualquer meio contratual, para a aquisição de bens e serviços listados nos Anexos II "Bens", III "Serviços" e IV "Serviços de Construção", respectivamente, cujo valor seja igual ou superior aos patamares estabelecidos no Anexo V "Patamares" sem prejuízo do disposto no Anexo VI "Notas Gerais".

[94] Remete-se o leitor, para uma contextualização mais apurada, ao Capítulo 2, tópico 3.2.

Estados Partes ou de terceiros. Trata-se de direito subjetivo, que pode ser exigido em qualquer licitação promovida por entidade obrigada ao Protocolo e em relação aos contratos por ele abrangidos. Dessa sorte, o critério de desempate que prefere os nacionais deve ser estendido aos agentes econômicos dos Estados Partes do Mercosul que sejam signatários do Protocolo e para os quais ele seja vigente.

O inciso IV, em último lugar, também distingue as empresas que comprovem a prática de mitigação, nos termos da Lei nº 12.187/2009, que é a lei que instituiu a Política Nacional sobre Mudança do Clima. Mitigação, consoante o inciso VII do artigo 2º da Lei nº 12.187/2009, significa "mudanças e substituições tecnológicas que reduzam o uso de recursos e as emissões por unidade de produção, bem como a implementação de medidas que reduzam as emissões de gases de efeito estufa e aumentem os sumidouros". O inciso IV do parágrafo único do artigo 60 da Lei nº 14.133/2021 carece de regulamentação direcionada às licitações e contratos, de modo que ele também acaba sendo ineficaz, porque não se sabe como o licitante deve comprovar as tais medidas de mitigação.

Por último, se todos os critérios estabelecidos no artigo 60 da Lei nº 14.133/2021 não forem aplicados ou forem insuficientes para desempatar a disputa, é razoável que a Administração proceda a sorteio entre os licitantes empatados, ainda que o sorteio não tenha sido mencionado na Lei nº 14.133/2021. Isso porque a Administração precisa dispor de algum critério de desempate, ainda que seja pela aleatoriedade do sorteio. Recomenda-se que o edital preveja a hipótese do sorteio, até para evitar questionamentos. Noticia-se que o §2º do artigo 28 da Instrução Normativa SEGES/ME nº 73/2022 prescreve que, "Permanecendo empate após aplicação de todos os critérios de desempate de que trata o *caput*, proceder-se-á a sorteio das propostas empatadas a ser realizado em ato público, para o qual todos os licitantes serão convocados, vedado qualquer outro processo". A sobredita instrução normativa aplica-se apenas à Administração Pública federal direta, autárquica e fundacional, porém pode ser utilizada pelas demais entidades administrativas como recurso de analogia.

5 Verificação da conformidade das propostas

5.1 Considerações gerais

Além do julgamento das propostas propriamente dito, em que elas são comparadas com a finalidade de a Administração identificar e escolher a que lhe seja mais vantajosa, é necessário, também, verificar a conformidade das propostas. Trata-se de verificar se as propostas apresentadas pelos licitantes atendem às condições mínimas e às exigências erguidas no edital, basicamente em relação a dois aspectos: se os objetos ofertados pelos licitantes são compatíveis com o objeto descrito no edital e se os preços ofertados são compatíveis com os praticados no mercado ou se cobrem os custos para a execução do objeto licitado, analisando se são superiores ao valor de mercado ou se são inexequíveis.

De maneira mais específica, o *caput* do artigo 59 da Lei nº 14.133/2021 prescreve que devem ser desclassificadas as propostas que:

> I - contiverem vícios insanáveis;
> II - não obedecerem às especificações técnicas pormenorizadas no edital;

III - apresentarem preços inexequíveis ou permanecerem acima do orçamento estimado para a contratação;
IV - não tiverem sua exequibilidade demonstrada, quando exigido pela Administração;
V - apresentarem desconformidade com quaisquer outras exigências do edital, desde que insanável.

A Administração, quando promove a licitação, pretende contratar alguém para executar objeto que atenda a dada necessidade. Para tanto, a Administração define no edital requisitos mínimos para as propostas, estabelecendo condições que servem como pressupostos para as propostas, como dito, relacionadas ao próprio objeto e ao preço. A vantagem das propostas apresentadas em licitação, sob a perspectiva da Administração, depende do atendimento desses pressupostos. De nada lhe adianta, por exemplo, proposta com preço reduzido que não corresponda ao objeto demandado para satisfazer o interesse público ou que o preço, de tão baixo, torne o contrato inexequível para o contratado.

É fundamental para o interesse público que o julgamento seja acompanhado da rigorosa verificação da conformidade das propostas com as exigências estabelecidas no edital. Essa análise de conformidade das propostas não deve ser apegada a formalismo exagerado, inclusive a regra acertada, contida no supracitado inciso I do *caput* do artigo 59 da Lei nº 14.133/2021, é que se admita o saneamento de vícios identificados nas propostas. No entanto, advirta-se que o desapego ao formalismo exagerado não significa que a análise da conformidade das propostas não deve ser rigorosa e que as condições exigidas no edital sejam flexionadas. A Administração deve exigir o rigoroso cumprimento por parte dos licitantes das exigências formuladas no edital, cuidando para que o menor preço ou qualquer outra condição que lhe pareça vantajosa não afete, prejudique ou embaralhe o juízo sobre a conformidade da proposta. O menor preço não autoriza o descumprimento das exigências vertidas no edital que são pressupostos mínimos para as propostas.

5.2 Momento para verificar a conformidade da proposta e em relação a quais licitantes

Não está claro na Lei nº 14.133/2021 o momento em que a Administração deve realizar a verificação da conformidade das propostas, se antes ou depois do julgamento propriamente dito, e se ela deve fazê-lo em relação a todas as propostas ou apenas em relação à proposta mais bem classificada.

O §1º do artigo 59 da Lei nº 14.133/2021 prescreve que "a verificação da conformidade das propostas poderá ser feita exclusivamente em relação à proposta mais bem classificada". Perceba-se que o legislador não exige que se verifique a conformidade apenas em relação à proposta mais bem classificada. O dispositivo legal tão somente permite que assim seja feito, concedendo competência discricionária em favor da Administração.

A verificação que ocorre apenas em relação à proposta mais bem classificada pressupõe, obviamente, que antes dela se identifique a proposta mais bem classificada. Logo, pressupõe que as propostas sejam comparadas, que ocorra antes o julgamento propriamente dito, para que se identifique a proposta mais bem classificada e então, apenas depois disso, que se trate da conformidade dela.

Nessa perspectiva, na hipótese permitida no §1º do artigo 59 da Lei nº 14.133/2021, primeiro a Administração procede ao julgamento propriamente dito das propostas, apura a proposta mais bem classificada, e somente depois disso é que verifica se a tal proposta está em conformidade com as exigências do edital.

Essa opção tem aspectos positivos e negativos, que devem ser sopesados pela Administração, conforme as particularidades de cada caso. Um dos fatores a serem considerados é a celeridade do processo de licitação, que é um dos seus princípios, conforme o artigo 5º da Lei nº 14.133/2021.

A depender do caso, pode ser mais célere tratar da conformidade apenas da proposta mais bem classificada. A ideia é não perder tempo com as demais. Apenas se a proposta mais bem classificada não estiver em conformidade é que se passa às demais, daí em acordo com a ordem de classificação. Em licitação com vários licitantes, em vez de analisar as propostas de todos eles, analisa-se apenas a de quem ofereceu a proposta mais vantajosa. Se ela estiver em conformidade, ganha-se tempo, porque não se trata das demais.

Entretanto, muitas vezes essa opção acaba sendo desvantajosa, inclusive sob a ótica da celeridade. Isso ocorre nas situações em que a proposta mais bem classificada, e, também, outras propostas, seguindo a ordem de classificação, estão em desconformidade. Infelizmente, isso tem acontecido com frequência e acaba atrasando os procedimentos. É que a Administração analisa a conformidade de uma proposta por vez, não raro realizando diligências, uma a uma. Tem sido comum que a Administração passe por quatro, cinco ou seis propostas até encontrar uma que esteja em conformidade, o que consome semanas ou meses. Daí que, a depender da situação, pode ser mais vantajoso já tratar da conformidade de todas as propostas de uma vez só.

De mais a mais, não há dispositivo na Lei nº 14.133/2021 que impeça a análise da conformidade das propostas antes do julgamento propriamente dito.

Pondera-se que, sob o ponto de vista teórico, o mais lógico seria avaliar a conformidade das propostas antes de compará-las, de modo que só as conformes seriam levadas em consideração para efeito de julgamento. Ora, as exigências de conformidade constituem pressupostos mínimos para as propostas. Assim, seguindo um fluxo lógico, primeiro a Administração deveria analisar esses pressupostos mínimos, desclassificar as propostas que não lhes atendem e, depois disso, comparar as propostas que sob a sua avaliação estão em conformidade com o exigido no edital e são aceitáveis, o que significa que são propostas a considerar.

Isso pode ser feito perfeitamente nas situações em que a Administração emprega o modo de disputa fechado, na forma do artigo 56 da Lei nº 14.133/2021.[95] Nessas hipóteses,

[95] O artigo 56 da Lei nº 14.133/2021 admite que a Administração escolha o modo de disputa que deve ser empregado para o julgamento das propostas, sendo que são cabíveis os modos aberto, fechado e a combinação entre eles. O modo aberto, isoladamente ou de algum modo combinado, importa na realização de etapa de lances. O modo fechado, se utilizado isoladamente, não admite etapa de lances, as propostas são apresentadas de uma vez só e são definitivas, na linha do que ocorre nas modalidades tradicionais da Lei nº 8.666/1993. O §1º do artigo 56 da Lei nº 14.133/2021 sinaliza que o modo de disputa fechado, aplicado de forma isolada, é exceção, porque ele é proibido para as licitações julgadas pelos critérios do menor preço ou do maior desconto,

não ocorre etapa de lances, porque as propostas são apresentadas de uma vez só e são definitivas. Dessa maneira, nada impede que a conformidade delas seja analisada de uma só vez e antes do julgamento propriamente dito.

É, entretanto, inviável seguir essa opção nas situações em que o julgamento segue o modo aberto, com etapa de lances. Os licitantes apresentam proposta inicial e, na etapa de lances, podem reduzir os preços. Logo, o problema é que, com etapa de lances, as propostas definitivas, notadamente os preços, somente são totalmente conhecidas depois da etapa de lances. Significa que, com etapa de lances, a Administração não consegue tratar totalmente da conformidade das propostas antes da etapa de lances, porque antes dela não dispõe dos preços definitivos.

Ressalva-se que, por outro lado, é viável nas situações em que ocorre etapa de lances fragmentar a análise da conformidade das propostas. Ora, o ponto é que as propostas não são alteradas completamente na etapa de lances, apenas os preços. Os objetos permanecem os mesmos desde a apresentação inicial das propostas. Sendo assim, nada impede que, ao receber as propostas, a Administração avalie a conformidade de todas elas apenas em relação ao objeto exigido no edital, já desclassifique aquelas cujos objetos não são adequados e abra a etapa de lances apenas para os licitantes cujos objetos são adequados. Na sequência, depois da etapa de lances, avalie a conformidade das propostas ou somente da proposta mais bem classificada, como permite o §1º do artigo 59 da Lei nº 14.133/2021, sob a mira do preço. Nesse quadro, a conformidade tocante ao objeto é avaliada antes da etapa de lances e a conformidade tocante ao preço é avaliada depois da etapa de lances. Aliás, essa é a opção mais adequada e justa para as situações em que há etapa de lances, porque não é adequado permitir que participe da etapa de lances licitante que apresentou proposta cujo objeto não cumpre as condições mínimas exigidas no edital. Ora, o licitante que apresenta objeto mais simples do que o exigido no edital, exatamente por essa razão, dispõe de custos menores e o seu preço tende a ser menor. Ao admiti-lo na etapa de lances, ele tende a deturpá-la, a oferecer preço irreal, que os demais licitantes, cujas propostas contemplam o objeto exigido no edital, não conseguem alcançar.

É oportuno advertir que, se a Administração exigir em edital amostras, prova de conceito ou outros tipos de testes que visam avaliar se o objeto oferecido por licitante atende ao exigido no edital, ela é obrigada a fazê-lo apenas "em relação ao licitante provisoriamente vencedor", segundo o estipulado no §3º do artigo 17 da Lei nº 14.133/2021. Quer dizer que a exigência de amostras, prova de conceito ou outros tipos de testes desfaz a competência discricionária concedida em favor da Administração pelo §1º do artigo 59 da Lei nº 14.133/2021.[96]

---

sendo que o menor preço é a regra para a Administração. Isso significa que, por regra, na Lei nº 14.133/2021, o julgamento das licitações passa por etapa de lances.

[96] Noticia-se que o Tribunal de Contas da União produziu precedente em que considerou regular a postergação da prova de conceito para momento posterior à habilitação do licitante. Sucede que a análise de amostra ou prova de conceito é pertinente à avalição das propostas e não aos documentos de habilitação, sendo que, conforme a regra do artigo 17 da Lei nº 14.133/2021, primeiro deve-se proceder ao julgamento das propostas e depois à habilitação. No caso, uma parte do julgamento das propostas, que é atinente à prova de conceito, foi realizada apenas depois da habilitação: "30. Outro ponto objeto de oitivas diz respeito à exigência de prova de conceito somente após a habilitação do licitante, o que estaria na contramão do que preconiza a Lei 14.133/2021: a prova de conceito integra a fase de julgamento das propostas, e esta deve anteceder a

Tirando essa hipótese de exigência de amostras, prova de conceito ou outros tipos de testes, em que incide a regra do §3º do artigo 17 da Lei nº 14.133/2021, a Administração goza de discricionariedade para dispor no edital acerca de como se dará a verificação da conformidade das propostas. Essa competência discricionária encontra fundamento no §1º do artigo 59 da Lei nº 14.133/2021 e pode ser exercida com as seguintes variáveis: (i) análise de conformidade somente da proposta mais bem classificada e, portanto, depois do julgamento propriamente dito; (ii) análise de conformidade de todas as propostas apresentadas e antes do julgamento propriamente dito; (iii) análise de conformidade de todas as propostas apresentadas e depois do julgamento propriamente dito; e (iv) análise fragmentada das propostas, sendo que antes da etapa de lances, apenas em relação à conformidade do objeto, e depois da etapa de lances, limitada à conformidade do preço.

Registre-se que o artigo 29 da Instrução Normativa SEGES/ME nº 73/2022 prescreve que, "encerrada a etapa de envio de lances da sessão pública, o agente de contratação ou a comissão de contratação, quando o substituir, realizará a verificação da conformidade da proposta classificada em primeiro lugar quanto à adequação ao objeto estipulado e, observado o disposto nos arts. 33 e 34, à compatibilidade do preço ou maior desconto final em relação ao estimado para a contratação, conforme definido no edital". Portanto, nesses termos, a verificação da conformidade da proposta deve ser realizada apenas em relação à proposta classificada em primeiro lugar, sem espaços para proceder à verificação das propostas de todos os licitantes, retirando-se a discricionariedade outorgada pelo §1º do artigo 59 da Lei nº 14.133/2021. É de frisar que a sobredita Instrução Normativa prevê, entre outros, o modo de disputa fechado. Portanto, a regra do artigo 29 vale também para o modo de disputa fechado. Esclareça-se, novamente, que a Instrução Normativa nº 73/2022 obriga apenas a Administração Pública Federal direta, autárquica e fundacional e os demais entes apenas nas hipóteses de contratações custeadas com transferências voluntárias da União.

Em acréscimo, o §2º do artigo 29 da Instrução Normativa estabelece que o "edital de licitação deverá estabelecer prazo de, no mínimo, duas horas, prorrogável por igual período, contado da solicitação do agente de contratação ou da comissão de contratação, quando o substituir, no sistema, para envio da proposta e, se necessário, dos documentos complementares, adequada ao último lance ofertado".

Atente-se que o prazo de duas horas é mínimo e não máximo. Logo, a Administração goza de discricionariedade para estabelecer prazo mais alongado, sobretudo se a licitação for complexa. Ora, em licitações complexas, o prazo de duas horas pode ser por demais exíguo, como já reconheceu o Tribunal de Contas da União:

> 57. O terceiro achado tratou do prazo exíguo concedido para ajuste de proposta ao valor do lance ou da negociação.

de habilitação, conforme o rito ordinário previsto em seu art. 17, *caput* e incisos. 3. Por outro lado, o §1º do art. 17 da lei traz a possibilidade de que a fase de habilitação, mediante ato motivado, com explicitação dos benefícios decorrentes, anteceda as fases de apresentação de propostas e lances e de julgamento, desde que expressamente prevista no edital de licitação. Ora, se é possível postergar toda a fase de julgamento das propostas para depois da habilitação, nada impediria o postergamento de apenas uma parte da avaliação das propostas; no caso, a prova de conceito" (TCU, Plenário, Acórdão nº 387/2024, Rel. Min. Jhonatan de Jesus, j. 6.3.2024).

58. O subitem 4.17 do Edital 1/2023-TRF1, relativo à concorrência para selecionar empresa especializada para construção da obra complementar de estrutura de concreto, impermeabilização e drenagem do Bloco C da nova sede daquele tribunal, concedeu prazo exíguo, de apenas duas horas, para ajuste de proposta ao valor do lance ou da negociação, resultando em dificuldades nos ajustes pelas licitantes, o que pode ter levado à não apresentação de propostas pelas participantes do certame e impactado na competitividade e na seleção da proposta mais vantajosa.
59. Apesar da falha, não houve questionamentos sobre esse subitem, seja por recursos, seja por representações.
60. Incorporo às minhas razões de decidir as análises pormenorizadas sobre a referida falha lançadas no relatório precedente e acolho a proposta de dar ciência ao TRF1 de que a fixação de prazo desarrazoado para encaminhamento de proposta de preço ajustada, após a fase de lances em concorrência eletrônica, afronta o subitem 9.2.5 do Acórdão 122/2012-TCU-Plenário e os princípios da razoabilidade e da proporcionalidade.[97]

O §3º do mesmo artigo 29 da Instrução Normativa nº 73/2022 admite a prorrogação do prazo: "I - por solicitação do licitante, mediante justificativa aceita pelo agente de contratação ou pela comissão de contratação, quando o substituir; ou II - de ofício, a critério do agente de contratação ou da comissão de contratação, quando o substituir, quando constatado que o prazo estabelecido não é suficiente para o envio dos documentos exigidos no edital para a verificação de conformidade de que trata o *caput*". É importante que o edital estabeleça prazos razoáveis e esclareça bem esses aspectos procedimentais, sobretudo para que licitantes de boa-fé não sejam surpreendidos e possam se preparar antecipadamente para o envio das propostas e dos documentos complementares, quando exigidos.

5.2.1 Rejeição de lance inexequível na etapa de lances

Com base nos incisos do artigo 17 da Lei nº 14.133/2021, procede-se à etapa de lances e, depois dela, ao julgamento das propostas. Ou seja, abre-se a etapa de lances e os licitantes oferecem os seus lances de acordo com as suas possibilidades e, somente depois de encerrada a etapa de lances, é que o agente de contratação, pregoeiro ou comissão de contratação procedem ao julgamento propriamente das propostas, passam a avaliar se elas devem ser classificadas ou desclassificadas. Portanto, por regra, a avalição das propostas não é realizada no curso da etapa de lances e sim depois dela concluída.

Sem embargo disso, ocorre com alguma frequência que o licitante apresente um lance equivocado e manifestamente inexequível. É comum que o licitante esteja disputando lance em determinado patamar e, ao digitar um novo lance, não escreva o número completo, suprimindo alguns dígitos. Esse equívoco é mais usual nas licitações em que há disputa concomitante de diversos itens. Assim, por exemplo, o lance na casa dos milhares pode cair para a casa das centenas, em manifesta inexequibilidade. Os sistemas utilizados para as licitações eletrônicas costumam dispor de travas para tais lances, especialmente requerendo dos licitantes a confirmação deles. No entanto, nem todos os sistemas possuem tais mecanismos de proteção e, mesmo com tais mecanismos,

[97] TCU, Plenário. Acórdão nº 1.795/2024, Rel. Min. Jhonatan de Jesus, j. 28.8.2024.

é possível que algum licitante mais desavisado incorra em equívoco e oferece lance manifestamente inexequível.

A questão que surge é se agente de contratação, pregoeiro ou comissão de contratação pode rejeitar lance manifestamente inexequível já no próprio curso da etapa de lances. A Instrução Normativa SEGES/ME Nº 73/2022 trata do assunto:

> Art. 21. [...]
> §3º Observado o §2º, o licitante poderá, uma única vez, excluir seu último lance ofertado, no intervalo de quinze segundos após o registro no sistema, na hipótese de lance inconsistente ou inexequível, nos termos dos arts. 33 e 34.
> §4º O agente de contratação ou a comissão de contratação, quando o substituir, poderá, durante a disputa, como medida excepcional, excluir a proposta ou o lance que possa comprometer, restringir ou frustrar o caráter competitivo do processo licitatório, mediante comunicação eletrônica automática via sistema.
> §5º Eventual exclusão de proposta do licitante, de que trata o §4º, implica a retirada do licitante do certame, sem prejuízo do direito de defesa.

Veja-se que a instrução confere o prazo de quinze segundos para que o licitante exclua o seu lance do sistema, o que é uma espécie de trava de proteção. Se o lance não for excluído, a instrução permite a exclusão excepcional do lance, o que importa na desclassificação antecipada do licitante, até porque ele é responsável pelos lances que oferece e deve fazê-lo com toda a atenção. Procede-se dessa forma para impedir que a etapa de lances seja tumultuada e que os demais licitantes sejam desencorajados a oferecem os seus lances. Do Tribunal de Contas da União:

> 8. Vejo, portanto, que o dispositivo citado tem por objetivo primordial assegurar o caráter competitivo do processo licitatório, sendo a exclusão de lance ou proposta *medida de caráter excepcional*. Uma vez detectada a possibilidade de que determinado lance possa comprometer, restringir ou frustrar a competitividade do processo licitatório, abre-se a faculdade ao agente de contratação de excluí-lo. Nesse sentido, o que se busca é resguardar a Administração de eventual comprometimento da busca pela proposta mais vantajosa, que é o próprio fim do procedimento licitatório.[98]

Pondera-se que os demais licitantes podem apresentar lances intermediários, na forma do §3º do artigo 56 da Lei nº 14.133/2021, portanto não precisam, necessariamente, apresentar lances inferiores aos lances que sejam considerados por si como inexequíveis, desde que cada novo lance seja de valor inferior aos valores dos lances anteriores apresentados pelo licitante. Assim, por rigor, nenhum licitante é impedido de permanecer na disputa e de oferecer os lances que desejar em razão do oferecimento de um lance manifestamente inexequível por um outro licitante. Logo, a apresentação de lance manifestamente inexequível nem sempre implica prejuízos à competição, porque não impede que a disputa prossiga em relação aos demais licitantes. De todo jeito, é possível que a disputa seja tumultuada, inclusive porque licitante pode não se

[98] TCU, Acórdão nº 948/2024, Plenário, Rel. Min. Jorge Oliveira, j. 15.5.2024.

atentar sobre a possibilidade de oferecer lance intermediário ou se sentir desestimulado a fazê-lo, porque entende que não terá como obter êxito na licitação.

Advirta-se que a exclusão do lance e desclassificação de proposta durante a etapa de lances é medida excepcional. A regra, que decorre das fases ordenadas pelo artigo 17 da Lei nº 14.133/2021, é que a análise das propostas e eventual desclassificação de proposta ocorra apenas após a conclusão da etapa de lances. De mais a mais, é difícil para o agente de contratação, pregoeiro ou comissão de contratação rejeitar um lance no curso da etapa de lances, sem tempo para análise mais detida. A possibilidade de rejeição de lance no curso da etapa de lances é para situações manifestas, que pareçam fora de dúvida, ressalvando-se que, no momento oportuno, o licitante que teve seu lance rejeitado pode interpor o respectivo recurso administrativo.

5.3 Apenas as propostas com vícios insanáveis podem ser desclassificadas

O inciso I do artigo 59 da Lei nº 14.133/2021 prescreve que apenas as propostas que contenham vícios insanáveis devem ser desclassificadas. Ou seja, propostas contaminadas por vícios que podem ser corrigidos não devem ser desclassificadas de pronto. Antes disso, a Administração deve permitir que os autores delas corrijam os supostos defeitos.

São vícios sanáveis os que podem ser saneados, corrigidos. Entende-se, em linha geral, que, se o ato pode ser repetido sem o vício, então o vício que o contamina é sanável. Entre outros, são defeitos sanáveis os relativos à descrição do objeto da proposta e suas especificações técnicas, incluindo aspectos relacionados à execução do objeto, às formalidades, aos requisitos de representação, às planilhas de composição de preços, à inexequibilidade ou ao valor excessivo de preços unitários e, de modo geral, aos documentos de conteúdo declaratório sobre situações preexistentes.

Sob a ótica da Lei nº 14.133/2021, as propostas, se possível e se for o caso, devem ser saneadas, não importando se os defeitos que as contaminam sejam meramente formais ou substanciais. Todas as propostas defeituosas, não importa se sob aspecto meramente formal ou substancial, podem ser saneadas, desde que o vício que contamine as propostas seja do critério que possa ser corrigido.

A prescrição de que apenas propostas contaminadas por defeitos insanáveis é que devem ser desclassificadas desde logo é decorrência da percepção da Lei nº 14.133/2021 de que o objetivo da Administração é perseguir a proposta mais vantajosa. Se o defeito que eventualmente contamina a proposta mais vantajosa puder ser corrigido, não faz sentindo, dentro dessa percepção, que é clara na Lei nº 14.133/2021, que ela seja excluída da licitação.

A possibilidade de saneamento de defeitos havidos em propostas é impactante e rompe com a sistemática tradicional da Lei nº 8.666/1993. Nela, o revogado §3º do artigo 43 da Lei nº 8.666/1993 ganha especial relevância, haja vista que permite a "promoção de diligência destinada a esclarecer ou a complementar a instrução do processo, vedada a inclusão posterior de documento ou informação que deveria constar originalmente da proposta". Dito de outra forma, para a sistemática da Lei nº 8.666/1993, a desatenção ao edital importa na inabilitação do licitante ou desclassificação da proposta, dado que é proibida a inclusão posterior de documento ou informação, o que, em tese, poderia sanear o defeito existente em documento de habilitação ou proposta.

5.3.1 A oportunidade de saneamento antecede a desclassificação

A proposta que contiver defeito sanável não deve ser desclassificada de pronto, deve-se admitir a correção. Na forma do inciso I do artigo 59 da Lei nº 14.133/2021, deve ser desclassificada apenas a proposta cujo defeito que a contamina não puder ser saneado ou que, mesmo sendo possível, não seja saneado. Essa possibilidade de saneamento deve ser concedida aos licitantes antes de eventual desclassificação, de modo que o saneamento do defeito impede a desclassificação.

Aliás, o §1º do artigo 59 da Lei nº 14.133/2021 prescreve que "a verificação da conformidade das propostas poderá ser feita exclusivamente em relação à proposta mais bem classificada". Nos casos em que a Administração preferir essa opção que lhe é dada pelo §1º do artigo 59, o que é provável para a maioria das licitações, a concessão de oportunidade para o saneamento de eventual defeito em proposta deve se dar na medida em que as propostas vão sendo analisadas pela Administração. Logo, não se analisam todas as propostas e depois se concede, caso todas tenham defeitos, oportunidade para a correção. O saneamento deve ser feito uma a uma. Até porque, caso a proposta mais vantajosa seja saneada, não há razões para empreender esforços em relação às demais propostas.

Daí que não tem lugar na Lei nº 14.133/2021 eventual solução equivalente à preceituada no revogado §3º do artigo 48 da Lei nº 8.666/1993, cujo teor prescreve:

> quando todos os licitantes forem inabilitados ou todas as propostas forem desclassificadas, a Administração poderá fixar aos licitantes o prazo de oito dias úteis para a apresentação de nova documentação ou de outras propostas escoimadas das causas referidas neste artigo, facultada, no caso de convite, a redução deste prazo para três dias úteis.

Essa solução não se aplica porque na Lei nº 14.133/2021 só se desclassifica a proposta cujo defeito não puder ser saneado ou que o licitante não quiser saneá-lo. Significa que, se todas as propostas foram desclassificadas, é porque já se deu oportunidade a todos os licitantes para saneá-las e estes não puderam (porque os defeitos não podiam ser saneados) ou não quiseram fazê-lo. Então, essa oportunidade de saneamento, que na Lei nº 8.666/1993 pressupunha antes a desclassificação de todos os licitantes e, por isso, era dada a todos os licitantes no mesmo momento, não se aplica na Lei nº 14.133/2021. Nela, repita-se, a oportunidade de saneamento é anterior à desclassificação.

5.4 Verificação da conformidade das propostas em relação ao objeto

5.4.1 Amostras ou provas de conceito

No que tange à análise da compatibilidade das propostas com as especificações do objeto do edital, a Administração, com frequência, reputa conveniente exigir que os licitantes apresentem amostras dos seus produtos ou que sejam realizadas provas de conceito ou outros tipos de testes para que ela possa efetivamente tomar ciência das características técnicas dos objetos que lhe são oferecidos e avaliar se atendem ao edital.

Nessa linha, o §3º do artigo 17 da Lei nº 14.133/2021 permite à Administração exigir do licitante provisoriamente vencedor a "homologação de amostras, exame de conformidade e prova de conceito, entre outros testes de interesse da Administração, de modo a comprovar sua aderência às especificações definidas no termo de referência ou no projeto básico". O artigo 41 da Lei nº 14.133/2021, que diz respeito às compras, também faculta à Administração a exigência de amostras ou prova de conceito na fase de julgamento. O §2º do artigo 42 da mesma lei, em reforço, prescreve que "a Administração poderá, nos termos do edital de licitação, oferecer protótipo do objeto pretendido e exigir, na fase de julgamento das propostas, amostras do licitante provisoriamente vencedor, para atender a diligência ou, após o julgamento, como condição para firmar contrato". Na sequência, o §3º do mesmo artigo anuncia que, "no interesse da Administração, as amostras a que se refere o §2º deste artigo poderão ser examinadas por instituição com reputação ético-profissional na especialidade do objeto, previamente indicada no edital".

Amostras e provas de conceito são figuras parecidas. Elas têm os mesmos propósitos: analisar ou testar, concretamente, o objeto oferecido pelos licitantes, para saber se de fato são ou não compatíveis com o exigido no edital. A amostra é relacionada a bem padronizado, normalmente de prateleira. O licitante entrega uma amostra do bem oferecido para que a Administração analise suas especificações. A prova de conceito é utilizada nas hipóteses em que a Administração não pretende apenas verificar as especificações do objeto, ela quer testá-lo, saber se cumpre a funcionalidade indicada pelo licitante na sua proposta. A prova de conceito significa a prova de uma ideia, de uma funcionalidade, logo, o teste do bem para saber se o conceito (funcionalidade) descrito na proposta se realiza.[99]

Não se deve adotar postura rigorosa ante a distinção entre amostra e prova de conceito. O que importa é que a obrigação do licitante e o procedimento a ser realizado pela Administração estejam descritos claramente no edital. É comum, na prática, talvez pelas semelhanças entre as duas figuras, que haja confusão entre elas, que uma seja chamada pela outra.

Amostras e provas de conceito são usualmente exigidas pela Administração Pública em geral nas suas licitações, mesmo antes da Lei nº 14.133/2021 e mesmo sem previsão expressa na Lei nº 8.666/1993 ou na Lei nº 10.520/2002. Entende-se que se trata de uma prerrogativa implícita de quem promove a licitação: exigir do licitante a apresentação de amostra ou prova de conceito para investigar o objeto da proposta. Sem embargo,

---

[99] "24. Prova de conceito (*proof of concept* – PoC), segundo entendimento consignado na citada nota técnica, é um termo utilizado para denominar um modelo prático que possa provar o conceito (teórico) estabelecido por uma pesquisa ou artigo técnico. Pode ser considerada também uma implementação, em geral resumida ou incompleta, de um método ou de uma ideia, realizada com o propósito de verificar se o conceito ou a teoria em questão é suscetível de ser explorado de uma maneira útil. 25. Essa definição em nada inova. Ao contrário, alinha-se ao entendimento majoritário de que as provas de conceito geralmente servem para demonstrar se a ferramenta submetida à avaliação – avaliação esta que sempre deve ser objetiva – contempla requisitos previamente estipulados, necessários ao atingimento dos objetivos de negócio pretendidos pelos órgãos contratantes. 26. Ocorre que, no caso em exame, a prova de conceito teve fim diverso do que aquele constante na literatura aplicável à matéria. Serviu para que os órgãos contratantes pudessem avaliar, previamente à fase externa do certame, as funcionalidades da plataforma Outsystems e, dessa forma, formular requisitos funcionais os quais, em tese, deveriam convergir para seus objetivos de negócio. Note-se, ao invés de a PoC propiciar a avaliação da aderência da solução de tecnologia da informação aos anseios dos órgãos contratantes, serviu para serem elaborados requisitos funcionais que poderiam, ou não, direcionar o certame" (TCU, Plenário. Acórdão nº 2.059/2017. Rel. Benjamin Zymler, j. 20.9.2017).

a ausência de regras na Lei nº 8.666/1993 e na Lei nº 10.520/2002 trazia algum grau de insegurança e incerteza, diante da ausência de balizas mínimas a respeito de como proceder. A Lei nº 14.133/2021, ao dispor sobre o assunto de modo reiterado, como já salientado, confere mais clareza e segurança jurídica.

De qualquer maneira, a Administração deve agir com prudência e moderação ao exigir em seus editais a apresentação de amostras ou a realização de provas de conceito. Isso porque, muitas vezes, a apresentação de amostras ou a realização de provas de conceito é algo inútil. Noutras vezes, também ocorre que a fabricação da amostra demanda tempo e envolve altos custos, que acabam por restringir, substancialmente, a competitividade. Nessa linha, a amostra deve ser exigida preferencialmente para produtos industrializados, produzidos em larga escala de modo homogêneo, sem que a apresentação dela gere ônus excessivo ao fabricante ou ao comerciante.

Além disso, cumpre ponderar que a análise das amostras e da prova de conceito não é algo subjetivo. O edital deve prescrever todos os critérios e condições para que dado bem submetido à avaliação seja aprovado. Essa avaliação não deve se dar em razão do gosto pessoal, do sabor dos agentes administrativos.[100]

Relacionado a esse ponto, também é importante destacar que a Administração deve dispor de pessoas especializadas para a análise das amostras e provas de conceito, que tenham conhecimento técnico suficiente para julgar as especificidades das propostas apresentadas. Nessa direção, se a Administração sentir dificuldade em analisar as amostras e provas de conceito, ela pode terceirizar a análise, na forma prevista no §3º do artigo 42 da Lei nº 14.133/2021 em favor de "instituição com reputação ético-profissional na especialidade do objeto, previamente indicada no edital".

Também convém frisar que a avaliação das amostras e a realização da prova de conceito integram-se ao processo de licitação, que deve respeitar os princípios da publicidade e da transparência, consoante o artigo 5º da Lei nº 14.133/2021. Por isso é essencial franquear a todos os licitantes o acesso e o direito de acompanhar a avaliação das amostras e a realização das provas de conceito, de modo que tenham elementos para se opor aos resultados delas, se entenderem que devem, o que lhes é de direito.[101]

---

[100] A apresentação de amostra do bem de consumo a ser adquirido poderá ser exigida pelo instrumento convocatório, mas somente do licitante classificado provisoriamente em primeiro lugar. O instrumento convocatório deverá estabelecer, além do prazo razoável para apresentação da amostra, as características que deverão ser comprovadas, os critérios e os métodos que serão empregados na análise. A apresentação da amostra não poderá ser exigida de forma prévia ou na fase de habilitação dos licitantes, mas somente na fase de julgamento das propostas. O instrumento convocatório deverá conter, de forma detalhada, porém objetiva, as características que a amostra deverá apresentar, além dos critérios e dos métodos que serão empregados na análise de suas características. Na hipótese de o licitante primeiro classificado não apresentar a amostra ou esta não atender os requisitos do edital, poderá a Administração, observada a legislação correlata à respectiva modalidade de licitação, convocar os licitantes remanescentes para fazê-lo. A Administração deverá dar publicidade aos relatórios, pareceres ou laudos decorrentes da análise realizada, firmados pelos responsáveis ou responsável pela análise, assegurando aos demais licitantes prazo razoável para o exercício do direito de eventual impugnação (TCE/PR, Plenário. Prejulgado nº 22. Rel. Cons. Fábio Camargo).

[101] "Precedentes desta Corte de Contas que mencionam a 'prova de conceito' indicam que a referida exigência tem por objetivo que a licitante demonstre, na prática, sua capacidade técnica, assemelhando-se à exigência de apresentação de amostras, no caso do fornecimento de produtos (acórdãos 794/2017, 1667/2017 e 2079/2014, todos do Plenário e Acórdão 6343/2017-TCU-Segunda Câmara). Sobre esse ponto, cientifico a CDRJ acerca da determinação expedida no Acórdão 1984/2008-TCU-Plenário, para que, *'viabilize, em licitações que requeiram 'prova de conceito' ou apresentação de amostras, o acompanhamento de suas etapas para todos os licitantes interessados, em consonância com o princípio da publicidade, insculpido no art. 3º da Lei 8.666/1993. Realize o acompanhamento in*

Aliás, como a avaliação de amostras e realização de prova de conceito ocorre de modo presencial, ainda que em licitação eletrônica, deve-se seguir a prescrição do §5º do artigo 17 da Lei nº 14.133/2021, para que a sessão pública seja gravada em áudio e vídeo.

Merece registro especial o §2º do artigo 42 da Lei nº 14.133/2021, cujo texto admite que a amostra, desde que prevista no edital, possa ser exigida apenas para efeito de diligência. Ou seja, é possível que o edital não exija amostras de todos os licitantes e que, se houver eventual dúvida sobre a conformidade da proposta de licitante no curso da licitação, daí que o agente encarregado da sua condução exija a amostra.[102]

5.4.1.1 Amostras e prova de conceito em licitação eletrônica

O §2º do artigo 17 da Lei nº 14.133/2021 prescreve que "as licitações serão realizadas preferencialmente sob a forma eletrônica [...]". Em complemento, o §4º do mesmo artigo prevê que, "nos procedimentos realizados por meio eletrônico, a Administração poderá determinar, como condição de validade e eficácia, que os licitantes pratiquem seus atos em formato eletrônico". Pois bem, a licitação eletrônica desenvolve-se pela internet e pressupõe que todo o processo de comunicação e interação entre Administração Pública e licitantes dê-se por meio da internet.

Daí que o procedimento de licitação eletrônica não parece ser a opção mais adequada para as situações em que a Administração Pública pretende exigir amostras ou provas de conceito dos licitantes, pura e simplesmente porque amostras e provas de conceito são empreendimentos essencialmente presenciais e não eletrônicos. Não que seja proibido; mas não é conveniente.

Nas situações em que a Administração Pública exige amostras, os licitantes, por via de consequência, precisam fazer com que elas cheguem às mãos do agente encarregado de conduzir a licitação de maneira física, não virtual, pela internet. Então, a exigência de amostras acaba por romper a sistemática de comunicação pela internet, exigindo, de certo modo, a presença física do licitante. Se for necessário exigir a presença física do licitante, que se proceda de uma vez à licitação presencial.

Sem embargo, registra-se que o Tribunal de Contas da União vem entendendo, diante da modalidade pregão eletrônico fundada na Lei nº 10.520/2002, pela inexistência de óbice para a exigência de amostras. Para além disso, a compreensão do Tribunal de Contas da União é que a necessidade de exigência de amostras não justifica a realização do pregão presencial em detrimento do pregão eletrônico. A título ilustrativo:

> 47. No que diz respeito à alegação de que o pregão eletrônico seria inviável na hipótese sob exame por dificultar a análise das amostras, melhor sorte não socorre ao recorrente. Consoante

---

loco das principais etapas da 'prova de conceito' *ou da apresentação de amostras, a exemplo da etapa de produção, no caso de licitações que requeiram tais demonstrações'*. Por conseguinte, não obstante a descrição genérica do objeto da licitação tenha sido determinante para a pouca competitividade do certame, não se vislumbra prejuízo para a administração com a contratação em análise" (TCU, Plenário. Acórdão nº 1.823/2017. Rel. Min. Walton Alencar Rodrigues, j. 23.8.2017).

102 "Admitir que o edital preveja a solicitação de amostras pelo pregoeiro nos casos em que pairem dúvidas não compromete, por si só, os princípios da isonomia e do julgamento objetivo. Por outro lado, também não significa isentar o pregoeiro de conduta que vá de encontro a esses princípios, ficando resguardada ao controle externo a análise dos atos praticados pelo pregoeiro na fase externa da licitação" (TCE-MG, Primeira Câmara. Denúncia nº 862.946. Rel. Cons. Adriene Andrade, j. 17.3.2016).

já mencionado, além de ampliar a competição, o pregão eletrônico não é incompatível com a exigência de amostras, caso o gestor considere-a indispensável, devendo, contudo, caso se trate de aplicação de recursos federais, exigi-la apenas do licitante provisoriamente classificado em primeiro lugar.[103]

O Tribunal de Contas da União desconsidera que as amostras são necessariamente físicas e que rompem com a sistemática eletrônica. O fato é que, quando se exigem amostras em pregão eletrônico, ele já não será totalmente eletrônico, porque as amostras são físicas e, por consequência, presenciais. Isso faz com que o pregoeiro precise suspender o curso do pregão eletrônico para aguardar o envio físico das amostras, o que demanda muito tempo e aproxima sobremaneira o procedimento do pregão presencial, pelo menos nesse aspecto. Diferentemente da posição do Tribunal de Contas da União, numa situação como essa, deveras usual, o melhor seria abrir à Administração Pública a possibilidade de utilizar-se de uma vez a licitação presencial.

5.4.2 Certificação de qualidade

O inciso I do artigo 42 da Lei nº 14.133/2021, com o propósito de fazer "[...] prova de qualidade de produto apresentado pelos proponentes como similar ao das marcas eventualmente indicadas no edital [...]", autoriza a exigência de "comprovação de que o produto está de acordo com as normas técnicas determinadas pelos órgãos oficiais competentes, pela Associação Brasileira de Normas Técnicas (ABNT) ou por outra entidade credenciada pelo Inmetro". O inciso III do mesmo artigo, com a mesma finalidade, também autoriza a exigência de "certificação, certificado, laudo laboratorial ou documento similar que possibilite a aferição da qualidade e da conformidade do produto ou do processo de fabricação, inclusive sob o aspecto ambiental, emitido por instituição oficial competente ou por entidade credenciada". O §1º do mesmo artigo 42, de modo mais abrangente e, também, dispondo sobre a licitação, prevê que "o edital poderá exigir, como condição de aceitabilidade da proposta, certificação de qualidade do produto por instituição credenciada pelo Conselho Nacional de Metrologia, Normalização e Qualidade Industrial (Conmetro)".

Ressalva-se que a exigência de certificação deve ser prevista no edital e, ainda que admitida pela Lei nº 14.133/2021, deve ser vista com cautela, porque pode ser restritiva à competição. Sucede que a certificação não é obrigatória, sendo que para obtê-la as empresas devem contratar entidade certificadora, o que, por vezes, é dispendioso e toma tempo razoável. Então, ao exigir a certificação, a depender do caso, a Administração inviabiliza a participação na licitação de interessados que não disponham da certificação, mesmo porque é provável que eles não tenham tempo de obtê-la no prazo de publicidade do edital. É importante que a Administração avalie as peculiaridades de cada caso e o comportamento do mercado, monitorando previamente as empresas que possuem ou não a certificação que se pretende exigir, para que se consiga vislumbrar com antecedência o impacto que a exigência dela produzirá na competição.

[103] TCU, Plenário. Acórdão nº 2.368/2013. Rel. Min. Benjamin Zymler, j. 4.9.2013.

Também é de pontuar que exigência de certificação é pertinente à proposta e não à habilitação do licitante. A intenção por trás da exigência de certificação é avaliar se o objeto oferecido pelo licitante atende aos padrões de qualidade estabelecidos no edital e não se o licitante dispõe ou não de habilidade, inclusive técnica, para contratar. Então, é ilegal exigir certificação de qualidade na fase de habilitação. Se for o caso de exigi-la, deve-se fazê-lo na fase relativa ao julgamento das propostas.[104]

5.4.3 Declaração de atendimento satisfatório emitida por outro órgão ou entidade de nível equivalente ou superior que tenha adquirido o produto

O inciso II do artigo 42 da Lei nº 14.133/2021 estabelece:

> a prova de qualidade de produto apresentado pelos proponentes como similar ao das marcas eventualmente indicadas no edital será admitida por qualquer um dos seguintes meios: [...] II - declaração de atendimento satisfatório emitida por outro órgão ou entidade de nível federativo equivalente ou superior que tenha adquirido o produto.

Ou seja, o edital pode prever que a declaração dada por outro órgão ou entidade sirva como prova de que o objeto oferecido por dado licitante atenda ao exigido em edital. A ideia que perpassa o inciso II do artigo da Lei nº 14.133/2021 é positiva, leva a uma interação e troca de informações entre órgãos e entidades administrativas, que é algo que deve ser realmente explorado.

Sem embargo disso, é preciso fazer algumas ressalvas. A primeira é que a declaração não é o bastante para concluir que o objeto oferecido atende ao edital. Isso porque a declaração apenas traz a informação que o licitante forneceu para outro órgão ou entidade um dado objeto de forma satisfatória. Não se sabe, com a declaração, se o objeto fornecido atende às especificidades exigidas no edital do órgão ou entidade que ora promove a licitação. Então, a declaração não prescinde da análise de conformidade do objeto oferecido com as especificações constantes do edital.

Também há preocupações com os critérios, o rigor e a exatidão do teor da declaração, ainda que provenha de outro órgão ou entidade administrativa. Isso pode despertar questionamentos e controvérsias. O melhor, por objetividade, é que essa declaração fosse

[104] 49. Como é cediço, a jurisprudência do TCU é mansa no sentido de que a exigência acima insculpida, na fase de habilitação, carece de amparo legal. Precedentes (Jurisprudência Selecionada): (Acórdão 966/2022-TCU-Plenário, relator Ministro Benjamin Zymler) "É ilegal, na fase de habilitação, a exigência de apresentação de laudos, testes ou certificados relativos à qualidade dos produtos licitados, por não se inserir no rol do art. 30 da Lei 8.666/1993. Admite-se tal exigência, desde que prevista no instrumento convocatório, somente na etapa de julgamento das propostas e apenas para o licitante provisoriamente classificado em primeiro lugar, ao qual deve ser concedido prazo suficiente para a obtenção da documentação." (Acórdão 3192/2016-TCU-Plenário, de minha relatoria) "É ilegal e restringe a competitividade do certame licitatório a exigência de documentos de habilitação além daqueles previstos nos arts. 27 a 31 da Lei 8.666/1993." 50. Em sua defesa, o responsável cita, dentre outros elementos, que a demanda teria por objetivo cumprir o previsto na norma NBR 15461, a qual estabelece os requisitos de fabricação e métodos de ensaios para tanques de aço com contenções primária e secundária, e bacia acoplada, utilizados para armazenamento de líquidos não corrosivos, inflamáveis estáveis e combustíveis. 51. Ocorre que, como bem pontuado pela unidade instrutiva, as diretrizes e regras daquela normativa se referem ao produto e não ao fornecedor, ou seja, em última instância, o que se buscava com a licitação é que o equipamento entregue fosse compatível com a indigitada NBR 15461. (TCU, Plenário. Acórdão nº 1065/2024. Rel. Min. Marcos Bemquerer, j. 29.5.2024).

atrelada à avaliação de desempenho do contratado que é exigida pelo §3º do artigo 88 da Lei nº 14.133/2021. Aliás, nessa direção, o §4º do mesmo artigo 88 prescreve que a avaliação deve ser regulamentada, para que seja objetiva e por atenção "aos princípios da impessoalidade, da igualdade, da isonomia, da publicidade e da transparência".

Ainda que não previsto expressamente na Lei nº 14.133/2021, é permitido que a Administração estabeleça condicionantes para a declaração constante do inciso II do artigo 42 da Lei nº 14.133/2021, como informações que devem ser indicadas na declaração, critérios a serem seguidos e, inclusive, vinculação à avaliação de desempenho do contratado que é exigida pelo §3º do artigo 88 da Lei nº 14.133/2021.

Por último, destaca-se que o inciso II do artigo 42 da Lei nº 14.133/2021 admite a declaração apenas por parte de "órgão ou entidade de nível federativo equivalente ou superior que tenha adquirido o produto". O dispositivo, nessa medida, troca os pés pelas mãos, porque não existem níveis federativos superiores ou inferiores, não existe hierarquia federativa, nos termos dos artigos 18 e 19 da Constituição Federal. O texto do inciso II desvela visão equivocada de que municípios são menos importantes e confiáveis que estados (e Distrito Federal) e que estes são menos importantes e confiáveis que a União. Na visão torta que prevaleceu no inciso II do artigo 42 da Lei nº 14.133/2021, municípios podem confiar em municípios, em estados e na União; estados não podem confiar em municípios, apenas noutros estados e na União; a União, por sua vez, não pode confiar em ninguém, só nela própria. Coisa absurda, que se opõe frontalmente ao inciso II do artigo 19 da Constituição Federal, cuja texto proíbe que ente federativo recuse fé a documento público. O documento expedido por município é documento público, com fé pública, que não pode ser recusado por ente federativo, ainda que o legislador federal, por preconceito ou arrogância, não empreste credibilidade aos entes supostamente "inferiores". A parte final do inciso II do artigo 42 da Lei nº 14.133/2021 é inconstitucional, dado que as declarações emitidas por órgãos e entidades de quaisquer esferas da Federação devem ser aceitas, na mesma medida de credibilidade, por órgãos e entidades de quaisquer outras esferas da Federação.

5.5 Verificação da conformidade das propostas em relação ao preço

5.5.1 Desclassificação de propostas de valores excessivos

A verificação das propostas não se restringe ao objeto. A Administração também deve analisar os preços que lhe são ofertados, desclassificando propostas com preços excessivos ou com preços inexequíveis.

É importantíssimo que os agentes estatais procedam a efetivo controle dos preços que lhe são ofertados em licitação pública. Os contratos administrativos decorrentes de processos de licitação são custeados por recursos públicos, que devem ser geridos com austeridade. Daí que é imperativo seguir medidas que evitem que os recursos públicos sejam utilizados para arcar com contratos com sobrepreço, celebrados com preços acima dos praticados no mercado.

Salienta-se que, de acordo com o inciso III do artigo 11 da Lei nº 14.133/2021, um dos objetivos do processo licitatório é "evitar contratações com sobrepreço ou com preços manifestamente inexequíveis e superfaturamento na execução dos contratos". Aliás, na definição do inciso LVI do artigo 6º da Lei nº 14.133/2021, sobrepreço significa:

> [...] preço orçado para licitação ou contratado em valor expressivamente superior aos preços referenciais de mercado, seja de apenas 1 (um) item, se a licitação ou a contratação for por preços unitários de serviço, seja do valor global do objeto, se a licitação ou a contratação for por tarefa, empreitada por preço global ou empreitada integral, semi-integrada ou integrada.

Nessa direção, para realizar o controle dos preços ofertados em licitação pública, é imperativo que na fase preparatória da licitação a Administração proceda à ampla pesquisa de preços no mercado, porque ela precisa saber quanto custa o objeto da licitação. Com essa pesquisa, a Administração consegue estimar o valor do futuro contrato e esse montante estimado serve como preço máximo. O inciso III do *caput* do artigo 59 da Lei nº 14.133/2021 prescreve que devem ser desclassificadas as propostas que "[...] permanecerem acima do orçamento estimado para a contratação".

Ressalva-se que o sobrepreço, consoante o inciso LVI do artigo 6º da Lei nº 14.133/2021, se verifica nas hipóteses em que o valor proposto for "[...] expressivamente superior aos preços referenciais de mercado [...]". Isso significa que é incorreto falar-se de sobrepreço apenas porque a proposta está acima dos referenciais de mercado, em grau baixo ou médio. Logo, o fato de a proposta indicar preço acima do estimado pela Administração não é o suficiente para identificar sobrepreço. Sem embargo, ainda que inexistente sobrepreço, se o preço proposto for superior ao estimado pela Administração e assim permanecer, a proposta deve ser desclassificada, por força do inciso III do *caput* do artigo 59 da Lei nº 14.133/2021.

O inusitado é que o orçamento estimado nas licitações pode ser sigiloso, de acordo com o artigo 24 da Lei nº 14.133/2021. Ou seja, os licitantes, ao prepararem as suas propostas, não conhecem o valor estimado pela Administração. Daí, se, eventualmente, cotarem acima do estimado e não reduzirem o preço, a proposta deve ser desclassificada.

Isto não faz sentido e impõe agravos ao princípio da vinculação ao edital. Ora, nessas hipóteses, o licitante pode ser desclassificado, porque a sua proposta é considerada excessiva, dado que acima do preço estimado pela Administração. No entanto, esse valor orçado não lhe é informado, é-lhe revelado de surpresa, apenas ao final da licitação.

Causa ainda mais estranheza no regime de contratação integrada, em que a proposta é apresentada em razão apenas de anteprojeto, sem projeto básico. Nesses casos, os licitantes não têm acesso às informações detalhadas do projeto básico, cujo desenvolvimento fica ao cargo do futuro contratado. Apresentam propostas em acordo com aquilo que lhes parece mais adequado a partir dos elementos divulgados no anteprojeto. A Administração quer isso, quer que os licitantes desenvolvam as suas soluções. Daí a Administração, meio de cambulhada, após a etapa de lances, noticia que a proposta está acima do estimado por ela e que, por força disso, a proposta será desclassificada. Ora, para desclassificar sob essas luzes, seria mais razoável que a Administração dissesse em detalhe o que pretende, porque é de supor que as diferentes soluções oferecidas para a Administração produzam diferenças substanciais de preço.

De toda sorte, se a proposta apresentada pelo licitante ultrapassa o orçamento da Administração, ela não deve ser desclassificada de plano. Deve-se permitir que o licitante reduza o seu preço, adequando-o ao orçamento da Administração, como está claro no artigo 61 da Lei nº 14.133/2021, que trata da negociação. Noticia-se, a propósito, que o Tribunal de Contas da União, no Acórdão nº 306/2013, do Plenário, permitiu a abertura do sigilo do orçamento na fase de negociação em licitações promovidas pelo Regime Diferenciado de Contratação Pública (RDC), justamente para facilitar as tratativas com o licitante.[105] O mesmo raciocínio pode ser aplicado em relação à Lei nº 14.133/2021, porque não há regra que aponte em sentido diverso.

5.5.2 Negociação

Ao avaliar a conformidade da proposta em relação ao preço, a Administração deve conceder oportunidade para que o licitante cuja proposta de preços se encontra acima do estimado o reduza. Sucede que, na letra do inciso III do *caput* do artigo 59 da Lei nº 14.133/2021, apenas as propostas que "[...] permanecerem acima do orçamento estimado para a contratação" devem ser desclassificadas. Ou seja, antes de desclassificar a proposta, é preciso dar oportunidade para que o preço seja reduzido.

Essa oportunidade para a redução do preço confunde-se com a negociação a que se refere o artigo 61 da Lei nº 14.133/2021, cujo texto prescreve que, "definido o resultado do julgamento, a Administração poderá negociar condições mais vantajosas com o primeiro colocado".

O §1º do mesmo artigo 61 dispõe:

> a negociação poderá ser feita com os demais licitantes, segundo a ordem de classificação inicialmente estabelecida, quando o primeiro colocado, mesmo após a negociação, for desclassificado em razão de sua proposta permanecer acima do preço máximo definido pela Administração.

Quer dizer que, se o primeiro colocado se recusar a reduzir o seu preço e estando ele acima do preço estimado pela Administração, impõe-se a desclassificação dele. Daí a Administração segue com o mesmo procedimento em relação aos demais licitantes, de acordo com a ordem de classificação, dando-se a eles a mesma oportunidade para a redução de preço. Quem, cumprida a ordem de classificação, aceitar reduzi-lo, passa a ser o melhor classificado.

O §2º, também do artigo 61, estatui que "a negociação será conduzida por agente de contratação ou comissão de contratação, na forma de regulamento, e, depois de

---

105 "Feita a digressão, se tomada a condição de o orçamento sigiloso ser uma plausibilidade, pode-se questionar se o fato de todas as propostas terem sido superiores ao paradigma não seriam condição para abertura dos preços. No caso concreto, afinal, existe uma meta de tempo a ser atingida, que é o término tempestivo da obra para a Copa do Mundo. Se mesmo após a abertura do orçamento na fase de negociação não restar proposta classificada (dentre as licitantes chamadas à negociação), a próxima licitação poderia ser feita com orçamento público. Em arremate, não obstante a letra do Decreto 7.581/2011 regulamentar que somente ao fim do certame é que deve o orçamento ser publicado (a Lei estabelece a adjudicação como condição), para fazer valer a real possibilidade de negociar, desde que em ato público e devidamente justificado, não vejo, em princípio, reprovabilidade em abrir o sigilo na fase de negociação. Especificamente com relação ao caso concreto, assim, e em razão de todas as controvérsias que rodeiam o tema, não extraio desabono de condutas que ensejem a dita instauração de processo administrativo. Até porque, *stricto sensu*, faltam-lhe elementos materiais mínimos para corroborar a real 'quebra de sigilo'. Deixo de acolher, portanto, a proposta da unidade instrutiva nesse sentido" (TCU, Plenário. Acórdão nº 306/2013. Rel. Min. Valmir Campelo, j. 27.2.2013).

concluída, terá seu resultado divulgado a todos os licitantes e anexado aos autos do processo licitatório". O regulamento pode estabelecer balizas para a negociação. Afora isso, a negociação deve ser transparente, de modo que, depois de concluída, todos os licitantes devem ter acesso aos seus termos. Sob essa luz, a negociação deve ser inteiramente motivada, conforme já assentou o Tribunal de Contas da União por ocasião do julgamento do Acórdão nº 620/2014, do Plenário, da relatoria do Ministro Valmir Campelo – entendimento que deve prevalecer perante a Lei nº 14.133/2021, até porque em harmonia com o §2º do seu artigo 61.[106]

Põe-se realce no fato de que o *caput* do artigo 61 da Lei nº 14.133/2021 literalmente prescreve a negociação como uma faculdade da Administração. O texto afirma que "[...] a Administração poderá negociar condições mais vantajosas [...]". Isso é plausível porque há situações em que a Administração recebe proposta extremamente vantajosa, que se aproxima, inclusive, da inexequibilidade. Nesses casos, seria bem compreensível que não se fizesse negociação adicional alguma, sob pena de se arriscar a empurrar a proposta para a inexequibilidade. Contudo, noticia-se que, na modalidade pregão, consoante o inciso XVII do artigo 4º da Lei nº 10.520/2002, a negociação também é discricionária e, nada obstante isso, o Tribunal de Contas da União vem entendendo que se trata de um poder-dever, exigindo dos pregoeiros que procedam a ela.[107] É provável, pela semelhança dos enunciados normativos, que o Tribunal de Contas da União mantenha o entendimento diante da Lei nº 14.133/2021.

Negociação, de acordo com Juan Luis Colaiácovo, é:

> o processo durante o qual duas ou mais partes, com um problema comum, mediante o emprego de técnicas diversas de comunicação, buscam obter resultado ou solução que satisfaça de uma maneira razoável e justa seus objetivos, interesses, necessidades e aspirações.[108]

Isto é, a negociação é o processo a que se submete mais de uma parte, a fim de conciliar interesses contrapostos, alcançando denominador comum, que seja vantajoso ou razoável para todos os envolvidos.

---

[106] "[...] 70. Como se pode observar, não há mesmo uma conduta linear estabelecida para a etapa de negociação. O que se tem como certeza é a necessidade de que as decisões do pregoeiro durante esta etapa, especialmente aquelas direcionadas à recusa de propostas, sejam todas fundamentadas com base nos parâmetros do instrumento convocatório, o que não se observou no caso" (TCU, Plenário. Acórdão nº 620/2014. Rel. Min. Valmir Campelo, j. 19.3.2014).

[107] O Tribunal de Contas da União já entendia que era uma obrigação no regime da modalidade pregão: "32. No que concerne à ausência de tentativa de negociação para reduzir o preço final, conforme previsão contida no artigo 24, §8º, do Decreto nº 5.450/2005, creio ser razoável que tal medida seja adotada como prática no âmbito dos pregões eletrônicos. Apesar de o mencionado normativo estabelecer que o pregoeiro 'poderá' encaminhar contraproposta, me parece se tratar do legítimo caso do poder-dever da Administração. Ou seja, uma vez concedida a prerrogativa legal para adoção de determinado ato, deve a administração adotá-lo, tendo em vista a maximização do interesse público em obter-se a proposta mais vantajosa, até, porque, tal medida em nada prejudica o procedimento licitatório, apenas ensejando a possibilidade de uma contratação por valor ainda mais interessante para o Poder Público. 33. Nada obstante, em que pese a inexistência de negociação no caso concreto, creio que tal ocorrência não tem o condão de tornar impertinente o valor da proposta vencedora, mesmo porque, ela se encontrava abaixo do preço referencial, sendo suficiente, a meu ver, que seja dada ciência à entidade acerca do dever de negociação" (TCU, Plenário. Acórdão nº 694/2014. Rel. Valmir Campelo, j. 26.3.2014).

[108] COLAIÁCOVO, Juan Luis. *Negociação moderna*: teoria e prática. Blumenau: FURB, 1997. p. 15.

A rigor jurídico, a Administração não negocia. Ocorre que a negociação pressupõe a predisposição de ambas as partes envolvidas em ceder em alguns pontos ou aspectos, para fazer convergirem interesses contrapostos. E o fato é que à Administração não é permitido ceder coisa alguma. Ela não pode atenuar exigências do edital, ampliar prazos etc. Logo, a Administração não negocia, ela apenas tenta convencer o licitante a oferecer condições ainda mais vantajosas – o que se aproxima mais de uma barganha do que de uma negociação propriamente dita.

A negociação pode abranger tanto o preço, quanto outros aspectos da proposta, como prazo de entrega, prazo de pagamento etc., com arrimo no princípio da eficiência e visando ao atendimento pleno do interesse público. A propósito, o *caput* do artigo 61 da Lei nº 14.133/2021 remete a uma espécie de negociação abrangente, refere-se a "negociar condições mais vantajosas [...]", o que não se restringe ao preço.

De toda a sorte, cabe indagar a respeito de quais as consequências do ato do licitante em recusar a proposta de pretensa negociação realizada pela Administração. Imagine-se que a Administração propõe redução do preço e o licitante a recusa. O licitante deve ou pode ser desclassificado porque não aceita os termos propostos pela Administração em negociação?

Como salientado anteriormente, o preço orçado pela Administração é considerado preço máximo e quem oferecer proposta acima de tal valor, se não a reduzir após a fase de negociação, deve ser desclassificado. Então, se o licitante recusa a proposta de negociação, porém o preço dele está abaixo do orçado, ele não pode ser desclassificado, pelo menos não automaticamente, em razão de suposto preço excessivo. Porém, se o preço estiver acima do orçado, então ele deve ser desclassificado e não haverá para a Administração outra solução, esta não poderá, ainda que queira, admitir a proposta.

Advirta-se que, até mesmo por força do princípio da boa-fé, não cabe à Administração blefar, levando o licitante a crer que a proposta ofertada corre o risco de ser desclassificada, porque considerada acima do mercado. É fundamental para a Administração manter relação de estrita confiabilidade com os seus fornecedores para que possa exigir tratamento recíproco.

Nada obstante, é perfeitamente possível que a Administração, com honestidade e boa-fé, dependendo de sua capacidade de persuasão e convencimento, demonstre ao licitante vencedor que ainda é viável oferecer à Administração alguma vantagem e que isso, de certo modo, será vantajoso também para ele.

É importante que a Administração dê atenção à negociação, porque os licitantes acabam com frequência oferecendo alguma vantagem à Administração. Os agentes administrativos devem preparar-se para essa fase de negociação. Sugere-se que, antes de iniciar a pretensa negociação, definam cenários ideais e reais. Os agentes administrativos devem ter em mente a maior vantagem que possam obter e uma vantagem mais próxima da realidade, mais crível, que tenha mais chance de ser oferecida pelo licitante.

No mesmo passo, os agentes administrativos devem procurar conhecer os licitantes com quem eles pretensamente negociam. Se possível, se houver tempo, devem pesquisar outros contratos firmados pelos licitantes; quanto eles costumam cobrar, se eles teriam algum interesse especial etc. Outrossim, os agentes administrativos devem salientar as vantagens dos licitantes em aceitar as propostas de pretensa negociação. Insista-se que agentes administrativos bem-preparados e firmes conseguem obter vantagens em prol da Administração com frequência nessa suposta fase de negociação, que, pois, não deve ser menosprezada.

5.5.3 Desclassificação de propostas inexequíveis

A proposta inexequível é aquela que não se reveste de condições de ser cumprida, porquanto gera ao seu autor mais ônus do que vantagens. A proposta inexequível é apurada mediante a constatação de que o preço ofertado não cobre os custos necessários à sua execução. Por isso, diz-se "inexequível", isto é, sem condições de ser executada.

O que importa à Administração é que a licitação e o contrato lhe propiciem resultado concreto. Para tanto, é imprescindível avaliar se as propostas lançadas pelos licitantes possuem condições concretas de serem executadas (se são exequíveis). Não basta selecionar a proposta com o menor preço ou com a melhor técnica; é imperioso verificar se ela pode ser mantida, ou seja, se o licitante tem meios para adimplir a obrigação a ser assumida.

A proposta inexequível afeta, sobremaneira, os princípios da eficiência e da eficácia. O ponto é que o aludido princípio deve ser apurado com vistas à satisfação concreta dos interesses públicos, o que ocorre com a execução do contrato. Se a proposta for inexequível, sem condições de ser executada, a rigor, em vez de vantagem, impõe-se à Administração prejuízo, amarga desvantagem. As consequências que advêm da admissão de propostas inexequíveis são desastrosas para a Administração, variando desde serviços defeituosos a obras com problemas estruturais e objetos imprestáveis, que implicam rescisão de contratos, reparações e novos procedimentos licitatórios.

É de se reconhecer, em regra, a existência de equação de proporcionalidade entre o preço ofertado pelo licitante e a qualidade do seu produto. Ou seja, normalmente, o produto de boa qualidade apresenta preço mais elevado do que o produto de má qualidade. Nesse contexto, de nada adianta à Administração pagar preço muito baixo, economizando, por vezes, 5%, 10% ou 20%, e receber produto de péssima qualidade, que não funciona, que não propicia os resultados concretos visados pelos interesses públicos.

A grande dificuldade em torno da desclassificação de propostas inexequíveis reside na tarefa de apartá-las das propostas extremamente vantajosas. Ora, a Administração não está impedida de obter oferta realmente excepcional que produza vantagem substancial em relação às demais. O ponto é que a proposta inexequível se parece em tudo com a proposta extremamente vantajosa. O limite entre uma e outra é tênue. Os agentes administrativos, ao receberem propostas de valores baixos, tendem, em vez de desclassificá-las ao argumento de que são inexequíveis, a sentir-se satisfeitos, preferindo classificá-las, achando que, inclusive, cumpriram exemplarmente os seus deveres. Mas, repita-se, a classificação de propostas inexequíveis talvez seja o que de pior pode vir a acontecer para a Administração em licitação pública, provocando contratos desvantajosos, com objetos de má qualidade etc. Logo, para evitar tais prejuízos, é imperativo que os agentes administrativos procedam à análise rigorosa acerca de pretensa inexequibilidade das propostas, valendo-se de critérios e procedimentos prestantes a distingui-las das propostas altamente vantajosas.

Portanto, antes de considerar ou não proposta inexequível, a Administração deve verificar quais motivos impulsionaram a proposta e se, por razões especiais, há meios de ela ser adimplida. Em hipótese alguma a ordem jurídica veda ou restringe que os particulares procurem novas tecnologias, invistam no aprimoramento de seus produtos e ofereçam à Administração propostas mais vantajosas. Insista-se que a linha entre as propostas inexequíveis e as excepcionais, porém exequíveis, é tênue. É necessário analisar caso a caso, porque as peculiaridades de determinada situação fática se constituem no fator preponderante para se precisar quais propostas podem e quais não podem ser cumpridas.

A Administração, antes de reputar proposta inexequível, deve apurar se existem justificativas para que o licitante ofereça preço abaixo do praticado no mercado, desde que lhe propicie margem de lucro. Ora, há inúmeras situações plausíveis que levam licitantes a fazer isso. Por vezes, os licitantes (i) precisam desfazer-se de estoques; (ii) compraram insumos com antecedência, antes de aumento de preço; (iii) possuem tecnologia avançada etc. Volta-se a sublinhar que a Administração não está impedida de celebrar ótimo negócio, com preço realmente vantajoso, tampouco os licitantes estão impedidos de investir e tomar medidas que reduzam os seus custos e os tornem mais competitivos. O ponto fundamental é apurar se o preço cobre os custos. Se a resposta for positiva, a proposta é exequível, ainda que outras empresas atuantes no mercado pratiquem preços superiores.

5.5.4 A diligência para investigar a inexequibilidade de proposta

Diante de dúvida e antes de desclassificar proposta aparentemente inexequível, a Administração deve conferir oportunidade para que o licitante comprove a viabilidade dela. Para cumprir tal desiderato, a Administração deve valer-se do §2º do artigo 59 da Lei nº 14.133/2021, cujo teor permite "realizar diligências para aferir a exequibilidade das propostas ou exigir dos licitantes que ela seja demonstrada [...]". Na literalidade do §2º do artigo 59, a promoção de diligência não é obrigatória para a Administração. Contudo, diante dos casos concretos, havendo dúvida sobre a exequibilidade da proposta, a discricionariedade se dissipa e a diligência torna-se obrigatória. Ela somente poderia deixar de ser realizada nos casos em que a Administração tem certeza sobre a inexequibilidade ou exequibilidade da proposta.

Nesse sentido, o Tribunal de Contas da União considera que a desclassificação de proposta por considerá-la inexequível sem a realização de diligência constitui inobservância do dever de cuidado no trato da coisa pública e enseja a responsabilização pessoal dos agentes públicos que não procederam à diligência. Confira-se:

> 33. Conforme jurisprudência deste Tribunal, a presunção absoluta de inexequibilidade da proposta da licitante [empresa 1], no âmbito da Tomada de Preços 2/2023, sem que fosse realizada diligência para que a participante pudesse comprovar a exequibilidade de sua proposta, constitui grave inobservância do dever de cuidado no trato com a coisa pública, revelando a existência de culpa grave, uma vez que se distancia do que seria esperado de um administrador minimamente diligente, o que caracteriza erro grosseiro a que alude o art. 28 do Decreto-lei 4.657/1942 (*v.g.* Acórdão 7685/2022-TCU-Primeira Câmara, relator

Ministro Benjamin Zymler; 2.012/2022 - Segunda Câmara, relator Ministro Antônio Anastasia; 1.643/2022 - Segunda Câmara, relator Ministro Bruno Dantas, dentre outros).[109]

Então, a Administração, ao constatar que proposta consigna preço abaixo do mercado, havendo dúvida sobre a exequibilidade dela, deve promover diligência, abrindo prazo para que o licitante comprove a exequibilidade. Logo, dentro de tal prazo, o licitante deve trazer documentos que desnudem os seus custos, a fim de comprovar que ele, mesmo com preço reduzido, ainda obtém vantagem. Se o licitante não apresenta tais documentos ou apresenta documentos não convincentes, a Administração declara inexequível a proposta. Se o licitante apresenta documentos convincentes, a Administração o classifica e celebra ótimo contrato, com proposta vantajosa.

A grande vantagem desse procedimento constitui-se na inversão do ônus da prova acerca da inexequibilidade das propostas. Em vez de a Administração demonstrar os motivos que a levaram a reputar a proposta inexequível, o licitante é quem precisa demonstrar os motivos pelos quais a sua proposta é exequível. Isso significa que, se o licitante não atende a diligência ou não apresenta documentos suficientes acerca da exequibilidade da sua proposta, ele descumpre ônus que é seu, e a proposta, então, deve ser desclassificada.

5.5.5 Proposta inexequível e a alegação do licitante de obtenção de benefício indireto

Há uma questão que causa bastante controvérsia: diz respeito à situação em que a proposta é, por rigor, inexequível, porque o valor dela não cobre os seus custos. Suponha-se que a Administração tenha realizado diligência e o licitante, autor da proposta, admita que ela não cobre os seus custos. No entanto, ao responder a diligência, o licitante declara que se dispõe a executar o contrato com prejuízo porque tem interesse em obter o atestado de capacidade técnica que será decorrente do contrato e que lhe é estratégico para posicionar-se no mercado e ter acesso a outras licitações com o mesmo objeto e com porte semelhante, o que implicaria espécie de benefício indireto. Ou seja, o licitante admite que a proposta é inexequível, mas sinaliza que tem outros interesses com a execução do contrato afora o lucro e que, em razão disso, se compromete a executá-lo. A questão é se a alegação de benefício indireto e a promessa de execução do contrato são bastantes para a classificação da proposta.

Faz-se uma distinção importante: a questão em tela não se confunde com a situação em que o licitante apresenta uma proposta com valor substancialmente inferior ao praticado no mercado, porém que, ainda assim, lhe propicia lucro. O licitante pode, perfeitamente, reduzir as suas margens em prol da Administração e isso não torna a sua proposta inexequível. Como já afirmado, a Administração não é impedida de firmar um contrato em condições muito vantajosas para si, desde que a proposta seja exequível. A questão aqui é diferente, repita-se. O licitante, no caso em comento, apresenta uma proposta sem lucro, cujo preço não cobre os custos.

---

[109] TCU, Acórdão nº 7477/2024, Segunda Câmara. Rel. Min. Marcos Bemquerer, j. 22.10.2024.

O Tribunal de Contas da União prolatou o Acórdão nº 803/2024, da relatoria do Ministro Benjamin Zymler, em que considera que a proposta deve ser classificada caso o licitante se disponha a executar o contrato com preço inferior ao seu custo em razão da obtenção de benefícios indiretos. Leia-se o seguinte trecho do Voto:

> 25. Ainda que fosse possível estabelecer em lei regras realmente eficazes para analisar a exequibilidade, tais regras não poderiam captar diferentes tipos de decisão empresarial. A título de exemplo, cito o caso do particular que oferta preço inexequível porque deseja obter um determinado atestado de capacidade técnica para conseguir entrar em um novo mercado. É o custo de aquisição de um novo cliente, que muitas vezes o setor produtivo está disposto a incorrer. Em outro exemplo, o particular poderia ofertar preço inexequível por necessidades de obter caixa ou desovar estoques de produtos que estão prestes a perecer ou que não terão outra serventia.
> 26. Existem outros benefícios indiretos ao particular além dos preços ofertados na licitação. Cita-se o exemplo de um fabricante de veículos que tem um retorno positivo de sua imagem ao fornecer viaturas para as forças policiais, assim como os futuros ganhos que terá ao vender as peças de reposição e realizar a manutenção das viaturas. Esta própria Corte de Contas recentemente obteve em comodato, de forma totalmente gratuita, a utilização de dois veículos de alto custo para uso de suas autoridades. Qualquer regra de exequibilidade que se preveja em lei dificilmente captará todas as nuances da atividade empresarial privada.[110]

Com o mesmo espírito, o inciso II do parágrafo único do artigo 34 da Instrução Normativa SEGES/ME nº 73/2022 prescreve o seguinte:

> Art. 34. No caso de bens e serviços em geral, é indício de inexequibilidade das propostas valores inferiores a 50% (cinquenta por cento) do valor orçado pela Administração.
> Parágrafo único. A inexequibilidade, na hipótese de que trata o *caput*, só será considerada após diligência do agente de contratação ou da comissão de contratação, quando o substituir, que comprove:
> I - que o custo do licitante ultrapassa o valor da proposta; e
> II - inexistirem custos de oportunidade capazes de justificar o vulto da oferta.[111]

Conforme o dispositivo supracitado da instrução normativa, mesmo que o custo do licitante ultrapasse o valor da proposta, ela não deve ser desclassificada se existirem "custos de oportunidade capazes de justificar o vulto da oferta". Ou seja, na prática, mesmo que a proposta seja inexequível, se o licitante afirmar que colhe outros benefícios indiretos, a proposta deve ser aceita.

Discorda-se da conclusão do Tribunal de Contas da União e da prescrição da instrução normativa. O inciso III do artigo 59 da Lei nº 14.133/2021 prescreve que proposta inexequível deve ser desclassificada. E o ponto é que a proposta inexequível é aquela cujo valor não cobre os custos. O fato de o licitante afirmar que consegue executar o

---

110 TCU, Plenário, Acórdão nº 803/2024, Rel. Min. Benjamin Zymler, j. 24.4.2024.

111 A Instrução Normativa SEGES/ME nº 73/2022 vincula apenas a Administração Pública federal direta, autárquica e fundacional – que deve obedecê-la e aplicar os critérios nela estabelecidos. Os demais entes federativos e órgãos e entidades não vinculados a ela não precisam obedecê-la.

contrato, mesmo sem obter lucro, em razão de algum outro benefício indireto, não torna a proposta, para os efeitos legais, exequível.

Até porque, nessa situação, a inexequibilidade ou exequibilidade das propostas dependeria exclusivamente de uma promessa do licitante autor da própria proposta, da palavra dele. Ora, o benefício indireto, por regra, é algo em boa dose subjetivo, que se exterioriza por uma declaração ou coisa do tipo. O licitante afirma, por exemplo, que pretende entrar no mercado e que o atestado é relevante para isso, o que se constituiria em benefício indireto. Ou ele declara, noutro exemplo, que, estrategicamente, executará o contrato sem lucro para obter fluxo de caixa (o que, por si, revela que ele passa por dificuldade financeira, ainda que momentânea, amplificando os riscos da contratação) ou se desfazer de estoque indesejado – outras hipóteses de benefício indireto vislumbradas pelo acórdão supracitado do Tribunal de Contas da União. A Administração, sabendo que o valor da proposta não cobre os custos, contrataria apenas porque o licitante declarou que teria um outro benefício e que executará o contrato. Ora, se fosse assim, não faria sentido o comando legal que determina a desclassificação de proposta inexequível. Bastaria, em vez disso, exigir que o licitante declare que executará o contrato nos termos propostos – o que, aliás, já é algo pressuposto em qualquer proposta. A palavra do licitante, no fim das contas, é o que bastaria e nenhuma proposta deveria ser desclassificada por inexequibilidade, salvo se o licitante se arrependesse e ele mesmo declarasse que não dispõe de meios para executá-la.

Pondera-se que a Administração não pode depender da mera palavra do licitante autor da proposta mais vantajosa em razão do princípio da indisponibilidade do interesse público. Sucede que o agente público não gerencia algo que lhe pertence, os seus interesses privados, e sim o interesse público, pertencente à coletividade. É legítimo que o agente privado se lance à aventura de contratar uma proposta que não cobre os custos sob a singela promessa do contratado de que irá executar o contrato. É legítimo que ele, por seu sentimento de confiança no autor da proposta, acredite na promessa e aceite o risco, que é considerável, de o contrato não ser executado. Noutro giro, não é legítimo que o agente público, por suas convicções pessoais, acredite na promessa e aceite o risco em nome da Administração Pública de o contrato não ser executado, porque não é legítimo que ele se aventure com o interesse público, dado que não dispõe dele. É por essa razão que o legislador determina que a proposta inexequível deve ser desclassificada, independentemente das eventuais promessas do licitante autor dela e do sentimento do agente público em acreditar nelas ou não.

O trecho supracitado do Acórdão nº 803/2024, do Tribunal de Contas da União, faz referência a uma situação em que o próprio Tribunal recebeu dois veículos de luxo em comodato, de forma gratuita, porque o vendedor dos veículos teria algum interesse nisso, supostamente algum ganho de imagem, de *marketing* ou equivalente. Veja-se que é legítimo à Administração firmar contratos gratuitos, como comodato, doação ou outros. Nesses casos, o contrato é gratuito e a contratação é direta, por dispensa ou inexigibilidade de licitação. Noutro lado, para contratos onerosos, em regra licitados, a proposta deve ser exequível, por força do inciso III do artigo 59 da Lei nº 14.133/2021. O que se quer dizer é que a possibilidade de a Administração firmar um contrato gratuito, em que ela não tenha dispêndio algum, não exclui a obrigação legal de desclassificar proposta inexequível apresentada em licitação para contrato oneroso.

O trecho supracitado do Acórdão nº 803/2024, do Tribunal de Contas da União, também se refere a uma hipótese, esta abstrata, de o vendedor de veículo renunciar ao lucro sob a perspectiva de ser remunerado com a manutenção dos veículos. Essa hipótese não parece realista porque, pelas práticas atuais de mercado, o que o vendedor recebe com a manutenção não rivaliza com o preço do veículo. No entanto há algumas outras situações que, sob a mesma premissa, ocorrem na prática. Pode-se mencionar, por ilustração, a dos serviços de vale-alimentação ou de gestão de frotas, em que o prestador do serviço é remunerado por sua rede de credenciados. Nesse caso, o ganho concreto do licitante cobre os seus custos, não se trata de proposta inexequível. O que acontece, tão somente, é que o licitante, em razão das práticas de mercado, tem um modelo de negócio não tradicional, mas ele percebe sim remuneração para cobrir os seus custos. Ele apenas não percebe a remuneração diretamente da Administração. Essa hipótese é bem diferente daquela em que o licitante não recebe remuneração suficiente para cobrir os seus custos e alega, por exemplo, que aceita executar o contrato em prejuízo porque receberá atestado de capacidade técnica ou coisa do tipo. São situações diversas, numa o licitante recebe o suficiente para cobrir os custos e tem como demonstrar isso, ainda que de uma rede de credenciados, e noutra ele não recebe o suficiente, nem da Administração, nem de terceiros. É totalmente legítimo perceber remuneração de uma rede de credenciados, por exemplo, e, desde que essa remuneração seja suficiente para cobrir os custos, não há de se falar de inexequibilidade de proposta.

5.5.6 Desclassificação de proposta inexequível em licitação destinada a obra e serviço de engenharia

É sabido que muitas obras públicas apresentam problemas de toda a sorte, causando prejuízos de monta à Administração, que, além dos valores pagos para erguê-la, frequentemente, se vê compelida a despender recursos públicos para desfazê-las, porque defeituosas, e erguê-las novamente. O fato é que tais problemas ocorrem em virtude do desleixo da Administração Pública em geral com o planejamento da licitação, principalmente na elaboração do projeto básico e, quando o defeito já não está nele, na falta de efetivo e rigoroso controle das propostas apresentadas pelos licitantes.

Cumpre frisar que o abrandamento do controle sobre as propostas é provocado, muitas vezes, em razão do preço. A título ilustrativo, costuma suceder que a Administração abre as propostas e, de imediato, atenta ao preço. Daí percebe que a proposta do autor do menor preço apresenta defeitos e, a pretexto de economizar dinheiro público, flexibiliza as formalidades e aceita qualquer critério de proposta, pensando que está fazendo grande negócio.

Esse abrandamento do controle sobre as propostas, diga-se de passagem, é maximizado com a possibilidade de etapa de lances em licitações de obras e serviços de engenharia, dado que a disputa em torno do preço é mais acirrada.

O fato é que, por obséquio aos preços, a Administração tende a atenuar as exigências formuladas por ela no próprio edital. Entretanto, a Administração não se apercebe de que, procedendo dessa forma, a obra ou o serviço de engenharia corre altíssimo risco de não ser executado a contento, o que provoca prejuízos realmente sérios ao interesse público.

Quer-se dizer, com tudo isso, que, na apreciação das propostas em licitação para obras ou serviços de engenharia, as formalidades e a correta adequação do preço não se confundem com algo de menor relevância. Nesses casos, talvez mais do que em todos os outros, as formalidades e a correta adequação do preço assumem posição ímpar, porque delas depende a satisfação concreta do interesse público.

É sabido que as consequências que advêm da admissão de propostas inexequíveis são desastrosas para a Administração, variando desde serviços defeituosos, obras com problemas estruturais e objetos imprestáveis, que implicam rescisão de contratos, reparações e a repetição das respectivas licitações.

Sob essa luz e na tentativa de objetivar a análise da inexequibilidade da proposta em licitações de obras e serviços de engenharia, o §4º do artigo 59 da Lei nº 14.133/2021 prescreve que, "no caso de obras e serviços de engenharia, serão consideradas inexequíveis as propostas cujos valores forem inferiores a 75% (setenta e cinco por cento) do valor orçado pela Administração".

Não se antevê qualquer cientificidade para cravar que propostas inferiores a 75% do valor orçado pela Administração sejam inexequíveis. Pura e simplesmente, de maneira aleatória e abstrata, valendo-se de raciocínio pertinente ao universo das estatísticas e não para a realidade concreta das licitações, o legislador *presumiu* a inexequibilidade da proposta cujo preço seja inferior a 75% do valor orçado.

Trata-se, evidentemente, de presunção, haja vista que as propostas nessas condições não são necessária e efetivamente inexequíveis. Essa presunção deve ser considerada relativa, admitindo prova em contrário.

É conveniente consignar que critério parecido era estabelecido no §1º do artigo 48 da Lei nº 8.666/1993, com a sinalização de operação aritmética para apurar montante abaixo do qual proposta apresentada em licitação de obra e serviço de engenharia deve ser considerada inexequível. Diante desse critério, que parte da mesma premissa constante no §4º do artigo 59 da Lei nº 14.133/2021, o Tribunal de Contas da União entendeu que o cálculo gera presunção relativa, que admite prova em contrário. É justamente o teor da Súmula nº 262 do Tribunal de Contas da União: "O critério definido no artigo 48, inciso II, §1º, alíneas 'a' e 'b', da Lei nº 8.666/93 conduz a uma presunção relativa de inexequibilidade de preços, devendo a Administração dar à licitante a oportunidade de demonstrar a exequibilidade da sua proposta".

O Tribunal de Contas da União vem aplicando o mesmo entendimento no tocante à Lei nº 14.133/2021, até porque, insista-se, o assunto é tratado sob a mesma premissa, embora com suas particularidades. Confira-se:

> 22. As fórmulas para avaliação de exequibilidade que têm sido utilizadas por décadas em diversas leis licitatórias são insuficientes para realmente garantir a exequibilidade das propostas ou para evitar que propostas efetivamente exequíveis sejam indevidamente desclassificadas. Embora a Lei 14.133/2021 tenha alterado o critério matemático para aferição da exequibilidade, idêntica conclusão pode ser extraída a partir do uso da regra prevista na nova lei.

> 23. Em um simples exercício, se o orçamento estimado (que é o principal parâmetro para exame da exequibilidade) estiver repleto de preços errados e omissões de serviços, a proposta do licitante, ainda que com baixo desconto, será inexequível de plano. Por outro lado, se o orçamento estimado estiver com sobrepreço (ou se o sistema referencial utilizado apresentar valores superestimados), será possível que as propostas dos licitantes, ainda que com desconto superior a 25% do valor estimado, sejam plenamente exequíveis.
> [...]
> 31. No entanto, uma regra inflexível de desclassificar qualquer proposta com mais de 25% de desconto em relação ao valor estimado não permite captar todas essas nuances, exigindo que se realize as necessárias diligências para se aferir de fato se a proposta é exequível.[112]

Insista-se que proposta inexequível é aquela inviável sob o ponto de vista financeiro, dado que o valor consignado nela é inferior ao custo para dar cumprimento ao objeto do futuro contrato. É certo que a configuração da inexequibilidade gira em torno de questão de fato e não de percentual sobre valor orçado. O ponto é que não existe, em regime de livre concorrência, custo universal e fixo. Cada empresa tem o seu custo, que resulta da sua capacidade de organização, investimento em tecnologia, relação com fornecedores e produtividade. Assim, uma empresa pode ser mais eficiente que outras e, por essa razão, apresentar proposta com valor menor do que a dos demais licitantes e menor do que o valor orçado pela Administração. Dessa sorte, a inexequibilidade de uma proposta não pode ser aferida, exclusivamente, diante de valor orçado.

Sob essa perspectiva, o §4º do artigo 59 da Lei nº 14.133/2021 não pode implicar presunção absoluta. Em caso contrário, licitante com proposta de fato exequível poderia ser arbitrariamente desclassificada do certame, o que afrontaria os princípios da isonomia e da competitividade. Além disso, por consequência, impedir-se-ia a Administração de contratar com o licitante autor da melhor proposta, o que violaria o princípio da eficiência e da economicidade, ambos listados no artigo 5º da Lei nº 14.133/2021.

Pondera-se, noutro giro, que propostas em valores iguais ou superiores a 75% (setenta e cinco por cento) do valor orçado não são, necessariamente, exequíveis. É de admitir que, pelo critério legal, presumem-se exequíveis. No entanto, também aqui, com o sinal inverso, a presunção é relativa, de maneira que é possível, a depender dos custos, que sejam inexequíveis, o que deve ser apurado diante dos casos concretos e, no caso de dúvidas mais consistentes, por meio de diligência.

5.5.6.1 O percentual do §4º do artigo 59 da Lei nº 14.133/2021 aplicado às licitações com etapa de lances

O §4º do artigo 59 da Lei nº 14.133/2021 considera inexequíveis, no caso de licitações para obras e serviços de engenharia, as propostas cujos valores sejam inferiores a 75% do valor orçado pela Administração.

Nas licitações com etapas de lances, surgem algumas dificuldades. O problema é que pela regra do artigo 24 da Lei nº 14.133/2021, o preço orçado deve, em regra, ser divulgado junto com o edital. Então, ao considerar que abaixo de 75% o valor é inexequível, estabelece-se uma espécie de preço mínimo. No curso da etapa de lances

[112] TCU, Plenário, Acórdão nº 803/2024, Rel. Min. Benjamin Zymler, j. 24.4.2024.

os licitantes terão ciência sobre até onde podem ir sem que suas propostas sejam consideradas inexequíveis. Portanto, a Administração deve estar atenta a manipulações e, de qualquer modo, identificando proposta inexequível com base no critério do §4º do artigo 59 da Lei nº 14.133/2021, deve tomar a precaução de diligenciar junto ao licitante, dando-lhe oportunidade para justificar o valor da sua proposta.

5.5.6.2 Proposta inexequível em licitações que não tenham por objeto obra e serviço de engenharia

Como visto, o §4º do artigo 59 da Lei nº 14.133/2021 prescreve critério objetivo para apurar propostas inexequíveis em licitações para obras e serviços de engenharia que, no entanto, produzem apenas presunção relativa. Noutras palavras, o percentual de 75% do valor orçado pela Administração oferece apenas um subsídio, uma referência, a fim de auxiliar a Administração a identificar proposta inexequível.

O critério do §4º do artigo 59 da Lei nº 14.133/2021 oferece apenas subsídio para identificar propostas inexequíveis porque ela aponta como tal as propostas que destoem do padrão de preços da licitação, tomando em conta o valor orçado, que é uma referência importante e que, pois, deve sim ser considerada. Sendo assim, não pode assumir foros absolutos, por efeito do que gera uma presunção que é relativa. Não é nenhum absurdo considerar que propostas abaixo e 75% do valor orçado pela Administração desenham probabilidade acentuada de serem inexequíveis.

Logo, é razoável presumir que as propostas apontadas como inexequíveis em vista do §4º do artigo 59 da Lei nº 14.133/2021, ainda que apresentadas em licitação que não tenha por objeto obra e serviço de engenharia, assim sejam consideradas, pelo menos até que se prove o contrário. É razoável utilizar o mesmo critério como subsídio para que a Administração identifique proposta inexequível em qualquer licitação, de modo geral.

No mesmo passo, Edgar Guimarães, em comentário ao §1º do artigo 48 da Lei nº 8.666/1993,[113] cujo teor trazia prescrição que segue a mesma premissa do §4º do artigo 59 da Lei nº 14.133/2021, entende que a operação aritmética pode ser utilizada para aferir a inexequibilidade de propostas em licitações que não envolvam necessariamente obra e serviço de engenharia. Leia-se:

> Porém, quando a licitação contemplar em seu objeto obras ou serviços de engenharia e o certame for do critério menor preço, a verificação da inexequibilidade dos preços ofertados poderá ocorrer mediante a aplicação de uma fórmula, absolutamente objetiva e indicada na Lei nº 8.666/93 (artigo 48, §§1º e 2º), devendo estar contemplada no edital. Embora o legislador tenha expressamente fixado a aplicação da dita fórmula à hipótese acima, entendemos que a sua aplicação poderá ocorrer em outras circunstâncias, ou seja, em licitações que contemplem outros objetos além daqueles que se referem a obras e serviços de engenharia, como compras, por exemplo, prestigiando-se, dessa forma, o princípio

[113] "Art. 48. [...] §1º Para os efeitos do disposto no inciso II deste artigo consideram-se manifestamente inexequíveis, no caso de licitações de menor preço para obras e serviços de engenharia, as propostas cujos valores sejam inferiores a 70% (setenta por cento) do menor dos seguintes valores: a) média aritmética dos valores das propostas superiores a 50% (cinquenta por cento) do valor orçado pela administração, ou b) valor orçado pela administração".

do julgamento objetivo, que, lamentavelmente, é muitas vezes esquecido por algumas comissões de licitação.[114]

O Superior Tribunal de Justiça e o Tribunal de Contas da União já avalizaram esse entendimento diante da Lei nº 8.666/1993, o que também se supõe que seja aplicado diante da Lei nº 14.133/2021, porque as premissas são as mesmas, insista-se.[115] [116] Sabe-se que o §4º do artigo 59 da Lei nº 14.133/2021 destina-se, especificamente, pelo texto claro e unívoco da lei, às licitações que versem sobre obra e serviço de engenharia. Sem embargo, até mesmo pela ausência de critérios objetivos para apurar a inexequibilidade das propostas apresentadas nas demais licitações, é conveniente aplicar o mesmo critério em relação a elas, servindo, insista-se, apenas como referencial ou subsídio a ser levado em conta pela Administração para identificar quais propostas são inexequíveis.

O raciocínio é linear: se o critério delineado no §4º do artigo 59 da Lei nº 14.133/2021 é razoável para identificar proposta inexequível em licitação de obra e serviço de engenharia, ele também o é para as demais licitações. No entanto, a operação aludida não pode ser levada em consideração como se fosse algo absoluto. Ela se presta apenas a oferecer subsídios para identificar proposta inexequível, já que, como reiterado, gera apenas presunção relativa.

Noticia-se que o artigo 34 da Instrução Normativa SEGES/ME nº 73/2022 considera que, "no caso de bens e serviços em geral, é indício de inexequibilidade das propostas valores inferiores a 50% (cinquenta por cento) do valor orçado pela Administração". Há, inclusive, precedente do Tribunal de Contas da União referendando a aplicação do sobredito artigo 34, encarecendo que, de todo modo, ele gera uma presunção relativa

---

[114] GUIMARÃES, Edgar. Preços – Inexequíveis – Critério dos §§1º e 2º do artigo 48 – Aplicação para objetos que não obras e serviços de engenharia – Possibilidade. *ILC – Informativo de Licitações e Contratos*, Curitiba, n. 97, mar. 2002. p. 208.

[115] "Em que pese à redação do §1º do art. 48 referir-se às 'licitações de menor preço para obras e serviços de engenharia', tais critérios podem também ser utilizados em outros tipos de contratações, conforme já se manifestou o Plenário do Tribunal de Contas da União no Acórdão nº 697/2006, o mesmo se afirmando quanto às garantias do §2º. Ou seja, a própria Lei de Licitações prevê outros mecanismos de combate às propostas inexequíveis em certames licitatórios, permitindo que o licitante preste garantia adicional, tal como caução em dinheiro ou em títulos da dívida pública, seguro-garantia e fiança bancária" (STJ, Primeira Seção REsp nº 1.840.113/CE. Rel. Min. Og Fernandes, j. 23.9.2020).

[116] "Representação. Irregularidades em edital de pregão eletrônico. Anulação de ofício. Procedência parcial. Determinações. 1. Os parâmetros de aferição de preços inexequíveis, previstos nos §§1º e 2º do inciso II do artigo 48 da Lei nº 8.666/93 podem ser incluídas em editais cujo objeto não seja obras e serviços de engenharia. [...] 9. A desclassificação de propostas em razão de preço tem por objetivo evitar que a administração contrate bens ou serviços por preços excessivos, desvantajosos em relação à contratação direta no mercado, ou inexequíveis/irrisórios, que comprometam a satisfação do objeto almejado com consequências danosas à administração. 10. No que se refere à inexequibilidade, entendo que a compreensão deve ser sempre no sentido de que a busca é pela satisfação do interesse público em condições que, além de vantajosas para a administração, contemplem preços que possam ser suportados pelo contratado sem o comprometimento da regular prestação contratada. Não é objetivo do Estado espoliar o particular. Por outro lado, cabe ao próprio particular a decisão acerca do preço mínimo que ele pode suportar. 11. Assim, no contexto da definição de critério para aferir inexequibilidade de preço, julgo que não há prejuízo à transparência e à lisura do certame valer-se dessa fórmula definida no artigo 48, inciso II, §1º, da Lei nº 8.666/93, ainda que para outras contratações de menor preço que não as relativas a serviços e obras de engenharia, uma vez que constitui mais um instrumento para verificação da exequibilidade do preço. Na verdade, esse dispositivo conduz a uma presunção relativa de inexequibilidade de preços. Isso porque sempre haverá a possibilidade de o licitante comprovar sua capacidade de bem executar os preços propostos, atendendo satisfatoriamente o interesse da administração" (TCU, Plenário. Acórdão nº 697/2006. Rel. Min. Ubiratan Aguiar, j. 10.5.2006).

e que a desclassificação da proposta depende de diligência para avaliar concretamente a inexequibilidade dela:

> 18. A Lei 14.133/2021 não possui parâmetro objetivo para aferição da inexequibilidade das propostas envolvendo serviços de locação de aeronaves. O limite de 75% previsto no art. 59, §4º, dessa lei diz respeito apenas às obras e aos serviços de engenharia.
> 19. Por outro lado, a IN - Seges/ME 73/2022 estabelece que, no caso de fornecimento de bens ou prestação de serviços em geral, haverá indício de inexequibilidade quando as propostas comerciais contiverem valores inferiores a 50% do valor orçado pela Administração. Mesmo nesses casos, deve o agente ou a comissão de contratação realizar diligência de modo que a confirmação da inviabilidade da oferta dependerá da comprovação de que o custo do licitante ultrapassa o valor da proposta e, concomitantemente, de que inexistem custos de oportunidade capazes de justificar o vulto da oferta.
> 20. No caso concreto, esse limite de 50% não foi atingido, tanto unitária quanto globalmente. Além de a proposta comercial da empresa contratada estar distante desse patamar, ressalto que não há indícios da prática de preços inexequíveis. Pelo contrário, houve, a meu ver, um desconto em razão da concorrência de cinco empresas na sessão pública de lances, somado ao fato de que os preços referenciais da Administração não contemplaram o ganho de escala da presente contratação.
> 21. Há ainda outra evidência que aponta para a adequação dos preços propostos pela contratada: a própria representante é signatária de dois contratos com o Governo Federal em que pratica preços de horas de voo de aeronaves de asa fixa - item com maior desconto no caso concreto - em patamares próximos aos praticados pela [empresa 1].[117]

Pondera-se que a Instrução Normativa SEGES/ME nº 73/2022 vincula apenas a Administração Pública federal direta, autárquica e fundacional – que deve obedecê-la e aplicar os critérios nela estabelecidos. Os demais entes federativos e órgãos e entidades não vinculados a ela, evidentemente, não precisam segui-la e podem dispor dos critérios que entenderem convenientes, inclusive com a aplicação do mesmo critério do §4º do artigo 59 da Lei nº 14.133/2021 para objetos que não envolvam obra e serviço de engenharia, cujo percentual, repita-se, é de 75% (setenta e cinco por cento). Podem, também, se entenderem conveniente, aplicar o mesmo critério do artigo 34 da Instrução Normativa SEGES/ME nº 73/2022, cujo percentual é de 50% (cinquenta por cento). De todo modo, em qualquer das hipóteses, o percentual indicado gera presunção relativa e a desclassificação da proposta depende de diligência para apurar concretamente a inexequibilidade.

É de encarecer que esse percentual de 50% (cinquenta por cento), tal qual o de 75% (setenta e cinco por cento) previsto no §4º do artigo 59 da Lei nº 14.133/2021, foi fixado de forma arbitrária, não há nada que o justifique. Veja-se, por exemplo, que nas licitações de terceirização de serviços as margens costumam ser significativamente menores do que as das obras e serviços de engenharia, não raro em torno de 1% (um por cento) ou menos. Portanto, sob esse prisma, se fosse para cravar um percentual para a terceirização de serviços, o razoável é que ele fosse maior do que o de 75% (setenta e cinco por cento) do §4º do artigo 59 da Lei nº 14.133/2021 – poder-se-ia até estimar

117 TCU, Plenário. Acórdão nº 963/2024, Rel. Min. Benjamin Zymler, j. 22.5.2024.

como inexequível, para que se tenha um patamar geral, algo em torno de 95% (noventa e cinco por cento) do valor orçado. Noutro lado, na aquisição de bens, em alguns casos, é possível que as margens sejam mais largas, por efeito do que o percentual de 50% (cinquenta por cento) parece ser mais plausível. O ponto é que bens e serviços em geral envolvem conjunto de objetos muito diversificados, com padrões de preços e margens também muito diversificados, o que dificulta a definição de percentual que se aplique de forma geral.

De todo modo, o parágrafo único do mesmo artigo prescreve que "a inexequibilidade, na hipótese de que trata o *caput*, só será considerada após diligência do agente de contratação ou da comissão de contratação, quando o substituir, que comprove: I - que o custo do licitante ultrapassa o valor da proposta; e II - inexistirem custos de oportunidade capazes de justificar o vulto da oferta". Ou seja, diferentemente do que ocorre nas obras e serviços de engenharia, na hipótese do artigo 34 da Instrução Normativa, a diligência é obrigatória para a desclassificação das propostas. Logo, sem diligência, ainda que o valor seja inferior a 50% (cinquenta por cento) do orçado, a proposta não pode ser desclassificada. Sob essa luz, com mais intensidade, o percentual de 50% (cinquenta por cento), preceituado no artigo 34 da Instrução Normativa SEGES/ME nº 73/2022, para bens e serviços em geral, é ainda mais relativo do que o de 75% (setenta e cinco por cento), previsto no §4º do artigo 59 da Lei nº 14.133/2021, para obras e serviços de engenharia.

5.5.7 Desclassificação de proposta em razão da inexequibilidade ou da excessividade de preço unitário

As licitações podem ser julgadas em razão do preço unitário de cada item exigido no edital ou em razão do preço global. A título ilustrativo, a Administração lança licitação pública para adquirir lápis, lapiseira e caneta. Cada um destes itens é julgado em separado. Pode haver, nesse sentido, um vencedor para o lápis, outro para a lapiseira e outro para a caneta. Nessas hipóteses, não há dúvida, ela deve empreender a análise da aceitabilidade das propostas de acordo com os itens em separado. A proposta de dado licitante para o lápis pode ser desclassificada, porque considerada inexequível, ao mesmo tempo em que a proposta do mesmo licitante para a lapiseira é aceita e levada em consideração pela Administração.

Noutras situações, como, a título ilustrativo, quando a Administração lança licitação para a construção de um prédio, ela julga as propostas pelo preço global, isto é, pelo preço total oferecido pelos licitantes em face da construção do prédio inteiro. Ela não julga em razão do preço do tijolo ou da saca de cimento. A Administração soma todos os insumos, serviços, enfim, todos os elementos de custo, e julga as propostas pelo seu valor total/global.

Por regra, mesmo nas licitações julgadas pelo preço global, os licitantes devem apresentar suas propostas decompostas em preços unitários. Os licitantes devem indicar, expressamente, nas suas propostas, como aportaram ao valor global oferecido, que custos foram levados em consideração.

Pois bem, a questão é se, numa licitação julgada pelo preço global, a proposta deve ser analisada, exclusivamente, sob a mira do preço global ou se ela, também, deve ser sob a mira do preço unitário. Não há dúvida de que a proposta precisa ser analisada pelo preço global: se o preço global for inexequível ou excessivo, a proposta deve ser desclassificada. A dúvida é se a proposta, nesse caso de julgamento pelo preço global, também precisa ser analisada pelos preços unitários. Ou seja, a dúvida ocorre nas situações em que o preço global é adequado, mas em algum item que o compõe se verifica que houve desvio, que o preço relativo a esse item (unitário) é inexequível ou excessivo.

Por exemplo: numa licitação para obra de engenharia julgada pelo preço global, o licitante oferece proposta para a Administração cujo preço global é compatível com o estimado por ela. No entanto, ao analisar a planilha apresentada pelo licitante, a Administração percebe que aquele cotou um insumo necessário para executar a obra com preço supostamente excessivo, diga-se, o dobro do valor estimado pela Administração. Em resumo, o preço global e os das etapas da obra estão adequados, porém um dos preços unitários, relativo a um dos itens, parece que traz sobrepreço. O licitante deve ser classificado ou desclassificado?

O §3º do artigo 59 da Lei nº 14.133/2021 oferece a resposta:

> No caso de obras e serviços de engenharia e arquitetura, para efeito de avaliação da exequibilidade e de sobrepreço, serão considerados o preço global, os quantitativos e os preços unitários tidos como relevantes, observado o critério de aceitabilidade de preços unitário e global a ser fixado no edital, conforme as especificidades do mercado correspondente.

Pela literalidade do dispositivo, que diz respeito a obras e serviços de engenharia e arquitetura, preço unitário irrelevante não importa na desclassificação das propostas. Então, precisa-se saber se o preço unitário é ou não relevante, o que deve ser esclarecido no edital ou nos documentos técnicos que o acompanham, com destaque para o termo de referência ou projeto básico.

É importante que o edital esclareça quais quantitativos e preços unitários são considerados relevantes, para que a Administração saiba como proceder e para que os licitantes possam tomá-los na devida conta e orçá-los com maior detença, o que deflui do princípio da vinculação ao edital. O fato é que a desconformidade de preço de item unitário considerado irrelevante não é o bastante para a desclassificação da proposta, os parâmetros serão os preços global e unitários qualificados como relevantes, pouco importando o regime de empreitada.

Abre-se parênteses para noticiar que a revogada Lei nº 12.462/2011, do Regime Diferenciado de Contratações Públicas (RDC), prescrevia solução muito parecida com a da Lei nº 14.133/2021. O §3º do seu artigo 24 determinava que, "no caso de obras e serviços de engenharia, para efeito de avaliação da exequibilidade e de sobrepreço, serão considerados o preço global, os quantitativos e os preços unitários considerados relevantes, conforme dispuser o regulamento". O regulamento a que se referia o dispositivo, ao menos em âmbito federal, era o Decreto Federal nº 7.581/2011, cujo inciso I do §2º do artigo 42 qualificava como "itens materialmente relevantes aqueles de maior impacto no valor total da proposta e que, somados, representem pelo menos oitenta por cento do valor total do orçamento estimado ou que sejam considerados essenciais à funcionalidade da obra ou do serviço de engenharia". A mesma solução pode ser aplicada por analogia à Lei nº 14.133/2021, em especial diante da inexistência de norma específica na Lei nº 14.133/2021 a respeito do que sejam e como definir os itens relevantes.

Voltando-se para o §3º do artigo 59 da Lei nº 14.133/2021, é de encarecer que a situação deve ser ponderada com redobrada cautela diante da análise da aceitabilidade das propostas com mira no preço excessivo. Imagine-se, prosseguindo com o exemplo da licitação para a construção de um prédio, que o licitante ofereça o menor preço global, atenda a todas as condições exigidas no edital, porém um dos itens apresentados por ele, considerado relevante, consigna preço superior ao máximo admitido no edital. Por suposição, o edital prescreve que o preço máximo da saca de cimento, item considerado relevante, é de R$50,00. O licitante oferece o preço de R$60,00. Insista-se que todos os demais itens são adequados, de acordo com os preços praticados no mercado, e que a proposta global é a de menor preço, também adequada. Se a proposta fosse desclassificada em decorrência do preço da saca de cimento, porque acima do preço máximo previsto no edital, isto é, porque o preço da saca do cimento foi considerado excessivo, a Administração daria continuidade ao certame e passaria a analisar a proposta do segundo colocado, cujo preço global, por lógica, é superior ao do primeiro, desclassificado justamente porque se identificou problema no preço proposto por ele, ainda que no tocante a item unitário. Suponha-se que a proposta do segundo colocado atenda a todas as exigências do edital e que os preços globais e unitários sejam compatíveis com os praticados no mercado e abaixo dos valores orçados pela Administração. Estar-se-ia, diante de situação, no mínimo, inusitada: a Administração teria desclassificado o primeiro colocado ao argumento de que o preço é excessivo, ainda que motivada por preço unitário (saca de cimento), e, por força disso, classificado, declarado vencedor e firmado contrato com preço superior ao do então primeiro colocado. Ela desclassifica proposta sob a escusa de que o preço é excessivo e acaba contratando proposta com valor superior, o que revela evidente contrassenso. Aqui, com mais largueza, deve-se permitir que o licitante primeiro colocado corrija o valor do preço unitário da saca de cimento, para aproveitar-se da proposta dele que é a mais vantajosa. O problema maior, prosseguindo no exemplo, é se o licitante não aceita corrigir, porque insiste que o preço oferecido para a saca de cimento é o que ele consegue fazer, sem poder reduzi-lo. Como a Administração não pode obrigá-lo a reduzir o preço, a solução do §3º do artigo 59 da Lei nº 14.133/2021 é pela desclassificação do licitante. Goste-se ou não, é a solução dada pelo legislador, que deve ser cumprida.

Na sequência, repita-se, a Administração deve passar a tratar das propostas dos demais licitantes, de acordo com a ordem de classificação. Então, deve tratar da proposta do segundo colocado, cujo preço global é superior ao preço global do primeiro colocado, que foi desclassificado. Suponha-se que a proposta do segundo colocado é adequada, em relação ao preço global e aos preços unitários. O problema é que não é razoável desclassificar proposta ao argumento de preço excessivo, ainda que identificado diante de preço unitário, e classificar proposta do licitante subsequente com preço superior. A situação é inusitada. É recomendável, diante dela, negociar com o licitante classificado em segundo lugar para que ele reduza o preço global proposto ao patamar do licitante que fora desclassificado. No entanto, é possível que o segundo colocado não aceite a redução proposta pela Administração. Em razão da situação inusitada, seria conveniente que a

Administração diligenciasse e reforçasse internamente a adequação do seu orçamento global. Pela ótica jurídica, no entanto, não se enxerga óbice à contratação do segundo colocado, cuja proposta atendeu a todos os parâmetros do edital, com preços global e unitários relevantes em harmonia com o mercado. Inclusive, se a Administração se recusasse a fazê-lo, o segundo colocado poderia tomar medidas contra ela, questionando ato administrativo que aportasse a sentido contrário.

Registre-se que a Lei nº 8.666/1993 não tinha dispositivo que tratasse do assunto de modo direto e específico, logo nela o quadro era diferente da Lei nº 14.133/2021. Daí que a jurisprudência desenvolvida pelos órgãos de controle em face da Lei nº 8.666/1993 precisa passar por alguns ajustes. A jurisprudência do Tribunal de Contas da União vem reconhecendo que, em licitações julgadas pelo preço global, a inexequibilidade das propostas deve ser considerada apenas em relação aos itens unitários relevantes.[118] Então, nesse ponto, que diz respeito, repita-se, às propostas inexequíveis, a jurisprudência desenvolvida com base na Lei nº 8.666/1993 tem aderência à Lei nº 14.133/2021. Sem embargo, no tocante ao sobrepreço, o Tribunal de Contas da União vem entendendo que deve prevalecer o preço global e não o preço unitário, com a determinação de medidas de mitigação para a execução dos contratos, de modo a evitar jogo de planilha.[119] Parece que, diante do §3º do artigo 59 da Lei nº 14.133/2021, a jurisprudência do Tribunal de Contas da União deve ser ajustada para que o sobrepreço também seja apurado no tocante aos itens unitários relevantes. Cumpre atentar que o §3º do artigo 59 da Lei nº 14.133/2021 trata de obras e serviços de engenharia e arquitetura. Portanto, a solução nele preconizada não se aplica para outros objetos, inclusive para serviços em geral. Então, em relação aos serviços em geral, pode-se entender que, se o julgamento é pelo preço global, a inexequibilidade deve ser avaliada sob o preço global e não sob preços unitários, ainda que sejam relevantes. Nessa direção, inclusive, é a posição do Tribunal de Contas da União:

> 17. Mesmo que assim não fosse, a análise da inexequibilidade de uma proposta deve ser feita examinando-a como um todo e não por itens isolados. Isso porque é possível que determinado item cujo valor seja tido por inexequível seja compensado com "sobras" nos valores de outros itens. Nesse sentido, menciono o seguinte precedente jurisprudencial:

---

[118] "9.4. dar ciência ao Comando da Aeronáutica das seguintes irregularidades identificadas nos presentes autos para adoção de medidas com vistas à prevenção de repetição de ocorrências semelhantes: [...] 9.4.9. o juízo sobre a inexequibilidade, em regra, tem como parâmetro o valor global da proposta, no entanto, admite exceções quando os itens impugnados possuem custo total materialmente relevante e são essenciais para a boa execução do objeto licitado, devendo a Administração dar à licitante a oportunidade de demonstrar a exequibilidade da sua proposta, consoante disposto do art. 48, inciso II, §1º, alínea 'b', da Lei 8.666/1993 c/c a jurisprudência desta Corte (Súmula TCU 262, Acórdão 637/2012-TCU-Plenário)" (TCU, Plenário. Acórdão nº 1.850/2020. Rel. Min. Augusto Sherman, j. 15.7.2020).

[119] "47. Dessa forma, considerando tratar-se de contratação de empreitada a preço global, eventual correção do erro apontado poderia, em tese, admitir o ajuste em outros elementos da composição de custos de cada item ou até de em outros itens, sem que o valor global fosse reduzido, o que caracterizaria apenas uma falha formal. 48. Por essas razões, portanto, não restou configurado sobrepreço na proposta vencedora capaz de gerar pagamentos indevidos por parte do DPF. [...] 51. Todo caso, para mitigar o referido risco de sobrepreço, cabe determinar ao DPF que, previamente à celebração de eventuais aditivos, promova a correção do erro constatado e, ainda, confirme se a composição de custos e formação de preços dos itens a serem complementados são aderentes aos valores de mercado" (TCU, Plenário. Acórdão nº 1.377/2021. Rel. Min. Jorge Oliveira, j. 9.6.2021).

> "*A* conclusão pela inexequibilidade *de proposta apresentada por licitante em pregão eletrônico para contratação de serviços* demanda análise ampla de todos os itens que a compõem e não apenas de um desses itens, como o de despesas administrativas." (grifou-se). Acórdão 330/2012-TCU-Plenário.[120]

É importante, nesses casos, que a Administração avalie a proposta no seu todo, inclusive com atenção aos preços unitários, ainda que eventual defeito do preço unitário não leve à desclassificação da proposta. É importante, também, identificado o defeito, que ao licitante seja dada a oportunidade para corrigir a sua proposta/planilha. Sucede que a planilha serve a outras utilidades, sobremodo para que a Administração fiscalize a execução do contrato e o cumprimento das obrigações pelo contratado. A planilha também é a base para eventuais aditivos contratuais. Caso o licitante não corrija os defeitos de sua proposta/planilha, deve ser desclassificado.

Uma última advertência: por expressão do princípio da vinculação ao edital, os licitantes não devem ser surpreendidos no curso da licitação com exigências, balizas ou critérios não estabelecidos no edital. Os licitantes devem ser informados no edital sobre tudo o que lhes será exigido na licitação. Logo, é importante que o edital esclareça sobre as condições de avaliação das propostas, especialmente se serão analisados os preços global e unitários, apenas os unitários relevantes ou apenas o global. Também deve informar os licitantes sobre procedimentos, negociação, possibilidades de adequação e correção de proposta/planilha e suas consequências.[121]

---

[120] TCU, Plenário. Acórdão nº 379/2024. Rel. Min. Benjamin Zymler, j. 6.3.2024.

[121] 16. Nada obstante, a AudContratações observou que o edital trouxe a transcrição literal do art. 59, inciso III, da Lei 14.133/2021, não deixando explícito se o critério de aceitabilidade seria aplicado ao valor global da proposta ou também para o valor unitário dos itens, conforme prevê a jurisprudência deste Tribunal. 17. Tal fato, ainda que não tenha interferido no resultado final da licitação, pode ter prejudicado a interpretação para que os licitantes já soubessem de antemão que os valores apresentados para cada item seriam utilizados como critério de aceitabilidade, razão pela qual acompanho a sugestão da unidade técnica para dar ciência à UJ quanto à ausência de divulgação, no edital do certame, do critério de aceitabilidade com base nos valores apresentados para cada item licitado (TCU, Plenário. Acórdão nº 2190/2024, Plenário. Rel. Min. Augusto Nardes, j. 16.10.2024).

CAPÍTULO 15

HABILITAÇÃO

1 Conceito de habilitação

A habilitação é a fase do processo de licitação pública em que a Administração averigua a capacidade e a idoneidade dos licitantes para firmarem contrato com ela. Na letra do artigo 62 da Lei nº 14.133/2021, "[...] é a fase da licitação em que se verifica o conjunto de informações e documentos necessários e suficientes para demonstrar a capacidade do licitante de realizar o objeto da licitação [...]". A Administração não deve contratar qualquer um, que não tenha a qualificação adequada. Ao contrário, ela deve verificar se aqueles que pretendem ser contratados reúnem ou não as condições para tanto.

É importante frisar que na fase de habilitação a Administração cuida do licitante, da pessoa que pretende firmar contrato com ela. Logo, na fase de habilitação a Administração não cuida da proposta, mas do proponente. Nesse momento, a Administração não avalia o que lhe é oferecido, porém, quem oferece e se quem oferece agrega ou não capacidade e idoneidade para cumprir o contrato.

Outrossim, não há licitante mais ou menos habilitado. Ou o licitante é considerado habilitado – capaz e idôneo para cumprir o contrato – ou não é. O juízo sobre a habilitação é absoluto: habilitado ou inabilitado. Não há licitante relativa ou parcialmente habilitado. Também não há qualquer tipo de gradação sobre a habilitação, ainda que, por exemplo, dado licitante pareça mais capacitado que os demais.

2 Princípio da competitividade

A Administração, ao elaborar o edital, formula uma série de exigências relacionadas à habilitação, que, pois, precisam ser atendidas pelos licitantes. De certa forma, a Administração goza de grau de discricionariedade para decidir quais devem ser as aludidas exigências e, especialmente, qual a medida delas. Sem embargo, como a discricionariedade é sempre limitada, sob pena de transmutar-se em arbitrariedade, a Administração não deve fazer qualquer sorte de exigências, sobretudo exigências irrelevantes e impertinentes, que não se prestem a apartar aqueles que têm capacidade e idoneidade para cumprir o futuro contrato daqueles que não o têm.

O problema é que a Administração, ao fazer exigências irrelevantes e impertinentes, restringe o universo de licitantes artificiosamente e, por via de consequência, viola o princípio da competitividade, cujo teor demanda exatamente o contrário, que a disputa e o acesso à licitação sejam os mais amplos quanto possível.

Aliás, o princípio da competitividade expressa força constitucional, dado que a parte final do inciso XXI do artigo 37 da Constituição Federal permite apenas, em licitação, exigências de qualificação técnica e econômica *indispensáveis* ao cumprimento das obrigações decorrentes do futuro contrato.

Pondera-se, no entanto, que o vocábulo *indispensável*, utilizado pelo constituinte, não deve ser interpretado em tom absoluto. Ele deve ser lido no sentido de que as exigências a serem feitas em habilitação sejam úteis, necessárias, relevantes ou pertinentes; que a Administração vise o mínimo necessário de exigências, não o máximo. A tendência é sempre a de simplificar, a de exigir o mínimo de documentos necessários, para ampliar a disputa, dando concreção ao princípio da competitividade.

O vocábulo *indispensável* não deve ser interpretado em tom absoluto, até porque nenhuma das exigências que se costuma fazer atualmente poderia ser assim qualificada. Ora, exigir atestado de capacitação técnica, ainda que compatível com o objeto licitado, não é *absolutamente indispensável*. Na mesma linha, exigir índice de liquidez corrente igual a um também não é *absolutamente indispensável*. Entretanto, o conjunto de exigências serve a indicar se o licitante tem ou não condição de ser contratado pela Administração.

Ocorre que, muitas vezes, a Administração formula várias exigências, que, se concebidas cada uma isoladamente, não seriam qualificadas como *absolutamente indispensáveis*, muito embora cumpram papel relevante desde que percebidas em conjunto, sistematicamente. Quer dizer que, frequentemente, a Administração ergue série de exigências que combinadas fornecem arcabouço de informações importantes sobre a qualificação e a idoneidade dos licitantes, conquanto isoladamente não sejam identificadas como *absolutamente indispensáveis*. Propõe-se que as exigências de habilitação sejam analisadas em conjunto, porquanto é do contexto que se desenha da totalidade delas que se extrai juízo definitivo sobre a habilitação ou a inabilitação dos licitantes.

Então, deve prevalecer em relação ao vocábulo *indispensável* (tal qual empregado na parte final do inciso XXI do artigo 37 da Constituição Federal) interpretação de cunho teleológico sobre a eminentemente literal. Nesse sentido, a Administração, em princípio, pode fazer exigências de habilitação que sejam úteis, necessárias, pertinentes ou relevantes para aferir se os licitantes têm ou não capacidade e idoneidade para celebrar contrato administrativo, conquanto não sejam *absolutamente indispensáveis*. As exigências inúteis, desnecessárias, impertinentes ou irrelevantes são as que atentam ao princípio da competitividade.

Sob essa perspectiva, o legislador foi feliz ao destacar, no inciso I do *caput* do artigo 9º da Lei nº 14.133/2021, que é vedado aos agentes públicos:

> Art. 9º É vedado ao agente público designado para atuar na área de licitações e contratos, ressalvados os casos previstos em lei:
> I - admitir, prever, incluir ou tolerar, nos atos que praticar, situações que:
> a) comprometam, restrinjam ou frustrem o caráter competitivo do processo licitatório, inclusive nos casos de participação de sociedades cooperativas;

b) estabeleçam preferências ou distinções em razão da naturalidade, da sede ou do domicílio dos licitantes.

Em síntese, as exigências de habilitação não devem ser impertinentes ou irrelevantes, tomando sempre como referência o objeto licitado, que pode demandar inúmeras peculiaridades. Deve haver relação de adequação entre as exigências de habilitação e o objeto do edital, que é o demandado pela Administração. A análise da utilidade, necessidade, relevância e pertinência das exigências realizadas em habilitação deve partir do objeto licitado e das suas especificidades. O objeto da licitação é o fator determinante e último para que se possa apontar quais as exigências que se harmonizam ou não ao princípio da competitividade.

De todo modo, o legislador foi muito claro ao proibir expressamente que as exigências sejam entabuladas sob a mira da naturalidade, da sede ou do domicílio do licitante, que é fator sabidamente irrelevante e impertinente para apurar a habilitação, dando-se eco ao preceituado no inciso III do artigo 19 da Constituição Federal. Não importa de onde provém o licitante ou onde ele realiza as suas atividades. Importa o que ele é.

Agregue-se que a exigência de habilitação motivada pelo local de onde provém ou pelo local onde está o licitante viola a competitividade ainda que feita de modo oblíquo e dissimulado, como ocorre, a título ilustrativo, nos casos em que se beneficia licitante que recolhe mais tributos no local da licitação.

Convém ressalvar que há hipóteses excepcionais em que é permitido à Administração formular exigências que acabam beneficiando pessoas instaladas na região onde o contrato deve ser executado em detrimento de outras, que operam em lugares mais distantes. O exemplo clássico é o da contratação de fornecimento de combustível, haja vista que a Administração não deve contratar empresa cujo posto de gasolina esteja instalado distante de sua sede, sob pena de consumir boa parte ou todo o combustível apenas durante o trajeto do local do abastecimento até a sede da entidade. Nesse caso, contudo, o local não é o fundamento ou o parâmetro para virtual exigência de que o licitante esteja instalado a predeterminada distância da sede da entidade administrativa, mas, sim, a economicidade e a própria razoabilidade.

O princípio da competitividade é fundamental para a licitação e ele repercute mais fortemente na fase de habilitação. A disputa deve ser ampla, franqueada a todos que tenham capacidade e idoneidade para cumprir o futuro contrato administrativo, por imperativo constitucional (parte final do inciso XXI do artigo 37 da Constituição Federal). Por isso, as exigências de habilitação devem servir em conjunto a apartar os que têm capacidade e idoneidade para cumprir o futuro contrato dos que não têm. Daí que o princípio da competitividade é vulnerado sempre que o edital contiver exigências inúteis, desnecessárias, irrelevantes ou impertinentes, tomando como parâmetro as especificidades do objeto licitado.

Em que pese a centralidade do princípio da competitividade, não se pode perder de vista que a licitação pública se faz em favor da Administração Pública, responsável pela concreção do interesse público. A licitação não deve ser aberta a qualquer interessado, porque não são todos que conseguem atender às necessidades administrativas. Daí que é perfeitamente lícito formular edital contendo exigências que excluam a participação de eventuais interessados e, sob essa perspectiva, sejam limitadoras da competição. Não se admite a licitação que dê as costas aos interessados que atendem ao interesse público. O ponto é que, para atender ao princípio da competitividade, tais exigências devem ser amparadas em interesse público, devem ser justificadas, úteis, necessárias, pertinentes ou relevantes para o interesse público, o que depende da análise dos casos concretos, sempre tendo em mira o objeto da licitação, que representa a demanda da Administração Pública.

3 Procedimento para a habilitação na Lei nº 14.133/2021

3.1 A ordem procedimental entre julgamento das propostas e habilitação

Na sistemática da Lei nº 8.666/1993, a comissão de licitação iniciava o processamento externo do certame em sessão pública com a abertura dos envelopes contendo a documentação relativa à habilitação dos licitantes e sua apreciação, conforme preceituava o inciso I do artigo 43 da Lei nº 8.666/1993. Dentro da Lei nº 8.666/1993, somente depois de decidida a habilitação, inclusive com a respectiva fase recursal, a Administração passava ao julgamento das propostas, daquelas apresentadas pelos licitantes habilitados.

Uma das principais características da modalidade pregão da revogada Lei nº 10.520/2002 era a inversão das fases da licitação, que começava com o julgamento das propostas e, somente depois dela, a habilitação, apenas do licitante mais bem classificado, o que imprimiu celeridade à licitação.

A Lei nº 14.133/2021 previu os dois modelos, o da Lei nº 8.666/1993 (habilitação antes do julgamento das propostas) e o da modalidade pregão da Lei nº 10.520/2002 (julgamento das propostas antes da habilitação). No entanto, a regra é o modelo inspirado na modalidade pregão da Lei nº 10.520/2002, em que o julgamento antecede a habilitação, como está claro nos incisos do artigo 17 da Lei nº 14.133/2021. O §1º do mesmo artigo 17, excepcionalmente, permite proceder à habilitação antes do julgamento desde que "[...] mediante ato motivado com explicitação dos benefícios decorrentes [...]". Em reforço, o inciso II do artigo 63 da Lei nº 14.133/2021 estabelece que "será exigida a apresentação dos documentos de habilitação apenas pelo licitante vencedor, exceto quando a fase de habilitação anteceder a de julgamento". Em síntese: (i) a regra é que o julgamento das propostas antecede a habilitação e que esta, a habilitação, seja apenas do licitante mais bem classificado; (ii) a exceção é que a habilitação anteceda o julgamento das propostas, o que demanda ato motivado.

A medida excepcional de proceder à habilitação antes do julgamento das propostas pode ser motivada diante de objetos de alta complexidade e/ou que geram riscos substanciais para a Administração, o que pode ser detectado já na análise de riscos da etapa preparatória exigida no inciso X do *caput* do artigo 18 da Lei nº 14.133/2021. Diante de situações com essa roupagem, é de admitir que os agentes administrativos prefiram apurar a habilitação dos licitantes com mais profundidade e rigor antes do julgamento das propostas, inclusive para evitar que o conteúdo das propostas influa de alguma maneira na avaliação sobre os documentos de habilitação (muito embora não devesse influir em qualquer situação). Em adição, é de admitir que os agentes administrativos pretendam comparar (julgar) as propostas apenas dos licitantes habilitados, que realmente comprovem as suas qualificações, sobretudo nas situações em que o edital formula exigências rigorosas tocantes ao objeto da licitação, prevendo amostras ou provas de conceito e outras medidas. É compreensível que, nesse quadro, queiram evitar que licitantes aventureiros ou que não satisfaçam as exigências de habilitação, com ênfase para as de qualificação técnica, participem da fase de julgamento das propostas, inclusive para não deturpar a fase de julgamento das propostas. Essas situações devem ser avaliadas de acordo com as particularidades de cada caso e, repita-se, demandam motivação, na forma do §1º do mesmo artigo 17 da Lei nº 14.133/2021.

3.2 Preclusão administrativa sobre a habilitação

Soma-se, na forma do §2º do artigo 64 da Lei nº 14.133/2021, que nas hipóteses em que a habilitação antecede o julgamento, depois que a fase de habilitação tiver sido encerrada, "não caberá exclusão de licitante por motivo relacionado à habilitação, salvo em razão de fatos supervenientes ou só conhecidos após o julgamento".

O dispositivo prescreve uma espécie de preclusão de natureza administrativa no tocante à fase de habilitação, de modo que a Administração não retorne a ela indefinidamente. Essa preclusão administrativa cede em face "de fatos supervenientes ou só conhecidos após o julgamento", como expressamente ressalvado no §4º do artigo 67 da Lei nº 14.133/2021.

Essa preclusão administrativa também cede em face do princípio da legalidade e do dever-poder de autotutela da Administração, acaso a Administração, por qualquer razão, constate ilegalidade na condução da fase de habilitação. Daí é permitido, a depender do caso, anular a fase de habilitação e todos os atos que lhe sejam subsequentes, aproveitando-se os atos anteriores e procedendo-se à nova habilitação. É isso que se depreende do §1º do artigo 71 da Lei nº 14.133/2021, cujo teor prescreve que "ao pronunciar a nulidade, a autoridade indicará expressamente os atos com vícios insanáveis, tornando sem efeito todos os subsequentes que deles dependam, e dará ensejo à apuração de responsabilidade de quem lhes tenha dado causa".

3.3 Saneamento de vícios e diligências em habilitação[122]

O artigo 64 da Lei nº 14.133/2021 prescreve:

> [...] após a entrega dos documentos para habilitação, não será permitida a substituição ou a apresentação de novos documentos, salvo em sede de diligência, para:
> I - complementação de informações acerca dos documentos já apresentados pelos licitantes e desde que necessária para apurar fatos existentes à época da abertura do certame;
> II - atualização de documentos cuja validade tenha expirado após a data de recebimento das propostas.

Veja-se que, na hipótese do inciso I do artigo 64 da Lei nº 14.133/2021, é permitido apresentar novos documentos que complementem as informações acerca de documentos

---

122 Remete-se o leitor ao capítulo destinado ao procedimento das licitações, em que o tema do saneamento de vícios e diligência é tratado com maior profundidade.

já apresentados. Sem embargo, o dispositivo em comento não permite a juntada de documento completamente novo, que não se preste a complementar documento oportunamente apresentado.

O §1º do artigo 64 da Lei nº 14.133/2021 ainda prescreve:

> na análise dos documentos de habilitação, a comissão de licitação poderá sanar erros ou falhas que não alterem a substância dos documentos e sua validade jurídica, mediante despacho fundamentado registrado e acessível a todos, atribuindo-lhes eficácia para fins de habilitação e classificação.

O dispositivo não veicula maior abertura ao saneamento de defeitos de habilitação, porque o restringe aos "[...] erros ou falhas que não alterem a substância dos documentos e sua validade jurídica [...]", o que pressupõe documentos já apresentados, cujas restrições são meramente formais, que não digam respeito a aspectos substanciais.

O §1º do artigo 64 da Lei nº 14.133/2021 também exige que a decisão pelo saneamento de erros ou falhas nos documentos de habilitação seja realizada "[...] mediante despacho fundamentado registrado e acessível a todos [...]". Isso significa que a decisão pelo saneamento deve ser escrita e motivada, sendo que, obviamente, os motivos devem guardar coerência com as prescrições restritivas do *caput* do artigo 64.

Acresça-se que o inciso II do artigo 64 da Lei nº 14.133/2021 permite a "atualização de documentos cuja validade tenha expirado após a data de recebimento das propostas". A rigor, não se trata de saneamento de defeito algum, porque a hipótese do inciso II pressupõe que o licitante apresentou o documento correto, dentro do prazo de validade, porém, que o prazo de validade expirou após a sua apresentação. Não seria nem de cogitar em inabilitar o licitante, porque o documento era válido na data em que foi apresentado à Administração. O inciso II, com essa roupagem, apenas determina que se atualize esse documento.

3.4 A exceção procedimental tocante à regularidade fiscal

O inciso III do artigo 63 da Lei nº 14.133/2021 previu, para os casos excepcionais em que a habilitação antecede o julgamento, que os documentos atinentes à regularidade fiscal devem ser exigidos "[...] somente em momento posterior ao julgamento das propostas, e apenas do licitante mais bem classificado".

O dispositivo supracitado refere-se apenas à regularidade fiscal, logo, não abrange outras exigências, inclusive não abrange as exigências de regularidade social e trabalhista, versadas, juntamente com a regularidade fiscal, no artigo 68 da Lei nº 14.133/2021.

Então, mesmo nas hipóteses em que a habilitação antecede o julgamento, uma parte dos documentos de habilitação, a parte tocante à regularidade fiscal, é postergada para depois do julgamento. Ou seja, mesmo nessas hipóteses, a habilitação não se realiza totalmente antes do julgamento, uma parte dela fica para depois, a parte da regularidade fiscal.

A intenção do legislador ao prescrever o inciso III do artigo 63 da Lei nº 14.133/2021, postergando apenas os documentos de regularidade fiscal, não é algo evidente. O dispositivo traz em si o propósito de conceder tempo mais alargado para a apresentação dos documentos de regularidade fiscal, de modo que seja possível tomar providências e corrigir eventual irregularidade. Talvez o legislador tenha considerado que a situação de irregularidade fiscal não é tão grave assim, que tem repercussão mais fraca que os demais requisitos de habilitação e que, por isso, sua averiguação por parte da Administração não precise, em qualquer hipótese, anteceder o julgamento das propostas.

Registre-se que os artigos 42 e 43 da Lei Complementar nº 123/2006 prescrevem que as microempresas e as empresas de pequeno porte não devem ser de pronto inabilitadas caso os seus documentos de regularidade fiscal apresentem alguma restrição ou impropriedade. Elas devem prosseguir na licitação e, se uma microempresa ou empresa de pequeno porte for declarada vencedora, daí ela goza da oportunidade de apresentar os documentos de regularidade fiscal. Essa questão é comentada com mais profundidade no capítulo referente à utilização das licitações e dos contratos administrativos como instrumentos de política pública.

4 Requisitos e medidas de pré-habilitação

4.1 Declaração de atendimento dos requisitos de habilitação

O inciso I do artigo 63 da Lei nº 14.133/2021 prescreve que "poderá ser exigida dos licitantes a declaração de que atendem aos requisitos de habilitação, e o declarante responderá pela veracidade das informações prestadas, na forma da lei". Embora prevista no artigo 63 da Lei nº 14.133/2021, que versa sobre a habilitação, essa declaração deve ser prestada antes da fase de habilitação, logo na abertura da licitação. Trata-se de um requisito de pré-habilitação. Como a regra é que o julgamento ocorra antes da habilitação, a intenção é fazer com que os licitantes ao menos declarem que dispõem dos documentos de habilitação quando do julgamento, o que representa uma espécie de reforço de que a participação em licitação não deve ser aventureira e que todos os licitantes devem contemplar as exigências do edital. É importante que o edital discipline o momento e como essa declaração deve ser prestada.

A declaração falsa tem implicações graves. O inciso VIII do artigo 155 da Lei nº 14.133/2021, combinado com o §5º do artigo 156, prescreve que a declaração falsa pode ensejar a aplicação de penalidade de declaração de inidoneidade. Além disso, a declaração falsa também pode caracterizar o crime de falsidade ideológica, do artigo 299 do Código Penal.

Afora isso e por princípio, o licitante que não apresenta a declaração desatende à exigência do edital e deve ser desclassificado da licitação. De todo modo, a falta dessa declaração não tem força suficiente para prontamente desclassificar licitante. Para evitar controvérsias e litígios desnecessários e não perder propostas eventualmente vantajosas, a Administração deve ser bastante flexível em relação à apresentação dessa declaração, permitindo que os licitantes corrijam eventual impropriedade ou mesmo que eles declarem oralmente na própria sessão, registrando-a na ata da sessão.

Veja-se que o inciso I do artigo 63 da Lei nº 14.133/2021 prescreve que os licitantes apresentem declaração dando ciência de que cumprem os requisitos de habilitação. O dispositivo não prescreve que, numa licitação presencial, os licitantes tragam consigo essa declaração. Prescreve apenas que ela deve ser apresentada. Em vista disso, basta que os licitantes, que eventualmente não trouxeram consigo as respectivas declarações, possam fazê-lo na própria sessão.[123]

Dessa maneira, alguém só será alijado da licitação se recusar a firmar o respectivo termo ou declarar oralmente. Mas, com a recusa, sim, há motivos para alijá-lo, porquanto a recusa, diante do oferecimento de oportunidade para apresentar a declaração ainda que oralmente, autoriza a presunção de que, realmente, o licitante não cumpre os requisitos de habilitação. Se não cumpre, deve ser mesmo desclassificado.

Nas licitações eletrônicas, a declaração de cumprimento dos requisitos de habilitação é facilitada, porque basta aos licitantes clicarem num ícone do *software* utilizado pela Administração. Se não declararem, não avançam no sistema e não conseguem participar da licitação.

4.2 Garantia

O *caput* do artigo 58 da Lei nº 14.133/201 prescreve que "poderá ser exigida, no momento da apresentação da proposta, a comprovação do recolhimento de quantia a título de garantia de proposta, como requisito de pré-habilitação". O §1º do artigo 58 limita a exigência da garantia de proposta a 1% do valor estimado da contratação, e o §4º do mesmo artigo esclarece que ela deve ser prestada numa das modalidades indicadas no §1º do artigo 96 da Lei nº 14.133/2021, que são caução em dinheiro ou em títulos da dívida pública, seguro-garantia ou fiança bancária.

A garantia de proposta, como se depreende do dispositivo, não é exigência obrigatória. A Administração decide no uso de competência discricionária se a exige ou não, o que deve ser analisado com prudência, porque a garantia de proposta, quando exigida, é fator que inibe a competição. Sucede que muitos interessados não conseguem viabilizar a garantia, ainda que o montante não seja superior a 1% do valor estimado do contrato. Ademais, a prestação de garantia, qualquer que seja, onera os licitantes e, por consequência, as propostas ofertadas em licitação.

A garantia de proposta, como um requisito de pré-habilitação, em consonância ao afirmado no *caput* do artigo 58 da Lei nº 14.133/2021, seria uma espécie de prova objetiva da qualificação econômico-financeira dos licitantes. Pressupõe-se que, se o licitante não tem condições de oferecer garantia limitada a 1% do valor estimado do contrato, ele não tem condições econômico-financeiras de executá-lo. Ela também afasta licitantes aventureiros, que participam da licitação com ciência de que não atendem ao edital, porque os onera. Isso, como dito, por um lado, representa agravo à competitividade, porém, por outro lado, protege o interesse público de licitantes aventureiros e descompromissados.

O §2º do artigo 58 da Lei nº 14.133/201 prescreve que a garantia de proposta deve ser "devolvida aos licitantes no prazo de 10 (dez) dias úteis, contado da assinatura do contrato ou da data em que for declarada fracassada a licitação". O licitante somente

---

[123] A propósito, o Tribunal de Contas da União, tratando da modalidade pregão da Lei nº 10.520/2002, já admitiu que a declaração pode ser feita na sessão, firmada de próprio punho pelo representante do licitante (TCU, Plenário. Decisão nº 1.668/2002. Rel. Min. Benjamin Zymler, j. 4.12.2002). Nesse sentido, conferir: SCARPINELLA, Vera. *Licitação na modalidade de pregão*: Lei 10.520, de 17 de julho de 2002. 2. ed. São Paulo: Malheiros, 2010. p. 119.

perde a garantia, na forma do §3º do artigo 58 da Lei nº 14.133/2021, se não assinar o contrato ou não apresentar os documentos para a contratação. Logo, o fato de o licitante não ter êxito na licitação ou mesmo ser inabilitado ou desclassificado não é bastante para a Administração executar a garantia da proposta.

4.3 Registro cadastral

O registro cadastral é qualificado pelo artigo 78 da Lei nº 14.133/2021 como procedimento auxiliar das licitações e contratos. O artigo 88 da mesma lei prescreve que, "ao requerer, a qualquer tempo, inscrição no cadastro ou a sua atualização, o interessado fornecerá os elementos necessários exigidos para habilitação previstos nesta Lei".

O registro cadastral tem por finalidade apurar previamente as condições ou parte das condições de habilitação dos interessados em licitação – trata-se de medida pré-habilitação. A função do registro cadastral é imprimir celeridade à licitação: ela adianta uma fase (ainda que parcialmente), a da habilitação, talvez a mais morosa. A ideia constitui em fazer com que os interessados apresentem os documentos de habilitação à Administração antes mesmo da licitação, para o cadastro. Assim sendo, durante a licitação a Administração já não tem que analisar os documentos de habilitação, porque já apresentados antes, o que confere agilidade a ela.

Daí que o inciso II do artigo 70 da Lei nº 14.133/2021 permite que a documentação de habilitação seja "substituída por registro cadastral emitido por órgão ou entidade pública, desde que previsto no edital e que o registro tenha sido feito em obediência ao disposto nesta Lei". Quer-se dizer que a apresentação, pelo licitante, do certificado de registro cadastral deve dispensá-lo de apresentar novamente os documentos relacionados à habilitação já apresentados por ele para efeito de cadastramento, uma vez que não faz sentido exigir que ele o faça duas vezes, uma para o cadastro, outra durante a licitação.

Advirta-se que há licitações cuja especificidade do objeto requer condições especiais de habilitação, não exigidas para o cadastramento, como ocorre em situações em que se requer atestados de capacitação técnica com características especiais. Nesses casos, ao lado do registro cadastral, o licitante deve apresentar outros documentos, reputados pertinentes pela Administração. Sem embargo, mesmo nesses casos, o certificado de registro cadastral também simplifica a habilitação, já que não se faz necessário apresentar todos os documentos exigidos. Nessas situações, faz-se necessário apresentar apenas o certificado de registro cadastral e um ou outro documento especialmente requerido pela Administração, não juntado por ocasião do cadastramento.

Por regra, em face da redação do inciso II do artigo 70 da Lei nº 14.133/2021, o registro cadastral é uma faculdade aberta para os interessados em participar da licitação. Ao se cadastrarem, apresentam os documentos de habilitação (ainda que parcialmente) e, desse modo, não precisam apresentar durante as licitações os mesmos documentos. Sem embargo disso, o §3º do artigo 87 da Lei nº 14.133/2021 concede competência discricionária para a Administração exigir o registro cadastral como condição para os interessados participarem da licitação. Daí deixa de ser uma mera faculdade e passa a ser obrigatório. O registro cadastral obrigatório deve ser previsto expressamente no edital. Se não houver previsão expressa, deve-se entender que o registro cadastral é meramente facultativo.

Nas situações em que o registro cadastral é obrigatório para participar da licitação, o §4º do artigo 87 da Lei nº 14.133/2021 admite que participe da licitação quem realizar o cadastro no prazo de publicidade do edital, logo, não é necessário o cadastro anterior ao próprio edital. O §6º do artigo 88 da mesma lei assegura o direito de participar da licitação com o mero requerimento do cadastro, sendo que a contratação fica condicionada à emissão do certificado de registro cadastral. Ou seja, o requerimento dá acesso à licitação e para firmar o contrato é necessário que a Administração tenha apreciado os documentos apresentados pelo interessado e emitido o respectivo certificado de registro cadastral. A assinatura do contrato fica suspensa, por via de consequência, até que a Administração aprecie o requerimento de cadastro.

A faculdade de a Administração exigir o registro cadastral como obrigação dos interessados é positiva, pode ser bastante útil para agilizar as licitações, dado que estimula os interessados em contratar com a Administração a promoverem seus cadastros antecipadamente. Agiliza-se a licitação, com a simplificação substancial da fase de habilitação. Não há violação à isonomia ou outros direitos dos interessados porque a todos é assegurado o direito de se cadastrarem, inclusive, repita-se, na forma do §4º do artigo 87 combinado com o §6º do artigo 88 da Lei nº 14.133/2021, de requererem o cadastramento depois de publicado o edital e com o requerimento participarem da licitação.

O artigo 87 da Lei nº 14.133/2021 prescreve o sistema de registro cadastral unificado disponível no Portal Nacional de Contratações Públicas. Ou seja, em vez de cada órgão ou entidade manter o seu sistema de cadastramento, haverá um só, para todo o país. Isso facilita muito os procedimentos, porque os interessados em contratar com a Administração não precisam promover diversos cadastros, em diversos órgãos e entidades, de entes federativos diferentes. Um cadastro apenas é o suficiente.

5 Documentos de habilitação na Lei nº 14.133/2021

A Lei nº 14.133/2021 trata da habilitação a partir do seu artigo 62, cujo teor prescreve a categoria das exigências a serem formuladas, pertinentes à habilitação jurídica, técnica, fiscal, social e trabalhista e econômico-financeira. Em seguida, os artigos 63 a 65 tratam de condições gerais para a habilitação, com ênfase a aspectos procedimentais. Depois, o artigo 66 versa genericamente sobre a habilitação jurídica e os artigos 67, 68 e 69, sobre os documentos a serem exigidos e suas condicionantes em relação, respectivamente, à qualificação técnica (artigo 67), habilitações fiscal, social e trabalhista (artigo 68) e econômico-financeira (artigo 69).

Dentro desse contexto, cabe enfrentar duas questões. A primeira é: à Administração é permitido deixar de exigir no edital alguns ou todos os documentos previstos nos artigos 66 a 69 da Lei nº 14.133/2021? A segunda é: à Administração é permitido exigir no edital outros documentos além daqueles previstos nos artigos 66 a 69 da Lei nº 14.133/2021?

5.1 Dispensa de documentos de habilitação

A primeira questão, então, é se a Administração goza de discricionariedade para dispensar, deixar de exigir algum ou alguns dos documentos de habilitação previstos na

Lei nº 14.133/2021. A resposta encontra-se no inciso III do artigo 70 da Lei nº 14.133/2021, cujo texto prescreve que a documentação de habilitação pode ser:

> Art. 70. A documentação referida neste Capítulo poderá ser: [...]
> III - dispensada, total ou parcialmente, nas contratações para entrega imediata, nas contratações em valores inferiores a 1/4 (um quarto) do limite para dispensa de licitação para compras em geral e nas contratações de produto para pesquisa e desenvolvimento até o valor de R$300.000,00 (trezentos mil reais).

Diga-se, desde já, que o valor de R$300.000,00, atualizado pelo Decreto Federal nº 12.343/2024, é de R$376.353,48.

Esclareça-se que (i) a compra com entrega imediata é aquela cujo prazo de entrega é de até 30 dias da ordem de fornecimento (inciso X do artigo 6º da Lei nº 14.133/2021); (ii) o limite para a dispensa de licitação para compras em geral é de R$50.000,00, logo, 1/4 corresponde, atualmente, a R$12.500,00; (iii) o produto para pesquisa e desenvolvimento é "bens, insumos, serviços e obras necessários para atividade de pesquisa científica e tecnológica, desenvolvimento de tecnologia ou inovação tecnológica, discriminados em projeto de pesquisa" (inciso LV do artigo 6º da Lei nº 14.133/2021).

Nesses casos, a Administração não precisa exigir todos os documentos de habilitação previstos na Lei nº 14.133/2021. Nos demais casos, ao menos por regra, deve exigir todos os documentos de habilitação previstos na Lei nº 14.133/2021. Isso significa que, sob a sistemática da Lei nº 14.133/2021, a Administração não goza de discricionariedade para eleger quais os documentos de habilitação são ou não pertinentes para dada licitação. A Administração, à exceção das hipóteses admitidas na própria lei, deve exigir em edital todos os documentos preceituados entre os artigos 66 a 69 da Lei nº 14.133/2021.

Ressalva-se, com destaque, que muitas das exigências de habilitação não são obrigatórias, porque o próprio legislador, quando as formulou, atribuiu à Administração discricionariedade para decidir se elas são pertinentes ou não ao caso, sobretudo diante do objeto da licitação. Por exemplo, o inciso III do artigo 67 da Lei nº 14.133/2021 prescreve que uma das exigências de qualificação técnica é a "indicação do pessoal técnico, das instalações e do aparelhamento adequados e disponíveis para a realização do objeto da licitação [...]". Ora, o próprio dispositivo admite grau de discricionariedade para a Administração avaliar o pessoal técnico, as instalações e os aparelhamentos considerados adequados. Nesse sentido, é provável que para uma licitação que tenha por objeto a compra de um equipamento, ainda que complexo, não seja adequado exigir pessoal técnico, instalações e aparelhamento. Daí, se não forem adequados ao objeto, não devem ser exigidos.

O espaço de discricionariedade concedido aos agentes administrativos para deixar de exigir documentos de habilitação é restrito. No entanto, a discricionariedade é ampla no tocante à medida da exigência, às suas características e especificidades, que devem ser compatíveis com o objeto da licitação. Por exemplo, os atestados de capacidade técnica, na forma do inciso II do *caput* combinado com o §1º, ambos do artigo 67, devem ser limitados às parcelas de maior relevância ou valor significativo. Há, no próprio §1º, delimitação do que significa valor significativo, porém não do que de fato é parcela de maior relevância. Sendo assim, a definição das parcelas de maior relevância ficou em aberto, cabe à Administração, em juízo discricionário, decidir que partes devem ser consideradas relevantes e que partes não devem ser consideradas relevantes, para sobre elas exigir ou não atestado de capacidade técnica.

Advirta-se que, ao contrário do que prescreve o próprio inciso III do artigo 70 da Lei nº 14.133/2021, a Administração não dispõe da faculdade de dispensar totalmente as exigências de habilitação preceituadas em lei. É permitido a ela dispensá-las em parte, jamais totalmente. Isso porque sempre alguma exigência deve ser feita, ainda que mínima. A título ilustrativo, à Administração é indispensável apurar quem é o licitante e quem o representa. Para isso, na mais tênue das hipóteses, ela deve exigir documento de identificação ou constitutivo do licitante, como, por exemplo, contrato social, que corresponde à habilitação jurídica de que cuida o artigo 66 da Lei nº 14.133/2021. Se a Administração exige do licitante o seu contrato social, ela já não está dispensando totalmente as exigências de habilitação preceituadas na Lei nº 14.133/2021. Demais disso, há certas exigências de habilitação que, muito embora não sejam por si *absolutamente indispensáveis*, transcendem a própria Lei nº 14.133/2021, como é o caso da certidão de regularidade com a Previdência Social, já que o §3º do artigo 195 da Constituição Federal proíbe a Administração de contratar pessoas jurídicas em débito com a Previdência Social.

Convém registrar que, como exceção, o §4º do artigo 31 da Lei nº 14.133/2021 prescreve que a modalidade leilão "não exigirá registro cadastral prévio, não terá fase de habilitação e deverá ser homologado assim que concluída a fase de lances, superada a fase recursal e efetivado o pagamento pelo licitante vencedor, na forma definida no edital". A rigor, não se trata de dispensar os documentos de habilitação, dado que o que dispositivo supracitado dispensa é a própria fase de habilitação. A intenção é que o leilão seja totalmente aberto a quaisquer interessados.

5.2 Inexistência de discricionariedade para exigir outros documentos que não os previstos na Lei nº 14.133/2021

A segunda questão é se à Administração é permitido em habilitação fazer outras exigências além das previstas na Lei nº 14.133/2021. A resposta, por regra, é negativa. O artigo 67 trata dos documentos de qualificação técnica e a parte final do *caput*, antes de listar os documentos, prescreve que ela "será restrita a: [...]". O artigo 68, na mesma toada, prescreve que "as habilitações fiscal, social e trabalhista serão aferidas mediante a verificação dos seguintes requisitos: [...]". O artigo 69, por sua vez, anuncia que a habilitação econômico-financeira é "restrita à apresentação da seguinte documentação: [...]". O legislador, nos artigos 67 e 69, foi bem categórico, ressaltando que a comprovação é restrita aos documentos indicados por ele. O artigo 68 não é tão assertivo, não fala de restrição, mas sinaliza que os documentos de habilitações fiscal, social e trabalhista são os mencionados nos seus incisos e não outros, não dando margem à interpretação que considere que a lista de documentos seja meramente exemplificativa.

O artigo 66 é a exceção, porque nele o legislador não enumerou os documentos de habilitação jurídica, que deixou ao cargo da Administração. Aqui, na habilitação jurídica, há discricionariedade para decidir quais são os documentos pertinentes e, como o legislador não indicou nenhum documento, não se pode falar em dispensa de documento nem de exigência de outros documentos além dos indicados. A regra, no entanto, diante dos artigos 67, 68 e 69, é que os documentos não podem ser outros que não os prescritos nos respectivos artigos.

A vontade do legislador, vertida em linguagem compreensível, foi a de prever sistemática sobre os documentos de habitação com espaços de discricionariedade delimitados. Pode-se até discordar do legislador, mas há de se cumprir a lei sem negar o seu conteúdo literal e unívoco. É de prestigiar o princípio da legalidade, dado que à Administração não é permitido formular exigências não pressupostas em lei. Isso porque, para a Administração Pública, o princípio da legalidade reveste-se de tonalidade especial, haja vista que, de acordo com as afamadas lições de Caio Tácito, "ao contrário da pessoa de direito privado, que, como regra, tem a liberdade de fazer aquilo que a lei não proíbe, o administrador público somente pode fazer aquilo que a lei autoriza expressa ou implicitamente".[124] A Administração Pública cumpre a lei; os agentes administrativos exercem competência atribuída por lei, nos termos desta. Portanto, os agentes administrativos não podem fazer exigências que não encontrem guarida na lei, que não sejam permitidas por ela; não podem exigir em habilitação documentos não previstos em lei.

O Tribunal de Contas da União, diante da Lei nº 8.666/1993, adota a tese de que a Administração não pode formular exigências de habilitação não prescritas na lei. Confira-se, a título ilustrativo, do Acórdão nº 2.192/2016, do Plenário: "É ilegal e restringe a competitividade do certame licitatório a exigência de documentos de habilitação além daqueles previstos nos arts. 27 a 31 da Lei 8.666/1993".[125] É verdade que os dispositivos da Lei nº 14.133/2021 trazem outra redação, diferente da Lei nº 8.666/1993. No entanto, em que pesem as diferenças, o sentido é o mesmo. Sob essa premissa, é de supor que o entendimento do Tribunal de Contas da União construído com base na Lei nº 8.666/1993 seja replicado para a Lei nº 14.133/2021.

5.3 Forma de apresentação dos documentos de habilitação

O inciso I do artigo 70 da Lei nº 14.133/2021 prescreve que a documentação de habilitação deve ser "apresentada em original, por cópia ou por qualquer outro meio expressamente admitido pela Administração". Ou seja, a lei permite, de antemão e no mínimo, o documento original e a cópia. Além disso, permite que a Administração, em adição, preveja no edital outras formas.

Frisa-se que o inciso I do artigo 70 da Lei nº 14.133/2021 refere-se à cópia, sem mencionar cópia autenticada. A propósito, a cópia autenticada é a reprodução de um documento acompanhada do ateste de um tabelião, que atua em nome e representa o Estado, reconhecendo que a cópia é reprodução fiel do original. O legislador, em consideração a um dos princípios que norteiam a liberdade econômica (inciso II do artigo 2º da Lei nº 13.874/2019), quis prestigiar a boa-fé dos licitantes, dispensando-os da autenticação oficial. O problema é que, sem a autenticação oficial, pode haver dúvida sobre os documentos apresentados à Administração. Diante de eventual dúvida, que

[124] TÁCITO, Caio. O princípio da legalidade: ponto e contraponto. *Revista de Direito Administrativo – RDA*, v. 206, 1996. p. 2.

[125] TCU, Plenário. Decisão nº 3.192/2016. Rel. Min. Marcos Bemquerer, j. 7.12.2016.

pode ser gerada por questionamentos de outros licitantes, a Administração pode realizar diligência, com base no inciso I do artigo 64 da Lei nº 14.133/2021. A diligência pode ser facilmente atendida com a apresentação por parte do licitante do documento original ou autenticado. Aliás, nessa direção, o inciso IV do artigo 12 da Lei nº 14.133/2021 preceitua que a prova de autenticidade de documento pode ser realizada "[...] mediante apresentação de original ou de declaração de autenticidade por advogado, sob sua responsabilidade pessoal". Dessa sorte, diante de dúvida, a autenticidade pode ser comprovada com a apresentação do original ou com a declaração de advogado.

Convém pontuar que, em consonância ao §2º do artigo 17 da Lei nº 14.133/2021, "as licitações serão realizadas preferencialmente sob a forma eletrônica [...]". Demais disso, nesses casos, desta feita segundo o §4º do mesmo artigo, "[...] a Administração poderá determinar, como condição de validade e eficácia, que os licitantes pratiquem seus atos em formato eletrônico". Em reforço, o §2º do artigo 65 da Lei nº 14.133/2021 anuncia que "a habilitação poderá ser realizada por processo eletrônico de comunicação a distância, nos termos dispostos em regulamento". Isso significa que nas licitações eletrônicas, que devem ser a regra, os documentos de habilitação também devem ser apresentados de forma eletrônica, o que deve ser previsto em regulamento e no edital. No entanto, independentemente do regulamento mencionado no §2º do artigo 65 da Lei nº 14.133/2021, a Administração deve dispor das exigências acerca dos documentos eletrônicos no edital.

Aliás, o inciso VI do artigo 12 da Lei nº 14.133/2021 prescreve que, mesmo nas licitações presenciais, "os atos serão preferencialmente digitais, de forma a permitir que sejam produzidos, comunicados, armazenados e validados por meio eletrônico". Em complemento, o §2º do mesmo artigo 12 reconhece que "é permitida a identificação e assinatura digital por pessoa física ou jurídica em meio eletrônico, mediante certificado digital emitido em âmbito da Infraestrutura de Chaves Públicas Brasileira (ICP-Brasil)". Conclui-se, combinando-se o §2º do artigo 65, o §4º do artigo 17 e o §2º do artigo 12, todos da Lei nº 14.133/2021, que a Administração deve prever em editais de licitações eletrônicas que os documentos de habilitação devem ser digitais e que devem ser emitidos em âmbito da Infraestrutura de Chaves Públicas Brasileira (ICP-Brasil).

6 Habilitação jurídica

As exigências de habilitação jurídica servem para verificar se os licitantes gozam ou não de capacidade jurídica para celebrar contrato administrativo, isto é, se eles podem, aos olhos do direito, participar de negócios jurídicos. Nesse sentido, a Administração averigua quem é o licitante, como ele foi constituído, se ele está em situação regular e quem o representa.

Sob essa perspectiva, o artigo 66 da Lei nº 14.133/2021 prescreve:

> a habilitação jurídica visa a demonstrar a capacidade de o licitante exercer direitos e assumir obrigações, e a documentação a ser apresentada por ele limita-se à comprovação de existência jurídica da pessoa e, quando cabível, de autorização para o exercício da atividade a ser contratada.

Bem se vê que, no tocante à habilitação jurídica, o legislador não listou os documentos considerados apropriados. Logo, conferiu competência discricionária para que os agentes administrativos decidam quais documentos devem ser exigidos em cada caso, o que deve ser previsto nos respectivos editais.

Advirta-se que a Administração deve prever no edital que os licitantes apresentem documentos de habilitação jurídica que sejam compatíveis com as suas naturezas jurídicas, pessoa física, cooperativa, firma individual, sociedade comercial, sociedade anônima, sociedade civil ou empresa estrangeira.

A habilitação jurídica não costuma atrair muita polêmica, é das categorias de habilitação a mais simples. Algumas questões, no entanto, merecem ser frisadas.

Em primeiro lugar, o contrato social ou documento constitutivo, quando exigido, deve ser acompanhado de todas as suas alterações, salvo se o licitante apresentar alteração consolidada. O licitante que apresenta apenas a última alteração do contrato, não consolidada, com informações parciais, deve ser inabilitado.

Em segundo lugar, a Lei nº 14.133/2021 não exige que o licitante se dedique exclusivamente a dada atividade. Ao licitante é permitido realizar várias atividades. É permitido a ele, por exemplo, fazer reformas, prestar serviços de limpeza e fornecer equipamentos. Não é porque o documento constitutivo do licitante prevê várias atividades que ele deve ser inabilitado.

Em terceiro lugar, a Lei nº 14.133/2021, pelo menos no que tange à habilitação jurídica, não exige que o documento constitutivo preveja expressamente que o licitante se dedique especificadamente à atividade correspondente ao objeto da licitação. No entanto, as pessoas jurídicas não devem atuar em atividades estranhas ao seu objeto social, que sejam incompatíveis com ele. Dessa sorte, a Administração deve verificar apenas se as atividades desempenhadas pelos licitantes como dispostas em seus documentos constitutivos são compatíveis, em linha geral, com o objeto da licitação. Licitante deve ser inabilitado apenas se houver incompatibilidade. Repita-se que o documento constitutivo não precisa dispor expressa e especificamente sobre o objeto da licitação.

Noticia-se que a jurisprudência do Tribunal de Contas da União vem exigindo que se reconheça nexo entre as atividades previstas no ato constitutivo do licitante e o objeto licitado.[126] Não é necessário, no entanto, menção expressa e minudente a todas as atividades listadas no edital, mas que haja compatibilidade. Muitas vezes, a ausência de previsão no ato constitutivo de dada atividade sinaliza que o licitante não detém qualificação técnica para desempenhá-la, quer porque nunca a executou, quer porque não reúne pessoal qualificado e equipamentos necessários. Nesses casos, o problema passa a ser de qualificação técnica e não jurídica.

Em quarto lugar, para efeito de habilitação jurídica não há diferença alguma entre matriz e filial. A diferença, se existente, restringe-se à regularidade fiscal, dado que, por

[126] "9.4.1. habilitação indevida da [vencedora], tendo em vista a inexistência de relação entre o objeto social da referida empresa e os objetos licitados, o que contraria os itens 9.11.1 e 9.11.2.1 do Edital do Pregão 3/2020 e os itens 8.104 e 8.106 do Edital do Pregão 15/2017, de cujo teor se infere a obrigatoriedade de a atividade do licitante ser compatível com o objeto do certame, bem como contraria a jurisprudência do TCU (TCU. Acórdão nº 2.506/2006, Segunda Câmara. Rel. Min. Augusto Sherman, j. 05.09.2006; e Acórdão nº 642/2014, Plenário. Rel. Min. Augusto Sherman, j. 19.03.2014), que estabelece a necessidade de nexo entre as atividades previstas no ato constitutivo do licitante e o objeto licitado" (TCU, Plenário. Acórdão nº 503/2021. Rel. Min. Augusto Sherman, j. 10.3.2021).

vezes, o recolhimento de tributos da matriz e da filial é separado. Sem embargo, matriz e filial são a mesma pessoa. A filial não tem personalidade jurídica própria.

7 Regularidade fiscal, social e trabalhista

7.1 Desvio de finalidade em relação às exigências de regularidade fiscal, social e trabalhista

As exigências de regularidade fiscal, social e trabalhista em habilitação não se prestam verdadeiramente, na maioria dos casos, a apurar se os licitantes são ou não aptos para cumprir os termos do futuro contrato e, por isso, violam o princípio da competitividade e o disposto na parte final do inciso XXI do artigo 37 da Constituição Federal, cujo teor permite em licitação apenas as exigências de qualificação técnica e econômico-financeira indispensáveis à garantia do cumprimento das obrigações do contrato.

Ora, não se pode presumir que alguém em débito com o fisco ou que não tenha cumprido obrigações trabalhistas ou que tenha pendências de natureza social seja incapaz ou inidôneo para firmar contrato administrativo e satisfazer plenamente as obrigações dele decorrentes. Muitas vezes o licitante tem pequenas pendências tributárias, até porque não se dispõe a curvar-se à voracidade fiscal do Erário, que não prejudicam em absolutamente nada a sua capacidade e idoneidade.

As exigências de regularidade fiscal, social e trabalhista, em boa medida, são utilizadas como forma de o Poder Público forçar as pessoas que pretendem participar de licitação a não contestarem medidas direcionadas contra si pelo Poder Público e quitarem suas obrigações fiscais, sociais e trabalhistas, pagando em dia suas obrigações. Logo, a habilitação fiscal, social e trabalhista desenha desvio de finalidade. Em vez de ser instrumento para avaliar a habilitação dos licitantes, é instrumento para mantê-los conformados, pagando prontamente os valores que lhe são cobrados pelo Poder Público ou por seus empregados. Sem embargo, o fato é que fora da doutrina ninguém aponta a inconstitucionalidade das exigências de habilitação fiscal, social e trabalhista, que, pois, são aplicadas amplamente, sem a oposição dos tribunais.[127] [128]

---

[127] Sobre a inconstitucionalidade das exigências pertinentes à regularidade fiscal, cf. DI PIETRO, Maria Sylvia Zanella. *Direito administrativo.* 23. ed. São Paulo: Atlas, 2010. p. 392.

[128] Registre-se que, em sentido oposto ao defendido aqui, o Supremo Tribunal Federal reconheceu a constitucionalidade da exigência de habilitação trabalhista já prevista na Lei nº 8.666/1993. O entendimento do Supremo é aderente ao previsto na Lei nº 14.133/2021. Confira-se parte da ementa: "Direito do trabalho, processual do trabalho e direito administrativo. Ações diretas de inconstitucionalidade 4716 e 4742. Julgamento conjunto. Certidão Negativa de Débito Trabalhista (CNDT). Documento de habilitação em licitações. Devido processo legal assegurado. Promoção do interesse público. Princípios constitucionais da licitação e dos contratos administrativos. Harmonização com os princípios da ordem econômica. Improcedência dos pedidos. I. Caso em exame 1. Ação direta ajuizada contra a Lei nº 12.440, de 7 de julho de 2011, que acrescentou o Título VII-A à Consolidação das Leis do Trabalho (CLT), instituindo a Certidão Negativa de Débito Trabalhista CNDT), e alterou a Lei nº 8.666/93, tornando obrigatória a apresentação do documento nos processos licitatórios. II. Questão em discussão 2. Há duas questões em discussão: (i) saber se a recusa de emissão de CNDT nas hipóteses determinadas pela Lei nº 12.440/11 viola os postulados constitucionais do contraditório, da ampla defesa e do devido processual legal; e (ii) saber se a exigência de apresentação de CNDT como requisito de participação em procedimentos licitatórios viola o princípio da licitação pública e os princípios da livre concorrência e da livre iniciativa. III. Razões de decidir 3. A Lei nº 12.440/11 resguarda a observância do contraditório e da ampla defesa, não sendo possível vislumbrar, na sistemática estabelecida, a emissão de

7.2 Restrições do Protocolo de Contratações Públicas do Mercosul à regularidade fiscal, social e trabalhista

O Brasil é signatário do Protocolo de Contratações Públicas do Mercosul, promulgado pelo Decreto nº 12.299/2024, portanto incorporado ao ordenamento jurídico brasileiro. Ressalva-se que o Protocolo não se aplica, pelo menos não atualmente, para todas as licitações públicas e contratos administrativos da Administração Pública nacional. Ele somente se aplica, na forma do seu artigo 2º, para as entidades por si listadas e para os tipos contratos nele previstos e cujos valores sejam iguais ou superiores aos valores de referência nele estabelecidos.[129] É de salientar que o Protocolo somente se aplica para contratações acima de determinado patamar econômico, o que deve ser definido por cada Estado Parte. Alerte-se que, até o fechamento desta edição, o Brasil não definiu o valor a ser aplicado para si, de modo que, sem essa definição, embora promulgado, é inviável aplicar o Protocolo. Remete-se o leitor, para uma contextualização mais apurada, ao capítulo 2, tópico 3.2.

A finalidade do Protocolo de Contratações Públicas do Mercosul é assegurar o direito dos agentes econômicos dos Estados Partes de acessarem em igualdade os contratos públicos de todos os Estados Partes. Para tanto, o Protocolo prescreve uma série de normas para garantir esse propósito, dentre as quais as prescritas no seu artigo 16 sobre condições de participação:

> Artigo 16 - CONDIÇÕES DE PARTICIPAÇÃO
> 1. Cada Estado Parte deverá garantir que suas entidades:
> a) limitem as condições de participação àquelas essenciais para garantir que qualquer fornecedor tenha capacidade legal, comercial, técnica e financeira para atender os requisitos técnicos de contratação pública, que serão avaliados com base nas atividades comerciais globais de negociação do fornecedor.
> b) tomem como base para suas decisões sobre a qualificação dos eventuais fornecedores somente as condições de participação especificadas com antecedência nos avisos ou editais de licitação; e

---

Certidão Negativa de Débito Trabalhista (CNDT) e a consequente inscrição da empresa no Banco Nacional de Devedores Trabalhistas (BNDT) sem a realização das referidas garantias constitucionais. 4. O requisito de habilitação em licitações criado pela Lei nº 12.440/11 privilegia o interesse público em dupla perspectiva: i) promove licitações que efetivamente garantam a igualdade de condições a todos os concorrentes e a seleção da proposta mais vantajosa para a administração; e ii) celebra contratos com empresas que estejam efetivamente aptas a honrar com suas obrigações, atendendo, assim, ao princípio da eficiência administrativa. 5. Os princípios da livre concorrência e da livre iniciativa devem ser interpretados de forma a se harmonizarem com os demais princípios da ordem econômica, tais como a valorização do trabalho humano, a dignidade da pessoa humana e a redução das desigualdades sociais. A Lei nº 12.440/11 logra obter essa harmonização, pois contribui para que o débito trabalhista não se protraia no tempo, privilegiando a célere satisfação do direito do credor trabalhista. IV. Dispositivo e tese 6. Pedidos improcedentes. Tese de julgamento: '1. É constitucional a recusa de emissão de Certidão Negativa de Débitos Trabalhistas (CNDT) nas hipóteses determinadas no art. 642-A, §1º, da Consolidação das Leis do Trabalho (CLT), com a redação conferida pela Lei nº 12.440/11; e 2. É constitucional a exigência de apresentação de CNDT nos processos licitatórios como requisito de comprovação de regularidade trabalhista'."(STF, Pleno, ADI 4716, Rel. Min. Dias Toffoli, j. 30.9.2024).

[129] Art. 2º [...] 1. Este Protocolo é aplicável às contratações públicas realizadas pelas entidades listadas no Anexo I "Entidades", por qualquer meio contratual, para a aquisição de bens e serviços listados nos Anexos II "Bens", III "Serviços" e IV "Serviços de Construção", respectivamente, cujo valor seja igual ou superior aos patamares estabelecidos no Anexo V "Patamares" sem prejuízo do disposto no Anexo VI "Notas Gerais".

> c) reconheçam como qualificados todos os fornecedores dos Estados Partes que atenderam às condições de participação em uma contratação pública coberta por este Protocolo.
> d) comuniquem prontamente a qualquer fornecedor que se tenha apresentado à qualificação a decisão de se este foi considerado qualificado. Quando uma entidade rejeitar uma solicitação de qualificação ou deixar de reconhecer um fornecedor qualificado, essa entidade deverá, a pedido do fornecedor, conceder-lhe prontamente uma explicação por escrito sobre os motivos de sua decisão.
> 2. Poderá ser exigida dos prestadores a comprovação de experiência anterior compatível com o objeto da contratação, em característica e quantidade, inclusive com respeito às instalações, aos equipamentos e ao pessoal técnico disponível para a execução do contrato, quando a complexidade do serviço exigir.
> 3. Nenhuma entidade poderá impor como condição para que um fornecedor possa participar de uma contratação pública coberta por este Protocolo a adjudicação prévia de um ou mais contratos por uma entidade desse Estado Parte ou que esse fornecedor tenha experiência prévia de trabalho no território desse Estado Parte.
> 4. Nenhuma das disposições incluídas nos parágrafos acima impedirá que uma entidade exclua um fornecedor por motivos como falência, liquidação ou insolvência, declarações falsas ou descumprimento de obrigações fiscais dentro de um processo de contratação pública, deficiências significativas no cumprimento de uma obrigação sujeita a um contrato anterior ou sanções que o tornem inapto para celebrar contratos com entidades dos Estados Partes.

O artigo supracitado pretende evitar que Estados Partes se valham de eventuais artifícios tocantes às condições de participação nas licitações para não dar aplicação às suas normas e privilegiar agentes econômicos nacionais em detrimento dos oriundos dos demais Estados Partes. Portanto, agentes econômicos dos Estados Partes, signatários do Protocolo e para os quais ele é vigente, gozam do direito de que as condições de acesso às licitações públicas e contratos administrativos sejam limitadas "[...] àquelas essenciais para garantir que qualquer fornecedor tenha capacidade legal, comercial, técnica e financeira para atender os requisitos técnicos de contratação pública, que serão avaliados com base nas atividades comerciais globais de negociação do fornecedor" (alínea "a" do item 1 do artigo 16). Para além da capacidade legal, comercial, técnica e financeira, é permitido excluir da licitação "[...] fornecedor por motivos como falência, liquidação ou insolvência, declarações falsas ou descumprimento de obrigações fiscais dentro de um processo de contratação pública, deficiências significativas no cumprimento de uma obrigação sujeita a um contrato anterior ou sanções que o tornem inapto para celebrar contratos com entidades dos Estados Partes" (item 4 do artigo 16).

Sob essa premissa, agente econômico de Estado Parte não pode ser impedido de participar de licitação pública por qualquer condição que não seja pertinente à sua capacidade legal, comercial, técnica e financeira, à exceção de questões relacionadas à falência, liquidação e insolvência (que remete à capacidade financeira) e a alguma penalidade que o impeça de participar da licitação. Nos termos do Protocolo, não são permitidas outras condições para a participação.

Sendo assim, as exigências do artigo 68 da Lei nº 14.133/2021 de regularidade fiscal, social e trabalhista não se harmonizam ao Protocolo de Contratações Públicas do Mercosul, porque elas não se prestam a mensurar capacidade legal, comercial, técnica e financeira, nem dizem respeito ao impedimento de participar de licitação e contratar.

Daí a conclusão de que, para as licitações promovidas pelas entidades listadas no Protocolo e para os contratos por ele abrangidos, não é permitido formular exigências de habilitação de natureza fiscal, social ou trabalhista.

7.3 Regularidade e quitação

Cumpre atentar que o artigo 68 da Lei nº 14.133/2021 refere-se à habilitação fiscal, social e trabalhista, não à quitação. Sucede que pessoas em débito, especialmente com o fisco, devem ser habilitadas em licitação desde que a situação delas esteja regularizada. Isso ocorre, em regra, nas situações em que o débito é parcelado e o licitante paga regularmente suas parcelas; nas situações em que o licitante optou por um dos programas de Refis e está em situação regular; nas situações em que o Fisco propôs ação de execução e o licitante ofereceu penhora, que garante a dívida; e outras, desde que previstas na legislação. Da mesma forma, o §2º do artigo 642-A da Consolidação das Leis do Trabalho prescreve que, "verificada a existência de débitos garantidos por penhora suficiente ou com exigibilidade suspensa, será expedida Certidão Positiva de Débitos Trabalhistas em nome do interessado com os mesmos efeitos da CNDT". A propósito, na mesma direção, ainda que sob as luzes da Lei nº 8.666/1993, o Tribunal de Contas da União produziu a Súmula nº 283, vazada nos seguintes termos: "Para fim de habilitação, a Administração Pública não deve exigir dos licitantes a apresentação de certidão de quitação de obrigações fiscais e sim prova de sua regularidade".

7.4 Documentos comprobatórios de regularidade fiscal, social e trabalhista

O artigo 68 da Lei nº 14.133/2021 prescreve:

> [...] as habilitações fiscal, social e trabalhista serão aferidas mediante a verificação dos seguintes requisitos:
> I - a inscrição no Cadastro de Pessoas Físicas (CPF) ou no Cadastro Nacional da Pessoa Jurídica (CNPJ);
> II - a inscrição no cadastro de contribuintes estadual e/ou municipal, se houver, relativo ao domicílio ou sede do licitante, pertinente ao seu ramo de atividade e compatível com o objeto contratual;
> III - a regularidade perante a Fazenda federal, estadual e/ou municipal do domicílio ou sede do licitante, ou outra equivalente, na forma da lei;
> IV - a regularidade relativa à Seguridade Social e ao FGTS, que demonstre cumprimento dos encargos sociais instituídos por lei;
> V - a regularidade perante a Justiça do Trabalho;
> VI - o cumprimento do disposto no inciso XXXIII do art. 7º da Constituição Federal.

O inciso IV do artigo 63 da Lei nº 14.133/2021, ainda que fora de lugar, exige do licitante, na fase de habilitação, "[...] declaração de que cumpre as exigências de reserva de cargos para pessoa com deficiência e para reabilitado da Previdência Social, previstas em lei e em outras normas específicas". Trata-se de exigência de natureza eminentemente social. Sendo assim, essa declaração demandada no inciso IV do artigo 63 a Lei nº 14.133/2021 deveria ter sido prevista no artigo 68 da mesma lei, que versa sobre a habilitação fiscal, social e trabalhista. De todo jeito, ainda que fora de lugar, repita-se, deve ser qualificada em acordo com sua natureza, que é de ordem social.

7.5 Reserva de cargos para pessoas com deficiência ou reabilitadas da Previdência Social

7.5.1 Contextualização

A Lei nº 8.213/1991 prescreve a obrigação das empresas que contem com mais de cem empregados de destinarem cota entre 2% a 5% para pessoas portadoras de deficiência ou reabilitados da Previdência Social:

> Art. 93. A empresa com 100 (cem) ou mais empregados está obrigada a preencher de 2% (dois por cento) a 5% (cinco por cento) dos seus cargos com beneficiários reabilitados ou pessoas portadoras de deficiência, habilitadas, na seguinte proporção:
> I - até 200 empregados..2%;
> II - de 201 a 500...3%;
> III - de 501 a 1.000...4%;
> IV - de 1.001 em diante..5%.

A questão, até então, foi restrita à esfera trabalhista e sempre foi um problema para muitas empresas, especialmente aquelas com grande contingente de empregados, destacando-se as empresas de terceirização de serviços. Em linhas gerais, sucede que tais empresas abrem vagas acompanhadas de aviso com a reserva das cotas para pessoas com deficiência e reabilitados da Previdência Social. No entanto, por questões naturais de mercado, sobre as quais as empresas não possuem ingerência, não se encontram candidatos em quantidade suficiente para atender às cotas.

É de destacar que muitas empresas tomam providências extras e que não lhes são exigíveis para cumprir as cotas de pessoas com deficiência e reabilitados da Previdência Social. É usual que oficiem a diversas entidades e organizações da sociedade civil para encontrar candidatos com deficiência e reabilitados da Previdência Social. Mesmo com essas providências extras, não conseguem.

Também é usual que tais empresas firmem termos de ajustamento de conduta com o Ministério Público do Trabalho que flexionam as obrigações tocantes às cotas destinadas às pessoas com deficiência e reabilitadas da Previdência Social, sobretudo para dar-lhes tempo mais dilatado para o atingimento das cotas.

Pois bem, essa questão, como dito, é problemática, porém, até a Lei nº 14.133/2021, um problema que dizia respeito às relações de trabalho e não às licitações públicas e contratos administrativos. O legislador, malcontente, resolveu arrastar esse problema para o universo das licitações públicas e contratos administrativos.

Com esse espírito, a Lei nº 14.133/2021 prescreve uma série de regras que condicionam o acesso às licitações públicas e aos contratos administrativos à reserva de cotas para pessoas com deficiência e reabilitadas da Previdência Social. As normas são as seguintes:

> Art. 63. Na fase de habilitação das licitações serão observadas as seguintes disposições: [...]
> IV - será exigida do licitante declaração de que cumpre as exigências de reserva de cargos para pessoa com deficiência e para reabilitado da Previdência Social, previstas em lei e em outras normas específicas. [...]
> Art. 92. São necessárias em todo contrato cláusulas que estabeleçam: [...]
> XVII - a obrigação de o contratado cumprir as exigências de reserva de cargos prevista em lei, bem como em outras normas específicas, para pessoa com deficiência, para reabilitado da Previdência Social e para aprendiz; [...]
> Art. 116. Ao longo de toda a execução do contrato, o contratado deverá cumprir a reserva de cargos prevista em lei para pessoa com deficiência, para reabilitado da Previdência Social ou para aprendiz, bem como as reservas de cargos previstas em outras normas específicas.
> Parágrafo único. Sempre que solicitado pela Administração, o contratado deverá comprovar o cumprimento da reserva de cargos a que se refere o caput deste artigo, com a indicação dos empregados que preencherem as referidas vagas. [...]
> Art. 137. Constituirão motivos para extinção do contrato, a qual deverá ser formalmente motivada nos autos do processo, assegurados o contraditório e a ampla defesa, as seguintes situações: [...]
> IX - não cumprimento das obrigações relativas à reserva de cargos prevista em lei, bem como em outras normas específicas, para pessoa com deficiência, para reabilitado da Previdência Social ou para aprendiz.

Noticie-se que, para além da declaração das próprias empresas a que se refere o inciso IV do artigo 63 da Lei nº 14.133/2021, o Ministério do Trabalho e Emprego emite certidão sobre o cumprimento ou não por parte das empresas da cota destinada às pessoas com deficiência e reabilitados da Previdência Social. É de ressalvar que a sobredita certidão não é emitida especificamente para efeitos de licitações e contratos nem diz respeito à reserva de cotas e sim sobre o cumprimento das cotas.

O inciso IV do artigo 63 da Lei nº 14.133/2021 exige, entre os requisitos de habilitação, o cumprimento da reserva de cargos para pessoa com deficiência e reabilitado da Previdência Social, sendo que os demais dispositivos supracitados dizem respeito à fase contratual e não à de habilitação.

Abrem-se parênteses para salientar que, sem coerência, os dispositivos que versam sobre a fase contratual passam a exigir para ela também o cumprimento pelas empresas da reserva de cargos para aprendizes – exigência esta que não é formulada para a habilitação.

O problema dos aprendizes é parecido, também tocante até então às relações de trabalho, com previsão no artigo 429 da CLT,[130] e agora absorvido pelo universo das licitações e contratos, porém não diz respeito à fase de habilitação, é restrito à fase contratual.

O tema dos aprendizes também afeta fortemente as empresas com grande contingente de empregados, com destaque para as de terceirização, que não conseguem alocar os aprendizes nos contratos firmados com os seus clientes, inclusive com a Administração

130 "Art. 429. Os estabelecimentos de qualquer natureza são obrigados a empregar e matricular nos cursos dos Serviços Nacionais de Aprendizagem número de aprendizes equivalente a cinco por cento, no mínimo, e quinze por cento, no máximo, dos trabalhadores existentes em cada estabelecimento, cujas funções demandem formação profissional".

Pública, porque os clientes são quem define o perfil das vagas dos postos de serviços que contratam e, normalmente, não admitem aprendizes. Assim, sobraria para tais empresas alocar um número desproporcional de aprendizes nos seus departamentos administrativos, o que lhes é inviável.[131] Fecham-se os parênteses.

7.5.2 A inconstitucionalidade da exigência de reserva de cotas como condição de habilitação ou de acesso aos contratos administrativos.

A exigência de habilitação contida no inciso IV do artigo 63 da Lei nº 14.133/2021, relativa à reserva de cargos para pessoas com deficiência ou reabilitados da Previdência Social, é inconstitucional por ofensa à parte final do inciso XXI do artigo 37 da Constituição Federal:

> Art. 37. [...]
> XXI - ressalvados os casos especificados na legislação, as obras, serviços, compras e alienações serão contratadas mediante processo de licitação pública que assegure igualdade de condições a todos os concorrentes, com cláusulas que estabeleçam obrigações de pagamento, mantidas as condições efetivas da proposta, nos termos da lei, *o qual somente permitirá as exigências de qualificação técnica e econômica indispensáveis à garantia do cumprimento das obrigações.* (grifo acrescido).

A parte final do inciso XXI do artigo 37 da Constituição Federal é categórica e impõe contorno bem limitado às exceções ao direito de acesso às licitações e contratos administrativos, contorno este que deve ser interpretado restritivamente (*exceptiones sunt strictissimoe interpretationis*). Não se deve ampliá-lo, estendê-lo, ainda que sob pretensas razões de interesse público.

O objetivo do constituinte foi o de limitar as pretensas razões de interesse público que viessem a surgir na vigência da Constituição e que viessem a flexionar o acesso às licitações e contratos administrativos. Goste-se ou não, trata-se de regra constitucional cuja gênese é o direito fundamental à isonomia e que, obviamente, deve ser cumprida.

Logo, em acordo com a parte final do inciso XXI do artigo 37 da Constituição Federal, não é permitido ao legislador formular exigências que condicionam o acesso às licitações e aos contratos administrativos que não sejam de natureza técnica e econômica e que não sejam indispensáveis a avaliar se o licitante terá condições de efetivamente cumprir o contrato.

Dizendo de outra forma, o Constituinte houve por bem impedir que o legislador erga barreiras à participação no certame de interessados capazes de satisfazer o interesse público, sob a escusa de exigências que não guardem relação de pertinência direta com a contratação pública, admitindo apenas, repita-se, as de qualificação técnica e econômica que sejam indispensáveis à garantia do cumprimento das obrigações.

O constituinte buscou franquear amplo acesso aos interessados na licitação pública, universalizando a competição, evitando que ela se transformasse numa gincana de

[131] Pense-se numa empresa de terceirização com 20 mil empregados. Ela precisaria, numa conta geral, de 1.000 aprendizes. É comum que empresas desse tamanho tenham departamento administrativo com duas ou três centenas de empregados. Para absorver todos os aprendizes, elas teriam que triplicar ou quadruplicar os seus departamentos administrativos, sem necessidade, o que lhes oneraria a ponto de inviabilizar os seus negócios.

documentos e de formalidades. Deve-se exigir documentos e tudo quanto for pertinente à qualificação técnica e econômica, porém somente no tocante ao indispensável à garantia do cumprimento do futuro contrato. O que fugir disto é inconstitucional.

Objetivamente, diante da parte final do inciso XXI do artigo 37 da Constituição Federal, são inconstitucionais todos os dispositivos da Lei nº 14.133/2021 que condicionam o acesso às licitações e aos contratos administrativos ou a manutenção deles ao cumprimento de reserva de cargos para as pessoas com deficiência, reabilitados da Previdência Social e, inclusive, aprendizes.

Isso porque a exigência de reservar as cotas não é de natureza técnica nem econômica. E, mais grave do que isso, cumprir ou descumprir a reserva de cotas não afeta em nada, positiva ou negativamente, a capacidade das empresas de cumprirem ou não as obrigações contratuais. Assim, é inconstitucional restringir o acesso às licitações e aos contratos administrativos daqueles que cumprem as cotas.[132]

7.5.3 A Lei nº 14.133/2021 exige a reserva das cotas e não o preenchimento delas

A concorrência de normas na legislação trabalhista/previdenciária e nas licitações e contratos sobre as cotas destinadas às pessoas portadoras de deficiência e reabilitados da Previdência Social e mesmo aprendizes acaba causando confusão. Ocorre que, embora pertinentes às pessoas portadoras de deficiência, reabilitados da Previdência Social e aprendizes, o teor das respectivas normas é distinto. Repita-se que, sob a perspectiva trabalhista/previdenciária, a Lei nº 8.213/1991 prescreve:

> Art. 93. A empresa com 100 (cem) ou mais empregados *está obrigada a preencher* de 2% (dois por cento) a 5% (cinco por cento) dos seus cargos com beneficiários reabilitados ou pessoas portadoras de deficiência, habilitadas, na seguinte proporção:
> I - até 200 empregados...2%;
> II - de 201 a 500...3%;
> III - de 501 a 1.000...4%;
> IV - de 1.001 em diante. ....5%.

Bem se vê que o dispositivo supracitado não se refere às licitações e contratos administrativos e o teor dele exige das empresas o preenchimento do percentual de 2% a 5% dos cargos com beneficiários reabilitados ou pessoas portadoras de deficiência. Sob a perspectiva trabalhista/previdenciária, a norma é categórica ao preceituar que a empresa "está obrigada a preencher", de modo que se exige dela a disposição de empregados em quantidade suficiente. O descumprimento desta norma produz efeitos na esfera trabalhista/previdenciária e não produz, pelos seus próprios termos, em relação às licitações e contratos administrativos.

---

[132] Registre-se que o Supremo Tribunal Federal reconheceu a constitucionalidade da exigência de habilitação trabalhista já prevista na Lei nº 8.666/1993. (STF, Pleno, ADI 4716, Rel. Min. Dias Toffoli, j. 30.9.2024). O mesmo argumento pode respaldar a constitucionalidade da exigência de habilitação relacionada à reserva de cargos, em sentido oposto ao defendido neste livro.

Por sua vez, na Lei nº 14.133/2021, o dispositivo que trata da habilitação nas licitações é o inciso IV do seu artigo 63, vazado nos seguintes termos:

Art. 63. Na fase de habilitação das licitações serão observadas as seguintes disposições: [...] IV - será exigida do licitante *declaração de que cumpre as exigências de reserva de cargos* para pessoa com deficiência e para reabilitado da Previdência Social, previstas em lei e em outras normas específicas.

O dispositivo supracitado trata de condição de habilitação, portanto com reflexos nas licitações e contratos administrativos, porque quem não o cumpre deve ser inabilitado em licitação. O ponto é que o conteúdo do inciso IV do artigo 63 da Lei de Licitações é bem diferente daquele preceituado no artigo 93 Lei nº 8.213/1991, cujo teor, repita-se, afirma que a empresa "está obrigada a preencher" os percentuais por si referidos. Na Lei de Licitações, com sentido diverso, o Legislador não obrigou o preenchimento dos percentuais, ele apenas exigiu declaração de "reserva de cargos".

Ora, por tudo e em tudo, a *obrigação de preencher os cargos*, contida na Lei nº 8.213/1991, não se confunde com a *obrigação de reservar os cargos*, contida na Lei nº 14.133/2021. Sob a perspectiva trabalhista/previdenciária, a empresa é obrigada a *preencher os cargos* e, se não o fizer, deve ser sancionada na esfera trabalhista/previdenciária. Sob a perspectiva da licitação, a empresa é obrigada a *reservar os cargos* e, se não o fizer, deve ser inabilitada.

Em termos práticos, a intenção do legislador, sob a perspectiva das licitações e contratos administrativos, foi a de inabilitar as empresas que não reservam as vagas para pessoas com deficiência e reabilitados da Previdência Social. Daí que, para que as empresas sejam habilitadas, basta que elas declarem que reservam as vagas e não se exige que elas comprovem que tais vagas reservadas sejam preenchidas.

Sabe-se que não se deve interpretar o Direito de modo que ele contenha palavras inúteis (*verba cum effectu, sunt accipienda*). Ora, se o legislador quisesse condicionar a habilitação das empresas ao preenchimento das vagas destinadas às pessoas com deficiência e reabilitados da Previdência Social, ele o teria dito, teria exigido a comprovação do preenchimento de tais vagas. Como salientado, o legislador, para as licitações, preferiu exigir a reserva das vagas. Obviamente, reservar vagas é diferente de preenchê-las. É bem possível reservar as vagas e não se encontrar candidatos a elas e, por isso, não as preencher. Para as licitações, basta reservar as vagas, não se exige que sejam preenchidas.[133]

---

[133] RESPOSTA - Conforme já anotado e exposto no PARECER n. 00118/2024/CGAQ/SCGP/CGU/AGU, entende-se que a interpretação mais adequada da expressão "reserva de cargos para pessoa com deficiência e para reabilitado da Previdência Social," constante no art. 63, IV, da Lei nº 14.133, de 2021, é no sentido de que: a) a empresa deve destinar o percentual de cargos, previsto no art. 93 da Lei 8.213/91, às pessoas com deficiência e para reabilitados da Previdência Social; b) a eventual não ocupação de tais cargos destinados deve se dar exclusivamente por razões alheias à vontade da empresa; e) a empresa efetivamente deve estar empreendendo esforços para preencher o percentual legal de vagas.

- Sendo tais requisitos inquestionavelmente preenchidos e observados, é legítima a declaração, feita pela própria empresa, de que ela "cumpre as exigências de reserva de cargos para pessoa com deficiência e para reabilitado da Previdência Social, previstas em lei e em outras normas específicas".

- Anote-se que as considerações aqui traçadas não relativizam o cumprimento do art. 63, IV da Lei n. 14.133/2021, apenas se apresenta, sob a perspectiva estritamente jurídica, a interpretação que se considera mais adequada da expressão "reserva de cargos para pessoas com deficiência e para reabilitado da Previdência Social", apontando-se os requisitos necessários para atestar o atendimento ao comando legal sob análise.

- De toda forma, sugere-se ao consulente a avaliação da conveniência de edição de regulamento desta matéria, eis que é recomendável que o tratamento do assunto em destaque seja uniforme no âmbito da Administração Pública. (AGU, Parecer nº 00571/2024/CGSEM/SCGP/CGU/AGU. Data: 5.7.2024).

Essa distinção faz ainda mais sentido porque o inciso IV do artigo 63 da Lei nº 14.133/2021 demanda dos licitantes uma mera declaração da reserva dos cargos e não a certidão emitida pelo Ministério do Trabalho e Emprego sobre o preenchimento das vagas. Ora, se o legislador tivesse exigido para as licitações o preenchimento das vagas, ele teria prescrito aos licitantes a apresentação da certidão emitida pelo Ministério do Trabalho e Emprego e não uma declaração sobre reserva de vagas. O legislador não exigiu para as licitações a certidão porque ela não atesta a reserva das vagas e sim o preenchimento delas, coisas diversas.

7.5.4 Argumentos subsidiários caso prevaleça o entendimento de que a Lei nº 14.133/2021 exige o cumprimento das cotas e não a reserva dos cargos

Caso prevaleça o entendimento de que a Lei nº 14.133/2021 exige o cumprimento das cotas e não a reserva dos cargos, subsidiariamente, seria ainda possível que as empresas alegassem em relação à exigência de habilitação relativa às cotas para pessoas com deficiência ou reabilitados da Previdência Social:

(i) caso fortuito, desde que as empresas conseguissem comprovar que o não cumprimento por parte da cota reservada para as pessoas com deficiência e reabilitados da Previdência Social dá-se por razões estranhas às suas vontades, que não lhes podem ser imputadas. Isso ocorre nas hipóteses em que as empresas comprovam que abrem as vagas destinadas a trabalhadores deficientes ou reabilitados da Previdência Social, porém não recebem candidatos suficientes para preenchê-las. Se isto ocorrer, está-se diante, por rigor jurídico, de uma espécie de caso fortuito, na forma do artigo 393 do Código Civil,[134] que se aplica supletivamente em matéria de licitações e contratos por força do artigo 89 da Lei nº 14.133/2021;[135]

(ii) extensão dos efeitos dos eventuais termos de ajustamento de conduta firmados com o Ministério Público do Trabalho para as licitações públicas e contratos administrativos. Ora, tais termos pressupõem justo título que endossa o cumprimento apenas parcial das cotas, dentro dos prazos nele estabelecidos. Então, desde que cumpridos os termos ajustados, o mesmo justo título deve ser considerado e aceito para efeitos de licitações públicas e contratos administrativos;

(iii) interpretação conforme a Constituição Federal, notadamente ao princípio da proporcionalidade. O argumento é baseado no fato de as empresas reservarem as vagas e não encontrarem candidatos com deficiência ou reabilitados da Previdência Social em número suficiente. Daí haveria uma desproporção entre as vagas oferecidas e os interessados, haveria bem mais vagas do que

---

[134] "Art. 393. O devedor não responde pelos prejuízos resultantes de caso fortuito ou força maior, se expressamente não se houver por eles responsabilizado. Parágrafo único. O caso fortuito ou de força maior verifica-se no fato necessário, cujos efeitos não era possível evitar ou impedir".

[135] "Art. 89. Os contratos de que trata esta Lei regular-se-ão pelas suas cláusulas e pelos preceitos de direito público, e a eles serão aplicados, supletivamente, os princípios da teoria geral dos contratos e as disposições de direito privado".

interessados. Essa desproporção se acentua ainda mais a depender das atividades empresariais. Por exemplo, as empresas que prestam serviços de segurança e vigilância e os seus empregados, por exigência legal,[136] precisam atender a requisitos de aptidão física, de modo que, por regra, pessoas com deficiência ou reabilitados da Previdência Social não são aptos a ocupar tais postos de trabalho – a própria segurança deles estaria em risco. Portanto, para tais empresas, os percentuais legais são mais e mais desproporcionais.

Não é demais ressalvar que não se trata de oposição às políticas públicas e à proteção que deve ser dada pelo Estado às pessoas com deficiência, reabilitadas da Previdência Social e aprendizes. Sabe-se que tais políticas se amparam no princípio da igualdade, encontram respaldo constitucional e são fundamentais para a promoção de justiça social.

Sem embargo disso, as empresas devem ter resguardados os seus direitos de participar de licitações públicas e celebrar contratos administrativos, direitos estes importantes para que elas cumpram a sua função social, gerem desenvolvimento para o país e, por via reflexa, contribuam para uma sociedade mais justa e igualitária. As regras sobre cotas deveriam ser mais bem refletidas, especialmente ao serem projetadas sobre as licitações públicas e contratos administrativos.

7.6 Sede ou domicílio do licitante

A regularidade fiscal concerne às três órbitas federativas: União, estados e municípios. Problema surge em relação à qual estado ou município deve o licitante demonstrar a regularidade fiscal. A solução apontada pelo legislador é que a regularidade diz respeito à sede ou ao domicílio do licitante, conforme se depreende dos incisos II e III do artigo 68 da Lei nº 14.133/2021.

Entretanto, a fixação da sede ou do domicílio de pessoas jurídicas é opção deixada ao livre arbítrio dos sócios da empresa. Não é obrigatório que seja no lugar de suas principais atividades. Bastaria, portanto, para se burlar a Lei de Licitações, fixar domicílio em estado onde a empresa não tenha débitos fiscais. Para evitar fraudes, o Código Tributário Nacional, nos §§1º e 2º do seu artigo 127, admite a possibilidade de recusa do domicílio eleito e que, então, seja considerado domicílio, para efeito tributário e, pois, para apurar a habilitação, o lugar da situação dos bens ou da ocorrência dos atos ou fatos que derem origem à obrigação.

Portanto, se a Administração se deparar com indícios ou suspeita de fraude no que tange à indicação da sede ou do domicílio por parte do licitante, deve baixar diligências, com fundamento no artigo 64 da Lei nº 14.133/2021, e esclarecer o que precisar ser esclarecido, podendo inclusive conferir prazo para que o licitante comprove situação de efetiva regularidade.

[136] Lei nº 7.102/83: "Art. 16. Para o exercício da profissão, o vigilante preencherá os seguintes requisitos: [...] II - ter idade mínima de 21 (vinte e um) anos; [...] V - ter sido aprovado em exame de saúde física, mental e psicotécnico".

7.7 Pertinência das certidões de regularidade fiscal com o objeto da licitação

Para uma parte da doutrina, a prova da regularidade fiscal só deveria incidir em relação aos tributos pertinentes ao objeto da licitação.[137] Nesse sentido, se a Administração está contratando a prestação de serviço, o edital deveria exigir o cadastro, a certidão de regularidade municipal e as certidões federais, não a estadual, já que os impostos estaduais não incidem diretamente sobre serviço. Seguindo o mesmo raciocínio, se a Administração está adquirindo algo, o edital deveria exigir o cadastro, a certidão de regularidade estadual e as certidões federais, não a municipal, dado que os impostos municipais não incidem diretamente sobre operações de compra e venda.

Aliás, o Superior Tribunal de Justiça, sob a mira da Lei nº 8.666/1993, que traz disposição parecida à da Lei nº 14.133/2021, já tratou do assunto, tendo decidido o seguinte:

> [...] a cláusula do Edital que, "in casu", se afirma descumprida (5.5.1.), entremeada da expressão "se for o caso", só pode ser interpretada no sentido de que, a prova da inscrição cadastral (perante as fazendas estadual e municipal) somente se faz necessária se o proponente for destas (Fazendas) contribuintes, porquanto a lei somente admite previsão de exigência se ela for qualificável, em juízo lógico, como indispensável à consecução do fim.[138]

Noutra oportunidade, também em vista da Lei nº 8.666/1993, o mesmo Superior Tribunal de Justiça seguiu interpretação distinta. Confira-se: "A Lei nº 8.666/93 exigia prova de regularidade fiscal perante todas as fazendas, Federal, Estadual e Municipal, independentemente da atividade do licitante".[139]

A rigor, o inciso II do artigo 68 da Lei nº 14.133/2021 exige a prova de inscrição no cadastro de contribuintes estadual e/ou municipal. O inciso III do mesmo artigo requer a regularidade perante Fazenda federal, estadual e/ou municipal.

Note-se que o legislador utilizou as conjunções adicional e alternativa "e/ou". Portanto, a Administração deve decidir conforme o caso, o que significa que a regra não é exigir, em todas as situações, ambas as inscrições e regularidades estadual e municipal. Daí se pode concluir que: (i) se a atividade objeto da licitação se sujeita à tributação apenas estadual, a inscrição deve ser apenas a estadual; (ii) se a atividade objeto da licitação se sujeita à tributação apenas municipal, a inscrição deve ser apenas a municipal; (iii) se o objeto da licitação envolver diversas atividades e elas se sujeitarem à tributação estadual e municipal, a inscrição deve ser estadual e municipal; e (iv) o mesmo raciocínio vale para a regularidade fiscal, anotando-se que a regularidade perante a Fazenda federal deve ser exigida em todos os casos, independentemente da atividade correspondente ao objeto da licitação.

Soma-se a isso que o artigo 193 do Código Tributário Nacional estatui o seguinte:

> Art. 193. Salvo quando expressamente autorizado por lei, nenhum departamento da administração pública da União, dos Estados, do Distrito Federal, ou dos Municípios, ou

---

[137] JUSTEN FILHO, Marçal. *Comentários à Lei de Licitações e Contratos Administrativos*. 1. ed. São Paulo: Thomson Reuters Brasil, 2021. *E-book*.

[138] STJ, Primeira Seção. MS nº 5.655/DF. Rel. Min. Demócrito Reinaldo, j. 27.5.1998.

[139] STJ, Segunda Turma. REsp nº 138.745/RS. Rel. Min. Franciulli Netto, j. 5.4.2001.

sua autarquia, celebrará contrato ou aceitará proposta em concorrência pública sem que o contratante ou proponente faça prova da quitação de todos os tributos devidos à Fazenda Pública interessada, relativos à atividade em cujo exercício contrata ou concorre.

Note-se que a parte final do supracitado artigo prescreve que a prova de quitação dos tributos é relativa à atividade em cujo exercício o contribuinte contrata ou concorre. Desse modo, as certidões de regularidade, também com supedâneo no Código Tributário Nacional, devem ser pertinentes ao objeto da licitação.

Assim sendo, em exercício de interpretação sistêmica, os licitantes devem comprovar regularidade apenas em relação às "fazendas" que arrecadam os tributos pertinentes às atividades correspondentes ao objeto da licitação. Por via de consequência, os licitantes devem apresentar a inscrição e as certidões municipais e estaduais de acordo com o objeto da licitação e a tributação que ele atrai.

Noticia-se que a jurisprudência e os entendimentos externados pelo Tribunal de Contas da União sobre o assunto em face da Lei nº 8.666/1993 variam bastante. A propósito, o Tribunal edita uma espécie de manual de licitações, com orientações para os seus jurisdicionados, donde se extrai que a regularidade fiscal depende e deve ser restrita à atividade correspondente ao objeto da licitação.[140] Sem embargo, o mesmo Tribunal produziu acórdãos, como, por exemplo, o Acórdão nº 5.318/2018, da Segunda Câmara, que dá a entender que é necessário exigir, concomitantemente, a regularidade com todos os entes da Federação, independentemente da atividade correspondente ao objeto da licitação.[141] Mais recentemente, com outro sentido, o Acórdão nº 2.185/2020, do Plenário, decidiu que em licitação realizada por órgão federal e com recursos da União não se deve exigir regularidade com a Fazenda municipal. Ou seja, neste acórdão, a exigência de certidão dependeria do ente federativo que promove e/ou custeia a licitação e não das atividades correspondentes ao objeto da licitação, o que não parece ser o adequado, conforme os argumentos esposados acima.[142] De toda sorte, o artigo 68 da Lei nº 14.133/2021 não reproduziu a mesma redação dos dispositivos da Lei nº 8.666/1993, notadamente do seu artigo 29. Espera-se que as orientações do Tribunal de Contas da União sejam revistas e consolidadas em prol da segurança jurídica.

7.8 As certidões de regularidade e sua verificação por meio eletrônico

A comprovação das exigências de regularidade fiscal, social e trabalhista deve se dar em acordo com a legislação específica. É isso que prescreve o §2º do artigo 68 da Lei nº 14.133/2021, que faz referência expressa aos incisos III (perante a Fazenda federal,

[140] O manual de licitações e contratos do Tribunal de Contas da União segue a mesma exegese aqui defendida: "– essa exigência será definida em cada procedimento licitatório, diante da especificidade do objeto; – se o objeto do certame referir-se a compra de bens, deve ser exigida do licitante inscrição no cadastro de contribuinte estadual; – se for o caso de prestação de serviços, será exigida do licitante a inscrição municipal; [...]" (BRASIL. Tribunal de Contas da União. *Licitações e contratos*: orientações e jurisprudência do TCU. 4. ed. Brasília: TCU, Secretaria-Geral da Presidência: Senado Federal, Secretaria Especial de Editoração e Publicações, 2010. p. 349).

[141] TCU, Segunda Câmara. Acórdão nº 5.318/2018. Rel. Min. Marcos Bemquerer, j. 3.7.2018.

[142] "O art. 29 da Lei 8.666/1993 não exige prova da regularidade fiscal perante a fazenda municipal quando a licitação é realizada por órgão federal e com recursos da União" (TCU, Plenário. Acórdão nº 2.185/2020. Rel. Min. Raimundo Carreiro, j. 19.8.2020).

estadual e/ou municipal), IV (perante a Seguridade Social e ao FGTS) e V (perante a Justiça do Trabalho).

Atualmente, muitas ou quiçá todas as certidões de regularidade fiscal são obtidas pela internet. Em regra, os licitantes devem imprimir a respectiva certidão pela internet, que é numerada e acompanhada de prazo de validade, e apresentá-la entre os documentos de habilitação. A Administração, ao recebê-la, deve obrigatoriamente verificar a autenticidade dela na internet, no sítio da entidade expedidora, até porque a apresentada pelo licitante sequer possui assinatura ou selo de autenticação e, logo, pode ser facilmente falsificada.

O Tribunal de Contas da União, diante da Lei nº 10.520/2002, analisou caso concreto ocorrido em pregão, em que o licitante apresentou certidão impressa com prazo de validade expirado. No entanto, o pregoeiro verificou no sítio oficial do órgão expedidor da certidão que a situação do licitante estava regular e resolveu habilitá-lo. O Tribunal de Contas da União reputou o procedimento legítimo, tendo assinalado que, nessa situação, a inabilitação do licitante desenharia excesso de formalismo.[143]

Certamente inspirado por esse precedente do Tribunal de Contas da União, o §1º do artigo 68 da Lei nº 14.133/2021 prescreve que "os documentos referidos nos incisos do *caput* deste artigo poderão ser substituídos ou supridos, no todo ou em parte, por outros meios hábeis a comprovar a regularidade do licitante, inclusive por meio eletrônico". Logo, o agente ou comissão responsável pela condução da licitação, se constatar impropriedade em alguma certidão de regularidade fiscal, social ou trabalhista, deve acessar o endereço eletrônico da entidade responsável por emiti-la e verificar a situação real do licitante. Se ele estiver em situação de regularidade, deve ser habilitado. Aliás, o supracitado §1º do artigo 68 cogita de "outros meios hábeis a comprovar a regularidade", o que importa admitir ainda outras providências que não a verificação pelo acesso ao *site* do emissor da certidão, conforme as especificidades de cada caso.

7.9 Certidão de regularidade fiscal para com a Fazenda Federal

A situação de regularidade fiscal para com a Fazenda Federal era comprovada mediante a apresentação de duas certidões: a certidão de quitação de tributos e contribuições federais, expedida pela Delegacia da Receita Federal, e a certidão de quitação da dívida ativa da União, expedida pela Procuradoria da Fazenda Nacional. As duas certidões foram unificadas e hoje a regularidade fiscal perante a Fazenda Nacional é comprovada por meio de certidão expedida conjuntamente pela Receita Federal e pela Procuradoria-Geral da Fazenda Nacional, referente a todos os créditos tributários federais e à dívida ativa da União, tudo em conformidade com a Portaria Conjunta RFB/PGFN nº 1.751/2014.

7.10 A certidão negativa de débitos trabalhistas

A Lei nº 12.440/2011 alterou a Consolidação das Leis do Trabalho para acrescer-lhe o artigo 642-A, cujo teor instituiu a certidão negativa de débitos trabalhistas, expedida

[143] TCU, Plenário. Acórdão nº 1.758/2003. Rel. Min. Walton Alencar Rodrigues, j. 19.11.2003.

eletronicamente, para comprovar a inexistência de débitos inadimplidos perante a Justiça do Trabalho. De acordo com o §1º do referido dispositivo:

> Art. 642-A. [...]
> §1º O interessado não obterá a certidão quando em seu nome constar:
> I - o inadimplemento de obrigações estabelecidas em sentença condenatória transitada em julgado, proferida pela Justiça do Trabalho ou em acordos judiciais trabalhistas, inclusive no concernente aos recolhimentos previdenciários, a honorários, a custas, a emolumentos ou a recolhimentos determinados em lei; ou
> II - o inadimplemento de obrigações decorrentes de execução de acordos firmados perante o Ministério Público do Trabalho ou Comissão de Conciliação Prévia.

O §2º do mesmo artigo 642-A preconiza que, "verificada a existência de débitos garantidos por penhora suficiente ou com exigibilidade suspensa, será expedida Certidão Positiva de Débitos Trabalhistas em nome do interessado com os mesmos efeitos da CNDT".

Convém enfatizar que regularidade fiscal e trabalhista são substancialmente diferentes, dado que a obrigação fiscal não se confunde com a trabalhista. A regularidade fiscal e a trabalhista apenas foram agrupadas no mesmo artigo 68 da Lei nº 14.133/2021, sem que tenha havido qualquer mistura ou simbiose entre elas.

Repita-se, mais uma vez, que tal exigência de regularidade trabalhista é inconstitucional, haja vista que viola o princípio da competitividade tal qual expresso na parte final do inciso XXI do artigo 37 da Constituição Federal, cujo texto enuncia que em licitação somente é permitido formular exigências indispensáveis à garantia do cumprimento das obrigações contratadas. É evidente que o fato de dada empresa inadimplir obrigações trabalhistas não autoriza afirmar que ela não tenha condições de cumprir contrato disputado em licitação, pelo que, insista-se, a exigência é inconstitucional, conquanto não tenha sido declarada pelos tribunais.[144]

7.11 Cumprimento do inciso XXXIII do artigo 7º da Constituição Federal

O inciso XXXIII do artigo 7º da Constituição Federal prescreve como direito dos trabalhadores urbanos e rurais a "proibição do trabalho noturno, perigoso ou insalubre a menores de 18 (dezoito) e de qualquer trabalho a menores de 16 (dezesseis) anos, salvo na condição de aprendiz, a partir de 14 (quatorze) anos".

Por sua vez, o inciso VI do artigo 68 da Lei nº 14.133/2021 estatui como condição de habilitação em licitação pública o cumprimento do disposto no inciso XXXIII do artigo 7º da Constituição Federal. Trocando-se em miúdos, aqueles que empregarem menores nas condições vedadas pelo inciso XXXIII do artigo 7º da Constituição Federal devem ser inabilitados.

Bem se vê que a Constituição Federal apenas proíbe o trabalho de menores nas condições entabuladas no inciso XXXIII do seu artigo 7º. Ela não determina que quem

---

[144] Registre-se que, em sentido oposto ao defendido aqui, o Supremo Tribunal Federal reconheceu a constitucionalidade da exigência de habilitação trabalhista já prevista na Lei nº 8.666/1993. O entendimento do Supremo é aderente ao previsto na Lei nº 14.133/2021. (STF, Pleno, ADI 4.716, Rel. Min. Dias Toffoli, j. 30.9.2024).

desobedeça ao referido dispositivo seja inabilitado em licitação pública. É a Lei nº 14.133/2021 quem vincula o trabalho de menores às licitações públicas. Portanto, que fique claro, não se trata de exigência de natureza constitucional.

Muito ao contrário, a parte final do inciso XXI do artigo 37 da Constituição Federal assevera que somente é permitido exigir em licitação aquilo que for indispensável para verificar se os licitantes têm ou não condições de cumprir o futuro contrato. Ora, o emprego ou não de menores nas condições vedadas pelo inciso XXXIII do artigo 7º da Constituição Federal não é algo indispensável para avaliar a capacitação dos licitantes, muito embora seja assunto importante para o Estado como um todo. Quer dizer que o emprego de menores não é tema afeito à licitação pública, não é algo indispensável para a habilitação. Por via de consequência, condicionar a habilitação de licitantes a questões relacionadas ao trabalho de menores é inconstitucional, por ofensa ao preceituado na parte final do inciso XXI do artigo 37 da Constituição Federal. Ressalva-se que os tribunais não reconhecem a inconstitucionalidade e a exigência é reproduzida em quase todas as licitações.

De mais a mais, o artigo 1º do Decreto Federal nº 4.358/2002 regulamentou o inciso V do artigo 27 da Lei nº 8.666/1993, que veiculava a mesma prescrição do inciso VI do artigo 68 da Lei nº 14.133/2021. O decreto prescreve que o cumprimento do inciso XXXIII do artigo 7º da Constituição Federal seja comprovado por meio de declaração do próprio licitante. Ou seja, é o próprio licitante que deve declarar se mantém vínculo empregatício com menores nas condições vedadas pelo inciso XXXIII do artigo 7º da Constituição Federal. Ora, é muito difícil, na prática, ver alguém declarar que emprega crianças e adolescentes em condições proibidas pela Constituição Federal, o que torna a exigência vazia e sem utilidade. Em artigo sobre o assunto, Ivan Barbosa Rigolin questiona, com o sarcasmo que lhe é peculiar, "não haverá o que fazer em Brasília?".[145] Realmente, parece que não!

8 Qualificação técnica

8.1 Considerações gerais

A Administração Pública, ao avaliar a qualificação técnica dos licitantes, pretende aferir se eles dispõem dos conhecimentos, da experiência e do aparato operacional suficiente para satisfazer o contrato administrativo.

O interessado em firmar contrato com a Administração Pública precisa ter condições técnicas de cumpri-lo com a máxima eficiência. Há contratos com grau de complexidade técnica elevado, em que é necessária aptidão especialíssima para atender com presteza ao interesse público, por efeito do que as exigências de qualificação técnica variam substancialmente dependendo do objeto da licitação e, por consequência, do futuro contrato.

---

[145] RIGOLIN, Ivan Barbosa. *Comentando as licitações públicas*. Rio de Janeiro: Temas e Ideias, 2001. p. 113.

O *caput* do artigo 67 da Lei nº 14.133/2021 prescreve:

> [...] qualificação técnico-profissional e técnico-operacional será restrita a:
> I - apresentação de profissional, devidamente registrado no conselho profissional competente, quando for o caso, detentor de atestado de responsabilidade técnica por execução de obra ou serviço de características semelhantes, para fins de contratação;
> II - certidões ou atestados, regularmente emitidos pelo conselho profissional competente, quando for o caso, que demonstrem capacidade operacional na execução de serviços similares de complexidade tecnológica e operacional equivalente ou superior, bem como documentos comprobatórios emitidos na forma do §3º do art. 88 desta Lei;
> III - indicação do pessoal técnico, das instalações e do aparelhamento adequados e disponíveis para a realização do objeto da licitação, bem como da qualificação de cada membro da equipe técnica que se responsabilizará pelos trabalhos;
> IV - prova do atendimento de requisitos previstos em lei especial, quando for o caso;
> V - registro ou inscrição na entidade profissional competente, quando for o caso;
> VI - declaração de que o licitante tomou conhecimento de todas as informações e das condições locais para o cumprimento das obrigações objeto da licitação.

8.2 Qualificação técnico-profissional e técnico-operacional

O *caput* do artigo 67 da Lei nº 14.133/2021 refere-se à qualificação técnico-profissional e técnico-operacional.

A qualificação técnico-profissional diz respeito aos profissionais de que dispõe o licitante para executar o contrato. Investiga-se, então, a experiência dos profissionais apresentados pelos licitantes, a qualificação deles e demais aspectos. A qualificação técnico-operacional é do próprio licitante e não dos profissionais indicados por ele. Apura-se se o licitante tem experiência, se ele dispõe de estrutura, de equipamentos, instalações e outros aspectos.

Essa distinção é marcada nos incisos I e II do *caput* do artigo 67 da Lei nº 14.133/2021: o inciso I refere-se à apresentação de profissional detentor de atestado e o inciso II, a certidões ou atestados que demonstrem a capacidade operacional do próprio licitante.

Reconhece-se a importância de avaliar a qualificação dos profissionais e do próprio licitante. A complexidade do objeto dos contratos agregados à crescente especialização dos profissionais faz com que os contratos não sejam cumpridos por este ou aquele profissional individualmente, mas por uma empresa com estrutura operacional própria. Além de profissionais qualificados e experientes, a própria empresa precisa do *know-how* técnico para organizar a execução contratual – por isso avaliá-la em conjunto com os profissionais.

8.3 Comprovação de experiência por meio de atestados e outros documentos

Talvez a melhor prova de que alguém tenha capacidade técnica para fazer algo é demonstrando que já o fez anteriormente, que tem experiência. Por isso, o principal quesito tocante à qualificação técnica diz respeito à exigência de comprovação de experiência pretérita. Isto é, o licitante deve apresentar documento idôneo cujo teor ateste que ele já executou objeto semelhante ao que está sendo licitado.

Em regra, a comprovação de experiência dá-se por meio de atestado. Como o próprio nome revela, atestado é documento que *atesta* dado acontecimento. A expedição de atestado não é um favor da Administração em benefício do contratado. Trata-se de direito do contratado que executou dado objeto em favor da Administração e de obrigação dela, que apenas deve apontar no atestado o que de fato foi executado pelo contratado.

Salienta-se que, na forma do §3º do artigo 88 da Lei nº 14.133/2021, a Administração deve promover avaliação do desempenho do contratado. O resultado dessa avaliação não se confunde com o atestado. Este indica, com objetividade, o que foi executado pelo contratado. Aquela, a avaliação de desempenho, resulta de uma série de percepções qualitativas sobre o objeto contratado, que, nada obstante sua execução, podem ser negativas ou positivas. O documento que indica o resultado da avaliação de desempenho do contratado também acaba reconhecendo o que foi executado por ele e pode ser usado por ele para comprovar a sua experiência, na forma do inciso II do *caput* do artigo 67 da Lei nº 14.133/2021.

Aliás, o §3º do artigo 67 da Lei nº 14.133/2021 é flexível em relação aos documentos que podem ser admitidos para comprovar a experiência anterior dos licitantes e de seus profissionais. De acordo com o referido dispositivo:

> [...] salvo na contratação de obras e serviços de engenharia, as exigências a que se referem os incisos I e II do *caput* deste artigo, a critério da Administração, poderão ser substituídas por outra prova de que o profissional ou a empresa possui conhecimento técnico e experiência prática na execução de serviço de características semelhantes, hipótese em que as provas alternativas aceitáveis deverão ser previstas em regulamento.

Veja-se que essas provas alternativas dependem de regulamento, mas são admitidas pelo legislador, para que o conteúdo prevaleça sobre a forma. O que importa é a comprovação da experiência. Repita-se que, afora outros documentos e possibilidades a serem disciplinadas em regulamento, o inciso II do *caput* do artigo 67 da Lei nº 14.133/2021 já reconhece que o documento que veicula o resultado da avaliação de desempenho contratual do §3º do artigo 88 da Lei nº 14.133/2021 é uma forma de comprovar a experiência dos licitantes alternativa aos atestados.

Enfatiza-se que os atestados ou outros documentos comprobatórios da experiência podem ser expedidos por pessoas de direito público e de direito privado. Os editais não podem estabelecer restrições em relação a esse aspecto. Demais disso, o §4º do artigo 67 da Lei nº 14.133/2021 prescreve que "serão aceitos atestados ou outros documentos hábeis emitidos por entidades estrangeiras quando acompanhados de tradução para o português, salvo se comprovada a inidoneidade da entidade emissora". Quer dizer que o importante para a Administração é a experiência do licitante na execução de atividade correspondente ao objeto da licitação e do futuro contrato, não sendo relevante se essa experiência foi adquirida em razão de execução de contrato firmado com pessoa pública ou privada, com nacional ou estrangeiro. O que vale é a experiência.

De mais a mais, também por exigência contida nos incisos I e II do *caput* do artigo 67 da Lei nº 14.133/2021, é necessário que os atestados sejam registrados nas entidades profissionais competentes nas situações em que as atividades neles descritas se referem a atividades correspondentes a profissões regulamentadas. Nas hipóteses em que os atestados não se referem às atividades correspondentes a profissões regulamentadas ou em que as entidades profissionais competentes se recusam a emitir os atestados, eles devem ser emitidos diretamente pelas pessoas de direito público ou de direito privado que contrataram e se valeram dos préstimos do licitante.

8.3.1 Limitação legal da comprovação de experiência técnico-profissional a obra e serviço

A Administração pode firmar os mais diversos contratos, com as mais diversas modelagens. De maneira geral, os tipos de contratos administrativos mais comuns são os de compra, serviço e obra, tanto que esses três tipos de contratos são definidos pelos incisos X, XI e XII do artigo 6º da Lei nº 14.133/2021.[146] Não é o caso, neste tópico, de aprofundar os respectivos conceitos, mas apenas de deixar rememorar que eles representam tipos diferentes de contratos, com obrigações e contornos diferentes.

Pois bem, fazem-se essas considerações porque o legislador fez referências sobre contratos de tipologias diferentes nos incisos I e II do *caput* do artigo 67 da Lei nº 14.133/2021, o que pode causar muitas controvérsias.

O inciso I do *caput* do artigo 67 diz respeito à experiência dos profissionais apresentados pelos licitantes, exigindo deles "[...] atestado de responsabilidade técnica por execução de obra ou serviço de características semelhantes, para fins de contratação". Logo, a exigência por parte da Administração de experiência dos profissionais deve ser limitada aos contratos de obras e serviços, aí abrangendo todos os tipos de serviços, inclusive de engenharia.

Note-se que o inciso I do *caput* do artigo 67 não menciona a comprovação da experiência profissional relacionada a contrato de compra. O dispositivo é limitado à experiência adquirida em contrato de obra ou serviço. O *caput* do mesmo artigo 67 prescreve que a "documentação relativa à qualificação técnico-profissional e técnico-operacional será restrita a: [...]". Claramente, não é permitido formular outras exigências de qualificação técnico-profissional que não as prescritas nos incisos do *caput* do artigo 67, que, insista-se, limita a exigência de comprovação de experiência profissional à obra e serviço e não a prevê para compra.

Dizendo de outra forma, diante da redação unívoca do inciso I do *caput* do artigo 67, à Administração não é permitido exigir dos licitantes que apresentem profissionais experientes diante de licitação que tem por objeto compra. Ressalva-se que à Administração é permitido, em todos os tipos de contrato, inclusive compras, com base no inciso III do *caput* artigo 67, exigir dos licitantes a indicação de pessoal técnico, bem como a qualificação de cada membro da equipe técnica que se responsabilizará pelos

---

146 "Art. 6º Para os fins desta Lei, consideram-se: [...] X - compra: aquisição remunerada de bens para fornecimento de uma só vez ou parceladamente, considerada imediata aquela com prazo de entrega de até 30 (trinta) dias da ordem de fornecimento; XI - serviço: atividade ou conjunto de atividades destinadas a obter determinada utilidade, intelectual ou material, de interesse da Administração; XII - obra: toda atividade estabelecida, por força de lei, como privativa das profissões de arquiteto e engenheiro que implica intervenção no meio ambiente por meio de um conjunto harmônico de ações que, agregadas, formam um todo que inova o espaço físico da natureza ou acarreta alteração substancial das características originais de bem imóvel; [...]".

trabalhos. No entanto, não é permitido, à vista do inciso I do *caput* do artigo 67, exigir que o licitante apresente profissional com atestado de capacidade técnica comprovador da sua experiência. Essa exigência é permitida apenas para obra ou serviço.

Pondera-se que a limitação do inciso I do *caput* do artigo 67 no tocante aos atestados dos profissionais às obras e serviços não é tão prejudicial para a Administração. Acontece que, normalmente, em contratos de compras, não é necessário que os licitantes comprovem dispor de profissionais com experiência semelhante, até porque em compras a atuação de profissionais não costuma ser tão decisiva. Sucede que, normalmente, o objeto da compra é bem industrializado ou executado de acordo com procedimentos padronizados, não dependentes da intervenção central de dado profissional, acerca do qual se faça necessário avaliar a experiência. A avaliação da experiência dos profissionais tem realce especial, realmente, no que concerne às obras e aos serviços.

8.3.2 Limitação legal da comprovação de experiência técnico-operacional a serviço

O maior problema, no entanto, reside na redação do inciso II do *caput* do artigo 67 da Lei nº 14.133/2021, que trata da comprovação da experiência dos licitantes, da qualificação técnico-operacional. Sucede que o dispositivo, literalmente, refere-se apenas a certidões ou atestados de serviços: "[...] que demonstrem capacidade operacional na execução de serviços similares de complexidade tecnológica e operacional equivalente ou superior [...]".

Pelo teor unívoco do inciso II do *caput* do artigo 67, à Administração é vedado exigir dos licitantes a comprovação de experiência se o objeto da licitação consistir em compra ou em obra. Reitera-se que o *caput* do artigo 67 preceitua que a "documentação relativa à qualificação técnico-profissional e técnico-operacional será restrita a: [...]". Logo, não cabe interpretação extensiva ou considerar que o disposto nos incisos do *caput* traz hipóteses meramente exemplificativas.

O legislador, insista-se, somente permitiu à Administração exigir dos licitantes a comprovação de experiência técnico-operacional em relação a contratos de serviços. Por conseguinte, à Administração não é permitido exigir dos licitantes a comprovação de experiência técnico-operacional no tocante a contratos de compra e de obra.

Aliás, não se alegue que a referência do inciso II do *caput* do artigo 67 da Lei nº 14.133/2021 apenas a serviço foi fruto de mera desatenção de redação ou coisa do gênero. O legislador empregou vocábulos com clareza no artigo 67. Veja-se que no inciso I do *caput* do artigo 67 o legislador referiu-se a obra ou serviço e no inciso II apenas a serviço. Não foi por acaso, o legislador quis restringir a exigência de atestados a obras e serviços para a comprovação da experiência técnico-profissional e apenas a serviços para a experiência técnico-operacional.

A propósito, vê-se que no inciso III do *caput* do artigo 67, que não se refere à exigência de comprovação de experiência e sim da exigência de indicação por parte do licitante de pessoal técnico, instalações e aparelhamento, o legislador não se refere a nenhum tipo de contrato ou objeto contratual específico e restrito. O legislador admite tais exigências no tocante a pessoal técnico, instalações e aparelhamento considerados "[...] adequados e disponíveis para a realização do objeto da licitação [...]". Ou seja, nos incisos I e II do *caput* do artigo 67 o legislador quis ser restritivo, não se referiu a objetos de forma ampla. No inciso III do mesmo artigo, o legislador abriu a exigência a qualquer objeto, sem restrições.

Em reforço, note-se, também, que no §3º do artigo 67 da Lei nº 14.133/2021, o legislador remete de forma expressa aos incisos I e II do *caput* e teve o cuidado de mencionar apenas obras e serviços e não objetos contratuais de forma mais ampla.

A opção do legislador merece todas as críticas, sendo que os prejuízos para a Administração são relevantes. Ora, muitas vezes as compras da Administração envolvem volume considerável e é do seu interesse avaliar se o licitante tem experiência operacional em contratos de compra de maior porte. O mesmo interesse ocorre com objetos de alta complexidade, também usualmente adquiridos pela Administração, podendo-se mencionar, por ilustração, veículos de grande porte, turbinas para usinas e equipamentos médicos sofisticados.

No tocante às obras, os prejuízos são ainda mais substanciais, para obras de todas as dimensões, porém, com mais ênfase para as obras de grande porte, que demandam do contratado capacidade operacional de gerir diversas especialidades, atividades e frentes, inclusive, diversos profissionais também experientes. Em obras de grande porte é de todo evidente o interesse legítimo da Administração de contratar empresas que comprovem experiência e não apenas aquelas que disponham de profissionais experientes.

De todo jeito, o fato é que o recorte restritivo empreendido pelo legislador nos incisos I e II do *caput* do artigo 67 da Lei nº 14.133/2021 não viola qualquer norma constitucional, logo, é válido. O legislador goza de competência constitucional para prescrever as regras jurídicas, sendo que a Administração Pública e os operadores do direito devem ter deferência a elas. Não é porque não apreciam a opção do legislador que devem recusá-la.

Advirta-se que princípios administrativos protetores do interesse público, bem como os da eficiência, eficácia ou outros, não devem ser invocados genericamente para contornar a opção legítima e democrática resultante do processo legislativo. Ora, essa suposta manipulação de princípios relativiza a ordem jurídica, é inconstitucional porque viola a competência constitucional do Legislativo e deita a perder a segurança jurídica. A interpretação do direito não se contenta com a literalidade das regras jurídicas, porém, não é permitido desprezar a literalidade para que o intérprete faça prevalecer o seu juízo de valor em detrimento ao juízo de valor legítimo e democrático do Legislativo.

8.3.3 Comprovação da experiência em obra e serviço de engenharia

A comprovação da experiência em obra e serviço de engenharia guarda especificidade em razão da regulamentação do Conselho Federal de Engenharia e Agronomia (Confea).

O artigo 47 da Resolução Confea nº 1.025/2009 prescreve que "o acervo técnico é o conjunto das atividades desenvolvidas ao longo da vida do profissional compatíveis com suas atribuições e registradas no CREA por meio de anotações de responsabilidade técnica". Além disso, o artigo 49 da aludida resolução enuncia que "a Certidão de Acervo Técnico – CAT é o instrumento que certifica, para os efeitos legais, que consta dos assentamentos do CREA a anotação da responsabilidade técnica pelas atividades consignadas no acervo técnico do profissional". Ademais, o artigo 55 da mesma resolução veda a emissão de CAT em nome da pessoa jurídica. Em complemento, o parágrafo único do mesmo artigo preconiza que "a CAT constituirá prova da capacidade técnico-profissional da pessoa jurídica somente se o responsável técnico indicado estiver a ela vinculado como integrante de seu quadro técnico".

Ou seja, o Confea não reconhece atestados de capacidade técnica operacional em obras e serviços de engenharia. Ele não emite certidão de acervo técnico em nome das pessoas jurídicas, apenas em nome dos profissionais. Dessa sorte, nessa percepção, o acervo técnico da pessoa jurídica depende do acervo técnico dos profissionais que a compõem. De modo abertamente equivocado, para o Confea, a experiência das empresas deve ser medida pela experiência dos profissionais que fazem parte dela.

Reitera-se que o inciso I do *caput* do artigo 67 da Lei nº 14.133/2021 prescreve que a exigência de experiência técnico-profissional deve ser realizada em relação à obra e serviço. O inciso II, na sequência, limita a exigência de experiência técnico-operacional a serviço, porém admitindo em relação a todos os serviços, inclusive de engenharia. Quer dizer que, nos termos da Lei nº 14.133/2021, a Administração não deve exigir atestado de capacidade técnica comprovador da experiência da empresa no que tange à execução de obra, porém, que pode exigir com relação aos serviços de engenharia. O Confea nega-se a emitir qualquer atestado que comprove a experiência da empresa em qualquer atividade de engenharia, para obras e para serviços. Nessa medida, o comportamento do Confea rivaliza com o inciso II do *caput* do artigo 67 da Lei nº 14.133/2021, que permite à Administração exigir atestado comprovante da experiência das empresas em relação aos serviços de engenharia.

Diante desse quadro, os profissionais precisam promover a Anotação de Responsabilidade Técnica, documento a partir do qual o Conselho deve expedir a Certidão de Acervo Técnico. O profissional tem de comprovar a sua experiência por meio da Certidão de Acervo Técnico.

A Certidão de Acervo Técnico, emitida em nome do profissional, faz referência à pessoa jurídica a que ele estava vinculado à época da execução dos serviços e obras nela indicados. Logo, a Administração pode analisar a experiência da pessoa jurídica com base nas referências feitas a ela em Certidão de Acervo Técnico expedida em nome do profissional. Ou seja, a Administração verifica quais os serviços executados pelas pessoas jurídicas em razão da Certidão de Acervo Técnico emitida pelo Conselho em nome do profissional.

Acaso a pessoa jurídica não disponha, por qualquer razão, da Certidão de Acervo Técnico emitida em favor de engenheiro e que faça referência a si (à pessoa jurídica), é-lhe permitido comprovar a experiência por meio de atestados não registrados no conselho profissional. Fica-se, então, em benefício à competitividade, sem o certificado emitido pelo conselho profissional. É importante que o edital seja claro a respeito dos documentos necessários para comprovar a experiência da pessoa jurídica.[147]

---

147 "Sobre o tema posto à apreciação, cabe mais uma vez esclarecer que a capacidade técnico-operacional é devida pela empresa licitante – e comprovada por meio de atestados fornecidos por pessoas jurídicas de direito público ou privado, sofrendo a incidência do enunciado Sumular TCESP no 24, enquanto a técnico-profissional é devida pelos profissionais responsáveis devidamente habilitados - e feita através da apresentação da CAT (Certidão

De toda sorte, não se pode confundir a experiência do profissional e da licitante, da pessoa jurídica. Desse modo, ainda que o profissional a que faz referência a Certidão de Acervo Técnico afaste-se da pessoa jurídica e não mantenha mais vínculo com ela, a experiência dela (da pessoa jurídica) permanece intacta. A pessoa jurídica não se torna menos experiente em decorrência do afastamento de profissional experiente. Uma não depende da outra: a operacional não depende da profissional e assim reciprocamente.

8.3.4 Desnecessidade de que o profissional a que faz referência o atestado de capacidade técnica profissional faça parte do quadro permanente do licitante

O inciso I do artigo 67 da Lei nº 14.133/2021 prescreve que uma das exigências de qualificação técnica é a "apresentação de profissional, devidamente registrado no conselho profissional competente, quando for o caso, detentor de atestado de responsabilidade técnica por execução de obra ou serviço de características semelhantes, para fins de contratação". O dispositivo não exige que o profissional a que ele alude seja do quadro permanente do licitante, empregado ou sócio, aliás, não exige nenhum tipo de vínculo especial. Portanto, basta que o licitante disponha do profissional com a experiência desejada e que este seja contratado apenas para prestar serviço ao licitante em relação ao futuro contrato a ser celebrado com a Administração sem que haja qualquer vínculo trabalhista.

Ressalta-se que a parte final do inciso XXI do artigo 37 da Constituição Federal, em expressão do princípio da competitividade, enuncia que somente se permitirá em licitação as exigências de qualificação técnica e econômica indispensáveis para a garantia das obrigações. Ou seja, deve-se exigir como condição de habilitação o mínimo possível, o indispensável, verdadeiramente pertinente e útil para evitar que a Administração firme, no futuro, contrato com alguém que não tenha capacidade ou idoneidade para fazê-lo.

Na realidade, o que importa para a Administração é que o profissional indicado pelo licitante efetivamente participe da execução do contrato. Nesse sentido, pouco importa se ele faz parte do quadro permanente do licitante ou não. Ora, a Administração exige atestado de capacitação técnico-profissional para averiguar se o licitante dispõe de profissional experiente. Assim sendo, o modo como o licitante dispõe do profissional é algo absolutamente irrelevante, se por meio de vínculo empregatício, se faz parte do quadro societário do licitante, ou se ele firmou um contrato de prestação de serviços em que se compromete a participar da execução do futuro contrato. Insista-se, o necessário para a Administração é que o licitante disponha de profissional com a experiência desejada. O modo como o licitante dispõe do profissional é irrelevante para a Administração; trata-se de questão que diz respeito à empresa e ao profissional.

Poder-se-ia alegar que a exigência de o profissional fazer parte do quadro permanente do licitante, sendo empregado ou sócio, é uma forma de garantir sua efetiva participação na execução do contrato. No entanto, é sabido que nada garante de antemão que profissional integrante do quadro permanente efetivamente participe

de Acervo Técnico), nos termos do artigo 30, §1º, inciso I, da Lei 8.666/93 e da Súmula no 23 desta E. Corte" (TCE-SP, Segunda Câmara. TC-020508.989.18-3. Rel. Cons. Subs. Antonio Carlos dos Santos, j. 30.7.2019).

da execução do objeto do contrato, na medida em que ele pode desligar-se do licitante. O empregado pode pedir demissão ou ser demitido, e o sócio pode perfeitamente alienar as suas cotas ou afastar-se da empresa. Desse modo, exigir que seja do quadro permanente não é garantia alguma de que o profissional indicado efetivamente participe da execução do contrato.

Tanto isso é verdade que o §6º do artigo 67 da Lei nº 14.133/2021 determina que "os profissionais indicados pelo licitante na forma dos incisos I e III do *caput* deste artigo deverão participar da obra ou serviço objeto da licitação, e será admitida a sua substituição por profissionais de experiência equivalente ou superior, desde que aprovada pela Administração".

Pois bem, ordenar que o profissional faça parte do quadro permanente da licitante é fator inibidor e limitador da competitividade. A Administração, ao permitir ao licitante comprovar sua aptidão técnica por meio de profissionais que firmem com ele contrato de prestação de serviços, amplia sensivelmente a competição, facilitando o acesso de muitos à licitação.

Por exemplo, muitas empresas de engenharia não possuem engenheiro eletricista no seu quadro. Se o edital exige que o engenheiro eletricista faça parte do quadro permanente, todas essas empresas terão dificuldades para participar da licitação, porque teriam de empregar engenheiro eletricista para serem habilitadas. Em sentido oposto, se o edital não obriga que o engenheiro eletricista faça parte do quadro permanente, bastando que ele esteja à disposição da licitante, então ela, a licitante, pode, perfeitamente, contatar engenheiro para assumir o compromisso de participar da futura execução do contrato. A segunda opção não prejudica em nada o interesse público; ao contrário, permite a participação de mais empresas e, por consequência, amplia a competitividade.

Sob essa perspectiva, a Administração deve exigir dos licitantes apenas declarações de disponibilidade dos profissionais para a execução do contrato ou mesmo a apresentação de pré-contratos de prestação de serviços ou qualquer outro meio comprobatório dessa disponibilidade.[148]

8.3.5 Substituição do profissional referido no atestado de capacitação técnica

Os licitantes, como visto, devem comprovar que contam com profissionais experientes, que já tenham executado objetos semelhantes ao da licitação – requisito para a habilitação deles. Dessa sorte, por dedução lógica, o profissional indicado pelo licitante, em razão do qual ele foi habilitado, deve efetivamente participar da execução do contrato. Não haveria o menor sentido em habilitar licitante em decorrência da experiência de dado profissional e dispensar a participação dele na execução do contrato.

---

148 Noticia-se que, sob a perspectiva da Lei nº 8.666/1993, a jurisprudência do Tribunal de Contas da União consolidou-se pela impertinência da exigência de que o profissional indicado no atestado faça parte do quadro permanente do licitante. Leia-se a seguinte passagem: "39. Anoto que esse tema já foi objeto de apreciação por esta Corte, que se manifestou no sentido de que a exigência de profissionais nos quadros da licitante, nos termos no artigo 30, §1º, inciso I, da Lei 14.133/2021, não pressupõe, exclusivamente, a existência de vínculo empregatício, conforme Acórdãos 1.898/2006, 141/2008, 2.882/2008 e 1.265/2009, todos do Plenário. 40. Nessa linha, manifesto minha interpretação de que a existência de contrato de prestação de serviços, sem vínculo trabalhista e regido pela legislação civil comum, se reveste das características necessárias ao atendimento do disposto no artigo 30, §1º, I, da Lei de Licitações" (TCU, Plenário. Acórdão nº 3.214/2014. Rel. Min. Bruno Dantas, j. 19.11.2014).

Ora, se o edital exige do licitante, como condição de habilitação, a disponibilidade de profissional experiente, é porque a referida experiência é no mínimo importante para a adequada execução do contrato.

Não fosse por tudo isso, o inciso XVI do artigo 92 da Lei nº 14.133/2021 prescreve ao contratado o dever de manter, durante a execução do contrato, as condições de habilitação exigidas na licitação. Por consequência, o contratado deve manter à sua disposição o profissional cuja experiência foi determinante para a habilitação.

Entretanto, como já acentuado, não há vínculo inquebrantável entre as empresas e os profissionais integrantes ou à sua disposição. Os sócios podem retirar-se, os empregados podem ser demitidos ou pedir demissão e os contratados podem denunciar os contratos. Destarte, sucede com certa frequência que o profissional em razão do qual a licitante foi habilitada não participe da execução do contrato, porque se afastou ou foi afastado da licitante. Muitas vezes, inclusive, isso ocorre independentemente da vontade da licitante.

Em face dessas situações, o §6º do artigo 67 da Lei nº 14.133/2021 preceitua que "os profissionais indicados pelo licitante na forma dos incisos I e III do *caput* deste artigo deverão participar da obra ou serviço objeto da licitação, e será admitida a sua substituição por profissionais de experiência equivalente ou superior, desde que aprovada pela Administração". Ou seja, se o profissional em razão do qual o contratado fora habilitado desligar-se dele e não participar da execução do contrato, deve ser substituído por outro. Caso isso ocorra, o contratado deve comunicar a ausência do profissional à Administração e indicar outro para substituí-lo.

A propósito, nesses casos, a parte final do §6º do artigo 67 da Lei nº 14.133/2021 obriga o contratado a substituir o profissional por outro com experiência equivalente ou superior, desde que aprovado pela Administração.

No entanto, o substituto não precisa necessariamente gozar de experiência equivalente ou superior à do profissional substituído. Basta que o novo profissional goze da experiência exigida no edital, reputada como indispensável para a execução do contrato. Explicando melhor, imagine-se que o profissional apresentado na licitação tenha experiência muito superior à exigida no edital. Durante a execução do contrato, ele se afasta da empresa contratada, e ela pretende substituí-lo por outro profissional. Esse outro profissional não precisa ter a mesma experiência do seu antecessor. Ele precisa apenas ter a experiência suficiente para a execução do contrato, tal qual definida no edital, ainda que substancialmente inferior à de seu antecessor.

Soma-se a isso o fato de a Administração não dispor de competência de ordem discricionária para decidir se aceita ou não o profissional indicado pelo contratado. Se o profissional indicado demonstrar a experiência necessária, na forma exigida no edital, a Administração é obrigada a aceitá-lo, em respeito ao princípio da impessoalidade.

8.3.6 Discricionariedade para definir o conteúdo do atestado de capacidade técnica a ser exigido no edital

Os incisos I e II do *caput* do artigo 67 da Lei nº 14.133/2021 prescrevem que os atestados de capacidade técnica profissional e operacional a serem exigidos pela Administração guardem "características semelhantes" e que sinalizem a "execução de serviços similares de complexidade tecnológica e operacional equivalente ou superior" ao objeto da contratação. Portanto, o atestado a ser exigido dos licitantes deve ser aderente ao objeto da contratação, porém não se pode exigir que haja identidade entre o atestado e o objeto da contratação. Repita-se que o legislador autoriza exigir atestados semelhantes ou similares ao objeto da contratação, não idênticos. A premissa é que quem fez algo parecido ao objeto do contrato tem experiência suficiente para executá-lo, sem que tenha que demonstrar ter executado exatamente o mesmo objeto do contrato, em todas as suas especificidades. Ora, ter executado exatamente o mesmo objeto do contrato seria restritivo à competição, porque qualquer detalhe menor, irrelevante para o todo, poderia afastar da licitação empresas verdadeiramente experientes. Por outro lado, como dito, para aferir a experiência, é preciso que o atestado seja aderente ao objeto da contratação, deve haver aqui uma relação de pertinência.

Portanto, é de reconhecer que a Administração dispõe de competência discricionária para definir o conteúdo da exigência dos atestados de capacidade técnica. Deve-se exigir algo semelhante, aderente, porém não idêntico. O exercício dessa competência discricionária depende da ponderação de dois princípios. O primeiro é o da competitividade, de modo a não formular exigências excessivas, que acabem afastando da licitação pessoas experientes e com condições de executar o futuro contrato. O segundo é o da eficiência, porque a Administração deve formular exigência sobre o conteúdo dos atestados que guardem pertinência ao objeto do contrato e que sejam suficientemente específicas para lhe assegurar a seleção de pessoa experiente, realmente capacitada para executar o contrato. Há uma relação de tensão entre exigir menos, em prol da competitividade, para não afastar sem razão licitantes capazes, e exigir mais, em prol da eficiência, mirando contratar alguém que realmente tenha experiência e condições de executar o contrato.

A propósito, o Tribunal de Contas da União tem precedente produzido em face de licitação que tinha por objeto a contratação de serviços com dedicação exclusiva de mão de obra para atividades específicas de desenvolvimento tecnológico ou produção industrial no segmento farmacêutico e/ou veterinário. O edital exigiu atestado de capacidade técnica que comprovasse atividades de desenvolvimento tecnológico ou produção industrial no segmento farmacêutico e/ou veterinário, em consonância com o objeto da licitação. Sem embargo disso, o Tribunal entendeu que, em licitações para a contratação de serviços com dedicação exclusiva de mão de obra, a exigência de atestados de capacidade técnica deve ser limitada à gestão de mão de obra e não às atividades específicas que a serem desenvolvidas pela mão de obra pretendida, salvo situações excepcionais que precisariam ser motivadas. Confira-se:

> 66. Vê-se que, mediante o item 7.19.2.1.1, foi requerida comprovação específica de qualificação técnica em "atividades de desenvolvimento tecnológico ou produção industrial no segmento farmacêutico e/ou veterinário" como condição para habilitação no certame, ou seja, aptidão relativa à atividade a ser contratada.
> 67. Ocorre que, segundo entendimento jurisprudencial consolidado neste Tribunal, nas licitações para contratação de serviços continuados com dedicação exclusiva de mão de obra, os atestados de capacidade técnica devem comprovar a aptidão da licitante na gestão de mão de obra, e não na execução de serviços idênticos aos do objeto licitado, sendo imprescindível

motivar tecnicamente as situações excepcionais. Vide, por exemplo, os Acórdãos 1.168/2016, 553/2016, 1.443/2014 e 1.214/2013, do Plenário, e 744/2015, da 2ª Câmara, dentre outros.
68. Isso porque, segundo previsto no art. 37, inciso XXI, da Constituição Federal, nas contratações públicas, somente serão permitidas exigências de qualificação técnica e econômica indispensáveis à garantia do cumprimento das obrigações contratadas, sob pena de restrição indevida ao caráter competitivo do certame.
[...]
72. Destarte, ao exigir identidade entre o serviço licitado e os demonstrados pelos licitantes nos atestados de capacidade técnica, o item 7.19.2.1.1 do edital licitatório caracterizou exigência ilegal, com afronta aos princípios da legalidade, da competitividade e da isonomia entre os licitantes e ao entendimento jurisprudencial consolidado por este Tribunal (Acórdãos 1.168/2016, 553/2016, 1.443/2014 e 1.214/2013, do Plenário, e 744/2015, da 2ª Câmara, dentre outros), além de ter colocado em risco o caráter competitivo do certame, devendo, por esse motivo, ser suprimido.
73. Ressalto que não foram apresentadas justificativas fundamentadas para tal exigência, tanto na fase interna da licitação como perante este Tribunal.[149]

No acórdão supracitado, o Tribunal de Contas da União fez prevalecer o princípio da competitividade. A Administração queria contratar alguém que tivesse experiência na atividade específica correspondente ao objeto do contrato e o Tribunal considerou que a exigência foi ilegal. De notar que o Tribunal não rejeitou a exigência em tom absoluto, para outras situações por ventura semelhantes, tendo ressaltado que a considerava indevida porque desacompanhada de justificativas e porque, no caso concreto, se entendeu que houve restrição à competição diante da inabilitação de licitantes.

A questão é que a análise da legalidade do exercício da competência discricionária para definir o conteúdo do atestado de capacidade técnica depende das circunstâncias de cada caso, sobremodo da condução da etapa preparatória da licitação. Realça-se que, conforme o inciso V do §1º do artigo 18 da Lei nº 14.133/2021, a Administração deve proceder a levantamento de mercado. É uma boa oportunidade para, especialmente em objetos não usuais, avaliar preliminarmente a experiência das empresas atuantes no mercado e, por conseguinte, o grau de restrição à competição que serão causadas pelas exigências de atestado de capacidade técnica. A boa prática é motivar a decisão sobre o conteúdo do atestado de capacidade técnica indicando o levantamento de mercado e as informações obtidas, sem esquecer que o inciso IX do *caput* do artigo 18 da Lei nº 14.133/2021 demanda da Administração a motivação circunstanciadas das condições do edital, "[...] tais como justificativa de exigências de qualificação técnica, mediante indicação das parcelas de maior relevância técnica ou de valor significativo do objeto [...]".

8.3.7 Os atestados de capacitação técnica somente podem referir-se a parcelas relevantes e de valor significativo do objeto do contrato

À Administração não é permitido exigir atestados de capacitação técnica em função de parcelas insignificantes e irrelevantes no que concerne ao objeto do contrato. A exigência de atestados deve ser restrita à parte principal do objeto do contrato. A

[149] TCU, Plenário. Acórdão nº 1.589/2024. Rel. Min. Augusto Nardes, j. 7.8.2024.

Administração não deve se ater em minúcias e em partes que não requeiram realmente a comprovação da experiência regressa dos licitantes e dos profissionais à sua disposição.

Esse, aliás, era o teor da parte final do inciso I do §1º do artigo 30 da Lei nº 8.666/1993, cuja dicção era no sentido de que os atestados fossem limitados exclusivamente "às parcelas de maior relevância e valor significativo do objeto da licitação". Ademais, o §2º do artigo 30 da Lei nº 8.666/1993 determinava que "as parcelas de maior relevância técnica e de valor significativo, mencionadas no parágrafo anterior, serão definidas no edital".

Na mesma direção, porém com diferenças substanciais de redação, o §1º do artigo 67 da Lei nº 14.133/2021 prescreve que "a exigência de atestados será restrita às parcelas de maior relevância ou valor significativo do objeto da licitação, assim consideradas as que tenham valor individual igual ou superior a 4% (quatro por cento) do valor total estimado da contratação".

Perceba-se que na Lei nº 8.666/1993 e na Lei nº 14.133/2021 há remissão a fator técnico (parcela de maior relevância) e econômico (valor significativo). A principal diferença entre a Lei nº 8.666/1993 e a Lei nº 14.133/2021 nesse particular reside na necessidade ou desnecessidade de concorrência do fator técnico e econômico. Sucede que o inciso I do §1º do artigo 30 da Lei nº 8.666/1993 exigia que os atestados fossem limitados "às parcelas de maior relevância e valor significativo do objeto da licitação". O legislador, aqui, utilizou-se da conjunção *e*. Logo, na Lei nº 8.666/1993, as parcelas sobre as quais se requer atestado devem ser, ao mesmo tempo, relevantes sob o ponto de vista técnico e econômico.[150] Por outro lado, o §1º do artigo 67 da Lei nº 14.133/2021 refere-se "às parcelas de maior relevância ou valor significativo". O legislador, aqui, preferiu a conjunção *ou*. Então, na Lei nº 14.133/2021, as exigências de qualificação técnica não precisam ser, ao mesmo tempo, relevantes sob o ponto de vista técnico e econômico. Podem ser um ou outro, ou tecnicamente relevantes ou economicamente relevantes.

Por vezes, é difícil identificar com precisão as parcelas de maior relevância e as de valor significativo tocantes ao objeto da licitação, admitindo-se certo grau de discricionariedade. Quer dizer, a avaliação das parcelas de maior relevância e as de valor significativo depende essencialmente da licitação e de um juízo de proporcionalidade sobre ele. Dentro dessa perspectiva, não se pode esquecer do princípio da competitividade, cuja dicção prescreve que a disputa deve ser a mais ampla, e que as exigências de habilitação sejam indispensáveis, como assinala a parte final do inciso XXI do artigo 37 da Constituição Federal.

O §1º do artigo 67 da Lei nº 14.133/2021 oferece parâmetro mínimo que é atinente ao fator econômico, portanto, para identificar as parcelas de valor significativo. De acordo com o dispositivo, devem ser "assim consideradas as que tenham valor individual igual ou superior a 4% (quatro por cento) do valor total estimado da contratação". Então, como basta o fator econômico (valor significativo), pode-se exigir atestado de parte do

---

150 O Tribunal de Contas da União, tendo por objeto a Lei nº 8.666/1993, produziu a Súmula nº 263, nos seguintes termos: "Para a comprovação da capacidade técnico-operacional das licitantes, e desde que limitada, simultaneamente, às parcelas de maior relevância e valor significativo do objeto a ser contratado, é legal a exigência de comprovação da execução de quantitativos mínimos em obras ou serviços com características semelhantes, devendo essa exigência guardar proporção com a dimensão e a complexidade do objeto a ser executado".

objeto cuja expressão econômica represente pelo menos 4% do valor total estimado da contratação, independentemente de qualquer juízo sobre sua relevância técnica (fator técnico). Ressalva-se que não é obrigatório para a Administração exigir atestado referente a todas as partes do objeto do contrato que individualmente perfaçam 4% do valor estimado do contrato. Ela está autorizada a fazê-lo, mas não é obrigatório. Ou seja, mesmo para as partes que atingem os 4%, a exigência de atestado sobre elas depende de juízo discricionário da Administração.

Sem embargo disso, como o atestado pode ser exigido das partes mais relevantes (fator técnico) ou de valor significativo (fator econômico), é também permitido exigir atestado de capacidade técnica de parte cuja expressão econômica não atinja os 4% sobre o valor estimado da contratação. No entanto, nesse caso, a exigência do atestado referente a essa parte depende da sua relevância técnica. Além disso, o inciso IX do artigo 18 da Lei nº 14.133/2021 exige "a motivação circunstanciada das condições do edital, tais como justificativa de exigências de qualificação técnica, mediante indicação das parcelas de maior relevância técnica ou valor significativo do objeto [...]".

Pode-se dizer que a parte que perfaz individualmente 4% do valor estimado da contratação enquadra-se como de valor significativo e sobre ela é permitido exigir atestado de capacidade técnica sem maiores justificativas, independentemente de sua relevância técnica, diante da autorização do §1º do artigo 67 da Lei nº 14.133/2021. A parte do objeto que não perfaz tal percentual, embora não represente valor significativo, pode ser considerada, a depender das particularidades do objeto da licitação, de maior relevância técnica e sobre ela é igualmente permitido exigir atestado de capacidade técnica. Entretanto, nesse caso, como o parâmetro não é objetivo e diante da redação do inciso IX do artigo 18 da Lei nº 14.133/2021, é necessário que a Administração motive o seu juízo discricionário, explicando as razões técnicas pelas quais qualificou a sobredita parte como de maior relevância.

Advirta-se que as parcelas de maior relevância e de valor significativo sobre as quais a Administração exige dos licitantes a comprovação de experiência profissional e/ou operacional devem ser discriminadas no edital de licitação. Trata-se de consectário do princípio da vinculação ao edital, enunciado no artigo 5º da Lei nº 14.133/2021, em razão do qual os licitantes não devem ser surpreendidos no curso da licitação com exigências não formuladas no edital. Soma-se que o *caput* do artigo 65 da Lei nº 14.133/2021, para afastar qualquer dúvida, preceitua que "as condições de habilitação serão definidas no edital". Logo, se a Administração pretende condicionar a comprovação de experiência a dada atividade específica, isto precisa ser exigido claramente no edital, até para que os licitantes possam avaliar se têm condições ou não de participar da licitação. Não é permitido à Administração inabilitar licitante sob a alegação de não comprovação de experiência relacionada à parcela específica do objeto da licitação sem que o edital tenha exigido expressamente a comprovação dessa experiência específica. Nos casos em que o edital é omisso acerca das parcelas de maior relevância e valor significativo, a Administração deve analisar a compatibilidade dos atestados apresentados a si com o objeto da licitação de modo panorâmico, sem exigir a comprovação de parcelas específicas.[151] [152]

8.3.8 Exigência de quantitativos mínimos

O inciso I do artigo 67 da Lei nº 14.133/2021 permite à Administração exigir a apresentação de profissional com atestado de responsabilidade técnica por execução de obra ou serviço de características *semelhantes* às do objeto da licitação. O inciso II do mesmo artigo autoriza a exigência de atestado do licitante que demonstre a execução de serviços *similares* aos licitados.

Dessa sorte, os licitantes devem comprovar sua experiência na execução de objeto parecido com o da licitação e do futuro contrato e devem contar com profissionais que também detenham tal experiência. A questão que ora se apresenta é se o edital pode estabelecer um quantitativo mínimo ou uma dimensão mínima para os atestados a fim de avaliar sua semelhança com o objeto da licitação e do futuro contrato. A resposta é afirmativa porquanto a semelhança daquilo que fora executado pelos licitantes e por seus profissionais com o objeto da licitação depende do quantitativo; da dimensão de um e de outro.

Nesse contexto, é necessário que o edital estabeleça quantitativo mínimo, inclusive para que os licitantes saibam previamente se atendem ou não às exigências da Administração. Caso o edital não prescrevesse quantitativo mínimo, o agente ou comissão encarregada de conduzir a licitação teria que avaliar se os atestados apresentados pelos licitantes se referem a objetos semelhantes ou não ao licitado durante o transcurso do certame, conhecendo a identidade dos licitantes, situação em que facilmente poderia ser acusada de casuística. Dessa forma, em razão do princípio da vinculação ao edital e para evitar o casuísmo, a Administração deve definir no edital todas as condições para a apresentação dos atestados de capacitação técnica, profissional e operacional,

[151] 20. A inabilitação da [representante] se deu em 11/9/2023 devido ao entendimento de que as avaliações de aprendizagem efetuadas não se assemelham à aplicação de provas digitais, pois se referem a questões avaliativas simples, inseridas na plataforma Moodle e *"sem os requisitos mínimos de sigilo e segurança que a aplicação do Enem Digital requer"* (peça 2, fls. 1-2).
21. A justificativa apresentada pelo Inep para a inabilitação faz menção a requisitos de sigilo e segurança e a diferenças de complexidade técnica e operacional entre os serviços, de modo que os atestados apresentados não comprovariam aptidão para desempenho de atividades pertinentes e compatíveis em características, quantidades e prazos com o objeto do Termo de Referência, conforme seu Subitem 8.41.
22. Ocorre que os requisitos de sigilo, segurança e complexidade utilizados pelo Inep para inabilitar a FGV não foram especificados entre os requisitos para habilitação técnica constantes do edital do Pregão Eletrônico 10/2023. O exame de mérito efetuado pela AudContratações demonstra que a inabilitação se fundamentou em exigências não contidas expressamente no instrumento convocatório, em afronta ao arcabouço normativo. (TCU, Plenário. Acórdão nº 387/2024, Rel. Min. Jhonatan de Jesus, j. 6.3.2024).

[152] 9.3. dar ciência à Administração Regional do SESC no Distrito Federal, com fundamento no art. 9º, inciso I, da Resolução-TCU 315/2020, das seguintes impropriedades/falhas identificadas no Pregão 9.3. dar ciência à Administração Regional do SESC no Distrito Federal, com fundamento no art. 9º, inciso I, da Resolução-TCU 315/2020, das seguintes impropriedades/falhas identificadas no Pregão Eletrônico 44/2024, para que sejam adotadas medidas internas com vistas à prevenção de ocorrências semelhantes: 9.3.1. inabilitação de licitante por desatendimento de critérios não previstos no edital, em afronta ao art. 16, inciso II, do Regulamento de Licitações e Contratos do SESC, e aos princípios da transparência e da objetividade, previstos no art. 2º, inciso I, da referida norma; 9.3.2. ausência de parâmetros objetivos no edital para análise da comprovação da prestação de serviços pertinentes e compatíveis com o objeto licitado, contrariando os princípios da transparência, da impessoalidade e do julgamento objetivo; (TCU, Acórdão nº 1998/2024, Plenário. Rel. Min. Walton Alencar Rodrigues, j. 25.9.2024).

prescrevendo, até mesmo, quantitativos mínimos, abaixo dos quais os atestados não serão aceitos.

Outra discussão em torno do assunto reside em como fixar tais quantitativos, isto é, qual a medida dos quantitativos e em relação ao objeto da licitação e do futuro contrato. O princípio da proporcionalidade é de suma relevância para a fixação adequada dos quantitativos concernentes aos atestados de capacitação técnica. Ocorre que os quantitativos não podem ser excessivos; eles devem ser compatíveis com as dimensões do objeto da licitação.

A propósito, sob a Lei nº 8.666/1993, o Tribunal de Contas da União já decidiu:

> 13. Assim, o primeiro requisito essencial foi devidamente observado, conforme já delineado nos itens 5 e 6 deste voto. Quanto ao outro quesito, este Tribunal tem decidido, recursivamente, que a comprovação de experiência em índice superior a 50% (cinquenta por cento) dos quantitativos a executar é exigência excessiva, a restringir indevidamente o caráter competitivo do certame, salvo em casos excepcionais, cujas justificativas devem estar tecnicamente explicitadas, seja no processo licitatório, seja no próprio edital e seus anexos (vide Acórdãos nºs 1.284/2003, 2.088/2004, 2.656/2007, 608/2008, 2.215/2008, 2.099/2009, 2.147/2009, 1.432/2010 e 1.552/2012, todos do Plenário).[153]

O patamar de 50% do objeto licitado não era previsto na Lei nº 8.666/1993. Ele resulta de uma construção jurisprudencial do Tribunal de Contas da União. O percentual é meio que aleatório, sem justificativa técnica consistente.

O legislador, na Lei nº 14.133/2021, prestigiou a jurisprudência do Tribunal de Contas da União sobre os quantitativos dos atestados de capacidade técnica. O §2º do artigo 67 da Lei nº 14.133/2021 anuncia que, "observado o disposto no *caput* e no §1º deste artigo, será admitida a exigência de atestados com quantidades mínimas de até 50% (cinquenta por cento) das parcelas de que trata o referido parágrafo, vedadas limitações de tempo e de locais específicos relativas aos atestados". Então, o dispositivo supracitado permite a exigência de quantitativos mínimos em relação aos atestados de capacidade técnica e, ainda por cima, define parâmetro para a definição do sobredito quantitativo, em 50% do objeto da licitação e do futuro contrato.

Esclareça-se que, nos termos da Lei nº 14.133/2021, os quantitativos referentes aos atestados podem ser exigidos em relação aos atestados profissionais e operacionais. Ambos devem guardar semelhança com o objeto da licitação e do futuro contratado e essa semelhança passa pelo aspecto quantitativo.

8.3.9 Exigência de atestados com limitações de tempo e de localidades

O §2º do artigo 67 da Lei nº 14.133/2021 proíbe exigências de atestados com "[...] limitações de tempo e de locais específicos [...]". Isso significa que, para o legislador, os fatores relacionados ao tempo e ao local são impertinentes e, pois, se exigidos, revelam afronta ao princípio da competitividade.

Realmente, em regra, o fator tempo não deve ser alçado à condição de habilitação. O legislador pretende aferir a experiência dos licitantes de modo desconexo ao tempo. O

153 TCU, Plenário. Acórdão nº 3.104/2013. Rel. Min. Valmir Campelo, j. 20.11.2013.

importante é que os licitantes ou os profissionais integrantes das equipes dos licitantes tenham executado objeto semelhante ao licitado. Não é relevante o tempo de atuação profissional, a época em que foi executado o objeto e outros aspectos relacionados ao tempo.

Cumpre registrar, sem embargo, que, sob a ótica da Lei nº 8.666/1993, a jurisprudência vem atenuando a regra segundo a qual o tempo não deve ser levado em consideração para mensurar a capacidade técnica dos licitantes. Nesse sentido, o Superior Tribunal de Justiça decidiu o seguinte:

> Não comete violação ao artigo 30, II, da Lei nº 14.133/2021, quando, em procedimento licitatório, exige-se a comprovação, em nome da empresa proponente, de atestados técnicos emitidos por operadores de telefonia no Brasil de execução, no País, em qualquer tempo, de serviço de implantação de cabos telefônicos classes "l" e "c" em período consecutivo de 24 meses, no volume mínimo de 60.000HXh, devidamente certificados pela entidade profissional competente.[154]

Veja-se que, de acordo com a decisão supracitada, o Superior Tribunal de Justiça reputou legal a exigência de atestado para a comprovação de serviço de implantação de cabo telefônico no volume mínimo de 60.000 homens-hora dentro do período de 24 meses.

A decisão supracitada é acertada e suas razões valem também para a Lei nº 14.133/2021, porque, no caso concreto apresentado ao Judiciário, o tempo de execução do serviço realmente era determinante para o desenho do objeto. Tratava-se de aspecto relevante para a execução do contrato. De nada adiantava o licitante comprovar sua capacidade para executar o quantitativo exigido em prazo superior, porquanto o edital demandava a execução dele no prazo de 24 meses. Nesse sentido, a capacidade do licitante dependia da sua estrutura operacional para executar o objeto dentro do tempo exigido no edital.

Nessa direção, o Tribunal de Contas da União produziu precedente, diante da Lei nº 14.133/2021, em que reconhece como legítimo à Administração exigir que o licitante comprove a experiência de execução de obra em período condizente com o previsto para o futuro contrato:

> 16. Um segundo pressuposto igualmente relevante, que, no meu sentir, é decisivo para o presente exame, é consequência do primeiro. Como a reforma está prevista para ser realizada em curto período de 14 meses, existe desafio adicional, tendo em vista ser necessária não apenas capacidade técnica da executora, mas também operacional e gerencial para lidar com os picos de atividades em que parte considerável dos trabalhos estarão sendo feitos em um mesmo momento.
> 18. A esse respeito, é interessante ressaltar que obras como a que se discute têm períodos inicial e final em que há poucos serviços sendo executados, quando sua logística chega a ser trivial. Entre eles, há um interregno no qual há momentos que demandam grande capacidade de coordenação e planejamento para que, em um mesmo local, sejam realizados vários serviços concomitantes. É perfeitamente possível admitir que a aptidão para trabalhos com

[154] STJ, Primeira Turma. REsp nº 172.232/SP. Rel. Min. José Delgado, j. 17.8.1998.

> essa natureza possa ser aferida com a demonstração pela licitante de que tem experiência em gerir esses períodos críticos de forma satisfatória.
> [...]
> 20. O ponto mais relevante a se destacar é que as obras não foram realizadas de forma simultânea. A princípio, houve um lapso de quase um ano em que houve apenas a execução da primeira obra; depois, aproximadamente um ano e meio de concomitância; por fim, foram quase seis meses somente com a segunda obra. Cabe anotar que, quando a segunda se iniciou, havia poucos serviços sendo efetuados e, quando o ritmo dessa obra aumentou, a quantidade de atividades da primeira já estava reduzida. Portanto, os picos de trabalho em cada uma aconteceram em momentos distintos.
> 21. Por consequência, considero razoável, para este caso concreto, a exigência de que a demonstração de capacidade operacional ocorresse em contrato único, embora eu também entenda que seria plausível permitir a apresentação de mais de um atestado, desde que se comprovasse que as obras foram realizadas em período coincidente, ou quase coincidente. Dessa forma, seria possível verificar a capacidade da empresa em administrar serviços semelhantes ao da licitação em exame.[155]

Insista-se que em regra o fator tempo não deve ser levado em consideração para aferir a experiência dos licitantes. No entanto, excepcionalmente, se houver justificativa, o tempo pode ser levado em consideração, a fim de mensurar a experiência dos licitantes.

Perceba-se que a própria Lei nº 14.133/2021 relativiza a proibição de que as exigências de atestados sejam vinculadas a limitações temporais. Nesse sentido, o §5º do artigo 67 da Lei nº 14.133/2021 admite que, "em se tratando de serviços contínuos, o edital poderá exigir certidão ou atestado que demonstre que o licitante tenha executado serviços similares ao objeto da licitação, em períodos sucessivos ou não, por um prazo mínimo, que não poderá ser superior a 3 (três) anos".

É de registrar que, sob a mira da Lei nº 8.666/1993 e dos normativos que lhe regulamentavam, o Tribunal de Contas da União decidiu:

> ACORDAM os Ministros do Tribunal de Contas da União, reunidos em sessão do Plenário, com fundamento nos arts. 250, inciso V, e 276, §§1º e 6º, do Regimento Interno/TCU; arts. 9º e 14 da Resolução-TCU 315/2020; na Súmula-TCU 263 e ante as razões expostas pelo Relator, em: [...]
> 9.2. dar ciência ao HGeRJ acerca da ocorrência das seguintes irregularidades, que não deverão constar nos editais dos futuros certames, sob pena de responsabilização dos agentes envolvidos: [...]
> 9.2.4.6. mínima de três anos na prestação de serviços compatíveis ao objeto, local e tipo de licitação (i) sem estar comprovado que tal lapso temporal é indispensável para assegurar a prestação do serviço em conformidade com as necessidades do órgão e (ii) em afronta à jurisprudência do TCU; [...].[156]

Ou seja, ainda que não seja regra e que, na visão do Tribunal de Contas da União, requeira justificativas, a relação de semelhança entre o objeto do atestado de capacidade técnica e o objeto da licitação e do futuro contrato pode sim depender do tempo. Aliás,

---

155 TCU, Plenário. Acórdão nº 1153/2204. Rel. Min. Antonio Anastasia, j. 12.6.2024.

156 TCU, Plenário. Acórdão nº 2.076. Rel. Min. Jorge Oliveira, j. 11.10.2023.

o tempo pode ser fator fundamental para aferir essa semelhança. Sendo o tempo fator relevante, a exigência de atestado de capacidade técnica pode exigir que a experiência dependa da comprovação da execução de dada atividade por determinado tempo. O que não se pode, no entanto, é formular exigências e correlações impertinentes, como as que condicionam a execução do objeto a tempo recente, não admitindo experiências mais antigas.

O mesmo ocorre com o local onde o objeto referido no atestado técnico foi executado. Não é relevante, para efeitos de habilitação, se a experiência do licitante foi aferida na cidade X, Y ou Z. Assim, o edital não deve estatuir restrições atinentes ao local de execução de contratos pretéritos. Somente se admitiria o contrário se o local da execução do contrato tivesse características tão peculiares que a execução de objetos semelhantes não teria importância se realizada em outros locais, revelando aspectos técnicos substancialmente distintos em função do local da execução do contrato. No entanto, pelo menos em princípio, é bastante difícil conceber hipótese com essa tonalidade.

8.3.10 Somatório de quantitativos havidos em mais de um atestado

Os licitantes, em princípio, podem somar os quantitativos havidos em mais de um atestado, sem qualquer limitação, para comprovar o total exigido no edital. Em termos práticos, o edital exige dos licitantes a demonstração, por meio de atestado de capacitação técnica, da instalação de mil unidades de dado equipamento. Os licitantes podem apresentar vários atestados, contanto que a soma dos quantitativos indicados neles importe no total exigido de mil unidades.

Em linha geral, para aferir a aptidão técnica dos licitantes, pouco importa terem realizado o quantitativo exigido em único contrato ou em vários e, consequentemente, apresentarem um ou mais atestados. Dessa forma, por regra, ao edital não é dado vedar o somatório de quantitativos havidos em vários atestados.

Essa regra somente é excepcionada diante de situações em que a complexidade e a técnica empregada na execução do contrato variam de acordo com a dimensão do objeto. Por exemplo, em princípio, construir dez pontes de 50 metros não equivale a construir uma ponte de 500 metros, na medida em que a técnica é diferente. Nesses casos, que não são regra, mas exceção, admite-se, mediante justificativa, a vedação do somatório dos quantitativos consignados em mais de um atestado. Do Tribunal de Contas da União:

> A vedação ao somatório de atestados, para o fim de comprovação da capacidade técnico-operacional, deve estar restrita aos casos em que o aumento de quantitativos acarretarem, incontestavelmente, o aumento da complexidade técnica do objeto ou uma desproporção entre quantidades e prazos de execução, capazes de exigir maior capacidade operativa e gerencial da licitante e ensejar potencial comprometimento da qualidade ou da finalidade almejadas na contratação, devendo a restrição ser justificada técnica e detalhadamente no respectivo processo administrativo.[157]

[157] TCU, Plenário. Acórdão nº 1.153/2204. Rel. Min. Antonio Anastasia, j. 12.6.2024.

Por conseguinte, é necessário avaliar as peculiaridades de cada caso, partindo do pressuposto, em prol do princípio da competitividade, de que em regra é permitido somar os quantitativos havidos em mais de um atestado desde que a natureza e o modo de execução do serviço do objeto licitado não sejam afetados em decorrência do volume utilizado em cada contrato.

Por exemplo, em licitações para a pavimentação de rodovias, a complexidade do serviço e a técnica empregada não dependem da dimensão do objeto do contrato. Quem oferece 5.000 toneladas de CBUQ (concreto betuminoso usinado a quente) em um contrato, e outras 5.000 toneladas em outro, comprova capacidade técnica para oferecer 10.000 toneladas.

Advirta-se que, em determinados casos, seria possível permitir o somatório de quantitativos havidos em mais de um atestado desde que eles se refiram a obras ou atividades que tenham sido executadas em período condizente com o previsto para a execução do contrato objeto da licitação. É o que foi decidido pelo Tribunal de Contas da União no Acórdão supracitado:

> 21. Por consequência, considero razoável, para este caso concreto, a exigência de que a demonstração de capacidade operacional ocorresse em contrato único, embora eu também entenda que seria plausível permitir a apresentação de mais de um atestado, desde que se comprovasse que as obras foram realizadas em período coincidente, ou quase coincidente. Dessa forma, seria possível verificar a capacidade da empresa em administrar serviços semelhantes ao da licitação em exame.[158]

Retomando-se o exemplo do concreto, em que a Administração exige atestado que comprove o emprego de 10.000 toneladas de concreto e que o licitante apresenta dois atestados, cada um com 5.000 toneladas. Nesse caso, seria possível o somatório e seria possível à Administração exigir, no entanto, que os atestados cujos quantitativos sejam somados se refiram ao mesmo período, abrangente do tempo que será dado ao futuro contratado para disponibilizar as 10.000 toneladas. Quer-se mensurar a capacidade operacional em fornecer a quantidade no tempo apropriado.

8.3.11 Atestados em nome de potencial subcontratada

O juízo de habilitação é pessoal, envolve a avaliação da capacidade do licitante de executar contrato com a Administração. Sob essa premissa, a parte final do inciso XXI do artigo 37 da Constituição Federal somente admite exigências de qualificação técnica e econômico-financeira que sejam consideradas indispensáveis para o cumprimento das obrigações a serem contraídas pelo futuro contratado. Nessa medida, o que não for realmente importante para aferir a capacidade do licitante não deve ser exigido em habilitação.

Diante dessas considerações e da Lei nº 8.666/1993, desenvolveu-se jurisprudência segundo a qual as parcelas qualificadas pela Administração como mais relevantes e de valor significativo, sobre as quais ela exige a comprovação de experiência, não poderiam

[158] TCU, Plenário. Acórdão nº 1153/2204. Rel. Min. Antonio Anastasia, j. 12.6.2024.

ser objeto de subcontratação.[159] Essas parcelas são consideradas indispensáveis à garantia do cumprimento das obrigações, em alinho à parte final do inciso XXI do artigo 37 da Constituição Federal, e, por conseguinte, devem ser executadas pelo futuro contratado e não por terceiros que não tenham participado da licitação.

A Lei nº 14.133/2021 dá uma guinada em relação a essa jurisprudência. O §9º do seu artigo 67 prescreve:

> o edital poderá prever, para aspectos técnicos específicos, que a qualificação técnica seja demonstrada por meio de atestados relativos a potencial subcontratado, limitado a 25% (vinte e cinco por cento) do objeto a ser licitado, hipótese em que mais de um licitante poderá apresentar atestado relativo ao mesmo potencial subcontratado.

Em síntese: (i) é permitido subcontratar parcelas consideradas relevantes e de valor significativo sobre as quais a Administração exige a comprovação de experiência e (ii) é permitido que a comprovação da experiência das parcelas consideradas relevantes e de valor significativo seja realizada pela pessoa que se pretende subcontratar e não pelo licitante.

Ressalva-se que, em alinho ao supracitado §9º do artigo 67, essa possibilidade de comprovar a qualificação técnica por meio de pessoa que se pretende subcontratar é condicionada e limitada: (i) o edital deve prever expressamente a possibilidade; (ii) a qualificação técnica do subcontratado somente pode ser permitida para aspectos técnicos específicos e não gerais e abrangentes; (iii) esses aspectos técnicos específicos não podem ultrapassar 25% do objeto a ser licitado.

Afora isso, pontua-se que a subcontratação não é necessária para a licitação. Ela deve ser perfectibilizada apenas na fase contratual. A subcontratação pressupõe logicamente a contratação. Antes dela, da contratação, não há subcontratação. Sendo assim, o supracitado §9º do artigo 67 refere-se a *potencial subcontratado* e não exclui a possibilidade de a mesma pessoa ser apresentada como potencial subcontratado por diversos licitantes.

Não está dito com todas as letras no supracitado §9º do artigo 67, porém a pessoa deve concordar em figurar como potencial subcontratado de modo a emprestar sua qualificação técnica para a habilitação de terceiros. Dito de outro modo, licitantes não podem indicar potenciais subcontratados sem antes consultá-los e obter a anuência deles. Ninguém pode utilizar a qualificação técnica de terceiro sem a devida autorização. Na prática, o edital deve prever que o potencial subcontratado expresse algum tipo de anuência e que ela seja apresentada à Administração.

A finalidade do §9º do artigo 67 da Lei nº 14.133/2021 é ampliar a competição, especialmente em contratos de grande porte. Sucede que, nesses casos, é comum que parcelas relevantes sejam executadas por poucas empresas altamente especializadas e não pelas empresas atuantes no mercado que tenham condições de assumir o objeto pretendido pela Administração no seu todo. Daí que exigir a qualificação técnica sobre

[159] "9.8.1. não inclua, em seu edital padrão, cláusula que permita subcontratação do principal do objeto, entendido este como o conjunto de itens para os quais, como requisito de habilitação técnico-operacional, foi exigida apresentação de atestados que comprovassem execução de serviço com características semelhantes" (TCU, Plenário. Acórdão nº 3.144/2011. Rel. Min. Aroldo Cedraz, j. 30.11.2011).

essa parcela restrita afasta da licitação potenciais interessados. Então, sob essas condições, o melhor é permitir que essa parcela seja subcontratada, sem descurar da necessidade de avaliar na licitação a experiência daquele que será responsável pela sua execução. A competição é também significativamente ampliada ao se permitir, como faz o §9º do artigo 67 da Lei nº 14.133/2021, que a mesma empresa altamente especializada assuma compromissos com diversos licitantes, que podem, concomitantemente, se utilizar da qualificação técnica dela na licitação. Ou seja, a empresa potencial subcontratada não precisa se comprometer com um licitante apenas, podendo emprestar sua qualificação técnica e viabilizar a participação de vários deles.

8.3.12 Compartilhamento de experiência por empresas integrantes do mesmo grupo empresarial

É comum que empresas diversas se reúnam em grupos empresariais. Trata-se de empresas diferentes, cada qual com personalidade jurídica própria, que, no entanto, têm entre si uma espécie de vínculo especial, normalmente porque controladas pela mesma pessoa. O artigo 265 da Lei nº 6.404/1976 (Lei das Sociedades Anônimas) reconhece e prestigia as relações de empresas pertencentes ao mesmo grupo empresarial:

> Art. 265. A sociedade controladora e suas controladas podem constituir, nos termos deste Capítulo, grupo de sociedades, mediante convenção pela qual se obriguem a combinar recursos ou esforços para a realização dos respectivos objetos, ou a participar de atividades ou empreendimentos comuns.

O pressuposto de um grupo empresarial é que as empresas que lhe sejam participantes compartilhem de um vínculo especial, direcionado a estabelecer relações jurídicas entre si de modo a terem atuação coordenada e mais eficiente, otimizando os seus recursos. A questão é saber se esse vínculo especial autoriza que a experiência de uma das empresas seja aproveitada pelas demais, inclusive para efeitos de licitação.

A resposta é negativa, porque as empresas que compõem o mesmo grupo empresarial não se confundem, mantêm suas estruturas e personalidades apartadas.[160] Se houvesse confusão, já não seriam um grupo de empresas, porém a mesma empresa. Por conseguinte, cada uma delas tem a sua própria experiência, que é particular e não se estende às demais integrantes do grupo empresarial. Logo, em licitação, a experiência de uma das empresas participante de grupo empresarial não pode ser aproveitada por outras empresas do mesmo grupo.

O Tribunal de Contas da União, no entanto, vem admitindo o compartilhamento para efeitos de comprovação de experiência em licitação por subsidiária integral, nas

---

[160] Inclusive, nesse sentido, do Tribunal de Contas da União: "Sobre os motivos pelos quais considerou insuficiente o atestado de capacidade técnica apresentado pela empresa [...], a afirmação da [...] de inviabilidade do atestado de capacidade técnica por ter sido emitido por empresa do mesmo grupo econômico não prospera. Em primeiro lugar, porque não há vedação na Lei nº 8.666/93 e nem no edital da licitação. Em segundo lugar, porque o art. 266 da Lei 6.404/76 estabelece que as sociedades (controladora e controlada) conservam a personalidade e patrimônios distintos, além de ser um princípio da contabilidade: o princípio da entidade. Assim, não se misturam transações de uma empresa com as de outra. Mesmo que ambas sejam do mesmo grupo econômico, respeita-se a individualidade de cada uma" (TCU, Plenário. Acórdão nº 2.241/2012. Min. Rel. José Múcio Monteiro, j. 22.8.2012).

situações em que empresa seja controladora e única acionista de outra empresa e desde que na criação da subsidiária integral tenha havido transferência de patrimônio e pessoal.[161] A Lei nº 8.666/1993 e a Lei nº 14.133/2021 são omissas a respeito dessa questão. Dessa sorte, supõe-se que a jurisprudência do Tribunal de Contas da União, ainda que formada diante da revogada Lei nº 8.666/1993, seja mantida em relação à Lei nº 14.133/2021.

8.3.13 Transferência de acervo técnico em razão de processos de reestruturação societária como fusão, cisão ou incorporação

É também comum que empresas, integrantes ou não de grupos empresariais, realizem processos de reestruturação societária por meio de fusão, cisão ou incorporação. Em linhas gerais, de conformidade com a Lei nº 6.404/1976 (Lei das Sociedades Anônimas): (i) "a incorporação é a operação pela qual uma ou mais sociedades são absorvidas por outra, que lhes sucede em todos os direitos e obrigações" (artigo 227); (ii) "a fusão é a operação pela qual se unem duas ou mais sociedades para formar sociedade nova, que lhes sucederá em todos os direitos e obrigações" (artigo 228); e (iii) "a cisão é a operação pela qual a companhia transfere parcelas do seu patrimônio para uma ou mais sociedades, constituídas para esse fim ou já existentes, extinguindo-se a companhia cindida, se houver versão de todo o seu patrimônio, ou dividindo-se o seu capital, se parcial a versão" (artigo 229).

Nessas operações há a transferência ou assunção de direitos e obrigações das empresas envolvidas, inclusive de patrimônio imaterial, como é o caso da experiência e dos acervos técnicos.[162] Essa transferência de acervos técnicos é legítima e legal e vale perante terceiros, inclusive à Administração Pública. Por conseguinte, atestados

---

[161] "4. A representante (Centauro Comércio de Equipamentos de Segurança Ltda.) questiona a aceitação, por parte do pregoeiro, de atestados de capacidade técnica apresentados pela empresa vencedora do certame – EBN Comércio, Importação e Exportação Ltda. – quando, na verdade, tais atestados foram emitidos em nome de outra empresa (a Capricórnio S.A.), controladora e única acionista da EBN. 5. A análise empreendida peça Secex/SC indica, no entanto, que não houve qualquer ilegalidade na habilitação da EBN, sobretudo em face das considerações expendidas junto aos itens 20 a 24 da instrução técnica, nos seguintes termos: '[...] *20. O TCU já se manifestou sobre o tema em dois Acórdãos 2444/2012-TCU-Plenário e 1233/2013-Plenário, concluindo pela legalidade do procedimento, desde que na criação da subsidiária integral tenha havido transferência parcial de patrimônio e pessoal. 21. A empresa EBN, em suas contrarrazões (item 11, retro) consigna que, para a sua constituição, foram transferidos instalações físicas e funcionários da Capricórnio. 22. Em relação às instalações físicas, consultamos o sistema CNPJ, constatando que o endereço da EBN é o mesmo da extinta filial de número 13 da empresa Capricórnio (incluindo o telefone), sendo um indício de que a transferência efetivamente ocorreu:* [...] *23. Quanto a pessoal, a mesma consulta ao sistema CNPJ demonstra que os dirigentes das empresas foram intercambiados entre si:* [...] *24. Em relação aos demais empregados da empresa EBN, em cargos de assistente administrativo, modelista de roupas, mestre, contador, secretário, gerente de produção e supervisor administrativo, realizamos consulta aos dados do CAGED 2015 (Cadastro Geral de Empregados e Desempregados, Gestor: MTE), via sistema DGI, constatando que 12 dos 17 empregados admitidos na EBN (70%), eram egressos da empresa Capricórnio.*' 6. Diante dessas circunstâncias, acompanho o parecer da Secex/SC, no sentido da improcedência da presente representação, vez que os elementos contidos nos autos não evidenciam a ocorrência de ilícitos relacionados com o aludido Pregão Eletrônico nº 19/2015, e pugno pelo indeferimento do pedido de ingresso nos autos formulado pela representante, ante a ausência de comprovação de direito subjetivo envolvido e interesse comprovado para atuar no processo" (TCU, Segunda Câmara. Acórdão nº 4.936/2016. Rel. Min. André de Carvalho, j. 26.4.2016).

[162] "Porém no caso de uma cisão própria – com destacamento integral de uma área de negócios para a cindenda e com transferência integral de bens, direitos, obrigações, contratos e pessoal afeto a essa atividade –, coloca-se para mim incontroverso que a capacitação (expertise) anterior à cisão da empresa irá albergar-se na pessoa jurídica criada especificamente para receber este acervo. [...] é quase intuitivo que tal capacidade permaneça adstrita à unidade de negócios a que se refere" (MARQUES NETO, Floriano de Azevedo. Reorganização

emitidos em nome de uma empresa podem ser usados por outras empresas desde que entre elas tenha havido processo de reestruturação societária, tudo de acordo com os seus termos. Aliás, nessa direção, o artigo 224 da Lei nº 6.404/1976 prescreve que "as condições da incorporação, fusão ou cisão com incorporação em sociedade existente constarão de protocolo firmado pelos órgãos de administração ou sócios das sociedades interessadas [...]". Menciona-se que a jurisprudência, ainda que sob a base da Lei nº 8.666/1993, admite a transferência de acervo técnico para efeito de licitação em razão de reestruturação societária.[163]

8.3.14 A qualificação técnica do consórcio

O consórcio constitui associação temporária entre duas ou mais pessoas para um empreendimento específico, disciplinado pelos artigos 278 e 279 da Lei nº 6.404/1976. O consórcio não tem personalidade jurídica própria, não é pessoa diferente dos seus integrantes. O artigo 15 da Lei nº 14.133/2021 permite a participação em licitação de empresas reunidas em consórcio, salvo vedação devidamente justificada no processo licitatório.

A participação de empresas reunidas em consórcio não as exime de cumprir, individualmente, todas as exigências do edital, inclusive as de habilitação. Ressalva-se, apenas, na forma do inciso III do artigo 15 da Lei nº 14.133/2021, a "admissão, para efeito de habilitação técnica, do somatório dos quantitativos de cada consorciado e, para efeito de habilitação econômico-financeira, do somatório dos valores de cada consorciado".

Pois bem, o dispositivo supracitado permite a soma de quantitativos. O ponto é que há quesitos de qualificação técnica que não dependem de quantitativos, como, por exemplo, a exigência de inscrição na entidade profissional competente, enunciada no inciso V do artigo 67 da Lei nº 14.133/2021. Nesse caso, vale a regra de que todos os integrantes do consórcio devem apresentar todos os documentos exigidos no edital. A regra só é quebrada para os quantitativos, exigências centradas em quantidades. Portanto, suponha-se consórcio composto por duas empresas, uma apresenta os documentos

---

societária, cisão empresarial e contrato administrativo. *Boletim de Direito Administrativo – BDA*, n. 3, maio 2001. p. 356).

[163] "12. No entanto, consoante amplamente demonstrado pela Serur, embora a questão relativa à possibilidade da transferência de capacidade técnica operacional entre pessoas jurídicas objeto de reestruturação empresarial não tenha merecido tratamento expresso na legislação sobre licitações, esta viabilidade já está devidamente consagrada na doutrina e na jurisprudência brasileiras. 13. Com efeito, como bem assinalou a Serur, além da transferência de parcela do patrimônio tangível da empresa EIT – Empresa Industrial Técnica S/A para EIT – Construções S/A, teria havido, também, a transmissão de parcela significativa do conjunto subjetivo de variáveis que concorreram para a formação da cultura organizacional prevalecente na EIT – Empresa Industrial Técnica S/A. 14. Outro aspecto importante a ser destacado consiste em se levar em consideração, na aferição da validade dos atestados apresentados, a existência de tratamento expresso, no negócio jurídico que tenha formatado a operação reestruturante, quanto à divisão do acervo técnico da empresa. Isto porque, de acordo com o que for determinado no negócio jurídico que ensejou a reformulação societária, haverá de ser dimensionada a extensão e aproveitamento dos atestados técnicos até então expedidos em favor das empresas envolvidas. [...] 18. Registrou-se, igualmente, que existe 'total compatibilidade entre os responsáveis técnicos que constam do acervo transferido e os responsáveis técnicos da empresa EIT Construções S/A', ou seja, 'Os mesmos responsáveis técnicos que executaram os serviços que constam do acervo técnico transferido foram instituídos como responsáveis técnicos da EIT Construções S/A'" (TCU, Plenário. Acórdão nº 2.444/2012. Rel. Valmir Campelo, j. 11.9.2012).

de inscrição na entidade profissional competente e a outra, não. O consórcio deve ser inabilitado, porque aqui não há de falar de soma de quantitativo.

Em segundo lugar, o permissivo de somatório dos quantitativos para a qualificação técnica encontra aplicação privilegiada nas exigências de atestados de capacidade técnica, dado que estas são realizadas em face de quantitativos. Suponha-se edital que exija três atestados de capacidade técnica, referentes a três parcelas do objeto da licitação consideradas de maior relevância e de valor significativo, sendo que para cada uma dessas parcelas os licitantes devem comprovar que já executaram duzentas unidades. Suponha-se consórcio formado por duas empresas, A e B. A primeira parcela foi executada anteriormente pela empresa A, a segunda, pela empresa B e a terceira foi executada por ambas, porém cada uma executou cem unidades. Nesse caso, o consórcio é habilitado, porque são somados os quantitativos dos dois consorciados livremente, merecendo destaque que em relação à terceira parcela cada um executou metade. O consórcio é habilitado em razão da soma dos quantitativos dos dois integrantes.

Em terceiro lugar, muitas vezes a Administração exige legitimamente que a comprovação de experiência em relação à dada parcela ou aspecto do objeto do contrato seja realizada por meio de um atestado só. Trata-se dos casos em que a técnica empregada depende da quantidade e da dimensão do objeto.

Por exemplo, fazer quatro estações de tratamento de esgoto com capacidade para tratar 50 litros/segundo não é o mesmo que fazer uma com capacidade para tratar 200 litros/segundo. Nesse sentido, se a Administração pretende exigir que o sujeito comprove experiência na execução de uma estação com capacidade para tratar 200 litros/segundo, não pode permitir que ela seja comprovada por meio de quatro atestados de estações com capacidade para tratar 50 litros/segundo. Deve exigir que o quantitativo seja comprovado num atestado apenas. Assim, se dado licitante, que não participa da licitação em consórcio, apresentar dois atestados, cada um indicando que executou estação com capacidade de 100 litros/segundo, será inabilitado. Se outro licitante, que participa em consórcio formado por duas empresas, apresenta dois atestados, um em nome de cada empresa, indicando que cada uma das empresas executou estação com capacidade de 100 litros/segundo, também deve ser inabilitado.

Trocando-se em miúdos: a soma do quantitativo para a comprovação da qualificação técnica de consórcio somente é permitida nas situações em que o edital permite em termos gerais a soma de quantitativos havidos em mais de um atestado. Se o edital exige que a qualificação técnica sobre dada parcela ou aspecto do objeto licitado seja comprovada por único atestado, não é permitida a soma, quer por licitante individual, quer por licitante que se organize em consórcio.

8.3.15 A utilização pelas empresas consorciadas dos atestados emitidos em nome do consórcio

Neste tópico se analisa o valor do atestado emitido em favor do consórcio e, sob essa luz, em que medida ele pode ser utilizado posteriormente pelos integrantes do consórcio noutras licitações. É que as empresas consorciadas se associam para executar dado objeto e essa associação pode dispor de regras bastante diversas sobre a divisão de trabalhos entre as empresas consorciadas. A questão é saber o que do que fora executado pode ser aproveitado por cada um dos consorciados para comprovar suas experiências em licitações futuras.

A regra é estabelecida no §10 do artigo 67 da Lei nº 14.133/2021:

> Art. 67. [...]
> §10. Em caso de apresentação por licitante de atestado de desempenho anterior emitido em favor de consórcio do qual tenha feito parte, se o atestado ou o contrato de constituição do consórcio não identificar a atividade desempenhada por cada consorciado individualmente, serão adotados os seguintes critérios na avaliação de sua qualificação técnica:
> I - caso o atestado tenha sido emitido em favor de consórcio homogêneo, as experiências atestadas deverão ser reconhecidas para cada empresa consorciada na proporção quantitativa de sua participação no consórcio, salvo nas licitações para contratação de serviços técnicos especializados de natureza predominantemente intelectual, em que todas as experiências atestadas deverão ser reconhecidas para cada uma das empresas consorciadas;
> II - caso o atestado tenha sido emitido em favor de consórcio heterogêneo, as experiências atestadas deverão ser reconhecidas para cada consorciado de acordo com os respectivos campos de atuação, inclusive nas licitações para contratação de serviços técnicos especializados de natureza predominantemente intelectual.

Deflui do supracitado §10 que, independentemente do tipo de consórcio, se o atestado ou o contrato de constituição de consórcio identificar a atividade desempenhada por cada consorciado, é essa atividade atribuída a cada um deles que deve ser levada em consideração para a comprovação de suas experiências em licitações futuras. O §11 do mesmo artigo 67, em complemento, prescreve que, "para fins de comprovação do percentual de participação do consorciado, caso este não conste expressamente do atestado ou da certidão, deverá ser juntada ao atestado ou à certidão cópia do instrumento de constituição do consórcio".

Ou seja, nas situações em que se consegue identificar qual empresa consorciada é responsável por cada uma das partes, os atestados de capacidade técnica decorrentes da execução do objeto do contrato devem ser separados, de modo que as empresas consorciadas recebam os atestados daquilo que realmente executaram. Aliás, este é o propósito de exigir atestado de capacidade técnica, avaliar a real experiência das empresas. Não faria sentido pensar o contrário, que, identificada a parcela que coube a cada empresa consorciada, todas elas façam jus a atestado pelo objeto do contrato em sua integralidade, inclusive das partes em que não participaram da execução. O atestado, se emitido dessa forma, veicularia informação falsa, diria que o detentor dele executou algo que de fato não executou.

De forma subsidiária, para as demais hipóteses, nos casos em que não se separa a parte do objeto executada por cada consorciado, deve-se distinguir os consórcios homogêneos, aqueles compostos por empresas dedicadas às mesmas atividades, dos consórcios heterogêneos, compostos por empresas dedicadas a atividades diferentes.

O inciso I do §10 do artigo 67 da Lei nº 14.133/2021 estatui que, em casos de consórcios homogêneos, "as experiências atestadas deverão ser reconhecidas para cada empresa consorciada na proporção quantitativa de sua participação no consórcio". Sendo assim, cada empresa integrante do consórcio é beneficiada em relação aos quantitativos indicados no atestado na medida da sua participação no consórcio. Em termos práticos, nessa linha de raciocínio, a participação da empresa no consórcio é de 20%. A Administração somente deve computar a favor dela 20% do quantitativo executado pelo consórcio.

O inciso I do §10 do artigo 67 exclui dessa regra os serviços técnicos especializados de natureza predominantemente intelectual, apontando que, em relação a eles, "todas as experiências atestadas deverão ser reconhecidas para cada uma das empresas consorciadas". O legislador preferiu não fragmentar as experiências das empresas consorciadas diante de serviços técnicos especializados de natureza predominantemente intelectual. O atestado de capacidade técnica de serviços técnicos especializados de natureza predominantemente intelectual emitido em nome do consórcio deve aproveitar em sua inteireza a todas as empresas consorciadas, presumindo-se que, pelas características gerais desses serviços, todas as empresas consorciadas participam da execução dos serviços, mesmo que a proporção da participação no consórcio tenha sido distinta.

O inciso II do §10 do artigo 67 da Lei nº 14.133/2021 versa sobre o consórcio heterogêneo e determina que "as experiências atestadas deverão ser reconhecidas para cada consorciado de acordo com os respectivos campos de atuação". Por exemplo, suponha-se contrato que demandou atividade de análise jurídica e de estruturação econômico-financeira. Uma das consorciadas é escritório de advocacia e outra empresa de contabilidade. O legislador presume, mesmo que o atestado e o instrumento de constituição do consórcio não o digam, que o escritório de advocacia tenha executado a análise jurídica e a empresa de contabilidade, a estruturação econômico-financeira. Essa regra vale, conforme o inciso II do §10 do artigo 67, inclusive se o objeto do contrato corresponder a serviços técnicos especializados de natureza predominantemente intelectual.

8.3.16 Experiência desabonadora

O §12 do artigo 67 da Lei nº 14.133/2021 preceitua que a Administração não deve aceitar a comprovação da experiência do profissional apresentado pelo licitante se ele deu causa à aplicação das sanções de impedimento e de declaração de inidoneidade, conforme os incisos III e IV do *caput* do artigo 156, também da Lei nº 14.133/2021, desde que as referidas sanções sejam decorrentes de orientação proposta, de prescrição técnica ou de qualquer ato profissional de sua responsabilidade.

Trata-se de proibir que o licitante colha proveito de experiência desabonadora de profissional por si indicado e apresentado à Administração, em expressão do princípio geral de que "ninguém pode se beneficiar da própria torpeza" (*nemo auditur propriam turpitudinem*). Veja-se que o dispositivo ergue obstáculo à experiência desabonadora do profissional em condições bem específicas e não se refere à própria empresa que sofreu a sanção de impedimento ou de declaração de inidoneidade.

Parece incongruente não estender a restrição também à empresa que foi sancionada, mas há razões para isso. A primeira é que a empresa sofreu a sanção considerada proporcional ao seu comportamento e, observado o processo administrativo, foi impedida de participar de licitação e contratar por dado período. A sanção já lhe afasta das licitações, evidentemente dentro dos limites temporais e do campo de incidência legal específico de cada sanção. A segunda razão diz respeito à possibilidade de que a empresa tenha de fato executado o contratado e o comportamento que ensejou a aplicação da sanção seja relacionado a alguma obrigação assessória ou marginal, que não prejudica o reconhecimento da parte do objeto do contrato que foi de fato executada. Se o inadimplemento da contratada comprometeu a execução do contrato em seu todo, então o atestado não deve ser sequer emitido. Nessa hipótese, não há sequer de se cogitar de aproveitamento de atestado, porque ele não deve existir.

Por outro lado, sendo a experiência daquilo que de fato foi executada verdadeira, é direito da empresa que a Administração a reconheça e que ela possa utilizá-la como lhe convir, perante outras pessoas privadas ou públicas. Sob essa perspectiva, é bom ressaltar que a emissão de atestado de capacidade técnica não é um favor concedido pela Administração em benefício do contratado. O atestado, como o próprio nome revela, apenas atesta dado acontecimento, um fato que seja verdadeiro. Se o contratado executou, deve receber o atestado e poder utilizá-lo como lhe convier, insista-se.

De toda sorte, veja-se que os efeitos da experiência desabonadora em relação aos profissionais são bem limitados. De plano, a experiência desabonadora somente é desconsiderada se houve a aplicação das sanções dos incisos III e IV do *caput* do artigo 156, também da Lei nº 14.133/2021. A experiência desabonadora que prejudica o não aproveitamento do atestado pelo profissional não deve ser decorrente de insatisfações pessoais do fiscal ou do gestor do contrato ou de avaliações subjetivas. É necessário que tenha sido aplicada sanção administrativa, precedida do processo administrativo, com todos os seus rigores legais.

Para além disso, a experiência desabonadora somente afeta o profissional se a atuação dele deu causa às sanções dos incisos III e IV do *caput* do artigo 156 da Lei nº 14.133/2021. Na letra do §12 do artigo 67 da Lei nº 14.133/2021, apenas se as sanções decorreram "de orientação proposta, de prescrição técnica ou de qualquer ato profissional de sua responsabilidade". Isso significa que a sanção decorrente de ato não imputado diretamente ao profissional não o afeta nem o prejudica.

De mais a mais, para que a experiência desabonadora produza efeitos perante o profissional, é imprescindível que ele tenha sido intimado e tenha sido assegurada a ele a oportunidade de apresentar defesa e exercer o contraditório, inclusive para que possa alegar quaisquer exceções e argumentos pessoais, que podem ser diferentes dos argumentos da empresa sancionada. Sem o devido processo legal, o profissional não pode ser afetado por sanção que não foi aplicada a si.

Insista-se que o §12 do artigo 67 da Lei nº 14.133/2021 delimitou com precisão os efeitos de experiência desabonadora e, por deferência ao princípio da legalidade, devem-se observar os contornos prescritos pelo legislador. Goste-se ou não, é o que foi prescrito na lei e é isso que deve valer. A invocação de princípios gerais não pode sustentar a extensão e a flexão das balizas legais, sobremodo em matéria restritiva de direito (restritiva do direito de comprovar sua experiência e de ela ser considerada em licitação pública).

Convém ponderar que o §3º do artigo 88 da Lei nº 14.133/2021 estabeleceu sistema para a avaliação do desempenho contratual por parte dos contratados. Essa avaliação de desempenho produz uma série de efeitos perante a sistemática da Lei nº 14.133/2201, como para atribuição de notas técnicas (§3º do artigo 36), para a própria comprovação da experiência dos licitantes (inciso II do *caput* do artigo 67) e para o desempate de propostas (inciso II do artigo 60). Sem embargo, essa avaliação de desempenho, ainda que seja negativa, não autoriza a não emissão de atestado do que foi efetivamente executado, o aproveitamento desse atestado ou o impedimento do direito de participar de licitação.

8.4 Disponibilidade de pessoal técnico, instalações e aparelhamento adequados

O inciso III do artigo 67 da Lei nº 14.133/2021 prescreve como uma das exigências de qualificação técnica a "indicação do pessoal técnico, das instalações e do aparelhamento adequados e disponíveis para a realização do objeto da licitação, bem como da qualificação de cada membro da equipe técnica que se responsabilizará pelos trabalhos". O dispositivo exige dos licitantes três providências: (i) a indicação formal e particularizada do pessoal técnico, das instalações e do aparelhamento conforme as especificações e condicionantes exigidas no edital; (ii) a declaração formal de que o pessoal técnico, as instalações e o aparelhamento indicados estão disponíveis para a execução do futuro contrato; (iii) e a qualificação de cada membro da equipe técnica.

Percebe-se que o dispositivo supracitado exige disponibilidade e não propriedade. Daí que o licitante deve dispor das pessoas e dos instrumentos necessários para executar o contrato. Para a Administração Pública, é indiferente se o licitante é o proprietário das instalações e aparelhamento ou não, importa, repita-se, que ele os disponha. Também é indiferente que os técnicos sejam sócios, empregados ou que mantenham qualquer sorte de vínculo especial com o licitante. Importa que estejam à disposição do licitante.

Por exemplo, licitação para transporte escolar, em que o futuro contratado deve valer-se de ônibus para executar o serviço. A Administração não pode exigir que os licitantes comprovem ser os proprietários dos referidos ônibus. Basta dispor deles, o que se pode obter por diversos outros meios menos onerosos, como contratos de locação, de mútuo, de alienação fiduciária, de *leasing* ou outros instrumentos. Exigir a propriedade acaba frustrando em larga medida o princípio da competitividade, tendo em vista que é uma forma de restringir o universo de licitantes.

Os tribunais têm entendido, sob a ótica da Lei nº 8.666/1993, que os licitantes devem apenas declarar que dispõem do pessoal técnico, dos equipamentos e máquinas, sem que a Administração possa exigir no edital a comprovação da efetiva disponibilidade por meio de algum tipo de documento que não a mera declaração unilateral do licitante. A comprovação da efetiva disponibilidade somente poderia ser exigida como condição para a assinatura do contrato.[164] Essa compreensão fez o Tribunal de Contas da União, inclusive, produzir a Súmula nº 272, cujo teor é o seguinte: "No edital da licitação é

---

[164] "12. A exigência de comprovação de propriedade ou de compromisso de cessão, locação/leasing ou venda das máquinas e equipamentos considerados essenciais para o cumprimento do objeto da licitação e de infraestrutura predial, por sua vez, contraria o art. 30, §6º, da Lei 8.666/93, que proíbe exigências de propriedade e de locação prévia para a participação de empresas em licitações. 13. Conforme anotado pela unidade técnica, requerer que o licitante mantenha o acervo necessário à execução do contrato apenas para que possa concorrer é medida que afeta sobremaneira a competitividade do certame. Por outro lado, a ausência desse tipo de exigência não implica a contratação de eventuais empresas irresponsáveis, como aventado nas defesas, uma vez que nada obsta que a cobrança de tal comprovação seja feita por ocasião da assinatura do contrato" (TCU, Plenário. Acórdão nº 365/2017. Rel. Min. José Múcio Monteiro, j. 8.3.2017).

vedada a inclusão de exigências de habilitação e de quesitos de pontuação técnica para cujo atendimento as licitantes tenham de incorrer em custos que não sejam necessários anteriormente à celebração do contrato".[165]

Tal entendimento do Tribunal de Contas da União praticamente torna sem efeito a exigência da disponibilidade, que passa a ser uma espécie de promessa de disponibilidade futura. Ora, por lógica, se o licitante deve declarar, como condição de habilitação, que dispõe do pessoal técnico, das instalações e do aparelhamento adequados, ele realmente deve dispor deles no momento da licitação. Logo, deve-se assegurar à Administração a prerrogativa de exigir dos licitantes que eles realmente comprovem que dispõem do pessoal técnico, das instalações e do aparelhamento adequados no curso do certame e não após a conclusão dele, como requisito para a assinatura do contrato. Se a Administração não pudesse exigir a comprovação da disponibilidade durante a licitação, não faria sentido dispor da declaração de disponibilidade como requisito de habilitação. Ora, os requisitos de habilitação devem ser atendidos na licitação e não após a conclusão desta. A ideia é que quem não dispõe efetivamente do pessoal técnico, das instalações e do aparelhamento adequados não tem capacidade técnica para executar o contrato. E, à evidência, o propósito da habilitação é justamente investigar se os licitantes dispõem de fato e efetivamente da capacidade técnica para executar o contrato.

Previsão legal de disponibilidade sem a necessidade de efetiva disponibilidade é ilógico, equivale a admitir declaração falsa. Veja-se que o legislador não exigiu dos licitantes declaração de compromisso futuro de disponibilidade. O legislador exigiu, como bem claro no inciso III do *caput* do artigo 67 da Lei nº 14.133/2021, a indicação do pessoal técnico, das instalações e do aparelhamento adequados e disponíveis. Verdadeiramente disponíveis como requisito de habilitação e não que se pretenda dispor no futuro. Aliás, não custa lembrar que quem declara dispor de pessoal técnico, instalações e aparelhamento sem efetivamente dispor deles incorre no crime de falsidade ideológica.

Portanto, o edital deve exigir a declaração de disponibilidade do pessoal técnico, das instalações e do aparelhamento adequados, bem como, diante de alguma dúvida sobre o teor da declaração, realizar diligência de natureza complementar, na forma do inciso I do *caput* do artigo 64 da Lei nº 14.133/2021. Na diligência é permitido exigir a comprovação da efetiva disponibilidade, em acordo com o que foi declarado. Por conseguinte, não comprovada a efetiva disponibilidade, o licitante deve ser inabilitado e, constatada a falsidade da declaração de disponibilidade apresentada, deve-se instaurar processo administrativo para eventual aplicação de sanção administrativa diante do inciso VIII do artigo 155 da Lei nº 14.133/2021.

Nessa direção, frisa-se que o §8º do artigo 67 da Lei nº 14.133/2021 admite que a Administração exija no edital "relação dos compromissos assumidos pelo licitante que importem em diminuição da disponibilidade do pessoal técnico referido nos incisos I e III do *caput* deste artigo". Ora, afora dispor do pessoal técnico, é preciso comprovar

---

165 Registre-se, em linha divergente: "A possibilidade de realização de diligência (art. 43, §3º, da Lei 8.666/1993) na empresa que ofertou a melhor proposta na fase de lances de pregão, para verificar suas instalações físicas e equipamentos, a fim de comprovar as condições declaradas pela licitante, não extrapola as previsões contidas no art. 30, §§5º e 6º, da Lei 8.666/1993, tampouco significa a imposição de ônus prévio à licitação, mas apenas a verificação das condições mínimas de cumprimento do objeto que se deseja contratar" (TCU, Primeira Câmara. Acórdão nº 10.049/2017. Rel. Min. Walton Alencar Rodrigues, j. 24.10.2017).

que ele não está comprometido e absorvido por outros compromissos dos licitantes. Isso reforça que a disponibilidade a que alude o inciso III do *caput* do artigo 67 da Lei nº 14.133/2021 deve ser efetiva e que ela não se confunde com declaração de intenção futura de disponibilidade ou de promessa futura de disponibilidade. Repita-se que a disponibilidade deve ser efetiva e já quando da licitação, não apenas na contratação.

8.4.1 Disponibilidade de pessoal técnico, instalações e aparelhamento adequados com localização prévia

As exigências formuladas em editais devem guardar justificativas em interesse público, especialmente aquelas que sejam restritivas à competição. Nesse rol de exigências restritivas à competição, pode-se destacar a de disponibilidade de pessoal técnico, instalações e aparelhamento adequados com localização prévia e delimitada. Então, por regra, esse tipo de exigência atrelada à localidade não deve ser formulado em edital. A regra, no entanto, admite exceções, que pressupõem uma boa razão de interesse público para vincular a disponibilidade exigida no inciso III do *caput* do artigo 67 da Lei nº 14.133/2021 a dada localização.

O §4º do artigo 40 e o §2º do artigo 47 da Lei nº 14.133/2021 permitem exigências tocantes à localidade relacionadas aos serviços de manutenção e assistência técnica. Ora, se a manutenção ou assistência precisa ser prestada de modo presencial, é necessário que o licitante disponha de estrutura que permita o deslocamento do técnico municiado dos instrumentos adequados dentro do tempo contratado. Isso depende, por sua vez, evidentemente, que o licitante disponha de estrutura em local relativamente próximo.

Na mesma linha, o §2º do artigo 25 da Lei nº 14.133/2021 estabelece:

> Desde que, conforme demonstrado em estudo técnico preliminar, não sejam causados prejuízos à competitividade do processo licitatório e à eficiência do respectivo contrato, o edital poderá prever a utilização de mão de obra, materiais, tecnologias e matérias-primas existentes no local da execução, conservação e operação do bem, serviço ou obra.

O legislador quer aproveitar os recursos locais, ideia que se conecta à sustentabilidade, nos seus mais variados aspectos.

Sendo permitido à Administração, como é permitido no §4º do artigo 40 e no §2º do artigo 47, ambos da Lei nº 14.133/2021, formular exigência pertinente à localização de dada estrutura, também deve ser permitido que a declaração de disponibilidade dela seja atrelada a tal localização.

Afora os dispositivos legais mencionados, nada impede que se formulem outras exigências ligadas à localidade. Advirta-se, no entanto, que tais exigências não devem ser concebidas como regras, porque sempre causam algum gravame à competitividade. Logo, elas devem ser amparadas em razões de interesse público consistentes. É o caso, por exemplo, de fornecimento de combustíveis. Ora, a Administração somente deve adquirir combustíveis de licitante instalado nas proximidades da sua sede. Não haveria qualquer sentido em admitir licitantes distantes da sede da Administração, na medida em que o deslocamento dos veículos para o abastecimento importaria no consumo de boa parte ou senão todo o combustível fornecido.

8.5 Atendimento de exigências previstas em lei especial

Ocorre, com certa frequência, que alguns objetos se sujeitam à legislação específica que prescreve condições especiais para a sua execução. Por isso, o inciso IV do *caput* do artigo 67 da Lei nº 14.133/2021 enuncia, entre as condições de habilitação, a "prova de atendimento de requisitos previstos em lei especial, quando for o caso". É o caso de serviços de vigilância regrados pela Lei nº 7.102/1983, que fixa condições especiais para o exercício de tal atividade, as quais, pois, devem ser atendidas pelos licitantes como condição de habilitação. Também é bastante usual que na área da saúde haja normas especiais para o exercício de dadas atividades ou comercialização de certos produtos, pelo que as agências reguladoras exigem certificados de boas práticas e outros documentos análogos.

8.6 Inscrição na entidade profissional competente

Na sistemática da Lei nº 14.133/2021, a inscrição do licitante na entidade profissional competente é exigência de habilitação, especificamente de qualificação técnica. O inciso V do *caput* do artigo 67 da Lei nº 14.133/2021 requer "registro ou inscrição na entidade profissional competente, quando for o caso".

Importa ressaltar, já de plano, que o registro na entidade profissional não se confunde com adesão ao sindicato da categoria ou à determinada associação de classe ou algo do gênero. A Constituição Federal adota como princípio a liberdade de sindicalização e de associação, que não pode ser vilipendiada em licitação.

Cabe esclarecer, também de plano, que só é plausível exigir o registro na entidade profissional nas situações em que o objeto do contrato disponha sobre profissão regulamentada, isto é, nas situações em que o exercício de determinada atividade depende de inscrição em entidade profissional. Se a profissão não é regulamentada, não se deve exigir registro em entidade profissional.

Há dificuldades em relação às licitações cujos objetos envolvem a intervenção de profissionais de natureza diferente. Por exemplo, contrato de terceirização de serviços de manutenção de bens imóveis envolve, em princípio, a atuação de profissional de engenharia, inscrito na entidade profissional dos engenheiros, e de administrador, inscrito na entidade profissional dos administradores. Ocorre que, em face de licitações desse tipo, é frequente a dúvida a respeito de qual conselho profissional exigir a inscrição: ambos? Apenas um deles? E, se assim o for, de qual?

O artigo 1º da Lei nº 6.839/1980, que dispõe sobre as profissões regulamentadas, enuncia:

> Art. 1º O registro de empresas e a anotação dos profissionais legalmente habilitados, delas encarregados, serão obrigatórios nas entidades competentes para a fiscalização do exercício das diversas profissões, em razão da atividade básica ou em relação àquela pela qual prestem serviço a terceiros.

Quer dizer que em situações dessa espécie, em que a licitação demanda a intervenção de profissionais de natureza diferente, o edital deve exigir a inscrição do licitante e, se for o caso, do profissional responsável no tocante à atividade básica que decorre do próprio objeto. Logo, não se deve exigir a inscrição em mais de uma entidade profissional. Deve-se exigir a inscrição apenas na entidade profissional cuja competência corresponde à atividade básica relacionada ao objeto da licitação, que, nem seria preciso dizer, é o objeto do futuro contrato.

De todo modo, identificar a atividade básica em razão do objeto de dada licitação nem sempre é tarefa fácil, o que usualmente alimenta polêmicas agudas. Prosseguindo com o exemplo acima, referente à prestação de serviços de manutenção de bens imóveis, deve-se analisar qual a atividade básica, se de engenharia ou se de administração.

Nesse caso, a jurisprudência do Tribunal de Contas da União é no sentido de que a entidade profissional competente é o Conselho Regional de Administração e não o de Engenharia:

> O interessado insurge-se por entender que ao CREA compete emitir os comprovantes acima elencados e não ao CRA, como constante no referido Edital.
> O objeto da multicitada Concorrência consistia na "contratação de empresa especializada para prestação de serviços de manutenção predial nas dependências da RADIOBRÁS, em Brasília/DF".
> Percebe-se que o objeto do certame em análise constitui manutenção preventiva e corretiva nas dependências da RADIOBRÁS, em Brasília, sem que exista necessidade de cálculos de engenharia, projetos e conhecimentos específicos em edificações, motivo por que deve ser dispensada a exigência de registro no CREA, subsistindo a competência do CRA, já que a este Conselho cabe fiscalizar a locação de mão de obra objeto do Edital em análise.[166]

Ou seja, o fato de o objeto da licitação envolver atividade de engenharia não significa que se deve exigir a inscrição na entidade profissional dos engenheiros, porque é possível que a engenharia não corresponda à atividade básica do contrato. Noutra oportunidade, o Tribunal de Contas da União decidiu:

> 8. Não merece prosperar, portanto, a tentativa do Crea-DF de modificar o acórdão guerreado somente pelo fato de haver serviços de engenharia envolvidos na referida contratação, uma vez que tal argumento, por si só, não é suficiente. É preciso demonstrar ser essa a atividade básica ou o serviço preponderante exigido pela Administração, o que, na situação em tela, não ocorreu.
> 9. Não é demais ressaltar que a jurisprudência do TCU sobre a matéria se consolidou no sentido de que o registro ou inscrição na entidade profissional competente, previsto no art. 30, inc. I, da Lei 8.666/1993, deve se limitar ao conselho que fiscalize a atividade básica ou o serviço preponderante da licitação. Nesse sentido, merecem destaque, entre outras, as seguintes deliberações: Acórdão 2769/2014-TCU-Plenário, Acórdão 447/2014-TCU-Plenário, Acórdão 1034/2012-TCU-Plenário, Acórdão 2816/2009-TCU-Plenário, Acórdão 2377/2008-TCU-Segunda Câmara, Acórdão 2521/2003-TCU-Primeira Câmara e Acórdão 597/2007-TCU-Plenário.[167]

Convém pontuar que a jurisprudência do Tribunal de Contas da União foi desenvolvida em razão da Lei nº 8.666/1993. No entanto, o inciso V do *caput* do artigo

---

[166] TCU, Plenário. Decisão nº 126/2002. Rel. Min. Benjamin Zymler, j. 27.2.2002.

[167] TCU, Segunda Câmara. Acórdão nº 5.383/2016. Rel. Min. Vital do Rêgo, j. 10.5.2016.

67 da Lei nº 14.133/2021 tem redação muito parecida com à do inciso I do artigo 30 da Lei nº 8.666/1993. Para além disso, a questão da inscrição limitada à atividade básica é tratada na Lei nº 6.839/1980, cujas disposições não foram afetadas pela Lei nº 14.133/2021. Logo, o racional deve ser mantido, como se depreende do seguinte Acórdão:

> 9.5. dar ciência à Base Administrativa do Complexo de Saúde do Rio de Janeiro e ao Hospital Central do Exército, com fundamento no art. 9º, inciso I, da Resolução-TCU 315/2020, sobre as seguintes impropriedades/falhas, identificadas no Pregão Eletrônico 68/2022, para que sejam adotadas medidas internas com vistas à prevenção de outras ocorrências semelhantes: [...] 9.5.10. exigência de registro da licitante no CREA/CAU/CRT (item 5.1.2 do Edital), uma vez que, considerando que a atividade preponderante do certame são serviços de engenharia, é suficiente o registro da empresa no CREA, em consonância com o Acórdão 3334/2015-TCU-Plenário, Relatora Ministra Ana Arraes;[168]

Também é de mencionar que existe controvérsia em relação à prestação de serviços em geral que acabam envolvendo atividades típicas do administrador, como recrutamento, seleção, admissão, treinamento, desenvolvimento, movimentação e supervisão de recursos humanos. O Conselho Federal de Administração, por tais razões, já editou acórdão reputando como obrigatória em licitações de terceirização de serviços a inscrição nos Conselhos Regionais de Administração.[169]

Em que pese tal entendimento, muitos editais cujos objetos envolvem terceirização de serviços são questionados em relação a esse aspecto, repita-se, pertinente à exigência de inscrição nos Conselhos Regionais de Administração. A controvérsia é presente na jurisprudência.[170] [171]

Bem se vê que se trata de assunto polêmico. Ao autor deste estudo parece que é legítimo exigir em licitações de terceirização de serviços a inscrição dos licitantes nos Conselhos Regionais de Administração, uma vez que a tarefa principal imputada ao futuro contratado é o gerenciamento de pessoas a fim de realizar a prestação dos

---

[168] TCU, Plenário. Acórdão nº 1463/2024, Rel. Min. Augusto Nardes, j. 24.7.2024.

[169] Cf. CFA, Plenário. Acórdão nº 1/97. Rel. Rui Ribeiro de Araújo, j. 19.12.1997.

[170] Em sentido favorável à exigência de inscrição no Conselho de Administração: "APELAÇÃO CÍVEL. MANDADO DE SEGURANÇA. LICITAÇÃO. FORNECIMENTO DE MERENDA ESCOLAR. EXIGÊNCIA DE INSCRIÇÃO NO CONSELHO REGIONAL DE ADMINISTRAÇÃO. CABIMENTO. ART. 2º, B, LEI Nº 4.769/65. PRESTAÇÃO DE MÃO DE OBRA. ATIVIDADE- MEIO. Não há ilegalidade na exigência constante no edital de licitação, cujo objeto é a disponibilização de serviço de merendeiras e nutricionista, cabendo aos licitantes recrutar, selecionar e administrar as respectivas atividades, o que justifica a inscrição no Conselho Regional de Administração – CRA, nos termos do art. 2º, letra 'b', da Lei nº 4.769/65. Apelação desprovida" (TJRS, Vigésima Primeira Câmara Cível. Apelação Cível nº 0286789-86.2015.8.21.7000. Rel. Des. Marco Aurélio Heinz, j. 2.9.2015).

[171] Em sentido contrário à exigência de inscrição no Conselho de Administração: "ADMINISTRATIVO. CONSELHO REGIONAL DE ADMINISTRAÇÃO/ES. CONCURSO. EXIGÊNCIA EDITALÍCIA. ATIVIDADE DE PORTARIA – INEXIGIBILIDADE DE REGISTRO JUNTO AO CRA/ES. - Cinge-se a controvérsia ao exame da possibilidade de obrigatoriedade da ré só contratar com empresas que possuam registro no Conselho Regional de Administração territorialmente competente e que tenham prova da existência de Administrador Responsável Técnico para execução do serviço. Somente estão obrigadas a registrar-se no Conselho Regional de Administração as empresas que explorem os serviços de administração como atividade-fim, sendo inegável que a atuação do CRA se restringe àqueles que exercem atividades e atribuições de administrador, nos termos da legislação de regência" (TRF2, Oitava Turma Especializada. REOAC nº 0133291-14.2015.4.02.5001/ES. Rel. Des. Vera Lúcia Lima, 16.2.2017).

serviços. De toda forma, cada licitação apresenta as suas especificidades que devem ser analisadas caso a caso.

Outrossim, ainda em relação à exigência de inscrição na entidade profissional competente, muitos editais requerem que licitantes sediados em outros estados, diferentes do local da licitação, apresentem o visto da entidade profissional local como condição de habilitação. Essa exigência é indevida, porque não encontra amparo na legalidade e porque frustra o princípio da competitividade. Ocorre que a inscrição na entidade profissional local onera o licitante forasteiro e o desencoraja a participar da licitação, erguendo a ele mais uma exigência de caráter burocrático impertinente. Ora, a empresa deve receber o visto da entidade profissional local apenas para a execução do contrato, oportunidade em que ele contrai a obrigação de realizar as atividades fiscalizadas e abrangidas pela sua jurisdição. A participação em licitação por si só não gera qualquer ato que envolva substancialmente execução técnica e, logo, dispensa o visto da entidade profissional local.[172] [173]

Por último, ressalta-se que também é indevido exigir quitação com a entidade profissional competente. O inciso I do art. 30 da Lei nº 14.133/2021 autoriza a exigência apenas da inscrição na entidade profissional competente. Logo, sob a égide da legalidade, o pagamento das anuidades não é condição de habilitação. Trata-se de questão interna, a ser revolvida entre a entidade profissional e a empresa ou o profissional inadimplente. A licitação não deve servir como instrumento para que as entidades profissionais exijam dos seus filiados o pagamento de anuidades.[174]

8.7 Declaração de conhecimento das informações e condições locais

A Administração, de acordo com o inciso VI do *caput* do 67 da Lei nº 14.133/2021, deve exigir dos licitantes declaração de que tomaram "conhecimento de todas as informações e das condições locais para o cumprimento das obrigações objeto da licitação". Com uma boa dose de redundância, o §2º do artigo 63 da Lei nº 14.133/2021 prescreve:

> [...] quando a avaliação prévia do local de execução for imprescindível para o conhecimento pleno das condições e peculiaridades do objeto a ser contratado, o edital de licitação poderá prever, sob pena de inabilitação, a necessidade de o licitante atestar que conhece o local e as condições de realização da obra ou serviço, assegurado a ele o direito de realização de vistoria prévia.

---

[172] "3. A exigência da confirmação de registro no Conselho Regional de Nutrição do local da licitação, além daquele já expedido pelo CRN da sede do licitante, restringe o caráter competitivo do certame e estabelece preferências ou distinções em razão da sede ou domicílio dos interessados. Ademais, eventual exigência dessa natureza somente seria devida por ocasião da contratação, e não da qualificação técnica do licitante" (STJ, Segunda Turma. REsp nº 1.155.781/ES. Rel. Min. Eliana Calmon, j. 1.6.2010).

[173] Registre-se que o TCU segue a mesma linha, tendo decidido que visto de registro profissional por conselho de outro estado é exigência aplicável somente ao vencedor da licitação (TCU, Plenário. Decisão nº 279/1998. Rel. Min. Iram Saraiva, j. 20.5.1998).

[174] Não deve ser exigida dos licitantes, para fins de habilitação, prova de quitação de anuidades junto ao conselho de fiscalização profissional ao qual a empresa e os profissionais estejam ligados, pois essa exigência não está prevista em lei. A demonstração de regularidade da empresa ou do profissional junto àquela entidade deve se limitar à prova de registro ou de inscrição. (TCU, Primeira Câmara. Acórdão nº 6550/2024, Primeira Câmara. Rel. Min. Jhonatan de Jesus, j. 6.8.2024).

Em complemento, o §3º do mesmo artigo 63 ressalva que "o edital de licitação sempre deverá prever a possibilidade de substituição da vistoria por declaração formal assinada pelo responsável técnico do licitante acerca do conhecimento pleno das condições e peculiaridades da contratação".

Não se trata de exigência substancial, porque se poderia perfeitamente presumir que todos os participantes da licitação dispõem dos documentos e das informações pertinentes a ela, sem que fosse necessário exigir coisa alguma a respeito. Entretanto, conquanto não seja exigência substancial, também, por outro lado, não impede ninguém de participar da licitação, pois a prova é simples, basta a declaração.

Em muitas licitações, especialmente para obras e serviços de engenharia, a Administração costuma exigir dos licitantes que conheçam as condições locais onde o contrato deve ser executado. Frequentemente, o edital estabelece dia e horário quando um representante da Administração acompanha os interessados até o local indicado. O representante mostra o local, esclarece algumas dúvidas dos licitantes e, pois, expede em seu favor um atestado, que é usualmente chamado de *atestado de vistoria*.

O Tribunal de Contas da União, ainda que diante da Lei nº 8.666/1993, vem decidindo que: (i) exigir a visita é algo excepcional, porém, é possível, desde que seja demonstrado ser imprescindível para o cumprimento das obrigações contratuais; (ii) em regra, deve-se dar a opção para que o licitante dispense a visita técnica, assumindo para si as responsabilidades em razão da sua não realização; (iii) quando exigida, a visita pode ser realizada por qualquer preposto da licitante, inclusive terceirizados, que tenha conhecimento e qualificação, não sendo permitido exigir que seja realizada por engenheiro do quadro permanente ou pelo responsável técnico; e (iv) se deve evitar que ela seja realizada em único dia e horário.[175]

A jurisprudência do Tribunal de Contas da União de que em determinadas situações excepcionais e bem justificadas é permitido à Administração exigir que os licitantes façam a visita não é compatível com o inciso VI do *caput* do artigo 67 e com o §3º do artigo 63, ambos da Lei nº 14.133/2021, na medida em que deve ser assegurado ao licitante a "substituição da vistoria por declaração formal assinada pelo responsável técnico do licitante acerca do conhecimento pleno das condições e peculiaridades da contratação". Ou seja, é o licitante que deve discernir sobre a conveniência e a oportunidade da visita. Essa foi a opção do legislador, que não é a mais acertada porque quem deveria decidir sobre a pertinência das exigências de habilitação é a Administração e não os licitantes. Sem embargo, repita-se, foi a opção do legislador, que deve ser respeitada.

---

[175] "A vistoria técnica, quando necessária, pode ser realizada por qualquer preposto da licitante, desde que possua conhecimento técnico suficiente para tanto, ou até mesmo ser terceirizada para profissional competente, a fim de ser ampliada a competitividade do procedimento licitatório, não se podendo exigir que a visita seja feita por engenheiro do quadro permanente da licitante" (TCU, Plenário. Acórdão nº 2.672/2016. Rel. Min. Benjamin Zymler, j. 19.10.2016). "A exigência de atestado de visita técnica sem a devida motivação e sem franquear às licitantes a alternativa de apresentação de declaração de opção de não realizar a vistoria, sem prejuízo da consecução do objeto, está em desacordo com o art. 37, inciso XXI, da Constituição Federal, e com o art. 3º, §1º, da Lei 8.666/1993" (TCU, Plenário. Acórdão nº 1.823/2017. Rel. Min. Walton Alencar Rodrigues, j. 23.8.2017). "Deve-se evitar em certames licitatórios a exigência de visita técnica em um único dia e horário como requisito de qualificação técnica de licitantes, a não ser mediante justificativa excepcional" (TCU, Plenário. Acórdão nº 341/2015. Rel. Min. Raimundo Carreiro, j. 4.3.2015).

A crítica ao legislador é acentuada porque a visita técnica, a depender do caso, pode realmente ser necessária para que os licitantes possam compreender adequadamente o objeto da licitação e formular as suas propostas. A não realização da visita técnica, ainda que os licitantes declarem que conheçam as condições e peculiaridades da contratação, pode desvirtuar a competição e produzir celeumas e litígios na fase de execução do contrato, especialmente em torno de pedidos de termos aditivos.

Demais disso, em harmonia com a jurisprudência do Tribunal de Contas da União, o §4º do artigo 63 da Lei nº 14.133/2021 prescreve que, "se os licitantes optarem por realizar vistoria prévia, a Administração deverá disponibilizar data e horário diferentes para os eventuais interessados". A finalidade da norma é evitar que os prepostos dos licitantes se encontrem na visita e tenham a oportunidade de promover conluio ou outras práticas delituosas. O dispositivo supracitado parte do pressuposto de desconfiança aguda.

Ressalva-se que a vistoria ou a declaração do licitante não exime a Administração de expor a todos os licitantes já no edital o objeto da licitação nos mínimos detalhes, dizendo-lhes tudo que precisa ser futuramente realizado. A vistoria não escusa a Administração sobre qualquer omissão do edital, que deve ser completo, proporcionando antevisão de tudo o quanto deverá ser executado.

9 Qualificação econômico-financeira

9.1 Considerações gerais

A Administração Pública também deve avaliar em habilitação as condições econômico-financeiras dos licitantes. Ocorre que o contratado executa o objeto ou parte dele e somente depois recebe o pagamento que lhe é devido. Logo, o vencedor da licitação e futuro contratado terá que dispor de recursos econômico-financeiros para executar o contrato. Dessa sorte, a Administração vê-se obrigada a exigir dos licitantes a comprovação de boa situação econômico-financeira, a rigor, de situação suficiente para a execução do contrato.

O artigo 69 da Lei nº 14.133/2021 prescreve:

> A habilitação econômico-financeira visa a demonstrar a aptidão econômica do licitante para cumprir as obrigações decorrentes do futuro contrato, devendo ser comprovada de forma objetiva, por coeficientes e índices econômicos previstos no edital, devidamente justificados no processo licitatório, e será restrita à apresentação da seguinte documentação:
> I - balanço patrimonial, demonstração de resultado de exercício e demais demonstrações contábeis dos 2 (dois) últimos exercícios sociais;
> II - certidão negativa de feitos sobre falência expedida pelo distribuidor da sede do licitante.

A Administração Pública não costuma ser rigorosa na investigação da habilitação econômico-financeira dos licitantes. É comum que as exigências sejam muito rasas e superficiais, bem como que os licitantes apresentem documentos flagrantemente inconsistentes, sem atrair a atenção dos agentes administrativos e mesmo dos demais licitantes. A impressão prática é que a habilitação econômico-financeira é encarada por boa parte da Administração como algo meramente formal e burocrático. Não deveria ser assim.

9.2 Balanço patrimonial

9.2.1 Formalidades para a apresentação do balanço patrimonial

O inciso I do artigo 69 da Lei nº 14.133/2021 determina que os licitantes devem apresentar "I - balanço patrimonial, demonstração de resultado de exercício e demais demonstrações contábeis dos 2 (dois) últimos exercícios sociais". O dispositivo inova sobremaneira em comparação com o inciso I do artigo 31 da Lei nº 8.666/1993, cujo teor determinava a apresentação por parte dos licitantes dos balanços relativos apenas ao último exercício social.

A Lei nº 14.133/2021 prevê duas exceções à exigência de balanço patrimonial relativo aos dois últimos exercícios sociais. A primeira envolve as empresas recém-constituídas, que não completaram um exercício social e, pois, não dispõem de balanço. Elas ficam autorizadas, na forma do §1º do artigo 65 da Lei nº 14.133/2021, "a substituir os demonstrativos contábeis pelo balanço de abertura". A segunda exceção, consoante o §6º do artigo 69, também da Lei nº 14.133/2021, é para as empresas constituídas há menos de dois anos, para as quais basta o balanço do último exercício.

O fato é que, como regra, o inciso I do artigo 69 da Lei nº 14.133/2021 dobrou a extensão temporal da exigência, com a finalidade de fazer a habilitação econômico-financeira mais rigorosa. A premissa é que não basta a comprovação da boa situação econômico-financeira atual. O legislador, na Lei nº 14.133/2021, requereu certa constância e estabilidade para a comprovação da boa situação econômico-financeira, que se reproduza nos dois últimos exercícios sociais.

Saliente-se que, para o inciso I do artigo 69 da Lei nº 14.133/2021, não importa que no momento da licitação o licitante satisfaça os índices e condições exigidas no edital para a comprovação da sua habilitação jurídica. A lei exige mais do que a atualidade, exige a comprovação de certo grau de estabilidade econômico-financeira, porque demanda as informações dos dois últimos exercícios.

A perspectiva da Lei nº 8.666/1993 era diferente, focada na situação atual do licitante quando da licitação, pouco importando a situação pretérita. Sob essa luz, inclusive, o Tribunal de Contas da União vinha permitindo a apresentação de balanços intermediários, justamente para que os licitantes pudessem levar ao conhecimento da Administração eventual alteração em sua condição econômico-financeira que lhe fizesse atender às exigências do edital, mesmo que no curso do exercício em que ocorre a licitação.[176] Esse entendimento não se replica para a Lei nº 14.133/2021, dado que, consoante o inciso I do *caput* do seu artigo 69, a habilitação econômico-financeira dá-se em vista dos dois últimos exercícios e não da condição atual dos licitantes.

Embora a Lei nº 14.133/2021 não o diga expressamente, a Administração somente pode exigir a apresentação, por parte dos licitantes, de balanço patrimonial já exigível.

---

[176] "Não há vedação legal à apresentação de balanços intermediários para fins de qualificação econômico-financeira em licitação, desde que se comprove que o estatuto social da empresa autoriza sua emissão, conforme dispõe a Lei 6.404/1976. O conceito de balanço intermediário não se confunde com o de balancete ou balanço provisório. O primeiro é um documento definitivo, cujo conteúdo retrata a situação econômico-financeira da sociedade empresária no curso do exercício, e o segundo é um documento precário, sujeito a mutações" (TCU, Plenário. Acórdão nº 2.994/2016. Rel. Min. Benjamin Zymler, j. 23.11.2016).

Discute-se quando o balanço patrimonial passa a ser considerado exigível, para efeito de licitação.

Tradicionalmente, com base no inciso I do artigo 1.078 do Código Civil, o entendimento é que os balanços se tornam exigíveis a partir de 30 de abril do ano subsequente.[177] Sucede que a Receita Federal do Brasil dispõe sobre a Escrituração Contábil Digital (ECD), que compreende a versão digital dos balanços patrimoniais (inciso III do artigo 2º da Instrução Normativa nº 2.003/2021), que é obrigatório, por via de regra, para as pessoas jurídicas que devem manter escrituração contábil nos termos da legislação comercial (artigo 3º da Instrução Normativa nº 2.003/2021) e que é exigível até o último dia do mês de junho do ano seguinte ao ano-calendário a que se refere a escrituração (artigo 5º da Instrução Normativa nº 2.003/2021).

O Tribunal de Contas da União vem entendendo que o edital deve definir a data a partir da qual o balanço do último exercício deve ser apresentado para efeito de licitação pública e que, no silêncio dele, deve-se adotar a data-limite para a apresentação da Escrituração Contábil Digital (ECD). Confira-se:

> Se não houver cláusula no edital que especifique o exercício a que devam se referir, o balanço patrimonial e demais demonstrações contábeis do exercício imediatamente anterior somente podem ser exigidos se a convocação da licitante para apresentação da documentação referente à qualificação econômico-financeira (art. 31 da Lei 8.666/1993) ocorrer após a data-limite definida nas normas da Secretaria da Receita Federal para a apresentação da Escrituração Contábil Digital (ECD) no Sistema Público de Escrituração Digital (Sped).[178]

Cumpre advertir que, de acordo com o §2º do artigo 1.179 do Código Civil, o pequeno empresário é dispensado de seguir sistema de contabilidade e de levantar balanço anual. O pequeno empresário, de acordo com o artigo 68 da Lei Complementar nº 123/2006, é o empresário individual caracterizado como microempresa que aufira receita bruta anual de até R$60.000,00. No entanto, ainda que as pequenas empresas estejam dispensadas de levantar balanço para efeito contábil, se quiserem participar de licitação, terão de fazê-lo, por força do inciso I do artigo 69 da Lei nº 14.133/2021, ou terão de apresentar outro documento, também oficial e devidamente registrado, que demonstre a sua situação econômico-financeira. Ocorre que à Administração não é permitido contratar com pessoa que não tenha capacidade para cumprir o contrato. Logo, inevitavelmente a Administração deve analisar a situação econômico-financeira de todos os licitantes, inclusive das pequenas empresas. O Código Civil não reúne força para dispensá-las de comprovar a boa e suficiente situação econômico-financeira para efeito de licitação e de contrato administrativo.

---

177 "O prazo para aprovação do balanço patrimonial e demais demonstrações contábeis para fins de cumprimento do art. 31 da Lei 8.666/1993 é o estabelecido no art. 1.078 do Código Civil, portanto, até o quarto mês seguinte ao término do exercício social (30 de abril). Desse modo, ocorrendo a sessão de abertura de propostas em data posterior a este limite, torna-se exigível, para fins de qualificação econômico-financeira, a apresentação dos documentos contábeis referentes ao exercício imediatamente anterior" (TCU, Plenário. Acórdão nº 1.999/2014. Rel. Min. Aroldo Cedraz, j. 30.7.2014).

178 TCU, Plenário. Acórdão nº 2.293/2018. Rel. Min. José Múcio Monteiro, j. 2.10.2018.

Demais disso, o edital deve disciplinar o modo como o balanço patrimonial e as demonstrações contábeis sejam apresentados.[179] A propósito, o Tribunal de Contas da União já decidiu:

> A exigência de fotocópia integral do livro diário, como requisito de habilitação em licitação, contraria o princípio da eficiência administrativa, pelo fato de o livro conter elevado número de páginas, decorrentes dos registros contábeis das operações realizadas diariamente pela empresa, sendo suficiente para a análise da qualificação econômico-financeira apenas cópia das páginas referentes ao balanço patrimonial, às demonstrações contábeis e aos termos de abertura e de encerramento.[180]

Os licitantes não devem ser prejudicados em razão da omissão da Administração. Aliás, não se esqueça que a Administração não deve se ater a rigores formais excessivos. Ela deve aceitar os documentos se prestantes a comprovar a situação econômico-financeira dos licitantes. Se houver alguma dúvida de ordem formal, a bem da competitividade, a Administração deve baixar diligência para solucioná-la ou mesmo sanar erro ou falha, com fundamento no inciso I do *caput* do artigo 64 da Lei nº 14.133/2021 e no §1º do mesmo artigo.

9.3 Coeficientes e índices econômicos

A Administração deve analisar a situação econômico-financeira dos licitantes por meio de coeficientes e índices econômicos previstos no edital, conforme o *caput* do artigo 69 da Lei nº 14.133/2021. Esses coeficientes e índices econômicos são apurados em razão do balanço patrimonial, daí a sua centralidade para a avaliação da habilitação econômico-financeira. Para visualizá-los com mais facilidade, o §1º do artigo 69 da Lei nº 14.133/2021 prescreve que, "a critério da Administração, poderá ser exigida declaração, assinada por profissional habilitado da área contábil, que ateste o atendimento pelo licitante dos índices econômicos previstos no edital".

Infelizmente é usual que licitações públicas sejam dirigidas por meio da manipulação de coeficientes e índices econômicos. Por isso, o legislador revelou preocupação, prescrevendo regras que devem balizar as exigências a eles pertinentes entabuladas no edital.

De plano, o ponto nuclear em relação aos coeficientes e índices econômicos diz respeito ao princípio da proporcionalidade. O §5º do artigo 69 da Lei nº 14.133/2021 prescreve que "é vedada a exigência de índices e valores não usualmente adotados

---

[179] O manual do Tribunal de Contas da União expressa a seguinte orientação: "Para sociedades anônimas, regidas pela Lei nº 6.404/1976, o balanço patrimonial e as demonstrações contábeis do último exercício social devem ter sido, cumulativamente: – registrados e arquivados na junta comercial; – publicados na imprensa oficial da União, ou do Estado, ou do Distrito Federal, conforme o lugar em que esteja situada a sede da companhia; – publicados em jornal de grande circulação editado na localidade em que esteja situada também a sede da companhia. Com relação às demais empresas, o balanço patrimonial e as demonstrações contábeis devem constar das páginas correspondentes do Livro-Diário, devidamente autenticado na Junta Comercial da sede ou do domicílio do licitante (ou em outro órgão equivalente), com os competentes termos de abertura e de encerramento" (BRASIL. Tribunal de Contas da União. *Licitações e contratos*: orientações e jurisprudência do TCU. 4. ed. Brasília: TCU, Secretaria-Geral da Presidência: Senado Federal, Secretaria Especial de Editoração e Publicações, 2010. p. 439).

[180] TCU, Plenário. Acórdão nº 2.962/2015. Rel. Min. Benjamin Zymler, j. 18.11.2015.

para a avaliação de situação econômico-financeira suficiente para o cumprimento das obrigações decorrentes da licitação". Quer dizer que os coeficientes e índices econômicos devem ser proporcionais (suficientes) aos valores de que devem dispor os licitantes para dar cumprimento ao futuro contrato. Deve haver relação de proporção entre os coeficientes e índices econômicos e os compromissos que o futuro contratado assumirá, que se prestam a apurar se os licitantes terão, no futuro, condições de cumprir o contrato. Coeficientes e índices econômicos excessivos, que demandam situação econômico-financeira superior à necessária para a execução do contrato, desenham violação ao princípio da proporcionalidade.

Para evitar os excessos e a manipulação dos coeficientes e índices econômicos, o *caput* do artigo 69 da Lei nº 14.133/2021 determina que eles sejam justificados no processo licitatório. Assim sendo, a Administração deve, no curso da etapa preparatória da licitação, demonstrar expressamente a relação de adequação entre os coeficientes e índices econômicos e os compromissos a serem assumidos pelo futuro contratado. Malgrado, na prática, a Administração Pública nacional despreza quase que de modo absoluto a norma que requer a justificativa a respeito dos índices contábeis. É muito difícil encontrar entidade administrativa que realmente justifique os coeficientes e índices econômicos.

Outrossim, o §2º do artigo 69 da Lei nº 14.133/2021 proíbe a "exigência de valores mínimos de faturamento anterior e de índices de rentabilidade ou lucratividade". Ora, não importa para a Administração o quanto o licitante faturou em outros contratos, bem como a lucratividade e a rentabilidade dele. O que importa é se ele dispõe dos recursos necessários para dar cumprimento ao contrato.

A propósito, o Tribunal de Contas da União produziu a Súmula nº 289, cujos termos se harmonizam com as prescrições da Lei nº 14.133/2021:

> A exigência de índices contábeis de capacidade financeira, a exemplo dos de liquidez, deve estar justificada no processo da licitação, conter parâmetros atualizados de mercado e atender às características do objeto licitado, sendo vedado o uso de índice cuja fórmula inclua rentabilidade ou lucratividade.

Os profissionais de contabilidade e economistas são quem deve tecer esclarecimentos mais substanciais em torno dos coeficientes e índices econômicos em espécies, a respeito dos mais usuais, de como os apurar e mesmo da sua utilidade. Registra-se que, na literatura sobre licitação pública, há pouquíssimas linhas sobre os índices contábeis.

De toda sorte, a avaliação da capacidade econômico-financeira dos licitantes não pode ser realizada apenas com base em índices abstratos, porque a utilidade deles é restrita. Esse ponto foi bem-apanhado pelo Tribunal de Contas da União por ocasião do Acórdão nº 1.214/2013, Plenário:

> 88. O problema está no fato de que o cálculo de índices contábeis pelo método dos quocientes, tal como disponibilizado no SICAF, por si só, não tem demonstrado, adequadamente, a capacidade econômico-financeira das licitantes, eis que não a evidenciam em termos de valor. Assim, tem-se permitido que empresas em situação financeira inadequada sejam contratadas.

> 89. Com o propósito de salvaguardar a administração de futuras complicações, entendeu-se que há de se complementar as avaliações econômico-financeiras dos licitantes por meio de critérios ou índices que expressem valores como percentuais de outro valor, dentro do limite legalmente autorizado. Por exemplo, patrimônio líquido mínimo de 10% do valor estimado para a nova contratação (ativo total - passivo)/10 > valor estimado da contratação), ou pelo método da subtração, como no caso do cálculo do capital de giro ou capital circulante líquido (ativo circulante - passivo circulante).
> 90. A título de exemplificação, em tese, na avaliação da liquidez corrente, uma empresa com R$1,50 (um real e cinquenta centavos) no ativo circulante e R$1,00 (um real) no passivo circulante terá o mesmo índice de liquidez de outra empresa com R$1.500.000.000,00 (um bilhão e quinhentos mil reais) no ativo circulante e R$1.000.000.000,00 (um bilhão) no passivo circulante, qual seja, liquidez corrente igual a 1,5.
> 91. Observa-se que, embora tenham o mesmo índice, são empresas com capacidades econômico-financeiras totalmente distintas. Todavia, se não fosse conhecido o ativo e o passivo circulante em termos de valor monetário, seriam elas, equivocadamente, consideradas como equivalentes do ponto de vista econômico-financeiro. Daí a utilidade do capital circulante líquido – CCL.[181]

A deficiência dos índices é que eles abstraem o valor, a efetiva disposição de recursos financeiros para a execução dos contratados por parte dos licitantes. Como bem observado pelo Tribunal de Contas da União, os índices, calculados em quocientes, equiparam uma empresa com R$1,50 no ativo circulante, com uma empresa de R$1.500.000.000,00 (um bilhão e quinhentos milhões de reais) no ativo circulante. Não é por isso que os índices não são úteis. Ao contrário, são úteis, mas é preciso saber que tipo de informação eles revelam. Por exemplo, uma empresa de R$1.500.000.000,00 (um bilhão e quinhentos milhões de reais) no ativo circulante pode não ter condições econômico-financeiras para executar certos contratos, a depender do seu passivo, que pode ser muito superior ao ativo circulante. Esse tipo de informação é extraído dos índices. Porém, eles sozinhos não são suficientes para a adequada avaliação da capacidade econômico-financeira de uma empresa.

Dessa forma, para complementar as informações oferecidas pelos índices contábeis, o Acórdão nº 1.214/2013, do Plenário do Tribunal de Contas da União, propôs que a Administração Pública exigisse, para além dos tradicionais índices de Liquidez Geral, Liquidez Corrente e Solvência Geral superiores a um, a comprovação de Capital Circulante Líquido ou Capital de Giro de, no mínimo, 16,66% do valor estimado da contratação, de modo a garantir que o futuro contratado tenha capacidade de liquidez para fazer frente a, pelo menos, dois meses de execução do contrato. A exigência parece razoável e proporcional, pelo que é permitido reproduzi-la noutros editais, inclusive, que tenham outros objetos, desde que, com as devidas justificativas, na forma do *caput* do artigo 69 da Lei nº 14.133/2021.

---

181 TCU, Plenário. Acórdão nº 1.214/2013. Rel. Min. Aroldo Cedraz, j. 22.5.2013.

9.4 Capital social e patrimônio líquido mínimo

O §4º do artigo 69 da Lei nº 14.133/2021 prescreve que "a Administração, nas compras para entrega futura e na execução de obras e serviços, poderá estabelecer no edital a exigência de capital mínimo ou de patrimônio líquido mínimo equivalente a até 10% (dez por cento) do valor estimado da contratação".

Pois bem, capital social e patrimônio líquido mínimo não são exigências obrigatórias, a que a Administração esteja vinculada. Ao contrário, trata-se de decisão que pressupõe competência discricionária. Isto é, a Administração deve decidir se é conveniente e oportuno exigir nos instrumentos convocatórios a apresentação, por parte dos licitantes, de capital social e patrimônio líquido mínimo.

Soma-se a isso que a Administração não pode exigi-los para qualquer tipo de contrato. De acordo com o §4º do artigo 69 da Lei nº 14.133/2021, a exigência somente é cabível diante de compras para entrega futura e na execução de obras e serviços.

Ademais, o capital social mínimo e o patrimônio líquido mínimo são exigências alternativas. Ou seja, o edital não pode prevê-las todas de uma vez. Ou requer capital social mínimo ou requer patrimônio líquido mínimo. Ocorre que o §4º do artigo 69 da Lei nº 14.133/2021, ao referir-se a elas, utiliza a conjunção alternativa "ou". Logo, repita-se, elas não podem ser exigidas conjuntamente.

Não é permitido exigir capital social mínimo ou patrimônio líquido mínimo superior a 10% do valor estimado do contrato, como decorre do §4º do artigo 69 da Lei nº 14.133/2021.

A exigência de capital social ou patrimônio líquido mínimo em percentual de até 10% (dez por cento) do valor estimado da contratação, como estipulado no §4º do artigo 69 da Lei nº 14.133/2021 constitui ótimo instrumento para complementar as informações obtidas com os índices contábeis. Como já assinalado, os índices contábeis não remetem a valores, apenas a quocientes, e, por isso, a informação oferecida por eles é parcial. Afora os índices, é preciso saber dos valores que os licitantes dispõem para fazer frente às obrigações contratuais. Daí, o capital social ou patrimônio líquido mínimo tornam-se úteis.

Advirta-se que, sob essa perspectiva, não faz sentido exigir, de maneira alternativa, de um lado, o capital social ou patrimônio líquido mínimo e, de outro lado, os índices contábeis. Também não faz sentido que o capital social ou o patrimônio líquido mínimo somente seja exigido quando os índices contábeis não forem suficientes. Repita-se que as informações trazidas pelo capital social ou pelo patrimônio líquido mínimo e pelos índices contábeis são diferentes e complementares. A exigência deve ser cumulativa e não alternativa.

O Tribunal de Contas da União entende que é vedado exigir capital social integralizado.[182] É que o legislador, nos termos do §4º do artigo 69 da Lei nº 14.133/2021, autorizou a exigência de capita social e não de capital social integralizado. Entende-se que a exigência de integralização é restritiva à competição.

[182] TCU, Plenário. Acórdão nº 138/2024. Rel. Vital do Rêgo, j. 7.2.2024.

9.5 Relação de compromissos

O §3º do artigo 69 da Lei nº 14.133/2021 permite que o edital requeira como condição para a qualificação econômico-financeira a "relação dos compromissos assumidos pelo licitante que importem em diminuição de sua capacidade econômico-financeira, excluídas parcelas já executadas de contratos firmados". A finalidade é permitir que a Administração analise as reais condições dos licitantes, porque os dados constantes dos balanços patrimoniais dos dois últimos exercícios podem não retratar a efetiva e atual capacidade econômico-financeira dos licitantes, sobremodo se eles contraíram outros compromissos que as absorvam. Ressalta-se, já de plano, que se trata de exigência não obrigatória, de natureza discricionária. A Administração deve avaliar se é conveniente e oportuno prescrevê-la no edital.

O Acórdão nº 1.214/2013, do Plenário do Tribunal de Contas da União, discriminou o modo como avaliar a medida em que os compromissos já assumidos pelos licitantes absorvem suas disponibilidades financeiras em função do patrimônio líquido atualizado e da capacidade de rotação, consoante a prescrição similar a do §3º do artigo 69 da Lei nº 14.133/2021 constante do §4º do artigo 31 da Lei nº 8.666/1993. Em razão da semelhança, é de supor que o entendimento do Tribunal de Constas da União se mantenha diante da Lei nº 14.133/2021. Pois bem, de acordo com a Corte de Contas, os licitantes devem declarar os seus compromissos e apresentar o DRE (Demonstrativo de Resultado do Exercício). Havendo diferença maior que 10% (dez por cento), ela deve ser justificada. Ao final, o patrimônio líquido não deve ser inferior a 1/12 (um doze avos) do valor total constante da relação de compromissos.

A Instrução Normativa nº 5/2017, da STLI/MPOG (que regulamenta a Lei nº 8.666/1993 e a Lei nº 10.520/2002, e não a Lei nº 14.133/2021), incorporou as sugestões do Acórdão nº 1.214/2013, do Plenário do Tribunal de Contas da União. A alínea "d" do item 11.1 do seu Anexo VII prescreve que os editais devem exigir:

> 11.1. Nas contratações de serviços continuados com dedicação exclusiva de mão de obra, a Administração deverá exigir: [...]
> d) declaração do licitante, acompanhada da relação de compromissos assumidos, conforme modelo constante do Anexo VII-E, de que um doze avos dos contratos firmados com a Administração Pública e/ou com a iniciativa privada, vigentes na data apresentação da proposta, não é superior ao patrimônio líquido do licitante, que poderá ser atualizado na forma descrita na alínea "c", observados os seguintes requisitos:
> d.1. a declaração deve ser acompanhada da Demonstração do Resultado do Exercício – DRE, relativa ao último exercício social; e
> d.2. caso a diferença entre a declaração e a receita bruta discriminada na Demonstração do Resultado do Exercício – DRE apresentada seja superior a 10% (dez por cento), para mais ou para menos, o licitante deverá apresentar justificativas.

A redação do dispositivo traz muitas dúvidas. A primeira é a seguinte: a supracitada alínea "d" faz referência a "contratos firmados com a Administração Pública e/ou com a iniciativa privada". O que se deve entender por "iniciativa privada"? De plano, iniciativa privada corresponde a pessoas não constituídas ou ligadas ao Estado ou ao Governo, ao Poder Público. Para além disso, a expressão "iniciativa privada" guarda relação com atividade econômica e, nesse sentido, dá a impressão de que se restringe a pessoas jurídicas. Entretanto, pessoas físicas também podem desenvolver atividades econômicas e, se não forem ligadas ao Poder Público, fazem parte da iniciativa privada. Portanto, por contratos firmados com a iniciativa privada devem-se entender todos os contratos celebrados pelos licitantes com pessoas estranhas ao Poder Público, quer sejam pessoas jurídicas ou pessoas físicas.

Em segundo lugar: contratos não escritos devem ser declarados? A resposta é positiva. Como sabido, os contratos podem ser verbais ou escritos. A Administração quer conhecer todas as obrigações contraídas pelos licitantes, que importem absorção das suas disponibilidades financeiras. Os contratos verbais absorvem da mesma forma que os contratos escritos as disponibilidades financeiras dos contratantes. Daí que não faria sentido contentar-se, apenas, com os contratos escritos.

Em termos práticos, em face das duas questões acima, uma empresa de vigilância deve listar os contratos firmados com a Administração Pública, com empresas e com pessoas físicas, ainda que não escritos. Todos os compromissos devem ser apresentados à Administração Pública.

Em terceiro lugar, o dispositivo enuncia que deve ser apresentada a relação de compromissos decorrentes "dos contratos firmados com a Administração Pública e/ou com a iniciativa privada vigentes na data da apresentação da proposta". É certo que todos os contratos vigentes devem ser declarados. A dúvida diz respeito aos valores dos contratos vigentes que devem ser levados em consideração para calcular se o valor correspondente aos doze avos é, ou não, superior ao patrimônio líquido. Mais precisamente, a dúvida é se se deve levar em consideração o valor total dos contratos ou apenas o dos seus saldos remanescentes, do que falta ser executado.

Essa dúvida existente no plano da Instrução Normativa nº 5/2017, da STLI/MPOG, foi dissipada pelo §3º do artigo 69 da Lei nº 14.133/2021, cuja parte final prescreve que devem ser "excluídas parcelas já executadas de contratos firmados". Ora, a intenção é avaliar se os compromissos absorvem a disponibilidade financeira dos licitantes. Daí que somente faz sentido avaliar as obrigações futuras dos licitantes e não as já executadas. As parcelas dos contratos já executadas não absorvem mais a disponibilidade financeira dos licitantes. Por exemplo, um licitante mantém vigente contrato cujo valor total é de R$100.000.000,00 (cem milhões de reais), já quase inteiramente executado, faltando apenas 10% dele. Logo, para o cálculo dos compromissos que importem absorção da disponibilidade financeira do licitante, deve-se levar em conta apenas a obrigação de R$10.000.000,00 (dez milhões de reais), relativa a 10% do total do contrato, que é, repita-se, o que falta executar.

Em quarto lugar, os contratos vigentes podem ser projetados no tempo de modo diverso. Há contratos de serviços contínuos firmados por longo prazo, especialmente no setor privado. Suponha-se um contrato de R$100.000.000, porém firmado por dez anos, estimando-se R$10.000.000,00 para cada período de 12 meses. A dúvida é: deve-se considerar, para o cálculo dos doze avos do patrimônio líquido, o valor total do contrato, de R$100.000.000,00, ou apenas o valor correspondente ao período de 12 meses, de R$10.000.000,00?

Devem-se tomar, para efeito de cálculo, as obrigações financeiras contratadas relativas ao período correspondente a 12 meses, no exemplo R$10.000.000,00. Ora, a exigência é de doze avos do patrimônio líquido. Ou seja, a lógica é dividir o patrimônio líquido por 12, correspondente aos meses do ano-calendário e do exercício financeiro. Então, as obrigações contratadas que desbordem de 12 meses devem ser desprezadas.

9.6 Certidão negativa de falência

O inciso II do artigo 69 da Lei nº 14.133/2021 prescreve como condição para a habilitação econômico-financeira a apresentação, por parte dos licitantes, de "certidão negativa de feitos sobre falência expedida pelo distribuidor da sede do licitante".

Pois bem, a empresa em situação falimentar apresenta péssima situação econômico-financeira, haja vista que, por pressupostos, o passivo desta ultrapassa o ativo. Convém ressaltar, apenas, que o licitante somente pode ser inabilitado diante de falência decretada pelo juízo competente. O mero pedido de falência não é o bastante para inabilitar qualquer licitante em homenagem aos princípios do contraditório e da ampla defesa. Também é de ressaltar que protestos ou ações de cobrança ou de execução não são o bastante para inabilitar licitante.

9.6.1 A habilitação de empresas em recuperação judicial

Como apontado, o inciso II do artigo 69 da Lei nº 14.133/2021 prescreve como condição para a habilitação econômico-financeira a apresentação, por parte dos licitantes, de "certidão negativa de feitos sobre falência expedida pelo distribuidor da sede do licitante". A Lei nº 14.133/2021 não exige certidão negativa de recuperação judicial como requisito de habilitação.

A finalidade da recuperação judicial, conforme o artigo 47 da Lei nº 11.101/2005, é:

> viabilizar a superação da situação de crise econômico-financeira do devedor, a fim de permitir a manutenção da fonte produtora, do emprego dos trabalhadores e dos interesses dos credores, promovendo, assim, a preservação da empresa, sua função social e o estímulo à atividade econômica.

Portanto, ela pressupõe "situação de crise econômico-financeira", o que equivale a dizer que a empresa em recuperação não apresenta boa situação econômico-financeira. Nada obstante isso, para a Lei nº 14.133/2021, repita-se, a recuperação judicial não é impeditiva para a habilitação de licitante.

O Poder Judiciário tem admitido a participação em licitação das empresas em recuperação judicial, cabendo destacar, para ilustrar, o acórdão do Superior Tribunal de Justiça, prolatado no AGRg MC nº 23.499/RS, da relatoria do Ministro Humberto Martins. O Tribunal de Contas da União tem seguido o mesmo entendimento.[183]

---

[183] "25. Portanto, resta evidente, seja na jurisprudência do TCU, seja na jurisprudência do STJ, que a circunstância de a empresa se encontrar em recuperação judicial ou extrajudicial não pode ser impedimento em caráter definitivo para a sua participação em licitação. Outrossim, a exigência extrapolaria o disposto no art. 31, inciso II, da Lei 8.666/1993" (TCU, Plenário. Acórdão nº 1.697/2023. Rel. Min. Jorge Oliveira, j. 16.8.2023).

O argumento principal é que o Estado precisa apoiar as empresas que se recuperam, essa é a finalidade do instituto da recuperação judicial, como se depreende do seu sentido literal e do expresso no artigo 47 da Lei nº 11.101/2005. Logo, seria contraditório proibi-las de participar de licitações e, pois, de contratar com o Poder Público. Para empresas cujo faturamento depende de contratos administrativos, a proibição equivaleria à decretação da falência, que é, insista-se, justamente o que se pretende evitar com a recuperação judicial.

Inclusive, o Superior Tribunal de Justiça vem entendendo que as empresa em recuperação judicial estão dispensadas de apresentar as certidões de regularidade fiscal. Confira-se:

> PROCESSUAL CIVIL E TRIBUTÁRIO. AGRAVO INTERNO. EMPRESA EM *RECUPERAÇÃO JUDICIAL*. CERTIDÃO NEGATIVA DE DÉBITOS. APRESENTAÇÃO DISPENSÁVEL. 1. A Corte Especial do Superior Tribunal de Justiça aplicou exegese teleológica à nova Lei de Falências, objetivando dar operacionalidade à *Recuperação Judicial*. Assim, entendeu ser desnecessária a comprovação de regularidade tributária, nos termos do art. 57 da Lei 11.101/2005 e do art. 191-A do CTN, diante da inexistência de lei específica a disciplinar o parcelamento da dívida fiscal e previdenciária de empresas em *recuperação judicial* (REsp 1.187.404/MT, Rel. Ministro Luis Felipe Salomão, Corte Especial, DJe 21/8/2013). 2. Sem negar prima facie a participação de empresa em processo de *licitação* pela exigência de apresentação de Certidão Negativa de Débitos (CND), aplica-se a vontade expressa pelo legislador da Lei de *Recuperação Judicial*, viabilizando, de forma efetiva, à sociedade empresária a superação da crise econômico-financeira. Precedentes: AgRg no AREsp 709.719/RJ, Rel. Ministro Herman Benjamin, Segunda Turma, DJe 12/2/2016; REsp 1.173.735/RN, Ministro Luis Felipe Salomão, Quarta Turma, DJe 9/5/2014; AgRg na MC 23.499/RS, Rel. Ministro Humberto Martins, Rel. p/ Acórdão Ministro Mauro Campbell Marques, Segunda Turma, DJe 19/12/2014. 3. Agravo não provido.[184]

Embora possam participar das licitações e contratar com o Poder Público sem apresentar as certidões fiscais, as empresas em recuperação judicial devem atender a todas as demais exigências formuladas nos editais. Ou seja, não lhes é vedado acesso às licitações, porém, uma vez que participam das licitações, devem atender às exigências do edital, que não podem ser relativizadas para quaisquer licitantes.

9.6.2 Qualificação econômico-financeira do consórcio

O inciso III do artigo 15 da Lei nº 14.133/2021 permite o somatório dos valores de cada consorciado para efeito de habilitação econômico-financeira. Observe-se que o revogado inciso III do artigo 33 da Lei nº 8.666/1993 também permitia o somatório de valores, porém de forma proporcional à participação da empresa no consórcio. Na Lei nº 14.133/2021, consoante o inciso III do artigo 15, a soma é livre, não é proporcional à participação da empresa no consórcio.

Explica-se com exemplos. Suponha-se que o edital exija a comprovação do capital social mínimo de R$100.000,00. Duas empresas organizam-se em consórcio para participar

184 STJ, Segunda Turma. AgIn no REsp nº 1.841.307/AM. Rel. Min. Herman Benjamin, j. 30.11.2020.

da licitação, as empresas A e B, cada uma com capital social de R$50.000,00 (cinquenta mil reais). A empresa A detém 70% (setenta por cento) do consórcio e a empresa B, 30% (trinta por cento). Como na Lei nº 14.133/2021 a soma dos valores é livre, o consórcio deve ser habilitado, porque, no total, alcança R$100.000,00 (cem mil reais). Por outro lado, considerando-se que a soma deve ser proporcional à participação no consórcio, como deveria ser na Lei nº 8.666/1993, a empresa A deve comprovar 70% (setenta por cento) do que foi exigido e a empresa B, 30% (trinta por cento). Os 70% (setenta por cento) exigidos da empresa A representam R$70.000,00 e os 30% (trinta por cento) da empresa B representam R$30.000,00 (trinta mil reais). O capital social da empresa A é de apenas R$50.000,00 (cinquenta mil reais). Portanto, nesse caso, sob as luzes da Lei nº 8.666/1993 e não da Lei nº 14.133/2021, o consórcio deveria ser inabilitado.

As exigências de habilitação econômico-financeira em grande parte são expressas em índices contábeis. Então, diretamente, não há valores a serem somados, porque índices não são somados. A soma de índices não significaria nada, dado que eles são decorrentes de operações aritméticas. Por exemplo, o índice de um consorciado é 1,5 e de outro é 0,9, não se pode dizer que o índice do consórcio é 2,4. Nestes casos, os índices não devem ser somados. O que deve ser somado são os valores de cada consorciado para então calcular o índice do consórcio.

Por exemplo, índice de liquidez corrente, que é obtido pela simples divisão do ativo pelo passivo. O edital exige que seja maior do que 1,00. O consórcio é composto por duas empresas, A e B. O ativo da empresa A é de R$100.000,00 e o passivo é de R$70.000,00. O índice de liquidez corrente dela é de 1,3. O ativo da empresa B é de R$200.000,00 e o passivo é de R$210.000,00. O índice de liquidez corrente dela é de 0,95. A Administração deve somar o ativo e o passivo de ambas e dividir um pelo outro para obter o índice de liquidez do consórcio. A soma do ativo é R$300.000,00 e a soma do passivo é R$280.000,00, o índice de liquidez do consórcio é de 1,07. O consórcio deve ser habilitado.

Noticia-se que, de acordo com o §1º do artigo 15 da Lei nº 14.133/2021, a Administração deve exigir para o consórcio acréscimo de 30% dos valores exigidos para licitante individual, salvo se o consórcio for composto em sua totalidade por micro e pequenas empresas, daí em consonância ao §2º do mesmo artigo 15.

Essa exigência de acrescer os valores exigidos de consórcio é inconstitucional. Ocorre que, por força da parte final do inciso XXI do artigo 37 da Constituição Federal, em licitação somente são permitidas exigências de qualificação técnica e econômica indispensáveis à garantia do cumprimento das obrigações. Dessa sorte, o valor que é considerado indispensável para o licitante individual também o é para o consórcio. Por lógica, o montante indispensável não varia em razão da pessoa. Por exemplo, se a Administração considera que R$1.000.000,00 de capital social é indispensável para a garantia do cumprimento das obrigações, não faz sentido e é desproporcional exigir dos consórcios R$1.300.000,00. A diferença de valores ultrapassa o que a própria Administração considerou indispensável e, portanto, repita-se, viola a parte final do inciso XXI do artigo 37 da Constituição Federal.

CAPÍTULO 16

REGISTRO DE PREÇOS

1 Noções gerais

Em processo de contratação comum, que não se refere a registro de preços, a Administração define o que e em qual quantidade pretende contratar e os licitantes oferecem propostas, que abrangem, em regra, toda a quantidade visada. O licitante vencedor da disputa, depois de concluído o procedimento, é convocado pela Administração para firmar contrato. Com o contrato, o licitante obriga-se a prestar os bens por ele ofertados em licitação, e a Administração obriga-se a recebê-los todos e pagar por eles.

O registro de preços foge da sistemática geral, introduzindo procedimento que apresenta diversas especificidades, prestantes a facilitar o gerenciamento de contratos, sobretudo nas situações em que a necessidade da Administração em relação a determinados bens é contínua e pode ser dividida em unidades específicas.[185]

Pois bem, as principais especificidades do registro de preços são as seguintes.

Inicialmente, em vez de o licitante oferecer preço para todo o quantitativo previsto no edital, ele o faz em relação à unidade ou para lote predefinido pela Administração. Por exemplo, o edital visa à compra de cem pneus. O licitante não cota preço para cem pneus. Ele cota preço para um pneu ou para um lote, supõe-se, com quatro pneus.

Em segundo lugar – este é o ponto mais relevante –, o vencedor da licitação não assina imediatamente contrato com a Administração. Com o contrato, o licitante obriga-se a oferecer dado bem e a Administração a pagar por ele. Ambos assumem obrigações recíprocas. O vencedor da licitação concernente ao registro de preços, em vez de contrato, assina o que se chama de *ata de registro de preços*. Nela, registra-se o preço ofertado pelo licitante para a unidade ou para o lote referente ao objeto da licitação.

Além disso, o licitante, ao firmar a ata de registro de preços, obriga-se a fornecer o bem licitado pela Administração, em toda a quantidade prevista por ela e durante o prazo fixado no edital, que não pode ser superior a um ano, prorrogável por igual período.

[185] O inciso XLV do artigo 6º da Lei nº 14.133/2021 oferece conceito: "sistema de registro de preços: conjunto de procedimentos para realização, mediante contratação direta ou licitação nas modalidades pregão ou concorrência, de registro formal de preços relativos a prestação de serviços, a obras e a aquisição e locação de bens para contratações futuras".

O ponto fundamental é que a Administração não se obriga a contratar, a adquirir os bens ou receber os serviços. Isto é, com a ata de registro de preços, o licitante assume obrigação, mas a Administração não.

O licitante compromete-se a ofertar o objeto da licitação, pelo preço cotado por ele em relação à unidade ou ao lote, em determinada quantidade prevista no edital, por dado prazo. A Administração não se obriga a contratar o objeto licitado. Ela contrata se quiser, quando quiser (dentro do prazo de vigência da ata de registro de preços, que deve ser fixado no edital e não pode ultrapassar um ano, prorrogável por igual período) e na quantidade que quiser (desde que não ultrapasse a quantidade prevista no edital).

Voltando ao exemplo da aquisição de pneus: o licitante cotou um pneu a R$200,00 e, com tal preço, ganhou a licitação para registro de preços, que previa quantitativo total de cem pneus. Em vez de assinar contrato, ele assina a ata de registro de preços. Com isso, ele se obriga a fornecer os cem pneus à Administração, pelo preço de R$200,00 cada, durante o prazo fixado no edital. A Administração, por sua vez, não se obriga a comprar os pneus. Repita-se: ela compra se quiser, quando quiser e na quantidade que quiser. Trocando-se em miúdos: na semana seguinte à assinatura da ata de registro de preços, dois pneus de veículos da Administração são danificados. A Administração, então, requisita, daquele que assinou a ata de registro de preços, dois pneus, pagando por eles. Noutra semana, outros quatro pneus são danificados e, portanto, a Administração requisita a entrega de outros quatro. E assim procede a Administração, comprando de acordo com as suas necessidades, sem que seja necessário fazer estoques e adquirir grandes quantidades de uma só vez.

A grande vantagem do registro de preços é que, como a Administração não se obriga a contratar todo o quantitativo previsto no edital de licitação e consignado na ata, ela pode e deve definir quantitativo a maior, além da sua real estimativa. Se for necessário contratar mais, ela terá o objeto à sua disposição. Se for necessário contratar menos, não haverá problema. Insista-se, mais uma vez, ela contrata se quiser, quando quiser (dentro do prazo de vigência da ata de registro de preços) e quanto quiser (desde que não ultrapasse o quantitativo fixado no edital de licitação e consignado na ata de registro de preços).

O registro de preços é uma ótima medida em relação a objetos de difícil previsibilidade, dado que a Administração pode e deve definir no edital de licitação quantitativo superior à sua real estimativa. Daí, frustrada a estimativa inicial, a Administração disporá ainda de quantitativo, como se fosse uma reserva, podendo contratar o que for necessário sem maiores percalços, sem ter que lançar nova licitação.

É importante destacar que registro de preços não é modalidade de licitação. As modalidades são as do artigo 28 da Lei nº 14.133/2021: pregão, concorrência, concurso, leilão e diálogo competitivo. O registro de preços não se confunde com elas. Para promover registro de preços é necessário, em regra, que se proceda à licitação, de acordo com as modalidades estabelecidas na Lei nº 14.133/2021.

A rigor, o registro de preços abrange três etapas fundamentais: licitação ou processo de contratação direta, ata de registro de preços e contrato. Primeiro, lança-se a licitação ou processo de contratação direta que se constitui no processo de seleção do futuro fornecedor. Concluída a licitação ou o processo de contratação direta, o vencedor dela é convocado para assinar a ata de registro de preços, documento unilateral em que ele assume perante a Administração a obrigação de prestar o objeto licitado de acordo com a necessidade dela, dentro do prazo de vigência da ata de registro de preços, que é de, no máximo, um ano prorrogável por igual período, e dentro do quantitativo definido no edital de licitação. A Administração, até esse momento, não assume obrigação alguma para com o fornecedor. Depois de assinada a ata de registro de preços, se a Administração quiser, o fornecedor é convocado para firmar contrato, quantos forem necessários, de acordo com as necessidades e as demandas dela.

Logo, o registro de preços é o conjunto que abrange essas três etapas: seleção, ata de registro de preços e contrato. Trata-se de instrumento para que a Administração gerencie as suas demandas, na medida em que a contratação ocorre de acordo com elas.

Há outras especificidades tocantes ao registro de preços. Sem embargo, pode-se afirmar que, em linha geral, esses são os seus traços mais marcantes. Em razão deles, propõe-se o seguinte conceito para o registro de preços: instrumento por meio do qual o selecionado em processo de licitação ou contratação direta assina ata de registro de preços, comprometendo-se a oferecer o objeto licitado de acordo com as necessidades da Administração, dentro de quantidade e do prazo prefixados no edital.

2 A Administração não é obrigada a firmar os contratos decorrentes da ata de registro de preços

A principal característica do registro de preços é que a Administração realiza a licitação, assina a ata de registro de preços e não se obriga a firmar os contratos dela decorrentes. Como dito, a Administração contrata se quiser, na quantidade que quiser (desde que não ultrapasse o quantitativo previsto na ata) e quando quiser (desde que dentro do prazo de vigência da ata). É certo falar que a Administração não assume obrigações diretas com a assinatura da ata de registro de preços e que, portanto, o signatário da ata de registro de preços não goza do direito de ser contratado, conforme o artigo 83 da Lei nº 14.133/2021, cujo teor prescreve que "A existência de preços registrados implicará compromisso de fornecimento nas condições estabelecidas, mas não obrigará a Administração a contratar, facultada a realização de licitação específica para a aquisição pretendida, desde que devidamente motivada".

Como dito, de acordo com os dispositivos supracitados, a Administração não é obrigada a contratar. É permitido a ela, mesmo dispondo de ata de registro de preços, utilizar outros meios para a contratação, inclusive lançando nova licitação para o mesmo objeto.

No entanto, isso não quer dizer que a Administração está autorizada a atuar sem planejamento e de maneira irresponsável, contrária ao interesse público. Em primeiro lugar, é óbvio que a Administração somente deve lançar licitação para registro de preços diante de alguma necessidade ou da perspectiva de alguma necessidade. Caso contrário, a licitação seria viciada por falta de motivo, bem como violaria os princípios da razoabilidade, eficiência, economicidade e proteção à confiança. Realmente, não faria sentido que a Administração lançasse licitação para o registro de preços sem propósito algum, visando ao nada. A licitação custa, mobiliza os agentes administrativos e gera expectativas legítimas nas empresas que atuam no mercado.

O gestor público que pretender lançar licitação para o nada, sem visar atender a alguma finalidade pública, está sujeito a ser penalizado administrativa, civil e penalmente. Se isto ocorrer, terceiros prejudicados devem ser indenizados pelos danos que lhes foram causados, em síntese, os custos que tiveram para participar da licitação e algum outro dano excepcional, devidamente comprovado. Sem embargo, ainda que isto ocorra, o signatário da ata de registro de preços não poderá reclamar ou exigir a sua contratação.

Em que pese isso, é de supor que a Administração firme os contratos decorrentes da ata de registro de preços, conquanto, insista-se, ela não é obrigada a fazê-lo. Afinal de contas, se ela realizou licitação e convocou o adjudicatário para assinar a ata de registro de preços, é porque há alguma demanda ou necessidade a ser atendida.

Nessa medida, são procedentes as assertivas de Gabriela Verona Pércio, para quem, "se a Administração não está autorizada a realizar licitação para SRP sem que haja uma demanda, ainda que imprecisa, haverá, necessariamente, contratações decorrentes do SRP, salvo a superveniência de fatos que modifiquem o *status quo*".[186] Ora, tendo havido uma demanda ou perspectiva de demanda que motivou a licitação, a não contratação precisa ser justificada por algum fato que ocorreu posteriormente e que tenha alterado as necessidades ou as expectativas da Administração. Porém, havendo este fato superveniente, nada impede que a Administração não firme os contratos previstos na ata de registro de preços.

Em síntese, a ata de registro de preços pode não gerar contratações. Não há qualquer ilegalidade nisto, desde que em razão de fato superveniente que tenha alterado a demanda ou a expectativa de demanda da Administração. O signatário da ata de registro de preços não terá o direito de exigir a sua contratação.

Por via de consequência e em regra, o signatário da ata de registro de preços também não fará jus à indenização caso a Administração decida não contratar. No entanto, pode-se admitir, diante de fatos em tudo excepcionais e anômalos, que o signatário da ata de registro de preços faça jus à indenização nas situações em que a não contratação decorre de dolo ou erro grosseiro de agentes públicos, comprovando-se que não havia demanda projetada para ser atendida e que não houve fato algum superveniente que justificasse a não contratação. Insista-se que a situação precisaria ser bastante excepcional, configurando uma espécie de abuso de direito, dado que o artigo 83 da Lei nº 14.133/2021 afirma, com todas as letras, que a existência de preços registrados "[...] não obrigará a Administração a contratar [...]". De toda sorte, em hipótese alguma o signatário da ata terá o direito de exigir a contratação.

Outra situação é quando a Administração firma contratos decorrentes da ata de registro de preços, porém em quantitativo inferior ao registrado. Por exemplo, registrou na ata cem unidades de dado objeto e contratou ao final apenas oitenta. Esta situação é normal, não gera qualquer direito à indenização para o signatário da ata, aliás, neste ponto reside a grande vantagem do registro de preços. Em sede de registro de preços, a

---

[186] Cf. PÉRCIO, Gabriela Verona. Breves reflexões sobre o sistema de registro de preços: deveres e obrigações da administração pública para com o detentor do preço registrado. *ILC – Informativo de Licitações e Contratos*, Curitiba, n. 227, p. 21-25, jan. 2013.

Administração pode e deve definir quantitativo superior à sua real projeção de demanda, sobremodo porque há objetos de difícil previsibilidade.

Sem embargo, esta definição de quantitativo deve ser realizada com moderação, justamente para não frustrar as expectativas dos fornecedores e prestadores de serviços. Ora, continuando com o exemplo, se a Administração lança edital de registro de preços com previsão de cem unidades de dado objeto, os fornecedores criam a expectativa legítima de que a Administração ao final compre quantitativo próximo. Portanto, se a Administração compra apenas cinco ou dez unidades, as expectativas dos fornecedores serão frustradas.

Da mesma forma, salvo situação muitíssimo excepcional de abuso de direito, nos casos em que a Administração contrata com base na ata de registro de preços, porém, quantidade inferior à registrada, não há de reconhecer-se direito à indenização ao signatário da ata de registro de preços.[187] Repita-se que é normal e da essência do registro de preços a contratação de quantitativo inferior ao registrado na ata. Portanto, admitir o contrário seria desfazer o registro de preços, negar a sua qualidade.

Poder-se-ia argumentar que os signatários da ata teriam direito à indenização se houvesse uma espécie de substancial frustração de expectativas, isto é, se a Administração contratasse quantidade "muito inferior" à registrada. O ponto é: o que é "muito inferior"? Noventa por cento, cinquenta por cento ou dez por cento do quantitativo registrado na ata? Admitida a tese, cair-se-ia em total relativismo, criando-se situação de insegurança e imprevisibilidade para a Administração Pública.

Não se pode perder de vista que o artigo 83 da Lei nº 14.133/2021 desobriga a Administração de contratar. Aliás, esta é a principal característica e utilidade do registro de preços. Portanto, a possibilidade do fornecedor ou prestador dos serviços ser indenizado porque a Administração não contratou o quantitativo previsto na ata de registro de preços deve ser compreendida como medida totalmente excepcional, para casos em que se caracterize a má-fé dos agentes administrativos.

3 Legislação sobre registro de preços

O registro de preços não é novidade na legislação brasileira. Ele já havia sido previsto no inciso II do artigo 14 do revogado Decreto-Lei nº 2.300/1986, que disciplinava

---

[187] Neste ponto, discorda-se de Gabriela Verona Pércio, para quem: "Daí que surgirá, sem qualquer sombra de dúvida, o dever de indenizar sempre que a forma de utilização da ata pela Administração Pública acarretar algum prejuízo ao particular detentor do preço registrado, como, por exemplo, sempre que adquirir quantidade muito inferior à prevista no edital e isso causar, comprovadamente, prejuízo à economia de escala considerada pelo particular quando da formulação de sua proposta. Essa é a quarta reflexão proposta. Trata-se de situações em que a Administração se distancia das quantidades estimadas para menos, desproporcionalmente e sem justo motivo. São situações distintas daquelas variações esperadas, decorrentes, essas sim, dos aspectos efetivamente imprevisíveis e não planejáveis do objeto. Ora, como imaginar uma parceria entre a Administração Pública e o setor privado se não há um respeito, pela própria Administração Pública, pelas expectativas que seus atos – que deveriam ser planejados – geram nos particulares interessados em fornecer? Como imaginar ser aceitável que, por exemplo, com fundamento no interesse público, a Administração registre preços para 20.000 unidades e, ao final, tenha adquirido apenas 2.000? O resultado claro de atuações como essa, em curto prazo, será a perda do interesse de bons fornecedores pelo Sistema de Registro de Preços e a presença de aventureiros que não detêm condições de sustentar sua oferta". Cf. PÉRCIO, Gabriela Verona. Breves reflexões sobre o sistema de registro de preços: deveres e obrigações da administração pública para com o detentor do preço registrado. *ILC – Informativo de Licitações e Contratos*, Curitiba, n. 227, p. 21-25, jan. 2013.

as licitações e os contratos na órbita federal. Com o advento da Lei nº 8.666/1993, o registro de preços passou a ser tratado no inciso II do seu artigo 15, cujo texto prescrevia que as compras, sempre que possível, deveriam ser processadas através de sistema de registro de preços. Outras leis esparsas faziam ou fazem remissão ao registro de preços. Vale mencionar, pela relevância, a Lei nº 12.462/2011, que disciplinava o denominado Regime Diferenciado de Contratações Públicas, cujo artigo 32 versava sobre o assunto, e a Lei nº 13.303/2016, das estatais, cujo artigo 66 é dedicado ao tema. A Lei nº 14.333/2021 versa sobre o registro de preços nos seus artigos 82 a 86, com previsões mais completas e abrangentes do que as leis supracitadas que lhe antecederam.

Tais artigos estão inseridos no Capítulo X da Lei nº 14.133/2021, que é dedicado aos chamados *instrumentos auxiliares*, juntamente com credenciamento, pré-qualificação, procedimento de manifestação de interesse e registro cadastral. Essa expressão, "instrumentos auxiliares", é herança da Lei nº 12.462/2011, que instituiu o Regime Diferenciado de Contratações Públicas (RDC), mais especificamente do seu artigo 29, que tratava dos *procedimentos auxiliares das licitações*. A Lei nº 13.303/2016, que cuida das estatais, no artigo 63, também traz a expressão "procedimentos auxiliares das licitações". Em sua essência, os *procedimentos* ou *instrumentos auxiliares* são procedimentos que não constituem propriamente a licitação ou a contratação direta nem modalidades de licitações. São arranjos procedimentais especiais para a contratação pública, que se realizam dentro das licitações e contratações diretas e podem lhes ser mais ou menos abrangentes, conforme o perfil legal de cada qual.

3.1 Regulamentação do registro de preços

O §3º do artigo 15 da Lei nº 8.666/1993 enunciava que o registro de preços deveria ser regulamentado por decreto, atendidas as peculiaridades regionais. Diante disso, o Presidente da República, no uso de suas atribuições, editou o Decreto Federal nº 2.743/1998, visando a regulamentar o registro de preços tal qual disposto na Lei nº 8.666/1993. Este decreto foi revogado e substituído pelo Decreto Federal nº 3.931/2001 e, posteriormente, pelo Decreto Federal nº 7.892/2013.

A Lei nº 14.133/2021 reproduziu em seu corpo parte das normas ou parte das matérias que são versadas no Decreto nº 7.892/2013. Nada obstante isso, o legislador prescreveu, no inciso II do §5º do artigo 82 da Lei nº 14.133/2021, que a seleção do fornecedor em registro de preços deve-se dar "de acordo com os procedimentos previstos em regulamento". O §6º do mesmo artigo ainda prevê que "o sistema de registro de preços poderá, na forma de regulamento, ser utilizado nas hipóteses de inexigibilidade e de dispensa de licitação para a aquisição de bens ou para a contratação de serviços por mais de um órgão ou entidade". Logo, o legislador previu regulamento que versa sobre o registro de preços, em substituição ao Decreto nº 7.892/2013, que regulamentava as disposições sobre registro de preços da Lei nº 8.666/1993, e não da Lei nº 14.133/2021.

O registro de preços da Lei nº 14.133/2021 foi regulamentado em âmbito federal pelo Decreto nº 11.462/2023, obrigatório para a Administração Pública federal indireta, autárquica e fundacional.

Esclareça-se que os demais entes federados podem adotar a sua própria regulamentação, bem como o Poder Judiciário e o Legislativo. Recomenda-se que o façam, para que as regras sejam adequadas às suas realidades e demandas. É provável, no entanto, que o decreto federal influa e seja considerado no regulamento dos demais entes federativos, como ocorreu sob a vigência da Lei nº 8.666/1993.

De toda sorte, mesmo sem regulamentação, nada impede a utilização pela Administração do registro de preços, tudo em acordo às disposições da Lei nº 14.133/2021. Não há nenhuma peculiaridade maior na licitação ou na contratação direta de registro de preços que justifique que ele não seja utilizado imediatamente, até que dado ente federativo produza regulamento, o que depende da avaliação da conveniência e da oportunidade da Administração.

Aliás, é de salientar que, sob a sistemática da Lei nº 8.666/1993, parecida com a da Lei nº 14.133/2021 no tocante a esse aspecto, dado que ambas se referem à regulamentação do registro de preços, os tribunais posicionaram-se no sentido da desnecessidade da regulamentação para a adoção do registro de preços, considerado autoaplicável. O entendimento prevalecente é que a regulamentação depende da avaliação de conveniência e de oportunidade do ente federativo.[188]

4 Cabimento do registro de preços

4.1 Discricionariedade para a adoção do registro de preços

A utilização do registro de preços depende de juízo discricionário da Administração. Mesmo nos casos em que o registro de preços é cabível, a Administração pode preferir não o utilizar. Deve-se ter em mente, ao decidir pelo uso ou não do registro de preços, que a característica mais marcante dele é que a Administração não se obriga a contratar o objeto consignado na ata, como reconhece o artigo 83 da Lei nº 14.133/2021. Insista-se que no registro de preços a Administração contrata se quiser, quando quiser (dentro do prazo de vigência da ata de registro de preços) e quanto quiser (desde que não ultrapasse o quantitativo fixado no edital de licitação e consignado na ata de registro de preços).

Sendo assim, não faz muito sentido utilizar o registro de preços para objetos que correspondam a uma demanda única, cuja contratação se exaure em apenas uma oportunidade. Se a demanda é uma só, que se contrate de uma vez pelos meios tradicionais, sem ata de registro de preços. O registro de preços deve ser utilizado para situações em que a Administração requer dado objeto com alguma periodicidade, diante de demanda que se replica. E mais, é necessário objeto que possa ser de alguma forma replicado, portanto, que ele possa ser padronizado ou que tenha elementos que

---

188 "A recorrente, invocando a lição do Professor Marçal Justen Filho, argumenta ser auto-aplicável o art. 15 da Lei 8.666/93. Efetivamente, essa é a afirmação do ilustre doutrinador, ao comentar a Lei de Licitações, por entender que a disciplina da lei seria suficiente para se restituir o sistema de registro de preços, dando ela solução à quase totalidade das indagações. Entretanto, enfatiza a utilidade de uma regulamentação em nível estadual ou municipal, para que sejam atendidas as peculiaridades regionais. E, como as pessoas jurídicas de Direito Público – leia-se Estados e Municípios –, estão demorando para expedir os seus decretos, adverte o comentarista aqui festejado que isto não significa que o registro de preços só possa ser aplicado mediante prévia regulamentação. Esclarecido o alcance da auto-aplicabilidade do art. 15, vejamos a compatibilidade do Decreto Municipal com a lei" (STJ, Segunda Turma. RO em MS nº 15.647. Rel. Min. Eliana Calmon, j. 25.3.2003). "Quando a promotora do certame necessitar destes bens ou serviços, irá obtê-los, sucessivas vezes se for o caso, pelo preço cotado e registrado. [...] a doutrina é unânime em afirmar que o art. 15 da Lei 8.666/93 é auto-aplicável, aludindo-se à regulamentação por decreto somente para fins de adequação às peculiaridades regionais" (TCEMG, Plenário. Consulta nº 732.557. Rel. Cons. Eduardo Carone Costa, j. 11.6.2008).

permitam replicá-lo, definindo-se numa unidade que se repete. Objetos singulares, únicos, que não se repetem ou que não possam ser replicados, pelo menos em princípio, não devem ser contratados por meio do registro de preços.

O registro de preços, diante dessas premissas, cai muito bem em relação a objetos de difícil previsibilidade, dado que a Administração pode prever no edital de licitação e registrar em ata quantitativo superior à sua real estimativa, dado que não é obrigado a contratá-lo, insista-se, na forma do artigo 83 da Lei nº 14.133/2021. Daí, frustrada a estimativa inicial, a Administração disporá ainda de quantitativo, como se fosse uma reserva, podendo contratar o que for necessário sem maiores percalços, sem ter que lançar nova licitação. Nada obstante isso, advirta-se que a dificuldade da Administração em definir o quantitativo para atender à sua demanda ou a sua própria imprevisibilidade não é condição necessária para a utilização do registro de preços. Repita-se que o registro de preços é bastante útil nessas situações, o que não significa que ele somente possa ser utilizado diante delas. Não há nada que obste a utilização do registro de preços para demandas previsíveis, mesmo porque as demandas previsíveis também podem sofrer alguma variação, ainda que provocada por fatores de exceção.

Cumpre noticiar que, sob as luzes da Lei nº 8.666/1993, o Tribunal de Contas da União vinha adotando posição um tanto quanto restritiva no tocante à utilização do sistema de registro de preços. Por ilustração:

> 38. Complemento o exame realizado com diversas considerações que realizei ao relatar o Acórdão 1712/2015-TCU-Plenário, ocasião em que considerei indevida a utilização do sistema de registro de preços quando as peculiaridades do objeto a ser executado e sua localização indiquem que só será possível uma única contratação ou não houver demanda de itens isolados, pelo fato de os serviços não poderem ser dissociados uns dos outros, não havendo, assim, a divisibilidade do objeto. 39. Também corroboro com a conclusão da Selog que o sistema de registro de preços não é adequado nas situações em que o objeto não é padronizável, tais como a modelagem realizada para a contratação do objeto em exame, em que os custos das licitantes são díspares e impactados por vários fatores, tais como a função do órgão/entidade participante da ata e a localidade em que os serviços serão prestados.[189]

O Tribunal de Contas da União, também diante da Lei nº 8.666/1993, vinha exigindo que a utilização do registro de preços fosse precedida de justificativas:

> 1.7.1.1 os processos licitatórios na modalidade pregão de números 247/2012 e 248/2012 não foram precedidos de suficiente motivação para escolha pelo Sistema de Registro de Preço (SRP), de modo a evidenciar se seria de fato a opção mais econômica para a administração, bem como não ofereceu motivação satisfatória para determinação dos quantitativos licitados, o que afronta o disposto inciso IV do artigo 2º do Decreto 3.931/2001 - alterado pelo Decreto 7.892/2013 - (item 15 da instrução técnica).[190]

A jurisprudência do Tribunal de Contas da União deve ser revista diante da Lei nº 14.133/2021. Ocorre que a lei autoriza a utilização do registro de preços e não exige

[189] TCU, Plenário. Acórdão nº 1.333/2020. Rel. Min. Benjamin Zymler, j. 27.5.2020.

[190] TCU, Plenário. Acórdão nº 310/2014. Rel. Min. Benjamin Zymler, j. 19.2.2014.

qualquer sorte de justificativa. Ademais, não há dispositivo na lei que restrinja ou condicione o uso do registro de preços a situações específicas. Embora seja certo que o registro de preços não faça muito sentido em relação a objetos que visam a atender a uma demanda única e não replicável, também não é o caso de se opor ou mesmo anular tais registros de preços e, muito menos, responsabilizar agentes públicos porque eventualmente o registro de preços não parece a medida mais adequada aos olhos do controle.

A propósito, por regra, o registro de preços é precedido de licitação, sem qualquer restrição, aberta a qualquer interessado. Desse modo, a adoção do registro de preços não causa qualquer prejuízo apriorístico para a Administração ou para o interesse público, mesmo nos casos em que o objeto pudesse ser licitado adequadamente pelos moldes tradicionais. Insista-se que não há razões para excesso de rigores no tocante à análise ou mesmo à justificativa para a adoção de registro de preços.

Nessa linha de interpretação, o artigo 3º do Decreto nº 11.462/2023 prescreve:

> Art. 3º O SRP poderá ser adotado quando a Administração julgar pertinente, em especial:
> I - quando, pelas características do objeto, houver necessidade de contratações permanentes ou frequentes;
> II - quando for conveniente a aquisição de bens com previsão de entregas parceladas ou contratação de serviços remunerados por unidade de medida, como quantidade de horas de serviço, postos de trabalho ou em regime de tarefa;
> III - quando for conveniente para atendimento a mais de um órgão ou a mais de uma entidade, inclusive nas compras centralizadas;
> IV - quando for atender a execução descentralizada de programa ou projeto federal, por meio de compra nacional ou da adesão de que trata o §2º do art. 32; ou
> V - quando, pela natureza do objeto, não for possível definir previamente o quantitativo a ser demandado pela Administração.

Note-se que o supracitado *caput* do artigo 3º é categórico ao realçar a competência discricionária da Administração em relação à adoção do registro de preços, para as situações em que *julgar pertinente*. O juízo de valor sobre o cabimento do registro de preços é da Administração, conforme sua avaliação de conveniência e de oportunidade, e não dos órgãos de controle. Os incisos do *caput*, nesse sentido, veiculam hipóteses em que admissível o registro de preços, porém hipóteses que não são taxativas, em harmonia com a advertência da parte final do *caput*, cujo teor permite o registro de preços e indica, literalmente, hipóteses em que ele pode ser utilizado *em especial*, logo, sem excluir tantas outras hipóteses que sejam vislumbradas pela Administração.

4.2 Registro de preços para serviços, inclusive contínuos

O inciso XLV do artigo 6º da Lei nº 14.133/2021 anuncia que o sistema de registro de preços é o "conjunto de procedimentos para realização, mediante contratação direta ou licitação nas modalidades pregão ou concorrência, de registro formal de preços relativos à prestação de serviços, a obras e a aquisição e locação de bens para contratações futuras". Na mesma linha, o §5º do artigo 82, também da Lei nº 14.133/2021, preceitua que "o sistema de registro de preços poderá ser usado para a contratação de bens e serviços, inclusive de obras e serviços de engenharia [...]". Então, pela letra da Lei nº 14.133/2021, registro de preços pode ser utilizado para a contratação de serviços.

Sem embargo, ainda que em vistas da Lei nº 8.666/1993, havia certa resistência ao emprego do registro de preços para a contratação de serviços contínuos. O Tribunal de Contas do Estado de São Paulo, por exemplo, editou a Súmula nº 31, cujo teor considera que, "em procedimento licitatório, é vedada a utilização do sistema de registro de preços para contratação de serviços de natureza continuada". A Controladoria-Geral da União também se opõe:

> 17. Pode haver contratação de serviços do tipo continuado por meio de SRP?
> Não, tendo em vista que as contratações de serviços continuados envolvem a necessidade de planejamento e elaboração prévia obrigatória de projeto básico/termo de referência para a contratação daqueles serviços. Assim, considerando que se os serviços continuados já são certos e determinados, não poderia a sistemática do SRP ser utilizada para a contratação. Nesse sentido, encontra-se esculpido no inciso IV, artigo 3º, do Decreto nº 7.892/2013. Segue in verbis o inciso IV, artigo 3º do Decreto nº 7.892/2013:
> Artigo 3º O Sistema de Registro de Preços poderá ser adotado nas seguintes hipóteses: [...] IV - quando, pela natureza do objeto, não for possível definir previamente o quantitativo a ser demandado pela Administração.
> As hipóteses previstas pelo inciso IV se relacionam com o atendimento da imprevisibilidade do quantitativo ou do momento da contratação, condições estas não inerentes aos serviços do tipo continuado previstos no inciso II, artigo 57, da Lei nº 8.666/1993, pois estes se tratam de serviços que não podem sofrer interrupções, e dessa forma não devem ser fundamentos para a contratação de serviços terceirizados. Ademais, considerando essa necessidade de planejamento para a contratação, como determinado pela IN SLTI nº 02/2008, fica comprometida a possibilidade de participação de "caronas" na respectiva ARP, pois aquela cotação muito provavelmente não abordará o atendimento, de modo a atender aos princípios da eficiência e da economicidade, da necessidade específica de cada órgão não participante. Portanto, nos casos de contratação de serviços continuados, deve-se lançar mão da modalidade pregão em sua forma ordinária, sem registro de preços, caso os bens a serem fornecidos sejam do tipo "comum".[191]

Em apertada síntese, os argumentos da Controladoria-Geral da União são os seguintes: (i) os serviços contínuos não poderiam ser objeto de registro de preços porque precisam ser planejados e demandam projeto básico e termo de referência; (ii) nesse sentido, os serviços contínuos, prestados de forma ininterrupta, são certos e determinados, não haveria imprevisibilidade, o que excluiria o registro de preços; e (iii) em razão do planejamento dos serviços contínuos e da sua previsibilidade, eles não dariam ensejo à adesão à ata de registro de preços.

Os argumentos da Controladoria-Geral da União são improcedentes, pelas seguintes razões:

(i) Todos os contratos precisam ser planejados e a necessidade de planejamento não repele o uso do registro de preços. Qualquer licitação para registro de preços também demanda planejamento. Ademais, pela legislação, todos os

---

191 BRASIL. Controladoria-Geral da União. *Sistema de registro de preços*. Perguntas e respostas. Edição revisada. 2014. p. 21. Disponível em: https://repositorio.ufsc.br/handle/123456789/208412.

serviços devem ser precedidos de projeto básico ou termo de referência, não só os serviços contínuos. Daí que essa particularidade também não autoriza inadmitir o registro de preços para serviços contínuos.

(ii) Embora os serviços contínuos sejam prestados de modo ininterrupto, pode haver variações e imprevisibilidade em relação aos quantitativos desses serviços, que em certos momentos podem ser maiores ou menores. Por exemplo, supõe-se que a Justiça Eleitoral tenha maior demanda por serviços contínuos durante o período eleitoral. Poderia então dispor de uma ata de registro de preços para serviços contínuos e contratar quantitativos superiores apenas para o período eleitoral. Ou, noutro exemplo, os serviços de agenciamento de transporte aéreo sofrem grande variação de demanda durante dado período, que, evidentemente, não é definida com segurança e previsibilidade antecedentemente.

(iii) Demais disso, não há qualquer dispositivo legal ou regulamentar cujo teor prescreva que o registro de preços somente possa ser utilizado para fazer frente a demandas cujos quantitativos sejam imprevisíveis.

(iv) O fato de, suposta e eventualmente, ata de registro de preços de serviços contínuos não viabilizar adesões não constitui óbice para a adoção do registro de preços. Por lógica, o óbice é apenas para as adesões. O fato de uma ata de registro de preços não admitir adesões não é impedimento para a adoção do registro de preços. Mesmo porque, como sabido, a adesão à ata de registro de preços não é obrigatória.

Noticia-se que o Tribunal de Contas da União prolatou acórdãos que versam sobre atas de registro de preços de serviços contínuos sem erguer ou apontar óbice apriorístico. Confira-se:

> 25. Sobre o assunto, o Tribunal já se manifestou no sentido de que é lícita a utilização do sistema de registro de preços para contratação de serviços contínuos, desde que configurada uma das hipóteses delineadas na norma regulamentadora e com expressa justificativa da circunstância ensejadora (Acórdãos 3092/2014 e 1737/2012, ambos do Plenário do TCU).
> 26. Não é o caso do objeto do Pregão 20.062/2016. O simples fato de haver uma possibilidade de aumento futuro da demanda pelos serviços não justifica a constituição de uma ata de registro de preços.
> 27. O Termo de Referência do pregão em análise (peça 1, p. 57-99) demonstra claramente a quantidade de mão-de-obra a ser contratada para cada serviço a ser prestado pela empresa contratada. O art. 65, §1º, da Lei 8.666/1993, inclusive, faculta ao administrador público alterar unilateralmente o contrato celebrado para acrescer ou suprimir em até 25% os serviços contratados, o que representa uma margem razoável.
> 28. Nos casos em que houvesse necessidade de um aumento superior a 25% dos serviços previstos inicialmente no termo de referência, mostrar-se-ia mais coerente realizar uma nova licitação, aumentando a competitividade e possibilitando a contratação de outras empresas interessadas, observando, entre outros, os princípios da isonomia e da seleção da proposta mais vantajosa, em conformidade com o art. 3º da Lei 8.666/1993.
> 29. Dessa forma, verifica-se que a Prefeitura Municipal de Natal utilizou indevidamente o Sistema de Registro de Preços (SRP), uma vez que se trata de contratação imediata de serviços continuados e específicos, com quantitativos certos e determinados, não havendo

> parcelamento de entregas do objeto, conforme descrito no Termo de Referência, contrariando o art. 3° do Decreto 7.892/2013 e do Decreto Municipal 11.005/2016.
> 30. Se, por um lado, a impropriedade não se reveste de gravidade suficiente para que o TCU tome medidas no sentido de determinar a anulação de todo o processo licitatório ou do contrato celebrado (haja vista que o Pregão 20.062/2016 ocorreu normalmente com a participação de oito empresas), por outro lado faz-se necessário determinar que a Prefeitura Municipal não utilize a ata para contratações futuras nem permita a adesão de outros órgãos a ela.[192]

Veja-se que o trecho citado reconhece que a jurisprudência do Tribunal de Contas da União admite o registro de preços para serviços contínuos, desde que haja justificativa bastante para a sua adoção. No caso analisado no Acórdão, no entanto, entendeu-se que não caberia, porque a quantidade demandada pela Administração era certa e foi estabelecida no edital para contratação imediata e não de forma parcelada, conforme a necessidade da Administração. Dito de outra forma, para o Tribunal de Contas da União, é permitido usar o registro de preços para a contratação de serviços contínuos, porém é preciso justificar a opção pelo registro de preços, que não é automática nem deve ser adotada em todos os casos.

4.3 Registro de preços para obras e serviços de engenharia

O inciso XLV do artigo 6º e o §5º do artigo 82, ambos da Lei nº 14.133/2021, admitem expressamente o registro de preços para serviços em geral e para obras. Em adendo, o artigo 85 da Lei nº 14.133/2021 prescreve:

> Art. 85. A Administração poderá contratar a execução de obras e serviços de engenharia pelo sistema de registro de preços, desde que atendidos os seguintes requisitos:
> I - existência de projeto padronizado, sem complexidade técnica e operacional;
> II - necessidade permanente ou frequente de obra ou serviço a ser contratado.

Portanto, é permitido adotar o registro de preços para obras e serviços de engenharia. No entanto, a discricionariedade da Administração para fazê-lo não é tão aberta quanto para os demais objetos que não envolvem engenharia, sendo condicionada às hipóteses determinadas nos dois incisos do artigo 85 da Lei nº 14.133/2021.

Primeiro é necessário que o objeto do registro de preços seja suscetível a um projeto padronizado, sem complexidade técnica e operacional.

Advirta-se que não se deve exigir que a obra ou o serviço de engenharia objeto de registro de preços seja totalmente desprovido de complexidade técnica e operacional, porque algum grau de complexidade sempre haverá. A questão é de grau, de medida, e a avaliação sobre o grau de complexidade técnica e operacional das obras e serviços de engenharia admite uma boa dose de subjetividade.

Daí que o registro de preços já não tem lugar para obras e serviços de engenharia com complexidade técnica e operacional sobressalente em relação à maioria ou ao

[192] TCU, Plenário. Acórdão nº 1604/2017. Rel. Min. Vital do Rêgo, j. 26.7.2017.

padrão geral de obras e serviços de engenharia. A avaliação, em parte discricionária, é da Administração e os órgãos de controle devem ser deferentes a ela.

Propõe-se considerar como admissível o emprego do registro de preços para obras e serviços de engenharia cujos elementos qualitativos, tanto técnicos, quanto operacionais, sejam definidos de forma objetiva e sem a necessidade de soluções inovadoras sob a perspectiva técnica e operacional.

A propósito da padronização, o Decreto nº 7.581/2011, que versava sobre o Regime Diferenciado de Contratações Públicas, admitia o emprego de registro de preços para obras de engenharia padronizáveis. Fica claro que o supracitado artigo 85 da Lei nº 14.133/2021 foi inspirado no Regime Diferenciado de Contratações Públicas.

Com fundamento no aludido Decreto nº 7.581/2011, o Tribunal de Contas da União concluiu pela legalidade de ata de registro de preços para a construção de creches em todo o território nacional, em que havia projetos-padrão de creches e aspectos e parcelas variáveis, justamente para que os projetos fossem adaptados à cada localidade. Sobre esse ponto, foram as considerações do Tribunal de Contas da União:

> 36. A novidade no caso concreto é que a modelagem da licitação foi engenhosamente concebida, de maneira a possibilitar, sim, uma padronização de propostas para as creches. Todos os componentes do objeto que pudessem variar relevantemente de um terreno para outro foram expurgados da obra em si, transmutando-se em itens individuais na ata licitada. Muros, momentos de transporte para mobilização, vias de acesso, furos de sondagens, etc., foram licitados mediante quantitativo global estimado, "por fora" das creches tipo "B" e "C". Significa que para cada contrato a ser firmado, serão avaliados o quanto desses serviços individuais da ata serão necessários; e a adesão far-se-á, somente, com o suficiente para a execução de cada obra em si. Logo, cada contratação, de fato, terá um valor diferente. [...]
> 39. Logo, no caso em estudo, não tenho dúvidas que se demonstrou a viabilidade de se estabelecer uma padronização de contratação, que autorize uma vantajosidade global aos futuros interessados. Nesse teor, penso que o mens legis do dispositivo questionado foi plenamente atendido. A licitação em escopo teve o poder de escolher a melhor proposta para as contratações que fruam desse processo.
> 40. Se foi demonstrado, nesta situação específica, a viabilidade de se padronizar uma obra (em verdade, se padronizar um anteprojeto), de modo que diversos adquirentes, em diferentes localidades, possam se certificar que se trata de uma proposta vantajosa, em outros casos - pelo menos em tese - esse fim igualmente pode ser atendido. Reconheço, de novo, que a matéria ainda será esmerilhada pela própria evolução jurisprudencial deste Tribunal. Pelo menos com relação ao caso concreto, todavia, não identifico uma ilegalidade direta e inequívoca a justificar a anulação das presentes licitações por ausência de previsão legal.[193]

Com inspiração no precedente do Tribunal de Contas da União, pode-se intuir pelo cabimento do registro de preços para obras e serviços de engenharia nas situações em que todos os componentes do projeto são definidos previamente sem variação ou que os componentes variáveis sejam definidos como itens individuais na ata licitada, expurgados da obra ou serviço em si, cujos quantitativos devem ser meramente estimados.

[193] TCU, Plenário. Acórdão nº 2.600/2013. Rel. Min. Valmir Campelo, j. 25.9.2013.

É possível, inclusive, que se regulamente o assunto, estabelecendo limites em relação a esses componentes variáveis sobre o orçamento total da obra.

O segundo requisito, consoante o inciso II do artigo 85 da Lei nº 14.133/2021, para que o registro de preços possa ser utilizado para obras e serviços de engenharia, é que o seu objeto vise a atender a uma necessidade permanente ou frequente da Administração, como ocorre, por exemplo, com projetos, supervisões, manutenção e reforma, redes de água e de esgoto, drenagem, pavimentação e edificações como escolas, creches, postos de saúde, equipamentos esportivos, centros comunitários, bibliotecas e fóruns. Não se deve utilizar o registro de preços para obra ou serviço de engenharia que seja singular, única, que não se pretenda replicar.

Ressalva-se que o registro de preços não depende do enquadramento da obra ou serviço de engenharia como comum. O legislador não quis e não utilizou a expressão *comum*, preferiu exigir, contudo, projeto padronizado, sem complexidade técnica e operacional. Veja-se que a alínea "a" do inciso XXI do artigo 6º da Lei nº 14.133/2021 conceitua serviço comum de engenharia como "todo serviço de engenharia que tem por objeto ações, objetivamente padronizáveis em termos de desempenho e qualidade, de manutenção, de adequação e de adaptação de bens móveis e imóveis, com preservação das características originais dos bens". Logo, serviço comum de engenharia, sob a régua da Lei nº 14.133/2021, tem uma dimensão restrita à manutenção, adequação e adaptação, o que pressupõe intervenção sobre objetos já existentes.

O legislador, ao tratar do registro de preços, não intencionou ser tão restritivo, abrindo o registro de preços para outros serviços, entre os quais se pode sinalizar estudos, projetos e atividades de supervisão de obras. Ou seja, pode-se dizer que, por regra, é permitido contratar serviço comum de engenharia por meio de registro de preços. Por outro lado, é permitido adotar o registro de preços para serviço de engenharia que não seja comum, desde que tenha projeto padronizado, sem complexidade técnica e operacional e que corresponda a uma necessidade permanente ou frequente.

É de mencionar que o artigo 3º do Decreto nº 11.462/2023 praticamente repete a redação do artigo 85 da Lei nº 14.133/2021:

> Art. 3º [...]
> Parágrafo único. O SRP poderá ser utilizado para a contratação de execução de obras e serviços de engenharia, desde que atendidos os seguintes requisitos:
> I - existência de termo de referência, anteprojeto, projeto básico ou projeto executivo padronizados, sem complexidade técnica e operacional; e
> II - necessidade permanente ou frequente de obra ou serviço a ser contratado.

Percebe-se, entretanto, que o inciso I do parágrafo único do artigo 3º do Decreto Federal prevê termo de referência, anteprojeto, projeto básico e projeto executivo padronizados no lugar da expressão genérica "projeto padronizado", contida no inciso I do artigo 85 da Lei nº 14.133/2021. Sucede que, de acordo com o inciso II do artigo 18 da Lei nº 14.133/2021, termo de referência, anteprojeto, projeto básico e projeto executivo são instrumentos que se prestam à mesma finalidade: "a definição do objeto para o atendimento da necessidade" da Administração. Assim, sob a perspectiva de suas utilidades, pode-se dizer que são equivalentes, embora sejam empregados para situações diferentes e os seus conteúdos sejam diferentes.

Nesse sentido, o §3º do mesmo artigo 18 admite que a especificação de obras e serviços comuns de engenharia seja "[...] realizada apenas em termo de referência ou em projeto básico, dispensada a elaboração de projetos". Logo, o termo de referência pode ser equivalente e ter o mesmo propósito de um projeto em relação às obras e serviços comuns de engenharia, o que explica a sua menção no inciso I do parágrafo único do artigo 3º do Decreto Federal nº 11.462/2023.

O anteprojeto, por sua vez, em alinho ao §2º do artigo 46 da Lei nº 14.133/2021, é o que acompanha o edital em licitações de obras e serviços de engenharia realizada sob o regime de contratação integrada no lugar do projeto básico. Por isso, a previsão da figura do anteprojeto no inciso I do parágrafo único do artigo 3º do Decreto Federal nº 11.462/2023, também como peça equivalente, em termos gerais e para os efeitos de licitação, a "projeto padronizado" em relação à contratação integrada.

Pondera-se, no entanto, que a contratação integrada corresponde a regime de empreitada em que a licitação é realizada com base em anteprojeto, sem o detalhamento do objeto da futura contratação. De modo geral, portanto, a contratação integrada é adotada diante de situações em que a demanda da Administração pode ser satisfeita por soluções diferentes e que o melhor para o interesse público é deixar essas soluções em aberto na licitação, de modo que cada licitante possa oferecer a que melhor lhe aprouver. Essa premissa não se compatibiliza, em linha de princípio, com o inciso I do artigo 85 da Lei nº 14.133/2021 e com o próprio inciso I do parágrafo único do artigo 3º do Decreto Federal nº 11.462/2023, cujos teores condicionam a adoção do registro de preços para obras e serviços de engenharia sem complexidade técnica e operacional e que possam ser padronizadas. Ora, salvo situações excepcionais, objeto que admite soluções diversas costuma ser tecnicamente complexo e não é algo que seja padronizado. Então, sem excluir de antemão a possibilidade, é de considerar que registro de preços para obras e serviços de engenharia por meio de contratação integrada deve ser excepcional, para objetos que, ao mesmo tempo, possam ser padronizados, sem complexidade técnica e operacional e que admitam soluções diversas. Essa conciliação, em tese, seria possível diante da admissão de soluções diversas periféricas ou secundárias. Ou seja, para objeto que, em sua essência, é padronizado, sem complexidade técnica e operacional, mas que conta com aspectos menores abertos, em que se admitem soluções diversas.

É de salientar que o Tribunal de Contas da União, sob as luzes da Lei nº 8.666/1993, desenvolveu o entendimento de que o registro de preços não poderia ser utilizado para a contratação de obras e que poderia sê-lo para a contratação de serviços de engenharia, desde que sob condições específicas. Confiram-se, a título ilustrativo:

> O sistema de registro de preços não é aplicável à contratação de obras, pelo fato de não haver demanda por itens isolados, uma vez que os serviços não podem ser dissociados uns dos outros.[194]

---

194 TCU, Plenário. Acórdão nº 1.238/2019. Rel. Min. Marcos Bemquerer, j. 29.5.2019.

> É cabível o registro de preços para a contratação de serviços de engenharia em que a demanda pelo objeto é repetida e rotineira, a exemplo dos serviços de manutenção e conservação de instalações prediais, não podendo ser utilizado para a execução de obras.[195]

O entendimento do Tribunal de Contas da União já não mais se sustenta diante da Lei nº 14.133/2021, dado que, repita-se, o inciso XLV do seu artigo 6º, o §5º do seu artigo 82 e, de forma específica e saliente, o seu artigo 85 permitem o registro de preços para obras e serviços, inclusive de engenharia. É verdade, entretanto, que o registro de preços deve ser utilizado para objetos padronizados ou que possam ser replicados com as mesmas características, cuja variável reside na quantidade, como determina o inciso I do artigo 85 da Lei nº 14.133/2021. A ideia é que o fornecedor registre o preço de uma unidade, dispondo-se a executar várias delas, de acordo com as demandas da Administração. Havendo obra e serviço de engenharia com esse perfil, é perfeitamente cabível o registro de preços. É permitido, nessa direção, que se preveja em edital projeto-padrão de obra com aspectos que sejam variáveis, de modo a permitir que eles sejam adaptados às características específicas de cada localidade.

É de mencionar que o Tribunal de Contas da União, ainda que em decisão mais antiga e sob a ótica da revogada Lei nº 8.666/1993, prolatou acórdão em que reputa ilegal o emprego de registro de preços para a contratação de projetos de engenharia. Leia-se:

> *Relatório*
> Observa-se que o principal motivo que o [...] alegou para a adoção do SRP seria a impossibilidade de identificar, previamente, o quantitativo que satisfará a necessidade administrativa. No entanto, considera-se que o SRP é adequado àquelas compras e serviços mais simples e rotineiros, ou seja, que podem ser individualizados por meio de descrição simplificada e sucinta, sem complexidades, o que não se verifica na pretensa contratação, cujo escopo tratava de serviços técnicos especializados.
> A elaboração de um projeto de engenharia e arquitetura envolve alta atividade intelectual e resulta em produto único, não passível de repetição. Sendo assim, justamente por ser especializado, o projeto de um órgão dificilmente pode ser replicado para outro. [...]
> *Voto*
> No que se refere à utilização de sistema de registro de preços (SRP) para contratar obras ou projetos de engenharia, a equipe sustenta que não há amparo no artigo 2º do Decreto 3.931/2001. Nesse sentido, cita precedente deste Tribunal (Acórdão 296/2007-TCU-2ª Câmara), entre outros.[196]

Muitos órgãos e entidades administrativas vêm utilizando com sucesso o registro de preços para a contratação de projetos. Costuma-se registrar o preço por metro quadrado de projeto, separando projetos de diversos tipos e categorias. O mercado tradicionalmente precifica os serviços por metro quadrado. Portanto, a utilização do registro de preços cai como luva. Ademais, o registro de preços para projetos de engenharia é bastante conveniente para a Administração, porque empresta celeridade aos projetos. Ora, quando surge a necessidade de uma obra, tem-se que preparar o projeto, muitas vezes

---

195 TCU, Plenário. Acórdão nº 1.381/2018. Rel. Min. Walton Alencar Rodrigues, j. 20.6.2018.

196 TCU, Plenário. Acórdão nº 2.006/2012. Rel. Min. Weder de Oliveira, j. 1.8.2012.

contratado com terceiros. E, portanto, antes do projeto, é necessária a licitação do projeto, o que consome meses. Adotando-se o registro de preços, licita-se o projeto previamente. Daí que, surgindo a necessidade da obra, suprime-se a fase da licitação do projeto, já realizada previamente, o que empresta celeridade ao atendimento da demanda pública pela obra ou serviço de engenharia em seu todo.

Sem embargo, ainda que por razões diferentes das apontadas pelo Tribunal de Contas da União, há sim óbice à utilização do registro de preços para boa parte dos serviços de engenharia consultiva. Sucede que, por um lado, o inciso V do artigo 82 da Lei nº 14.133/2021 prescreve que o critério de julgamento de licitação destinada a promover registro de preços é o do menor preço ou do maior desconto. Por outro lado, o §2º do artigo 37 da Lei nº 14.133/2021 determina que os serviços técnicos especializados de natureza predominantemente intelectual previstos nas alíneas "a", "d" e "h" do inciso XVIII do *caput* do artigo 6º da mesma lei, cujo valor estimado da contratação seja superior a R$300.000,00 sejam licitados em acordo com os critérios de julgamento da melhor técnica ou técnica e preço.[197]

Os tais serviços referidos nas alíneas "a", "d" e "h" do inciso XVIII do *caput* do artigo 6º são, respectivamente:

> a) estudos técnicos, planejamentos, projetos básicos e projetos executivos; [...]
> d) fiscalização, supervisão e gerenciamento de obras e serviços; [...]
> h) controles de qualidade e tecnológico, análises, testes e ensaios de campo e laboratoriais, instrumentação e monitoramento de parâmetros específicos de obras e do meio ambiente e demais serviços de engenharia que se enquadrem na definição deste inciso.

Logo, o registro de preços não é compatível com a contratação dos serviços listados nas alíneas "a", "d" e "h" do inciso XVIII do *caput* do artigo 6º da Lei nº 14.133/2021, cujos valores superem R$300.000,00, porque o critério de julgamento para a licitação daqueles deve ser o da melhor técnica ou da técnica e preço, sendo que tais critérios de julgamento são inadmissíveis para registro de preços, por força da restrição contida no inciso V do artigo 82 da Lei nº 14.133/2021.

Advirta-se que não se deve utilizar o registro de preços como regra para a contratação de obras e serviços de engenharia, haja vista que, na maioria dos casos, as obras e os serviços de engenharia se revestem de singularidade e não são replicáveis, logo, não são padronizadas. Todavia, como é sabido, há obras e serviços de engenharia em larga medida uniformes, com características padronizadas e replicáveis, pelo que nada obsta o uso do registro de preços em relação a elas, como admitido pelo artigo 85 da Lei nº 14.133/2021.

5 Licitação para promover registro de preços

O artigo 82 da Lei nº 14.133/2021 prescreve algumas normas sobre o edital de licitação para registro de preços, sem trazer muitas novidades. De acordo com ele, o edital deve contemplar:

[197] Esse valor foi atualizado, na forma do Decreto Federal nº 12.343/2024, para R$376.353,48.

I - as especificidades da licitação e de seu objeto, inclusive a quantidade máxima de cada item que poderá ser adquirida;
II - a quantidade mínima a ser cotada de unidades de bens ou, no caso de serviços, de unidades de medida;
III - a possibilidade de prever preços diferentes:
a) quando o objeto for realizado ou entregue em locais diferentes;
b) em razão da forma e do local de acondicionamento;
c) quando admitida cotação variável em razão do tamanho do lote;
d) por outros motivos justificados no processo;
IV - a possibilidade de o licitante oferecer ou não proposta em quantitativo inferior ao máximo previsto no edital, obrigando-se nos limites dela;
V - o critério de julgamento da licitação, que será o de menor preço ou o de maior desconto sobre tabela de preços praticada no mercado;
VI - as condições para alteração de preços registrados;
VII - o registro de mais de um fornecedor ou prestador de serviço, desde que aceitem cotar o objeto em preço igual ao do licitante vencedor, assegurada a preferência de contratação de acordo com a ordem de classificação;
VIII - a vedação à participação do órgão ou entidade em mais de uma ata de registro de preços com o mesmo objeto no prazo de validade daquela de que já tiver participado, salvo na ocorrência de ata que tenha registrado quantitativo inferior ao máximo previsto no edital;
IX - as hipóteses de cancelamento da ata de registro de preços e suas consequências.

Em acréscimo, é conveniente atentar às modalidades de licitação. As modalidades são as do artigo 28 da Lei nº 14.133/2021: pregão, concorrência, concurso, leilão e diálogo competitivo. No entanto, o inciso XLV do artigo 6º da Lei nº 14.133/2021 prescreve que o registro de preços deve ser licitado por meio das modalidades pregão ou concorrência. Não cabem, então, as modalidades concurso, leilão e diálogo competitivo.

Também merece realce o prescrito no inciso V do artigo 82 da Lei nº 14.133/2021, cujo teor sinaliza que o critério de julgamento de licitação destinada a promover registro de preços é o do menor preço ou do maior desconto. Não cabem, portanto, os demais critérios de julgamento previstos no artigo 33 da Lei nº 14.133/2021, nomeadamente melhor técnica ou conteúdo artístico, técnica e preço, maior lance e maior retorno econômico.

De resto, a licitação para registro de preços não guarda maiores especificidades em comparação à licitação comum. Há uma fase interna ou preparatória e uma fase externa, tudo de acordo com as normas da Lei nº 14.133/2021. Destacam-se, na sequência, alguns outros aspectos mais controversos.

5.1 Previsão de quantitativos

O inciso I do artigo 82 da Lei nº 14.133/2021 exige que o edital indique "a quantidade máxima de cada item que poderá ser adquirida". Repita-se que, segundo o artigo 85 da mesma lei, a Administração não é obrigada a contratar o objeto consignado na ata de registro de preços. Disso deflui que o quantitativo fixado na ata de registro de preços deve ser compreendido apenas como uma espécie de teto, de limite máximo para as contratações, em alinho ao supracitado inciso I do artigo 82 da mesma lei. De todo jeito, é preciso indicar no edital o quantitativo estimado, até para que os licitantes possam avaliar se têm ou não condições de atender às necessidades da Administração. Também é importante porque a quantidade estimada influi no preço, em razão dos ganhos decorrentes de economia de escala.

Nada obstante isso, em situações excepcionais, o §3º do artigo 82 da Lei nº 14.133/2021 admite que o edital de licitação não defina o quantitativo total, que ele fique em aberto. Essa faculdade, insista-se, é excepcional, somente admitida nos seguintes casos, conforme os incisos do referido §3º: "I - quando for a primeira licitação para o objeto e o órgão ou entidade não tiver registro de demandas anteriores; II - no caso de alimento perecível; III - no caso em que o serviço estiver integrado ao fornecimento de bens". Não há justificativas evidentes para nenhuma das hipóteses dos supracitados incisos do §3º, uma vez que, em todos os casos, a Administração poderia estimar a sua demanda, ainda que sob o risco de superestimá-la. Não há maior problema em estimar quantitativo superior, dado que, insista-se, a Administração não tem a obrigação de contratá-los, consoante o teor do artigo 83 da Lei nº 14.133/2021. Contudo, essa foi a opção do legislador, que resolveu facultar à Administração não definir quantitativo máximo no edital nas hipóteses dos incisos do §3º do artigo 82 da Lei nº 14.133/2021. Não se antevê inconstitucionalidade nisto, ainda que não se concorde com a opção do legislador em seu mérito.

Note-se que o §4º do artigo 82 da Lei nº 14.133/2021 determina que, nas situações abrangidas pelo §3º do mesmo artigo, "[...] é obrigatória a indicação do valor máximo da despesa e é vedada a participação de outro órgão ou entidade na ata". As ideias não se harmonizam, em especial porque, para indicar o valor máximo da despesa, é necessário considerar dada quantidade. Ora, é preciso saber, por exemplo, se serão 10 unidades, 100 unidades ou 1000 unidades. O valor máximo, por óbvio, depende da quantidade total. Portanto, de um jeito ou de outro, porque é obrigatório estabelecer o valor máximo, a Administração precisará projetar a quantidade do objeto que ela pretende contratar.

No mais, o §4º do artigo 82 da Lei nº 14.133/2021 também veda, nessas situações, a participação na ata de outros órgãos ou entidades. A vedação parece acertada, porque a licitação sem indicação da quantidade é uma excepcionalidade, deve ser tratada restritivamente, até em razão dos seus impactos sobre os licitantes, que terão dificuldades para formular as suas propostas. As dificuldades seriam multiplicadas na medida em que diversos órgãos participassem da mesma ata. O melhor, na perspectiva do legislador, pelas vulnerabilidades que são geradas, é que o órgão ou entidade promova a licitação e a ata de registro de preços sozinho.

5.2 Desnecessidade de adequação orçamentária para lançar licitação de registro de preços

Questão que atrai bastante polêmica a respeito da licitação pública para promover registro de preços envolve a obrigatoriedade ou não de adequação orçamentária. O inciso XXIII do artigo 6º da Lei nº 14.133/2021 prescreve que a Administração Pública deve, no termo de referência, verificar a adequação orçamentária. O *caput* do artigo 18, também da Lei nº 14.133/2021, salienta que a etapa preparatória da licitação deve se compatibilizar com as leis orçamentárias.

Na etapa preparatória da licitação, a Administração deve apurar se os valores estimados para fazer frente ao futuro contrato encontram previsão orçamentária. Em caso contrário, se não houver estofo orçamentário, a licitação não deve prosseguir. Essa exigência de indicação dos recursos orçamentários visa a evitar que contratos sejam celebrados sem que a Administração disponha, no seu orçamento, da previsão do montante necessário para realizar os respectivos pagamentos. Quer-se evitar contratações aventureiras e o inadimplemento da Administração.

Sem embargo, a exigência de previsão orçamentária não se aplica à licitação para registro de preços. Sucede que, em processo de contratação ordinária, concluída a licitação, o vencedor dela é convocado para assinar o contrato, em que ele se compromete a executar todo o quantitativo licitado e a Administração compromete-se a pagar o preço correspondente.

Em processo de registro de preços, o vencedor da licitação não assina imediatamente o contrato. Ele, antes, assina a ata de registro de preços, comprometendo-se a executar todo o quantitativo licitado desde que a Administração queira. Ou seja, concluída a licitação e assinada a ata de registro de preços, a Administração não contrai qualquer obrigação. A Administração contrata se quiser, quando quiser (dentro do prazo de vigência da ata) e na quantidade que quiser (desde que não ultrapasse o quantitativo previsto no edital).

Ora, se a Administração, com a ata de registro de preços, não assume o compromisso de contratar, não faz qualquer sentido exigir dela a previsão de recursos orçamentários, especialmente na etapa preparatória da licitação. Pode ser que a Administração não contrate ou, é muito provável, pode ser que ela contrate, porém não todo o quantitativo previsto na ata de registro de preços. Nesse passo, a Administração deve realizar a reserva de recursos orçamentários quando assume o compromisso de contratar. E isso, em registro de preços, somente ocorre depois da licitação e depois de assinada a ata, ao decidir pela contratação.

Aliás, a rigor jurídico, o artigo 150 da Lei nº 14.133/2021 estabelece:

> nenhuma contratação será feita sem a caracterização adequada de seu objeto e sem a indicação dos créditos orçamentários para pagamento das parcelas contratuais vincendas no exercício em que for realizada a contratação, sob pena de nulidade do ato e de responsabilização de quem lhe tiver dado causa.

Ou seja, de modo geral, a indicação dos créditos orçamentários é exigência que deve ser cumprida quando da contratação.

O Professor Edgar Guimarães atenta-se às especificidades do registro de preços:

> A observância deste pressuposto apenas se faz necessária nas competições comuns que têm por finalidade única a pronta contratação do vencedor e, por conseguinte, a realização de uma despesa.
>
> Não se pode perder de vista que a licitação para registrar preços possui finalidade específica e peculiar, qual seja, registrar preços para determinados objetos, da mesma forma que não se pode olvidar que a Administração Pública, ainda que tenha instituído este registro e que

a ata esteja válida, não tem obrigação alguma de contratar com o fornecedor que teve o seu preço registrado por ocasião da respectiva licitação.[198]

Ademais, deve-se levar em consideração que a exigência de previsão orçamentária quando da licitação pode frustrar o registro de preços. Ocorre que, se fosse necessário dispor e reservar recursos orçamentários já na licitação, a Administração não poderia prever no edital quantitativo superior à sua real necessidade, não poderia se valer de reserva de quantitativo, sob pena de engessar o orçamento. E, ressalta-se mais uma vez, o orçamento ficaria engessado sem necessidade, porquanto com a licitação e com a ata de registro de preço a Administração não assume o compromisso de contratar.

Embora a matéria não seja pacificada, ainda que na perspectiva da Lei nº 8.666/1993 e de seus decretos regulamentares, o Tribunal de Contas da União já decidiu:

> [...] o registro de preços não é uma modalidade de licitação, e sim, um mecanismo que a Administração dispõe para formar um banco de preços de fornecedores, cujo procedimento de coleta ocorre por concorrência ou pregão. Em razão de ser um mecanismo de obtenção de preços junto aos fornecedores para um período estabelecido, sem um compromisso efetivo de aquisição, entendemos ser desnecessário, por ocasião do edital o estabelecimento de dotação orçamentária. Todavia, por ocasião de uma futura contratação, torna-se imprescindível a dotação orçamentária para custeio da despesa correspondente, na forma do artigo 11 do Decreto 3931/2001. Assim, acolhemos a justificativa. [...]
> Examina-se processo de Representação oriunda da Secretaria de Controle Externo no Estado do Amazonas – Secex/AM, acerca de irregularidades na gestão dos Hospitais Universidade Getúlio Vargas e Francisca Mendes, administrados pela Fundação Universidade do Amazonas – FUA. [...]. No que diz respeito às razões de justificativa oferecidas pelo Reitor da Fundação Universidade do Amazonas, Sr. Hidembergue Ordozgoith da Frota: [...]. m) os esclarecimentos prestados pelo responsável, quanto à abertura de procedimentos licitatórios sem previsão orçamentária suficiente para custeá-los (Pregões Eletrônicos 16/2007, 41/2007 e 46/2007), no sentido de que tais licitações foram realizadas no sistema de preços, o qual não estabelece compromisso de contratação ou de aquisição, e prescinde de dotação orçamentária, até o ato da contratação, ensejam, a meu ver, a acolhida das razões, consoante proposto pela secretaria instrutiva; [...].[199]

Seguindo a mesma linha, também em face da Lei nº 8.666/1993, a Advocacia-Geral da União editou a Orientação Normativa nº 20, de 1º.4.2009, no sentido de que "na licitação para registro de preços, a indicação da dotação orçamentária é exigível apenas antes da assinatura do contrato".

Informa-se que, ainda sob as vestes da Lei nº 8.666/1993, o debate foi solucionado em vistas do §2º do artigo 7º do Decreto Federal nº 7.892/2013, cujo texto prescreve categoricamente que "na licitação para registro de preços não é necessário indicar a dotação orçamentária, que somente será exigida para a formalização do contrato ou outro instrumento hábil".

---

198 GUIMARÃES, Edgar; NIEBUHR, Joel de Menezes. *Registro de preços*: aspectos práticos e jurídicos. Belo Horizonte: Fórum, 2008. p. 56.

199 TCU, Plenário. Acórdão nº 1.279/2008. Rel. Min. Guilherme Palmeira, j. 2.7.2008.

Na Lei nº 14.133/2021 não há norma específica que trate da previsão de recursos orçamentários em relação ao registro de preços. Pode-se, no entanto, aportar a essa conclusão em razão de interpretação sistêmica, em acordo com os argumentos deduzidos acima. Também se pode acrescer, consoante os termos empregados no inciso XXIII do artigo 6º, no *caput* do artigo 18 e no artigo 150, todos da Lei nº 14.133/2021, que a adequação e a compatibilidade orçamentária em relação às licitações para o registro de preços devem ser flexíveis e não importam na necessidade de reserva orçamentária na etapa preparatória da licitação e sim apenas na contratação, dado que a Administração não é obrigada a contratar os quantitativos licitados e registrados na ata.

Nessa linha, em âmbito federal, o artigo 17 do Decreto nº 11.462/2023 prescreve que "a indicação da disponibilidade de créditos orçamentários somente será exigida para a formalização do contrato ou de outro instrumento hábil". Ou seja, não é necessária a reserva orçamentária na etapa preparatória da licitação ou da contratação direta. É necessária apenas na contratação.

5.3 Intenção de registro de preços: registro de preços compartilhado por mais de um órgão ou entidade administrativa

A Lei nº 14.133/2021 reconhece a possibilidade de mais de um órgão ou entidade da Administração Pública promover registro de preços conjunto. A ideia, em suma, é que órgão ou entidade torne pública sua intenção de promover registro de preços. A partir daí qualquer outro órgão ou entidade interessado pode manifestar sua intenção de participar da futura ata de registro de preços. Haverá um órgão gerenciador, responsável pela condução de toda licitação, e órgão(s) participante(s), que são indicados no edital, inclusive com suas demandas e quantitativos, e que, posteriormente, podem contratar com base na ata de registro de preços.

A finalidade é positiva, porque o registro de preços conjunto aumenta os quantitativos licitados e, por conseguinte, a economia de escala, o que deve produzir economias para o erário. O estímulo a essas práticas partiu, entre outros, do Tribunal de Contas da União:

> 9.4 recomendar ao Ministério do Planejamento, Orçamento e Gestão que empreenda estudos para aprimorar a sistemática do Sistema de Registro de Preços, objetivando capturar ganhos de escala nas quantidades adicionais decorrentes de adesões previamente planejadas e registradas de outros órgãos e entidades que possam participar do certame, cujos limites de quantitativos deverão estar em conformidade com o entendimento firmado pelo Acórdão 1.233/2012 – Plenário.[200]

O *caput* do artigo 86 da Lei nº 14.133/2021 dá a entender que a intenção de registro de preços é obrigatória:

> Art. 86. O órgão ou entidade gerenciadora deverá, na fase preparatória do processo licitatório, para fins de registro de preços, realizar procedimento público de intenção de registro de preços para, nos termos de regulamento, possibilitar, pelo prazo mínimo de 8

---

[200] TCU, Plenário. Acórdão nº 2.692/2012. Rel. Min. Aroldo Cedraz, j. 3.10.2012.

(oito) dias úteis, a participação de outros órgãos ou entidades na respectiva ata e determinar a estimativa total de quantidades da contratação.

Enfatiza-se que o dispositivo se refere ao dever de realizar a intenção de registro de preços. Não se trata, pelos menos nos termos vertidos no *caput*, de mera faculdade. No entanto, o §1º do mesmo artigo 86 admite a dispensa da intenção de registro de preços "[...] quando o órgão ou entidade gerenciadora for o único contratante". A redação do dispositivo não é das melhores. Ora, somente se vai saber se o órgão ou entidade gerenciadora será o único contratante depois de realizar o procedimento de intenção de registro de preços, na hipótese de nenhum outro órgão ou entidade pretender participar dele. No entanto, o dispositivo trata da dispensa de realizar o procedimento de intenção de registro de preços, portanto da possibilidade de ele nem sequer ser aberto. Nesse momento prévio, antes de abrir a intenção de registro de preços, o órgão ou entidade somente pode ser considerado como único contratante se ele próprio decide ser o único contratante. No final das contas, o §1º do artigo 86 da Lei nº 14.133/2021 concede competência discricionária para que órgão ou entidade decida ser o único contratante e, se assim o fizer, para que não realize os procedimentos de intenção de registro de preços.

Aliás, o *caput* do artigo 86 da Lei nº 14.133/2021 alude a regulamento que deve versar sobre o procedimento de intenção de registro de preços e que, pois, pode dispor com maior detalhamento sobre as situações e as justificativas para não realizar o procedimento de intenção de registro de preços.

O regulamento federal sobre o registro de preços, mais precisamente o artigo 9º do Decreto nº 11.462/2023, prescreve que o órgão ou entidade deve, "[...] na fase preparatória do processo licitatório ou da contratação direta, realizar procedimento público de IRP para possibilitar, pelo prazo mínimo de oito dias úteis [...]". Ou seja, na etapa preparatória, o órgão ou entidade deve publicar sua intenção de registro de preços e aguardar interessados por oito dias úteis. A publicação deve ocorrer, na forma do §1º do mesmo artigo, no Sistema de Registro de Preços Digital e no Portal Nacional de Contratações Públicas.

O §2º do mesmo artigo 9º do Decreto nº 11.462/2023 prescreve que "o procedimento previsto no *caput* poderá ser dispensado quando o órgão ou a entidade gerenciadora for o único contratante". Portanto, o Decreto Federal repete, quase totalmente, a redação do §1º do artigo 86 da Lei nº 14.133/2021 e, sendo assim, não oferece balizas para esclarecer as condições ou critérios que autorizam a dispensa da publicação da intenção de registro de preços. Regulamentos de outros entes federativos, não é demais encarecer, podem fazê-lo.

De todo modo, é preciso reconhecer sim competência discricionária para não realizar o procedimento de intenção de registro de preços, ainda que se considere que a regra seja realizá-lo, em alinho ao *caput* do artigo 86 da Lei nº 14.133/2021. Pode-se antever diversas justificativas, entre as quais, (i) demanda urgente, (ii) demanda por quantitativo inexpressivo, (iii) complexidade ou peculiaridade técnica do objeto, (iv) falta de estrutura do órgão ou entidade e, inclusive, (v) prejuízo à competitividade.

Aliás, esse último aspecto, tocante à restrição à competitividade, talvez seja o ponto negativo mais forte da promoção de licitação para registro de preços em conjunto. Ocorre que, quando vários órgãos licitam em conjunto, os seus quantitativos são somados e, na mesma proporção, as exigências do edital. De um lado, a Administração aproveita-se da economia de escala, tende a obter preços melhores e otimizar suas atividades. Doutro, as exigências do edital tornam-se mais rigorosas, decorrentes dos próprios quantitativos envolvidos, o que pode impedir empresas de acorrerem à licitação. Os órgãos administrativos devem sopesar os pontos positivos e negativos ao decidir ou não promover licitação para registro de preços em conjunto.

Pois bem, quem anuncia a intenção de promover registro de preços é denominado órgão ou entidade gerenciadora, recebendo uma plêiade de encargos, porque, na forma do inciso XLVII do artigo 6º da Lei nº 14.133/2021, a ele cabe a "condução do conjunto de procedimentos para registro de preços e pelo gerenciamento da ata de registro de preços dele decorrente". Sendo assim, pode-se deduzir que ele terá de promover todos os atos necessários à instrução processual para a realização do procedimento licitatório, tanto da etapa preparatória, quanto da externa. Terá de cumprir todos os atos preparatórios, conforme o artigo 18 da Lei nº 141.133/2021, bem como conduzir a respectiva licitação, por meio de pregoeiro, agente de contratação ou comissão de contratação, até a homologação dela. Daí terá de convocar os fornecedores para assinar a ata e promover o gerenciamento dela. O artigo 7º do Decreto nº 11.462/2023 detalha os atos de competência do órgão gerenciador.

Quem, tomando ciência da intenção de registro de preços, pretender participar em conjunto é denominado órgão ou entidade participante. O inciso XLVIII do artigo 6º da Lei nº 14.133/2021 define órgão ou entidade participante como aquele que "participa dos procedimentos iniciais da contratação para registro de preços e integra a ata de registro de preços". De modo geral, ele informa ao órgão gerenciador o objeto que pretende e os seus quantitativos. O gerenciador realiza todos os procedimentos e o participante, ao final, recebe a ata de registro de preços pronta, para que firme os contratos por si pretendidos com base nela.

O órgão ou entidade participante deve manifestar sua intenção de participar do registro de preços no prazo de publicidade da intenção de registro de preços. No entanto, o §5º do artigo 7º do Decreto nº 11.462/2023 permite que o órgão ou entidade gerenciadora admita participantes retardatários, que não se manifestaram no prazo aludido, desde que o façam antes de consolidadas as informações dos demais participantes.

A possibilidade de promoção de licitação para registro de preços em conjunto, para ser estimulada, deve ser simples e de fácil condução. Portanto, a regra deve ser que o órgão gerenciador conduz todo o processo licitatório, sem a interferência, em princípio, de órgão participante. É ele quem define as regras do edital, condições de habilitação, critério de julgamento e procedimentos e conduz toda a fase interna e externa da licitação. O órgão participante apenas indica o objeto que pretende registrar e os quantitativos, recebendo a ata de registro de preços pronta.

5.3.1 Desnecessidade de aprovação pela assessoria jurídica do órgão participante

Dúvida frequente diz respeito à suposta necessidade de a assessoria jurídica dos órgãos participantes analisar e aprovar previamente a minuta do edital de licitação e dos seus anexos. Não é necessário. Veja-se que o artigo 53 da Lei nº 14.133/2021 prescreve que "ao final da fase preparatória, o processo licitatório seguirá para o órgão de assessoramento jurídico da Administração, que realizará controle prévio de legalidade mediante análise jurídica da contratação". Ora, a aprovação jurídica é ato que integra a etapa preparatória da licitação. Como se disse, com base no inciso XLVII do artigo 6º da Lei nº 14.133/2021, quem responde pela etapa preparatória é o órgão ou entidade gerenciadora e não a participante. Então, quem deve aprovar o processo licitatório conduzido pelo órgão ou entidade gerenciadora é a assessoria jurídica do órgão ou entidade gerenciadora (a redundância é proposital) e não do participante.

Perceba-se que o §4º do artigo 53 da Lei nº 14.133/2021 alarga a atuação da assessoria jurídica, que também se faz necessária para as "contratações diretas, acordos, termos de cooperação, convênios, ajustes, adesões a atas de registro de preços, outros instrumentos congêneres e de seus termos aditivos". Fala-se de adesões a atas de registro de preços, o que não é o caso dos órgãos participantes. Não há menção à aprovação por parte de participante de processo de licitação conduzido por órgão ou entidade gerenciadora.

Essa solução é expressa no §4º do artigo 7º do Decreto nº 11.462/2023, cujo teor prescreve que "o exame e a aprovação das minutas do edital, dos avisos ou dos instrumentos de contratação direta e do contrato serão efetuados exclusivamente pela Assessoria Jurídica do órgão ou da entidade gerenciadora".

A Orientação Normativa nº 88/2024/AGU segue a mesma linha:

> I) No âmbito do Sistema de Registro de Preços, as competências do art. 53 da lei nº 14.133, de 2021, e do art. 11, inciso vi, alínea "a", da Lei Complementar nº 73, de 1993, relativas ao controle de legalidade mediante análise jurídica do processo de contratação, são da exclusiva alçada da unidade consultiva que presta assessoramento jurídico ao órgão gerenciador do registro de preços. [...] V) Os órgãos participante e não participante do sistema de registro de preços poderão solicitar manifestação específica da respectiva unidade de consultoria jurídica para que lhe preste assessoramento acerca da juridicidade do processo de contratação, desde que haja dúvida de ordem jurídica objetivamente exposta no processo. Referência: art. 53, da Lei nº 14.133, de 2021.

A Orientação Normativa da AGU ressalva que o órgão ou entidade participante pode requerer manifestação da sua assessoria jurídica desde que diante de "[...] dúvida de ordem jurídica objetivamente exposta no processo". Ou seja, o processo de licitação não deve passar obrigatoriamente pelo crivo da assessoria jurídica do órgão ou entidade participante. No entanto, se houver alguma dúvida jurídica específica e delimitada, a assessoria jurídica pode ser provocada para se manifestar.

Por fim, corroborando a tese, há também uma questão prática que não deve ser menosprezada: supõe-se que haja cinco órgãos participantes. Por argumentação, se fosse o caso, o edital teria que ser submetido a seis avaliações jurídicas diferentes (uma do gerenciador e outras cinco dos participantes). Isso representaria entrave burocrático e operacional enorme, que atrasaria em muito a publicação do edital. Afora que, diante das divergências de interpretação sobre a matéria de licitações e contratos, é praticamente impossível que seis advogados diferentes concordem integralmente sobre todas as disposições de edital de licitação e seus anexos. Seria um enorme desestímulo à aplicação da intenção de registro de preços.

5.3.2 Participação de órgãos de entes federativos diferentes

Discute-se se órgãos de entes federativos distintos podem promover licitação pública em conjunto por meio de registro de preços. Não há vedação expressa na Lei nº 14.133/2021. Afora isso, chama a atenção que o §8º do seu artigo 86, ao tratar da adesão à ata de registro de preços, que é coisa diferente, veda "aos órgãos e entidades da Administração Pública Federal a adesão à ata de registro de preços gerenciada por órgão ou entidade estadual, distrital ou municipal". Ou seja, o legislador proibiu a participação de entes federativos diferentes na hipótese em que entendeu que deveria proibir. O silêncio no tocante à intenção de registro de preços e a promoção dele por órgãos e entidades de esferas federativas diferentes significa que não houve proibição legal e que, por conseguinte, é permitido.

A propósito, não faz sentido, não há qualquer razão ou justificativa jurídica, para que órgãos de entes federativos distintos sejam impedidos de promover licitações em conjunto. Aliás, essa participação conjunta é em tudo compatível com o federalismo cooperativo, sobremodo diante da diretriz que se extrai do parágrafo único do artigo 23 da Constituição Federal de "[...] cooperação entre a União e os Estados, o Distrito Federal e os Municípios, tendo em vista o equilíbrio do desenvolvimento e do bem-estar em âmbito nacional".

Em âmbito federal, o Decreto nº 11.462/2023 sinaliza que é permitido que órgãos e entidades de outros entes federativos figurem como participantes em atas de órgãos e entidades federais, porém, que órgãos e entidades federais não sejam participantes de atas gerenciadas por órgãos e entidades de outros entes. É o que se depreende dos conceitos expostos nos incisos III e IV do artigo 2º do Decreto:

> Art. 2º Para fins do disposto neste Decreto, considera-se: [...]
> III - órgão ou entidade gerenciadora - órgão ou entidade da Administração Pública federal responsável pela condução do conjunto de procedimentos para registro de preços e pelo gerenciamento da ata de registro de preços dele decorrente;
> IV - órgão ou entidade participante - órgão ou entidade da Administração Pública que participa dos procedimentos iniciais da contratação para registro de preços e integra a ata de registro de preços;

Note-se que, de acordo com o inciso III, órgão ou entidade gerenciadora deve ser da Administração Pública federal. Doutro lado, conforme o inciso IV, órgão ou entidade participante é da Administração Pública, sem limitação à federal. Depreende-se do Decreto nº 11.462/2023 que órgãos e entidades federais podem permitir a participação em ata de registro de preços de órgãos e entidades que não sejam federais. Entretanto, os órgãos e entidade federais não podem figurar como participantes em atas cujo órgão ou entidade gerenciadora não seja federal. Na concepção do Decreto nº 11.462/2023, órgão ou entidade gerenciadora deve ser sempre federal.

Trata-se de opção da Presidência da República, autora do Decreto nº 11.462/2023. Ressalva-se que seria possível, porque não há proibição na Lei nº 14.133/2021, permitir que órgãos e entidades federais participassem de atas gerenciadas por órgão ou entidade estadual, distrital ou municipal. Contudo, a presidência da república, por suas razões, preferiu menosprezar o gerenciamento de órgãos e entidades estaduais, distritais e municipais. Considera-se a opção equivocada, porém legítima e legal.

Também se ressalva que as restrições contidas no Decreto nº 11.462/2023 incidem apenas sobre a Administração federal direta, autárquica e fundacional. Quem não está obrigado a seguir o Decreto nº 11.462/2023 pode adotar as soluções que lhe sejam mais adequadas, e, em hipótese alguma, está proibido que órgãos e entidades estaduais, distritais ou municipais figurem como gerenciadores e que participem de atas uns dos outros. O que não se permite é que órgãos e entidades federais, submetidos ao Decreto nº 11.462/2023, participem de ata cujo gerenciador seja órgão ou entidade estadual, distrital ou municipal.

5.4 Contratação direta

O §6º do artigo 82 da Lei nº 14.133/2021 preceitua que "o sistema de registro de preços poderá, na forma de regulamento, ser utilizado nas hipóteses de inexigibilidade e de dispensa de licitação para a aquisição de bens ou para a contratação de serviços por mais de um órgão ou entidade".

O registro de preços não repele as hipóteses de contratação direta, o que depende, evidentemente, das peculiaridades de cada caso. Suponha-se, por exemplo, fornecedor exclusivo, que a Administração contrate por meio da inexigibilidade de licitação prevista no inciso I do artigo 74 da Lei nº 14.133/2021. Ora, se a demanda da Administração em relação ao objeto comercializado por este fornecedor exclusivo for frequente e o quantitativo demandado sofrer variações, não há qualquer óbice à formação de ata de registro de preços fundada na inexigibilidade de licitação. O mesmo raciocínio vale para as demais hipóteses de contratação direta, em que a Administração deve avaliar a conveniência e a oportunidade de valer-se de registro de preços.

Embora sem previsão na Lei nº 8.666/1993, a doutrina já vinha se posicionando no sentido de permitir o registro de preços por meio de contratação direta. Veja-se, por ilustração, os apontamentos de Renato Geraldo Mendes:

> Então, é possível responder às questões dizendo que o comum é que o modelo de contratação denominado registro de preços seja realizado por licitação, mas é possível que o referido modelo condicional decorra também de dispensa ou inexigibilidade.
> A inexigência de licitação poderá ser adotada, por exemplo, nos casos de aquisição de bens ou prestação de serviços nos quais os fornecedores ou prestadores são exclusivos (art. 25, inc. I, da Lei nº 8.666/1993) e a quantidade da demanda é imprecisa. Portanto, o modelo de contratação que se denomina registro de preços pode ser instituído ou adotado mediante a seleção de propostas por meio de licitação e contratação direta. É evidente que a licitação, via pregão ou concorrência, é o procedimento adotado para a quase totalidade dos casos,

excetuadas as situações nas quais a competição é inviável ou, se viável, houver hipótese de dispensa prevista em lei.[201]

Convém atentar à parte final do §6º do artigo 82 da Lei nº 14.133/2021, cujo teor prescreve que a contratação direta para registro de preços deve ser utilizada "[...] para a aquisição de bens ou para a contratação de serviços por mais de um órgão ou entidade". A primeira leitura do dispositivo dá a impressão de que, se o registro de preços é apenas para um órgão ou entidade, não caberia a contratação direta para a promoção do registro de preços, ainda que a Lei nº 14.133/1993 permitisse a contratação direta para o objeto pretendido por este órgão ou entidade. Daí que, nessa perspectiva, o órgão ou entidade poderia contratar diretamente, porém não para promover registro de preços, ou poderia promover registro de preços, porém precedido de licitação e não por contratação direta. Se, para o mesmo objeto, o órgão ou entidade encontrasse outro órgão ou entidade com a mesma demanda, então seria possível a contratação direta para promover registro de preços.

As situações descritas acima não parecem razoáveis. Ora, se cabe a contratação direta e se cabe o registro de preços, não faz sentido impedir um órgão ou entidade que tenha uma demanda específica e não compartilhada por outros órgãos e entidades a realizar a contratação direta e, com base nela, dispor de uma ata de registro de preços. Não faz sentido condicionar a contratação direta para promover registro de preços à concorrência de demanda pelo objeto por mais de um órgão ou entidade, porque essa soma de órgãos e entidades é assunto totalmente impertinente ao cabimento de qualquer das hipóteses de contratação direta e de registro de preços.

A redação da parte final do §6º do artigo 82 da Lei nº 14.133/2021 é, provavelmente, herança irrefletida da Lei nº 13.979/2020, que versa sobre o regime emergencial de contratação pública para o enfrentamento à pandemia de Covid-19. Ocorre que, para o enfretamento da pandemia, fizeram-se esforços para promover contratações por meio de registro de preços para mais de um órgão ou entidade, e essas contratações costumavam ser emergenciais. Daí que o artigo 4º da Lei nº 13.979/2020, sob aquelas condições excepcionais, tratou da possibilidade de registro de preços precedido de contratação direta para atender a mais de um órgão ou entidade.

Mesmo sob a ótica da Lei nº 13.979/2020, já era questionável a ideia de permitir o registro de preços precedido de contratação direta apenas para atas destinadas a mais de um órgão ou entidade. No entanto, a emergência da época explicava a situação e a ausência de discernimento mais bem formado, porque tudo se fazia com pressa. O problema é que a possibilidade aberta pela Lei nº 13.979/2020 foi transplantada para a Lei nº 14.133/2021 sem atentar que não faz sentido restringir a hipótese de promoção de registro de preços por meio de contratação direta apenas às atas a serem compartilhadas por mais de um órgão ou entidade.

Nada obstante a crítica e em termos estritamente dogmático-jurídicos, é de salientar que a norma que se extrai do §6º do artigo 82 da Lei nº 14.133/2021 não proíbe

---

201 MENDES, Renato Geraldo. Registro de preços e obrigatoriedade de licitação. *Blog da Zênite*, 22 out. 2012. Disponível em: https://www.zenite.blog.br/registro-de-precos-e-obrigatoriedade-de-licitacao/. Acesso em: mar. 2020.

o registro de preços precedido de contratação direta para apenas um órgão ou entidade. O dispositivo, por rigor jurídico, permite o registro de preços precedido de contratação direta em relação a atas que serão usadas por mais de um órgão ou entidade. Ele veicula um permissivo para uma hipótese especial e não traz em si proibição para outras hipóteses não versadas no seu enunciado, desde que sejam respaldadas pela legalidade.

Assim, sem violar a parte final do §6º do artigo 82 da Lei nº 14.133/2021, é permitido promover contratação direta nas hipóteses previstas em lei e é permitido promover registro de preços nas hipóteses previstas em lei. Unindo as duas pontas, como vinha salientando a doutrina antes da Lei nº 13.979/2020 e da Lei nº 14.133/2021, diante de fato que autoriza a contratação direta e que, ao mesmo tempo, autoriza o registro de preços, é permitido proceder à contratação direta e dela obter uma ata de registro de preços, ainda que para apenas um órgão e uma entidade. Esse raciocínio não desfaz a parte final do §6º do artigo 82 da Lei nº 14.133/2021, que deve ser entendida como uma previsão que reforça uma hipótese especial, em que se pretende, por contratação direta, uma ata de registro de preços para atender a mais de um órgão ou entidade.[202]

De frisar que o §6º do artigo 82 da Lei nº 14.133/2021 prescreve que a contratação direta para a promoção de registro de preços seja regulamentada. Reitera-se que o registro de preços é autoaplicável, como também deve ser a possibilidade de valer-se dele por meio de contratação direta. O regulamento é facultativo para a Administração, depende do juízo de conveniência e de oportunidade dela.

Em âmbito federal, o artigo 16 do Decreto nº 11.462/2023 repete o disposto no §6º do artigo 82 da Lei nº 14.133/2021. Em adição, o §1º do artigo 15 do Decreto Federal determina que se devem observar os requisitos para a instrução processual encartados no artigo 72 da Lei nº 14.133/2021 (inciso I); os pressupostos para o enquadramento da contratação direta (inciso II); e a designação de comissão de contratação para exame e julgamento de proposta e documentos de habilitação (inciso III).

Não havia a menor necessidade e utilidade de o Decreto Federal prescrever que a contratação direta deve ser instruída, porque essa exigência está no artigo 72 da Lei nº 14.133/2021. Jamais se cogitou de uma espécie de aval para que contratações diretas para a promoção de registro de preços estivessem livres da devida instrução processual e para que pudessem ser realizadas sem as cautelas de praxe. Também não havia a menor necessidade e utilidade de prescrever que a contratação direta para registro de preços depende das hipóteses legais que autorizam a contratação direta. Jamais se cogitou, na mesma linha, de um aval geral para contratações diretas por registro de preços para qualquer caso ou situação não fundada na legislação.

---

202 O Controladoria-Geral da União e a Advocacia-Geral da União produziram o Parecer nº 00039/2024/DECOR/CGU/AGU, defendendo posição contrária: "EMENTA: LICITAÇÃO E CONTRATAÇÃO PÚBLICA. SISTEMA DE REGISTRO DE PREÇOS (SRP). CONTRATAÇÃO DIRETA. EXIGÊNCIA DE MAIS DE UM ÓRGÃO OU ENTIDADE. I. É possível a utilização do Sistema de Registro de Preços para a contratação direta, desde que haja a pluralidade de órgãos ou entidades (§6º do art. 82 da da NLL, regulamentado pelo art. 16 do Decreto nº 11.642/2023). II. Há a possibilidade de que o órgão gerenciador promova o procedimento público de intenção de registro de preços (IRP), visando oportunizar a participação de órgãos ou entidades na respectiva ata (art. 86 da NLL). III. Os 'caronas' não suprem a exigência legal da pluralidade de órgãos ou entidades. IV. O órgão ou a entidade que se refere o §6º, art. 82, da NLL, deve ser uma '*unidade que realiza atos de gestão orçamentária, financeira e/ou patrimonial, cujo titular, em consequência, está sujeito a tomada ou prestação de contas anual, na conformidade do disposto nos artigos 81 e 82 do Decreto-lei nº 200, de 25 de fevereiro de 1967, nos moldes definidos pelo Manual do SIAFI*'".

Diante da desnecessidade e da inutilidade dos dois primeiros incisos do artigo 16 do Decreto Federal, chama a atenção o comando do inciso III do mesmo artigo, que exige, repita-se, a condução da contratação direta por comissão de contratação, norma implausível, que apenas gera encargo burocrático e aumenta os custos operacionais da Administração Pública Federal. Ora, pela sistemática da Lei nº 14.133/2021, as licitações e contratações diretas não são, em regra, conduzidas por comissões e sim por um agente apenas. As licitações, nessa direção, são conduzidas por agente de contratação. Comissão de contratação pode ser designada apenas para bens e serviços especiais, conforme o estabelecido no §2º do artigo 8º da Lei nº 14.133/2021. Isso porque comissões mobilizam grupos de agentes públicos, o que gera custos sobressalentes, de modo que devem ser designadas para objetos especiais, se e quando for necessário. Não é plausível, então, que toda a contratação direta que se pretenda promover para registro de preços, ainda que para objetos comuns, seja conduzida por comissão de contratação. Propõe-se, com esses anteparos, uma leitura do inciso III do artigo 16 do Decreto nº 11.462/2023 à luz e sob a precedência do §2º do artigo 8º da Lei nº 14.133/2021, de maneira que a designação da comissão de contratação não seja considerada obrigatória para todas as contratações diretas que pretendam gerar atas de registro de preços, mas apenas para aquelas cujos objetos sejam qualificados como especiais, na definição do inciso XIV do artigo 6º da Lei nº 14.133/2021.

O §2º artigo 16 do Decreto nº 11.462/2023 ainda prevê, de forma específica, que o registro de preços pode ser usado em contratação direta, por inexigibilidade de licitação, para aquisição de medicamentos e insumos para tratamentos médicos por força de decisão judicial. A prescrição do §2º é apenas um reforço para a situação específica de que trata, não excluindo as outras hipóteses reconhecidas na Lei nº 14.133/2021 para a contratação direta, inclusive as que decorram de ordens judiciais não restritas à aquisição de medicamentos e insumos para tratamentos médicos.

5.5 Cadastro de reserva

O inciso VII do *caput* do artigo 82 da Lei nº 14.133/2021 preceitua que o edital de licitação para registro de preços deve dispor sobre "o registro de mais de um fornecedor ou prestador de serviço, desde que aceitem cotar o objeto em preço igual ao do licitante vencedor, assegurada a preferência de contratação de acordo com a ordem de classificação".

Trata-se de compor o que se vem denominando de cadastro de reserva.[203] Dito de outra forma, o licitante que quiser pode comprometer-se na ata da sessão da licitação que antecede a ata de registro de preços a aceitar as condições e o preço do vencedor do certame. Todavia, isto não significa que os licitantes estão em igualdade. Nessas situações, forma-se uma ordem de classificação, que espelha a classificação da licitação. Na eventual falta do vencedor da licitação, o cadastro de reserva é acionado, respeitando-se a classificação da licitação.

---

203 Diante da Lei nº 8.666/1993, o §1º do artigo 11 do Decreto Federal nº 7.892/13 reconhece que "o registro a que se refere o inciso II do *caput* tem por objetivo a formação de cadastro de reserva".

Em termos práticos, a ata e os contratos devem ser firmados com o vencedor da licitação. Apenas na falta dele, se ele se recusar a assinar a ata de registro de preços ou o registro dele for cancelado, é que a Administração convocará os demais, respeitada a ordem de classificação.

O inciso XII do artigo 15 do Decreto nº 11.462/2023 determina que o edital de licitação que precede registro de preços trate da inclusão, na ata de registro de preços, para a formação do cadastro de reserva, "a) dos licitantes que aceitarem cotar os bens, as obras ou os serviços em preços iguais aos do licitante vencedor, observada a ordem de classificação da licitação; e b) dos licitantes que mantiverem sua proposta original". O inciso II do artigo 18 do mesmo Decreto repete a prescrição do inciso XII do artigo 15. Perceba-se que ambos os dispositivos contrariam o prescrito no inciso VII do *caput* do artigo 82 da Lei nº 14.133/2021, que admite o registro de mais de um fornecedor ou prestador de serviços, "[...] desde que aceitem cotar o objeto em preço igual ao do licitante vencedor [...]". Ocorre que os dispositivos do Decreto admitem o registro de fornecedor e prestador que mantiverem sua proposta original, logo, que não aceitem preço igual do licitante vencedor. Por rigor jurídico, esse registro de quem mantém o seu preço, superior ao do licitante vencedor, é ilegal, porque contraria o inciso VII do *caput* do artigo 82 da Lei nº 14.133/2021.

O artigo 20 do Decreto nº 11.462/2023, replicando a mesma ilegalidade, preceitua que, na falta do licitante vencedor, a Administração deve acionar o cadastro de reserva e convocar os fornecedores e prestadores de serviços que compõem o cadastro de reserva, sendo possível, na linha dos incisos do seu parágrafo único, travar negociação para a obtenção de preço melhor, "[...] mesmo que acima do preço do adjudicatário [...]" ou firmar o contrato nas condições oferecidas pelos demais componentes do cadastro de reserva, "[...] quando frustrada a negociação de melhor condição".

A solução do Decreto nº 11.462/2023, de admitir a contratação em preço superior ao oferecido pelo vencedor da licitação, parece ser melhor para o interesse público, porque, não raro, o menor preço da licitação é inexequível e, pois, impraticável. Logo, nessas situações de preço inexequível, a exigência de preço igual ao do licitante vencedor acaba inviabilizando a formação do cadastro de reserva, porque os demais licitantes não conseguem alcançar o preço do licitante vencedor. Por conseguinte, sem o cadastro de reserva, na falta do licitante vencedor, a Administração não tem meios para contratar com base na ata que foi licitada e fica desabastecida, até que promova nova contratação, ainda que, se for o caso, emergencial. Para evitar tais transtornos, o melhor mesmo, conforme a solução do Decreto nº 11.462/2023, é ser mais flexível com o cadastro de reserva, permitindo que façam parte dele os licitantes que não conseguem igualar o preço do licitante vencedor.

No entanto, independentemente da sua conveniência para o interesse público, fato é que a solução do Decreto nº 11.462/2023 se opõe ao prescrito no inciso VII do *caput* do artigo 82 da Lei nº 14.133/2021, que admite o registro de mais de um fornecedor ou prestador de serviços, "[...] desde que aceitem cotar o objeto em preço igual ao do licitante vencedor [...]". A solução do Decreto, ainda que pareça melhor, é ilegal e, por conseguinte, atenta à ordem jurídica. A Administração, não é demais dizer, não tem competência para rever em regulamento, sob o seu juízo de conveniência, as opções do legislador e, nessa medida, não pode contrariá-las, por melhores que sejam as suas razões. Regulamento, como é o Decreto nº 11.462/2023, deve ser deferente e presta-se a dispor sobre o cumprimento das normas legais por parte da Administração.

Uma outra questão é que, conforme o *caput* e o §1º do artigo 17 da Lei nº 14.133/2021, em regra, o julgamento das propostas antecede a fase de habilitação e, por conseguinte, faz-se a habilitação apenas do autor da proposta mais vantajosa. Não se trata na licitação da habilitação dos demais licitantes, ainda que daqueles que aceitem as mesmas condições e preços oferecidos pelo vencedor da licitação. Nesse contexto, o §3º do artigo 18 do Decreto nº 11.462/2023 esclarece que a habilitação dos integrantes do cadastro de reserva somente deve ser realizada "[...] quando houver necessidade de contratação dos licitantes remanescentes", ou seja, quando acionado o cadastro de reserva e não durante a licitação. Trata-se de uma espécie de habilitação diferida, que, de forma anômala, ocorre depois da homologação da licitação. Para se conformar aos princípios administrativos, é necessário que a Administração dê publicidade a ela e que os demais licitantes possam acompanhá-la, tenham acesso aos documentos apresentados e, se quiserem, interponham recursos administrativos contra a decisão pela habilitação ou pela inabilitação.

6 Ata de registro de preços

Em procedimento comum, que não envolve registro de preços, a Administração lança licitação definindo o que, em qual quantidade pretende contratar e os licitantes oferecem propostas. O vencedor do certame é convocado pela Administração para firmar contrato. Com o contrato, o licitante obriga-se a prestar os bens por ele ofertados em licitação, e a Administração obriga-se a recebê-los todos e a pagar por eles. Ou seja, os processos de contratação comuns abrangem duas grandes etapas, a licitação e o contrato. Nesse sentido, o contrato é a consequência imediata da licitação.

No registro de preços é diferente, porque o vencedor da licitação não assina imediatamente contrato com a Administração. Como visto, com o contrato, o licitante obriga-se a oferecer dado bem, e a Administração, a pagar por ele. Ambos assumem obrigações recíprocas. O vencedor da licitação concernente ao registro de preços, antes do contrato, assina o que se chama de *ata de registro de preços*. Nela, o vencedor da licitação registra o seu preço, obrigando-se a oferecer à Administração o objeto licitado, de acordo com a demanda dela, com as especificações e o preço ofertado por ele no certame. A Administração, por seu turno, não assume obrigação nenhuma. Ou seja, no registro de preços, entre a licitação e o contrato há a ata de registro de preços. Por isso é que se afirma que o registro de preços abrange três etapas, licitação, ata de registro de preços e contrato.

Nesse prisma, o inciso XLVI do artigo 6º da Lei nº 14.133/2021 define ata de registro de preços como:

> documento vinculativo e obrigacional, com característica de compromisso para futura contratação, no qual são registrados o objeto, os preços, os fornecedores, os órgãos participantes e as condições a serem praticadas, conforme as disposições contidas no edital da licitação, no aviso ou instrumento de contratação direta e nas propostas apresentadas.

A ata de registro de preços é documento que produz obrigações de modo unilateral, somente para o vencedor da licitação. A Administração, por sua vez, não assume obrigação nenhuma por ocasião da assinatura da ata de registro de preços. A obrigação do vencedor da licitação, signatário da ata de registro de preços, é a de fornecer o bem ou prestar o serviço objeto da ata para a Administração, de acordo com as especificações da sua proposta e com o preço apresentado por ocasião do certame, dentro do prazo de vigência.

Trocando-se em miúdos, o signatário da ata de registro de preços assume para com a Administração o compromisso de contratar com ela o objeto consignado na ata de registro de preços, nas condições e preço oferecidos durante a licitação, dentro do prazo de vigência dela. A Administração, assinada a ata de registro de preços, contrata se quiser, na quantidade que quiser, dentro do que foi fixado no edital, de acordo com as condições e preço obtidos na licitação, dentro do prazo de vigência da ata de registro de preços.

Advirta-se que a ata de registro de preços não se confunde com o contrato. Ela precede o contrato. A rigor, a ata de registro de preços apresenta natureza jurídica de contrato preliminar ou pré-contrato unilateral, a teor do disposto no artigo 466 do Código Civil. Ela é documento que formaliza avença por meio da qual uma pessoa assume a obrigação de contratar com a Administração dentro do prazo estabelecido, nas condições e com o preço já apresentado durante a licitação.

Em apertada síntese, a ata de registro de preços é documento que formaliza pré-contrato unilateral, por meio do qual o seu signatário assume o compromisso de firmar contratos com a Administração em relação ao objeto consignado na ata, de acordo com as condições e preços ofertados por ele durante a licitação, dentro do prazo de vigência dela.

Na qualidade de pré-contrato unilateral, a ata de registro de preços deve conter todos os elementos essenciais do futuro contrato, aplicando-se subsidiariamente o disposto no artigo 462 do Código Civil. Repita-se que ata de registro de preços é documento por meio do qual o vencedor da licitação assume o compromisso de prestar o objeto consignado na ata, nas condições e preço apresentados na licitação, dentro do prazo de vigência da ata. Logo, o teor da ata de registro de preços deve veicular as seguintes informações: (i) a qualificação da pessoa que assina a ata, que assume a obrigação perante a Administração; (ii) o objeto da ata de registro de preços, que é o objeto licitado; (iii) as condições para a execução do objeto; (iv) o preço por unidade, que é o oferecido na licitação; (v) o prazo de vigência da ata; (vi) o procedimento para a formalização dos futuros contratos decorrentes da ata de registro de preços.

Note-se que expressiva parcela do conteúdo da ata de registro de preços é preestabelecida na licitação. Isto ocorre por força do princípio da vinculação ao edital. Logo, é possível que a ata de registro de preços não reproduza expressamente todas as informações indicadas acima, mas faça referência ao edital e às suas disposições que sejam pertinentes.

O inciso IV do §2º do artigo 174 da Lei nº 14.133/2021 exige que a ata de registro de preços seja disponibilizada no Portal Nacional de Contratações Públicas (PNCP). Como visto, a ata de registro de preços é pré-contrato unilateral, não se confunde com o contrato em si. Então, devem estar disponíveis no Portal Nacional a ata de registro de preços e todos os contratos dela decorrentes.

6.1 Aprovação da ata de registro de preços pela assessoria jurídica

O *caput* do artigo 53 da Lei nº 14.133/2021 exige que, ao final da etapa preparatória, a assessoria jurídica da Administração realize o controle prévio de legalidade do processo licitatório. O §4º do mesmo artigo 53 prescreve que a assessoria jurídica da Administração deve realizar o controle prévio de legalidade "de contratações diretas, acordos, termos de cooperação, convênios, ajustes, adesões a atas de registro de preços, outros instrumentos congêneres e de seus termos aditivos".

Bem se vê que o §4º do artigo 53 da Lei nº 14.133/2021 não se refere diretamente à ata de registro de preços. Nada obstante isso, a minuta da ata de registro de preços, tal qual a minuta do contrato, são produzidas na etapa preparatória da licitação. Logo, como a assessoria jurídica deve analisar o processo licitatório, por conseguinte, deve analisar a ata de registro de preços e respectivo contrato.

Em reforço, o §4º do artigo 53 da Lei nº 14.133/2021 se refere a *ajustes* de modo geral e à adesão à ata de registro de preços. Ocorre que a ata de registro de preços tem natureza jurídica de pré-contrato unilateral e, sob esse quadro, é uma espécie de ajuste ou algo congênere a contrato, ainda que com ele não se confunda. De qualquer maneira, a ata de registro de preços prevê as condições do futuro contrato. Por via de consequência, a minuta da ata de registro de preços, conquanto, repita-se, não referida diretamente no §4º do artigo 53 da Lei nº 14.133/2021, deve ser, antes de assinada, aprovada pela assessoria jurídica. De mais a mais, não faria sentido exigir a análise jurídica da adesão à ata de registro de preços e não da própria ata de registro de preços.

6.2 Prazo de vigência e prorrogação da ata de registro de preços

O *caput* do artigo 84 da Lei nº 14.133/2021 determina que "o prazo de vigência da ata de registro de preços será de 1 (um) ano e poderá ser prorrogado, por igual período, desde que comprovado o preço vantajoso". Em termos práticos, a ata de registro de preços não deve produzir efeitos depois de um ano a contar da sua entrada em vigor, salvo se for prorrogada. Não é permitido formalizá-la diretamente por dois anos. Para alcançar os dois anos, é necessário que seja prorrogada. Por sua vez, a prorrogação deve ser por igual período, o que significa que, no total, o prazo de vigência não pode ultrapassar dois anos. A prorrogação não é automática, depende da comprovação da vantagem do preço registrado e deve ser formalizada por termo aditivo. Recomenda-se que siga as mesmas formalidades adotadas para os aditivos contratuais, até porque se trata de medidas análogas, considerando-se que a ata de registro de preços é uma espécie de pré-contrato.

Esclareça-se que, embora o *caput* do artigo 84 da Lei nº 14.133/2021 prescreva que o prazo de vigência da ata de registro de preços "[...] será de 1 (um) ano [...]", é permitido prever nela prazo original de vigência menor do que um ano, de acordo com a análise de conveniência da Administração, porém nunca superior a ele. Trata-se de dar vazão ao brocardo, que decorre de regra lógica, segundo o qual *a maiori, ad minus* (quem pode o mais, pode o menos). Portanto, o prazo original de vigência de um ano deve ser interpretado como prazo máximo e não mínimo.[204]

Ressalva-se que, mesmo com a previsão de prazo de vigência de um ano, a ata de registro de preços pode extinguir-se anteriormente, por razão diversa do decurso do seu prazo. Por exemplo, a ata de registro de preços pode ser extinta com a consumação do seu objeto, isto é, com a contratação integral dos quantitativos registrados na ata. Ela pode também ser cancelada, como dispõe o inciso IX do *caput* do artigo 82 da Lei nº 14.133/2021.

Nesse sentido, advirta-se que a ata de registro de preços somente pode produzir efeitos enquanto vigente. Encerrada a vigência, ocorrendo qualquer uma das hipóteses descritas no parágrafo acima, a ata de registro de preços não pode mais gerar contratações e, vale mencionar, também não pode gerar adesões. Na mesma linha, depois de encerrada a vigência, a ata de registro de preços já não pode ser prorrogada.

Outrossim, é de reiterar que, tal qual acontece com os contratos, a prorrogação da ata deve ser realizada durante a sua vigência e não depois de ela ter se consumado. Também não cabe a prorrogação, como já se disse, depois que todas as unidades registradas na ata tenham sido contratadas, dado que a consumação do objeto da ata também a leva à extinção. Então, em termos práticos, é preciso que a ata de registro de preços seja prorrogada antes do término da sua vigência e antes da consumação total da quantidade nela registrada. Nessa direção, nada impede que o termo aditivo da ata de registro de preços seja formalizado com antecedência, a depender do caso, semanas ou meses antes do término da sua vigência inicial.

6.2.1 A renovação dos quantitativos no caso de prorrogação da ata de registro de preços

Uma das questões que tem despertado polêmica sobre o registro de preços diz respeito à renovação ou não dos quantitativos da ata de registro de preços quando da sua prorrogação. Vale o exemplo, para melhor entendimento da questão: supõe-se que a Administração, na etapa preparatória da licitação para registro de preços, faz os seus levantamentos e estima a necessidade de cem unidades de dado objeto para o prazo de um ano. Ela promove a licitação, com previsão de cem unidades do objeto para o prazo inicial da ata, que é de um ano e que corresponde ao prazo máximo dela, consoante o *caput* do artigo 84 da Lei nº 14.133/2021.

Advirta-se, novamente, que a ata pode chegar a dois anos, porém, necessariamente, por meio de prorrogação. Não se pode, como já dito, firmar a ata diretamente pelo prazo de dois anos.

Prosseguindo com o exemplo, o prazo inicial máximo é de um ano, que pode ser estendido por prorrogação, se for o caso, por outro ano. Pois bem, o primeiro ano da

---

[204] A Orientação Normativa nº 89/2024, da AGU, veicula orientação diversa: "O prazo inicial de vigência da ata de registro de preços é necessariamente de 1 (um) ano, contado do primeiro dia útil subsequente à data de sua divulgação no PNCP, podendo ocorrer a prorrogação da vigência da ata para o período de mais de um ano, desde que formalizada na vigência inicial da ata e comprovada a vantajosidade do preço registrado, tudo conforme os termos do art. 84, da Lei nº 14.133, de 2021, c/c o art. 22 do Decreto nº 11.462, de 2023. (Referência: art. 84, da Lei nº 14.133, de 2021, c/c o art. 22 do Decreto nº 11.462, de 2023)".

ata passa sem intercorrência e a Administração contrata noventa unidades do objeto. Sobram dez unidades. A Administração permanece com a demanda para o ano seguinte, também de cerca de cem unidades, e ela tem a intenção de prorrogar a ata, considerada vantajosa. Como visto, o *caput* do artigo 84 da Lei nº 14.133/2021 permite a prorrogação por outro ano.

A dúvida é se a ata é prorrogada apenas com a quantidade remanescente, que não foi contratada no primeiro período, ou se a prorrogação renova a quantidade inicial. Na primeira hipótese, a Administração prorrogaria a ata pelo período de um ano, porém somente teria à disposição para contratar dez unidades neste novo período. Na segunda hipótese, a Administração prorrogaria a ata pelo período de um ano e teria à disposição para contratar cem unidades.

Essa questão tornou-se polêmica porque o *caput* do artigo 84 da Lei nº 14.133/2021 não esclarece se o quantitativo se renova ou não com a prorrogação. O Decreto nº 11.462/2023 trata da vigência da ata no seu artigo 22 e foi omisso sobre esse ponto.

Em que pese a divergência, a quantidade prevista na ata deve ser renovada quando da prorrogação. Ocorre que a ata não pode ser firmada diretamente por dois anos. O prazo é de um ano e pode ser prorrogado por outro ano. A prorrogação, também é bom reiterar, não é automática e depende do interesse das partes e da comprovação da vantagem para a Administração.

Então, a Administração define a quantidade de acordo com a sua demanda estimada para um ano e não para dois anos. Portanto, para que a prorrogação da ata tenha realmente utilidade para a Administração, o quantitativo deve ser renovado. Na hipótese contrária, a prorrogação não teria utilidade, porque o quantitativo não atenderia à demanda da Administração para o período de um ano correspondente à prorrogação, seria apenas uma sobra do primeiro ano, que atenderia à demanda por curto período, insuficiente.

É conhecido o adágio *verba cum effectu sunti accipienda* (a lei não contém palavras inúteis). Ora, o permissivo legal de prorrogação da ata para um segundo ano seria inútil se a Administração não pudesse dispor de quantidade do objeto na ata para atender à sua demanda para esse segundo ano. Não há utilidade em prorrogar ata de registro de preços por um ano se a quantidade não atende à demanda projetada para o período.

Pondera-se que o legislador não previu uma prorrogação menor, apenas para atender à situação transitória, até que se fizesse nova licitação ou contratação direta e se dispusesse de uma nova ata de registro de preços. Se a prorrogação prescrita na Lei nº 14.133/2021 tivesse esse propósito, faria sentido que não se renovasse o quantitativo previsto originalmente na ata e apenas se dispusesse do que sobrou do primeiro período. Não é o caso, insista-se. O legislador previu a prorrogação por mais um ano e não por período transitório, o que só tem utilidade se a Administração dispuser de quantitativo que cubra um ano, em acordo com a sua demanda projetada.

De mais a mais, a renovação do quantitativo quando da prorrogação não é medida extravagante e inusitada. Bem ao contrário, sob a mesma lógica, é o que ocorre com a maioria dos contratos administrativos que são prorrogados, notadamente os contratos de prestação de serviços terceirizados, inclusive quando ainda vigente a Lei nº 8.666/1993. O normal é a renovação do quantitativo quando da prorrogação.

Um último argumento: se não fosse permitido renovar os quantitativos originais da ata de registro de preços quando da prorrogação, a Administração seria induzida, para que a prorrogação prescrita no *caput* do artigo 84 da Lei nº 14.133/2021 lhe fosse útil, a prever para a ata de registro de preços um quantitativo original muito superior à sua demanda real para o período de um ano, que é o período máximo original da ata de registro de preços. A rigor, seria induzida a prever o dobro, de modo que, tendo consumido metade no primeiro ano, ainda disporia da outra metade para o ano seguinte. Seria um subterfúgio, de difícil controle, para burlar a suposta proibição de renovar os quantitativos quando da prorrogação. Não parece inteligente estimular subterfúgios. Melhor estimular a correção e a transparência, de maneira que os quantitativos sejam definidos em harmonia com a necessidade da Administração para o período original de vigência da ata, que é de um ano, insista-se. Esse subterfúgio, para além de outros aspectos negativos, incutiria no mercado expectativas falsas, dado que a Administração definiria em edital dada quantidade para um ano e, na verdade, essa quantidade seria para atender a dois anos. O mercado seria enganado, em quebra do princípio da boa-fé.

É de registrar que a Controladoria-Geral da União e a Advocacia-Geral da União produziram o Parecer nº 00453/2024/CGAQ/SCGP/CGU/AGU, que aportou à seguinte conclusão:

> Conclusão pela possibilidade de renovação do quantitativo inicialmente registrado em caso de prorrogação de vigência da ata de registro de preços, desde que: a) seja comprovado o preço vantajoso; b) haja previsão expressa no edital e na ata de registro de preços; c) o tema tenha sido tratado no planejamento da contratação; d) a prorrogação da ata de registro de preços ocorra dentro do prazo de sua vigência.

O parecer está certo ao reconhecer a legalidade da renovação do quantitativo em caso de prorrogação de ata de registro de preços. No entanto, está equivocado ao condicionar a renovação do quantitativo à previsão expressa no edital e na ata de registro de preços e que ela tenha sido tratada na fase de planejamento. O parecer inventou critérios que não estão postos na Lei nº 14.133/2021 e em qualquer outro diploma normativo e sem qualquer fundamentação aparente. A renovação do quantitativo, por rigor, é consequência natural da prorrogação da ata de registro de preços. Por analogia, a renovação dos quantitativos sempre ocorreu em contratos de terceirização de serviços e nunca se alegou que a renovação dos quantitativos tinha que ser expressa no edital e na ata de registro de preços. O artigo 84 da Lei nº 14.133/201 autoriza a prorrogação da ata desde que o preço seja comprovadamente vantajoso. Isto basta, é o que o legislador exigiu. Insista-se que a renovação do quantitativo é consequência natural da prorrogação e, por conseguinte, a falta de previsão em edital, ata de registro de preços ou na fase de planejamento não a impedem.

6.2.2 A antecipação da prorrogação da ata de registro de preços

Há uma situação que costuma causar polêmica. Suponha-se, por ilustração, que órgão dispõe de ata de registro de preços pelo prazo de um ano e com quantitativo de cem unidades. No décimo mês de vigência da ata, o órgão está prestes a contratar o quantitativo total de cem unidades, o que extinguiria a ata e impediria que ela fosse prorrogada ao final do prazo de um ano. O órgão projeta que terá novas demandas para o mesmo objeto nos meses seguintes e considera que o preço é vantajoso, logo é de interesse público manter e valer-se da ata. A questão é se ele pode prorrogar a ata antecipadamente, já no décimo mês de vigência dela, porque com a prorrogação ele renova os quantitativos da ata, o que serve para atender à sua demanda. Se ele não prorroga, a ata se extingue pela consumação do seu objeto, sendo que, uma vez extinta, já não poderá ser prorrogada e o órgão terá que fazer uma nova licitação ou recorrer a uma dispensa emergencial ou a uma adesão à outra ata. A solução que o órgão considera mais vantajosa para si é a de antecipar a prorrogação da ata ainda antes de esgotar o objeto dela.

Pois bem, nada impede que, antevendo a contratação de todo o quantitativo registrado na ata antes do advento do período original de um ano, a Administração se "antecipe", prorrogando a vigência da ata com antecedência, inclusive dos seus efeitos. A única restrição é que, na sua totalidade, contando com a prorrogação, o prazo de vigência da ata de registro de preços não ultrapasse os dois anos estabelecidos no *caput* do artigo 84 da Lei nº 14.133/2021. Não haveria prejuízo nesse caso, aplicando-se a lógica *a maiori, ad minus* (quem pode o mais, pode o menos). Ora, admitida a vigência total de dois anos da ata de registro de preços, a antecipação da prorrogação faria que no seu todo a ata não alcançasse os dois anos. Por exemplo, a antecipação ocorre no sétimo mês e estende a ata por mais um ano, perfazendo o total de um ano e sete meses. Não há de se opor a uma ata de registro de preços cuja vigência total, por força da antecipação da prorrogação, alcança um ano e sete meses, sendo que o *caput* do artigo 84 da Lei nº 14.133/2021 permite o total de dois anos. Novamente, quem pode o mais (dois anos) pode o menos (um ano e sete meses, conforme o exemplo).

6.3 Alteração incidente sobre o objeto da ata de registro de preços

A Lei nº 14.133/2021 não prescreve norma sobre a alteração incidente sobre o objeto de ata de registro de preços. Daí a dúvida, no silêncio da Lei, sobre a possibilidade ou não de fazê-lo.

Há de se considerar que a ata de registro de preços é uma espécie de pré-contrato e, por princípio, deve-se aplicar o mesmo regime dos contratos. Novamente se recorre à lógica *a maiori, ad minus* (quem pode o mais, pode o menos): se é possível alterar contrato (mais), não há razão plausível para vedar de antemão a alteração de pré-contrato (menos).

Sob essa luz, não havendo norma em sentido diverso, devem-se aplicar, sobre as alterações incidentes sobre os objetos de atas de registros de preços, as mesmas balizas atinentes às alterações contratuais, consoante os artigos 124 e seguintes da Lei nº 14.133/2021.

Atente-se que, em âmbito federal, o artigo 23 do Decreto nº 11.462/2023 veda acréscimos nos quantitativos de ata de registro de preços. Esta vedação não está contida e não se deduz da Lei nº 14.133/2021. Ela foi posta no Decreto de forma autônoma e não contraria a Lei nº 14.133/2021, logo, foi uma opção legítima e legal da Presidência da República, autora do Decreto. É legítimo que a autoridade administrativa, em regulamento, resolva não exercer e vedar para os órgãos e entidades a si subordinados a prática de uma conduta que lhe é facultada. A autoridade administrativa dotada de competência hierárquica pode determinar aos seus subordinados que não realizem certos atos que reputa desvantajosos, mesmo que tais atos lhe sejam permitidos pela lei. Nada a censurar, sob o prisma estritamente jurídico.

Sem embargo, essa proibição de acréscimos nos quantitativos de ata de registro de preços contida no artigo 23 do Decreto nº 11.462/2023 reforça a tese de que é sim permitido, em princípio e nos termos da Lei nº 14.133/2021, promover alterações incidentes sobre o objeto das atas de registro de preços. Ora, se não fosse permitido, não faria sentido a norma de regulamento que lhe proibisse. Não faria sentido que o regulamento proibisse o que já tivesse sido proibido pela lei.

Esse reforço é ainda mais intenso porque o artigo 23 do Decreto nº 11.462/2023 proíbe apenas um dos tipos específicos de alteração incidente sobre o objeto da ata de registro de preços, que é a alteração quantitativa que visa a promover acréscimos. O pressuposto dessa proibição específica é que outros tipos de alterações incidentes sobre o objeto sejam permitidos.

A propósito, esclareça-se que as alterações do objeto do contrato e, pois, da ata de registro de preços podem ser de quatro tipos. Em primeiro lugar, as alterações podem ser unilaterais ou consensuais. As unilaterais são as promovidas pela Administração independentemente da aquiescência do fornecedor. As alterações consensuais são aquelas que contam com a concordância do signatário da ata de registro de preços. Anote-se que o inciso I do *caput* do artigo 124 da Lei nº 14.133/2021 trata das alterações unilaterais e o inciso II do mesmo *caput* versa sobre as consensuais. Em segundo lugar, as alterações podem ser quantitativas ou qualitativas. As alterações quantitativas afetam a dimensão do objeto, para o efeito de promover acréscimo ou supressão. As alterações qualitativas, por exclusão, não afetam a dimensão do objeto, porém, a técnica empregada, a qualidade, as especificações do objeto. Noticia-se que a alínea "a" do inciso I do *caput* do artigo 124 da Lei nº 14.133/2021 prevê a alteração qualitativa e a alínea "b" do mesmo inciso, a alteração quantitativa.

Repita-se, sob esse contexto, que a proibição do artigo 23 do Decreto nº 11.462/2023 diz respeito apenas à alteração quantitativa que visa a promover acréscimos em ata de registro de preços. Por conseguinte, alteração qualitativa e alteração quantitativa supressiva permanecem permitidas.

Ressalva-se que as supressões não têm aplicação prática em relação à ata de registro de preços. Não há razões para a Administração suprimir a ata de registro de preços, já que ela não é obrigada a contratar todo o quantitativo nela consignado. Ora, como já ressaltado, assinada a ata de registro de preços, a Administração contrata o quantitativo que quiser, o fixado na ata serve como limite máximo. A Administração, por exemplo, não está obrigada a contratar cem por cento, setenta e cinco por cento ou cinquenta por cento da quantidade registrada na ata. Daí que não há utilidade em promover supressões. Em vez de suprimir o objeto, basta à Administração não o contratar, o que é um direito dela e não depende de qualquer formalização. Quer dizer que as supressões são afastadas naturalmente, porque não há necessidade ou utilidade, dado que, insista-se, a Administração só contrata o que quiser, não precisa respeitar a quantidade prevista na ata, que serve como máximo e não como mínimo.

De toda sorte, exorbitando da análise estritamente jurídica, parece que o artigo 23 do Decreto nº 11.462/2023 não foi feliz ao proibir os acréscimos em ata de registro de preços. Sem a proibição do Decreto, a Administração federal poderia promover as alterações quantitativas quando necessárias, sobretudo diante de quantitativo que eventualmente se revelasse insuficiente para atender à sua demanda. Portanto, a proibição restringe a gestão das atas de registro de preços, de alguma maneira engessa um pouco mais a Administração federal, o que não é conveniente.

A crítica à proibição de alterações quantitativas em ata de registro de preços ganha músculo porque não parece fazer muito sentido, especialmente ao tomar em conta que os contratos decorrentes da ata de registro de preços podem sofrer as alterações quantitativas, inclusive reconhecidas pelo artigo 35 do Decreto nº 11.462/2023. No final das contas, a proibição contida no artigo 23 do Decreto nº 11.462/2023 posterga a alteração quantitativa eventualmente pretendida pela Administração. Em vez de alterar a ata de registro de preços (pré-contrato), a Administração terá que firmar o contrato e, então, alterá-lo.

Essa possibilidade de alteração do contrato, no entanto, talvez não atenda a toda a demanda da Administração, o que lhe é prejudicial. A alteração da ata de registro de preços poderia oferecer à Administração um espaço mais amplo para atender à sua demanda, o que lhe favoreceria.

Por exemplo, suponha-se ata com cem unidades de dado objeto, que vai sendo contratado conforme a necessidade da Administração. No último mês de vigência da ata, já foram consumidas noventa unidades e a Administração tem uma demanda por outras vinte unidades. Veja-se que, sendo permitido alterar a ata, aplicando-se o limite do artigo 125 da Lei nº 14.133/2021, caberia acréscimo unilateral de 25% sobre o quantitativo total original da ata, portanto, de vinte e cinco unidades, que se somaria às dez unidades ainda remanescentes na ata. Logo, o acréscimo na ata atenderia às necessidades da Administração, repita-se, de vinte unidades. Não sendo permitido o acréscimo na ata, a Administração teria que firmar contrato com as dez unidades que sobram e, depois de firmado o contrato, promover nele um aditivo para acrescer as quantidades. Daí, contudo, o limite de 25% deve ser calculado sobre o quantitativo contratado, de dez unidades. O que fora contratado anteriormente, em contratos já executados e que não vigoram mais, já não poderia ser objeto de aditivo. Logo, nesse caso hipotético, permite-se apenas por meio do aditivo contratual acréscimo de duas unidades, insuficiente para atender à demanda da Administração.

Para além disso, não faz sentido proibir que as atas de registro de preços sofram alterações quantitativas que importem acréscimos e permitir os outros tipos de alterações, principalmente as qualitativas. Se houvesse razão para proibir alterações na ata de registro de preços e postergá-las para a fase contratual, que a proibição recaísse sobre todos os tipos de alteração e não apenas sobre os ombros das alterações quantitativas que importem acréscimos.

Deixa-se claro que a proibição à alteração quantitativa que visa a promover acréscimos em ata de registro de preços é prescrita no artigo 23 do Decreto nº 11.462/2023 e não na Lei nº 14.133/2021. Isso significa que essa proibição é direcionada para os órgãos e entidades que estão obrigados a observar o Decreto nº 11.462/2023, que são a

Administração federal direta, autárquica e fundacional. Os demais entes da federação, o Poder Judiciário e o Legislativo não são obrigados a seguir o Decreto federal e podem editar os seus próprios regulamentos, com suas próprias soluções, inclusive para permitir o acréscimo quantitativo em ata de registro de preços.

Faz-se apenas uma advertência para aqueles que não estão sujeitos ao Decreto nº 11.462/2023 e que pretendem se valer de acréscimos em ata de registro de preços: em linha de interpretação sistêmica, a soma de todos os acréscimos unilaterais sobre o que fora licitado, contando os eventuais acréscimos sobre ata de registro de preços e sobre os contratos oriundos de ata de registro de preços, não deve ultrapassar o limite total de 25%, em obediência ao determinado no artigo 125 da Lei nº 14.133/2021. Não se deve, nessa linha, permitir aditivo sobre aditivo. Ou, noutras palavras, 25% sobre o total da ata e outros 25% sobre o total dos contratos. Se isso fosse admissível, o acréscimo unilateral da ata de registro de preços seria um subterfúgio para dobrar o limite legal encartado no artigo 125 da Lei nº 14.133/2021. Enfim, a soma de todos os aditivos de acréscimos unilaterais, havidos sobre ata de registro de preços e sobre contrato dela decorrente, não pode ultrapassar o limite de 25% estabelecido no artigo 125 da Lei nº 14.133/2021.

6.4 O equilíbrio econômico-financeiro de ata de registro de preços

O inciso VI do *caput* do artigo 82 da Lei nº 14.133/2021 determina que o edital de licitação para registro de preços deve dispor sobre "as condições para alteração de preços registrados". Em linha parecida, o inciso IV do §5º do mesmo artigo 82 preceitua que o registro de preços deve contar com "atualização periódica dos preços registrados" nas hipóteses em que tiver por objeto obra e serviço de engenharia. Tira-se, daí, a conclusão de que o teor da ata de registro de preços pode e deve ser alterado, com ênfase para o preço registrado, de modo que se mantenha o seu equilíbrio econômico-financeiro, dada a norma constitucional inserta no inciso XXI do artigo 37 da Constituição Federal, cujo teor assegura a manutenção das condições efetivas das propostas.[205] Frisa-se, sob essa luz, que a obrigação da Administração de manter a ata de registro de preços atual e equilibrada deflui da própria Constituição Federal e não apenas das opções delineadas em lei ou no nível hierarquicamente inferior de decretos e regulamentos.

Fornecedores e prestadores de serviços não podem ser obrigados a firmar contratos com base em termos e condições de atas de registros de preços desequilibradas, não

[205] O Tribunal de Contas da União reconhece a possibilidade de revisão dos valores registrados em ata, ainda que tomando em conta as disposições da Lei nº 8.666/1993 e o decreto que lhe regulamentava. Confira-se a seguinte passagem: "Indispensável que a revisão de preço observe a regra prevista no artigo 65, II, 'd', da Lei 8.666/1993, que disciplina a aplicação da teoria da imprevisão aos contratos administrativos. Somente se admite a recomposição de preço quando o desequilíbrio decorre de fato: superveniente; imprevisível, ou previsível, mas de consequências incalculáveis; alheio à vontade das partes; e que provoque grande desequilíbrio ao contrato. Em tese, a elevação anormal do preço de venda do produto, decorrente do acréscimo inesperado dos custos de produção, pode motivar a revisão do preço registrado, se observados todos os pressupostos legais. Tal situação deve ser objetiva e exaustivamente demonstrada. [...] Ainda que o gestor acreditasse que a revisão de preços fosse devida, caberia a ele abrir negociação com os demais fornecedores (artigo 12, §1º, do Decreto 3.931/2001). Descabida a alegação de que não se aplicaria, ao caso, a abertura de negociação com as demais empresas, porquanto os veículos contratados eram da marca Nissan e que os demais fornecedores seriam concessionárias da montadora, as quais comporiam o mercado do produto. A negociação deveria ser estabelecida com as empresas [...] e [...], habilitadas no pregão originário do registro de preços, com lances de R$68.989,00 e R$71.896,00, respectivamente (fls.91/8, principal)" (TCU, Primeira Câmara. Acórdão nº 2.861/2009. Rel. Min. Walton Alencar Rodrigues, j. 2.6.2009).

correspondentes à realidade do mercado e à equação econômico-financeira havidas nas licitações, quando apresentadas as propostas.

Isso se intensifica com a possibilidade prevista no artigo 84 da Lei nº 14.133/2021 de prorrogação da vigência da ata de registro de preços, que pode se estender, no seu todo, por até dois anos. Seria bastante difícil, por todas as condições dinâmicas de mercado, manter congelados os preços de atas de registros de preços por dois anos.

Os regulamentos podem dispor do assunto, do modo e das condições para que se preserve o equilíbrio econômico-financeiro das atas de registro de preços. Ou seja, a Administração goza de discricionariedade para prescrever regras sobre a aplicação prática do equilíbrio econômico-financeiro das atas de registros de preços. Não goza, no entanto, de competência discricionária para recursar o equilíbrio econômico-financeiro dela, estabelecendo normas que lhe neguem ou inviabilizem sua aplicação, sob pena de ofensa aos já mencionados inciso XXI do artigo 37 da Constituição Federal, inciso VI do *caput* e inciso IV do §5º, ambos do artigo 82 da Lei nº 14.133/2021.

Ressalvada a possibilidade de norma regulamentar com conteúdo diverso, os instrumentos para manter o equilíbrio econômico-financeiro dos contratos administrativos devem ser aplicados sobre as atas de registro de preços, observando-se seus requisitos legais, notadamente a revisão, o reajuste e a repactuação. Insista-se que a ata de registro de preços guarda natureza de pré-contrato, ela gera contratos, que são firmados de acordo com os termos e as condições nela preestabelecidos. Portanto, é natural que os instrumentos previstos na Lei nº 14.133/2021 para manter o equilíbrio econômico-financeiro dos contratos sejam também aplicados para as atas de registro de preços. Há, ainda, uma vantagem adicional, porque são instrumentos conhecidos da Administração e do mercado, que estão habituados a aplicá-los. Logo, a adoção de tais instrumentos para as atas de registro de preços contribui para a segurança jurídica, porque suas condições são bem conhecidas pelo mercado, gerando previsibilidade.

O melhor é que os regulamentos prevejam a aplicação destes instrumentos, revisão, reajuste e repactuação, próprios dos contratos, para as atas de registros de preços, que são pré-contratos, insista-se. Defende-se, no entanto, que, na falta de normas específicas em regulamento, tais instrumentos sejam aplicados às atas de registro de preços por analogia ou mesmo de forma supletiva, em complemento a eventuais normas com conteúdo diverso dispostas em regulamento.

Sem embargo, não se pode negar que norma regulamentar pode estabelecer figuras e meios para a manutenção do equilíbrio econômico-financeiro de ata de registro de preços diferentes dos que são próprios aos contratos administrativos. Não é obrigatório seguir os mesmos instrumentos dos contratos, porque a Lei nº 14.133/2021 não estabelece essa obrigatoriedade. A propósito, de forma elogiável, o Decreto nº 11.462/2023 adotou solução que se harmoniza com a estabelecida pela Lei nº 14.133/2021 para o equilíbrio econômico-financeiro dos contratos administrativos.

O artigo 25 do Decreto nº 11.462/2023 reconhece a aplicação em ata de registro de preços de instrumentos e hipóteses previstas na Lei nº 14.133/2021 para a manutenção de contrato administrativo, que remetem à revisão, ao reajuste e à repactuação:

> Art. 25. Os preços registrados poderão ser alterados ou atualizados em decorrência de eventual redução dos preços praticados no mercado ou de fato que eleve o custo dos bens, das obras ou dos serviços registrados, nas seguintes situações:
> I - em caso de força maior, caso fortuito ou fato do príncipe ou em decorrência de fatos imprevisíveis ou previsíveis de consequências incalculáveis, que inviabilizem a execução da ata tal como pactuada, nos termos do disposto na alínea "d" do inciso II do caput do art. 124 da Lei nº 14.133, de 2021;
> II - em caso de criação, alteração ou extinção de quaisquer tributos ou encargos legais ou superveniência de disposições legais, com comprovada repercussão sobre os preços registrados; ou
> III - na hipótese de previsão no edital ou no aviso de contratação direta de cláusula de reajustamento ou repactuação sobre os preços registrados, nos termos do disposto na Lei nº 14.133, de 2021.

Na sequência, o artigo 26 versa especificamente sobre a situação em que o preço de mercado é reduzido e, pois, o preço registrado na ata passa a ser superior ao praticado no mercado. O artigo 27, por sua vez, enfrenta o inverso, a situação em que o preço do mercado é majorado e, logo, o preço registrado na ata passa a ser inferior ao praticado no mercado – o que, diga-se de passagem, é mais usual.

O artigo 26 do Decreto nº 11.462/2023 prescreve o seguinte:

> Art. 26. Na hipótese de o preço registrado tornar-se superior ao preço praticado no mercado, por motivo superveniente, o órgão ou a entidade gerenciadora convocará o fornecedor para negociar a redução do preço registrado.
> §1º Caso não aceite reduzir seu preço aos valores praticados pelo mercado, o fornecedor será liberado do compromisso assumido quanto ao item registrado, sem aplicação de penalidades administrativas.
> §2º Na hipótese prevista no §1º, o gerenciador convocará os fornecedores do cadastro de reserva, na ordem de classificação, para verificar se aceitam reduzir seus preços aos valores de mercado, observado o disposto no §3º do art. 28.
> §3º Se não obtiver êxito nas negociações, o órgão ou a entidade gerenciadora procederá ao cancelamento da ata de registro de preços, nos termos do disposto no art. 29, e adotará as medidas cabíveis para a obtenção de contratação mais vantajosa.
> §4º Na hipótese de redução do preço registrado, o órgão ou a entidade gerenciadora comunicará aos órgãos e às entidades que tiverem firmado contratos decorrentes da ata de registro de preços, para que avaliem a conveniência e a oportunidade de diligenciarem negociação com vistas à alteração contratual, observado o disposto no art. 35.

Conforme o supracitado artigo 26, na hipótese de o preço registrado tornar-se superior ao praticado no mercado, a Administração deve convocar os signatários da ata de registro de preços e abrir com eles processo de negociação, tentando convencê-los a reduzir os seus preços, adequá-los aos parâmetros que a Administração reputa vigentes no mercado. O §1º do mesmo artigo 26 prescreve que o fornecedor, se não concordar em reduzir o preço, deve ser liberado do compromisso assumido. Frisa-se que, na forma do §2º do artigo 26, a Administração deve negociar com os demais fornecedores que estiverem no cadastro de reserva, respeitada a ordem de classificação da licitação. Pode ocorrer que o primeiro colocado na licitação não aceite reduzir o preço e os demais aceitem. Nesse caso, a ata é mantida, seguindo-se as contratações com os fornecedores que aceitarem praticar o preço considerado adequado pela Administração. Se nenhum fornecedor integrante do cadastro de reserva aceitar, então a Administração terá que cancelar a ata de registro de preços, como preceitua o §3º do artigo 26. Tendo o preço sido reduzido, o órgão ou entidade gerenciadora da ata deve comunicar aos demais órgãos e entidades que tiverem contratado com base na ata para eventual negociação, como sinalizado pelo §4º, também do artigo 26.

A solução do artigo 26 do Decreto nº 11.462/2023 é adequada e corresponde, em linhas gerais, aos procedimentos levados a cabo pela Administração nas situações em que constata redução de preços no mercado em face de contratos administrativos. Ora, a alteração para promover o equilíbrio econômico-financeiro é consensual, como prescreve a alínea "d" do inciso II do artigo 124 da Lei nº 14.133/2021. Portanto, em linha de síntese, constatado que o preço registrado em ata se tornou superior ao praticado no mercado, porque os preços do mercado foram reduzidos, a Administração deve procurar os signatários da ata de registro de preços, propondo a eles que os preços sejam adequados aos novos padrões de mercado. Se os signatários concordarem, altera-se a ata de registro de preços. Caso contrário, como a Administração não pode impor a redução dos preços, os signatários que não concordarem em reduzi-los são liberados.

Os maiores problemas em relação à manutenção do equilíbrio econômico financeiro da ata de registro de preços ocorrem diante do artigo 27 do Decreto nº 11.462/2023, vazado nos seguintes termos:

> Art. 27. Na hipótese de o preço de mercado tornar-se superior ao preço registrado e o fornecedor não poder cumprir as obrigações estabelecidas na ata, será facultado ao fornecedor requerer ao gerenciador a alteração do preço registrado, mediante comprovação de fato superveniente que o impossibilite de cumprir o compromisso.
> §1º Para fins do disposto no caput, o fornecedor encaminhará, juntamente com o pedido de alteração, a documentação comprobatória ou a planilha de custos que demonstre a inviabilidade do preço registrado em relação às condições inicialmente pactuadas.
> §2º Na hipótese de não comprovação da existência de fato superveniente que inviabilize o preço registrado, o pedido será indeferido pelo órgão ou pela entidade gerenciadora e o fornecedor deverá cumprir as obrigações estabelecidas na ata, sob pena de cancelamento do seu registro, nos termos do disposto no art. 28, sem prejuízo da aplicação das sanções previstas na Lei nº 14.133, de 2021, e na legislação aplicável.
> §3º Na hipótese de cancelamento do registro do fornecedor, nos termos do disposto no §2º, o gerenciador convocará os fornecedores do cadastro de reserva, na ordem de classificação, para verificar se aceitam manter seus preços registrados, observado o disposto no §3º do art. 18.
> §4º Se não obtiver êxito nas negociações, o órgão ou a entidade gerenciadora procederá ao cancelamento da ata de registro de preços, nos termos do disposto no art. 29, e adotará as medidas cabíveis para a obtenção da contratação mais vantajosa.
> §5º Na hipótese de comprovação do disposto no caput e no §1º, o órgão ou a entidade gerenciadora atualizará o preço registrado, de acordo com a realidade dos valores praticados pelo mercado.
> §6º O órgão ou a entidade gerenciadora comunicará aos órgãos e às entidades que tiverem firmado contratos decorrentes da ata de registro de preços sobre a efetiva alteração do

preço registrado, para que avaliem a necessidade de alteração contratual, observado o disposto no art. 35.

O artigo 27 do Decreto nº 11.462/2023 trata das situações em que os preços praticados no mercado são majorados e que, portanto, é necessário majorar o preço registrado na ata. Nesses casos, segundo a redação do *caput*, o fornecedor deve apresentar requerimento à Administração com o objetivo de liberar-se do compromisso assumido, desde que comprove a majoração de preços por fato superveniente e desde que comprove não conseguir mais cumprir a obrigação. O ônus da prova é do fornecedor, conforme o §1º do artigo 27. Daí, a Administração avalia o pedido e, se entender que não há prova, o fornecedor permanece obrigado a cumprir a ata, sendo que sua recusa em contratar ou fornecer o objeto da ata, quando demandado, representa inadimplemento de sua obrigação e o sujeita ao cancelamento da ata e aplicação de penalidades, como adverte o §2º do artigo 27. Nesse caso, segundo o §3º do artigo 27, a Administração pode prosseguir com a ata de registro de preços, acionando o cadastro de reserva. Se não conseguir dar continuidade à ata por meio do cadastro de reserva, não resta uma alternativa afora cancelar a ata, como indica o §4º do artigo 27.

Por outro lado, como estabelece o §5º do artigo 27, se a Administração entende que os fatos foram provados, ela deve atualizar o preço registrado na ata, de acordo com os valores praticados no mercado. Os demais órgãos e entidades que tiverem contratado com base na ata devem ser comunicados para analisar a necessidade de eventual alteração contratual, o que é preceituado no §6º do artigo 27.

De uma maneira geral, o artigo 27 do Decreto nº 11.462/2023 é adequado ao estabelecer que o ônus da prova sobre o desequilíbrio é do fornecedor e que, constatado o desequilíbrio, a Administração deve atualizar o preço registrado na ata. É isso que, em essência, se costuma fazer em relação às revisões dos contratos administrativos.

Há dois pontos mais delicados no artigo 27 do Decreto nº 11.462/2023, que requerem cuidados. O primeiro deles diz respeito à parte prescrita no *caput* de que a alteração do preço registrado ocorre mediante fato superveniente que impossibilite o fornecedor de cumprir o compromisso. Isto é, pela literalidade do dispositivo, o fornecedor precisa comprovar que a alteração de preço havida no mercado inviabiliza a execução por parte dele do objeto; que ele – dá a entender –, se tivesse que cumprir o objeto, teria prejuízo.

Essa ideia é inadmissível e opõe-se ao direito constitucional ao equilíbrio econômico-financeiro consagrado no inciso XXI do art. 37 da Constituição Federal. O fornecedor, por força do aludido dispositivo constitucional, faz jus à manutenção das mesmas condições da proposta, trocando-se em miúdos, à manutenção da relação entre os custos e o valor proposto por ele à época da licitação, à margem de lucro. Isso significa que, se o fornecedor se propôs a executar dado objeto com margem de lucro de 20%, ninguém pode compeli-lo, por prestígio constitucional, a executá-lo com margem de lucro de 5%, ainda que, em tese, isto fosse economicamente viável. Logo, com fundamento no inciso XXI do art. 37 da Constituição Federal, o fornecedor não precisa comprovar que a execução do objeto se tornou impossível. Basta que ele comprove o desequilíbrio econômico-financeiro.

Aliás, nesse sentido, o §1º do mesmo artigo 27 esclarece que o que deve ser demonstrado pelo fornecedor é "[...] a inviabilidade do preço registrado em relação às condições inicialmente pactuadas". Ou seja, não uma inviabilidade absoluta, não a operação em prejuízo, mas a inviabilidade de manter-se a condição que foi inicialmente pactuada, dentro da margem de lucro que o fornecedor se dispôs a contratar com a Administração. Sob essa premissa, deve-se realçar a parte final do §1º do artigo 27, para que o dispositivo permaneça compatível com a Constituição Federal.

O segundo ponto delicado relaciona-se ao ônus, previsto no *caput* do artigo 27 do Decreto nº 11.462/2023, do fornecedor requerer a alteração do preço registrado. Mais precisamente, o problema ocorre nas situações em que há de fato desequilíbrio, porém, não requerido pelo fornecedor antes da solicitação de contratação ou de fornecimento pela Administração. Ou seja, a Administração requer a entrega do objeto da ata e somente neste momento o fornecedor percebe que houve o desequilíbrio e que o preço registrado na ata precisa ser alterado. A dúvida corrente é a seguinte: não tendo o fornecedor solicitado a alteração do preço da ata e tendo a Administração solicitado a contratação ou o fornecimento do objeto, o fornecedor é obrigado a assinar o contrato e entregar o objeto pelo preço registrado na ata ou ele tem o direito de que o preço seja antes alterado?

Essa situação é usual. Recomenda-se aos fornecedores atentarem a esse aspecto e à Administração dispor sobre o assunto na ata de registro de preços, de preferência alertando o fornecedor quando da assinatura da ata sobre esse particular. Os integrantes do cadastro de reserva também devem ser alertados, porque o cadastro de reserva eventualmente pode vir a ser acionado. Daí o problema se agrava, porque é natural que os integrantes do cadastro de reserva, como somente são contratados na falta do fornecedor vencedor da licitação, não deem atenção ao preço constante da ata em que figuram como coadjuvantes, pode-se dizer assim.

Pois bem, a Lei nº 14.133/2023 e o Decreto nº 11.462/2023 não tratam especificamente da questão. O Decreto prescreve a obrigação do fornecedor de requerer a alteração do preço da ata de registro de preços, porém, é omisso sobre os efeitos da não apresentação do requerimento antes da solicitação da contratação ou do fornecimento por parte da Administração.

Diante disso, é legítimo que as partes, fornecedor e Administração, convencionem uma solução e a indiquem na ata de registro de preços. Deve-se privilegiar o que foi pactuado pelas partes.

Se não houver disposição em ata de registro de preços, em respaldo ao direito constitucional ao equilíbrio econômico-financeiro, estatuído no inciso XXI do art. 37 da Carta Magna, deve-se entender que, tendo de fato havido o desequilíbrio, o preço registrado deve ser alterado e o fornecedor não deve ser compelido a cumprir obrigações em desacordo com as condições efetivas de sua proposta. Portanto, se há realmente desequilíbrio, o fornecedor não é obrigado a honrar o preço registrado, ainda que ele não tenha sido diligente e, pois, não tenha requerido à Administração a revisão do preço anteriormente.

Focando-se no interesse público primário, não há razão para a Administração enriquecer-se às custas do fornecedor diante de situação em que ocorre verdadeiro desequilíbrio. O interesse público primário, que deve prevalecer sobre interesses meramente patrimoniais da Administração, demanda contrato equilibrado e justo. Com mais ênfase, nessa hipótese e pelas mesmas razões, o fornecedor não deve ser sancionado.

6.5 Reajuste e repactuação da ata de registro de preços

A Lei nº 14.133/2021 dispõe de três instrumentos para que se mantenha o equilíbrio econômico-financeiro dos contratos administrativos, que possuem pressupostos e procedimentos distintos. Trata-se das figuras da revisão, do reajuste e da repactuação, sendo que esta é uma espécie de reajuste. Por isso, a Lei nº 14.133/2021 se refere a reajuste em sentido estrito e à repactuação, conforme distinção exposta nos incisos LVIII e LIX do seu artigo 6º.

Tais figuras são versadas em pormenor no capítulo deste livro dedicado ao equilíbrio econômico-financeiro dos contratos administrativos. De modo geral e resumido, a revisão pressupõe a ocorrência de algo extraordinário, imprevisível ou previsível, porém com consequências incalculáveis, na forma da alínea "d" do inciso II do artigo 124 da Lei nº 14.133/2021. Em adendo, o equilíbrio econômico-financeiro dos contratos administrativos e das atas de registro de preços também pode ser afetado pela dinâmica normal da economia estendida no tempo, pelo processo inflacionário, sem que ocorra, necessariamente, um evento superveniente específico. Para fazer frente à essa dinâmica e seus reflexos é que tem lugar o reajuste e a repactuação.

Nessas hipóteses, a regra geral é a do reajuste, disciplinada pelo §7º do artigo 25 da Lei nº 14.133/2021, por meio da aplicação de índice com data-base veiculada à do orçamento estimado pela Administração. A repactuação encontra aplicação nos casos específicos de contratos de prestação de serviços contínuos, com dedicação exclusiva de mão de obra ou predominância de mão de obra, mediante avaliação analítica da variação dos custos, de acordo com o inciso II do §8º do artigo 25 da Lei nº 14.133/2021.

A Lei nº 14.133/2021, em relação à ata de registro de preços, prescreve, genericamente, que se deve dispor sobre "as condições para alteração de preços registrados", como se depreende do inciso VI do *caput* do seu artigo 82. Não há referência explícita e direta na Lei nº 14.133/2021 sobre a aplicação de regras de reajuste e de repactuação em relação à ata de registro de preços.

Nada obstante isso, como já salientado, por força do inciso XXI do artigo 37 da Constituição Federal, é preciso que se assegure o equilíbrio econômico-financeiro das atas de registro de preços. Assim, para além da revisão dos preços provocada por fatos supervenientes, é necessário que se preveja algum tipo de arranjo em ata de registro de preços para fazer frente às alterações dos custos que decorrem do processo inflacionário natural à dinâmica da economia, o que remete ao reajuste e à repactuação ou à alguma figura que lhes seja equivalente, o que pode ser disciplinado em regulamento.

Diante de eventual omissão de regulamento, por analogia, para assegurar o direito ao equilíbrio econômico-financeiro, que se aplique sobre as atas de registro de preços as figuras do reajuste e da repactuação, em acordo com as condicionantes estabelecidas na Lei nº 14.133/2021, ainda que elas sejam, em princípio, obrigatórias para contrato administrativo e não para ata de registro de preços. Repita-se que a ata de registro de preços é uma espécie de pré-contrato e, por conseguinte, se não houver uma previsão específica em sentido diverso, que se aplicam sobre ela as mesmas figuras que são típicas dos contratos.

Em âmbito federal, o Decreto nº 11.462/2023 reconhece a aplicação em ata de registro de preços das figuras do reajuste e da repactuação:

> Art. 25. Os preços registrados poderão ser alterados ou atualizados em decorrência de eventual redução dos preços praticados no mercado ou de fato que eleve o custo dos bens, das obras ou dos serviços registrados, nas seguintes situações: [...]
> III - na hipótese de previsão no edital ou no aviso de contratação direta de cláusula de reajustamento ou repactuação sobre os preços registrados, nos termos do disposto na Lei nº 14.133, de 2021.

São de salientar, do inciso III do artigo 25, dois pontos. O primeiro é que, para aplicar reajuste ou repactuação, a Administração não precisa seguir todo o procedimento prescrito nos artigos 26 e 27 do Decreto nº 11.462/2023, que são destinados a fazer frente a eventos supervenientes e não a alterações de custos resultantes do processo inflacionário decorrente da dinâmica normal do mercado. Portanto, basta que, decorrido o prazo e satisfeitas as condições legais, o fornecedor pleiteie diretamente à Administração, conforme o caso, o reajuste ou a repactuação, sendo que o reajuste em sentido estrito, inclusive, deve ser concedido de ofício pela Administração.

O segundo ponto é que o inciso III do artigo 25 da Lei nº 14.133/2021 reconhece a aplicação do reajuste e da repactuação em ata de registro de preços "[...] na hipótese de previsão no edital ou no aviso de contratação direta de cláusula de reajustamento ou repactuação sobre os preços registrados [...]". Essa passagem, em sua literalidade, dá a ideia de que a Administração goza de discricionariedade para não prever em edital o reajustamento ou a repactuação ou até mesmo para negá-los. Isso não encontra amparo na Lei nº 14.133/2021, pelo menos nas hipóteses de licitação, porque o §7º do artigo 25 prescreve a previsão em edital sobre o reajuste como obrigatória – sem esquecer que a repactuação é uma espécie de reajuste. A falta de previsão sobre reajuste configura, por si, uma ilegalidade. Logo, independentemente de previsão em edital, o fornecedor faz jus ao reajuste ou à repactuação, desde que atendidos os seus pressupostos legais, forte no direito constitucional à manutenção do equilíbrio econômico-financeiro.

Em tese e sem contrariar o §7º do artigo 25 da Lei nº 14.133/2021, o que a Administração poderia fazer é prever em edital o reajuste e a repactuação apenas para a fase contratual e não para a ata de registro de preços. Não se aconselha. Isso porque, se ela não der guarida ao reajuste ou à repactuação na própria ata de registro de preços, ela tende a gerar uma situação desequilibrada, que tende a comprometer ou mesmo a inviabilizar a adequada execução do objeto pelo fornecedor. Imagine-se, por ilustração, se recusada a aplicação da repactuação em ata de registro de preços. O advento de acordo, convenção ou dissídio majora os custos do contratado, muitas vezes torna o valor consignado na ata de registro de preços inexequível. Se não houvesse a repactuação destes valores, o signatário da ata, convocado pela Administração, teria que contratar com o preço original consignado na ata, inferior ao seu próprio custo, mesmo diante de evidente desequilíbrio. Ele seria forçado a prestar os serviços em prejuízo, o que não se sustenta.

A tendência, mais cedo ou mais tarde, é de inexecução da ata, em prejuízo que, por via reflexa, impacta a própria Administração.

7 Cancelamento do registro do fornecedor e do registro de preços

É possível, em tese, cancelar o registro do fornecedor e cancelar o próprio registro de preços. São dois cancelamentos diferentes, com repercussões diferentes.

O cancelamento do registro do fornecedor pressupõe, de maneira geral, o inadimplemento dele ou que ele não disponha mais de condições de cumprir suas obrigações registradas na ata. É algo equivalente à rescisão contratual por culpa do contratado. O cancelamento do fornecedor não importa, necessariamente, no cancelamento da ata. Ocorre que outros fornecedores podem ter assinado a ata, compondo o cadastro de reserva, de modo que a ata prossiga com os demais fornecedores, cumpridas as regras para o acionamento do cadastro de reserva.

O cancelamento da ata pressupõe, nesse sentido, o desinteresse da Administração em prosseguir com ela ou a inexistência de fornecedor, hipótese em que todos que firmaram a ata, inclusive os que compõem o cadastro de reserva, tenham os seus registros cancelados. O inciso IX do *caput* do artigo 82 da Lei nº 14.133/2021 estabelece que o edital de licitação para registro de preços deve dispor sobre "as hipóteses de cancelamento da ata de registro de preços e suas consequências". O cancelamento da ata é análogo, em linhas gerais, à rescisão contratual não motivada por culpa do contratado.

Em âmbito federal, o artigo 28 do Decreto nº 11.462/2023 autoriza o cancelamento do registro do fornecedor nas hipóteses de ele descumprir as obrigações registradas na ata sem motivo justificado (inciso I), não retirar nota de empenho ou instrumento equivalente, também sem justificativa (inciso II), não aceitar reduzir o seu preço diante de redução dos preços praticados no mercado (inciso III) e sofrer sanção de impedimento ou de declaração de idoneidade, que impossibilitam a contratação (inciso IV).

O §1º do mesmo artigo 28 ressalva que, se a penalidade tiver prazo menor do que o prazo da ata, é permitido manter o registro do fornecedor, desde que ele não seja contratado durante a vigência da penalidade. Depois de encerrada a vigência da penalidade, o fornecedor pode voltar a ser contratado. É como se o registro do fornecedor fosse suspenso pela penalidade e durante a vigência dela.

O artigo 29 do Decreto nº 11.462/2023 trata do cancelamento do registro de preços (o Decreto utiliza a expressão "cancelamento dos preços registrados"), que tem lugar por razão de interesse público (inciso I), a pedido do fornecedor, por caso fortuito ou de força maior (inciso II), e se todos os fornecedores que compõem o cadastro de reserva se recusarem a reduzir os seus preços em patamares compatíveis com os de mercado nas situações em que há redução dos preços de mercado (inciso III).

O cancelamento do registro e o cancelamento da ata de registro de preços devem ser promovidos pela Administração, garantido o contraditório e a ampla defesa, na forma do preceituado no inciso LV do artigo 5º da Constituição Federal. O §2º do artigo 28 do Decreto nº 11.462/2023 prescreve que o cancelamento do registro deve ser precedido da garantia ao contraditório e à ampla defesa. O cancelamento da ata de registro de preços, embora não prescrito expressamente no Decreto nº 11.462/2023, também deve sê-lo em todas as hipóteses em que afetar os direitos ou os interesses jurídicos dos fornecedores. Logo, ele somente seria dispensável nos casos em que o cancelamento do registro de preços é solicitado pelos próprios fornecedores ou se, de alguma forma, ele ocorrer de maneira consensual.

8 Adesão à ata de registro de preços

8.1 Panorama histórico

Adesão à ata de registro de preços, apelidada de *carona*, é o procedimento por meio do qual um órgão ou entidade que não tenha participado da licitação que deu origem à ata de registro de preços adere a ela e celebra contrato com base nela como se sua fosse. Esclareça-se, desde já, que o aderente ou carona não se confunde com órgão ou entidade participante. Este, o participante, como o próprio nome indica, participa da ata de registro de preços em sua origem, o edital de licitação ou o ato de contratação direta o indica, e a proposta inicial do fornecedor contempla as suas demandas. O aderente ou carona, insista-se, não participa da ata em sua formação original. Ele, sem relação alguma com a ata original, depois que ela é firmada e na vigência dela, adere a ela e contrata com base nela.

A adesão à ata de registro de preços não era tratada ou sequer referida na Lei nº 8.666/1993. Ela era disciplinada, inicialmente, pelo artigo 8º do Decreto Federal nº 3.931/2001, que não previa qualquer limite. O aderente poderia contratar até 100% do quantitativo consignado na ata de registro de preços. Ademais, não havia limites para as adesões, poderia haver dez, vinte, trinta, quantas fossem. Isso significa que dada ata de registro de preços potencialmente gerava um número ilimitado de contratações. Essa possibilidade aberta pelo Decreto Federal nº 3.931/2001 ensejou toda sorte de abusos.

Em termos práticos: a entidade "A" promove licitação para registro de preços com o propósito de adquirir quinhentas unidades de dado objeto. A empresa vencedora assina a ata de registro de preços e, pois, compromete-se a fornecer à entidade "A" as quinhentas unidades, nos termos do que fora licitado. O *carona* consiste na possibilidade de uma outra entidade, entidade "B", que não teve qualquer relação com o processo de licitação realizado, aderir à ata de registro de preços da entidade "A" e adquirir com base nela também quinhentas unidades. Assim sendo, o fornecedor vende quinhentas unidades para a entidade "A", que promoveu a licitação, e outras quinhentas unidades para a entidade "B", que não teve qualquer relação com a licitação outrora realizada. Na sistemática do Decreto Federal nº 3.931/2001, afora a entidade B, qualquer outro órgão ou entidade poderia aderir à ata de registro de preços da entidade "A", sem limites. E, insista-se, cada aderente poderia contratar para si o quantitativo total previsto na ata de registro de preços da entidade "A". Nada impedia que o fornecedor, que participou da licitação para vender quinhentas unidades, acabasse fornecendo, por exemplo, cinquenta mil unidades, para noventa e nove órgãos ou entidades diferentes da entidade "A", que promoveu a licitação. E, diga-se de passagem, o exemplo não era muito distante da realidade.

A compreensão sobre a adesão à ata de registro de preços passou por transformação, até alcançar o modelo hoje vigente. Neste sentido, é significativo o Acórdão nº 1.487/2007, do Tribunal de Contas da União, cuja dicção reconheceu que a adesão à ata de registro de preços ofende princípios de direito administrativo, sobremodo diante da possibilidade então prevista no Decreto Federal nº 3.931/2001 de que houvesse adesões e, portanto, contratações ilimitadas. Ao final, o Tribunal de Contas da União determinou ao Executivo Federal que revisse as normas do Decreto Federal nº 3.931/2001, especialmente para estabelecer limites à adesão à ata de registro de preços.

O Executivo Federal deu de ombros. Não reviu as normas do Decreto Federal nº 3.931/2001 e não estabeleceu qualquer limite. O Tribunal de Contas da União recrudesceu por meio do Acórdão nº 1.233/2012, cujo teor impõe limites à figura da adesão à ata de registro de preços. A partir dessa nova decisão, o entendimento passou a ser de que todos os contratos decorrentes da ata de registro de preços não podem ultrapassar a quantidade que foi licitada e consignada nela, independentemente do número de aderentes. Ou seja, a orientação do Acórdão nº 1.233/2012 é que o detentor da ata e todos os eventuais aderentes não podem contratar em conjunto quantidade superior a que foi licitada e inicialmente registrada.[206]

O Executivo Federal solicitou ao Tribunal de Contas da União, em sede de pedido de reexame, que as determinações do Acórdão nº 1.233/2012 não fossem aplicadas de imediato, sob pena de causar transtornos à Administração Pública. Dessa sorte, o Tribunal de Contas da União, no Acórdão nº 2.692/2012, permitiu que os novos limites para a adesão à ata de registro de preços somente valessem a partir de 1º.1.2013.

Com a sobrevida dada pelo Tribunal de Contas da União, o Executivo Federal gestou e publicou o Decreto Federal nº 7.892/2013, cujo ponto nuclear residia justamente na adesão à ata de registro de preços, dedicando-lhe o Capítulo IX, cujo título era "Da utilização da ata de registro de preços por órgão ou entidades não participantes". Mais uma vez, parece que o Executivo Federal não prestou a devida deferência ao Tribunal de Contas da União, tanto que, no §4º do artigo 22 do novo decreto, permitia que o quantitativo decorrente de adesões não ultrapasse cinco vezes o registrado na ata originária.[207] Ou seja, no Acórdão nº 1.233/2012, o Tribunal de Contas da União quis limitar as adesões à quantidade registrada inicialmente. O Decreto Federal nº 7.892/2013 multiplicou por cinco.

De toda sorte, de maneira geral, o Decreto Federal nº 7.892/2013 foi bem mais restritivo com relação à adesão à ata de registro de preços do que o Decreto Federal nº 3.931/2001. O decreto de 2013 previu que a adesão precisa ser autorizada pelo edital (artigo 9) e pela entidade que promoveu a licitação (*caput* e §1º do artigo 22); que deve ser justificada pelo aderente (*caput* do artigo 22); que cada aderente pode contratar 100% do quantitativo registrado na ata de registro de preços (§3º do artigo 22); e que todas as adesões em conjunto não podem ultrapassar cinco vezes o quantitativo registrado na ata (§4º do artigo 22).

---

206 O Tribunal de Contas da União não foi tão novidadeiro, seguiu orientação que vinha sendo sugerida pela Consultoria Zênite (cf. Orientação da Consultoria, em ZÊNITE – *Informativo de Licitações e Contratos*, Curitiba, v. 15, n. 167, jan. 2008. p. 89), o posicionamento já conhecido do Tribunal de Contas de Mato Grosso (cf. Acórdão nº 475/2007) e o prescrito no já revogado §2º do artigo 15-A do Decreto nº 47.945/03, com a redação dada pelo Decreto nº 51.809/07, do estado de São Paulo.

207 Essa é a mesma solução dada no Regime Diferenciado de Contratações Públicas, uma vez que os §§2º e 3º do artigo 102 do Decreto Federal nº 7.581/2011 estabelecem os mesmos limites.

Ainda não contente, o Tribunal de Contas da União proferiu o Acórdão nº 311/2018, em que passou a exigir que a previsão no edital de adesões à ata de registro de preços fosse motivada pela entidade que promove a licitação. E, mais, entendeu que a motivação não pode ser genérica, não basta dizer que a adesão ampliaria a economia de escala.[208]

O Decreto Federal nº 7.892/2013 foi alterado pelo Decreto Federal nº 9.488/2018, que trouxe novas barreiras. Na forma dos §§3º e 4º do artigo 22, cada aderente somente poderia contratar 50% do registrado na ata e a soma de todas as adesões não poderia ultrapassar o dobro do registrado na ata. Para além desses limites quantitativos, o Decreto Federal nº 9.488/2018 complicou muito as coisas. Criou dificuldades operacionais de monta para a adesão à ata de registro de preços, em particular para o lado da entidade que promove a licitação, na linha e de forma mais intensa do que fora determinado no Acórdão nº 311/2018, do Tribunal de Contas da União. O Decreto Federal nº 9.488/2018 inseriu no art. 22 do Decreto Federal nº 7.892/2013 dois outros parágrafos: o §1º-A e o §1º-B. O §1º-A prescrevia que a entidade que promoveu a licitação somente pode autorizar a adesão depois que a entidade interessada na adesão realize estudo para demonstrar o "ganho de eficiência, a viabilidade e a economicidade para a administração pública federal da utilização da ata de registro de preços, conforme estabelecido em ato do Secretário de Gestão do Ministério do Planejamento, Desenvolvimento e Gestão". O §1º-B determinava que a entidade promotora da licitação deveria aprovar o estudo realizado pela entidade interessada na adesão e que, depois de aprovado, tal estudo deveria ser publicado no Portal de Compras do Governo Federal.

Esse é o quadro que influiu na formação das normas da Lei nº 14.133/2021 sobre a adesão à ata de registro de preços, em linha parecida com o Decreto Federal nº 9.488/2018. De início, salienta-se que uma das principais novidades é que a adesão passou a ser tratada na própria Lei nº 14.133/2021 – até então a Lei nº 8.666/1993 não tratava dela, apenas decretos. Pois bem, os limites quantitativos são os mesmos do Decreto Federal nº 9.488/2018 de modo que cada aderente somente pode contratar 50% do registrado na ata e a soma de todas as adesões não pode ultrapassar o dobro do registrado na ata (§§4º e 5º do artigo 86 da Lei nº 14.133/2021). A Lei nº 14.133/2021 não exige que a possibilidade de adesão seja prevista em edital nem justificativas por parte do órgão gerenciador. Exige apenas justificativa do aderente, demonstração de compatibilidade

---

[208] "9. Em primeiro lugar, há que se discutir a própria previsão no edital desta possibilidade, também conhecida como adesão tardia ou, mais simplesmente, carona. Arguido quanto a isso, o órgão não apresentou justificativas plausíveis. 10. Conforme venho reiterando em diversos julgados sob a minha relatoria (a exemplo do item 9.3.4 do Acórdão 757/2015-TCU-Plenário e do item 9.3.2 do Acórdão 1.297/2015-TCU-Plenário), resta claro, à luz do artigo 9º, inciso III, *in fine*, do Decreto 7.892/2013, que a inserção de cláusula em editais licitatórios permitindo a adesão tardia é uma faculdade do órgão gerenciador. Nessa esteira, é certo que tal ato, embora discricionário, não prescinde de motivação. 11. Tenho constatado que uma cláusula deste tipo (permitindo a adesão tardia) é inserida de forma repetida e impensada em quase todos os editais de pregões para Sistema de Registro de Preços. No mais das vezes, costuma-se alegar que sua inserção seria justificável porque traria alguma espécie de economia de escala. Todavia, trata-se invariavelmente de mera alegação genérica, sem nenhum lastro em estudos técnicos relacionados especificamente ao objeto que se deseja licitar e realizados preliminarmente à contratação que se almeja. 12. A meu ver, a necessidade de motivação é ainda mais essencial em relação a atos de processo licitatório, relacionados à despesa pública e sujeitos à fiscalização contábil, financeira, orçamentária, operacional e patrimonial do TCU quanto à sua legalidade, legitimidade e economicidade. Sobretudo no caso deste ato específico, em que pesa sobre o instituto questionado (a adesão tardia) sérias dúvidas sobre sua legalidade e constitucionalidade, conforme expus nas precitadas deliberações. Assim, cumpre dar ciência ao órgão sobre a falha identificada para que sejam adotadas providências internas que previnam sua recorrência" (TCU, Plenário. Acórdão nº 311/2018. Rel. Min. Bruno Dantas, j. 21.2.2018).

dos valores com os praticados no mercado e prévias consultas e aceitação do gerenciador e do fornecedor (incisos do §2º do artigo 86 da Lei nº 14.133/2021).

8.2 Inconstitucionalidade da adesão à ata de registro de preços

Cumpre reconhecer que para os agentes administrativos, a adesão à ata de registro de preços é algo extremamente cômodo, porquanto os desobriga de promover licitação. Em vez de lançar processo licitatório – com todos os custos, demanda de tempo, desgastes e riscos que lhe são inerentes –, basta achar alguma ata de registro de preços pertinente ao objeto que se pretenda contratar, e, se as condições da referida ata forem convenientes, contratar diretamente, sem maiores burocracias e formalidades. Daí a ampla, efusiva e até mesmo passional acolhida da adesão à ata de registro de preços pela Administração Pública.

O autor deste livro é contrário à figura da ata de registro de preços e tem exposto os seus argumentos já não é de hoje. Em janeiro de 2006, publicou artigo intitulado *"Carona" em ata de registro de preços: atentado veemente aos princípios de direito administrativo*,[209] embora já tecesse críticas desde o nascedouro da adesão. Propunha-se a demonstrar que a adesão à ata de registro de preços opunha-se a uma plêiade de princípios de direito administrativo, por isto inconstitucional e ilegal. Na mais tênue hipótese, desferia agravos aos princípios da legalidade, isonomia, vinculação ao edital e economicidade.

As alterações no perfil da adesão à ata de registro de preços e os limites que foram sendo estabelecidos por sucessivos decretos até desaguar na Lei nº 14.133/2021 não mudam substancialmente o quadro de inconstitucionalidade. A Lei nº 14.133/2021 apenas desfez a agressão ao princípio da legalidade – dado que agora a adesão ganhou estatura legal. Os demais princípios permanecem violados.

Enumeram-se, em ordem objetiva, os princípios administrativos ofendidos pelo permissivo de adesão à ata de registro de preços:

(i) O *princípio da isonomia*, aplicado nas licitações públicas e contratos administrativos, demanda que todos os interessados em contrato administrativo gozem do direito de disputá-lo em igualdade de condições com outros eventualmente interessados. A própria obrigatoriedade de licitação pública é consectário desse direito.

A adesão à ata de registro de preços ofende o princípio da isonomia porque ela pressupõe contrato sem licitação. Explicando melhor: a entidade "A" faz licitação para registro de preços de quinhentas unidades. Com base nessa licitação, o vencedor dela assina a ata de registro de preços, da qual decorre ou decorrem contratos para a aquisição das quinhentas unidades que foram licitadas pela entidade "A". Ocorre que, com o *carona*, a entidade "B", que não promoveu licitação alguma, vale-se da ata de registro de preços da entidade "A" e, por via de consequência, da licitação promovida pela entidade "A", para também comprar o objeto da ata, ainda que limitada a duzentas e cinquenta unidades. Ora, o contrato pertinente à aquisição de duzentas e cinquenta unidades firmado pela entidade "B" não foi precedido de licitação pública e, em decorrência

[209] Cf. NIEBUHR, Joel de Menezes. "Carona" em ata de registro de preços: atentado veemente aos princípios de direito administrativo. *ILC – Informativo de Licitações e Contratos*, v. 13, n. 143, p. 13-19, jan. 2006.

disso, os interessados em vender as duzentas e cinquenta unidades à entidade "B" não tiveram oportunidade de disputa, não foram tratados com igualdade.

Sem rodeios, quem adere à ata de registro de preços contrata diretamente, sem licitação pública. Logo, aqueles que teriam interesse em contratar com entidade que adere à ata de registro de preços não dispõem de meios para disputar o contrato, não gozam de oportunidade sequer para manifestar sua intenção de contratar, quanto mais de oferecer proposta. Portanto, o fornecedor que assinou a ata aderida é beneficiado, porque firma novo contrato sem licitação, e os demais interessados são prejudicados, impedidos de disputar este novo contrato, o que não se compadece ao princípio da isonomia.

Nessa medida, a adesão à ata de registro de preços desenha hipótese torta e não justificada de dispensa de licitação, porque depende apenas da conveniência das partes envolvidas (órgão ou entidade gerenciadora, aderente e fornecedor) e não depende da demonstração de prejuízos ao interesse público acaso a licitação fosse realizada. No mesmo golpe, a adesão à ata de registro de preços fere o princípio da isonomia e a regra que obriga a licitação, insculpida na parte inicial do inciso XXI do artigo 37 da Constituição Federal.

(ii) O *princípio da vinculação ao edital* é agredido pela adesão à ata de registro de preços porquanto ela dá azo à contratação não prevista no edital. Ora, licita-se dado objeto, com quantidade definida e para entidade determinada, tudo em conformidade com o edital. Quem ganha a licitação firma com a entidade que promoveu a licitação a ata de registro de preços, pelo que se compromete a entregar ou prestar a ela o que fora o objeto da licitação, conforme o edital, inclusive no que tange aos quantitativos. Durante a vigência da ata de registro de preços, outra entidade que não a promotora da licitação nem participante dela, que não foi referida no edital, adere à ata de registro de preços com o propósito de receber os préstimos do vencedor da licitação. Quem participou da licitação não sabia que seria contratado também por essa outra entidade, que não a promotora da licitação. Ademais, com o *carona*, quem adere à ata de registro de preços pode requerer para si metade da quantidade do que fora licitado. Então, se a licitação envolvia cem unidades, com o *carona* de apenas uma outra entidade, o vencedor da licitação pode ser contratado para cento e cinquenta unidades.

Ainda que a Administração resolvesse prever a possibilidade de adesões em seu edital, o princípio da vinculação ao edital permaneceria malferido na medida em que quem participou de licitação para fornecer cem unidades de dado objeto não pode acabar sendo contratado para fornecer ao todo duzentas unidades, para outras entidades que não foram referidas no edital.

Nesse passo, ressalta-se que o menoscabo ao princípio da vinculação ao edital não se restringe à questão dos quantitativos estabelecidos no edital. Também há afronta ao princípio porque a licitação é feita para uma entidade específica, referida expressamente no edital, e o vencedor da licitação pode acabar sendo contratado por outra entidade, não indicada no edital. Ou seja, licitante participa de certame para ser contratado por

"A" e, em razão dele, acaba sendo contratado também por "B", "C" e tantos quantos aderirem à ata de registro de preços de "A".

Em síntese, o *carona* importa contratação apartada das condições do edital, sobretudo no tocante à entidade contratante e aos quantitativos estabelecidos no edital.

(iii) O *princípio da economicidade* também não é atendido pela adesão à ata de registro de preços. Ora, por exemplo, empresa participa de licitação para promover registro de preços cujo objeto é constituído por cem unidades de dado objeto. Logo, ela oferece preço para cem unidades. Vence a licitação e assina a ata de registro de preços. No curso da vigência da ata, outras entidades aderem a ela, e o fornecedor, em vez de vender cem unidades, vende, ao todo, duzentas unidades. O ponto é que as duzentas unidades são vendidas ao mesmo preço das cem unidades. Por força da economia de escala, no mercado, o preço de duzentas unidades tende a ser inferior ao preço de cem unidades. Por via de consequência, a Administração Pública, ao pagar por duzentas unidades o mesmo preço de cem unidades, arca com valor superior ao praticado no mercado, o que vulnera o princípio da economicidade.

8.3 Limites para a adesão à ata de registro de preços

Como dito, o autor deste livro é contra a adesão à ata de registro de preços, já que ela fere uma série de princípios administrativos. Entretanto, a adesão à ata de registro de preços é prática corrente na Administração nacional, com o endosso de alguns tribunais de contas, inclusive do Tribunal de Contas da União, bem como da Lei nº 14.133/2021. Aliás, é de supor que com a previsão da Lei nº 14.133/2021 a adesão à ata de registro de preços ganhe ainda mais força. Portanto, com a ressalva do entendimento pessoal do autor, passa-se a enfrentar os problemas operacionais da adesão à ata de registro de preços, esclarecendo aspectos procedimentais e práticos àqueles que pretendem se valer dela.

O §4º do artigo 86 da Lei nº 14.133/2021 prescreve:

> Art. 86. [...]
> §4º As aquisições ou as contratações adicionais a que se refere o §2º deste artigo não poderão exceder, por órgão ou entidade, a 50% (cinquenta por cento) dos quantitativos dos itens do instrumento convocatório registrados na ata de registro de preços para o órgão gerenciador e para os órgãos participantes.

Em complemento, o §5º do mesmo artigo determina:

> Art. 86. [...]
> §5º O quantitativo decorrente das adesões à ata de registro de preços a que se refere o §2º deste artigo não poderá exceder, na totalidade, ao dobro do quantitativo de cada item registrado na ata de registro de preços para o órgão gerenciador e órgãos participantes, independentemente do número de órgãos não participantes que aderirem.

Ou seja, cada aderente somente pode contratar 50% do registrado na ata e a soma de todas as adesões não pode ultrapassar o dobro do registrado na ata.

Perceba-se que a base para aferir os limites é o quantitativo total registrado na ata, somando-se o previsto para os órgãos gerenciador e participantes. Essa sistemática é mais favorável ao aderente do que aos órgãos gerenciador e participantes. Suponha-se que sejam um órgão gerenciador e cinco órgãos participantes, cada qual com quantitativo registrado de mil unidades, totalizando seis mil. A cada aderente é permitido contratar três mil unidades. Ao gerenciador e a cada um dos participantes apenas mil unidades e eles não podem promover acréscimos na ata, pelo menos não em acordo com o artigo 23 do Decreto nº 11.462/2023. Faria mais sentido que o limite fosse sobre o maior quantitativo registrado em favor dos órgãos gerenciador ou participante e não sobre a soma dos quantitativos de todos eles. A margem para os aderentes, não participantes, é muito alta e flexível, se comparada com os quantitativos individuais dos órgãos gerenciador e participantes.

O artigo 86 da Lei nº 14.133/2021 prescreve duas exceções aos limites às adesões expressos no seu §5º.

A primeira exceção é a do §6º do artigo 86 da Lei nº 14.133/2021, cujo texto prevê:

> Art. 86. [...]
> §6º A adesão à ata de registro de preços de órgão ou entidade gerenciadora do Poder Executivo federal por órgãos e entidades da Administração Pública estadual, distrital e municipal poderá ser exigida para fins de transferências voluntárias, não ficando sujeita ao limite de que trata o §5º deste artigo se destinada à execução descentralizada de programa ou projeto federal e comprovada a compatibilidade dos preços registrados com os valores praticados no mercado na forma do art. 23 desta Lei.

Trata-se de contratações vinculadas a programa ou projeto federal, cujas atas de registro de preços são gerenciadas por entidade federal com a finalidade de gerar contratações para os estados, Distrito Federal e municípios. Nesses casos, o número de contratações depende da abrangência e da participação das demais entidades da federação e, por via de consequência, não deve ser limitado ao dobro do registrado na ata, limite geral fixado no §5º do artigo 86.

A segunda exceção é a contida no §7º do mesmo artigo 86, cujo texto admite:

> Art. 86. [...]
> §7º Para aquisição emergencial de medicamentos e material de consumo médico-hospitalar por órgãos e entidades da Administração Pública federal, estadual, distrital e municipal, a adesão à ata de registro de preços gerenciada pelo Ministério da Saúde não estará sujeita ao limite de que trata o §5º deste artigo.

Então, a exceção depende da caraterização de situação emergencial tocante a medicamento e material de consumo médico-hospitalar.

8.4 Procedimento para a adesão à ata de registro de preços

O §2º do artigo 86 da Lei nº 14.133/2021 prescreve que a adesão à ata de registro de preços deve observar os seguintes requisitos:

I - apresentação de justificativa da vantagem da adesão, inclusive em situações de provável desabastecimento ou descontinuidade de serviço público;
II - demonstração de que os valores registrados estão compatíveis com os valores praticados pelo mercado na forma do art. 23 desta Lei;
III - prévias consulta e aceitação do órgão ou entidade gerenciadora e do fornecedor.

A adesão à ata de registro de preços, em consonância com o inciso I do §2º do artigo 86, depende da vantagem para o aderente, que deve ser justificada. Portanto, antes de aderir à ata de registro de preços, quem pretende fazê-lo deve motivar, explicar as razões da adesão. O dispositivo supracitado assinala como justificativa para a adesão a configuração de casos de provável desabastecimento ou descontinuidade de serviço público, que remetem a situações emergenciais. Ressalva-se que não se deve interpretar o dispositivo de modo que todas as adesões pressuponham situações emergenciais ou graves como são aquelas de provável desabastecimento ou descontinuidade de serviço público, que foram salientadas pelo legislador apenas por ilustração, sob o anteparo do advérbio *inclusive*. Outras razões são admissíveis, ainda que não tão fortes ou impactantes. Não se pode descartar, nessa medida, que a adesão ocorra por mera razão de conveniência e de oportunidade do órgão ou entidade acerca do objeto e condições havidas na ata de registro de preços, mesmo que, em tese, não se possa afastar de antemão a obtenção de condições equivalentes ou até mesmo mais vantajosas em decorrência de licitação que fosse promovida pelo próprio órgão ou entidade – até porque, antes de fazer a licitação, não se consegue saber o resultado dela.

O inciso II do §2º do artigo 86 versa sobre um viés específico da vantagem à adesão, que diz respeito ao seu aspecto econômico-financeiro. O inciso exige a demonstração da vantagem em relação ao preço, pelo menos que o preço registrado na ata que se pretende aderir seja compatível com os praticados no mercado. Para tanto, o aderente precisa realizar pesquisa de preços, em conformidade com os critérios do artigo 23 da Lei nº 14.133/2021.[210] [211]

Então, a justificativa sobre a vantagem da adesão à ata de registro de preços deve envolver, pelo menos, o objeto e as condições econômico-financeiras da ata que se pretende aderir. A justificativa sobre o objeto, por sua vez, nos aspectos qualitativos e quantitativos. Por ordem, a seguir.

Em primeiro lugar, no tocante ao aspecto qualitativo, para que a adesão seja vantajosa, é necessário que o objeto consignado na ata que se pretende aderir atenda às

210 21. Importante destacar, na linha da jurisprudência deste Tribunal, que o processo de adesão à ata de preços pressupõe o cumprimento de várias etapas, dentre as quais, a adequação do preço registrado aos valores correntes de mercado, de forma a demonstrar a vantagem de tal adesão para a Administração (Acórdãos 1.202/20140TCU-Plenário e 2.764/2010-TCU-Plenário), o que não aconteceu no caso concreto. 22. Tivesse o referido responsável exercido com adequação a função que lhe foi outorgada pelo Cofen, de orientar os conselhos regionais no processo de adesão da ata de registro de preços, realizando o confronto entre o preço ali consignado e os adotados nos mercados locais, o prejuízo apurado nestes autos poderia ter sido evitado. (TCU, Segunda Câmara. Acórdão nº 8151/2024. Rel. Min. Vital do Rêgo, j. 26.11.2024).

211 A mera comparação dos valores constantes em ata de registro de preços com os obtidos junto a empresas consultadas na fase interna de licitação não é suficiente para configurar a vantajosidade da adesão à ata, haja vista que os preços informados nas consultas, por vezes superestimados, não serão, em regra, os efetivamente contratados. Deve o órgão não participante ("carona"), com o intuito de aferir a adequação dos preços praticados na ata, se socorrer de outras fontes, a exemplo de licitações e contratos similares realizados no âmbito da Administração Pública (TCU, 1ª Câmara. Acórdão nº 1.794/2023. Rel. Min. Augusto Sherman, j. 14.3.2023).

necessidades do aderente. Ou seja, tenha as características e as especificações pretendidas pelo aderente. Em termos práticos, quem pretende aderir a uma ata de registro de preços de computador precisa demonstrar que o computador consignado na ata de registro de preços pretendida, com as suas especificações e características, atende a sua necessidade. Ora, não faria sentido aderir à ata de registro de preços cujo objeto guarda uma outra especificação, que não aquela pretendida pela Administração.

Em segundo lugar, ainda relacionado ao objeto da futura adesão, é preciso demonstrar que a quantidade registrada na ata que se pretenda aderir e que se encontra à disposição para a adesão cobre a necessidade do aderente. Por exemplo, se o órgão ou entidade pretende adquirir trinta computadores, não faz sentido aderir à ata de registro de preços em que se disponha para adesão de apenas dez computadores. Para admitir a adesão nesse caso, ter-se-iam de apresentar outras justificativas, como preço excepcional, urgência na aquisição de quantidade menor (o restante poderia ser contratado a médio prazo) ou existência de outra ata de registro de preços com o mesmo objeto que complementasse a quantidade disponível na ata de registro de preços que se pretende aderir.

Em terceiro lugar, não se pode deixar de justificar a vantagem do preço registrado na ata que se pretenda aderir. É de presumir que o preço registrado na ata seja vantajoso. Sem embargo, essa presunção não é absoluta e não dispensa quem pretende aderir de fazer a sua própria pesquisa de preços no mercado, até porque os preços podem variar de acordo com o local da entrega dos produtos ou prestação dos serviços, dos fornecedores de cada órgão ou entidade, que não são necessariamente os mesmos, do perfil e da postura do órgão ou entidade, se costuma pagar ou não seus compromissos nas datas contratadas, sem atrasos, além de outros elementos. O tempo também é relevante, porque, repita-se, a ata de registro de preços tem vigência por até um ano, podendo ser prorrogada por igual período. Nesse interregno, podem ocorrer variações de preços.[212]

Sugere-se, inclusive, que antes de procurar uma ata de registro de preços a ser aderida, o órgão ou entidade realize os procedimentos e atos prescritos no artigo 18 da Lei nº 14.133/2021, tocantes à etapa preparatória da licitação. Não se trata, advirta-se, de obrigação legal, porque não se encontra norma na Lei nº 14.133/2021 que a exija. De todo modo, em especial, que o órgão ou entidade produza estudo técnico preliminar, termo de referência ou documento equivalente indicando as suas necessidades e o preço considerado compatível com o mercado. Daí, com a posse do seu próprio estudo, procure ata de registro de preços que o contemple. O encontro de uma ata de registro de preços que satisfaça substancialmente a demanda formalizada em documento produzido com precedência representa indicativo e boa prova da vantagem. Entretanto, na prática da Administração, vem ocorrendo o contrário, o procedimento costuma ser de trás para a frente: o órgão ou entidade encontra ou toma ciência da existência de dada ata de registro de preços e, com base nela, produz ou tenta encontrar justificativas para a adesão. Não é por isso que a justificativa e a própria adesão sejam inválidas, salienta-se

---

212 "A adesão a ata de registro de preços (carona) está condicionada à comprovação da adequação do objeto registrado às reais necessidades do órgão ou da entidade aderente e à vantagem do preço registrado em relação aos preços praticados no mercado onde serão adquiridos os bens ou serviços" (TCU, Segunda Câmara. Acórdão nº 8.340/2018. Rel. Min. Augusto Nardes, j. 11.9.2018).

que o importante é a real justificativa da vantagem. Contudo, dessa maneira, de trás para a frente, a motivação da Administração fica mais vulnerável a questionamentos.[213]

Inclusive, nessa direção, o Tribunal de Contas da União produziu precedente em que considerou que o planejamento da contratação foi meramente formal e que levou a autarquia a firmar contrato desnecessário para si por meio de adesão à ata de registro de preços. O Tribunal valorizou o fato de a solicitação de adesão ter sido realizada antes da confecção do estudo técnico preliminar e do termo de referência. Esse aspecto temporal, na visão do Tribunal, deveria ter chamado a atenção do Presidente da Autarquia, que deveria ter questionado a contratação e, por não o ter feito, acabou penalizado:

> O Sr. [*omissis*], ex-presidente da Funasa, foi citado em razão de: (a) aprovar o TR, bem como, tacitamente, os demais artefatos que o antecederam, quais sejam o DOD, o ETP e a AR, sem a observância dos controles internos que poderiam evitar uma série de irregularidades, permitindo que a contratação seguisse mesmo com artefatos que teriam sido criados apenas para atender às formalidades do processo licitatório e dar aparência de legalidade ao processo que levou ao direcionamento para a contratação da empresa [*omissis*] por meio da adesão à ARP - MI 24/2017, com preços acima dos praticados no mercado; e [...]
> Com as vênias de estilo, discordo da conclusão de que o procedimento aparentava legalidade, o que, segundo a unidade técnica, indicaria não caber exame pormenorizado do processo. Além disso, não há como acolher a tese de que a aprovação de um planejamento meramente formal, que somente confirmaria decisão previamente tomada por outro gestor, não suscite sua responsabilização ou que seja irregularidade de menor gravidade.
> Inicio registrando que o Sr. [*omissis*], ao aprovar o termo de referência (peça 152, p. 86), atestou expressamente que o documento estaria em "em conformidade com os requisitos administrativos necessários ao cumprimento do objeto", decidindo "motivadamente pelo prosseguimento da contrataçao em conformidade com o Art. 12°, §3 da Instrução Normativa n° 4 de 11 de setembro de 2014".
> Não se trata, assim, de mero "de acordo" para dar andamento processual. Examinando, de modo simplório, os documentos do processo, seria possível perceber que a solicitação para adesão à ARP, em 17/9/2017 (peça 153, p. 29 e 30), foi anterior à conclusão da elaboração do ETP e do termo de referência, em 6/11/2017 (peça 152, p. 40 e 85), subscrito pelo responsável. Tal ordem cronológica - que torna evidente que a decisão pela contratação antecedeu o

---

[213] É importante salientar que, de muito tempo, o Tribunal de Contas da União vem se posicionando neste sentido: "1.1. Determinar à Caixa de Financiamento Imobiliário da Aeronáutica (CFIAe) que: [...] 1.1.3 faça constar nas contratações realizadas mediante adesão a ata de registro de preços, que nos respectivos processos licitatórios realizados pela unidade: a) que a contratação a ser procedida seja acompanhada de justificativa que atenda ao interesse da administração, sobretudo quanto aos valores praticados, conforme preceitua o artigo 3º, §4º, inciso II, do Decreto nº 3.931/2001 (Acórdão nº 555/2007 - TCU 1ª Câmara, subitem 2.3.2); b) justificativa contendo o diagnóstico da necessidade da aquisição; c) ampla pesquisa de mercado, em equipamento equivalente ou similar, de forma a atender o disposto no §1º do artigo 15 da Lei nº 8.666/1993" (Relação nº 10/2008, Segunda Câmara. Rel. Min. Raimundo Carreiro. Sessão de 13.5.2008); "9.2. determinar ao Tribunal Regional do Trabalho da 22ª Região que: 9.2.1. formalize, previamente às contratações por meio de Adesão à Ata de Registro de Preços, o termo de caracterização do objeto a ser adquirido, bem como apresente as justificativas contendo o diagnóstico da necessidade da aquisição e da adequação do objeto aos interesses da Administração, em obediência ao disposto nos artigo 14 e 15, §7º, inciso II, da Lei nº 8.666/1993; 9.2.2. providencie pesquisa de preço com vistas a verificar a compatibilidade dos valores dos bens a serem adquiridos com os preços de mercado e a comprovar a vantagem para a Administração, mesmo no caso de aproveitamento de Ata de Registro de Preços de outro órgão da Administração Pública, em cumprimento ao artigo 15, §1º, da Lei nº 8.666/1993; 9.2.3. abstenha-se de adquirir bens em quantidade superior à registrada na Ata de Registro de Preços, evitando ocorrência semelhante à que consta do processo PA 624/2006, nos termos do artigo 8º, §3º, do Decreto nº 3.931/2001" (TCU, Plenário. Acórdão nº 2.764/2010. Rel. Min. Marcos Bemquerer, j. 13.10.2010).

> referido planejamento - desnuda a ausência de planejamento e poderia ser facilmente percebida, a partir do simples exame dos artefatos da contratação.
> Mesmo não sendo exigível que o dirigente máximo comparasse os artefatos aprovados com aqueles elaborados pelo MI (em que foram identificados claros indicativos de cópia de trechos dos artefatos do MI), não seria demais questionar, naquela situação, se foi efetivamente seguido o procedimento previsto na legislação, qual precisamente seria a necessidade de negócio a ser atendida ou as alternativas para o atendimento da necessidade de negócio. Não se trata de minucias da contratação, mas de aspectos centrais do dispêndio que seria efetivado.
> Em outras palavras, a despeito de o dirigente máximo não ter, de fato, a responsabilidade primária pelo planejamento de uma contratação de TI e, em regra, não ser exigível a revisão de minúcias técnicas do processo instruído pelas unidades a ele subordinadas, é forçoso reconhecer estarmos diante de ilegalidades que, friso, gravitam em torno de aspectos centrais da contratação, consistente na sua própria necessidade ou do estabelecimento de um modelo de remuneração absolutamente desarrazoado.
> Portanto, não se está a exigir que o então Presidente revisasse o trabalho de todos os servidores, incluindo da EPC e, portanto, de todos os órgãos técnicos responsáveis pela condução do processo de adesão, consoante alegado pelo responsável, mas da verificação do cumprimento do procedimento previsto na legislação, o qual independe de conhecimentos especializados na área de tecnologia da informação.[214]

O inciso III do §2º do artigo 86 também prescreve que a adesão à ata de registro de preços depende de consulta e aceitação do órgão ou entidade gerenciadora e do fornecedor. O apelido "carona" é apropriado para compreender esse aspecto do procedimento da adesão à ata de registro de preços. Ora, a carona depende da vontade. Ninguém deve ser obrigado a oferecer carona. Se for obrigado, já não se trata mais de carona, mas algo próximo de um sequestro ou coisa equivalente. Afora o trocadilho, não seria razoável supor uma adesão forçada, sem o consentimento do responsável pela ata de registro de preços a ser aderida. Quem fez a licitação e é o responsável pela ata de registro de preços deve avaliar se o fornecedor ou prestador do serviço reúne condições para oferecer os seus produtos ou préstimos a terceiros sem prejudicar os compromissos já assumidos, bem como se a adesão pretendida não desborda dos limites contidos nos §§4º e 5º do artigo 86. Assim o sendo, o responsável pela ata de registro de preços, nominado como órgão gerenciador, é obrigado a controlar todas as adesões, para não permitir que em seu conjunto ultrapassem o referido limite.[215]

Deduz-se que, para que o órgão gerenciador possa autorizar a adesão, o órgão aderente deve indicar o quantitativo que pretende contratar quando solicita a adesão. A rigor, o pedido de adesão é acompanhado da indicação precisa da quantidade, até para apurar se o fornecedor ou prestador signatário da ata terá ou não capacidade para atender a quem solicita a adesão.

---

[214] TCU, Acórdão nº 1.064/2024, Plenário. Rel. Min. Augusto Sherman, j. 29.5.2024.

[215] "Cabe ao órgão gerenciador da ata de registro de preços o controle das autorizações de adesão, a fim de que os quantitativos de cada item registrado contratados pelos caronas não superem os limites previstos no art. 22, §§3º, 4º e 4º-A, do Decreto 7.892/2013" (TCU, Plenário. Acórdão nº 894/2021. Rel. Min. Benjamin Zymler, j. 20.4.2021).

Outrossim, o §4º do artigo 53 da Lei nº 14.133/2021 exige expressamente que a adesão à ata de registro de preços seja submetida à análise da assessoria jurídica. A Orientação Normativa nº 88/2024, da AGU, é correta ao orientar que a atuação da assessoria jurídica do órgão não participante é limitada ao processo de adesão, de modo que ela não deve proceder à revisão jurídica do processo de licitação que gerou a ata de registro de preços que se pretende aderir. A mesma Orientação Normativa, com base no §5º do artigo 53 da Lei nº 14.133/2021, também dispensa a análise da assessoria jurídica em situações específicas. Confira-se:

> I) No âmbito do Sistema de Registro de Preços, as competências do art. 53 da lei nº 14.133, de 2021, e do art. 11, inciso vi, alínea "a", da Lei Complementar nº 73, de 1993, relativas ao controle de legalidade mediante análise jurídica do processo de contratação, são da exclusiva alçada da unidade consultiva que presta assessoramento jurídico ao órgão gerenciador do registro de preços. II) O órgão não participante, em obediência ao §4º do art. 53 da lei nº 14.133, de 2021, deverá submeter o processo de adesão à análise jurídica do respectivo órgão de assessoramento jurídico, hipótese em que este limitar-se-á a examinar a legalidade em relação aos requisitos da adesão. III) A análise a que se refere o inciso ii desta orientação normativa é dispensada, nos termos do §5º do art. 53 da Lei nº 14.133, de 2021, nos casos de adesão a ata de registro de preço para contratação: a) voltada à aquisição de bens para entrega imediata; ou b) na hipótese de o valor da contratação por adesão não superar 1% do valor caracterizado pela lei como contratação de grande vulto (art. 6º, xxii, da lei nº 14.133, de 2021), considerada a atualização anual legalmente exigida. IV) Não será necessária análise e manifestação jurídica específica nos casos em que o órgão de assessoramento jurídico do órgão não participante do registro de preço emitir manifestação jurídica referencial acerca do procedimento de adesão a ata de registro de preço. V) Os órgãos participante e não participante do sistema de registro de preços poderão solicitar manifestação específica da respectiva unidade de consultoria jurídica para que lhe preste assessoramento acerca da juridicidade do processo de contratação, desde que haja dúvida de ordem jurídica objetivamente exposta no processo. Referência: art. 53, da Lei nº 14.133, de 2021.

Ainda, é necessário que se produza ato administrativo que formalize a adesão à ata de registro de preços, o que é atribuição da autoridade competente, de acordo com a organização interna de cada órgão ou entidade.

Em âmbito federal, o artigo 31 do Decreto nº 11.462/2023 prescreve regras procedimentais para a adesão à ata de registro de preços, que, em sua essência, repetem o prescrito na Lei nº 14.133/2021. Tais regras, de maneira geral, são compatíveis com as sugestões sinalizadas acima. Em adição, o §1º do artigo 31 do Decreto esclarece que o fornecedor deve aceitar a adesão antes da autorização do órgão ou entidade gerenciadora. Os §§2º e 3º do mesmo artigo demandam que, autorizada a adesão, a contratação ocorra em até noventa dias, que podem ser prorrogados excepcionalmente e desde que dentro do prazo de vigência da ata.

Diante das prescrições da Lei nº 14.133/202 e do Decreto nº 11.462/2023, propõe-se que o processo para a formalização de ata de registro de preços siga os seguintes passos:

- 1º passo - abre-se processo administrativo, devidamente autuado e numerado, a fim de juntar todos os documentos relativos à adesão à ata de registro de preços;

- 2º passo - sugere-se que se produzam os atos contidos no artigo 18 da Lei nº 14.133/2021 tocantes à etapa preparatória das licitações, com ênfase para o estudo técnico preliminar, termo de referência e para a pesquisa de preços. Ainda que não se faça, o aderente precisa especificar a sua demanda e o objeto que a atenda em algum documento. Também é obrigatório realizar a pesquisa de preços, em acordo com o artigo 23 da Lei nº 14.133/2021;
- 3º passo - levantamento de atas de registro de preços disponíveis para adesão, com a indicação expressa, formal e justificada da que melhor atende às necessidades do órgão ou entidade que pretende a adesão em face dos elementos constantes do estudo técnico preliminar, termo de referência ou documento equivalente (justificativa da vantagem);
- 4º passo - o órgão ou entidade interessada se comunica com a entidade detentora da ata de registro de preços (gerenciadora) solicitando informações, requerendo a adesão e indicando a quantidade que pretende contratar;
- 5º passo - a entidade detentora da ata de registro de preços (gerenciadora) consulta o signatário dela, o fornecedor ou prestador do serviço, requerendo a concordância dele;
- 6º passo - com o aceite do fornecedor ou prestador do serviço, o órgão ou entidade detentora da ata de registro de preços dirige ofício ao órgão ou entidade interessada, aderente, concordando ou não com a adesão;
- 7º passo - o processo de adesão à ata de registro de preços deve ser aprovado pela assessoria jurídica do órgão ou entidade interessada, aderente;
- 8º passo - a autoridade competente do órgão ou entidade interessada, aderente, emite ato administrativo de adesão à ata de registro de preços.[216]

É recomendável que os órgãos ou entidades que costumam aderir à ata de registro de preços produzam regulamento disciplinando e padronizando o procedimento, até mesmo para uniformizar os trâmites em conformidade com a legislação, oferecer segurança jurídica e preservar os seus servidores.

[216] 3. O órgão gerenciador pode conceder a um órgão não participante a adesão em ata de registro de preços, desde que os decretos regulamentadores das esferas de Governo (federal, estadual e/ou municipal) interessadas na adesão permitam a "carona" e o edital autorize expressamente a adesão, estabelecendo ainda os limites máximos de carona por órgãos estatais estranhos, respeitados os seguintes requisitos essenciais: a) elaboração de estudos preliminares pelo órgão não participante, em que constem as especificidades do objeto que pretenda adquirir, com a demonstração de sua adequação às suas necessidades, inclusive no que tange a prazos, quantidade e qualidade; b) demonstração, pelo órgão não participante, da vantajosidade da adesão em relação aos preços praticados no mercado, após realização de ampla pesquisa; c) consulta pelo pretenso órgão carona ao órgão gerenciador da ata, e respectiva autorização; d) manifestação da empresa fornecedora beneficiária da ata de registro de preços acerca da possibilidade de adesão, uma vez que não poderá causar prejuízo ao fornecimento do órgão gerenciador ou dos órgãos participantes da licitação; e) publicidade do termo de adesão à ata de registro de preços e das aquisições dele decorrentes; e f) seja observado o regramento específico do Sistema de Registro de Preços do órgão gerenciador, inclusive quanto à limitação quantitativa da adesão por órgãos não participantes, a exemplo do Decretos (estaduais) ns. 2.617/2009 e 4.661/2006, alterados pelo Decreto (estadual) n. 1.414/2017 e o Decreto (federal) n. 7.892/2013, com as alterações posteriores. g) sejam observados os limites estabelecidos no art. 86, §§4º e 5º, da Lei n. 14.133/2021 para as licitações realizadas de acordo com a mesma Lei. (TCE/SC, Plenário. Prejulgado nº 1895. Cons. Rel. Wilson Wan-Dall).

8.5 Adesão à ata de registro de preços de entidades de esferas federativas distintas

Questão recorrente envolve a licitude de uma entidade pertencente a dado ente federativo aderir à ata de registro de preços de entidade pertencente a outro ente federativo. Pois bem, o §8º do artigo 86 da Lei nº 14.133/2021 preceitua que "será vedada aos órgãos e entidades da Administração Pública federal a adesão à ata de registro de preços gerenciada por órgão ou entidade estadual, distrital ou municipal".

O dispositivo supracitado não proíbe em absoluto a adesão de atas de registro de preços entre órgãos e entidades de esferas federativas diferentes. Ele proíbe apenas que os órgãos e entidades federais adiram às atas de órgãos e entidades estaduais, municipais ou do Distrito Federal. Por sua vez, permite que estas adiram às atas federais.

A solução veiculada na Lei nº 14.133/2021 é apegada a entendimento que vem sendo sufragado pela Advocacia-Geral da União e pelo Tribunal de Contas da União ainda sob a vigência da Lei nº 8.666/1993.[217] A Advocacia-Geral da União, a propósito, editou a Orientação Normativa nº 21/2009, vedando que órgãos públicos federais procedam à adesão de atas de registro de preços da Administração Pública estadual, municipal ou do Distrito Federal.

O argumento que levou a Advocacia-Geral da União e o Tribunal de Contas da União a firmarem esse entendimento é que, se a ata de registro de preços é estadual, municipal ou do Distrito Federal, a licitação pública que a antecedeu não teve a mesma dimensão de publicidade que as promovidas pelos órgão e entidades da Administração Pública Federal, uma vez que o aviso do edital, em consonância com os incisos do artigo 21 da Lei nº 8.666/1993 e com o inciso I do artigo 4º da Lei nº 10.520/02, foi publicado no Diário Oficial do respectivo ente federado e não no da União.

O raciocínio encampado pela Advocacia-Geral da União e pelo Tribunal de Contas da União parte de premissa equivocada. Ocorre que, nos termos das revogadas leis nº 8.666/1993 e nº 10.520/2092, a publicidade dos editais promovidos por órgãos e entidades federais não era mais ampla que a dos editais estaduais, distrital ou municipais. Era apenas diferente. Insista-se, de acordo com os incisos do artigo 21 da Lei nº 14.133/2021 e com o inciso I do artigo 4º da Lei nº 10.520/2002, a diferença era que os editais federais eram publicados no Diário Oficial da União e os demais no do respectivo ente. Todos eles circulavam livremente e por todo o país. Não existe Diário Oficial da República Federativa do Brasil, que perpassaria todos os entes federados. O Diário é da União, que não passa de mais um ente da Federação e que não se sobrepõe aos outros por imperativo do artigo 19 da Constituição Federal.

Pode-se dizer, no máximo, que os diários oficiais dos diferentes entes federativos têm focos e repercussões diferentes. Nesse sentido, talvez em determinado estado o Diário Oficial do estado seja mais eficaz que o Diário Oficial da União. Quer dizer que,

---

[217] "Representação. Licitação. Registro de preços. Adesão ou participação apenas por órgãos ou entidades do mesmo ente [...] 1.6. Determinar ao Embratur que: [...] 1.6.2. abstenha de aderir ou participar de Sistema de Registro de Preços, se a gerência desse estiver a cargo de órgão ou entidade da Administração Pública Estadual, Municipal ou do Distrito Federal, em razão da devida publicidade que deve ser dada ao certame licitatório no âmbito da Administração Pública Federal, em obediência ao inciso I do artigo 21 da Lei 14.133/2021, bem como de conformidade aos princípios básicos da legalidade, da publicidade e da igualdade e à Orientação Normativa AGU 21/2209" (TCU. Relaçao nº 34/2009. Rel. Min. Walton Alencar Rodrigues, j. 17.11.2009).

a depender da situação, o Diário Oficial do estado pode oferecer maior publicidade e ampliar mais a disputa que o Diário Oficial da União. Repita-se, um não se sobrepõe ao outro, são apenas diferentes.

Desse modo, se a vedação à adesão à ata de registro de preços estadual, distrital ou municipal por órgão ou entidade federal fosse pertinente e fizesse sentido, também deveria ser vedada a adesão estadual, distrital ou municipal às atas federais. Repita-se que as publicidades são diferentes e a da União não é necessariamente mais ampla ou mais eficaz que as das demais unidades da Federação.

É de assinalar que a questão relacionada à publicidade dos editais tem nova dimensão na Lei nº 14.133/2021 diante da obrigação de publicação no Portal Nacional de Contratações Públicas (PNCP), como exige o seu artigo 54, que visa a lhe emprestar justamente amplitude nacional. A publicação em Diário Oficial e em jornal de circulação, prevista no §1º do artigo 54, ainda que obrigatória, parece coadjuvante diante do Portal Nacional de Contratações Públicas (PNCP), quase como se fosse um reforço ou adendo. O Portal Nacional oferece dimensão nacional a todos os editais, de todas as entidades da Federação.

De mais a mais, a lógica da adesão à ata de registro de preços não depende, necessariamente, da licitação pública que a antecedeu. Se dependesse, a conclusão deveria ser pela inconstitucionalidade e ilegalidade completa da adesão à ata de registro de preços – como, aliás, defende o autor deste livro. Ora, se dependesse da licitação pública, uma ata de registro de preços, decorrente de edital com quantitativo de mil unidades, não poderia, através de adesões sucessivas, alcançar duas mil unidades. Admitida a figura da adesão à ata de registro de preços, é da sua essência que a adesão e o aderente não devem ser condicionados pela licitação pública que antecedeu a ata a ser aderida.

Convém salientar que não haveria de cogitar de atentado à autonomia federativa, dado que a adesão à ata de registro de preços depende da concordância de ambos os envolvidos. Haveria violação à autonomia federativa se uma entidade, pertencente a uma esfera federativa, impusesse a outra, de outra esfera federativa, a adesão à ata de registro de preços. No entanto, como isto não ocorre, como tudo depende, insista-se, da concordância de todas as partes, não há qualquer óbice.

De toda sorte, repita-se que o §8º do artigo 86 da Lei nº 14.133/2021 proíbe que órgão ou entidade federal adira à ata de registro de preços de outras entidades da Federação. Essa proibição é clara e não pode ser considerada inconstitucional, embora, como demonstrado, não tenha uma razão consistente. A impressão é que o legislador, sem maior reflexão, apenas incorporou à Lei nº 14.1333/2021 entendimento que foi construído pela Advocacia-Geral da União e pelo Tribunal de Contas da União diante de outro quadro legislativo, baseado na Lei nº 8.666/1993. Reproduziu o entendimento sem atentar que ele desde sempre foi e é equivocado e que a proibição faz ainda menos sentido diante do Portal Nacional de Contratações Públicas (PNCP).

8.6 A vedação à adesão à ata de registro de preços municipal

O §3º do mesmo artigo 86 da Lei nº 14.133/2021, em sua redação original, estabelece que a adesão é "limitada a órgãos e entidades da Administração Pública federal, estadual, distrital e municipal que, na condição de não participantes, desejarem aderir à ata de registro de preços de órgão ou entidade gerenciadora federal, estadual ou distrital". A Lei nº 14.770/2023 alterou o §3º do artigo 86, que passou a apresentar a seguinte redação:

> Art. 86. [...]
> §3º A faculdade de aderir à ata de registro de preços na condição de não participante poderá ser exercida:
> I - por órgãos e entidades da Administração Pública federal, estadual, distrital e municipal, relativamente a ata de registro de preços de órgão ou entidade gerenciadora federal, estadual ou distrital; ou
> II - por órgãos e entidades da Administração Pública municipal, relativamente a ata de registro de preços de órgão ou entidade gerenciadora municipal, desde que o sistema de registro de preços tenha sido formalizado mediante licitação.

A redação original do dispositivo era ruim. Extraia-se dele, com relativa facilidade, que órgãos e entidades federais, estaduais e distritais não podem aderir à ata municipal. Demais disso, como visto, na forma do §8º do artigo 86, órgão e entidade federal não poderiam aderir à ata de nenhuma outra entidade da Federação. Em complemento, órgãos e entidades estaduais e distritais não poderiam aderir à ata municipal. Órgãos e entidades estaduais e distritais poderiam aderir à ata federal, estadual e distrital. Órgãos e entidades municipais poderiam aderir às atas de quaisquer entidades da Federação.

A alteração promovida pela Lei nº 14.770/2023 foi para esclarecer que município pode aderir à ata de registro de preços municipal, o que talvez tenha gerado alguma dúvida diante da redação original. No entanto, para além disso, o inciso II do §3º do artigo 86 veda adesão de município à ata municipal não precedida de licitação. Essa restrição não existe para as adesões de atas estaduais, distritais ou federais e não faz, sob essa perspectiva, qualquer sentido, afora ser inconstitucional, por ofensa ao inciso III do artigo 19 da Constituição Federal, cujo teor veda à União, aos estados, ao Distrito Federal e aos municípios criar distinções entre si. Ora, de acordo com o referido inciso inserido na Lei nº 14.133/2021, se a ata é federal, distrital ou estadual, a adesão é admitida amplamente, inclusive se a ata decorre de contratação direta. Se a ata é municipal, não se admite adesão de ata decorrente de contratação direta. A distinção, provida pela União e contida na Lei nº 14.770/2023, claramente distingue a União, o Distrito Federal e os estados dos municípios, em desarmonia, repita-se, com o inciso III do artigo 19 da Constituição Federal e em menoscabo aos municípios.

8.7 Adesão à ata de registro de preços com o mesmo objeto de ata de registro de preços mantida pelo órgão ou pela entidade

O inciso VIII do *caput* do artigo 82 da Lei nº 14.133/2021 veda a "participação do órgão ou entidade em mais de uma ata de registro de preços com o mesmo objeto no prazo de validade daquela de que já tiver participado, salvo na ocorrência de ata que tenha registrado quantitativo inferior ao máximo previsto no edital".

O dispositivo supracitado não proíbe que determinado órgão possua ata de registro de preços vigente, na qualidade de gerenciador ou participante, e adira a uma outra ata de registro de preços com o mesmo objeto. Ocorre que a participação não se confunde com a adesão. O participante, como dito, promove juntamente com o órgão gerenciador a licitação, sendo que a ata de registro de preços é firmada ao seu favor. O aderente apenas contrata com base em ata de registro de preços de que não participa. Logo, a adesão à ata de registro de preços por parte de órgão ou entidade que participe de uma outra ata de registro de preços com o mesmo objeto não é proibida pelo inciso VIII do *caput* do artigo 82 da Lei nº 14.133/2021.

Relembre-se que o artigo 83 da Lei nº 14.133/2021 não obriga que a Administração contrate com base na ata de registro de preços. Logo, é permitido a órgão ou entidade administrativa preferir não contratar com base na ata de que participa e, se for o caso, promover nova licitação ou até mesmo aderir à ata de terceiro. É preciso, no entanto, que haja justificativa para aderir à ata de registro de preços, o que se robustece nas hipóteses em que o órgão ou entidade que pretende a adesão participa de ata de registro de preços com o mesmo objeto. Embora possa haver outras justificativas, a mais frequente e legítima é que a ata que se pretende aderir apresenta condições mais vantajosas do que a ata do próprio órgão ou entidade, sendo que o fornecedor desta não concordou em reduzir o seu preço.

8.8 Adesão à mesma ata de registro de preços em mais de uma oportunidade pelo mesmo órgão

Não há impedimento que dado órgão ou entidade adira à mesma ata de registro de preços em mais de uma oportunidade. Em termos práticos, num primeiro momento, aderiu em determinada quantidade. Depois, diante de nova demanda, pretende aderir à ata novamente. Repita-se que não há óbice desde que se respeitem os limites para adesão preceituados nos §§4º e 5º do artigo 86 da Lei nº 14.133/2021. Noticia-se que, sob a mira da Lei nº 8.666/1993, a Controladoria-Geral da União se manifestou favoravelmente à hipótese de adesão em mais de uma oportunidade.[218]

8.9 Não é permitido aos órgãos gerenciador e participantes aderirem à ata de registro de preços

O §3º do artigo 86 da Lei nº 14.133/2021 prescreve textualmente que a adesão pode ser realizada por órgão ou entidade da Administração Pública que não seja participante da ata. A conclusão é que órgão gerenciador e participantes não podem aderir às suas próprias atas, apenas terceiros podem fazê-lo.

Ressalva-se que os órgãos gerenciador e participante podem aderir à ata de que participam desde que em relação a itens constantes dela de que não façam parte. Se não fazem parte, não participam daquele item, logo, lhes é permitido aderir. A Controladoria-Geral da União, com base na Lei nº 8.666/1993, acertadamente, reconhece a possibilidade.[219]

---

[218] BRASIL. Controladoria-Geral da União. *Sistema de registro de preços*. Perguntas e respostas. Edição revisada. 2014. p. 48. Disponível em: https://repositorio.ufsc.br/handle/123456789/208412.

[219] "56. Há possibilidade de um órgão ser participante e 'carona' na mesma ARP? Sim. Desde que a licitação ocorra por item e a demanda apresentada pelo referido órgão participante ao órgão gerenciador não contemple todos os itens da licitação. Ou seja, em que pese a ata registrar preços para diversos itens, o órgão participante integra apenas aqueles para os quais indicou interesse em participar do registro de preços, e encaminhou ao órgão gerenciador a sua estimativa de consumo e, posteriormente, manifestando concordância com o objeto

Nesse sentido, em âmbito federal, o §4º do artigo 31 do Decreto nº 11.462/2023 confirma que é permitido ao órgão participante ou mesmo ao gerenciador aderir a itens da ata "[...] para os quais não tenha quantitativo registrado".

8.10 Aditivos à ata de registro de preços aderida

A entidade aderente deve preservar as mesmas condições da ata de registro de preços original, sem que seja a ela permitido alterar o objeto. Relembre-se que a adesão à ata de registro de preços somente deve ser realizada se comprovada a sua vantagem, que envolve questões de ordem econômico-financeira e técnica. Se o objeto consignado na ata de registro de preços não atende às demandas técnicas da entidade interessada, se for necessário objeto com outras especificações, ela não deve ultimar a adesão. Ela deve realizar a sua própria licitação. É o entendimento do Tribunal de Contas da União:

> 1.5. Alertar o [...] que: [...]
> 1.5.4. abstenha-se de aderir a atas de registro de preços cujos objetos possuam diferenças essenciais em relação às necessidades demonstradas por essa autarquia, a exemplo do ocorrido quando da adesão à Ata de Registro de Preços do Pregão Eletrônico nº 22/2006, do Ministério do Exército, por violar o disposto no §1º do artigo 54 da Lei nº 8.666/1993, c/c o artigo 8º do Decreto nº 3.931/2001.[220]

Admite-se, excepcionalmente, pequenos ajustes no objeto da ata de registro de preços, sempre de ordem periférica. Por exemplo, ata de registro de preços que tem por objeto uniforme escolar. A camiseta do uniforme é de cor amarela. O aderente pretende que a camiseta do seu uniforme seja da cor azul. Isto não prejudicaria em nada o plexo de obrigações contraídas na ata de registro de preços, não a desnaturaria nem a afetaria. Por razoabilidade, deve-se admitir porque, em caso contrário, é provável que qualquer adesão estaria inviabilizada.

9 Remanejamento de quantitativos registrados em ata

Em âmbito federal, o artigo 30 do Decreto nº 11.462/2023 prescreve que pode haver remanejamento das quantidades registradas em ata pelo órgão gerenciador entre os órgãos participantes e entre não participantes. O §1º do artigo 30 prescreve que o remanejamento somente pode ocorrer de órgão participante para órgão participante e de órgão participante para órgão não participante, o que sempre depende da autorização do órgão gerenciador (§4º do artigo 30). Evidentemente, o remanejamento depende da anuência do órgão participante que sofre a redução dos quantitativos para si registrados (§4º do artigo 30).

---

a ser licitado, antes da realização do procedimento licitatório. E, considerando que a licitação por itens são licitações distintas que ocorrem ao mesmo tempo e que o órgão não apresentou demanda para todos, não há vedação legal para usufruir da previsão contida no artigo 22, do Decreto nº 7.892/2013 para os itens em que não apresentou demanda, desde que observados os limites individual e geral referentes, respectivamente, a 100% e cinco vezes o quantitativo de cada item registrado na ARP" (BRASIL. Controladoria-Geral da União. *Sistema de registro de preços*. p. 49. Perguntas e respostas. Edição revisada. 2014. Disponível em: https://repositorio.ufsc.br/handle/123456789/208412).

[220] TCU, Segunda Câmara. Acórdão nº 2.557/2010. Rel. Min. José Jorge, j. 25.5.2010.

Explica-se com exemplo prático: há dois órgãos participantes, cada um com registro de cem unidades. O primeiro órgão participante, durante a vigência da ata, sabe que não precisará de mais de setenta unidades. O segundo precisa de quantitativo maior. As trinta unidades que não serão contratadas pelo primeiro participante poderão ser contratadas pelo segundo participante.

O remanejamento também pode ser realizado de órgão participante para não participante. Explica-se: a ata de registro de preços, no seu total, conta com mil unidades registradas. Órgão participante X conta com cem unidades ao seu favor, porém, somente precisará de setenta unidades. O edital previu que poderia haver adesão à ata de registro de preços, porém, limitada a mil unidades. As mil unidades destinadas à adesão já foram consumidas. Determinado órgão pretende aderir, no entanto, em princípio, vê-se impedido, porque, repita-se, todo o quantitativo previsto para a adesão já foi consumido. Como o órgão participante X não precisará de trinta unidades registradas em seu favor, poderá remanejá-las para a adesão do órgão não participante interessado.

Anote-se que o §3º do artigo 30 do Decreto nº 11.462/2023 prescreve que o remanejamento para órgão não participante deve respeitar os limites previstos para as adesões às atas de registro de preços. Ou seja, nenhum órgão não participante pode contratar mais do que cinquenta por cento dos quantitativos registrados na ata e as contratações decorrentes de adesões não podem ultrapassar, no seu total, o dobro do registrado na ata.

Daí conclui-se que o remanejamento para não participantes goza de espaço bastante limitado de aplicação prática, porque só teria utilidade diante de edital ou ata de registro de preços que permita a adesão em quantidade inferior ao limite legal, que é o dobro do total registrado. E, por experiência, os editais e atas de registro de preços, em quase totalidade, preveem adesão no limite máximo.

Explicando melhor: o remanejamento somente se justifica se não houver mais quantitativos disponíveis na ata de registro de preços. Por lógica, se houver quantitativo disponível, contrata-se o quantitativo disponível, sem necessidade de remanejamento.

Então, se o edital e a ata de registro de preços preveem para adesão o dobro do registrado, não haverá o que ser remanejado para não participantes. Ora, se contratado o dobro, não poderá mais haver remanejamento para não participantes, haja vista o limite preceituado no §3º do artigo 30 do Decreto nº 11.462/2023. Enfim, o remanejamento para não participantes, destinado às adesões, só terá sentido no caso de editais que estabeleçam limite total para adesões inferior ao permitido em lei.

O §2º do artigo 30 do Decreto nº 11.462/2023 prescreve que "o órgão ou a entidade gerenciadora que tiver estimado as quantidades que pretende contratar será considerado participante para fins do remanejamento [...]". Então, o órgão ou entidade gerenciadora também pode ser beneficiado com o remanejamento. Ora, se pode haver remanejamento entre órgãos participantes, não há razões para impedir o órgão gerenciador de fazê-lo. A proibição não seria razoável.

Outrossim, o §5º do artigo 30 Decreto nº 11.462/2023 prescreve que, "caso o remanejamento seja feito entre órgãos ou entidades de Estados, do Distrito Federal ou de Municípios distintos, caberá ao fornecedor beneficiário da ata de registro de preços, observadas as condições nela estabelecidas, optar pela aceitação ou não do fornecimento decorrente do remanejamento dos itens". Portanto, se o remanejamento ocorrer entre órgãos e entidades da mesma esfera da Federação, o fornecedor sequer precisaria ser consultado, seria consultado apenas se o fornecimento ou prestação de serviços ocorresse em esfera da Federação diferente da originalmente registrada na ata.

10 Contrato decorrente de ata de registro de preços

Como já acentuado, o registro de preços envolve três etapas, a licitação, a ata de registro de preços e o contrato administrativo. Pois bem, a licitação, em linhas gerais, é como qualquer outra. Concluída a licitação, o vencedor é convocado para assinar a ata de registro de preços, por efeito da qual ele assume a obrigação de executar o quantitativo licitado, de acordo com a proposta apresentada por ele durante a licitação, dentro da vigência dela. A Administração, até esse momento, não assume obrigações. Depois de assinada a ata de registro de preços, a Administração, se quiser, pode firmar contratos de acordo com as suas necessidades e com as condições dispostas nela. Ou seja, depois de assinada a ata de registro de preços, a Administração contrata se quiser, quando quiser (desde que dentro da vigência da ata) e na quantidade que quiser (desde que não ultrapasse o quantitativo registrado na ata). Dentro desse contexto, o contrato representa a última etapa do registro de preços.

Convém destacar que da ata de registro de preços não decorre necessariamente apenas um contrato. Ao contrário, dela podem advir vários contratos, conforme as demandas da Administração. Por exemplo, a ata de registro de preços tem por objeto quinhentas unidades de dado objeto. A Administração pode contratar inicialmente trinta unidades. Depois de um mês, outras cem unidades, depois setenta, tudo de acordo com as suas demandas. Sempre que a Administração tiver necessidade, ela convoca o vencedor e firma com ele contrato. Sublinha-se que os contratos devem ser formalizados de acordo com as regras da Lei nº 14.133/2021, admitindo-se, consoante o seu artigo 95, que o instrumento de contrato seja substituído por outro instrumento hábil, como carta-contrato, nota de empenho de despesa, autorização de compra ou ordem de execução de serviço.

Esclareça-se que, assinada a ata de registro de preços, todas as vezes que a Administração convoca o signatário dela e requer o fornecimento de bem ou a prestação de serviço ela firma um contrato. Entretanto, esse contrato não precisa ser sempre formalizado por instrumento de contrato. O artigo 95 da Lei nº 14.133/2021 admite outras formas, como carta-contrato, nota de empenho de despesa, autorização de compra ou ordem de execução de serviço. O artigo 95 da Lei nº 14.133/2021 será objeto de parcimoniosos comentários no capítulo dedicado à formação dos contratos administrativos. De todo modo, adianta-se que a substituição do instrumento de contrato por outros equivalentes é admitida nas situações em que o valor do contrato não ultrapassa os limites da dispensa de licitação em razão do valor ou em que o objeto dele referir-se a fornecimento com entrega imediata dos bens a serem adquiridos. Nessas situações, haverá contrato; não haverá instrumento de contrato.

De mais a mais, o contrato decorrente de registro de preços segue todas as disposições da Lei nº 14.133/2021.

10.1 Duração dos contratos de prestação de serviços contínuos decorrentes de ata de registro de preços

Como dito, a duração da ata de registro de preços não se confunde com a duração dos contratos administrativos dela decorrentes. Os contratos administrativos devem ser firmados dentro da vigência da ata de registro de preços. Firmados, passam a ser regidos pelas normas pertinentes aos contratos administrativos, inclusive quanto à duração. O parágrafo único do artigo 84 da Lei nº 14.133/2021 reconhece que "o contrato decorrente da ata de registro de preços terá sua vigência estabelecida em conformidade com as disposições nela contidas". Veja-se que, inclusive, é permitido prorrogar os contratos, desde que atendidas as condições prescritas na Lei nº 14.133/2021.[221]

11 Regime especial sobre registro de preços para o enfrentamento de impactos decorrentes de estado de calamidade pública

Como exposto e contextualizado no capítulo 6 desta obra, a Lei nº 14.981/2024 dispõe de medidas excepcionais para aquisição de bens e a contratação de obras e de serviços, inclusive de engenharia, destinados ao enfrentamento de impactos decorrentes de estado de calamidade pública. Independentemente e antes da Lei nº 14.981/2024, a calamidade pública já autorizava e autoriza a dispensa de licitação, na forma do inciso VIII do artigo 75 da Lei nº 14.133/2021. A Lei nº 14.981/2024 prescreve condições especiais e, em regra, mais flexíveis para a dispensa de licitação em estado de calamidade pública, bem como trata de aspectos relacionados às licitações e aos próprios contratos firmados em estado de calamidade pública, criando um denominado regime especial de registro de preços (inciso V do artigo 2º da Lei nº 14.981/2024). Chama a atenção que a calamidade pública autoriza e justifica a contratação com dispensa de licitação e, em que pese isso, é também possível à Administração, em vez de contratar com dispensa de licitação, proceder à licitação, decisão esta que se encontra dentro das competências discricionárias da Administração. É de supor que, como possível a dispensa de licitação, a Administração a prefira. Sem embargo, como dito, não se exclui de antemão a licitação.

Abrem-se parênteses para salientar que o §1º do artigo 1º da Lei nº 14.981/2024 prescreve que as medidas excepcionais prescritas na referida lei são condicionadas à "declaração ou reconhecimento do estado de calamidade pública pelo Chefe do Poder Executivo do Estado ou do Distrito Federal ou pelo Poder Executivo federal" (inciso I) e a "ato do Poder Executivo federal ou do Chefe do Poder Executivo do Estado ou do Distrito Federal, com a autorização para aplicação das medidas excepcionais e a indicação do prazo dessa autorização" (inciso II). Sem tais providências, ainda que de fato esteja-se diante de uma situação de calamidade pública, as medidas da Lei nº 14.981/2024 não podem ser utilizadas. Fecham-se parênteses.

---

[221] "67. Por outro lado, há que se considerar que, uma vez assinado um contrato, ainda que decorrente da utilização de uma ata de registro de preços, este passa a ser amparado pelo artigo 57, inciso II, §4º, da Lei 8.666/1993, no que se refere a prazo contratual e prorrogações. Dessa forma, olhando para a questão da prorrogação em si, há sustentação legal para a sua admissão, embora não se possa dizer o mesmo para a sua celebração, ocorrida no ano anterior. 68. Assim, considerando que se trata de contrato administrativo que formalmente aceita prorrogação, entende-se por elidida a irregularidade" (TCU, Plenário. Acórdão nº 3.231/2011. Rel. Min. Aroldo Cedraz, j. 7.12.2011).

Pois bem, em relação ao regime especial de registro de preços, a principal novidade da Lei nº 14.981/2024 reside no preceituado no parágrafo único do seu artigo 6º, cujo teor prescreve:

> Art. 6º [...] Parágrafo único. O sistema de registro de preços poderá ser utilizado para a contratação direta de obras e de serviços de engenharia, desde que presentes as condições previstas no art. 85 da Lei nº 14.133, de 1º de abril de 2021 (Lei de Licitações e Contratos Administrativos), inclusive por apenas um órgão ou entidade.

Vê-se que, de maneira geral e independentemente do estado de calamidade pública, o §6º do artigo 82 da Lei nº 14.133/2021 autoriza o registro de preços por meio de inexigibilidade e dispensa de licitação "[...] para a aquisição de bens ou para a contratação de serviços por mais de um órgão ou entidade". Como defendido, no tópico 5.4. do presente capítulo, ao qual se remete o leitor, o registro de preços por meio de contratação direta pode perfeitamente ser empregado para atender a demanda de apenas um órgão ou entidade. Sem embargo disso, fato é que a redação do §6º do artigo 82 da Lei nº 14.133/2021 não é a melhor, devendo-se reconhecer que ela causa controvérsia. Não se pode afastar que muitos farão leitura do §6º do artigo 82 da Lei nº 14.133/2021 em sentido contrário ao defendido neste livro, para concluir que o registro de preços por meio de inexigibilidade e de dispensa de licitação somente seria admitido se ele servisse a mais de um órgão ou entidade. Sob esse contexto, o parágrafo único do artigo 6º da Lei nº 14.981/2024 é útil porque reafirma a legalidade de contratação direta de registro de preços e que ele pode ser realizado por apenas um órgão ou entidade.

É de perceber que o parágrafo único do artigo 6º da Lei nº 14.981/2024 restringe-se, em sua redação, a obras e serviços de engenharia. No entanto, independentemente dele, o §6º do artigo 82 da Lei nº 14.133/2021 permite que o registro de preços seja promovido por meio de contratação direta para a aquisição de bens e a prestação de serviços em geral, sem qualquer sorte de restrição. Logo, independentemente do parágrafo único do artigo 6º da Lei nº 14.981/2024 e com base no §6º do artigo 82 da Lei nº 14.133/2021, é permitido empregar o registro de preços por meio de contratação direta para outros objetos que não obras e serviços de engenharia.

O artigo 7º da Lei nº 14.981/2024 versa sobre a adesão à ata de registro de preços sob o regime especial e a permite nas seguintes hipóteses:

> Art. 7º Na hipótese de objeto da contratação vinculado ao enfrentamento das consequências decorrentes do estado de calamidade pública previsto no art. 1º desta Lei, é facultada a adesão:
> I - por órgão ou entidade pública federal à ata de registro de preços de órgão ou entidade gerenciadora do Estado, do Distrito Federal ou dos Municípios atingidos; e
> II - por órgão ou entidade do Estado ou de Município atingido à ata de registro de preços de órgão ou entidade gerenciadora dos Municípios atingidos.

Os dispositivos supracitados têm duas utilidades. A primeira é permitir que órgão federal adira à ata municipal, o que, de forma geral, é vedado pelo §8º do artigo 86 da Lei nº 14.133/2021. A segunda é permitir que órgão municipal adira à ata de outro órgão municipal, eventualmente de um outro município atingido. A segunda utilidade reside no fato de que o inciso II do §3º do artigo 86 da Lei nº 14.133/2021 apenas permite a adesão de órgão municipal a ata de registro de preços que tenha sido formalizada mediante licitação. Com o supracitado inciso II do artigo 7º da Lei nº 14.981/2024, sob o regime especial, permite-se que órgão municipal adira à ata de registro de preços municipal, sem que, necessariamente, ela tenha sido precedida de licitação. Permite, então, a adesão por órgão municipal de ata de registro de preços municipal formalizada por contratação direta.

O artigo 8º da Lei nº 14.981/2024 reduz o prazo para que órgãos interessados em participar de ata de registro de preços manifestem a sua intenção. O prazo geral, do *caput* do artigo 86 da Lei nº 14.133/2021, é de, no mínimo, oito dias úteis. O prazo do artigo 8º da Lei nº 14.981/2024 é de dois a oito dias úteis. O prazo mínimo, portanto, foi reduzido para dois dias úteis.

O artigo 9º da Lei nº 14.981/2024 prescreve que, no prazo de até trinta dias após a assinatura da ata de registro de preços e antes da contratação, "[...] o órgão ou a entidade realizará, previamente à contratação, estimativa de preços, a fim de verificar se os preços registrados permanecem compatíveis com os praticados no mercado, promovido o reequilíbrio econômico-financeiro, caso necessário". O parágrafo único do mesmo artigo preceitua que esse pesquisa de preços deve ser renovada a cada trinta dias antes de proceder a nova contratação. O racional do artigo 9º é que, em situações de calamidade, os preços são bastante variáveis e com o tempo tendem a se estabilizar, voltando à normalidade. Portanto, a cada trinta dias deve-se fazer um novo levantamento e, constatando-se que o preço se alterou, promover o registro de preços.

O artigo 9º da Lei nº 14.981/2024 deve ser interpretado no sentido de que a cada trinta dias a pesquisa deve ser renovada e, passados os trinta dias, novas contratações não podem ser realizadas antes da renovação da pesquisa. O dispositivo não deve ser interpretado como se a cada contratação, mesmo antes de completar trinta dias, a pesquisa tivesse que ser renovada. Ora, se fosse assim, não seria precisp fixar o prazo de trinta dias. Bastaria ao legislador, se fosse o caso, exigir que a pesquisa fosse renovada a cada contratação, independentemente do prazo, o que tornaria o prazo de trinta dias prescrito no dispositivo totalmente inútil.

O artigo 10 da Lei nº 14.981/2024 permite a participação de órgãos e entidades em atas de registro de preços formalizadas com base no §3º do artigo 82 da Lei nº 14.133/2021, "[...] inclusive em relação às obras e aos serviços de engenharia, mantida a obrigação de indicação do valor máximo da despesa". O referido §3º do artigo 82 da Lei nº 14.133/2021 permite "registro de preços com indicação limitada a unidades de contratação, sem indicação do total a ser adquirido [...]". A utilidade do artigo 10 da Lei nº 14.981/2024 é a de ampliar a possibilidade de registro de preços sem indicação do total a ser adquirido para obras e serviços de engenharia, o que não é previsto no §3º do artigo 82 da Lei nº 14.133/2021.

O artigo 11 da Lei nº 14.981/2024 amplia os quantitativos das adesões à ata de registro de preços, estabelecendo que o máximo é de cinco vezes de cada item constante da ata de registro de preços. Repita-se que o limite geral, do §5º do artigo 86 da Lei nº 14.133/2021, é o dobro de cada item. Dessa forma, a adesão à ata de registro de preços, que é instrumento célere de contratação, bastante útil em casos de calamidade, é facilitada e amplificada. Com esse espírito, o artigo 12 da Lei nº 14.981/2024 prescreve que os limites à adesão à ata de registro de preços não se aplicam nas hipóteses de elas serem gerenciadas pela Central de Compras da Secretaria de Gestão e Inovação do Ministério da Gestão e da Inovação.

CAPÍTULO 17

FORMAÇÃO DOS CONTRATOS ADMINISTRATIVOS

1 Conceito de contrato administrativo

O desenho jurídico dado à Administração Pública centra-se em torno das especificidades relacionadas ao interesse público, que assumem o *status* de ponto de convergência de todas as atividades por ela desenvolvidas. Quer-se dizer que é próprio da função administrativa curar do interesse público, atuando de forma concreta, a fim de operacionalizar os comandos abstratos e gerais prescritos em lei, sempre com vistas ao incremento do bem-estar da coletividade.

O fato é que a Administração Pública participa de várias relações jurídicas, especialmente em face de terceiros, que se sujeitam às intervenções dela, sob a alegação de resguardo do interesse público, cuja abrangência, em linha geral, é maior que a dos interesses individualmente concebidos.

Por isso, ergue-se uma relação vertical entre a Administração Pública, gestora dos interesses coletivos, e os indivíduos, que buscam contemplar os seus interesses individualmente concebidos. É o que Celso Antônio Bandeira de Mello denomina "princípio da supremacia do interesse público sobre o privado",[222] cujo intento é conferir meios para a mantença da coletividade, dotando a Administração Pública de prerrogativas especiais.

Logo, a atividade da Administração Pública é marcada pela unilateralidade, por privilégios que lhe são concedidos para que o interesse público não seja sacrificado em face do individual, o que revela relações jurídicas desequilibradas, bem diferentes das que são típicas dos ramos do direito privado.

Sem embargo, o poderio da Administração Pública é limitado pelo Estado de Direito, de modo que os privilégios concedidos à Administração Pública não servem para minimizar os direitos e interesses individuais, principalmente aqueles constitucionalmente qualificados. Servem, isto sim, para criar instrumentos para a satisfação do interesse público, sempre dentro de contornos limitados. A Administração Pública não está autorizada a valer-se de medidas arbitrárias, instalando regime autoritário sob a alegação de zelar pelo interesse público. Conquanto o interesse público não se

[222] BANDEIRA DE MELLO, Celso Antônio. *Curso de direito administrativo*. 35. ed. São Paulo: Malheiros, 2021. p. 59.

confunda com o interesse privado, ambos não estão em perspectivas necessariamente opostas. Mas acontece, em determinadas situações e sob contornos delimitados, em que a satisfação do interesse público encontra óbice no interesse privado, que aquele prevaleça sobre este, sem, no entanto, aniquilá-lo.

Sob essa perspectiva, a Administração Pública, ainda que limitada pelo Estado de Direito, por meio da atividade de polícia, exerce o seu poderio para condicionar a liberdade e a propriedade individual às exigências da coletividade. Na mesma linha, não causa espécie a Administração Pública valer-se de poder para assegurar a escorreita prestação de serviços públicos, cujo proveito é compartilhado por todos.

Todavia, afora essas relações fundadas na unilateralidade, faz-se imperativo à Administração Pública interagir com os atores sociais de modo consensual, tal qual ocorre nas hipóteses em que ela necessita travar contratos com terceiros. A Administração Pública se vê crescentemente forçada a adquirir bens e a receber serviços e outras utilidades de seu interesse junto a terceiros. Para tanto ela firma contratos, cujo teor pressupõe o *acordo de vontades entre as partes contratantes a fim de criar obrigações e estabelecer o conteúdo delas, alinhando interesses opostos*.

Isto é, o contrato pressupõe:

a) o consentimento de ambos os polos do contrato para a formação do vínculo;

b) a determinação do conteúdo da relação jurídica; e

c) a harmonização de interesses contrapostos.[223]

O ponto é que a Administração Pública não pode obrigar terceiros a com ela contratarem, o que suaviza, nesse contexto, a sua capacidade de imposição.

Conquanto a Administração Pública dependa da concorrência da vontade de terceiros para constituir relações contratuais, descabe concluir que, por isso, ela não se beneficie com suas prerrogativas especiais. Assim sendo, em que pese a imprescindível concordância do contratado para a formação do vínculo, as relações contratuais firmadas pela Administração Pública apresentam caráter peculiar, justamente em tributo às prerrogativas especiais que lhe são conferidas, que têm o efeito de conformar o inicialmente pactuado às variáveis sujeições do interesse público, desequilibrando a posição dos contratantes.

Por isso, parte da doutrina sustenta o equívoco do termo *contrato administrativo*, já que o poderio conferido à Administração Pública não se harmonizaria com características supostamente essenciais da figura contratual, entre as quais merecem relevo a igualdade

[223] Carlos Ari Sundfeld distingue os *atos administrativos negociais*, em que "a concorrência das vontades é essencial para a formação do vínculo, mas nenhum papel desempenha na determinação do seu conteúdo" (*Licitação e contrato administrativo*: de acordo com as leis 14.133/2021 e 8.883/94. p. 198), dos *atos bilaterais*, nos quais, "seja na formação do vínculo, seja no seu conteúdo, são efeito do entrelaçamento da vontade das partes". Entre os atos administrativos bilaterais, distingue os tratados internacionais, os convênios e os contratos. Divergimos do supracitado autor na medida em que *tratados internacionais* não são atos administrativos, porém, políticos. Cf. NIEBUHR, Joel de Menezes. *O novo regime constitucional da medida provisória*. São Paulo: Dialética, 2001. p. 61-62. Todavia, no que tange aos convênios e aos contratos, a distinção não merece reparos, haja vista que os primeiros redundam "ato bilateral por meio do qual pessoas de direito público ou privado *ajustam a conjugação de esforços para o atingimento de objetivo comum* ou a execução de obra, facultada a denúncia unilateral a qualquer tempo" (SUNDFELD, Carlos Ari. *Licitação e contrato administrativo*: de acordo com as leis 8.666/1993 e 8.883/94. 2. ed. São Paulo: Malheiros, 1995. p. 199. Grifos nossos); e os segundos, noutro lado, implicam "atos bilaterais e consensuais reguladores de *interesses contrapostos*, geradores de efeitos jurídicos e vinculantes para as partes que os celebram" (grifos nossos).

entre os contratantes e a autoridade do pactuado, cujos termos não poderiam ser alterados nem extintos ao talante de qualquer dos contratantes. A rigor jurídico, para os partidários dessa tese, os denominados *contratos administrativos* seriam meros *atos administrativos*, cuja eficácia dependeria da aceitação dos terceiros envolvidos. Dessa sorte, o que fora constituído por ato administrativo não poderia ser afetado senão por outros atos administrativos, que encarnam o poderio da Administração Pública e explicam o desequilíbrio de ditas relações jurídicas.

Consoante o escólio de Gaspar Ariño Ortiz, as dificuldades em reconhecer a figura do contrato administrativo residem em sua aparente incompatibilidade com o poder soberano do Estado.[224] Causa perplexidade que as relações jurídicas nascentes de um *contrato* fiquem à mercê do poderio de um dos contratantes, que reúne capacidade para desestabilizá-las, ainda que por força do interesse público.

Todavia, outra interpretação reconhece a existência do *contrato administrativo*, dessa vez com feição própria, apartada daquela relativa ao direito privado. A ideia que a inspira consiste em compreender o *contrato* sob os auspícios da teoria geral do direito, sem se limitar à disciplina privada, a fim de descortinar conceito que sirva também às relações regidas pelo interesse público.[225]

O poderio da Administração Pública em suas relações contratuais passou a ser afirmado, por influência francesa, diante do reconhecimento das denominadas *cláusulas exorbitantes*, que, como o próprio nome indica, *exorbitam* da esfera privada, pois derrogam o regime de igualdade que lhe é típico.[226]

Sem embargo, Brewer-Carías opõe-se à denominação *cláusulas exorbitantes*, porque, na sua visão: (a) não são cláusulas, não são estipulações contratuais, pois decorrem da lei e, além disso, (b) não são exorbitantes, porque utilizadas também em contratos pautados pelo direito privado, conquanto não o sejam com frequência.[227]

Ademais, o termo *exorbitante* dá aos leigos a noção de desmando da Administração Pública em relação aos seus contratos, porque não esclarece o que está sendo *exorbitado* e em quais finalidades tais *exorbitâncias* visam aportar. Falta dizer que tudo quanto exorbita tem por pressuposto e escopo atribuir meios à Administração Pública para lograr os

---

[224] ARIÑO ORTIZ, Gaspar. Contrato y poder público: La figura del contrato administrativo en el derecho español y europeo. *In*: CASSAGNE, Juan Carlos (coord.). *Derecho administrativo*: obra colectiva en homenaje al Profesor Miguel S. Marienhoff. Buenos Aires: Abeledo-Perrot, 1998. p. 867.

[225] Allan-Randolph Brewer-Carías, com decalque em Roberto Dromi e Eduardo García de Enterría, leciona: "Ante todo, como lo ha puntualizado Dromi, debe quedar claro que la mayoría de las figuras jurídicas son comunes a las distintas ramas del derecho. Por ello, el contrato, tal como lo afirma E. García de Enterría, es una *institución general a todo el Derecho*, por lo que no es una figura propia de una rama jurídica específica; es común al derecho civil, al derecho mercantil, al derecho laboral y al derecho administrativo; y se lo califica de civil, mercantil, del trabajo o administrativo, cuando se le suman, a sus características básicas y genéricos, las notas peculiares y específicas del régimen regulado en esas ramas del derecho" (BREWER-CARÍAS, Allan R. *Contratos administrativos*. Caracas: Jurídica Venezolana, 1992. p. 42).

[226] Carlos Schmidt de Barros Júnior oferece a seguinte definição: "São cláusulas que não podem ser estipuladas ou são incomuns em contratos de direito privado, a revelar, em função de exigências de interesse público, a possibilidade de empregar procedimentos de decisão executória, não compatíveis com os contratos comuns" (BARROS JÚNIOR, Carlos Schmidt de. *Contratos administrativos*. São Paulo: Saraiva, 1986. p. 21).

[227] BREWER-CARÍAS, Allan R. *Contratos administrativos*. Caracas: Jurídica Venezolana, 1992. p. 47.

reclames do interesse público. Melhor seria chamá-las, as tais cláusulas exorbitantes, de *poderes administrativos* ou *prerrogativas administrativas protetoras do interesse público*.[228]

Aqueles que reconhecem a figura do *contrato administrativo* percebem que a igualdade não é a nota regente de todos os contratos, faltando, até mesmo, em certas categorias insertas no direito privado.[229] Aliás, a noção tradicional de contrato, cujos moldes privilegiavam a autonomia da vontade, a segurança do pactuado e, sobretudo, a igualdade formal entre os contratantes, cedeu a uma nova perspectiva, em que o Estado intervencionista, para proteger interesses de ordem pública, embora situados na esfera privada, prescreve cláusulas de cunho obrigatório, protege as partes mais fracas e, até mesmo, determina a alteração do pactuado. Ora, se inclusive no direito privado o perfil do contrato ganhou nova tonalidade, já não há argumentos para recusar o contrato administrativo em razão das prerrogativas atribuídas à Administração Pública. Os acordos de vontade celebrados pela Administração Pública para a criação de obrigações são *contratos* que, em razão ao poder ou às prerrogativas conferidas a ela, se distinguem dos demais, recebendo, exatamente por isso, a adjetivação de *administrativos*.

Logo depois de reconhecida a existência do *contrato administrativo*, surgiu percepção que pretende apartá-lo de outros contratos, também celebrados pela Administração Pública, mas sob a pretensa regência do direito privado. Sucede que, em vista da peculiar natureza de certas espécies de contratos, a Administração Pública não utiliza neles boa parte das prerrogativas que lhe são atribuídas, o que equilibra tais relações, aproximando-as do regime ordinário de um contrato de direito privado. Nesse passo, advoga-se que tais contratos não podem ser qualificados como administrativos, pois não são regidos pelo regime administrativo, que implica relação vertical entre a Administração Pública e os contratados.

Refuta-se essa tese sob o argumento de que todo contrato celebrado no âmbito da função administrativa deve ser qualificado como administrativo. Ou seja, se o contrato cumpre função administrativa, trata-se de contrato administrativo, mesmo porque uma das finalidades nele perseguida é a satisfação do interesse público.[230]

Outrossim, à Administração Pública não cabe dispensar integralmente as prerrogativas conferidas a ela para a proteção do interesse público, especialmente quando lhe são outorgadas por lei. Pode haver contratos em que a Administração detenha mais poderes, e outros em que detenha menos poderes. Todavia, um e outro continuam a

---

[228] Juarez Freitas prefere chamar as cláusulas exorbitantes de cláusulas protetivas do interesse público (FREITAS, Juarez. *Estudos de direito administrativo*. São Paulo: Malheiros, 1995. p. 168).

[229] Para Allan-Randolph Brewer-Carías, "queda claro que la misma igualdad, tan preconizada como base de la institución contractual del derecho privado, no es de la esencia de los contratos. Allí están los contratos de adhesión en el propio derecho privado para desmentir tal afirmación" (BREWER-CARÍAS, Allan R. *Contratos administrativos*. Caracas: Jurídica Venezolana, 1992. p. 15).

[230] Também Agustín Gordillo pontifica: "Todo esto significa en definitiva que todos los contratos que celebra la administración tienen un régimen primordialmente de derecho público; que ese régimen nunca es actualmente el autoritario de la doctrina clásica, sino que es un régimen de derecho público que busca satisfacer el interés público concreto a que el contrato debe servir, sin sacrificar los principios superiores de justicia y equidad a que todo el Estado debe propender. Con todo, es posible observar que no todos los contratos celebrados por la administración, que serán pues a nuestro juicio siempre 'contratos administrativos', tienen un régimen igual; existen por el contrario variadas gradaciones en cuanto a la intensidad del régimen de derecho público" (GORDILLO, Agustín A. *et al. Contratos administrativos* – Regímenes de pago y actualización. Buenos Aires: Astrea, 1998. t. I. p. 18).

ser chamados de *contratos administrativos*, já que a única variável reside na intensidade dos poderes, não em sua existência.

E isso porque a simples presença da Administração Pública num dos polos da relação contratual atrai a incidência dos princípios administrativos. Onde quer que se intrometa a Administração Pública, junto dela estão os princípios administrativos, que são o bastante para moldar as relações jurídicas por ela constituídas. Mesmo que a Administração Pública não utilize todas as prerrogativas que lhe são oferecidas, os princípios vinculam o mínimo delas, que se prendem em seu corpo, embora, em muitos casos, permaneçam em estado de potência. Ou seja, o fato de a Administração Pública não se valer das prerrogativas especiais que lhe são dadas não significa que elas lhe tenham sido retiradas. Nas situações em que o interesse público é ameaçado, emerge o poder da Administração Pública, que disporá de instrumentos para adequar os termos contratuais às pautas maiores da coletividade – tudo delimitado pela legalidade.

Demais disso, os princípios administrativos importam restrições às condições de válida produção do contrato administrativo, que deve, por regra, ser precedido de licitação pública, seguindo uma cadeia de formalidades. Outrossim, a fiscalização e o controle de sua execução são sujeitos a regime todo especial, bem distinto dos contratos de direito privado.

Destarte, a Administração Pública, gestora dos interesses públicos, jamais se alinha perfeitamente ao direito privado. Sempre há algo do direito público, porque tudo o que por ela é feito visa aos interesses públicos, pedra de toque de todas as suas atividades. E, queira-se ou não, os interesses públicos vestem-se de roupagem especial, distinta daquela regente das relações entre interesses privados.

2 O fracasso dos contratos administrativos

A nota típica dos contratos administrativos reside nas chamadas *cláusulas exorbitantes*, expressão consagrada pela doutrina. Melhor seria denominá-las *poderes administrativos* ou *prerrogativas protetoras do interesse público*. De todo modo, independentemente do rótulo, o fato é que a Administração Pública se vale de prerrogativas especiais para o gerenciamento dos seus contratos, que a põe em posição de vantagem em relação aos contratados.

Parte das referidas prerrogativas é enumerada nos incisos do artigo 104 da Lei nº 14.133/2021: a Administração pode alterar unilateralmente os contratos administrativos (inciso I); ela também pode extingui-los unilateralmente (inciso II); é dado a ela o poder de fiscalizar amplamente a sua execução (inciso III); cabe a ela aplicar sanções administrativas sobre o contratado faltoso (inciso IV); e, nos casos de serviços essenciais ou diante de necessidade de acautelar apuração administrativa de faltas contratuais pelo contratado após extinção do contrato, ocupar provisoriamente bens móveis, imóveis, bem como utilizar pessoal e serviços vinculados ao objeto do contrato (inciso V).

O fato é que as relações contratuais da Administração Pública são desequilibradas ao seu favor. Ela dispõe de várias prerrogativas a fim de que os interesses públicos prevaleçam sobre os interesses meramente privados dos contratados.

Sob esse contexto, com larga frequência, a Administração Pública vem agindo verdadeiramente de modo arbitrário em relação aos contratados, cujas posições assemelham-se, muitas vezes, à de um refém. A Administração Pública, por abuso, oprime os contratados, não realiza as medições no tempo devido, retém pagamentos, promove alterações unilaterais despropositadas ou não as promove quando devidas, exige condições impertinentes e leoninas, tudo em nome da proteção ao interesse público.

Os contratados, na grande maioria das situações, são forçados a ceder às arbitrariedades da Administração Pública, mormente em razão da ausência quase absoluta no ordenamento jurídico nacional de instrumentos de controle e de garantia minimamente eficazes. Na prática, se os contratados se opõem aos abusos, a Administração suspende os pagamentos que lhe são devidos, muitas vezes inviabilizando suas atividades.

A situação é agravada porque, afora as prerrogativas que favorecem a Administração Pública, o contratado tem direitos, porém não instrumentos eficazes para fazer valer os seus direitos. Por exemplo, o contratado tem o direito de receber o pagamento em dia. A Administração não paga. O contratado, se quiser, deve propor ações judiciais para cobrança ou execução. Não se concede tutela antecipada para forçar a Administração Pública a pagar, portanto o resultado útil do processo para o contratado somente ocorre depois do trânsito em julgado, expedição e pagamento de precatório (artigo 100 da Constituição Federal), o que costuma, pela experiência prática, consumir anos ou décadas.

Na realidade, por esse conjunto de fatores, o contratado, para receber o que lhe é devido no tempo ajustado, depende da boa-vontade dos gestores públicos. Se os gestores públicos não quiserem pagar, pura e simplesmente não pagam e não lhes acontece coisa alguma. E o contratado, por outro lado, como visto, não é dotado de instrumentos eficazes para exigir os pagamentos.

Em vista dessa situação, a Administração Pública sofre em razão de estridente falta de credibilidade, tudo em decorrência de prática irresponsável, arbitrária, ao sabor de ingerências políticas estranhas ao interesse público. E isso prejudica a própria Administração Pública, porque, diante da falta de confiança, ela acaba recebendo propostas desvantajosas.

Além de tudo, essa situação força muitos contratados, ainda que a contragosto, a oferecerem propinas às autoridades responsáveis pelos pagamentos, criando espécie de padrão de comportamento, de certa forma arraigado em boa parte da Administração. Ainda que ilegítima, imoral e não justificável, a propina é, muitas vezes, o único instrumento de que dispõem os contratados para receber o que lhes é devido em tempo razoável.

É essencial, para toda atividade administrativa, em especial no tocante à licitação pública e ao contrato administrativo, que o Poder Público recupere sua credibilidade. Sem a confiança de terceiros, será muito difícil que a Administração passe a celebrar contratos efetivamente vantajosos ou, quiçá, com preços compatíveis com os do mercado. Ora, aqueles que contratam com a Administração precisam encontrar nela razões de credibilidade e concretas expectativas de que o avençado será cumprido. Para tanto, é fundamental que haja instrumentos jurídicos que confiram segurança aos contratados, prestantes a garantir o seu direito, especialmente ao adimplemento por parte da Administração.

Não há apenas um culpado, são vários os fatores que se somam para o ocaso das contratações públicas, a maioria deles relacionada à insegurança jurídica, que remete, por sua vez, à própria gênese do contrato administrativo, caracterizado pelas chamadas cláusulas exorbitantes. No entanto, tais prerrogativas contratuais acabaram sendo distorcidas pela Administração Pública brasileira, que as utilizam, com frequência, para acobertar o seu inadimplemento recorrente e atos arbitrários diversos, em detrimento dos contratados. O problema, na verdade, não está nas prerrogativas, porém no mal-uso que dela se tem feito e na ausência de contrapesos em favor dos contratados, de instrumentos eficazes e céleres para coibir tais arbitrariedades.

Ressalva-se que há exceções, experiências contratuais da Administração Pública eficientes e entidades administrativas que cumprem rigorosamente as suas obrigações. As considerações deste texto partem de uma perspectiva geral, mirando um quadro amplo que envolve entidades federais, estaduais, do Distrito Federal e dos municípios, que têm as suas particularidades.

De modo geral, o desequilíbrio excessivo dos contratos administrativos faz com que os contratados fiquem vulneráveis, que gozam de direitos, porém não de instrumentos para exigir o cumprimento de tais direitos. Tal situação leva a Administração Pública a pagar mais caro do que a iniciativa privada e alimenta a corrupção. Oferecer segurança aos contratados, conferindo-lhes direitos para se oporem ao inadimplemento da Administração Pública, seria ótima medida de combate à corrupção.

Essa situação não passa desapercebida pela doutrina especializada. Cristiana Fortini e Fabrício Mota confessam que "é constrangedor admitir que o Estado, como regra, não possui credibilidade como cumpridor de contratos – essa falta de credibilidade é precificada pelo mercado".[231]

Para Fernando Vernalha:

> práticas destas naturezas maculam a reputação (gerando-se um déficit de confiança) da Administração como ente contratante, conduzem à ampliação progressiva da insegurança e podem produzir efeitos equivalentes àquilo que a doutrina econômica chama de "seleção adversa" (George Akerlof).[232]

Marcos Nóbrega adverte:

> as cláusulas exorbitantes significam prerrogativas para a administração, mas como estabelecem específicos incentivos para o sistema econômico, acabam por determinar elevados custos de transação que devem ser considerados na execução dos contratos administrativos.[233]

A combinação entre prerrogativas em favor da Administração Pública e ausência de instrumentos efetivos para que os contratados façam valer os seus direitos contratuais é

---

[231] FORTINI, Cristiana; MOTA, Fabrício. *A regeneração da Administração Pública brasileira*. Curitiba: Íthala, 2017. p. 19.

[232] VERNALHA, Fernando. *Direito e liberdade* – Conservadorismo, progressismo e o Estado de direito. São Paulo: IASP, 2017. p. 275.

[233] NÓBREGA, Marcos. O Leviatã retroalimentado: quem paga a conta das cláusulas exorbitantes? *Direito do Estado*, n. 397, 2018. Disponível em: www.direitodoestado.com.br. Acesso em: set. 2021.

extremamente negativa para ambas as partes contratantes. Em relação à Administração, faz com que boas empresas não queiram contratar com ela ou que ofereçam propostas piores do que as apresentadas para o mercado privado, com valores mais altos, em face do risco enorme de inadimplemento. Além disso, essa combinação estimula a corrupção, porque os contratados ficam à mercê dos gestores públicos, criando-se o ambiente perfeito para achaques.

Os problemas do contrato administrativo, deixa-se claro, não se reduzem ao desvirtuamento das prerrogativas concedidas em prol da Administração Pública e à ausência de instrumentos para a defesa dos direitos dos contratados. Há um conjunto de fatores, amplos, que perpassam diversos aspectos, desde a captura da Administração Pública pela política, passando por uma legislação defeituosa, pelo planejamento deficiente e por um sistema de hipercontrole sobreposto e paralisante. Contudo, as prerrogativas em favor da Administração Pública e a falta de instrumentos para que os contratados façam valer os seus direitos são determinantes e contribuem de modo decisivo para o insucesso do contrato administrativo.

Por tudo e em tudo, o contrato administrativo obriga a Administração Pública na teoria e não na prática, o que representa a antítese da segurança jurídica e da própria ideia de contrato. Mais do que isso, em grande medida, conduz ao seu fracasso. Diante disso, é de fundamental importância que os pressupostos sobre os quais se desenha o temário dos contratos administrativos passem por profunda revisão. Embora seja conveniente municiar a Administração Pública de prerrogativas especiais protetoras do interesse público, é preciso também equilibrar um pouco mais os contratos administrativos. A balança dos contratos administrativos pendeu excessivamente em favor da Administração Pública e isso tem sido prejudicial a ela.

É importante que se passe a pensar melhor nos contratados e nos seus direitos, bem como nos instrumentos de que eles dispõem para que esses direitos sejam garantidos.

Nesse sentido, o primeiro passo é conceber as chamadas *cláusulas exorbitantes* como realmente *prerrogativas protetoras do interesse público*. Todas as prerrogativas exercidas pela Administração em relação contratual visam proteger o interesse público, evitar que ele seja sacrificado. Deve haver vinculação direta entre prerrogativa e proteção ao interesse público. Isso significa que tais prerrogativas não autorizam arbitrariedades e desmandos, elas não devem ser manejadas aleatoriamente, como forma de violar os direitos dos contratados.

O segundo passo é dispor dos instrumentos jurídicos hábeis a garantir efetivamente o adimplemento da Administração Pública. Talvez essa questão dependa sobremaneira de uma nova postura do Poder Judiciário sobre situações de inadimplemento da Administração Pública, que precisam ser repelidas com mais vigor e por meio de tutelas de urgência, ainda que sob pressupostos estritos. A situação atual incute na Administração Pública sensação de onipotência: em curto e médio prazo, ela pagará os contratados quando quiser e se quiser. Ela acredita que não há nada, em curto e médio prazo, que possa obrigá-la a realizar os pagamentos. Sem embargo, volta-se a insistir que, depois dos contratados, a grande prejudicada com tal estado de coisas é a própria Administração.

A questão relativa aos pagamentos é fundamental, porque nela reside o principal instrumento para que parcela da Administração faça prevalecer as suas arbitrariedades sobre os contratados. Ou seja, se os contratados se opõem aos desmandos dos gestores, eles não recebem o que lhes é devido. Os gestores, pura e simplesmente, sob quaisquer pretensas alegações, as mais temerárias e absurdas, não autorizam os pagamentos. Como dito, é preciso dispor de algum meio para garantir que os contratados cumpridores de suas obrigações recebam o que lhes é devido. Os contratados não podem permanecer reféns da boa vontade de gestores públicos em relação ao pagamento.

Sob esse contexto, em terceiro lugar, os órgãos de controle devem fiscalizar com mais rigor o tempo dos pagamentos realizados pela Administração. Ocorre que os órgãos de controle, por regra, não se atentam como deveriam ao momento do pagamento, se houve ou não atraso e por quais razões. O atraso no pagamento significa o descumprimento da Lei nº 14.133/2021. O gestor público que, por dolo ou erro grosseiro, atrasa indevidamente o pagamento devido aos contratados deve ser punido da mesma forma (ainda que não com a mesma intensidade) que o é aquele que direciona a licitação, que fraciona a modalidade, que promove aditivo contratual indevido ou comete outras irregularidades.

Em síntese, deve haver profunda mudança de concepção a respeito dos contratos administrativos, atenuando a perspectiva autoritária e muitas vezes arbitrária hoje vigente. É necessário que os gestores percebam os poderes concedidos em favor da Administração como prerrogativas protetoras do interesse público, que não devem ser usadas a toda hora, que não são instrumentos para promover arbitrariedade. É também necessário que os órgãos de controle fiscalizem mais de perto certos pontos pertinentes à execução dos contratos administrativos que hoje passam despercebidos, especialmente o relativo ao inadimplemento da Administração. E, por derradeiro, é preciso que se disponha de instrumentos eficazes de controle e de solução de controvérsias.

Enfim, é fundamental que os contratos administrativos sejam mais equilibrados. Não que se devam extinguir as prerrogativas da Administração, dado que elas desenham o núcleo dos contratos administrativos. No entanto, elas devem ser utilizadas com mais moderação e sujeitas a controle mais efetivo, protegendo também o contratado.

3 Contratos regidos por legislação própria

Para parcela da doutrina, como frisado, nem todos os contratos firmados pela Administração Pública são qualificados como administrativos. De acordo com essa linha, a Administração Pública celebra contratos administrativos nas situações em que ela dispõe de prerrogativas especiais, que a põem em posição de superioridade em relação ao contratado. No entanto, ela também firma contratos regidos pelo direito privado, em que não se vale das aludidas prerrogativas. Tais contratos, ante a ausência das ditas prerrogativas, para essa corrente doutrinária, não são qualificados como administrativos; são meros contratos privados firmados pela Administração Pública.

Como também salientado, o autor deste texto não concorda com a referida distinção. Ocorre que a simples presença da Administração Pública num dos polos da relação contratual atrai para ela a incidência dos princípios de direito administrativo e, por via de consequência, qualquer contrato firmado por ela é qualificado como administrativo. Demais disso, muito embora se reconheçam contratos administrativos em que a Administração Pública não se valha de todas as prerrogativas, o fato é que sempre alguma prerrogativa haverá.

Na verdade, há contratos administrativos em que as prerrogativas outorgadas em favor da Administração Pública são atenuadas em razão da própria natureza deles, das suas peculiaridades e das suas regulamentações. É exatamente isso que prescrevia o §3º do artigo 62 da Lei nº 8.666/1993, cujo teor propugnava:

> Aplica-se o disposto nos artigos 55 e 58 a 61 desta Lei e demais normas gerais, no que couber:
> I - aos contratos de seguro, de financiamento, de locação em que o Poder Público seja locatário, e aos demais cujo conteúdo seja regido, predominantemente, por norma de direito privado;
> II - aos contratos em que a Administração for parte como usuária de serviço público.

Note-se que o §3º do artigo 62 da Lei nº 8.666/1993 não afastava a aplicação das regras entabuladas na Lei nº 8.666/1993 nem das prerrogativas outorgadas em favor da Administração Pública. O supracitado dispositivo apenas determinava que as normas da Lei nº 8.666/1993 deveriam ser aplicadas se fossem cabíveis, isto é, se fossem pertinentes e na medida do que fossem pertinentes à natureza, às peculiaridades e às regulamentações a que estão sujeitas certas espécies de contratos administrativos. As normas da Lei nº 8.666/1993 deveriam ser aplicadas dentro do possível, na medida em que fossem compatíveis com a natureza, as peculiaridades e a regulação dos respectivos contratos. Aliás, a regra é que se aplicassem as normas da Lei nº 8.666/1993. A exceção é que se aplicassem, sobre contratos administrativos, as normas de direito privado.

A Lei nº 14.133/2021 dá outro tratamento para o tema, não reproduzindo regra equivalente à contida no §3º do artigo 62 da Lei nº 8.666/1993. O inciso II artigo 3º da Lei nº 14.133/2021 estabelece que não se subordinam à Lei nº 14.133/2021 "contratações sujeitas a normas previstas em legislação própria".

Bem se vê que, diferente do §3º do artigo 62 da Lei nº 8.666/1993, o inciso II do artigo 3º da Lei nº 14.133/2021 não prescreve que sobre esses contratos dispostos em legislação própria se aplicam os dispositivos da Lei nº 14.133/2021 que couberem ou que forem compatíveis. O comando normativo é seco: a Lei nº 14.133/2021 não se aplica. E não se aplica, na letra do inciso II do artigo 3º da Lei nº 14.133/2021, para todos os contratos sujeitos a normas previstas em legislação própria.

Então, diante do inciso II do artigo 3º da Lei nº 14.133/2021, há duas questões relevantes: a primeira é saber quais contratos são esses versados por legislação própria, que repelem as normas da Lei nº 14.133/2021. A segunda é se, em fronte a esses contratos, as normas da Lei nº 14.133/2021 são realmente afastadas por completo ou se elas encontram algum tipo de aplicação.

Distinguem-se os contratos típicos e atípicos. Os típicos são os regulados por texto de lei. Os atípicos, por exclusão, são aqueles não regulados por texto de lei. Então, a leitura isolada do inciso II do artigo 3º da Lei nº 14.133/2021 dá a impressão de que todos os contratos típicos, disciplinados por lei própria, não se submeteriam à Lei nº 14.133/2021.

Essa impressão, no entanto, não resiste a uma leitura mais atenta e sistêmica da Lei nº 14.133/2021. Ressalta-se, por exemplo, que o inciso II do artigo 2º da Lei nº 14.133/2021 reconhece que a Lei nº 14.133/2021 se aplica nos contratos de locação. Sucede que o contrato de locação é disciplinado por lei própria, que é a Lei nº 8.245/1991. Portanto, a rigor, haveria uma contradição entre o inciso II do artigo 3º da Lei nº 14.133/2021, cujo teor prescreve que contratos típicos como o de locação não se submetem à Lei nº 14.133/2021, e o inciso III do artigo 2º da mesma lei, cujo teor determina que os contratos de locação se subordinam à Lei nº 14.133/2021. Essa contradição se resolve reconhecendo-se que, nos termos da própria Lei nº 14.133/2021, nem todos os contratos regidos por legislação própria repelem as suas normas.

Aliás, o Título VI do Código Civil prescreve regras próprias para diversas espécies de contratos, considerados por isso como contratos típicos, e que são normalmente celebrados pela Administração sem se cogitar em afastamento das regras de direito público. Entre eles, pode-se mencionar contrato de compra e venda, prestação de serviços e de empreitada. Tais contratos também são mencionados, respectivamente, nos incisos II, V e VI do artigo 2º da Lei nº 14.133/2021, que reconhecem a aplicação das regras da Lei nº 14.133/2021.

Deve-se empreender interpretação teleológica, com mira às finalidades pretendidas com o inciso II do artigo 3º da Lei nº 14.133/2021. A finalidade mor é viabilizar certos contratos firmados pela Administração que se submetem a regime especial, normalmente disciplinado por lei própria, não raro com previsões incompatíveis com a natureza, as peculiaridades e a regulação da Lei nº 14.133/2021. Ou seja, é dispor de exceção ao regime contratual da Lei nº 14.133/2021, dado que há contratos administrativos que têm regime próprio que não se harmoniza inteiramente com as determinações da Lei nº 14.133/2021.

Isso significa que o inciso II do artigo 3º da Lei nº 14.133/2021 deve ser compreendido como exceção e interpretado restritivamente. Ora, a regra é que contrato firmado pela Administração seja qualificado como contrato administrativo e que ele se submeta à Lei nº 14.133/2021. A exceção, com base no inciso II do artigo 3º da Lei nº 14.133/2021, terá lugar nas situações em que o regime próprio de dado tipo de contrato for incompatível com as normas da Lei nº 14.133/2021, o que depende das particularidades de cada caso e que não pode ser reconhecido de antemão para todos os contratos típicos, que eventualmente sejam regrados por legislação própria.

Sucede que grande parte, é provável que a expressiva maioria dos contratos típicos, é compatível com o regime da Lei nº 14.133/2021. Logo, nessas hipóteses, as normas próprias do contrato típico e a da Lei nº 14.133/2021 se complementam e se somam, não são excludentes. Não há razão, nesses casos, para não aplicar a Lei nº 14.133/2021.

Portanto, ainda que o inciso II do artigo 3º da Lei nº 14.133/2021 não o afirme expressamente, a exclusão do regime contratual administrativo pressupõe juízo de proporcionalidade, de modo que seja adequado, necessário e proporcional em sentido estrito. Quer dizer que a Lei nº 14.133/2021 deve ser aplicada para os contratos típicos firmados pela Administração se e na medida em que lhe for compatível. O afastamento do regime da Lei nº 14.133/2021 pressupõe que seja adequado, necessário e proporcional para viabilizar a contratação ou para que ela não seja desvantajosa para a Administração Pública.

Sob essa perspectiva, reafirmando-se que o regime contratual da Lei nº 14.133/2021 é a regra para a Administração Pública, mesmo nos casos em que se visualize alguma incompatibilidade, o afastamento da Lei nº 14.133/2021 não deve ser geral e dado de antemão. Se a incompatibilidade é parcial, a Lei nº 14.133/2021 deve ser afastada também parcialmente e não na sua totalidade. Por isso, nem todas as prerrogativas concedidas em prol da Administração caem diante da aplicação do inciso II do artigo 3º da Lei nº 14.133/2021. Caem, sendo proporcional, as que sejam incompatíveis com o regime próprio dos aludidos contratos. As que sejam compatíveis permanecem. No final das contas, o inciso II do artigo 3º da Lei nº 14.133/2021 não veicula contratos privados da Administração. Apenas prevê que, em dadas situações excepcionais, a bem do interesse público, o regime da Lei nº 14.133/2021 pode ser afastado, total ou parcialmente, na medida do que for proporcional para viabilizar a contratação pretendida pela Administração ou para que ela não lhe seja desvantajosa.

4 Princípio da vinculação ao edital em relação aos contratos administrativos

Um dos princípios nucleares da licitação pública é o da vinculação ao edital, enunciado, com vigor, no *caput* do artigo 5º da Lei nº 14.133/2021. O inciso II do artigo 92 da Lei nº 14.133/2021 dispõe que é necessário que todo contrato administrativo estabeleça "a vinculação ao edital de licitação e à proposta do licitante vencedor ou ao ato que tiver autorizado a contratação direta e à respectiva proposta".

Hely Lopes Meirelles, comentando os efeitos do edital, enfatiza que "[...] a Administração e os licitantes ficam sempre adstritos aos termos do pedido ou do permitido no instrumento convocatório da licitação, quer quanto ao procedimento, quer quanto à documentação, às propostas, ao julgamento ou ao contrato".[234]

A rigor, o edital vincula a licitação pública e tudo o que decorre dela, especialmente o contrato administrativo. Ora, não se pode licitar uma coisa e contratar outra. Por força disso, o §2º do artigo 89 da Lei nº 14.133/2021 prescreve:

> [...] os contratos deverão estabelecer com clareza e precisão as condições para sua execução, expressas em cláusulas que definam os direitos, as obrigações e as responsabilidades das partes, em conformidade com os termos do edital de licitação e os da proposta vencedora ou com os termos do ato que autorizou a contratação direta e os da respectiva proposta.

Portanto, em regra, o conteúdo do contrato administrativo deve corresponder ao conteúdo do edital. Ou, noutros termos, em regra, o conteúdo do contrato administrativo é previamente moldado pelo conteúdo do edital. Tanto isso é verdade que a minuta do contrato é anexo obrigatório ao edital de licitação pública, a teor do inciso VI do *caput* do artigo 18 da Lei nº 14.133/2021.

---

[234] MEIRELLES, Hely Lopes. *Licitação e contrato administrativo*: de acordo com as leis 8.666, de 21.06.1993, 8.883, de 8.6.1994 e 9.648, de 27.5.1998. 12. ed. São Paulo: Malheiros, 1999. p. 31.

4.1 Contratação em condições diversas das previstas no edital

A regra é que o conteúdo do contrato corresponda fielmente ao conteúdo do edital que o antecede, por força do princípio da vinculação ao edital. Sem embargo, o interesse público é mutável. A sociedade atual é acentuadamente dinâmica, sobretudo sob a perspectiva das atividades econômicas. O fato é que o interesse público acompanha a transformação quase que diuturna da sociedade. Portanto, em certas situações, é imperativo admitir-se que o teor do contrato divirja do teor do edital.

Nessa toada, Adilson Abreu Dallari pondera que "[...] não se pode licitar uma coisa e contratar outra coisa diferente, mas nada impede que o contrato se refira à mesma coisa licitada, mas com as alterações ou adaptações destinadas à plena satisfação do interesse público".[235]

Todo o regime jurídico administrativo converge para o atendimento ao interesse público. Nesse sentido, se o interesse público demanda contratação em condições diversas das previstas no edital, desde que atendidos certos pressupostos, é isso que deve ocorrer. Os agentes administrativos não gozam do direito de menosprezar os reclames do interesse público. Seguindo essa exegese, Diogenes Gasparini averba:

> Logo, se a Administração Pública contrata sem atender ao interesse público estará agindo ilegalmente. De fato, o contrato celebrado nos termos do instrumento convocatório ou do ato de liberação da obrigação de licitar, seus correspondentes anexos e da respectiva proposta não atende ao princípio do interesse público, que determinava a contratação segundo os novos termos e condições, não sob a égide dos antigos. A contratação calcada nestas condições e termos, desconhecendo aquelas, as novas, afronta o princípio do interesse público e sujeita-se à nulidade, pois tanto age ilegalmente aquele que desobedece uma norma como o que desatende um princípio de direito, embora este descumprimento seja mais grave.[236]

Cumpre registrar, a essa altura, que a regra é que o teor do contrato corresponda fielmente ao teor do edital, daquilo que fora decidido no certame.[237] A possibilidade de contratar em condiçoes diversas das previstas no instrumento convocatório é medida verdadeiramente excepcional, que deve ser interpretada como tal, isto é, restritivamente.

Nessa perspectiva, a contratação em condições diversas do instrumento convocatório deve, em primeiro lugar, amparar-se em fato imprevisível à época do lançamento do edital. É preciso demonstrar que, à época da instauração da licitação, a Administração não dispunha de meios para prever que o interesse público acabaria demandando

---

235 DALLARI, Adilson Abreu. *Aspectos jurídicos da licitação*. 6. ed. São Paulo: Saraiva, 2003. p. 100.

236 GASPARINI, Diogenes. Validade das contratações em condições diversas do edital e da proposta. *ILC – Informativo de Licitações e Contratos*, Curitiba, v. 11, n. 128, p. 909, out. 2004.

237 "16. Anote-se que vigora o princípio da vinculação do contrato ao ato convocatório e à proposta selecionada como vencedora. Logo, as condições do contrato devem retratar o conteúdo do edital e da disputa ocorrida durante a licitação. No presente caso, restou caracterizada a dissonância entre o objeto licitado (6 Planos) e o objeto contratado (1 Plano), não havendo a necessária correlação entre a avença e o Edital do certame, o que vai de encontro aos arts. 3º, caput, e 55, inciso XI, da Lei nº 8.666/1993, que assentam o aludido princípio. 17. Cumpre esclarecer que não há falar em exercício da competência discricionária, porquanto este se verifica no momento preparatório e inicial da licitação, vale dizer, nas escolhas de quando realizá-la, do seu objeto, da especificação das condições de execução, entre outras. Efetivadas essas opções, exaure-se a discricionariedade, não podendo mais ser invocada, sob pena de se infringir à lei" (TCU, Primeira Câmara. Acórdão nº 688/2008. Rel. Min. Marcos Bemquerer, j. 11.3.2008).

alterações, contratação em condições distintas daquelas preconizadas no instrumento convocatório.

Em segundo lugar, a contratação em condições diversas do edital deve mostrar-se sempre vantajosa ao interesse público. A alteração deve necessariamente propiciar alguma espécie de ganho, alguma vantagem para a Administração Pública, salvo motivos de caso fortuito ou força maior.

Em terceiro lugar, a contratação em condições diversas das previstas no edital não pode ser subterfúgio, por maiores que sejam as justificativas, para transmudar a identidade do objeto da licitação. Quer dizer que, de todo modo, não se pode licitar uma coisa e contratar outra. É até permitido, excepcionalmente, contratar em condições diversas das previstas no edital, desde que seja preservado o mesmo objeto. Pode-se, no máximo, adaptá-lo a uma nova demanda do interesse público, mas jamais transformá-lo. A contratação em condições diversas não deve afetar a funcionalidade principal do objeto licitado. Se a funcionalidade principal do objeto da licitação é afetada, isto é, se o interesse público demanda outro objeto que não o licitado, então a solução é revogar a licitação e abrir outra, para esse novo objeto que se pretende.

Em quarto lugar, a contratação em condições diversas das previstas no edital deve ser amplamente motivada. Os agentes administrativos responsáveis devem explicitar de maneira clara quais os fatos que ocorreram, imprevisíveis à época do lançamento da licitação, que justificam a contratação em condições diversas, além da vantagem a ser produzida em favor da Administração Pública, bem como que a funcionalidade principal do objeto continua a mesma, isto é, que ela não é afetada.

4.2 Elementos que admitem contratação em condições diversas das obtidas na licitação

A contratação em condições diversas da licitada pode envolver, entre outras, a pessoa contratada, o objeto do contrato e o preço.

Pois bem, em relação à pessoa do contratado, pode ocorrer que a empresa vencedora da licitação, antes de firmar o contrato, passe por processo de fusão, cisão ou incorporação. Nesse caso, justificadamente, a vencedora da licitação é uma empresa e a contratada é outra, a que resultou do processo de fusão ou a incorporadora ou a quem coube o contrato em vista do processo de cisão.

Quanto ao objeto, acontece, com alguma frequência, que produtos objeto de licitação, antes do contrato, sejam retirados do mercado. Por exemplo, a fábrica encerra a produção de equipamento e passa a produzir outro, de outra geração, muitas vezes com características superiores, ainda que com a mesma funcionalidade principal. O vencedor da licitação, então, dirige-se à Administração, comprova o ocorrido, e oferece a ela, pelo mesmo preço, o novo equipamento, com qualidade igual ou superior. Nesse caso, a contratação ocorre em condições diversas do que fora apurado na licitação. Aliás, sempre que o vencedor da licitação oferecer produto, com a mesma funcionalidade principal do que fora licitado, porém com qualidade superior e com o mesmo preço, a Administração, em tributo ao princípio da eficiência, deve aceitá-lo.

Em relação ao preço, pode ocorrer, apesar de incomum, que o contratado queira oferecer preço melhor à Administração. Pode ocorrer que a autoridade competente convoque o vencedor da licitação e peça a ele que reduza o preço ofertado na licitação. Se ele concorda em fazê-lo, a Administração firmará contrato em condições diversas das apuradas no certame. Ademais, é permitido, também, contratar em condições diversas nas situações em que, justificadamente, faz-se necessário manter o equilíbrio econômico-financeiro do contrato.

Pode haver outras situações e outros elementos do contrato que demandem alteração antes da própria assinatura. Tudo, sempre, deve encontrar amparo e ser amplamente motivado em interesse público.

4.3 Contradição involuntária entre o instrumento convocatório e o contrato

Pode vir a ocorrer contradição involuntária – resultante de equívoco ou lapso – entre o edital e a proposta e o teor do contrato. Para ilustrar, imagine-se edital de licitação para a construção de obra de engenharia, cujo cronograma consigna o prazo de quatro meses para a execução. Os licitantes apresentam as suas propostas de acordo com o cronograma do edital. Sem embargo, por equívoco ou lapso, os agentes administrativos prescrevem no instrumento de contrato que o prazo de execução é de oito meses, o dobro do que fora licitado.

Pois bem, diante de situação desse tipo, importa saber se deve prevalecer o conteúdo do edital e das respectivas propostas ou o conteúdo do instrumento de contrato.

Não se esqueça de que, com arrimo no princípio da vinculação ao edital, o §2º do artigo 89 da Lei nº 14.133/2021 determina que os contratos devem conformar-se aos termos da licitação e da proposta a que se vinculam. Ademais, para que não haja dúvidas, o inciso II do artigo 92 da Lei nº 14.133/2021 preconiza que é necessário constar em todos os contratos cláusulas que estabeleçam a vinculação ao edital de licitação e à proposta do licitante vencedor.

Por via de consequência, salvo casos excepcionais, se o instrumento de contrato não corresponde ao edital e à proposta, ele é ilegal, haja vista violação manifesta aos dispositivos supracitados, o §2º do artigo 89 e o inciso II do artigo 92, ambos da Lei nº 14.133/2021.

Por regra, se o instrumento de contrato contém ilegalidade, ele deve ser invalidado, senão ele por inteiro, pelo menos a parte dele que contém o defeito ou o vício. No entanto, de acordo com o artigo 147 da Lei nº 14.133/2021, antes de invalidá-lo, deve-se procurar sanar as irregularidades, promovendo-se as correções necessárias, o que, inclusive, pode ser realizado por meio de termo aditivo.

Prosseguindo no exemplo oferecido acima, imagine-se que o contrato foi assinado e, em vista dele, o contratado resolveu estruturar-se para executar a obra em oito meses, como fora consignado por equívoco pela Administração no respectivo instrumento contratual. E imagine-se que o contratado já iniciou a execução do contrato. Passados dois meses, a Administração constata que o ritmo da obra não é adequado ao cronograma inicial entabulado por ela no edital, que, insista-se, corresponde à metade do prazo de execução assinalado por equívoco no instrumento de contrato. Então, a Administração resolve advertir o contratado para que ele acelere o ritmo de execução da obra e, pois, possa entregá-la dentro dos quatro meses inicialmente planejados no instrumento convocatório. Ao receber a advertência, o contratado defende-se ao argumento de que o cronograma da obra está sendo cumprido à risca, de acordo com o instrumento do contrato, cujo teor, repita-se, indicou por equívoco o prazo de oito meses de execução.

A essa altura, partindo do pressuposto de que parte da obra já fora executada, a Administração deve promover aditivo contratual cujo propósito é corrigir o prazo de execução previsto no instrumento de contrato, adequando-o ao que fora licitado.

De todo modo, o contratado não pode ser punido ou reprimido por suposto atraso na execução da obra.[238] O responsável pela confecção do contrato é a Administração. Por corolário, se o equívoco é da Administração, resta a ela tentar corrigi-lo, sem responsabilizar o contratado.

Enfim, os termos do edital e da proposta devem prevalecer sobre os termos do instrumento de contrato caso se reconheça contradição provocada por equívoco ou lapso. A Administração, ao perceber a contradição, deve envidar esforços para corrigi-la, sempre em favor do conteúdo do edital e da proposta, por meio de aditivo contratual. De todo modo, o contratado, ainda que tenha ofertado algo diferente, não pode ser penalizado por cumprir exatamente os termos do contrato, mormente nas situações, como a que se apresenta por hipótese, em que não foi ele quem deu causa à aludida contradição.

5 Cláusulas contratuais necessárias no regime da Lei nº 14.133/2021

Os incisos do artigo 92 da Lei nº 14.133/2021 prescrevem cláusulas que, conforme o seu *caput*, são necessárias em todos os contratos administrativos. Todas essas cláusulas devem guardar estrita conformidade com o edital e com o teor da proposta do licitante vencedor do certame. Aliás, o inciso II do próprio artigo 92 exige que uma das cláusulas obrigatórias preveja "a vinculação ao edital de licitação e à proposta do licitante vencedor ou ao ato que tiver autorizado a contratação direta e à respectiva proposta". E, mais, as cláusulas contratuais também devem estar em consonância com a legislação. Nesse sentido, para que seja claro, o inciso III do artigo 92 exige cláusula que indique "a legislação aplicável à execução do contrato, inclusive quanto aos casos omissos".

Pois bem, o inciso I do artigo 92 da Lei nº 14.133/2021 determina que uma das cláusulas obrigatórias dos contratos é justamente o objeto e seus elementos característicos. Evidentemente, todos os contratos, administrativos ou privados, precisam dispor do seu objeto em detalhe, isto é, sobre o que é o contrato, ou melhor, o que o contratado terá que fazer. Trata-se da informação basilar do contrato. É importante que a Administração seja minuciosa na descrição do objeto, ainda que seja em documento anexo ao instrumento de contrato, até para que ela posteriormente possa exigir tudo o que pretende do contratado.

Agregado ao objeto, o artigo 92 da Lei nº 14.133/2021 exige a previsão de cláusulas contratuais tocantes à sua execução: os direitos e as responsabilidades das partes, as

---

[238] "APELAÇÃO AÇÃO ANULATÓRIA DE ATO ADMINISTRATIVO MULTA E IMPEDIMENTO DE LICITAR COM O PODER PÚBLICO, POR TRÊS ANOS. Recusa da licitante vencedora a assinar termo de contrato. Condição posta por certame licitatório que veio a revelar-se inexequível, por indisposição de terceiros. Autora que apresentou alternativa razoável e apta a viabilizar o serviço contratado, sem prejuízo significativo ao interesse público, evidenciando a boa-fé da licitante. Contexto fático que não autorizava a aplicação de qualquer penalidade, visto que a recusa deu-se por justo motivo. Sentença mantida. Recurso desprovido" (TJSP, Quinta Câmara de Direito Público. Apelação Cível nº 1000308-16.2017.8.26.0457. Rel. Des. Nogueira Diefenthaler, j. 2.2.2021).

penalidades cabíveis e os valores das multas e suas bases de cálculo (inciso XIV); o modelo de gestão do contrato (inciso XVIII); o regime de execução ou a forma de fornecimento (inciso IV); os prazos de início de etapas de execução, de conclusão, de entrega, de observação e de recebimento definitivo, conforme o caso (inciso VI); o prazo de garantia mínima do objeto, as condições de manutenção e assistência técnica, quando for o caso (inciso XIII); as garantias oferecidas para assegurar sua plena execução, quando exigidas, inclusive as que forem oferecidas pelo contratado no caso de antecipação de valores a título de pagamento (inciso XII); a obrigação de o contratado cumprir as exigências de reserva de cargos prevista em lei, bem como em outras normas específicas, para pessoa com deficiência, para reabilitado da Previdência Social e para aprendiz (inciso XVI); e a obrigação do contratado de manter, durante toda a execução do contrato, em compatibilidade com as obrigações por ele assumidas, todas as condições exigidas para a habilitação na licitação, ou para a qualificação, na contratação direta (inciso XVI).

Tecem-se algumas observações objetivas:

(i) O instrumento de contrato, além de esclarecer o objeto, deve esmiuçar como ele, o objeto, deve ser executado pelo contratado, com tudo o que for necessário e pertinente. Mais uma vez é importante que a Administração, ao confeccionar o instrumento de contrato, detenha-se em detalhes, para que, no futuro, não haja dúvidas e controvérsias.

(ii) Quanto à duração dos contratos administrativos, sobretudo dos pertinentes à prestação de serviços e fornecimentos contínuos, é relevante que a Administração preveja no contrato a possibilidade de prorrogação, consoante o artigo 107 da Lei nº 14.133/2021, e o modo como se deve proceder para prorrogá-los.

(iii) Em conformidade com o §2º do artigo 156 da Lei nº 14.133/2021, a multa deve ser prevista em edital ou contrato, inclusive o modo de calculá-la. Isto é, a Administração deve prever a possibilidade de multa, em relação a que situações, quais os tipos de multa e como ela deve ser calculada. Se a Administração não tratar antecipadamente, depois não pode pretender multar o contratado. No que tange às penalidades, é conveniente que o contrato discorra sobre o processo administrativo a ser levado a cabo pela Administração para aplicá-las.

(iv) Em relação às garantias, com apoio no *caput* do artigo 96 da Lei nº 14.133/2021, realça-se que elas não são sempre obrigatórias.

(v) No tocante à obrigação de manter as condições de habilitação, pontua-se que a Administração, ao formular exigências de habilitação durante o processo de licitação, está restringindo a competição somente àqueles que satisfaçam todos os requisitos e condições contidas no edital. O pressuposto é de que quem não apresenta todos os documentos de habilitação exigidos no edital não tem condições de futuramente cumprir as obrigações a serem contratadas ou não tem idoneidade para contratar com a Administração. Noutro sentido, pode-se afirmar que o sujeito somente tem condições ou idoneidade para contratar com a Administração se contempla todos os requisitos de habilitação exigidos no instrumento convocatório. Sob esse plano, quem, durante a execução do contrato, perde as condições que redundaram na sua respectiva habilitação perde, por consequência, as condições e a idoneidade para contratar com a Administração e para manter contrato com ela. Portanto, mesmo durante a execução do contrato, é dever do contratado manter intactos todos os documentos e todas as situações que serviram de fundamento para a sua habilitação.

(vi) Deve-se atentar para não confundir a garantia de execução do contrato, que é versada no inciso XII do artigo 92 da Lei nº 14.133/2021, e a garantia técnica do objeto contratado, que é tratada no inciso seguinte, o inciso XIII. A garantia técnica é uma espécie de benefício concedido pelo fornecedor ou pelo fabricante, cujo teor assegura a qualidade e o desempenho do objeto do contrato por dado período. Por sua vez, a garantia de execução de contrato, disciplinada no artigo 96 e seguintes da Lei nº 14.133/2021, é prestada pelo contratado para fazer frente a eventuais prejuízos e danos causados à Administração em razão da execução do contrato.

O artigo 92 da Lei nº 14.133/2021 também cuida da contraprestação devida pela Administração, que, na maioria dos casos, é representada pelo pagamento. Nesse sentido, o inciso V do artigo 92 da Lei nº 14.133/2021 erige como mais uma das cláusulas obrigatórias "o preço e as condições de pagamento, os critérios, a data-base e a periodicidade do reajustamento de preços e os critérios de atualização monetária entre a data do adimplemento das obrigações e a do efetivo pagamento". Na mesma esteira, o inciso VI do artigo 92 demanda a previsão dos "[...] critérios e a periodicidade da medição, quando for o caso, e o prazo para liquidação e para pagamento". E o inciso VIII do mesmo artigo prescreve também como cláusula obrigatória "o crédito pelo qual correrá a despesa, com a indicação da classificação funcional programática e da categoria econômica". Ou seja, é necessário que o instrumento de contrato disponha sobre o pagamento e de onde virão os recursos para realizá-lo. Ainda pertinente ao pagamento, o inciso XV do mesmo artigo 92, mirando as contratações internacionais, exige "as condições de importação e a data e a taxa de câmbio para conversão, quando for o caso".

Pelo teor do inciso IX do artigo 92 da Lei nº 14.133/2021, o instrumento de contrato também deve trazer a matriz de risco, quando for o caso. O inciso X do artigo 92 exige a indicação de prazo para a resposta ao pedido de repactuação e o inciso XI do prazo para a resposta ao pedido de reequilíbrio econômico-financeiro. O inciso XIX do artigo 92 em comento também prescreve que se trate, no instrumento de contrato, dos casos que levem à sua extinção.

Por fim, também é necessário que o instrumento de contrato indique o foro competente para dirimir eventuais litígios. Segundo o §1º do artigo 92 da Lei nº 14.133/2021, o foro deve ser o da sede da Administração, salvo nos casos de:

> I - licitação internacional para a aquisição de bens e serviços cujo pagamento seja feito com o produto de financiamento concedido por organismo financeiro internacional de que o Brasil faça parte ou por agência estrangeira de cooperação;
> II - contratação com empresa estrangeira para a compra de equipamentos fabricados e entregues no exterior precedida de autorização do Chefe do Poder Executivo;
> III - aquisição de bens e serviços realizada por unidades administrativas com sede no exterior.

Todos os casos mencionados no supracitado §1º do artigo 92 envolvem contratos com vínculos internacionais, que, embora não prescrito expressamente, sugerem a previsão de foro estrangeiro e, inclusive, submissão a direito estrangeiro. É de lembrar que o §2º do artigo 1º da Lei nº 14.133/2021 reconhece que as repartições públicas sediadas no exterior não se subordinam à Lei nº 14.133/2021, apenas aos seus princípios básicos. Na mesma linha, o inciso I do §3º do artigo 1º da Lei nº 14.133/2021 estabelece que contratações custeadas com recursos provenientes de empréstimo ou doação estrangeira ou de organismo financeiro de que o Brasil seja parte podem admitir condições de acordos internacionais aprovados pelo Congresso Nacional e ratificados pelo Presidente da República.

5.1 Cláusula contratual de matriz de riscos

O inciso IX do artigo 92 da Lei nº 14.133/2021 estabelece como cláusula obrigatória nos contratos administrativos a matriz de riscos, quando for o caso.

A propósito, a matriz de risco é documento elaborado na etapa preparatória da licitação e, quando o for, deve acompanhar o edital de licitação, como documento anexo. O artigo 22 da Lei nº 14.133/2021 prescreve que o edital pode contemplar matriz de alocação de riscos entre o contratante e contratado. Trata-se, de forma bem clara, de uma faculdade para a Administração e não de uma obrigação. O §3º do mesmo artigo 22, no entanto, obriga a matriz de riscos nas situações em que a contratação envolver "[...] obras e serviços de grande vulto ou forem adotados os regimes de contratação integrada e semi-integrada [...]". Esclareça-se que obras, serviços e fornecimentos de grande vulto, na forma do inciso XXII do artigo 6º da Lei nº 14.133/2021, são "aqueles cujo valor estimado supera R$200.000.000,00 (duzentos milhões de reais)".[239]

De toda sorte, o inciso XXVII do artigo 6º da Lei nº 14.133/2021 define matriz de riscos como a "cláusula contratual definidora de riscos e de responsabilidades entre as partes e caracterizadora do equilíbrio econômico-financeiro inicial do contrato, em termos de ônus financeiro decorrente de eventos supervenientes à contratação [...]".

Pondera-se que, embora o inciso XXVII do artigo 6º da Lei nº 14.133/2021 qualifique a matriz de riscos como "cláusula contratual", ela, a rigor, costuma ser exteriorizada num documento anexo ao edital e ao contrato. Ou seja, a matriz de risco costuma apresentar-se como um documento específico e não inserida no próprio documento do contrato, como se fosse, sob a ótica formal, uma mera cláusula contratual. Fala-se em "cláusula contratual" porque, na qualidade de documento anexo, integra e compõe o edital e o contrato e, assim, o seu conteúdo faz parte do edital e do contrato e é vinculante para os contratantes.

Em complemento, o §1º do artigo 22 da Lei nº 14.133/2021 enuncia que a matriz de risco deve "promover a alocação eficiente dos riscos de cada contrato e estabelecer a responsabilidade que caiba a cada parte contratante, bem como os mecanismos que afastem a ocorrência do sinistro e mitiguem os seus efeitos, caso este ocorra durante a execução contratual". O artigo 103 da mesma Lei nº 14.133/2021 volta a tratar da matriz de riscos, prescrevendo que "o contrato poderá identificar os riscos contratuais previstos

[239] Valor atualizado pelo Decreto Federal nº 12.343/2024, que passou para R$250.902.323,87.

e presumíveis e prever matriz de alocação de riscos, alocando-os entre contratante e contratado, mediante indicação daqueles a serem assumidos pelo setor público ou pelo setor privado ou daqueles a serem compartilhados".

O §4º do artigo 103 da Lei nº 14.133/2021 preceitua que "a matriz de alocação de riscos definirá o equilíbrio econômico-financeiro inicial do contrato em relação a eventos supervenientes e deverá ser observada na solução de eventuais pleitos das partes". Seguindo essa linha, o §5º do mesmo artigo estabelece:

> [...] sempre que atendidas as condições do contrato e da matriz de alocação de riscos, será considerado mantido o equilíbrio econômico-financeiro, renunciando as partes aos pedidos de restabelecimento do equilíbrio relacionados aos riscos assumidos, exceto no que se refere:
> I - às alterações unilaterais determinadas pela Administração, nas hipóteses do inciso I do caput do art. 124 desta Lei;
> II - ao aumento ou à redução, por legislação superveniente, dos tributos diretamente pagos pelo contratado em decorrência do contrato.

A rigor, a essência da matriz de riscos é a de apontar os riscos e distribui-los entre os contratantes, tudo em prol da segurança jurídica, deixando-se mais claro o que cabe e quais os riscos assumidos por cada uma das partes. A intenção é que, no curso do contrato, ocorrendo evento superveniente, saiba-se com clareza quem é o responsável por seus efeitos, sobremodo efeitos econômicos e financeiros. O assunto é tratado com profundidade no capítulo dedicado ao equilíbrio econômico-financeiro dos contratos administrativos.

6 O conteúdo dos contratos administrativos nas situações em que a legislação dispensa o termo de contrato

O *caput* do artigo 95 da Lei nº 14.133/2021 prescreve:

> [...] o instrumento de contrato é obrigatório, salvo nas seguintes hipóteses, em que a Administração poderá substituí-lo por outro instrumento hábil, como carta-contrato, nota de empenho de despesa, autorização de compra ou ordem de execução de serviço:
> I - dispensa de licitação em razão de valor;
> II - compras com entrega imediata e integral dos bens adquiridos e dos quais não resultem obrigações futuras, inclusive quanto a assistência técnica, independentemente de seu valor.

Ou seja, de modo geral, o contrato administrativo pode ser formalizado de diferentes maneiras. Em regra, deve sê-lo por meio de instrumento de contrato, que é o documento apropriado, pois destinado especificamente a dispor sobre o conteúdo do que foi contratado, tratando de todos os deveres e obrigações dos contratantes. No entanto, o instrumento de contrato pode ser substituído por outros instrumentos, tais quais, conforme o supracitado *caput* do artigo 95 da Lei nº 14.133/2021, carta-contrato, nota de empenho, autorização de compra e ordem de execução de serviços. Esses outros instrumentos não são propriamente instrumentos típicos de contratos. Trata-se de documentos que se prestam a outros propósitos, como, por exemplo, autorizar a despesa ou autorizar o início da execução do contrato. Sem embargo, a lei, de acordo com os dispositivos supracitados, equipara tais instrumentos com o termo ou instrumento de contrato.

Muito embora a Lei nº 14.133/2021 autorize em determinadas situações a utilização de outros instrumentos que não o próprio e típico para formalizar contrato, é indispensável que eles, os outros instrumentos, sejam adaptados e prescrevam certas informações básicas a respeito do contrato. É necessário que se disponham sobre as condições essenciais da relação contratual, tomando como referência o preceituado no artigo 92 da Lei nº 14.133/2021. É a prescrição do §1º do mesmo artigo 95 da Lei nº 14.133/2021: "Às hipóteses de substituição do instrumento de contrato, aplica-se, no que couber, o disposto no art. 92 desta Lei".

As cláusulas obrigatórias contidas no artigo 92 da Lei nº 14.133/2021 devem ser previstas nestes outros instrumentos sempre que couber, ainda que de forma mais sucinta, objetiva e, é razoável, por meio de referência indireta. A propósito, referência indireta ocorre nas situações em que dada informação é remetida a outro documento. Por exemplo, em contrato de prestação de serviços de jardinagem. Ao definir o objeto no instrumento, em vez de a Administração descrevê-lo em todos os aspectos técnicos, ela remete aos serviços de jardinagem de acordo com o termo de referência utilizado na licitação pública e em conformidade com a proposta apresentada pelo contratado por ocasião, também, da licitação pública. À Administração é permitido realizar referência indireta ao edital, termo de referência, projeto básico, proposta e outros documentos. Assim, ela simplifica e sintetiza o conteúdo dos instrumentos de contrato.

O Tribunal de Contas da União já prolatou decisão sobre o assunto. Confira-se:

> O dispositivo legal oferecido pelo articulista das justificativas (artigo 62, §4º da Lei nº 14.133/2021) trata apenas da dispensa do termo de contrato, não das cláusulas que inserem responsabilidades do contratado para com a administração, "ex-vi" do artigo 62 do mesmo dispositivo legal, "in verbis" [...]. Pelo simples fato de o artigo 62, §4º, da Lei em comento dispensar o "Termo de Contrato", não significa, portanto, que juntamente com ele estejam dispensadas também as garantias que a administração deve ter na execução de serviços de engenharia. A lei apenas substitui o termo de contrato por Carta-Contrato, Nota de Empenho de Despesas, etc. [...] mas não eximiu o administrador da obrigatoriedade de fazer constar, em casos como o em estudo (nota de empenho) as cláusulas essenciais previstas no artigo 55 do referido diploma legal, sujeitando-o, ainda, inclusive, à publicação no DOU.[240]

Ora, por força do princípio da indisponibilidade do interesse público, a Administração deve agir com prudência e cautela, sempre com o intuito de resguardar o interesse público. Nesse sentido, a Administração, ao firmar contrato, precisa dispor por escrito, em algum instrumento, sobre o teor básico de tal contrato – que corresponde ao preceituado no artigo 92 da Lei nº 14.133/2021. Portanto, com força no referido princípio, a Administração, ainda que dispense o instrumento próprio e típico de contrato, não pode dispensar as precauções fundamentais para resguardar o interesse público, prescrevendo os deveres e responsabilidades dos contratantes, nos moldes estatuídos nos incisos do artigo 92 da Lei nº 14.133/2021.

---

240 TCU, Plenário. Decisão nº 585/94. Rel. Min. Homero dos Santos, j. 14.9.1994.

7 Garantia contratual

7.1 Espécies de garantia

Esclareça-se, já a essa altura, que o presente tópico não trata de garantia técnica, que tem previsão no inciso III do §1º do artigo 40 da Lei nº 14.133/2021, uma espécie de benefício concedido pelo fornecedor ou pelo fabricante, cujo teor assegura a qualidade e o desempenho do objeto do contrato por dado período. O presente tópico trata da garantia prestada para assegurar a execução do contrato por parte do contratado, que pode ser executada pela Administração caso ela sofra danos ou prejuízos em razão da execução do contrato.

A Lei nº 14.133/2021 faz referência a três espécies de garantia, todas elas prestadas pelos licitantes ou pelos contratados; nenhuma prestada pela Administração.

A primeira, tratada no artigo 58 da Lei nº 14.133/2021, é conhecida como garantia de proposta, porquanto é exigida para que o licitante participe da licitação, como condição de pré-habilitação. Ela, de acordo com o §1º do artigo 58, é limitada a 1% do valor estimado do contrato. O licitante deve apresentá-la no mesmo momento da proposta, sendo-lhe restituída ao final do certame, salvo se houver por parte dele, na forma do §3º do artigo 58, "[...] recusa em assinar o contrato ou a não apresentação dos documentos para a contratação". Cumpre enfatizar que a garantia em comento não é pertinente ao contrato, ela diz respeito à licitação.

A segunda é conhecida como garantia adicional e é tratada no §5º do artigo 59 da Lei nº 14.133/2021. O §4º do artigo 59 prescreve que propostas inferiores a 75% do valor orçado pela Administração devem ser consideradas inexequíveis. O §5º, em complemento, considera que propostas entre 75% e 85% do valor orçado situam-se numa espécie de faixa de risco. Essas propostas devem ser classificadas, mas devem apresentar um reforço de garantia para firmar o contrato. Daí o nome *garantia adicional*.

A terceira é a garantia básica do contrato, versada no artigo 96 e seguintes da Lei nº 14.133/2021. Essa é a garantia típica do contrato, prestada pelo vencedor da licitação com o intuito de precaver a Administração em relação a prejuízos ou danos causados por ele durante a execução da avença.

7.2 Da conveniência em exigir garantia contratual básica

O inciso XII do artigo 92 da Lei nº 14.133/2021 é claro ao dispor que é cláusula necessária em todo contrato que estabeleça "as garantias oferecidas para assegurar sua plena execução, quando exigidas, inclusive as que forem oferecidas pelo contratado no caso de antecipação de valores a título de pagamento". Na mesma senda, o *caput* do artigo 96 da Lei nº 14.133/2021 enuncia que, "A critério da autoridade competente, em cada caso, poderá ser exigida, mediante previsão no edital, prestação de garantia nas contratações de obras, serviços e fornecimentos".

Ou seja, a competência para exigir garantia é discricionária, depende de juízo de conveniência ou inconveniência.[241] A propósito, se for o caso de exigi-la, é necessário

[241] "Consoante se extrai da leitura do artigo 56, caput, da Lei nº 8.666/1993, a exigência de garantia a ser fornecida pelo contratado é uma prerrogativa da Administração, ficando a critério da autoridade competente, em cada

prever a prestação da garantia no próprio edital e no contrato, tudo por obediência ao princípio da vinculação ao edital.

A exigência da garantia contratual básica produz benesses e malefícios ao interesse público, e, por isso, deve-se analisar caso a caso, de acordo com as suas especificidades. Em linha de síntese, se de um lado, por meio da garantia contratual básica, a Administração Pública assegura as obrigações assumidas por terceiros, noutro, onera as propostas apresentadas e restringe a competição.

Com efeito, o agente administrativo maneja o interesse que é público, e, por consequência, indisponível. Desse modo, por tributo ao princípio da indisponibilidade do interesse público, é seu dever evitar riscos e preservar o bem da coletividade sem recorrer à aventura. Portanto, sob essa perspectiva, a garantia contratual básica é medida salutar, haja vista que assegura a Administração, apresentando-se como instrumento para que ela faça frente a eventuais prejuízos ou danos causados pelo contratado.

Todavia, é certo que licitante oferta de acordo com os custos que futuramente empregará para cumprir o contrato. E o fato é que a exigência de garantia constitui mais um elemento de custo para os licitantes, onera as suas propostas. Esse ônus provocado pela prestação de garantia é transferido para a proposta e, no final das contas, para a própria Administração. Então, a exigência de garantia contratual básica, sob esse viés, é prejudicial ao interesse público, mais precisamente à economicidade, uma vez que onera as propostas e majora o quanto será desembolsado pela Administração.

Demais disso, a exigência de garantia contratual básica, em certa medida, impõe restrição à competitividade. Ocorre que muitos interessados em contratar com a Administração não conseguem viabilizar a garantia e, por isso, deixam de participar da própria licitação pública.

Trocando-se em miúdos, a exigência da garantia contratual básica pode ser conveniente ou inconveniente. Ela, de um lado, assegura a Administração, e, noutro, onera as propostas e, de certa forma, restringe a competição. O desate dessa questão não opera por meio de raciocínio de exclusão. Importa ponderar ou equilibrar as vantagens e desvantagens de cada um dos argumentos, visto que só por essa via se alcança uma solução razoável. A Administração Pública não deve abdicar da proposta mais vantajosa e da participação de todos os possíveis interessados, tampouco, da prudência e da moderação.

É de supor que, para casos ordinários, em que não haja a possibilidade de solução de continuidade do serviço público ou para aqueles de valor reduzido, não é necessário que as propostas sejam oneradas e a competição minimizada, compelindo os licitantes a apresentar a garantia. Contudo, noutro delta, há casos delicados, que acarretam riscos maiores para Administração. Nessas hipóteses, não se vislumbra óbice algum em requisitar a garantia contratual básica.

Quer dizer que a discricionariedade do agente administrativo em exigir a garantia contratual básica é limitada e moldada pelos princípios da economicidade e da competitividade. Conquanto a lei confira a ele prerrogativa de exigir a garantia ou não, tais princípios restringem-na às situações de risco, quer em razão de vultoso montante

caso, decidir sobre a necessidade da prestação de garantia nas contratações de obras, serviços e compras" (TJSP, Órgão Especial. ADI nº 2020440-22.2019.8.26.0000. Rel. Des. Renato Sartorelli, j. 5.6.2019).

pecuniário, quer porque comprometem a continuidade do serviço público. Se não houver risco, não há justificativa para onerar as propostas e tolher a competição, exigindo a garantia contratual básica.

7.3 Das modalidades de garantia contratual básica

O §1º do artigo 96 da Lei nº 14.133/2021 prescreve que cabe ao contratado optar por prestar a garantia por meio de caução em dinheiro ou título da dívida pública, seguro-garantia ou fiança bancária. Então, por regra, à Administração não é dado optar por uma das modalidades de garantia e impô-la ao contratado. Quem decide sobre a modalidade de garantia é o contratado, que é livre para escolher aquela que melhor lhe aprouver.[242] A exceção à regra é prevista no artigo 102 da Lei nº 14.133/2021, cujo teor permite que, em obras e serviços de engenharia, "o edital poderá exigir a prestação da garantia na modalidade seguro-garantia e prever a obrigação de a seguradora, em caso de inadimplemento pelo contratado, assumir a execução e concluir o objeto do contrato". O artigo 102 será objeto de tópico específico.

A caução em dinheiro talvez seja a forma mais simples de prestar garantia. O contratado oferece dinheiro, que é depositado em conta vinculada ao contrato, produzindo os seus respectivos rendimentos.

A garantia, na sistemática da Lei nº 14.133/2021, também pode ser prestada em títulos da dívida pública. Ocorre, no entanto, que muitos títulos oferecidos à Administração não agregam liquidez, porquanto não reconhecidos pelo órgão ou entidade que o emitiu. Por força dessa situação, muitas vezes a Administração recebe em garantia títulos da dívida pública imprestáveis, porque sem qualquer liquidez. Em vista disso, o inciso I do §1º do artigo 96 da Lei nº 14.133/2021 exige que os títulos da dívida pública apresentados como garantia devem ser "emitidos sob a forma escritural, mediante registro em sistema centralizado de liquidação e de custódia autorizado pelo Banco Central do Brasil, e avaliados por seus valores econômicos, conforme definido pelo Ministério da Economia".

A garantia contratual básica também pode ser prestada, em conformidade com o inciso II do §1º do artigo 96 da Lei nº 14.133/2021, por meio de seguro-garantia. Isto é, o contratado deve apresentar apólice de seguro em que a seguradora se responsabiliza e se compromete a indenizar a Administração a respeito de eventuais prejuízos e perdas impingidas a ela pelo contratado.

Por último, de acordo com o inciso III do §1º do artigo 96 da Lei nº 14.133/2021, o contratado pode optar em prestar a garantia por meio de fiança bancária, em que a instituição bancária se compromete a disponibilizar à Administração o montante consignado na carta de fiança caso o contratado produza algum prejuízo ou dano, nos termos do artigo 818 e seguintes do Código Civil.

---

[242] "Logo, embora seja facultado ao órgão licitante exigir garantia da proposta, como de fato o fez no item 4.4 do Edital, nos termos do art. 31 da Lei 8.666/93, a escolha pela modalidade da garantia é faculdade exclusiva do licitante/contratante, dentre aquelas previstas no art. 56, §1º da mesma lei. Não sendo, portanto, ilegal que o órgão licitante determine a forma como deverá ocorrer a prestação de garantia da proposta" (TCU, Plenário. Acórdão nº 1.044. Rel. Min. Augusto Sherman, j. 8.5.2019).

7.4 Limite à garantia contratual básica

O artigo 98 da Lei nº 14.133/2021 preceitua que, "nas contratações de obras, serviços e fornecimentos, a garantia poderá ser de até 5% (cinco por cento) do valor inicial do contrato, autorizada a majoração desse percentual para até 10% (dez por cento), desde que justificada mediante análise da complexidade técnica e dos riscos envolvidos".

Diante do artigo 98 da Lei nº 14.133/2021, a regra é que o percentual da garantia seja limitado a 5% do valor do contrato e a exceção é que alcance 10%. Portanto, a Administração goza de discricionariedade para decidir se exige ou não garantia e, também, para definir o seu montante. Veja-se que os percentuais são limites máximos, o que significa que, a depender do caso, a Administração pode estabelecer percentual menor do que 5%. Para ultrapassar 5%, é necessária justificativa, diante da complexidade técnica e dos riscos envolvidos. O natural é que essa justificativa decorra da análise de riscos produzida na etapa preparatória da licitação, exigida no inciso X do *caput* do artigo 18 da Lei nº 14.133/2021. De todo modo, a definição da garantia, por conseguinte do seu montante, deve ser realizada na etapa preparatória da licitação, de acordo com o inciso III, também do *caput* do artigo 18 da Lei nº 14.133/2021.

O artigo 99 da Lei nº 14.133/2021 prevê outra exceção à regra que limita o percentual das garantias a 5%. Essa exceção tem lugar em hipótese restrita, para as contratações de obras e serviços de engenharia de grande vulto, em que se pode exigir seguro-garantia, com cláusula de retomada, em percentual equivalente a até 30% do valor inicial do contrato. Esclareça-se que obras, serviços e fornecimentos de grande vulto, na forma do inciso XXII do artigo 6º da Lei nº 14.133/2021, são "aqueles cujo valor estimado supera R$200.000.000,00 (duzentos milhões de reais)".[243]

O parágrafo único do artigo 98 da Lei nº 14.133/2021, em complemento, esclarece que, "nas contratações de serviços e fornecimentos contínuos com vigência superior a 1 (um) ano, assim como nas subsequentes prorrogações, será utilizado o valor anual do contrato para definição e aplicação dos percentuais previstos no *caput* deste artigo". Ou seja, nessas hipóteses o parâmetro para definir o limite da garantia não é o valor total do contrato, relativo a todos os seus períodos. O parâmetro é anual, ainda que para serviços e fornecimentos contínuos cuja contratação dá-se já de início por prazo superior, como autoriza o artigo 106 da Lei nº 14.133/2021, que prevê o limite de 5 anos, com possibilidade de prorrogação até completar os 10 anos, daí autorizado pelo artigo 107, também da Lei nº 14.133/2021.

7.4.1 O valor da garantia nas hipóteses em que o contratado é depositário de bens da Administração

O artigo 101 da Lei nº 14.133/2021 prevê hipótese em que, "nos casos de contratos que impliquem a entrega de bens pela Administração, dos quais o contratado ficará depositário, o valor desses bens deverá ser acrescido ao valor da garantia". Ocorre que, em determinados casos, o contratado recebe da Administração bens de propriedade dela para executar o contrato, ficando como depositário. Nessas situações, então, pela

---

[243] Valor atualizado pelo Decreto Federal nº 12.343/2024, que passou para R$250.902.323,87.

letra do supracitado artigo 101, ao valor da garantia deve ser somado o valor dos respectivos bens.

O disposto no supracitado artigo 101 deve ser interpretado com moderação, para que não haja ofensa ao princípio da proporcionalidade. Ocorre que, muitas vezes, a Administração transfere ao contratado bens de sua propriedade de valor muito elevado, até mesmo superior ao do contrato. Ora, não seria proporcional exigir do contratado garantia que rivalizasse com o próprio valor do contrato. Não haveria sentido em forçar o contratado a despender importância mais elevada com a garantia do que com a própria execução do contrato. A garantia é algo acessório, logo, deve desenhar proporção menor em comparação ao valor total do contrato.

Sob esse contexto, para compatibilizar o artigo 101 da Lei nº 14.133/2021 com o princípio da proporcionalidade, em linha de interpretação sistemática, é necessário apreendê-lo no sentido de que o valor dos bens postos à disposição pela Administração ao contratado deve ser somado ao valor do contrato para então sobre esse montante total incidir a percentagem de garantia contratual básica de 5% ou 10%, na forma do artigo 98 da Lei nº 14.133/2021.

Por exemplo, o valor do contrato é de R$1.000.000,00. O contratado é depositário de bens da Administração no montante de R$200.000,00. A garantia não será calculada sobre 5% de R$1.000.000,00, que soma R$50.000,00 mais R$200.000,00, totalizando R$250.000,00. Deve-se, a rigor, somar o valor do contrato com o valor dos bens sob a guarda do contratado, o que perfaz R$1.200.000,00, e sobre ele aplicar os 5% de garantia. Ou seja, no caso em tela, a garantia deve ser prestada no valor de R$60.000,00.

Ainda que essa interpretação não siga a literalidade do dispositivo em comento, ela é a que melhor se harmoniza ao princípio da proporcionalidade e evita onerar em demasia o contrato. No caso em tela, a interpretação literal seria abertamente contrária ao princípio da proporcionalidade. Daí que, em esforço de fundo sistemático, ergue-se interpretação que conforme o dispositivo ao princípio que lhe é pressuposto.

7.5 Momento para a apresentação da garantia

Discute-se sobre o momento em que a garantia deve ser prestada. O §1º do artigo 96 da Lei nº 14.133/2021 prescreve que "caberá ao contratado optar por uma das seguintes modalidades de garantia: [...]". Pode-se deduzir, da literalidade do §1º do artigo 96, que quem presta a garantia é o contratado e não o vencedor da licitação. Isso pressupõe que a prestação de garantia é uma obrigação contratual, logo que o contrato já tenha sido firmado. Ou seja, celebra-se o contrato e, depois de celebrado, o contratado deve prestar a garantia.

Esse entendimento, no entanto, não se harmoniza com o §3º do artigo 96 da Lei nº 14.133/2021, cujo texto determina que "o edital fixará prazo mínimo de 1 (um) mês, contado da data de homologação da licitação e anterior à assinatura do contrato, para a prestação da garantia pelo contratado quando optar pela modalidade prevista no inciso II do §1º deste artigo". O inciso II do §1º do artigo 96 diz respeito ao seguro-garantia e, pois, deixa claro que ele deve ser prestado antes da assinatura do contrato, que é, portanto, uma obrigação que precede a assinatura do contrato e lhe é condicionante.

Não seria plausível que o seguro-garantia fosse prestado antes da assinatura do contrato e as demais modalidades de garantia apenas depois. Deflui do §3º do artigo 96 da Lei nº 14.133/2021, até porque ele é específico no tocante ao momento da prestação da garantia, que todas as modalidades devem ser prestadas como condição para a assinatura do contrato administrativo. A finalidade do §3º do artigo 96 é apenas assegurar prazo mais dilatado para a apresentação do seguro-garantia, prazo este que se exaure antes da assinatura do contrato.

Aliás, a norma encartada no §3º do artigo 96 da Lei nº 14.133/2021 pode causar problemas e entraves para a Administração. Isso porque, muitas vezes, a Administração homologa a licitação e pretende firmar o contrato e iniciar a sua execução imediatamente. O §3º impede que isso seja realizado, caso o contratado opte pelo seguro-garantia, porque se deve conceder a ele o prazo de um mês para apresentá-lo, a contar da homologação da licitação e antes da assinatura do contrato. Antes disso, o contrato não pode ser assinado, o que deixa a Administração de mãos atadas.

É de registrar que, diante da Lei nº 8.666/1993, o Tribunal de Contas da União entende que a garantia deve ser prestada como condição para a assinatura do contrato. O raciocínio é que a assunção de obrigação pelo contratado depende da prestação da garantia.[244] No entanto, exigir a garantia antes da celebração do contrato gera dificuldades operacionais, em razão do tempo que, por vezes, faz-se necessário para viabilizar a garantia ou mesmo por dificuldades em obter seguro-garantia ou fiança bancária antes de o contratado dispor do contrato assinado. Daí que, em desprezo às decisões do Tribunal de Contas da União, é bastante usual que a Administração assine primeiro o contrato e nele preveja a apresentação da garantia, inclusive estabelecendo no próprio instrumento de contrato prazos, condições e penalidades acaso a garantia não seja prestada.[245]

7.6 Cobertura da garantia

A garantia deve cobrir todos os prejuízos causados à Administração em razão da execução do contrato por parte do contratado. O *caput* do artigo 97 da Lei nº 14.133/2021 esclarece que "o seguro-garantia tem por objetivo garantir o fiel cumprimento das obrigações assumidas pelo contratado perante a Administração, inclusive as multas, os

[244] "Faz-se necessário também propor alerta à Prefeitura Municipal de [...] que observe, em futuras contratações envolvendo a utilização de recursos públicos federais, a correta prestação da garantia contratual antes da celebração do termo, em cumprimento ao art. 56 da Lei de Licitações" (TCU, Plenário. Acórdão nº 462/2011. Rel. Min. Ubiratan Aguiar, j. 23.2.2011).

[245] É o que prevê o item 3.1. do Anexo VII-F da Instrução Normativa nº 5/2017, da Secretaria de Gestão do antigo Ministério do Planejamento: "a) A contratada deverá apresentar, no prazo máximo de 10 (dez) dias úteis, prorrogáveis por igual período, a critério do órgão contratante, contado da assinatura do contrato, comprovante de prestação de garantia, podendo optar por caução em dinheiro ou títulos da dívida pública, seguro-garantia ou fiança bancária, sendo que, nos casos de contratação de serviços continuados com dedicação exclusiva de mão de obra, o valor da garantia deverá corresponder a 5% (cinco por cento) do valor total do contrato, limitada ao equivalente a 2 (dois) meses do custo da folha de pagamento dos empregados da contratada que venham a participar da execução dos serviços contratados; [...] e) A inobservância do prazo fixado para apresentação da garantia acarretará a aplicação de multa de 0,07% (sete centésimos por cento) do valor do contrato por dia de atraso, observado o máximo de 2% (dois por cento); f) O atraso superior a 25 (vinte e cinco) dias autoriza a Administraçao a promover a rescisão do contrato por descumprimento ou cumprimento irregular de suas cláusulas, conforme dispoem os incisos I e II do art. 78 da Lei no 8.666, de 1993".

prejuízos e as indenizações decorrentes de inadimplemento [...]". Embora o dispositivo refira-se apenas ao seguro-garantia, deve-se entender que as demais modalidades devem ter a mesma abrangência.

É usual que a apólice de seguro apresentada pelo contratado contenha restrições em relação às obrigações da seguradora – esse tipo de restrição também pode aparecer em fiança bancária. A Administração deve atentar a esse aspecto. É que, se o edital exige garantia ampla, sem restrições, a garantia prestada com restrições não lhe atende e deve ser rejeitada pela Administração. É conveniente que a Administração, no momento de elaboração do edital e da minuta do contrato, avalie com parcimônia as condições de garantia, prevendo exigências compatíveis com o mercado, a fim de viabilizá-las.

Tem havido controvérsia sobre ressalvas apostas em seguro-garantia por meio das quais o segurador não assume responsabilidades sobre danos decorrentes de atos de corrupção. O fundamento da ressalva é o artigo 762 do Código Civil, cujo texto salienta que "nulo será o contrato para garantia de risco proveniente de ato doloso do segurado, do beneficiário, ou de representante de um ou de outro".

A questão foi submetida ao Tribunal de Contas da União. O entendimento foi que a ressalva apenas não é legítima no caso de corrupção provocada exclusivamente pelo contratado ou pelo seu representante, sem o concurso de agentes administrativos. Se a corrupção envolve agentes públicos, que atuam em nome da Administração, então ela não deve ser beneficiada com o seguro, diante do princípio de que a ninguém é dado colher benefício de sua própria torpeza. A consulta foi respondida pela Corte de Contas nos seguintes termos:

> 9.2. no mérito, responder ao Consulente que:
> 9.2.1. os órgãos e entidades da Administração Pública Federal podem aceitar apólice de seguro – apresentada por empresa vencedora de certame licitatório para garantir o fiel cumprimento das obrigações assumidas no contrato – que contenha cláusula que exclua de cobertura prejuízos e demais penalidades causados ou relacionados a atos ou fatos violadores de normas de anticorrupção que tenham sido provocados pelo segurado ou seu representante, seja isoladamente, seja em concurso com o tomador ou seu representante;
> 9.2.2. por outro lado, os órgãos e entidades da Administração Pública Federal devem recusar apólice de seguro – apresentada por empresa vencedora de certame licitatório para garantir o fiel cumprimento das obrigações assumidas no contrato – que contenha cláusula que exclua de cobertura prejuízos e demais penalidades causados ou relacionados a atos ou fatos violadores de normas de anticorrupção que tenham sido provocados exclusivamente pelo tomador ou seu representante, sem o concurso do segurado ou seu representante.[246]

O inciso II do artigo 97 da Lei nº 14.133/2021 prescreve que "o seguro-garantia continuará em vigor mesmo se o contratado não tiver pagado o prêmio nas datas convencionadas". O não pagamento do prêmio, portanto, não desfaz as obrigações da seguradora em relação ao beneficiário do seguro, que é, no caso de contratos administrativos, a Administração. A seguradora é quem deve tomar as providências para que o contratado realize os pagamentos que são devidos a si.

---

[246] TCU, Plenário. Acórdão nº 1.216/2019. Rel. Min. Raimundo Carreiro, j. 29.5.2019.

7.7 Desnecessidade de majoração da garantia em razão de alteração do valor do contrato

O revogado §2º do artigo 56 da Lei nº 8.666/1993 exigia claramente que o valor da garantia fosse atualizado no mesmo passo do valor do contrato: "A garantia a que se refere o *caput* deste artigo não excederá a cinco por cento do valor do contrato e terá seu valor atualizado nas mesmas condições daquele, ressalvado o previsto no parágrafo 3º deste artigo". Dessa forma, diante da Lei nº 8.666/1993, se o valor do contrato fosse alterado, por decorrência de aditivo contratual ou mesmo de reajuste, o contratado tinha a obrigação de atualizar ou complementar a garantia prestada.

A Lei nº 14.133/2021 não reproduziu norma com conteúdo equivalente ou parecido, não há prescrição sobre a necessidade de atualizar as garantias. Soma-se que o artigo 98 da Lei nº 14.133/2021, ao dispor sobre os montantes a serem exigidos a título de garantia, determina que os limites máximos são, conforme o caso, de 5% ou 10% "[...] do valor inicial do contrato [...]". Ou seja, o percentual da garantia é calculado sobre o valor inicial e não sobre o valor atualizado dele, em linha diametralmente contrária à da Lei nº 8.666/1993.

7.8 Substituição da garantia

O §1º do artigo 96 da Lei nº 14.133/2021 preceitua que cabe ao contratado optar por uma das modalidades de garantia entre caução em dinheiro e título da dívida pública, seguro-garantia e fiança bancária. Não há dúvida de que a opção é do contratado, à exceção do previsto no artigo 102, também da Lei nº 14.133/2021, que trata da possibilidade de a Administração exigir a prestação de seguro-garantia com cláusula de retomada em obras e serviços de engenharia.

Pois bem, pode acontecer de o contratado prestar a garantia e, no curso da execução, pretender substituí-la. É relativamente comum que o contratado apresente caução em dinheiro para assinar o contrato imediatamente, pretendendo substituí-la por seguro-garantia ou fiança bancária tão logo consiga obter a apólice ou a carta de fiança. Ora, se o contratado goza do direito de prestar a modalidade garantia que lhe seja mais conveniente, é porque para a Administração são indiferentes as modalidades, todas são consideradas suficientes e adequadas. Por conseguinte, salvo situação excepcional, não há razão para obstar eventual intenção do contratado de substituir a modalidade de garantia ou mesmo a garantia prestada, desde que dentro das modalidades permitidas no §1º do artigo 96 da Lei nº 14.133/2021 e atendidas as demais condições legais e contratuais.

Pondera-se, no entanto, que o parágrafo único do artigo 97 da Lei nº 14.133/2021 preceitua:

> nos contratos de execução continuada ou de fornecimento contínuo de bens e serviços, será permitida a substituição da apólice de seguro-garantia na data de renovação ou de aniversário, desde que mantidas as mesmas condições e coberturas da apólice vigente e desde que nenhum período fique descoberto, ressalvado o disposto no §2º do art. 96 desta Lei.

O dispositivo supracitado é delimitado aos contratos de execução continuada ou de fornecimento contínuo de bens e serviços e limita a substituição do seguro garantia apenas à data da renovação contratual ou aniversário. O dispositivo, pela técnica do raciocínio a *contrario sensu*, traz implícita a ideia de que a substituição do seguro-garantia não pode ocorrer antes da renovação contratual ou aniversário. O parágrafo único do artigo 97, entretanto, deve ser compreendido como regra de exceção e, nessa medida, deve ser interpretado restritivamente, de modo que as restrições nele contidas sejam aplicadas somente nas hipóteses referidas no enunciado legal, restritas aos de execução continuada ou de fornecimento contínuo de bens e serviços e atinentes apenas à substituição da apólice de seguro e não das demais modalidades de garantias contratuais.

7.9 Restituição da garantia contratual básica

O artigo 100 da Lei nº 14.133/2021 preconiza que "a garantia prestada pelo contratado será liberada ou restituída após a fiel execução do contrato ou após a sua extinção por culpa exclusiva da Administração e, quando em dinheiro, atualizada monetariamente".

Explicando melhor, depois de executado o contrato, se o contratado não cometer nenhuma falta que produza danos à Administração e que, por isso, a faça executar a garantia, ele a recebe de volta. Logo, a Administração deve devolver a ele a apólice de seguro-garantia, a carta de fiança bancária, os títulos da dívida pública ou os valores em espécie, daí devidamente corrigidos e atualizados.

Esclareça-se que a garantia não é restituída quando o contratado unilateralmente afirma que executou o objeto do contrato. A Administração, antes de devolver a garantia, precisa receber em definitivo o objeto do contrato, isto é, verificar se o contratado realmente cumpriu as obrigações contratuais. Somente depois do ateste da satisfação dos préstimos do contratado é que a garantia é devolvida ou liberada.[247]

É importante que a Administração trate dessa questão temporal da garantia no edital e no contrato, deixando claro o interregno de sua cobertura, especialmente para as situações em que o contratado apresenta seguro-garantia ou fiança bancária, porquanto tais instrumentos consignam prazo determinado, que encerra a responsabilidade da seguradora ou da instituição bancária por eventos que sejam posteriores.

O inciso I do artigo 97 da Lei nº 14.133/2021 trata do seguro-garantia e prescreve que "o prazo de vigência da apólice será igual ou superior ao prazo estabelecido no contrato principal e deverá acompanhar as modificações referentes à vigência deste mediante a emissão do respectivo endosso pela seguradora".

Extrai-se do supracitado dispositivo que é permitido exigir seguro-garantia com prazo superior ao do contrato que lhe é objeto. Sucede que, muitas vezes, o prazo do contrato se esvai, porém, o contratado ainda deve cumprir obrigações reflexas às contratuais, especialmente perante terceiros, como a realocação de empregados ou a rescisão dos respectivos contratos de trabalho, com o pagamento dos respectivos encargos, o que pode reverberar e causar danos à Administração. Por isso, a depender

---

[247] "Atente-se que o art. 56, §4º, da Lei 8.666/1993 prevê que a garantia prestada será liberada ou restituída após a execução do contrato e, quando em dinheiro, atualizada monetariamente. Na cláusula 13.10 o marco para liberação da garantia é a assinatura do termo de recebimento definitivo, não havendo irregularidade nesse ponto. O prazo de trinta dias é o intervalo de tempo entre o termo de recebimento provisório e a emissão do termo definitivo, que está de acordo com o limite estipulado pelo art. 73, §3º, da Lei 8.666/1993, que determina que não pode ser superior a 90 dias" (TCU, Plenário. Acórdão nº 313/2021. Rel. Min. Walton Alencar Rodrigues, j. 24.2.2021).

do juízo discricionário da Administração, é permitido prever que o seguro-garantia se estenda para além do prazo contratual.

Pondera-se que, se a lógica vale para o seguro-garantia, também vale para as demais modalidades de garantia. Embora o inciso I do artigo 97 da Lei nº 14.133/2021 refira-se ao seguro-garantia, a necessidade de garantia que vá para além do prazo de vigência do contrato é comum a qualquer modalidade de garantia – aliás, não depende da modalidade de garantia. Dessa forma, deduz-se que a referência do inciso I do artigo 97, de que é permitido exigir seguro-garantia com prazo superior ao da vigência do contrato administrativo, vale para qualquer modalidade de garantia.

De mais a mais, a Administração deve ficar atenta e exigir o endosso pela seguradora, caso a vigência do contrato se estenda. Se não houver o endosso ou outra forma de expressão válida do consentimento da seguradora, a apólice de seguro extingue-se no seu prazo, desobrigando a seguradora diante de eventos que lhe sejam posteriores. O mesmo raciocínio se aplica para a fiança bancária, que também tem prazo determinado, cuja renovação depende da concordância do emitente da fiança bancária.

O §2º do artigo 96 da Lei nº 14.133/2021 prevê que, "na hipótese de suspensão do contrato por ordem ou inadimplemento da Administração, o contratado ficará desobrigado de renovar a garantia ou de endossar a apólice de seguro até a ordem de reinício da execução ou o adimplemento pela Administração". A lógica é não onerar o contratado diante do inadimplemento da Administração, dispensando-o de estender a garantia enquanto houver a suspensão. Depois dela, com a retomada da execução do contrato, o contratado precisa restaurar ou apresentar garantia nova, que cubra o exigido contratualmente.

Acentua-se que a garantia somente é restituída após a execução integral da obrigação principal pelo contratado. A garantia não é restituída proporcionalmente ao montante do contrato executado. Por exemplo, não é porque o contratado executou 20% do contrato que ele deve receber de volta 20% do valor ofertado por ele a título de garantia.

A garantia visa fazer frente a prejuízos e danos causados à Administração pelo contratado na execução da avença. Ademais, ela é prestada em proporção pequena em relação ao valor total do contrato, em regra em 5% do valor inicial do contrato, em conformidade com o preceito do artigo 98 da Lei nº 14.133/2021. Logo, pode ocorrer que, no final da execução do contrato, o contratado produza dano de grande repercussão, que comprometa partes do contrato já executadas e que supere, inclusive, a importância dada em garantia. Por isso, a garantia somente é restituída ao final, depois de executado integralmente o contrato, ou melhor, depois que o contratado execute integralmente a sua obrigação principal.

7.10 Garantia com cláusula de retomada

Uma das ideias que surgiu nas discussões que deram ensejo à Lei nº 14.133/2021 foi a de prever para as contratações de obras e serviços de engenharia um tipo de seguro especial, bastante frequente nos Estados Unidos, chamado de *performance bond*. O Professor Modesto Carvalhosa foi dos seus defensores mais entusiasmados, sustentando que ele teria grande efeito no combate à corrupção, porque quebraria a interlocução direta entre empreiteiros e agentes públicos.[248]

Em resumo bem apertado, nos Estados Unidos, o *performance bond* é uma espécie de seguro em que a seguradora assume responsabilidade pela execução total da obra, firmada pela seguradora, a contratada e a Administração. A seguradora acompanha a execução da obra, dado que tem responsabilidade sobre a integralidade dela. Em caso de rescisão contratual, a seguradora obriga-se a dar continuidade à obra, selecionando uma construtora para fazê-lo ou ela mesmo assumindo tal responsabilidade. O seguro é condicionado ao cumprimento rigoroso por parte da Administração de suas obrigações contratuais. Então, aparece a seguradora entre a contratada e a Administração, que tem o interesse e que deve diligenciar para exigir da contratada o cumprimento de todas as obrigações contratuais. Ademais, sob essas condições, a Administração também se sente pressionada a cumprir o contrato à risca, como realmente deve fazê-lo, porque, em caso contrário, a seguradora se desincumbe de suas obrigações.

Depois de muitos debates, forjou-se uma versão à brasileira do *performance bond*, substancialmente diferente da estadunidense, que se pode chamar de *seguro com cláusula de retomada*. O artigo 99 da Lei nº 14.133/2021 prescreve que, "nas contratações de obras e serviços de engenharia de grande vulto, poderá ser exigida a prestação de garantia, na modalidade seguro-garantia, com cláusula de retomada prevista no art. 102 desta Lei, em percentual equivalente a até 30% (trinta por cento) do valor inicial do contrato". O artigo 102 da mesma lei, por sua vez, preceitua que, "na contratação de obras e serviços de engenharia, o edital poderá exigir a prestação da garantia na modalidade seguro-garantia e prever a obrigação de a seguradora, em caso de inadimplemento pelo contratado, assumir a execução e concluir o objeto do contrato [...]".

Vê-se que a seguradora não assume responsabilidade pelo total da obra, como acontece no estrangeiro. Entendeu-se que o mercado não teria condições de oferecer seguros nesse percentual, bem como que seria excessivamente restritivo ao caráter competitivo das licitações, porque poucas empresas teriam acesso a ele. Por essas razões, o percentual máximo do seguro, na forma do artigo 99 da Lei nº 14.133/2021, é de 30% do valor inicial atualizado do contrato, o que se admite apenas nas contratações de obras e serviços de engenharia de grande vulto. Reitera-se que obras, serviços e fornecimentos de grande vulto, segundo o inciso XXII do artigo 6º da Lei nº 14.133/2021, são "aqueles cujo valor estimado supera R$200.000.000,00 (duzentos milhões de reais)". O valor atualizado que caracteriza a contratação de grande vulto, conforme Decreto nº 12.343/2024, é de R$ 250.902.323,87. Nesses casos, em que é exigido o seguro no percentual de até 30%, o modelo não pode ser o tradicional, porém, apenas o seguro com cláusula de retomada, versado no artigo 102 da Lei nº 14.133/2021.

No entanto, é preciso destacar que o seguro com cláusula de retomada não é exclusivo para contratações de obras e serviços de engenharia de grande vulto. O artigo 102 da Lei nº 14.133/2021 admite o seguro com cláusula de retomada para obras e serviços de engenharia em geral, não apenas para as de grande vulto. Nesses casos, o percentual

[248] CARVALHOSA, Modesto. Combate efetivo à corrupção depende da quebra do capitalismo de laços. *Conjur*, 2016. Disponível em: https://www.conjur.com.br/2016-jun-14/modesto-carvalhosa-combate-corrupcao-ataca-capitalismo-lacos. Acesso em: 30 ago. 2021.

máximo do seguro segue as regras estipuladas no artigo 98 da Lei nº 14.133/2021, de até 5% do valor inicial do contrato, que pode ser majorada para até 10%, "[...] desde que justificada mediante análise da complexidade técnica e dos riscos envolvidos". Ou seja, o seguro com cláusula de retomada não é sempre de 30%. Somente poderá ser de até 30% se o objeto do contrato for qualificado como obra e serviço de engenharia de grande vulto. Se não for assim qualificado, o percentual poderá ser de até 5% ou de até 10%, conforme o caso.

Percebe-se que a Administração goza de competências discricionárias sucessivas. A primeira, a teor do *caput* do artigo 96 da Lei nº 14.133/2021, é se exige ou não a garantia contratual básica. Sendo obra e serviço de engenharia, a segunda competência discricionária é para decidir se exige a garantia no modelo tradicional ou o seguro com cláusula de retomada. Tendo decidido pelo seguro com cláusula de retomada, deve decidir com discricionariedade o percentual do seguro, que em regra é de até 5%, nos casos de complexidade técnica e riscos elevados pode ser de até 10% e, para obras e serviços de engenharia de grande vulto, pode ser de até 30%.

A ideia central do seguro com cláusula de retomada é que na ausência do contratado a seguradora assume a execução do contrato para concluir o seu objeto, diretamente ou por alguém a seu mando. A seguradora assume papel de protagonismo no contrato, devendo firmá-lo, inclusive aditivos contratuais, ao lado da contratada e da Administração na qualidade de interveniente anuente. Além disso, o inciso I do artigo 102 da Lei nº 14.133/2021 concede à seguradora o poder de: "a) ter livre acesso às instalações em que for executado o contrato principal; b) acompanhar a execução do contrato principal; c) ter acesso a auditoria técnica e contábil; d) requerer esclarecimentos ao responsável técnico pela obra ou pelo fornecimento".

No entanto, mesmo com a rescisão do contrato, a seguradora não é obrigada a assumir a sua execução. O parágrafo único do artigo 102 da Lei nº 14.133/2021 concede a ela a faculdade de executar o objeto do contrato ou pagar a integralidade dos valores segurados. Se a seguradora executa o objeto do contrato, fica isenta de pagar a importância segurada. Se ela prefere não assumir o contrato, por outro lado, deve pagar a importância segurada. Sendo assim, se a seguradora assume a execução do contrato, ela se sujeita às mesmas regras contratuais originais, fazendo jus à remuneração contratada, inclusive podendo obter lucro.

A seguradora, ao assumir a execução do contrato, não é obrigada a fazê-lo diretamente. É reconhecido a ela o direito de contratar terceiros para fazê-lo. O inciso II do artigo 102 determina que "a emissão de empenho em nome da seguradora, ou a quem ela indicar para a conclusão do contrato, será autorizada desde que demonstrada sua regularidade fiscal". O inciso III do mesmo artigo, em complemento, assegura que "a seguradora poderá subcontratar a conclusão do contrato, total ou parcialmente". É de supor que as seguradoras tenham dificuldades para executar o objeto do contrato, até porque não são empresas especializadas em obras e serviços de engenharia.

O inciso II do artigo 102 da Lei nº 14.133/2021 atrai a atenção porque gera dúvida acerca dos documentos a serem exigidos da pessoa que passará a executar o contrato. Repita-se a redação: "A emissão de empenho em nome da seguradora, ou a quem ela indicar para a conclusão do contrato, será autorizada desde que demonstrada sua regularidade fiscal". Numa primeira leitura, o dispositivo dá a impressão de que a seguradora ou quem ela contratar assume o objeto do contrato e não precisa comprovar o cumprimento dos requisitos de habilitação formulados no edital, apenas a regularidade fiscal.

A propósito, relembre-se que o inciso XVI do artigo 92 da Lei nº 14.133/2021 exige que o contratado mantenha, "[...] durante toda a execução do contrato, em compatibilidade com as obrigações por ele assumidas, todas as condições exigidas para a habilitação na licitação, ou para a qualificação, na contratação direta".

Sucede que a Administração, ao formular exigências de habilitação durante o processo de licitação, está restringindo a competição somente àqueles que satisfaçam todos os requisitos e condições contidas no edital. O pressuposto é de que quem não apresenta todos os documentos de habilitação exigidos no edital não tem condições de futuramente cumprir as obrigações a serem contratadas ou não tem idoneidade para contratar com a Administração. A parte final do inciso XXI do artigo 37 da Constituição Federal veda que sejam formuladas exigências que não sejam de qualificação técnica e econômico-financeira e reputadas indispensáveis para a garantia do cumprimento das obrigações contratuais. Quer dizer que o que foi exigido pela Administração a título de habilitação é aquilo que ela considera essencial, realmente importante, imprescindível para permitir que alguém execute contrato para si. Sob essas premissas, não é plausível que, em razão do seguro com cláusula de retomada, a seguradora ou empresa contratada por ela assuma o contrato sem comprovar o atendimento às exigências do edital.

A interpretação que leva à conclusão de que terceiro poderia assumir a execução do contrato e estaria liberado dos requisitos de habilitação seria inconstitucional, por ofensa ao inciso XXI do artigo 37 da Constituição Federal. Ora, a Administração, ainda que sob o comando do legislador infraconstitucional, não tem espaços para isentar contratado de cumprir o que foi qualificado por ela própria como indispensável, nos exatos termos da parte final do inciso XXI do artigo 37 da Constituição Federal. Não é permitido dispensar o que a Constituição Federal considera indispensável. Essa interpretação, se vingasse, também representaria descaso com os princípios do interesse público e da eficiência, ambos prestigiados no artigo 5º da Lei nº 14.133/2021, uma vez que se permitiria que assumisse a execução do contrato pessoa sem a qualificação compreendida como indispensável.

Propõe-se que o inciso II do artigo 102 da Lei nº 14.133/2021 seja interpretado em conformidade à parte final do inciso XXI do artigo 37 da Constituição Federal, de modo que a seguradora ou terceiro por ela indicado devem demonstrar sua regularidade fiscal, porém não apenas a regularidade fiscal. O dispositivo, em sua literalidade, não prescreve que seja exigida somente a regularidade fiscal e que os demais documentos de habilitação formulados no edital sejam dispensados. A interpretação deve ser que a Administração deve sim exigir da pessoa que assumirá a execução do contrato a comprovação de todas as condições exigidas no edital, com realce para as tocantes à qualificação técnica e econômico-financeira que foram consideradas indispensáveis para a garantia do cumprimento das obrigações contratuais, em sintonia com a parte final do inciso XXI do artigo 37 da Constituição Federal.

7.11 Garantia adicional

O §4º do artigo 59 da Lei nº 14.133/2021 prescreve que, "no caso de obras e serviços de engenharia, serão consideradas inexequíveis as propostas cujos valores forem inferiores a 75% (setenta e cinco por cento) do valor orçado pela Administração". O §5º do mesmo artigo, em complemento, preceitua:

> nas contratações de obras e serviços de engenharia, será exigida garantia adicional do licitante vencedor cuja proposta for inferior a 85% (oitenta e cinco por cento) do valor orçado pela Administração, equivalente à diferença entre este último e o valor da proposta, sem prejuízo das demais garantias exigíveis de acordo com esta Lei.

A garantia adicional é pertinente somente às licitações para obras e serviços de engenharia, a teor dos supracitados dispositivos. Ela deve ser prestada pelo contratado cuja proposta em licitação foi considerada exequível, porque não inferior a 75% e não superior a 85% do valor orçado pela Administração. É como se o legislador considerasse que, a princípio, a proposta nesses patamares pode ser aceita como exequível, porém reconhecendo o risco elevado de que não o seja. Daí que, em vez de rejeitá-la, preferiu exigir do licitante e futuro contratado um reforço de garantia, justamente a garantia adicional de que ora se cuida.

A garantia adicional é decorrente da prescrição do §5º do artigo 59 da Lei nº 14.133/2021, revelando ato vinculado. Isto é, se a proposta se subsumir às condições do supracitado dispositivo, o licitante deve prestar a garantia adicional por ocasião da assinatura do contrato, independentemente de qualquer análise dos agentes administrativos a respeito da conveniência de tal medida. A eventual não exigência da garantia adicional, nas condições exigidas pelo §5º do artigo 59 da Lei nº 14.133/2021, representa ilegalidade e pode gerar, a depender da situação, até mesmo a responsabilidade dos agentes administrativos omissos.

7.11.1 O valor da garantia adicional

A regra inserida no §5º do artigo 59 da Lei 14.133/2021 prescreve:

> nas contratações de obras e serviços de engenharia, será exigida garantia adicional do licitante vencedor cuja proposta for inferior a 85% (oitenta e cinco por cento) do valor orçado pela Administração, equivalente à diferença entre este último e o valor da proposta, sem prejuízo das demais garantias exigíveis de acordo com esta Lei.

Pela literalidade do dispositivo supracitado, o valor da garantia adicional deve ser correspondente à diferença entre os 85% do valor orçado e o valor proposto pelo licitante. Por exemplo, suponha-se que o valor orçado seja de R$1.000.000,00, 85% dele, R$850.000,00, e a proposta seja equivalente a 75% do valor orçado, de R$750.000,00. O licitante e futuro contratado tem de apresentar uma garantia adicional de R$100.000,00, equivalente a 13,3% do valor da sua proposta e do futuro contrato. E essa garantia deve ser somada ainda à garantia contratual básica, se ela foi exigida no edital, suponha-se em 5% do valor inicial do contrato. No final das contas, ambas as garantias consumiriam 18,3% do valor do contrato.

7.11.2 Inconstitucionalidade da garantia adicional

Um dos princípios fundamentais da licitação pública e do contrato administrativo é o da vinculação ao edital, reconhecido expressamente no *caput* do artigo 5º da Lei nº 14.133/2021. O edital vincula todo o procedimento de licitação e o futuro contrato, esclarecendo as condições para que os interessados saibam dos encargos que a Administração exige, avaliem suas condições de suportá-los e formulem suas propostas. Os licitantes não podem ser surpreendidos com novos encargos no curso da licitação, porque todos eles devem ser indicados no edital.

Não que seja terminantemente proibido alterar o contrato e as condições de execução em face do que foi posto no edital. O interesse público justifica alterações, podendo-se diminuir ou aumentar encargos, modificar especificações de projetos e outras medidas. Todavia, nesses casos, vem à colação o enunciado no inciso XXI do artigo 37 da Constituição Federal, que determina a manutenção das condições efetivas da proposta, desenhando o direito dos contratantes ao equilíbrio econômico-financeiro do contrato.

O conteúdo da aludida norma constitucional é no sentido de preservar a equação entre os custos e os benefícios da proposta. Em outras palavras, a relação entre os custos previstos em decorrência do edital e os benefícios que o licitante se propõe auferir deve ser mantida. Pode ser que o contratado tenha de arcar com encargos não previstos no certame, mas, no mesmo passo, é imprescindível que se reveja o valor da contrapartida que incumbe à Administração.

Sucede que o licitante, ao formatar sua proposta, não tem como prever a necessidade ou não de oferecer a garantia adicional e, por isso, não tem meios de incluir seu custo na proposta. A garantia adicional só é exigida para assinatura do contrato, depois de ofertadas e classificadas as propostas, comparando umas com as outras, de acordo com os critérios de cálculo já descritos. Insiste-se que os interessados – para avaliar suas condições de participar do certame, para elaborar e para oferecer suas propostas – devem conhecer o *quanto* irão despender para futuramente cumprir o contrato, para satisfazer o interesse público. Com base em tais esclarecimentos é que eles calculam os custos e os benefícios que podem ser obtidos com o contrato, determinando a sua participação, a qualidade dos produtos ou serviços ofertados e os respectivos preços.

Dessa sorte, a garantia adicional, prevista no §5º do artigo 59 da Lei nº 14.133/2021, ofende o princípio da vinculação ao edital e a proposição constitucional que prescreve a manutenção das *condições efetivas da proposta*, haja vista que gera em desfavor do contratado custo não previsto no edital, sem a respectiva contrapartida da Administração. Em síntese, o §5º do artigo 59 da Lei nº 14.133/2021, que se refere à garantia adicional, por violar a norma expressa no inciso XXI do artigo 37 da Carta Magna, é eivado de inconstitucionalidade.

8 Direitos autorais sobre projetos ou serviços técnicos especializados

8.1 A transferência de direitos autorais deve ser prevista no instrumento de contrato e não se presume

O *caput* do artigo 93 da Lei nº 14.133/2021 prescreve:

> [...] nas contratações de projetos ou de serviços técnicos especializados, inclusive daqueles que contemplem o desenvolvimento de programas e aplicações de internet para computadores, máquinas, equipamentos e dispositivos de tratamento e de comunicação da informação (software) – e a respectiva documentação técnica associada –, o autor deverá ceder todos os direitos patrimoniais a eles relativos para a Administração Pública, hipótese em que poderão ser livremente utilizados e alterados por ela em outras ocasiões, sem necessidade de nova autorização de seu autor.

O artigo 4º da Lei nº 9.610/1998 (Lei de Propriedade Intelectual) prevê que "interpretam-se restritivamente os negócios jurídicos sobre os direitos autorais". Por isso que, se for o caso, a cessão de qualquer direito autoral em favor da Administração deve ser prevista expressamente no instrumento de contrato, não se podendo presumi-la. Inclusive, o Superior Tribunal de Justiça adverte que, "como os negócios jurídicos autorais devem ser interpretados restritivamente, considera-se não convencionado o que não constar expressamente do contrato celebrado entre as partes".[249] A propósito, ainda que sob a mira da Lei nº 8.666/1993, o Tribunal de Contas da União já decidiu:

> Atualmente, em decorrência da entrada em vigor da Lei nº 9.610/1998, o direito de autor passou a pertencer exclusivamente ao criador da obra intelectual, vez que a norma foi omissa quanto às obras feitas sob encomenda. Assim, para preservar o interesse da Administração, que atua como contratante, se faz necessária a expressa transferência desses direitos. Dessarte, ao encomendar uma obra, deverá a entidade ter o cuidado de fazer integrar no instrumento contratual a maneira como se dará a transferência dos direitos patrimoniais do autor, pois, caso contrário, se não houver previsão expressa, os direitos permanecerão sob a titularidade do autor. [...]
> c) no regime da Lei 9610/1998, os contratos de empreitada ou de prestação de serviço celebrados pela Administração com terceiros e que tenham por objeto a produção de obra protegida por direitos autorais não operam a transferência automática, para a Administração, dos direitos patrimoniais do autor (art. 22 c/c art. 4º da Lei 9610/1998);
> d) cabe à Administração pactuar a transferência dos direitos patrimoniais do autor sempre que tal medida se mostrar necessária à defesa do interesse público, estendendo-se o comando do art. 111 da Lei 8666/93 a toda contratação de obra intelectual sujeita a proteções legais conferidas ao autor.[250]

Em relação aos sistemas de informática, o artigo 2º da Lei nº 9.609/1998, que dispõe sobre a propriedade intelectual de programa de computador, esclarece que "o regime de proteção à propriedade intelectual de programa de computador é o conferido às obras literárias pela legislação de direitos autorais e conexos vigentes no País, observado o

---

249 STJ, Segunda Turma. REsp nº 1.422.699/SP. Rel. Min. Humberto Martins, j. 1.9.2015.

250 TCU, Plenário. Acórdão nº 883/2008. Rel. Min. Guilherme Palmeira, j. 14.5.2008.

disposto nesta Lei". Em complemento, o artigo 11 da Lei nº 9.609/1998 estabelece que, "nos casos de transferência de tecnologia de programa de computador, o Instituto Nacional da Propriedade Industrial fará o registro dos respectivos contratos, para que produzam efeitos em relação a terceiros".

O §1º do artigo 93 da Lei nº 14.133/2021 prevê:

> quando o projeto se referir a obra imaterial de caráter tecnológico, insuscetível de privilégio, a cessão dos direitos a que se refere o *caput* deste artigo incluirá o fornecimento de todos os dados, documentos e elementos de informação pertinentes à tecnologia de concepção, desenvolvimento, fixação em suporte físico de qualquer natureza e aplicação da obra.

Esclarece-se que todos os direitos autorais são de natureza imaterial, não importa se referentes aos seus aspectos morais ou patrimoniais. Não se pode confundir o direito autoral, que é imaterial, com a obra autoral, que pode ser material ou imaterial. Por exemplo, uma escultura é obra material. Um *slogan* para uma campanha publicitária é uma obra imaterial. Os direitos autorais sobre a escultura e sobre o *slogan* são imateriais.

O §1º do artigo 93 da Lei nº 14.133/2021 preocupa-se com o modo como deve ocorrer a cessão dos direitos de obra imaterial de caráter tecnológico. A finalidade da norma é de assegurar que a Administração receba todos os elementos necessários para que ela possa usar, fruir e dispor da obra imaterial de caráter tecnológico. Por isso, exige "o fornecimento de todos os dados, documentos e elementos de informação pertinentes à tecnologia de concepção, desenvolvimento, fixação em suporte físico de qualquer natureza e aplicação da obra". Isso abrange o recebimento da programação e de todos os documentos pertinentes, dos códigos-fonte, tudo sobre a tecnologia, com todas as suas particularidades.

8.2 A faculdade de não previsão de transferência de direitos autorais nos casos de contratos que envolvam sistemas de informática e equivalentes

A Administração goza de competência discricionária para contratar apenas o licenciamento de sistemas de informática ou equivalentes sem pretender para si os denominados direitos patrimoniais. A redação do *caput* do artigo 93 da Lei nº 14.133/2021, que prevê a obrigação de transferência de direitos patrimoniais, tem recorte delimitado ao contrato de "[...] desenvolvimento de programas e aplicações de internet para computadores, máquinas, equipamentos e dispositivos de tratamento e de comunicação da informação (software) – e a respectiva documentação técnica associada [...]".

Bem se vê que o dispositivo supracitado não dispõe sobre contrato de licenciamento de uso, cujos objetos não envolvem a transferência do sistema, apenas o direito do contratado de usá-lo. Evidentemente, a Administração não está proibida de firmar contratos de licenciamento de sistemas, o que é absolutamente comum.[251]

[251] "De mais a mais, ainda que se imaginasse a incidência do art. 111 da Lei 8.666/93, a interpretação adotada na decisão é equívoca, uma vez que o uso de programa de computador pode se dar tanto na modalidade de contrato de licença (art. 9º da Lei 9.609/98), quanto na modalidade de transferência de tecnologia (art. 11 da Lei 9.609/98), sendo obrigatória a cessão de direitos patrimoniais somente na segunda situação. Todavia, a escolha entre uma modalidade ou outra de aquisição de programa de computador constitui um juízo de conveniência e oportunidade da Administração Pública, não existindo a obrigação de transferência de

Disso resulta que a Administração goza de discricionariedade para decidir se contrata o mero licenciamento de sistema, sem que o contratado tenha de lhe transferir os direitos patrimoniais, ou se contrata o desenvolvimento do sistema, daí com a obrigação do contratado, por regra, de lhe transferir os direitos patrimoniais.

Demais disso, o §2º do artigo 93 da Lei nº 14.133/2021 permite:

> deixar de exigir a cessão de direitos a que se refere o *caput* deste artigo quando o objeto da contratação envolver atividade de pesquisa e desenvolvimento de caráter científico, tecnológico ou de inovação, considerados os princípios e os mecanismos instituídos pela Lei nº 10.973, de 2 de dezembro de 2004.

Ou seja, mesmo na hipótese de contratação de desenvolvimento de sistemas, é permitido não prever a aquisição dos direitos patrimoniais por parte da Administração Pública.

Bom registrar que a Lei nº 10.973/2004 dispõe sobre incentivos à inovação e à pesquisa científica e tecnológica, prescrevendo diversos instrumentos para tal desiderato, com destaque para o contrato de transferência de tecnologia a ser firmado por instituto científico e tecnológico, conforme o seu artigo 6º, e o contrato de encomenda tecnológica, disciplinado pelo seu artigo 20. Aliás, a Lei nº 10.973/2004 é regulamentada pelo Decreto nº 9.283/2018, cujo artigo 30 abre uma série de alternativas sobre os direitos de propriedade intelectual resultante de encomenda tecnológica, que, inclusive, na forma do §1º do artigo 30, pode ser cedida integralmente à empresa contratada, que desenvolveu a encomenda.

Igualmente importante é a Lei Complementar nº 182/2021, conhecida como Marco Legal das *Startups*, que apresenta modalidade especial para a contratação de solução inovadora por parte da Administração. Conforme os incisos IV e V do §1º do artigo 14 da lei complementar, o contrato para solução inovadora deve tratar da definição dos direitos de propriedade intelectual e da participação nos resultados da exploração, permitindo concertações diversas em relação às criações desenvolvidas.

8.3 Direitos autorais morais e patrimoniais e a previsão de que a Administração pode alterar obra autoral sem a concordância ou a participação do autor

O artigo 22 da Lei nº 9.610/1998 atribui "ao autor os direitos morais e patrimoniais sobre a obra que criou". O artigo 27 da mesma lei, no entanto, ressalva que os direitos morais são inalienáveis e irrenunciáveis. Por essa razão é que o *caput* do artigo 93 da Lei nº 14.133/2021 refere-se apenas à transferência dos direitos patrimoniais e não dos morais, dado que estes, repita-se, não podem ser transferidos.

O direito patrimonial importa, consoante o artigo 28 da Lei nº 9.610/1998, no poder de utilizar, fruir e dispor da obra autoral. A Administração, ao adquirir os direitos patrimoniais sobre projetos ou serviços técnicos especializados, pode utilizá-los como lhe convier (direito de usar), perceber os seus frutos e rendimentos (direito de fruir),

---

tecnologia em qualquer forma de utilização de software" (TCU, Primeira Câmara. Acórdão nº 5.237/2020. Rel. Min. Benjamin Zymler, j. 5.5.2020).

bem como pode aliená-los ou mesmo destruí-los, desde que de acordo com os limites legais e a função social da propriedade (direito de dispor).

A parte final do *caput* do artigo 93 da Lei nº 14.133/2021 reconhece que a Administração, ao receber os direitos patrimoniais tocantes a projetos ou serviços técnicos especializados, pode utilizá-los livremente, permitindo que eles sejam "[...] alterados por ela em outras ocasiões, sem necessidade de nova autorização de seu autor". Essa prescrição rivaliza com os incisos IV e V do artigo 24 da Lei nº 9.610/1998, que listam entre os direitos morais do autor: "V - o de assegurar a integridade da obra, opondo-se a quaisquer modificações ou à prática de atos que, de qualquer forma, possam prejudicá-la ou atingi-lo, como autor, em sua reputação ou honra; V - o de modificar a obra, antes ou depois de utilizada".

Como visto, de acordo com a Lei nº 9.610/1998, os direitos morais sobre a obra autoral não podem ser cedidos e, entre eles, estão os direitos de se opor a qualquer modificação e de promover o próprio autor a modificação que entender que deve ser promovida. Por sua vez, de forma específica no que tange aos contratos administrativos, a parte final do *caput* do artigo 93 da Lei nº 14.133/2021 excepciona a regra da Lei nº 9.610/1998 e permite que uma parte dos direitos morais sobre a obra autoral seja cedida, justamente para que a Administração possa alterar os projetos ou serviços técnicos especializados como lhe convier, sem a autorização do autor.

A faculdade de alteração por parte da Administração de projetos ou serviços técnicos especializados deve ser compreendida como norma de exceção e, nessa medida, deve ser interpretada restritivamente. Com esse espírito, o §3º do artigo 96 da Lei nº 14.133/2021 exige que, quando for o caso de promover alteração, "[...] o autor deverá ser comunicado, e os registros serão promovidos nos órgãos ou entidades competentes". Nessa hipótese, a responsabilidade sobre os projetos ou serviços técnicos especializados passa à Administração e a quem foi por ela designado ou contratado para fazê-lo.

A propósito, é de mencionar que, nos termos do artigo 18 da Lei nº 5.194/1996, que dispõe sobre o exercício das profissões de engenheiro, arquiteto e engenheiro-agrônomo, "as alterações do projeto ou plano original só poderão ser feitas pelo profissional que o tenha elaborado". Ademais, o parágrafo único do mesmo artigo 18 anuncia:

> estando impedido ou recusando-se o autor do projeto ou plano original a prestar sua colaboração profissional, comprovada a solicitação, as alterações ou modificações deles poderão ser feitas por outro profissional habilitado, a quem caberá a responsabilidade pelo projeto ou plano modificado.

Logo, dever-se-ia, no mínimo, conceder uma espécie de preferência para que o autor do projeto o altere. Apenas com a recusa dele é que a Administração poderia alterá-lo, designando ou contratando terceiro. Sendo assim, é de reconhecer que o autor do projeto, se quiser, pode ser contratado por inexigibilidade de licitação para promover as alterações necessárias. Sem embargo disso, o Tribunal de Contas da União tem precedente antigo, produzido diante da Lei nº 8.666/1993, que se opõe à contratação do autor do projeto por inexigibilidade de licitação para alterá-lo.[252] Os tribunais de contas do Distrito Federal e do estado de São Paulo têm precedentes favoráveis à inexigibilidade de licitação.[253]

---

252 "As alegações dos responsáveis pelo ato, praticado pela autarquia, fundam-se, basicamente, em dois pontos. Primeiro, com fulcro no art. 18 da Lei 5.194/66, entendem que a revisão e a atualização do projeto somente poderia ser realizada pelo autor do projeto original, com vistas a garantir o direito autoral e a responsabilidade técnica do autor pelo trabalho; além disso, o autor do projeto seria o mais capacitado para proceder às alterações no trabalho original. Em segundo lugar, argumentam que os editais de licitação dos projetos de engenharia continham, em suas disposições gerais, a "possibilidade de o licitante vencedor, após a efetiva elaboração do projeto objeto deste Edital, ser contratado quando da execução das obras, para executar os serviços de supervisão das mesmas, desde que, à época, haja respaldo legal para esta contratação embasada em pareceres da [...]. Quanto ao primeiro ponto, a Lei 8.666/93 dispõe, expressamente, no art. 111, que 'a Administração só poderá contratar, pagar, premiar ou receber projeto [...] desde que o autor ceda os direitos patrimoniais a ele relativos [...].' O autor é terminantemente obrigado a ceder os direitos do projeto à Administração, que, tendo necessidade de alterá-lo, está autorizada a contratar com terceiro, hipótese em que este passa a ser responsável pelas alterações introduzidas, como bem e logicamente expôs a unidade técnica. Obedecidos os demais requisitos legais, como o prazo de vigência do contrato, poder-se-ia admitir a contratação do autor do projeto original, para realizar-lhe a atualização, no caso de o seu valor não ultrapassar 25% do valor do contrato original, conforme dispõe o art. 65, §§1º e 2º, da Lei 8.666/93. No entanto, sendo o valor da atualização muito maior do que o valor do contrato original, a lei não admite tal hipótese. Não há, portanto, base legal e é inteiramente improcedente o argumento do [...]" (TCU, Plenário. Acórdão nº 190/2001. Rel. Min. Walton Alencar Rodrigues, j. 8.8.2001).

253 "A unidade Técnica assevera que a contratação da NOVACAP ocorreu por dispensa de licitação, nos termos do art. 24, inciso VIII, c/c art. 26, da Lei no 8.666/93. Por seu turno, a empresa que executará os serviços será a mesma responsável pela elaboração do primeiro projeto do Estádio Mané Garrincha e que realizou estudos preliminares para elaboração do projeto básico, qual seja, Castro Mello Arquitetos S/C Ltda, contratada com amparo no artigo 13, §3º c/c o art. 25, II da Lei no 8.666/93, isto é, contratação de serviço técnico especializado por inexigibilidade de licitação (fl. 30). [...] Quanto à contratação direta do projeto arquitetônico, entendo que o procedimento levado a termo pela jurisdicionada decorre do artigo 18 da Lei no 5.194/66, que assim dispõe: 'Art. 18. As alterações do projeto ou plano original só poderão ser feitas pelo profissional que o tenha elaborado. Parágrafo único. Estando impedido ou recusando-se o autor do projeto ou plano original a prestar sua colaboração profissional, comprovada a solicitação, as alterações ou modificações deles poderão ser feitas por outro profissional habilitado, a quem caberá a responsabilidade pelo projeto ou plano modificado'. Conforme noticiado nos autos, a empresa Castro Mello Arquitetos S/C foi a responsável pela elaboração do projeto original do Estádio Mané Garrincha. Sendo assim, por força do dispositivo legal acima transcrito, somente aquela empresa está autorizada a promover alterações no projeto, salvo se, comprovadamente solicitada, estiver impedida ou se recusar a prestar a sua colaboração. Em consequência, não havendo qualquer impedimento por parte da empresa em alterar o projeto original, resta configurada a inviabilidade de disputa, permitindo, assim, a contratação direta por inexigibilidade de licitação, nos termos do caput do art. 25 da Lei no 8.666/93" (TC-DF. Proc. nº 25360/2007. Rel. Cons. Manoel de Andrade, j. 4.11.2008). "Na sessão de 20 de novembro de 2012, a E. Segunda Câmara aprovou r. voto proferido pelo eminente Substituto de Conselheiro Alexandre Manir Figueiredo Sarquis, para o fim de declarar procedente a representação subscrita por Fernando Chiarelli, munícipe de Ribeirão Preto, e julgar irregulares a inexigibilidade licitação e o contrato celebrado entre a Prefeitura de Ribeirão Preto e a empresa Arquitetura e Urbanismo Oscar Niemeyer S/C Ltda., tendo em vista a elaboração de projeto para o Centro de Convenções, acionando o disposto no artigo 2º, incisos XV e XXVII, da Lei Complementar nº 709/93, bem como aplicando multas individuais de 300 (trezentas) UFESPs para cada autoridade responsável (cf. v. Acordão publicado no DOE de 18/12/12). [...] Quanto à transmissão do direito autoral e a despeito da previsão contida no art. 111 do mencionado diploma legal, entendo que a recusa do autor, notoriamente praticada em contratos do gênero, apenas realça o caráter de adesão da avença, ao mesmo tempo em que se justifica pela própria inviabilidade de disputa em ambiente regular de livre competição. Ressalto, por derradeiro, que o Poder Judiciário apreciou demandas propostas com o objetivo de desconstituir o contrato em apreço, em sede de ação popular e ação civil pública, ambas declaradas definitivamente improcedentes. Nessa conformidade, VOTO pelo provimento dos Recursos Ordinários interpostos, para o fim de julgar improcedente a representação e regulares a inexigibilidade de licitação e o contrato, cancelando as penalidades pecuniárias aplicadas às autoridades competentes" (TCE-SP. TC 001371/066/02. Rel. Cons. Renato Martins Costa, j. 20.5.2015).

9 Meios alternativos de resolução de controvérsias

O emprego pela Administração dos meios alternativos de resolução de controvérsia, especialmente a arbitragem, causou muitas polêmicas, sobretudo em razão do princípio da indisponibilidade do interesse público. O dissenso se acendeu sob o argumento de que, sendo os interesses públicos indisponíveis, a Administração não poderia, em razão da vontade dos agentes públicos, preferir a arbitragem em detrimento e com a renúncia da jurisdição estatal. Sem embargo, prevaleceu o entendimento que distingue os interesses públicos indisponíveis dos direitos da Administração, que podem ser disponíveis ou indisponíveis, a depender das suas composturas. Nessa direção, reconheceu-se que direitos patrimoniais são disponíveis.[254]

A lógica é que preferir a arbitragem ou outro meio alternativo de resolução de controvérsia não importa em dispor dos interesses públicos, porém, apenas exercer juízo de competência discricionária acerca do modo de resolução de dada controvérsia, conforme critérios de conveniência e de oportunidade que devem ser avaliados pelos agentes públicos. O princípio da indisponibilidade do interesse público jamais se opôs ao exercício de competências discricionárias por parte de agentes públicos em suas mais variadas extensões, entre os quais a própria competência para decidir contratar dado objeto e todas as suas condições.

Veja-se que a arbitragem tem natureza contratual, depende da vontade das partes e, por via de consequência, da capacidade delas de contratar, como estatui o artigo 1º da Lei nº 9.307/1996 (Lei da Arbitragem). Se podem dispor sobre os termos do contrato, podem dispor do meio a ser empregado para a eventual solução de controvérsia decorrente do contrato. Vale a máxima de quem pode o mais (contratar), pode o menos (decidir como litígio decorrente do contrato deve ser resolvido) – *a maiori, ad minus*.

A legalidade de a Administração valer-se da arbitragem foi assentada por meio da Lei nº 13.129/2015, que promoveu alterações na Lei nº 9.307/1996, introduzindo o §1º no seu artigo 1º, cujo texto reconhece que "a administração pública direta e indireta poderá utilizar-se da arbitragem para dirimir conflitos relativos a direitos patrimoniais disponíveis". Cesar Guimarães Pereira desenha breve histórico do processo de consolidação da arbitragem perante a Administração Pública:

> Mesmo antes da decisão do STF de 2001, a adoção da arbitragem para a solução de litígios envolvendo a Administração Pública era amplamente discutida e reconhecida em diplomas normativos. Muitas das leis setoriais da segunda metade dos anos 1990 – portos, energia elétrica, transportes – continham referências expressas à possibilidade de arbitragem nos contratos entre o poder concedente e os concessionários. Essa evolução se acelerou com a previsão de arbitragem na Lei de PPPs (Lei 11.079, de 2004) e na Lei de Concessões (Lei 8.987, de 1995, alterada em 2005). Pouco depois o Superior Tribunal de Justiça (STJ) iniciou uma série de decisões favoráveis à arbitragem em contratos com a Administração Pública. Essa evolução culminou com a reforma da Lei 9.307 promovida em 2015 pela Lei 13.129. O

[254] "Assim, é evidente que quando se afirma que a arbitragem se presta a 'dirimir litígios relativos a direitos patrimoniais disponíveis' isso não significa não possa, a Administração, socorrer-se dessa via visando ao mesmo fim. Pois não há qualquer correlação entre disponibilidade ou indisponibilidade de direitos patrimoniais e disponibilidade ou indisponibilidade do interesse público" (GRAU, Eros Roberto. Arbitragem e contrato administrativo. *Revista Trimestral de Direito Público*, São Paulo, n. 32, 2000. p. 20).

art. 1º, §1º, da Lei 9.307 passou a estabelecer que "[a] administração pública direta e indireta poderá utilizar-se da arbitragem para dirimir conflitos relativos a direitos patrimoniais disponíveis".

Se em algum momento houve dúvida acerca da legalidade do emprego da arbitragem nesses casos, a reforma legislativa de 2015 eliminou-a por completo. Os desafios atuais na arbitragem envolvendo a Administração Pública são outros. A arbitrabilidade abstrata, genérica, dos litígios com a Administração é amplamente reconhecida. A discussão é acerca dos seus eventuais limites e das peculiaridades procedimentais que podem ser necessárias ou convenientes quando a Administração Pública é parte em arbitragem.[255]

Para além da arbitragem, a Lei nº 13.140/2015 trata da autocomposição de conflitos no âmbito da Administração Pública. É de mencionar, em acréscimo, que o artigo 26 da Lei de Introdução às Normas do Direito Brasileiro, introduzido pela Lei nº 13.655/2018, admite que a Administração Pública firme compromissos resultantes de processo de transação.

Dentro desse processo de consolidação, o artigo 151 da Lei nº 14.133/2021 permite que a Administração se utilize dos "meios alternativos de prevenção e resolução de controvérsias, notadamente a conciliação, a mediação, o comitê de resolução de disputas e a arbitragem". O parágrafo único do mesmo artigo 151 preceitua:

> será aplicado o disposto no *caput* deste artigo às controvérsias relacionadas a direitos patrimoniais disponíveis, como as questões relacionadas ao restabelecimento do equilíbrio econômico-financeiro do contrato, ao inadimplemento de obrigações contratuais por quaisquer das partes e ao cálculo de indenizações.

A mediação e a conciliação indicam conceitos próximos, tanto que muitas vezes utilizados como sinônimos. Ambos são utilizados para que as partes promovam a autocomposição dos seus litígios. Entende-se, no entanto, que o mediador tem por objetivo promover o diálogo entre as partes sem propor as soluções para o litígio, que devem ser alcançadas pelas próprias partes. O conciliador atua com mais liberdade, também deve promover o diálogo, porém, pode sugerir soluções para as partes.[256]

A arbitragem, por sua vez, é o meio pactuado pelas partes para a resolução de litígio, de modo que elas resolvem submetê-lo ao juízo arbitral e não à jurisdição estatal. Essa decisão das partes de submeter litígios à arbitragem dá-se através da convenção de arbitragem, com natureza contratual. Na forma do artigo 3º da Lei nº 9.307/1996, há duas espécies de convenção de arbitragem: a cláusula compromissória e o compromisso

---

255 PEREIRA, Cesar Guimarães. Arbitragem e administração. *Enciclopédia Jurídica da PUCSP*, ed. 1, maio 2017. Tomo Direito Administrativo e Constituição. Disponível em: https://enciclopediajuridica.pucsp.br/verbete/155/edicao-1/arbitragem-e-administracao. Acesso em: 30 ago. 2021.

256 Extrai-se essa solução dos §§2º e 3º do artigo 165 do Código de Processo Civil: "Art. 165. Os tribunais criarão centros judiciários de solução consensual de conflitos, responsáveis pela realização de sessões e audiências de conciliação e mediação e pelo desenvolvimento de programas destinados a auxiliar, orientar e estimular a autocomposição. [...] §2º O conciliador, que atuará preferencialmente nos casos em que não houver vínculo anterior entre as partes, poderá sugerir soluções para o litígio, sendo vedada a utilização de qualquer tipo de constrangimento ou intimidação para que as partes conciliem [...] §3º O mediador, que atuará preferencialmente nos casos em que houver vínculo anterior entre as partes, auxiliará aos interessados a compreender as questões e os interesses em conflito, de modo que eles possam, pelo restabelecimento da comunicação, identificar, por si próprios, soluções consensuais que gerem benefícios mútuos".

arbitral. A diferenciação entre elas é sintetizada com precisão em julgado do Superior Tribunal de Justiça:

> Assim, as espécies de convenção distinguem-se entre si apenas quanto ao objeto submetido à arbitragem: enquanto o compromisso arbitral terá por objeto controvérsia concreta e atual, a cláusula compromissória terá por objeto demanda eventual, indeterminada e futura (no mesmo sentido: SEC 1210/GB, rel. Min. Fernando Gonçalves, Corte Especial, DJ 06.08.2007).[257]

O artigo 153 da Lei nº 14.133/2021 estabelece que "os contratos poderão ser aditados para permitir a adoção dos meios alternativos de resolução de controvérsias". Ou seja, mesmo que o instrumento contratual não preveja a cláusula compromissória, é permitido que as partes decidam pela arbitragem no curso do contrato. Se o fazem antes da existência do litígio, a convenção arbitral tem a feição de cláusula compromissória. Se o fazem diante de litígio já existente, a convenção arbitral tem feição de compromisso arbitral.

As partes gozam de liberdade para decidir na convenção de arbitragem acerca de como a arbitragem deve ser conduzida e sob quais regras. O artigo 152 da Lei nº 14.133/2021 exige que a arbitragem de que cuida seja sempre de direito e que deve observar o princípio da publicidade. O artigo 154 da mesma lei demanda que "o processo de escolha dos árbitros, dos colegiados arbitrais e dos comitês de resolução de disputas observará critérios isonômicos, técnicos e transparentes".

O Tribunal de Contas da União entende que a escolha das regras procedimentais sobre a arbitragem, bem como eventual câmara de arbitragem e árbitros por parte da Administração Pública, depende de decisão que lhe é discricionária:

> Ademais, é da natureza do processo de arbitragem que a escolha dos árbitros ou das câmaras arbitrais seja feita por vontade acordada das partes. Isso porque um dos princípios que rege o aludido processo é o de concessão às partes do máximo de liberdade na estipulação das regras procedimentais. Como dispôs o §3º do art. 13 da Lei de Arbitragem (Lei 9.307/1996): "As partes poderão, de comum acordo, estabelecer o processo de escolha dos árbitros, ou adotar as regras de um órgão arbitral institucional ou entidade especializada".
>
> Nesse contexto, pertinente a ponderação feita pela Seinfra Porto Ferovia no sentido de que a Administração deve ter a liberdade de poder avaliar tecnicamente qual o método adequado para determinados litígios, pois há casos em que a complexidade envolvida é tão grande que é razoável deixar margem de liberdade para se escolher entre uma câmara pública ou uma privada, especializada na questão.
>
> Ressalto que a seleção indistinta de umas das câmaras credenciadas, públicas ou privadas, sempre por acordo entre as partes envolvidas, atende ao princípio da consensualidade e da imparcialidade, próprios do instituto da arbitragem.[258]

A licitação pública é inaplicável para a escolha de câmara de arbitragem e de árbitros, o que é reconhecido no artigo 154 da Lei nº 14.133/2021, que não a exige nem a menciona. Marçal Justen Filho defende, com acerto, que o vínculo formado entre a câmara de arbitragem e as partes, bem como entre os árbitros e as partes, não é de

---

[257] STJ. *Diário da Justiça Eletrônico*, nov. 2013. *Revista de Arbitragem e Mediação*, v. 41, p. 346, abr. 2014, JRP\2013\16922; REsp nº 1.389.763/PR. Rel. Min. Nancy Andrighi, j. 12.11.2013.

[258] TCU, Plenário. Acórdão nº 3.160/2020. Rel. Min. Vital do Rêgo, j. 25.11.2020.

natureza contratual e sim fundado em atos voluntários unilaterais e, nos casos de consenso entre as partes, em negócio jurídico não contratual.[259]

De toda a sorte, o importante é que a competição pautada por critérios objetivos que se exige num processo de licitação pública é inviável para a escolha de câmara de arbitragem ou de árbitros. Vários fatores extremamente subjetivos são decisivos para a escolha, como experiência, reputação, lista de árbitros e seus perfis. Como o supracitado artigo 154 exige que sejam observados critérios isonômicos, técnicos e transparentes, é dever da Administração motivar a escolha da câmara e dos árbitros, ressaltando os fatores levados por si em consideração.

É de registrar que o Decreto nº 10.025/2019 dispõe sobre regras para o credenciamento de câmaras de arbitragem no âmbito do setor portuário e de transportes rodoviário, ferroviário, aquaviário e aeroportuário, para dirimir litígios que envolvam a União ou as entidades da Administração Pública Federal e concessionários, subconcessionários, permissionários, arrendatários, autorizatários ou operadores portuários. Embora não obrigatório, o credenciamento de câmaras de arbitragem pode ser positivo e replicado pelos demais entes federativos.

Ao final do processo de arbitragem, produz-se a sentença arbitral, que, consoante o artigo 31 da Lei nº 9.307/1996, "produz, entre as partes e seus sucessores, os mesmos efeitos da sentença proferida pelos órgãos do Poder Judiciário e, sendo condenatória, constitui título executivo". Logo, a sentença arbitral encerra o litígio, atribui o direito às partes e equivale a uma sentença judicial.

O artigo 151 da Lei nº 14.133/2021 também admite que a Administração se valha do comitê de resolução de disputas, conhecido pela expressão inglesa *dispute board*. Trata-se de modo alternativo de solução de litígio por meio da instituição de um comitê de especialistas com a função de avaliar os pleitos das partes e os pontos de divergência. Na maioria das vezes, o *dispute board* é formado no momento da contratação e acompanha a execução do contrato desde o início, desempenhando papel preventivo. No entanto, não há óbice à instauração de *dispute board ad hoc*, para a resolução de determinado litígio ou divergência. Pode-se prever que o Comitê, ao final, faça mera recomendação ou mesmo decida a disputa, tudo de acordo com o convencionado pelas partes.

O Superior Tribunal de Justiça já se manifestou sobre a legalidade dos comitês de disputa, mesmo antes da Lei nº 14.133/2021:

> 2.1 Afigura-se absolutamente possível que as partes, por anteverem futuras e pontuais divergências ao longo da consecução do objeto contratual, ou por conveniência / necessidade em não se fixar, de imediato, todos os elementos negociais, ajustem, no próprio contrato, a delegação da solução de tais conflitos a um terceiro ou a um comitê criado para tal escopo e, também com esteio no princípio da autonomia de vontades, disponham sobre o caráter de tal decisão, se meramente consultiva; se destinada a resolver a contenda imediatamente, sem prejuízo de a questão ser levada posteriormente à arbitragem ou à Justiça Pública, ou se vinculativa e definitiva, disposição contratual que, em qualquer circunstância – ressalvado, por óbvio, se existente algum vício de consentimento –, deve ser detidamente observada.

[259] JUSTEN FILHO, Marçal. *Administração Pública e Arbitragem*: o vínculo com a câmara de arbitragem e os árbitros. Disponível em: https://www.justen.com.br/pdfs/IE110/IE%20110%20-%20MJF%20-%20Escolha%20do%20Instituições%20e%20Árbitros%20e%20a%20Lei%20de%20Licitações.pdf. Acesso em: 30 ago. 2021.

> 2.2 Será, portanto, a partir da natureza conferida pelas partes à decisão do terceiro ou do comitê criado para o escopo de dirimir determinada controvérsia, respeitada a autonomia dos contratantes, é que se poderá inferir se se está, ou não, diante de um método alternativo de heterocomposição de conflitos de interesses.[260]

As vantagens para adoção por parte da Administração de meios alternativos de solução de controvérsias são muitas e duas delas são mais evidentes. A primeira diz respeito ao tempo para a solução dos litígios. Os processos judiciais têm se estendido por mais de década, especialmente em questões sobre reequilíbrio econômico-financeiro de contratos administrativos, que costumam demandar perícia técnica e outras providências de instrução. Os meios alternativos são bem mais céleres, podem ser resolvidos em meses. Veja-se que o artigo 23 da Lei nº 9.307/1996 autoriza as partes a definirem o prazo no qual a sentença arbitral deve ser proferida e, na hipótese de o prazo não ter sido convencionado pelas partes, a sentença arbitral deve ser prolatada em seis meses.

Infelizmente, muitos órgãos e entidades administrativas descumprem suas obrigações contratuais e encontram conforto na morosidade do Poder Judiciário, que não costuma deferir medidas de urgência em relação a pleitos de ordem patrimonial formulados pelos contratados. O mercado tem absoluta ciência disso e sabe que, havendo litígio em razão de contrato administrativo, não encontrará qualquer tipo de resposta eficaz do Poder Judiciário – não encontrará num prazo razoável, o que equivale mesmo a não obter a resposta. Esse quadro amplia exponencialmente os riscos de contratar com a Administração, que são precificados pelo mercado. Quer dizer que a demora do Poder Judiciário é um dos fatores que faz a Administração Pública arcar com preços mais caros em seus contratos do que a iniciativa privada – um dos fatores mais relevantes, diga-se de passagem.

Desse modo, ao prever a cláusula compromissória nas minutas dos contratos que acompanham os editais, a Administração sinaliza ao mercado que realmente pretende cumprir suas obrigações e que não pretende se esquivar na morosidade do Poder Judiciário. Esse sinal é na direção de maior segurança jurídica e de mitigação de riscos, extremamente positivo, valorizado pelo mercado e decisivo para ampliar a competição, atrair bons licitantes e propostas mais vantajosas. No final das contas, a Administração ganha porque ela contrata melhor.

A segunda vantagem tem a ver com a qualidade da decisão sobre o litígio. Ocorre que os magistrados não costumam ser especialistas em licitações, contratos administrativos e, menos ainda, nos segmentos econômicos tocantes ao objeto dos contratos. É raro encontrar magistrado que realmente entenda dos setores de energia, de transporte, de saneamento, portuário e outros. Isso não representa qualquer sorte de demérito para os magistrados, trata-se apenas de uma constatação natural à própria carreira, que demanda visão mais holística do direito. O ponto é que os árbitros são escolhidos pelas partes e, por regra, são especialistas reconhecidos em suas áreas de atuação. Nessa medida, os especialistas têm melhores condições de apreender as especificidades de cada caso e divisar a solução mais justa e adequada. Esse aspecto

---

260 STJ, Terceira Turma. REsp nº 1.569.422/RJ. Rel. Min. Marco Aurélio Bellizze, j. 26.4.2016.

também é valorizado pelo mercado, que projeta redução de riscos e, por consequência, espaços para o oferecimento de propostas mais vantajosas.

As regras contidas na Lei nº 14.133/2021 sobre os meios alternativos de resolução de controvérsias são bastante positivas, porque conferem mais segurança jurídica para os agentes administrativos que pretendam prevê-las em seus contratos. Atualmente, a arbitragem é medida corrente em contratos de concessão de serviços públicos e de parcerias público-privadas e vem ganhando espaço nos contratos tradicionais de valores mais expressivos. Os próximos passos para a Administração são utilizar com mais frequência a conciliação, a mediação e o comitê de disputas, bem como, sobremodo com a arbitragem, alcançar o cotidiano dos contratos administrativos, não apenas para as concessões de serviços públicos, parcerias público-privadas e contratos de valores mais expressivos.

10 A obrigação do contratado de implantar programa de integridade em contrato de grande vulto

O §4º do artigo 25 da Lei nº 14.133/2021 prescreve o seguinte:

> Art. 25. §4º Nas contratações de obras, serviços e fornecimentos de grande vulto, o edital deverá prever a obrigatoriedade de implantação de programa de integridade pelo licitante vencedor, no prazo de 6 (seis) meses, contado da celebração do contrato, conforme regulamento que disporá sobre as medidas a serem adotadas, a forma de comprovação e as penalidades pelo seu descumprimento.

Veja-se que a obrigação de implantação de programa de integridade, embora prevista no edital, não é condição para participar de licitação nem para celebrar o contrato. A obrigação é diferida no tempo, direciona-se ao contratado, sendo que ele dispõe de seis meses para fazê-lo, o que parece ser tempo adequado. Portanto, trata-se de uma obrigação diretamente pertinente ao contrato. Sendo assim, naturalmente, deve ser prevista no próprio contrato.

Ressalva-se que, como está claro no §4º do artigo 25 da Lei nº 14.133/2021, a obrigação de implantação de programa de integridade também não é para todos os contratos, apenas para os contratos de obras, serviços e fornecimento de grande vulto, que, conforme o inciso XXII do artigo 6º da Lei nº 14.133/2021, são "aqueles cujo valor estimado supera R$ 200.000.000,00". O valor atualizado, conforme Decreto nº 12.343/2024, é de R$ 250.902.323,87.

Noticia-se que o Supremo Tribunal Federal reconheceu a constitucionalidade de lei municipal que reduziu para o respectivo município o valor que caracteriza a contratação de grande vulto na Lei nº 14.133/2021. O propósito da lei municipal foi o de amplificar a exigência de que os contratados implementem o programa de integridade. O ponto é que o valor que caracteriza o contrato de grande vulto é incompatível com a realidade do município, cujos contratos, por regra, transitam em valores inferiores. Então, na prática, os contratos do município não eram qualificados como de grande vulto e os contratados não tinham a obrigação de desenvolver programa de integridade, ainda que em relação aos contratos de maior vulto do município. Então, a lei municipal reduziu o valor de referência para caracterizar contrato de grande vulto, de modo que, em compatibilidade com a realidade do município, naqueles contratos de maior vulto para ele, os contratados tivessem que desenvolver o programa de integridade. Ou seja, a lei municipal, ao reduzir o valor, amplificou e não restringiu a exigência de programa de integridade. O Supremo entendeu que a norma local, por reduzir o valor e não o ampliar, não afronta a Lei nº 14.133/2021. Afrontaria se aumentasse o valor, restringindo a exigência de programa de integridade. Confira-se:

> Ressalta-se, nessa esteira, que a normativa federal tornou mandatória a exigibilidade de programa de integridade nas licitações de grande vulto, sendo esta uma etapa inafastável da validade da contratação administrativa e não passível de discrepância por norma local, sob pena de desvirtuamento da unidade normativa almejada pela Carta Magna.
>
> Contudo, distintamente do que sustenta o recorrente, entendo, a partir da análise do diploma impugnado, que a legislação local não disciplinou a matéria de forma contrária à norma geral federal. O diploma em comento, em verdade, legitimamente delimitou o montante exigido à implementação de compliance à realidade econômicofinanceira do ente federado.
>
> Nesses termos, a norma não instituiu desvio às regras gerais de licitação, tampouco inovou com a criação de critério que pudesse influenciar no resultado ou restringir a competição da licitação, conforme bem destacou o Tribunal a Quo, haja vista que a implementação de compliance é uma obrigação contratual posterior à definição da licitante vencedora do certame.
>
> No tema, conforme já assentou este Supremo Tribunal Federal no julgamento da ADI nº 3.670 (Rel. Min. Sepúlveda Pertence, DJ de 18/5/07), convém rememorar que as normas locais devem observar o disposto no art. 37, inciso XXI, da Constituição, "assegurando a igualdade de condições de todos os concorrentes" e, assim, preservando a possibilidade isonômica de competição.
>
> Efetivamente, a competência legislativa da municipalidade na matéria se deu no limite do seu interesse local, tendo em vista que sua realidade orçamentária é significativamente inferior ao orçamento geral da União, não havendo que se falar em inconstitucionalidade ou prejuízo ao processo licitatório. Aliás, a mera extensão do montante aludido na Lei federal aos entes estaduais, municipais e distrital – cada qual com uma diferente potencialidade econômico-orçamentária – comprometeria indubitavelmente a aplicabilidade do dispositivo e, junto a ela, a própria razão de ser deste, essencialmente ligada à promoção de uma cultura de integridade, ética e incentivo à denúncia de irregularidades.[261]

O §4º do artigo 25 da Lei nº 14.133/2021 foi regulamentado pelo Decreto nº 12.304/2024, obrigatório para a administração pública federal direta, autárquica e fundacional. O parágrafo único do artigo 1º do decreto prescreve que ele também se aplica "às contratações realizadas por órgãos e entidades da administração pública estadual, distrital e municipal com recursos oriundos de transferências voluntárias da União".

No tocante ao valor que caracteriza o contrato de grande vulto, o §1º do artigo 5º do Decreto nº 12.304/2024 prescreve que se deve considerar o valor inicial do contrato e os eventuais aditivos. O decreto, nessa perspectiva, vai além do conceito legal encartado no XXII do artigo 6º da Lei nº 14.133/2021, para quem os contratos de grande vulto são

[261] STF, Segunda Turma. RE 1.410.340. Rel. Min. Dias Toffoli, j. 25.9.2023.

"aqueles cujo valor estimado supera R$ 200.000.000,00". Ou seja, para a Lei nº 14.133/2021 a referência é o valor estimado e para o decreto a referência é o valor original do contrato acrescido de eventuais aditivos. Perceba-se que pode vir a acontecer, nos termos do decreto, que contrato seja celebrado com valor inferior ao patamar dos contratos de grande vulto e, no curso da execução do contrato, em razão de aditivos, superar o valor de referência e passar a ser considerado de grande vulto. Para o decreto, neste caso, com o aditivo, o contrato passa a ser de grande vulto e o contratado deve implantar o programa de integridade.

O Decreto nº 12.304/2024 também esclarece, no §2º do seu artigo 5º, que, "na hipótese de contrato firmado por pessoas jurídicas em consórcio, todas as consorciadas comprovarão a implantação do programa de integridade". Não basta que uma das empresas consorciadas apresente o programa de integridade. Ora, a retidão e os compromissos do programa de integridade devem ser compartilhados por todos os que celebram contratos de grande vulto com a Administração, ainda que reunidos em consórcio.

O artigo 2º do Decreto nº 12.304/2024 define programa de integridade:

> Art. 2º Para fins deste Decreto, considera-se programa de integridade o conjunto de mecanismos e procedimentos internos de integridade, auditoria e incentivo à denúncia de irregularidades e a aplicação efetiva de códigos de ética e de conduta e outras políticas e diretrizes de integridade e prevenção a atos de corrupção, com objetivo de:
> I - prevenir, detectar e sanar desvios, fraudes, irregularidades e atos lesivos praticados contra a administração pública, nacional ou estrangeira;
> II - mitigar os riscos sociais e ambientais decorrentes das atividades da organização, de modo a zelar pela proteção dos direitos humanos; e
> III - fomentar e manter uma cultura de integridade no ambiente organizacional.
> Parágrafo único. O programa de integridade deve ser estruturado, aplicado e atualizado de acordo com as características e os riscos relevantes das atividades de cada pessoa jurídica, a qual procederá ao constante aperfeiçoamento e adaptação de seu programa, a fim de assegurar sua efetividade.

O artigo 3º do Decreto nº 12.304/2024 versa sobre os critérios para avaliar programa de integridade, "[...] a sua implantação, seu desenvolvimento ou o seu aperfeiçoamento". Ocorre que o programa de integridade é vivo e dinâmico e não se reduz à existência meramente formal de um código de conduta e outras medidas formais equivalentes. O programa de integridade deve ser vivenciado e fazer parte do cotidiano das empresas, deve ser efetivo, e esse é o grande desafio. Por isso, o artigo 3º do decreto exige, dentre outras medidas, o comprometimento da alta direção da empresa, que os padrões de conduta sejam exigidos internamente e de terceiros que se relacionem com a empresa, que ocorram treinamentos, ações de comunicação e gestão de riscos periódicas, que os registros contábeis sejam fidedignos, que o controle seja efetivo, com procedimentos para prevenir fraudes, para assegurar o respeito aos direitos humanos, trabalhistas e meio ambiente, que a instância responsável pela integridade seja independente, que haja canais de denúncia abertos e que os denunciantes sejam protegidos, que a violação ao programa seja reprimido, as irregularidades interrompidas e os danos remediados, que a empresa seja diligente em suas relações com terceiros, com verificação em operações societárias, que haja transparência e responsabilidade socioambiental e que promova o monitoramento contínuo do programa.

O Decreto nº 12.304/2024, bem se vê, exige um amplo conjunto de medidas, que não é fácil de ser cumprido. Por isso, o §1º do artigo 3º prescreve que, "na avaliação do programa de integridade, serão considerados o porte e as especificidades da pessoa jurídica." Ou seja, o decreto reconhece um certo grau de flexibilidade para a avaliação das medidas exigidas nos seus artigos 2º e 3º, sem, no entanto, indicar parâmetros objetivos para tanto. Em complemento, o §2º do artigo 3º do decreto prescreve que "ato do Ministro de Estado da Controladoria-Geral da União estabelecerá a metodologia de avaliação e os critérios mínimos para considerar o programa de integridade como implantado, desenvolvido ou aperfeiçoado". Logo, o decreto não é o bastante para avaliar os programas de integridade, porque ele próprio estabelece que será necessário um outro ato para dispor sobre a metodologia de avaliação e critérios mínimos a serem considerados. Sem isso, a exigência de programa de integridade do §4º do artigo 25 da Lei nº 14.133/2021 permanece sendo avaliada sob perspectiva meramente formal, um tanto esvaziada. O especialista Rodrigo Pironti tece críticas:

> Entretanto, o Decreto perde uma grande oportunidade de inovar neste tema e peca por sua generalidade excessiva, o que pode comprometer o resultado final das avaliações realizadas, por exemplo: quais seriam os padrões mínimos para demonstração do apoio da alta administração dentro de um sistema de integridade? Ou ainda, quais são os temas essenciais sobre os quais o código de conduta deve obrigatoriamente tratar e como serão direcionadas as consequências de seu descumprimento? Como serão estabelecidos os indicadores qualitativos desses sistemas? Todos esses, dentre tantos outros, são temas que deveriam estar evidenciados no Decreto, sob pena de, ao pretender regulamentar sem fazê-lo, depender de nova regulamentação futura.
>
> A ausência de detalhamento portanto, sobre a metodologia de avaliação dos programas de integridade, cuja definição foi delegada à Controladoria-Geral da União (CGU), pode gerar interpretações inconsistentes e insegurança jurídica, sem adentrar ao mérito, por exemplo, da escassez de orientações específicas para micro e pequenas empresas, que enfrentam limitações de recursos e estrutura importantes e que ficam a mercê da "discricionariedade avaliativa" do controlador. É dizer, embora o Decreto mencione que o porte da empresa será levado em consideração, faltam diretrizes concretas para facilitar a adequação dessas organizações, o que pode desestimular sua participação em processos licitatórios ou, na prática, conduzir a avaliações discrepantes e que imputem ônus ainda maior a estas empresas.[262]

Salienta-se que a Controladoria-Geral da União tem papel fundamental, de natureza preventiva e repressiva. Inclusive, ela é a responsável pela avaliação dos programas de integridade e não os órgãos e entidades contratantes. A avaliação, então, será centralizada, como dispõe o artigo 12 do Decreto nº 12.304/2024:

[262] CASTRO, Rodrigo Pironti Aguirre. O Decreto nº 12.304/2024 e a avaliação dos sitemas de integridade: impressões iniciais do regulamento que nasce para ser regulamentado. Disponível em: https://zenite.blog.br/wp-content/uploads/2024/12/zf-artigo-rodrigo-pironti-decreto-12304-2024.pdf. Acesso em: 17 jan. 2025.

> Art. 12. A avaliação consiste na análise de aderência do programa de integridade aos parâmetros estabelecidos neste Decreto, com o objetivo de verificar a sua implantação, seu desenvolvimento ou o seu aperfeiçoamento.
> Parágrafo único. Compete à Controladoria-Geral da União realizar as avaliações dos programas de integridade para fins do disposto na Lei nº 14.133, de 1º de abril de 2021, no âmbito dos órgãos e das entidades do Poder Executivo federal.

A Controladoria-Geral da União goza de competência, também, para punir os licitantes ou contratados que não cumprirem suas obrigações relacionadas à implantação do programa de integridade, conforme o artigo 17 do Decreto nº 12.304/2024. As sanções podem ser: advertência, multa de 1% a 5% do valor da licitação ou do contrato, impedimento de licitar e contratar ou declaração de inidoneidade.

11 A formalização do contrato administrativo

11.1 O vencedor da licitação não tem direito ao contrato

A decisão de contratar e formalizar o contrato compete única e exclusivamente à Administração Pública. A realização da licitação pública ou de procedimento de contratação direta não outorga direito subjetivo ao adjudicatário ou selecionado a firmar o contrato. Trata-se de momentos distintos: primeiro vem a seleção, por meio de licitação ou de procedimento para a contratação direta, depois vem a contratação. A licitação ou o procedimento para a contratação direta não obriga ao contrato. A decisão sobre o contrato e a formalização dele são decisões discricionárias, que dependem de avaliação da conveniência e da oportunidade por parte da Administração Pública.

Concluída a licitação, o que ocorre com a homologação, conforme o *caput* do artigo 90 da Lei nº 14.133/2021, a Administração convocará regularmente o interessado para assinar o termo de contrato, aceitar ou retirar o instrumento equivalente, dentro do prazo e condições estabelecidos, sob pena de decair o direito à contratação.

Ou seja, depois de realizada a licitação ou o procedimento para a contratação direta, a Administração é quem convoca o selecionado para que ele firme o contrato. Fica claro que a decisão de contratar é da Administração e, como dito, é discricionária.

Afirmar que a decisão sobre o contrato e sobre a formalização dele é discricionária não significa afirmar que a Administração goza de liberdade absoluta para decidir se contrata ou não. Como adverte o Desembargador Volnei Ivo Carlin:

> o poder discricionário distingue-se do poder arbitrário pelo fato de que este excede ou se encontra fora da lei (*contra legem*), pelo que é suscetível de controle de legalidade; é ilegal, típico das monarquias absolutas, extrapola a lei e é inválido, pelo que a própria Administração Pública pode declarar a nulidade de ato arbitrário (Súmulas nº 346 e 473).[263]

Em outras palavras, os agentes administrativos agregam discricionariedade para decidir sobre o contrato e a sua formalização, mas ela não é ilimitada, sem que se atribua a eles competência para agir aleatoriamente, de molde a prejudicar o interesse público.

---

[263] CARLIN, Volnei Ivo. *Direito administrativo*: doutrina, jurisprudência e direito comparado. Florianópolis: OAB/SC, 2002. p. 159.

Todas as decisões administrativas, sobretudo as discricionárias, devem ser amparadas em justificativas de tomo, na razoabilidade, na proporcionalidade. Em sentido oposto, as decisões administrativas não podem ser aleatórias, desnecessárias, desconexas ao interesse público.

Em termos práticos, é a Administração, insista-se, quem decide, de modo discricionário, sobre o contrato e sobre a formalização dele. Entretanto, a Administração, tendo realizado todo o processo de seleção do contratado, mormente quando realiza licitação pública, não pode, por liberalidade, deixar de contratar. Ora, a Administração não lança licitação sem motivo. Se há licitação, é porque o interesse público reclama a contratação. A não contratação, depois de homologada a licitação, é exceção. E mais ainda partindo do pressuposto de que a última fase do processo de licitação pública é justamente a pertinente à homologação da licitação, momento em que a autoridade competente, representante legal da entidade administrativa, exerce juízo sobre a conveniência e a oportunidade da contratação.

Assim sendo, poder-se-ia até dizer que, a partir do momento que a licitação foi homologada, a contratação é conveniente e oportuna e, pois, o contrato passa a ser obrigatório para a Administração.

No entanto, tal assertiva não é correta porque o contrato não ocorre, de modo necessário, imediatamente depois da homologação. Entre a homologação da licitação e o contrato medeia algum tempo, maior ou menor. Por vezes, a licitação é homologada, na medida em que ela foi realizada em conformidade com a lei e na medida em que há interesse público em contratar, e, sem embargo, a contratação não é imediata. Por vezes, recursos não são liberados, surge necessidade temporária de contingenciamento de recursos, surge algum outro óbice à contratação que precisa ser resolvido antes. Pode ocorrer, então, que entre a homologação e a assinatura do contrato ocorram fatos que transmudem a avaliação sobre a conveniência e oportunidade da contratação. Tais fatos, dependendo da situação, podem perfeitamente justificar a decisão em não contratar.

Registre-se, porém, que a decisão de não contratar é medida excepcional, a ser interpretada restritivamente, que demanda motivação robusta em fatos ocorridos após a homologação da licitação.

A propósito, o Supremo Tribunal Federal já tratou da questão, tendo firmado que o adjudicatário não tem direito ao contrato. Leia-se a ementa do acórdão:

> Licitação – Concorrência pública – Prévia demarcação do campo de conveniência no edital – Hipótese em que o vencedor, em tais circunstâncias, por apresentar, além da proposta mais vantajosa, também a mais satisfatória, tem direito subjetivo líquido e certo à adjudicação, e não apenas legítimo interesse – Realidade que não perde relevo ante a possibilidade de a Administração revogar o procedimento se em conflito com o interesse público, uma vez que não se confundem o direito à adjudicação e o direito de contratar – Mandado de segurança concedido – Recurso extraordinário não conhecido.[264]

[264] STF, Segunda Turma. RE nº 107.552/DF. Rel. Min. Francisco Rezek, j. 28.4.1987.

Do corpo do acórdão destacam-se os seguintes excertos:

> Parece claro, dessarte, que adjudicar não é contratar: por isso mesmo não se confundem o direito à adjudicação e o eventual direito à contratação. A fase da adjudicação confirma no vencedor da concorrência a qualidade bastante para que firme, com a administração, o ajuste previsto no edital. Não cabe afirmar ainda a existência, portanto, de um direito de exigir que o Poder Público realize o contrato.

E, com decalque em Hely Lopes Meirelles, arremata:

> A controvérsia se reacende em torno da questão de saber se o vencedor da concorrência, por esse único motivo, tem direito à adjudicação. Hely Lopes Meirelles é categórico na afirmativa, vendo como princípio fundamental da concorrência a adjudicação ao vencedor do certame. Argumenta que: "a adjudicação compulsória do objeto da licitação ao vencedor é também princípio irrelegável no procedimento licitatório. Vencida a licitação, nasce para o vencedor o direito subjetivo à adjudicação, isto é, a atribuição de seu objeto a quem foi classificado em primeiro lugar" (ob. cit., p. 18). Na página seguinte esclarece que: "o direito do vencedor limita-se à adjudicação e não ao contrato imediato".

O vencedor da licitação tem, no máximo, direito à adjudicação – o que, para Hely Lopes Meirelles, conforme trecho supracitado, é um princípio da licitação. O vencedor da licitação não tem direito ao contrato. Quem decide sobre o contrato e sobre a sua formalização é a Administração.

11.2 A convocação para contratar e os efeitos da recusa do adjudicatário

Encerrada a licitação ou o procedimento para a contratação direta, conforme o *caput* do artigo 90 da Lei nº 14.133/2021, a Administração deve convocar o adjudicatário ou selecionado para com ele firmar o contrato. A convocação deve conter um prazo e as demais condições, tudo determinado de modo discricionário pela Administração no edital, para que o adjudicatário ou selecionado apresente-se e firme o contrato. Esse prazo, com estribo no §1º do artigo 90 da Lei nº 14.133/2021, pode ser prorrogado por uma vez, por igual período, a pedido do adjudicatário ou selecionado.

O §4º do artigo 91 da Lei nº 14.133/2021 exige:

> antes de formalizar ou prorrogar o prazo de vigência do contrato, a Administração deverá verificar a regularidade fiscal do contratado, consultar o Cadastro Nacional de Empresas Inidôneas e Suspensas (Ceis) e o Cadastro Nacional de Empresas Punidas (Cnep), emitir as certidões negativas de inidoneidade, de impedimento e de débitos trabalhistas e juntá-las ao respectivo processo.

Todas essas providências podem ser realizadas unilateralmente pela Administração e devem ser ultimadas antes da contratação. Logo, ou a Administração realiza essas verificações antes de convocar o adjudicatário ou selecionado para assinar o contrato ou retirar o instrumento equivalente ou as realiza concomitantemente ao prazo para a convocação. A questão é que, sem a verificação, a Administração não pode firmar o contrato. À Administração é permitido, no exercício de competência discricionária, constatada alguma irregularidade nos documentos, conferir prazo ao adjudicatário ou selecionado para a regularizar. Não custa lembrar que competência discricionária não autoriza a Administração agir de forma arbitrária, sem motivação. A não concessão de prazo, diante de pedido do adjudicatário ou selecionado, deve ser adequadamente motivada em razões de interesse público, o que pode ser questionado nas instâncias de controle, inclusive perante o Poder Judiciário.

O adjudicatário ou selecionado, uma vez convocado para contratar, deve atender à convocação, desde que ela ocorra dentro do prazo de validade de sua proposta.

A Lei nº 14.133/2021 não define qual o prazo de validade das propostas a serem apresentadas à Administração. Daí que a Administração goza de competência discricionária para definir qual deve ser o prazo de validade das propostas, o que pode variar de acordo com a licitação, sua complexidade e valores envolvidos.

Depreende-se do §3º do artigo 90 da Lei nº 14.133/2021 que, decorrido o prazo de validade das propostas, sem convocação para a contratação, o adjudicatário e os demais licitantes são liberados dos compromissos assumidos e, por via de consequência, não são mais obrigados a atender à convocação.[265] Todavia, mesmo vencido o prazo de validade da proposta, o adjudicatário pode aceitar prorrogá-lo e, convocado fora do tempo, assinar o contrato. Nessas situações, a decisão é do adjudicatário. Se ele quiser assinar o contrato, pode fazê-lo.[266] Se ele não quiser, não pode ser obrigado a contratar nem ser penalizado por isso.

Infelizmente, é usual que processos de licitação pública se estendam por meses e, em algumas situações, por anos. Isso acontece, sobremaneira, em processos de licitação pública questionados judicialmente, em que o magistrado prolata liminar suspendendo o seu prosseguimento até decisão final. Em vista da lentidão do Judiciário, a decisão final demanda meses e, como dito, por vezes, anos. Então, somente depois de meses ou anos é que a licitação pública é homologada e o vencedor dela convocado para assinar o contrato. Não há nada que o impeça de o fazer. No entanto, repita-se, vencido o prazo de validade da proposta, o adjudicatário somente firma o contrato se quiser.

---

265 "3.34. Contudo, segundo o jurisdicionado, a partir da expiração de sua proposta, em 4/9/2015, a Intelit ficou legalmente desobrigada da contratação após essa data e, com base no disposto no art. 64 da Lei 8.666/1993, a empresa declinou do interesse em contratar, uma vez que passava por momento econômico não favorável. Assim, procedeu-se à desclassificação dessa empresa na licitação e à convocação das restantes (peça 52, p. 4). 3.35. Por essas razões, para o FNDE, não é cabível a abertura de processo administrativo para apuração de responsabilidade da empresa, visto que sua situação se amolda à previsão contida no art. 64, §3º, da Lei 8.666/1993 (peça 52, p. 4). [...] 4.3. Quanto à não instauração de processo administrativo para apurar a responsabilidade da licitante Intelit Processos Inteligentes Ltda. – EPP, como disposto no art. 7º da Lei 10.520/2002, c/c art. 28 do Decreto 5.450/2005, bem como com o item 17 do Edital do PE 25/2015, considerou-se que as informações apresentadas foram suficientes para justificar o ocorrido" (TCU, Segunda Câmara. Acórdão nº 7.979/2017. Rel. Min. Ana Arraes, j. 29.8.2017).

266 "ADMINISTRATIVO. CONTRATO ADMINISTRATIVO. DEMORA NA ASSINATURA. PRORROGAÇÃO. DESEQUILÍBRIO ECONÔMICO-FINANCEIRO. FATO IMPREVISÍVEL. NÃO COMPROVAÇÃO. I – Muito embora possa se considerar razoável o argumento de que ocorreu uma demora de mais de 04 meses entre o julgamento das propostas e a assinatura do contrato, a contratada tinha a opção de se recusar a assiná-lo nos termos e preços constantes de sua proposta sem a possibilidade de aplicação de penalidade por parte da administração, na forma do art. 64, §3º, da Lei 8.666/1993 e do item 15.11 do edital, pois passados mais de 60 dias de sua apresentação, porém optou por fazê-lo sem resistência, não cabendo, portanto, a pretensão de indenização por esse motivo. [...] VI – Recurso de apelação da autora a que se nega provimento. Apelação do DNIT e remessa oficial aos quais se dá provimento para julgar improcedentes os pedidos" (TRF1, Sexta Turma. Apelação Cível nº 0005229-59.2009.4.01.4300. Rel. Des. Jirair Aram Meguerian, j. 8.4.2019).

Por outro lado, ocorre também, com bastante frequência, que o convocado para assinar o contrato, dentro do prazo de validade de sua proposta, recusa-se a fazê-lo. O §5º do artigo 90 da Lei nº 14.133/2021 prescreve:

> [...] a recusa injustificada do adjudicatário em assinar o contrato ou em aceitar ou retirar o instrumento equivalente no prazo estabelecido pela Administração caracterizará o descumprimento total da obrigação assumida e o sujeitará às penalidades legalmente estabelecidas e à imediata perda da garantia de proposta em favor do órgão ou entidade licitante.

Em adição, o inciso VI do *caput* do artigo 155 da mesma lei alerta que deve sofrer sanção administrativa quem "não celebrar o contrato ou não entregar a documentação exigida para a contratação, quando convocado dentro do prazo de validade de sua proposta".

Perceba-se que o §5º do artigo 90 da Lei nº 14.133/2021 refere-se à "recursa injustificada" para assinar o contrato ou retirar o documento equivalente. Dessa sorte, a recusa justificada exime o contratado da penalidade. A eventual justificativa deve ser interpretada restritivamente, admitida para situações em que se configura caso fortuito ou de força maior, inevitáveis para o adjudicatário ou selecionado. Não se pode admitir como justificativa o arrependimento sobre os termos da proposta ou qualquer sorte de liberalidade. O oferecimento de proposta à Administração é algo sério, que deve ser tratado com seriedade e vincula os proponentes, nos termos da proposta e no prazo de validade dela.

Além de penalizar o convocado faltoso, uma vez que ele não atendeu à convocação, a Administração pode, com força no §4º do artigo 90 da Lei nº 14.133/2021:

> I - convocar os licitantes remanescentes para negociação, na ordem de classificação, com vistas à obtenção de preço melhor, mesmo que acima do preço do adjudicatário;
> II - adjudicar e celebrar o contrato nas condições ofertadas pelos licitantes remanescentes, atendida a ordem classificatória, quando frustrada a negociação de melhor condição.

Veja-se que, nos termos da Lei nº 8.666/1993, precisamente do §2º do seu artigo 64, com a recusa do vencedor da licitação, os demais licitantes poderiam ser convocados, porém, para assinar o contrato, teriam de aceitar as condições oferecidas pelo vencedor da licitação, inclusive em relação ao preço. Em sentido oposto, o §4º do artigo 90 da Lei nº 14.133/2021 não exige que os demais licitantes concordem com o preço do licitante que se recusou a assinar o contrato. A opção consagrada na Lei nº 14.133/2021 é positiva, porque a exigência de que o convocado iguale o preço do licitante que se recusou a assinar o contrato, usualmente, inviabiliza a contratação e força a Administração a proceder à nova licitação. E isso porque, com frequência, o licitante se recusa a assinar o contrato ao tomar conta de que o preço proposto por ele é muito baixo, na realidade, inexequível. Assim sendo, ele se recusa a assinar o contrato, uma vez que, se o fizesse, operaria em prejuízo. E o ponto é que, se o segundo colocado no certame, posteriormente convocado para assinar o contrato, aceitar igualar o preço proposto pelo primeiro colocado, também ele acabará por operar em prejuízo, com preço inexequível. Em razão disso, o segundo colocado, quando convocado, ainda que agindo de boa-fé, costuma recusar-se a igualar o preço do primeiro colocado e, por via de consequência, a assinar o contrato, compelindo a Administração, como dito, a proceder à nova licitação.

Isso não significa, no entanto, que a Administração deve ou pode aceitar qualquer tipo de preço. O §4º do artigo 90 da Lei nº 14.133/2021 exige que sejam "[...] observados o valor estimado e sua eventual atualização nos termos do edital [...]". Ou seja, a Administração não poderá aceitar preço acima do estimado. Demais disso, o inciso I do §4º determina que a Administração negocie com os licitantes remanescentes, respeitada a ordem de classificação.

Atente-se que, em razão da sistemática da Lei nº 14.133/2021, a Administração, em regra, antes de convocar o segundo licitante mais bem classificado para assinar o contrato, deve restaurar a licitação que já se havia encerrado com a homologação. Sucede que, conforme o §1º do artigo 59 da Lei nº 14.133/2021, o agente ou comissão encarregada de conduzir a licitação pode optar por verificar a conformidade apenas da proposta mais bem classificada – opção que se supõe seja adotada na maioria dos procedimentos. Da mesma forma, nos termos do inciso II do *caput* do artigo 63 da Lei nº 14.133/2021, a Administração exige os documentos de habilitação apenas do licitante vencedor. Daí que, antes de assinar o contrato com os licitantes remanescentes, é preciso avaliar o teor das propostas apresentadas por eles, inclusive a compatibilidade delas com as especificações técnicas do edital, bem como os documentos de habilitação. Isso não pode ser feito sem a presença dos demais licitantes e sem que se garanta a eles o contraditório, com a possibilidade de recorrerem da decisão do agente ou da comissão sobre a proposta e documentos de habilitação.

Com efeito, com a homologação o procedimento de licitação encerra-se. Se o convocado para assinar o contrato recusa-se a fazê-lo, deve-se reabrir a sessão, convocando todos os licitantes, para avaliar se a proposta do segundo mais bem classificado é aceitável, se ele cumpre as condições enfeixadas no edital para a habilitação e se alguém pretende recorrer do que será feito. Ou seja, a licitação inicia-se novamente, a partir do final da etapa de lances, começando-se com a análise de aceitabilidade da proposta do segundo colocado.

Pondera-se que, se licitante remanescente for convocado dentro do prazo de validade de sua proposta, ele tem a obrigação de honrá-la, sob pena de sofrer as sanções, na forma do §5º do artigo 90 da Lei nº 14.133/2021. O fato de ele não ter vencido a licitação não desfaz nem anula o teor e a validade da sua proposta. No entanto, uma vez convocado, o licitante não é obrigado a aceitar proposta de negociação realizada pela Administração. Ele é obrigado a manter a proposta que ofereceu à Administração, sem qualquer outro tipo de concessão, que, se for o caso de ser feita, é a ele facultativa. Logo, como prevê expressamente o §6º do artigo 90 da Lei nº 14.133/2021, ele não pode ser sancionado porque eventualmente não aceitou pedido de negociação encaminhado pela Administração.

11.3 O registro no Cadin como impedimento à celebração de contratos e aditivos

O Cadin é o cadastro informativo dos créditos não quitados de órgãos e entidades federais, uma espécie de lista de devedores do Governo Federal, disciplinada pela Lei nº

10.522/2002. O *caput* do artigo 6º da referida Lei exige que o Cadin seja consultado antes de novos convênios, acordos, ajustes, contratos ou aditamentos.[267] Até recentemente, exigia-se dos órgãos e entidades federais apenas a consulta ao Cadin, desprovida de sanção ou efeito prático no caso de registro, porque ele não impedia a contratação do devedor registrado ou outra medida equivalente. A Lei nº 14.973/2024 alterou a Lei nº 10.522/2002, introduzindo nela o artigo 6º-A, cujo texto passou a prescrever que o registro no Cadin impede novos convênios, acordos, ajustes, contratos e aditamentos. O registro no Cadin, então, passou a produzir efeito prático relevante, porque a pessoa registrada não pode mais celebrar contratos nem aditivos. Confiram-se os dispositivos legais:

> Art. 6º É obrigatória a consulta prévia ao Cadin, pelos órgãos e entidades da Administração Pública Federal, direta e indireta, para:
> I - realização de operações de crédito que envolvam a utilização de recursos públicos;
> II - concessão de incentivos fiscais e financeiros;
> III - celebração de convênios, acordos, ajustes ou contratos que envolvam desembolso, a qualquer título, de recursos públicos, e respectivos aditamentos.
> Art. 6º-A. A existência de registro no Cadin, quando da consulta prévia de que trata o art. 6º, constitui fator impeditivo para a realização de qualquer dos atos previstos nos incisos I, II e III do *caput* do art. 6º (introduzido pela Lei nº 14.973/2024)

Chama a atenção que o legislador preferiu impedir a contratação e não a habilitação ou a participação em licitação ou em processo de contratação direta da pessoa inscrita no Cadin. Então, se for o caso, mesmo que registrada no Cadin, a pessoa tem o direito de participar de licitação ou de processo de contratação direta, de ser habilitada e de receber a adjudicação do objeto. A ausência de registro no Cadin não é condição para participar de licitação ou de processo de contratação direta e sim para contratar. Ademais, o legislador não exigiu que o licitante registrado no Cadin assuma o compromisso de regularizar ou quitar o seu débito até a fase de contratação. Ele não assume qualquer compromisso, apenas goza da faculdade futura de regularizar ou quitar o seu débito para levantar o impedimento à contratação.

Vê-se que o objetivo da Lei nº 10.522/2002 não é avaliar a idoneidade ou qualificação econômico-financeira ou mesmo a situação de regularidade fiscal dos licitantes. O objetivo é fazer com que a Administração Pública Federal não contrate com quem lhe deve e, mais do que isso, estimular o devedor a regularizar ou quitar o débito. Por isso o impedimento é à contratação e não à participação na licitação ou no processo de contratação direta.

A lógica por trás é que a pessoa registrada no Cadin não tem incentivos suficientes para regularizar sua situação a fim de participar de licitação ou de processo de contratação direta, porque é possível que ela não tenha êxito na licitação ou no processo de contratação direta. Ou seja, a pessoa regularizaria ou pagaria o débito sem que lhe fosse garantido o contrato, apenas contando com alguma probabilidade, com grau

---

[267] Advirta-se, desde já, que a Lei nº 10.522/2002 se aplica para órgãos e entidade da Administração Pública Federal, não se estendendo para estados, Distrito Federal e municípios

elevado de incerteza, de vencer a licitação ou o processo de contratação direta e, se isso acontecer, assinar o contrato.

Sob essa perspectiva, o estímulo para regularizar ou quitar o débito é mais intenso se a pessoa pode participar da licitação ou do processo de contratação direta, tem êxito e está na iminência de celebrar o contrato. A pessoa regulariza ou quita o débito não para participar de licitação ou do processo de contratação direta, mas para ser contratada, o que, é quase certo, deve lhe gerar receita. Se a pessoa não regulariza ou quita o débito, perde o contrato e a receita. O legislador, com tudo isso, quer incrementar a arrecadação e não tornar as licitações e contratações mais céleres e eficientes ou melhores. É bem claro que a preocupação do legislador não foi, pelo menos não diretamente, com o órgão ou entidade federal que promove a licitação e sim com os cofres públicos federais – preocupação esta, obviamente, legítima.

Sem embargo disso, defende-se que o artigo 6º-A da Lei nº 10.522/2002 é inconstitucional, porque viola a parte final do inciso XXI do artigo 37 da Constituição Federal,[268] que, em concreção ao princípio da isonomia, reconhece o direito de acesso de todos os interessados às licitações e, por conseguinte, aos contratos administrativos, impondo contorno bem delimitado às exceções a esse direito de acesso, restrito às exigências de qualificação técnica e econômica indispensáveis à garantia do cumprimento das obrigações contratuais.

Dizendo de outra forma, o Constituinte houve por bem impedir que o legislador erga barreiras ao direito de acesso às licitações e contratos administrativos de interessados capazes de satisfazer o interesse público, sob a escusa de exigências que não guardem relação de pertinência direta com a contratação, admitindo apenas, repita-se, as de qualificação técnica e econômica que sejam indispensáveis à garantia do cumprimento das obrigações. Como dito, a prescrição contida no artigo 6º-A da Lei nº 10.522/2002 não tem natureza técnica nem econômico-financeira e, muito menos, é indispensável para avaliar se a pessoa tem ou não condições de cumprir obrigação contratual.

Ressalva-se que, até que seja declarada a inconstitucionalidade por tribunal competente, o artigo 6º-A da Lei nº 10.522/2002 presume-se constitucional, tal como todas as demais leis vigentes. Logo, sem a declaração de inconstitucionalidade, o artigo 6º-A da Lei nº 10.522/2002 deve ser aplicado e cumprido pela Administração Pública Federal.

Pois bem, em termos práticos, a pessoa registrada no Cadin participa normalmente da licitação ou de processo de contratação direta, sem que se exija dela qualquer sorte de declaração, compromisso de regularização ou quitação. No entanto, se vencer a licitação ou processo de contratação direta, não pode ser contratada. Ela não pode sequer ser convocada para assinar o contrato, na forma do artigo 90 da Lei nº 14.133/2021, porque a Administração Pública Federal não pode permitir que ela celebre o contrato.[269] Ora,

---

[268] Art. 37. [...] XXI - ressalvados os casos especificados na legislação, as obras, serviços, compras e alienações serão contratadas mediante processo de licitação pública que assegure igualdade de condições a todos os concorrentes, com cláusulas que estabeleçam obrigações de pagamento, mantidas as condições efetivas da proposta, nos termos da lei, o qual somente permitirá as exigências de qualificação técnica e econômica indispensáveis à garantia do cumprimento das obrigações.

[269] Art. 90. A Administração convocará regularmente o licitante vencedor para assinar o termo de contrato ou para aceitar ou retirar o instrumento equivalente, dentro do prazo e nas condições estabelecidas no edital de licitação, sob pena de decair o direito à contratação, sem prejuízo das sanções previstas nesta Lei.

não se convoca para celebrar contrato alguém que sabidamente esteja impedido de fazê-lo. Ou seja, antes de convocar o vencedor da licitação ou do processo de contratação direta para celebrar o contrato, o órgão ou entidade federal deve consultar o Cadin e, constatado o registro, não pode convocá-lo para celebrar o contrato, dado que ele está impedido de fazê-lo.

Espera-se que o vencedor da licitação, ciente do seu registro no Cadin e dos efeitos dele, apresse-se para regularizar ou quitar o seu débito. Pode fazê-lo depois da licitação e, assim procedendo, já não estará mais impedido de contratar. O objetivo é, repita-se, impelir a regularização ou quitação do débito. O mote do legislador é que, tendo vencido a licitação, para não perder o contrato e as receitas dele decorrente, a pessoa tenha mais interesse em fazê-lo. O estímulo é reforçado, reitera-se.

O órgão ou entidade federal, constatado o registro no Cadin do vencedor da licitação ou do processo de contratação direta, deve notificá-lo para que ele, se quiser, apresente defesa ou regularize ou quite o débito, concedendo-lhe prazo para tanto. A rigor jurídico, a Lei nº 10.522/2002 não menciona essa notificação, não a permite nem a proíbe. Todavia, tal providência é consectária dos princípios constitucionais do contraditório e da ampla defesa. Ora, o vencedor da licitação ou do processo de contratação direta deve ser notificado sobre o impedimento de contratação decorrente do registro no Cadin e, uma vez notificado, goza do direito de defender-se e contraditar o tal impedimento. Pode alegar diversas matérias de defesa, entre as que o registro no Cadin é indevido, porque o débito já fora regularizado ou quitado. Daí nada proíbe que, no prazo que lhe for dado, ele regularize ou quite o seu débito, levantando o impedimento à contratação. Trata-se de aplicar analogicamente as soluções previstas no §2º do artigo 59 e no *caput* do artigo 64, ambos da Lei n. 14.133/2021, que permitem diligências, ainda que sob condicionantes específicas, para sanar defeitos em propostas ou documentos de habitação.[270]

O problema maior ocorre nas situações em que o vencedor da licitação está registrado no Cadin e não regulariza ou quita o débito no tempo concedido pelo órgão ou entidade federal. O contrato não pode ser celebrado, uma vez que ele está impedido. A Lei nº 10.522/2002 não dá pistas de como o órgão ou entidade federal deve proceder. Defende-se a aplicação analógica da solução estabelecida nos parágrafos 2º e 4º do artigo 90 da Lei n. 14.133/2021, que diz respeito às situações em que o vencedor da licitação, por liberalidade sua, não atende a convocação para celebrar o contrato. A solução, aplicada por analogia, é a seguinte:

> Art. 90 [...] §2º Será facultado à Administração, quando o convocado não assinar o termo de contrato ou não aceitar ou não retirar o instrumento equivalente no prazo e nas condições estabelecidas, convocar os licitantes remanescentes, na ordem de classificação, para a celebração do contrato nas condições propostas pelo licitante vencedor.

[270] Art. 59 [...] §2º A Administração poderá realizar diligências para aferir a exequibilidade das propostas ou exigir dos licitantes que ela seja demonstrada, conforme disposto no inciso IV do caput deste artigo.
Art. 64. Após a entrega dos documentos para habilitação, não será permitida a substituição ou a apresentação de novos documentos, salvo em sede de diligência, para: I - complementação de informações acerca dos documentos já apresentados pelos licitantes e desde que necessária para apurar fatos existentes à época da abertura do certame; II - atualização de documentos cuja validade tenha expirado após a data de recebimento das propostas.

> [...] §4º Na hipótese de nenhum dos licitantes aceitar a contratação nos termos do §2º deste artigo, a Administração, observados o valor estimado e sua eventual atualização nos termos do edital, poderá:
> I - convocar os licitantes remanescentes para negociação, na ordem de classificação, com vistas à obtenção de preço melhor, mesmo que acima do preço do adjudicatário;
> II - adjudicar e celebrar o contrato nas condições ofertadas pelos licitantes remanescentes, atendida a ordem classificatória, quando frustrada a negociação de melhor condição.

É de esclarecer que o vencedor da licitação ou do processo de contratação direta registrado no Cadin e que não regulariza ou quita o seu débito com a Administração Pública Federal a tempo não comete, por tais razões, nenhum tipo de ilícito. Frisa-se que a sua situação, em princípio, era conhecida da Administração Pública Federal e o legislador preferiu permitir que ele participasse da licitação ou do processo de contratação direta, não o impediu. Deu-lhe, então, a oportunidade de regularizar ou quitar o débito desde que antes da contratação, o que jamais lhe foi posto como obrigação, de nenhuma natureza. Portanto, o vencedor da licitação ou do processo de contratação direta detém a faculdade de regularizar ou quitar o seu débito, cujo não exercício não pode lhe gerar qualquer sorte de reprimenda.

Aqui há um ponto de distinção importante em relação ao vencedor da licitação ou do processo de contratação direta que por liberalidade se recusa a assinar o contrato. Nesse caso, o vencedor da licitação ou do processo de contratação direta descumpre os termos da proposta e, por esse motivo, deve sofrer penalidades e perder garantia eventualmente prestada, como reconhecido no §5º do artigo 90 da Lei nº 14.133/2021.[271] No caso do vencedor da licitação ou do processo de contratação direta registrado no Cadin, o legislador jamais condicionou o seu direito de participar de licitação ou do processo de contratação direta à ausência de registro no Cadin. Na verdade, conferiu-lhe a faculdade de regularizar ou quitar o seu débito até a fase da contratação. O não exercício dessa faculdade não equivale à mera recusa intencional de celebrar o contrato, dado que o legislador não sinalizou qualquer sorte de sanção sobressalente ao registro no Cadin e ao impedimento da contratação, nem exigiu da pessoa registrada compromisso de regularização como condição para participar da licitação ou do processo de contratação direta.

Outro ponto a considerar é que pode vir a ocorrer o registro no Cadin superveniente à celebração do contrato e durante a sua execução. A Lei nº 10.522/2002 não obstaculiza a execução normal do contrato, que prossegue como de usual mesmo com o registro no Cadin do contratado, devendo as partes cumprir suas obrigações contratuais. O registro superveniente no Cadin não é causa para a rescisão contratual nem para aplicação de sanção administrativa. Inclusive, o registro no Cadin não é razão para que o órgão ou entidade federal contratante não pague os valores que sejam devidos ao contratado, sob pena de violação ao princípio geral que veda o enriquecimento sem causa. A título ilustrativo, do Tribunal Regional Federal da 1ª Região:

---

[271] Art. 90 [...] §5º A recusa injustificada do adjudicatário em assinar o contrato ou em aceitar ou retirar o instrumento equivalente no prazo estabelecido pela Administração caracterizará o descumprimento total da obrigação assumida e o sujeitará às penalidades legalmente estabelecidas e à imediata perda da garantia de proposta em favor do órgão ou entidade licitante.

ADMINISTRATIVO. MANDADO DE SEGURANÇA. CONTRATO DE PRESTAÇÃO DE SERVIÇO. DNER. *RETENÇÃO DE PAGAMENTO POR IRREGULARIDADE PERANTE O SICAF E O CADIN. AUSÊNCIA DE PREVISÃO LEGAL. ENRIQUECIMENTO ILÍCITO 1. É ilegal a retenção de pagamento devido em função de serviços regularmente contratados e efetivamente prestados ao argumento de que a contratada está em situação irregular perante o SICAF, por ausência de previsão legal e por configurar enriquecimento ilícito da Administração Pública.* Precedente: (AG 2003.01.00.035327-7/DF - TRF 1ª Região - Quinta Turma - Rel. Desemb. Federal Selene Maria de Almeida - DJ 08.03.2004, p. 106) 2. Remessa oficial a que se nega provimento.[272]

Ressalva-se que não se exclui o poder da Administração Pública Federal de tomar as medidas administrativas e judiciais para exigir o pagamento dos valores que lhe são devidos, sendo que tais medidas têm os seus requisitos legais, que devem ser avaliados e cumpridos conforme cada caso. O que se enfatiza é que a Lei nº 10.522/2002 não autoriza uma espécie de retenção de ofício de faturas em aberto apenas porque a Administração Pública Federal entende que o contratado tenha débito consigo, dado que registrado no Cadin.

Também é de frisar que o inciso III do *caput* do artigo 6º combinado com o artigo 6º-A, ambos da Lei nº 10.522/2002, impedem que a pessoa registrada no Cadin celebre aditivos contratuais. Noutras palavras, o registro superveniente do contratado no Cadin não obsta a continuidade do contrato, mas obsta aditivos contratuais, inclusive aditivos desejados pelo próprio órgão ou entidade federal, seja para prorrogar os prazos ou para acrescer ou para alterar aspectos qualitativos do objeto contratado. Isso pode ser bastante prejudicial ao interesse público.

Suponha-se, por exemplo, obra de grande porte em fase final de execução e que demanda alterações contratuais para ser concluída. Se o contratado apresentar registro no Cadin, a alteração não poderá ser promovida. O efeito é que ou o contrato prossegue sem a alteração, se isso for possível e aceitável sob a ótica do interesse público, ou o contrato deve ser rescindido e o órgão ou entidade contratante deve tomar providências para contratar outra pessoa para concluir a obra, com prejuízos de toda a sorte e evidentes para o interesse público. E, nesse caso, a rescisão não se dará por culpa do contratado, porque, em princípio, ele não descumpriu obrigação contratual, dado que o registro no Cadin não importa descumprimento de obrigação contratual, de modo que ele não pode ser sancionado ou reprimido. A rescisão, nessa hipótese e se não houver uma outra causa, seria por razões de interesse público, na forma do inciso VIII do artigo 137 da Lei nº 14.133/2021.[273]

Advirta-se que a proibição de celebrar aditivos contratuais com o contratado registrado no Cadin, decorrente da interpretação conjunta do inciso III do *caput* do artigo 6º e do artigo 6º-A, ambos da Lei nº 10.522/2002, não abrange aditivos que visam a manter o equilíbrio econômico-financeiro do contrato. Ocorre que o direito dos contratados ao equilíbrio econômico-financeiro é de estatura constitucional (inciso XXI do artigo 37 da Constituição Federal), de modo que ao legislador não é permitido prescrever regras

---

272 TRF-1, Sexta Turma. REOMS nº 0018595-86.2008.4.01.3400. Rel. Des. Kassio Nunes Marques, j. 13.12.2013.

273 Art. 137. Constituirão motivos para extinção do contrato, a qual deverá ser formalmente motivada nos autos do processo, assegurados o contraditório e a ampla defesa, as seguintes situações: [...] VIII - razões de interesse público, justificadas pela autoridade máxima do órgão ou da entidade contratante;

que o neguem, sob pena de inconstitucionalidade. Há de se entender que a proibição de celebrar aditivos com contratado registrado no Cadin diz respeito às alterações contratuais que não sejam impositivas para a Administração Pública, a exemplo daquelas que dependem de uma avaliação de conveniência e de oportunidade dela, como as que prorrogam prazos ou que incidem sobre o objeto do contrato, quantitativas ou qualitativas. Não é o caso, insista-se, da alteração para manter o equilíbrio econômico-financeiro de contrato, porque, por norma constitucional, é impositiva para a Administração Pública.

11.4 A forma do contrato administrativo

O artigo 91 da Lei nº 14.133/2021 prescreve que os "os contratos e seus aditamentos terão forma escrita e serão juntados ao processo que tiver dado origem à contratação, divulgados e mantidos à disposição do público em sítio eletrônico oficial". O §3º do mesmo artigo 91 esclarece que "será admitida a forma eletrônica na celebração de contratos e de termos aditivos, atendidas as exigências previstas em regulamento". Logo, tudo pode ser realizado eletronicamente, as assinaturas e a juntada ao processo, que também pode ser eletrônico.

A exceção ocorre em relação aos contratos relativos a direitos reais sobre imóveis, em acordo com o §2º do artigo 91 da Lei nº 14.133/2021, que devem ser formalizados por escritura pública lavrada em notas de tabelião, cujo teor deverá ser divulgado e mantido à disposição do público em sítio eletrônico oficial.

Em obediência aos princípios da publicidade e da transparência, o §1º do artigo 91 da Lei nº 14.133/2021 prescreve que "será admitida a manutenção em sigilo de contratos e de termos aditivos quando imprescindível à segurança da sociedade e do Estado, nos termos da legislação que regula o acesso à informação". Portanto, a regra é a publicidade e a transparência sobre os termos contratuais e o sigilo é a exceção, admitido apenas em razão de imperativos de segurança, conforme a legislação pertinente, atualmente a Lei nº 12.527/2011.[274]

11.5 Contrato escrito e contrato verbal

Os contratos podem ser verbais ou escritos. Ou seja, o contrato pode ou não ser reduzido a termo. Há contrato sempre que as partes combinam as suas vontades a fim de criar obrigações. No entanto, nem sempre essa combinação é escrita, é reduzida a termo. Muitas vezes as partes combinam as suas vontades de modo verbal, sem escrever coisa alguma.

---

274 O artigo 23 da Lei nº 12.527/2011 prescreve as situações em que é permitido o sigilo: "Art. 23. São consideradas imprescindíveis à segurança da sociedade ou do Estado e, portanto, passíveis de classificação as informações cuja divulgação ou acesso irrestrito possam: I - pôr em risco a defesa e a soberania nacionais ou a integridade do território nacional; II - prejudicar ou pôr em risco a condução de negociações ou as relações internacionais do País, ou as que tenham sido fornecidas em caráter sigiloso por outros Estados e organismos internacionais; III - pôr em risco a vida, a segurança ou a saúde da população; IV - oferecer elevado risco à estabilidade financeira, econômica ou monetária do País; V - prejudicar ou causar risco a planos ou operações estratégicos das Forças Armadas; VI - prejudicar ou causar risco a projetos de pesquisa e desenvolvimento científico ou tecnológico, assim como a sistemas, bens, instalações ou áreas de interesse estratégico nacional; VII - pôr em risco a segurança de instituições ou de altas autoridades nacionais ou estrangeiras e seus familiares; ou VIII - comprometer atividades de inteligência, bem como de investigação ou fiscalização em andamento, relacionadas com a prevenção ou repressão de infrações".

Na seara administrativa, os contratos, por regra, devem ser escritos, em obséquio ao princípio da indisponibilidade do interesse público, em vista do qual os agentes administrativos, por não disporem da coisa pública, não podem proceder em relação a ela tal qual procedem em relação aos seus assuntos particulares. Por isso, em tributo ao aludido princípio, impõe-se aos agentes administrativos uma série de formalidades para o gerenciamento da coisa pública para evitar distorções e deturpações a fim de protegê-la.

Explicando melhor, particulares firmam contratos do jeito que quiserem, verbais ou escritos, porquanto o que vale são as suas vontades. Agentes administrativos, que gerenciam o interesse público, não gozam da liberdade de agir de acordo com as suas vontades e, pois, decidir livremente em firmar os contratos apenas verbalmente ou por escrito. Para melhor curar do interesse público, os agentes administrativos, em regra, devem firmar contratos escritos.

Nesse sentido, o §2º do artigo 95 da Lei nº 14.133/2021 prescreve que "é nulo e de nenhum efeito o contrato verbal com a Administração, salvo o de pequenas compras ou o de prestação de serviços de pronto pagamento, assim entendidos aqueles de valor não superior a R$10.000,00 (dez mil reais)".

Essas contratações verbais da Administração ocorrem por meio do regime contábil de adiantamento, que, segundo o artigo 68 da Lei nº 4.320/1964, "é aplicável aos casos de despesas expressamente definidos em lei e consiste na entrega de numerário a servidor, sempre precedida de empenho na dotação própria para o fim de realizar despesas, que não possam subordinar-se ao processo normal de aplicação".

O regime de adiantamento também é chamado de suprimento de fundos, sendo objeto do Decreto Federal nº 93.872/1986, cujo artigo 45 prescreve:

> Art. 45. Excepcionalmente, a critério do ordenador de despesa e sob sua inteira responsabilidade, poderá ser concedido suprimento de fundos a servidor, sempre precedido do empenho na dotação própria às despesas a realizar, e que não possam subordinar-se ao processo normal de aplicação, nos seguintes casos (Lei nº 4.320/64, art. 68 e Decreto-lei nº 200/67, §3º do art. 74):
> I - para atender despesas eventuais, inclusive em viagens e com serviços especiais, que exijam pronto pagamento;
> II - quando a despesa deva ser feita em caráter sigiloso, conforme se classificar em regulamento; e
> III - para atender despesas de pequeno vulto, assim entendidas aquelas cujo valor, em cada caso, não ultrapassar limite estabelecido em Portaria do Ministro da Fazenda.

O artigo 45 do Decreto Federal nº 93.872/1986 amplia as hipóteses de adiantamento de despesas previstas no §2º do artigo 95 da Lei nº 14.133/2021 e no artigo 68 da Lei nº 4.320/1964 e, portanto, ofende a legalidade. No entanto, trata-se de prática cotidiana da Administração Pública Federal, aceita sem maiores ressalvas pelos órgãos de controle e reproduzida por muitos estados e municípios.

Em adição, registre-se que o supracitado inciso III do artigo 45 do Decreto Federal nº 93.872/1986 prescreve competência ao ministro da Fazenda, atualmente ministro da Economia, para fixar os valores-limite para o suprimento de fundos. Essa disposição não pode prevalecer diante do §2º do artigo 95 da Lei nº 14.133/2021, que admite contratos verbais no limite máximo de R$10.000,00.[275] O ministro da Fazenda pode até estabelecer valores mais reduzidos, não pode ultrapassar os R$10.000,00 prescritos em lei. No entanto, por meio da Portaria MF nº 1.344/2023, os valores para a supressão de fundos foram fixados em 50% do previsto nos incisos I e II do artigo 75 da Lei nº 14.133/2021 e se definiu como despesa de pequeno vulto aquelas limitadas a 5% dos mesmos incisos I e II do artigo 75. Malcontente, a Portaria ainda permite que, excepcionalmente, esses valores sejam superados, desde que justificado pelo Ministro de Estado ou titular de órgão diretamente subordinado à Presidência da República.

É de realçar que o regime de adiantamento de despesa ou de suprimento de fundos deve ser aplicado excepcionalmente, para contratos realmente de pequeno vulto ou eventuais, diante de situações que não se subordinam ao processo normal de aplicação de despesa.

11.6 Instrumento de contrato e outros instrumentos congêneres

Os contratos escritos podem ser formalizados de diversas maneiras. Eles podem ser formalizados por meio do que o *caput* do artigo 95 da Lei nº 14.133/2021 denomina de instrumento de contrato ou, dependendo do caso, por intermédio de outros instrumentos, tais como carta-contrato, nota de empenho de despesa, autorização de compra ou ordem de execução de serviço.

De acordo com o *caput* do artigo 95 da Lei nº 14.133/2021:

> Art. 95. O instrumento de contrato é obrigatório, salvo nas seguintes hipóteses, em que a Administração poderá substituí-lo por outro instrumento hábil, como carta-contrato, nota de empenho de despesa, autorização de compra ou ordem de execução de serviço:
> I - dispensa de licitação em razão de valor;
> II - compras com entrega imediata e integral dos bens adquiridos e dos quais não resultem obrigações futuras, inclusive quanto a assistência técnica, independentemente de seu valor.

São duas hipóteses autônomas, que não precisam ser cumuladas, que autorizam a substituição do instrumento de contrato por outros equivalentes.

A primeira hipótese, de acordo com o inciso I do *caput* do artigo 95, autoriza a substituição do instrumento de contrato nos casos em que a contratação decorre de dispensa de licitação em razão de valor, o que remete às hipóteses de dispensa dos incisos I e II do artigo 75 da Lei nº 14.133/2021. Ressalta-se que o determinante, para substituir o instrumento de contrato, não é o valor da contratação, porém, sim, o fundamento dela, a dispensa em razão do valor. Veja-se que é obrigatório o instrumento de contrato, mesmo com valores inferiores aos limites dos incisos I e II do artigo 75, se a contratação for fundamentada em qualquer outra razão que não a dispensa em razão dos valores. É o caso de contratação decorrente de licitação ou qualquer outra hipótese de contratação direta afora a dos incisos I e II do artigo 75, ainda que o valor do contrato seja irrisório.[276]

---

[275] Esse valor atualmente é de R$12.545,11, conforme Decreto Federal nº 12.343/2024.

[276] A Advocacia-Geral da União pensa diferentemente, conforme se depreende da Orientação Normativa nº 84/2024: "I - É possível a substituição do instrumento de contrato a que alude o art. 92 da Lei nº 14.133, de 2021, por outro instrumento mais simples, com base no art. 95, inciso I, do mesmo diploma legal, sempre que: a) o valor de contratos relativos a obras, serviços de engenharia e de manutenção de veículos automotores se encaixe

A segunda hipótese, conforme o inciso II do *caput* do artigo 95, não depende do valor do contrato nem do fundamento da contratação. O que importa é que o objeto do contrato possa ser qualificado como compra com entrega imediata e integral dos bens adquiridos, sem obrigações futuras, inclusive, assistência técnica.

O inciso X do artigo 6º da Lei nº 14.133/2021 esclarece que compra é a "aquisição remunerada de bens para fornecimento de uma só vez ou parceladamente, considerada imediata aquela com prazo de entrega de até 30 (trinta) dias da ordem de fornecimento".

De mais a mais, o inciso II do *caput* do artigo 95 da Lei nº 14.133/2021 exige, para que se possa dispensar o instrumento de contrato, que a compra, além de entrega imediata, seja integral e sem obrigações futuras, inclusive assistência técnica. Ou seja, a compra não pode ser parcelada e não pode haver obrigações futuras, inclusive obrigações de caráter acessório, como as pertinentes à assistência técnica.[277]

Insista-se que as hipóteses prescritas nos incisos do *caput* do artigo 95 da Lei nº 14.133/2021 são autônomas e independentes. Para dispensar o *instrumento de contrato,* não se faz necessário que se atenda ao mesmo tempo aos requisitos de ambos os dispositivos. Trocando-se em miúdos: se a contratação for fundamentada na dispensa de licitação dos incisos I e II do artigo 75 da Lei nº 14.133/2021, pode-se dispensar o instrumento de contrato e substituí-lo por outro equivalente; se o objeto do contrato for qualificado como compra com entrega imediata e integral do objeto, sem obrigações futuras, inclusive assistência técnica, também é possível dispensar o *instrumento de contrato* e substituí-lo por outro equivalente.

Cumpre frisar que a Lei nº 14.133/2021, nos casos dos incisos do *caput* do seu artigo 95, faculta a dispensa do instrumento de contrato e a substituição dele por outro equivalente. Isto é, trata-se, a todas as luzes, de faculdade, não de obrigação. Nessa toada, sugere-se aos agentes administrativos que, se for viável, optem pelo instrumento de contrato, porque nele as obrigações de ambas as partes contratantes são mais bem discriminadas, o que confere segurança a ambas as partes, favorece a gestão dos contratos administrativos e contribui para a transparência da Administração Pública.

Com preocupações atinentes à segurança e à clareza das obrigações contratuais, o §1º do artigo 95 da Lei nº 14.133/2021 prescreve que "às hipóteses de substituição do instrumento de contrato, aplica-se, no que couber, o disposto no art. 92 desta Lei". O artigo 92, lembre-se, trata das cláusulas que devem constar obrigatoriamente dos instrumentos de contrato. O supracitado §1º determina que, no que couber, essas cláusulas sejam inseridas nos instrumentos equivalentes a que se refere o *caput* do artigo 95. Logo, as cláusulas enunciadas no artigo 92 somente podem ser dispensadas se não couberem, se forem inadequadas ou incompatíveis com a contratação. A Administração não goza

no valor atualizado autorizativo da dispensa de licitação prevista no inciso I do art. 75, da Lei nº 14.133, de 2021; ou b) o valor de contratos relativos a compras e serviços em geral se encaixe no valor atualizado que autoriza a dispensa de licitação prevista no inciso II do art. 75, da Lei nº 14.133, de 2021. II - Não importa para a aplicação do inciso I do art. 95, da Lei nº 14.133, de 2021, se a contratação resultou de licitação, inexigibilidade ou dispensa".

277 "A formalização de contratação de fornecimento de bens para entrega imediata e integral (art. 62, §4º, da Lei 8.666/1993) não pode ser realizada por meio de nota de empenho quando forem necessários serviços de garantia e de suporte técnico, que caracterizam obrigação futura para a contratada" (TCU, Segunda Câmara. Acórdão nº 9.277/2021. Rel. Min. Aroldo Cedraz, j. 20.7.2021).

de discricionariedade para não inserir nos tais instrumentos equivalentes cláusula que couber, que com ele seja compatível.

Sendo assim, os instrumentos equivalentes a que se refere o *caput* do artigo 95 da Lei nº 14.133/2021 tornam-se próximos do próprio instrumento de contrato. Por conseguinte, passa a não fazer muito sentido valer-se de outro instrumento equivalente em que seja obrigatório constar tudo ou quase tudo o que deve constar do instrumento de contrato. A lógica seria que, para contratos sem maiores repercussões, a Administração pudesse se valer de instrumento mais simples. Se o conteúdo do instrumento de contrato e do instrumento que o substitui é o mesmo ou se é muito próximo, não há simplificação efetiva, não há vantagem em substituir o instrumento de contrato.

12 Publicidade do contrato e de seus aditamentos no Portal Nacional de Contratações Públicas (PNCP)

O *caput* do artigo 94 da Lei nº 14.133/2021 prescreve:

> a divulgação no Portal Nacional de Contratações Públicas (PNCP) é condição indispensável para a eficácia do contrato e de seus aditamentos e deverá ocorrer nos seguintes prazos, contados da data de sua assinatura:
> I - 20 (vinte) dias úteis, no caso de licitação;
> II - 10 (dez) dias úteis, no caso de contratação direta.

Cumpre destacar que o *caput* do artigo 94 da Lei nº 14.133/2021 exige a publicação do contato e dos seus aditamentos. Daí que o contrato e aditamentos devem ser publicados, não importando o seu instrumento, mesmo na hipótese do *caput* do artigo 95 da Lei nº 14.133/2021, em que a Administração substitui o instrumento de contrato por outros instrumentos hábeis, como por carta-contrato, nota de empenho de despesa, autorização de compra ou ordem de execução de serviço. Logo, nas hipóteses em que a Administração se vale desses outros instrumentos, são eles que devem ser publicados, porque exteriorizam e formalizam a contratação.

Veja-se que o *caput* do artigo 94 da Lei nº 14.133/2021 não ressalva a exigência de publicação em razão de fatores como valores envolvidos ou complexidade do contrato e aditamentos. A regra, conectada com a publicidade e transparência, é que todos os contratos e aditamentos devem ser publicados.

Há, todavia, exceções à regra, hipóteses restritas em que o contrato ou aditamento não deve ser publicado no Portal Nacional nem em qualquer outro veículo: (i) nos contratos sigilosos, na forma do §1º do artigo 91 da Lei nº 14.133/2021, cujo texto prescreve que "será admitida a manutenção em sigilo de contratos e de termos aditivos quando imprescindível à segurança da sociedade e do Estado, nos termos da legislação que regula o acesso à informação"; (ii) nas situações em que a contratação é verbal, como autorizado pelo §2º do artigo 95 da Lei nº 14.133/2021, porque não há instrumento contratual ou equivalente para ser publicado; (iii) nos casos em que a Administração utiliza simples apostila e não termo aditivo, como os previstos no artigo 136 e no §5º do artigo 115, ambos os dispositivos da Lei nº 14.133/2021. Todos os demais casos demandam a publicação do contrato e aditamentos no Portal Nacional.

Aliás, convém lembrar do *caput* do artigo 91 da Lei nº 14.133/2021, cuja redação exige que os contratos e aditamentos sejam "[...] divulgados e mantidos à disposição do público em sítio eletrônico oficial". Perceba-se que o dispositivo não exige divulgação no sítio eletrônico oficial do órgão ou da entidade. Apenas que seja divulgado em sítio eletrônico. O Portal Nacional de Contratações Públicas (PNCP) é sítio eletrônico oficial, portanto, a publicação nele é condição suficiente para atender aos comandos dos artigos 91 e 94. Não é necessário publicar no Portal Nacional e em algum outro sítio eletrônico ou no sítio eletrônico do próprio órgão ou entidade.

Atente-se que a publicação exigida é do contrato e de seus aditamentos e não de extrato, resumo ou coisa do tipo. Exige-se a publicação do inteiro teor do instrumento que formaliza o contrato ou a alteração e não apenas dos seus dados principais.

Em acréscimo à publicação do contrato e seus aditamentos, o §2º do artigo 94 da Lei nº 14.133/2021 ainda exige, nos casos de contratação de profissional do setor artístico por inexigibilidade, a identificação específica dos "custos do cachê do artista, dos músicos ou da banda, quando houver, do transporte, da hospedagem, da infraestrutura, da logística do evento e das demais despesas específicas". Essas informações podem estar contidas no próprio instrumento que formaliza o contrato. Se for assim, não é necessária publicação ou divulgação de dados adicionais. No entanto, se não estiverem contidas no próprio instrumento, essas informações devem ser publicadas de alguma outra forma, como se fosse um extrato ou equivalente. Advirta-se que a publicação dessas informações exigidas no §2º do artigo 94 não exime a Administração de publicar o contrato e seus aditamentos por inteiro. São exigências cumulativas e não alternativas.

O §3º do artigo 94 da Lei nº 14.133/2021 também estabelece exigência que se soma à publicação do contrato e de seus aditamentos. O dispositivo refere-se às obras e demanda divulgação "[...] em até 25 (vinte e cinco) dias úteis após a assinatura do contrato, os quantitativos e os preços unitários e totais que contratar e, em até 45 (quarenta e cinco) dias úteis após a conclusão do contrato, os quantitativos executados e os preços praticados". Convém que essas informações já estejam inseridas no próprio instrumento que formaliza o contrato ou aditamento, ainda que como uma espécie de anexo. Se assim for, a publicação do contrato ou do aditamento é suficiente. Em caso contrário, faz-se necessário divulgar essas informações de alguma outra forma apartada do respectivo instrumento.

Nota-se que o §3º do artigo 94 exige a divulgação em sítio eletrônico oficial e não, necessariamente, no Portal Nacional de Contratações Públicas (PNCP). O inciso I do *caput* do artigo 174 da Lei nº 14.133/2021 declara que o Portal Nacional é o "sítio eletrônico oficial destinado à divulgação centralizada e obrigatória dos atos exigidos por esta Lei". Logo, o sítio eletrônico aludido no §3º do artigo 94 não é outro que não o próprio Portal Nacional.

O *caput* do artigo 94 da Lei nº 14.133/2021 não exige que a divulgação no Portal Nacional de Contratações Públicas (PNCP) seja imediata. O legislador outorgou prazo para a divulgação: até 20 dias úteis para os contratos antecedidos de licitação e até 10 dias úteis para os contratos antecedidos de contratação direta. As razões para a distinção dos prazos não são evidentes – para não se dizer que não fazem sentido. Trata-se de critério de conveniência do legislador, que deve ser, naturalmente, obedecido. Os prazos, contudo, são máximos, o que autoriza promover a divulgação no Portal Nacional de imediato, o que se recomenda.

Repita-se que, no tocante às obras, o §3º do artigo 94 exige a publicação "[...] em até 25 (vinte e cinco) dias úteis após a assinatura do contrato, os quantitativos e os preços unitários e totais que contratar e, em até 45 (quarenta e cinco) dias úteis após a conclusão do contrato, os quantitativos executados e os preços praticados". Não se trata do prazo para a divulgação do contrato e aditamentos no Portal Nacional, que é bem menor, de até 20 dias úteis no caso de licitações e de 10 dias úteis no caso de contratação direta. Nada impede, como o §3º do artigo 94 versa sobre prazos máximos, que tudo seja divulgado de uma vez só nos prazos mais curtos.

12.1 Publicidade no Portal Nacional de Contratações Públicas (PNCP) como condição indispensável para a eficácia do contrato e aditamentos

O *caput* do artigo 94 da Lei nº 14.133/2021 enuncia que "a divulgação no Portal Nacional de Contratações Públicas (PNCP) é condição indispensável para a eficácia do contrato e de seus aditamentos [...]". É importante, para compreender as consequências do dispositivo, distinguir os conceitos de validade, vigência e eficácia.

Pois bem, o contrato e aditamentos são válidos a partir do momento que foram assinados pelas partes em conformidade com a ordem jurídica. Pode-se dizer que contrato e aditamentos válidos são aqueles existentes em conformidade com a ordem jurídica.

O contrato ou aditamento é vigente a partir do momento em que pode começar a produzir efeitos. Perceba-se que o contrato ou aditamento pode ser válido e não vigente. Por exemplo, entidade administrativa pode perfeitamente assinar contrato em dezembro, para que ele comece a produzir efeitos a partir de janeiro. Nesse caso, o contrato é válido a partir de dezembro, no entanto, ele só estará apto a produzir efeitos a partir de janeiro; ou seja, só será vigente a partir de janeiro.

O contrato é eficaz desde que produza os seus efeitos. Ou seja, ele pode ser válido (existe em conformidade com a ordem jurídica), vigente (está apto a produzir efeitos), e ineficaz (não produz efeitos). A título ilustrativo, a Administração firmou contrato para manutenção de elevadores em dezembro, para que o contratado começasse a prestar os seus serviços a partir de janeiro. Então, como dito, o contrato é válido a partir de dezembro e vigente a partir de janeiro. No entanto, o contratado, a partir de janeiro, não presta os serviços para os quais foi contratado, não faz a manutenção, nem aparece para fazê-lo. Nessa situação, o contrato é válido, é vigente, mas não é eficaz, porque, na prática, não produz efeitos, não é obedecido, cumprido.

Com base nessas considerações, volta-se a tratar do *caput* do artigo 94 da Lei nº 14.133/2021, na passagem que prescreve que a divulgação no Portal Nacional de Contratações Públicas (PNCP) é condição para a eficácia do contrato e de seus aditamentos. Ora, se a divulgação é condição para eficácia, o contrato e aditamentos não estão aptos a produzir efeitos enquanto não publicados. Isso significa que, sem a publicação, eles não são vigentes. Repita-se que o contrato e aditamentos são vigentes desde que estejam aptos a produzir efeitos. O dispositivo em comento, ao prescrever que, sem a publicação, o contrato e adiamentos não podem produzir efeitos, está prescrevendo, a rigor jurídico, que a publicação é condição de vigência do contrato e aditamentos.

Por oportuno, ressalta-se que a publicação não é condição para a validade do contrato ou aditamento. O contrato e aditamentos são válidos desde o momento de suas assinaturas e desde que eles sejam compatíveis com a legalidade, em sentido amplo. A publicação é condição para produzir efeitos, portanto requisito de validade para a vigência do contrato e aditamentos, não de validade do próprio contrato e aditamentos.

Insista-se: a publicação do contrato e aditamentos, apesar de não ser requisito de validade, é requisito para a validade dos efeitos do contrato e aditamentos. Isto é, enquanto não houver a publicação, o contrato e aditamentos não estão aptos a produzir efeitos. Se, no entanto, mesmo assim, o contrato e aditamentos começarem a ser cumpridos, a produzir efeitos, eles, os efeitos, é que serão inválidos, porque obstados pelo artigo 94 até a publicação. Portanto, o que deve ser invalidado, se for o caso, são os efeitos do contrato e aditamentos, não o contrato e aditamentos em si.

12.2 Efeito da não publicação do contrato e aditamentos

Conforme o *caput* do artigo 94 da Lei nº 14.133/2021, a publicação do contrato e aditamentos no Portal Nacional de Contratações Públicas (PNCP), em conformidade com o referido dispositivo, é condição de eficácia, isto é, sem ela o contrato e aditamentos não estão aptos a produzir efeitos e, logo, não são vigentes.

Como dito, a publicação, na forma da lei, não é condição para a validade do contrato e aditamentos, é condição para que eles produzam efeitos. Enquanto não houver a publicação, o contrato e aditamentos não estão aptos a produzir efeitos e, pois, não são vigentes. Se, nada obstante, o contrato e aditamentos produzem efeitos antes de terem sido publicados, é de se reputar que os efeitos são ilegais, contrariam o *caput* do artigo 94 da Lei nº 14.133/2021, e devem ser invalidados. Em síntese, a publicação é condição de validade para os efeitos do contrato e aditamentos; não é condição de validade do contrato e aditamentos em si.

Demais disso, o dispositivo em apreço prescreve prazos para a publicação do contrato e aditamentos, comentado no item acima. Sucede que pode acontecer de a Administração não realizar a publicação nos prazos por qualquer razão, inclusive por esquecimento ou falta de controle.

A publicação é formalidade legal para a Administração. A falta de publicação configura ilegalidade, o contrato e aditamentos são contaminados por vício de ordem formal. Ora, a publicidade é uma formalidade. Se não há publicidade, cumpre reconhecer vício de formalidade.

Todavia, em virtude de tal vício de formalidade, isto é, o contrato e aditamentos não foram publicados, os efeitos do contrato e aditamentos não devem ser necessariamente invalidados. É que os vícios de formalidade podem ser convalidados. A propósito, a convalidação é ato administrativo que sana os defeitos existentes em ato anterior. No caso em tela, constatado que o contrato e aditamentos não foram publicados, é necessário providenciar a publicação imediatamente, porque ela, uma vez realizada, ainda que fora do tempo, convalida o defeito de formalidade que atingia os efeitos do contrato e aditamentos. Trocando-se em miúdos, a publicação, ainda que fora do tempo, convalida o defeito de formalidade provocado pela não publicação nos prazos preestabelecidos.

Sob esse contexto, pode-se concluir, ao fim e ao cabo, que os prazos para a publicação do contrato e aditamentos são de menos importância, na medida em que a desobediência a eles não acarreta praticamente nenhum efeito concreto. Ora, se os prazos não forem respeitados, basta publicar o contrato e aditamentos, ainda que fora do tempo, o que é o bastante para convalidar os seus efeitos.

Nessa perspectiva, a única consequência negativa produzida pela ausência de publicação é a responsabilização dos agentes administrativos competentes para providenciá-la. Isso porque o *caput* do artigo 94 da Lei nº 14.133/2021 exige a publicação. Ainda que o descumprimento da aludida norma permita a convalidação, o fato é que o agente administrativo que não promove a publicação comete ilegalidade, descumpre a lei e, por consequência inarredável, deve ser penalizado. No final das contas, sempre que se verificar que o contrato e aditamentos não foram publicados, deve-se, obrigatoriamente, instaurar processo administrativo para apurar a responsabilidade dos agentes administrativos faltosos e omissos.

Ressalva-se que a jurisprudência tem sido restritiva em relação à convalidação tocante às alterações contratuais. O assunto é mais bem abordado nos capítulos correspondentes aos aditivos.

13 Regime especial de contratação para o enfrentamento de impactos decorrentes de estado de calamidade pública

Como exposto e contextualizado no capítulo 6 desta obra, a Lei nº 14.981/2024 dispõe de medidas excepcionais para aquisição de bens e a contratação de obras e de serviços, inclusive de engenharia, destinados ao enfrentamento de impactos decorrentes de estado de calamidade pública. Independentemente e antes da Lei nº 14.981/2024, a calamidade pública já autorizava e autoriza a dispensa de licitação, na forma do inciso VIII do artigo 75 da Lei nº 14.133/2021. A Lei nº 14.981/2024 prescreve condições especiais e, em regra, mais flexíveis para a dispensa de licitação em estado de calamidade pública, bem como trata de aspectos relacionados às licitações e aos próprios contratos firmados em estado de calamidade pública, criando um denominado regime especial de contratação (inciso V do artigo 2º da Lei nº 14.981/2024). Chama a atenção que a calamidade pública autoriza e justifica a contratação com dispensa de licitação e, em que pese isso, é também possível à Administração, em vez de contratar com dispensa de licitação, proceder à licitação, decisão esta que se encontra dentro das competências discricionárias da Administração. É de supor que, como possível a dispensa de licitação, a Administração a prefira. Sem embargo, como dito, não se exclui de antemão a licitação.

Abrem-se parênteses para salientar que o §1º do artigo 1º da Lei nº 14.981/2024 prescreve que as medidas excepcionais prescritas na referida lei são condicionadas à "declaração ou reconhecimento do estado de calamidade pública pelo Chefe do Poder Executivo do Estado ou do Distrito Federal ou pelo Poder Executivo federal" (inciso I) e a "ato do Poder Executivo federal ou do Chefe do Poder Executivo do Estado ou do Distrito Federal, com a autorização para aplicação das medidas excepcionais e a indicação do prazo dessa autorização" (inciso II). Sem tais providências, ainda que de fato esteja-se diante de uma situação de calamidade pública, as medidas da Lei nº 14.981/2024 não podem ser utilizadas. Fecham-se parênteses.

Pois bem, a Lei nº 14.981/2024 prescreve uma série de medidas para flexibilizar as contratações em casos de calamidade pública. É permitido: [i] prorrogar contratos além dos seus prazos, por até doze meses, a contar do encerramento dos contratos (inciso III do artigo 2º); [ii] firmar contrato verbal até o montante de R$ 100.000.00, nas hipóteses em que a urgência não permitir a formalização do instrumento contratual e não for possível substituí-lo por outros instrumentos como carta contrato, nota de empenho, autorização de compra ou ordem de execução de serviço, sendo que o instrumento deve ser formalizado em até quinze dias (inciso IV e parágrafos 2º e 3º do artigo 2º); [iii] disponibilizar o contrato no Portal Nacional de Contratações Públicas em até sessenta dias (artigo 13); [iv] contratar ou prorrogar contrato com fornecedor impedido ou suspenso de contratar desde que ele seja o único fornecedor, exigindo dele a garantia de 10% do valor do contrato (parágrafos 2º e 3º do artigo 13); [iv] promover alterações quantitativas unilaterais até 50% do valor do contrato (artigo 14); [v] promover alterações que importam acréscimos em contratos em execução na data da publicação do ato de calamidade de até 100% do valor inicialmente pactuado (artigo 16). Para além desses permissivos, o artigo 15 estabelece que os contratos firmados no estado de calamidade terão prazo de duração de até um ano, prorrogável por igual período e os contratos de obras e serviços de engenharia terão o prazo de até três anos.

CAPÍTULO 18

DURAÇÃO DOS CONTRATOS ADMINISTRATIVOS

1 Validade, vigência e eficácia dos contratos administrativos

A compreensão das regras sobre duração dos contratos administrativos depende da compreensão de alguns conceitos operacionais introdutórios. Inicialmente, é importante distinguir a validade, a vigência e a eficácia dos contratos.

Pois bem, o contrato é válido a partir do momento em que ocorre o acordo de vontades entre as partes, o que se opera, em relação aos contratos escritos, com a assinatura das partes no instrumento contratual. Além disso, para que o contrato seja válido, é necessário que ele tenha sido produzido formal e substancialmente de acordo com as normas jurídicas. Então, os contratos administrativos são válidos a partir do momento em que o instrumento é assinado pelas partes e desde que ele não se oponha à legalidade.

Contrato vigente é aquele que está apto a produzir efeitos. Não significa que ele produza efeitos; apenas que está apto, que pode produzir efeitos. Enquanto o contrato estiver apto a produzir efeitos ele permanece vigente. Por regra, a vigência estende-se até o momento em que as partes cumprirem integralmente suas obrigações. Enquanto houver obrigações pendentes, em regra, o contrato permanece vigente. A regra é excepcionada nos casos de extinção anormal do contrato, em que ocorre um evento ou se produz ato jurídico que encerra o contrato e as obrigações dele decorrentes, como ocorre, por exemplo, diante da rescisão contratual.

Contrato eficaz é aquele que produz efeitos, isto é, que é cumprido pelas partes. Ao contrário, contrato ineficaz é aquele que não produz efeitos, ignorado pelas partes. A eficácia não é um conceito eminentemente jurídico, mas sociológico. A rigor, é um conceito sociológico que repercute no direito. Isso porque, para saber se o contrato é eficaz ou ineficaz, o interlocutor não deve empreender raciocínio jurídico; ele deve analisar os fatos, o que acontece concretamente, se as partes cumprem ou não as suas obrigações. E essa análise sobre a eficácia, se as partes cumprem ou não as suas obrigações, repercute no direito, porquanto ela caracteriza o adimplemento ou o inadimplemento e, por conseguinte, dela advêm inúmeras consequências jurídicas.

Sob essa perspectiva, o contrato pode ser válido e não ser vigente. Por exemplo, contrato de serviços é firmado em 20 de dezembro, mas o serviço somente deve ser prestado a partir de 1º de janeiro. Ora, a partir de 20 de dezembro o contrato existe e, se firmado em conformidade com a legalidade, é válido. No entanto, ele, em 20 de dezembro, ainda não é vigente, porque ainda não está apto a produzir efeitos. A partir de 1º de janeiro ele é vigente, porque a partir de então está apto a produzir efeitos.

O contrato pode ser válido, vigente e não eficaz. Seguindo o exemplo, a partir de 20 de dezembro o contrato é válido. A partir de 1º de janeiro é vigente, já que a partir de então o contratado deve iniciar a prestação do serviço e, pois, pode-se afirmar que ele está apto a produzir efeitos. No entanto, é possível que o contrato, muito embora vigente, isto é, apto a produzir efeitos, pura e simplesmente não os produza, não seja obedecido e respeitado pelas partes, elas o ignoram. Nesse caso, ele será válido, porque existe e porque está em conformidade com o direito, será vigente, porque está apto a produzir efeitos, e será ineficaz, porque de fato não produz efeitos.

2 Prazo de vigência e prazo de execução

Como visto acima, o contrato é vigente a partir do momento em que ele está apto a produzir efeitos. Ele deixa de ser vigente quando não está mais apto a produzir efeitos, quando as partes já cumpriram as suas obrigações ou se por alguma outra razão anômala o contrato se encerra antecipadamente, como ocorre com a rescisão contratual. Isso significa que o prazo de vigência deve entender-se do momento em que o contrato está apto a produzir efeitos até o momento em que as partes cumprem totalmente as suas obrigações.

Prazo de execução é o tempo determinado no contrato para que o contratado execute o seu objeto. Ora, o contratado deve executar uma prestação. O prazo de execução é o prazo que ele dispõe para executá-la.

O prazo de execução não deve ser confundido com o prazo de vigência. Isso porque, em regra, o contratado executa o seu objeto, cumpre a sua obrigação, e a Administração, contratante, dispõe de outro prazo para receber o objeto e realizar o pagamento. A Administração somente cumpre sua obrigação quando realiza o pagamento. Enquanto ela não paga, há obrigações pendentes e o contrato continua vigente. Por via de consequência, cabe afirmar que o prazo de vigência deve ser mais longo do que o prazo de execução. Como salientado, a execução do objeto por parte do contratado não encerra a vigência se ainda há obrigações a serem cumpridas pela outra parte, isto é, se a outra parte ainda deve realizar o pagamento – como acontece em quase todos os contratos.

3 Contrato por prazo certo e contrato por escopo

Contrato por prazo certo é aquele em que a obrigação principal do contratado é extinta em razão de termo preestabelecido. Melhor explicando, é aquele cujo prazo de execução se extingue em data preestabelecida, independentemente do que fora ou não realizado pelo contratado. Os contratos de prestação de serviços contínuos, como vigilância, limpeza e outros, são contratos por prazo certo. Por exemplo, em vista de contrato de vigilância, o contratado deve prestar serviços de vigilância à entidade administrativa de 1º de janeiro a 31 de julho. No dia 31 de julho, a obrigação principal do contratado, a prestação dos serviços, extingue-se, o prazo de execução extingue-se.

Contrato por escopo é aquele cujo prazo de execução somente se extingue quando o contratado entrega para a Administração o objeto contratado. Daí que o tempo não caracteriza o encerramento das obrigações do contratado. O tempo apenas caracteriza ou não a mora do contratado. Por exemplo, a Administração contrata alguém para construir um prédio de três andares, prevendo prazo de execução de seis meses. Se o contratado não constrói o prédio em seis meses, ele está em mora. Mas isso não significa que, ao cabo dos seis meses, o contrato está extinto e que as obrigações estabelecidas nele também. O descumprimento do prazo de execução de seis meses caracteriza a mora do contratado. Como ele não executou o objeto do contrato no prazo avençado, ele incorre em mora. No entanto, até que ele execute e até que a Administração, depois de executado, pague o que é devido, o contrato é vigente.[278]

4 A regra geral que vincula a duração dos contratos administrativos aos créditos orçamentários

Na Lei nº 8.666/1993, a duração dos contratos administrativos era tratada no seu artigo 57, cujo *caput* a condicionava à vigência do crédito orçamentário, período que se estende de 1º de janeiro a 31 de dezembro. Ou seja, a duração do contrato administrativo podia estender-se por qualquer prazo dentro do referido intervalo, sem ultrapassar 31 de dezembro. Os incisos do *caput* do artigo 57 da Lei nº 8.666/1993 listavam exceções a essa regra, que, justamente por serem exceções, eram restritivas. O que importa para o presente é que na Lei nº 8.666/1993 o legislador decidiu vincular a duração dos contratos administrativos ao crédito orçamentário.

A Lei nº 14.133/2021 reproduziu a mesma lógica da Lei nº 8.666/1993 de vinculação entre duração de contrato administrativo e crédito orçamentário, ainda que os dispositivos não guardem redações equivalentes.

Realça-se, nessa direção, o inciso VIII do *caput* do artigo 92 da Lei nº 14.133/2021, cujo teor prescreve como cláusula obrigatória em contrato administrativo "o crédito pelo qual correrá a despesa, com a indicação da classificação funcional programática e da categoria econômica".

---

[278] "20. Vale observar que, à luz da doutrina e da jurisprudência pacífica da Corte de Contas, diferenciam-se os contratos de prestação de serviços por prazo determinado dos contratos de execução de obra (também denominados contratos por escopo). 21. Nos contratos por escopo, inexistindo motivos para sua rescisão ou anulação, a extinção do ajuste somente se opera com a conclusão do objeto e o seu recebimento pela Administração, e, expirado o prazo de sua vigência sem a conclusão do respectivo objeto, é possível a devolução de prazo, com espeque no art. 79, §5º, da Lei nº 8.666/1993. 22. Já nos ajustes por tempo determinado, o prazo constitui elemento essencial e imprescindível para a eficácia do objeto avençado, qual seja, a prestação de determinado serviço. E, no caso de se tratar de serviço a ser prestado de forma contínua – a exemplo dos serviços de conservação e manutenção e vigilância – o prazo original da avença pode ser sucessivamente prorrogado, até o limite de 60 meses, desde que demonstrada a vantagem para a Administração, com amparo no mencionado art. 57, inciso II, da Lei nº 8.666/1993" (TCU, Segunda Câmara. Acórdão nº 4.401/2020. Rel. Min. Ana Arraes, j. 23.4.2020).

Em vista disso, o artigo 105, que inaugura o capítulo dedicado ao assunto, prescreve:

> a duração dos contratos regidos por esta Lei será a prevista em edital, e deverão ser observadas, no momento da contratação e a cada exercício financeiro, a disponibilidade de créditos orçamentários, bem como a previsão no plano plurianual, quando ultrapassar 1 (um) exercício financeiro.

Ocorre que o crédito orçamentário é previsto na Lei Orçamentária, que cobre um exercício, corre de 1º de janeiro a 31 de dezembro. Então, por regra, no momento da contratação, a Administração somente tem à sua disposição os créditos orçamentários do respectivo exercício, que se estende até 31 de dezembro. Como o artigo 105 da Lei nº 14.133/2021 exige a disponibilidade do crédito orçamentário no momento da contratação, a Administração não consegue firmar contratos por prazos que sejam superiores ao do crédito orçamentário, que é, repita-se, 31 de dezembro. Daí que o mesmo artigo 105 exige, com todas as letras, que a celebração de contrato com prazo superior ao exercício financeiro requer a previsão no plano plurianual.

Sendo assim e assim o é, a regra geral sobre a duração dos contratos administrativos na Lei nº 14.133/2021 segue a mesma baliza da regra geral contida na Lei nº 8.666/1993, limitada ao crédito orçamentário, proibindo-se firmar contrato cujo prazo inicial ultrapasse 31 de dezembro do respectivo exercício.

Há, sim, exceções à regra geral, e a primeira delas é baseada na previsão da despesa no plano plurianual, que se encontrava no inciso I do *caput* do artigo 57 da Lei nº 8.666/1993 e no próprio artigo 105 da Lei nº 14.133/2021. Fica claro que a preocupação do legislador é o lastro orçamentário. Tendo lastro orçamentário, e a previsão no plano plurianual é um lastro orçamentário, então o contrato pode se estender para além do crédito orçamentário.

O legislador poderia ter adotado quaisquer outros parâmetros para limitar a duração dos contratos administrativos, no entanto, preferiu fazê-lo em relação ao crédito orçamentário, o que causa inúmeras inconveniências para a Administração Pública.

A propósito, a inconveniência da opção estampada no artigo 105 da Lei nº 14.133/2021 é que o prazo de execução da maioria dos contratos administrativos não deve ir para além de 31 de dezembro. Isso faz – se a regra for cumprida e deve ser cumprida – com que o prazo de execução de muitos contratos encerre-se na mesma data, 31 de dezembro, e que a Administração precise dar início a novo contrato também na mesma data, 1º de janeiro. Nesse cenário, pode-se pressupor, até por aqueles pouco habituados à realidade da Administração Pública, que o fim do ano seja algo próximo de um pesadelo, com o vencimento simultâneo da maioria dos contratos.

Outra inconveniência é que os contratos relativos às aquisições devem prever prazo de entrega até o dia 31 de dezembro. Por exemplo, a Administração firma contrato para a compra de móveis para escritório. O contratado deve entregar os móveis até o dia 31 de dezembro, porque a duração do contrato administrativo é em tal termo limitada. A Administração, portanto, não poderia firmar contrato de fornecimento em dezembro se o prazo de entrega ultrapassar 31 de dezembro, sob pena de violar o artigo 105 da Lei nº 14.133/2021.

Sem embargo, essa relação havida na Lei nº 8.666/1993 e na Lei nº 14.133/2021 entre duração dos contratos administrativos e crédito orçamentário não é aleatória. A ideia é assegurar que todo contrato firmado pela Administração Pública encontre guarida orçamentária, a fim de inibir contratações aventureiras, realizadas ao desamparo do orçamento, que costumam gerar a inadimplência da Administração.

De todo modo, pondera-se que o legislador não precisaria prescrever que os contratos estão adstritos à vigência do crédito orçamentário para evitar contratos sem previsão orçamentária. Ele poderia estabelecer outro parâmetro, mais flexível, prescrevendo que um contrato somente poderia estender-se de um exercício orçamentário para o outro se houvesse previsão orçamentária para custeá-lo. Daí a Administração poderia firmar contrato, por exemplo, com prazo de duração de julho a julho, condicionado à existência de recursos orçamentários a partir de 1º de janeiro. Ou seja, o contrato somente se estenderia para além de 31 de dezembro se houvesse a indicação dos recursos orçamentários para o próximo exercício. A falta de previsão de recursos orçamentários para os exercícios subsequentes ao exercício em que houve a celebração do contrato poderia ser prevista como uma condição resolutiva, que extinguiria o contrato antecipadamente. Essa solução seria mais razoável, produziria menos inconvenientes para a Administração Pública. Aliás, essa solução foi também prevista na Lei nº 14.133/2021, mais precisamente nos incisos II e III do seu artigo 106, no entanto, com caráter de exceção à regra, limitada aos contratos de serviços e fornecimentos contínuos e aos de aluguel de equipamentos e utilização de programas de informática.

É preciso registrar que quase a totalidade da Administração Pública descumpria abertamente a regra contida no *caput* do artigo 57 da Lei nº 8.666/1993, com a condescendência dos órgãos de controle. Parece que o mesmo vem acontecendo com a regra equivalente prevista no artigo 105 da Lei nº 14.133/2021. Pura e simplesmente, os órgãos e entidades administrativas firmam contratos que ultrapassam o crédito orçamentário sem previsão no plano plurianual.

A ilegalidade se assentou e chegou a tal ponto que, sob a mira da Lei nº 8.666/1993, cuja lógica foi mantida pela Lei nº 14.133/2021, a Advocacia-Geral da União produziu a Orientação Normativa nº 39/2011, vazada nos seguintes termos:

> A vigência dos contratos regidos pelo art. 57, *caput*, da Lei 8.666, de 1993, pode ultrapassar o exercício financeiro em que celebrados, desde que as despesas a eles referentes sejam integralmente empenhadas até 31 de dezembro, permitindo-se, assim, sua inscrição em restos a pagar.

Sob a vigência da Lei nº 14.133/2021, a Advocacia-Gera da União editou a Orientação Normativa nº 90/2024, que segue o mesmo passo da Orientação Normativa nº 39/2011:

A vigência do contrato de serviço contínuo ou de fornecimento não está adstrita ao exercício financeiro devendo a Administração atestar, no início da contratação e de cada exercício, a existência de créditos orçamentários vinculados à contratação e a vantagem em sua manutenção.

A supracitada Orientação Normativa é contrária ao preceituado no artigo 105 da Lei nº 14.133/2021, cujo teor, repita-se, prescreve que os contratos administrativos somente podem ultrapassar o crédito orçamentário se previstos no plano plurianual, isto é, por regra, não podem ultrapassar o dia 31 de dezembro. Pode-se até concordar que a opção estabelecida no artigo 105 é inconveniente e que traz incômodos à Administração. Todavia, não é legítimo recusá-la, como fez a Advocacia-Geral da União. O empenho da despesa, realizado ou não até o dia 31 de dezembro, não se confunde com o prazo do contrato e nem autoriza que ele vá para além do termo fixado na legislação.

4.1 O prazo de duração referido no artigo 105 da Lei nº 14.133/2021 deve ser interpretado como prazo de execução

Como visto, prazo de vigência não se confunde com prazo de execução. O prazo de vigência, em regra, estende-se a partir do momento em que o contrato está apto a produzir efeitos até o momento que ambas as partes cumprem as suas obrigações. O prazo de execução é o tempo de que dispõe o contratado para executar o objeto do contrato, isto é, cumprir a sua obrigação principal.

O artigo 105 da Lei nº 14.133/2021 prescreve que a duração dos contratos administrativos está atrelada à disponibilidade de crédito orçamentário. A expressão "duração dos contratos administrativos" utilizada pelo legislador costuma ser interpretada apressadamente como sinônimo de vigência, o que é equivocado.

Com efeito, imagine-se contrato de fornecimento de combustível. Se a expressão "duração dos contratos administrativos" referida no artigo 105 da Lei nº 14.133/2021 fosse equivalente à vigência, no dia 31 de dezembro, que é o limite do crédito orçamentário, ambas as partes contratantes, Administração e contratado, deveriam ter cumprido integralmente as suas obrigações. Ou seja, a Administração poderia abastecer os seus veículos e deveria pagar as respectivas faturas até o dia 31 de dezembro. E, como sabido, isso é inviável. Por suposição, é necessário abastecer o veículo da polícia civil às 18h do dia 31 de dezembro. O pagamento, evidentemente, não será realizado em 31 de dezembro. A fatura somente será apresentada em janeiro e, provavelmente, a Administração pagará somente em fevereiro. E o fato é que, enquanto a Administração não paga, ela não cumpre a sua obrigação e, pois, o contrato permanece vigente. E isso é praticamente a regra no cotidiano da Administração Pública. Negar tais fatos é negar a realidade. Então, para que a expressão "duração dos contratos administrativos" seja compatível com a realidade, para que o artigo 105 da Lei nº 14.133/2021 seja viável, é imperativo não a confundir com a vigência do contrato. Esta necessariamente se estende para além do crédito orçamentário, porquanto à Administração é impossível quitar todas as faturas dos contratos executados no exercício até o dia 31 de dezembro.

Em vista disso, a expressão "duração dos contratos", utilizada pelo legislador no artigo 105 da Lei nº 14.133/2021, deve ser interpretada como equivalente ao prazo de execução, isto é, corresponde ao prazo de que dispõe o contratado para executar o objeto do contrato, cumprindo a sua obrigação principal. No exemplo acima, relativo ao contrato de fornecimento de combustíveis, a duração do contrato administrativo é o prazo de que dispõe o contratado para executar o objeto do contrato, que é o fornecimento de combustível. Dizer que a Administração, ao fixar a duração dos contratos administrativos, deve observar a disponibilidade de créditos orçamentários significa que o contratado pode, conforme o contrato, fornecer o combustível até o dia 31 de dezembro. Ou seja, até a referida data, os veículos da Administração podem ser abastecidos em razão do aludido contrato. Depois dela já não podem mais, porque o prazo de execução está encerrado. No entanto, o contrato permanece vigente, até que a Administração cumpra as suas obrigações, realizando os respectivos pagamentos.

5 Contratos cujas despesas são previstas no plano plurianual

A primeira exceção prevista pelo legislador à regra preceituada no artigo 105 da Lei nº 14.133/2021 é indicada no próprio dispositivo, cuja parte final exige a previsão no plano plurianual nas hipóteses em que a duração do contrato ultrapassar um exercício financeiro. Ocorre que há certos empreendimentos realizados pela Administração Pública que demandam mais de um exercício para ser executados, como é o caso, por exemplo, das obras de infraestrutura. Sem embargo, tais empreendimentos, cuja execução ultrapassa o exercício financeiro, não podem ser realizados se não previstos ou incluídos no plano plurianual, a teor do que dispõe o §3º do artigo 167 da Constituição Federal. Portanto, tais empreendimentos, que demandam prazo de execução superior a um exercício, devem ser todos previstos no plano plurianual. Por dedução, então, se previsto no plano plurianual, o prazo de execução pode estender-se por mais de um exercício.

6 Serviços e fornecimentos contínuos, aluguel de equipamentos e programas de informática

6.1 Abrangência da exceção

O artigo 106 da Lei nº 14.133/2021 prescreve que "a Administração poderá celebrar contratos com prazo de até 5 (cinco) anos nas hipóteses de serviços e fornecimentos contínuos [...]". O §2º do mesmo artigo estabelece que a mesma regra vale para aluguel de equipamentos e para a utilização de programas de informática. O artigo 107 da mesma lei prescreve que os contratos de serviços e fornecimentos contínuos ainda podem ser prorrogados, desde que não ultrapassem dez anos.

Registre-se que, na Lei nº 8.666/1993, o inciso II do *caput* do seu artigo 57 previa exceção parecida para os serviços contínuos, que não abrangia os contratos de fornecimento, o que nunca fez muito sentido. O que justifica o prazo mais dilatado por parte da Administração é a necessidade permanente, e não o fato de o objeto do contrato se constituir em serviço (obrigação de fazer) ou fornecimento (obrigação dar). Nessa medida, o artigo 106 da Lei nº 14.133/2021 é acertado ao desfazer essa distinção, admitindo o prazo mais dilatado tanto para os serviços, quanto para os fornecimentos contínuos.

O inciso XVI do artigo 6º da Lei nº 14.133/2021 esclarece que serviços e fornecimentos contínuos são os "serviços contratados e compras realizadas pela Administração Pública para a manutenção da atividade administrativa, decorrentes de necessidades permanentes ou prolongadas".

Serviços e fornecimentos contínuos, como o próprio nome revela, são aqueles que visam a atender à necessidade permanente da Administração, portanto, prestados sem interrupção, sem solução de continuidade. Portanto, serviços e fornecimentos que são prestados eventualmente ou que visem a atender à demanda eventual não são qualificados como contínuos.[279]

Todavia, para qualificar serviço ou fornecimento como contínuo não é necessário que o contratado realize algo em favor da contratante diariamente. Por exemplo, serviços de manutenção de bens móveis ou imóveis são qualificados como contínuos, muito embora não seja usual necessitar os préstimos do contratado diariamente. Então, a rigor, serviços ou fornecimentos contínuos são aqueles em que o contratado se põe à disposição da Administração de modo ininterrupto, sem solução de continuidade. Em vista disso, pode-se dizer que, em regra, os serviços ou fornecimentos contínuos correspondem à necessidade permanente da Administração, a algo que ela precisa dispor sempre, ainda que não todos os dias.

6.2 Requisitos para que os contratos de serviços e fornecimentos contínuos, aluguel de equipamentos e utilização de programas de informática sejam firmados com previsão de duração inicial superior ao crédito orçamentário

O *caput* do artigo 106 da Lei nº 14.133/2021 prescreve:

> [...] a Administração poderá celebrar contratos com prazo de até 5 (cinco) anos nas hipóteses de serviços e fornecimentos contínuos, observadas as seguintes diretrizes:
> I - a autoridade competente do órgão ou entidade contratante deverá atestar a maior vantagem econômica vislumbrada em razão da contratação plurianual;
> II - a Administração deverá atestar, no início da contratação e de cada exercício, a existência de créditos orçamentários vinculados à contratação e a vantagem em sua manutenção;
> III - a Administração terá a opção de extinguir o contrato, sem ônus, quando não dispuser de créditos orçamentários para sua continuidade ou quando entender que o contrato não mais lhe oferece vantagem.[280]

O §2º do mesmo artigo estabelece que a mesma regra vale para aluguel de equipamentos e para a utilização de programas de informática.

---

[279] "17.30. Com efeito, é questionável a qualificação da essencialidade como requisito dos serviços continuados, tal como se encontra na IN 5/2017. Isto é, não é necessário que o serviço seja de tal natureza que 'sua interrupção possa comprometer a prestação de um serviço público ou o cumprimento da missão institucional'. O que importa é que a necessidade pública atendida pelo serviço seja permanente e contínua. 17.31. A propriedade desse entendimento, na prática, é comprovada pelo fato de que atividades tipicamente consideradas como serviços continuados, tais como vigilância, limpeza e conservação, manutenção elétrica, manutenção de elevadores e manutenção de veículos, embora, é claro, relevantes, são usualmente auxiliares e não diretamente vinculadas à missão institucional do órgão/entidade, de modo que sua interrupção não necessariamente importa no comprometimento dessa missão" (TCU, Plenário. Acórdão nº 2.545/2020. Rel. Min. Vital do Rêgo, j. 23.9.2020).

[280] A jurisprudência construída diante da Lei nº 8.666/1993 admitia que os contratos de serviços contínuos ultrapassassem o crédito orçamentário: "8.1.4. [...] d) *não existe a necessidade de fixar a vigência coincidindo com o ano civil, nos contratos de serviços continuados cuja duração ultrapasse o exercício financeiro em curso,* uma vez que não pode ser confundido o conceito de duração dos contratos administrativos (art. 57 da Lei nº 8.666/93, de 1993) com a condição de comprovação de existência de recursos orçamentários para o pagamento das obrigações executadas no exercício financeiro em curso (art. 7º, §2º, III, da Lei nº 8.666, de 1993), pois nada impede que contratos desta natureza tenham a vigência fixada para 12 meses, ultrapassando o exercício financeiro inicial, e os créditos orçamentários fiquem adstritos ao exercício financeiro em que o termo contratual é pactuado, conforme dispõe o art. 30 e §§, do Decreto 93.872/86" (TCU. Decisão nº 586/2002. Rel. Min. Adylson Motta, j. 21.11.2002).

Admite-se que os contratos de serviços e fornecimentos contínuos, de aluguel de equipamentos e para a utilização de programas de informática tenham prazo mais dilatado, que ultrapassa o crédito orçamentário, podendo ser firmado por até cinco anos. Sem embargo, a permissão para a duração mais alargada não é livre e depende de condicionantes a serem cumpridas pela Administração.

A primeira condicionante, conforme o inciso I do *caput* do artigo 106 da Lei nº 14.133/2021, é que a autoridade competente deve atestar que a contratação por prazo superior ao crédito orçamentário deve ser economicamente mais vantajosa para a Administração. Ressalta-se que o inciso I do *caput* do artigo 106 da Lei nº 14.133/2021 demanda a atestação da "[...] maior vantagem econômica [...]". Dessa sorte, pela literalidade do dispositivo, vantagens de outra natureza que não econômica são imprestáveis para justificar a contratação pelo prazo total de cinco anos. Vantagens gerenciais, atinentes à continuidade do mesmo prestador de serviços ou fornecedor não servem, inclusive porque eles podem permanecer executando o contrato pelo prazo de dez anos, na forma do artigo 107 da Lei nº 14.133/2021, desde que por meio de prorrogações. A vantagem econômica que se exige é para firmar o contrato de uma vez por cinco anos e não pelo prazo do exercício financeiro, seguido de prorrogações.

É difícil que na etapa preparatória, antes de fazer a licitação, se possa afirmar peremptoriamente a vantagem econômica da contratação de uma vez por cinco anos em comparação com a limitada ao exercício. Soma-se que o ateste da autoridade competente não pode ser uma afirmação genérica. O ateste deve ser embasado em algum tipo de projeção ou de estimativa técnica, que, por sua vez, deve ser decorrente de algum tipo de estudo técnico ou levantamento de preços no mercado.

A Lei nº 14.133/2021, no entanto, não oferece pista acerca de como realizar essa estimativa ou levantamento de preços no mercado. Suponha-se que a Administração precise comparar os preços de outros contratos, ainda que de outros órgãos e entidades, uns firmados por prazos mais exíguos e outros por prazos mais alargados. Os critérios estabelecidos no artigo 23 da Lei nº 14.133/2021 podem ser empregados para realizar o levantamento de referências. Soma-se que, além do levantamento de referências, é necessário compará-las analiticamente, cruzando-se os prazos e os preços dos respectivos contratos ou referências. Isso não é simples de se fazer, é algo burocrático, que demanda a mobilização de agentes públicos. Pela letra do inciso I do *caput* do artigo 106 da Lei nº 14.133/2021, o prazo superior ao crédito orçamentário somente tem lugar se, ao comparar os preços de contratos, aqueles com prazos mais dilatados forem mais vantajosos economicamente, o que significa que devem ter preços mais reduzidos do que os contratos de prazo mais curto. Se os preços forem equivalentes, já não cabe a contratação pelo prazo de até cinco anos de uma vez só.

O segundo quesito para que o contrato de serviço e fornecimento contínuo possa ser firmado por prazo superior ao crédito orçamentário, conforme o inciso II do *caput* do artigo 106 da Lei nº 14.133/2021, é a verificação, no início da contratação e de cada exercício, da existência de créditos orçamentários vinculados à contratação. Aqui não há maiores dificuldades. No exercício em que o contrato é celebrado, indica-se o crédito a ele pertinente. Quando da virada do exercício, indica-se o crédito do exercício vindouro e assim sucessivamente. Trata-se de mera formalidade de natureza contábil-financeira.[281]

6.3 Extinção antecipada sem ônus para a Administração

O inciso III do *caput* do artigo 106 da Lei nº 14.133/2021 determina que, nessas situações, "a Administração terá a opção de extinguir o contrato, sem ônus, quando não dispuser de créditos orçamentários para sua continuidade ou quando entender que o contrato não mais lhe oferece vantagem". É uma espécie de condição resolutiva de natureza legal. Se a Administração não dispuser de estofo orçamentário para os exercícios vindouros ou se a contratação não for mais vantajosa, então o contrato se extingue antecipadamente, sem ônus para a Administração.

Chama a atenção o fato de que o referido inciso III, além da questão orçamentária, admite que a Administração desfaça unilateralmente o contrato se entender que ele não lhe é mais vantajoso. Essa hipótese produz efeitos práticos equivalentes à rescisão contratual motivada em interesse público, que encontra previsão no inciso VIII do *caput* do artigo 137 da Lei nº 14.133/2021. No entanto, no caso de rescisão, com base no §2º do artigo 138 da Lei nº 14.133/2021, a Administração precisa indenizar o contratado. Na hipótese de extinção do contrato do inciso III do *caput* do artigo 106 da Lei nº 14.133/2021, o contratado não faz jus à indenização, porque ela ocorre sem ônus para a Administração.

Reconhece-se discricionariedade para a Administração avaliar a conveniência e a oportunidade sobre o prosseguimento da contratação e, por conseguinte, formar convicção sobre a vantagem dela. No entanto, ao firmar o contrato por prazo superior ao crédito orçamentário, a Administração já exerceu juízo sobre a conveniência e a oportunidade, como exige o inciso I do *caput* do artigo 106 da Lei nº 14.133/2021. O desfazimento desse juízo, ainda que não exigido explicitamente pelo inciso III do *caput* do artigo 106 da Lei nº 14.133/2021, depende de fatos supervenientes que alterem o quadro havido quando da contratação.

Demais disso, os fatos que levam à extinção antecipada do contrato devem ser bastante robustos. Não se descure que a Administração quis livremente firmar o contrato pelo prazo de até cinco anos de uma vez, porque considerou vantajoso. Pela força obrigatória dos contratos, a Administração deve respeitar o prazo que contratou. A extinção antecipada deve ser entendida como medida excepcional, de modo que eventos que não sejam realmente impactantes e proporcionais não servem para justificá-la.

Lembre-se que o inciso XIX do *caput* do artigo 92 da Lei nº 14.133/2021 preceitua que são cláusula obrigatória em contrato administrativo os casos de sua extinção. Então, essas hipóteses de extinção antecipada do contrato devem ser reproduzidas no instrumento de contrato, para que fiquem mais bem caracterizadas como condição resolutiva e não se confundam com rescisão contratual provocada por interesse público, o que confere maior segurança e evita questionamentos futuros. A previsão contratual importa no assentimento do contratado e protege a Administração de eventuais pedidos do contratado de indenização, em reforço ao prescrito no inciso III do *caput* do artigo

---

281 A vigência do contrato de serviço contínuo ou de fornecimento não está adstrita ao exercício financeiro, devendo a Administração atestar, no início da contratação e de cada exercício, a existência de créditos orçamentários vinculados à contratação e a vantagem em sua manutenção (AGU, Orientação Normativa nº 90/2024).

106 da Lei nº 14.133/2021, cujo texto salienta que a extinção contratual se dá sem ônus para a Administração.

A extinção antecipada, no entanto, não se pode dar a qualquer tempo. O §1º do artigo 106 da Lei nº 14.133/2021 prevê o seguinte: "A extinção mencionada no inciso III do *caput* deste artigo ocorrerá apenas na próxima data de aniversário do contrato e não poderá ocorrer em prazo inferior a 2 (dois) meses, contado da referida data". Do dispositivo supracitado, pode-se depreender com facilidade que o marco temporal para a extinção antecipada do contrato é o seu aniversário, expressão que se refere ao ciclo anual. Tirando isso, todo o resto do dispositivo é confuso. Ora, ou a extinção deve ocorrer na data do aniversário, como está posto na parte inicial do dispositivo, ou deve ocorrer depois de dois meses dessa data de aniversário, como está posto na parte final. O método literal é insuficiente para a compreensão do §1º do artigo 106. O intérprete vê-se forçado, para construir algum sentido, a se desapegar da literalidade, o que sempre é perigoso, gera insegurança e conclusões não raro díspares.

Pois bem, diante de enunciados legais assim confusos, é de bom tom iniciar tentando identificar a finalidade que os anima, de modo a construir sentido que seja o mais aderente a essa finalidade (interpretação teleológica). No caso, é bem nítido que a finalidade do §1º do artigo 106 é a de proteger o contratado, servindo de contrapeso ao poder atribuído à Administração de extinguir o contrato antecipadamente e sem ônus para si. O intento é o de conferir previsibilidade ao contratado e evitar a surpresa, de modo que o contrato não seja extinto a qualquer tempo. Então, delimita-se um marco temporal para que a Administração avalie o contrato e decida se prossegue ou não com ele. O contratado, ciente desse marco temporal, pode adotar medidas gerenciais de prevenção e preparar-se antecipadamente para eventual decisão da Administração em não prosseguir.

Dessa sorte, propõe-se a seguinte interpretação para o §1º do artigo 106: a decisão da Administração de extinguir antecipadamente o contrato deve ocorrer na data de aniversário do contrato, quando ele completa o seu ciclo anual, sendo que, nesses casos, a extinção somente produzirá efeitos depois de, no mínimo, dois meses da data de aniversário do contrato.

Disso resulta uma série de consequências. A primeira consequência é assegurar ao contratado o prazo mínimo de um ano, antes disso o contrato não pode ser extinto antecipadamente e sem ônus para a Administração. A segunda é que, ultrapassada a data do aniversário, a Administração já não pode mais extinguir o contrato com base no inciso III do *caput* do artigo 106 da Lei nº 14.133/2021, o que implica assegurar ao contratado mais um ano, pelo menos. A terceira é que, para evitar a surpresa, o contratado deve ser comunicado da decisão da Administração e dispõe de dois meses até que a decisão da Administração produza efeitos, de maneira que lhe seja concedido prazo para se desmobilizar e tomar outras providências que se façam necessárias ou que contribuam para atenuar as suas perdas.

Advirta-se que a parte final do §1º do artigo 106 perde por completo o sentido se a Administração toma a decisão pela extinção antecipada do contrato na data do seu aniversário e a guarda para si, não dá ciência dela ao contratado. O prazo de, no mínimo, dois meses, referido no dispositivo, favorece o contratado. E o fato é que, para favorecê-lo, ele precisa ter ciência da decisão da Administração de extinguir antecipadamente o contrato. Logo, o prazo mínimo de dois meses deve ser contado da ciência do contratado sobre a decisão da Administração de extinguir antecipadamente o contrato.

Convém salientar que a Administração não pode extinguir antecipadamente o contrato sem ônus para si fora do marco temporal prescrito no §1º do artigo 106. Isso não significa que a Administração, fora do marco temporal, não possa extinguir antecipadamente o contrato. Ela pode fazê-lo, mas daí com fundamento no *caput* do artigo 137 da Lei nº 14.133/2021, com a obrigação de indenizar o contratado, na forma do §2º do artigo 138 da mesma lei. A diferença reside no ônus para a Administração. A obediência ao marco temporal do §1º do artigo 106 exime a Administração da indenização. Fora dele, a Administração deve indenizar o contratado.

O marco temporal referente ao aniversário do contrato, assim definido no §1º do artigo 106 da Lei nº 14.133/2021, traz um problema sério para a Administração que, de certa forma, importa incompatibilidade com o próprio inciso III do *caput* do mesmo artigo 106.

Ocorre que, segundo o inciso III do *caput* do artigo 106, uma das razões para extinguir antecipadamente o contrato é a não disposição dos créditos orçamentários, o que é apurado normalmente no final do crédito orçamentário corrente, quando aprovada a lei orçamentária para o exercício seguinte. Ora, o crédito orçamentário vai até 31 de dezembro. Então, se o contrato foi firmado em dado exercício, sabe-se que a Administração dispõe de crédito orçamentário para ele até o final daquele exercício, que ocorre no dia 31 de dezembro, salvo alguma medida anômala de frustração de receita e de contenção orçamentária. Sendo assim, a Administração deve se preocupar se, virando o exercício, disporá de créditos orçamentários para o exercício subsequente. Quer dizer que a Administração sabe se dispõe de créditos orçamentários para o exercício subsequente quando da aprovação da lei orçamentária relativa ao exercício subsequente e não necessariamente quando do aniversário do contrato, datas estas que não costumam ser coincidentes. Em termos práticos, o problema ocorre na hipótese em que a Administração, diante da aprovação da lei orçamentária para o exercício subsequente, verifica que não disporá de créditos orçamentários para fazer frente ao contrato no exercício subsequente, porém o aniversário do contrato não coincide com o exercício orçamentário. Nesses casos, a questão é se a Administração pode extinguir o contrato de imediato, não permitindo que ele entre no novo exercício sem a disposição dos créditos orçamentários, ou se a Administração deve aguardar o aniversário do contrato para extingui-lo e arrastá-lo até o aniversário, de algum modo, sem créditos orçamentários.

Um exemplo, para ilustrar: contrato é firmado em 15 de julho por cinco anos, como lhe faculta o *caput* do artigo 106, com previsão de crédito orçamentário até o final do exercício em que foi firmado, o que se dá em 31 de dezembro. A lei orçamentária foi aprovada em dezembro e nela a Administração não encontra créditos orçamentários para fazer frente ao contrato no exercício subsequente. O §1º do artigo 106 estabelece que a extinção antecipada sem ônus para a Administração deve ocorrer na data do aniversário do contrato, que é, repita-se, 15 de julho. A questão é se a Administração pode extinguir o contrato antecipadamente já no dia 31 de dezembro, porque a partir do dia seguinte não disporá de créditos orçamentários, ou se ela deve aguardar o aniversário do contrato, que é 15 de julho, para extingui-lo antecipadamente.

É certo que, se a Administração não dispõe de créditos orçamentários, não pode prosseguir com o contrato, o que significa que deve extingui-lo, porque não terá recursos para pagar o contratado. A competência é vinculada e não discricionária, a Administração não goza de competência discricionária para contratar ou manter contrato sem estofo orçamentário.

O ponto é que a extinção do contrato antes do marco temporal do §1º do artigo 106 da Lei nº 14.133/2021 é onerosa para a Administração, ela terá de indenizar o contratado, seguindo o regime da extinção dos contratos dos artigos 137 e seguintes da Lei nº 14.133/2021.

Nessas situações, abrem-se alternativas para a Administração: (i) ela pode negociar com o contratado e promover extinção consensual do contrato, eximindo-se da indenização, a depender da concordância do contratado, na forma do inciso II do *caput* do artigo 138 da Lei nº 14.133/2021; (ii) ou ela pode suprimir o quantitativo contratado em até 25% do valor inicial atualizado do contrato, como lhe autoriza o artigo 125 da Lei nº 14.133/2021, o que pode ser o bastante para que os créditos orçamentários de que dispõe cubram o contrato, pelo menos até o seu aniversário, quando o contrato pode ser extinto sem ônus.

Se as opções acima não forem viáveis, a Administração será forçada a extinguir o contrato e indenizar o contratado. Sem embargo, a indenização não deve tomar como parâmetro temporal o prazo total do contrato, de cinco anos. Deve tomar como parâmetro o marco temporal do §1º do artigo 106 da Lei nº 14.133/2021, que se refere ao aniversário do contrato. Ora, a contar do marco temporal, a Administração não deve indenizar o contratado, dado que dispõe da faculdade de a partir dele extinguir o contrato sem ônus.

A Administração deve ter a sensibilidade de perceber que a contratação pelo prazo inicial superior ao crédito orçamentário, por até cinco anos de uma vez, constante do *caput* do artigo 106 da Lei nº 14.133/2021, é cercado de condicionantes e de restrições, não é regra geral a ser adotada por liberalidade. A regra é a do artigo 105 da Lei nº 14.133/2021, que condiciona a duração dos contratos à disponibilidade orçamentária. A contratação de uma vez por cinco anos é exceção, porque restrita ao cumprimento das hipóteses dos incisos do *caput* do artigo 106, sendo que a possibilidade de extinção antecipada é delimitada, inclusive sob o aspecto temporal.

6.4 Prorrogação de serviços e fornecimentos contínuos

O artigo 107 da Lei nº 14.133/2021 enuncia:

> os contratos de serviços e fornecimentos contínuos poderão ser prorrogados sucessivamente, respeitada a vigência máxima decenal, desde que haja previsão em edital e que a autoridade competente ateste que as condições e os preços permanecem vantajosos para a Administração, permitida a negociação com o contratado ou a extinção contratual sem ônus para qualquer das partes.

Veja-se que a regra geral é a disposta no artigo 105 da Lei nº 14.133/2021, de que a duração deve corresponder à disponibilidade do crédito orçamentário, somente podendo ultrapassar o exercício se houver previsão no plano plurianual. Essa regra é excepcionada pelo artigo 106, cujo teor autoriza, sob determinadas condições, a celebração dos contratos por até cinco anos de uma vez. Para além disso, não importa se o prazo original do contrato foi limitado ao crédito orçamentário ou se estabelecido de uma vez por até cinco anos, o artigo 107 preceitua que o prazo pode ser prorrogado por até dez anos. Fica claro, pelo teor do artigo 107, que o prazo de dez anos somente se alcança por meio de prorrogações.[282]

O artigo 107 da Lei nº 14.133/2021 prescreve que os contratos de serviços e fornecimentos contínuos podem ser prorrogados sucessivamente. O dispositivo não exige que as prorrogações sejam por períodos iguais. Desse modo, por exemplo, contrato pode ser firmado pelo prazo inicial de seis meses e, ao final desse prazo inicial, ser prorrogado por prazo menor ou maior, conforme a conveniência da Administração. Em princípio, inclusive, não se proíbe que a prorrogação ultrapasse o exercício financeiro.

Para que o período de prorrogação ultrapasse o exercício financeiro, é necessário previsão no plano plurianual, em acordo com o artigo 105, ou que sejam contempladas as condições determinadas no *caput* do artigo 106. Inclusive, por analogia ao *caput* do artigo 106, não se deve permitir que o prazo do aditivo de prorrogação seja superior a cinco anos. Ou seja, não se pode firmar o contrato com prazo de seis meses e, na sequência, prorrogá-lo de uma só vez por nove anos e meio. O máximo que se pode alcançar numa única prorrogação é cinco anos, desde que satisfeitos os requisitos do *caput* do artigo 106.

6.4.1 Condições para a prorrogação: previsão no edital e manutenção de condições e preços vantajosos para a Administração

O artigo 107 da Lei nº 14.133/2021 prescreve, com todas as letras, que os contratos de serviços e fornecimentos contínuos podem ser prorrogados por até dez anos "[...] desde que haja previsão em edital e que a autoridade competente ateste que as condições e os preços permanecem vantajosos para a Administração [...]".

O primeiro requisito para a prorrogação é que o edital a preveja. O silêncio do edital obsta a prorrogação, ainda que as suas condições sejam extremamente vantajosas para a Administração. O pressuposto é que a possibilidade de prorrogação pode afetar o interesse de empresas em participar da licitação ou mesmo o teor das suas propostas. Sendo assim, a intenção do legislador é fazer com que todos os licitantes saibam sobre a possibilidade e as condições para a prorrogação, que, pois, deve ser disciplinada no edital. Por consequência, a prorrogação deve obedecer a eventuais limitações contidas no edital. Por exemplo, imagine-se edital cujo teor prevê a prorrogação por períodos

[282] Aplica-se o mesmo raciocínio: "Nesse sentido, cumpre transcrever trecho do ilustre parecer do douto Ministério Público (vide fls. 241/246 da Medida Cautelar nº 4.081/DF), *in verbis*: [...] *Ora, duração prorrogada não é duração estabelecida já de início. Se for fixado de início o prazo máximo de sessenta meses admitido pela lei, então não haveria que se falar em prorrogação.* Esta, irrefragavelmente, pressupõe o término de um prazo. Outrossim, tornaria inócuo o próprio escopo do dispositivo, que é o de obter preços e condições mais vantajosas para a administração, porque, mesmo que surgissem novas empresas do ramo no mercado, o que é uma consequência natural do desenvolvimento social, aumentando a competitividade pela redução de preços praticados pelo setor, teria a administração de dar cumprimento ao prazo pelo qual contratou, pagando preços mais elevados" (STJ, Segunda Turma. REsp nº 474.781/DF. Rel. Min. Franciulli Netto, j. 8.4.2003).

sucessivos limitados ao crédito orçamentário. A Administração, diante do princípio da vinculação ao edital, não pode promover aditivo de prorrogação que ultrapasse o crédito orçamentário, ainda que tenha razões fortes para fazê-lo.

O segundo requisito para a prorrogação é que as condições e os preços contratados permaneçam vantajosos. Isso significa que, mesmo com a previsão no edital, a prorrogação dos contratos de serviços e fornecimentos contínuos não é regra absoluta, que se realiza quase que automaticamente. Antes disso, a prorrogação somente se justifica se o contrato permanece vantajoso. Se não houver vantagem, não se atinge a finalidade pressuposta na lei e, por via de consequência, o ato de prorrogação é eivado por desvio de finalidade.

A vantagem que justifica a prorrogação do contrato não se resume à perspectiva econômica. Salienta-se que o artigo 107 da Lei nº 14.133/2021 refere-se a condições e preços vantajosos. A propósito, no inciso I do artigo 106, o legislador exige o ateste de vantagem econômica para permitir que o contrato seja firmado de uma vez por até 5 anos. No artigo 107, o legislador não repetiu a expressão "vantagem econômica". Claramente, no artigo 107, a vantagem não é limitada ao aspecto econômico, em que pese ele não poder ser desconsiderado. Veja-se que o artigo 107 utiliza a conjunção cumulativa e não alternativa, exige condições e preços vantajosos, não um ou outro.

Pois bem, pode-se afirmar que, antes de prorrogar contrato de serviço ou fornecimento contínuo, para aferir a vantagem ou desvantagem em fazê-lo, a Administração deve proceder à pesquisa de mercado, tanto sob a ótica do preço quanto sob a perspectiva da qualidade ou técnica. Ocorre que a Administração deve conhecer a realidade do mercado que circunda o momento da prorrogação para afirmar se ela é ou não vantajosa. Para conhecer a realidade do mercado, a Administração pode se socorrer dos critérios estabelecidos no artigo 23 da Lei nº 14.133/2021, prescritos para que a Administração, na etapa preparatória da licitação, estime o valor das suas futuras contratações.

O artigo 107, ao exigir o ateste de condições vantajosas, impõe à Administração avaliar se o próprio objeto do contrato, do jeito que foi contratado, ainda lhe é vantajoso. Ocorre que, com o tempo, surgem novas tecnologias e metodologias, que podem vir a otimizar o atendimento de dada demanda da Administração.[283]

Também é importante considerar eventuais partes do contrato que foram executadas no primeiro período e cujos custos não se renovam para os períodos subsequentes que serão decorrentes das prorrogações. Esses custos não renováveis devem ser extirpados do contrato no termo aditivo tocante à prorrogação. Supõe-se, por exemplo, que dado contrato pressupõe a instalação de sistema de informática e o treinamento de servidores públicos para manuseá-lo. O treinamento foi realizado no primeiro período e não há necessidade de ser renovado. O termo aditivo de prorrogação, para o novo período contratual, deve excluir o custo relativo a esse treinamento.

---

[283] "Em relação ao apontamento feito pela Fiscalização, o artigo 57, II, da Lei Federal nº 8.666/93, prevê a possibilidade de prorrogação dos contratos de prestação continuada de serviços, 'com vistas à obtenção de preços e condições mais vantajosas para a administração'. Dessa forma, a manutenção da vantajosidade da contratação para a administração não pode ser somente pressuposta, devendo ser comprovada por ocasião da celebração dos termos aditivos. A simples afirmação de que o valor contratual, quando da prorrogação contratual, foi somente reajustado, ou se manteve inferior ao orçamento inicial, não comprova sua economicidade, uma vez que o valor de mercado dos serviços pode, ao longo do tempo, sofrer não somente variações aumentativas, mas também diminutivas" (TCESP, Processo nº 00015466.989.20-9, Rel. Josué Romero, j. 23.11.2020).

Registre-se que o Tribunal de Contas da União, tendo em consideração o inciso II do artigo 57 da Lei nº 8.666/1993, produziu o Acórdão nº 1.214/2013, do Plenário, em que se decidiu:

> 9.1.17 a vantajosidade econômica para a prorrogação dos contratos de serviço continuada estará assegurada, dispensando a realização de pesquisa de mercado, quando:
> 9.1.17.1 houver previsão contratual de que os reajustes dos itens envolvendo a folha de salários serão efetuados com base em convenção, acordo coletivo de trabalho ou em decorrência da lei;
> 9.1.17.2 houver previsão contratual de que os reajustes dos itens envolvendo insumos (exceto quanto a obrigações decorrentes de acordo ou convenção coletiva de trabalho e de Lei) e materiais serão efetuados com base em índices oficiais, previamente definidos no contrato, que guardem a maior correlação possível com o segmento econômico em que estejam inseridos tais insumos ou materiais.[284]

O mesmo entendimento deve ser replicado para a Lei nº 14.133/2021, pelo menos em relação aos serviços contínuos, haja vista a semelhança, em sua essência, entre o inciso II do artigo 57 da Lei nº 8.666/1993 e o artigo 107 da Lei nº 14.133/2021. Ambos condicionam a prorrogação contratual à comprovação da vantagem para a Administração. Há diferenças entre os dispositivos em face de diversos aspectos, entre os quais se ressalta que o inciso II do artigo 57 da Lei nº 8.666/1993 tratava apenas de serviços contínuos e o artigo 107 da Lei nº 14.133/2021 versa sobre serviços e fornecimentos contínuos. Então, fazendo-se um paralelo, é de deduzir que o Acórdão nº 1.214/2013 se aplique ao menos em relação aos serviços contínuos.

A orientação do Tribunal de Contas da União é bem plausível sob a perspectiva econômica. A lógica é a seguinte: se o contrato foi firmado de acordo com os preços de mercado e se o valor da mão de obra, que costuma ser o principal elemento de custo, for repactuado com base em acordo, convenção ou dissídio coletivo, o preço decorrente dessa repactuação acaba retratando a variação do mercado. Ora, serão incorporados ao preço apenas os custos majorados em razão de acordo, convenção ou dissídio coletivo, o que é obrigatório. Basta, daí, que os demais elementos de custo, normalmente insumos e materiais, que compõem parcela menor, sejam reajustados por índices oficiais, para garantia da vantagem que justifica a prorrogação, ao menos sob o seu aspecto econômico.

O acórdão do Tribunal de Contas da União foi muito bem recebido pela Administração Pública, haja vista que a pesquisa de preços por ocasião da prorrogação dos contratos de prestação de serviços contínuos é relativamente custosa e muitas vezes a Administração Pública encontra dificuldades para obter dados e orçamentos. Daí que a dispensa da pesquisa de preços para essas situações, além de coerente, facilita e otimiza os trabalhos da Administração Pública.

Pondera-se, no entanto, que a lógica do Acórdão nº 1.214/2013 é apropriada para contratos de serviços contínuos em que o principal elemento de custo é a mão de obra, que varia em razão de acordo, convenção ou dissídio coletivo. Dessa forma, ao atrelar

[284] TCU, Plenário. Acórdão nº 1.214/2013. Rel. Min. Aroldo Cedraz, j. 22.5.2013.

a parte do preço contratado tocante à mão de obra ao acordo, convenção ou dissídio coletivo, presume-se que o preço contratado permanece vantajoso.

Essa lógica, no entanto, não se sustenta nos contratos, ainda que de prestação de serviços contínuos, em que se verifiquem outros elementos de custos relevantes. É que esse critério do Tribunal de Contas da União foca na parte dos custos da mão de obra e não nos outros elementos de custos. Suponha-se, por exemplo, serviço contínuo cuja prestação dependa do emprego de dispositivo móvel de informática, cujo custo é relevante. Pode ser que o preço desse equipamento seja reduzido substancialmente ao longo dos anos. O critério do Tribunal de Contas da União não identifica essa redução, porque considera apenas os custos da mão de obra e a variação dos preços pelos índices oficiais, que não percebem a variação negativa do preço daquele dispositivo móvel específico.

Dito isso, advirta-se que a dispensa da realização de pesquisa no mercado propugnada no Acórdão nº 1.214/2013, do Tribunal de Contas da União, deve ser compreendida como aplicável apenas naqueles contratos mais tradicionais de terceirização de serviços, como os de limpeza, asseio e conservação e vigilância, cujo custo preponderante é relativo à mão de obra. A orientação do acórdão deve ser vista com toda a ressalva em relação aos contratos de serviços contínuos em que custos relevantes não sejam vinculados à mão de obra. Por conseguinte, não deve ser aplicado em contratos de fornecimentos contínuos, porque nestes, naturalmente, o principal elemento de custo é o objeto a ser fornecido e não a mão de obra.

Por fim, é de frisar que, detectados condições e preços não vantajosos, à Administração é permitido negociar com o contratado, a fim de promover ajustes no contrato para que se possam reputar as condições e os preços vantajosos e viabilizar a prorrogação. Se as condições não forem vantajosas e a negociação não vingar, a Administração não deve prorrogar o contrato, fazendo com que se suceda a extinção normal do contrato, pelo decurso do seu prazo, sem ônus para qualquer das partes, como lembrado no final do artigo 107 da Lei nº 14.133/2021.

6.4.2 A prorrogação é ato discricionário e bilateral

A Administração não está obrigada a prorrogar os contratos de serviços e fornecimentos contínuos, ainda que dentro das hipóteses e nas situações autorizadas pelo artigo 107 da Lei nº 14.133/2021.[285] Isso porque, como dito, a validade da prorrogação depende das vantagens propiciadas por ela. Ora, a análise das vantagens ou desvantagens da prorrogação equivale à análise da sua conveniência e da oportunidade, o que toca ao núcleo da discricionariedade, uma vez que os agentes administrativos dispõem de

[285] "Na norma se dispõe sobre a contratação de termo predefinido, firmado a partir de licitação, cabendo à Administração Pública avaliar, excepcionalmente, com base nos parâmetros legais de atendimento ao interesse público, a conveniência e a oportunidade da prorrogação. Este Supremo Tribunal reconhece inserir-se a prorrogação do prazo contratual no espaço de discricionariedade da Administração Pública. A ela cabe analisar e concluir sobre a oportunidade e a conveniência da prorrogação, observados os limites legais e sempre em consonância com os princípios e normas constitucionais: [...] Reconhecido é que prorrogação indefinida do contrato é burla às determinações legais e constitucionais quanto à licitação obrigatória para adoção do regime de concessão e permissão para exploração de serviços públicos" (STF, Plenário. ADI nº 5.991 DF 7000401 58.2018.1.00.0000. Rel. Min. Cármen Lúcia, j. 7.12.2020).

margem de liberdade para realizar tal juízo. Registre-se que os agentes administrativos não agem com liberdade absoluta. A depender dos casos concretos, se a prorrogação for manifestamente vantajosa, aos agentes administrativos não cabe pura e simplesmente recusá-la, em detrimento do interesse público. A recusa deve ser motivada e os motivos podem ser controlados, inclusive no âmbito dos tribunais de contas e do Poder Judiciário.

De toda maneira, a prorrogação, além de discricionária, é ato bilateral, que depende da vontade do contratado. À Administração não é permitido impor ao contratado a prorrogação de contrato. Ao contratado também cabe avaliar as vantagens e desvantagens em prorrogar a avença. Ele não pode ser compelido a fazê-lo caso não seja de sua vontade, independentemente das razões da Administração.

6.4.3 Os requisitos procedimentais para a prorrogação dos contratos de serviços e fornecimentos contínuos

O artigo 107 da Lei nº 14.133/2021 exige que a prorrogação de contrato de serviço e fornecimento contínuo seja precedida do ateste da autoridade competente sobre as condições e preços, que devem permanecer vantajosos. Esse ateste pressupõe que a Administração realize algum tipo de pesquisa de mercado, sugere-se que com base nos critérios preceituados no artigo 23 da Lei nº 14.133/2021. Cada órgão e entidade pode dispor sobre como esses procedimentos devem ser formalizados. Porém, de um jeito ou de outro, faz-se necessária uma espécie de nota técnica, que relate a pesquisa de mercado realizada e recomende ou não a contratação.

A Administração também deve verificar se o contrato pode ser prorrogado em face da pessoa do contratado. Falando-se diretamente, deve verificar: (i) se ocorreu alguma razão de impedimento superveniente à contratação, considerando-se os critérios estabelecidos no artigo 14 da Lei nº 14.133/2021; (ii) e se o contratado mantém as condições de habilitação, como exige o inciso XVI do artigo 92 da Lei nº 14.133/2021. Nesse sentido, o §4º do artigo 91 da Lei nº 14.133/2021 determina que, antes da prorrogação, a Administração deve:

> verificar a regularidade fiscal do contratado, consultar o Cadastro Nacional de Empresas Inidôneas e Suspensas (Ceis) e o Cadastro Nacional de Empresas Punidas (Cnep), emitir as certidões negativas de inidoneidade, de impedimento e de débitos trabalhistas e juntá-las ao respectivo processo.

A prorrogação deve ser precedida de parecer jurídico, na forma do §4º do artigo 53 da Lei nº 14.133/2021.

Todas as informações e atos devem ser submetidos à autoridade competente, que deve decidir pelo aditivo ou não. Inclusive, a autoridade competente, na forma do artigo 107 da Lei nº 14.133/2021, deve atestar que as condições e os preços permanecem vantajosos, seguindo, se for o caso, a nota técnica ou equivalente sobre a pesquisa de mercado.

A prorrogação altera a duração do contrato e, por ser uma alteração ao consignado no instrumento de contrato, deve ser formalizada por termo aditivo. Então, ser for o caso, o contratado deve ser notificado para renovar a garantia, com base no parágrafo único do artigo 98 da Lei nº 14.133/2021, e assinar o termo aditivo (se for o caso, eletronicamente). Assinado por ambas as partes, o termo aditivo deve ser publicado no Portal Nacional de Contratações Públicas (PNCP), que é condição indispensável para a sua eficácia, de acordo com o artigo 94 da Lei nº 14.133/2021.

6.4.4 Prorrogação com efeito de renovação contratual

O artigo 107 da Lei nº 14.133/2021 refere-se à prorrogação sucessiva dos contratos de serviços e fornecimentos contínuos. O inciso II do artigo 57 da Lei nº 8.666/1993 também empregava o termo *prorrogação*. No entanto, é oportuno esclarecer que a prorrogação a que alude o legislador produz efeito de renovação contratual.

Explicando melhor, a prorrogação de prazo, em seu sentido estrito, apenas estende o prazo contratual, mantendo todas as demais condições contratuais, inclusive a quantidade que foi contratada e valores. Por exemplo, a Administração firmou contrato para a compra de 10 computadores, sendo que o contratado dispunha do prazo de 30 dias para entregá-los (prazo de execução). Por alguma razão não imputada ao contratado, ele se vê impedido de entregar os computadores dentro dos 30 dias. A Administração, diante disso, resolve conceder-lhe mais 15 dias para entregar os computadores. Aqui ocorre a prorrogação em sentido estrito, apenas se estende o prazo. O contratado continua com a obrigação de entregar os 10 computadores e o valor do contrato permanece intacto.

A prorrogação a que alude o artigo 107 da Lei nº 14.133/2021 é bem diferente, porque implica atribuir ao contratado novo prazo, não apenas o estender, com a obrigação de executar o quantitativo contratado novamente, logo, ampliando o valor do contrato na mesma proporção. Por exemplo, a Administração celebra contrato de prestação de serviços de limpeza por dois anos, amparada no artigo 106 da Lei nº 14.133/2021. Ao final dos dois anos, as partes prorrogam o contrato por outros dois anos, na forma do artigo 107. Não se trata de uma mera extensão do prazo. O prazo se reinicia, se renova. Junto com ele, nesse prazo renovado, o objeto do contrato e os seus valores se renovam. Ou seja, no novo biênio, o contratado não irá executar apenas eventual saldo de quantidade não executado no prazo original. Executará o quantitativo total, projetado para o próximo biênio.

6.4.5 Prorrogação e limites às alterações quantitativas

O artigo 125 da Lei nº 14.133/2021 prescreve limites às alterações unilaterais que incidem sobre a quantidade do objeto contratado. A regra geral é que o limite seja de 25% sobre o valor inicial do contrato. A prorrogação do contrato versado no artigo 107 da Lei nº 14.133/2021 produz efeito de renovação, portanto, abre-se novo prazo, novas quantidades e valores. Então, o contrato pode ser prorrogado já com os quantitativos acrescidos em seu limite, hipótese em que não se permite novos aditivos, sob pena de haver uma sobreposição de aditivos, multiplicando-se os limites legais.

É do Tribunal de Contas da União:

> 146. [...], o Contrato 77/2007 ainda poderia ser prorrogado por mais 33 meses, considerando-se o prazo estipulado no artigo 57, II, da Lei de Licitações. Isso porque apesar de ter sido realizado aditamento que aumentou em 25% o seu quantitativo original, tal contrato poderia

sofrer novas prorrogações desde que fossem mantidos esses quantitativos já acrescidos em 25%, não cabendo, isso sim, novos acréscimos. Ou seja, as prorrogações poderiam ocorrer desde que mantidas as quantidades previstas pela última alteração por meio de aditivo.[286]

No entanto, o contrato pode ser prorrogado sem os quantitativos acrescidos ou com acréscimos que não alcançam o limite legal. Nessas situações, no prazo da prorrogação (renovação), havendo necessidade, podem-se firmar termos aditivos para acrescer os quantitativos, desde que não ultrapassem os limites sobre os valores iniciais mensurados sob cada um dos prazos de renovação em acordo com os seus quantitativos.

Por exemplo, durante o prazo original do contrato, a quantidade inicial de 100 unidades pode ser acrescida até o limite de 125 unidades – pressupondo que o valor seja o mesmo para cada unidade. Suponha-se que se prorrogue o contrato já com as 125 unidades. Não caberão novos acréscimos quantitativos no período da prorrogação (renovação), porque ela já partiu do limite máximo. Noutro lado, suponha-se que se renove o contrato com a indicação do quantitativo de 100 unidades para o novo período, o que corresponde ao quantitativo original. Havendo, no período relativo à prorrogação, nova necessidade, é permitido, daí, promover alteração quantitativa, até o limite de 125 unidades.

6.4.6 A prorrogação do artigo 107 da Lei nº 14.133/2021 não se aplica para os contratos de aluguel de equipamento e utilização de programas de informática

O artigo 107 da Lei nº 14.133/2021 refere-se apenas aos contratos de serviços e fornecimentos contínuos, que podem, por meio de prorrogações, totalizar dez anos. O dispositivo não abrange outros tipos de contratos, inclusive os de aluguel de equipamentos e programas de informática.

Faz-se menção especial aos contratos de aluguel de equipamentos e programas de informática, porque eles são equiparados aos contratos de serviços e fornecimentos contínuos pelo §2º do artigo 106 da Lei nº 14.133/2021, porém de forma restrita para a aplicação do disposto no artigo 105, cujo texto permite a contratação por até cinco anos, prazo superior ao crédito orçamentário mesmo sem previsão no plano plurianual.

Desse modo, os contratos de aluguel de equipamentos e programas de informática podem alcançar cinco anos, na forma do artigo 106 da Lei nº 14.133/2021, e não podem ser prorrogados por até dez anos, como permite o artigo 107 da mesma lei para os serviços e fornecimentos contínuos.

Sustenta-se que os contratos de aluguel de equipamentos e programas de informática podem ser firmados por prazo inferior a cinco anos e prorrogados desde que o prazo total não ultrapasse os cinco anos. A fundamentação se baseia na regra lógica segundo a qual quem pode mais, pode menos (*a maiori, ad minus*). Ora, se é permitido firmar o contrato de uma vez por cinco anos, é permitido firmá-lo com prazo menor, dentro da baliza do artigo 105 da Lei nº 14.133/2021, e prorrogá-lo sucessivamente desde que respeitado o limite de cinco anos.

---

[286] TCU, Plenário. Acórdão nº 448/2011. Rel. Min. Aroldo Cedraz, j. 23.2.2011.

6.5 Limites de prazos contratuais específicos

A Lei nº 14.133/2021 definiu limites de prazos contratuais específicos para certos tipos de contratos e para situações particularizadas. Por ordem:

(i) O artigo 108 admite o prazo de até 10 anos para as hipóteses de dispensa de licitação das alíneas "f" e "g" do inciso IV e dos incisos V, VI, XII e XVI do *caput* do artigo 75 da Lei nº 14.133/2021.[287]

(ii) O artigo 110 permite prazos mais dilatados para contratos que gerem receita para a Administração e para contrato de eficiência que gere economia para a Administração, cujos prazos são de até 10 anos para contratos sem investimento e até 35 anos para contratos com investimentos.[288]

(iii) O artigo 113 trata do contrato de fornecimento e prestação de serviço associado, cujo prazo máximo deve ser definido "[...] pela soma do prazo relativo ao fornecimento inicial ou à entrega da obra com o prazo relativo ao serviço de operação e manutenção, este limitado a 5 (cinco) anos contados da data de recebimento do objeto inicial, autorizada a prorrogação na forma do art. 107 desta Lei".[289] Portanto, é autorizada a prorrogação do prazo de até 5 anos para até 10 anos, desde que sejam contemplados os requisitos estabelecidos no artigo 107.

(iv) O artigo 114 prevê que contratos que tenham por objeto operação continuada de sistemas estruturantes de tecnologia da informação podem ter vigência máxima de 15 anos.

Em todas essas hipóteses, à exceção da parte final do artigo 113, o prazo pode ser contratado de uma vez, não depende de prorrogação contratual para ser alcançado. Mais uma vez, por força da regra lógica segundo a qual quem pode mais, pode menos

---

287 "Art. 75. É dispensável a licitação: [...] IV - para contratação que tenha por objeto: [...] f) bens ou serviços produzidos ou prestados no País que envolvam, cumulativamente, alta complexidade tecnológica e defesa nacional; g) materiais de uso das Forças Armadas, com exceção de materiais de uso pessoal e administrativo, quando houver necessidade de manter a padronização requerida pela estrutura de apoio logístico dos meios navais, aéreos e terrestres, mediante autorização por ato do comandante da força militar; [...] V - para contratação com vistas ao cumprimento do disposto nos arts. 3º, 3º-A, 4º, 5º e 20 da Lei nº 10.973, de 2 de dezembro de 2004, observados os princípios gerais de contratação constantes da referida Lei; VI - para contratação que possa acarretar comprometimento da segurança nacional, nos casos estabelecidos pelo Ministro de Estado da Defesa, mediante demanda dos comandos das Forças Armadas ou dos demais ministérios; [...] XII - para contratação em que houver transferência de tecnologia de produtos estratégicos para o Sistema Único de Saúde (SUS), conforme elencados em ato da direção nacional do SUS, inclusive por ocasião da aquisição desses produtos durante as etapas de absorção tecnológica, e em valores compatíveis com aqueles definidos no instrumento firmado para a transferência de tecnologia; [...] XVI - para aquisição, por pessoa jurídica de direito público interno, de insumos estratégicos para a saúde produzidos por fundação que, regimental ou estatutariamente, tenha por finalidade apoiar órgão da Administração Pública direta, sua autarquia ou fundação em projetos de ensino, pesquisa, extensão, desenvolvimento institucional, científico e tecnológico e de estímulo à inovação, inclusive na gestão administrativa e financeira necessária à execução desses projetos, ou em parcerias que envolvam transferência de tecnologia de produtos estratégicos para o SUS, nos termos do inciso XII do *caput* deste artigo, e que tenha sido criada para esse fim específico em data anterior à entrada em vigor desta Lei, desde que o preço contratado seja compatível com o praticado no mercado".

288 O inciso LIII do artigo 6º da Lei nº 14.133/2021 esclarece que contrato de eficiência tem por objeto "a prestação de serviços, que pode incluir a realização de obras e o fornecimento de bens, com o objetivo de proporcionar economia ao contratante, na forma de redução de despesas correntes, remunerado o contratado com base em percentual da economia gerada".

289 De acordo com o inciso XXXIV do artigo 6º da Lei nº 14.133/2021, fornecimento e prestação de serviço associado é o "regime de contratação em que, além do fornecimento do objeto, o contratado responsabiliza-se por sua operação, manutenção ou ambas, por tempo determinado".

(*a maiori, ad minus*), é permitido firmar o contrato com prazo original inferior ao máximo estabelecido e prorrogá-lo até alcançar o termo máximo prescrito na Lei nº 14.133/2021.

6.6 Prazo de vigência

6.6.1 Prazo de vigência deve ser determinado

O artigo 109 da Lei nº 14.133/2021 prescreve que "a Administração poderá estabelecer a vigência por prazo indeterminado nos contratos em que seja usuária de serviço público oferecido em regime de monopólio, desde que comprovada, a cada exercício financeiro, a existência de créditos orçamentários vinculados à contratação". Por argumento a *contrario sensu*, pode-se deduzir que nas demais hipóteses, não autorizadas pelo supracitado artigo 109, o prazo de vigência deve ser determinado no instrumento de contrato.[290]

O ponto é que a disputa pelos contratos administrativos deve ser renovada periodicamente, para que se deem oportunidades a todos os interessados – o que é consequência do princípio da isonomia. Demais disso, é sabido que o mercado sofre transformações constantes e, também por isso, a Administração deve renovar a disputa periodicamente, a fim de colher condições atuais, que se presumem sejam mais vantajosas. Daí a ideia central de que os contratos administrativos devem ter prazos determinados, salvo na hipótese bem excepcional preceituada no artigo 109 da Lei nº 14.133/2021 de serviços públicos prestados sob o regime de monopólio, em que não há concorrência, logo não há de cogitar de renovação da disputa.

Registre-se que o artigo 109 da Lei nº 14.133/2021, ao se referir a "serviço público oferecido em regime de monopólio", comete impropriedade técnico-jurídica. Ocorre que serviços públicos não são oferecidos em regime de monopólio. Há, no entanto, atividades econômicas monopolizadas pela União, que não se constituem em serviços públicos, na forma do artigo 177 da Constituição Federal.[291] A rigor, serviços públicos podem ser prestados sob regime de exclusividade ou sob o regime de concorrência entre mais de um prestador. A impressão é que o legislador, ao empregar a expressão "serviço público oferecido em regime de monopólio", pretendeu abranger todas as atividades desempenhadas pelo Estado ou em seu nome que sejam oferecidas sob regime não concorrencial ao mercado e, por conseguinte, à Administração. Ou seja, aquelas atividades atribuídas ao Poder Público, serviços públicos exclusivos e atividades

---

290 O Tribunal de Contas da União, mesmo antes da Lei nº 8.666/1993, produziu a Súmula nº 191, vazada nos seguintes termos: "Torna-se, em princípio, indispensável a fixação limites de vigência dos contratos administrativos, de forma que o tempo não comprometa as condições originais da avença, não havendo, entretanto, obstáculo jurídico à devolução de prazo, quando a Administração mesma concorre, em virtude da própria natureza do avençado, para interrupção da sua execução pelo contratante".

291 "Art. 177. Constituem monopólio da União: I - a pesquisa e a lavra das jazidas de petróleo e gás natural e outros hidrocarbonetos fluidos; II - a refinação do petróleo nacional ou estrangeiro; III - a importação e exportação dos produtos e derivados básicos resultantes das atividades previstas nos incisos anteriores; IV - o transporte marítimo do petróleo bruto de origem nacional ou de derivados básicos de petróleo produzidos no País, bem assim o transporte, por meio de conduto, de petróleo bruto, seus derivados e gás natural de qualquer origem; V - a pesquisa, a lavra, o enriquecimento, o reprocessamento, a industrialização e o comércio de minérios e minerais nucleares e seus derivados, com exceção dos radioisótopos cuja produção, comercialização e utilização poderão ser autorizadas sob regime de permissão, conforme as alíneas b e c do inciso XXIII do caput do art. 21 desta Constituição Federal".

de monopólio, em que a Administração somente consegue contratar com uma única pessoa, que o presta sem concorrência.

Salienta-se que o prazo de vigência indica as balizas temporais para a vigência do contrato. Como já salientado, a vigência inicia-se a partir do momento em que o contrato está apto a produzir efeitos e extingue-se quando ambas as partes contratantes cumprem as suas obrigações contratuais, isto é, nos contratos onerosos e bilaterais, quando o contratado realiza o préstimo que se obrigou e a contratante arca com a sua contraprestação. O prazo de vigência deve marcar essas balizas. Esclareça-se que prazo de execução, por sua vez, é o prazo que o contratado dispõe para cumprir a sua obrigação principal. O prazo de execução é menor, ele se insere, é uma parte do prazo de vigência.

A Administração, em seus contratos, determina o prazo de que dispõe o contratado para cumprir a sua obrigação principal, o que se denomina prazo de execução. Afora isso, a Administração deve receber o objeto do contrato e realizar o pagamento. Somente depois disso, depois de a Administração cumprir as suas obrigações, é que deve se encerrar o prazo de vigência, que, por regra, deve ser determinado no instrumento de contrato.

Pondera-se que, especialmente nos contratos de escopo, é muito difícil dispor precisamente do prazo de vigência, isto é, o momento exato em que a Administração irá realizar o pagamento final e, portanto, extinguir a vigência do contrato.[292] A Lei nº 14.133/2021 não estabelece critérios para a fixação do prazo de vigência nos instrumentos de contrato, sobremodo nos de escopo, o que significa que a Administração dispõe de discricionariedade para fazê-lo. Normalmente, órgãos e entidades administrativas estimam o tempo necessário para a consumação do prazo de vigência, o suficiente para, nos contratos de escopo, suportar algum atraso na execução do objeto pelo contratado, o recebimento provisório e definitivo do objeto do contrato, os procedimentos e a realização do pagamento.

Muitas vezes, o prazo de vigência não é suficiente para ultimar todos os efeitos do contrato, especialmente o recebimento por parte da Administração do objeto executado e o respectivo pagamento. Não se vê na jurisprudência dos órgãos de controle decisões que objetem liquidação de despesas e pagamentos realizados após o advento do prazo de vigência. Esses casos não costumam sequer serem apontados, parece que se considera como algo normal. Então, nestes casos, muito embora formalmente exaurido o prazo de vigência assinalado no instrumento de contrato, de fato, o contrato permanece vigente, na medida em que os efeitos dele ainda não foram consumados. É como se ocorresse uma prorrogação tácita do prazo de vigência do contrato, para que a Administração

[292] Exigindo a definição de prazo de vigência para contratos de escopo: "6.8. Condicionar o término da vigência contratual à execução do objeto, evento este futuro e incerto, significaria reconhecer contratação com prazo indeterminado, circunstância não admitida pelo direito administrativo, conforme exposto. [...]" (TCU, Plenário. RA nº 00621620129. Rel. Min. Walton Alencar Rodrigues, j. 20.3.2019). Em sentido oposto: "Assim, as obrigações no contrato de escopo não estão sujeitas à vigência do contrato, pois não desaparecem pelo transcurso do prazo contratual. Dessa forma, nesse caso específico, deixo de apenar o gestor, uma vez que a cláusula nona ao fixar que o 'contrato vigorará por prazo indeterminado, tendo como condição resolutiva o trânsito em julgado do presente processo e seus recursos', deixou claro que a execução do contrato estaria atrelada ao trânsito em julgado da decisão do processo, ou seja, ao cumprimento do escopo do contrato. [...]" (TCEMG, Segunda Câmara. Inspeção Ordinária nº 747.162. Rel. Cons. Gilberto Diniz, j. 11.9.2014).

possa ultimar as suas obrigações em contrapartida à execução do objeto por parte do contratado.

6.6.2 A prorrogação automática da vigência dos contratos de escopo

Como já ressaltado, contrato por escopo é aquele cujo prazo de execução somente se extingue quando o contratado entrega para a Administração o objeto contratado, como ocorre, entre outros, com os contratos de obras e compras em geral. Daí que, diante de contrato de escopo, o tempo não caracteriza o encerramento das obrigações do contratado. O tempo apenas caracteriza ou não a mora do contratado.[293]

Não é raro que ocorram atrasos na execução dos contratos por escopo, pelos mais variados motivos. E, também, não é raro que esses atrasos consumam todo o prazo de vigência contratual. Repita-se que, de acordo com o entendimento dos órgãos de controle, como já ressaltado, o advento do prazo de vigência encerra o contrato. Esse entendimento, levado ao extremo, impede a Administração de receber o objeto na hipótese de o contratado pretender entregá-lo após o advento do prazo de vigência. Essa situação, na maioria das vezes, não é razoável e causa prejuízos aos contratados que atuam de boa-fé e à própria Administração Pública.

Por exemplo, suponha-se contrato administrativo de compra de impressoras, cujo prazo para a entrega é de dois meses (prazo de execução) e o de vigência de três meses. O contratado teve problemas com o fabricante, que atrasou a entrega das impressoras, que, no entanto, foram encomendadas no tempo devido. As impressoras são liberadas pelo fabricante dias antes do advento do prazo de vigência de três meses e são entregues à transportadora. Prestes a chegarem no destino, encerra-se o prazo de vigência. No dia seguinte, as impressoras batem à porta da Administração.

Noutro exemplo, suponha-se contrato administrativo para a execução de obra, que deve ser executada em seis meses (prazo de execução), com prazo de vigência de sete meses. A obra atrasa, mas o contratado está prestes a concluí-la. Faltando parte do acabamento, alguns ajustes finais, encerra-se o prazo de vigência.

A questão, no primeiro exemplo, é se a Administração deve receber as impressoras mesmo após o término do prazo de vigência do contrato. No segundo exemplo, a questão é se a Administração deve permitir que o contratado conclua a obra mesmo com o advento do prazo de vigência.

O *caput* do artigo 111 da Lei nº 14.133/2021 dá solução para essas questões: "Na contratação que previr a conclusão de escopo predefinido, o prazo de vigência será automaticamente prorrogado quando seu objeto não for concluído no período firmado no contrato".

O legislador, em vez de permitir a execução do objeto após o encerramento do prazo de vigência, preferiu estender o próprio prazo de vigência. O dispositivo prescreve uma

---

[293] "O caso em exame trata de contrato de escopo, no qual a Administração Pública busca para seu patrimônio um objeto certo e acabado. Neste tipo de contrato, em face da sua natureza jurídica, só haverá extinção natural da avença com o cumprimento integral de seu objeto, ou seja, o contratado deverá realizar todas as condutas previamente estabelecidas no procedimento licitatório. Assim, a estipulação de prazo neste tipo de contrato visa garantir ao Administrador que o contrato será cumprido com eficiência e agilidade necessárias para a satisfação do interesse público, além de constituí-lo em mora de suas responsabilidades, nos termos da Lei" (TCESP, Segunda Câmara. TC-010130.989.19-7 TC-017330.989.19-5. Rel. Dimas Ramalho, j. 18.8.2020).

espécie de prorrogação automática do prazo de vigência. Ou seja, a prorrogação ocorre sem a participação da vontade da Administração ou do contratado, ela decorre da lei, dá-se sem a necessidade de reconhecimento ou de formalização por qualquer das partes. É recomendável, porém não necessário, que as partes formalizem essa prorrogação do prazo de vigência por meio de termo aditivo. Porém, insista-se, não é necessário.

O artigo 111 da Lei nº 14.133/2021, no final das contas, incorpora na legislação solução que já vinha sendo de muito apontada pela doutrina e pela jurisprudência. Vejam-se, por exemplo, as lições de Hely Lopes Meirelles:

> A extinção do contrato pelo término de seu prazo é a regra nos ajustes por tempo determinado. Necessário é, portanto, distinguir os contratos que se extinguem pela conclusão de seu objeto e os que terminam pela expiração do prazo de sua vigência: nos primeiros, o que se tem em vista é a obtenção de seu objeto concluído, operando o prazo como limite de tempo para a entrega da obra ou do serviço ou da compra sem sanções contratuais; nos segundos, o prazo é de eficácia do negócio jurídico contratado, e assim sendo, expirado o prazo, extingue-se o contrato, qualquer que seja a fase de execução de seu objeto, como ocorre na concessão de serviço público ou na simples locação de coisa por tempo determinado. Há, portanto, prazo de execução e prazo extintivo do contrato.[294]

O Tribunal de Contas da União, mirando a Lei nº 8.666/1993, ainda que sob certas condicionantes, também já vem acolhendo a distinção:

> 2. Ocorre que, nos chamados contratos por escopo (em que o objeto consistiria na obtenção de um bem ou na construção de uma obra), o prazo de execução só seria extinto quando o objeto fosse definitivamente entregue à administração e as demais obrigações fixadas no ajuste fossem plenamente satisfeitas, de modo que, inexistindo motivos para rescisão ou anulação, a extinção desse tipo de ajuste somente se operaria com a conclusão do objeto e com o seu recebimento definitivo pela administração, diferentemente do que ocorreria nas avenças por tempo determinado (em que o objeto consistiria na prestação de serviços contínuos), nos quais o prazo constituiria elemento essencial e imprescindível para a consecução ou a eficácia do objeto avençado. 3. Considerando tal raciocínio, o TCU tem acolhido, em caráter excepcional, na análise de alguns casos concretos, a tese de diferenciar os efeitos da extinção do prazo de contratos de obra, como se verifica nos seguintes julgados: Decisão 606/1996-Plenário; Decisão 732/1999-Plenário; Acórdão 1.740/2003-Plenário; Acórdão 1.980/2004-1ª Câmara; Acordão 2.068/2004-Plenário; Acórdão 1.808/2008-Plenário; Acórdão 3.131/2010-Plenário; Acórdão 5.466/2011-2ª Câmara; e Acórdão 778/2012-Plenário; e Acórdão 1.674/2014-Plenário.[295]

A Advocacia-Geral da União, diante do *caput* do artigo 111 da Lei nº 14.133/2021, produziu o Orientação Normativa nº 92/2024:

---

[294] MEIRELLES, Hely Lopes. *Licitação e contrato administrativo*. 12. ed. São Paulo: Malheiros, 1999. p. 213.

[295] TCU, Plenário. Acórdão nº 127/2016. Rel. Min. André Luis de Carvalho, j. 27.1.2016.

> I - A vigência dos contratos de escopo extingue-se pela conclusão de seu objeto, e não pela expiração do prazo contratual originalmente previsto, conforme o art. 111 da Lei 14.133, de 2021. II - É recomendável que a Administração avalie a necessidade de formalizar termo aditivo ou apostilamento, a depender do caso, para a fixação de novas datas, prazos ou cronogramas para a execução da obrigação contratual, mesmo após ser atingido o termo final de vigência originalmente estabelecido.[296]

Advirta-se, no entanto, que o *caput* do artigo 111 da Lei nº 14.133/2021 não retira a utilidade ou dispensa a Administração de estabelecer prazo de vigência determinado nos contratos de escopo. Não é isso. A Administração permanece com a obrigação de estabelecer no instrumento de contrato o prazo de vigência e ele deve ser determinado. Com a execução normal do contrato, tendo o contratado executado o objeto nos prazos contratados, a vigência do contrato deve se encerrar no prazo estipulado pelas partes. O artigo 111, sob essa perspectiva, versa sobre situação excepcional, de o objeto não ser executado dentro do prazo de vigência indicado no instrumento de contrato. E a solução do artigo 111 não despreza o prazo de vigência contratado, apenas o estende automaticamente, independentemente do reconhecimento e da formalização por parte dos contratantes, de modo a permitir que o contrato seja concluído.

6.6.3 Prorrogação de contratos em razão do descumprimento do prazo de execução, com ou sem culpa do contratado

O parágrafo único do artigo 111 da Lei nº 14.133/2021, referindo-se aos contratos de escopo, prescreve:

> quando a não conclusão decorrer de culpa do contratado:
> I - o contratado será constituído em mora, aplicáveis a ele as respectivas sanções administrativas;
> II - a Administração poderá optar pela extinção do contrato e, nesse caso, adotará as medidas admitidas em lei para a continuidade da execução contratual.

Ou seja, em contratos de escopo, o descumprimento do prazo de execução não extingue o contrato, apenas constitui o contratado em mora, sujeitando-o às sanções cabíveis, sendo que a mais comum é a multa moratória, fundada na combinação do inciso VII do *caput* do artigo 155 com o inciso II do *caput* do artigo 156, ambos da Lei nº 14.133/2021.

A depender do caso, se o atraso revelar inadimplemento contratual significativo e que compromete a satisfação da demanda da Administração, ela pode optar pela extinção do contrato, com amparo no inciso I do *caput* do artigo 137 da Lei nº 14.133/2021. Atribui-se à Administração competência discricionária para decidir pela manutenção ou extinção do contrato, de modo a avaliar o atraso do contratado e seus reflexos sobre o contrato no seu todo. Não é demais ressaltar que a discricionariedade não se confunde com arbitrariedade, de modo que a Administração não pode atuar por liberalidade e de maneira desmotivada no exercício de competências discricionárias.

---

[296] AGU, Orientação Normativa nº 92/2024.

Pois bem, nos termos do parágrafo único do artigo 111, se o atraso decorre de culpa do contratado, ele deve ser penalizado. A *contrario sensu*, se o descumprimento do prazo de execução não decorre de culpa do contratado, ele não deve ser penalizado. Com esse timbre, o inciso VII do *caput* do artigo 155 da Lei nº 14.133/2021 reconhece que o contratado pode ser sancionado na hipótese de "ensejar o retardamento da execução ou da entrega do objeto da licitação sem motivo justificado". Logo, havendo motivo justificado para o descumprimento do prazo de execução, o contratado não deve ser penalizado.

Como já salientado, conforme o *caput* do artigo 111 da Lei nº 14.133/2021, nos contratos de escopo, "o prazo de vigência será automaticamente prorrogado quando seu objeto não for concluído no período firmado no contrato".

Em complemento, o §5º do artigo 115 da Lei nº 14.133/2021 assegura que, "em caso de impedimento, ordem de paralisação ou suspensão do contrato, o cronograma de execução será prorrogado automaticamente pelo tempo correspondente, anotadas tais circunstâncias mediante simples apostila".[297]

É importante perceber que o artigo 111 da Lei nº 14.133/2021, que se refere à prorrogação automática do prazo de vigência, é limitado aos contratos de escopo. Por sua vez, o §5º do artigo 115 da mesma lei, que trata da prorrogação automática do cronograma de execução, não é limitado aos contratos de escopo. Isso significa que contratos por prazo determinado também se sujeitam ao §5º do artigo 115 e, havendo impedimento, ordem de paralisação ou suspensão do contrato, o cronograma de execução também deve ser prorrogado automaticamente. Sustenta-se que nesses casos, diante da hipótese restrita de impedimento, ordem de paralisação ou suspensão do contrato, o prazo de vigência também é prorrogado automaticamente, como uma espécie de consequência da prorrogação automática do prazo de execução, que é uma parte dele. O recomendável, entretanto, seria formalizar a prorrogação do prazo de execução e do prazo de vigência, inclusive para evitar eventuais questionamentos de extinção do contrato em razão do exaurimento do prazo de vigência consignado no instrumento contratual.

Soma-se que o §5º do artigo 115 da Lei nº 14.133/2021 se refere a impedimento de modo geral, que deve ser interpretado como ato ou fato determinante para o descumprimento do prazo de execução por parte do contratado, abrangendo caso fortuito, força maior, fatos de terceiros ou mesmo da Administração. Portanto, ocorrendo impedimento ao cumprimento do prazo de execução, o contratado não deve ser sancionado, em alinho ao inciso VII do *caput* do artigo 155 da Lei nº 14.133/2021, e ele tem o direito à prorrogação do prazo de execução, como deflui do §5º do artigo 115 da mesma lei.

Convém realçar que o §5º do artigo 115 da Lei nº 14.133/2021 determina a prorrogação automática do prazo de execução, da mesma forma que o faz o *caput* do artigo 111 no tocante ao prazo de vigência. Prorrogação automática significa aquela que se dá independentemente da vontade das partes e, por via de consequência, de qualquer sorte

---

[297] Segue-se a jurisprudência construída diante da Lei nº 8.666/1993: "137. Quanto à prorrogação de prazo de execução do Contrato nº 110/2009 por mais 73 dias, a partir da análise do contexto da obra, constatou-se a existência de eventos provocados pela Administração (deficiência do projeto básico) e de fato de terceiro (dificuldade com fornecedores de formas e concreto; impossibilidade de planejamento até a liberação do canteiro) que justificavam a alteração, em observância ao disposto no art. 57, §1º, da Lei 8.666/93" (TCU, Plenário. Acórdão nº 2.066/2012. Rel. Min. Aroldo Cedraz, j. 8.8.2012).

de formalização especial. A prorrogação automática é aquela que se dá em decorrência direta da lei, o que significa que a Administração não pode recusá-la. Aliás, a recusa da Administração é ato ilícito, que pode ser contestado nas vias competentes, inclusive perante os tribunais de contas e o Poder Judiciário.

A parte final do §5º do artigo 115 da Lei nº 14.133/2021 exige que as circunstâncias que levaram à prorrogação sejam anotadas mediante simples apostila. Então, deve-se anotar o motivo da prorrogação e a extensão dela. No entanto, a anotação não é requisito de validade para a prorrogação, que, repita-se, deve ser automática. Ora, se a prorrogação tivesse de ser formalizada, ainda que por apostilamento, não seria automática. Insista-se que nada impede e tudo recomenda que a prorrogação, ainda que automática, seja também formalizada. Recomenda-se para que haja segurança e clareza, porém, não se pode exigi-la, justamente porque, pela letra da lei, ela é automática.

Por derradeiro, há de cogitar também da culpa concorrente pelo descumprimento do prazo de execução. Às vezes, o contratado dá causa ao atraso e a Administração também não realiza alguma providência da sua parte ou ocorre qualquer outro evento, que também afeta o cronograma de execução. Nessas situações, o contratado também faz jus à prorrogação, ainda que não pelo tempo integral. A Administração deve analisar os fatos e determinar o montante do atraso causado por si ou por fatos não atribuídos ao contratado e o quanto do atraso foi causado diretamente pelo contratado. A prorrogação deve fazer frente ao atraso que não foi causado pelo contratado. Porém, o fato é que, se parte do atraso não foi causada pelo contratado, o contrato deve ser prorrogado, senão em seu todo, apenas em período parcial.

6.6.4 Assinatura de termo aditivo de prorrogação após o término do prazo de vigência

Os aditivos que visam à formalização da prorrogação dos contratos administrativos, qualquer que seja o fundamento, com base no artigo 107 ou em qualquer outro dispositivo da Lei nº 14.133/2021, devem ser firmados dentro da vigência dos respectivos contratos. Essa deve ser a regra, mesmo porque o advento do prazo de vigência deve extinguir o contrato e não se prorroga algo já extinto. Nesse caso, encerrada a vigência, o contrato não seria prorrogado, porém reavivado, o que é coisa diferente.

Diante da Lei nº 8.666/1993, a jurisprudência do Tribunal de Contas da União segue essa linha de entendimento,[298] o que provocou, inclusive, que a Advocacia-Geral da

[298] "20. Com relação à celebração de termos aditivos de reajustamento, sem ter havido aditivo de prorrogação de vigência, incide em situação irregular, consoante disposto no Voto condutor do Acórdão 195/2005-TCU-Plenário (Rel. Min. Benjamin Zymler): '36. A continuidade da execução dos serviços após esgotado o prazo de vigência contratual não encontra amparo na legislação que rege as contratações no âmbito da administração pública, por desrespeitar o art. 60 da Lei nº 4.320/64, que veda a realização de despesa sem prévio empenho, e por caracterizar hipótese não admitida de contratação verbal, vedada pelo parágrafo único do art. 60 da Lei nº 8.666/93.' 21. Por ocasião do julgado acima, o Tribunal limitou-se a expedir determinação corretiva para que fosse observado o disposto no art. 60 da Lei 8.666/1993, tendo deixado, assim, de aplicar reprimenda pecuniária ao gestor. Por isonomia, prescrevo a mesma solução ao presente caso, alterando a medida, entretanto, para ciência do Município sobre a ocorrência, para fins de evitar a repetição da falha, nos termos da Resolução TCU 315/2020" (TCU, Primeira Câmara. Acórdão nº 9.749/2020. Rel. Min. Augusto Sherman, j. 15.9.2020). "Com relação *ao terceiro achado de auditoria, ou seja, a assinatura de Termo Aditivo após o término da vigência do contrato*, a Unidade Técnica constatou que a Seinfra/AL prorrogou o Contrato 1/1993 após a expiração de seu prazo de vigência e permitiu a realização de serviços sem cobertura do aludido contrato, em desobediência

União editasse a Orientação Normativa nº 3/2009. Mais recentemente e com conteúdo parecido, a Advocacia-Geral da União produziu a Orientação Normativa nº 91/2024:

> Na análise dos processos relativos à prorrogação de prazo contratos de serviços e fornecimentos continuados, previstos no art. 107 da Lei 14.133, de 2021, cumpre aos órgãos jurídicos verificar se não há extrapolação do atual prazo de vigência, bem como eventual ocorrência de solução de continuidade nos aditivos precedentes, hipóteses que configuram a extinção do ajuste, impedindo a sua prorrogação.[299]

Sem embargo, esse entendimento, aplicado com tom absoluto e geral, acaba causando prejuízos para o próprio interesse público. Sucede que não raras vezes a Administração e o contratado acordam em prorrogar o contrato, e o termo aditivo que se presta a formalizar esta prorrogação não é ultimado dentro da vigência do contrato por problemas de processamento e trâmite burocrático. Em alguns órgãos e entidades administrativas o termo aditivo precisa atravessar um périplo de pareceres, análises e instâncias, que provocam atrasos.

Em termos práticos, imagine-se que o prazo do contrato se encerre no dia 31 de dezembro, sendo que a Administração e o contratado acordaram em prorrogá-lo com antecedência razoável. Decidiram, nessa oportunidade, que manteriam as condições contratuais, apenas estenderiam o prazo para o período relativo ao próximo exercício. Iniciam os trâmites para a formalização do termo aditivo imediatamente. O processo é endereçado à assessoria jurídica em 15 de dezembro e somente retorna com o parecer jurídico para que o termo aditivo seja assinado no dia 5 de janeiro.

De acordo com entendimento externado no início deste tópico, expresso na Orientação Normativa nº 3, da Advocacia-Geral da União, a conclusão seria que o contrato fora extinto no dia anterior e que, por conseguinte, ele não poderia ser prorrogado.

Esse entendimento, na maior parte dos casos, traz prejuízos de diversos matizes para o interesse público. Primeiro, em vez de prorrogar contrato, devidamente autorizado pela lei, a Administração terá de realizar uma nova licitação, com todos os custos diretos e indiretos nela envolvidos. Segundo, até que conclua a licitação, a Administração permanecerá sem o serviço, o que pode trazer malefícios às suas atividades e aos serviços públicos ou, a depender da situação, será forçada a celebrar contrato emergencial, com base na dispensa de licitação prevista no inciso VIII do artigo 75 da Lei nº 14.133/2021, que não é algo desejado.

Todavia, o caso acima relatado guarda algumas peculiaridades, que apontam para solução diferente, a depender da vontade da Administração.

Sucede que o contrato e a alteração do contrato existem a partir do momento em que há o acordo de vontades para criar ou modificar obrigações. Nesse passo, o

aos arts. 2º, 3º e 60, Parágrafo único da Lei 8.666/1993 e à jurisprudência do TCU. Conforme relatado, houve descumprimento dos dispositivos legais vigentes, vez que o contrato original encontrava-se formalmente extinto, tendo sido firmado o 10º Termo Aditivo, quase dez meses após a expiração da avença. Além disso, a reforçar o descumprimento dos mandamentos legais está a jurisprudência desta Corte, que considera ilegal a celebração de aditivos em contratos já extintos, configurando-se, nestes casos, nova contratação sem o devido processo licitatório" (TCU, Plenário. Acórdão nº 1.622/2012. Rel. Min. Raimundo Carreiro, j. 27.6.2012).

[299] AGU, Orientação Normativa nº 91/2024.

instrumento de contrato não cria o contrato, apenas o formaliza. O mesmo acontece com o termo aditivo, não cria a alteração, apenas a formaliza.

Sob essa luz, é de reconhecer que a partir do momento em que se consegue identificar o acordo de vontades para prorrogar o contrato ele está prorrogado. O termo aditivo apenas formaliza a prorrogação, que é em si o acordo de vontades. E o fato é que o acordo de vontades pode ser identificado e comprovado por diversas outras formas que não por meio do termo aditivo, como, por exemplo, ofícios ou *e-mails* trocados entre as partes ou ata assinada por elas ou qualquer documento equivalente, físico ou eletrônico.

A maneira correta para formalizar a prorrogação contratual e, pois, comprová-la é o termo aditivo. Constitui ilegalidade não firmar o termo aditivo dentro da vigência do contrato. Um dos pressupostos de validade do ato administrativo é violado, chamado por Celso Antônio Bandeira de Mello de *formalização*. Nas palavras do professor:

> Formalização é a específica maneira pela qual o ato de ser externado. Com efeito: ademais de exteriorizado, cumpre que o seja de um dado modo, isto é, segundo uma certa aparência externa. Enquanto a forma significa exteriorização, formalização significa o modo específico, o modo próprio, desta exteriorização.[300]

O ponto é que o vício de legalidade relativo à formalização pode ser convalidado. Esclareça-se que a convalidação se traduz na produção de ato administrativo que apaga os defeitos de um ato ou situação anterior e encontra fundamento jurídico no artigo 55 da Lei nº 9.784/1999 (Lei de Processo Administrativo Federal).

Portanto, se o termo aditivo de prorrogação não é firmado dentro da vigência do contrato, porém se consegue demonstrar que anteriormente houve acordo de vontades entre a Administração e o contratado para prorrogá-lo, deve-se considerar que houve a prorrogação e que a falta do termo aditivo constitui vício de formalidade, que pode ser convalidado. A convalidação seria produzida pela assinatura e publicação do termo aditivo, ainda que posteriormente ao advento do prazo previsto no instrumento de contrato.

Reitera-se, como apontado no início desse tópico, que a jurisprudência do Tribunal de Contas da União e a própria Advocacia-Geral da União, ainda que diante da Lei nº 8.666/1993, não vêm admitindo a convalidação com a formalização tardia do termo aditivo. A tese que vem prevalecendo, sem temperamentos, é que o advento do prazo de vigência sem a formalização do termo aditivo de prorrogação importa na extinção do contrato.

Ressalta-se que muitos gestores públicos preferem, em casos semelhantes, até mesmo em razão da jurisprudência restritiva dos órgãos de controle, firmar os termos aditivos com datas retroativas. Retomando o exemplo, o prazo vence no dia 31 de dezembro e o termo aditivo somente está pronto para a assinatura no dia 5 de janeiro, data em que é assinado. Entretanto, em vez de fazer constar do termo aditivo que a data da assinatura dele é 5 de janeiro, preferem declarar que o documento é assinado no dia 31 de dezembro. O propósito aberto é esconder dos órgãos de controle que o

---

300 BANDEIRA DE MELLO, Celso Antônio. *Curso de direito administrativo*. 35. ed. São Paulo: Malheiros, 2021. p. 336.

termo aditivo foi assinado depois do advento do prazo do contrato. Na prática, com certa frequência, essa manobra acaba acomodando as situações. No entanto, é preciso advertir aos gestores e agentes administrativos que o estratagema constitui crime de falsidade ideológica, tipificado no artigo 299 do Código Penal. Assim o sendo, não seria preciso dizer, os gestores não devem proceder dessa forma. É algo muito básico: os gestores não devem assinar documentos com indicação de datas falsas, que não correspondam ao dia da assinatura, sobremodo nas situações em que a troca das datas produz efeitos jurídicos.

7 Duração dos contratos regidos predominantemente pelo direito privado

O inciso III do artigo 3º da Lei nº 14.133/2021 prescreve: "Não se subordinam ao regime desta Lei: [...] II - contratações sujeitas a normas previstas em legislação própria". Nessa direção, o artigo 112 da Lei nº 14.133/2021 admite que "os prazos contratuais previstos nesta Lei não excluem nem revogam os prazos contratuais previstos em lei especial".

As regras previstas na Lei nº 14.133/2021 sobre prazos contratuais são afastadas em razão desses contratos regidos por lei própria, porque, em caso contrário, importariam sérios inconvenientes ao interesse público. Na verdade, além de inconveniência, há situações em que as referidas regras da Lei nº 14.133/2021 são mesmo incompatíveis com dado e específico regime contratual.

Por exemplo, imaginem-se contratos para a prestação de serviços jurídicos. Suponha-se que a Administração contrate escritório de advocacia para patrocinar causa de seu interesse. O prazo desse contrato não pode se extinguir no crédito orçamentário, de acordo com o artigo 105 da Lei nº 14.133/2021. Ora, se a Administração firma contrato desse naipe, o escritório contratado deve acompanhar a ação até o seu final, até o trânsito em julgado. Seria extremamente prejudicial à Administração se ela tivesse de alterar os advogados periodicamente. Ocorre que quem inicia os trabalhos, confecciona a petição inicial, traça estratégia que provavelmente não é compartilhada por outros advogados. Enfim, a troca de advogados seria gritantemente prejudicial para os interesses da Administração, pelo que, com fundamento no inciso III do artigo 3º e no artigo 112 da Lei nº 14.133/2021, se deve afastar a incidência das regras específicas da Lei nº 14.133/2021 e aplicar as regras estabelecidas no Estatuto da Advocacia (Lei nº 8.906/1994).[301]

---

301 "RECURSO ORDINÁRIO – DECISÃO SINGULAR – CONTRATO ADMINISTRATIVO DE SERVIÇOS ADVOCATÍCIOS – RECUPERAÇÃO E A SUSPENSÃO DA EXIGIBILIDADE DAS CONTRIBUIÇÕES PREVIDENCIÁRIAS INCIDENTES SOBRE VERBAS TRABALHISTAS DE NATUREZA INDENIZATÓRIA – FORMALIZAÇÃO DE TERMO ADITIVO – CELEBRAÇÃO DO INSTRUMENTO DE ADITAMENTO DEPOIS DE ENCERRADA A VIGÊNCIA CONTRATUAL – DECLARAÇÃO DE IRREGULARIDADE – MULTA – RAZÕES RECURSAIS – SERVIÇOS JURÍDICOS VINCULADOS À EXTINÇÃO DO OBJETO – VIGÊNCIA DEPENDENTE DA PRESTAÇÃO DOS SERVIÇOS EM SUA INTEGRALIDADE – RESOLUÇÃO DA CAUSA – CONTRATO POR ESCOPO – REGULARIDADE – EXCLUSÃO DA MULTA – PROVIMENTO. 1. Na contratação pública que envolve serviços jurídicos, cujas características de escopo atrelam a vigência/extinção do contrato à conclusão do objeto avençado (e não, propriamente, ao prazo previsto), a formalização de termo aditivo para prorrogação do contratual, após o término de vigência prevista, pode ser considerada como impropriedade que não resulta a irregularidade do ato, uma vez justificada como medida necessária para resolução da causa, não sendo coerente impor reprimenda ao responsável pela prática de ato para prorrogar o contrato, a fim de que ocorra a prestação dos serviços em sua integralidade. 2. Provimento do recurso para declarar a

Também é o caso da locação de imóveis, que é regida pela Lei nº 8.245/1991. Inclusive, a Instrução Normativa SEGES/ME nº 103/2022, que se aplica à Administração Pública Federal direta, autárquica e fundacional, estabelece parâmetros e limites para a duração dos contratos de locação, que podem alcançar, no seu máximo, 35 (trinta e cinco) ano, no caso de *built to suit*.[302] [303]

---

regularidade da formalização do termo aditivo ao contrato e excluir a multa imposta ao gestor responsável" (TCEMS, Tribunal Pleno. RO nº 64852010001 MS 1843417. Rel. Cons. Ronaldo Chadid, j. 3.2.2021).

302 "Art. 9º Os contratos de locação observarão os seguintes prazos:
I - até 5 (cinco) anos, contados da data de recebimento do objeto inicial, nas hipóteses dos incisos I e II do art. 8º, cuja vigência máxima será definida pela soma do prazo relativo ao fornecimento inicial com o prazo relativo ao serviço de operação e manutenção;
II - até 10 (dez) anos, nos contratos de locação BTS sem investimento, no qual inexistem benfeitorias permanentes; e
III - até 35 (trinta e cinco) anos, nos contratos de locação BTS com investimento, quando implicar a elaboração de benfeitorias permanentes, realizadas exclusivamente às expensas do contratado, que serão revertidas ao patrimônio da Administração ao término do contrato.
§1º Os contratos firmados de que tratam o inciso I e II poderão ser prorrogados sucessivamente, respeitada a vigência máxima decenal, desde que haja previsão em edital e que a autoridade competente ateste que as condições e os preços permanecem vantajosos para a Administração, permitida a negociação com o contratado ou a extinção contratual sem ônus para qualquer das partes.
§2º Na hipótese do inciso III do caput, o prazo de vigência do contrato deverá ser compatível com a amortização dos investimentos realizados, não inferior a 5 (cinco) anos, nem superior a 35 (trinta e cinco) anos, incluindo eventual prorrogação."

303 A vigência do contrato de locação de imóveis no qual a Administração Pública é locatária não se sujeita aos limites constantes dos arts. 106 e 107 da Lei nº 14.133, de 1º de abril de 2021, sendo facultado que atos normativos internos estipulem limites de vigência contratual. (AGU, Orientação Normativa nº 93/2204).

CAPÍTULO 19

EXECUÇÃO CONTRATUAL

1 Importância da fase de execução do contrato

É bastante frequente que a Administração Pública se dedique com esmero à licitação pública, até para evitar impugnações, recursos e medidas judiciais por parte dos licitantes. Também é frequente que a Administração Pública firme os contratos administrativos em obediência às normas legais, sem maiores percalços, até porque, como visto, o teor deles deve corresponder, em regra, ao teor do que fora licitado e da proposta apresentada pelo vencedor do certame. Malgrado, também é muito frequente que a Administração Pública não tome precauções nem realize atividades mínimas para acompanhar a execução dos contratos administrativos. Disso resultam, entre outros, obras fora das especificações, por vezes com problemas estruturais gravíssimos, serviços mal prestados, responsabilização subsidiária da Administração Pública em razão de encargos trabalhistas e previdenciários, e recebimentos de bens falsificados ou de "segunda mão".

A impressão é que para muitos agentes administrativos parece que a assinatura do contrato exaure suas atividades, como se não fosse necessário mais nada, como se o interesse público fosse cumprido com a assinatura dele. Essa percepção é equivocada, sobretudo porque apreende o processo de licitação pública e de contrato administrativo isoladamente, sem atentar que um e outro não passam de meios para a consecução do interesse público, finalidade maior que norteia todas as atividades administrativas.

É fundamental que se perceba a licitação pública como meio para escolher a melhor proposta, o que é pressuposto para a celebração de contrato administrativo. Outrossim, o contrato administrativo também não passa de um meio para o fim consubstanciado no excelente e efetivo cumprimento do interesse público, o que ocorre com a construção de uma obra, a prestação de um serviço, a aquisição ou alienação de bens ou outra utilidade de interesse reclamado pela coletividade.

Destarte, tanto a licitação pública quanto o contrato administrativo não são procedimentos vazios e abstratos. Tudo que a eles se refere está estritamente relacionado à concreta satisfação do interesse público. Eles são meios que visam ao atendimento concreto e efetivo do interesse público, que é a verdadeira e última finalidade do aparato administrativo estatal.

A proposta mais vantajosa e o melhor contrato são aqueles efetivamente cumpridos com excelência. Portanto, a eficiência do processo de licitação e do contrato depende do atendimento concreto e efetivo ao interesse público. De nada adianta receber proposta aparentemente excelente, firmar belíssimo contrato, se o interesse público, a demanda da Administração Pública, não for atendida e satisfeita. A eficiência, pois, depende da execução do contrato, momento em que é possível mensurar se o interesse público realmente é ou não é atendido e satisfeito.

Por tudo e em tudo, de nada adianta a licitação pública e o contrato administrativo se a Administração Pública for omissa em relação à execução deste, porque é nessa fase que o interesse público efetiva e concretamente é ou não é atendido e satisfeito. Daí a extrema relevância da fase de execução dos contratos administrativos – infelizmente desamparada e descuidada por grande parte da Administração Pública brasileira.

2 O dever da Administração de acompanhar e fiscalizar a execução dos seus contratos

O *caput* do artigo 115 da Lei nº 14.133/2021, em expressão do princípio do *pacta sunt servanda*, prescreve que "o contrato deverá ser executado fielmente pelas partes, de acordo com as cláusulas avençadas e as normas desta Lei, e cada parte responderá pelas consequências de sua inexecução total ou parcial".

Portanto, a Administração Pública e o contratado devem cumprir à risca as suas obrigações, o que é fundamental para a eficiência do contrato. Nesse sentido, o inciso III do artigo 104 da Lei nº 14.133/2021 outorga à Administração a prerrogativa de fiscalizar a execução dos contratos. A rigor jurídico, não se trata de mera prerrogativa, como se fosse uma espécie de faculdade. A Administração tem o poder-dever ou mesmo o dever-poder de fiscalizar a execução dos contratos. Quer-se dizer que, antes de ser uma prerrogativa, a fiscalização dos contratos administrativos é um dever, uma obrigação inescusável da Administração.

Nesse sentido, o *caput* do artigo 117 da Lei nº 14.133/2021 é bem mais preciso ao enunciar:

> [...] a execução do contrato deverá ser acompanhada e fiscalizada por 1 (um) ou mais fiscais do contrato, representantes da Administração especialmente designados conforme requisitos estabelecidos no art. 7º desta Lei, ou pelos respectivos substitutos, permitida a contratação de terceiros para assisti-los e subsidiá-los com informações pertinentes a essa atribuição.

Isto é, a fiscalização dos contratos administrativos não é um poder, uma prerrogativa ou uma faculdade; é, acima de tudo, insista-se, um dever, uma obrigação inescusável. Para além de outras razões legais, a Administração tem o dever de acompanhar e fiscalizar a execução do contrato, porque ela não pode aceitar nem receber objeto se ele estiver em desacordo com as obrigações avençadas.

Sobretudo, o trabalho de acompanhamento e de fiscalização produz efeitos preventivos, evitando que a desídia do contratado provoque prejuízos irreversíveis ou de difícil ou onerosa reparação para ele próprio, para a Administração ou para terceiros. A fiscalização eficiente antevê defeitos e, por consequência, eventuais prejuízos, minorando transtornos e inconvenientes como rescisões contratuais, aplicação de penalidades mais severas e ações judiciais. Trata-se de medida essencial para a consecução dos interesses públicos no que tange ao gerenciamento de contratos administrativos.

3 O gestor e o fiscal do contrato administrativo

O *caput* do artigo 117 da Lei nº 14.133/2021 estatui:

> [...] a execução do contrato deverá ser acompanhada e fiscalizada por 1 (um) ou mais fiscais do contrato, representantes da Administração especialmente designados conforme requisitos estabelecidos no art. 7º desta Lei, ou pelos respectivos substitutos, permitida a contratação de terceiros para assisti-los e subsidiá-los com informações pertinentes a essa atribuição.

O representante da Administração é o fiscal do contrato, quem está na linha de frente, acompanhando a execução do contrato e interagindo com o representante do contratado. O fiscal, em conformidade com o §1º do artigo 117 da Lei nº 14.133/2021, é encarregado de anotar em registro próprio todas as ocorrências relacionadas com a execução do contrato, determinando o que for necessário à regularização das faltas ou defeitos observados. Ou seja, o fiscal do contrato deve verificar se o contratado executa o contrato a contento, de acordo com as obrigações contraídas por ele.

Atente-se que o *caput* do artigo 117 da Lei nº 14.133/2021 admite que a execução do contrato seja atribuída a um ou mais fiscais. A ideia de repartir a fiscalização, atribuí-la a mais de um agente administrativo, cada qual encarregado de algum aspecto do contrato, é bastante positiva e já vem sendo usada por muitos órgãos e entidades administrativas. Não há restrição para que a fiscalização do contrato seja desempenhada por uma equipe ou acometida a mais de um agente administrativo.

O fiscal do contrato não deve ser confundido com o gestor do contrato, expressão usada no âmbito da Administração e na Lei nº 14.133/2021. Pode-se dizer que o gestor do contrato ocupa posição hierárquica superior à do fiscal do contrato e que, nessa medida, tem o dever de organizar, supervisionar e controlar a atuação do fiscal do contrato, bem como dar vazão às providências que sejam necessárias durante a execução do contrato que desbordem das competências do fiscal do contrato. O gestor, sob essa perspectiva, recebe as informações sobre o contrato do fiscal e instaura os procedimentos para que tais providências sejam realizadas, passando pelas instâncias competentes. O gestor não é necessariamente o agente que dá a palavra final sobre tais providências, o que depende da concertação de competências de cada órgão e entidade administrativa. Quem costuma dar a palavra final é a autoridade competente, que pode ou não ser o gestor do fiscal, a depender da aludida concertação de competências de cada órgão e entidade administrativa.

A Lei nº 14.133/2021, no capítulo dedicado à execução dos contratos, não se refere ao gestor do contrato. O §2º do artigo 117 prescreve que "o fiscal do contrato informará a seus superiores, em tempo hábil para a adoção das medidas convenientes, a situação que demandar decisão ou providência que ultrapasse sua competência". O gestor ou gestores são os superiores, aludidos no §2º do artigo 117.

O §3º do artigo 8º da Lei nº 14.133/2021 emprega a expressão "gestores de contratos" de modo solto, sem a contextualizar, para prescrever que se deve editar regulamento para tratar da "[...] atuação do agente de contratação e da equipe de apoio, ao funcionamento da comissão de contratação e à atuação de fiscais e gestores de contratos [...]".

O Decreto Federal nº 11.246/2022 regulamenta o sobredito §3º do artigo 8º da Lei nº 14.133/2021 para a Administração Pública Federal direta, autárquica e fundacional e distingue a gestão do contrato, a fiscalização técnica, administrativa e setorial:

> Art. 19. Para fins do disposto neste Decreto, considera-se:
> I - gestão de contrato - a coordenação das atividades relacionadas à fiscalização técnica, administrativa e setorial e dos atos preparatórios à instrução processual e ao encaminhamento da documentação pertinente ao setor de contratos para a formalização dos procedimentos relativos à prorrogação, à alteração, ao reequilíbrio, ao pagamento, à eventual aplicação de sanções e à extinção dos contratos, entre outros;
> II - fiscalização técnica - o acompanhamento do contrato com o objetivo de avaliar a execução do objeto nos moldes contratados e, se for o caso, aferir se a quantidade, a qualidade, o tempo e o modo da prestação ou da execução do objeto estão compatíveis com os indicadores estabelecidos no edital, para fins de pagamento, conforme o resultado pretendido pela administração, com o eventual auxílio da fiscalização administrativa;
> III - fiscalização administrativa - o acompanhamento dos aspectos administrativos contratuais quanto às obrigações previdenciárias, fiscais e trabalhistas e quanto ao controle do contrato administrativo no que se refere a revisões, a reajustes, a repactuações e a providências tempestivas nas hipóteses de inadimplemento; e
> IV - fiscalização setorial - o acompanhamento da execução do contrato nos aspectos técnicos ou administrativos quando a prestação do objeto ocorrer concomitantemente em setores distintos ou em unidades desconcentradas de um órgão ou uma entidade.

Em complemento e de forma minudente, os artigos 21, 22, 23 e 24 do Decreto Federal nº 11.246/2022 especificam as competências do gestor do contrato e do fiscal técnico, administrativo e setorial, respectivamente. Em síntese, o fiscal do contrato não exerce poder de gestão sobre os contratos. Ele acompanha e fiscaliza o contrato, apresentando-se como interlocutor entre o contratado e a Administração, devendo, se for o caso, comunicar ocorrências pertinentes à gestão – tais como necessidade de aditivos, revisões, prorrogações, aplicações de sanções – à autoridade que lhe seja superior, chamada de gestor de contrato, para que ela tome ou dê encaminhamento para que sejam tomadas as providências cabíveis. Nesse contexto, a fiscalização técnica recai diretamente sobre o objeto do contrato, pode-se falar em atividade-fim do contrato. A fiscalização administrativa sobre as obrigações burocráticas do contrato, pode-se falar em atividade-meio do contrato, o que só faz sentido nas situações em que elas forem relevantes e puderem causar algum impacto para o órgão ou a entidade administrativa, como é usual com a terceirização de serviços. A fiscalização setorial tem lugar nas situações em que a execução do contrato ocorre em órgãos e entidades diversos, de modo que seja necessária alguma estrutura de acompanhamento em cada um desses órgãos e entidades. Os fiscais oferecem subsídios para a instrução das providências necessárias à gestão do contrato, como a elaboração de relatórios e documentos técnicos.

Portanto, o fiscal do contrato, a que faz referência o *caput* do artigo 117 da Lei nº 14.133/2021, apenas acompanha e fiscaliza a execução dos contratos administrativos. Por isso, é equivocado chamá-lo de gestor de contratos, já que não recebeu, em princípio, poderes de gestão. Também é equivocado atribuir ao mesmo agente administrativo a função de fiscal e gestor do contrato. Ora, o *caput* do artigo 117 da Lei nº 14.133/2021 refere-se ao fiscal e à autoridade que lhe é superior, esta o gestor do contrato. Portanto, no plano legal, exigem-se dois agentes administrativos diferentes, um que cuida da fiscalização e outro da gestão do contrato, que lhe é hierarquicamente superior.

4 Atuação e responsabilidade do fiscal

A atribuição do fiscal do contrato é, como o próprio nome revela, fiscalizar a sua execução, verificando se o contratado cumpre as suas obrigações à risca. Essa atividade, de fiscalização, é extremamente complexa, requerendo da pessoa designada experiência e amplos conhecimentos, em várias áreas de atuação.

Se o fiscal, na forma do prescrito no §1º do artigo 117 da Lei nº 14.133/2021, percebe que o contratado está descumprindo suas obrigações, ele deve anotar as irregularidades, todos os acontecimentos e determinar que execute a avença adequadamente. Em paralelo a isso, o fiscal deve manter informada a autoridade competente ou a que lhe seja superior, segundo a organização interna de cada órgão ou entidade, de todos os acontecimentos, diligenciando para que sejam tomadas e aplicadas as medidas cabíveis.

Dentro desse contexto, o fiscal deve averiguar se o objeto é executado de acordo com as especificações do contrato e com os termos da proposta apresentada pelo contratado durante o processo de licitação pública. Aliado a isso, o fiscal deve acompanhar o cronograma de execução do contrato, especialmente em relação aos denominados *contratos de escopo*, a fim de evitar que o cronograma de execução não seja respeitado. Se o fiscal constata atraso considerável, deve comunicar à autoridade competente ou superior, sugerindo, se for o caso, que referido cronograma seja prorrogado.[304]

No que tange ao objeto, o fiscal é o responsável, em regra, por seu recebimento provisório, nos termos da alínea "a" do inciso I e da alínea "a" do inciso II, ambos do artigo 140 da Lei nº 14.133/2021. Na prática dos órgãos e entidades administrativas, o fiscal do contrato é responsável pelas medições, inclusive pelo recebimento definitivo, o que contraria a alínea "b" do inciso I e da alínea "b" do inciso II, ambos do artigo 140 da Lei nº 14.133/2021.

É muito importante que o fiscal esteja atento a algumas peculiaridades da Lei nº 14.133/2021, como o inciso XVI do *caput* do artigo 92 da Lei nº 14.133/2021, cujo teor exige que os contratados mantenham as suas condições de habilitação durante toda a execução do contrato. Por isso, o fiscal deve requerer e averiguar os documentos de habilitação do contratado periodicamente. É necessário, nesse passo, verificar se o contratado mantém situação de regularidade fiscal, mantém a sua capacidade técnica, especialmente se os profissionais indicados por ele na licitação participam efetivamente

[304] O fiscal de contrato, especialmente designado para o acompanhamento da obra, pode ser responsabilizado quando se omite na adoção de medidas necessárias à manutenção do ritmo de execução normal do empreendimento (TCU, Plenário. Acórdão nº 2.296/2019. Rel. Min. André de Carvalho, j. 25.9.2019).

da execução do contrato, e se mantém as condições econômicas e financeiras para a execução do contrato, mormente no que tange à liquidez nos contratos de médio e longo prazo.

Isso é mais e mais fundamental em relação aos contratos de terceirização de serviços em que o contratado disponibiliza à Administração empregados seus em regime de dedicação exclusiva. Ocorre que, se o contratado não cumpre as suas obrigações trabalhistas e previdenciárias, nos termos do §3º do artigo 121 da Lei nº 14.133/2021 e do Enunciado nº 331 do TST, a Administração corre o risco de ser responsabilizada solidariamente pelos encargos previdenciários e subsidiariamente pelos encargos trabalhistas, arcando com prejuízo vultoso.

Também, nesse contexto, é relevante que o fiscal atente a respeito do cumprimento de normas trabalhistas por parte do contratado, como, por exemplo, jornada de trabalho, limitações de horas extras e descanso semanal. Ocorre que a desobediência a tais normas trabalhistas também pode onerar a Administração no futuro, diante da aludida responsabilidade subsidiária.

Ainda, o fiscal também deve verificar se o contratado obedece às normas relativas à segurança do trabalho, a fim de evitar acidentes, quer com agentes administrativos, quer com empregados do contratado, quer com terceiros, e a consequente responsabilização da Administração.

O fiscal, afora essa questão trabalhista e previdenciária, deve averiguar se é o contratado, e não terceiro, quem executa o contrato. É preciso apurar se há cessão ou subcontratação fora das hipóteses legais.

Por outro lado, ao fiscal não é permitido formular exigências incompatíveis com o edital e com o contrato. Insista-se que a função dele é de fiscalizar a execução do contrato, isto é, verificar se o contratado cumpre as obrigações por ele contraídas. Com o mesmo teor, o fiscal não deve autorizar prorrogações de contrato, nem aditivos, ou qualquer outra medida que implique alterações das condições contratadas. Se for o caso, se o fiscal reputar que medidas desse naipe sejam convenientes e oportunas, ele deve encaminhar à autoridade competente ou superior missiva sugerindo ou requisitando as providências por ele reputadas adequadas.[305]

A propósito, do Tribunal de Contas da União:

> Na mesma linha do parecer técnico, considero que remanesce a irregularidade apurada nos autos. O responsável, na condição de fiscal do Contrato UT-06-0025/02-00, atestou boletins de medição contendo serviços em desconformidade com o projeto executivo vigente, ou seja, atestou serviços não previstos no contrato, caracterizando infração ao disposto no artigo 60, caput e parágrafo único c/c artigo 61, parágrafo único, da Lei 8666/1993, bem como nos arts. 62 e 63, §2º, inciso III, da Lei 4320/64. Conforme bem demonstrado na instrução, as justificativas trazidas aos autos pelo fiscal do contrato não merecem acolhida, cabendo, assim, a apenação do responsável com a multa prevista no artigo 58, II, da Lei 8.4443/92.[306]

---

[305] "O fiscal do contrato tem o dever de conhecer os limites e as regras para alterações contratuais definidos na Lei de Licitações, e, por conseguinte, a obrigação de notificar seus superiores sobre a necessidade de realizar o devido aditivo contratual, evitando a atestação da execução de itens não previstos no ajuste, sob pena de ser-lhe aplicada a multa do art. 58, inciso II, da Lei 8.443/1992" (TCU, Plenário. Acórdão nº 43/2015. Rel. Min. Raimundo Carreiro, j. 21.1.2015).

[306] TCU, Plenário. Acórdão nº 2.511/2014. Rel. Min. Raimundo Carreiro, j. 24.9.2014.

A atuação do fiscal é de suma importância para a Administração Pública. É ele quem verifica se o contratado cumpre as suas obrigações e, portanto, se o contrato administrativo satisfaz as demandas de interesse público. Infelizmente, na prática, em muitas oportunidades, os fiscais são omissos e acabam sendo responsabilizados pelos órgãos de controle. Colhem-se na jurisprudência inúmeras decisões que responsabilizam fiscais por omissões na fiscalização, sobremodo quando permitem que contratados recebam pagamentos indevidos. A título ilustrativo:

> ADMINISTRATIVO. AGRAVO INTERNO NO MANDADO DE SEGURANÇA. SERVIDOR PÚBLICO. FISCAL DE CONTRATO. OBRA PÚBLICA. CERTIFICAÇÃO DE MEDIÇÃO INEXISTENTE. PENA DE DEMISSÃO. AUSÊNCIA DA FUMAÇA DO BOM DIREITO. INDEPENDÊNCIA ENTRE AS INSTÂNCIAS PENAL E ADMINISTRATIVA. PRESUNÇÃO DE LEGITIMIDADE DO ATO ADMINISTRATIVO. INDEFERIMENTO DA LIMINAR. AGRAVO INTERNO A QUE SE NEGA PROVIMENTO. [...] 2. A ação mandamental impugna a pena de demissão aplicada pelo Ministro de Estado do Ministério da Transparência, Fiscalização e Controle a servidor do DNIT, que, na qualidade de fiscal de contrato de obra pública, atestou de maneira equivocada a execução de serviços em rodovia federal, autorizando o pagamento de quantia supostamente indevida à sociedade empresária contratada. 3. Em juízo de cognição sumária, estão ausentes os requisitos para o deferimento da liminar pleiteada. 4. A sentença penal absolutória encontra-se assentada na insuficiência de provas hábeis a caracterizar o crime de estelionato, devendo prevalecer a independência entre as esferas administrativa e criminal, mormente porque não se verificam as situações previstas no art. 126 da Lei nº 8.112/90. 5. A sanção disciplinar, por seu turno, foi aplicada com base na prática de ato de improbidade administrativa que causa lesão ao erário, qual seja, a liberação do pagamento de verba pública sem a observância das normas pertinentes, o que, em tese, autoriza a demissão, nos termos do art. 132, IV, da Lei nº 8.112/90. 6. Não tendo sido demonstrada a flagrante ilegalidade da pena de demissão, deve-se prestigiar, a princípio, a presunção de legitimidade do ato administrativo, bem assim do respectivo processo disciplinar. 7. Agravo interno a que se nega provimento. Pedido de reconsideração não conhecido.[307]

> 9.5. dar ciência desta deliberação, mediante remessa de cópia do presente acórdão, acompanhado do relatório e do voto que o fundamentam, ao Instituto Federal de Educação do Espírito Santo, para que tome conhecimento de seu inteiro teor, em especial das irregularidades detectadas neste processo de representação, sintetizadas abaixo, e adotem as medidas necessárias à não reincidência dessas falhas;
> 9.5.1. fiscalização de contrato sob sua alçada em desacordo com o artigo 67 da Lei nº 8.666/1993, não garantindo a qualidade do objeto final e importando a efetivação de pagamentos em dissonância com o cronograma físico-financeiro proposto pela contratada;
> 9.5.2. designação apenas de cunho formal da comissão responsável pela fiscalização de obra e quando já transcorrido significativo prazo de execução;
> 9.5.3. ausência de exigência por parte dos fiscais da elaboração de diário de obras, registrando tempestivamente as ocorrências relacionadas à execução do contrato (materiais, equipamentos e mão de obra utilizados, bem como a localização precisa dos serviços executados etc.), em atenção ao §1º do artigo 67 da Lei nº 8.666/1993;

307 STJ, Primeira Seção. AgInt no MS nº 22.900/DF 2016/0276678-6. Rel. Min. Og Fernandes, j. 26.4.2017.

> 9.5.4. falta de verificação, previamente à efetivação de cada pagamento, da manutenção pela contratada da regularidade quanto às condições de habilitação;
> 9.5.5. descumprimento material da fase de liquidação da despesa, porquanto fundada exclusivamente em documentos produzidos pela contratada, avalizados por um único membro da comissão de fiscalização, desrespeitando-se os arts. 62 e 63 da Lei 4.320/1964 e os arts. 36 e 42 do Decreto 93.872/1986;
> 9.5.6. descontrole quanto à exigência de manutenção em plena vigência da garantia contratual oferecida e/ou de seu reforço por ocasião da celebração de aditivos de valor; [...].[308] [309]

A atividade de fiscalização dos contratos deve ser exercida com redobrada atenção e cautela, quer pela sua centralidade na consecução dos contratos administrativos, quer pelo rigor com que os órgãos de controle responsabilizam os gestores e fiscais. É usual que fiscais sejam designados apenas formalmente, sem que a eles sejam conferidas condições para o exercício das suas atribuições. É comum que agentes administrativos concentrem atribuições em excesso e não tenham disponibilidade de tempo para desempenhar suas funções de fiscal ou, noutras oportunidades, não reúnam conhecimento especializado. Tudo isso deve ser sopesado pelos órgãos de controle diante de faltas cometidas pelos fiscais dos contratos.[310]

5 A proibição de recusa à designação para atuar na fiscalização e na gestão de contrato

A Lei nº 14.133/2021 exige da alta administração do órgão ou da entidade que implemente medidas direcionadas à governança das contratações (parágrafo único do artigo 11), entre as quais a promoção de gestão por competências, o que importa designar agentes administrativos qualificados para atuar em licitações e contratos administrativos (inciso II do *caput* do artigo 7º).

O *caput* do artigo 8º do Decreto Federal nº 11.246/2022 prescreve que os gestores e fiscais dos contratos sejam designados pela autoridade máxima do órgão ou entidade,

---

[308] TCU, Segunda Câmara. Acórdão nº 382/2014. Rel. Min. Aroldo Cedraz, j. 3.2.2014.

[309] O atesto de despesa efetuado sem a efetiva verificação do direito do contratado ao crédito é ato grave, porquanto dá margem à ocorrência de pagamentos sem a devida contraprestação pela execução do objeto, sujeitando o responsável ao ressarcimento de eventual prejuízo ao erário (TCU, Plenário. Acórdão nº 1.587/2023. Rel. Min. Antonio Anastasia, j. 2.8.2023).

[310] "31. No tocante aos pressupostos subjetivos de responsabilização, entendo que há elementos mitigadores da culpa do recorrente. 32. De fato, as condições materiais de exercício da função pública devem ser consideradas na avaliação da culpabilidade do gestor e, por conseguinte, na dosimetria das sanções eventualmente aplicadas. [...] 34. Observo também que, até pouco tempo, a legislação brasileira era omissa a respeito dos parâmetros que devem ser considerados na mensuração da gravidade da conduta inquinada. Com o advento da Lei 13.655/2018, foram incluídas na Lei de Introdução às Normas do Direito Brasileiro – LINDB disposições sobre segurança jurídica e eficiência na criação e aplicação do direito público. 35. Passou-se a exigir dolo ou erro grosseiro para a responsabilização pessoal do agente público nas esferas administrativa, controladora e judicial (art. 28). Ademais, na interpretação das normas de gestão pública, deverão ser considerados os obstáculos e as dificuldades reais do gestor e as exigências das políticas públicas a seu cargo (art. 22, caput). 36. Nesse contexto, verifico a existência de indícios de que as condições de fiscalização da obra eram, de fato, precárias, conforme alegou o recorrente em várias oportunidades. [...] 41. Ainda que subsistam questionamentos acerca da correta atuação do responsável na qualidade de fiscal e gestor do Contrato 34/2002, os pressupostos elementares para a sua responsabilização neste Tribunal (vide, a propósito, os Acórdãos 2.420/2015 e 2.781/2016, ambos de Plenário) não restaram devidamente configurados. Ademais, as condições de fiscalização mitigam a culpabilidade do recorrente" (TCU, Segunda Câmara. Acórdão nº 2.973/2019. Rel. Min. Ana Arraes, j. 30.4.2019).

e o §1º do mesmo artigo demanda que eles sejam "formalmente cientificados da indicação e das respectivas atribuições antes da formalização do ato de designação". Os parágrafos 4º e 5º do artigo 8º do Decreto Federal ainda prescrevem que a gestão do contrato pode ser exercida por setor do órgão ou entidade, situação em que o titular do setor é considerado o responsável. Para completar, o §6º enuncia que, se não houver fiscal e gestor designados, mesmo em casos de desligamento ou afastamento daqueles inicialmente designados, a autoridade máxima assume tais responsabilidades.

A designação, na forma do §2º do artigo 8º do Decreto Federal nº 11.246/2022, deve considerar: "I - a compatibilidade com as atribuições do cargo; II - a complexidade da fiscalização; III - o quantitativo de contratos por agente público; e IV – a capacidade para o desempenho das atividades".

O Tribunal de Contas da União, na mesma toada, orienta as autoridades administrativas para que avaliem adequadamente os agentes administrativos a serem designados para a função de fiscal e gestor de contrato e demais funções relacionadas às licitações e aos contratos. Confira-se:

> 9.2.3. organize a gestão dos contratos de modo que sejam designados, formalmente, servidores públicos qualificados que serão responsáveis pela execução de atividades e/ou pela vigilância e garantia da regularidade e adequação dos serviços e produtos elaborados e aceitos, assim como pela observância do princípio da indisponibilidade do interesse público, especialmente em atividades eminentemente finalísticas/estratégicas como: elaboração de termos de referência de editais, a análise crítica sobre os trabalhos de gerenciamento de obras e programas, bem como de análise de projetos e de suas revisões; [...].[311]

A realidade, no entanto, está muito distante do desejo externado pela Lei nº 14.133/2021, pelo Decreto Federal nº 11.246/2022 e pelo Tribunal de Contas da União. Na verdade, diversos órgãos e entidades administrativas, inclusive os federais, não dispõem de estrutura adequada para o cumprimento de suas competências. É deveras frequente que não contem com pessoal qualificado e em número suficiente para atender às suas demandas. Daí que, também é frequente, agentes administrativos acabam sendo designados para funções que vão para além de suas capacidades de trabalho ou produção, o que sucede na fiscalização e na gestão dos contratos.

A questão é se um agente administrativo que recebe a designação para atuar na fiscalização ou na gestão de contrato pode ou não a recusar sob o argumento de que há excesso de atividades e atribuições ou que não está qualificado para o exercício da função de fiscal ou de gestor do contrato. Em regra, a resposta é negativa, não pode recusar a designação.

O servidor público é investido em cargo público (artigo 1º da Lei nº 8.112/1990), que representa "o conjunto de atribuições e responsabilidades previstas na estrutura organizacional que devem ser cometidas a um servidor" (artigo 3º da Lei nº 8.112/1990). Nesse passo, são deveres do servidor "exercer com zelo e dedicação as atribuições do cargo" (inciso I do artigo 116 da Lei nº 8.112/1990) e "cumprir as ordens superiores, exceto quando manifestamente ilegais" (inciso IV do artigo 116 da Lei nº 8.112/1990). Portanto,

---

[311] TCU, Plenário. Acórdão nº 2.632/2007. Rel. Min. Augusto Nardes, j. 5.12.2007.

se a designação para atuar na fiscalização ou na gestão de contrato administrativo é compatível com o conjunto de atribuições do cargo ocupado pelo servidor, ele não pode recusá-la, porque não se trata de ordem manifestamente ilegal.

Ademais, quem goza de competência discricionária para decidir quais dos agentes administrativos devem atuar em relação aos contratos administrativos é a autoridade hierarquicamente superior. Ela deve avaliar os quadros da Administração, as atribuições e as funções desempenhadas por cada agente e decidir qual o mais apto para a fiscalização e a gestão do contrato. Os agentes administrativos não gozam de competência para decidir que atividades devem ou não desempenhar, em tributo à organização hierárquica da Administração Pública.

De toda sorte, insista-se, em regra, os agentes administrativos não gozam de competência discricionária para avaliar o acerto ou desacerto das designações que lhe foram direcionadas e as recusarem. Sob essa luz, extrai-se da jurisprudência do Tribunal de Contas da União:

> 5.7.7. *O servidor designado para exercer o encargo de fiscal não pode oferecer recusa, porquanto não se trata de ordem ilegal. Entretanto, tem a opção de expor ao superior hierárquico as deficiências e limitações que possam impedi-lo de cumprir diligentemente suas obrigações.* A opção que não se aceita é uma atuação a esmo (com imprudência, negligência, omissão, ausência de cautela e de zelo profissional), sob pena de configurar grave infração à norma legal (itens 31/3 do voto do Acórdão nº 468/2007-P).[312]

Seguindo essa linha, o *caput* do artigo 11 do Decreto Federal nº 11.246/2022 prescreve que "o encargo de agente de contratação, de integrante de equipe de apoio, de integrante de comissão de contratação, de gestor ou de fiscal de contratos não poderá ser recusado pelo agente público".

Pode haver situações arbitrárias, em que realmente o agente administrativo esteja açodado de atribuições e não tenha condições de assumir a fiscalização ou a gestão de novos contratos. É preciso ressaltar que a escolha sobre quem recai a fiscalização ou a gestão de contrato é discricionária, porém, não é arbitrária.

Pode acontecer que, diante do caso concreto, fique evidente que dado agente administrativo não deveria ser designado como fiscal ou gestor de contrato, haja vista que já recebeu outras atribuições que lhe consomem a capacidade de trabalho ou porque não goza de conhecimentos específicos. Nesses casos, em que o desacerto da designação é manifesto, o agente administrativo designado pode pedir a revisão da designação.

Sob essa luz, o §1º do artigo 11 do Decreto Federal nº 11.246/2022 ressalva que, "na hipótese de deficiência ou de limitações técnicas que possam impedir o cumprimento diligente das atribuições, o agente público deverá comunicar o fato ao seu superior hierárquico".

Aliás, a bem da verdade, o pedido de revisão da designação pode ser formulado em qualquer caso em que os agentes administrativos designados como fiscal ou gestor de contrato não concordem com a designação e está amparado no direito de petição, consagrado no inciso XXXIV do artigo 5º da Constituição Federal. O que não se admite

---

[312] TCU, Plenário. Acórdão nº 2.971/2010. Rel. Min. Valmir Campelo, j. 3.11.2010.

é que o agente administrativo, pura e simplesmente, de modo unilateral, recuse a designação.

O §2º do artigo 11 do Decreto Federal nº 11.246/2022, em complemento, preceitua que "a autoridade competente poderá providenciar a qualificação prévia do servidor para o desempenho das suas atribuições, conforme a natureza e a complexidade do objeto, ou designar outro servidor com a qualificação requerida, observado o disposto no §3º do art. 8º". Veja-se que, nos termos do Decreto Federal nº 11.246/2022, a promoção da qualificação ou a designação de outro servidor são faculdades outorgadas à autoridade competente, e não medidas que se lhe impõem, até porque, insista-se, com frequência, os seus recursos são limitados e ela não dispõe de alternativas viáveis.

De todo modo, o pedido de revisão de designação deve ser respondido pela autoridade competente, de modo motivado. No mínimo, ainda que a petição seja indeferida e mantida a designação como fiscal ou gestor de contato, o agente administrativo designado pode utilizá-la como instrumento de defesa acaso ocorra problema no futuro e haja questionamento sobre a sua atuação por parte dos órgãos de controle. Por derradeiro, se o agente administrativo designado como fiscal ou gestor não concordar com a sua designação e o pedido administrativo for malsucedido, é-lhe garantido propor ação judicial para anular o ato de designação, desta feita com amparo no inciso XXXV do artigo 5º da Constituição Federal, que hospeda o princípio da inafastabilidade do Poder Judiciário, ou mesmo oferecer representação aos órgãos de controle internos ou externos.

6 Desvio de função em relação à fiscalização dos contratos administrativos

O artigo 2º da Lei nº 8.112/1990 preceitua que "servidor é a pessoa legalmente investida em cargo público". O artigo 3º da mesma lei prescreve que "cargo público é o conjunto de atribuições e responsabilidades previstas na estrutura organizacional que devem ser cometidas a um servidor".

Em face do princípio da legalidade, os agentes administrativos somente podem atuar na medida da lei, na medida das suas competências, que lhes são outorgadas por lei. Isto é, a lei cria o cargo público e prescreve as atribuições daqueles que o ocupam. Quem ocupa dado cargo público, independentemente de sua qualificação profissional, somente pode realizar as atribuições previstas em lei para o seu cargo, sob pena de desvio de função, que constitui espécie de ilegalidade e burla à regra constitucional acerca da necessidade de concurso público.

Ocorre, com certa frequência, infelizmente, que servidores são desviados de suas funções, mormente no que tange à fiscalização de contratos administrativos.

A título ilustrativo, engenheiro civil é aprovado em concurso público para exercer cargo meramente administrativo, não de engenharia civil. A entidade administrativa contrata a execução de obra e designa o referido engenheiro civil para a função de fiscalizar o contrato. Ora, ainda que seja qualificado para tanto, ele não pode exercer tal função, porque não ocupa cargo que pressuponha tal atribuição. Se fiscaliza o referido contrato, exercendo funções de engenheiro, ele atua em desvio de função.

Nesses casos, é importante que se diga, o profissional, o engenheiro civil, tem direito à remuneração equivalente à função efetivamente exercida por ele, que é de engenheiro civil, e não, como deveria ser, meramente administrativa. Aliás, é essa a orientação que deflui da jurisprudência remansosa do Superior Tribunal de Justiça, como é possível concluir em razão da leitura da ementa que segue:

> Agravo Regimental no Recurso Especial. Administrativo. Servidor público. Desvio de função. Diferenças salariais devidas. Decisão agravada mantida pelos seus próprios fundamentos. 1. Nos termos da pacífica jurisprudência desta Corte, são devidos ao servidor que trabalhou em desvio de função, a título de indenização, os valores resultantes da diferença entre os vencimentos do cargo ocupado e da função efetivamente exercida, sob pena de locupletamento indevido da Administração. Precedentes. 2. Restringindo-se a Agravante a manifestar sua irresignação com a decisão agravada, sem apresentar fundamento apto a ensejar a sua modificação, impõe-se o desprovimento do recurso. 3. Agravo regimental desprovido.[313]

Os agentes administrativos devem atuar na exata medida de suas competências legais, o que é decorrência do princípio da legalidade. Afora o reconhecimento do desvio de função e a obrigação da Administração de indenizar a diferença entre os valores da remuneração do cargo ocupado pelo agente administrativo e do cargo efetivamente exercido, correspondente às funções desviadas, os atos praticados em desvio de função contêm vício de competência, que compromete a sua validade jurídica. Ou seja, além de tudo, os atos praticados em desvio de função são suscetíveis de anulação.

7 Contratação de terceiro para auxiliar o fiscal do contrato

O *caput* do artigo 117 da Lei nº 14.133/2021 permite a contratação de terceiros para assistir e subsidiar de informações o fiscal do contrato. Isso ocorre com mais frequência em contratos de grande porte, cuja fiscalização é muito difícil de ser realizada por uma pessoa só, ou em entidades administrativas que não tenham estrutura de pessoal suficiente para fiscalizar adequadamente os seus contratos, especialmente em relação àqueles cujos objetos envolvam a prestação de serviços técnicos especializados, como informática e engenharia.

Advirta-se que o supracitado *caput* do artigo 117 da Lei nº 14.133/2021 não autoriza a terceirização completa da atividade de fiscalização dos contratos. O dispositivo autoriza apenas a contratação de alguém que auxilie a fiscalização. O responsável por ela é obrigatoriamente um representante da Administração, o fiscal do contrato.

Nessas situações, o inciso I do §4º do artigo 117 da Lei nº 14.133/2021 prescreve que "a empresa ou o profissional contratado assumirá responsabilidade civil objetiva pela veracidade e pela precisão das informações prestadas, firmará termo de compromisso de confidencialidade e não poderá exercer atribuição própria e exclusiva de fiscal de contrato". Demais disso, o inciso II do mesmo parágrafo esclarece que "a contratação de terceiros não eximirá de responsabilidade o fiscal do contrato, nos limites das informações recebidas do terceiro contratado".

Nesse sentido, deve-se avaliar com ponderação e razoabilidade as decisões do fiscal tomadas com base em relatórios ou laudos elaborados pelas empresas contratadas

[313] STJ, Quinta Turma. AgR no REsp nº 396.704/RS. Rel. Min. Laurita Vaz, j. 7.6.2005.

para atuar na fiscalização dos contratos. Os órgãos de controle devem ter sensibilidade para avaliar a medida da culpabilidade do fiscal, o que depende das peculiaridades de cada contrato. A regra estabelecida na parte final do inciso II do §4º do artigo 117 da Lei nº 14.133/2021 é que o fiscal atue com base nas informações prestadas pelas empresas contratadas e não deve ser responsabilizado se o defeito provém de tais informações. O fiscal somente deve ser responsabilizado excepcionalmente se, e somente se, pelas circunstâncias de fato, for possível aferir com facilidade que as informações repassadas pela empresa contratada são equivocadas ou contêm falhas e que o fiscal foi extremamente negligente em relação às tais análises. Reitera-se que os agentes públicos, incluindo os fiscais, somente podem ser responsabilizados por dolo ou erro grosseiro (culpa grave), em alinho com o artigo 28 da Lei de Introdução às Normas do Direito Brasileiro (LINDB).

Por exemplo, agente administrativo é designado para atuar como fiscal em obra de grande porte, a construção de uma usina hidrelétrica. A Administração, pelo volume da obra, contrata empresa especializada para auxiliar o fiscal. Pelo padrão de procedimentos utilizados pelo órgão ou entidade contratante, percebe-se que a empresa especializada realiza os trabalhos de campo, acompanhando com equipe multidisciplinar a execução do contrato e emitindo relatórios e laudos. O fiscal atua com base em tais relatórios e laudos. Ou seja, naquele contrato, o fiscal não é o responsável por verificar todos os acontecimentos e ações da empresa contratada, o que, aliás, é materialmente impossível ou muito difícil, à vista do vulto do empreendimento. Ocorre que determinado relatório, produzido pela empresa especializada, veicula informação falsa, dando conta que a contratada realizou dada atividade que, de fato, não foi executada. Em regra, o fiscal não deve ser responsabilizado porque tomou decisões confiando nas informações que vieram da empresa contratada, até porque ele não tinha a obrigação de verificar *in loco* e de modo detalhado todas as atividades da empresa contratada.

Esse é o teor acertado do artigo 26 do Decreto Federal nº 11.246/2022:

> Art. 26. Na hipótese da contratação de terceiros para assistir e para subsidiar os fiscais de contrato nos termos do disposto neste Decreto, será observado o seguinte:
> I - a empresa ou o profissional contratado assumirá responsabilidade civil objetiva pela veracidade e pela precisão das informações prestadas, firmará termo de compromisso de confidencialidade e não poderá exercer atribuição própria e exclusiva de fiscal de contrato; e
> II - a contratação de terceiros não eximirá o fiscal do contrato da responsabilidade, nos limites das informações recebidas do terceiro contratado.

A Administração Pública não trespassa a fiscalização do contrato a terceiros. A fiscalização é indelegável. Entretanto, há de se analisar se, diante do caso concreto, se poderia exigir do fiscal do contrato comportamento diverso, se ele obrou com dolo ou com erro grosseiro (culpa grave). Nem sempre o defeito ou falha na fiscalização deve ser imputada ao fiscal. Malgrado, os órgãos de controle não costumam revelar maior preocupação em fazer as distinções necessárias e, indevidamente, responsabilizam fiscais de contratos que atuam com base nas informações das empresas contratadas. Por ilustração:

> 38. Concordo com os titulares da unidade técnica, bem como com o MP/TCU, ao entenderem que o assessoramento técnico de engenheiro previamente ao atesto das notas fiscais não constitui excludente de responsabilidade do fiscal do contrato, como havia entendido a Auditora Federal de Controle Externo que instruiu este processo. 39. De acordo com portarias do órgão, o Sr. [omissis] era o designado para acompanhar e fiscalizar a execução dos contratos em tela. O fato de ter obtido ou não assessoramento de engenheiro contratado na fiscalização das obras não o exime de sua responsabilidade de fiscal, pois o apoio técnico é subsidiário. [...] 41. Não obstante essa possibilidade, restando evidente que o dever de fiscalizar diretamente a execução do empreendimento é do preposto da Administração, não sendo tal tarefa passível de delegação. Nesse sentido são os Acórdãos Plenários 1.001/2017 (rel. Min. Vital do Rego), 1.925/2015 (rel. Min. José Múcio) e 2.987/2015 (de minha relatoria).[314]

Advirta-se que, ainda que a Administração não conte em seus quadros com profissional habilitado para exercer a função de fiscal de contrato, especialmente em relação a contratos que envolvam a prestação de serviços técnicos especializados, a fiscalização permanece de titularidade dela. O terceiro continua, em todo o caso, apenas a auxiliar a fiscalização. Nesses casos, em que não haja profissional habilitado para exercer a função nos quadros da entidade administrativa, quem responde pela fiscalização é a própria autoridade competente que será municiada com as informações técnicas do contratado para assisti-la em tal atividade. Assim sendo, em princípio, não se deve exigir do fiscal, por não possuir conhecimento apropriado, que divirja dos relatórios e laudos técnicos da contratada para auxiliá-lo com a fiscalização, ainda que aos olhos de outro técnico, terceiro, tais relatórios e laudos pareçam mesmo absurdos.

8 O preposto do contratado

O *caput* do artigo 118 da Lei nº 14.133/2021 prescreve que "o contratado deverá manter preposto, aceito pela Administração, no local da obra ou serviço, para representá-lo na execução do contrato".

É recomendável que o preposto seja indicado pelo contratado por escrito, até para que tal fato seja documentado no respectivo processo, inclusive para a aferição dos órgãos de controle.

Demais disso, como deflui do próprio *caput* do artigo 118 da Lei nº 14.133/2021, o preposto indicado pelo contratado deve ser aceito pela Administração. Isso significa, por dedução cartesiana, que a Administração pode recusá-lo. Evidentemente, a Administração deve motivar, se for o caso, o ato de recusa, deixando claras as razões pelas quais a pessoa indicada não está apta ou não é a mais adequada para exercer tal função. As razões apontadas pela Administração devem ser de ordem objetiva. É inadmissível que a Administração, por meio de seus agentes, recuse preposto indicado pelo contratado por força de questões de índole pessoal, antipatias ou coisas do gênero. Enfim, a Administração, conquanto possa recusar o preposto indicado pelo contratado, não pode fazê-lo de modo arbitrário, sem justificativas plausíveis e em desobediência aos princípios vetores do direito administrativo, sobretudo, na espécie, o da impessoalidade.

---

[314] TCU, Plenário. Acórdão nº 2.292/2017. Rel. Min. Marcos Bemquerer, j. 11.10.2017.

O preposto indicado pelo contratado pode ser substituído, desde que por profissional devidamente habilitado. A substituição pode ocorrer no interesse do próprio contratado, que, por exemplo, pode aproveitá-lo noutra função, ou mesmo a requerimento da Administração, se não se mostrar qualificado ou apto para exercer tal desiderato.

O preposto indicado pelo contratado é o interlocutor oficial dele com a Administração, especialmente com o fiscal do contrato. Ele deve acompanhar a execução do contrato, tomando todas as providências para que os demais empregados da contratada realizem as suas atividades de modo adequado. Ele também deve tomar ciência de todas as recomendações e anotações realizadas pelo fiscal, realizando as providências para corrigir o que fora realizado de modo inadequado, saneando falhas e defeitos. Ele, ainda, deve interagir constantemente com o fiscal do contrato, indicando problemas técnicos, necessidade de prorrogações, aditivos e revisões. Enfim, deve enveredar esforços para que o contrato seja executado a contento, de acordo com as cláusulas nele avençadas.

9 Subcontratação

9.1 Noções gerais

Por regra, o contrato administrativo decorre de licitação pública, processo seletivo que se realiza por tributo ao princípio da isonomia, dando-se a todos os interessados as mesmas condições de disputá-lo. No final das contas, o contratado é pessoa que passou pelo escrutínio da Administração Pública, inclusive em razão de suas condições pessoais de habilitação. Por conseguinte, o vencedor da licitação e não terceiro é quem faz jus ao direito de firmar o contrato e executá-lo, o que significa que ele não goza do direito de trespassar o contrato a terceiro, salvo situações bem delimitadas e sempre parciais.

Pondera-se que, atualmente, em muitos segmentos, é quase improvável que uma empresa consiga, sozinha e por seus próprios meios, executar inteiramente contrato administrativo, quer em virtude da complexidade das relações econômicas, quer em tributo ao avanço do processo de terceirização no setor privado ou quer por força da especialização das atividades. É muito difícil, por exemplo, que um prédio público mediano seja inteiramente construído por única empresa. É frequente que a empresa contratada subcontrate várias partes da obra, já começando com a própria fundação, que costuma ser feita por empresa especializada, passando por sistemas elétricos, sistemas de refrigeração, elevadores e outros.

9.2 Distinção entre subcontratação e cessão

Há, basicamente, dois modos para que o contratado trespasse a terceiros parte do objeto do contrato, com efeitos jurídicos bem diversos: a cessão e a subcontratação.

A cessão pressupõe a transferência, por parte do contratado, de uma parcela do contrato para terceiro, estranho à Administração. Em virtude dela, a Administração passa a manter duas relações: uma com o contratado, outra com o cessionário. Como há a transferência, os pagamentos são realizados diretamente pela Administração a cada qual. Isto é, a Administração paga diretamente o que é devido ao contratado e paga diretamente o que é devido ao cessionário. Sem embargo, a cessão desincumbe o contratado em relação a qualquer responsabilidade tocante à parte cedida. O cessionário passa a ser o responsável pela parte cedida. Se há algum problema com ela, a Administração deve tomar providências diretamente em relação ao cessionário, sem constranger o contratado.

A subcontratação, por sua vez, não importa transferência de parte do contrato. A subcontratação pressupõe única relação entre a Administração e o contratado; e outra entre o contratado e o subcontratado. A Administração não mantém qualquer relação direta com o subcontratado. Por isso, em regra, os pagamentos devidos são feitos todos em prol do contratado. Ele, depois de receber o total, é que deve repassar o montante devido ao subcontratado. O subcontratado deve executar uma parte do contrato, mas, de todo modo, o responsável por ela perante a Administração continua sendo o contratado. Se há problema com a parte subcontratada, a Administração deve tomar providências diretamente em relação ao contratado. Se for o caso, o contratado é que deve agir em relação ao subcontratado.

Então, pode-se dizer que a subcontratação é mais onerosa em comparação com a cessão, especialmente sobre o ponto de vista fiscal. No entanto, a subcontratação é mais vantajosa sob a ótica das garantias da Administração, uma vez que o contratado continua sendo responsável pela totalidade da execução do contrato, não sendo cabível qualquer escusa amparada em culpa do subcontratado.

No final das contas, a subcontratação assegura melhor o interesse público, uma vez que a responsabilidade do contratado é total e abrangente, não lhe cabendo transferi-la ao subcontratado como forma de se esquivar das cominações legais e das penalidades administrativas. Ou seja, se houve alguma coisa errada, o contratado é o responsável por corrigi-la, ainda que ela tenha sido produzida diretamente pelo subcontratado.

9.3 Condições gerais para a subcontratação

A Lei nº 14.133/2021 contempla apenas a subcontratação parcial e não a cessão. Nessa medida, o *caput* do artigo 122 da Lei nº 14.133/2021 enuncia que, "na execução do contrato e sem prejuízo das responsabilidades contratuais e legais, o contratado poderá subcontratar partes da obra, do serviço ou do fornecimento até o limite autorizado, em cada caso, pela Administração".

Enfatiza-se, já de plano, que a subcontratação não pode ser total. Ao contrário, ela é sempre parcial, relativa a partes previamente autorizadas pela Administração. A subcontratação total equivaleria à transferência do contrato administrativo, sendo que o contratado faria as vezes de uma espécie de intermediário. Essa situação é rechaçada pelos órgãos de controle que, inclusive, apontam a existência de dano ao erário. Confira-se do Tribunal de Contas da União:

> A subcontratação total do objeto, em que se evidencia a mera colocação de interposto entre a administração pública contratante e a empresa efetivamente executora (subcontratada), é irregularidade ensejadora de débito, o qual corresponde à diferença entre os pagamentos recebidos pela empresa contratada e os valores por ela pagos na subcontratação integral.[315]

[315] TCU, Primeira Câmara. Acórdão nº 3.491/2024. Rel. Min. Weder Oliveira, j. 7.5.2024.

> 9.4.2. a previsão de elevado percentual possível de subcontratação (até 97,52%), somente excepcionando a taxa de administração local (subitens 13.1 e 13.1.2 do projeto básico de engenharia anexo ao edital) - o que equivale, na prática, a possibilitar a subcontratação integral -, constitui procedimento que afronta o disposto nos arts. 72, *caput*, e 78, inciso VI, da Lei 8.666/1993 e na jurisprudência do TCU (Acórdão 6189/2019-TCU-Segunda Câmara, e 834/2014-Plenário e 2.189/2011, do Plenário, relatores: Ministros-Substitutos Marcos Bemquerer e André de Carvalho e Ministro José Jorge, respectivamente);[316]

De todo modo, é necessário que a Administração, por força do supracitado *caput* do artigo 122 da Lei nº 14.133/2021, autorize a subcontratação em concreto. Isso significa que não basta a admissão da possibilidade no edital e no contrato. Além disso, se o contratado quiser subcontratar, ele deve pedir autorização para a Administração caso a caso. Por via de consequência, como a Administração deve autorizar, ela também pode recusar, com as devidas justificativas, tudo sob a mira do interesse público.

A propósito, a Administração deve analisar com cautela o pedido de subcontratação, inclusive a pessoa do subcontratado. A Administração deve, nessa ocasião, preocupar-se sobremaneira com a capacidade do subcontratado para executar a parte que lhe caberá, exigindo documentos de habilitação que comprovem aptidão e idoneidade. Nessa linha, o §1º do artigo 122 prescreve que "o contratado apresentará à Administração documentação que comprove a capacidade técnica do subcontratado, que será avaliada e juntada aos autos do processo correspondente". Do Tribunal de Contas da União:

> 9.3.2. a falta de verificação, em relação às empresas subcontratadas, do cumprimento aos requisitos previstos no subitem 8.3.10.5 do Termo de Referência, especialmente quanto à comprovação de experiência na execução de serviços de complexidade tecnológica e operacional equivalente ou superior, proporcionalmente à respectiva subcontratação, contraria o art. 122, §1º, da Lei 14.133/2021, os princípios da vinculação ao instrumento convocatório, da legalidade, da eficiência e da segurança jurídica, e os Acórdão 1998/2008-TCU-Plenário, 2.992/2011-Plenário e 2.021/2020-Plenário;[317]

Muitos editais e contratos, ao tratarem da subcontratação, prescrevem um limite para elas: por exemplo, admitem a subcontratação de até 30% do objeto do contrato. Isso não significa que os contratados, dentro de tais limites, estão autorizados de antemão a subcontratar partes do contrato sem pedir autorização expressamente à Administração. Tais porcentagens ou parâmetros, quando previstos nos editais, desenham espécie de limite máximo; isto é, acima de tais limites, não se pode subcontratar, independentemente de autorização da Administração. Insista-se que o contratado, se quiser, ainda que dentro dos aludidos limites, deve pedir autorização expressa à Administração caso a caso. E a Administração, não se esqueça, pode, justificadamente, recusá-la.

Ressalva-se que não é obrigatório prever limites à subcontratação no edital, especialmente em percentuais preestabelecidos e fechados sobre o objeto do contrato, o que pode futuramente engessar a Administração. Sob essa premissa, o §2º do artigo 122 da Lei nº 14.133/2021 preceitua que "regulamento ou edital de licitação poderão vedar,

---

[316] TCU, Plenário. Acórdão nº 1334/2024. Rel. Min. Jorge Oliveira, j. 3.7.2024

[317] TCU, Plenário, Acórdão nº 963/2024. Rel. Min. Benjamin Zymler, j. 22.5.2024.

restringir ou estabelecer condições para a subcontratação". Trata-se de uma faculdade e não de uma obrigação, insista-se. É positivo que órgãos e entidades regrem o assunto, na direção de conferir segurança jurídica para fiscais e gestores de contratos e para os próprios contratados, bem como para uniformizar o tratamento do tema internamente. O problema ocorre nas situações em que essas regras são prescritas em pormenor e com rigidez excessiva, o que acaba, como se disse, engessando a própria Administração e inviabilizando soluções mais eficientes e adequadas para a execução dos contratos.

9.4 Impedimento para subcontratação

O §3º do artigo 122 da Lei nº 14.133/2021 determina:

> [...] será vedada a subcontratação de pessoa física ou jurídica, se aquela ou os dirigentes desta mantiverem vínculo de natureza técnica, comercial, econômica, financeira, trabalhista ou civil com dirigente do órgão ou entidade contratante ou com agente público que desempenhe função na licitação ou atue na fiscalização ou na gestão do contrato, ou se deles forem cônjuge, companheiro ou parente em linha reta, colateral, ou por afinidade, até o terceiro grau, devendo essa proibição constar expressamente do edital de licitação.

Os termos usados no §3º do artigo 122 da Lei nº 14.133/2021, bem abertos, podem causar muitas dúvidas, em prejuízo à segurança jurídica, especialmente em municípios de médio e pequeno porte. Nesses municípios de médio e pequeno porte, é comum que o universo de fornecedores seja limitado, ampliando os riscos de se deparar com algumas das situações mencionadas no dispositivo.

Vínculo trabalhista não atrai dúvida maior, pressupõe relação de emprego. Sobre os demais vínculos, os de natureza técnica, comercial, econômica, financeira ou civil, não há definição precisa e objetiva. Por exemplo, imagine-se que se pretenda subcontratar empresa local especializada em refrigeração, que faz a manutenção eventual dos aparelhos de ar-condicionado da residência de dirigente do órgão ou entidade. A rigor jurídico, pode-se dizer que há vínculo comercial, econômico e civil e, por via de consequência, a empresa de manutenção estaria impedida de ser subcontratada. Isso soa desproporcional.

Propõe-se que os vínculos especiais listados no §3º do artigo 122 da Lei nº 14.133/2021 não se configuram diante de relações que são padronizadas e de préstimos que são oferecidos de modo geral ao público com condições relativamente uniformes. É que não se antevê relação pessoal direta nessas situações, o que configuraria o receio de benefício indevido ou conflito de interesse, o que se busca evitar com o §3º do artigo 122 da Lei nº 14.133/2021 (interpretação teleológica).

A vedação também atinge, nos termos do §3º do artigo 122 da Lei nº 14.133/2021, cônjuge, companheiro ou parente em linha reta, colateral, ou por afinidade, até o terceiro grau.

De acordo com o artigo 1.591 do Código Civil, "são parentes em linha reta as pessoas que estão umas para com as outras na relação de ascendentes e descendentes". O artigo 1.592 do Código Civil considera que "são parentes em linha colateral ou transversal, até o quarto grau, as pessoas provenientes de um só tronco, sem descenderem uma da outra". No que atine aos graus de parentesco, o artigo 1.594 do Código Civil prescreve que "contam-se, na linha reta, os graus de parentesco pelo número de gerações, e, na colateral, também pelo número delas, subindo de um dos parentes até ao ascendente comum, e descendo até encontrar o outro parente". Esclareça-se que na ascendência o terceiro grau é o bisavô e na descendência é o bisneto. Em linha colateral, os parentes de terceiro grau são os tios e sobrinhos. Primos são parentes de quarto grau, portanto, não estão abrangidos pelo §3º do artigo 122 da Lei nº 14.133/2021.

Também há a relação de parentesco por afinidade. O artigo 1.595 do Código Civil determina que "cada cônjuge ou companheiro é aliado aos parentes do outro pelo vínculo da afinidade". O §1º do mesmo artigo sinaliza que "o parentesco por afinidade se limita aos ascendentes, aos descendentes e aos irmãos do cônjuge ou companheiro". Então, por afinidade, em relação aos ascendentes e descendentes da esposa ou do marido, não há limites. Por exemplo, os parentes em linha reta do marido são considerados parentes colaterais em linha reta da esposa. Em termos práticos, por afinidade, os pais e filhos (primeiro grau), avós e netos (segundo grau) e bisavós e bisnetos (terceiro grau) do marido são considerados parentes por afinidade em linha reta da esposa e, também, se enquadram no §3º do artigo 122 da Lei nº 14.133/2021. Em linha colateral, o parentesco por afinidade, na forma do §1º do artigo 1.595 do Código Civil, limita-se aos irmãos do cônjuge ou companheiro, portanto, aos cunhados. A relação de parentesco por afinidade e em linha colateral encerra-se com os cunhados. Os sobrinhos, tios e primos do cônjuge ou companheiro sequer são considerados parentes.

É de registrar que a Lei nº 14.133/2021 prescreve normas parecidas sobre o conflito de interesses em relação a agentes públicos, conforme o inciso III do *caput* do seu artigo 7º, bem como sobre impedimento para participar de licitações e contratar, em consonância com o preceituado no inciso III do *caput* do seu artigo 14. O §3º do artigo 122 da Lei nº 14.133/2021, no fim das contas, estende as restrições gerais para as subcontrataçoes. Quer-se evitar que a subcontratação seja utilizada como espécie de subterfúgio para fugir dos impedimentos gerais. Ou seja, não se contrata empresa impedida, mas a empresa contratada se compromete a subcontratá-la, gerando benefícios supostamente ilegítimos para agentes públicos. A propósito, a redação do §3º do artigo 122 da Lei nº 14.133/2021 é praticamente idêntica a do inciso III do *caput* do artigo 14 da mesma lei.

9.5 A subcontratação não deve abranger as parcelas de maior relevância e de valor significativo do contrato

A subcontratação parcial do contrato não deve envolver os seus aspectos principais, suas parcelas mais relevantes e significativas. A transferência a terceiro deve ser limitada a aspectos secundários e periféricos. O contrato administrativo é firmado em razão da pessoa do contratado, que passou pelo crivo da licitação pública, comprovando a sua habilitação. Não é permitido ao contratado trespassar as suas obrigações para terceiros. O que se permite em subcontratação é que o contratado acometa a terceiros aspectos que não sejam centrais. Caso contrário, a transferência de aspectos centrais importa substancialmente na transferência do próprio contrato.

Os órgãos de controle, ainda que diante da Lei nº 8.666/1993, têm atentado a esse ponto. O Tribunal de Contas da União prolatou acórdão significativo sobre o tema, deixando assentado:

> 23. A licitação se destina a selecionar a proposta mais vantajosa para a administração. E a proposta mais vantajosa não é apenas a de menor preço, mas igualmente a que contempla a técnica adequada e a execução por empresa apta para tanto. Ou seja, busca-se com o certame licitatório também selecionar o contratado que melhor atenda às necessidades da administração.
> 24. Para assegurar a boa execução do objeto, é exigida do futuro contratado a demonstração de capacidade financeira e sua capacidade técnico-profissional e técnico-operacional, de forma a comprovar sua aptidão mediante desempenho de tarefas semelhantes.
> 25. Tal comprovação de aptidão, obviamente, está relacionada às frações tecnicamente complexas e financeiramente relevantes do objeto, sob pena de serem absolutamente descabidas as exigências de habilitação.
> 26. Assim, não faria sentido admitir que tais parcelas cruciais do objeto, para cuja execução foi selecionado o licitante mais apto, fossem posteriormente transferidas a terceiro por este escolhido. Isso tornaria completamente desnecessário o procedimento de habilitação e, consequentemente, esvaziaria de qualquer significado ou finalidade os dispositivos da lei que o preconizam, o que não pode ocorrer.
> 27. Conclui-se, pois, que não é possível a subcontratação das parcelas tecnicamente mais complexas ou de valor mais significativo do objeto, que motivaram a comprovação de capacidade financeira ou técnica.[318]
> 61. Tais atestados deveriam estar acompanhados de Certidões de Acervo Técnico (CAT) em nome de profissional habilitado, e seria necessário que constasse, na documentação comprobatória do acervo profissional, o nome da pessoa jurídica do licitante como empresa contratada para a execução da obra ou serviços. Isso, na verdade, contradiz a informação de que os licitantes não precisariam ser necessariamente empresas construtoras.
> [...]
> 63. Com razão, portanto, a unidade especializada ao afirmar que a exigência, como requisito de habilitação, de apresentação de atestados de capacidade técnica, comprovando a execução de serviços que poderiam ser subcontratados, atenta contra a competitividade da licitação e a jurisprudência do TCU (Acórdão 2679/2018-TCU-Plenário e 6.219/2016-2ª Câmara, relatores: Ministros Aroldo Cedraz e Ana Arraes, respectivamente).[319]

É necessário compreender de maneira ponderada a assertiva constante no trecho acima referido de que tudo aquilo sobre o qual se exige atestado de capacidade técnica, representativo das parcelas de maior relevância e de valor significativo, não pode ser subcontratado.

Diga-se que o raciocínio, em princípio, está correto. A lógica é que, se a Administração exigiu atestado de dada parcela é porque a qualificou como relevante e de valor significativo, portanto, compõe aspecto central do contrato, não pode ser acometido a terceiros por meio de subcontratação. Daí que, se o mercado costuma subcontratar determinada parcela do objeto e a Administração pretende autorizar que o contratado a subcontrate ou ceda a terceiros, não deve exigir atestado de capacidade técnica em relação a ela. Ou exige atestado de capacidade técnica ou permite a subcontratação.

Insiste-se que o raciocínio está correto em princípio, porém, deve ser ponderado diante de situações específicas.

---

318 TCU, Plenário. Acórdão nº 3.144/2011. Rel. Min. Aroldo Cedraz, j. 30.11.2011.

319 TCU, Plenário. Acórdão nº 1.334/2024. Rel. Min. Jorge Oliveira, j. 3.7.2024.

Por exemplo, em licitações para concessão de serviço público em que a concessionária se obriga a executar uma obra. Não se está licitando a obra, porém, a concessão. Como a obra eventualmente pode ser relevante, à Administração é permitido exigir atestado de capacidade técnica relativo à obra. Nesse caso, a Administração não exigirá atestados de parcelas relevantes e de valor significativo da obra; a obra em si, como um todo, representa uma parcela relevante e de valor significativo do contrato de concessão. Portanto, a obra como um todo, se exigido o atestado, não pode ser objeto de subcontratação ou cessão. No entanto, aspectos periféricos e secundários da obra podem ser sim acometidos a terceiros por meio de subcontratação ou cessão.

Dessa sorte, o correto seria proibir a subcontratação integral das parcelas consideradas de maior relevância ou de valor significativo, dado que as próprias parcelas podem ser decompostas, a depender do caso. Nessas hipóteses, em que as próprias parcelas podem ser decompostas, deve-se permitir a subcontratação das partes delas que sejam instrumentais, secundárias ou periféricas.

Cumpre destacar que o §9º do artigo 67 da Lei nº 14.133/2021 preceitua:

> Art. 67 [...] §9º - O edital poderá prever, para aspectos técnicos específicos, que a qualificação técnica seja demonstrada por meio de atestados relativos a potencial subcontratado, limitado a 25% (vinte e cinco por cento) do objeto a ser licitado, hipótese em que mais de um licitante poderá apresentar atestado relativo ao mesmo potencial subcontratado.

O permissivo do §9º do artigo 67 deve ser compreendido como norma de exceção, dependente das seguintes condições: (i) é permitido, desde que autorizado expressamente no edital, subcontratar parcelas consideradas relevantes e de valor significativo sobre as quais a Administração exige a comprovação de experiência, desde que limitada a 25%; e (ii) é permitido que a comprovação da experiência das parcelas consideradas relevantes e de valor significativo seja realizada pela pessoa que se pretende subcontratar e não pelo licitante.

As situações devem ser analisadas de acordo com suas peculiaridades pela Administração, sempre com vistas a ampliar a competição e a obter as propostas mais vantajosas. O §9º do artigo 67 da Lei nº 14.133/2021, em tese, é vantajoso para a Administração diante de objetos de domínio restrito, cujo potencial de competição é reduzido. Permitir a subcontratação de parcelas mais relevantes e de valor significativo acaba sendo medida para incrementar a competição, viabilizando a participação de empresas que, em caso contrário, não teriam condições de atender a toda a atestação exigida no edital, embora disponham do objeto pretendido pela Administração.[320]

---

[320] Inclusive, sob essa perspectiva e diante da Lei nº 8.666/1993, o Tribunal de Contas da União já admitiu: "17. Ainda que fosse realmente necessária a comprovação de aptidão técnico-operacional para aquela parcela principal do contrato, seria suficiente que o edital demandasse da contratada demonstração de capacidade técnica da eventual empresa a ser subcontratada na gestão e execução de obras ou serviços análogos, em atenção ao disposto no art. 78, caput, e §1º, da Lei das Estatais (13.303/2016) e ao comando expresso no subitem 9.3.3 do Acórdão 2992/2011-TCU-Plenário, reproduzido anteriormente. 18. Por se tratar de licitação para contratação sob o regime de empreitada integral – assemelhada à modalidade EPC/Turn Key – que contempla as etapas de engenharia, compra, produção e entrega do objeto em pleno funcionamento –, é válida a reflexão dos auditores acerca das diferenças dessa modalidade em relação aos demais regimes de execução, em especial ao regime por preço unitário. A complexidade e a abrangência desse tipo de contrato requerem flexibilidade nas aquisições e concentração de esforços no gerenciamento do projeto e na execução

9.6 Pagamento direto à subcontratada

Como já afirmado, na subcontratação quem mantém relação jurídica com a Administração é o contratado e não o subcontratado. Este, o contratado, é quem mantém relação jurídica com o subcontratado. Daí que, por regra, a Administração paga ao contratado o valor integral das respectivas faturas e este faz os pagamentos devidos ao subcontratado. Essa operação é onerosa sob o ponto de vista fiscal, porque a tributação incide uma vez no pagamento da Administração para o contratado e outra vez no pagamento do contratado para o subcontratado.

Dessa sorte, para desonerar os contratos administrativos, discute-se a legalidade de estabelecer em contrato ou aditivo que a Administração realize os pagamentos diretamente ao subcontratado. Registre-se que a Lei nº 8.666/1993 e a Lei nº 14.133/2021 não tratam expressamente sobre essa questão específica.

Diante da Lei nº 8.666/1993, o Tribunal de Contas da União já decidiu:

> 9.2.2. abstenha-se de efetuar pagamentos diretos a subcontratadas, tendo em vista a falta de amparo legal, uma vez que não há qualquer relação jurídica entre a Administração Pública e o terceiro subcontratado, impossibilitando a realização de uma das fases da despesa, a saber, a liquidação, a qual deve ter por base o respectivo contrato, ajuste ou acordo; a nota de empenho; e os comprovantes da entrega do material ou da prestação efetiva do serviço, conforme dispõe o art. 63, §2º, da Lei 4.320/64.[321] [322]

Mais recentemente, o Tribunal de Contas da União voltou ao tema diante de consulta que lhe foi formulada em razão da Lei nº 12.232/2010, que versa sobre os serviços de publicidade. O entendimento foi o seguinte:

> 9.3. responder ao consulente que, por falta de amparo legal, os serviços complementares prestados por empresas subcontratadas por agências de publicidade, que não estejam prestando serviços de veiculação, não podem ser faturados diretamente em nome do órgão/entidade da administração pública contratante; [...].[323]

Em síntese, o Tribunal de Contas da União vem entendendo que o pagamento direto para o subcontratado teria que encontrar amparo expresso em lei. Sem autorização legal, a Administração deve pagar ao contratado e não diretamente ao subcontratado, porque mantém relação jurídica com o contratado e não com o subcontratado.

O assunto é, no entanto, controverso. O argumento principal, em sentido contrário, é que o pagamento direto da Administração ao subcontratado não desnatura a

---

das etapas do empreendimento. Nesses casos, dificilmente a contratada detém capacidade para fornecer todos os insumos e serviços da cadeia produtiva" (TCU, Plenário. Acórdão nº 2.021/2020. Rel. Min. Ana Arraes, j. 5.8.2020).

321 TCU, Segunda Câmara. Acórdão nº 502/2008. Rel. Min. Ubiratan Aguiar, j. 11.3.2008.

322 Em sentido diverso: "9.5.8. atente, nas futuras licitações, para os percentuais aplicados de BDI sobre serviços, materiais e equipamentos, de forma a corrigir eventual distorção comparativamente aos preços de mercado, avaliando quanto a este dois últimos (materiais e equipamentos) a possibilidade de a própria Companhia reavaliar as compras de equipamentos e materiais ou promover a sistemática de pagamento direto aos fornecedores, buscando reduzir os custos de aquisição" (TCU, Plenário. Acórdão nº 1.595/2006. Rel. Min. Guilherme Palmenira, j. 30.08.2006).

323 TCU, Plenário. Acórdão nº 720/2018. Rel. Min. Marcos Bemquerer, j. 4.4.2018.

subcontratação e não faz com que o subcontratado passe a travar relação jurídica direta com a Administração. Trata-se apenas de pagamento em favor de terceiro, autorizado pelo artigo 308 do Código Civil,[324] que se aplica supletivamente aos contratos administrativos, por força *caput* do artigo 89 da Lei nº 14.133/2021. Nesse sentido, com razão, o Professor Alexandre Santos Aragão observa:

> [...] não há criação de uma relação contratual entre a SUBCONTRATADA e a ESTATAL CONTRATANTE. A única relação a ser entre elas estabelecida possui natureza meramente formal e seus efeitos se darão tão-somente no âmbito contábil e com o único intuito de evitar a dupla incidência de ISS e das parcelas de PIS e COFINS sobre o único serviço prestado.[325]

Agregue-se que o §2º do artigo 122 da Lei nº 14.133/2021 autoriza a Administração a vedar, restringir ou estabelecer condições para a subcontratação em regulamento ou em edital de licitação. Nessa medida, o dispositivo atribui à Administração competência discricionária para dispor sobre a subcontratação, desde que em consonância com as disposições legais. Logo, a ausência de regra legal específica que autorize o faturamento direto para a subcontratada não impede que a Administração a preveja em regulamento ou no próprio edital, sobremodo nas situações em que tem em mira a contratação para si mais vantajosa, que é o grande objetivo das licitações e dos contratos administrativos, como se depreende do inciso I do *caput* do artigo 11 da Lei nº 14.133/2021.

10 Recebimento

A Lei nº 14.133/2021 prescreve regras distintas para o recebimento dos objetos dos contratos uma vez executados pelos contratados em relação às obras e aos serviços, e em relação às compras. Num e noutro caso, no entanto, há etapa inicial destinada ao recebimento provisório, e outra final destinada ao recebimento definitivo.

Com o recebimento provisório a Administração toma posse da coisa, do objeto do contrato, passando a valer o princípio do *res perit domino*, isto é, a coisa perece para o dono. Explicando melhor, a partir do recebimento provisório, a Administração é responsável pela guarda e conservação do objeto do contrato, afastando qualquer responsabilidade do contratado. Por exemplo, a Administração recebe provisoriamente uma obra, um prédio público. Ela, por via de consequência, deve tomar providências para guardá-lo, conservá-lo. Imagine-se, então, que, depois do recebimento provisório, a Administração deixa o prédio sem qualquer vigilância e meliantes o invadem, furtando alguns objetos e destruindo partes da obra. A responsabilidade é exclusivamente da Administração. Ao contratado, como o objeto foi recebido provisoriamente pela Administração, não é imputável qualquer responsabilidade.

Cumpre enfatizar que o recebimento provisório não importa liberação das obrigações do contratado, o que somente ocorre com o recebimento definitivo. Logo, a Administração não deve usar nem consumir o objeto do contrato a partir do recebimento provisório e

---

[324] "Art. 308. O pagamento deve ser feito ao credor ou a quem de direito o represente, sob pena de só valer depois de por ele ratificado, ou tanto quanto reverter em seu proveito".

[325] ARAGÃO, Alexandre Santos. Possibilidade de faturamento direto entre sociedade de economia mista e empresa subcontratada sem alteração da responsabilidade da empreiteira principal. *Revista de Direito da Procuradoria Geral*, Rio de Janeiro, p. 248-249, 2014.

antes do definitivo. O recebimento definitivo expressa a aceitação da Administração. O recebimento definitivo é o reconhecimento da Administração de que o contratado adimpliu suas obrigações.

Evidentemente, o contratado não pode ser compelido a permanecer perpetuamente à espera do aceite da Administração. É necessário que a Administração expresse sua concordância ou discordância com o que foi executado pelo contratado. Se, ao analisar o objeto, a Administração depara-se com falhas e incorreções, o contratado é obrigado a corrigir ou refazer o objeto do contrato, em obediência ao artigo 119 da Lei nº 14.133/2021.

Portanto, a Administração, se não recebe em definitivo o objeto do contrato, deve firmar documento ou laudo, indicando os motivos pertinentes, que ensejam a recusa. O contratado, no exercício do contraditório e da ampla defesa, pode manifestar-se e, inclusive, requerer que se reexamine o objeto do contrato. Se a Administração mantém a sua posição de recusa, o contratado deve acatá-la, corrigindo ou refazendo o objeto do contratado, ou deve procurar a via judicial, reclamando a realização de perícia.

Cumpre registrar que, a teor do §2º do artigo 140 da Lei nº 14.133/2021, "o recebimento provisório ou definitivo não excluirá a responsabilidade civil pela solidez e pela segurança da obra ou serviço nem a responsabilidade ético-profissional pela perfeita execução do contrato, nos limites estabelecidos pela lei ou pelo contrato". O supracitado dispositivo não pretende perpetuar a responsabilidade do contratado, deixando-o sempre suscetível aos rompantes da Administração. Por força da lógica, se a Administração recebeu em definitivo o objeto do contrato, é porque verificou o que foi executado e o aceitou. À Administração não é permitido rever esse ato a qualquer tempo, produzindo clima de incerteza, incompatível com o princípio fundamental da segurança jurídica. A responsabilidade do contratado, a que se refere o §2º do artigo 140 da Lei nº 14.133/2021, mesmo posterior ao recebimento definitivo, diz respeito apenas a aspectos não aparentes do objeto, a vícios que se podem denominar ocultos, como ocorre com a solidez de uma obra de engenharia, que é difícil de ser aferida pela Administração ainda que no prazo de vistoria ou observação outorgado pela lei.

Em resumo, com o recebimento definitivo, a Administração exime o contratado de qualquer responsabilidade em relação a supostos vícios aparentes. A responsabilidade do contratado persiste no tocante aos vícios ocultos ou não aparentes. Quanto a tal responsabilidade, preconizada no §2º do artigo 140 da Lei nº 14.133/2021, devem-se seguir as normas de direito privado, como permite o artigo 89, também da Lei nº 14.133/2021.

Se o objeto é equivocadamente recebido em definitivo pela Administração – isto é, foi recebido quando não deveria ter sido, em vista de algum defeito ou incorreção aparente –, é imperativo que se instaure sindicância ou de pronto processo administrativo, a fim de apurar as responsabilidades, buscando que os agentes administrativos responsáveis indenizem os prejuízos suportados pela Administração – evidentemente se atendidos os pressupostos para a responsabilização daqueles, entre os quais a configuração do dolo ou do erro grosseiro (culpa grave), em conformidade com o artigo 28 da Lei de Introdução às Normas do Direito Brasileiro.

10.1 Procedimento para o recebimento provisório e definitivo

De acordo com a alínea "a" do inciso I do artigo 140 da Lei nº 14.133/2021, no que tange às obras e aos serviços, o fiscal do contrato é responsável pelo recebimento provisório, "mediante termo detalhado, quando verificado o cumprimento das exigências de caráter técnico". Portanto, em relação às obras e aos serviços, o fiscal deve avaliar se o contratado executou o objeto do contrato e deve produzir documento que detalhe os serviços e as obras executadas.

Realizado o recebimento provisório, em conformidade com a alínea "b" do inciso I do artigo 140 da Lei nº 14.133/2021, passa-se a verificar se o contratado cumpriu todas as demais exigências contratuais, o que é de competência de servidor ou de comissão designada pela autoridade competente. O recebimento definitivo, sob essas condições, é especialmente importante em relação aos serviços contínuos em que os empregados do contratado são dedicados exclusivamente à execução do contrato, diante das providências exigidas da Administração no §3º do artigo 121 da Lei nº 14.133/2021.

Em muitos lugares, o recebimento definitivo é realizado pelo fiscal do contrato, que representa a Administração durante a sua execução. O fato é que, de acordo com as alíneas "a" e "b" do inciso I do artigo 140, ele é responsável apenas pelo recebimento provisório, não pelo definitivo. A rigor, não existe nada que impeça a sua designação para o recebimento definitivo, até porque ele é um servidor e, pois, nessa qualidade, entre os demais servidores, pode ser designado, conforme a alínea "b" do inciso I do artigo 140 da Lei nº 14.133/2021. Mas, em princípio, não há nada na lei que outorgue a ele de antemão tal incumbência.

As regras sobre o recebimento são diferentes no tocante às compras. A alínea "a" do inciso II do artigo 140 da Lei nº 14.133/2021 atribui ao fiscal o recebimento provisório, porém, sem exigir dele a verificação do cumprimento das exigências de caráter técnico. O dispositivo estabelece que o recebimento provisório relacionado às compras se dá de forma sumária, "[...] com verificação posterior da conformidade do material com as exigências contratuais". Ou seja, o fiscal recebe os objetos e procede à avaliação mais superficial e panorâmica, sem se ater aos detalhes atinentes à especificação do objeto. Esses detalhes devem ser analisados na sequência, quando do recebimento definitivo, que é incumbência de servidor ou comissão designada pela autoridade competente.

A Lei nº 14.133/2021 não fixou prazos para os recebimentos provisório e definitivo. Preferiu, no §3º do seu artigo 140, prever que os prazos e métodos para os recebimentos sejam definidos em regulamento ou no contrato. Na verdade, em interpretação sistemática, a definição dos critérios e condições para o recebimento do objeto, medição e pagamento deve estar no edital e no contrato, sem prejuízo de se produzir regulamento para que sejam estabelecidas regras internas gerais para os órgãos e entidades administrativas.

Nessa direção, dentro da Lei nº 14.133/2021, pode-se destacar: (i) o inciso III do *caput* do artigo 18 exige que na etapa preparatória sejam definidas as condições de execução, recebimento e pagamento; (ii) a alínea "g" do inciso XXIII do artigo 6º determina que o termo de referência disponha sobre critérios de medição e pagamento; (iii) o *caput* do artigo 25 determina que o edital contenha regra relativas à entrega do objeto e às condições de pagamento; (iv) e o inciso VI do artigo 92 exige que o contrato verse expressamente sobre "os critérios e a periodicidade da medição, quando for o caso, e o prazo para liquidação e para pagamento".

Dessa sorte, reconhece-se discricionariedade à Administração para que ela defina as condições de recebimento do objeto e de pagamento, o que abrange o estabelecimento de prazos, indicação de critérios e métodos, bem como a organização dos trâmites e das competências internas para a produção de tais atos. No entanto, realça-se, a Administração não goza da mínima discricionariedade para não tratar do assunto na etapa preparatória, no edital e no contrato. Quer dizer que não há discricionariedade para se omitir sobre o assunto nem para abordá-lo com vagueza. Trata-se de informação crucial para o contrato, sob pena de ilegalidade. As regras a respeito do recebimento e pagamento devem ser claras nos contratos, porque os contratados não podem ficar à mercê da Administração por tempo indefinido nem podem ser surpreendidos por critérios e condicionantes não contratados. A rigor, os prazos, critérios e condicionantes para recebimento e pagamento devem ser claros desde a publicação do edital, porque determinantes para a formação das propostas.

Registre-se que, em âmbito federal, foi expedida a Instrução Normativa SEGES/ME nº 77/2022, que versa sobre a observância da ordem cronológica de pagamento para a Administração Pública Federal direta, autárquica e fundacional e que, também, estabelece balizas para os recebimentos e pagamentos. É de ressaltar, de início, que o artigo 2º da sobredita Instrução Normativa determina que ela se aplica para os demais entes da federação "quando executarem recursos da União decorrentes de transferências voluntárias".

Pois bem, o artigo 6º da referida Instrução prescreve que os prazos para recebimento e pagamento devem constar do instrumento de contrato ou documento equivalente. O artigo 7º, por sua vez, prescreve que os prazos são limitados a: "I – 10 (dez dias) úteis para a liquidação da despesa, a contar do recebimento da nota fiscal ou instrumento de cobrança equivalente pela Administração; II – 10 (dez dias) úteis para pagamento, a contar da liquidação da despesa". Logo, tais prazos são considerados máximos, e não mínimos. O §2º do mesmo artigo 7º preceitua que, "para as contratações decorrentes de despesas cujos valores não ultrapassem o limite de que trata o inciso II do art. 75 da Lei nº 14.133, de 2021, os prazos de que dos incisos I e II do *caput* serão reduzidos pela metade".

Chama a atenção que os referidos prazos sejam significativamente mais curtos do que os consignados na Lei nº 8.666/1993, vigente por décadas. De lembrar que, pela alínea "a" do inciso I do artigo 73 da Lei nº 8.666/1993, combinado com o seu §3º, o prazo para o recebimento provisório em obras e serviços era de 15 (quinze) dias, e para o recebimento definitivo de até 90 (noventa) dias a contar do recebimento provisório. O prazo para pagamento, consoante a alínea "a" do inciso XIV do *caput* do artigo 40 da Lei nº 8.666/1993, não deveria ser superior a 30 (trinta) dias. Esses prazos, preceituados na Lei nº 8.666/1993, realmente eram muito alongados e não razoáveis, somados atingiam 135 (cento e trinta e cinco) dias.

Agora, repita-se, diante da Lei nº 14.133/2021, ao menos em âmbito federal, de acordo com o artigo 7º da Instrução Normativa nº 77/2022, o prazo total para o recebimento foi limitado a 10 (dez) dias úteis a contar do recebimento da nota fiscal ou instrumento de cobrança equivalente pela Administração. O novo prazo, indicado na Instrução Normativa, é mais adequado. No entanto, bem se vê, demandará de órgãos e entidades administrativas ajustes nas suas rotinas e mesmo que estruturem melhor a gestão dos seus contratos e fluxos de pagamentos, para que os recebimentos e pagamentos sejam realizados nos prazos mais curtos da Instrução Normativa.

O §3º do artigo 7º da Instrução Normativa nº 77/2022 admite a prorrogação do prazo, desde que justificadamente, por igual período, "quando houver necessidade de diligências para a aferição do atendimento das exigências contratuais". O §4º, em complemento, ressalva que "o prazo para a solução, pelo contratado, de inconsistências na execução do objeto ou de saneamento da nota fiscal ou de instrumento de cobrança equivalente, verificadas pela Administração durante a análise prévia à liquidação de despesa, não será computado para os fins de que trata o inciso I do *caput* e o §2º deste artigo". Logo, se houver necessidade de diligência para apurar se o objeto foi de fato executado em conformidade com o contrato, o prazo para o recebimento pode ser prorrogado. Em acréscimo, se o objeto não tiver sido executado em conformidade com o contrato e for necessária diligência para que o contratado promova ajustes ou correções, o prazo para o recebimento é suspenso até que os ajustes ou correções sejam realizados.

11 Pagamento

A Lei nº 14.133/2021 não predefiniu condições, critérios e prazos para os pagamentos. Preferiu-se deixar o assunto em aberto, para que a Administração dispusesse sobre ele de acordo com as peculiaridades de cada contrato. Nem ao menos um prazo referencial foi indicado. Sem embargo, o legislador impôs à Administração definir as condições de recebimento e pagamento já na etapa preparatória, o que deve ser expresso no termo de referência, diante da interpretação conjunta do inciso III do *caput* do artigo 18 e da alínea "g" do inciso XXIII do artigo 6º, ambos da Lei nº 14.133/2021. Esses aspectos, definidos na etapa preparatória, devem ser expressos no edital, como demanda o *caput* do artigo 25 da mesma lei, para que os licitantes tenham clareza sobre eles quando da elaboração das suas propostas – até porque influem e podem ser até mesmo determinantes para as respectivas propostas. Além da indicação no edital, o inciso VI do artigo 92 da Lei nº 14.133/2021 exige que constem do contrato "os critérios e a periodicidade da medição, quando for o caso, e o prazo para liquidação e para pagamento", cláusulas que lhe são fundamentais. Daí que a omissão ou a vagueza da Administração sobre condições, critérios e prazos para os pagamentos constitui ilegalidade, que pode importar na invalidação ou convalidação dos respectivos atos omissos ou vagos e na responsabilização dos agentes administrativos faltosos, a depender das peculiaridades do caso.

O pagamento, por regra, depende do anterior cumprimento das obrigações pela contratada e do recebimento do objeto executado pela Administração, tudo na forma do que dispõe o contrato. O artigo 62 da Lei nº 4.320/1964 prescreve que "o pagamento da despesa só será efetuado quando ordenado após sua regular liquidação". A liquidação, por sua vez, em acordo com o artigo 63 da Lei nº 4.320/1964, "consiste na verificação do direito adquirido pelo credor tendo por base os títulos e documentos comprobatórios do respectivo crédito". Então, execução do objeto, recebimento (liquidação) e pagamento são atos que se devem dar de modo sucessivo, sendo que um depende do outro, nesta ordem.

O inciso V do artigo 92 da Lei nº 14.133/2021 determina que o contrato trate de "critérios de atualização monetária entre a data do adimplemento das obrigações e a do efetivo pagamento". A atualização monetária é devida mesmo que o pagamento seja realizado dentro do prazo contratado. Ela consiste apenas na correção monetária, que deve ser apurada da data da comunicação do contratado à Administração do seu adimplemento, o que costuma ocorrer com a apresentação de fatura, até a data do efetivo pagamento. A Administração deve esclarecer no edital como a atualização deve ser realizada, sobre quais parâmetros. Portanto, a atualização não revela nenhuma espécie de penalidade à Administração.

O inciso XIV do artigo 92 da Lei nº 14.133/2021 obriga, ainda, o contrato a versar sobre "os direitos e as responsabilidades das partes, as penalidades cabíveis e os valores das multas e suas bases de cálculo". Nesse contexto, o contrato também deve disciplinar a mora da Administração e os seus efeitos, inclusive dispondo dos encargos que lhe são decorrentes, como juros e correção monetária.

A propósito, é permitido ao edital, inclusive, prescrever multa contra a Administração, como penalidade à mora.[326] Veja-se que o inciso XIV do artigo 92 da Lei nº 14.133/2021 refere-se às "partes", Administração e contratada, consignando que pode haver penalidades para ambas, inclusive, expressamente, multas. Essa medida é conveniente porque demonstra aos interessados em participar da licitação que a Administração pretende realmente honrar os seus compromissos em dia, tanto que ela mesma se compromete a arcar com multa se não o fizer. Isso confere credibilidade e serve como incentivo para que os licitantes reduzam os seus preços.

Como já noticiado no tópico precedente, a Secretaria Especial de Desburocratização, Gestão e Governo Digital do Ministério da Economia produziu a Instrução Normativa nº 77/2022, que trata da observância da ordem cronológica de pagamento para a Administração Pública Federal direta, autárquica e fundacional e que também estabelece balizas para os recebimentos e pagamentos. Ressalta-se, mais uma vez, que o artigo 2º da sobredita Instrução Normativa determina que ela se aplica para os demais entes da federação "quando executarem recursos da União decorrentes de transferências voluntárias".

Salienta-se, novamente, que o artigo 7º da referida Instrução Normativa prescreve que os prazos são limitados a: "I - 10 (dez dias) úteis para a liquidação da despesa, a contar do recebimento da nota fiscal ou instrumento de cobrança equivalente pela Administração; II - 10 (dez dias) úteis para pagamento, a contar da liquidação da despesa". Tais prazos, bem se vê, são considerados máximos, e não mínimos. O §2º do mesmo artigo 7º preceitua que, "para as contratações decorrentes de despesas cujos

---

[326] O Tribunal de Conas da União, antes da Lei nº 14.133/2021, editou a Súmula nº 226, cujo teor é o seguinte: "É indevida a despesa decorrente de multas moratórias aplicadas entre órgãos integrantes da Administração Pública e entidades a ela vinculadas, pertencentes à União, aos Estados, ao Distrito Federal ou aos Municípios, quando inexistir norma legal autorizativa". Não se deve interpretar tal súmula no sentido de que é proibido estabelecer multa em desfavor da Administração em contratos administrativos. A multa vedada pela referida súmula é aquela estipulada entre dois órgãos ou entidades da Administração Pública, logo de efeito interno. A súmula não se opõe à multa entre a Administração e o contratado, terceiro que não se confunde com órgão ou entidade da Administração Pública.

valores não ultrapassem o limite de que trata o inciso II do art. 75 da Lei nº 14.133, de 2021, os prazos de que dos incisos I e II do *caput* serão reduzidos pela metade".

Como também já apontado, o prazo para pagamento, consoante a alínea "a" do inciso XIV do *caput* do artigo 40 da Lei nº 8.666/1993, não deveria ser superior a 30 (trinta) dias. A prática assentada da Administração diante da Lei nº 8.666/1993 é a previsão contratual do prazo de até 30 (trinta) dias para pagamento. Insista-se em que, sob a Lei nº 14.133/2021, a Instrução Normativa nº 77/2022 reduziu esse prazo em âmbito federal para, no máximo, 10 (dez) dias úteis, o que requer a atenção de muitos órgãos e entidades administrativas.

O §5º do artigo 7º da Instrução Normativa nº 77/2022 preceitua que, "na hipótese de caso fortuito ou força maior que impeça a liquidação ou o pagamento da despesa, o prazo para o pagamento será suspenso até a sua regularização, devendo ser mantida a posição da ordem cronológica que a despesa originalmente estava inscrita". Podem-se antever, com certa facilidade, hipóteses de caso fortuito ou de força maior que impeçam a liquidação (recebimento). Imagine-se a interdição de uma estrada que leva ao local de execução de uma obra. A interdição é evento necessário e inevitável para a Administração, que a impede de acessar o local da obra e verificar se ela foi executada em conformidade com o contrato. Logo, até que a interdição seja levantada, o prazo para recebimento permanece suspenso. Sem embargo, é mais difícil que ocorram hipóteses de caso fortuito ou de força maior que impeçam o pagamento, porque ele é medida administrativo-burocrática. O caso fortuito ou de força maior teria de afetar as atividades administrativo-burocráticas da Administração, como, por exemplo, greve de servidores ou bancários que impedisse o pagamento, alguma adversidade climática que prejudicasse as atividades da Administração ou outras situações do gênero.

O §6º do artigo 7º da Instrução Normativa nº 77/2022 autoriza o pagamento parcial diante da insuficiência de recursos disponíveis – alegação frequentemente utilizada para justificar o inadimplemento da Administração. Ou seja, sem recursos suficientes, o pagamento pode ser realizado parcialmente, complementado quando o orçamento da Administração for normalizado.

11.1 Pagamento de parte incontroversa

O artigo 143 da Lei nº 14.133/2021 prescreve que, "no caso de controvérsia sobre a execução do objeto, quanto à dimensão, qualidade e quantidade, a parcela incontroversa deverá ser liberada no prazo previsto para pagamento". Havendo dissenso sobre o que foi executado pelo contratado, a parte controversa não deve ser paga e a parte incontroversa deve ser paga. Ocorre que, muitas vezes, parcelas de pagamentos são retidas em razão de dissenso parcial e de menor monta, o que gera prejuízos aos contratados.

Pondera-se que a regra do artigo 143 da Lei nº 14.133/2021 deve ser obtemperada diante das particularidades de cada contrato e não tem lugar naqueles em que o objeto somente tem utilidade na sua integridade, não cabendo dividi-lo em partes. Nesses casos, a Administração não deve realizar qualquer pagamento, porque não há utilidade em pagar por algo que não lhe será útil até que o todo seja executado.

11.2 Pagamento antecipado

Por regra, a Administração contrata, recebe o objeto do contrato, liquida a despesa e paga (artigo 62 da Lei nº 4.320/1964).[327] Ou seja, paga depois da execução do objeto do contrato. No entanto, em situações excepcionais, com as devidas justificativas, cautelas e garantias, autoriza-se o pagamento antecipado.

O pagamento antecipado é reconhecido e tratado na legislação por muito tempo. O artigo 38 do Decreto Federal nº 93.872/1986, que dispõe sobre a unificação dos recursos de caixa do Tesouro Nacional, autoriza o pagamento antecipado, desde que "mediante as indispensáveis cautelas e garantias".[328]

O pagamento antecipado também é tratado na Lei nº 14.133/2021. O *caput* do seu artigo 145, como regra geral, proíbe o pagamento antecipado. O §1º do artigo 145, no entanto, esclarece:

> [...] a antecipação de pagamento somente será permitida se propiciar sensível economia de recursos ou se representar condição indispensável para a obtenção do bem ou para a prestação do serviço, hipótese que deverá ser previamente justificada no processo licitatório e expressamente prevista no edital de licitação ou instrumento formal de contratação direta.

Em complemento, o §2º do mesmo artigo prevê que "a Administração poderá exigir a prestação de garantia adicional como condição para o pagamento antecipado". Em arremate, o §3º, também do artigo 145, ressalva que, "caso o objeto não seja executado no prazo contratual, o valor antecipado deverá ser devolvido".

Não é demais ressaltar que as condições de pagamento devem ser dispostas já na etapa preparatória da licitação (inciso III do *caput* do artigo 18 e da alínea "g" do inciso XXIII do artigo 6º, ambos da Lei nº 14.133/2021) e estar previstas expressamente no edital e no contrato (*caput* do artigo 25 e inciso VI do artigo 92, ambos da Lei nº 14.133/2021). Logo, o pagamento antecipado deve ser contratado. Ele não surge de surpresa no curso da execução contratual, como uma espécie de benesse da Administração ao contratado. O §1º do artigo 145 da Lei nº 14.133/2021, sob esse manto, prescreve que a hipótese de pagamento antecipado deve ser "previamente justificada no processo licitatório e expressamente prevista no edital de licitação ou instrumento formal de contratação direta".

A propósito, registre-se que é permitido alterar o contrato por acordo entre as partes, na forma da alínea "c" do inciso II do *caput* do artigo 124 da Lei nº 14.133/2021:

> quando necessária a modificação da forma de pagamento por imposição de circunstâncias supervenientes, mantido o valor inicial atualizado e vedada a antecipação do pagamento em relação ao cronograma financeiro fixado sem a correspondente contraprestação de fornecimento de bens ou execução de obra ou serviço.

---

327 "Art. 64. A ordem de pagamento é o despacho exarado por autoridade competente, determinando que a despesa seja paga".

328 "Art. 38. Não será permitido o pagamento antecipado de fornecimento de materiais, execução de obra, ou prestação de serviço, inclusive de utilidade pública, admitindo-se, todavia, mediante as indispensáveis cautelas ou garantias, o pagamento de parcela contratual na vigência do respectivo contrato, convênio, acordo ou ajuste, segundo a forma de pagamento nele estabelecida, prevista no edital de licitação ou nos instrumentos formais de adjudicação direta".

Ou seja, é legal alterar a forma de pagamento, porém, não para prever o pagamento antecipado. Repita-se que, nos termos da Lei nº 14.133/2021, o pagamento antecipado é excepcional, faz parte do contrato original, ele não surge no transcurso da relação contratual.

Os riscos do pagamento antecipado são altíssimos. Pura e simplesmente, pode acontecer de a Administração Pública pagar e não receber o objeto que foi contratado ou ainda receber com inadequações que impossibilitem, no todo ou em parte, sua fruição.

Sob essa perspectiva, não se pode jamais perder de vista que o pagamento antecipado é exceção e, sendo assim, deve ser amplamente justificado, como exige o §1º do artigo 145 da Lei nº 14.133/2021. Aliás, a justificativa deve ser amparada em duas hipóteses alternativas, tudo conforme o dispositivo supracitado. Ou o pagamento antecipado propicia sensível economia de recursos ou ele é condição indispensável para a obtenção do bem ou prestação do serviço.

Se o pagamento antecipado não for "condição indispensável", conforme o §1º do artigo 145 da Lei nº 14.133/2021, é obrigatório demonstrar que ele propicia economia de recursos, que seja vantajoso sob a ótica econômica. É bem complicado demonstrar a economia de recursos em razão do pagamento antecipado, o que pode ser entrave para a sua aplicação, dado que depende de muitas variáveis, algumas delas até mesmo subjetivas. É difícil que essas variáveis sejam identificadas de forma precisa na etapa preparatória da licitação, momento em que se deve definir, se for o caso, pelo pagamento antecipado.

Ganha destaque que, consoante o §2º do artigo 145 da Lei nº 14.133/2021, o pagamento antecipado pode ser autorizado sem a prestação de garantias por parte dos contratados, o que é fator de maior amplificação de riscos. O dispositivo mencionado preceitua que "a Administração poderá exigir a prestação de garantia adicional como condição para o pagamento antecipado". O legislador, claramente, faculta a exigência da garantia adicional, não a obriga.

É de frisar que, sob a ótica anterior à Lei nº 14.133/2021, os órgãos de controle têm admitido o pagamento antecipado em condições excepcionais, devidamente justificadas e sob a prestação de garantia do contratado. Inclusive, são frequentes os casos de agentes administrativos responsabilizados pelos órgãos de controle porque não justificaram adequadamente o pagamento antecipado ou não exigiram garantias, o que vem sendo qualificado como erro grosseiro, com fundamento no artigo 28 da Lei de Introdução às Normas do Direito Brasileiro (LINDB).[329] Com ênfase, saiba-se que, diante da Lei nº 8.666/1993, os órgãos de controle, especialmente o Tribunal de Contas da União, responsabilizam agentes públicos que não exigiram garantia como condição

---

[329] Para fins do exercício do poder sancionatório do TCU, a realização de pagamento antecipado sem justificativa do interesse público na sua adoção e sem as devidas garantias que assegurem o pleno cumprimento do objeto pactuado pode ser tipificada como erro grosseiro, nos termos do art. 28 da Lei de Introdução às Normas do Direito Brasileiro (LINDB) e na linha da jurisprudência desta Casa (Acórdão nº 185/2019-TCU-Plenário, Ministro Benjamin Zymler; 6.123/2022-2ª Câmara, Ministro Bruno Dantas; 3.215/2022-1ª Câmara, Ministro-Substituto Augusto Sherman, entre outros) . Desse modo, ante a inexistência desses pressupostos, reputo que a conduta de Carlos Elízio Barral Ferreira e Nilson Rogério Pinto Leão caracterizou culpa grave, em razão da profunda inobservância do dever de cuidado. Assim, suas contas e as da empresa devem ser julgadas irregulares, condenando-os solidariamente ao ressarcimento do débito quantificado no relatório precedente (TCU, 1ª Câmara. Acórdão nº 12.313/2023. Rel. Min. Jorge Oliveira. j. 7.11.2023).

para pagamento antecipado e não vêm admitindo exceções. Não se pode descartar que o entendimento seja estendido para a Lei nº 14.133/2021, em que pese a redação do §2º do seu artigo 145.

Insista-se que o §2º do artigo 145 da Lei nº 14.133/2021 não obriga a exigência de garantia. Em que pese não obrigatória, em razão dos riscos do pagamento antecipado e da jurisprudência dos órgãos de controle, a recomendação é que, em regra, os agentes administrativos exijam sim a garantia referida no §2º do artigo 145 da Lei nº 14.133/2021. A não exigência de garantia deve ser compreendida em seu contexto como medida de exceção. Também se recomenda, embora não exigido no dispositivo supracitado, que a não exigência da garantia seja devidamente motivada. Ocorre que, em situações específicas de mercados estritos, normalmente internacional, os fornecedores condicionam a venda ao pagamento antecipado e se recusam a prestar garantias. Nesses casos, ou a Administração paga antecipado sem garantia ou não recebe o produto. Portanto, nem sempre a garantia é viável e os órgãos de controle devem ter sensibilidade para essas situações extremadas.

Pondera-se que a Lei nº 14.133/2021, por disciplinar o pagamento antecipado, pode gerar sensação de falsa segurança, pode dar a impressão de que ele não seja tão complicado ou arriscado. Diga-se em alto e bom som: ele é complicadíssimo e arriscadíssimo. O superlativo é didático e se justifica em face dos inúmeros casos problemáticos que se percebem na jurisprudência dos órgãos de controle. A questão é que as condicionantes e as medidas facultativas de mitigação de riscos contidas na Lei nº 14.133/2021 não são suficientes para oferecer segurança ao pagamento antecipado. O interesse público, o erário público e os agentes públicos permanecem bem vulneráveis, o que se intensifica nas hipóteses em que o pagamento antecipado não é precedido da apresentação de garantias, como autoriza, repita-se, o §2º do artigo 145 da Lei nº 14.133/2021.

O autor deste livro e Rodrigo Pironti debruçaram-se sobre a gestão de riscos em pagamentos antecipados a propósito das medidas de enfrentamento à pandemia de Covid-19:

> A premissa central é o reconhecimento inequívoco de que o pagamento antecipado é o próprio evento de risco e, por isso, deve ser precedido de análise cautelosa e ser preventivamente gerenciado. Seguramente o pagamento antecipado é evento de risco de nível extremo, notadamente quando desacompanhado de prestação de garantias pelo contratado, em qualquer matriz que considere minimamente a legislação, as experiências pregressas da Administração Pública nacional e os possíveis prejuízos financeiros.
>
> Tomando em conta essa premissa central, dentro do processo de estruturação da gestão de riscos para pagamentos antecipados, sugere-se: a) a criação, se ainda não há, de comitê de gerenciamento de risco do órgão/entidade; b) que a avaliação desses contratos passe pela análise antecipada do comitê de gerenciamento de risco do órgão/entidade; e c) que em todos os casos, essas hipóteses sejam precedidas de due diligence para se determinar de forma objetiva a idoneidade e capacidade das empresas "beneficiadas" por essa antecipação.
>
> Sob esse contexto, é bastante importante que o pagamento antecipado seja precedido de efetivo processo de due diligence, para se determinar de forma objetiva a idoneidade e capacidade das empresas "beneficiadas" por essa antecipação. Práticas como "know your customer" e "know your supplier" deverão ser implementadas de maneira mais efetiva na Administração Pública. Não se pode admitir, à vista dos inúmeros escândalos vivenciados

> no passado e agora potencializados pela pandemia de COVID-19, que a Administração não estruture um processo organizado de investigação interna de seus fornecedores, que é algo comezinho em qualquer relação privada de menor potencial econômico e fundamental em se tratando de contratações que envolvam o pagamento antecipado realizado com recursos públicos.
> O pagamento antecipado é delicado e pressupõe o fortalecimento do processo de due diligence, com a aplicação de Questionário de Due Diligence (QDD) específico e, posteriormente, a sugestão de medidas mitigadoras amparadas em processo de Gerenciamento de Risco de Integridade (GRI) dos fornecedores, reduzindo, com isso, a vulnerabilidade da Administração na opção/adoção da antecipação. É fundamental que esse processo de due diligence seja previamente estruturado para que ele possa ser célere e adequado às situações emergenciais, prevendo-se níveis de investigação em harmonia ao grau de emergência da contratação.[330]

Com o mesmo espírito, preocupada com os riscos que envolvem o pagamento antecipado, a Advocacia-Geral da União produziu a Orientação Normativa nº 76/2023, que repete em parte o que está na Lei nº 14.133/2021, sinalizando que a garantia pode e não, necessariamente, deve ser exigida. Para além disso, para resguardar a Administração, sugere:

> II - A partir do exame das circunstâncias que são próprias de cada caso concreto, e para resguardar o interesse público e prejuízos ao erário, poderá, ainda, a administração exigir garantias adicionais para fins de admissão do pagamento antecipado, na forma do art. 92, inciso XII, e art. 96, da Lei nº 14.133/2021, bem como poderá adotar outras cautelas, tais como: comprovação da execução de parte ou de etapa inicial do objeto pelo contratado para a antecipação do valor remanescente; emissão de título de crédito pelo contratado; acompanhamento da mercadoria, em qualquer momento do transporte, por representante da administração; exigência de certificação do produto ou do fornecedor; dentre outras.

Todas as cautelas têm lugar diante de pagamento antecipado. E isso com mais força nas hipóteses em que não for possível, por excepcional restrição de mercado, condicionar o pagamento antecipado à prestação de garantia. Pagamento antecipado não pode ser tratado pelos gestores como algo ordinário.

12 A situação de irregularidade fiscal ou previdenciária não autoriza a retenção do pagamento devido pelos serviços executados

Muitos órgãos e entidades da Administração Pública exigem equivocadamente que os contratados estejam em e apresentem situação de regularidade fiscal ou previdenciária como condição para a realização de pagamentos. Essa prática é herança de entendimento já vencido e revisto pelo Tribunal de Contas da União, que, embora equivocado, vigorou por período prolongado.[331]

Enfim, o pretenso fundamento para a referida exigência, de acordo com o entendimento antigo do Tribunal de Contas da União, residia no §3º do artigo 195 da

---

330 NIEBUHR, Joel de Menezes; PIRONTI, Rodrigo Aguirre de Castro. Gestão de riscos de pagamentos antecipados. *Zênite Fácil*, 23 jun. 2020. Disponível em: http://www.zenitefacil.com.br. Acesso em: 15 set. 2021.

331 TCU, Plenário. Decisão nº 705/1994. Rel. Min. Paulo Affonso Martins de Oliveira, j. 23.11.1994.

Constituição Federal, cuja redação é a seguinte: "A pessoa jurídica em débito com o sistema de seguridade social, como estabelecido em lei, não poderá contratar com o Poder Público nem dele receber benefícios ou incentivos fiscais ou creditícios".

Perceba-se que o §3º do artigo 195 da Constituição Federal não condiciona o pagamento à regularidade com o sistema de seguridade social. O que o referido dispositivo condiciona é a capacidade de contratar com o Poder Público à regularidade com o sistema de seguridade social. Nesse sentido caminha o inciso XVI do artigo 92 da Lei nº 14.133/2021, ao prescrever que o contratado deve manter durante a execução do contrato as condições de habilitação. Ora, como a regularidade fiscal, incluindo a previdenciária, é quesito obrigatório de habilitação, é dever do contratado a manter. O contratado que não a mantém descumpre suas obrigações contratuais e, em vista disso, se a situação não for regularizada, na mais rigorosa das hipóteses, o contrato deve ser rescindido unilateralmente pela Administração, nos termos do inciso I do artigo 137 da Lei nº 14.133/2021, e ele, o contratado, apenado, na forma dos artigos 155 e seguintes da mesma lei.

No entanto, não há nada na Constituição Federal ou na Lei nº 14.133/2021 que autorize expressamente a retenção dos valores devidos ao contratado por força de situação de irregularidade fiscal ou previdenciária. Ora, rescindir o contrato e aplicar penalidade ao contratado é bem diferente de, pura e simplesmente, não pagar.

Como dito, não há nada na Constituição Federal e na Lei nº 14.133/2021 que autorize o não pagamento. Ao contrário, se o contratado cumpriu sua obrigação perante a Administração, ele tem o direito de receber a contrapartida devida por ela, sob pena de enriquecimento sem causa do Poder Público. A situação de irregularidade fiscal ou previdenciária do contratado não autoriza nem justifica o inadimplemento. Se o contratado cumpriu suas obrigações, fez o que se comprometeu a fazer, ele deve receber o que lhe é devido.

Portanto, a Administração Pública não está autorizada a reter pagamentos ao argumento de que o contratado está em situação irregular perante a Seguridade Social ou, diga-se de passagem, perante qualquer outra entidade fiscal.

Nesse sentido é a jurisprudência do Superior Tribunal de Justiça. Confira-se a seguinte ementa:

> PROCESSUAL CIVIL E ADMINISTRATIVO. MANDADO DE SEGURANÇA. CONTRATO ADMINISTRATIVO. ILEGALIDADE NÃO CONFIGURADA. DIREITO LÍQUIDO E CERTO NÃO DEMONSTRADO. 1. Trata-se, na origem, de Mandado de Segurança impetrado por Menezes Serviços de Conveniência Ltda. contra ato do Prefeito de Laranjeiras/SE, consubstanciado na retenção de pagamento por serviços prestados à Municipalidade, sob a alegação de que a empresa não teria apresentado certidão de regularidade fiscal de tributos federais. 2. O Tribunal de Justiça do Estado de Sergipe concedeu parcialmente a ordem, para determinar à autoridade impetrada, exclusivamente, que se abstenha de condicionar o pagamento relativo às faturas das notas fiscais referentes aos serviços executados, decorrentes do contrato administrativo 55/2013, à apresentação de certidões negativas de débitos e/ou de regularidade fiscal (fls. 121-129, e-STJ). 3. A decisão impugnada não merece reforma, pois cabe à recorrente cumprir com sua obrigação de apresentar a comprovação de sua regularidade fiscal, sob pena de ver rescindido o contrato com o Município pelo descumprimento de cláusula contratual, em que pese ser vedada a retenção do pagamento

pelos serviços prestados, como ocorreu na espécie, no que tange às notas fiscais apresentadas na petição inicial.[332]

A jurisprudência do Superior Tribunal de Justiça é antiga e desde muito se opunha à do Tribunal de Contas da União – a falta de deferência por parte do Tribunal de Contas da União ao Poder Judiciário é causa de insegurança jurídica e incerteza, em prejuízo dos agentes administrativos e, especialmente, dos contratados. O Tribunal de Contas da União, no entanto, reviu o seu antigo posicionamento, agora alinhado com o do Superior Tribunal de Justiça. A título ilustrativo, leia-se:

> Consulta – Execução contratual – Pagamento a fornecedores em débito com o sistema de seguridade social que constem do sistema de cadastramento unificado de fornecedores – Conhecimento – Resposta à consulta.
> 1. Nos contratos de execução continuada ou parcelada, a Administração deve exigir a comprovação, por parte da contratada, da regularidade fiscal, incluindo a seguridade social, sob pena de violação do disposto no §3º do artigo 195 da Constituição Federal, segundo o qual "a pessoa jurídica em débito com o sistema da seguridade social, como estabelecido em lei, não poderá contratar com o poder público nem dele receber benefícios ou incentivos fiscais ou creditícios".
> 2. Nos editais e contratos de execução continuada ou parcelada, deve constar cláusula que estabeleça a obrigação do contratado de manter, durante toda a execução do contrato, as condições de habilitação e qualificação exigidas na licitação, prevendo, como sanções para o inadimplemento dessa cláusula, a rescisão do contrato e a execução da garantia para ressarcimento dos valores e indenizações devidos à Administração, além das penalidades já previstas em lei (arts. 55, inciso XIII, 78, inciso I, 80, inciso III, e 87, da Lei nº 14.133/2021).
> 3. Verificada a irregular situação fiscal da contratada, incluindo a seguridade social, é vedada a retenção de pagamento por serviço já executado, ou fornecimento já entregue, sob pena de enriquecimento sem causa da Administração.[333]

De todo modo, é importante ressaltar que o contratado em situação de irregularidade fiscal ou previdenciária descumpre as suas obrigações contratuais, como deflui do inciso XVI do artigo 92 da Lei nº 14.133/2021. Por via de consequência, se a situação de irregularidade persistir, o contrato pode vir a ser rescindido, com fundamento no inciso I do artigo 137 da Lei nº 14.133/2021, e o contratado até mesmo apenado, em consonância com os artigos 155 e seguintes da mesma lei. É a jurisprudência do Superior Tribunal de Justiça:

> Pode a Administração rescindir o contrato em razão de descumprimento de uma de suas cláusulas e ainda imputar penalidade ao contratado descumpridor. Todavia a retenção do pagamento devido, por não constar do rol do artigo 87 da Lei nº 14.133/2021, ofende o princípio da legalidade, insculpido na Carta Magna.[334]

---

332 STJ, Segunda Turma. MS nº 53.467/SE. Rel. Min. Herman Benjamin, j. 27.6.2017.

333 TCU, Plenário. Acórdão nº 964/2012. Rel. Min. Walton Alencar Rodrigues, j. 25.4.2012.

334 STJ, Segunda Turma. Agravo de Instrumento nº 1.030.498/RO. Rel. Min. Castro Meira, j. 9.9.2008.

Sem embargo, pondera-se que a rescisão não deve ser considerada consequência automática e inevitável diante de situação de irregularidade perante a seguridade social ou qualquer outra entidade fiscal. Sucede que a rescisão produz efeitos drásticos e muitas vezes prejudiciais à Administração. Portanto, antes de partir para a rescisão do contrato, é aconselhável que a Administração oportunize ao contratado a regularização da situação, dando-lhe prazo adequado para tal desiderato, que deve ser avaliado diante de cada caso concreto.

A rescisão não deve ser açodada. Isso não quer dizer, no entanto, que a Administração deva ser leniente com contratados inadimplentes, que não mantêm as suas condições de habilitação, entre as quais a regularidade fiscal. Se for o caso, se a situação não for regularizada, a rescisão unilateral do contrato, por falta do contratado, é medida que se impõe.

Outrossim, a rescisão permite à Administração executar a garantia contratual, para ressarcimento dos prejuízos, bem como os valores das multas e das indenizações, conforme o inciso III do *caput* do artigo 139 da Lei nº 14.133/2021, e, ainda, reter pagamentos devidos ao contratado até o limite dos prejuízos causados, dessa feita com amparo no inciso IV do mesmo artigo.

Trocando-se em miúdos, a rescisão do contrato por culpa do contratado confere à Administração o direito de executar garantia e reter os pagamentos devidos ao contratado para fazer frente aos prejuízos por ele causados. Portanto, se o contratado não mantém situação de regularidade com a seguridade social ou qualquer outra de ordem fiscal, à Administração, no final das contas, ao rescindir o contrato administrativo, é permitido reter os pagamentos. No entanto, ela só pode fazê-lo na medida dos prejuízos que lhe são causados. A ela não é permitido reter, de cambulhada, os valores devidos ao contratado em sua totalidade, sem parâmetros, em montante superior aos prejuízos a ela causados.

A título ilustrativo, imagine-se que o contratado recolheu os encargos relativos ao sistema de seguridade social, bem como todos os encargos trabalhistas e outros legais pertinentes a contrato firmado com a Administração. No entanto, em razão de outros contratos ou de outra situação qualquer, não diretamente relacionada ao contrato firmado com a Administração, ele não mantém a regularidade com o sistema de seguridade social. A Administração deve rescindir o contrato e apurar os prejuízos que lhe foram causados. Suponha-se que a Administração deva pagar ao contratado, por tudo que ele executou, R$200.000,00, porém, em vista da rescisão, ela apura prejuízo de R$100.000,00. Nesse caso, a Administração pode reter R$100.000,00, não R$200.000,00. Ela deve pagar a diferença entre o valor devido ao contratado e os prejuízos por ele causados, que é de R$100.000,00. Não há justificativa para a Administração reter valores além do necessário para fazer frente aos prejuízos provocados em razão da rescisão. A propósito, é possível, inclusive, que não haja prejuízo. Se assim o for, não há justificativa para que a Administração retenha sequer um centavo do pagamento devido ao contratado.

De modo geral, as considerações deduzidas neste tópico foram sistematizadas no artigo 8º da Instrução Normativa SEGES/ME nº 77/2022, que vale para a Administração Pública Federal direta, autárquica e fundacional e para os demais entes da federação nas hipóteses em que executam recursos da União decorrentes de transferências voluntárias. Leia-se o artigo 8º da Instrução Normativa:

> Art. 8 Previamente ao pagamento, a Administração deve verificar a manutenção das condições exigidas para a habilitação na licitação, ou para a qualificação, na contratação direta.
> §1º A eventual perda das condições de que trata o *caput* não enseja, por si, retenção de pagamento pela Administração.
> §2º Verificadas quaisquer irregularidades que impeçam o pagamento, a Administração deverá notificar o fornecedor contratado para que regularize a sua situação.
> §3º A permanência da condição de irregularidade, sem a devida justificativa ou com justificativa não aceita pela Administração, pode culminar em rescisão contratual, sem prejuízo da apuração de responsabilidade e da aplicação de penalidades cabíveis, observado o contraditório e a ampla defesa.
> §4º É facultada a retenção dos créditos decorrente do contrato, até o limite dos prejuízos causado à Administração Pública e das multas aplicadas, nos termos do inciso IV do art. 139 da Lei nº 14.133, de 2021.

Note-se que, embora a Administração tenha de verificar as condições de habilitação por ocasião do pagamento, este não deve deixar de ser realizado porque o contratado não as mantém. Neste caso, o contratado deve ser notificado para regularizar a situação e, caso não regularize, o contrato pode vir a ser rescindido – o que, também, não é consequência automática da não regularização. Os prejuízos eventualmente causados à Administração e multas aplicadas, estes sim podem ser descontados dos pagamentos contratados.

13 Conta vinculada e pagamento pelo fato gerador

O artigo 142 da Lei nº 14.133/2021 prescreve que "disposição expressa no edital ou no contrato poderá prever pagamento em conta vinculada ou pagamento pela efetiva comprovação do fato gerador". Não se esqueça de que os incisos III e V do §3º do artigo 121 já autorizam, respectivamente, o pagamento em conta vinculada e pelo fato gerador nos contratos de serviços contínuos com regime de dedicação exclusiva de mão de obra. Daí que se deve considerar que a autorização dada pelo artigo 142 é de abrangência geral, de modo que os pagamentos em conta vinculada e pelo fato gerador possam ser aplicados em todos os contratos que forem pertinentes, a depender do juízo discricionário da Administração externado no edital ou no contrato.

Os pagamentos em conta vinculada e pelo fato gerador são pertinentes a contratos em que o contratado tenha obrigações sujeitas a eventos futuros e incertos. O emprego deles faz com que o contratado somente receba efetivamente os valores correspondentes aos tais eventos futuros e incertos se eles vierem a ocorrer. O pagamento em conta vinculada significa que a Administração deposita os valores correspondentes aos eventos e eles somente podem ser sacados pelo contratado com a anuência da Administração, mediante a ocorrência dos eventos e as despesas efetivas.[335] O pagamento pelo fato

[335] "Quando da prolação do Acórdão 1.214/2013-Plenário, foi levantada questão no sentido de que o procedimento possa se constituir em prática excessivamente onerosa em confronto com outras formas de fiscalização, tendo em vista dificuldades para operacionalizar o controle da conta vinculada, especialmente dificuldades no cálculo de valores a serem liberados, e ações judiciais relativas a outros contratos que bloqueiam os recursos depositados. Todavia, não houve a formulação de providência específica sobre o assunto. 54. Neste trabalho, a equipe retomou a questão para argumentar que esse mecanismo deveria ser submetido a avaliação de risco e de custo-benefício em face de indícios de onerosidade em sua aplicação. Consequentemente, foi proposto

gerador importa que a Administração somente realiza o pagamento quando da realização do evento que lhe é condicionado, sem adiantar valores nem os depositar previamente em conta vinculada.

14 Remuneração variável

O artigo 144 da Lei nº 14.133/2021 autoriza a previsão no edital e no contrato de remuneração variável vinculada ao desempenho da contratada, com base em metas, padrões de qualidade, critérios de sustentabilidade ambiental e prazo de entrega.

A experiência com remuneração variável na Administração Pública nacional vem ganhando força especialmente nas contratações de tecnologia da informação e na terceirização de serviços, áreas em que é corriqueira a previsão do denominado "acordo de níveis de serviço", cujo propósito é disciplinar contratualmente a remuneração variável.

O artigo 144 da Lei nº 14.133/2021 autoriza a remuneração variável, que pode ser formalizada por meio de acordo de níveis de serviço ou não, para todos os contratos, inclusive obras e serviços de engenharia. A Administração não é obrigada a utilizar a sistemática de remuneração variável em todos os seus contratos. Ela deve avaliar em quais contratos a remuneração variável é cabível e pode ser proveitosa.

A remuneração variável somente faz sentido se o nível de satisfação e de utilidade para o interesse público também puder ser variável. Se não puder, se o interesse público puder ser atendido de uma maneira apenas, então a Administração não deve prever remuneração variável. Ou o contrato atende ou não atende, é adimplente ou inadimplente. Em síntese, a remuneração variável pressupõe que a prestação ao cargo do contratado também possa ser razoavelmente variável e a variação da prestação impactar o interesse público.

Por exemplo, a Administração contrata a reforma de um auditório e o prazo é de 100 dias. Ela só precisará do auditório depois dos 100 dias. Nesse caso, não faria sentido majorar a remuneração do contratado se o auditório estiver pronto em 90 dias. A Administração e o interesse público não serão beneficiados.

Noutro exemplo, a Administração contrata a manutenção do sistema de informática. O contrato prevê que o contratado deve atender à chamada da Administração, caso

recomendar à SLTI que reavaliasse a obrigação da utilização da conta vinculada, levando em consideração o custo do procedimento e outras alternativas de fiscalização suscitadas pelo Acórdão 1.214/2013-Plenário (combinação de controles, amostragem, supervisão, etc.). 55. Em sua manifestação, a SLTI informou que está em processo de revisão o normativo que trata da contratação dos serviços terceirizados, com avaliação da possibilidade de definir as situações passíveis, ou não, de adoção da referida conta, em conjunto com a inclusão de requisitos mais rigorosos na qualificação técnica e econômico-financeira. 56. Segundo avalio, a questão da utilização realmente precisa ser estudada com maior profundidade. De fato, há indícios de que, em determinadas situações, o procedimento possa se afigurar oneroso. Todavia, há que se admitir que podem ocorrer outras situações em que o procedimento seja o mais apropriado, considerando os recursos humanos disponíveis e as condições específicas de cada contratação. De todo modo, não se pode esquecer que a conta vinculada oferece ao gestor segurança no gerenciamento do contrato, assegurando que ele não será responsabilizado e a Administração não será onerada, caso a empresa contratada não honre com suas obrigações trabalhistas. 57. Em vista da intenção da SLTI de revisar as normas a respeito do tema, penso que se possa alterar a proposta da equipe no sentido de formular recomendação para que a unidade jurisdicionada elabore estudo de avaliação de custo-benefício e de riscos relacionados à utilização da conta vinculada e, com base nos resultados obtidos, verifique as possibilidades de manter, ou não, o procedimento e de prever a adoção de outras formas de controle, como, por exemplo, aquelas suscitadas no Acórdão 1.214/2013-Plenário" (TCU, Plenário. Acórdão nº 2.328/2015. Rel. Min. Subst. Augusto Sherman Cavalcanti, j. 16.9.2015).

haja algum problema, em três horas. Nesse caso, se o contratado conseguisse atender à chamada em menos tempo, em menos de uma hora, por exemplo, faria sentido que a remuneração dele fosse majorada. Ora, sem o atendimento, o sistema de informática eventualmente permanece paralisado, paralisando a Administração. Se o contratado vem antes e resolve o problema antes, minimiza o prejuízo para a Administração. O contratado está sendo mais eficiente e a Administração incentiva esta eficiência por meio da remuneração variável. Noutra banda, se o contratado atende ao chamado em quatro horas, faz sentido também que a remuneração devida a ele seja reduzida. Ele postergou a satisfação da necessidade da Administração, ampliou seus prejuízos.

A Administração, ao definir os parâmetros para a remuneração variável, deve focar no princípio da proporcionalidade em sentido estrito, na proporção entre meios e fins, tudo sob a ótica da economicidade. A remuneração variável deve ser proporcional ao ganho ou à perda causada pela execução do contrato. O contratado recebe mais na medida do ganho gerado por ele para a Administração. Recebe menos na medida do prejuízo causado por ele. Receberá exatamente o que foi contratado, nem mais nem menos, se não causar ganho nem prejuízo.

Convém salientar que a remuneração variável não é atrelada somente ao prazo de execução. O artigo 144 da Lei nº 14.133/2021 refere ao desempenho da contratada, com base em metas, padrões de qualidade, critérios de sustentabilidade ambiental e prazo de entrega. Esses elementos devem ser objetivados e justificados com força na proporcionalidade e na economicidade. Insista-se que a remuneração variável depende da prestação variável e razoável, cuja variação impacta o interesse público.

Nesse sentido, o §2º do artigo 144 da Lei nº 14.133/2021 prescreve que a remuneração variável deve ser motivada e deve respeitar o limite orçamentário fixado pela Administração para a contratação, de modo que o valor que varia positivamente para o contratado não extrapole o que dispõe a Administração em relação ao respectivo contrato.

A remuneração variável pressupõe que o quanto a ser pago ao contratado sofra variação, que pode ser positiva ou negativa. Realça-se que nada impede a variação positiva, que o contratado receba valor maior se for mais eficiente. Noutra banda, a variável negativa é normal, faz parte da remuneração ajustada e não deve ser confundida com a sanção, especialmente com alguma espécie de multa. A performance do contratado que gera remuneração com viés positivo ou negativo pressupõe o adimplemento das obrigações contratuais, a variação se dá sobre margens aceitáveis da parte da Administração. Logo, dentro das margens de variação de performance, não se cogita de inadimplemento e, por conseguinte, de qualquer sorte de sanção ou reprimenda. Daí que não há de se falar de processo administrativo, contraditório e ampla defesa para a apuração dos valores devidos, com a aplicação das variáveis positivas ou negativas.

O §1º do artigo 144 da Lei nº 14.133/2021 prevê que, em decorrência da remuneração variável:

> o pagamento poderá ser ajustado em base percentual sobre o valor economizado em determinada despesa, quando o objeto do contrato visar à implantação de processo de racionalização, hipótese em que as despesas correrão à conta dos mesmos créditos orçamentários, na forma de regulamentação específica.

O dispositivo diz respeito a contratos com objetos delimitados, que envolvam racionalização de despesas, como ocorre nos contratos de eficiência. Lembre-se que, de acordo com o inciso LIII do artigo 6º da Lei nº 14.133/2021, contrato de eficiência é aquele "cujo objeto é a prestação de serviços, que pode incluir a realização de obras e o fornecimento de bens, com o objetivo de proporcionar economia ao contratante, na forma de redução de despesas correntes, remunerado o contratado com base em percentual da economia gerada". Logo, nesses casos, a remuneração do contratado é variável e dependente da economia gerada, como dispõe o artigo 39 da Lei nº 14.133/2021. Sem embargo, advirta-se que a remuneração variável cabe noutros contratos que não os de eficiência. O §1º do artigo 144 apenas reforça a premissa da remuneração variável nos contratos de eficiência, sem excluir a aplicação dela em relação a outros tipos de contrato.

15 Os pagamentos devem ser realizados de acordo com a ordem cronológica de exigibilidade das faturas

O *caput* do artigo 141 da Lei nº 14.133/2021 prescreve:

> no dever de pagamento pela Administração, será observada a ordem cronológica para cada fonte diferenciada de recursos, subdividida nas seguintes categorias de contratos:
> I - fornecimento de bens;
> II - locações;
> III - prestação de serviços;
> IV - realização de obras.

A realização de pagamentos sem parâmetro, fora da ordem cronológica, de acordo com o humor dos agentes administrativos, é medida comumente utilizada para beneficiar apadrinhados e prejudicar desafetos, em total descompasso com os princípios constitucionais republicanos, entre os quais o da impessoalidade e da moralidade. A realização de pagamentos segundo a vontade do agente administrativo é instrumento politiqueiro que perpetua prática clientelista e alimenta a corrupção. Há de se pôr cobro a essa prática tão prejudicial à Administração Pública, que, em desalinho ao preceituado no *caput* do artigo 141 da Lei nº 14.133/2021, ainda, infelizmente, de fato, é a regra. Os órgãos de controle e, sobretudo, o Ministério Público deveriam atentar mais a esse ponto, exigindo o cumprimento do *caput* do artigo 141 da Lei nº 14.133/2021 e, quando for o caso, promovendo a responsabilidade penal dos agentes administrativos envolvidos, tal qual preceitua o artigo 337-H do Código Penal.

Portanto, os pagamentos devem ser realizados na ordem cronológica de acordo com as categorias de contratos definidas nos incisos do *caput* do artigo 141, o que pode ser extremamente útil aos contratados, servindo de instrumento para compelir, mesmo que de maneira oblíqua, a Administração a honrar os seus compromissos contratuais. Ora, se a Administração deve pagar os contratados de acordo com a ordem cronológica dos seus créditos, por dedução lógica, noutro lado, os contratados dispõem do direito de que os pagamentos assim sejam feitos.

Cumpre ressalvar que, de conformidade com o §1º do artigo 141 da Lei nº 14.133/2021, somente seria permitido à Administração quebrar a ordem cronológica em situações bem excepcionais:

> [...] mediante prévia justificativa da autoridade competente e posterior comunicação ao órgão de controle interno da Administração e ao tribunal de contas competente, exclusivamente nas seguintes situações:
> I - grave perturbação da ordem, situação de emergência ou calamidade pública;
> II - pagamento a microempresa, empresa de pequeno porte, agricultor familiar, produtor rural pessoa física, microempreendedor individual e sociedade cooperativa, desde que demonstrado o risco de descontinuidade do cumprimento do objeto do contrato;
> III - pagamento de serviços necessários ao funcionamento dos sistemas estruturantes, desde que demonstrado o risco de descontinuidade do cumprimento do objeto do contrato;
> IV - pagamento de direitos oriundos de contratos em caso de falência, recuperação judicial ou dissolução da empresa contratada;
> V - pagamento de contrato cujo objeto seja imprescindível para assegurar a integridade do patrimônio público ou para manter o funcionamento das atividades finalísticas do órgão ou entidade, quando demonstrado o risco de descontinuidade da prestação de serviço público de relevância ou o cumprimento da missão institucional.

Então, a quebra da ordem cronológica depende de aspectos formais e substanciais. Os aspectos formais são: prévia justificativa da autoridade competente e comunicação ao controle interno e ao tribunal de contas competente. Os aspectos substanciais demandam que a justificativa se ampare numa das hipóteses previstas no supracitado parágrafo, que devem ser interpretadas de forma restritiva, porque são normas de exceção.

Chama a atenção a hipótese do inciso V do §1º do artigo 141, sobretudo da parte que se refere à justificativa de manutenção do funcionamento das atividades finalísticas do órgão ou entidade, quando demonstrado o risco de descontinuidade da prestação de serviço público de relevância ou o cumprimento da missão institucional. Ocorre que, com muita frequência, diante de questionamento sobre o descumprimento da ordem cronológica, a Administração apresenta justificativas atinentes à insuficiência orçamentária e à necessidade de manter os pagamentos das suas demais obrigações, sob pena de solução de continuidade.

Esse tipo de justificativa genérica não pode ser aceita pelos órgãos de controle e pelo Poder Judiciário, sob pena de consagrar a subversão da regra que impõe o pagamento de acordo com a ordem cronológica. O cumprimento dos contratos firmados e os respectivos pagamentos das parcelas já executadas e reconhecidas em acordo com a ordem cronológica devem ser priorizados e não podem ceder diante de outros compromissos assumidos com outros fornecedores. A contenção orçamentária deve ser suportada por todos, sem preterição da ordem cronológica, nada justificando que uns recebam em dia e outros tenham as suas faturas preteridas.

Nessa medida, diante da frustração de receitas orçamentárias ou coisa do gênero, a Administração tem que demonstrar a implementação de uma série de medidas de austeridade e de contenção de gastos antes de partir para a quebra da ordem cronológica. Seguindo essa exegese, a quebra da ordem cronológica deve ser a única medida capaz de evitar a lesão ao interesse público. Se outras medidas puderem ser adotadas para evitar tal lesão, tal quebra já não se justificará. Se outras medidas não forem suficientes, a quebra deve ser direcionada para favorecer exclusivamente aqueles contratos indispensáveis e não à generalidade dos contratos da Administração. Ou seja, apenas os contratos essenciais passariam à frente, não todos os contratos gerais da Administração.

O §2º do artigo 141 adverte que "a inobservância imotivada da ordem cronológica referida no *caput* deste artigo ensejará a apuração de responsabilidade do agente responsável, cabendo aos órgãos de controle a sua fiscalização". O agente responsável, como está claro no §1º do artigo 141, é a autoridade competente. O legislador foi intencionalmente enfático na direção de que o descumprimento não deve ser tolerado pelos órgãos de controle. Diante dele os órgãos de controle não devem se contentar com meras recomendações. A autoridade deve ser punida. A conduta é especialmente qualificada, tanto que é tipificada como crime pelo artigo 337-H do Código Penal.

Acresça-se que a quebra ocorre sempre que o pagamento de crédito posterior precede o de crédito anterior. Cada pagamento fora da ordem representa uma quebra da ordem cronológica e demanda o atendimento dos requisitos formais e substanciais estabelecidos no §1º do artigo 141 da Lei nº 14.133/2021. Ou seja, cada pagamento fora da ordem demanda uma justificativa específica da autoridade competente e uma comunicação específica ao controle interno e ao tribunal de contas competente.

Sendo assim, a ocorrência de uma quebra não justifica nem autoriza que a fatura preterida seja sempre preterida. A fatura preterida mantém o seu lugar na ordem cronológica e o pagamento de qualquer outra fatura mais antiga do que ela representa nova quebra da ordem cronológica.

A Lei nº 14.133/2021 não prevê qualquer tipo de condicionante temporal para a formação da ordem cronológica, mesmo em relação a faturas em aberto de exercícios anteriores. Se a obrigação do contratado foi liquidada, tendo a Administração reconhecido o adimplemento dele, a fatura por ele apresentada ingressa na ordem cronológica e o inadimplemento da Administração prolongado no tempo não a desfaz nem a prejudica, desde que não se configure decadência ou prescrição. Solução diversa seria contrária à máxima de que ninguém deve se beneficiar da própria torpeza (*nemo auditur propriam turpitudinem allegans*), dado que o inadimplemento prolongado da Administração não pode ser premiado.

De nada serviria o comando estatuído no *caput* do artigo 5º da Lei nº 14.133/2021 se a Administração pudesse subverter a ordem cronológica dos pagamentos sob quaisquer alegações, impertinentes ou irrelevantes. A quebra da ordem cronológica é medida extremamente excepcional, em razão do que deve ser fitada de modo restritivo, para albergar situações fáticas realmente anômalas, inevitáveis, alheias à vontade dos agentes administrativos, potencialmente causadoras de relevantes prejuízos ao interesse público.

Para facilitar o controle sobre a ordem cronológica, o §3º do artigo 141 preceitua que "o órgão ou entidade deverá disponibilizar, mensalmente, em seção específica de acesso à informação em seu sítio na internet, a ordem cronológica de seus pagamentos, bem como as justificativas que fundamentarem a eventual alteração dessa ordem". Quer dizer que cada órgão ou entidade precisa elaborar e dar publicidade, literalmente, a uma lista com a ordem cronológica para pagamentos em acordo com as categorias de contratos indicadas no *caput* do artigo 141. A medida é em prol da transparência e faz com que eventual quebra de ordem seja identificada de forma objetiva pelos interessados e pelos órgãos de controle.

15.1 As disposições da Instrução Normativa SEGES nº 77/2022 sobre a ordem cronológica para os pagamentos

A Secretaria Especial de Desburocratização, Gestão e Governo Digital do Ministério da Economia produziu a Instrução Normativa nº 77/2022 com foco na regulamentação das questões atinentes à observância da ordem cronológica. A Instrução Normativa, repita-se, vale para a Administração Pública Federal direta, autárquica e fundacional e para os demais entes federativos diante de contratos custeados com transferências voluntárias da União.

O artigo 3º da Instrução Normativa indica que a operacionalização e o controle da ordem cronológica de pagamento devem ser realizados por meio do Sistema Compras.gov.br Contratos.

O *caput* do artigo 4º categoriza os contratos, repetindo o prescrito no *caput* do artigo 141 da Lei nº 14.133/2021. Em adendo, o §1º do artigo 4º esclarece que "as fontes de recursos se constituem de agrupamentos específicos de naturezas de receitas, atendendo a uma determinada regra de destinação legal, evidenciando a origem ou a procedência dos recursos que devem ser gastos com uma determinada finalidade". O §2º, na sequência, afirma que "os credores de contratos a serem pagos com recursos vinculados à finalidade ou à despesa específica serão ordenados em listas próprias para cada convênio, contrato de empréstimo ou de financiamento, fundo especial ou outra origem específica do recurso, cuja obtenção exija vinculação".

O *caput* do artigo 5º da Instrução Normativa determina que o marco inicial para ingresso na ordem cronológica é a liquidação da despesa – o recebimento do objeto contratado pela Administração, com o reconhecimento de que ele foi executado em acordo com o contrato. Portanto, o ingresso na ordem cronológica não se dá com a execução do objeto do contrato e o cumprimento das obrigações por parte do contratado, nem com a emissão da respectiva fatura. Dá-se com o reconhecimento pela Administração de que o contratado cumpriu suas obrigações e, portanto, faz jus ao pagamento. Sem a liquidação da despesa (recebimento), o contratado não pode suscitar quebra da ordem cronológica. Se a Administração não realizar a liquidação ou demorar para fazê-lo, o contratado, caso entenda conveniente, deve tomar medidas para exigir da Administração a liquidação. A liquidação é o que autoriza o pagamento por parte da Administração, o que significa dizer que ela é condição para o ingresso do crédito do contratado na ordem cronológica para os pagamentos.

O §4º do artigo 5º da Instrução Normativa assegura que "a despesa inscrita em restos a pagar não altera a posição da ordem cronológica de sua exigibilidade, não concorrendo com as liquidações do exercício corrente". Portanto, as liquidações do ano corrente não adquirem precedência sobre as inscritas em restos a pagar. Como enfatizado, a Lei nº 14.133/2021 não prevê qualquer tipo de condicionante temporal para a formação da ordem cronológica, mesmo em relação a faturas em aberto de exercícios anteriores. Se a obrigação do contratado foi liquidada, ela entra na ordem cronológica, e o advento de novo exercício não desfaz a ordem cronológica nem retira a precedência ou a posição na ordem para pagamento. O novo exercício não significa estabelecer-se uma nova ordem cronológica e não autoriza a preterição das faturas do exercício antigo pelas faturas do exercício novo.

O §6º do artigo 5º da Instrução Normativa frisa que a quebra imotivada da ordem cronológica enseja a apuração de responsabilidade do agente responsável, o que é encargo dos órgãos de controle e fiscalização, sendo que o agente responsável pode, inclusive, incorrer no tipo penal do artigo 337-H do Código Penal, como adverte o §7º do mesmo artigo 5º. Para facilitar o controle, o artigo 10 da Instrução Normativa exige que os órgãos e as entidades administrativas disponibilizem, mensalmente, em seus sites a ordem cronológica de pagamentos e as justificativas para eventuais alterações da ordem. Esses aspectos apenas reproduzem o que já está contido nos §2º e 3º do artigo 141 da Lei nº 14.133/2021.

A propósito, a ordem cronológica pode ser alterada diante dos casos previstos no §1º do artigo 141 da Lei nº 14.133/2021, reproduzidos no artigo 9º da Instrução Normativa nº 77/2022. O parágrafo único prescreve que o prazo para a comunicação ao controle sobre a alteração da ordem cronológica é de 30 (trinta) dias contados da ocorrência do evento que motivou a alteração da ordem cronológica de pagamento.

16 O direito subjetivo dos contratos de exigir que os pagamentos sejam realizados de acordo com a ordem cronológica

Como dito, o *caput* do artigo 141 da Lei nº 14.133/2021 prescreve à Administração o dever de realizar os pagamentos de conformidade com a ordem cronológica. Ora, reconhecer que os contratados dispõem do direito de que os pagamentos sejam feitos em observância à ordem cronológica significa dizer que eles têm o poder de exigir que os pagamentos sejam realizados em tal ordem, que os seus créditos não sejam preteridos por outros cujas datas de exigibilidade sejam posteriores às deles.

Trocando-se em miúdos, os contratados têm direito subjetivo a que os pagamentos levados a cabo pela Administração respeitem a ordem cronológica. Vale dizer que eles têm o poder de exigir que a ordem cronológica de exigibilidade dos créditos seja respeitada.

Noutras palavras, ao contratado que cumpriu suas obrigações contratuais perante a Administração cabe direito subjetivo a que nenhum outro contratado, cujo crédito se tornou exigível depois do dele, receba o pagamento antes que o crédito dele tenha sido quitado. Pode-se falar que, nesses casos, o contratado goza de espécie de *direito de preferência* em relação aos contratados cujos créditos se tornaram exigíveis depois do dele.

Aliás, os contratados dispõem de várias medidas processuais para fazer valer tal direito subjetivo de preferência. Entre elas, é viável impetrar mandado de segurança preventivo ou, mesmo, propor ação cominatória, com pedido de tutela antecipada, para o efeito de impedir que a Administração Pública realize pagamentos fora da ordem cronológica de suas exigibilidades.

Essa é a posição defendida pela mais abalizada doutrina nacional. Entre outros autores, Carlos Pinto Coelho Motta observa o seguinte:

> Concordo plenamente com o autor citado quando afirma que qualquer procedimento administrativo que objetive burlar, protelar, diferir ou escamotear a aplicação do artigo 5º da Lei nº 14.133/2021 constitui válido motivo para que o interessado recorra ao Judiciário, para fazer valer o seu direito à ordem cronológica de pagamentos, assegurada pelos princípios

constitucionais da igualdade e da imparcialidade (artigos 5º, II, e 37 da Constituição Federal e Emenda Constitucional 30/00).[336]

Seguindo a mesma exegese, Laís de Almeida Mourão salienta:

> Com efeito, a questão que se coloca – e que o artigo 5º da Lei nº 14.133/2021 visa assegurar – é a de ter o contratante um direito público subjetivo de não ser imotivadamente preterido pelo seu contratante, o Poder Público, no momento de receber aquilo a que faz jus em razão de um determinado contrato.
> Tal direito do contratante decorre, à evidência, dos princípios constitucionais insertos no *caput* do artigo 37 da Constituição Federal, em especial o da impessoalidade e o da moralidade, que, precipuamente, respaldam o direito dos contratantes particulares, impondo ao agente público o dever de não favorecer quem quer que seja na efetivação dos pagamentos.[337]

O Judiciário vem se manifestando timidamente sobre o assunto, mesmo porque não é tão usual que se lhe apresente demanda desse naipe. Em que pese isso, começa a formar-se jurisprudência relevante, inclusive a partir de precedente importantíssimo do Superior Tribunal de Justiça, relatado pela Ministra Eliana Calmon:

> PROCESSUAL CIVIL - MANDADO DE SEGURANÇA PARA IMPEDIR PAGAMENTO SEM OBSERVÂNCIA DA ORDEM CRONOLÓGICA - ARTIGO 5º DA LEI 14.133/2021 - DIREITO LÍQUIDO E CERTO - CONSEQUÊNCIA REFLEXA - PAGAMENTO DA DÍVIDA - DEMONSTRAÇÃO DO INTERESSE PROCESSUAL.
> 1. Não se confunde a ação de cobrança com o mandado de segurança impetrado para exigir obediência à ordem de pagamento das dívidas de cada unidade da Administração, conforme o artigo 5º da Lei 14.133/2021.
> 2. O pedido imediato no mandado de segurança tem como propósito obter provimento mandamental que garanta ao credor de débito mais antigo preferência sobre o credor titular de crédito mais recente, quanto ao pagamento, nos termos da lei que estabelece critérios para a Administração pagar aos seus credores.
> 3. Tal pretensão não se confunde com a contida na ação de cobrança, em que o credor exige direta e imediatamente o adimplemento do débito em juízo.
> 4. Inviável o conhecimento do dissídio jurisprudencial, por tratar o paradigma de matéria fática diversa da que serve de suporte para o acórdão impugnado.
> 5. É manifestamente inadmissível o recurso especial que não ataca os fundamentos do acórdão recorrido, conforme dispõe a Súmula 283/STF.
> 6. Não compete ao STJ o exame de matéria constitucional em instância extraordinária.
> 7. Recurso especial da CCR - CONSTRUÇÕES CIVIS E RODOVIÁRIOS LTDA não conhecido, sendo conhecido em parte, mas não provido o recurso especial do MUNICÍPIO DE MATOZINHOS. [...]
> Como se vê, a impetrante aponta como direito líquido e certo, de sua titularidade, a observância do dispositivo legal que determina seja seguida a ordem de pagamentos estabelecida para o adimplemento das dívidas de cada unidade da Administração.

---

336 MOTTA, Carlos Pinto Coelho. *Eficácia nas licitações e contratos*: licitação, pregão, contratos, concessões, impactos da Lei de Responsabilidade Fiscal: legislação, doutrina e jurisprudência atualizadas. 9. ed. Belo Horizonte: Del Rey, 2002. p. 128.

337 MOURÃO, Laís de Almeida. Os contratos administrativos e a observância da ordem cronológica de pagamentos. *Boletim de Licitações e Contratos*, v. 14, n. 10, out. 2001. p. 614.

> A impetrante não requereu fosse pago o débito de imediato. Não está a cobrar dívida vencida e não paga, está requerendo aplicação da lei que regula a relação da Administração com os seus credores, o que afasta a incidência da Súmula 263/STF.
> Dentre os direitos dos credores está o de cobrar a dívida em juízo, quando provado que o ente público não cumpriu as suas obrigações, pretendendo justificar a sua inadimplência de forma burocrática.
> Observe-se que, no pedido, a empresa não requer o recebimento do seu crédito. Pede apenas para que seja obedecida a ordem legal de pagamento e que, quando a sua vez chegar, venha a receber o que lhe é devido.
> O acórdão recorrido decidiu a querela pelo comando inserto no artigo 5º da Lei 14.133/2021, assim redigida:
> Artigo 5º Todos os valores, preços e custos utilizados nas licitações terão como expressão monetária a moeda corrente nacional, ressalvado o disposto no artigo 42 desta Lei, devendo cada unidade da Administração, no pagamento das obrigações relativas ao fornecimento de bens, locações, realização de obras e prestação de serviços, obedecer, para cada fonte diferenciada de recursos, a estrita ordem cronológica das datas de suas exigibilidades, salvo quando presentes relevantes razões de interesse público e mediante prévia justificativa da autoridade competente, devidamente publicada.
> À luz desse dispositivo, constato que o acórdão recorrido deve ser mantido, porque a impetrante, por ter a Agravante direito líquido e certo em ver cumprida a ordem de pagamento estabelecida em lei. Nesse contexto, não pode o credor, titular de dívida mais recente recebê-lo, preterindo o titular de crédito mais antigo e da mesma natureza.[338]

Perceba-se que o Judiciário, ao deferir medidas fundadas no *caput* do artigo 141 da Lei nº 14.133/2021, está apenas condenando a Administração à obrigação de não fazer, a se abster de fazer pagamentos fora da ordem cronológica de suas exigibilidades. Tais decisões não obrigam ao pagamento e, por via de consequência, por meio delas não se frustra a peculiar sistemática de execução contra a Fazenda Pública, sustentada sob o regime dos precatórios, prescrito no artigo 100 da Constituição Federal.

A propósito, não é demais encarecer que o Supremo Tribunal Federal já deu por assentado que o cumprimento de obrigação de fazer do Poder Público com reflexo econômico e financeiro não importa em ofensa ao regime dos precatórios preceituado no artigo 100 da Constituição Federal. É o que foi decidido no Tema nº 45, com efeitos vinculantes, de acordo com o inciso III do artigo 927 do Código de Processo Civil:

> RECURSO EXTRAORDINÁRIO COM REPERCUSSÃO GERAL. DIREITO CONSTITUCIONAL FINANCEIRO. SISTEMÁTICA DOS PRECATÓRIOS (ART. 100, CF/88). EXECUÇÃO PROVISÓRIA DE DÉBITOS DA FAZENDA PÚBLICA. OBRIGAÇÃO DE FAZER. SENTENÇA COM TRÂNSITO EM JULGADO. EMENDA CONSTITUCIONAL 30/2000. 1. Fixação da seguinte tese ao Tema 45 da sistemática da repercussão geral: 'A execução provisória de obrigação de fazer em face da Fazenda Pública não atrai o regime constitucional dos precatórios'. 2. A jurisprudência do STF firmou-se no sentido da inaplicabilidade do regime jurídico da execução provisória de prestação de pagar quantia certa, após o advento da Emenda Constitucional 30/2000. Precedentes. 3. A sistemática constitucional dos precatórios não se aplica às obrigações de fato positivo ou negativo, dado a excepcionalidade do regime

338 STJ, Segunda Turma. REsp nº 1.095.777/MG. Rel. Min. Eliana Calmon, j. 1º.9.2009.

de pagamento de débitos pela Fazenda Pública, cuja interpretação deve ser restrita. [...] Recurso extraordinário a que se nega provimento.[339]

O ponto é que tais medidas judiciais que se opõem à quebra da ordem cronológica acabam, de maneira indireta, ainda que não visem à cobrança ou execução, por inibir o inadimplemento da Administração. Ocorre que, se o crédito de determinado contratado for o primeiro da fila e se ele obtiver decisão que impeça a Administração de quebrar a ordem cronológica, ela inevitavelmente, se não conseguir reverter a situação, acabará pagando o que lhe é devido. Isso porque, em caso contrário, não poderá pagar nenhum outro contratado, colocando, daí, deliberadamente, em perigo a continuidade de suas atividades e dos serviços públicos acaso prestados por ela.

Portanto, sob esse enfoque, o reconhecimento de que os contratados têm direito subjetivo a que os pagamentos sejam realizados na ordem cronológica de suas exigibilidades revela-se como valioso instrumento para garantir o adimplemento da Administração, conferindo certa margem de segurança jurídica, benéfica a todas as partes envolvidas na relação contratual e, especialmente, ao interesse público.

Agregue-se que os pedidos formulados por contratados de que se proíba à Administração realizar pagamentos fora da ordem cronológica de exigibilidade de seus créditos não causam qualquer sorte de prejuízo ao interesse público. Se houver prejuízo, ele será causado pela inadimplência da Administração, não pelos direitos dos contratados. A desídia da Administração, o pouco caso dela com o Estado de Direito e a arbitrariedade de muitos gestores públicos é que poderão causar prejuízo.

Outrossim, como destacado no tópico antecedente, a Administração somente está autorizada a realizar pagamentos em desacordo com a ordem cronológica de suas exigibilidades em situações verdadeiramente excepcionais, fartamente amparadas no interesse público e desde que providencie a publicação das justificativas pertinentes antes de efetuar o pagamento.

Em vista disso, a defesa da Administração em ações que visem a obrigá-la a não fazer pagamentos fora da ordem cronológica de exigibilidade dos créditos é bastante limitada. Vislumbram-se somente duas linhas de defesa. Por ordem, a seguir.

A primeira consiste em comprovar que os pagamentos não foram realizados na ordem cronológica de exigibilidade dos créditos em decorrência de razão de interesse público, devidamente justificado, consoante prevê o §1º do artigo 141 da Lei nº 14.133/2021. Por óbvio, a justificativa deve ser anterior à data do pagamento que quebrou ou quebra a ordem cronológica de exigibilidade dos créditos.

A segunda linha de defesa consubstancia-se na alegação de que o crédito pleiteado pelo contratado-autor não é exigível. Ou seja, que ele não adimpliu a sua obrigação, em virtude do que não poderia exigir que a Administração tivesse adimplido a sua, com base na *exceção do contrato não cumprido*.

No entanto, pondera-se que, se o objeto do contrato foi liquidado pela Administração, então não cabe a ela apoiar-se em tal alegação, que, de pronto, se desenhará temerária. Ora, se a Administração recebeu os objetos contratados e não providenciou a devolução imediata ou a notificação dos contratados para retirarem suas mercadorias ou desfazerem

339 STF, Plenário, RE nº 573.872, Rel. Min. Edson Fachin, j. 24.5.2017.

os serviços prestados, é porque eles cumpriram com as suas obrigações e, por via de consequência, o crédito é, a rigor, exigível.

Repita-se que o direito subjetivo dos contratados de que os pagamentos sejam feitos na ordem cronológica perdura para além do exercício orçamentário. Isto é, o direito subjetivo perdura, ainda que eventualmente o crédito de dado contratado não tenha sido quitado até o final do exercício correspondente. Dessa sorte, os contratados pela Administração que enfrentam há anos o inadimplemento dela podem se valer do direito subjetivo outorgado a eles por meio do *caput* do artigo 141 da Lei nº 14.133/2021, para o efeito de exigir os seus direitos de preferência, a partir de então, mesmo que a ordem cronológica já tenha sido quebrada. O advento de novo exercício orçamentário não justifica, nem remotamente, a desobediência à ordem cronológica.

Ademais, mesmo que alguns pagamentos já tenham sido realizados fora da ordem cronológica de suas exigibilidades, os contratados cujos créditos foram preteridos podem ainda fazer valer os seus direitos de preferência. O fato de a Administração ter desrespeitado a ordem cronológica por uma, duas, três vezes ou quantas forem, não a autoriza a desrespeitá-la sempre, não confere legitimidade ao abuso.

O direito subjetivo dos contratados de que os pagamentos sejam realizados de acordo com a ordem cronológica de suas exigibilidades é um dos poucos instrumentos disponíveis para que eles possam se opor com eficácia à contumaz inadimplência da Administração Pública. Falta apenas aos contratados utilizarem tal direito, reclamando-o ao Poder Judiciário, até mesmo para que se crie jurisprudência sobre o assunto, o que o tornará ainda mais efetivo. O direito existe, falta usá-lo.

CAPÍTULO 20

ALTERAÇÃO INCIDENTE SOBRE O OBJETO DO CONTRATO ADMINISTRATIVO

1 Alteração contratual unilateral como expressão da supremacia do interesse público

As alterações do objeto do contrato podem ser unilaterais ou consensuais. As alterações consensuais são aquelas que contam com a concordância do contratado. As unilaterais são as promovidas pela Administração independentemente da aquiescência do contratado. Estas, as alterações unilaterais, são expressões do princípio da supremacia do interesse público, que outorga à Administração série de vantagens e prerrogativas, colocando-a em posição de superioridade em relação aos particulares, a fim de evitar que o interesse público gerido por ela seja prejudicado ou sacrificado em contraste com os interesses particulares. O aludido princípio ecoa fortemente em relação aos contratos administrativos, caracterizados pelas denominadas *cláusulas exorbitantes*, que, a rigor, são prerrogativas outorgadas por lei à Administração Pública para a gestão dos seus contratos administrativos, denominadas, neste livro, prerrogativas protetoras do interesse público.

Tais prerrogativas são disciplinadas pelo artigo 104 da Lei nº 14.133/2021, entre as quais merece destaque, conforme decorre do seu inciso I, a de alterar unilateralmente os contratos administrativos, para melhor adequação às finalidades de interesse público, respeitados os direitos dos contratados, sobretudo de ordem patrimonial.

A prerrogativa da Administração de alterar unilateralmente contrato administrativo provoca repercussão, haja vista que destoa da própria essência da figura contratual concebida em teoria geral, que pressupõe o acordo de vontades e a igualdade entre as partes. Ou seja, as partes contratam, definem, por consequência, o objeto do contrato, e a Administração altera o objeto da avença sozinha, ainda que o contratado não queira ou se oponha a ela, fazendo prevalecer o interesse público sobre a vontade do particular.

2 Alteração contratual é exceção

As demandas decorrentes do interesse público não são estáveis; elas, ao contrário, podem ser alteradas, na medida em que os fatos e as interações socioeconômicas evoluem. Nesse mesmo passo, os interesses públicos ganham complexidade e, também, efemeridade, pelo que a Administração precisa dispor de instrumentos para se adaptar às novas realidades que se apresentam. E o fato é que tudo isso repercute nos contratos administrativos. Ora, se as demandas de interesse público sofrem alterações, os contratos administrativos, que são instrumentos para atender-lhes, também devem sofrer. Por isso é que eles podem ser alterados, erguendo-se o princípio da mutabilidade dos contratos administrativos.

No entanto, a mutabilidade dos contratos administrativos não é regra, tampouco, algo ilimitado. De plano, cumpre frisar que a regra é a execução rigorosa das obrigações contratuais nos exatos termos como elas foram avençadas inicialmente. A exceção é a alteração contratual cuja ocorrência pressupõe as devidas justificativas. Portanto, a Administração deve planejar os seus contratos adequadamente, realizando estudos prévios consistentes.

A alteração contratual não é desejável. O melhor seria que os contratos fossem executados exatamente de acordo com os seus termos iniciais. Sem embargo, por imperativo da realidade, a Administração precisa, com larguíssima frequência, promover alterações contratuais, que são instrumentos fundamentais para a consecução do interesse público.

Pondera-se que as alterações contratuais, muito embora devam ser compreendidas como exceção e não como regra, não devem ser concebidas e analisadas com carga negativa, como se fossem algo necessariamente ruim ou até mesmo ilícito. A alteração contratual encontra amparo na lei, é legítima e moral, preserva os contratos administrativos e evita, muitas vezes, que a Administração incorra em dispêndios excessivos e inconvenientes para o interesse público. Os casos de mau uso das alterações contratuais não podem ser generalizados e dar azo a interpretações exageradas, que acabam prejudicando e inviabilizando os casos legítimos, em prejuízo ao interesse público.

3 Alterações contratuais provocadas por fatos novos e imprevisíveis e para corrigir defeitos do projeto básico ou documento equivalente

Basicamente, a alteração contratual pode decorrer de duas situações. Pode ser provocada pelo advento de fatos novos, imprevisíveis à época da instauração da licitação ou do processo seletivo que precede o contrato, que tenham força bastante para alterar a demanda do interesse público. Para além disso, pode ser necessário alterar o contrato em razão de imprecisões ou de falhas no planejamento e na definição do objeto por parte da Administração Pública.

Há uma falsa percepção de que as alterações contratuais deveriam ser provocadas apenas por fatos novos e imprevisíveis e não por falhas ou imprecisão técnica. O pressuposto desse raciocínio equivocado é que a Administração, na etapa preparatória da licitação, tenha realizado todos os estudos acerca da sua demanda e do objeto que atende à tal demanda, que é o objeto da licitação pública e do contrato administrativo, de modo perfeito, preciso e sem margens de erro. O pressuposto equivocado é que um planejamento adequado deve ser infalível.

Afora a ocorrência de fatos novos e imprevisíveis, é bastante comum que a Administração cometa equívocos ou aporte a conclusões imprecisas ou inadequadas no momento da definição do objeto da licitação pública e do contrato administrativo, em projeto básico ou em documento equivalente. O problema é que tais equívocos costumam ser revelados na fase contratual. E, muitas vezes, tais equívocos são de tal ordem que, sem a sua correção, o objeto contratual torna-se inexequível ou deixa de contemplar o interesse público. Dessa sorte, detectado o equívoco, surge a necessidade de a Administração corrigi-lo, promovendo alteração contratual.

É legítimo que se proceda às alterações contratuais tanto diante de fatos novos e imprevisíveis quanto diante de equívocos ou imprecisões detectadas no projeto básico ou documento equivalente. O melhor seria que não houvesse equívocos. Entretanto, o planejamento das contratações, inclusive das contratações privadas, não é perfeito e infalível. Caso os equívocos ou imprecisões não pudessem ser corrigidos, a Administração seria forçada a dar continuidade a contrato que não atende da forma mais adequada ao interesse público ou teria que o rescindir, incorrendo em custos amplíssimos, entre os quais os decorrentes das indenizações devidas aos contratados, além de realizar nova licitação e novo contrato, postergando a satisfação do interesse público. Portanto, não se harmoniza com o princípio da proporcionalidade a solução que impõe à Administração ônus tão pesados, impedindo-a de corrigir os equívocos ou imprecisões por meio das alterações contratuais.

Nada obstante isso, o §1º do artigo 124 da Lei nº 14.133/2021 prescreve que, "se forem decorrentes de falhas de projeto, as alterações de contratos de obras e serviços de engenharia ensejarão apuração de responsabilidade do responsável técnico e adoção das providências necessárias para o ressarcimento dos danos causados à Administração".

O dispositivo em apreço admite que alterações contratuais sejam promovidas para corrigir falhas de projeto. Veja-se que o texto legal não proíbe as alterações. Ao contrário, as pressupõe, parte da hipótese de que devem ser firmados aditivos decorrentes de falhas de projeto.

Então, para o legislador, não é ilegal nem constitui irregularidade a promoção de alteração contratual para corrigir tais falhas. A ilegalidade ou irregularidade, se houver, antecede o aditivo contratual e reside na etapa preparatória, caso não tenham sido tomadas as medidas e as precauções técnicas devidas para a elaboração do projeto. Daí a solução do legislador de admitir o aditivo, bem como apurar a responsabilidade de quem participou da elaboração do projeto e tomar providências para ressarcir dano causado à Administração.

O legislador previu essa solução para não prejudicar duplamente a Administração, o que ocorreria se, diante de falha havida na etapa preparatória, ela não pudesse firmar o respectivo aditivo. Ela seria prejudicada com a falha na etapa preparatória e, também, com a vedação ao aditivo, que traz consigo, por sua vez, uma série de reflexos negativos à Administração, como já acentuado.

Daí que é melhor para o interesse público que o contrato siga, o que depende da promoção do aditivo contratual, de modo a evitar todos os reflexos negativos provocados pela inadequação do contrato ou pela necessidade de rescisão contratual. O §1º do artigo 124 da Lei nº 14.133/2021 admite o aditivo e, por outro lado, sinaliza-se que a

Administração deve apurar eventuais responsabilidades e danos ao erário causados pelo planejamento ineficiente.

Ressalva-se que a responsabilização pessoal de agente administrativo que tenha dado causa ao defeito do projeto e a reparação ao erário mencionadas no §1º do artigo 124 da Lei nº 14.133/2021 não são consequências automáticas da alteração contratual fundada em falha de projeto. Sucede que os projetos não são peças necessariamente perfeitas, precisas e infalíveis.

Aliás, é lógico que o planejamento não traz soluções precisas, há, evidentemente, margem de erro aceitável, que varia conforme as particularidades e o apetite de risco que se aceita em cada projeto. E essa margem de erro não produz efeitos apenas quantitativos, mas também qualitativos. Por exemplo, pode ser que se tenha adotado o padrão técnico adequado para a realização das sondagens e que elas tenham sido realizadas com correção, porém que alguma característica do solo não tenha sido identificada e venha a ser apenas na fase de execução do contrato, demandando ampla revisão da solução contida no projeto. Insista-se que isso ocorre na iniciativa privada. Imprecisões e inadequações, sob essa percepção técnica, ocorrem em todas as áreas de atuação humana e, como não poderia ser diferente, ocorrem na etapa preparatória das licitações.

Disso resulta que a falha ou imprecisão do projeto, tendo-se adotado o padrão técnico adequado, não pode sequer ser qualificada juridicamente como erro. Ou seja, a falha ou imprecisão do projeto, o que tecnicamente pode ser qualificado como erro ou margem de erro, não é o bastante para qualificar o erro sob a perspectiva jurídica, que conduz à responsabilização de agente público. O erro, em sua dimensão jurídica, pressupõe que não se tenha adotado o padrão técnico adequado e não pode ser confundido com a mera falha ou imprecisão que é inerente a todo planejamento.

Para além disso, mesmo nos casos de não adoção dos padrões técnicos adequados, a responsabilização do agente público que o causa depende da configuração do dolo ou do erro grosseiro, como preceitua o artigo 28 da Lei de Introdução às Normas do Direito Brasileiro. Quer dizer que o defeito do projeto não autoriza, por si só, a responsabilização. Esta depende da caracterização do erro, da sua causa e da sua dimensão, e, sobretudo, da avaliação da culpabilidade do agente administrativo em relação ao sobredito erro.

Sendo assim, a responsabilização e a obrigação de ressarcimento de dano ao erário dependem da configuração de erro decorrente da não adoção das técnicas adequadas, o que não se satisfaz com a mera constatação de falha ou imprecisão. Para além disso, é imprescindível a instauração de processo administrativo, com todas as garantias tocantes ao contraditório e à ampla defesa. Por fim, a responsabilização de agente administrativo depende da sua culpabilidade, que, nos termos do artigo 28 da Lei de Introdução às Normas do Direito Brasileiro, pressupõe que ele tenha agido com dolo ou com erro grosseiro.

4 Alteração contratual não pode transfigurar o objeto do contrato

De todo modo, ainda que alterações contratuais sejam permitidas, elas são sempre limitadas. A mutabilidade do objeto do contrato é princípio que serve a possibilitar a adequação dele às novas demandas do interesse público. O ponto-chave reside na ideia de adequação. A alteração presta-se a promover adequações, não a transformar o objeto do contrato noutro, com funcionalidade diferente. Portanto, ainda que se possa alterar o objeto do contrato, deve-se preservar a sua identidade. A alteração do objeto do contrato não pode tocar à funcionalidade básica dele. Noutras palavras, a finalidade da contratação ou a demanda a ser atendida por ela devem ser as mesmas, não podem ser o foco de alteração. A alteração adapta dado objeto, não o transforma em coisa diferente.

O fundamento para a restrição se encontra no princípio da vinculação ao edital, que se estende também para os contratos administrativos, como prescrito no §2º do artigo 89 da Lei nº 14.133/2021. Ou seja, a bem do interesse público, o princípio da vinculação ao edital não é absoluto, ele cede em parte, porque permite que o objeto licitado e contratado seja alterado, sofra ajustes e adaptações, sempre preservando sua identidade e de acordo com os limites estabelecidos pelo legislador. No entanto, o princípio não admite a transfiguração do objeto, porque daí haveria um rompimento lógico entre a licitação e o contrato. A licitação é a condição de validade que antecede a contratação. Esta, a contratação, não pode romper com a condição de validade que lhe antecede, porque daí a contratação se torna inválida. A transfiguração do objeto importa em ruptura, por isso é vedada.

O artigo 126 da Lei nº 14.133/2021 estabelece que "as alterações unilaterais a que se refere o inciso I do *caput* do art. 124 desta Lei não poderão transfigurar o objeto da contratação". O texto é infeliz. Atrai a atenção o fato de que o dispositivo se refere apenas às alterações unilaterais, o que daria espaços para entender, valendo-se de raciocínio *contrario sensu*, que as alterações consensuais poderiam transfigurar o objeto das licitações.

Ora, isso não faz sentido, porque subverteria a própria ideia da licitação pública e o princípio da vinculação ao edital, que lhe é basilar. Insista-se que não se pode licitar dado objeto e transformá-lo totalmente por meio de aditivos contratuais, de qualquer natureza, ainda que com a concordância do contratado. Pode-se, de forma unilateral ou consensual, promover alterações para adaptar o objeto, para ajustá-lo e não para transfigurá-lo. Valendo-se de exemplo intencionalmente exagerado, contrato cujo objeto é a compra de bicicletas não pode ser alterado para as substituir por carros de passeio, ainda que, insista-se, tal intento conte com a concordância do contratado. O princípio da vinculação ao edital tem densidade normativa suficiente para obstar a transfiguração do objeto, qualquer que seja a natureza da alteração contratual, unilateral ou consensual, dado que o contrato não pode se apartar totalmente do que foi licitado.

Sendo assim, o artigo 126 deve ser interpretado de forma restritiva, delimitado à sua exata prescrição de proibir que alteração unilateral transfigure o objeto do contrato. O dispositivo, literalmente, não permite a transfiguração do objeto do contrato no caso de alterações consensuais. O raciocínio *contrario sensu* esbarra na interpretação sistemática, notadamente no princípio da vinculação ao edital.

De todo modo, a avaliação acerca de eventual transfiguração do objeto é cercada de subjetividade e causa controvérsias. Suponha-se, a título ilustrativo, que entidade da Administração Pública contrate a construção de prédio, com o propósito de abrigar um posto de saúde. Posteriormente, em face de novas demandas calcadas no interesse público, entende que o prédio não deve mais ser utilizado como posto de saúde, porém como uma creche. Para isso, precisa promover alteração contratual, a fim de realizar ajustes no projeto original, apenas para rearranjar os ambientes internos. Essa alteração transfigura o objeto do contrato?

A resposta, em princípio, é negativa. No caso, o objeto do contrato é o prédio, uma obra de engenharia civil, que não se confunde com a destinação pretendida para o prédio. O objeto do contrato não é o posto de saúde. Repita-se, é o prédio, a obra de engenharia civil. Nesse sentido, desde que o prédio mantenha as suas características básicas e técnicas de construção, pode-se perfeitamente alterar a sua destinação. O raciocínio é que, no âmbito da relação contratual, pouco importa qual é a destinação que a Administração pretende emprestar ao objeto contratado. Prosseguindo no exemplo, o contratado assume a obrigação de entregar uma obra pronta, em dado local, com dimensões predefinidas. Se estas características essenciais forem preservadas, mantém-se a identidade do objeto. Ao fim e ao cabo, o fato de o Poder Público pretender empregar outra finalidade ao prédio, cuja construção já foi contratada, não desnatura ou compromete a sua identidade, desde que mantidas as características básicas e as técnicas de engenharia.

Noutro exemplo, a Administração firma contrato cujo objeto é a compra de aparelhos de ar-condicionado com 7.500 BTUs e pretende promover alteração contratual para que parte dos aparelhos passe a ser de 10.000 BTUs. A alteração é permitida ou a mudança da potência do aparelho o transfigura? A alteração é permitida e a mudança da potência não transfigura o aparelho de ar-condicionado. O objeto do contrato permanece sendo o aparelho de ar-condicionado. A potência é uma das características do equipamento, cuja alteração, evidentemente, não afeta a sua identidade. Um ar-condicionado mais potente ainda é um ar-condicionado. Ressalva-se que a alteração deve ser devidamente justificada e respeitar as demais condicionantes estabelecidas na legislação. No entanto, no caso, não se transfigura o objeto do contrato, que permanece sendo equipamento de ar-condicionado.

5 Alterações quantitativas e qualitativas

O ordenamento jurídico nacional contempla a possibilidade de alteração que recai sobre o objeto de contrato administrativo para a hipótese de melhor proteção ao interesse público. Do artigo 124 da Lei nº 14.133/2021 extraem-se, basicamente, quatro tipos de alterações contratuais. Como será exposto nos próximos tópicos, os limites às alterações de contratos administrativos variam em razão do tipo de alteração. Daí a importância prática de distingui-las com correção e rigor.

Pois bem, em primeiro lugar, as alterações podem ser unilaterais (inciso I do *caput* do artigo 124) ou consensuais (inciso II do *caput* do artigo 124). Em segundo lugar, podem ser quantitativas (alínea "b" do inciso I do *caput* do artigo 124) ou qualitativas (alínea "a" do inciso I e alínea "b" do inciso II do *caput* do artigo 124). Em brevíssima síntese, as alterações unilaterais são as promovidas pela Administração independentemente da aquiescência do contratado. As alterações consensuais são aquelas que contam com a concordância do contratado. As alterações quantitativas afetam a quantidade, o tamanho ou a dimensão do objeto contratado. As alterações qualitativas, por exclusão, não afetam a quantidade, o tamanho ou a dimensão do objeto contratado, porém a técnica empregada, a qualidade, as especificações do objeto.

O inciso I do *caput* do artigo 124 da Lei nº 14.133/2021 versa sobre as alterações unilaterais, subdividindo-se em duas alíneas, "a" e "b". A alínea "a" permite a alteração "quando houver modificação do projeto ou das especificações, para melhor adequação técnica aos seus objetivos". Trata-se da alteração qualitativa. A alínea "b", por sua vez, dá lastro à alteração "quando necessária a modificação do valor contratual em decorrência de acréscimo ou diminuição quantitativa de seu objeto, nos limites permitidos por esta Lei". Eis a alteração quantitativa.

Bem se vê que a alteração quantitativa, com perdão pela redundância, é aquela que importa acréscimo ou diminuição quantitativa do objeto do contrato. Já a alteração qualitativa recai sobre o projeto ou suas especificações, sobre as qualidades do objeto do contrato e não sobre a sua quantidade, tamanho ou dimensão. Se o objeto permanece com a mesma quantidade, mesmo tamanho e mesma dimensão, então a alteração é qualitativa.

Ressalta-se que, em casos de obras e serviços, os dois tipos de alteração, quantitativa e qualitativa, repercutem na planilha detalhada que acompanha o edital e a proposta do licitante vencedor, que costuma ser prevista como parte integrante do contrato. Por exemplo, suponha-se alteração contratual que recaia sobre o tipo de luminária utilizada na construção de um prédio, dado que se pretende utilizar luminária que seja mais econômica e eficiente do que a constante do contrato original. O contrato prevê a luminária X, que é substituída, em razão de alteração contratual, pela luminária Y. A alteração evidentemente é qualitativa, dado que o prédio permanece com o mesmo tamanho. Sem embargo, na planilha vai-se "suprimir" a luminária X e "acrescer" a luminária Y. Estes "acréscimos" e "supressões" não tocam diretamente ao objeto do contrato, porém, às partes que lhe são integrantes. Ora, o objeto do contrato, que é o prédio, permanece com a mesma quantidade, tamanho e dimensão, não há acréscimos nem supressões no objeto do contrato, por efeito do que, insista-se, a alteração não é de natureza quantitativa.

Quer-se dizer que nem todo "acréscimo" ou "supressão" havido na planilha de obra ou serviço importa em alteração contratual quantitativa. Para precisar se a alteração é quantitativa ou qualitativa, deve-se investigar a sua causa em vista da natureza do seu objeto. Trocando-se em miúdos, se o que se pretende é aumentar ou diminuir a quantidade, o tamanho ou a dimensão do objeto, está-se diante de alteração quantitativa e tudo que for mudado na planilha para tal propósito deve ser computado como parte e resultado dessa alteração quantitativa. Se o que se pretende é alterar o projeto ou especificações, a qualidade do objeto, sem afetar a sua quantidade, tamanho ou dimensão, está-se diante de alteração qualitativa e tudo que for mudado na planilha para tal propósito deve ser computado como parte e resultado dessa alteração qualitativa.

Essas considerações são lógicas, caso contrário não haveria alteração qualitativa, ela seria absorvida pela alteração quantitativa. Explicando melhor, quase sempre que se promove uma alteração qualitativa ocorre a inclusão ou "acréscimo" de algum item na planilha, acompanhada da "supressão" também de algum item. Substitui-se uma solução por outra. Isso acontece em regra, é raro promover alteração qualitativa sem mexer na planilha da obra ou serviço. Se esse "acréscimo" ou "supressão" de algum item da planilha significasse por si alteração quantitativa, então praticamente todas as alterações, independentemente dos seus propósitos, seriam quantitativas, recusando-se e negando vigência à distinção consagrada na Lei nº 14.133/2021 entre alterações qualitativas e quantitativas, conforme comando unívoco das alíneas "a" e "b" do inciso I do *caput* do seu artigo 124.

Há enorme confusão em relação a tais aspectos, sobremodo porque a Administração não atenta a respeito das diversas naturezas jurídicas dos seus contratos, dispensando o mesmo tratamento a contratos de aquisição, serviço e obra. É preciso atentar ao objeto de cada contrato, porque a compreensão dele é central para a distinção entre alteração qualitativa e quantitativa. Ora, se o contrato é de aquisição, o objeto do contrato é aquilo que está sendo adquirido. Assim, se alterada a quantidade do que está sendo adquirido, a alteração, evidentemente, é quantitativa. Por outro lado, se o contrato é de obra, o objeto do contrato é a obra específica, um prédio que está sendo construído ou reformado, por exemplo. Na mesma linha de raciocínio, se alterada a quantidade do prédio (contratar dois prédios em vez de um só) ou aumentar o seu tamanho ou dimensão, a alteração é quantitativa. Por outro lado, se alterada a especificação do prédio e, portanto, itens na planilha, sem aumentar a quantidade de prédios ou a área dele, a alteração é qualitativa e não quantitativa. Se alterada a especificação do prédio, é quase certo que algum item da planilha será alterado, algum item será "acrescido" ou "suprimido". Porém, esse item não representa o objeto do contrato, não é o objeto do contrato que está sendo "acrescido" ou "suprimido", por efeito do que a alteração não é quantitativa, insista-se, é qualitativa.

Ora, suponha-se que a Administração firme contrato para a compra de dez luminárias. Nesse caso, o objeto do contrato é representado pelas dez luminárias. Se ela altera o contrato para adquirir outras duas luminárias, a alteração é quantitativa. Aumentou-se a quantidade do objeto do contrato.

Noutro exemplo, suponha-se que a Administração contratou a obra de reforma de uma sala de estudos. O objeto do contrato é a obra de reforma da sala de estudos. Na planilha do contrato, há a previsão de fornecimento e instalação de dez luminárias, a serem empregadas na reforma. Insista-se que o objeto do contrato não são as luminárias. No curso da execução da reforma, lança-se no mercado luminária mais econômica e mais eficiente do que a contratada. Então, altera-se o contrato para substituir as luminárias. A reforma continua com a mesma quantidade (é uma reforma somente, não passam a ser duas ou três), tamanho ou dimensão (não se vai reformar uma área maior ou menor). Portanto, a alteração contratual para a substituição das luminárias é qualitativa, ainda que na planilha do contrato as luminárias previstas originalmente sejam "suprimidas" e as novas "acrescidas". Diga-se, mais uma vez, "supressão" ou "acréscimo" de item de planilha não significa alteração quantitativa.

Nesse sentido, se o objeto do contrato é obra ou serviço, a alteração qualitativa não é desnaturada mesmo que importe aumento da quantidade prevista inicialmente para um item da planilha do contrato. Suponha-se que o objeto do contrato seja a construção de um prédio de dois mil metros quadrados, destinado a abrigar uma escola pública. No projeto contratado, previa-se uma sala de estudos e outra para depósito, cada uma delas com o mesmo tamanho, cem metros quadrados. A sala de estudos demanda iluminação especial, mais potente do que a da sala de depósitos, por isso as luminárias de uma e de outra são diferentes. Durante a execução do contrato, em razão de motivo superveniente devidamente justificado, decide-se ampliar a sala de estudos e diminuir a de depósito. A sala de estudos fica com cento e vinte metros quadrados e a de depósitos com oitenta metros quadrados. Diante disso, é necessário acrescer as luminárias da sala de estudos e suprimir as da sala de depósitos. Ora, essa variação na quantidade dos tipos de luminárias não torna a alteração contratual quantitativa, dado que o objeto do contrato não é a compra de luminária, mas a construção do prédio. A causa da alteração e, portanto, ela própria é qualitativa e não quantitativa. Não se pretende com a alteração aumentar a quantidade do objeto (construir dois prédios em vez de um só) ou seu tamanho ou dimensão (o prédio permanece com dois mil metros quadrados). O que se pretende é alterar o projeto ou especificação para melhorar a qualidade do seu objeto, por efeito do que, mais uma vez, a alteração é qualitativa. O acréscimo ou supressão de itens na planilha são meros reflexos da alteração qualitativa.

Tais considerações sobre a distinção entre alteração qualitativa e quantitativa encontram abrigo na doutrina especializada, embora sejam usualmente confundidas pela Administração e, especialmente, pelos órgãos de controle.[340]

A correta e rigorosa distinção entre alteração qualitativa e quantitativa é importantíssima, dado que os limites de uma e outra são diferentes. Ocorre que as alterações de natureza qualitativa gozam de limites mais largos do que os das alterações quantitativas.

---

[340] A propósito, leiam-se as lições do Professor Márcio Cammarosano: "Ora, da análise do artigo 65 da Lei nº 8.666/93 depreende-se que a referência a *limites permitidos* pela lei só consta da hipótese consubstanciada no inciso I, alínea 'b', que diz respeito a aumento ou diminuição quantitativa *do objeto* do contrato. A propósito, grifamos a expressão *do objeto* para enfatizar que não se pode confundir *aumento de quantidades deste ou daquele serviço*, como os de raspagem e limpeza do terreno, aterro compactado, ou escavação de valas, que podem variar em razão de necessidades emergentes, independentes da vontade das partes, com *aumento da dimensão do próprio objeto do contrato*, da própria obra, globalmente considerada. Exemplificando: suponha-se que, numa obra, prevista determinada quantidade de substituição de solo de má qualidade, seja constatado, em meio à execução dos serviços, que as reais condições do solo demandem substituição de quantidade bem maior, serviço adicional esse que, se não for feito, inviabilizará a execução segura da obra. Ou então que, mal iniciada a execução das obras de fundação, ocorra afloramento de lençol freático que se encontrava a profundidade diferente do que a que se supunha, a exigir redimensionamento do próprio projeto das fundações. Os acréscimos de serviços terão sido determinados por exigências de ordem técnica. Acréscimos de serviços dessa ordem, e, consequentemente, de valor, decorrentes muitas vezes de situações imprevisíveis ou, quando menos, razoavelmente não previstas, não estão sujeitos a limites como os consubstanciados no §1º do artigo 65 da Lei nº 8.666/93. Já não é o mesmo que se verifica quando, contratada a construção de uma escola com 10.000m² (dez mil metros quadrados) de área, resolve a Administração determinar à contratada que amplie a área construída para que a escola comporte maior número de salas de aula do que o inicialmente estabelecido. Nesse caso, o aumento quantitativo é da própria obra globalmente considerada, e fruto de decisão que poderia ou não ocorrer, sem que a mesma se apresentasse como exigência técnica impostergável, mas que decorresse simplesmente de decisão ditada por critérios de conveniência e oportunidade da própria Administração. É para alterações dessa natureza – aumento quantitativo não deste ou daquele serviço, mas da própria obra – que incide a limitação consubstanciada no §1º do artigo 65 da Lei. É para acréscimos ou supressões dessa natureza, ditadas pela Administração no exercício de competência discricionária, que vale a radical proibição do §2º do artigo 65, proibição essa enfática cuja finalidade é a de evitar práticas abusivas que grassaram com fulcro em equivocadas interpretações do §4º do artigo 55 do Decreto-lei nº 2.300/86" (CAMMAROSANO, Márcio. Aumentos quantitativos e qualitativos do contrato e limites do artigo 65 da Lei nº 8.666/93. *ILC – Informativo de Licitações e Contratos*, Curitiba, v. 4, n. 41, jul. 1997. p. 520 *et seq.*).

6 Limites às alterações unilaterais quantitativas

O artigo 125 da Lei nº 14.133/2021 enuncia:

> [...] nas alterações unilaterais a que se refere o inciso I do caput do art. 124 desta Lei, o contratado será obrigado a aceitar, nas mesmas condições contratuais, acréscimos ou supressões de até 25% (vinte e cinco por cento) do valor inicial atualizado do contrato que se fizerem nas obras, nos serviços ou nas compras, e, no caso de reforma de edifício ou de equipamento, o limite para os acréscimos será de 50% (cinquenta por cento).

Bem se vê que o dispositivo supracitado trata de alterações unilaterais e quantitativas. Ora, da passagem em que o legislador se refere a "acréscimos ou supressões", conclui-se que a alteração é do tipo quantitativa. Logo, o artigo 125 da Lei nº 14.133/2021 diz respeito às alterações unilaterais quantitativas, isto é, aquelas que independem da concordância do contratado e que afetam a dimensão do objeto contratado.

Com efeito, o limite preconizado no artigo 125 da Lei nº 14.133/2021 para as alterações unilaterais quantitativas é de 25% do valor inicial atualizado do contrato. No caso de reforma de edifício ou de equipamento, o limite é de 50% para os seus acréscimos; a supressão permanece com o limite de 25%.

Adverte-se que o parâmetro sobre o qual deve ser calculado o limite de 25% ou de 50% não é o quanto do objeto é alterado, mas o quanto a alteração do objeto repercute no valor inicial atualizado do contrato.

Por exemplo, a Administração contratou a pavimentação de 10 km de uma rodovia. Ela pretende formalizar aditivo para que sejam pavimentados outros 2 km. Muitos, apressadamente, concluem que tal aditivo é permitido, porque importa acréscimo não superior a 25% sobre a dimensão do objeto inicial. Como dito, tal conclusão é apressada, porque o limite de 25% deve ser aferido sobre o quanto a alteração repercute no valor do contrato. Ou seja, se os 2 km a mais não gerarem despesa superior a 25% do valor inicial atualizado do contrato, então o aditivo é permitido. No entanto, imagine-se que os 10 km inicialmente contratados devem ser executados sobre superfície plana, e que os outros 2 km que se pretende aditar o sejam sobre superfície inclinada. Esses 2 km a mais, em superfície inclinada, podem apresentar custo superior a 25% do valor inicial atualizado do contrato, de sorte que, se for o caso, o aditivo não deve ser permitido porque ultrapassa os limites preconizados no artigo 125 da Lei nº 14.133/2021.

Cumpre registrar que "valor inicial atualizado do contrato", que serve de limite para as alterações unilaterais quantitativas, significa o preço contratado inicialmente acrescido dos montantes referentes ao reajuste e à revisão do valor incorporados a ele, desde que não decorrente de alterações anteriores pertinentes ao próprio objeto. Dizendo de outra forma: o valor que serve como parâmetro para mensurar o limite da alteração unilateral quantitativa é o valor do contrato no momento que se pretende aditá-lo, sem contar acréscimos incorporados a ele em razão de alterações pertinentes ao objeto que lhe foram anteriores.

Por exemplo, o valor mensal que originariamente a Administração compromete-se a pagar em virtude de contrato de serviço é de R$100.000,00. Passados 12 meses da data do orçamento estimado, a Administração reajusta o valor do contrato de acordo com índice que perfaz 10%, o que importa no valor de R$110.000,00 mensais. Depois do reajuste, faz-se necessário promover alteração unilateral quantitativa. O limite de 25% referido no artigo 125 da Lei nº 14.133/2021 deve ser calculado sobre R$110.000,00.

Continuando com o exemplo, imagine-se que a alteração unilateral quantitativa a ser realizada some R$10.000,00. Então, o valor do contrato, que inicialmente perfazia R$100.000,00, passou a R$110.000,00 com o reajuste, e, depois, a R$120.000,00 com a alteração unilateral quantitativa realizada. Pois bem, a Administração pretende realizar nova alteração unilateral quantitativa. Qual é o parâmetro para aferir o limite de 25% sobre o valor inicial atualizado? Deve ser sobre R$110.000,00 ou sobre R$120.000,00? Deve ser sobre R$110.000,00, que corresponde ao valor inicial atualizado – somando-se o valor incorporado pelo reajuste. Ocorre que os outros R$10.000,00 não decorrem de atualização, mas sim de anterior alteração unilateral quantitativa.

Quer dizer que o valor inicial atualizado do contrato a que se refere o artigo 125 da Lei nº 14.133/2021 diz respeito ao valor inicial acrescido dos montantes incorporados a ele em razão de reajuste ou de revisão do contrato, excluindo os valores incorporados a ele por força de anteriores alterações contratuais que tenham afetado o seu objeto. Deve-se levar em conta as majorações do valor do contrato que não tenham relação com o objeto, mas que tenham decorrido apenas do direito ao equilíbrio econômico-financeiro do contrato.

7 Limites às alterações consensuais quantitativas e às alterações qualitativas

O artigo 125 da Lei nº 14.133/2021 refere-se apenas às alterações quantitativas unilaterais e, por via de consequência, com escusas pela redundância, os limites nele previstos se aplicam apenas para as alterações quantitativas unilaterais e não para as alterações quantitativas consensuais nem para as alterações qualitativas. Não há outro dispositivo na Lei nº 14.133/2021 que prescreva limites expressos e específicos para as alterações quantitativas consensuais nem para as qualitativas unilaterais ou consensuais.

Registre-se que o artigo 125 da Lei nº 14.133/2021 é muito parecido com o §1º do artigo 65 da Lei nº 8.666/1993, que também tratava das alterações unilaterais quantitativas e estabelecia os mesmos percentuais de 25% sobre o valor inicial atualizado do contrato e, no caso de reforma de edifício ou de equipamento, 50% para os seus acréscimos. No entanto, na Lei nº 8.666/1993 havia o §2º do artigo 65, cujo texto determinava limites para as alterações quantitativas consensuais, especificamente para os acréscimos, que deviam se sujeitar aos mesmos limites do §1º do artigo 65. Esse dispositivo, o §2º do artigo 65 da Lei nº 8.666/1993, não foi reproduzido na Lei nº 14.133/2021 e não se encontra nela nenhum outro dispositivo equivalente. Ou seja, o legislador houve por bem não fixar limites para as alterações quantitativas consensuais e para as alterações qualitativas unilaterais ou consensuais.

É de mencionar que na Lei nº 8.666/1993 já não havia a previsão de limites para as alterações qualitativas. Na Lei nº 14.133/2021, o legislador preferiu não determinar limites para as alterações quantitativas consensuais e para as alterações qualitativas, daí não importa se unilaterais ou consensuais. A não previsão de limites para as alterações quantitativas consensuais é novidade da Lei nº 14.133/2021 em comparação com a Lei nº 8.666/1993. E essa novidade tem enorme repercussão prática, porque os limites do artigo 125 da Lei nº 14.133/2021 podem ser ultrapassados com facilidade, basta que o contratado concorde com a alteração pretendida, o que a torna consensual.

Goste-se ou não, deve-se respeitar a vontade do legislador externada de modo unívoco no texto da Lei nº 14.133/2021. Daí que, como o legislador não estabeleceu limites explícitos e fixos para as alterações quantitativas consensuais e para as qualitativas, é de concluir pela possibilidade de promovê-las em limites superiores aos estipulados no artigo 125 da Lei nº 14.133/2021. Ora, o artigo 125 trata dos limites às alterações quantitativas unilaterais. Se o legislador quisesse que tais limites servissem também para as alterações quantitativas consensuais e para as qualitativas, ele o teria feito expressamente. Não é correto aplicar os limites preceituados no artigo 125 da Lei nº 14.133/2021 em relação às alterações não referidas e não abrangidas pelo dispositivo, o que ensejaria espécie de interpretação extensiva, que foge dos lindes da própria legalidade mesmo em seu sentido amplo. Portanto, é permitido promover alteração quantitativa consensual e qualitativa que ultrapasse os limites fixados no artigo 125 da Lei nº 14.133/2021.

A discussão em torno das alterações qualitativas não é nova, porque, repita-se, a Lei nº 8.666/1993 já não previa limites expressos e específicos para elas. A controvérsia, com a Lei nº 14.133/2021, se estende para as alterações quantitativas consensuais. Os argumentos que vinham sendo desenvolvidos sobre as alterações qualitativas podem ser aproveitados, diante da Lei nº 14.133/2021, também para as alterações quantitativas consensuais.

A doutrina, de muito tempo, reconhece que as alterações qualitativas não estão sujeitas aos limites fixados na legislação para as alterações quantitativas, como ressalta Celso Antônio Bandeira de Mello:

> É sob a iluminação destes cânones que há de ser entendida a asserção, dantes feita, de que, sobretudo nos casos da letra a do artigo 65, mas não exclusivamente neles, cabe superação dos limites porcentuais estabelecidos na Lei nº 8.666. É também ao lume destes mesmos vetores exegéticos que se haverão de estabelecer cerceios a tal possibilidade, para, afinal, buscar caracterizar a espécie de situações em que se deve considerar justificada, em nome do interesse público e sem gravames para o princípio da licitação (com os valores nele resguardados), a superação dos aludidos limites de 25 ou 50%, conforme o caso, contemplados na Lei nº 8.666. [...]
>
> Ao cabo das considerações até então feitas, impende dizer que nas hipóteses aludidas não há ferimento ao princípio da licitação e dos valores que nele se albergam. Não há ferimento ao princípio da igualdade, pois todos os que disputaram o certame fizeram-no sob determinadas condições, e a quem quer que fosse o vencedor aplicar-se-iam as mesmas eventualidades de superação dos limites referidos no §1º do artigo 65, perante as circunstâncias aludidas. Não há ferimento ao princípio da busca do negócio mais vantajoso às conveniências públicas por serem precisamente elas que reclamam dita superação. Não há, igualmente, ofensa ao princípio da probidade administrativa porquanto, conforme dito, as autoridades públicas, em comum acordo com os contratados, não têm liberdade para agir ao seu sabor nas ampliações mencionadas, já que só poderão fazê-lo ante hipóteses do gênero indicado. A possibilidade de agravos à probidade nestas situações não é distinta da

que pode irromper na grande maioria dos atos administrativos, inexistindo, pois, o que a peculiarizasse em confronto com quaisquer outras.[341]

Muito embora seja permitido promover as alterações quantitativas consensuais e as alterações qualitativas em percentagem superior à delineada no artigo 125 da Lei nº 14.133/2021, é importante que se erga alguma baliza. Ante a omissão do legislador, ao intérprete cabe recorrer aos princípios regentes do direito administrativo, como os da proporcionalidade, vinculação ao edital e economicidade. Ocorre que, nada obstante a opção do legislador de não estabelecer limites expressos e específicos de antemão, as alterações contratuais não podem ser livres e totalmente ilimitadas, desalinhadas ao interesse público e aos princípios que lhe são regentes.

O problema nisto é que os princípios permitem uma pluralidade de entendimentos e de interpretações, já que devem ser ponderados de acordo com as especificidades de cada caso. Quer dizer que os princípios oferecem balizas, mas não de forma suficiente e adequada, dado que abrem flancos a deturpações muitas vezes escondidas atrás do véu da subjetividade inerente à sua aplicação. Devem-se aplicar os princípios com contenção e não se valer deles para tomar de assalto a função legislativa, entregando-se à empreitada de inventar regras jurídicas livremente.

De qualquer maneira, afirma-se que as alterações quantitativas consensuais e as alterações qualitativas não devem ser excessivas, sob pena de violar o princípio da proporcionalidade, o que deve ser aferido em cada situação concreta, tudo sob a mira do interesse público. Isso significa que todas as alterações quantitativas consensuais e as alterações qualitativas devem ter por escopo o atendimento ao interesse público. Mais do que isso, é preciso demonstrar que o interesse público seria desatendido se a Administração fosse impedida de realizar o aditivo. Nessa linha, os agentes administrativos devem motivar o ato que promove aditivos consensual quantitativo e qualitativo, porque eles devem ser adequados, necessários e proporcionais para o atendimento ao interesse público (princípio da proporcionalidade).

Advirta-se que o juízo de adequação, necessidade e proporcionalidade não é obrigatoriamente de caráter econômico e financeiro. Ele pode envolver, entre outros, o comprometimento de serviço público, a não operação de obra pública ou equipamento público e outros fatores não diretamente relacionados ao aspecto pecuniário.

Outrossim, por força do princípio da vinculação ao edital, as alterações quantitativas consensuais e as alterações qualitativas não devem transfigurar o objeto do contrato. Explicando melhor, a alteração deve prestar-se a adaptar o objeto do contrato, preservando a identidade dele, sem transformá-lo noutro com funcionalidade básica diferente. Se a alteração transmudar o objeto noutro, em vez dela, dever-se-ia rescindir o contrato e promover nova licitação.

Soma-se que, em razão do princípio da economicidade, a Administração deve justificar as alterações sob o ponto de vista da economicidade, especialmente aquelas de natureza qualitativa. Ocorre que em razão das alterações qualitativas são introduzidas novas funcionalidade ou soluções ou características ao objeto do contrato. Esses novos

---

341 BANDEIRA DE MELLO, Celso Antônio. Extensão das alterações dos contratos administrativos: a questão dos 25%. *Revista Eletrônica de Direito Administrativo Econômico – REDAE*, Salvador, n. 5, fev./abr. 2006.

elementos não foram precificados no contrato original. Então, é preciso que se trate dos preços deles, que devem ser compatíveis com os praticados no mercado.

Para além disso, também com mais ênfase nas alterações qualitativas, a Administração deve verificar, antes de promovê-las, se o contratado reúne condições para executá-las, especialmente sob o aspecto técnico e econômico-financeiro. Enfim, se novas soluções foram introduzidas no contrato, é preciso saber se o contratado dá conta de executá-las, se reúne o conjunto de conhecimentos e experiência para tanto.

No final das contas, as alterações quantitativas consensuais e as alterações qualitativas devem ser motivadas de modo consistente. É recomendável que haja pareceres técnicos que discriminem os fatores que ensejam o aditivo. Ademais, o §4º do artigo 53 da Lei nº 14.133/2021 exige que os termos aditivos devem ser precedidos de pareceres jurídicos. E o fato é que a análise jurídica de alterações quantitativas consensuais e de alterações qualitativas dependem das suas justificativas técnicas, especialmente no tocante à adequação, necessidade e proporcionalidade (princípio da proporcionalidade), à preservação da identidade do objeto (princípio da vinculação ao edital) e à compatibilidade com os preços de mercado (princípio da eficiência).

7.1 Crítica à Decisão nº 215/1999, do Plenário do Tribunal de Contas da União

A propósito, diante da revogada Lei nº 8.666/1993, o Tribunal de Contas da União enfrentou o tema dos limites às alterações qualitativas por ocasião de consulta que lhe foi formulada pelo Ex-Ministro do Meio Ambiente, dos Recursos Hídricos e da Amazônia Legal, Gustavo Krause Gonçalves Sobrinho. Trata-se da Decisão nº 215/1999, do Plenário. Há o risco de a mesma decisão ser replicada em face da Lei nº 14.133/2021, uma vez que, tanto nela quanto na Lei nº 8.666/1993, não se encontram limites expressos, específicos e dados de antemão às alterações qualitativas. Mais do que isso, há também o risco de as mesmas balizas serem aplicadas diante da Lei nº 14.133/2021 para as alterações quantitativas consensuais, porque estas, repita-se, também não foram limitadas de forma expressa, específica e de antemão pelo legislador.

Pois bem, a Decisão nº 215/1999 inicia com o seguinte:

> [...] tanto as alterações contratuais quantitativas – que modificam a dimensão do objeto – quanto as unilaterais qualitativas – que mantêm intangível o objeto, em natureza e em dimensão –, estão sujeitas aos limites preestabelecidos nos §§1º e 2º do artigo 65 da Lei nº 8.666/1993, em face do respeito aos direitos do contratado, prescrito no artigo 58, I, da mesma Lei, do princípio da proporcionalidade e da necessidade de esses limites serem obrigatoriamente fixados em lei; [...].[342]

Bem se vê que o Tribunal de Contas da União decidiu estender os limites do revogado §1º do artigo 65 da Lei nº 8.666/1993 pertinentes às alterações quantitativas para as alterações qualitativas unilaterais. Sustenta a Corte de Contas que tal medida seria devida em razão do respeito ao direito do contratado, do princípio da proporcionalidade e da necessidade de esses limites serem obrigatoriamente fixados em lei.

[342] TCU, Plenário. Decisão nº 215/1999. Rel. Min. José Antônio Barreto de Macedo, j. 12.05.1999.

O Tribunal de Contas da União está equivocado. Primeiro porque cabe a ele fiscalizar o cumprimento da lei; jamais dizer o que deve ser posto nela. Quem analisa a conveniência dos textos legais é o Legislativo, jamais o Tribunal de Contas. É até inusitada a afirmativa dele de que os limites devessem ser obrigatoriamente fixados em lei. Parece que o Tribunal de Contas arvorou para si o poder constituinte. Os direitos do contratado também não se afiguram como justificativa bastante para impedir alterações qualitativas unilaterais superiores aos limites então preceituados no §1º do 65 da Lei nº 8.666/1993. Ora, os direitos do contratado são respeitados na medida em que ele é remunerado pela majoração de custo decorrente do aditivo, mantendo-se a equação econômico-financeira. Outrossim, o princípio da proporcionalidade também não justifica a adoção de limites preestabelecidos para as alterações qualitativas. Sucede, como se depreende da teoria dos princípios, que eles devem ser ponderados em vista das peculiaridades de cada caso concreto. Logo, o princípio da proporcionalidade, por si, precisa ser aplicado caso a caso, sem que com base nele seja possível determinar de antemão patamar absoluto.

A Decisão nº 215/1999 prossegue, dessa feita tratando das alterações qualitativas consensuais. Leia-se:

> [...] nas hipóteses de alterações contratuais consensuais, qualitativas e excepcionalíssimas de contratos de obras e serviços, é facultado à Administração ultrapassar os limites aludidos no item anterior, observados os princípios da finalidade, da razoabilidade e da proporcionalidade, além dos direitos patrimoniais do contratante privado, desde que satisfeitos cumulativamente os seguintes pressupostos:
> I - não acarretar para a Administração encargos contratuais superiores aos oriundos de uma eventual rescisão contratual por razões de interesse público, acrescidos aos custos da elaboração de um novo procedimento licitatório;
> II - não possibilitar a inexecução contratual, à vista do nível de capacidade técnica e econômico-financeira do contratado;
> III - decorrer de fatos supervenientes que impliquem em dificuldades não previstas ou imprevisíveis por ocasião da contratação inicial;
> IV - não ocasionar a transfiguração do objeto originalmente contratado em outro de natureza e propósito diversos;
> V - ser necessárias à completa execução do objeto original do contrato, à otimização do cronograma de execução e à antecipação dos benefícios sociais e econômicos decorrentes;
> VI - demonstrar-se – na motivação do ato que autorizar o aditamento contratual que extrapole os limites legais mencionados na alínea "a", *supra* – que as consequências da outra alternativa (a rescisão contratual, seguida de nova licitação e contratação) importam sacrifício insuportável ao interesse público primário (interesse coletivo) a ser atendido pela obra ou serviço, ou seja gravíssimas a esse interesse; inclusive quanto à sua urgência e emergência; [...].

Como se percebe, o Tribunal de Contas da União admitiu que as alterações qualitativas consensuais importem alterações superiores aos limites preceituados nos §§1º e 2º do artigo 65 da Lei nº 8.666/1993, que, em regra, repita-se, é de 25% do valor inicial atualizado do contrato. No entanto, a Corte asseverou que isso somente é admissível se em consonância com os princípios de direito administrativo, fazendo referência expressa aos princípios da finalidade, da razoabilidade e da proporcionalidade. Ainda, a Corte fez questão de assentar que os direitos patrimoniais do contratado sejam respeitados. Em seguida, enumerou seis incisos, com condições a serem atendidas para que a alteração consensual qualitativa ultrapasse os tais limites.

No primeiro inciso, de ordem meramente econômica, o Tribunal de Contas da União exige que o aditivo não acarrete para a Administração encargos contratuais superiores aos oriundos de uma eventual rescisão contratual por razões de interesse público, acrescidos aos custos da elaboração de um novo procedimento de licitação. Então, a premissa é que a Administração deve apurar quanto que ela teria que despender para a rescisão do contrato administrativo, acrescido dos custos de nova licitação. O aditivo não deve ser realizado se o valor decorrente dele for superior ao valor da rescisão acrescida da nova licitação. Registre-se, de plano, que não é tão simples determinar o custo de uma licitação, que envolve custos diretos e indiretos.

Afora a dificuldade de aplicação, o Tribunal de Contas está equivocado, porque é legítimo que a Administração promova alteração qualitativa acima do limite geral de 25% por razão de conveniência, para encontrar modelo contratual que lhe seja mais vantajoso, sem que a não promoção da alteração pretendida imponha a rescisão contratual. Ou seja, é possível que o contrato indique solução aceitável e exequível, porém que, durante a sua execução, se vislumbre solução que é melhor, que potencializa a satisfação dos interesses públicos e que se pretende introduzir no contrato por meio de aditivo. Note-se que, nesse caso, a não formalização do aditivo não impõe a rescisão do contrato. Nem sempre se configura a dualidade alteração ou rescisão.

De mais a mais, o Tribunal de Contas também está equivocado porque não há norma alguma que diga que o aditivo somente é devido se os danos causados pela rescisão e nova licitação forem matematicamente superiores ao valor do próprio aditivo. Imagine-se contrato de R$100 milhões, em que se pretenda um aditivo de R$30 milhões, sendo que os custos da rescisão e da nova licitação são estimados em R$10 milhões. Em tese, a opção de rescindir o contrato (R$10 milhões) e firmar novo contrato (R$130 milhões) soma R$140 milhões. A opção de manter o contrato (R$100 milhões) e firmar o aditivo (R$30 milhões) soma R$130 milhões. Obviamente, evitar a perda de recursos públicos de R$10 milhões é razão mais do que suficiente para optar pelo aditivo, em sintonia com os princípios da economicidade e da proporcionalidade. O critério estabelecido pelo Tribunal de Contas da União não é plausível e ele próprio é causador de dano ao erário.

No segundo inciso, o Tribunal determina que sejam avaliadas as condições do contratado para executar o aditivo, especialmente sob o aspecto técnico e econômico-financeiro. Essa condição é adequada, porque, como já destacado, é realmente necessário apurar se o contratado terá condições de executar o contrato com a alteração que se irá produzir, sobretudo se ela for de natureza qualitativa.

Em terceiro lugar, a Corte de Contas condiciona o aditivo qualitativo que ultrapasse os tais limites à demonstração da ocorrência de fato imprevisível e desconhecido pela Administração à época da contratação inicial.[343] Como já salientado, isso também não

[343] "Porém, a justificativa para modificação do projeto demonstra que não houve, de fato, a ocorrência de circunstância superveniente. Na verdade, a alegada necessidade de reassentamento de 800 famílias seria uma típica condição pré-existente, assim como a condição do solo no local. Portanto, não se pode admitir outro

faz sentido, não está prescrito em qualquer norma legal e não é algo que se possa deduzir de qualquer sorte de princípio administrativo. Não se antevê razão alguma para não permitir o mesmo em relação aos aditivos que exorbitem do limite destinado às alterações quantitativas.

Grande parte dos aditivos contratuais decorre de imprecisões ou mesmo de falhas nos projetos e é amplamente admitida, inclusive pelo próprio Tribunal de Contas. Aliás, o Tribunal de Contas da União tem precedente em que relativiza a exigência de que a alteração contratual que ultrapassa os limites dos §§1º e 2º do artigo 65 da Lei nº 8.666/1993 seja baseada em evento superveniente e não previsível, desde que atendidas as demais condições sinalizadas na Decisão nº 215/1999, especialmente a satisfação do interesse público e a vantagem para a Administração. Confira-se:

> 46. Ao se debruçar sobre as justificativas apresentadas, a unidade técnica especializada do TCU concluiu estarem devidamente atendidos tais requisitos, à exceção do item III acima, pois as alterações contratuais teriam sido motivadas essencialmente pela deficiência do projeto executivo utilizado na licitação.
> 47. Contudo, considerando que foi demonstrado o interesse público e a vantajosidade da extrapolação dos limites legais de aditivos, anuo mais uma vez às conclusões e encaminhamentos da área técnica para tão somente dar ciência de que a utilização das deficiências do projeto executivo como fato ou condição excepcional capaz de justificar aditivos que ultrapassem os limites instituídos pelo art. 65, §§1º e 2º, da Lei 8.666/1993 afronta a jurisprudência desta Corte de Contas.[344]

Não se antevê razão alguma para não permitir o mesmo em relação aos aditivos que exorbitem do limite destinado às alterações quantitativas.

Aliás, essa condição, sinalizada pelo Tribunal de Contas da União em razão da Lei nº 8.666/1993, não pode prevalecer diante do §1º do artigo 124 da Lei nº 14.133/2021, cujo texto, já comentado, prescreve que, "se forem decorrentes de falhas de projeto, as alterações de contratos de obras e serviços de engenharia ensejarão apuração de responsabilidade do responsável técnico e adoção das providências necessárias para o ressarcimento dos danos causados à Administração". Como salientado, o §1º do artigo 124 permite o aditivo decorrente de falhas nos projetos e, portanto, não restringe os aditivos apenas a casos que se justifiquem em eventos supervenientes ou imprevisíveis. Acrescenta-se que o §1º do artigo 124 não trata apenas das alterações quantitativas unilaterais, que são aquelas versadas no artigo 125, cujo limite geral é de 25% do valor

---

argumento dos responsáveis, no sentido de que a alteração estaria embasada nas condições estabelecidas na Decisão 215/1999-Plenário para a realização de modificações qualitativas acima do limite legal de 25%, previsto no art. 65, §1º, da Lei de Licitações e Contratos. Recordo-me que a referida Decisão, ao apreciar Consulta formulada pelo Ministro de Meio-Ambiente, deliberou ser necessário o atendimento cumulativo de seis condicionantes no caso de alterações contratuais, consensuais e qualitativas, como requisito para a admissão de aditamentos contratuais acima dos limites legalmente estabelecidos. Um desses pressupostos seria exatamente que os termos de aditamento decorressem de causas supervenientes que implicassem dificuldades não previstas ou imprevisíveis por ocasião da contratação inicial, o que não é o caso, por exemplo, da necessidade de reassentar as famílias. Permito-me transcrever a interpretação do Sr. Auditor da Secex-RJ ao examinar a natureza da modificação, com a qual estou plenamente de acordo: [...]" (TCU, Plenário. Acórdão nº 170/2018. Rel. Min. Benjamin Zymler, j. 31.1.2018).

[344] TCU, Plenário. Acórdão nº 1984/2021. Rel. Min. Augusto Nardes, j. 18.8.2021.

inicial atualizado do contrato. O §1º do artigo 124 tem em mira todos os tipos de alteração contratual referidos no *caput* do mesmo artigo.

No quarto tópico, o Tribunal de Contas da União exige que a Administração se preocupe com o princípio da identidade do objeto. Isso significa que o aditivo não pode transfigurar o objeto inicialmente contratado para que se obtenha dele outra funcionalidade básica, o que encontra amparo no princípio da vinculação ao edital. É plausível estabelecer a proibição de transfiguração do objeto como uma espécie de condição geral para qualquer tipo de alteração contratual.

Em quinto e em sexto lugar, de acordo com o Tribunal de Contas da União, é preciso demonstrar que o aditivo seja necessário à completa execução do contrato e que, se o aditivo não fosse firmado, a alternativa seria a rescisão do contrato, o que importaria sacrifício insuportável ao interesse público, inclusive quanto à urgência e emergência. Todos esses critérios são equivocados, não encontram lastro na legislação nem em princípio administrativo algum. É também equivocado pressupor a dualidade alteração ou rescisão. Insista-se que é perfeitamente possível que aditivo seja muito conveniente para a Administração, porém que a ausência dele não importe na rescisão contratual. Não há nada que impeça a Administração de promover aditivos por razões de conveniência, sem que se caracterize uma espécie de inviabilidade técnica de prosseguir com o contrato sem o aditivo. Nessa direção, a alínea "a" do inciso I do *caput* do artigo 124 da Lei nº 14.133/2021 é contundente ao autorizar as alterações qualitativas que tenham por finalidade "[...] melhor adequação técnica a seus objetivos".

A Decisão nº 215/1999 do Plenário do Tribunal de Contas da União é bastante equivocada, já impediu muitas alterações qualitativas legítimas, conformes à revogada Lei nº 8.666/1993 e seus princípios regentes. Nessa Decisão nº 215/1999, o Tribunal de Contas da União, sem maiores constrangimentos e em violação patente às suas competências constitucionais, pôs-se no lugar do legislador e resolveu, por liberalidade sua, prescrever regras que lhe parecessem convenientes.

É oportuno salientar que essa Decisão nº 215/1999 é uma das mais citadas e replicadas pelo Tribunal de Contas da União, logo, com enorme repercussão prática. Roga-se para que ela não seja replicada para a Lei nº 14.133/2021, o que também seria desacertado, dado que se abre novo quadro, com regras jurídicas relevantes que impactam os termos da Decisão nº 215/1999, especialmente as previstas no §1º do artigo 124, que permite alterações decorrentes de falhas de projeto, e no artigo 125, cujo teor restringe os limites de 25% e de 50%, este para acréscimo em reforma de edifício ou equipamento, às alterações quantitativas unilaterais.

8 Proibição de compensação entre acréscimos e supressões

É usual que a Administração promova acréscimos e supressões simultâneas e sucessivas em contrato administrativo, pretendendo compensar uma com a outra. A título ilustrativo, suprime-se 25% e acresce-se 25%. Nesse caso, o objeto do contrato foi substancialmente alterado, muito embora o valor total do contrato, em termos absolutos, mantenha-se intacto.

Têm-se constatado abusos em relação à utilização dessas compensações, que acabam distorcendo profundamente a contratação originariamente avençada, em patamares desproporcionais.

Em razão de tais distorções e abusos, diante da Lei nº 8.666/1993, o Tribunal de Contas da União firmou jurisprudência segundo a qual não deve haver compensação entre acréscimos e supressões. Há uma conta para os acréscimos e outra para as supressões, sem comunicação ou interconexão entre elas.

A título ilustrativo, leia-se o seguinte excerto:

> A jurisprudência deste Tribunal é firme no sentido de que para observância dos limites estabelecidos no artigo 65 da Lei 8.666/1993, devem ser considerados, isoladamente, os montantes de acréscimos e de supressões realizados. Esse entendimento tem por finalidade evitar o desvirtuamento do objeto licitado, pois, ao serem permitidas alterações com compensações entre acréscimos e supressões, mesmo com observância dos percentuais estabelecidos na Lei, seria possível, em situação limite, por exemplo, excluir 100% dos serviços inicialmente previstos e acrescentar outros, totalmente diferentes, sem modificação do valor do contrato.[345] [346]

Abrem-se parênteses para ponderar que essa jurisprudência deve se manter diante do artigo 125 da Lei nº 14.133/2021, cuja dicção prescreve que, para as alterações quantitativas unilaterais, o limite é de 25% do valor inicial atualizado do contrato e, para os acréscimos em reforma de edifícios e equipamentos, é de 50%, em linha parecida com o revogado §1º do artigo 65 da Lei nº 8.666/1993, dado que os percentuais que servem de limites são os mesmos. A diferença mais sensível, no que tange a esse aspecto, entre a Lei nº 8.666/1993 e a Lei nº 14.133/2021, é que a primeira estabelecia os referidos percentuais-limite para as alterações quantitativas unilaterais (§1º do artigo 65 da Lei nº 8.666/1993) e para os acréscimos decorrentes de alterações quantitativas consensuais (§2º do artigo 65 da Lei nº 8.666/1993). A Lei nº 14.133/2021 apenas prescreve os referidos percentuais como limites para as alterações quantitativas unilaterais (artigo 125 da Lei nº 14.133/2021) e não para as quantitativas consensuais. Fecham-se os parênteses.

Explica-se melhor o entendimento do Tribunal de Contas da União. Suponha-se, por exemplo, contrato de R$100.000,00. A Administração pretende suprimir parte do objeto, uma série de itens que somam 20% do valor inicial, por efeito do que o valor passa a R$80.000,00. Concomitantemente, a Administração pretende acrescer o objeto, introduzindo nele ou acrescendo outros itens. A questão é: qual o limite do acréscimo?

---

345 TCU, Plenário. Acórdão nº 781/2021. Rel. Walton Alencar Rodrigues, j. 7.4.2021.

346 Registra-se que, recentemente, o Tribunal de Contas da União proferiu decisão que excepciona o entendimento formado para permitir a restauração de quantitativos suprimidos em razão de restrições orçamentárias. Leia-se: "9.1. conhecer da presente Consulta, por preencher os requisitos de admissibilidade previstos nos arts. 264, caput e inciso IV, §§1º e 2º, e 265, do Regimento Interno do TCU; 9.2. com fundamento no art. 1º, inciso XVII e §2º, da Lei 8.443/1992, responder ao consulente que o restabelecimento total ou parcial de quantitativo de item anteriormente suprimido por aditivo contratual, com fundamento nos §§1º e 2º do art. 65 da Lei 8.666/1993, por causa de restrições orçamentárias, desde que observadas as mesmas condições e preços iniciais pactuados, não configura a compensação vedada pela jurisprudência do Tribunal de Contas da União, consubstanciada nos Acórdão 1536/2016-TCU-Plenário, rel. Bruno Dantas, e 2.554/2017-TCU-Plenário, rel. André de Carvalho, visto que o objeto licitado ficou inalterado, sendo possível, portanto, além do restabelecimento, novos acréscimos sobre o valor original do contrato, observado o limite estabelecido no §1º do art. 65 da Lei 8.666/1993" (TCU, Plenário. Acórdão nº 66/2021. Rel. Min. Augusto Nardes, j. 20.1.2021).

Recorda-se que, de acordo com o artigo 125 da Lei nº 14.133/2021, o limite, tanto para os acréscimos quanto para as supressões unilaterais, é de 25% do valor inicial atualizado. O valor inicial atualizado é de R$100.000,00. Portanto, o limite para os acréscimos e para as supressões unilaterais é de R$25.000,00.

Pois bem, a Administração suprimiu 20%, reduzindo o valor do contrato para R$80.000,00. O acréscimo pretendido pode ser feito em 25% calculado sobre R$100.000,00, que é o valor inicial atualizado do contrato, somando R$25.000,00. Estes R$25.000,00, no entanto, devem ser somados a R$80.000,00, que é o valor do contrato decorrente da supressão. Daí que o valor do contrato, com a supressão e com o acréscimo, pode alcançar o limite máximo de R$105.000,00.

O que muitos fazem equivocadamente, em desalinho à jurisprudência do Tribunal de Contas da União, é acrescer R$20.000,00 ao contrato, retornando ao valor original e, posteriormente, calcular os 25%, acrescendo R$25.000,00, totalizando, então, R$125.000,00. Esse procedimento pressupõe a compensação entre acréscimo e supressão. Suprime 20% e acresce 20%, como se não tivesse havido qualquer alteração, para, a partir daí, calcular os 25% de acréscimo. Repita-se que a compensação é indevida, os limites de acréscimos e supressões são calculados separadamente, sem qualquer compensação entre eles.

É de noticiar que o Tribunal de Contas da União, no Acórdão nº 66/2021, Plenário, formulou uma espécie de ressalva a esse entendimento consagrado por sua jurisprudência. A hipótese é a de um item ser suprimido por restrição orçamentária e, posteriormente, vencida a restrição orçamentária, o mesmo item ser restabelecido. Nesse caso, o Tribunal entendeu que não houve compensação entre acréscimo e supressão e que novos acréscimos podem ser calculados sobre o valor original e sem tomar por base o valor resultante da supressão:

> 9.1. conhecer da presente Consulta, por preencher os requisitos de admissibilidade previstos nos arts. 264, caput e inciso IV, §§1º e 2º, e 265, do Regimento Interno do TCU;
> 9.2. com fundamento no art. 1º, inciso XVII e §2º, da Lei 8.443/1992, responder ao consulente que o restabelecimento total ou parcial de quantitativo de item anteriormente suprimido por aditivo contratual, com fundamento nos §§1º e 2º do art. 65 da Lei 8.666/1993, por causa de restrições orçamentárias, desde que observadas as mesmas condições e preços iniciais pactuados, não configura a compensação vedada pela jurisprudência do Tribunal de Contas da União, consubstanciada nos Acórdão 1536/2016-TCU-Plenário, rel. Bruno Dantas, e 2.554/2017-TCU-Plenário, rel. André de Carvalho, visto que o objeto licitado ficou inalterado, sendo possível, portanto, além do restabelecimento, novos acréscimos sobre o valor original do contrato, observado o limite estabelecido no §1º do art. 65 da Lei 8.666/1993;[347]

A análise técnica que subsidiou o Acórdão é esclarecedora sobre suas razões, que são acertadas:

> 23. (...). *A compensação se dá entre itens diferentes*. Ocorre quando a Administração suprime quantitativos de um ou mais itens e acresce quantitativos de itens *distintos* ou inclui itens novos no mesmo valor. Com isso, a Administração poderia fazer, além dos acréscimos 'compensados' com as supressões, outros acréscimos até o limite de 25%. Ao final, os

[347] TCU, Plenário. Acórdão nº 66/2021. Rel. Min. Augusto Nardes, j. 20.1.2021.

acréscimos tomados isoladamente, na verdade, teriam ultrapassados os 25%. Essa é a prática vedada, conforme jurisprudência deste Tribunal, justamente, para impedir o jogo de planilha e/ou a descaracterização do objeto licitado.
24. Por outro lado, se há a supressão em quantitativos de um ou mais itens e, depois, há o *restabelecimento* total ou parcial dos quantitativos suprimidos nos mesmos itens, não há que se falar sequer em compensação. Não se compensa algo consigo mesmo. É evidente que esse restabelecimento deve ocorrer nas mesmas condições iniciais, inclusive valores. Sendo assim, após o restabelecimento de quantitativo de item anteriormente suprimido, não se vê óbice, na jurisprudência deste Tribunal, a que se faça outros acréscimos, qualitativos ou quantitativos, até o limite estabelecido no §1º do art. 65 da Lei 8.666/1993. Primeiro, porque não houve compensação, já que não se trata de itens diferentes. Segundo, porque essa situação não favoreceria o jogo de planilha e/ou a descaracterização do objeto licitado, que são as práticas cujo risco de ocorrência a jurisprudência do TCU pretende mitigar.

Registre-se, também, que o Tribunal de Contas da União, em alguns precedentes, como no Acórdão nº 2.331/2011, Plenário, entendeu que a supressão substancial do objeto do contrato, em determinadas situações excepcionais, produz uma nova base de cálculo para fins de incidência do percentual de 25%.

Ou seja, a regra é que a supressão não produza novo marco para o cálculo dos limites relativos às alterações quantitativas. Há uma conta para a supressão e outra para o acréscimo, que não se comunicam, conforme os exemplos versados acima. Em termos práticos, o valor inicial do contrato é de R$100.000,00. Faz-se uma supressão de 20%, por efeito do que o valor do contrato passa a R$80.000,00. Depois se quer acrescer. O referencial para calcular o limite é R$100.000,00, o valor inicial do contrato, e não R$80.000,00, que é o valor decorrente da supressão. Repita-se, essa é a regra. O que se pretende esclarecer é que em algumas situações excepcionais o Tribunal de Contas da União quebra essa regra e leva em consideração como referência para novos aditivos o valor suprimido, que é R$80.000,00.

No Acórdão nº 2.331/2011, mencionado acima, houve alteração para suprimir a construção de uma ponte-canal, por efeito do que o valor do contrato passou de R$41.778.628,39 para R$16.088.054,71. O Tribunal de Contas da União entendeu que essa alteração importou em remodelagem do contrato de tal forma que o valor de referência para novas alterações deveria ser R$16.088.054,71. Essa nova percepção é impactante. De acordo com a regra geral, ainda que haja supressão, a referência para novas alterações é o valor inicial, portanto, seria permitido acrescer 25% de R$41.778.628,39. Nesse novo entendimento, o limite seria 25% de R$16.088.054,71.[348]

No Acórdão nº 100/2011, também do Plenário, o debate sobre as referências para os limites das alterações contratuais voltou à cena. O Tribunal de Contas da União reconheceu que esse entendimento, de que o valor de referência é o valor suprimido e não o inicial, "tem aplicabilidade mais restrita, dada a dificuldade de identificação de

[348] O caso relatado no acórdão serve para ilustrar os efeitos da mudança de parâmetro para calcular novos aditivos. No entanto, é preciso registrar que a decisão tomada pelo Tribunal de Contas da União é equivocada, porque nem seria o caso de aplicar tais parâmetros, dado que se trata de evidente alteração qualitativa consensual e não quantitativa – alteração da técnica de construção de uma ponte. Repita-se que o limite geral de 25% sobre o valor inicial atualizado, conforme os §§1º e 2º do artigo 65 da Lei nº 8.666/1993, diz respeito apenas às alterações quantitativas e não às qualitativas.

sua incidência. De modo que não é possível estabelecer, como regra geral, que toda e qualquer supressão de serviço da planilha acarreta a redução do valor inicial do contrato como base de incidência do limite legal de 25%".

Trocando-se em miúdos, no Acórdão nº 100/2011, o Tribunal de Contas da União afirma que a regra é considerar como referência o valor inicial do contrato e, somente excepcionalmente, o valor resultante da supressão. O ponto é que, como admite o Tribunal de Contas da União, não se sabe bem quando aplicar um critério ou outro. A jurisprudência é muito casuística, sem construção teórica mais consistente, o que dá margem à subjetividade e insegurança jurídica. Ora, se o Tribunal de Contas da União reconhece dificuldade para identificar o critério apropriado, o que se dirá dos agentes administrativos, técnicos, advogados e autoridades responsáveis pelos aditivos. A sensação de insegurança jurídica criada pela ausência de critérios objetivos e consistentes por parte do Tribunal de Contas da União é bastante negativa, sobremodo em questão tão fundamental e com tantas repercussões práticas como esta.

9 Alterações contratuais provocadas por equivocado dimensionamento de quantitativos em regime de empreitada por preço global

O inciso XXIX do artigo 6º da Lei nº 14.133/2021 prescreve que empreitada por preço global importa "contratação da execução de obra ou do serviço por preço certo e total". Ou seja, quando a Administração Pública consegue definir as obrigações do futuro contratado sob os aspectos qualitativos e quantitativos, deve adotar empreitada por preço global, dado que os licitantes podem estabelecer as suas respectivas remunerações na totalidade. Por outro lado, o inciso XXVIII do mesmo artigo enuncia que a empreitada por preço unitário importa "contratação da execução da obra ou do serviço por preço certo de unidades determinadas". Quer dizer que nas situações em que a Administração não consegue definir as obrigações do futuro contratado sob o aspecto quantitativo, então ela deve utilizar a empreitada por preço unitário, em que o contrato é firmado por preço certo de unidades determinadas.

Uma das principais discussões de ordem prática da distinção entre empreitada por preço global e unitário diz respeito à legalidade de realizar alteração contratual em contrato firmado em regime de empreitada por preço global por força do incorreto dimensionamento dos quantitativos por parte da Administração. Essa discussão ocorria diante da Lei nº 8.666/1993 e deve se reproduzir para a Lei nº 14.133/2021, uma vez que ambas tratam do assunto de modo muito parecido.

Pois bem, em termos práticos, a título ilustrativo: o projeto básico, em empreitada por preço global, afirma que para a execução de uma obra são necessárias 2000 unidades de dado material, que se revelam insuficientes; são necessárias, então, 3000 unidades. A controvérsia é se o contratado tem direito ou não à alteração contratual para acrescer as 1000 unidades, resultantes da diferença entre o que está previsto no projeto básico e a quantidade necessária para executar a obra.

O entendimento, que prevaleceu por bom tempo,[349] conquanto equivocado, apontava que, se o regime for de empreitada por preço global, o contratado é o responsável pela execução da obra como um todo, sem importar os quantitativos unitários. Portanto, nesta visão, ele terá de executá-la, empregando, por sua conta, mil unidades além daquelas indicadas no projeto básico, sobre as quais ele é remunerado. Enfim, de acordo com esta corrente, na empreitada por preço global, o contratado assume os riscos dos defeitos do projeto básico, por efeito do que o dimensionamento equivocado por parte da Administração Pública não lhe confere direito à alteração contratual ou qualquer tipo de compensação ou incremento de remuneração.

Esse entendimento não se harmoniza com o direito ao equilíbrio econômico-financeiro, de estatura constitucional, previsto no inciso XXI do artigo 37 da Constituição Federal, além de se opor ao princípio geral de direito segundo o qual a ninguém é dado colher benefício da sua própria torpeza (*nemo auditur propriam turpitudinem allegans*).

Ora, empreitada por preço global, em consonância com inciso XXIX do artigo 6º da Lei nº 14.133/2021, significa que o contrato é firmado por preço certo e total. Ressalva-se que o preço certo e total deve ser compreendido em acordo com o encargo definido pela Administração Pública no projeto básico. Em nenhuma passagem, a Lei nº 14.133/2021 prescreve que o contratado deve ser responsabilizado pelos defeitos e incorreções do projeto básico elaborado pela Administração Pública.

Aliás, em sentido diametralmente oposto, o inciso II do artigo 18 da Lei nº 14.133/2021 prescreve que é dever da Administração definir o objeto do contrato "por meio de termo de referência, anteprojeto, projeto básico ou projeto executivo". E tais documentos, entre os quais o projeto básico, devem ser precedidos de estudo técnico preliminar, também de responsabilidade da Administração, que deve conter, na forma do inciso IV do §1º do artigo 18, as "estimativas das quantidades para a contratação [...]". O inciso XXV do artigo 6º da Lei nº 14.133/2021 preconiza que o projeto básico representa o conjunto de elementos necessários e suficientes para caracterizar as obras ou serviços, para que os licitantes possam elaborar as suas propostas, inclusive, na forma da sua alínea "f", com base em orçamento detalhado do custo global da obra, fundamentado em quantitativos de serviços e fornecimentos propriamente avaliados.

O fato é que, em regime de empreitada por preço global, a responsabilidade pela definição completa do objeto, o encargo a ser assumido pelo contratado, tanto em

---

[349] A título ilustrativo, confira-se a seguinte decisão do Tribunal de Contas da União: "No tocante à 2ª parte da questão 'e' (aumento de quantidades em serviços previstos na planilha do contrato, sem que tenha havido alteração de projeto, o que é vedado quando se adota o regime de empreitada por preço global), [...] compartilho das conclusões do Sr. Analista com relação a este ponto, pois o regime de empreitada por preço global diferencia-se do regime de empreitada por preço unitário justamente pelo fato de o empreiteiro assumir o risco da realização da obra pelo preço certo e total ofertado, de modo que os prejuízos advindos de erros de sub-estimativa serão necessariamente por ele suportados, assim como os possíveis lucros advindos de uma super-estimativa de quantidades por parte da Administração. É lógico que este risco não envolve a assunção de eventos desconhecidos ou imprevisíveis. Nestes casos deverá haver necessariamente uma alteração de projeto, seguida da repactuação dos termos originais do contrato firmado. Esta, todavia, não foi a hipótese contemplada no presente processo, uma vez que o licitante ao tomar conhecimento das características e dimensão da obra poderia perfeitamente ter detectado o erro de estimativa cometido pela Administração em seu projeto executivo para as quantidades de condutores de cobre e de granito e, deste modo, ter retificado o seu preço final. Não adotando este procedimento, assumiu o risco de fazê-lo a posteriori, devendo, assim, arcar com os custos adicionais advindos do aumento das quantidades suficientes à conclusão da obra" (TCU, Plenário. Acórdão nº 66/2002. Rel. Min. Guilherme Palmeira, j. 13.3.2002).

seu aspecto qualitativo quanto quantitativo, é da Administração Pública. Não existe dispositivo na Lei nº 14.133/2021 que a exima de definir com precisão os encargos em regime de empreitada por preço global.[350]

Por ilação, as consequências do erro e da imprecisão da Administração Pública na definição e no dimensionamento do encargo deve recair sobre os seus ombros. Não faz sentido que as consequências do erro da Administração Pública sejam suportadas pelos contratados. Pela regra da causalidade, a responsabilidade recai sobre o sujeito que deu causa ao evento danoso. Se a Administração errou, a responsabilidade é dela e não do contratado.

Os partidários da tese contrária, aqui refutada, defendem que, se a empreitada é por preço global, os licitantes, antes de elaborarem as suas propostas, são obrigados a rever o projeto básico. Se há equívoco no projeto básico, os licitantes teriam de identificá-lo antes de apresentarem propostas. Se não identificaram, o problema é deles, dos licitantes, e não mais da Administração Pública.

A alegação é insubsistente. Primeiro, porque, repita-se, a Lei nº 14.133/2021 não prescreve norma que obrigue os licitantes a revisarem o conteúdo do projeto básico. Não há norma que se extraia da Lei nº 14.133/2021 que autorize aportar a tais conclusões. Segundo, porque, numa perspectiva prática, a revisão completa e adequada do projeto básico pelos licitantes por ocasião da participação em licitação é tarefa, na maior parte dos casos, inexequível.

Os licitantes apresentam propostas de acordo com o edital e, em relação ao objeto, em conformidade com o projeto básico – que é documento que acompanha o edital. No tempo que lhes é dado por lei para prepararem-se para a licitação, os interessados precisam conhecer todos os termos do edital e do projeto básico, tomar ciência de todos os detalhes técnicos e levantar os custos para a execução da obra e do serviço. Isto não é simples. Muitas vezes, apenas para cumprir tais atividades, o tempo já se apresenta exíguo. Imagine-se, então, o absurdo que seria se os licitantes tivessem de refazer todas as medições, cálculos e quantitativos do projeto básico. Seria como exigir que cada licitante elaborasse o seu projeto básico. Evidentemente não há tempo hábil para tanto, sobremodo nas situações em que a Administração Pública consome meses ou anos para elaborar e ultimar o projeto básico. Ora, por simetria, se a Administração Pública demanda meses ou anos, os contratados não podem ser obrigados a empreender as mesmas atividades no prazo de publicidade dos editais.

Para ilustrar, um caso que nos foi apresentado na qualidade de advogado.[351] Tratava-se de obra ferroviária. A ferrovia passava por um rio e, portanto, era necessário construir uma ponte. Para atravessar o rio, de margem a margem, a ponte deveria ter trezentos metros. O projeto básico indicou apenas duzentos metros. A Administração

---

[350] O mesmo não ocorre apenas na contratação integrada, em que a Administração é dispensada de produzir o projeto básico e o edital é acompanhado de mero anteprojeto. Daí a responsabilidade pelo projeto é do contratado, na forma do inciso XXXII do artigo 6º da Lei nº 14.133/2021: "contratação integrada: regime de contratação de obras e serviços de engenharia em que o contratado é responsável por elaborar e desenvolver os projetos básico e executivo, executar obras e serviços de engenharia, fornecer bens ou prestar serviços especiais e realizar montagem, teste, pré-operação e as demais operações necessárias e suficientes para a entrega final do objeto".

[351] Omite-se a identificação exata da obra. As metragens indicadas são meramente ilustrativas, não correspondendo às verificadas no processo.

Pública não dimensionou corretamente a extensão da ponte. Por razoabilidade, não se poderia esperar que as empresas interessadas, para oferecer propostas na licitação, tivessem de refazer todas as medições constantes do projeto básico, que percorressem toda a extensão da ferrovia, vários quilômetros, medindo todos os itens, um a um. Tal tarefa, dentro do prazo de publicidade do edital, era e é inexequível.

Insista-se que não se pode atribuir aos interessados em participar de licitação pública a obrigação de refazer o projeto básico. É a Administração Pública que elabora o projeto básico e, por conseguinte, ela é responsável por ele. A empreitada por preço global não desonera a Administração Pública, não transfere a responsabilidade aos licitantes.

De mais a mais, o entendimento segundo o qual, em empreitada por preço global, os erros de dimensionamento havidos no projeto básico devem ser suportados pelo contratado viola o direito ao equilíbrio econômico-financeiro, encartado no inciso XXI do artigo 37 da Constituição Federal.

Sucede que os licitantes oferecem as suas propostas com base nos custos prospectados à vista dos encargos definidos e dimensionados pela Administração Pública no edital e no projeto básico. Se os encargos foram dimensionados em equívoco pela Administração Pública, se os quantitativos são insuficientes, não se pode impingir ao contratado a obrigação de arcar com os custos decorrentes.

Por exemplo, o edital e o projeto básico definem o quantitativo de duas mil unidades. O contratado oferece proposta que o remunera em razão das duas mil unidades. Se para executar o objeto são necessárias mais mil unidades, totalizando três mil, a remuneração do contratado deve ser majorada. Ele não pode ser remunerado em razão de duas mil unidades e ser forçado a arcar com os custos de três mil unidades.

Por derradeiro, o entendimento segundo o qual, em empreitada por preço global, os erros de dimensionamento havidos no projeto básico devem ser suportados pelo contratado não se harmoniza com o princípio geral de direito segundo o qual a ninguém é dado colher benefício de sua própria torpeza (*nemo auditur propriam turpitudinem allegans*).

Com efeito, a Administração Pública é obrigada a elaborar o projeto básico, cuja função é definir e dimensionar o objeto da licitação pública e do futuro contrato, o encargo assumido pelo contratado. Com base nesse encargo, definido e dimensionado pela Administração Pública, os licitantes apresentam propostas e o contrato é celebrado, estabelecendo-se a remuneração do contratado. O equívoco da Administração Pública no tocante à atribuição dela de definir e dimensionar o encargo não deve ser custeado pelo contratado. Se fosse assim, quanto maior o equívoco da Administração Pública, maior o ganho dela e maior o prejuízo do contratado. Prosseguindo com o exemplo acima, ela remunera o contratado em razão de duas mil unidades e recebe, em contrapartida, três mil unidades. Situação desse naipe é inadmissível, contraria o princípio geral de direito de acordo com o qual a ninguém é dado colher benefício de sua torpeza. A Administração Pública não pode ser agraciada e beneficiada com o seu erro.

O Tribunal de Contas da União posicionou-se sobre o assunto no Acórdão nº 1.977/2013, pondo a questão em seu devido lugar. Leia-se trecho esclarecedor:

> 9.1.7. quando constatados, após a assinatura do contrato, erros ou omissões no orçamento relativos a pequenas variações quantitativas nos serviços contratados, em regra, pelo fato de o objeto ter sido contratado por "preço certo e total", não se mostra adequada a prolação

de termo aditivo, nos termos do ideal estabelecido no artigo 6º, inciso VIII, alínea "a", da Lei 14.133/2021, como ainda na cláusula de expressa concordância do contratado com o projeto básico, prevista no artigo 13, inciso II, do Decreto 7.983/2013;

9.1.8. excepcionalmente, de maneira a evitar o enriquecimento sem causa de qualquer das partes, como também para garantia do valor fundamental da melhor proposta e da isonomia, caso, por erro ou omissão no orçamento, se encontrarem subestimativas ou superestimativas relevantes nos quantitativos da planilha orçamentária, poderão ser ajustados termos aditivos para restabelecer a equação econômico-financeira da avença, situação em que se tomarão os seguintes cuidados:

9.1.8.1. observar se a alteração contratual decorrente não supera ao estabelecido no artigo 13, inciso II, do Decreto 7.983/2013, cumulativamente com o respeito aos limites previstos nos §§1º e 2º do artigo 65 da Lei 14.133/2021, estes últimos, relativos a todos acréscimos e supressões contratuais;

9.1.8.2. examinar se a modificação do ajuste não ensejará a ocorrência do "jogo de planilhas", com redução injustificada do desconto inicialmente ofertado em relação ao preço base do certame no ato da assinatura do contrato, em prol do que estabelece o artigo 14 do Decreto 7.983/2013, como também do artigo 37, inciso XXI, da Constituição Federal;

9.1.8.3. avaliar se a correção de quantitativos, bem como a inclusão de serviço omitido, não está compensada por distorções em outros itens contratuais que tornem o valor global da avença compatível com o de mercado;

9.1.8.4. verificar, nas superestimativas relevantes, a redundarem no eventual pagamento do objeto acima do preço de mercado e, consequentemente, em um superfaturamento, se houve a retificação do acordo mediante termo aditivo, em prol do princípio guardado nos arts. 3º, *caput* c/c artigo 6º, inciso IX, alínea "f"; artigo 15, §6º; e artigo 43, inciso IV, todos da Lei 14.133/2021;

9.1.8.5. verificar, nas subestimativas relevantes, em cada caso concreto, a justeza na prolação do termo aditivo firmado, considerando a envergadura do erro em relação ao valor global da avença, em comparação do que seria exigível incluir como risco/contingência no BDI para o regime de empreitada global, como também da exigibilidade de identificação prévia da falha pelas licitantes – atenuada pelo erro cometido pela própria Administração –, à luz, ainda, dos princípios da vedação ao enriquecimento sem causa, da isonomia, da vinculação ao instrumento convocatório, do dever de licitar, da autotutela, da proporcionalidade, da economicidade, da moralidade, do equilíbrio econômico-financeiro do contrato e do interesse público primário;

9.1.9. avaliar a conveniência e a oportunidade de, em seu relatório de fiscalização, propor ao Colegiado, com base no artigo 250, inciso III do Regimento Interno do TCU, recomendação à jurisdicionada, para que, doravante, inclua nos editais cláusula a estabelecer, de forma objetiva, o que será objeto de aditamentos durante a execução da avença, bem como a definição do que venha a ser "subestimativas ou superestimativas relevantes", a que se refere o subitem 9.1.8 supra, como, por exemplo, o estabelecimento de percentuais de tolerância quantitativa admitida em cada item do orçamento que torne descabida a celebração de aditivo, como, ainda, a necessidade de que a imprecisão se refira a serviço materialmente relevante do empreendimento (avaliado de acordo com a metodologia ABC), em prestígio ao princípio da segurança jurídica, como ainda do artigo 6º, inciso VIII, alínea "a" c/c artigo 47, artigo 49 e artigo 65, inciso II, alínea "d", todos da Lei 14.133/2021;

9.2. nos contratos executados mediante o Regime Diferenciado de Contratações Públicas (RDC), aplicam-se, no que couber, os entendimentos expressos nesta decisão, por força do disposto no artigo 2º, inciso II; artigo 8º, §1º; artigo 39; artigo 45, inciso I, alínea "b" e artigo

63, todos da Lei 12.462/2011, como também no Acórdão 1.510/2013-Plenário, mormente no que se refere à necessidade de estabelecer uma matriz de riscos, a explicitar as exatas responsabilidades e encargos a serem assumidos pelos particulares – inclusive no que se refere a erros quantitativos; [...].[352]

O Tribunal de Contas da União firmou posição no sentido de que pequenos erros de dimensionamento não ensejam a alteração do contrato firmado sob o regime da empreitada por preço global. No entanto, se os equívocos forem relevantes e substanciais, daí é devida a alteração contratual, sobremodo para evitar o enriquecimento sem causa por parte da Administração e manter o equilíbrio econômico-financeiro do contrato. Esse acórdão merece aplausos, porque enfrentou o assunto com profundidade e deve ser replicado, pelas razões expostas, à Lei nº 14.133/2021.[353] [354] [355]

Ressalva-se que, na Lei nº 14.133/2021, há a possibilidade de a Administração valer-se de matriz de riscos, em acordo com o inciso XXVII do seu artigo 6º, que é "cláusula contratual definidora de riscos e de responsabilidades entre as partes e caracterizadora do equilíbrio econômico-financeiro inicial do contrato, em termos de ônus financeiro decorrente de eventos supervenientes à contratação, contendo, no mínimo [...]". A alínea "a" do mesmo inciso XXVII preceitua que a matriz de riscos deve informar a "listagem de possíveis eventos supervenientes à assinatura do contrato que possam causar impacto em seu equilíbrio econômico-financeiro e previsão de eventual necessidade de prolação de termo aditivo por ocasião de sua ocorrência". Dessa sorte, mesmo em empreitada por preço global, é legal que em matriz de riscos a Administração atribua o risco sobre a imprecisão dos quantitativos indicados no projeto básico ao contratado, esclarecendo

---

352 TCU, Plenário. Acórdão nº 1.977/2013. Rel. Min. Valmir Campelo, j. 31.7.2013.

353 No mesmo sentido: "TOMADA DE CONTAS ESPECIAL. INDÍCIO DE SUPERFATURAMENTO. CITAÇÃO. ALEGAÇÕES DE DEFESA APTAS A AFASTAR O DANO AO ERÁRIO. CONTAS REGULARES E REGULARES COM RESSALVA. QUITAÇÃO. [...] 74. Com base no item 9.1.8 do Acórdão 1977/2013-TCU-Plenário, salientou-se a possibilidade da celebração de termos aditivos em empreitadas por preço global, em caso de quantitativos subestimados ou superestimados, excepcionalmente, quando da ocorrência de subestimativas ou superestimativas relevantes, ao passo que em caso de pequenas variações de quantidades, não se entenderia por adequada a prolação de aditivo" (TCU, Plenário. Acórdão nº 350/2019. Rel. Vital do Rêgo, j. 20.2.2019).

354 Há precedente do Tribunal de Contas da União, com o qual não se concorda, no sentido de não permitir o aditivo caso as falhas no projeto pudessem se identificadas pelos licitantes, o que dependeria, portanto, da análise das particularidades de cada caso. Confira-se: "FISCOBRAS 2011. OBRAS DE EDIFICAÇÕES NA UFRJ. INDÍCIOS DE IRREGULARIDADES NA OBRA DO INSTITUTO DE MATEMÁTICA. ANÁLISE DAS RESPOSTAS A OITIVAS E DILIGÊNCIAS. AUSÊNCIA DE ELEMENTOS PARA CONFIGURAR DÉBITO. CIÊNCIA SOBRE AS FALHAS OBSERVADAS. INDICATIVOS DE PARALISAÇÃO DA OBRA. DETERMINAÇÃO. [...] 15. Espera-se, em uma empreitada por preço global, que os licitantes detenham, no seu ramo de atuação, expertise suficiente para identificar eventuais falhas no projeto básico, inclusive no que se refere aos quantitativos da planilha orçamentária. Isso porque, caso a incorreção do projeto se refira a erro que poderia ser detectado pelo licitante, este deverá arcar com as eventuais omissões e vícios encontrados na planilha orçamentária da licitação, ou ainda diferenças entre os quantitativos reais e os de projeto, necessários para a consecução do objeto" (TCU, Plenário. Acórdão nº 291/2016. Rel. Ana Arraes, j. 17.2.2016).

355 Registre-se que, sem maior aprofundamento, o Tribunal de Contas da União prolatou decisão recente em desalinho à sua própria jurisprudência e sem se opor a ela expressamente: "16. Conforme bem destacou a unidade técnica, nos contratos de empreitada o prestador do serviço assume os riscos pelas eventuais variações de preços dos materiais em troca da garantia de receber o valor pactuado. Assim, considerando que o referido Contrato 2/2018 foi celebrado sob o regime de preço global, no qual a empresa contratada apresentou as estimativas de gastos com materiais e equipamentos para a composição de custos e formação de preço, os riscos de variações nos preços dos insumos, para mais ou para menos, devem ser suportados ou auferidos por ela própria, neste último caso, quando não constatado sobrepreço." (TCU, Segunda Câmara, Acórdão nº 1593/2024. Rel. Min. Augusto Nardes, j. 12.3.2024).

que ele não goza de direito a aditivo na hipótese de os tais quantitativos se encontrarem subestimados. A matriz de riscos, menciona-se, pode estabelecer outras soluções, como compartilhar os riscos entre a Administração e o contratado ou estabelecer balizas, condicionamentos e limitações. Nessas situações, com previsão expressa na matriz de riscos, é o teor dela que deve prevalecer.

10 Alterações contratuais provocadas por equivocado dimensionamento de quantitativos em regime de empreitada por preço unitário

O regime de empreitada por preço unitário foi concebido para situações em que a Administração não consegue definir as obrigações do futuro contratado sob o aspecto quantitativo. Toma-se como exemplo o da contratação de obra de perfuração de poço artesiano. A Administração não sabe de antemão, no momento de lançar o edital, com quanto metros de perfuração a água será obtida (por exemplo, se com 30 metros, 40 metros ou mais). As empresas que participam da licitação pública também não têm condições de saber. Trocando-se em miúdos, há casos em que, por imperativo da realidade, a Administração e os contratados conhecem o encargo apenas parcialmente, em relação ao seu aspecto qualitativo, sabem definir o objeto, que, no exemplo, é um poço artesiano; desconhecem o aspecto quantitativo, quanto deve ser perfurado até encontrar água em volume suficiente. Sem o aspecto quantitativo, é inviável a formulação de propostas em sua totalidade, isto é, a definição total da remuneração.

Para atender a essa realidade, admitindo que existam casos em que a Administração Pública não consegue precisar os quantitativos, o encargo a ser suportado pelo contratado em sua totalidade, o legislador houve por bem distinguir a empreitada por preço global e a por preço unitário. Por isso é que, repita-se, no inciso XXVIII do artigo 6º da Lei nº 14.133/2021, o legislador considerou que a empreitada por preço unitário é a "contratação da execução da obra ou do serviço por preço certo de unidades determinadas", e no inciso XXIX do mesmo artigo que a empreitada por preço global é a "contratação da execução da obra ou do serviço por preço certo e total".

Prosseguindo com o exemplo do poço artesiano, em que a contratação é por empreitada por preço unitário, isto é, a contratação é por unidade de medida definida pela Administração, por exemplo, metro cúbico. A remuneração devida ao contratado depende da quantidade referente ao metro cúbico de terra extraída por ele, dado que a Administração não consegue precisá-la antecipadamente. Se conseguisse precisar antecipadamente a quantidade, não haveria razão para adotar a empreitada por preço unitário; seria obrigatória a empreitada por preço global.

Advirta-se que, em ambos os regimes, a Administração deve produzir projeto básico e que, diante da alínea "f" do inciso XXV do artigo 6º da Lei nº 14.133/2021, dentro dele deve inserir "orçamento detalhado do custo global da obra, fundamentado em quantitativos de serviços e fornecimentos propriamente avaliados, obrigatório exclusivamente para os regimes de execução previstos nos incisos I, II, III, IV e VII do *caput* do art. 46 desta Lei". Esclareça-se que o inciso I do *caput* do artigo 46 da Lei nº 14.133/2021 se refere à empreitada por preço unitário. Quer dizer que, embora a Administração não consiga precisar o quantitativo total a ser demandado na obra, ela deve produzir um orçamento sobre o custo global dela. Para tanto, a Administração acaba sendo forçada a estimar os quantitativos totais, ainda que com margem de erro, que pode ser maior ou menor, a depender do caso. Ou seja, mesmo no caso de regime de empreitada por preço unitário, a Administração precisa definir a obra e o orçamento em seu todo, ainda que o seja de forma estimada e, por conseguinte, imprecisa.

No regime de empreitada por preço unitário, como o quantitativo é estimado e impreciso, pode-se reconhecer que ele é intrinsecamente sujeito a variações. Dizendo de outro modo, faz parte da essência do regime de empreitada por preço unitário a variação de quantitativo, para mais ou para menos. É natural que ocorra.

Sensível a essa característica do regime de empreitada por preço unitário, o Tribunal de Contas da União prolatou o Acórdão nº 1.643/2024, da relatoria do Ministro Benjamin Zymler, cujo teor reconhece que "[...] nas empreitadas por preço unitário, definida no art. 6º, inciso XXVIII, da Lei nº 14.133/2021, fazem-se regulares a promoção de pequenas alterações de quantitativos na planilha orçamentária, sem a necessidade da celebração de termo aditivo [...]".[356]

Ora, como o pressuposto da empreitada por preço unitário é que a Administração não consegue precisar o aspecto quantitativo do objeto do contrato, é natural que ocorra uma variação na quantidade estimada, que se demande quantitativo menor ou maior do que o estimado. Essa variação deve ser considerada como normal no regime de empreitada por preço unitário, compõe o próprio objeto do contrato, é ínsita a ele e, nessa medida, não importa alteração a ser formalizada por aditivo contratual. Logo, no regime de empreitada por preço unitário, os quantitativos devem ser indicados no projeto básico, ainda que de forma estimada e imprecisa, admitindo-se uma variação deles. O voto do Ministro Benjamin Zymler foi esclarecedor:

> Creio que é chegado o tempo de evoluir nessa jurisprudência. Acredito que algumas imprecisões, por serem já esperadas pelas partes – e, portanto, já estarem "contratualizadas" –, poderiam ser feitas por mero apostilamento, respeitado o valor global do contrato, pelos motivos que passo a dissertar.
>
> Um aditivo contratual, afinal, é um novo acordo de vontades. Já sendo admitida e esperada pela Administração e pelo particular a imprevisibilidade das exatas quantidades necessárias ao adimplemento da finalidade contratual, não há novo acordo a ser pactuado. Daí um apostilamento, para dar azo àquilo que já se sabia conhecido e acordado.
>
> Em uma empreitada por preço unitário, como mesmo consta do subitem 9.1.3 do *Acórdão 1977/2013-TCU-Plenário*, parte-se da premissa de que, pelas características do objeto, existe uma imprecisão inerente de quantitativos. Alguns exemplos são o volume de entulho em reformas; compensações entre corte e aterros na terraplenagem; comprimento de estacas cravadas; cubagem de bota-fora; remanejamento de interferências; destocamento de árvores; tonelagem de material betuminoso (somente precisada após de ensaios de estabilidade do material, feitas em campo); entre outros. Essa imponderação também pode ser encontrada em alguns contratos continuados, como de manutenção (predial, elevadores, ar-condicionado e veículos), promoção de eventos, comunicação visual e conservação rodoviária: todos convivem com uma sabida incerteza nas exatas quantidades necessárias ao atendimento das finalidades avençadas.

356 TCU, Plenário. Acórdão nº 1643/2024, Plenário. Rel. Min. Benjamin Zymler, j. 14.8.2024.

Essa imprecisão é intrínseca ao objeto e, sobre isso, não existe surpresa para nenhuma das partes no ato de manifestação de vontades. Pode-se dizer, em digressão razoável, que a incerteza – uma vez sabida – é pactuada e faz parte do contrato.

É de registrar que, no Acórdão nº 1.643/2024, o Tribunal de Contas da União estabeleceu uma série de condicionantes para que essa variação de quantitativo não seja considerada alteração contratual. É o que foi decidido:

> 9.1.1. nas empreitadas por preço unitário, definida no art. 6º, inciso XXVIII, da Lei 14.133/2021, fazem-se regulares a promoção de pequenas alterações de quantitativos na planilha orçamentária, sem a necessidade da celebração de termo aditivo, desde que:
> 9.1.1.1. o pagamento seja formalizado por meio do apostilamento da diferença de quantidades (art. 136 da Lei 14.133/2021), a ser realizado previamente ao pagamento ou, em casos de justificada necessidade de antecipação de seus efeitos, com a formalização do apostilamento no prazo máximo de 1 (um) mês, em consonância com o disposto no art. 132 da Lei 14.133/2021;
> 9.1.1.2. as alterações de quantitativos não configurem a transfiguração do objeto licitado, nos termos do art. 126 da Lei 14.133/2021;
> 9.1.1.3. não se refiram a erro ou alteração de projeto, decorrendo de imprecisões intrínsecas próprias da natureza dos serviços executados, impassíveis de serem estimadas a priori na concepção do orçamento, tal como consta do subitem 9.1.3 do Acórdão 1977/2013-TCU-Plenário;
> 9.1.1.4 não haja a inclusão de novos serviços (modificação qualitativa) ou quantitativa relativa às dimensões globais do objeto licitado;
> 9.1.1.5. seja especificado, no instrumento convocatório, de forma razoável, o que vier a ser definido como "pequenas alterações de quantitativos";
> 9.1.1.6. a diferença percentual entre o valor global do contrato e o preço global de referência não seja reduzida em favor do contratado (art. 128 da Lei 14.133/2021);
> 9.1.1.7. não haja elevação do valor contratual;
> 9.1.1.8. exista motivação, acompanhada de memória circunstanciada de cálculo, das supressões e acréscimos realizados; e
> 9.1.1.9. as supressões e os acréscimos sejam computados no limite legal de 25% (ou 50%) de aditamento contratual, vendando-se a compensação entre eles, nos termos do Acórdão 749/2010-TCU-Plenário;

A maioria das condicionantes determinadas no acórdão faz sentido, embora as tais condicionantes sejam um tanto burocráticas e, nessa medida, desnecessárias. Poderiam ter sido postas no acórdão mais como recomendações ou boas práticas do que como condicionantes que devem ser necessariamente atendidas em todos os casos.

Chama a atenção, nessa perspectiva, a condicionante estabelecida no item 9.1.1.5 do acórdão de que as tais variações devem ser previstas no edital e qualificadas como "pequenas alterações de quantitativos". Ora, essa previsão no edital, por mais que a Administração se esforce, também é fruto de mera estimativa e imprecisa, por efeito do que pode não ser o suficiente para a execução do objeto. Mais importante do que isso, mesmo sem a previsão no edital, essa variação é natural e inerente ao regime de empreitada por preço unitário, de modo que a própria adoção do regime já seria o bastante para admiti-la. Não seria preciso prever a variação expressamente no edital porque ela é inerente ao regime de empreitada. A falta da previsão não deveria ser entendida como um vício nem, muito menos, como um óbice à variação. Ademais, a previsão no edital dessa variação, denominada pelo Tribunal de Contas da União como "pequenas alterações quantitativas", não é exigida na Lei nº 14.133/2021 ou em qualquer outra lei. Ao fim e ao cabo, o Tribunal de Contas da União estabeleceu uma condicionante sem amparo legal, tomando para si a função legislativa.

A condicionante do item 9.1.1.7 do acórdão é ainda mais impactante e tem o condão de frustrar as tais variações quantitativas. Repita-se que a condicionante é no sentido de que "não haja elevação do valor contratual". Ela não faz sentido. Ora, se o quantitativo original era de cem e houve uma variação para cento e dez, é forçoso medir dez unidades a mais, o que repercute no preço do contrato. Não há como uma variação de quantitativo não impactar o preço, para mais ou para menos, salvo se junto com ela houvesse a eventual necessidade de suprimir algum outro aspecto do contrato (o que seria uma medida excepcional e eventual, não ocorre por regra). O acórdão é bem fundamentado, porém, nesse aspecto, as razões foram singelas:

> No âmbito de contratos públicos, contudo, haveria alguns riscos a serem saneados: certamente que o valor global do contrato não pode ser extrapolado. Há limitações orçamentárias e respeito a normativos de execução financeira maculados, sem o necessário aditivo contratual - e o trâmite de verificações que o acompanham.

Com efeito, a questão orçamentária é resolvida com o apostilamento, medida que, inclusive, é exigida no item 9.1.1.1. do acórdão. O apostilamento, na forma do artigo 136 da Lei nº 14.133/2021, presta-se justamente para o empenho de dotação orçamentária. Parece que esse aspecto passou desapercebido no acórdão e talvez seja ajustado em futuros julgados.

11 Alterações contratuais em contratação integrada e semi-integrada

Na contratação integrada, a Administração faz com que o edital seja acompanhado de anteprojeto e não de projeto básico. O anteprojeto dá uma visão panorâmica do objeto da licitação, sem o especificar em detalhes como no projeto básico. Na contratação semi-integrada, o edital é acompanhado de projeto básico, com todos os seus elementos e detalhamento, porém, a Administração permite que, em relação a partes identificadas do projeto básico, os licitantes apresentem soluções alternativas. Em ambas, na contratação integrada e na semi-integrada, os licitantes não estão vinculados inteiramente e de modo definitivo às soluções apresentadas pela Administração e podem oferecer as suas próprias soluções.

Sendo assim, o contratado, tendo apresentado total ou parcialmente as suas próprias soluções, atrai para si os riscos e a responsabilidade que decorrem dos seus defeitos, não lhe cabendo pleitear aditivos em razão de tais defeitos, provocados, nessa medida, por ele mesmo.

Como regra, na sistemática da contratação integrada, os contratados não devem pleitear alterações contratuais em decorrência de equívocos nos projetos, uma vez que os projetos constituem encargos dos próprios contratados. O equívoco do projeto é o equívoco do próprio contratado, que deve assumir os seus ônus, não mais os repassando à Administração. Na contratação semi-integrada, com menor intensidade, os contratados não fazem jus a aditivos em razão de equívocos nas soluções propostas por eles próprios. Nos demais aspectos do projeto básico, que não os propostos pelo contratado, fazem jus ao aditivo contratual.

É o que prescreve o artigo 133 da Lei nº 14.133/2021, que permite aditivos em contratação integrada e semi-integrada apenas em casos excepcionais, nomeadamente:

> I - para restabelecimento do equilíbrio econômico-financeiro decorrente de caso fortuito ou força maior;
> II - por necessidade de alteração do projeto ou das especificações para melhor adequação técnica aos objetivos da contratação, a pedido da Administração, desde que não decorrente de erros ou omissões por parte do contratado, observados os limites estabelecidos no art. 125 desta Lei;
> III - por necessidade de alteração do projeto nas contratações semi-integradas, nos termos do §5º do art. 46 desta Lei; e
> IV - por ocorrência de evento superveniente alocado na matriz de riscos como de responsabilidade da Administração.

O §4º do artigo 22, também da Lei nº 14.133/2021, determina que "nas contratações integradas ou semi-integradas, os riscos decorrentes de fatos supervenientes à contratação associados à escolha da solução de projeto básico pelo contratado deverão ser alocados como de sua responsabilidade na matriz de riscos".

O artigo 133 da Lei nº 14.133/2021 deve ser interpretado de maneira moderada, haja vista que o conteúdo dele ombreia perigosamente com a norma de estatura constitucional encartada no inciso XXI do artigo 37 da Constituição Federal, cujo teor prescreve que devem ser "mantidas as condições efetivas da proposta", enunciado que dá origem ao festejado direito ao equilíbrio econômico-financeiro em contratos administrativos.

Feita essa consideração introdutória, percebe-se que o supracitado artigo 133 da Lei nº 14.133/2021 estabelece a regra de que os contratos firmados sob o regime de contratação integrada não sejam alterados, não sofram termos aditivos. Essa regra é excetuada diante de fatos que demandem aditivo contratual não decorrente de defeitos imputados aos contratados.

No tocante à hipótese do inciso I do artigo 133 da Lei nº 14.133/2021, não faz sentido restringir o direito à recomposição do equilíbrio econômico-financeiro ao caso fortuito e à força maior. É que o desequilíbrio depende, em termos gerais, como bem preconiza a alínea "d" do inciso II do *caput* do artigo 124 da Lei nº 14.133/2021, da ocorrência de fato imprevisível ou previsível, porém com consequências incalculáveis. O caso fortuito e a força maior, mencionados na alínea "d", enquadram-se nesse conceito, desenham fato imprevisível ou previsível, porém com consequências incalculáveis. No entanto, o caso fortuito e a força maior não esgotam o conceito, há também outras hipóteses, como, por exemplo, a do fato do príncipe, não lembrado no inciso I do artigo 133 da Lei nº 14.133/2021. Dessa sorte, para que o inciso I do artigo 133 da Lei nº 14.133/2021 seja harmonizado à Constituição Federal, é imperativo que seja interpretado de maneira mais abrangente, para que seja autorizada a formalização do termo aditivo desde que ocorra fato imprevisível ou previsível, porém, com consequências incalculáveis, dentro dessa categoria mais ampla, o caso fortuito e a força maior, sem excluir outras hipóteses.

Em relação aos incisos II e III também deve haver algum grau de relativização. A premissa é que se admitem alterações contratuais determinadas pela conveniência da Administração, não as resultantes de equívocos do contratado. Deve-se ponderar bem a causa e a origem dos equívocos. É que o contratado pode ter proposto solução técnica equivocada provocada por dado ou informação equivocada oferecida pela Administração. Nesse caso, a Administração é quem deu causa ao defeito e não o contratado, de modo que se deve permitir o aditivo contratual.

Por exemplo, em contratação integrada, a proposta é apresentada na licitação e o projeto é realizado com base no anteprojeto, este de responsabilidade da Administração. Pode ser que o equívoco do projeto apresentado pelo contratado seja reflexo do equívoco do anteprojeto. Ou pode ser que ao elaborar o projeto básico o contratado depare-se com defeito do anteprojeto que para ser corrigido majora os seus custos. Sabe-se, em vista da alínea "b" do inciso XXIV do artigo 6º da Lei nº 14.133/2021, que o anteprojeto da Administração deve dispor sobre as condições de solidez da obra. Em virtude disso, ilustrando o exemplo, supõe-se que o anteprojeto foi acompanhado de estudo geológico. Os licitantes fizeram as suas propostas levando em consideração as soluções técnicas para atender às características do solo e do subsolo apontadas no referido estudo geológico. Posteriormente, na fase de elaboração do projeto básico ou mesmo de execução da obra, constata-se que o estudo geológico fornecido pela Administração estava errado e que é necessário empregar outra solução técnica, mais cara do que a proposta na licitação. O equívoco não pode ser imputado ao contratado, dado que oriundo do anteprojeto que é da Administração, por efeito do que é sim devido o aditivo contratual.[357]

---

[357] O Tribunal de Contas da União não compartilha desse entendimento: "Aduzo que não há amparo legal para celebração de aditivos com o propósito corrigir de erros, imprecisões ou omissões no anteprojeto, tal qual verificado nestes autos. É inerente ao regime das contratações integradas que o anteprojeto e seus correspondentes estudos preliminares limitem-se a fornecer elementos mínimos à efetiva caracterização da obra a fim de prover os licitantes com informações básicas e suficientes para formatação das propostas, escolha das soluções técnicas e seleção da oferta mais vantajosa para a Administração, conforme previsto no art. 9º, §2º, inciso I, da Lei 12.462/2011. Caberá ao contratado assumir os riscos de imprecisão do anteprojeto e dos estudos preliminares quando da elaboração do projeto definitivo da obra. Em se tratando de empreendimentos de grande porte e alta complexidade como o objeto em análise, é normal que eventuais lacunas e contradições do anteprojeto venham a ser enfrentadas e suplantadas na elaboração e detalhamento do projeto básico ou executivo pela empresa contratada. Convém salientar que a própria Lei do RDC faz referência à 'estética do projeto arquitetônico' (art. 9º, §2º, alínea 'c', da Lei 12.462/2011), o que pressupões não se esperar a apresentação, por ocasião da licitação, de projeto arquitetônico com soluções definitivas e máximo nível de detalhamento, típicos de um projeto básico. Conforme já ressaltei alhures, o artigo 9º, §4º, da lei 12.462/2011 veda expressamente a celebração de termos aditivos nas avenças sob regime de contratação integrada, ressalvadas as hipóteses de recomposição do equilíbrio econômico-financeiro decorrente de caso fortuito ou força maior, necessidade de alteração do projeto ou das especificações para melhor adequação técnica aos objetivos da contratação, a pedido da administração pública, desde que não decorrentes de erros ou omissões por parte do contratado. A contratação integrada pressupõe, na ausência de disposição editalícia em contrário, que o particular possa adotar critérios e metodologias executivas diferenciadas em relação ao anteprojeto da licitação. Dessa forma, se não houver uma alocação objetiva de riscos entre as partes, prevista no instrumento convocatório e no contrato, o construtor deverá assumir os eventuais encargos resultantes de incompletudes e omissões inerentes a qualquer anteprojeto. Cabe distinguir o projeto básico inicialmente desenvolvido pela contratada, que poderá utilizar diferentes critérios e metodologias construtivas em relação ao anteprojeto da licitação, e uma posterior alteração desse projeto definitivo requerida Administração após ter sido elaborado pelo construtor e aprovado pelo contratante. Somente a hipótese de alteração projeto básico poderia dar ensejo à celebração de aditivo contratual. No caso concreto, admitiu-se um aditamento em decorrência de análise preliminar realizada pela Infraero nos projetos em elaboração pelo contratado. Não há hipótese legal de aditamento para correção de

Ora, nesse caso, por força do direito constitucional ao equilíbrio econômico-financeiro, o contrato dever ser alterado. Negar ao contratado o direito à alteração do contrato, para além de violar o direito constitucional ao equilíbrio econômico-financeiro, importa reconhecer e prestigiar solução em que a Administração se aproveita do seu próprio erro, o que não é adequado ao princípio geral de direito de acordo com o qual ninguém deve ser beneficiado com sua própria torpeza.

Por outro lado, o contratado tem o encargo de elaborar o projeto básico em acordo com as exigências do anteprojeto. Se elabora projeto básico inadequado, ele deve ser rejeitado pela Administração e os riscos são do contratado. Ele, o contratado, teria direito a aditivo contratual apenas nas situações em que a Administração demandasse dele a previsão no projeto básico de soluções ou alternativas que não estariam indicadas no anteprojeto. Nesse sentido, do Tribunal de Contas da União:

> ACORDAM os ministros do Tribunal de Contas da União, reunidos em sessão do Plenário, ante as razões expostas pelo Relator, em:
> 9.1. com fundamento no art. 9º da Resolução TCU 315/2020, dar ciência à Infraero das seguintes irregularidades detectadas na celebração do 2º termo de aditamento contratual ao contrato TC 014-EG/2013/0001: [...]
> 9.1.4. alguns acréscimos observados decorreram da não aceitação do projeto básico pela administração por sua inadequação ao anteprojeto e não de alterações de escopo ou de novos encargos impostos pela Infraero, caracterizando aditamento irregular do ajuste, haja vista que a inadequação do projeto desenvolvido pela contratada deve ensejar a sua rejeição, e não a alteração do contrato para contemplar a solução desejada pelo contratante, em violação ao art. 66, §2º, do Decreto 7.581/2011.[358]

Pondera-se que, se o anteprojeto é omisso sobre dado aspecto e admite soluções diversas, é em tudo legítimo ao contratado escolher, entre as soluções admitidas, aquela que lhe seja a menos onerosa. Se a Administração pretende uma solução específica, mais onerosa, ela deveria ter a indicado no anteprojeto. Não pode exigir que o contratado a adote no projeto básico, salvo se formalizar termo aditivo para compensar o contratado.

12 Relação geral entre os valores da proposta e o do orçamento-base para aditivos que importam ingresso de novos itens

O artigo 127 da Lei nº 14.133/2021 prescreve:

> [...] se o contrato não contemplar preços unitários para obras ou serviços cujo aditamento se fizer necessário, esses serão fixados por meio da aplicação da relação geral entre os valores da proposta e o do orçamento-base da Administração sobre os preços referenciais ou de mercado vigentes na data do aditamento, respeitados os limites estabelecidos no art. 125 desta Lei.[359]

imprecisões do anteprojeto. Anteprojeto não é projeto básico" (TCU, Plenário. Acórdão nº 544/2021. Rel. Min. Walton Alencar Rodrigues, j. 17.3.2021).

[358] TCU, Plenário. Acórdão nº 831/2023. Rel. Min. Benjamin Zymler, j. 3.5.2023.

[359] "Na hipótese de celebração de aditivos em contratos de obras públicas para a inclusão de novos serviços, o preço desses serviços deve ser calculado considerando o custo de referência e a taxa de BDI de referência especificada no orçamento-base da licitação, subtraindo desse preço de referência a diferença percentual entre

O artigo 127 trata da hipótese de se introduzir no contato algum item não previsto originalmente, determinando como o preço dele deve ser calculado. O dispositivo diz respeito a qualquer tipo de alteração contratual, não importa se quantitativa ou qualitativa, unilateral ou consensual. Frisa-se, nessa medida, que a regra legal é limitadora da vontade das partes, de modo que a Administração não pode descumprir o comando do artigo 127 mesmo que a alteração seja consensual.

A solução encontrada pelo legislador foi a de manter a relação geral entre os valores da proposta e do orçamento-base. Por exemplo, a Administração estima o valor total do contrato em R$1.000.000,00, somando-se os unitários previstos no Sinapi, na forma do inciso I do §2º do artigo 23 da Lei nº 14.133/2021. O preço proposto pelo vencedor do certame foi de R$900.000,00. Logo, o valor contratado representa desconto de 10% sobre o preço estimado pela Administração. A relação geral entre o valor da proposta (R$900.000,00) e o do orçamento-base da Administração (R$1.000.000,00) é de 10%. Durante a execução do contrato, faz-se necessário promover alteração contratual para inserir algum item novo. Suponha-se que no Sinapi o preço do item que se pretenda inserir seja de R$10,00 a unidade. Ele deve ingressar no contrato ao preço de R$9,00 a unidade, mantendo-se a relação geral de 10%.

O artigo 127 da Lei nº 14.133/2021 deve ser bem compreendido pelos contratados, porque determina como os preços unitários não abrangidos em suas propostas ingressam no contrato em casos de aditivos contratuais, inclusive unilaterais. Aplicando-se o critério legal, há o risco de o item ingressar no contrato por preço não considerado vantajoso pelo contratado ou mesmo por preço que lhe seja deficitário. O risco, por força do artigo 127, é do contratado.

Ressalva-se que a regra do artigo 127 não ofende o direito ao equilíbrio econômico-financeiro dos contratos. Sucede que o dispositivo é prescrito na Lei nº 14.133/2021 e, sendo assim, conforma o próprio direito ao equilíbrio econômico-financeiro. Trata-se de condição previamente estabelecida em lei para o exercício da prerrogativa ou direito futuro de alterar o contrato, logo, que deve ser previamente conhecida pelas partes.

13 Diferença percentual entre o valor global do contrato e o preço global de referência

Solução bem parecida é prevista no artigo 128 da Lei nº 14.133/2021, porém não para o ingresso de itens novos e sim para os aditivos em geral. O propósito do legislador é o de evitar que os aditivos gerem ganhos excessivos aos contratados. O dispositivo determina que, "nas contratações de obras e serviços de engenharia, a diferença percentual entre o valor global do contrato e o preço global de referência não poderá ser reduzida em favor do contratado em decorrência de aditamentos que modifiquem a planilha orçamentária".

A diferença percentual, referida no artigo 128, equivale à "relação geral", referida no artigo 127. A lógica é muito próxima. Retomando o exemplo, em que o valor orçado,

o valor do orçamento-base e o valor global do contrato obtido na licitação, com vistas a garantir o equilíbrio econômico-financeiro do contrato e a manutenção do percentual de desconto ofertado pelo contratado, em atendimento ao art. 37, inciso XXI, da Constituição Federal e aos arts. 14 e 15 do Decreto 7.983/2013" (TCU, Plenário. Acórdão nº 2.699/2019. Rel. Min. Augusto Nardes, j. 6.11.2019) pelo Sinapi, é de R$1.000.000,00 e o valor da proposta é de R$900.000,00, com percentual de desconto de 10%. Durante a execução do contrato, pretende-se acrescer um dado item, já constante do contrato original. O ponto é que os itens têm preços diferentes e eles não mantêm, necessariamente, desconto linear em comparação ao Sinapi. Os preços dos itens variam em relação ao Sinapi. Por ilustração, um item pode ser de 20%, outro de 10%, outro apenas de 5% e outro preço cheio, sem desconto em relação ao Sinapi. Então, imagine-se que se pretenda acrescer item sem desconto em comparação com o preço do Sinapi. O artigo 128 exige que a diferença percentual entre o valor global do contrato e o preço global orçado não seja reduzida em favor do contratado. Por conseguinte, esse aditivo não pode ser firmado se o item a ser acrescido não apresentar desconto. Ora, como o acréscimo se concentra em item sem desconto, o resultado do aditivo reduziria a relação de desconto original, o que é vedado pelo artigo 128. Então, esse item deve ser aditivado com uma margem de desconto sobre o preço oferecido inicialmente de 10%.[360] Apresentou-se o exemplo, para fins didáticos, em que o acréscimo incide em apenas um item. No entanto, nos casos concretos, os acréscimos podem envolver diversos itens. A regra é que, por aditivo, o desconto total da época da licitação não seja reduzido.

Noutros termos, a Administração deve calcular, a partir do Sinapi, qual seria a repercussão da alteração contratual pretendida sobre o seu preço estimado. Por exemplo, com os acréscimos e novos itens, o valor estimado do contrato seria de R$1.100.000,00. Portanto, o valor do contrato decorrente da alteração contratual não pode ser superior a R$990.000,00, que representa desconto de 10% do valor estimado com a alteração, na medida em que, em caso contrário, o desconto havido na apresentação da proposta em licitação pública seria reduzido em benefício do contratado por ocasião da alteração contratual.

Essa proibição de redução do desconto obtido com a proposta em razão do preço estimado pela Administração visa obstar o que se convencionou denominar jogo de planilhas. Isto é, acrescem-se unitários com preços superfaturados e suprimem-se unitários com preços subfaturados, ampliando-se a lucratividade do contratado em detrimento dos interesses públicos. Conquanto a intenção do legislador seja louvável, a norma parte da premissa de desonestidade e de desvio na gestão dos contratos administrativos, bem como expõe o contratado a riscos de prejuízos ou de absorção da sua margem de lucro.

Explicando melhor: o preço final proposto pelos licitantes é o resultado da soma de todos os custos diretos e indiretos, acrescidos do lucro. Logo, o licitante estabelece preço para todos os insumos e serviços previstos no projeto básico, somando o resultado deles aos custos indiretos e lucro. Supõe-se que, para o insumo A, a tabela Sinapi

---

[360] "12. Assim, concordo com a SeinfraCom quando propõe que se esclareça ao consulente, primeiramente, que, em caso de necessidade de celebração de termos aditivos em contratos de obras públicas, deve ser observado o disposto nos arts. 14 e 15 do Decreto 7.983/2013, sendo necessário, para tanto, que seja realizada análise da planilha confrontando a situação antes e depois do aditivo pretendido para averiguar quanto à eventual discrepância no percentual do desconto originalmente concedido. [...] 16. Nada obstante, mesmo cercando-se das cautelas acima, a alteração contratual pode, às vezes, implicar modificação do percentual do desconto originalmente concedido pela contratada. Isso acontece geralmente quando se aumentam substancialmente quantitativos de itens com sobrepreço unitário e/ou se reduzem as quantidades de itens contratados com descontos unitários superiores ao global. Sendo assim, cabe informar que uma maneira de se dar cumprimento ao disposto no art. 14 do Decreto 7.983/2013 é a inclusão de parcela compensatória negativa, ressalvada a exceção prevista no parágrafo único daquele artigo" (TCU, Plenário. Acórdão nº 2.699/2019. Rel. Min. Augusto Nardes, j. 6.11.2019).

prevê o valor de R$100,00, preço relativamente defasado em relação ao praticado no mercado naquela região, que é de R$120,00. Em relação ao insumo B, o preço do Sinapi é superior ao praticado no mercado; no mercado o custo é de R$50,00 e a tabela Sinapi indica o limite de R$80,00. Ou seja, analisando os insumos isoladamente, o licitante não tem condições de oferecer desconto para o insumo A. O preço dele para o insumo A corresponde ao do Sinapi, de R$100,00. Para o insumo B, o licitante oferece o preço de R$48,00, desconto de 40% sobre o preço indicado na tabela Sinapi. E isto ocorre em relação a todos os insumos e serviços constantes do projeto básico. O licitante, de acordo com as suas possibilidades, para alguns insumos e serviços oferece descontos maiores ou menores ou mesmo não oferece desconto com base na tabela Sinapi. A soma dos preços oferecidos para todos os insumos e serviços, mais despesas indiretas e lucro, representa o valor da proposta do licitante, que, em seu total, representa desconto de 10% sobre o valor obtido a partir do Sinapi. Quer-se enfatizar que o desconto total da proposta sobre o Sinapi não é obtido de maneira linear.

O licitante sagra-se vencedor do certame e celebra o contrato. No transcurso da execução do contrato, a Administração pretende promover alteração contratual, dobrando os quantitativos previstos para o insumo A. O aumento do quantitativo do insumo A, sobre o qual não houve desconto em comparação à tabela Sinapi, importa reduzir o desconto no preço total, também com base na tabela Sinapi. Seguindo esse raciocínio, para obedecer às disposições do artigo 128 da Lei nº 14.133/2021, e para viabilizar a alteração contratual, o contratado teria de aceitar a redução do preço proposto por ele durante a licitação para o insumo A. Isto afeta a relação de proporção entre os custos para a execução do contrato e o ganho prospectado pelo contratado. A lucratividade do contratado será reduzida, em que pese seja mantido o desconto inicial sobre o preço total em comparação com o Sinapi.

Ressalva-se que a exigência contida no artigo 128 da Lei nº 14.133/2021 de manutenção nos aditivos do mesmo percentual de desconto original, embora afete o resultado projetado pelo contratado, não é violadora do direito ao equilíbrio econômico-financeiro. A norma contida no artigo 128 da Lei nº 14.133/2021 representa condicionante legal para o exercício da prerrogativa ou direito futuro de alterar o contrato, logo, previamente conhecida pelas partes contratantes e conformadora do próprio direito ao equilíbrio econômico-financeiro dos contratos.

14 Limites às alterações contratuais em contratos cujos quantitativos e valores são meramente estimados

A Administração deve planejar as suas atividades, definindo de antemão os quantitativos que serão contratados e o quanto pretende despender com os respectivos contratos. No entanto, em muitos casos, a Administração não consegue precisar exatamente a quantidade que necessita e, pois, o valor exato do contrato. Isso ocorre, por exemplo, com combustíveis, transporte aéreo e diversos outros contratos com quantitativos estimados. Tome-se o caso dos combustíveis: a Administração não consegue precisar exatamente o quanto irá consumir de combustível ao longo do mês ou do ano. Ela pode até realizar estimativa, no entanto, não dispõe de condições para dimensionar o consumo com precisão. Talvez os veículos transitem mais ou menos, dependendo das necessidades diárias, pelo que a demanda da Administração é meramente estimada.

A questão que ora se põe diz respeito aos limites às alterações contratuais em contratos cujos quantitativos e, pois, cujos valores contratados são meramente estimados. A questão resume-se em aplicar ou não os limites do artigo 125 da Lei nº 14.133/2021 sobre os valores estimados.

Trocando-se em miúdos: suponha-se contrato para o agenciamento de transporte aéreo. Isto é, a Administração contrata agência de viagens que tem a obrigação de emitir os bilhetes para viagens aéreas que se fizerem necessárias. A Administração não consegue definir antecipadamente todas as viagens aéreas que serão contratadas. Em virtude disso, ela firma com a agência de viagens contrato com quantitativo de passagens e valor estimado, por exemplo, com valor anual estimado de R$240.000,00. Entretanto, a Administração está prestes a consumir o valor total do contrato já em setembro. Em razão disso, pretende realizar aditivo, a fim de cobrir os meses de outubro, novembro e dezembro. Por força de aumento na demanda por transporte aéreo, a Administração estima que necessita contratar, para cobrir tais meses, de mais R$70.000,00. Ocorre que esse valor ultrapassa o limite de 25% sobre o valor inicial atualizado do contrato referido no artigo 125 da Lei nº 14.133/2021. A dúvida é se o aditivo pode ser realizado ou não. Ou, noutros termos, se o valor meramente estimado pela Administração deve ser considerado como parâmetro para efeito de limitar os aditivos na forma do que preceitua o artigo 125 da Lei nº 14.133/2021 ou não.

Com efeito, o legislador preocupou-se em estabelecer limites para as alterações contratuais quantitativas unilaterais, conforme o preceituado no artigo 125 da Lei nº 14.133/2021, adotando como parâmetro o valor inicial atualizado do contrato. Ou seja, é permitido promover alteração quantitativa unilateral desde que tal procedimento não implique acréscimo de preços superiores às porcentagens definidas em lei tendo em vista o valor inicial atualizado do contrato.

O fato de o quantitativo e o valor do contrato serem meramente estimados não serve como escusa para que o contrato seja alterado fora dos limites definidos pelo legislador. De acordo com o artigo 125 da Lei nº 14.133/2021, o parâmetro para os limites é o valor inicial atualizado do contrato. Se o valor inicial é meramente estimado, o parâmetro não pode ser outro: o próprio valor estimado. É justamente por isso que se exige a previsão de quantitativos e valores estimados para os casos em que estes não podem ser precisados. Exige-se o estimado para que se tenha alguma referência, algum parâmetro, sobretudo para o caso em tela, para que haja limites às alterações.

Retomando o exemplo acima, se o valor do contrato de agenciamento de passagens áreas é de R$240.000,00 ao ano, o aditivo quantitativo unilateral que implique majoração de R$70.000,00 é indevido, porque ultrapassa o limite de 25% do valor inicial atualizado do contrato, estabelecido no artigo 125 da Lei nº 14.133/2021. Se não há valor preciso, o valor estimado deve ser utilizado como parâmetro. Ressalva-se que a Lei nº 14.133/2021 não fixou limites para as alterações quantitativas consensuais. Portanto, havendo consenso, desde que com todas as justificativas fundadas em interesse público, é permitido promover aditivos acima dos percentuais indicados no artigo 125 da Lei nº 14.133/2021.

15 Os limites às alterações devem ser calculados de acordo com o parâmetro de julgamento

O julgamento das propostas pode ser parametrizado por cada item em separado ou pela somatória de todos os itens ou de um grupo de itens. No primeiro caso, fala-se em julgamento por item ou pelo preço unitário. No segundo caso, fala-se em julgamento pelo preço global ou por lote.

Por exemplo, a Administração pretende adquirir material de expediente, como lápis, caneta, borracha e outros. Muito embora todos os materiais de expediente sejam reunidos na mesma licitação, o julgamento, em regra, é realizado item por item. Isto é, pode haver vários licitantes vencedores, um para cada item.

Noutro exemplo, a Administração precisa contratar alguém para que seja construído um prédio. O preço final do prédio proposto pelos licitantes é resultado da soma de vários preços unitários. Somam-se os materiais, mão de obra, máquinas, equipamentos e outros, para o efeito de apurar o preço final. Nesse caso, o julgamento é parametrizado pelo preço global que decorre da soma dos preços unitários. Isto é, o preço global é o final, correspondente à execução do objeto do contrato por inteiro. O preço unitário é o relativo a cada um dos componentes de custo que, uma vez somados, geram o preço global.

Como visto, o artigo 125 da Lei nº 14.133/2021 prescreve limites às alterações contratuais quantitativas unilaterais. Tais limites, definidos em porcentagem, têm como parâmetro o valor inicial do contrato devidamente atualizado. A questão é: deve-se adotar como parâmetro o valor inicial referente ao preço global ou ao preço unitário?

A resposta depende do padrão de julgamento.

Ora, se o julgamento é pelo item/unitário, então os limites devem ser calculados sobre o item/unitário. Retomando o exemplo da licitação pública para material de expediente, o mesmo licitante sagrou-se vencedor e firmou contrato para os itens lápis e caneta. O limite de alteração contratual deve ser calculado separadamente para cada um dos itens. Suponha-se que cada um desses itens, lápis e caneta, somem, separadamente, R$10.000,00. Portanto, os 25% previstos no artigo 125 da Lei nº 14.133/2021, que somam R$2.500,00, devem ser calculados separadamente. À Administração, ainda que tenha necessidade, não é dado acrescer unilateralmente o item caneta em R$5.000,00, utilizando os 25% incidentes sobre as canetas e aproveitando também os incidentes sobre os lápis.

Na mesma linha, se o julgamento é pelo preço global, então os limites das alterações contratuais devem ser calculados sobre o preço global e não em razão dos preços unitários. Continuando com o exemplo do contrato para a construção de prédio, que é julgado pelo preço global, isto é, pelo preço total da construção do prédio. O edital de licitação pública que antecedeu o contrato previu a utilização de dez mil tijolos, mil sacas de cimento e vários outros insumos e serviços, que, somados ao Benefício de Despesas Indiretas (BDI), traduzem o preço final. À Administração Pública é permitido realizar acréscimo unilateral que dobre a quantidade das sacas de cimento, desde que este montante não importe majoração no valor global do contrato superior aos limites enfeixados no artigo 125 da Lei nº 14.133/2021, isto é, em regra, 25% do valor inicial global atualizado do contrato.

16 Alteração contratual e direito ao equilíbrio econômico-financeiro do contrato

A Administração, como visto, tem o direito de alterar o contrato administrativo, inclusive de modo unilateral, independentemente da vontade do contratado. Entretanto, esse poder conferido à Administração Pública não pode ser exercido de sorte a prejudicar os direitos patrimoniais do contratado. À Administração é vedado impor perdas ao contratado, forçando-o a arcar com custos sem a respectiva contrapartida, tudo em tributo ao direito constitucional ao equilíbrio econômico-financeiro do contrato, desenhado no inciso XXI do artigo 37 da Constituição Federal, que será abordado com mais especificidade no próximo capítulo.

Tal afirmativa é expressamente reconhecida pela Lei nº 14.133/2021. Sucede que o inciso I do seu artigo 104 outorga à Administração a prerrogativa de modificar os contratos unilateralmente para melhor adequação às finalidades de interesse público. Sem embargo, em complemento, o §1º do mesmo artigo prescreve que "as cláusulas econômico-financeiras e monetárias dos contratos não poderão ser alteradas sem prévia concordância do contratado". Em seguida, de forma ainda mais direta, o §2º do mesmo artigo enuncia que, "na hipótese prevista no inciso I do *caput* deste artigo, as cláusulas econômico-financeiras do contrato deverão ser revistas para que se mantenha o equilíbrio contratual". Para não pairar dúvida, o artigo 130 da Lei nº 14.133/2021 determina que, "caso haja alteração unilateral do contrato que aumente ou diminua os encargos do contratado, a Administração deverá restabelecer, no mesmo termo aditivo, o equilíbrio econômico-financeiro inicial".

A rigor, se os encargos do contratado são majorados, a contrapartida da Administração também deve sê-lo na mesma proporção, em que pese o tipo de alteração, se unilateral ou consensual, se quantitativa ou qualitativa. A única exceção reside nas situações em que o contratado renuncia por liberalidade à majoração a que tem direito, porquanto ela reflete direito patrimonial disponível.

17 Indenização em caso de supressão do objeto

O artigo 129 da Lei nº 14.133/2021 prescreve:

> [...] nas alterações contratuais para supressão de obras, bens ou serviços, se o contratado já houver adquirido os materiais e os colocado no local dos trabalhos, estes deverão ser pagos pela Administração pelos custos de aquisição regularmente comprovados e monetariamente reajustados, podendo caber indenização por outros danos eventualmente decorrentes da supressão, desde que regularmente comprovados.

O artigo 129 da Lei nº 14.133/2021 não é benéfico aos contratados. Ele, em sentido diametralmente oposto, restringe os direitos dos contratados.

Ora, a regra é que, em homenagem ao direito ao equilíbrio econômico-financeiro do contrato, a supressão do objeto realizada no interesse da Administração não deve importar prejuízo ao contratado, ainda que seja realizada de modo consensual, salvo se o contratado tenha renunciado expressamente à indenização. Portanto, se o contratado realizou despesas para executar o objeto contratado em sua integralidade e se a Administração vem a suprimi-lo, frustrando o pactuado inicialmente, seria devida indenização ampla em virtude dos custos suportados pelo contratado.

O artigo 129 da Lei nº 14.133/2021 estabelece limites a esse direito de indenização ampla no tocante aos materiais objetos de supressão. Trata-se, então, de norma restritiva de direito, que deve ser interpretada restritivamente.

Sob essa premissa, o primeiro recorte que precisa ser feito em relação ao artigo 129 da Lei nº 14.133/2021 diz respeito ao seu objeto, restrito à indenização devida pelos materiais objetos da supressão. O dispositivo não limita indenização devida em razão de outros fatores que não os materiais. É o que está expresso na parte final do próprio artigo 129, cujo texto admite "[...] indenização por outros danos eventualmente decorrentes da supressão, desde que regularmente comprovados". Por exemplo, o contratado deve ser indenizado amplamente em razão da mão de obra contratada para executar o objeto em sua totalidade e que, por força da supressão, torna-se excessiva. Deve ser indenizado também, noutro exemplo, em decorrência de maquinário locado por ele para atender a toda demanda contratada e que se torna desnecessário diante da supressão do objeto. Enfim, à exceção dos materiais, o contratado deve ser indenizado amplamente diante de todas as despesas assumidas por ele para executar o objeto em sua totalidade que se tornam desnecessárias por ocasião da supressão do objeto realizada no interesse da Administração, ainda que, insista-se, ele não se oponha.

Em relação aos materiais, o artigo 129 da Lei nº 14.133/2021 limita a indenização àqueles que o contratado já houver adquirido e posto no local de trabalho. Ou seja, se o contratado já adquiriu os materiais e não os colocou no local de trabalho, não faz jus à indenização. Demais disso, de acordo com o dispositivo, a indenização deve ser realizada pelos custos de aquisição regularmente comprovados e monetariamente reajustados. Ou seja, a Administração, pelo teor do dispositivo, não deve pagar o valor contratado pelos materiais suprimidos, com margem de lucro e outros benefícios. Ela deve indenizar apenas o custo incorrido pelo contratado para adquiri-los, com reajuste monetário.

Essa indenização, pelos custos e não pelo preço contratado, só faz sentido se a Administração realmente suprimir tais materiais e não os utilizar no contrato nem pretender a propriedade dos materiais suprimidos. Ora, se a Administração pretender adquirir a propriedade dos materiais, deve pagar o preço que foi contratado, com os ganhos projetados pelo contratado.

Dessa sorte, na hipótese do artigo 129 da Lei nº 14.133/2021, os materiais suprimidos não são adquiridos pela Administração. O proprietário deles é o contratado, que faz jus à indenização apenas pelos custos de aquisição, como estabelecido no artigo 129 da Lei nº 14.133/2021, em razão da supressão por parte da Administração. Por conseguinte, o contratado permanece com a propriedade dos materiais suprimidos, com todos os direitos de proprietário, podendo, inclusive, comercializá-los novamente ou dar-lhes a utilidade que lhes for mais conveniente. Isso significa que, realizada a supressão, os materiais colocados no local de trabalho, depois de inventariados pela Administração, devem ser levantados pelo contratado. Acaso os materiais não sejam levantados e a Administração permanecer com eles, deve-se entender que ela se apropriou deles e que não houve supressão, por efeito do que o valor da indenização deve ser o preço proposto pelo contratado e não apenas os custos de aquisição, como sinalizado no artigo 129.

18 Formalização da alteração contratual e necessidade de motivação

Identificada a necessidade de alteração contratual, a primeira preocupação do órgão ou entidade contratante é em justificá-la tecnicamente. Nesse passo, é relevante demonstrar que (i) a mudança pretendida não transfigura o objeto contratado; (ii) se for o caso de alteração quantitativa unilateral, ela não ultrapassa os limites fixados no artigo 125 da Lei nº 14.133/2021; (iii) as alterações pretendidas são adequadas, necessárias e proporcionais à satisfação do interesse público (princípio da proporcionalidade); e (iv) os preços dos itens que se pretendem alterar ou acrescer são compatíveis com os praticados no mercado, mantendo-se a mesma relação geral entre os valores da proposta e o do orçamento-base da Administração sobre os preços referenciais ou de mercado vigentes na data do aditamento, sem redução de desconto que favoreça o contratado, em atenção aos artigos 127 e 128 da Lei nº 14.133/2021.

Ressalva-se que a Lei nº 14.133/2021 não exige motivação técnica explícita para os aditivos contratuais. No entanto, o §4º do artigo 53 da Lei nº 14.133/2021 exige que os aditivos sejam submetidos previamente à análise jurídica. E o ponto é que a análise jurídica depende de tais esclarecimentos de ordem técnica. Por isso, ainda que não exigido explicitamente, de algum modo a justificativa técnica deve ser apresentada, até para que a assessoria jurídica tenha condições de produzir o seu parecer jurídico.

É de pontuar que a jurisprudência do Tribunal de Contas da União, formada diante da Lei nº 8.666/1993, exige que os aditivos sejam precedidos de processo administrativo, acompanhado de pareceres e estudos técnicos pertinentes. Supõe-se que o mesmo entendimento deve prevalecer diante da Lei nº 14.133/2021. Por ilustração:

> Por outro lado, há vários julgados do TCU no sentido de que as alterações do objeto licitado necessitariam ser precedidas de procedimento administrativo no qual ficasse adequadamente registrada a justificativa das alterações tidas por necessárias, que deveriam ser embasadas em pareceres e estudos técnicos pertinentes, bem como restar caracterizada a natureza superveniente, em relação ao momento da licitação, dos fatos ensejadores das alterações. Nesse sentido, é possível mencionar os Acórdãos Plenários 2.161/2011, 517/2011, 1.597/2010, 2.588/2010, 2.032/2009 e 2.053/2015.[361]
>
> 9.5.2. o primeiro e o segundo aditivos ao Contrato 9501-C foram baseados em análises deficientes, fundadas em referenciais de preços escassos e sem critérios objetivos de aceitação dos preços propostos pela contratada, o que contraria o disposto no art. 31, §3º, da Lei 13.303/2016 e nos arts. 28 e 29 do Regulamento de Licitações e Contratos da Eletronuclear (RLCE), bem como na jurisprudência desta Corte de Contas, que traz entendimento no sentido de que as alterações do objeto contratado devem estar embasadas em pareceres e estudos técnicos pertinentes, contemplando estudos de quantitativo e valores dos itens aditados, inclusive com pesquisas de mercado para justificar a economicidade do termo de aditamento contratual.[362]

Depois dessa avaliação e justificativa de ordem técnica, o órgão ou entidade contratante deve procurar o preposto ou responsável da empresa contratada, oportunizando a este se manifestar sobre a pretendida alteração e seus aspectos técnicos. É

361 TCU, Plenário. Acórdão nº 831/2013. Rel. Min. Benjamin Zymler, j. 3.5.2023.

362 TCU, Plenário. Acórdão nº 668/2024. Rel. Min. Jhonatan de Jesus, j. 10.4.2024.

sempre conveniente que haja consenso entre a Administração Pública e as empresas contratadas, até mesmo para que a primeira não seja compelida a promover alteração de modo unilateral. Não se descure que os limites fixados no artigo 125 da Lei nº 14.133/2021 dizem respeito apenas às alterações quantitativas unilaterais. Logo, se houver a concordância do contratado e desde que as demais justificativas estejam presentes, é permitido promover alterações superiores aos limites fixados no sobredito artigo 125.

Com base nas justificativas e diante da manifestação da empresa contratada, o órgão ou entidade contratante deve confeccionar minuta de termo aditivo, que deve ser, insista-se, previamente submetida e aprovada pela assessoria jurídica, na forma do §4º do artigo 53 da Lei nº 14.133/2021.

Aprovado o termo aditivo pela consultoria jurídica, ele deve ser firmado pelas partes e publicado no Portal Nacional de Contratações Públicas (PNCP), o que é condição para a sua eficácia, em atenção ao *caput* do artigo 94 da Lei nº 14.133/2021. Trocando-se em miúdos, as partes contratantes não podem executar o termo aditivo antes da publicação do aditivo no Portal Nacional de Contratações Públicas (PNCP). Antes disso, o contratado deve dar integral cumprimento aos termos do contrato.

19 Antecipação dos efeitos da alteração contratual

19.1 Considerações gerais

O artigo 132 da Lei nº 14.133/2021 preceitua:

> Art. 132. A formalização do termo aditivo é condição para a execução, pelo contratado, das prestações determinadas pela Administração no curso da execução do contrato, salvo nos casos de justificada necessidade de antecipação de seus efeitos, hipótese em que a formalização deverá ocorrer no prazo máximo de 1 (um) mês.

A regra é que o termo aditivo seja devidamente formalizado e somente depois dele é que o contrato se considera alterado, de modo que as partes cumpram suas obrigações em conformidade com a alteração promovida. Até então, enquanto pendente a formalização do aditivo, devem cumprir o contrato nos seus termos originais.[363]

---

[363] "13. Com relação à execução de serviços em desacordo com o projeto executivo, a equipe de auditoria confrontou a previsão dos principais elementos construtivos do empreendimento no projeto executivo com o as built, identificando diversas modificações não justificadas, conforme apresentado na tabela do relatório que fundamenta esta deliberação. 14. Considero que algumas modificações são possíveis, até mesmo esperadas, entre o objeto executado e o seu projeto, sem que exista necessidade de haver justificativas técnicas ou celebração de aditivos contratuais. Seria o caso de modificações pontuais de locação dos elementos construtivos ou de encaminhamento das redes e instalações diversas. Porém, tais mudanças não podem trazer reflexo nos quantitativos, nas especificações técnicas ou no dimensionamento dos serviços contratados, o que exigiria necessariamente a prévia celebração de aditamento contratual, nos termos do art. 65, inciso I, alínea 'a', da Lei 8.666/1993. É pacífica a jurisprudência do TCU no sentido de que as alterações realizadas em projeto de obra pública, com as consequentes alterações na planilha de quantitativos e quaisquer outras alterações porventura necessárias, devem ser registradas em termos aditivos, juntamente com as justificativas técnicas para tanto (por exemplo, os Acórdãos 2.161/2011, 517/2011, 1.597/2010, 2.588/2010, 2.032/2009, todos do Plenário). 15. Foi o que ocorreu na obra fiscalizada, em que foram constatadas as seguintes modificações, dentre outras, que têm impacto relevante na concepção do objeto contratado. i. Supressão de um pontilhão no Canal C-1; ii. Supressão de um extravasor no Canal C-1 e outro no Canal C-1.8; iii. Acréscimo dos Bueiros BE-40, BE-41, BE-42, BE-47 e BT-10; e iv. Aumento de 291,00 m na extensão do sifão invertido. 16. Concordo com a equipe de auditoria de que a realização de tais alterações, sem as devidas justificativas, pode se enquadrar como

O artigo 132 da Lei nº 14.133/2021 prevê exceção, que se consubstancia na antecipação dos efeitos da alteração contratual, o que foi proposto e defendido nas edições anteriores deste livro com fundamento central no princípio da proporcionalidade, dado que a Lei nº 8.666/1993 não trazia regra expressa com teor equivalente. Portanto, o legislador houve por bem incorporar na Lei nº 14.133/2021 a figura da antecipação dos efeitos da alteração contratual, prescrevendo balizas jurídicas.

A ideia da antecipação dos efeitos da alteração contratual parte da premissa de que, com larga frequência, contratos, especialmente os de obras públicas, demandam pequenos e médios ajustes com a inclusão de itens não previstos nas planilhas iniciais, apresentadas por ocasião da licitação pública e da assinatura do contrato. E, também com larga frequência, por questões de ordem técnica, tais alterações condicionam a continuidade do empreendimento. Ou seja, enquanto a parte objeto da alteração não for executada, não se pode passar à fase seguinte do empreendimento.

Diante desse quadro e sob a Lei nº 8.666/1993, a Administração Pública, no tocante a tais demandas, costuma determinar verbalmente ao contratado a alteração do contrato, com a inclusão de novos itens, sem formalizar previamente o termo aditivo. O ponto é que a formalização de termo aditivo, em muitos órgãos e entidades administrativas e, especialmente, na Administração Pública Federal, não se faz de imediato, consumindo alguns meses. Desta sorte, a Administração Pública acaba determinando aos contratados a execução imediata das alterações e dos seus novos itens, sem a devida formalização dos termos aditivos, sob pena de paralisar e atrasar as obras de maneira excessiva.

Sob esse contexto, é usual que as empreiteiras que executam as alterações, cumprindo o determinado pela Administração Pública, encontrem sérias dificuldades para receber o que lhes é devido. Ocorre que a Administração Pública somente realiza os respectivos pagamentos depois de formalizado o termo aditivo, o que importa postergação dos pagamentos por vários meses. E, pior, a Administração Pública, quando realiza tais pagamentos, não costuma acrescer os custos decorrentes da mora. Inclusive, em muitos casos, o contrato é extinto antes da formalização do termo aditivo e, em decorrência disto, a Administração Pública recusa-se a realizar o pagamento.

Malgrado, sob as luzes da Lei nº 8.666/1993, tal situação fez parte do cotidiano da Administração Pública, agravada pela crescente burocratização dos procedimentos administrativos. Realmente, em muitas entidades administrativas, a formalização adequada de termo aditivo demanda meses e meses, o que é inaceitável. Para evitar a postergação da execução dos contratos, entidades administrativas e empresas contratadas forjam espécie de arranjo verbal por meio do qual estas antecipam a execução da alteração contratual sem qualquer formalização, sob a promessa de mais tarde, quando o termo aditivo estiver pronto ou ao final do contrato, realizarem acerto de contas. Os órgãos de controle, usualmente, são condescendentes, não abordam tais questões ou fingem não saber delas, criando um pacto silencioso tripartite: Administração, contratado e órgãos de controle.[364] Aqueles que militam na área conhecem bem essa realidade,

---

infração ao disposto nos artigos 60, parágrafo único, e 66 da Lei 8.666/1993, bem como ao art. 76 da mesma Lei" (TCU, Plenário. Acórdão nº 2.053/2015. Rel. Min. Benjamin Zymler, j. 19.8.2015).

364 Ressalva-se que há sim decisões dos órgãos de controle sobre o assunto. No entanto, por experiência prática, a quantidade delas é bastante inferior aos casos em que tais alterações verbais ocorrem. Ademais, também por experiência prática, a impressão é que tais decisões são produzidas diante de situações em que ocorre

muito embora seja meio que escondida, sem construção jurídica que lhe fundamente, sistematize e confira algum grau de segurança jurídica às autoridades administrativas e aos empresários.

Como dito, nas edições anteriores deste livro, defendeu-se que a antecipação dos efeitos da alteração contratual não dependeria de disposição legal expressa e específica. O argumento é que o contrato é alterado com o acordo de vontades havido entre os contratantes e que a falta do termo aditivo seria uma espécie de vício de mera formalização. Ademais, o princípio da proporcionalidade justificaria a produção de ato formal de antecipação dos efeitos da alteração contratual, porque, a depender dos casos, a não alteração imediata do contrato implicaria prejuízos desproporcionais ao interesse público, notadamente a suspensão de obras e todas as perdas que lhe são decorrentes.

O supracitado artigo 132 da Lei nº 14.133/2021 reconheceu expressamente a possibilidade de antecipação dos efeitos da alteração contratual, emprestando-lhe fundamento legal direto, expresso e específico, o que confere segurança jurídica para a Administração e para os seus contratados.

Pois bem, a antecipação dos efeitos da alteração contratual é o ato administrativo que determina a execução da alteração contratual antes de ultimado o procedimento para a formalização do termo aditivo.

Explica-se: como dito, o acordo de vontades para a alteração das obrigações contratadas reveste-se em alteração contratual. Entretanto, em conformidade com o artigo 94 da Lei nº 14.133/2021, a eficácia da alteração contratual depende de procedimento que é ultimado com a publicação dele no Portal Nacional de Contratações Públicas (PNCP). A alteração contratual é eficaz a partir do momento que se dê execução a ela, o que, diga-se mais uma vez, somente pode ocorrer com a conclusão do procedimento. Assim sendo, o ato administrativo que determina ao contratado que dê imediata execução à alteração contratual acordada entre as partes antes de esgotado o procedimento entabulado em lei antecipa os efeitos da alteração contratual. Ora, insista-se, os efeitos somente poderiam ser produzidos depois de concluído o procedimento prescrito em lei. Na situação em que o agente administrativo determina a produção dos efeitos antes de concluído o procedimento, ele antecipa os efeitos da alteração contratual.

A antecipação dos efeitos da alteração contratual deve ser medida excepcional e somente encontra amparo jurídico se atendidos certos pressupostos que remetem aos princípios administrativos. Sobremodo, é essencial demonstrar que, diante de dado caso concreto, a formalização adequada do termo aditivo, na forma da lei, causa excessivo prejuízo ao interesse público. Em especial, é essencial demonstrar que o tempo que se demanda para a formalização do termo aditivo importaria o perecimento de interesses públicos, o que encontra estofo no princípio da proporcionalidade. Exatamente nesse

---

algum problema ou questionamento sobre o próprio teor da alteração, considerada irregular. De toda sorte, por ilustração, veja-se decisão que se opõe a aditivo verbal: "22. Para examinar as alegações de defesa da construtora, deve-se ter em mente que a inexistência de termos aditivos torna nulo qualquer ajuste verbal possivelmente celebrado entre a administração e a contratada, conforme dispõe o art. 60, parágrafo único, da Lei nº 8.666/1993. As alterações contratuais que dispensam a celebração de aditamento, elencadas no art. 65, §8º, daquele diploma, não englobam as alterações qualitativa e quantitativa invocadas pela contratada para justificar o aumento de preços" (TCU, Primeira Câmara. Acórdão nº 2.504/2014. Rel. Marcos Bemquerer, j. 3.6.2014).

sentido, o artigo 132 da Lei nº 14.133/2021 condiciona a antecipação dos efeitos da alteração contratual à "justificada necessidade".

A antecipação dos efeitos da alteração contratual é medida que se conecta com a teoria geral do processo, apresentando-se como espécie de tutela de urgência, bastante conhecida no processo civil. O processo administrativo é disciplina que se insere na teoria geral do processo, é espécie do gênero direito processual. Cada vertente específica do processo (civil, penal, administrativo, tributário e outras) baseia-se em suas normas e instrumentos próprios e específicos, mas, sobretudo, parte de premissas e institutos gerais da teoria geral do processo.

A razoável duração do processo é princípio de estatura constitucional estruturante da teoria geral do processo (artigo 5º, inciso LXXVII, Constituição Federal). Logo, encontra aplicação no processo civil, onde é bem desenvolvido, e nos outros ramos processuais, entre os quais o processo administrativo. A questão é que o direito à razoável duração do processo é o que fundamenta as tutelas de urgência. Daí que as tutelas de urgência – repita-se, baseadas no princípio da razoável duração do processo, que é estruturante para a teoria geral do processo – devem ser aplicadas também no processo administrativo.[365]

A tutela de urgência é instituto de teoria geral do processo, dado que decorrente do princípio constitucional estruturante da razoável duração dos processos. Então, nesta qualidade, incide sobre todos os ramos processuais, inclusive sobre o processo administrativo. A rigor, colhem-se no processo administrativo diversas medidas cuja natureza é de tutela de urgência, muito embora não sejam sistematizadas como tal. Por exemplo, com base na autoexecutoriedade dos atos administrativos, a Administração pode demolir imediatamente uma construção com ameaça iminente de desabamento sem oferecer ao seu proprietário o exercício prévio do contraditório e da ampla defesa. Trata-se de espécie de tutela de urgência, que se presta a salvaguardar a integridade física das pessoas que podem ser atingidas pelo desabamento. O tombamento provisório de bem de valor histórico, previsto no artigo 10 do Decreto-Lei nº 25/1937, é outro exemplo de tutela de urgência no processo administrativo. Há várias outras situações do mesmo naipe, por efeito do que, conquanto não haja sistematização, é de afirmar que a tutela de urgência é também usual no processo administrativo.

Sob essa perspectiva, a antecipação dos efeitos da alteração contratual é técnica específica de tutela de urgência, fundamentada, na mesma linha que todas as demais técnicas específicas de tutela de urgência, como as próprias do processo civil e as

---

[365] Inclusive, em estudo específico sobre o tema, em que analisa a tutela antecipada em diversos países, a Professora Ada Pellegrini Grinover encara a tutela antecipada não só como instituto da teoria geral do processo, mas sim de todo o ordenamento: "Antecipação de tutela como princípio geral do ordenamento. São poucos os países que chegam a reconhecer a técnica da tutela antecipatória como princípio geral do ordenamento. De maneira genérica e expressa, existem, antes de tudo, o *référé* francês e belga, como forma de obter uma decisão temporária em situações capazes de evitar um dano iminente. [...] Existe, também, a tutela antecipada brasileira, dos arts. 273 e 461, §2, do CPC. [...] Na Itália, em face da multiplicidade de formas de antecipação de tutela em casos específicos, a doutrina entende poder-se extrair do sistema uma tutela antecipada genérica, aplicável mesmo fora do rol dos casos expressamente previstos" (GRINOVER, Ada Pellegrini. Tutela jurisdicional diferenciada: a antecipação e sua estabilização. *In*: MARINONI, Luiz Guilherme (coord.). *Estudos de direito processual civil:* homenagem ao Professor Egas Dirceu Moniz de Aragão. São Paulo: Revista dos Tribunais, 2005. p. 218).

tradicionais de direito administrativo, no princípio da razoável duração do processo, de alçada constitucional e estruturante da teoria geral do processo.

A antecipação dos efeitos da alteração contratual desenha peculiaridade, porquanto ela é, por natureza, irreversível. Ora, com a antecipação dos efeitos da alteração contratual, o contratado deve dar início imediatamente à execução da alteração antes de concluído o processo para a formalização do termo aditivo. Logo, posteriormente, formalizado ou não o termo aditivo, o objeto da alteração já terá sido, parcial ou totalmente, concluído. Torna-se irreversível.

Convém frisar, por oportuno, que tutela de urgência com caráter irreversível não é estranha à ordem jurídica nacional. O processualista Eduardo de Avelar Lamy chama tais tutelas de satisfativas autônomas.[366] Na mesma senda, William Santos Ferreira admite as tutelas de urgência irreversíveis desde que calcadas no princípio da proporcionalidade.[367] Cássio Scarpinella Bueno também admite a tutela de urgência irreversível. A título ilustrativo, cogita de situação em que paciente, em estado gravíssimo de saúde, ingressa com ação judicial e pleiteia a antecipação de tutela para forçar a empresa responsável pelo plano de saúde a assegurar-lhe o tratamento. Ora, está-se diante de típico pedido de antecipação irreversível, porque, realizado o tratamento, não há como desfazê-lo posteriormente. Sustenta o autor que a tutela antecipada deve ser concedida, a depender da análise da verossimilhança das alegações e da prova produzida, haja vista que a saúde e a vida são bens jurídicos que devem prevalecer sobre os interesses da empresa de plano de saúde, cujo bem é redutível a dinheiro. Ou seja, deve-se fazer prevalecer o bem mais forte sobre o mais fraco, em raciocínio escorado no princípio da proporcionalidade.[368]

O mesmo raciocínio vale para a antecipação dos efeitos da alteração contratual, que, da mesma sorte, é medida irreversível. Assim o sendo, é de nuclear importância o princípio da proporcionalidade, que demanda a ponderação entre os fins e os meios, entre os bens jurídicos suscetíveis de prejuízo ou risco. Repita-se que, diante de cada caso concreto, a Administração deve ponderar a proporcionalidade entre paralisar a execução de um contrato, com todos os ônus que lhe são decorrentes, e antecipar os efeitos da alteração contratual, determinando ao contratado que execute a alteração imediatamente, sem a devida formalização do termo aditivo.

A antecipação dos efeitos da alteração contratual é medida legítima e encontra fundamento no artigo 132 da Lei nº 14.133/2021, desde que escorada no princípio da proporcionalidade, evidenciando-se a necessidade da imediata execução da alteração contratual sob pena de perecimento dos interesses públicos e a impossibilidade de cumprir ao tempo as formalidades legais pertinentes ao termo aditivo. Trata-se de espécie de tutela de urgência, que remete ao princípio da razoável duração do processo, que é de alçada constitucional e estruturante para a teoria geral do processo.

É de registrar, por fim, que o Tribunal de Contas da União reconheceu a figura da antecipação da alteração contratual:

---

[366] LAMY, Eduardo de Avelar. *Flexibilização da tutela de urgência*: a redução da forma na utilização das técnicas cautelar e antecipatória. 2. ed. Curitiba: Juruá, 2007. p. 113.

[367] FERREIRA, William Santos. *Tutela antecipada no âmbito recursal*. São Paulo: Revista dos Tribunais, 2000. p. 161-163.

[368] BUENO, Cássio Scarpinella. *Tutela antecipada*. 2. ed. São Paulo: Saraiva, 2007. p. 67-68.

9.1.4. ainda que não haja pagamento antecipado ou sem contraprestação de serviços, a realização de atividades não previstas no contrato, sem que se tenha formalizado o termo aditivo, afronta o art. 60, parágrafo único, c/c o art. 61 da Lei 8.666/1993 e o art. 132 da Lei 14.133/2021, salvo nos casos excepcionais de justificada necessidade de antecipação de seus efeitos, hipótese em que a formalização deverá ocorrer no prazo máximo de um mês e deverá constar de cláusula expressa do seu instrumento, de modo a atender os princípios da transparência e da publicidade e a possibilitar a adequada análise pela consultoria jurídica.[369]

19.2 Formalização da antecipação dos efeitos da alteração contratual

Diante da Lei nº 8.666/1993, a antecipação dos efeitos da alteração contratual foi medida cotidiana na Administração Pública. Ocorria praticamente em todos os órgãos e entidades do país, conquanto de maneira meio clandestina, não declarada, sem a devida fundamentação e sistematização. Assim sendo, usualmente, a antecipação dos efeitos da alteração contratual, até mesmo por insegurança dos agentes administrativos, era realizada meio que às escondidas, sem a formalização adequada. Quanto muito, os agentes administrativos expediam ordem de execução de serviços, registravam as alterações em livro diário ou forneciam alguma espécie de documento para o contratado. Em não raras oportunidades, a antecipação dos efeitos da alteração contratual foi verbal, desacompanhada de qualquer documentação que resguardasse os direitos das partes, o que é fator de insegurança jurídica.

Sob essas premissas e em face do artigo 132 da Lei nº 14.133/2021, a antecipação dos efeitos da alteração contratual demanda a devida formalização. O disposto no artigo 132 não é muito claro a respeito, porém exige "justificada necessidade" – logo, ato administrativo motivado. O dispositivo também exige que o termo aditivo seja formalizado em até 1 mês da antecipação dos efeitos da alteração contratual. Depreende-se que é obrigatório produzir ato específico de antecipação dos efeitos da alteração contratual.

Evidentemente, não é pertinente propugnar que a antecipação dos efeitos da alteração contratual siga procedimento similar à formalização da alteração por meio de termo aditivo. O procedimento deve ser mais simples, mesmo porque a justificativa para a antecipação dos efeitos da alteração contratual repousa no excesso de formalidades e de tempo que demanda a formalização da alteração por meio de termo aditivo. Sem embargo, noutro extremo, a simplicidade procedimental que se requer para a antecipação dos efeitos da alteração contratual não deve importar na negação de qualquer formalização e do respeito a algumas regras procedimentais básicas, sob pena de implantar estado de insegurança jurídica, como até então vem ocorrendo.

Partindo dessas premissas, é indispensável que a antecipação dos efeitos da alteração contratual seja precedida de espécie de laudo técnico, ainda que sintético, que aborde: (i) as alterações em conformidade com os limites e parâmetros legais; (ii) a conformidade do preço do objeto da alteração; e (iii) a necessidade imediata da execução da alteração contratual, o motivo pelo qual ela não pode aguardar os trâmites para a formalização por meio de termo aditivo, seguindo os procedimentos ordinários.

---

[369] TCU, Plenário. Acórdão nº 266/2024. Rel. Min. Augusto Sherman, j. 21.2.2024.

Com base em tal documento, deve-se produzir ato administrativo escrito cujo conteúdo determine a antecipação dos efeitos da alteração contratual. Uma cópia desse ato administrativo deve ser enviada ao contratado.

Ressalta-se que o laudo técnico pode ser de autoria do fiscal do contrato. Entretanto, o ato administrativo de antecipação dos efeitos da alteração contratual deve ser da lavra do gestor do contrato, autoridade superior ou autoridade competente, conforme a organização interna de cada órgão ou entidade administrativa. Fique claro que o fiscal do contrato não reúne competência para antecipar os efeitos da alteração contratual, uma vez que ele não dispõe sobre o contrato.

Sobre o assunto, o *caput* do artigo 117 da Lei nº 14.133/2021 estatui:

> [...] a execução do contrato deverá ser acompanhada e fiscalizada por 1 (um) ou mais fiscais do contrato, representantes da Administração especialmente designados conforme requisitos estabelecidos no art. 7º desta Lei, ou pelos respectivos substitutos, permitida a contratação de terceiros para assisti-los e subsidiá-los com informações pertinentes a essa atribuição.

Em reforço, o §2º do artigo 117 da Lei nº 14.133/2021 deixa clara a delimitação da competência do fiscal ao preceituar que "o fiscal do contrato informará a seus superiores, em tempo hábil para a adoção das medidas convenientes, a situação que demandar decisão ou providência que ultrapasse sua competência".

Dessa forma, a função do fiscal do contrato é acompanhar a execução deste e verificar se o contratado cumpre adequadamente as suas obrigações. Ao fiscal do contrato, até porque se pressupõe que ele tenha conhecimento técnico adequado, pode ser atribuída a responsabilidade pelas justificativas técnicas. No entanto, o fiscal não tem competência para alterar o contrato e, pois, para antecipar os efeitos da alteração do contrato. Quem deve fazê-lo é a autoridade superior ao fiscal, referida no §2º do artigo 117 da Lei nº 14.133/2021.

Produzido o ato de antecipação dos efeitos da alteração contratual, a autoridade que o lavrou deve iniciar imediatamente os procedimentos para a formalização do termo aditivo, em cumprimento às normas legais. Repita-se que, consoante o artigo 132 da Lei nº 14.133/2021, o termo aditivo deve ser formalizado em até 1 mês. A antecipação dos efeitos da alteração contratual é ato com inspiração cautelar, visa evitar o perecimento do interesse público e, nestas bases, atende a uma situação urgente. Daí que ele deve ser confirmado posteriormente pela adequada formalização do termo aditivo, da mesma forma que uma medida liminar prolatada em processo judicial deve ser confirmada por sentença.

19.3 A antecipação dos efeitos da alteração contratual e os direitos patrimoniais do contratado

A Administração, como visto, tem o direito de alterar o contrato administrativo, inclusive de modo unilateral, independentemente da vontade do contratado. Entretanto, esse poder conferido à Administração Pública não pode ser exercido de modo a prejudicar os direitos patrimoniais do contratado. À Administração é vedado impor perdas ao contratado, forçando-o a arcar com custos sem a respectiva contrapartida, tudo em tributo ao direito constitucional ao equilíbrio econômico-financeiro do contrato, desenhado no inciso XXI do artigo 37 da Constituição Federal.

Tal afirmativa é expressamente reconhecida pela Lei nº 14.133/2021. Sucede que o inciso I do seu artigo 104 outorga à Administração a prerrogativa de modificar os contratos unilateralmente para melhor adequação às finalidades de interesse público. Sem embargo, em complemento, o §1º do mesmo artigo prescreve que "as cláusulas econômico-financeiras e monetárias dos contratos não poderão ser alteradas sem prévia concordância do contratado". Em seguida, de forma ainda mais direta, o §2º do mesmo artigo enuncia que, "Na hipótese prevista no inciso I do *caput* deste artigo, as cláusulas econômico-financeiras do contrato deverão ser revistas para que se mantenha o equilíbrio contratual". Para não pairar dúvida, o artigo 130 da Lei nº 14.133/2021 determina que, "caso haja alteração unilateral do contrato que aumente ou diminua os encargos do contratado, a Administração deverá restabelecer, no mesmo termo aditivo, o equilíbrio econômico-financeiro inicial".

A rigor, se os encargos do contratado são majorados, a contrapartida da Administração também deve sê-lo na mesma proporção, independentemente do tipo de alteração, se unilateral ou consensual, se quantitativa ou qualitativa. A única exceção reside nas situações em que o contratado renuncia por liberalidade à majoração a que tem direito, porquanto ela reflete direito patrimonial disponível.

Desta sorte, a antecipação dos efeitos da alteração contratual não deve pesar sobre os ombros do contratado. Ora, os efeitos são antecipados em sua totalidade. O contratado é obrigado a executar imediatamente o contrato com as alterações que lhe foram impingidas. Por outro lado, com base no direito ao equilíbrio econômico-financeiro do contrato, a Administração Pública deve realizar o pagamento, arcando com a sua contrapartida.

O pagamento deve ser realizado com fundamento em termo de reconhecimento de dívida, que é meio bastante conhecido da Administração Pública, utilizado nas hipóteses em que é devido pagamento ao contratado por préstimos realizados sem cobertura contratual.[370]

---

[370] A Consultoria Zênite, das mais prestigiadas do país, já se manifestou sobre os procedimentos administrativos para a realização de pagamento por meio de termo de reconhecimento de dívida. Leia-se: "Na Orientação Jurídica nº [...], anteriormente enviada à Administração consulente, chegamos seguinte conclusão: 'Diante do exposto, responde-se objetivamente no sentido de que o citado contrato verbal com a [...] deverá ser pago a título de indenização. O fundamento será o princípio da vedação ao enriquecimento sem causa.' A questão agora reside em saber a forma de realização de tal pagamento, o objeto do processo administrativo e o procedimento. Em primeiro lugar, é preciso destacar que não existe, no âmbito da legislação sobre licitações e contratos, um procedimento específico para tal fim. E nem poderia ser diferente, porquanto se trata de normas de natureza financeira. Trata-se do modo de processamento da despesa, campo próprio do direito financeiro. Isso significa que não existe uma forma legal pré-estabelecida em relação ao processo de pagamento de indenizações. No caso, poderá ser criado um processo autônomo para esse fim, cujo objeto será o reconhecimento de dívida da Administração e o consequente pagamento. Ou ainda, nada impede que isso seja feito no próprio processo administrativo do contrato já encerrado; nessa etapa, o objeto será o mesmo: o reconhecimento de dívida e consequente pagamento. Na situação em tela, por se tratar de contrato verbal, talvez seja mais interessante realizar um processo autônomo. Em verdade, como se trata de uma despesa pública, o mais importante será seguir o rito previsto para tanto na Lei nº 4.320/64 (artigo 60 e ss.). Ou seja, será necessário, em primeiro lugar, o prévio empenho, o que se faz por meio da edição da nota de empenho (arts. 60 e 61). Depois, será feita a liquidação da despesa (que é a apuração do direito adquirido do credor de receber a quantia em questão) e, por fim, será emitida a ordem de pagamento (artigo 64). Em vista do exposto, responde-se objetivamente no sentido de que não há uma forma pré-estabelecida para efetuar o pagamento da indenização. Entretanto, é possível afirmar que, se for criado um processo autônomo para esse fim (o que é recomendado no presente

Cumpre destacar que não faz sentido condicionar o pagamento da parcela objeto da antecipação dos efeitos da alteração contratual à adequada formalização do termo aditivo. Ora, como ressaltado, a antecipação dos efeitos da alteração contratual, conquanto excepcional, é legítima e afaz-se à legalidade. Portanto, se o contratado executou a parcela objeto da antecipação dos efeitos da alteração contratual, ele goza do direito subjetivo de receber a contraprestação no tempo devido.

Condicionar o pagamento decorrente da antecipação dos efeitos da alteração contratual à formalização do termo aditivo somente faria algum sentido se a obrigação de pagamento por parte da Administração Pública como contraprestação ao executado pelo contratado também fosse condicionada a ela. Não é. Ainda que a alteração contratual seja reputada ilegal, se o contratado executou em atendimento à ordem da Administração Pública, esta deve realizar o pagamento, sob pena de enriquecimento sem causa.

Ora, se a obrigação de pagamento independe da legalidade da alteração contratual, não há razão suficiente para postergar a efetivação dela para a formalização do termo aditivo, o que costuma consumir alguns meses, impingindo prejuízos de monta ao contratado.

Por argumentação, se a Administração posterga o pagamento, ela incorre em mora e, por decorrência, deve arcar com os efeitos da mora. Deve-se considerar que a partir do momento da antecipação dos efeitos da alteração contratual, independentemente do modo como ela seja formalizada, isto é, a partir do momento em que o agente administrativo determinou que o contratado executasse as alteraçoes contratuais, deve ser aplicada a mesma sistemática do contrato, por efeito do que, após o adimplemento do contratado, surge a obrigação da Administração de realizar a ele o pagamento. Se a Administração posterga o pagamento, no aguardo da formalização do termo aditivo, por exemplo, por quatro meses, ela deve arcar com os efeitos da sua mora por tal período.

caso), ele terá como objeto o reconhecimento de dívida pela Administração e o consequente pagamento. Note-se que, tal como qualquer despesa pública, ela deverá ser empenhada e liquidada, para somente então poder ser emitida a ordem de pagamento (arts. 60 a 64 da Lei nº 4.320/64)".

EQUILÍBRIO ECONÔMICO-FINANCEIRO DO CONTRATO ADMINISTRATIVO

1 Direito constitucional ao equilíbrio econômico-financeiro dos contratos administrativos

O direito dos contratantes ao equilíbrio econômico-financeiro do contrato goza de *status* constitucional, dado que versado pelo inciso XXI do artigo 37 da Constituição Federal. O referido dispositivo, a certa altura, ao tratar da obrigatoriedade de licitação pública e dos contratos administrativos, prescreve que devem ser "[...] mantidas as condições efetivas das propostas [...]".

Ou seja, a equação econômico-financeira formada na oportunidade da apresentação das propostas, consubstanciada na relação de proporção entre os encargos projetados pelo licitante (riscos mais custos) e o valor proposto por ele, deve ser mantida intacta durante a execução do contrato.

Explicando melhor: em regra, as pessoas que pretendem contratar com a Administração Pública devem antes participar de licitação. Durante a licitação, ao tomar ciência do edital, os interessados devem mensurar todos os encargos atribuídos a si pela Administração (riscos e custos) e, com base neles, definir as suas respectivas propostas. O vencedor da licitação firma contrato com a Administração e, nessa ocasião, o valor outrora proposto por ele é assumido por ela como contraprestação devida à execução do objeto contratado.[371]

Antes da celebração do contrato, por ocasião da licitação, forma-se a equação econômico-financeira, que consiste na relação de proporção, instaurada por ocasião da licitação, entre os encargos prospectados pelo licitante (riscos mais custos) e o valor por ele proposto. Dizer que os contratantes gozam do direito ao equilíbrio econômico-financeiro do contrato equivale a dizer que a equação econômico-financeira deve ser mantida durante toda a execução do contrato ou, noutros termos, que a relação de

[371] Nas situações de contratação direta, sem licitação, pessoas recebem solicitações de proposta da Administração, acompanhadas de documentos técnicos, com a especificação do objeto do futuro contrato. Da mesma forma, devem projetar os custos para a execução do contrato. Logo, em sua essência, o raciocínio aqui exposto se aplica para as contratações diretas.

proporção, formada à época da licitação, entre os encargos prospectados pelo licitante e o valor proposto por ele deve ser mantida durante toda a execução do contrato.[372]

1.1 Limitações decorrentes do inciso XXI do artigo 37 da Constituição Federal sobre a competência do Poder Legislativo e da Administração Pública para dispor sobre o direito ao equilíbrio econômico-financeiro dos contratos administrativos

A previsão constitucional do direito do equilíbrio econômico-financeiro dos contratos administrativos é medida importante que se presta a assegurar a posição patrimonial dos contratantes. Ocorre que, muitas vezes, o assunto é tratado de forma equivocada e bastante restritiva. Portanto, a elevação constitucional representa argumento bastante útil para dar efetividade e fazer prevalecer o direito ao equilíbrio econômico-financeiro dos contratos administrativos.

O breve trecho contido no inciso XXI do artigo 37 da Constituição Federal, cujo teor, repita-se, exige que sejam "[...] mantidas as condições efetivas das propostas [...]", traz muitas implicações, com enormes repercussões práticas. Essas implicações devem ser limitadoras da atuação do Poder Legislativo e da Administração Pública, bem como deve nortear a interpretação por parte dos órgãos de controle e do Poder Judiciário.

Sucede que o Poder Legislativo e a Administração Pública, cada qual de acordo com suas competências constitucionais, acabam condicionando o direito ao equilíbrio econômico-financeiro dos contratos administrativos, o que é legítimo e constitucional. Com esse intento, entre outras medidas, é permitido recortar as diversas causas de desequilíbrio e seus efeitos, estabelecer balizas para a sua formação e seu conteúdo, prever instrumentos diversos para promover o equilíbrio econômico-financeiro e os procedimentos que lhe sejam pertinentes.

O Poder Legislativo e Administração Pública – e com mais ênfase nesse particular o Poder Legislativo, porque suas atividades são diretamente decorrentes da Constituição Federal – não podem subverter o disposto no supracitado inciso XXI do artigo 37, que lhes serve como trave, como baliza, como marco limitador. Nessa direção, é importante esmiuçar a previsão constitucional, extraindo-se dela todas as suas implicações.

1.1.1 Implicação constitucional: o direito ao equilíbrio econômico-financeiro vale para todos os contratos da Administração Pública

A Administração Pública estabelece as mais diversas relações contratuais. O direito ao equilíbrio econômico-financeiro assentado no inciso XXI do artigo 37 da Constituição Federal vale para todas essas relações contratuais, pouco importando se precedidas ou não de licitação pública, o teor das suas obrigações, bem como a nomenclatura que lhes seja atribuída – inclusive para as relações contratuais equivocadamente não designadas como contrato.

---

372 "63. Com efeito, o equilíbrio econômico-financeiro, assegurado pela Constituição Federal, consiste na manutenção das condições de pagamento estabelecidas inicialmente no contrato, de maneira que se mantenha estável a relação entre as obrigações do contratado e a justa retribuição da Administração pelo fornecimento de bem, execução de obra ou prestação de serviço" (TCU, Plenário. Acórdão nº 2.878/2015. Rel. Min. Bruno Dantas, j. 11.11.2015).

Pondera-se que os contratos firmados pela Administração Pública têm as mais variadas texturas, sendo fundamental para o interesse público reconhecer ao Poder Legislativo e à Administração Pública espaços para dispor sobre suas modelagens e obrigações. Com esse espírito, é também fundamental que o direito ao equilíbrio econômico-financeiro seja harmonizado às tais modelagens e obrigações. O que não se pode, em qualquer hipótese, é negar ou suprimir as implicações decorrentes do inciso XXI do artigo 37 da Constituição Federal.

A doutrina, como abordado no capítulo introdutório acerca dos contratos administrativos, distingue os contratos administrativos e os contratos da Administração Pública ou contratos firmados pela Administração Pública regidos por normas de direito privado. Uma das principais oposições a essa classificação ou à assertiva de que existem contratos firmados pela Administração Pública regidos por normas de direito privado é que nenhum contrato dela é inteira e realmente regido por normas de direito privado. Podem-se reconhecer contratos celebrados pela Administração Pública com maior ou menor influxo do direito privado, mas nunca contratos inteiramente privados. Um dos elementos que a Administração sempre carrega consigo, por determinação do inciso XXI do artigo 37 da Constituição Federal, é a obrigação de serem mantidas as condições efetivas da proposta, que consubstancia o direito do equilíbrio econômico-financeiro dos contratantes.

Convém realçar que, com alguma frequência, a Administração não se vale de rigor terminológico e usa nomenclaturas diversas para designar relações contratuais. Em especial, vê-se uma série de relações contratuais designadas equivocadamente como autorizações ou permissões – em tese atos unilaterais e não contratuais. Pouco importa a nomenclatura, o que importa e deve prevalecer é natureza do ato, o que depende do plexo de obrigações nele estabelecido. A mera e verdadeira autorização ou permissão não se sujeita ao inciso XXI do artigo 37 da Constituição Federal e, por conseguinte, a pessoa beneficiada com a autorização ou permissão não pode opor à Administração pretenso direito ao equilíbrio econômico-financeiro. Por outro lado, a autorização ou permissão que, nada obstante a nomenclatura, desenha relação contratual se sujeita ao inciso XXI do artigo 37 da Constituição Federal e nela se impõe o equilíbrio econômico-financeiro.

1.1.2 Implicação constitucional: o direito ao equilíbrio econômico-financeiro do contrato é de todas as partes contratantes

O inciso XXI do artigo 37 da Constituição Federal, ao prever que devem ser "[...] mantidas as condições efetivas das propostas [...]", não discrimina qualquer das partes contratantes. Isso significa que o direito ao equilíbrio econômico-financeiro do contrato é disposto por todas as partes contratantes, quer pelo contratado, quer pela Administração Pública. Os contratados costumam invocar com mais frequência o direito ao equilíbrio econômico-financeiro do contrato, porque os insumos utilizados por eles e os seus custos em geral são frequentemente majorados, o que, a depender da situação, confere a eles o direito à majoração da contraprestação devida pela Administração. Todavia, ocorre também, muito embora seja mais raro, que os custos do contratado sejam reduzidos. Daí é a Administração, a depender da situação, que faz jus ao restabelecimento do equilíbrio econômico-financeiro do contrato, a fim de reduzir a contraprestação por si devida ao contratado.

Aliás, é dever dos agentes administrativos acompanhar a cotação dos custos do contrato no mercado, com o propósito de identificar variações de preços, para o efeito de instaurar, se for o caso, procedimento para a manutenção da equação econômico-financeira inicial, formada à época da licitação. Se os custos do contrato são excepcionalmente reduzidos e a Administração permanece arcando com os mesmos valores, ela proporciona ganho excessivo ao contratado.

1.1.3 Implicação constitucional: o direito ao equilíbrio econômico-financeiro como reserva de proteção ao contratado em face da superioridade da Administração

Muito embora os contratos administrativos sejam, em regra, desequilibrados, em consonância com a posição privilegiada que ocupa a Administração Pública, a equação econômico-financeira deve ser absolutamente equilibrada. O inciso XXI do artigo 37 da Constituição Federal exige que devem ser "[...] mantidas as condições efetivas das propostas [...]", o que significa que o Poder Legislativo não goza de espaço de competência para municiar a Administração Pública com prerrogativas que conduzam ao oposto, à não manutenção das condições efetivas das propostas. Demais disso, o uso por parte da Administração de prerrogativas que afetam o equilíbrio faz surgir simultaneamente o direito do contratado de vê-lo restaurado.

Quer dizer que a superioridade da Administração Pública, expressa por meio das cláusulas exorbitantes ou prerrogativas protetoras do interesse público, não alcança a parte econômica e financeira do contrato. À Administração é permitido, sob certos pressupostos, alterar unilateralmente o contrato, suspender a execução, fazer exigências e mais exigências, no entanto, não pode modificar à mão própria a equação econômico-financeira, dado que ela é intangível, revelando o direito dos contratantes ao equilíbrio econômico-financeiro do contrato.

O direito ao equilíbrio econômico-financeiro do contrato, conquanto sirva a ambas as partes contratantes, é fundamental para os contratados. Por força constitucional, ele desenha espécie de reserva de proteção ao contratado em face da superioridade da Administração. Nessa reserva, que corresponde à equação econômico-financeira do contrato, não vale a superioridade da Administração; vale o direito do contratado ao equilíbrio econômico-financeiro do contrato.

1.1.4 Implicação constitucional: o direito ao equilíbrio econômico-financeiro não depende da inviabilização do contrato ou do contratado passar a incorrer em prejuízo

O inciso XXI do artigo 37 da Constituição Federal, ao prescrever que sejam "[...] mantidas as condições efetivas das propostas [...]", assegura que a relação de proporção entre os encargos e o preço contratado seja mantida, sem que para tanto seja necessária a ocorrência de algo que inviabilize o contrato ou que leve o contratado a operar em prejuízo. É plausível admitir que variações de custos ordinárias não sejam suficientes para caracterizar desequilíbrio, que existe uma margem ordinária que é própria a todo contrato e que compõe o risco das partes contratantes. No entanto, isso não se confunde com a necessidade de inviabilização do contrato ou demonstração de prejuízos por parte do contratado.[373]

1.1.5 Implicação constitucional: o direito ao equilíbrio econômico-financeiro é referente ao momento da apresentação da proposta

O retrato formador da equação econômico-financeira de contrato administrativo e, por via de consequência, do direito ao equilíbrio econômico-financeiro é o do momento da apresentação das propostas. Acentua-se, novamente, que o inciso XXI do artigo 37 da Constituição Federal demanda que sejam "[...] mantidas as condições efetivas das propostas [...]". O constituinte não afirmou que devem ser mantidas as condições contratadas, mas as da proposta.

O direito ao equilíbrio econômico-financeiro é pertinente ao contrato administrativo e, por conseguinte, nasce com ele. O direito é contratual, porém, a baliza que o conforma é a proposta. Portanto, deixa-se claro, o retrato não se refere ao momento da celebração do contrato e sim o da apresentação da proposta. Isso produz efeitos práticos importantes, dado que, não raro, entre a apresentação da proposta e a assinatura do contrato medeiam meses.

1.1.6 Implicação constitucional: não deve haver hiatos de desequilíbrio econômico-financeiro

Depreende-se do inciso XXI do artigo 37 da Constituição Federal que devem ser "[...] mantidas as condições efetivas das propostas [...]" durante toda a relação contratual. Não deve haver espasmos ou hiatos de desequilíbrio. Quer dizer que não se tolera que durante dado período o contrato seja desequilibrado. O efeito prático disso é importante. Ora, do fato que gera o desequilíbrio, passando pelo pedido formulado pela parte interessada, pela análise da outra parte e até a celebração do termo aditivo ou documento equivalente corre algum tempo, maior ou menor, em que o contrato se encontra desequilibrado. O termo aditivo ou documento equivalente deve restaurar o equilíbrio referente a esse período, produzindo efeitos retroativos, de modo que o contrato inteiro, durante toda a sua extensão, permaneça equilibrado.

2 A conformação do equilíbrio econômico-financeiro por meio da Lei nº 14.133/2021

2.1 A abrangência da sistemática da Lei nº 14.133/2021 sobre equilíbrio econômico-financeiro dos contratos administrativos

A Lei nº 14.133/2021 disciplina os contratos administrativos, mas não abrange todos eles. Faz-se, já de início, essas ressalvas, para deixar claro que a sistemática da

[373] Esse assunto ganha destaque em relação às revisões contratuais e a jurisprudência não é consistente. Será objeto de comentários mais detidos nos tópicos deste capítulo destinado às revisões contratuais.

Lei nº 14.133/2021 sobre equilíbrio econômico-financeiro não se aplica ou se aplica com anteparos para muitos contratos administrativos.

Não se submetem à Lei nº 14.133/2021, entre outros: (i) os contratos estatais, firmados por empresas públicas e sociedades de economia mista, que são regidos pela Lei nº 13.303/2016 (§1º do artigo 1º da Lei nº 14.133/2021); (ii) os "contratos que tenham por objeto operação de crédito, interno ou externo, e gestão de dívida pública, incluídas as contratações de agente financeiro e a concessão de garantia relacionadas a esses contratos" (inciso I do *caput* do artigo 3º da Lei nº 14.133/2021); e (iii) as contratações sujeitas a normas previstas em legislação própria (inciso II do *caput* do artigo 3º da Lei nº 14.133/2021). Há também contratos que são regidos por legislação própria e aos quais as disposições da Lei nº 14.133/2021 se aplicam apenas de forma subsidiária, como é o caso dos contratos de concessão e de parcerias público-privadas e os contratos de prestação de serviços de publicidade (artigo 186 da Lei nº 14.133/2021).

2.2 O reconhecimento legal do direito ao equilíbrio econômico-financeiro como reserva de proteção ao contratado em face da superioridade da Administração

O *caput* do artigo 104 da Lei nº 14.133/2021 atribui à Administração Pública conjunto de prerrogativas, denominadas cláusulas exorbitantes ou protetivas do interesse público, que a colocam em posição de superioridade em relação aos contratados. A primeira prerrogativa, destacada no inciso I do *caput*, é a de modificar unilateralmente os contratos administrativos.

As prerrogativas são sopesadas com a prescrição do §1º do mesmo artigo 104, cujo teor assegura que "as cláusulas econômico-financeiras e monetárias dos contratos não poderão ser alteradas sem prévia concordância do contratado". Quer dizer que não há prerrogativa que autorize a Administração à mão própria a avançar sobre o equilíbrio econômico-financeiro do contrato administrativo. O avanço sobre o equilíbrio deve ser consensual. Na falta do consenso, forma-se litígio e resta à parte interessada, Administração ou contratado, solucioná-lo pelos meios adequados, como previsto em contrato.

Em complemento, o §2º do artigo 104 determina que, "na hipótese prevista no inciso I do *caput* deste artigo, as cláusulas econômico-financeiras do contrato deverão ser revistas para que se mantenha o equilíbrio contratual". Com o mesmo timbre e em reforço, o artigo 130, também da Lei nº 14.133/2021, reconhece que, "caso haja alteração unilateral do contrato que aumente ou diminua os encargos do contratado, a Administração deverá restabelecer, no mesmo termo aditivo, o equilíbrio econômico-financeiro inicial".

Extrai-se do artigo 130 da Lei nº 14.133/2021 que, na hipótese de alteração contratual unilateral, a Administração deve recompor o equilíbrio econômico-financeiro de ofício, independentemente de pedido do contratado. O próprio termo aditivo unilateral que agride o equilíbrio já deve trazer consigo e em seu corpo o antídoto, que é a restauração do equilíbrio. Isso significa que o desequilíbrio e a restauração dele devem ser medidos concomitantes, de modo que a alteração unilateral não pode ser causa de desequilíbrio, porque a restauração dele não pode ser diferida nem depender de qualquer sorte de providência do contratado. Se o for, é ilegal e deve ser obstada pelos órgãos de controle e pelo Poder Judiciário, inclusive por meio de tutela de urgência – não para promover o reequilíbrio, mas para repelir e conter o ato unilateral gerador do desequilíbrio.

2.3 Instrumentos da Lei nº 14.133/2021 para a manutenção do equilíbrio econômico-financeiro

O ordenamento jurídico nacional dispõe de três instrumentos para que se mantenha o equilíbrio econômico-financeiro dos contratos administrativos, que possuem pressupostos e procedimentos distintos. Trata-se das figuras do reajuste, da repactuação, que é uma modalidade especial de reajuste, e da revisão, que serão versadas em pormenor adiante. No entanto, para que se tenha uma ideia inicial, passa-se a tecer considerações introdutórias, a fim de delinear as diferenças fundamentais existentes entre elas.

Com efeito, todos os produtos à disposição no mercado sofrem variação de preço ao longo do tempo. Não se trata aqui de variação extraordinária, abrupta, que decorre de evento imprevisível. Ao contrário, trata-se de variação previsível, normal, lenta, paulatina, que, de certo modo, decorre do processo inflacionário. Enfim, as coisas, os produtos, sofrem naturalmente variação de preço ao longo do tempo. O instrumento para manter o equilíbrio econômico-financeiro do contrato em face desse tipo de variação de preço é o reajuste, definido no inciso LVIII do artigo 6º da Lei nº 14.133/2021, que deve ser previsto nos editais e nos contratos, consoante o §7º do artigo 25 e o §3º do artigo 92, ambos, também, da Lei nº 14.133/2021.

A Lei nº 14.133/2021 prevê uma modalidade especial de reajuste, denominada repactuação, definida no inciso LIX do artigo 6º, e que deve ser disciplinada no edital e no contrato. Essa modalidade especial de reajuste deve ser empregada nos contratos de prestação de serviços contínuos com regime de dedicação exclusiva de mão de obra ou com predominância de mão de obra. Logo, a gênese e a razão de ser da repactuação são os custos de mão de obra, que têm data certa para ser majorados, que corresponde à data-base da respectiva categoria, em que deve ocorrer acordo, convenção ou dissídio coletivo.

Além da variação de preço previsível, normal, lenta, paulatina, decorrente do processo inflacionário, que enseja o reajuste, ocorrem também eventos imprevisíveis e extraordinários, que repercutem nos insumos e custos do contratado. O instrumento para manter o equilíbrio econômico-financeiro do contrato em face desse tipo de variação de custos costuma ser chamado de revisão contratual. O fundamento legal dela é a alínea "d" do inciso II artigo 124 da Lei nº 14.133/2021, que, no entanto, não se refere expressamente ao termo "revisão", porém ao propósito de "restabelecer o equilíbrio econômico-financeiro". Dessa sorte, diante da ausência de atribuição direta de uma nomenclatura apropriada, é comum que ele seja designado de modo diverso. Vem prevalecendo o termo "revisão contratual", mas alguns preferem falar de restabelecimento do equilíbrio econômico-financeiro em sentido estrito, outros de recomposição ou realinhamento ou expressões equivalentes.

3 A conformação do equilíbrio econômico-financeiro por parte da Administração por meio da matriz de riscos

O *caput* do artigo 22 da Lei nº 14.133/2021 prescreve que o edital pode contemplar matriz de alocação de riscos entre o contratante e contratado. Logo, trata-se de uma faculdade para a Administração e não de uma obrigação. O §3º do mesmo artigo 22, no entanto, obriga a matriz de riscos nas situações em que a contratação envolver "[...] obras e serviços de grande vulto ou forem adotados os regimes de contratação integrada e semi-integrada [...]". A propósito, obras, serviços e fornecimento de grande vulto, na forma do inciso XXII do artigo 6º da Lei nº 14.133/2021, são "aqueles cujo valor estimado supera R$200.000.000,00 (duzentos milhões de reais)".

Pois bem, a essência da matriz de riscos é a de apontar os riscos e alocá-los entre os contratantes, deixando-se mais claro quais os riscos assumidos por cada uma das partes. A premissa é que os riscos são precificados e compõem os encargos das partes contratantes. Então, por meio da matriz de riscos, a Administração aloca de forma específica e precisa os riscos para si, para o contratado e, se for o caso, de modo compartilhado. Com essa informação, os interessados na licitação contam com uma base mais segura para compreender os seus encargos e definir as suas propostas. A finalidade da matriz de riscos, sob essa roupagem, é proporcionar mais segurança jurídica para as partes contratantes.

O inciso XXVII do artigo 6º da Lei nº 14.133/2021 define a matriz de riscos como a "cláusula contratual definidora de riscos e de responsabilidades entre as partes e caracterizadora do equilíbrio econômico-financeiro inicial do contrato, em termos de ônus financeiro decorrente de eventos supervenientes à contratação [...]". A alínea "d" do inciso II do *caput* do artigo 124 da Lei nº 14.133/2021 determina que o restabelecimento do equilíbrio econômico-financeiro deve respeitar "[...] a repartição objetiva de risco estabelecida no contrato".

Sendo assim, quando for o caso, o equilíbrio econômico-financeiro inicial do contrato é desenhado a partir da matriz de riscos. É com base nos riscos indicados nela e nos custos projetados pelo interessado que ele consegue visualizar o conjunto dos seus encargos e definir a proposta. Bem por isso, o §3º do artigo 103 da Lei nº 14.133/2021 prescreve que "a alocação dos riscos contratuais será quantificada para fins de projeção dos reflexos de seus custos no valor estimado da contratação".

Advirta-se, no entanto, que os riscos não se confundem com o equilíbrio ou com a equação econômico-financeira, são apenas uma parte dela. A equação econômico-financeira é representada pela relação de proporção havida entre os encargos, em que se somam riscos e custos, e o preço contratado.

Veja-se que a matriz de riscos é fruto da competência discricionária da Administração Pública. É ela, com ampla liberdade, respeitadas algumas diretrizes estabelecidas na Lei nº 14.133/2021, que produz a matriz de riscos, logo, decide se dado risco futuro é alocado a si, ao contratado ou se ele deve ser compartilhado. O risco alocado a uma das partes compõe os encargos dela, por efeito do que deve ser precificado por ela, caracterizando o equilíbrio econômico-financeiro inicial do contrato administrativo. A ocorrência do risco, nessa medida, não causa desequilíbrio contratual, porque já está no preço contratado ou deveria estar.

Ao fim e ao cabo, isso significa que a Administração goza de competência discricionária para conformar o equilíbrio econômico-financeiro dos contratos. Por exemplo, dado risco pode ser corporificado em evento futuro, de ocorrência imprevisível, e pode ser alocado ao contratado. Se for assim, a ocorrência desse evento imprevisível durante o contrato não é causa de desequilíbrio econômico-financeiro. Daí a Administração não precisará promover alteração contratual, não terá de dispender mais recursos para fazer frente a ele, porque o tal evento já foi posto inicialmente na compita do contratado.

Diante dessa perspectiva, torne-se mais e mais importante discutir o limite às competências discricionárias da Administração para conformar o equilíbrio econômico-financeiro por meio da matriz de riscos. Sucede que discricionariedade não se confunde com arbitrariedade. Destarte, a liberdade concedida à Administração é, necessariamente, delimitada.

O primeiro limite é encontrado no inciso XXI do artigo 37 da Constituição Federal, cujo texto prescreve que devem ser mantidas as condições efetivas das propostas. Como já ressaltado, colhem-se diversas implicações desse excerto constitucional. Talvez a mais relevante, no tocante à matriz de riscos, é que o direito ao equilíbrio econômico-financeiro dos contratos administrativos representa reserva de proteção ao contratado em face da superioridade da Administração. Essa reserva foi enfatizada nos §§1º e 2º do artigo 104 da Lei nº 14.133/2021 e, de modo bastante específico, no inciso I do §5º do artigo 103 da mesma lei, cujo teor estabelece:

> [...] sempre que atendidas as condições do contrato e da matriz de alocação de riscos, será considerado mantido o equilíbrio econômico-financeiro, renunciando as partes aos pedidos de restabelecimento do equilíbrio relacionados aos riscos assumidos, exceto no que se refere: I - às alterações unilaterais determinadas pela Administração, nas hipóteses do inciso I do *caput* do art. 124 desta Lei.

Também há de considerar, por decorrência direta do inciso XXI do artigo 37 da Constituição Federal, que o direito ao equilíbrio tem como marco temporal a apresentação da proposta e não a assinatura do contrato e que não se admite hiatos de desequilíbrio nos contratos. A matriz de riscos, elaborada unilateralmente pela Administração, não pode se opor a essas implicações do inciso XXI do artigo 37 da Constituição Federal.

Soma-se que a matriz de riscos, com assento na Lei nº 14.133/2021, deve se conformar com as demais disposições da própria Lei nº 14.133/2021.

Sob essa luz, a Administração não goza de discricionariedade para, por meio de matriz de riscos, negar o direito do contratado ao reajustamento contratual ou para se esquivar das prescrições encartadas na lei. Ocorre que o §7º do artigo 25 e o §3º do artigo 92, ambos da Lei nº 14.133/2021, prescrevem que o edital e o contrato devem, obrigatoriamente, dispor sobre critério de reajustes, atendidas as balizas estabelecidas na lei.

Nessa linha, o espaço privilegiado da matriz de riscos é o da revisão contratual, alocando entre as partes eventos futuros, que podem ser imprevisíveis ou de consequências incalculáveis. Essa é a razão pela qual a alínea "d" do inciso II do *caput* do artigo 124 da Lei nº 14.133/2021 adverte que a revisão contratual se sujeita à "[...] repartição objetiva de risco estabelecida no contrato".

Mesmo aqui, nos riscos que dariam causa à revisão contratual, a Administração não goza de liberdade absoluta. A alocação de riscos deve respeitar o princípio da proporcionalidade, sobretudo no seu aspecto de adequação, sob pena de se formarem contratos leoninos, que comprometem a competitividade, porque afastam o interesse de boas empresas, e que acabam onerando em demasia a própria Administração.

Cada contrato tem as suas peculiaridades e a Administração goza de competência discricionária para promover em matriz de riscos arranjos não usuais. Todavia, esses arranjos devem ser escorados em razões de interesse público e não podem ser desvirtuados para, pura e simplesmente, livrar a Administração de qualquer suposto risco.

Com essa preocupação, o §1º do artigo 103 da Lei nº 14.133/2021 propugna que alocação de riscos deve considerar "em compatibilidade com as obrigações e os encargos atribuídos às partes no contrato, a natureza do risco, o beneficiário das prestações a que se vincula e a capacidade de cada setor para melhor gerenciá-lo". Em adição, o §2º do mesmo artigo sinaliza que "os riscos que tenham cobertura oferecida por seguradoras serão preferencialmente transferidos ao contratado". Na mesma toada, o §6º do mesmo artigo 103 permite que sejam adotados:

> métodos e padrões usualmente utilizados por entidades públicas e privadas, e os ministérios e secretarias supervisores dos órgãos e das entidades da Administração Pública poderão definir os parâmetros e o detalhamento dos procedimentos necessários à sua identificação, alocação e quantificação financeira.

Para além disso, de modo específico e direto, o §5º do artigo 103 da Lei nº 14.133/2021 limita a discricionariedade da Administração para dispor sobre a matriz de risco, proibindo, como anteriormente enfatizado, que ela se exima do dever de promover o reequilíbrio diante de alterações unilaterais de contrato, bem como diante do aumento ou da redução, por legislação superveniente, dos tributos diretamente pagos pelo contratado em decorrência do contrato.

Registre-se que, no mesmo passo, o §2º do artigo 22 da Lei nº 14.133/2021 exige que o contrato reflita a alocação de riscos, especialmente quanto:

> I - às hipóteses de alteração para o restabelecimento da equação econômico-financeira do contrato nos casos em que o sinistro seja considerado na matriz de riscos como causa de desequilíbrio não suportada pela parte que pretenda o restabelecimento;
> II - à possibilidade de resolução quando o sinistro majorar excessivamente ou impedir a continuidade da execução contratual;
> III - à contratação de seguros obrigatórios previamente definidos no contrato, integrado o custo de contratação ao preço ofertado.

Como a Administração não goza de liberdade absoluta para forjar matriz de riscos, os interessados em participar das licitações gozam de legitimidade para impugnar e contestar perante os órgãos de controle o conteúdo delas, desde que o façam antes de oferecer suas propostas, respeitados os prazos e condições legais. Oferecidas as propostas, o que prevalece é o teor da matriz de riscos. Com base na força obrigatória dos contratos, os contratados não têm o direito de ser posteriormente desonerados dos riscos alocados a si sob o argumento de que a alocação foi injusta ou que não respeitou os ditames constitucionais ou legais. Repita-se que o risco compõe o encargo do contratado, compõe o preço do contrato. Ou seja, o valor pactuado pelas partes engloba todos os riscos alocados ao contratado.

Por argumentação, em situação extremada, se houver ilegalidade ou inconstitucionalidade na matriz de risco, daí a solução é anular o contrato, sob pena de quebrar a isonomia. Pondera-se que interessados podem não ter participado da licitação em razão da matriz de riscos, considerada por eles leonina. A matriz de riscos não pode ser consertada no transcurso do contrato. Uma nova matriz de riscos pressupõe nova oportunidade para os interessados oferecerem suas propostas.

4 Reajuste

4.1 Conceito de reajuste

O inciso LVIII do artigo 6º da Lei nº 14.133/2021 anuncia que o reajustamento em sentido estrito é a "forma de manutenção do equilíbrio econômico-financeiro de contrato consistente na aplicação do índice de correção monetária previsto no contrato, que deve retratar a variação efetiva do custo de produção, admitida a adoção de índices específicos ou setoriais".

Noutras palavras, o reajuste é o instrumento que se presta a manter o equilíbrio econômico-financeiro do contrato em face de variação de preço previsível, normal, lenta, paulatina, que, de certa maneira, decorre do processo inflacionário. Como dito, os custos dos contratados sofrem variação de preço ao longo do tempo, sem que ocorra nada de anormal ou extraordinário. Trata-se de efeito da inflação sobre a economia em geral, que implica variação do custo de produção das coisas postas em comércio. Ao fim de dado período, aplica-se sobre o contrato o critério de reajuste entabulado nele, com o propósito de preservar a equação econômico-financeira ou, noutras palavras, evitar que a referida variação de custos – que é previsível, normal, lenta, paulatina e, de certa maneira, decorrente do processo inflacionário – afete a relação de proporção formada à época da licitação entre os encargos prospectados pelo então licitante (riscos mais custos) e o valor proposto por ele.

Por meio da previsão de reajuste a Administração se antecipa à variação de custos que ela de antemão sabe que irá ocorrer, prevendo, no próprio edital de licitação e no contrato, critério para fazer frente a ela. Ou seja, a Administração toma a frente da inflação, prevendo como os efeitos dela devem repercutir no contrato, com o escopo de evitar que o equilíbrio econômico-financeiro dele seja rompido.

4.2 A Administração deve dispor de critério de reajuste no edital e no contrato

O §7º do artigo 25 da Lei nº 14.133/2021 estabelece:

> Independentemente do prazo de duração do contrato, será obrigatória a previsão no edital de índice de reajustamento de preço, com data-base vinculada à data do orçamento estimado e com a possibilidade de ser estabelecido mais de um índice específico ou setorial, em conformidade com a realidade de mercado dos respectivos insumos.

O §3º do artigo 92 da Lei nº 14.133/2021, que versa sobre os contratos administrativos, veicula previsão praticamente idêntica à do §7º do artigo 25 da mesma lei:

> Independentemente do prazo de duração, o contrato deverá conter cláusula que estabeleça o índice de reajustamento de preço, com data-base vinculada à data do orçamento estimado, e poderá ser estabelecido mais de um índice específico ou setorial, em conformidade com a realidade de mercado dos respectivos insumos.

Demais disso, o inciso V do próprio *caput* do artigo 92 da Lei nº 14.133/2021 exige que o contrato indique "[...] os critérios, a data-base e a periodicidade do reajustamento de preços [...]".

Então, o reajuste deve ser obrigatoriamente disciplinado pelo edital e pelo contrato. Pode-se afirmar, por consequência, que se o edital ou o contrato não dispõe sobre critério de reajuste, ele contraria a lei e, por consequência, é ilegal. Daí que não há espaço de discricionariedade para não prever o reajuste em edital e contrato, independentemente da justificativa que possa vir a ser apresentada.

Ao dispor sobre o reajuste, na forma do §7º do artigo 25 e do §3º do artigo 92, ambos da Lei nº 14.133/2021, a Administração deve definir os critérios para aplicá-lo. Os referidos dispositivos, em uníssono, exigem que a data-base do reajuste seja a data-base do orçamento estimado e facultam à Administração valer-se de mais de um índice específico ou setorial. O inciso LVIII do artigo 6º da Lei nº 14.133/2021 sinaliza que o reajuste "[...] deve retratar a variação efetiva do custo de produção [...]". Dessa forma, a Administração deve procurar o critério que seja o mais adequado para retratar a variação do custo de produção do objeto de cada contrato. Nessa missão, a Administração pode valer-se de índice específico ou setorial ou pode valer-se da combinação de diversos índices específicos ou setoriais.

4.3 Ausência de previsão de reajuste no edital e no contrato

Como dito, o §7º do artigo 25 e o §3º do artigo 92, ambos da Lei nº 14.133/2021, prescrevem que o critério de reajuste deve estar previsto no edital e no contrato. No entanto, muitos editais e contratos são omissos no que tange ao reajuste, não tratam dele. Em vista disso, nesses casos, surgem questionamentos a respeito do direito do contratado ao reajuste.

O saudoso Professor Diogenes Gasparini, ainda que sob o regime da Lei nº 8.666/1993, sustenta que em tais situações o reajuste não é devido. Leia-se o seguinte trecho:

> Embora, não seja pacífico, tem-se entendido que o reajustamento só é possível se previsto no edital ou no processo de contratação direta, pois se assim não for entender-se-á o contrato administrativo como irreajustável e que o contratado embutiu no preço a inflação do período, até porque poderia ter reclamado contra a omissão editalícia do índice de

reajustamento inflacionário. Se não o fez, é justo entender que encontrou outro modo de se preservar contra a inflação.[374]

O Superior Tribunal de Justiça, também sob o regime antigo, segue a mesma exegese:

> Processual Civil e Administrativo. Contrato Administrativo. Reajuste de preços. Ausência de autorização contratual. Descabimento. 1. O reajuste do contrato administrativo é conduta autorizada por lei e convencionada entre as partes contratantes que tem por escopo manter o equilíbrio financeiro do contrato. 2. Ausente previsão contratual, resta inviabilizado o pretendido reajustamento do contrato administrativo. 3. Recurso especial conhecido em parte e, nessa parte, não provido.[375] [376]

Esse entendimento, com toda a deferência aos seus defensores, não é o mais acertado.[377] Sucede que a Lei nº 14.133/2021 prescreve que o edital e o contrato devem dispor de critério de reajuste.[378] Trata-se de norma cogente, obrigatória, que não pode ser desobedecida pela Administração. Nesse sentido, se o edital e o contrato não dispõem de critério de reajuste, eles são ilegais, dado que se opõem às regras da Lei nº 14.133/2021.

Edital e contratos ilegais devem ser anulados ou convalidados. A anulação importa o desfazimento da licitação e do contrato, operando-se efeitos *ex tunc*. A convalidação importa a correção do vício de legalidade existente. Repita-se que o vício de legalidade diz respeito à ausência de previsão no edital e no contrato de critério de reajuste. Logo, para convalidar o edital e o contrato, deve-se prever, em que pese já na fase de execução do contrato, critério para reajuste. Dessa sorte, a Administração deveria promover alteração contratual para dispor de critério de reajuste.

Em caso contrário, se a Administração recusasse o direito do contratado ao reajuste, ela estaria, a rigor, confirmando a ilegalidade, persistindo nela. Ora, não parece que essa seja a melhor solução. À Administração não é permitido descumprir a lei, mais precisamente o §7º do artigo 25 e o §3º do artigo 92, ambos da Lei nº 14.133/2021, e agir como se tudo estivesse perfeito. A ilegalidade implica, repita-se, anulação ou convalidação.

Demais disso, o fato de o contratado não ter oportunamente impugnado o edital omisso é algo irrelevante para a questão em apreço. Ora, a omissão do contratado no que tange à impugnação não importa convalidação da ilegalidade. A ilegalidade persiste

---

[374] GASPARINI, Diogenes. Reajuste, revisão e repactuação. *ILC – Informativo de Licitações e Contratos*, Curitiba, v. 11, maio 2004. p. 416.

[375] STJ, Segunda Turma. REsp nº 730.568/SP. Rel. Min. Eliana Calmon, j. 6.9.2007.

[376] "ADMINISTRATIVO. CONTRATOS. AÇÃO DE COBRANÇA. REAJUSTE DE PREÇOS. VEDAÇÃO CONTRATUAL EXPRESSA. TERMOS ADITIVOS QUE RATIFICARAM AS DEMAIS CLÁUSULA CONTRATUAIS. Não há direito ao reajuste quando, no momento da contratação, ambas as partes anuíram ao preço global e unitário com vedação expressa ao reajuste e, na celebração dos aditivos de prorrogação da vigência contratual, nada estipularam acerca do preço, constando, inclusive, que permaneciam inalteradas as demais cláusulas contratuais. 2) APELO A QUE SE NEGA PROVIMENTO. Apelação Cível nº 1652316-9" (TJPR, Quinta Câmara Cível. AC nº 1652316-9. Rel. Des. Leonel Cunha, j. 25.7.2017).

[377] O Tribunal de Contas da União tem precedente que segue essa linha: "27. Quanto à vedação ao reajuste prevista no contrato firmado com a [...], cabe ressaltar que a jurisprudência desta Corte de Contas é no sentido de que deverá assegurar-se ao interessado o direito a esse instrumento de reequilíbrio econômico-financeiro do contrato, ainda que não esteja previsto contratualmente, uma vez que a Lei nº 8.666/1993 (arts. 5º, §1º, e 40, XI) garante aos contratados a correção dos preços a fim de que lhes preservem o valor (Acórdãos nº 376/1997 - 1ª Câmara e 479/2007 - Plenário)" (TCU, Plenário. Acórdão nº 963/2010. Rel. Min. Benjamin Zymler, j. 5.5.2010).

[378] A Lei nº 8.666/1993, registre-se, previa norma parecida, conforme o inciso XI do seu artigo 40.

e não pode ser desconsiderada. Em caso contrário, seria forçoso reconhecer que as ilegalidades em editais de licitação seriam todas apagadas em face da não apresentação de impugnação pelos licitantes ou que editais não impugnados administrativamente não poderiam mais ser anulados.

E não se esqueça que o reajuste é instrumento para manter o equilíbrio econômico-financeiro do contrato, o que desenha direito de alçada constitucional, na forma do estatuído no inciso XXI do artigo 37 da Constituição Federal. Direito de alçada constitucional não pode depender da lembrança ou da boa vontade da Administração. A omissão do edital e do contrato a respeito de critério de reajuste frustra em larga medida o direito do contratado ao equilíbrio econômico-financeiro do contrato, o que é algo constitucionalmente inadmissível.

Em que pese o entendimento do autor do presente texto, segundo o qual é devido o reajuste independentemente da previsão no edital ou no contrato, há de levar em consideração o posicionamento do Superior Tribunal de Justiça, destacado na ementa supracitada referente ao REsp nº 7.305.681/SP, que propugna exatamente o contrário. Por conseguinte, é prudente que as empresas, ao participarem de licitações cujos editais não preveem o reajuste, ofereçam impugnação e peçam esclarecimentos por escrito a respeito de como proceder. É prudente, mantida a posição da Administração que considera o contrato irreajustável, que as empresas projetem em suas propostas as devidas compensações.

De todo modo, a Administração deve proceder em conformidade com a lei e prever nos seus editais e contratos critério para reajuste, qualquer que seja a relação contratual. Ocorre que, se a Administração não o fizer, os licitantes devem majorar o valor das suas propostas para compensar a ausência do reajuste. Isto provoca duas consequências negativas: em primeiro lugar, haverá imprecisão sobre os preços, porquanto os índices de inflação projetados pelos licitantes provavelmente não serão os mesmos e não corresponderão exatamente à realidade; em segundo lugar, a ausência de critério definido para o reajuste fará com que o preço obtido na licitação seja superior ao praticado no mercado na mesma época, provocando questionamentos sobre superfaturamento.

Convém sublinhar que há contratos de prazo exíguo, normalmente aqueles relativos às aquisições de pronta entrega. Trata-se de contratos, por exemplo, cujas vigências não ultrapassam um ou dois meses. Por isto, muitos órgãos e entidades administrativas prescrevem em seus editais que tais contratos são irreajustáveis, à vista da previsão de que eles sejam extintos antes de completar doze meses da data-base do orçamento, quando é devido o reajuste.

Tais previsões editalícias contrariam a legalidade. Repita-se que o §7º do artigo 25 e o §3º do artigo 92, ambos da Lei nº 14.133/2021, prescrevem que é obrigatória a previsão de reajuste nos editais e contratos independentemente do prazo de duração dos contratos.

De mais a mais, anunciar que o contrato é irreajustável não importa prever critério para reajuste. Ao anunciar que o contrato é irreajustável, o edital e o contrato, a rigor jurídico, recusam o reajuste, o que é bem diferente. Ademais, ainda que a projeção da Administração seja que o contrato demande poucos meses de vigência, ocorrem problemas, por vezes até no processo de licitação, que atrasam sobremaneira as estimativas iniciais e fazem com que se alcance a data-base do orçamento, por efeito do que é devido o reajuste. Nesse sentido, não importa o prazo previsto para a execução do contrato, todos os editais e contratos devem prever critério de reajuste, porquanto em tese sempre é possível que ele se estenda por mais tempo do que o previsto inicialmente.

4.4 Prazo para o reajuste deve ser contado da data do orçamento estimado

O §7º do artigo 25 e o §3º do artigo 92, ambos da Lei nº 14.133/2021, prescrevem que o reajuste tem data-base vinculada à do orçamento estimado. Significa que o reajuste de preços depende do fluxo de determinado período e que esse período deve ser contado do orçamento estimado.[379]

Portanto, diferente do que se disponha na Lei nº 8.666/1993, na Lei nº 14.133/2021 o prazo para a concessão do reajuste deve ser contado da data do orçamento estimado e não da data das propostas dos licitantes nem da celebração dos contratos, o que é bastante plausível. Ocorre que, muitas vezes, o orçamento é definido e a licitação demora para ser realizada, podendo-se passar alguns meses. Ao estabelecer que o reajuste é devido na data do orçamento estimado, o legislador protege os contratantes dos efeitos em potencial desses meses, indicando solução que é mais justa e adequada.

A finalidade da norma é compor contratos equilibrados e justos diante de situações em que o edital é lançado em tempo substancialmente distante dos valores utilizados para definir os preços de referência da Administração, para os casos em que os preços de referência do edital encontram-se já defasados ou desatualizados. A contagem da data do orçamento em vez da data da proposta é instrumento para compensar a defasagem ou a desatualização dos preços expressos no edital.

Acima de tudo, em muitos casos, quando há defasagem substancial entre a data da proposta e a do orçamento, levar em consideração a data da proposta conduziria a

---

379 "6. Quanto à última questão, a equipe identifica dois achados de auditoria: a) existência de atrasos que podem comprometer o prazo de entrega do empreendimento (IGC); e b) cláusulas contratuais em desacordo com a Lei 8.666/1993 e a jurisprudência do TCU (F/I) - previsão contratual de que 'somente ocorrerá reajustamento do Contrato decorrido o prazo de 24 (vinte e quatro) meses contados da data da sua assinatura'. [...] 11. O art. 40, inciso XI, da Lei 8.666/1993, estabelece que os editais de licitação indicarão obrigatoriamente critério de reajuste, que deverá retratar a variação efetiva do custo de produção, admitida a adoção de índices específicos ou setoriais, desde a data prevista para apresentação da proposta, ou do orçamento a que essa proposta se referir, até a data do adimplemento de cada parcela. 12. No mesmo sentido, o art. 25, §7º, da nova Lei de Licitações e Contrato Administrativos, Lei 14.133/2021, prevê que será obrigatória, independentemente do prazo de duração do contrato, a previsão no edital de índice de reajustamento de preço, com data-base vinculada à data do orçamento estimado e com a possibilidade de ser estabelecido mais de um índice específico ou setorial, em conformidade com a realidade de mercado dos respectivos insumos" (TCU, Plenário. Acórdão nº 1.587/2023. Rel. Min. Antonio Anastasia, j. 2.8.2023).
65. O quinto achado diz respeito a critério de reajustamento em desacordo com a Lei 14.133/2021. 66. A equipe de auditoria apontou que no Contrato 66/2023 foi adotado critério de reajustamento vinculado à data de apresentação da proposta, quando da sessão pública do procedimento licitatório, o que está em confronto com o §3º do art. 92 da Lei 14.133/2021, critério esse que pode levar a desequilíbrio econômico-financeiro do contrato, tendo em vista o interregno entre a data-base da estimativa de custos (orçamento estimado) e a data de abertura das propostas, impactando na boa execução contratual. 67. Ao manifestar-se sobre esse achado, o TRF1 esclarece se tratar de cláusula padrão existente, baseada nos termos da Lei 8.666/1993, que facultava ao gestor a escolha entre a data da proposta e a do orçamento estimado como ponto de partida para o reajuste do contrato. Foi destacada a inexistência de impugnação à época, o que fez manter a regra, porque não demonstrava prejuízos à execução contratual; informou, ainda, que será acatado em futuras licitações o novo parâmetro legal em procedimentos licitatórios. 68. Acompanho o entendimento e o encaminhamento propostos pela equipe de auditoria no sentido de dar ciência ao TRF1 acerca da impropriedade. (TCU, Plenário, Acórdão nº 1795/2024, j. 28.8.2024).

uma interpretação em que se admitiria como válidas e hígidas licitações com preços defasados e irreais, que prejudicariam e seriam ruinosos para os contratados. Seria o mesmo que conferir foros de legitimidade à conduta da Administração de locupletar-se e enriquecer-se ilicitamente, em detrimento à boa-fé de terceiros, o que é fragorosamente contrário ao interesse público primário.

Abrem-se parênteses para frisar que há outra justificativa para utilizar a data do orçamento estimado, sobremaneira quando, embora não haja tanta defasagem entre um e outro, a data do orçamento é precisada com objetividade e nela, por força legal, os custos ou parte deles do futuro contratado são majorados, causando desequilíbrio para os contratos. É o que ocorre com os custos relacionados à mão de obra, que são majorados a partir da data-base das categorias envolvidas em contrato administrativo. Essa situação será tratada de maneira mais adequada no tópico destinado à repactuação, que, como já afirmado, é considerado uma espécie de reajuste.

Ressalta-se que, diante dos termos precisos do §7º do artigo 25 e do §3º do artigo 92, ambos da Lei nº 14.133/2021, a Administração não goza de discricionariedade para contar o prazo para o reajuste apenas da data de aniversário da proposta, da celebração do contrato ou diante de qualquer outra baliza temporal. A data do orçamento estimado é o marco temporal para o reajuste.

Por derradeiro, relembre-se que o orçamento estimado, a propósito, deve ser elaborado na etapa preparatória da licitação, em acordo com os critérios estabelecidos no artigo 23 da Lei nº 14.133/2021 e deve constar do estudo técnico preliminar, como estabelece o inciso VI do §1º do artigo 18, também da Lei nº 14.133/2021. A data do orçamento estimado deve ser divulgada no edital e no contrato, o que é fundamental para que os licitantes e o futuro contratado tenham condições de projetar o reajuste e definir os valores de suas propostas.

Nessa medida, as propostas devem ser apresentadas pelos licitantes e avaliadas pela Administração sob a régua do orçamento estimado, em acordo com os preços praticados no mercado à época do orçamento estimado. Nesse ponto, é de reconhecer uma boa dose de dificuldade para a Administração, especialmente para identificar proposta cujo preço não foi efetivamente referenciado pelo licitante com base na data do orçamento. As regras e os parâmetros para as propostas devem ser claros nos editais e, inclusive, pode-se exigir declaração dos licitantes, sob as penas da lei, de que as propostas são referenciadas e correspondem aos preços praticados na data do orçamento estimado.

Suponha-se orçamento estimado em abril e propostas apresentadas em junho. A questão é que, salvo situações específicas, em que há referenciais oficiais de preços mensais, não há mecanismos concretos para evitar que o licitante apresente proposta em junho considerando o preço praticado em junho e não em abril, que é, repita-se, a data-base. E, se isso acontecer, em relação a muitos objetos, é difícil para a Administração identificar o problema. O efeito prático, se isso vier a ocorrer e não for identificado, é que, vencendo a licitação e assinando o contrato, o contratado será beneficiado com uma espécie de reajuste "antecipado" do seu contrato, dado que, repita-se, ele de fato fez a proposta com base nos preços de junho e não nos de abril, recebendo, considerando-se o período de um ano da data do orçamento, o reajuste em abril.

4.5 A anualidade do reajuste

A Lei nº 8.666/1993, produzida à época de inflação elevada, não dispunha de um período mínimo para o reajuste, que, portanto, poderia ser concedido conforme condições definidas em edital. A rigor, o assunto era tratado no inciso XI do artigo 40 da Lei nº 8.666/1993, cujo teor exigia que o edital versasse sobre o reajuste e que ele era apurado da data da proposta ou do orçamento até a data do adimplemento de cada parcela. Como é usual que as parcelas sejam mensais, os reajustes também, normalmente, eram mensais.

Esse reajuste em período breve dos contratos administrativos era causado pelo processo inflacionário, que o tornava necessário sob pena de inviabilizar os contratos, e, por outro lado, também alimentava o processo inflacionário, porque indexava parte importante da economia.

Com o Plano Real e a estabilização da economia provocada pela redução da inflação, a Lei nº 10.192/2001, decorrente de conversão de medidas provisórias, estabeleceu limites temporais para os reajustes dos contratos privados e dos contratos administrativos, consagrando a baliza geral da anualidade do reajuste, de muito incorporada nas práticas administrativas.

Essa baliza geral de anualidade do reajuste dos contratos administrativos foi reproduzida na Lei nº 14.133/2021, no entanto com algumas peculiaridades. Para melhor compreensão, é conveniente transcrever os dispositivos:

> Art. 25. [...]
> §7º Independentemente do prazo de duração do contrato, será obrigatória a previsão no edital de índice de reajustamento de preço, com data-base vinculada à data do orçamento estimado e com a possibilidade de ser estabelecido mais de um índice específico ou setorial, em conformidade com a realidade de mercado dos respectivos insumos.
> §8º Nas licitações de serviços contínuos, observado o interregno mínimo de 1 (um) ano, o critério de reajustamento será por:
> I - reajustamento em sentido estrito, quando não houver regime de dedicação exclusiva de mão de obra ou predominância de mão de obra, mediante previsão de índices específicos ou setoriais;
> II - repactuação, quando houver regime de dedicação exclusiva de mão de obra ou predominância de mão de obra, mediante demonstração analítica da variação dos custos. [...]
> Art. 92. [...]
> §3º Independentemente do prazo de duração, o contrato deverá conter cláusula que estabeleça o índice de reajustamento de preço, com data-base vinculada à data do orçamento estimado, e poderá ser estabelecido mais de um índice específico ou setorial, em conformidade com a realidade de mercado dos respectivos insumos.
> §4º Nos contratos de serviços contínuos, observado o interregno mínimo de 1 (um) ano, o critério de reajustamento de preços será por:
> I - reajustamento em sentido estrito, quando não houver regime de dedicação exclusiva de mão de obra ou predominância de mão de obra, mediante previsão de índices específicos ou setoriais;
> II - repactuação, quando houver regime de dedicação exclusiva de mão de obra ou predominância de mão de obra, mediante demonstração analítica da variação dos custos.

Nas 5ª e 6ª edições deste livro, já atualizadas em acordo com a Lei nº 14.133/2021, defendeu-se a aplicação ampla da anualidade do reajuste, com fundamento no prescrito nos supracitados §8º do seu artigo 25 e no §4º do seu artigo 92. Em resumo, defendeu-se que o reajuste deveria ser concedido depois de um ano da data-base. A diferença, que se acentuou, é que a data-base, na Lei nº 14.133/2021, passou a ser a data correspondente ao do orçamento estimado e não à da proposta. A partir da 7ª edição esse entendimento foi atualizado e parcialmente corrigido.

Pois bem, a Professora Lindineide Oliveira Cardoso se atentou a um aspecto, que até então havia passado desapercebido.[380] O §7º do artigo 25 e o §3º do artigo 92, ambos da Lei nº 14.133/2021, são os dispositivos que tratam do reajuste de forma geral, prescrevem a data-base vinculada à do orçamento estimado, porém não estabelecem qualquer sorte de período a ser considerado, anual ou qualquer outro. Tais dispositivos, a rigor, não tratam de prazo algum.

Quem prevê a anualidade são os §8º do artigo 25 e §4º do artigo 92, porém, tais dispositivos, com sentido diverso dos parágrafos que lhes antecedem, não tratam do reajuste de forma geral, são específicos para os contratos de prestação de serviços contínuos. Daí a conclusão de que, pelos termos estritos da Lei nº 14.133/2021, o prazo de um ano para os reajustes é obrigatório apenas para os contratos de prestação de serviços contínuos e não para a generalidade dos contratos.

Logo, olhando-se apenas para a Lei nº 14.133/2021, a Administração teria discricionariedade para definir os prazos para a aplicação do reajuste e esses prazos poderiam ser inferiores a um ano, à exceção dos contratos de serviços contínuos.

A Professora Lindineide Oliveira Cardoso, no entanto, pondera sobre a supracitada Lei nº 10.192/2001, tocante à implementação do Plano Real, que não foi expressamente revogada pela Lei nº 14.133/2021 e que prevê, de forma geral, o referencial de prazo anual para os reajustes. Trata-se de saber se a Lei nº 10.192/2001 ainda prescreve a anualidade para o reajuste dos contratos administrativos ou se alguma parte dela foi revogada, ainda que não expressamente, porque já não compatível com a Lei nº 14.133/2021, que é mais nova.[381] É conveniente transcrever os dispositivos da Lei nº 10.192/2001:

> Art. 2º É admitida estipulação de correção monetária ou de reajuste por índices de preços gerais, setoriais ou que reflitam a variação dos custos de produção ou dos insumos utilizados nos contratos de prazo de duração igual ou superior a um ano.
> §1º É nula de pleno direito qualquer estipulação de reajuste ou correção monetária de periodicidade inferior a um ano.
> §2º Em caso de revisão contratual, o termo inicial do período de correção monetária ou reajuste, ou de nova revisão, será a data em que a anterior revisão tiver ocorrido.
> §3º Ressalvado o disposto no §7º do art. 28 da Lei nº 9.069, de 29 de junho de 1995, e no parágrafo seguinte, são nulos de pleno direito quaisquer expedientes que, na apuração do

---

[380] CARDOSO, Lindineide Oliveira. *Cláusula de reajuste com data-base inferior à anualidade do orçamento estimado*: é possível? Disponível em: https://ronnycharles.com.br/wp-content/uploads/2023/03/Clausula-de-Reajuste_26_02.pdf. Acesso em: 10 jan. 2023.

[381] Da LINDB: "Art. 2º [...] §1º A lei posterior revoga a anterior quando expressamente o declare, quando seja com ela incompatível ou quando regule inteiramente a matéria de que tratava a lei anterior. §2º A lei nova, que estabeleça disposições gerais ou especiais a par das já existentes, não revoga nem modifica a lei anterior".

> índice de reajuste, produzam efeitos financeiros equivalentes aos de reajuste de periodicidade inferior à anual.
> §4º Nos contratos de prazo de duração igual ou superior a três anos, cujo objeto seja a produção de bens para entrega futura ou a aquisição de bens ou direitos a eles relativos, as partes poderão pactuar a atualização das obrigações, a cada período de um ano, contado a partir da contratação, e no seu vencimento final, considerada a periodicidade de pagamento das prestações, e abatidos os pagamentos, atualizados da mesma forma, efetuados no período.
> §5º O disposto no parágrafo anterior aplica-se aos contratos celebrados a partir de 28 de outubro de 1995 até 11 de outubro de 1997.
> §6º O prazo a que alude o parágrafo anterior poderá ser prorrogado mediante ato do Poder Executivo.
> Art. 3º Os contratos em que seja parte órgão ou entidade da Administração Pública direta ou indireta da União, dos Estados, do Distrito Federal e dos Municípios, serão reajustados ou corrigidos monetariamente de acordo com as disposições desta Lei, e, no que com ela não conflitarem, da Lei no 8.666, de 21 de junho de 1993.
> §1º A periodicidade anual nos contratos de que trata o caput deste artigo será contada a partir da data limite para apresentação da proposta ou do orçamento a que essa se referir.
> §2º O Poder Executivo regulamentará o disposto neste artigo.

Na visão da Professora Lindineide Oliveira Cardoso, a Lei nº 10.192/2001 não impediria o reajuste em prazo inferior a um ano, desde que em relação a contratos cuja duração seja inferior a um ano. Isso porque, conforme o *caput* do artigo 2º da Lei nº 10.192/2001, a referida Lei somente disporia sobre "[...] contratos de prazo de duração igual ou superior a um ano". Em contratos com prazo de duração inferior a um ano, a Lei nº 10.192/2001 não se aplicaria e, por conseguinte, não haveria proibição ao reajuste em periodicidade inferior à anual.

Explicando de outra forma: como a Lei nº 14.133/2021 exige o período de um ano apenas para reajustes de contratos de serviços contínuos, os demais contratos poderiam ser reajustados antes do período de um ano, desde que tais contratos fossem firmados por período inferior a um ano, dado que estes contratos não seriam abrangidos pela Lei nº 10.192/2001. Os contratos com prazos iguais ou superiores a um ano teriam que ser reajustados somente depois de um ano da data do orçamento, porque sobre eles incidiriam as prescrições da Lei nº 10.192/2001.

Essa abertura para valer-se de contratos com prazos de reajuste inferior a um ano poderia ser conveniente para a Administração, sobremodo em contratos de fornecimento, cujos preços sofrem variação mais frequente, muitas vezes atrelados ao mercado internacional. A previsão de reajustamento em prazo menor do que um ano, eventualmente mensal ou qualquer outro prazo, poderia servir para atrair o interesse das empresas na contratação e ampliar a competição.

O raciocínio, contudo, merece alguns reparos.

É certo que os §8º do artigo 25 e §4º do artigo 92, ambos da Lei nº 14.133/2021, prescrevem que todos os contratos, independentemente do prazo de duração deles, devem contar com cláusulas de reajuste. Então, os dispositivos da Lei nº 10.192/2001, cujos textos prescrevem que apenas contratos com prazos iguais ou superiores a um ano podem ser reajustados, já não são compatíveis com a Lei nº 14.133/2021, que é mais nova, de modo que se deve entender que foram revogados, ainda que não de modo expresso. Não há dúvida, conforme a Lei nº 14.133/2021, que contratos administrativos com prazos inferiores a um ano devem conter cláusula de reajuste e que esse reajuste deve ser contado da data do orçamento estimado pela Administração, que é anterior à data do contrato. Assim, dado que o reajuste é contado da data do orçamento e não do contrato, é em tudo possível que um contrato com prazo inferior a um ano sofra reajuste.

O problema é que, ao contrário do defendido pela Professora Lindineide Oliveira Cardoso, a Lei nº 10.192/2001 não versa apenas sobre contratos com prazos superiores a um ano. O *caput* do seu artigo 2º versa sobre "[...] contratos de prazo de duração igual ou superior a um ano [...]". Entretanto, o §1º do mesmo artigo 2º veicula uma prescrição geral, independente de prazo contratual, de que "é nula de pleno direito qualquer estipulação de reajuste ou correção monetária de periodicidade inferior a um ano".

Como sabido, o parágrafo goza de conteúdo normativo autônomo em relação ao *caput*, sendo assente que ele sobrevive independentemente do *caput*. Tanto isso é verdade que são frequentes vetos parciais que recaem sobre o texto do *caput* e que mantêm os parágrafos (§2º do artigo 66 da Constituição Federal). Daí que, independentemente de o *caput* do artigo 2º da Lei nº 10.192/2001 não se aplicar mais sobre os contratos administrativos, porque divergente da Lei nº 14.133/2021 (lei nova), o fato é que o §1º do mesmo artigo 2º se aplica e ele veda, com caráter geral, o reajuste em período inferior a um ano.

Mais do que isso, o artigo 3º da Lei nº 10.192/2001 se direciona à generalidade dos "[...] contratos em que seja parte órgão ou entidade da Administração Pública direta ou indireta da União, dos Estados, do Distrito Federal e dos Municípios [...]" e não apenas aos contratos com prazo igual ou superior a um ano.

Portanto, pelos termos estritos da Lei nº 14.133/2021, seria sim permitido prever prazo inferior a um ano para o reajuste de contratos, desde que eles não tivessem por objeto serviços contínuos. No entanto, com toda a deferência à tese defendida pela Professora Lindineide Oliveira Cardoso, essa previsão de reajuste com prazo inferior a um ano é proibida pela Lei nº 10.192/2001, especialmente pelo §1º do seu artigo 2º e pelo seu artigo 3º, dispositivos estes que não foram revogados e que não contrariam o preceituado na Lei nº 14.133/2021. Em conclusão, em que pese a redação da Lei nº 14.133/2021, é de reconhecer que ainda vigora a anualidade como período temporal mínimo para os reajustes dos contratos administrativos, independentemente dos seus objetos e dos seus prazos.

Outrossim, a anualidade do reajuste ainda deve ser analisada sobre outra perspectiva: se permitida a previsão em edital de reajuste em prazo superior ao período de um ano a contar da data do orçamento estimado. Por exemplo, seria permitido prever em edital e contrato que o reajuste deve ocorrer apenas depois de dois anos da data do orçamento? Ou seja, completado um ano, o contratado tem direito ao reajuste ou é permitido prever prazo superior para o reajuste?

O §8º do artigo 25 e o §4º do artigo 92 da Lei nº 14.133/2021, com a mesma redação neste particular, prescrevem que, para os casos de serviços contínuos, "[...] observado o interregno mínimo de 1 (um) ano, o critério de reajustamento será por: [...]". Ou seja, o período mínimo de um ano é a condição legal para o reajuste. Satisfeito esse período mínimo de um ano, o legislador foi imperativo ao prescrever que o "[...] reajustamento será por [...]", o que significa que deve ser concedido o reajuste. Logo, para os casos de serviços contínuos, o reajuste se impõe desde que completada a anualidade.

No entanto, pela redação da Lei nº 14.133/2021, a mesma providência não se exige para os demais tipos de contratos. Repita-se que o §7º do artigo 25 e o §3º do artigo 92 da Lei nº 14.133/2021 não se referem a prazo mínimo de um ano para o reajuste dos demais contratos que não os de serviços contínuos.

Prosseguindo, como salientado, quem trata da anualidade de forma geral é a Lei nº 10.192/2001. Sucede que ela proíbe o reajuste em periodicidade inferior a um ano (§1º do artigo 2º) e não há nada nela que exija que o reajuste se dê, obrigatoriamente, quando completado um ano. Ou seja, para a Lei nº 10.192/2001, o período de um ano deve ser considerado como prazo mínimo, de modo que antes de um ano o reajuste não pode ser concedido. Por outro lado, não há nada escrito na Lei nº 10.192/2001 que denote a obrigação de reajustar depois de decorrido o período de um ano. Por conseguinte, pelo que está posto na Lei nº 10.192/2001, nada impede que seja considerado um período maior do que um ano.

Veja-se que, nesse passo, o inciso V do artigo 92 da Lei nº 14.133/2021 prescreve que são necessárias em todos os contratos cláusulas sobre "[...] os critérios, a data-base e a periodicidade do reajustamento de preços e os critérios de atualização monetária entre a data do adimplemento das obrigações e a do efetivo pagamento". Quer dizer que existe sim um espaço de discricionariedade para que a Administração disponha em contrato sobre o reajuste, o que envolve a sua periodicidade.

Logo, apesar de não ser usual, é sim permitido, em consonância com a interpretação conjunta das prescrições da Lei nº 14.133/2021 e da Lei nº 10.192/2001, prever em edital e contrato período superior a um ano para o reajuste, salvo para os contratos de prestação de serviços contínuos, porque para eles o §8º do artigo 25 e o §4º do artigo 92 da Lei nº 14.133/2021 exigem o reajuste quando contemplado o período de um ano.

Ressalva-se que, embora permitido sob a perspectiva da legalidade, é provável, no entanto, que o reajustamento em prazo superior a um ano não seja vantajoso para a Administração, porque gera risco demasiado para o contratado, dado que ele assume risco em tempo prolongado pela variação de preço decorrente do processo inflacionário. Isso tende a afastar o interesse na licitação de empresas e restringir a competitividade.

4.6 Reajuste deve ser concedido de ofício

O §7º do artigo 25 e o §3º do artigo 92, ambos da Lei nº 14.133/2021, são categóricos ao prescreverem que o edital e o contrato devem dispor de critério de reajuste, cuja data-base é a do orçamento estimado.

Pois bem, por força dos supracitados dispositivos legais, o reajuste deve ser disciplinado no edital e no contrato. Então, a Administração deve determinar, no edital e no contrato, o critério para o reajuste, que é devido na data do orçamento estimado. Em vista disso, no marco temporal relativo ao orçamento estimado, a Administração deve dar cumprimento de ofício ao edital e ao contrato e, em última instância, à legalidade, independentemente de requerimento do contratado. Se de fato ocorrem as condições que autorizam o reajuste, na forma do edital e do contrato, ele deve ser concedido, ainda que o contratado não tenha se manifestado. O cumprimento do edital e do contrato por parte da Administração não é condicionado ao pleito do contratado.[382]

Para que o reajuste não seja concedido, é necessário que haja renúncia expressa do contratado. Somente assim a Administração pode escusar-se de aplicar o critério de reajuste estabelecido no edital e no contrato.

4.7 Pagamento do reajuste retroativo caso a Administração o reconheça posteriormente

Como dito, de acordo com o §7º do artigo 25 e o §3º do artigo 92, ambos da Lei nº 14.133/2021, a data-base do reajuste é a data do orçamento estimado.

No entanto, ocorre com bastante frequência que a Administração, em razão de procedimentos burocráticos, consuma algum tempo para conceder efetivamente o reajuste. Normalmente, o reajuste, antes de ser concedido, passa pelo departamento financeiro, pela assessoria jurídica e por outros agentes administrativos, dependendo da organização interna de cada órgão ou entidade. Isso, por vezes, demanda tempo razoável.

Por força dessa situação, muitas vezes o reconhecimento do reajuste é postergado por meses. Nesses casos, o reajuste deve ser aplicado de forma retroativa, a contar efetivamente do marco temporal relativo à data do orçamento estimado. Ou seja, a Administração deve pagar ao contratado a diferença apurada entre os valores efetivamente pagos por ela com referência aos meses em que o reajuste era devido e não foi concedido em razão de procedimentos burocráticos.

A premissa é que a partir do marco temporal definido em lei, que é a data do orçamento estimado, o contrato é desequilibrado pelo acúmulo inflacionário. Desta forma, vencido o prazo estabelecido pela legislação, a Administração tem o dever de promover o reajuste, que é o instrumento para manter as condições efetivas da proposta, como ordena o inciso XXI do artigo 37 da Constituição Federal. Ora, se o contrato é desequilibrado a partir de determinada data, ainda que a Administração demore algum tempo para formalizar o reajuste, o pagamento deve ser realizado retroativamente, desde a aludida data. Se o pagamento do reajuste fosse realizado apenas a partir do mês do apostilamento, erguer-se-ia hiato entre a data determinada em lei, que caracteriza o desequilíbrio, e a data do pagamento. Ou seja, haveria hiato em que o contrato permaneceria desequilibrado. Isto é inadmissível, porquanto, insiste-se, é obrigação da Administração manter as condições efetivas das propostas durante toda execução contratual. Não pode haver hiatos de desequilíbrio. O pagamento do reajuste, ainda que reconhecido e realizado *a posteriori*, deve retroagir à data em que se completou o marco temporal relativo ao orçamento estimado, a partir do momento em que o direito ao reajuste adere ao patrimônio jurídico do contratado.

---

382 "6. A Lei 10.192/2001 admite, para reajustar os contratos, a utilização de índices de preços gerais, setoriais ou que reflitam a variação dos custos de produção ou dos insumos utilizados. Nos casos em que isso é permitido, o reajuste é automático, mediante simples aplicação do índice de preços estabelecido no contrato, que deve, dentro do possível, refletir a variação dos custos de produção ou dos insumos utilizados no contrato" (TCU, Plenário. Acórdão nº 161/2012. Rel. Valmir Campelo, j. 1º.2.2012).

O pagamento sem retroatividade, apenas a partir do momento em que o apostilamento é formalizado, levaria a absurdo. Ora, quanto mais tempo a Administração levasse para formalizar o apostilamento, menos ela seria onerada. Ou seja, quanto mais ela demorasse, em princípio, menor o ônus que incidiria sobre ela em prejuízo ao contratado, o que, a todas as luzes, não é plausível.

Outrossim, o atraso no pagamento do reajuste, ainda que retroativo, sujeita a Administração aos ônus da mora. A hipótese contrária também seria absurda, porque, quanto maior o atraso da Administração, menos ela seria onerada, ainda que realizasse o pagamento retroativo.

4.8 Reajuste anterior à assinatura do contrato

Ocorre com alguma frequência que licitações públicas se estendam por meses e, às vezes, por período superior a um ano. Normalmente tais situações são provocadas por disputas judiciais havidas entre licitantes e a Administração Pública. O Judiciário, em muitos casos, prolata decisão liminar determinando a suspensão da licitação até decisão definitiva. Como o Judiciário é lento, a decisão definitiva demanda meses para ser prolatada e, nesse passo, o processo de licitação mantém-se suspenso.

Sob essa perspectiva, imagine-se licitação pública cujo processamento foi suspenso por diversos meses por força de ordem judicial prolatada em mandado de segurança. Depois de todo esse tempo, o Judiciário revoga a decisão e autoriza a Administração a concluir a licitação. A Administração então consulta o licitante vencedor, que concorda em manter sua proposta. No entanto, em que pese ele mantenha a proposta, requer a aplicação do índice de reajuste previsto no edital, na medida em que transcorreu mais de doze meses da data do orçamento estimado.

Em resumo, a situação é a seguinte: a lei dispõe que o reajuste deve ser concedido no marco temporal relativo ao orçamento estimado. A licitação foi suspensa por período superior a doze meses. O vencedor da licitação confirma sua proposta, porém requer que seja aplicado o critério de reajuste entabulado no edital. Ao fim e ao cabo, pretende-se aplicar o reajuste antes mesmo de celebrado o contrato; já contratar com o valor reajustado. Isso é permitido?

O Tribunal de Contas da União analisou situação parecida, ainda que sob a perspectiva da Lei nº 8.666/1993, tendo prolatado o Acórdão nº 474/2005, em que se destaca a seguinte passagem:

> Acordam os Ministros do Tribunal de Contas da União, reunidos em sessão Plenária, diante das razões expostas pelo Relator e com fundamento no artigo 1º, inciso XVII, da Lei 8.443, de 16 de julho de 1992, c/c o artigo 264, VI, do Regimento Interno deste Tribunal, em:
> 9.1 conhecer da presente consulta e responder aos quesitos apresentados da seguinte forma: [...].
> 9.1.2 na hipótese de vir a ocorrer o decurso de prazo superior a um ano entre a data da apresentação da proposta vencedora da licitação e a assinatura do respectivo instrumento contratual, o procedimento de reajustamento aplicável, em face do disposto no artigo 28, §1º, da Lei 9.069/95 c/c os artigos 2º e 3º da Lei 10.192/2001, consiste em firmar o contrato com os valores originais da proposta e, antes do início da execução contratual, celebrar termo aditivo reajustando os preços de acordo com a variação do índice previsto no edital relativa

ao período de *somente* um ano, contado a partir da data da apresentação das propostas ou da data do orçamento a que ela se referir, devendo os demais reajustes ser efetuados quando se completarem períodos múltiplos de um ano, contados sempre desse marco inicial, sendo necessário que estejam devidamente caracterizados tanto o interesse público na contratação quanto a presença de condições legais para a contratação, em especial: haver autorização orçamentária (incisos II, III e IV do §2º do artigo 7º da Lei 14.133/2021); tratar-se da proposta mais vantajosa para a Administração (artigo 3º da Lei 14.133/2021); preços ofertados compatíveis com os de mercado (artigo 43, IV, da Lei 14.133/2021); manutenção das condições exigidas para habilitação (artigo 55, XIII, da Lei 14.133/2021); interesse do licitante vencedor, manifestado formalmente, em continuar vinculado à proposta (artigo 64, §3º, da Lei 14.133/2021); [...].[383]

Ou seja, o Tribunal de Contas da União, tendo em mira a Lei nº 8.666/1993, reconhece que é permitido reajustar o valor do contrato em face do transcurso do período de doze meses anterior à sua assinatura. O mesmo raciocínio deve ser reproduzido para a Lei nº 14.133/2021, porque não há dispositivos com outra roupagem sobre esse aspecto. Entretanto, o Tribunal de Contas da União prescreve que o contrato seja assinado em harmonia com as condições originais da proposta do contratado. Depois de firmado, antes da execução, promove-se o reajuste. O modo como o reajuste é reconhecido não se reveste de muita importância. O importante é que se reconheça o direito ao reajuste. De qualquer maneira, parece que a melhor solução seria já firmar o contrato com o valor reajustado. Não há sentido em firmar contrato para, concomitantemente, promover reajuste.

A decisão do Tribunal de Contas da União, afora esse aspecto pertinente ao momento da formalização do reajuste, é acertada. Realmente, segundo o inciso XXI do artigo 37 da Constituição Federal, o direito ao equilíbrio econômico-financeiro do contrato forma-se à época da licitação. Prescreve o referido dispositivo que as condições efetivas das propostas devem ser mantidas. Daí que, contemplado o marco temporal legal, o reajuste é devido, quer o contrato já tenha sido celebrado, quer não tenha.

O Tribunal de Contas da União, no trecho supracitado, condiciona o reajuste a certos requisitos, mormente à caracterização do interesse público na contratação. Ademais, o Tribunal de Contas da União exige previsão orçamentária e justificativa a respeito da vantagem da proposta vencedora, bem como da compatibilidade dos preços contratados com os praticados no mercado. Além de tudo, exige que o contratado mantenha as condições de habilitação erguidas no edital e que ele concorde em manter a sua proposta. Todos esses requisitos são pertinentes e, na verdade, são condições à contratação e não ao reajustamento propriamente dito.

4.9 Forma de reajustamento

O inciso I do artigo 136 da Lei nº 14.133/2021 prevê que "a variação do valor contratual para fazer face ao reajuste ou à repactuação de preços previstos no próprio contrato" não caracteriza alteração contratual e pode ser formalizada por simples apostila, sem necessidade de termo aditivo.

---

[383] TCU, Plenário. Acórdão nº 474/2005. Rel. Augusto Sherman Cavalcanti, j. 27.4.2005.

O legislador preferiu seguir forma simples para promover o reajuste, dispensando a confecção de termo aditivo, que exige uma série de formalidades. O apostilamento é sinônimo de registro. Ou seja, em vez de promover aditivo, a Administração apenas registra o preço reajustado, sem maiores formalidades.

Isso reforça a tese de que o reajuste deve ser aplicado de ofício. Nesse sentido, o reajuste não importa verdadeira alteração contratual, tanto que se dispensa a formalização de aditivo. Aplicar o critério de reajuste equivale a dar cumprimento ao edital e ao contrato.

Por derradeiro, frisa-se que não há qualquer razão para a Administração despender muito tempo para reconhecer o reajuste. Com efeito, os critérios para o reajuste são previstos no edital e no contrato. Logo, não há o que se discutir sobre ele. O inciso I do artigo 136 da Lei nº 14.133/2021 dispensa a formalização de termo aditivo para o reajuste justamente para agilizar a sua tramitação.

5 Repactuação

5.1 Conceito de repactuação

A repactuação é instrumento específico para promover a manutenção do equilíbrio econômico em contratos de serviços contínuos com regime de dedicação exclusiva de mão de obra ou com predominância de mão de obra. Ela é voltada especialmente para fazer frente aos custos de mão de obra, em contratos que, na percepção do legislador, são afetados de forma mais significativa por tais custos. A repactuação não foi tratada na Lei nº 8.666/1993 e passou a ser na Lei nº 14.133/2021. Antes dela, a repactuação era disciplinada por decretos e instruções normativas. Com a Lei nº 14.133/2021, a repactuação adquiriu estatura legal, o que é positivo.

A repactuação é qualificada como um tipo especial de reajuste. Com efeito, o §8º do artigo 25 da Lei nº 14.133/2021 enuncia duas espécies de reajuste. O inciso I do §8º trata do reajuste em sentido estrito, "quando não houver regime de dedicação exclusiva de mão de obra ou predominância de mão de obra, mediante previsão de índices específicos ou setoriais". O inciso II do mesmo parágrafo, por sua vez, versa sobre a repactuação, "quando houver regime de dedicação exclusiva de mão de obra ou predominância de mão de obra, mediante demonstração analítica da variação dos custos". A mesma distinção é reproduzida no §4º do artigo 92 da Lei nº 14.133/2021.

Pois bem, o inciso LIX do artigo 6º da Lei nº 14.133/2021 define repactuação como:

> [...] forma de manutenção do equilíbrio econômico-financeiro de contrato utilizada para serviços contínuos com regime de dedicação exclusiva de mão de obra ou predominância de mão de obra, por meio da análise da variação dos custos contratuais, devendo estar prevista no edital com data vinculada à apresentação das propostas, para os custos decorrentes do mercado, e com data vinculada ao acordo, à convenção coletiva ou ao dissídio coletivo ao qual o orçamento esteja vinculado, para os custos decorrentes da mão de obra.

Combinando-se o §8º do artigo 25, o §4º do artigo 92 e o inciso LIX do artigo 6º, todos da Lei nº 14.133/2021, podem-se destacar os seguintes elementos conceituais sobre a repactuação.

(i) A repactuação é instrumento para a promoção do equilíbrio econômico-financeiro específico para contratos de prestação de serviços contínuos, de modo que não deve ser aplicada noutros tipos de contratos, inclusive não deve ser aplicada em contratos de fornecimentos contínuos, de prestação de serviços que não sejam contínuos e obras.
(ii) A repactuação também não serve a todos os tipos de contratos de prestação de serviços contínuos, porém, só àqueles em que houver dedicação exclusiva de mão de obra ou predominância de mão de obra.
(iii) A repactuação tocante aos custos de mão de obra não pode ser realizada por meio da aplicação de índices específicos ou setoriais, deve sê-lo por meio da demonstração analítica da variação dos custos.
(iv) A repactuação deve ocorrer em dois momentos distintos: um destinado a fazer frente aos custos tocantes à mão de obra, vinculada ao acordo, convenção ou dissídio coletivo; outro em relação aos demais custos que compõem o contrato, como insumos, equipamentos e outros, que é vinculado à data da apresentação da respectiva proposta em licitação.

Comparando-se a repactuação com o reajuste, ou, como preferir, com o reajuste em sentido estrito, pode-se salientar:
(i) O reajuste vale para qualquer tipo de contrato e não, apenas, como ocorre na repactuação, para contratos de prestação de serviços contínuos com mão de obra exclusiva ou com predominância de mão de obra.
(ii) O reajuste deve ser realizado com a aplicação de índices específicos ou setoriais, previamente indicados no edital e no contrato administrativo, ao passo que a repactuação deve ser por meio da demonstração analítica da variação dos custos.
(iii) O marco temporal do reajuste é a data do orçamento estimado e o marco temporal da repactuação é a data do acordo, convenção ou dissídio coletivo no tocante aos custos de mão de obra e a data da proposta em relação aos demais custos.

Ressalta-se que a repactuação somente é devida em contratos de prestação de serviços contínuos em que os empregados da empresa contratada forem utilizados por ela de forma exclusiva para prestar os serviços contratados ou naqueles em que houver predominância de mão de obra. São duas situações distintas, que são alternativas, não precisam ser cumuladas: a primeira situação corresponde a contrato em que o principal custo não seja o de mão de obra. No entanto, em que pese isso, a mão de obra empregada é exclusiva, os empregados do contratado que atuam naquele contrato não realizam outras atividades estranhas a ele. A segunda situação corresponde a contrato cuja maior parte do custo é composto por mão de obra, pouco importando que os empregados também se dediquem a outras atividades que não as atinentes ao contrato firmado com a Administração Pública.

Além disso, repita-se que a repactuação somente se aplica para contratos de prestação de serviços contínuos. Ela é vedada em relação a qualquer outro tipo de contrato, o que não é plausível. Ocorre que a situação que justifica a repactuação para os contratos de prestação de serviços contínuos afeta em mesma intensidade outros tipos de contratos, como contratos de serviços não contínuos, obras de engenharia e outros, desde que parte relevante dos custos seja composta por mão de obra. Ora, a repactuação é voltada para fazer frente à variação dos custos de mão de obra, que são majorados na data-base das categorias envolvidas. O ponto é que isso não se dá apenas em contratos de serviços contínuos. Não há razão aparente que justifique a opção do legislador de não aplicar a repactuação nesses outros contratos. De todo modo, foi a opção do legislador, que deve ser respeitada, nada obstante as críticas.

5.2 Demonstração analítica de aumento dos custos

O inciso II do §8º do artigo 25, o inciso II do §4º do artigo 92 e o *caput* do artigo 135, todos da Lei nº 14.133/2021, prescrevem que a repactuação deve ser realizada por meio da demonstração analítica da variação dos custos do contrato. Nessa linha, o §6º do artigo 135 da Lei nº 14.133/2021 estabelece que "a repactuação será precedida de solicitação do contratado, acompanhada de demonstração analítica da variação dos custos, por meio de apresentação da planilha de custos e formação de preços, ou do novo acordo, convenção ou sentença normativa que fundamenta a repactuação".

Esclareça-se, por oportuno, que a planilha de custos e formação de preços é documento que costuma ser exigido pela Administração em seus editais para avaliar a aceitabilidade das propostas nas licitações de terceirizações de serviços, cujo conteúdo veicula o detalhamento dos custos unitários que compõem o preço proposto.

A repactuação, como dito, depende da demonstração realizada pelo contratado da majoração dos custos do contrato. Então, o contratado, à época da licitação, apresenta à Administração a planilha de custos e formação de preços, discriminando todos os custos unitários que integram a proposta final. Por ocasião da repactuação, o contratado deve reapresentar a planilha de custos e formação de preços, com os preços atuais. Então, a Administração contrasta as duas planilhas, a apresentada na licitação e a apresentada para requerer a repactuação, a fim de apurar o novo montante do contrato.

Salienta-se que a Lei nº 14.133/2021, notadamente o inciso II do §8º do artigo 25, o inciso II do §4º do artigo 92 e o *caput* do artigo 135, prescreve que a repactuação deve ser realizada com a demonstração analítica da variação dos custos do contrato sem prever a possibilidade de utilização de índices específicos ou setoriais, estes admitidos apenas para o reajustamento em sentido estrito. Diante dos dispositivos supracitados, a impressão é que a adoção de índices específicos ou setoriais é proibida no tocante à repactuação, em qualquer hipótese e para qualquer elemento de custos. Sem embargo, leitura mais atenta e sistemática da Lei nº 14.133/2021 conduz ao entendimento de que seja permitido valer-se de índices específicos ou setoriais no que concerne aos custos não vinculados à mão de obra.

Sucede que o §4º do artigo 135 da Lei nº 14.133/2021 admite que a repactuação seja:

> [...] dividida em tantas parcelas quanto forem necessárias, observado o princípio da anualidade do reajuste de preços da contratação, podendo ser realizada em momentos distintos para discutir a variação de custos que tenham sua anualidade resultante em datas diferenciadas, como os decorrentes de mão de obra e os decorrentes dos insumos necessários à execução dos serviços.

Ou seja, autoriza-se a fragmentação da repactuação, que ela ocorra em momentos distintos, em especial para tratar, de um lado, dos custos de mão de obra e, de outro lado, dos demais custos envolvidos, considerados custos de mercado. Inclusive, em consonância com o *caput* do artigo 135 da Lei nº 14.133/2021, os marcos temporais são diferentes: para os custos de mão de obra, é a data do acordo, convenção ou dissídio coletivo, e para os custos decorrentes do mercado, é a data da apresentação das propostas.

Em olhar atento percebe-se que o legislador associa a repactuação à demonstração analítica da variação dos custos contratuais tendo em mira os custos relativos à mão de obra. Nessa linha, o artigo 135 da Lei nº 14.133/2021 é centrado nas questões atinentes aos acordos, convenções e dissídios coletivos, que são documentos pertinentes apenas aos custos incidentes sobre a mão de obra e não sobre os demais custos de mercado. O §6º do artigo 135, que versa sobre o procedimento a ser adotado pelo contratado para solicitar a repactuação, exige a apresentação por parte dele do novo acordo, convenção ou sentença normativa. Quer dizer que, de modo geral, ao versar sobre a repactuação, o legislador focou nos custos tocantes à mão de obra, que é a própria razão de ser da repactuação, sendo que o modo para a avaliação sobre os demais custos de mercado não foi tratado de forma específica.

Atrai a atenção o §1º do artigo 135, cujo texto proíbe que a Administração se vincule às disposições contidas em acordos, convenções ou dissídios coletivos que estabeleçam índices obrigatórios de encargos sociais ou previdenciários, "[...] bem como de preços para os insumos relacionados ao exercício da atividade". Ou seja, a Administração é proibida de se vincular a índices fixados em acordos, convenções ou dissídios coletivos para os insumos necessários à execução do contrato. Não é proibida, valendo-se do argumento a *contrario sensu*, de se valer dos índices que ela reputa convenientes e adequados, que não lhe sejam imputados em acordos, convenções ou dissídios coletivos.

Disso resulta que os custos atinentes à mão de obra devem ser avaliados pela sua variação efetiva, comparando-se os encargos havidos no acordo, convenção ou dissídio coletivo vigente quando da apresentação da proposta com o novo acordo, convenção ou dissídio coletivo. Calcula-se de fato a diferença entre os encargos imputados aos contratados, sem a adoção de índices específicos ou setoriais. No entanto, em relação aos demais custos, porque acordo, convenção ou dissídio coletivo lhes é impertinente, a Administração goza de discricionariedade para definir o método para avaliá-los e, nessa perspectiva, não há óbice à adoção de índices específicos ou setoriais.

Nessa direção, lembre-se que o inciso V do artigo 92 da Lei nº 14.133/2021 atribui competência discricionária à Administração para definir no instrumento de contratos critérios para o reajustamento de preços, sendo que a repactuação é uma espécie de reajustamento de preços. Agregue-se que a Lei nº 14.133/2021 é silente sobre o critério e o método para promover os cálculos referentes à repactuação dos custos não incidentes sobre a mão de obra. Sendo assim, cabe à Administração definir o critério que considere por si o mais adequado, o que lhe permite, se assim entender, valer-se de índices específicos ou setoriais. Sob essa luz, pondera-se que é bastante difícil avaliar a variação dos custos de mercado que não por meio dos índices específicos ou setoriais, dado que os preços de mercado não são tabelados ou definidos num único instrumento, como acontece com os custos incidentes sobre a mão de obra. Daí a importância de permitir a adoção de índices específicos ou setoriais para a avaliação dos custos de mercado em repactuação, de modo a não dificultar desnecessariamente as atividades administrativas.

5.3 Fragmentação da repactuação em relação aos custos de mercado e aos custos de mão de obra

O principal elemento de custo de um contrato de terceirização de serviços costuma ser o decorrente da mão de obra, que tem data certa para ser majorado, que corresponde à data-base das respectivas categorias, quando deve ocorrer acordo, convenção ou dissídio coletivo. Sem embargo, o contratado incorre noutros custos, por exemplo, insumos, instalações, equipamentos e uniforme, denominados custos decorrentes de mercado pelo inciso I do *caput* do artigo 135 da Lei nº 14.133/2021. Tais custos de mercado, ao contrário dos de mão de obra, não têm data certa para serem majorados. Daí que o *caput* do artigo 135 da Lei nº 14.133/2021 estabelece marcos temporais diferentes para os custos decorrentes de mercado, que é o relativo à data da apresentação da proposta, e os custos de mão de obra, que é a data do acordo, convenção ou dissídio coletivo.

Diante de marcos temporais diferentes, o §4º do artigo 135 da Lei nº 14.133/2021 prevê:

> [...] a repactuação poderá ser dividida em tantas parcelas quantas forem necessárias, observado o princípio da anualidade do reajuste de preços da contratação, podendo ser realizada em momentos distintos para discutir a variação de custos que tenham sua anualidade resultante em datas diferenciadas, como os decorrentes de mão de obra e os decorrentes dos insumos necessários à execução dos serviços.

Vale o princípio da anualidade, o que significa que o mesmo elemento de custo não pode sofrer mais de uma repactuação no mesmo período anual. Sem embargo disso, a repactuação deve acontecer mais de uma vez no período anual, no entanto, tendo por objeto elementos de custos diferentes, em consonância com os seus marcos temporais legais. Dessa sorte, a repactuação ocorre na data da apresentação da proposta em relação aos custos decorrentes do mercado e na data do acordo, convenção ou dissídio coletivo em relação aos custos decorrentes da mão de obra.

5.4 Fragmentação da repactuação em contratos que envolvem mais de uma categoria profissional

Há contratos que envolvem mais de uma categoria profissional. Nesses casos, haverá duas datas-bases porquanto há duas categorias. Imagine-se que o objeto do contrato diga respeito à prestação de serviços de secretárias e de motoristas. As secretárias têm a sua data-base, e os motoristas a sua. Tendo em mira essas situações, o §5º do artigo 135 da Lei nº 14.133/2021 preceitua que "quando a contratação envolver mais de uma categoria profissional, a repactuação a que se refere o inciso II do *caput* deste artigo poderá ser dividida em tantos quantos forem os acordos, convenções ou dissídios coletivos de trabalho das categorias envolvidas na contratação".

Ou seja, em vez de escolher uma data-base, referente a uma categoria e em detrimento das datas bases de outras categorias envolvidas, autoriza-se que a repactuação seja fragmentada em tantas datas-bases quantas forem as categorias abrangidas no contrato. Então, pode acontecer que no mesmo contrato ocorram diversas repactuações ao longo do mesmo ano, desde que cada uma delas tenha por objeto categorias diferentes.

5.5 Procedimento para a repactuação

O §6º do artigo 135 da Lei nº 14.133/2021 preceitua que "a repactuação será precedida de solicitação do contratado, acompanhada de demonstração analítica da variação dos custos, por meio de apresentação da planilha de custos e formação de preços, ou do novo acordo, convenção ou sentença normativa que fundamenta a repactuação".

De plano, diferente do reajuste em sentido estrito, que deve ser concedido de ofício, a repactuação deve ser pleiteada pelo contratado.

Junto com o pedido, o contratado deve apresentar planilha de custos e formação de preços, por meio do qual ele deve demonstrar analiticamente a variação dos custos. A planilha costuma ser exigida pela Administração nos editais para verificar a aceitabilidade das propostas dos licitantes. Ou seja, os licitantes apresentam uma planilha com a composição de custos na licitação, que é retrato das suas propostas originais. Depois, quando do pleito de repactuação, apresentam uma nova planilha, com os novos preços, que decorrem do novo acordo, convenção ou dissídio coletivo, com o retrato da nova composição de custos e do novo valor que se pleiteia para o contrato.

A redação do §6º do artigo 135 é confusa porque no meio dela aparece a conjunção alternativa "ou", o que não faz sentido. Pela literalidade, o contratado apresenta a demonstração analítica da variação dos custos ou apresenta o novo acordo, convenção ou sentença normativa. A conjunção alternativa não faz sentido porque a variação dos custos ocorre em razão do acordo, convenção ou sentença normativa. Dessa sorte, deve-se exigir os dois, de forma cumulativa, o novo acordo, convenção ou sentença normativa e a demonstração analítica da variação dos custos, que é decorrente do novo acordo, convenção ou sentença normativa.

A propósito, a demonstração analítica, apresentada por meio da planilha, é apenas uma forma de facilitar as atividades da Administração. Isso porque os novos custos estão no novo acordo, convenção ou sentença normativa. A planilha apenas apresenta esses novos custos de forma organizada e de acordo com a composição de custos que é própria ao contrato.

Nas hipóteses em que a repactuação envolve os custos de mercado, isto é, não envolve os de mão de obra, o contratado também apresenta a planilha. No entanto, os custos de mão de obra devem ser mantidos e os valores correspondentes aos demais itens atualizados em conformidade com os critérios estabelecidos no edital e no contrato, normalmente com a aplicação de índices específicos ou setoriais neles previstos.

O artigo 136 da Lei nº 14.133/2021 reconhece que a repactuação de preços não caracteriza alteração contratual, logo, não depende de termo aditivo, pode ser formalizada por simples apostila. A apostila é o registro contábil do novo valor do contrato decorrente da repactuação. Por não demandar termo aditivo, a repactuação prescinde da análise jurídica, em alinho ao §4º do artigo 53 da Lei nº 14.133/2021. Também não precisa ser divulgada no Portal Nacional de Contratações Públicas (PNCP), o que é exigido apenas para os contratos e aditamentos, em consonância ao artigo 94 da Lei nº 14.133/2021.

Sem embargo disso, repita-se que a repactuação depende de pleito do contratado. Sendo assim, a Administração deve avaliar o pleito e dar a ele uma resposta motivada. O inciso X do artigo 92 da Lei nº 14.133/2021 exige que os contratos contenham cláusula com a indicação do prazo para a resposta ao pedido de repactuação de preços. O §6º do mesmo artigo 92 enuncia que o prazo para a resposta ao pedido deve ser preferencialmente de 1 mês, contado da data do pedido acompanhado da documentação exigida no §6º do artigo 135. Esse prazo de 1 mês não é obrigatório, apenas preferencial. A fixação do prazo, que deve ser entendido como máximo e não mínimo, depende da discricionariedade da Administração. Entretanto, a previsão de prazo mais dilatado deve encontrar alguma justificativa plausível, dado que, por regra, deve-se seguir o prazo preferencial, repita-se, de 1 mês.

5.6 Efeitos retroativos da repactuação

Insista-se que, por força do inciso XXI do artigo 37 da Constituição Federal, não se admitem hiatos de desequilíbrio em contratos administrativos. Isso significa que a repactuação, quando concedida, deve produzir efeitos retroativos aos marcos temporais que a embasam, estabelecidos nos incisos I e II do *caput* do artigo 135 da Lei nº 14.133/2021.

Mais do que isso, especialmente em relação ao inciso II do *caput* do artigo 135, muitas vezes o acordo, convenção ou dissídio coletivo produz efeitos retroativos à data-base da categoria. Ou seja, o próprio acordo, convenção ou sentença normativa estabelece que os efeitos deles retroagem. Daí que as empresas prestadoras dos serviços são oneradas de forma retroativa. Sendo assim, a repactuação também deve reproduzir o mesmo efeito retroativo, sob pena, insista-se, de instaurar-se hiato de desequilíbrio econômico-financeiro.[384] [385]

6 Revisão

6.1 Conceito de revisão

A revisão é o instrumento para manter o equilíbrio econômico-financeiro do contrato em face de eventos imprevisíveis ou de consequências imprevisíveis. É nesse particular que a revisão se distingue do reajuste, que, insiste-se, depende de variação de custo previsível, em razão da qual os contratantes podem dispor de antemão de critério para lhe fazer frente.

---

[384] "46. Assim, a partir da data em que passou a viger as majorações salariais da categoria profissional que deu ensejo à revisão, a contratada passou a deter o direito à repactuação de preços. [...] 50. Portanto, em vista de todas as razões apresentadas, considero que a repactuação de preços, sendo um direito conferido por lei ao contratado, deve ter sua vigência reconhecida imediatamente desde a data da convenção ou acordo coletivo que fixou o novo salário normativo da categoria profissional abrangida pelo contrato administrativo a ser repactuado" (TCU, Plenário. Acórdão nº 1.827/2008. Rel. Min. Benjamin Zymler, j. 27.8.2008).

[385] "No caso da primeira repactuação do contrato de prestação de serviços contínuos, o prazo de um ano para se requerer a repactuação conta-se da data da proposta da empresa ou da data do orçamento a que a proposta se referir, sendo certo que, considera-se como data do orçamento a data do acordo, convenção, dissídio coletivo de trabalho ou equivalente que estipular o salário vigente à época da apresentação da proposta; [...] d) quanto aos efeitos financeiros da repactuação nos casos de convenções coletivas de trabalho, tem-se que estes devem incidir a partir da data em que passou a viger efetivamente a majoração salarial da categoria profissional" (Parecer nº AGU/JTB 01/2008, 2.10.2008).

Como já anotado, a licitante oferta sua proposta de acordo com os termos do edital. Com supedâneo nas exigências descritas pela Administração para cumprir o contrato, a licitante visualiza os encargos impostos a si (riscos e custos) e define a proposta a ser ofertada, que lhe deve proporcionar alguma margem de lucro. Por regra, a proposta deve cobrir todos os encargos que sejam previsíveis, o que requer redobrados cuidados e atenção.

Daí nasce uma equação de proporcionalidade entre o que se espera gastar e receber em contrapartida. Conquanto as condições contratuais possam ser alteradas de modo consensual ou unilateral por parte da Administração ou, até mesmo, por fatos alheios à vontade das partes contratantes, essa equação deve sempre ser mantida. A Administração não reúne forças para compelir terceiros a operarem em prejuízo ou sem lucro ou com margens de lucro menores do que as propostas. Então, deve-se proceder à revisão do contrato se as condições da época da proposta são alteradas, sem que o proponente tivesse meios para prever e mensurar os reflexos de ditas alterações, bem como se elas repercutem na equação econômico-financeira, aumentando ou diminuindo os encargos do empreendimento contratado.

6.2 Revisão não depende de autorização em edital ou em contrato

A revisão do contrato não depende de previsão no edital ou mesmo no próprio contrato. Trata-se de direito outorgado aos contratantes condicionado à ocorrência de fato imprevisível ou com consequências imprevisíveis. Ocorrendo certos pressupostos, a seguir comentados, deve-se proceder à revisão do contrato, ainda que o edital ou o contrato sejam silentes a respeito.

6.3 Não há periodicidade mínima para a revisão

Como apontado, o reajuste somente pode ser concedido no marco temporal da data do orçamento estimado. A revisão, por outro lado, não é condicionada a nenhuma espécie de interregno mínimo. O contrato pode ser revisto no mesmo dia de sua assinatura, uma semana depois, ou quando for, desde que comprovada a ocorrência dos seus pressupostos.[386]

6.4 Pressupostos para a revisão do contrato

6.4.1 Considerações gerais

Em razão do princípio do *pacta sunt servanda*, também conhecido como princípio da obrigatoriedade dos contratos, os contratados devem cumprir as suas obrigações

[386] "A revisão contratual, por sua vez, regulada no artigo 65, inciso II, alínea d, da Lei nº 8.666/93, visa à recomposição do equilíbrio econômico-financeiro da avença, que restou afetado em virtude da superveniência de fatos imprevisíveis ou previsíveis, porém de consequências incomensuráveis, ou ainda de força maior, caso fortuito ou fato do príncipe. Não se encontra sujeita a uma periodicidade definida e independe de disposição contratual, realizando-se por meio de termo de aditamento de contrato, na proporção exata do desequilíbrio comprovado. Enquanto aplicação expressa da Teoria da Imprevisão, a revisão pode, pois, derivar tanto de fatos imputáveis à Administração Pública quanto de eventos a ela estranhos, exigindo-se apenas que a elevação dos encargos pactuados não decorra de conduta culposa imputável ao particular, aí incluída a previsibilidade da ocorrência do evento" (STJ, Quarta Turma. REsp nº 1.573.478/RS. Rel. Min. Herman Benjamin, j. 20.1.2016).

fielmente. Nessa toada, o *caput* do artigo 115 da Lei nº 14.133/2021 preceitua que "o contrato deverá ser executado fielmente pelas partes, de acordo com as cláusulas avençadas e as normas desta Lei, e cada parte responderá pelas consequências de sua inexecução total ou parcial".

Noutras palavras, o contratado não pode se recusar em cumprir os termos de sua proposta, apresentada à época da licitação. Nessa medida, o licitante deve levar em consideração, para formatar a sua proposta, tudo que for previsível, calculando os custos de insumos, mão de obra, encargos legais e tributários, transporte, prazo do contrato e levando em consideração todos os riscos que lhe são próprios e comuns.[387]

Outrossim, o artigo 119 da Lei nº 14.133/2021 estatui que "o contratado será obrigado a reparar, corrigir, remover, reconstruir ou substituir, a suas expensas, no total ou em parte, o objeto do contrato em que se verificarem vícios, defeitos ou incorreções resultantes de sua execução ou de materiais nela empregados". Ou seja, eventos que sejam imputados ao contratado, sobretudo decorrentes de faltas dele, não dão azo à revisão do contrato. Se o contratado fez algo errado, ele é obrigado a reparar o erro e refazer o objeto corretamente, sem que lhe caiba direito à revisão do contrato, ainda que isso o onere excessivamente.

Seguindo essa linha, não é permitido proceder à revisão do contrato em razão de custos não previstos ou gerados pelo próprio contratado em decorrência de sua desídia ou negligência. É dever do contratado, à época da licitação, prever tudo o que for previsível. A revisão do contrato só é pertinente diante de fatos imprevisíveis ou previsíveis, porém, de consequências incalculáveis, que, de todo modo, não sejam imputados ao contratado.

6.4.2 Majoração dos encargos do contratado em decorrência de ato ou fato da Administração contratante

A característica fundamental dos contratos administrativos reside nas chamadas cláusulas exorbitantes, isto é, nos poderes e prerrogativas reconhecidos pela legislação à Administração, que a colocam em posição de superioridade e vantagem em relação ao contratado. Em razão delas, a Administração, contratante, pode alterar unilateralmente o objeto do contrato, suspender a execução dele e praticar uma série de atos, que afetem a sua equação econômico-financeira. Nesses casos, em que a Administração, contratante, no exercício de suas prerrogativas legais ou não, impõe ao contratado medidas que afetam a equação econômico-financeira formada por ocasião da licitação, é obrigatório proceder à revisão do contrato.

Tanto isso é verdade que o inciso I do artigo 104 da Lei nº 14.133/2021 prescreve a prerrogativa da Administração de alterar os contratos unilateralmente e, em complemento, o §2º do mesmo artigo enuncia que em tais situações as cláusulas econômico-financeiras do contrato deverão ser revistas para que se mantenha o equilíbrio contratual. Com a

---

[387] "33. Assim, a oferta de preço inexequível na licitação deve onerar exclusivamente o contratado, não se admitindo a elevação do valor ofertado em virtude do descuido da licitante na elaboração de sua proposta de preços. [...] 36. Portanto, rejeito as alegações de defesa dos responsáveis em relação a essa parcela do débito e mantenho integralmente o superfaturamento apurado relativo à elevação ilegal do transporte de areia, no valor de R$3.792.187,44" (TCU, Plenário. Acórdão nº 2.001/2020. Rel. Min. Benjamin Zymler, j. 28.10.2020).

mesma orientação, o artigo 130 da Lei nº 14.133/2021 determina que, em face de alteração unilateral que aumente os encargos do contratado, deve-se restabelecer, por aditamento, o equilíbrio econômico-financeiro inicial.

Em linha de síntese, todo ato ou fato da Administração, não importa se legítimo ou ilegítimo, que repercuta nos custos do contratado, isto é, que afete a equação econômico-financeira inicial formada com a licitação, enseja a revisão do contrato.

Bem se vê que esses atos ou fatos da Administração são, para o contratado, imprevisíveis. O contratado não pode supor que a Administração irá alterar o objeto do contrato ou que irá suspender a sua execução ou ainda que não providenciará as medidas necessárias para que se inicie a execução do contrato. O contratado deve partir do pressuposto de que a Administração irá cumprir todas as suas obrigações, que o contrato será executado no prazo avençado e em consonância com todas as condições do instrumento contratual. Portanto, ao contratado tais atos ou fatos da Administração são imprevisíveis e, assim sendo, desde que afetem a equação econômico-financeira, dão azo à revisão.

6.4.3 Teoria da imprevisão

A teoria da imprevisão demanda equivalência entre as obrigações e a retribuição de cada uma das partes contratantes mesmo diante de eventos imprevisíveis que sejam estranhos às suas vontades. Trata-se de expressão moderna da cláusula *rebus sic stantibus*, segundo a qual o pactuado não permanece em vigor se o estado das coisas sobre as quais se firmou o acordo de vontade não permanecer o mesmo.

Conforme anota Caio Tácito, a teoria da imprevisão ergue-se modernamente em razão da Primeira Guerra Mundial, dado que os juristas da época foram forçados a flexibilizar o princípio então rígido da imutabilidade dos contratos em decorrência do desequilíbrio social e político provocado pelo conflito.[388]

O professor afirma que o caso da Cia. de Gás de Bordeaux, de 1916, foi emblemático ao proclamar a aplicação da teoria. O caso envolvia a majoração dos preços do carvão em vista dos conflitos, por efeito do que os concessionários não conseguiam mais prestar os serviços com as tarifas originariamente contratadas. Por força disso, o Conselho de Estado francês determinou a majoração das tarifas.

A alínea "d" do inciso II do *caput* do artigo 124 da Lei nº 14.133/2021 reconhece a aplicação da teoria da imprevisão sobre os contratos administrativos, preceituando que eles podem ser alterados por acordo entre as partes:

> [...] para restabelecer o equilíbrio econômico-financeiro inicial do contrato em caso de força maior, caso fortuito ou fato do príncipe ou em decorrência de fatos imprevisíveis ou previsíveis de consequências incalculáveis, que inviabilizem a execução do contrato tal como pactuado, respeitada, em qualquer caso, a repartição objetiva de risco estabelecida no contrato.

Diz-se que a teoria da imprevisão também tem lugar diante de fatos previsíveis, porém, com consequências incalculáveis, porque muitas vezes é até possível antever

[388] TÁCITO, Caio. *Temas de direito público*: estudos e pareceres. Rio de Janeiro: Renovar, 1997. v. 1. p. 208.

certos acontecimentos, embora seja impossível antever os seus efeitos. Esses casos autorizam a revisão do contrato porquanto não se poderia dispor de mecanismos no próprio contrato para fazer frente a eles. Ora, se os efeitos são imprevisíveis, não há como se precaver, estabelecendo de antemão qualquer instrumento para lhe fazer frente.

Nota típica da teoria da imprevisão é que o desequilíbrio não é causado por ato produzido por uma das partes contratantes. Ele é fruto de evento que é estranho à vontade das partes.

6.4.3.1 A teoria da imprevisão da Lei nº 14.133/2021 é substancialmente diferente da teoria da previsão do Código Civil

Salienta-se que a teoria da imprevisão da Lei nº 14.133/2021 não se harmoniza com a prevista no Código Civil.

É que artigo 478 do Código Civil prescreve que "nos contratos de execução continuada ou diferida, se a prestação de uma das partes se tornar excessivamente onerosa, com extrema vantagem para a outra, em virtude de acontecimentos extraordinários e imprevisíveis, poderá o devedor pedir a resolução do contrato". Em sequência, o artigo 479 do mesmo Código Civil prevê que "a resolução poderá ser evitada, oferecendo-se o réu a modificar equitativamente as condições do contrato". E, enfim, o artigo 480 do Diploma Civil estabelece que, "se no contrato as obrigações couberem a apenas uma das partes, poderá ela pleitear que a sua prestação seja reduzida, ou alterado o modo de executá-la, a fim de evitar a onerosidade excessiva".

Dessa sorte, perante o Código Civil, as partes contratantes não gozam do direito de exigir o restabelecimento do equilíbrio econômico-financeiro inicial do contrato, que se reconhece perante os contratos administrativos por força da alínea "d" do inciso II do *caput* do artigo 124 da Lei nº 14.133/2021. A teoria da imprevisão, conforme o artigo 478 do Código Civil, confere o direito de uma das partes contratantes de extinguir o contrato. Nesses casos, o artigo 479 do mesmo Código Civil abre à outra parte propor a modificação equitativa das condições do contrato, proposta essa que precisa ser consentida. E, sob essa perspectiva, a modificação deve ser equitativa, as partes dividem entre si os ônus, sem que uma assegure à outra as mesmas condições contratuais.

A prescrição da alínea "d" do inciso II do *caput* do artigo 124 da Lei nº 14.133/2021 é bem diferente. Diante do evento imprevisível ou com consequências incalculáveis, as partes contratantes podem exigir a alteração contratual. E essa alteração contratual não é para distribuir equitativamente os ônus provocados pelo evento gerador do desequilíbrio. A alteração é para restaurar o equilíbrio, a mesma margem entre os encargos (riscos e custos) e o valor do contrato da época da licitação. Por exemplo, diante de majoração da moeda americana imprevisível e extraordinária que impacte nos custos do contratado, ele pede a restauração do equilíbrio inicial e não a rescisão do contrato. Nesse sentido, os reflexos da variação cambial irão incidir e serão arcados pela Administração e não distribuídos equitativamente.[389] Da mesma forma, se a moeda americana perder valor

---

[389] "ADMINISTRATIVO. LICITAÇÃO. CONTRATO E ADITIVO PARA FORNECIMENTO DE SEIS HELICÓPTEROS PARA A POLÍCIA RODOVIÁRIA FEDERAL. PREÇO AJUSTADO EM MOEDA NACIONAL (REAL). VENCEDORA CONTRATANTE QUE NECESSITAVA IMPORTAR AS AERONAVES PAGANDO EM MOEDA ESTRANGEIRA (DÓLAR). DESVALORIZAÇÃO DO CÂMBIO OCORRIDA EM JANEIRO DE 1999

de modo inesperado e impactante, o desequilíbrio é a favor da Administração, que fará jus à alteração do contrato e não à sua rescisão.[390] Sob a mesma régua, os impactos da redução do valor da moeda são inteiramente absorvidos no preço do contrato, que deve ser reduzido. Os impactos não serão repartidos equitativamente.

6.4.3.2 Fatos imprevisíveis ou previsíveis de consequências incalculáveis, caso fortuito, força maior e fato do príncipe

A rigor, a alínea "d" do inciso II do artigo 124 da Lei nº 14.133/2021 prescreve que a revisão do contrato tem lugar diante de fatos imprevisíveis ou previsíveis de consequências incalculáveis, em caso de força maior, caso fortuito ou fato do príncipe.

O caso fortuito ou de força maior, na expressão do parágrafo único do artigo 393 do Código Civil, verifica-se no fato necessário, cujo efeito não era possível evitar ou impedir. O caso fortuito, na lição de Hely Lopes Meirelles, desenha evento da natureza, ao passo que a força maior se consubstancia em evento humano.[391] De toda forma, ambos são eventos imprevisíveis, necessários, que os contratantes não poderiam evitar, como, por exemplo, desastres naturais, greves, interdição de estradas e paralisação de portos.

TEORIA DA IMPREVISÃO. ÁLEA EXTRAORDINÁRIA CONFIGURADA. REEQUILÍBRIO ECONÔMICO-FINANCEIRO. ART. 65, II, 'D', DA LEI Nº 8.666/93. INDENIZAÇÃO DEVIDA. RECURSO DA EMPRESA PARTICULAR PROVIDO. 1. Em consonância com o estabelecido no art. 37, XXI, da Constituição Federal, que garante a manutenção das condições efetivas da proposta de contrato celebrado com a Administração, a Lei de Licitações prevê a possibilidade de revisão contratual com o fito de preservação da equação econômica da avença, podendo essa correção, dentre outras premissas, advir da teoria da imprevisão, a teor do disposto no art. 65, II, d, da Lei nº 8.666/93. 2. De outro lado, os contratos que tenham por objeto a prestação de serviço firmados em real e executados no exterior, eventualmente submetidos a variação cambial significativa e inesperada, são passíveis de repactuação, conforme previsão do art. 65, inciso II, d, da Lei 8.666/1993, caso constatada a oneração excessiva, com o rompimento da equação econômico-financeira firmada. 3. No caso concreto, a empresa autora, ora recorrente, requer indenização pecuniária, mediante a revisão de contrato administrativo para o fornecimento de helicópteros (por ela entregues) destinados ao serviço de remoção de vítimas de acidentes, resgates e operações especiais do Departamento da Polícia Rodoviária Federal, com preço originariamente fixado em moeda nacional (real), ante a alegada quebra da equação econômico-financeira, decorrente da forte desvalorização da moeda brasileira frente ao dólar, fenômeno ocorrido em janeiro de 1999, como consequência da mudança de política cambial então implementada pelo Banco Central. 4. Uma vez demonstrado que as aeronaves necessitavam ser adquiridas pela licitante vencedora no exterior, com o desembolso em dólar realizado logo após a mencionada e drástica alteração da política cambial (passando-se do sistema de bandas para o de livre flutuação do dólar), fato esse que, à época, não poderia ser previsto e que acabou por onerar sobremaneira a empresa recorrente, configurada resulta a álea econômica extraordinária e extracontratual de que trata o art. 65, II, d, da Lei nº 8.666/93, legitimando a indenização por ela pleiteada. 5. Como já decidido por esta Primeira Turma do STJ no RMS 15.154/PE, Rel. Ministro Luiz Fux, j. 19/11/2002, 'O episódio ocorrido em janeiro de 1999, consubstanciado na súbita desvalorização da moeda nacional (real) frente ao dólar norte-americano, configurou causa excepcional de mutabilidade dos contratos administrativos, com vistas à manutenção do equilíbrio econômico-financeiro das partes'. 6. Recurso especial conhecido e provido" (STJ, Primeira Turma. REsp nº 1.433.434/DF. Rel. Min. Sérgio Kukina, j. 20.2.2018).

[390] A variação da taxa cambial, para mais ou para menos, não pode ser considerada suficiente para, isoladamente, fundamentar a necessidade de reequilíbrio econômico-financeiro do contrato. Para que a variação do câmbio seja considerada um fato apto a ocasionar uma recomposição nos contratos, considerando se tratar de fato previsível, deve culminar consequências incalculáveis (consequências cuja previsão não seja possível pelo gestor médio quando da vinculação contratual), fugir à normalidade, ou seja, à flutuação cambial típica do regime de câmbio flutuante e, sobretudo, acarretar onerosidade excessiva no contrato a ponto de ocasionar um rompimento na equação econômico-financeira, nos termos previstos no art. 65, inciso II, alínea "d", da Lei 8.666/1993" (TCU, Primeira Câmara. Acórdão nº 8.032/2023. Rel. Min Benjamin Zymler, j. 18.7.2023).

[391] MEIRELLES, Hely Lopes. *Licitação e contrato administrativo*: de acordo com as leis 8.666, de 21.06.1993, 8.883, de 8.6.1994 e 9.648, de 27.5.1998. 12. ed. São Paulo: Malheiros, 1999. p. 222.

O fato do príncipe constitui determinação estatal geral e imprevisível que onera excessivamente o contrato. Dizer que o fato do príncipe é geral significa que a medida propagada nele não se destina a ninguém em particular, mas a todos que estejam sob dada situação abstrata. Nesse sentido é que o fato do príncipe se distingue do fato da Administração. Ocorre que o fato do príncipe, como dito, é geral. Já o fato da Administração, ao contrário, é especial, na medida em que incide sobre alguém específico, como o contratado.[392]

Por exemplo, se há aumento de impostos, que onere excessivamente o contrato, está-se diante de fato do príncipe, na medida em que todas as pessoas estão sujeitas a ele, e não apenas o contratado. Contudo, se a Administração promove alteração contratual, que altera a especificação do objeto e majora os custos, está-se diante de fato da Administração, que atinge apenas o contratado. O fato da Administração, em síntese, envolve medida tomada pela Administração que onera ou desonera em especial dado contrato, como ocorre, por exemplo, nas situações em que promove alteração unilateral, suspende a execução do contrato.

Ressalva-se que o fato da administração, por sua vez, também enseja a revisão, desde que onere ou desonere excessivamente o contrato, todavia, sem adotar como fundamento a teoria da imprevisão tal qual vertida na alínea "d" do inciso II do artigo 124 da Lei nº 14.133/2021. Ocorre que a teoria da imprevisão, assim concebida, pressupõe a ocorrência de fatos que sejam estranhos à vontade das partes. Os atos ou fatos da Administração pressupõem, evidentemente, vontade ou conduta culposa. Nesses casos, a revisão, insista-se, é devida, porém com arrimo nos §§1º e 2º do artigo 104 e no artigo 130, ambos da Lei nº 14.133/2021.

O artigo 134 da Lei nº 14.133/2021 versa especificamente sobre fato do príncipe, estabelecendo:

> os preços contratados serão alterados, para mais ou para menos, conforme o caso, se houver, após a data da apresentaçao da proposta, criação, alteração ou extinção de quaisquer tributos ou encargos legais ou a superveniência de disposições legais, com comprovada repercussão sobre os preços contratados.

Cumpre enfatizar que os conceitos de caso fortuito, força maior e o fato do príncipe, no final das contas, remetem a eventos imprevisíveis ou previsíveis de consequências incalculáveis, que sejam estranhos à vontade dos contratantes. Ou seja, os conceitos dados às três expressões partem de substrato comum, por efeito do que se pode afirmar, então, que a revisão dos contratos administrativos depende, de modo geral, de eventos imprevisíveis ou previsíveis, porém com consequências incalculáveis.

---

[392] "Não prevaleceram falhas hábeis a macular a matéria em apreço. Todos os aditamentos foram precedidos de processo administrativo no qual ficou comprovada documentalmente a alteração de valores do óleo diesel por parte do governo federal, no contexto da política estabelecida pela Petrobrás para os preços de combustíveis. Dessa forma, os acréscimos tiveram a finalidade justificada de restabelecimento da equação econômico-financeira firmada originalmente. Os questionamentos acerca da execução contratual restaram cabalmente esclarecidos. Assim, encurto razões e voto pela regularidade dos aditamentos em apreço e pela legalidade dos atos determinativos das despesas. Conheço da execução contratual" (TCESP, 00010352.989.18-0; 00010.353.989.18-9; 00010354.989.18-2; 00010355.989.18-7; 00009954.989.17-3, Segunda Câmara, Rel. Cons. Robson Marinho, j. 4.9.2018).

6.4.4 O desequilíbrio econômico-financeiro pressupõe evento que causa impacto na equação econômico-financeira

A alínea "d" do inciso II do artigo 65 da Lei nº 8.666/1993 prescrevia, como condição para a aplicação da teoria da imprevisão em relação aos contratos administrativos e, por consequência, para que se promovesse a revisão, que os fatos imprevisíveis ou previsíveis, porém de consequências incalculáveis, configurassem álea econômica extraordinária e extracontratual. A alínea "d" do inciso II do artigo 124 da Lei nº 14.133/2021 tem redação muito próxima à da alínea "d" do inciso II do artigo 65 da Lei nº 8.666/1993. Constata-se, no entanto, uma alteração mais significativa, justamente porque a referência à álea econômica extraordinária e extracontratual foi suprimida e substituída pela exigência de que os fatos imprevisíveis ou previsíveis de consequências incalculáveis "[...] inviabilizem a execução do contrato tal como pactuado [...]". Colocam-se os dispositivos lado a lado, para melhor compreensão:

Lei nº 8.666/1993 **Alínea "d" do inciso II do artigo 65**	**Lei nº 14.133/2021** **Alínea "d" do inciso II do artigo 124**
[...] d) para restabelecer a relação que as partes pactuaram inicialmente entre os encargos do contratado e a retribuição da administração para a justa remuneração da obra, serviço ou fornecimento, objetivando a manutenção do equilíbrio econômico-financeiro inicial do contrato, na hipótese de sobrevirem fatos imprevisíveis, ou previsíveis porém de consequências incalculáveis, retardadores ou impeditivos da execução do ajustado, ou, ainda, em caso de força maior, caso fortuito ou fato do príncipe, *configurando álea econômica extraordinária e extracontratual*. (grifos nossos)	[...] d) para restabelecer o equilíbrio econômico-financeiro inicial do contrato em caso de força maior, caso fortuito ou fato do príncipe ou em decorrência de fatos imprevisíveis ou previsíveis de consequências incalculáveis, *que inviabilizem a execução do contrato tal como pactuado*, respeitada, em qualquer caso, a repartição objetiva de risco estabelecida no contrato. (grifos nossos)

A ideia central, que se extrai de ambos os dispositivos, é que para que se autorize a revisão do contrato não basta a ocorrência de fatos cujos reflexos são de menor monta. Variações normais no custo do contratado fazem parte do risco do próprio negócio. É necessário, para a revisão contratual, que o ocorrido produza verdadeiro impacto sobre o contrato.[393]

[393] "68. Neste momento processual, após enfrentar as alegações aduzidas pelos responsáveis e a análise realizada pela unidade técnica quanto à presente parcela de sobrepreço, opto por conferir ao assunto em exame entendimento diverso. Não se pode olvidar que a ocorrência de caso fortuito, conceituado como evento da natureza, assegura a possibilidade de manutenção do equilíbrio econômico-financeiro desde que o fato gerador tenha ocorrência ou intensidade excepcional, fora da normalidade que se espera. Então, em tese, a ocorrência de chuvas intensas ou fora de época em determinada região poderia ser motivo para justificar a recomposição do ajuste. 69. Todavia, entendo que não se encontram presentes os pressupostos da Teoria de Imprevisão para a realização do reequilíbrio econômico-financeiro em exame, pois para o cálculo da indenização com a mão de obra e com os equipamentos foi considerada paralisação de algumas atividades verificadas no período de 7/3/2011 a 23/3/2011, ou seja, somente 13 dias úteis. Considerando tratar-se de um contrato com prazo inicial de vigência de 870 dias, julgo que a ocorrência de chuvas elevadas em períodos pontuais não se enquadra nas hipóteses do art. 65, inciso II, alínea "d", da Lei 8.666/93, ainda mais se for considerado que o mês de março é tradicionalmente um dos períodos de maior precipitação do ano. É possível que em outros períodos de

A palavra *álea* provém do latim *alea*, que significa "dado de jogar", ou melhor, a probabilidade de perda concomitante à probabilidade de lucro. Sucede que normalmente, ao firmar contrato, as partes não sabem o montante exato das vantagens que serão ao final por elas auferidas. As vantagens, que na maioria das vezes se corporificam no lucro, variam de acordo com as especificidades de cada caso, porquanto os custos são variáveis, não podem ser precisados de antemão com absoluta exatidão. Álea econômica é aquela que toma como parâmetro a equação econômico-financeira do contrato. Trocando-se em miúdos, é aquela que envolve os custos do contratado, que afeta a margem de lucro dele. A álea econômica pode ser ordinária ou extraordinária. A álea econômica ordinária corresponde às variações de custo intrínsecas a todos os negócios, que sejam normais à natureza do contrato, isto é, às pequenas variações nos elementos de custo do contratado que não causam impacto relevante na equação econômico-financeira. Já a álea econômica extraordinária diz respeito às variações de custo que ultrapassam a normalidade, que sejam incompatíveis com a natureza do contrato, que oneram ou desoneram excessivamente o contratado. Sob essas premissas, a alínea "d" do inciso II do artigo 65 da Lei nº 8.666/1993, ao condicionar a revisão do contrato à configuração de álea econômica extraordinária, prescreve que as variações de menor monta nos elementos de custo do contratado não são o bastante para justificar a revisão; elas fazem parte do negócio, do risco que é intrínseco a todo negócio, e, pois, devem ser absorvidas pelas partes contratantes.

Advirta-se, entretanto, que a configuração da álea econômica extraordinária não depende da inviabilização da execução do contrato, a majoração dos custos não precisa absorver totalmente a margem de lucro do contratado. Basta que os custos majorados afetem de modo relevante os ganhos projetados pelo contratado. Ressalva-se, como sinal de alerta, que a jurisprudência não é consistente sobre o assunto, colhendo-se algumas decisões de órgãos de controle que afirmam, na maioria das vezes sem fundamento ou reflexão mais aprofundada, que o evento gerador do desequilíbrio teria de inviabilizar o contrato ou fazer com que o contratado operasse em prejuízo.[394]

---

execução contratual tenham sido verificadas estiagens prolongadas ou com precipitações abaixo das médias históricas que tenham favorecido a execução do ajuste, contrabalanceando a indenização reivindicada pela empresa contratada. 70. Os responsáveis não trouxeram aos autos nenhuma comprovação de que a mão de obra e os equipamentos indenizados não puderam ser utilizados em outras frentes de trabalho. Avalio também que o impacto dessa paralisação, ainda que futuramente comprovada, não possa ser considerada como um ônus insuportável ao contratado. Basta observar que o impacto total da indenização (R$4.973.634,52) é de magnitude semelhante ao percentual de 2,05% de riscos e imprevistos incluído no BDI. Trata-se, a princípio, de álea ordinária ou empresarial. Esse é o entendimento que extraio da obra de Maria Sylvia Zanella Di Pietro [Direito Administrativo. 11ª ed., São Paulo: Atlas, 1999, pg. 262]: [...]" (TCU, Plenário. Acórdão nº 852/2016. Rel. Min. Benjamin Zymler, j. 13.4.2016).

394 "12. Quanto ao mérito do presente recurso, assevero que o entendimento majoritário desta Corte de Contas é no sentido de que o reequilíbrio econômico-financeiro de contrato, nos termos do que prevê o art. 65, II, d, da Lei 8.666/1993, deve estar lastreado em documentação que comprove, de forma inequívoca, a alteração dos custos dos insumos do contrato, de sorte que esta alteração seja de tal ordem que inviabilize a execução do contrato. Ademais, deve a referida alteração ter sido causada pela ocorrência de uma das hipóteses previstas expressamente no citado dispositivo legal, a exemplo de sobrevirem fatos imprevisíveis, ou previsíveis, porém de consequências incalculáveis, retardadores ou impeditivos da execução do ajustado, ou, ainda, em caso de força maior, caso fortuito ou fato do príncipe, configurando álea econômica extraordinária e extracontratual" (TCU, Segunda Câmara. Acórdão nº 12.460/2016. Rel. Min. Vital do Rêgo, j. 16.11.2016). "Nesse contexto, não se verifica no caso nenhuma das hipóteses indicadas do art. 65 da Lei no 8.666/93. O aumento de preços do cimento asfáltico e da imprimaçao ligante trata-se, na verdade, de mera variação dos preços de mercado, fato previsível por ser de ocorrência comum, cuidando-se, pois, de álea ordinária ou empresarial presente em qualquer tipo

Insista-se que a alínea "d" do inciso II do artigo 124 da Lei nº 14.133/2021 não se vale da expressão "álea econômica extraordinária e extracontratual". O legislador, no lugar dela, preferiu exigir que os fatos ensejadores da revisão "[...] inviabilizem a execução do contrato tal como pactuado". Pela literalidade do dispositivo, em primeira interpretação, pode-se vir a entender que os fatos ensejadores da revisão teriam de levar o contratado a operar em prejuízo, que teriam de absorver totalmente o lucro do contratado, dado que se exige que a execução do contrato seja inviabilizada. Ora, nessa linha de raciocínio, havendo algum lucro, ainda que ínfimo, o contrato não seria inviabilizado.

Essa primeira interpretação não é correta. Atente-se, nessa direção, que o dispositivo condiciona a revisão a fatos que "[...] inviabilizem a execução do contrato tal como pactuado [...]". A parte final da expressão vincula a sua parte inicial. O legislador não se referiu apenas à inviabilidade do contrato. Ele sinalizou a inviabilidade tal como pactuado. Isso significa que a inviabilidade é do contrato nos termos que foram pactuados, isto é, a inviabilidade é de manter a equação econômico-financeira contratada pelas partes. Disso resulta que a revisão do contrato não depende de fatos que levem o contratado a operar em prejuízo. Basta que os fatos inviabilizem a equação econômico-financeira que foi pactuada, que a impacte de forma relevante.

Essa interpretação, de mais a mais, é a única que se compatibiliza com o inciso XXI do artigo 37 da Constituição Federal, cujo texto prescreve que devem ser mantidas as condições efetivas das propostas. Ora, manter as condições efetivas das propostas significa manter a relação de proporção formada à época da licitação entre os custos prospectados pelo licitante e o valor proposto por ele. A absorção de parte relevante dos ganhos projetados pelo contratado sem a devida recomposição importa na negativa de manutenção das condições efetivas da proposta, tal qual exigido constitucionalmente. Logo, fatos que impactem a equação econômico-financeira são suficientes para a revisão contratual, sem que seja necessária a absorção de todos os ganhos projetados pelo contratado. Em termos práticos, a alínea "d" do inciso II do artigo 124 da Lei nº 14.133/2021 deve ser interpretada em conformidade com o inciso XXI do artigo 37 da Constituição Federal, de modo que a revisão contratual caiba diante de fatos que afetem de modo relevante a equação econômico-financeira, sem que, para tanto, o contratado tenha que comprovar que passa a operar em prejuízo.

Nesses termos, o sentido da norma contida na alínea "d" do inciso II do artigo 124 da Lei nº 14.133/2021 não destoa substancialmente do sentido da norma contida na alínea "d" do inciso II do artigo 65 da Lei nº 8.666/1993. O legislador, quando da confecção da Lei nº 14.133/2021, preferiu não empregar a expressão "álea extraordinária e extracontratual", que não é usual e de compreensão fácil, e substitui-la pela exigência de que os fatos ensejadores da revisão inviabilizem a execução do contrato tal como pactuado. A redação da Lei nº 14.133/2021 foi infeliz, tende a causar controvérsias.

---

de negócio. Ao que parece o caso é de mera onerosidade, ou seja, os lucros anteriormente pretendidos pela contratada não serão atingidos, e não de onerosidade excessiva a ponto de tornar impossível o cumprimento do contrato. Note-se que caberia à autora, através da prova adequada, demonstrar que as variações de preço tornaram impossível a execução do contrato, o que não ocorreu. Poderia a autora ter postulado a produção de prova pericial para a precisa verificação da situação, mas não se interessou em produzir outras provas (cf. fls. 203). Eventuais flutuações de preço de mercado, por si só, não autorizam a modificação do contrato. Logo, diante de tal quadro, inviável a revisão dos valores" (TJSP, Segunda Câmara de Direito Público. AC nº 1006195-28.2019.8.26.0451. Rel. Des. Claudio Augusto Pedrassi, j. 10.2.2021).

Sem embargo, a interpretação correta deve atentar que a inviabilidade da execução do contrato é tal como fora pactuado, logo da equação econômico-financeira contratada, em harmonia com o inciso XXI do artigo 37 da Constituição Federal, cujo teor demanda a manutenção das condições propostas na licitação.

É importante que, de acordo com a jurisprudência do Tribunal de Contas da União, diante do pedido do contratado para a revisão contratual diante da majoração imprevisível de elementos de custos, a Administração avalie o impacto na equação econômico-financeira no seu todo e, para tal desiderato, é necessário que ela verifique se outros elementos de custos não abrangidos no pedido também não sofreram alterações, inclusive de redução de valores, que possam compensar ou neutralizar os elementos de custos majorados. Confira-se:

> 30. Consoante expus no voto condutor do Acórdão 852/2016-TCU-Plenário, entendo que o impacto total da alteração do custo da areia, da ordem de 1% do valor do ajuste, é um risco ordinário de construção, que não traz ônus insuportável à contratada, não sendo coberto, portanto, pela cláusula *rebus sic stantibus*.
> 31. Outrossim, ainda que fosse admitido o reequilíbrio do contrato pela alteração do custo da areia, deveria haver exame de outros insumos relevantes do contrato que também poderiam trazer oscilações importantes na ponderação do cálculo. Deveria haver análise demonstrativa acerca do comportamento dos demais insumos da obra, ao menos dos mais importantes quanto à materialidade, com a finalidade de identificar outras oscilações de preços enquadráveis na teoria da imprevisão e que possam, de igual maneira, impactar significativamente o valor ponderado do contrato.[395]

Na prática, então, não é necessário que os fatos ensejadores da revisão levem o contratado a operar em prejuízo. Basta que impactem a equação econômico financeira. Diante disso, o leitor pode perguntar-se a respeito de qual parâmetro ou porcentagem sobre os custos do contratado corresponde à fronteira entre o que impacta e o que não impacta a equação econômico-financeira. Por exemplo, os custos do contratado foram majorados em 2%. Tal montante é o bastante para autorizar a revisão? Se não for, o quanto será? Na verdade, isso depende da equação econômico-financeira que se desenha em cada contrato e, por via de consequência, da margem de lucro com que trabalha cada contratado. Se um contratado trabalha com margem de lucro de 100%, majoração de 2% é irrisória e não desenha impacto relevante na equação econômico-financeira. No entanto, se outro contratado trabalha com margem de lucro de 4%, a majoração de 2% causa profundo impacto na equação econômico-financeira e, pois, autoriza a revisão contratual. É por isso que o legislador não preestabeleceu parâmetro ou percentagem, porque cada contrato deve ser analisado de acordo com as suas especificidades.

6.5 A revisão contratual não deve ser concedida de ofício

Os contratantes dispõem do direito à revisão contratual. Esse direito é de natureza patrimonial e, por conseguinte, é direito disponível, a parte pode renunciar a ele ou mesmo pode não o exercer. O exercício dele depende da demonstração da parte interessada do

---

395 TCU, Plenário. Acórdão nº 2.001/2020. Rel. Min. Benjamin Zymler, j. 28.10.2020.

atendimento de pressupostos legais, conforme, em especial, a alínea "d" do inciso II do artigo 124 da Lei nº 14.133/2021. Daí que a revisão do contrato não pode ser concedida de ofício, depende de pleito do contratado.

A necessidade de pedido para a concessão da revisão é reforçada em razão da alínea "d" do inciso II do artigo 124 da Lei nº 14.133/2021, haja vista que os eventos que lhe dão ensejo devem inviabilizar a execução do contrato tal como pactuado. Sucede que os efeitos dos sobreditos eventos são sentidos de modo particular em cada contrato. Por exemplo, variações cambiais significativas, em princípio, podem autorizar a revisão do contrato. No entanto, pode ser que o contratado tenha tomado providências para reduzir sua exposição cambial ou pode ser que ele tenha adquirido previamente e tenha em estoque o produto que é afetado pela variação cambial. Logo, é o contratado, diante dos seus custos reais, quem deve avaliar se de fato houve desequilíbrio, qual a dimensão dele e, com base nisso, se é realmente adequado pleitear a revisão do contrato. Portanto, a revisão contratual depende da ação daquele que é prejudicado pelo desequilíbrio.

6.6 Efeitos do reconhecimento do direito à revisão

Os contratantes gozam do direito ao equilíbrio econômico-financeiro do contrato, isto é, que sejam mantidas durante a execução dos contratos as mesmas condições da época da proposta, conforme dicção do inciso XXI do artigo 37 da Constituição Federal. Noutras palavras, os contratantes gozam do direito de que seja mantida a relação de proporção entre os custos prospectados pelo contratado e a proposta apresentada por ele à época da licitação, o que se denomina equação econômico-financeira.

O direito ao equilíbrio econômico-financeiro deve ser mantido e preservado durante toda a execução do contrato. Logo, diante de fato que desequilibra a equação econômico-financeira, os contratantes fazem jus à revisão do contrato. O ponto é que o direito dos contratantes ao equilíbrio econômico-financeiro do contrato é permanente e os efeitos dele devem ser concomitantes aos eventos causadores do desequilíbrio que se busca contornar. Não se admitem hiatos de desequilíbrio econômico-financeiro.

Significa que a revisão do contrato é devida desde a data em que o evento imprevisível ou previsível de consequências incalculáveis majora excessivamente os custos do contratado. Ocorre que, muitas vezes, o contratado precisa reunir documentos para apresentar à Administração pedido de revisão do contrato, o que demanda algum tempo. Demais disso, a Administração também consome algum tempo para avaliar o pedido de revisão. Como dito, o contratado faz jus à revisão desde a data do evento que a autoriza, nada obstante o pedido dele tenha sido formulado posteriormente e a Administração tenha reconhecido o direito a ela ainda mais tarde. Isso significa que a revisão opera efeitos *ex tunc*, isto é, os efeitos dela retroagem à data do evento que lhe serve de fundamento.[396]

---

[396] Nesse sentido: "2.1 - A revisão do contrato administrativo prevista no artigo 65, inciso II, alínea 'd', da Lei 8.666/93, depende de requerimento do interessado, pois a Administração Pública não pode agir de ofício; 2.2 - A revisão pode abranger período anterior à protocolização do pedido na via administrativa, desde que o contratado comprove que a solicitação refere-se ao período compreendido entre a data da ocorrência dos fatos supervenientes previstos no artigo 65, inciso II, alínea 'd', da Lei 8.666/93 e o da época da proposta ou do último reajuste ou reequilibro e que o requerimento seja feito em tempo razoável, tão logo toda documentação pertinente seja reunida pelo interessado na revisão" (TCE-SC, Plenário. Consulta nº 09/00004800. Rel. Auditor Substituto

Dessa sorte, se a revisão é reconhecida depois do evento que lhe deu causa, a Administração deve indenizar o contratado em face da diferença havida entre os valores efetivamente pagos a ele e os que deveriam ser pagos em vista da majoração decorrente da revisão desde a data do evento que a autorizou.

Também pode ocorrer que o contratado, por negligência, leve tempo considerável para formular o pedido de revisão. Por vezes, meses ou mesmo anos. A solução é a mesma. O direito à revisão nasce na data do fato que causou o desequilíbrio econômico-financeiro. Portanto, ainda que tenha transcorrido tempo considerável, o contratado faz jus à revisão a contar da data do fato, e não do pedido nem, muito menos, do deferimento do pedido por parte da Administração.

6.7 Revisão anterior à assinatura do contrato

Em tópico anterior deste capítulo, defendeu-se a possibilidade de promover reajuste de contrato ainda que o marco temporal atinente ao orçamento estimado que lhe é pressuposto ocorra antes da sua assinatura.

Como dito, acontece com alguma frequência que licitações públicas se estendam por meses. Normalmente tais situações são provocadas por disputas judiciais havidas entre licitantes e a Administração Pública. Foi dito, também, que o Tribunal de Contas da União prolatou o Acórdão nº 474/2005, Plenário (Rel. Min. Augusto Sherman Cavalcanti, sessão de 27.4.2005), autorizando o reajuste em face do transcurso do período de um ano a contar da data da proposta antes mesmo da assinatura do contrato. Todavia, o Tribunal de Contas da União determina que o contrato seja assinado com o valor original da proposta e, concomitantemente, antes da execução do contrato, ele seja reajustado.

Pois bem, pode ocorrer também que, em vista do decurso de tempo, entre a data da apresentação da proposta e da assinatura do contrato suceda algum dos fatos que ensejam a revisão, como, por exemplo, um evento imprevisível que configure álea econômica extraordinária e extracontratual, a teor da alínea "d" do inciso II do artigo 65 da Lei nº 14.133/2021.

Imagine-se, por exemplo, que licitante tenha cotado preço para fornecimento de gasolina e antes da assinatura do contrato, já na fase de conclusão da licitação, tenha havido majoração substancial de preços decorrente de crise internacional completamente alheia à sua vontade.

Em casos desse naipe, o licitante vencedor goza do direito de rever o valor do contrato antes mesmo da assinatura dele. Ou, se for o caso, firmar o contrato e concomitantemente aditivo para a revisão. Cumpre salientar, a propósito, que o inciso XXI do artigo 37 da Constituição Federal, ao reconhecer o direito ao equilíbrio

---

de Conselheiro Cleber Muniz Gavi, j. 6.4.2009). Em sentido contrário: "EMENTA: CONSULTA – CONTRATO ADMINISTRATIVO – REEQUILÍBRIO ECONÔMICO-FINANCEIRO – REVISÃO DE PREÇO – ALTERAÇÃO POR TERMO ADITIVO – SIMPLES REAJUSTE DE PREÇOS – APOSTILAMENTO – POSSIBILIDADE – EFEITOS DA REVISÃO DE PREÇOS – DATA INICIAL – DATA DO PROTOCOLO DO PEDIDO – IMPOSSIBILIDADE DE RETROAÇÃO À DATA DO EVENTO. O reequilíbrio econômico de contrato administrativo deve ser feito por meio de termo aditivo, tratando-se de revisão de preços. Em caso de simples reajuste de preços, pode-se ser feito o apostilamento. O termo inicial com o novo valor de preços é contado a partir da data do protocolo do pedido, não podendo retroagir à data do evento que deu causa à reformulação dos preços" (TCE-MS, Tribunal Pleno. TC/9846/2015. Rel. Cons. José Ricardo Pereira Cabral, j. 15.2.2017).

econômico-financeiro do contrato, preceituou que devem ser "mantidas as condições efetivas da proposta". Ou seja, o direito ao equilíbrio econômico-financeiro do contrato forma-se já à época da licitação. Logo, mesmo durante o desenrolar dela, os licitantes dispõem do direito à manutenção do equilíbrio econômico-financeiro do contrato e, pois, à revisão dos valores propostos por eles.

6.8 Procedimento para a revisão

A revisão do contrato costuma causar acentuada polêmica porquanto a legislação não estabeleceu o procedimento a ser realizado pelos contratantes em relação a ela. Em razão disso, cada entidade administrativa faz do seu jeito, na maioria das vezes sem preestabelecer qualquer norma sobre o assunto. Sugere-se, de plano, que o edital ou o contrato verse sobre os procedimentos para a revisão do contrato. Cumpre enfatizar que se trata de mera sugestão, não é algo obrigatório, já que a legislação não o exige. Ocorre que vários problemas e contratempos poderiam ser evitados se as partes contratantes definissem antecipadamente as regras sobre o assunto.

Com esse espírito, é conveniente que o edital ou contrato prescreva em que casos é cabível revisão. Também é interessante dizer que a revisão pode ser promovida tanto para majorar quanto para minorar os valores pagos pela Administração, dependendo das situações concretas, e que a revisão depende de requerimento do contratado.

Soma-se a isso que se deve disciplinar como o contratado deve instruir o pedido de revisão. Sugere-se que se preveja a obrigação dele de apresentar documentos, tais como nota fiscal de aquisição de insumos, lista de preços, declarações de fabricantes, que comprovem a variação de preço havida entre o período da licitação e o atual, em que se pretende realizar a revisão. Na mesma linha, pode-se exigir do contratado a apresentação de planilha de custos comparativa entre a época da licitação e da realização da revisão.[397]

É importante destacar, a teor do artigo 130, combinado com o artigo 136, ambos da Lei nº 14.133/2021, que a revisão desenha espécie de alteração contratual e, nessa qualidade, formaliza-se por meio de aditivo.

O aditivo da revisão deve ser aprovado pela assessoria jurídica, como prescreve o §4º do artigo 53 da Lei nº 14.133/2021. Por fim, o aditivo de revisão do contrato deve ser assinado pelas partes, porque, de acordo com o inciso II do artigo 124 da Lei nº 14.133/2021, ele é de natureza consensual. Uma vez assinado, ele deve ser divulgado no Portal Nacional de Contratação Pública (PNCP), como determina o artigo 94 da Lei nº 14.133/2021.

---

[397] "Consulta. Câmara Municipal de Campo Mourão. 2. Conhecimento e resposta à consulta. 3. Hipóteses de realinhamento do equilíbrio econômico-financeiro dos contratos administrativos: o equilíbrio econômico-financeiro dos contratos administrativos é direito previsto na alínea 'd' do artigo 65 da Lei nº 8666/93, a ser buscado quando da ocorrência de fato imprevisível ou previsível porém de consequências incalculáveis, superveniente à celebração do ajuste, que altere substancialmente a equação econômico-financeira deste e para o qual a parte prejudicada não tenha dado causa. O pedido para o exercício de tal direito deve estar instruído com informações qualitativas e quantitativas detalhadas que comprovem o desequilíbrio, cabendo à outra parte o dever de recompor as condições iniciais do contrato mediante revisão dos preços originalmente previstos" (TCE-PR, Tribunal Pleno. Acórdão nº 3.420/2017. Rel. Aud. Thiago Barbosa Cordeiro, j. 27.7.2017).

6.9 A apuração do novo preço do contrato decorrente da revisão

O contratado, quando for o caso, deve requerer a revisão do contrato e comprovar a ocorrência dos seus pressupostos autorizadores. Nesse sentido, o contratado deve municiar a Administração com todos os elementos para que ela possa aferir o novo preço do contrato decorrente da revisão.

De plano, cabe acentuar que, por exemplo, o aumento de 20% de um dos insumos utilizados pelo contratado não autoriza o aumento em mesma proporção do valor total do contrato. Evidentemente, é preciso avaliar o quanto o custo do referido insumo repercute no valor total do contrato.

Logo, a Administração deve verificar quanto o custo dos insumos majorados repercute no preço total do contrato. Sob essa perspectiva é que ela deve calcular o novo preço do contrato decorrente da revisão.

Demais disso, a revisão de preço presta-se a manter a relação de proporção entre os custos previstos à época da licitação e o valor proposto pelo licitante. Por via de consequência, a revisão deve ser mensurada sempre em termos proporcionais, não pelo valor histórico.

Por exemplo, o custo à época da licitação para executar o contrato era de R$100.000,00. O contratado então ofertou à Administração o preço de R$120.000,00, propondo operar com margem de lucro de 20%. Suponha-se que os custos do contratado são majorados em 10%, passando a R$110.000,00. O valor decorrente da revisão não é de R$130.000,00, apenas acrescendo ao preço total os R$10.000,00 majorados pelo mercado. O valor decorrente da revisão deve ser apurado acrescendo-se 10% sobre o preço proposto pelo contratado, que é de R$120.000,00, totalizando, então, R$132.000,00.

Em caso contrário, se a revisão fosse realizada sobre os valores históricos e, seguindo o exemplo, o valor do contrato passasse a R$130.000,00 em vez de R$132.000,00, o contratado seria forçado a operar com margem de lucro menor do que a proposta por ele à época da licitação. Em casos de desequilíbrio mais acentuado, se o valor decorrente da revisão fosse apurado historicamente, sem manter a porcentagem, a margem de lucro do contratado poderia ser reduzida substancialmente, inviabilizando para ele a execução do contrato ou retirando-lhe os ganhos que foram por si legitimamente projetados.

7 O fim da vigência contratual ou a celebração do termo aditivo de prorrogação importam na preclusão do direito ao equilíbrio econômico-financeiro

O Tribunal de Contas da União prolatou o Acórdão nº 1.828/2008, da relatoria do Ministro Benjamin Zymler, em que se entendeu que a celebração de aditivo contratual de prorrogação sem que antes o contratado tivesse pleiteado a repactuação opera a denominada preclusão lógica, de modo que o contratado silente perde o direito à repactuação e deve permanecer executando o contrato em seus valores originais. Extrai-se do acórdão:

> 73. A lei reconhece que a prorrogação pode acarretar a alteração das condições originais da contratação não apenas em relação aos prazos contratuais. Apesar de as cláusulas iniciais

do contrato serem mantidas inalteradas, as cláusulas relacionadas aos preços podem ser revistas em respeito ao equilíbrio econômico-financeiro da contratação.
74. Nos termos acima expostos, considero que, nas hipóteses de prestação de serviços continuados, cada prorrogação caracteriza um novo contrato. Uma vez assinado o termo aditivo, o contrato original não mais pode ser repactuado.
75. Desse modo, quando da assinatura do Terceiro Termo Aditivo caberia à contratada, caso ainda não tivesse postulado, suscitar seu direito à repactuação, cujos efeitos retroagiriam à 1/5/2005, data-base que ensejou a celebração de novo acordo coletivo que alterou o salário da categoria profissional. Contudo, o que aconteceu foi tão somente a alteração do prazo contratual, ratificando-se todas as demais cláusulas e condições estabelecidas no contrato original (fls. 96/97, anexo 1).
76. Ao aceitar as condições estabelecidas no termo aditivo sem suscitar os novos valores pactuados no acordo coletivo, a empresa Montana deixou de exercer o seu direito à repactuação pretérita. Em outros termos, a despeito do prévio conhecimento da majoração salarial decorrente do acordo coletivo ocorrido em maio de 2005, a empresa contratada agiu de forma oposta e firmou novo contrato com a Administração por meio do qual ratificou os preços até então acordados e comprometeu-se a dar continuidade à execução dos serviços por mais 12 (doze) meses.
77. Por conseguinte, considero que a solicitação de repactuação contratual feita pela empresa Montana em 6/2/2007, com efeitos retroativos a 1/5/2005, encontra óbice no instituto da preclusão lógica. Com efeito, há a preclusão lógica quando se pretende praticar ato incompatível com outro anteriormente praticado. *In casu*, a incompatibilidade residiria no pedido de repactuação de preços que, em momento anterior, receberam a anuência da contratada. A aceitação dos preços quando da assinatura da prorrogação contratual envolve uma preclusão lógica de não mais questioná-los com base na majoração salarial decorrente do acordo coletivo ocorrido em maio de 2005.[398]

O Acórdão nº 1.828/2008 formou jurisprudência e o entendimento nele esposado foi replicado em diversos outros acórdãos.[399] A Advocacia-Geral da União, com celeridade, produziu parecer normativo corroborando o entendimento externado pelo Tribunal de Contas da União.[400] O Poder Judiciário também acolheu a tese.[401]

Embora o parecer da Advocacia-Geral da União e as decisões do Tribunal de Contas da União se refiram à repactuação, a tese da preclusão poderia ser, se fosse procedente, estendida para o reajuste em sentido estrito e para a revisão. A esse respeito, a Advocacia-Geral da União produziu outro parecer, que versa sobre a não

---

398 TCU, Plenário. Acórdão nº 1.828/2008. Rel. Min. Benjamin Zymler, j. 27.8.2008.

399 "Ocorre preclusão lógica do direito à repactuação de preços decorrente de majorações salariais da categoria profissional quando a contratada firma termo aditivo de prorrogação contratual sem suscitar os novos valores pactuados no acordo coletivo, ratificando os preços até então acordados" (TCU, Plenário. Acórdão nº 1.601/2014. Rel. Min. Benjamin Zymler, j. 18.6.2014).

400 "[...] quanto ao termo final para o contratado requerer a repactuação, tem-se que a repactuação deverá ser pleiteada até a data da prorrogação contratual subsequente, sendo certo que, se não o for de forma tempestiva, haverá a preclusão do direito do contratado de repactuar" (Parecer nº AGU/JTB 01/2008, 2.10.2008).

401 "Dito de outro modo, considerando que foi suscitado novos valores na celebração do aditivo, o contratado resguardou o seu direito à repactuação naquela porcentagem, havendo preclusão lógica dos valores anteriormente pactuados no contrato originário ou anterior, consubstanciada na prática de ato incompatível com outro anteriormente praticado. No mais, em que pese a insistência do apelante, em nenhum momento houve concordância da apelante no reajuste dos valores" (STJ, Decisão Monocrática. AREsp nº 1.359.742. Rel. Min. Assusete Magalhães, j. 2.10.2018).

ocorrência da preclusão lógica em relação aos reajustes em sentido estrito.[402] No sobredito parecer, a Advocacia-Geral da União considerou que os reajustes em sentido estrito, ao contrário das repactuações, devem ser concedidos de ofício pela Administração, independentemente do pedido do contratado. Por isso, concluiu que não se deveria falar de preclusão lógica em razão da ausência do pedido por parte do contratado. O parecer ressalvou a possibilidade, ainda que não recomendável, de o contrato prever como obrigação do contratado o pedido de reajuste. Nesse caso, se o contratado tinha que pedir e não o fez, daí incidiria a preclusão lógica.

Pode-se dizer que, na visão da Advocacia-Geral da União, o determinante para operar a preclusão lógica é a obrigação ou não do contratado de formular o respectivo pleito à Administração. A ausência de pedido de reajuste em sentido estrito não levaria à preclusão lógica porque o contratado não tem a obrigação de pedi-lo. A situação seria diferente com a repactuação, porque dependente do pedido do contratado. Nessa direção, haveria a preclusão lógica diante da celebração de termo aditivo de prorrogação ou da extinção do prazo contratual sem anterior pedido de repactuação.

O raciocínio da Advocacia-Geral da União tocante à repactuação também se aplica, embora não objeto de parecer específico, à revisão contratual, dado que nela também se faz necessário o pedido do contratado. Aliás, o Tribunal de Contas da União reconhece que a preclusão lógica também se aplica em face da revisão contratual.[403]

---

[402] "Desse modo, ante tudo o que foi exposto acima, conclui-se que: a) o reajuste em sentido estrito dos preços contratados, previsto em edital e contrato, deve ser automática e periodicamente realizado, de ofício, pela Administração contratante; b) não se fixou em lei, tampouco na regulamentação infralegal do instituto, a exigência de prévia solicitação formal como condição para a concessão do reajuste, muito menos se estabeleceu um prazo específico para que o contratado exercesse esse seu direito, ao contrário do que se passa quanto à repactuação de preços; c) se o requerimento do reajuste por índice pelo contratado não é uma condição para a fruição do direito, o fato de o particular não solicitar o reajuste previamente à renovação do contrato ou ao seu encerramento não pode ser equiparado à aceitação dos preços contratados ou à renúncia tácita ao direito de reajuste, nao se configurando a preclusão lógica neste caso; d) o direito ao reajuste de preços é de natureza patrimonial e disponível, admitindo a renúncia pelo contratado, desde que realizada de forma expressa e inequívoca, preferencialmente por meio de disposição específica no termo aditivo de prorrogação contratual a ser firmado entre as partes; e) a Administração deve evitar a previsão, nos editais e contratos, de disposições que atribuam ao contratado o ônus de pleitear, num determinado prazo, o reajuste por índices dos preços contratados, já que esse tipo de exigência não se coaduna com a natureza deste instituto; f) caso o contrato administrativo contenha cláusula que condicione a concessão do reajuste ao pedido expresso do contratado, fixando-lhe prazo para tanto, deve ser assegurada, excepcionalmente, a observância dessa regra contratual, sendo possível, nesse caso, postular a ocorrência da preclusão lógica do direito ao reajuste; g) admite-se a possibilidade de os contratantes convencionarem, por meio de termo aditivo, com efeitos *ex nunc*, a alteração de disposições contratuais que atribuam ao contratado a iniciativa para o reajuste; h) o contratado dispõe do prazo prescricional geral de 05 (cinco) anos, contados desde o momento em que se completam os doze meses a partir da data limite para a apresentação da proposta na licitação (ou do último reajuste), para postular o direito de reajuste perante a Administração, salvo no caso de excepcional previsão de prazos para o exercício desse direito no instrumento contratual" (AGU. Parecer nº 02/2016/CPLC/DEPCONSU/PGF/AGU, 17.3.2016).

[403] "21. Dado o exíguo prazo de vigência do negócio jurídico, o edital não estabeleceu critério para reajustamento de preços. Ainda que houvesse um índice fixado, tenho que a construtora, ao aceitar dar início aos serviços sem condicioná-los a uma revisão de preços, implicitamente reconheceu a adequação e a exequibilidade dos valores propostos na licitação. Dito de outro modo, o ato voluntário da recorrente trouxe consigo a renúncia ao reequilíbrio econômico-financeiro do contrato, dando azo à ocorrência de preclusão lógica. 22. Menciono como paradigma o Acórdão 1828/2008-TCU-Plenário. Nesse precedente, foi decidido que, caso haja termos aditivos de prorrogação de contrato de serviços continuados sem que seja suscitada correção dos preços de mão de obra, a contratada ratifica os valores até então acordados e deixa de exercer o seu direito à repactuação, entendida esta como uma espécie do reajuste. 23. Com fundamento nessas questões, rejeito a tese de desequilíbrio econômico e financeiro do contrato firmado com a Prefeitura de Rio Preto da Eva/AM" (TCU, Primeira Câmara. Acórdão nº 4.365/2014. Rel. Min. Benjamin Zymler, j. 12.8.2014).

Enfim, o entendimento que vem prevalecendo diante da Lei nº 8.666/1993 é que o direito do contratado à repactuação e à revisão estaria logicamente precluso acaso não solicitado formalmente antes da assinatura do termo aditivo de prorrogação. A assinatura do termo aditivo para a prorrogação contratual sem antes suscitar a repactuação ou a revisão seria logicamente incompatível com posterior pedido de repactuação ou revisão.

A tese, ainda que com roupagem diferente, foi agasalhada no artigo 131 da Lei nº 14.133/2021. O *caput* do artigo 131 prescreve que "a extinção do contrato não configurará óbice para o reconhecimento do desequilíbrio econômico-financeiro, hipótese em que será concedida indenização por meio de termo indenizatório". Na sequência, o parágrafo único do mesmo artigo ressalva que "o pedido de restabelecimento do equilíbrio econômico-financeiro deverá ser formulado durante a vigência do contrato e antes de eventual prorrogação nos termos do art. 107 desta Lei". Portanto, não há óbice em reconhecer o desequilíbrio e realizar os pagamentos correspondentes depois de extinto o contrato desde que o pedido respectivo tenha sido formulado na vigência do contrato e antes do termo aditivo de prorrogação. Daí que, valendo do raciocínio a *contrario sensu*, quem não formula o pedido na vigência do contrato ou antes do termo aditivo de prorrogação perde o direito ao reequilíbrio.

A correta compreensão do artigo 131 da Lei nº 14.133/2021 depende de duas ponderações. A primeira é que ele diz respeito aos direitos do contratado atinentes ao equilíbrio econômico-financeiro que dependem da formulação expressa de pedido. Quer dizer que o artigo 131 da Lei nº 14.133/2021 se aplica para os casos de repactuação e de revisão, que dependem de pedido do contratado, e não se aplica para o reajuste em sentido estrito, que deve ser concedido de ofício.

A segunda ponderação diz respeito ao fato de que o parágrafo único do artigo 131 da Lei nº 14.133/2021 não se refere à preclusão lógica, que corresponde ao fundamento utilizado pelo Tribunal de Contas da União, pela Advocacia-Geral da União e pelo Poder Judiciário para alcançar a mesma solução. A bem da verdade, a posição do Tribunal de Contas da União, da Advocacia-Geral da União e do Poder Judiciário foi incorporada pelo legislador com nova fundamentação, não com base em preclusão lógica e sim com base em presunção temporal.

A preclusão é matéria de ordem processual, normalmente desenvolvida pelos especialistas em processo judicial. Sob essa perspectiva, Luiz Guilherme Marinoni esclarece que "a preclusão consiste – fazendo-se um paralelo com figuras do direito material, como a prescrição e a decadência – na perda de 'direitos processuais', que pode decorrer de várias causas".[404] Ou seja, a preclusão do direito significa a perda de um direito. De modo geral, fala-se em três tipos diferentes de preclusão: a consumativa, a lógica e a temporal.

A preclusão consumativa configura-se quando o direito é realizado ou exercido. Por exemplo, o réu oferece a contestação no prazo. Uma vez oferecida a contestação, ele não pode oferecê-la novamente. O direito de contestar já foi exercido, consumado. Só se cogitaria em preclusão consumativa do direito à repactuação, reajuste ou revisão

[404] MARINONI, Luiz Guilherme; ARENHART, Sérgio Cruz. *Manual do processo de conhecimento*. 3. ed. São Paulo: Revista dos Tribunais, 2004. p. 665.

se ele já tivesse sido exercido. Portanto, a preclusão consumativa para os contratos administrativos não desperta interesse ou utilidade. Não é o caso.

A preclusão lógica desenha-se diante da situação em que uma parte pratica um ato logicamente incompatível com o seu direito. Por exemplo, um sujeito é condenado em primeiro grau a pagar dada quantia a título de indenização por dano moral. Ele tem o direito de apelar da sentença. Ocorre que ele realiza o pagamento dentro do prazo da apelação. Ora, tendo realizado o pagamento, ele perde o direito de interpor a apelação. O ato de realizar o pagamento é logicamente incompatível com o ato de recorrer da sentença, dado que ele representa discordância com a obrigação de realizar o pagamento. Ao pagar o sujeito expressa concordância com a sentença, portanto não lhe cabe mais apelar.

Diante desse quadro fica evidente que a preclusão lógica é excepcional e depende da produção de um ato diretamente incompatível ou contrário a um direito reconhecido. Disso resulta que a pura e simples inércia ou não realização de um ato em determinado tempo não caracteriza a preclusão lógica. A inércia pode provocar a preclusão temporal, que sucede nas hipóteses em que o sujeito não exerce o direito no prazo que lhe é dado.

Bem se vê que a prorrogação do prazo do contrato ou a extinção dele sem que o contratado tenha solicitado formalmente a repactuação ou a revisão não configura a preclusão lógica. Ressalta-se, mais uma vez, que a perda do prazo não enseja preclusão lógica e sim preclusão temporal.

A preclusão lógica só faria sentido se partisse da premissa de que a assinatura do termo aditivo de prorrogação ou a extinção do contrato é incompatível logicamente com o direito de repactuação ou revisão que se formou anteriormente. Essa premissa é falsa e o próprio entendimento do Tribunal de Contas da União e da Advocacia-Geral da União construído com base na Lei nº 8.666/1993 revela a falsidade. Com efeito, os defensores da tese da preclusão lógica sustentam que ela somente ocorreria se o contratado não tivesse formulado o pedido de repactuação ou revisão anteriormente. Se ele tivesse formulado o pedido antes, então não haveria a preclusão. Isso significa que eles reconhecem que o termo aditivo de prorrogação não é incompatível com o direito à repactuação ou à revisão. Tanto que admitem que ele seja concedido, desde que solicitado antes. A incompatibilidade lógica não se configuraria entre o termo aditivo e o direito à repactuação ou à revisão. A incompatibilidade lógica configurar-se-ia entre o termo aditivo e a inércia do contratado, a não realização do pedido. Sem embargo, como acentuado anteriormente, a não realização do pedido em dado prazo não é capaz de gerar preclusão lógica, geraria apenas a preclusão temporal, que parte de outras premissas.

De mais a mais, indo-se diretamente ao ponto, não há oposição lógica entre o direito ao equilíbrio econômico-financeiro e a prorrogação do prazo do contrato ou sua extinção. Quem concorda em estender o prazo do contrato não está com isto realizando comportamento logicamente incompatível com a repactuação ou revisão. Um diz respeito ao prazo e o outro ao valor do contrato. Um não depende do outro, são coisas distintas. Não há razões para confundi-las.

Advirta-se que o direito à repactuação e à revisão são direitos patrimoniais, que podem ser renunciados. Ou seja, o contratado pode, por sua livre vontade, abdicar de tais direitos. Isto acontece com alguma frequência em negociações travadas entre a

Administração e o contratado no momento da prorrogação dos contratos. No entanto, em face do princípio da boa-fé contratual e da prescrição contida no artigo 114 do Código Civil, a renúncia deve ser interpretada restritivamente, por efeito do que, para ser reconhecida, deve ser direta, unívoca e clara, o contratado deve ter ciência que está renunciando ao direito, por efeito do que a Administração não deve utilizar estratagemas, subterfúgios, entrelinhas ou expressões dúbias e indiretas para formalizar e documentar a renúncia.

Um dos argumentos empregados na defesa do reconhecimento da preclusão lógica é que, se o contratado pretendesse novos valores, deveria tê-los pleiteado antes do aditivo de prorrogação, para que a Administração pudesse avaliar se a prorrogação seria vantajosa sob essas novas condições.[405] O pedido anterior seria uma espécie de ressalva, que alertaria a Administração sobre a pendência da repactuação ou da revisão e que teria o efeito de obstar a preclusão lógica. A tese não se sustenta, pelo menos não num plano geral, sobretudo porque infantiliza a Administração. Em especial no caso de repactuação, não há surpresa para a Administração, que não precisa ser alertada de coisa alguma porque tem plena ciência das datas-bases das categorias envolvidas no contrato. Não é plausível a condescendência com a postura omissiva da Administração, que não suscita a questão e firma o termo aditivo em silêncio, para não chamar a atenção do contratado, procurando esconder-se numa corrente observação lacônica prevista no final dos termos aditivos de que são mantidas as demais condições contratuais, que não se confunde com renúncia ao direito à repactuação. A Administração, que não é hipossuficiente, bem ao contrário, porque se vale de uma série de prerrogativas, é quem teria a obrigação de fazer constar no termo aditivo de forma expressa e direta que o contratado renuncia à repactuação, em prestígio ao artigo 114 do Código Civil, aplicado de forma subsidiária para os contratos administrativos.

De toda sorte e por rigor, o parágrafo único do artigo 131 da Lei nº 14.133/2021 deu outra dimensão ao assunto, porque prescreveu hipótese de preclusão temporal, que ocorre quando o detentor do direito goza de um prazo para exercê-lo. Essa preclusão se dá por força de lei, não depende de previsão em contrato ou em termo aditivo nem de uma parte avisar a outra. O decurso do prazo sem o exercício do direito importa na sua perda. Veja-se que o comando do parágrafo único do artigo 131 liga-se diretamente ao prazo do contrato. O fim do prazo contratual, sem a prorrogação, opera a sua extinção e, por via de consequência, diante da dicção legal, a perda do direito de reequilíbrio econômico-financeiro não requerido antes dele. A questão não é relativa a qualquer sorte de incompatibilidade lógica e sim de inação dentro do prazo contratual.

---

405 "38. Assim, se à época da prorrogação do contrato, mediante termo aditivo, a contratada não pleiteou a repactuação a que fazia jus, a Administração decidiu prorrogar a avença com base neste quadro, ou seja, naquele em que as condições econômicas seriam mantidas. 39. Não pode a contratada, após a assinatura do mencionado aditivo, requisitar o reequilíbrio, pois isto implicaria negar à Administração a faculdade de avaliar se, com a repactuação, seria conveniente, do ponto de vista financeiro, manter o ajuste. 40. Desta maneira, não tendo solicitado o reequilíbrio, ficaram acordados, tanto a Administração quanto o contratado, de que as condições outrora estabelecidas, à exceção do prazo de vigência, atendiam a ambos os interesses, o público e o privado. 41. Friso, mais uma vez, que não se trata de negar às empresas contratadas pelo Poder Público o direito constitucional e legal de repactuar o contrato, a fim de manter a equação econômico financeira original, mas sim de garantir, por via da interpretação sistemática, que a Administração possua condições, asseguradas em lei, de decidir sobre a conveniência e oportunidade de prorrogar o ajuste" (TCU, Plenário. TCE nº 02845520080. Rel. Vital do Rêgo, j. 25.3.2020).

8 Preclusão lógica, boa-fé contratual e *venire contra factum proprium* em relação aos aditivos contratuais

A preclusão lógica é instituto que tem origem no direito processual e, sendo assim, pode ser aplicada nos processos administrativos e nada impede que o seja também noutras áreas ou ramos do direito, como é corrente nos contratos administrativos. A propósito, o Tribunal de Contas da União sustenta "que a aplicação de um instituto processual tal qual a preclusão ao feito sob exame decorre do entendimento de que a execução de um contrato é um processo, composto por diversos atos, que concede direitos e impõe obrigações às partes".[406]

De toda sorte, ainda que se enxergue algum empeço teórico para a aplicação da preclusão lógica em contratos administrativos, o fato é que as mesmas consequências do instituto da preclusão lógica são alcançadas com a aplicação dos princípios *venire contra factum proprium* (vir contra os seus próprios atos) e da boa-fé objetiva. A preclusão lógica, a rigor, é uma derivação ou consequência do *venire contra factum proprium* e da boa-fé objetiva.

Nas palavras de Silvio de Salvo Venosa:

> No conceito de boa-fé objetiva, ingressa como forma de sua antítese, ou exemplo de má-fé objetiva, o que se denomina proibição de comportamento contraditório ou, na expressão latina *venire contra factum proprium*. Trata-se da circunstância de um sujeito de direito buscar favorecer-se em processo judicial, assumindo conduta que contradiz outra que a precede no tempo e assim constitui um proceder injusto e portanto inadmissível (Stiglitz, 1990: 491). Cuida-se de uma derivação necessária e imediata do princípio da boa-fé e, como assevera esse mesmo doutrinador argentino, especialmente na direção que concebe essa boa-fé como um modelo objetivo de conduta. É um imperativo em prol da credibilidade e da segurança das relações sociais e consequentemente das relações jurídicas que o sujeito observe um comportamento coerente, como um princípio básico da convivência. O fundamento situa-se no fato de que a conduta anterior gerou, objetivamente, confiança em quem recebeu reflexos dela.
>
> Assim, o comportamento contraditório se apresenta no campo jurídico como uma conduta ilícita, passível mesmo, conforme a situação concreta de prejuízo, de indenização por perdas e danos, inclusive de índole moral. [...].[407]

O princípio da boa-fé objetiva protege a confiança. E o fato é que o comportamento de uma das partes gera expectativas legítimas sobre as demais partes, que confiam na coerência dos seus pares. Essa confiança é quebrada nas situações em que uma parte se comporta de forma conflitante com outros comportamentos precedentes. O princípio do *venire contra factum proprium* proíbe esse comportamento contraditório, então repelido pelo direito. A preclusão lógica tem o mesmo efeito de repelir o comportamento contraditório.

O comportamento contraditório é vedado nos contratos administrativos, com reverberação relevante no que concerne aos aditivos contratuais. Por exemplo, diante de dados acontecimentos, o contratado apresenta pleito de reequilíbrio econômico-financeiro.

[406] TCU, Plenário. Acórdão nº 1.827/2008. Rel. Min. Benjamin Zymler, j. 27.8.2008.

[407] VENOSA, Silvio de Salvo. *Direito civil*: teoria geral das obrigações e teoria geral dos contratos. São Paulo: Atlas, 2007. p. 349-350.

A Administração recebe o pedido e o analisa com seriedade, resolvendo acatá-lo, total ou parcialmente. As partes, então, sem objeções e ressalvas, firmam o termo aditivo. Sucede que, depois do termo aditivo e de receber os valores pactuados nele, o contratado renova o pleito diante dos mesmos fatos, ainda que com outros cálculos ou outras razões. Esse comportamento é contraditório porque, ao apresentar o pleito diante de dados fatos e firmar termo aditivo provocado por tais fatos sem ressalvas, o contratado gerou a expectativa na Administração de que não apresentaria novos pleitos decorrentes dos mesmos fatos. O novo termo aditivo deve ser indeferido, inclusive se deduzido perante o Poder Judiciário, por força da boa-fé objetiva, do *venire contra factum proprium* e da preclusão lógica.

Ressalva-se que a caracterização do comportamento contraditório deve ser realizada de modo contido, diante da sucessão de comportamentos que sejam incoerentes sobre os mesmos fatos e causas. É preciso, para configurar o comportamento contraditório, que haja nexo direto entre os comportamentos ditos incoerentes, o que significa que eles devem partir do mesmo substrato factual e causal.[408] Em sentido oposto, não é devido reconhecer comportamento contraditório diante de fatos ou causas diversas.

Por exemplo, a celebração de um primeiro termo aditivo para recompor o equilíbrio econômico-financeiro diante de período de paralisação de uma obra não revela contradição com pedido ulterior de um segundo termo aditivo para recompor variação cambial ocorrida noutro momento que não o da paralisação da obra, ainda que essa variação cambial tenha se verificado, total ou parcialmente, antes da assinatura do primeiro termo aditivo. Por outro lado, é contraditório firmar o primeiro termo aditivo diante de perdas decorrentes da paralisação da obra e, depois dele e sem opor ressalvas no momento oportuno, apresentar novo pedido acerca de outros prejuízos decorrentes do mesmo período de paralisação da obra.

Há precedentes que reconhecem os efeitos da boa-fé objetiva e do *venire contra factum proprium* em relação a pedidos sucessivos de aditivos contratuais. Veja-se, por exemplo, trecho de acórdão do Superior Tribunal de Justiça:

> [...] 5. No caso concreto, contudo, há uma peculiaridade que me parece afastar por completo o dever de reequilibrar econômica e financeiramente o contrato imposto ao recorrente pela instância ordinária.
> 6. É que, conforme narrado no acórdão combatido, o contrato administrativo inicialmente celebrado sofreu dois aditivos, um que modificou o preço original do objeto e o período de vigência do contrato e outro que apenas tinha em conta a prorrogação do contrato. Em nenhum deles discutiu-se a elevação dos encargos tributários e trabalhistas. [...]

---

[408] "APELAÇÃO CÍVEL AÇÃO ORDINÁRIA LICITAÇÃO REVISÃO DO CONTRATO ADMINISTRATIVO POSSIBILIDADE VENIRE CONTRA FACTUM PROPRIUM RECURSO DESPROVIDO. 1. O contrato administrativo pode ser objeto de revisão, com a finalidade de manter o equilíbrio econômico-financeiro, quando, em decorrência de eventos posteriores e imprevisíveis, ficar estabelecida a onerosidade excessiva para uma das partes. 2. No caso, a contratada não faz jus à revisão, porque, em momento anterior requereu a alteração do valor do contratado, pautada no mesmo evento fático cobrança de tarifa de pedágio, e aceitou a pactuação do 4º termo aditivo, sem nenhuma ressalva relativa ao tempo de tramitação do processo administrativo e do prejuízo decorrente dele. Vedação do comportamento contraditório (*venire contra factum proprium*). 3. Recurso desprovido" (TJES, Terceira Câmara Cível. APL nº 00313516120168080024. Rel. Des. Telemaco Antunes de Abreu Filho, j. 18.6.2019).

> 9. Veja-se: na espécie, o período original de vigência do contrato era de 24.9.1997 a 24.9.1999. Esse período foi prorrogado por um aditivo até 24.9.2000 (ou seja, prorrogação por mais um ano). Além disso, este aditivo previu o aumento do preço do objeto. Veio a ser realizado, depois, um outro aditivo, este prorrogando o período de vigência do contrato até 24.3.2001.
> 10. Agora, judicialmente, o particular pede que se chancele a necessidade de revisitação dos termos contratuais, para corrigir distorções criadas, consideradas estas imprevisíveis e de efeitos incalculáveis à época dos aditivos. [...]
> 12. Quanto ao aumento da Cofins - a outra causa de pedir da empresa recorrida -, importante relembrar trata-se de fato que decorreu de uma lei editada em 1998, com efeitos a partir de 1999 - antes, portanto, do segundo aditivo, celebrado em 2000.
> 13. Portanto, se o agravamento dos encargos tributários foi anterior ao segundo aditivo, não há que se falar em aplicação do art. 65, inc. II, alínea "d", da Lei nº 8.666/93, uma vez que não há imprevisibilidade do fato e de suas consequências, pois, para tanto, é necessário que a situação seja futura, nunca atual ou pretérita (daí o uso do verbo "sobrevier").[409]

O acórdão do Superior Tribunal de Justiça é importante porque reconhece os influxos da boa-fé objetiva e do *venire contra factum proprium* em relação aos aditivos contratuais. No entanto, a decisão é equivocada no que tange à análise do caso concreto, porque a prorrogação contratual não é contraditória a pedido de reequilíbrio em razão da majoração da carga tributária. Aqui os fatos e as causas não são os mesmos, por efeito do que não se deveria ter reconhecido a contradição.

Percebe-se que a interpretação dos casos concretos em que se configura o comportamento contraditório gera boa dose de subjetividade. Há de se levar em conta que a caracterização do comportamento contraditório importa na perda do direito de uma das partes envolvidas, que incorreu no comportamento contraditório. Nessa medida, valendo-se até mesmo de interpretação analógica com base no artigo 114 do Código Civil, que versa sobre renúncia de direito, o comportamento contraditório deve ser avaliado com restrição. Sendo assim, insista-se, a contradição deve dizer respeito ao mesmo substrato factual e causal. Pedidos de reequilíbrio que sejam diferentes, amparados em fatos e causas diferentes, não devem ser compreendidos como contraditórios.

Convém ponderar que o contratado tem o direito de deduzir pedidos de reequilíbrio sucessivos e, sendo da sua conveniência, não os apresentar todos de uma vez, ainda que partam dos mesmos fatos e causas. Contudo, nessas situações, como medida de boa-fé, para não incorrer em comportamento contraditório, devem ressalvar que os pedidos iniciais não exaurem o desequilíbrio provocado por tais fatos ou causas e que outros pedidos complementares ou adicionais serão apresentados oportunamente. A ressalva afasta a violação à boa-fé objetiva e ao *venire contra factum proprium*. A contradição está justamente na falta de clareza e de transparência, no descumprimento do dever de cuidado imposto pelo princípio da boa-fé objetiva de ressalvar os pedidos a serem deduzidos no futuro sobre os mesmos fatos ou causas.

Aliás, por medida de precaução e com a finalidade de evitar discussões futuras, diante de eventual divergência de interpretação sobre os fatos, é recomendável que, antes de firmar qualquer aditivo contratual, a parte interessada apresente expediente com a indicação de fatos, causas e possíveis novos pedidos de reequilíbrio, ainda que

[409] STJ, Segunda Turma. REsp nº 776.790/AC. Rel. Min. Mauro Campbell Marques, j. 15.10.2009.

estejam sendo avaliados por si e não sejam definitivos, bem como ainda que não digam respeito aos mesmos fatos e causas. Essa comunicação deve ser anterior ou concomitante ao aditivo e não posterior. A comunicação posterior, a depender do caso, só agrava a caracterização da má-fé.

CAPÍTULO 22

EXTINÇÃO DOS CONTRATOS ADMINISTRATIVOS

1 Extinção normal e anormal dos contratos administrativos

A extinção normal dos contratos administrativos ocorre com o regular cumprimento das obrigações por parte dos contratantes. O contratado executa o objeto do contrato e a Administração realiza os respectivos pagamentos, dentro dos prazos e condições pactuadas. Portanto, a regra é que os contratos administrativos se extinguem de acordo com o previsto em seu próprio instrumento.

A extinção anormal dos contratos administrativos se sucede nas situações em que ele se desfaz sem o cumprimento normal das obrigações contratadas, o que abrange causas diversas, como a nulidade do próprio contrato, o descumprimento das obrigações pelas partes contratantes, motivos relacionados a caso fortuito e força maior, razões de interesse público e mesmo o descumprimento por parte do contratado de obrigações preceituadas em lei não necessariamente previstas em seus instrumentos.

2 Nulidade

Contrato administrativo pode vir a ser declarado nulo na hipótese de a licitação que deu origem a ele ou os seus próprios termos serem contrários à legalidade. Diz-se que o contrato administrativo pode vir a ser declarado nulo e não que deve ser declarado nulo em caso de ilegalidade. Isso porque a ilegalidade não leva necessariamente à nulidade do contrato, dado que o ordenamento jurídico nacional prescreve diferentes reações aos atos administrativos e, dentro deles, aos contratos administrativos produzidos em descompasso com a legalidade. O fato é que são diferentes as posturas que se esperam da Administração Pública ante a constatação da ocorrência de discrepâncias entre a atuação administrativa e as regras jurídicas pertinentes.

Sendo assim, não é qualquer vício de legalidade bastante e suficiente para justificar a anulação de contrato administrativo. Constatado vício de legalidade, o primeiro passo é procurar saneá-lo, se for possível fazê-lo, como prescreve o *caput* do artigo 147 da Lei nº 14.133/2021. Nesse sentido, o artigo 55 da Lei nº 9.784/1999 (Lei de Processo Administrativo Federal) anuncia que, "em decisão na qual se evidencie não acarretarem lesão ao interesse público nem prejuízo a terceiros, os atos que apresentarem defeitos sanáveis poderão ser convalidados pela própria Administração". Esclareça-se que a convalidação se traduz na produção de ato administrativo que apaga (saneia) os defeitos que possam ser apagados (saneados) de um ato ou situação anterior. O vício é sanável se o ato contaminado por ele puder ser produzido novamente sem o vício. Vícios relativos a aspectos formais e de competência são claramente saneáveis. Vícios de outra ordem, relacionados ao próprio conteúdo do ato, também podem ser saneados, a depender dos casos concretos, especialmente da compostura do ato viciado. Não pode ser saneado ato viciado por desvio de finalidade ou por outra ordem de defeito originado de fraude, má-fé ou intenção desonesta ou diante de objeto ilícito ou quando não atendidos os pressupostos fundamentais para a formação do contrato, como ocorre no caso de contratação direta indevida.

O contrato administrativo não deve ser automaticamente anulado caso o vício de legalidade que o contamina não seja saneável. O *caput* do artigo 147 da Lei nº 14.133/2021 prescreve que, não sendo possível o saneamento, a declaração de nulidade do contrato somente deve ser adotada na hipótese em que se revelar medida de interesse público. Os incisos do *caput* enumeram diversos aspectos a serem sopesados pela Administração para avaliar a conformação do contrato ao interesse público:

> I - impactos econômicos e financeiros decorrentes do atraso na fruição dos benefícios do objeto do contrato;
> II - riscos sociais, ambientais e à segurança da população local decorrentes do atraso na fruição dos benefícios do objeto do contrato;
> III - motivação social e ambiental do contrato;
> IV - custo da deterioração ou da perda das parcelas executadas;
> V - despesa necessária à preservação das instalações e dos serviços já executados;
> VI - despesa inerente à desmobilização e ao posterior retorno às atividades;
> VII - medidas efetivamente adotadas pelo titular do órgão ou entidade para o saneamento dos indícios de irregularidades apontados;
> VIII - custo total e estágio de execução física e financeira dos contratos, dos convênios, das obras ou das parcelas envolvidas;
> IX - fechamento de postos de trabalho diretos e indiretos em razão da paralisação;
> X - custo para realização de nova licitação ou celebração de novo contrato;
> XI - custo de oportunidade do capital durante o período de paralisação.

Um dos pontos mais destacados da "teoria das nulidades dos atos administrativos" é representada pela máxima *pas de nullité sans grief* (não há nulidade sem dano). Ora, a invalidação de contrato administrativo é medida extrema, que pode produzir repercussões negativas, como as mencionadas nos incisos do *caput* do artigo 147 da Lei nº 14.133/2021. Nessa direção, a invalidação de contrato administrativo pressupõe que o vício nele existente tenha causado efetivo prejuízo ou dano de ordem substancial. Sem o efetivo prejuízo ou dano substancial, o contrato administrativo, ainda que contaminado por vícios, deve subsistir, a bem dos princípios fundamentais da segurança jurídica, da boa-fé de terceiros, da estabilidade das relações jurídicas e da proporcionalidade. A jurisprudência reconhece e aplica usualmente a máxima *pas de nullité sans grief* perante o direito administrativo.[410]

Mais do que isso, na forma do *caput* do artigo 147 da Lei nº 14.133/2021, a apreciação dos danos causados pelo vício de legalidade e a eventual anulação do contrato se sujeita ao princípio da proporcionalidade, que deve ser avaliado sob a perspectiva do interesse público. É preciso sopesar os danos decorrentes da ilegalidade com os danos decorrentes da extinção anormal do contrato administrativo. A Administração, portanto, goza de competência discricionária para avaliar os fatos sob as luzes do interesse público e, se entender que é mais vantajoso manter contrato contaminado por vício de legalidade insanável, está autorizada pelo *caput* do artigo 147 da Lei nº 14.133/2021 a fazê-lo. Nessa hipótese, o parágrafo único do mesmo artigo determina que a irregularidade seja solucionada por meio de indenização por perdas e danos – se houver dano indenizável, evidentemente – "sem prejuízo da apuração de responsabilidade e da aplicação de penalidades cabíveis".

É a jurisprudência do Tribunal de Contas da União:

> 24. Nessa linha, retomar o certame ao estágio imediatamente anterior ao ato irregular, com eventual declaração de nulidade do ato de desclassificação e do contrato dele decorrente, pode ser mais oneroso à entidade que teria que arcar com eventual indenização à empresa contratada e custos de desmobilização.
> 25. A esses argumentos acrescento que não foram apontados outros indícios de ilegalidades/irregularidades, tais como sobrepreço/superfaturamento.
> 26. Ao contrário, conforme destacou a unidade instrutiva o contrato assinado não se revela economicamente desvantajoso: o valor estimado para a contratação era de R$12.237.268,78 (peças 18, p. 1) enquanto o valor contratado foi de R$8.201.206,95, (peça 68, p. 2).
> 27. Não há, também, nos autos, informação se a proposta da representante seria de valor inferior ao contratado.
> 28. Sendo assim, considero suficiente dar ciência à entidade acerca das falhas apuradas nesta representação de modo a evitar a sua repetição em futuros certames.[411]

A opção pela nulidade do contrato, como preceitua o artigo 148 da Lei nº 14.133/2021, "[...] operará retroativamente, impedindo os efeitos jurídicos que o contrato deveria produzir ordinariamente e desconstituindo os já produzidos". No entanto, muitas vezes é inviável retroagir e apagar os efeitos de contrato que já foi parcial ou totalmente executado. Para essas hipóteses, o §1º do mesmo artigo 148 ressalva que, "caso não seja possível o retorno à situação fática anterior, a nulidade será resolvida pela indenização por perdas e danos, sem prejuízo da apuração de responsabilidade e aplicação das penalidades cabíveis".

---

[410] "Na interpretação de atos jurídicos, inclusive daqueles situados no âmbito do Direito Administrativo, é fundamental, como se sabe, indagar da existência de prejuízo para as partes envolvidas, bem como se erros tópicos quanto à forma, que não afetam a substância dos atos, nem configuram lesão aos princípios básicos da publicidade, da moralidade e da razoabilidade, podem justificar a invalidação de atos praticados de inteira boa-fé e sem prejuízo de sua elevada finalidade" (STF. Ação Originária nº 1.395/ES. Rel. Min. Sepúlveda Pertence, j. 7.4.2006).

[411] TCU, Plenário. Acórdão nº 1.737/2021. Rel. Min. Weder Oliveira, j. 21.7.2021.

O §2º do artigo 148 da Lei nº 14.133/2021, mirando a preservação do interesse público, prevê que, "ao declarar a nulidade do contrato, a autoridade, com vistas à continuidade da atividade administrativa, poderá decidir que ela só tenha eficácia em momento futuro, suficiente para efetuar nova contratação, por prazo de até 6 (seis) meses, prorrogável uma única vez".

Registre-se que o Superior Tribunal de Justiça prolatou acórdão sobre anulação de licitação promovida e contrato firmado com base na Lei nº 8.666/1993, invocando o disposto no §2º do artigo 148 da Lei nº 14.133/2021, determinando que a declaração de nulidade do contrato somente deveria produzir efeitos depois de 3 meses, com o propósito de evitar solução de continuidade para as atividades administrativas.[412]

Trata-se de espécie de modulação dos efeitos da declaração de nulidade, cuja dicção permite que os efeitos da nulidade sejam diferidos a fim de evitar prejuízos ao interesse público, de maneira que a Administração Pública não sofra com solução de continuidade e disponha de meios para estruturar transição entre contratos, tomando as providências devidas e exigidas pela legislação sem maiores solavancos. O prazo de 6 meses é máximo, logo, há discricionariedade para estabelecê-lo em montante menor. É permitido, ainda, prorrogá-lo por única vez, alcançando-se, no todo, 12 meses.

2.1 A nulidade não exonera a Administração da obrigação de indenizar o contratado

O artigo 149 da Lei nº 14.133/2021 estabelece que, mesmo que declarada a nulidade, a Administração deve indenizar o contratado por tudo o que foi executado por ele e por todos os prejuízos por ele sofridos e que sejam regularmente comprovados, "[...] desde que não lhe seja imputável, e será promovida a responsabilização de quem lhe tenha dado causa".

A nulidade dos contratos administrativos ou de seus aditamentos não exime a Administração de pagar o que é devido ao contratado em face daquilo que foi efetivamente executado por ele. Se o contratado executa objeto de contrato, ainda que nulo, e, pois, produz à Administração alguma utilidade, ele deve ser remunerado por isso, sob pena de vulneração do princípio que veda o enriquecimento sem causa.

Situações desse naipe, infelizmente, são deveras comuns. Há inúmeros casos em que a Administração determina alterações contratuais verbalmente, sem a formalização do respectivo termo aditivo. O contratado executa o que lhe foi exigido pela Administração, que, no entanto, posteriormente, diante da ausência de formalização do termo aditivo,

[412] "Assim, tomando-se por base os aludidos lineamentos legais, ficam estabelecidas as seguintes CONSEQUÊNCIAS JURÍDICAS E ADMINISTRATIVAS DA PRESENTE DECISÃO COLEGIADA: 1ª) em ordem a não prejudicar a continuidade da atividade administrativa, com a eventual e abrupta interrupção no fornecimento de equipamentos de oxigenação imprescindíveis aos pacientes atendidos pela Secretaria de Saúde do Estado de Santa Catarina, a anulação do contrato firmado com a Air Liquide Brasil Ltda., concernente ao Pregão Presencial no 1.511/2018, surtirá efeitos jurídicos somente 3 (três) meses após o trânsito em julgado da presente decisão, tempo suficiente para que se implemente a contratação de novo fornecedor pelo Estado, considerada, nesse aspecto, a já existência de anterior matriz editalícia; eventual prorrogação desse mesmo prazo, por uma única vez, ficará a cargo da autoridade licitante, mediante idônea justificativa; 2ª) o cumprimento do prazo definido no item anterior não ficará condicionado à apuração e ao pagamento de perdas e danos eventualmente devidos à contratada atual (Air Liquide do Brasil Ltda.), nem tampouco à apuração de responsabilidades ou penalização dos responsáveis pelo malogro da contratação ora anulada" (STJ, Primeira Turma. RMS nº 62.150/SC. Rel. Min. Sérgio Kukina, j. 8.6.2021).

recusa-se a realizar os respectivos pagamentos. Nesse exemplo, a questão até pode ser considerada de solução simples, porquanto o vício que compromete a legalidade do contrato foi produzido pela Administração. Ora, é a Administração quem tem o dever de formalizar o contrato administrativo adequadamente, dentro dos padrões legais. Ao contratado não pode ser imputada a responsabilidade pertinente à formalização do contrato administrativo. Ele, o contratado, pressupõe-se, agiu de boa-fé e, pois, não pode ser prejudicado pela desídia da Administração.

A questão ganha complexidade nas situações em que o contratado age de má-fé ou contribui de alguma maneira para a ilegalidade. Ora, se o contratado age de boa-fé, não deu causa à ilegalidade, ele não pode ser penalizado e, portanto, deve receber o que lhe é devido. No entanto, se ele deu causa à ilegalidade, faz jus aos valores tocantes à execução do contrato?

Poder-se-ia arguir que o pagamento ao contratado violaria o princípio geral de acordo com o qual ninguém pode colher benefício de sua própria torpeza. Por outro lado, o não pagamento desafiaria o princípio que veda o enriquecimento sem causa, porquanto a Administração receberia utilidade sem qualquer contrapartida. Trata-se de situação de conflito entre princípios jurídicos.

O Superior Tribunal de Justiça já enfrentou situação desse naipe, em que o contratado executou obra pública tendo, todavia, falsificado documentos. Leia-se a ementa do acórdão, que é bastante esclarecedora:

> Recurso especial. Licitação. Anulação do contrato em virtude de falsidade documental. Artigos 39 e 49 do Decreto-Lei nº 2.800/86. Pretensão da União de devolução da quantia paga pela obra executada. Não cabimento. Precedentes. Do exame dos artigos 39 e 49 do Decreto-lei nº 2.800/86, vigente à época, conclui-se que a anulação da licitação, com a consequente nulidade do contrato, opera efeitos *ex tunc*. No entanto, a Administração deve indenizar a empresa contratada pela execução de etapas das obras ajustadas até a data da declaração de nulidade, ainda que a anulação do contrato tenha ocorrido por utilização de documento fraudado pela empresa, como na hipótese em exame. Com efeito, recebida a prestação executada pelo particular, não pode a Administração se locupletar indevidamente e, com fundamento na nulidade do contrato, requerer a devolução de valores pagos por obras já realizadas, o que configuraria violação ao próprio princípio da moralidade administrativa. Precedentes. Recurso especial não conhecido.[413]

Bem se vê que, nesse caso, o Superior Tribunal de Justiça decidiu que a União não tinha o direito de receber os valores já pagos por ela, ainda que o contratado tenha falsificado documentos, haja vista que ele executou o contrato. A devolução dos valores por parte do contratado implicaria enriquecimento sem causa, porquanto a Administração disporia da obra sem ter arcado com contraprestação.

Noutras oportunidades, o Superior Tribunal de Justiça e o Tribunal de Contas da União vêm decidindo que o contratado de má-fé não faz jus ao recebimento dos valores.[414] Por oportuno, transcreve-se a seguinte ementa do Superior Tribunal de Justiça:

---

[413] STJ, Segunda Turma. REsp nº 408.785/RN. Rel. Min. Franciulli Netto, j. 5.6.2003.

[414] Fundamentada na interpretação desses dispositivos, a jurisprudência dominante do STJ alinha-se ao entendimento de que a indenização do contratado é regra, porém ela não é devida na hipótese de o particular

> PROCESSUAL CIVIL. ADMINISTRATIVO. CONTRATO ADMINISTRATIVO. HONORÁRIOS ADVOCATÍCIOS. AUSÊNCIA DE LICITAÇÃO. NULIDADE. CONTRATANTE QUE DEU CAUSA À INVALIDAÇÃO DO INSTRUMENTO. DEVER DE INDENIZAR AFASTADO. SÚMULA 83/STJ. REEXAME DO CONTEXTO FÁTICO-PROBATÓRIO. INVIABILIDADE. SÚMULA 7/STJ. DISSÍDIO JURISPRUDENCIAL. NÃO COMPROVAÇÃO.
> 1. O Tribunal a quo, em virtude da nulidade de contrato administrativo celebrado sem realização de procedimento licitatório devido, afastou o dever de indenizar da Administração ao entender que os agravantes deram causa à invalidação do instrumento.
> 2. No tocante à levantada contrariedade ao art. 22 da Lei 8906/94 e ao art. 59 da Lei 8666/93, o acórdão recorrido harmoniza-se com a orientação pacífica do STJ de que não há o dever de indenizar por parte da Administração nos casos de ocorrência de má-fé ou de ter o contratado concorrido para a nulidade. Incidência da Súmula 83/STJ.[415]

Em linhas gerais, o correto seria pagar ao contratado que agiu de má-fé somente o valor correspondente aos custos suportados por ele para executar o contrato, sem lhe propiciar lucro. Dessa forma, estar-se-ia conciliando o princípio que veda o enriquecimento sem causa e o que proíbe o benefício à custa da própria torpeza. Ou seja, a Administração não estaria enriquecendo sem causa, uma vez que indenizou o contratado em vista do que foi executado por ele. E, por outro lado, o contratado, que agiu de má-fé, não estaria beneficiando-se de sua própria torpeza, porquanto não teria auferido lucro. É a posição recente do Superior Tribunal de Justiça:

> Quanto ao tema da vedação ao enriquecimento indevido da Administração, esta Corte tem distinguido o caso em que o particular labora em má-fé ou concorre para a nulidade do contrato administrativo celebrado daquele em que demonstra boa-fé na contratação.
> Na segunda hipótese (boa-fé), a declaração de nulidade não exime a Administração de indenizar o contratado pelo que tiver executado até o momento da nulificação do ajuste, tal como previsto no art. 59, da Lei nº 8.666/1993, in verbis:
> Art. 59. A declaração de nulidade do contrato administrativo opera retroativamente impedindo os efeitos jurídicos que ele, ordinariamente, deveria produzir, além de desconstituir os já produzidos.
> Parágrafo único. A nulidade não exonera a Administração do dever de indenizar o contratado pelo que este houver executado até a data em que ela for declarada e por outros prejuízos regularmente comprovados, contanto que não lhe seja imputável, promovendo-se a responsabilidade de quem lhe deu causa.
> Já no segundo caso (má-fé), embora não haja o dever de indenizar, esta Corte Superior já entendeu que a pena de ressarcimento ao erário deve corresponder, à luz do princípio

haver agido de má-fé ou concorrido para a nulidade. Ou seja, verificada a hipótese, todos os pagamentos efetuados devem ser restituídos à Administração Pública. Essa conclusão se lastreia no pressuposto de que a atuação de boa-fé é requisito para que o sujeito receba a proteção do direito relativa à indenização. Seria inaceitável que o contratado infrator se beneficiasse da própria torpeza para se isentar do dever de ressarcimento integral pelo dano decorrente da ilicitude. Tampouco poderia esse contratado socorrer-se da proibição do enriquecimento sem causa para negar a restituição dos pagamentos à Administração. Esse princípio, fundamentado na equidade e na moralidade, não poderia ser invocado por quem celebrou contrato com a Administração, violando o princípio da moralidade administrativa. Caracterizada a improbidade do particular, a este não socorreria qualquer fundamento jurídico para receber indenização pelo que houvesse executado (TCU, Plenário. TCE nº 01658820193. Rel. Min. Benjamin Zymler, j. 29.1.2020).

[415] STJ, Segunda Turma. AgRg no REsp nº 1394161/SC 2013/0228949-1. Rel. Min. Herman Benjamin, j. 8.10.2013.

da vedação do enriquecimento sem causa, "ao custo básico do produto ou serviço, sem nenhuma margem de lucro".[416]

Não é demais lembrar, com amparo nos princípios mais comezinhos de direito e nas regras mais basilares de convivência social, que a má-fé não se presume. Ao contrário, presume-se a boa-fé. Logo, quem alega a má-fé tem o ônus de prová-la.

É o escólio clássico do mestre Carlos Maximiliano:

> O dolo não se presume: na dúvida, prefere-se a exegese que o exclui. Todas as presunções militam a favor de uma conduta honesta e justa; só em face de indícios decisivos, bem fundadas conjeturas, se admite haver alguém agido com propósitos cavilosos, intuitos contrários ao Direito, ou à Moral.[417]

Com o mesmo timbre, desta feita analisando precisamente o princípio que veda o enriquecimento sem causa no que atine aos contratos administrativos, o Professor Celso Antônio Bandeira de Mello adverte:

> Deveras, não se toma como premissa corrente, o patológico, o anômalo. Por isto, a má-fé, para ser admitida como existente, demanda que dela se faça prova substante ou, quando menos, que se possa depreendê-la de indícios veementes, de elementos que precedendo ou circundando o ato (ou a relação jurídica), concorram de modo robusto para levar a uma convicção sólida de que a parte ou as partes agiram maliciosamente, animados por intuito vicioso. [...]
>
> Assim, inexistindo transparente expressão de má-fé por parte do administrado, não se poderá concluir que este concorreu para o ato viciado mediante procedimento malicioso, senão quando a articulação dos vários elementos a que se aludiu obrigue o pensamento a direcionar-se e a residir neste termo, não sendo suficientes para estabelecê-lo meras presunções, simples suspeitas, desvalidas de amparo fático ou desprovidas de consistência psicológica. É que, a ser de outro modo, instalar-se-ia a insegurança, a suspicácia, a fragilidade dos liames constituídos sob a égide do Poder Público.[418]

A regra é a boa-fé e, portanto, a Administração deve realizar os pagamentos devidos aos contratados ainda que diante de contratos que contenham ilegalidades. Apenas excepcionalmente, com elementos consistentes que desenhem a má-fé do contratado, é que a Administração pode reconhecê-la e, daí, recusar-se a realizar o pagamento, porém, enfatiza-se, indenizando o contratado a respeito de todos os custos incorridos por ele, sob pena de enriquecimento sem causa. O ônus da prova, para caracterizar a má-fé, se for o caso, pesa sobre os ombros da Administração Pública ou sobre os ombros de quem pretender alegá-la.

---

[416] STJ. REsp nº 1.678.097/MG 2017/0139344-6. Rel. Min. Gurgel de Faria, j. 18.5.2020.

[417] MAXIMILIANO, Carlos. *Hermenêutica e aplicação do direito*. 2. ed. Porto Alegre: Globo, 1933. p. 282.

[418] BANDEIRA DE MELLO, Celso Antônio. O princípio do enriquecimento sem causa em direito administrativo. *Revista Eletrônica de Direito Administrativo* – *REDAE*, Salvador, n. 5, fev./abr. 2006. Disponível em: http://www.direitodoestado.com.br/codrevista.asp?cod=91. Acesso em: 18 nov. 2021. p. 35.

2.2 Demais hipóteses de extinção anormal do contrato administrativo prescritas na Lei nº 14.133/2021

Os incisos do *caput* do artigo 137 da Lei nº 14.133/2021 enunciam hipótese de extinção anormal dos contratos administrativos no interesse da Administração, decorrentes do descumprimento de obrigações contratuais ou legais por parte do contratado, de eventos imprevisíveis ou por razões de interesse público. Nesses casos, conforme o inciso I do *caput* do artigo 138 da mesma lei, a Administração goza da prerrogativa de extinguir os contratos unilateralmente, desde que, como exige o *caput* do artigo 137, promova motivação formal e assegure o contraditório e ampla defesa.

O §2º do artigo 137 da Lei nº 14.133/2021 prevê hipóteses de extinção anormal dos contratos administrativos no interesse do contratado, decorrentes de fatos imputados à Administração. Nesses casos, na forma do inciso III do *caput* do artigo 138 da Lei nº 14.133/2021, a extinção do contrato deve ser determinada por decisão arbitral, em decorrência de cláusula compromissória ou compromisso arbitral, ou judicial.

Nota-se, a essa altura, que a extinção unilateral do contrato é prerrogativa concedida em favor da Administração e negada ao contratado. Ou seja, se a Administração quiser extinguir o contrato, ela o faz sozinha, sem ter que recorrer ao Poder Judiciário ou à arbitragem. Já o contratado, se quiser extinguir o contrato, terá de recorrer ao Poder Judiciário ou à arbitragem. Logo, trata-se de mais uma das denominadas cláusulas exorbitantes, prerrogativas protetoras do interesse público, que colocam a Administração em vantagem em relação ao contratado, como reconhece com todas as letras o inciso II do artigo 104 da Lei nº 14.133/2021.

A extinção também pode ser amigável, como estatui o inciso II do *caput* do artigo 138 da Lei nº 14.133/2021. Ela, nem seria preciso dizer, depende do consenso, do acordo entre as partes. A questão não é simples, porquanto, além da extinção em si, deve-se dispor a respeito dos seus efeitos.

3 Hipóteses de extinção administrativa

3.1 Descumprimento ou cumprimento irregular de cláusulas contratuais

O *caput* do artigo 115 da Lei nº 14.133/2021, em expressão do princípio do *pacta sunt servanda,* prescreve que o contrato administrativo deve ser executado fielmente pelas partes, que respondem sobre as consequências de sua inexecução total ou parcial.

Nesse sentido, o inciso I do *caput* do artigo 137 da Lei nº 14.133/2021 estabelece que constitui motivo para a rescisão contratual o "não cumprimento ou cumprimento irregular de normas editalícias ou de cláusulas contratuais, de especificações, de projetos ou de prazos".

É importante salientar que não é qualquer deslize do contratado o suficiente para rescindir o contrato. Se a falta do contratado puder ser corrigida, isto é, se ela não é irreversível, se não comprometer o contrato como um todo, a Administração, antes de optar pela extinção, deve dar oportunidade a ele para corrigi-la. No entanto, se o contratado persiste em erro, descumprindo suas obrigações, ainda que a falta não seja tão grave, é imperativa a extinção. Trata-se de aplicação do princípio da proporcionalidade aliado ao da economicidade, porquanto, em muitos casos, a extinção do contrato é medida extremamente onerosa para a Administração, que lhe causa inúmeros transtornos e inconvenientes.

3.2 Desatendimento das determinações regulares do fiscal ou do gestor do contrato

O inciso II do *caput* do artigo 137 da Lei nº 14.133/2021 prevê a extinção de contrato administrativo em caso de "desatendimento das determinações regulares emitidas pela autoridade designada para acompanhar e fiscalizar sua execução ou por autoridade superior".

A bem da verdade, como já explanado no capítulo relativo à execução dos contratos, o fiscal e o gestor do contrato ou os seus superiores não podem exigir do contratado nada de diferente do prescrito no contrato. A Administração, a essa altura, depois de firmado o contrato, deve apenas fiscalizar a execução dele. Se ela quiser que o contratado faça coisa nova, não prevista no instrumento, deve promover aditivo contratual, nos termos do artigo 124 da Lei nº 14.133/2021.

Em vista disso, o desatendimento das determinações regulares da fiscalização ou da gestão do contrato, aludidas no inciso II do *caput* do artigo 137 da Lei nº 14.133/2021, remete ao descumprimento de obrigações contratuais. Ora, a fiscalização e a gestão do contrato somente atuam para verificar se ele está ou não sendo executado à risca. Logo, determinações regulares ou anotação de faltas pressupõem o descumprimento do contrato.

Assim sendo, as hipóteses de extinção dos incisos I e II do *caput* do artigo 137 da Lei nº 14.133/2021 são redundantes. Ocorre que o descumprimento das obrigações contraídas no contrato já é causa para a extinção prevista no inciso I do mesmo artigo. Seguindo essa linha, a hipótese do inciso II, que depende do descumprimento de obrigações por parte do contratado, é abrangida pela do inciso I, perdendo por completo qualquer utilidade.

3.3 Alteração social ou modificação da finalidade ou da estrutura da empresa contratada

O inciso III do *caput* do artigo 137 da Lei nº 14.133/2021 enuncia como motivo para a extinção anormal do contrato administrativo "alteração social ou modificação da finalidade ou da estrutura da empresa que restrinja sua capacidade de concluir o contrato".

Por tributo à proporcionalidade, não é qualquer alteração social ou modificação da finalidade ou da estrutura da empresa que enseja a extinção do contrato. É necessário, para tanto, que a operação realizada implique prejuízo à execução do contratado, na letra da lei que "[...] restrinja sua capacidade de concluir o contrato". Sucede que alterações sociais e modificações na finalidade e na estrutura da empresa contratada são medidas bastante frequentes. Atualmente, muitas empresas passam por processo constante de alteração, que é fundamental para sua sobrevivência.

A extinção unilateral preconizada no inciso III do *caput* do artigo 137 da Lei nº 14.133/2021 demanda ampla motivação, cujo teor explicite o quanto a alteração ou a modificação havida interfere e prejudica a execução do contrato.

Por exemplo, o contrato deve ser extinto se o capital social da empresa contratada é alterado e, em vista disso, ela não tem mais condições econômico-financeiras de cumprir as obrigações contraídas em face da Administração em consonância com o que foi exigido no edital de licitação que antecedeu a contratação. Enfim, cada caso deve ser analisado de acordo com as suas especificidades, admitindo-se a extinção somente diante de prejuízos substanciais à execução do contrato.

3.4 Decretação de falência ou de insolvência civil, dissolução da sociedade ou falecimento do contratado

O inciso IV do *caput* do artigo 137 da Lei nº 14.133/2021 determina que a decretação de falência ou a instauração da insolvência civil, dissolução da sociedade ou falecimento do contratado são motivos para a extinção de contrato administrativo.

Anote-se, já de plano, que a extinção do contrato somente pode ser provocada por falência ou insolvência civil decretada, em homenagem aos princípios constitucionais do contraditório e da ampla defesa, entabulados no inciso LV do artigo 5º da Constituição Federal. O contrato não pode ser extinto unilateralmente, com prejuízos ao contratado, em vista de mero pedido de falência ou de insolvência civil não apreciado em definitivo pelo Poder Judiciário.

De todo modo, a hipótese de extinção preconizada no inciso em comento deve ser apreendida com olhos no inciso XVI do *caput* do artigo 92 da Lei nº 14.133/2021, cujo teor estatui como cláusula obrigatória em todos os contratos administrativos a obrigação do contratado de manter as condições de habilitação e qualificação exigidas.

Sucede que uma das condições para a habilitação de licitantes é justamente a qualificação econômico-financeira. Trocando-se em miúdos, exige-se dos licitantes boa situação econômico-financeira, suficiente para cumprir as obrigações a serem futuramente contraídas com a assinatura do contrato. Entre as exigências pertinentes à qualificação econômico-financeira, sobressai a do inciso II do *caput* do artigo 69 da Lei nº 14.133/2021, cujo texto demanda a apresentação, por parte dos licitantes, de certidão negativa de falência. A Lei nº 14.133/2021 não se refere, ao tratar dos requisitos de qualificação econômico-financeira, à certidão negativa de insolvência civil, que seria pertinente aos licitantes pessoas físicas. Em que pese a incoerência do legislador, o fato é que o inciso IV do *caput* do artigo 137 da Lei nº 14.133/2021 não permite a manutenção de contrato com pessoa em situação de insolvência, não importa se pessoa física ou jurídica, pressupondo que ela não dispõe de condições econômicas e financeiras para cumprir as obrigações estatuídas em contrato.

O inciso IV do *caput* do artigo 137 da Lei nº 14.133/2021 também estabelece que constitui motivo para a extinção do contrato a dissolução da sociedade ou o falecimento do contratado. A rigor, tais hipóteses são de extinção do contrato em face do desaparecimento da pessoa contratada. Ora, se o contratado não existe, quer pela dissolução de pessoa jurídica, quer pelo falecimento de pessoa física, o contrato é automaticamente extinto.

3.5 Caso fortuito e força maior

O inciso V do *caput* do artigo 137 da Lei nº 14.133/2021 autoriza a extinção anormal e unilateral por parte da Administração diante de "caso fortuito ou força maior, regularmente comprovados, impeditivos da execução do contrato".

O caso fortuito ou de força maior, na expressão do parágrafo único do artigo 393 do Código Civil, verifica-se no fato necessário, cujos efeitos não era possível evitar ou impedir. O caso fortuito, na lição de Hely Lopes Meirelles, desenha evento da natureza, ao passo que a força maior se consubstancia em evento humano.[419] De toda forma, ambos são eventos imprevisíveis, necessários, que os contratantes não poderiam evitar, como, por exemplo, desastres naturais, greves, interdição de estradas, paralisação de portos.

Há caso fortuito e força maior que não impedem a execução do contrato; apenas oneram a sua execução ou impedem que o contratado cumpra rigorosamente o prazo de execução. Nessas situações, o contrato não deve ser rescindido; ele deve ser objeto de revisão, nos termos da alínea "d" do inciso II do *caput* do artigo 124 da Lei nº 14.133/2021.

O caso fortuito ou a força maior que autoriza a extinção é somente aquele que impede as partes contratantes de cumprirem as obrigações por elas contraídas. Se é possível cumpri-las, não cabe a extinção. Portanto, a Administração não goza de maior discricionariedade. Sabendo que a execução do contrato ainda é possível, impõe-se a continuidade dele.

Muito embora o inciso V do *caput* do artigo 137, combinado com o inciso I do *caput* do artigo 138, ambos da Lei nº 14.133/2021, prescrevam que as situações de caso fortuito e força maior ensejam extinção administrativa, isto é, levada a cabo pela Administração, é forçoso admitir que ela também possa ser por meio de arbitragem ou judicial, no interesse do contratado. Ora, o contratado impedido de executar contrato em vista de caso fortuito ou força maior não pode ser compelido a fazê-lo, porque a prestação lhe é inexequível. Então, se a Administração não rescinde por si o contrato ou não concorda em fazê-lo, o contratado pode pleitear que o Tribunal Arbitral ou Poder Judiciário, conforme o caso, declare-o rescindido.

3.6 Atraso na licença ambiental e liberação de área ou alteração substancial de projeto dela resultante

Há contratos, a depender dos seus objetos e em especial os relativos às obras e aos serviços de engenharia, em que a execução depende da obtenção das respectivas licenças ambientais e da liberação de área, o que pode demandar procedimentos de desapropriação, desocupação, servidão administrativa ou equivalentes. Não é raro que ocorram atrasos e a necessidade de ajustes na especificação técnica do objeto do contrato em razão de condicionantes estabelecidas em licença ambiental ou por dificuldades atinentes à liberação das áreas.

A esse propósito, esclareça-se que o inciso XII do §1º do artigo 18 da Lei nº 14.133/2021 exige que o estudo técnico preliminar, elaborado na etapa preparatória da licitação, descreva os possíveis impactos ambientais e respectivas medidas mitigadoras.

---

[419] MEIRELLES, Hely Lopes. *Licitação e contrato administrativo*: de acordo com as leis 8.666, de 21.06.1993, 8.883, de 8.6.1994 e 9.648, de 27.5.1998. 12. ed. São Paulo: Malheiros, 1999. p. 222.

Sob essa luz, o inciso XXV do artigo 6º da Lei nº 14.133/2021 prescreve que o projeto básico deve assegurar o tratamento do impacto ambiental do empreendimento.

Nada obstante isso, consoante o §5º do artigo 25 da Lei nº 14.133/2021, a Administração goza de discricionariedade para dispor no edital sobre qual das partes contratantes, a Administração ou o contratado, deve ser o responsável pela obtenção do licenciamento ambiental ou a realização de desapropriação. A propósito, o §6º do mesmo artigo preceitua que os licenciamentos ambientais:

> [...] de obras e serviços de engenharia licitados e contratados nos termos desta Lei terão prioridade de tramitação nos órgãos e entidades integrantes do Sistema Nacional do Meio Ambiente (Sisnama) e deverão ser orientados pelos princípios da celeridade, da cooperação, da economicidade e da eficiência.

O §4º do artigo 115 da Lei nº 14.133/2021 exige que, nas contratações de obras e serviços de engenharia, se o edital considerar que a responsabilidade sobre o licenciamento é da Administração, "[...] a manifestação prévia ou licença prévia, quando cabíveis, deverão ser obtidas antes da divulgação do edital". Portanto, nesses casos em que a responsabilidade é da Administração e tendo ela obtido a manifestação prévia ou licença prévia na etapa preparatória da licitação, é de supor que a licença de operação seja obtida no tempo devido, sem maiores percalços e sem necessidade de alterações significativas no anteprojeto que dela resultar.

De toda sorte, sempre é possível que ocorram problemas, que demandam ajustes nos respectivos contratos, o que pode repercutir no seu equilíbrio econômico-financeiro. Por isso, o §2º do artigo 92 da Lei nº 14.133/2021 prescreve:

> de acordo com as peculiaridades de seu objeto e de seu regime de execução, o contrato conterá cláusula que preveja período antecedente à expedição da ordem de serviço para verificação de pendências, liberação de áreas ou adoção de outras providências cabíveis para a regularidade do início de sua execução.

Sob a mesma perspectiva, também mirando obras e serviços de engenharia, o §2º do artigo 124 da Lei nº 14.133/2021 determina que é devida a revisão contratual para o restabelecimento do equilíbrio econômico-financeiro, nos termos da alínea "d" do inciso II do *caput* do mesmo artigo 124, "[...] quando a execução for obstada pelo atraso na conclusão de procedimentos de desapropriação, desocupação, servidão administrativa ou licenciamento ambiental, por circunstâncias alheias ao contratado".

Sucede, de um jeito ou de outro, que podem vir a ocorrer atrasos desproporcionais no licenciamento e na liberação das áreas, que podem prejudicar o próprio interesse público na execução do objeto do contrato. É também possível que o licenciamento ambiental demande o atendimento de condicionantes expressivas, que importam alteração de maior vulto no objeto do contrato, que também podem levar a Administração a reavaliar o próprio mérito da contratação.

Tendo em vista essas situações mais extremadas, o inciso VI do *caput* do artigo 137 da Lei nº 14.133/2021 permite à Administração extinguir antecipadamente o contrato no caso de "atraso na obtenção da licença ambiental, ou impossibilidade de obtê-la, ou alteração substancial do anteprojeto que dela resultar, ainda que obtida no prazo previsto". Com a mesma toada, o inciso VII do *caput* do mesmo artigo 137 também autoriza que ela o faça diante do "atraso na liberação das áreas sujeitas a desapropriação, a desocupação ou a servidão administrativa, ou impossibilidade de liberação dessas áreas".

Então, em princípio, problemas na obtenção do licenciamento ambiental e na liberação das áreas autorizam a revisão contratual, em consonância ao §2º do artigo 124 da Lei nº 14.133/2021. Se os problemas forem mais expressivos, a ponto de prejudicarem de forma mais aguda o interesse público ou inviabilizarem a execução do objeto contratado, a Administração dispõe do direito de extinguir unilateralmente o contrato. Quer dizer que a Administração goza de competência discricionária para avaliar os reflexos das intercorrências tocantes ao licenciamento ambiental e à liberação das áreas, de modo a decidir se prossegue com o contrato, podendo, se for o caso, promover termo aditivo para realizar os ajustes necessários.

Menciona-se que, em acordo com o inciso V do §2º do artigo 137 da Lei nº 14.133/2021, nas situações em que a responsabilidade sobre o licenciamento ambiental e a liberação das áreas for da Administração, a não liberação nos prazos estabelecidos no contrato confere ao contratado o direito de pleitear a extinção do contrato perante Tribunal Arbitral ou Poder Judiciário, conforme o caso.

3.7 Interesse público

O inciso VIII do *caput* do artigo 137 da Lei nº 14.133/2021 admite que a Administração desfaça unilateralmente contrato diante de "razões de interesse público, justificadas pela autoridade máxima do órgão ou da entidade contratante". Veja-se que, nessa hipótese, o contratado cumpre suas obrigações à risca. Não é a falta do contratado que enseja a extinção. O que enseja a extinçao é o interesse público que dispensa as utilidades propiciadas pelo contrato outrora firmado.

As demandas do interesse público são mutáveis, no mesmo passo que as demandas sociais são mutáveis. Portanto, contrato que se mostrava útil talvez deixe de sê-lo. Tudo que faz a Administração, por força do regime jurídico-administrativo, deve visar ao atendimento do interesse público. Se contrato firmado por ela não é mais útil, não atende ao interesse público, deve ser extinto.

Trata-se de mais uma das denominadas cláusulas exorbitantes, prerrogativas protetoras do interesse público, que colocam a Administração em posição privilegiada em relação ao contratado.

Cabe ressaltar que não é qualquer alusão genérica a interesse público que justifica a extinção do contrato. De acordo com o próprio inciso VIII do *caput* do artigo 137 da Lei nº 14.133/2021, as razões de interesse público devem ser justificadas pela autoridade máxima do órgão ou entidade, o que sinaliza que a extinção deve ser amparada em algo concreto e forte. Os fatos apontados devem ter repercussão para o órgão ou entidade, tanto que o dispositivo demanda a justificativa de sua autoridade máxima. De mais a mais, a extinção por motivo de interesse público deve encontrar estofo no princípio da proporcionalidade, logo, deve ser adequada e necessária para curar do interesse público, além de proporcional em sentido estrito. Esses aspectos da proporcionalidade devem ser evidenciados ou depreendidos da justificativa.

3.8 Descumprimento das obrigações relativas à reserva de cargos prevista em lei, bem como em outras normas específicas, para pessoa com deficiência, para reabilitado da Previdência Social ou para aprendiz

O inciso VIII do *caput* do artigo 137 da Lei nº 14.133/2021 prescreve que constitui motivo para a extinção de contrato, por parte da Administração, o descumprimento, por parte do contratado, "das obrigações relativas à reserva de cargos prevista em lei, bem como em outras normas específicas, para pessoa com deficiência, para reabilitado da Previdência Social ou para aprendiz". A propósito, o artigo 93 da Lei nº 8.213/1991 determina que "a empresa com 100 (cem) ou mais empregados está obrigada a preencher de 2% (dois por cento) a 5% (cinco por cento) dos seus cargos com beneficiários reabilitados ou pessoas portadoras de deficiência [...]".

Lembre-se que o inciso IV do artigo 63 da Lei nº 14.133/2021 exige do licitante, na fase de habilitação, "[...] declaração de que cumpre as exigências de reserva de cargos para pessoa com deficiência e para reabilitado da Previdência Social, previstas em lei e em outras normas específicas". Então, o inciso VIII do *caput* do artigo 137 da Lei nº 14.133/2021 tem a ver com a obrigação do contratado de manter as condições de habilitação, como exigido no inciso XVI do *caput* do artigo 92 da Lei nº 14.133/2021. Remete-se o leitor, para uma explicação mais bem contextualizada, ao Capítulo 6.

Em reforço, o artigo 116 da Lei nº 14.133/2021 determina que, "ao longo de toda a execução do contrato, o contratado deverá cumprir a reserva de cargos prevista em lei para pessoa com deficiência, para reabilitado da Previdência Social ou para aprendiz, bem como as reservas de cargos previstas em outras normas específicas". Em complemento, o parágrafo único do artigo preceitua que, "sempre que solicitado pela Administração, o contratado deverá comprovar o cumprimento da reserva de cargos a que se refere o *caput* deste artigo, com a indicação dos empregados que preencherem as referidas vagas".

4 Processo administrativo para a extinção no interesse da Administração

Como expresso no inciso I do *caput* do artigo 138 da Lei nº 14.133/2021, a decisão pela extinção do contrato nas hipóteses do *caput* do artigo 137 da mesma lei é da Administração, sem que seja necessário recorrer ao Poder Judiciário, a árbitro ou a algo equivalente. Se o contratado, no entanto, sente-se prejudicado, é permitido que ele recorra ao Tribunal Arbitral ou ao Poder Judiciário, conforme o caso, manejando as medidas que repute pertinentes.

Muito embora a extinção seja administrativa e unilateral, a entidade administrativa deve seguir algumas formalidades enfeixadas na própria Lei nº 14.133/2021 e, no caso da Administração Pública Federal, na Lei nº 9.784/1999.

Nos casos de extinção administrativa, o *caput* do artigo 137 da Lei nº 14.133/2021 exige processo administrativo, decisão motivada e que seja assegurado ao contratado o contraditório e a ampla defesa.

Sendo assim, de plano, é importante que seja aberto processo administrativo para realizar a extinção do contrato, devidamente autuado. Sugere-se que esse processo administrativo tramite em apenso aos autos do próprio contrato.

Demais disso, é necessário assegurar ao contratado o direito ao contraditório e à ampla defesa. Portanto, muito embora a extinção seja unilateral, isto é, decidida pela entidade administrativa, antes dela devem-se ouvir as razões do contratado, com especial atenção à versão dele dos fatos que ensejam a extinção. Trata-se de expressão dos princípios constitucionais do contraditório e da ampla defesa, aplicáveis aos processos administrativos como reconhecido pelo inciso LV do artigo 5º da Constituição Federal.

Advirta-se que o contraditório e a ampla defesa são devidos mesmo na hipótese de a Administração não imputar culpa ou descumprimento contratual por parte do contratado. É que, em qualquer hipótese, o contratado pode se sentir prejudicado pela extinção prematura do contrato e, nessa medida, é garantido a ele a oportunidade de deduzir suas razões de fato e de direito.

Para que haja o contraditório e ampla defesa, a entidade deve expedir ato administrativo para o efeito de intimar o contratado sobre a sua intenção de extinguir o contrato, deixando claro quais os fatos que a levaram a tomar tal medida e qual o fundamento legal para tanto. É preciso franquear amplo acesso ao contratado sobre todos os documentos atinentes à extinção contratual, que interferiram na formação do juízo da Administração.[420] Ao contratado, então, depois de recebida tal intimação, abre-se o prazo para expor a sua versão dos fatos e do direito, exercendo o contraditório.

À Administração é permitido, em casos excepcionais, suspender a execução do contrato até a decisão final do processo, desde que haja receios fundados de que a continuidade dele acarretaria lesão ou prejuízo ao interesse público, tudo com base no artigo 45 da Lei nº 9.784/1999. Logo, se for o caso, a Administração deve, no ato administrativo que intima o contratado a respeito da intenção de rescindir o contrato, comunicar a ele a suspensão da execução da avença.

O contratado deve ser intimado a respeito desse ato administrativo por meio de ciência no processo, por via postal com aviso de recebimento, por telegrama ou outro meio que assegure a certeza de sua ciência, como prescreve o §3º do artigo 26 da Lei nº 9.784/1999. A intimação somente pode ser realizada por meio de publicação oficial nas situações em que o domicílio (sede) do contratado for desconhecido, consoante prevê o §4º do artigo 26 da Lei nº 9.784/1999.

O contratado, uma vez intimado, dispõe do prazo de 3 dias úteis para manifestar-se, aplicando-se analogicamente o prazo preceituado para o recurso previsto na alínea "e" do inciso I do *caput* do artigo 165 da Lei nº 14.133/2021.

---

[420] "7. No mérito, observo que o art. 78, inciso XII, da Lei 8.666/1993 permite a rescisão contratual por razões de interesse público, exigida a necessária e obrigatória motivação. E mais, assegurando-se o contraditório e a ampla defesa ao contratado, conforme exigido nesse mesmo dispositivo legal e no art. 5º, inciso LV da Constituição Federal. 8. Entretanto, no caso em análise, os documentos acostados aos autos não demonstram o preenchimento desses requisitos normativos. É que a empresa Construtora Jole Ltda. não teve acesso ao projeto de alteração das obras para as quais foi contratada, o que, segundo a contratante (Agespisa), daria suporte ao interesse público apto a motivar a rescisão em exame (peça 23, fls.19-27, 28-35; peça 24, fls. 5-27), conforme anotado no item 6 da instrução transcrita no relatório precedente. 9. Explica a unidade técnica que o contraditório e a ampla defesa que deveriam ter sido oportunizados à Construtora Jole Ltda. não lhe permitiriam questionar a decisão discricionária da Agespisa quanto à rescisão. Porém, seria necessário que a empresa tivesse acesso à cópia do projeto de alteração das obras que fundamentou o ato de rescisão. Somente assim, eventualmente, poderia admitir encampar as alterações no Contrato 42/2010, por meio de termos aditivos" (TCU, Plenário. Acórdão nº 1.474/2016. Rel. Min. Augusto Nardes, j. 8.6.2016).

Apresentada a manifestação do contratado, ela deve ser analisada pela Administração. Nesse momento, é preciso verificar se o contratado requereu ou não a produção de prova no processo administrativo. Se requereu, a Administração deve analisar sua pertinência aos fatos. Se pertinente, deve ser produzida. O contratado tem o direito de produzir as provas sobre os fatos que dão suporte à eventual extinção do contrato. A supressão desse direito importa na violação do princípio da ampla defesa e torna nulo o processo administrativo, bem como, por lógica, a eventual decisão de extinção. A prova requerida somente pode ser rejeitada pela Administração se for ilícita, impertinente, desnecessária ou protelatória, de acordo com o §2º do artigo 38 da Lei nº 9.784/1999. A rejeição da prova deve ser motivada e encarada excepcionalmente.

Se for o caso de produzir prova, o contratado deve ser intimado (com antecedência de 3 dias úteis, como prescreve o §2º do artigo 26 da Lei nº 9.784/1999) e deve ser franqueado a ele o direito de acompanhá-la, bem como, ao final, de apresentar alegações finais, manifestando-se formalmente sobre a prova produzida, no prazo de 10 dias, consoante o artigo 44 da Lei nº 9.784/1999.

Recomenda-se que o processo seja encaminhado para a assessoria jurídica, a fim de que esta emita parecer, no prazo, em regra, de quinze dias, como dispõe o artigo 42 da Lei nº 9.784/1999. Ressalva-se, no entanto, que a manifestação da assessoria jurídica não é obrigatória antes da extinção do contrato, dado que não exigida em qualquer dispositivo da Lei nº 14.133/2021.

Depois disso, o processo deve ser direcionado à autoridade competente, que deve decidir pela extinção ou pela manutenção do contrato. O §1º do artigo 138 da Lei nº 14.133/2021 demanda que "a extinção determinada por ato unilateral da Administração e a extinção consensual deverão ser precedidas de autorização escrita e fundamentada da autoridade competente e reduzidas a termo no respectivo processo".

É importante que o ato de extinção seja motivado. Isto é, a autoridade competente deve indicar os fatos que a levaram a extinguir o contrato e o fundamento jurídico da extinção. À autoridade competente, a teor do §1º do artigo 50 da Lei nº 9.784/1999, é permitido decidir e utilizar como motivação o parecer jurídico ou técnico juntado no processo. Para isso, ela deve indicar expressamente no ato de extinção que os motivos são os apontados no parecer.

É de advertir que a autoridade competente deve enfrentar os argumentos de defesa e fatos articulados pelo contratado, o que está ínsito no dever de motivação. Aliás, o processo administrativo para a extinção de contrato administrativo não se constitui em mera formalidade, deve-se valorizar a sua faceta substancial e material. Nas palavras de Pedro de Menezes Niebuhr:

> Ocorre que o processo administrativo não cuida apenas do rito para se alcançar o ato administrativo final, mas ocupa-se também em assegurar critérios e meios para que a posição dos particulares – seus argumentos, fatos, direitos e interesses – externada através do respeito daquele rito seja, efetivamente, tomada em consideração no atuar da Administração. De nada adiantaria conceber um conjunto de regras que viabilize a participação do interessado – tanto para que ele possa proteger seus interesses quanto para que possa contribuir para a edição da decisão mais adequada e informada – se esta participação não for, concretamente, tomada em consideração pela Administração. Esta disfunção, aliás, infelizmente parece ser

corriqueira na praxe administrativa, onde processos são conduzidos com o único propósito de tornar definitivo juízo pré-concebido do agente sobre dada pretensão.[421]

O contratado deve ser intimado do ato de extinção na forma do artigo 26 da Lei nº 9.784/1999, sugere-se que do mesmo modo que o foi para apresentar a sua manifestação. Da intimação, abre-se ao contratado o prazo de 3 dias úteis para interpor recurso, que produz efeito suspensivo, tudo em compasso à alínea "e" do inciso I do *caput* do artigo 165, combinado com o *caput* do artigo 168, ambos da Lei nº 14.133/2021.

O recurso deve ser decidido de maneira motivada. Recomenda-se que antes ele seja apreciado pela assessoria jurídica, como sinalizado no parágrafo único do artigo 168 da Lei nº 14.133/2021. Decidido o recurso, o contratado deve ser novamente intimado. A partir desse momento, exaure-se a discussão sobre a extinção do contrato na esfera administrativa. Se o contratado não se conformar, cabe a ele apenas recorrer ao Poder Judiciário.

5 Efeitos da extinção administrativa

O *caput* do artigo 139 da Lei nº 14.133/2021 prescreve:

> [...] a extinção determinada por ato unilateral da Administração poderá acarretar, sem prejuízo das sanções previstas nesta Lei, as seguintes consequências:
> I - assunção imediata do objeto do contrato, no estado e local em que se encontrar, por ato próprio da Administração;
> II - ocupação e utilização do local, das instalações, dos equipamentos, do material e do pessoal empregados na execução do contrato e necessários à sua continuidade;
> III - execução da garantia contratual para:
> a) ressarcimento da Administração Pública por prejuízos decorrentes da não execução;
> b) pagamento de verbas trabalhistas, fundiárias e previdenciárias, quando cabível;
> c) pagamento das multas devidas à Administração Pública;
> d) exigência da assunção da execução e da conclusão do objeto do contrato pela seguradora, quando cabível;
> IV - retenção dos créditos decorrentes do contrato até o limite dos prejuízos causados à Administração Pública e das multas aplicadas.

Pois bem, conforme o inciso I do *caput* do artigo 139 da Lei nº 14.133/2021, nos casos de extinção por ato unilateral da Administração, ela pode vir a assumir imediatamente o objeto do contrato, no estado e local em que se encontrar. Há casos em que a medida é necessária.[422] Por exemplo, se o contrato estiver executando obra pública, com a extinção, a Administração deve assumi-la, tomando para si a posse direta dela. Nessa hipótese,

---

421 NIEBUHR, Pedro de Menezes. *Processo administrativo ambiental*. Rio de Janeiro: Lumen Juris, 2014. p. 103.

422 "TOMADA DE CONTAS ESPECIAL DECORRENTE DE REPRESENTAÇÃO. IRREGULARIDADES EM OBRAS DE PRESÍDIOS NO ESTADO DA PARAÍBA. CONTAS IRREGULARES. DÉBITO. MULTA. RECURSO DE RECONSIDERAÇÃO. CONHECIMENTO. PROVIMENTO PARCIAL. EXCLUSÃO DO DÉBITO DECORRENTE DO PAGAMENTO DE SERVIÇOS NÃO EXECUTADOS. PRESCRIÇÃO DA PRETENSÃO PUNITIVA. EXCLUSÃO DA MULTA DO ART. 57 DA LEI 8.443/1992. 22. *Não há dúvida de que em caso de paralisação ou rescisão contratual, ocorre a assunção imediata do objeto do contrato, no estado e local em que se encontrem (art. 80, inciso I, da Lei 8.666/1993)*" (TCU, Plenário. Acórdão nº 359/2020. Rel. Min. Bruno Dantas, j. 19.2.2020).

com a extinção do contrato, o contratado não tem mais a obrigação de cuidar da obra nem goza de título jurídico para manter consigo a posse direta dela, por efeito do que a Administração deve assumi-la, com todas as responsabilidades que lhe são inerentes, inclusive as de cuidar e manter.

Nesses casos, em conformidade com o §1º do artigo 139 da Lei nº 14.133/2021, à Administração é permitido dar continuidade à execução do contrato, direta ou indiretamente.

Nos termos do §7º do artigo 90 da Lei nº 14.133/2021, se a opção da Administração for a de dar continuidade à execução do contrato de modo indireto, é permitido a ela convocar os demais licitantes classificados para a contratação do remanescente. Nesse caso, a Administração deve convocar os licitantes de acordo com a ordem de classificação obtida na licitação e é permitido que o novo contrato não reproduza exatamente as condições do contrato rescindido, desde que todos os licitantes tenham recusado as condições originais, atendidos os pressupostos contidos no §4º do artigo 90 da Lei nº 14.133/2021.

À Administração também é permitido, com base no inciso II do *caput* do artigo 139 da Lei nº 14.133/2021, proceder à "ocupação e utilização do local, das instalações, dos equipamentos, do material e do pessoal empregados na execução do contrato e necessários à sua continuidade". O inciso V do *caput* do artigo 104 da Lei nº 14.133/2021 autoriza à Administração:

> ocupar provisoriamente bens móveis e imóveis e utilizar pessoal e serviços vinculados ao objeto do contrato nas hipóteses de:
> a) risco à prestação de serviços essenciais;
> b) necessidade de acautelar apuração administrativa de faltas contratuais pelo contratado, inclusive após extinção do contrato.

Atrai a atenção o fato de que se permite a ocupação de bens do contratado e até mesmo de terceiros, desde que utilizados na execução do contrato, como pode ser o caso de bens de subcontratados ou de fornecedores ou prestadores de serviços do contratado.

Note-se que a hipótese do inciso V do *caput* do artigo 104, vinculada à prestação de serviços públicos essenciais e à apuração de faltas contratuais, é mais restritiva e rigorosa do que a do inciso II do *caput* do artigo 139, dependente da mera necessidade de dar continuidade à atividade administrativa, não necessariamente vinculada a serviço público essencial. As justificativas que se demandam para a ocupação são diferentes, o que revela incongruência do legislador. Deve-se compreender os requisitos para a ocupação de modo alternativo, o que significa que o atendimento de apenas um deles já é o suficiente para a aludida ocupação. Sendo assim, o mais provável é que a Administração prefira o inciso II do *caput* do artigo 139, menos restritivo e rigoroso.

A ocupação de bens do contratado ou de terceiros é cláusula exorbitante, prerrogativa protetora do interesse público, que é expressão do princípio da continuidade do serviço público. A ideia é que a extinção de contrato administrativo e os seus consectários efeitos patrimoniais não devem prejudicar a continuidade das atividades administrativas. Essa prerrogativa conferida em favor da Administração pode produzir efeitos gravíssimos sobre o contratado e terceiros, porque pode privar-lhes dos meios indispensáveis para a mantença das suas atividades econômicas. Então, essa prerrogativa deve ser compreendida com parcimônia, para casos efetivamente excepcionais, tudo devidamente justificado.

Por isso, o §2º do artigo 139 da Lei nº 14.133/2021 enuncia que a ocupação ou utilização dos bens do contratado deve ser precedida "[...] de autorização expressa do ministro de Estado, do secretário estadual ou do secretário municipal competente, conforme o caso". Trata-se de requisito especial de governança estabelecido pela legislação, que afasta a decisão sobre medida tão drástica da esfera do próprio órgão ou entidade, demandando a apreciação por autoridade que seja representativa do respectivo ente federativo.

Soma-se a isso que a ocupação ou utilização dos bens do contratado ou de terceiros deve ser pelo menor tempo possível. A Administração não goza do direito de reter os bens de terceiros por tempo indeterminado. Ao contrário, ela tem o dever de, imediatamente após a extinção do contrato, tomar as providências para adquirir tais bens ou contratá-los junto a terceiros, inclusive, se for o caso, por meio da dispensa de licitação amparada em situação emergencial.

Não existe, a bem da verdade, um tempo máximo, preestabelecido por lei, dentro do qual à Administração é lícito reter os bens do contratado ou de terceiros. Ora, cada caso guarda as suas especificidades e apresenta as suas demandas específicas. No entanto, a Administração deve justificar o tempo em que retém os bens sob sua posse, demonstrando que ela, imediatamente à extinção, tomou todas as medidas para substituí-los a fim de executar o contrato com bens próprios ou contratados perante terceiros. O tempo máximo, nesse caso, diante do princípio da proporcionalidade, é o mínimo possível.

Soma-se a isso que a Administração, por força do inciso III do *caput* do artigo 139 da Lei nº 14.133/2021, quando o contrato é rescindido em razão de falta do contratado, deve executar a garantia contratual para fazer frente a:

> a) ressarcimento da Administração Pública por prejuízos decorrentes da não execução;
> b) pagamento de verbas trabalhistas, fundiárias e previdenciárias, quando cabível;
> c) pagamento das multas devidas à Administração Pública;
> d) exigência da assunção da execução e da conclusão do objeto do contrato pela seguradora, quando cabível.

Na verdade, a Administração deve executar a garantia e tomar todas as outras providências que sejam cabíveis visando ser ressarcida a respeito de todos os prejuízos causados pelo contratado. Nessa toada, cabe a ela, com arrimo no inciso IV do *caput* do artigo 139 da Lei nº 14.133/2021, reter os pagamentos em princípio devidos ao contratado, compensando-os com os prejuízos impingidos por ele.[423] [424]

Registre-se que a Administração não dispõe do direito de reter garantias e todos os pagamentos devidos ao contratado automaticamente. A ela cabe reter o montante necessário para fazer frente aos prejuízos impingidos pelo contratado. Nem mais, nem menos. Portanto, deve-se apurar os prejuízos no processo de extinção, ouvir o contratado, por obséquio ao princípio do contraditório entabulado no inciso LV do artigo 5º da Constituição Federal, e, então, tomar decisão definitiva.

6 Hipóteses de extinção judicial

6.1 Supressão unilateral acima do limite legal

O inciso I do §2º do artigo 137 da Lei nº 14.133/2021 prescreve que constitui motivo para a extinção do contrato a supressão do objeto do contrato realizada unilateralmente pela Administração cujo montante ultrapasse o limite fixado no artigo 125 da Lei nº 14.133/2021, que é de 25% do valor inicial atualizado do contrato.

A rigor, à Administração somente é permitido suprimir o objeto do contrato em até 25% do seu valor inicial atualizado. A supressão do objeto, sem a concordância do contratado, com repercussão superior à referida percentagem, constitui ilegalidade e, pois, demanda anulação. Portanto, o contratado, em vez de pleitear a extinção do contrato, pode, se quiser, pleitear a anulação do aditivo contratual ou da parte dele que excede o limite legal. Em resumo, pode-se dizer que, diante de situação desse naipe, o contratado dispõe de duas opções: ou pleiteia judicialmente a extinção ou pleiteia a anulação do aditivo ou do montante dele que excede o limite legal.

A Administração, para agir corretamente, se quiser suprimir o objeto em montante superior ao limite preconizado no artigo 125 da Lei nº 14.133/2021, deve procurar o contratado e obter a aceitação dele. Ocorre que a supressão consensual não encontra limites expressos e específicos na Lei nº 14.133/2021. Logo, não haveria motivo, para qualquer das partes, para pretender a extinção.

---

[423] "APELAÇÃO MANDADO DE SEGURANÇA CONTRATO ADMINISTRATIVO - Pretensão inicial da empresa impetrante voltada ao reconhecimento da ilegalidade de sanções administrativas aplicadas, em decorrência da inexecução de contrato de prestação de serviços – Impossibilidade Conduta culposa da contratada - Necessidade de dilação probatória para demonstrar a ausência de culpa na conduta perpetrada pela empresa recorrente Sanção administrativa de retenção de crédito que, em tese, é permitida. Necessidade de dilação probatória que não se faz possível no mandamus Inadequação da via eleita Extinção do mandado de segurança por falta de interesse de agir na modalidade adequação, consoante inteligência do art. 267, IV, do CPC Sentença denegatória mantida Recurso não provido" (TJSP, Quarta Câmara de Direito Público. AC nº 0006727-37.2013.8.26.0222. Rel. Des. Paulo Barcellos Gatti, j. 13.4.2015).

[424] "9.1. determinar ao Instituto Nacional do Câncer - Inca que, no prazo de 120 dias: 9.1.1. promova ações de ressarcimento do dano ao erário decorrente do abandono das obras de implantação do Campus Integrado do Inca - Rio de Janeiro, incluindo na quantificação do débito as seguintes parcelas: 9.1.1.1. gastos referentes ao contrato emergencial firmado com a empresa [Engenharia].; 9.1.1.2. despesas relativas aos materiais, equipamentos e documentos que foram pagos, mas que não se encontram em posse da contratante; 9.1.1.3. valores referentes ao descompasso entre os pagamentos da rubrica administração local e o avanço físico da obra; 9.1.1.4. custos para correção dos vícios construtivos das parcelas executadas no âmbito do contrato firmado com a empresa [contratada]; 9.1.2. adote as providências cabíveis para o ressarcimento do dano calculado em conformidade com o subitem anterior, instaurando, se for o caso, tomada de contas especial, responsabilizando os agentes públicos e os terceiros que tenham dado causa ao dano" (TCU, Plenário. Acórdão nº 1.182/2018. Rel. Min. Benjamin Zymler, j. 23.5.2018).

De todo modo, se o contratado não concordar com a alteração que excede os limites legais, a Administração, se tal alteração realmente for necessária, deve buscar rescindir o contrato unilateralmente, com fundamento no inciso VIII do *caput* do artigo 137 da Lei nº 14.133/2021, sob a escusa de razões de interesse público, respeitadas as condicionantes e formalidades legais. Depois disso, caberia a ela lançar novo processo e firmar novo contrato, com o quantitativo desejado.

6.2 Suspensão da execução do contrato

Pela força obrigatória dos contratos, as partes contratantes devem cumprir suas obrigações à risca, inclusive no tocante aos prazos contratuais, que devem seguir sem retardamento, paralisações, suspensões ou medidas equivalentes.

Com essa roupagem, o §1º do artigo 115 da Lei nº 14.133/2021 prescreve que "é proibido à Administração retardar imotivadamente a execução de obra ou serviço, ou de suas parcelas, inclusive na hipótese de posse do respectivo chefe do Poder Executivo ou de novo titular no órgão ou entidade contratante".

Perceba-se que o dispositivo proíbe o retardamento imotivado por parte da Administração. Valendo-se do argumento *a contrario sensu*, é permitido o retardamento motivado, o que representa mais uma cláusula exorbitante, protetiva do interesse público, preceituada na Lei nº 14.133/2021 em prol da Administração. O retardamento pode se dar de diversas formas, como a diminuição do ritmo, paralisação ou suspensão da execução. Sob essa luz, o retardamento da execução do contrato ou medida equivalente deve ser excepcional, diante de verdadeira necessidade amparada em interesse público.

Sob essas considerações, o fato é que a suspensão afeta a esfera jurídica dos contratados, que devem ser protegidos e compensados. Assim, o §5º do artigo 115 da Lei nº 14.133/2021 estabelece que, "em caso de impedimento, ordem de paralisação ou suspensão do contrato, o cronograma de execução será prorrogado automaticamente pelo tempo correspondente, anotadas tais circunstâncias mediante simples apostila". Também é o caso de reestabelecer o equilíbrio econômico-financeiro dos contratos, diante do inciso XXI do artigo 37 da Constituição Federal, do §1º do artigo 104, da alínea "d" do inciso II do *caput* do artigo 124, e do inciso II do §3º do artigo 137, todos da Lei nº 14.133/2021.

Para além disso, a suspensão da execução do contrato, ainda que represente medida excepcional, se ultrapassar certos limites, autoriza o contratado a pleitear a sua extinção. É o que dispõem os incisos II e III do §2º do artigo 137 da Lei nº 14.133/2021. O inciso II refere-se à "suspensão de execução do contrato, por ordem escrita da Administração, por prazo superior a 3 (três) meses". O inciso III diz respeito às "repetidas suspensões que totalizem 90 (noventa) dias úteis, independentemente do pagamento obrigatório de indenização pelas sucessivas e contratualmente imprevistas desmobilizações e mobilizações e outras previstas".

Comparando-se os incisos II e III do §2º do artigo 137 da Lei nº 14.133/2021, destacam-se duas distinções. A primeira é atinente à causa para a extinção do contrato. Nesse sentido, o inciso I demanda uma única suspensão que supere o prazo nele indicado e o inciso II abrange mais de uma suspensão, cujos períodos, somados, perfaçam o prazo nele disposto. A segunda distinção é atinente ao prazo. O inciso I autoriza que o contratado pleiteie a extinção do contrato se uma única suspensão ultrapassa três meses. Advirta-se que, conforme o inciso I, três meses não são suficientes, a suspensão deve ultrapassar 3 meses. O inciso II autoriza o pedido de extinção contratual por parte do contratado caso mais de uma suspensão (podem ser diversas e por períodos curtos) somem 90 dias úteis. Daí 90 dias úteis são suficientes, não é necessário ultrapassar tal prazo. Não se antevê explicação plausível e consistente para a distinção relativa aos prazos. O legislador quis prever prazo um pouco maior para a situação em que os períodos relativos a diferentes suspensões são somados.

Pondera-se que a ordem escrita, expressa no inciso II do §2º do artigo 137 da Lei nº 14.133/2021, é formalidade a que se obriga a Administração, por efeito do que o desatendimento dela não pode ser prejudicial ao contratado, de modo que não é obstáculo para que ele pleiteie a extinção do contrato. Também convém observar que o direito à indenização pelas desmobilizações, mobilizações e por demais prejuízos tem lugar diante de qualquer suspensão contratual, uma única ou diversas, em que pese ele ter sido realçado apenas no inciso III do §2º do artigo 137 da Lei nº 14.133/2021.

O fato é que, normalmente, a suspensão do contrato importa efeitos negativos e graves para o contratado. Sucede que, para executar contrato, o contratado mobiliza capital, pessoal, equipamentos e outros recursos, deixando de assumir novos compromissos. Com a suspensão, o contratado permanece com o capital, pessoal e equipamentos imobilizados, sem, na prática, receber remuneração por isso. Ocorre que a Administração pode retomar a execução do contrato suspenso a qualquer tempo. E, em vista disso, enquanto o contrato estiver suspenso, o contratado precisa manter toda a estrutura operacional para executá-lo de prontidão.

A bem da verdade, o §2º do artigo 138 da Lei nº 14.133/2021 prescreve que o contratado seja indenizado pelos prejuízos causados pela suspensão. No entanto, na prática, a Administração não costuma fazê-lo. Daí que, com a recusa da Administração, se o contratado realmente pretende ser indenizado, ele deve recorrer à arbitragem ou ao Poder Judiciário, conforme o caso, e enfrentar litígio. Os prejuízos, insista-se, são enormes.

Dentro dessa perspectiva, os incisos II e III do §2º do artigo 137 da Lei nº 14.133/2021 prescrevem limites ao poder da Administração de suspender a execução do contrato. Na verdade, os aludidos dispositivos acabam permitindo a suspensão, porém outorgam ao contratado o direito de pleitear a extinção do contrato sob as condições neles prescritas. Explicando melhor, o contratado tem o direito de pleitear a extinção do contrato caso a Administração suspenda o contrato por mais do que 3 meses ininterruptos ou caso suspenda-o por vários períodos totalizando ao final 90 dias úteis.

Cumpre destacar que, consoante o inciso I do §3º do artigo 137 da Lei nº 14.133/2021, o contratado não faz jus à extinção judicial se a suspensão da execução do contrato ocorrer em razão de calamidade pública, grave perturbação da ordem interna ou guerra. Tais situações, extremamente excepcionais, justificam medidas de Estado que se sobrepõem aos interesses particulares. Nesses casos, de todo modo, o contratado tem o direito de ser amplamente indenizado pelos prejuízos causados em virtude da suspensão.

Por último, é importante frisar que, suspenso o contrato e contemplados os requisitos estabelecidos nos incisos II e III do §2º do artigo 137 da Lei nº 14.133/2021, o contrato dispõe do direito de pleitear a extinção dele judicialmente ou por meio de arbitragem. Ou seja, o contratado pleiteia a extinção do contrato se quiser. Se o contratado não quiser pleitear a extinção do contrato, pode mantê-lo, aguardando a ordem da Administração para retomar sua execução.

O inciso II do §3º do artigo 137 da Lei nº 14.133/2021 assegura ao contratado "[...] o direito de optar pela suspensão do cumprimento das obrigações assumidas até a normalização da situação, admitido o restabelecimento do equilíbrio econômico-financeiro do contrato, na forma da alínea "d" do inciso II do caput do art. 124 desta Lei". Quer dizer que o fim da suspensão e o retorno à execução contratual deve ser precedido do pagamento das indenizações devidas pela Administração e das medidas para a manutenção do equilíbrio econômico-financeiro.[425] Ora, seria por demais iníquo que a Administração suspendesse a execução do contrato por longo período, às vezes as suspensões perfazem anos, causando prejuízos de monta ao contratado e que pretenda que tudo volte ao normal sem cumprir as obrigações que lhe cabem, reparando as perdas do contratado e promovendo o reequilíbrio econômico-financeiro. Inclusive, em razão da suspensão, o preço do contrato pode estar defasado, devendo ser reajustado, repactuado ou revisto para que a execução do contrato possa ser retomada. O contrato, para retomar o seu curso normal, precisa ser normalizado pela Administração – a redundância é proposital. Logo, o contratado dispõe do direito de se recusar a retomar a execução do contrato enquanto tais providências não forem tomadas pela Administração.

6.3 Exceção do contrato não cumprido

O princípio da exceção do contrato não cumprido é absolutamente aceito na seara privada, conforme se depreende do artigo 476 do Código Civil, cujo texto prescreve que, "nos contratos bilaterais, nenhum dos contratantes, antes de cumprida a sua obrigação, pode exigir o implemento da do outro". Ou seja, se uma das partes contratantes não cumpre a sua obrigação, não pode exigir que a outra cumpra a sua.

O princípio em comento causa controvérsia no direito administrativo, haja vista outro princípio, o da continuidade do serviço público. O argumento é que quem contrata com a Administração submete-se ao regime de sujeição especial e, pois, está sujeito a regras especiais, bem diferentes das existentes no plano eminentemente privado, porquanto envoltas no manto do interesse público. Daí que quem contrata

---

425 "CONTRATO ADMINISTRATIVO. EQUAÇÃO ECONÔMICO-FINANCEIRA DO VÍNCULO. DESVALORIZAÇÃO DO REAL. JANEIRO DE 1999. ALTERAÇÃO DE CLÁUSULA REFERENTE AO PREÇO. APLICAÇÃO DA TEORIA DA IMPREVISÃO E FATO DO PRÍNCIPE. 1. A novel cultura acerca do contrato administrativo encarta, como nuclear no regime do vínculo, a proteção do equilíbrio econômico-financeiro do negócio jurídico de direito público, assertiva que se infere do disposto na legislação infralegal específica (arts. 57, §1º, 58, §§1º e 2º, 65, II, d, 88 §5º e 6º, da Lei 8.666/93. Deveras, a Constituição Federal ao insculpir os princípios intransponíveis do art. 37 que iluminam a atividade da administração à luz da cláusula mater da moralidade, torna clara a necessidade de manter-se esse equilíbrio, ao realçar as 'condições efetivas da proposta'. [...] 3. Rompimento abrupto da equação econômico-financeira do contrato. Impossibilidade de início da execução com a prevenção de danos maiores (*ad impossiblia memo tenetur*).4. Prevendo a lei a possibilidade de suspensão do cumprimento do contrato pela verificação da *exceptio non adimplet contractus* imputável à administração, a fortiori, implica admitir sustar-se o 'início da execução', quando desde logo verificável a incidência da 'imprevisão' ocorrente no interregno em que a administração postergou os trabalhos. Sanção injustamente aplicável ao contratado, removida pelo provimento do recurso" (STJ, Primeira Turma, RMS nº 15.154/PE. Rel. Min. Luiz Fux, j. 19.11.2002).

com a Administração não pode singelamente suspender a execução do contrato sob o argumento de inadimplência da Administração, dado que isso poderia comprometer a prestação de serviços públicos, inclusive essenciais.

Em razão desses argumentos, por muito tempo, a aplicação da exceção do contrato não cumprido foi obstaculizada no âmbito administrativo. Isso fez com que os contratados, muitas vezes, ficassem reféns da Administração. Ocorre que a Administração não realizava os pagamentos, e o contratado era obrigado a manter a execução do contrato até o seu termo final, sob pena, inclusive, de ser penalizado.

A Lei nº 14.133/2021 permitiu a aplicação, na seara administrativa, da exceção do contrato não cumprido, conquanto tenha previsto condições restritivas e rigorosas.

De plano, merece destaque o fato de que o inciso IV do §2º do artigo 137 da Lei nº 14.133/2021 somente autoriza a alegação da exceção do contrato não cumprido se o inadimplemento da Administração ultrapassar dois meses, contados da emissão da nota fiscal. Registre-se que o inadimplemento em períodos descontínuos, ainda que desbordem dos dois meses, não autoriza a alegação da exceção do contrato não cumprido.

Em termos práticos, o contratado deve ter adimplido, executado o objeto do contrato ou parcela dele, tal qual previsto no respectivo instrumento. Depois do adimplemento do contratado, a Administração deve receber o objeto (ato de liquidação) e, então, o contratado está autorizado a emitir a respectiva nota fiscal. É a partir da emissão da nota fiscal que se começa a contar o prazo de dois meses.[426]

Por vezes, o contratado formula pleitos de reequilíbrio econômico-financeiro à Administração, que não os acata ou não toma decisão sobre eles. Em razão disso, o contratado pleiteia a rescisão contratual alegando a exceção do contrato não cumprido provocada pelo inadimplemento da Administração. Não é o caso. Veja-se que, antes de configurar o inadimplemento da Administração, seria necessário que o pleito de reequilíbrio fosse reconhecido e objeto do respectivo termo aditivo. Ou seja, o valor teria de ingressar no contrato para que se pudesse cogitar de inadimplemento da Administração. Somente depois do termo aditivo que altera o valor contido no instrumento de contrato é que nasce a obrigação da contratante de pagar o novo valor e o direito da contratada de receber o novo valor. Não se pode confundir: o suposto direito à alteração contratual para promover reequilíbrio econômico-financeiro é diferente do suposto direito ao pagamento de valores. Diante da ausência de consenso, provocado pela recusa da Administração, o contratado poderia alegar suposta violação ao direito

---

[426] "A partir deste entendimento, a Lei de Licitações, em sua redação atual, autoriza a suspensão do cumprimento das obrigações assumidas pelo contratado em função de ato ou omissão da Administração apenas em quatro hipóteses muito bem definidas e estabelecidas no seu art. 78, incisos XIV a XVII, entre as quais destaca-se, no presente caso, o inciso XV, que assim estabelece: [...] Pelo dispositivo em comento, resta claro que não é qualquer atraso nos pagamentos devidos pela Administração que possibilita ao contratado a suspensão do contrato ou mesmo sua rescisão, como, de fato, pode ocorrer no direito privado. Há antes, em decorrência do interesse público presente nas relações contratuais em que a Administração é parte, a necessidade de atendimento de algumas condicionantes, a fim de que o contratado possa, de fato, invocar o princípio da *exceptio non adimplenti contractus* perante a Administração, quais sejam: (i) a existência de uma obrigação de pagamento imediatamente exigível, sendo líquida e certa; (ii) a inadimplência da Administração ao deixar de cumprir parte ou a totalidade daquela obrigação, na forma, lugar e tempo convencionados contratualmente; (iii) a imputabilidade da culpa pela mora no adimplemento da obrigação à Administração, ou seja, deve a mora decorrer de fato ou omissão a ela imputável; e (iv) a mora com relação ao pagamento superar o prazo de 90 dias" (TCU, Plenário. RA nº 011.182/2015-6. Rel. Min. André de Carvalho, j. 26.8.2015).

à alteração contratual e não ao direito ao pagamento de valores. O não reconhecimento de pedido de reequilíbrio pode representar ilícito contratual da parte da Administração, porém não ausência de pagamento.

O contratado não está obrigado a tomar quaisquer medidas, mesmo que já ultrapassado o prazo de dois meses de atraso por parte da Administração. Se o contratado quiser, é permitido continuar executando o contratado normalmente. No entanto, em sentido contrário, é permitido então suspender a execução do contrato até que os pagamentos se normalizem, conforme o inciso II do §3º do artigo 137 da Lei nº 14.133/2021, ou pleitear a extinção dele, arguindo a tese da exceção do contrato não cumprido, tal qual enunciada no inciso IV do §2º do artigo 137 da Lei nº 14.133/2021.

Há dúvida sobre a necessidade de o contratado propor medida judicial ou perante a instância de arbitragem para suspender a execução do contrato. O Superior Tribunal de Justiça tem precedente, firmado sob a Lei nº 8.666/1993, que exige a propositura de ação judicial.[427] Sem embargo disso, perante a Lei nº 14.133/2021, a conclusão deve ser diferente, porque o inciso II do §3º do seu artigo 137, que confere ao contratado o direito de optar pela suspensão do contrato, não se refere à propositura de medida judicial ou perante Tribunal Arbitral. Trata-se de direito do contratado, que pode ser exercido por comunicação direta à Administração. A parte descontente, se for o caso, que resolva a controvérsia pelos modos previstos no contrato.

Da mesma forma do que ocorre na hipótese de extinção provocada pela suspensão da execução do contrato, o contratado não faz jus à extinção se o inadimplemento estiver relacionado à calamidade pública, grave perturbação da ordem interna ou guerra, que são situações bastante excepcionais, como preceitua o inciso I do §3º do artigo 137 da Lei nº 14.133/2021. Também, na mesma linha, desta feita com base no inciso II do §3º do artigo 137 da Lei nº 14.133/2021, no caso de ter sido suspensa a execução do contrato diante do inadimplemento da Administração, o contratado somente é obrigado a retomá-la depois que os pagamentos sejam realizados, bem como, se for o caso, depois de reparados os danos causados e de restaurado o equilíbrio econômico-financeiro do contrato.

---

[427] "PROCESSUAL CIVIL E ADMINISTRATIVO. AÇÃO CIVIL PÚBLICA. CONTRATO ADMINISTRATIVO. INTERRUPÇÃO DO FORNECIMENTO DE ALIMENTAÇÃO AOS MÉDICOS RESIDENTES VINCULADOS À REDE PÚBLICA DO DF. RESPONSABILIDADE CIVIL DA EMPRESA CONTRATADA. ILEGITIMIDADE ATIVA DE ASSOCIAÇÃO. SÚMULA 7/STJ. DEFESA DE DIREITOS INDIVIDUAIS HOMOGÊNEOS. [...] 6. Verifica-se ainda o fundamento adotado pela Corte a quo de que, se o 2º réu tinha por intuito a suspensão da obrigação ou, até mesmo, a rescisão do contrato, deveria ter se munido da via adequada, qual seja, a judicial", o que não fez. [...] 7. Ademais, consoante o art. 78, XV, a Lei 8.666/1993, apenas o atraso superior a 90 (noventa) dias dos pagamentos pela Administração seria apto a permitir a suspensão do cumprimento do contrato pelo particular, tendo em vista que a exceção de contrato não cumprido, em tal situação, deve respeitar o referido período de tempo estipulado em lei, considerando a necessidade de se garantir a continuidade do serviço público. Para atrasos inferiores, eventuais antecipações de despesas deveriam ser efetuadas e posteriormente compensadas de acordo com as cláusulas contratuais. 8. Ressalte-se que a existência de cláusulas exorbitantes nos contratos administrativos decorre da supremacia do interesse público sobre o privado e é apta a colocar o Estado em posição de superioridade, tudo isso em consonância com a lei" (STJ, Segunda Turma. AgInt no REsp nº 1.843.163/DF. Rel. Min. Herman Benjamin, j. 8.6.2020).

6.4 Não liberação pela Administração de condições a cargo dela para a execução do contrato

Muitas vezes a execução do contrato depende de providências a serem levadas a cabo pela Administração, como desapropriação, obtenção de licença ambiental, autorizações de terceiros e outras. Nesses casos, se a Administração não realiza as providências deixadas ao seu cargo, ao contratado é permitido pleitear judicialmente ou por meio de arbitragem, conforme o caso, a extinção do contrato, consoante determina o inciso V do §2º do artigo 137 da Lei nº 14.133/2021.

Essa hipótese de extinção é muito próxima da enfeixada nos incisos II e III do mesmo §2º do artigo 137 da Lei nº 14.133/2021, relativas à suspensão da execução do contrato. Pode-se afirmar que a hipótese de extinção em comento, do inciso V, também trata de espécie de suspensão do contrato. O ponto é que, nesse caso, a suspensão dá-se em razão da desídia da Administração ou da falta de efetividade das providências tomadas por ela. Soma-se a isso que na hipótese em apreço a execução do contrato pode ter sido iniciada ou não. Na maior parte das vezes, quando a Administração não realiza as providências, sequer o contratado iniciou a fase de execução.

Questão interessante diz respeito ao tempo que é necessário transcorrer sem que a Administração tenha realizado as providências que lhe cabem para que o contratado pleiteie a extinção judicial. O atraso da Administração deve ser de quinze dias, um mês ou dois meses? O legislador falhou ao omitir-se em torno de um prazo que servisse como parâmetro para que o contratado pudesse pleitear a extinção do contrato. Diante da lacuna, recorre-se à analogia, aplicando-se o prazo previsto no inciso no inciso II do §2º do artigo 137 da Lei nº 14.133/2021, superior a três meses, o qual trata de hipótese muito próxima e parecida com a versada no inciso V do mesmo §2º do artigo 137, que prescreve a extinção em comento.

7 Efeitos da extinção judicial ou por arbitragem

As hipóteses de extinção anormal e antecipada dos contratos administrativos por interesse do contratado pressupõem, em sua maioria, que a Administração tenha descumprido o contrato e, portanto, que tenha atuado com culpa em sentido amplo. Ou seja, a Administração deixou de observar um dever de cuidado ou de tomar providências que se obrigou a fazê-lo por força do contrato.

O §2º do artigo 138 da Lei nº 14.133/2021 prescreve:

> quando a extinção decorrer de culpa exclusiva da Administração, o contratado será ressarcido pelos prejuízos regularmente comprovados que houver sofrido e terá direito a:
> I - devolução da garantia;
> II - pagamentos devidos pela execução do contrato até a data de extinção;
> III - pagamento do custo da desmobilização.

A garantia é prestada pelo contratado para fazer frente a eventual dano causado por ele à Administração. Se o contratado não causa dano à Administração, por via de consequência, deve ser-lhe restituída a garantia. Soma-se a isso que o contratado deve receber os valores contratualmente avençados por tudo o que fora executado por ele até a data da extinção ou até a data em que foi suspensa a execução do contrato, sob pena de enriquecimento sem causa por parte da Administração. Outrossim, o contratado deve ser indenizado em razão dos custos de desmobilização, isto é, em razão das despesas arcadas em relação à dispensa da estrutura operacional posta à disposição por ele à Administração, abrangendo, entre outras, despesas trabalhistas, aluguel de maquinário, equipamentos, instalações.

A rigor, as medidas listadas nos supracitados incisos do §2º do artigo 138 da Lei nº 14.133/2021 são meramente exemplificativas, porque, nas hipóteses em que a extinção é atribuída à conduta da Administração, o contratado deve ser amplamente indenizado, por todos os danos por ele comprovados, danos materiais emergentes, lucros cessantes, além de danos morais, conforme o caso. Aliás, a própria dicção do §2º do artigo 138 garante que o contratado seja "[...] ressarcido pelos prejuízos regularmente comprovados que houver sofrido [...]".

Sublinha-se que o §2º do artigo 138 da Lei nº 14.133/2021 trata apenas das situações em que a rescisão ocorre por culpa exclusiva da Administração, assegurando a ampla indenização. O dispositivo não se refere à culpa concorrente, hipóteses em que a Administração e o contratado têm, cada qual, a sua própria parcela de culpa. Nesses casos de culpa concorrente, diante da omissão da Lei nº 14.133/2021, deve-se aplicar supletivamente as normas de direito civil, como sinaliza o artigo 89 da Lei nº 14.133/2021. Nessa toada, o artigo 945 do Código Civil indica que, "se a vítima tiver concorrido culposamente para o evento danoso, a sua indenização será fixada tendo-se em conta a gravidade de sua culpa em confronto com a do autor do dano". É o que deve ser tomando em conta pelo Poder Judiciário ou pelo Tribunal Arbitral para decidir sobre as obrigações de reparação da Administração e do contratado.

Em relação à indenização, sobretudo às parcelas devidas, aos pressupostos, à prova e ao arbitramento do montante, deve-se aplicar supletivamente as disposições de direito privado, seguindo a orientação do próprio *caput* do artigo 89 da Lei nº 14.133/2021. A Lei nº 14.133/2021 não trata do assunto de maneira completa, é omissa e, portanto, remete ao direito privado. Insista-se que, de todo modo, a indenização deve ser ampla, albergando danos emergentes, lucros cessantes e danos morais, desde que comprovados, tudo da mesma forma que ocorre em contratos privados.[428]

[428] Favorável aos lucros cessantes: "PROCESSUAL CIVIL. EMBARGOS DE DECLARAÇÃO ERRO MATERIAL. CONTRATO ADMINISTRATIVO. RESCISÃO. CULPA DA ADMINISTRAÇÃO. LUCROS CESSANTES. CABIMENTO. 1. Ante o término antecipado do contrato celebrado entre o particular e o Poder Público, *são devidos os lucros cessantes até o momento em que haveria a extinção da obrigação pelo advento do termo contratual*, desde que a rescisão se dê por motivo de interesse público ou, como na hipótese dos autos, em razão de culpa atribuída à Administração (q. v., verbi gratia, AgRg no Ag 680.476/SP, 2ª Turma, Min. Humberto Martins, DJ de 27.08.2007; REsp 229.188/PR, 2ª Turma, Min. Franciulli Netto, DJ de 01.04.2002; REsp 190.354/SP, 1ª Turma, Min. Humberto Gomes de Barros, DJ de 14.02.2000). 2. Embargos de declaração acolhidos para sanar o erro material apontado e, atribuindo-lhes efeitos modificativos, dar provimento ao recurso especial para condenar o réu ao pagamento de lucros cessantes à autora, a serem apurados em sede de liquidação" (STJ, Segunda Turma. EDcl nos EDcl no REsp nº 440.500/SP. Rel. Min. Carlos Fernando Mathias, j. 1º.4.2008). "10. A rescisão unilateral do contrato pela Administração em razão de interesse público impõe a indenização da parte contratada em lucros cessantes, estes que devem ter sua existência efetivamente demonstrada, devendo, além disso, ser limitados aos ganhos que seriam auferidos caso o objeto do contrato não tivesse sido atingido por uma supressão com envergadura superior à que legalmente prevista, qual seja, a de 25% do seu montante original, conforme estabelecido no art. 55, §1º, do DL 2.300/86, à época em vigor. 11. Direito da contratada

É conveniente salientar que muitas empresas são inviabilizadas pela irresponsabilidade e pela arbitrariedade da Administração no que tange ao gerenciamento dos seus contratos administrativos. Essas empresas têm o direito de ser indenizadas em toda a sua amplitude. Inclusive, a indenização deve desenhar caráter pedagógico, a fim de pôr cobro aos desmandos infelizmente bastante frequentes da Administração.

8 Os efeitos da extinção de contrato fundada em interesse público

O §2º do artigo 138 da Lei nº 14.133/2021 reconhece que a Administração deve ressarcir o contratado nos casos de extinção contratual que decorrer da sua culpa exclusiva. A redação do dispositivo gera dúvida sobre a obrigação de indenizar o contratado nas situações em que a extinção se dá no interesse da Administração, notadamente diante da hipótese de extinção por razão de interesse público preconizada no inciso VIII do *caput* do artigo 137 da Lei nº 14.133/2021.

Sucede que na extinção do contrato por razão de interesse público não se identifica aprioristicamente culpa da parte da Administração. Pode ser que ela tenha tomado todos os cuidados ou providências para dar cumprimento ao contrato, porém que a continuidade dele tenha se tornado desvantajosa para o interesse público. Daí o legislador autoriza o desfazimento antecipado e unilateral do contrato, com possíveis prejuízos ao contratado, em benefício da coletividade.

Nessa hipótese, por força do princípio da isonomia e dos princípios que informam a responsabilidade do Estado, como reconhecido no §6º do artigo 37 da Constituição Federal, os prejuízos decorrentes da ação que visa beneficiar a coletividade devem ser compartilhados pela coletividade e não ser atribuídos à compita exclusiva do contratado. Por isso é que a Administração, que encarna e representa o interesse da coletividade, deve reparar os prejuízos de fato sofridos e comprovados pelo contratado.[429]

---

ao recebimento de indenização por lucros cessantes calculados a partir da diferença entre o lucro auferido e aquele a que faria jus, caso o objeto dos contratos tivesse apenas sido reduzido dentro do limite legal" (TRF1, Quinta Turma. AC nº 0012580-53.1998.4.01.3400. Rel. Des. Daniele Maranhão Costa, j. 4.9.2019). Contra os lucros cessantes: "Decidindo pela rescisão, caberá a indenização equivalente à perda efetivamente sofrida pela parte, se devidamente comprovados, na forma prevista no artigo 79, §2º, da Lei 8.666/93. Todavia, a indenização por lucros cessantes se mostra indevida, uma vez que não há previsão em contrato (Cláusula 12.1. A CDHU, com recursos próprios e recursos disponibilizados pelo Governo Federal, pagará à contratada o valor relativo às obras e serviços efetivamente realizados, medidos e aprovados mensalmente [...] vedados quaisquer adiantamentos), nem tampouco na própria Lei de Licitações. Confira-se: [...] É dizer, no caso de supressão de obras, se o contratado já houver adquirido os materiais e posto no local dos trabalhos, esses deverão ser pagos pela Administração, em virtude dos custos de aquisição regularmente comprovados e monetariamente corrigidos, podendo caber indenização por outros danos eventualmente decorrentes da supressão, desde que devidamente comprovados" (TJSP, Oitava Câmara de Direito Público. AC nº 1023211-25.2019.8.26.0053. Rel. Des. Leonel Costa, j. 19.8.2020).

[429] "PROCESSUAL CIVIL. AGRAVO INTERNO NO RECURSO ORDINÁRIO. CÓDIGO DE PROCESSO CIVIL DE 2015. APLICABILIDADE. DIREITO ADMINISTRATIVO. CONTRATOS ADMINISTRATIVOS. RESCISÃO UNILATERAL. POSSIBILIDADE. RAZÕES DE INTERESSE PÚBLICO. ALTA RELEVÂNCIA E AMPLO CONHECIMENTO. ART. 78, XII, DA LEI Nº 8.666/93. DEVER DE INDENIZAÇÃO PELO PODER PÚBLICO. AÇÃO JUDICIAL ESPECÍFICA. SÚMULAS Nº 269 E Nº 271 DO STF. ARGUMENTOS INSUFICIENTES PARA DESCONSTITUIR A DECISÃO ATACADA. APLICAÇÃO DE MULTA. ART. 1.021, §4º, DO CÓDIGO DE PROCESSO CIVIL DE 2015. DESCABIMENTO. I – Consoante o decidido pelo Plenário desta Corte na sessão realizada em 09.03.2016, o regime recursal será determinado pela data da publicação do provimento jurisdicional impugnado. In casu, aplica-se o Código de Processo Civil de 2015. II – É possível a rescisão unilateral de contrato administrativo, devidamente justificada por razões de interesse público, de alta relevância e amplo conhecimento, independente de prévio processo administrativo, a teor do inciso XII do art. 78, da Lei nº

É preciso entender que o §2º do artigo 138 da Lei nº 14.133/2021 tem espectro limitado. Ele trata apenas da hipótese em que se configura a culpa exclusiva da Administração. Portanto, ele não versa sobre outras hipóteses, para proibir ou para permitir. Daí que, se a rescisão é medida de interesse público, a indenização se impõe não por força do §2º do artigo 138 da Lei nº 14.133/2021, mas em tributo ao princípio da isonomia e ao §6º do artigo 37 da Constituição Federal.

Não se descura que o legislador pode conformar as disposições constitucionais, entre as quais o §6º do artigo 37 da Constituição Federal, estabelecendo requisitos, graus de culpa ou mesmo prescrevendo exceções. Sem embargo disso, o legislador não estabeleceu exceção no tocante à obrigação de reparação de dano decorrente de extinção contratual determinada pela Administração por razão de interesse público.

Aliás, nessa direção é bom lembrar que o inciso III do *caput* do artigo 105 da Lei nº 14.133/2021 prescreve hipótese de extinção antecipada do contrato de serviços e fornecimento contínuos que são firmados por prazo superior ao exercício financeiro. Trata-se de uma hipótese excepcional de extinção antecipada, que deve ser justificada na não disposição de créditos orçamentários ou na desvantagem para a Administração, ambos fatores tocantes ao interesse público. A grande peculiaridade dessa extinção antecipada, já exaustivamente comentada no capítulo dedicado à duração dos contratos administrativos, é que ela ocorre sem ônus para a Administração, como ressaltado no texto do sobredito inciso III. Ou seja, quando o legislador quis excepcionar a obrigação da Administração de indenizar, ele o fez expressamente, com todas as letras.

Nesse mesmo passo, note-se que, se qualquer extinção de contrato amparada em interesse público eximisse a Administração da obrigação de reparar os danos causados ao contratado, não haveria motivo algum para prever a hipótese especial do inciso III do *caput* do artigo 105 da Lei nº 14.133/2021, cuja peculiaridade, insista-se, é justamente que corre sem ônus para a Administração Pública.

9 Extinção consensual

O inciso II do *caput* do artigo 138 da Lei nº 14.133/2021 permite a extinção anormal e antecipada do contrato por modo "consensual, por acordo entre as partes, por conciliação, por mediação ou por comitê de resolução de disputas, desde que haja interesse da Administração". Então, é possível que ocorra acordo entre as partes para extinguir antecipadamente o contrato, o que se alinha à valorização da busca do consenso nas relações da Administração com terceiros, como o são os contratados.

8.666/93. Precedentes. III – A rescisão unilateral de contrato administrativo por interesse público enseja o dever de indenização, pelo Poder Público, dos danos emergentes e lucros cessantes, pretensão que deve ser objeto de ação judicial específica, porquanto, consoante as Súmulas nº 269 e nº 271 do Supremo Tribunal Federal, o mandado de segurança não pode ser utilizado como sucedâneo de ação de cobrança, tampouco produz efeitos patrimoniais pretéritos. III – Não apresentação de argumentos suficientes para desconstituir a decisão recorrida. IV – Em regra, descabe a imposição da multa, prevista no art. 1.021, §4º, do Código de Processo Civil de 2015, em razão do mero improvimento do Agravo Interno em votação unânime, sendo necessária a configuração da manifesta inadmissibilidade ou improcedência do recurso a autorizar sua aplicação, o que não ocorreu no caso. V – Agravo Interno improvido" (STJ, Primeira Turma. AgInt no RMS nº 41.474/RO. Rel. Min. Regina Helena Costa, j. 8.11.2019).

A parte final do inciso II do *caput* do artigo 138 da Lei nº 14.133/2021 condiciona a extinção consensual do contrato à existência de interesse da Administração. Esse interesse, portanto, deve ser explicitado, de modo que a extinção consensual seja vantajosa para a Administração.[430] A vantagem que justifica o interesse da Administração pode ser de diversas matizes, desde o desfazimento de contrato que não seja mais considerado conveniente ou oportuno, desoneração da Administração e medidas compensatórias oferecidas por parte do contratado.

O acordo direciona-se a evitar litígio. Então, a extinção consensual é forma preventiva de resolução de litígio, o que compõe um dos pilares do moderno processo civil,[431] sendo que a sua estimulação é um poder-dever do Poder Judiciário,[432] inclusive em relação ao Poder Público, desde que os termos acordados sejam vantajosos ao interesse público. Nessa direção, destaca-se a Lei Federal nº 13.140/2015, que dispõe sobre a autocomposição de conflitos no âmbito da Administração Pública.

É também patente que na conciliação as partes podem compor o litígio da forma e pelos meios que forem os mais adequados, sendo que as negociações que levam ao acordo podem ser complexas e envolver elementos diversos. Aliás, o próprio Código de Processo Civil estipula que a conciliação e a mediação são regidas pelos princípios, entre outros, da independência e da informalidade.[433] A propósito, a jurisprudência reconhece a possibilidade da autocomposição em matérias de interesse público, até mesmo mais relevantes do que as havidas em contratos administrativos, como são aquelas envolvendo interesses indisponíveis de menores[434] ou danos ao meio ambiente.[435]

---

430 "18.3.7 Dessa forma, os novos elementos trazidos nas oitivas não foram capazes de afastar o achado, comprovando-se que *o Município de Pinhais promoveu a rescisão amigável de um Contrato 86/2015 sem demonstrar a conveniência dessa rescisão para a administração, em infringência ao disposto no Artigo 79, Inciso II da Lei 8666/93* e, para essa situação, entendo que o Tribunal deve realizar audiência dos responsáveis pela rescisão irregular, o então Prefeito Municipal, Senhor Luiz Goularte Alves e o Senhor Mario Luiz Stier Segundo, Secretário Municipal de Obras Públicas de Pinhais-PR (peça 17, p. 26/7)" (TCU, Plenário. Acórdão nº 1.104/2019. Rel. Min. Vital do Rêgo, j. 15.5.2019).

431 "Art. 3º Não se excluirá da apreciação jurisdicional ameaça ou lesão a direito. [...] §2º O Estado promoverá, sempre que possível, a solução consensual dos conflitos. §3º A conciliação, a mediação e outros métodos de solução consensual de conflitos deverão ser estimulados por juízes, advogados, defensores públicos e membros do Ministério Público, inclusive no curso do processo judicial. [...] Art. 139. O juiz dirigirá o processo conforme as disposições deste Código, incumbindo-lhe: [...] V - promover, a qualquer tempo, a autocomposição, preferencialmente com auxílio de conciliadores e mediadores judiciais; [...]".

432 STJ, Primeira Seção. CC nº 139.519/RJ. Rel. Min. Napoleão Nunes Maia Filho. Rel. p/ acórdão Min. Regina Helena Costa, j. 11.10.2017.

433 "Art. 166. A conciliação e a mediação são informadas pelos princípios da independência, da imparcialidade, da autonomia da vontade, da confidencialidade, da oralidade, da informalidade e da decisão informada. [...] §4º A mediação e a conciliação serão regidas conforme a livre autonomia dos interessados, inclusive no que diz respeito à definição das regras procedimentais".

434 "APELAÇÃO CÍVEL. AÇÃO DE ALIMENTOS. SENTENÇA QUE HOMOLOGOU PARCIALMENTE ACORDO FORMULADO PELAS PARTES. EXCLUSÃO DA CLÁUSULA PENAL POR MORA NO PAGAMENTO DEVIDO PELO GENITOR EM RELAÇÃO ÀS PARCELAS DE PRESTAÇÃO ALIMENTÍCIA ESTABELECIDAS EM FAVOR DAS FILHAS. RECURSO DAS ALIMENTADAS. PRETENSÃO DE HOMOLOGAÇÃO INTEGRAL DO PACTO CELEBRADO. SUBSISTÊNCIA. POSSIBILIDADE DE ESTIPULAÇÃO DE CLÁUSULA PENAL POR ATRASO NO PAGAMENTO VERIFICADA. OBRIGAÇÃO ACESSÓRIA. TERMO ENTABULADO EM COMUM ACORDO ENTRE AS PARTES. AJUSTE QUE PRESERVA O MELHOR INTERESSE DAS MENORES. PREVALÊNCIA DA AUTONOMIA DA VONTADE. ESTÍMULO À CONCILIAÇÃO. HOMOLOGAÇÃO DO ACORDO NA ÍNTEGRA QUE SE IMPÕE. RECURSO PROVIDO" (TJSC, Sexta Câmara de Direito Civil. Apelação Cível nº 0302690-79.2017.8.24.0036. Rel. Des. André Luiz Dacol, j. 26.3.2019).

435 "PROCESSUAL CIVIL. EMBARGOS DE DECLARAÇÃO NO AGRAVO INTERNO NO AGRAVO EM RECURSO ESPECIAL. DANO AMBIENTAL. FATO SUPERVENIENTE. ACORDO FIRMADO ENTRE AS

A consequência é que a solução em conciliação não é limitada ao reconhecimento ou não da posição ou dos interesses defendidos por uma parte e seus consectários em detrimento das outras partes, bem como não está limitada a medidas que decorrem de interpretação estrita e mecanicista da legislação. As partes, em conciliação, dispõem da prerrogativa de compor o litígio de forma ampla, prevendo conjunto de medidas que se somam para alcançar a solução mais proporcional e equânime, diante de todas as suas peculiaridades, inclusive os seus reflexos econômicos e sociais.

Todas essas considerações, reitera-se, aplicam-se também à autocomposição que envolve a Administração Pública, sob o pressuposto adicional e fundamental de que todas as soluções obtidas em conciliação sejam aderentes ao interesse público, de modo a lhe impor o mínimo de sacrifício, reduzindo especialmente os dispêndios diretos de recursos públicos e assegurando a melhor prestação dos serviços públicos.

Nesse sentido, inclusive, defende-se a aplicação analógica dos aspectos enfatizados nos incisos do *caput* do artigo 147 da Lei nº 14.133/2021, que versam sobre a legalidade de se optar pela manutenção de contrato e não por sua nulidade, mesmo diante de vício de legalidade não saneável. As variáveis listadas no supracitado artigo relacionam-se ao interesse público e todas elas podem ser levadas em consideração para justificar a extinção consensual de contrato administrativo no lugar da extinção litigiosa.

Diga-se mais uma vez que, desde que calcada em interesse público, a conciliação por parte do Poder Público não está limitada a medidas que decorrem de interpretação estrita e mecanicista da legislação. O fato é que a capacidade de autocomposição por parte do Poder Público seria em muito esvaziada ou quiçá inviabilizada se todas as medidas encontradas para a composição do litígio tivessem que se embasar nos termos estritos e mecanicistas da legislação. É preciso reconhecer algum grau de liberdade para dispor sobre as medidas para a composição do litígio, para que sejam ajustadas à realidade do Poder Público e mesmo à reserva do possível, desde que sempre atreladas à consecução do interesse público, e amplamente motivadas, de modo que a solução consensual seja proporcional e equânime. Nessa direção, a solução consensual que leva à extinção de contrato administrativo também é amparada no artigo 26 da Lei de Introdução às Normas do Direito Brasileiro (LINDB).[436]

O cuidado que se deve ter é com acordos forjados apenas para eximir o contratado de suas responsabilidades contratuais, em detrimento dos interesses da Administração Pública. A extinção consensual do contrato, todavia, pode perfeitamente ocorrer diante

PARTES E HOMOLOGADO PELO JUÍZO DE PISO. PERDA DO OBJETO. ART. 1.022 DO CPC/2015. OMISSÃO CONFIGURADA. EMBARGOS ACOLHIDOS COM EFEITOS INFRINGENTES. [...] 2. No caso, noticia a parte embargante a existência de acordo celebrado entre as partes e homologado por sentença, após verificação dos pressupostos autorizadores da transação, o qual surtiu os seus efeitos na origem, com a extinção do feito com resolução de mérito, e nesta instância, com a perda do objeto, por força do art. 34, XI, do RISTJ" (STJ. EDcl no AgInt no AREsp nº 853.282/RS. Rel. Min. Og Fernandes, j. 20.2.2018).

436 "Art. 26. Para eliminar irregularidade, incerteza jurídica ou situação contenciosa na aplicação do direito público, inclusive no caso de expedição de licença, a autoridade administrativa poderá, após oitiva do órgão jurídico e, quando for o caso, após realização de consulta pública, e presentes razões de relevante interesse geral, celebrar compromisso com os interessados, observada a legislação aplicável, o qual só produzirá efeitos a partir de sua publicação oficial. §1º O compromisso referido no caput deste artigo: I - buscará solução jurídica proporcional, equânime, eficiente e compatível com os interesses gerais; II - (VETADO); III - não poderá conferir desoneração permanente de dever ou condicionamento de direito reconhecidos por orientação geral; IV - deverá prever com clareza as obrigações das partes, o prazo para seu cumprimento e as sanções aplicáveis em caso de descumprimento".

de situação em que se caracteriza o inadimplemento do contratado.[437] Sem embargo, nesse caso, a composição deve levar em conta o inadimplemento do contratado e prever medidas que sejam compensatórias, tudo justificado com base no interesse público. O que não se permite é esconder o inadimplemento do contratado num termo de extinção antecipada, de modo a contorná-lo e eximir o contratado das suas consequências.

10 Extinção anormal do contrato administrativo por meio de condição resolutiva, inclusive com previsão em matriz de riscos

O inciso XIX do artigo 92 da Lei nº 14.133/2021 exige, como cláusula obrigatória nos contratos administrativos, a indicação dos casos de extinção. Logo, o legislador reconhece que as partes contratantes podem dispor sobre os casos de extinção, prescrever condições especiais ajustadas a cada contrato, desde que não se oponham, evidentemente, às prescrições legais.

Ressoa, sob essa perspectiva, que o inciso II do §2º do artigo 22 da Lei nº 14.133/2021 exige que o contrato reflita a alocação realizada pela matriz de riscos, em especial quanto "à possibilidade de resolução quando o sinistro majorar excessivamente ou impedir a continuidade da execução contratual". Então, pode-se entabular matriz de riscos com previsão de que a ocorrência de dados riscos, sob determinado nível de impacto, acarreta a extinção contratual porque as obrigações se tornam excessivamente onerosas ou porque elas se inviabilizam. Se isso for pactuado pelas partes, é permitido que se preveja extinção sem ônus pelas partes ou que se preveja alguma espécie de compartilhamento dos ônus.

Trata-se, a rigor jurídico, de prever no contrato administrativo a condição resolutiva de que cuida o artigo 127 do Código Civil, dispositivo que pode ser aplicado supletivamente com estofo no artigo 89 da Lei nº 14.133/2021. Nada impede que as partes estabeleçam condição resolutiva noutros contratos que não emergenciais e que disponham sobre os ônus decorrentes e das providências a serem tomadas diante da extinção antecipada do contrato em razão dela.[438]

---

[437] Em sentido contrário: "11. Como concluiu a unidade técnica, foi indevida a rescisão amigável do contrato, porquanto 'o tipo de rescisão utilizado foi inadequado à situação, visto que a rescisão amigável só ocorre quando é conveniente para a Administração e não há motivos para a rescisão unilateral. E, no caso em análise, existia motivo para a rescisão unilateral'. 12. Não merecem prosperar, embora devam ser sopesados para a gradação da sanção a ser imposta, os argumentos de Murilo Andrade de Oliveira, atual secretário da Seap/MA, notadamente quanto aos fatos de que se embasou em posicionamento do setor técnico daquela Secretaria e de que, preocupado com a morosidade do andamento da obra, visava a uma rápida solução dos problemas enfrentados. 13. Esta argumentação esbarra na constatação, admitida pelo próprio gestor, de que aqueles pareceres eram reconhecidamente deficientes e na dificuldade de colher informações sobre o andamento da empreitada, ante o quadro caótico já que imperava na obra. Além disso, restou caracterizado o abandono do empreendimento pela contratada sem que houvesse atraso no pagamento, o que demonstra a necessidade de adoção de medida mais enérgica pelo gestor. 14. A propósito, não se pode considerar a possível morosidade de um processo administrativo de rescisão unilateral, tendo em vista o necessário exercício do direito ao contraditório e à ampla defesa da contratada, para justificar a rescisão amigável, como aponta a jurisprudência desta casa (acórdão 740/2013-Plenário). 15. Em face disso, acompanho a unidade técnica e deixo de acatar as justificativas de Murilo Andrade de Oliveira, a quem deve ser aplicada multa, assim como a Cristiana Ribeiro Guimarães, fiscal da obra, que não apresentou suas razões" (TCU, Plenário. Acórdão nº 2.205/2016. Rel. Min. Ana Arraes, j. 24.8.2016).

[438] "ADMINISTRATIVO. CONTRATO PARA PRESTAÇÃO DE SERVIÇOS NA ÁREA DE ENGENHARIA. TERMO ADITIVO. CLÁUSULA FIXANDO CONDIÇÃO RESOLUTIVA PARA EXTINÇÃO. AUSÊNCIA DE DIREITO LÍQUIDO E CERTO. 1. Trata-se, na origem, de Mandado de Segurança impetrado contra ato do Presidente

A propósito, condições resolutivas têm sido previstas com frequência em contratos emergenciais firmados com base na Lei nº 8.666/1993, especialmente naqueles que se fundamentam em decisão judicial que ordena a suspensão de licitação pública. Registre-se que o Tribunal de Contas da União, inclusive, tem exigido a previsão de condição resolutiva em contratos emergenciais.[439]

do Tribunal de Justiça do Estado do Mato Grosso, que rescindiu contrato administrativo para prestação de serviços nas áreas de Engenharia Civil, Engenharia Elétrica e Arquitetura, para atuação no apoio e na elaboração de projetos básicos de engenharia no âmbito do Poder Judiciário local. 2. A ordem foi denegada pelo Órgão Especial do Tribunal de origem sob o fundamento de que, 'Ocorrendo a condição extintiva firmada em termo aditivo, extingue-se o contrato com a Administração Pública, não havendo falar em ofensa ao princípio do contraditório e da ampla defesa' (fl. 3.745, e-STJ). 3. Depreende-se dos autos que, ao final da primeira prorrogação do contrato, houve novo aditamento, nos termos da Cláusula Segunda do Segundo Termo de Aditamento, com o seguinte teor: 'Alterar, em parte, a Cláusula Quinta, item 5.1, prorrogando o prazo de vigência do contrato por mais 12 (doze) meses, para o período de 07/07/2018 a 06/07/2019, ou até que se conclua o procedimento licitatório Pregão Eletrônico nº 37/2018 - CIA 0025725- 81.8018.8.11.0000'. 4. Como se vê, a cláusula estabeleceu que o contrato se encerraria em 6.7.2019, a não ser que, antes, fosse concluído procedimento licitatório cujo objeto era a contratação de serviços idênticos aos que eram prestados pela recorrente. 5. É incontroverso nos autos que a recorrente subscreveu o instrumento de aditamento contratual e que foi devidamente notificada do encerramento do procedimento licitatório que estava em curso. 6. É incensurável a conclusão alcançada no acórdão recorrido: 'na hipótese não ocorreu rescisão contratual unilateral e desmotivada pela Administração, tal como alegado pela Impetrante, e sim a extinção do contrato de prestação de serviços diante da ocorrência da condição resolutiva, de modo que não há falar em ilegalidade no ato de praticado pela Autoridade' (fl. 3.755, e-STJ). 7. Ordem denegada" (STJ, Segunda Turma. RMS nº 64.270/MT. Rel. Min. Herman Benjamin, j. 2.2.2021).

[439] "9.2. determinar, nos termos do art. 45 da Lei nº 8.443, de 1992, que a Superintendência Regional Sudeste I do Instituto Nacional do Seguro Social adote as seguintes medidas: [...] 9.2.4.2. registre expressamente, no correspondente contrato emergencial, a devida cláusula resolutiva no sentido da pronta extinção desse contrato a partir da conclusão da novo processo licitatório, em consonância com a jurisprudência do TCU (vg.: Acórdão 1842/2017-TCU-Plenário, Acórdão 1872/2010-TCU-Primeira Câmara, e Acórdão 9873/2017-TCU-Segunda Câmara) , devendo promover, no prazo máximo e improrrogável de 90 (noventa) dias contados da ciência deste Acórdão, a necessária conclusão desse novo certame, com o subsequente envio de informação ao TCU, ao final desse mesmo prazo, sobre o resultado de todas as providências adotadas" (TCU, Segunda Câmara. Acórdão nº 3.473/2018. Rel. Min. André Carvalho, j. 8.5.2018).

CAPÍTULO 23

SANÇÕES ADMINISTRATIVAS EM LICITAÇÃO PÚBLICA E CONTRATO ADMINISTRATIVO

1 Considerações gerais

A Administração Pública costuma ser molestada no que tange à gestão de seus contratos administrativos por contratados que obram com má-fé, em desrespeito às normas legais e contratuais, que impingem a ela toda a sorte de prejuízos. Infelizmente, a Administração Pública depara-se com frequência com fraudes, conluios, declarações falsas, balanços "maquiados", documentos falsificados, produtos falsificados ou de "segunda mão", obras executadas em desconformidade com o projeto básico, e muitos outros atos condenáveis. Infelizmente, a Administração Pública, muitas vezes, não toma as providências cabíveis, mostrando-se leniente, o que incute sentimento de impunidade e acaba por encorajar a reprodução das mesmas situações noutros contratos.[440]

Por outro lado, também infelizmente, na matéria relativa às sanções administrativas, é comum que a Administração Pública atue com rigor excessivo, aplicando penalidades desproporcionais às faltas ou condutas dos contratados. Soma-se a isso que parte das sanções prevista na legislação é gravíssima, impede os apenados de participar de licitação e firmar contratos administrativos, inviabilizando, com frequência, suas atividades econômicas, inclusive com repercussões sociais, como a demissão de empregados.

A Administração Pública encara grande desafio em relação às sanções administrativas. Sob uma vertente, não deve ser omissa e leniente, deve exigir a execução rigorosa dos contratos administrativos e penalizar os contratados faltosos. De outra banda, deve ser prudente e moderada na aplicação das penalidades, analisando com detença os fatos e sopesando bem a gravidade das condutas e os prejuízos causados, sempre em alinho ao princípio da proporcionalidade, a fim de evitar injustiças.

Pois bem, a Lei nº 14.133/2021 dedica o Capítulo I do seu Título IV às infrações e sanções administrativas. As sanções, na verdade, de acordo com o *caput* do artigo 156 da

[440] A não manutenção da proposta consta, atualmente, do rol de irregularidades passíveis de gerar impedimento de contratar, nos exatos termos do art. 155, inciso V, c/c o art. 156, III e §4º, todos da Lei nº 14.133/2021. Evidente que a Administração tem o dever de instaurar processo administrativo para apuração da irregularidade cometida pela empresa Terramaq, ainda que não tenha ocorrido prejuízo. Impõe-se, assim, determinar à Codevasf a instauração de processo administrativo visando à apuração da conduta da Terramaq. (TCU, Plenário. Acórdão nº 316/2024. Rel. Min. Augusto Sherman, j. 28.2.2024).

Lei nº 14.133/2021 são quatro: a advertência, a multa, o impedimento de licitar e contratar e a declaração de inidoneidade. Os tipos que ensejam a aplicação das respectivas sanções são definidos no artigo 155 da mesma lei. De maneira geral, percebe-se enrijecimento das sanções na Lei nº 14.133/2021, sobretudo se comparada com as disposições da Lei nº 8.666/1993. As penas, em especial, são mais extensas.

Registra-se, em consonância com o §7º do artigo 156 da Lei nº 14.133/2021, que a multa pode sempre ser cumulada com as demais sanções listadas no *caput* do mesmo artigo 156. A multa é uma espécie de sanção coringa, sempre pode ser acompanhada das demais, desde que de acordo com o preceituado em contrato.

As demais sanções, de advertência, de impedimento e de declaração de inidoneidade, se repelem, não podem ser cumuladas entre si. Isso denota que o legislador estabeleceu uma espécie de gradação entre as sanções. De maneira geral, a advertência é destinada a reprimir faltas leves, o impedimento, faltas médias ou graves e a declaração de inidoneidade, faltas gravíssimas. A multa é o coringa, insista-se, que pode ser aplicada em qualquer situação, a depender do contrato. O legislador, embora tenha tipificado condutas e indicado referenciais para a aplicação das sanções, abre margem larguíssima de competência discricionária para a Administração Pública com viés de acirramento das punições, que deve ser exercida e controlada com base no princípio da proporcionalidade.

2 Advertência

O inciso I do *caput* do artigo 156 da Lei nº 14.133/2021 trata da sanção de advertência, que se constitui em comunicado da Administração cujo teor censura de maneira leve comportamento do contratado, com o propósito de fazer com que se atente a determinado fato ou disposição contratual ou legal, evitando, com isso, que se consuma lesão definitiva e irreversível ao interesse público.

Portanto, a advertência é, entre as sanções administrativas entabuladas no *caput* do artigo 156 da Lei nº 14.133/2021, a mais branda, a ser aplicada diante de pequenos deslizes do contratado, que não importem prejuízos definitivos ou irreparáveis ao interesse público. A advertência pressupõe que o licitante ou o contratado tenha cometido falta que possa ser reparada. Por isso é que a Administração lança mão da advertência, para que o licitante ou contratado repare o que fora realizado de forma equivocada.

O §2º do artigo 156 da Lei nº 14.133/2021 prescreve que a advertência deve ser aplicada exclusivamente em razão do inciso I do artigo 155 da mesma lei, cujo tipo é o de "dar causa à inexecução parcial do contrato", desde que o comportamento do contratado não justifique a imposição de sanção mais grave. Disso resulta, passando-se os olhos nos demais incisos do *caput* do artigo 155, que a advertência não pode ser aplicada nas hipóteses em que a inexecução é total ou que, mesmo parcial, cause dano grave à Administração, bem como nos casos em que se antevê a má-fé do contratado.

Ressalta-se que, aplicando-se exclusivamente em face do inciso I do artigo 155 da Lei nº 14.133/2021, a sanção de advertência somente tem lugar diante de condutas pertinentes aos contratos administrativos. O inciso I, repita-se, refere-se a "dar causa à inexecução parcial do contrato", portanto, não abrange comportamento relacionado à licitação pública.

A rigor, a advertência não deveria ser encartada no rol das sanções administrativas, porquanto, evidentemente, em sua essência, ela não é uma espécie de sanção. A advertência, por força da lógica, antecede a sanção, com o propósito de evitá-la, de fazer com que o licitante ou contratado corrija o seu comportamento.

O poder de advertir é imanente ao poder de fiscalizar, reconhecido à Administração Pública expressamente no inciso III do *caput* do artigo 104 da Lei nº 14.133/2021. O raciocínio é linear: quem fiscaliza, adverte ou, noutras palavras, comunica o fiscalizado de incorreções a fim de evitar danos definitivos, que demandariam a aplicação de verdadeiras sanções.

Sobre o assunto, o §1º do artigo 117 da Lei nº 14.133/2021 prescreve que "o fiscal do contrato anotará em registro próprio todas as ocorrências relacionadas à execução do contrato, determinando o que for necessário para a regularização das faltas ou dos defeitos observados". Ora, nas situações em que o representante da Administração constata falta ou defeito do contratado e, pois, determina que o comportamento seja corrigido, ele estará, sem sombra de dúvidas, emitindo uma advertência. Quer dizer que determinar a regularização de faltas e dos defeitos equivale, em essência, a advertir.

A advertência, na maioria dos casos, somente faz sentido se ela puder ser produzida imediatamente, porque somente assim ela se presta a evitar danos maiores. Daí o equívoco do legislador em qualificar a advertência como espécie de sanção. Ocorre que, na qualidade de sanção, por força do inciso LV do *caput* do artigo 5º da Constituição Federal, a advertência deve ser precedida de prévia defesa, com todas as garantias decorrentes dos princípios do contraditório e da ampla defesa. O problema é que, se assim o for, o efeito da advertência praticamente se esvai no tempo necessário para que a Administração obedeça a todos os trâmites processuais inerentes à garantia da ampla defesa.

Enfim, em mais uma passagem o legislador andou muito mal, sem atentar para a realidade e o cotidiano da Administração Pública. A solução, visando contornar essa situação, é um tanto quanto esdrúxula: muito embora a *advertência*, prescrita no inciso I do *caput* do artigo 156 da Lei nº 14.133/2021, e a *determinação para a regularização das faltas ou defeitos*, enunciada no §1º do artigo 117, também da Lei nº 14.133/2021, sejam, em essência, a mesma coisa, é forçoso marcar algumas distinções.

Pois bem, quanto aos efeitos, não há como distingui-las. Ambas se prestam à mesma finalidade. A distinção possível é que a *advertência*, do inciso I do *caput* do artigo 156, deve ser precedida de ampla defesa; a *determinação para a regularização das faltas ou defeitos*, do §1º do artigo 117, não deve ou não precisa ser precedida de ampla defesa.

A aludida distinção é frágil porque a *advertência* produz praticamente os mesmos efeitos da *determinação para a regularização das faltas ou defeitos*: ambos os atos servem, em essência, a advertir, comunicando o contratado a respeito de alguma falta, para que ele a corrija antes que se produza espécie de dano maior. O uso de uma ou de outra figura, da *advertência* ou da *determinação para a regularização das faltas ou defeitos*, depende do humor e da disposição dos agentes administrativos, já que, insista-se, os efeitos de ambas são os mesmos.

3 Multa

3.1 Noções gerais

A multa é também chamada de *cláusula penal* ou *pena convencional*. Trata-se de previsão contratual que estabelece previamente, no próprio instrumento contratual ou em termo aditivo, o montante que uma parte eventualmente deve ressarcir a outra em razão do seu inadimplemento. A multa representa o acordo havido entre os contratantes para prefixar os danos que seriam devidos em razão do inadimplemento contratual de uma parte para a outra.

A multa tem caráter preventivo e repressivo, visa desencorajar o inadimplemento contratual e, caso ele ocorra, reprimir o contratado faltoso. Como pontua o civilista Sílvio de Salvo Venosa:

> Cláusula penal consiste em uma obrigação de natureza acessória. Por meio desse instituto insere-se uma multa, termo também utilizado como sinônimo para essa cláusula, uma penalidade na obrigação, para a parte que deixar de dar cumprimento ou apenas retardá-lo. Aí estão as duas faces da cláusula penal: de um lado, possui a finalidade de indenização prévia de perdas e danos, de outro, a de penalizar, punir o devedor moroso. Trata-se basilarmente, como decorre da própria denominação, de uma modalidade de pena. Assim, as funções destacadas da cláusula penal são estimular o devedor a cumprir a obrigação e prefixar as perdas e danos em razão do inadimplemento parcial ou total.[441]

Uma vez prevista a multa, ocorrendo o inadimplemento, a parte não precisa alegar, quantificar ou provar o prejuízo que lhe foi imputado, apenas executa o valor da multa, o que confere segurança e previsibilidade para os contratantes. Portanto, a vantagem em estabelecer multa é a de antecipar e tornar previsível as consequências patrimoniais decorrentes do descumprimento de obrigações pelas partes, dado que os danos são prefixados. É vantajoso para a parte lesada, que não precisa provar e sequer alegar prejuízo (artigo 416 do Código Civil).[442] E é vantajoso para a parte inadimplente, porque sua obrigação de arcar com as perdas e danos é limitada, sendo que o credor não pode exigir indenização suplementar, salvo se o contrário tiver sido convencionado pelas partes contratantes (parágrafo único do artigo 416 do Código Civil).[443]

Registre-se que, em face do artigo 410 do Código Civil, a multa, no caso de total inadimplemento da obrigação, constitui-se "alternativa a benefício do credor". Ou seja,

---

441 VENOSA, Silvio de Salvo. *Código Civil interpretado*. 4. ed. São Paulo: Atlas, 2019. p. 936.

442 "Art. 416. Para exigir a pena convencional, não é necessário que o credor alegue prejuízo. Parágrafo único. Ainda que o prejuízo exceda ao previsto na cláusula penal, não pode o credor exigir indenização suplementar se assim não foi convencionado. Se o tiver sido, a pena vale como mínimo da indenização, competindo ao credor provar o prejuízo excedente".

443 "O dispositivo traz a regra mais importante sobre a cláusula penal: a presunção absoluta de danos e sua limitação. A cláusula penal realmente traz grande vantagem ao credor, que não precisa provar a existência dos danos e sua extensão. Ocorrendo o inadimplemento da obrigação, surge o dever de se reparar o dano, que é presumido de maneira absoluta. O valor da cláusula penal é devido ainda que o dano não exista ou seja de valor menor ao avençado. É por isso que a cláusula penal traz também uma vantagem ao devedor: a limitação de sua responsabilidade. Sabe ele, ao iniciar o programa obrigacional, o máximo que perderá se inadimplir a obrigação. Assim, a cláusula penal não representa uma vantagem apenas para o credor. Há uma vantagem para o devedor, que é a limitação" (SCHREIBER, Anderson *et al*. *Código Civil comentado*. 3. ed. Rio de Janeiro: Forense, 2021. *E-book*).

quando ocorre inexecução total do contrato, se prevista multa a favor da Administração, ela tem a opção de executar a multa ou pleitear o ressarcimento integral dos prejuízos que lhe foram causados. Nessa hipótese, de ressarcimento integral, terá de quantificar e provar o prejuízo sofrido. Se contentar-se com multar, não precisa quantificar nem provar o prejuízo, basta executar a multa.

Demais disso, o parágrafo único do artigo 416 do Código de Processo Civil prescreve a possibilidade de o credor cobrar a multa e, ainda, pleitear a indenização suplementar, no caso em que a multa é insuficiente para fazer frente a todos os seus prejuízos. Ou seja, cobra-se a multa e a indenização, sem que seja necessário optar entre um e outro. No entanto, nessa situação, o contrato precisa prever expressamente a possibilidade de pleitear a indenização suplementar. Se não houver a previsão de indenização suplementar, deve prevalecer o valor prefixado de multa ou, em caso de descumprimento total do contrato, a mencionada "alternativa em benefício do credor" entre a multa e a indenização do valor total do prejuízo.

O §9º do artigo 156 da Lei nº 14.133/2021 se contrapõe ao prescrito nos artigos 410 e 416 do Código Civil. Não é demais ressaltar que, em relação aos contratos administrativos, por força do artigo 89 da Lei nº 14.133/2021, as disposições do Código Civil aplicam-se apenas supletivamente. Isso significa que o disposto nos artigos 410 e 416 do Código Civil cede em face do §9º do artigo 156 da Lei nº 14.133/2021.

Pois bem, o §9º do artigo 156 da Lei nº 14.133/2021 prescreve que "a aplicação das sanções previstas no *caput* deste artigo não exclui, em hipótese alguma, a obrigação de reparação integral do dano causado à Administração Pública". Sob essas condições, a Administração deve cobrar o valor da multa e ainda todos os outros danos que lhe tenham sido causados. Logo, a multa não é uma "alternativa a benefício do credor", como estabelece o artigo 410 do Código Civil, bem como não é necessário prever expressamente no instrumento contratual que a multa vale como "mínimo de indenização", como previsto no parágrafo único do artigo 416 do Código de Processo Civil. Sendo assim, sob a perspectiva do contratado pela Administração, não há vantagens na previsão de multa contratual, porque ela não limita o valor da indenização. A vantagem, nos contratos administrativos, é apenas da Administração.

3.2 Multa moratória e compensatória

O artigo 409 do Código Civil enuncia que a multa (cláusula penal) pode referir-se à inexecução completa da obrigação, à de alguma cláusula especial ou simplesmente à mora. Nos dois primeiros casos, está-se diante da multa compensatória. No último, da multa moratória. Em síntese, a multa moratória faz frente aos prejuízos decorrentes do não cumprimento dos prazos de execução, e a multa compensatória faz frente ao descumprimento de outras obrigações contratuais que geram prejuízos para a parte que não lhe deu causa.[444] [445]

---

[444] "Art. 409. A cláusula penal estipulada conjuntamente com a obrigação, ou em ato posterior, pode referir-se à inexecução completa da obrigação, à de alguma cláusula especial ou simplesmente à mora".

[445] "A cláusula penal será compensatória se estipulada para a hipótese de inadimplemento total ou parcial da obrigação principal. De outro modo, será moratória, se prevista para a eventualidade do retardo no cumprimento da prestação devida" (STJ, Quarta Turma. REsp nº 1.314.884/SP. Rel. p/ acórdão Min. Maria Isabel Gallotti,

O artigo 162 da Lei nº 14.133/2021 preceitua que "o atraso injustificado na execução do contrato sujeitará o contratado a multa de mora, na forma prevista em edital ou em contrato".

A multa moratória e a compensatória não devem ser aplicadas em vista dos mesmos fatos. Insista-se que os seus pressupostos são distintos: se o contratado atrasa a execução do contrato, então a multa é moratória; se o contratado descumpre outras obrigações contratuais, então a multa é compensatória.

O atraso prolongado da execução do contrato pode levar a sua rescisão. Nessa hipótese, o parágrafo único do artigo 162 da Lei nº 14.133/2021 prescreve que "a aplicação de multa de mora não impedirá que a Administração a converta em compensatória e promova a extinção unilateral do contrato com a aplicação cumulada de outras sanções previstas nesta Lei".

Em tese, nos casos em que a mora leva à rescisão do contrato, seria legítimo aplicar multa de mora sobre os dias de atraso na execução do contrato, que visam cobrir os prejuízos referentes aos sobreditos dias em atraso, e aplicar a multa compensatória pela extinção do contrato, dado que a extinção contratual gera prejuízos específicos, que extravasam os meros dias de atraso na execução – como os custos de nova contratação, perda de materiais, postergação da entrega definitiva do objeto e outros.[446] No entanto, o supracitado parágrafo único do artigo 162 da Lei nº 14.133/2021 proíbe essa solução, que implica cumulação da multa moratória e da compensatória. Nos termos do dispositivo, se for o caso de extinção contratual em razão da mora do contratado, a multa de mora deve se converter em compensatória/rescisória. Essa conversão deve ser prevista em contrato, podendo, naturalmente, ser majorada, uma vez que, insista-se, os prejuízos decorrentes da rescisão são mais amplos que os da mera mora.

Aliás, é bom reforçar que a multa moratória e a compensatória devem ser previstas e disciplinadas no instrumento convocatório ou no contrato, que deve dispor sobre os fatos que ensejam a aplicação de uma e de outra, bem como sobre os respectivos valores. Se o edital ou o contrato não trata das multas, elas não podem ser aplicadas.

---

j. 13.11.2018). "E a cláusula penal pode ser prevista para o caso de simples atraso, representando danos pré-fixados em razão da mora (multa moratória) ou no caso de não cumprimento de cláusulas contratuais, importando o valor em compensação pelo dano derivado do inadimplemento delas (multa compensatória)" (TJSP, Trigésima Oitava Câmara de Direito Privado. AC nº 990.10.128762-5. Rel. Des. Vicentini Barroso, j. 4.8.2010).

446 "ADMINISTRATIVO. CONTRATO DE PRESTAÇÃO DE SERVIÇO DE ENGENHARIA. INEXECUÇÃO PARCIAL CARACTERIZADA. MULTAS RESCISÓRIA E MORATÓRIA. CUMULAÇÃO. POSSIBILIDADE. REDUÇÃO. PRINCÍPIO DA PROPORCIONALIDADE. A amplitude das obrigações assumidas pela contratada, após lograr êxito em certame seletivo, vincula-se aos termos do edital de licitação e do contrato desta resultante, considerados todos os elementos integrantes dos referidos documentos, inclusive o caderno de encargos. Comprovada a inexecução parcial do contrato administrativo (art. 6º, VIII, 'a', da Lei nº 8.666/93), é legítima a imposição de multas moratórias e rescisória, com base em expressa previsão contratual. O fato gerador das multas moratórias - que não compensam nem substituem o inadimplemento, apenas punem o retardamento no cumprimento da obrigação - não se confunde com aquele que ensejou a imposição de multa rescisória (ou cláusula penal) - que se destina à prefixação das perdas e danos decorrentes de eventual inadimplemento -, inexistindo o alegado bis in idem ou ilegalidade na consideração da mora. Incide o princípio da proporcionalidade na gradação das penalidades impostas pela inexecução parcial das obrigações assumidas pela contratada, pois não se pode punir o descumprimento total e o parcial do contrato, adotando idênticos parâmetros. Há a possibilidade de retenção de créditos da contratada inadimplente até o limite dos débitos decorrentes do ato faltoso" (TRF4, Quarta Turma. Apelação nº 5018263-91.2011.4.04.7200. Rel. Des. Vivian Josete Pantaleão Caminha, j. 11.5.2015).

3.3 Limites e parâmetros para a fixação das multas

O §3º do artigo 156 da Lei nº 14.133/2021 prescreve que a multa:

> calculada na forma do edital ou do contrato, não poderá ser inferior a 0,5% (cinco décimos por cento) nem superior a 30% (trinta por cento) do valor do contrato licitado ou celebrado com contratação direta e será aplicada ao responsável por qualquer das infrações administrativas previstas no art. 155 desta Lei.

A margem indicada no §3º do artigo 156 da Lei nº 14.133/2021 para a fixação das multas é altíssima, dependente da discricionariedade da Administração, que deve definir os parâmetros em edital e contrato. É preciso que montantes ou percentuais sejam determinados com atenção ao princípio da proporcionalidade, de modo que não desbordem significativamente dos valores dos danos aos quais visam a fazer frente.[447]

Pondera-se que, de maneira geral, os percentuais admitidos no §3º do artigo 156 da Lei nº 14.133/2021 são muito elevados. Para que se tenha baliza de comparação, no Acórdão nº 2.622/2013, do Plenário, o Tribunal de Contas da União sinalizou com referenciais para as taxas de Benefícios e Despesas Indiretas (BDI) em obras de engenharia, com percentuais que variam em torno de 20% do valor total do contrato e margem de lucro em torno de 7%.[448] Ora, é desproporcional multa que absorva total ou significativamente a margem de lucro projetada de um contrato, mormente nas situações em que muito descompassado à estimativa de prejuízos que podem ser gerados pelo inadimplemento do contratado reprimido com a sobredita multa.

Nos casos de desproporção dos valores das multas, o artigo 413 do Código Civil permite ao juiz reduzi-los equitativamente "se a obrigação principal tiver sido cumprida em parte, ou se o montante da penalidade for manifestamente excessivo, tendo-se em vista a natureza e a finalidade do negócio".[449]

---

[447] "19. Quanto à falha na definição das sanções administrativas aplicáveis ao contrato, a Selog também não acatou a justificativa lavrada no sentido de que a cláusula seguiu modelos adotados por outros órgãos. Como enfatizado na instrução, não é razoável prever a aplicação de multa de até 5% do valor do contrato por infração a qualquer cláusula ou condição contratual, uma vez que não há hierarquia de relevância entre as possíveis infrações e suas consequências. 20. De fato, trata-se de cominação genérica, cuja aplicação fica à mercê da subjetividade do gestor. Nesse caso, a previsão acaba por se tornar inócua, ou passível de questionamento judicial. Por conseguinte, manifesto-me de acordo com a proposta de determinar-se ao MDA que, no edital que vier a substituir o certame em comento, preveja situações claras para aplicação das penalidades, estabelecendo gradações entre as sanções de acordo com o potencial de lesão que poderá advir de cada conduta a ser apenada" (TCU, Plenário. Acórdão nº 607/2016. Rel. Min. Augusto Sherman, j. 16.3.2016).

[448] TCU, Plenário. Acórdão nº 2622/2013. Rel. Min. Marcos Bemquerer, j. 25.9.2013.

[449] "4. A multa contratual deve ser proporcional ao dano sofrido pela parte cuja expectativa fora frustrada, não podendo traduzir valores ou penas exorbitantes ao descumprimento do contrato. Caso contrário, poder-se-ia consagrar situação incoerente, em que o inadimplemento parcial da obrigação se revelasse mais vantajoso que sua satisfação integral. 5. No caso dos autos, a redução da multa empreendida pela decisão agravada, com base no art. 413 do Código Civil de 2002, por levar em consideração o art. 412 do Código Civil de 2002 e as peculiaridades do caso concreto, se revela proporcional e equitativa. É que, na forma em que foi postulada pelo demandante e fixada pela instância ordinária, a quantia superava o montante principal corrigido monetariamente. Ademais, a redução da multa efetivada pela decisão impugnada se deu, não sobre o percentual contratado pelas partes - 20% (vinte por cento) - mas sobre a sua base de cálculo, passando a ser adotada a quantia não repassada pela parte demandada ao ora agravante, corrigida monetariamente" (STJ, Quarta Turma. AgInt nos EDcl no AgInt nos EDcl no AREsp nº 1.078.510/SP. Rel. Min. Luis Felipe Salomão, j. 7.6.2018). "CONSTITUCIONAL. ADMINISTRATIVO E PROCESSUAL CIVIL. MANDADO DE SEGURANÇA. CONTRATO ADMINISTRATIVO. DESCUMPRIMENTO PARCIAL. MULTA. REDUÇÃO DO QUANTUM ESTABELECIDO NO INSTRUMENTO DE CONTRATO. POSSIBILIDADE. PRINCÍPIOS DA RAZOABILIDADE E DA PROPORCIONALIDADE.

De toda sorte, deve-se ter o cuidado de aplicar o artigo 413 do Código Civil sobre os contratos administrativos com os devidos anteparos e com atenção à proteção ao interesse público, sem descurar que o Código Civil apenas se aplica em relação aos contratos administrativos de forma supletiva (artigo 89 da Lei nº 14.133/2021). São preocupações compartilhadas em acórdão do Superior Tribunal de Justiça:

> 9. Como é sabido, o controle de legalidade realizado pelo Poder Judiciário quanto às penalidades administrativas é admitido pela jurisprudência do Superior Tribunal de Justiça somente em casos excepcionais, sob pena de invasão do mérito administrativo quando há desproporcionalidade flagrante, como nas penalizações ínfimas ou exorbitantes, o que não se configurou na hipótese. [...]
> 11. Embora seja possível aplicar supletivamente as normas de direito privado aos contratos administrativos e se reconheça que as multas administrativas não possam ser fixadas em percentual exorbitante que importe em locupletamento ilícito dos órgãos públicos, é pacífico que o sancionamento da infração deve ser compatível com a gravidade e a reprovabilidade da infração, considerando-se, ademais, o potencial de lesão que pode advir das condutas a serem penalizadas.[450] [451]

É de realçar que o §3º do artigo 156 da Lei nº 14.133/2021 indica o percentual das multas sobre o valor total dos contratos e não sobre o valor das obrigações descumpridas pelo contratado. Nessa medida, já se antevê incompatibilidade com o artigo 413 do Código Civil, cujo teor autoriza que o juiz reduza a multa "[...] se a obrigação principal tiver sido cumprida em parte [...]". Nada obstante isso, nada impede que se corrija a desproporcionalidade com a determinação de que o percentual seja aplicado sobre a obrigação inadimplida e não sobre o valor total do contrato ou reduzindo o percentual ou montante da multa – caminhos diferentes que levam ao mesmo resultado.

3.4 Aplicação da multa

A multa, porque é sanção administrativa, deve ser aplicada após regular processo administrativo, garantidor do contraditório e da ampla defesa. Nessa direção, o artigo 157

SENTENÇA MANTIDA. REMESSA OFICIAL DESPROVIDA. 1. Na hipótese, não merece qualquer reparo a sentença que, com fundamento nos princípios da razoabilidade e da proporcionalidade, reduziu a penalidade imposta à impetrante, tomando como parâmetro para a aplicação da multa, não o valor total do contrato, mas tão somente o valor da parte que não foi adimplida. 2. Sentença concessiva da segurança, que se confirma. 3. Remessa oficial, desprovida" (TRF1, Sexta Turma. REO nº 0061182-43.2015.4.01.3800. Rel. Des. Daniel Paes Ribeiro, j. 6.8.2018).

[450] STJ, Segunda Turma. ROMS nº 64.206-PR. Rel. Min. Herman Benjamin, j. 1º.12.2020.

[451] "5. Não merece acolhimento a pretensão deduzida pela parte recorrente, no sentido de que a multa de 4% fixada no aresto recorrido deveria incidir apenas sobre a parcela da obrigação contratual inadimplida, e não sobre o valor mensal total do contrato; ao invés, deve prevalecer o quanto definido nas respectivas cláusulas contratuais, sobretudo porque, em tal aspecto, não se mostra em desarmonia com a legislação de regência. 6. Sob pena de locupletamento ilícito do contratante público, as multas administrativas não devem ser fixadas em percentual exorbitante, devendo guardar compatibilidade com a gravidade e a reprovabilidade da infração; tais parâmetros, na espécie, foram adequadamente observados pelo Tribunal a quo, ao decotar a penalidade originalmente aplicada pela Administração, em reverência, portanto, às diretrizes da proporcionalidade e da razoabilidade. Precedente, em caso absolutamente análogo: RMS 64.206/PR, Rel. Ministro HERMAN BENJAMIN, SEGUNDA TURMA, DJe 18/12/2020" (STJ, Primeira Turma. RMS nº 64.746/PR. Rel. Min. Sérgio Kukina, j. 4.5.2021).

da Lei nº 14.133/2021 determina que, antes de aplicar a multa, "será facultada a defesa do interessado no prazo de 15 (quinze) dias úteis, contado da data de sua intimação".

O §8º do artigo 156 da Lei nº 14.133/2021 preceitua que, "se a multa aplicada e as indenizações cabíveis forem superiores ao valor de pagamento eventualmente devido pela Administração ao contratado, além da perda desse valor, a diferença será descontada da garantia prestada ou será cobrada judicialmente".

Frisa-se que, de acordo com o §8º do artigo 156 da Lei nº 14.133/2021, à Administração Pública é permitido reter valores inicialmente devidos ao contratado desde que para fazer frente a prejuízos causados por ele ou para fazer frente a valores devidos por ele a ela. Trata-se de medida de compensação, conforme o artigo 368 do Código Civil, que se aplica supletivamente à Lei nº 14.133/2021. Ou seja, à Administração é permitido reter os valores devidos aos contratados e, se eles não forem suficientes, executar eventual garantia prestada, tudo para fazer frente à multa devida a ela. Caso a retenção e a garantia não sejam suficientes, o montante devido à Administração deve ser cobrado judicialmente ou por arbitragem, conforme o caso.[452]

3.5 Parcelamento dos valores devidos a título de multa

De maneira geral, o contratado não tem o direito de pagamento parcelado de multa, diante da ausência de previsão legal sobre tal faculdade – em tributo ao princípio da legalidade. No entanto, excepcionalmente, o parcelamento da multa poderia ser concedido se a possibilidade fosse prevista no contrato ou em termo aditivo, neste último caso com as devidas justificativas.

---

[452] O Superior Tribunal de Justiça tem precedente que não reconhece a possibilidade de a Administração propor diretamente ação de execução visando ao pagamento da multa, devendo antes propor a ação de conhecimento. Confira-se: "PROCESSUAL CIVIL. ADMINISTRATIVO. RECURSO ESPECIAL EM AÇÃO MONITÓRIA. CONTRATO ADMINISTRATIVO DE PRESTAÇÃO DE SERVIÇOS E FORNECIMENTO DE MÃO-DE-OBRA ESPECIALIZADA FIRMADO ENTRE SOCIEDADE DE ECONOMIA MISTA E EMPRESA PRIVADA. COBRANÇA DE MULTA RESCISÓRIA. INEXISTÊNCIA DE TÍTULO EXECUTIVO EXTRAJUDICIAL. VIOLAÇÃO DOS ARTS. 585, II, E 1.102-A, DO CPC, E 80, III, DA LEI 8.666/93. DOUTRINA. PRECEDENTE. PROVIMENTO. 1. Somente constituem títulos executivos extrajudiciais aqueles definidos em lei, por força do princípio da tipicidade legal (nullus titulus sine legis). 2. A multa rescisória cobrada em razão do inadimplemento de contrato firmado entre empresa privada e entidade da administração pública indireta, dotada de personalidade jurídica de direito privado – sociedade de economia mista –, não pode ser objeto de execução direta, seja porque não constitui documento público (CPC, art. 585, II), seja porque nem o contrato nem o ato administrativo que implicou a rescisão têm força de título executivo extrajudicial. 3. O art. 80, III, da Lei 8.666/93, estabelece que a rescisão determinada por ato unilateral e escrito da Administração Pública, em razão do descumprimento de cláusula contratual (art. 79, I, c/c o 78, I), acarreta a "execução da garantia contratual, para ressarcimento da Administração, e dos valores das multas e indenizações a ela devidos". 4. A "exegese do art. 80, inciso III, da Lei nº 8.666/93 implica concluir que a expressão 'execução da garantia contratual' significa sua 'efetivação', via exigibilidade judicial cognitiva. Deveras, a natureza de título executivo não se infere, mas, antes, se afere dos termos inequívocos da lei, máxime porque, as referidas cártulas são fontes de atos de soberania estatal, como sói ser o processo autoritário-judicial de execução" (REsp 476.450/RJ, 1ª Turma, Rel. Min. Luiz Fux, DJU de 19.12.2003). 5. O CPC e a Lei 8.666/93 não atribuem caráter executivo à garantia contratual e aos consectários correlatos estipulados no ajuste. Somente se a contratante for pessoa jurídica de direito público integrante da administração pública direta (União, Estados, Distrito Federal, Municípios) ou indireta (autarquias e fundações públicas), poderá inscrever o crédito em dívida ativa (CDA) e proceder à execução fiscal (Lei 6.830/80, art. 1º). Ressalte-se, todavia, que o título executivo não será, propriamente, o contrato, e sim a CDA regularmente constituída (CPC, art. 585, VI). 6. Recurso especial provido, para se determinar o prosseguimento da ação monitória, com o julgamento do mérito do recurso de apelação pelo Tribunal de Justiça" (STJ, Primeira Turma. REsp nº 813.662/RJ. Rel. Min. Denisse Arruda, j. 24.10.2006).

Sucede que o inciso XIV do *caput* do artigo 92 da Lei nº 14.133/2021 exige que o contrato trate dos "direitos e responsabilidades das partes, das penalidades cabíveis e os valores das multas e suas bases de cálculo". Dessa sorte, o legislador reconheceu competência discricionária para a Administração dispor sobre as multas. Por consequência, sem contrariar disposições legais, a Administração pode dispor do modo como ela deve ser aplicada e como deve ser quitada pelo contratado, o que não exclui a possibilidade de previsão de parcelamento.

Registre-se que o artigo 217 do Regimento Interno do Tribunal de Contas da União prevê a possibilidade de o Tribunal ou o relator permitir o parcelamento das multas aplicadas pela Corte. O dispositivo pode ser aplicado por analogia, inclusive as demais previsões nele contidas (limitação a 36 parcelas, correção e atualização e que a falta de pagamento da parcela importe vencimento antecipado do saldo devedor).

No mesmo sentido, salienta-se que o artigo 26 da Lei de Introdução às Normas do Direito Brasileiro permite que a Administração celebre compromisso com interessado para eliminar irregularidade, incerteza ou situação contenciosa, que é o caso de pagamento de multa pendente. O inciso IV do §1º do artigo 26 determina que o compromisso deve dispor do prazo para cumprimento das obrigações pelas partes, logo, dispor de prazo para pagamento de multa pendente. Essa solução consensual, se possível, tende a ser mais vantajosa para a Administração do que a propositura de demanda judicial ou perante Tribunal Arbitral para a cobrança de multa.

Portanto, o parcelamento de multa pode ser fundamentado em previsão do próprio contrato ou de termo aditivo. Também pode ser fundamentado por meio do compromisso a que se refere o artigo 26 da Lei de Introdução às Normas do Direito Brasileiro.

4 Impedimento de licitar e contratar

O inciso III do *caput* do artigo 156 da Lei nº 14.133/2021 prescreve a sanção de impedimento de licitar e contratar. De acordo com o §4º do mesmo artigo 156, a sanção "impedirá o responsável de licitar ou contratar no âmbito da Administração Pública direta e indireta do ente federativo que tiver aplicado a sanção, pelo prazo máximo de 3 (três) anos".

O inciso III do artigo 6º da Lei nº 14.133/2021 define Administração Pública como "administração direta e indireta da União, dos Estados, do Distrito Federal e dos Municípios, inclusive as entidades com personalidade jurídica de direito privado sob controle do poder público e as fundações por ele instituídas ou mantidas".

Sendo assim, o referido §4º do artigo 156 limita a incidência da sanção de inadimplemento a todos os órgãos e entidades que compõem a Administração direta e indireta do ente federativo que tiver aplicado a sanção. Então, por exemplo, se autarquia federal aplica a penalidade de impedimento, a empresa apenada não pode participar de licitação e contratar com a própria autarquia e com qualquer outro órgão e entidade federal, da Administração direta e indireta. É permitido à empresa apenada participar de licitações e firmar contratos administrativos com os demais entes federativos, estados, Distrito Federal e municípios.

O prazo do impedimento é de até três anos. A Administração, desse modo, goza de amplíssima margem de discricionariedade para definir a extensão do prazo da penalidade.

5 Declaração de inidoneidade

5.1 A alternativa entre o impedimento de licitar e o impedimento de contratar

O inciso IV do *caput* do artigo 156 da Lei nº 14.133/2021 prescreve a sanção de declaração de inidoneidade para licitar ou contratar. De acordo com o §5º do mesmo artigo 156, a sanção "impedirá o responsável de licitar ou contratar no âmbito da Administração Pública direta e indireta de todos os entes federativos, pelo prazo mínimo de 3 (três) anos e máximo de 6 (seis) anos".

Cauê Vecchia Luzia alerta para aspecto relevante:

> De plano, atrai a atenção que a declaração de inidoneidade pode implicar restrições ao direito de licitar ou ao direito de contratar. A rigor do texto legal, a sanção não pode abranger ambas, mas apenas uma das prerrogativas do particular, o que tem implicações práticas significativas.
>
> O direito de licitar não se confunde com o direito de contratar, principalmente em seus aspectos teóricos. E mesmo na prática, ainda que possa haver uma conexao lógica entre eles – pois, afinal, o contrato deriva da licitação –, há circunstâncias em que sua distinção tem utilidade. Veja, por exemplo, as hipóteses de contratação direta (dispensa, inexigibilidade de licitação e licitação dispensada), nas quais o particular não precisa engajar-se em processo licitatório para a celebração do contrato. Nestas hipóteses, uma eventual restrição ao direito de licitar não impediria a celebração do contrato administrativo, que apenas estaria obstada se houver sanção limitando o direito de contratar.[453]

O inciso IV do *caput* do artigo 156 da Lei nº 14.133/2021, literalmente, refere-se à sanção de "declaração de inidoneidade para licitar ou contratar". A primeira impressão é que o emprego da conjunção alternativa "ou" entre as palavras "licitar" e "contratar" ocorreu por equívoco ou desatenção do legislador. Ora, não é plausível que alguém seja considerado inidôneo para licitar e não para contratar e vice-versa.

Essa primeira impressão logo se dissipa. Foi a vontade do legislador, sim. Veja-se que a sanção do inciso III do *caput* do artigo 156 é de "impedimento de licitar e contratar". Aqui, no inciso III, o legislador empregou a conjunção aditiva "e". No inciso IV, na sequência, empregou a conjunção alternativa "ou". Em acréscimo, o §5º do mesmo artigo 156 anuncia que a sanção do inciso IV "[...] impedirá o responsável de licitar ou contratar [...]", novamente, como se vê, com o emprego da conjunção alternativa.

De todo modo, colocando de lado as impressões, o fato é que o inciso IV do *caput* do artigo 156 da Lei nº 14.133/2021 veio com a conjunção alternativa "ou", que não pode ser transformada pelo desejo do intérprete em conjunção aditiva "e". Cabe ao

---

453 LUZIA, Cauê Vecchia. Regime jurídico de infrações e sanções administrativas. *In*: NIEBUHR, Joel de Menezes *et al*. *Nova Lei de Licitações e Contratos Administrativos*. 2. ed. Curitiba: Zênite, 2021. p. 235.

intérprete extrair as consequências jurídicas respeitando a opção do legislador e não, pura e simplesmente, a recusar.

Cauê Vecchia Luzia tem razão ao advertir que, ao declarar o apenado inidôneo para participar de licitação, permite-se que ele celebre contratos administrativos por meio de contratação direta, por dispensa ou inexigibilidade.[454] Talvez essa tenha sido a intenção do legislador, sobretudo para evitar que empresas detentoras de exclusividade não possam ser contratadas. Sucede que, em muitos casos, a Administração precisa de dado objeto que é comercializado com exclusividade por uma empresa – a ausência do objeto pode causar prejuízos relevantes para a Administração, inclusive com descontinuidade de suas atividades. Então, a declaração de inidoneidade poderia ser limitada a impedir a empresa de participar de licitação e não de ser contratada. Assim, a Administração poderia dispor do objeto exclusivo comercializado pela empresa, desde que por meio da respectiva inexigibilidade de licitação.

Por outro lado, pondera-se que, ao impedir o apenado de contratar, o direito de participar de licitação se esvazia de modo reflexo.[455] Ora, a licitação é a competição pelo contrato. A finalidade da licitação é escolher com quem contratar. Daí que há espécie de incompatibilidade lógica em admitir em licitação alguém que não pode ser contratado. Isso significa que a declaração de inidoneidade que impede a contratação também impede a participação na licitação.

A consequência prática é que, na verdade, a Administração goza de competência discricionária para restringir os efeitos da declaração de inidoneidade à participação em licitação, o que permite a contratação direta do apenado. Ao decidir que a declaração de inidoneidade impede a contratação, por via de consequência, ainda que não afirmado expressamente, ela também impede a participação na respectiva licitação.

Sendo mais claro: (i) nas hipóteses em que a declaração de inidoneidade é para participar de licitação, o apenado pode ser contratado pela Administração diretamente, por dispensa ou inexigibilidade; (ii) nas hipóteses em que a declaração de inidoneidade é para contratar, o apenado não pode ser contratado nem participar de licitação – porque esta visa justamente escolher o contratado.

5.2 Declaração de inidoneidade é sanção de dimensão nacional

O §5º do artigo 156 da Lei nº 14.133/2021 anuncia que a declaração de inidoneidade "impedirá o responsável de licitar ou contratar no âmbito da Administração Pública

---

[454] LUZIA, Cauê Vecchia. Regime jurídico de infrações e sanções administrativas. *In*: NIEBUHR, Joel de Menezes *et al*. *Nova Lei de Licitações e Contratos Administrativos*. 2. ed. Curitiba: Zênite, 2021.

[455] Cauê Vecchia Luzia defende tese oposta: "Igualmente, o direito de contratar tem sua essência específica e pressupõe a celebração de contrato administrativo. Ocorre que o artigo 95 da Lei nº 14.133/2021 define situações em que o negócio com a Administração Pública é concretizado sem a formalização de contrato administrativo, nos casos de dispensa de baixo valor e de compras para entrega imediata e integral e sem obrigações futuras. Sem embargos, o particular sancionado com declaração de inidoneidade para contratar com a Administração ainda poderá participar em licitação e concretizar o fornecimento de bens com entrega imediata e integral e sem obrigações futuras" (LUZIA, Cauê Vecchia. Regime jurídico de infrações e sanções administrativas. *In*: NIEBUHR, Joel de Menezes *et al*. *Nova Lei de Licitações e Contratos Administrativos*. 2. ed. Curitiba: Zênite, 2021. p. 236). Discorda-se do autor porque, nas hipóteses do artigo 95 da Lei nº 14.133/2021, dispensa-se o instrumento de contrato e não o contrato propriamente dito. Contrato há. Apenas a formalização dele é que pode ocorrer por outros instrumentos equivalentes que não por meio de instrumento de contrato.

direta e indireta de todos os entes federativos, pelo prazo mínimo de 3 (três) anos e máximo de 6 (seis) anos". Disso resulta que a sanção de declaração de inidoneidade é de dimensão nacional, incide em todos os entes federativos. Por exemplo, a declaração de inidoneidade aplicada por município de pequeno porte produz efeitos em todos os demais municípios, no Distrito Federal, nos estados e na União. Nos termos da Lei nº 14.133/2021, a declaração de inidoneidade aplicada por um vale por todos. Um por todos, essa é a premissa do legislador.

A declaração de inidoneidade é de natureza gravíssima. A expressão utilizada pelo legislador para referir à sanção é forte e já diz muito por si. Inidôneo é alguém que não se pode confiar, que não é considerado apto técnica e moralmente para o desempenho de dadas atividades, no caso, para participar de licitações ou firmar contratos administrativos. Então, para o legislador, a declaração de inidoneidade é transversal, vale para todos os entes federativos, porque a pessoa que não é confiável para um ente federativo não o é para todos.

Sem embargo disso, a opção do legislador, de qualificar a declaração de inidoneidade como sanção nacional, é inconstitucional, porque se opõe ao princípio federativo e à consequente autonomia administrativa dos entes federativos, prescrições encartadas nos artigos 1º e 18 da Constituição Federal. Em virtude de tais preceitos, cumpre concluir que um ente federativo não pode ser obrigado a aceitar penalidade imposta por outro. Por exemplo, um estado goza de autonomia administrativa, pelo que não está vinculado à decisão administrativa tomada por autoridade de outro estado, como ocorre com a declaração de inidoneidade – até porque um estado não tem a obrigação de obedecer ou de se submeter às decisões de outro estado. Nesse passo, por força constitucional, os efeitos da declaração de inidoneidade devem ser restritos ao âmbito das entidades e órgãos pertencentes ao ente federativo que a aplicou, em sentido diametralmente oposto ao preceituado no §5º do artigo 156 da Lei nº 14.133/2021.

O mesmíssimo argumento vale sob as luzes da separação de poderes, princípio fundamental da Constituição Federal encartado no artigo 2º da Constituição Federal. Ora, os poderes Legislativo, Judicial e Executivo são independentes e harmônicos, por efeito do que se reconhece a eles, em uníssono, autonomia administrativa. O mesmo raciocínio vale para o Ministério Público, que, a teor do §2º do artigo 127 da Constituição Federal, goza de autonomia administrativa. Por via de consequência, um poder não pode ser compelido a aceitar penalidade administrativa imposta por outro. Significa dizer que a declaração de inidoneidade imposta por um poder não atinge nem se estende sobre os demais, ainda que pertencentes ao mesmo ente federativo.

Registra-se que a jurisprudência do Superior Tribunal de Justiça, mesmo que diante da Lei nº 8.666/1993, diverge da orientação ora esposada sobre a inconstitucionalidade da dimensão nacional da declaração de inidoneidade. Para os ministros, a sanção incide sobre todas as esferas da Federação, independentemente do ente federativo que a aplicou.[456]

[456] "ADMINISTRATIVO. LICITAÇÃO. MANDADO DE SEGURANÇA PREVENTIVO. DECLARAÇÃO DE INIDONEIDADE EXARADA PELO ESTADO DO RIO DE JANEIRO. IMPOSSIBILIDADE DE CONTRATAÇÃO COM A ADMINISTRAÇÃO PÚBLICA. APLICAÇÃO A TODOS OS ENTES FEDERADOS. 1. A questão jurídica posta a julgamento cinge-se à repercussão, nas diferentes esferas de governo, da emissão da declaração de inidoneidade para contratar com a Administração Pública, prevista na Lei de Licitações como sanção pelo descumprimento de contrato administrativo. 2. Insta observar que não se trata de sanção por ato de improbidade

6 Tipicidade

O artigo 155 da Lei nº 14.133/2021 descreve uma série de condutas praticadas em licitações e contratos administrativos que autorizam a aplicação das sanções administrativas definidas no seu artigo 156. Trata-se, a rigor jurídico, da tipificação das condutas que sujeitam o licitante ou contratado às sanções administrativas. Além de definir os tipos, o legislador preocupou-se em correlacioná-los com as sanções indicadas no artigo 156. Essa correlação se encontra nos §§2º, 3º, 4º e 5º do mesmo artigo 156, destinado, respectivamente, às sanções de advertência, multa, impedimento e declaração de inidoneidade.

Sob esse quadro, é preciso reconhecer que houve avanço em comparação com o modelo da Lei nº 8.666/1993, que apenas indicava as sanções, sem definir condutas típicas específicas e sem, muito menos, por consequência, correlacionar as condutas típicas com as sanções.

A estrutura da Lei nº 14.133/2021 é melhor, é mais protetiva da esfera jurídica dos contratados, porque oferece balizas até então não oferecidas pela Lei nº 8.666/1993. Nada obstante isso, se analisada com acuidade, percebe-se que a Lei nº 14.133/2021 ainda confere amplíssimo espaço de discricionariedade para que a Administração defina a sanção que lhe aprouver. A correlação entre tipos e sanções é meramente apriorística e os tipos são bastante abertos. Enfim, avançou-se, mas ainda muito longe de um grau razoável de segurança jurídica.

É de mencionar que, sob as luzes da Lei nº 8.666/1993, sucedeu-se discussão sobre a sua constitucionalidade, dada a falta de tipicidade das condutas que ensejam a aplicação das sanções administrativas. O argumento é que o modelo da Lei nº 8.666/1993 seria inconstitucional, porque violador do princípio da tipicidade, prescrito no inciso XXXIX do *caput* do artigo 5º da Constituição Federal, cujo texto anuncia que "não há crime sem lei anterior que o defina, nem pena sem prévia cominação legal". O princípio da tipicidade remete ao princípio da legalidade, encartado no inciso II do *caput* do artigo 5º da Constituição Federal.[457] Essa discussão de ordem constitucional é superada pela Lei nº 14.133/2021, que, insista-se, houve por bem prever as condutas típicas e correlacioná-las com as respectivas sanções administrativas, ainda que o tenha feito com todas as fragilidades.

De todo modo, diante da abertura dos tipos previstos no *caput* do artigo 155 da Lei nº 14.133/2021, é preciso que se dê a eles interpretação restritiva e que as faltas ensejadoras de sanções administrativas, especialmente as sanções de multa, impedimento

---

de agente público prevista no art. 12 da Lei 8.429/1992, tema em que o Superior Tribunal de Justiça possui jurisprudência limitando a proibição de contratar com a Administração na esfera municipal, de acordo com a extensão do dano provocado. Nesse sentido: EDcl no REsp 1021851/SP, 2ª Turma, Relatora Ministra Eliana Calmon, julgado em 23.6.2009, DJe 6.8.2009. [...]" (REsp nº 1.552.078/DF, Decisão Monocrática. Rel. Min. Napoleão Nunes Maia Filho, j. 7.6.2016).

[457] "Parece que a questão sobre a aplicação ou não do princípio da atipicidade em relação às sanções administrativas não foi devidamente debatida pelo Poder Judiciário. No entanto, confira-se a ementa do acórdão prolatado pelo STJ por ocasião do julgamento do MS nº 7.311/DF, em que ficou consignado que o administrador não se submete ao princípio da pena específica – expressão utilizada como sinônimo do princípio da atipicidade" (STJ, Primeira Seção. MS nº 7.311/DF. Rel. Min. Garcia Vieira, j. 28.8.2002). Tanto isso é verdade que as sanções administrativas da Lei nº 8.666/1993 são aplicadas cotidianamente pela Administração Pública, sem óbice de inconstitucionalidade reconhecido pelo Poder Judiciário em razão da falta de tipicidade.

de licitar e contratar e declaração de inidoneidade, atinjam um patamar mínimo de gravidade. Não é qualquer irregularidade na execução do contrato que deve importar na aplicação de sanção administrativa. Por exemplo, o atraso pontual no cumprimento de uma obrigação secundária do contrato ou a desatenção a dada especificação técnica não devem levar mecanicamente à sanção, sob a escusa de configurar inexecução parcial de contrato. Inclusive, nesse sentido, do Superior Tribunal de Justiça:

> ADMINISTRATIVO. MANDADO DE SEGURANÇA. CONTRATO ADMINISTRATIVO. DESCUMPRIMENTO PARCIAL. MULTA. PREVISÃO ESPECIAL. PRINCÍPIO DA CONFIANÇA. APLICAÇÃO. SANÇÃO. REDUÇÃO. 1. O princípio da confiança decorre da cláusula geral de boa-fé objetiva, dever geral de lealdade e confiança recíproca entre as partes, devendo ser observado pela Administração na execução dos contratos por aquela firmados. 2. O contrato administrativo em discussão previa a determinação do pagamento de multa de 20% no caso de inadimplemento contratual superior a 30 (trinta) dias, estabelecendo também, em seu anexo, a possibilidade de glosa de valores e pagamento pelo contratado da importância de até 4% do contrato, por desatendimento das exigências ali previstas, entre elas, a tipificada na conduta de "deixar de efetuar o pagamento de salários [...] bem como arcar com quaisquer despesas diretas e/ou indiretas relacionadas à execução do contrato nas datas avençadas" (cláusula 2.7, item 25, Anexo III). 3. Hipótese em que houve, por parte do autor, pagamento inferior de alguns empregados (terceirizados) no mês de julho de 2016, e isso porque as horas foram calculadas como se o mês tivesse 30 dias, em vez de 31, havendo a Divisão de Gestão de Contratos do Tribunal de Justiça do Paraná, então, informado ao contratado que a interpretação da CLT reclamava, excepcionalmente, o pagamento daquele específico mês de acordo com o último parâmetro mencionado (31 dias), e, em sequência, o mesmo órgão do TJPR enviou e-mails cobrando o pagamento da diferença proporcional àquele dia. 4. Diante desse cenário, e dos princípios da boa-fé objetiva e confiança legítima, afigura-se bastante factível quando o recorrente afirma que a situação se aparentava mais como situação de glosa da Administração (por pagamento equivocado em julho de 2016) do que como comunicação de inexecução contratual propriamente dita. 5. Pelo teor das comunicações trocadas entre contratante e contratado, conclui-se que a questão a qual ensejou o não pagamento (das horas referentes a um único dia de trabalho e correspondente a apenas parcelas dos terceirizados) se operou em razão da (má) interpretação da legislação trabalhista por parte da empresa contratada naquele específico mês, sem que tenha incorrido em inexecução direta à norma do contrato. 6. Embora não seja dado, em regra, ao Judiciário se imiscuir no mérito das sanções impostas pela Administração durante a execução dos contratos administrativos, em casos excepcionais, diante da evidente desproporção entre a conduta e a penalidade, é possível a intervenção para reequilibrar a relação. Precedentes. 7. No caso, levando-se em consideração que (a) a diferença do salário foi de um único dia do mês de julho; (b) a falha do pagamento se operou apenas quanto à parte dos empregados; (c) não houve interrupção dos serviços; (d) não houve falha no pagamento dos meses seguintes; (e) o valor em atraso era 230 (duzentos e trinta) vezes inferior ao valor da multa, há excessiva desproporção da penalidade aplicada. 8. Existência de julgado da Primeira Turma desta Corte em caso muito semelhante ao presente (RMS 62802), envolvendo as mesmas partes. 9. Agravo interno não provido.[458]

---

[458] STJ, Primeira Turma. AgInt no RMS nº 63.833/PR. Rel. Min. Gurgel Faria, j. 24.4.2023.

Também é preciso ressaltar que as sanções administrativas previstas na Lei nº 14.133/2021 são direcionadas às contratações públicas e, por conseguinte, devem ser atreladas a faltas vinculadas às licitações públicas, procedimentos de contratação direta e contratos administrativos. Em interpretação sistemática, as sanções da Lei nº 14.133/2021, que rege as contratações públicas, não devem ser sacadas para reprimir comportamentos, ainda que condenáveis, que não sejam pertinentes às contratações públicas. Os tipos abertos, especialmente o do inciso X do artigo 155 da Lei nº 14.133/2021, que se refere a comportamento inidôneo ou fraudulento, devem ser atrelados às contratações públicas, porque inseridos na legislação sobre contratações públicas, porque têm por finalidade evidente reprimir condutas pertinentes às contratações públicas, com escusa pela redundância.[459]

6.1 A correlação apriorística dos tipos abertos com as sanções

O §2º do artigo 156 da Lei nº 14.133/2021 prescreve que a advertência deve ser aplicada exclusivamente em razão da sanção indicada no inciso I do artigo 155 da mesma lei, cujo tipo é o de "dar causa à inexecução parcial do contrato", desde que o comportamento do contratado não justifique a imposição de sanção mais grave. Disso decorre, como já assinalado, em atenção aos demais incisos do *caput* do artigo 155, que a advertência não pode ser aplicada nas hipóteses em que a inexecução é total ou que, mesmo parcial, cause dano grave à Administração. Veja-se que, mesmo no caso de inexecução parcial, o sobredito §2º do artigo 156 abre espaço para aplicar as outras sanções em detrimento da mera advertência, desde que o comportamento do contratado justifique a imposição de sanção mais grave.

O §4º do artigo 156 da Lei nº 14.133/2021 preceitua que a sanção de impedimento de licitar pode ser aplicada diante dos incisos II (dar causa à inexecução parcial do contrato que cause grave dano à Administração, ao funcionamento dos serviços públicos ou ao interesse coletivo); III (dar causa à inexecução total do contrato); IV (deixar de entregar a documentação exigida para o certame); V (não manter a proposta, salvo em decorrência de fato superveniente devidamente justificado); VI (não celebrar o contrato ou não entregar a documentação exigida para a contratação, quando convocado dentro do prazo de validade de sua proposta); e VII (ensejar o retardamento da execução ou da entrega do objeto da licitação sem motivo justificado), todos do artigo 155 da mesma lei.[460]

---

[459] Em sentido oposto: "ADMINISTRATIVO. LICITAÇÕES E CONTRATOS PÚBLICOS. CONSULTA. PRÁTICA DE INFRAÇÕES ADMINISTRATIVAS AMBIENTAIS ESPECIALMENTE GRAVES. DEFINIÇÃO, PARA FINS DESTE PARECER. POSSIBILIDADE DE CONSIDERAR-SE CONDUTA INIDÔNEA ATOS ANTIJURÍDICOS ESPECIALMENTE GRAVES, *AINDA QUE PRATICADOS FORA DO ÂMBITO DA LICITAÇÃO OU DO CONTRATO*. INTERPRETAÇÃO DO ARTIGO 155, INCISO X, DA LEI N. 14.133/2021, SEGUINDO O PARECER N. 00001/2023/CONSUNIAO/CGU/AGU. NECESSIDADE DE OBSERVÂNCIA DOS REQUISITOS NORMATIVOS E DE RESPEITO AO DEVIDO PROCESSO LEGAL" (Parecer nº 0016/2023/CONSUNIÃO/CGU/AGU).

[460] A não manutenção da proposta consta, atualmente, do rol de irregularidades passíveis de gerar impedimento de contratar, nos exatos termos do art. 155, inciso V, c/c o art. 156, III e §4º, todos da Lei nº 14.133/2021. Evidente que a Administração tem o dever de instaurar processo administrativo para apuração da irregularidade cometida pela empresa Terramaq, ainda que não tenha ocorrido prejuízo. Impõe-se, assim, determinar à Codevasf a instauração de processo administrativo visando à apuração da conduta da Terramaq. (TCU, Plenário. Acórdão nº 316/2024. Rel. Min. Augusto Sherman, j. 28.2.2024).

Aliás, o §4º do artigo 156 da Lei nº 14.133/2021 ressalva que os tipos contidos nos incisos II a VIII do artigo 155 podem vir a justificar a aplicação de sanção mais grave, que é a declaração de inidoneidade, prevista no inciso IV do *caput* do artigo 156. O §5º do artigo 156, que versa sobre a declaração de inidoneidade, também reforça esse aspecto. Quer dizer que a Administração, diante de comportamento dos contratados que se enquadram nos incisos II a VII do artigo 155, goza de competência discricionária para decidir se deve aplicar a sanção de impedimento ou a de declaração de inidoneidade.

O §5º do artigo 156 da Lei nº 14.133/2021 preceitua que a sanção de declaração de inidoneidade pode ser aplicada diante dos incisos VIII (apresentar declaração ou documentação falsa exigida para o certame ou prestar declaração falsa durante a licitação ou a execução do contrato); IX (fraudar a licitação ou praticar ato fraudulento na execução do contrato); X (comportar-se de modo inidôneo ou cometer fraude de qualquer natureza); XI (praticar atos ilícitos com vistas a frustrar os objetivos da licitação); e XII (praticar ato lesivo previsto no artigo 5º da Lei nº 12.846, de 1º.8.2013), todos do artigo 155 da mesma lei.

O §5º do artigo 156 da Lei nº 14.133/2021 também prescreve que os tipos indicados nos incisos II a VII do artigo 155 podem justificar a declaração de inidoneidade. Ou seja, os tais tipos podem ensejar tanto a sanção de impedimento quanto a de declaração de inidoneidade, a depender do juízo da Administração.

De todo o exposto, extraem-se duas conclusões.

A primeira conclusão é que os tipos são bastante abertos e podem ser manipulados pela Administração com relativa facilidade.[461] Por exemplo, qualquer descumprimento contratual pode ensejar a aplicação de sanção e a escolha da mais adequada depende da interpretação da Administração sob aspectos que lhe são agregados, como a ocorrência de dano à Administração, a qualificação desse dano, se a inexecução é total ou parcial, ou se o sujeito se comportou com boa ou má-fé – esta caracterizadora da fraude e do comportamento inidôneo.

A segunda conclusão é que a correlação entre os tipos contidos no artigo 155 e as penalidades preceituadas no *caput* do artigo 156 é meramente apriorística, frágil e quase alegórica, porque pode ser quebrada se assim a Administração entender. O efeito prático que se pode extrair dessa correlação é que a quebra dela importa à Administração ônus argumentativo extra. A regra apriorística é que o tipo do inciso I do artigo 155 gera a advertência, os tipos dos incisos II a VII, o impedimento e os tipos de VIII a XII, a declaração de inidoneidade. A quebra da regra apriorística depende da justificativa de imposição de penalidade mais grave, texto praticamente repetido nos §§2º, 4º e 5º do

[461] "Como é cediço, as sanções no Direito Administrativo estão sujeitas a uma tipicidade mais aberta, tanto com relação à descrição das condutas consideradas como ilícitas como, principalmente, no que se refere ao quantum das penas. Não existe norma que estabeleça, de modo objetivo, que aspectos devem ser considerados para a fixação da pena" (TCU, Plenário. Acórdão nº 1.214/2018. Rel. Min. Benjamin Zymler, j. 30.5.2018). "Renomados doutrinadores do Direito Administrativo entendem que o princípio da tipicidade comporta uma interpretação mais flexível, possibilitando à autoridade sancionadora certo grau de subjetivismo na escolha da sanção tipificada na norma administrativa que seja mais conveniente à censura pretendida. E mesmo no Direito Incriminador (Penal), onde o sistema de tipicidade é rígido – ou a conduta praticada pelo agente se amolda perfeitamente ao tipo penal, correlacionando uma sanção específica, ou o fato torna-se atípico, ainda aqui, alguns doutrinadores entendem que há alguma possibilidade de interpretação mais aberta" (TCE-SP, Segunda Câmara. TC-000135/011/15. Rel. Cons. Subs. Valdenir Antonio Polizeli, j. 24.4.2018)

artigo 156. Então, repita-se, a quebra da regra apriorística depende de a Administração justificar que a conduta, embora correspondente a tipo correlacionado a dada sanção, justifica a penalidade mais grave – esse é o ônus argumentativo extra.

7 Proporcionalidade e dosimetria

A aplicação de sanções administrativas envolve necessariamente o exercício de competências discricionárias. É que o legislador fixou penalidades com larga margem de amplitude. Por exemplo, pondo de lado a sanção de multa, diante de dado comportamento do contratado, a Administração pode decidir por aplicar a pena de advertência, de impedimento ou de declaração de inidoneidade. O prazo máximo da pena de impedimento é de três anos (§4º do artigo 156 da Lei nº 14.133/2021) e a pena de declaração de inidoneidade tem o prazo mínimo de três e o máximo de seis anos. Ou seja, a Administração goza de discricionariedade para decidir se dada conduta deve ser reprimida com mera advertência ou, se considerar que a conduta é mais grave, se deve ser reprimida com sanção mais grave. Na segunda hipótese, ela goza de discricionariedade para decidir entre as sanções de impedimento ou de declaração de inidoneidade e, sob essa perspectiva, a extensão das sanções pode ser de 1 dia a até 6 anos. O intervalo é enorme, os critérios estabelecidos na Lei nº 14.133/2021 são abertos e podem ser facilmente manipulados, com direção para sanções mais graves, o que enseja abusos.

Daí a importância de encarecer que a medida da penalidade deve ser proporcional à gravidade da conduta do apenado. Trata-se de repercussão central do princípio da proporcionalidade, que tem a ver com a gradação, com a potência, com a intensidade dos atos administrativos. Para ser proporcional, o ato deve ser adequado aos fins a que se propõe, ser necessário para curar do interesse público e os benefícios devem ser superiores aos seus malefícios. Celso Antônio Bandeira de Mello esclarece:

> As competências administrativas só podem ser *validamente* exercidas na *extensão* e *intensidade* proporcionais ao que seja realmente demandado para cumprimento da finalidade de interesse público a que estão atreladas. Segue-se que os atos cujos conteúdos ultrapassem o necessário para alcançar o objetivo que justifica o uso da competência ficam maculados de ilegitimidade, porquanto desbordam do âmbito da competência; ou seja, superam os limites que naquele caso lhes corresponderiam. Sobremodo quando a Administração restringe situação jurídica dos administrados além do que caberia, por imprimir às medidas tomadas uma intensidade ou extensão supérfluas, prescindendas, ressalta a ilegalidade de sua conduta. É que ninguém deve estar obrigado a suportar constrições em sua liberdade ou propriedade que não sejam indispensáveis à satisfação do interesse público.[462]

A discricionariedade reconhecida à Administração no tocante à aplicação das sanções administrativas deve ser exercida em conformidade com o princípio da proporcionalidade, não podendo desbordar do necessário para reprimir o comportamento dos licitantes ou contratados. A Administração não deve atuar em excesso, lançando penas

[462] BANDEIRA DE MELLO, Celso Antônio. *Curso de direito administrativo*. 35. ed. São Paulo: Malheiros, 2021. p.93.

exageradas diante das condutas dos licitantes ou contratados. Daí que, por força do princípio da proporcionalidade, diante dos fatos que lhe são apresentados, os agentes administrativos devem avaliar qual sanção é mais apropriada e, sobremodo, qual é a medida da penalidade da sanção a ser aplicada. Trata-se, então, de estabelecer a dose da penalidade (dosimetria).

Pondera-se que, nesse desiderato, a Administração deve sopesar a gravidade e as repercussões das sanções previstas na legislação, especialmente as que impedem os sancionados de participar de licitação e firmar contratos administrativos. Há empresas cujas atividades restringem-se a contratar com a Administração Pública ou cuja parcela substancial do faturamento depende de contratos administrativos. O impedimento de licitar e firmar contratos administrativos, qualquer que seja sua modalidade e extensão, gera efeitos nefastos e, muitas vezes, leva ao encerramento das atividades das empresas sancionadas, com consequências sociais e econômicas negativas e gravíssimas. Sem exageros, muitas vezes as sanções administrativas equivalem à pena de morte das empresas sancionadas. Não se quer dizer que as sanções previstas na legislação não possam ser aplicadas e que não há empresas que as mereçam. Quer-se dizer que as sanções, sobretudo as que implicam impedimento de licitar e firmar contratos administrativos, são extremamente graves e, sob a ótica do princípio da proporcionalidade, somente devem ser aplicadas diante de fatos e comportamentos também extremamente graves.[463]

Sob a mira da Lei nº 8.666/1993, a jurisprudência é vacilante. É comum ver acórdãos que fogem do enfrentamento da desproporcionalidade das sanções, encampando discurso de valorização da punição. Com frequência, fogem do enfrentamento da proporcionalidade sob o argumento de que, se o fizessem, adentrariam no mérito de ato discricionário. Em que pese isso, por outro lado, há acórdãos que tratam do tema de peito aberto, podendo-se extrair deles balizas úteis para a aplicação das sanções decorrentes das licitações e dos contratos. Não se pretende aqui fazer um apanhado completo da jurisprudência, mas apenas trazer algumas poucas referências, para sinalizar as balizas que vêm sendo apontadas.

Pois bem, o Superior Tribunal de Justiça, sob a mira da Lei nº 8.666/1993, já se posicionou a respeito, reconhecendo que não é lícito à Administração aplicar as sanções

---

[463] "Ocorre que, não obstante a conduta da agravante tenha sido, de fato, desidiosa, ao cotar equivocadamente o bem objeto da licitação, é sabido que a aplicação das penalidades previstas em lei enseja a observância da proporcionalidade e razoabilidade em sua dosagem, considerando-se as situações fáticas que acarretaram a inadimplência. [...] Nessa linha, tendo em vista o equívoco cometido pela empresa agravante, apenas mostra-se proporcional a aplicação das sanções de multa, uma vez que a conduta da contratada, embora reprovável, não apresenta a seriedade necessária a justificar a incidência da grave penalidade de suspensão de contratar com o poder público, principalmente considerando-se o elevado risco de falência pela paralisação ou diminuição das atividades da recorrente. Isso porque, por ora, vislumbra-se que a referida penalidade tem causados danos irreparáveis ou de difícil reparação tanto à agravante, como aos seus empregados, haja vista que, em sua decorrência, 114 (cento e quatorze) dos 300 (trezentos) funcionários já foram demitidos (fls. 06/09). Portanto, o que se observa, ao menos neste exame perfunctório, é que a vedação de participar de licitação e de contratar com a Administração Pública estadual, tem produzido efeitos extremamente gravosos, não apenas no que se refere à boa saúde empresarial da recorrente, mas também em relação a todos os empregados que dependem do regular funcionamento da empresa. Desse modo, percebe-se que a manutenção da sanção de suspensão temporária de licitar e contratar não se mostra cabível, mormente a se considerar o princípio constitucional da proporcionalidade que permeia o Direito Administrativo, bem como a função social da empresa, assistindo razão à agravante neste ponto" (TJMG, Sexta Câmara Cível. Agravo de Instrumento nº 1.0024.13.170245-8/001. Rel. Des. Sandra Fonseca, j. 12.11.2013).

administrativas sem critérios, pelo que a gravidade da sanção deve estar vinculada à gravidade do comportamento do apenado. Confira-se:

> Mandado de segurança. Declaração de inidoneidade. Descumprimento de contrato administrativo. Culpa da empresa contratada. Impossibilidade de aplicação da penalidade mais grave a comportamento que não é o mais grave. Ressalvada a aplicação de outra sanção pelo Poder Público.
> Não é lícito ao Poder Público, diante da imprecisão da lei, aplicar os incisos do artigo 87 sem qualquer critério. Embora não esteja o administrador submetido ao princípio da pena específica, vigora no Direito Administrativo o princípio da proporcionalidade. Não se questiona, pois, a responsabilidade civil da empresa pelos danos, mas apenas a necessidade de imposição da mais grave sanção a conduta que, embora tenha causado grande prejuízo, não é o mais grave comportamento.[464] [465]

O Supremo Tribunal Federal também tratou do assunto.[466] O caso envolvia a aplicação pelo Superior Tribunal de Justiça da sanção de impedimento de licitar e contratar prevista no artigo 7º da Lei nº 10.520/2002 à empresa que pretensamente teria falsificado atestado de capacidade técnica. Tratava-se de uma licitação para digitalização de documentos promovida pelo Superior Tribunal de Justiça. O edital exigia atestado de capacidade técnica que comprovasse experiência em digitalização de documento fora da sede da empresa prestadora do serviço. Um dos licitantes apresentou o atestado exigido, emitido por uma instituição bancária. Posteriormente, pelo que se depreende do relatório do acórdão, a instituição bancária que havia emitido o atestado produziu um novo documento, afirmando que a digitalização realizada pela empresa não ocorrera fora da sede da empresa, tal qual exigia o edital. Ademais, é relevante destacar que a licitação foi revogada, a empresa que apresentou o atestado não assinou nem executou o contrato.

O voto do relator, inicialmente, foi pela manutenção da penalidade. Entretanto, após a leitura do voto, o próprio relator deu início a debates com os demais ministros, externando, ele próprio, dúvida sobre a proporcionalidade da sanção, afirmando o seguinte: "Está parecendo um exagero. Como é que alguém consegue fazer a digitalização na sua sede e não consegue fazer fora". O Ministro Luiz Fux, na sequência, ponderou:

> Eu acho que, nessa dúvida que estamos, eu tenderia ao contrário. Quer dizer, diante dessa dúvida bastante razoável de que tinha aptidão para prestar o serviço, não causou prejuízo à administração, e essa falsidade documental aí é muito duvidosa, eu tenderia ao contrário, não a prestigiar decisão do Superior Tribunal de Justiça, mas a conceder a ordem, o mandado de segurança, porque mutatis mutandis, aqui, na dúvida, eu concederia a ordem a favor

---

464 STJ, Primeira Seção. MS nº 7.311/DF. Rel. Min. Garcia Vieira, j. 28.8.2002.

465 Mais recentemente: "Na hipótese dos autos, entendo que a sanção imposta pela não apresentação de documento relativo à habilitação dos licitantes, a despeito de prevista no ordenamento, foi aplicada em montante manifestamente excessivo (10% do valor estimado para a contratação – R$1.334.150,00, conforme especificado no Edital nº 188/2010, cuja cláusula foi transcrita no aresto recorrido – e-STJ fl. 1.172). Além disso, segundo declinado na sentença, o preceito editalício impõe a mesma sanção para situações 'totalmente discrepantes' e sem nenhuma gradação quando prevê que 'o licitante que entregar documentação falsa ou que se comportar de modo inidôneo será punido com a mesma sanção que aquele que deixar de entregar um único documento' (e-STJ fl. 1.012)" (STJ, Primeira Turma. AgInt no AREsp nº 1.456.402/ES. Rel. Min. Gurgel de Faria, 8.3.2021).

466 STF, Primeira Turma. RMS nº 31.972. Rel. Min. Dias Toffoli, j. 3.12.2013.

> do impetrante. Acho que o raciocínio é como se fosse no habeas corpus: in dubio pro reu, in dubio pro do impetrante. Ele prestou serviço; não recebeu; revogaram a licitação. Então, estou entendendo que essa desproporção viola a legalidade. Eu sugeriria essa solução.

O ministro relator reformou o próprio voto. Manifestou-se, em meio aos debates, no seguinte sentido:

> É, exato. Pois bem. Eu vou reformular o meu voto, diante dos debates, no sentido de não estar demonstrado que houve dolo ou má-fé, na apresentação daquele atestado, que realmente não foi firmado por ela, mas por uma instituição bancária que, depois, apresentou um outro. Além disso, como Vossa Excelência mesmo afirmou, com conhecimento da realidade ocorrida, não houve nenhum prejuízo à Administração Pública.
> Então, agregando esses elementos, reformulo meu voto para dar provimento ao recurso. [...]
> Após os debates e consideradas as ponderações apresentadas pelo Ministro Luiz Fux – que integrava o e. STJ ao tempo em que se procedeu à licitação e à digitalização dos processos daquela Corte de Justiça –, reformulo meu entendimento. Os debates terminaram por me convencer que, no caso dos autos:
> a) não houve prejuízo à Administração Pública, uma vez que o objeto do contrato não foi executado pela ATP Tecnologia e Produtos S/A, tendo sido realizada a digitalização dos processos diretamente pelo e. STJ;
> b) não houve a demonstração de dolo ou má-fé por parte da ATP Tecnologia e Produtos S/A no processo licitatório, tendo em vista que o documento que continha a afirmação falsa não foi firmado pela referida empresa, mas, sim, por instituição bancária, a qual posteriormente retificou a informação.
> Não há, portanto, subsunção do fato à norma que fundamentou a aplicação da sanção (art. 7º da Lei nº 10.520/02), não estando configurado o ilícito.
> Por essas razões, voto para dar provimento ao recurso ordinário e, reformando a decisão do e. STJ, conceder a ordem.

Ao final, o acórdão foi assim ementado:

> RECURSO ORDINÁRIO EM MANDADO DE SEGURANÇA. LICITAÇÃO. PREGÃO. ATESTADO DE CAPACIDADE TÉCNICA. APLICAÇÃO DE PENALIDADE À LICITANTE. RECURSO ORDINÁRIO EM MANDADO DE SEGURANÇA PROVIDO. ORDEM CONCEDIDA.
> 1. Ausentes o prejuízo para a Administração Pública e a demonstração de dolo ou má-fé por parte da licitante, não há subsunção do fato ao art. 7º da Lei nº 10.520/02.

Discorda-se, em parte, do acórdão do Supremo Tribunal Federal. Partiu-se da premissa de que a empresa não atuou com má-fé, porque o atestado que supostamente continha informação falsa não foi produzido por ela, porém por instituição bancária que lhe havia contratado anteriormente os serviços. Não se pode afirmar, diante desses fatos, que a empresa não atuou com má-fé. Bem ao contrário, o contexto dos fatos indica que houve má-fé. Ora, ainda que ela não o tenha produzido, recebeu o atestado com informação sabidamente falsa e o utilizou na licitação. Não se pode pressupor que a empresa não tenha lido o atestado ou que não tenha se apercebido da informação falsa, até porque se tratava de aspecto relevantíssimo para a licitação promovida pelo

Superior Tribunal de Justiça. A empresa, salta aos olhos, sabe como prestou os serviços para a instituição bancária, se dentro ou fora da sua sede. Se o atestado indicasse que a empresa prestou os serviços na sua própria sede, como parece que realmente ocorreu, ela deveria ser inabilitada. Logo, tratava-se de algo substancial e central e não, insista-se, de algo periférico ou secundário, que se poderia supor que passasse desapercebido.

Em que pese isso, o acórdão do Supremo Tribunal Federal está acertadíssimo ao afirmar que a sanção de impedimento de licitar e firmar contratos administrativos deve ser condicionada à caracterização da má-fé e à demonstração de que o licitante ou contratado colheu benefício ou causou prejuízos à Administração. Enfim, diante do princípio da proporcionalidade, quem apenas descumpriu as suas obrigações não atuou de forma desonesta, não agiu com má-fé, não deve sofrer reprimenda tão grave. Da mesma sorte, não deve ser impedido de licitar e contratar aquele que não causa prejuízos à Administração. Não significa que aquele que executa contrato administrativo com desídia está imune a quaisquer sanções ou reprimendas, apenas que ele não deve ser o alvo de sanção tão grave quanto à que impede de licitar e firmar contratos administrativos.

No que tange à caracterização da má-fé, é relevante a assertiva do Ministro Luiz Fux de que, no caso de aplicação de sanções administrativas, deve valer o *in dubio pro reo*. Ou seja, a má-fé não se presume, ela deve estar muito bem delineada para que possa ser reconhecida. A dúvida milita em favor da boa-fé e em desfavor da má-fé. Reiteram-se as lições de Carlos Maximiliano, "Todas as presunções militam a favor de uma conduta honesta e justa; só em face de indícios decisivos, bem fundadas conjeturas, se admite haver alguém agido com propósitos cavilosos, intuitos contrários ao Direito, ou à Moral".[467]

Sob a ótica da jurisprudência desenvolvida com base na Lei nº 8.666/1993, colhem-se duas balizas de que devem partir os agentes administrativos para determinar as sanções administrativas: a boa ou má-fé do licitante ou contratado e os efeitos produzidos pelo seu comportamento, se causam ou não prejuízos e qual a relevância desses prejuízos. As sanções mais graves, que levam ao impedimento de licitar e contratar, qualquer que seja a sua modalidade, dependeriam da má-fé e da produção de prejuízos à Administração.

Essas balizas, no entanto, não foram prestigiadas e reproduzidas na Lei nº 14.133/2021, cujo mote geral, percebe-se facilmente, é de enrijecimento das sanções administrativas e de valorização da punição. Sucede que a correlação estabelecida nos §§2º, 4º e 5º do artigo 156 da Lei nº 14.133/2021 entre os comportamentos tipificados no artigo 155 e as sanções do *caput* do artigo 156 não presta deferência às balizas até então desenhadas pela jurisprudência.

Repita-se que a advertência deve ser aplicada diante da mera inexecução contratual, que corresponde à hipótese do inciso I do artigo 155 (§2º do artigo 156). Pondera-se, no entanto, que nem todo inadimplemento do contratado importa na obrigação da Administração de aplicar sanção administrativa, inclusive mera advertência. Muitas vezes, dentro da dinâmica normal de execução contratual, os contratados descumprem aspectos secundários e periféricos do contrato, que podem ser reparados, portanto, que não são definitivos e não causam prejuízos definitivos. Nessas hipóteses, em vez de

[467] MAXIMILIANO, Carlos. *Hermenêutica e aplicação do direito*. 8. ed. São Paulo: Livraria Freitas Bastos, 1965. p. 282.

aplicar sanção administrativa, a Administração deve notificar o contratado e determinar que ele corrija os defeitos, na forma do §1º do artigo 117 da Lei nº 14.133/2021. Faz-se paralelo com a teoria da insignificância, do direito penal, e com a teoria do adimplemento substancial, do direito civil. Assim, reconhece-se aos agentes administrativos margem de discricionariedade para decidir se aplicam ou não sanções em vista das faltas produzidas pelo contratado, sempre com base no princípio da proporcionalidade e com a devida motivação.[468]

De toda sorte, a discussão sobre a proporcionalidade torna-se mais aguda em relação às sanções que levam ao impedimento, a de impedimento de licitar e contratar (inciso III do *caput* do artigo 156) e de declaração de inidoneidade (inciso IV do *caput* do artigo 156).

A sanção de impedimento de licitar e contratar, em regra, deve ser aplicada a uma série de comportamentos dos licitantes ou contratados, que podem ou não ter sido produzidos com má-fé e que podem ou não gerar danos relevantes à Administração, conforme se depreende dos incisos II a VII do artigo 155, combinado com o §4º do artigo 156.

Por exemplo, na forma do inciso IV do artigo 155, licitante pode deixar de entregar documentação exigida para o certame por mero equívoco e pode ser que essa conduta não produza prejuízo algum à Administração. Em atenção ao §4º do artigo 156, a boa-fé e a inexistência de prejuízos pouco importam para decidir pela aplicação ou não da sanção de impedimento – o licitante que não apresentou o documento deve sofrer a sanção de impedimento ou, se for o caso, a sanção de declaração de inidoneidade.[469]

Diante de condutas que se encaixam nos incisos II a VII do artigo 155, os agentes administrativos gozam de discricionariedade em relação a apenas dois aspectos. A

---

[468] Em sentido oposto: "26. Sustento que a instauração de processo administrativo para a aplicação de penalidades contratuais é ato administrativo vinculado. Isso porque o poder sancionador é uma prerrogativa detida pela Administração Pública para ser aplicado em benefício da coletividade, na hipótese de descumprimento de deveres por ela impostos. Assim, com fundamento no princípio da legalidade, a Administração é obrigada a submeter-se a todos os comandos que a lei contém, não lhe sendo permitida qualquer conduta que a eles se contraponha. A base legal para aplicação de sanções nos contratos administrativos está disposta nos seguintes artigos da Lei 8.666/1993, dentre outros: [...] 38. No caso em concreto, considerando a relevância e importância do empreendimento, creio que tal conduta seja particularmente reprovável, tendo em vista a magnitude das quantias que deixaram de ser arrecadadas pela não imposição de sanções e as consequências sociais e econômicas da postergação da entrega da obra para a população nordestina, que atravessa uma das piores crises hídricas de sua história. 39. Ante a gravidade da infração cometida pelos responsáveis, considero adequada a aplicação individual da multa prevista no art. 58, inciso II, da Lei Orgânica do TCU, a qual fixo no valor de R$20.000,00 (vinte mil reais) para cada responsável" (TCU, Plenário. Acórdão nº 2.345/2017. Rel. Min. Benjamin Zymler, j. 18.10.2017).

[469] Em comentários à Lei nº 10.520/2002, que versa sobre a modalidade pregão, o autor deste livro ponderou: "É deveras usual que licitantes não apresentem toda a documentação exigida ou a apresentem com alguns equívocos. Ademais, assaz das vezes, isto ocorre em razão do número excessivo de documentos exigidos pela Administração, que precisam revestir série de formalidades e respeitar os seus prazos de validade. Então, prevalecendo tal entendimento acerca do dispositivo, os licitantes correm altíssimo risco, mesmo de boa-fé, de esquecer-se de algum documento ou trocarem-no por outro e, com isso, além de serem inabilitados, sofrerem penalidade gravíssima, que, repita-se, os suspendem de participar de licitação por até 5 (anos), bem como os retira do sistema de cadastramento. Penalidade dessa ordem pode levar empresas à bancarrota. Por bom senso e em homenagem ao princípio da proporcionalidade, elas deveriam ser voltadas a situações em que os licitantes, no mínimo, tivessem agido de má-fé e dolosamente. Mero equívoco, que é algo bastante corrente em licitação, não deve ensejar penalidade excessivamente rigorosa, ferindo de morte o princípio da proporcionalidade" (NIEBUHR, Joel de Menezes. *Pregão presencial e eletrônico*. 8. ed. Belo Horizonte: Fórum, 2020. p. 296).

primeira parcela de discricionariedade remete ao §5º do artigo 156, cujo teor anuncia que as hipóteses dos incisos II a VII do artigo 155 podem levar à aplicação da declaração de inidoneidade, se o comportamento do licitante ou contratado justificar reprimenda mais grave. Então, a discricionariedade é para passar à sanção mais grave e não para passar à sanção menos grave. Sendo assim, diante de comportamento de boa-fé e da ausência de prejuízos, não há espaço de discricionariedade para decidir por sanção menos grave, que seria a sanção de advertência, cumulada ou não com multa. A Lei nº 14.133/2021 somente reconhece discricionariedade para adotar a sanção mais grave, não para adotar a sanção menos grave. A segunda discricionariedade é para decidir sobre a extensão do prazo da sanção de impedimento, que, pelo texto do §4º do artigo 156, não tem prazo mínimo e o máximo é de 3 anos. Ou seja, a boa-fé e a ausência de prejuízos podem fundamentar impedimento por prazo menor, mas não isentam o licitante ou contratado do impedimento.

Por sua vez, a declaração de inidoneidade pressupõe, por regra, condutas produzidas com má-fé, como se percebe dos tipos listados nos incisos VIII a XII do artigo 155 (§5º do artigo 156). No entanto, nos termos da Lei nº 14.133/2021, as tais condutas listadas nos incisos VIII a XII do artigo 155 não precisam gerar prejuízos relevantes para fundamentar a declaração de inidoneidade. A discussão dos prejuízos deve influir apenas na fixação do prazo da pena, que é no mínimo de 3 anos e no máximo de 6 anos. Ou seja, por exemplo, se o licitante ou contratado comportar-se de modo inidôneo (com má-fé), consoante o inciso X do artigo 155, ele deve ser declarado inidôneo, pouco importa se a conduta produzida por ele não tenha produzido efeito/prejuízo algum. Isso significa que, no mínimo, ele ficará impedimento de licitar ou contratar em âmbito nacional pelo prazo mínimo de 3 anos.

A tônica da proporcionalidade na aplicação das sanções da Lei nº 14.133/2021 se revela na correlação estabelecida nos §§2º, 4º e 5º do artigo 156 da Lei nº 14.133/2021 entre os comportamentos tipificados no artigo 155 e as sanções do *caput* do artigo 156. O viés é de punição. Entre a reprimenda mais branda e a mais grave, a opção do legislador foi pela mais grave. A discricionariedade que se abre de modo relevante aponta para reprimenda mais grave, com espaços substancialmente restritos para alcançar reprimenda mais branda.

Soma-se que, para o exercício das competências discricionárias, dentro das aberturas oferecidas pelo legislador, devem-se considerar os critérios sinalizados no §1º do artigo 156 da Lei nº 14.133/2021:

> I - a natureza e a gravidade da infração cometida;
> II - as peculiaridades do caso concreto;
> III - as circunstâncias agravantes ou atenuantes;
> IV - os danos que dela provierem para a Administração Pública;
> V - a implantação ou o aperfeiçoamento de programa de integridade, conforme normas e orientações dos órgãos de controle.

Atrai a atenção a generalidade dos supracitados critérios, que podem ser facilmente manipulados. Quase tudo é genérico como "gravidade da infração", "peculiaridades do caso concreto" ou "circunstâncias agravantes ou atenuantes" que não foram previstas nem indicadas em lugar algum. A impressão é que essas balizas assim genéricas servem mais a justificar eventuais abusos da Administração do que realmente a limitar o exercício das competências discricionárias e proteger os licitantes ou contratados.

Por tudo e em tudo, é muito importante que os agentes administrativos motivem adequadamente os atos por meio dos quais aplicam as sanções administrativas. Não basta indicar os fatos, o ocorrido, e o fundamento legal da penalidade. É necessário mais do que isso: expor os detalhes do acontecido, a culpabilidade, a reprovação ao comportamento do apenado, os prejuízos causados, entre outros aspectos que sejam relevantes. Isso é imprescindível para que se possa aferir o respeito ou não ao princípio da proporcionalidade.[470]

A falta de motivação adequada pode ser utilizada pelo apenado como argumento para impugnar a sanção que lhe foi aplicada, sob a alegação de violação ao princípio da proporcionalidade. Sucede que, nessa situação, se nada fora dito em contrário, deve-se pressupor que o agente agiu de boa-fé ou que a culpabilidade, a reprovação ao comportamento e os prejuízos foram mínimos. E, se assim for, a penalidade também teria que ser fixada proporcionalmente em padrões mínimos.

Registre-se que, para regulamentar o inciso V do artigo 156 da Lei nº 14.133/2021, no tocante à implantação ou aperfeiçoamento pelo contratado de programa de integridade, o Presidente da República produziu o Decreto nº 12.304/2024, obrigatório para a administração pública federal direta, autárquica e fundacional. O parágrafo único do artigo 1º do decreto prescreve que ele também se aplica "[...] às contratações realizadas por órgãos e entidades da administração pública estadual, distrital e municipal com recursos oriundos de transferências voluntárias da União". O decreto define o que é programa de integridade e como ele deve ser avaliado, estabelecendo diversos parâmetros e critérios, a maior parte deles genérico. O §2º do artigo 3º do decreto prescreve que "ato do Ministro de Estado da Controladoria-Geral da União estabelecerá a metodologia de avaliação e os critérios mínimos para considerar o programa de integridade como implantado, desenvolvido ou aperfeiçoado". Logo, o decreto não é o bastante para avaliar os programas de integridade, porque ele próprio estabelece que será necessário um outro ato para dispor sobre a metodologia de avaliação e critérios mínimos a serem considerados. Sem isso, a disposição de programa de integridade como parâmetro de dosimetria das sanções é desidratada, sendo avaliada, pelo menos atualmente, sob o aspecto formal de um programa de integridade e não sobre a sua materialidade e eficácia.[471]

[470] "O uso ilícito do direito de preferência assegurado às microempresas (ME) e às empresas de pequeno porte (EPP) para oferta de lances em licitações, pelo amparo em declaração com conteúdo falso, configura fraude à licitação e enseja a declaração de inidoneidade do licitante fraudador (art. 46 da Lei 8.443/1992). Entretanto, a ausência de obtenção de vantagem econômica, a não reincidência na fraude e o fato de não haver outras condenações no âmbito do TCU podem ser consideradas circunstâncias atenuantes na dosimetria da pena" (TCU, Plenário. Acórdão nº 68/2021. Rel. Min. Aroldo Cedraz, j. 20.01.2021). "Na dosimetria para aplicação da penalidade de declaração de inidoneidade (art. 46 da Lei 8.443/1992) no caso de conluio entre empresas com a finalidade de fraudar licitação, a punição à empresa vencedora do certame deve ser mais severa, em razão da maior vantagem obtida com a irregularidade" (TCU, Plenário. Acórdão nº 2.841/2020. Rel. Min. Vital do Rêgo, j. 21.10.2020).

[471] Remete-se o leitor ao tópico 10 do capítulo 17 deste livro para uma abordagem mais aprofundada do Decreto nº 12.304/2024.

8 Processo administrativo

O inciso LV do artigo 5º da Constituição Federal prescreve o seguinte: "aos litigantes, em processo judicial ou administrativo, e aos acusados em geral são assegurados o contraditório e ampla defesa, com os meios e recursos a ela inerentes". Portanto, a Administração, antes de aplicar qualquer sanção administrativa, deve instaurar o devido processo administrativo, assegurando ao licitante ou contratado processado o contraditório e a ampla defesa.

Pode-se extrair dos aludidos princípios constitucionais direitos que devem ser assegurados aos licitantes e contratados. Em síntese: eles devem saber do que são acusados, a que penalidades estão sujeitos, podem apresentar defesa, produzir, acompanhar e manifestar-se sobre a prova e receber decisão motivada. No mínimo isso, independentemente da sanção que se pretenda aplicar.

De modo objetivo, por força constitucional, os licitantes e contratados têm o direito de: (i) ser notificados formalmente sobre o ato que instaura o processo administrativo, que deve lhes expor os fatos e as sanções que podem vir a ser aplicadas; (ii) dispor de prazo para a defesa, com acesso a todos os documentos e informações pertinentes; (iii) produzir as provas que sejam pertinentes; (iv) se for realizado algum tipo de diligência, vistoria ou oitiva de depoentes, ser intimados previamente para participar do ato e, posteriormente, para manifestar-se sobre ele; e (v) receber decisão motivada.

Esse é o núcleo mínimo que se extrai diretamente dos princípios constitucionais do contraditório e da ampla defesa e que, por via de consequência, exige-se como condição de validade em todos os processos administrativos sancionatórios. O legislador pode exigir mais, porém não pode dispensar a Administração acerca da observância desse núcleo mínimo, sem o qual não há contraditório e ampla defesa.

Essa ponderação é importante porque a disposição dos artigos da Lei nº 14.133/2021 pode sugerir o contrário. Note-se que o artigo 157 trata da sanção de multa, assegurando ao contratado o prazo de 15 dias úteis para a defesa. O artigo não trata da instauração de processo administrativo nem de produção de prova. Na sequência, o artigo 158 versa sobre as sanções de impedimento de licitar e contratar e de declaração de inidoneidade e assegura a instauração de processo administrativo, prazo de 15 dias úteis para a defesa, oportunidade para produzir prova e para manifestar-se sobre ela. Não há artigo que trate do contraditório e da ampla defesa em relação à sanção de advertência.

Sob essas prescrições, a sistemática da Lei nº 14.133/2021 pode levar a dois equívocos patentes, ambos violadores dos princípios constitucionais do contraditório e da ampla defesa. O primeiro equívoco seria considerar que a sanção de advertência, por ser mais leve, prescindiria do contraditório e da ampla defesa, o contratado não precisaria sequer ser notificado para apresentar defesa.[472] O segundo equívoco seria considerar que em processo administrativo tocante à sanção de multa não seria necessário conceder oportunidade para que o contratado produzisse prova ou se manifestasse sobre ela.

---

[472] "Extrai-se do referido dispositivo legal que pode a Administração, quanto diante da inexecução total ou parcial do contrato, e desde que seja assegurada a defesa prévia, aplicar ao contratado as sanções de advertência, multa, suspensão temporária de participação em licitação e impedimento de com ela contratar por prazo máximo de 2 (dois) anos, bem como declarar sua inidoneidade para licitar ou contratar. [...] De fato, ao que se depreende dos autos, houve, sim, a efetiva notificação da parte recorrente e apresentação de sua defesa prévia, motivo pelo qual não há se falar em ofensa aos princípios da ampla defesa e do contraditório" (STJ, Decisão Monocrática. RMS nº 63.325/SC. Rel. Min. Sérgio Kukina, j. 3.8.2020).

Ambos os equívocos são inadmissíveis, porque a aplicação de qualquer sorte de sanção, leve ou grave, depende do contraditório e da ampla defesa e porque, para que haja contraditório e ampla defesa, é fundamental reconhecer o direito de produzir prova e manifestar-se sobre ela. Insista-se que pouco importa o tipo ou a gravidade da sanção. Não é demais ressaltar, do Supremo Tribunal Federal:

> RECURSO ORDINÁRIO EM MANDADO DE SEGURANÇA – DECLARAÇÃO DE INIDONEIDADE PARA CONTRATAR COM A ADMINISTRAÇÃO PÚBLICA (INCISOS II E III DO ART. 88 DA LEI Nº 8.666/1993) – ATO DO MINISTRO DE ESTADO DO CONTROLE E DA TRANSPARÊNCIA – PROCEDIMENTO DE CARÁTER ADMINISTRATIVO INSTAURADO PERANTE A CONTROLADORIA-GERAL DA UNIÃO – SITUAÇÃO DE CONFLITUOSIDADE EXISTENTE ENTRE OS INTERESSES DO ESTADO E OS DO PARTICULAR – NECESSÁRIA OBSERVÂNCIA, PELO PODER PÚBLICO, DA FÓRMULA CONSTITUCIONAL DO "DUE PROCESS OF LAW" – PRERROGATIVAS QUE COMPÕEM A GARANTIA CONSTITUCIONAL DO DEVIDO PROCESSO – O DIREITO À PROVA COMO UMA DAS PROJEÇÕES CONCRETIZADORAS DESSA GARANTIA CONSTITUCIONAL – PRECEDENTES – RECURSO DE AGRAVO IMPROVIDO. – A jurisprudência do Supremo Tribunal Federal tem reafirmado a essencialidade do princípio que consagra o "due process of law", nele reconhecendo uma insuprimível garantia, que, instituída em favor de qualquer pessoa ou entidade, rege e condiciona o exercício, pelo Poder Público, de sua atividade, ainda que em sede materialmente administrativa, sob pena de nulidade do próprio ato punitivo ou da medida restritiva de direitos. Precedentes. Doutrina. – Assiste, ao interessado, mesmo em procedimentos de índole administrativa, como direta emanação da própria garantia constitucional do "due process of law" (CF, art. 5º, LIV) – independentemente, portanto, de haver previsão normativa nos estatutos que regem a atuação dos órgãos do Estado –, a prerrogativa indisponível do contraditório e da plenitude de defesa, com os meios e recursos a ela inerentes (CF, art. 5º, LV). – Abrangência da cláusula constitucional do "due process of law", que compreende, dentre as diversas prerrogativas de ordem jurídica que a compõem, o direito à prova. - O fato de o Poder Público considerar suficientes os elementos de informação produzidos no procedimento administrativo não legitima nem autoriza a adoção, pelo órgão estatal competente, de medidas que, tomadas em detrimento daquele que sofre a persecução administrativa, culminem por frustrar a possibilidade de o próprio interessado produzir as provas que repute indispensáveis à demonstração de suas alegações e que entenda essenciais à condução de sua defesa. – Mostra-se claramente lesiva à cláusula constitucional do "due process" a supressão, por exclusiva deliberação administrativa, do direito à prova, que, por compor o próprio estatuto constitucional do direito de defesa, deve ter o seu exercício plenamente respeitado pelas autoridades e agentes administrativos, que não podem impedir que o administrado produza os elementos de informação por ele considerados imprescindíveis e que sejam eventualmente capazes, até mesmo, de infirmar a pretensão punitiva da Pública Administração. Doutrina. Jurisprudência.[473]

Sendo assim, as disposições da Lei nº 14.133/2021 devem ser interpretadas em conformidade com a Constituição, de modo que se assegure o núcleo mínimo decorrente dos princípios do contraditório e da ampla defesa em todos os processos sancionatórios, não importa o tipo ou a gravidade da sanção.

Pois bem, dito isso, para a aplicação das sanções de impedimento de licitar e contratar e de declaração de inidoneidade, o artigo 158 da Lei nº 14.133/2021 exige que

[473] STF, Segunda Turma. MS nº 28.517/DF AgR. Rel. Min. Celso de Mello, j. 25.3.2014.

o processo seja conduzido por comissão composta de dois ou mais servidores estáveis. O §1º do artigo 158 preceitua:

> em órgão ou entidade da Administração Pública cujo quadro funcional não seja formado de servidores estatutários, a comissão a que se refere o caput deste artigo será composta de 2 (dois) ou mais empregados públicos pertencentes aos seus quadros permanentes, preferencialmente com, no mínimo, 3 (três) anos de tempo de serviço no órgão ou entidade.

Nos demais casos, que correspondem às sanções de advertência e de multa, a Lei nº 14.133/2021 não exige a instauração de comissão nem qualquer requisito especial para a pessoa a ser designada para conduzir o processo administrativo, por efeito do que os órgãos e entidades administrativas gozam de discricionariedade para decidir sobre quem deve conduzir os respectivos processos administrativos.

De toda sorte, é necessário que o licitante ou contratado receba notificação formal descrevendo os fatos e faltas que lhe são imputadas, bem como as sanções a que está sujeito, indicando-lhe o prazo para oferecer defesa. Insista-se que o prazo para a defesa em relação às sanções de multa, impedimento e declaração de inidoneidade é de 15 dias úteis, consoante o artigo 157 e *caput* do artigo 158, ambos da Lei nº 14.133/2021. Não há indicação de prazo para a defesa em relação à sanção de advertência. Diante da omissão do legislador, propõe-se a adoção do mesmo prazo para a defesa tocante às demais sanções. Essa proposição se reforça diante da prescrição do artigo 166 da Lei nº 14.133/2021, cujo teor determina o prazo de 15 dias úteis para a interposição de recurso contra decisão que aplica quaisquer das sanções administrativas, que é também de 15 dias úteis. Ora, se a lei concede o prazo de 15 dias úteis para recorrer, é natural que se reconheça o mesmo prazo para o oferecimento da defesa.

É importante para o exercício do contraditório e da ampla defesa que o ato inaugural do processo administrativo descreva os elementos que qualificam a conduta do licitante ou contratado, especialmente aqueles indicados no §1º do artigo 156 da Lei nº 14.133/2021, determinantes para a definição da proporcionalidade da sanção a ser aplicada e sua extensão temporal, quando for o caso. O licitante ou contratado tem o direito de se opor a elas, de deduzir defesa que desconstitua as razões da Administração que consideram a gravidade da suposta infração, peculiaridades do caso concreto, eventuais circunstâncias agravantes ou atenuantes e os danos que a Administração entende terem sido causados a si. Acaso o licitante ou contratado não seja informado pela Administração sobre tais aspectos factuais, não terá meios para deduzir defesa em relação a eles. Por conseguinte, ao final do processo, a Administração não poderá suscitá-los de surpresa, sem possibilitar o exercício do contraditório por parte do contratado e sua ampla defesa.

Em especial, por sua relevância, o licitante ou contratado deve ter ciência se a Administração imputa a ele a produção de dano ao erário e qual o seu montante, para que tenha condições de se opor à imputação (inciso IV do §1º do artigo 156 da Lei nº 14.133/2021). Se a Administração entende que o contratado causou dano ao erário, ela tem o dever de descrever esse fato essencial na notificação encaminhada ao licitante ou contratado, para que ele possa se defender dessa imputação tão grave.

Insista-se que o licitante ou contratado pode requerer a produção de prova, que somente pode ser rejeitada excepcionalmente, se for ilícita, impertinente, desnecessária ou protelatória ou intempestiva, de acordo com o §3º do artigo 158 da Lei nº 14.133/2021.

A rejeição da prova deve ser motivada e, diga-se mais uma vez, fitada excepcionalmente, sob pena de vulneração ao princípio da ampla defesa, previsto no inciso LV do artigo 5º da Constituição Federal, e de nulidade do processo administrativo e da sanção aplicada em decorrência dele. O licitante tem o direito de acompanhar e participar da produção da prova, devendo ser intimado dos respectivos atos com três dias de antecedência, em atenção ao artigo 41 da Lei nº 9.784/1999. Produzida a prova, o licitante ou contratado deve ser intimado para manifestar-se sobre ela no prazo de 15 dias úteis, apresentando alegações finais, como enuncia o §2º do artigo 158 da Lei nº 14.133/2021.

Depois disso, a Administração deve decidir motivadamente sobre a aplicação da penalidade, nos termos do artigo 50 da Lei nº 9.784/1999. Todos os elementos considerados na definição da proporcionalidade da sanção devem ser explicitados e justificados, em especial aqueles constantes do §1º do artigo 156 da Lei nº 14.133/2021.[474]

É relevante, também, que a decisão sobre a aplicação das sanções de impedimento de licitar e contratar e de declaração de inidoneidade defina as condições para a reabilitação do licitante ou contratado apenado, nos termos do inciso IV do *caput* do artigo 163 da Lei nº 14.133/2021. De acordo com o aludido dispositivo, tais condições devem ser estabelecidas no ato punitivo e não posteriormente. Logo, se tais condições não forem definidas no ato punitivo, a Administração não poderá vir a exigi-las depois nem obstar o direito à reabilitação por parte do licitante ou contratado.

Recomenda-se que, antes da decisão, a Administração submeta o processo à assessoria jurídica, especialmente para analisar os aspectos jurídicos da defesa, a proporcionalidade da penalidade pretendida e as questões formais do processo. O parecer jurídico pode ser utilizado inclusive como motivação da decisão, como permite o §1º do artigo 50 da Lei nº 9.784/1999.

Deve-se observar que, na forma do §6º do artigo 156 da Lei nº 14.133/2021, a sanção de declaração de inidoneidade, por sua gravidade e dimensão nacional, deve ser precedida de análise jurídica – não se trata de mera faculdade. Além disso, consoante os incisos do §6º:

> [...] I - quando aplicada por órgão do Poder Executivo, será de competência exclusiva de ministro de Estado, de secretário estadual ou de secretário municipal e, quando aplicada por autarquia ou fundação, será de competência exclusiva da autoridade máxima da entidade;
> II - quando aplicada por órgãos dos Poderes Legislativo e Judiciário, pelo Ministério Público e pela Defensoria Pública no desempenho da função administrativa, será de competência exclusiva de autoridade de nível hierárquico equivalente às autoridades referidas no inciso I deste parágrafo, na forma de regulamento.

O artigo 166 da Lei nº 14.133/2021 assegura ao apenado a possibilidade de interposição de recurso no prazo de 15 dias úteis, sendo que em relação à sanção de declaração de inidoneidade, como prevê o artigo 167 da Lei nº 14.133/2021, em vez de recurso, cabe pedido de reconsideração à mesma autoridade que produziu a decisão.

---

[474] "61. Tendo em vista as características comuns das sanções administrativas e penais, igualmente destinadas a servir como instrumento de prevenção geral e de retribuição por um mal infligido a um bem jurídico, a doutrina costuma transplantar determinados princípios do Direito Penal para o Direito Administrativo Sancionador. 62. Dentre os diversos princípios de incidência comum nesses dois ramos do Direito, é importante destacar o da proporcionalidade da pena em concreto. Segundo o aludido princípio, que é dirigido ao julgador, a pena deve ser proporcional não apenas ao ilícito cometido como, ainda, às circunstâncias pessoais de seu autor" (TCU, Plenário. Acórdão nº 1.214/2018. Rel. Min. Benjamin Zymler, j. 30.5.2018).

O artigo 168, da mesma lei, preceitua que o recurso e o pedido de reconsideração têm efeito suspensivo.

O artigo 161 da Lei nº 14.133/2021 preceitua:

> [...] os órgãos e entidades dos Poderes Executivo, Legislativo e Judiciário de todos os entes federativos deverão, no prazo máximo 15 (quinze) dias úteis, contado da data de aplicação da sanção, informar e manter atualizados os dados relativos às sanções por eles aplicadas, para fins de publicidade no Cadastro Nacional de Empresas Inidôneas e Suspensas (Ceis) e no Cadastro Nacional de Empresas Punidas (Cnep), instituídos no âmbito do Poder Executivo federal.

O Cadastro Nacional de Empresas Inidôneas e Suspensas (Ceis) e o Cadastro Nacional de Empresas Punidas (Cnep) podem ser acessados por meio do Portal Nacional de Contratações Públicas, como assegura o inciso V do §3º do artigo 174 da Lei nº 14.133/2021.

Demais disso, convém mencionar que o §4º do artigo 158 da Lei nº 14.133/2021 dispõe que a prescrição das sanções administrativas se opera em 5 anos:

> [...] contados da ciência da infração pela Administração, e será:
> I - interrompida pela instauração do processo de responsabilização a que se refere o caput deste artigo;
> II - suspensa pela celebração de acordo de leniência previsto na Lei nº 12.846, de 1º de agosto de 2013;
> III - suspensa por decisão judicial que inviabilize a conclusão da apuração administrativa.

Ressalva-se que, como estabelece o artigo 159 da Lei nº 14.133/2021:

> [...] os atos previstos como infrações administrativas nesta Lei ou em outras leis de licitações e contratos da Administração Pública que também sejam tipificados como atos lesivos na Lei nº 12.846, de 1º de agosto de 2013, serão apurados e julgados conjuntamente, nos mesmos autos, observados o rito procedimental e a autoridade competente definidos na referida Lei.

Portanto, diante das condutas tipificadas na Lei nº 12.846/2013, a Lei nº 14.133/2021 cede e assume posição coadjuvante.

Em razão das repercussões e efeitos das sanções previstas em relação às licitações e aos contratos administrativos, sobretudo daquelas que importam impedimento para licitar ou contratar, os respectivos processos administrativos devem ser conduzidos com bastante parcimônia e atenção pela Administração, cuidando-se para não se suprimir qualquer direito dos acusados pertinentes ao contraditório e à ampla defesa. O processo administrativo não deve ser meramente formal, não deve ser uma mera sucessão de atos que visem legitimar a decisão tomada anteriormente pela Administração. Nas palavras de Pedro de Menezes Niebuhr, que servem como epílogo:

> Ocorre que o processo administrativo não cuida apenas do rito para se alcançar o ato administrativo final, mas ocupa-se também em assegurar critérios e meios para que a posição dos particulares – seus argumentos, fatos, direitos e interesses – externada através do respeito daquele rito seja, efetivamente, tomada em consideração no atuar da Administração. De nada adiantaria conceber um conjunto de regras que viabilize a participação do interessado – tanto para que ele possa proteger seus interesses quanto para que possa contribuir para a edição da decisão mais adequada e informada – se esta participação não for, concretamente,

tomada em consideração pela Administração. Esta disfunção, aliás, infelizmente parece ser corriqueira na praxe administrativa, onde processos são conduzidos com o único propósito de tornar definitivo juízo pré-concebido do agente sobre dada pretensão.[475]

9 Reabilitação

O *caput* do artigo 163 da Lei nº 14.133/2021 admite a reabilitação do licitante ou contratado perante a própria autoridade que aplicou a penalidade. A reabilitação tem o efeito de antecipar a extinção da sanção administrativa de impedimento de licitar e contratar ou de declaração de inidoneidade imposta ao licitante ou contratado.

Para a reabilitação, o licitante ou contratado deve cumprir os requisitos estabelecidos nos incisos do *caput* do artigo 163, que são os seguintes:

> I - reparação integral do dano causado à Administração Pública;
> II - pagamento da multa;
> III - transcurso do prazo mínimo de 1 (um) ano da aplicação da penalidade, no caso de impedimento de licitar e contratar, ou de 3 (três) anos da aplicação da penalidade, no caso de declaração de inidoneidade;
> IV - cumprimento das condições de reabilitação definidas no ato punitivo;
> V - análise jurídica prévia, com posicionamento conclusivo quanto ao cumprimento dos requisitos definidos neste artigo.

Além disso, o parágrafo único do mesmo artigo 163 exige "a implantação ou aperfeiçoamento de programa de integridade pelo responsável" nos casos de reabilitação tocante à declaração de inidoneidade aplicada com base nos incisos VIII (apresentar declaração ou documentação falsa exigida para o certame ou prestar declaração falsa durante a licitação ou a execução do contrato) e XII (praticar ato lesivo previsto no artigo 5º da Lei nº 12.846, de 1º.8.2013) do artigo 155 da Lei nº 14.133/2021.

Inicia-se pelo requisito temporal. O licitante ou contratado apenado, de acordo com o inciso III do *caput* do artigo 163 da Lei nº 14.133/2021, somente pode se reabilitar depois do transcurso de um prazo mínimo em relação às penalidades de impedimento, que é de 1 ano, e de declaração de inidoneidade, que é de 3 anos. Antes disso é vedada a reabilitação, o que não faz sentido, especialmente para o licitante ou contratado que sofreu penalidade inferior ou próxima aos sobreditos prazos mínimos, que não tem incentivo algum para se reabilitar – em termos práticos e econômicos, para ele tende a ser mais conveniente esperar o transcurso do prazo da sanção.

Demais disso, o transcurso desses prazos mínimos importa gravames ao apenado que, especialmente se este depender de contratos administrativos, tendem a consumir a sua capacidade econômica. Logo, o principal interesse do apenado provavelmente seria se reabilitar tão logo a penalidade fosse aplicada, para conter os seus efeitos e preservar seus contratos e capacidade econômica. Especialmente no caso da declaração de inidoneidade, cujo prazo mínimo para a reabilitação é de 3 anos, é provável que, em muitos casos, os efeitos da sanção já tenham se consolidado, consumindo a capacidade econômica do apenado, o que pode prejudicar ou impedir o cumprimento dos demais requisitos delineados no *caput* do artigo 163 da Lei nº 14.133/2021. Depois de 3 anos, é

[475] NIEBUHR, Pedro de Menezes. *Processo administrativo ambiental*. Rio de Janeiro: Lumen Juris, 2014. p. 103.

provável que o apenado tenha encerrado ou reorientado as suas atividades, de modo que já não lhe é tão vantajoso se reabilitar. Seria vantajoso quando da aplicação da penalidade; depois de 3 anos essa vantagem tende a se esvair.

Afora o cumprimento do tempo mínimo, consoante os incisos I e II do *caput* do artigo 163 da Lei nº 14.133/2021, a reabilitação exige do licitante ou contratado apenado a reparação integral do dano causado à Administração e o pagamento da multa por ele devida, se for o caso. Logo, a reabilitação depende da definição por parte da Administração do valor do dano causado ao erário pelo licitante ou contratado. É possível, o que ocorre com frequência, que o apenado não tenha causado dano algum ao erário e que não se lhe tenha aplicado a sanção de multa. Se for assim, não há de se falar de reparação de dano ao erário ou de pagamento de multa.

O inciso IV do *caput* do artigo 163 da Lei nº 14.133/2021 exige por parte do licitante ou contratado sancionado o cumprimento das condições de reabilitação definidas no ato punitivo. O legislador não se deu ao trabalho de sinalizar o que e quais poderiam ser essas tais condições de reabilitação – que não se confundem com a reparação do dano ao erário e com o pagamento da multa, porque são requisitos para a reabilitação estabelecidos em incisos diferentes.

A rigor, o parágrafo único do artigo 163 refere-se a uma possível condição de reabilitação, que é a implantação ou aperfeiçoamento de programa de integridade, reputada como obrigatória para os apenados com declaração de inidoneidade fundada nos incisos VIII e XII do artigo 155 da Lei nº 14.133/2021. Para os apenados com outros fundamentos, exigências tocantes ao programa de integridade podem ser formuladas pela Administração, se assim ela entender adequado.

Noticia-se que o Presidente da República produziu o Decreto nº 12.304/2024 para regulamentar implantação pelo contratado de programa de integridade. O referido decreto é obrigatório para a administração pública federal direta, autárquica e fundacional. O parágrafo único do artigo 1º do decreto prescreve que ele também se aplica "[...] às contratações realizadas por órgãos e entidades da administração pública estadual, distrital e municipal com recursos oriundos de transferências voluntárias da União". O decreto define o que é programa de integridade e como ele deve ser avaliado, estabelecendo diversos parâmetros e critérios, a maior parte deles genérico. O §2º do artigo 3º do decreto prescreve que "ato do Ministro de Estado da Controladoria-Geral da União estabelecerá a metodologia de avaliação e os critérios mínimos para considerar o programa de integridade como implantado, desenvolvido ou aperfeiçoado". Logo, o decreto não é o bastante para avaliar os programas de integridade, porque ele próprio estabelece que será necessário um outro ato para dispor sobre a metodologia de avaliação e critérios mínimos a serem considerados. Sem isso, a disposição de programa de integridade para a reabilitação é desidratada, sendo avaliada, pelo menos atualmente, sob o aspecto formal de um programa de integridade e não sobre a sua materialidade e eficácia.[476]

Pode-se cogitar como medidas de reabilitação declarações ou promessas de que o comportamento ilícito não deve se repetir, realização de investigações internas, identificação e punição por parte do licitante ou contratado dos seus representantes ou agentes responsáveis e outras medidas pertinentes à correção da conduta considerada

[476] Remete-se o leitor ao tópico 10 do capítulo 17 deste livro para uma abordagem mais aprofundada do Decreto nº 12.304/2024.

ilícita. A Administração goza de discricionariedade para definir tais medidas. Enfatiza-se que o exercício dessa competência discricionária deve obediência ao princípio da proporcionalidade, de modo que as medidas sejam adequadas, necessárias e proporcionais em sentido estrito.

É indispensável, diante da regra do inciso IV do *caput* do artigo 163 da Lei nº 14.133/2021, que as condições de reabilitação sejam definidas já no próprio ato que aplicou a sanção. Portanto, essas condições não são negociadas nem definidas posteriormente. A omissão da Administração não inviabiliza a reabilitação, que o apenado pode vir a obter sem cumprir condições de reabilitação, porque não existentes. Ora, por evidente, o licitante ou contratado apenado não pode vir a cumprir condição de reabilitação inexistente e o direito de reabilitação não pode ser prejudicado pela omissão da Administração.

O inciso V do *caput* do artigo 163 da Lei nº 14.133/2021 também exige para a reabilitação a análise jurídica prévia. Trata-se de requisito procedimental para a tramitação interna e decisão administrativa sobre a reabilitação e não exigência a ser satisfeita pelo licitante ou contratado apenado. Está, pois, fora de lugar. De todo modo, se antevê que a reabilitação é questão complexa sob o ponto de vista jurídico, por efeito do que, com realce especial, o legislador demandou a avaliação conclusiva da assessoria jurídica, o que deve ser realizado em harmonia com as condições preceituados no artigo 53 da Lei nº 14.133/2021. A avaliação jurídica, não custa sublinhar, é restrita à legalidade e não ao mérito da reabilitação.

10 Desconsideração da personalidade jurídica

As pessoas jurídicas são instrumentos relevantes para o desenvolvimento das atividades empresariais e econômicas como um todo. Nessa percepção, é fundamental que as pessoas jurídicas não se confundam com a pessoa dos seus sócios. Portanto, como consagrado nos artigos 49-A e 50 do Código Civil, em regra, as responsabilidades sobre os atos das pessoas jurídicas restringem-se a elas, não atingindo os seus sócios nem outras pessoas jurídicas de que os seus sócios fazem parte.

No entanto, a pessoa jurídica e, por consequência, a separação entre a personalidade dela e dos seus sócios não são dogmas absolutos e incontornáveis. Se a pessoa jurídica é utilizada para subverter a ordem jurídica, protegendo as pessoas dos verdadeiros responsáveis por ilícitos e fraudes, é permitida, em situações extremas e excepcionais, a desconsideração da personalidade jurídica delas.

O §1º do artigo 14 da Lei nº 14.133/2021 admite a desconsideração da personalidade jurídica, inclusive com menção expressa às relações entre empresas controladora, controlada ou coligada, "[...] desde que devidamente comprovado o ilícito ou a utilização fraudulenta da personalidade jurídica do licitante". Essa questão da desconsideração da personalidade jurídica foi tratada amiúde no capítulo deste livro que versa sobre as restrições de acesso às licitações e contratações, ao qual se remete o leitor.

De todo modo, em acréscimo, o artigo 160 da Lei nº 14.133/2021 prescreve:

> [...] a personalidade jurídica poderá ser desconsiderada sempre que utilizada com abuso do direito para facilitar, encobrir ou dissimular a prática dos atos ilícitos previstos nesta Lei ou para provocar confusão patrimonial, e, nesse caso, todos os efeitos das sanções aplicadas à pessoa jurídica serão estendidos aos seus administradores e sócios com poderes de administração, a pessoa jurídica sucessora ou a empresa do mesmo ramo com relação

de coligação ou controle, de fato ou de direito, com o sancionado, observados, em todos os casos, o contraditório, a ampla defesa e a obrigatoriedade de análise jurídica prévia.

Rememora-se que a desconsideração da personalidade jurídica é excepcional e depende de processo administrativo, garantido o contraditório e ampla defesa, em que se configurem situações fáticas que evidenciem abuso de personalidade, jamais pode ser objetiva e automática.[477]

Mesmo diante das hipóteses mencionadas no artigo 160 da Lei nº 14.133/2021, a desconsideração de personalidade jurídica não pode ser objetiva e automática sob pena de inconstitucionalidade, especialmente por violação ao princípio constitucional da pessoalidade das penas, em desarmonia ao inciso XVL do artigo 5º da Constituição Federal, cujo teor assegura que "nenhuma pena passará da pessoa do condenado [...]".[478] [479]

---

477 "A desconsideração da personalidade jurídica de determinada licitante, por meio da extensão dos efeitos das sanções de suspensão e de inidoneidade às pessoas físicas de seus sócios, só é possível quando, presentes indícios de burla ao procedimento licitatório, forem efetivadas as devidas diligências pela Comissão de Licitação, sem prejuízo do devido contraditório" (TCE-SP, Plenário. TC-012214.989.20-4. Rel. Cons. Sidney Estanislau Beraldo, j. 17.6.2020).

478 "A penalidade administrativa encontra-se subordinada também ao princípio do personalismo da sanção, o que significa que a penalidade não pode passar da pessoa do agente. O inc. XLV do art. 5º da CF/1988 estabelece que 'nenhuma pena passará da pessoa do condenado [...]' e essa determinação se aplica no âmbito das penalidades administrativas. Por força da referida garantia constitucional, não cabe promover a extensão do sancionamento a sujeito distinto daquele que praticou a infração. [...] Também por isso, não é cabível a prática ilimitada e automática da desconsideração da pessoa jurídica. A desconsideração da pessoa jurídica não significa a ineficácia absoluta da figura. Considerando que o direito consagrou e legitimou a existência do instituto, a desconsideração somente poderá ser praticada nos casos em que estiverem presentes pressupostos específicos. Um exemplo permite compreender a questão. Suponha-se que uma pessoa jurídica, ao executar um contrato, infrinja os seus deveres. O sancionamento a ela imposto não poderá ser estendido de modo automático aos seus sócios, o que tornaria inútil o instituto da pessoa jurídica. (JUSTEN FILHO, Marçal. Comentários à Lei de Licitações e Contratos Administrativos [livro eletrônico]: 1 ed. São Paulo: Thomson Reuters Brasil, 2021). Outrossim, a extensão das sanções aos dirigentes da pessoa jurídica também esbarra no postulado da intranscendência, que impede que as sanções e restrições de ordem jurídica superem a dimensão estritamente pessoal do infrator. Obviamente que o princípio não é absoluto; tem-se reputado cabível a extensão do sancionamento a pessoas físicas ou terceiros, na medida em que se configura a utilização abusiva e fraudulenta da pessoa jurídica. Isso não significa que toda e qualquer penalidade será aplicada automaticamente aos controladores ou administradores. O que se reconhece é que a extensão poderá ser aplicada diante da comprovação da prática reprovável da pessoa física, que configure a utilização abusiva e fraudulenta da pessoa jurídica. Isto posto, a interpretação sistemática da lei leva à conclusão mesma da inaplicabilidade da responsabilidade objetiva aos dirigentes ou administradores da pessoa jurídica quando da desconsideração da personalidade jurídica, posto que a aplicação da teoria reclama a ocorrência de uma conduta reprovável da pessoa física. (BONFIM, Natália Bertolo. A Desconsideração da Personalidade Jurídica na Lei Anticorrupção. Revista dos Tribunais, vol. 947/2014, p. 91-117, Set/2014, DTR/2014/9966). Princípio da pessoalidade da sanção. A pena somente pode ser imposta ao autor da infração penal. A norma deve acompanhar o fato. Igual exigência acompanha o Direito Administrativo Sancionador. Incabível responsabilidade objetiva, eis uma das consequências do princípio da pessoalidade da sanção administrativa. Repele-se, fundamentalmente, a responsabilidade pelo fato de outrem e a responsabilidade objetiva. O delito é obra do homem, como o é a infração administrativa praticada por pessoa física, sendo inconstitucional qualquer lei que despreze o princípio da responsabilidade subjetiva. O princípio da pessoalidade da pena, de natureza constitucional, se estende, em tese, ao Direito Administrativo Sancionatório e é um desdobramento do princípio da culpabilidade. Trata-se de direito fundamental inerente ao devido processo legal punitivo. A pena criminal somente pode atingir o sentenciado (art. 5º, XLV, CF), exigência que nos parece incidente no campo do Direito Administrativo Sancionador. A pena administrativa somente pode atingir a pessoa sancionada, o agente efetivamente punido, não podendo ultrapassar de sua pessoa. É certo que esta pessoa pode ser física ou jurídica, não importa. Pessoalidade da sanção administrativa veda, por certo, a chamada responsabilidade solidária, ainda que estabelecida por lei, porque a lei não pode violentar um princípio constitucional regente do Direito Administrativo Sancionador. De qualquer modo, insiste-se que a pessoalidade da pena não implica desconsiderar a perspectiva de responsabilidade da pessoa jurídica, unicamente posiciona em novas bases esta mesma responsabilidade e o próprio conceito de pessoalização da sanção" (OSÓRIO, Fábio Medina. *Direito administrativo sancionador*. 4. ed. São Paulo: Revista dos Tribunais, 2011. p. 383-384).

479 "A condição de consorciada, por si só, não é apta a subsidiar a aplicação da sanção por fraude à licitação (art. 46 da Lei 8.443/1992), caso o ilícito tenha sido cometido por outra empresa integrante do consórcio, em decorrência do

É preciso compreender que as hipóteses mencionadas no artigo 160 da Lei nº 14.133/2021 devem ser conjugadas com a configuração do abuso da personalidade. Ou seja, a coincidência de sócios ou administradores ou a ocorrência de sucessão ou relação de coligação ou de controle não importa em espécie de desconsideração objetiva da personalidade jurídica. A coincidência sinaliza o abuso da personalidade, mas não é condição suficiente para a sua configuração e para a desconsideração da personalidade jurídica, que depende de outras circunstâncias e fatores que devem ser apurados em cada caso concreto.

11 Efeitos das penalidades sobre contratos firmados anteriormente

É comum que pessoas apenadas pela Administração em virtude de fato ocorrido em dado contato administrativo mantenham com ela outros contratos, firmados anteriormente à aplicação da sanção administrativa. O ponto é que as sanções de impedimento e de declaração de inidoneidade, previstas, respectivamente, nos incisos III e IV do *caput* do artigo 156 da Lei nº 14.133/2021, impedem a pessoa sancionada de contratar. A questão é: o impedimento de contratar aplica-se sobre contratos firmados anteriormente?

Por um lado, poder-se-ia argumentar, em interpretação literal, no sentido de que a lei, ao tratar das sanções, impede novas contratações, não versando sobre as contratações já havidas, que, pois, sobre a égide do princípio da legalidade, não podem ser afetadas. Poder-se-ia dizer, também, que o contrato firmado anteriormente à sanção administrativa é ato juridicamente perfeito que não pode ser afetado por ela. Poder-se-ia dizer, ainda, que um contrato não pode ser extinto em razão de fato ocorrido noutro contrato, que não tem, em princípio, a ver com ele.

Nessa linha, de que sanção administrativa não afeta contrato anteriormente firmado, é a jurisprudência do Superior Tribunal de Justiça:

> Administrativo. Declaração de inidoneidade para licitar e contratar com a administração pública. Efeitos *ex nunc* da declaração de inidoneidade: significado. Precedente da 1ª Seção (MS 13.964/DF, *DJe* de 25/05/2009). 1. Segundo precedentes da 1ª Seção, a declaração de inidoneidade "só produz efeito para o futuro (efeito *ex nunc*), sem interferir nos contratos já existentes e em andamento" (MS 13.101/DF, Min. Eliana Calmon, *DJe* de 09.12.2008). Afirma-se, com isso, que o efeito da sanção inibe a empresa de "licitar ou contratar com a Administração Pública" (Lei 8.666/93, art. 87), sem, no entanto, acarretar, automaticamente, a rescisão de contratos administrativos já aperfeiçoados juridicamente e em curso de execução, notadamente os celebrados perante outros órgãos administrativos não vinculados à autoridade impetrada ou integrantes de outros entes da Federação (Estados, Distrito Federal e Municípios). Todavia, a ausência do efeito rescisório automático não compromete nem restringe a faculdade que têm as entidades da Administração Pública de, no âmbito da sua esfera autônoma de atuação, promover medidas administrativas específicas para rescindir os contratos, nos casos autorizados e observadas as formalidades estabelecidas nos artigos 77 a 80 da Lei 8.666/93. 2. No caso, está reconhecido que o ato atacado não

---

caráter personalíssimo da pena, segundo o qual nenhuma sanção passará da pessoa do condenado (art. 5º, inciso XLV, da Constituição Federal)" (TCU, Plenário, Acórdão nº 1.083/2019, Rel. Min. Benjamin Zymler, j. 15.5.2019).

operou automaticamente a rescisão dos contratos em curso, firmados pelas impetrantes. 3. Mandado de segurança denegado, prejudicado o agravo regimental.[480]

Registre-se que, durante muito tempo, o Tribunal de Contas da União divergiu do Superior Tribunal de Justiça, no sentido de que, uma vez impedida de licitar e contratar, todos os contratos mantidos pela empresa apenada com a Administração Pública deveriam ser rescindidos.[481] Mais recentemente, o Tribunal de Contas da União reviu e pacificou o seu posicionamento, alinhando-se com a jurisprudência do Superior Tribunal de Justiça.[482]

Em que pesem os supracitados argumentos e a jurisprudência pacífica do Superior Tribunal de Justiça e do Tribunal de Contas da União, a sanção administrativa deve afetar os contratos da pessoa apenada ainda que firmados anteriormente a ela.

Pois bem, o legislador, de modo geral, ao impedir o apenado de *contratar*, não o está impedindo apenas de firmar novos contratos. Como o contrato é uma relação contínua, que não se exaure em único momento, importa interpretar o *impedimento de contratar* como *impedimento de manter contrato* ou, noutros termos, *de manter-se contratado pela Administração ou Administração Pública*, conforme o caso.

Em interpretação sistemática, não se deve esquecer que quem pretende contratar com a Administração Pública deve demonstrar que tem condições, capacidade e idoneidade para fazê-lo. Tanto isso é verdade que uma das fases da licitação pública é justamente a de habilitação, em que a Administração deve analisar tais requisitos sob diversos aspectos. A fase de habilitação presta-se justamente a apurar as condições, a capacidade e a idoneidade do postulante ao contrato administrativo.

Soma-se a isso que, em conformidade com o inciso XVI do artigo 92 da Lei nº 14.133/2021, o contratado é obrigado a manter durante toda a execução do contrato as condições de habilitação. Isso significa que, se o contratado, durante a execução do contrato, perde as condições que o possibilitaram participar da licitação, o contrato deve ser extinto. Pode-se dizer que, se o contratado perde as condições para participar da licitação, ele descumpre obrigação, enfeixada no inciso XVI do artigo 92 da Lei nº 14.133/2021, e, pois, o contrato deve ser extinto na forma do inciso I do *caput* do artigo 137 da Lei nº 14.133/2021.

A finalidade da sanção administrativa não é tão somente penalizar e reprimir o contratado. Se a função da sanção administrativa fosse de tal forma limitada, bastaria que se imputasse ao contratado pena pecuniária em valores extremamente elevados. A pena pecuniária é o bastante para reprimir o contratado. A lei, quando obstaculiza o direito do apenado de licitar e contratar, não pretende apenas reprimi-lo; ela pretende, a rigor, afastar o apenado dos negócios administrativos, impedi-lo de cometer novos ilícitos e produzir novos prejuízos à Administração Pública.

O sujeito apenado administrativamente, se impedido de participar de licitações e firmar novos contratos, é porque não tem condições ou idoneidade para fazê-lo. Ora, quem não tem condições ou idoneidade para participar de licitação e firmar

[480] STJ, Primeira Seção. MS nº 14.002/DF. Rel. Min. Teori Albino Zavascki, j. 28.10.2009.

[481] TCU, Plenário. Acórdão nº 1.262/2009. Rel. Min. Walton Alencar Rodrigues, j. 10.6.2009.

[482] TCU, Plenário. Acórdão nº 3.002/2010. Rel. Min. José Jorge, j. 10.11.2010.

novos contratos, também, por conseguinte, não tem condições para manter contratos anteriormente firmados.

Esse raciocínio, de fundo sistemático, encontra estribo no princípio da indisponibilidade do interesse público. Em virtude dele, os agentes administrativos não podem cometer aventuras, lançar-se a empreendimentos de riscos, na medida em que o interesse público não lhes pertence. Os agentes administrativos devem agir com precaução e prudência. Ora, manter contrato com alguém que fora impedido de licitar e contratar é um contrassenso.

[illegible], que sejam capazes para [illegible]
[illegible] formação.

[illegible] processo, encontra [illegible] princípio [illegible] da verdade [illegible] a partir do contato com [illegible]

REFERÊNCIAS

ALEXY, Robert. *Teoría de los derechos fundamentales*. Tradução de Ernesto Garzón Valdés. Madrid: Centro de Estudios Constitucionales, 1997.

AMARAL, Antônio Carlos Cintra do. *Concessão de serviço público*. São Paulo: Malheiros, 1996.

AMARAL, Antônio Carlos Cintra do. Dispensa de licitação para contratação de empresa municipal criada para prestar serviços à prefeitura (interpretação do art. 24, VIII, da Lei nº 8.666/93). *Revista Trimestral de Direito Público*, São Paulo, v. 20, 1997.

ARAGÃO, Alexandre Santos. Possibilidade de faturamento direto entre sociedade de economia mista e empresa subcontratada sem alteração da responsabilidade da empreiteira principal. *Revista de Direito da Procuradoria Geral*, Rio de Janeiro, p. 248-249, 2014.

ARIÑO ORTIZ, Gaspar. Contrato y poder público: La figura del contrato administrativo en el derecho español y europeo. *In*: CASSAGNE, Juan Carlos (coord.). *Derecho administrativo*: obra colectiva en homenaje al Profesor Miguel S. Marienhoff. Buenos Aires: Abeledo-Perrot, 1998.

ATALIBA, Geraldo. Leis nacionais e leis federais no regime constitucional brasileiro. *In:* PRADE, Péricles (org.). *Estudos em homenagem a Vicente Raó*. São Paulo: Saraiva, 1977.

ÁVILA, Diego. Inexigibilidade: serviços técnicos, notória especialização e a ausência de singularidade. *In:* VARESCHINI, Julieta Mendes Lopes (coord.). *Diálogos sobre a Nova Lei de Licitações e Contratações*. Pinhais: JML, 2021.

ÁVILA, Humberto. *Teoria dos princípios*: da definição à aplicação dos princípios jurídicos. 4. ed. São Paulo: Malheiros, 2005.

BANDEIRA DE MELLO, Celso Antônio. Credenciamento. *In*: BANDEIRA DE MELLO, Celso Antônio (org.). *Estudos em homenagem a Geraldo Ataliba*. São Paulo: Malheiros, 1997.

BANDEIRA DE MELLO, Celso Antônio. *Curso de direito administrativo*. 35. ed. São Paulo: Malheiros, 2021.

BANDEIRA DE MELLO, Celso Antônio. Do objeto licitável. *Revista de Direito Público*, São Paulo, n. 8, abr./jun. 1969.

BANDEIRA DE MELLO, Celso Antônio. Extensão das alterações dos contratos administrativos: a questão dos 25%. *Revista Eletrônica de Direito Administrativo Econômico – REDAE*, Salvador, n. 5, fev./abr. 2006.

BANDEIRA DE MELLO, Celso Antônio. Licitação. Lei nº 8.666. Dispensa de licitação por razões de segurança nacional. Serviços técnicos especializados. Inexigibilidade. *Revista Trimestral de Direito Público*, São Paulo, v. 13, 1996.

BANDEIRA DE MELLO, Celso Antônio. *Licitação*. São Paulo: Revista do Tribunais, 1985.

BANDEIRA DE MELLO, Celso Antônio. *O conteúdo jurídico do princípio da igualdade*. 3. ed. 6. tir. São Paulo: Malheiros, 1999.

BANDEIRA DE MELLO, Celso Antônio. O princípio do enriquecimento sem causa em direito administrativo. *Revista Eletrônica de Direito Administrativo – REDAE*, Salvador, n. 5. fev./abr. 2006. Disponível em: http://www.direitodoestado.com.br/codrevista.asp?cod=91. Acesso em: 18 nov. 2021.

BANDEIRA DE MELLO, Oswaldo Aranha. *Da licitação*. São Paulo: José Bushatsky, 1978.

BANDEIRA DE MELLO, Oswaldo Aranha. *Princípios gerais de direito administrativo*. Rio de Janeiro: Forense, 1969. v. II.

BARCELOS, Dawison; TORRES, Ronny Charles. *Licitações e contratos nas empresas estatais*. Salvador: Juspodivm, 2018.

BARROS JÚNIOR, Carlos Schmidt de. *Contratos administrativos*. São Paulo: Saraiva, 1986.

BARROSO, Luís Roberto. *Interpretação e aplicação da Constituição*: fundamentos de uma dogmática constitucional transformadora. 6. ed. São Paulo: Saraiva. 2004.

BARROSO, Luís Roberto. *O direito constitucional e a efetividade de suas normas*. 3. ed. Rio de Janeiro: Renovar, 1996.

BARROSO, Luís Roberto. *Temas de direito constitucional*. Rio de Janeiro: Renovar, 2001.

BASTOS, Celso Ribeiro. *Curso de direito administrativo*. São Paulo: Saraiva, 1994.

BAZILLI, Roberto Ribeiro; MIRANDA, Sandra Julien. *Licitação à luz do direito positivo*. São Paulo: Malheiros, 1999.

BERLOFFA, Ricardo Ribas da Costa. *A nova modalidade de licitação*: pregão: breves comentários à Lei Federal n. 10.520/02: Lei do Pregão. Porto Alegre: Síntese, 2002.

BITTENCOURT, Sidney. *Licitação passo a passo*. 4. ed. Rio de Janeiro: Temas e Ideias, 2002.

BITTENCOURT, Sidney. *Licitação passo a passo*. 6. ed. Belo Horizonte: Fórum, 2010.

BONAVIDES, Paulo. A isonomia em face dos 39, §1º, 135 e 241. *In*: BONAVIDES, Paulo. *Constituição aberta*. São Paulo: Malheiros, 1996.

BORGES, Alice Gonzales. Licitação para contratação de serviços profissionais de advocacia. *Revista de Direito Administrativo*, Rio de Janeiro, v. 206, out./dez. 1996.

BRASIL. Controladoria-Geral da União. *Sistema de registro de preços*. Perguntas e respostas. Edição revisada. 2014. Disponível em: https://repositorio.ufsc.br/handle/123456789/208412.

BRASIL. Senado Federal. *Glossário:* Unidade Gestora. Brasília, DF: Senado Federal, [2021]. Disponível em: https://www12.senado.leg.br/orcamento/glossario/unidade-gestora. Acesso em: 1º set. 2021.

BRASIL. Tribunal de Contas da União. *Licitações e contratos*: orientações e jurisprudência do TCU. 4. ed. Brasília: TCU, Secretaria-Geral da Presidência: Senado Federal, Secretaria Especial de Editoração e Publicações, 2010.

BREWER-CARÍAS, Allan R. *Contratos administrativos*. Caracas: Jurídica Venezolana, 1992.

BUENO, Cássio Scarpinella. *Tutela antecipada*. 2. ed. São Paulo: Saraiva, 2007.

CAMARROSANO, Márcio. Da responsabilidade de autoridades governamentais por atos que expedem tendo por suporte pareceres jurídicos, e dos autores destes. *ILC – Informativo de Licitações e Contratos*, Curitiba, mar. 1997.

CAMMAROSANO, Márcio. Aumentos quantitativos e qualitativos do contrato e limites do artigo 65 da Lei nº 8.666/93. *ILC – Informativo de Licitações e Contratos*, Curitiba, v. 4, n. 41, jul. 1997.

CAMMAROSANO, Márcio. Breves anotações sobre a contratação de serviços profissionais de advocacia. *ILC – Informativo de Licitações e Contratos*, Curitiba, set. 1996.

CANARIS, Claus-Wilhelm. *Pensamento sistemático e conceito de sistema na ciência do direito*. Tradução de A. Menezes Cordeiro. 2. ed. Lisboa: Fundação Calouste Gulbenkian, 1996.

CANOTILHO, J. J. Gomes. *Direito constitucional e teoria da Constituição*. Coimbra: Almedina, 2002.

CANOTILHO, J. J. Gomes. *Direito constitucional*. 6. ed. Coimbra: Almedina, 1993.

CARLIN, Volnei Ivo. *Direito administrativo*: doutrina, jurisprudência e direito comparado. Florianópolis: OAB/SC, 2002.

CARVALHO FILHO, José dos Santos. *Manual de direito administrativo*. 22. ed. Rio de Janeiro: Lumen Juris, 2009.

CARVALHO FILHO, José dos Santos. *Manual de direito administrativo*. 24. ed. Rio de Janeiro: Lumen Juris, 2011.

CARVALHO FILHO, José dos Santos. *Manual de direito administrativo*. 26. ed. São Paulo: Atlas, 2013.

CARVALHOSA, Modesto. Combate efetivo à corrupção depende da quebra do capitalismo de laços. *Conjur*, 2016. Disponível em: https://www.conjur.com.br/2016-jun-14/modesto-carvalhosa-combate-corrupcao-ataca-capitalismo-lacos. Acesso em: 30 ago. 2021.

CASSAGNE, Juan Carlos *et al*. *Contratos administrativos*. Régimen de pago y actualización. Buenos Aires: Astrea, 1988.

CITADINI, Antônio Roque. *Comentários e jurisprudência sobre a Lei de Licitações Públicas*. São Paulo: M. Limonad, [s.d.].

COLAIÁCOVO, Juan Luis. *Negociação moderna*: teoria e prática. Blumenau: FURB, 1997.

CRETELLA JÚNIOR, J. *Das licitações públicas*. 16. ed. Rio de Janeiro: Forense, 1999.

DAL POZZO, Augusto Nevez. Panorama geral dos regimes de execução previstos no Regime Diferenciado de Contratações: a contratação integrada e seus reflexos. *In*: CAMMAROSANO, Márcio; DAL POZZO, Augusto Nevez; VALIM, Rafael (coord.). *Regime Diferenciado de Contratações Públicas – RDC (Lei nº 12.462/11; Decreto nº 7.581/11)*: aspectos fundamentais. 2. ed. Belo Horizonte: Fórum, 2012.

DALLARI, Adilson Abreu (coord.). *Tratado de direito administrativo*. São Paulo: Saraiva, 2013.

DALLARI, Adilson Abreu. *Aspectos jurídicos da licitação*. 4. ed. São Paulo: Saraiva, 1997.

DALLARI, Adilson Abreu. *Aspectos jurídicos da licitação*. 6. ed. São Paulo: Saraiva, 2003.

DALLARI, Adilson Abreu. Contratação de serviços de advocacia pela Administração Pública. *Revista Trimestral de Direito Público*, São Paulo, v. 22, 1998.

DALLARI, Adilson Abreu. Dispensa de licitação por urgência. *ILC – Informativo de Licitações e Contratos*, Curitiba, nov. 1999.

DALLARI, Adilson Abreu. Inspeção de segurança veicular – Credenciamento – desnecessidade de autorização legislativa. *ILC – Informativo de Licitações e Contratos*, Curitiba, jun. 1996.

DALLARI, Adilson Abreu. Legalidade de contrato de obra pública firmado sem licitação por força de acordo internacional. *Revista Trimestral de Direito Público*, São Paulo, v. 18, 1997.

DALLARI, Adilson Abreu. Os poderes administrativos e as relações jurídico-administrativas. *Revista de Informação Legislativa*, Brasília, n. 141, 1999.

DE VITA, Pedro Henrique Braz. Os limites da responsabilidade solidária de empresas reunidas em consórcio no âmbito das contratações públicas. *ILC – Informativo de Licitações e Contratos*, Curitiba, n. 226, p. 1221-1228, dez. 2012.

DEZOLT, A. L. P.; BARBOSA, G. P. Diagnóstico das compras públicas estaduais em 2015. *In*: CONGRESSO DO CONSAD DE GESTÃO PÚBLICA, IX, Brasília, 8 a 10 jun. 2016. *Anais*... Brasília: Consad, 2016.

DI PIETRO, Maria Sylvia Zanella. *Direito administrativo*. 12. ed. São Paulo: Atlas, 2000.

DI PIETRO, Maria Sylvia Zanella. *Direito administrativo*. 23. ed. São Paulo: Atlas, 2010.

DI PIETRO, Maria Sylvia Zanella. *Parcerias na Administração Pública*. 3. ed. São Paulo: Atlas, 1999.

DIDIER JR., Fredie. *Curso de direito processual civil:* introdução ao direito processual civil, parte geral e processo de conhecimento. 19. ed. Salvador: Juspodivm, 2017.

DROMI, Roberto. *Licitación pública*. 2. ed. Buenos Aires: Ciudad Argentina, 1995.

DWORKIN, Ronald. *Los derechos en serio*. Tradução de Marta Guastavino. Barcelona: Ariel, 1989.

FERNANDES, Jorge Ulisses Jacoby. *Contratação direta sem licitação*. 11. ed. Belo Horizonte: Fórum, 2021.

FERNANDES, Murilo Queiroz Melo Jacoby. Lei n. 13.303/2016: novas regras de licitações e contratos para as Estatais. *Revista IOB de Direito Administrativo*, São Paulo, v. 12, n. 134, p. 9-15, fev. 2017.

FERRAJOLI, Luigi. *Derecho y razón*. Madrid: Trotta, 1995.

FERRAZ, Luciano. Alteração na LINDB e seus reflexos sobre a responsabilidade dos agentes públicos. *Conjur*, 29 nov. 2018. Disponível em: https://www.conjur.com.br/2018-nov-29/interesse-publico-lindb-questao-erro-grosseiro-decisao-tcu. Acesso em: 3 ago. 2021.

FERRAZ, Luciano. Nova presunção de singularidade na contratação de advogados é absoluta. *Conjur*, 22 out. 2020. Disponível em: https://www.conjur.com.br/2020-out-22/interesse-publiconova-presuncao-singularidade-contratacao-advogados. Acesso em: maio 2021.

FERRAZ, Luciano. The walking dead na Administração – temporada final (Nova Lei de Licitações). *Repositório Institucional – UFSC*, 2021. Disponível em: https://repositorio.ufsc.br/handle/123456789/222440. Acesso em: maio 2021.

FERREIRA, Daniel. *A licitação pública no Brasil e sua nova finalidade legal*: a promoção do desenvolvimento nacional sustentável. Belo Horizonte: Fórum, 2012.

FERREIRA, William Santos. *Tutela antecipada no* âmbito *recursal*. São Paulo: Revista dos Tribunais, 2000.

FIGUEIREDO, Lúcia Valle. *Curso de direito administrativo*. 2. ed. São Paulo: Malheiros, 1995.

FIGUEIREDO, Lúcia Valle; FERRAZ, Sérgio. *Dispensa e inexigibilidade de licitação*. 3. ed. São Paulo: Malheiros, 1997.

FORTINI, Cristiana; MOTTA, Fabrício. *A regeneração da Administração Pública brasileira*. Curitiba: Íthala, 2017.

FORTINI, Cristiana; PINCININ, Juliana. Novas perspectivas no TCU: contribuições do Ministro Antonio Anastasia acerca das contratações. Disponível em: https://www.novaleilicitacao.com.br/2022/06/09/novas-perspectivas-no-tcu-contribuicoes-do-ministro-antonio-anastasia-acerca-das-contratacoes-publicas/. *Acesso em: 17 jan. 2023.*

FREITAS, Juarez. *Estudos de direito administrativo*. São Paulo: Malheiros, 1995.

FREITAS, Juarez. *Interpretação sistemática do direito*. 5. ed. São Paulo: Malheiros, 2010.

FREITAS, Juarez. Licitações públicas sustentáveis: dever constitucional e legal. *Revista do Instituto do Direito Brasileiro*, v. 2, n. 1.

FREITAS, Juarez. *O controle dos atos administrativos e os princípios fundamentais*. São Paulo: Malheiros, 1997.

FREITAS, Juarez. *O controle dos atos administrativos e os princípios fundamentais*. 4. ed. São Paulo: Malheiros, 2009.

FURTADO, Lucas Rocha. *Curso de licitações e contratos administrativos*. 6. ed. Belo Horizonte: Fórum, 2015.

GABARDO, Emerson; REZENDE, Maurício Corrêa de Moura. O conceito de interesse público no direito administrativo brasileiro. *Revista Brasileira de Estudos Políticos*, Belo Horizonte, n. 115, p. 271-272, jul./dez. 2017.

GARCÍA DE ENTERRÍA, Eduardo; FERNÁNDEZ, Tomás-Ramón. *Curso de Derecho Administrativo*. 3. ed. Madrid: Civitas, 1981. 1. v.

GASPARINI, Diogenes. *Direito administrativo*. 14. ed. São Paulo: Saraiva, 2009.

GASPARINI, Diogenes. Padronização. *ILC – Informativo de Licitações e Contratos*, Curitiba, n. 21, nov. 1995.

GASPARINI, Diogenes. Reajuste, revisão e repactuação. *ILC – Informativo de Licitações e Contratos*, Curitiba, v. 11, maio 2004.

GASPARINI, Diogenes. Validade das contratações em condições diversas do edital e da proposta. *ILC – Informativo de Licitações e Contratos*, Curitiba, v. 11, n. 128, out. 2004.

GONÇALVES, Carlos Roberto. *Direito civil brasileiro*: teoria geral das obrigações. 5. ed. São Paulo: Saraiva, 2008. v. II.

GORDILLO, Agustín A. *et al*. *Contratos administrativos* – Regímenes de pago y actualización. Buenos Aires: Astrea, 1998. t. I.

GRAU, Eros Roberto. *A ordem econômica na Constituição de 1988 (interpretação e crítica)*. 3. ed. São Paulo: Malheiros, 1997.

GRAU, Eros Roberto. Arbitragem e contrato administrativo. *Revista Trimestral de Direito Público*, São Paulo, n. 32, 2000.

GRAU, Eros Roberto. As licitações e as empresas estatais após a Emenda nº 19. *Boletim de Licitações e Contratos*, São Paulo, n. 3, 1999.

GRAU, Eros Roberto. Inexigibilidade de licitação – serviços técnicos especializados – notória especialização. *Revista Direito Público*, Brasília, n. 99, jul./set. 1991.

GRAU, Eros Roberto. *Licitação e contrato administrativo* (estudos sobre a interpretação da lei). São Paulo: Malheiros, 1995.

GRECO, Vicente. *Direito processual civil brasileiro*. 3. ed. São Paulo: Saraiva, 1988. v. 2.

GRINOVER, Ada Pellegrini. Tutela jurisdicional diferenciada: a antecipação e sua estabilização. *In*: MARINONI, Luiz Guilherme (coord.). *Estudos de direito processual civil:* homenagem ao Professor Egas Dirceu Moniz de Aragão. São Paulo: Revista dos Tribunais, 2005.

GUIMARÃES, Bernardo Strobel. As joint ventures das empresas estatais na lei 13303/16. *Blog da Zênite*. Disponível em: http://www.zenite.blog.br/as-joint-ventures-das-empresas-estatais-na-lei-13-30316-inexigibilidade-de-licitacao. Acesso em: 14 nov. 2016.

GUIMARÃES, Edgar. Preços – Inexequíveis – Critério dos §§1º e 2º do artigo 48 – Aplicação para objetos que não obras e serviços de engenharia – Possibilidade. *ILC – Informativo de Licitações e Contratos*, Curitiba, n. 97, mar. 2002.

GUIMARÃES, Edgar. *Responsabilidade da Administração Pública pelo desfazimento da licitação*. Belo Horizonte: Fórum, 2013.

GUIMARÃES, Edgar; NIEBUHR, Joel de Menezes. *Registro de preços*: aspectos práticos e jurídicos. Belo Horizonte: Fórum, 2008.

GUIMARÃES, Edgar; SANTOS, José Anacleto Abduch. *Lei das Estatais*. Belo Horizonte: Fórum, 2017.

GUIMARÃES. Fernando Vernalha. O direito administrativo do medo: a crise da ineficiência pelo controle. *Direito do Estado*, n. 71, 2016. Disponível em: http://www.direitodoestado.com.br/colunistas/fernando-vernalha-guimaraes/o-direito-administrativo-do-medo-a-crise-da-ineficiencia-pelo-controle.

IZAGUIRRE, Mônica. Tribunal de Contas da União defende uso de pregão eletrônico para contratar obras de engenharia. *Revista do Tribunal de Contas da União*, Brasília, n. 109, 2007.

JUSTEN FILHO, Marçal. *Administração Pública e Arbitragem*: o vínculo com a câmara de arbitragem e os árbitros. Disponível em: https://www.justen.com.br/pdfs/IE110/IE%20110%20-%20MJF%20-%20Escolha%20de%20Instituições%20e%20Árbitros%20e%20a%20Lei%20de%20Licitaçoes.pdf. Acesso em: 30 ago. 2021.

JUSTEN FILHO, Marçal. *Comentários à Lei de Licitações e Contratos Administrativos*. 1. ed. São Paulo: Thomson Reuters Brasil, 2021. *E-book*.

JUSTEN FILHO, Marçal. *Comentários à Lei de Licitações e Contratos Administrativos*. 7. ed. São Paulo: Dialética, 2000.

JUSTEN FILHO, Marçal. *Comentários à Lei de Licitações e Contratos Administrativos*: Lei 14.133/2021. São Paulo: Revista dos Tribunais, 2021.

JUSTEN FILHO, Marçal. *Curso de direito administrativo*. São Paulo: Saraiva, 2005.

JUSTEN FILHO, Marçal. Desempenho nacional sustentado: contratações administrativas e o regime introduzido pela Lei nº 12.349/10. *ILC – Informativo de Licitações e Contratos*, Curitiba, v. 18, n. 210, ago. 2011.

LAMY, Eduardo de Avelar. *Flexibilização da tutela de urgência*: a redução da forma na utilização das técnicas cautelar e antecipatória. 2. ed. Curitiba: Juruá, 2007.

LARENZ, Karl. *Metodologia da ciência do direito*. Tradução de José Lamego. 3. ed. Lisboa: Fundação Calouste Gulbenkian, 1997.

LATORRE, Angel. *Introdução ao direito*. Tradução de Manuel de Alarcão. Coimbra: Almedina, 1974.

LIMA, Rui Cirne. *Princípios de direito administrativo*. 5. ed. São Paulo: Revista dos Tribunais, 1982.

LUZIA, Cauê Vecchia. Regime jurídico de infrações e sanções administrativas. *In*: NIEBUHR, Joel de Menezes *et al. Nova Lei de Licitações e Contratos Administrativos*. 2. ed. Curitiba: Zênite, 2021.

MAGALHÃES, Humberto Piragibe. *Prova em processo civil*. Rio de Janeiro: Editora Rio, 1976.

MARINONI, Luiz Guilherme; ARENHART, Sérgio Cruz. *Manual do processo de conhecimento*. 3. ed. São Paulo: Revista dos Tribunais, 2004.

MARQUES NETO, Floriano de Azevedo. Reorganização societária, cisão empresarial e contrato administrativo. *Boletim de Direito Administrativo – BDA*, n. 3, maio 2001.

MARQUES NETO, Floriano de Azevedo; SOUZA, Kelly Ribeiro Felix, OLIVEIRA; Douglas da Silva. A Lei nº 13.655 e a segurança jurídica nas contratações públicas no Rio de Janeiro. *Revista Eletrônica OAB/RJ*, 2019. Edição Especial de Infraestrutura. Disponível em: https://revistaeletronica.oabrj.org.br/wp-content/uploads/2019/12/7.-Floriano-Marques-Kelly-Felix-e-Douglas-Oliveira.pdf. Acesso em: 9 jul. 2021.

MAXIMILIANO, Carlos. *Hermenêutica e aplicação do direito*. 13. ed. Rio de Janeiro: Forense, [s.d.].

MAXIMILIANO, Carlos. *Hermenêutica e aplicação do direito*. 2. ed. Porto Alegre: Globo, 1933.

MAXIMILIANO, Carlos. *Hermenêutica e aplicação do direito*. 8. ed. São Paulo: Livraria Freitas Bastos, 1965.

MEIRELLES, Hely Lopes. *Direito administrativo*. 33. ed. São Paulo: Malheiros, 2007.

MEIRELLES, Hely Lopes. *Licitação e contrato administrativo*. 12. ed. São Paulo: Malheiros, 1999.

MEIRELLES, Hely Lopes. *Licitação e contrato administrativo*. 9. ed. São Paulo: Revista dos Tribunais, 1990.

MEIRELLES, Hely Lopes. *Licitação e contrato administrativo*: de acordo com as leis 8.666, de 21.06.1993, 8.883, de 8.6.1994 e 9.648, de 27.5.1998. 12. ed. São Paulo: Malheiros, 1999.

MEIRELLES, Hely Lopes. *Licitação e contrato administrativo*: de acordo com a Lei 8.666, de 21.6.1993, com todas as alterações posteriores. 15. ed. São Paulo: Malheiros, 2010.

MENDES, R. G. *O regime jurídico da contratação pública*. Curitiba: Zênite, 2008.

MENDES, R. G.; MOREIRA, E. B. *Inexigibilidade de licitação*: repensando a contratação pública e o dever de licitar. Curitiba: Zênite, 2016.

MIRANDA, Jorge. *Manual de direito constitucional*. 3. ed. Coimbra: Coimbra Editora, 1996. t. II.

MODESTO, Paulo. Notas para um debate sobre o princípio da eficiência. *Revista do Serviço Público*, ano 51, n. 2, abr./jun. 2000.

MOREIRA, Egon Bockmann. O impacto do CPC/2015 nos processos administrativos: uma nova racionalidade. *Direito do Estado*, n. 104, 2016. Disponível em: www.direitodoestado.com.br. Acesso em: out. 2021.

MOTTA, Carlos Pinto Coelho. *Divulgação institucional e contratação de serviços de publicidade*: legislação comentada. Belo Horizonte: Fórum, 2010.

MOTTA, Carlos Pinto Coelho. *Eficácia nas licitações e contratos*: licitação, pregão, contratos, concessões, impactos da Lei de Responsabilidade Fiscal: legislação, doutrina e jurisprudência atualizadas. 9. ed. Belo Horizonte: Del Rey, 2002.

MOTTA, Fabrício. A nova lei de contratação direta de serviços de advocacia por inexigibilidade de licitação. *Conjur*, 3 set. 2020. Disponível em: https://www.conjur.com.br/2020-set-03/interesse-publico-lei-contratacao-direta-servicos-advocacia-inexigibilidade-licitacao. Acesso em: maio 2021.

MOTTA, Fabrício. Publicidade e transparência são conceitos complementares. *Conjur*, 1º fev. 2018. Disponível em: https://www.conjur.com.br/2018-fev-01/interesse-publico-publicidade-transparencia-sao-conceitos-complementares. Acesso em: 14 jul. 2021.

MOTTA, Fabrício. Segregação de funções nas licitações e contratos. *Conjur*, 6 maio 2021. Disponível em: https://www.conjur.com.br/2021-mai-06/interesse-publico-segregacao-funcoes-licitacoes-contratos. Acesso em: 9 jul. 2021.

MOURÃO, Laís de Almeida. Os contratos administrativos e a observância da ordem cronológica de pagamentos. *Boletim de Licitações e Contratos*, v. 14, n. 10, out. 2001.

MUKAI, Toshio. *O Novo Estatuto Jurídico das Licitações e Contratos Públicos*. 2. ed. São Paulo: Revista dos Tribunais, 1993.

NIEBUHR, Joel de Menezes (coord.). *Nova Lei de Licitações e Contratos Administrativos*. 2. ed. Curitiba: Zênite, 2021.

NIEBUHR, Joel de Menezes. "Carona" em ata de registro de preços: atentado veemente aos princípios de direito administrativo. *ILC – Informativo de Licitações e Contratos*, v. 13, n. 143, p. 13-19, jan. 2006.

NIEBUHR, Joel de Menezes. *Pregão presencial e eletrônico*. 8. ed. Belo Horizonte: Fórum, 2020.

NIEBUHR, Joel de Menezes. Princípio da eficiência: dimensão jurídico-administrativa. *ILC – Informativo de Licitações e Contratos*, 1999.

NIEBUHR, Joel de Menezes. *Princípio da isonomia na licitação pública*. Florianópolis: Obra Jurídica, 2000.

NIEBUHR, Joel de Menezes; PIRONTI, Rodrigo Aguirre de Castro. Gestão de riscos de pagamentos antecipados. *Blog da Zênite*. Disponível em: https://www.zenite.blog.br/gestao-de-riscos-de-pagamentos-antecipados/. Acesso em: 22 jun. de 2021.

NIEBUHR, Joel de Menezes; PIRONTI, Rodrigo Aguirre de Castro. Gestão de riscos de pagamentos antecipados. *Zênite Fácil*, 23 jun. 2020. Disponível em: http://www.zenitefacil.com.br. Acesso em: 15 set. 2021.

NIEBUHR, Pedro de Menezes. Licitações sustentáveis. *In*: NIEBUHR, Joel de Menezes (coord.). *Nova Lei de Licitações e Contratos Administrativos*. 2. ed. Curitiba: Zênite, 2021.

NIEBUHR, Pedro de Menezes. Por que as licitações sustentáveis ainda não decolaram? *Revista Interesse Público*, Belo Horizonte, ano 19, n. 104, p. 25-48, jul./ago. 2017.

NIEBUHR, Pedro de Menezes. *Processo administrativo ambiental*. Rio de Janeiro: Lumen Juris, 2014.

NÓBREGA, Marcos. O Leviatã retroalimentado: quem paga a conta das cláusulas exorbitantes? *Direito do Estado*, n. 397, 2018. Disponível em: www.direitodoestado.com.br. Acesso em: set. 2021.

NÓBREGA, Marcos; TORRES, Ronny Charles. A Nova Lei de Licitações, credenciamento e e-marketplace: o turning point da inovação nas compras públicas. *O Licitante*. Disponível em: https://www.olicitante.com.br/e-marketplace-turning-point-inovacao-compras-publicas/. Acesso em: maio 2021.

NOVA Lei de Licitações: inexigibilidade e a ausência da expressão "singularidade". *Blog Zênite*, 19 fev. 2021. Disponível em: https://www.zenite.blog.br/nova-lei-de-licitacoes-inexigibilidade-e-a-ausencia-da-expressao-singularidade/. Acesso em: maio 2021.

OLIVEIRA, Régis Fernandes. *Licitação*. São Paulo: Revista dos Tribunais, 1981.

OSÓRIO, Fábio Medina. *Direito administrativo sancionador*. 4. ed. São Paulo: Revista dos Tribunais, 2011.

PALMA, Juliana Bonacorsi. Quem é o 'administrador médio' do TCU? *Jota*, 2 ago. 2018. Disponível em: www.jota.info. Acesso em: 3 ago. 2021.

PÉRCIO, Gabriela Verona. A inviabilidade de competição relativa na nova lei de licitações e contratos administrativos (lei nº 14.133/2021): principais mudanças e proposta de intepretação para maximizar a eficiência da contratação direta. *In*: VARESCHINI, Julieta Mendes Lopes (coord.). *Diálogos sobre a Nova Lei e Licitações e Contratações*. Pinhais: JML, 2021.

PÉRCIO, Gabriela Verona. Breves reflexões sobre o sistema de registro de preços: deveres e obrigações da administração pública para com o detentor do preço registrado. *ILC – Informativo de Licitações e Contratos*, Curitiba, n 227, p. 21-25, jan. 2013.

PEREIRA JÚNIOR, Jessé Torres; DOTTI, Marinês Restelatto. A desconsideração da personalidade jurídica em face de impedimentos para participar de licitações e contratar com a Administração Pública: limites jurisprudenciais. *Revista do TCU*, set./dez. 2010.

PEREIRA JÚNIOR, José Torres. *Comentários à Lei das Licitações e Contratações da Administração Pública*. 8. ed. Rio de Janeiro: Renovar, 2009.

PEREIRA, Caio Mário da Silva. *Instituições de direito civil*. 12. ed. Rio de Janeiro: Forense, 1993. v. 4.

PEREIRA, Cesar Guimarães. Arbitragem e administração. *Enciclopédia Jurídica da PUCSP*, ed. 1, maio 2017. Tomo Direito Administrativo e Constituição. Disponível em: https://enciclopediajuridica.pucsp.br/verbete/155/edicao-1/arbitragem-e-administracao. Acesso em: 30 ago. 2021.

PEREIRA, Denis Borges. *Tratado de propriedade intelectual*. Rio de Janeiro: Lumen Juris, 2010. t. II.

PEREZ LUÑO, Antonio E. *Los derechos fundamentales*. 6. ed. Madrid: Tecnos, 1995.

PONCE SOLÉ, Juli. *Deber de buena administración y derecho al procedimiento administrativo debido*: las bases constitucionales del procedimiento administrativo y del ejercicio de la discrecionalidad. Valladolid: Lex Nova, 2001.

QUADROS, Cerdônio (org.). *Responsabilidade fiscal*: estudos e orientações: uma primeira abordagem. São Paulo: NDJ, [s.d.].

RECASENS SICHES, Luis. *Nueva filosofía de la interpretación del derecho*. México: Porrúa, 1973.

REGO, Eduardo de Carvalho. Princípios jurídicos previstos na Nova Lei de Licitações e Contratos Administrativos. *In*: NIEBUHR, Joel de Menezes *et al*. *Nova Lei de Licitações e Contratos Administrativos*. 2. ed. Curitiba: Zênite, 2021.

REQUIÃO, Rubens. *Curso de direito comercial*. 25. ed. São Paulo: Saraiva, 2003. v. 1.

RIGOLIN, Ivan Barbosa. As licitações nas empresas estatais pela Lei nº 13.303, de 30 de junho de 2.016. *Rigolin Advocacia*. Disponível em: https://rigolinadvocacia.com.br/artigos/detalhes/14. Acesso em: abr. 2018.

RIGOLIN, Ivan Barbosa. Casos polêmicos de dispensa e de inexigibilidade de licitação. Todas as hipóteses são normas gerais. *In*: MUKAI, Toshio (coord.). *Curso avançado de licitações e contratos públicos*. São Paulo: Juarez de Oliveira, 2000.

RIGOLIN, Ivan Barbosa. *Comentando as licitações públicas*. Rio de Janeiro: Temas e Ideias, 2001.

RIGOLIN, Ivan Barbosa; BOTTINO, Marco Tullio. *Manual prático das licitações*: Lei nº 8.666/93. 3. ed. São Paulo: Saraiva, 1999.

RIVERO, Jean. *Direito administrativo*. Tradução de Rogério Ehrhardt Soares. Coimbra: Almedina, 1981.

ROCHA, Cármen Lúcia Antunes. *Os princípios constitucionais da Administração Pública*. Belo Horizonte: Del Rey, 1994.

SAAD, Amauri Feres. *Do controle da Administração Pública*. São Paulo: Editora IASP, 2017.

SANTANA, Jair Eduardo. Pregão. *In*: SANTANA, Jair Eduardo. *Pregão presencial e eletrônico*: Sistema de Registro de Preços – Manual de implantação, operacionalização e controle. Belo Horizonte: Fórum, 2014. Disponível em: https://www.forumconhecimento.com.br/livro/1266/1303/10315. Acesso em: 24 mar. 2021.

SANTOS, José Anacleto Abduch. *Nova Lei de Licitações*: o princípio do planejamento. *Blog Zênite*. Disponível em: https://www.zenite.blog.br/nova-lei-de-licitacoes-o-principio-do-planejamento/. Acesso em: 9 jul. 2021.

SANTOS, Rodrigo Valdas dos. *Direito administrativo do medo*. Risco de fuga da responsabilização dos agentes públicos. São Paulo: RT, 2020.

SCARPINELLA, Vera. *Licitação na modalidade de pregão*: Lei 10.520, de 17 de julho de 2002. 2. ed. São Paulo: Malheiros, 2010.

SCHIEFLER, Gustavo Henrique Carvalho. *Procedimento de manifestação de interesse (PMI)*. Rio de Janeiro: Lumen Juris, 2014.

SCHREIBER, Anderson *et al*. *Código Civil comentado*. 3. ed. Rio de Janeiro: Forense, 2021. *E-book*.

SERVÍDIO, Américo. *Dispensa de licitação*. São Paulo: Revista dos Tribunais, 1979.

SILVA, Antônio Marcelo. *Contratações administrativas*. São Paulo: Revista dos Tribunais, 1971.

SILVA, Carlos Medeiros. Monopólio – Intervenção do Estado na ordem econômica – Produção e comércio de borracha – Lei e regulamento. *Revista de Direito Administrativo*, São Paulo, n. 33, p. 453-548, jul./set. 1957.

SILVA, José Afonso. *Comentário contextual à Constituição*. São Paulo: Malheiros, 2006.

SILVA, Magno Antônio da. O princípio da segregação de funções e sua aplicação no controle processual das despesas: uma abordagem analítica pela ótica das licitações públicas e das contratações administrativas. *Revista do TCU*, set./dez. 2013.

SILVA, Magno Antônio. O conceito de eficiência aplicado às licitações públicas: uma análise teórica à luz da economicidade. *Revista do TCU*, n. 113, set./dez. 2008.

SILVA, Virgílio Afonso da. O proporcional e o razoável. *Revista dos Tribunais*, v. 91, n. 798, p. 23-50, abr. 2002.

SOUTO, Marcos Juruena Villela. *Desestatização*. Privatização, concessões e terceirizações. 2. ed. Rio de Janeiro: Lumen Juris, 1999.

SUNDFELD, Carlos Ari. *Chega de axé no direito administrativo*. Disponível em: http://www.sbdp.org.br/wp/wp-content/uploads/2018/01/artigos-carlos-ari-sundfeld-chega-de-axe-no-direito-administrativo.pdf. Acesso em: set. 2021.

SUNDFELD, Carlos Ari. *Contratações públicas e seu controle*. São Paulo: Malheiros, 2013.

SUNDFELD, Carlos Ari. *Licitação e contrato administrativo.* 2. ed. São Paulo: Malheiros, 1995.

TÁCITO, Caio. O princípio da legalidade: ponto e contraponto. *Revista de Direito Administrativo – RDA*, v. 206, 1996.

TÁCITO, Caio. *Temas de direito público*: estudos e pareceres. Rio de Janeiro: Renovar, 1997. v. 1.

TAYLOR, F. W. *Princípios de administração científica.* 8. ed. São Paulo: Atlas, 1990.

TCU. *Dez passos para a boa governança.* 2. ed. Brasília: TCU, 2021.

TELLES, Antônio A. de Queiroz. *Bens insuscetíveis de licitação no direito brasileiro.* São Paulo: Revista dos Tribunais, 1985.

TOKARNIA, Mariana. Um em cada 4 brasileiros não tem acesso à internet, mostra pesquisa. *Agência Brasil*, 29 abr. 2020. Disponível em: https://agenciabrasil.ebc.com.br/economia/noticia/2020-04/um-em-cada-quatro-brasileiros-nao-tem-acesso-internet. Acesso em: out. 2021.

TOLOSA FILHO, Benedicto. *Contratando sem licitação.* 2. ed. Rio de Janeiro: Forense, 2000.

VENOSA, Silvio de Salvo. *Código Civil interpretado.* 4. ed. São Paulo: Atlas, 2019.

VENOSA, Silvio de Salvo. *Direito civil*: teoria geral das obrigações e teoria geral dos contratos. São Paulo: Atlas, 2007.

VERNALHA, Fernando. *Direito e liberdade* – Conservadorismo, progressismo e o Estado de direito. São Paulo: IASP, 2017.

VERRI JÚNIOR, Armando (org.). *Licitação e contratos administrativos.* Temas atuais e controvertidos. São Paulo: Revista dos Tribunais, 1999.

VILANOVA, Lourival. *Causalidade e relação no direito.* 1. ed. Recife: OAB, 1985.

ZÊNITE – *Informativo de Licitações e Contratos*, Curitiba, v. 864, n. 80, out. 2000.

Esta obra foi composta em fonte Palatino Linotype, corpo 10
e impressa em papel Offset 63g (miolo) e Supremo 250g (capa)
pela Formato Artes Gráficas.